Wilbers

Wirtschaftsunterricht gestalten

Lehrbuch

2. Auflage

Karl Wilbers

Wirtschaftsunterricht gestalten

Eine traditionelle und handlungsorientierte Didaktik für kaufmännische Bildungsgänge

Lehrbuch

2. Auflage

Dieses Buch und ergänzende Materialien und Informationen sowie Möglichkeiten zur Interaktion stehen kostenlos bereit auf:

www.wirtschaftsunterricht-gestalten.de

Das Buch wird ergänzt um eine Toolbox und einen Musterunterrichtsentwurf. Die Printversion dieses Textes und der Toolbox ist im Buchhandel erhältlich.

Bibliografische Information der Deutschen Nationalbibliothek: Die Deutsche Nationalbibliothek verzeichnet diese Publikation in der Deutschen Nationalbibliografie; detaillierte bibliografische Daten sind im Internet über http://dnb.dnb.de abrufbar.

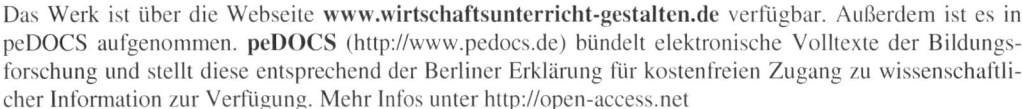

Das Werk ist über die Webseite **www.wirtschaftsunterricht-gestalten.de** verfügbar. Außerdem ist es in peDOCS aufgenommen. peDOCS (http://www.pedocs.de) bündelt elektronische Volltexte der Bildungsforschung und stellt diese entsprechend der Berliner Erklärung für kostenfreien Zugang zu wissenschaftlicher Information zur Verfügung. Mehr Infos unter http://open-access.net

Bilder: Die Fotos, die die Kapitel einleiten, gehen auf ein von Herrn Michael Paß betreutes Projekt der Klasse WFM11 der Ausbildung „Fotomedienfachmann/-frau" der Beruflichen Schule 6 in Nürnberg zurück. Linkes Coverbild „Student working on homework in classroom" von Moritz Wussow, fotolia.com; Rechtes Coverbild Copyright bei modernlearning GmbH

Umschlaggestaltung: Florian Berglehner und Wolfgang Lehner auf Basis einer Vorlage von Referat M1 Marketing der FAU

Autor:
Prof. Dr. Karl Wilbers
Lehrstuhl für Wirtschaftspädagogik und Personalentwicklung
Fachbereich Wirtschaftswissenschaften
Rechts- und Wirtschaftswissenschaftliche Fakultät
Friedrich-Alexander-Universität Erlangen-Nürnberg
Lange Gasse 20 | D-90403 Nürnberg
karl.wilbers@fau.de | www.wirtschaftspaedagogik.de

Druck und Verlag: epubli GmbH, Berlin, www.epubli.de
ISBN 978-3-8442-6807-2

Liebe Leserin, lieber Leser,

dieses Buch habe ich geschrieben mit Respekt vor der alltäglichen Arbeit der Lehrkräfte an beruflichen Schulen und der Sehnsucht, einen Beitrag zur wissenschaftlichen Ausbildung für eine anspruchsvolle Profession zu leisten. Ich hoffe, dass Sie dieses Material in Ihrer Entwicklung als Lehrkraft unterstützt!

Mit freundlichen Grüßen aus Nürnberg!

Karl Wilbers

Nutzen Sie bitte das Angebot auf **www.wirtschaftsunterricht-gestalten.de**

Zielgruppe des Buches
Dieses Buch richtet sich zuerst an Studierende der Wirtschaftspädagogik, die sich wissenschaftlich mit didaktischen Fragen als Vorbereitung auf eine Lehrtätigkeit an beruflichen Schulen auseinandersetzen wollen. Das Buch erhält außerdem Ergänzungen, die die besondere Situation der Berufspädagogik Elektro- und Metalltechnik berücksichtigen.

Ich hoffe jedoch, dass auch erfahrene Lehrkräfte etwas in diesem Buch finden. Eine von mir geschätzte, sehr erfahrene Lehrerin sagte mir einmal – beiläufig in einem Nebensatz –, dass meine Materialien „nicht schlecht" seien. Das ist für eine Fränkin ein fast euphorisches Lob, ähnlich dem fränkischen „Bassd scho". Außerdem sagte sie, dass sie auch mal was ausprobiert hatte. Insofern hoffe ich, dass auch die ein oder andere erfahrene Lehrkraft in den vielen Buchstaben einige Dinge findet, die ihr interessant und hilfreich erscheinen.

Aufbau des Buches
Im Mittelpunkt steht ein Prozessmodell der Didaktik, das in 24 Kapiteln – bzw. Lerneinheiten – vertieft wird. Das Modell wird im ersten Kapitel vorgestellt und in den folgenden Kapiteln erläutert. Dabei folgt der Zuschnitt der einzelnen Kapitel nicht ausschließlich systematischen Erwägungen, sondern berücksichtigt auch hochschuldidaktische Erfahrungen: Jedes Kapitel wurde als eine Lerneinheit konzipiert, die für genau eine Woche des Semesters eines zweisemestrigen Moduls gedacht ist. Das erste Semester umfasst die Lerneinheiten 1 bis 13, das zweite Semester die Lerneinheiten 14 bis 24. Der Aufbau wurde gewählt um mit den Lerneinheiten verbundene Lernaufträge gestalten zu können.

Toolbox und Musterunterrichtsentwurf ergänzen dieses Lehrbuch
Den Textteil ergänzt eine sogenannte Toolbox, auf die im Text verwiesen wird. Diese Toolbox enthält Arbeitshilfen, wie z. B. Gliederungsschemata für wichtige Dokumente, Checklisten, Übersichten und Vorlagen. Weiterhin wird das Lehrbuch durch einen Musterunterrichtsentwurf ergänzt. Christoph Hassenjürgen hat mit mir zusammen für die zweite Auflage des Lehrbuchs diesen Entwurf zu einer Unterrichtseinheit ausgearbeitet, der den Vorstellungen des in diesem Lehrbuch zugrunde gelegten Modells entspricht. Der Musterunterrichtsentwurf ist auf der Webseite www.wirtschaftsunterricht-gestalten.de verfügbar.

Hier angestrebte Kompetenzen, Standards für die Bildung von Lehrkräften sowie Monitoring
Die verfolgten Kompetenzen werden detailliert auf der Plattform www.wirtschaftsunterricht-gestalten.de in Form einer stark ausdifferenzierten Mindmap ausgewiesen. Die Kompetenzen entsprechen den relevanten, aktuellen Standards der Kultusministerkonferenz (KMK) sowie den Beschlüssen der Sektion Berufs- und Wirtschaftspädagogik der Deutschen Gesellschaft für Erziehungswissenschaften. Dieser Themenkreis wird in Lerneinheit 13 erörtert.

Viele wirtschaftspädagogische Studiengänge, auch der Nürnberger Studiengang, haben einen polyvalenten Anspruch, d. h. sie bereiten auf mehrere Berufsfelder vor, auch außerhalb einer Tätigkeit als

Lehrkraft beruflicher Schulen. Diesem Anspruch wird das vorliegende Lehrwerk *nicht* gerecht, sondern es fokussiert auf eine Tätigkeit an beruflichen Schulen.

Studierende des Fachbereichs Wirtschaftswissenschaften der FAU finden in wiwiQ, dem Informationssystem zum Qualitätsmanagement des Fachbereichs, die Studiengangsmatrix für Wirtschaftspädagogik. Dort werden nicht ‚nur' die Kompetenzen für den gesamten Studiengang ausgewiesen, sondern auch aufgezeigt, wie diese erreicht werden sollen und mit welchen Instrumenten und Indikatoren der Zielerreichungsgrad verfolgt wird.

Um die ausgewiesenen Kompetenzen anzusprechen, werden hier auch Themen integriert, die oft nicht zur Didaktik gezählt werden. Dazu gehören insbesondere Schulentwicklungstheorien und Theorien des Qualitätsmanagements, Theorien der Psychologie, insbesondere der Lern-, Motivations- und Entwicklungspsychologie, sowie medizinisches, insbesondere psychiatrisches Wissen. Eine detaillierte Erörterung bietet mein Beitrag „Integrationspotentiale und -notwendigkeiten struktur- und prozessorientierter Modellierungen in der Wirtschaftsdidaktik" (2013), in Heft 24 der Zeitschrift bwp@ (Berufs- und Wirtschaftspädagogik - online).

Hinweise zum Gebrauch der einzelnen Lerneinheiten

Der Abschnitt „Worum es hier geht" zu Beginn der Lerneinheit führt in erzählender Weise in die Lerneinheit ein. Die anschließende Zusammenfassung gibt Ihnen einen ersten Überblick über die Lerneinheit. Verorten Sie auf der Grundlage dieser Informationen die Lerneinheit im Prozessmodell. Studieren Sie anschließend bitte die Inhaltsübersicht, die Ihnen die Struktur der Lerneinheit darstellt. Die am Ende jeder Lerneinheit ausgewiesenen Kompetenzen vermitteln Ihnen die verfolgten Ziele. Behalten Sie diese Kompetenzen bitte bei der Lektüre der Lerneinheit im Hinterkopf. Werfen Sie auch schon vor der Lektüre der Lerneinheit bitte einen ersten Blick auf die Konzepte, die am Ende der Lerneinheit ausgewiesen werden. Die Konzepte stellen die wichtigen Inhalte der Lerneinheit in Stichworten dar. Die Konzepte finden sich auch im Index am Ende des Buches. Dort wird auch seitengenau ausgewiesen, wo die Konzepte im Buch zu finden sind.

Studieren Sie anschließend bitte den eigentlichen Text der Lerneinheit. Legen Sie sich bitte parallel zur Lektüre die Toolbox bereit. Die Inhalte des Textes spiegeln sich im Regelfall in der Toolbox. Diese ermöglicht einen alternativen Zugang, den Sie nutzen sollten.

Im Text werden die wichtigen Definitionen in eigenständigen Boxen hervorgehoben. Als Stolpersteine wurden im Text Stopp-Boxen integriert. Sie sollen bewusst den Lesefluss bremsen und stellen in der Regel reflexive Aufgaben bereit. Der Text wird durch Übersichten ergänzt, die Inhalte anschaulich darstellen sollen. Größere und kapitelübergreifende Übersichten wurden dabei als Überblicke in die Toolbox ausgelagert. Außerdem wurden ergänzend Bilder eingesetzt, die die Inhalte optisch begleiten.

Der Text wird ergänzt durch Wortwörtlich-Boxen. Sie enthalten ein Zitat, das den laufenden Text vertieft und ergänzt. In diesen Boxen werden häufig Vertreterinnen und Vertreter der Wirtschaftspädagogik an anderen Universitäten wiedergegeben. Damit verfolge ich die Absicht, die Studierenden ein wenig an die ‚WiPäd-Szene' heranzuführen. Außerdem sollen Studierende nicht vergessen, dass hinter den Theorien, Modellen und Aussagen immer auch Menschen stehen, und zwar mit all ihren Stärken und Schwächen. Im Text konnten nicht alle bekannten Wirtschaftspädagoginnen und Wirtschaftspädagogen berücksichtigt werden. Einen schönen Überblick bietet die WiPäd-Landkarte der Grazer Wirtschaftspädagogik; http://www.uni-graz.at/wipaedlandkarte/.

Nach der Lektüre des Textes fassen Sie die Lerneinheit bitte in einer graphischen Form zusammen, etwa in Form eines Mindmaps. Überprüfen Sie anschließend bitte, ob die Knoten Ihrer graphischen Darstellung die im Abspann der Lerneinheit (Outro) dargestellten Konzepte abdecken. Werfen Sie bitte auch einen erneuten Blick auf die Gliederung und die Kompetenzen, die am Anfang ausgewiesen wurden. Sortieren Sie Ihre Erkenntnisse bitte erneut mit Hilfe des Prozessmodells. Ich musste – um den Umfang des Buches nicht zu sprengen – einige Themen stark komprimieren oder gar komplett ausblenden. Außerdem sollten Sie die Didaktik auch aus anderen Perspektiven als der Wilbers-Perspektive kennenlernen. Mit den Hinweisen zur Literatur gebe ich Ihnen einige Empfehlungen, in diese faszinierende Welt einzutauchen. Nutzen Sie bitte die Hinweise zur weiterführenden Auseinandersetzung am Ende des Beitrages, sowohl zum Weiterlesen als auch zum Weitersurfen.

Dinge, die Sie unter Umständen vorziehen sollten
Der Text behandelt einige Dinge, die Sie je nach Interesse und Ausbildungssituation vorziehen sollten.
- Sie wollen den Text methodisch lesen? Dann studieren Sie bitte vor der Lektüre des Buches die Abschnitte zur 5-Gang-Lesetechnik in Lerneinheit 17.
- Sie schreiben ein pädagogisches Tagebuch, um Ihre professionelle Entwicklung zu reflektieren? Hinweise dazu finden Sie in Kapitel 13.
- Sie geben Ihren Mitstudierenden ein Feedback? Dann studieren Sie bitte schon zu Beginn die Ausführungen zum Feedback in Kapitel 20.
- Sie arbeiten in Gruppen? Haben Sie die Möglichkeit, den Text in einer Gruppe von Studierenden zu lesen, dann empfehle ich Ihnen vorab die Ausführungen zur Arbeit in studentischen Teams in Kapitel 14.
- Sie haben die Möglichkeit, mit einer erfahrenen Lehrkraft zusammen zu arbeiten? Dann lesen Sie bitte die Hinweise zum Mentoring in Lerneinheit 13.
- Sie haben die Chance, Unterricht zu beobachten? Richtig angewendet ist dies eine sehr gute Möglichkeit, von erfahrenen Lehrkräften zu lernen. Lesen Sie bitte vorab die Hinweise zur strukturierten Unterrichtsbeobachtung in Kapitel 24.
- Sie haben parallel die tolle Möglichkeit, mit erfahrenen Lehrkräften Unterricht an einer Schule zu besprechen? Dann empfehle ich Ihnen vorab den Text zur Unterrichtsnachbesprechung in Kapitel 24 zu lesen.

Aufbau der Toolbox
Die Toolbox ist eine Zusammenstellung von Arbeitshilfen, die auf dem Text mit den einzelnen Kapiteln beruht. Sie bietet eine Reihe von Hilfen, die insbesondere den Transfer der vermittelten Konzepte in die Schulpraxis unterstützen sollen.
- Checklisten: Checklisten sind Kataloge wichtiger Fragen, die – vor allem bei der Unterrichtsplanung – eine wichtige Rolle spielen.
- Ablaufschemata: Ablaufschemata werden vor allem für einzelne Unterrichtsmethoden im Text erläutert und in der Toolbox zusammengefasst.
- Überblicke: Überblicke stellen in Form einer Tabelle oder einer Graphik wichtige konzeptionelle Zusammenhänge in und zwischen den Lerneinheiten zusammenfassend dar. Der wichtigste Überblick ist das Prozessmodell.
- Karte: Eine Karte stellt eine thematische Struktur in Form einer Concept Map (siehe Kapitel 6) dar.
- Vorlagen (Templates): Vorlagen, wie etwa das Gliederungsschema für Unterrichtsentwürfe, dienen als Grundlage für die eigene didaktische Arbeit, verdeutlichen jedoch auch die im Text erörterten Zusammenhänge.
- Schritt-für-Schritt: Bei einem Schritt-für-Schritt werden die einzelnen Schritte einer Problemlösung aufgezeigt.
- Fragebögen: Fragebögen können meist direkt im Unterricht eingesetzt werden.
- Beispiele: Umfangreichere Beispiele werden in die Toolbox ausgelagert. So enthält die Toolbox beispielsweise ein Beispiel für die Selbstreflexion einer Lehrkraft.

Diese Tools werden durch Kriterienkataloge und Kriterienraster ergänzt.
- Kriterienkataloge: Bei Kriterienkatalogen werden die im Textteil erläuterten zentralen Kriterien übersichtlich katalogisiert und in Unterkriterien aufgelöst. So enthält der Kriterienkatalog für die Tafel(arbeit) ein Kriterium „Grundlegende Anlage des Tafelbildes", das in weitere Unterkriterien wie „Graphische Strukturhilfen" oder „Farbliche Strukturhilfen" aufgelöst wird. Kriterienkataloge werden meist mit einer mehrstufigen Einschätzskala von „0" bis „5" versehen.
- Kriterienraster (Rubrics): Rubrics sind vor allem im angelsächsischen Bereich – weniger im deutschsprachigen Raum – ein wichtiges Instrument pädagogischer Arbeit. Sie dienen dort vor allem der Bewertung von Leistungen. Kriterienraster sind Tabellen, die in den Zeilen einzelne Kriterien aufführen, so wie bei einem Kriterienkatalog. Über den Kriterienkatalog hinausgehend wer-

den jedoch inhaltlich ausdifferenzierte Spalten eingeführt. Diese Spalten beschreiben ‚Qualitätsstufen' oder ‚Niveaus', etwa „Niveau Anfängerinnen/Anfänger", „Fortgeschritten" und „Experten". Gelegentlich werden die Spalten einfach auch durchnummeriert. Neben den Spalten werden die Zellen inhaltlich beschrieben.

Kriterienkataloge und Kriterienraster unterstützen vor allem die Selbst- und Fremdeinschätzung. Sie sind vielfältig einsetzbar: Bei der Planung, bei der Unterrichtsbeobachtung oder bei der Bewertung von Unterrichtsprozessen bzw. -produkten. Die Kriterienkataloge und -raster sollen die analytische Einschätzung und Bewertung unterstützen und eine holistisch-ganzheitliche Bewertung ersetzen bzw. ergänzen. Die Kriterienkataloge und -raster in der Toolbox sind meist so komplex, dass sie einzelne Anfängerinnen und Anfänger überfordern, so dass sich eine Aufteilung einzelner Kriterien in einer Gruppe anbietet. Bei der Arbeit mit diesen Tools geht es weniger um einen exakten Messwert. Vielmehr steht die konstruktive Auseinandersetzung mit – vor allem abweichenden – Urteilen im Vordergrund. Sie sind also weniger ‚messend', sondern ‚diskursfördernd'. Alle Tools werden im Text erläutert und begründet, so dass die Toolbox auch einen anders gelagerten Zugang zu den Inhalten der einzelnen Lerneinheiten ermöglicht. Allerdings werden nicht alle Textteile des Buches auch in Tools überführt. An einigen Stellen bot sich das nicht an.

Aufbau des Musterunterrichtsentwurfs

Der Musterunterrichtsentwurf ist nach den Vorstellungen dieses Lehrbuchs und der begleitenden Toolbox aufgebaut. Der Aufbau richtet sich nach dem Gliederungsschema für die mikrodidaktische Planung in der Toolbox. Dieses Gliederungsschema wird im Lehrbuch in den einzelnen Kapiteln erörtert.

Einbettung dieses Buches in die Universitätsschularbeit

Die Lerneinheiten und die begleitende Toolbox beruhen auf einem spezifischen didaktischen Modell, das hier kurz „Nürnberger Modell" genannt wird. Die 24 Lerneinheiten werden während 2 Semestern in der Nürnberger Universitätsschulkonzeption (siehe www.universitaetsschule.de) als ein Element des Selbststudiums eingesetzt. Das wichtigste weitere Element ist das Mentoring durch Mentorinnen und Mentoren an den Universitätsschulen, d. h. ‚gestandenen' Lehrkräften, die Stammgruppen von Studierenden unterstützen und sich auch im Selbststudium mit den Lerneinheiten auseinandersetzen. Diese Stammgruppen erarbeiten pro Semester ein Portfolio, bewältigen (Lern-)Aufträge zu den Lerneinheiten, reflektieren ihre Teamprozesse, leisten mit ihren Kolleginnen und Kollegen als Tandems in einem didaktischen Tagebuch Selbstreflexion. Sie schätzen ihre Leistung ein und holen sich dazu ein Feedback ihrer Peers sowie der Mentorin bzw. des Mentors. Hinzu kommen längere Präsenzblockveranstaltungen mit mir, in denen wir mehrmals im Semester, oft unter Beteiligung anwesender Mentorinnen und Mentoren, in recht kleinen Gruppen Ergebnisse der Lernaufträge an der Universität diskutieren.

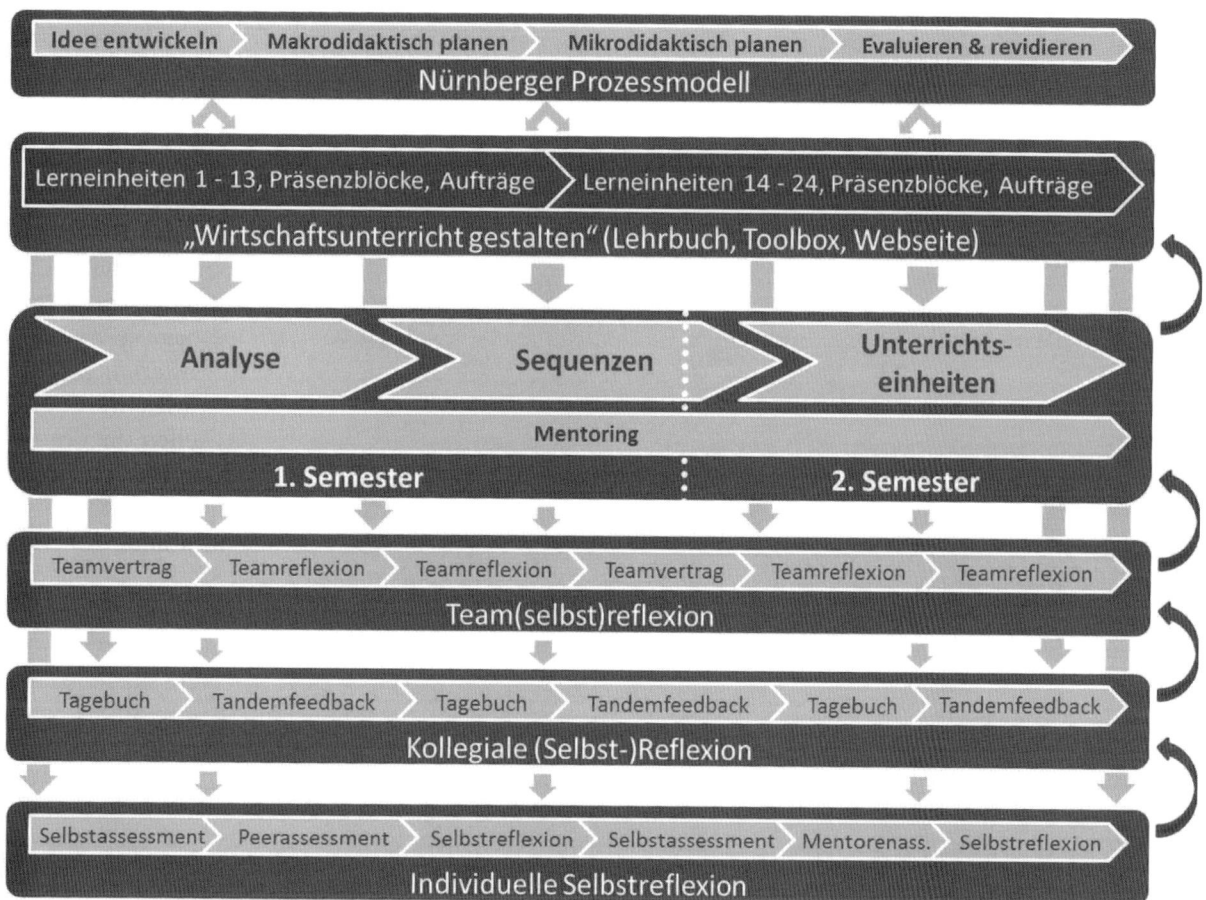

Nach den ersten beiden Semestern wird die Universitätsschularbeit in anderen Gefäßen fortgesetzt. Die Studierenden vertiefen ihre Kompetenzen vor allem in einem Werkstattseminar nach der Logik des forschenden Lernens sowie im Modul „Schulpraktische Studien", das auf die hier anvisierten Kompetenzen aufbaut und in über hundert Kontaktschulen in Bayern und auch darüber hinaus, absolviert werden kann.

Die Universitätsschularbeit zielt darauf, die Studierenden wissenschaftlich gestützt praxisnah auszubilden. Dies ist keine Konkurrenz zur zweiten Phase – im Gegenteil. Wir wollen die Studierenden besser ausgebildet an die zweite Phase, das Referendariat, übergeben. Dies erfordert eine Zusammenarbeit mit der zweiten Phase, die ein wichtiges Element der Universitätsschulkonzeption ist. Jede Universitätsschule ist gleichzeitig eine Seminarschule, d. h. in Bayern, dass diese Schule in der zweiten Phase tätig ist.

Änderungen zur zweiten Auflage

Für die zweite Auflage wurde das Buch deutlich überarbeitet. Die Schwerpunkte und der Zuschnitt der Kapitel wurden verändert. Fehler in der ersten Auflage wurden ausgemerzt. Schlecht verständliche Passagen, auf die mich vor allem die Studierenden aufmerksam gemacht haben, wurden neu geschrieben. Anregungen, die von außerhalb der Universität kamen, wurden aufgegriffen. Neuere Forschungsergebnisse – die Berufs- und Wirtschaftspädagogik ist eine dynamische Community – wurden ergänzt. Die Tools in der Toolbox wurden ausgebaut. Einige Herausforderungen, die mehrere Lerneinheiten betreffen, wurden neu strukturiert, vor allem die Konstruktion schulnaher Assessments und von Lernsituationen.

Keine Orientierung an Orientierungen

Die didaktische Diskussion der Nachkriegszeit war immer wieder durch didaktische ‚Orientierungen' gekennzeichnet: Lernzielorientierung, Handlungsorientierung, Lernfeldorientierung, Kompetenzorientierung. Dieses Lehrbuch folgt keiner dieser Orientierung – oder allen. Diese Orientierungen betonten immer wieder – von sich selbst – den Charakter von Revolutionen: Das ‚Alte' wurde verdammt, das

‚Neue' in den Himmel gelobt. In der Didaktik und im Referendariat ging es nur noch so und nicht mehr anders. Wehe dem Studenten, wehe der Referendarin, die sich nicht dem Neuen beugte! Eine Revolution fing kaum an im Unterrichtalltag anzukommen, da wurde schon die nächste ausgerufen. Ich bin davon überzeugt, dass es wegen panta rhei (siehe Lerneinheit 7) der ständigen Weiterentwicklung schulischer Lern- und Arbeitswelten bedarf. Stillstand ist für berufliche Schulen angesichts des rasanten Wandels in Wirtschaft und Gesellschaft existenzbedrohend. Gleichwohl bedarf es dazu nach meiner festen Überzeugung keiner solcher ‚Orientierungs-Revolutionen' um Schule zu bewegen, sondern einer wohldurchdachten Unterstützung schulischer Evolution, die mit der Ausbildung von Lehrkräften beginnt. Außerdem missfällt mir die mit diesen Revolutionen verbundene pauschale Verunglimpfung der täglichen Arbeit von Lehrkräften beruflicher Schulen. In diesem Lehrbuch werden Sie die verschiedenen Orientierungen finden. Sie sind ein wichtiger Teil der didaktischen Auseinandersetzung. Mit diesen Materialien möchte ich eine kritische, undogmatische Auseinandersetzung mit diesen ‚Orientierungen' ermöglichen.

Verwendung der medizinischen Klassifikation ICD-10-GM in diesem Buch
In diesem Buch wird die internationale statistische Klassifikation der Krankheiten, German Modification (ICD-10-GM), verwendet. Die ICD-10-GM ist die weltweit wichtigste Klassifikation für Diagnosen in der ambulanten und stationären Medizin. In diesem Buch wird die ICD-10 in Klammer mit Diagnose-Schlüssel ausgewiesen, zum Beispiel „Lese- und Rechtschreibstörung (ICD-10 F81.0)" oder „Bulimia nervosa (ICD-10 F50.2)". Im Internet sind unter diesem Schlüssel weitere Informationen bei dem DIMDI abrufbar, dem Deutschen Institut für Medizinische Dokumentation und Information (http://www.dimdi.de). Die angehende Lehrkraft soll natürlich nicht Medizinerin bzw. Mediziner werden, braucht aber meines Erachtens in wenigen, klar abgrenzbaren Bereichen etwas medizinisches Grundwissen um der ganzheitlichen Arbeit mit Menschen gerecht werden zu können. Einen Schwerpunkt lege ich auf das Kapitel V der ICD-10, die psychischen Störungen und Verhaltensstörungen (ICD-10 F00 bis ICD-10 F99).

Bitte um Verbesserungsvorschläge
Die erste Auflage des Buches hat im Internet eine sehr gute Aufnahme gefunden. Mich haben einige sehr interessante Feedbacks erreicht. Danke dafür! Ich habe die Form der Bereitstellung der Materialien über www.wirtschaftsunterricht-gestalten.de gewählt, um durch die Nutzung von Web-2.0-Techniken neue Impulse zu erhalten. Gerade erfahrene Kräfte aus der zweiten Phase, etwa Seminarlehrerinnen und -lehrer, oder aber Lehrkräfte, die ihre Situation im Bundesland mangelhaft vertreten sehen, möchte ich bitten, mich an Ihrer Expertise teilhaben zu lassen.

Den Kolleginnen und Kollegen aus der Wissenschaft, die das Ganze für misslungen halten, gebe ich einen einfachen Tipp: Machen Sie es besser! Neben den Myriaden von Veröffentlichungen zu Spezialproblemen werden meines Erachtens dringend weitere aktuelle Lehrbücher zur Didaktik des Wirtschaftsunterrichts, die unsere Studierenden umfassend und wissenschaftlich gestützt einführen, gebraucht.

Danksagungen
Erste Fassungen des vorgelegten Prozessmodells gehen auf meine ersten Lehrveranstaltungen zur Wirtschaftsdidaktik als frisch berufener Professor in Nürnberg im Sommersemester 2006 zurück. Der Einsatz des Modells in den Veranstaltungen und die konstruktive Rückmeldung der Studierenden gaben mir im Laufe der Zeit viele Anregungen zur Weiterentwicklung des dargestellten Prozesses.

Einen Quantensprung hat das Prozessmodell im Rahmen der Universitätsschulen gemacht. Die Universitätsschulen wurden mit dem Wintersemester 2009/2010 mit dem ersten Jahrgang des Masters Wirtschaftspädagogik an der Universität Erlangen-Nürnberg eingerichtet. Die Mentorinnen und Mentoren an den vier Schulen haben nicht nur vorbildlich ihre Aufgabe beim Mentoring erfüllt, sondern viele Hinweise zur Verbesserung, auch dieser Materialien, gegeben. Es wirken mit von der Beruflichen Schule 4 der Stadt Nürnberg (B4) Petra Angermeier, Dr. Thomas Beutl, Frank Fleischmann, Kai Hegmann, Ilka Horn, Christina Jermak, Jürgen Klose, Katrin Luber, Nils Marko, Jürgen Mehrlich sowie Christian Traub. Von der Beruflichen Schule 6 der Stadt Nürnberg (B6) Sabine Dietlmeier, Hartmut Garreis, Anette Gierlotka, Jens Hofmann, Claudia Holz, Michael Paß, Doris Paul, Barbara

Sauter, Petra Schluchtmann und Yvonne Steigmann. Von der Ludwig-Erhard-Schule (LES) in Fürth Daniel Eisenbeiß, Martin Fochtner, Andrea Holzinger, Ute Jacob, Birte Köbberling, Simone Köck, Daniel Müller, Martina Neusser, Ernst Rech, Jörg Schirmer, Andrea Schreiner und Reinhard Singer. Von der Staatlichen Berufsschule Erlangen Bettina Knoll, Daniel Leibelt, Alexander Rachinger, Hermann Suchy sowie Peter Kainz.

Unterstützung kam auch von Seiten der Schulleiter Manfred Greubel und Reinhold Burger (B6), Alexander Liebel und Uwe Krabbe (B4), Reinhold Weberpals (LES Fürth) sowie Manfred Müller und Roland Topinka (Erlangen). Besten Dank auch an die Seminarlehrkräfte der Universitätsschulen, namentlich Konrad Fleischmann und Andrea Schreiner (LES, Fürth), Henrik Hösch (B4, Nürnberg), Barbara Lämmermann (B6, Nürnberg) und Peter Palesche (Erlangen). Die Seminarlehrkräfte sind eine wichtige Stütze für die Weiterentwicklung der Konzeption des Lehrbuchs. Eine umfangreiche Rückmeldung zum Gesamtkonzept und zum ersten Teil in der ersten Fassung verdanke ich Frau Maria Sommerer, ehemals Seminarvorstand des Staatlichen Studienseminars für das Lehramt an beruflichen Schulen Südbayern.

Dem Abteilungsleiter im Kultusministerium German Denneborg, dem zuständigen Referatsleiter Claus Pommer sowie dem ehemaligen Referatsleiter und dem heutigen leitenden Seminarvorstand Georg Hirner einen freundlichen Dank nach München für ihre Unterstützung.

Mit den Studierenden meines ersten Bachelor-Jahrgangs, den „Bachelor-Pionieren", den späteren Studierenden meines ersten Master-Jahrgangs, verbindet mich einiges. Sie mussten so manche Innovation ertragen. Ich verdanke ihnen viele Anregungen, die mich zum Nachdenken und Grübeln brachten, viel Spaß – auch einigen lautstarken – und manchen Ärger. Nicht selten wurde die studentische Kritik mit dem Feuer leidenschaftlicher Auseinandersetzung vorgetragen. Vergelt's Gott! Viele dieser Studierenden sind inzwischen im Lehramt und ich hoffe, sie konnten mit der Unterstützung ihrer Alma Mater den Grundstein für leidenschaftliche und beglückende Jahre als Lehrkraft legen.

Jeder Masterjahrgang – so habe ich inzwischen gelernt – fühlt sich anders an. Die folgenden, deutlich ruhigeren Jahrgänge erlebten Innovationen aufgrund der Rückmeldungen zu den Innovationen. Die Studierenden durften lernen, dass nicht jede Innovation zu Verbesserungen führt, auch wenn es gut gemeint ist. Gerade deswegen ist Feedback immer ein Geschenk. Danke für die Unterstützung!

Den ersten Berufspädagogen, die bei mir studiert haben, sowie den sie betreuenden Lehrkräften danke ich für die immer wohlwollende Nachsicht mit einem Professor, der am Anfang einer Lernkurve mit einer enormen Steigung steht, und für ihre Verbesserungsvorschläge. Gerade für Ungenauigkeiten in diesem Bereich muss ich immer noch um Nachsicht bitten.

Bärbl Meier von Wildwasser Nürnberg, der Fachberatungsstelle für Frauen und Mädchen gegen sexuellen Missbrauch und sexualisierte Gewalt, sowie Herrn Kriminaldirektor Karl Geyer vom Polizeipräsidium Mittelfranken in Nürnberg danke ich für die kritische Sichtung des Abschnitts zur Entwicklung im Jugendalter und ihre wertvolle Hilfe für die Überarbeitung. Hinweise zum Lernfeldansatz steuerten Sabine Sturm-Bohner (Berufliche Schule 8 der Stadt Nürnberg) sowie Christian J. Büttner (Wirtschaftsschule Nürnberg, jetzt Stadt Nürnberg, Geschäftsbereich Schulen), der auch die Wirtschaftsschulaspekte in Teilen des Skripts kritisch beleuchtet hat, bei. Im Kontext des Lernfeldansatzes brachten sich auch Markus Münchmeier und Olaf Vorwerk von der Berufsschule Erlangen ein. Hans-Jörg Bosch, Ministerialbeauftragter für die Berufliche Oberschule in Nordbayern, danke ich für die Hinweise zur Differenzierung und zur Bedeutung der EPAs. Katrin Buhl von der Staatlichen Berufsoberschule Nürnberg danke ich für die kritische Sichtung von Teilen des Buches unter der Perspektive der Beruflichen Oberschule (Fachoberschulen und Berufsoberschulen). Herrn Dietmar Kleinert, Schulleiter der Berufsschule im Berufsbildungswerk Wichernhaus Rummelsberg, danke ich für die Hilfe bei der Aufarbeitung der beruflichen Rehabilitation. Frau Ulrike Schleicher, Leiterin der Landesberufsschule Laa an der Thaya in Niederösterreich, danke ich für ihre Hinweise zur Integrativen Berufsausbildung (IBA) und zur Differenzierung. Einige Hinweise im Kontext didaktischer Fragen der Berufspädagogik verdanke ich Prof. Dr. Andreas Schelten (Technische Universität München) sowie Prof. Dr. Reinhold Nickolaus (Universität Stuttgart). Herrn Prof. Dr. Detlef Buschfeld von der Universität zu

Köln danke ich für die Auskünfte zum Konzept und zur Praxis von Bildungskonferenzen. Frau Prof. Dr. Bernadette Dilger danke ich für die Hilfen bezüglich der neuen NRW-Lehrpläne, die in die zweite Auflage einflossen sind. Frau Schulz, Hauptlehrerin an der HSO Wirtschaftsschule in Zürich danke ich für Hinweise zur Praxis der Förderung überfachlicher Kompetenzen (ÜFK) in der kaufmännischen Bildung in der Schweiz.

Für Auskünfte zur Erstellung von Prüfungsaufgaben danke ich Dr. Wolfgang Vogel, Geschäftsführer der Aufgabenstelle für kaufmännische Abschluss- und Zwischenprüfungen (AkA) in Nürnberg, sowie Rolf Schiebel, Prüfungsaufgaben- und Lehrmittelentwicklungsstelle (PAL) der IHK Region Stuttgart. Bei dem Berufskolleg an der Lindenstraße (bkal) in Köln, insbesondere Susanne Krey-de Groote, bedanke ich mich für die hilfreichen Hinweise bei der Neukonzeption der Verfahren zur Erfassung des Lernstandes in der zweiten Auflage des Lehrbuchs.

Vertreterinnen und Vertreter der zweiten Phase (siehe Kapitel 13) haben wertvolle Rückmeldungen gegeben. Neben der Zusammenarbeit in den Universitätsschulen und der Erarbeitung des Musterunterrichtsentwurfs danke ich Georg Hirner, Leitender Seminarvorstand und Dr. Volker Ehlers, Seminarvorstand am Staatlichen Studienseminar für das Lehramt an beruflichen Schulen, Dienststelle Nürnberg. Herrn Udo Prinz, Fachleiter für Wirtschaftswissenschaften, vom Studienseminar Hannover für das Lehramt an berufsbildenden Schulen danke ich für die detaillierte Rückmeldung zu den Lerneinheiten 1 bis 24 der ersten Auflage aus einer niedersächsischen Perspektive. Frau Prof. Dr. Veronika Gulde vom Staatlichen Seminar für Didaktik und Lehrerbildung (BS) in Stuttgart danke ich für die Auskünfte und Hinweise zur baden-württembergischen Planungspraxis. Herrn Hubert Goerke, Leiter des Zentrums für schulpraktische Lehrerausbildung in Bielefeld, danke ich für Auskünfte zur nordrhein-westfälischen Planungspraxis.

Herrn PD Dr. Manfred Müller, ehemaliger Schulleiter der Beruflichen Schule 3 in Nürnberg und jetziger Leiter der Staatlichen Berufsschule I Bayreuth, danke ich für seine anhaltende Diskussionsbereitschaft und seine wertvollen, theoretisch gut gestützten und praxisnahen Hinweise, vor allem zur Messung des Unterrichtsklimas sowie zum Klassenteamkonzept. Aus meiner Sicht hätte er einen berufspädagogischen Niklas-Luhmann-Preis verdient.

Produktive Hinweise zur Weiterentwicklung habe ich auch von den Mitgliedern des Beirates des Masterstudiengangs Wirtschaftspädagogik erhalten, die uns bei der strategischen Weiterentwicklung unseres Masterstudienganges zur Seite stehen. Es sind dies Walter Bockshecker, Personalvorstand Nürnberger Versicherungsgruppe, German Denneborg, Abteilungsleiter Bayerisches Staatsministerium für Unterricht und Kultus, Prof. Dr. Tade Tramm, Institut für Wirtschaftspädagogik der Universität Hamburg, sowie Johannes Gunkelmann, damals Student und nun Alumnus.

Mit Prof. Dr. Tade Tramm vom Institut für Berufs- und Wirtschaftspädagogik der Universität Hamburg verbindet mich ein mehrjähriges Ringen um die rechte Ausbildung von Lehrkräften. Dir, Tade, für Deine Kritik und Deine Inspiration herzlichen Dank. Ich weiß, dass Du diese Materialen schätzt, aber auch, dass nicht alles vor Deinem kritischen Auge standhalten wird.

Für die Impulse in der Diskussion danke ich auch Prof. Dr. Michaela Stock sowie Dr. Elisabeth Riebenbauer vom Institut für Wirtschaftspädagogik der Universität Graz.

Zudem haben viele Mitarbeiterinnen und Mitarbeiter des Lehrstuhls mitgearbeitet. Liane Klippstein, Martina Grübel, Andrea Radspieler, Steffen Liebert, das Lesemonster Verena Weingärtner, die Korrekturleserin der zweiten Auflage, Sabine Wesselowsky, und Cäcilia Gaberszik haben die Korrekturlesearbeiten und die Koordination übernommen. Florian Berglehner danke ich für die technische Unterstützung. Der mehrere Jahre an den Lehrstuhl abgeordnete Lehrer Horst Pongratz aus Amberg hatte – unter anderem – die Funktion, mich zu erden. Auch durch seine Art, Probleme und Befürchtungen mit seiner oberpfälzerischen Direktheit anzusprechen, hat sich das erfüllt. Dem von der Ludwig-Erhard-Schule Fürth an den Lehrstuhl abgeordnete Lehrer Jörg Schirmer danke ich für die gute Zusammenarbeit und seine guten Anregungen zu den Lerneinheiten, insbesondere im Zusammenhang mit seiner Leib- und Magenspeise, der Konstruktion und dem Einsatz von Lernsituationen. Frau Dr. Angela

Hahn, akademische Oberrätin am Lehrstuhl, ist – im allerbesten Sinne des Wortes – meine schärfste inhaltliche Kritikerin. Die Liste der konstruktiven Anregungen, die ich von ihr erhalten habe, ist lang. Mein Mitarbeiter Wolfgang Lehner hat sich in der Universitätsschule einen Ruf als von den Studierenden, den Schulen und mir hoch geschätzter Organisator hart erarbeitet. Im Laufe der Zeit wurde er mir ein wichtiger Ratgeber für die Weiterentwicklung der Konzeption der Universitätsschule und der entsprechenden Materialien.

Ihre Verantwortung

Trotz alle dem: Jegliche Ungenauigkeit und jeglicher Unfug in den Materialien sind selbstredend von mir zu verantworten. In *Ihrer* Verantwortung allein liegt es, mich darauf hinzuweisen.

Statements der Mentorinnen und Mentoren der Universitätsschulen

Statements der Mentorinnen und Mentoren der Beruflichen Schule 4 in Nürnberg

UniSchule bedeutet für mich: Die richtige systemische und wissenschaftliche Antwort auf die sich immer schneller ändernden Rahmenbedingungen des beruflichen Schulwesens. Die kommende LehrerInnengeneration ist methodisch-didaktisch auf aktuellem Stand, sie ist gewohnt, hart und strukturiert zu arbeiten. Darüber hinaus hat sie im Rahmen der Unischule hautnah kennen- und spüren gelernt, was es tatsächlich heißt, Lehrer zu sein. Für mich als Mentor ist es wertvoll, diese jungen Leute auf ihrem Weg zu begleiten und diesen etwas einzuebnen, gleichermaßen wie mein pädagogisches Wirken durch sie bereichert wird. Fazit: Unischule - gefällt mir! (Dr. Thomas Beutl)

UniSchule ist für mich: Ein Schwimmbecken, in dem sich die Studierenden an die Wassertemperatur gewöhnen dürfen, in dem sie tauchen dürfen und in dem sie das Schwimmen lernen dürfen. Und es ist ein Schwimmbecken, in dem die Mentoren ihren bisherigen Schwimmstil verbessern und neue Schwimmstile lernen dürfen. (Christian Traub)

UniSchule bedeutet für mich: Dass ich mich immer wieder neu mit dem eigenen Unterricht beschäftigen darf, um zu überprüfen, ob dieser noch zeitgemäß ist. Außerdem die Bereitschaft zu haben, neue Erkenntnisse der Wissenschaft umzusetzen, aber auch kritisch zu hinterfragen. Des Weiteren ermöglicht die UniSchule jungen Nachwuchslehrkräften einen Einblick in den Alltag einer Lehrkraft zu bekommen und ihnen damit die Entscheidung pro oder contra Lehrtätigkeit ein Stück weit zu erleichtern. UniSchule ist für mich mehr, als nur das Soll zu erfüllen! (Frank Fleischmann)

UniSchule bedeutet für mich eine sinnvolle und gelungene Verknüpfung von Theorie und Praxis: Die Studenten erhalten schon frühzeitig einen aktiven Einblick in ein mögliches späteres Betätigungsfeld. Sie lernen das "Lehrersein" in kleinen Etappen kennen – angefangen von der Analyse, über Unterrichtseinstiege, zu Unterrichtsgespräch und Sicherung. Durch intensive Besprechungen wird sowohl das studentische als auch das eigene Wirken reflektiert. Die Mentoren andererseits frischen ihre theoretischen Kenntnisse wieder auf und bleiben auf dem neuesten Stand. Zudem ist die Zusammenarbeit mit den Studenten interessant und bereichernd. (Petra Angermeier)

Die Universitätsschule ermöglicht nach meiner Einschätzung die frühe Verknüpfung zwischen Theorie und Praxis in der Lehrerausbildung. Sie richtet damit den Studiengang stärker auf das Berufsbild Lehrer aus und bereitet schon während des Studiums gezielt darauf vor. Dies kann helfen, Fehlentscheidungen in der beruflichen Ausrichtung zu minimieren, Praxisschocks nach dem Studium zu verhindern und den Studenten neben ihrer betriebswirtschaftlichen Ausbildung einen pädagogisch-didaktischen Werkzeugkasten an die Hand zu geben, der im späteren Berufsalltag von unschätzbarem Wert sein wird. (Jürgen Mehrlich)

UniSchule bedeutet für mich: Die Möglichkeit, angehende Lehrer auf ihrem Weg an die Schule zu begleiten und zu unterstützen und gleichzeitig mein Wirken als Lehrkraft kritisch zu reflektieren. Dies bietet mir die Chance, mich weiter zu entwickeln und zu verbessern. (Jürgen Klose)

UniSchule ist für mich: Eine gelebte Lerngemeinschaft, in der ich neue Erfahrungen sammle und meine Erfahrungen einbringe, in der ich Veränderungsprozesse miterlebe und sie mitgestalte, in der ich zusammen mit meinen Lernpartnern über mein Handeln reflektiere und Reflexionen anstoße. (Kai Hegmann)

Verbildlichtes Statement der Mentorinnen und Mentoren Sabine Dietlmeier, Hartmut Garreis, Claudia Holz, Michael Paß, Barbara Sauter und Yvonne Steigmann von der Beruflichen Schule 6 in Nürnberg

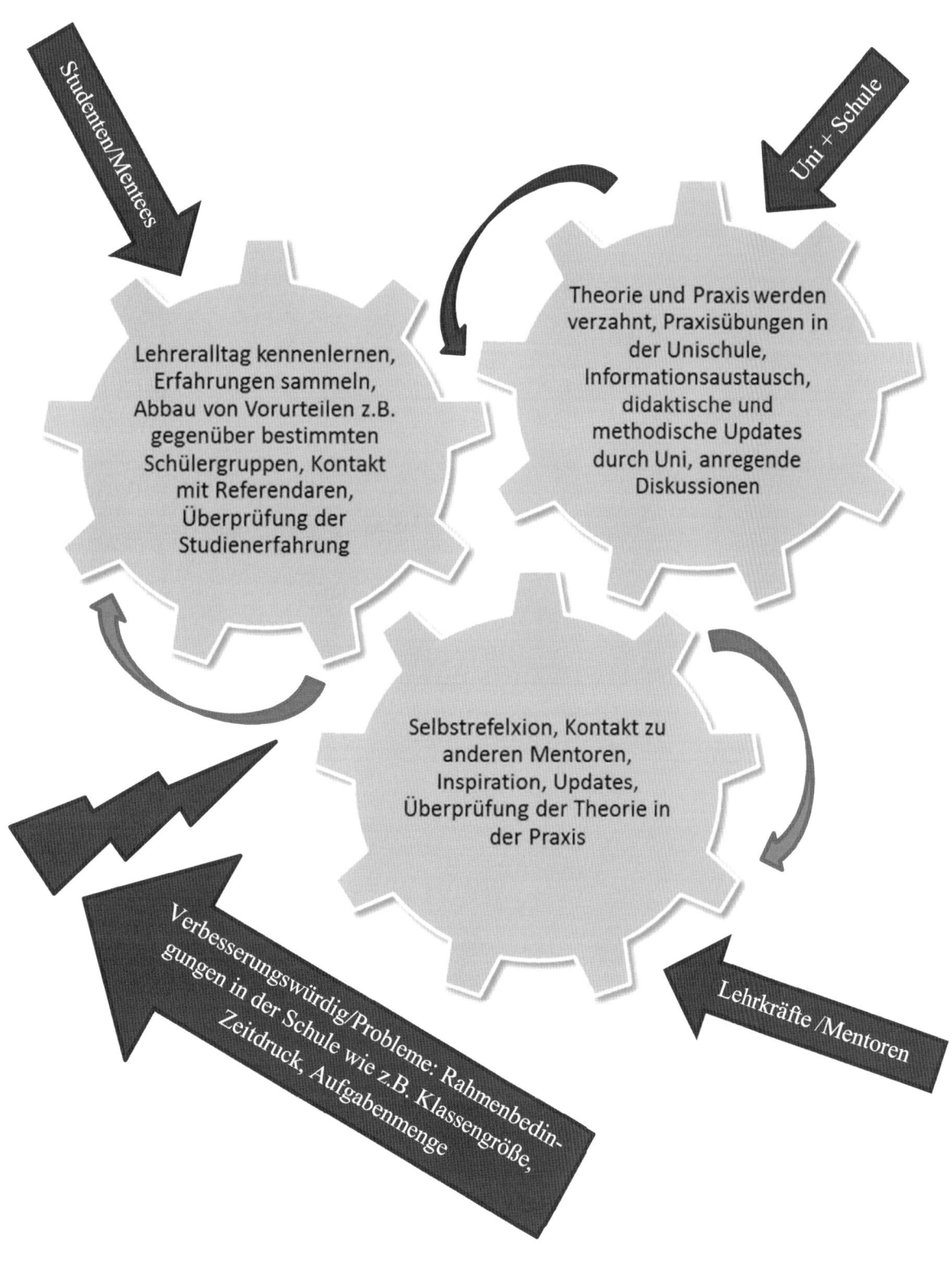

Statements der Mentorinnen und Mentoren Martina Neusser, Martin Fochtner, Birte Köbberling, Ute Jacob, Daniel Müller, Reinhard Singer und Jörg Schirmer von der Ludwig-Erhard-Schule in Fürth

"Durch die Universitätsschule können sich die Studenten frühzeitig mit dem Unterrichtsalltag vertraut machen, damit ein möglicher späterer "Praxis-Schock" ausbleibt."

"Die Studenten werden nicht ins kalte Wasser geworfen, sondern Schritt für Schritt an die Planung und Umsetzung von Unterricht herangeführt."

"Mittels Universitätsschule bleibe ich auf dem laufenden Stand der "Unterrichtswissenschaft" und mir werden somit Chancen geboten, mich und meinen Unterricht zu hinterfragen und weiterzuentwickeln."

"Die Studenten bekommen einen realistischen Einblick in den Schul- und Lehreralltag."

"Studenten können Unterricht ausprobieren."

"Ich habe die Möglichkeit, Studenten für den Lehrerberuf zu begeistern."

Statements der Mentorinnen und Mentoren der Berufsschule Erlangen

<u>Statement Mentor Hermann Suchy:</u>

UniSchule bedeutet für mich in Stichworten: Neue Einblicke in die Lehrerbildung, Berufspädagogik mal anders (meiner Meinung nach besser) als ich es an der UNI erfahren habe; „Refreshing", Erneuerung meines Wissens; Spaß am Umgang und Austausch mit anderer Zielgruppe, nämlich Studenten statt Schülern; Informationen zur aktuellen Lehrerbildung; Infos zum Stand der aktuellen Forschung zur Berufs- und Wirtschaftspädagogik; Netzwerken, neue Kontakte UNI; Ja und macht echt Spaß, der Umgang mit den Studenten!

<u>Statement Mentorin Bettina Knoll:</u>

Universitätsschule, insbesondere das Mentoring, stellt für mich eine Win-Win-Situation dar. Alle Beteiligten profitieren von der allwöchentlichen Zusammenkunft. Einerseits wird den Studenten ein realistischer Einblick in den Schulalltag und die Tätigkeit einer Lehrkraft gegeben. Der Lehrerberuf wird dadurch definitiv transparenter und griffiger für angehende Lehrer und Lehrerinnen. Andererseits bekomme ich als Mentorin immer wieder Anregungen und Denkanstöße aufgrund der Inhalte in den Lerneinheiten und der Studentenrückmeldungen für meinen Unterricht und meine zusätzlichen Aufgaben neben dem Unterricht.

Geleit der Schulleiter der Universitätsschulen

Mit großer Freude haben die beteiligten Schulen im Jahre 2009 die Anfrage von Professor Dr. Wilbers hinsichtlich einer Beteiligung am Universitätsschulkonzept aufgenommen. Die Schulen mussten nicht lange überlegen, um ihre Zustimmung zu geben, denn mit diesem Konzept wurde der langjährige Wunsch nach mehr Praxisbezug während der ersten Phase der Lehrerausbildung realisiert. Die daraus entstandene intensive und vertrauensvolle Zusammenarbeit mit dem Lehrstuhl für Wirtschaftspädagogik und Personalentwicklung der Friedrich-Alexander Universität nehmen wir als eine Win-win-Situation wahr. Die Umsetzung der Grundidee der Verzahnung von Universität, Referendariat und Schulwirklichkeit erfolgt höchst professionell und bringt sowohl für die Studierenden als auch für die Schulen einen Qualitätszuwachs. Dies vor allem durch ein stärkeres Reflektieren der Unterrichtsprozesse als auch eine Anhebung des wissenschaftlichen Kenntnisstandes über didaktische Fragestellungen. Wir sind auch davon überzeugt, dass damit die Professionalisierung der Lehrkräfte gesteigert wird.

Mit der stärkeren Anbindung der Studierenden an die Praxis können diese die während des Studiums gewonnenen wissenschaftlichen Erkenntnisse im Sinne eines Regelkreises sofort auf die Praxistauglichkeit prüfen und reflektieren. Sie können dadurch sehr schnell feststellen, welche persönlichen Korrekturen erforderlich sind, um erfolgreich zu sein. Weiterhin entsteht durch den persönlichen Austausch der Studierenden mit den Lehrkräften in den Schulen eine intensive Auseinandersetzung mit den Anforderungen an die zukünftige Tätigkeit. Somit kann noch während des Studiums die richtige Weichenstellung erfolgen. Es ist wesentlich schneller feststellbar, ob man für den Beruf überhaupt geeignet ist. Einem bei den Referendaren häufig wahrzunehmenden Praxisschock kann damit vorgebeugt werden.

Für die Schulen bietet sich durch eine intensive didaktische Arbeit zwischen den Studierenden und den Lehrkräften insbesondere den Mentoren sowie den Impulsen aus der Universität die Chance, die Schulentwicklung und das Qualitätsmanagement auf eine höhere Stufe zu stellen. Denn der damit verbundene Kompetenzzuwachs bei den Lehrkräften wird den Schülerinnen und Schülern einen höheren Lernerfolg ermöglichen. Unterstützt wird dieser Prozess durch eine permanente aktive Beteiligung an der wissenschaftlichen Erkenntnisgewinnung sowie der Initiierung von schulinternen Lehrerfortbildungen. Es besteht darüber hinaus für die Schulen die Möglichkeit, auftretende pädagogische Fragen und Untersuchungen von den Studierenden bearbeiten zu lassen.

Es ist uns bewusst, dass die von dem neuen Konzept ausgehenden positiven Wirkungen nicht ohne die wohlwollende Unterstützung durch das Kultusministerium hätten erzielt werden können. Dabei wäre es durchaus möglich, den beteiligten Schulen noch größeren Handlungsspielraum einzuräumen, um die Schulentwicklung weiter voran zu bringen. Für die bisherige Unterstützung bedanken wir uns sehr.

Unser Dank gilt vor allem Professor Dr. Wilbers nicht nur für das innovative Konzept, sondern vor allem für die sehr konstruktive und wertschätzende Zusammenarbeit, die auch kritische Anmerkungen zulässt und so zu einer Qualitätsverbesserung bei allen an der Lehrerausbildung Beteiligten führt.

Reinhold Burger, Uwe Krabbe, Roland Topinka, Reinhold Weberpals;
Schulleiter der Universitätsschulen

Geleit des Bayerischen Staatsministeriums für Unterricht und Kultus

Im Jahre 2009 begannen die Vorbereitungen in der Beruflichen Abteilung des Bayerischen Staatsministeriums für Unterricht und Kultus für die Reform der Lehrerausbildung in beiden Phasen. Ein wesentlicher Bestandteil der Reform war die bessere Verknüpfung der universitären Lehrerausbildung mit der schulischen Praxis. Konkret ging es darum, der schulischen Praxis die aktuellen wissenschaftlichen Erkenntnisse und den Universitäten die in der schulischen Praxis notwendigen Qualifikationen zugänglich zu machen. Kurz ausgedrückt, das Universitätsstudium schulorientierter zu gestalten, und den Schulen am wissenschaftlichen Fortschritt orientierte pädagogische Impulse zu geben. Dies war die „Geburtsstunde" des Universitätsschulkonzepts.

Von Anfang an war der Lehrstuhl Prof. Wilbers in besonderer Weise in diesen Prozess eingebunden. Der „Nürnberger Weg" bot viele Anknüpfungspunkte, um die Verknüpfung zwischen universitärem und schulischem Personal sowie Studenten und Referendaren zu ermöglichen.

Wie mit allen anderen Beteiligten auch, haben wir verabredet, nach 5 Jahren ein Zwischenresümee zu ziehen, und den weiteren Weg zu beraten. Die bis heute erkennbaren Ergebnisse sind sehr erfreulich, umso mehr ist es aus meiner Sicht sinnvoll zu warten, was in den nächsten Jahren darüber hinaus noch entsteht. Das vorgelegte Buch gibt einen hervorragenden Einblick in den aktuellen Stand des „Nürnberger Wegs". Ich wünsche mir, dass es dazu dient, dem gemeinsamen Ziel, nämlich der Verbesserung der Lehramtsausbildung und der intensiveren Reflektion pädagogischer Inhalte in den Schulen zu dienen.

German Denneborg, Ministerialdirigent

Mephisto zum Schüler:

„Grau, teurer Freund, ist alle Theorie
Und grün des Lebens goldner Baum."

INHALTSÜBERSICHT

Inhaltsübersicht XXI

Inhaltsverzeichnis XXIII

1   Eine didaktische Grundidee entwickeln 1

2   Curriculare Prinzipien einsetzen und nutzen 31

3   Kompetenzen modellieren, Fach- und Lernkompetenz bestimmen und präzisieren 59

4   Sozial-, Selbst- und Sprachkompetenz bestimmen und präzisieren 99

5   Planungshilfen nutzen und einsetzen 135

6   Sachanalyse durchführen, reduzieren sowie Erwartungen an Lernergebnisse konkretisieren 167

7   Lernausgangslage als Teil der individuellen Bedingungen der Lernenden erfassen 205

8   Weitere individuelle Bedingungen und Klassenbedingungen erfassen sowie Unterrichtskonzept arrangieren 241

9   Makrodidaktische und mikrodidaktische Planung verschriftlichen 275

10   Einsteigen, mit Lehrvortrag und Lehrgespräch erarbeiten und Ergebnisse sichern 313

11   Bedingungen zur Führung von Klassen gestalten 341

12   Entwicklungstand der Lernenden erfassen 375

13   Individuelle Bedingungen der Lehrkraft berücksichtigen und entwickeln 403

14   Schulische Bedingungen einschätzen und (mit-)entwickeln 439

15   Bedingungen auf den höheren Bedingungsschalen erfassen 473

16   Gruppenunterricht planen und ausarbeiten 507

17   Im traditionellen Unterricht differenzieren und traditionelle Medien arrangieren, planen und ausarbeiten 527

18   Simulationsmethoden planen und ausarbeiten 561

19   Selbstgesteuerte und individualisierende Unterrichtsmethoden planen und ausarbeiten 599

20   Methoden der akzentuierten Förderung planen und ausarbeiten 643

21   Moderne Medien arrangieren, planen und ausarbeiten 673

22   Assessmentkonzept arrangieren 703

23   Assessment planen und ausarbeiten 725

24   Unterricht evaluieren und revidieren 755

Bildnachweis XLIII

Schlagwortverzeichnis XLV

INHALTSVERZEICHNIS

Inhaltsverzeichnis XXIII

1   Eine didaktische Grundidee entwickeln 1

   1.1   Zur Orientierung: Was Sie hier erwartet 2

      1.1.1   Worum es hier geht 2

      1.1.2   Inhaltsübersicht 3

      1.1.3   Zusammenfassung 3

      1.1.4   Einordnung in das Prozessmodell 4

   1.2   Das Kerngeschäft: Didaktische Situationen gestalten 5

      1.2.1   Was didaktische Situationen ausmacht 5

      1.2.2   Lehren und Lernen in didaktischen Situationen 7

      1.2.3   Angehende Lehrkräfte: Ihre Sorgen und Ängste 10

   1.3   Didaktische Modelle bilden didaktische Situationen ab 12

      1.3.1   Was Modelle ausmacht 12

      1.3.2   Didaktische Modelle als Hilfe für Anfängerinnen und Anfänger 12

      1.3.3   Der Fokus hier: Berufs- und wirtschaftspädagogische didaktische Situationen 13

      1.3.4   Wann ist Unterricht ein guter Unterricht? 14

   1.4   Das hier zugrunde gelegte didaktische Modell: Das Nürnberger Modell 16

      1.4.1   Die Tradition des Modells: Die Berliner Didaktik 16

      1.4.2   Die Strukturelemente des Modells: Absicht & Thema, Methode und Bedingungen 17

      1.4.3   Die Schritte des Modells: Von der ersten Idee bis zur Evaluation und Revision 18

      1.4.4   Die verschiedenen Perspektiven des Modells 20

   1.5   Der Einstieg im Nürnberger Modell: Eine didaktische Grundidee entwickeln 21

   1.6   Outro 23

      1.6.1   Die wichtigsten Begriffe dieser Lerneinheit 23

      1.6.2   Tools 23

      1.6.3   Kompetenzen 23

      1.6.4   Hinweise zur vertieften Auseinandersetzung: Weiterlesen 24

      1.6.5   Hinweise zur vertieften Auseinandersetzung: Weitersurfen 25

      1.6.6   Literaturnachweis 26

      1.6.7   Anmerkungen 28

2   Curriculare Prinzipien einsetzen und nutzen 31

   2.1   Zur Orientierung: Was Sie hier erwartet 32

2.1.1   Worum es hier geht 32

2.1.2   Inhaltsübersicht 33

2.1.3   Zusammenfassung 34

2.1.4   Einordnung in das Prozessmodell 34

2.2   Curriculare Prinzipien: Was darunter verstanden wird 35

2.3   Das Wissenschaftsprinzip: Planung durch den Blick in die Wissenschaft 36

2.3.1   Wie das Wissenschaftsprinzip gedacht ist 36

2.3.2   Das Wissenschaftsprinzip in der Wirtschaftspädagogik 36

2.3.3   Das Wissenschaftsprinzip in der Berufspädagogik 39

2.3.4   Das Wissenschaftsprinzip in Action 39

2.4   Das Situationsprinzip: Planung durch den Blick in die Praxis 40

2.4.1   Wie das Situationsprinzip gedacht ist 40

2.4.2   Allgemeine Varianten des Situationsprinzips 40

2.4.3   Wirtschaftsdidaktische Varianten des Situationsprinzips 41

2.4.4   Technikdidaktische Varianten des Situationsprinzips 44

2.4.5   Gefahren einseitiger Situationsorientierung 45

2.4.6   Das Situationsprinzip in Action 46

2.5   Das Persönlichkeitsprinzip: Planung mit Hilfe von Bildungsidealen 46

2.5.1   Wie das Persönlichkeitsprinzip gedacht ist 46

2.5.2   Allgemeine Varianten des Persönlichkeitsprinzips 47

2.5.3   Wirtschaftsdidaktische Varianten des Persönlichkeitsprinzips 50

2.5.4   Technikdidaktische Varianten des Persönlichkeitsprinzips 52

2.5.5   Das Persönlichkeitsprinzip in Action 52

2.6   Leitfragen für die curriculare Analyse mit Hilfe der curricularen Prinzipien (GAL 2.2.).... 52

2.7   Outro 53

2.7.1   Die wichtigsten Begriffe dieser Lerneinheit 53

2.7.2   Tools 53

2.7.3   Kompetenzen 53

2.7.4   Hinweise zur vertieften Auseinandersetzung: Weiterlesen 54

2.7.5   Hinweise zur vertieften Auseinandersetzung: Weitersurfen 54

2.7.6   Literaturnachweis 54

2.7.7   Anmerkungen 57

3   Kompetenzen modellieren, Fach- und Lernkompetenz bestimmen und präzisieren 59

3.1   Zur Orientierung: Was Sie hier erwartet 60

3.1.1   Worum es hier geht 60

3.1.2   Inhaltsübersicht 61

3.1.3   Zusammenfassung 62

3.1.4   Einordnung in das Prozessmodell 62

3.2   Kompetenz: Was damit gemeint ist 63

3.2.1   Kompetenz und Performanz 63

3.2.2   Kompetenzbereiche: Kognitiver und affektiver Bereich von Kompetenz 65

3.2.3   Exkurs: Reichweite von Kompetenzen... 66

3.3   Kompetenzstruktur und -niveau: Dimensionen und Niveaus 68

3.3.1   Kompetenzstruktur- und -niveaumodelle 68

3.3.2   Weit verbreitete Kompetenzmodelle 68

3.3.3   Kompetenzniveaumodelle 74

3.3.4   Kompetenzen schulnah (im Kollegium) kooperativ modellieren.............. 74

3.3.5   Kompetenzorientierung, Kompetenzstruktur und -niveau: Das hier zugrunde gelegte Verständnis 76

3.4   Fachkompetenz (FaKo) bestimmen und präzisieren 79

3.4.1   Fachlichkeit als Schulfach(lichkeit): Das Schulfach als Domäne 79

3.4.2   Fachlichkeit als Beruf(sfachlichkeit)... 80

3.4.3   Ansätze zur Modellierung kaufmännischer Fachkompetenz.................... 82

3.4.4   Fachkompetenz: Das hier zugrunde gelegte Verständnis......................... 84

3.5   Lernkompetenz (LeKo) bestimmen und präzisieren 85

3.5.1   Lernkompetenz: Was in der Literatur darunter verstanden wird............. 85

3.5.2   Der LIST-Ansatz zur Strukturierung von Lernkompetenz....................... 85

3.5.3   Der Klippert-Ansatz zur Strukturierung von Methodenkompetenz 86

3.5.4   Lernkompetenz und Lernschwierigkeiten 87

3.5.5   Lernkompetenz: Das hier zugrunde gelegte Verständnis 88

3.6   Leitfragen für die Kompetenzanalyse (GAL 2.2).. 90

3.7   Outro... 90

3.7.1   Die wichtigsten Begriffe dieser Lerneinheit.. 90

3.7.2   Tools.. 91

3.7.3   Kompetenzen... 91

3.7.4   Hinweise zur vertieften Auseinandersetzung: Weiterlesen...................... 91

3.7.5   Hinweise zur vertieften Auseinandersetzung: Weitersurfen 92

3.7.6   Literaturnachweis 92

3.7.7   Anmerkungen 96

4   Sozial-, Selbst- und Sprachkompetenz bestimmen und präzisieren 99

4.1   Zur Orientierung: Was Sie hier erwartet 100

4.1.1   Worum es hier geht 100

4.1.2   Inhaltsübersicht 101

4.1.3   Zusammenfassung 101

4.1.4   Einordnung in das Prozessmodell 102

4.2   Sozialkompetenz (SoKo) bestimmen und präzisieren 103

4.2.1   Sozialkompetenz und moralische Kompetenz: Das Spektrum in der Literatur 103

4.2.2   Ansätze zur Modellierung der Sozialkompetenz 103

4.2.3   Ansätze zur Modellierung der moralischen Kompetenz 107

4.2.4   Verhaltensauffällige Schülerinnen und Schüler 112

4.2.5   Sozialkompetenz: Das hier zugrunde gelegte Verständnis 113

4.3   Selbstkompetenz (SeKo) bestimmen und präzisieren 114

4.3.1   Selbstkompetenz: Das Spektrum in der Literatur 114

4.3.2   Selbstkompetenz, erster Teil: Das Selbstkonzept 115

4.3.3   Selbstkompetenz, zweiter Teil: Selbstwertgefühl 120

4.3.4   Selbstkompetenz, dritter Teil: Moralisches Selbst 121

4.3.5   Selbstkompetenz: Das hier zugrunde gelegte Modell 123

4.4   Berufssprachliche Kompetenz (SpraKo) bestimmen und präzisieren 126

4.4.1   Sprachkompetenz: Was in der Literatur darunter verstanden wird 126

4.4.2   Berufssprachliche Kompetenz: Das hier zugrunde gelegte Verständnis 127

4.5   Zusammenfassende Betrachtung der Kompetenzen 127

4.6   Leitfragen für die Kompetenzanalyse (SoKo, SeKo, SpraKo) (GAL 2.2) 128

4.7   Outro 128

4.7.1   Die wichtigsten Begriffe dieser Lerneinheit 128

4.7.2   Tools 128

4.7.3   Kompetenzen 128

4.7.4   Hinweise zur vertieften Auseinandersetzung: Weiterlesen 129

4.7.5   Hinweise zur vertieften Auseinandersetzung: Weitersurfen 129

4.7.6   Literaturnachweis 129

4.7.7   Anmerkungen 132

5   Planungshilfen nutzen und einsetzen 135

5.1   Zur Orientierung: Was Sie hier erwartet 136

5.1.1   Worum es hier geht 136

5.1.2   Inhaltsübersicht 137

5.1.3   Zusammenfassung 137

5.1.4   Einordnung in das Prozessmodell 138

5.2   Die offizielle Welt: Unterrichtsplanung mit offiziellen Hilfen 139

5.2.1   Der Lehrplan: Das klassische Instrument zur Steuerung der Staatsschule 139

5.2.2   Der Lehrplan: Unterschiede zu verwandten Dingen 142

5.2.3   Lehrpläne mit traditioneller Struktur..143

5.2.4   Lehrpläne mit Lernfeldstruktur 144

5.2.5   Innovative Lehrplanformen 148

5.2.6   Ergänzungen und Alternativen zum Lehrplan..151

5.3   Die inoffizielle Welt: Planung mit Hilfsmitteln, die offiziell keine sind 154

5.3.1   Das Schulbuch: Eine multifunktionelle Hilfe im Schulalltag........................154

5.3.2   Prüfungsunterlagen: Regulierung des Unterrichts von hinten herum...........157

5.4   Die kooperative Welt der Planungshilfen...159

5.5   Die Bibliothekswelt der Planungshilfen...159

5.6   Der praktische Umgang mit Planungshilfen...161

5.7   Leitfragen zu den Planungshilfen...162

5.8   Outro..162

5.8.1   Die wichtigsten Begriffe dieser Lerneinheit...162

5.8.2   Tools...163

5.8.3   Kompetenzen..163

5.8.4   Hinweise zur vertieften Auseinandersetzung: Weiterlesen 163

5.8.5   Hinweise zur vertieften Auseinandersetzung: Weitersurfen 164

5.8.6   Literaturnachweis...164

5.8.7   Anmerkungen 166

**6   Sachanalyse durchführen, reduzieren sowie Erwartungen an Lernergebnisse
konkretisieren 167**

6.1   Zur Orientierung: Was Sie hier erwartet 168

6.1.1   Worum es hier geht 168

6.1.2   Inhaltsübersicht 169

6.1.3   Zusammenfassung 169

6.1.4   Einordnung in das Prozessmodell 170

6.2   Sachanalyse durchführen...171

6.2.1   Sachanalyse: Was darunter verstanden wird und wofür sie gut ist 171

6.2.2   Exkurs: Der Kognitivismus – Eine erste Sicht auf Lernen und Motivation 171

6.2.3   Die Struktur der Inhalte visualisieren...179

6.2.4   Leitfragen für die Sachanalyse (GAL 2.3) 184

6.3   Themen und Kompetenzen reduzieren: Das Wichtigste herausarbeiten 184

6.3.1   Das Problem der Stofffülle und wie damit umgegangen wird 185

6.3.2   Im Interdependenzzusammenhang reduzieren 185

6.3.3   Das Exemplarische, Fundamentale und Aktuelle herausarbeiten...................186

6.3.4   Durch Binnendifferenzierung begrenzen: Muss Allen Alles unterrichtet werden?........187

6.3.5   Leitfragen für die didaktische Reduktion (GAL 2.4) 188

6.4   Erwartungen an Lernergebnisse konkretisieren: Learning Outcomes und Lernziele aufstellen und präzisieren 188

    6.4.1   Learning Outcomes aufstellen und präzisieren 188

    6.4.2   Lernziele aufstellen 193

    6.4.3   Leitfrage für die Erwartungen an Lernergebnisse (GAL 2.4) 199

6.5   Outro 200

    6.5.1   Die wichtigsten Begriffe dieser Lerneinheit 200

    6.5.2   Tools 200

    6.5.3   Kompetenzen 200

    6.5.4   Hinweise zur vertieften Auseinandersetzung: Weiterlesen 200

    6.5.5   Hinweise zur vertieften Auseinandersetzung: Weitersurfen 201

    6.5.6   Literaturnachweis 201

    6.5.7   Anmerkungen 203

7   Lernausgangslage als Teil der individuellen Bedingungen der Lernenden erfassen 205

7.1   Zur Orientierung: Was Sie hier erwartet 206

    7.1.1   Worum es hier geht 206

    7.1.2   Inhaltsübersicht 207

    7.1.3   Zusammenfassung 207

    7.1.4   Einordnung in das Prozessmodell 208

7.2   Bedingungen des Unterrichts: Ein verschachteltes didaktisches Strukturelement 209

7.3   Analyse der Lernausgangslage: Was darunter verstanden wird 211

    7.3.1   Lernausgangslage: Was darunter verstanden wird 212

    7.3.2   Assessment: Lernausgangslage und Lernergebnisse analysieren 212

    7.3.3   Messen, Testen, Prüfen und Screening: Sonderformen des Assessments 214

7.4   Wie die Lernausgangslage analysiert wird: Assessments entwickeln 217

    7.4.1   Assessment grundlegend ausrichten 217

    7.4.2   Assessment-Anlässe und Assessment-Instrumente konstruieren 226

7.5   Die Lernausgangslage in den verschiedenen Kompetenzdimensionen erfassen 229

    7.5.1   Die Fachkompetenz erfassen 229

    7.5.2   Die Lernkompetenz erfassen 230

    7.5.3   Die Sozialkompetenz erfassen 231

    7.5.4   Die Selbstkompetenz erfassen 233

    7.5.5   Die (berufs-)sprachliche Kompetenz erfassen 233

7.6   Leitfragen für die Analyse der Lernausgangslage (GAL 3.2) 233

7.7   Outro 234

    7.7.1   Die wichtigsten Begriffe dieser Lerneinheit 234

    7.7.2   Tools 234

7.7.3   Kompetenzen 235

7.7.4   Hinweise zur vertieften Auseinandersetzung: Weiterlesen 235

7.7.5   Hinweise zur vertieften Auseinandersetzung: Weitersurfen 235

7.7.6   Literaturnachweis 235

7.7.7   Anmerkungen 238

**8   Weitere individuelle Bedingungen und Klassenbedingungen erfassen sowie
Unterrichtskonzept arrangieren 241**

8.1   Zur Orientierung: Was Sie hier erwartet 242

8.1.1   Worum es hier geht 242

8.1.2   Inhaltsübersicht 243

8.1.3   Zusammenfassung 243

8.1.4   Einordnung in das Prozessmodell 244

8.2   Weitere individuelle Bedingungen erfassen 245

8.2.1   Besondere pädagogische Bedarfe einzelner Schülerinnen und Schüler erfassen 245

8.2.2   Hintergrund und Motivation der Lernenden erfassen 248

8.2.3   Leitfragen für die Analyse weiterer individueller Bedingungen 253

8.3   Klassenbedingungen erfassen 254

8.3.1   Niveau und Heterogenität der Lernausgangslage der Klasse 254

8.3.2   Klassengröße, Alters- und Geschlechtszusammensetzung der Klasse 255

8.3.3   Klima in der Klasse erfassen 255

8.3.4   Räumlich-zeitliche Bedingungen erfassen 256

8.3.5   Leitfragen für die Analyse der Klassenbedingungen 258

8.4   Das Unterrichtskonzept arrangieren 259

8.4.1   Das traditionelle und das handlungsorientierte Unterrichtskonzept 259

8.4.2   Handlungsorientierte und traditionelle Methoden: Eine kurze Übersicht ... 264

8.4.3   Medien- und Assessmentkonzept arrangieren 266

8.4.4   Das integrierte Unterrichtskonzept 267

8.4.5   Leitfragen für das Arrangieren von Methoden, Assessment und Medien 268

8.5   Outro 268

8.5.1   Die wichtigsten Begriffe dieser Lerneinheit 268

8.5.2   Tools 268

8.5.3   Kompetenzen 269

8.5.4   Hinweise zur vertieften Auseinandersetzung 269

8.5.5   Literaturnachweis 269

8.5.6   Anmerkungen 272

9   Makrodidaktische und mikrodidaktische Planung verschriftlichen 275

9.1   Zur Orientierung: Was Sie hier erwartet 276

9.1.1   Worum es hier geht 276

9.1.2   Inhaltsübersicht 277

9.1.3   Zusammenfassung 277

9.1.4   Einordnung in das Prozessmodell 278

9.2   Die makrodidaktische Planung verschriftlichen... 279

9.2.1   Der Verteilungsplan als Verschriftlichung der makrodidaktischen Planung................. 279

9.2.2   Makrodidaktisch sequenzieren und parallelisieren... 282

9.2.3   Didaktische Jahresplanung als Spezialfall der makrodidaktischen Verteilungsplanung 287

9.2.4   Wie die makrodidaktische Planung zustande kommt... 288

9.2.5   Ein erweiterter Begriff von makrodidaktischer Planung.. 292

9.2.6   Leitfragen und Definition für die Verteilungsplanung 293

9.2.7   Die makrodidaktische Planung in der Ausbildung von Lehrkräften 294

9.3   Die mikrodidaktische Planung verschriftlichen 294

9.3.1   Mikrodidaktisch sequenzieren bzw. phasieren und mikrodidaktisch parallelisieren 295

9.3.2   Unterrichtsmethoden, Assessmentmethoden und Medien planen und ausarbeiten........ 297

9.3.3   Der Unterrichtsentwurf als Verschriftlichung der mikrodidaktischen Planung 300

9.4   Outro... 307

9.4.1   Die wichtigsten Begriffe dieser Lerneinheit.. 307

9.4.2   Tools 307

9.4.3   Kompetenzen.. 308

9.4.4   Hinweise zur vertieften Auseinandersetzung: Weiterlesen 308

9.4.5   Hinweise zur vertieften Auseinandersetzung: Weitersurfen 308

9.4.6   Literaturnachweis 309

9.4.7   Anmerkungen 310

10 Einsteigen, mit Lehrvortrag und Lehrgespräch erarbeiten und Ergebnisse sichern 313

10.1   Zur Orientierung: Was Sie hier erwartet 314

10.1.1 Worum es hier geht 314

10.1.2 Inhaltsübersicht 315

10.1.3 Zusammenfassung 315

10.1.4 Einordnung in das Prozessmodell 316

10.2   In den Unterricht einsteigen 317

10.2.1 Wofür ein Unterrichtseinstieg wichtig ist... 317

10.2.2 Mit einer thematischen Hinführung und Advance Organizer einsteigen 318

10.2.3 Weitere Möglichkeiten des Einstiegs in den traditionellen Unterricht.................. 320

10.3   Mit Hilfe des Lehrvortrags erarbeiten 321

10.3.1 Der Lehrvortrag: Was darunter verstanden wird.. 321

10.3.2 Einleitung, Hauptteil und Schluss beim Lehrvortrag 321

10.3.3 Der Lehrvortrag im Interdependenzzusammenhang 324

10.3.4 Sonderformen des Lehrvortrags: Modellieren und Demonstrationsexperiment........... 326

10.4 Mit Hilfe des Lehrgesprächs erarbeiten.. 327

10.4.1 Das Lehrgespräch: Was darunter verstanden wird................................ 327

10.4.2 Der Dreischritt des Lehrgesprächs 328

10.4.3 Das Lehrgespräch im Interdependenzzusammenhang............................ 331

10.5 Ergebnisse im traditionellen Unterricht sichern 332

10.6 Outro... 338

10.6.1 Die wichtigsten Begriffe dieser Lerneinheit.. 338

10.6.2 Tools.. 338

10.6.3 Kompetenzen... 338

10.6.4 Hinweise zur vertieften Auseinandersetzung: Weiterlesen 338

10.6.5 Hinweise zur vertieften Auseinandersetzung: Weitersurfen 338

10.6.6 Literaturnachweis 338

10.6.7 Anmerkungen 340

11 Bedingungen zur Führung von Klassen gestalten **341**

11.1 Zur Orientierung: Was Sie hier erwartet 342

11.1.1 Worum es hier geht 342

11.1.2 Inhaltsübersicht 343

11.1.3 Zusammenfassung 343

11.1.4 Einordnung in das Prozessmodell 344

11.2 Exkurs: Der Behaviorismus – eine weitere Sichtweise auf Lernen und Motivation 345

11.2.1 Erste Spielart des Behaviorismus: Die klassische Konditionierung............... 345

11.2.2 Zweite Spielart des Behaviorismus: Die operante Konditionierung 349

11.2.3 Der Behaviorismus als Motivationstheorie 352

11.2.4 Würdigung des Behaviorismus... 352

11.3 Klassenführung: Was darunter verstanden wird... 353

11.4 Klassen proaktiv führen: Unterrichtsstörungen in der Klasse weitgehend vermeiden 355

11.4.1 Regeln als Gegenstand der Klassenführung 355

11.4.2 Schritte zu gemeinsamen Regeln und Konsequenzen bei Regelverstößen.................... 356

11.4.3 Warum ist das alles so kompliziert? 358

11.5 Die Klasse reaktiv führen: Mit Unterrichtsstörungen in der Klasse umgehen 359

11.5.1 Mit Problemen in der Klasse umgehen.. 359

11.5.2 Konfliktgespräche führen 362

11.5.3 Mit Mobbing in der Klasse umgehen 362

11.5.4 Mit schulischen Krisen umgehen 366

11.5.5 Sich in Lernende verlieben, Sex und übergriffige Handlungen der Lehrkraft 368

11.6 Leitfragen für die Analyse der Grundsätze der Klassenführung (GAL 3.5) 369

11.7 Outro 370

11.7.1 Die wichtigsten Begriffe dieser Lerneinheit 370

11.7.2 Tools 370

11.7.3 Kompetenzen 370

11.7.4 Hinweise zur vertieften Auseinandersetzung: Weiterlesen 371

11.7.5 Hinweise zur vertieften Auseinandersetzung: Weitersurfen 371

11.7.6 Literaturnachweis 371

11.7.7 Anmerkungen 373

12 Entwicklungstand der Lernenden erfassen 375

12.1 Zur Orientierung: Was Sie hier erwartet 376

12.1.1 Worum es hier geht 376

12.1.2 Inhaltsübersicht 377

12.1.3 Zusammenfassung 377

12.1.4 Einordnung in das Prozessmodell 378

12.2 Die Entwicklung des Menschen über sein ganzes Leben 379

12.3 Entwicklung des Menschen in der Adoleszenz und im frühen Erwachsenenalter 381

12.3.1 Entwicklung des Menschen in der Adoleszenz 381

12.3.2 Entwicklung im frühen Erwachsenenalter 384

12.4 Entwicklungsstörungen und Gefährdungen in Adoleszenz und frühem Erwachsenenalter 385

12.4.1 Suchtgefährdungen 386

12.4.2 Sexuelle Gewalt, Zwangsheirat und frühe Schwangerschaft 388

12.4.3 Jugendliche Delinquenz 390

12.4.4 Essstörungen 390

12.4.5 Depressive Episoden, Suizidgefährdung und selbstverletzendes Handeln 391

12.4.6 Extremismus 393

12.5 Wie sollte die Lehrkraft mit Störungen und Gefährdungen umgehen? 395

12.5.1 Unterstützung innerhalb des Schulsystems in Anspruch nehmen 395

12.5.2 Allgemeine Leitlinien für den Umgang mit Störungen und Gefährdungen beachten 396

12.6 Umgang mit Störungen und Gefährdung bei der Unterrichtsplanung 398

12.7 Outro 398

12.7.1 Die wichtigsten Begriffe dieser Lerneinheit 398

12.7.2 Tools 398

12.7.3 Kompetenzen 399

12.7.4 Hinweise zur vertieften Auseinandersetzung: Weiterlesen 399

12.7.5 Hinweise zur vertieften Auseinandersetzung: Weitersurfen 399

12.7.6 Literaturnachweis 400

12.7.7 Anmerkungen 402

13 Individuelle Bedingungen der Lehrkraft berücksichtigen und entwickeln 403

13.1 Zur Orientierung: Was Sie hier erwartet 404

13.1.1 Worum es hier geht 404

13.1.2 Inhaltsübersicht 405

13.1.3 Zusammenfassung 405

13.1.4 Einordnung in das Prozessmodell 406

13.2 Kompetenz der Lehrkraft erfassen 407

13.2.1 Die Kompetenzen von Lehrkräften modellieren 407

13.2.2 Kompetenzerwartungen an Lehrkräfte verstehen 408

13.2.3 Das hier zugrunde gelegte Modell der Kompetenzen für Lehrkräfte 410

13.3 Selbstkompetenz als Lehrkraft entwickeln 411

13.3.1 Das Selbstkonzept von Lehrkräften beruflicher Schulen 411

13.3.2 Das moralische Selbst von Lehrkräften, Berufsethos und Verhaltenskodizes 418

13.3.3 Das Selbstwertgefühl von Lehrkräften 419

13.3.4 „Lehrerpersönlichkeit" und „Lehrertyp": Hilfsmittel oder Ausflucht? 419

13.4 Lehrkraft werden: Formelle Kompetenzentwicklung von Lehrkräften reflektieren 420

13.4.1 Phasen der Kompetenzentwicklung von Lehrkräften 420

13.4.2 Mentoring in der Ausbildung von Lehrkräften 422

13.5 Als Lehrkraft fit bleiben 423

13.5.1 Als Lehrkraft fit bleiben: Was damit gemeint ist 423

13.5.2 Sich informell-reflexiv als Lehrkraft entwickeln 425

13.5.3 Sich informell-implizit als Lehrkraft entwickeln 428

13.5.4 Sich selbst pflegen 430

13.6 Outro 431

13.6.1 Die wichtigsten Begriffe dieser Lerneinheit 431

13.6.2 Tools 431

13.6.3 Kompetenzen 432

13.6.4 Hinweise zur vertieften Auseinandersetzung: Weiterlesen 432

13.6.5 Hinweise zur vertieften Auseinandersetzung: Weitersurfen 432

13.6.6 Literaturnachweis 433

13.6.7 Anmerkungen 438

14 Schulische Bedingungen einschätzen und (mit-)entwickeln **439**

14.1 Zur Orientierung: Was Sie hier erwartet 440

14.1.1 Worum es hier geht 440

14.1.2 Inhaltsübersicht 441

14.1.3 Zusammenfassung 441

14.1.4 Einordnung in das Prozessmodell 442

14.2 Schulische Bedingungen einschätzen: Strategien, Strukturen und Kulturen aufdecken 443

14.2.1 Berufliche Schulen als Bündel von Strategie, Struktur und Kultur 443

14.2.2 Selbstähnlichkeit der Ebenen: Die fraktale Schule 448

14.2.3 Die Lehrkraft als Mitglied unterschiedlicher sozialer Netzwerke in der Schule 448

14.2.4 Professional Learning Communities als Ansatzpunkt der Schulentwicklung 454

14.3 Schulische Bedingungen des Unterrichts (mit-)entwickeln 455

14.3.1 Wege, die Schule systematisch zu ändern 455

14.3.2 Typische Erscheinungen in schulischen Veränderungsprozessen 460

14.4 Alternative Blicke auf die Schule: Schule durch andere Linsen betrachten 462

14.4.1 Die berufliche Schule im Licht der Schuleffektivitätsforschung 462

14.4.2 Die berufliche Schule als komplexes System 464

14.4.3 Die berufliche Schule als Organisation von Expertinnen und Experten 464

14.4.4 Die berufliche Schule als mikropolitischer Kosmos 465

14.5 Leitfragen zur Analyse der schulischen Bedingungen (GAL 3.7) 465

14.6 Outro 466

14.6.1 Die wichtigsten Begriffe dieser Lerneinheit 466

14.6.2 Tools 466

14.6.3 Kompetenzen 466

14.6.4 Hinweise zur vertieften Auseinandersetzung: Weiterlesen 467

14.6.5 Hinweise zur vertieften Auseinandersetzung: Weitersurfen 467

14.6.6 Literaturnachweis 467

14.6.7 Anmerkungen 471

15 Bedingungen auf den höheren Bedingungsschalen erfassen **473**

15.1 Zur Orientierung: Was Sie hier erwartet 474

15.1.1 Worum es hier geht 474

15.1.2 Inhaltsübersicht 475

15.1.3 Zusammenfassung 475

15.1.4 Einordnung in das Prozessmodell 476

15.2 Gesellschaftliche Bedingungen und ihre Änderungen durch Megatrends erfassen 477

15.2.1 Megatrends verändern die Gesellschaft 478

15.2.2 Megatrends verändern berufliche Schulen 480

15.2.3 Leitfragen zur Analyse der gesellschaftlichen Bedingungen (GAL 3.7)....................... 486

15.3 Bedingungen des Bildungs- und Wirtschaftssystems erfassen.................................... 487

15.3.1 Bedingungen des Wirtschaftssystems 487

15.3.2 Bedingungen des Bildungssystems 488

15.3.3 Leitfragen zu den Bedingungen des Wirtschafts- und Bildungssystems (GAL 3.7)...... 490

15.4 Bedingungen des schulischen Netzwerks erfassen und (mit-) entwickeln 491

15.4.1 Berufliche Schulen: Unterwegs in institutionellen Netzwerken................................ 491

15.4.2 Das Netzwerk rund um berufliche Schulen... 491

15.4.3 Netzwerkentwicklung: Veränderung der institutionellen Bedingungen....................... 496

15.4.4 Leitfragen zur Analyse der Bedingungen des schulischen Netzwerks (GAL 3.7) 500

15.5 Outro.. 501

15.5.1 Die wichtigsten Begriffe dieser Lerneinheit... 501

15.5.2 Tools.. 501

15.5.3 Kompetenzen.. 501

15.5.4 Hinweise zur vertieften Auseinandersetzung: Weiterlesen 501

15.5.5 Hinweise zur vertieften Auseinandersetzung: Weitersurfen 502

15.5.6 Literaturnachweis 502

15.5.7 Anmerkungen 504

16 Gruppenunterricht planen und ausarbeiten.. 507

16.1 Zur Orientierung: Was Sie hier erwartet 508

16.1.1 Worum es hier geht 508

16.1.2 Inhaltsübersicht 509

16.1.3 Zusammenfassung.. 509

16.1.4 Einordnung in das Prozessmodell 510

16.2 Gruppenunterricht und kooperatives Lernen: Was darunter verstanden wird.................. 511

16.3 Vielfalt der Formen im kooperativen Lernen bzw. im Gruppenunterricht....................... 512

16.3.1 Der entdeckende Gruppenunterricht.. 513

16.3.2 Jigsaw (Gruppenpuzzle) 513

16.3.3 Think-Pair-Share 514

16.3.4 Placemat 514

16.4 Gruppenunterricht gestalten 515

16.4.1 Mit Hilfe von Arbeitsaufträgen in den Gruppenunterricht einführen.......................... 515

16.4.2 Gruppen bilden (lassen)... 516

16.4.3 Gruppenarbeit begleiten 518

16.4.4 Gruppenarbeit abschließen und Ergebnisse der Gruppenarbeit präsentieren lassen 518

16.4.5   Ergebnisse und Prozess nachbereiten 519

16.5   Der Gruppenunterricht im Interdependenzzusammenhang würdigen 521

16.5.1   Bezüge des Gruppenunterrichts zu Zielen, Kompetenzen und Themen 521

16.5.2   Bezüge des Gruppenunterrichts zu den Bedingungen 522

16.6   Outro 524

16.6.1   Die wichtigsten Begriffe dieser Lerneinheit 524

16.6.2   Tools 524

16.6.3   Kompetenzen 524

16.6.4   Hinweise zur vertieften Auseinandersetzung: Weiterlesen 525

16.6.5   Hinweise zur vertieften Auseinandersetzung: Weitersurfen 525

16.6.6   Literaturnachweis 525

16.6.7   Anmerkungen 526

17   Im traditionellen Unterricht differenzieren und traditionelle Medien arrangieren, planen und ausarbeiten **527**

17.1   Zur Orientierung: Was Sie hier erwartet 528

17.1.1   Worum es hier geht 528

17.1.2   Inhaltsübersicht 529

17.1.3   Zusammenfassung 529

17.1.4   Einordnung in das Prozessmodell 530

17.2   Im traditionellen Unterricht differenzieren 531

17.2.1   Differenzierung als Binnen- und Außendifferenzierung 531

17.2.2   Differenzierung, Individualisierung und Diversität als Gestaltungsprinzipien 532

17.2.3   Separation, Integration und Inklusion als Gestaltungsprinzipien 535

17.3   Differenzierung an beruflichen Schulen 537

17.3.1   Außendifferenzierung an beruflichen Schulen 538

17.3.2   Binnendifferenzierung an beruflichen Schulen 541

17.3.3   Binnendifferenzierung im traditionellen Unterricht 542

17.4   Traditionelle Medien gestalten und im Unterricht nutzen 543

17.4.1   Mit der Tafel arbeiten 543

17.4.2   Mit dem Overheadprojektor arbeiten 546

17.4.3   Interaktive Whiteboards und Visualizer einsetzen 549

17.4.4   Mit dem Schulbuch und längeren Texten im Unterricht arbeiten 549

17.4.5   Mit Arbeitsblättern im Unterricht arbeiten 551

17.4.6   Lernordner und Notizen nutzen 553

17.4.7   Exkurs: Das professionelle Ablagesystem der Lehrkraft 555

17.5   Outro 557

17.5.1   Die wichtigsten Begriffe dieser Lerneinheit 557

17.5.2 Tools.. 557

17.5.3 Kompetenzen.. 557

17.5.4 Hinweise zur vertieften Auseinandersetzung: Weiterlesen 557

17.5.5 Hinweise zur vertieften Auseinandersetzung: Weitersurfen 558

17.5.6 Literaturnachweis 558

17.5.7 Anmerkungen 560

18 Simulationsmethoden planen und ausarbeiten 561

18.1 Zur Orientierung: Was Sie hier erwartet 562

18.1.1 Worum es hier geht 562

18.1.2 Inhaltsübersicht 563

18.1.3 Zusammenfassung 563

18.1.4 Einordnung in das Prozessmodell 564

18.2 Simulationsmethoden: Was darunter verstanden wird 565

18.3 Allgemeine Simulationsmethoden planen und ausarbeiten 566

18.3.1 Rollenspiele planen und ausarbeiten 566

18.3.2 Videofeedback gestalten... 571

18.3.3 Fallstudienarbeit gestalten 575

18.3.4 Planspiele gestalten 580

18.4 Kaufmännische Simulationsmethoden nutzen.. 584

18.4.1 Lernbüro, Übungsfirma und Juniorenfirma: Was darunter verstanden wird................. 584

18.4.2 Die Übungsfirmenarbeit gestalten 585

18.4.3 Die Juniorenfirmenarbeit gestalten.. 590

18.5 Technikdidaktische Methoden der Analyse und Synthese technischer Systeme 592

18.5.1 Systemorientierte Aufgaben und Analysen in der Technik....................... 592

18.5.2 Die Fertigungs- und Konstruktionsaufgabe... 593

18.6 Outro.. 594

18.6.1 Die wichtigsten Begriffe dieser Lerneinheit.. 594

18.6.2 Tools.. 594

18.6.3 Kompetenzen.. 595

18.6.4 Hinweise zur vertieften Auseinandersetzung: Weiterlesen 595

18.6.5 Hinweise zur vertieften Auseinandersetzung: Weitersurfen 595

18.6.6 Literaturnachweis 595

18.6.7 Anmerkungen 598

19 Selbstgesteuerte und individualisierende Unterrichtsmethoden planen und ausarbeiten.. 599

19.1 Zur Orientierung: Was Sie hier erwartet 600

19.1.1 Worum es hier geht 600

19.1.2 Inhaltsübersicht 601

19.1.3 Zusammenfassung 601

19.1.4 Einordnung in das Prozessmodell 602

19.2 Exkurs: Humanismus und Konstruktivismus 603

19.2.1 Der Humanismus – eine Sichtweise auf Lernen und Motivation 603

19.2.2 Der Konstruktivismus: Eine weitere Perspektive auf Lernen und Motivation 605

19.2.3 Vergleichende Betrachtung der vier Perspektiven auf Lernen und Motivation 608

19.3 Methoden des selbstgesteuerten Lernens planen und ausarbeiten 609

19.3.1 Selbstgesteuertes Lernen: Was darunter verstanden wird 609

19.3.2 Ausgewählte Methoden des selbstgesteuerten Lernens gestalten 610

19.4 Lernen mit Lernsituationen als simulative, selbstgesteuerte Methode 618

19.4.1 ‚Der‘ Lernsituationsansatz in der Berufsbildungstheorie und -praxis 618

19.4.2 Handlungstheoretische Grundlagen der Arbeit mit Lernsituationen 619

19.4.3 Ablauf des Lernens mit Lernsituationen 623

19.4.4 Lernfelder und Lernsituationen zuschneiden und ausgestalten 627

19.5 Methoden der individuellen Förderung planen und ausarbeiten 630

19.5.1 Methoden der individuellen Förderung: Was darunter verstanden wird 630

19.5.2 Beratung als Methode der individuellen Förderung planen und ausarbeiten 631

19.5.3 Förderplanarbeit als Methode der individuellen Förderung planen und ausarbeiten 634

19.6 Outro 636

19.6.1 Die wichtigsten Begriffe dieser Lerneinheit 636

19.6.2 Tools 636

19.6.3 Kompetenzen 636

19.6.4 Hinweise zur vertieften Auseinandersetzung: Weiterlesen 637

19.6.5 Hinweise zur vertieften Auseinandersetzung: Weitersurfen 637

19.6.6 Literaturnachweis 637

19.6.7 Anmerkungen 641

20 Methoden der akzentuierten Förderung planen und ausarbeiten 643

20.1 Zur Orientierung: Was Sie hier erwartet 644

20.1.1 Worum es hier geht 644

20.1.2 Inhaltsübersicht 645

20.1.3 Zusammenfassung 646

20.1.4 Einordnung in das Prozessmodell 646

20.2 Methoden zur akzentuierten Förderung: Was darunter verstanden wird 647

20.3 Methoden zur akzentuierten Förderung der Sozialkompetenz planen und ausarbeiten 647

20.3.1 Methoden zur akzentuierten Förderung der Sozialkompetenz: Das Spektrum 647

20.3.2 Sozialkompetenz nach dem Klippert-Ansatz fördern 648

20.3.3 Sozialkompetenz mit Sozialkompetenz-Training fördern 649

20.3.4 Sozialkompetenz durch Methoden der moralischen Bildung fördern 650

20.3.5 Sozialkompetenz durch Service-Learning fördern 654

20.3.6 Sozialkompetenz durch erlebnispädagogische Methoden fördern 655

20.4 Methoden zur akzentuierten Förderung der Lernkompetenz planen und ausarbeiten 656

20.4.1 Methoden zur akzentuierten Förderung der Lernkompetenz: Das Spektrum 656

20.4.2 Lernkompetenz direkt fördern 656

20.4.3 Lernkompetenz indirekt fördern 658

20.4.4 Lernende mit Lernschwierigkeiten fördern 658

20.5 Methoden zur akzentuierten Förderung der Selbstkompetenz planen und ausarbeiten 659

20.5.1 Durch Mentoring, Coaching, Supervision und Tutoring Selbstkompetenz entwickeln . 659

20.5.2 Selbstkompetenz durch den Einsatz ausgewählter Coaching-Techniken entwickeln 659

20.5.3 Selbstkompetenz durch selbstbezogene Informationen entwickeln 660

20.5.4 Die Bildung von persönlichen Zielen der Lernenden unterstützen 661

20.5.5 Selbstwirksamkeit der Lernenden fördern 661

20.6 Methoden zur akzentuierten Förderung der Sprachkompetenz planen und ausarbeiten 662

20.6.1 Methoden zur akzentuierten Förderung der sprachlichen Kompetenz: Das Spektrum .. 662

20.6.2 Leseverstehen im Fachunterricht fördern 663

20.6.3 Schreiben im Fachunterricht fördern 664

20.6.4 Mit sprachlichen Fehlern im Unterricht umgehen 665

20.6.5 Umfassende Förderkonzepte 665

20.7 Die Förderung überfachlicher Kompetenzen in der Schule verankern 665

20.8 Outro 669

20.8.1 Die wichtigsten Begriffe dieser Lerneinheit 669

20.8.2 Tools 669

20.8.3 Kompetenzen 669

20.8.4 Hinweise zur vertieften Auseinandersetzung: Weiterlesen 670

20.8.5 Hinweise zur vertieften Auseinandersetzung: Weitersurfen 670

20.8.6 Literaturnachweis 670

20.8.7 Anmerkungen 672

21 Moderne Medien arrangieren, planen und ausarbeiten 673

21.1 Zur Orientierung: Was Sie hier erwartet 674

21.1.1 Worum es hier geht 674

21.1.2 Inhaltsübersicht 675

21.1.3 Zusammenfassung 675

Wirtschaftsunterricht gestalten

21.1.4   Einordnung in das Prozessmodell 676

21.2   Moderne Medien: Was sie mit Berufsbildung zu tun haben 677

21.3   Moderne Medien als Teil der Lebenswelt der Schülerinnen und Schüler 678

21.4   Moderne Medien als methodische Hilfsmittel (‚Lernen mit dem Computer‘) 679

21.4.1   E-Learning: Was darunter verstanden wird 679

21.4.2   E-Learning entlang des Prozesses der vollständigen Handlung 679

21.4.3   Integration von E-Learning in virtuellen Lern-, Projekt- und Gemeinschaftsräumen 688

21.4.4   Unterrichtsplanung mit E-Learning-Elementen 689

21.5   Moderne Medien als Thema des Unterrichts (‚Lernen für den Computer‘) 691

21.6   Besonderheiten des Einsatzes moderner Medien in verschiedenen Bereichen 692

21.6.1   Besonderheiten moderner Medien im kaufmännischen Unterricht 692

21.6.2   Besonderheiten des Einsatzes im Bereich der Metall- und Elektrotechnik 696

21.6.3   Besonderheiten des Unterrichtens in Computerräumen 697

21.7   Outro 699

21.7.1   Die wichtigsten Begriffe dieser Lerneinheit 699

21.7.2   Tools 699

21.7.3   Kompetenzen 699

21.7.4   Hinweise zur vertieften Auseinandersetzung: Weiterlesen 699

21.7.5   Hinweise zur vertieften Auseinandersetzung: Weitersurfen 699

21.7.6   Literaturnachweis 699

21.7.7   Anmerkungen 702

22   Assessmentkonzept arrangieren **703**

22.1   Zur Orientierung: Was Sie hier erwartet 704

22.1.1   Worum es hier geht 704

22.1.2   Inhaltsübersicht 705

22.1.3   Zusammenfassung 705

22.1.4   Einordnung in das Prozessmodell 706

22.2   High-Stakes-Testing und Large-Scale-Assessment als Sonderformen des Assessments ... 707

22.2.1   High-Stakes-Testing als Sonderform des Assessments 707

22.2.2   Large-Scale-Assessments als Sonderform des Assessments 708

22.3   Ziele von Assessments und Assessment-Paradigmen: Assessment unterschiedlich
          denken 709

22.3.1   Ziele von Assessments: Was wollen Assessments? 709

22.3.2   Assessment-Paradigmen: Zwei grundsätzliche Denkweisen über Assessments 712

22.4   Ansprüche an ‚gute‘ Assessments 715

22.4.1   Das Assessment-Pentagon: Abgleich als Herausforderung an Assessments 715

22.4.2   Testtheoretische Kriterien als Kriterien für Assessments 716

22.4.3 Alternative Zugänge zu Ansprüchen an Assessments 719

22.5 Bezugsnormen: Verschiedene Wege der Interpretation des Ergebnisses 720

22.6 Outro 721

22.6.1 Die wichtigsten Begriffe dieser Lerneinheit 721

22.6.2 Tools 721

22.6.3 Kompetenzen 721

22.6.4 Hinweise zur vertieften Auseinandersetzung: Weiterlesen 721

22.6.5 Hinweise zur vertieften Auseinandersetzung: Weitersurfen 721

22.6.6 Literaturnachweis 722

22.6.7 Anmerkungen 724

23 Assessment planen und ausarbeiten 725

23.1 Zur Orientierung: Was Sie hier erwartet 726

23.1.1 Worum es hier geht 726

23.1.2 Inhaltsübersicht 727

23.1.3 Zusammenfassung 727

23.1.4 Einordnung in das Prozessmodell 728

23.2 Assessments abwickeln 729

23.2.1 Assessments durchführen und mit Täuschungsversuchen und Ängsten umgehen 729

23.2.2 Ergebnisse des Assessments festlegen 730

23.3 Ergebnisse des Assessments dokumentieren und kommunizieren 733

23.3.1 Ergebnisse des Assessments dokumentieren 733

23.3.2 Ergebnisse des Assessments kommunizieren 735

23.4 Assessments als Mehrfachwahlaufgaben, Essay-Assessment und Performance-Assessment planen und ausarbeiten 736

23.4.1 Assessment mit Hilfe von Mehrfachwahlaufgaben planen und ausarbeiten 736

23.4.2 Assessment mit Hilfe von Kurzantworten und Essays planen und ausarbeiten 743

23.4.3 Performance-Assessments planen und ausarbeiten 748

23.5 Assessment-Methoden in den Abschlussprüfungen des Dualen Systems 749

23.6 Outro 751

23.6.1 Die wichtigsten Begriffe dieser Lerneinheit 751

23.6.2 Tools 751

23.6.3 Kompetenzen 751

23.6.4 Hinweise zur vertieften Auseinandersetzung: Weiterlesen 751

23.6.5 Hinweise zur vertieften Auseinandersetzung: Weitersurfen 752

23.6.6 Literaturnachweis 752

23.6.7 Anmerkungen 754

24   Unterricht evaluieren und revidieren..**755**

  24.1   Zur Orientierung: Was Sie hier erwartet 756

    24.1.1   Worum es hier geht 756

    24.1.2   Inhaltsübersicht 757

    24.1.3   Zusammenfassung 757

    24.1.4   Einordnung in das Prozessmodell 758

  24.2   Unterricht evaluieren und revidieren: Ziele und Hinderungsgründe 759

  24.3   Unterricht evaluieren und revidieren: Kriterien für die nachbereitende Reflexion 761

  24.4   Unterricht evaluieren und revidieren: Methoden für die nachbereitende Reflexion 764

    24.4.1   Den Unterricht mit Hilfe des Individualfeedbacks weiterentwickeln 764

    24.4.2   Den Unterricht mit Hilfe strukturierter Beobachtungen reflektieren............ 768

    24.4.3   Den Unterricht mit Hilfe von Unterrichtsnachbesprechungen reflektieren.......... 771

    24.4.4   Zusammenfassung 772

  24.5   Eine Bitte zum Schluss 773

  24.6   Outro... 773

    24.6.1   Die wichtigsten Begriffe dieser Lerneinheit... 773

    24.6.2   Tools... 773

    24.6.3   Kompetenzen 774

    24.6.4   Hinweise zur vertieften Auseinandersetzung: Weiterlesen 774

    24.6.5   Hinweise zur vertieften Auseinandersetzung: Weitersurfen 774

    24.6.6   Literaturnachweis 774

    24.6.7   Anmerkungen 775

Bildnachweis .... **XLIII**

Schlagwortverzeichnis... **XLV**

1.1 Zur Orientierung: Was Sie hier erwartet

1.1.1 Worum es hier geht

Dienstagmorgen, 11.30 Uhr. Schon jetzt ist es brütend heiß. Kai H. freut sich. Über sein Unterhemd. Sonst wäre sein Oberhemd schon lange durchgeschwitzt. Kai H. hält gerade bei Versicherungskaufleuten im ersten Ausbildungsjahr einen Vortrag über Berufsunfähigkeitsversicherungen. Sein Lieblingsthema. Sein Kollege Jürgen M. sitzt ziemlich genau ein Stockwerk drüber. Er betreut im gleichen Moment die selbstgesteuerte Arbeit von angehenden Bankkaufleuten in einer Lernsituation zur Verpfändung von Wertpapieren. „Betreuen" heißt dabei, dass er vorne am Schreibtisch sitzt und die Schülerinnen und Schüler arbeiten lässt. Eine Mini-Auszeit, bevor es in die Präsentation geht.

Kollegin Andrea S. läuft derweil zum Bahnhof. Sie ist auf dem Weg zum Schwimmbad. Vorher muss sie noch in den Drogeriemarkt Sonnencreme kaufen. Sie ist nicht zufrieden. Sie überlegt, wie sie den bei den Kaufleuten für Büromanagement gehaltenen Unterricht zur Organisation von Geschäftsreisen für das nächste Mal ändern muss. Kollege Christian T. trinkt in der Zwischenzeit einen Kaffee. Pause. Er besucht weit entfernt von den Metropolen dieser Welt in Dillingen an der Donau eine Weiterbildung für Lehrkräfte. „Einsatz von ERP-Systemen im kaufmännischen Unterricht" beim Dozenten Horst P.

Patrick sitzt in der Nürnberger Südstadt unter dem Dach in seiner kleinen, heißen Studentenbude. Und weint. Bitterlich. Er hat als Student seine ersten Unterrichtsversuche gemacht. Hat's überlebt. Aber weiß nicht mehr, wohin mit sich. Weder Fisch noch Fleisch. Einerseits Student, andererseits Lehrer. Einerseits Kumpel, andererseits Autoritätsperson. Einerseits so viel BWL gebüffelt, andererseits Angst, fachlich zu versagen, die Klasse nicht im Griff zu haben und sich zu blamieren. Oder gar als Lehrer nicht geeignet zu sein. Die ganzen Pläne im Eimer?

In der Schule kämpft Thomas B. indessen mit seinem Computer. Er versucht den von ihm federführend geschriebenen Bericht zum Qualitätsmanagement der Schule in das PDF-Format zu bekommen. Warum, um alles in der Welt, hat die Schule so ein doofes PDF-Tool? Daniel M. und Ernst R. sitzen derweil im Café „Zum roten Ochsen" bei einer Schorle zusammen. Sie diskutieren schon seit einer geschlagenen Stunde. Sie wollen die Inhalte des ersten Ausbildungsjahres bei Industriekaufleuten auf das nächste Schuljahr verteilen. Doch die Verteilungsplanung erweist sich zäher als erwartet, vor allem weil Daniel unbedingt ein Lernkompetenz-Training integrieren will. Ob das wirklich was bringt, fragt sich Ernst.

1.1.2 Inhaltsübersicht

1 Eine didaktische Grundidee entwickeln 1

  1.1 Zur Orientierung: Was Sie hier erwartet 2

    1.1.1 Worum es hier geht 2

    1.1.2 Inhaltsübersicht 3

    1.1.3 Zusammenfassung 3

    1.1.4 Einordnung in das Prozessmodell 4

  1.2 Das Kerngeschäft: Didaktische Situationen gestalten 5

    1.2.1 Was didaktische Situationen ausmacht 5

    1.2.2 Lehren und Lernen in didaktischen Situationen 7

    1.2.3 Angehende Lehrkräfte: Ihre Sorgen und Ängste 10

  1.3 Didaktische Modelle bilden didaktische Situationen ab 12

    1.3.1 Was Modelle ausmacht 12

    1.3.2 Didaktische Modelle als Hilfe für Anfängerinnen und Anfänger 12

    1.3.3 Der Fokus hier: Berufs- und wirtschaftspädagogische didaktische Situationen 13

    1.3.4 Wann ist Unterricht ein guter Unterricht? 14

  1.4 Das hier zugrunde gelegte didaktische Modell: Das Nürnberger Modell 16

    1.4.1 Die Tradition des Modells: Die Berliner Didaktik 16

    1.4.2 Die Strukturelemente des Modells: Absicht & Thema, Methode und Bedingungen 17

    1.4.3 Die Schritte des Modells: Von der ersten Idee bis zur Evaluation und Revision 18

    1.4.4 Die verschiedenen Perspektiven des Modells 20

  1.5 Der Einstieg im Nürnberger Modell: Eine didaktischen Grundidee entwickeln 21

  1.6 Outro 23

    1.6.1 Die wichtigsten Begriffe dieser Lerneinheit 23

    1.6.2 Tools 23

    1.6.3 Kompetenzen 23

    1.6.4 Hinweise zur vertieften Auseinandersetzung: Weiterlesen 24

    1.6.5 Hinweise zur vertieften Auseinandersetzung: Weitersurfen 25

    1.6.6 Literaturnachweis 26

    1.6.7 Anmerkungen 28

1.1.3 Zusammenfassung

Diese erste Lerneinheit erläutert zunächst einen zentralen Bezugspunkt der Didaktik: die didaktische Situation. Dabei werden typische Merkmale didaktischer Situationen erörtert, und zwar Zielgerichtetheit und Komplexität. Didaktische Situationen können nicht ‚vollständig kontrolliert‘ bzw. ‚vollständig beherrscht‘ werden, brauchen aber eine Zielsetzung. Bei Anfängerinnen und Anfängern führt dies häufig zu Sorgen und Ängsten. Didaktische Modelle bilden didaktische Situationen ab, und zwar als Hilfe für Anfängerinnen und Anfänger. Das in diesem Lehrbuch verwendete Modell steht in der Tradition einer bestimmten Denkgemeinschaft, der Berliner Schule der Didaktik. Das Nürnberger Modell ist durch drei Strukturelemente (Absicht & Thema, Methode und Bedingungen) sowie fünf Prozesselemente (Idee entwickeln, Makrodidaktisch planen, Mikrodidaktisch planen, Umsetzen, Evaluieren & Revidieren) gekennzeichnet. Dieses Modell wird in den 24 Lerneinheiten ‚abgearbeitet'. In dieser Lerneinheit wird der erste Schritt „Idee entwickeln" für alle drei Strukturelemente erörtert.

1.1.4   Einordnung in das Prozessmodell

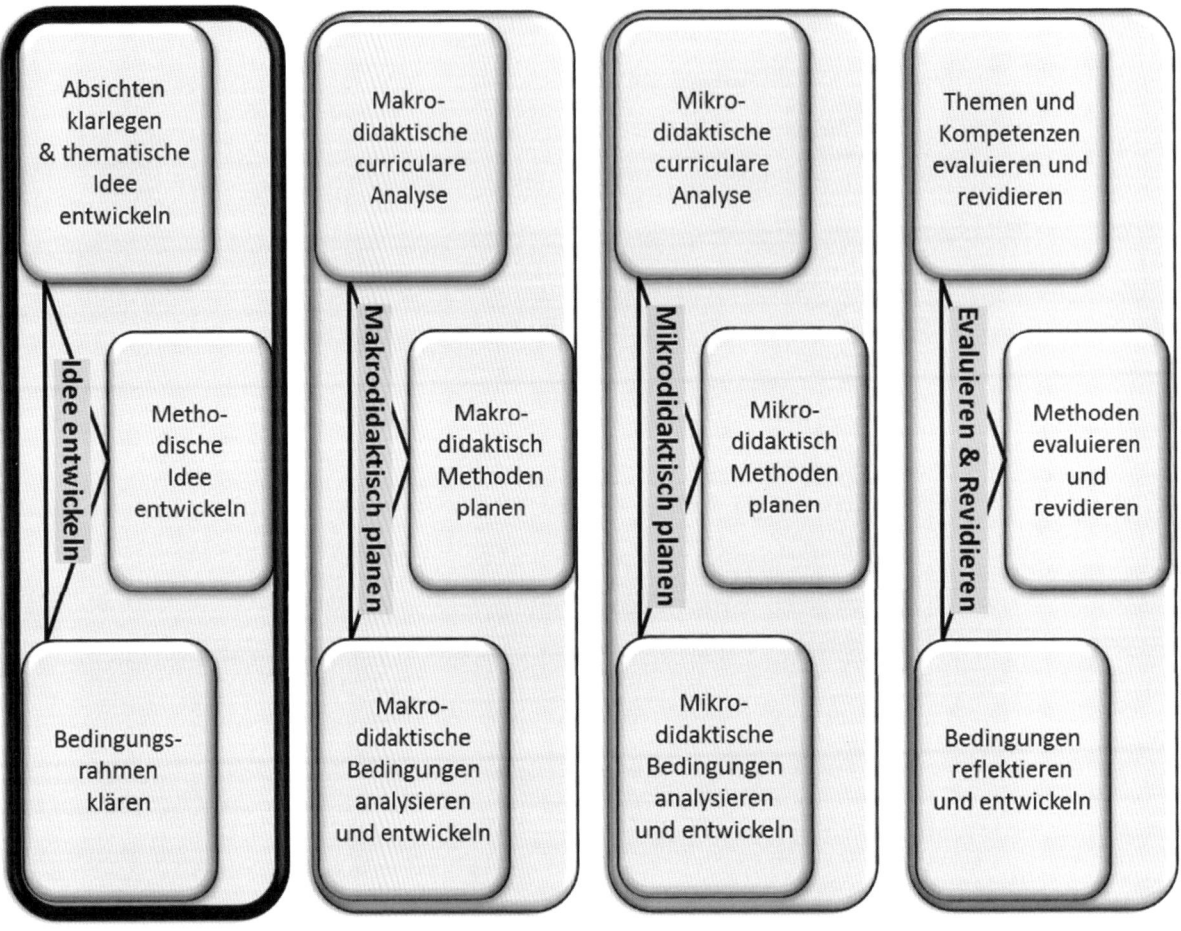

1.2   Das Kerngeschäft: Didaktische Situationen gestalten

Die eingangs genannten Aktivitäten von Lehrkräften sind Beispiele dafür, worum es in diesem Buch geht. Lehrkräfte unterrichten. Lehrkräfte machen jedoch viel mehr als unterrichten. Ihr Arbeitsfeld ist vielfältiger als es auf den ersten Blick scheint. Oft ist für sie die Grenze zum Privaten, zum Nicht-Beruflichen nur schwer zu ziehen. Nur Kai H. und Jürgen M. bewegen sich dabei in klassischen Unterrichtssituationen. Andere Lehrkräfte planen Unterricht, bereiten ihn in verschiedener Weise nach oder verändern die Bedingungen des täglichen Unterrichts. Diese Aktivitäten von Lehrkräften werden hier erörtert.

1.2.1   Was didaktische Situationen ausmacht

Kai H. und Jürgen M. bewegen sich in didaktischen Situationen. Didaktische Situationen haben zwei Merkmale, die didaktische Situationen erst zu solchen machen: Komplexität und Zielgerichtetheit. Komplexität meint in der Sprache von Winnefeld (1971) „eine ungeheuere ... Vielfalt mannigfaltig verflochtener und ineinander übergreifender, sich gegenseitig bedingender Faktoren" (S. 34). Wenn beispielsweise Kai H. den Begriff der Berufsunfähigkeitsversicherung einführt, werden vermutlich die Auszubildenden in der Klasse jeweils unterschiedliche Dinge mit diesem Begriff verbinden.[1] Wenn sich im Unterricht von Jürgen M. die Zielgruppe der Schülerinnen und Schüler ändert, hat dies Auswirkungen darauf, ob die von ihm gewählte Methode noch angemessen ist. Bestimmte Faktoren wirken in die Situation hinein, d. h. beeinflussen das Geschehen in der didaktischen Situation. Diese Faktoren sind in dieser Form geschichtlich einmalig. Zum Teil können sie von der Lehrkraft überhaupt nicht verändert werden: Wenn etwa eine in den Medien präsente Wirtschaftskrise und schlechte Jobaussichten die Motivation in der Klasse drückt. Viele Größen, die für das Geschehen in der didaktischen Situation von entscheidender Bedeutung sind, können nicht sicher diagnostiziert werden. So spielt sich vieles unterhalb der Oberfläche des offiziellen Unterrichts ab. Kai H. hat Mühe zu unterscheiden, ob eine Auszubildende tatsächlich motiviert ist und seinen Ausführungen aufmerksam lauscht oder ob diese Auszubildende eine der notwendigen Überlebensstrategien im Schulalltag pflegt: Das Schlau-drein-Schauen-aber-an-etwas-Anderes-Denken. Eine solche Komplexität ist typisch für didaktische Situationen, aber keineswegs *nur* typisch für didaktische Situationen.[2]

Das zweite Merkmal didaktischer Situationen ist die Zielgerichtetheit.[3] „In jeder pädagogischen Situation liegt eine besondere Zielgerichtetheit vor, die es erlaubt, eine solche Situation gerade als pädagogische zu bezeichnen" (Winnefeld, 1971, S. 32). Didaktische Situationen werden aus dem privaten und beruflichen Alltag von Schülerinnen und Schülern in die Schule ausgelagert, damit in der Schule ein bestimmter Auftrag verfolgt werden kann. Dieser Auftrag kann durch offizielle Regelungen beschrieben werden, in Bayern beispielweise durch den Artikel 1 des Bayerischen Gesetzes über das Erziehungs- und Unterrichtswesen (BayEUG). In Schulen werden zwanzig bis dreißig Menschen in einen Raum gesperrt. Sie werden polizeilich vorgeführt, wenn sie beharrlich nicht kommen. Ohne einen legitimen Grund wäre das Freiheitsberaubung.

Die Gleichzeitigkeit der beiden Merkmale, der Komplexität und der Zielgerichtetheit, führt zu den Grundproblemen didaktischen Handelns: Einerseits ist die Komplexität für die Lehrkraft nicht zu ‚beherrschen'. Die Situation entzieht sich der vollständigen Planbarkeit, der

Artikel 1 BayEUG

Die Schulen haben den in der Verfassung verankerten Bildungs- und Erziehungsauftrag zu verwirklichen. Sie sollen Wissen und Können vermitteln sowie Geist und Körper, Herz und Charakter bilden. Oberste Bildungsziele sind Ehrfurcht vor Gott, Achtung vor religiöser Überzeugung, vor der Würde des Menschen und vor der Gleichberechtigung von Männern und Frauen, Selbstbeherrschung, Verantwortungsgefühl und Verantwortungsfreudigkeit, Hilfsbereitschaft, Aufgeschlossenheit für alles Wahre, Gute und Schöne und Verantwortungsbewusstsein für Natur und Umwelt. Die Schülerinnen und Schüler sind im Geist der Demokratie, in der Liebe zur bayerischen Heimat und zum deutschen Volk und im Sinn der Völkerversöhnung zu erziehen.

Übersicht 1: Artikel 1 BayEUG

sicheren Prognose oder der völlig exakten Erklärungen. Andererseits muss die Lehrkraft bestimmte Zielsetzungen verfolgen. Ohne solche Zielsetzungen wäre nämlich das Auslagern dieser Situation aus dem privaten oder beruflichen Alltag letztlich nicht zu rechtfertigen.

Aus den beiden angeführten Merkmalen der Komplexität und der Zielgerichtetheit lassen sich weitere Merkmale didaktischer Situationen ableiten:

▶ **Mangelnde Stabilität (Labilität)**: Pädagogische Situationen sind labil bzw. instabil. Damit meint Winnefeld (1971), „dass Veränderungen in einem Teile des Geschehens sofort auch Änderungen des ganzen Feldcharakters nach sich ziehen" (S. 30).

▶ **Einmaligkeit (Singularität)**: Eine didaktische Situation ist etwas Einmaliges, etwas Einzigartiges. Keine Situation kommt in genau dieser Weise wieder. „Bisher trat heraus, dass pädagogische Felder von einer Fülle von Faktoren geformt werden. Zudem fanden wir eine gewisse Abhängigkeit pädagogischen Geschehens von historisch gegebenen Systemen. Angesichts dieser Tatsachen ist die Wahrscheinlichkeit gering, in pädagogischen Feldern die gleiche Faktorenkombination wiederholt aufzufinden. Pädagogische Vorgänge scheinen offenbar Einmaligkeiten darzustellen" (Winnefeld, 1971, S. 37).

▶ **Zerstörbarkeit**: Winnefeld (1971, S. 30) betont die Gefahr, eine didaktische Situation in ihrem spezifischen Charakter zu zerstören, wenn sich die Wissenschaft dieser Situation forschend nähert. Schon die Anwesenheit von Forschenden oder ihres neuzeitlichen Equipments, wie einer Videokamera, kann Rückwirkungen auf die didaktische Situation haben. Diese Rückwirkung der Aktivitäten der Forschenden auf die didaktische Situation gibt es auch in anderen Bereichen. Wenn beispielsweise die Temperatur einer Badewanne durch ein Thermometer gemessen wird, verändert sich die Temperatur der Badewanne durch das Einführen des Thermometers geringfügig. Für den Alltag ist diese Rückwirkung unerheblich, in anderen Bereichen sind solche Rückwirkungen jedoch wichtig.[4]

▶ **Ungewissheit bzw. mangelnde Vorhersagbarkeit**: Die Komplexität der Situation führt dazu, dass didaktische Situationen nicht vorhersehbar bzw. voraussagbar sind. Unter Umständen können nur kleine Änderungen in den Anfangsparametern der Situation zu völlig anderen Verläufen führen.[5]

▶ **Technologiedefizit**:[6] Die Komplexität der Situation verhindert, dass einfach gesagt werden kann, nach welchen Regeln oder Gesetzmäßigkeiten didaktische Situationen ablaufen. Eine Wissenschaft, die allgemeines Wissen für die Lösung praktischer Probleme entwickeln, überprüfen und im Folgeschritt für die Praxis bereitstellen will, steht damit vor Problemen.[7] Was hier für Forschende gilt, gilt in gleicher Weise auch für Lehrkräfte, Betreuende in schulpraktischen Studien oder Seminarlehrkräfte: Rezepte können der Komplexität der Situation nicht gerecht werden, auch wenn das Bedürfnis von Anfängerinnen und Anfänger danach groß, ja riesig ist.

Folgende Merkmale sind weiterhin charakteristisch für didaktische Situationen:

▶ **Institutioneller Rahmen**: Didaktische Situationen finden innerhalb eines besonderen Rahmens statt. Hier werden nur solche Situationen betrachtet, die in beruflichen Schulen stattfinden. Diese

Beliebte Rezepte

▶ Die Zügel am Anfang straff halten, damit man sie später lockern kann.

▶ Wenn die Klasse unruhig ist, leiser reden oder ganz schweigen!

▶ Nicht zur Tafel, zu den Schülern sprechen!

▶ Schülerfragen an den Lehrer nicht selbst beantworten, sondern Gegenfragen stellen und an andere Schüler zurückgeben!

▶ Keine Stunde ohne Methodenwechsel!

▶ Lass Dir vor Beginn des Unterrichts vom Klassenlehrer den schlimmsten Störer nennen und ‚verkleinere‘ ihn in der ersten Stunde!

▶ Erst die Arbeitsblätter erläutern, dann die Arbeitsblätter an die Schüler verteilen.

Übersicht 2: Beliebte Rezepte
Quelle: Meyer (2009, S. 22)

werden in Bayern durch den Artikel 6 des BayEUG definiert. Berufliche Schulen werden durch die Schulgesetze definiert. In Bayern sind dies die Berufsschule, die Berufsfachschule, die Wirtschaftsschule, die Fachschule, die Fachoberschule, die Berufsoberschule sowie die Fachakademie. Hinzu kommen die beruflichen Förderschulen als ein weiteres Einsatzgebiet von Berufs- und Wirtschaftspädagogen. In Nordrhein-Westfalen bietet das Berufskolleg die folgenden Angebote: Berufsschule, Berufsfachschule, Höhere Berufsfachschule, Berufliches Gymnasium, Fachoberschule und Fachschule.

▶ **Gestaltung der Situationen durch Profis**: Typisch für didaktische Situationen ist die Gestaltung durch Profis. In soziologischer Perspektive zeichnet solche Profis die Existenz von Berufsverbänden, ein fachspezifisches Wissen, eine spezifische Berufsethik und eine vergleichsweise lange, spezialisierte Ausbildung aus.

▶ **Sozialer Rahmen**: Im Gegensatz zu anderen Profis, wie Ärztinnen und Ärzten, arbeiten Lehrkräfte nicht mit einzelnen Klienten, sondern mit großen Gruppen von Schülerinnen und Schülern (Kurtz, 2009, S. 49). Dies setzt, was aktuell gerne übersehen wird, der Individualisierung in Schulen klare Grenzen.

Situationen sind subjektive Größen: Sie werden von einer Person, d. h. einem Subjekt, abgegrenzt bzw. definiert. „Situationen modellieren die Gesamtheit der äußeren und inneren Determinanten für einen bestimmten Orientierungs- oder Handlungszusammenhang, soweit diese subjektiv zugänglich und relevant sind" (Tramm, 1996, S. 205). Erfahrene Personen definieren Situationen häufig anders als Personen, die in ihrer Auseinandersetzung am Anfang stehen. Ein wichtiges Instrument um Situationen zu beschreiben und über diese zu sprechen, sind Begriffe bzw. Wörter. Je ausdifferenzierter die Sprache ist, desto einfacher können Unterschiede gedacht und besprochen werden.

In diesem Zusammenhang geistert immer wieder eine Geschichte durch die Literatur: Dass nämlich ‚die' ‚Eskimos' mehr Wörter für Schnee hätten und sich somit besonders differenziert über Schnee ausdrücken könnten. Diese inzwischen widerlegte Geschichte (Steckley, 2008, S. 51 ff.) weist allerdings auf einen wichtigen Sachverhalt hin: Die intensive Auseinandersetzung mit einem Fachgebiet führt dazu, dass die sprachlichen Möglichkeiten sich auszudrücken steigen. Typisch für eine Profession ist ein ausdifferenzierter Sprachgebrauch, was sich im Übrigen nicht umdrehen lässt: Nur weil sich jemand kompliziert ausdrückt, kann dies nicht als Ausdruck differenzierten Denkens gewertet werden.

Skifahrer kennen nicht nur eine Schneeart, sondern eine Fülle von Unterarten, etwa Pulverschnee, Champagner-Powder, Feuchtschnee, Sulzschnee oder Faulschnee. Genauso kennen die Schreinerinnen und Schreiner nicht nur verschiedene Hammer, etwa den Schlosserhammer, den Klauenhammer, den Fäustel oder das Klopfholz, sondern sie wissen auch, wann sie richtig eingesetzt werden. Auch Lehrkräfte verfügen über einen Schatz an Fachbegriffen, der es ihnen erlaubt, sich über Situationen auszutauschen und eine gemeinsame Vorstellung zu entwickeln. Begriffe – und damit oft verbunden langweilige Definitionen – sind ein wichtiger Zugang zu einem Tätigkeitsfeld von Expertinnen und Experten.

1.2.2 Lehren und Lernen in didaktischen Situationen

Als Merkmal didaktischer Situationen wurde die Zielgerichtetheit herausgestellt: Ohne entsprechende Zielsetzung ist eine Situation keine didaktische. Allgemein gesprochen zielen didaktische Situationen auf das Lernen der Schülerinnen und Schüler. Lernen ist ein dynamischer Vorgang, d. h. er führt von einem Zustand (Zustand 1) zu einem weiteren Zustand (Zustand 2).[8]

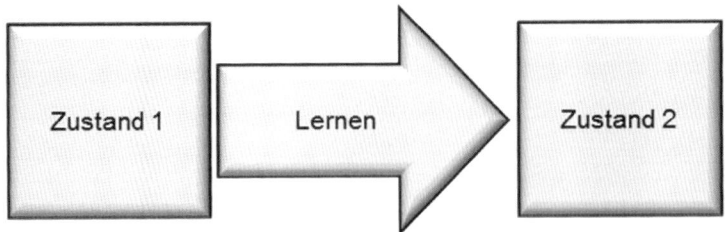

Übersicht 3: Lernen als Zustandsänderung

Auf dieses Lernen, die Zustandsänderung der Lerner, zielen die Bemühungen der Lehrkraft: das Lehren. „Lehren ist Lernenmachen" lautet ein frühes Verständnis von Lehren. Wenn Lehren Lernenmachen ist, braucht die Lehrkraft nur noch den Anfangszustand zu kennen sowie die Gesetzmäßigkeiten, nach denen die Lehrkraft Lernen bewirkt und führt so die Lernenden von einem Anfangszustand zu einem gewünschten Endzustand.

Dieses Verständnis ist mechanistisch und deterministisch: Alles wird in dieser Vorstellung durch klare Gesetze determiniert. Kennt eine ‚Intelligenz' den aktuellen Zustand, der die relevante Geschichte des Systems speichert, und die Bewegungsgesetze, dann kennt diese ‚Intelligenz' jeden Zustand in der Vergangenheit. Sie kann jeden Zustand ‚erklären'. Außerdem ist jeder Zustand in der Zukunft bekannt: Die Zukunft ist vorhersehbar, prognostizierbar. In der Philosophie wird eine solche ‚Intelligenz' nach einer Vorstellung von Pierre-Simon Laplace (1749-1827) der „Dämon von Laplace" genannt.

Wortwörtlich: Pierre-Simon Laplace (1749 – 1827)

Wir müssen daher den gegenwärtigen Zustand des Weltalls als die Wirkung seines vorigen Zustandes und die Ursache des noch folgenden ansehen. Gäbe es einen Verstand, der für einen gegebenen Augenblick alle die Natur belebenden Kräfte und die gegenseitige Lage der sie zusammensetzenden Wesen kennte und zugleich umfassend genug wäre, diese Data der Analysis zu unterwerfen, so würde ein solcher die Bewegungen der größten Weltkörper und des kleinsten Atoms durch eine und dieselbe Formel ausdrücken; für ihn wäre nichts ungewiss; vor seinen Augen ständen Zukunft und Vergangenheit.

Bild 1: Pierre-Simon Laplace (1776). Von Sophie Feytaud. Zitat: Laplace (1819, S. 3)

Der Dämon ist – auch in den Naturwissenschaften[9] – prinzipiell nicht möglich, wird aber zur Erläuterung der Idee des Determinismus benutzt. Im Determinismus ist die Zukunft durch den aktuellen Zustand und seine Bewegungen (vorweg)bestimmt, also determiniert. Ein Beispiel aus der klassischen Mechanik: Dieses in der mathematischen Fassung vor allem auf Isaac Newton (1642 – 1726) zurückgehende Teilgebiet der Physik hat auch Laplace inspiriert. So verfasste Laplace die Abhandlung „Traité de mécanique céleste", eine Abhandlung zur Himmelsmechanik. Die Bewegungsgesetze für die Planeten werden auf der Grundlage der Newton'schen Gesetze formuliert. Der Zustand ist in der klassischen Mechanik ein Punkt im sog. Phasenraum als Raum der Orte und Impulse. Mit der Kenntnis dieses Zustandes und der Bewegungsgesetze kann die Zukunft des Planeten vorhergesagt werden („Wo steht der Planet zum Zeitpunkt t_1") oder die Vergangenheit erklärt werden („Wo stand der Planet zum Zeitpunkt t_{-1}"). Die klassische Physik ist durch die Verwendung strikter, nicht mit Wahrscheinlichkeiten arbeitenden Gesetzen deterministisch. In der Welt der Didaktik ist für den Laplace'schen Dämon kein Platz, auch wenn viele Studierende erwarten, dass die Universitäten ihnen die didaktische Weltformel vermitteln. Doch die Didaktik kennt weder die Bewegungsgesetze noch Mittel, um den Zustand so präzise zu bestimmen.

Die Vorstellung, Lehren wäre Lernenmachen, ist somit höchst problematisch: „Als ob nämlich Lehren *immer* Lernen macht, also nie erfolglos sein kann, als ob *allein* Lehren das Lernen macht, also nichts anderes zu Lernen führen könnte, und als ob Lehren das Lernen *macht*, also in einem mechanischen Sinne Lernen erzeugt" (Terhart, 1989, S. 49). Nach dem Erfolgsbegriff des Lehrens wird nur dann von Lehren gesprochen, wenn auch gelernt worden ist. Bleibt der Lehr- bzw. Lernerfolg aus, liegt auch kein Lehren vor. Demgegenüber steht der Absichtsbegriff des Lehrens: Lehren liegt dann vor, wenn die Absicht besteht, Lernen anzuregen bzw. Situationen so zu gestalten, dass Lernen ermöglicht wird. Lernen ist in diesem Verständnis nicht mechanistisch festgelegt und auch nicht ausschließlich durch das Lehren bedingt (Terhart, 1989, S. 49).

Definition 1:   Lehren

Lehren ist ein Handeln, das die Absicht verfolgt, ein Lernen anzuregen, wobei ein Lernen auch ohne Lehren möglich ist und das Lehren nicht immer Lernen anregt. Synonym: Lehrhandeln.

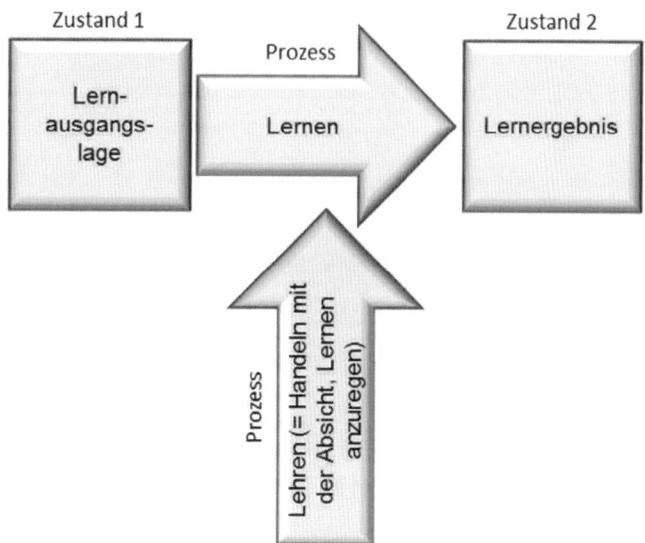

Übersicht 4: Verhältnis von Lehren und Lernen

Lernen führt von einer Lernausgangslage, einem ersten Zustand, zum Lernergebnis, einem zweiten Zustand. Lehren versucht diesen Prozess anzuregen.

Definition 2:   Lernen

Lernen ist ein Prozess, der von einem Zustand, der Lernausgangslage zu einem weiteren Zustand, dem Lernergebnis, führt. Lernen kann durch Lehren angeregt werden, muss es aber nicht. Synonym: Lernhandeln.

Das Lernen im hier verstandenen Sinne kann mit Tramm (1996, S. 216) auch als „Lernhandeln" und das Lehren auch als „Lehrhandeln" bezeichnet werden. Die Wechselwirkung von Lernhandeln und Lehrhandeln kann als „Lehr-Lern-Prozess" bezeichnet werden.

Definition 3:   Didaktische Situation

Eine didaktische Situation ist eine Situation, die sich durch Komplexität und Zielgerichtetheit auszeichnet, wobei das Ziel darin besteht, Lernen durch ein Lehren anzuregen. Synonym: Lernumgebung, Lernarrangement.

Um zu betonen, dass das Lernen nicht allein von der Lehrkraft abhängig ist, wird heute auch statt des hier verwendeten Begriffes der didaktischen Situation der Begriff der Lern*umgebung* verwendet.[10]

Lernen ist in diesem Verständnis nicht nur abhängig von der Lehrkraft, sondern abhängig von einer ganzen Umwelt, einer Fülle von Umweltfaktoren. Die Lehrkraft ist in diesem Verständnis nicht mehr und auch nicht weniger als *ein* Faktor in der Umwelt des Lerners unter vielen. Die Lehrkraft versucht diese Faktoren lernförderlich zu *arrangieren*. In diesem Sinne wird statt von „didaktischen Situationen" auch von „Lern*arrangement*" gesprochen. Lehren ist in diesem Verständnis ein Gestalten von Lernumgebungen bzw. von Lernarrangements.

1.2.3 Angehende Lehrkräfte: Ihre Sorgen und Ängste

Weil Lernsituationen nicht mechanistisch und deterministisch ablaufen, lassen sie sich nicht beherrschen. Auch bei der sorgfältigsten Planung ist die Lehrkraft nie vor Überraschungen gefeit. Anfängerinnen und Anfänger im Lehrberuf macht dies oft Sorge.

Wortwörtlich: Gerhard Polt, bayerischer Kabarettist und Berufsgrantler, zu Unsicherheit

Frage an Gerhard Polt: Hast Du oft das Gefühl von Unsicherheit?

Antwort von Gerhard Polt: Nein, weil ich weiß, sie ist das Stabilste. Unsicherheit, das ist eine Bank, auf die kann ich mich verlassen. Nur die Unwägbarkeiten sind sicher. Das macht wirklich frei. Verstehst du? Das hat auch schon Konfuzius gesagt. Wahrscheinlich.

Bild 2: Gerhard Polt. Von Eckhard Henkel. Zitat: Radlmaier (Samstag, 2012)

Hinzu kommen Rollenkonflikte, die in dieser Form nur für angehende Lehrkräfte typisch sind, etwa die Zwitterstellung der Studierenden als unterrichtende Lehrkraft einerseits und – das Lehren lernen zu habende – Auszubildende bzw. Auszubildender andererseits. Die Lehrkraft hat in dieser Phase ihrer Entwicklung die Notwendigkeit, ihre Rolle zu finden. Sie fragt: Wo stehe ich als Lehrkraft? Sie hat außerdem regelmäßig Zweifel, erfolgreich zu sein. Vor allem die Sorge, die Disziplin in der Klasse nicht aufrechterhalten zu können, führt bei Anfängerinnen und Anfängern zu großen Sorgen und einem starken Bedürfnis nach Rezepten der Klassenführung (Kastenbauer, 2011; Weidenmann, 1983, S. 46 ff.).

Eine Befragung der Nürnberger Studierenden im Masterstudiengang Wirtschaftspädagogik zeigt deutliche Ängste der Studierenden vor ganz bestimmten Personen (‚Personenangst'), Ängste vor Gefühlsausbrüchen vor der Mentorin bzw. dem Mentor, Ängste, allein vor der Klasse zu stehen oder den Schülerinnen und Schülern kein gutes Vorbild zu sein. Studentinnen haben dabei, wie oft angenommen, keine höheren Angstwerte als Studenten. Die Nürnberger Studenten haben statistisch bedeutsam höhere Ängste bei der Fachkompetenz zu versagen, als ihre Kolleginnen. „Hier lässt sich vermuten, dass Männer fachlich einen größeren Anspruch haben, fehlerlos zu sein. Das auf der klassischen Rollenteilung basierende Vorurteil, dass Männer keine Schwäche und Angst zeigen dürften, könnte eine Erklärung für die signifikant höheren Werte bei der neurotischen Angst, also der Angst vor der Angst selbst, sein" (Kastenbauer, 2011, S. 65).

STOPP: Sie haben bereits vor einer Klasse gestanden. Erinnern Sie sich? Welche Ängste hatten Sie vor dem ersten Mal? Sammeln Sie für sich Ängste, die Sie persönlich mit dem Unterricht verbinden. Wählen Sie eine Angst aus, die für Sie besonders hervorsticht. Fragen Sie sich: Wie realistisch ist diese Angst wirklich? Welche Ursachen haben diese Ängste und welche Möglichkeiten gibt es, mit diesen Ängsten umzugehen?

Angst kann sich in körperlichen Symptomen niederschlagen, etwa Herzklopfen, Kopfschmerzen oder Erröten. Angst hat einen emotionalen Aspekt. Sie äußert sich in Angespanntheit, Erregtheit oder Unlust und kann daher den Schlaf rauben. Angst hat einen kognitiven Aspekt, d. h. es werden unangenehme Ereignisse erwartet, die den Selbstwert bedrohen. Angst hat eine motivationale Komponente und eine Verhaltenskomponente, etwa den Drang nach Flucht oder Aggressionen. Angst kann einschnüren, so dass es wichtig ist, dass die Anfängerinnen und Anfänger zurück zur Gelassenheit finden.[11]

▶ **Ängste als Chance**: Ängste vor ‚den ersten didaktischen Situationen‘ sind völlig normal. Sie sind mit Übergangsphasen und Rollenkonflikten verbunden, die für die Lebenslage einer angehenden Lehrkraft typisch sind. Ängste sind ein gutes Zeichen: Anfängerinnen und Anfänger mit Angst nehmen ihren Auftrag ernst und haben erkannt, dass sich didaktische Situationen auch mit roher Gewalt nicht beherrschen lassen. Beides sind gute Voraussetzungen für die weitere professionelle Entwicklung zur Lehrkraft.

▶ **Rolle der ersten Unterrichtsversuche verstehen**: Die ersten Unterrichtsversuche sind oft ein besonders markantes Erlebnis. Sie geben der angehenden Lehrkraft ein erstes Gefühl, ob sie das auch später machen möchte. Gleichzeitig sollte die Rolle nicht überbewertet werden. Denken Sie an Ihre ersten Autofahrten: Waren dort Ihre Fahrkünste wirklich schon zu erkennen? Hätten Sie es nach ersten Fehlversuchen sein gelassen? Die ersten Unterrichtsversuche sind eine wichtige Chance, die nicht ungenutzt verstreichen sollte. Gleichzeitig sind sie keine Glaskugel, die die Zukunft als Lehrkraft offenbart.

Unsicherheiten & Ängste sind typisch für angehende Lehrkräfte
Bild 3: Von Lauriator, photocase.com

▶ **Die studentische Lehrkraft hat wenig zu verlieren**: Für die Schülerinnen und Schüler ist der Einsatz einer angehenden Lehrkraft meist etwas Neues, etwas Abwechslung im oft als trist erlebten Schulalltag. Da kommt eine Person, die jünger ist und von daher oft näher an den Schülerinnen und Schülern. Angehende Lehrkräfte können daher im absoluten Regelfall mit einem großen Wohlwollen der Schülerinnen und Schüler rechnen, auch wenn sie im Vorfeld oft das Gegenteil befürchten. Die angehende Lehrkraft kann meist mit dem Wohlwollen der erfahrenen Lehrkraft rechnen, die in den allermeisten Fällen ein sehr gutes Gespür dafür hat, dass Lehrkraft-Werden ein langer Weg ist. Auch Mitstudierenden dürfte der kleine Fehler eher sympathisch sein und ein allzu perfekter Auftritt eher Befremden auslösen.

▶ **Nachdenken über die eigenen Ansprüche**: Ein großer Teil von Angst beruht auf der eigenen Erwartung, in einer Situation den eigenen Ansprüchen oder den Ansprüchen Anderer nicht gerecht zu werden (Kastenbauer, 2011; Raether, 1982, S. 113 ff.). Völlig überzogene Idealvorstellungen, der Wunsch, am besten heute schon perfekt zu sein, führen dazu, die eigenen Möglichkeiten nicht realistisch einzuschätzen und ungeduldig zu werden. Überzogene Vorstellungen, jeder Unterricht müsste mehr als perfekt vorbereitet sein oder es sei wichtig, in jeder Stunde immer 100 % bei den Lernenden anzukommen, schüren Versagensängste. Lehrkraft-Werden ist jedoch ein langwieriges Geschäft, das Zeit, Geduld und wohlwollende Unterstützung braucht. Studierende sollten hier lernen, ihre Ansprüche realistisch einzuschätzen und mit ihren geistig-seelischen und körperlichen Ressourcen hauszuhalten. Das ist jedoch keine Entschuldigung für mangelhaftes Engagement oder

Schlendrian. Die Lehrkraft sollte die eigenen Ideale nicht aus den Augen verlieren, sondern als langfristige Orientierung nutzen. Lehrkraft-Werden ist kein kurzer Sprint, sondern ein Marathonlauf: Eine lebenslange Möglichkeit, an sich zu feilen und besser zu werden.

▶ **Humor**: Humor hat nicht nur Auswirkungen auf das Lernen (Helmke, 2012, S. 71). Humor ist auch ein wichtiges Instrument im Umgang mit der eigenen Angst (Ullmann, 2008). Über sich selbst lachen zu können, sich selbst nicht ganz so wichtig zu nehmen, über komische Situationen mit anderen Menschen lachen zu können, hilft gegen die eigene Angst vor dem Scheitern. Ein bekanntes deutsches Bonmot sagt: Humor ist, wenn man trotzdem lacht.

1.3   Didaktische Modelle bilden didaktische Situationen ab

1.3.1   Was Modelle ausmacht

Didaktische Modelle bilden didaktische Situationen ab.[12] Modelle zeichnen sich allgemein nach Stachowiak (1973) durch das Abbildungsmerkmal, das Verkürzungsmerkmal sowie ein pragmatisches Merkmal aus.

▶ **Abbildung**: „Modelle sind stets Modelle von etwas, nämlich Abbildungen, Repräsentationen natürlicher oder künstlicher Originale, die selbst wieder Modelle sein können" (Stachowiak, 1973, S. 131). Modelle dürfen also nicht mit ihren Urbildern verwechselt werden. Wenn beispielsweise ein Volkswirt das Modell des Homo oeconomicus beschreibt, dann ist das nicht der Mensch, sondern nur ein Modell für den Menschen. Nicht das Modell handelt, sondern immer nur der Mensch – und zwar entsprechend oder entgegen dem Modell.

▶ **Verkürzung**: „Modelle erfassen im Allgemeinen nicht alle Attribute des durch sie repräsentierten Originals, sondern nur solche, die den jeweiligen Modellerschaffern und/oder Modellbenutzern relevant erscheinen" (Stachowiak, 1973, S. 132). Um die Komplexität der didaktischen Situation zu reduzieren, werden Merkmale der didaktischen Situation weggelassen. Andere Merkmale werden damit hervorgehoben. Dass also ein Modell etwas weglässt, kann nie ein Kritikpunkt an einem Modell sein. Das ist genau die Funktion. Gleichwohl kann darüber gestritten werden, ob ein Modell die *richtigen* Aspekte hervorhebt und die *falschen* Aspekte vernachlässigt.

▶ **Pragmatik**: „Modelle sind ihren Originalen nicht per se eindeutig zugeordnet. Sie erfüllen ihre Ersetzungsfunktion a) für bestimmte - erkennende und/oder handelnde, modellbenutzende - Subjekte, b) innerhalb bestimmter Zeitintervalle und c) unter Einschränkung auf bestimmte gedankliche oder tatsächliche Operationen" (Stachowiak, 1973, S. 132 f.). Der Netzplan des Verkehrsverbunds Großraum Nürnberg (VGN) hilft den Studierenden, um vom Rathenauplatz zum Fürther Bahnhof zu kommen. Das tut ein didaktisches Modell nicht. Andererseits wird die Unterrichtsplanung nach dem VGN-Netzplan wohl kaum erfolgreich sein.

> **STOPP**: Stellen Sie sich den Grundriss der Wohnung vor, in der Sie leben. Spielen Sie die drei Merkmale von Modellen durch: Wofür steht der Grundriss, was bildet er ab? Welche Eigenschaften des abgebildeten Gegenstandes lässt der Grundriss weg? Für wen bzw. in welchen Lebenslagen ist der Grundriss hilfreich und in welchen nicht?

1.3.2   Didaktische Modelle als Hilfe für Anfängerinnen und Anfänger

Modelle haben ein pragmatisches Merkmal. Die Modelle der Didaktik zielen traditionsgemäß darauf, Anfängerinnen und Anfänger im Lehrberuf bei der Planung von Unterricht zu unterstützen.[13] Dazu wurde eine Vielzahl von Modellen ausgearbeitet. Sie bringen unterschiedliche Vorstellungen der Modellerschaffenden zum Ausdruck: Einige Modelle unterstützen angehende Lehrkräfte, indem sie den besonderen Stellenwert des Unterrichtsinhaltes hervorheben, bestimmte Methoden des Unterrichts oder bestimmte Zielsetzungen betonen. Einige dieser Modelle erheben den Anspruch für alle Fächer und Schulstufen zu greifen (‚allgemeine Didaktik‘), andere beschränken sich auf spezifische Schulfächer (‚Fachdidaktik‘) oder Bereiche (‚Bereichsdidaktik‘).

‚Unterrichten lernen‘ hat – bei vielen Unterschieden – eine Fülle von Parallelen zum ‚Autofahren lernen‘. Fahrschülerinnen und Fahrschüler brauchen am Anfang sehr grundlegende Hinweise, wie zum Beispiel den Hinweis „Dies ist die Bremse". Selbst vermeintlich einfache Abläufe, wie das Schalten, aber auch komplexe Abläufe, wie das Einparken, werden zunächst erläutert, meist auch vorgemacht und dann immer wieder geübt. Anfängerinnen und Anfänger sind am Anfang nervös. Sie haben alle Hände voll zu tun, das Auto irgendwie durch den Verkehr zu bewegen. Bei *erfahrenen* Autofahrerinnen und Autofahrern laufen diese Vorgänge weitgehend routiniert ab. Diese werden durch das Autofahren selbst nicht mehr nennenswert beansprucht. Selbst ein schwieriges, kaum lösbares Beziehungsproblem mit der Lebenspartnerin kann beim Autofahren diskutiert werden. Erfahrene Fahrerinnen und Fahrer haben das Wissen so weit verinnerlicht, dass sie häufig nur unter Aufwand noch in der Lage sind, ihr Wissen zu erläutern.

STOPP: Machen Sie eine einfache Probe. Suchen Sie sich eine erfahrene Autofahrerin oder einen Autofahrer. Fragen Sie sie bzw. ihn einfach, wo das Kupplungspedal sitzt. Bewegt sie oder er die Füße vor der Antwort? Dann gehen Sie eine Stufe weiter. Lassen Sie sich erklären, wie diese Person rückwärts einparkt.

Didaktische Modelle gelten häufig als wenig praktikabel, obwohl sich dies empirisch nicht zeigt (Zierer & Wernke, 2013). Erfahrene Lehrkräfte scheinen nicht selten zu vergessen, dass sie selbst einmal Anfängerinnen und Anfänger gewesen sind und von didaktischen Modellen profitiert haben. Didaktische Modelle sind in dieser Perspektive wie eine Leiter, über die man steigt, die aber irgendwann nicht mehr erforderlich ist und dann in Vergessenheit gerät. Hinzu kommen Probleme, das erworbene Wissen klar und verständlich auszudrücken. So wie die erfahrene Autofahrerin Schwierigkeiten hat, das Rückwärtseinparken zu erläutern. Für die Lehrkraft ist es in vielen Fällen viel bequemer, die ‚Theorie‘ erst mal in Bausch und Bogen zu verdammen: „Kann man sowieso nicht gebrauchen!", „Vergessen Sie, was Sie an der Uni gelernt haben!". Das ist viel leichter als sich in den schwierigen Prozess der klaren Erläuterung des eigenen Wissens zu begeben. Hinzu kommt, dass didaktische Modelle, wie der Wirtschaftspädagoge Seifried herausstellt, auf die Neuplanung von Unterricht zugeschnitten sind (Seifried, 2009, S. 255). Eine erfahrene Lehrkraft hat jedoch oft schon eigenen Unterricht vorbereitet, der in vielen Fällen ‚nur‘ noch ‚aufbereitet‘ und nicht grundlegend neu geplant werden muss. Gleichwohl ist auch die erfahrene Lehrkraft von Zeit zu Zeit immer wieder an einem Anfang, beispielsweise wenn sie sich in neue Methoden wie das selbstgesteuerte Lernen oder eine andere handlungsorientierte Unterrichtsmethode einarbeiten muss. Hier entsteht auch bei erfahrenen Lehrkräften schnell wieder der Bedarf nach Rezepten und vermeintlichen Handlungssicherheiten.

1.3.3 Der Fokus hier: Berufs- und wirtschaftspädagogische didaktische Situationen

Die Ausführungen konzentrieren sich hier auf berufs- und wirtschaftspädagogische didaktische Situationen. Was ist damit gemeint? Die *Wirtschafts*pädagogik befasst sich mit der Berufsbildung im kaufmännisch-verwaltenden Bereich. Für die Wirtschaftspädagogik lassen sich später noch zu vertiefende Bezugspunkte feststellen: Mit Blick auf die Wissenschaften eine Rückbindung an die Wirtschaftswissenschaft, eine Orientierung an den Situationen, die Kaufleute bzw. Kaufmannsgehilfinnen und -gehilfen zu bewältigen haben und schließlich eine Orientierung an der Vorstellung einer gebildeten Kauffrau, eines gebildeten Kaufmanns oder Kaufmannsgehilfinnen bzw. -gehilfen. Die Ausbildung liegt vor allem in der Hand von ‚Handelslehrern‘.

	Wirtschaftspädagogik	Berufspädagogik
Wissenschaftsprinzip	Wirtschaftswissenschaft	Ingenieurwissenschaft
Situationsprinzip	Situationen, die Kaufleute bzw. kaufmännische Fachkräfte zu bewältigen haben	Situationen, die industrielle Fachkräfte oder handwerkliche Fachkräfte zu bewältigen haben
Persönlichkeitsprinzip	Gebildete Kaufleute bzw. Kaufmannsgehilfinnen und -gehilfen	Gebildete Fachkräfte (Facharbeiterinnen und –arbeiter)
Ausbildung Lehrkräfte	‚Handelslehrer(in)‘	‚Gewerbelehrer(in)‘

Übersicht 5: Berufs- und Wirtschaftspädagogik

Die *Berufs*pädagogik befasst sich mit der Berufsbildung im gewerblich-technischen Bereich. Sie orientiert sich an den Ingenieurwissenschaften. Sie hebt auf die Situation und die Persönlichkeit von Facharbeiterinnen und Facharbeitern in der Industrie oder handwerklichen Fachkräften ab. Die Berufspädagogik wird traditionell noch weiter in Fachrichtungen aufgeteilt, etwa Metall- und Elektrotechnik, Bau und Holz, Ernährung, Pflege und Gesundheit oder Soziale Arbeit. Der berufspädagogische Bereich wird in diesem Buch weniger berücksichtigt und auch nicht in ganzer Breite. Vielmehr konzentrieren sich die hier vorgebrachten Ergänzungen auf den Bereich der Metall- und Elektrotechnik (M+E-Technik). Nach Tenberg ist die Technikdidaktik die „Theorie und Praxis des Erwerbs und der Vermittlung von Kompetenzen in technischen Bereichen" (2011, S. 45).

Die Berufspädagogik war Anfang des letzten Jahrhunderts vor allem eine ‚Gewerbelehrer-Ausbildung‘, die Wirtschaftspädagogik eine ‚Handelslehrer-Ausbildung‘. Traditionell wurden ‚Gewerbelehrer‘ und ‚Handelslehrer‘ getrennt ausgebildet und die Geschichte des alltäglichen Zusammenlebens in beruflichen Schulen ist häufig eine Geschichte des unverbundenen Nebeneinanders, des gegenseitigen Nicht-Verstehens und der gegenseitig gepflegten Vorurteile. Ein Blick in viele Lehrerzimmer zeigt auch noch oft zwei klar sortierte Lager zwischen den ‚Kaufleuten‘ und den ‚Gewerblern‘. Wenn auch die Wurzel der Berufs- und Wirtschaftspädagogik in der Ausbildung von Lehrkräften liegt, „ist sie über diese engere Aufgabe hinausgewachsen" (Riedl & Schelten, 2013, S. 28).

Das Gemeinsame beider Disziplinen ist die Ausrichtung auf „das berufsbildende Handlungsfeld", wie es der Münchner **Berufspädagoge Andreas Schelten** (2009, S. 61) formuliert. Um dies zu betonen, wird heute neben den Bezeichnungen „Wirtschaftspädagogik" und „Berufspädagogik" die gemeinsam zu lesende Bezeichnung „*Berufs- und Wirtschaftspädagogik*" verwendet.[14] Schelten und Riedel verstehen Berufs- und Wirtschaftspädagogik als „Wissenschaft und Praxis der Berufserziehung und -bildung" (2013, S. 28). Die didaktischen Situationen, die der Berufs- und Wirtschaftspädagogik zugrunde liegen, also die didaktischen Situationen mit berufsbildendem Anspruch, sind Gegenstand dieses Buches.

Von der *Wirtschaftspädagogik* muss die Diskussion um die *ökonomische Bildung* unterschieden werden. Die Wirtschaftspädagogik beschäftigt sich mit der kaufmännischen *Berufs*bildung, die ökonomische Bildung wird hingegen als Teil der *Allgemein*bildung verstanden, d. h. sie thematisiert die Kompetenzentwicklung an allgemeinbildenden Schulen. Die ökonomische Bildung wird – in den Bundesländern höchst unterschiedlich – an allgemeinbildenden Schulen entweder in einem eigenständigen Schulfach oder in einem Integrationsfach, etwa „Arbeitslehre/Wirtschaft", institutionalisiert (Loerwald & Schröder, 2011). Für die ökonomische Bildung an allgemeinbildenden Schulen wurden Bildungsstandards entwickelt, die jedoch nicht unumstritten sind.[15]

1.3.4   Wann ist Unterricht ein guter Unterricht?

Dieses Buch und die begleitende Toolbox wollen Sie auf einen *guten* Unterricht vorbereiten. Was ist jedoch ein guter Unterricht? Über die Frage der Unterrichtsqualität existieren in der Praxis und in der Literatur viele verschiedene Vorstellungen.

In der Praxis findet sich eine Fülle von Instrumenten zur Beobachtung von Unterricht, denen spezifische Qualitätsvorstellungen zugrunde liegen. In der Toolbox wurden in Abschnitt 16 mehrere Tools aufgenommen. Solche Tools werden im Referendariat eingesetzt, beispielsweise das Tool „Unterrichtsqualität: Niederschrift der Prüfungslehrprobe beim Staatlichen Studienseminar für das Lehramt an beruflichen Schulen in Bayern" (TB-16.2). Oder sie werden bei Unterrichtsbesuchen eingesetzt, beispielsweise das Tool „Unterrichtsqualität: Unterrichtsbeobachtungsbogen der bayerischen externen Evaluation" (TB-16.1) oder das Tool „Unterrichtsqualität: Unterrichtsbeobachtungsbogen der Qualitätsanalyse in Nordrhein-Westfalen" (TB-16.3).

In der wissenschaftlichen Literatur haben im internationalen Bereich vor allem die Veröffentlichungen „Teaching" (2000) von Gere Brophy, die „Principles of instruction" (2010) von Barak Rosenshine und „Effective Teaching" (2011) von Gary D. Borich Aufmerksamkeit erfahren. Im deutschen Sprachraum wird die Diskussion dominiert von den Büchern „Unterrichtsqualität und Lehrerprofessionalität" (2012) von Andreas Helmke sowie „Was ist guter Unterricht?" (2009b) von Hilbert Meyer.[16]

Das Modell der Unterrichtsqualität von Helmke (2012) wurde u. a. in das offizielle Modell der Schulqualität der Länder Rheinland-Pfalz und Schleswig-Holstein integriert (TB-16.5). Außerdem hat es einen großen Einfluss auf die Erstellung der Instrumente der Unterrichtsbeobachtung der – später darzustellenden – externen Evaluation der Schulen in Bayern gehabt. In der Toolbox ist der Bogen „Einblicknahme in die Lehr- und Lernsituation" wiedergegeben, der von der Agentur für Qualitätssicherung, Evaluation und Selbstständigkeit von Schulen (AQS) in Rheinland-Pfalz verwendet wird.[17] Verfolgen Sie diesen Bogen bitte parallel zu den folgenden Ausführungen (TB-16.5).

- ▶ **Klassenmanagement**: Bei der Klassenführung bzw. dem Klassenmanagement wird danach gefragt, wie es der Lehrkraft über geeignete präventive und reaktive Maßnahmen gelingt, ein störungsarmes Arbeiten in der Klasse zu gewährleisten (Helmke, 2012, S. 172 ff.). Die Klassenführung wird hier in Lerneinheit 11 vertieft.
- ▶ **Lernförderliches Klima, Motivierung**: An der Aufrechterhaltung von Motivation im Klassenzimmer sind mehrere Motive beteiligt. Diese sind Gegenstand verschiedener Motivationsmodelle, die später gegenübergestellt werden.
- ▶ **Strukturierung, Konsolidierung**: Damit die gegebenen Informationen ihre Wirkung entfalten können, müssen sie korrekt sein, so klar und verständlich wie möglich präsentiert und strukturiert werden (Helmke, 2012, S. 190 ff.). Das Erlernte muss wiederholt und geübt werden (Helmke, 2012, S. 201 ff.).
- ▶ **Aktivierung**: Der Unterricht sollte die Schülerinnen und Schüler auf verschiedene Art und Weise aktivieren (Helmke, 2012, S. 205 ff.).
- ▶ **Differenzierung**: Der Unterricht sollte der Unterschiedlichkeit der Lernenden gerecht werden, etwa den Unterschieden bezüglich des Vorwissens, des Migrationshintergrunds und des Entwicklungsstandes (Helmke, 2012, S. 248 ff.).
- ▶ **Akzentuierung überfachlicher Kompetenzen**: Der Unterricht sollte nicht nur die Fachkompetenz fördern, sondern auch die überfachlichen Kompetenzen. Der Bogen wurde hier an das in diesen Materialien zugrunde gelegte Modell angepasst.

Der Bogen „Einblicknahme in die Lehr- und Lernsituation" (TB-16.5) oder vergleichbare Tools können im Rahmen der Universitätsschulen zur Beobachtung des Unterrichts der Mentorin bzw. des Mentors eingesetzt werden. In einem späteren Kapitel wird die Messtheorie eingeführt. Messen heißt dabei ein Abbilden der Wirklichkeit auf Zahlen und zwar auf eine bestimmte, noch zu erörternde Art und Weise. Auch die Beobachtung von Unterricht mit Hilfe solcher Beobachtungsinstrumente führt zu Zahlen. Aus messtheoretischer Sicht sind solche Instrumente jedoch durchaus problematisch (Praetorius, Lenske & Helmke, 2012). Ein Zahlenwert von „2" in einem Beobachtungsbogen ist hier kein

Ergebnis einer naturwissenschaftlichen Messung. Mit anderen Worten: Sie liefern keine exakten Zustandsbeschreibungen. Daher sollten solche Beobachtungsinstrumente – wie überhaupt alle Instrumente in der Toolbox – nicht als Messung verstanden werden, sondern als eine Grundlage eines Austausches, der sich nach den zugrunde gelegten Kriterien richtet. Die strukturierte Beobachtung von Unterricht ist ein mächtiges Instrument der Ausbildung von Lehrkräften und wird in Kapitel 24 erörtert. Dabei ist jedoch immer zu beachten, dass es sich nicht um eine Messung im strengen Sinne handelt und dass hinter den Tools immer auch Normen liegen.

> **STOPP:** Eine Aussage über Qualität verlangt – immer – zugrunde liegende Normen. Im Falle der Qualität des Unterrichts betrifft dies auch Lehrkräfte und ihr Handeln. Ein solches Set von Normen – der sogenannte Kanon – liefert schon der Geh. Regierungsrat Gottlieb Leuchtenberger (1839 – 1914). Dieser hatte 1889 von der sächsischen Direktoren-Konferenz den Auftrag erhalten „einen Kanon pädagogischer und didaktischer Grundregeln für Kandidaten und jüngere Lehrer aufzustellen" (Leuchtenberger, 1917, S. II). In der Toolbox (TB-16.6) ist der Kanon wiedergegeben. Studieren Sie bitte den Kanon. Überlegen Sie, was Ihnen heute noch zeitgemäß erscheint. Erwägen Sie, inwieweit solche Normen an die Zeit im Sinne von Zeitgeist gebunden sind. Gehen Sie dabei bitte über die offensichtlichen Fragen, etwa die Fragen des rechten »Hutmanagements« (Nr. 11 des Kanons) hinaus.

1.4   Das hier zugrunde gelegte didaktische Modell: Das Nürnberger Modell

Die Ausführungen in diesem Buch folgen einem bestimmten didaktischen Modell, das ich der Einfachheit halber auch als „Nürnberger Modell (der Gestaltung von Wirtschaftsunterricht)" bezeichnen werde. Das Nürnberger Modell kombiniert eine Vorstellung zur *Struktur* der Planung mit einer Vorstellung zum *Prozess* der Unterrichtsplanung. Die Konstruktion wird an anderer Stelle erläutert (Wilbers, 2013).

1.4.1   Die Tradition des Modells: Die Berliner Didaktik

Bezüglich der Struktur orientiert sich das Nürnberger Modell an der sogenannten Berliner Didaktik. Dieses Modell wurde von dem Didaktiker Paul Heimann (1901-1967) sowie seinen Assistenten Gunter Otto (1927-1999) und Wolfgang Schulz (1929-1993) an der damaligen pädagogischen Hochschule in Berlin entwickelt. Hintergrund der Entwicklung dieses Modells war die Einführung des sogenannten Didaktikums, einer spezifischen Verbindung von Theorie und Praxis in der Ausbildung von Lehrkräften (Heimann, 1976a, S. 142). In seinem 1962 erstmals erschienenen und auch heute noch höchst lesenswerten Aufsatz „Didaktik als Theorie und Lehre" (Heimann, 1976a) begreift Heimann didaktische Situationen als „sehr dynamische Interaktionsprozesse von strenger gegenseitiger Bezogenheit, betonter Singularität und Augenblicksgebundenheit …, die trotzdem einer bestimmbaren Strukturgesetzlichkeit gehorchen" (S. 149). Heimann erläutert dies in einem Vortrag gegenüber Lehrkräften.

**Paul Heimann (1901 – 1967)
zur zeitlosen Struktur von Unterricht**

Sie wissen, kein Unterricht gleicht dem anderen. Sie steigen nicht zweimal in denselben Fluss. Der heutige Unterricht ist ein anderer als der gestrige, der vor einem Jahrzehnt war ein anderer wie der heutige, der in Russland ein anderer als in Amerika, und für den Unterricht in verschiedenen Schulbezirken gilt es sicherlich auch. Es gibt niemals denselben Unterricht, aber es gibt dennoch eine gewisse Gleichartigkeit in Hinsicht auf seine zeitlose, formale Struktur. ... Im Unterricht geht stets folgendes vor: a) Da ist jemand, der hat eine ganz bestimmte Absicht. b) In dieser Absicht bringt er irgendeinen Gegenstand in den c) Horizont einer bestimmten Menschengruppe. d) Er tut das in einer ganz bestimmten Weise, e) unter Verwendung bestimmter Hilfsmittel, wir nennen sie Medien, f) und er tut dies auch in einer ganz bestimmten Situation.

Bild 4: Paul Heimann. © Hansjörg Neubert. Zitat: Heimann (1976c, S. 105)

Mit a) bis f) führt Heimann sechs Bereiche ein, die grundlegend für die sogenannte Strukturanalyse des Unterrichts sind.

1.4.2 Die Strukturelemente des Modells: Absicht & Thema, Methode und Bedingungen

Diese Bereiche werden hier zusammengefasst. Anknüpfend an diese Vorstellung werden für den hier verfolgten Ansatz drei verschiedene Elemente der didaktischen Struktur unterschieden.

▶ **Absicht und Thema** (Warum? Was?): Die Intentionen oder Absichten des Unterrichts geben dem Unterricht eine bewusste Ausrichtung. Intentionen sind „Zwecksetzung und Sinngebung unterrichtlicher Akte" (Heimann, 1976a, S. 154). Intentionen sind eine Antwort auf die Frage nach dem Warum des Unterrichts. Eine Intention ist beispielsweise die Absicht einer Lehrkraft, die Schülerinnen und Schüler zur Gestaltung der beruflichen Situation als Industriekaufleute zu befähigen oder Mechatronikerinnen und Mechatroniker in die Grundlagen der Elektrotechnik einzuführen. Die Themen und Inhalte beschreiben den Gegenstand, der von der Lehrkraft in den Unterricht eingebracht wird. Es ist die „Inhaltlichkeit ... aller Unterrichtsverläufe" (Heimann, 1976a, S. 153). Das Thema ist eine Antwort auf die Frage nach dem Was des Unterrichts. Ein Thema des Unterrichts ist zum Beispiel „Die Vollmachten im Handelsrecht" oder „Reihenschaltung von Widerständen". Die Auseinandersetzung um diesen Bereich werde ich auch als *„curriculare Analyse"* bezeichnen.

▶ **Methoden** (Wie?): Methoden sind bei Heimann die „Verfahrensweisen" (Heimann, 1976a, S. 153) des Unterrichts. Die Methoden sind eine Antwort auf die Frage nach dem Wie des Unterrichts. Die Methoden umfassen im Nürnberger Prozessmodell – im Gegensatz zur Berliner Didaktik – auch die Medien und die sogenannten Assessmentmethoden. D. h. Methoden sind im Nürnberger Prozessmodell die Unterrichtsmethoden, etwa das Lehrgespräch, die Medien, zum Beispiel die Tafel, und die Assessmentmethoden, beispielsweise ein Multiple-Choice-Test. Die Auseinandersetzung um diesen Bereich werde ich mit *„methodische Analyse"* ansprechen.

▶ **Bedingungen** (Wo, wer?): Die Bedingungen werden im hier verfolgten Verständnis, weit über Heimanns Elemente in der Strukturanalyse hinausgehend, sehr umfassend verstanden. Sie umschließen, wie später erläutert wird, gesellschaftliche Bedingungen bis hin zu Bedingungen, die einzelne Lernende oder die Lehrkraft selbst ‚mit' in den Unterricht bringen. Diesen Bereich werde ich auch *„Bedingungsanalyse"* nennen.

Jede Unterrichtsplanung ist in diesem Verständnis die schriftliche oder auch nicht schriftliche Antwort auf die Frage nach dem Warum, dem Was, dem Wie und dem Wo und dem Wer des Unterrichts.

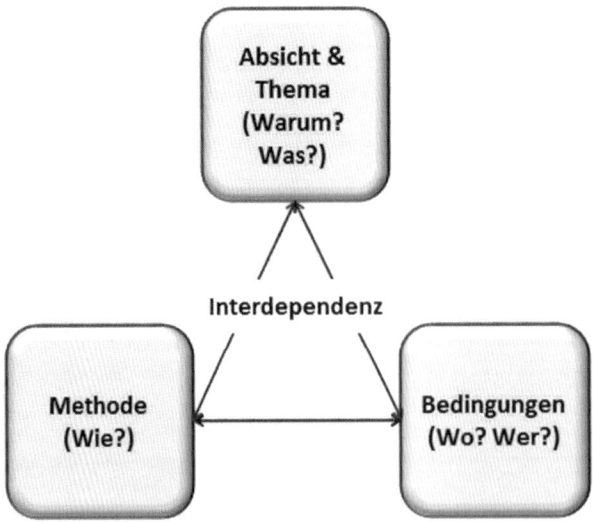

Übersicht 6: Die drei didaktischen Strukturelemente im Nürnberger Prozessmodell

Für diese Fragen bzw. die Elemente gilt – so Heimann – „die durchgehende Interdependenz der unterrichtsstrukturellen Momente" (Heimann, 1976a, S. 157). „Interdependent" meint, dass zwei Dinge gegenseitig abhängig, d. h. dependent, sind. Die didaktischen Elemente stehen – so die grundlegende Annahme – in einem gegenseitigen Abhängigkeitsverhältnis.

Paul Heimann (1901 – 1967) zum Interdependenzzusammenhang

Ich muss Ihnen sagen, Sie können die »Wie-Frage« nie entscheiden, wenn Sie nicht reflektiert haben über die andern Fragen. Klarer gesagt: Sie können die Frage des »Wie« nur entscheiden im Zusammenhang mit der Erörterung aller anderen Grundfragen! Und hier wird Ihnen eine Grundgesetzlichkeit des Unterrichts klar: diese von mir herausgehobenen, exponierten ... Fragekategorien sind niemals isoliert voneinander zu betrachten! Es ist schon eine didaktische Unnatürlichkeit, dass ich sie hier zum Zwecke der erkenntnismäßigen Betrachtung auseinandergenommen habe. Das würde Sie dazu verleiten, einmal gesondert für sich die Frage der Intention zu entscheiden. Das können Sie nicht! Sie können auch nicht die Frage des Mediums entscheiden. Diese Faktoren sind streng interdependent! Das heißt: die einen hängen von den andern ab. Setzen Sie einen Faktor, so setzen Sie gleich eine Grundbedingung, eine Conditio für den anderen Faktor.

Bild 5: Paul Heimann. © Hansjörg Neubert. Zitat: Heimann (1976c, S. 116 f.)

1.4.3   Die Schritte des Modells: Von der ersten Idee bis zur Evaluation und Revision

Aufgrund der Interdependenz bzw. aufgrund der Komplexität der didaktischen Situation scheidet eine *parallele* Beantwortung der erwähnten Fragen bis ins Kleinste aus. Ein Lösungsversuch, der Komplexität didaktischer Situationen gerecht zu werden, besteht darin, die Planung in verschiedene Schritte zu zerlegen. Dieser Planung folgt dann die eigentliche Umsetzung des Unterrichts und anschließend die Evaluation und Revision.

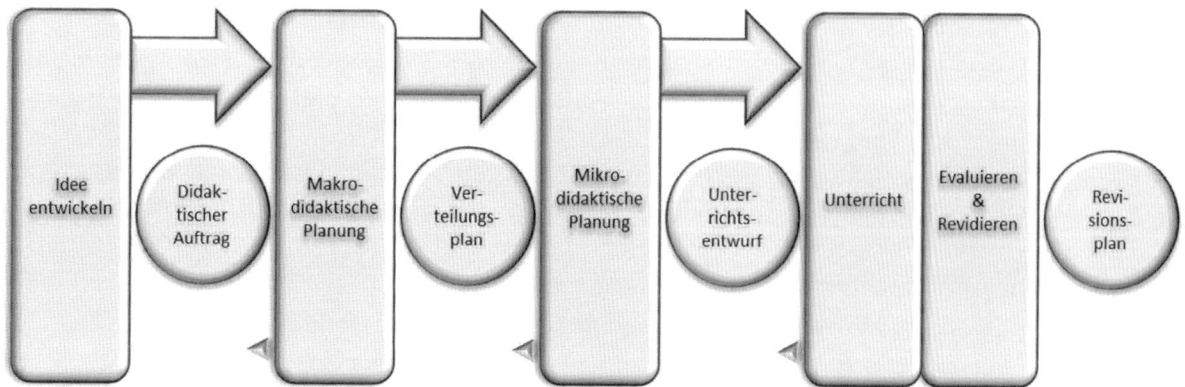

Übersicht 7: Die Schritte im Nürnberger Modell und die damit verbundenen Dokumente

Diese Schritte unterlegen das Nürnberger Modell mit einem Ablauf.

Der erste Schritt des Modells ist der Schritt „Grundidee entwickeln" Dieser Schritt dient als sehr grobkörniger Startpunkt für allererste Vorstellungen über die Absichten und die Inhalte, die Methoden und die Bedingungen des Unterrichts. Stellen Sie sich dazu bitte einen ‚didaktischen Auftrag' in einer kurzen Mail vor, die Sie auffordert am Dienstag in zwei Wochen einen Unterricht als Einstieg in die Organisation von Reisen für Kaufleute für Büromanagement (KfBM) zu halten. In einer solchen Mail würde der allererste Rahmen für weitere Planungen abgesteckt.

Der analytisch nächste Schritt lautet „Makrodidaktisch planen". In der makrodidaktischen Planungen werden auf Basis der ersten Grundidee die Absichten & Inhalte sowie die Methoden und die Bedingungen parallel, d. h. unter Berücksichtigung des Interdependenzzusammenhangs, für ein ganzes Schuljahr oder zumindest einen längeren Zeitraum geplant. Eine größere Anzahl von verbundenen Unterrichtseinheiten stellt eine Unterrichtsreihe dar. Daher wird die makrodidaktische Planung, die nicht das ganze Schuljahr sondern eine Unterrichtsreihe erfasst, auch „Reihenplanung" genannt. Wird hingegen ein ganzes Schuljahr geplant, wird auch von „didaktischer Jahresplanung" gesprochen. Dabei wird zum Beispiel festgelegt, in welchem Monat welches Thema unterrichtet wird. In der Toolbox findet sich ein Beispiel für einen Verteilungsplan, und zwar eine besondere Variante eines Verteilungsplans, der didaktische Jahresplan (TB-3.2).

Der makrodidaktischen Planung schließt sich als nächster Schritt „Mikrodidaktisch planen" die mikrodidaktische Planung an, die sogenannte Feinplanung. In der mikrodidaktischen Planung werden auf der Grundlage der makrodidaktischen Planung die Inhalte, Methoden und Bedingungen parallel geplant, d. h. unter Berücksichtigung des Interdependenzzusammenhangs. In der mikrodidaktischen Planung wird aus der Verteilungsplanung eine Unterrichtseinheit herausgegriffen. Eine Unterrichtseinheit besteht aus einer oder mehreren Unterrichtsstunden, also Einheiten à 45 Minuten. Pläne für einzelne Unterrichtseinheiten, d. h. eine oder mehrere Unterrichtsstunden, werden entworfen. Es wird beispielsweise überlegt, wie ein Arbeitsblatt für die Schülerinnen und Schüler auszusehen hat. Die Ergebnisse dieser Planung werden, vor allem bei Anfängerinnen und Anfängern, in Form eines Unterrichtsentwurfs festgehalten. In der Toolbox findet sich als Beispiel ein Musterentwurf (TB-3.12). In einer reduzierten Form wird nicht die ganze Unterrichtsplanung dokumentiert, sondern nur der geplante Verlauf in Form eines Verlaufsplans. Die Toolbox gibt dazu ein Beispiel (TB-3.13).

Der nächste Schritt im Modell ist „Umsetzen": Auf Basis der Feinplanung wird der Unterricht durchgeführt. Angesichts der erwähnten Komplexität kann es dabei nicht darauf ankommen, die Feinplanung abzuarbeiten. Vielmehr ist Flexibilität in der Durchführung gefragt.

Der letzte Schritt ist „Evaluieren und Revidieren". Nach dem Unterricht ist zu erwägen, ob die Ziele und Themen erreicht wurden, sich die Methoden als sinnvoll erwiesen haben, ob die Bedingungen richtig eingeschätzt wurden und fortentwickelt werden müssen. Die Lehrkraft verbessert auf diese Weise ihren Unterricht allein oder in einem Team (‚Unterrichtsverbesserung'), geht die Verbesserung der Bedingungen auf der Schulebene an (‚Schulentwicklung') oder nimmt gar die Veränderungen der politisch gesetzten Rahmenbedingungen auf der schulübergreifenden Ebene in Angriff (‚Systement-wicklung').

Das hier zugrunde gelegte Planungsmodell kombiniert die Strukturelemente (Intention & Inhalt, Methoden, Bedingungen) mit den didaktischen Schritten (Grundidee entwickeln, Makrodidaktisch planen, Mikrodidaktisch planen, Umsetzen sowie Evaluieren und Revidieren). In der Toolbox findet sich das Modell (TB-1.1), das beides miteinander verbindet. Weil Intentionen und Inhalt sehr stark miteinander verwoben sind, werden diese beiden Aspekte der Planung in der Regel gemeinsam dargestellt. Das Planungsmodell hat verschiedene Perspektiven.

1.4.4   Die verschiedenen Perspektiven des Modells

Eine erste Perspektive des Planungsmodells ist die *prozessorientierte Perspektive*. Sie drückt sich im Prozessmodell aus. Der Prozess der didaktischen Planung erfolgt in Schritten „Grundidee entwickeln", „Makrodidaktisch planen", „Mikrodidaktisch planen", „Umsetzen" sowie „Evaluieren und Revidieren". Diese Schritte werden weiter zerlegt in Teilprozesse und einzelne Aktivitäten. Beispielsweise gehört die Aktivität „Lernziele präzisieren" zum Teilprozess „Mikrodidaktische curriculare Analyse: Themen und Kompetenzen fein planen". Die Teilprozesse orientieren sich für jeden Schritt an den einzelnen Strukturelementen, also an den Intentionen, dem Thema, den Methoden sowie den Bedingungen. Dabei werden jedoch Inhalte und Intentionen zusammengefasst.

In der Toolbox ist das Prozessmodell in verschiedenen Arten dargestellt. Eine graphische Übersicht differenziert den Planungsprozess bis zur dritten Ebene aus (TB-1.1). Die einzelnen Strukturelemente sind interdependent. Das drücken die Pfeile im Modell aus. Eine weitere Detaillierung stellt die Karte zum Prozessmodell dar. Hier werden die Prozesse soweit präzisiert bis klar wird, in welcher Lerneinheit dieses Buches was erörtert wird (TB-1.2).

Eine zweite Perspektive des Planungsmodells ist die *leitfragenorientierte Perspektive*. Jede Unterrichtsplanung ist das schriftliche oder auch nicht schriftliche Beantworten bestimmter Fragen, die hier didaktische Leitfragen genannt werden. Zu jeder Aktivität wird eine Reihe von didaktischen Leitfragen aufgeführt. Die erfolgreiche Bewältigung dieser Aktivität bedeutet das Beantworten der didaktischen Leitfragen. Die Leitfragen sind in den sogenannten GAL-Schemata für die einzelnen Aktivitäten aufgeführt. Ein GAL-Schema, ein Gliederung-Aktivitäten-Leitfragen-Schema verbindet die Gliederung, die Aktivitäten und die Leitfragen eines didaktischen Schrittes zu einem geordneten Ganzen. Besonders wichtig sind dabei das GAL-Schema „Makrodidaktische Planung" (TB-2.3) und das GAL-Schema „Mikrodidaktische Planung" (TB-2.5).

Eine dritte Perspektive ist die *dokumentenorientierte Perspektive*. Die Aktivitäten der Planung bzw. Teilprozesse münden in Dokumente. Der erste Schritt fließt in ein Dokument „Didaktischer Auftrag", die makrodidaktische Planung führt zu dem Dokument „Verteilungsplan" oder „Ausführliche makro-didaktische Planung", die mikrodidaktische Planung in das Dokument „Unterrichtsentwurf", also den Plan für die Unterrichtseinheit. Und schließlich mündet das Evaluieren und Revidieren des Unterrichts in ein Dokument „Revisionsplan". Jedes dieser Dokumente hat eine spezifische Struktur, die sich – nach der hier verfolgten Vorstellung – in einer spezifischen Gliederung ausdrückt. Diese Gliederung ist Teil eines GAL-Schemas, das auch die Aktivitäten und Leitfragen aufführt. Ein Dokument entsteht dabei, in dem die Leitfragen in den ausgewiesenen Aktivitäten entsprechend der vorgebrachten Gliederung beantwortet werden. So entsteht – so die Vorstellung – der Unterrichtsentwurf durch die Bearbeitung des GAL „Mikrodidaktische Planung" (TB-2.5), in dem entlang der Gliederung, die gleichzeitig die Gliederung des späteren Unterrichtsentwurfes ist, die Leitfragen in den jeweiligen Aktivitäten beantwortet werden. Schon ein Blick auf den Musterunterrichtsentwurf in der Toolbox (TB-3.12) zeigt, dass die Leitfragen keineswegs alle *schriftlich* beantwortet werden. Das ist in vielen Fällen nicht nur unnötig, sondern auch sinnlos.

Zu der Arbeit mit den GAL-Schemata ist mir mehrfach in persönlichen Gesprächen entgegnet worden, dass das doch ,alles flexibler' zu handhaben sei. Gegen Flexibilität wird hier sicherlich nicht argumentiert – schließlich ist auch eine Unterrichtsplanung ein (gedanklich vorweggenommenes) Modell und hat damit ein pragmatisches Merkmal. Ich werde mich bemühen, Flexibilitätsspielräume aufzuzeigen. Aber andererseits hüllt sich Beliebigkeit und Intransparenz nicht selten in das glitzernde Gewand der Flexibilität.

Das Nürnberger Modell ist ein *Modell*: Es beschreibt, wie das Planungshandeln einer Lehrkraft – aus wissenschaftlicher Sicht – aussehen *sollte*. Davon zu unterscheiden ist das tatsächliche Planungshandeln von Lehrkräften in der Praxis. Die wenigen verfügbaren empirischen Studien zum tatsächlichen Planungshandeln (Zierer & Wernke, 2013) zeichnen ein etwas anderes Bild. Die Lehrkraft formuliert – im Gegensatz zum Nürnberger Modell – keine expliziten Ziele. Die Unterrichtsstunden werden nicht von Kompetenzen oder Zielen ausgehend geplant, sondern vom inhaltlichen Aufbau. Individualisierung und Differenzierung spielen im Gegensatz zum Nürnberger Modell kaum eine Rolle. Unterrichtsstunden werden von einer zur nächsten Stunde geplant und kaum in einem größerem Zusammenhang wie im Nürnberger Modell. Unterricht wird uneinheitlich und es werden fast nur einzelne Unterrichtsstunden dokumentiert. Ob die Beschreibung aus den empirischen Studien ,der' Praxis in den beruflichen Schulen entspricht, sei dahin gestellt. Unterschiede zwischen ,Theorie' und ,Praxis' sind hingegen kaum zu übersehen. Das spricht jedoch weder gegen ,die Theorie' noch gegen ,die Praxis'. Beides aufeinander zu beziehen und zwar konsequent und in beide Richtungen: Das ist die große Chance, die noch lange nicht ausgereizt ist.

1.5 Der Einstieg im Nürnberger Modell: Eine didaktische Grundidee entwickeln

Der erste Schritt des hier zugrunde gelegten Prozessmodells ist die Entwicklung einer didaktischen Grundidee. Verorten Sie diesen Schritt bitte zunächst im Prozessmodell aus der Toolbox (TB-1.1). Schauen Sie sich auch an, welche Leitfragen gestellt werden und zwar im GAL-Schema „Idee entwickeln" (TB-2.1). Bei der Entwicklung der didaktischen Grundidee werden erste, noch wenig spezifizierte Antworten auf die drei Fragen gegeben, d. h. die drei Strukturelemente geplant.

- ▶ **Absichten klarlegen & thematische Idee entwickeln**: Die Frage nach dem Warum verlangt von der Lehrkraft, die Absichten klarzulegen. Ein Beispiel ist der Einstieg in die Reihe über Einzelunternehmen, zur Elektrotechnik oder die Förderung von Lernkompetenz. Die Lehrkraft hinterfragt an dieser Stelle noch sehr grob die Zielsetzungen, die verschiedene Gruppen mit dem Unterricht verbinden. Die Leitfrage für diesen Schritt lautet: Welche Absichten verfolgt der Unterricht? Die Frage nach dem Was verlangt von der Lehrkraft, die Entwicklung einer thematischen Idee, die den Unterricht tragen soll. Beispiele sind die Themen „OHG" oder „Elektromagnetische Induktion". Die Leitfrage für diesen Schritt lautet: Welches Thema bzw. welche Kompetenz soll im Zentrum des Unterrichts stehen?
- ▶ **Methodische Idee entwickeln**: Die Frage nach dem Wie des Unterrichts verlangt von der Lehrkraft, eine methodische Idee zu entwickeln. So erwägt die Lehrkraft vielleicht den Einsatz eines kleinen Falles, bei dem die Lernenden in die Rolle von Beratern schlüpfen um das Thema „OHG" mit der oben genannten Zielsetzung in den Unterricht zu bringen. Oder die Lehrkraft erwägt ein

experimentelles Lernen zur Induktion. Die Leitfrage lautet hier: Welche ersten Ideen zu den Methoden des Unterrichts gibt es?

- **Bedingungsrahmen klären**: Die Frage nach dem Wo und Wer des Unterrichts verlangt von der Lehrkraft die Klärung des Bedingungsrahmens. So sollen die Themen „OHG" für Industriekaufleute oder die „Elektromagnetische Induktion" für Mechatroniker(innen) aufbereitet werden. Für das Thema „Gründung und Haftung der OHG" oder „Zwei Arten der Induktion" wird eine Unterrichtsstunde von 45 Minuten angesetzt. Die Leitfragen lauten: Wer ist meine Zielgruppe? Welche Zeit steht zur Verfügung? Wann und wo findet der Unterricht statt?

Die Lehrkraft kann gegebenenfalls alle hier genannten Fragen selbst beantworten. Eine eigenständige Dokumentation ist in der Praxis nicht üblich. Häufig werden Anfängerinnen und Anfängern einige oder alle erwähnten Strukturelemente bei der Planung des Einsatzes vorgegeben. Es handelt sich um einen *Auftrag*. Daher wird auch das entsprechende Dokument hier „Didaktischer Auftrag" genannt, wohlwissend, dass ein solches Dokument viele Formen annehmen kann. Stellen Sie sich beispielsweise folgende Mail vor: „Guten Tag! Wir freuen uns, dass Sie Ihre schulpraktischen Studien an unserer Schule absolvieren. … In Ihrer dritten Woche haben wir einen Unterrichtsversuch eingeplant. Am Dienstag haben wir Sie in der ersten Stunde in Raum 0.23 für Industrie, erstes Ausbildungsjahr, eingeplant. Es sollte dann die Gründung der OHG behandelt werden". Die Mail formuliert sozusagen einen didaktischen Auftrag, der vieles offen lässt und der der Startpunkt für die Planung ist. In der Toolbox wurde das GAL-Schema „Idee entwickeln" (TB-2.1) sowie eine Vorlage für den didaktischen Auftrag (TB-3.1) aufgenommen. Sie sollen verdeutlichen, dass der Planungsprozess einen analytisch gedachten Startpunkt hat. Außerdem hat es sich hochschuldidaktisch bei Absprachen zu Unterrichtsversuchen in den Schulen als hilfreich erwiesen, mit der Vorlage „Didaktischer Auftrag" (TB-3.1) zu arbeiten. Daher geht das GAL-Schema "Idee entwickeln" (TB-2.1) und die entsprechende Vorlage zum didaktischen Auftrag (TB-3.1) noch über die bereits genannten Fragen hinaus und berücksichtigt folgende organisatorische Fragen: Wer ist meine Ansprechperson? Welche Schule? Mit welchen Kontaktdaten?

Im Referendariat ist die Prüfungslehrprobe ein wichtiger Teil der Ausbildung. Sie wird eröffnet, d. h. dass das Thema und andere wichtige Merkmale der Lehrprobe im Voraus bekannt gegeben werden. Dabei handelt es sich im Sinne des Nürnberger Modells um einen didaktischen Auftrag.

Zweite Staatsprüfung für das Lehramt an beruflichen Schulen Prüfungslehrprobe gemäß § 21 LPO II					
Angaben zur Prüfungslehrprobe					
Prüfungsjahrgang:	**2014**	September Februar	☒ ☐ ☐ ☐	1. Lehrprobe 2. Lehrprobe 3. Lehrprobe Lehrprobe in einem Erweiterungsfach	
Studienreferendar:	**Alina Süggeler**				
Berufliche Fachrichtung: Unterrichtsfach:	**Wirtschaftswissenschaften Sozialkunde**			Erweiterungsfach: Ethik	
Prüfungsort	**B6, Berufliche Schule 6 der Stadt Nürnberg Äußere Bayreuther Straße 8, 90491 Nürnberg**				
Prüfungsfach	**Wirtschaftswissenschaften**				
Abgrenzung des Stoffgebietes/Lernfeldes					
Kaufmännische Steuerung und Kontrolle: Bargeldlose Zahlung					
Prüfungstermin, Klasse					
Tag: **08.03.2014**	Beginn: **07:55**	Ende:**08:40**			
Klasse: **WEB10**	Jahrgangsstufe: **10**	Raum: **E209**	Schülerzahl: **23**		

Übersicht 1: Eröffnung einer Lehrprobe (Auszug aus dem Formular des Staatlichen Studienseminars für das Lehramt an beruflichen Schulen in Bayern)

Die Festlegung einer didaktischen Grundidee sollte eine didaktische Reflexion begleiten. Didaktische Reflexion heißt in diesem Fall, dass ein bestimmtes Strukturelement der Planung aus der Perspektive eines anderen Strukturelements beurteilt wird. Beispielsweise: Ist die Methode (erstes Strukturelement) den verfolgten Absichten (zweites Strukturelement) angemessen? Der Interdependenzzusammenhang wird auf diesem Wege in viele bilaterale Bezüge zwischen den Strukturelementen zerlegt.

Der didaktische Auftrag ist der erste Schritt des langen Planungsweges zum Unterricht. Im nächsten Schritt wird die weitere Planung in Angriff genommen.

1.6 Outro

1.6.1 Die wichtigsten Begriffe dieser Lerneinheit

- Lernen (bzw. Lernhandeln)
- Lehren (bzw. Lehrhandeln)
- Lernumgebung
- Determinismus
- Didaktische Situation (Begriff, Merkmale der Komplexität und Zielgerichtetheit)
- Lernarrangement
- Ängste angehender Lehrkräfte
- Modell
- Berliner Didaktikmodell
- Interdependenzzusammenhang
- Berufs- und Wirtschaftspädagogik
- Nürnberger Modell (Prozess: Schritte, Teilprozesse und Aktivitäten der didaktischen Planung im Nürnberger Modell; Strukturelemente des Nürnberger Modells; Dokumente; Didaktische Leitfragen)
- Unterrichtsqualität
- Makrodidaktische Planung
- Mikrodidaktische Planung
- Unterrichtsreihe
- Unterrichtseinheit
- Unterrichtsstunde
- Didaktische Grundidee

1.6.2 Tools

- Tool „Übersicht: Modell der Gestaltung des Wirtschaftsunterrichts" (TB-1.1)
- Tool „Karte: Modell der Gestaltung von Wirtschaftsunterricht" (TB-1.2)
- Tool „Makrodidaktische Planung: Didaktische Jahresplanung: Beispiel" (TB-3.2)
- Tool „Mikrodidaktische Planung: Unterrichtsentwurf: Beispiel" (TB-3.12)
- Tool „Mikrodidaktische Planung: Verlaufsplanung: Beispiel" (TB-3.13)
- Tool „Unterrichtsqualität: Unterrichtsbeobachtungsbogen der bayerischen externen Evaluation" (TB-16.1)
- Tool „Unterrichtsqualität: Niederschrift der Prüfungslehrprobe beim Staatlichen Studienseminar für das Lehramt an beruflichen Schulen in Bayern" (TB-16.2)
- Tool „Unterrichtsqualität: Unterrichtsbeobachtungsbogen der Qualitätsanalyse in Nordrhein-Westfalen" (TB-16.3)
- Tool „Unterrichtsqualität: Kriterienkatalog zur Einschätzung durch Kolleginnen und Kollegen" (TB-16.4)
- Tool „Unterrichtsqualität: Kriterienkatalog zur Einblicknahme in die Lehr- und Lernsituation" (TB-16.5)
- Tool „Der Kanon aus dem Vademecum für junge Lehrer von Leuchtenberger (1917)" (TB-16.6)
- Tool „GAL-Schema: Idee (für den Unterricht) entwickeln" (TB-2.1)
- Tool „Idee entwickeln: Didaktischer Auftrag: Vorlage" (TB-3.1)

1.6.3 Kompetenzen

- Spannungsverhältnis von Komplexität und Zielgerichtetheit einordnen: Sensitiv gegenüber der Fragilität didaktischer Situationen sein; Von der Notwendigkeit einer Balance von Flexibilität und Zielorientierung überzeugt sein; Subjektivität der Situationsdefinition nachvollziehen
- Verhältnis von Lehren und Lernen hinterfragen: Lernen als Zustandstransformation begreifen; Erfolgs- und Absichtsbegriff des Lehrens abgrenzen; Von der Unzulänglichkeit einer mechanistisch-deterministischen Perspektive auf Lehren und Lernen überzeugt sein; Begriffe des Lernhandelns, des Lehrhandelns, der Lernumgebung und des Lernarrangements einordnen

▶ Mit Unsicherheiten umgehen: Sehnsucht nach Rezepten verstehen, aber davor gewappnet sein; Unsicherheit als Merkmal didaktischer Situationen begreifen und aushalten; Rückschläge verstehen und gegenüber Rückschlägen tolerant sein

▶ Mit Ängsten umgehen: Eigene Ängste rekonstruieren; Ängste angehender Lehrkräfte einordnen; Eigene Ängste akzeptieren; Strategien zum Umgang mit Ängsten kennen

▶ Qualität von Unterricht präzisieren: Modelle für Unterrichtsqualität kennen; Zeitgebundenheit und normative Gebundenheit von Qualität erkennen

▶ Didaktische Modelle bewerten: Abbildungs- und Verkürzungsmerkmal didaktischer Modelle gelten lassen; Pragmatik didaktischer Modelle verstehen, in dem didaktische Modelle als Instrument von Novizinnen und Novizen bestimmt werden und die Sicht von erfahrenen Lehrkräften (Expertinnen und Experten) auf didaktische Modelle nachvollzogen wird; Als Gegenstandsbezug des Modelles Berufs- und Wirtschaftspädagogik abgrenzen; Interdependenzzusammenhang als Folie guter Planung verstehen

▶ Didaktische Grundidee entwickeln: Didaktische Grundidee als Startpunkt des Planungsprozesses verstehen; Didaktischer Auftrag dokumentieren; Didaktische Idee unter Rückgriff auf die Vorstellung des Interdependenzzusammenhangs reflektieren

1.6.4 Hinweise zur vertieften Auseinandersetzung: Weiterlesen

Didaktische Problemstellungen werden durch eine Fülle von Veröffentlichungen in der Wirtschaftsdidaktik, der Technikdidaktik und der allgemeinen Didaktik vertieft.

Zunächst zur Wirtschaftspädagogik. Eine gute, umfassende – und hier wärmstens empfohlene – Einführung vor wirtschaftspädagogischem Hintergrund bieten Dieter Euler und Angela Hahn (2007). Ein Klassiker der didaktischen Literatur in der Wirtschaftspädagogik ist die umfassende „Theorie und Praxis des Wirtschaftslehreunterrichts" (Speth & Berner, 2010) des Wirtschaftsdidaktikers Hermann Speth. Eine Einführung, die ich auch für diese Arbeit häufig genutzt habe, ist die Veröffentlichung „Wirtschaftsdidaktik" von Lothar Reetz (1984), die ich als wirtschaftsdidaktischen Klassiker einschätzen würde. Eine sehr ausdifferenzierte, oft nicht leicht verdauliche Veröffentlichung, aus der ich viel gelernt habe, ist das von Martin Twardy herausgegebene „Kompendium Fachdidaktik Wirtschaftswissenschaften" (1983).

Eine sehr interessante Quelle ist die „Kleine Unterrichtslehre für den Lernbereich Wirtschaft, Recht, Staat und Gesellschaft" des bedeutenden Schweizer Wirtschaftspädagogen Rolf Dubs (1985) sowie das zum Glück in der zweiten Auflage erschienene Dubs'sche Lehrbuch „Lehrerverhalten" (2009). Eine gute, bereits mehrfach überarbeitete Einführung aus der Feder eines Praktikers bietet das Buch „Wirtschaft unterrichten" (2011) von Claus Mathes (Seifried, 2010).

Das umfassende und empfehlenswerte Lehrbuch „Wirtschaftspädagogik" (Stock, Slepcevic-Zach & Tafner, 2013) der Grazer Kolleginnen und Kollegen enthält eine Reihe von Sequenzen zur Wirtschaftsdidaktik, insbesondere den Beitrag „Lehren und Lernen gestalten" von Elisabeth Riebenbauer und Sabrina Romina Sorko (2013) sowie „Lernen verstehen: Lerntheoretische Grundlagen" von Peter Slepcevic-Zach, Georg Tafner und Elisabeth Klausner (2013).

Ein alternatives Planungsmodell legen Aprea, Ebner und Müller (2010) mit ihrem Ansatz zur Planung kompetenzbasierter wirtschaftsberuflicher Lehr-Lern-Arrangements vor. In der wirtschaftspädagogischen Diskussion hat die Veröffentlichung „Mehrdimensionale Lehr-Lern-Arrangements" (Achtenhagen & John, 1992) viele Schleifspuren hinterlassen.

Den Studierenden der Wirtschaftspädagogik seien diese Bücher ans Herz gelegt: Mit dem zweiten (Buch) sieht man besser!

Auch die Berufspädagogik bietet vielfältige Vertiefungsmöglichkeiten. Eine umfassende berufspädagogische Einführungen in die Didaktik bieten die Bücher „Vermittlung fachlicher und überfachlicher Kompetenzen in technischen Berufen" (2011) von Ralf Tenberg, das Buch „Didaktik" (2008) von Reinhold Nickolaus, „Didaktik der beruflichen Bildung" von Alfred Riedl (2011) sowie die „Grundbegriffe der Pädagogik und Didaktik beruflicher Bildung" von Alfred Riedl und Andreas Schelten (2013). Eine knappe Anleitung aus der Feder zweier Berufspädagogen bietet die „Praxis der Unterrichtsvorbereitung" von Gehlert und Pohlmann (2005). Für die Metall- und Elektrotechnik sei speziell hingewiesen auf Lipsmeier (1996) sowie Schütte (2006). Eine Einführung in die Methoden des Technikunterrichts bietet das Werk von Hüttner (2009). Eine Übersicht über die hier nicht weiter berücksichtigten Fachdidaktiken Bau-, Holz- und Gestaltungstechnik, Ernährung und Hauswirtschaft, Pflege, Gesundheit, Kosmetologie (Körperpflege) sowie Sozialpädagogik bzw. Soziale Arbeit bietet der Sammelband von Bonz und Ott (1998).

Vielfältig sind die Ausführungen zur *allgemeinen Didaktik.* Eine gut verständliche, umfassende Einführung, allerdings ohne Berücksichtigung der Spezifika des Bereichs beruflicher Schulen, liefert der erfahrene Lehrkraftausbilder Hilbert Meyer mit seinem „Leitfaden zur Unterrichtsvorbereitung" (2009a). Wer sich vertieft mit dem Ansatz von Heimann auseinandersetzen will, dem sei zunächst der klassische, höchst lesenswerte Aufsatz „Didaktik als Theorie und Lehre" von 1962 empfohlen. Eine vertiefte Analyse sollte sich jedoch nicht darauf beschränken. Hilfreich ist der von Reich und Thomas zusammengestellte Sammelband „Didaktik als Unterrichtswissenschaft" (Heimann, 1976b) sowie der von Neubert herausgegebene Sammelband „Die Berliner Didaktik: Paul Heimann" (1991). An Sekundärliteratur sei insbesondere auf die Aufarbeitung von Reich (1977) sowie die Analyse von Jank und Meyer (2008) verwiesen.

In der Erforschung der *Merkmale didaktischer Situationen* lassen sich drei Linien ausmachen. Eine Linie erstreckt sich von der Feldtheorie Lewins (Cartwright, 1963, Lewin, 1963), über die Theorie des pädagogischen Feldes von Winnefeld (1971), die Arbeiten von Graumann (1982) und Jongebloed (1984) bis hin zu den jüngeren Arbeiten zu Komplementarität am Kieler Lehrstuhl für Berufs- und Wirtschaftspädagogik, z. B. Buchheit und Göser (2008). Eine zweite Linie steht in der Tradition der bahnbrechenden Arbeit „The reflective practitioner. How professionals think in action" von Donald Schön (1983). Siehe dazu ausführlich Wilbers (2011). Eine dritte Linie startet bei Klaus Beck (1996) und führt zur Auseinandersetzung von Thomas Bienengräber (2011; 2012). In dieser Linie werden – allgemeine und nicht auf didaktische Situationen begrenzte – Strukturelemente ausgemacht: Zeit, Raum und Gegenstandskonstellation, begriffliche Konzepte, Rolle, Bewertung und Ziel. Eine ausführliche Auseinandersetzung des Handelns unter Druck liefert Wahl (1991). Siehe dazu auch die Auseinandersetzung um Komplexität, Wissen, Können und Reflexion bei Minnameier (2000).

Bei größeren *Ängsten* im Umgang mit den ersten Unterrichtsversuchen könnte sich die Beschäftigung mit Entspannungstechniken lohnen. Ein Überblick gibt das Buch „Entspannungstechniken. Das Praxisbuch" von Vaitl und Petermann (2004).

1.6.5 Hinweise zur vertieften Auseinandersetzung: Weitersurfen

Online-Angebote zur Didaktik des Wirtschaftslehreunterrichts sind vergleichsweise rar. Zuallererst möchte ich auf die Online-Zeitschrift „Berufs- und Wirtschaftspädagogik online" (bwp@, http://www.bwpat.de) hinweisen: Das Open-Content-Angebot behandelt immer wieder didaktische Fragen und ist eine der wenigen Zeitschriften, die für Wissenschaft und Praxis gleichermaßen interessant ist. Das Angebot SoWi-Online enthält interessantes Material, gerade zu einzelnen Unterrichtsmethoden (http://www.sowi-online.de/unterrichtspraxis.htm).

1.6.6 Literaturnachweis

Achtenhagen, F. & John, E. G. (Hrsg.). (1992). *Mehrdimensionale Lehr-Lern-Arrangements*. Wiesbaden: Gabler.

Altrichter, H. & Posch, P. (2007). *Lehrerinnen und Lehrer erforschen ihren Unterricht* (4. Aufl.). Bad Heilbrunn: Klinkhardt.

Anhalt, E. (2012). *Komplexität der Erziehung. Geisteswissenschaft - Modelltheorie - Differenztheorie*. Bad Heilbrunn: Klinkhardt.

Aprea, C., Ebner, H. G. & Müller, W. (2010). "Ja mach nur einen Plan …". Entwicklung und Erprobung eines heuristischen Ansatzes zur Planung kompetenzbasierter wirtschaftsberuflicher Lehr-Lern-Arrangements. *Wirtschaft und Erziehung, 62* (4), 91–99.

Arnold, R. & Gonon, P. (2006). *Einführung in die Berufspädagogik*. Opladen, Bloomfield Hills: Budrich.

Beck, K. (1996). Die "Situation" als Ausgangspunkt didaktischer Argumentation - Ein Beitrag zur Begriffspräzisierung. In W. Seyd & L. Reetz (Hrsg.), *Situation, Handlung, Persönlichkeit. Kategorien wirtschaftspädagogischen Denkens*. Festschrift für Lothar Reetz (S. 87–98). Hamburg: Feldhaus.

Bienengräber, T. (2011). Situierung oder Segmentierung? Zur Entstehung einer differenzierten Urteilskompetenz. *Zeitschrift für Berufs- und Wirtschaftspädagogik, 107* (4), 499–519.

Bienengräber, T. (2012). *Eine Theorie der Situation. Mit Beispielen für ihre Konkretisierung im Bereich der kaufmännischen Berufsbildung*. Frankfurt am Main: Lang.

Bonz, B. & Ott, B. (Hrsg.). (1998). *Fachdidaktik des beruflichen Lernens*. Stuttgart: Steiner.

Borich, G. D. (2011). *Effective teaching methods. Research-based practice* (7. Aufl.). Boston, MA: Pearson/Allyn & Bacon.

Brophy, J. (2000). *Teaching*. Geneva: International Centre for the Content of Education.

Buchheit, J. & Göser, T. (2008). *Komplementäres Denken in pädagogischen Kontexten*. Norderstedt: Books on Demand.

Cartwright, D. (Hrsg.). (1963). *Kurt Lewin: Feldtheorie in den Sozialwissenschaften*. Bern: Huber.

DEGÖB (Deutsche Gesellschaft für ökonomische Bildung). (2004). *Kompetenzen der ökonomischen Bildung für allgemein bildende Schulen und Bildungsstandards für den mittleren Schulabschluss*. Ohne Ort: DEGÖB.

Dubs, R. (1985). *Kleine Unterrichtslehre für den Lernbereich Wirtschaft, Recht, Staat und Gesellschaft*. Aarau/Frankfurt am Main/Salzburg: Sauerländer.

Dubs, R. (2009). *Lehrerverhalten. Ein Beitrag zur Interaktion von Lehrenden und Lernenden im Unterricht* (2. Aufl.). Stuttgart: Steiner.

Euler, D. & Hahn, A. (2007). *Wirtschaftsdidaktik* (2. Aufl.). Bern: Haupt.

Famulla, G.-E., Fischer, A., Hedtke, R., Weber, B. & Zurstrassen, B. (2011). Bessere ökonomische Bildung: problemorientiert, pluralistisch, multidisziplinär. *Aus Politik und Zeitgeschichte* (12), 48–54.

Gehlert, B. & Pohlmann, H. (2005). *Praxis der Unterrichtsvorbereitung* (3. Aufl.). Köln: Stam im Bildungsverlag Eins.

Graumann, C.-F. (1982). Zur Einführung in diesen Band. In C.-F. Graumann (Hrsg.), *Feldtheorie. Werkausgabe Kurt Lewin* (S. 11–37). Stuttgart: Klett-Cotta.

Hedtke, R., Famulla, G.-E., Fischer, A., Weber, B. & Zurstrassen, B. (2010). *Für eine bessere ökonomische Bildung. Kurzexpertise zum Gutachten „Ökonomische Bildung an allgemeinbildenden Schulen. Bildungsstandards und Standards für die Lehrerbildung im Auftrag des Gemeinschaftsausschusses der Deutschen Gewerblichen Wirtschaft" vom November 2010*. Bielefeld.

Heimann, P. (1976a). Didaktik als Theorie und Lehre. Zuerst 1962. In P. Heimann (Hrsg.), *Didaktik als Unterrichtswissenschaft. Herausgegeben und eingeleitet von Kersten Reich und Helga Thomas* (S. 143–167). Stuttgart: Klett.

Heimann, P. (Hrsg.). (1976b). *Didaktik als Unterrichtswissenschaft. Herausgegeben und eingeleitet von Kersten Reich und Helga Thomas*. Stuttgart: Klett.

Heimann, P. (1976c). Didaktische Grundbegriffe. Vortrag vom 7.12.1961. In P. Heimann (Hrsg.), *Didaktik als Unterrichtswissenschaft. Herausgegeben und eingeleitet von Kersten Reich und Helga Thomas* (S. 103–121). Stuttgart: Klett.

Helmke, A. (2012). *Unterrichtsqualität und Lehrerprofessionalität. Diagnose, Evaluation und Verbesserung des Unterrichts* (4. Aufl.). Seelze-Velber: Klett/Kallmeyer.

Hüttner, A. (2009). *Technik unterrichten. Methoden und Unterrichtsverfahren im Technikunterricht* (3. Aufl.). Haan-Gruiten: Verl. Europa-Lehrmittel.

Jank, W. & Meyer, H. (2008). *Didaktische Modelle* (8. Aufl.). Berlin: Cornelsen Scriptor.

Jongebloed, H.-C. & Twardy, M. (1983). Lernzielformulierung und -präzisierung. In M. Twardy (Hrsg.), *Kompendium Fachdidaktik Wirtschaftswissenschaften* (S. 255–349). Düsseldorf: Verlagsanstalt Handwerk.

Jongebloed, H.-C. (1984). *Fachdidaktik und Entscheidung. Vorüberlegungen zu einer umstrittenen Problematik.* Düsseldorf: Verlagsanstalt Handwerk.

Kastenbauer, U. (2011). *Ängste von angehenden Lehrkräften vor den ersten Unterrichtsversuchen in der Phase I der Lehrerausbildung. Masterarbeit.* Nürnberg: Lehrstuhl für Wirtschaftspädagogik und Personalentwicklung der Universität Erlangen-Nürnberg.

Kurtz, T. (2009). Professionalität aus soziologischer Perspektive. In O. Zlatkin-Troitschanskaia, K. Beck, D. Sembill, R. Nickolaus & R. Mulder (Hrsg.), *Lehrprofessionalität. Bedingungen, Genese, Wirkungen und ihre Messung* (S. 45–54). Weinheim: Beltz.

Laplace, P. S. (1819). *Philosophischer Versuch über die Wahrscheinlichkeit. Nach der dritten Pariser Auflage übersetzt von Friedrich Wilhem Tönnies. Hrsg. von Karl Christian Langsdorf.* Heidelberg: Karl Groos.

Leuchtenberger, G. (1917). *Vademecum für junge Lehrer. Pädagogisch-didaktische Erfahrungen und Ratschläge* (3. Aufl.). Berlin: Weidmann.

Lewin, K. (1963). Verhalten und Entwicklung als eine Funktion der Gesamtsituation. Zuerst 1946 als "Behavior and development as a function of the total situation". In D. Cartwright (Hrsg.), *Kurt Lewin: Feldtheorie in den Sozialwissenschaften* (S. 271–329). Bern: Huber.

Lipsmeier, A. & Rauner, F. (Hrsg.). (1996). *Beiträge zur Fachdidaktik Elektrotechnik.* Stuttgart: Holland + Josenhans.

Loerwald, D. & Schröder, R. (2011). Zur Institutionalisierung ökonomischer Bildung in allgemeinbildenden Schulen. *Aus Politik und Zeitgeschichte* (12), 9–15.

Loistl, O. & Betz, I. (1994). *Chaostheorie. Zur Theorie nichtlinearer dynamischer Systeme* (2. Aufl.). München: Oldenbourg.

Luhmann, N. & Schorr, K. E. (1999). Das Technologiedefizit der Erziehung und die Pädagogik. In N. Luhmann & K. E. Schorr (Hrsg.), *Reflexionsprobleme im Erziehungssystem* (2. Aufl., S. 11–40). Frankfurt am Main: Suhrkamp.

Mathes, C. (2011). *Wirtschaft unterrichten. Methodik und Didaktik der Wirtschaftslehre* (7. Aufl.). Haan, Rheinl: Europa-Lehrmittel.

Meyer, H. (2009a). *Leitfaden Unterrichtsvorbereitung* (3. Aufl.). Berlin: Cornelsen Scriptor.

Meyer, H. (2009b). *Was ist guter Unterricht?* (6. Aufl.). Berlin: Cornelsen-Scriptor.

Minnameier, G. (2000). Die Genese komplexer kognitiver Strukturen im Kontext von Wissenserwerb und Wissensanwendung. In G. H. Neuweg (Hrsg.), *Wissen - Können - Reflexion. Ausgewählte Verhältnisbestimmungen* (S. 131–154). Innsbruck: Studienverlag.

Neubert, H. (Hrsg.). (1991). *Die Berliner Didaktik: Paul Heimann.* Berlin: Colloquium-Verlag.

Nickolaus, R. (2008). *Didaktik - Modelle und Konzepte beruflicher Bildung. Orientierungsleistungen für die Praxis* (3., korrigierte und erw). Baltmannsweiler: Schneider-Verl. Hohengehren.

Plöger, W. (1999). *Allgemeine Didaktik und Fachdidaktik.* München: Fink.

Praetorius, A.-K., Lenske, G. & Helmke, A. (2012). Observer ratings of instructional quality: Do they fulfill what they promise? *Learning and Instruction, 22* (6), 387–400.

Radlmaier, S. (Samstag, 2012, 5. Mai). Beredtes Schweigen. Der große Kabarettist Gerhard Polt wird 70. *Nürnberger Nachrichten,* S. 3.

Raether, W. (1982). *Das unbekannte Phänomen Lehrerangst. Vielfältige Ursachen - weitreichende Folgen.* Freiburg: Herderbücherei.

Reetz, L. (1984). *Wirtschaftsdidaktik. Eine Einführung in Theorie und Praxis wirtschaftsberuflicher Curriculumentwicklung.* Bad Heilbrunn/Obb.: Klinkhardt.

Reich, K. (1977). *Theorien der Allgemeinen Didaktik.* Stuttgart: Klett.

Reinmann, G. & Mandl, H. (2006). Unterrichten und Lernumgebungen gestalten. In A. Krapp & B. Weidenmann (Hrsg.), *Pädagogische Psychologie. Ein Lehrbuch* (5. Aufl., S. 613–658). Weinheim: Beltz.

Retzmann, T., Seeber, G., Remmele, B. & Jongebloed, H.-C. (2010). *Ökonomische Bildung an allgemein bildenden Schulen. Im Auftrag des Gemeinschaftsausschusses der deutschen gewerblichen Wirtschaft unter Vorsitz des ZDH.*

Retzmann, T. (2011). Kompetenzen und Standards der ökonomischen Bildung. *Aus Politik und Zeitgeschichte* (12), 15–21.

Riebenbauer, E. & Sorko, S. R. (2013). Lehren und Lernen gestalten. In M. Stock, P. Slepcevic-Zach & G. Tafner (Hrsg.), *Wirtschaftspädagogik. Ein Lehrbuch* (S. 257–350). Graz: UPG - Unipress Graz.

Riedl, A. (2011). *Didaktik der beruflichen Bildung.* (2. Aufl.). Stuttgart: Franz Steiner Verlag.

Riedl, A. & Schelten, A. (2013). *Grundbegriffe der Pädagogik und Didaktik beruflicher Bildung.* Wiesbaden: Franz Steiner Verlag.

Rosenshine, B. (2010). *Principles of instruction.* Geneva: International Centre for the Content of Education.

Schelten, A. (2009). *Begriffe und Konzepte der berufspädagogischen Fachsprache. Eine Auswahl* (2. Aufl.). Stuttgart: Steiner.

Schön, D. A. (1983). *The reflective practitioner. How professionals think in action.* New York: Basic Books.

Schütte, F. (2006). *Berufliche Fachdidaktik. Theorie und Praxis der Fachdidaktik Metall- und Elektrotechnik. Ein Lehr- und Studienbuch.* Stuttgart: Steiner.

Seifried, J. (2009). *Unterricht aus der Sicht von Handelslehrern.* Frankfurt am Main: Lang.

Seifried, J. (2010). Claus Mathes: Wirtschaft unterrichten. Rezension. *Wirtschaft und Erziehung, 62* (4), 126.

Slepcevic-Zach, P., Tafner, G. & Klausner, E. (2013). Lernen verstehen: Lerntheoretische Grundlagen. In M. Stock, P. Slepcevic-Zach & G. Tafner (Hrsg.), *Wirtschaftspädagogik. Ein Lehrbuch* (S. 201–256). Graz: UPG - Unipress Graz.

Speth, H. & Berner, S. (2010). *Theorie und Praxis des Wirtschaftslehre-Unterrichts. Eine Fachdidaktik : Ziel- und Inhaltsanalyse, Lehr- und Lernorganisation, Lernsicherung, Unterrichtskonzeptionen* (101. Aufl.). Rinteln: Merkur Verl.

Stachowiak, H. (1973). *Allgemeine Modelltheorie.* Wien, New York: Springer.

Steckley, J. (2008). *White lies about the Inuit.* Peterborough, Ont: Broadview Press.

Stock, M., Slepcevic-Zach, P. & Tafner, G. (Hrsg.). (2013). *Wirtschaftspädagogik. Ein Lehrbuch.* Graz: UPG - Unipress Graz.

Tenberg, R. (2011). *Vermittlung fachlicher und überfachlicher Kompetenzen in technischen Berufen. Theorie und Praxis der Technikdidaktik.* Stuttgart: Steiner.

Terhart, E. (1989). *Lehr-Lern-Methoden. Eine Einführung in Probleme der methodischen Organisation von Lehren und Lernen.* Weinheim/München: Juventa.

Tramm, T. (1996). *Lernprozesse in der Übungsfirma. Rekonstruktion und Weiterentwicklung schulischer Übungsfirmenarbeit als Anwendungsfall einer evaluativ-konstruktiven und handlungsorientierten Curriculumstrategie.* Göttingen: Universität Göttingen (Habilitationsschrift).

Twardy, M. (Hrsg.). (1983). *Kompendium Fachdidaktik Wirtschaftswissenschaften.* Düsseldorf: Verlagsanstalt Handwerk.

Ullmann, E. (2008). Humor lernen …eine paradoxe Vorstellung? Der ungewöhnliche Umgang mit Humor als Handlungsinstrument. *SchulVerwaltung, 10* (1), 15–26.

Vaitl, D. & Petermann, F. (2004). *Entspannungsverfahren. Das Praxishandbuch* (3. Aufl.). Weinheim, Basel: Beltz, PVU.

Wahl, D. (1991). *Handeln unter Druck. Der weite Weg vom Wissen zum Handeln bei Lehrern, Hochschullehrern und Erwachsenenbildnern.* Weinheim: Deutscher Studien Verlag.

Weidenmann, B. (1983). *Lehrerangst. Ein Versuch, Emotionen aus der Tätigkeit zu begreifen* (2. Aufl.). München: Ehrenwirth.

Wilbers, K. (2011). Das didaktische Feld: Begriff und alltägliche Konsequenzen, vor allem für didaktische Novizinnen und Novizen. In W. Prieß (Hrsg.), *Wirtschaftspädagogik zwischen Erkenntnis und Erfahrung – strukturelle Einsichten zur Gestaltung von Prozessen* (S. 211–229). Norderstedt.

Wilbers, K. (2013). Integrationspotentiale und -notwendigkeiten struktur- und prozessorientierter Modellierungen in der Wirtschaftsdidaktik. Eine Erörterung am Beispiel des Nürnberger Didaktikmodells des Lehrwerks „Wirtschaftsunterricht gestalten". *bwp@ (Berufs- und Wirtschaftspädagogik - online)* (24), 1–16.

Winnefeld, F. (1971). *Pädagogischer Kontakt und pädagogisches Feld. Beiträge zur Pädagogischen Psychologie. Zuerst 1957* (5. Aufl.). München & Basel: Beltz.

Zierer, K. & Wernke, S. (2013). Völlig unbrauchbar?! Zur Praktikabilität allgemeindidaktischer Modelle - Ergebnisse einer qualitativen Studie. *Pädagogische Rundschau, 67* (2), 143–160.

1.6.7 Anmerkungen

1 Beispiel verändert entnommen von Altrichter und Posch (2007, S. 322).
2 Situationen sind verwandt mit komplexen Systemen im Sinne der Systemtheorie bzw. Strukturen im Sinne der mathematischen Strukturtheorie bzw. Feldern. Im Grundverständnis ist ein solches allgemeines System ein geordnetes Paar aus einer Menge und einer Folge

von Relationen auf dieser Menge. Das System ‚entsteht‘, indem die Trägermenge der Struktur definiert und der Menge die Relationen aufgeprägt werden. Siehe Wilbers (2011).

3 Winnefeld (1971, S. 32) nennt dies „teleologische Strukturiertheit".

4 Die Quantenphysik kennt beispielsweise die Unschärferelation von Heisenberg.

5 Die Chaostheorie kennt Systeme, die zwar durch klare Bewegungsgleichungen beschrieben werden, sich jedoch trotzdem bei infinitesimal geringen Änderungen der Anfangsbedingungen anscheinend erratisch verhalten. Vgl. Loistl und Betz (1994).

6 „Technologiedefizit" wurde dem Aufsatz eines grundlegenden Artikels von Luhmann und Schorr (1999) entnommen.

7 Schön (1983) spricht in diesem Zusammenhang von „technischer Rationalität".

8 So zu finden bei Jongebloed und Twardy (1983) und zu lesen im Zusammenhang mit Jongebloed (1984).

9 Die Totengräber des Dämons sind u. a. die Unschärferelation sowie die Grenzen in der Chaostheorie.

10 So beispielsweise bei Reinmann und Mandl (2006).

11 Möglichkeiten zur Bewältigung der Ängste von Lehrkräften, die überwiegend institutionell begründet sind oder die überwiegend in der Persönlichkeit und der Einstellung begründet sind, diskutiert Raether (1982).

12 Eine ausführlichere Analyse der modelltheoretischen Diskussion in der Didaktik liefern Plöger (1999, S. 26 ff.) sowie Anhalt (2012, S. 161 ff.). In den 1960er und 1970er Jahren war der Modellbegriff in der Didaktik ausgesprochen populär. Anhalt spricht gar von einer „Epoche der Modelltheorie in der Didaktik" (2012, S. 161). „Modelltheorien der Didaktik versprachen den Lehrenden einen Schlüssel, mit dem der Unterricht »aufgeschlossen« werden könne" Anhalt (2012, S. 165). Allerdings wurden, so Anhalt (2012) die „Vor- und Nachteile bzw. die Möglichkeiten und Grenzen einer modelltheoretischen Beschreibung und Erziehung kaum systematisch bestimmt" (S. 167).

13 Zu den Funktionen didaktischer Modelle siehe Plöger (1999, S. 33 ff.).

14 Die Abgrenzung folgt hier den Ausführungen von Schelten (2009, S. 59 ff.), der allerdings die Berufspädagogik weiter auslegt und auch die hauswirtschaftlich-pflegerische-sozialpädagogische, gesundheitspädagogische, landwirtschaftliche, bergbauberufliche und seeschifffahrtsbezogene Berufsbildung der Berufspädagogik zuordnet. Siehe auch Arnold und Gonon (2006).

15 Zu den Bildungsstandards für ökonomische Bildung siehe beispielhaft die Kompetenzen der ökonomischen Bildung für allgemein bildende Schulen und Bildungsstandards für den mittleren Schulabschluss der Deutschen Gesellschaft für ökonomischen Bildung (DeGöB, (2004)) sowie die Bildungsstandards für die ökonomische Bildung an allen Formen der allgemein bildenden Schulen von Retzmann, Seeber, Remmele und Jongebloed (2010). Siehe dazu auch die Erörterung von Retzmann (2011). Zur Kritik siehe Hedtke, Famulla, Fischer, Weber und Zurstrassen (2010) sowie Famulla, Fischer, Hedtke, Weber und Zurstrassen (2011).

16 Vergleichbare Ausführungen in der beruflichen Didaktik finden sich eher selten. Eine Ausnahme sind die sogenannten Orientierungskonzepte bei Tenberg (2011).

17 Siehe dazu Helmke (2012, S. 168 ff.). Siehe dazu auch die Webseite www.unterrichtsdiagnostik.de.

2.1 Zur Orientierung: Was Sie hier erwartet

2.1.1 Worum es hier geht

Daniel, M. soll zum nächsten Schuljahr vom Einzelhandelsbereich seiner Schule in den Fachbereich „Immobilienberufe" wechseln. Der Beruf der Immobilienkauffrau bzw. des Immobilienkaufmanns wurde 2006 eingeführt und löste den 1996 eingeführten Beruf „Kaufmann/Kauffrau in der Grundstücks- und Wohnungswirtschaft" ab. Es handelt sich um einen vergleichsweise kleinen Beruf mit wenigen Tausenden Auszubildenden bundesweit und etwa 200 Auszubildenden in Bayern. An der Ludwig-Erhard-Schule in Fürth werden die Auszubildenden aus Ober-, Unter-, Mittelfranken und der Oberpfalz unterrichtet. Daniel M. hatte sich während seines Studiums nicht mit der Immobilienwirtschaft beschäftigt. Er hat inzwischen erkannt, dass Lehrkräfte an beruflichen Schulen davon ausgehen können, dass sie auch in Berufen eingesetzt werden, die sie bislang noch nicht kannten. Die Landschaft der Berufe ist – ebenso wie die Wirtschaft selbst – ständig in Bewegung. Erst letzte Woche hat Daniel M. mit einem Kollegen gesprochen, welche Berufe wohl demnächst an der Schnittstelle von Biotechnologie und Wirtschaft entstehen werden: „BioTec-Kaufleute"?

Daniel M. arbeitet sich seit zwei Monaten parallel zu seiner Unterrichtstätigkeit im alten Fachbereich in den Unterricht für Immobilienberufe ein. Er arbeitet an drei Baustellen: 1. Er hat sich zwei akademische Lehrbücher besorgt, nämlich die „Grundlagen der Immobilienwirtschaft" von Kerry-U. Brauer (Brauer, 2013) sowie „BWL für die Immobilienwirtschaft" von Michaela Hellerforth (2012). Beide arbeitet er kräftig durch. 2. Er hat Gespräche mit Wohnungsbauunternehmen und Immobilienmaklern geführt. Es ging ihm darum zu verstehen, wie die tägliche Praxis von Immobilienkaufleuten aussieht. In den nächsten Ferien hat er dazu ein Praktikum bei einem bekannten Nürnberger Immobilienunternehmen geplant. 3. Als aktiver Christ möchte Daniel M. christliche Werte in die Ausbildung von Immobilienkaufleuten integrieren. Es geht ihm dabei vor allem darum, die Kaufleute zur Gerechtigkeit zu erziehen.

2.1.2 Inhaltsübersicht

2   Curriculare Prinzipien einsetzen und nutzen 31

  2.1   Zur Orientierung: Was Sie hier erwartet 32

    2.1.1   Worum es hier geht 32

    2.1.2   Inhaltsübersicht 33

    2.1.3   Zusammenfassung 34

    2.1.4   Einordnung in das Prozessmodell 34

  2.2   Curriculare Prinzipien: Was darunter verstanden wird 35

  2.3   Das Wissenschaftsprinzip: Planung durch den Blick in die Wissenschaft 36

    2.3.1   Wie das Wissenschaftsprinzip gedacht ist 36

    2.3.2   Das Wissenschaftsprinzip in der Wirtschaftspädagogik 36

    2.3.3   Das Wissenschaftsprinzip in der Berufspädagogik 39

    2.3.4   Das Wissenschaftsprinzip in Action 39

  2.4   Das Situationsprinzip: Planung durch den Blick in die Praxis 40

    2.4.1   Wie das Situationsprinzip gedacht ist 40

    2.4.2   Allgemeine Varianten des Situationsprinzips 40

    2.4.3   Wirtschaftsdidaktische Varianten des Situationsprinzips 41

    2.4.4   Technikdidaktische Varianten des Situationsprinzips 44

    2.4.5   Gefahren einseitiger Situationsorientierung 45

    2.4.6   Das Situationsprinzip in Action 46

  2.5   Das Persönlichkeitsprinzip: Planung mit Hilfe von Bildungsidealen 46

    2.5.1   Wie das Persönlichkeitsprinzip gedacht ist 46

    2.5.2   Allgemeine Varianten des Persönlichkeitsprinzips 47

    2.5.3   Wirtschaftsdidaktische Varianten des Persönlichkeitsprinzips 50

    2.5.4   Technikdidaktische Varianten des Persönlichkeitsprinzips 52

    2.5.5   Das Persönlichkeitsprinzip in Action 52

  2.6   Leitfragen für die curriculare Analyse mit Hilfe der curricularen Prinzipien (GAL 2.2.) 52

  2.7   Outro 53

    2.7.1   Die wichtigsten Begriffe dieser Lerneinheit 53

    2.7.2   Tools 53

    2.7.3   Kompetenzen 53

    2.7.4   Hinweise zur vertieften Auseinandersetzung: Weiterlesen 54

    2.7.5   Hinweise zur vertieften Auseinandersetzung: Weitersurfen 54

    2.7.6   Literaturnachweis 54

    2.7.7   Anmerkungen 57

2.1.3 Zusammenfassung

Curriculare Prinzipien sind ein erstes Hilfsmittel für die Ermittlung, Auswahl, die Begründung und die Strukturierung der Themen und Kompetenzen des Unterrichts. Es werden drei curriculare Prinzipien vorgestellt. Das Wissenschaftsprinzip schaut in die Wissenschaft, etwa durch die Analyse wissenschaftlicher Lehrbücher, ermittelt auf diesem Wege die Inhalte bzw. Kompetenzen und strukturiert diese. Das Situationsprinzip fragt danach, welche gegenwärtigen und zukünftigen Situationen angesprochen sind und welche Kompetenzen bzw. welche Themen für die Bewältigung dieser Situationen notwendig sind. Das Persönlichkeitsprinzip hinterfragt bei der Planung die normativen Vorstellungen zur gebildeten Person (,Bildungsideale'). Die curricularen Prinzipien tauchen in verschiedenen Varianten auf. Jedes dieser drei curricularen Prinzipien hat spezifische Stärken und Schwächen. Die einseitige Betonung eines curricularen Prinzips führt zu Problemen, so dass nur eine gemeinsame Reflexion sinnvoll erscheint.

2.1.4 Einordnung in das Prozessmodell

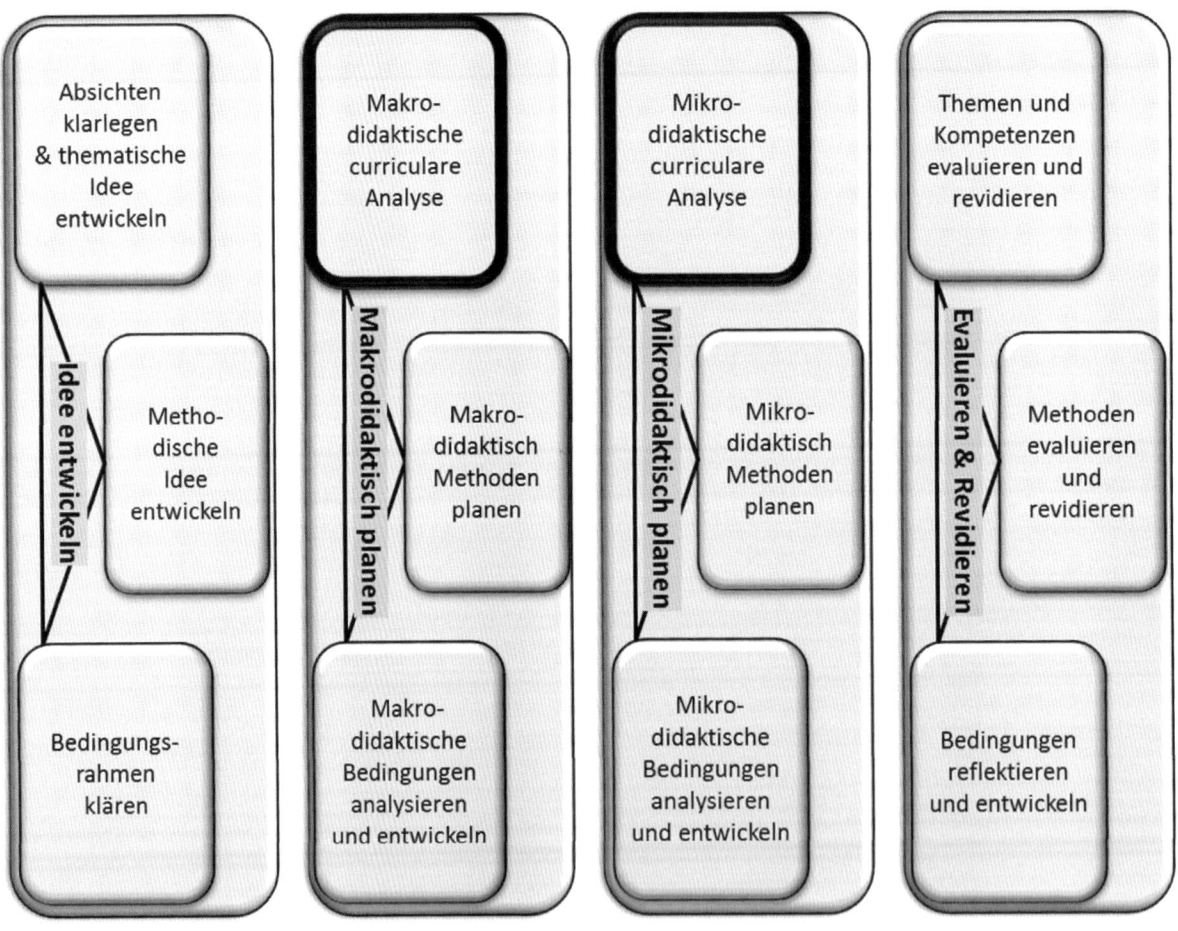

In dieser Lerneinheit geht es um die curriculare Analyse, also die Frage nach den Themen und Kompetenzen des Unterrichts. Die curricularen Prinzipien werden sowohl in der makrodidaktischen Planung als auch in der mikrodidaktischen Planung genutzt. Bitte verorten Sie diese Aktivität zunächst im Nürnberger Modell (TB-1.1.) und werfen Sie bitte einen Blick auf das Gliederungsschema, Aktivitäten und Leitfragen (GAL) für die makrodidaktische Planung (TB-2.3) sowie die mikrodidaktische Planung (TB-2.5). Sie finden die curricularen Prinzipien in GAL 2.2. In der Toolbox findet sich eine Übersicht über die curricularen Prinzipien (TB-1.4) sowie eine Karte zu den curricularen Prinzipien (TB-1.5), die das Verständnis dieser Lerneinheit unterstützen sollen.

2.2 Curriculare Prinzipien: Was darunter verstanden wird

Die Unterscheidung der drei curricularen Prinzipien geht auf den Hamburger Wirtschaftspädagogen Lothar Reetz (1984) zurück. Die curricularen Prinzipien sind erste Hilfsmittel der Planung, die die Lehrkraft bei der Bewältigung von mehreren Aufgaben unterstützen soll.

▶ **Ermittlung**: Welche Inhalte sollen in den Unterricht eingebracht werden?

▶ **Auswahl**: Welche Inhalte sollen für den Unterricht ausgewählt werden?

▶ **Begründung**: Wie lassen sich die Inhalte, die in den Unterricht eingebracht werden, gegenüber sich selbst, den Schülerinnen und Schülern, den Unternehmen und anderen Anspruchsgruppen beruflicher Bildung rechtfertigen?

▶ **Strukturierung**: Mit welcher Struktur, zum Beispiel in welcher Reihenfolge, sollten die Inhalte in den Unterricht eingebracht werden?

Die curricularen Prinzipien, auf die hier abgehoben wird, beantworten diese Fragen zum Teil unterschiedlich.

Wortwörtlich: Lothar Reetz, ehemals WiPäd Universität Hamburg

Es geht .... darum, Kriterien für die Relevanz von Lernzielen/Lerninhalten beizubringen, mit deren Hilfe bedeutsame (relevante) Ziele/Inhalte ermittelt, ausgewählt und rechtfertigend begründet (legitimiert) werden können. Zur Lösung dieses Relevanzproblems werden in der Curriculumtheorie sowie in der gesamten didaktischen Diskussion der Erziehungswissenschaft recht unterschiedliche Vorschläge gemacht. Diese Vorschläge lassen sich schwerpunktmäßig zu drei Gruppen zusammenfassen, bei denen jeweils drei unterschiedliche Prinzipien der Auswahl, Ermittlung und Begründung von Lernzielen/Inhalten wirksam werden.

Bild 1: Lothar Reetz. Foto privat. Zitat: Reetz (1984, S. 76)

Gemäß dem Wissenschaftsprinzip sollten die Themen und Kompetenzen des Unterrichts nach dem Stand der Wissenschaften ausgewählt werden. Konkret heißt dies beispielsweise für die Lehrkraft, sich an den Inhalten und der Struktur von akademischen Lehrbüchern zu orientieren. Nach dem Situationsprinzip erfolgt hier die Auswahl der Themen und Kompetenzen nach den beruflichen Anforderungen, die in beruflichen Situationen gestellt werden. Nach dem Persönlichkeitsprinzip entwickelt die Lehrkraft eine Vorstellung einer kompetenten Person, zum Beispiel ehrbarer (Immobilien-)Kaufleute oder einer ehrbaren Person im Handwerk. Alle drei Prinzipien haben spezifische Vor- und Nachteile. Erst zusammen sind sie stark.

Definition 1: Curriculares Prinzip

Ein curriculares Prinzip ist ein Hilfsmittel, das in der makrodidaktischen und mikrodidaktischen Planung genutzt werden kann und das der Auswahl, der Legitimation sowie der Strukturierung von Themen und Kompetenzen dient. Es werden drei curriculare Prinzipien unterschieden: Das Wissenschaftsprinzip, das Situationsprinzip sowie das Persönlichkeitsprinzip.

2.3 Das Wissenschaftsprinzip: Planung durch den Blick in die Wissenschaft

2.3.1 Wie das Wissenschaftsprinzip gedacht ist

Nach dem Wissenschaftsprinzip erfolgen die Auswahl, die Begründung und die Strukturierung der Themen und Kompetenzen entsprechend den Inhalten und deren Struktur in den Wissenschaften (Reetz, 1984). Die Inhalte und deren Struktur in den Wissenschaften bestimmen die Inhalte und deren Struktur in der Schule: a) Die Inhalte und Struktur der Lehrpläne und Lehrbücher, b) die Inhalte und deren Strukturierung im Unterricht und c) die Inhalte der sich anschließenden Prüfung.

Gedacht ist dabei folgender Kreislauf: Die Praxis wird von der Wissenschaft erforscht, etwa der Betriebswirtschaftslehre oder der Ingenieurwissenschaft. Die Wissenschaft vermittelt das erworbene Wissen an die Lehrkraft. Die Lehrkraft gibt das Wissen an die Schülerinnen und Schüler in aufbereiteter und reduzierter Form weiter. Die Schülerinnen und Schüler verwenden das so erworbene Wissen in der Praxis oder ändern sie gar. Diese (veränderte) Praxis wird wieder von der Wissenschaft erforscht und der Kreislauf schließt sich (Czycholl, 1985, S. 256).

Wenn ein Schulfach als Abbild der Wissenschaft entworfen wird, sprechen Didaktiker auch von „Abbild-Didaktik". „Die Abbilddidaktik geht von einem Parallelismus zwischen Fachwissenschaften und Schulfach aus. Fachwissenschaft dient als unmittelbarer Lieferant von Lerninhalten, die lediglich nach einer Lern- und Entwicklungspsychologie geordnet und dosiert wurden" (Heursen, 1986, S. 430).

2.3.2 Das Wissenschaftsprinzip in der Wirtschaftspädagogik

Die Wirtschaftspädagogik hatte in ihrer Frühzeit[1] ein inniges Verhältnis zu ihrer gleichaltrigen Schwester, der heutigen Betriebswirtschaftslehre. Ende des neunzehnten, Beginn des zwanzigsten Jahrhunderts wurden die Handelshochschulen gegründet. Die ersten Handelshochschulen wurden in Leipzig, St. Gallen, Wien und kurzlebig Aachen 1898 gegründet. Es folgten Köln und Frankfurt a. M., Berlin, Mannheim, München, Königsberg sowie Nürnberg (1918).[2] Die Gründung der Handelshochschulen gilt als Geburtsstunde der Handelsbetriebslehre, der späteren Betriebswirtschaftslehre sowie der späteren Wirtschaftspädagogik.

In der Gründungszeit bestand an den Handelshochschulen eine weitgehende Übereinstimmung von Fachwissenschaft und Schulfach. In der Folgezeit fand dann jedoch eine ‚Verwissenschaftlichung' der Handelshochschulen statt – und damit stellenweise eine Entfernung von der Praxis. Die Handelshochschulen wurden meist zu Fakultäten von Universitäten. Der vormals nur wenig benutzte Begriff „Wirtschaftspädagogik" setzte sich durch. Die Lehrstühle spezialisierten sich entweder auf Betriebswirtschaftslehre oder Wirtschaftspädagogik.

Der Wirtschaftsdidaktiker Reinhard Czycholl geht mit dem Wissenschaftsprinzip, das er als „szientistisches Konzept" bezeichnet, hart ins Gericht. Das Wissenschaftsprinzip hinterfrage die Betriebswirtschaftslehre nicht.

Wortwörtlich: Reinhard Czycholl, ehemals WiPäd Universität Oldenburg

Sehen wir von den Fällen ab, in denen es aus vielfältigen Gründen zu technischen Bruchstellen im System von Ermittlung, Vermittlung und Verwertung kommen kann (z. B. time-lag zwischen Forschung und Veröffentlichung; hochschul- und schuldidaktische Mängel in der Vermittlung; Innovationsbarrieren in der Verwertung), dann bleibt festzustellen, dass ein szientistisches Konzept zu einer unkritischen Affirmation gegenüber der Betriebswirtschaftslehre führt.

Bild 2: Reinhard Czycholl. Foto privat. Zitat: Czycholl (1985, S. 296)

Czycholl formuliert eine ganze Batterie von Fragen, die das Wissenschaftsprinzip letztlich ungeklärt lässt (Czycholl, 1985, S. S. 256).

Czycholls Fragen an das Wissenschaftsprinzip

▶ Welches sind die Auswahlkriterien im Hinblick auf die Inhaltsbereiche der Betriebswirtschaftslehre?

▶ Für welche betriebspraktischen Probleme hat die Betriebswirtschaftslehre empirisch hinreichend abgesicherte Theorien geliefert, die technologisch angewendet, problemorientierte Lösungsstrategien liefern können?

▶ Welche Richtung der Betriebswirtschaftslehre wird Stofflieferant?

▶ Welche Theoriebereiche der Betriebswirtschaftslehre sind in welcher Hinsicht aspektorientiert und informieren den Schüler daher einseitig über ihren Gegenstand?

▶ Wo muss die logisch bedingte Fachsystematik der betriebswirtschaftlichen Erkenntnisse aufgehoben werden, weil sie im Gegensatz zur psychologisch bedingten Reihenfolge des Lernens steht?

▶ Welche Theoriebereiche der Betriebswirtschaftslehre sind entweder begriffsrealistisch formuliert oder bewegen sich auf der analytisch-definitorischen Ebene, lassen es den Leser aber nicht ohne weiteres erkennen, so dass die Gefahr besteht, dass der Lehrer dem Schüler Begriffswissen vermittelt in der Annahme, er liefere Informationen über die Betriebswirklichkeit?

▶ Welche Theoriebereiche der Betriebswirtschaftslehre sind modelltheoretisch so abstrakt formuliert (ceteris paribus-Klauseln), dass sie für die Betriebspraxis unbrauchbar sind?

▶ Welche betriebspraktischen Probleme, die Schülern zu vermitteln sind, liegen bisher überhaupt außerhalb der Problemwahl der Betriebswirtschaftslehre?

▶ Wendet sich die Betriebswirtschaftslehre in ihrer vorherrschenden Gestalt als Managementlehre nicht fast ausschließlich an die Adressaten der betrieblichen Führungskräfte? Ist eine solche Betriebswirtschaftslehre überhaupt für Berufsschüler relevant, die in unteren Positionen der Betriebshierarchie arbeiten werden? Müsste für diese Adressatengruppe nicht aus berufsdidaktischen Motiven eine arbeitnehmerorientierte Betriebswirtschaftslehre entwickelt werden? Werden die heutigen Berufsschüler und angehenden Betriebssachbearbeiter durch den Betriebslehreunterricht auf der Basis der führungskräfteorientierten Betriebswirtschaftslehre nicht dadurch ihrer zukünftigen Berufssituation entfremdet, dass sie den Betrieb fast ausschließlich aus der Perspektive der Unternehmensleitung dargestellt erhalten und sehen lernen?

▶ Studieren unter diesen Aspekten die Wirtschaftslehrer überhaupt die 'richtige' Betriebswirtschaftslehre? Müsste der betriebswirtschaftliche Studienplan der Wirtschaftslehrer nicht weniger an einem szientistischen, als vielmehr an einem berufsbezogenen Ausbildungskonzept orientiert sein, das zum Zentrum des Studienplans die künftige Berufssituation der Lehrer und deren Schüler macht?

Übersicht 1: Czycholls Fragen an das Wissenschaftsprinzip. Quelle: Czycholl (1985, S. 256)

Die Betriebswirtschaftslehre ist kein ‚homogener Stofflieferant': Sie hat sich in vielfältige Ansätze ausdifferenziert.[3] Für die Inhaltsauswahl bedeutet diese Vielfalt eine Schwierigkeit. Eine einfache Abbilddidaktik ist nicht möglich. Die Legitimierungsfrage wird verschoben, da viele Ansätze unterschiedliche Standpunkte beziehen. Andererseits ist diese Vielfalt auch eine Chance (Aff, 1997).

Wortwörtlich: Josef Aff, WiPäd Wirtschaftsuniversität Wien

Dieser Beitrag basiert auf der These, dass ein Paradigmenpluralismus in der Betriebswirtschaftslehre ..., also die kritische Auseinandersetzung mit unterschiedlichen betriebswirtschaftlichen Ansätzen im ökonomischen Unterricht eine inhaltliche Breite und methodische Vielfalt bei Betonung handlungsorientierter Konzepte fördert. Der differenzierte Rückgriff auf unterschiedliche betriebswirtschaftliche Strömungen erhöht nicht nur die Wahrscheinlichkeit nach einem inhaltlich und methodisch pluralistischen Unterricht, sondern reduziert auch die Gefahr einer zu praktizistischen Handhabung des Prinzips der Handlungsorientierung.

Bild 3: Josef Aff. Foto privat. Zitat: Aff (1997, S. 13)

Als kritisches Korrektiv zur gängigen Betriebswirtschaftslehre erscheint mir die Frage hilfreich, ob und welche Aspekte *nachhaltigen Wirtschaftens* berücksichtigt werden (Beckmann & Schaltegger, 2014). Der Begriff der nachhaltigen Entwicklung wird unterschiedlich verwendet (Pies, Beckmann & Hielscher, 2012). Ursprünglich stammt er aus der Forstwirtschaft. Demnach ist die Bewirtschaftung eines Waldes dann nachhaltig, wenn nur so viel Holz eingeschlagen wird, wie wieder nachwachsen kann, damit nachfolgende Generationen den Wald nutzen können („Lebe von den Zinsen, nicht vom Kapital"). Das heutige Verständnis von nachhaltigem Wirtschaften wurde durch das Abschlussdokument einer UNO-Konferenz grundgelegt.[4]

- ► **Ökologische Nachhaltigkeit**: „Das Ziel der ökologischen Nachhaltigkeit ist die Erhaltung des ökologischen Systems als anthropogene Lebensgrundlage" (Burschel, Losen & Wiendl, 2004, S. 23).
- ► **Ökonomische Nachhaltigkeit**: „Das Ziel der ökonomischen Nachhaltigkeit ist dementsprechend die Erhaltung des ökonomischen Kapitalstocks" (Burschel et al., 2004, S. 23).
- ► **Soziale Nachhaltigkeit**: „Zusätzlich zu der ökologischen und ökonomischen Nachhaltigkeit existiert die Forderung nach einer sozialen Nachhaltigkeit und damit nach dem Erhalt des ‚sozialen Kapitals'. Allerdings sind die Vorstellungen von dem, was unter sozialem Kapital zu verstehen ist, häufig sehr vage" (Burschel et al., 2004, S. 23).

Die drei Dimensionen werden auch als „Drei-Säulen-Konzept" bezeichnet. Das ist eine Bedeutungsvariante von Nachhaltigkeit, die „ein Drei-Säulen-Konzept formuliert, demzufolge in den Entscheidungen einer Organisation wirtschaftliche, soziale und ökologische Ziele gleichgewichtig Berücksichtigung finden sollen. Viele Unternehmen haben sich diese Zielsetzung – zumindest in ihrer Außenkommunikation – zu Eigen gemacht und ihre Berichterstattung entsprechend erweitert" (Pies et al., 2012, S. 329). Im Zusammenhang mit der Rechenschaftslegung von Unternehmen wurde für das Drei-Säulen-Konzept der Begriff „triple bottom line" geprägt. Dabei werden drei Saldi (bottom lines) ermittelt, nämlich neben dem wirtschaftlichen Erfolg der soziale und der ökologische Erfolg der Unternehmung.

STOPP: Was denken Sie zur ökologischen Dimension des Wirtschaftens? Welchen Stellenwert sollte die ökologische Dimension des Wirtschaftens in beruflichen Schulen haben? Was vermuten Sie: Ist die ökologische Dimension des Wirtschaftens üblicher Bestandteil der Lehrpläne in beruflichen Schulen?

Ökologische Verantwortung ist ein Bildungsziel der Berufsschule. Die Rahmenvereinbarung über die Berufsschule, ein Beschluss der Kultusministerkonferenz aus dem Jahr 1991, sieht vor, dass die Berufsschule „zur Erfüllung der Aufgaben im Beruf sowie zur Mitgestaltung der Arbeitswelt und Gesellschaft in sozialer und ökologischer Verantwortung" zu befähigen habe. Eine Analyse von Lehrplänen zeigt den hohen Stellenwert nachhaltigen Wirtschaftens auch in den Lehrplänen (Wilbers, 2006). Bei der Auswahl der Inhalte ist vor diesem Hintergrund zu berücksichtigen, ob sich der Unterricht auf den ökonomischen Aspekt begrenzt oder auch Fragen der Ökologie und der sozialen Nachhaltigkeit berücksichtigt.[5]

2.3.3 Das Wissenschaftsprinzip in der Berufspädagogik

Das Wissenschaftsprinzip war in der Berufspädagogik bis in die 1970er Jahre recht unbestritten (Lipsmeier, 2000, S. 63). In der Technikdidaktik bedeutet das Wissenschaftsprinzip die Orientierung an der Struktur und den Inhalten der Ingenieurwissenschaften. Als Bezugswissenschaft dient dabei die an der Namensverwandtschaft orientierte Ingenieurwissenschaft. So kann sich die Ausbildung in den Kfz-Berufen an der Kfz-Technik orientieren. Allerdings deckt sich das Berufswissen in den Kfz-Berufen nur zum Teil mit dem Berufswissen von Kfz-Ingenieurinnen und -ingenieuren. So haben diese vor allem Bauteile und -gruppen zu entwerfen und dimensionieren. Kfz-Mechatronikerinnen und -mechatroniker hingegen haben einen Schwerpunkt in der Instandhaltung, etwa der Fehlerbestimmung und -behebung (Pahl, 1998, S. 68). Da das Wissenschaftsprinzip in dieser Variante nicht recht zufrieden stellen kann, wurden mehrere Ergänzungen vorgeschlagen. So werden in der Lehrplantheorie auch die Physik, etwa die Mechanik oder die Thermodynamik, die Mathematik, die Arbeitswissenschaften, die Betriebswirtschaftslehre ergänzend berücksichtigt.[6]

2.3.4 Das Wissenschaftsprinzip in Action

Das Wissenschaftsprinzip hat in der Vergangenheit eine Menge an Kritik erfahren. Außerdem ist es zurzeit nicht sonderlich modern. Trotzdem ist es meines Erachtens immer noch eine unentbehrliche Hilfe für die Planung des Unterrichts, auf die allerdings nicht blind vertraut werden darf. Die Planung kann sich an dem Wissenschaftsprinzip orientieren, sollte jedoch die von Czycholl eingeworfenen Fragen nicht übersehen und das Wissenschaftsprinzip immer auch mit den anderen curricularen Prinzipien verwenden. Wie sieht jetzt das Wissenschaftsprinzip in Action aus? Dazu möchte ich drei Fälle unterscheiden.

▶ **Der unbewusste Rückgriff auf das Wissenschaftsprinzip**: Der häufigste Fall dürfte sicherlich der mehr oder weniger unbewusste Rückgriff einer Lehrkraft auf das im Studium, d. h. in der ersten Phase der Lehrerausbildung, in der fachwissenschaftlichen Säule erworbene Wissen sein.

▶ **Die bewusste Nutzung für den Hausgebrauch**: Für den Hausgebrauch, also für die ‚normale' Lehrkraft mit ihren ‚normalen' Aufgaben einer ‚normalen' Schule scheiden umfangreiche Projekte zur Sicherung des Wissenschaftsbezuges in ‚Normalfall' aus. Der einfachste und vermutlich erfolgreichste Weg ist die Orientierung an aktuellen akademischen Lehrbüchern oder aktuellen Artikeln aus Fachzeitschriften, zum Beispiel bei Steuerfragen. Da diese die Inhalte jeweils anders auswählen, aufbereiten, strukturieren und mit Beispielen und Aufgaben versehen, sollte sich die Lehrkraft nicht auf die Analyse eines Lehrbuches verlassen. Auf die Bibliothek der Lehrkraft als Hilfsmittel der Unterrichtsplanung werde ich später zurückkommen.

▶ **Die Nutzung des Wissenschaftsprinzips in der (Neu-)Ordnungsarbeit**: Wird ein Berufsbild für die Ordnungsunterlagen, zum Beispiel die Ausbildungsordnung, völlig neu strukturiert (Neuordnungsarbeit), wird das Wissenschaftsprinzip durch eine mehr oder weniger intensive Integration der Fachwissenschaft gewährleistet.

2.4 Das Situationsprinzip: Planung durch den Blick in die Praxis

2.4.1 Wie das Situationsprinzip gedacht ist

Nach dem Situationsprinzip erfolgen die Auswahl, die Begründung und die Strukturierung der Themen und Kompetenzen entsprechend der Struktur der Praxis. Wenn eine Lehrkraft ein Praktikum in einem Unternehmen macht, geschieht dies unter der Perspektive, die beruflichen Anforderungen in bestimmten beruflichen Situationen besser einschätzen zu können. Das Situationsprinzip bedeutet, so Reetz (1984), „dass die Lebenswirklichkeit der Lernenden zum Bezugspunkt der Entwicklungsarbeit gemacht wird, das heißt, dass das Lernangebot sich auf gegenwärtige oder zukünftige Lebenssituationen bezieht" (S. 99).

> **STOPP:** Denken Sie bitte an Ihre letzte Tätigkeit in einem Unternehmen: Was haben Sie dort gemacht? Für was waren Sie verantwortlich? Machen Sie bitte eine kleine Liste dieser Tätigkeiten. Sollte eine berufliche Schule auf diese Aufgaben vorbereiten? Ist das ausreichend oder erwarten Sie mehr? Denken Sie an die letzte wirtschaftliche Aktivität in Ihrem Privatleben: Sollte die Schule, etwa die Wirtschaftsschule oder die Fachoberschule, darauf vorbereiten?

Das Situationsprinzip taucht in verschiedenen Varianten[7] auf. Der Einfachheit halber werden diese in drei Gruppen geordnet: Allgemeine Varianten, wirtschaftspädagogische Varianten sowie berufspädagogische Varianten. Die Varianten sind auch in der Übersicht (TB-1.4) und in der Karte (TB-1.5) in der Toolbox wiedergegeben.

2.4.2 Allgemeine Varianten des Situationsprinzips

2.4.2.1 Das Modell der Lebenssituationen von Robinsohn

Saul B. Robinsohn legte 1967 ein radikal neues Modell vor, das sich explizit gegen ein überhöhtes Wissenschafts- und Persönlichkeitsprinzip wendet.[8] Der Grundgedanke ist ebenso einfach wie faszinierend: Der Mensch habe im Beruf, in der Familie, in der Freizeit usw. *Lebenssituationen* zu bewältigen. Die Aufgabe der Erziehung sei, Menschen im Vorgriff auf diese zukünftigen Lebenssituationen Inhalte bereitzustellen, die zu Qualifikationen führen, die die Bewältigung der Lebenssituation ermöglichen.

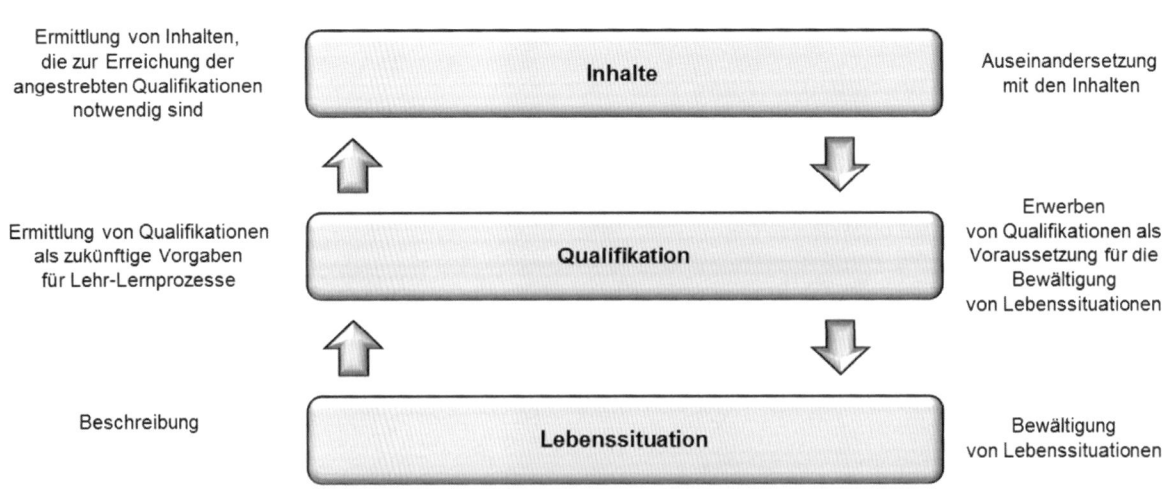

Übersicht 2: Das Modell von Robinsohn

Die Trias „Lebenssituationen", „Qualifikation" und „Inhalte" kann in zwei Richtungen gelesen werden. Im ersten Schritt sind die zukünftigen Lebenssituationen zu beschreiben um so im zweiten Schritt die Qualifikationsanforderungen bzw. Qualifikationen als Vorgaben für zukünftiges Lehren und Lernen zu ermitteln. Im dritten Schritt sind dann die Inhalte aufzubauen, die zur Erreichung der angestrebten Qualifikationen notwendig erscheinen. In die andere Richtung liest sich die Trias so: Im ersten Schritt erfolgt die Auseinandersetzung mit den Inhalten durch die Lernenden. Dies führt im zweiten Schritt dazu, dass die Lernenden Qualifikationen erwerben, die als Voraussetzung für die Bewältigung von Lebenssituationen begriffen werden. Diese ermöglichen drittens die Bewältigung der Lebenssituation.

2.4.2.2 Der Lernfeldansatz

Der Lernfeldansatz ist eine weitere Variante der Situationsorientierung, die spezifisch für die Berufsbildung ist. Nicht Lebenssituationen wie im Modell von Robinsohn, sondern Handlungsfelder werden zum Ausgangspunkt der curricularen Arbeit.

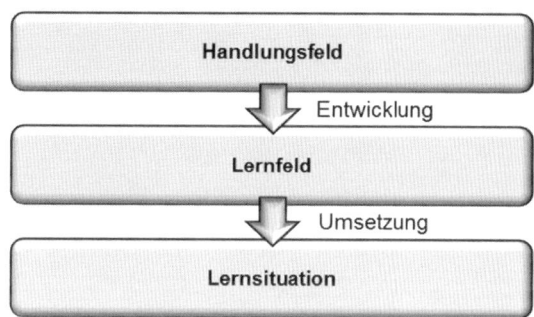

Übersicht 1: Handlungsfelder, Lernfelder, Lernsituation

Diese Handlungsfelder „orientieren sich an berufsbezogenen Aufgabenstellungen" (KMK, 2011, S. 31). Aus den Handlungsfeldern werden Lernfelder entwickelt und in Lehrplänen beschrieben. Diese Lernfelder werden durch Lernsituationen für das schulische Lernen ausgestaltet. Der Lernfeldansatz ist für die Berufsbildung ausgesprochen bedeutsam. Er wird in späteren Lerneinheiten mehrfach vertieft. So wird in Lerneinheit 5 erörtert, dass die Lehrpläne im berufsbezogenen Bereich der Berufsschule lernfeldstruktiert sind, d. h. Lernfelder ausweisen.

2.4.3 Wirtschaftsdidaktische Varianten des Situationsprinzips

Die Wirtschaftsdidaktik kennt mehrere Konkretisierungen des allgemeinen Situationsprinzips.

2.4.3.1 Antizipierende Didaktik als Variante des Situationsprinzips

An den Grundgedanken des Robinsohn'schen Modells schließt in der Wirtschaftsdidaktik das Modell der antizipierenden Didaktik von Jürgen Zabeck an. Zabeck (1984a) entwickelt sein Modell als Gegenentwurf zu einem von ihm sogenannten Modell der tradierenden Didaktik. Diese führt Überlieferung weiter (tradiert diese), und zwar indem sie die „Ermittlung der Ausbildungsinhalte durch Fortschreibung überkommener Ausbildungsinhalte praktischer und theoretischer Art unter Berücksichtigung bereits eingetretener Veränderungen" (Zabeck, 1984a, S. 127) vornimmt.

Wortwörtlich: Jürgen Zabeck, ehemals WiPäd Universität Mannheim

(Das) Geschehen lässt sich dem Begriff Traditierung subsumieren, wenn es darauf abstellt, den Auszubildenden an den im historischen Prozess gewonnenen Stand beruflichen Wissens und Könnens heranzuführen. Dabei wird ... vorausgesetzt, dass der dem Gegenwartsanforderungen Gewachsene auch in der Lage sei, seine berufliche Zukunft zu bewältigen ... In einer Welt, die von raschen und tiefgreifenden Wandlungen gekennzeichnet ist und nicht von einer gemächlichen Evolution innerhalb stabiler Strukturen, erscheint die Formulierung als Tradierungsaufgabe nicht plausibel.

Bild 4: Jürgen Zabeck. Foto privat. Zitat: Zabeck (1984, S. 128)

Der Gegenentwurf zur tradierenden Didaktik, die antizipierende Didaktik, nimmt hingegen die Inhalte vorweg. Sie versucht, „im Lernprozess die Konfrontation mit jenen Situationen vorwegzunehmen, denen der Einzelne in seinem künftigen Berufsleben begegnen wird" (Zabeck, 1984a, S. 130). Der Ausbildungsauftrag wird dabei konkretisiert durch die Ermittlung voraussichtlicher Anforderungen, die dann in Qualifikationen und anschließend in Lernziele umgesetzt werden. Dabei wird auch der Anspruch der Person berücksichtigt. „Die Antizipation der in Leistungssituationen gestellten künftigen beruflichen Anforderungen ist mit technischen Mitteln nicht hinreichend genau zu realisieren. Sie erfordert Interpretation und Spekulation" (Zabeck, 1984a, S. 130).

2.4.3.2 Geschäftsprozessorientierung als Variante des Situationsprinzips

Eine moderne Variante des Situationsprinzips ist die Orientierung an Unternehmensprozessen. Feldmayer und Seidenschwarz (2005) definieren einen Prozess als „Folge von Aktivitäten …, deren Ergebnis eine Leistung für einen externen oder internen Kunden darstellt" (S. 12). Ein Beispiel für einen Prozess in diesem Verständnis ist der Prozess der Auftragsabwicklung, der mit dem Akquirieren von Aufträgen beginnt und mit der Produktauslieferung endet (Laudon, Laudon & Schoder, 2006, S. 97).

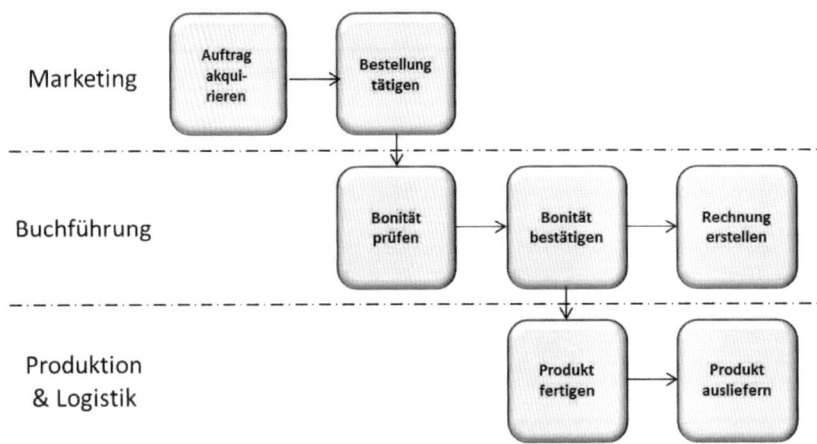

Übersicht 3: Betriebliche Funktionen und Prozesse

Prozesse übergreifen die klassischen betriebswirtschaftlichen Funktionen, etwa Marketing, Buchführung oder Produktion und Logistik. Diese betrieblichen Funktionen bestimmen heute jedoch noch vielfach den Aufbau akademischer Lehrbücher, die Organisation wirtschaftswissenschaftlicher Fachbereiche und die fachwissenschaftliche Organisation der Ausbildung von Wirtschaftspädagoginnen und -pädagogen.

Die Gesamtheit der Prozesse eines Unternehmens wird über mehrere Ebenen systematisiert. Die erste Ebene stellen die generischen Prozesse dar, die eine Art „Rahmenprozesse" sind. Typisch ist die Einteilung dieser Prozesse in die Managementprozesse, die Geschäftsprozesse sowie die Supportprozesse. Die Managementprozesse „bilden den Rahmen für die wertschöpfenden Prozesse des Unternehmens" (Feldmayer & Seidenschwarz, 2005, S. 18). Die Geschäftsprozesse sind „die eigentlichen wertschöpfenden Aktivitäten im Unternehmen" (Feldmayer & Seidenschwarz, 2005, S. 18). Die Supportprozesse dienen der Unterstützung der anderen Prozesse und umfassen beispielsweise das Personalwesen oder das Qualitätsmanagement (Feldmayer & Seidenschwarz, 2005, S. 21). Eine bekannte Systematik zur weiteren Unterscheidung der Prozesse ist das Siemens-Referenz-Prozess-Haus (Siemens, 2011, S. 13).

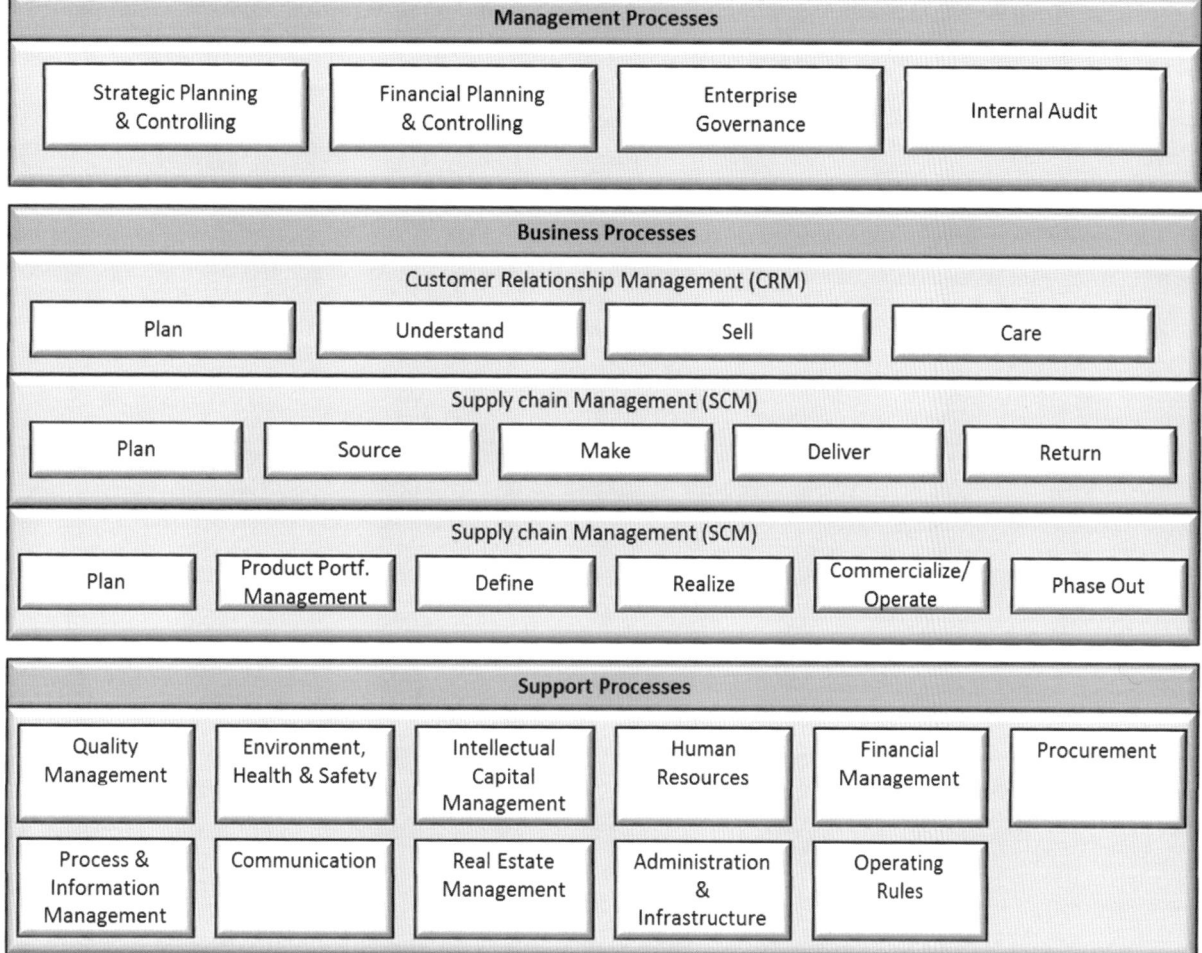

Übersicht 4: Das Siemens-Referenz-Prozess-Haus. Quelle: Siemens (2011, S. 13)

Das Siemens-Referenz-Prozess-Haus listet bereits die generischen Prozesse auf der ersten Ebene auf. Auf dem ersten Level wird beispielsweise die Prozessgruppe „Supply Chain Management" weiter unterteilt in Basisprozesse, nämlich Plan, Source, Make, Deliver und Return. Jeder dieser Basisprozesse wird auf dem nächsten Level weiter ausdifferenziert in Prozesskategorien, -modelle und -varianten, beispielsweise das „Make" von in „Make to stock" oder „Make to order". Das „Make to order" wird auf der nächsten Stufe unterteilt in „Fertigungssteuerung & Disposition", „Fertigungsversorgung", „Fertigung & Prüfung", „UE/FE verpacken", „UE/FE bereitstellen" sowie „Freigabe des Produkts an Deliver". Ab der vierten Ebene werden Prozesse unternehmensspezifisch ausgelegt (Gaitanides, 2010).

Diese Prozesse werden heute in Unternehmen durch moderne Informationstechnik, also betriebliche Anwendungssysteme unterstützt (Laudon et al., 2006, S. 99). Traditionell haben sich zur Unterstützung einzelner betrieblicher Funktionen betriebliche Anwendungssysteme entwickelt, für die Fertigung und die Produktion Fertigungs- und Produktionssysteme, für das Finanz- und Rechnungswesen entsprechende Finanz- und Rechnungswesenssysteme, für den Vertrieb Vertriebsunterstützungssysteme und so weiter. Traditionell sind die Anwendungssysteme separiert und binden kaum Lieferanten und Kunden ein. Die Integration dieser Softwarepakete bereitet große Schwierigkeiten. Dies erscheint jedoch notwendig für die Prozessorientierung und damit einhergehenden modernen Formen der Unternehmensorganisation, die zu einer stärkeren Integration von Kunden und Lieferanten führt. Vor diesem Hintergrund haben sich ERP-Systeme entwickelt, die mit „Enterprise Resource Planning" einen eher in die Irre führenden Namen tragen. Derartige ERP-Systeme unterstützen die wichtigsten Prozesse eines Unternehmens, sind integriert und ermöglichen die Auflösung von

Unternehmensgrenzen (Laudon et al., 2006, S. 99). Typische Beispiele für ERP-Systeme sind die Produkte von SAP und Microsoft Dynamics NAV bzw. Microsoft Navision. Sie werden als neue Medien in Lerneinheit 21 vertieft.

Geschäftsprozesse stellen heute eine wichtige Grundlage für die Strukturierung der Berufsbildung dar. So soll die Strukturierung der Lernfelder für den berufsbezogenen Unterricht in der Berufsschule sich an Geschäftsprozessen orientieren. Auch andere Zuschnitte, etwa von Ausbildungsbausteinen, orientieren sich an Geschäftsprozessen.

2.4.4   Technikdidaktische Varianten des Situationsprinzips
In der Berufspädagogik finden sich mehrere Konkretisierungen des allgemeinen Situationsprinzips.

2.4.4.1   Arbeitsprozessorientierung als Variante des Situationsprinzips
Die Arbeitsprozessorientierung ist eine berufspädagogische Variante des Situationsprinzips (Lipsmeier, 2000, S. 65). Während der Begriff der Geschäftsprozesse der Betriebswirtschaftslehre, der wichtigsten Bezugsdisziplin der Wirtschaftspädagogik, entstammt, wurde in der Berufspädagogik der Begriff des Arbeitsprozesses und des Arbeitsprozesswissens geprägt. Die berufspädagogische Diskussion hebt dabei auf die Situation einer Facharbeiterin bzw. eines Facharbeiters ab (Busian, 2006).

Der Arbeitsprozess ist dabei „ein vollständiger Arbeitsablauf einer Person zur Erfüllung eines Auftrags oder zur Lösung einer Problemstellung und hat immer ein Arbeitsergebnis zum Ziel" (Becker, 2013, S. 13). Der Berufspädagoge Rauner (2004) erläutert Arbeitsprozesswissen als eine „Form des Wissens, das die praktische Arbeit anleitet" (S. 12). Es ließe sich als der „Zusammenhang von praktischem und theoretischem Wissen charakterisieren" (Rauner, 2004, S. 12). Praktisches Wissen sei kontextbezogen und implizit, während theoretisches Wissen kontextfrei und wissenschaftsbezogen sei (Rauner, 2004). Der Berufspädagoge Fischer (2003) erläutert: „Arbeitsprozesswissen ist das Wissen um die Elemente des betrieblichen Arbeitsprozesses und deren Zusammenwirken" (2003, S. 5). Für die weitere Analyse werden mehrere Heuristiken vorgeschlagen. Becker formuliert sieben Kernfragen einer „berufsdidaktischen Analyse" (Becker, 2013).

Didaktische Kernfragen bei Arbeitsprozessorientierung

► Aufgabe: Welche Aufgaben- bzw. Problemstellungen sind für den Beruf unter Berücksichtigung des Entwicklungsstands der Schüler/-innen prägend?

► Gegenstände: Welche Arbeitsgegenstände werden im beruflichen Arbeitsprozess bearbeitet?

► Werkzeuge: Welche Werkzeuge kommen zum Einsatz und welche Funktion haben diese im Arbeitsprozess?

► Arbeitsorganisation: Welche Arbeitsorganisation ist für den Arbeitsprozess notwendig und wünschenswert?

► Methoden: Welche Methoden kommen zur Bearbeitung der Aufgabe im Arbeitsprozess zum Einsatz?

► Anforderungen: Welche Anforderungen stellen Kunden, die Gesellschaft, der Gesetzgeber, der Betrieb, die Kollegen an die Facharbeit im Arbeitsprozess?

► Ergebnis: Was ist Ergebnis des beruflichen Arbeitsprozesses und wie ist dieses zu bewerten?

Übersicht 5: Beckers Kernfragen einer berufsdidaktischen Analyse. Quelle: Becker (2013, S. 10)

Nach Fischer bilden die Elemente des Arbeitsprozesses das Subjekt und das Objekt des Handelns (Arbeitsgegenstand/Produkt), die technischen Artefakte, die zwischen Subjekt und Objekt vermitteln, sowie die Gemeinschaft, der das Subjekt angehört, einschließlich der dort anzutreffenden Regeln und Arbeitsteilung (Fischer, 2003, 2005).[9]

2.4.4.2 Gestaltungsorientierung als Variante des Situationsprinzips

Der Ansatz der gestaltungsorientierten Berufsbildung ist eine technikdidaktische Variante des Situationsprinzips (Lipsmeier, 2000, S. 64 f.). Der gestaltungsorientierte Ansatz geht auf Felix Rauner zurück, langjähriger Leiter des Instituts für Technik und Bildung (ITB) in Bremen. Rauner entwickelte seinen Ansatz in den 1980er Jahren. Technische Bildung – so Rauners Ausgangspunkt – wird als Befähigung zur Technik*gestaltung* verstanden. Rauner sieht dies als „entscheidender Beitrag zu einer demokratischen Bildung, bei der es um die Befähigung zur Mitgestaltung zukünftiger sozialer und humaner Lebensverhältnisse geht" (Rauner, 1986, S. 141). Die Praxis der Facharbeit zeige, dass die Möglichkeiten zur Mitgestaltung in vielen Fällen gering seien. Für Facharbeiter im Bereich Elektrotechnik ist etwa Reparatur und Instandhaltung typisch. Technik sei hier selten Gegenstand der (Mit-) Gestaltung (Rauner, 2006, S. 65).

Technik ist daher umfassend zu verstehen. Technik hat einen technologischen Aspekt, der den Aufbau, das Funktionieren und das Konstruieren von Technik in den Vordergrund stellt („Technologie'). Technik beinhaltet Zwecke und Werte („Gebrauchswert'). Im gestaltungsorientierten Ansatz ist Technik aber darüber hinaus immer als Ausdruck eines historischen Prozesses („Historische Gewordenheit'), ein Element im ökologischen Kreislauf („Ökologie') sowie ein sozialer und gesellschaftlicher Sachverhalt („Gesellschaftliche Arbeit'). Eine Technikentwicklung, ein technisches Verständnis im engeren, üblichen Sinn ist notwendig, aber nicht hinreichend. Erst wenn diese fünf Dimensionen zusammen kommen, kann von technischer Bildung im Sinne des gestaltungsorientierten Ansatzes gesprochen werden.[10]

2.4.5 Gefahren einseitiger Situationsorientierung

Die Situationsorientierung, die hier in verschiedenen Varianten vorgestellt wurde, ist nicht ohne Kritik geblieben.[11] Eine einseitige Situationsorientierung steht in der Gefahr, sich funktionalistisch auf ein einseitiges ‚Fitmachen' für abgegrenzte betriebliche Tätigkeiten zu beschränken. Das kann nicht Aufgabe öffentlicher Schulen sein, sonst bräuchten diese Situationen nicht aus dem Alltag des Unternehmens ausgelagert werden. Außerdem wird sie den Besonderheiten kaufmännischer Sachbearbeitung, wie Tramm (2010) herausarbeitet, nicht gerecht.

Wortwörtlich: Tade Tramm, WiPäd Universität Hamburg

Eine Prozessbetrachtung in Analogie zum Arbeitsprozesskonzept verfehlt in ihrer Beschränkung auf die Ebene der operativen Sachbearbeitung systematisch den strategischen und normativen Horizont kaufmännischer Tätigkeit und reproduziert damit ein Modell vertikaler Arbeitsteilung, das mit der Geschäftsprozessorientierung im Sinne der betriebswirtschaftlichen Organisationstheorie gerade überwunden werden soll.

Bild 5: Tade Tramm. Foto privat. Zitat: Tramm (1984, S. 85)

Die Situationsorientierung steht in der Gefahr, den ethisch-normativen und strategischen Horizont der Berufstätigkeit zu übersehen und die eigentlich zu sprengende Arbeitsteilung von strategischem und operativem Management zu zementieren statt zu überwinden. Schließlich dürfen überkommene Inhalte nicht einfach mit Blick auf immer schon gegebene Situationen einfach festgeschrieben werden. Situationsorientierung steht damit in der Gefahr, das Hier-und-Jetzt der Situationen zu festigen ohne den innovativen Überschuss zukünftiger Situationen zu nutzen. Das relativiert den Stellenwert *jetziger*

Praxis zugunsten *zukünftiger* Praxis für den Unterricht. Eine einseitige Situationsorientierung kann mit Hilfe der folgenden Fragen aufgespürt werden:

▶ Findet eine Beschränkung auf operative Sachbearbeitung statt?
▶ Werden der normativ-ethische und der strategische Hintergrund berücksichtigt?
▶ Werden zukünftige Situationen berücksichtigt?

2.4.6 Das Situationsprinzip in Action

Das Situationsprinzip lässt sich in mehrfacher Hinsicht in konkrete Aktionen umlegen:

▶ **Situationsprinzip für Anfängerinnen und Anfänger**: Einen allerersten Einstieg in einen noch nicht bekannten Beruf, beispielsweise im Rahmen einer Hospitation von Unterricht, bieten Angebote der Arbeitsagentur, insbesondere BerufeNet (ww.berufenet.arbeitsagentur.de) und Planet-Beruf (www.planet-beruf.de). Auf den Seiten „Berufe" des BIBB (www.bibb.de) sind auch die noch zu erläuternden Rahmenlehrpläne sowie die Ausbildungsordnungen abgelegt.

▶ **Situationsprinzip für den Hausgebrauch der Lehrkraft**: Im Hausgebrauch bietet sich eine Fülle von Instrumenten an. Betriebsbegehung und -praktika mit Beobachtung der tatsächlichen beruflichen Situationen, Workshops von Lehrkräften und Ausbildenden bzw. Vertreterinnen und Vertretern aus Unternehmen, Befragungen von Expertinnen und Experten, Nutzen von regelmäßigen Treffen mit den Lehrkräften, gemeinsame Arbeit von Lehrkräften mit Ausbilderinnen und Ausbildern in Prüfungs- und Aufgabenerstellungsausschüssen. Neben den Beobachtungs- und Befragungsverfahren bietet sich auch die Dokumentenanalyse an, beispielsweise die Arbeit mit Prozessbeschreibungen oder Qualitätsmanagementhandbüchern von Unternehmen. Ebenso können Erkundungsaufträge genutzt werden.

▶ **Situationsprinzip in der (Neu-)Ordnungsarbeit**: In der (Neu-)Ordnungsarbeit können und sollten aufwändigere Verfahren eingesetzt werden. Im Rahmen der Entwicklung von Ausbildungsordnungen werden eine Fülle von Verfahren eingesetzt, nämlich Betriebsbegehungen, Fallstudien, Tätigkeitsanalysen, Befragungen von Expertinnen und Experten oder Sachverständigenbefragungen (Rauner, 2005). Mit der Ausrichtung des Situationsprinzips wird die Prognose- bzw. prospektive Berufsbildungsforschung (Grollmann, 2005) angesprochen. In der Neuordnungsarbeit war schon in den 1960er Jahren im Zuge der Einrichtung des Bundesinstitutes für Berufsbildung (BIBB) die prognostische Berufsbildungsforschung vorgesehen. Seit Mitte der 1990er Jahre wird vom Bundesministerium für Bildung und Forschung das Netzwerk „FreQueNz" (Netzwerk zur Früherkennung von Qualifikationsanforderungen) betrieben. Hier werden beispielsweise Trendsetter identifiziert, Betriebsbefragungen durchgeführt, Stellenanzeigen analysiert oder international vergleichende Studien durchgeführt. Generell können hier die Methoden zur Ermittlung zukunftsbezogener Sachverhalte eingesetzt werden, und zwar quantitative Methoden (Zeitreihenanalysen, Trendexplorationen, Regressionsanalysen) oder qualitative Methoden (Cross-Impact Analyse, Morphologische Analyse, Szenario-Technik, Gruppendiskussionen, Expertenbefragungen oder Delphi-Verfahren) (Roth, 2009).

2.5 Das Persönlichkeitsprinzip: Planung mit Hilfe von Bildungsidealen

2.5.1 Wie das Persönlichkeitsprinzip gedacht ist

Nach dem Persönlichkeitsprinzip erfolgen die Auswahl, die Begründung und die Strukturierung der Themen und Kompetenzen entsprechend normativer Vorstellungen über die gebildete Person (Bildungsideale). Reetz (1984) erläutert: „Dem Persönlichkeitsprinzip entsprechen solche Grundsätze

Was sollte den Kaufmann ausmachen?
Bild 6 © ModernLearning

der Ermittlung, Auswahl und Legitimation von Lernzielen/Inhalten, die an den Bedürfnissen des Individuums und der Persönlichkeitsentwicklung in besonderer Weise orientiert sind" (S. 93). Das tauche insbesondere dann auf, wenn es darum gehe, „bestimmte Persönlichkeitsmerkmale als Erziehungsziel und ‚Bildungsideale' zu betonen" (S. 93) sowie „die Rechte und Bedürfnisse des heranwachsenden Individuums gegen Zumutungen der Erwachsenen und ihrer Gesellschaft zu wahren". Das Wort „Bildung" hat eine lange, verzweigte Geschichte sowohl in der allgemeinen Pädagogik als auch in der Berufs- und Wirtschaftspädagogik.

> **STOPP:** Wie sieht in Ihren Augen eine Person aus, die eine berufliche Schule als gebildete Persönlichkeit verlassen sollte? Was sind die wichtigsten Merkmale dieser Person? Was heißt das für Ihren Unterricht?

Dem Persönlichkeitsprinzip unterliegt letztlich eine Vorstellung: Ein Bild vom Menschen, ein Menschenbild. Ein Bild, wie der Mensch *ist* oder wie der Mensch *sein sollte*. Politischen, philosophischen, rechtlichen oder religiösen Denkgebäuden unterliegen solche Menschenbilder. Diese Vorstellungen vom Menschen sind mit einer Fülle höchst schwieriger Fragen verbunden. Zum Beispiel: Wann wird der Mensch zum Mensch bzw. wann beginnt das Leben als Mensch? Was ist der Unterschied von Mensch und Tier? Gibt dies dem Mensch ein Recht zur Massentierhaltung und einer ‚untierischen' Fleischindustrie? Wie ‚gemeinschaftlich' ist der Mensch? Was kann Einzelnen im Sinne der Gemeinschaft zugemutet werden? Was ist der Gemeinschaft mit Blick auf Einzelne zuzumuten?

Die Menschenbilder politischer Dogmen, von Religionen oder von philosophischen Vorstellungen unterscheiden sich mehr oder weniger deutlich. Ich kann diese Vielfalt hier nicht sortieren. Ich werde hier eine Auswahl treffen. Ich behandle eine politisch-philosophische Vorstellung, die die Pädagogik verändert hat, eine religiöse und eine rechtlich-philosophische Ansicht. Es geht darum, den Studierenden die Idee des Persönlichkeitsprinzips *exemplarisch* zu verdeutlichen, nicht darum, eines dieser Bilder besonders herauszustellen. Ein Menschenbild ist für die Lehrkraft unvermeidbar, ob sie das will oder nicht. Es entsteht jedoch in einer langwierigen Auseinandersetzung, die den Rahmen der Didaktik und des Unterrichts weit übersteigt und bis in die private Lebensgestaltung hinein reicht. Eine solche normative Orientierung kann nicht wie ein Hemd gewechselt werden.

2.5.2 Allgemeine Varianten des Persönlichkeitsprinzips

2.5.2.1 Emanzipation: Der emanzipierte Mensch als Bildungsideal

Emanzipation ist eine wichtige Leitvorstellung des didaktischen Denkens. Der Begriff „Emanzipation" meint ursprünglich die Entlassung von Sklaven im alten Rom. In späteren Zeiten wird der Begriff mit einer Fülle von ‚Entlassungen' verbunden. Es waren vor allem ‚Entlassungen' aus Diskriminierungen: Die Emanzipation der Frauen, die Emanzipation der Juden usw. In der Aufklärung wird der Begriff zentral bei Immanuel Kant (1784).

Wortwörtlich: Immanuel Kant (1724 – 1804), Was ist Aufklärung?

Aufklärung ist der Ausgang des Menschen aus seiner selbst verschuldeten Unmündigkeit. Unmündigkeit ist das Unvermögen, sich seines Verstandes ohne Anleitung eines anderen zu bedienen. Selbst verschuldet ist diese Unmündigkeit, wenn die Ursache derselben nicht am Mangel des Verstandes, sondern der Entschließung und des Muthes liegt, sich seiner ohne Leitung eines anderen zu bedienen. Sapere aude! Habe Muth, dich deines eigenen Verstandes zu bedienen! ist also der Wahlspruch der Aufklärung.

Bild 7: Immanuel Kant. Von unbekanntem Künstler. Zitat: Kant (1784, S. 481)

In den 70er und 80er Jahren des letzten Jahrhunderts erlebte die emanzipatorische Pädagogik ihre Blüte. Die emanzipatorische Pädagogik nimmt die Leitvorstellung der Aufklärung – die Emanzipation – auf, aber interpretiert sie neu, auch vor dem Hintergrund der Verbrechen der Nazis. Der Berufspädagoge Wolfgang Lempert liefert 1969 eine ausführliche, erhellende Analyse des Emanzipationsbegriffes, auf die ich stark verkürzend eingehe. Dahinter steht die Vorstellung der kritischen Theorie der Gesellschaft: Wir sind demnach umgeben von irrationaler, d. h. nicht legitimer, Gewalt. Diese Gewalt wird nicht nur materiell oder körperlich mit Knüppeln ausgeübt. Typisch für moderne Gesellschaften ist vielmehr eine versteckte Form des Ausübens von Gewalt, die auf den ersten Blick gar nicht auffällt, etwa das Einlullen durch massenhafte Werbung oder das Befangensein in nicht bewussten Vorurteilen. Bildung ist ein Mittel, dies zu ändern. Die Emanzipation der Schülerinnen und Schüler zielt dann darauf, dass sie sich durch Kritik und Selbstreflexion dieser unsichtbaren Fesseln entledigen können. Die Schülerinnen und Schüler sollen sich ihrer Zwänge befreien. Sie sollen Frau und Herr über sich selbst werden, über sich selbst verfügen können. Bildung hat nach Lempert ein emanzipatorisches Interesse zu verfolgen.

Wortwörtlich: Wolfgang Lempert, ehemals Berufspädagogik FU Berlin

Das emanzipatorische Interesse ist das Interesse des Menschen an der Erweiterung und Erhaltung der Verfügung über sich selbst. Es zielt auf die Aufhebung und Abwehr irrationaler Herrschaft, auf die Befreiung von Zwängen aller Art.

Bild 8: Wolfgang Lempert. Foto privat. Zitat: Lempert (1969, S. 318)

Eine Gruppe um den Berufspädagogen Herwig Blankertz (1927 – 1983) hat die Leitvorstellung der Emanzipation zu einem zentralen Begriff didaktischer Modelle erhoben, dem sogenannten Strukturgitteransatz. Strukturgitter geben dabei – ähnlich wie curriculare Prinzipien – Kriterien, aber keine fertigen Lehrpläne an die Hand. Sie erfassen damit die Struktur eines Faches, in dem die Inhalte eines Faches bzw. eines Bereiches eingeordnet werden. Strukturgitter sind zweidimensional. Sie kombinieren drei Arten von Fähigkeiten bzw. von Interessen mit weiteren, auch für den Bereich Wirtschaft leider nicht einheitlichen Vorstellungen. [12]

	Entscheidungsfähigkeit (Technisches Interesse)	Orientierungsfähigkeit (Praktisches Interesse)	Kritikfähigkeit (Emanzipatorisches Interesse)
Produktion	Arbeit / Kapital	Produktivität	Wachstumsfetischismus
Distribution	Herrschaft / Ordnung	Soziale Gerechtigkeit	Ungleiche Verteilung des Sozialproduktes
Konsumtion	Reproduktion	Bedürfnisbefriedigung	Erzeugung von Ersatz-Bedürfnissen

Übersicht 6: Ein Strukturgitter für Sozial- und Wirtschaftswissenschaften. Modifiziert nach Blankertz (1986, S. 222)

Die Unterscheidung von technischem und praktischen Interesse und von emanzipatorischem Interesse wird in der Berufs- und Wirtschaftspädagogik in die weit verbreitete, aber selten präzisierte Unterscheidung von Tüchtigkeit und Mündigkeit eingebracht. Und dies wird mit Berufsbildung verbunden: Bildung wird nämlich seit der Aufklärung mit Mündigkeit im Sinne von Emanzipation verbunden. Tüchtigkeit bezieht sich hingegen „auf die gesellschaftliche Notwendigkeit, die Anforderungen von Arbeitsplätzen im Beschäftigungssystem erfüllen zu müssen" (Kell, 2010, S. 359). Berufsbildung ist dann einerseits Berufs*bildung* im Sinne von Mündigkeit und *Berufs*bildung im Sinne von Tüchtigkeit.

Wenn Bildung im Medium des Berufs gelingen soll, setzt dies die berufliche Tüchtigkeit voraus (Kell, 2010).

2.5.2.2 Christliche Soziallehre: Der christliche Mensch als Bildungsideal

Allen Religionen unterliegt ein Menschenbild. In den christlichen Religionen wird das Menschenbild vor allem in der christlichen Soziallehre erörtert. Die christliche Soziallehre ist ein umfangreiches Lehrgebiet. Besonders geschlossen ist dabei die katholische Soziallehre. Die katholische Soziallehre (Anzenbacher, 1998; Honecker, 1990, S. 338 ff.) geht von bestimmten Prinzipien aus.

- **Personalität**: Nach dem Prinzip der Personalität steht immer der individuelle Mensch – und nicht etwa ,das System' oder ,die Institution' – im Mittelpunkt. Johannes XXIII. schrieb: „Nach dem obersten Grundsatz dieser Lehre muss der Mensch der Träger, Schöpfer und das Ziel aller gesellschaftlichen Einrichtungen sein. … Dieses oberste Prinzip trägt und schützt die unantastbare Würde der menschlichen Person" (Johannes XXXIII. zitiert nach Anzenbacher, 1998, S. 179).
- **Solidarität**: Solidarität ist in den Worten Johannes Paul II. die „feste und beständige Entschlossenheit, sich für das »Gemeinwohl« einzusetzen, das heißt für das Wohl aller und eines jeden, weil wir alle für alle verantwortlich sind" (Johannes Paul II. zitiert nach Anzenbacher, 1998, S. 196).
- **Subsidiarität**: Der Mensch soll zunächst selbstständig handeln. Ein Eingriff erfolgt nur dann, wenn die Einzelnen oder die kleinere Gemeinschaft zu schwach sind. Die Initiative des Einzelnen ist zu schützen und zu fördern (Honecker, 1990, S. 343 ff.).

Eine große Rolle für die katholische Soziallehre spielen dabei die päpstlichen Lehrschriften, die sogenannten Sozialenzykliken.

Wortwörtlich: Johannes Paul II. zu Solidarität

Diese ist nicht ein Gefühl vagen Mitleids oder oberflächlicher Rührung wegen der Leiden so vieler Menschen nah oder fern. Im Gegenteil, sie ist die feste und beständige Entschlossenheit, sich für das „Gemeinwohl" einzusetzen, das heißt, für das Wohl aller und eines jeden, weil wir alle für alle verantwortlich sind. Eine solche Entschlossenheit gründet in der festen Überzeugung, dass gerade jene Gier nach Profit und jener Durst nach Macht, von denen bereits gesprochen wurde, es sind, die den Weg zur vollen Entwicklung aufhalten.

Bild 9: Johannes Paul II. Von Ejdzej. Zitat: Ioannes Paulus PP. II, SRS (Enzyklika Sollicitudo Rei Socialis), Nr. 38

2.5.2.3 Citizenship: Die Zivilbürgerin bzw. der Zivilbürger als Bildungsideal

Dem Grundgesetz, also der Grundordnung des deutschen Staates, unterliegt ein Menschenbild. Das Grundgesetz wurde vor dem Hintergrund der Erfahrungen im Nationalsozialismus entwickelt. Das Menschenbild des deutschen Grundgesetzes ergibt sich aus der Gesamtschau, insbesondere der Präambel sowie den Grundrechten, insbesondere in den Artikeln 1 bis 4. Die Unantastbarkeit der Würde des Menschen stellt diesen in gewisser Weise vor den Staat und die Gemeinschaft. Der Gleichheitsgrundsatz in Artikel 3 sieht dies für alle Menschen vor, unabhängig vom Geschlecht, der Abstammung, der Rasse, der Sprache, der Heimat und Herkunft, des Glaubens und der religiösen oder politischen Anschauungen. Artikel 2 setzt das Recht auf freie Entfaltung der Persönlichkeit an, was nur Sinn hat, wenn unterstellt wird, dass die Menschen eigenständig handeln können.

Das Bundesverfassungsgericht erläutert: „Das Menschenbild des Grundgesetzes ist nicht das eines isolierten souveränen Individuums; das Grundgesetz hat vielmehr die Spannung Individuum - Gemeinschaft im Sinne der Gemeinschaftsbezogenheit und Gemeinschaftsgebundenheit der Person entschieden, ohne dabei deren Eigenwert anzutasten. … Dies heißt aber: Der Einzelne muss sich diejenigen Schranken seiner Handlungsfreiheit gefallen lassen, die der Gesetzgeber zur Pflege und Förderung des sozialen Zusammenlebens in den Grenzen des bei dem gegebenen Sachverhalt allgemein Zumutbaren zieht, vorausgesetzt, dass dabei die Eigenständigkeit der Person gewahrt bleibt" (BVerfGE 4, 7).

Didaktisch gewendet führen diese normativen Vorstellungen zur Erziehung in der Bürgergesellschaft bzw. Zivilgesellschaft (Sarcinelli & Gensicke, 2000, Edelstein, 2004). Oser (2003) erläutert den Begriff „Citizenship" wie folgt: „Unter diesem Ausdruck wird nicht nur Staatsbürgerschaft verstanden, sondern Citoyenität, welche nicht bloß die Rollen und das Wissen eben der Staatsbürgerin oder des Staatsbürgers beinhaltet, sondern auch den Willen, wesentliche Attribute des Funktionierens des Gemeinschaftswesens als notwendig zu erkennen und des sich Engagierens in einer politisch öffentlichen Gesellschaft" (S. 13).

2.5.2.4   Der kompetente Mensch als Bildungsideal

In der modernen Diskussion zur curricularen Arbeit wurden die beschriebenen Varianten ein wenig verdrängt. Während früher vor allem der Bildungsbegriff zugrunde gelegt wurde, wird heute der Kompetenzbegriff verwendet. Diese moderne Variante wird in der nächsten Lerneinheit ausgiebig vertieft.

2.5.3   Wirtschaftsdidaktische Varianten des Persönlichkeitsprinzips

Neben den allgemeinen Vorstellungen wurden in der Vergangenheit auch spezifische normative Vorstellungen für die kaufmännische Bildung entwickelt.

2.5.3.1   Ehrbare Kaufleute als Bildungsideal

Eine Variante des Persönlichkeitsprinzips ist die Vorstellung des königlichen Kaufmanns. Heute erscheint es selbstverständlich, sich in Lehrplänen oder der Berufsbildarbeit an konkreten kaufmännischen Anforderungsprofilen zu orientieren. Wie Zabeck (1984b) jedoch zeigt, waren lange Zeit nicht diese Anforderungsprofile Ausgangspunkt curricularer Arbeit, sondern eine abstrakte Idee des Kaufmanns. Grundlage der Arbeit war „ein imaginärer hypostasierter Kaufmannsbegriff, der sich mit einem breiten Inhalt füllen ließ, von dem man annahm, er werde die Entfaltung universeller Berufsfähigkeiten begünstigen und damit vielseitige Anwendungsmöglichkeiten zulassen … Unter Wahrung des sog. »Universalprinzips« beschränkte sich die Ausdifferenzierung auf Wirtschaftszweige (Industrie, Handel, Banken usw.)" (S. 224).

Die Idee des königlichen Kaufmanns hat die kaufmännische Berufsbildung lange Zeit stark beeinflusst. In der Literatur taucht diese Idee als Figur des Antonio im „Kaufmann von Venedig" (William Skakespeare) auf. Schon im 18. Jahrhundert war diese Idee bzw. die Idee des Universalkaufmanns allenfalls für eine kleine elitäre Minderheit relevant, ist aber bis in das 20. Jahrhundert bedeutend gewesen. Mit dem königlichen Kaufmann „verbindet sich in der Folgezeit die Vorstellung eines selbständigen Großhändlers, der nicht nur seinen privaten Geschäften mit Umsicht nachgeht, der nicht nur im Sinne der Regeln seiner Zunft »ehrbar« ist, sondern darüber hinaus auch seine staatsbürgerliche Funktion im Gemeinwesen weiß und staatsmännisch zu handeln versteht. Der königliche

Der ehrbare Kaufmann (Bildausschnitt aus „Nürnberger Tand geht durch alle Land")
Bild 10. © IHK Nürnberg

Kaufmann ist weltoffen, ideenreich, verantwortungsbewusst und entscheidungskräftig und - bei aller Vorsicht - risikofreudig; und er ist großzügig und gerecht seinen Untergebenen gegenüber" (Zabeck 1984, S. 225).

Insbesondere nach der Finanzkrise, festgemacht am Zusammenbruch der US-amerikanischen Bank Lehman Brothers im September 2008, hat eine Rückbesinnung auf den ehrbaren Kaufmann stattgefunden, vor allem auf dem wirtschaftsethischen Kern. Das Handeln des ehrbaren Kaufmanns soll durch Leitsätze bestimmt sein.

Grundsätze des Ehrbaren Kaufmanns

- ▶ Der Ehrbare Kaufmann ist weltoffen und freiheitlich orientiert.
- ▶ Der Ehrbare Kaufmann steht zu seinem Wort, sein Handschlag gilt.
- ▶ Der Ehrbare Kaufmann entwickelt kaufmännisches Urteilsvermögen.
- ▶ Der Ehrbare Kaufmann ist Vorbild in seinem Handeln.
- ▶ Der Ehrbare Kaufmann schafft in seinem Unternehmen die Voraussetzungen für ehrbares Handeln.
- ▶ Der Ehrbare Kaufmann legt sein unternehmerisches Wirken langfristig und nachhaltig an.
- ▶ Der Ehrbare Kaufmann hält sich an das Prinzip von Treu und Glauben.
- ▶ Der Ehrbare Kaufmann erkennt und übernimmt Verantwortung für die Wirtschafts- und Gesellschaftsordnung.
- ▶ Der Ehrbare Kaufmann tritt auch im internationalen Geschäft für seine Werte ein.

Übersicht 7: Grundsätze des ehrbaren Kaufmanns. Quelle: www.veek-hamburg.de

2.5.3.2 Unternehmerische Persönlichkeiten als Bildungsideal

Die Bildungsarbeit an beruflichen Schulen orientiert sich häufig vor allem an der Situation abhängig Beschäftigter und nicht an der Bildung von Entrepreneurinnen und Entrepreneuren. Obwohl das Wort „Entrepreneur" wörtlich nichts anderes als „Unternehmer" bedeutet, haben beide Begriffe doch eine unterschiedliche Bedeutung (Jacobsen, 2006, S. 28 f.): Typische Unternehmerinnen und Unternehmer sind im deutschen Sprachgebrauch Inhaberinnen und Inhaber eines Unternehmens, also zum Beispiel Eigentümerin und Eigentümer einer Fabrik oder selbständig im Großhandel, Einzelhandel oder im Handwerk. Im englischen Sprachgebrauch wird hingegen der Entrepreneur mit der Gründung eines kleinen, innovativen Unternehmens mit wenigen Angestellten und eher geringer Kapitaldecke verstanden. „Entrepreneur(in)" rückt damit in die sprachliche Nähe von „Unternehmensgründer(in)" und „Existenzgründer(in)". Entrepreneure haben ein feines Gespür für Marktchancen, entwickeln auf dieser Basis ein neuartiges Geschäftsmodell und durchbrechen auch bei dessen Realisierung immer wieder eingefahrene Muster. Entrepreneure sind risikofreudig, zielorientiert, ehrgeizig und entschlussfreudig (Jacobsen, 2006, S. 26).

Was kennzeichnet unternehmerische Persönlichkeiten?
Bild 11. Steve Jobs. Von MetalGearLiquid.

Für eine Didaktik unternehmerischer Persönlichkeiten (Braukmann, 2013) spielt das Konstrukt der unternehmerischen Persönlichkeit als Zielrichtung eine besondere Rolle. Im Wuppertaler Ansatz der Forschungsgruppe um Ulrich Braukmann haben unternehmerische Persönlichkeiten im weiteren Sinne eine betriebswirtschaftliche Kompetenz. Außerdem wird der ökonomische Erfolg maßgeblich auf typische Persönlichkeitseigenschaften zurückgeführt, wobei unternehmerische Persönlichkeiten sich selbst und anderen gegenüber verantwortungsbewusst handeln (Braukmann, Bijedic & Schneider, 2008).

Unternehmerische Persönlichkeit

▶ Moderate Neigung zur Risikoübernahme
▶ Unabhängigkeitsstreben
▶ Problemlösungsorientierung
▶ Emotionale Stabilität
▶ Internale Kontrollüberzeugung
▶ Durchsetzungsvermögen / Anpassungsfähigkeit
▶ Leistungsmotivstärke
▶ Antriebsstärke
▶ Belastbarkeit
▶ Ambiguitätstoleranz

Übersicht 8: Unternehmerische Persönlichkeit im engeren Sinne. Quelle: Braukmann et. al. (2008)

2.5.4 Technikdidaktische Varianten des Persönlichkeitsprinzips

Als Äquivalent des ehrbaren Kaufmanns lässt sich die Handwerkerehre begreifen, die in der zünftigen Ausbildung konsequent gepflegt wurde und sicherlich auch heute noch eine Rolle spielt.[13] Im Mittelalter spielt die Vereinigung von Handwerkern in Form der Zünfte eine große Rolle. Die Zünfte haben mehrere Funktionen. Sie sind berufsständische Vertretungen, haben religiös-karitative Aufgaben, dienen der politischen Beteiligung und übernehmen Verteidigungsaufgaben (Heusinger, 2009, S. 115; Stratmann, 1993, S. 96 ff.). Als berufsständische Vertretungen üben sie zum Beispiel eine Art Verbraucherschutz aus, wenn sie etwa verdorbenes Fleisch oder gepantschten Wein unter Strafe stellen (Jaritz, 1988). Sie gewährleisten fachmännisches Können durch Ausbildung und Prüfung von Qualitätsstandards. Mitglieder, die mangelhafte Produkte erstellten, konnten ausgeschlossen werden.[14] In eine ähnliche Richtung zielen auch die ethischen Grundsätze des Ingenieurberufs, etwa des VDI (2002).[15]

2.5.5 Das Persönlichkeitsprinzip in Action

Das Persönlichkeitsprinzip ist vermutlich das abstrakteste der drei curricularen Prinzipien. Bei der Fachkompetenz wird es in vielen Fällen ‚nur' eine regulative Funktion haben, d. h. als Ergänzung zu den beiden anderen Prinzipien befragt werden. Gerade im Bereich der überfachlichen Kompetenzen wird das Persönlichkeitsprinzip im Kompetenzansatz in Teildimensionen herunter gebrochen. Dies wird in der nächsten Lerneinheit ausführlich erläutert.

2.6 Leitfragen für die curriculare Analyse mit Hilfe der curricularen Prinzipien (GAL 2.2.)

Curriculare Prinzipien sind ein erstes Hilfsmittel für die Ermittlung, Auswahl, die Begründung und die Strukturierung der Themen und Kompetenzen des Unterrichts. Es wurden drei curriculare Prinzipien vorgestellt. Für diese drei Prinzipien werden im GAL-Schema für die makrodidaktische Planung (TB-2.3) und im GAL-Schema für die mikrodidaktische Planung (TB-2.6) in Abschnitt 2.2 folgende Leitfragen vorgesehen:

<table>
<tr><td>

Leitfragen für die curriculare Analyse mit curricularen Prinzipien (GAL 2.2)

▶ Welche Inhalte mit welcher Struktur zur didaktischen Grundidee liefern die Wissenschaften, beispielsweise bei der Analyse wissenschaftlicher Lehrbücher? Sind dabei ökologische und soziale bzw. ethische Aspekte von Wirtschaft und Technik ausreichend berücksichtigt?

▶ Welche gegenwärtigen und vor allem zukünftigen Situationen sind durch die didaktische Grundidee angesprochen? Welche Themen bzw. welche Kompetenzen sind für die Bewältigung dieser Situationen notwendig?

▶ Welche normativen Vorstellungen zur gebildeten Person (‚Bildungsideale') sind durch die Grundidee angesprochen? Welche Themen und Kompetenzen sind aufgrund dieser Vorstellung auszuwählen und zu legitimieren?
</td></tr>
</table>

Übersicht 1: Leitfragen für die Analyse der Inhalte und Kompetenzen mit Hilfe curricularen Prinzipien

Ein Beispiel für die curriculare Analyse mit Hilfe der curricularen Prinzipien findet sich nach der Erörterung der Planungshilfen in Lerneinheit 5.

Die curricularen Prinzipien tauchen in verschiedenen Varianten auf. Jedes dieser curricularen Prinzipien hat spezifische Stärken und Schwächen. Die einseitige Betonung eines curricularen Prinzips führt zu Problemen, so dass nur eine gemeinsame Reflexion sinnvoll erscheint: Nur gemeinsam sind sie stark!

2.7 Outro

2.7.1 Die wichtigsten Begriffe dieser Lerneinheit

▶ Curriculares Prinzip
▶ Wissenschaftsprinzip
▶ Nachhaltiges Wirtschaften bzw. triple-bottom-line-Ansatz
▶ Situationsprinzip
▶ Lebenssituation
▶ Antizipierende Didaktik
▶ (Geschäfts-)Prozessorientierung
▶ Arbeitsprozessorientierung
▶ Gestaltungsorientierung
▶ Persönlichkeitsprinzip
▶ Emanzipation
▶ Berufsbildung
▶ Strukturgitter
▶ Personalität, Solidarität, Subsidiarität
▶ Zivilbürger
▶ Ehrbarer Kaufmann
▶ Entrepreneur(ship)
▶ Handwerksehre

2.7.2 Tools

▶ Tool „Übersicht: Modell der Gestaltung von Wirtschaftsunterricht" (TB-1.1)
▶ Tool „Übersicht: Curriculare Prinzipien des Wirtschaftsunterrichts" (TB-1.4)
▶ Tool „Karte: Curriculare Prinzipien des Wirtschaftsunterrichts" (TB-1.5)
▶ Tool „GAL-Schema: Makrodidaktische Planung" (TB-2.3)
▶ Tool „GAL-Schema: Mikrodidaktische Planung" (TB-2.5)

2.7.3 Kompetenzen

▶ Wissenschaftsprinzip einsetzen und nutzen: Möglichkeiten und Grenzen des Wissenschaftsprinzips kritisch bewerten; Tradition des Wissenschaftsprinzips in Berufs- und Wirtschaftspädagogik einordnen; Wissenschaftsprinzip in alltäglichen Planungssituationen anwenden

▶ Situationsprinzip einsetzen und nutzen: Möglichkeiten und Grenzen des Situationsprinzips kritisch bewerten; Varianten des Situationsprinzips einordnen; Situationsprinzip in alltäglichen Planungssituationen anwenden

▶ Persönlichkeitsprinzip einsetzen und nutzen: Möglichkeiten und Grenzen des Persönlichkeitsprinzips kritisch bewerten; Varianten des Persönlichkeitsprinzips einordnen; Persönlichkeitsprinzip in alltäglichen Planungssituationen anwenden

2.7.4   Hinweise zur vertieften Auseinandersetzung: Weiterlesen

Eine lesenswerte, tiefgehende Analyse der drei curricularen Prinzipien, an der ich mich orientiert habe, bietet die „Wirtschaftsdidaktik" von Reetz (1984), eine kürzere Einführung bieten Reetz und Seyd (2006).

Für eine Auseinandersetzung mit dem Bildungsbegriff in der Berufs- und Wirtschaftspädagogik siehe die Auseinandersetzung von Arnold und Gonon (2006). Eine knappe Beschreibung der ‚klassischen Bildungstheorien' liefert das Lehrbuch „Wirtschaftspädagogik" (1999) von Huisinga und Lisop. Eine interessante Auseinandersetzung mit den ‚Klassikern' bzw. den ‚Gründungsvätern', nämlich Kerschensteiner, Spranger, Fischer und Litt, die letztlich die recht dürftige aktuelle Bedeutung dieser Ansätze aufzeigt, liefert Gonon (2002).

Eine kurze Zusammenfassung der verschiedenen Varianten nachhaltigen Wirtschaftens liefert mein Beitrag „Bildung für nachhaltiges Wirtschaften aus einer curricularen Perspektive" (Wilbers, 2006). Zum nachhaltigen Wirtschaften siehe Beckmann und Schaltegger (2014) sowie Pies et. al. (2012). Eine besondere Rolle spielt dabei das Controlling. Eine Einführung in Nachhaltigkeit und Sustainability Accounting bieten Thomas Fischer u. a. (2009). Für den M+E-Bereich siehe Vollmer und Circulies (2009).

Eine Übersicht über die Unternehmensethik bieten Steinmann und Löhr (1994), Ulrich (1999), Ulrich (2007) sowie Carroll und Buchholtz (2009). Ein betriebswirtschaftliches Lehrbuch, das diese Perspektive besonders berücksichtigt, wurde von Steinmann und Schreyögg (2005) vorgelegt.

Als Einführung in die Prozessorientierung sei das Buch „Prozessorientierte Wirtschaftsdidaktik und Einsatz von ERP-Systemen im kaufmännischen Unterricht" (Pongratz, Tramm & Wilbers, 2010) empfohlen.

2.7.5   Hinweise zur vertieften Auseinandersetzung: Weitersurfen

Fragen der curricularen Analyse werden immer wieder in der Online-Zeitschrift bwp@ aufgeworfen. Zur Lerneinheit sind vor allem einzelne Artikel aus der Ausgabe 16 interessant:
http://www.bwpat.de/content/ausgabe/16/

Für die didaktische Auseinandersetzung um Prozessorientierung ist das Projekt „CULIK" (Curriculumentwicklungs- und Qualifizierungsnetzwerk Lernfeldinnovation für Lehrkräfte in Berufsschulfachklassen für IndustrieKaufleute) wichtig. Es ist gut im Internet dokumentiert:
http://www.ibw.uni-hamburg.de/forschung/projekte/culik/

2.7.6   Literaturnachweis

Aff, J. (1997). Die Wirtschaftsdidaktik im Spiegel unterschiedlicher betriebswirtschaftlicher Ansätze. In J. Aff & M. Wagner (Hrsg.), *Methodische Bausteine der Wirtschaftsdidaktik* (S. 11–49). Wien: Manz Verlag Schulbuch.

Anzenbacher, A. (1998). *Christliche Sozialethik. Einführung und Prinzipien.* Paderborn: Schöningh.

Arnold, R. & Gonon, P. (2006). *Einführung in die Berufspädagogik.* Opladen, Bloomfield Hills: Budrich.

Balderjahn, I. & Specht, G. (2007). *Einführung in die Betriebswirtschaftslehre* (5., überarb. Aufl.). Stuttgart: Schäffer-Poeschel.

Baumgardt, J. (1976). Entwicklung und Stand der Wirtschafts- und Berufspädagogik. In H. Schanz (Hrsg.), *Entwicklung und Stand der Wirtschaftspädagogik* (S. 7–37). Stuttgart: Josenhans.

Becker, M. (2013). Arbeitsprozessorientierte Didaktik. *bwp@ (Berufs- und Wirtschaftspädagogik - online)* (24), 1–22.

Beckmann, M. & Schaltegger, S. (2014). Unternehmerische Nachhaltigkeit. In H. Heinrichs & G. Michelsen (Hrsg.), *Nachhaltigkeitswissenschaften* (S. Im Druck). Berlin, Heidelberg: Springer.

Blankertz, H. (1986). *Theorien und Modelle der Didaktik* (12. Auflage, unveränderter Nachdruck von 1975). München: Juventa.

Brauer, K.-U. (2013). *Grundlagen der Immobilienwirtschaft. Recht - Steuern - Marketing - Finanzierung - Bestandsmanagement - Projektentwicklung* (8. Aufl. 2013). Wiesbaden: Imprint: Springer Gabler.

Braukmann, U., Bijedic, T. & Schneider, D. (2008). *Unternehmerische Persönlichkeit. Eine theoretische Rekonstruktion und nominaldefinitorische Konturierung.* Wuppertal: Bergische Universität Wuppertal.

Braukmann, U. (2013). Zur "Didaktik der Entwicklung unternehmerischer Persönlichkeiten". Genese, kursorischer Überblick und referenztheoretische Bezüge zur problemorientierten Didaktik. In S. Seufert & C. Metzger (Hrsg.), *Kompetenzentwicklung in unterschiedlichen Lernkulturen. Festschrift für Dieter Euler zum 60. Geburtstag* (1. Aufl. 2013., S. 465–486). Paderborn: Eusl.

Burschel, C., Losen, D. & Wiendl, A. (2004). *Betriebswirtschaftslehre der nachhaltigen Unternehmung. Lehr- und Handbücher der ökologischen Unternehmensführung und Umweltökonomie.* München: Oldenbourg.

Busian, A. (2006). *Geschäftsprozessorientierung in der beruflichen Bildung. Zur curricularen Relevanz eines schillernden Konzepts.* Bochum: Projektverlag.

Carroll, A. B. & Buchholtz, A. K. (2009). *Business & society. Ethics and stakeholder management* (7. Aufl.). Mason OH: South-Western Cengage Learning.

Czycholl, R. (1974). *Wirtschaftsdidaktik. Dimensionen ihrer Entwicklung und Begründung.* Trier: Spee-Verlag.

Czycholl, R. (1985). Fachdidaktik Wirtschaftswissenschaften im Problemgefüge von Fachwissenschaft, Fachdidaktik, Didaktik und Unterrichtsfach. In M. Twardy (Hrsg.), *Fachdidaktik zwischen Normativität und Pragmatik* (S. 239–273). Düsseldorf: Verlagsanstalt Handwerk.

Edelstein, W. (2004). "Verantwortungslernen" als Kernbestand schulischer Bildung? In A. Sliwka, C. Petry & P. E. Kalb (Hrsg.), *Durch Verantwortung lernen* (S. 58–77). Weinheim/Basel: Beltz.

Feldmayer, J. & Seidenschwarz, W. (2005). *Marktorientiertes Prozessmanagement. Wie Process Mass Customization Kundenorientierung und Prozessstandardisierung integriert.* München: Vahlen.

Fischer, M. (2003). Grundprobleme didaktischen Handelns und die arbeitsorientierte Wende in der Berufsbildung. *bwp@ (Berufs- und Wirtschaftspädagogik - online)* (4), 1–17.

Fischer, M. (2005). Arbeitsprozesswissen. In F. Rauner (Hrsg.), *Handbuch Berufsbildungsforschung.* (S. 307–315). Bielefeld: W. Bertelsmann.

Fischer, T. M., Sawczyn, A. & Brauch, B. (2009). Nachhaltigkeit und Sustainability Accounting. In F. Wall & R. W. Schröder (Hrsg.), *Controlling zwischen Shareholder Value und Stakeholder Value. Neue Anforderungen, Konzepte und Instrumente* (S. 261–287). München: Oldenbourg.

Gaitanides, M. (2010). Geschäftsprozess und Prozessmanagement. In H. Pongratz, T. Tramm & K. Wilbers (Hrsg.), *Prozessorientierte Wirtschaftsdidaktik und Einsatz von ERP-Systemen im kaufmännischen Unterricht* (S. 11–29). Aachen: Shaker.

Gonon, P. (2002). Kerschensteiner, Spranger, Fischer, Litt: Zum prekären Status der berufspädagogischen "Klassik". In P. Gonon (Hrsg.), *Arbeit, Beruf und Bildung.* (S. 104–123). Bern: hep-Verlag.

Grollmann, P. (2005). Prognose- und prospektive Berufsbildungsforschung. In F. Rauner (Hrsg.), *Handbuch Berufsbildungsforschung.* (S. 123–135). Bielefeld: W. Bertelsmann.

Heidegger, G. (2001). Gestaltungsorientierte Berufsbildung. Entstehungsbedingungen, Weiterentwicklung, gegenwärtige Aktualität. In M. Fischer, G. Heidegger, W. Petersen & G. Spöttl (Hrsg.), *Gestalten statt anpassen in Arbeit, Technik und Beruf. Festschrift zum 60. Geburtstag von Felix Rauner* (S. 142–188). Bielefeld: Bertelsmann.

Hellerforth, M. (2012). *BWL für die Immobilienwirtschaft. Eine Einführung* (2. Aufl.). München: Oldenbourg, R.

Heursen, G. (1986). Fachdidaktik. In D. Lenzen (Hrsg.), *Enzyklopädie Erziehungswissenschaft.* (Bd. 3, Bd. 3, S. 427–438). Stuttgart: Klett-Cotta.

Heusinger, S. von. (2009). *Die Zunft im Mittelalter. Zur Verflechtung von Politik, Wirtschaft und Gesellschaft in Straßburg.* Stuttgart: Steiner.

Honecker, M. (1990). *Einführung in die theologische Ethik. Grundlagen und Grundbegriffe.* Berlin: de Gruyter.

Hopfenbeck, W. (2002). *Allgemeine Betriebswirtschafts- und Managementlehre. Das Unternehmen im Spannungsfeld zwischen ökonomischen, sozialen und ökologischen Interessen* (14. Aufl.). München: Redline Wirtschaft bei Verlag Moderne Industrie.

Hubig, C. & Reidel, J. (Hrsg.). (2003). *Ethische Ingenieurverantwortung. Handlungsspielräume und Perspektiven der Kodifizierung.* Berlin: Ed. Sigma.

Huisinga, R. & Lisop, I. (1999). *Wirtschaftspädagogik. Ein interdisziplinär orientiertes Lehrbuch.* München: Vahlen.

Jacobsen, L. K. (2006). *Erfolgsfaktoren bei der Unternehmensgründung. Entrepreneurship in Theorie und Praxis.* Wiesbaden: Deutscher Universitäts-Verlag.

Jaritz, G. (1988). Handwerkliche Produktion und Qualität im Spätmittelalter. In H. Appelt & G. Blaschitz (Hrsg.), *Handwerk und Sachkultur im Spätmittelalter. Internationaler Kongress Krems an der Donau 7. bis 10. Oktober 1986* (S. 33–49). Wien: Verl. der Österr. Akad. der Wiss.

Kant, I. (1784). Beantwortung der Frage: Was ist Aufklärung? *Berlinische Monatszeitsschrift, 4,* 481–494.

Kell, A. (2010). Berufsbildungsforschung: Gegenstand, Ziele, Forschungsperspektiven. In G. Pätzold, H. Reinisch & R. Nickolaus (Hrsg.), *Handbuch Berufs- und Wirtschaftspädagogik* (S. 355–367). Stuttgart: UTB.

KMK (Ständige Konferenz der Kultusminister der Länder Bundesrepublik Deutschland). (2011). *Handreichungen für die Erarbeitung von Rahmenlehrplänen der Kultusministerkonferenz (KMK) für den berufsbezogenen Unterricht in der Berufsschule und ihre Abstimmung mit Ausbildungsordnungen des Bundes für anerkannte Ausbildungsberufe.* Bonn: KMK.

Kutscha, G. & Fischer, A. (2003). Der Strukturgitter-Ansatz: Kritische Theorie der ökonomischen Bildung – Perspektiven vor den Herausforderungen der Neuen Ökonomie. Ein virtuelles Gespräch in drei Abschnitten. In A. Fischer (Hrsg.), *Im Spiegel der Zeit. Sieben berufs- und wirtschaftspädagogische Protagonisten des zwanzigsten Jahrhunderts* (S. 93–124). Frankfurt am Main: Gesellschaft zur Förderung arbeitsorientierter Forschung und Bildung e.V.

Kutscha, G. (2009). Ökonomische Bildung zwischen einzel- und gesamtwirtschaftlicher Rationalität. Kompetenzentwicklung und Curriculumkonstruktion unter dem Anspruch des Bildungsprinzips. In R. Brötz & F. Schapfel-Kaiser (Hrsg.), *Anforderungen an kaufmännisch-betriebswirtschaftliche Berufe aus berufspädagogischer und soziologischer Sicht* (S. 45–64). Bielefeld: Bertelsmann.

Laudon, K. C., Laudon, J. P. & Schoder, D. (2006). *Wirtschaftsinformatik. Eine Einführung.* München: Pearson Studium.

Lipsmeier, A. (2000). Systematisierungsprinzipien für berufliche Curricula. In A. Lipsmeier & G. Pätzold (Hrsg.), *Lernfeldorientierung in Theorie und Praxis* (Zeitschrift für Berufs- und Wirtschaftspädagogik - Beiheft 15, S. 54–71). Stuttgart: Franz Steiner.

Nickolaus, R. (2008). *Didaktik - Modelle und Konzepte beruflicher Bildung. Orientierungsleistungen für die Praxis* (2. Aufl.). Baltmannsweiler: Schneider-Verl. Hohengehren.

Oser, F. (2003). Vernachlässigte politische Bildung in einer Zeit zerbrechlicher politischer Demokratien. In F. Oser & H. Biedermann (Hrsg.), *Jugend ohne Politik.* (S. 9–37). Zürich/Chur: Rüegger.

Pahl, J.-P. (1998). Berufsfelddidaktik zwischen Berufsfeldwissenschaft und Allgemeiner Didaktik. In B. Bonz & B. Ott (Hrsg.), *Fachdidaktik des beruflichen Lernens* (S. 60–87). Stuttgart: Steiner.

Pfeiff, A. (2009). *Die Entstehung und Entwicklung der Handelshochschulen in Deutschland. Empirische Analysen zwischen Kaiserreich, Republik und Diktatur.* Frankfurt am Main: Lang.

Pies, I., Beckmann, M. & Hielscher, S. (2012). Nachhaltigkeit durch New Governance. Ein ordonomisches Konzept für strategisches Management. *DBW - Die Betriebswirtschaft, 72* (4), 325–341.

Pongratz, H., Tramm, T. & Wilbers, K. (Hrsg.). (2010). *Prozessorientierte Wirtschaftsdidaktik und Einsatz von ERP-Systemen im kaufmännischen Unterricht.* Aachen: Shaker.

Rauner, F. (1986). *Elektrotechnik Grundbildung. Überlegungen zur Techniklehre im Schwerpunkt Elektrotechnik d. Kollegschule.* Soest: Soester Verl.-Kontor.

Rauner, F. (2001). Technik und Bildung. Zuerst veröffentlicht 1985. In M. Fischer, G. Heidegger, W. Petersen & G. Spöttl (Hrsg.), *Gestalten statt anpassen in Arbeit, Technik und Beruf. Festschrift zum 60. Geburtstag von Felix Rauner* (S. 115–141). Bielefeld: Bertelsmann.

Rauner, F. (2004). *Praktisches Wissen und berufliche Handlungskompetenz.* Bremen: Institut für Technik und Bildung.

Rauner, F. (2005). Qualifikations- und Ausbildungsordnungsforschung. In F. Rauner (Hrsg.), *Handbuch Berufsbildungsforschung.* (S. 240–246). Bielefeld: W. Bertelsmann.

Rauner, F. (2006). Gestaltung von Arbeit und Technik. In R. Arnold & A. Lipsmeier (Hrsg.), *Handbuch der Berufsbildung* (2. Aufl., S. 55–70). Wiesbaden: VS Verlag für Sozialwissenschaften.

Reetz, L. (1984). *Wirtschaftsdidaktik. Eine Einführung in Theorie und Praxis wirtschaftsberuflicher Curriculumentwicklung.* Bad Heilbrunn/Obb.: Klinkhardt.

Reetz, L. & Seyd, W. (2006). Curriculare Strukturen beruflicher Bildung. In R. Arnold & A. Lipsmeier (Hrsg.), *Handbuch der Berufsbildung* (2. Aufl., S. 227–259). Wiesbaden: VS Verlag für Sozialwissenschaften.

Reidel, J. (2000). *Ethische Ingenieurverantwortung. Abschlußbericht des Projektes "Ethische Ingenieurverantwortung" in Kooperation mit dem Verein Deutscher Ingenieure (VDI).* Stuttgart: Universität Stuttgart, Institut für Philosophie.

Robinsohn, S. B. (1981). *Bildungsreform als Revision des Curriculum und ein Strukturkonzept für Curriculumentwicklung* (5. Aufl.). Neuwied: Luchterhand.

Sarcinelli, U. & Gensicke, T. (2000). Bürgergesellschaft und Freiwilligenengagement in Deutschland. In G. Breit & S. Schiele (Hrsg.), *Werte in der politischen Bildung.* (S. 56–70). Schwalbach: Wochenschau Verlag.

Siemens. (2011). *Siemens Qualitätsmanagement. Verbindliche Elemente.* München.

Steinmann, H. & Löhr, A. (1994). *Grundlagen der Unternehmensethik* (2. Aufl.). Stuttgart: Schäffer-Poeschel.

Steinmann, H., Schreyögg, G., Koch, J. & Steinmann-Schreyögg. (2005). *Management. Grundlagen der Unternehmensführung ; Konzepte, Funktionen, Fallstudien* (6. Aufl.). Wiesbaden: Gabler.

Stratmann, K. (1993). *Die gewerblichen Lehrlingserziehung in Deutschland. Modernisierungsgeschichte der betrieblichen Berufsbildung* (Berufserziehung in der ständischen Gesellschaft, Bd. 1,). Frankfurt am Main: Ges. zur Förderung Arbeitsorientierter Forschung und Bildung.

Stratmann, K., Pätzold, G. & Wahle, M. (1993). *Die gewerblichen Lehrlingserziehung in Deutschland. Modernisierungsgeschichte der betrieblichen Berufsbildung* (Berufserziehung in der ständischen Gesellschaft, Bd. 2,). Frankfurt am Main: Ges. zur Förderung Arbeitsorientierter Forschung und Bildung.

Tafner, G., Stock, M. & Slepcevic-Zach, P. (2013). Die Wirtschaftspädagogik als Disziplin. In M. Stock, P. Slepcevic-Zach & G. Tafner (Hrsg.), *Wirtschaftspädagogik. Ein Lehrbuch* (S. 1–118). Graz: UPG - Unipress Graz.

Thommen, J.-P. (2002). *Betriebswirtschaftslehre.* Zürich: Versus.

Tramm, T. (2004). Geschäftsprozesse und fachliche Systematik – zur inhaltlichen Einführung. *bwp@ (Berufs- und Wirtschaftspädagogik - online), Spezial 1,* 134–139.

Tramm, T. (2010). Von der Geschäftsprozess- zur Lernprozessperspektive. Das Zusammenspiel von Prozessorientierung, systemischer Perspektive und prozessübergreifender Kompetenzentwicklung im lernfeldstrukturierten Berufsschulunterricht. In H. Pongratz, T. Tramm & K. Wilbers (Hrsg.), *Prozessorientierte Wirtschaftsdidaktik und Einsatz von ERP-Systemen im kaufmännischen Unterricht* (S. 77–101). Aachen: Shaker.

Ulrich, P. (1999). Was ist 'gute' Unternehmensführung? Zur normativen Dimension der Shareholder-Stakeholder-Debatte. In B. N. Kumar, M. Osterloh & G. Schreyögg (Hrsg.), *Unternehmensethik und die Transformation des Wettbewerbs.* (Shareholder-Value - Globalisierung - Hyperwettbewerb. Festschrift für Professor Dr. Dr. h.c. Horst Steinmann zum 65. Geburtstag., S. 27–52). Stuttgart: Schäffer-Poeschel.

Ulrich, P. (2004). Die normativen Grundlagen der unternehmerischen Tätigkeit. In R. Dubs, D. Euler, J. Rüegg-Stürm & C. E. Wyss (Hrsg.), *Einführung in die Managementlehre.* (S. 143–165). Bern: Haupt.

Ulrich, P. (2007). *Integrative Wirtschaftsethik. Grundlagen einer lebensdienlichen Ökonomie.* (4. Aufl.). Bern, Stuttgart, Wien: Haupt.

VDI (Verein Deutscher Ingenieure). (2002). *Ethische Grundsätze des Ingenieurberufs.* Düsseldorf: VDI.

Vollmer, T. & Circulies, N. (2009). Berufsausbildung für eine nachhaltige Entwicklung im Bereich elektro- und metalltechnischer Facharbeit. In C. Fenzl, G. Spöttl & F. Howe (Hrsg.), *Berufsarbeit von morgen in gewerblich-technischen Domänen. Forschungsansätze und Ausbildungskonzepte für die berufliche Bildung* (S. 26–31). Bielefeld: Bertelsmann.

Wilbers, K. (2006). Bildung für nachhaltiges Wirtschaften aus einer curricularen Perspektive - Relevanz, Probleme, Optionen. In E. Tiemeyer & K. Wilbers (Hrsg.), *Berufliche Bildung für nachhaltiges Wirtschaften* (S. 387–414). Bielefeld: W. Bertelsmann.

Zabeck, J. (1984a). Entwurf eines didaktischen Systems als Voraussetzung für die Entwicklung eines Programms der Curriculumforschung im Bereich der kaufmännischen Berufsausbildung. (Erstabdruck 1973). In J. Zabeck (Hrsg.), *Didaktik der Berufserziehung* (S. 116–141). Heidelberg: Esprint.

Zabeck, J. (1984b). Vom königlichen Kaufmann zum kaufmännischen Angestellten. Die Idee der kaufmännischen Berufsbildung im Wandel der Zeit (Erstabdruck 1978). In J. Zabeck (Hrsg.), *Didaktik der Berufserziehung* (S. 182–196). Heidelberg: Esprint.

2.7.7 Anmerkungen

[1] Eine Darstellung der frühen Geschichte von Wirtschaftspädagogik und Wirtschaftsdidaktik findet sich bei Czycholl (1974, S. 141 ff.) sowie bei Baumgardt (1976).

[2] Eine detaillierte Analyse des Entstehungs- und Entwicklungsprozesses der deutschen Handelshochschulen findet sich bei Pfeiff (2009). Siehe auch Tafner, Stock und Slepcevic-Zach (2013).

[3] Die Betriebswirtschaftslehre gliederte sich zunehmend aus und ist keineswegs eine homogene Wissenschaftsdisziplin. Hopfenbeck (2002) beispielsweise skizziert den faktortheoretischen Ansatz Gutenbergs, den Entscheidungsansatz von Heinen, den Systemansatz von Ulrich und Bleicher, den Evolutionsansatz von Malik und Kirsch, den energo-kybernetischen Ansatz von Mewes, den ganzheitlichen Ansatz von Gomez und Probst, den situativen Ansatz von Koontz und O'Donnell, den Ansatz der arbeitsorientierten Einzelwirt-

schaftslehre der WSI-Projektgruppe, den Marketingansatz Mefferts und Nieschlags, den EDV-Ansatz von Scheer sowie den Ökologieansatz. Siehe dazu auch Aff (1997). Als weitere neue Ansätze sind vor allem der institutionenorientierte Ansatz von Coase, North u. a., der ressourcenorientierte Ansatz von Pfeffer, Prahalad, Hamel u. a. sowie der prozessorientierte Ansatz von Gaitanides u. a. zu nennen (Thommen (2002), Balderjahn und Specht (2007)).

[4]   Diese UNO-Konferenz über Umwelt und Entwicklung fand 1992 in Rio de Janeiro statt. 178 Staaten einigten sich darin auf ein Abschlussdokument, die Agenda 21. Der Begriff der nachhaltigen Entwicklung wird mit der Agenda 21 in den drei genannten Dimensionen formuliert.

[5]   In eine ähnliche Richtung führen wirtschaftsethische Ansätze. Im Verständnis von Ulrich (2004) tritt neben die Sichtweise eines marktwirtschaftlichen Systems die lebensweltliche Perspektive. Unternehmen sind sowohl Teil des marktwirtschaftlichen Systems als auch der Teil der Lebenswelt. Als Teil des marktwirtschaftlichen Systems steht das Unternehmen unter den Sachzwängen der Selbstbehauptung im Wettbewerb. Diese Sichtweise werde – so Ulrich – von der „konventionellen Betriebswirtschaftslehre" (S. 148) verfolgt. Als Teil der gesellschaftlichen Lebenswelt steht das Unternehmen als gesellschaftliche Institution unter den Ansprüchen der Lebensdienlichkeit. Es geht in dieser Perspektive um die Voraussetzungen legitimen und sinnvollen Erfolges. Diese Sichtweise werde – so Ulrich – von der Wirtschaftsethik verfolgt. Im unternehmensethischen Ansatz von Steinmann und Löhr (1994) zielt die Unternehmensethik auf die Entwicklung konsensfähiger Strategien des Unternehmens. Damit wird auf eine situationsgerechte Anwendung des Gewinnprinzips, konsensfähigen Unternehmensstrategien als Sachziel des Unternehmens sowie eine Realisierung im Managementprozess gezielt. Bei der Inhaltsauswahl ist somit zu fragen, ob das Unternehmen nur als Teil des marktwirtschaftlichen Systems verstanden wird oder ob das Unternehmen auch als Teil unserer Lebenswelt aufgegriffen wird.

[6]   Eine weitere Lösungsalternative besteht im Entwurf der Berufsfeldwissenschaft. Vgl. Pahl (1998, S. 72 ff.).

[7]   In der Literatur werden abweichende Verständnisse des Situationsprinzips aufgeführt. Lipsmeier (2000, S. 63 ff.) unterscheidet fünf Varianten des Situationsprinzips: Berufsprinzip, Lebensweltprinzip, Handlungsorientierung, Gestaltungsorientierung, Arbeitsprozessorientierung.

[8]   Vgl. Robinsohn (1981). Eine umfassende Analyse liefert auch Reetz (1984).

[9]   Der Zusammenhang zwischen dem Ansatz der Arbeitsprozessorientierung und dem Gestaltungsansatz wird hier nicht beleuchtet. Dazu: Rauner (2006). Auch der Zusammenhang zwischen Arbeitsprozess- und Geschäftsprozessorientierung bleibt hier ausgeblendet: In mehreren Workshops im Rahmen des Modellversuchs CULIK (Curriculumentwicklungs- und Qualifizierungsnetzwerk Lernfeldinnovation für Lehrkräfte in Berufsschulfachklassen für Industriekaufleute) wurden die unterschiedlichen Begriffe und die daraus folgenden Konsequenzen aufgearbeitet (http://www.ibw.uni-hamburg.de/forschung/projekte/culik/). Gemeinsam ist beiden Ansätzen der Arbeits- und der Geschäftsprozessorientierung, dass beide ein Gegenentwurf zu einem traditionellen, systematisch-funktional orientierten Unterricht sind. Die Arbeitsprozessorientierung wurde vor dem Hintergrund gewerblich-technischer Berufe, die Geschäftsprozessorientierung vor dem Hintergrund kaufmännischer Berufe entworfen.

[10]   Für die Darlegung dieses Ansatzes: Rauner (2001), Rauner (2006). Für die Einordnung des Ansatzes: Heidegger (2001). Ein kurze Kritik liefert Nickolaus (2008, S. 67 ff.).

[11]   Siehe vor allem die Auseinandersetzung von Tramm (2004).

[12]   Die Kombination mit den genannten Kompetenzen geht auf einen Vorschlag von Kutscha (2009) zurück. Zum Stukturgitteransatz siehe Blankertz (1986, S. 222). Zum Hintergrund des Strukturgitteransatzes siehe Kutscha und Fischer (2003). Die Unterscheidung der Interessen geht auf den Soziologen Jürgen Habermas zurück.

[13]   Persönliche Auskunft von Prof. Dr. Andreas Schelten, Technische Universität München, Lehrstuhl für Pädagogik und Prof. Dr. Reinhold Nickolaus, Universität Stuttgart, Abteilung Berufs-, Wirtschafts- und Technikpädagogik.

[14]   Eine umfassende Aufarbeitung der Geschichte der gewerblichen Lehrlingserziehung, einschließlich der nicht immer unproblematischen Funktion der Zünfte liefern folgende Veröffentlichungen: Stratmann (1993); Stratmann, Pätzold und Wahle (1993).

[15]   Vertiefend: Hubig und Reidel (2003); Reidel (2000).

3 KOMPETENZEN MODELLIEREN, FACH- UND LERNKOMPETENZ BESTIMMEN UND PRÄZISIEREN

3.1 Zur Orientierung: Was Sie hier erwartet

3.1.1 Worum es hier geht

Barbara S. sitzt über der dritten Tasse Tee. Heute Abend schläft sie bestimmt schlecht ein. Aber: So richtig kommt die gute Idee noch nicht. Immer wieder schaut sie aus dem Fenster und ist ein wenig ratlos. Barbara hat gestern mit ihrer Kollegin Yvonne S. gesprochen. Yvonne berichtete, wie sie Schülerinnen und Schüler für das Arbeiten in Teams fit macht, und zwar mit leuchtenden Augen. „Wenn heute in den Unternehmen in Teams gearbeitet wird, muss die Berufsschule doch wohl darauf reagieren" – so Yvonne.

Barbara war nach diesem Gespräch nachdenklich. „Klar: Fachkompetenz ist zentral. Ja, das sagt sich leicht. Doch was heißt denn heute ein guter Kaufmann, eine gute Kauffrau zu sein? Gehört dazu ein moralischer Anspruch? Fitmachen für einen Arbeitsplatz. Theoretisches Durchdringen? Egal. Gerade in der Berufsschule ist doch wohl Fachkompetenz wichtig. Oder?"

„Doch reicht das? Wie sagt der Lateiner: Non scholae, sed vitae discimus". Sie überlegt, wie sie ihre Schülerinnen und Schüler mit Blick auf das lebenslange Lernen zum selbständigen Erarbeiten von Inhalten befähigen kann. „Lebenslanges Lernen: Das muss doch wohl mehr eine Phrase sein!". Außerdem hat sie festgestellt, dass ihre Schülerinnen und Schüler oft nicht so recht wissen, was sie im Leben erreichen wollen oder dass die Vorstellungen der Schülerinnen und Schüler völlig an der Realität vorbeigehen. Letzte Woche in Barbaras Klasse: Armin, der Goth, der Entwicklungsleiter bei BMW werden will, aber immer noch mit der dunklen Magie der Grundrechenarten kämpft. Hmm. Vielleicht doch erst mal noch ein Tässchen Tee?

3.1.2　Inhaltsübersicht

3　Kompetenzen modellieren, Fach- und Lernkompetenz bestimmen und präzisieren.................... 59

　3.1　Zur Orientierung: Was Sie hier erwartet 60

　　3.1.1　Worum es hier geht 60

　　3.1.2　Inhaltsübersicht 61

　　3.1.3　Zusammenfassung... 62

　　3.1.4　Einordnung in das Prozessmodell 62

　3.2　Kompetenz: Was damit gemeint ist... 63

　　3.2.1　Kompetenz und Performanz... 63

　　3.2.2　Kompetenzbereiche: Kognitiver und affektiver Bereich von Kompetenz 65

　　3.2.3　Exkurs: Reichweite von Kompetenzen 66

　3.3　Kompetenzstruktur und -niveau: Dimensionen und Niveaus....................... 68

　　3.3.1　Kompetenzstruktur- und -niveaumodelle 68

　　3.3.2　Weit verbreitete Kompetenzmodelle 68

　　3.3.3　Kompetenzniveaumodelle 74

　　3.3.4　Kompetenzen schulnah (im Kollegium) kooperativ modellieren............ 74

　　3.3.5　Kompetenzorientierung, Kompetenzstruktur und -niveau: Das hier zugrunde gelegte Verständnis.. 76

　3.4　Fachkompetenz (FaKo) bestimmen und präzisieren 79

　　3.4.1　Fachlichkeit als Schulfach(lichkeit): Das Schulfach als Domäne 79

　　3.4.2　Fachlichkeit als Beruf(sfachlichkeit).. 80

　　3.4.3　Ansätze zur Modellierung kaufmännischer Fachkompetenz................. 82

　　3.4.4　Fachkompetenz: Das hier zugrunde gelegte Verständnis................... 84

　3.5　Lernkompetenz (LeKo) bestimmen und präzisieren 85

　　3.5.1　Lernkompetenz: Was in der Literatur darunter verstanden wird............ 85

　　3.5.2　Der LIST-Ansatz zur Strukturierung von Lernkompetenz................... 85

　　3.5.3　Der Klippert-Ansatz zur Strukturierung von Methodenkompetenz......... 86

　　3.5.4　Lernkompetenz und Lernschwierigkeiten 87

　　3.5.5　Lernkompetenz: Das hier zugrunde gelegte Verständnis.................. 88

　3.6　Leitfragen für die Kompetenzanalyse (GAL 2.2)............................... 90

　3.7　Outro... 90

　　3.7.1　Die wichtigsten Begriffe dieser Lerneinheit.............................. 90

　　3.7.2　Tools... 91

　　3.7.3　Kompetenzen... 91

　　3.7.4　Hinweise zur vertieften Auseinandersetzung: Weiterlesen 91

　　3.7.5　Hinweise zur vertieften Auseinandersetzung: Weitersurfen 92

　　3.7.6　Literaturnachweis... 92

3.7.7   Anmerkungen 96

3.1.3 Zusammenfassung

Die Modellierung, Bestimmung und Präzisierung von Kompetenzen ist ein Teil der curricularen Analyse, d. h. der makrodidaktischen und mikrodidaktischen Planung der Themen und Kompetenzen. Diese Aktivität tritt neben die Nutzung der curricularen Prinzipien, die Gegenstand der letzten Lerneinheit waren. Kompetenz ist dabei eine Disposition, die dem Individuum ermöglicht, variable Situationen selbständig, erfolgreich und verantwortungsvoll zu gestalten. Das hier zugrunde gelegte Kompetenzmodell unterscheidet vier Dimensionen, nämlich die Fachkompetenz (FaKo), Lernkompetenz (LeKo), die Sozialkompetenz (SoKo) und die Selbstkompetenz (SeKo). Diese Lerneinheit konzentriert sich auf die Fachkompetenz und die Lernkompetenz.

(Kaufmännische) Fachkompetenz ist eine kognitive und affektive Disposition, die dem Individuum ermöglicht, variable Management-, Geschäfts- und Supportprozesse sowie die Beziehungen zur wirtschaftlichen, ökologischen, sozialen und rechtlichen Umwelt selbständig, erfolgreich und verantwortungsvoll zu gestalten. Lernkompetenz ist eine kognitive und affektive Disposition, die dem Individuum ermöglicht, variable Lernsituationen selbständig, erfolgreich und verantwortungsvoll zu gestalten, d. h. kognitive und metakognitive Strategien sowie Ressourcenstrategien anzuwenden.

3.1.4 Einordnung in das Prozessmodell

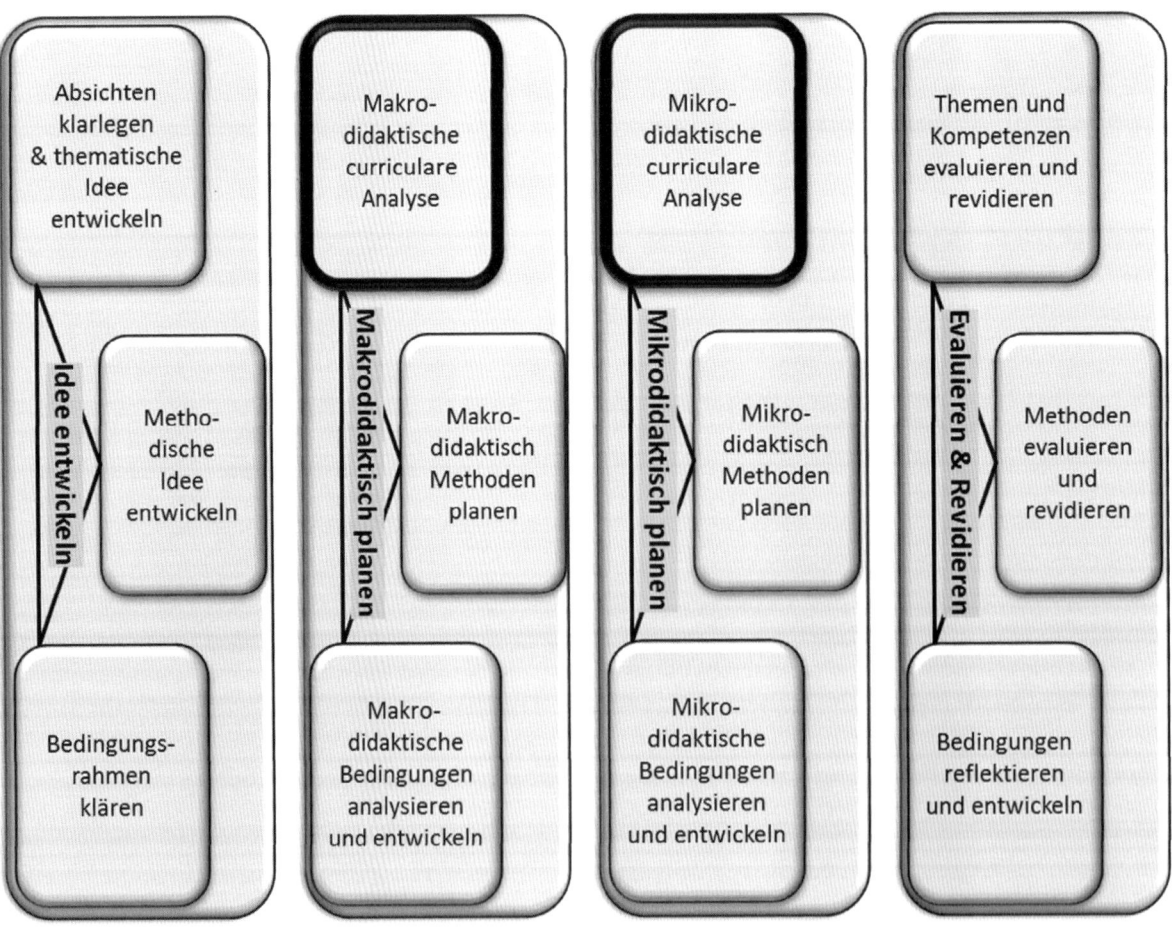

In der letzten Lerneinheit waren die curricularen Prinzipien wichtige Wegweiser der curricularen Analyse, d. h. der Frage, welche Themen und Kompetenzen in den Unterricht eingebracht werden sollen. Als eine Variante des Persönlichkeitsprinzips war die Vorstellung des gebildeten Menschen als kompetenten Menschen ausgewiesen worden. Diese Variante ist für die Berufs- und Wirtschaftspädagogik so bedeutsam, dass sie hier als eigenständige Aktivität herausgegriffen und unabhängig von den curricularen Prinzipien erörtert wird.

Im GAL-Schema für die makrodidaktische Planung (TB-2.3) und die mikrodidaktische Planung (TB-2.6) sind die Analyse und Kompetenzen jeweils im Abschnitt 2.2 angesprochen. Bitte werfen Sie einen ersten Blick auf die entsprechenden Leitfragen. Beachten Sie bitte, dass die Terminologie in diesem Bereich recht unübersichtlich ist. In der Toolbox findet sich daher ein Tool „Teilmodelle eines umfassenden Kompetenzmodells" (TB-4.3), das auch die verwendete Terminologie sortiert.

Kompetenz wird in dem hier zugrunde gelegten Kompetenzmodell in Fach-, Lern-, Sozial-, Selbst- und Sprachkompetenz eingeteilt. Diese Dimensionen werden weiter unterteilt in Teilkompetenzen und auch diese erneut unterteilt. In der Unterrichtsplanung ist dann zu erwägen, ob und welche der so ausdifferenzierten Kompetenzen gefördert werden sollen. Das Kompetenz(struktur)modell ist in der Toolbox zusammengefasst (TB-4.2). Studieren Sie es bitte, um eine erste Übersicht zu erhalten.

In dieser Lerneinheit werden Fach- und Lernkompetenz, in der dann folgenden Lerneinheit Sozial-, Selbst- und Sprachkompetenz sowie die berufssprachliche Kompetenz vertieft. Allerdings gibt es unterschiedliche Vorstellungen davon, was eigentlich Kompetenz ist und wie diese in Dimensionen aufzuteilen ist. Daher beginnt die Lerneinheit mit der Klärung dieser Konzepte.

3.2 Kompetenz: Was damit gemeint ist

3.2.1 Kompetenz und Performanz

Nina will Verkäuferin werden. Am letzten Wochenende hat sie sich nochmals ausführlich mit dem Prozentrechnen auseinandergesetzt, insbesondere mit der Berechnung bei vermehrtem Grundwert. Dienstags kommt Nina in die Berufsschule 6 der Stadt Nürnberg. Ohne Weiteres kann Ninas Lehrerin nicht erkennen, ob Nina kompetent im Prozentrechnen ist oder nicht. Die Auseinandersetzung mit der Prozentrechnung am Wochenende hat keine äußerlich bleibenden Schäden hinterlassen. Kompetenz ist nicht beobachtbar. Ninas Lehrerin will es jedoch wissen. Sie stellt Nina eine Aufgabe, in der ein Kunde für den ausgewiesenen Ladenpreis die Umsatzsteuer und den Warenwert quittiert bekommen möchte. Die Lehrerin bringt Nina damit in eine Anforderungssituation, die Nina zum Handeln auffordert. Je nachdem, wie dieses Handeln ausfällt, d. h. ob Nina den Grundwert berechnen kann oder nicht, wird Nina als ‚prozentrechnungs-kompetent' eingestuft oder nicht. Dieses Handeln – diese Performanz – ist beobachtbar. Kann Nina die Aufgabe lösen, d. h. vollzieht sie eine bestimmte Handlung, wird rückgeschlossen, dass sie kompetent ist. Allerdings gilt dieser Rückschluss nur unter bestimmten Bedingungen: Wenn Nina etwa vom Zettel abschreibt, ist das kein Zeichen für ‚Prozentrechnungs-Kompetenz' sondern für ‚Spick-Kompetenz'. ‚Spick-Kompetenz' wird zwar in Schulen erworben, steht aber nicht im Lehrplan.

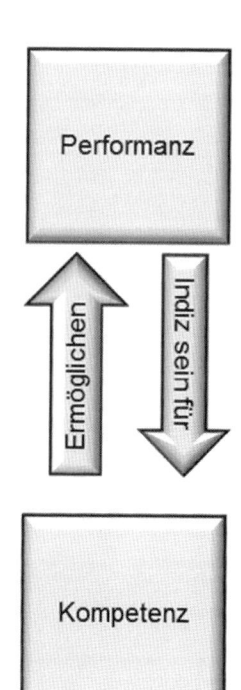

Übersicht 1: Kompetenz und Performanz

Im Sprachgebrauch der Philosophie und der Psychologie ist ‚Prozentrechnungs-Kompetenz' eine *Disposition*. Das Gegenteil von Dispositionen sind manifeste Eigenschaften, d. h. solche, die sich direkt beobachten lassen. Dispositionen sind keineswegs auf die Sozialwissenschaften begrenzt, sondern kommen auch in der Naturwissenschaft vor. „Zerbrechlich" ist beispielsweise eine Disposition von Glas. Wir wissen, dass Glas zerbrechlich ist, aber es ist dem Glas nicht anzusehen. Erst wenn wir einen Test machen, etwa mit dem Hammer schlagen, wird offensichtlich, dass Glas zerbrechlich ist. In der Psychologie werden „Dispositionen" auch als „Konstrukte", „Faktoren" oder „latente Variablen" bezeichnet.[1]

In der Berufs- und Wirtschaftspädagogik erfreut sich der Kompetenzbegriff hoher Beliebtheit und wurde schon in den siebziger Jahren eingeführt (Seeber & Nickolaus, 2010, S. 249), lange bevor er im allgemeinbildenden Bereich Bedeutung erlangt hat. Dort wurde er im Zuge der PISA-Diskussion populär und ist inzwischen Gegenstand intensiver Diskussionen und fördermittelreicher Forschungsprojekte. Die Begriffsbildung kommt nicht aus der Pädagogik. Sie wird heute auf den Linguisten Noam Chomsky zurückgeführt. Dieser erläutert: „Wir machen somit eine grundlegende Unterscheidung zwischen Sprachkompetenz (competence; die Kenntnis des Sprecher-Hörers von seiner Sprache) und Sprachverwendung (performance; der aktuelle Gebrauch der Sprache in konkreten Situationen)" (Chomsky, 1988, S. 13).[2] Eine allseits akzeptierte Definition des Kompetenzbegriffes konnte bislang noch nicht erarbeitet werden.

Eine in einer Situation gezeigte Performanz (Lösen der Prozent-Aufgabe) ist in diesem Sinne ein Zeichen für eine der Performanz zugrundeliegende Kompetenz (‚Prozentrechnungs-Kompetenz'). Diese liegt auf einer nicht beobachtbaren Tiefenstruktur. Die Kompetenz ermöglicht die Performanz und ist nicht direkt beobachtbar. In diesem Sinne wird auch hier „Kompetenz" verstanden.[3] „Kompetenz" und „Handlungskompetenz" werden *hier* mit gleicher Bedeutung verwendet.

Definition 1: Kompetenz

Kompetenz ist eine Disposition, die dem Individuum ermöglicht, variable Situationen selbständig, erfolgreich und verantwortungsvoll zu gestalten.

Kompetenzen werden durch Lernen erworben, d. h. Lernen ist eine Kompetenz*entwicklung*. Kompetenzentwicklung bzw. Lernen führt von einer Lernausgangslage zu einem Lernergebnis. Die Kompetenzentwicklung korrespondiert mit einer Änderung der Performanz. Die zum Zeitpunkt 2 gezeigte Performanz ist ein Indiz für die erworbene, ‚neue' Kompetenz.

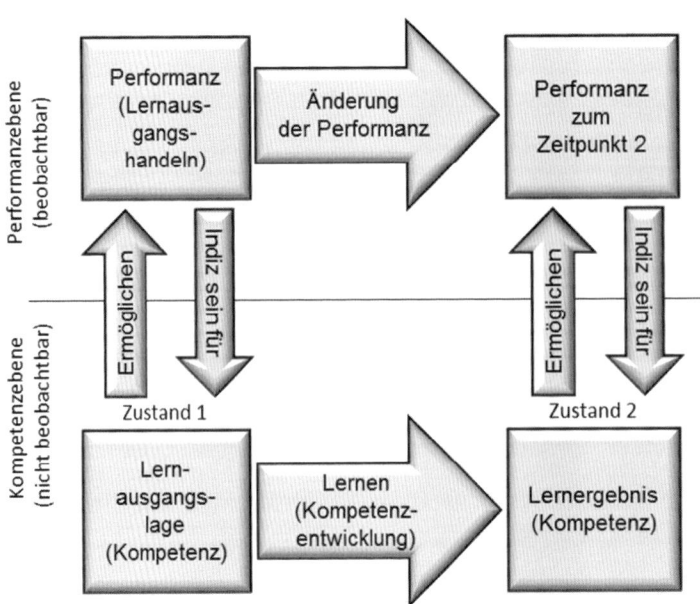

Übersicht 2: Kompetenz, Performanz und Lernen

Lernen ist eine Änderung der Kompetenz, nicht der Performanz. Eine Kompetenzentwicklung, d. h. ein Lernen, *muss* nicht zu einer Änderung der Performanz führen. Eine Kompetenz muss nicht ‚umgesetzt' bzw. aktualisiert werden. Zwischen der Kompetenz und dem ‚tatsächlichen' Handeln besteht eine Kluft. Das ist manchmal höchst problematisch, etwa wenn ein Mensch wider besseres Wissen und gegen seine Überzeugung unmoralisch handelt. Manchmal ist es auch nur beruhigend und schön: Ein Indiz dafür, dass der Mensch kein Automat ist.

Die Verwendung des Kompetenzbegriffes ist nicht ohne Kritik geblieben. So sei beim Übergang zum Kompetenzbegriff das ursprünglich Pädagogische abhandengekommen. In der Diskussion um Kompetenzen zeige sich ein gestörtes Verhältnis zu Wissen und eine Tugendethik (Reinmann, 2013). Andere Autoren bezweifeln, dass der Kompetenzbegriff für die pädagogische Diskussion nützlich ist (Reinisch, 2006).

3.2.2 Kompetenzbereiche: Kognitiver und affektiver Bereich von Kompetenz

Kompetenz hat einen kognitiven Bereich und einen affektiven Bereich. Kognitive Prozesse bzw. Kognition ist Denken und bedeutet eine Umformung von Wissen. Wissen meint dabei nicht nur Kenntnisse, sondern dem heutigen Sprachgebrauch in der Psychologie folgend deklaratives oder prozedurales Wissen.[4]

Deklaratives Wissen spricht das ‚know-that' an und reicht von einfachem Faktenwissen bis hin zum Wissen über umfangreiche Theorien. In der Neufassung der noch zu erläuternden Taxonomie für kognitive Ziele wird deklaratives Wissen unterteilt in Faktenwissen (factual knowledge) und Konzeptwissen (conceptual knowledge). Faktenwissen ist dabei ein Wissen aus kleinen, einfachen, isolierten Elementen. Bei Faktenwissen geht es um einzelne Begriffe. Faktenwissen umfasst terminologisches Wissen sowie das Wissen über spezifische Details wie geschichtliche Ereignisse, Orte, Personen, Informationsquellen und so fort. Konzeptwissen ist eine komplex organisierte Form des Wissens. Konzeptwissen ist Wissen, das als Netzwerk organisiert ist. Konzeptwissen umfasst das Wissen zu Klassifikationen und Kategorien, das Wissen zu Prinzipien einer Disziplin sowie Wissen zu Theorien, Modellen und Strukturen.[5]

Prozedurales Wissen hebt auf das ‚know-how' ab: „Gedächtnisleistungen dieser Art schließen Prozesse ein – wie man ein Auto startet, wie man Brüche multipliziert, wie man Bratkartoffeln mit Speck macht oder wie man ein Wort im Wörterbuch nachschlägt. Es sind also Prozesse, die fast automatisch ablaufen, die wir im täglichen Leben immer wieder tun" (Gage & Berliner, 1996, S. 288). Prozedurales Wissen umfasst das Wissen um inhaltlich spezifische kleinere Vorgehensweisen, zum Beispiel Rechenvorschriften, das Wissen um inhaltsspezifische Techniken und Methoden, zum Beispiel Recherchemethoden sowie das Wissen darum, wann welche dieser Vorgehensweisen, Techniken und Methoden situationsgerecht sind.

Deklaratives Wissen		Prozedurales Wissen
Faktenwissen	Konzeptwissen	
Brutto- vs. Nettogewicht, Eigenschaften Istkaufmann	Betriebsabrechnungsbogen, Deckungsbeitragsrechnung	Rabatt mit Hilfe Dreisatz (berechnen), Umgang mit Gesetzestexten, Bewerbungsschreiben aufsetzen

Übersicht 3: Beispiele für deklaratives und prozedurales Wissen

Beide Formen des Wissens können nicht gegeneinander ausgespielt werden, sondern ergänzen sich: „Man sollte wissen, wie man einen Bericht schreibt oder die Zinsen auf einem Sparkonto berechnet (prozedurales Wissen), aber das wird einem kaum gelingen, wenn man nicht ausreichend semantische, faktenbasierte Informationen hat" (Gage & Berliner, 1996, S. 288).

Prozedurales und deklaratives Wissen ist ein Inhalt, der verschiedenen kognitiven Prozessen unterworfen ist. Diese reichen sowohl beim prozeduralen als auch beim deklarativen Wissen von recht einfachen kognitiven Prozessen, wie dem Erinnern bis hin zu komplexen kognitiven Prozessen, wie dem Erschaffen. Diese Prozesse werden in Lerneinheit 6 ausdifferenziert. Die Tabelle gibt einige Beispiele.

Beispiel	Inhalt	Prozess
Schutzbestimmungen des Jugendarbeitsschutzgesetzes erinnern	Deklarativ (Faktenwissen)	Erinnern
Klassifikation der Unternehmensformen wiedergeben können	Deklarativ (Konzeptwissen)	Erinnern
Auswirkungen einer Standortverlagerung für verschiedene Stakeholder erklären	Deklarativ (Konzeptwissen)	Verstehen
Lesestrategien anwenden	Prozedural	Anwenden
Informationen im Internet über ein Bauteil vor dem Hintergrund der eigenen Präsentation auswählen	Deklarativ (Faktenwissen)	Analysieren
Schaufenster nach einem System von Kriterien für Visual Merchandising bewerten	Deklarativ (Konzeptwissen)	Evaluation
Schaufenster aufgrund von Kriterien für Visual Merchandising gestalten	Prozedural	Erschaffen

Übersicht 4: Beispiele für kaufmännische Inhalte und damit verbundene Prozesse im kognitiven Bereich

Von dem kognitiven Bereich wird hier der affektive Bereich unterschieden. Zum affektiven Bereich gehören Interessen, Einstellungen, Wertschätzungen, Werte oder emotionale Haltungen. Diese unterliegen affektiven Prozessen, die vom einfachen Bewusstwerden bis hin zur Bestimmtheit durch einen Wert reichen. Auch diese Gegenstände können zu verschiedenen Kompetenzdimensionen gehören, beispielsweise zur Sozialkompetenz oder zur Fachkompetenz.

Beispiel	Inhalt	Prozess
Sich bewusst sein, dass die äußere Erscheinung einen Einfluss auf den Kaufprozess hat	Einstellung	Aufmerksam werden
Bereit sein, Schutzbestimmung im Jugendarbeitsschutzgesetz zu befolgen	Regel/Norm	Reagieren
Seine Gesundheit erhalten wollen	Wert	Werten
Anfangen zu entscheiden, wie ich leben möchte	Werte	Wertsystem organisieren
Für die Regelung des persönlichen und sozialen Lebens einen Verhaltenscode entwickeln, der auf ethischen Grundsätzen basiert und mit demokratischen Prinzipien übereinstimmt	Hierarchisierte Werte	Bestimmt sein durch einen Wert

Übersicht 5: Beispiele für kaufmännische Inhalte und damit verbundene Prozesse im affektiven Bereich

Der kognitive Bereich ist in vielerlei Hinsicht mit dem affektiven Bereich verbunden. Affektive und kognitive Prozesse beeinflussen sich gegenseitig: Kognitive Prozesse, wie beispielsweise die Informationsverarbeitung, werden im Unterricht gelegentlich angestoßen, um eine Änderung im affektiven Bereich, zum Beispiel eine Einstellungsänderung zu ermöglichen. Auch wird der affektive Bereich, beispielsweise das gezielte Fördern des Interesses an einem Gegenstand, in der Schule genutzt, um ein kognitives Ziel zu erreichen. Ziele des Unterrichts, die im kognitiven Bereich liegen, haben häufig auch einen affektiven Aspekt, werden aber dennoch als kognitive Ziele verfolgt. In Schulen dominieren – auch heute oft noch – Ziele des Unterrichts, die im kognitiven Bereich liegen.

3.2.3 Exkurs: Reichweite von Kompetenzen

Kompetenzen haben unterschiedliche Reichweiten.[6] Das Lernen, also die Entwicklung einer Kompetenz, ist an diese spezifische Situation gebunden. Kompetenzen werden in spezifischen Situationen erworben und sind zunächst an diese Situationen gebunden. Schülerinnen und Schüler lernen beispielsweise das Führen von Verkaufsgesprächen im Feinkostbereich für ‚handzahme' Kundinnen und Kunden. Eine ‚Verallgemeinerung' besteht in dem Übergang zum Nahrungsmittelbereich oder dem

Einzelhandel insgesamt, ebenso wie der Umgang mit schwierigeren Gruppen von Kundinnen und Kunden erlernt werden kann, etwa eiligen oder quengelnden Kundinnen und Kunden.

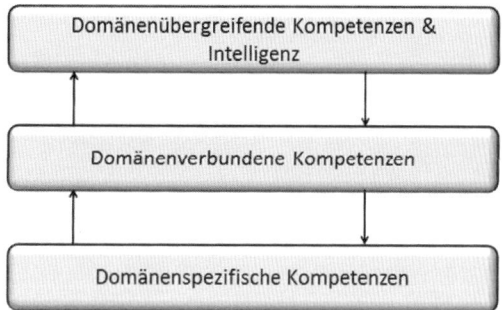

Übersicht 6: Reichweite von Kompetenzen

Im weiteren Verlauf der Kompetenzentwicklung werden die Kompetenzen mehr und mehr vom Kontext gelöst, d. h. dekontextualisiert. Diese Dekontextualisierung kann unterschiedliche Reichweiten haben. Einige Kompetenzen sind an bestimmte Situationen oder bestimmte Situationstypen, d. h. an die sogenannte Domäne, gebunden. Kompetenzen können beispielsweise spezifisch für einen bestimmten kaufmännischen oder technischen Ausbildungsberuf sein. Oder aber sie sind spezifisch für einen besonderen Bereich, etwa Einzelhandelsprozesse. Dies sind die sogenannten domänenspezifischen Kompetenzen (domain specific competencies). Andere Kompetenzen, die domänenverbundenen Kompetenzen (domain linked competencies) sind stark mit der Domäne verbunden, etwa besondere und nur für Kaufleute typische Techniken des kaufmännischen Rechnens. Weitere Kompetenzen (broad abilities) übergreifen spezifische Domänen.

Als höchste Reichweite kann die Intelligenz angesehen werden (Shavelson, 2010a). Eine solche Sichtweise von Intelligenz ist typisch für psychometrische Intelligenztheorien: Die Psychometrie ist eine Disziplin der Psychologie. Sie versucht, menschliche, vor allem geistige Eigenschaften, *messbar* zu machen. Ein Beispiel dafür sind Intelligenztests. Das Ergebnis solcher Tests, der Messwert, ist der Intelligenzquotient (IQ). So besteht der Wechsler-Intelligenz-Test für Erwachsene (WIE) aus elf Untertests, etwa das Zahlennachsprechen, das Figurenlegen oder das rechnerische Denken. Vor allem Charles Spearman hat die Ergebnisse solcher Tests einem spezifischen statistischen Verfahren unterzogen, der Faktorenanalyse. Dabei wird untersucht, ob sich die verschiedenen Ergebnisse in den Untertests auf verschiedene zugrundeliegende sogenannte latente Variablen, die Faktoren, zurückführen lassen. Dies ist der Fall, wenn beispielsweise die Leistungen im Zahlennachsprechen und im Figurenlegen stark miteinander variieren, also korrelieren, und auf eine ‚gemeinsame‘ andere Variable zurückgeführt werden können. Spearman zog daraus den Schluss, dass diesen Leistungen ein G-Faktor, ein Generalfaktor, zugrunde liegt. Der G-Faktor ist das moderne Verständnis von Intelligenz in der psychometrischen Tradition. Intelligenz ist eine ganzheitliche, homogene Kompetenz. Eine Person ist dann – gemessen am globalen IQ – *insgesamt* mehr oder weniger intelligent.

Diesem Verständnis steht die pluralistische Auffassung von Intelligenz gegenüber. Intelligenz ist hier kein einheitliches Gebilde, sondern hat mehrere Faktoren. Das bekannteste Beispiel ist die Theorie der multiplen Intelligenz von Howard Gardner (2002). Intelligenz versteht Gardner als „biopsychologisches Potential zur Verarbeitung von Informationen, das in einem kulturellen Umfeld aktiviert werden kann, um Probleme zu lösen oder geistige oder materielle Güter zu schaffen, die in einer Kultur hohe Wertschätzung genießen" (2002, S. 46 f.). Da Intelligenz keine ganzheitliche, homogene Fähigkeit ist, sind Personen nicht insgesamt dumm oder intelligent. Die interpersonale und intrapersonale Intelligenz weist dabei Ähnlichkeiten zum Konzept der emotionalen Intelligenz auf (Zimbardo & Gerrig, 2004, S. 416 ff.). Zum Modell der multiplen Intelligenz findet sich eine Übersicht in der Toolbox (TB-4.11).

3.3 Kompetenzstruktur und -niveau: Dimensionen und Niveaus

3.3.1 Kompetenzstruktur- und -niveaumodelle

Kompetenz ist eine kognitive und affektive Disposition, die dem Individuum ermöglicht, variable Situationen selbständig, erfolgreich und verantwortungsvoll zu gestalten. Die Kompetenz liegt auf einer nicht beobachtbaren Tiefenstruktur, die sich erst durch eine Performanz erschließt, d. h. durch ein Handeln auf der Oberflächenstruktur. Um nun Kompetenz weiter zu erhellen, werden Kompetenzmodelle benötigt. In der Berufsbildung werden verschiedene Vorschläge unterbreitet, wie Kompetenzen weiter auszudifferenzieren sind.[7] Kompetenzmodelle haben eine vertikale und eine horizontale Struktur.[8]

▶ **Kompetenzstrukturmodelle (Dimensionen):** In der horizontalen Struktur werden verschiedene Dimensionen der Kompetenz, zum Beispiel Fachkompetenz neben Sozialkompetenz, unterschieden. Die Kompetenzmodelle haben unterschiedliche Vorschläge zu den Dimensionen von Kompetenz. Ich arbeite mit der Vierheit von Fach-, Lern-, Sozial- und Selbstkompetenz. Quer dazu liegt die berufssprachliche Kompetenz. Kompetenzstrukturmodelle beantworten die Frage, welche Arten von Kompetenzen unterschieden werden können. Ein Kompetenzstrukturmodell ist eine Klassifikation, die Klassen unterscheidet. Oft handelt es sich eine hierarchische Klassifikation, die Klassen und deren Teilklassen bildet.

▶ **Kompetenzniveaumodelle (Niveaus):** In der vertikalen Struktur werden verschiedene Niveaus der Kompetenz unterschieden, d. h. bestimmte Niveaustufen der Kompetenz. Kompetenzniveaumodelle unterscheiden, wie Lernende mehr oder weniger kompetent sein können. Ein Kompetenzniveaumodell ist ein sogenanntes Komparationssystem, dem eine Ordnungsrelation zugrundeliegt.

Definition 2:   Kompetenzmodell

Ein Kompetenzmodell dient der Abbildung bzw. Strukturierung von Kompetenzen nach Dimensionen, Niveau, Reichweite, Bereich und Domäne. Vereinfachend wird auch ein Kompetenzdimensionsmodell bzw. Kompetenzstrukturmodell als „Kompetenzmodell" bezeichnet, obwohl es nur ein Teilmodell ist.

3.3.2 Weit verbreitete Kompetenzmodelle

Die Darstellung beginnt mit den Modellen zur Dimension von Kompetenzen. Damit ist die horizontale Struktur von Kompetenz angesprochen.

3.3.2.1 Das Kompetenzmodell von Heinrich Roth

Heinrich Roth (1906 – 1983) ist einer der einflussreichsten deutschen Pädagogen. Der gebürtige Schwabe, der unter anderem an der Universität Erlangen-Nürnberg studierte, erhielt erst spät, im Alter von 56 Jahren, einen Lehrstuhl an der Universität Göttingen. Er hatte zu diesem Zeitpunkt bereits vielbeachtete Bücher geschrieben, insbesondere die 1957 erschienene „Pädagogische Psychologie des Lehrens und Lernens". Sein wichtigstes Buch, auch für Roth selbst, war seine „Pädagogische Anthropologie", das in zwei Bänden erschienen ist, dem Band „Bildsamkeit und Bestimmung" (Roth, 1966) sowie dem Band „Entwicklung und Erziehung" (Roth, 1971). Die Anthropologie, also die ‚Menschenkunde', ist bei Roth eine „pädagogische Persönlichkeits- und Handlungslehre" (Roth, 1966, S. 11). Roth's „Pädagogische Anthropologie" ist ein pädagogischer Klassiker, der auch heute noch durch seine Systematik, seine Breite, die Intensität der literarischen Auseinandersetzung und der unterrichtspraktischen Relevanz beeindruckt. Im zweiten Band „Entwicklung und Erziehung" werden die Lern- und Erziehungsziele erörtert. Im Zentrum steht dabei die Mündigkeit, die als Kompetenz verstanden wird, und zwar als Selbst-, Sach- und Sozialkompetenz.[9]

Wortwörtlich: Heinrich Roth (1906 – 1983)

Mündigkeit, wie sie von uns verstanden wird, ist als Kompetenz zu interpretieren, und zwar in einem dreifachen Sinne: a) als Selbst-kompetenz (self competence), d. h. als Fähigkeit, für sich selbstver-antwortlich handeln zu können, b) als Sachkompetenz, d. h. als Fä-higkeit, für Sachbereiche urteils- und handlungsfähig und damit zu-ständig sein zu können, und c) als Sozialkompetenz, d. h. als Fähig-keit, für sozial, gesellschaftlich und politisch relevante Sach- oder Sozialbereiche urteils- und handlungsfähig und also ebenfalls zu-ständig sein zu können.

Bild 1: Heinrich Roth. © Niedersächsische Staats- und Universitätsbibliothek Göttingen. Zitat: Roth (1971, S. 180)

Roth spricht im Band „Entwicklung und Erziehung" (Roth, 1971) von Entwicklung der Sachkompe-tenz als „Erlernen von sacheinsichtigem Verhalten und Handeln" (S. 456) und von „intellektueller Mündigkeit" (S. 456). Das „Sach" in „Sachkompetenz" ist dabei nicht nur im Sinne von Sachen, im Sinne von Dingen, sondern im Sinne von Sachverhalten, denen Sacherfahrungen zugrunde liegen, zu deuten. „Sachkompetenz" rückt damit in die Nähe von „Sachverstand". Neben der Sachkompetenz steht die Sozialkompetenz als „soziale Mündigkeit" (S. 477) und die Selbstkompetenz als „moralische Mündigkeit" (S. 539).

Das Kompetenzmodell von Roth hat die berufs- und wirtschaftspädagogische Diskussion nachhaltig beeinflusst. So ist der Einfluss auf das Kompetenzstrukturmodell der KMK deutlich zu sehen. Auch in der Wissenschaft übernahmen bekannte Vertreterinnen und Vertreter der Wirtschaftspädagogik das Modell, wenngleich häufig in modifizierter Form. Hinzuweisen ist vor allem auf Lothar Reetz (Reetz, 1990), Tade Tramm, Frank Achtenhagen (Achtenhagen, 2004) sowie Dieter Euler und Angela Hahn (Euler & Hahn, 2007). Auch das in diesem Buch zugrunde gelegte Kompetenzmodell folgt einer Mo-difikation des Roth'schen Modells.[10]

3.3.2.2 Das Kompetenzstrukturmodell der Kultusministerkonferenz (KMK)

Die Ständige Konferenz der Kultusminister der Länder in der Bundesrepublik Deutschland wird kurz als „Kultusministerkonferenz" angesprochen und mit „KMK" abgekürzt. Ihre Aufgabe ist nur mit einem kurzen Blick auf den Föderalismus in Deutschland zu verstehen. Aufgrund der Kulturhoheit der Länder gemäß Artikel 30 und den Artikeln 70 ff. des Grundgesetzes sind die Länder für die Kultur zuständig, d. h. insbesondere für das Schulwesen und das Hochschulwesen. Die Länder formulieren ihre Ansprüche – von Bundesland zu Bundesland durchaus verschieden – in den Landesverfassungen bzw. im Schulgesetz und nachfolgenden Vorschriften. Nach der Geschäftsordnung ist die KMK zu-ständig für „Angelegenheiten der Bildungspolitik, der Hochschul- und Forschungspolitik sowie der Kulturpolitik von *überregionaler Bedeutung* mit dem Ziel einer gemeinsamen Meinungs- und Wil-lensbildung und der Vertretung gemeinsamer Anliegen".

Die KMK erarbeitet, wie in Lerneinheit 5 vertieft wird, die Rahmenlehrpläne für den Unterricht in den Berufsschulen. Diese Arbeit obliegt Rahmenlehrplan-Ausschüssen, die für einen Lehrplan zusammen-gesetzt werden. Zur Unterstützung dieser Ausschüsse wurden Handreichungen zur Erarbeitung von Rahmenlehrplänen entwickelt (KMK, 2011). Nach diesen KMK-Handreichungen erfüllen die Berufs-schule und die Ausbildungsbetriebe einen gemeinsamen Bildungsauftrag. Der Unterricht in der Be-rufsschule zielt, gemeinsam mit dem Betrieb, auf das Erreichen von Handlungskompetenz. Hand-lungskompetenz ist dabei die „Bereitschaft und Befähigung des Einzelnen, sich in beruflichen, gesell-schaftlichen und privaten Situationen sachgerecht durchdacht sowie individuell und sozial verantwort-lich zu verhalten" (KMK, 2011, S. 15). Für diese so verstandene Handlungskompetenz werden von der KMK mehrere Dimensionen unterschieden (2011).

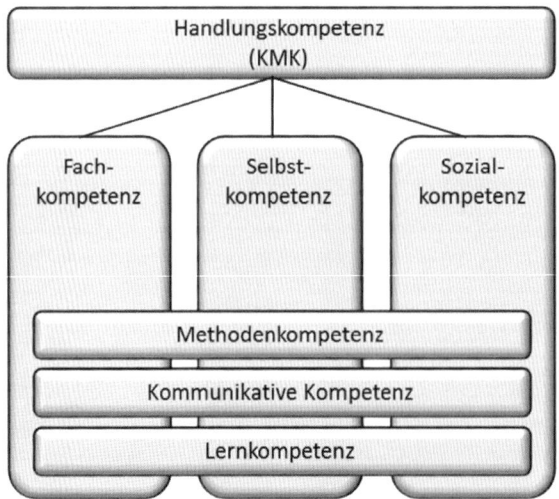

Übersicht 7: Kompetenzmodell der KMK (2011)

▶ **Fachkompetenz**: Fachkompetenz bezeichnet „die Bereitschaft und Befähigung, auf der Grundlage fachlichen Wissens und Könnens Aufgaben und Probleme zielorientiert, sachgerecht, methodengeleitet und selbstständig zu lösen und das Ergebnis zu beurteilen" (KMK, 2011, S. 11).

▶ **Selbstkompetenz**: Selbstkompetenz ist die „Bereitschaft und Fähigkeit, als individuelle Persönlichkeit die Entwicklungschancen, Anforderungen und Einschränkungen in Familie, Beruf und öffentlichem Leben zu klären, zu durchdenken und zu beurteilen, eigene Begabungen zu entfalten sowie Lebenspläne zu fassen und fortzuentwickeln. Sie umfasst Eigenschaften wie Selbstständigkeit, Kritikfähigkeit, Selbstvertrauen, Zuverlässigkeit, Verantwortungs- und Pflichtbewusstsein. Zu ihr gehören insbesondere auch die Entwicklung durchdachter Wertvorstellungen und die selbstbestimmte Bindung an Werte" (KMK, 2011, S. 15).

▶ **Sozialkompetenz**: Sozialkompetenz ist „die Bereitschaft und Befähigung, soziale Beziehungen zu leben und zu gestalten, Zuwendungen und Spannungen zu erfassen und zu verstehen sowie sich mit Anderen rational und verantwortungsbewusst auseinander zu setzen und zu verständigen. Hierzu gehört insbesondere auch die Entwicklung sozialer Verantwortung und Solidarität" (KMK, 2011, S. 11).

Ein weiterer „immanenter Bestandteil" (KMK, 2011, S. 16) dieser drei Kompetenzen ist nach den Vorstellungen der KMK die Methodenkompetenz, die kommunikative Kompetenz sowie die Lernkompetenz. Diese werden wie folgt erläutert:

▶ **Methodenkompetenz**: Methodenkompetenz bezeichnet „die Bereitschaft und Befähigung zu zielgerichtetem, planmäßigem Vorgehen bei der Bearbeitung von Aufgaben und Problemen (zum Beispiel bei der Planung der Arbeitsschritte)" (KMK, 2011, S. 11).

▶ **Kommunikative Kompetenz**: Kommunikative Kompetenz ist „die Bereitschaft und Befähigung, kommunikative Situationen zu verstehen und zu gestalten. Hierzu gehört es, eigene Absichten und Bedürfnisse sowie die der Partner wahrzunehmen, zu verstehen und darzustellen" (KMK, 2011, S. 11).

▶ **Lernkompetenz**: Lernkompetenz bezeichnet „die Bereitschaft und Befähigung, Informationen über Sachverhalte und Zusammenhänge selbstständig und gemeinsam mit Anderen zu verstehen, auszuwerten und in gedankliche Strukturen einzuordnen. Zur Lernkompetenz gehört insbesondere auch die Fähigkeit und Bereitschaft, im Beruf und über den Berufsbereich hinaus Lerntechniken und Lernstrategien zu entwickeln und diese für lebenslanges Lernen zu nutzen" (KMK, 2011, S. 11).

Die einzelnen Kompetenzen werden von der KMK über die bereits genannten Definitionen hinaus nicht weiter spezifiziert. Es handelt sich um ein globales Modell, das auch den kognitiven und affektiven Teil nicht ausdifferenziert. Das Modell ist für die Interpretation von Lehrplänen wichtig. Es ist aber auch heftig kritisiert worden (Nickolaus, Gschwendtner & Geißel, 2009, S. 60 f.). Mir erscheint die Abgrenzung von Sozialkompetenz und kommunikativer Kompetenz sowie von Methoden und Lernkompetenz nicht trennscharf.

3.3.2.3 Die Kompetenzmodelle des Europäischen Qualifikationsrahmens (EQF) und des Deutschen Qualifikationsrahmens (DQR)

Das KMK-Kompetenzmodell ist ein Kompetenz*struktur*modell. Die beiden nun skizzierten Modelle kombinieren ein Kompetenz*struktur*- und ein -*niveau*modell. Mit dem Bologna-Prozess wurden in den Hochschulen europaweit die Abschlüsse „Bachelor" und „Master" eingeführt. Eines der Ziele ist es, die Vergleichbarkeit der Abschlüsse im Bereich der hochschulischen Bildung zu erhöhen. Im Bereich der beruflichen Bildung war dieser Weg, einheitliche Abschlüsse europaweit einzuführen, nicht gangbar: Zu unterschiedlich sind die historisch gewachsenen Berufsbildungssysteme der Nationen in Europa. Vor diesem Hintergrund wurde als Empfehlung im Jahr 2008 der europäische Qualifikationsrahmen EQF (European Qualifications Framework) vom Europäischen Parlament und Europäischen Rat (EP & ER, 2008) eingeführt. Dieser EQF kennt nicht wie im Bologna-Prozess zwei hierarchische Stufen, sondern acht hierarchische Stufen. Im Gegensatz zum Bologna-Prozess werden allerdings im sogenannten Kopenhagen-Prozess diese acht Stufen nicht mit einem einheitlichen Titel versehen und auch nicht europaweit eingeführt. Vielmehr werden die einzelnen Nationen aufgefordert, in einem nationalen Qualifikationsrahmen selbst hierarchische Stufen zu definieren und diese in Beziehung zu den Stufen des EQF zu stellen. Die Nationen ordnen dann ihre Abschlüsse, zum Beispiel den deutschen Abschluss „Industriekaufmann-/frau", ihrem Qualifikationsrahmen, in Deutschland dem Deutschen Qualifikationsrahmen (DQR) zu (Esser, 2012). DQR und EQF haben eine feste Einordnung, was auch für die anderen nationalen Qualifikationsrahmen gilt.

Die folgende Übersicht zeigt links eine Auswahl der sogenannten Qualifikationen zu den acht Stufen des Deutschen Qualifikationsrahmens (DQR) gemäß der Beschlüsse aus 2013. Beispielsweise wird der deutsche Abschluss einer dualen Berufsausbildung mit drei- bzw. dreieinhalbjähriger Dauer der Stufe 4 des DQR zugeordnet. [11] Auf der rechten Seite stehen Qualifikationen aus England und Nordirland, die dem Qualifications and Credit Framework (QCF) zugeordnet werden. Dies sind zunächst verschiedene Abschlussstufen des General Certificate of Secondary Education (GCSE). Auch die früheren Stufen der National Vocational Qualifications (NVQs) werden zugeordnet. Bedeutsam sind auch die sogenannten BTECs, dies sind die verschiedenen Abschlüsse des früheren Business and Technology Education Council, des heutigen Edexcel. Es werden auch Abschlüsse aus dem Bereich der „Higher Education" zugeordnet beispielsweise Higher National Certificate (HNC) und das Higher National Diplomas (HND). Diese Zuordnungen in DQR, EQF und QCF erlauben beispielsweise die Aussage, dass vom Kompetenzniveau eine deutsche duale Ausbildung einem BTEC National entspricht.

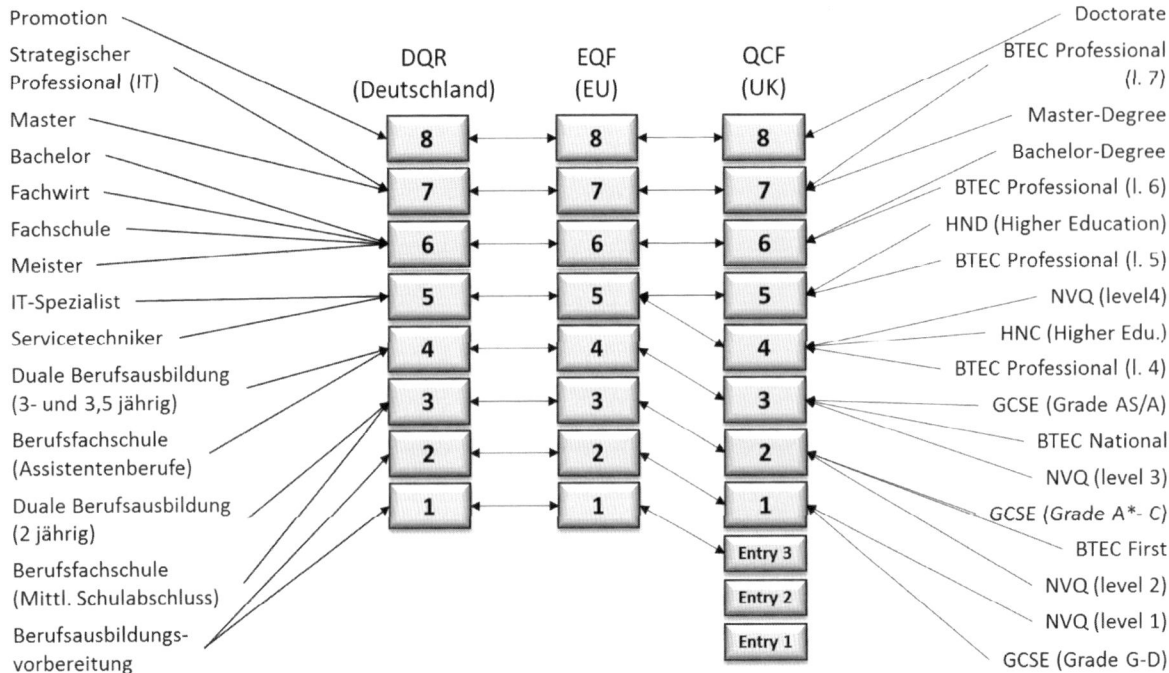

Übersicht 8: Zusammenspiel des EQF mit nationalen Qualifikationsrahmen

EQF und DQR haben eine vertikale Struktur, nämlich die acht verschiedenen *Niveaus*, die international in Beziehung zueinander gesetzt werden sollen. Der DQR kennt – ebenso wie der EQF – acht verschiedene Niveaus.

Niveau	Beschreibung im DQR
8	Über Kompetenzen zur Gewinnung von Forschungserkenntnissen in einem wissenschaftlichen Fach oder zur Entwicklung innovativer Lösungen und Verfahren in einem beruflichen Tätigkeitsfeld verfügen. Die Anforderungsstruktur ist durch neuartige und unklare Problemlagen gekennzeichnet.
7	Über Kompetenzen zur Bearbeitung von neuen komplexen Aufgaben- und Problemstellungen sowie zur eigenverantwortlichen Steuerung von Prozessen in einem wissenschaftlichen Fach oder in einem strategieorientierten beruflichen Tätigkeitsfeld verfügen. Die Anforderungsstruktur ist durch häufige und unvorhersehbare Veränderungen gekennzeichnet.
6	Über Kompetenzen zur Bearbeitung von umfassenden fachlichen Aufgaben- und Problemstellungen sowie zur eigenverantwortlichen Steuerung von Prozessen in Teilbereichen eines wissenschaftlichen Faches oder in einem beruflichen Tätigkeitsfeld verfügen. Die Anforderungsstruktur ist durch Komplexität und häufige Veränderungen gekennzeichnet.
5	Über Kompetenzen zur selbstständigen Planung und Bearbeitung umfassender fachlicher Aufgabenstellungen in einem komplexen, spezialisierten, sich verändernden Lernbereich oder beruflichen Tätigkeitsfeld verfügen.
4	Über Kompetenzen zur selbstständigen Planung und Bearbeitung fachlicher Aufgabenstellungen in einem umfassenden, sich verändernden Lernbereich oder beruflichen Tätigkeitsfeld verfügen.
3	Über Kompetenzen zur selbständigen Erfüllung fachlicher Anforderungen in einem noch überschaubaren und zum Teil offen strukturierten Lernbereich oder beruflichen Tätigkeitsfeld verfügen.
2	Über Kompetenzen zur fachgerechten Erfüllung grundlegender Anforderungen in einem überschaubar und stabil strukturierten Lern- oder Arbeitsbereich verfügen. Die Erfüllung der Aufgaben erfolgt weitgehend unter Anleitung.
1	Über Kompetenzen zur Erfüllung einfacher Anforderungen in einem überschaubar und stabil strukturierten Lern- oder Arbeitsbereich verfügen. Die Erfüllung der Aufgaben erfolgt unter Anleitung.

Übersicht 9: Vertikale Struktur des DQR

EQF und DQR haben aber auch eine horizontale Struktur, d. h. sie unterscheiden verschiedene Kompetenz*dimensionen.* Der DQR weicht in den Dimensionen bzw. im zugrundeliegenden Kompetenzbegriff vom EQF ab. Mit dieser Abweichung berücksichtigt der DQR nach der Formulierung des Arbeitskreises Deutscher Qualifikationsrahmen (AK-DQR) „die Besonderheiten des deutschen Bildungssystems und trägt zur angemessenen Bewertung und zur Vergleichbarkeit deutscher Qualifikationen in Europa bei" (2011, S. 3).

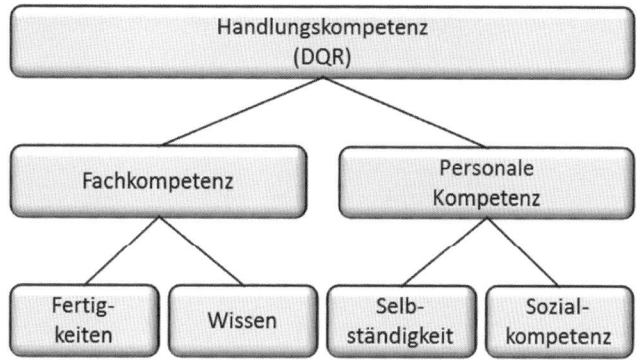

Übersicht 10: Kompetenzstrukturmodell des DQR

Kompetenz bezeichnet im DQR die „Fähigkeit und Bereitschaft des Einzelnen, Kenntnisse und Fertigkeiten sowie persönliche, soziale und methodische Fähigkeiten zu nutzen und sich durchdacht sowie individuell und sozial verantwortlich zu verhalten" (AK-DQR, 2011, S. 4). Kompetenz wird dabei explizit als Handlungskompetenz begriffen. (Handlungs-)Kompetenz wird unterteilt in eine Fachkompetenz und eine personale Kompetenz. Kompetenz bzw. Handlungskompetenz wird im DQR als Oberbegriff zu Fachkompetenz und personaler Kompetenz bzw. Humankompetenz verstanden.

- ▶ **Fachkompetenz**: Die Fachkompetenz wird verstanden als „Wissen und Fertigkeiten. Sie ist die Fähigkeit und Bereitschaft, Aufgaben- und Problemstellungen selbstständig, fachlich angemessen, methodengeleitet zu bearbeiten und das Ergebnis zu beurteilen" (AK-DQR, 2011, S. 15). Fachkompetenz umfasst das Wissen und die Fertigkeiten. Wissen ist dabei „die Gesamtheit der Fakten, Grundsätze, Theorien und Praxis in einem Lern- oder Arbeitsbereich als Ergebnis von Lernen und Verstehen" (AK-DQR 2011, S. 16). Unter Fertigkeiten wird im DQR die „Fähigkeit, Wissen anzuwenden und Know-how einzusetzen, um Aufgaben auszuführen und Probleme zu lösen" (AK-DQR 2011, S. 15), verstanden.
- ▶ **Personale Kompetenz**: Personale Kompetenz ist „die Fähigkeit und Bereitschaft, sich weiterzuentwickeln, und das eigene Leben eigenständig und verantwortlich im jeweiligen sozialen, kulturellen bzw. beruflichen Kontext zu gestalten" (AK-DQR, 2011, S. 16). Sie umfasst die Selbständigkeit als „Fähigkeit und Bereitschaft, eigenständig und verantwortlich zu handeln, eigenes und das Handeln anderer zu reflektieren und die eigene Handlungsfähigkeit weiterzuentwickeln" (AK-DQR, 2011, S. 17). Und sie umfasst die Sozialkompetenz, d. h. die „Fähigkeit und Bereitschaft, zielorientiert mit anderen zusammenzuarbeiten, ihre Interessen und sozialen Situationen zu erfassen, sich mit ihnen rational und verantwortungsbewusst auseinander zu setzen und zu verständigen sowie die Arbeits- und Lebenswelt mitzugestalten" (AK-DQR, 2011, S. 17).

Der DQR definiert die Kompetenzen in einem Glossar und liefert praktische Beispiele. Der DQR ist nichtsdestotrotz ein politisches Papier, d. h. es lässt sich vermuten, dass der Kompromiss bei der Konzeption eine bedeutende Rolle gespielt hat. Die Vorstellung einer personalen Kompetenz, die im DQR weiter unterteilt wird in Sozial- und Selbstkompetenz, wird auch hier verfolgt, ohne allerdings den Namen im weiteren Verlauf zu verwenden. Die Fachkompetenz, die im DQR als Fertigkeiten und

Wissen verstanden wird, hat hohe Ähnlichkeit zum hier verwendeten Begriff der Fachkompetenz. Allerdings wird hier die ältere Bezeichnung von „Wissen und Fertigkeiten" im DQR zugunsten einer Orientierung an modernen wissenspsychologischen Begrifflichkeiten aufgegeben. Im DQR wird wie im KMK-Modell die Methodenkompetenz als „integraler Bestandteil" verstanden. Dieser Überlegung wird hier nicht gefolgt, sondern eine eigenständige Dimension „Lernkompetenz" ausgewiesen.

3.3.2.4　Kompetenzmodelle für die Berufsbildung in Österreich und der Schweiz

In der kaufmännischen Grundbildung (NKG) in der Schweiz (Behrens et al., 2008) wird nach der Bildungsverordnung für die kaufmännische Grundbildung mit eidgenössischem Fähigkeitszeugnis (EFZ) ein Kompetenzmodell in Form eines Würfels dargestellt (BBT, 2011). Als drei Dimensionen werden dabei die Fachkompetenzen, Methodenkompetenzen sowie Sozial- und Selbstkompetenzen unterschieden. Die Methoden-, Sozial- und Selbstkompetenzen werden als „überfachliche Kompetenzen" (ÜfK) bezeichnet. An den Schulen besteht in der kaufmännischen Ausbildung in der Schweiz ein eigenständiges sogenanntes Lerngefäß „ÜfK", das als eigenes Unterrichtsfach, integriert in bestimmte Unterrichtsbereiche oder in eigenen Projekten umgesetzt werden muss. Für dieses Lerngefäß existiert eine eigene Ausführungsbestimmung, die die Kompetenzen, verbindlichen Inhalte und die Fachbezüge ausführlich regelt (SKKAB, 2012). In der Toolbox ist die Struktur der überfachlichen Kompetenzen in der kaufmännischen Grundbildung in der Schweiz wiedergegeben (TB-4.10).

In Österreich wird in der Berufsbildung zwischen allgemeinen Kompetenzen, berufsbezogenen Kompetenzen sowie sozialen und personalen Kompetenzen unterschieden. Für die einzelnen Schularten, etwa die kaufmännischen Schulen oder die technischen Schulen, werden unterschiedliche Kompetenzmodelle zugrunde gelegt. Die sozialen und personalen Kompetenzen werden für die beruflichen Schulen in Österreich vergleichsweise stark ausdifferenziert (Kreisler, Macher, Paechter & Zug, 2012). In der Toolbox findet sich eine Übersicht über die sozialen und personalen Kompetenzen für die beruflichen Schulen in Österreich (TB-4.9).

3.3.3　Kompetenzniveaumodelle

Eine Person kann mehr oder weniger fachkompetent sein, sich also auf verschiedenen Kompetenzniveaus oder -stufen bewegen. Diese Niveaus bzw. Stufen können auf zwei Wegen bestimmt werden.

▶ **Setzung**: Zunächst werden verschiedene Klassen, meist zwischen drei und fünf, gebildet. Oft werden diese noch benannt. Dann werden die einzelnen Klassen umschrieben. Beispielsweise soll das Niveau der Sozialkompetenz präzisiert werden. Dazu werden Teilkompetenzen von Sozialkompetenz bestimmt, etwa „Sich auf der Sachebene äußern" oder „Absichten ausdrücken". Dann wird beschrieben, wie diese Teilkompetenzen auf verschiedenen Niveaus aussehen. Als Hilfsmittel dazu wird ein Kompetenzraster (rubric) verwendet, das als Vorlage in der Toolbox aufgenommen ist (TB-4.4).

▶ **Testtheoretische Skalierung**: Bei einem Test zur Kompetenzmessung kann eine Person im Regelfall Messwerte auf einer kontinuierlichen Skala erlangen. Niveaus bzw. Stufen sind dann Unterteilungen dieser Skala. Bei der Skalierung wird – wie später dargestellt wird – in der heutigen Forschung die klassische Testtheorie oder die probabilistische Testtheorie, die Item-Response-Theorie (IRT), verwendet.[12] Die einzelnen Niveaus werden auch qualitativ umschrieben (Nickolaus, 2013). Grundlage dieser Niveaubildung sind die Aufgaben bzw. die Items selbst und die damit verbundenen Anforderungen oder die Ergebnisse dieser Aufgaben bzw. Items im Test, insbesondere der Anteil der Personen, die eine Aufgabe richtig gelöst haben.

3.3.4　Kompetenzen schulnah (im Kollegium) kooperativ modellieren

Vor lauter Kompetenzmodellen kann leicht die Übersicht verloren werden. Welches Kompetenzmodell ist das ‚richtige'? Diese Frage kann so nicht beantwortet werden. Die Gegenfrage wäre: Wofür?

Denn Kompetenzmodelle sind Modelle, d. h. es ist zunächst – nach dem Pragmatik-Merkmal für Modelle – nach der Zielsetzung zu fragen. Geht es beispielsweise darum, in einem internationalen Leistungsvergleich Daten für den Vergleich zu erarbeiten, wird dies zu einer anderen Modellierung führen, als wenn es darum geht, in der Schule die Orientierung an Kompetenzen voranzutreiben. In der schulischen Praxis wird die Fachkompetenz häufig durch diverse Vorgaben, etwa Lehrpläne oder Prüfungen, stärker als überfachliche Kompetenzen vorstrukturiert, etwa die Lernkompetenz. Gerade im Bereich der überfachlichen Kompetenzen entwickeln Schulen eigenständige Profile, die sie von anderen Schulen abheben und die sie im Leitbild bzw. der Vision der Schule formulieren. Dies wird in Kapitel 14 vertieft.

In der Praxis sehen sich Schulen mit einer Fülle unterschiedlicher Kompetenzmodelle konfrontiert. Für die schulische Förderung von Kompetenzen scheint mir – unter dem Aspekt der Schulentwicklung – die Frage nach der Korrespondenz mit wissenschaftlichen Kompetenzmodellen nicht so zentral: Entscheidender dürfte sein, dass eine *gemeinsame* Vorstellung im Kollegium die Schulentwicklung voranzutreiben vermag. Die kooperative Modellierung der Kompetenzen im Kollegium hat hier die Funktion, die gemeinsamen Anstrengungen normativ auszurichten. Eine Vision, die nicht nur Papier ist, muss durch die Reflexion einer großen Zahl von Menschen entstehen. Die Hauptaufgabe bei der Entwicklung einer Vision ist die Förderung des Diskurses (Senge, 2008, S. 345 ff.).

Diskussion ist kein notwendiges Übel, sondern der eigentliche Motor
Bild 2. Von Yuri Arcurs, fotolia.com

Die schulnahe Kompetenzmodellierung kann sich verschiedener Hilfsmittel bedienen. Wissenschaftliche Modelle, wie das hier zugrunde gelegte Kompetenzmodell, können als ein Steinbruch verwendet werden, aus dem die Schule jeweils individuell ein Modell im Kollegium entwickelt. Eine ‚schnelle‘, diskursarme Übernahme eines vermeintlich überlegenen wissenschaftlichen Modells mag hier sogar innovationsunfreundlich wirken.

Häufig sind in der Schule bereits Modellierungen für Teilkompetenzen vorhanden. So haben einzelne Lehrkräfte oder auch Teams schon Beobachtungsbögen zu einzelnen Kompetenzdimensionen ausgearbeitet. Solche (Teil-)Modellierungen beruhen häufig auf größeren Anstrengungen in der Vergangenheit und sollten in einem Prozess der kooperativen Modellierung nicht nur nicht entwertet werden, sondern konstruktiv eingebunden werden.

Kompetenzmodellierung meint – eigentlich – dass ein gemeinsames Verständnis von der Struktur (Dimensionen, Teilkompetenzen) und den entsprechenden Niveaus entwickelt wird. Ein solches Modell ist sehr aufwändig.

Die Teilkompetenzen und ihre weitere Unterteilung können durch den Rückgriff auf Situationsmodelle präzisiert werden. Als Hilfsmittel wurde hier dazu die Kompetenzpräzisierungsmatrix vorgeschlagen, die in der Toolbox wiedergegeben ist (TB-4.5). In den Zeilen stehen die Teilkompetenzen aus dem Kompetenzmodell und in den Spalten die Phasen der betrachteten Situation. In den Zellen steht dann eine Spezifizierung der Kompetenz für eine spezifische Phase der betrachteten Situation.

Ein weiteres Hilfsmittel ist die Kompetenzlandkarte, die construct map nach Wilson (Wilson, 2005, S. 23 ff.). Während die Kompetenzpräzisierungsmatrix zu einem Strukturmodell führt, liefert die Kompetenzlandkarte ein Niveau(teil)modell zu einer (Teil)Kompetenz. Dabei wird überlegt, wie viele Niveaustufen unterschieden und wie diese Niveaustufen inhaltlich beschrieben werden sollen.[13]

Die gemeinsame Modellierung von Kompetenzen im Kollegium ist eine anspruchsvolle, zeitraubende Aufgabe. Oft wird es sich lohnen, diese Präzisierung nicht für alle überfachlichen Kompetenzen vorzunehmen, sondern für diejenigen, die aufgrund des Leitbildes der Schule besonders wichtig erscheinen. Die Modellierung der Kompetenzen in der Schule führt zu einem schulinternen Kompetenzmodell. Dieses Modell erfüllt die Funktion eines *schulinternen Curriculums* für überfachliche Kompetenzen. Dieses schulinterne Curriculum ergänzt den Lehrplan der offiziellen Welt und führt die in der Schule zu fördernden Kompetenzen an. Dieses Curriculum kann je nach der Heterogenität der Schule für einzelne Abteilungen, Berufe oder Jahrgangsklassen spezifiziert werden. Die schulnahe, kooperative Modellierung im Kollegium kann als ein erster Schritt im Zyklus der Kompetenzorientierung (TB-1.15) verstanden werden.

3.3.5 Kompetenzorientierung, Kompetenzstruktur und -niveau: Das hier zugrunde gelegte Verständnis

In diesem Buch werden vier bzw. fünf Dimensionen der Kompetenz unterschieden. Es sind dies die Fach-, die Lern-, die Sozial- sowie die Selbstkompetenz. Diese Dimensionen werden im Kompetenzmodell in der Toolbox (TB-4.2) weiter beschrieben.

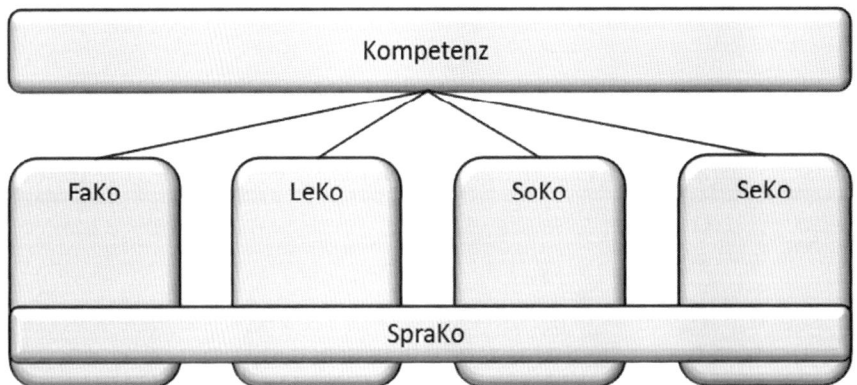

Übersicht 11: Das hier verwendete Kompetenzstrukturmodell

Die einzelnen Dimensionen sind Spezifikationen des zugrunde gelegten Kompetenzbegriffs und ergeben sich demnach wie folgt.

▶ **Fachkompetenz (FaKo)**: Fachkompetenz ist eine kognitive und affektive Disposition, die dem Individuum ermöglicht, variable *fachliche Situationen* selbständig, erfolgreich und verantwortungsvoll zu gestalten. Fachkompetenz betrifft die Relation „Mein Fach und Ich".

▶ **Lernkompetenz (LeKo)**: Lernkompetenz ist eine kognitive und affektive Disposition, die dem Individuum ermöglicht, variable *Lernsituationen* selbständig, erfolgreich und verantwortungsvoll zu gestalten. Lernkompetenz betrifft die Relation „Mein Lernen und Ich".

▶ **Sozialkompetenz (SoKo)**: Sozialkompetenz ist eine kognitive und affektive Disposition, die dem Individuum ermöglicht, variable *sozialkommunikative Situationen* selbständig, erfolgreich und verantwortungsvoll zu gestalten. Sozialkompetenz betrifft die Relation „Meine Anderen und Ich".

▶ **Selbstkompetenz (SeKo)**: Selbstkompetenz ist eine kognitive und affektive Disposition, die dem Individuum ermöglicht, variable *Situationen der Selbst-Thematisierung* selbständig, erfolgreich und verantwortungsvoll zu gestalten. Selbstkompetenz betrifft die Relation „Mein Selbst und Ich".

Im Vergleich zum Modell von Roth wird die Lernkompetenz, die im Roth'schen Modell der Sach-kompetenz zuzuordnen ist, als eigenständige Dimension ausgegliedert. Dafür sprechen pragmatische Gründe, nämlich die eigenständige Erörterung der Förderung und Beurteilung von Lernkompetenzen. Weiterhin wird nicht von „Sachkompetenz", sondern von „Fachkompetenz" gesprochen. Dahinter steht die Vorstellung, dass der Bereich der pädagogisch relevanten Sachverhalte im Sinne von Roth auf bestimmte Bereiche, vor allem Berufsbereiche, begrenzt wird, die den bzw. die berufliche Gebil-deten als Fachmann oder Fachfrau kennzeichnen. Typisch für die Berufsbildung ist die Verknüpfung von Fachkompetenz im Sinne von Tüchtigkeit und den überfachlichen Kompetenzen, also der Lern-, Selbst- und Sozialkompetenz im Sinne von Mündigkeit.

Die Kompetenzdimensionen jenseits der Fachkompetenz werden als „überfachliche Kompetenzen" bezeichnet. Von den überfachlichen Kompetenzen werden hier die fächerübergreifenden Kompeten-zen bzw. Ziele unterschieden. In Bayern werden sie „fachübergreifende Bildungs- und Erziehungszie-le" (FÜZ) bzw. „überfachliche Bildungsziele" genannt. Neben den Lehrplänen existiert nämlich eine Reihe von landesspezifischen oder bundesweiten weiteren Vorgaben, die fächerübergreifend in den Unterricht zu integrieren sind. Dazu gehört beispielsweise der Beschluss der Kultusministerkonferenz zur Stärkung der Demokratieerziehung. Solche Beschlüsse sollen fächer-und schulartenübergreifend bestimmte Aspekte des Unterrichts, hier die Demokratieerziehung, stärken. In Bayern gibt es im Rah-men des in Kapitel 5 beschriebenen Projekts „LehrplanPlus" eine Liste von überfachlichen Bildungs-zielen, die durch Kompetenzen präzisiert werden und die direkt in die Lehrpläne zu integrieren sind.

Das Kompetenzmodell ist ein Modell, d. h. es gelten alle, bereits in Lerneinheit 1, erörterten Merkma-le. Dies gilt vor allem auch für die pragmatische Dimension. Hier bedeutet dies, dass das Kompetenz-modell eingebettet sein muss in eine breitere Erörterung der Erhebung von Kompetenzen als Lernaus-gangslage in der Bedingungsanalyse, der Förderung von Kompetenzen im Fachunterricht und außer-halb des Fachunterrichts als Teil der Methodenplanung sowie der Beurteilung der Kompetenzen als Lernergebnis. Dieser Kreislauf kann mit dem Stichwort „Kompetenzorientierung" versehen werden.

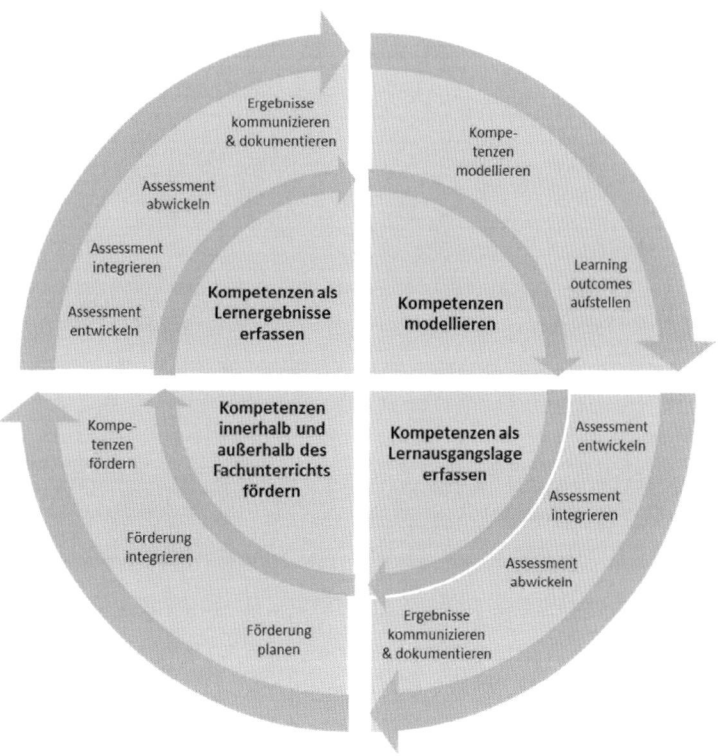

Übersicht 12: Zyklus der Kompetenzorientierung

Der Zyklus der Kompetenzorientierung (TB-4.1) beginnt mit der Modellierung von Kompetenzen. Das heißt, dass die Teilmodelle eines umfassenden Kompetenzmodells (TB-4.3) für eine spezifische zu fördernde Kompetenz modelliert werden. In einem nächsten Schritt sind die Kompetenzen der Lernenden als Ausgangslage zu erfassen. Dann sind die Kompetenzen zu fördern, und schließlich zu erfassen, ob die Kompetenzen tatsächlich gefördert werden konnten. Kompetenzorientierung ist eine Herausforderung in allen Bereichen beruflicher Bildung.

- ▶ **Berufliche Schulen**: Für den schulischen Teil der Ausbildung im Dualen System ist, wie schon dargelegt, das Kompetenzverständnis der Ständigen Konferenz der Kultusminister der Länder in der Bundesrepublik Deutschland (KMK) grundlegend.
- ▶ **Betrieblicher Teil der Ausbildung im Dualen System**: Für den betrieblichen Teil der Ausbildung im Dualen System ist die Orientierung an beruflichen Kompetenzen wichtig für die Entwicklung von kompetenzorientierten Ausbildungsordnungen[14] sowie von kompetenzorientierten Prüfungen.[15]
- ▶ **Berufsvorbereitung**: Im Bereich der Berufsvorbereitung bzw. im sogenannten Übergangssystem ist die Kompetenzorientierung zu einem wichtigen Gestaltungsanspruch geworden, beispielsweise bei der Gestaltung von Ausbildungsbausteinen.[16]
- ▶ **Berufliche Weiterbildung**: In der beruflichen Weiterbildung findet zur Zeit ein Übergang zu kompetenzorientieren Fortbildungsordnungen statt.[17]
- ▶ **Personalmanagement**: Im Personalmanagement von Unternehmen werden Kompetenzmodelle verwendet. Hinzuweisen ist beispielsweise auf den Ansatz von John Erpenbeck (Erpenbeck & Rosenstiel, 2003; Heyse, Erpenbeck & Max, 2004). Größere Unternehmen haben spezifische Kompetenzmodelle entwickelt.[18]
- ▶ **Hochschulische Bildung**: Im Hochschulbereich dienen Kompetenzmodelle der Akkreditierung von Studiengängen und Hochschulen, der Qualitätssicherung und Evaluierung, der Signalisierung gegenüber dem Arbeitsmarkt, der Förderung der internationalen Mobilität und Anerkennung sowie der Studienplangestaltung.[19] In diesem Zusammenhang sind auch die Kreditpunktesysteme, etwa ECTS wichtig.
- ▶ **Bereichsübergreifende Aktivitäten**: Eine große Rolle spielen Kompetenzen und Kompetenzmodelle auch für diverse Initiativen, die bildungsbereichsübergreifend Fragen der gegenseitigen Anerkennung entwickeln und erproben. Hinzuweisen ist insbesondere auf die Pilotinitiative zur Entwicklung eines Leistungspunktesystems für die berufliche Bildung (DECVET). Hier wird vor allem der Begriff „Lernergebnis" und „Learning Outcome" zum Ausgangspunkt der Arbeiten (BMBF, 2012). Kompetenzen bilden die Grundlage für die Anrechnung der Lernleistungen von einem Bildungsbereich in einem anderen Bildungsbereich. Dies ist auch der Grundgedanke der Initiative „ANKOM – Anrechnung beruflicher Kompetenzen auf Hochschulstudiengänge".[20]

‚Die' Kompetenzorientierung ist ein aktueller Trend. Wie auch bei anderen ‚Orientierungen' in der Vergangenheit besteht die Gefahr, dass die Kompetenzorientierung verabsolutiert wird, zu Einseitigkeiten in der Aus- und Weiterbildung von Lehrkräften führt und eine globale Verunglimpfung der schulischen Praxis fördert. Kompetenzorientierung darf weder zu einer einseitigen Ausrichtung an ‚Testbarem' führen noch eine bildungstheoretische Reflexion unterschlagen. Eine einseitige Orientierung an Kompetenzen bedeutet eine Verengung der curricularen Analyse, der methodischen Analyse sowie der Bedingungsanalyse. Andererseits hat die Kompetenzorientierung die Chance, die Ziele des Lehrens und Lernens zu präzisieren und einer Diskussion zuzuführen. Sie unterstützt, gerade im Verbund mit einer ausdifferenzierten makrodidaktischen Planung, die systematische Förderung von Schülerinnen und Schülern ‚jenseits der reinen Fachlichkeit'. In Schulen laufen Unterrichtsentwicklungsprojekte nicht selten unverbunden nebeneinander her. Hier bietet die Kompetenzorientierung die Möglichkeit, einen gemeinsamen Bezugspunkt für bislang wenig verbundene Innovationen zu schaffen.

Neben den vier erwähnten Dimensionen wird, wie in der nächsten Lerneinheit erörtert, die berufs-sprachliche Kompetenz eingeführt. Jede Dimension hat einen kognitiven und einen affektiven Bereich und wird im weiteren Verlauf erneut aufgespalten in Teilkompetenzen. Mit anderen Worten: Jede Kompetenz hat eine deklarative und prozedurale ‚Wissensbasis‘, geht aber nicht darin auf.

Für jede Dimension müsste in diesem Buch ‚eigentlich‘ ein Modell für die Niveaus vorgelegt werden. Ideal wäre weitergehend, wenn für jede Teilkompetenz in einer Dimension solche Niveaus unterschieden werden. Damit wäre die Kompetenzentwicklung bzw. der Kompetenzentwicklungsstand einzelner Lernender sehr gut abzubilden. Soweit kann jedoch die Arbeit hier nicht gehen. Im Folgenden konzentriere ich mich auf eine Ausdifferenzierung der Dimensionen, d. h. der horizontalen Struktur von Kompetenz. Die Erörterung startet mit der Fachkompetenz sowie der Lernkompetenz in dieser Lerneinheit. In der nächsten Lerneinheit werden die Sozialkompetenz, die Selbstkompetenz sowie die Sprachkompetenz behandelt.

3.4 Fachkompetenz (FaKo) bestimmen und präzisieren

Die Fachkompetenz ist für die berufliche Bildung grundlegend. Allerdings ist keineswegs klar, was das Fachliche im Kaufmännischen denn nun ist. „Fach" hat in der Pädagogik ganz unterschiedliche Bedeutungen.

3.4.1 Fachlichkeit als Schulfach(lichkeit): Das Schulfach als Domäne

Im allgemeinbildenden Bereich wird mit „Fach" oder „Domäne" das *Schul*fach angesprochen. Ein solches Fach, eine solche Domäne ist beispielsweise Deutsch oder Mathematik. Diese Schulfächer korrespondieren recht bruchlos mit akademischen Disziplinen wie der Germanistik oder der universitären Mathematik. Fachkompetenz ist dann eine kognitive und affektive Disposition, die dem Individuum ermöglicht, variable Situationen, die als typisch für ein Schulfach angesehen werden, selbständig, erfolgreich und verantwortungsvoll zu gestalten. In der noch darzustellenden Diskussion um Bildungsstandards wird die Domäne mit dem Schulfach gleichgesetzt (Sloane & Dilger, 2005).

Fächer in diesem Sinne von *Schul*fächern ordnen „historisch gewordene, inhaltlich zugleich abgegrenzte als auch aufgrund bestimmter Zielsetzungen verknüpfte Aufgabenfelder institutionalisierter Lehre" (Bracht, 1986, S. 425). Ein historisches Beispiel sind die septem artes liberales, die sieben Freien Künste. Sie sind für die Geistesbildung der ‚Freien‘ im Staatswesen gedacht und wurden nach der Übernahme vom frühen Christentum im Bildungswesen des Mittelalters zu einer festen Einrichtung. Bis in die Renaissance und bis zum Humanismus waren die septem artes liberales die Grundlage des gelehrten Unterrichts (Bracht, 1986, S. 421). Die septem artes liberales sind zweigeteilt in das trivium (Grammatik, Rhetorik, Dialektik) und das quadrivium (Geometrie, Arithmetik, Astronomie, Musik).

Aber auch die Berufsbildung hat eine lange Tradition von Fächern im Sinne von Schulfächern.

In der Wirtschaftsdidaktik haben die kaufmännischen Fächer eine lange Tradition. Im Mittelalter entstehen in den Handelsstädten neben den Kloster- und Domschulen die Schreib- und Rechenschulen. Der Nachwuchs der Kaufleute wurde hier in Schriftverkehr, kaufmännischem Rechnen und später ab dem 16. Jahrhundert auch in Buchhaltung unterrichtet. Der gebürtige Nürnberger Paul Jakob Marperger gilt dabei als der erste, der ein „wohlbegründetes Programm für die Errichtung kaufmännischer Schulen in Deutschland ausgearbeitet hat" (Berke, 1960, S. 140). Marpergers Vorschlag gilt als „Ausgangspunkt der kaufmännischen Schulbewegung in Deutschland" (Berke, 1960, S. 140). Marperger schlägt mehrere aufeinander folgende kaufmännische Schulformen vor, unter anderem eine Kauffmannsacademie: In ihr soll von 8 Uhr bis 17 Uhr in den Fächern Rechnen (Buchführung), Korrespondenz (Handelskunde), Korrespondenz (Geographie), Korrespondenz (Avisenlehre), Korrespondenz

(Warenkunde), Geometrie, Mechanik und andere curieuse Wissenschaften sowie Französisch und Italienisch an allen Wochentagen unterrichtet werden.[21]

Auch die Technikdidaktik kennt typische Fachstrukturen. Besonders prägend war die in den zwanziger Jahren des letzten Jahrhunderts entstandene Frankfurter Methodik für gewerblich-technische Berufe. Der gesamte Lehrplan wird in zwei Stufen unterteilt, nämlich den Unterbau (,Unterstufe', ,Grundbildung') und den Oberbau (,Oberstufe', ,Fachbildung'). Die mathematisch-naturwissenschaftlichen Fächer werden zu einer Werkkunde zusammengefasst, die aus drei Teilen besteht: Fachkunde, Fachzeichnen und Fachrechnen. Die Fachkunde wird später auch „Technologie" genannt. Im Maschinenbau sind dies beispielsweise die physikalischen und chemischen Grundgesetze, das Messen und Anreißen oder Stahl und Eisen. Die Werkkunde bildet das Zentrum des Unterrichts, der bewusst naturwissenschaftlich orientiert erfolgt. Das Fachzeichnen wird auch technisches Zeichnen, das Fachrechnen auch „technische Mathematik" genannt (Clement, 2001, S. 54 ff.; Pahl, 2008, S. 344 ff.).

3.4.2 Fachlichkeit als Beruf(sfachlichkeit)

*Fach*kompetenz kann aber über das Konstrukt des *Berufs* im Sinne einer *Berufsfachlichkeit* verstanden werden. Fachkompetenz ist dann mit der Vorstellung eines Fachmanns, einer Fachfrau in einem spezifischen Berufsfeld verbunden. Fachkompetenz ist in diesem Verständnis eine kognitive und affektive Disposition, die dem Individuum ermöglicht, variable Situationen, die mit Prozessen innerhalb eines Berufs oder eines übergeordneten Komplexes, etwa Berufsgruppen, verbunden sind, selbständig, erfolgreich und verantwortungsvoll zu gestalten.

> **STOPP:** Denken Sie an eine Person, die eine kaufmännische Ausbildung hat. Was kennzeichnet diese Person? Was zeichnet Sie als Expertin bzw. Experten aus? Auf welchem Gebiet?

Der Beruf schiebt sich als ein für die deutsche Berufsbildung typisches organisierendes Prinzip zwischen die Qualifizierungswünsche, Talente und Vorlieben des Einzelnen sowie die Qualifizierungserwartungen der Gesellschaft (Arnold & Gonon, 2006, S. 72). Typisch für das deutsche, durchaus nicht unumstrittene Berufsprinzip ist der Anspruch, Berufsausbildung nicht an den engen Kompetenzanforderungen eines Betriebs auszurichten, sondern Kompetenzen anzubahnen, die zur Bewältigung typischer Anforderungen in einem breiteren Berufsfeld befähigen (Euler, 2013). Mit „Berufen" sind dann zunächst die Ausbildungsberufe im Dualen System gemeint, aber auch die geregelten Ausbildungsgänge an Berufsfachschulen, Fachschulen u. a. sowie die Weiterbildungsberufe. Die Berufe werden zum Teil gebündelt, zum Beispiel die „IT-Berufe" oder die handwerklichen oder industriellen Elektroberufe. Sie können, wie bei den IT-Berufen, mehrere Berufsfelder ansprechen.

Berufsfelder sind beispielsweise Wirtschaft und Verwaltung oder Metall- oder Elektrotechnik. National und international werden Berufe bzw. Berufsfelder auf unterschiedliche Weise systematisiert (Petersen, 2005; Tiemann & Kaiser, 2013). Zwei Klassifikationen sind dabei besonders wichtig, nämlich die Klassifikation der Berufe der Bundesagentur für Arbeit und die Berufsfelder der BGJ-Anrechnungsverordnung.

Die Klassifikation der Berufe 2010 (KldB 2010) der Bundesagentur für Arbeit geht von einem tätigkeitsbezogenen Berufsbegriff aus. Ein Beruf zeichnet sich demnach durch ein Bündel von Tätigkeiten aus. „Berufsfachlichkeit bedeutet ein auf berufliche Inhalte bezogenes Bündel von Fachkompetenzen. Eine Fachkompetenz umfasst spezifische Kenntnisse und Fertigkeiten eines Berufs, die auf einzelne Arbeitstätigkeiten zugeschnitten und notwendig sind, um berufstypische Aufgaben verrichten zu können. Diese werden in der Aus- und Weiterbildung vermittelt sowie bei der Ausübung des Berufs erworben" (Paulus, Schweitzer & Wierner, 2010, S. 6). Jeder Beruf wird einem Berufsbereich (1-Steller), einer Berufshauptgruppe (2-Steller), einer Berufsgruppe (3-Steller) sowie einer Berufsuntergruppe (4-Steller) zugeordnet. Neben dieser horizontalen Dimension werden vier Stufen als vertikale Dimension unterschieden. Auf der ersten Stufe des KldB 2010 stehen die Helferberufe, auf der zweiten Stufe die Fachkräfte, auf der dritten Stufe Meister und Bachelorstudiengänge und auf der vierten Stufe die sogenannten Studienberufe (BA, 2010). Beispielsweise gehört der Beruf „Industriekaufmann/-frau" zu der Berufsuntergruppe der Berufe in der kaufmännischen und technischen Betriebswirtschaft (7130) der Berufsgruppe „Unternehmensorganisation und -strategie" (713) der Berufshauptgruppe „Berufe in Unternehmensführung und Organisation" (71) des Berufsbereichs „Unternehmensorganisation, Buchhaltung, Recht und Verwaltung" (7). Der Beruf „Kraftfahrzeugmechatroniker/in" gehört zur Berufsuntergruppe der Berufe in der Kraftfahrzeugtechnik (2521) in der Berufsgruppe der Fahrzeug-, Luft-, Raumfahrt- und Schiffbautechnik (252) innerhalb der Berufshauptgruppe der Maschinen- und Fahrzeugtechnikberufe (25) des Berufsbereichs „Rohstoffgewinnung, Produktion und Fertigung" (2).

Berufsfelder nach BGJ-Anrechungsverordnung

- Wirtschaft und Verwaltung
- Metalltechnik
- Elektrotechnik
- Bautechnik
- Holztechnik
- Textiltechnik und Bekleidung
- Chemie, Physik und Biologie
- Drucktechnik
- Farbtechnik und Raumgestaltung
- Gesundheitspflege
- Körperpflege
- Ernährung und Hauswirtschaft
- Agrarwirtschaft

Übersicht 13: Berufsfelder nach BGJ-Anrechnungsverordnung

- Land, Forst- & Tierwirtschaft und Gartenbau
- Rohstoffgewinnung, Produktion & Fertigung
- Bau, Architektur, Vermessung & Gebäudetechnik
- Naturwissenschaft, Geografie & Informatik
- Verkehr, Logistik, Schutz & Sicherheit
- Kaufmännische Dienstleistungen, Warenhandel, Vertrieb, Hotel & Tourismus
- Unternehmensorganisation, Buchhaltung, Recht & Verwaltung
- Gesundheit, Soziales, Lehre & Erziehung
- Sprach-, Literatur-, Geistes-, Gesellschafts- & Wirtschaftswissenschaften, Medien, Kunst, Kultur & Gestaltung
- Militär

Übersicht 14: KldB-Berufsbereiche
Quelle: BA (2010, S. 22)

Berufe bzw. Berufsfelder werden auch in der BGJ-Anrechnungsverordnung systematisiert. Wird ein Ausbildungsberuf geregelt, wird dieser einem der Berufsfelder der sog. BGJ-Anrechnungsverordnung zugeordnet (BIBB, 2003, S. 57). Für das Berufsfeld „Wirtschaft und Verwaltung" (Huisinga & Kell, 2005) werden in der BGJ-Anrechnungsverordnung drei Schwerpunkte, nämlich Absatzwirtschaft und Kundenberatung, Bürowirtschaft und kaufmännische Verwaltung sowie Recht und öffentliche Verwaltung, unterschieden. Typische Berufe, die diesem Feld zugeordnet sind, sind die Ausbildungsberufe „Einzelhandelskaufmann/-frau" oder „Industriekaufmann/-frau". In der Metalltechnik finden sich Berufe, in denen der Umgang, d. h. das Trennen, Formen und Fügen, mit Metall und Kunststoffen im Vordergrund steht (Gerds & Herkner, 2005). In diesem Berufsfeld berücksichtigt die Anrechnungsverordnung drei Schwerpunkte, nämlich die Fertigungs- und spanende Bearbeitungstechnik, die Installations- und Metallbautechnik sowie die Kraftfahrzeugtechnik. Typische Ausbildungsberufe sind „Kraftfahrzeugmechatroniker(in)" oder „Industriemechaniker(in)". Das Berufsfeld Elektrotechnik (Jenewein, 2005) hat in der Anrechnungsverordnung keinen Schwerpunkt. Typische Ausbildungsberufe sind die „Elektroniker(in)" in verschiedenen Richtungen oder „Mechatroniker(in)". Die Ausbildung im Metall- und Elektrobereich ist durch eine Parallelität von handwerklicher und industrieller Ausbildung gekennzeichnet. Die industriellen M+E-Berufe sind nicht deckungsgleich mit den handwerklichen M+E-Berufen. Sowohl das Berufsfeld „Wirtschaft und Verwaltung" als auch das Berufsfeld „Metall- und Elektrotechnik" hat einen starken Bezug zum Berufsfeld „Informationstechnik" sowie „Medientechnik". Die Ausbildung wird hier beherrscht von den IT-Berufen. Diese Berufe haben gemeinsame Kernqualifikationen neben Fachqualifikationen. Die zwei Berufe „IT-System-Kaufmann/-Kauffrau" und „Informatikkaufmann/-kauffrau" haben eine stärkere kaufmännische Prägung, die Berufe „IT-System-Elektroniker/-in" und „Fachinformatiker/-in" eine stärkere technische Ausrichtung.

Die Zuordnung der Berufsfelder zu Schulen sieht regional sehr unterschiedlich aus. Gerade im ländlichen Raum finden sich Schulen, die alle hier genannten Berufsfelder unterrichten (‚Bündelschulen'). Die Zusammensetzung der Schülerinnen und Schüler sowie der Lehrkräfte ist entsprechend bunt. In den großen Städten findet der Unterricht an beruflichen Schulen oft in einzelnen Berufsfeldern oder Schwerpunkten statt. Die Zuordnung kann dabei auch quer zu den Berufsfeldern verlaufen. So werden beispielsweise im Nürnberger Raum die kaufmännisch orientierten IT-Berufe an der Ludwig-Erhard-Schule in Fürth unterrichtet, einer kaufmännischen Berufsschule. Die technisch orientierten IT-Berufe werden hingegen an der Martin-Segitz-Schule in Fürth geführt, einer Schule, die im Metall-, Elektro-, Medien- und IT-Bereich tätig ist. In anderen Regionen, etwa in Hannover mit der Multi-Media Berufsbildenden Schule (MM-BbS), wurden die Berufe im IT- und Medienbereich in einer eigenständigen Schule zusammengeführt.

3.4.3 Ansätze zur Modellierung kaufmännischer Fachkompetenz

Modelle zur Präzisierung von Fachkompetenz tauchen in vielen Kontexten auf. Zurzeit bemängeln mehrere Wissenschaftlerinnen und Wissenschaftler, dass die Kompetenzmodelle nicht empirisch fundiert werden und gehen dieses Problem mit statistischen Mitteln an.[22] Eine allgemein akzeptierte Systematik der Fachkompetenz im Bereich der Wirtschaft und Verwaltung und der Metall- und Elektrotechnik[23] existiert noch nicht.

3.4.3.1 Kaufmännische Fachkompetenz bei Tramm u. a.

Eine interessante Präzisierung der Fachkompetenz wurde im Projekt „EvaNet-EH" (Evaluation des Innovationsnetzwerks Einzelhandel in Hamburg) erarbeitet (Tramm, Hofmeister & Derner, 2009). In enger Zusammenarbeit mit beruflichen Schulen in Hamburg wurden die im berufsschulischen Unterricht anzustrebenden Kompetenzen für den Einzelhandelsbereich dimensioniert und Lernfeldern zugeordnet. Dabei ist eine auch im Internet zugängliche Kompetenzmatrix entstanden, die die Kompetenzen den Lernfeldern zuordnet. Obwohl das Modell nur Gültigkeit für den Einzelhandelsbereich beansprucht, erscheint mir es auch darüber hinaus erhellend. Das EvaNet-EH-Projekt unterscheidet vier Facetten der Kompetenz, die meines Erachtens der Fachkompetenz zugeordnet werden können.[24]

Dimension	Beschreibung in EvaNet-EH
Das System Unternehmen	Die Schülerinnen und Schüler verstehen die Zusammenhänge im Unternehmen sowie zwischen dem Unternehmen und seiner Umwelt aus einer ganzheitlichen Perspektive. Sie verstehen, dass sich Unternehmenszielsetzungen, Unternehmensprozesse und -strukturen sowie Entwicklungsprozesse innerhalb des Unternehmens gegenseitig beeinflussen sowie vom Markt beeinflusst werden. Die Schülerinnen und Schüler können diese Wechselwirkung und Zusammenhänge an Beispielen beschreiben.
Betriebswirtschaftliche Problemebenen	Informationswirtschaft, Beschaffung und Logistik, Absatzmarkt- und Kundenbeziehungen, Personalwirtschaft
Wertschöpfung und Controlling	Liquiditätssicherung, Finanzbuchhaltung, Kosten- und Leistungsverständnis
Rechtliche Normierung	Die Schülerinnen und Schüler kennen die für sie im betrieblichen und privaten Alltag wichtigen rechtlichen Regelungen und berücksichtigen diese in ihrem Handeln. Dies sind das Vertragsrecht, (Gesellschaftsrecht), Grundzüge des Steuerrechts, wichtige Regelungen des Arbeitsrechts und bestimmte Schutzrechte. Bezogen auf diese Rechtsbereiche kennen sie grundlegende Prinzipien des Rechts und verstehen, welchen Zweck unterschiedliche Rechtsnormen erfüllen.

Übersicht 15: Dimensionen der Fachkompetenz, verändert nach dem EvaNet-EH-Ansatz

3.4.3.2 Kaufmännische Fachkompetenz bei Achtenhagen und Winther

Achtenhagen und Winther erörtern kaufmännische Kompetenz im Zusammenhang mit dem in Lerneinheit 20 erörterten Bemühen, diese vergleichend in verschiedenen Ländern zu erfassen. Sie orientieren sich stark an Industriekaufleuten. Kaufmännische Kompetenz ist für Winther und Achtenhagen die „Fähigkeit, auf Grundlage eines systemischen Verstehens betrieblicher Teilprozesse und deren Rekonstruktion aus realen Unternehmensdaten in berufsrelevanten Situationen unternehmerische Entscheidungen treffen und diese validieren zu können, um damit das eigene Wissens- und Handlungspotential vor dem Hintergrund der Entwicklung individueller beruflicher Regulationsfähigkeit auszubauen" (Winther & Achtenhagen, 2009, S. 523). Dabei werden zwei Arten von Kompetenzen unterschieden: Die domänenverbundenen und die domänenspezifischen Kompetenzen.

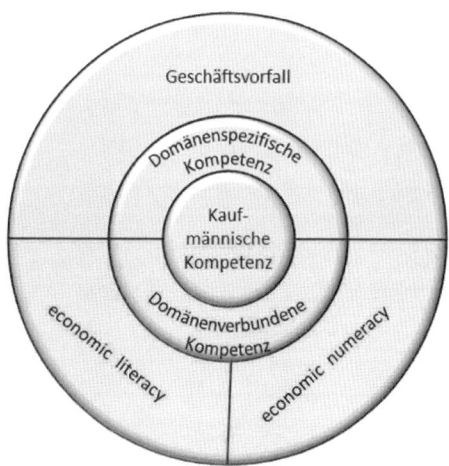

Übersicht 16: Handlungsbereiche kaufmännischer Fachkompetenz bei Achtenhagen und Winther. Hier modifiziert nach Winther (2010, S. 54)

Der erste Bereich dient „zur Abbildung kaufmännischer Grundfertigkeiten die domänenverbundenen Bereiche economic literacy sowie economic numeracy". Der Bereich der economic literacy stellt auf die „kulturelle Teilhabe und Entwicklungszustände in wirtschaftsbezogenen Kontexten" (Winther, 2010, S. 55) ab. Die economic literacy erfasst „grundlegende mathematische Kenntnisse und Fertigkeiten vor dem Hintergrund konkreter Unternehmensprozesse" (Winther, 2010, S. 55). Die domänenspezifischen Kompetenzen werden über sogenannte Geschäftsvorfälle erfasst. Dies ist „eine über konkrete Arbeitsprozesse definierbare Anforderungssituation ..., die sich in unternehmensspezifischen Geschäftsprozessen verorten lässt" (Winther, 2010, S. 55). Übergreifende Bereiche für domänenspezifische Kompetenzen werden nur für spezifische Berufe angeführt.

3.4.4 Fachkompetenz: Das hier zugrunde gelegte Verständnis

Unter Rückgriff auf die bereits erörterten Zugänge der Prozessorientierung, den triple-bottom-line Ansatz sowie die besondere Betonung der rechtlichen Dimension im EvaNet-EH-Ansatz können vier Bereiche der kaufmännischen Fachkompetenz ausgemacht werden.

Übersicht 17: Bereiche der Fachkompetenz

Diese Bereiche der Fachkompetenz können zur weiteren Präzisierung des Begriffs der Fachkompetenz genutzt werden.

Definition 3:   (Kaufmännische) Fachkompetenz

Fachkompetenz ist dementsprechend eine kognitive und affektive Disposition, die dem Individuum ermöglicht, variable Management-, Geschäfts-, Supportprozesse und die Beziehungen zur wirtschaftlichen, ökologischen, sozialen und rechtlichen Umwelt selbständig, erfolgreich und verantwortungsvoll zu gestalten.

Über die Fachkompetenz hinausgehend können domänenverbundene Kompetenzen berücksichtigt werden. Für die ,Kleinarbeitung' können weitere Modelle genutzt werden, für die Ausdifferenzierung der Prozesse insbesondere das vorgestellte Siemens-Referenz-Prozess-Haus. Es beschränkt sich nicht auf Geschäftsprozesse, sondern berücksichtigt explizit die Management-Prozesse.

Fachkompetenz	
Gestaltung Managementprozesse	▶ Strategic Planing & Controlling ▶ Financial Planing & Controlling ▶ Enterprise Governance ▶ Internal Audit
Gestaltung Geschäftsprozesse	▶ Customer Relationship Management ▶ Supply Chain Managment ▶ Product Lifecycle Management
Gestaltung Supportprozesse	▶ ...
Gestaltung der Prozesse zur wirtschaftlichen, ökologischen, sozialen und rechtlichen Umwelt	▶ Prozesse zur wirtschaftlichen Umwelt gestalten ▶ Prozesse zur ökologischen Umwelt gestalten ▶ Prozesse zur sozialen Umwelt gestalten ▶ Prozesse zur rechtlichen Umwelt gestalten

Übersicht 18: Fachkompetenz

Diese Begriffsbestimmung kaufmännischer Fachkompetenz verkennt nicht, dass das Kaufmännische heute in vielfältiger Weise ausdifferenziert ist. Allerdings ist dies ein vergleichsweise junges Phänomen. In seiner Geschichte der kaufmännischen Berufe zeigt Holger Reinisch auf, dass in den letzten 30 Jahren des 19. Jahrhunderts die „kaufmännische Angestelltenschaft ... zu einem Massenphänomen (wurde, K.W.), so dass funktionale und soziale »Binnendifferenzierung« der Angestellten in horizontaler und vertikaler Hinsicht möglich, notwendig und auch realisiert wird" (Reinisch, 2011, S. 234). Interessanterweise wurden und werden die Ausbildungsberufe in Deutschland dabei nicht – wie in einigen anderen Ländern – entlang der einzelnen Prozesse geschnitten, so dass in der Vergangenheit Berufe wie Kassierer(in) oder Buchhalter(in) entstanden wären. Vielmehr setzten sich in Deutschland – auch durch den Einfluss starker Branchenverbände – branchenspezifische Unterscheidungen durch. So wurden Kaufleute für den Einzelhandel, für die Industrie, für Versicherungen usw. gebildet. Im Gegensatz dazu steht in Deutschland die Weiterbildung, die stärker prozessspezifische Schneidungen vornimmt (Reinisch, 2011, S. 234).

3.5 Lernkompetenz (LeKo) bestimmen und präzisieren

Die zweite Dimension im hier zugrunde gelegten Kompetenzmodell ist die Lernkompetenz. Lernkompetenz wird hier verstanden als eine kognitive und affektive Disposition, die dem Individuum ermöglicht, variable Lernsituationen selbständig, erfolgreich und verantwortungsvoll zu gestalten. Die Lernkompetenz (LeKo) betrifft die Relation „Mein Lernen und Ich".

3.5.1 Lernkompetenz: Was in der Literatur darunter verstanden wird

Der Begriff „Lernkompetenz" wird in der Literatur in verschiedenen Disziplinen erörtert. Eine umfassende Erörterung von Lernkompetenzen wird in der pädagogischen Psychologie unter dem Stichwort „Lernstrategien" geführt.[25] Eine davon recht losgelöste Diskussion führen Didaktiker unter dem Stichwort „Methodenkompetenz". Hinzu kommt eine meist auch unverbundene Diskussion um Lernschwierigkeiten und -behinderungen.

3.5.2 Der LIST-Ansatz zur Strukturierung von Lernkompetenz

Für die Strukturierung von Lernstrategien werden in der Literatur verschiedene Modelle vorgelegt, und selbst über den Begriff herrscht keineswegs Einigkeit. Zwei im deutschsprachigen Raum weit verbreitete Ansätze zur Strukturierung und Diagnose von Lernstrategien sind der LIST (Inventar zur Erfassung von Lernstrategien im Studium) von Wild, Schiefele und Winteler, sowie der WLI (Wie lerne ich?) von Metzger, Weinstein und Palmer. Die Konzeption beider Instrumente orientiert sich an zwei Verfahren aus dem angloamerikanischen Sprachraum.[26] Die weiteren Ausführungen konzentrieren sich auf den LIST-Ansatz und blenden den WLI-Ansatz[27] aus.

Vom Regensburger Psychologen Klaus Peter Wild wurde der LIST (Inventar zur Erfassung von Lernstrategien im Studium) entwickelt und zur Verfügung gestellt.[28] Im LIST-Ansatz werden drei verschiedene Klassen von Strategien unterschieden. Es sind die ersten drei Teilkompetenzen, die im Kompetenzmodell ausgewiesen werden: Kognitive Lernprozesse, interne und externe Ressourcen nutzen sowie metakognitive Prozesse. Diese Dimensionen werden am Ende dieser Lerneinheit noch ausführlich erläutert.

Kognitive Lernprozesse sind Prozesse, die der unmittelbaren Aufnahme, Verarbeitung und Speicherung der Informationen dienen. Metakognition meint das Nachdenken der Lernenden über das eigene Lernen. Metakognitive Strategien dienen der Planung, der Überwachung und der Regulation von Lernschritten. Die Strategien zur Nutzung interner Ressourcen zielen auf den Einsatz von Anstrengungen, die Aufmerksamkeit sowie die Zeit, d. h. Lernende, die ihre internen Ressourcen gut nutzen, strengen sich an, konzentrieren sich auf den Lerninhalt bzw. den Lernprozess und haben ein gutes Zeitmanagement. Strategien zur Nutzung externer Ressourcen zielen auf eine lernförderliche Gestaltung der Lernumgebung und des Arbeitsplatzes, die Nutzung von Informationsquellen sowie das Lernen mit Mitlernenden.

3.5.3 Der Klippert-Ansatz zur Strukturierung von Methodenkompetenz

In der Didaktik findet sich eine weitere Linie der Präzisierung von Lernkompetenz, die oft nur wenig Bezug auf die Diskussion um Lernstrategien in der pädagogischen Psychologie nimmt. Der Didaktiker Heinz Klippert hat einen eigenen Ansatz zur Strukturierung von Methodenkompetenz vorgelegt. Er hat eine Reihe von vier Büchern geschrieben, die aktuelle Herausforderungen von Schulen in den Vordergrund stellen: Kommunikationstraining (Klippert, 2006), Teamentwicklung im Klassenzimmer (Klippert, 2005), Methodentraining (Klippert, 2008) sowie eigenverantwortliches Lernen und Arbeiten (Klippert, 2007). Die ersten drei Bücher sind nach einem sehr ähnlichen Muster angelegt. Zunächst wird begründet, warum das in Rede stehende Training wichtig ist, dann werden die zugrundeliegenden Kompetenzen strukturiert, und schließlich werden Bausteine für die tägliche Arbeit geliefert. Dies sind fertige Kleinsteinheiten von ein bzw. zwei Seiten, die vielleicht mit Blick auf den Implikationszusammenhang nicht immer direkt eingesetzt werden können, aber zumindest ein gutes Reservoir für eigene didaktische Ideen bieten. Die Trainings von Klippert berücksichtigen die Spezifika der Zielgruppen beruflicher Schulen nicht, verkaufen sich offensichtlich recht gut und werden auch mit einem entsprechenden Methodentraining in den beruflichen Schulen verbunden. Der Ansatz ist nach meiner Erfahrung bei Lehrkräften recht beliebt und prominent. Vor einigen Jahren sagte mir ein Lehrer: „Ich habe geklippert". Der Ansatz von Klippert ist in der akademischen Zunft durchaus umstritten (Gruschka, 2012; Gruschka & Martin, 2002). Auf der einen Seite scheint der Ansatz merkwürdig mechanisch und wenig spezifisch für berufliche Schulen, auf der anderen Seite ist er erfrischend anders, von einer klaren Vision getragen und praxisnah.

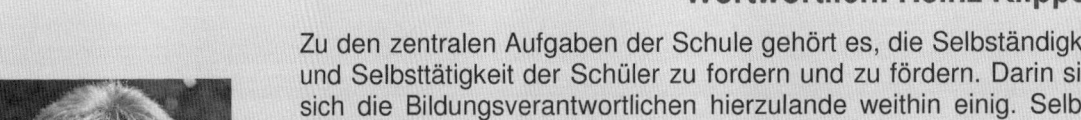

Wortwörtlich: Heinz Klippert

Zu den zentralen Aufgaben der Schule gehört es, die Selbständigkeit und Selbsttätigkeit der Schüler zu fordern und zu fördern. Darin sind sich die Bildungsverantwortlichen hierzulande weithin einig. Selbstbestimmung, Mitbestimmung und Selbstverantwortung sind entsprechende Bildungskategorien, wie sie von namhaften Pädagogen ausgewiesen werden ... die Konsequenz dieses Anspruchs für das Lernen der Schüler: Selbststeuerung bzw. »Selbstmanagement« sind gefragt ... Beides ist aufs Engste mit dem nachhaltigen Erwerb einschlägiger Lern- und Arbeitstechniken gekoppelt. ... Betriebe, Eltern, Bildungspolitiker, Lehrplanmacher und nicht zuletzt die Schüler selbst fordern in den letzten Jahren zwar zunehmend die Vermittlung grundlegender »Schlüsselqualifikationen« wie Selbständigkeit, Methodenbeherrschung, Zielstrebigkeit, Planungs- und Organisationsfähigkeit, ohne die in der modernen Berufs- und Arbeitswelt kaum noch jemand auskommt. Doch die Schulen reagieren auf diese Warnsignale bislang eher zögerlich und vielleicht auch recht ratlos. Das vorliegende Buch will dieser Ratlosigkeit entgegenwirken.

Bild 3: Heinz Klippert. Foto privat. Zitat: Klippert (2008, S. 18)

Mit seinem Methodentraining legt Klippert auch ein Verständnis von Methodenkompetenz zugrunde. Das Buch „Methoden-Training" von Klippert (2008) zeigt über hundert praktische Beispiele für die Weiterentwicklung von Methodenkompetenzen. Die Vorschläge zielen jedoch eher auf jüngere Schülerinnen und Schüler. Zunächst begründet Klippert die Notwendigkeit von Methodenkompetenz. Er begreift Methodenkompetenz als die Beherrschung von bzw. das Vertrautsein mit sogenannte Mikro- und Makromethoden.

Methodenkompetenz bei Klippert		
▶ Gruppenarbeit	▶ Lesetechniken	▶ Freie Rede
▶ Planspiel	▶ Markieren	▶ Stichwortmethode
▶ Metaplanmethode	▶ Exzerpieren	▶ Rhetorik (Sprach-/Vortrags-
▶ Fallanalyse	▶ Strukturieren	gestaltung)
▶ Problemlösendes Vor-	▶ Nachschlagen	▶ Fragetechniken
gehen	▶ Notizen machen	▶ Präsentationsmethoden
▶ Projektmethode	▶ Karteiführung	▶ Diskussion/Debatte
▶ Leittextmethode	▶ Protokollieren	▶ Aktives Zuhören
▶ Schülerreferat	▶ Gliedern/Ordnen	▶ Gesprächsleitung
▶ Facharbeit	▶ Heftgestaltung	▶ Gesprächsführung
▶ Unterrichtsmethodik	▶ Visualisieren/Darstellen	▶ Zusammenarbeiten
▶ Feedback-Methoden	▶ Bericht schreiben	▶ Konfliktmanagement
▶ etc.	▶ Arbeitsplanung (z. B. Klassen-	▶ Metakommunikation
	arbeit vorbereiten)	
	▶ Arbeit mit Lernkartei	
	▶ Memo-Techniken	
	▶ Arbeitsplatzgestaltung	

Übersicht 19: Methodenkompetenz nach Klippert (2008, S. 28)

Die in der mittleren Spalte genannten Lern- und Arbeitstechniken werden bereits im LIST-Ansatz berücksichtigt. Die Mikromethoden in der rechten Spalte werden später unter dem Stichwort „Sozialkompetenz" deutlich differenzierter, auch von Klippert (2006) selbst, aufgegriffen. Die linke Spalte, das Vertrautsein mit Makromethoden, d. h. mit den Unterrichtsmethoden, hingegen ist ein Aspekt, der in Lernstrategien regelmäßig *nicht* thematisiert wird. Gleichzeitig wird damit ein unterrichtspraktisch bedeutsamer Aspekt aufgegriffen. Wenn beispielsweise die Schülerinnen und Schüler kaum Kompetenzen im Umgang mit Rollenspielen haben, dürfte der Erfolg bei einem Einsatz von Rollenspielen in dieser Klasse fraglich sein. Die Lehrkraft wird daher unter Umständen die Kompetenzen erst entwickeln und als Lernziele auf die Agenda setzen müssen.

3.5.4 Lernkompetenz und Lernschwierigkeiten

Ein für die Schule wichtiger Aspekt von Lernkompetenz sind Lernschwierigkeiten. Lernende mit Lernschwierigkeiten können Aufgaben nur mit großen Schwierigkeiten lösen, sie erzeugen häufig keine oder falsche Ergebnisse, lernen auffallend langsam, brauchen mehr Wiederholungen, vergessen Erlerntes schneller, sind gelegentlich weniger intelligent, und haben Defizite in Grundkenntnissen und Schwierigkeiten in der Auseinandersetzung mit abstrakten Sachverhalten (Eckert, 2011, S. 58). Lernschwierigkeiten liegen vor, wenn Lernende zeitweise oder dauerhaft Schwierigkeiten haben, den schulischen Lernanforderungen gerecht zu werden. Lernschwierigkeiten können einerseits bereichsspezifisch oder allgemein sein und andererseits vorübergehend oder temporär sein.[29]

	Bereichsspezifische Schwierigkeit	Übergreifende Schwierigkeit
Vorübergehende Schwierigkeit	▶ Lernrückstand	▶ Lernstörung
Überdauernde Schwierigkeit	▶ Dyskalkulie (Rechenschwäche) ▶ Lese-Rechtschreib-Schwäche (LRS) ▶ Legasthenie	▶ Lernschwäche ▶ Lernbehinderung

Übersicht 20: Formen von Lernschwierigkeiten

Bei einer Lernschwäche liegt eine allgemeine, also mehrere Fächer betreffende, überdauernde Lernschwierigkeit vor. Bei einer Lernbehinderung ist die Lernschwierigkeit so gravierend, dass die Leistungsrückstände mehrere Schuljahre betragen, mehrere Fächer betreffen und mehrere Jahre überdauern (Strathmann, 2007, S. 222). Die Feststellung einer Lernbehinderung erfolgt in Form eines sonderpädagogischen Gutachtens, das eine Voraussetzung für die Aufnahme in einer Förderschule bzw. einer

Berufsschule zur sonderpädagogischen Förderung ist. Lernende mit Lernschwierigkeiten sind häufig männlich, stammen häufig aus der Unterschicht, und Lernende mit Migrationshintergrund sind überrepräsentiert.[30]

Teilleistungsschwächen sind Schwächen in klar umgrenzten Bereichen. Dazu gehören vor allem die Legasthenie (Lese-Rechtschreib-Schwäche, LRS, ICD-10 F 81.0) sowie die Dyskalkulie (Rechenschwäche, ICD-10 F 81.2). Eine Lese- und Rechtschreib*störung*, die Legasthenie, wird nach dem bayerischen Kultusministerium als „entwicklungsbiologisch und zentralnervös begründet" verstanden und von einer Lese- und Rechtschreib*schwäche* (LRS) abgegrenzt. Im Gegensatz zur anhaltenden Lese- und Rechtschreibstörung können Schülerinnen und Schüler ein vorübergehendes legasthenes Erscheinungsbild aufweisen, das auf unterschiedliche Ursachen zurückzuführen ist. Ursache dafür kann z. B. eine Erkrankung, eine besondere seelische Belastung oder ein Schulwechsel sein. Legasthenie und LRS werden im Rahmen von Leistungsfeststellungen berücksichtigt. Beispielsweise darf bei der Bewertung schriftlicher Leistungsfeststellungen eine mangelnde Rechtschreibleistung nicht in die Notengebung miteinfließen. Dies setzt in beiden Fällen das Vorliegen eines Gutachtens voraus, beispielsweise von einer Schulpsychologin bzw. einem Schulpsychologen (STMUK, 2000).

Eine Rechenstörung (Dyskalkulie) bedeutet eine Beeinträchtigung von Rechenfertigkeiten, die nicht allein durch eine allgemeine Intelligenzminderung oder eine unangemessene Beschulung erklärbar ist, wobei das Defizit vor allem die Beherrschung grundlegender Rechenfertigkeiten, wie Addition, Subtraktion, Multiplikation und Division, weniger die höheren mathematischen Fertigkeiten, die für Algebra, Trigonometrie, Geometrie oder Differential- und Integralrechnung benötigt werden, betrifft (ICD-10 F 81.2). Stöhr zeigt für die Dyskalkulie weitreichende Auswirkungen im kaufmännischen Bereich auf, die nicht nur das Selbstwertgefühl der Schülerinnen und Schüler betreffen, sondern am Beispiel des BVJ nicht nur Probleme in Wirtschaftsrechnen, sondern auch im Fach „Rechnungswesen" und „Einzelhandelsprozesse" umfassen (2011).

Lernende mit Lernschwierigkeiten erfahren häufig sowohl von ihren Mitschülerinnen und Mitschülern als auch von den Lehrkräften kein soziales Mitgefühl: Im Gegensatz zu anderen Beeinträchtigungen, etwa einer Sehbeeinträchtigung, liegen meist keine organischen Schädigungen zugrunde, die die Beeinträchtigung ‚augenfällig erklären'. Da die Lernenden trotzdem die gesellschaftlichen Erwartungen nicht erfüllen, laufen sie Gefahr, dass die Lernschwierigkeiten als selbstverschuldet eingestuft werden, d. h. die Lernenden werden als faul, wenig ehrgeizig oder leistungsverweigernd eingestuft (Vernooij, 2007, S. 266).

Die Erfassung, ob und welche Schülerinnen und Schüler Lernschwierigkeiten haben, ist ein Teil der Bedingungsanalyse, die in Lerneinheit 7 vertieft wird. Ein in der Bedingungsanalyse festgestellter besonderer pädagogischer Förderbedarf kann zu einer akzentuierten Förderung der Lernkompetenz führen, die in Lerneinheit 20 vertieft wird.

3.5.5   Lernkompetenz: Das hier zugrunde gelegte Verständnis
Lernkompetenz (LeKo) betrifft die Relation „Mein Lernen und Ich".

Definition 4:   Lernkompetenz

Lernkompetenz ist eine kognitive und affektive Disposition, die dem Individuum ermöglicht, variable Lernsituationen selbständig, erfolgreich und verantwortungsvoll zu gestalten, d. h. kognitive und metakognitive Strategien sowie Ressourcenstrategien anzuwenden

Lernkompetenz wird hier auf Basis des LIST-Ansatzes in drei Teilkompetenzen zerlegt. Die Unterteilung wird mit dem Kompetenzmodell in der Toolbox (TB-4.5) veranschaulicht. Die Formulierung wurde dabei über alle Dimensionen vereinheitlicht.

Lernkompetenz	
Kognitive Strategien anwenden	▶ Organisieren ▶ Elaborieren ▶ Kritisches Prüfen/Denken ▶ Wiederholen
Ressourcenstrategien anwenden	▶ Interne Ressourcen nutzen: Anstrengen, Aufmerksam sein, Zeit managen ▶ Externe Ressourcen nutzen: Arbeits-/Lernplatz gestalten, Informationsquellen nutzen, Lernen mit Mitlernenden
Metakognitive Strategien anwenden	▶ Das eigene Lernen planen ▶ Das eigene Lernen überwachen ▶ Das eigene Lernen regulieren

Übersicht 21:Lernkompetenz

Kognitive Lernprozesse sind Prozesse, die der unmittelbaren Aufnahme, Verarbeitung und Speicherung der Informationen dienen. Sie zielen auf die Organisation, die Elaboration, das kritische Prüfen und das Wiederholen. Zum *Organisieren* zählen Tätigkeiten, die dazu dienen, den zu bewältigenden Lerninhalt zu reorganisieren. Dazu dienen das Erstellen von Zusammenfassungen oder Gliederungen, das Kennzeichnen wichtiger Textpassagen sowie das Erstellen von Schaubildern und Tabellen. Das *Elaborieren* umfasst Tätigkeiten, die dazu dienen, die zu erwerbenden Inhalte in bereits vorhandene Wissensstrukturen einzubetten. Dazu sollen die Lernenden Beispiele finden oder Analogien bilden. Das *kritische Prüfen*, das in anderen Ansätzen auch „kritisches Denken" genannt wird, bedeutet, dass die Lernenden die Inhalte kritisch hinterfragen sollen. So soll beispielsweise die Beweisführung nachgezeichnet und überprüft werden, Alternativen entwickelt oder verschiedene Konzeptionen verglichen werden. Das Konzept „Kritisches Denken" wird in der Wissenschaft in verschiedenen Traditionen aufgearbeitet. Jahn (2012) arbeitet das kritische Denken in der Philosophie, insbesondere der Logik, in der Psychologie, in der Kritischen Theorie der Gesellschaft und in der Pädagogik, insbesondere der Kritischen Pädagogik auf. Er überführt diese Analyse in ein Kriterienraster zu kritischem Denken, das in der Toolbox (TB-4.13) wiedergegeben ist. Das *Wiederholen* dient dem Einprägen durch schlichtes Wiederholen, leises oder lautes Hersagen oder Auswendiglernen. Das Wiederholen soll die Inhalte im Langzeitgedächtnis stabilisieren.

Metakognition meint das Nachdenken der Lernenden über das eigene Lernen. Metakognitive Strategien dienen der Planung, der Überwachung und der Regulation von Lernschritten.

Die Ressourcenstrategien zielen auf die Verfügbarmachung von Ressourcen für das Lernen. Die Strategien zur *Nutzung interner Ressourcen* zielen auf das Management der eigenen Anstrengungen (effort management), die Investitionen der Aufmerksamkeit (attention management) sowie die Zeit (time management). D. h. Lernende, die ihre internen Ressourcen gut nutzen, strengen sich an, konzentrieren sich auf den Lerninhalt bzw. den Lernprozess und haben ein gutes Zeitmanagement. Strategien zur *Nutzung externer Ressourcen* zielen auf eine lernförderliche Gestaltung der Lernumgebung und des Arbeitsplatzes, die Nutzung von Informationsquellen sowie das Lernen mit Mitlernenden.

STOPP: Gehört die Lernkompetenz zu Ihrer Vorstellung einer gebildeten Person (‚Bildungsideal')? Warum? Deckt sich Ihre Vorstellung einer lernkompetenten Person mit der Lernkompetenz, wie sie in dieser Lerneinheit definiert wurde? Beziehen Sie Lernkompetenz auch auf sich selbst: Wo sehen Sie Ihre Stärken und Schwächen beim Lernen? Haben Sie schon einmal systematisch darüber nachgedacht? Haben Sie vielleicht gar den LIST auf sich selbst angewendet und überlegt, welchen Förderbedarf Sie selbst bei sich sehen? Wo glauben Sie, dass die Unterschiede zwischen Ihnen als universitärem Lernenden und dem ‚typischen' Lernenden in einer beruflichen Schule liegen?

Die im Kompetenzmodell beschriebenen Teilkompetenzen und ihre weitere Unterteilung können noch weiter präzisiert werden.[31] Dabei kann auch ein Bezug auf die spezifische Situation erfolgen, für die die Lernkompetenz bestimmt wird. Eine solche Lernsituation ist beispielsweise das Lernen in Gruppen. Die im ersten Schritt vorgelegten Teilkompetenzen, zum Beispiel „Zeitmanagementkompetenz" oder „Kompetenz zur Planung des eigenen Lernens", werden dann weiter spezifiziert zu „Kompetenz zum Zeitmanagement beim Lernen in Gruppen" oder „Kompetenz zur Planung des eigenen Lernens in Gruppen". Hier dringt dann stark das curriculumtheoretische Situationsprinzip durch. Denn: Für die Präzisierung auf der zweiten Stufe sind zwei Dinge erforderlich.

▶ **Relevante Situationen**: Es bedarf einer Auflistung der Situationen, hier: Lernsituationen, die als relevant betrachtet werden. Beispiele für solche Lernsituationen sind: Das Lernen in Gruppen, das Lernen bei Frontalunterricht, das Lernen in Einzelarbeit, das Lernen mit modernen Medien, das Lernen mit Schulbüchern, das (Weiter-)Lernen im Einzelhandel usw.

▶ **Strukturierung der Situation**: Zweitens sind weitere Informationen zur Situation selbst notwendig. Um diese zu strukturieren, ist ein Situationsmodell erforderlich. Dies ist im einfachsten Fall ein Phasenmodell, beispielsweise ein Modell zum Verlauf des Lernens in Gruppen, des Lernens mit Schulbüchern, des (Weiter-)Lernens und so fort.

Als Hilfsmittel zur weiteren Präzisierung auf dieser zweiten Stufe bietet sich eine *Kompetenzpräzisierungsmatrix* in der Toolbox (TB-4.5) an. In den Zeilen stehen die Teilkompetenzen aus dem Kompetenzmodell und die Phasen der betrachteten Situation. In den Zellen steht eine Spezifizierung der Kompetenz für eine spezifische Phase der betrachteten Situation. In Einzelfällen wird die Arbeit mit der Kompetenzpräzisierungsmatrix im Schulalltag hilfreich sein. In vielen Fällen ist das Vorgehen vermutlich zu aufwändig.

3.6 Leitfragen für die Kompetenzanalyse (GAL 2.2)

Im GAL-Schema für die makrodidaktische Planung (TB-2.3) und die mikrodidaktische Planung (TB-2.6) werden unter Abschnitt 2.2 als Teil der Analyse der Inhalte und Kompetenzen die Kompetenzanalyse mit folgenden Leitfragen vorgesehen.

Leitfragen für die Kompetenzanalyse (GAL 2.2)

▶ Welche fachlichen Kompetenzen werden im Unterricht angestrebt?
▶ Soll die Lernkompetenz gefördert werden? Wenn ja: Welche Teilkompetenzen? Soll die Lernkompetenz weiter präzisiert werden? Wenn ja: Welche Situationen werden zugrunde gelegt? Welche Phasen hat diese Situation? Wie können die Teilkompetenzen für die einzelnen Phasen präzisiert werden?

Übersicht 22: Leitfragen für die Kompetenzanalyse (FaKo, LeKo)

3.7 Outro

3.7.1 Die wichtigsten Begriffe dieser Lerneinheit

▶ Kompetenzorientierung
▶ Kompetenz
▶ Performanz
▶ Kompetenzbereiche (kognitiv, affektiv)
▶ Kompetenzdimension/Kompetenzstruktur (z. B. Fachkompetenz, Sozialkompetenz)
▶ Kompetenzreichweite (z. B. domänenverbundene Kompetenzen)
▶ Kompetenzniveau
▶ Kompetenzentwicklung
▶ Teilkompetenz
▶ Deklaratives Wissen

▶ Fach
▶ Domäne
▶ Prozedurales Wissen
▶ Kompetenzmodell
▶ Kultusministerkonferenz (KMK)
▶ Handlungskompetenz gemäß KMK
▶ European Qualifications Framework (EQF)
▶ Deutscher Qualifikationsrahmen (DQR)
▶ Fachkompetenz
▶ Lernkompetenz
▶ Methodenkompetenz

3.7.2   Tools

▶ Tool „Kompetenzmodelle: Hier zugrunde gelegtes Kompetenz(struktur)modell" (TB-4.2)

▶ Tool „Kompetenzmodelle: Teilmodelle eines umfassenden Kompetenzmodells" (TB-4.3)

▶ Tool „Kompetenzmodelle: Kompetenzraster (rubric): Vorlage" (TB-4.4)

▶ Tool „Kompetenzmodelle: Kompetenzpräzisierungsmatrix: Vorlage" (TB-4.4)

▶ Tool „Kompetenzmodelle: DQR-Kompetenzmatrix" (TB-4.6)

▶ Tool „Kompetenzmodelle: DQR-Kompetenzniveaumodell mit Abschlüssen (Beispiele)" (TB-4.7)

▶ Tool „Kompetenzmodelle: Kompetenzstrukturmodell „Kriterien der Ausbildungsreife" (TB-4.8)

▶ Tool „Kompetenzmodelle: Fachübergreifende Kompetenzen an berufsbildenden Schulen in Österreich" (TB-4.9)

▶ Tool „Kompetenzmodelle: Fachübergreifende Kompetenzen in der kaufmännischen Grundausbildung in der Schweiz" (TB-4.10)

▶ Tool „Kompetenzmodelle: Modell multipler Intelligenzen" (TB-4.11)

▶ Tool „Einzelne Kompetenzdimensionen: Lernkompetenz: Kriterienkatalog" (TB-4.12)

▶ Tool „Einzelne Kompetenzdimensionen: Kritisches Denken: Kriterienraster" (TB-4.13)

▶ Tool „Einzelne Kompetenzdimensionen: Lernkompetenz: Fragebogen" (TB-4.14)

3.7.3   Kompetenzen

▶ Umgang mit dem Kompetenzbegriff reflektieren: Kompetenz und Performanz abgrenzen; Kompetenzorientierung als Anspruch an die curriculare Analyse, die methodische Analyse sowie die Bedingungsanalyse begreifen

▶ Prinzipien der Konstruktion von Kompetenzmodellen erschließen: Kompetenzbereiche abgrenzen, Reichweite von Kompetenzen abgrenzen und dabei Intelligenzmodelle einordnen und die berufs- und wirtschaftspädagogische Domäne strukturieren, Kompetenzniveau abgrenzen, Kompetenzstruktur als Bestandteil des Kompetenzmodells einordnen

▶ Verbreitete bzw. ausgewählte Kompetenzstrukturmodelle aus der Berufsbildung im Allgemeinen und der Wirtschaftspädagogik im Besonderen bewerten

▶ Fachkompetenz bestimmen und präzisieren: Ausgewählte Modelle zur Bestimmung der Fachkompetenz bewerten und Teilkompetenzen der Fachkompetenz bestimmen

▶ Lernkompetenz bestimmen und präzisieren: Ausgewählte Modelle zur Bestimmung der Lernkompetenz bewerten und Teilkompetenzen der Lernkompetenz bestimmen

3.7.4   Hinweise zur vertieften Auseinandersetzung: Weiterlesen

Gut lesbare und gehaltvolle Ausführungen zu Lernkompetenzen finden sich in Büchern zum WLI-Ansatz von Metzger (Metzger, 2008a, 2008b).

Eine ausführliche Geschichte der Berufserziehung von den ersten Ausprägungsformen, dem Zeitalter des Merkantilismus und des Kameralismus mit einer Beschreibung kaufmännischer Schulen, dem Zeitalter der Aufklärung und dem deutschen Idealismus, der industriellen Revolution und dem 20. Jahrhundert bietet Zabeck (2009). Er stellt dabei auch immer wieder kaufmännische Schulen, deren Trägerschaft, deren Zielsetzungen und Stundentafeln vor.

Wer nicht glaubt, dass wie im Nina-Beispiel behauptet, Spicken Kompetenz verlangt, dem sei das wunderbare Heftchen „Erwischt! Alles über Spickzettel & Co." des ehemaligen Nürnberger Mathematiklehrers Günter F. Hessenauer empfohlen, der in seinem Leben über 5.000 Spickzettel, Karikaturen und Briefchen gesammelt hat (Hessenauer, 2009). Im Nürnberger Schulmuseum (http://www.schulmuseum.uni-erlangen.de) sind einige Exponate zu bewundern.

3.7.5 Hinweise zur vertieften Auseinandersetzung: Weitersurfen

Umfangreiche Informationen über (kaufmännische) Berufe und die damit verbundene Forschung bietet auch die Webseite des Bundesinstituts für Berufsbildung (BIBB): http://www.bibb.de

3.7.6 Literaturnachweis

Achtenhagen, F. (2004). Prüfung von Leistungsindikatoren für die Berufsbildung sowie zur Ausdifferenzierung beruflicher Kompetenzprofile nach Wissensarten. In BMBF (Bundesministerium für Bildung und Forschung) (Hrsg.), *Expertisen zu den konzeptionellen Grundlagen für einen Nationalen Bildungsbericht - Berufliche Bildung und Weiterbildung/Lebenslanges Lernen.* (S. 11–32). Bonn: BMBF.

Acker, C. & Weiterer, B. (2011). Jobstarter Connect. Ausbildungsbausteine für Altbewerberinnen und Altbewerber, Jugendliche im Übergangssystem sowie an- und ungelernte junge Erwachsene. *Berufs- und Wirtschaftspädagogik Online. Spezial* (5), 1–10. Verfügbar unter http://www.bwpat.de/ht2011/ws22/acker_weiterer_ws22-ht2011.pdf

AK-DQR (Arbeitskreis Deutscher Qualifikationsrahmen). (2011). *Deutscher Qualifikationsrahmen für lebenslanges Lernen. Verabschiedet vom Arbeitskreis Deutscher Qualifikationsrahmen* (März 2011).

Anderson, L. W., Krathwohl, D. R., Airasian, P. W., Cruikshank, K. A., Mayer, R. E., Pintrich, P. R. et al. (2001). *A Taxonomy for Learning, Teaching, and Assessing. A Revision of Blooms Taxonomy of Educational Objectives.* New York u. a.: Longman.

Arnold, R. & Gonon, P. (2006). *Einführung in die Berufspädagogik.* Opladen, Bloomfield Hills: Budrich.

BA (Bundesagentur für Arbeit). (2010). *Klassifikation der Berufe 2010* (Bd. 1, , Systematischer und alphabetischer Teil mit Erläuterungen). Nürnberg.

BBT (Bundesamt für Berufsbildung und Technologie). (2011). *Bildungsplan Kauffrau / Kaufmann EFZ vom 26. September 2011 für die betrieblich organisierte Grundbildung.* Bern.

Becker, M. (2002). Arbeitsprozesswissen im Kfz-Service. In M. Fischer & F. Rauner (Hrsg.), *Lernfeld: Arbeitsprozess. Ein Studienbuch zur Kompetenzentwicklung von Fachkräften in gewerblich-technischen Aufgabenbereichen* (S. 295–315). Baden-Baden: Nomos-Verl.-Ges.

Becker, M. (2009). Kompetenzmodell zur Erfassung beruflicher Kompetenz im Berufsfeld Fahrzeugtechnik. In C. Fenzl, G. Spöttl & F. Howe (Hrsg.), *Berufsarbeit von morgen in gewerblich-technischen Domänen. Forschungsansätze und Ausbildungskonzepte für die berufliche Bildung* (S. 239–245). Bielefeld: Bertelsmann.

Behrens, M., Bissbort, D., Lang, D., Metzger, C., Nenniger, P. & Straka, G. A. (2008). *Evaluation der kaufmännischen Grundbildung (NKG): Abschlussbericht.* Bern: BBT.

Berke, R. (1960). Überblick über die Geschichte des kaufmännischen Schulwesens. In F. Blättner, L. Kiehn, O. Monsheimer & S. Thyssen (Hrsg.), *Handbuch für das Berufsschulwesen.* (S. 138–152). Heidelberg: Quelle & Meyer.

BIBB (Bundesinstitut für Berufsbildung) (Hrsg.). (2003). *Wie entstehen Ausbildungsberufe? Leitfaden zur Erarbeitung von Ausbildungsordnungen mit Glossar.* Bonn: Bundesinstitut für Berufsbildung.

BIBB (Bundesinstitut für Berufsbildung) (Hrsg.). (2011). *Ausbildungsordnungen und wie sie entstehen* (5. Aufl.). Bonn: Bundesinstitut für Berufsbildung.

BMBF (Bundesministerium für Bildung und Forschung) (Hrsg.). (2012). *Durchlässigkeit und Transparenz fördern. DECVET – Ein Reformansatz in der beruflichen Bildung.* Bonn.

Bortz, J. & Döring, N. (2009). *Forschungsmethoden und Evaluation* (4. Aufl.). Heidelberg: Springer.

Bracht, U. (1986). Fach - Fächerkanon. In H.-D. Haller, T. Hanisch & D. Lenzen (Hrsg.), *Ziele und Inhalte der Erziehung und des Unterrichts* (Enzyklopädie Erziehungswissenschaft, Bd. 3, S. 419–426). Stuttgart: Klett-Cotta.

Bühner, M. (2010). *Einführung in die Test- und Fragebogenkonstruktion* (2. Aufl.). München: Pearson Studium.

Buhr, R., Freitag, W., Hartmann, E. A., Loroff, C., Minks, K.-H., Mucke, K. et al. (2008). *Durchlässigkeit gestalten! Wege zwischen beruflicher und hochschulischer Bildung.* Münster: Waxmann.

Chomsky, N. (1988). *Aspekte der Syntax.* Frankfurt: Suhrkamp.

Clement, U. (2001). *Systematische Erkenntnis und praktische Erfahrung als curriculare Prinzipien beruflicher Bildung. Vom Beharrungsvermögen des fächerstrukturierten Unterrichts an beruflichen Schulen und der curricularen Vermittlung von Fächer- und Situationsprinzip.* Karlsruhe (Habilitationsschrift).

Eckert, M. (2011). Lernprobleme und Lernstrategien von lernbeinträchtigten Auszubildenden. In H. Biermann & B. Bonz (Hrsg.), *Inklusive Berufsbildung. Didaktik beruflicher Teilhabe trotz Behinderung und Benachteiligung* (1. Aufl., S. 54–71). Baltmannsweiler: Schneider Hohengehren.

Ekert, S., Rotthowe, L. & Weiterer, B. (2012). Ausbildungsbausteine. Kompetenz- und Outcomeorientierung in Bildungsangeboten des Übergangsbereichs. *Berufsbildung in Wissenschaft und Praxis, 41* (4), 28–31. Verfügbar unter http://www.bibb.de/veroeffentlichungen/de/bwp/show/id/6920

EP (Europäisches Parlament) & ER (Europäischer Rat). (2008). *Empfehlung des Europäischen Parlaments und des Rates vom 23. April 2008 zur Einrichtung des Europäischen Qualifikationsrahmens für lebenslanges Lernen. 2008/C 111/01.*

Erpenbeck, J. & Rosenstiel, L. (Hrsg.). (2003). *Handbuch Kompetenzmessung.* Stuttgart: Schäffer-Poeschel.

Erpenbeck, J., Rosenstiel, L. v. & Grote, S. (Hrsg.). (2013). *Kompetenzmodelle von Unternehmen. Mit praktischen Hinweisen für ein erfolgreiches Management von Kompetenzen.* Stuttgart: Schäffer-Poeschel.

Esser, F. H. (2012). Die Umsetzung des Deutschen Qualifikationsrahmens. Hintergrund, Sachstand und anstehende Aufgaben. *Berufsbildung in Wissenschaft und Praxis, 41* (3), 47–51.

Euler, D. & Hahn, A. (2007). *Wirtschaftsdidaktik* (2. Aufl.). Bern: Haupt.

Euler, D. (2013). Ist das Berufsprinzip noch zeitgemäß? In J.-P. Pahl & V. Herkner (Hrsg.), *Handbuch Berufsforschung* (S. 264–273). Bielefeld: W. Bertelsmann.

Fischer, M., Becker, M. & Spöttl, G. (Hrsg.). (2011). *Kompetenzdiagnostik in der beruflichen Bildung - Probleme und Perspektiven.* Frankfurt am Main: Lang, Peter Frankfurt.

Freitag, W. K., Hartmann, E. A., Loroff, C., Stamm-Riemer, I., Völk, D. & Buhr, R. (2011). *Gestaltungsfeld Anrechnung. Hochschulische und berufliche Bildung im Wandel.* Münster: Waxmann.

Gage, N. L. & Berliner, D. C. (1996). *Pädagogische Psychologie* (5. Aufl.). Weinheim: Psychologie Verlags Union.

Gardner, H. (2002). *Intelligenzen. Die Vielfalt des menschlichen Geistes.* Stuttgart: Klett-Cotta.

Gehmlich, V. (2009). European Credit Transfer System (ECTS). In W. Benz, J. Kohler & K. Landfried (Hrsg.), *Handbuch Qualität in Studium und Lehre. Evaluation nutzen - Akkreditierung sichern - Profil schärfen* (2. Aufl., S. D.3.2, S. 1-32). Stuttgart: Raabe.

Gelman, R. & Greeno, J. G. (1989). On the Nature of Competence. Principles for Understanding in a Domain. In B. Resnick (Hrsg.), *Knowing, Learning, and Instruction. Essays in Honor of Robert Glaser* (S. 125–186). Hillsdale: Erlbaum.

Gerds, P. & Herkner, V. (2005). Metalltechnik. In F. Rauner (Hrsg.), *Handbuch Berufsbildungsforschung.* (S. 135–142). Bielefeld: W. Bertelsmann.

Gruschka, A. & Martin, E. (2002). *Die Auseinandersetzung um Klipperts-Methodentraining.* Frankfurt. Verfügbar unter http://www.uni-frankfurt.de/fb/fb04/forschung/klippert.html

Gruschka, A. (2012). Strategien zur Vermeidung des Lehrens und Lernens: der neue Methodenwahn. *Vierteljahrsschrift für wissenschaftliche Pädagogik, 88* (3), 392–405.

Gschwendtner, T. (2011). Die Ausbildung zum Kraftfahrzeugmechatroniker im Längsschnitt. Analysen zur Struktur von Fachkompetenz am Ende der Ausbildung und Erklärung von Fachkompetenzentwicklungen über die Ausbildungszeit. In R. Nickolaus & G. Pätzold (Hrsg.), *Lehr-Lernforschung in der gewerblich-technischen Berufsbildung* (S. 55–76). Stuttgart: Steiner.

Hägele, T. (2002). *Modernisierung handwerklicher Facharbeit am Beispiel des Elektroinstallateurs.* Universität Hamburg (Inauguraldissertation). Verfügbar unter http://www.sub.uni-hamburg.de/opus/volltexte/2002/787/

Hessenauer, G. F. (2009). *Erwischt! Alles über Spickzettel & Co.* Reinbek bei Hamburg: Rowohlt Taschenbuch Verl.

Heyse, V., Erpenbeck, J. & Max, H. (Hrsg.). (2004). *Kompetenzen erkennen, bilanzieren und entwickeln.* Münster, New York, München, Wien: Waxmann.

Hoffmann, D. (1995). *Heinrich Roth oder die andere Seite der Pädagogik. Erziehungswissenschaft in der Epoche der Bildungsreform.* Weinheim: Deutscher Studien Verlag.

Huisinga, R. & Kell, A. (2005). Wirtschaft und Verwaltung. In F. Rauner (Hrsg.), *Handbuch Berufsbildungsforschung.* (S. 164–170). Bielefeld: W. Bertelsmann.

Jahn, D. (2012). *Kritisches Denken fördern können. Entwicklung eines didaktischen Designs zur Qualifizierung pädagogischer Professionals.* Aachen: Shaker.

Jenewein, W. (2005). Elektrotechnik/Informatik. In F. Rauner (Hrsg.), *Handbuch Berufsbildungsforschung.* (S. 142–149). Bielefeld: W. Bertelsmann.

Jongebloed, H.-C. (1983). Lehr-Lernkontrolle. In M. Twardy (Hrsg.), *Kompendium Fachdidaktik Wirtschaftswissenschaften* (S. 591–729). Düsseldorf: Verlagsanstalt Handwerk.

Klippert, H. (2005). *Teamentwicklung im Klassenraum. Übungsbausteine für den Unterricht* (7. Aufl.). Weinheim: Beltz.

Klippert, H. (2006). *Kommunikations-Training. Übungsbausteine für den Unterricht* (10. Aufl.). Weinheim: Beltz.

Klippert, H. (2007). *Eigenverantwortliches Arbeiten und Lernen. Bausteine für den Fachunterricht* (5. Aufl.). Weinheim: Beltz.

Klippert, H. (2008). *Methoden-Training. Übungsbausteine für den Unterricht* (18. Aufl.). Weinheim: Beltz.

KMK (Ständige Konferenz der Kultusminister der Länder Bundesrepublik Deutschland). (2011). *Handreichungen für die Erarbeitung von Rahmenlehrplänen der Kultusministerkonferenz (KMK) für den berufsbezogenen Unterricht in der Berufsschule und ihre Abstimmung mit Ausbildungsordnungen des Bundes für anerkannte Ausbildungsberufe*. Bonn: KMK.

Kohler, J. (2009). Europäische Qualifikationenrahmen und ihre Bedeutung für die einzelstaatlichen Studiensysteme. European Qualifications Framework for Lifelong Learning (EQF-LLL) Qualifications Framework for the European Higher Education Area (QF-EHEA). In W. Benz, J. Kohler & K. Landfried (Hrsg.), *Handbuch Qualität in Studium und Lehre. Evaluation nutzen - Akkreditierung sichern - Profil schärfen* (2. Aufl., S. D.1.4, S. 1-38). Stuttgart: Raabe.

Krathwohl, D. R., Bloom, B. S. & Masia, B. B. (1978). *Taxonomie von Lernzielen im affektiven Bereich* (2. Aufl.). Weinheim: Beltz.

Kreisler, M., Macher, S., Paechter, M. & Zug, U. (2012). Förderung sozialer und personaler Kompetenzen in der schulischen Ausbildung. In M. Paechter, M. Stock, S. Schmölzer-Eibinger, P. Slepcevic-Zach & W. Weirer (Hrsg.), *Handbuch Kompetenzorientierter Unterricht* (S. 88–104). Weinheim und Basel: Beltz.

Lehberger, C. (2009). *Die "realistische Wendung" im Werk von Heinrich Roth. Studien zu einem erziehungswissenschaftlichen Forschungsprogramm*. Münster, New York, NY, München, Berlin: Waxmann.

Lehmann, R. & Seeber, S. (Hrsg.). (2007). *ULME III. Untersuchung von Leistungen, Motivation und Einstellungen der Schülerinnen und Schüler in den Abschlussklassen der Berufsschulen*. Hamburg.

Leitner, W., Ortner, A. & Ortner, R. (2008). *Handbuch Verhaltens- und Lernschwierigkeiten:* Beltz.

Lorig, B., Mpangara, M., Bretschneider, M. & Görmar, G. (2012). Kompetenzbasierte Prüfung im Dualen System. Vorstellungen und Erwartungen. *Berufsbildung, 66* (133), 18–20.

Lorig, B., Mpangara, M. & Görmar, G. (2011). Kompetenzbasierte Prüfungen. Welche Aspekte spielen eine Rolle? *Berufsbildung in Wissenschaft und Praxis, 40* (5), 10–13.

Lorig, B., Padur, T., Brings, C. & Schreiber, D. (2012). Kompetenzbasierte Ausbildungsordnungen - was ändert sich? *Berufsbildung, 66* (133), 8–11.

Lorig, B., Schreiber, D., Brings, C., Padur, T. & Walther, N. (2011). Konzept zur Gestaltung kompetenzbasierter Ausbildungsordnungen. *Berufs- und Wirtschaftspädagogik Online* (20), 20. Verfügbar unter http://www.bwpat.de/ausgabe20/lorig_etal_bwpat20.pdf

Mandl, H. & Friedrich, H. F. (Hrsg.). (1992). *Lern- und Denkstrategien. Analyse und Intervention*. Göttingen: Hogrefe.

Martinez Zaugg, Y. (2012). *Lernstrategieeinsatz von Berufslernenden im betrieblichen Bereich der kaufmännischen Grundbildung. Eine theoretische und empirische Analyse*. Difo-Druck.

Metzger, C. (2008a). *Eine Anleitung zum erfolgreichen Lernen. Für Mittelschulen und Berufschulen* (Wie lerne ich?7. Aufl.). Aarau: Bildung Sauerländer.

Metzger, C. (2008b). *Wie lerne ich? Lernstrategieninventar für Studentinnen und Studenten* (10. Aufl.). Aarau: Sauerländer.

Minnameier, G. (2010). Aufbau von Wissen und Kompetenzen. In G. Pätzold, H. Reinisch & R. Nickolaus (Hrsg.), *Handbuch Berufs- und Wirtschaftspädagogik* (S. 65–68). Stuttgart: UTB.

Nägeli, R. (2009). Europäische Kompetenzen-Konzepte im Bildungsbereich. Bedeutung und Nutzung für die Curriculums-Entwicklung. In W. Benz, J. Kohler & K. Landfried (Hrsg.), *Handbuch Qualität in Studium und Lehre. Evaluation nutzen - Akkreditierung sichern - Profil schärfen* (2. Aufl., S. D.1.3, S. 1-34). Stuttgart: Raabe.

Nickolaus, R., Geißel, B., Abele, S. & Nitzschke, A. (2011). Fachkompetenzmodellierung und Fachkompetenzentwicklung bei Elektronikern für Energie- und Gebäudetechnik im Verlauf der Ausbildung - Ausgewählte Ergebnisse einer Längsschnittstudie. In R. Nickolaus & G. Pätzold (Hrsg.), *Lehr-Lernforschung in der gewerblich-technischen Berufsbildung* (S. 77–94). Stuttgart: Steiner.

Nickolaus, R., Gschwendtner, T. & Geißel, B. (2009). Modellierung beruflicher Fachkompetenz und ihre empirische Prüfung. In D. Münk & E. Severing (Hrsg.), *Theorie und Praxis der Kompetenzfeststellung im Betrieb. Status quo und Entwicklungsbedarf* (S. 59–70). Bielefeld: Bertelsmann.

Nickolaus, R., Gschwendtner, T., Geißel, B. & Abele, S. (2010). Konzeptionelle Vorstellungen zur Kompetenzerfassung und Kompetenzmodellierung im Rahmen eines VET-LSA bei Kfz-Mechatronikern und Elektronikern. In D. Münk & A. Schelten (Hrsg.), *Kompetenzermittlung für die Berufsbildung. Verfahren, Probleme und Perspektiven im nationalen, europäischen und internationalen Raum* (S. 251–267). Bielefeld: Bertelsmann.

Nickolaus, R. (2011). Kompetenzmessung und Prüfung in der beruflichen Bildung. *Zeitschrift für Berufs- und Wirtschaftspädagogik, 107* (2), 161–173.

Nickolaus, R. & Pätzold, G. (Hrsg.). (2011). *Lehr-Lernforschung in der gewerblich-technischen Berufsbildung.* Stuttgart: Steiner.

Nickolaus, R. (2013). Kompetenzmessung. Transfer von Forschungsergebnissen in die Praxis. In S. Seufert & C. Metzger (Hrsg.), *Kompetenzentwicklung in unterschiedlichen Lernkulturen. Festschrift für Dieter Euler zum 60. Geburtstag* (1. Aufl. 2013., S. 26–44). Paderborn: Eusl.

Pahl, J.-P. (2008). *Berufsschule. Annäherungen an eine Theorie des Lernortes* (2. Aufl.). Bielefeld: Bertelsmann.

Paulus, W., Schweitzer, R. & Wierner, S. (2010). *Klassifikation der Berufe 2010. Entwicklung und Ergebnis.* Nürnberg: Statistik der Bundesagentur für Arbeit.

Petersen, W. A. (2005). Berufe und Berufsfelder: Systematisierungen aus internationaler und nationaler Sicht. In F. Rauner (Hrsg.), *Handbuch Berufsbildungsforschung.* (S. 68–76). Bielefeld: W. Bertelsmann.

Reetz, L. (1990). Zur Bedeutung der Schlüsselqualifikationen in der Berufsausbildung. In L. Reetz & T. Reitmann (Hrsg.), *Schlüsselqualifikationen. Dokumentation des Symposions in Hamburg, "Schlüsselqualifikationen, Fachwissen in der Krise?"* (S. 16–35). Hamburg: Feldhaus.

Reinisch, H. (2006). Kompetenz, Qualifikation und Bildung. Zum Diskurs über die begriffliche Fassung von Lernprozessen. In G. Minnameier & E. Wuttke (Hrsg.), *Berufs- und wirtschaftspädagogische Grundlagenforschung. Lehr-Lern-Prozesse und Kompetenzdiagnostik ; Festschrift für Klaus Beck* (S. 259–272). Frankfurt am Main: Lang.

Reinisch, H. (2011). *Geschichte der kaufmännischen Berufe. Studie zur Geschichte vornehmlich der deutschen Kaufleute, ihrer Tätigkeiten, ihrer Stellung in der Gesellschaft sowie ihrer Organisation und Qualifizierungsstrukturen von den Anfängen bis zum Ausgang des 19. Jahrhunderts.* Bonn: Bundesinstitut für Berufsbildung. Verfügbar unter URN: urn:nbn:de:0035-0473-6

Reinmann, G. (2013). Lehrkompetenzen von Hochschullehrern. Kritik des Kompetenzbegriffs in fünf Thesen. In G. Reimann, R. Schulmeister & P. Baumgartner (Hrsg.), *Hochschuldidaktik im Zeichen von Heterogenität und Vielfalt. Doppelfestschrift für Peter Baumgartner und Rolf Schulmeister* (S. 215–234). Norderstedt: Verlag Books on Demand.

Rosendahl, J. & Straka, G. A. (2011). Kompetenzmodellierungen zur wirtschaftlichen Fachkompetenz angehender Bankkaufleute. *Zeitschrift für Berufs- und Wirtschaftspädagogik, 107* (2), 190–217.

Roth, H. (1966). *Pädagogische Anthropologie. Band 1: Bildsamkeit und Bestimmung.* Hannover: Hermann Schroedel.

Roth, H. (1971). *Pädagogische Anthropologie. Band 2: Entwicklung und Erziehung.* Hannover: Hermann Schroedel.

Seeber, S. (2008). Ansätze zur Modellierung beruflicher Fachkompetenz. *Zeitschrift für Berufs- und Wirtschaftspädagogik, 104* (1), 74–97.

Seeber, S. & Lehmann, R. (2011). Determinanten der Fachkompetenz in ausgewählten gewerblich-technischen Berufen. In R. Nickolaus & G. Pätzold (Hrsg.), *Lehr-Lernforschung in der gewerblich-technischen Berufsbildung* (S. 95–111). Stuttgart: Steiner.

Seeber, S. & Nickolaus, R. (2010). Kompetenz, Kompetenzmodelle und berufliche Kompetenzentwicklung in der beruflichen Bildung. In G. Pätzold, H. Reinisch & R. Nickolaus (Hrsg.), *Handbuch Berufs- und Wirtschaftspädagogik* (S. 247–257). Stuttgart: UTB.

Senge, P. M. (2008). *Die fünfte Disziplin. Kunst und Praxis der lernenden Organisation.* Stuttgart: Schäffer-Poeschel.

Shavelson, R. J. (2010a). *Measuring college learning responsibly. Accountability in a new era.* Stanford, Calif: Stanford University Press.

Shavelson, R. J. (2010b). On the measurement of competency. *Empirical Research in Vocational Education and Training, 2* (1), 41–63.

SKKAB (Schweizerische Konferenz der kaufmännischen Ausbildungs- und Prüfungsbranchen). (2012). *Ausführungsbestimmungen: Überfachliche Kompetenzen (ÜfK).* Bern.

Sloane, P. F. E. & Dilger, B. (2005). The competence clash – Dilemmata bei der Übertragung des 'Konzepts der nationalen Bildungsstandards' auf die berufliche Bildung. *bwp@ (Berufs- und Wirtschaftspädagogik - online) (8).*

Spöttl, G., Becker, M. & Musekamp, F. (2011). Anforderungen an Kfz-Mechatroniker und Implikationen für die Kompetenzerfassung. In R. Nickolaus & G. Pätzold (Hrsg.), *Lehr-Lernforschung in der gewerblich-technischen Berufsbildung* (S. 39–53). Stuttgart: Steiner.

Stamm-Riemer, I., Loroff, C. & Hartmann, E. A. (2011). *Anrechnungsmodelle. Generalisierte Ergebnisse der ANKOM-Initiative*. Hannover: HIS GmbH.

Stegmüller, W. & Varga Kibéd, M. von. (1970). *Probleme und Resultate der Wissenschaftstheorie und analytischen Philosophie* (Studienausgabe). Berlin: Springer.

Stegmüller, W. (1987). *Hauptströmungen der Gegenwartsphilosophie* (Bd. 2, 8. Aufl.). Stuttgart: Kröner.

Stevens, T. & Tallent-Runnels, M. K. (2004). The Learning and Study Strategies Inventory-High School Version: Issues of Factorial Invariance Across Gender and Ethnicity. *Educational and Psychological Measurement, 64* (2), 332–346.

STMUK (Bayerisches Staatsministerium für Unterricht und Kultus). (2000). *Förderung von Schülern mit besonderen Schwierigkeiten beim Erlernen des Lesens und des Rechtschreibens. KMBek vom 16. November 1999, Amtsblatt - KWMBl. I S. 379, in Abschnitt IV, 2. Absatz geändert am 11. August 2000, KWMBl I S. 403*. München: Bayerisches Staatsministerium für Unterricht und Kultus.

Stöhr, M. (2011). *Rechenschwäche in beruflichen Schulen. Praxistaugliche Diagnose- und Fördermaterialien*. Nürnberg: Lehrstuhl für Wirtschaftspädagogik und Personalentwicklung (Masterarbeit).

Strathmann, A. (2007). Lernbehinderungen. In J. Borchert (Hrsg.), *Einführung in die Sonderpädagogik* (S. 219–257). München, Wien: Oldenbourg.

Tiemann, M. & Kaiser, F. (2013). Klassifikation der Berufe. Begriffliche Grundlagen, Vorgehensweise, Anwendungsfelder. In J.-P. Pahl & V. Herkner (Hrsg.), *Handbuch Berufsforschung* (S. 290–297). Bielefeld: W. Bertelsmann.

Tramm, T., Hofmeister, W. & Derner, M. (2009). *EvaNet-EH. Evaluation des Innovationsnetzwerks Einzelhandel in Hamburg*. Hamburg: Universität Hamburg.

Tutschner, H. (2013). *Fortbildungsordnungen und wie sie entstehen*. Bonn: Bundesinstitut für Berufsbildung.

Vernooij, M. A. (2007). *Einführung in die Heil- und Sonderpädagogik. Theoretische und praktische Grundlagen der Arbeit mit beeinträchtigten Menschen* (8. Aufl.). Wiebelsheim: Quelle & Meyer.

Weinert, F. E. (Hrsg.). (2001). *Leistungsmessung in Schulen*. Weinheim und Basel: Beltz.

Weinstein, C. E. & Mayer, R. E. (1986). The Teaching of Learning Strategies. In M. C. Wittrock (Hrsg.), *Handbook of Research on Teaching* (S. 315–327). New York: Macmillian.

Wild, K.-P., Schiefele, U. & Winteler, A. (1992). *LIST. Ein Verfahren zur Erfassung von Lernstrategien im Studium*. München: Lehrstuhl für Empirische Pädagogik und Pädagogische Psychologie.

Wild, K.-P. (2000). *Lernstrategien im Studium. Strukturen und Bedingungen*. Münster: Waxmann.

Wilson, M. (2005). *Constructing Measures. An Item Response Modeling Approach:* Taylor & Francis.

Winther, E. & Achtenhagen, F. (2008). Kompetenzstrukturmodell für die kaufmännische Bildung. Adaptierbare Forschungslinien und theoretische Ausgestaltung. *Zeitschrift für Berufs- und Wirtschaftspädagogik, 204* (4), 511–538.

Winther, E. & Achtenhagen, F. (2009). Simulationsaufgaben als innovaties Testverfahren im Rahmen eines VET-LSA. *Wirtschaft und Erziehung* (10), 317–325.

Winther, E. & Achtenhagen, F. (2009). Skalen und Stufen kaufmännischer Kompetenz. *Zeitschrift für Berufs- und Wirtschaftspädagogik, 105* (4), 521–556.

Winther, E. (2010). *Kompetenzmessung in der beruflichen Bildung*. Bielefeld: Bertelsmann.

Winther, E. (2011). Das ist doch nicht fair! - Mehrdimensionalität und Testfairness in kaufmännischen Assessments. *Zeitschrift für Berufs- und Wirtschaftspädagogik, 107* (2), 218–238.

Zabeck, J. (2009). *Geschichte der Berufserziehung und ihrer Theorie*. Paderborn: Eusl-Verl.-Ges.

Zimbardo, P. G. & Gerrig, R. J. (2004). *Psychologie* (16. Aufl.). München et. al.: Pearson.

3.7.7 Anmerkungen

1   Für die Philosopie vergleiche Stegmüller und Varga Kibéd (1970), für die Psychologie bzw. die Sozialwissenschaft vergleiche Bortz und Döring (2009).

2   Der Ansatz von Chomsky hat eine Tragweite, die weit über die Linguistik im engeren Sinne hinausgeht. Zur philosophischen Bedeutung siehe Stegmüller (1987).

3   Die Definition folgt in wesentlichen Zügen der Definition von Weinert (2001) der unter Kompetenzen „die beim Individuum verfügbaren oder durch sie erlernbaren kognitiven Fähigkeiten und Fertigkeiten, um bestimmte Probleme zu lösen, sowie die damit verbundenen motivationalen, volitionalen und sozialen Bereitschaften und Fähigkeiten, um die Problemlösungen in variablen Situationen er-

folgreich und verantwortungsvoll nutzen zu können" (S. 27 f.) versteht. Eine Diskussion verschiedener Begriffsverständnisse nehmen Winther (2010) sowie Seeber und Nickolaus (2010) vor.

4   Die Konzeption des affektiven und des kognitiven Bereichs erfolgt hier in strikter Anlehnung an die Neufassung der später noch ausführlich erläuterten Taxonomie für Lernziele im kognitiven Bereich von Anderson und Krathwohl aus dem Jahre 2001. Vgl. Anderson et al. (2001). Im Bereich der affektiven Lernziele hat keine Neufassung stattgefunden. Hier orientiere ich mich an der erstmals 1964 erschienenen Taxonomie von Lernzielen im affektiven Bereich. Vgl. Krathwohl, Bloom und Masia (1978). Die Definitionen erfolgen immer in Anlehnung an diese beiden Werke. Lediglich das metakognitive Wissen, das in der Neufassung der Taxonomie für kognitive Lernziele neben dem Faktenwissen, dem Konzeptwissen und dem prozeduralen Wissen verstanden wird, wird hier in eine eigenständige Dimension ausgegliedert. Angesichts der Sonderrolle des metakognitiven Wissens, die von Anderson u. a. umfänglich diskutiert wird, erscheint mir das statthaft.

5   Unberücksichtigt, aber später eingeführt, sind Vorstellungsbilder als analoge Form des Wissens sowie episodisches Wissen. Das in dieser Einheit zugrunde gelegte Verständnis ist eng. Es wird später erweitert.

6   In Anlehnung an die Modelle von Shavelson sowie Gelman und Greeno werden mehrere Reichweiten von Kompetenzen unterschieden. Siehe Gelman und Greeno (1989). Zum Modell von Shavelson siehe Shavelson (2010a) und Shavelson (2010b). Insgesamt Winther und Achtenhagen (2009, S. 37 ff.). Den Ansatz der Gruppe um Greeno wurde vor allem von Winther und Achtenhagen in die Diskussion eingebracht. Vgl. Winther und Achtenhagen (2008) sowie Winther (2011).

7   Auch in der betrieblichen Bildung wird eine Reihe von Kompetenzmodellen verwendet. Hinzuweisen ist vor allem auf den Ansatz von John Erpenbeck. Vgl. Erpenbeck und Rosenstiel (2003); Heyse, Erpenbeck und Max (2004). Nicht nur in der Berufsbildung, sondern auch im Hochschulbereich werden international eine Fülle von Kompetenzmodellen diskutiert. Sie dienen der Akkreditierung, der Qualitätssicherung und Evaluierung, der Signalisierung gegenüber dem Arbeitsmarkt, der Förderung der internationalen Mobilität und Anerkennung sowie der Studienplangestaltung. Vgl. Kohler (2009); Nägeli (2009). In diesem Zusammenhang sind auch die Kreditpunktesysteme, etwa ECTS wichtig. Vgl. Gehmlich (2009).

8   Die Redeweise von Kompetenzniveau- und -strukturmodellen wurde von Winther (2010) übernommen.

9   Eine Auseinandersetzung mit dem Roth'schen Werk findet sich bei Hoffmann (1995), der auch eine Biographie (S. 14 ff.) bietet, von der ich einige Aspekte übernommen habe. Eine weitere Auseinandersetzung mit dem Roth'schen Werk liefert Lehberger (2009). Die Einschätzung, dass für Roth selbst seine „Pädagogische Anthropologie" für ihn das wichtigste Buch seines Werkes sei, findet sich auf S. 68.

10   … und zwar trotz kritischer Einwände. So vermerkt Minnameier (2010): „Gerade in der Berufs- und Wirtschaftspädagogik ist eine Differenzierung nach Handlungsfeldern (Fach-, Methoden-, Sozialkompetenz etc.) gängig, die allerdings in einem tieferen psychologischen Sinne nicht zu wissenschaftlich brauchbaren Konzepten weiterentwickelt werden konnte" (S. 65). Darauf kommt es hier auch m. E. gar nicht an, schließlich geht es hier um die Berufs- und Wirtschafts*pädagogik* und nicht um die Berufs- und Wirtschafts*psychologie*. D. h. eine ‚*pädagogisch* brauchbare' Modellierung muss sich – gleichzeitig – einpassen lassen in eine Erörterung der Förderung und der Beurteilung.

11   Vgl. dazu den auf der Webseite www.deutscherqualifikationsrahmen.de zugänglichen gemeinsamen Beschluss der Ständigen Konferenz der Kultusminister der Länder in der Bundesrepublik Deutschland, des Bundesministeriums für Bildung und Forschung, der Wirtschaftsministerkonferenz und des Bundesministeriums für Wirtschaft und Technologie zum Deutschen Qualifikationsrahmen für lebenslanges Lernen (DQR) einschließlich der als Anlage gegebenen Übersicht der Zuordnungen.

12   Zur klassischen und probabilistischen Testtheorie vgl. Jongebloed (1983), Bühner (2010), Winther (2010).

13   Im BEAR (Berkeley Evaluation and Assessment Research Center) Assessment System ist die Konstruktion von construct maps das erste konstruktive Element des Assessment-Systems. Wilson (2005, S. 3 ff.).

14   Vgl. BIBB, (2011); Lorig, Padur, Brings und Schreiber (2012); Lorig, Schreiber, Brings, Padur und Walther (2011).

15   Vgl. Lorig, Mpangara, Bretschneider und Görmar (2012); Lorig, Mpangara und Görmar (2011).

16   Vgl. Acker und Weiterer (2011); Ekert, Rotthowe und Weiterer (2012).

17   Vgl. Tutschner (2013).

18   Vgl. Erpenbeck, Rosenstiel und Grote (2013).

19   Vgl. Kohler (2009); Nägeli (2009).

20   Vgl. Buhr et al. (2008); Freitag et al. (2011); Stamm-Riemer, Loroff und Hartmann (2011).

21   Neuere Forschungen bezweifeln die zentrale Rolle Marpergers zur Institutionalisierung des kaufmännischen Schulwesens und halten den Beitrag für überschätzt Zabeck (2009, S. 193).

22   Die Aktivitäten bündeln sich vor allem in der Forschungsinitiative „Ascot" (Technology based Assessment of Skills and Competencies in VET / Technologieorientierte Kompetenzmessung in der beruflichen Bildung). Dort wird auf Arbeiten der Arbeitsgruppe um Nickolaus, Achtenhagen und Winter sowie die Arbeiten im Kontext der ULME-Studie angeknüpft. Im Rahmen der ULME-III-Studien wurde etwa die Frage der Dimensionen von Fachkompetenz bei angehenden Bürokaufleuten untersucht. Dabei zielten Aufgaben auf die volkswirtschaftliche Dimension, die betriebswirtschaftliche Organisation und Leistungsprozesse, die rechtliche Dimension sowie der Wertschöpfungsdimension. Die empirischen Ergebnisse sprechen für eine zweidimensionale Struktur von erstens „Betriebliche Leistungsprozesse, Volkswirtschaftslehre und Recht" sowie zweitens „Rechnungswesen/Controlling" Lehmann und Seeber (2007); Seeber (2008); Seeber und Lehmann (2011). Ein weiteres Modell der Strukturierung von kaufmännischer Kompetenz geht auf die Arbeiten von Winther und Achtenhagen zurück (2008). Für gewerblich-technische Berufe siehe Arbeitsgruppe um Nickolaus Fischer, Becker und Spöttl (2011); Nickolaus (2011); Nickolaus und Pätzold (2011). Zur Modellierung bei Bankkaufleuten Rosendahl und Straka (2011).

23   Das Modell kennt insgesamt sieben Dimensionen, die jedoch im hier zugrunde gelegten Modell den anderen Kompetenzdimensionen zugeordnet werden könnten. Und zwar die Lern- und Arbeitstechniken der Lernkompetenz, der EvaNet-EH-Dimension „Kommunikation und Kooperation" der Sozialkompetenz, die Dimension „Beruflichkeit" der Selbstkompetenz. Empirisch abgestützte Modelle für die Fachkompetenz im M+E-Bereich werden zurzeit entwickelt. Vgl. Nickolaus, Gschwendtner und Geißel (2009); Nickolaus, Gschwendtner, Geißel und Abele (2010). Grundlage für die Modellierungen sind Tätigkeitsanalysen sowie empirische Arbeiten. Der M+E-Bereich erscheint dabei ausgesprochen heterogen. In den Arbeiten zeichnet sich eine Strukturierung der Fachkompetenz von Kraftfahrzeugmechatronikern in sechs Bereichen ab: Service, Motor, Motormanagement, Start-Strom-Beleuchtungsanlage, Kraftübertragung sowie Fahrwerk. Vgl. Gschwendtner (2011). Für Elektroniker/innen für Energie- und Gebäudetechnik liegen drei Bereiche nahe, nämlich die traditionelle Installationstechnik, die elektrotechnischen Grundlagen sowie die Steuerungs-/moderne Installationstechnik, etwa Bussysteme Nickolaus, Geißel, Abele und Nitzschke (2011). Siehe dazu exemplarisch die Tätigkeitsanalysen von Be-

cker (2002); (2009) und Hägele (2002). Siehe auch Spöttl, Becker und Musekamp (2011). Die hier wiedergegebene Unterteilung folgt dem Ansatz von Gschwendtner (2011). In einem empirischen Forschungsprojekt entwickelt er ein „Kompetenzstrukturraster" für Kfz-Mechatroniker(innen) bestehend aus einer psychologischen Dimension (hier nicht wiedergegeben), den hier wiedergegebenen Tätig-keitsbereichen, den hier wiedergegebenen technologischen Gegenständen sowie Arbeitsmitteln (hier nicht wiedergegeben). Der Tätig-keitsbereich „Standardservice" sowie die technologischen Gegenstände werden weiter empirisch erhellt.

24   Das Modell kennt insgesamt sieben Dimensionen, die jedoch im hier zugrunde gelegten Modell den anderen Kompetenzdimensionen zugeordnet werden könnten. Und zwar die Lern- und Arbeitstechniken der Lernkompetenz, der EvaNet-EH-Dimension „Kommunika-tion und Kooperation" der Sozialkompetenz, die Dimension „Beruflichkeit" der Selbstkompetenz.

25   Ein bekannter Ansatz für den angelsächsischen Bereich wurde von Weinstein und Mayer (1986) vorgelegt. Für den deutschsprachigen Raum ist vor allem auf die Veröffentlichung „Lern- und Denkstrategien" von Mandl und Friedrich (1992) hinzuweisen.

26   Zum einen handelt es sich dabei um den „Motivated Strategies for Learning Questionnaire" (MSLQ) von Pintrich, Smith, Garcia & McKeachie und zum anderen um das „Learning and Study Strategies Inventory" (LASSI) von Weinstein, Palmer und Schulte. Beim WLI-Fragebogen handelt es sich um eine deutschsprachige Adaption des Instruments LASSI-HS (Learning and Study Strategies In-ventory-HighSchool) von Weinstein und Palmer. Vgl. Stevens und Tallent-Runnels (2004).

27   Der Ansatz des WLI (Wie lerne ich?) wurde von Christoph Metzger sowohl für Hochschulen (2008b) als auch für Berufsschulen (2008a) entwickelt. Eine Erörterung für den betrieblichen Teil der kaufmännischen Ausbildung findet sich bei Martinez Zaugg (2012). Metzger unterscheidet vier Oberklassen von Strategien, nämlich Strategien zum Erwerb von Wissen, Strategien zur positiven Gestal-tung der Lernsituation, Strategien zur Bewältigung von modelltypischen Lernsituationen sowie die Kontrolle. Der WLI-Ansatz kennt in diesen drei Oberklassen acht Klassen von Lernstrategien. Für das Assessment bzw. die Diagnose von Kompetenzen wird im WLI-Ansatz ein Selbsteinschätzungsinstrument verwendet. Die Lernenden erhalten zunächst ein Item, zum Beispiel „Ich lasse mich sehr leicht vom Lernen ablenken". Für jedes dieser Items geben die Lernenden mit einer fünfstufigen Skala, die von „trifft nie oder selten zu" (1) bis „trifft fast immer oder immer zu" (5) reicht, eine Selbsteinschätzung zu einzelnen Aussagen ab. Der Fragebogen WLI-Schule enthält insgesamt 65 Items und zwar zu Motivation (10 Items), Angst (8), Konzentration (8), Zeitplanung (8), Informationsver-arbeitung (8), Wesentliches Erkennen (5 Fragen), Prüfungsstrategien (8) sowie Selbstkontrolle (10). Nach der Beantwortung des ein-seitigen Fragebogens können die Lernenden selbst den Fragebogen auswerten. Dazu werden die Punktwerte für einzelne Skalen, zum Beispiel zu den 10 Fragen zur Motivation, addiert, durch die Zahl der Items dividiert um so einen erreichten Durchschnitt zu ermitteln. Die Werte können dann auf zwei Arten interpretiert werden: Einerseits wird der Durchschnitt betrachtet und eine Normstrategie abge-geben, d. h. „Lernverhalten beibehalten" (4,0 - 4,5), „Lernverhalten kritisch überprüfen und verbessern" (3,0 - 4,0) und „Dringend Verbesserungsmöglichkeiten suchen und einleiten" (unter 3,0). Außerdem kann ein Vergleich mit den Daten einer größeren Zahl von Studierenden durchgeführt werden. Der Fragebogen „WLI-Schule" beansprucht etwa 15 Minuten Zeit für die Beantwortung der Fra-gen und weitere zehn bis fünfzehn Minuten für die Ermittlung der persönlichen Werte und des persönlichen Lernstrategieprofils. Prob-lematisch für den alltäglichen Gebrauch an Schulen ist beim WLI die Regelung des Urheberrechts. Die Nutzung des Fragebogens be-dingt in rechtlich korrekter Weise den Kauf des Buches. Es ist nicht zu vermuten, dass sich diese restriktive Rechtslage ändern wird, zumal das WLI-Vorbild, der LASSI, in den USA ein recht gutes Geschäft zu sein scheint. In den USA werden für die Papierversion pro Exemplar der College Version, High School Version oder spanischen Version drei Dollar pro Bogen bei der Abnahme von über hundert Exemplaren verlangt (Preis Oktober 2012).

28   Der LIST wurde ursprünglich von Wild, Schiefele & Winteler (1992) zur Erhebung von Lernstrategien im Studium entwickelt. Eine ausführliche Erörterung wurde von Wild (2000) vorgenommen. An der letzten Veröffentlichung orientiert sich meine Darstellung.

29   Die Systematisierung geht auf Klauber und Lauth zurück, die jedoch zum Teil eine abweichende Terminologie verwenden. Siehe Strathmann (2007, S. 224).

30   In diesem Kontext werden vielfältige Bezeichnungen verwendet: Lernbehinderung, Lernbeeinträchtigung, Lernschwäche, Lernstörung usw. Hier wird in Anlehnung an Leitner, Ortner und Ortner (2008, S. 17 f.) der Terminus „Lernschwierigkeit" als Oberbegriff ver-wendet, der u. a. die Lernbehinderung erfasst. Sie geben auch eine Übersicht über die verwendetete Terminologie.

31   Das mehrstufige Präzisieren der Kompetenzen wird hier für alle betrachteten Kompetenzen vorgeschlagen, d. h. Lern-, Sozial- und Selbstkompetenz. Diese Vorstellung hat mehrere Hintergründe. In den Arbeiten zu Lernkompetenz nach dem WLI-Ansatz ergänzt Metzger immer wieder Modellsituationen, die sich jedoch streng genommen nicht aus dem von Metzger vorgelegten Grundmodell ab-leiten lassen. Diese Situationen variieren und entspringen offensichtlich dem Bedürfnis, für bestimmte Fälle in die Tiefe zu gehen. Ei-ne ausdifferenzierte Vorgehensweise findet sich auch in den Arbeiten zur Sozialkompetenz der Gruppe um Euler, die in der nachfol-genden Lerneinheit beschrieben wird. Dieser geht mehrstufig vor und arbeitet mit einem spezifischen Situationsmodell. Ein solches Situationsmodell verwendet auch der – ebenfalls im nächsten Abschnitt beschriebene – Ansatz von Schulz von Thun. Generell geht es um die Einlösung eines Situationismus, der in der Erörterung von Lerntheorien betrachtet wird.

4.1 Zur Orientierung: Was Sie hier erwartet

4.1.1 Worum es hier geht

Andrea S. widerspricht. So wie sie nun mal ist: Nett, aber bestimmt. „Nein, das ist überhaupt nicht ausreichend". Der Student, den sie betreut, hatte sich vorher über die Kompetenz von Verkäuferinnen und Verkäufern geäußert. Zentral sei – so der Student – doch die Kenntnis des Drei-Schritt-Verfahrens der Verkaufsargumentation (Warenmerkmal – Warenvorteil – Kundennutzen). Das werde doch auch im Schulbuch deutlich.

Doch Andrea S. ist anderer Meinung. Es komme darauf an, dass Verkäuferinnen und Verkäufer sich artikulieren können, den Kunden sorgfältig zuhören können, bei Störungen in der Kommunikation reagieren können oder dass sie bereit sind, über ihre Kommunikation nachzudenken. Außerdem wird von einem Verkäufer erwartet, dass der Kunde nicht über den Tisch gezogen wird. Es wird erwartet, dass sie überlegt handeln und dabei ihr Tun und die Folgen sorgfältig durchdenken. Und schließlich: Dies bedürfe einer gewissen Sprachkompetenz. Und Verkäuferinnen und Verkäufer sollen wissen, wohin sie im Leben wollen.

Da wird der Student ruhig. Denkt sich „Nicht aweng zuviel?" und schweigt.

4.1.2 Inhaltsübersicht

4   Sozial-, Selbst- und Sprachkompetenz bestimmen und präzisieren 99

  4.1   Zur Orientierung: Was Sie hier erwartet 100

    4.1.1   Worum es hier geht 100

    4.1.2   Inhaltsübersicht 101

    4.1.3   Zusammenfassung 101

    4.1.4   Einordnung in das Prozessmodell 102

  4.2   Sozialkompetenz (SoKo) bestimmen und präzisieren 103

    4.2.1   Sozialkompetenz und moralische Kompetenz: Das Spektrum in der Literatur 103

    4.2.2   Ansätze zur Modellierung der Sozialkompetenz 103

    4.2.3   Ansätze zur Modellierung der moralischen Kompetenz 107

    4.2.4   Verhaltensauffällige Schülerinnen und Schüler 112

    4.2.5   Sozialkompetenz: Das hier zugrunde gelegte Verständnis 113

  4.3   Selbstkompetenz (SeKo) bestimmen und präzisieren 114

    4.3.1   Selbstkompetenz: Das Spektrum in der Literatur 114

    4.3.2   Selbstkompetenz, erster Teil: Das Selbstkonzept 115

    4.3.3   Selbstkompetenz, zweiter Teil: Selbstwertgefühl 120

    4.3.4   Selbstkompetenz, dritter Teil: Moralisches Selbst 121

    4.3.5   Selbstkompetenz: Das hier zugrunde gelegte Modell 123

  4.4   Berufssprachliche Kompetenz (SpraKo) bestimmen und präzisieren 126

    4.4.1   Sprachkompetenz: Was in der Literatur darunter verstanden wird 126

    4.4.2   Berufssprachliche Kompetenz: Das hier zugrunde gelegte Verständnis 127

  4.5   Zusammenfassende Betrachtung der Kompetenzen 127

  4.6   Leitfragen für die Kompetenzanalyse (SoKo, SeKo, SpraKo) (GAL 2.2) 128

  4.7   Outro 128

    4.7.1   Die wichtigsten Begriffe dieser Lerneinheit 128

    4.7.2   Tools 128

    4.7.3   Kompetenzen 128

    4.7.4   Hinweise zur vertieften Auseinandersetzung: Weiterlesen 129

    4.7.5   Hinweise zur vertieften Auseinandersetzung: Weitersurfen 129

    4.7.6   Literaturnachweis 129

    4.7.7   Anmerkungen 132

4.1.3 Zusammenfassung

In dieser Lerneinheit wird die Sozialkompetenz, die Selbstkompetenz sowie die (berufs-)sprachliche Kompetenz modelliert und präzisiert.

Sozialkompetenz wird in Anlehnung an das Kommunikationsmodell von Schulz von Thun entfaltet. Sie wird verstanden als eine kognitive und affektive Disposition, die dem Individuum ermöglicht, variable sozialkommunikative Situationen selbständig, erfolgreich und verantwortungsvoll zu gestalten, d. h. zu artikulieren und interpretieren, die Situation einzuschätzen und Metakommunikation zu betreiben.

Die Selbstkompetenz ist eine kognitive oder affektive Disposition, die dem Individuum ermöglicht, variable Situationen der Selbstthematisierung selbständig, erfolgreich und verantwortungsvoll zu gestalten, d. h. sie hat ein realistisches Selbstkonzept, entfaltet ein angemessenes Selbstwertgefühl, hat ein moralisches Selbst entwickelt und ist bereit und in der Lage, Selbstreflexion zu betreiben.

Die Sprachkompetenz ist eine kognitive oder affektive Disposition, die dem Individuum ermöglicht, variable Situationen des Rezipierens und Produzierens von Sprache selbständig, erfolgreich und verantwortungsvoll zu gestalten, d. h. sie ist bereit und in der Lage zu lesen, zu hören, zu schreiben und zu sprechen.

4.1.4 Einordnung in das Prozessmodell

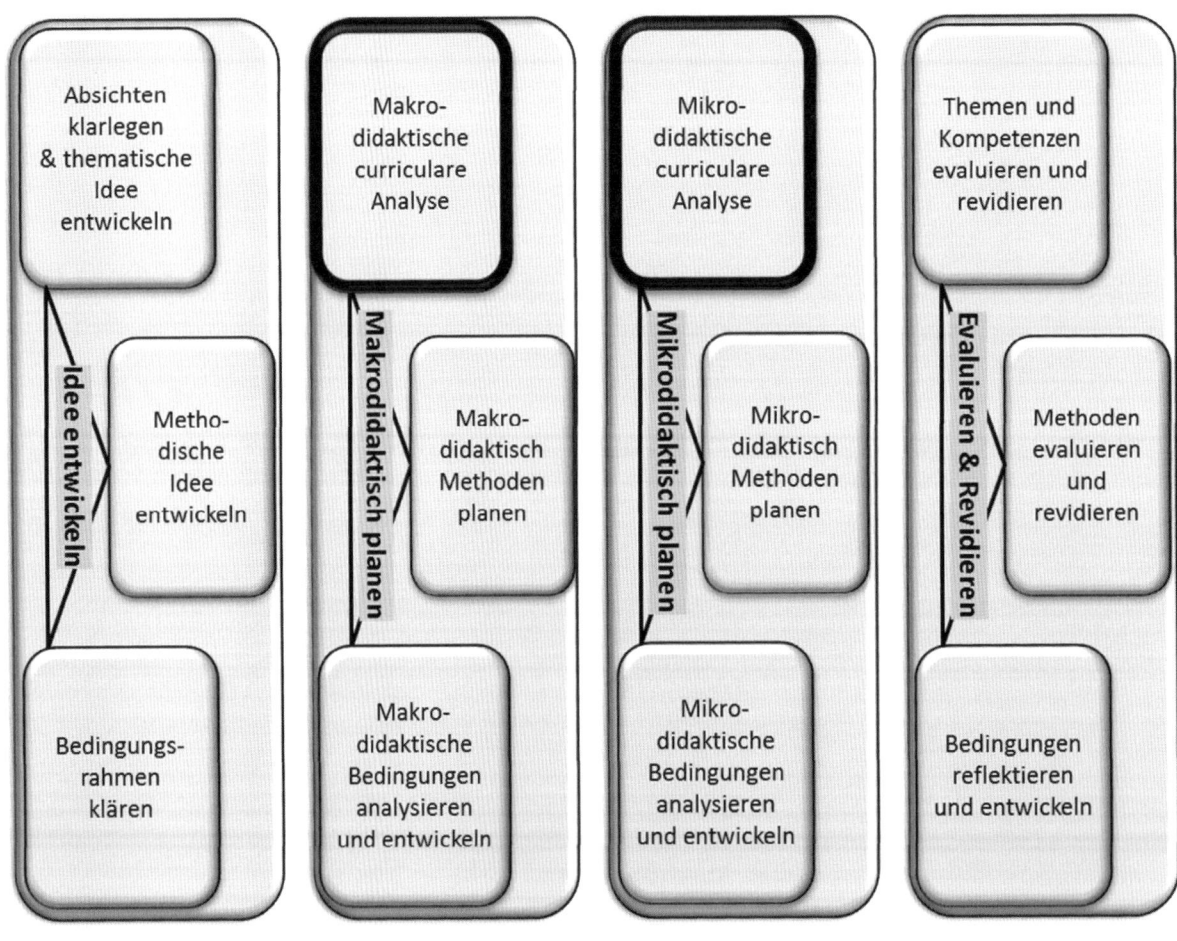

In der letzten Lerneinheit wurde die Erörterung der curricularen Analyse fortgesetzt und zwar mit der Modellierung, Bestimmung und Präzisierung von Kompetenzen, die im Unterricht entwickelt werden sollen. Das hier zugrunde gelegte Kompetenzmodell ist in der Toolbox (TB-4.2) wiedergegeben. Das Modell unterscheidet die folgenden Dimensionen: Fachkompetenz und Lernkompetenz – das waren die Gegenstände der letzten Lerneinheit – sowie Sozial-, Selbstkompetenz sowie die berufssprachliche Kompetenz – die Gegenstände dieser Lerneinheit. Werfen Sie bitte einen ersten Blick auf die Teilkompetenzen um sich einen Überblick zu verschaffen.

4.2 Sozialkompetenz (SoKo) bestimmen und präzisieren

4.2.1 Sozialkompetenz und moralische Kompetenz: Das Spektrum in der Literatur

Die Begriffe „Sozialkompetenz", „kommunikative Kompetenz", „moralische Kompetenz" und „moralische Urteilsfähigkeit" spannen eine recht undurchsichtige und unverbundene Forschungslandschaft auf. Alleine in der deutschsprachigen Wirtschaftspädagogik setzen sich mehrere Gruppen mit Sozialkompetenz und moralischer Kompetenz auseinander: Die Gruppe um Beck an der Uni Mainz[1] sowie die Gruppe um Euler in St. Gallen[2]. International gehört der Begriff „Social Skills" zu einem größeren Wortfeld mit „interpersonal skills", „interpersonal competence", „social competence" oder „communication competence" und auch hier ist die Landschaft bunt (Segrin & Givertz, 2003). Die Spanne der Ansätze zu Sozialkompetenz und moralischer Kompetenz reicht von Modellen mit einfachen Kompetenzen, die sich mit vergleichsweise wenig Problemen in den Schulalltag integrieren lassen bis hin zu aufwändigen Modellen, deren Integration in den Schulalltag schwierig, wenn nicht gar unmöglich ist.

STOPP: Stellen Sie sich bitte eine Situation in der letzten Zeit vor, von der Sie sagen würden, dass Sie dort einen besonders sozialkompetenten Menschen bzw. ein besonders sozialkompetentes Handeln erlebt haben. Wie haben Sie das erlebt? Können Sie dieses Handeln durch wenige Stichworte beschreiben?

4.2.2 Ansätze zur Modellierung der Sozialkompetenz

4.2.2.1 Was Kommunikation meint: Das Modell von Schulz von Thun

Sozialkompetenz ist mit sozialkommunikativen Situationen, mit Kommunikation verbunden. Kommunikation ist mehr als der reine Austausch von Informationen auf einer Sachebene. Es ist das Verdienst von Friedemann Schulz von Thun, 1981 bereits vorhandene Modelle aus der Linguistik zu einem einfachen, weit verbreiteten Modell der vier Ohren, der vier Schnäbel bzw. des Kommunikationsquadrates verdichtet zu haben.[3] Dieses Modell ist Teil der verbreiteten Buchserie „Miteinander reden" (Schulz von Thun 2008c; 2008b; 2008a).

Der Empfänger hat – so sagt das Modell – vier verschiedene Ohren und der Sender vier verschiedene Schnäbel. Zunächst aus der Senderperspektive: Eine Person, die etwas mitteilen möchte (Sender), gibt eine Nachricht von sich.

Wortwörtlich: Friedemann Schulz von Thun

Für mich selbst war es eine faszinierende ‚Entdeckung‘, … dass ein und dieselbe Nachricht stets viele Botschaften enthält. … Ein Alltagsbeispiel … Der Mann (= Sender) sagt zu seiner am Steuer sitzenden Frau (= Empfänger): „Du, da vorne ist grün!" – Was steckt alles drin in dieser Nachricht, was hat der Sender (bewusst oder unbewusst) hineingesteckt, und was kann der Empfänger entnehmen?

1. Sachinhalt (oder: Worüber ich informiere): Zunächst enthält die Nachricht eine Sachinformation. Im Beispiel erfahren wir etwas über den Zustand der Ampel – sie steht auf grün. …

2. Selbstoffenbarung (oder: Was ich von mir selbst kundgebe): Dem Beispiel können wir entnehmen, dass der Sender deutschsprachig und vermutlich farbtüchtig ist, überhaupt, dass er wach und innerlich dabei ist. Allgemein gesagt: In jeder Nachricht steckt ein Stück Selbstoffenbarung des Senders. …

3. Beziehung (oder: Was ich von dir halte und wie wir zueinander stehen): Oft zeigt sich dies in einer gewählten Formulierung, im Tonfall oder an nichtsprachlichen Begleitsignalen. In unserem Beispiel gibt der Mann … zu erkennen, dass er seiner Frau nicht recht zutraut, ohne seine Hilfe den Wagen optimal zu fahren.

4. Appell (oder: Wozu ich dich veranlassen möchte): Kaum etwas wird ‚nur so‘ gesagt – fast alle Nachrichten haben die Funktion, auf den Empfänger Einfluss zu nehmen. In unserem Beispiel lautet der Appell vielleicht: „Gib ein bisschen Gas, dann schaffen wir es noch bei grün".

Bild 1: Friedemann Schulz von Thun. Foto privat. Zitat: Schulz von Thun (2008, S. 26 f.)

Bei der Kommunikation wird, ob nun gewollt oder nicht, ob bewusst oder nicht, immer mit vier Schnäbeln gesprochen bzw. mit vier Ohren gehört. Damit können bis zu vier Aspekte unklar sein in einer Nachricht. Das heißt, Klarheit ist eine vierdimensionale Angelegenheit: Klarheit des Sachinhalts, Klarheit der Selbstkundgabe, Klarheit des Beziehungshinweises sowie Klarheit des Appells. Dabei kann das eine richtig sein, z. B. „Ja, die Ampel ist grün. Das bestreite ich nicht" (Sachinhalt). Das andere nicht richtig sein, z. B. kann sich die Frau wehren mit „Fährst Du oder ich?" als Abwehr auf den empfangenen Beziehungshinweis.

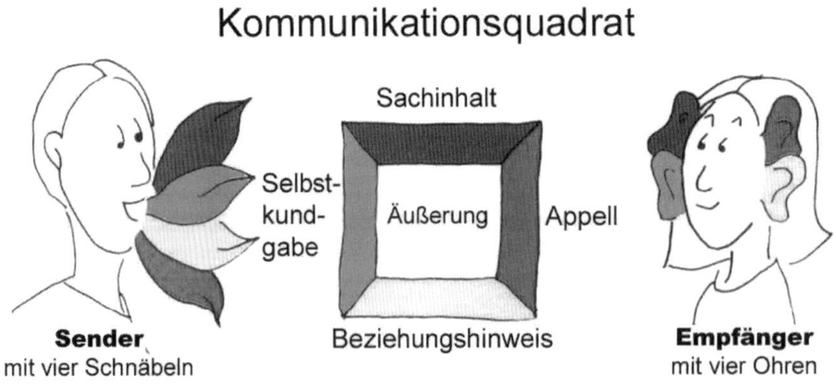

Kommunikationsquadrat

Sachinhalt

Selbst-kund-gabe   Äußerung   Appell

Beziehungshinweis

Sender
mit vier Schnäbeln

Empfänger
mit vier Ohren

Übersicht 1: Kommunikationsquadrat. © Friedemann Schulz von Thun. Abdruck mit Erlaubnis.

Der Hörer hingegen muss auf vier Ohren in detektivisch-diagnostischer Art und Weise hören. Er muss den Sachverhalt verstehen („Wie ist der Sachverhalt zu verstehen?"), die Selbstkundgabe abklopfen („Was ist das für eine(r)?"), die Beziehungsseite untersuchen („Wie redet der eigentlich mit mir? Wen glaubt er vor sich zu haben?") sowie den Appell aufspüren („Was soll ich tun, denken, fühlen aufgrund seiner Mitteilung?"). Die ankommende Nachricht ist dabei ein Machwerk des *Empfängers* und unterliegt bewusster oder unbewusster Entscheidungen, Präferenzen, Einseitigkeiten und so fort. Dazu ein Beispiel: Ein Lehrer ist auf dem Weg ins Klassenzimmer als eine Schülerin sagt: „Herr Lehrer, die Resi hat den Atlas in die Ecke gepfeffert!" (Schulz von Thun, 2008c, S. 45 ff.). Der Lehrer kann nun selbst überlegen, mit welchem Ohr er zuhören will. Hat er eine Sachbotschaft empfangen, fragt er nach weiteren Details des Vorfalls. Hat er eine Beziehungsbotschaft empfangen, sagt er zum Beispiel „Ich bin doch nicht euer Polizist!", hat er eine Selbstoffenbarungsbotschaft von Astrid empfangen, sagt er vielleicht „Du bist eine Petzliese!", hat er einen Appell empfangen, sagt er „Ich werde gleich mal nachsehen, was los ist." und geht vielleicht nachsehen. Das Zuhören in diesem Modell ist vierohrig und am Zielwert der Empathie orientiert, d. h. der Zuhörer soll sich in die Welt des Hörers versetzen und dessen Sichtweise einnehmen.

Mit den vier Schnäbeln wird artikuliert und mit den vier Ohren wird interpretiert. Dieser Prozess ist regelmäßig Gegenstand von Störungen. Bereits auf Basis dieses einfachen Modells mit den vier Ohren und den drei Prozessen des Artikulierens, des Interpretierens und des Bewältigens von Störungen lässt sich soziale Kompetenz gut bestimmen.[4] Störungen verlangen von den Kommunikationspartnern *Meta*kommunikation, d. h. die Kommunikation über die Kommunikationssituation. Das Wort „meta" steht dabei für „auf einer höheren Ebene liegend". Die Partner treten – wie Engel – aus sich heraus und schauen ihrem eigenen Kommunikationsverhalten über die Schulter und reden darüber, wie sie miteinander reden. Eine solche Metakommunikation „verlangt in erster Linie einen vertieften Einblick in die eigene Innenwelt und den Mut zur Selbstoffenbarung" (Schulz von Thun, 2008c, S. 91).

Zentrales Kriterium für eine gute Kommunikation ist bei Schulz von Thun die Stimmigkeit.[5] Die Kommunikation soll in zweifacher Hinsicht stimmig sein. Die Äußerung soll stimmig sein zu mir selbst, meiner ‚Innerung' (Authentizität). Die Äußerung soll stimmig sein zur Situation (Situationsgerechtigkeit). Für den ersten Aspekt schaut der Sender in sich selbst hinein. Schulz von Thun (2008b) entwickelt dazu das Modell des inneren Teams. Für den zweiten Aspekt verwendet Schulz von Thun (2008b) das Situationsmodell. Dieses sieht vier Komponenten vor, nämlich die Vorgeschichte der Situation, die thematische Struktur, die zwischenmenschliche Struktur sowie die Ziele. Es führt zu folgender Leitfrage für die Definition der Situation: Wie kommt es (Vorgeschichte) und welchen Sinn macht es (Zielsetzung), dass ausgerechnet ich (in welcher Rolle?), ausgerechnet mit Ihnen (in welcher Zusammensetzung?), ausgerechnet dieses Thema bearbeiten möchte? Schulz von Thun entwickelt in seinen drei Büchern „Miteinander reden" weitere Modelle, die hier nicht dargestellt werden können.[6]

4.2.2.2 Sozialkompetenz als praktisches Tun: Der Ansatz von Klippert

Klippert hat einen anderen Zugang zu Sozialkompetenz mit einem starken schulischen Bezug entwickelt. Wie schon bei Methodenkompetenzen geht es Klippert (2006) mit seinem Buch „Kommunikationstraining" in erfrischender Weise um schulalltagstaugliche Methoden zur Förderung der Kommunikationsfähigkeit. Dabei legt er klare und sicher nicht unstrittige Schwerpunkte. Klippert geht es vor allem um „das Sprachverhalten und die sprachliche Darbietung der Schüler" (S. 20). Er konzentriert sich auf die „Vermittlung elementarer ‚Techniken' und Regelbeherrschung und weniger auf tiefer gehende Persönlichkeitsveränderung" (S. 20). Der Anspruch auf Persönlichkeitsveränderung sei zwar richtig, aber: „Nur ist die Schule und sind die Lehrkräfte in aller Regel überfordert, wenn sie nicht nur Kommunikations-Know-how vermitteln, sondern auch noch persönlichkeitsorientierte ‚Selbsterfahrung' betreiben wollen" (S. 20). Kommunikation müsse „gelernt werden, kleinschrittig, durch vielfältige Übungen und themenzentrierte Sprechanlässe" (S. 17). Das setzt Klippert auch konsequent um und schlägt in seinem Buch 107 Trainingsbausteine für die Unterrichtsarbeit der Lehrkraft vor. Er greift dabei die Teile auf, die er im Bereich der oben beschriebenen Methodenkompetenzen als elementare Gesprächs- und Kooperationstechniken begriffen hatte. Die Trainingsbausteine werden auf fünf Stufen angeordnet, die nach oben ein immer höheres Anforderungsniveau bedeuten.

Stufen der Kommunikation und ausgewählte Bausteine nach Klippert	
5 Komplexere Kommunikations- und Interaktionsspiele	▶ Rollenspiel ▶ Pro-und-Kontra-Debatte ▶ Theaterspiel
4 Überzeugend argumentieren und vortragen – rhetorische Übungen	▶ Stegreifreden ▶ Kurzreportagen ▶ Werberunde (Schülerinnen und Schüler versuchen sich als Werber)
3 Miteinander reden – das kleine 1x1 der Gesprächsführung	▶ Missverständnisse (Bewusstsein für Störungen und Beziehungsebene) ▶ Redewendungen ▶ Partnerinterview
2 Übungen zur Förderung des freien Sprechens und Erzählens	▶ Vorstellungsrunde ▶ Stimmungsbarometer ▶ Witze erzählen
1 Nachdenken über Kommunikation – ein Propädeutikum	▶ Schülerbefragung (Überdenken eigenen Kommunikationsverhaltens) ▶ Fragebogen (Nachdenken über mündliche Beteiligung im Unterricht) ▶ Kartenabfrage

Übersicht 2: Kommunikation nach Klippert

4.2.2.3 Sozialkompetenz als umfassende Kompetenz: Der Ansatz von Euler

Die Gruppe um Dieter Euler an der Universität St. Gallen (vormals Erlangen-Nürnberg) setzt sich seit vielen Jahren mit Sozialkompetenz auseinander und hat einen ausdifferenzierten Ansatz der Präzisierung, Förderung und Prüfung von Sozialkompetenz vorgelegt.[7] Sozialkompetenz wird als Kompetenz zur Kommunikation mit anderen Menschen verstanden.

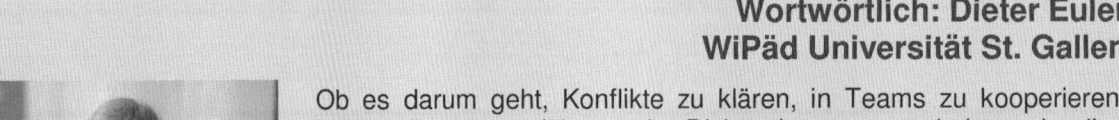

Wortwörtlich: Dieter Euler
WiPäd Universität St. Gallen

Ob es darum geht, Konflikte zu klären, in Teams zu kooperieren, Verhandlungen zu führen oder Diskussionen zu moderieren, in allen Fällen liegt eine soziale Kommunikation vor, zu deren Bewältigung spezifische Kompetenzen erforderlich sind. ... Die soziale Kommunikation vollzieht sich in unterschiedlichen Situationskontexten ..., deren Ausprägung die Anforderungen an die Kommunizierenden konkretisiert ... Sozialkompetenzen sollen definiert werden als Kompetenz zur wertbewussten Kommunikation mit anderen Menschen über bestimmte Inhalte in spezifischen Typen von Situationen.

Bild 2: Dieter Euler. Foto privat. Zitat: Euler (2004, S. 11)

Zunächst wird von Euler das Verständnis von Kompetenz präzisiert. Statt der hier verwendeten zwei Bereiche (kognitiv und affektiv) unterscheidet Euler Wissen (kognitiv), Fertigkeiten (psychomotorisch) und Einstellungen (affektiv-moralisch). Wissen und Fertigkeiten im Sinne Eulers kommen hier sehr nah an das hier verwendete Verständnis von deklarativem und prozeduralem Wissen, Einstellungen an den affektiven Bereich. Außerdem wird von der Gruppe um Euler ein Modell der sozialen Kommunikation entwickelt. Dabei wird das Vier-Ohren-Modell um einen reflexiven Schwerpunkt ergänzt. Dahinter steht die Vorstellung, dass sich Kommunikationssituationen üblicherweise im *agentiven* Schwerpunkt bewegen, d. h. dem Kommunizieren mit vier Schnäbeln und Ohren („agentiv" aus dem Lateinischen für „Handeln" wie in „agieren"). Die Kommunikation kann jedoch, zum Beispiel durch Störungen, problematisch werden. Dann wechselt der Kommunikationspartner in den *reflexiven* Schwerpunkt und denkt über die Kommunikation nach. Dies hat hohe Ähnlichkeit zur Vorstellung der Metakommunikation bei Schulz von Thun. Auf der Basis dieser Modellierung werden bei Euler in einer ersten Stufe Teilkompetenzen identifiziert.

Der Ansatz von Euler geht über diese erste Stufe der Präzisierung hinaus. Leitend bei dem dann folgenden zweiten Schritt ist die Vorstellung, dass Kommunikation immer in Situationen stattfindet und die Merkmale dieser Situation die Anforderungen an die Kommunizierenden bzw. die Kommunikation maßgeblich bestimmen. Da jedoch jede Situation einzigartig ist werden nicht einzelne Situationen, sondern Situations*typen* zugrunde gelegt, zum Beispiel „Führen von Beratungsgesprächen bei einem Finanzdienstleister". Für diese Situationstypen werden dann spezifische Teilsozialkompetenzen ermittelt. Auf diese Weise ergibt sich im Ansatz von Euler eine weitere Möglichkeit zur Präzisierung des Begriffs der Sozialkompetenz. Während die erstgenannte Präzisierung der Teilkompetenzen allgemeiner Art ist und sich aus dem Kommunikationsmodell ergibt, fließen in die zweite Stufe der Präzisierung konkrete Erkenntnisse über die spezifische Situation ein, d. h. es ergeben sich spezifische Modelle für spezifische Situationen. Der Ansatz von Euler ist zwar schlüssig begründet, aber im Schulalltag für eine ‚normale' Lehrkraft sehr aufwändig, schließlich gälte es, zu jedem Situationstyp des Berufs die spezifischen Teilkompetenzen zu ermitteln und anschließend zu vermitteln und zu bewerten. Der ‚normalen' Lehrkraft dürften in der Regel keine Ressourcen für eine durchgehende Präzisierung im Sinne des Euler-Ansatzes zur Verfügung stehen. In vielen Fällen erweist sich der Aufwand jedoch als gut investiert.

4.2.3 Ansätze zur Modellierung der moralischen Kompetenz

Ein in der Wirtschaftspädagogik gut erforschter Teil der Sozialkompetenz ist die moralische Urteilskompetenz. In einem engen Zusammenhang mit Kommunikation und sozialer Kompetenz stehen nämlich die Moral, die moralische Kompetenz bzw. die moralische Urteilsfähigkeit.

4.2.3.1 Was meint „Ethik" und „Moral"?

„Was soll ich tun?". Die Ethik stellt die Frage, wie das Individuum handeln soll. In einzelnen Situationen ist die Frage einfach zu beantworten. In anderen Situationen ist die Frage schwieriger zu beantworten.

Das Heinz-Dilemma

In einem fernen Land lag eine Frau, die an einer besonderen Krebsart erkrankt war, im Sterben. Es gab eine Medizin, von der die Ärzte glaubten, sie könne die Frau retten. Es handelte sich um eine besondere Form von Radium, die ein Apotheker der gleichen Stadt erst kürzlich entdeckt hatte. Die Herstellung war teuer, doch der Apotheker verlangte zehnmal mehr dafür, als ihn die Produktion gekostet hatte. Er hatte 200 Dollar für das Radium bezahlt und verlangte 2.000 Dollar für eine kleine Dosis des Medikaments. Heinz, der Ehemann der kranken Frau, suchte alle seine Bekannten auf, um sich das Geld auszuleihen, und er bemühte sich auch um eine Unterstützung durch die Behörden. Doch er bekam nur 1.000 Dollar zusammen, also die Hälfte des verlangten Preises. Er erzählte dem Apotheker, dass seine Frau im Sterben lag, und bat, ihm die Medizin billiger zu verkaufen bzw. ihn den Rest später bezahlen zu lassen. Doch der Apotheker sagte: "Nein, ich habe das Mittel entdeckt, und ich will damit viel Geld verdienen." Heinz hatte nun alle legalen Möglichkeiten erschöpft; er ist ganz verzweifelt und überlegt, ob er in die Apotheke einbrechen und das Medikament für seine Frau stehlen soll.

Übersicht 3: Heinz-Dilemma. Quelle: Kohlberg (1976)

„Mit ‚Moral' soll ... der Bestand an faktisch herrschenden Normen eines abgegrenzten Kulturkreises gemeint sein; mit ‚Ethik' soll demgegenüber das methodisch disziplinierte Nachdenken über diese faktisch herrschenden Moralen bezeichnet werden" (Steinmann & Löhr, 1994, S. 8). Wenn ein Mensch in einer Situation steht, soll er – so die Vorstellung – nicht *irgendwie* handeln, sondern „methodisch diszipliniert" über die Frage nachdenken, was er tun soll. Die Situation wird dann überdacht vor dem Hintergrund der Moral, d. h. der gültigen Normen, die sagen, was geboten, verboten oder erlaubt ist. Diese Vorstellung in der Moralphilosophie ist normativ bzw. präskriptiv, d. h. vorschreibend. Dies steht im Gegensatz zu Ansätzen in den Sozialwissenschaften, die beschreiben, wie sich Individuen tatsächlich verhalten.

Im Zentrum der Ethik steht das Handeln in Situationen und die dabei verfolgten Absichten. Die Handlung wird beurteilt, in dem die Handlung selbst oder die Handlungsfolgen betrachtet werden. Wird nur die Handlung selbst betrachtet, liegt ein deontologischer Ansatz vor. Zum Beispiel ist das Schlagen als Handlung in der Schule nicht erlaubt und zwar unabhängig davon, ob eine Lehrkraft mit dem Schlagen von Schülerinnen und Schülern etwas erreichen könnte oder nicht. Werden die Handlungsfolgen in den Mittelpunkt gerückt, wie dies zum Beispiel beim Nachdenken über Lernziele der Fall ist, liegt ein teleologischer Ansatz vor. In einer teleologischen Ethik bemisst sich die ‚Moralität' einer Handlung an ihren Konsequenzen bzw. an ihrem Ziel ("teleos"), in einer deontologischen Ethik an der Handlung selbst (Ahrens, 1989).

4.2.3.2 Die Lehrkraft und die Moralerziehung

Wie kann nun eine Lehrkraft, wie kann Schule mit der Moral umgehen? Dazu lassen sich verschiedene Positionen beziehen.[8]

Positionen zur Moral in der Schule

▶ „Moralerziehung hat in der Schule nichts zu suchen"
▶ Wertklärung
▶ Wertvermittlung
▶ Wertanalyse
▶ Kohlberg-Ansatz

Übersicht 4: Heinz-Dilemma. Quelle: Kohlberg (1976)

Eine erste Position behauptet, dass Moral bzw. Moralerziehung gar nichts in der Schule zu suchen hat. D. h. es ist weniger eine Position der Moralerziehung denn eine Position der Moral-Nicht-Erziehung. Diese Position findet sich vor allem im Umgang mit älteren Lernenden. Die Vermittlung von Inhalten habe – so begründet sich diese Position – im Unterricht wertfrei zu erfolgen. Lehrkräfte hätten sich neutral zu verhalten. Moral wird hier zu einer Privatsache und hat – den sicherlich auch oft erwünschten – Nebeneffekt, dass sich die Lehrkraft mit dieser anscheinend schlüssigen Argumentation von der Verantwortung für die Moralerziehung der Schülerinnen und Schüler entlastet.

Im Ansatz der Wertklärung entfaltet sich das Innere des Menschen wie bei einer Pflanze aus einem inneren Bauplan heraus. Der Wertklärungsansatz greift diese frühe (reform-) pädagogische Vorstellung auf. Im Zentrum dieses Ansatzes stehen methodische Übungen, die darauf zielen, dass sich die teilnehmenden Schülerinnen und Schüler der eigenen Werte, der eigenen Moral, bewusst werden, ohne dass diese notwendigerweise verändert wird. Die Einzigartigkeit des Lernenden wird damit betont und andere Formen der Werterziehung, zum Beispiel durch gezielte Beeinflussung (‚Indoktrination'), abgelehnt. Letztlich ist diese Position relativistisch: Im Relativismus ist „Jeder seines Glückes Schmied" und „Jeder hat das Recht auf seine Position" und zwar unabhängig davon, ob sie der Lehrkraft oder der Gesellschaft passt. Bestimmte Werte dieser Gesellschaft können jedoch, gerade von der Lehrkraft an einer öffentlichen Schule, nicht in das subjektive Werterleben gestellt werden. Hier wird eine später noch zu erläuternde Aufgabe der öffentlichen Schule in unserer Gesellschaft berührt.

Der Wertevermittlungsansatz will Werte vermitteln, beispielsweise durch die Arbeit mit Vorbildern, Beispielen und Texten oder durch die direkte Vermittlung von Regeln und Normen. Dieser Ansatz ist weit verbreitet, gerade wenn es um die Vermittlung von Tugenden wie Pünktlichkeit, Ordnung oder Sauberkeit geht. Schule müsse – so diese Position – diese Werte vermitteln. Hierbei wird häufig auch darauf hingewiesen, dass ‚die Wirtschaft' dies nun mal ‚verlange'. Bedenken gegen diesen Ansatz kommen von lernpsychologischer Seite. Dort wird bezweifelt, dass Werte vom Individuum einfach übernommen werden: Werte müssen vielmehr hart erarbeitet werden, und zwar von der Schülerin und dem Schüler selbst. Außerdem wird am Wertvermittlungsansatz kritisiert, dass ein Wertekonsens in einer pluralen und ausdifferenzierten Gesellschaft nicht ohne weiteres herzustellen sei. Dies bedürfe diktatorischer Methoden, die jedoch das Ziel, die Erhaltung der demokratischen Gesellschaft, durch die gewählte Methode ins Absurde führen. Außerdem werde Jugendlichen das Recht abgeschnitten, bestehende Werte zu kritisieren und neue zu schaffen: Es ist vielmehr das Recht jeder Generation, die Gesellschaft nach ihren Vorstellungen und damit nach ihren Werten zu gestalten.

Der wertanalytische Ansatz versucht den Relativismus des Wertklärungsansatzes und die Gefahren des Wertvermittlungsansatzes zu überwinden. Im Unterricht wird über Werte gesprochen, d. h. es herrscht eine wissenschaftlich-sachliche Sicht vor. Begriffe wie „Norm", „Regel" oder „Demokratie" werden analysiert. Letztlich interessiert aber die Vermittlung von Urteilen in diesem Ansatz nicht.

Eine weitere Linie steht in der Tradition der bahnbrechenden Arbeiten von Kohlberg. Der Psychologe Lawrence Kohlberg (1927-1987) hat an der Harvard University School of Education gearbeitet und wie kein Anderer die Moralpsychologie und -pädagogik beeinflusst. Kohlberg geht davon aus, dass sich die moralische Entwicklung des Menschen in Stufen vollzieht. Die Beziehung zwischen moralischem Urteil und moralischem Verhalten ist brüchig. Ein moralisches Urteil ‚garantiert' nicht moralisches Verhalten und umgekehrt.

> **STOPP:** Was sagen Sie? Wie wollen Sie mit Moral und Werten als Lehrkraft umgehen? Findet sich Ihre Position in dieser Frage in einem der genannten Ansätze wieder?

4.2.3.3 Moralische Kompetenz bei Kohlberg und Lind[9]

Kohlberg geht davon aus, dass sich das moralische Urteil bzw. die Fähigkeit vom moralischen Urteil beim Menschen auf mehreren Stufen entwickeln *kann*. Diese Stufen sind in einer Übersicht in der Toolbox (TB-4.19) zusammengestellt. Zentral zur Unterscheidung ist der Begriff „konventionell".

Wortwörtlich: Lawrence Kohlberg (1927–1987)

Der Begriff »konventionell« bedeutet, dass man den Regeln, Erwartungen und Konventionen der Gesellschaft oder einer Autorität eben deshalb entspricht und sie billigt, weil sie die Regeln, Erwartungen und Konventionen der Gesellschaft sind. Das Individuum auf präkonventionellem Niveau ist noch nicht so weit, dass es die konventionellen oder gesellschaftlichen Regeln und Erwartungen wirklich verstehen oder unterstützen könnte. Jemand auf postkonventionellem Niveau versteht die Regeln der Gesellschaft und akzeptiert sie grundsätzlich, aber dieses grundsätzliche Einverständnis leitet sich daraus ab, dass die allgemeinen moralischen Prinzipien, die den gesellschaftlichen Regulierungen zu Grunde liegen, formuliert und anerkannt werden. Gelegentlich kommen diese Prinzipien mit den Regeln der Gesellschaft in Konflikt, und dann hält das postkonventionelle Individuum sich an das Prinzip und nicht an die Konvention.

Bild 3: Lawrence Kohlberg. © Harvard University. Reprint with permission. Zitat: Kohlberg (2001, S. 37 f.)

Die Konventionen sind sozial gemacht, sie reichen von einer kleinen Gruppe (Primärgruppe) bis hin zur abstrakten Vorstellung der Gesellschaft. Auf der *prä*konventionellen Ebene hat der Mensch diese konventionellen bzw. gesellschaftlichen Regeln *noch nicht* erkannt und anerkannt. Der Mensch richtet sein Handeln auf dieser Stufe nicht nach den sozialen Regeln aus, sondern versucht beispielsweise Bestrafungen zu verhindern und Belohnungen zu erhalten. Von der Person auf der *post*konventionellen Ebene werden diese konventionellen Regeln zwar anerkannt. Aber hier sieht die Person, dass es *un*gerechte Konventionen oder Regeln geben kann, zum Beispiel die Nürnberger Gesetze. Um zu beurteilen, ob die Konventionen nun moralisch sind oder nicht, muss es eine Ebene über den Konventionen, *nach* den Konventionen (*post*konventionell) geben. Dies kann die Vorstellung eines sozialen Vertrages (Sozialkontrakt) sein: Eine gedankliche Vorstellung zur Funktionsweise dieser Gesellschaft, die sich durch eine Inselüberlegung erschließt. Personen, die auf einer einsamen Insel landen, befinden sich im Naturzustand, d. h. einem rechtsfreien Raum des Kampfes ‚Jeder-gegen-Jeden‘. Um diesen Horror zu überwinden, können die Inselbewohner durch freiwillige Übereinkunft einen Staat gründen und so in den Gesellschaftszustand übergehen. Auf der höchsten Stufe der moralischen Entwicklung orientiert sich der Mensch an universalen ethischen Prinzipien, d. h. Prinzipien, die allgemein gelten. Ein solches Prinzip ist der kategorische Imperativ in der Ethik von Immanuel Kant: „Handle nur nach derjenigen Maxime, durch die du zugleich wollen kannst, dass sie ein allgemeines Gesetz werde.“ Schauen Sie sich bitte nochmals zusammenfassend alle Stufen gemäß der Übersicht in der Toolbox (TB-4.19) an.

Das Modell von Kohlberg beruht auf einer Reihe von Annahmen, von denen die folgenden besondere Aufmerksamkeit aus pädagogischer Sicht erfahren (Beck u. a., 1996): [10]

- ▶ **Schrittweise Progression**: Die moralische Urteilsfähigkeit entwickelt sich von Stufe zu Stufe, auch im Erwachsenenalter.
- ▶ **Entwicklungsstimulation**: Das Fortschreiten bedarf der Anregung durch spezifische soziale Situationen, d. h. eine „Konfrontation des Individuums mit stufenkritischen Konfliktlagen“ (Beck u. a., 1996, S. 191).
- ▶ **Intellektuelle Leistungen**: Das Fortschreiten setzt die Verfügbarkeit gewisser intellektueller Leistungen voraus. Andererseits garantieren solche Leistungen alleine keinen Fortschritt.
- ▶ **Situationsübergreifende Urteilshomogenität**: Hat ein Individuum eine bestimmte Stufe erreicht, erfolgen Urteile in allen Situationen entsprechend der Stufe.

Die Forschungsgruppe um Klaus Beck hat insbesondere die letzte Annahme untersucht. Die Untersuchungen zeigen, dass es zu einer bereichs*spezifischen* Bildung von moralischen Urteilen kommt. Obwohl nach Kohlberg bei einer Person *alle* Bereiche auf einer Stufe erfolgen sollten, trifft die gleiche Person in verschiedenen Bereichen unterschiedliche Urteile (‚segmentierte Urteilsbildung‘).

**Wortwörtlich: Klaus Beck
ehemals WiPäd Universität Mainz**

Es gibt starke Gründe für die Vermutung, dass das Niveau der moralischen Urteilsbildung mit der Umgebung verknüpft ist, für die und innerhalb der sie erfolgt … Wenn diese Vermutung zuträfe, so ließe sich die Kohlberg-Theorie … nicht halten. Man müsste vielmehr anerkennen, dass Personen in bestimmten Lebenszusammenhängen auf bereits überwundene Stufen »zurückfallen« könnten. Die Kohlberg-Theorie wäre damit zwar keineswegs als Ganzes widerlegt, aber sie müsste doch in wichtigen Teilen neu formuliert werden. Insbesondere wäre zu berücksichtigen, dass sich ein und dieselbe Person in unterschiedlichen Lebenszusammenhängen auf verschiedene moralische Prinzipien fühlen kann.

Bild 4: Klaus Beck. Foto privat. Zitat: Beck (1996, S. 192)

Besonders niedrig ist das moralische Urteilsniveau im beruflichen Bereich. Die Untersuchungen zeigen, dass das Niveau moralischer Urteile in außerberuflichen Bereichen tendenziell höher ist. In der Wirtschaft, im Beruf herrscht eine instrumentalistisch-strategische Orientierung, also Stufe 2, im Privaten ein höheres moralisches Urteilsniveau. Dies führt – so Beck u. a. (1996) – die kaufmännische Berufsbildung in erhebliche Probleme: Die kaufmännische Berufserziehung kann a) darauf abzielen, die private Urteilsfähigkeit nach unten anzupassen. Dies wird jedoch zu sozialen Kosten führen. Oder b) die kaufmännische Berufserziehung zielt darauf, die kaufmännische Urteilsfähigkeit nach oben an das Niveau der privaten anzupassen. Damit könnte jedoch die Gefahr entstehen, die Berufstüchtigkeit zu riskieren, sofern – so Beck u. a. (1996) – im kaufmännischen Bereich eine instrumentalistisch-strategische Orientierung dominiert. Oder die kaufmännische Berufsbildung findet sich c) mit dieser Segmentierung von privater und beruflicher Urteilsfähigkeit ab. Dann aber muss sie die Vorstellung einer widerspruchsfreien Gesamtpersönlichkeit als Ziel der Berufsbildung aufgeben.

Die Segmentierung bzw. die Differenzierung der moralischen Urteilsfähigkeit wird inzwischen weit akzeptiert. Fraglich ist jedoch, welche didaktischen Konsequenzen aus einer solchen Segmentierung bzw. Differenzierung der Moral gezogen werden sollte. Die Frage wäre, „ob eher heterogen urteilende Personen zu homogen Urteilenden ‚umzuerziehen‘ wären oder nicht. Ja, man kann sogar fragen, ob eher homogen Urteilende in ihrem Denken und Handeln nicht zu rigide sind" (Minnameier, 2011, S. 108). Überspitzt könnte formuliert werden: Soll vermieden werden, dass Kaufleute die moralische Fahne nach dem Wind hängen oder sollte differenziert geurteilt werden? Beide Positionen finden sich in der sogenannten Beck-Zabeck-Kontroverse.[11] Die Kontroverse ist nicht ‚ausdiskutiert‘ und bedarf vermutlich zunächst weiterer moralpädagogischer Erörterungen, etwa zur Klärung des Unterschieds zwischen Segmentierung und Situierung (Bienengräber, 2011) oder in den Arbeiten des Wirtschaftspädagogen Gerhard Minnameier.[12]

Wortwörtlich: Gerhard Minnameier
WiPäd Universität Frankfurt

Nach meiner Auffassung sind allerdings zwei Aspekte strikt zu trennen: Zum einen muss jeder Mensch seiner eigenen Moral folgen, worin immer die besteht! Von außen herangetragene metamoralische Verpflichtungen würden aus subjektiver Sicht alle Moral korrumpieren. Das gilt auch für rollenbezogene Verpflichtungen, wie sie Klaus Beck ins Spiel gebracht hat … Zum anderen ist es aber auch ein Gebot der Rationalität, dass man seine moralischen Ansprüche auf strategisch kluge Weise realisiert; und das kann auch bedeuten, dass man angesichts restriktiver Handlungsbedingungen Dinge tut, die man im Grundsatz nicht gutheißen würde.

Bild 5: Gerhard Minnameier. Foto privat. Zitat: Minnameier (2011, S. 117)

Eine weitere wichtige Kritik kommt von der amerikanischen Psychologin und feministischen Ethikerin Carol Gilligan (geboren 1936). Gilligan hat längere Zeit mit Kohlberg zusammengearbeitet. Gilligan kritisiert, dass sich die moralischen Stufen „an den Urteilen von männlichen weißen Personen ausrichten, die eine individualistische Wertorientierung vertreten. Die Stufen repräsentieren nicht die Entwicklung des moralischen Urteils bei Frauen oder in anderen Kulturen" (Woolfolk, 2008, S. 121). Gilligan regt eine andere Ethik der *Fürsorge und Anteilnahme* (caring) an. Frauen definieren sich – so Gilligan – überwiegend über Beziehungen, während Männer sich typischerweise über unpersönliche, abstrakte Prinzipien definieren. Gilligan kennt nicht ganz so starre Stufen wie Kohlberg. Dennoch können drei Stufen unterschieden werden (Garz, 2008, S. 116 ff.): Das Individuum entwickelt sich in dieser Vorstellung von der bevorzugten Berücksichtigung der eigenen Person in einer egoistischen Perspektive (Orientierung am individuellen Überleben) zu einer Stufe, in der die absolute Isolierung zu einer absoluten Anpassung überführt wird (Orientierung an Konventionen), bis hin zu einer Stufe des Wechselspiels von Eigen- und Fremdinteressen, der Verantwortung und Fürsorge (Moral der Gewaltlosigkeit). Die Arbeiten von Gilligan sind ein gutes Beispiel, wie die feministische Forschung eine neue Perspektive einbringen kann.

Zurück zum Kohlberg-Ansatz. Dieser konzentriert sich auf die *vertikale* Struktur der Kompetenz bzw. der Kompetenzentwicklung. Das ist ohne Zweifel die große Stärke des Ansatzes. Für den unterrichtlichen Alltag ist jedoch auch die *horizontale* Struktur, d. h. die Zerlegung moralischer Kompetenz in Teilkompetenzen wichtig, wenn es etwa darum geht, die Teilkompetenzen in kleinen Etappen zu fördern. Hier bleibt der Ansatz vergleichsweise unbestimmt. Lind formuliert gar: „Insgesamt gesehen, stehen wir immer noch am Anfang beim Verstehen, was alles zur moralischen Urteilsfähigkeit gehört" (2003, S. 74). Ein Blick auf die von Lind vorgeschlagenen „Teilfähigkeiten" moralischer Urteilsfähigkeit führt zu einer hohen Überdeckung mit den Vorstellungen, die unter dem Stichwort „Sozialkompetenz" thematisiert wurden.

Teilfähigkeiten der moralischen Urteilsfähigkeit bei Lind
▶ Eigene moralische Prinzipien auch anwenden, wenn sie mit eigener Meinung in Konflikt geraten
▶ Gegenargumente anhören und ernsthaft erwägen
▶ Eigene vorgefasste Meinung überdenken und ggf. revidieren
▶ Eigener Prinzipien bewusst werden
▶ Umstände und Fakten der Situation beachten
▶ Eigene Prinzipien nach Wichtigkeit und Angemessenheit unterscheiden können
▶ Bei Konflikten zwischen gleichrangigen Prinzipien Meta-Prinzipien finden und mit deren Hilfe auflösen
▶ Eigene Prinzipien im sozialen Kontext artikulieren
▶ Argumenten anderer zuhören können

Übersicht 5: Teilfähigkeiten moralischer Urteilsfähigkeit nach Lind, Quelle: Lind, 2003, S. 74 f.

4.2.4 Verhaltensauffällige Schülerinnen und Schüler

Als Sonderfall von Lernenden mit geringer Sozialkompetenz werden hier verhaltensauffällige Person verstanden. Dies sind Personen, die im Verhalten von den sozialen Normen abweichen, wobei die Abweichung von anderen Personen als negativ erlebt wird. Gleichbedeutend wird hier die Bezeichnung „sozial abweichendes Verhalten", „Devianz" und „deviantes Verhalten" verwendet. Eine solche Verhaltensauffälligkeit liegt beispielsweise vor, wenn eine Schülerin oder ein Schüler andere mobbt. Mobbing ist eine schwerwiegende Form der Gewalt oder Aggression, die in Kapitel 11 vertieft wird. Als besonders schwere Form der Verhaltensauffälligkeit wird hier die Verhaltensstörung angesehen. Unter einer Verhaltensstörung wird ein Verhalten verstanden, das von den formellen Normen einer Gesellschaft und bzw. oder von den informellen Normen einer Gruppe nicht nur einmalig und in schwerwiegendem Ausmaß abweicht, wobei entwicklungs- und krisenbedingte, situations- und personenabhängige Auffälligkeiten nicht als Verhaltensstörung gesehen werden (Vernooij, 2007). Eine Verhaltensstörung begründet in der Schule einen sonderpädagogischen Förderbedarf und wird in der Regel gutachterlich festgestellt, beispielsweise von der Schulpsychologie. Oft sind die Probleme so schwerwiegend, das eine Beschulung außerhalb der Regelschule in einer Förderschule erfolgt. Verhaltensauffälligkeiten lassen sich in verschiedene Gruppen klassifizieren.

Verhaltensauffälligkeiten	
Extroversiv (nach außen gerichtet)	▶ Aggressivität (verbal und physisch) ▶ Hyperaktivität ▶ Impulsivität ▶ Provokation, Aufsässigkeit, Tyrannei, Machtgebaren, Gewalttätigkeit
Introversiv (nach innen gerichtet)	▶ Ängstlichkeit, Gehemmtheit, Überempfindlichkeit, Motivationslosigkeit ▶ Depressivität, psychosomatische Störungen, z. B. Kreislauf- oder Schlafprobleme, Selbstwertprobleme
Sozial-infantil (altersunangemessen)	▶ Entwicklungsstörung, Regressivität, Belastbarkeitsstörung ▶ Konzentrations- und Aufmerksamkeitsprobleme, Sprach-, Sprech- und Stimmstörungen
Sozial-delinquent (sozial-destruktiv bis kriminell)	▶ Hohe Risikobereitschaft, Hemmschwellenveränderung ▶ Personen- oder Sachbeschädigung, Eigentumsdelikte, Gewaltverbrechen, Verstoß gegen das Betäubungsmittelgesetz

Übersicht 6: Formen der Verhaltensauffälligkeiten nach (Vernooij, 2007, S. 326)

Für die Gruppe der verhaltensauffälligen Schülerinnen und Schüler sind ‚grundlegende' Sozialkompetenzen zu fördern, die für andere Zielgruppen und in anderen Kontexten oft selbstverständlich sind. Zu nennen sind insbesondere die folgenden Teilkompetenzen der Sozialkompetenz:[13]

- **Kompetenz zur Artikulation um soziale Beziehungen einzugehen**: Gespräche initiieren, Andere loben, Hilfestellungen anbieten, Verantwortung artikulieren und übernehmen, selbstsicher eigene Bedürfnisse ausdrücken und unfaire Regeln in Frage stellen
- **Kompetenz zur Interpretation in schulischen Lernwelten**: Aufmerksam zuhören; Wenn nötig, um Hilfe bitten; Ablenkungen von Mitschülerinnen und Mitschülern ignorieren
- **Kompetenz zur Situationseinschätzung, insbesondere der Verlässlichkeit**: Soziale Regeln akzeptieren, anerkennen und Versprechen einhalten
- **Kompetenz zur Selbstkontrolle**: Kontrolle der negativen Emotionen und angemessene Reaktion auf Kritik, Ignorieren von Hänseleien
- **Konfliktkompetenz**: Möglichkeiten zur Konfliktlösung jenseits von Gewalt beherrschen

Die Erfassung, ob und welche Schülerinnen und Schüler in der Klasse verhaltensauffällig sind, ist im Prozessmodell ein Teil der Bedingungsanalyse, die in Kapitel 7 vertieft wird. Ein in der Bedingungsanalyse festgestellter besonderer pädagogischer Förderbedarf kann zu einer akzentuierten Förderung der Sozialkompetenz führen, die in Kapitel 20 vertieft wird.

4.2.5 Sozialkompetenz: Das hier zugrunde gelegte Verständnis

Das hier verwendete Kompetenzmodell, das in der Toolbox (TB-4.2) wiedergegeben wird, versucht die verschiedenen Traditionen für die curriculare Analyse nutzbar zu machen. Verfolgen Sie bitte das Modell parallel zum Lesen dieses Abschnitts.

Im Zentrum einer sozialkommunikativen Situation steht hier, wie bei Schulz von Thun ausgearbeitet, das Artikulieren mit den vier Schnäbeln und Interpretieren mit den vier Ohren: Das Artikulieren verlangt, sich auf der Sachebene zu äußern (Sachebene), sich über die Beziehung zum Gegenüber zu äußern (Beziehungsebene), sich in der Situation selbst kundzugeben (Selbstkundgabe) sowie die Absichten auszudrücken (Appellebene). Das Interpretieren verlangt es, auf der Sachebene aktiv zuzuhören und zu interpretieren (Sachebene), die Beziehung zum Gegenüber zu interpretieren (Beziehungsebene), die Kundgabe in der Situation zu analysieren (Selbstkundgabe) sowie die Absicht des Kommunikationspartners zu analysieren (Appellebene). Damit sind im Kompetenzmodell die ersten beiden Teilkompetenzen der Sozialkompetenz ausdifferenziert.

Während des Artikulierens und Interpretierens erfolgt eine Einschätzung der sozialkommunikativen Situation. Dies verlangt in affektiver Hinsicht, dass Lernende bereit sind, über die eigene Kommunikation und die eigenen Handlungen nachzudenken und die Umstände und Fakten der Situation zu beachten und setzt Werte für die Bewertung voraus. Unter Umständen muss der Lernende dann die eigene sozialkommunikative Situation zum Thema machen. Der Lernende schwebt gleichsam wie ein Engel aus sich heraus, betrachtet sich und kommuniziert über diese Situation.

Sozialkompetenz	
Artikulieren	▶ Sich auf der Sachebene äußern (Sachebene) ▶ Sich über die Beziehung zum Gegenüber äußern (Beziehungsebene) ▶ Sich in der Situation selbst kundgeben (Selbstkundgabe) ▶ Absichten ausdrücken (Appellebene)
Interpretieren	▶ Auf der Sachebene aktiv zuhören und interpretieren (Sachebene) ▶ Beziehung zum Gegenüber interpretieren (Beziehungsebene) ▶ Selbstkundgabe in der Äußerung interpretieren (Selbstkundgabe) ▶ Absichten interpretieren (Appellebene)
Situation einschätzen & Metakommunizieren	▶ Umstände und Fakten der Situation beachten ▶ Äußerungen über die sozialkommunikative Situation artikulieren ▶ Äußerungen über die sozialkommunikative Situation interpretieren

Übersicht 7: Sozialkompetenz

Sozialkompetenz (SoKo) betrifft die Relation „Meine Anderen und Ich". „Sozialkompetenz" wird hier gleichbedeutend mit „kommunikativer Kompetenz" verstanden. „Moralische (Urteils-)Kompetenz" wird als Teil der Sozialkompetenz verstanden.

Definition 1:   Sozialkompetenz
Sozialkompetenz ist eine kognitive und affektive Disposition, die dem Individuum ermöglicht, variable sozialkommunikative Situationen selbständig, erfolgreich und verantwortungsvoll zu gestalten, d. h. zu artikulieren und interpretieren, die Situation einzuschätzen und Metakommunikation zu betreiben.

Die aufgelisteten Teilkompetenzen können, ähnlich wie bei Lernkompetenzen, in einem zweiten Schritt weiter präzisiert werden. Dazu werden zunächst die relevanten (sozialkommunikativen) Situationen abgegrenzt. Beispiele für den Einzelhandel sind das Verkaufsgespräch (Lernfeld 2), das Arbeiten an der Kasse (Lernfeld 3) oder das Verhalten bei Ladendiebstählen (Lernfeld 10). Die Beispiele zeigen, dass der Beruf der Kauffrau bzw. des Kaufmanns an vielen Stellen mit sozialkommunikativen Situationen zu tun hat und diese sich bereits in den noch darzustellenden Ordnungsunterlagen niederschlagen. Es fällt an vielen Stellen schwer zu entscheiden, ob es sich um eine Fachkompetenz oder um eine sozialkommunikative Kompetenz handelt. Zum Teil werden umfangreiche Phasenmodelle verwendet, die beispielsweise beim Verkaufsgespräch von der Begrüßung bis zum Cross-Selling, zur Bekräftigung des Kunden und Verabschiedung reichen. Hinzu kommen Situationen, die nicht über die Ordnungsunterlagen vorgegeben sind, die aber die Lehrkraft, der Berufsbereich der Schule oder die Schule insgesamt für wichtig hält. So mag es eine Schule für wichtig erachten, die Schülerinnen und Schüler für Bewerbungs- bzw. damit verbundene Gesprächssituationen nach der Ausbildung zu qualifizieren. Das Verfahren ist, wie bei der Lernkompetenz, durch die Kompetenzpräzisierungsmatrix (TB-4.5) bestimmt: Die Teilkompetenzen aus dem Kompetenzmodell werden für die Phasen der ausgewählten Situation präzisiert. In vielen Fällen wird das zu aufwändig sein; in anderen Fällen, zum Beispiel beim Verkaufsgespräch im Einzelhandelsbereich, ist dies üblich.

4.3 Selbstkompetenz (SeKo) bestimmen und präzisieren

4.3.1 Selbstkompetenz: Das Spektrum in der Literatur
Eine weitere Kompetenzdimension, die im Kompetenzmodell ausgewiesen wird, ist die Selbstkompetenz. Die Selbstkompetenz ist in der Berufs- und Wirtschaftspädagogik – gerade im Vergleich zur Sozialkompetenz und zur moralischen Urteilskompetenz – recht wenig erforscht. In der Literatur wer-

den neben „Selbstkompetenz" auch die Bezeichnungen „Personale Kompetenz", „Humankompetenz", „Empowerment" oder „Identität" verwendet.

Personale Kompetenz umfasst im Ansatz von John Erpenbeck u .a. die „Fähigkeiten, das eigene Handeln selbstorganisiert, selbstreflexiv und kritisch zu hinterfragen und eigene produktive, kreativitätsfördernde Einstellungen, Werthaltungen, Ideale usw. zu entwickeln" (Erpenbeck, 2009, S. 98).

Die KMK-Handreichungen für die Erarbeitung von Rahmenlehrplänen für den berufsbezogenen Unterricht in der Berufsschule (KMK, 2011) bestimmen *Selbstkompetenz* als die „Bereitschaft und Fähigkeit, als individuelle Persönlichkeit die Entwicklungschancen, Anforderungen und Einschränkungen in Familie, Beruf und öffentlichem Leben zu klären, zu durchdenken und zu beurteilen, eigene Begabungen zu entfalten sowie Lebenspläne zu fassen und fortzuentwickeln. Sie umfasst Eigenschaften wie Selbstständigkeit, Kritikfähigkeit, Selbstvertrauen, Zuverlässigkeit, Verantwortungs- und Pflichtbewusstsein. Zu ihr gehören insbesondere auch die Entwicklung durchdachter Wertvorstellungen und die selbstbestimmte Bindung an Werte" (KMK, 2011, S. 15). Die KMK-Handreichungen setzen heute die Selbstkompetenz neben die Fach- und die Sozialkompetenz. In früheren Fassungen (KMK, 2007) wurde statt „Selbstkompetenz" der Begriff *„Humankompetenz"* verwendet. Der neue Begriff soll „stärker den spezifischen Bildungsauftrag der Berufsschule (aufgreifen, K.W.) und greift die Systematisierung des DQR auf" (KMK, 2011, S. 11). Der Begriff der Humankompetenz wird auch bei Heinrich Roth verwendet.

Aus der sozialen Arbeit stammt der verwandte Begriff des Empowerments. In der sozialen Arbeit bedeutet Empowerment die „Selbstbefähigung und Selbstbemächtigung, Stärkung von Eigenmacht, Autonomie und Selbstverfügung. ... Empowerment ... zielt auf die (Wieder-) Herstellung von Selbstbestimmung über die Umstände des eigenen Alltags" (Herriger, 2006, S. 20). Dieser aus der Sozialarbeit kommende Begriff wurde inzwischen auch in das Repertoire der Personalführung aufgenommen. Dort ist Empowerment „the process of unleashing the power in people – their knowledge, experience, and motivation – and focusing that power to achieve positive outcomes for the organization" (Blanchard, 2010, S. 58).

Mit der Selbstkompetenz ist der Begriff der Identität und der Identitätsentwicklung verwandt. Dies ist ein grundlegender Begriff in verschiedenen Disziplinen, insbesondere der Soziologie und der Psychologie (Frey & Haußer, 1987).

4.3.2 Selbstkompetenz, erster Teil: Das Selbstkonzept

Die Selbstkompetenz hat nach meinem Verständnis drei Teile: Das Selbstkonzept, das Selbstwertgefühl sowie das moralische Selbst.

4.3.2.1 Selbstkonzept: Was darunter verstanden wird

„Wer bin ich?" – Diese Frage stellt in psychologischer Sprechweise die Frage nach dem eigenen Selbstkonzept. Wild, Hofer und Pekrun (2001) halten es für sinnvoll, „das Selbstkonzept als eine Gedächtnisstruktur zu definieren, die alle selbstbezogenen Informationen einer Person enthält. Hierunter fällt auch das Wissen über die persönlichen Vorlieben, Einstellungen und Überzeugungen" (S. 228). Das Selbstkonzept (self-concept) ist kognitiv, beispielsweise mein Wissen über meine Stärken und Schwächen. Dabei wird ein tatsächliches Selbst (actual self) unterschieden vom Idealbild, wie wir gerne sein möchten (ideal self) und der Vorstellung, wie wir meinen, dass wir sein sollten (ought self).

Wortwörtlich: Thomas D. von den Fanta4 in „Mein Schwert"

Wen siehst du, wenn du dir im Spiegel gegenüber stehst?
Wen siehst du, wenn du keinen außer deinen Wegen gehst?
Wen siehst du, wenn du dich für niemand anderen hältst?

Bild 6: Thomas D. Von weekender73 (Boris Macek). Zitat: Die Fantastischen Vier (2004)

Das Wissen über sich selbst unterscheidet sich grundsätzlich nicht vom Wissen über andere Personen oder Sachen (Filipp, 1984, S. 130). Weit verbreitet ist die Vorstellung einer *hierarchischen Struktur* nach dem Shavelson-Modell von Shavelson, Hubner & Stanton (1976). Das Selbstkonzept von Schülerinnen und Schülern zerteilt sich in dieser Vorstellung hierarchisch in verschiedene Teile. Es umfasst sowohl schulische Selbstkonzepte (academic self-concept) als auch nicht-schulische Selbstkonzepte (non-academic self-concept). Das schulische Selbstkonzept wird auch „akademisches Selbstkonzept" bzw. als „akademisches Fähigkeitsselbstkonzept" bezeichnet. Es bezieht sich auf „akademische Leistungssituationen (etwa in Schule oder Universität)" (Dickhäuser, Schöne, Spinath & Stiensmeier-Pelster, 2002, S. 394). Eines der nicht schulischen Teilkonzepte ist das körperliche Selbstkonzept der Person, d. h. beispielsweise die Vorstellung der Person über sich selbst, ob sie sich selbst als körperlich attraktiv ansieht oder nicht. Ein anderes Teilkonzept ist das Selbstkonzept der Person als Englisch-Lernende, z. B. die Antwort, ob sie sich selbst als gute Englisch-Lernende sieht oder nicht. Die folgende Graphik zeigt das Shavelson-Modell anhand der Fächerstruktur für angehende Industriekaufleute in Bayern. Dabei wird ein beruflich-betriebliches Selbstkonzept ergänzt, das für die berufliche Bildung hinzukommt.

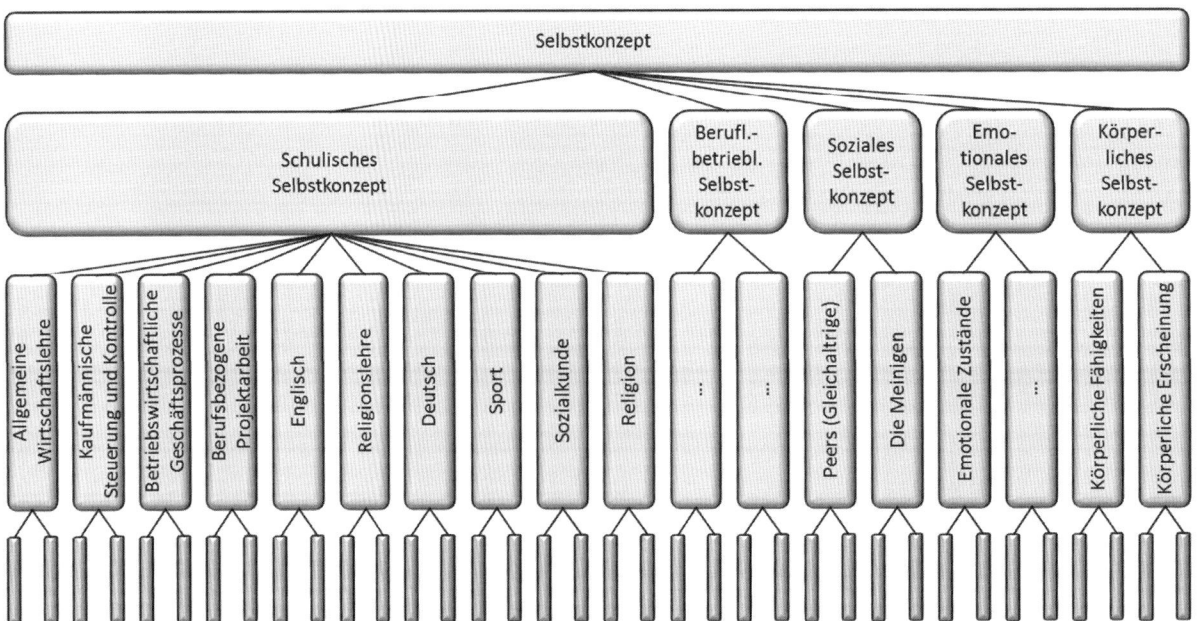

Übersicht 8: Hierarchische Struktur des Selbstkonzepts nach Shavelson, Hubner & Stanton (1976)

Gerade das schulische Selbstkonzept hat einen starken direkten Einfluss auf das Handeln der Schülerinnen und Schüler in der Klasse: Warum sollte sich beispielsweise ein Schüler in Englisch ernsthaft anstrengen, wenn er der Meinung ist, dass er ohnehin ein schlechter Englisch-Lerner ist und es eigentlich ohnehin vergebliche Mühe ist? In der internationalen und nationalen Forschung wird in der pädagogischen Psychologie vor allem dieser Zusammenhang zwischen dem schulischen Selbstkonzept und der schulischen Leistung herausgearbeitet (Dickhäuser, 2006).

Das Selbstkonzept ist Wissen über sich selbst. Wissen hat grundsätzlich eine Netzwerkstruktur, d. h. die einzelnen Konzepte, hier: die Selbstkonzepte, sind durch verschiedene Relationen verbunden. Eine hierarchische Struktur des Selbstkonzeptes wie im Shavelson-Modell kann als ein Sonderfall einer Netzwerkstruktur verstanden werden, das über hierarchische Relationen aufgespannt wird. In einem neueren Ansatz wird von Hannover (1997) die *Netzwerkstruktur des Selbstkonzepts* betont. Hannover verdeutlicht dies an folgendem Beispiel.

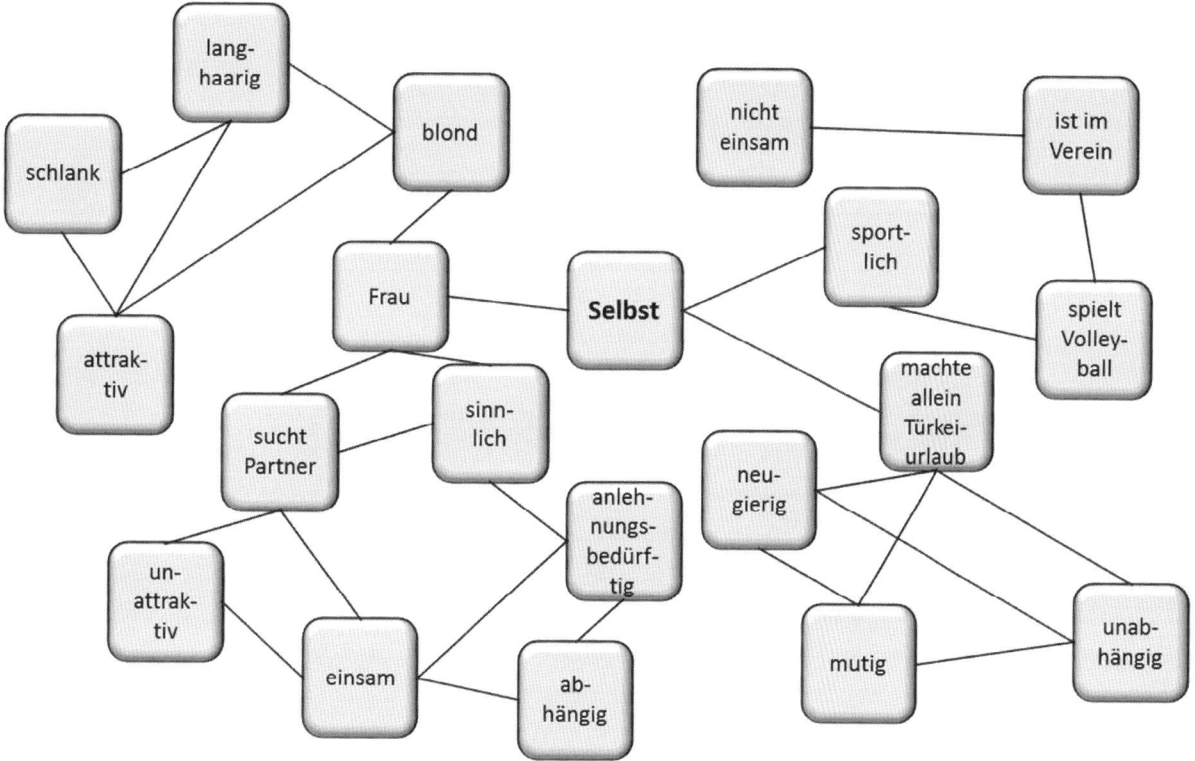

Übersicht 9: Strukturmodell (Ausschnitt) des Selbstkonzepts nach Hannover (1997, S. 23)

Das Selbstkonzept – beziehungsweise der in der Abbildung wiedergegebene Ausschnitt – ist netzwerkförmig. Anders als im Shavelson-Modell sind die Relationen nicht nur hierarchischer Art. Das Selbstkonzept besteht aus einem Netz von ‚Teilselbstkonzepten‘, z. B. „machte allein Türkeiurlaub“. Dieses Teilkonzept ist verbunden mit „unabhängig“ und „neugierig“. Die Frau sieht sich selbst als unabhängig und neugierig, wenn dieser Teil des Netzwerkes aktiviert ist. Es kann jedoch zu ganz anderen, ja wiedersprechenden Informationen kommen. Zum Beispiel führen im wiedergegebenen Netzwerk die Konzepte bzw. Begriffe „Frau“, „sinnlich“, „anlehnungsbedürftig“ und „abhängig“ zu gegenteiligen Aussagen, wenn dieser Teil des Netzwerkes aktiviert wird. Das Netzwerk wird hier an verschiedenen Stellen aktiviert und – je nach aktiviertem Teilnetzwerk – ergeben sich unterschiedliche Einschätzungen des Selbst. So sieht sich im Beispiel die Frau einmal abhängig, ein anderes Mal als unabhängig.

Das Selbst ist in dieser Vorstellung nicht fix und statisch, daher spricht Hannover auch vom „dynamischen Selbst“. Das Selbst ist in Bewegung, und zwar aufgrund von Kräften, die durch die jeweilige soziale Umgebung gegeben sind. Das Selbst ist damit multipel, d. h. „es besteht aus mehreren kontextgebundenen Substrukturen“ (Hannover, 1997, S. 4). Und das Selbst ist flexibel, d. h. „zu einem gegebenen Zeitpunkt wird nur auf eine Teilmenge der Substrukturen zurückgegriffen" (Hannover, 1997, S. 4).

4.3.2.2 Quellen des Wissens über sich selbst

Der Mensch ist ein aktiver Konstrukteur des Wissens, auch des Wissens über sich selbst (Filipp, 1984). Zur Konstruktion des Wissens nutzt er fünf Quellen selbstbezogenen Wissens.[14]

▶ **Direkte Rückmeldung durch andere Personen:** In der täglichen Kommunikation werden einer Person durch andere Personen direkt Eigenschaften zugewiesen. So sagt die Lehrkraft einem Schüler, dass sie ihn für faul hält oder der Liebhaber seiner Muse, dass er sie attraktiv findet. Eine Person erhält nach einer direkten Rückmeldung recht klare selbstbezogene Informationen. Häufig stehen jedoch – gerade bei negativen Eigenschaften – Normen der Höflichkeit der Weitergabe dieser direkten Informationen gegenüber. Eine besondere Form der direkten Rückmeldung ist das Feedback.

▶ **Indirekte Rückmeldungen durch andere Personen:** Häufiger als direkte Rückmeldungen erfolgen indirekte Rückmeldungen, d. h. eine Person erhält Informationen zu sich selbst, wenn sie das Handeln anderer Personen erschließt. Wenn etwa beim Sport eine Schülerin durch andere Schülerinnen und Schüler nicht gewählt wird, so ist dies ein deutlicher Hinweis für Unbeliebtheit oder mangelnde Sportlichkeit. Ob die Schülerin nun unbeliebt oder unsportlich ist, muss sie interpretativ erschließen, so dass die Fehleranfälligkeit indirekter Rückmeldungen hoch ist. D. h. indirekte Rückmeldungen verlangen eine deutlich stärkere Interpretation und sind damit für Missverständnisse anfälliger.

▶ **Soziale Vergleiche mit anderen Personen:** Bei der direkten oder indirekten Rückmeldung werden selbstbezogene Informationen aus der Umwelt verarbeitet. Der Mensch übernimmt jedoch selbst auch eine aktive Rolle bei der Konstruktion von Wissen: Menschen vergleichen sich selbst mit anderen Menschen. Die Theorie des sozialen Vergleichs geht davon aus, dass Menschen etwas über sich selbst in Erfahrung bringen, indem sie sich mit anderen Menschen vergleichen. Dies geschieht vor allem dann, wenn eine Person aufgrund von fehlenden sachlichen Maßstäben Schwierigkeiten hat, seine Leistung einzuschätzen. In diesem Fall sucht er den Vergleich mit Menschen, die einen ähnlichen Hintergrund haben wie er selbst. Auf der Suche nach dem höchsten erreichbaren Standard wird ein aufwärtsgerichteter Vergleich mit Personen, die besser sind, vorgenommen. Demgegenüber hat ein abwärtsgerichteter Vergleich eine selbstwertschützende oder -steigernde Funktion.

▶ **Interpretationen und Beobachtungen des eigenen Handelns:** Die Beobachtung des eigenen Handelns ermöglicht einer Person selbst Rückschlüsse auf die dahinter liegende Tiefenstruktur, etwa Präferenzen. Wenn eine Person oft joggt, sieht sie durch diese Handlung, dass sie das Bedürfnis nach Bewegung, nach Alleinsein usw. hat.

▶ **Vergleichende Konstruktion von Wissen:** Personen können zur Gewinnung von selbstbezogenen Informationen über sich selbst nachdenken und Informationen aus dem Vergleichen mit Idealen (ideale Vergleiche), der Vergangenheit oder der Zukunft (intertemporale Vergleiche) sowie der Kompetenz oder dem Handeln in anderen Dimensionen (dimensionale Vergleiche) heranziehen.

Diese Quellen des Wissens über sich selbst sprudeln für eine Person ihr Leben lang. Das Selbstkonzept ist daher nicht etwas, was eine erwachsene Person einmal definiert und dann bis an das Lebensende hat, sondern ist ständig in Bewegung. Die berufs- und wirtschaftspädagogische Arbeit zielt darauf, dass eine Person ihr Selbstkonzept weiter ausdifferenziert, also mehr über sich selbst lernt, und gleichzeitig darauf, dass dieses Selbstkonzept realistisch ist, d. h. mit den Möglichkeiten und Grenzen einer Person abgeglichen ist.

4.3.2.3 Selbstwirksamkeitsüberzeugung und persönliche Ziele als Teil des Selbstkonzepts

Zwei didaktisch besonders wichtige Teile des Selbstkonzepts sind die Selbstwirksamkeitsüberzeugung sowie die persönlichen Ziele des Individuums.

Zunächst zu den *Selbstwirksamkeitsüberzeugungen*. Überzeugungen sind ein wichtiger Teil des Wissens. Eine zentrale Überzeugung, die dem Selbstkonzept zuzurechnen ist, ist die Selbstwirksamkeit (self efficacy expectation). Selbstwirksamkeit wird hier verstanden als subjektive Überzeugung einer Person, eine neue oder schwierige Situation aufgrund der eigenen Kompetenzen bewältigen zu können, also erfolgreich in dieser Situation handeln zu können. Die Selbstwirksamkeit wird auch als „Selbstwirksamkeitsüberzeugung" bzw. „Selbstwirksamkeitserwartung" bezeichnet (Krapp & Ryan, 2002; Schwarzer & Jerusalem, 2002). Im Gegensatz zu einer allgemeinen Erwartung etwa der Art „*Man* könnte einen guten Job finden, wenn *man* sich anstrengt" betrifft die Selbstwirksamkeit die Person selbst im Sinne „*Ich* könnte einen Job finden, wenn *ich* mich anstrenge." Die Selbstwirksamkeit ist damit ein didaktisch wichtiger Teil des Selbstkonzepts (Woolfolk, 2008, S. 406). Die Selbstwirksamkeit lässt sich auf vier Quellen zurückführen (Bandura, 1997, S. 79 ff.)

▶ **Eigenes Kompetenzerleben**: Das Erleben der eigenen Kompetenz (enactive mastery experiences) gilt als stärkste Quelle der Selbstwirksamkeit (Bandura, 1997, S. 80). Der Erfolg stärkt die Selbstwirksamkeit, ein Misserfolg untergräbt die Selbstwirksamkeit. Die Selbstwirksamkeit beruht auf subjektiven Erklärungen, den sogenannten Attributionen, für Erfolge und Misserfolge in der Vergangenheit. Erst wenn ein Erfolg bzw. ein Misserfolg auf sich selbst – und nicht etwa auf Zufall – zurückgeführt werden kann, haben Erfolg oder Misserfolg eine Auswirkung auf die Selbstwirksamkeit.

▶ **Stellvertretende (Kompetenz-)Erfahrungen**: Auch stellvertretende Handlungen (vicarious experiences), also die Handlungen anderer Personen und deren Erfolg bzw. Misserfolg, haben Auswirkungen auf die Selbstwirksamkeit. Scheitert ein Vorbild, mit dem sich eine Person identifiziert, sinkt die Selbstwirksamkeit, ist das Vorbild erfolgreich, steigt die Selbstwirksamkeit.

▶ **Verbale Ermutigungen**: Eine verbale Ermutigung bzw. eine soziale Überredung (verbal persuasion) ist eine Ausführung oder eine Rückmeldung von anderen Personen auf das eigene Handeln. Nach Bandura kann eine verbale Ermutigung allein die Selbstwirksamkeit nicht dauerhaft steigern, wohl aber zu erhöhter Anstrengung motivieren und gelegentliche Rückschläge verhindern (1997, S. 101)

▶ **Erregung**: Die Erregung (physiological and affective states) hat eine Auswirkung auf die Selbstwirksamkeit. Körperliche Erregungszustände, etwa Händezittern oder Schweißausbrüche, oder emotionale Erregungszustände, etwa Ängste, Euphorie, geben einer Person Informationen über die eigenen Kompetenzen und beeinträchtigen – etwa bei Angst – oder fördern – etwa bei Euphorie – die Selbstwirksamkeit.

Die Selbstwirksamkeitsüberzeugung ist ein wichtiger Faktor, der die Anstrengung von Menschen, die Entscheidung für oder gegen Alternativen, die Ausdauer bei Misserfolgen oder das Stresserleben erklären kann. Eine niedrige Selbstwirksamkeit bedeutet, dass die Person der Überzeugung ist, dass sie eine Situation aufgrund ihrer Kompetenzen nicht gestalten kann. Sie wird sich daher weniger anstrengen, die vermeintlich bequemere Alternative wählen, weniger ausdauernd sein und gestresster erscheinen als eine Person mit einer hohen Selbstwirksamkeit. Eine niedrige Selbstwirksamkeit kann zu einer erlernten Hilflosigkeit (Learned-Helplessness) führen (Seligman & Petermann, 2011). Bei einer erlernten Hilflosigkeit werden Kompetenzen aufgrund von Vorkommnissen, die als belastend erlebt werden, eingeschränkt und die Vorkommnisse überhaupt nicht mehr in Frage gestellt oder bewältigt, obwohl sie im Lichte Außenstehender eine Chance dazu hätten.

Definition 2:   Selbstwirksamkeit

Die Selbstwirksamkeit bzw. Selbstwirksamkeitsüberzeugung (self efficacy expectation) ist die subjektive Überzeugung einer Person, eine neue oder schwierige Situation aufgrund der eigenen Kompetenzen bewältigen zu können, also erfolgreich in dieser Situation handeln zu können.

Ein zweiter didaktisch zentraler Teil des Selbstkonzepts sind die *persönlichen Ziele einer Person*. Die grundlegende Bedeutung von Zielen und persönlichen Zielen wird in der Zielsetzungstheorie (Goal Setting Theory) von Edwin A. Locke und Gary P. Latham herausgearbeitet. Ein Ziel ist in dieser Theorie ein „object or aim of an action, for example, to attain a specific standard of proficiency, usually within a specified time limit" (Locke & Latham, 2002, S. 705). Ziele haben in der Zielsetzungstheorie mehrere Funktionen: Sie lenken die Aufmerksamkeit der Person und die Anstrengung hin zu zielrelevanten Aktivitäten und weg von zielirrelevanten Aktivitäten. Sie energetisieren Menschen und sie beeinflussen die Ausdauer. Schließlich regen sie das Bewusstsein, den Erwerb und den Gebrauch von aufgabenrelevanten Wissen und Strategien an.

Ziele, die den Menschen motivieren, haben im Sinne der Zielsetzungstheorie zwei Eigenschaften: Sie sind anspruchsvoll-schwierig, aber erreichbar (goal difficulty) und sie sind spezifisch, d. h. klar und präzise (goal specificity). Ein spezifisches und anspruchsvolles Ziel wird von einer Person gewählt, wenn das Ziel eine hohe persönliche Bedeutung hat, also von dieser Person akzeptiert ist, und wenn eine hohe Selbstwirksamkeitseinschätzung vorliegt.

In beruflichen Schulen werden berufliche Ziele sowie Ziele bezüglich Schule und Betrieb im Vordergrund stehen. Gleichwohl können auch weitere Lebensbereiche Gegenstand der schulischen Arbeit sein. Zu nennen sind insbesondere Gesundheitsziele, wie zum Beispiel „Ich treibe jede Woche Sport", intellektuelle Ziele, wie etwa „Ich erlerne im nächsten halben Jahr den Umgang mit Facebook", spirituelle Ziele, wie etwa „Ich gehe einmal im Monat in die Kirche", soziale Ziele oder familiäre Ziele, etwa „Ich spreche einmal in der Woche ausführlich mit meinen Eltern" (Dogra, 2012).

Ziele im Sinne der Zielsetzungstheorie sollten SMART sein (Latham, 2009, S. 37): Ein Ziel sollte spezifisch (specific), messbar (measurable), anspruchsvoll (attainable), relevant (relevant) und terminiert (timebound) sein. In der Toolbox wurde eine entsprechende Checkliste aufgenommen (TB-14.3).

Definition 3:   Selbstkonzept

Das Selbstkonzept (self concept) ist der kognitive Teil der Selbstkompetenz und umfasst das aufgrund verschiedener Quellen von der Person aufgebaute Wissen einer Person über sich selbst. Die Selbstwirksamkeitsüberzeugung und die persönlichen Zielen sind Teil des Selbstkonzepts.

4.3.3   Selbstkompetenz, zweiter Teil: Selbstwertgefühl

Vom Selbstkonzept (self concept), dem kognitiven Aspekt von Selbstkompetenz, wird hier das Selbstwertgefühl (self esteem) als emotionale Komponente von Selbstkompetenz unterschieden.[15] Dabei geht es beispielsweise um Stolz oder Scham, Überlegenheit oder Unterlegenheit, Wohlbefinden, (Selbst-)Zufriedenheit und um Selbstachtung (Frey & Haußer, 1987, S. 20). Von diesen auf sich selbst gerichteten Emotionen können Emotionen unterschieden werden, die sich auf andere Personen richten (Keller, 2005). Diese wären als Emotionen der Sozialkompetenz zuzuordnen. Empathie oder Mitgefühl bedeutet eine Mitempfindung mit den Belangen anderer, wenn andere leiden oder wenn die Prinzipien der Gerechtigkeit oder der Fürsorge verletzt sind. Ärger und Wut entstehen, wenn sich die eigene Person von anderen Personen unmoralisch behandelt sieht. Empörung, Ärger und Verachtung liegt dann bei einer Person vor, wenn andere Personen für Handlungen oder Handlungsfolgen verantwortlich sind und diese als moralisch falsch angesehen werden.

Selbstwertgefühl ist einerseits ein Treiber der Selbstkonzeptentwicklung, andererseits jedoch auch ein Resultat des Selbstkonzepts (Heppner, 2011, S. 340). Die berufs- und wirtschaftspädagogische Arbeit zielt auf ein angemessen hohes Selbstwertgefühl der Lernenden. Allerdings ist die Höhe allein nicht ausschlaggebend, sondern auch die Frage, ob das Selbstwertgefühl stabil und situationsabhängig ist (Heppner, 2011, S. 329 ff.). Ein nicht stabiles Selbstwertgefühl ist unsicher und verletzlich für Kräfte, die von außen auf das Individuum wirken. Das Selbstwertgefühl muss verteidigt werden, beispielsweise vor negativem Feedback, vor Misserfolgen, vor sozialen Ausschlüssen oder vor Konfrontationen mit negativen Aspekten der eigenen Identität. Ein nicht stabiles Selbstwertgefühl geht wie ein Barometer ständig rauf und runter. Das Selbstwertgefühl kann in kleinen Intervallen schwanken: Morgens, mittags, abends. Ein Selbstwertgefühl ist situationsabhängig, wenn das Selbstwertgefühl stark von äußeren Quellen, etwa Leistungsergebnissen oder Akzeptanz durch andere Personen abhängt.

Die berufs- und wirtschaftspädagogische Arbeit zielt daher auf ein angemessen hohes Selbstwertgefühl, eine hohe Stabilität sowie eine angemessene Situationsunabhängigkeit des Selbstwertgefühls. Die Formulierung „angemessen" vermerkt dabei, dass es auch pathologische Formen eines hohen, situationsunabhängigen Selbstwertgefühls geben kann, etwa das übersteigert-arrogante Selbstwertgefühl.

Definition 4: Selbstwertgefühl

Das Selbstwertgefühl (self esteem) ist der emotionale Teil der Selbstkompetenz, beruht auf einer Bewertung von Teilen des Selbstkonzepts und umfasst positive und negative Emotionen, die eine Person auf sich selbst richtet.

4.3.4 Selbstkompetenz, dritter Teil: Moralisches Selbst

4.3.4.1 Identität: Was damit gemeint ist

Die Selbstkompetenz hängt eng mit der Entwicklung der Identität zusammen.[16] Im Sinne der Theorie der ausbalancierten Identität des Soziologen Lothar Krappmann (1971) sind bei der Entwicklung der Identität einer Person sowohl die soziale Anforderungen an die Person als auch die Einzigartigkeit dieser Person auszubalancieren. Die soziale Identität beschreibt, wie die Mitglieder einer Gruppe sein sollten bzw. sind. Eine soziale Identität beschreibt beispielsweise, wie Auszubildende oder Lehrkräfte sein sollten bzw. sind. Die persönliche Identität bezieht sich auf die Einzigartigkeit der Person, d. h. gibt einer Person die Möglichkeit, sich von anderen Personen zu unterscheiden. Die soziale und die persönliche Identität sind miteinander auszubalancieren.

Wortwörtlich: Lothar Krappmann zum Balancieren von Identität

Der Druck auf das Individuum durch die angesonnenen Identitäten geht jedoch in verschiedene Richtungen. Im Falle der »social identity« wird verlangt, sich den allgemeinen Erwartungen unterzuordnen, im Falle der »personal identity« dagegen, sich von anderen zu unterscheiden. Es wird also zugleich gefordert, so zu sein wie alle und so zu sein wie niemand. Auf beiden Dimensionen muss das Individuum balancieren, weil es … weder der einen noch der anderen Anforderung noch beiden voll nachgeben, noch sie gänzlich verweigern kann.

Bild 7: Lothar Krappman. Foto privat. Zitat: Krappmann (1971, S. 78)

Die Identitätsentwicklung ist damit kein Prozess, der irgendwann abgeschlossen wird. Identität ist nicht etwas, was einmal erworben wird und bleibt. Vielmehr ist sie immer vorläufig und unabgeschlossen. Sie stellt den aktuellen Zustand einer Ausbalancierung von sozialer und persönlicher Identität dar.

4.3.4.2 Das moralische Selbst bzw. die moralische Identität

Die bereits dargestellte Theorie der moralischen Urteilsfähigkeit von Kohlberg hebt auf moralisches Denken bzw. Urteilen ab. Sie stellt also den kognitiven Aspekt von Moralität in den Vordergrund. Zwischen dem moralischen *Urteilen* und dem moralischen *Handeln* bzw. *Fühlen* besteht jedoch ein eher schwacher Zusammenhang: Eine moralisch denkende Person ist nicht unbedingt auch eine moralisch fühlende und moralisch handelnde Person (Blasi, 1980). Andererseits haben nicht alle moralisch handelnden Personen auch die Fähigkeit, dies auf intellektuelle Urteile zurückzuführen. Die Theorie des moralischen Selbst (moral self) bzw. der moralische Identität (moral identity) geht daher einen anderen Weg. Die moralische Identität soll damit die Lücke zwischen moralischem Urteil und moralischem Handeln schließen. Die Entwicklung der moralischen Identität ist ein Post-Kohlberg-Modell der Moralentwicklung (Bergman, 2002).

In der Literatur finden sich unterschiedliche Verständnisse vom moralischen Selbst (Hardy & Carlo, 2011; Stets & Carter, 2011). Der Ansatz von Augusto Blasi fragt, zu welchem Grad moralische Orientierungen ein Teil der Identität einer Person sind bzw. geworden sind. Moralische Entwicklung meint dann, dass Moralität und Identität verschmelzen, d. h. als zwei Seiten einer Medaille erscheinen (Aquino & Reed, II, 2002). Im Schema-Ansatz meint die moralische Entwicklung die Ausprägung moralischer Schemata.[17] Die moralischen Schemata übernehmen mehrere Funktionen (Narvaez & Mitchell, 2000), beispielsweise organisieren sie das moralische Wissen einer Person. Mit zunehmender Reife wird das Selbst weniger widersprüchlich und entwickelt – zumindest in Ausschnitten – hierarchische Strukturen.

Die Entwicklung des moralischen Selbst wird hier im Sinne der allgemeineren Vorstellung ausbalancierter Identität als ein Ausbalancieren von sozialer und persönlicher Identität verstanden. Ein Berufsethos wird hier verstanden als eine soziale Identität derjenigen Personen, die zu einem Beruf zu zählen sind. Ein Berufsethos kann sich in Form eines Verhaltenskodex (code of conduct) schriftlich niederschlagen. Verhaltenskodizes wurden bereits für Kaufleute in Form der Leitsätze des ehrbaren Kaufmanns und für Ingenieure als ethische Grundsätze des Ingenieurberufs angeführt. Später wird für Lehrkräfte auf die Bremer Erklärung eingegangen.

> **Definition 5: Moralisches Selbst**
>
> Das moralische Selbst (moral self, moral identity) ist der affektive Teil der Selbstkompetenz, umfasst moralische Anforderungen als Teil der Identität des Individuums und beruht auf einer Ausbalancierung von sozialer und persönlicher Identität.

4.3.4.3 Selbstaufmerksamkeit und Selbstreflexion

Nach der Theorie der Selbstaufmerksamkeit (self awareness) wird durch einen Auslöser die Aufmerksamkeit eines Individuums auf sich selbst gerichtet und anschließend das eigene Handeln mit dem eigenen, subjektiven, idealen Selbstkonzept als Teil des aktivierten Selbstnetzwerks verglichen (Aronson, Wilson & Akert, 2004, S. 158 ff.; Greif, 2008, S. 34 ff.). Beispielsweise kann das Feedback eines Partners oder einer Partnerin oder der Blick in einen Spiegel ein Auslöser sein, über sich selbst nachzudenken und sein Handeln mit der Idealvorstellung zu vergleichen. Im Sinne der angeführten Quellen des Wissens über sich selbst handelt es sich mithin um einen idealen Vergleich.

Eine solche Selbstreflexion ergibt sich im Alltag keineswegs automatisch. Im Gegenteil: Im Alltag gibt es viele Gründe, Selbstreflexion aus dem Weg zu gehen (Trager, 2012, S. 35 ff.). Eine Selbstreflexion ist im Alltag oft nicht notwendig und gar hinderlich: Viele Handlungen im Alltag sind Routinehandlungen, die ohne weitere Selbstreflexion erfolgen. Selbstreflexion kann hier sogar das Handeln behindern, etwa wenn funktionierende Routinen in Frage gestellt werden. Stellen Sie sich beispielsweise vor, Sie würden über jeden Schritt im morgendlichen Bad ausführlich reflektieren. So wäre recht sicher, dass Sie zu spät in die Universität kommen. Außerdem kann Selbstreflexion das subjektiv empfundene Selbstwertgefühl des Individuums bedrohen, so dass der Mensch starke Motive hat, der Selbstreflexion aus dem Wege zu gehen. Ein junger Mann, der sich ‚eigentlich' verändern möchte, aber es nicht schafft, wird sich gelegentlich schämen.

Nach der Theorie der Selbstaufmerksamkeit kann es im Prozess der Selbstreflexion zu einer Abweichung vom idealen Selbstkonzept kommen. Dabei handelt es sich um eine kognitive Dissonanz, zwei Erkenntnisse, also zwei Kognitionen widersprechen sich. So widersprechen sich die Kognitionen „Ich rauche" und „Rauchen ist gesundheitsgefährdend" oder die Kognitionen „Ich praktiziere keinen Safer Sex" und „Ungeschützter Sex ist gefährlich". Kognitive Dissonanzen sind eine Bedrohung und können – je nach Schwere der Dissonanz – zu einer massiven Reaktion des Individuums führen. Erstens kann das Handeln

Kampagne der BZgA zu Safer Sex
Bild 8. Von http://www.machsmit.de

geändert werden, beispielsweise wird das Rauchen aufgegeben oder nur noch Safer Sex betrieben. Dann ist die Dissonanz ‚aufgelöst'. Zweitens werden weitere Kognitionen hinzugefügt, die die dissonante Kognition beseitigen und damit das eigene Handeln rechtfertigen. Beispielsweise wird auf eine Person im Bekanntenkreis verwiesen, die trotz Rauchen oder ausschweifendem Sexualleben steinalt geworden sei. Auf diese Weise wird versucht, eine Kognition, hier die der Gesundheitsgefährdung, zu entwerten. Drittens können als Reaktion auf die kognitive Dissonanz konsonante Kognitionen hinzugefügt werden. Es wird beispielsweise behauptet, dass Rauchen oder ungeschützter Sex zwar schädlich, aber so genussvoll sei, dass es sich lohne, das erhöhte Gesundheitsrisiko einzugehen. Auf diese Weise wird eine Kognition ‚aufgewertet'. Nach der Theorie der Selbstaufmerksamkeit hat der Mensch noch eine vierte Möglichkeit, nämlich dem Auslöser von Selbstreflexion in Zukunft aus dem Weg zu gehen, etwa Warnhinweise bewusst zu übersehen (Aronson et al., 2004, S. 188 ff.). Insgesamt scheint der Mensch ausgesprochen erfinderisch im Umgang mit kognitiven Dissonanzen.

Zur Unterstützung der Selbstreflexion sind die Affekte zu kalibrieren (Greif, 2008, S. 89 ff.). Wenn eine Situation für eine Person mit einem starken negativen Affekt, etwa Stress, Ärger oder Unsicherheit, verbunden ist, hat die Person im Regelfall keinen Zugang zu ihrem Selbstkonzept und findet damit nicht zur Selbstreflexion. Sie ist mit der Situation zu sehr beschäftigt. Andererseits: Wenn eine Person sehr positive Affekte erfährt, etwa wenn sie sehr glücklich oder euphorisch aufgrund einer neuen Liebe, eines Erfolgserlebnisses ist, wird sie kaum motiviert sein, sich in Distanz zu dieser Situation zu begeben. In diesem Fall versperrt ein zu positiver Affekt den Zugang zur Selbstreflexion. Selbstreflexion verlangt gemäßigt positive Affekte. Zur Verringerung negativer Affekte können Techniken eingesetzt werden: Dabei fordert der Feedbackgebende zunächst auf, die affektauslösende Situation schildern zu lassen, so dass ‚Dampf abgelassen' werden kann. Außerdem können Selbstberuhigungen („Ruhig bleiben!"), Ablenkungen und positive Bewertungen eingebracht werden. Zur Reduktion zu starker positiver Affekte können Fragen zur Beschreibung der Situation und der Reflexion der Gefühle gestellt sowie Fragen zu konkreten Folgerungen und Plänen angebracht werden.

4.3.5   Selbstkompetenz: Das hier zugrunde gelegte Modell

Eine selbstkompetente Person verfügt – wie auch dem Kriterienkatalog für Selbstkompetenz in der Toolbox (TB-4.20) zu entnehmen ist – über ein realistisches Selbstkonzept, ein angemessenes Selbstwertgefühl sowie ein ausbalanciertes moralisches Selbst.

Definition 6: Selbstkompetenz

Die Selbstkompetenz ist eine kognitive oder affektive Disposition, die dem Individuum ermöglicht, variable Situationen der Selbstthematisierung selbständig, erfolgreich und verantwortungsvoll zu gestalten, d. h. sie hat ein realistisches Selbstkonzept, entfaltet ein angemessenes Selbstwertgefühl, hat ein moralisches Selbst entwickelt und ist bereit und in der Lage, Selbstreflexion zu betreiben.

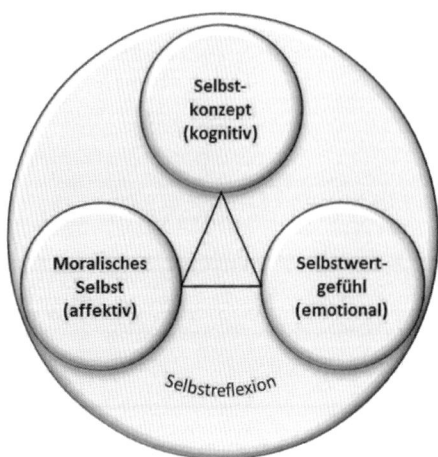

Übersicht 10: Struktur der Selbstkompetenz

Beim Selbstkonzept spielen neben den domänenspezifischen Selbstkonzepten aus didaktischer Hinsicht die Selbstwirksamkeitsüberzeugung sowie die persönlichen Ziele eine besondere Rolle. Eine selbstkompetente Person verfügt über ein hohes angemessenes Selbstwertgefühl, das stabil ist und in angemessener Weise situationsunabhängig ist. Ein moralisches Selbst verlangt, dass sich das Individuum den von anderen vorgebrachten sozialen moralischen Anforderungen stellt (soziale Identität) und die eigene Einzigartigkeit betonende moralische Anforderungen (persönliche Identität) entwickelt. Soziale und persönliche Identität sind auszubalancieren, so dass eine ausbalancierte Identität zu entwickeln ist. Die Identität der Person wird damit als spezifischer Zustand der Selbstkompetenzentwicklung verstanden und ist prinzipiell nicht abgeschlossen.

Selbstkompetenz	
Selbstkonzept entwickeln	▶ Realistisches Selbstkonzept in ausgewählten Domänen haben ▶ Realistische, hohe Selbstwirksamkeit(serwartung) haben ▶ Persönliche Ziele haben
Selbstwertgefühl entfalten	▶ Hohes Selbstwertgefühl ▶ Stabiles Selbstwertgefühl ▶ Angemessene Situationsabhängigkeit
Moralisches Selbst entwickeln	▶ Sich von anderen vorgebrachten sozialen moralischen Anforderungen stellen (soziale Identität) ▶ Die eigene Einzigartigkeit betonende moralische Anforderungen entwickeln (persönliche Identität) ▶ Soziale und persönliche moralische Identität ausbalancieren
Selbstreflexion betreiben	▶ Selbstaufmerksamkeit stimulieren ▶ Selbstreflexionshürden überwinden ▶ Selbstreflexion fokussieren, sich selbst bewerten und erklären ▶ Informationen über sich selbst gewinnen ▶ Affekte kalibrieren ▶ Konsequenzen aus der Selbstreflexion ziehen

Übersicht 11: Selbstkompetenz

Die Selbstreflexion versetzt die Person in die Lage, das Selbstkonzept, das moralische Selbst und das Selbstwertgefühl zum Thema zu machen und zu verändern.

Definition 7:   Selbstreflexion

Selbstreflexion ist der Prozess der Änderung des Selbstkonzepts, des moralischen Selbst und des Selbstwertgefühls. Der Prozess umfasst es, einen Selbstreflexionsprozess zu initiieren, Informationen über sich selbst zu gewinnen, die Selbstreflexion zu fokussieren, sich selbst zu beurteilen und zu erklären, dabei die Affekte zu kalibrieren und Konsequenzen zu ziehen.

Selbstreflexionskompetenz ist die Disposition, einen Selbstreflexionsprozess zu initiieren, Informationen über sich selbst zu gewinnen, die Selbstreflexion zu fokussieren, sich selbst zu beurteilen und zu erklären, dabei die Affekte zu kalibrieren und Konsequenzen zu ziehen.

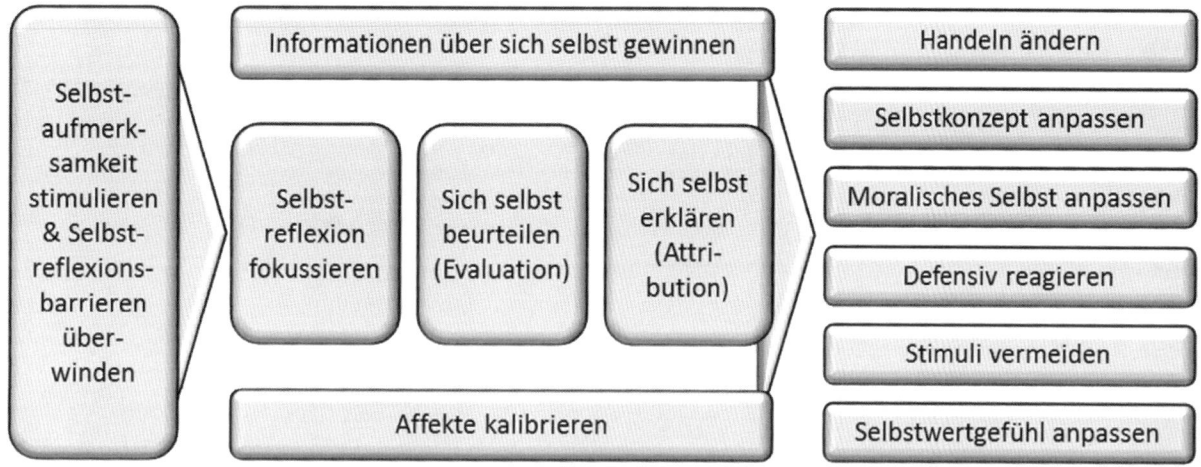

Übersicht 12: Prozess der Selbstreflexion

Der Selbstreflexionsprozess wird in der Toolbox in Form eines Schemas zur Selbstreflexion (TB-14.1) und einer Checkliste (TB-14.2) abgebildet. Zu Beginn des Selbstreflexionsprozesses sind die Selbstaufmerksamkeit zu stimulieren und Hindernisse der Selbstreflexion zu überwinden. Starke Auslöser der individuellen Selbstreflexion sind Weichenstellungen im Leben und damit verbundene Prozesse, etwa Bewerbungen sowie Konflikte bzw. schwierige Gespräche oder gravierende Misserfolge (Greif, 2008, S. 87 f.). Gründe, eine Selbstreflexion zu vermeiden, sind Routinen, ein starkes zeitliches Eingebundensein, die Bedrohung des eigenen Selbstwertes sowie Schwierigkeiten im Zugang zum Selbstkonzept (Trager, 2012, S. 35 ff.).

Zur Fokussierung der Selbstaufmerksamkeit ist der Bereich der Selbstreflexion zu reflektieren und die für diesen Bereich sinnvoll erscheinenden Informationsquellen für weiteres selbstbezogenes Wissen zu erörtern. Bei der Gewinnung von selbstbezogenen Informationen kann die Person im Sinne der Informationstheorie auf direkte und indirekte Rückmeldungen, auf temporale, soziale, dimensionale und kriteriale Vergleiche zurückgreifen.

Während des Selbstreflexionsprozesses sind im Sinne der Theorie der Selbstaufmerksamkeit die Affekte zu kalibrieren. Schließlich wird die Person sich selbst beurteilen, reagieren und Konsequenzen erarbeiten. Die Person kann ihr Handeln ändern bzw. die Änderung des Handelns – und die damit weiter verbundenen Konsequenzen – planen. Weiterhin kann das ideale bzw. reale Selbstkonzept und das moralische Selbst angepasst werden. Die Person kann defensiv reagieren, d. h. Maßnahmen suchen, die den Selbstwert erhalten ohne dass es zu Änderungen im Selbstkonzept oder den Handlungen kommen muss. Die Person kann Selbstreflexion aufsuchend Stimuli planen oder Selbstreflexion vermeidend Stimuli aus dem Weg gehen. Die affektive Reaktion besteht in der Änderung des Selbstwertgefühls.

4.4   Berufssprachliche Kompetenz (SpraKo) bestimmen und präzisieren

Das bislang vorgestellte Kompetenzmodell kennt vier verschiedene Dimensionen: Fach-, Lern-, Sozial- und Selbstkompetenz. Die letzten drei Dimensionen, also die Lern-, Sozial- und Selbstkompetenz, werden auch vereinfachend als „überfachliche Kompetenzen (*im engeren Sinne*)" bezeichnet.

Die sprachliche Kompetenz wird zunehmend als eine wichtige *Zielsetzung* beruflicher Bildung und eine *Bedingung* für den täglichen Unterricht begriffen. Die sprachliche Kompetenz liegt – bildlich gesprochen – quer zu den hier vorgestellten vier Kompetenzdimensionen. Das soll heißen: Keine der erwähnten Dimensionen ist ohne Sprachlichkeit bzw. ohne sprachliche Kompetenz denkbar. Offensichtlich ist dies für Sozialkompetenz. Dies gilt jedoch auch für die anderen Kompetenzen, ja für Kompetenz schlechthin. Die berufssprachliche Kompetenz wird hier als domänenverbundene Kompetenzen begriffen, die bedeutende Voraussetzungen zum Erwerb domänenspezifischer Kompetenzen sind.[18] Der Einfachheit halber wird die Trias von Lern-, Sozial- und Selbstkompetenz *und* die sprachliche Kompetenz gemeinsam als „überfachliche Kompetenz (*im weiteren Sinne*)" angesprochen.

4.4.1   Sprachkompetenz: Was in der Literatur darunter verstanden wird

Die Sprache ist für die Lernenden ein Medium alltäglicher Kommunikation, ein Symbol der Zusammengehörigkeit, ein Treiber der Identitätsentwicklung und ein bedeutsamer Faktor der kognitiven Leistung und Entwicklung (Kimmelmann, 2010, S. 434 ff.).

Die Förderung der sprachlichen Kompetenz ist zunächst Aufgabe des Sprachunterrichts, also etwa des Faches „Deutsch" oder „Englisch". Unabhängig davon ist *jeder* Unterricht, also auch jeder Fachunterricht, immer schon ein Sprachunterricht (Kimmelmann, 2010, S. 442). Die Sprache ist nämlich das – unverzichtbare – Medium der Kommunikation im Unterricht. Jede Lehrkraft fördert – oder hemmt – damit die sprachliche Entwicklung der Lernenden, und zwar bewusst oder unbewusst. In den letzten Jahren ist darüber hinaus – sowohl in der Wissenschaft als auch in der Politik – herausgestellt worden, dass die sprachliche Förderung der Schülerinnen und Schüler einen besonderen Stellenwert erlangen sollte und zwar auch im Fachunterricht. Dies gilt sowohl für Lernende mit Migrationshintergrund, auf die sich die Literatur häufig konzentriert, als auch für Lernende ohne Migrationshintergrund, die mit ungünstigen sprachlichen Voraussetzungen am Schulunterricht teilnehmen. Fachunterricht ist demnach sprach*sensibel* zu gestalten (Ohm, Kuhn & Funk, 2007). Die Lehrerbildungspraxis kennt in Bayern schon länger ein sogenanntes „Unterrichtsprinzip Deutsch", das in eine ähnliche Richtung zielt.

Für die schulische Leistung der Schülerinnen und Schüler in der Klasse ist dabei weniger die Alltags-Sprachkompetenz wichtig, sondern eine *bildungs*sprachliche Kompetenz: Aktuelle „Forschungsergebnisse begründeten die Annahme, dass nicht das Verfügen über eine ‚allgemeine', für alltägliche Kommunikation taugliche Sprachkompetenz für den schulischen Erfolg entscheidend ist, sondern der Besitz eben jener spezifischen sprachlichen Fähigkeiten, die wir als ‚Bildungssprache' bezeichnen" (Gogolin, 2007, S. 28). Lehrkräfte, Schulbücher, Prüfungsaufgaben und Ähnliches sprechen nämlich eine besondere Sprache, die vom Alltag abweicht: In der Bildungssprache dominiert das Schriftliche, eine komplexe Zusammenstellung von textlichen und graphischen Elementen, eine sehr hohe Informationsdichte und eine hohe Abkopplung von konkreten Situationen. Gogolin (2007) zeigt, dass sich der Sprachgebrauch in der Schule immer weiter vom Sprachgebrauch im Alltag unterscheidet. Hinzu kommen *fach*sprachliche Unterschiede. Daher spricht Kimmelmann von „Berufsbildungssprache" (2010). Unterschiede in der berufsbildungssprachlichen Kompetenz betreffen nicht nur den Unterschied zwischen Ausländern und Nicht-Ausländern oder Lernenden mit und ohne Migrationshintergrund. Unterschiedliche berufsbildungssprachliche Kompetenzen betreffen alle Lernenden und können für alle Lernenden zu einem Problem werden.

4.4.2 Berufssprachliche Kompetenz: Das hier zugrunde gelegte Verständnis

Für die sprachliche Kompetenz werden verschiedene Kompetenzmodelle vorgeschlagen.[19] Hier wird eine weit verbreitete Systematik aufgegriffen, die die sprachliche Kompetenz in zwei Teilkompetenzen zerlegt (Jude & Klieme, 2007). Die Rezeption von Sprache kann auditiv erfolgen (hören) oder schriftsprachlich (lesen). Die Produktion von Sprache kann auditiv erfolgen (sprechen) oder schriftsprachlich (schreiben). Der Umgang mit der Sprache kann auditiv oder schriftsprachlich erfolgen. Das Individuum ist entweder produktiv oder rezeptiv.

Sprachkompetenz	
Rezipieren	▶ Lesen (bzw. Leseverstehen)
	▶ Hören (bzw. Hörverstehen)
Produzieren	▶ Schreiben
	▶ Sprechen

Übersicht 13: Sprachkompetenz

Auf dieser Basis kann die sprachliche Kompetenz bestimmt werden.

Definition 8:   Sprachkompetenz

Die Sprachkompetenz ist eine kognitive oder affektive Disposition, die dem Individuum ermöglicht, variable Situationen des Rezipierens und Produzierens von Sprache selbständig, erfolgreich und verantwortungsvoll zu gestalten, d. h. sie ist bereit und in der Lage, zu lesen, zu hören, zu schreiben und zu sprechen.

Die von der Kultusministerkonferenz beschlossenen Bildungsstandards für Deutsch orientierten sich an diesen Teilkompetenzen ('Kompetenzbereichen') ebenso wie der bayerische Lehrplan für Deutsch in Berufsschule und Berufsfachschule. Für die Teilkompetenzen werden im Europäischen Referenzrahmen sechs Niveaustufen unterschieden: Der gemeinsame europäische Referenzrahmen für Sprachen: Lernen, lehren, beurteilen (GERS bzw. Common European Framework of Reference for Languages CEFR) des Europarats unterscheidet die elementare Sprachverwendung (Stufen A1 und A2), die selbständige Sprachverwendung (Stufen B1 und B2) sowie die kompetente Sprachverwendung (Stufen C1 und C2).

Radspieler hat für die berufssprachliche Kompetenz ein Kompetenzraster entwickelt, das diese drei Niveaustufen ausnimmt und die hier verwendeten Dimensionen zusammenfasst und erweitert (Radspieler, 2011). Es ist in der Toolbox wiedergegeben (TB-4.21). Dieser Kompetenzraster ist eine gute Grundlage für die sprachliche Förderung im Fachunterricht und wird noch mehrfach aufgenommen.

4.5 Zusammenfassende Betrachtung der Kompetenzen

Die Modellierung und Bestimmung der im Unterricht verfolgten Kompetenzen ist ein wichtiger Teil der curricularen Analyse. Lokalisieren Sie diese Aktivität bitte zunächst nochmals im Prozessmodell. Sichten Sie bitte dazu auch die Leitfragen, die in diesem Zusammenhang eine Rolle spielen.

Das hier zugrunde gelegte Kompetenzmodell kennt vier beziehungsweise – mit dem Sonderfall der Sprachkompetenz – fünf verschiedenen Dimensionen. Jede dieser Dimensionen wird in Teilkompetenzen zerlegt und auch diese Teilkompetenzen weiter strukturiert. Im Unterricht wird meist nur ein kleiner Teil der überfachlichen Kompetenzen gefördert.

Die Modellierung und Bestimmung der zu fördernden Kompetenzen ist eine Aktivität, die die Nutzung curricularer Prinzipien ergänzt. Eine weitere Aktivität ist die Arbeit mit Planungshilfen, die Gegenstand der nächsten Lerneinheit ist.

4.6 Leitfragen für die Kompetenzanalyse (SoKo, SeKo, SpraKo) (GAL 2.2)

Im GAL-Schema für die makrodidaktische Planung (TB-2.3) und im GAL-Schema für die mikrodidaktische Planung (TB-2.6) werden unter Abschnitt 2.2 als Teil der Analyse der Inhalte und Kompetenzen die Kompetenzanalyse mit folgenden Leitfragen vorgesehen.

Leitfragen für die Kompetenzanalyse (GAL 2.2)

▶ Soll die Sozialkompetenz gefördert werden? Wenn ja: Welche Teilkompetenzen? Soll die Sozialkompetenz weiter präzisiert werden? Wenn ja: Welche Situationen werden zugrunde gelegt? Welche Phasen hat diese Situation? Wie können die Teilkompetenzen für die einzelnen Phasen präzisiert werden?

▶ Soll die Selbstkompetenz gefördert werden? Wenn ja: Welche Teilkompetenzen? Soll die Selbstkompetenz weiter präzisiert werden? Wenn ja: Welche Situationen werden zugrunde gelegt? Welche Phasen hat diese Situation? Wie können die Teilkompetenzen für die einzelnen Phasen präzisiert werden?

▶ Soll die sprachliche Kompetenz gefördert werden? Wenn ja: Welche Teilkompetenzen? Soll diese Kompetenz weiter präzisiert werden? Wenn ja: Welche Situationen werden zugrunde gelegt? Welche Phasen hat diese Situation? Wie können die Teilkompetenzen für die einzelnen Phasen präzisiert werden?

Übersicht 14: Leitfragen für die Kompetenzanalyse (SoKo, SeKo, SpraKo)

4.7 Outro

4.7.1 Die wichtigsten Begriffe dieser Lerneinheit

▶ Sozialkompetenz
▶ Kommunikation
▶ Kommunikationsmodell von Schulz von Thun bzw. Vier-Ohren-Modell
▶ Moralische Kompetenz bzw. moralische Urteilsfähigkeit
▶ Verhaltensauffälligkeit und Verhaltensstörung
▶ Wertklärung, Wertvermittlung, Wertanalyse, Kohlberg-Ansatz
▶ Entwicklungsstufenmodell von Kohlberg

▶ Dilemma
▶ Selbstkompetenz
▶ Selbstkonzept
▶ Selbstwertgefühl
▶ Selbstreflexion
▶ Moralisches Selbst bzw. Moralische Identität
▶ Überfachliche Kompetenz
▶ (Berufs-)Sprachkompetenz

4.7.2 Tools

▶ Tool „Kompetenz(struktur)modell: Übersicht" (TB-4.2)
▶ Tool „Kompetenzpräzisierungsmatrix" (TB-4.5)
▶ Tool „Sozialkompetenz: Kriterienkatalog" (TB-4.18)
▶ Tool „Selbstkompetenz: Kriterienkatalog" (TB-4.20)
▶ Tool „SMART-Ziele: Checkliste" (TB-14.3)
▶ Tool „Selbstreflexion: Kriterienkatalog" (TB-14.1)
▶ Tool „Selbstreflexion: Checkliste" (TB-14.2)
▶ Tool „Einzelne Kompetenzdimensionen: Stufen der moralischen Entwicklung" (TB-4.19)
▶ Tool „Einzelne Kompetenzdimensionen: (Berufs-)Sprachliche Kompetenz: Raster" (TB-4.21)

4.7.3 Kompetenzen

▶ Sozialkompetenz bestimmen und präzisieren: Ausgewählte Modelle zur Selbstkompetenz bewerten; Eigene moralpädagogische Position zur Moralerziehung entwickelt haben; Moralische Kompetenz einordnen; Teilkompetenzen der Sozialkompetenz bestimmen

▶ Selbstkompetenz bestimmen und präzisieren: Ausgewählte (Teil-)Modelle zur Selbstkompetenz bewerten; Teilkompetenzen der Selbstkompetenz bestimmen

▶ Sprachliche Kompetenz bestimmen und präzisieren

4.7.4 Hinweise zur vertieften Auseinandersetzung: Weiterlesen

Um sich vertieft mit dem Phänomen der Kommunikation auseinanderzusetzen, ist die Buchserie „Miteinander reden" (Schulz von Thun 2008c; 2008b; 2008a) von Schulz von Thun immer noch die erste Quelle. Eine gute Übersicht für die Berufsbildung bietet das von Dieter Euler herausgegebene Sammelband „Sozialkompetenzen in der beruflichen Bildung: Didaktische Förderung und Prüfung" (2009).

Eine Einführung in die „Pädagogik bei Verhaltensstörungen" bietet Clemens Hillenbrand (1999).

Eine gute Einführung in die Moralpädagogik liefert Kohlberg selbst mit seinem Aufsatz „Moralstufen und Moralerwerb: Der kognitiv-entwicklungstheoretische Ansatz" (2001). Sehr lesenswert ist Georg Lind's Buch „Moral ist lehrbar. Handbuch zur Theorie und Praxis moralischer und demokratischer Bildung" (2003). Als erste Einführung in die Berufsbildungsdiskussion ist der Aufsatz von Klaus Beck u.a. „Die moralische Urteils- und Handlungskompetenz von kaufmännischen Lehrlingen – Entwicklungsbedingungen und ihre pädagogische Gestaltung" (1996) in dem insgesamt interessanten Beiheft 14 (Beck & Heid, 1996) der Zeitschrift für Berufs- und Wirtschaftspädagogik empfohlen.

4.7.5 Hinweise zur vertieften Auseinandersetzung: Weitersurfen

Eine gehaltvolle Webseite zur Moralpädagogik bietet Georg Lind unter http://www.uni-konstanz.de/ag-moral/

4.7.6 Literaturnachweis

Ahrens, J. (1989). Deontologische vs. teleologische Ethik. Einige Anmerkungen und pädagogische Konsequenzen. *Zeitschrift für Pädagogik, 35* (6), 825–844.

Aquino, K. & Reed, A. (2002). The self-importance of moral identity. *Journal of Personality and Social Psychology, 83* (6), 1423–1440.

Aronson, E., Wilson, T. D. & Akert, R. M. (2004). *Sozialpsychologie* (4. Aufl.). München etc.: Pearson.

Bandura, A. (1997). *Self-efficacy. The exercise of control.* New York: W.H. Freeman.

Bauer-Klebl, A., Euler, D. & Hahn, A. (2000). Förderung von Sozialkompetenzen durch Formen des dialogorientierten Lehrgesprächs. *Wirtschaft und Erziehung, 52* (3), 104–108.

Beck, K., Bienengräber, T., Mitulla, C. & Parche-Kawik, K. (2001). Progression, Stagnation, Regression - Zur Entwicklung der moralischen Urteilskompetenz während der kaufmännischen Berufsausbildung. In K. Beck & V. Krumm (Hrsg.), *Lehren und Lernen in der beruflichen Erstausbildung. Grundlagen einer modernen kaufmännischen Berufsqualifizierung* (S. 139–161). Opladen: Leske + Budrich.

Beck, K., Bienengräber, T. & Parche-Kawik, K. (2000). Entwicklungsbedingungen kaufmännischer Berufsmoral. Befunde zur beruflichen Primärsozialisation und Implikationen für die Weiterbildung. In C. Harteis, H. Heid & S. Kraft (Hrsg.), *Kompendium Weiterbildung. Aspekte und Perspektiven betrieblicher Personal- und Organisationsentwicklung* (S. 191–207). Opladen: Leske + Budrich.

Beck, K., Brütting, B., Lüdecke-Plümer, S., Minnameier, G., Schirmer, U. & Schmid, S. N. (1996). Zur Entwicklung moralischer Urteilskompetenz in der kaufmännischen Erstausbildung. Empirische Befunde und praktische Probleme. In K. Beck & H. Heid (Hrsg.), *Lehr-Lern-Prozesse in der kaufmännischen Erstausbildung. Wissenserwerb, Motivierungsgeschehen und Handlungskompetenzen* (S. 187–206). Stuttgart: Franz Steiner.

Beck, K. & Heid, H. (Hrsg.). (1996). *Lehr-Lern-Prozesse in der kaufmännischen Erstausbildung. Wissenserwerb, Motivierungsgeschehen und Handlungskompetenzen.* Stuttgart: Franz Steiner.

Beck, K. (2003). Ethischer Universalismus als moralische Verunsicherung? Zur Diskussion um die Grundlegung der Moralerziehung. *Zeitschrift für Berufs- und Wirtschaftspädagogik, 99* (99), 274–298.

Beck, K. (2010). Moralisches Lernen - Selbstorganisiert? Zur Förderung der Urteilskompetenz in "offenen" Lernumgebungen. In J. Seifried, E. Wuttke, R. Nickolaus & P. F. Sloane (Hrsg.), *Lehr-Lern-Forschung in der kaufmännischen Berufsbildung. Ergebnisse und Gestaltungsaufgaben.* Beiheft 23 der Zeitschrift für Berufs- und Wirtschaftspädagogik (S. 137–153). Stuttgart: Franz Steiner.

Bergman, R. (2002). Why Be Moral? A Conceptual Model from Developmental Psychology. *Human Development, 45* (2), 104–124.

Bienengräber, T. (2011). Situierung oder Segmentierung? Zur Entstehung einer differenzierten Urteilskompetenz. *Zeitschrift für Berufs- und Wirtschaftspädagogik, 107* (4), 499–519.

Blanchard, K. H. (2010). *Leading at a higher level. Blanchard on leadership and creating high performing organizations* (Rev. and expanded ed.). Upper Saddle River, N.J: FT Press.

Blasi, A. (1980). Bridging moral cognition and moral action: A critical review of the literature. *Psychological Bulletin, 88* (1), 1–45.

Dickhäuser, O., Schöne, C., Spinath, B. & Stiensmeier-Pelster, J. (2002). Die Skalen zum akademischen Selbstkonzept. *Zeitschrift für Differentielle und Diagnostische Psychologie, 23* (4), 393–405.

Dickhäuser, O. (2006). Fähigkeitsselbstkonzepte. *Zeitschrift für Pädagogische Psychologie, 20* (1), 5–8.

Die Fantastischen Vier (Komponist). (2004) Mein Schwert. In *Viel:* Four Music Productions GmbH.

Dogra, A. (2012). *Personal Goal Examples.* Verfügbar unter http://www.buzzle.com/articles/personal-goals-examples.html

Dubs, R. (2009). *Lehrerverhalten. Ein Beitrag zur Interaktion von Lehrenden und Lernenden im Unterricht* (2. Aufl.). Stuttgart: Steiner.

Erpenbeck, J. (2009). Was "sind" Kompetenzen? In W. G. Faix & M. Auer (Hrsg.), *Talent, Kompetenz, Management* (S. 79–135). Stuttgart: Steinbeis-Ed.

Euler, D. & Reemtsma-Theis, M. (1999). Sozialkompetenzen? Über die Klärung einer didaktischen Zielkategorie. *Zeitschrift für Berufs- und Wirtschaftspädagogik, 95* (2), 168–198.

Euler, D. (2004). *Sozialkompetenzen bestimmen, fördern und prüfen. Grundfragen und theoretische Fundierung. Sozialkompetenzen in Theorie und Praxis.* St. Gallen: Institut für Wirtschaftspädagogik.

Euler, D. (Hrsg.). (2009). *Sozialkompetenzen in der beruflichen Bildung. Didaktische Förderung und Prüfung.* Bern: Haupt Verlag.

Filipp, S.-H. (1984). Entwurf eines heuristischen Bezugsrahmens für Selbstkonzept-Forschung: Menschliche Informationsverarbeitung und naive Handlungstheorie. In S.-H. Filipp & D. J. Bem (Hrsg.), *Selbstkonzept-Forschung. Probleme, Befunde, Perspektiven* (2. Aufl., S. 129–152). Stuttgart: Klett-Cotta.

Frey, H.-P. & Haußer, K. (1987). Entwicklungslinien sozialwissenschaftlicher Identitätsforschung. In H.-P. Frey & K. Haußer (Hrsg.), *Identität. Entwicklungen psychologischer und soziologischer Forschung* (S. 3–26). Stuttgart: Enke.

Garz, D. (2008). *Sozialpsychologische Entwicklungstheorien. Von Mead, Piaget und Kohlberg bis zur Gegenwart* (4. Aufl.). Wiesbaden: VS Verl. für Sozialwiss.

Gogolin, I. (2007). *Institutionelle Übergänge als Schlüsselsituationen für mehrsprachige Kinder.* München: Deutsches Jugendinstitut e.V.

Göttemann, U. (2008). Sprachkompetenz. Bedeutung und Realität in der Berufsausbildung. *bwp@ (Berufs- und Wirtschaftspädagogik - online)* (Spezial 4), 1–6. Verfügbar unter http://www.bwpat.de/ht2008/ft17/goettemann_ft17-ht2008_spezial4.pdf

Greif, S. (2008). *Coaching und ergebnisorientierte Selbstreflexion. Theorie, Forschung und Praxis des Einzel- und Gruppencoachings.* Göttingen: Hogrefe.

Hannover, B. (1997). *Das dynamische Selbst. Die Kontextabhängigkeit selbstbezogenen Wissens.* Bern, Göttingen, Toronto, Seattle: Huber.

Hardy, S. A. & Carlo, G. (2011). Moral Identity. In S. J. Schwartz, K. Luyckx & V. L. Vignoles (Hrsg.), *Handbook of identity theory and research* (S. 494–513). New York: Springer.

Heppner, W. L. K. M. H. (2011). High Self-Esteem: Multiple Forms and Their Outcomes. In S. J. Schwartz, K. Luyckx & V. L. Vignoles (Hrsg.), *Handbook of identity theory and research* (S. 328–355). New York: Springer.

Herriger, N. (2006). *Empowerment in der Sozialen Arbeit. Eine Einführung* (3. Aufl.). Stuttgart: Kohlhammer.

Hillenbrand, C. (1999). *Einführung in die Pädagogik bei Verhaltensstörungen:* E. Reinhardt.

Jude, N. & Klieme, E. (2007). Sprachliche Kompetenz aus Sicht der pädagogisch-psychologischen Diagnostik. In B. Beck & E. Klieme (Hrsg.), *Sprachliche Kompetenzen: Konzepte und Messung. DESI-Studie (Deutsch Englisch Schülerleistungen International)* (S. 9–22). Weinheim: Beltz.

Keller, M. (2005). Moralentwicklung und moralische Sozialisation. In D. Horster & J. Oelkers (Hrsg.), *Pädagogik und Ethik* (S. 149–172). Wiesbaden: VS Verl. für Sozialwiss.

Kimmelmann, N. (2010). *Cultural Diversity als Herausforderung der beruflichen Bildung. Standards für die Aus- und Weiterbildung von pädagogischen Professionals als Bestandteil des Diversity Management.* Aachen: Shaker.

Kimmelmann, N. (2013). Sprachsensible Didaktik als diversitäts-gerechte Weiterentwicklung einer Didaktik beruflicher Bildung. *bwp@ (Berufs- und Wirtschaftspädagogik - online)* (24), 1–21.

Klippert, H. (2006). *Kommunikations-Training. Übungsbausteine für den Unterricht* (10. Aufl.). Weinheim: Beltz.

KMK (Ständige Konferenz der Kultusminister der Länder Bundesrepublik Deutschland). (2007). *Handreichungen für die Erarbeitung von Rahmenlehrplänen der Kultusministerkonferenz (KMK) für den berufsbezogenen Unterricht in der Berufsschule und ihre Abstimmung mit Ausbildungsordnungen des Bundes für anerkannte Ausbildungsberufe (Stand September 2007).* Bonn: KMK.

KMK (Ständige Konferenz der Kultusminister der Länder Bundesrepublik Deutschland). (2011). *Handreichungen für die Erarbeitung von Rahmenlehrplänen der Kultusministerkonferenz (KMK) für den berufsbezogenen Unterricht in der Berufsschule und ihre Abstimmung mit Ausbildungsordnungen des Bundes für anerkannte Ausbildungsberufe.* Bonn: KMK.

Kohlberg, L. (2001). Moralstufen und Moralerwerb. Der kognitiv-entwicklungstheoretische Ansatz (1976). In W. Edelstein, F. Oser & P. Schuster (Hrsg.), *Moralische Erziehung in der Schule* (S. 35–61). Weinheim und Basel: Beltz.

Krapp, A. & Ryan, R. M. (2002). Selbstwirksamkeit und Lernmotivation. Eine kritische Betrachtung der Theorie von Bandura aus der Sicht der Selbstbestimmungstheorie und der pädagogisch-psychologischen Interessentheorie. In M. Jerusalem & D. Hopf (Hrsg.), *Selbstwirksamkeit und Motivationsprozesse in Bildungsinstitutionen* (Zeitschrift für Pädagogik. 44. Beiheft, S. 54–82). Weinheim: Beltz.

Krappmann, L. (1971). *Soziologische Dimensionen der Identität. Strukturelle Bedingungen für die Teilnahme an Interaktionsprozessen.* Stuttgart: Klett.

Krebs, D. L. & Denton, K. (2005). Toward a More Pragmatic Approach to Morality: A Critical Evaluation of Kohlberg's Model. *Psychological Review, 112* (3), 629–649.

Latham, G. (2009). *Becoming the Evidence-Based Manager: Making the Science of Management Work for You:* Davies-Black.

Lind, G. (2003). *Moral ist lehrbar. Handbuch zur Theorie und Praxis moralischer und demokratischer Bildung.* München: Oldenbourg Schulbuchverlag.

Locke, E. A. & Latham, G. P. (2002). Building a practically useful theory of goal setting and task motivation: A 35-year odyssey. *American Psychologist, 57* (9), 705–717.

Minnameier, G. (2010a). Abduction, Induction, and Analogy. On the Compound Character of Analogical Inferences. In J. Kacprzyk, L. Magnani, W. Carnielli & C. Pizzi (Hrsg.), *Abduction, Induction, and Analogy* (S. 107–119). Berlin, Heidelberg: Springer Berlin Heidelberg.

Minnameier, G. (2010b). Proceedings of the Applying Peirce Conference. In M. Bergmann, S. Paavola, A.-V. Pietarinen & H. Rydenfelt (Hrsg.), *Ideas in Action. Proceedings of the Applying Peirce Conference* (S. 239–251). Helsinki: Proceedings of the Applying Peirce Conference. Verfügbar unter http://www.nordprag.org/nsp/1/Minnameier.pdf

Minnameier, G. (2011). Situationsspezifität moralischen Denkens und Handelns. Befunde, Erklärungen und didaktische Orientierungen. In O. Zlatkin-Troitschanskaia (Hrsg.), *Stationen Empirischer Bildungsforschung. Traditionslinien und Perspektiven* (S. 107–122). Wiesbaden: VS Verlag für Sozialwissenschaften.

Narvaez, D. & Bock, T. (2002). Moral Schemas and Tacit Judgement or How the Defining Issues Test Is Supported by Cognitive Science. *Journal of Moral Education, 31* (3), 297–314. Verfügbar unter http://www.eric.ed.gov/ERICWebPortal/detail?accno=EJ678361

Narvaez, D. & Lapsley, D. K. (2005). The Psychological Foundations of Everyday Morality and Moral Expertise. In D. K. Lapsley & F. C. Power (Hrsg.), *Character psychology and character education* (S. 140–165). Notre Dame, Ind: University of Notre Dame Press.

Narvaez, D. & Mitchell, C. (2000). Schemas, Culture, and Moral Texts. In M. Leicester, C. Modgil & S. Modgil (Hrsg.), *Moral education and pluralism* (S. 149–156). London, New York: Routledge.

Ohm, U., Kuhn, C. & Funk, H. (2007). *Sprachtraining für Fachunterricht und Beruf. Fachtexte knacken - mit Fachsprache arbeiten.* Münster: Waxmann.

Oser, F. (2001). Acht Strategien der Wert- und Moralerziehung. In W. Edelstein, F. Oser & P. Schuster (Hrsg.), *Moralische Erziehung in der Schule* (S. 63–89). Weinheim und Basel: Beltz.

Radspieler, A. (2011). Kompetenzraster Berufssprache Deutsch. In ISB (Staatsinstitut für Schulqualität und Bildungsforschung München) (Hrsg.), *Berufssprache Deutsch. Handreichung zur Förderung der beruflichen Sprachkompetenz von Jugendlichen in Ausbildung* (S. 45–50). München.

Rest, J. R., Narvaez, D., Thoma, S. J. & Bebeau, M. J. (2000). A Neo-Kohlbergian Approach to Morality Research. *Journal of Moral Education, 29* (4), 381–95. Verfügbar unter http://www.eric.ed.gov/ERICWebPortal/detail?accno=EJ654663

Schomaker, C. & Ricking, H. (2012). *SonderPädagogik in Modulen. Teil 1: Grundlagen.* Baltmannsweiler: Schneider-Verl. Hohengehren.

Schulz von Thun, F. (2008a). *Miteinander reden. Das "Innere Team" und situationsgerechte Kommunikation* (Bd. 3, 17. Aufl.). Reinbek bei Hamburg: Rowohlt-Taschenbuch-Verlag.

Schulz von Thun, F. (2008b). *Miteinander reden. Stile, Werte und Persönlichkeitsentwicklung* (Bd. 2, 29. Aufl.). Reinbek bei Hamburg: Rowohlt-Taschenbuch-Verlag.

Schulz von Thun, F. (2008c). *Miteinander reden. Störungen und Klärungen* (Bd. 1, 46. Aufl.). Reinbek bei Hamburg: Rowohlt-Taschenbuch-Verlag.

Schwarzer, R. & Jerusalem, M. (2002). Das Konzept der Selbstwirksamkeit. In M. Jerusalem & D. Hopf (Hrsg.), *Selbstwirksamkeit und Motivationsprozesse in Bildungsinstitutionen* (Zeitschrift für Pädagogik. 44. Beiheft, S. 28–53). Weinheim: Beltz.

Segrin, C. & Givertz, M. (2003). Methods of Social Skills Training and Development. In J. O. Greene & B. R. Burleson (Hrsg.), *Handbook of communication and social interaction skills* (S. 135–176). Mahwah, NJ: Erlbaum.

Seligman, M. E. P. & Petermann, F. (2011). *Erlernte Hilflosigkeit* (4. Aufl.). Weinheim, Basel: Beltz.

Shavelson, R. J., Hubner J. J. & Stanton G. C. (1976). Self-concept: Validation of construct interpretations. *Review of Educational Research, 46,* 407–441.

Steinmann, H. & Löhr, A. (1994). *Grundlagen der Unternehmensethik* (2. Aufl.). Stuttgart: Schäffer-Poeschel.

Stets, J. E. & Carter, M. J. (2011). The Moral Self: Applying Identity Theory. *Social Psychology Quarterly, 74* (2), 192–215.

Trager, B. (2012). *Förderung der Selbstreflexion bei pädagogischen Professionals mit Hilfe von E-Portfolios. Dissertationsschrift.* Nürnberg.

Vernooij, M. A. (2007). *Einführung in die Heil- und Sonderpädagogik. Theoretische und praktische Grundlagen der Arbeit mit beeinträchtigten Menschen* (8. Aufl.). Wiebelsheim: Quelle & Meyer.

Wild, E., Hofer, M. & Pekrun, R. (2001). Psychologie des Lerners. In A. Krapp & B. Weidenmann (Hrsg.), *Pädagogische Psychologie.* (S. 207–270). Weinheim: Beltz PVU.

Winther, E. (2011). Das ist doch nicht fair! - Mehrdimensionalität und Testfairness in kaufmännischen Assessments. *Zeitschrift für Berufs- und Wirtschaftspädagogik, 107* (2), 218–238.

Woolfolk, A. (2004). *Educational Psychology* (9. Aufl.). Boston et. al.: Pearson.

Woolfolk, A. (2008). *Pädagogische Psychologie* (10. Aufl.). München: Pearson Studium.

Zabeck, J. (2002). Moral im Dienste betrieblicher Zwecke? Anmerkungen zu Klaus Becks Grundlegung einer kaufmännischen Moralerziehung. *Zeitschrift für Berufs- und Wirtschaftspädagogik, 98,* 485–503.

4.7.7 Anmerkungen

[1] Vgl. zum Beispiel Beck (2010); Beck, Bienengräber, Mitulla und Parche-Kawik (2001); Beck, Bienengräber und Parche-Kawik (2000); Beck et al. (1996).

[2] Vgl. zum Beispiel Bauer-Klebl, Euler und Hahn (2000); Euler (2004); Euler (2009); Euler und Reemtsma-Theis (1999).

[3] Die Darstellung in diesem Kapitel orientiert sich an den erwähnten drei Bänden „Miteinander Reden" von Schulz von Thun. Dies gilt auch für das Autobeispiel bei Schulz von Thun (2008c, S. 25 ff.) und das Resi-Beispiel von Schulz von Thun (2008c, S. 45 ff.).

[4] So listet Dubs (2009, S. 409) auf Basis eines solchen Modells „Fertigkeiten der Kommunikation" auf.

[5] Vgl. insbesondere Schulz von Thun (2008a).

[6] Zu nennen sind das Wertequadrat, der Teufelskreis sowie das Riemann-Thomann-Kreuz.

[7] Vgl. Bauer-Klebl et al. (2000); Euler (2004); Euler (2009); Euler und Reemtsma-Theis (1999).

[8] Die Darstellung orientiert sich an Oser (2001). Allerdings wurde die Position von Brezinka nicht aufgenommen, weil es sich nicht um einen Ansatz der Moralpädagogik handelt.

[9] Kohlbergs Ansatz wurde im deutschsprachigen Raum vor allem von dem Pädagogen Fritz Oser, Emeritus an der Universität Freiburg in der Schweiz, sowie dem Psychologen Georg Lind von der Universität Konstanz aufgegriffen, der auch eine Fülle von Material auf seinen Webseiten bereitstellte. In der Wirtschaftspädagogik wurde Kohlbergs Ansatz vor allem von Klaus Beck, Emeritus an der Universität Mainz, sowie seinem Schüler Gerhard Minnameier, Universität Frankfurt, aufgenommen und für die kaufmännische Bildung nutzbar gemacht.

[10] Vgl. (Beck u. a., 1996). Eine Evaluation des Kohlberg'schen Ansatzes, einschließlich der Kritik der Segmentierung findet sich bei Krebs und Denton (2005).

[11] Siehe dazu Beck (2003) versus Zabeck (2002).

[12] Die moralpädagogische Position von Gerhard Minnameier konnte hier nur angedeutet werden. Zur Vertiefung siehe Minnameier (2010a); Minnameier (2010b).

[13] Die Teilkompetenzen wurden dem hier zugrunde gelegten Modell nach den Aufführungen von Beelman und Raabe in Schomaker und Ricking (2012, S. 70 ff.) angepasst. Die Selbstkontrolle kann sich auf die Artikulation und die Interpretation beziehen, ebenso die

Konfliktkompetenz. D. h. die Selbstkontrolle und die Konfliktkompetenz verstoßen nicht gegen das hier zugrunde gelegte Modell, sondern liegen ‚quer‘.

[14] Filipp (1984)wählt für die fünf Informationsquellen andere, deutlich sperrigere Begriffe. Aus pragmatischen Gründen wurde von der Bezeichnungsweise abgewichen.

[15] In der Literatur wird meist dem kognitiven Selbstkonzept das affektiv bzw. affektiv-evaluative Selbstwertgefühl gegenübergestellt. Vgl. Wild, Hofer und Pekrun (2001, S. 228); Woolfolk (2004, S. 71). Dem liegt jedoch eine andere Vorstellung von „affektiv" zugrunde.

[16] Frey und Haußner (1987) entwickeln eine Theorie der Identität aus drei Elementen: „Identität hat eine kognitive, emotionale und motivationale Komponente, nämlich situativ gebundene Selbstwahrnehmung, Selbstbewertung und personale Kontrolle, welche psychisch generalisiert werden zu Selbstkonzept, Selbstwertgefühl und Kontrollüberzeugung" (1987, S. 21).

[17] Der Schema-Ansatz lässt sich mit Kohlbergs Stufen in Verbindung bringen. Die sechs Stufen von Kohlberg können zu drei Schemata verdichtet werden. Vgl. Narvaez und Bock (2002); Rest, Narvaez, Thoma und Bebeau (2000). Moralität wird hier zur einer moralischen Expertise. Vgl. Narvaez und Lapsley (2005).

[18] Die Argumentation folgt hier den Untersuchungen von Winther (2011), die jedoch mit einem anderen Verständnis von sprachlich-argumentativer Kompetenz (economic literacy) und mathematisch-analytischer Kompetenz (economic numeracy) arbeitet.

[19] Kimmelmann (2013). Andere Modelle, etwa das bei Göttemann (2008), berücksichtigen weitere Dimensionen, wie zum Beispiel die soziolinguistische Kompetenz. Eine solche Erweiterung scheint schlüssig, erweist sich hier jedoch als nicht notwendig, weil diese Kompetenz bei der Sozialkompetenz abgedeckt wird.

5.1 Zur Orientierung: Was Sie hier erwartet

5.1.1 Worum es hier geht

Zum Glück, denkt Michael P., „gibt es Billy seit den Siebzigern!". Michael P. hat sein häusliches Arbeitszimmer mit dem Regalsystem von Ikea ausgestattet. Und – mal wieder – wird der Platz zu eng. Hier lagern die kleinen Helfer von Michael P., die sich bei der Vorbereitung von Unterricht als unverzichtbar erweisen: Neben seiner Schulbuchsammlung, der er ständig Aufgaben und Arbeitsblätter entnimmt, steht eine dünnere Sammlung von Lehrplänen, auf die er gelegentlich zurückgreift. Rechts davon finden sich mehrere, nicht ganz sorgfältig gepflegte Sammelmappen, in denen er Formulare aus Betrieben gesammelt hat. Er legt im Unterricht Wert auf praxisnahe Unterlagen. Im Regal links stehen die Bücher, die Michael P. während seines Studiums zerlesen hat. Auf die greift er gelegentlich zurück, um einige grundlegende Dinge zu klären. Michael P. hat sie nämlich nicht direkt nach dem Studium zu einem Spottpreis verkauft, wie viele seiner ehemaligen Mitstudierenden. Unterhalb seiner kleinen Bibliothek steht die Festplatte, auf der er wichtige Daten von seinem Computer sichert. Micheal P. hat eine gut gepflegte Liste von Internetlinks, die er nach einem Computercrash vermissen würde. Und neben der Festplatte steht die Schachtel mit den Havannas, die er unlängst von seinem Freund geschenkt bekam. Aber das, das hat mit dem Unterricht eigentlich nichts zu tun.

5.1.2 Inhaltsübersicht

5 Planungshilfen nutzen und einsetzen.. 135

  5.1 Zur Orientierung: Was Sie hier erwartet 136

    5.1.1 Worum es hier geht 136

    5.1.2 Inhaltsübersicht 137

    5.1.3 Zusammenfassung 137

    5.1.4 Einordnung in das Prozessmodell 138

  5.2 Die offizielle Welt: Unterrichtsplanung mit offiziellen Hilfen 139

    5.2.1 Der Lehrplan: Das klassische Instrument zur Steuerung der Staatsschule 139

    5.2.2 Der Lehrplan: Unterschiede zu verwandten Dingen 142

    5.2.3 Lehrpläne mit traditioneller Struktur 143

    5.2.4 Lehrpläne mit Lernfeldstruktur 144

    5.2.5 Innovative Lehrplanformen 148

    5.2.6 Ergänzungen und Alternativen zum Lehrplan 151

  5.3 Die inoffizielle Welt: Planung mit Hilfsmitteln, die offiziell keine sind 154

    5.3.1 Das Schulbuch: Eine multifunktionelle Hilfe im Schulalltag 154

    5.3.2 Prüfungsunterlagen: Regulierung des Unterrichts von hinten herum 157

  5.4 Die kooperative Welt der Planungshilfen 159

  5.5 Die Bibliothekswelt der Planungshilfen 159

  5.6 Der praktische Umgang mit Planungshilfen 161

  5.7 Leitfragen zu den Planungshilfen 162

  5.8 Outro 162

    5.8.1 Die wichtigsten Begriffe dieser Lerneinheit 162

    5.8.2 Tools 163

    5.8.3 Kompetenzen 163

    5.8.4 Hinweise zur vertieften Auseinandersetzung: Weiterlesen 163

    5.8.5 Hinweise zur vertieften Auseinandersetzung: Weitersurfen 164

    5.8.6 Literaturnachweis 164

    5.8.7 Anmerkungen 166

5.1.3 Zusammenfassung

Planungshilfen sind ein wichtiges Instrument der curricularen Analyse in der makro- und mikrodidaktischen Planung der Themen und Kompetenzen. Die Lerneinheit stellt vier Welten von Planungshilfen dar. In der Welt der offiziellen Planungshilfen sind dies Lehrpläne, Lehrplanergänzungen und Lehrplanalternativen wie Bildungsstandards sowie weitere offizielle Planungshilfen. In der Welt der inoffiziellen Planungshilfen werden das Schulbuch und Prüfungsunterlagen erörtert. In der Welt der kooperativen Planungshilfen werden Planungshilfen schulinterner und -externer Partnerinnen und Partner behandelt. Schließlich wird in der Bibliothekswelt auf die persönliche Bibliothek der Lehrkraft eingegangen.

5.1.4 Einordnung in das Prozessmodell

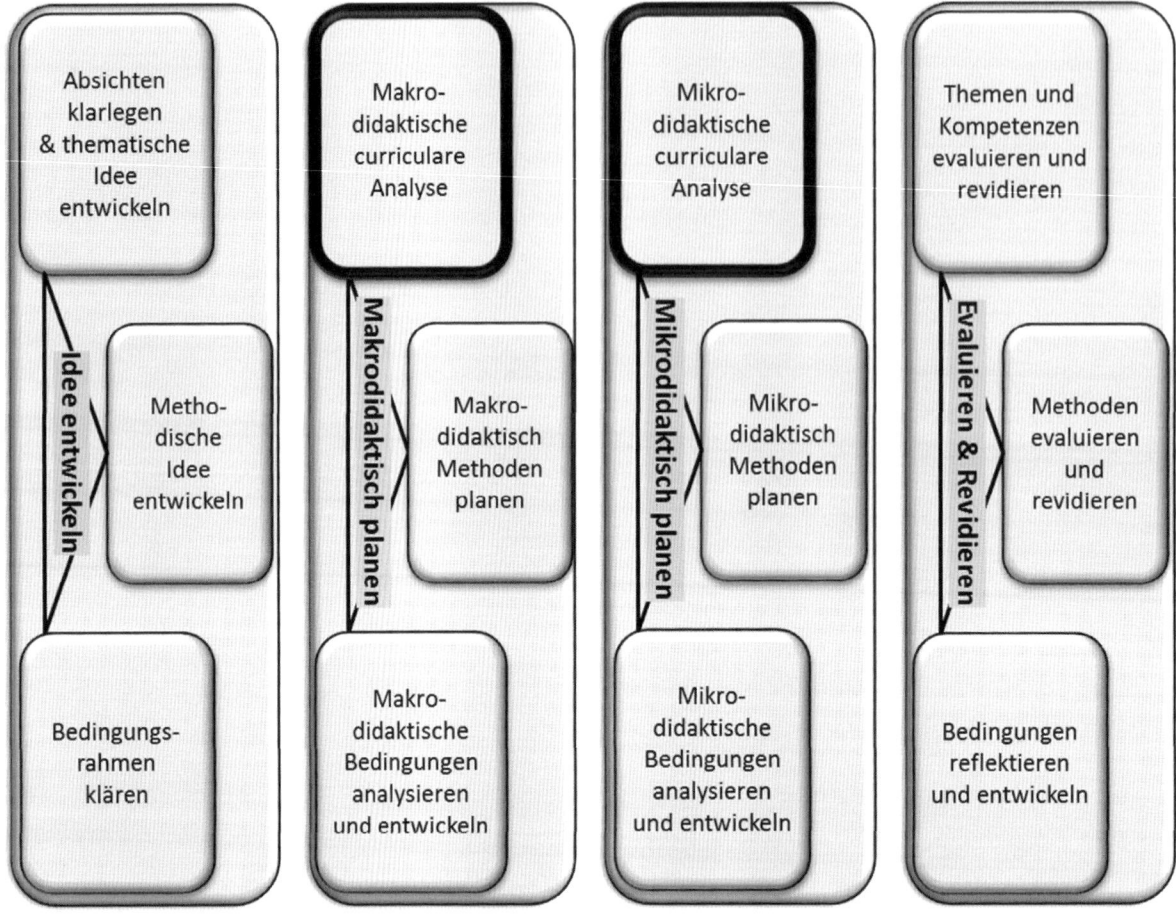

In dieser Lerneinheit werden die verschiedenen Planungshilfen sortiert, die Lehrkräfte bei der Vorbereitung von Unterricht nutzen. Lokalisieren Sie die Arbeit mit Planungshilfen bitte zunächst im Prozessmodell und schauen Sie sich die entsprechenden Leitfragen an.

Bei einem ‚Erstkontakt' mit einer Klasse bzw. einer Schule, etwa im Rahmen der schulpraktischen Studien, ist es sinnvoll, die Planungshilfen systematisch zu erfassen. Die Toolbox enthält eine solche Checkliste (TB-5.1) und gibt gleichzeitig einen Überblick über die hier besprochenen Planungshilfen. Ich unterscheide dabei vier ‚Welten' von Hilfen zur Planung des Unterrichts.

▶ **Offizielle Welt**: In der offiziellen Welt der Planungshilfen finden sich Hilfsmittel zur Planung von Unterricht, die auch – ganz offiziell – zur Planung von Unterricht gedacht sind und zwar unabhängig von der Frage, ob sie tatsächlich zur Planung genutzt werden oder nicht. Ich gehe hier auf Lehrpläne und Bildungsstandards als Vertreter der offiziellen Welt ein. Außerdem erläutere ich kurz Ordnungsunterlagen aus der betrieblichen Ausbildung, Handreichungen sowie weitere Materialien aus der Fort- und Weiterbildung von Lehrkräften.

▶ **Inoffizielle Welt**: In der inoffiziellen Welt finden sich alle Planungshilfen, die von Lehrkräften genutzt werden, die aber offiziell ‚eigentlich' nicht zur Unterrichtsplanung gedacht sind. Hier gehe ich ein auf Schulbücher sowie Prüfungsunterlagen.

▶ **Kooperative Welt**: In der kooperativen Welt finden sich Planungshilfen, die aus der Kooperation mit Partnerinnen und Partnern innerhalb der Schule oder außerhalb der Schule, zum Beispiel mit Betrieben, stammen.

▶ **Bibliothekswelt**: In der Bibliothekswelt gehe ich auf Planungshilfen ein, die der ‚persönlichen Bibliothek' der Lehrkraft entstammen. Dies sind zum Beispiel Nachschlagewerke oder akademische Lehrbücher. Hierzu gehören heute aber auch Links, E-books oder andere digitale Hilfsmittel.

Um in der bunten Welt der Planungshilfen sich nicht zu verlieren, wurde in der Toolbox eine Karte „Planungshilfen" (TB-1.6) ergänzt.

5.2   Die offizielle Welt: Unterrichtsplanung mit offiziellen Hilfen

5.2.1   Der Lehrplan: Das klassische Instrument zur Steuerung der Staatsschule

Der Lehrplan ist das klassische Instrument des Staates, die Unterrichtsplanung der Lehrkräfte in seinem Sinne zu beeinflussen. Öffentliche Schulen sind eine Errungenschaft der deutschen Revolution von 1848/1849. Gemäß dem damaligen bürgerlich-demokratischen Geist konnte eine Staatsschule – eher als die private oder konfessionelle Schule – die *Freiheit* der Bildung garantieren. Im 19. und 20. Jahrhundert wurde diese bürgerlich-liberale Vorstellung durch die sozialdemokratische Idee der staatlichen Schule ergänzt: Die Schule als Schule *aller* Bürgerinnen und Bürger (Avenarius, 2000). In dieser Vorstellung hat der Staat nicht nur das Recht, sondern gegenüber seinen Bürgerinnen und Bürgern auch die Pflicht, die Schule von einseitigen Einflussnahmen von Einzelinteressen frei zu halten, etwa der Wirtschaft, der Kirche oder Sekten. Heute steht nach Artikel 7, Absatz 1 des deutschen Grundgesetzes das gesamte Schulwesen unter der Aufsicht des Staates. Nach herrschender juristischer Auffassung hat der Staat die *Pflicht*, inhaltliche Ansprüche an die Arbeit in Schulen zu formulieren (Avenarius & Heckel, 2000, S. 241 ff.). Er darf sich um die gesellschaftliche Auseinandersetzung um Schule nicht drücken: Der Streit um den richtigen Aufbau von Schule, die rechte Methode oder die vernünftigen Inhalte. Etwa: Soll das Schulwesen dreigliedrig aufgebaut sein? Ist die Freiarbeit in der Grundschule zu fördern? Soll der Staat islamischen Religionsunterricht anbieten? Außerdem ist der Staat an die freiheitlich-demokratische Grundordnung gebunden, die das Bundesverfassungsgericht 1952 definiert hat.

Freiheitlich-demokratische Grundordnung nach der Definition des Bundesverfassungsgerichts

„eine Ordnung ..., die unter Ausschluss jeglicher Gewalt- und Willkürherrschaft eine rechtsstaatliche Herrschaftsordnung auf der Grundlage der Selbstbestimmung des Volkes nach dem Willen der jeweiligen Mehrheit und der Freiheit und Gleichheit darstellt. Zu den grundlegenden Prinzipien dieser Ordnung sind mindestens zu rechnen: die Achtung vor den im Grundgesetz konkretisierten Menschenrechten, vor allem vor dem Recht der Persönlichkeit auf Leben und freie Entfaltung, die Volkssouveränität, die Gewaltenteilung, die Verantwortlichkeit der Regierung, die Gesetzmäßigkeit der Verwaltung, die Unabhängigkeit der Gerichte, das Mehrparteienprinzip und die Chancengleichheit für alle politischen Parteien mit dem Recht auf verfassungsmäßige Bildung und Ausübung einer Opposition."

Übersicht 1: Freiheitlich-demokratische Grundordnung

Der Anspruch des Staats an Schule wird über mehrere Stufen konkretisiert. Zunächst werden für die einzelnen Schularten Bildungsaufträge formuliert. „Staatliche Bildungsaufträge sind konkrete Utopien" (Meyer, 1997, S. 194). Bildungsaufträge werden etwa in der Landesverfassung und den Schulgesetzen rechtlich verankert. Lehrpläne sind deutlich konkreter als Bildungsaufträge.

Auftrag der Berufsschule

Die Berufsschule vermittelt eine berufliche Grund- und Fachbildung und erweitert die vorher erworbene allgemeine Bildung. Damit will sie zur Erfüllung der Aufgaben im Beruf sowie zur Mitgestaltung der Arbeitswelt und Gesellschaft in sozialer und ökologischer Verantwortung befähigen.

Übersicht 2: Aufgabe der Berufsschule nach KMK-Vereinbarung zur Berufsschule

Der Lehrplan ist das wichtigste klassische Instrument zur Steuerung des Unterrichts durch den Staat. Herwig Blankertz erläutert den Begriff 1975 wie folgt: „Ein Lehrplan ist die geordnete Zusammenfassung von Lehrinhalten, die während eines vom Plan vorgegebenen Zeitraumes über Unterricht, Schulung oder Ausbildung angeeignet und verarbeitet werden soll" (1986, S. 188). Dieses Verständnis von Lehrplänen als Zusammenfassung von *Inhalten* greift aus heutiger Sicht recht kurz. Lehrpläne gehen heute weiter und machen auch Vorgaben oder bieten Anregungen zu den Lernmethoden. Häufig wird heute der Begriff „Lehrplan" im neuen, weiteren Verständnis gleichbedeutend mit „Curriculum" verwendet. Lehrpläne haben bei der Steuerung von Schule gleich mehrere Funktionen (Vollstädt, Tillmann, Rauin, Höhmann & Tebrügge, 1999, S. 19 ff.). Die Hauptfunktionen sind die Legitimations- und die Orientierungsfunktion:[1]

▶ **Legitimationsfunktion**: Mit Lehrplänen legt der Staat Rechenschaft gegenüber der Öffentlichkeit ab, also gegenüber Eltern oder Betrieben. Der Staat zeigt diesen Gruppen mit dem Lehrplan, welche Inhalte in der Schule gelehrt werden und welche Ziele angestrebt werden. Schul- bzw. Bildungspolitik soll in der Demokratie akzeptabel und öffentlichkeitswirksam dargestellt werden. Die Legitimationsfunktion zielt vor allem auf das *Umfeld* von Schule.

▶ **Orientierungsfunktion**: Der Staat informiert mit dem Lehrplan die *schulinternen* Gruppen über seine Absichten, vor allem die Lehrkräfte und Schülerinnen und Schüler. So formuliert „der Lehrplan ein Grundverständnis des jeweiligen Unterrichtsfaches, setzt einen Rahmen für die Auswahl und Anordnung der zu behandelnden Inhalte, gibt Anregungen und Hilfen für die Planung und Gestaltung von ‚gutem' Unterricht und umreißt den Entscheidungsspielraum für die Berücksichtigung der konkreten Unterrichtsbedingungen ‚vor Ort'. Lehrpläne wirken somit als didaktische Handlungsanweisungen, als Rahmung und Unterstützung der schulischen Unterrichtsplanung" (Vollstädt et al., 1999, S. 21). Lehrpläne bleiben in den Vorgaben unscharf. Dies ist jedoch nicht unbedingt ein Defizit. Diese Unschärfe „ist im Gegenteil eine Möglichkeitsbedingung für Akzeptanz und Verständigung zwischen ausdifferenzierten Handlungsebenen und spezialisierten Diskursen" (Künzli, 1999, S. 18).

Die geisteswissenschaftliche Pädagogik hat sich intensiv mit dem Lehrplan des Abendlandes auseinandergesetzt. Die Richtung der Pädagogik hatte ihre Blüte vor dem zweiten Weltkrieg und direkt nach dem zweiten Weltkrieg bis zu den Umbrüchen der 68er-Bewegung. Sie ist mit den großen Namen allgemeiner Pädagogen verbunden, etwa Wilhelm Dilthey (1833-1911), seinem Schüler Herman Nohl (1879-1960), dessen Schüler, dem großen Lehrplantheoretiker Erich Weniger (1893-1961) und dessen Schüler, dem Bildungstheoretiker Wolfgang Klafki (geb. 1927) und dem Didaktiker Wolfgang Kramp (1927-1983). Im Zentrum der geisteswissenschaftlichen Pädagogik bzw. der bildungstheoretischen Didaktik steht eine differenzierte Erörterung des Lehrplans und der Inhalte des Unterrichts. Es ist das Verdienst der geisteswissenschaftlichen Pädagogik, insbesondere von Erich Weniger, herausgearbeitet zu haben, dass Lehrpläne „Ergebnis des Kampfes gesellschaftlicher Mächte" (Blankertz, 1986, S. 124) sind. Das heißt, dass die im Lehrplan „angegebenen Lehrinhalte und deren Gewicht innerhalb des Lehrplanes sehr genau die Interessen der gesellschaftlich Mächtigen widerspiegeln" (Blankertz, 1986, S. 124). Parteien, Kirchen, Arbeitgeber und Gewerkschaften, Umweltschutzverbände, Lobbyisten und andere kämpfen darum, ihre Vorstellungen im Lehrplan unterzubringen. Sie trachten danach, über die Orientierungsfunktion des Lehrplans Einfluss auf den Unterricht zu nehmen.

> **STOPP**: Machen Sie eine kleine Liste der gesellschaftlichen Gruppen, die Einfluss auf die Schule nehmen werden. Ergänzen Sie zwei bis drei Forderungen, die diese Gruppen erheben werden. Teilen Sie diese Forderungen?

Das hört sich so an, dass beispielsweise über die Frage, was Industriekaufleute in der Berufsschule oder die Schülerinnen und Schüler der Fachoberschule in Mathematik zu lernen haben, eine *öffentliche* Auseinandersetzung geführt werde. Ein solcher ‚Kampf gesellschaftlicher Mächte' wird heute jedoch nicht mehr offen ausgetragen. Vielmehr haben sich dafür spezifische bürokratische Strukturen entwickelt. Inzwischen haben sich Institutionen spezialisiert, die den ‚Kampf' nur noch in wenigen Grenzfällen sichtbar werden lassen, beispielsweise, wenn es in der politischen Diskussion um Brennpunkte in der Schule geht (Künzli, 1999, S. 16). So streitet sich die Öffentlichkeit beispielsweise über die Regelungen des Übergangs in weiterführende Schulen oder über die Zukunft der Hauptschule, aber eben nicht über die Inhalte des ersten Ausbildungsjahres von Industriekaufleuten. Die Erstellung von Lehrplänen erfolgt durch Fach- und Schulleute. Sie ist im Zeitalter ausgewachsener Bildungsbürokratien recht unverbunden mit der Diskussion in Öffentlichkeit und Politik. Lehrpläne sind ein Teil schulpolitischen Verwaltungshandelns (Künzli, 1999, S. 16).

Die Produktion von Lehrplänen erfolgt in Kommissionen, Arbeitsgruppen und Gremien. Diese Produktion erfolgt nur lose verbunden mit der tatsächlichen Unterrichtsplanung durch die Lehrkräfte. Die Produktion der Lehrpläne hat kaum Verbindung zur Aus- und Weiterbildung von Lehrkräften durch die Universitäten und Institutionen der Fortbildung von Lehrkräften, zur Produktion von Schulbüchern durch die Schulbuchverlage und zur Prüfung in den Ausbildungsberufen, beispielsweise durch die Kammern. Lehrpläne bleiben damit recht allein und sind oft nicht in ein kohärentes System eingebunden. Im angelsächsischen Raum wird hingegen dem curricularen Abgleich (alignment) der curricularen Elemente mehr Aufmerksamkeit geschenkt: Innovation in Schule bedarf nicht der Veränderung der Lehrpläne allein, sondern eines abgestimmten Bündels aus Lehrplan, Schulbuch, Aus- und Fortbildung von Lehrkräften, Medien und Prüfung. Im angelsächsischen Raum wurden sogar eigene Verfahren zur Messung dieser Gleichrichtung entwickelt (Martone & Sireci, 2009; McNeil, 2006; Porter, 2006).

Lehrpläne sollten für die Lehrkräfte eine Orientierungsfunktion haben. Befragungen von Lehrkräften zeigen jedoch, dass Lehrpläne keineswegs die zentrale Grundlage für die Unterrichtsvorbereitung sind. Vielmehr sind dies nach den Erhebungen von Künzli und Santini-Amgarten (1999) bei allgemeinbildenden Lehrkräften, die eigenen Unterrichtsmaterialien der letzten Jahre sowie Lehrbücher (Künzli &

Santini-Amgarten, 1999). Die Behauptung, dass eine Lehrkraft einen Lehrplan nutzt, heißt noch lange nicht, dass das tatsächlich auch der Fall ist. Außerdem heißt „Nutzung" noch lange nicht „kompetente Nutzung". Meyer (1997) behauptet: „Nur wenige Lehrerinnen lesen ihre Richtlinien, noch weniger üben sich in der kritischen Auseinandersetzung damit" (S. 359). Außerdem: Schließlich muss kritisch hinterfragt werden, ob die Befunde, über die hier berichtet wird, auch für Berufsbildung gelten.

Deutschland dürfte nach Einschätzung von Avenarius u. a. (2003) „weltweit das Land mit der größten Anzahl verbindlicher, den Unterricht in allen Schulformen und -stufen steuernder Lehrpläne sein" (S. 103). Der Bericht schätzt die Anzahl der aktuellen Lehrpläne auf über 2.500. In vielen anderen Ländern gebe es nur wenige nationale Lehrpläne.

Eine wichtige Ergänzung des Lehrplans, die meist gemeinsam mit dem Lehrplan ausgeliefert wird, ist die Stundentafel. Sie klärt auf, wie viele Wochenstunden in einem Schuljahr auf ein Fach entfallen. Die Stundentafeln für den Unterricht im Dualen System unterscheiden dabei nach einer Beschulung in Teilzeit und im Blockunterricht.

5.2.2 Der Lehrplan: Unterschiede zu verwandten Dingen

Der Lehrplan bzw. das Curriculum kann von verwandten Dingen abgegrenzt werden, die eine steuernde Funktion haben und zumindest ähnlich klingen. Der Lehrplan ist ein schul*übergreifendes* Instrument, das der staatlichen, schulübergreifenden Steuerung des *täglichen Unterrichts* dient und das den Lehrkräften *bewusst* ist. Demgegenüber stehen schulinterne Curricula, Extra-Curricula sowie der heimliche Lehrplan.

Die offiziellen Lehrpläne werden in der Schule ‚kleingearbeitet' durch schulinterne Curricula. Häufig sind dies Verteilungspläne, bei denen die Inhalte des offiziellen Lehrplans über das Schuljahr verteilt werden. Derartige Pläne sind das Ergebnis der makrodidaktischen Planung, die später erörtert wird. Diese Verteilungspläne können auch die Form ausgefeilter didaktischer Jahrespläne annehmen (Pahl & Tärre, 2013). Daneben stehen schulinterne Lehrpläne, die einen ähnlichen Anspruch wie offizielle Lehrpläne haben. So hat beispielsweise die Staatliche Berufsschule II in Bayreuth ein eigenes, schulinternes „Methoden-Curriculum" aufgebaut, das die Lernkompetenzen für den schulinternen Gebrauch in verschiedenen Modulen systematisiert und die Teilkompetenzen auf die Jahrgangsstufen verteilt. Dieses Instrument wird von den Bayreuther Lehrkräften zur bewussten Förderung der Lernkompetenzen genutzt. Die Schülerinnen und Schüler erhalten im Rahmen einer Zusatzqualifikation ein sogenanntes Methodenzertifikat.

Ein *Extra-Curriculum* ist eine bewusste, im Schulalltag verankerte Förderung jenseits des Lehrplans bzw. jenseits des täglichen Unterrichts. Dazu gehören beispielsweise Schulsportwettbewerbe, Tage der offenen Tür oder ein Schultheater. Empirische Befunde aus den USA zeigen auf, dass extracurriculare Aktivitäten in der Schule einen positiven Einfluss auf die Lernleistung und auf die politische Betätigung der Schülerinnen und Schüler haben. Außerdem wirken extracurriculare Aktivitäten antisozialem Verhalten in der Schule entgegen (Feldman & Matjasko, 2005).

Der *heimliche Lehrplan* ist ein den Lehrkräften nicht bewusstes Instrument der Steuerung von Unterricht. Es geht dabei, so Meyer (1989), um „die lautlosen Mechanismen der Einübung in die Regeln und Rituale" (S. 65). So vermittelt die Schule Kompetenzen, sich vor der Arbeit, beispielsweise vor der Gruppenarbeit, zu drücken. Schule vermittelt ein klares Weltbild mit einem Oben-Unten-Gefälle, die der Lehrkraft die Prüfungshoheit zugesteht.

STOPP: Kevin ist 18 Jahre alt. Er wohnt bei seiner Familie in Nürnberg-Gibitzenhof, einem traditionellen Nürnberger Arbeiterviertel. Er ist Hip-Hop-Fan, vor allem der Musik von 50 Cent. Er strahlt maskuline Coolness aus. Er hat sich mehrfach durch sexistische und schwulenfeindliche Sprüche hervorgetan. Er trägt die typische Kluft, ist stolz auf sein New Era Cap, seine Nike Air Force 1 und trägt eigentlich immer baggy pants, übergroße Sportanzüge und eine fette Goldkette als Bling-Bling. Sie kennen Kevin nicht. Aber: Was denken Sie über Kevin? Beschreiben Sie einige Merkmale von Kevin. Seien Sie ehrlich zu sich. Sie werden nicht nichts über Kevin denken.

Zum heimlichen Lehrplan gehören auch unbewusste Diskriminierungen der Lehrkraft aufgrund des Geschlechts („Mädchen können nicht rechnen"), der Schicht („Beide Eltern Hartz IV. Da ist doch klar, was Jürgen kann") oder des ethnisch-kulturellen Hintergrunds („Afet spricht ja nicht mal ordentlich deutsch").

5.2.3 Lehrpläne mit traditioneller Struktur

Lehrpläne an beruflichen Schulen haben ganz unterschiedliche Strukturen. Traditionelle Lehrpläne stehen neben lernfeldorientierten Lehrplänen und innovativen Lehrplanformen. Die Lehrpläne verschiedener Schularten haben oft unterschiedliche Strukturen. Aber selbst dem Unterricht einer Klasse, etwa einer Fachklasse des Dualen Systems, können Lehrpläne mit unterschiedlichen Strukturen zugrunde liegen.

Traditionelle Lehrpläne sind nach Fachgebieten strukturiert, die häufig – nach dem Wissenschaftsprinzip – die Struktur der Inhalte in den Fachwissenschaften nachbilden. Die Struktur der Lehrpläne bildet traditionelle Fächer ab. Traditionelle Lehrpläne spielen zur Zeit in fast allen Bereichen der beruflichen Schulen außerhalb des fachbezogenen Unterrichts der Berufsschule eine große Rolle, also in den allgemeinbildenden Fächern der Berufsschule sowie in allen Fächern der anderen beruflichen Schulen, d. h. in Bayern den Berufsfachschulen, den Wirtschaftsschulen, der Fachschule, der Fachoberschule, der Berufsoberschule sowie der Fachakademie.

So umfasst der Lehrplan für Betriebswirtschaftslehre mit Rechnungswesen der Fachoberschule in Bayern Vorgaben für die Jahrgangsstufen 11 und 12. Nach einer Vorbemerkung wird der Bildungsauftrag der Fachoberschule (Schulartprofil) sowie der Anspruch des gesamten Fachs (Fachprofil) erläutert. Beide Profile werden in Lerngebiete heruntergebrochen. Die Lerngebiete umfassen relativ kleine Themen ab einer Größe von zehn Unterrichtsstunden.

Lerngebiete Betriebswirtschaftslehre mit Rechnungswesen in der FOS	
Jahrgangsstufe 11	► Grundlagen der Betriebswirtschaftslehre (10)
	► Vollkostenrechnung (36)
	► Materialwirtschaft (13)
	► Produktionswirtschaft (10)
	► Geschäftsbuchführung (45)
Jahrgangsstufe 12	► Teilkostenrechnung (38)
	► Jahresabschluss und Bewertung (82)
	► Finanzwirtschaft (15)
	► Marketing (30)

Übersicht 3: Lerngebiete Betriebswirtschaftslehre mit Rechnungswesen in der FOS (in Klammern Zeitrichtwerte)

Für die einzelnen Lerngebiete werden anschließend Lernziele, die Lernziele erläuternde Inhalte sowie Hinweise zum Unterricht gegeben. Die folgende Übersicht zeigt das Lerngebiet „Vollkostenrechnung".

Lerngebiet Vollkostenrechnung		36 Std.
Lernziele	**Lerninhalte**	**Hinweise zum Unterricht**
Die Schülerinnen und Schüler führen mit Hilfe der Vollkostenrechnung eine kurzfristige Erfolgsrechnung durch und beurteilen die ermittelten Kostenabweichungen. Mit Hilfe der differenzierten Zuschlagskalkulation verrechnen sie alle bei der Leistungserstellung und -verwertung anfallenden Kosten auf den Kostenträger und ermitteln den Angebotspreis.	Abgrenzung der Begriffe ▸ Ausgaben, Aufwendungen und Kosten ▸ Einnahmen, Erträge und Leistungen Einteilung der Kosten nach ▸ der Zurechenbarkeit auf die Kostenträger ▸ der Abhängigkeit vom Beschäftigungsgrad Erstellung eines Betriebsabrechnungsbogens (BAB): ▸ Einfacher BAB mit vier Hauptkostenstellen ▸ Mehrstufiger BAB mit einfacher Kostenumlage ohne gegenseitige Verrechnung ▸ Ermittlung der Gemeinkostenzuschlagssätze Kostenträgerzeitrechnung: ▸ Kostenträgerzeitrechnung auf Ist- und Normalgemeinkostenbasis mit Abstimmung von Betriebs- und Umsatzergebnis ▸ Maschinenkosten, Maschinenlaufzeit, Maschinenstundensatz ▸ Interpretation der Kostenabweichungen Kostenträgerstückrechnung einschließlich Maschinenkosten als Zuschlagskalkulation Kalkulation des Angebotspreises einschließlich Vertreterprovision, Skonto und Rabatt	Eine Abgrenzungsrechnung ist nicht durchzuführen. Die Ermittlung der Bestandsveränderungen unfertiger und fertiger Erzeugnisse erfolgt mit Normalgemeinkostenzuschlagssätzen. Kostenträgerzeitblatt mit maximal zwei Kostenträgern erstellen. Die maschinenbezogenen Fertigungsgemeinkosten sind als Wert vorzugeben.

Übersicht 4: Vollkostenrechnung im Lehrplan Betriebswirtschaftslehre mit Rechnungswesen in der FOS

Traditionelle Lehrpläne machen meist recht detaillierte Angaben zu den Lernzielen und zu den Inhalten. Neuere Lehrpläne an Berufsschulen für den berufsbezogenen Unterricht gehorchen dieser traditionellen Struktur nicht mehr. Die meisten Lehrpläne der Wirtschaftsschule haben eine vergleichbare Struktur, wenngleich dort zurzeit ein Übergang zu einer Form von Lehrplänen stattfindet, die sich an Gestaltungselemente der Lehrpläne für den berufsbezogenen Bereich der Berufsschule anlehnt.

5.2.4   Lehrpläne mit Lernfeldstruktur

5.2.4.1   Was lernfeldstrukturierte Lehrpläne sind

Seit dem Jahre 1996 werden die Rahmenlehrpläne der Kultusministerkonferenz (KMK) für den berufsbezogenen Unterricht in der Berufsschule nach *Lernfeldern* strukturiert. Die Motive zur Einführung waren vielfältig. So wurde argumentiert, dass sich die berufsbildenden Fächer an Wissenschaftsdisziplinen orientierten, daher praxisfern seien und der Transfer ‚der Theorie‘ in der Berufsschule in ‚die Praxis‘ in den Ausbildungsbetrieb ungenügend sei (Schopf, 2011). Der psychologische Hintergrund wird in Lerneinheit 19 thematisiert.

Mit der neuen Struktur der Lehrpläne wurde ein radikaler Wechsel vollzogen. Statt der Strukturierung nach Fächern werden die Fächer in der überlieferten Form abgeschafft und die Lehrpläne fachübergreifend nach Lernfeldern strukturiert. Die neue Struktur folgt dabei der Broschüre „Handreichung für die Erarbeitung von Rahmenlehrplänen der Kultusministerkonferenz für den berufsbezogenen Unterricht in der Berufsschule und ihre Abstimmung mit Ausbildungsordnungen des Bundes für anerkannte Ausbildungsberufe" der KMK (2011).

Lernfeldübersicht Kaufmann/-frau Einzelhandel	
▶ Das Einzelhandelsunternehmen repräsentieren	▶ Geschäftsprozesse erfassen und kontrollieren
▶ Verkaufsgespräche kundenorientiert führen	▶ Preispolitische Maßnahmen vorbereiten und durchführen
▶ Kunden im Servicebereich Kasse betreuen	▶ Besondere Verkaufssituationen bewältigen
▶ Waren präsentieren	▶ Geschäftsprozesse erfolgsorientiert steuern
▶ Werben und den Verkauf fördern	▶ Mit Marketingkonzepten Kunden gewinnen und binden
▶ Waren beschaffen	▶ Personaleinsatz planen und Mitarbeiter führen
▶ Waren annehmen, lagern und pflegen	▶ Ein Einzelhandelsunternehmen leiten und entwickeln

Übersicht 5: Übersicht Lernfelder im Einzelhandel gemäß KMK-Rahmenlehrplan von 2004

Durch die Orientierung an beruflichen Aufgabenstellungen und den Arbeits- und Geschäftsprozessen ist der Lernfeldansatz eine Variante des Situationsprinzips. Lernfelder sind vergleichsweise große Einheiten unterrichtlicher Planung: Sie sollen einen Umfang von 40, 60 oder 80 Unterrichtsstunden haben.

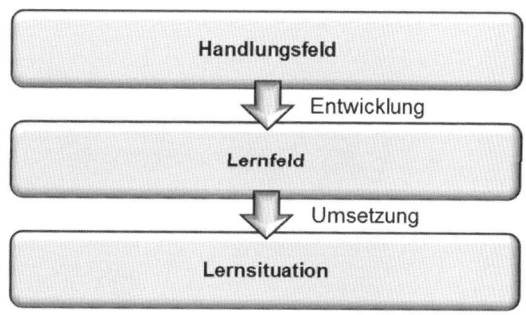

Übersicht 6: Handlungsfelder, Lernfelder, Lernsituation

Die Dreiheit von Handlungsfeldern, Lernfeldern und Lernsituationen werden in den Handreichungen wie folgt definiert.

▶ **Handlungsfelder:** „Handlungsfelder orientieren sich an berufsbezogenen Aufgabenstellungen innerhalb zusammengehöriger Arbeits- und Geschäftsprozesse. Handlungsfelder verknüpfen berufliche, gesellschaftliche und individuelle Anforderungen. Durch didaktische Reflexion und Aufbereitung werden aus den Handlungsfeldern, die an der gegenwärtigen und zukünftigen Berufspraxis orientiert sind, die Lernfelder in den Rahmenlehrplänen entwickelt" (KMK, 2011, S. 31).

▶ **Lernfelder:** „Lernfelder sind durch die Handlungskompetenz mit inhaltlichen Konkretisierungen und die Zeitrichtwerte beschrieben. Sie sind aus Handlungsfeldern des jeweiligen Berufes entwickelt und orientieren sich an berufsbezogenen Aufgabenstellungen innerhalb zusammengehöriger Arbeits- und Geschäftsprozesse. Sie verbinden ausbildungsrelevante berufliche, gesellschaftliche und individuelle Zusammenhänge unter dem Aspekt der Entwicklung von Handlungskompetenz" (KMK, 2011, S. 32).

▶ **Lernsituationen:** „Lernsituationen sind curriculare Strukturelemente der Lernfeldkonzeption. Sie gestalten die Lernfelder für den schulischen Lernprozess aus. So gesehen sind Lernsituationen kleinere thematische Einheiten im Rahmen von Lernfeldern. Sie setzen exemplarisch die Kompetenzerwartungen innerhalb der Lernfeldbeschreibung um, indem sie berufliche Aufgabenstellungen und Handlungsabläufe aufnehmen und für die unterrichtliche Umsetzung didaktisch und methodisch aufbereiten. Insgesamt orientieren sich Lernsituationen am Erwerb umfassender Handlungskompetenz und unterstützen die Entwicklung möglichst aller Kompetenzdimensionen" (KMK, 2011, S. 31).

Die folgende Übersicht zeigt die Beschreibung eines kaufmännischen Lernfelds in einer bayerischen Lehrplanrichtlinie.

Einzelhandelsprozesse - Jahrgangsstufe 10	
Lernfeld **Waren annehmen, lagern und pflegen**	**60 Std.**
Zielformulierung Die Schülerinnen und Schüler prüfen den Wareneingang und sorgen für eine sachgerechte Lagerung. Sie erkennen Pflichtverletzungen durch den Lieferer, dokumentieren diese und leiten entsprechende Maßnahmen zu deren Beseitigung ein. Die Schülerinnen und Schüler kommunizieren problemlösungsorientiert mit Lieferern. Sie kontrollieren die Ware anhand von Belegen und erfassen die Artikel, auch unter Nutzung eines informationstechnischen Systems. Sie lagern Ware und beachten wichtige Lagergrundsätze im Verkaufs- und/oder Reservelager. Die Schülerinnen und Schüler analysieren Kennziffern, führen Lagerbestandsrechnungen durch, bewerten diese und zeigen Optimierungsmöglichkeiten auf. Im Lager und beim Umgang mit Verpackungen berücksichtigen sie ökonomische, rechtliche und ökologische Aspekte.	
Inhalte Sachmangel Mängelrüge Lieferungsverzug Mindestbestand, Meldebestand Umschlagshäufigkeit, Lagerdauer Inventur, Inventar Lagerorganisation Lager- und Transportvorschriften, Sicherheit im Lager Warenpflege	

Übersicht 7: Lernfeld „Waren annehmen, lagern und pflegen"

Der bundesweite KMK-Rahmenlehrplan für den Ausbildungsberuf „Kaufmann/Kauffrau im Einzelhandel" wird in Bayern in den Lehrplan für die Berufsschule, Berufsgruppe Handel und Verkauf, Fachklasse „Kaufmann/Kauffrau im Einzelhandel" überführt. Der bayerische Lehrplan umfasst auch die Fachklassen für Verkäufer bzw. Verkäuferinnen sowie Pharmazeutisch-kaufmännische Angestellte. „Einzelhandelsprozesse" ist in Bayern ein sogenanntes Zeugnisfach, das in allen drei Jahrgangsstufen 10, 11 und 12 unterrichtet wird. Im berufsbezogenen Unterricht werden die 14 Lernfelder des bundesweiten Rahmenlehrplans in Bayern den drei Zeugnisfächern „Kundenorientiertes Verkaufen", „Einzelhandelsprozesse" und „Kaufmännische Steuerung und Kontrolle" zugeordnet. Das Lernfeld mit der Bezeichnung „Waren annehmen, lagern und pflegen" innerhalb von „Einzelhandelsprozesse" wird im ersten Ausbildungsjahr unterrichtet. Bei der Wahl der Bezeichnung ist die „Kernkompetenz der übergeordneten beruflichen Handlung möglichst kurz, aussagekräftig und aktiv zu formulieren. Das Niveau der beruflichen Handlungskompetenz muss zum Ausdruck kommen" (KMK, 2011, S. 26). Das Lernfeld hat einen Umfang von 60 Unterrichtsstunden. Die Lernfelder werden in einer einheitlichen Struktur beschrieben.

Dokumentation eines Lernfeldes

▸ **Kernkompetenz bzw. Bezeichnung** des Lernfeldes (Nomen und Vorgangsverben, z. B. „Beschaffungsprozesse planen, steuern und kontrollieren")
▸ **Zuordnung** zur Jahrgangsstufe bzw. Ausbildungsjahr, in Bayern: zum Fach
▸ **Zeitrichtwert** für das Lernfeld (40, 60 oder 80 Unterrichtsstunden)
▸ **Ausformulierte Kernkompetenz** (1 Satz zur Ausformulierung der Kernkompetenz)
▸ **Ziele** (Präsensformulierung, ausformuliert)
▸ **Inhalte** (Aufzählung von Stichwörtern)

Übersicht 8: Dokumentation eines Lernfeldes

Im mittleren Teil der Lernfeldbeschreibung folgt in einem ersten Satz zunächst eine „generalisierende Ausformulierung dieser Kernkompetenz am Ende des Lernprozesses" (KMK, 2011, S. 26). In einem weiteren Schritt wird diese ausformulierte Kernkompetenz ausdifferenziert. Die KMK liefert eine Übersicht über den Aufbau von Lernfeldern, die in der Toolbox wiedergegeben ist (TB-9.5).

Der KMK-Rahmenlehrplan beschränkt sich nicht auf die Beschreibung der Lernfelder. Neben den berufsspezifischen Lernfeldern enthält der KMK-Rahmenlehrplan einige allgemeine Vorbemerkungen, berufsbezogene Vorbemerkungen, Hinweise zum Bildungsauftrag der Berufsschule, didaktische Grundsätze sowie eine Übersicht über die Fächer und Lernfelder. Die KMK-Rahmenlehrpläne können auf der Webseite der KMK (www.kmk.org) heruntergeladen werden.

Der Rahmenlehrplan wird nach dem GEP-Verfahren mit der Ausbildungsordnung abgestimmt.[2] Ausbildungsordnungen sind Rechtsverordnungen, die mit bundesweiter Geltung den betrieblichen Teil der Dualen Ausbildung in anerkannten Ausbildungsberufen regeln (Stender, 2006, S. 91 ff.). Die Ausbildungsordnung enthält mindestens die Bezeichnung des Ausbildungsberufs, die Ausbildungsdauer, das Ausbildungsberufsbild, die sachliche und zeitliche Gliederung der Ausbildung im Ausbildungsrahmenplan sowie die Prüfungsanforderungen.

Die bundesweiten Rahmenlehrpläne werden in den einzelnen Bundesländern unterschiedlich behandelt. Früher wurden in fast allen Bundesländern umfangreichere Veränderungen an den Rahmenlehrplänen vorgenommen und länderspezifische Lehrpläne entwickelt. Inzwischen gehen viele Bundesländer dazu über, die Rahmenlehrpläne nur noch in geringem Umfang oder gar nicht anzupassen. Dabei lassen sich drei Verfahren unterscheiden:

▶ **Direkte Übernahme des Rahmenlehrplans**: In einigen Bundesländern wird in bestimmten Berufen der Rahmenlehrplan direkt für die schulische Arbeit übernommen. Auf der Landesebene werden keine weiteren Lehrpläne entwickelt. Der bundesweite Rahmenlehrplan ist direkt eine Grundlage für die schulische Verteilungsplanung.

▶ **Landesspezifische Modifikation des Rahmenlehrplans ohne Lernsituationen**: Andere Bundesländer modifizieren den Rahmenlehrplan ohne ihn nennenswert zu ergänzen. In Bayern erarbeitet eine Kommission am bayerischen Landesinstitut, dem ISB, Lehrpläne oder Lehrplanrichtlinien und gelegentlich Umsetzungshilfen aus. „Dabei werden die Lernfelder der

> **ISB**
>
> Das ISB heißt offiziell „Staatsinstitut für Schulqualität und Bildungsforschung" und hat seinen Sitz in München. Das ISB bietet den beruflichen Schulen in Bayern vielfältige Unterstützung. So entwickelt es auf der Basis der KMK-Rahmenlehrpläne die bayerischen Lehrplanrichtlinien. Es begleitet Innovationsvorhaben in Schulen und liefert Handreichungen für die praktische Arbeit der Lehrkräfte. Die Webseite www.isb.bayern.de ist ein Muss für jede (angehende) Lehrkraft in Bayern.
>
> **Übersicht 9: ISB**

KMK-Rahmenlehrpläne in der Regel zu größeren Einheiten (Zeugnisfächern) gebündelt, um Leistungserhebungen zu reduzieren, Abschlusszeugnisse übersichtlicher zu gestalten und dem in der Berufsschulordnung verankerten Fächerprinzip gerecht zu werden. Die Bündelung erfolgt also vorwiegend aus formalen Gründen. Das Prinzip der Handlungsorientierung wird hierdurch nicht verletzt, denn die Lernfelder der KMK-Rahmenlehrpläne werden als solche nicht verändert. Lehrplanrichtlinien enthalten neben den zu Fächern gebündelten Lernfeldern die Stundentafeln sowie berufsbezogene Bemerkungen" (ISB, 2006, S. 25). Die bayerischen Lehrpläne können auf der Webseite des ISB (www.isb.bayern.de) heruntergeladen werden.

▶ **Landesspezifische Modifikation des Rahmenlehrplans mit Lernsituationen**: Einige Bundesländer ergänzen den Rahmenlehrplan. In Sachsen werden beispielsweise die Rahmenlehrpläne der KMK mit Hinweisen zu Lernsituationen angereichert. Auf der Suche nach Lernsituationen lohnt sich daher regelmäßig ein Blick über die Landesgrenzen.

Bislang sind lernfeldstrukturierte Lehrpläne fast ausschließlich im berufsbezogenen Unterricht der *Berufsschule* zu finden. In anderen Schularten existieren sie bislang kaum.

Der Lernfeldansatz war, insbesondere direkt nach der Einführung, mit viel Kritik von Seiten der Schulen und der Wissenschaft verbunden. Beide Gruppen waren nicht nennenswert an der Vorbereitung beteiligt, so dass der Eindruck einer Bombenwurf-Strategie der KMK entstand. Eine weitere Kritik entzündete sich – mit Blick auf die anderen curricularen Prinzipien – an der starken Betonung bzw. Überbetonung des Situationsprinzips. Dies führe zu einer betrieblich-funktionalistischen Verengung des Unterrichts, vernachlässige das Wissenschaftsprinzip und führe in die Theorielosigkeit beruflicher Schulen. Damit werde die Inhaltlichkeit verdrängt und das Selbstverständnis von Berufsschule in Frage gestellt. Inzwischen ist es um die prinzipielle Kritik eher ruhig geworden.

5.2.5 Innovative Lehrplanformen

Innovative Formen von Lehrplänen sind differenzierte Lehrpläne, webbasierte Lehrpläne, Konnex-Lehrpläne oder Lehrpläne mit einem expliziten Bezug zu Kompetenzmodellen.

Differenzierte Lehrpläne versuchen der zunehmenden Unterschiedlichkeit der Schülerinnen und Schüler – schon im Lehrplan – gerecht zu werden.

In Sachsen wurden im Rahmen des Schulversuchs BERG, dem Schulversuch zur Neugestaltung der beruflichen Grundbildung bei kaufmännischen und verwandten Berufen, Lehrpläne mit inhaltlicher Differenzierung entwickelt (Allmansberger, Bodensteiner & Denneborg, 2010). Aufgrund des demographischen Wandels ist es in vielen Regionen Sachsens nämlich nicht mehr möglich, Fachklassen für einzelne Ausbildungsberufe zu bilden. Daher wird erprobt, ob Schülerinnen und Schüler aus verwandten Ausbildungsberufen gemeinsam unterrichtet werden können. Der Erprobungslehrplan weist neben dem üblichen Aufbau lernfeldstrukturierter Lehrpläne einen Bereich mit Hinweisen zur Binnendifferenzierung auf. Im Lernfeld „Ein Unternehmen analysieren und präsentieren" werden zum Beispiel folgende Hinweise zur Binnendifferenzierung gegeben: „H - Handel, insb. Automobilkaufmann/-frau: Bei der Unternehmenserkundung spielen auch die Baugruppen des Kraftfahrzeuges eine zentrale Rolle. ... Vw - Verwaltung, insb. Verwaltungsfachangestellte/r: Die Organisation der öffentlichen Verwaltung (insb. Stellenarten, Stellenbeschreibungen), Beschäftigungsverhältnisse im öffentlichen Dienst und Personalstatistiken sind zu thematisieren".

Berufsschule: Berufliche Grundbildung kaufmännischer und verwandter Berufe	
Lernfeld 2: **Ein Unternehmen analysieren und präsentieren**	**40 Std.**
Hinweise zur Binnendifferenzierung: **H** - Handel, insb. Automobilkaufmann/-frau: Bei der Unternehmenserkundung spielen auch die Baugruppen des Kraftfahrzeuges eine zentrale Rolle. **H** - Handel, insb. Buchhändler/-in: Bestsellerlisten, Preisverleihungen und Mediendiskussionen sowie grundlegende Techniken und Regeln beim Bibliographieren sind zu berücksichtigen. **D** - Dienstleistung: keine **Vw** - Verwaltung: Es sind auch öffentlich-rechtliche Unternehmensformen zu betrachten. **Vw** - Verwaltung, insb. Verwaltungsfachangestellte/r: Die Organisation der öffentlichen Verwaltung (insb. Stellenarten, Stellenbeschreibungen), Beschäftigungsverhältnisse im öffentlichen Dienst und Personalstatistiken sind zu thematisieren.	

Übersicht 10: Thematisch differenzierter Lehrplan (Auszug) für die berufliche Grundbildung in Sachsen

Auch ein Teil der Lehrpläne der Berufsschule in Bayern unterstützt inzwischen die Beschulung sowohl in Einzelbeschulung in Fachklassen der einzelnen Berufe als auch eine gemeinsame Beschulung in einer Berufsgruppe. So fasst der bayerische Lehrplan für die Berufsgruppe „Handel und Verkauf" die Fachklassen „Kaufmann/Kauffrau im Einzelhandel", „Verkäufer/Verkäuferin", „Pharmazeutisch-kaufmännische Angestellter/Angestellte" zusammen. Dabei formuliert der Lehrplan Hinweise zur Binnendifferenzierung.

Lehrpläne mit leistungsorientierter Differenzierung sind ein Reflex auf die Leistungsheterogenität in Klassen. So sieht der bayerische Lehrplan für Deutsch in der Berufsschule und der Berufsfachschule ein Standard-, ein Förder- und ein Aufbauprogramm vor. Den Kernbereich des Lehrplans bildet das Standardprogramm in der mittleren Spalte. Dieses orientiert sich an den Kompetenzen der Bildungsstandards im Fach Deutsch für den mittleren Schulabschluss, zielt auf Klassen mittleren Niveaus und gilt in jeder Klasse als Maßstab. Zudem bietet der Lehrplan zwei Differenzierungsmöglichkeiten, sodass in einzelnen Kompetenzbeschreibungen im notwendigen Umfang vom Standardprogramm abgewichen werden kann. Falls bei einzelnen Kompetenzbereichen Defizite bei einzelnen Schülerinnen und Schülern oder ganzen Klassen diagnostiziert werden, kann auf das Förderprogramm (linke Spalte) zurückgegriffen werden, um die Schülerinnen und Schüler möglichst zügig an das Standardprogramm heranzuführen. Bei leistungsstarken Klassen können anspruchsvolle Zusatzelemente des Aufbauprogramms (rechte Spalte) das Standardprogramm bereichern.

Berufsschule Deutsch Jahrgangsstufe 10: 10.1 Sprechen und Zuhören		
zu und mit anderen sprechen		
Förderprogramm	Standardprogramm	Aufbauprogramm
▸ höfliche Umgangsformen wertschätzen und selbst praktizieren (z. B. angemessene Wortwahl, Grußformeln, Blickkontakt)	▸ Gesprächsregeln anwenden (z. B. aufmerksam zuhören, aussprechen lassen, andere Meinungen und Gesprächspartner respektieren) ▸ einfache Gespräche führen, bei Meinungsverschiedenheiten ausgleichen (z. B. Verständnis für Meinungen zeigen)	▸ einfache Gespräche leiten ▸ Wirkung von Körpersprache einschätzen ▸ Körperhaltung und Sprechtempo bewusst einsetzen
▸ in einfachen Argumentationen und Gesprächen formal richtigen Satzbau verwenden	▸ unterschiedliche Formen mündlicher Darstellung anwenden (z. B. Erzählen, Berichten, Informieren, Beschreiben) ▸ Besonderheiten beruflicher Kommunikation erkennen (z. B. Fachwortschatz, wertschätzender Umgangston, Sachlichkeit) ▸ einfache berufliche Gespräche führen ▸ nachvollziehbar nach einer Sachstruktur mündlich argumentieren ▸ Feedbackregeln kennen und anwenden (z. B. mündliche Zusammenfassung, an den Vorredner anknüpfen, Ich-Botschaften) ▸ Lautstärke, Betonung, Sprechtempo variieren	▸ auf Sachargumente angemessen und argumentativ reagieren
vor anderen sprechen		
Förderprogramm	Standardprogramm	Aufbauprogramm
▸ einfache Kurzbeiträge formulieren	▸ anhand einfacher Übungen Sprechängste überwinden (z. B. sich oder etwas vorstellen, kurze Begründungen / Standpunkte der Klasse vortragen, Vorlesen, Artikulationsübungen) ▸ vorbereitete Redebeiträge bzw. Kurzdarstellungen weitgehend frei halten ▸ Arbeitsergebnisse vorstellen	▸ Präsentationen auch einem erweiterten Personenkreis vortragen (z. B. Projektvorstellung bei Schulveranstaltungen oder beim dualen Partner)

Übersicht 11: Leistungsdifferenzierter Lehrplan für Deutsch für die Berufsschule und Berufsfachschule (Bayern)

In Österreich besteht die Möglichkeit, eine Berufsausbildung mit der Vorbereitung zur Matura zu koppeln (Berufsreifeprüfung). Der Lehrplan weist für diesen Fall einen Zusatz „Lehrstoff für Schüler, die sich auf die Berufsreifeprüfung vorbereiten" aus. Daneben existieren einheitliche Lehrpläne für die Vorbereitungslehrgänge zu den Fachbereichen der Berufsreifeprüfung.

Eine weitere innovative Form von Lehrplänen sind *Konnex-Lehrpläne*, das sind Lehrpläne die Fächerverbindungen im Lehrplan aufweisen. So wird beispielsweise in Österreich in den Lehrplänen der Handelsakademie (HAK) und der Handelsschule (HAS) der sogenannte Übungsfirmenkonnex ausgewiesen.

Handelsakademie V. Jahrgang:
Basislehrstoff
▶ Studien- und Berufsorientierung: ...
▶ Steuerung einer Unternehmung: Controlling, Übernahme eines Unternehmens, Businessplan, Unternehmenskooperation und -konzentration
▶ Riskmanagement: Risiko und Risikopolitik, Krisenmanagement, Auflösung einer Unternehmung
Vertiefende Wiederholung
▶ Themenübergreifende Aufgabenstellungen unter Einbindung des Lehrstoffes aller Jahrgänge
▶ Betriebswirtschaftliche Fallstudien
Erweiterungslehrstoff
▶ Privatkonkurs
IT-Bezug
▶ Businessplan
▶ Unternehmensplanung
▶ Internetzugang zu diversen Webseiten multinationaler Konzerne
Übungsfirmen-Konnex
▶ Auswertungen von Daten der Übungsfirmen

Übersicht 12: Konnex-Lehrplan für die Handelsakademie (HAK) in Österreich

Eine weitere innovative Form von Lehrplänen sind *webbasierte Lehrpläne*. Lehrpläne werden bisher in Papierform angeboten oder online als PDF-Dokument bereitgestellt. Die Möglichkeiten moderner Webtechniken werden damit nicht genutzt. Insbesondere werden die Möglichkeiten datenbankbasierter Techniken, etwa flexibler, mehrperspektivischer Ansichten auf reichhaltige Datenbestände und moderne Web-2.0-Techniken, etwa das soziale Editieren oder das soziale Kommentieren nicht genutzt. Insgesamt ist die Lehrplanarbeit sehr weit von modernen Informations- und Kommunikationstechniken entfernt und benutzt – mit Ausnahme der Distribution als PDF-Dokument – die gleichen Techniken wie vor Jahrzehnten.

Eine Ausnahme stellen die bayerischen Arbeiten in der LehrplanPlus-Initiative (Sachsenröder, 2011a, 2011b) dar. Darin wird die bayerische Lehrplanarbeit neu gestaltet. Ein Element von LehrplanPlus ist die Ankopplung aller neuen Lehrpläne an ein Lehrplaninformationssystem (LIS) ab dem Schuljahr 2014/15. Die Datenbestände werden untereinander verknüpft, so dass es möglich ist, unterschiedlich in das Angebot einzusteigen, etwa über Schularten, Jahrgangsstufen oder Zusatzmaterial wie Handreichungen oder Portale. Es soll zum Beispiel möglich sein, Lehrpläne verschiedener Schularten in spezifischen Aspekten vergleichend gegenüber zu stellen, beispielsweise um die Übergänge zwischen Schularten besser abbilden zu können. Die Lehrpläne berücksichtigen dabei auch sogenannte kompetenzorientierte Aufgabenbeispiele. Diese werden mit den entsprechenden Lehrplanteilen verlinkt und sollen die Kompetenzanforderungen verdeutlichen.

Bislang wenig verbreitet in der beruflichen Bildung sind *Lehrpläne mit expliziter Berücksichtigung von Referenzsystemen zur Beschreibung von Lernergebnissen,* insbesondere dem Deutschen Qualifikationsrahmen (DQR). Eine Ausnahme stellen die Lehrpläne dar, die zurzeit in Nordrhein-Westfalen entwickelt bzw. erprobt werden. Dort wird als einheitliches curriculares Element der sogenannte Dreizeiler vorgesehen, d. h. dass in den Lehrplänen die Anforderungssituationen, die Zielformulierung und DQR-Deskriptoren vorgesehen sind (Buschfeld, Dilger, Göckede & Hille, 2013). Der DQR wurde in Lerneinheit 4 erläutert.

Handlungsfeld 1: Unternehmensstrategien und Management			
Anforderungssituation 1.1			**Zeitrichtwert: 70 (95) UStd.**
Die Absolventinnen und Absolventen führen mit Blick auf eine zu planende Unternehmensgründung oder Eröffnung einer neuen Filiale eine kriteriengeleitete Analyse regional ansässiger Unternehmen durch. Sie unterscheiden Kern- und Unterstützungsprozesse. Im Prozess der betrieblichen Wertschöpfung erfassen und dokumentieren sie typische Werteströme.			
Zielformulierungen:			
Die Schülerinnen und Schüler untersuchen ein Unternehmen anhand relevanter Kriterien (ZF 1). Sie beschreiben das Unternehmen im gesamtwirtschaftlichen Zusammenhang (ZF 2) und vergleichen verschiedene Unternehmenstypen (ZF 3). Sie vollziehen die Geschäftsidee des Unternehmens nach (ZF 4) und beurteilen Chancen und Risiken (ZF 5). ...			
Zuordnung der Zielformulierung zu den Kompetenzkategorien			
Wissen	Fertigkeiten	Sozialkompetenz	Selbstständigkeit
ZF 2, ZF 3, ZF 7, ZF 8, ZF 10, ZF 11 ,ZF 12, ZF 13, ZF 15	ZF 1, ZF 2, ZF 3, ZF 4, ZF 7, ZF 8, ZF 9, ZF 10, ZF 12, ZF13, ZF 14	ZF 8	ZF 5, ZF 6, ZF 9, ZF 15

Übersicht 13: NRW-Lehrplan mit Bezug auf die Dimensionen des DQR

Die Tabelle zeigt einen Auszug aus dem Bildungsplan zur Erprobung für die Bildungsgänge der Höheren Berufsfachschule, die zu beruflichen Kenntnissen und zur Fachhochschulreife führen für den Bereich „Wirtschaft und Verwaltung", die Höhere Handelsschule.

5.2.6 Ergänzungen und Alternativen zum Lehrplan

5.2.6.1 Bildungsstandards: Alternative zum Lehrplan als Outputsteuerung?

Lehrpläne, ob nun nach Lernfeldern strukturiert oder nicht, dienen der Steuerung von Schule (agent) durch den Staat (principal). Die Schule lässt sich als eine Blackbox begreifen, die mit Hilfe von Prozessen, die innerhalb der Blackbox laufen, bestimmte Inputs in einem spezifischen Kontext in bestimmte Outputs umformt. So kommen frische Lehrkräfte oder wenig gebildete Schülerinnen und Schüler (Inputs) in das System, werden auf nicht weiter untersuchte Weise ,transformiert' (,Lehr-Lernprozesse') und verlassen als müde Lehrkräfte oder als Schülerinnen und Schüler mit spezifischen Kompetenzen (Outputs) die Schule. Die Outputs, etwa die Kompetenzen, werden im ,richtigen Leben', also außerhalb der Schule in der beruflichen und außerberuflichen Wirkungsraum der Schülerinnen und Schüler ,umgesetzt' (Outcome). Das Ganze geschieht in einem spezifischen Kontext, beispielsweise einem ländlichen oder einem städtischen Raum mit einer spezifischen Wirtschaftsstruktur. Diese Blackbox-Betrachtung eröffnet mehrere Möglichkeiten der Steuerung von Schule durch den Staat bzw. allgemeiner des Agents durch den Prinzipal.[3]

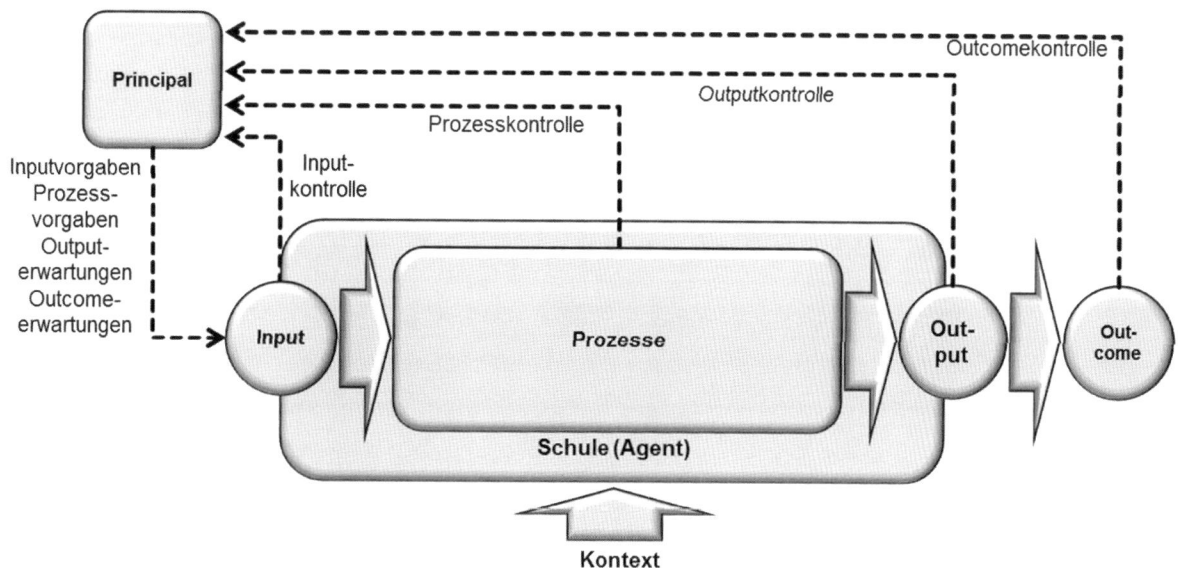

Übersicht 14: Formen der Steuerung von Schule

Bei der *Inputsteuerung* macht der Staat Vorgaben für den Input. So sagt er beispielsweise, dass Lehrkräfte, die an einer Schule unterrichten, eine spezifische Qualität haben müssen. Die Kontrolle erfolgt in Form einer Inputkontrolle. Dabei wird überprüft, ob der Input, hier die Lehrkraft, wirklich die gewünschte Qualität hat. Aus diesem Grunde führt der Staat vor der Übernahme in den Schuldienst die zweite Staatsprüfung durch.

Bei der *Prozesssteuerung* sagt der Staat, wie die Prozesse aussehen sollen bzw. wie sich das System verhalten soll. So macht der Staat beispielsweise Vorgaben, wie an einer beruflichen Schule Klassen zu bilden sind. Bei der Kontrolle wird dann überprüft, ob die Vorgaben für die Prozesse wirklich eingehalten werden (,Compliance').

Bei der *Outputsteuerung* gibt der Staat eine Zielvorgabe, etwa in Form erwarteter Lernergebnisse am Ende der Schule. Er sagt beispielsweise genau an, welche Kompetenz erreicht werden soll. Die Kontrolle erfolgt in Form einer Outputkontrolle, d. h. es wird dann kontrolliert, ob das Ziel wirklich erreicht wurde bzw. wie der Output tatsächlich aussieht. Eine solche Ouputsteuerung kann beispielsweise eine Abschlussprüfung sein, die prüft, ob die erwarteten Lernergebnisse vorliegen.

Bei der *Outcomesteuerung* gibt der Staat eine Zielvorgabe, die nach der Schule greift, etwa welche Kompetenzen Schülerinnen und Schüler später in der Arbeitswelt zeigen sollen. Die Kontrolle könnte hier beispielsweise in Form von Rückmeldungen durch die Unternehmen liegen.

Die systemtheoretisch interessante Möglichkeit der Steuerung von Systemen durch die Gestaltung des Kontextes wird bezüglich Schulen nicht ernsthaft diskutiert. Das würde zum Beispiel heißen, dass der Staat auf die Eltern einzuwirken versucht, um die Arbeit in Schulen zu ändern.[4]

Von diesen theoretischen Möglichkeiten wird vor allem die Outputsteuerung, also die Steuerung über die Vorgabe von Outputerwartungen und Outputkontrollen, besonders hervorgehoben. Die Befürworterinnen und Befürworter von Bildungsstandards, etwa im sogenannten Klieme-Gutachten (2003), beanspruchen, dass Bildungsstandards ein Instrument einer anzustrebenden Outputsteuerung und diese auch den anderen Formen der Steuerung überlegen sei. Die alten, unmodernen Lehrpläne seien ein nicht zeitgemäßes Instrument der Prozess- bzw. Inputsteuerung. Der Übergang zu Bildungsstandards wird als grundsätzlicher Wechsel in der Steuerung des Bildungswesens verstanden. Das Klieme-Gutachten führt aus: „Bildungsstandards konkretisieren die Ziele in Form von Kompetenzanforderungen. Sie legen fest, über welche Kompetenzen ein Schüler, eine Schülerin verfügen muss, wenn wichtige Ziele der Schule als erreicht gelten sollen. Systematisch geordnet werden diese Anforderungen in Kompetenzmodellen, die Aspekte, Abstufungen und Entwicklungsverläufe von Kompetenzen darstellen" (Klieme et al., 2003, S. 21). Das Gutachten betont auch die Rolle der Aufgabenstellungen und Testverfahren. „Bildungsstandards als Ergebnisse von Lernprozessen werden konkretisiert in Aufgabenstellungen und schließlich Verfahren, mit denen das Kompetenzniveau, das Schülerinnen und Schüler tatsächlich erreicht haben, empirisch zuverlässig erfasst werden kann" (Klieme et al., 2003, S. 23). Es brauche immer diese drei Komponenten, nämlich Bildungsziele, Kompetenzmodelle und Aufgabenstellungen bzw. Testverfahren, für eine Outputsteuerung. Für die Entwicklung dieser Komponenten wurde inzwischen eine eigene Bildungsbürokratie aufgebaut, zum Beispiel das Institut zur Qualitätsentwicklung im Bildungswesen (IQB) in Berlin. Die Hauptaufgabe des IQB ist auf die Bildungsstandards gerichtet. Die Arbeit mit Kompetenzmodellen und Testverfahren stellt eine Erweiterung gegenüber klassischer Lehrplanarbeit dar (Köller, 2007; Zeitler, Köller & Tesch, 2010).

Wo liegt nun der Unterschied von Bildungsstandards zu Lehrplänen? Köller führt aus: „Mit der Fokussierung auf Schülerkompetenzen findet eine klare Abgrenzung von Lehrplänen statt, die stärker Unterrichtsinhalte präzisieren (Input-Orientierung)" (2007, S. 15). Diese Abgrenzung ist ausgesprochen problematisch: Auch ,klassische' Lehrpläne führen in der Regel nicht ,nur' Inhalte auf, sondern

Lernziele, also – wie später argumentiert wird – Kombinationen aus Inhalten und anzustrebenden kognitiven oder affektiven Prozessen. Außerdem sind Bildungsstandards Vorgaben für die Lehrkraft – und damit genau wie Lehrpläne – Inputs für die Planungsprozesse der Lehrkraft. Oder: Sie beschreiben – wie auch Lehrpläne – Resultate des Lehrens und Lernens und sind damit vorweggenommene bzw. angestrebte Outputs.

Der zentrale Unterschied scheint hingegen zu sein, dass Bildungsstandards – im Gegensatz zu Lehrplänen – immer auch im Zusammenhang mit Tests zur Überprüfung dieser Kompetenzen gedacht werden. „Bildungsstandards … können als Instrumente einer Output-Steuerung im Bildungssystem nur wirksam werden, wenn sie auf konkrete Aufgaben bzw. Testitems heruntergebrochen werden, die reliabel und valide die formulierten Kompetenzerwartungen erfassen" (Köller, 2007, S. 20). Im Zusammenhang mit Bildungsstandards wird also überlegt, wie die Kompetenzen weiter präzisiert und mit Hilfe standardisierter Instrumente gemessen werden können. Damit stehen sie in der Tradition des Testparadigmas (Lerneinheit 22). Gleichwohl bleibt fraglich, ob der Unterschied zwischen Bildungsstandards und – wie im nächsten Kapitel beschrieben – mit Testverfahren operationalisierten Lernzielen besteht.

Bildungsstandards erheben sehr weitgehende Ansprüche[5], die hier nicht vollständig aufgearbeitet werden können, die aber zunächst einmal nur programmatisch sind. Bildungsstandards sind Gegenstand mannigfaltiger Kritik geworden.[6] Outputsteuerung ist nicht gleich Outcome-Steuerung, d. h. Schule würde sich der alten Kritik von Seneca „Non vitae, sed scholae discimus" („Nicht für das Leben, sondern für die Schule lernen wir") gefallen lassen müssen. Gerade zum gesellschaftlichen Auftrag beruflicher Schulen (Lerneinheit 16) passt dies. Ob tatsächlich ein Perspektivwechsel zur Outputsteuerung stattgefunden hat, wird bezweifelt. Kritikerinnen und Kritiker der Bildungsstandards sehen zwar einen großen Unterschied in dem Anspruch von Lehrplan und Standards, sagen aber, dass in der Arbeit vor Ort nicht wirklich ein Unterschied festzustellen sei. Außerdem wird kritisiert, dass mit einer Outputsteuerung die Gefahr besteht, dass Schülerinnen und Schüler nur kurzfristig für einen Test fit gemacht werden (‚teaching-to-test'), dass Standards die Lehrkräfte einengen, ein unfaires Ranking von Schulen ermöglichen und einseitig kognitive Lehrmethoden fördern. Für die berufliche Bildung kann all das nur abstrakt untersucht werden. Bildungsstandards gibt es bislang ausschließlich für den allgemeinbildenden Bereich und dies auch nicht flächendeckend. Angesichts der enormen Heterogenität der beruflichen Bildung ist fraglich, ob dort Bildungsstandards – mit entsprechenden Kompetenzmodellen und Testverfahren – formuliert werden können oder ob der damit verursachte Aufwand nicht an anderer Stelle besser investiert wäre.

5.2.6.2 EPAs: Einheitliche Prüfungsanforderungen für das Abitur

Vor allem für die Oberstufe beruflicher Schulen – etwa die Fachoberschulen und die Berufsoberschulen – sind die EPAs, die einheitlichen Prüfungsanforderungen für die Abiturprüfung, eine weitere Möglichkeit zur Orientierung. Nach einer Vereinbarung der Kultusminister in Deutschland haben die EPAs die „Funktion, Standards in der Abiturprüfung in einem pädagogisch vertretbaren Maß festzulegen und ein einheitliches und angemessenes Anforderungsniveau zu sichern, dadurch, dass sie konkrete Lern- und Prüfungsbereiche beschreiben und wichtige Hilfen zur Konstruktion von Prüfungsaufgaben und zur Bewertung von Prüfungsleistungen bereitstellen" (KMK, 2008, S. 1).

EPAs liegen für das Fach „Wirtschaft" im Gymnasium und für allgemeinbildende Fächer, etwa Mathematik und Deutsch, vor. Außerdem liegen Standards für die Berufsoberschule in den Fächern Deutsch, der fortgeführten Pflichtfremdsprache und Mathematik vor. Die Unterlagen können auf der Webseite der Kultusministerkonferenz (KMK) abgerufen werden. Sie leisten eine allgemeine Beschreibung der anzustrebenden fachlichen und überfachlichen Kompetenzen in einem Fach, sie erläutern Leitideen des Faches, etwa „Koordination und Verteilung, z. B. über Märkte" im Fach Wirtschaft.

Außerdem werden in den EPAs verschiedene Anforderungsniveaus berücksichtigt, nämlich grundlegendes und erweitertes Anforderungsniveau. Schließlich finden sich vergleichsweise umfangreiche Hinweise zur Prüfung bis hin zu Prüfungsaufgaben.

5.2.6.3 Weitere offizielle Planungshilfen
Der Staat verwendet eine Fülle weiterer Instrumente, um – ganz offiziell – die Arbeit der Lehrkräfte in Schulen zu beeinflussen und zu unterstützen.

▶ **Umsetzungshilfen**: Die Länder bieten – im Regelfall über die Landesinstitute wie in Bayern dem ISB – den Lehrkräften Hilfen zur Umsetzung von Lehrplänen an. Beispielhaft anzuführen ist die Handreichung „Rechnungswesen kompetenzorientiert unterrichten: Lernsituationen für den Unterricht" (ISB, 2011) für die Wirtschaftsschule, aber auch Merkhilfen bzw. Formelsammlungen, etwa die Merkhilfe „Mathematik" mit den wichtigsten mathematischen Formeln des Unterrichts in der Fachoberschule.

▶ **Material aus der Fortbildung von Lehrkräften**: Auch in der Fortbildung von Lehrkräften werden Materialien verwendet oder produziert, die die Lehrkräfte unterstützen sollen. Wie später noch vertieft wird, bestehen unterschiedliche Formen der Weiterbildung. In Bayern ist vor allem die zentrale Weiterbildung der Lehrkräfte an der Akademie für Lehrerfortbildung und Personalführung (ALP) in Dillingen zu erwähnen. Im Bereich der Fach- und Berufsoberschulen sind die Fortbildungen der Ministerialbeauftragten (MB) bedeutsam.

Umsetzungshilfen sind häufig eine wertvolle Hilfe für die Lehrkraft. Gleichzeitig ist jedoch der Bereich, der von Umsetzungshilfen in der Berufsbildung erschlossen wird, relativ gering. Umsetzungshilfen werden in Bayern über das Portal des Landesinstituts (ISB) vertrieben.

5.3 Die inoffizielle Welt: Planung mit Hilfsmitteln, die offiziell keine sind

5.3.1 Das Schulbuch: Eine multifunktionelle Hilfe im Schulalltag
Das Schulbuch ist eine große Hilfe im Schulalltag. Für die Unterrichtsvorbereitung ist es in der Praxis deutlich wichtiger als Lehrpläne, auch wenn das offiziell vielleicht anders aussehen sollte. Die große Bedeutung ist leicht erklärt: Schulbücher werden von Lehrkräften geschrieben, die im Regelfall über viel Erfahrung verfügen, am Puls der Zeit sind und sich überdurchschnittlich engagieren. Mit dem Blick in das Schulbuch hat die angehende Lehrkraft die Chance, die Erfahrung dieser Profis abzusaugen: Eine Chance, die nicht leichtfertig vertan werden sollte. Gleichzeitig ist der Schulbuchmarkt wettbewerblich organisiert, was bisweilen seltsame Blüten treibt.

Das Schulbuch ist ein multifunktionales Hilfsmittel in der Schule. Es ist als Lernbuch im Unterricht oder nach dem Unterricht einsetzbar, es dient als Repetitorium in der Prüfungsvorbereitung. In den Ankündigungen der Schulbuchverlage wird vorgegeben, dass die Schulbücher aktuelle fachwissenschaftliche Erkenntnisse und neuere Lehr- bzw. Lerntheorien aufgreifen. Doch empirisch sind Schulbücher wenig erforscht (Ernst, 2011a; Tramm & Goldbach, 2005).

Große Schulbuchverlage
▶ Bildungsverlag Eins (http://www.bildungsverlag1.de)
▶ Cornelsen (http://www.cornelsen.de)
▶ Europa Verlag (http://www.europa-lehrmittel.de)
▶ Klett (http://www.klett.de)
▶ Merkur Verlag (http://www.merkur-verlag.de)

Übersicht 15: Große Schulbuchverlage

Das Schulbuch ist heute keineswegs ein einziges Buch, sondern ein ganzes Bündel mit verschiedenen Funktionen: Die systematische Darstellung (,Fachbuch') wird ergänzt durch auszufüllende Broschüren (,Arbeitsbuch'), Hilfen für die Lehrkraft (,Lehrerbuch') und Hilfen zur Prüfungsvorbereitung (,Prüfungsvorbereitung').

Beispielhaft anzuführen ist die Reihe „Clever kommunizieren, präsentieren und verkaufen" von Dietlmeier und Schmidt im Bildungsverlag Eins. Sie umfasst „Hand-Out" (Basiswissen), „Find-Out" (Arbeitsmaterialien für Schülerinnen und Schüler), „Find-In" (Lehrerhandbuch) sowie „All in One" (Prüfungsvorbereitung). Es wurde für die Ausbildung im Einzelhandel in den Lernfeldern 2, 4, 5, 10 und 12 gestaltet und möchte Lehrkräfte unterstützen, die Schülerinnen und Schüler stufenweise zum selbstständigen Arbeiten zu bewegen. Das Material bricht bewusst mit Stereotypen, berücksichtigt ethnisch-kulturelle Aspekte, hat eine auf die Zielgruppe angelegte Aufmachung und berücksichtigt Fragen der Nachhaltigkeit.

Außerdem wird das Schulbuch heute nicht selten durch weitere Hilfen im Internet ergänzt: Arbeitsblätter, Aufgaben, Folien, Verteilungspläne, Zuordnung der Schulbuchinhalte zu den Prüfungs- und Lehrplaninhalten sind heute üblich. Dies gilt jedenfalls für die großen und damit für die Schulbuchverlage vom Marktvolumen her interessanten Berufe. Weitere Formen, die zurzeit vor allem im Hochschulbereich anzutreffen sind, sind die Bereitstellung von Folien in einem digitalen Standardformat zur individuellen Anpassung durch die Lehrkraft, die Bereitstellung von Aufgaben, die

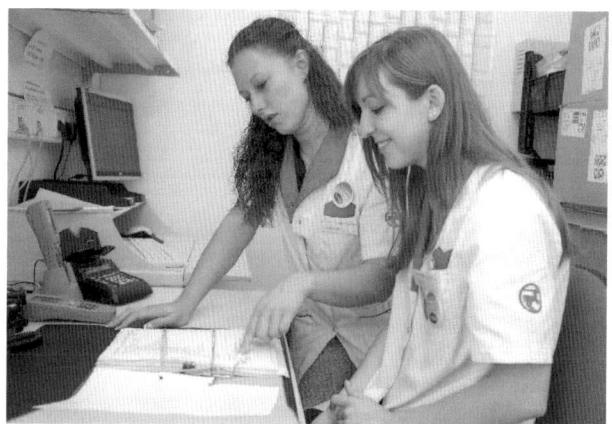

Das Schulbuch ist auch ein Instrument des Selbstlernens, auch am Arbeitsplatz
Bild 1 © ModernLearning

online bearbeitet werden können, die Zurverfügungstellung von Glossaren, Diskussionsforen und Updates, die digitale Bereitstellung des gesamten Buchs zur Archivierung und zum Durchsuchen, Internetlinks und Guided Tours. Die Übergänge zum Lernen mit elektronischen Medien (E-Learning) sind dann fließend. Große Schulbuchverlage dominieren das Geschäft, die den Lehrkräften oft nicht ,nur' Schulbücher, sondern ganze Portale bieten wollen.

Schalek (2007) legt ein Raster zur Analyse von Schulbüchern vor, das verbreitete Analyseraster sowie theoretische Überlegungen zur Handlungsorientierung integriert. Dabei werden sieben verschiedene Dimensionen unterschieden:

▶ **Allgemeiner Aufbau und Struktur des Lehrbuchs**: Hier wird die Zusammensetzung des Lehrbuchs, zum Beispiel die ergänzenden Materialien, sowie die Struktur, zum Beispiel der Zusammenhang der Kapitel und der Lernfelder, untersucht.

▶ **Design**: Beim Design wird das äußere Design, zum Beispiel die Handlichkeit des Formates sowie das innere Design, zum Beispiel die Qualität der graphischen Darstellungen, analysiert.

▶ **Text**: Der Text unterteilt sich in den fachlichen Lehrbuchtext, zum Beispiel die Verständlichkeit, sowie die Übungs- und Wiederholungsaufgaben. Ein wichtiges Kriterium dabei ist die Lesbarkeit (Ernst, 2011a, 2011b).

▶ **Fachwissenschaft/Inhalte**: Bezüglich der Fachwissenschaft werden die Inhalte allgemein, die sachliche Richtigkeit, die Reduktion und die Berücksichtigung multipler Perspektiven befragt.

▶ **Lernziele**: Bei den Lernzielen werden die curricularen Ziele, sowie die Leitziele der Handlungsorientierung, zum Beispiel Adressatenorientierung, untersucht.

▶ **Lernmethoden**: Bezüglich der Lernmethoden wird beispielsweise untersucht, ob die Schülerinnen und Schüler aufgefordert werden, zusätzliche Informationen zu recherchieren oder ob das Internet explizit in den Lernprozess eingebaut wird.

▶ **Einstiege und Motivation**: Hier werden die Einstiege, zum Beispiel mit Hilfe von Beispielen aus der betrieblichen Praxis, und die Motivation, etwa Hinweise zur Bedeutung der Inhalte in der beruflichen Praxis, untersucht.

Beim Einsatz von Schulbüchern muss eine Reihe von Gefahren betrachtet werden, die jedoch keineswegs auf jedes Lehrbuch zutreffen.[7]

Umgang mit Schulbüchern erfordert Sorgfalt

▶ Schulbücher sind keine Selbstläufer
▶ Schulbücher haben eine hohe Suggestionskraft
▶ Schulbücher können Stereotype transportieren
▶ Viele Schulbücher sind Fach(kompetenz-)bücher
▶ Nachschlagen & Lesen im Schulbuch ist noch kein selbstgesteuertes Lernen
▶ Lehrbücher nutzen Differenzierungsmöglichkeiten häufig nicht
▶ Das Lehrbuch hat eine eigene Sprache

Übersicht 16: Umgang mit Schulbüchern

Schulbücher sind keine Selbstläufer. Die Fähigkeit, mit der Schriftlichkeit und den Besonderheiten einer eigenen Bildungssprache in Schulbüchern umzugehen sowie die Arbeit mit dem Schulbuch selbst, ist bei Schülerinnen und Schülern nicht selbstverständlich vorhanden. Oft müssen diese Fähigkeiten erst gelernt werden, d. h. es ist eine spezifische Lernkompetenz notwendig. Gerade die angehende Lehrkraft, deren tägliches Geschäft in der Uni vom Umgang mit Büchern geprägt war, kann das schnell vergessen. Bücher lesen und mit Büchern lernen ist keine Selbstverständlichkeit. Nicht selten fehlt die dazu notwendige Lern- und Sprachkompetenz.

Das Schulbuch hat als schriftliches Medium eine höhere Suggestivkraft als das gesprochene Wort („Was im Buch steht, das gilt"). Gleichzeitig bildet das Schulbuch nicht die Realität in den Unternehmen ab, sondern eine eigene ‚Schulbuchunternehmenswelt'. So zeigt eine Analyse österreichischer Schulbücher für die Handelsakademien (Ostendorf & Thoma, 2010), dass diese ein Bild von Organisationen transportieren, das einem Maschinenmodell nahekommt.

Schulbücher stehen in der Gefahr, die Diversität der Schülerinnen und Schüler nicht ausreichend abzubilden. So findet sich mit Blick auf den Genderaspekt häufig eben immer noch der Chef und die Sekretärin und nicht die Chefin und der Sekretär. Besondere Inhalte mit Relevanz für Lernende mit ethnisch-kulturellem Hintergrund, etwa Aspekte der Migrantenökonomie, werden in Lehrbüchern kaum abgebildet. Viele Schulbücher werden dem umfassenden Anspruch der Förderung von Kompetenzen in allen Dimensionen nicht gerecht, sondern beschränken sich auf die Fachkompetenz, gelegentlich in Kombination mit der Lernkompetenz. Die Förderung von Sozialkompetenz und vor allem von Selbstkompetenz kommt häufig vergleichsweise kurz.

Gerade beim Lernsituationsansatz besteht eine Tendenz, die Lernenden mit dem Schulbuch die ‚Informationen selbständig erschließen zu lassen'. Dies beschränkt sich allerdings häufig darauf, das Stichwortregister zu befragen, zu blättern und zusammenzufassen. Damit besteht die Gefahr, dass eine Selbständigkeit in der Informationsbeschaffung der Schülerinnen und Schüler suggeriert wird, die in Wirklichkeit nicht vorhanden ist.

Das Lehrbuch orientiert sich meist an durchschnittlichen Lernenden und sieht in der Regel keine Differenzierung vor, beispielsweise nach Leistungsniveau. Auf der anderen Seite bietet das Lehrbuch der Lehrkraft auch Möglichkeiten der Differenzierung, beispielsweise durch die Bereitstellung zusätzlicher Aufgaben oder von Aufgaben auf verschiedenem Schwierigkeitsgrad. Schülerinnen und Schülern wird der Zugang zum Lehrbuch erleichtert, wenn die Lehrkraft und das Schulbuch die gleiche Sprache sprechen, d. h. die gleiche Terminologie verwenden. Allerdings darf dies nicht dazu führen, dass das Schulbuch den Unterricht diktiert.

Das Lehrbuch unterliegt somit typischen Gefahren. Den multifunktionellen Charakter des Lehrbuchs und die wertvolle Hilfe bei der Unterrichtsplanung berührt das nicht. Das Schulbuch ist ein mächtiges Instrument der Unterrichtsplanung, so mächtig, dass schnell einige Einschränkungen übersehen werden. In keinem Fall sollte die angehende Lehrkraft nur auf das in der Klasse eingesetzte Lehrbuch vertrauen, sondern immer mehrere Hilfsmittel zu Rate ziehen. Dazu gehört auch der Blick in ein zweites Lehrbuch.

Spötter sagen gar, dass sich die guten Lehrbücher niemals in der Schule verbreiten werden: Denn die Lehrkraft wird den Schülerinnen und Schülern immer das zweitbeste Lehrbuch geben, damit sie das beste Lehrbuch für die Vorbereitung in der Hinterhand behalten kann. Dieses ‚Zurückhalten‘ des ‚besseren‘ Lehrbuchs ist jedoch auch eine – legitime – Überlebensstrategie für Lehrkräfte, die etwa direkt nach dem Referendariat oder nach einem Schul- oder Berufswechsel eine größere Menge von neuen Unterrichtsentwürfen anzufertigen haben.

5.3.2 Prüfungsunterlagen: Regulierung des Unterrichts von hinten herum

Lehrpläne sind offiziell dazu da, Unterricht zu regulieren. Daneben gibt es Hilfsmittel der Planung, die offiziell ‚eigentlich‘ nicht zur Planung von Unterricht, sondern für andere Zwecke gedacht sind. Dazu gehören das Schulbuch und Prüfungsunterlagen.

5.3.2.1 Prüfungsunterlagen in anerkannten Ausbildungsberufen

In den anerkannten Ausbildungsberufen sind gemäß BBiG (Abschnitt 5, §§ 37 ff.) Abschlussprüfungen durchzuführen. Für die Abnahme der Prüfung errichten die zuständigen Stellen Prüfungsausschüsse. Die Tätigkeit in diesen Prüfungsausschüssen ist ehrenamtlich. Dem Prüfungsausschuss gehören Beauftragte der Arbeitgeber und der Arbeitnehmer in gleicher Zahl sowie mindestens eine Lehrkraft einer berufsbildenden Schule an. In gewissen Ausbildungsberufen werden die Aufgaben für die Prüfungen bundesweit erstellt. Dazu haben die zuständigen Stellen spezialisierte Institutionen geschaffen.

01 Marketing und Absatz		
0101 Auftragsanbahnung und -vorbereitung		
Fragenkomplex	**Themenkreis**	**Beispiele für betriebliche Handlungen**
01: Markt- und Kundendaten erheben und auswerten	01: Das Unternehmen im Wettbewerb: Absatzstatistiken, Marktpotenzial, Marktvolumen, Marktanteil 02: Marktforschung: Formen und Erhebungsmethoden, Trendforschung, Trends im Kundenverhalten, Megatrends 03: Branchenentwicklung, gesamtwirtschaftliche Entwicklung, weltwirtschaftliche Entwicklung 04: Ist-Analyse des Unternehmens: Produktlebenszyklus-Analyse, Portfolio-Analyse, Benchmarking, Stärken/Schwächen- und Risiken/Chancen-Analyse (SWOT-Analyse)	P: Unternehmensentscheidungen vorschlagen D: Marktstatistiken auswerten D. Portfolio-Analysen durchführen K: Unternehmensentscheidungen mit Hilfe von Markdaten prüfen
02: Marketinginstrumente anwenden und an Maßnahmen mitwirken	01: Marketingziele 02: Marketingstrategien und Marktsegmentierung 03: Produkt- und Produktionsprogrammpolitik 04: Preis- und Konditionenpolitik 05: Kommunikationspolitik 06: Distributionspolitik 07: Kombination der absatzpolitischen Instrumente zu einem Marketing-Mix 08: Marketing-Controlling	P: Marketingmaßnahmen planen P: Marktsegmentierung planen K: Erfolg von Werbemaßnahmen kontrollieren

Übersicht 17: Auszug aus dem AkA-Stoffkatalog für Industriekaufleute

In den kaufmännischen und kaufmännisch-verwandten Ausbildungsberufen werden von den IHKs in der Zwischenprüfung bereits seit dem Jahr 2000 und in der Abschlussprüfung seit dem Jahr 2007 bundesweit einheitliche schriftliche Prüfungen eingesetzt. Nur die Industrie- und Handelskammern in Baden-Württemberg verwenden eigene Aufgaben in der Abschlussprüfung. Die Prüfungen werden arbeitsteilig von der AkA (Aufgabenstelle für kaufmännische Abschluss- und Zwischenprüfung, Geschäftsführung: IHK für Mittelfranken) in Nürnberg für die teilnehmerstarken und der Zentralstelle für Prüfungsaufgaben (ZPA Nord-West) in Köln für die teilnehmerschwachen Ausbildungsberufe oder solchen mit besonderen Prüfungsverfahren erstellt. Im kaufmännischen Bereich wurden 2012 ca. 220.000 Auszubildende in der Abschlussprüfung und ca. 150.000 Auszubildende in der Zwischenprüfung von den IHKs bundeseinheitlich geprüft. Die Prüfungsaufgaben werden von Fachausschüssen, die analog zu den örtlichen Prüfungsausschüssen mit ehrenamtlichen Prüfern aus dem gesamten Bundesgebiet besetzt sind, entwickelt und durchlaufen bis zur Druckfreigabe ein aufwändiges, qualitätsgesichertes Verfahren. Grundlage für die Prüfungen sind die Ausbildungsordnung mit Ausbildungsrahmenplan und der KMK-Rahmenlehrplan. Die darin vorgeschriebenen Inhalte werden von den Fachausschüssen in sogenannten Prüfungskatalogen ('Stoffkatalog') zusammengefasst, strukturiert und mit Beispielen aus der betrieblichen Praxis ergänzt. Die AkA-Materialien können über den U-Form-Verlag in Solingen (www.u-form.de) bezogen werden, ebenso wie Aufgabensätze gelaufener Prüfungen. Der Prüfungskatalog als Liste potentieller Themen der Prüfung ist eine wertvolle Hilfe für die Unterrichtsplanung. Sowohl die Stoffkataloge als auch die Prüfungsaufgaben selbst sind oft in der Schule vorhanden.

Für ca. 130 gewerblich-technische Berufe und Fachrichtungen werden die Unterlagen für die Zwischen- und Abschlussprüfungen Teil 1 und Teil 2 von der PAL (Prüfungsaufgaben- und Lehrmittelentwicklungsstelle) entwickelt. Die PAL ist der Industrie- und Handelskammer Region Stuttgart angegliedert (http://www.ihk-pal.de). Sie wurde 1948 in Baden-Württemberg im Großraum Stuttgart gegründet, und zwar durch einen Zusammenschluss der Industrie- und Handelskammern, die die Prüfungsunterlagen von einer zentralen Stelle erhalten wollten. In den 70er Jahren wurde die PAL weiter ausgebaut. Die Länder Bayern, Hessen und Nordrhein-Westfalen sind anfänglich Abnehmer von Prüfungsaufgaben. Anschließend wird das ganze Bundesgebiet beliefert. Die Anzahl der Berufe wurde kontinuierlich erhöht. Auf der Grundlage des bundesweiten Rahmenlehrplans und der Ausbildungsordnung werden die Aufgaben für die Prüfungen von Fachausschüssen erstellt. Die Mitglieder der Fachausschüsse – Ausbilderinnen und Ausbilder sowie Lehrkräfte – sind ehrenamtlich tätig und die Ausschüsse paritätisch besetzt. Die sogenannten PAL-Prüfungsbücher enthalten mehrere hundert Aufgaben. Musterprüfungen, Leitfäden und PAL-Prüfungsbücher sind im Buchhandel erhältlich. Vor allem der Christiani Verlag (www.christiani.de) hält die PAL-Unterlagen bereit. Teil der Prüfungsunterlagen sind die sog. Bereitstellungsunterlagen. In diesen Bereitstellungsunterlagen werden detailliert die in der Prüfung anzuwendenden Werkzeuge, Arbeits-, Prüf- und Hilfsmittel in der Prüfung geregelt.[8]

5.3.2.2 Prüfungsunterlagen in der Beruflichen Oberschule und der Wirtschaftsschule

Die Aufgaben in der schriftlichen Prüfung in den Fächern der Fachabitur- und Abiturprüfung werden in Bayern zentral gestellt. Die Prüfungsaufgaben können zum Teil über die Informationsplattform der Beruflichen Oberschule Bayern (www.bfbn.de) abgerufen werden. Die Prüfungsunterlagen werden auch kommerziell über den Stark-Verlag (www.stark-verlag.de) vertrieben.

In der Wirtschaftsschule sind vor allem die schriftlichen Abschlussprüfungen sowie die Vergleicharbeiten zu nennen. Die Aufgaben der schriftlichen Prüfungen in den Fächern der Abschlussprüfung in der Wirtschaftsschule werden in Bayern zentral erstellt. Die Aufgaben sowie Hinweise zur Bewertung sind auf den Webseiten des ISB abzurufen. In der Jahrgangsstufe 8 werden in Bayern Vergleicharbeiten (VERA 8) geschrieben. Diese umfassen folgende Gebiete: Deutsch (Lesen, Schreiben), Englisch (Hören, Lesen) sowie Mathematik (alle Leitideen der KMK-Bildungsstandards). Die VERA 8 sollen einen Bezug zu Bildungsstandards der KMK zum mittleren Bildungsabschluss in den entsprechenden

Fächern haben und werden in Berlin vom Institut für Qualitätssicherung im Bildungswesen (IQB) erstellt.

5.3.2.3 Erweiterung der Prüfungsunterlagen

Zu den Prüfungsunterlagen gehören auch Unterlagen im Handel, die auf die Prüfung vorbereiten. Neben den offiziellen Schulbüchern der Schule bietet der Buchhandel Auszubildenden Angebote zur selbständigen Prüfungsvorbereitung unter dem Titel „Prüfungswissen", „Prüfungspraxis", „Prüfungsvorbereitung", „Kompaktwissen" oder Ähnliches. Dabei handelt es sich um Bücher, Lernkarteien oder Lernsoftware. Der Inhalt dieser Bücher soll, so sagt es die Werbung, neben den Lehrplänen auch auf die Stoffkataloge der Prüfungen abgestimmt sein.

Prüfungen regulieren Unterricht auf nicht offizielle, oft nicht weiter kontrollierte Weise in erheblichem Umfang. Dies geschieht durch die Orientierung an Prüfungsthemenkatalogen, alten Prüfungsaufgaben oder anderen Hilfen zur Prüfungsvorbereitung.

5.4 Die kooperative Welt der Planungshilfen

In der kooperativen Welt finden sich Planungshilfen, die der Kooperation mit schulinternen und die schulexternen Partnern entstammen.

Schulinterne Partner sind vor allem Lehrkräfte, die in den gleichen Berufen bzw. den gleichen Fächern unterrichten. Bei kleineren Fachbereichen kommen auch Lehrkräfte anderer Schulen in Frage. Die gemeinsame Erarbeitung von Planungshilfen ist nach meiner Erfahrung in den meisten Schulen nicht der übliche Alltag. Gleichwohl gibt es Fachbereiche, die gemeinsam Unterrichtsskripte, Übungsmaterialien, Arbeitsblätter etc. arbeitsteilig erstellen und gemeinsam verwenden. Im Referendariat ist es üblich, dass die Unterrichtsentwürfe und -materialien gesammelt und der nachfolgenden Generation von Referendarinnen und Referendaren als Quelle der Inspiration zur Verfügung gestellt werden. Kommt eine Lehrkraft neu an eine Schule, kann es sein, dass sie von erfahrenen Kolleginnen und Kollegen ein Angebot erhält, bereits entwickelte Materialien zu nutzen. Solche Angebote sind ausgesprochen hilfreich, ein Zeichen der Anerkennung und des Willkommens, keine Selbstverständlichkeit und ganz sicher kein Recht. Sie sind erfreulicher Ausdruck einer produktiven Kultur an der Schule, bedürfen jedoch eines hohen Taktgefühls. Es gehört zum guten Ton, nicht nur Dankbarkeit zu zeigen, sondern die Vorleistung der ‚Alten' als eigene Verpflichtung für die ‚Nachkommenden' zu sehen. Ein No-Go ist hingegen, die Urheberrechte der Kolleginnen und Kollegen zu umgehen, beispielsweise durch den nicht abgesprochenen Austausch von Kopf- oder Fußzeilen sowie die Nutzung von ‚gefundenen' Materialien, etwa solchen, die auf Kopierern vergessen wurden. Die gemeinsame Arbeit am Unterricht ist ein enormer Schatz der Qualitätsentwicklung und der Entlastung von Lehrkräften, der jedoch sorgsam, mit Umsicht und viel Geduld gehoben werden muss. Dies wird in diesem Buch mehrfach vertieft.

Schulexterne Partner sind vor allem die Unternehmen im Dualen System. Dies kann das einzelne Unternehmen sein, das aus der unternehmerischen Praxis Formulare, Rechnungen, Datensätze usw. liefert. Daneben treten Planungshilfen von Verbänden. Ein Beispiel für Materialien der Verbände sind die sogenannten Hessenhefte: Die Veröffentlichungen zum Fachwissen für Speditions- und Logistikkaufleute des Berufsbildungswerks der Spedition in Hessen e.V.[9]

5.5 Die Bibliothekswelt der Planungshilfen

Das Internet bietet der Lehrkraft eine mächtige Hilfe, in ein Thema einzusteigen, aber auch den Unterricht mit hochaktuellen Daten und Beispielen zu würzen. Für einen ersten Einstieg, also als Startpunkt weiterer Recherchen, können Wikipedia oder aber auf Wirtschaft spezialisierte Lexika genutzt werden.

In ein Thema über das Internet einsteigen		
Wikipedia	Allgemeines Online-Lexikon, frei zugänglich	http://de.wikipedia.org
Gablers Wirtschafts-lexikon	Wirtschaftslexikon, frei zugänglich, interessante Zusatzfunktionen, z.B. Mindmap-Navigation	http://wirtschaftslexikon.gabler.de/
INSM-Wirtschaftslexion	Wirtschaftslexikon der Initiative Neue Soziale Marktwirtschaft (INSM).	http://www.wirtschaftundschule.de/lehrerservice/wirtschaftslexikon/

Übersicht 18: Hilfen, um in ein Thema einzusteigen

Hochaktuelle Informationen sind eine besondere Zutat des Unterrichts, die die Relevanz der Inhalte verdeutlichen, aber auch klar machen, dass der Unterricht in einer beruflichen Schule auf der Höhe der Zeit ist. Sowohl Wirtschaftszeitungen als auch überregionale Zeitungen mit einem guten Wirtschaftsteil bieten heute ein reichhaltiges Internetangebot. Häufig führt schon die Eingabe des Themas in die Suchmaske dieser Internetangebote zu sehr interessanten Informationen, die in den Unterricht eingebunden werden können.

Aktuelle, allgemeine Infos zum Unterrichtsinhalt über das Internet erschließen		
Handelsblatt	Wirtschaftstageszeitung	http://www.handelsblatt.com
Financial Times Deutschland (FTD)	Börsentäglich erscheinende Wirtschaftszeitung	http://www.ftd.de
Wirtschaftswoche	Wirtschaftsmagazin, branchenübergreifend	http://www.wiwo.de
Impulse	Wirtschaftsmagazin für Unternehmerinnen und Unternehmer aller Branchen, breite Themen	http://www.impulse.de
Managermagazin	Wirtschaftsmagazin, Zielgruppe: Führungskräfte, branchenübergreifend, Schwerpunkt in Hintergrundinfos zu Unternehmen, Trends	http://www.manager-magazin.de
Süddeutsche Zeitung (SZ)	Überregionale allgemeine Abonnement-Tageszeitung mit ausgebautem Wirtschaftsteil	http://www.sueddeutsche.de/wirtschaft
Frankfurter Allgemeine Zeitung (FAZ)	Überregionale allgemeine Abonnement-Tageszeitung mit ausgebautem Wirtschaftsteil	http://www.faz.net/aktuell/wirtschaft/

Übersicht 19: Hilfen zur Erschließung aktueller, allgemeiner Infos zum Unterrichtsinhalt

Für finanzlastige Themen sind spezielle Angebote interessant.

Aktuelle, finanzlastige Infos zum Unterrichtsinhalt über das Internet erschließen		
Capital	Wirtschaftsmagazin, Schwerpunkt Finanzen	http://www.capital.de
Focus Money	Wirtschaftsmagazin, Schwerpunkt Finanzen	http://www.focus.de/finanzen/
Euro	Wirtschaftsmagazin, Schwerpunkt in Finanzthemen	http://www.finanzen.net/euro/

Übersicht 20: Hilfen zur Erschließung aktueller, finanzlastiger Infos zum Unterrichtsinhalt

Die Lehrkraft kann aber auch auf komplette Unterrichtsmaterialien oder Unterrichtsentwürfe zurückgreifen. Im Internet findet sich eine Reihe von Portalen zu Unterrichtsmaterialien. Einige davon bieten Unterrichtsmaterialien zum Tausch an und zwar ohne Gegenleistungspflicht wie zum Beispiel 4Teachers.de oder lehrermaterial.de, andere nur mit Gegenleistung wie zum Beispiel schulportal.de, d. h. nur gegen den Upload eines eigenen Unterrichtsmaterials (Nißlbeck, 2008).

Unterrichtsmaterialien und -entwürfe im Internet erschließen		
Lehrer online	Unterrichtsmaterialien	www.lehrer-online.de
ZUM	Zentrale für Unterrichtsmedien im Internet	www.zum.de
Unterrichtsdatenbank	Unterrichtsmaterialien	www.unterrichtsdatenbank.de
WR-Netz	Portal zu Angeboten zu Wirtschaft und Recht an bayerischen Gymnasien	www.wr-netz.de
ReWe-Unterricht	Wie der Name sagt	www.rechnungswesen-unterricht.de
Ityco	Unterrichtsmaterial für den IT-Unterricht	www.ityco.com
BizziNet.de	Kommerzielles Portal	www.bizzinet.de
Globus Graphiken	Kommerziell	www.picture-alliance.com/globus.html
Zahlenbilder	Kommerziell	www.zahlenbilder.de
Schul-Bank	Material des Bundesverbandes Deutscher Banken	www.schul-bank.de
Handelsakademie.at	Österreichisches Portal mit Unterrichtsentwürfen	www.handelsakademie.at
INSM-Material	Unterrichtsmaterial der Initiative Neue Soziale Marktwirtschaft (INSM).	www.wirtschaftundschule.de

Übersicht 21: Unterrichtsmaterialien und –entwürfe im Internet

Für die berufliche Oberschule in Bayern kann weiterhin auf die VIBOS (Virtuelle Oberschule Bayern) zurückgegriffen werden. Sowohl Lehrkräfte als auch Schülerinnen und Schüler können hier auf umfangreiche Unterrichts- und Übungsmaterialien zurückgreifen. Hilfen bieten, wie bereits erwähnt, auch die Webseiten der Landesinstitute.

Ausgewählte Landesinstitute			
BW	Baden Württemberg	LS	http://www.ls-bw.de/
BY	Bayern	ISB	http://www.isb.bayern.de
HH	Hamburg	HIBB	http://www.hibb.hamburg.de
SN	Sachsen	SBI	http://www.sbi.smk.sachsen.de/
ST	Sachsen-Anhalt	LISA	http://www.bildung-lsa.de
TH	Thüringen	Thillm	http://www.schulportal-thueringen.de

Übersicht 22: Ausgewählte Landesinstitute

Weitere Quellen der eigenen Bibliothek sind Fachzeitschriften und die wissenschaftliche Literatur. Fachzeitschriften sind fachspezifisch und halten die Lehrkraft fachlich up to date. Wissenschaftliche Literatur, einschließlich der eigenen Unterlagen aus dem Studium, sollten nach dem stolz bestandenen Examen nicht entsorgt werden, sondern genutzt werden können, um schnell dem Wissenschaftsprinzip zu frönen. Literatur dient hier der Systematisierung, dem Vertiefen oder dem Überprüfen der fachlichen Richtigkeit.

Der hier gewählte Fokus auf die eigene Bibliothek der Lehrkraft sollte nicht in Vergessenheit geraten lassen, dass es auch im Berufsbereich, in der Schule oder in der Kommune weitere Bibliotheken geben kann, die bei der Unterrichtsvorbereitung genutzt werden können.

5.6 Der praktische Umgang mit Planungshilfen

Planungshilfen sind neben den curricularen Prinzipien und den Kompetenzmodellen ein wichtiges Instrument der curricularen Analyse. Planungshilfen bieten sich der Lehrkraft in vier Welten an: Der offiziellen Welt mit den Lehrplänen und Bildungsstandards und der inoffiziellen Welt mit dem Prüfungsunterlagen. Daneben treten die kooperative Welt und die Welt der Bibliothek.

Die vorangegangenen Ausführungen sollten verdeutlichen, dass Planungshilfen weder vergöttert noch verteufelt werden sollten. Lehrkräfte schätzen diese Planungshilfen weil sie konkrete Hinweise geben.

Sie sind deutlich konkreter als die abstrakt daherkommenden curricularen Prinzipien und die Kompetenzmodelle. Gleichzeitig ist es wichtig, die – vielleicht abstrakt daherkommenden – Fragen zur curricularen Relevanz mit zu berücksichtigen. So wichtig die Planungshilfen sind: In jedem Fall bedarf es immer einer ergänzenden Reflexion mit Hilfe der curricularen Prinzipien, d. h. der Wissenschaftsorientierung, Situationsorientierung und Persönlichkeitsorientierung. Auch die Arbeit mit den Kompetenzmodellen muss die praktische Arbeit mit den Planungshilfen ergänzen.

Die Lehrkraft wird bei Planungshilfen zum Jäger und Sammler. Sie sollte breit Materialien sammeln, eine eigene Bibliothek und ggf. auch eine Bibliothek am Berufsbereich an der Schule pflegen, sich ein Ordnungssystem für die Materialien überlegen und dieses regelmäßig auf den Prüfstand stellen. Planungshilfen dürfen nicht kritiklos übernommen werden. Das wurde durch die Vielzahl von Einschränkungen zu den einzelnen Planungshilfen deutlich.

Rahmenlehrpläne sind kein Gesetz. Die Werbung der Schulbuchverlage bleibt Werbung. Prüfungsunterlagen sind Prüfungsunterlagen und keine Zielbeschreibungen. Auch Fehler in den Materialien warten darauf, dass die Lehrkraft sie beim Durchrechnen *vor* dem Unterricht und nicht während des Unterrichts entdeckt. Planungshilfen sind erst im Orchester mit allen anderen Hilfen der curricularen Analyse stark.

5.7 Leitfragen zu den Planungshilfen

Die Planungshilfen werden in dem GAL-Schema für die makrodidaktische Planung (TB-2.3) und dem GAL-Schema für die mikrodidaktische Planung (TB-2.6) an zwei Stellen relevant. Zunächst wird der Bezug zum jeweils gültigen Lehrplan im Abschnitt GAL 2.1 knapp ausgewiesen.

Leitfragen für die Einordnung des Unterrichts als Lehrplanbezug (GAL 2.1)

▶ Welcher Lehrplan ist relevant?
▶ Wo wird das zentrale Thema bzw. die zentrale Kompetenz im Lehrplan aufgeführt bzw. wo lassen sich diese zuordnen, z. B. nach Jahrgangsstufe, Fach und Lernfeld?

Übersicht 23: Leitfragen für die Einordnung des Unterrichts als Lehrplanbezug

Zur Einordnung des Unterrichts wird der jeweils relevante Lehrplan ausgeführt. Außerdem wird entlang der weiteren Gliederung des Lehrplans der Ort lokalisiert, wo der Inhalt bzw. die Kompetenz aufgeführt wird bzw. zugeordnet werden kann. Neben der Einordnung in den Lehrplan werden die Planungshilfen vor allem bei der Analyse der Inhalte und Kompetenzen genutzt.

Leitfragen zur Nutzung der Planungshilfen (GAL 2.2)

▶ Welche Planungshilfen, zum Beispiel Lehrpläne oder Schulbücher, können für die Unterrichtsplanung eingesetzt werden?
▶ Was sagen diese Planungshilfen zu den Themen und Kompetenzen des Unterrichts?

Übersicht 1: Leitfragen für die Analyse der Intentionen, Inhalte und Kompetenzen (Planungshilfen)

5.8 Outro

5.8.1 Die wichtigsten Begriffe dieser Lerneinheit

▶ Vier-Welten-Modell der Planungshilfen
▶ Lehrplan
▶ Staatsschule
▶ Lehrplan mit traditioneller Struktur/mit Lernfeldstruktur
▶ Innovative Lehrplantypen
▶ Extra-Curriculum
▶ Schulinterne Curricula
▶ Stundentafel
▶ Handlungsfeld
▶ Lernfeld
▶ Lernsituation (Konstruktion, Ablauf)
▶ Steuerungsmodi für Schulen
▶ Bildungsstandards
▶ EPA
▶ Prüfungsunterlagen

- Heimlicher Lehrplan
- Rahmenlehrplan (der KMK)
- Lehrplanrichtlinie (bzw. landesspezifische Lehrpläne)
- ISB

- AkA bzw. PAL
- Schulbuch
- Kooperative Planungshilfen
- Bibliothek der Lehrkraft

5.8.2 Tools

- Tool „Karte Planungshilfen des Wirtschaftsunterrichts" (TB-1.6)
- Tool „Planungshilfen: Checkliste" (TB-5.1)
- Tool „Kurzleitfaden zur Konstruktion von Lernsituationen (TB-9.1)
- Tool „Lernsituation: Dokumentationsschema" (TB-9.2)
- Tool „Lernsituation: Kriterienkatalog" (TB-9.3)
- Tool „Lernsituation: Ablaufschema" (TB-9.4)
- Tool „Lernfelder: Lesehilfe zur Struktur" (TB-9.5)

5.8.3 Kompetenzen

- Begriff des Lehrplans und verwandt klingenden Konzepten abgrenzen: Lehrplanbegriff einordnen; Extra-Curriculum einordnen; Schulinterne Curricula einordnen; Heimlicher Lehrplan einordnen; Curriculumbegriff einordnen
- Lehrplan als Instrument reflektieren: Lehrplan als klassisches Instrument der Staatsschule einordnen; Lehrpläne im Licht der geisteswissenschaftlichen Pädagogik reflektieren; Stellenwert des Lehrplans in der Unterrichtsvorbereitung aufgrund empirischer Ergebnisse würdigen
- Lehrplanvarianten bewerten: Lehrpläne mit traditioneller Struktur bewerten; Lehrpläne mit Lernfeldstruktur bewerten, insbesondere Entstehung lernfeldstrukturierter Lehrpläne rekonstruieren, Trias von Handlungs-, Lernfeld und Lernsituation einordnen sowie Umgang mit lernfeldstrukturierten Lehrplänen in einzelnen Bundesländern erläutern; Innovative Lehrplanformen bewerten
- Ergänzungen und Alternativen zu Lehrplänen bewerten: Bildungsstandards als Outputsteuerung bewerten; EPA (Einheitliche Prüfungsanforderungen für das Abitur) erläutern
- Weitere offizielle Planungshilfen kennen, insbes. Fortbildungsmaterial
- Lernen mit Lernsituationen gestalten: Ablauf gestalten, Lernsituationen konstruieren; Lernsituationen bewerten; Lernsituationen dokumentieren
- Schulbuch als Instrument der Unterrichtsvorbereitung bewerten: Schulbuch als komplexen Medienmix rekonstruieren; Kriterien für die Bewertung von Schulbüchern anwenden; Gefahren der Schulbuchnutzung beachten
- Prüfungsunterlagen als Instrument der Vorbereitung bewerten: Prüfungsunterlagen in anerkannten Ausbildungsberufen nutzen; Prüfungsunterlagen in anderen Schulformen nutzen; Erweiterungen von Prüfungsunterlagen nutzen
- Planungshilfen aus der Bibliothekswelt nutzen
- Planungshilfen aus der kooperativen Welt nutzen: Bereitschaft zum Austausch von Unterrichtsmaterialien; Guten Ton bei der Nutzung fremder Materialien anschlagen
- Einsatz von Planungshilfen kritisch reflektieren: Vom Nutzen eines breiten Einsatzes von Planungshilfen überzeugt sein; Eine nüchterne, undogmatische Einstellung zu Planungshilfen entwickelt haben; Haltung des kritischen Prüfens entwickelt haben

5.8.4 Hinweise zur vertieften Auseinandersetzung: Weiterlesen

Einen vertieften Einblick in die *Arbeit mit Lernsituationen* bieten einige Handreichungen, die auf der Webseite des ISB (www.isb.bayern.de) heruntergeladen werden können. Für eine wissenschaftliche Auseinandersetzung sei vor allem verwiesen auf die beiden Bände „Selbstreguliertes Lernen in Lernfeldern" (Dilger, Sloane & Tiemeyer, 2007; Dilger, Sloane & Tiemeyer, 2005), die im Umfeld des

Paderborner Lehrstuhls von Peter Sloane entstanden sind, der sich intensiv mit Lernfeldern auseinander gesetzt hat.

5.8.5 Hinweise zur vertieften Auseinandersetzung: Weitersurfen

Einen guten Eindruck in die damalige Kritik, einschließlich einer historischen Einordnung, und des heutigen Diskussionsstandes bieten bwp@ Ausgabe Nr. 20 „Lernfeldansatz - 15 Jahre danach" vom Juni 2011 (http://www.bwpat.de/content/ausgabe/20/) in Kombination mit der bwp@ Ausgabe Nr. 4 „Lernfeldansatz zwischen Feiertagsdidaktik und Alltagstauglichkeit" vom Mai 2003 (http://www.bwpat.de/ausgabe4/).

5.8.6 Literaturnachweis

Allmansberger, P., Bodensteiner, P. & Denneborg, G. (Hrsg.). (2010). *Berufsgruppen in der beruflichen Erstausbildung. Eine qualitative Antwort auf die demographische Entwicklung?!* München: Hanns-Seidel-Stiftung, Akad. für Politik und Zeitgeschehen.

Avenarius, H. (2000). Die Rolle der Schulaufsicht gegenüber der selbständiger werdenden Schule. *Zeitschrift für Bildungsverwaltung, 15* (1), 44–55.

Avenarius, H. & Heckel, H. (2000). *Schulrechtskunde. Ein Handbuch für Praxis, Rechtsprechung und Wissenschaft*. Neuwied/Kriftel: Luchterhand.

Avenarius, H. D. H. & Döbert, H. (2003). *Bildungsbericht für Deutschland. Erste Befunde*. Opladen: Leske + Budrich.

BIBB (Bundesinstitut für Berufsbildung) (Hrsg.). (2003). *Wie entstehen Ausbildungsberufe? Leitfaden zur Erarbeitung von Ausbildungsordnungen mit Glossar*. Bonn: Bundesinstitut für Berufsbildung.

Blankertz, H. (1986). *Theorien und Modelle der Didaktik* (12. Auflage, unveränderter Nachdruck von 1975). München: Juventa.

Bundesinstitut für Berufsbildung. (2006). *Ausbildungsordnungen und wie sie entstehen* (4. Aufl.). Bonn: Bundesinstitut für Berufsbildung.

Buschfeld, D., Dilger, B., Göckede, B. & Hille, S. (2013). Differenzen im Gemeinsamen – System-koordinierte Lehrplanentwicklung für das Berufskolleg in NRW. *bwp@ (Berufs- und Wirtschaftspädagogik - online)* (24), 1–17.

Degele, N. (1997). Zur Steuerung komplexer Systeme - eine soziokybernetische Reflexion. *Soziale Systeme, 3* (1), 81–99.

Dilger, B., Sloane, P. F. & Tiemeyer, E. (Hrsg.). (2005). *Selbstreguliertes Lernen in Lernfeldern. Band 1: Konzepte, Positionen und Projekte im Bildungsgang Einzelhandel*. Paderborn: Eusl-Verl.-Ges.

Dilger, B., Sloane, P. F. E. & Tiemeyer, E. (Hrsg.). (2007). *Selbstreguliertes Lernen in Lernfeldern. Band 2: Konzepte und Module zur Lehrkräfteentwicklung*. Paderborn: Eusl.

Ernst, F. (2011a). Lesbarkeit von Rechnungswesenbüchern an kaufmännischen Berufsschulen. *Zeitschrift für Berufs- und Wirtschaftspädagogik, 107* (3), 408–423.

Ernst, F. (2011b). Lesbarkeit von Schulbüchern. Wie die Lesbarkeit den Lernerfolg beeinflusst und wie man Lesbarkeitsformeln anwendet. *Wirtschaft und Erziehung, 63* (1-2), 17–20.

Feldman, A. F. & Matjasko, J. L. (2005). The Role of School-Based Extracurricular Activities in Adolescent Development: A Comprehensive Review and Future Directions. *Review of Educational Research, 75* (2), 159–210.

Feltes, T. & Paysen, M. (2005). *Nationale Bildungsstandards. Von der Bildungs- zur Leistungspolitik*. Hamburg: VSA.

ISB (Staatsinstitut für Schulqualität und Bildungsforschung München). (2006). *Glossar. Begriffe im Kontext von Lehrplänen und Bildungsstandards*. München: ISB.

ISB (Staatsinstitut für Schulqualität und Bildungsforschung München). (2011). *Rechnungswesen kompetenzorientiert unterrichten. Lernsituationen für den Unterricht*. Stamsried: Care-Line.

Klieme, E., Avenarius, H., Blum, W., Döbrich, P., Gruber, H., Prenzel, M. et al. (2003). *Zur Entwicklung nationaler Bildungsstandards. Expertise*. Bonn: Bundesministerium für Bildung und Forschung (BMBF).

KMK (Ständige Konferenz der Kultusminister der Länder Bundesrepublik Deutschland). (2008). *Vereinbarung über Einheitliche Prüfungsanforderungen in der Abiturprüfung. Beschluss der Kultusministerkonferenz vom 01.06.1979 i.d.F. vom 24.10.2008.*

KMK (Ständige Konferenz der Kultusminister der Länder Bundesrepublik Deutschland). (2011). *Handreichungen für die Erarbeitung von Rahmenlehrplänen der Kultusministerkonferenz (KMK) für den berufsbezoge-*

nen Unterricht in der Berufsschule und ihre Abstimmung mit Ausbildungsordnungen des Bundes für aner-kannte Ausbildungsberufe. Bonn: KMK.

Köller, O. (2007). Bildungsstandards, einheitliche Prüfungsanforderungen und Qualitätssicherung in der Sekundarstufe II. In D. Benner (Hrsg.), *Bildungsstandards. Instrumente zur Qualitätssicherung im Bildungswesen. Chancen und Grenzen - Beispiele und Perspektiven* (S. 13–28). Paderborn [u.a.]: Schöningh.

Künzli, R. (1999). Lehrplanarbeit. Steuerung von Schule und Unterricht. In R. Künzli, K. Bähr, A. V. Fries, G. Ghisla, M. Rosenmund & G. Seliner-Müller (Hrsg.), *Lehrplanarbeit. Über den Nutzen von Lehrplänen für die Schule und ihre Entwicklung* (S. 11–30). Chur, Zürich: Rüegger.

Künzli, R. & Santini-Amgarten, B. (1999). Wie Lehrpläne umgesetzt und verwendet werden. In R. Künzli, K. Bähr, A. V. Fries, G. Ghisla, M. Rosenmund & G. Seliner-Müller (Hrsg.), *Lehrplanarbeit. Über den Nutzen von Lehrplänen für die Schule und ihre Entwicklung* (S. 144–163). Chur, Zürich: Rüegger.

Martone, A. & Sireci, S. G. (2009). Evaluating Alignment Between Curriculum, Assessment, and Instruction. *Review of Educational Research, 79* (4), 1332–1361.

McNeil, J. D. (2006). *Contemporary Curriculum in Thought and Action.* (6th). New York: John Wiley & Sons.

Meyer, H. (1989). *Unterrichtsmethoden* (2: Praxisband). Berlin: Cornelsen Scriptor.

Meyer, H. (1997). *Schulpädagogik. Band II: Für Fortgeschrittene.* Berlin: Cornelsen Scriptor.

Nißlbeck, U. (2008). *Analyse ausgewählter Unterrichtsmaterial-Tauschbörsen im Internet. Diplomarbeit.* Nürnberg: Lehrstuhl für Wirtschaftspädagogik und Personalentwicklung.

Ostendorf, A. & Thoma, M. (2010). Das Bild der Organisation und die Organisation des Bildes. Ein Beitrag zu einer poststrukturalistisch orientierten Schulbuchforschung. *Zeitschrift für Berufs- und Wirtschaftspädagogik, 106* (2), 240–257.

Pahl, J.-P. & Tärre, M. (2013). Schulinterne Curricula für berufliches Lehren und Lernen. *Berufsbildung, 67* (140), 3–7.

Picot, A., Reichwald, R. & Wigand, R. T. (2001). *Die grenzenlose Unternehmung. Information, Organisation und Management.* Wiesbaden: Gabler.

Porter, A. C. (2006). Curriculum Assessment. In J. L. Green, G. A. Camilli & P. B. Elmore (Hrsg.), *Complementary Methods in Education Research* (823-832, S. 141–159). Mahwah: Lawrence Erlbaum.

Regenbrecht, A. (2005). Sichern Standards die Bildungsaufgabe der Schule? In J. Rekus (Hrsg.), *Bildungsstandards, Kerncurricula und die Aufgabe der Schule* (S. 53–76). Münster: Aschendorff.

Sachsenröder, T. (2011a). Das Konzept Lehrplanplus (Teil 1) - Grundlagen, Gestaltungsprinzipien und Umsetzung des neuen bayerischen Lehrplanmodells. *SchulVerwaltung BY* (4), 98–100.

Sachsenröder, T. (2011b). Das Konzept Lehrplanplus (Teil 2) - Grundlagen, Gestaltungsprinzipien und Umsetzung des neuen bayerischen Lehrplanmodells. *SchulVerwaltung BY* (5), 130–133.

Schalek, Y. (2007). *Die Integration handlungsorientierter Gestaltungsmerkmale in Schulbüchern. Inhaltsanalytischer Vergleich eines schwedischen und eines bayerischen Schulbuchs.* Hamburg: Kovac.

Scholl, D. (2009). *Sind die traditionellen Lehrpläne überflüssig? Zur lehrplantheoretischen Problematik von Bildungsstandards und Kernlehrplänen.* Wiesbaden: VS Verlag für Sozialwissenschaften / GWV Fachverlage, Wiesbaden.

Schopf, M. (2011). Motive, Erwartungen und Bilanz aus „Vätersicht". *bwp@ (Berufs- und Wirtschaftspädagogik - online)* (20), 1–13.

Sloane, P. F. E. (2005). Standards von Bildung - Bildung von Standards. *Zeitschrift für Berufs- und Wirtschaftspädagogik, 101* (4), 484–496.

Speth, H. (2004). *Theorie und Praxis des Wirtschaftslehreunterrichts. Eine Fachdidaktik* (8. Aufl.). Rinteln: Merkur.

Stender, J. (2006). *Berufsbildung in der Bundesrepublik Deutschland* (2: Reformansätze in der beruflichen Bildung,). Stuttgart: Hirzel.

Tramm, T. & Goldbach, A. (2005). Gestaltungsprinzipien und theoretische Grundlagen innovativer Schulbücher zur ökonomischen Berufsbildung - am Beispiel der "prozessorientierten Wirtschaftslehre". *Wirtschaft und Erziehung, 57* (6), 203–214.

Vollstädt, W., Tillmann, K.-J., Rauin, U., Höhmann, K. & Tebrügge, A. (1999). *Lehrpläne im Schulalltag. Eine empirische Studie zur Akzeptanz und Wirkung von Lehrplänen in der Sekundarstufe I.* Opladen: Leske und Budrich.

Wacker, A. & Strobel-Eisele, G. (2013). Bildungsstandards als Instrumente outputorientierter Steuerungskonzepte. Zum Stand der Forschung und zu Desideraten der Lehrplan(rezeptions)forschung. *Pädagogik, 89* (1), 107–123.

Wilbers, K. (2007). *Die Qualität von Universitäten und beruflichen Schulen* (Berichte zur Wirtschaftspädagogik und Personalentwicklung). Nürnberg: Lehrstuhl für Wirtschaftspädagogik und Personalentwicklung. Verfügbar unter http://www.wipaed.wiso.uni-erlangen.de/berichte/2007-01.pdf

Zeitler, S., Köller, O. & Tesch, B. (2010). Bildungsstandards und ihre Implikation für Qualitätssicherung und Qualitätsentwicklung. In A. Gehrmann (Hrsg.), *Bildungsstandards und Kompetenzmodelle. Beiträge zu einer aktuellen Diskussion über Schule, Lehrerbildung und Unterricht* (S. 23–36). Bad Heilbrunn: Klinkhardt.

5.8.7   Anmerkungen

1   Daneben haben Lehrpläne eine Innovationsfunktion, eine Anregungs- sowie eine Entlastungsfunktion (Vollstädt u. a., 1999, S. 21 ff.).

2   Details zu diesem Verfahren finden sich bei BIBB (2006) sowie BIBB (2003).

3   Hier wird bewusst ein Sprachgebrauch aus der Institutionenökonomik aufgenommen. Die Prinzipal-Agent-Theorie behandelt arbeitsteilige Auftraggeber-Auftragnehmer-Beziehungen, die durch asymmetrisch verteilte Informationen gekennzeichnet sind. Vgl. Picot, Reichwald und Wigand (2001, S. 56 ff.).

4   Diese Form der Steuerung ist vor allem bei komplexen Systemen interessant, zu denen eigentlich Schulen gehören. Komplexe Systeme zeichnen sich durch spezifische Eigenschaften aus: a) Irreversibilität, d. h. die ursprünglichen Zustände des Systems sind nicht mehr wiederholbar, d. h. wir können, auch wenn wir wollten, nicht einfach den Zustand einer Schule im Jahre 1973 wiederherstellen. b) Emergenz, d. h. das Verhalten eines Systems lässt sich nicht adäquat als Aggregation seiner Teile begreifen. d) Nichtlinearität: Der Systemoutput verhält sich disproportional zum Stimulus. Wenn beispielsweise der Staat das Zweifache an Geld oder doppelt so gut ausgebildete Lehrer, was immer das heißen mag, in das System steckt, heißt das nicht, dass sich der Output verdoppelt. d) Vernetzung: Nicht jedes Element des Systems kann mit jedem anderen Element verknüpft werden. Degele (1997). Für solche Systeme braucht es neue Formen der Steuerung Wilbers (2007). Siehe auch Sloane (2005).

5   Eine gute Aufbereitung des Anspruchs von Bildungsstandards findet sich bei Scholl (2009, S. 95 ff.).

6   Vgl. dazu etwa die Kritik von Regenbrecht (2005) sowie Feltes und Paysen (2005). Siehe auch Sloane (2005). Erfahrungen aus Baden-Württemberg berichten Wacker und Strobel-Eisele (2013).

7   Argumentativ wurden einige Positionen von Speth (2004, S. 352 ff.) aufgenommen.

8   Persönliche Auskunft von Rolf Schiebel, Prüfungsaufgaben- und Lehrmittelentwicklungsstelle (PAL) der IHK Region Stuttgart.

9   Vgl. http://www.speditionswissen.de/content/fachliteratur/index.htm

6 SACHANALYSE DURCHFÜHREN, REDUZIEREN SOWIE ERWARTUNGEN AN LERNERGEBNISSE KONKRETISIEREN

6.1 Zur Orientierung: Was Sie hier erwartet

6.1.1 Worum es hier geht

Ernst R. dampft der Kopf. Seit dem Mittag brütet er über der Vorbereitung des Lernfelds „Jahresabschluss analysieren und bewerten" für seine Industriekaufleute. Die Fachkompetenz hat er klar: Es sind drei große Blöcke „Zeitliche Erfolgsabgrenzung", zum Beispiel aktive Jahresabgrenzung, „Bewertung von Vermögen und Schulden", zum Beispiel die Bewertung von Vorräten, sowie „Aufstellung und Analyse des Jahresabschlusses". Viel Stoff für wenig Zeit. Hinzu kommt, dass er im Lernfeld eigentlich die Lernkompetenz der Lernenden fördern müsste. Ernst R. hatte eine Befragung mit Hilfe des LIST gemacht und festgestellt, dass die Lernenden auch nach der letzten Methodenwoche immer noch gravierende Probleme in der Organisation ihres Lernens haben. Er müsste dringend nochmals die Erstellung von Zusammenfassungen in der Klasse besprechen und üben.

Außerdem hatte er sich nach der Durchführung des Lernfelds bei der letzten Klasse vorgenommen, den wirtschaftsethischen Aspekt bei der Analyse des Jahresabschlusses zu berücksichtigen. Hier wollte er unbedingt etwas zur Rechnungslegung bezüglich Nachhaltigkeit (sustainability accounting) machen. Die Schule – präziser: das Leitbild der Schule – legt großen Wert darauf, Fragen der Nachhaltigkeit mit den Schülerinnen und Schülern anzugehen. Aber wird das nicht alles viel zu viel? Ernst R. ist klar, was er tun muss: Man kann nicht alles durchhecheln und dennoch nichts lernen. Aussortieren und präzisieren ist angesagt. So sortiert er die Randgebiete aus und konzentriert sich auf die Schwerpunkte des Themas, ganze Inhaltsteile hat er komplett verworfen, er entrümpelt die Inhalte konsequent um alle nicht ganz aktuellen Inhalte. Das gilt doch seit der letzten Änderung des EStG gar nicht mehr, oder? Und ist wirklich wichtig, dass der Auszubildende die betriebsgewöhnliche Nutzungsdauer von Stromgeneratoren kennt? Was soll er eigentlich daran für das Leben lernen? Aber wird das nicht doch von der IHK abgeprüft?

Ernst R. malt mit spitzem Bleistift jetzt schon die dritte Tabelle. Sie führt die Kalenderwochen in der ersten Spalte und die Themen des Lernfelds in der zweiten Spalte auf. Die Prüfungstermine sind schon eingetragen und auch die Schulferien. Er jongliert noch mit einem Block zu den Lernstrategien. Aber immer noch passt nicht all das in die Tabelle. Es muss noch mehr raus, eine Übungsphase rein, der Lernstrategieblock muss gekürzt werden. Der Exkursionstermin passt immer noch nicht und das Ganze muss doch noch irgendwie anders sortiert werden.

Aber jetzt reicht's! Ernst R. trifft eine kluge Entscheidung für solche Situationen: Er geht erst einmal staubsaugen.

6.1.2 Inhaltsübersicht

6   Sachanalyse durchführen, reduzieren sowie Erwartungen an Lernergebnisse konkretisieren 167

   6.1   Zur Orientierung: Was Sie hier erwartet 168

      6.1.1   Worum es hier geht 168

      6.1.2   Inhaltsübersicht 169

      6.1.3   Zusammenfassung 169

      6.1.4   Einordnung in das Prozessmodell 170

   6.2   Sachanalyse durchführen 171

      6.2.1   Sachanalyse: Was darunter verstanden wird und wofür sie gut ist 171

      6.2.2   Exkurs: Der Kognitivismus – Eine erste Sicht auf Lernen und Motivation 171

      6.2.3   Die Struktur der Inhalte visualisieren 179

      6.2.4   Leitfragen für die Sachanalyse (GAL 2.3) 184

   6.3   Themen und Kompetenzen reduzieren: Das Wichtigste herausarbeiten 184

      6.3.1   Das Problem der Stofffülle und wie damit umgegangen wird 185

      6.3.2   Im Interdependenzzusammenhang reduzieren 185

      6.3.3   Das Exemplarische, Fundamentale und Aktuelle herausarbeiten 186

      6.3.4   Durch Binnendifferenzierung begrenzen: Muss Allen Alles unterrichtet werden? 187

      6.3.5   Leitfragen für die didaktische Reduktion (GAL 2.4) 188

   6.4   Erwartungen an Lernergebnisse konkretisieren: Learning Outcomes und Lernziele
   aufstellen und präzisieren 188

      6.4.1   Learning Outcomes aufstellen und präzisieren 188

      6.4.2   Lernziele aufstellen 193

      6.4.3   Leitfrage für die Erwartungen an Lernergebnisse (GAL 2.4) 199

   6.5   Outro 200

      6.5.1   Die wichtigsten Begriffe dieser Lerneinheit 200

      6.5.2   Tools 200

      6.5.3   Kompetenzen 200

      6.5.4   Hinweise zur vertieften Auseinandersetzung: Weiterlesen 200

      6.5.5   Hinweise zur vertieften Auseinandersetzung: Weitersurfen 201

      6.5.6   Literaturnachweis 201

      6.5.7   Anmerkungen 203

6.1.3 Zusammenfassung

Die Planungshilfen, die Kompetenzanalyse sowie die curricularen Prinzipien führen zu einer Vielzahl von Themenfacetten und Kompetenzen, die zu strukturieren und auf das Mögliche und Sinnvolle zu begrenzen sind. Das ist die Aufgabe der Sachanalyse sowie der didaktischen Reduktion.

Die Sachanalyse ist ein Teil der curricularen Analyse, der dazu dient, die Struktur der Inhalte aufzudecken, die zentralen Begriffe zu klären sowie geeignete Bilder und Episoden zu finden. Die didaktische Reduktion ist ein Teil der curricularen Analyse, der dazu dient, die Inhalte und Kompetenzen den Bedingungen des Unterrichts und den methodischen Möglichkeiten der Lehrkraft anzupassen, das Exemplarische, Fundamentale und Aktuelle herauszufiltern sowie binnenzudifferenzieren um auf die ‚Stofffülle' eine didaktische Antwort geben zu können.

Um dem Unterricht eine Richtung zu geben, werden auf dieser Grundlage Erwartungen an Lernergebnisse formuliert. Learning Outcomes oder Lernziele formulieren die Erwartungen an ein Lernergebnis, d. h. an eine Kompetenz, die sich als Ergebnis eines Lernprozesses einstellen soll, der durch Lehren angeregt wurde, oder eine Erwartung an die mit dieser Kompetenz verbundene Performanz. Sie besitzen eine Inhalts- und Prozesskomponente. Die Prozesskomponente wird mit Hilfe von Taxonomien strukturiert.

6.1.4   Einordnung in das Prozessmodell

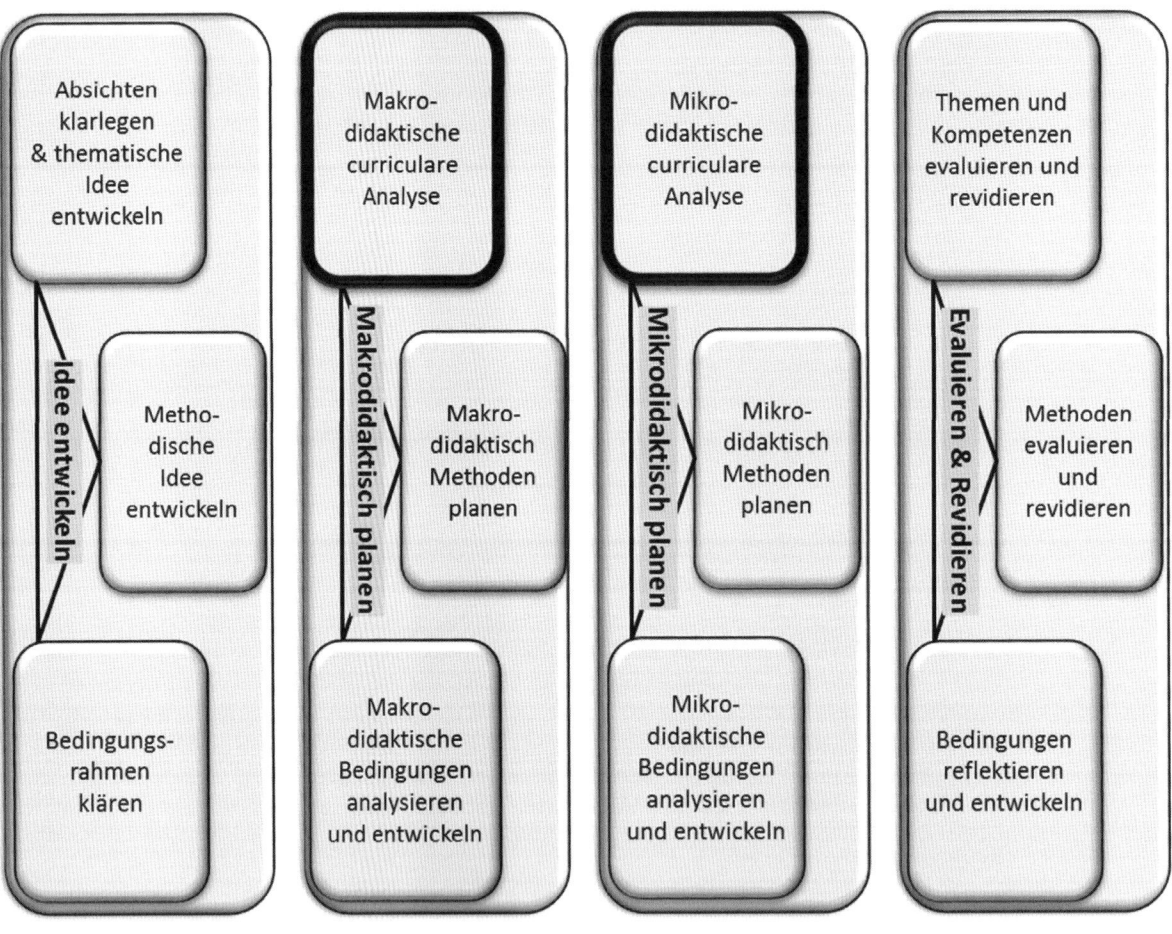

Die Sachanalyse ist ein wichtiger Teil der curricularen Analyse. Dabei werden die inhaltlichen Grundlagen des Unterrichts nochmals fachlich durchdrungen. In der curricularen Analyse sind aus der großen Fülle der Inhalte und Kompetenzen die relevanten auszuwählen. Die ausgewählten Themen und Kompetenzen werden weiter präzisiert, indem Lernziele dazu aufgestellt werden. Bitte lokalisieren Sie diese Aktivitäten im Prozessmodell und werfen Sie einen ersten Blick auf die zugehörigen didaktischen Leitfragen.

6.2 Sachanalyse durchführen

6.2.1 Sachanalyse: Was darunter verstanden wird und wofür sie gut ist

In der Sachanalyse vertieft sich die Lehrkraft in die inhaltliche Struktur des Lerninhalts. Sie vertieft die inhaltlichen bzw. fach(wissenschaft)lichen Grundlagen des Unterrichts, *ohne* dabei nur zur Fachfrau bzw. zum Fachmann oder zur Fachwissenschaftlerin oder zum Fachwissenschaftler zu werden. Im Rahmen von *Prüfungs*lehrproben sollen die Prüflinge mit der Sachanalyse darüber hinaus zeigen, dass sie fachlich sattelfest sind. Außerdem sollten sie den Prüferinnen und Prüfern die fachlichen Grundlagen in Erinnerung rufen und didaktische Entscheidungen vorbereiten (Jank & Meyer, 2008, S. 410 ff.).

Die Sachanalyse birgt die Gefahr, dass sie zu einer langatmigen wissenschaftlichen Erörterung wird, die für die weiteren Entscheidungen ohne Nährwert ist. Die Sachanalyse stellt vor allem die *Struktur* der Inhalte in den Vordergrund. Bei der schriftlichen Unterrichtsplanung sollte es reichen, diese Struktur auch wiederzugeben, beispielsweise durch eine graphische Übersicht. Eine lerntheoretische Schule, die dazu wichtige Grundlagen liefert, ist der Kognitivismus.

6.2.2 Exkurs: Der Kognitivismus – Eine erste Sicht auf Lernen und Motivation

6.2.2.1 Was den Kognitivismus ausmacht

Der Kognitivismus ist eine von vier wissenschaftlichen Perspektiven aus Lernen und Motivation. Alle Perspektiven werden in einer Übersicht in der Toolbox (TB-1.14) zusammengefasst. Die anderen Perspektiven sind der Behaviorismus, der Humanismus und der Konstruktivismus. Werfen Sie bitte einen ersten Blick auf diese Lernübersicht.

Der Kognitivismus wurde vor allem in den 1970er und 1980er Jahren entwickelt. Der zeitgeschichtliche Hintergrund sind die Umwälzungen durch die Ausbreitung von Computern. Computer: Das sind informationsverarbeitende Systeme. Sie liefern der Wissenschaft eine neue Folie zum Verstehen menschlichen Lernens. Das Informationsverarbeitungsmodell wird den Kognitivismus prägen. Andere Theorien, vor allem der später erörterte Behaviorismus, betrachten nur das Sichtbare, die Performanz. Mit dem Übergang zum Kognitivismus geht es von ‚außen' nach ‚innen': Es sind jetzt die Prozesse *innerhalb* der Black-Box, die die Forschung besonders interessieren. Die Theorie wurde von Personen wie dem amerikanischen Psychologen John Robert Anderson (geb. 1947) und dem deutschen Psychologen Franz Emanuel Weinert (1930 – 2001) vorangetrieben. Lernen ist im Verständnis des Kognitivismus eine Informationsverarbeitung beziehungsweise eine Umformung (Transformation) von (Vor-) Wissen. Beim Kognitivismus geht es um Kompetenz, die als Wissen erworben wird. Dabei stellt der Kognitivismus individuelle Unterschiede der Menschen in Rechnung.

Im Zentrum des Kognitivismus steht das Informationsverarbeitungsmodell des Gedächtnisses.[1]

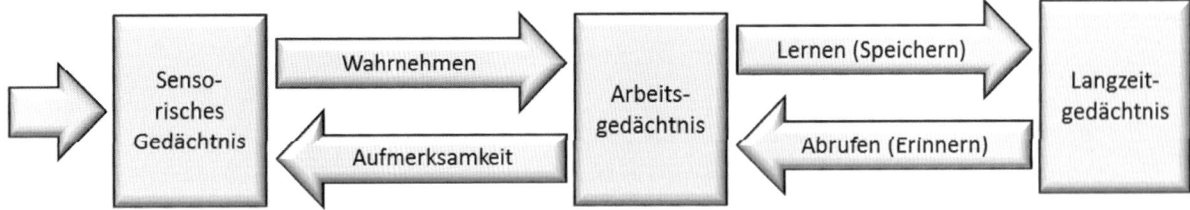

Übersicht 1: Informationsverarbeitungsmodell des Gedächtnisses

Ein Reiz wird aufgenommen und im sensorischen Gedächtnis in Informationen übersetzt. Die Wahrnehmung sorgt dafür, dass diese Informationen in das Arbeitsgedächtnis übergehen. Erst Lernprozesse übertragen die Information vom Arbeitsgedächtnis in das Langzeitgedächtnis. Das Informationsverarbeitungsmodell hat starke Ähnlichkeiten zu der Funktionsweise eines Computers. Der sensorische Bereich hat Parallelen zu den Eingabegeräten, wie Maus, Tastatur oder Joystick, das Arbeitsgedächtnis zum Arbeitsspeicher und das Langzeitgedächtnis zu nicht flüchtigen Speichermedien wie Festplatten, CDs und Ähnlichem.

Durch die Sinnesorgane nimmt der Mensch ständig Reize aus der Umwelt auf. Er sieht (Licht), er hört (Schall), er fühlt (Temperatur, Druck und Bewegung), er schmeckt (chemische Reize) und er riecht (chemische Reize). Im *sensorischen Gedächtnis* (sensory memory, sensory register) werden die eingehenden Reize in Informationen übersetzt (‚enkodiert‘). Die Informationen werden sehr kurz gespeichert, zwischen einer und drei Sekunden. Sie merken das, wenn Sie sich in den Arm kneifen. Das Kneifen wird – sehr kurz – gespeichert und ist auch nach dem Kneifen noch kurz zu spüren. Die Speicherung erfolgt im sensorischen Gedächtnis zwar sehr kurz, dafür ist die Kapazität sehr groß. Die übersetzten Reize, also die enkodierten Informationen, haben noch eine hohe Ähnlichkeit zu den ursprünglichen Reizen. Visuelle Reize über das Licht werden als Vorstellungsbilder kodiert, ähnlich Fotos. Akustische Reize werden als Laut- bzw. Klangmuster kodiert, ähnlich einem Echo.

Bei der *Wahrnehmung* (perception) werden die über das sensorische Gedächtnis vermittelten Reize aus der Umwelt auf der Grundlage unseres Wissens mit einer Bedeutung versehen und damit in das Arbeitsgedächtnis übergeben. Bei der Wahrnehmung wird beispielsweise das Vorstellungsbild von zwei übereinander gelagerten Kreisen unter bestimmten Bedingungen in die Zahl 8 übersetzt. Dazu greift der Mensch auf andere Informationen zurück, die irgendwann einmal durch Lernprozesse erworben wurden. Hier beispielsweise der abstrakte Begriff der Zahl 8. Wenn der Mensch jede Information aus dem sensorischen Gedächtnis in das Arbeitsgedächtnis übernehmen würde, wäre er hoffnungslos überfordert. Glücklicherweise ist die menschliche Wahrnehmung selektiv. Das Arbeitsgedächtnis richtet daher die *Aufmerksamkeit* (attention) aus. Das ist keine triviale Aufgabe und muss mühsam erworben werden. Im Laufe der Entwicklung lernt der Mensch, die Aufmerksamkeit auf wichtige Aufgaben auszurichten. Gleichwohl ist die Aufmerksamkeit begrenzt. Wahrnehmen, etwa des Lehrvortrags, ist ohne Effekt, wenn es nicht kognitiv unterstützt wird, zum Beispiel, wenn der Schüler an die – unter Umständen sehr viel spannenderen – Erlebnisse mit der Freundin am gestrigen Abend denkt.

Die gerade verarbeiteten Informationen befinden sich im Arbeitsgedächtnis (working memory). Es vermittelt zwischen Langzeitgedächtnis und sensorischem Gedächtnis. Die Kapazität des Arbeitsgedächtnisses ist begrenzt, im Vergleich zu anderen Gedächtnissen sogar sehr stark begrenzt. Zu den frühen kognitivistischen Arbeiten gehören die Untersuchungen des amerikanischen Psychologen George A. Miller, die er darlegt in seinem bahnbrechenden Aufsatz „The Magical Number Seven, Plus or Minus Two" (1956). Darin wird als magische Zahl die inzwischen sogenannte Millersche Zahl angeführt: 7±2. Die Kapazität des menschlichen Arbeitsgedächtnisses ist auf 7±2 chunks begrenzt, 7 im Durchschnitt, 8 überdurchschnittlich und 9 chunks in Ausnahmefällen. Chunks sind Einheiten, die durch Zusammenfassung von Informationen entstehen. Informationen werden gruppiert. „0911-5302-354" ist einfacher zu fassen wie „09115302354". „FPDGFWSPDCSU" ist schwerer zu erfassen wie „FDP-G-FW-SPD-CSU". Dazu gehören auch Akronyme wie „ADAC" oder andere Abkürzungen. Informationen größer als 7±2 chunks können im Arbeitsgedächtnis nicht gespeichert werden, sondern überschreiten die Gedächtnisspanne. Die Haltezeit im Gedächtnis ist kurz und beträgt zwischen 5 und 20 Sekunden. Daher wird das Arbeitsgedächtnis gelegentlich auch „Kurzzeitgedächtnis" genannt. Nach einer kurzen Zeitspanne gehen die Informationen wieder verloren, es sei denn die Information wird wiederholt oder anderweitig bearbeitet. Das erscheint bedrohlich, ist aber erforderlich. Der Mensch würde sonst ‚heiß' laufen und könnte keine neuen Informationen mehr aufnehmen.

Für die Lehrkraft sind sensorisches Gedächtnis und Arbeitsgedächtnis nur Mittel zum Zweck, d. h. zwei Hürden, die genommen werden müssen, um zum eigentlichen Ziel schulischen Lernens zu kommen: Der Verankerung von Wissen im Langzeitgedächtnis (long-term memory). Informationen erreichen das Langzeitgedächtnis im Gegensatz zum Arbeitsgedächtnis nur langsam. Während jedoch das Arbeitsgedächtnis nur eine kurze Haltezeit zwischen 5 und 20 Sekunden und eine stark begrenzte Kapazität hat, sind die Kapazität des Langzeitgedächtnisses und die Haltezeit der Informationen im Langzeitgedächtnis praktisch unbegrenzt. Das Langzeitgedächtnis dient der Speicherung von Wissen. Lernen ist in diesem Verständnis ein Speichern, also die Übertragung vom Arbeitsgedächtnis in das Langzeitgedächtnis. Erinnern ist hingegen ein Abruf der Informationen aus dem Langzeitgedächtnis, also ein Übertragen vom Langzeitgedächtnis in das Arbeitsgedächtnis.

6.2.2.2 Was das kognitivistische Informationsverarbeitungsmodell im Klassenzimmer bedeutet

Was bedeutet das Informationsverarbeitungsmodell für die Arbeit der Lehrkraft (Ormrod, 2008, S. 201; Woolfolk, 2008, S. 314)?

- **Tempo dosieren**: Gerade Anfängerinnen und Anfänger im Lehrberuf neigen dazu, zu viele Informationen in zu kurzer Zeit zu präsentieren. Damit wird das Gedächtnis schnell überfordert. Stattdessen sollten die Informationen in kleineren Einheiten präsentiert werden, wiederholt werden, wichtige Punkte herausgestellt werden und dann zur nächsten Einheit übergegangen werden.
- **Wesentliches hervorheben**: Lernende werden – gerade wenn das Tempo nicht stimmt – nicht alles lernen, was ihnen im Unterricht, in Büchern, in Aufgaben usw. präsentiert wird. Lernende haben ständig zu entscheiden, welche Information wichtig ist und welche nicht. Schülerinnen und Schüler sind dabei oft keine guten Entscheider (Ormrod, 2008, S. 201). Die Lehrkraft sollte daher die wesentlichen Punkte hervorheben, beispielsweise durch Listen oder Ankündigungen, welche Begriffe besonders wichtig sind.
- **Aufmerksamkeit sicherstellen**: Die Aufmerksamkeit der Lernenden ist ein rares Gut, aber der Ausgangspunkt, der erst einmal erreicht werden muss.
- **Ablenkungen vermeiden**: Ablenkungen sind alle Reize, die das Gedächtnis belasten und die nichts mit dem angestrebten Lernprozess zu tun haben. Wenn Brad Pitt am Fenster des Klassenzimmers vorbeiläuft, wird auch der bestvorbereiteste Unterricht dahin sein. Zu Ablenkungen gehören störende Geräusche, störende visuelle Eindrücke oder schlecht organisierte Vorbereitungsaktivitäten, wie beispielsweise nicht bereitstehende Materialien. Auch von Lehrkräften selbst können Ablenkungen ausgehen, beispielsweise durch Marotten wie das Knipsen von Kugelschreibern beim Lehrvortrag. Hinweise und Erklärungen zu Arbeitsaufgaben sollten vor und nicht während einer neuen Tätigkeit gegeben werden.
- **Aufmerksamkeit erzeugen**: Nicht alle Reize in der Umgebung werden mit gleicher Intensität verarbeitet. Die Lehrkraft kann daher bewusst Reize setzen, die Aufmerksamkeit erzeugen (Gage & Berliner, 1996, S. 281 f.). Dazu gehören zunächst alle Aufforderungen, die Orientierungsreaktionen hervorrufen. Dies sind Sätze wie „Hören Sie jetzt genau zu!" oder „Das ist besonders wich-

tig". Eine weitere Möglichkeit ist die Variation der Stimuli, insbesondere der Sprache der Lehrkraft. Wie ein Schauspieler kann die Lehrkraft Aufmerksamkeit erzeugen durch eine Veränderung der Lautstärke, der Tonhöhe oder der Sprechgeschwindigkeit. Emotionale Stimuli, die sich in Wörtern wie „bluttriefend" oder „golden" niederschlagen, erwecken Aufmerksamkeit, sind im Unterricht jedoch nur begrenzt einsetzbar. Weitere Faktoren sind der Neuigkeits- und Überraschungswert, wenn sich die Lehrkraft beispielsweise auf den Boden und nicht auf den Stuhl setzt. Hinzu kommt die Komplexität, d. h. es wird von der gewohnten Komplexität, beispielsweise dem Rechnen mit zweistelligen Aufgaben, zu einer höheren Komplexität übergegangen, etwa dem Rechnen mit vierstelligen Aufgaben. Weitere Möglichkeiten sind die Ambiguität, bei der Mehrdeutigkeiten einen Ausgangspunkt bilden, und die Inkongruenz, bei der Widersprüche zum bisher Gelernten aufgebaut werden.

Die Lehrkraft sollte sich bewusst sein, dass solche Möglichkeiten aufgrund der Begrenztheit des Gedächtnisses selbst begrenzt, d. h. sparsam und bedacht eingesetzt werden sollten (Gage & Berliner, 1996, S. 282).

6.2.2.3 Der heilige Gral des Kognitivismus: Wissen – vertieft betrachtet

Ziel des Lehrens ist die Übertragung der Informationen in das Langzeitgedächtnis der Lernenden. Im Langzeitgedächtnis werden unterschiedliche Formen des Wissens gespeichert. Wissen meint das deklarative Wissen (‚know that') und das prozedurale Wissen (‚know how').

6.2.2.3.1 Wissen: Kognitivistisch betrachtet

Bereits in der dritten Lerneinheit wurde der Unterschied zwischen deklarativem und prozeduralem Wissen eingeführt. Deklaratives Wissen spricht das ‚know-that' an und reicht von einfachem Faktenwissen bis hin zum Wissen über umfangreiche Theorien. Faktenwissen ist dabei ein Wissen aus kleinen, einfachen, isolierten Elementen. Konzeptwissen bezeichnet komplex organisierte Formen des Wissens. Faktenwissen umfasst terminologisches Wissen sowie das Wissen über spezifische Details wie geschichtliche Ereignisse, Orte, Personen, Informationsquellen und so fort. Konzeptwissen hingegen umfasst das Wissen zu Klassifikationen und Kategorien, das Wissen zu Prinzipien einer Disziplin sowie Wissen zu Theorien, Modellen und Strukturen. Die Unterscheidung von Faktenwissen und Konzeptwissen aus der Theorie der Taxonomie entspricht – wie noch erläutert wird – in der kognitiven Psychologie der Unterscheidung von Begriff und semantischem Netzwerk.[2] Semantische Netzwerke und Begriffe stellen eine Spielart semantischen Wissens – neben Vorstellungsbildern – dar.[3] Zunächst eine Übersicht über den Zusammenhang der verschiedenen Arten des Wissens in der kognitiven Perspektive.

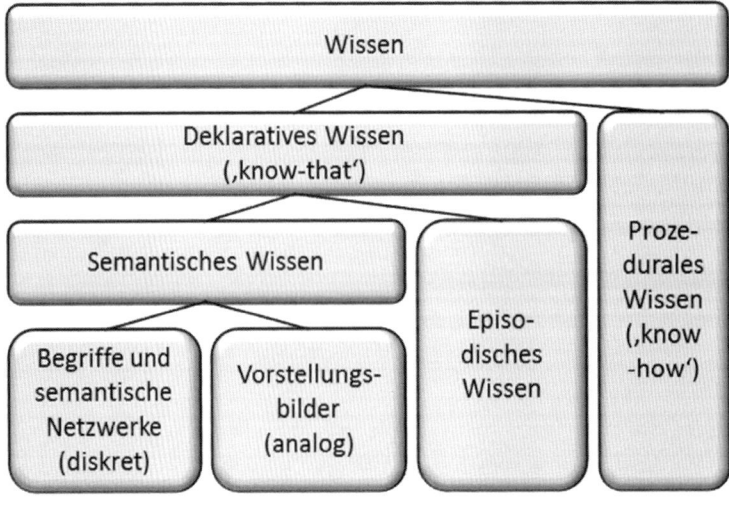

Übersicht 2: Wissensarten

6.2.2.3.2 Begriffe präzisieren und Lernen von Begriffen gestalten

Der kleinste sprachliche Baustein des semantischen Wissens ist der Begriff.[4] Begriffe sind Faktenwissen im Sinne der Erfinder der Taxonomie. Der Begriff besteht in meinem Verständnis aus vier Teilen.[5]

▶ **Definierende Merkmale des Begriffes**: Die definierenden Merkmale umfassen – wie in der Philosophie üblich – die Angabe des nächsthöheren oder nächstallgemeineren Gattungsbegriffs ('genus proximum') und die Angabe der artbildenden Unterschiede ('differentia specifica'). So lässt sich der Begriff „Frau" wie folgt definieren: „Eine Frau (zu definierender Begriff) ist ein Mensch (Gattungs- bzw. Oberbegriff), der …". Dabei ist „…" durch eine der vielen wunderbaren Eigenschaften von Frauen zu ergänzen, die Frauen haben, die aber Männer, die auch unter die Gattung „Mensch" fallen, nicht haben. Ein Vogel lässt sich demnach definieren als ein Wirbeltier (Gattungsbegriff), das jedoch im Gegensatz zu anderen Wirbeltieren, wie der Schildkröte, meist fliegen kann, einen Schnabel ohne Zähne hat, Gefieder trägt usw. (artbildende Unterschiede).[6]

▶ **Beispiele**: Beispiele stellen konkrete Exemplare dar, die unter den Begriff fallen. So stellt die Schauspielerin Angelina Jolie ein konkretes Exemplar der Kategorie bzw. des Begriffs der Frau dar. Der Vogel unserer Nachbarkinder stellt ein konkretes Exemplar des Begriffs „Vogel" dar. Konkrete Beispiele oder aber Unterkategorien können den Begriff mehr oder weniger gut repräsentieren. Ein Spatz oder eine Amsel dürfte den Begriff „Vogel" recht gut repräsentieren. Schwieriger wird es bei Pinguinen oder dem afrikanischen Strauß sein, weil diesen ein artbildender Unterschied fehlt, nämlich die Flugfähigkeit.

▶ **Prototyp**: Beispiele, die den Begriff besonders gut repräsentieren, sind Prototypen. Ein Prototyp für den Vogel ist aufgrund empirischer Erhebungen für Amerikaner das Rotkehlchen, für Deutsche der Spatz (Zimbardo & Gerrig, 2004, S. 328). Beispiele unterscheiden sich graduell von den Prototypen.

Das Lehren von Begriffen bzw. das Lernen von Begriffen benötigt damit vier Zutaten: Einen Namen des Begriffs, eine Definition mit Bezug zu einem Gattungsbegriff und den artbildenden Unterschieden, Beispiele (einschließlich Nichtbeispiele) und Prototypen. Je nachdem, welche der Zutaten zuerst verwendet wird, erfolgt die Unterscheidung von induktiver und deduktiver Lehrstrategie (Dubs, 2009, S. 247 f.; Woolfolk, 2008, S. 351 ff.).

▶ **Induktive Lehrstrategie**: Bei der induktiven Lehrstrategie werden erst die Beispiele und anschließend die anderen Zutaten begrifflichen Lernens präsentiert. Auf der Grundlage vieler Beispiele sollen die Lernenden die Merkmale entdecken. Die Lehrkraft fordert die Lernenden dazu auf, Gemeinsamkeiten und Unterschiede auszumachen. Die Lernenden erhalten ausreichend Zeit und stellen Vermutungen bzw. Hypothesen zu den Unterschieden und Gemeinsamkeiten auf, die im Klassenverband diskutiert werden. Dabei nutzt die Lehrkraft auch Nicht-Beispiele, d. h. Exemplare, die den Beispielen ähnlich sind, die aber nicht unter den Begriff fallen. Entdeckte Gemeinsamkeiten machen den Gattungsbegriff bzw. die artbildenden Unterschiede aus, die von den Lernenden idealerweise selbst entdeckt werden. Das Ergebnis dieses verallgemeinernden Schließens wird abschließend von der Lehrkraft in Form einer Definition festgehalten. Dies erfolgt in Form eines Satzes, beispielsweise eines Hefteintrages oder eines Tafelanschriebes, oder in Form einer ein- oder zweidimensionalen thematischen Struktur.

▶ **Deduktive Lehrstrategie**: Bei der deduktiven Lehrstrategie bildet ein Satz oder eine thematische Struktur den Ausgangspunkt des Lehrprozesses. Die Lernenden werden dann aufgefordert, Beispiele und gegebenenfalls auch Nicht-Beispiele zu finden. Die Lehrkraft lässt ausreichend Zeit und unterstützt den Suchprozess oder gibt – gerade bei Nicht-Beispielen – Exemplare vor.

Empirische Ergebnisse legen nahe, dass die induktive Lehrstrategie bei jüngeren, leistungsschwächeren Lernenden im Anfangsunterricht und bei sehr komplexen Lerngegenständen zu besseren Lernergebnissen führt. Bei Erwachsenen und leistungsfähigeren Lernenden scheint die deduktive Lehrstrategie vorteilhaft (Dubs, 2009, S. 249 f.).

Eine wichtige Sonderform des begrifflichen Lernens ist der Begriffswandel, d. h. conceptual change (Vosniadou, 1994, 2008). Beim üblichen Fall des begrifflichen Lernens haben Lernende vor dem Lehr- bzw. Lernprozess noch keinen Begriff erworben. Beim Begriffswandel liegt eine andere Situation vor. Hier haben Lernende bereits einen Begriff erworben, der jedoch falsch oder eingeschränkt im Vergleich zu dem ist, was im Unterricht zu vermitteln ist. Der ‚falsche' Begriff kann sogar den Erwerb des ‚richtigen' Begriffs verhindern.

Der Prozess des Begriffswandels kann nach Nissani & Hoefler-Nissani (1992) in sechs Stufen beschrieben werden. Zunächst entsteht beim Lernenden ein initiales Unbehagen mit dem vorhandenen Begriff, woraufhin der Lernende versucht, die widersprüchlichen Informationen zu umgehen, beispielsweise durch Umdeutungsprozesse. Diesem folgen in der nächsten Phase des Begriffswandels ein Zweifel am eigenen Begriff, ein Schwanken und schließlich ein Wandel des Begriffs. Zur Änderung solcher Begriffe kann die Lehrkraft folgende Maßnahmen unternehmen (Hewson, Beeth & Thorley, 1998):

▶ **Vorannahmen aufdecken**: Vorannahmen – oder Vorurteile – sind oft nur implizit, also den Lernenden nicht bewusst. Das Aufdecken dieser Vorannahmen kann die Brüchigkeit des Begriffs oft schon zu Tage fördern. In der Lehrerbildung können beispielsweise die Studierenden aufgefordert werden, die Merkmale guter Schulen, guter Lehrkräfte oder guten Unterrichts schriftlich auszuformulieren, beispielsweise in einem Tagebuch.

▶ **Unterschiede sichtbar machen**: Die so aufgedeckten Vorannahmen können von den Lernenden verglichen werden, um so Unterschiede (neben Gemeinsamkeiten) sichtbar werden zu lassen. Dazu können beispielsweise Studierende aufgefordert werden, zu einem von einer oder einem anderen Studierenden verfassten Text Stellung zu nehmen.

▶ **Stützung der Begriffe verdeutlichen lassen**: Typisch bei Vorannahmen oder Vorurteilen ist die geringe empirische Basis, die der Begriffsbildung im Alltag zugrunde lag. Dies ist beispielsweise der Fall, wenn Studierende mit der Inbrunst der Überzeugung Aussagen über *die* Einzelhändler, *den* Deutsch-Türken oder *den* BVJler machen, obwohl diese Aussagen oft keine verlässliche Grundlage, also beispielsweise längere eigene Erfahrungen, haben. In diesem Fall ist es angebracht, die Lernenden dazu aufzufordern, nachzuweisen, auf welchen Belegen die Bildung der entsprechenden Begriffe beruht.

▶ **Begriffe begründen lassen**: In eine ähnliche Richtung zielt die Aufforderung an die Lernenden, die Begriffe zu begründen.

6.2.2.3.3 Semantische Netzwerke

Begriffe bilden das Baumaterial, aus dem umfangreichere Organisationsformen deklarativen Wissens sind, nämlich semantische Netzwerke. Semantische Netzwerke bestehen aus Knoten und Kanten, die die Knoten miteinander verbinden. Die Knoten sind dabei Begriffe für Personen, Objekte, Ereignisse usw. Die Kanten stehen für die Beziehungen zwischen Knoten. Ein Beispiel ist die Aussage „Wilbers ist ein Wirtschaftspädagoge". Dies ist ein deklaratives Wissenselement. Bei „Wilbers ist ein Wirtschaftspädagoge" kommen die Begriffe „Wilbers" sowie „Wirtschaftspädagoge" vor sowie eine Kante „ist", die diese beiden Knoten verbindet.

Die kleinste Einheit eines solchen semantischen Netzwerkes ist eine Proposition. Das Wort „Proposition" hat eine lange philosophische Tradition. Hier ist die Proposition der Inhalt, der in verschiedenen Sprechakten ausgedrückt wird, also der beschrieben, vorgeschrieben oder befragt wird. So unterliegt der Aussage „Wilbers ist ein Wirtschaftspädagoge", der Aufforderung „Wilbers sollte ein Wirt-schaftspädagoge sein!" oder der Frage „Ist Wilbers ein Wirtschaftspädagoge?" die gleiche Proposition.

6.2.2.3.4 Vorstellungsbilder (images)

Eine weitere Form semantischen Wissens sind Vorstellungsbilder (images; Woolfolk, 2008, S. 321 f.). Bei der Formung solcher Vorstellungsbilder werden die physischen oder räumlichen Merkmale rekon-struiert bzw. erinnert. Dies ist beispielsweise der Fall, wenn eine Person gefragt wird, wie viele Fens-ter ihre Wohnung oder ihr Haus hat. In diesem Fall werden die Räume oder das Haus im Geiste rekon-struiert und die Fenster durchgezählt. Je mehr Fenster in Frage kommen, desto länger dauert die Ant-wort auf die Frage. Wäre hingegen das Wissen propositional abgelegt, zum Beispiel „Meine Wohnung hat 14 Fenster", wäre die Zahl der Fenster für die Antwortzeit gleichgültig, weil nicht geistig durchge-zählt wird. Das ‚geistige' Operieren mit dem Objekt vor dem inneren Auge ist nicht das gleiche wie das Operieren am konkreten Objekt. Einigen Menschen bereitet beispielsweise das Drehen von Ge-genständen vor dem inneren Auge große Mühe, während sie kein Problem hätten, den realen Gegen-stand zu drehen.

Vorstellungsbilder sind im Gegensatz zu Begriffen und semantischen Netzwerken eine analoge Form der Repräsentation (Edelmann, 2000, S. 151 f.). Vorstellungsbilder sind Modelle. Das Bild hat eine hohe Analogie, also eine hohe Annäherung oder Ähnlichkeit, zum Original. Das Vorstellungsbild der Wohnung und des Hauses, das dem Fensterzählen zugrunde liegt, hat viele Übereinstimmungen zur tatsächlichen Wohnung oder dem tatsächlichen Haus. Hingegen hat das Wort „Mein Haus" als Aus-druck des Begriffs keine Ähnlichkeit mit dem Haus. Informationen können in vielen Fällen analog oder sprachlich-diskret gespeichert werden. So kann die Lage der Stadt Nürnberg analog durch eine Position auf einer Landkarte dargestellt werden. Sprachlich-diskret wäre hingegen die Angabe des Längen- und Breitengrades oder die Beschreibung im Verhältnis zur Lage anderer Städte. Die analoge Form dieser Informationen ist in bestimmten Fällen ein großer Vorteil, beispielsweise bei der Vorstel-lung einer Flugbahn eines Balles, die sich sprachlich nur schwer beschreiben ließe. Bei anderen For-men der Informationsverarbeitung, beispielsweise beim logischen Schließen, ist die analoge Form unterlegen.

Werden nun semantische Informationen analog, in Form von Vorstellungsbildern, oder diskret, in Form von Begriffen und Netzwerken, gespeichert? Eine interessante Antwort auf diese Frage gibt der amerikanische Psychologe Allan Paivio in seiner Theorie der Dualen Kodierung (Paivio, 1990). Eine zentrale Hypothese dieser Theorie ist die Existenz eines verbalen und eines nicht-verbalen Systems. Beide Systeme und Kanäle bearbeiten Informationen. Die Theorie fußt auf den Vorstellungen zur Funktionsweise der beiden Hemisphären des Gehirns. Das Gehirn umfasst in der Draufsicht die linke und die rechte Gehirnhemisphäre des Großhirns, die durch den Balken (Corpus callosum) verbunden sind. Im Zusammenhang mit Unfallopfern und der Behandlung schwerer Epilepsie, bei der der Balken durchgetrennt wird (‚Split-brain-Patienten'), ist die Hemisphärenlateralisation erforscht worden (Pinel, 2008, S. 529 ff.; Zimbardo & Gerrig, 2004, S. 90 ff.). In den letzten Jahren sind vor allem Untersu-chungen auf Basis der Magnetresonanztomographie bzw. Kernspintomographie hinzugekommen. Bei der Hemisphärenlateralisation geht es um die Frage, ob es Unterschiede in den Funktionen der beiden Hemisphären gibt. Bei der Verarbeitung sprachlicher, verbaler Informationen steht vor allem die linke Hemisphäre im Vordergrund. Die rechte Gehirnhälfte steht normalerweise bei der Verarbeitung analo-ger Informationen, zum Beispiel bei Musik, im Vordergrund.

	Linkshemisphärische Dominanz	Rechtshemisphärische Dominanz
Sehen	Wörter, Buchstaben	Gesichter, geometrische Muster, emotionaler Ausdruck
Hören	Sprachlaute	Nichtsprachliche Geräusche, Musik
Fühlen		Taktile Muster, Brailleschrift
Bewegung	Komplexe Bewegungen, ipsilaterale Bewegungen	Bewegungen in räumlichen Mustern
Gedächtnis	Verbales Gedächtnis, Interpretation von Erinnerungen	Nichtverbales Gedächtnis, Wahrnehmungsaspekte von Erinnerungen
Sprache	Sprechen, Lesen, Schreiben, Rechnen	Emotionaler Gehalt
Räumliche Fähigkeit		Mentale Rotation von Formen, Geometrie, Richtung, Entfernung

Übersicht 3: Lateralisation nach Pinel (2008)

Vor dem Hintergrund dieser Hemisphärenlateralisation wird bei Paivio davon ausgegangen, dass Lernen besonders dann erfolgreich ist, wenn es beide Hemisphären anspricht. Ab einem gewissen Zeitpunkt korrespondieren verbale und non-verbale Informationen. Das gelesene Wort „Hund" führe so in einer weiteren Verarbeitung zu einem lebhaften Bild eines Hundes. Für die Lehrkraft folgt aus der Theorie von Paivio, dass sie sich um die Kombination von verbalen und non-verbalen Informationen bemühen sollte, d. h. meist eine Text-Bild-Komposition beziehungsweise eine multimediale Gestaltung (Weidenmann, 2006).

6.2.2.3.5 Episodisches Wissen

Eine letzte Form des deklarativen Wissens ist das episodische Wissen. Episodisches Wissen besteht aus abgespeicherten Erlebnissen, die ein Mensch erfahren hat. Episoden spielen an einem konkreten Ort und zu einer bestimmten Zeit im Leben eines Menschen. Bei begrifflichem Wissen kann üblicherweise nicht gesagt werden, wann und wo der Begriff erlernt wurde. Wann ich beispielsweise den Begriff „Marketingmix" erlernt habe, habe ich vergessen. Sehr klar ist hingegen mein Wissen zu meinem ersten Vortrag vor der Sektion Berufs- und Wirtschaftspädagogik der Deutschen Gesellschaft für Erziehungswissenschaft. Ebenso weiß ich noch genau, wie ich den 11. September 2001 erlebt habe. Viele Menschen haben positive und negative intensive Erinnerungen episodischen Charakters aufgrund schulischer Erfahrungen, beispielswiese aufgrund besonderer Erfolge, Verluste oder Demütigungen.

Besondere Erfahrungen bilden episodisches Wissen.
Bild 1: Von MisterQM, photocase.com

Deklaratives Wissen besteht aus semantischem Wissen und episodischem Wissen. Das semantische Wissen umfasst das sprachlich-diskrete Wissen aus Begriffen und semantischen Netzwerken sowie das analoge Wissen aus Vorstellungsbildern. Dem steht das prozedurale Wissen gegenüber.

6.2.2.3.6 Prozedurales Wissen

Prozedurales Wissen hebt auf das ‚know-how' ab: „Gedächtnisleistungen dieser Art schließen Prozesse ein – wie man ein Auto startet, wie man Brüche multipliziert, wie man Bratkartoffeln mit Speck macht oder wie man ein Wort im Wörterbuch nachschlägt. Es sind also Prozesse, die fast automatisch ablaufen, die wir im täglichen Leben immer wieder tun" (Gage & Berliner, 1996, S. 288). Prozedurales Wissen ist häufig implizit, d. h. die zugrundeliegenden Prozesse werden weitgehend durchgeführt ohne dass sich der Mensch dieser bewusst ist.

Expertinnen und Experten unterscheiden sich vor allem in zweierlei Hinsicht von Anfängerinnen und Anfängern, also Novizen (Woolfolk, 2008, S. 337 ff.). Einerseits haben Expertinnen und Experten über ihr Gebiet ein umfangreiches Wissen erworben, und zwar sowohl ein deklaratives als auch ein prozedurales Wissen. Andererseits haben sie einen großen Anteil des deklarativen Wissens *prozedura-lisiert*, d. h. das Wissen ist vom verbalen beschriebenen deklarativen Wissen übergegangen in implizites, prozedurales Wissen, das ohne nennenswerte Belastung des Arbeitsgedächtnisses abgerufen werden kann. Dazu nehme ich das bereits in Lerneinheit 1 dargestellten Beispiel des Autofahrens auf. Anfängerinnen und Anfängern beim Autofahren wird das Wissen expliziert, beispielsweise erlernen sie „Das ist eine Bremse" oder „Beim Einlegen des Rückwärtsgangs ist die Kupplung zu treten und der Schalthebel nach hinten zu legen". Beim zunehmenden Autofahren werden Routinen ausgebildet, laufen die Prozesse zunehmend ohne nennenswerte Belastung des Arbeitsgedächtnisses und sind im Laufe der Zeit immer schlechter zu verbalisieren (‚deklarierbar').

Das gilt auch für die Entwicklung einer Lehrkraft. Das führt bei Lehrkräften zu einer etwas kuriosen Situation: Lehrkräfte werden im Zuge ihrer Professionsentwicklung Expertinnen und Experten in der Verbalisierung von Sachverhalten, gleichwohl wird dies so weit prozedualisiert, dass es ihnen schwerfällt, dies zu verbalisieren, also zu erläutern, *wie* sie eigentlich verbalisieren. Der Erwerb prozeduralen Wissens läuft über drei Stufen.

▶ **Kognitive Stufe**: Auf der kognitiven Stufe brauchen Anfängerinnen und Anfänger deklaratives Wissen, zum Beispiel in Form gut verbalisierter Regeln. Wenn – um ein anderes Beispiel zu verwenden – ein Billy-Regal von einer Anfängerin aufgebaut wird, wird diese peinlich genau der Bedienungsanleitung folgen. Sie wird Schritt für Schritt vorgehen und sich unter Umständen ihre einzelnen Schritte sogar selbst verbalisieren.

▶ **Assoziative Stufe**: Die einzelnen Schritte verschmelzen auf der assoziativen Stufe zunehmend, d. h. es bilden sich größere Einheiten. Die assoziative Billy-Regal-Bauerin braucht vielleicht noch einen Blick in die Bedienungsanleitung um grobe Etappen des Zusammenbaus zu identifizieren.

▶ **Stufe der Autonomie**: Auf der Stufe der Autonomie ist der Zustand erreicht, in dem Prozesse ohne nennenswerte Beanspruchung des begrenzten Arbeitsgedächtnisses ablaufen. Damit werden Kapazitäten für andere Dinge frei. Die autonome Billy-Regal-Aufbauerin führt mit ihrem Freund ein ausführliches Gespräch über den Zusammenhang von Bierkonsum und Regalaufbauarbeiten und baut – wie nebenbei – das Regal auf. Einen Blick in die Bedienungsanleitung braucht sie nicht mehr. Das heißt aber keineswegs, dass sie den Inhalt der Bedienungsanleitung kennt oder gar die Schritte gut erklären könnte.

Die Lehrkraft kann diesen Prozess durch zwei Maßnahmen unterstützen: Einerseits muss sie gewährleisten, dass ausreichend Wissen für die kognitive Stufe vorhanden ist und sich dies in das Vorwissen einbettet. Andererseits muss die Lehrkraft ein ständiges Üben mit Rückmeldungen an die Lernenden ermöglichen.

6.2.3 Die Struktur der Inhalte visualisieren

Der wissenspsychologische Grundgedanke semantischer Netzwerke[7] führt direkt auch zur Visualisierung von Wissen[8]: Die Form des Wissens im Gedächtnis wird sozusagen im Unterricht bzw. bei der Unterrichtsvorbereitung nachgebildet. Dabei lassen sich mehrere Formen der Visualisierung von Wissen unterscheiden.

Form	Merkmal	Wissensart
Thematische Struktur	Statische Darstellung	Deklarativ
Concept maps	Komplexe Zusammenhänge von komplexen begrifflichen Zusammenhängen	Deklarativ
Lineare Flussdiagramme	Dynamische Darstellung zur Erklärung eines Begriffs oder von linearen Zusammenhängen eines Begriffs	Deklarativ
Prozeduren	Statische Darstellung	Prozedural
Zielgerichtete Netzwerke und Feedback-Diagramme	Dynamische Darstellung von Gesamtzusammenhängen	Deklarativ und prozedural

Übersicht 4: Wissensstrukturen – Formen der Visualisierung von Wissen nach Dubs (2009)

Thematische Strukturen heben auf die „statische Darstellung" ab. Hier sind keine Verläufe in der Struktur möglich, die wieder zum Ursprungspunkt zurückführen (Zirkularität). Dies ist nur bei dynamischen Darstellungen der Fall. Bei statischen Darstellungen werden ausschließlich hierarchische Relationen dargestellt, wie zum Beispiel „besteht aus", „ist ein", „hat ein". Im einfachen (eindimensionalen) Fall führt dies zu einer Darstellung eines Konzepts, von dem aus die Linien zu den anderen Konzepten weglaufen. Das kann graphisch unterschiedlich realisiert werden. In den folgenden Beispielen wird ein Oberbegriff A (Konzept) verbunden mit Unterbegriffen a bis f (Konzept), die zum Beispiel die Merkmale des Oberbegriffs klären. Ein Beispiel wäre der Oberbegriff „Projekt" mit Merkmalen wie „zeitliche Befristung", „klare Zielvorgabe" oder „Abweichung von der täglichen Routinearbeit". Mit der Aneignung dieser Struktur wüsste ein Mensch, was ein Projekt ist bzw. ausmacht.

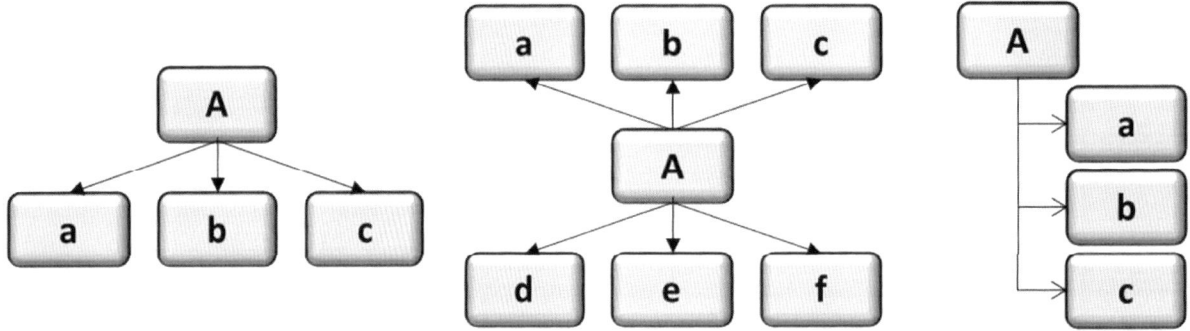

Übersicht 5: Beispiele für eindimensionale thematische Strukturen

Eine zweidimensionale Struktur führt zu einem tabellenförmigen Aufbau (Matrix), bei dem die Begriffe in den Spalten und die Merkmale in den Zeilen oder umgekehrt stehen. Die folgende Abbildung zeigt eine solche zweidimensionale Struktur. Auch dreidimensionale thematische Strukturen sind vom Prinzip her möglich, sind in der Schule jedoch eher unüblich.

Form	Kaufvertrag	Mietvertrag	Leihvertrag
Lineare Flussdiagramme	Veräußerung von Sachen oder Rechten gegen Entgelt	Entgeltliche Überlassung einer Sache oder eines Rechtes	Unentgeltliche Überlassung von Sachen zum Gebrauch
Inhalt	Veräußerung von Sachen oder Rechten gegen Entgelt	Entgeltliche Überlassung einer Sache oder eines Rechtes	Unentgeltliche Überlassung von Sachen zum Gebrauch
Partner	Verkäufer(in) – Käufer(in)	Vermieter(in) – Mieter(in)	Verleiher(in) – Entleiher(in)
Gesetzliche Grundlagen	§§ 433 – 480 BGB §§ 373 – 382 HGB	§§ 535 – 580 BGB	§§ 598 – 606 BGB

Übersicht 6: Beispiel für eine zweidimensionale thematische Struktur

Ein- und zweidimensionale thematische Strukturen sind im Schulalltag weit verbreitet. Sie stellen aber letztlich nur eine Sonderform von Netzwerken dar, nämlich solche mit hierarchischen Kanten.

Bei *Concept-maps* werden die relevanten Begriffe in Form von Knoten dargestellt, die durch Kanten bzw. Pfeile verbunden werden (Jonassen, Beissner & Yacci, 1993; Jüngst, 1992; Ott & Neugebauer, 2013). Concept-maps können von den Schülerinnen und Schülern erarbeitet werden oder von der Lehrkraft entwickelt und vorgegeben werden.

Wortwörtlich: Bärbel Fürstenau
WiPäd Dresden

Insgesamt kann man festhalten, dass Concept Maps im Bereich der Wissensdiagnostik für die Analyse von Zusammenhangswissen Vorteile gegenüber anderen Methoden bieten, da Strukturen unmittelbar deutlich werden. ... Im Hinblick auf das Lernen lässt sich festhalten, dass Unterricht, in dem Concept Mapping eingesetzt wurde, traditionellem Frontalunterricht überlegen ist. Die Vorteile gegenüber alternativem Unterricht sind jedoch nicht eindeutig ... Zu den positiven Effekten gehört, dass das Verständnis von Zusammenhängen gefördert wird.

Bild 2: Bärbel Fürstenau. Foto privat. Zitat: Fürstenau (2011)

Netzwerke können jedoch ‚dichter' sein, d. h. die einzelnen Konzepte mit mehr und anderen Relationen verbinden. Das folgende Beispiel zeigt ein Netzwerk.

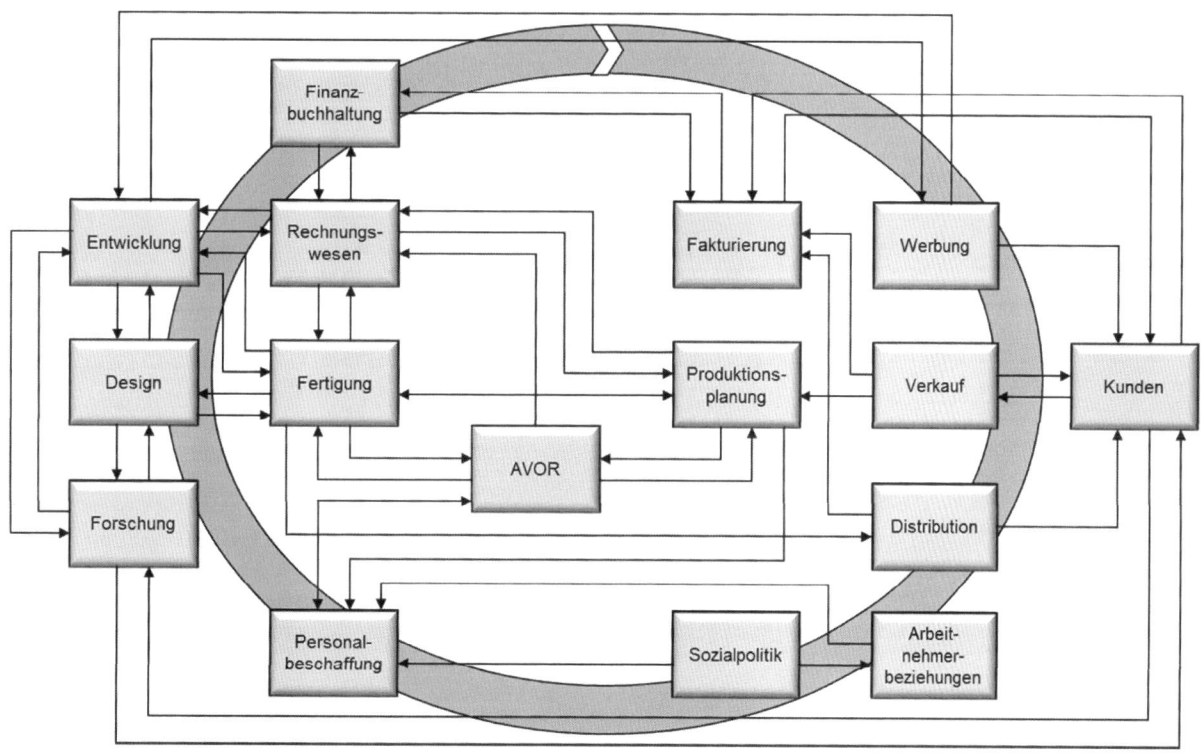

Übersicht 7: Beispiel für ein Netzwerk nach Gomez & Probst (1997)

Eine besondere Form von Netzwerken hebt darauf ab, das vernetzte Denken zu fördern. Gerade der Wirtschaftspädagoge Rolf Dubs hat sich darum verdient gemacht, das vernetzte Denken in konkrete Methoden für die Wirtschaftslehre zu gießen: Zielgerichtete Netzwerke sowie Feedback-Diagramme (Dubs, 1993; Dubs, 2009, S. 319 ff.). *Zielgerichtete Netzwerke* werden in fünf Schritten konstruiert.

In 5 Schritten zu zielgerichteten Netzwerken

▶ Erkennen des Problems, Formulieren des Ziels und Festlegen der vordergründig geeigneten Maßnahme bzw. der zu verfolgenden Idee

▶ Bestimmen der vordergründigen Variablen

▶ Festlegen des Wirkungsgefüges (positive und negative Auswirkungen)

▶ Bestimmen weiterer Variablen und Entscheidung, wie stark das System ausgeweitet werden soll und welche nicht vordergründigen Variablen noch in die Betrachtung miteinbezogen werden sollen

▶ Gesamtbeurteilung des gesamten zielgerichteten Netzwerkes und Schlussfolgerungen

Übersicht 8: In 5 Schritten zu zielgerichteten Netzwerken

Der erste Schritt führt zu dem zentralen Quadrat im Zentrum der Darstellung. Die Bestimmung der sog. vordergründigen Variablen im zweiten Schritt führt zu einer Ergänzung der hier mit "(2)", "(3)" und "(4)" gekennzeichneten Teile mit den entsprechenden Kanten. Bemerkenswert ist, dass in den Einführungsbeispielen in diesem zweiten Schritt ausschließlich "positive Auswirkungen (+)" ergänzt werden.

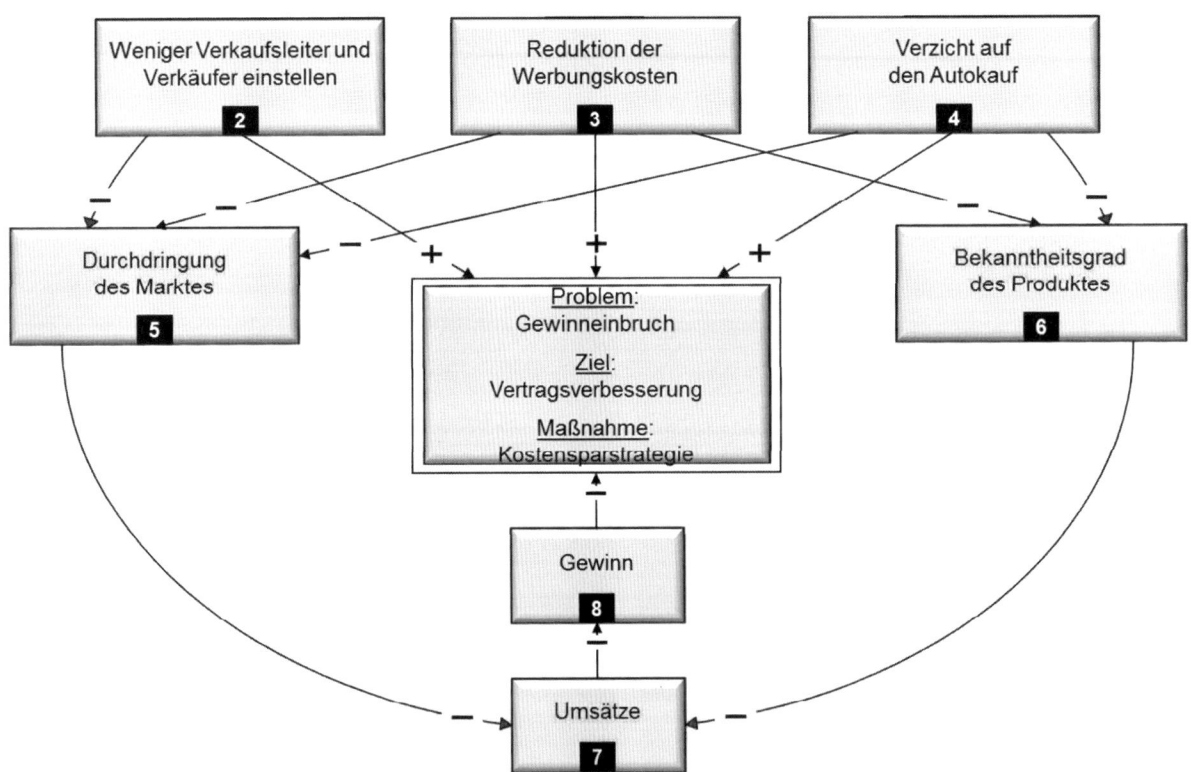

Übersicht 9: Zielgerichtetes Netzwerk nach Dubs (1993)

Feedback-Diagramme zur Ausweitung der Betrachtungsweise gehen noch einen Schritt weiter. Mit diesen Feedback-Diagrammen sollen, so Dubs (19937), „die Abhängigkeiten und Wechselwirkungen (Wirkungsgefüge) zwischen einer Vielzahl von Variablen entdeckt werden" (S. 87). Dabei soll aber das Wirkungsgefüge nicht nur wie beim zielgerichteten Netzwerk auf ein bestimmtes Ziel hin betrachtet werden, sondern von einer angenommenen Position, einem vermeintlichen Sachzwang oder einem bestehenden Ablauf her sollen anhand weiterer Betrachtungsweisen größere Zusammenhänge erkannt werden.

In 5 Schritten zu Feedback-Diagrammen

▶ Festlegen des zentralen Kreislaufes oder Motors, der meistens linear und eindimensional ist.

▶ Entscheidung über weitere Dimensionen, die einbezogen werden sollen.

▶ Auswahl der Variablen der weiteren Dimensionen, die in die Betrachtung einbezogen werden sollen.

▶ Abschätzen des Wirkungsgefüges. Dabei heißt:

    + gleichgerichtete Beziehung
       je größer ... desto größer
       je kleiner ... desto kleiner
       je weniger ... desto weniger
       je mehr ... desto mehr

    - entgegengesetzte Beziehung
       je größer ... desto kleiner
       je mehr ... desto weniger
       je kleiner ... desto größer
       je weniger ... desto mehr

▶ Interpretationen

Übersicht 10: In 5 Schritten zu Feedback-Diagrammen. Quelle: Dubs (1993)

Ziel dieses Feedbackdiagrammes ist es also letztlich, vorgefasste oder festgefahrene Meinungen und Tatsachen in größerem Zusammenhang zu reflektieren (Dubs, 1993, S. 87). Der erste Schritt führt zu der Konstruktion der hier mit "(1)", "(2)" und "(3)" gekennzeichneten Punkte und den entsprechenden Kanten. Zugrunde gelegt wird in diesem Beispiel ein Unternehmen der Verpackungsindustrie, das drei Zielsetzungen - wirtschaftlichen Erfolg, Umweltverträglichkeit der Produkte, gesellschaftliche Akzeptanz - verfolgt. „Das Personal denkt aber noch absolut traditionell und sieht nur die wirtschaftliche Seite. Es folgt einem traditionellen, engen Denkschema. ... Dieses Denkschema stellt den zentralen Kreislauf oder den Motor des Geschehens dar. ... Dieser Kreislauf ist positiv (+), d. h. die Beziehung ist gleichgerichtet (je mehr ... desto mehr, je weniger ... desto weniger). Um die Eindimensionalität der Betrachtung zu überwinden, werden nun aber die Variablen der anderen beiden Zielsetzungen beigefügt und auf ihr Wirkungsgefüge hin untersucht: auf der linken Seite die gesellschaftliche Akzeptanz und rechts die Umweltverträglichkeit. Damit wird das Feedback-Diagramm ausgeweitet und die Betrachtungsweise differenzierter" (Dubs, 1993, S. 88).

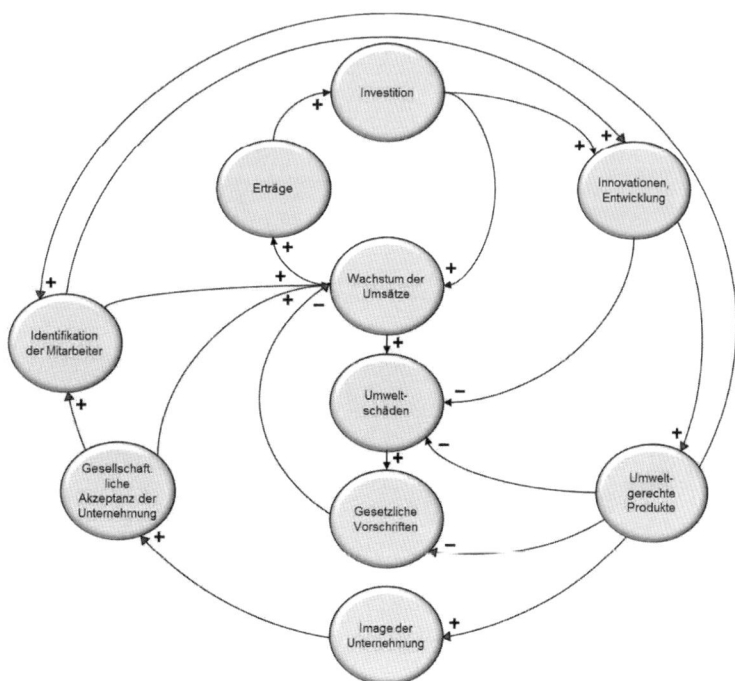

Übersicht 11: Ein Feedback-Diagramm zur Ausweitung der Betrachtungsweise nach Dubs (1993)

Die Vorschläge von Dubs, zielgerichtete Netzwerke und Feedback-Diagramme, sind Sonderfälle für Inhaltsstrukturen, die direkt einen methodischen Bezug haben. Sie werden direkt *im* Unterricht eingesetzt. Allgemeiner dient die Arbeit mit Inhaltsstrukturen dazu, die *Struktur* des Inhalts in der Unterrichts*planung* zu erfassen. Diese Auseinandersetzung mit der Struktur des Inhalts wird auch „Sachanalyse" genannt.

6.2.4 Leitfragen für die Sachanalyse (GAL 2.3)

Nach dem Exkurs zum Kognitivismus kann das Anliegen der Sachanalyse weiter präzisiert werden.

Definition 1: Sachanalyse

Die Sachanalyse ist ein Teil der curricularen Analyse, der dazu dient, die Struktur der Inhalte aufzudecken, die zentralen Begriffe zu klären sowie geeignete Bilder und Episoden zu finden.

Im GAL-Schema für die makrodidaktische Planung (TB-2.3) und im GAL-Schema für die mikrodidaktische Planung (TB-2.6) wird die Sachanalyse jeweils unter Abschnitt 2.3 berücksichtigt.

Leitfragen für die Sachanalyse (GAL 2.3)

► Welche Struktur haben die Inhalte und wie kann diese visualisiert werden?
► Wie werden die zentralen Begriffe korrekt benannt und definiert?
► Was sind gute Beispiele, Nicht-Beispiele und Prototypen?
► Gibt es Bilder (analoge Darstellungen), die den Inhalt gut verdeutlichen?
► Gibt es Episoden (Erlebnisse), die den Inhalt gut verdeutlichen?

Übersicht 12: Leitfragen für die Sachanalyse

Die thematischen Strukturen sind ein gutes Mittel inhaltliche Strukturen zu visualisieren, solange es sich um semantische Netzwerke sowie prozedurales Wissen handelt. Daher wird als Leitfrage formuliert: Welche Struktur haben die Inhalte und wie kann diese visualisiert werden? Für die Einführung von Begriffen bieten sich darüber hinausgehend weitere Fragen zur korrekten Benennung und Definition der zentralen Begriffe an. Außerdem sollten Beispiele, Nicht-Beispiele und Prototypen gesucht werden.

Mit diesen Formen von Wissen dürften die zentralen Inhalte von Unterricht meist abgedeckt sein. Trotzdem lohnt sich auch ein Blick auf die anderen Arten des Wissens. Die Bedeutung bildhafter Darstellungen, die die diskrete Präsentation ergänzen, wurde bereits herausgestellt. ‚Das' Foto bzw. ‚das' Bild gibt es bei der Erörterung wirtschaftlicher oder technischer Fragen eher selten. Gerade bei geschichtlichen Themen findet es sich häufig. So werden viele Menschen das Tian'anmen-Massaker auf dem Platz des himmlischen Friedens in Peking im Sommer 1989 mit dem Bild des Mannes allein vor den chinesischen Panzern verbinden. Daher werden folgende Leitfragen formuliert: Gibt es Bilder (analoge Darstellungen), die den Inhalt gut verdeutlichen? Analog gilt für Episoden: Gibt es Episoden (Erlebnisse), die den Inhalt gut verdeutlichen?

Durch die Formulierung dieser Leitfragen wird deutlich, dass die Sachanalyse eben keine wissenschaftliche Erörterung des Unterrichtsthemas, sondern eine inhaltliche Durchdringung mit didaktischer Absicht ist.

6.3 Themen und Kompetenzen reduzieren: Das Wichtigste herausarbeiten

Die in der Sachanalyse ermittelte thematische Struktur überfordert im Regelfall die Lernenden. D. h. die Themen sind zu reduzieren, d. h. auf ein den Bedingungen angemessenes Niveau zurückzuführen.

6.3.1   Das Problem der Stofffülle und wie damit umgegangen wird

Mit den Planungshilfen, den curricularen Prinzipien und der Modellierung und Bestimmung der Teilkompetenzen werden die *möglichen* Inhalte bzw. Kompetenzen des Unterrichts bestimmt. Die Aktivitäten in der curricularen Analyse führen zu einer Vielzahl von Inhalten und Kompetenzen, einer – meist zu großen – Stofffülle im Unterricht und einer mangelnden Fasslichkeit. Gerade eine einseitige Wissenschaftsorientierung führt angesichts der Explosion wissenschaftlichen Wissens zu einer überbordenden Fülle von Inhalten für den Unterricht. Der Didaktiker Herwig Blankertz spricht in diesem Zusammenhang von „Szientismus": Dieser führe dazu, dass mehr Bildungsgüter bereit ständen als jemals unterrichtbar seien. Der Szientismus führe „zwangsläufig zu jenem Wettlauf bildender Lehre mit der fortschreitenden Entwicklung der Einzelwissenschaften" (Blankertz, 1986, S. 37). Auf das so entstehende Problem der Stofffülle gibt es zwei Antworten.[9]

▶ **Zerstückelung und Überfrachtung des Unterrichts als problematische Antworten auf die Stofffülle:** Die Stofffülle führt zu einer starken inhaltlichen Vereinfachung und zu einer Zerstückelung der Inhalte. Die Lehrkraft meint sich gezwungen zu sehen, nur noch frontal zu unterrichten. Sie glaubt, für ‚alles Andere' keine Zeit zu haben: Keine Zeit für ‚methodische Spielereien', keine Zeit für Lernstrategien und keine Zeit für Dinge, die nicht unbedingt zum Fach zu gehören scheinen. Sie verfällt damit der Fiktion des traditionellen Unterrichts: „Was *gelehrt* wurde, ward auch *gelernt*". Diese didaktische Praxis wird dann noch gefördert durch eine an kleinen Inhaltsstücken orientierte Prüfungspraxis.

▶ **Didaktische Reduktion als didaktische Antworten auf die Stofffülle**: Die Stofffülle ruft als didaktische Antwort nach Reduktion, gelegentlich auch „Transformation" genannt. Mit anderen Worten führt dies zu einer durch didaktische Kriterien gesteuerten Positiv- oder Negativauswahl (Speth, 2004, S. 128): Bei der Negativauswahl wird untersucht, wie die Vielzahl der Inhalte ohne Nachteile gekürzt werden kann. Bei der Positivauslese wird hingegen festgelegt, was die wichtigsten und unumgänglichen Inhalte sind, d. h. die Schwerpunkte im Gegensatz zu den Randgebieten.

Für die didaktische Antwort auf die Stofffülle, also die gesteuerte Positiv- und Negativauswahl der Inhalte, braucht es Kriterien. Sie wirken wie Filter, die von der Fülle der Inhalte nur die *Bildungs*inhalte durchlassen.

6.3.2   Im Interdependenzzusammenhang reduzieren

Die Stofffülle muss zunächst durch den didaktischen Filter anderer Strukturelemente reduziert werden. Dieser Filter ergibt sich aus den anderen Strukturelementen der didaktischen Planung (Bedingungen, Methoden, Thema und Intentionen).

▶ **Prinzip der Angemessenheit zu den Bedingungen**: Die Inhalte und Kompetenzen müssen zu den Bedingungen des Unterrichts passen. Diese Bedingungen liegen auf verschiedenen Ebenen. Nicht jeder Inhalt passt zu den Bedingungen. Zum Beispiel ist zu klären, ob die Schülerinnen und Schüler die Inhalte aufgrund ihrer Lernausgangslage überhaupt aufnehmen können.

▶ **Prinzip der Angemessenheit zu den Methoden**: Die Inhalte und Kompetenzen, die anvisiert werden, müssen methodisch machbar sein. Nicht alles, was vielleicht wünschbar wäre, ist vernünftig methodisch machbar. Hier werden die Inhalte und Kompetenzen auf die Frage der methodischen Gangbarkeit untersucht.

▶ **Prinzip der Stimmigkeit zu den Intentionen**: In einem Blick zurück wird nochmals überprüft, welche Inhalte besonders gut zu den zugrundeliegenden Intentionen passen. Nicht jeder Inhalt setzt die verfolgte Zielsetzung um.

Bei der Auswahl ergibt sich eine quantitative und qualitative Reduktion. Bei der quantitativen Reduktion werden Inhalte von der Agenda des Unterrichts gestrichen. Bei der qualitativen Reduktion wird das Anspruchsniveau der Kompetenzen gesenkt.

6.3.3 Das Exemplarische, Fundamentale und Aktuelle herausarbeiten

Die klassische deutsche Antwort auf die Stofffülle ist die Forderung nach exemplarischem Lernen: Die durch das Wissenschaftsprinzip „entstehende inhaltliche Überladung des Unterrichts fordert … den Ruf nach »exemplarischer Lehre« heraus" (Blankertz, 1986, S. 37). Das Prinzip des Exemplarischen hat eine große Bedeutung in der geisteswissenschaftlichen Pädagogik gehabt. Im Zentrum der geisteswissenschaftlichen Pädagogik bzw. der bildungstheoretischen Didaktik steht eine differenzierte Erörterung der Inhalte des Unterrichts. Wolfgang Klafki hatte sich bereits in seiner Doktorarbeit mit dem Exemplarischen auseinandergesetzt.

Wortwörtlich: Wolfgang Klafki
Das Exemplarische

Wo wir vom Exemplarischen sprechen können, da liegt ein Verhältnis von Allgemeinem und Besonderem vor, das am klarsten in der Beziehung von ‚Gesetz' und ‚Fall' zum Ausdruck kommt. Dieser in den Naturwissenschaften beheimatete Beziehung lassen sich aber für den pädagogischen Zweck auch die Relationen ‚Prinzip – Besonderung' und ‚Methode – Anwendung' an die Seite stellen. Immer lassen sich in diesen Erscheinungsweisen des Exemplarischen Besonderes und Allgemeines klar unterscheiden; sie liegen auf verschiedenen Ebenen des geistigen Seins. Während das Besondere hier immer ein konkretes ‚Exempel' ist, auf das man gleichsam hinweisen, hinzeigen kann – dieses immer schneller bergab rollende Rad, diese Rechenaufgaben, diese Anwendung historischer Quellenkritik – ist das Allgemeine ein rein gedanklicher Zusammenhang: Gesetz, Struktur, Prinzip, Begriff. Und so wird das Allgemeine beim pädagogischen Exemplarischen eigentlich nicht im Besonderen, sondern am Besondern gewonnen.

Bild 3: Wolfgang Klafki. © Hellmuth Graßmann. Zitat: Klafki (1959) zitiert nach Meyer & Meyer (2007, S. 50)

Exemplarische Lehre ist mithin ein Instrument der Reduktion der Stofffülle. Reduktion heißt dabei nicht einfach „Mut zur Lücke". „Mut zur Lücke" macht oft durchaus Sinn, um sich auf das Verbleibende besser konzentrieren zu können. Beim Exemplarischen geht es aber vor allem darum, die *richtigen* Inhalte zu streichen bzw. die *richtigen* Inhalte zu betonen. Insofern entstehen gar keine Lücken.[10]

Die deutsche Tradition des Exemplarischen findet eine gewisse Entsprechung in den fundamentalen Ideen des amerikanischen Psychologen Jerome Bruner (geb. 1915). Bruner veröffentlichte 1960 das Buch „The Process of Education" (Bruner, 1982), das als eines der Meilensteine der amerikanischen Lehrplantheorie gelten kann. Es gehe in der Schule nicht darum, irgendetwas zu lernen, sondern die fundamentalen Ideen.

Wortwörtlich: Jerome Bruner
Fundamental

The first object of any act of learning, over and beyond the pleasure it may give, is that it should serve us in the future. Learning should not only take us somewhere; it should allow us later to go further more easily. One is through its specific applicability to tasks that are highly similar to those we originally learned to perform. ... The more fundamental or basic is the idea ..., the greater will be its breadth of applicability to new problems. Indeed, this is almost a tautology, for what is meant by "fundamental" in this sense is precisely that an idea has wide as well as powerful applicability. It is simple enough to proclaim, ... that school curricula and methods of teaching should be geared to the teaching of fundamental ideas in whatever subject is being taught.

Bild 4: Jerome Bruner. © New York University School of Law. Zitat: Bruner (1982, S. 17 f.)

Eine fundamentale Idee ist bei Bruner eine Idee, die sich breit und kraftvoll anwenden lässt. Dies wird bei Schwill präzisiert (Hartmann, Näf & Reichert, 2007, S. 32; Schubert & Schwill, 2004, S. 74 ff.): Nach dem Horizontalkriterium soll der Inhalt bzw. die Kompetenz in verschiedenen Bereichen vielfältig anwendbar oder erkennbar sein. Nach dem Vertikalkriterium soll der Inhalt bzw. die Kompetenz auf jedem intellektuellen Niveau aufgezeigt und vermittelt werden können. Nach dem Zeitkriterium soll der Inhalt in der historischen Entwicklung deutlich wahrnehmbar und langfristig relevant sein. Nach dem Sinnkriterium soll der Inhalt bzw. die Kompetenz einen Bezug zum Alltag und der Lebenswelt der Lernenden haben.[11]

Das Prinzip der Aktualität und Verwendbarkeit (Speth, 2004, S. 133) bedeutet zunächst das konsequente Ausmerzen überholter Inhalte. Da sich die Welt in der Technik und Wirtschaft schneller dreht als in anderen Bereichen, ist gerade der Unterricht in Technik und Wirtschaft besonders gefährdet durch nicht mehr aktuelle Inhalte: Die Lehrkraft stöhnt in diesen Fällen über die Stofffülle, sieht sich jedoch genötigt, längst überholte und nicht verwertbare Inhalte zu unterrichten. Insbesondere die Planungshilfen, also etwa Lehrpläne und Schulbücher, laufen gelegentlich der Entwicklung in Wirtschaft und Technik hinterher. Vor diesem Hintergrund sollten die Inhalte bei der Auswahl durch einen Filter laufen: Wie aktuell sind die Inhalte wirklich?

6.3.4 Durch Binnendifferenzierung begrenzen: Muss Allen Alles unterrichtet werden?

In den Schulklassen beruflicher Schulen sitzen heute ganz unterschiedliche Schülerinnen und Schüler. Die Lehrkraft steht vor heterogenen Voraussetzungen. Differenzierung ist die Antwort auf eine solche Situation. Differenzierung hat viele Facetten, die später vertieft werden. Sie ist aber auch ein Instrument der Reduktion, zumindest für einen Teil der Lernenden.

Bei einer Auswahl nach dem Differenzierungsprinzip stellt sich die Frage, ob die Auswahlentscheidung für *alle* Lernenden gleich sein muss: Müssen *alle* Schülerinnen und Schüler wirklich *alles* lernen? Bei der Stoffauswahl können verschiedene Leistungsklassen definiert werden. In den Bildungsstandards für den mittleren Schulabschluss werden mehrere Anforderungsbereiche unterschieden. Im Konzept der modularen Förderung in der bayerischen Mittelschule werden drei Kompetenzniveaus unterschieden (Wagner, 2009): Kompetenzniveau 1 (Grundlegendes Niveau), Kompetenzniveau 2 (Qualifizierendes Niveau) und Kompetenzniveau 3 (Weiterführendes Niveau).

Anschließend wird erwogen, ob ein spezifischer Inhalt bzw. eine spezifische Kompetenz wirklich für alle Schülerinnen und Schüler wichtig ist. Ist dies nicht der Fall, wird der Inhalt entweder komplett gestrichen oder als Zusatz- oder erweiterte Anforderung definiert.

6.3.5   Leitfragen für die didaktische Reduktion (GAL 2.4)

Nach bildungstheoretischen Überlegungen kann das Anliegen der didaktischen Reduktion weiter präzisiert werden.

Definition 2:   Didaktische Reduktion

Die didaktische Reduktion ist ein Teil der curricularen Analyse, der dazu dient, die Inhalte und Kompetenzen den Bedingungen des Unterrichts und den methodischen Möglichkeiten der Lehrkraft anzupassen, das Exemplarische, Fundamentale und Aktuelle herauszufiltern sowie binnenzudifferenzieren, um auf die ‚Stofffülle' eine didaktische Antwort geben zu können.

Im GAL-Schema für die makrodidaktische Planung (TB-2.3) und im GAL-Schema für die mikrodidaktische Planung (TB-2.6) werden Unterrichtsschwerpunkte und Ziele unter Abschnitt 2.4 berücksichtigt.

Leitfragen für die didaktische Reduktion (GAL 2.4)

▶ Welche Inhalte und Kompetenzen sind in besonderer Weise den Bedingungen, den Zielen und den Methoden angemessen?

▶ Welche Inhalte und Kompetenzen erschließen das dahinter stehende Allgemeine, sind also exemplarisch?

▶ Welche Inhalte und Kompetenzen sind in vielen Bereichen anwend- und erkennbar, sind also (horizontal) fundamental?

▶ Welche Inhalte und Kompetenzen können auf jedem intellektuellen Niveau aufgezeigt und vermittelt werden, sind also (vertikal) fundamental?

▶ Welche Inhalte und Kompetenzen sind in der historischen Entwicklung deutlich wahrnehmbar und langfristig relevant?

▶ Welche Inhalte und Kompetenzen sind in besonderer Weise (hoch-)aktuell?

▶ Können die Inhalte und Kompetenzen nach Leistungsklassen differenziert werden, zum Beispiel in Grundanforderungen, Zusatz-Anforderungen und erweiterte Anforderungen? Welche Inhalte und Kompetenzen gehören in welche Leistungsklasse?

Übersicht 13: Leitfragen für die didaktische Reduktion

6.4   Erwartungen an Lernergebnisse konkretisieren: Learning Outcomes und Lernziele aufstellen und präzisieren

6.4.1   Learning Outcomes aufstellen und präzisieren

Lernen ist ein dynamischer Vorgang, der von der Lernausgangslage zu einem Lernergebnis führt. Das Lernergebnis ist die Lernausgangslage für folgende Lernprozesse (Lerneinheit 1).

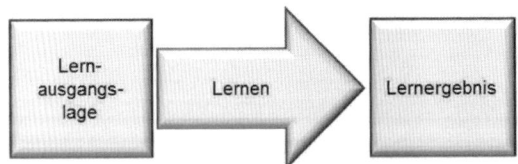

Übersicht 14: Lernen als Übergang von einer Lernausgangslage zu einem Lernergebnis

Das Lernergebnis, das sich nach dem Lernprozess einstellt, ist zum Teil geplant und zum Teil nicht. Das ergibt sich aus dem in Lerneinheit 1 eingeführten Absichtsbegriff des Lehrens. Vom tatsächlich sich am Ende des Lernprozess einstellenden Lernergebnis ist die Erwartung bzw. das gewünschte Lernergebnis zu unterscheiden.

Die Begrifflichkeit ist hier ziemlich komplex. In der Übersicht „Lehr- und Lernprozess" in der Toolbox (TB-1.3) werden alle hier eingeführten Bezeichnungen nochmals in einem Gesamtzusammenhang geordnet.

6.4.1.1 Deskriptives und normatives Sprechen über Lernergebnisse

Über Kompetenz kann in zwei verschiedenen Weisen gesprochen werden: Deskriptiv oder normativ.[12]

▶ **„Normativ"**: Normativ bzw. präskriptiv, also vorschreibend, werden Gebote, Bewertungen, Prinzipien etc. aufgestellt. Die Lehrerin Barbara S. äußert vor dem Unterricht den Satz „Die Fachkompetenz der Lernenden *soll* nach dem Unterricht ...". Diese Behauptung ist Teil des Warums des Unterrichts (Intentionen). Eine solche Erwartung ist normativ und wird beispielsweise durch ein Lernziel beschrieben. Es handelt sich um eine Kompetenzerwartung. Dies beschreibt den gewünschten, den gesollten Lernstand des Lernenden. Derartige Normen oder Präskriptionen können Gegenstand eines praktischen Diskurses sein, d. h. eines Streitgespräches, etwa wenn eine Gegenpartei die Legitimation dieser normativen Festlegung hinterfragt. Es wird dann nicht über wahr oder falsch, sondern über gültig oder nicht gültig, über gerechtfertigt oder nicht gerechtfertigt gestritten.

▶ **„Deskriptiv"**: Deskriptiv, also beschreibend, stellt eine Person eine Behauptung auf. Zum Beispiel stellt die Lehrerin Andrea S. vor dem Unterricht eine Behauptung zu den Schülerinnen und Schülern auf. Sie sagt „Die Fachkompetenz der Lernenden *ist* ...". Diese Behauptung ist Teil der Analyse der Bedingungen des Unterrichts. Die Lehrkraft beschreibt damit die Lernausgangslage. Derartige Behauptungen (Deskriptionen) können dann Gegenstand eines empirischen Diskurses sein, d. h. eines Streitgespräches, wenn eine Gegenpartei bezweifelt, dass die Dinge so sind, wie behauptet wird. Es wird dann über Wahrheit und Falschheit der Beschreibung gestritten.

6.4.1.2 Verschiedene Typen von Lernergebnissen: Lernzwischenergebnis, Output, Outcome

Der Begriff „Lernergebnis" hat verschiedene Bedeutungen. Der *Output* ist das Lernergebnis, der im Rahmen eines formellen Lehr-Lernprozesses, also etwa in einer Schule, aufgrund der in einem Assessment gezeigten Performanz erschlossen wird. Beispielsweise dient eine Abschlussprüfung dazu, den Output festzustellen. Aufgrund der Performanz in der Abschlussprüfung wird auf die Kompetenz am Ende eines Lehr-Lernprozesses geschlossen. Dieser Schluss von der Performanz auf die Kompetenz ist kein zwingender und immer mit Unsicherheiten verbunden. Der Schluss von der Performanz auf die Kompetenz wird von der Annahme getragen, dass sich die Kompetenz auch später ‚zeigt', zumal Kompetenzen als relativ stabil angenommen werden. „Output" ist ein *beschreibender* bzw. deskriptiver Begriff. *Erwartete* Outputs, d. h. Kompetenzerwartungen, werden als *vorschreibende* Vorgabe für den Lehr-Lernprozess formuliert, d. h. es handelt sich um einen normativen Begriff. Diese Erwartungen sollen die Lehrkraft auffordern, den Lehrprozess so zu gestalten, dass ein Lernprozess angeregt wird, der zum beschriebenen Output führt.[13]

Vom Output wird der *Outcome* unterschieden. Der Outcome meint das Lernergebnis, das sich in privaten und beruflichen Situationen, also außerhalb formeller Lehr-Lernprozesse, aufgrund der Gestaltung einer Situation erschließen lässt. Beispielsweise gestaltet eine Verkäuferin in einem Einzelhandelsgeschäft ein Kundengespräch kompetent. Das ist etwas anders als wenn in der Schule ein Kundengespräch simuliert wird. Zwischen dem Output und dem Outcome liegt der Transfer, etwa von schulisch erworbener Kompetenz in den Berufsalltag.

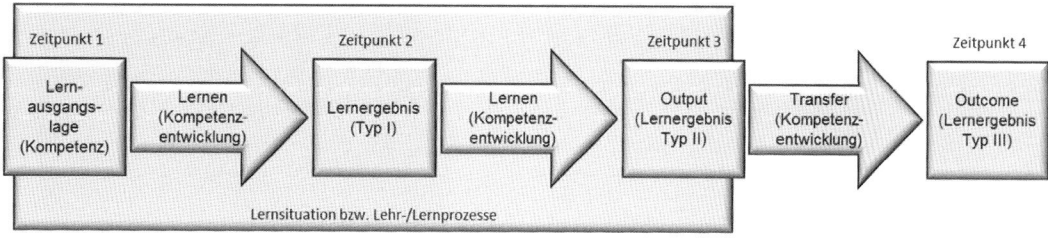

Übersicht 15: Verschiedene Typen von Lernergebnissen

Damit lassen sich mehrere Typen von Lernergebnissen feststellen: Das Lernergebnis als ‚Zwischen'ergebnis eines formellen Lehr-Lernprozesses, der Output als ‚Endergebnis' eines formellen Lernprozesses sowie der Outcome.

Definition 3: Lernergebnis

Das Lernergebnis ist der Zustand der Kompetenz, der im Verlauf eines schulischen Lernprozesses, am Ende eines schulischen Lernprozesses (Output) oder nach einem außerschulischen Transfer (Outcome) vorliegt.

Ein weiteres Ergebnis ist der Impact. Der *Impact* meint die langfristigen Folgen, die sich aufgrund des Outcomes einstellen. Der Impact kann aus ganz verschiedenen Perspektiven betrachtet werden. Aus Sicht des einzelnen Individuums geht es hier beispielsweise um die eigene Identität, das Kompetenzerleben, das Wohlergeben usw. Aus humankapitaltheoretischer Perspektive ist der Impact aus individueller Sicht die individuelle Bildungsrendite, d. h. der relative Zugewinn von Arbeitseinkommen aufgrund einer zusätzlichen Investition in Humankapital (Franz, 2006, S. 75 ff.). Von diesen individuellen Renditen sind soziale Bildungsrenditen zu unterscheiden, die sich beispielsweise in vermehrtem technischen Fortschritt, einer verminderten Inanspruchnahme von Sozialleistungen oder einer niedrigen Kriminalität niederschlagen (Franz, 2006, S. 75 ff.). Sie werden vor allem in der Bildungssoziologie[14] untersucht. Im deutschen Nationalen Bildungspanel (NEPS – National Educational Panel Study, Blossfeld, Roßbach & Maurice, 2011) werden neben den einkommensorientierten Bildungsrenditen auch die nicht-marktlichen Renditen betrachtet, nämlich Gesundheit, subjektives Wohlbefinden, Kriminalitätsneigung, soziale und politische Partizipation und Auswirkungen auf den Prozess der Familienbildung (Gross, Jobst, Jungbauer-Gans & Schwarze, 2011). Von den individuellen und den sozialen Renditen können noch Unternehmensrenditen unterschieden werden. Hier ist der Impact die Auswirkungen der Outcomes auf den Geschäftserfolg und der Return on Investment (ROI). Damit sind klassische Kategorien des Bildungscontrollings[15] angesprochen. Anders als im allgemeinbildenden Schulwesen ist die berufliche Bildung zu einem großen Teil durch Unternehmen finanziert. Für die berufliche Bildung spielen damit der Outcome und der Impact beruflicher Bildung eine besondere Rolle.

6.4.1.3 Learning Outcome: Kompetenzerwartungen und Handlungs- beziehungsweise Performanzerwartungen

Erwartungen können sich auf Kompetenzen oder Performanzen beziehen. Die Kompetenz wird dabei so verstanden, dass sie eine Performanz überhaupt erst ermöglicht. Andererseits gilt die Performanz als Indiz für die Kompetenz (Lerneinheit 3).

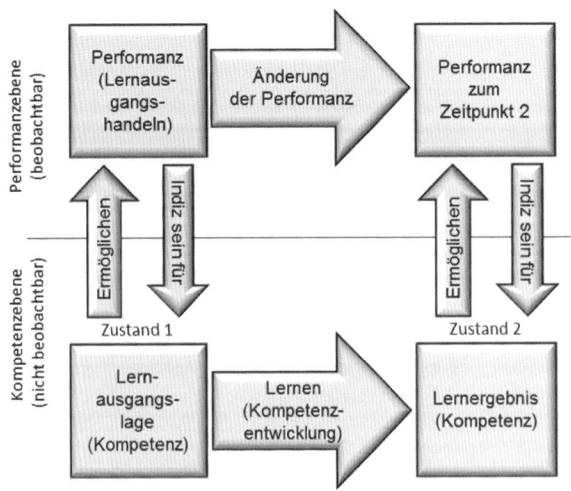

Übersicht 16: Kompetenz- und Performanzebene

Kompetenzerwartungen beziehen sich auf *zukünftige* Lernergebnisse. Diese Lernergebnisse sollen von der Lehrkraft angestrebt werden, d. h. die Lehrkraft versucht solche Lernprozesse anzustoßen, dass sich in der Zukunft die angestrebten Kompetenzen als Lernergebnis ergeben.

Definition 4: Kompetenzerwartung

Eine Kompetenzerwartung ist eine normative Erwartung an ein in der Zukunft anzustrebendes Lernergebnis. Dieses Lernergebnis soll sich als Ergebnis eines Lernprozesses einstellen, wobei dieser Lernprozess durch Lehren angeregt werden soll. Sonderformen sind Outputerwartungen sowie Outcomeerwartungen.

Kompetenzen ermöglichen eine Performanz, d. h. ein Handeln des Lernenden. Ein Handeln wird auf eine zugrunde gelegte Kompetenz zurückgeführt. Diese Kompetenz stellt ein Lernergebnis dar. Dieses Lernergebnis ist die Folge des Lernprozesses, der durch das Lehren der Lehrkraft angeregt werden soll.

Definition 5: Performanzerwartung

Eine Performanzerwartung ist eine Erwartung an ein zukünftiges Handeln der Lernenden. Von diesem Handeln wird angenommen wird, dass es durch eine Kompetenz ermöglicht wird. Diese Kompetenz stellt das Ergebnis eines Lernprozesses dar. Dieser Lernprozess soll durch Lehren angeregt werden.

Um Kompetenz- und Performanzerwartungen zusammen zu fassen, wird hier in Anlehnung an die Pilotinitiative zur Entwicklung eines Leistungspunktesystems für die berufliche Bildung (DECVET) auf den Begriff „Learning Outcome" zurückgegriffen.[16] Frommberger u .a. (2012) begreifen den Begriff des Learning Outcome als ein „komplexes theoretisches Konstrukt". Learning Outcome bezeichne „das beobachtbare Können einer Person, also deren Wissen, Fertigkeiten, Fähigkeiten, Einstellungen, etc." (S. 139). Dieses Können müsse „zum Zwecke der Bestätigung der Leistungsfähigkeit in einer (Prüfungs-)Situation gezeigt werden und das gezeigte Können muss einem vorher festgelegten Maßstab entsprechen" (S. 139). Dieses „einmalige Zeigen dieses Könnens, also das beobachtbare Verhalten der Person" wird als Performanz verstanden. Es werde jedoch davon „ausgegangen, dass die Person dieses Verhalten immer wieder zeigen könnte, weil sie über entsprechende Dispositionen verfügt, die jedoch nicht unmittelbar beobachtbar sind, auf die jedoch auf der Basis der beobachteten Performanz geschlossen werden kann" (S. 139). Diese Dispositionen werden als Kompetenzen begriffen. „Das Konzept der Learning Outcomes schließt also begrifflich Kompetenz und Performanz ein" (S. 139). Learning Outcomes decken in diesem Verständnis sowohl Peformanzerwartungen als auch Kompetenzerwartungen ab und zwar sowohl Output- als auch Outcome-Erwartungen.

Definition 6: Learning Outcome

Learning Outcomes kombinieren Kompetenz- und Performanzerwartungen und drücken damit normative Vorstellungen über ein zukünftiges Lernergebnis und ein entsprechendes Handeln aus.

Dieses Verständnis von Learning Outcome ist vor dem Hintergrund der hier eingeführten Begrifflichkeiten etwas verwirrend, deckt jedoch den Sprachgebrauch in der Berufsbildung und der hochschulischen Bildung gut ab, die die Begrifflichkeiten häufig nicht so weit differenziert wie in diesem Lehrbuch.

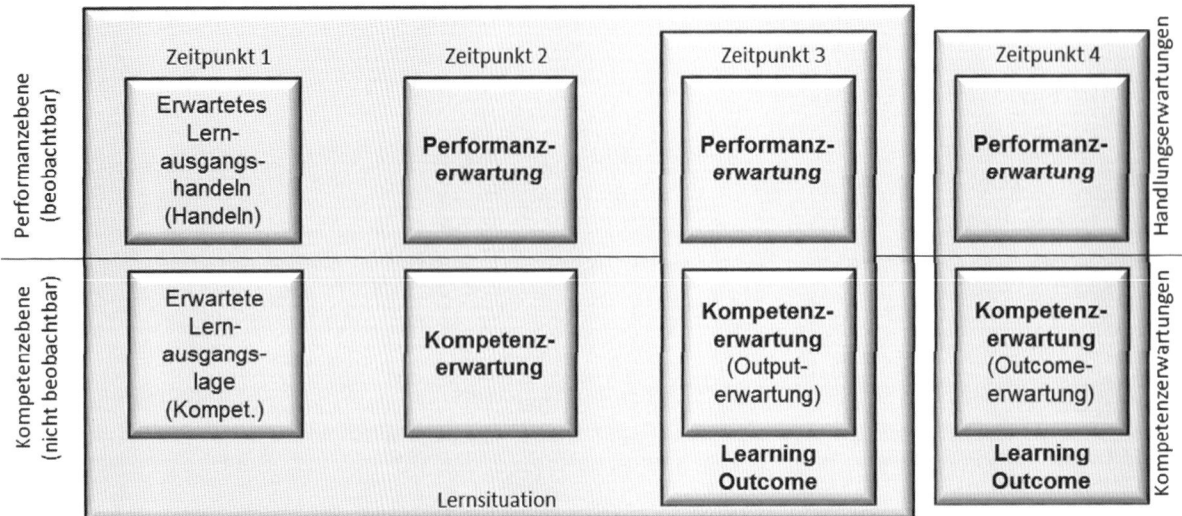

Übersicht 17: Kompetenz- und Performanzerwartungen

Learning Outcomes, die für verschiedene Bildungsbereiche, also etwa die berufliche Bildung und die hochschulische Bildung, übergreifend beschrieben werden, sind der wichtigste Ausgangspunkt für die Beurteilung von Äquivalenzen in den verschiedenen Bildungsbereichen. Sie bilden damit die Grundlage für die Anrechnung von Lernleistungen von einem Bildungsbereich in einem anderen Bildungsbereich. Dies ist auch der Grundgedanke der Initiative ANKOM (Anrechnung beruflicher Kompetenzen auf Hochschulstudiengänge).[17]

Learning Outcomes werden als Kompetenzerwartungen und Performanzerwartungen beschrieben. Kompetenzerwartungen beschreiben nicht beobachtbares Handeln der Schülerinnen und Schüler. Typisch ist die Verwendung von Phrasen wie „ist in der Lage" oder „ist fähig". Bei der Formulierung der Performanzerwartungen geht es um die Frage, wie die Kompetenz beobachtbar gemacht werden kann bzw. woran zu erkennen ist, dass die Kompetenz vorhanden ist. Die Performanzerwartung dient als Indikator für die Kompetenz bzw. als Handlungsanker (Lerneinheit 7).[18]

Learning Outcome	Beschreibung
Kompetenzerwartung	Die Schülerin/der Schüler ist in der Lage, den Kunden zu empfangen und seine Bedürfnisse zu erfragen sowie ihn zu betreuen.
Performanzerwartung (Indikatoren, Handlungsanker, Performanzanker)	► Er/Sie begrüßt, empfängt und betreut den Kunden. ► Er/Sie bemüht sich durch ein entsprechendes Verhalten (z. B. freundliche Begrüßung, zugewandtes Erfragen des Wunschs) auf die Wünsche des Kunden einzugehen. ► Er/Sie unterbreitet dem Kunden den Behandlungsplan. ► Die Kleidung wird bei den verschiedenen Arbeiten entsprechend geschützt. ► Während der Arbeit beachtet er/sie das Wohlbefinden des Kunden.

Übersicht 18: Beschreibung von Learning Outcomes (verändert nach MENFP, 2011, S. 30)

Sonderformen dieses Präzisierens sind das Testbarmachen, das Messbarmachen, Prüfbarmachen (Lerneinheit 7).

Frommberger (2013, S. 6) begründet, dass eine alleinige Orientierung an Kompetenzen nicht ausreiche. Eine reine Kompetenzorientierung greife mithin zu kurz.

Wortwörtlich: Dietmar Frommberger
WiPäd Magdeburg

Einerseits ist diese Strategie der Kompetenzorientierung für die Gestaltung curricularer Elemente nachvollziehbar und begründet, um mit dieser »Zauberformel« die Ausrichtung auf die Entwicklung individueller Fähigkeiten und Bereitschaften mit den Anforderungen der Lebens- und Berufswelt elegant zu verbinden. Andererseits dominiert hier ein Begriff die Curriculumentwicklung, der eine individuelle Verhaltensdimension kennzeichnet, die nicht direkt beobachtbar ist. Beobachtbar sind bekanntermaßen nur die Performanzen, von welchen mit mehr oder weniger bestätigten Wahrscheinlichkeiten auf die Kompetenzen geschlossen werden kann ... Eine reine Kompetenzorientierung bliebe also für die curriculare Festlegung gewünschter Verhaltensdimensionen und der damit umrissenen Lehr-Lern-Prozesse viel zu unbestimmt. Tatsächlich werden in der Ordnungsmittelarbeit mithin die Kompetenzen aktuell mit beobachtbaren Lernergebnisformulierungen untersetzt.

Bild 5: Dietmar Frommberger. Foto privat. Zitat: Frommberger (2013, S. 6)

Wenn eine ‚reine Kompetenzorientierung‘ zu kurz greift, wären Learning Outcomes, also Kompetenz- *und* Performanzerwartungen zu präzisieren.

6.4.1.4 Referenzmodelle als Hilfen zur Präzisierung von Learning Outcomes

Zur Präzisierung von Learning Outcomes werden Referenzmodelle genutzt.[19] In Frage kommen vor allem Kompetenzmodelle (Lerneinheit 4). Hinzuweisen ist vor allem auf das Kompetenzmodell des Deutschen Qualifikationsrahmens, der ein Struktur- bzw. Dimensionsmodell mit einem Niveaumodell verbindet. Learning Outcomes werden unter Rückgriff auf dieses Modell für verschiedene Kompetenzdimensionen und Kompetenzniveaus präzisiert. Ein weiteres wichtiges Referenzmodell sind Taxonomien. Sie sind ein Kernstück der Lernzieltheorie.

6.4.2 Lernziele aufstellen

Ein klassisches Instrument zur weiteren Präzisierung der ausgewählten Inhalte und Kompetenzen sind Lernziele. Lernziele formulieren, wohin die Reise des Lernens gehen soll. Sie haben damit die gleiche Funktion wie Learning Outcomes.

6.4.2.1 Lernziele als Instrument der Beschreibung von Kompetenz- /Performanzerwartungen

Eine strittige Frage in der Literatur ist, ob Lernziele als Performanz- und Kompetenzerwartungen formuliert werden können. In der Literatur finden sich beide Ansätze.

Nach Euler und Hahn „bezeichnen Lernziele die Kompetenzen, die bei einem Menschen zu einem zukünftigen Zeitpunkt angestrebt werden sollen" (Euler & Hahn, 2007, S. 117). Jongebloed und Twardy hingegen verorten Lernziele auf der Performanzebene, in dem sie Lernziele „als die sprachlich geäußerten Vorstellungen über das Endverhalten des Lernens" (Jongebloed & Twardy, 1983, S. 268) begreifen. Hier wird hingegen die Auffassung vertreten, dass Lernziele sowohl auf der Kompetenz- als auch auf der Performanzebene formuliert werden können. Die Lernziele auf der Kompetenzebene können auch als „dispositionale Lernziele" bezeichnet werden.[20] Lernziele, die nicht Kompetenzerwartungen, sondern Performanzerwartungen formulieren, haben einen bedeutenden Vorteil: Performanzen sind – im Gegensatz zur Kompetenzen – beobachtbar. Ob eine Lehrkraft Erfolg gehabt hat, lässt sich mit Hilfe dieser Lernziele einfacher überprüfen.

Lernziele können mithin auch auf der Performanzebene formuliert werden. Dabei geht es nicht um ‚irgendein‘ Handeln, sondern nur um ein Handeln, das durch die entsprechende Kompetenz ermöglicht wird. Da hier drei verschiedene Kompetenzerwartungen unterschieden werden, lassen sich auch drei zugehörige Performanzerwartungen unterscheiden.

Definition 7: Lernziel
Ein Lernziel formuliert die Erwartungen an ein Lernergebnis, d. h. an eine Kompetenz, die sich als Ergebnis eines Lernprozesses einstellen soll, der durch Lehren angeregt wurde, oder eine Erwartung an die mit dieser Kompetenz verbundene Performanz. Erwartungen an den Output oder Outcome des Lernens sind Sonderformen von Lernzielen.

Ein Lernziel hat eine Inhaltskomponente und eine Prozesskomponente. Die Inhaltskomponente wird durch ein Nomen angezeigt, die Prozesskomponente durch ein Verb. Im Lernziel „Die Schülerinnen und Schüler erläutern die Unterschiede zwischen Inventar und Inventur" ist „erläutern" die Prozesskomponente und „Unterschied zwischen Inventar und Inventur" die Inhaltskomponente. Die Unterscheidung von Prozess- und Inhaltskomponente geht auf die Arbeiten von Ralph Tyler Mitte des letzten Jahrhunderts zurück, der das Lernziel (objective) zerlegte in eine Inhaltskomponente (content) und eine Verhaltenskomponente (behavior). Tyler arbeitet dabei auf einer spezifischen, noch darzustellenden lerntheoretischen Grundlage, nämlich dem Behaviorismus. Heute wird in Abgrenzung dazu von „kognitiven Prozessen" (cognitive process nach Anderson et al., 2001) bzw. allgemeiner von „Prozessen" gesprochen. Gelegentlich werden in der Literatur weitere Bestandteile eines Lernziels verlangt. So wird darauf hingewiesen, dass für eine ‚komplette Formulierung' eines Lernziels eine Soll-Komponente („Soll"), eine Agens-Komponente („Die Schülerinnen und Schüler ...") sowie eine Bedingung, wie zum Beispiel „ohne Nutzung von Hilfsmitteln", vorzusehen seien.[21] Um den normativen Charakter eines Lernziels besonders zu betonen, wird häufig das Wort „sollen" verwendet, zum Beispiel im Lernziel „Die Schülerinnen und Schüler *sollen* Arten von Serviceleistungen nennen". Auf diese Sollens-Formulierung wird heute oft verzichtet. Sie ist auch nicht entscheidend und kann ohne Informationsverlust weggelassen werden. Der vorschreibende Charakter dieser sprachlich formulierten Vorstellung ergibt sich schließlich aus dem Kontext.

6.4.2.2 Die Prozesskomponente von Lernzielen mit Hilfe von Taxonomien strukturieren

Ein wichtige Hilfe zur Formulierung von Lernzielen sind Taxonomien. Eine Taxonomie dient allgemein der Klassifikation von Gegenständen. So verwendet die Biologie beispielsweise Taxonomien um Lebewesen zu klassifizieren. Bei Taxonomien für Lernziele werden kognitive oder affektive Prozesse hierarchisch angeordnet (hierarchisiert): Sie reichen bei der Taxonomie für Lernziele im kognitiven Bereich von einfachen kognitiven Prozessen wie „Erinnern" bis hin zu komplexen kognitiven Prozessen wie „Erschaffen".

Die höheren kognitiven Prozesse schließen die niedrigeren ein, also beispielsweise ist „Erinnern" in „Erschaffen" enthalten. Wer also beispielsweise etwas erschaffen möchte, der muss sich schließlich auch an bestimmte Regeln erinnern. Die obere Klasse schließt die untere Klasse ein. Gelegentlich wird formuliert: „Die obere Klasse inkludiert die untere Klasse". Eine Taxonomie hat somit eine besondere Struktur: Eine Struktur, bei der Klassen entlang einer Hierarchie angeordnet sind (Hierarchie) und bei der die obere Klasse die untere Klasse einschließt (Inklusionsklassen).[22]

Kognitive Prozesse	Cognitive Processes	Alternative Names
1. Erinnern	**1. Remember**	
1.1 Wiedererkennen	1.1 Recognizing	Identifying
1.2 Abrufen	1.2 Recalling	Retrieving
2. Verstehen	**2. Understand**	
2.1 Interpretieren	2.1 Interpreting	Clarifying, paraphrasing, representing, translating
2.2 Durch Beispiel erläutern	2.2 Exemplifying	Illustrating, instantiating
2.3 Klassifizieren	2.3 Classifying	Categorizing, subsuming
2.4 Zusammenfassen	2.4 Summarizing	Abstracting, generalizing
2.5 Ableiten	2.5 Inferring	Concluding, extrapolating, interpolating, predicting
2.6 Vergleichen	2.6 Comparing	Contrasting, mapping, matching
2.7 Erklären	2.7 Explaining	Constructing models
3. Anwenden	**3. Apply**	
3.1 Ausführen	3.1 Executing	Carrying out
3.2 Implementieren	3.2 Implementing	Using
4. Analysieren	**4. Analyze**	
4.1 Unterscheiden	4.1 Differentiating	Discriminating, distinguishing, focusing, selecting
4.2 Organisieren	4.2 Organizing	Finding coherence, integrating, outlining, structuring
4.3 Zuschreiben	4.3 Attributing	Deconstructing
5. Evaluieren	**5. Evaluate**	
5.1 Kontrollieren	5.1 Checking	Coordinating, detecting, monitoring, testing
5.2 Kritisieren	5.2 Critiquing	Judging
6. Erschaffen	**6. Create**	
6.1 Erstellen	6.1 Generating	Hypothesizing
6.2 Planen, Entwerfen	6.2 Planning	Designing
6.3 Produzieren	6.3 Producing	Constructing

Übersicht 19: Die Taxonomie für Lernziele im kognitiven Bereich

Die bekannteste Taxonomie ist die Taxonomie für Lernziele im kognitiven Bereich. Eine ausführlichere Beschreibung findet sich in der Toolbox (TB-5.2). Die Taxonomie wurde ab den 1940er Jahren in den USA von der Forschergruppe um Benjamin S. Bloom entwickelt. Der Ausgangspunkt war dabei die Schwierigkeit, Lernleistungen zu testen bzw. zu prüfen. Vor diesem Hintergrund wollte die Gruppe einen Bezugsrahmen für Lernprozesse entwickeln, der jedoch im Laufe der Zeit für Lernziele übernommen wurde.

Wortwörtlich: Benjamin S. Bloom (1913 – 1999)

You are reading about an attempt to build a taxonomy of educational objectives. It is intended to provide for classification of the goals of our educational system. It is expected to be of general help to all teachers, administrators, professional specialists, and research workers who deal with curricular and evaluation problems. It is especially intended to help them discuss these problems with greater precision. For example, some teachers believe their students should "really understand," others desire their students to "internalize knowledge", still others want their students to "grasp the core or essence" or "comprehend". Do they all mean the same thing? Specifically, what does a student do who "really understands11 which he does not do when he does not understand? Through reference to the taxonomy as a set of standard classifications, teachers should be able to define such nebulous terms as those given above. This should facilitate the exchange of information about their curricular developments and evaluation devices. Such interchanges are frequently disappointing now because all too frequently what appears to be common ground between schools disappears on closer examination of the descriptive terms being used.

Bild 6: Benjamin S. Bloom. © University of Chicago. Reprint with permission. Zitat: Bloom (1967, S. 3)

1956 erschien die erste Veröffentlichung "Taxonomy of educational objectives: The classification of educational goals. Handbook I: Cognitive domain" (1976). Das Buch entwickelte sich zu der vermutlich wichtigsten pädagogischen Veröffentlichung im 20. Jahrhundert. Wenige pädagogische Bücher dürften in so vielen Sprachen in so großen Mengen vertrieben worden sein. Das Buch wird auch „TEO I" abgekürzt. In Deutschland wurde das Buch so stark ‚eingedeutscht, dass nicht selten die deutsche Sprechweise übernommen. „TEO I" wird dann ausgesprochen wie in „Theo, wir fahr'n nach Łód ". Auch der Name des Autors wird eingedeutscht („Blohm" statt „Bluhm").

Fast 50 Jahre nach der Erstveröffentlichung wird 2001 von Anderson und Krathwohl eine neue Fassung der TEO I veröffentlicht, die „Taxonomy for Learning, Teaching, and Assessing. A Revision of Bloom's Taxonomy" (2001). Die Veröffentlichung findet nicht so weite Verbreitung. Auch nach vielen Jahren ist sie immer noch nicht überall in didaktischen Lehrbüchern angekommen. Die Veränderungen gegenüber dem fast 50jährigen Vorgänger sind – in der Struktur der Taxonomie – geringer als vermutet. Es werden nur die zwei oberen Stufen umgetauscht. Außerdem wird zur Verb-Schreibweise übergegangen. Nicht verkannt werden sollte aber, dass die theoretischen Grundlagen grundlegend ausgewechselt wurden. Auch die Beziehungen der Lernziele zum methodischen Handeln der Lehrkraft und zum Prüfen wurden viel deutlicher herausgearbeitet. Die formal fast gleiche Struktur verdeckt, dass die Taxonomie entkernt wurde und mit einem neuen Innenleben ausgestattet wurde. Ich orientiere mich im weiteren Verlauf an der Veröffentlichung von 2001.

Die Taxonomie TEO I kennt sechs Stufen. Die niedrigste Stufe ist Erinnern (Remember). Es folgen: Verstehen (Understand), Anwenden (Apply), Analysieren (Analyse), Evaluieren (Evaluate) und Erschaffen (Create). Jede dieser Klassen wird wieder in Unterklassen aufgeteilt. In der Toolbox ist eine umfassendere Übersicht über die TEO I wiedergegeben (TB-5.2).

Die kognitiven Prozesse werden nach der Komplexität geordnet. Jedes Lernziel – präziser: jede Prozesskomponente eines Lernziels – lässt sich auf einer der genannten Stufen einordnen, den sogenannten *taxonomischen Niveaus*. Bei der Unterrichtsplanung muss die Lehrkraft erwägen, welches das richtige Niveau des Lernziels ist oder ob es zu hoch oder zu niedrig ist. Dies ist mit Blick auf die anderen didaktischen Elemente, also die Bedingungen und die Methoden, zu entscheiden. Ist das Niveau des Lernziels zu hoch, muss die Ebene vermindert werden. Das ist beispielsweise der Fall, wenn aus dem Anwenden ‚nur' ein Erinnern wird. Was das richtige Niveau ist, entscheidet sich mit Blick auf die anderen didaktischen Strukturelemente, zum Beispiel den Bedingungen der Lerngruppe oder der zur Verfügung stehenden Zeit.

Für den affektiven Bereich wurde 1964 das zweite Werk "Taxonomy of educational objectives: Handbook II: Affective domain" von Krathwohl u. a. (1978), kurz „TEO II", vorgelegt. Dieses Buch erfährt nicht die gleiche Aufmerksamkeit wie die TEO I und wurde auch bis heute nicht überarbeitet. Die Taxonomie kennt fünf Stufen, die mit „Aufmerksam werden" beginnen und mit „Bestimmtsein durch einen Wert" enden. Während die Taxonomie im kognitiven Bereich nach Komplexität geordnet ist, ist die Taxonomie im affektiven Bereich nach dem Internalisierungsgrad geordnet.

Affektive Prozesse	Affective Processes
1. Aufmerksam werden	**1. Receiving, Attending**
1.1 Bewusstsein	1.1 Awareness
1.2 Aufnahmebereitschaft	1.2 Willingness to receive
1.3 Gerichtete oder selektive Aufmerksamkeit	1.3 Controlled or selected Attention
2. Reagieren	**2. Responding**
2.1 Einwilligung in Reagieren	2.1 Acquiescence in responding
2.2 Bereitschaft zum Reagieren	2.2 Willingness to respond
2.3 Befriedigung beim Reagieren	2.3 Satisfaction in Response
3. Werten	**3. Valuing**
3.1 Aufnahme eines Wertes	3.1 Acceptance of a value
3.2 Bevorzugung eines Wertes	3.2 Preference for a value
3.3 Bindung an einen Wert	3.3 Commitment
4. Wertordnung	**4. Organization**
4.1 Konzeptbildung für einen Wert	4.1 Conceptualization of a value
4.2 Organisation eines Wertsystems	4.2 Organization of a value system
5. Bestimmtsein durch Werte	**5. Characterization by a value or a value complex**
5.1 Verallgemeinertes Wertsystem	5.1 Generalized set
5.2 Bildung einer Weltanschauung	5.2 Characterization

Übersicht 20: Die Taxonomie für Lernziele im affektiven Bereich

Die schulische Praxis und die Wissenschaft kennen neben kognitiven und affektiven Lernzielen auch psychomotorische Lernziele, bei denen motorische Kompetenzen, also körperliche Bewegungsabläufe, eine Rolle spielen. Häufig werden „kognitiv", „affektiv" und „psychomotorisch" in einem Atemzug genannt und nicht wenige Referendarinnen und Referendare begeben sich auf die – nicht selten verzweifelte – Suche nach psychomotorischen Lernzielen – weil sie irgendwie dazuzugehören scheinen. Ohne Zweifel haben psychomotorische Lernziele im Sport, im Freizeitbereich, etwa beim Tanzen, aber auch in einigen Bereichen der Berufsbildung eine große Rolle. Kaufmännische Arbeit ist jedoch meist eine dispositiv-planerische oder kommunikative Tätigkeit. Motorische Kompetenzen spielen, von wenigen, durchaus wichtigen Ausnahmen wie dem Tastaturschreiben abgesehen, eine geringe Rolle. Psychomotorische Lernziele spielen daher – zu Recht – eine stiefmütterliche Rolle.

Im technischen Bereich sieht dies etwas anders aus. Berufstypische Tätigkeiten wie das Sägen oder Feilen im Metallbereich oder das Installieren von Elementen im Elektrobereich stehen in einem engen Zusammenhang mit motorischen Kompetenzen. Mit dem Wandel der Arbeitswelt, etwa dem Übergang zu computergesteuerten Werkzeugmaschinen, steigen die Anforderung an planerische, also kognitive Kompetenzen, zulasten der berufsmotorischen Kompetenzen, ohne jedoch den Stellenwert vollständig zu verlieren (Schelten, 2009, S. 56). Für diese berufsmotorischen Kompetenzen hat Schelten eine hilfreiche Stufung von Lernzielen vorgelegt. Diese reichen von der Kompetenz zum geleiteten Nachvollzug, dem eigenständigen Nachvollzug, der sicheren Ausführung bis hin zur Beherrschung. Die Toolbox (TB-5.6) enthält eine detaillierte Beschreibung (Schelten, 2009, S. 48 ff.).

6.4.2.3 Das Anspruchsniveau von Lernzielen variieren

Die Taxonomien strukturieren die Prozesskomponente des Lernziels und zwar nach der Komplexität der kognitiven Prozesse und nach dem Internalisierungsgrad der affektiven Prozesse. Die Veränderung des taxonomischen Niveaus bedeutet eine Veränderung des Anspruchsniveaus des Lernziels. Lernziele haben jedoch eine Prozess- und eine Inhaltskomponente. Beide können ‚vermindert' und ‚erhöht werden". Das Anspruchsniveau des Lernziels ergibt sich aus der taxonomischen Höhe des kognitiven oder affektiven Prozesses und der Komplexität des Inhalts. D. h. bei einer qualitativen Reduktion muss die taxonomische Höhe des Prozesses und/oder die Komplexität der Inhalte zurückgefahren werden.

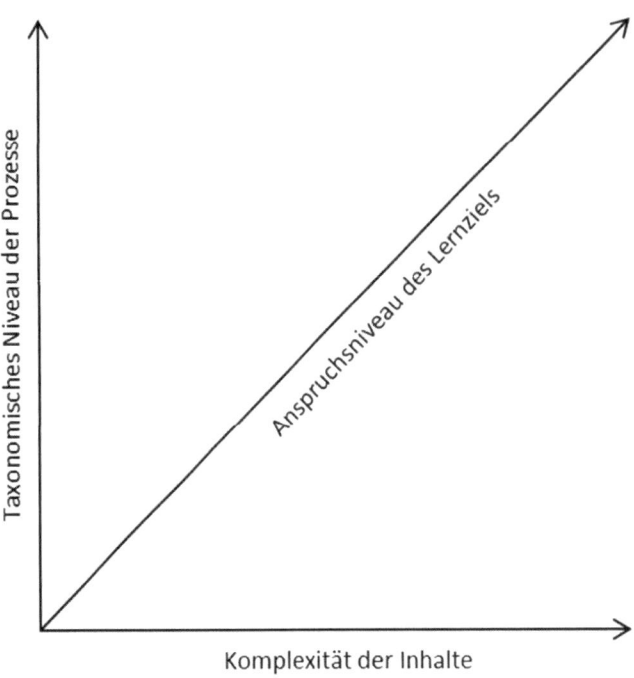

Übersicht 21: Anspruchsniveau von Lernzielen

Die Lehrkraft sollte das Anspruchsniveau so ausjustieren, das es zwar anspruchsvoll, aber noch erreichbar ist, d. h. eine mittelschwere Anforderung darstellt. Dies kann mit Hilfe des Risikowahl-Modells (Rheinberg & Vollmeyer, 2012, S. 70 ff.) motivationstheoretisch begründet werden. Eine Person richtet sich nach dieser Modellvorstellung einerseits nach der Erfolgswahrscheinlichkeit aus. Sie ist bei leichten Aufgaben hoch, bei schweren Aufgaben gering. Demnach würde die Person nur möglichst leichte Aufgaben wählen. Das Modell geht daher weiterhin davon aus, dass sich die Person an dem Erfolgsanreiz ausrichtet, d. h. eine sehr schwierige Aufgabe hat einen sehr hohen Erfolgsanreize, extrem leichte Aufgaben sind einfach zu meistern und stellen keinen Erfolgsanreiz dar. Eine mittlere subjektive Aufgabenschwierigkeit stellt die beste Bilanz von Erfolgsanreiz und Erfolgswahrscheinlichkeit dar. Zur Abschätzung, was ein mittleres Anspruchsniveau ist, braucht die Lehrkraft Daten zur Lernausgangslage.

6.4.2.4 Lernziele ausformulieren, operationalisieren und beurteilen

Lernziele sind – vor allem für die Lehrkraft – Wegweiser des Unterrichts. Diese Funktion verlangt beispielsweise, dass Lernziele klar, verständlich und präzise formuliert werden. Die Formulierung und Präzisierung von Lernzielen kann als ein mehrstufiger Prozess verstanden werden (Gage & Berliner, 1996, S. 32 ff.; Jongebloed & Twardy, 1983). Sie dienen dazu, unverbindliche Leerformeln oder utopische, nicht handlungsleitende, aber schön klingende Ideale zu vermeiden. Verfolgen Sie bitte den Kriterienkatalog für Lernziele in der Toolbox (TB-5.3).

Zunächst wird die Prozesskomponente mit Hilfe der Taxonomien für Lernziele eingeordnet. Die didaktische Aufgabe besteht vor allem darin, eine unklare Vorstellung durch die Einordnung in die Taxonomie zu klären und die passende taxonomische Stufe zu bestimmen. Ob die taxonomische Stufe passt, muss mit Blick auf mehrere Punkte beurteilt werden: Das taxonomische Niveau des Lernziels sollte – mit Blick auf die Bedingungen in der Klasse – eine mittlere Schwierigkeit darstellen, d. h. weder zu schwer noch zu leicht sein. Dies zu beurteilen verlangt eine klare Bedingungsanalyse. Zweitens sollte das Lernziel zu den übergeordneten Zielen, etwa den Richt- oder Grobzielen im Lehrplan passen, d. h. das taxonomische Niveau passt zu dem Niveau der übergeordneten Lernziele. Schließlich muss das Lernziel den methodischen Möglichkeiten der Lehrkraft angemessen sein. Ein Lernziel, das die Lehrkraft nie erreichen kann, kann kein Wegweiser des Unterrichts sein. Ebenso ist ein triviales Lernziel kein Ansporn für den Unterricht. Die Lehrkraft kann sich bei der Reflexion der Passung nicht auf die reine Aufzählung der Lernziele beschränken. Um den Interdependenzzusammenhang einzulösen, sind dabei im Regelfall Erläuterungen notwendig.

Ähnliche Überlegungen sind zur Inhaltskomponente anzustellen. Die inhaltliche Struktur wurde im Rahmen der Sachanalyse aufgedeckt. Die dort isolierten Konzepte sollten als Inhalte in die Lernziele einfließen. Dabei ist die Komplexität des Inhalts auf die Bedingungen, die übergeordneten Ziele und die methodischen Möglichkeiten abzustimmen. Auch diese Reflexion ist im Regelfall zu erläutern.

Die Bereiche (affektiv und kognitiv) und (Kompetenz-)Dimensionen der Lernziele sollten ausgewogen sein. Dabei ist es nicht sinnvoll, in jedem Fall möglichst breit Lernzielbereiche und -dimensionen anzusprechen. Nicht jede Unterrichtseinheit muss auf Sozialkompetenz abheben und nicht jede Gruppenarbeit wird deswegen angesetzt, auch wenn dies schick und modern erscheint. Bei der Aufstellung von Lernzielen geht es jedoch um klare Wegweiser für den Unterricht. Die Ausgewogenheit der Dimensionen und Bereiche lässt sich nur in der Gesamtheit der Unterrichtsplanung einschätzen.

Die Verben zur Formulierung der Prozesskomponente lassen sich bei einem klaren Lernziel eindeutig einer Stufe einer Taxonomie zuordnen. Hier kann die Arbeit mit den Formulierungshilfen für Lernziele, die in der Toolbox (TB-5.4, TB-5.5) wiedergeben wurden, hilfreich sein. Das Lernziel sollte die Performanz, die als Indiz für die zugrundeliegende angestrebte Kompetenz dient, möglichst eindeutig beschreiben. Statt „wissen" (erste Stufe der Taxonomie für Lernziele im kognitiven Bereich) sind Bezeichnungen wie „aufzählen" oder „definieren" zu bevorzugen. Diese Bezeichnungen lassen weniger Interpretationsspielräume bei der Frage, wie das Lernziel überprüft wird und leisten damit wichtige Vorarbeiten zur Verankerung der Lernzielüberprüfung in die Unterrichtsplanung. Häufig werden die Lernziele einer Unterrichtseinheit als Liste formuliert. Lernziele können bei der Unterrichtsplanung aber über mehrere ‚Gliederungsebenen' formuliert werden. In diesem Fall können einzelne Lernziele in weitere Lernziele kleingearbeitet werden. So wird das Lernziel 1 in die Lernziele 1.1 und 1.2 zerlegt. Da Lernziele in der ganzen Länge zu umfangreich für die spätere Verlaufsplanung, d. h. die kurze Übersicht über den geplanten Unterricht sind, ist es hilfreich, die Lernziele durchzunummerieren.

Bei einer erweiterten Operationalisierung eines Lernziels werden Performanzerwartungen formuliert. Zu einer Operationalisierung zählt in der Lernzieltheorie insbesondere die Festlegung der zu verwendenden Hilfsmittel, wie „Unter Verwendung der folgenden Hilfsmittel" oder der Zeit „Innerhalb von fünf Minuten". Weiterhin können Leistungsniveaus angegeben werden wie z. B. „mindestens vier Phasen des Verkaufsgesprächs" oder „8 von 10 Mehrfachwahlaufgaben richtig zu beantworten" (Gage & Berliner, 1996, S. 45 ff.). Eine noch weitergehende Operationalisierung versteht Operationalisierung als Konstruktion von Tests (Jongebloed & Twardy, 1983).

6.4.3 Leitfrage für die Erwartungen an Lernergebnisse (GAL 2.4)

Im GAL-Schema für die makrodidaktische Planung (TB-2.3) und im GAL-Schema für die mikrodidaktische Planung (TB-2.6) werden Erwartungen an Lernergebnisse jeweils unter Abschnitt 2.4 berücksichtigt.

Leitfrage für die Erwartungen an Lernergebnisse (GAL 2.4)

▶ Welche Learning Outcomes bzw. welche Lernziele verfolgt der Unterricht?

Übersicht 22: Leitfrage für die Ziele des Unterrichts

Die Arbeit mit Learning Outcomes bzw. Lernzielen erfolgt in der makrodidaktischen Planung und in der mikrodidaktischen Planung. Bitte lokalisieren Sie diese Aktivitäten im Prozessmodell und studieren Sie bitte, wie sich die Formulierung von Learning Outcomes oder Lernzielen niederschlägt. Schauen Sie sich auch die entsprechenden Leitfragen an.

6.5 Outro

6.5.1 Die wichtigsten Begriffe dieser Lerneinheit

▶ Sachanalyse

▶ Visualisierung der Inhaltsstruktur: Thematische Struktur; Concept map; Zielgerichtete Netzwerke; Feedback-Diagramme

▶ Lernen von Begriffen: Begriff; Definition; Definierende Merkmale; Beispiele & Prototyp; Induktive & deduktive Lehrstrategie; Begriffswandel (conceptual change);

▶ Kognitivismus: Informationsverarbeitungsmodell des Gedächtnisses; Lernen (im Sinne des Kognitivismus); Sensorisches Gedächtnis; Arbeitsgedächtnis; Langzeitgedächtnis; Aufmerksamkeit; Hemisphärenlateralisation;

▶ Theorie der Dualen Kodierung (Paivio); Experte vs. Novize; Prozeduralisierung von Wissen; Wissen

▶ Semantisches Wissen; Chunk; Semantisches Netzwerk; Vorstellungsbilder (images); Episodisches Wissen; Prozedurales Wissen; Erwerb prozeduralen Wissens

▶ Stofffülle: Zerstückelung und Überfrachtung; Begrenzung im Interdependenzzusammenhang; Exemplarische; Fundamentale; Aktuelle/Verwendbare; Binnendifferenzierung

▶ Kompetenzerwartung, Performanzerwartung

▶ Normativ (bzw. präskriptiv) versus deskriptiv

▶ Learning Outcome

▶ Lernziel: Funktion; Aufbau eines Lernziels; Abstraktionsniveau von Lernzielen (Richt-, Grob-, Feinziele); Anspruchsniveau (von Lernzielen); Operationalisierung (von Lernzielen)

▶ Taxonomie: TEO I, TEO II

▶ Psychomotorische Lernziele

▶ Berufsmotorische Lernziele

6.5.2 Tools

▶ Tool „Übersicht: Lehr- und Lernprozess" (TB-1.3)

▶ Tool „Übersicht: Vier Perspektiven auf Lernen und Motivation" (TB-1.14)

▶ Tool „Taxonomie für kognitive Lernziele: Detailbeschreibung" (TB-5.2)

▶ Tool „Lernziele: Kriterienkatalog" (TB-5.3)

▶ Tool „Lernziele im kognitiven Bereich: Formulierungshilfe" (TB-5.4)

▶ Tool „Lernziele affektiven Bereich: Formulierungshilfe" (TB-5.5)

▶ Tool „Berufsmotorische Lernziele" (TB-5.6)

6.5.3 Kompetenzen

▶ Sachanalyse durchführen und präzisieren: Struktur des Themas nach Wissensarten aufbereiten; Struktur des Themas visualisieren (Wissensstruktur erstellen); Sachanalyse von einer wissenschaftlichen Erörterung abgrenzen; Begriffe präzisieren

▶ Themen und Kompetenzen reduzieren: Problematische und didaktische Antworten auf die Stofffülle unterscheiden können; Kriterien für die Reduktion von Themen und Kompetenzen bewerten

▶ Lernergebniserwartungen konkretisieren: Learning Outcomes bzw. Lernziele als Instrument der Unterrichtsvorbereitung bewerten; Taxonomien für Lernziele bewerten; Anspruchsniveau von Lernzielen systematisch variieren; Learning Outcomes bzw. Lernziele formulieren und formulierte Lernziele bewerten

6.5.4 Hinweise zur vertieften Auseinandersetzung: Weiterlesen

Ausführliche Hinweise zur Reduktion sind in der wirtschaftsdidaktischen Literatur vergleichsweise selten. Eine Ausnahme stellt der Klassiker „Theorie und Praxis des Wirtschaftslehreunterrichts"

(Speth, 2004) dar. Eine ausführliche Erörterung der Reduktion und Transformation findet sich bei Jongebloed (1983).

Die Auswahl und Strukturierung der Inhalte ist das vornehme Feld der geisteswissenschaftlichen Pädagogik. Eine gute Erörterung bietet das Lehrbuch „Didaktische Modelle" (Jank & Meyer, 2008). Dort wird auch das für die Unterrichtsvorbereitung wichtige Perspektivschema zur Unterrichtsplanung von Klafki erläutert.

Zur Auseinandersetzung mit Lernzielen wird die Arbeit mit den Originalwerken zur TEO I (Anderson et al., 2001) und TEO II (Krathwohl et al., 1978) empfohlen.

6.5.5 Hinweise zur vertieften Auseinandersetzung: Weitersurfen

Insbesondere im angelsächsischen Bereich findet sich eine Fülle von Informationen zu den Taxonomien im Internet.

6.5.6 Literaturnachweis

Aebli, H. (1980). *Denken. Das Ordnen des Tuns* (Denken, 1 - Kognitive Aspekte der Handlungstheorie,). Stuttgart: Klett-Cotta.

Anderson, L. W., Krathwohl, D. R., Airasian, P. W., Cruikshank, K. A., Mayer, R. E., Pintrich, P. R. et al. (2001). *A Taxonomy for Learning, Teaching, and Assessing. A Revision of Blooms Taxonomy of Educational Objectives*. New York u. a.: Longman.

Becker, R. (Hrsg.). (2011). *Lehrbuch der Bildungssoziologie* (2. Aufl.). Wiesbaden: VS-Verl.

Blankertz, H. (1986). *Theorien und Modelle der Didaktik* (12. Auflage, unveränderter Nachdruck von 1975). München: Juventa.

Bloom, B. S. (1967). *Taxonomy of educational objectives: The classification of educational goals. 1. Cognitive domain*. New York: Longman.

Bloom, B. S. (1976). *Taxonomie von Lernzielen im kognitiven Bereich* (5. Aufl.). Weinheim: Beltz.

Blossfeld, H.-P., Roßbach, H.-G. & Maurice, J. von (Hrsg.). (2011). *Education as a lifelong process. The German National Educational Panel Study (NEPS)*. Wiesbaden: VS-Verlag.

BMBF (Bundesministerium für Bildung und Forschung) (Hrsg.). (2012). *Durchlässigkeit und Transparenz fördern. DECVET – Ein Reformansatz in der beruflichen Bildung*. Bonn.

Bruner, J. S. (1982). *The process of education* (17. Aufl.). Cambridge, Mass.: Harvard University Press.

Buhr, R., Freitag, W., Hartmann, E. A., Loroff, C., Minks, K.-H., Mucke, K. et al. (2008). *Durchlässigkeit gestalten! Wege zwischen beruflicher und hochschulischer Bildung*. Münster: Waxmann.

Dubs, R. (1993). Vernetztes Denken im Betriebswirtschaftslehreunterricht. In W. Schneider (Hrsg.), *Komplexe Methoden im betriebswirtschaftlichen Unterricht*. (S. 83–100). Wien: Manzsche Verlags-Universitätsbuchhandlung.

Dubs, R. (2009). *Lehrerverhalten. Ein Beitrag zur Interaktion von Lehrenden und Lernenden im Unterricht* (2. Aufl.). Stuttgart: Steiner.

Edelmann, W. (2000). *Lernpsychologie* (Lehrbuch6. Aufl.). Weinheim: Beltz PVU.

Euler, D. & Hahn, A. (2007). *Wirtschaftsdidaktik* (2. Aufl.). Bern: Haupt.

Franz, W. (2006). *Arbeitsmarktökonomik*: Springer.

Freitag, W. K., Hartmann, E. A., Loroff, C., Stamm-Riemer, I., Völk, D. & Buhr, R. (2011). *Gestaltungsfeld Anrechnung. Hochschulische und berufliche Bildung im Wandel*. Münster: Waxmann.

Frommberger, D., Held, G., Milolaza, A., Reinisch, H. & Steib, C. (2012). Zusammenfassung und Diskussion der didaktisch- curricularen Ansätze der DECVET-Projekte zur Förderung der Durchlässigkeit im Berufsbildungssystem. In BMBF (Bundesministerium für Bildung und Forschung) (Hrsg.), *Durchlässigkeit und Transparenz fördern. DECVET – Ein Reformansatz in der beruflichen Bildung* (S. 137–153). Bonn.

Frommberger, D. (2013). Lernergebnisorientierung und Lernergebniseinheiten in der beruflichen Bildung. Eine theoretische und komparative Einordnung aktueller curricularer Gestaltungsansätze. *bwp@ (Berufs- und Wirtschaftspädagogik - online)* (24), 1–21.

Fürstenau, B. (2011). Concept Maps im Lehr-Lern-Kontext. *DIE – Zeitschrift für Erwachsenenbildung* (1), 46–48.

Gage, N. L. & Berliner, D. C. (1996). *Pädagogische Psychologie* (5. Aufl.). Weinheim: Psychologie Verlags Union.

Gomez, P. & Probst, G. (1997). *Die Praxis des ganzheitlichen Problemlösens. Vernetzt denken - Unternehmerisch handeln - Persönlich überzeugen*. Bern, Stuttgart, Wien: Haupt.

Gross, C., Jobst, A., Jungbauer-Gans, M. & Schwarze, J. (2011). Educational returns over the life course. In H.-P. Blossfeld, H.-G. Roßbach & J. von Maurice (Hrsg.), *Education as a lifelong process. The German National Educational Panel Study (NEPS)* (S. 139–153). Wiesbaden: VS-Verlag.

Hartmann, W., Näf, M. & Reichert, R. (2007). *Informatikunterricht planen und durchführen*. Berlin: Springer.

Hewson, P., Beeth, M. E. & Thorley, N. (1998). Teaching for conceptual change. In B. Fraser & K. Tobin (Hrsg.), *International handbook of science education* (S. 199–218). New York: Kluwer.

Jank, W. & Meyer, H. (2008). *Didaktische Modelle* (8. Aufl.). Berlin: Cornelsen Scriptor.

Jonassen, D. H., Beissner, K. & Yacci, M. (1993). *Structural Knowledge. Techniques for Representing, Conveying, and Acquiring Structural Knowledge*. Hillsdale: Lawrence Erlbaum.

Jongebloed, H.-C. & Twardy, M. (1983). Lernzielformulierung und -präzisierung. In M. Twardy (Hrsg.), *Kompendium Fachdidaktik Wirtschaftswissenschaften* (S. 255–349). Düsseldorf: Verlagsanstalt Handwerk.

Jongebloed, H.-C. (1983). Reduktion und Transformation. In M. Twardy (Hrsg.), *Kompendium Fachdidaktik Wirtschaftswissenschaften* (S. 351–443). Düsseldorf: Verlagsanstalt Handwerk.

Jüngst, K. L. (1992). *Lehren und Lernen mit Begriffsnetzdarstellungen. Zur Nutzung von concept-maps bei der Vermittlung fachspezifischer Begriffe in Schule, Hochschule, Aus- und Weiterbildung*. Frankfurt a.M./Griedel: Afra.

Kirkpatrick, D. L. & Kirkpatrick, J. D. (2008). *Evaluating training programs. The four levels* (3. Aufl.). San Francisco: Berrett-Koehler.

Krathwohl, D. R., Bloom, B. S. & Masia, B. B. (1978). *Taxonomie von Lernzielen im affektiven Bereich* (2. Aufl.). Weinheim: Beltz.

Kupfer, A. (2010). *Grundlagen der Bildungssoziologie. Mit thematischen Vertiefungen* (1. Aufl.). Wiesbaden: VS Verlag für Sozialwissenschaften.

May, H. (2001). *Didaktik der ökonomischen Bildung*. München: Oldenbourgh.

MENFP (Ministère de l'Éducation nationale et de la Formation professionnelle). (2011). *Berufsbildung neu gestalten. Entwicklung von modularen und kompetenzorientierten Ausbildungsgängen*. Luxembourg.

Meyer, M. A. & Meyer, H. (2007). *Wolfgang Klafki. Eine Didaktik für das 21. Jahrhundert?* Weinheim: Beltz.

Miller, G. A. (1956). The Magical Number Seven, Plus or Minus Two. Some Limits on our Capacity for Processing Information. *Psychological Review, 63*, 81–97. Verfügbar unter http://psychclassics.yorku.ca/Miller/

Nissani, M. & Hoefler-Nissani, D. M. (1992). Experimental Studies of Belief Dependence of Observations and of Resistance to Conceptual Change. *Cognition & Instruction, 9* (2), 97–111.

Ormrod, J. E. (2008). *Educational psychology. Developing learners* (6. Aufl.). Harlow: Merrill Prentice Hall.

Ott, B. & Neugebauer, B. (2013). Selbstorganisiertes Lernen mit Concept Maps - eine neue Lernmethode im Berufsschulunterricht? *Die berufsbildende Schule, 65* (5), 151–154.

Ott, M. (2013). Zur Omnipräsenz von Outcome-Orientierung. *Zeitschrift für Berufs- und Wirtschaftspädagogik, 109* (1), 18–45.

Paivio, A. (1990). *Mental representations. A dual coding approach*. Oxfort: Oxford Univ. Press.

Phillips, J. J. & Schirmer, F. C. (2005). *Return on Investment in der Personalentwicklung*. Berlin: Springer.

Pinel, J. P. J. (2008). *Biopsychologie* (6. Aufl.). München: Pearson Studium.

Reetz, L. & Seyd, W. (2006). Curriculare Strukturen beruflicher Bildung. In R. Arnold & A. Lipsmeier (Hrsg.), *Handbuch der Berufsbildung* (2. Aufl., S. 227–259). Wiesbaden: VS Verlag für Sozialwissenschaften.

Retzmann, T. (2011). Bildungsstandards = Lernzielorientierung reloaded? In W. Prieß (Hrsg.), *Wirtschaftspädagogik zwischen Erkenntnis und Erfahrung – strukturelle Einsichten zur Gestaltung von Prozessen* (S. 267–291). Norderstedt.

Rheinberg, F. & Vollmeyer, R. (2012). *Motivation* (8. Aufl.). Stuttgart: Kohlhammer.

Santini, B. (1983). Taxonomien. In U. Hameyer, K. Frey & H. Haft (Hrsg.), *Handbuch der Curriculumforschung* (Erste Ausgabe - Übersichten zur Forschung 1970 - 1981, S. 617–641). Weinheim, Basel: Beltz.

Savigny, E. v. (1980). *Grundkurs im wissenschaftlichen Definieren. Übungen zum Selbststudium* (5. Aufl.). München: Deutscher Taschenbuch-Verl.

Schelten, A. (2009). *Begriffe und Konzepte der berufspädagogischen Fachsprache. Eine Auswahl* (2. Aufl.). Stuttgart: Steiner.

Schnotz, W. (1988). Textverstehen als Aufbau mentaler Modelle. In H. Mandl & H. Spada (Hrsg.), *Wissenspsychologie* (S. 299–330). München, Weinheim: Psychologie-Verl.-Union.

Schubert, S. & Schwill, A. (2004). *Didaktik der Informatik* (Spektrum-Lehrbuch). Heidelberg: Spektrum Akad. Verl.

Schuller, T. (2004). Three capitals. In T. Schuller, J. Preston, C. Hammond, A. Brassett-Grundy & J. Bynner (Hrsg.), *A framework.* (S. 11–33). London/New York: Routledge Falmer.

Searle, J. R. (1988). *Sprechakte. Ein sprachphilosophischer Essay* (3. Aufl.). Frankfurt am Main: Suhrkamp.

Slepcevic-Zach, P. & Tafner, G. (2012). Input - Output - Outcome. Alle reden von Kompetenzorientierung, aber meinen alle dasselbe? In M. Paechter, M. Stock, S. Schmölzer-Eibinger, P. Slepcevic-Zach & W. Weirer (Hrsg.), *Handbuch Kompetenzorientierter Unterricht* (S. 27–41). Weinheim und Basel: Beltz.

Sloane, P. F. (1988). *Vernunft der Ethik - Ethik der Vernunft. Zur Kritik der Handlungswissenschaft.* Köln: Müller Botermann.

Sloane, P. F. E. & Dilger, B. (2005). The competence clash – Dilemmata bei der Übertragung des 'Konzepts der nationalen Bildungsstandards' auf die berufliche Bildung. *bwp@ (Berufs- und Wirtschaftspädagogik - online)* (8).

Speth, H. (2004). *Theorie und Praxis des Wirtschaftslehreunterrichts. Eine Fachdidaktik* (8. Aufl.). Rinteln: Merkur.

Stamm-Riemer, I., Loroff, C. & Hartmann, E. A. (2011). *Anrechnungsmodelle. Generalisierte Ergebnisse der ANKOM-Initiative.* Hannover: HIS GmbH.

Stegmüller, W. (1980). Begriffsbildung. In J. Speck (Hrsg.), *Handbuch wissenschaftstheoretischer Begriffe* (Band A-F, S. 61–69). Göttingen: Vandenhoeck u. Ruprecht.

Stender, J. (2009). *Betriebliches Weiterbildungsmanagement. Ein Lehrbuch.* Stuttgart: Hirzel.

Vosniadou, S. (1994). Conceptual Change in the physical science. *Learning and Instruction, 4* (1), 45–69.

Vosniadou, S. (Hrsg.). (2008). *International handbook of research on conceptual change.* New York: Routledge.

Wagner, R. (2009). Modulare Förderung in der Hauptschule. Vom Schulversuch zur flächendeckenden Einführung. In ISB (Staatsinstitut für Schulqualität und Bildungsforschung München) (Hrsg.), *Einblicke - Ausblicke. Jahrbuch 2009* (S. 34–46). München.

Weidenmann, B. (2006). Lernen mit Medien. In A. Krapp & B. Weidenmann (Hrsg.), *Pädagogische Psychologie. Ein Lehrbuch* (5. Aufl., S. 423–476). Weinheim: Beltz.

Woolfolk, A. (2008). *Pädagogische Psychologie* (10. Aufl.). München: Pearson Studium.

Zimbardo, P. G. & Gerrig, R. J. (2004). *Psychologie* (16. Aufl.). München et. al.: Pearson.

Zoglauer, T. (2008). *Einführung in die formale Logik für Philosophen* (4. Aufl.). Göttingen: Vandenhoeck & Ruprecht.

6.5.7 Anmerkungen

[1] Die nachfolgende Darstellung des Informationsverarbeitungsmodells orientiert sich an Woolfolk (2008) und Ormrod (2008).

[2] Anderson u. a. weisen explizit darauf hin, dass ihre Unterscheidung von Faktenwissen (factual knowledge) und Konzeptwissen (conceptual knowledge) nicht den formalen Unterscheidungen in psychologischen Theorien der Wissensrepräsentation entspreche, „but we do think it has meaning for classroom instruction and assessment" (2001, S. 42).

[3] Häufig wird noch explizites und implizites Wissen unterschieden und das implizite Wissen weiter unterteilt. Vgl. Woolfolk (2008) und Ormrod (2008).

[4] Die kleinste Einheit des semantischen Wissens wird in der Literatur unterschiedlich bezeichnet. Zimbardo und Gerrig sprechen, dem üblichen Sprachgebrauch in der angelsächsischen Literatur folgend, von „Konzept" (2004, S. 325 f.). Dieser Bezeichnungsweise wird hier nicht gefolgt. Denn es besteht die Gefahr, diese Konzepte als kleinste Bausteine semantischen Wissens zu verwechseln mit Konzeptwissen (Lerneinheit 3) im Sinne der Taxonomie. Dort wird Konzeptwissen in Abgrenzung zu Faktenwissen als höher organisierte Form des Wissens verstanden. Außerdem schließt die Verwendung das Wort „Begriff" hier sprachlich an analoge Überlegungen in der Philosophie von Stegmüller (1980) und insbesondere der Definitionslehre bei Savigny (1980) an.

[5] Zimbardo und Gerrig (2004, S. 325 f.).

[6] Die Unterscheidung folgt hier der mittelalterlichen Definitionsregel „Definitio fi(a)t per genus proximum et differentiam specificam". Vgl. Zoglauer (2008, S. 20).

[7] Es wurden eine Fülle von Modellen dazu entwickelt, zum Beispiel bei Aebli (1980, S. 67 ff.) und Schnotz (1988). Ein früher Entwurf kommt von Quillian aus 1968 bzw. Quillian/Collins 1969, die insbesondere die Möglichkeit der Berücksichtigung hierarchischer Strukturen in Netzwerken nutzen. In den achtziger Jahren sind speziell das LNR-Modell (nach den alphabetisch geordneten Anfangsbuchstaben) von Rumelhart/Lindsay/Norman, das HAM-Modell (Human associative memory) von Anderson/Brower sowie der Entwurf von Kintsch zu benennen, die alle umfassenden Gebrauch von Netzwerken machen. Die Netzwerktechnik wurde gerade in den 1990er Jahren mit Blick auf Ziele bzw. Inhalte des Wirtschaftslehreunterrichts reflektiert. Hier wird regelmäßig auf die Arbeiten von Peter Preiß (Preiß 1992 #3554 /yearonly} hingewiesen. Der Hamburger Wirtschaftspädagoge Lothar Reetz nimmt schon 1984 (S. 158 ff.) den Ansatz von Aebli zur "Sicherung angemessener Komplexität und Differenzierung mit Hilfe der Lerninhaltsstruktur" auf.

[8] In der Literatur wurde eine Fülle von Varianten zur Visualisierung von Wissen vorgeschlagen. Vgl. Jonassen, Beissner und Yacci (1993). Ich lehne mich hier stark an Dubs (2009, S. 244 ff.) an.

[9]   Hier in Anlehnung an Reetz und Seyd (2006).

[10]   Die Lehrkraft ist damit aufgefordert, sich auf solche Inhalte zu beschränken, die exemplarisch sind, die am Besonderen das Allgemeine erschließen. Hilfreich kann dabei die Arbeit mit Kategorien sein. So stellt sich der Didaktiker Hermann May in diese Tradition und führt für die *ökonomische* Bildung folgende Kategorien an: „Menschliches Handeln ist bedürfnisgetrieben. Die Knappheit der Güter zwingt den Menschen zu wirtschaftlichem Handeln. Wirtschaftliches Handeln ist konfliktgeprägt, entscheidungsbestimmt, risikobehaftet, nutzen- bzw. gewinnorientiert, impliziert Arbeitsteilung, schafft Interdependenz, bedarf der Koordination, führt zu Ungleichheit. Dies führt zu Leistungsstreben, Fortschritt und Wohlstand, was Freiheit und Markt fundiert. Jeder ist sein eigener Unternehmer. Wirtschaftliches Handeln vollzieht sich in Kreislaufprozessen" May (2001, S. 8). Die Kategorien sind grundlegend, was ihren Zuschnitt auf die Arbeit an allgemeinen Schulen zeigt.

[11]   Das Sinnkriterium hebt auf die Lebenswelt der Lernenden ab. Dies ist im hier zugrundegelegten Modell ein Teil der Bedingungen. Insofern wird dieser Aspekt in den Leitfragen bei der Angemessenheit bezüglich der Bedingungen abgebildet.

[12]   Die Unterscheidung von „deskriptiv" und „präskriptiv" hat eine lange philosophische Geschichte. Erhellend finde ich hier vor allem die sprachanalytischen Untersuchungen, gerade in der Sprechakttheorie von John R. Searle. In Searles Werk „Sprechakte" (1988) werden Sprechakte als „Grundeinheiten der sprachlichen Kommunikation" (S. 30) verstanden. Dabei handelt es sich eigentlich um mehrere Akte gleichzeitig, unter ihnen der sogenannte illokutionäre Akt, d. h. das Behaupten, Fragen, Befehlen und so fort. Searle liefert dann umfangreiche Erkenntnisse zur Struktur illokutionärer Akte.

[13]   Siehe dazu auch Sloane und Dilger (2005) sowie Ott (2013). Eine andere Systematisierung liefert Slepcevic-Zach und Tafner (2012).

[14]   Zur Bildungssoziologie siehe Becker (2011); Kupfer (2010). Schuller (2004) systematisiert die „benfits of learning" entlang von drei Kapitalarten, nämlich das sogenannte Identitätskapital, das Humankapital sowie das Sozialkapital. In der Bildungssoziologie wird die Unterscheidung von Impact, Outcome und Outputs anders vorgenommen. Die Outcomes dort entsprechen den Impacts hier. Die hier vorgenommene Unterscheidung von Outcome und Output erfolgt dort nicht.

[15]   Siehe dazu das 4-Stufen-Modell der Evaluation bzw. des Bildungscontrollings, das er bereits in den 1960er Jahren entwickelt hat. Kirkpatrick und Kirkpatrick (2008); Phillips und Schirmer (2005); Stender (2009, S. 440 ff.).

[16]   Vergleiche dazu die Projektwebseite http://www.decvet.net/ sowie BMBF ((2012)).

[17]   Vergleiche dazu die Projektwebseite http://ankom.his.de/ sowie Buhr et al. (2008); Freitag et al. (2011); Stamm-Riemer, Loroff und Hartmann (2011).

[18]   In der Luxemburger Handreichung zur Entwicklung von modularen und kompetenzorientierten Ausbildungsgängen (MENFP, (2011)) wird das Aufstellen von Indikatoren für eine Kompetenz bei der Ausarbeitung von Evaluierungsrahmen vorgesehen (S. 28).

[19]   Der Begriff des Referenzmodells wurde von der ANKOM-Initiative übernommen. In ANKOM wurden Erfahrung mit folgenden Referenzsystemen erlangt: Qualifikationsrahmen, Taxonomien, tätigkeitsanalytische Systematiken sowie projektspezifische Systematiken zur Beschreibung von Lernergebnissen.

[20]   Einen ausdifferenzierten Vergleich von Lernzielorientierung und Orientierung an Bildungsstandards findet sich bei Retzmann (2011).

[21]   Ein ausdifferenzierter Ansatz auf Basis linguistischer und philosophischer Überlegungen findet sich bei Sloane (1988).

[22]   Eine sehr ausdifferenzierte Darstellung der Lernzielformulierung und -präzisierung bietet Jongebloed und Twardy (1983). Zu den Taxonomien siehe insbesondere auch Santini (1983).

7.1　Zur Orientierung: Was Sie hier erwartet

7.1.1　Worum es hier geht

Samstag, 22 Uhr 15. Eva steht vor dem Spiegel. Sie hat noch eine dreiviertel Stunde Zeit. Dann geht sie mit Lena zu „Bembers & Die Masserfaggers" im Nürnberger Club „Das Reh". Schee aufbredsld. Nur noch die Augen. Allerdings werkelt sie schon zum zweiten Mal mit ihrem Kajal herum. Wieder nichts. Eva ist nicht bei der Sache. Sie kriegt ihre Klasse vom letzten Donnerstag nicht aus dem Kopf. Ihre Einzelhändler. Evas Vater, ein alter Haudegen von einem Berufsschullehrer, hatte ihr sein Credo mitgegeben: „Hol' den Schüler da ab, wo er steht. Der Rest kommt von selbst". Guter Tipp. Logisch.

Doch Eva rätselt: Ja, wo stehen sie denn? Wie beschreibe ich überhaupt die Stelle, an der die Schüler stehen? Wie geht das bei den 24 Schülern in meiner Klasse? Klar, einzelne Schüler kennt sie sehr gut. Zum Beispiel Michael. Die Nervensäge. Sein Hauptproblem ist sein Körper und wie dieser bei den Mädels in der Klasse ankommt. Eva hat schon oft gejuckt, den Michael mal richtig zusammenzufalten. Aber: Letzte Woche war er doch super. Hätte eigentlich eine Belohnung verdient. Aber wie kann man so eine Nervensäge eigentlich belohnen? Was motiviert? Anerkennung? Brauchen wir das nicht alle? Ja, ja. Allmächd! Der Kajal. Schon wieder vieeeeel zu dick. So seh' ich ja aus wie Puck, die Stubenfliege. Also nochmal das Ganze. ;-)

7.1.2 Inhaltsübersicht

7 Lernausgangslage als Teil der individuellen Bedingungen der Lernenden erfassen 205

7.1 Zur Orientierung: Was Sie hier erwartet 206

   7.1.1 Worum es hier geht 206

   7.1.2 Inhaltsübersicht 207

   7.1.3 Zusammenfassung 207

   7.1.4 Einordnung in das Prozessmodell 208

7.2 Bedingungen des Unterrichts: Ein verschachteltes didaktisches Strukturelement 209

7.3 Analyse der Lernausgangslage: Was darunter verstanden wird 211

   7.3.1 Lernausgangslage: Was darunter verstanden wird 212

   7.3.2 Assessment: Lernausgangslage und Lernergebnisse analysieren 212

   7.3.3 Messen, Testen, Prüfen und Screening: Sonderformen des Assessments 214

7.4 Wie die Lernausgangslage analysiert wird: Assessments entwickeln 217

   7.4.1 Assessment grundlegend ausrichten 217

   7.4.2 Assessment-Anlässe und Assessment-Instrumente konstruieren 226

7.5 Die Lernausgangslage in den verschiedenen Kompetenzdimensionen erfassen 229

   7.5.1 Die Fachkompetenz erfassen 229

   7.5.2 Die Lernkompetenz erfassen 230

   7.5.3 Die Sozialkompetenz erfassen 231

   7.5.4 Die Selbstkompetenz erfassen 233

   7.5.5 Die (berufs-)sprachliche Kompetenz erfassen 233

7.6 Leitfragen für die Analyse der Lernausgangslage (GAL 3.2) 233

7.7 Outro 234

   7.7.1 Die wichtigsten Begriffe dieser Lerneinheit 234

   7.7.2 Tools 234

   7.7.3 Kompetenzen 235

   7.7.4 Hinweise zur vertieften Auseinandersetzung: Weiterlesen 235

   7.7.5 Hinweise zur vertieften Auseinandersetzung: Weitersurfen 235

   7.7.6 Literaturnachweis 235

   7.7.7 Anmerkungen 238

7.1.3 Zusammenfassung

Die Bedingungen des Wirtschaftsunterrichts sind ein hierarchisch verschachteltes didaktisches Strukturelement, das ständig in Bewegung ist. Sie können von der Lehrkraft und dem Kollegium teilweise gestaltet werden. Bedingungen des Wirtschaftsunterrichts liegen auf vier Bedingungsschalen: Individuelle Bedingungen, Klassenbedingungen, Schulische Bedingungen sowie den Bedingungen auf den höheren Bedingungsschalen.

Die Analyse der Lernausgangslage als Teil der Analyse der individuellen Bedingungen, aber auch die Feststellung der Lernergebnisse nach dem Lernprozess, wird als „Assessment" bezeichnet. Sonderformen sind das Messen, das Testen, das Prüfen sowie Screening. Assessments werden entwickelt, in dem Assessment-Anlässe sowie Assessment-Instrumente konstruiert bzw. ausgewählt werden. Für einzelne Kompetenzdimensionen kann dabei auf verbreitete Verfahren zurückgegriffen werden.

7.1.4 Einordnung in das Prozessmodell

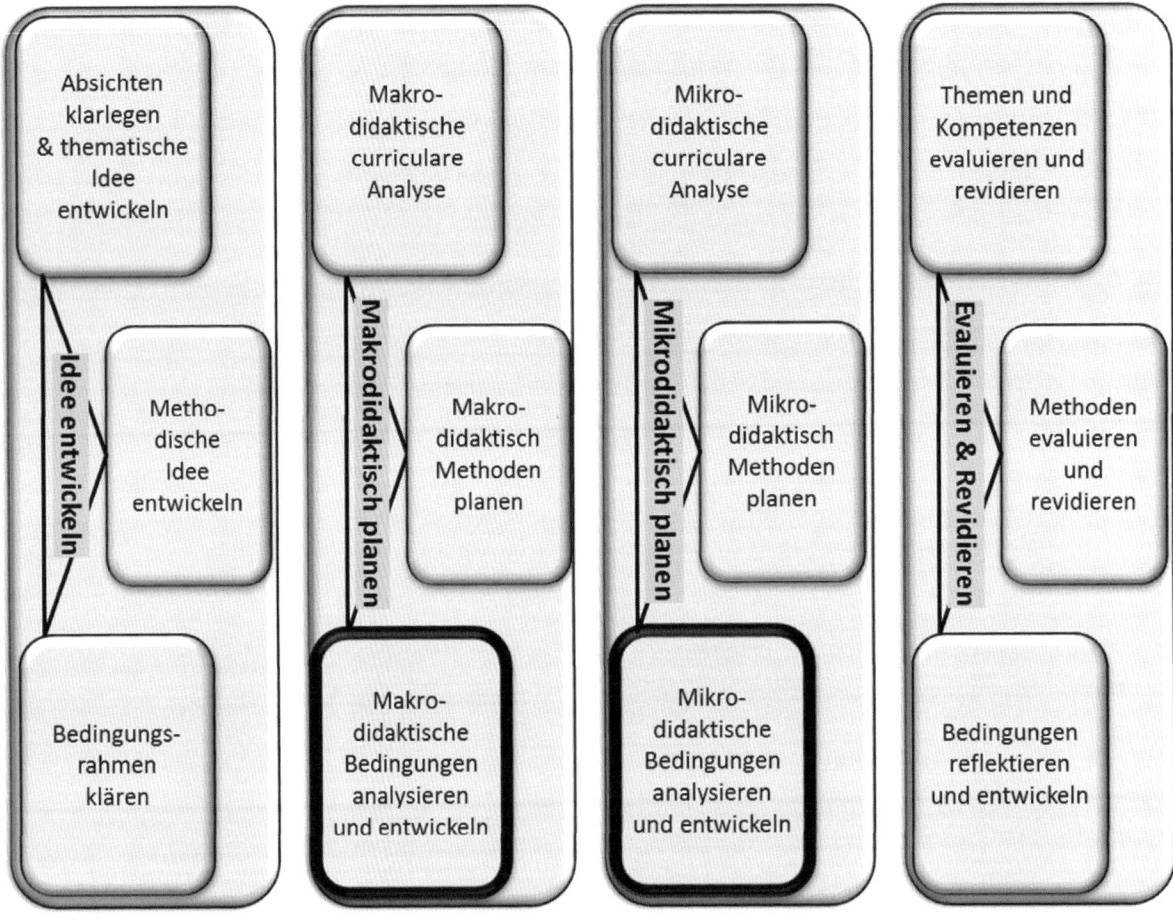

Die letzten Lerneinheiten widmeten sich der curricularen Analyse. Es wird Zeit, sich einem anderen didaktischen Element zu widmen, den Bedingungen.

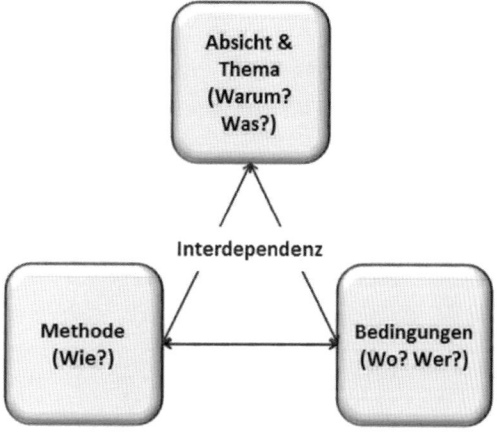

Übersicht 1: Didaktische Elemente

Diese Bedingungen sind ein didaktisches Strukturelement, das verschachtelt ist, d. h. für Bedingungen werden mehrere Ebenen unterschieden.

7.2 Bedingungen des Unterrichts: Ein verschachteltes didaktisches Strukturelement

Es ist offensichtlich, dass der Unterricht durch die Bedingungen der Zielgruppe beeinflusst wird, d. h. durch spezifische Bedingungen der Schülerinnen und Schüler. Aber eine ausschließliche Berücksichtigung dieser Zielgruppenbedingungen wird der Komplexität der Bedingungen nicht gerecht. Vielmehr ist eine ganzheitliche Betrachtung notwendig. Um dies hier auch methodisch zu gewährleisten, wäre ein Rückgriff auf mehrere Modelle möglich.[1] Diese Lerneinheit orientiert sich in Anlehnung an den Berufspädagogen Adolf Kell (2006) an einer *ökopsychologischen* Vorstellung.[2] Der Grundgedanke stammt von dem Entwicklungspsychologen Urie Bronfenbrenner (1917-2005). Er orientiert sich dabei an *biologischen* Ökosystemen, deren Entwicklung auf die Entwicklung von Menschen übertragen wird, d. h. auf *sozialpsychologische* Systeme. Der Mensch entwickelt sich gemäß dieser Vorstellung in verschiedenen Systemen, zum Beispiel der Familie oder seiner Arbeit im Beruf. In jedem dieser Systeme beeinflussen sich die Elemente gegenseitig. Zum Beispiel beeinflusst in der Familie die Mutter das Kind, aber auch umgekehrt, und diese wiederum andere Mitglieder der Familie. Die Systeme sind ineinander verschachtelt, zum Beispiel ist das System „Familie" in das System „Gesellschaft" eingebunden oder das System „Unternehmen" in ein System „Wirtschaftssystem". Änderungen in einem System ziehen Änderungen in einem anderen System nach sich. Auszubildende sind ein Element des Systems „Schule", aber auch ein Element des Systems „Betrieb". Im System „Betrieb" sind Auszubildende nicht nur ein Element, das beeinflusst wird, vielmehr wird das System auch durch das Handeln der Auszubildenden beeinflusst. Das gleiche gilt für das System „Schule". Bronfenbrenner unterscheidet dabei vier Ebenen (Mikrosystem, Mesosystem, Exosystem und Makrosystem).

Hier werden hingegen vier *Bedingungsschalen* unterschieden und später ausführlich als Bedingungen des Unterrichts erörtert. Diese Bedingungsschalen finden sich auch im Modell der Bedingungen, das in der Toolbox (TB-6.1) wiedergegeben ist. Zu den Bedingungen existiert auch eine Karte „Bedingungen des Wirtschaftsunterrichts" (TB-1.9).

▶ **Individuelle Bedingungen:** Die Schülerinnen und Schüler, aber auch die Lehrkraft, bringen als Individuen Bedingungen in den Unterricht ein, die Lernenden beispielsweise ein bestimmtes Vorwissen oder eine bestimmte Lernkompetenz. Die Lehrkraft bringt ihre individuellen Überzeugungen, Bildungsideale und Werte mit in den Unterricht. Sie hat beispielsweise einen spezifischen Stand in ihrer Entwicklung als Lehrkraft.

▶ **Klassenbedingungen**: Die einzelne Schulklasse stellt eine spezifische Konstellation der Bedingungen für den Unterricht dar. So hat die Klasse eine bestimmte Größe und Zusammensetzung oder sie zeichnet sich durch ein eigenes Klima aus.

▶ **Schulische Bedingungen**: Die Klasse ist in eine spezifische Schule eingebunden. Die Schule hat eine spezifische Kultur oder verfolgt eine eigene Strategie.

▶ **Höhere Bedingungsschalen**: Die Schule ist eingebunden in eine Gesellschaft bzw. ein Bildungssystem und ein Wirtschaftssystem. Die Gesellschaft insgesamt ist einem Wandel unterworfen und dies führt zu geänderten Bedingungen der Arbeit in den Schulklassen. Wenn beispielsweise der demographische Wandel die Zusammensetzung der Schülerschaft ändert, bedeutet dies veränderte Anforderungen an die Lehrkraft.

Alle Ebenen sind einem permanenten Wandel unterworfen. Da die Bedingungsschalen untereinander verschachtelt sind, beeinflusst die Veränderung auf einer Ebene auch die andere Ebene. So schaffen beispielsweise demographische Änderungen der Gesellschaft (gesellschaftliche Bedingung) auch Änderungen der Bedingungen in der Klasse (Klassenbedingungen). Die Bedingungen auf allen Bedingungsschalen unterliegen einem *ständigen* Wandel. Sie unterliegen dem „panta rhei", dem „Alles fließt". Das hört sich harmlos an. Doch diese Veränderungen in den Bedingungsschalen werden und müssen in einer öffentlichen Schule immer auch Änderungen in der schulischen Arbeit nach sich ziehen. Insofern muss schulische Arbeit einem ständigen Wandel unterworfen sein. Schule kann – und *darf* – in dieser Perspektive nie zu einem Stillstand kommen, auch wenn sich die Lehrkraft gelegentlich etwas mehr ‚Ruhe' wünscht. Die berufliche Schule kommt damit nie zur Ruhe und darf dies auch nicht. Nur noch diese Änderung und dann ist Ruhe: Diese Ansicht ist gerade in beruflichen Schulen problematisch. Schule verliert ihre Existenzberechtigung, wenn sie sich von der Dynamik der sie umgebenden Umwelt abkoppelt.

Wortwörtlich: Silbermond, Gib mir'n kleines bisschen Sicherheit

Sag mir, dass dieser Ort hier sicher ist und alles Gute steht hier still. Und dass das Wort, das du mir heute gibst, morgen noch genauso gilt. Diese Welt ist schnell und hat verlernt beständig zu sein. Denn Versuchungen setzen ihre Frist. Doch bitte schwör, dass wenn ich wieder komm', alles noch beim Alten ist. Gib mir'n kleines bisschen Sicherheit in einer Welt in der nichts sicher scheint. Gib mir in dieser schnellen Zeit irgendwas das bleibt. Gib mir einfach nur'n bisschen Halt. Und wieg' mich einfach nur in Sicherheit. Hol mich aus dieser schnellen Zeit. Nimm mir ein bisschen Geschwindigkeit. Gib mir was, irgendwas, das bleibt.

Bild 1: Stefanie Kloß (Silbermond). Von Manfred Werner (Tsui). Zitat: Silbermond (2009)

Die Lehrkraft kann diesen Wandel zum Teil beeinflussen. Je höher die Bedingungsschale ist, desto geringer werden die Einflussmöglichkeiten der Lehrkraft, desto weniger offensichtlich werden Änderungen für die Lehrkraft.

In der ersten Lerneinheit wurden in Anlehnung an das Berliner Didaktikmodell von Heimann u. a. die didaktischen Strukturelemente unterschieden. Heimann (1976) selbst unterscheidet bei den didaktischen Strukturelementen einen Entscheidungsbereich (hier: Intentionen & Thema, Methoden) und einen Bedingungsbereich. Diese Unterscheidung halte ich für nicht zutreffend, ja gar für gefährlich. Sie suggeriert nämlich, dass im Bereich der Bedingungen nicht zu entscheiden sei. Das ist jedoch nicht der Fall: Viele Bedingungen werden erst durch Entscheidungen zu Bedingungen. Wenn die Lehrkraft beispielsweise eine Minute vor dem Unterricht den Klassenraum betritt, ist die Sitzordnung eine Bedingung. Sie wäre allerdings prinzipiell änderbar. Die Argumentation mit Bedingungen steht in der Didaktik immer auch in der Gefahr, Rechtfertigungen oder gar Entschuldigungen für durchaus gewollte Unterlassungen zu liefern. In diesen Fällen müsste eine Erläuterung einer Bedingung durch eine Lehrkraft durch einen – oft durchaus nachvollziehbaren – Nachsatz ergänzt werden, beispielsweise „… und es ist mir zu aufwändig, das zu ändern." oder „… und die Änderung würde zu einer Auseinandersetzung im Kollegium führen und der gehe ich lieber aus dem Weg."

7.3 Analyse der Lernausgangslage: Was darunter verstanden wird

Die individuellen Bedingungen liegen auf der tiefsten Bedingungsschale des Unterrichts. Sie betreffen die Lernenden und die Lehrkraft. Die Bedingungen der Lehrkraft werden in Lerneinheit 13 erörtert und hier ausgeblendet.

> **STOPP:** Lernende bringen sich als Mensch in die didaktische Situation ein. Was glauben Sie: Welche Eigenschaften von Schülerinnen und Schülern sollte die Lehrkraft kennen?

In der Hattie-Studie werden folgende empirisch bedeutsamen Bedingungen der Lernenden genannt: Vorwissen, Erwartungen, Ausmaß an Offenheit gegenüber Erfahrungen, sich entwickelnde Überzeugungen über Wert und Nutzen von Investitionen in Lernprozesse, das Engagement sowie die Fähigkeit, aus dem Lernengagement heraus sowohl ein Selbstbild als auch Ansetzen als eine Lernende bzw. ein Lernender aufzubauen (Hattie, 2013, S. 47 ff.). In diesem Buch ist die Lernausgangslage Teil der individuellen Bedingungen der Lernenden.

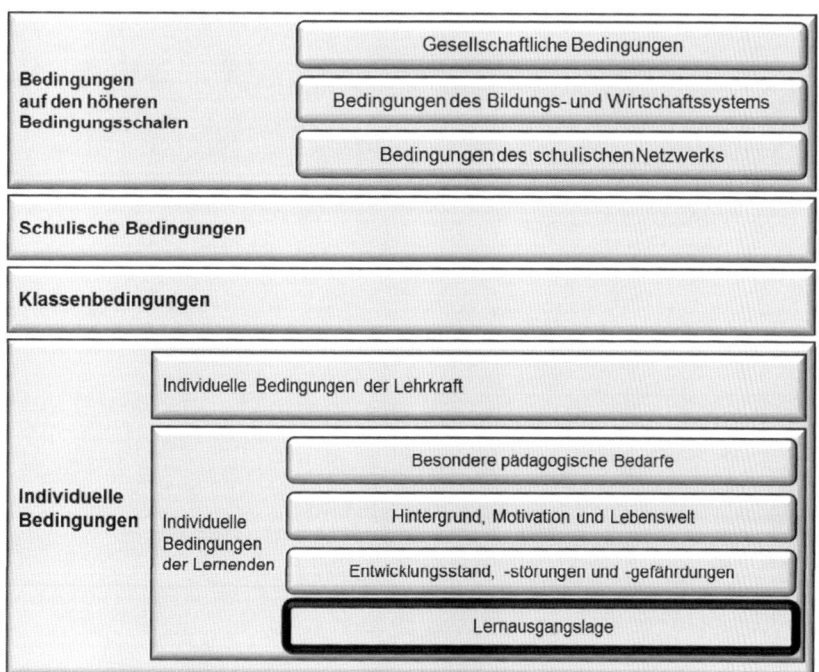

Übersicht 2: Lernausgangslage als Teil der individuellen Bedingungen

Die individuellen Bedingungen der Lernenden umfassen hier die Lernausgangslage, den Entwicklungsstand, einschließlich möglicher Entwicklungsstörungen und Gefährdungen, den Hintergrund, die Motivation und die Lebenswelt der Lernenden sowie besonderen pädagogischen Bedarfe. Diese Unterteilung wird auch in der Übersicht „Bedingungen des Wirtschaftsunterrichts" (TB-6.1) sowie der Karte „Bedingungen des Wirtschaftsunterrichts" (TB-1.9) in der Toolbox dokumentiert.

7.3.1 Lernausgangslage: Was darunter verstanden wird

Die Lernausgangslage ist ein wichtiger Teil der individuellen Bedingungen. Die Lernausgangslage stellt den Anfangszustand eines Lernprozesses dar und führt nach einem Lernprozess zu einem Lernergebnis. Das Lernergebnis ist die Lernausgangslage für den sich anschließenden Lernprozess.

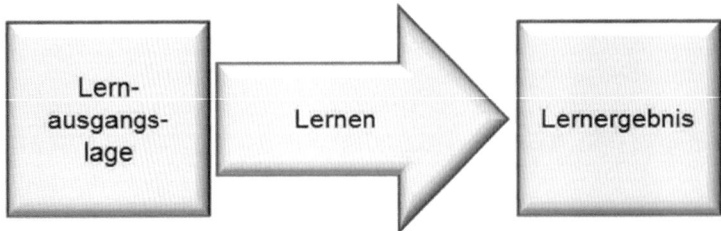

Übersicht 3: Lernausgangslage und Lernergebnis

Gelingt es der Lehrkraft nicht an die Lernausgangslage anzuknüpfen, muss sie zwangsläufig scheitern. Die Erfassung der Lernausgangslage wird gelegentlich auch „Lernstandserhebung" oder „Analyse der Lernausgangssituation" genannt. Bei der Erfassung der Lernausgangslage handelt es sich um eine Erfassung der Kompetenz der Schülerinnen und Schüler. Der Kölner Berufspädagoge Martin Schmiel verwendet 1973 den Ausdruck „Lernstandsfeststellung". Dabei unterscheidet er „der äußeren Form" (S. 15) nach das Feststellen des Gesamteindrucks durch Beobachten während eines längeren Zeitraums, die mündliche Lernstandsfeststellung, die schriftliche Lernstandsfeststellung sowie die Lernstandsfeststellung mit Hilfe von praktischen Aufgaben, zum Beispiel Prüfstücke oder Arbeitsproben sowie „Lernstandsfeststellungen in programmierter Form", d. h. Tests im wissenschaftlichen Sinne (Schmiel, 1973).

Definition 1:   Lernausgangslage

Die Lernausgangslage ist der Zustand der Kompetenz, der zu Beginn des Lernprozesses vorliegt und der durch den Prozess des Lernens, der durch Lehren angeregt werden soll, in ein Lernergebnis überführt werden soll. Die Lernausgangslage ist ein Teil der individuellen Bedingungen der Lernenden.

Kompetenz ist in mehrfacher Hinsicht in die Urteilsbildung der Lehrkraft einbezogen (Jäger, 2009). Nach dem Zeitpunkt des Urteilens können verschiedene Formen des deskriptiven und normativen Umgangs mit Kompetenz unterschieden werden.

Funktion	Zeitbezug		Zustandsfrage
Deskriptiv (beschreibend)	Aktuell	Diagnose	Wie ist es?
	Vorausschauend	Prognose	Wie wird es sein?
	Rückblickend	Retrognose	Wie war es?
Normativ (vorschreibend)	Vorausschauend	Zielbestimmung	Wie sollte es sein?
	Rückblickend	Zielrekonstruktion	Wie sollte es gewesen sein?

Übersicht 4: Diagnose, Prognose, Retrognose, Zielbestimmung und Zielrekonstruktion

In beschreibender Hinsicht (deskriptiv) geht es *vorher*, zum Beispiel vor einem Unterricht, um die Frage „Wie ist es?" (Diagnose) bzw. „Wie wird es sein?" (Prognose). *Nachher* geht es um die Frage „Wie war es?" (Retrognose) oder „Warum war es so?" (Erklärung). In vorschreibender Hinsicht (normativ) konzentriert sich die Lehrkraft vor allem auf die Frage „Wie sollte es sein?" (Zielbestimmung) neben den anderen, eher untergeordneten Fragen, zum Beispiel „Wie sollte es gewesen sein?" (Zielrekonstruktion).

7.3.2 Assessment: Lernausgangslage und Lernergebnisse analysieren

Normatives Sprechen über Kompetenz, das die zurückliegenden Lerneinheiten dominierte, ist Teil der curricularen Analyse. Deskriptives Sprechen über Kompetenz ist Teil der Bedingungsanalyse oder Teil der Feststellung von Lernergebnissen. In beiden Fällen können die gleichen Tools verwendet werden, etwa das Kompetenzstrukturmodell. In der deskriptiven Sprechweise von Kompetenz werde ich von „Assessment" sprechen.

Definition 2: Assessment

Assessment ist der deskriptive Prozess der Präzisierung, der verbalen Beschreibung oder der Messung der Lernausgangslage (‚Ausgangszustand') oder der Lernergebnisse (‚Endzustand') sowie der Interpretation dieser Beschreibung um didaktische Entscheidungen zu stützen. Synonym: Pädagogische Diagnostik.

Assessment bezieht sich auf die Lernausgangslage. Assessment ist bezüglich der Lernausgangslage eine Sonderform der Bedingungsanalyse, nämlich eine kompetenzorientierte Bedingungsanalyse. Assessment kann sich jedoch auch auf die Analyse der Lernergebnisse beziehen.

Definition 3: Bedingungsanalyse

Bedingungsanalyse ist der deskriptive Prozess der Präzisierung, der verbalen Beschreibung oder der Messung von didaktischen Bedingungen sowie der Interpretation dieser Beschreibung um didaktische Entscheidungen zu stützen.

Damit knüpfe ich begrifflich an Stiggins an: „Assessment is the process of gathering evidence of student learning to inform instructional decisions" (Stiggins, 2005, S. 5). Diagnostik ist mit Assessment verwandt: „Das Wort Diagnostik geht zurück auf das griechische Verb ‚diagignoskein', das unterschiedliche Aspekte eines kognitiven Vorganges bezeichnet, vom Erkennen bis zum Beschließen. Das Verb bedeutet (1) genau kennenlernen, (2) entscheiden und (3) beschließen oder sich entscheiden … Diese drei Grundbedeutungen lassen vielfältige Assoziationen an Leistungen anklingen, die vom Psychologen als Diagnostiker erwartet werden: etwa, dass er menschliches Verhalten ‚gründlich kennenlerne', um bei Störungen zum Zwecke einer Abhilfe ‚Entscheidungen' oder gar ‚Beschlüsse' anzubieten" (Fisseni, 1997, S. 3).

Die pädagogische Diagnostik ist „das Insgesamt von Erkenntnisbemühungen im Dienste aktueller pädagogischer Entscheidungen" (Klauer, 1978, S. 5). Pädagogische Diagnostik soll nach Ingenkamp „sowohl individuelles Lernen optimieren als auch im gesellschaftlichen Interesse Lernergebnisse feststellen und den Übergang in verschiedene Lerngruppen, Kurse oder Bildungswege oder nach vorgegebenen Kriterien verbessern. Zur Erreichung dieser Ziele werden diagnostische Tätigkeiten ausgeübt, mit deren Hilfe bei Individuen und den in einer Gruppe Lernenden Voraussetzungen und Bedingungen planmäßiger Lehr- und Lernprozesse ermittelt, Lernprozesse analysiert und Lernergebnisse festgestellt werden" (1988, S. 11). Assessment wird hier – im Gegensatz zu anderen Autoren[3] – im Sinne der pädagogischen Diagnostik verstanden. Dabei wird die Diagnostik nicht auf die Anwendung diagnostischer Verfahren, die auch wissenschaftlichen Ansprüchen genügen, reduziert.

	Lernausgangslage (‚vorher')	Lernergebnis (‚nachher')
Deskriptiv (Diagnose, Prognose, Retrognose)	Beschreibung/Analyse der Lernausgangslage (= Assessment); Bedingungsanalyse	Beschreibung/Analyse der Lernergebnisse (= Assessment)
Normativ (vorausschauend, rückblickend)	Erwartete Lernausgangslage	Kompetenz- bzw. Performanzerwartungen bzw. Lernziele; Curriculare Analyse

Übersicht 5: Verständnis von Assessment

Das Assessment durch eine Lehrkraft kann implizit oder explizit erfolgen.[4] Beim expliziten Assessment wird ein explizites Urteil abgegeben, das sich auf Daten stützt, die für das Assessment erhoben wurde, zum Beispiel in Form von Klassenarbeiten. Ein implizites Assessment ist hingegen impliziter

Natur, läuft stark verkürzt ab und mündet meist nicht in einer sprachlich mitteilbaren Aussage. Solche impliziten Assessments müssen in vielfältiger Form während des ganzen Unterrichts getroffen werden.

Im Zyklus der Kompetenzorientierung sind mit Assessment der zweite und der vierte Schritt angesprochen.

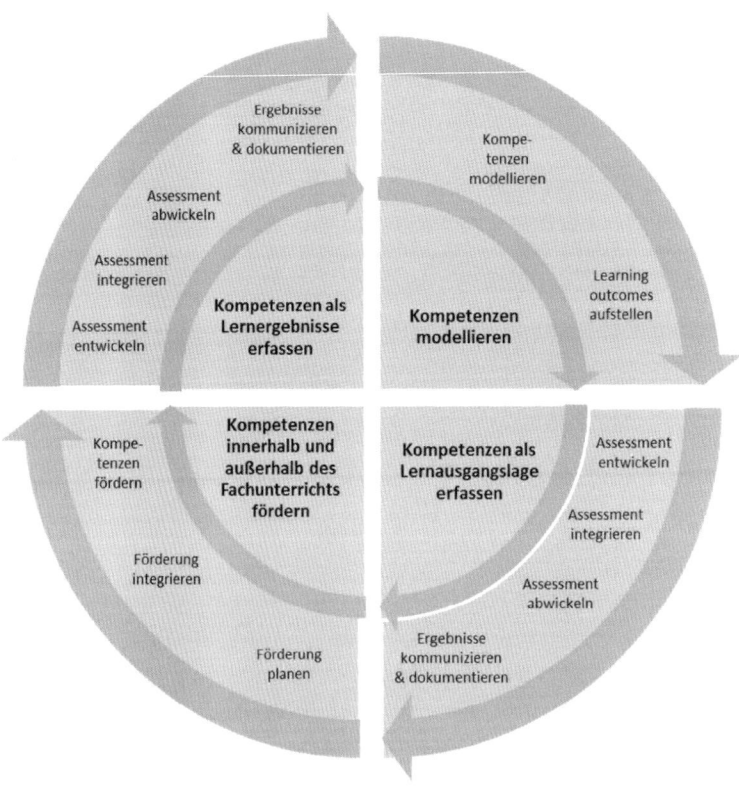

Übersicht 6: Zyklus der Kompetenzorientierung

7.3.3 Messen, Testen, Prüfen und Screening: Sonderformen des Assessments

Besondere Formen des Assessments sind das Messen, das Testen, das Prüfen und das Screening. Messen bedeutet, dass die Welt mit Hilfe von Zahlen beschrieben wird. Messen bedeutet in der Messtheorie[5] die Zuordnung von Zahlen nach bestimmten Regeln. Wenn beispielsweise mit einem Meterstab, einem Zollstock, einem Brett die Zahl „120" zugeordnet wird, dann ist dies eine Messung. Das Besondere an der Messung ist, dass den Eigenschaften, etwa der Länge, einer Menge von Gegenständen (empirisches Relativ), so Zahlen zugeordnet werden, dass die Eigenschaften in die Welt der Zahlen, dem numerischen Relativ, transportiert werden: Kürzere Bretter erhalten kleinere Zahlen, gleichlange Bretter gleiche Zahlen und so fort. Ein Messmodell besteht aus einem empirischen Relativ, den Brettern, einem numerischen Relativ, den Zahlen, und einer Funktion, die für eine strukturerhaltende, sogenannte homomorphe, Abbildung sorgt.

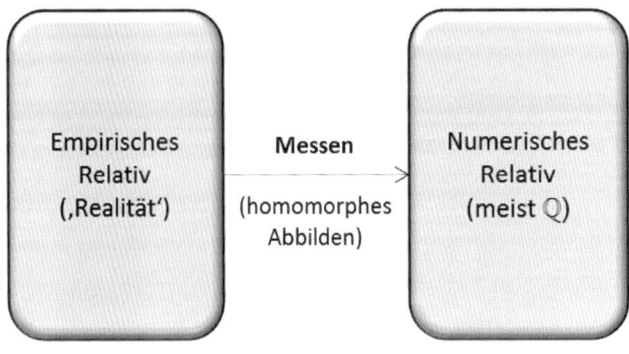

Übersicht 7: Das Messen

Mit anderen Worten: Messen ist das strukturerhaltende, d. h. homomorphe Abbilden eines empirischen Relativs in bzw. auf ein numerisches Relativ. Messwerte sind mithin *Zahlen*, denen eine Messung zugrunde liegt.

Definition 4: Messen

Messen ist eine Form des Assessments, bei dem eine Menge von zu messenden ‚Objekten' (empirisches Relativ) strukturerhaltend (homomorph) auf die Menge der Zahlen (numerisches Relativ) abgebildet wird.

Messen ist eine Sonderform des Assessments. Ein Assessment kann jedoch auch ein nicht-numerisches Relativ, zum Beispiel eine Menge von Wörtern, abbilden. So kann die Menge der Bretter mit den Worten „lang", „sehr lang" oder „kurz" beschrieben werden. Das Messen hat den Vorteil, dass viele Informationen über die Zahlen, die Menschen mühsam vor und in der Schule lernen, genutzt werden. So stellen schon die natürlichen Zahlen unendlich viele Möglichkeiten zur Beschreibung zur Verfügung. Trotzdem sind einige Eigenschaften, zum Beispiel die Größenverhältnisse, sofort klar. Dieser Rückgriff auf Zahlen – bzw. präziser: die Eigenschaften von Zahlen – hat den Vorteil, dass sich ausdifferenzierte Beschreibungen mit Hilfe von Zahlen erstellen lassen, die sich mit Worten nicht erreichen lassen. Sie erheben dann den Eindruck hoher Präzision. Dies gilt allerdings nur, wenn tatsächlich eine Messung, also eine homomorphe Abbildung, zugrunde liegt. Andernfalls gaukeln die Zahlen Genauigkeit nur vor.

Beispielsweise werden Lernergebnisse in der Schule mit Hilfe von Notenziffern beschrieben. Wenn etwa für Leistungen in der Schule Notenstufen mit Zahlen, also etwa das „Sehr gut" mit „1" und das „Gut" mit „2" bewertet werden, ist sofort klar, dass 1 kleiner als 2 ist. Der Abstand zwischen „sehr gut" und „gut" – und damit zwischen „1" und „2" – ist nicht definiert. Gleichwohl werden in der Praxis Zwischenwerte gebildet, etwa „1,4", die streng genommen keine Messwerte sind und damit eine Genauigkeit nur vorgaukeln.

Eine weitere Sonderform des Assessments ist das Testen. Kompetenz ist nicht beobachtbar, sondern nur über die Performanz zu erschließen. Die Performanz ist dabei ein Indiz für die Kompetenz. Kompetenz ist eine latente, also verborgene, nicht sichtbare Variable. In einem Test soll die Performanz, also das Handeln der Person, ‚hervorgerufen' werden. „Als Item (das Wort wird üblicherweise englisch ausgesprochen und dekliniert) bezeichnet man die Bestandteile eines Tests, die eine Reaktion oder Antwort hervorrufen sollen, also die Fragen, Aufgaben, Bilder etc." (Rost, 1996, S. 18). Diese Items sind manifeste bzw. beobachtbare Variablen. Ein Test geht davon aus, dass zwischen den Items systematische Zusammenhänge bestehen. Wenn eine Person bei dem Item „Ich bin traurig" die Alternative „trifft zu" ankreuzt, wird sie häufiger als es der Zufall erwarten lässt eine ähnliche Antwort bei verwandten Items geben, etwa „Ich bin niedergeschlagen" (Bühner, 2010). Die Zusammenhänge werden durch eine latente Variable, etwa Traurigkeit, ‚erklärt'. Diese latente Variable ist für die Antworten ‚verantwortlich' bzw. ‚produziert' das Handeln der Person. „Die Testtheorie beschäftigt sich mit dem Zusammenhang von Testverhalten und dem zu erfassenden psychischen Merkmal" (Rost, 1996, S. 20).

Definition 5: Testen

Testen ist eine Form des Assessments, das ein wissenschaftliches Routineverfahren zur Messung einsetzt.

Das Testen ist eine Sonderform des Assessments. „Ein Test ist ein wissenschaftliches Routineverfahren zur Untersuchung eines oder mehrerer empirisch abgrenzbarer Persönlichkeitsmerkmale mit dem Ziel einer möglichst quantitativen Aussage über den relativen Grad der individuellen Merkmalsausprägung" (Lienert & Raatz, 1998, S. 1). Ein solches wissenschaftliches Routineverfahren ist immer standardisiert, d. h. das Routineverfahren legt genau fest, wie der Test durchzuführen und auszuwerten ist. Derartige Tests beruhen auf der klassischen Testtheorie oder der jüngeren probabilistischen Testtheorie (Winther, 2010, S. 118 ff.). Tests sind immer standardisiert und wissenschaftlich. Damit ist „standardisierter Test" und „wissenschaftlicher Test" eine Tautologie. Im Alltag werden freilich auch nichtwissenschaftliche Formen der Feststellung des Lernergebnisses als „Tests" bezeichnet. Zur besseren Abgrenzung werden diese Tests „informelle Tests" und die Tests im ursprünglichen Sinne „wissenschaftliche Tests" genannt.

Wissenschaftliche Tests werden meist über spezifische Verlage angeboten, etwa über die Testzentrale (www.testzentrale.de) oder als Teil wissenschaftlicher Datenbanken, vor allem der psychologischen Datenbank Psyndex nachgewiesen. Die wissenschaftliche Konstruktion von Tests ist ein umfangreicher und aufwändiger Prozess, der von der Anforderungsanalyse bis zur Eichung reicht (Bühner, 2010). Unter schulischen Normalbedingungen scheidet eine solche Konstruktion schuleigener Instrumente aus. Alternativ können bereits existierende Instrumente genutzt werden. Der Rückgriff auf Tests führt jedoch im Schulalltag regelmäßig zu weiteren Problemen (Wilbers, 2012).

Typische Probleme beim Einsatz wissenschaftlicher Tests im Schulalltag

▸ **Mangelhafte Validität**: Der vorliegende Test wird oft nicht zu dem in der Schule diskursiv festgelegten Modell passen. Daher sollten wissenschaftliche Modelle im Steinbruch des ersten Arbeitsschrittes, das Modellieren, einen besonderen Stellenwert genießen. Wissenschaftliche Testverfahren folgen immer dem zugrunde gelegten Modell. Bei der Diskussion um das Modell in der Schule erscheint es ratsam, sich auch von den verfügbaren Instrumenten und den dort zugrunde gelegten Dimensionen leiten zu lassen.

▸ **Mangelnde Verfügbarkeit**: Viele Tests sind für ‚normale' Lehrkräfte nicht zu beziehen. So weist etwa die deutsche Testzentrale darauf hin, dass die „diagnostische Anwendung von Testverfahren grundsätzlich nur in der Hand eines/r in seinem/ihrem Fachgebiet qualifizierten Diplom-Psychologen/in bzw. unter dessen/derer Supervision sinnvoll und verantwortbar ist. Der Missbrauch von Testverfahren zwingt zu diesem kontrollierten Vertrieb" (testzentrale.de). Ob diese Befürchtung gerechtfertigt ist, welche Kompetenz das Abarbeiten von Manuals wirklich verlangt und ob es sich nicht einfach um eine professionspolitisch motivierte Monopolisierung handelt, kann hier nicht vertiefend diskutiert werden.

▸ **Mangelhafte Ökonomie**: Viele Tests sind vor allem zur wissenschaftlichen Diagnose entwickelt worden. Der prinzipielle Konflikt zwischen Validität und Ökonomie wird dabei zugunsten der Validität gelöst. Eine Möglichkeit, mit dem Problem der Ökonomie umzugehen, ist die Verwendung oder die Konstruktion von Kurzfassungen der Tests.

▸ **Mangelhafte Umweltpassung**: Einige Tests lassen sich in der Berufsbildung nur schwer einpassen. So werden Besonderheiten des Lehrens und Lernens in beruflichen Schulen, etwa der Teilzeitunterricht, nicht hinreichend berücksichtigt. Auch andere Details, etwa die Anrede der Testteilnehmenden in den Items, können zu Schwierigkeiten führen. Lehrkräften bleibt hier oft nur die Möglichkeit, die Tests anzupassen, also mit Blick auf die besonderen Bedürfnisse zu adaptieren.

▸ **Urheberrechtsprobleme**: Einige Testverfahren können nicht frei verwendet werden, sondern führen für die Schulen zu spezifischen, oft nicht tragbaren Kosten. So kostet beispielsweise der LASSI-HS (Learning and Study Strategies Inventory - High School Version) in der Papier- und Bleistift-Version zurzeit bei der Abnahme unter 100 Exemplaren 3 US-Dollar pro Stück. Die deutschsprachige Anpassung, der Fragebogen „WLI" (Wie lerne ich), kann nur in Zusammenhang mit einem Buch erworben werden und darf nicht frei eingesetzt werden. Die Schule kann hier auf freie Instrumente zurückgreifen. So steht beispielsweise als Alternative zur Erfassung der Lernkompetenz das Inventar „LIST" (LIST: Inventar zur Erfassung von Lernstrategien im Studium) im Internet zur Verfügung. Dieser Bogen muss allerdings adaptiert werden.

Übersicht 8: Probleme beim Einsatz wissenschaftlicher Tests im Schulalltag

Eine weitere Sonderform des Assessments ist das Prüfen. Assessment erfolgt hier unter der Fragestellung, ob es berechtigt ist, ein spezifisches Zertifikat, etwa einen Berufsabschluss, zu vergeben.

Definition 6: Prüfen

Prüfen ist eine Form des Assessments, die rechtlich, beispielsweise in Form von Prüfungs- oder Schulordnungen, geregelt ist und Entscheidungen über die Vergabe von Zertifikaten bzw. Berechtigungen unterstützt.

Dieses begriffliche Verständnis stammt von Reisse (1999). Prüfungen sind „typische Strategien der Informationssammlung und -verarbeitung für Entscheidungen über die Vergabe von Zertifikaten" (Reisse, 1999, S. 322). „Prüfungsverfahren sind die im allgemeinen durch Rechtsnormen festgelegten Vorgehensweisen (das ‚Wie'), mit denen bei Prüfungen Informationen über die Kompetenz der Prüfungsteilnehmer gewonnen und auf dieser Grundlage Zertifikate vergeben werden" (Reisse, 1999, S. 333).

Eine weitere Sonderform des Assessments ist das Screening. Beim Screening wird nicht eine ‚endgültige' Diagnose gestellt. Vielmehr übernimmt das Screening eine Filterfunktion, d. h. es sortiert die Personen aus, für die sich eine nähere Abklärung zu lohnen scheint. Screening hat in der Medizin – etwa bei der Früherkennung von Krebs – oder in der Psychologie – etwa zur Früherkennung von Beeinträchtigungen in der Entwicklung – einen großen Stellenwert. In der Didaktik spielt dies noch eine geringe Rolle, wenngleich der Grundgedanke durchaus aus den anderen Bereichen übernommen werden kann. Screening kann insbesondere die Erkennung von ‚Problemen' bei Schülerinnen und Schülern unterstützen, etwa zur Erkennung der später in Lerneinheit 12 beschriebenen Entwicklungsstörungen und -gefährdungen. Für Essstörungen werden in der Literatur beispielsweise Screening-Fragen vorgehen, wie „Sind Sie mit Ihrem Essverhalten zufrieden?" oder „Beeinflusst Ihr Gewicht Ihr Selbstwertgefühl?" (Schweiger, 2008).

7.4 Wie die Lernausgangslage analysiert wird: Assessments entwickeln

Die Erfassung der Lernausgangslage ist eine wichtige, aber gleichzeitig auch komplexe Aufgabe. Die Entwicklung von Assessments steht im Zyklus der der Kompetenzorientierung (TB-1.15) am Beginn der Erfassung von Kompetenzen als Lernausgangslage und am Ende der Erfassung des Lernergebnisses. Die Entwicklung vollzieht sich in mehreren Schritten. Zunächst wird das Assessment grundlegend ausgerichtet. Dann werden Assessment-Anlässe und Assessment-Instrumente konstruiert.

7.4.1 Assessment grundlegend ausrichten

Hier werden fünf Aspekte herausgestellt, die bei der grundlegenden Ausrichtung von Assessments zu entscheiden sind. Assessmentmethoden setzen sich aus den Elementen in diesem Baukasten zusammen und sollten zu einem abgestimmten Assessmentsystem komponiert werden.

Gestaltung der Analyse der Lernausgangslage (Assessment bzw. pädagogische Diagnostik)	
Erhebungsverfahren	► Beobachten ► Befragen ► Nutzung vorhandener Daten
Sozialer Bezugspunkt	► Einschätzung Expertinnen und Experten: Erhebung durch die Lehrkraft oder andere Expertinnen bzw. Experten ► Selbst-Assessment: Erhebung durch die Lernenden selbst ► Peer-Assessment: Erhebung durch die Mitschülerinnen und Mitschüler
Standardisierungsgrad	► Standardisiert (quantifizierend) ► Nicht-Standardisiert (qualitativ, offen)
Auflösungsgrad	► Klassenbetrachtung (niedriger Auflösungsgrad) ► Extrem- und Gruppenbetrachtung (mittlerer Auflösungsgrad) ► Individualbetrachtung (hoher Auflösungsgrad)
Kompetenzbreite	► Dimensionsspezifisch: Einzelne Kompetenzdimensionen oder Teile davon ► Dimensionsübergreifend: Mehrere oder alle Kompetenzdimensionen

Übersicht 9: Gestaltungsaspekte von Assessments bzw. pädagogischer Diagnostik

7.4.1.1 Das Erhebungsverfahren wählen: Beobachten, Befragen oder vorhandene Daten nutzen?

Zunächst hat eine *Wahl des Erhebungsverfahrens* zur Analyse der Lernausgangslage zu erfolgen. Um in beschreibender Hinsicht, also deskriptiv, tätig zu werden, können Lehrkräfte drei verschiedene Verfahren der Erhebung von Daten nutzen: Beobachten, Befragen, vorhandene Daten auswerten.[6]

Beobachten ist eine zentrale Methode der Bedingungsanalyse
Bild 2 © Bengelsdorf, photocase.com

Das *Beobachten* kann in der didaktischen Situation erfolgen. Beispielsweise werden die Lernenden beim Lernen mit Selbstlernmaterial beobachtet, um daraus Schlüsse auf die zugrundeliegende Lernkompetenz zu ziehen. Dabei handelt es sich um eine Beobachtung ‚aus erster Hand‘ – den typischen Fall im Schulalltag. Eine Beobachtung kann außerdem ‚aus zweiter Hand‘ erfolgen. Dies ist der Fall, wenn sich eine Wissenschaftlerin, ein Wissenschaftler oder die Lehrkraft technischer Hilfsmittel, insbesondere der Videotechnik, bedient, um zu beobachten. Beobachtungen können sich auf andere Personen richten (Fremdbeobachtung) oder auf sich selbst (Selbstbeobachtung). Die Beobachtung kann strukturiert erfolgen, d. h. es wird ein genaues Beobachtungsschema zugrunde gelegt. Bei weniger strukturierten Beobachtungen wird häufig ein Tagebuch genutzt (Altrichter & Posch, 2007, S. 30 ff.; Anastasiadis & Bachmann, 2005).

Das *Befragen* ist eine zweite Methode der Bedingungsanalyse. Befragungen können schriftlich, zum Beispiel mit Hilfe eines Fragebogens, oder mündlich vorgenommen werden. Zum Beispiel können die Schülerinnen und Schüler selbst ihre Lernkompetenz einschätzen.

Die dritte Methode besteht in der *Nutzung vorhandener Daten*: Beim Beobachten und beim Befragen werden Daten mehr oder weniger aufwändig erst produziert. Daneben können bereits vorhandene Daten genutzt werden (Altrichter & Posch, 2007, S. 125 ff.). Dazu gehören schriftliche Ergebnisse der Tätigkeiten der Schülerinnen und Schüler, beispielsweise Übungsarbeiten oder Prüfungsarbeiten. Das kann sehr weit gehen und selbst die Analyse von Graffitis auf Schulbänken oder Toiletten umfassen.

7.4.1.2 Den sozialen Bezugspunkt wählen: Analyse durch die Lehrkraft, Peers oder die Schülerinnen und Schüler selbst?

Neben dem Erhebungsverfahren muss die Wahl des sozialen Bezugspunktes zur Analyse der Lernausgangslage erfolgen. Die pädagogische Diagnostik ist keineswegs immer eine Einschätzung der unterrichtenden Lehrkraft. Vielmehr sind mehrere soziale Bezugspunkte möglich. Die Erhebung kann erstens durch die Lehrkraft oder andere Expertinnen bzw. Experten erfolgen. Die Erhebung kann auch durch die Lernenden selbst als ein Selbst-Assessment oder die Mitschülerinnen und Mitschüler in einem Peer-Assessment geschehen.

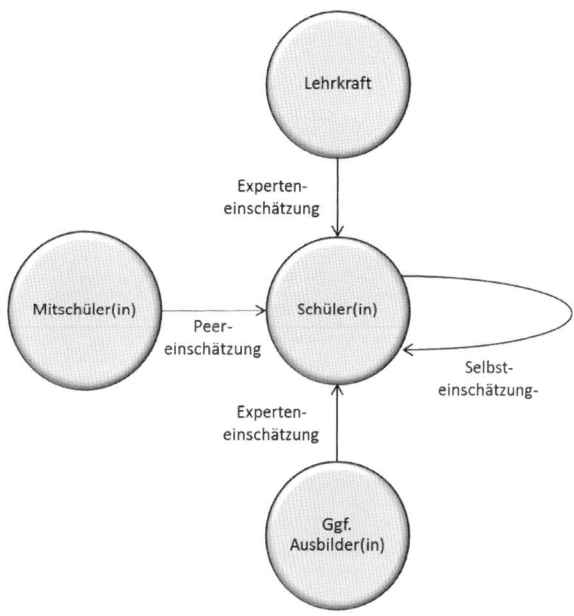

Übersicht 10: Soziale Bezugspunkte von Assessments

Selbst-Assessment und Peer-Assessment spielt nach meinen Erfahrungen in den beruflichen Schulen bislang eine eher bescheidene Rolle. Selbst-Assessment ist eine Form des strukturierten Beobachtens und der Beurteilung seiner selbst. Selbst-Assessment erhöht die ‚Feedback-Kapazität' in Klassen, d. h. sie stellt eine weitere Quelle für Feedback zur Verfügung. Selbst-Assessment unterstützt außerdem die Entwicklung überfachlicher Kompetenzen, nämlich der Selbstkompetenz. Selbst-Assessment „is a way of increasing the role of students as active participants in their own learning …, and is mostly used for formative assessment in order to foster reflection on one's own learning processes and results" (Dochy, Segers & Sluijman, 1999, S. 334). Peer-Assessment ist eine Form der strukturierten Einschätzung durch Mitschülerinnen und Mitschüler. Peer-Assessment kann im Vergleich zum Feedback der Lehrkraft, so eine ältere Untersuchung von Topping (1998), im Regelfall genauso gut, in Einzelfällen sogar besser den Lernfortschritt von Schülerinnen und Schülern unterstützen. Alle drei Formen des Feedbacks haben Vor- und Nachteile (Evans, 2013). Für berufliche Schulen scheint es besonders bedeutsam zu sein, die Kompetenz zur Einschätzung bei Selbst- und Peer-Assessment auch systematisch zu fördern, d. h. beispielsweise vor einem Peer-Assessment wichtige Konzepte und Instrumente des Assessments zu besprechen.

In der Personalentwicklung in Unternehmen ist das 360-Grad-Feedback ein verbreitetes Instrument (Blum & Zaugg, 2009). Dabei wird das typische Feedback der vorgesetzten Person ergänzt durch ein mehrperspektivisches Feedback, beispielsweise von Kolleginnen und Kollegen. Entsprechend dieser Logik können auch in schulischen Assessments die verschiedenen Perspektiven kombiniert werden.

Die folgende Übersicht zeigt einen Bildschirmabdruck eines solchen Verfahrens, das zur Einschätzung durch die Lehrkraft, durch sich selbst und Mitschülerinnen und Mitschüler das Tabellenkalkulationsprogramm Excel einsetzt. Die Ergebnisse werden in Form von Spinnennetz-Diagrammen präsentiert. Das Verfahren zur Einschätzung der Kompetenz bezüglich des selbstgesteuerten Lernens mit Lernsituationen wurde von Studierenden an den Universitätsschulen in Nürnberg mit Unterstützung durch die Seminarlehrkräfte aus der zweiten Phase entwickelt.

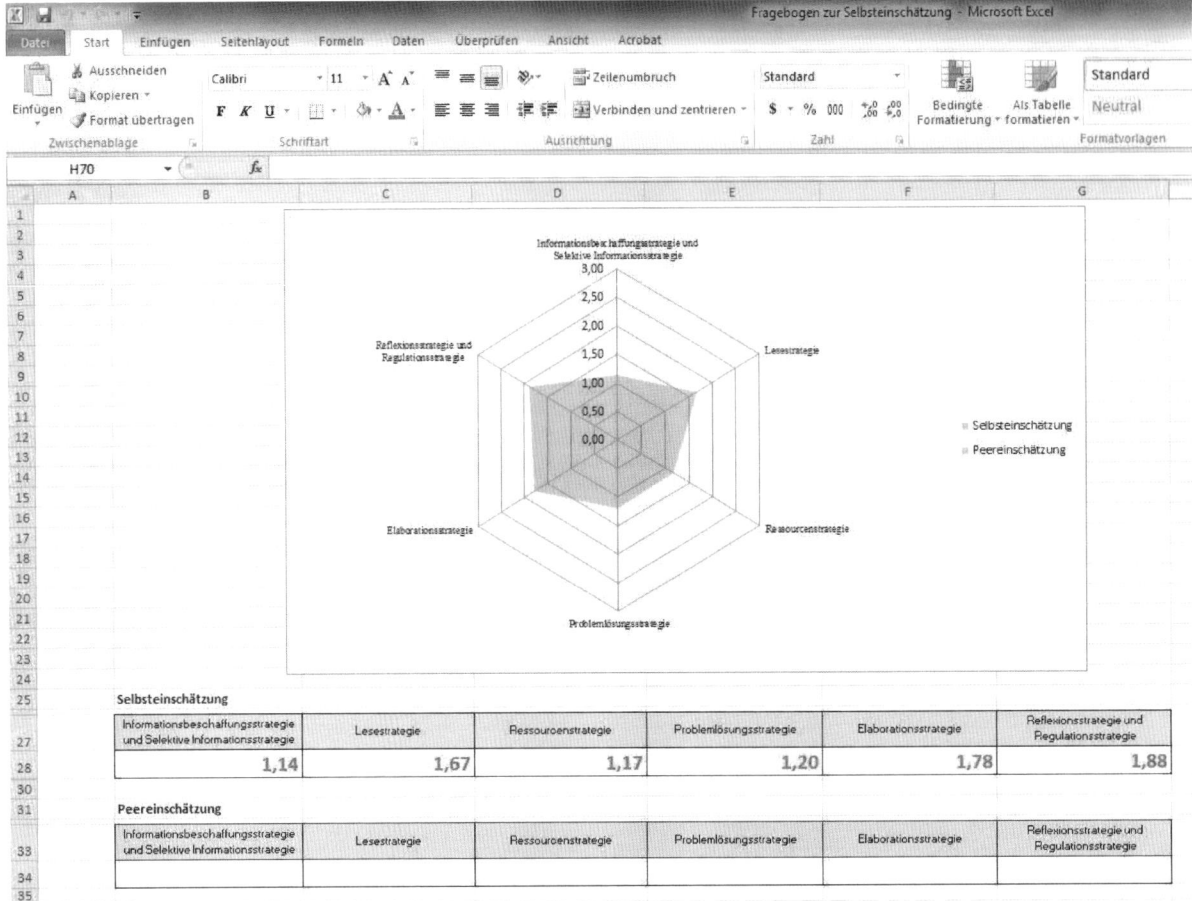

Übersicht 11: Technisch unterstützte kombinierte Einschätzung

7.4.1.3 Den Grad der Standardisierung wählen: Standardisiert oder offen analysieren?

Ein weiterer Gestaltungsaspekt ist die Wahl des Standardisierungsgrades. Ein wichtiges Instrument zur Erfassung von Kompetenzen sind standardisierte Erhebungsinstrumente. Typische Instrumente sind die Checkliste, der Kriterienkatalog sowie der Kriterienraster.

Ausgewählte standardisierte Assessment-Instrumente				
	Checkliste	Kriterienkatalog	Kriterienkatalog mit Handlungsankern	Kriterienraster (rubric)
Inhalt	Assessmentkriterien	Kriterien mit Skalierung	Kriterien mit Skalierung und Beschreibung beobachtbarer Handlungen (Performanzen)	Kriterien mit ausführlicher Skalierung
Standardisierung	Gering	Mittel	Hoch	Hoch
Entwicklungsaufwand	Mittel	Hoch	Hoch	Sehr hoch

Übersicht 12: Typische Assessment-Instrumente

Im einfachsten Fall werden für die Beschreibung und die sich anschließende Beurteilung der Performanz Kriterien in Form einer *Checkliste* gegeben. Dabei wird bei der Beobachtung oder der Befragung nur festgehalten, ob das Kriterium gegeben ist oder nicht, etwa durch Abhaken.

Bei *Kriterienkatalogen* werden die Kriterien des Assessments katalogisiert und in Unterkriterien aufgelöst. Außerdem wird eine Skala ergänzt. Typische Skalierungsarten sind die Skalierung „zu wenig ausgeprägt", „anforderungsgerecht", „zu hoch ausgeprägt" oder die Skalierung mit „voll erfüllt", „weitgehend erfüllt", „teilweise erfüllt", „nicht erfüllt". Ebenso können Zahlen, etwa „1" bis „5" eingesetzt werden. Zu empfehlen ist eine nicht zu feine Unterteilung, also etwa 3 bis 5 Abstufungen. Mehr Abstufungen gaukeln oft nur Scheingenauigkeit vor. Außerdem sollte die Skalierung eindeutige Urteile unterstützen. Zu solchen Tendenzaussagen drängen ungerade Skalierungen.[7] Eine typische Ergänzung von Kriterienkatalogen sind sogenannte Handlungsanker. Dabei werden die Kriterien ergänzt durch eine Beschreibung einer beobachtbaren Handlung.[8]

Ein noch stärker standardisiertes Assessment-Instrument ist ein *Kriterienraster*. Kriterienraster werden im angelsächsischen Raum auch „rubrics" genannt und sind dort recht weit verbreitet. Kriterienraster sind Tabellen, die in den Zeilen einzelne Kriterien aufführen, so wie bei einem Kriterienkatalog. Über den Kriterienkatalog hinausgehend werden jedoch inhaltlich ausdifferenzierte Spalten eingeführt. Diese Spalten beschreiben ‚Qualitätsstufen' oder ‚Niveaus', etwa „Niveau Anfängerinnen/Anfänger", „Fortgeschritten" und „Experten". Gelegentlich werden die Spalten einfach auch durchnummeriert. Die Zellen werden inhaltlich beschrieben.

Checklisten, Kriterienkataloge und Kriterienraster sind vielfältig einsetzbar. Sie unterstützen vor allem die Selbst- und Fremdeinschätzung: Bei der Planung, bei der Unterrichtsbeobachtung oder bei der Bewertung von Unterrichtsprozessen bzw. -produkten. Checklisten, Kriterienkataloge und -raster sollen die analytische Einschätzung und Bewertung unterstützen und eine holistisch-ganzheitliche Bewertung ersetzen bzw. ergänzen. Bei der Arbeit mit diesen Tools in der Bildung von Lehrkräften geht es meist nicht um einen exakten Messwert. Vielmehr steht die konstruktive Auseinandersetzung mit – vor allem abweichenden – Urteilen im Vordergrund. Sie sind also weniger ‚messend', sondern ‚diskursfördernd'.

Die Entwicklung solcher Instrumente ist ein aufwändiges Geschäft. Bei der Entwicklung von Assessment-Instrumenten kann auf entsprechende Vorlagen im Internet zurückgegriffen werden. So finden sich auf der Webseite von Kathy Schrock (www.schrockguide.net) eine Reihe interessanter Vorlagen. Meist bietet es sich an, die Assessment-Instrumente nach aufsteigendem Entwicklungsaufwand zu konstruieren, d. h. zunächst wird eine Checkliste in einem Team entwickelt, dann ausprobiert, revidiert und in einen Kriterienkatalog überführt, dann wieder ausprobiert und so fort. Dabei ist auch darauf zu achten, dass nicht mit Kanonen auf Spatzen geschossen wird. Wenn es beispielsweise ‚nur' darum geht, im Rahmen einer Binnendifferenzierung für eine Unterrichtssequenz wenige Gruppen zu bilden, mag eine Checkliste vollkommen ausreichend sein, d. h. das Assessment-Ziel sollte nicht aus den Augen verloren werden. Daher bietet es sich an, zu einem Assessment-Instrument auch eine Beschreibung nach festgelegten Kategorien, etwa „Ziel", „Zeit", „Kompetenz/Kriterien" etc., zu pflegen.

Eine Sonderform des standardisierten Instruments ist die *Multi-Item-Skala*. Ein Beispiel ist der LIST-Fragebogen, der in der Toolbox in Varianten (TB-4.14 und TB-4.16) wiedergegeben ist. Standardisiert ist ein solches Instrument, weil sowohl die Fragen, die Reihenfolge der Fragen als auch die Antwortmöglichkeiten, d. h. die Art und Weise des Antwortens, vorgegeben sind. Dadurch ist ein standardisiertes Erhebungsinstrument recht einfach vergleichbar und auswertbar. Ein solches Erhebungsinstrument wird in mehreren Schritten entwickelt.[9]

▶ **Vorbereitungsarbeiten**: Zunächst wird mit Hilfe der Literatur etwas über die Variable, hier: die Lernkompetenz, in Erfahrung gebracht. Häufig werden in der Literatur solche Messinstrumente bzw. Tests schon vorgeschlagen. In diesem Fall ist die Konstruktion eines eigenen Instruments in der Regel nicht sinnvoll. Aus Originalitätsgründen darf hier das Rad nicht neu erfunden werden.

Außerdem muss das Ziel bzw. der Kontext geklärt werden: In wissenschaftlichen Erhebungen muss mehr Wert auf Gültigkeit und weniger Wert auf den Erhebungsaufwand gelegt werden, im Schulalltag ist es genau anders herum.

▶ **Dimensionierung**: Das Konstrukt (Lernkompetenz) wird in verschiedene Dimensionen und ggf. Unterdimensionen zerlegt. So wird im LIST die Lernkompetenz in kognitive Strategien, Strategien zur Nutzung von Ressourcen und metakognitive Strategien zerlegt. Diese werden in Unterdimensionen zerlegt, zum Beispiel kognitive Lernstrategien in Organisation, Elaboration und andere.

▶ **Ausformulierung der Kriterien für jede Dimension**: Für jede Dimension werden nun Kriterien formuliert. Beim LIST handelt es sich um einen Spezialfall eines standardisierten Instruments: Eine Multi-Item-Skala. Bei einer Multi-Item-Skala werden jeder Unterdimension mehrere („multi") Items zugeordnet. Items sind Aussagesätze, bei denen die zu Befragenden angeben sollen, wie stark sie diese ablehnen bzw. diesen zustimmen. In einfacheren Fällen, d. h. keine Multi-Item-Skalen, werden einzelne Kategorien zugeordnet. Mit der Ausformulierung der Kriterien hat das Instrument seine vertikale Struktur. In der Toolbox findet sich zum LIST-Fragebogen die Zuordnung der Items (TB-4.17).

▶ **Ausformulierung der Ausprägungen für jedes Kriterium**: Jedem Kriterium, zum Beispiel jedem Item, wird eine Antwortmöglichkeit zugeordnet. Das kann eine Skala von „1" bis „5", eine verbale Umschreibung von „sehr selten" bis „sehr oft" sein. Mit der Ausformulierung von Antwortmöglichkeiten hat das Instrument eine horizontale Struktur.

Standardisierte Erhebungsinstrumente sind vielfältig für den Umgang mit Kompetenzen in deskriptiver Absicht einsetzbar. Sie lassen sich in allen drei Erhebungsarten, d. h. beim Befragen, beim Beobachten und bei der Inhaltsanalyse einsetzen.

Ein weiteres wichtiges Instrument sind **Leitfäden**. Leitfadenstrukturierte Interviews sind ein typisches Erhebungsinstrument in der *qualitativen* Forschung. Die qualitative Forschung bemüht sich u. a. um ein hohes Maß an Offenheit gegenüber den Untersuchungspersonen.[10] Daher werden – anders als in der quantitativen Forschung – beim Befragen keine Antwortmöglichkeiten vorgegeben. Bei leitfadenstrukturierten Interviews werden wenige Fragen, meist zwei bis vier, vorgegeben, die vergleichsweise allgemein sind. In der Erhebungssituation ist die Reihenfolge der Fragen gleichgültig. Ein Leitfaden wird in drei Schritten konstruiert.[11]

▶ **Fragesammlung**: Zunächst werden möglichst viele Fragen zum Untersuchungsgegenstand bzw. zu den Untersuchungspersonen gesammelt. Der häufigste Fehler beim Umgang mit Leitfäden ist es, diese Fragesammlung schon für den Leitfaden selbst zu halten.

▶ **Fragereduktion**: Im zweiten Schritt werden alle Fragen entfernt, die bereits Bekanntes oder die nur das Vorwissen des Interviewenden ausdrücken.

▶ **Erzählaufforderung & Checks**: Die Vielzahl der Fragen wird zu zwei bis vier Fragen verdichtet. Dies sind die sogenannten Erzählaufforderungen, die tatsächlich auch so beim Interview formuliert werden sollen. Sie werden links auf einem querliegenden Blatt aufgeschrieben. Alle anderen Fragen, die nicht der Fragereduktion im zweiten Schritt zum Opfer gefallen sind, werden zu einem Stichwort, d. h. nicht zu einer Frage, umformuliert. Diese Stichworte werden rechts auf dem Blatt vermerkt. Sie werden „Checks" genannt.

Beim Einsatz des Leitfadens beginnen Interviewende mit der ersten Erzählaufforderung und bemühen sich das Gespräch möglichst lange im Fluss zu halten, beispielsweise durch zustimmende Äußerungen oder dezente Aufforderungen wie „Interessant, erzählen Sie mir bitte mehr …". Während dieses Flusses bemüht sich die Interviewerin oder der Interviewer um eine offene Erfassung des Geschehens. Gleichzeitig gleicht die Interviewerin oder der Interviewer den Fluss mit den in den Checks vermerkten Informationsbedarfen ab. Wird dieser im bisherigen Interviewverlauf nicht befriedigt, wird im

Kontext des Gesagten eine Frage gestellt. Die Frageformulierung erfolgt dabei unter Berücksichtigung des jeweiligen Kontexts, deshalb werden bei Checks nur Stichworte und nicht ganze Fragen vorformuliert.

7.4.1.4 Den Auflösungsgrad wählen: Klassen-, Gruppen- oder Individualbetrachtung?

Eine weitere Frage, die bei der Analyse der Lernausgangslage zu reflektieren ist, ist die Wahl des Auflösungsgrades. Dieser kann gering sein, d. h. die ganze Klasse wird betrachtet, oder sie kann hoch sein, d. h. es wird die Lernausgangslage einzelner Schülerinnen und Schüler analysiert. Ein Kriterienkatalog kann beispielsweise zur Einschätzung einer ganzen Klasse, einer Gruppe in der Klasse oder aber zur Einschätzung einzelner Schülerinnen und Schüler eingesetzt werden.

Auflösungsgrade von Assessments			
	Klassenbetrachtung	**Gruppenbetrachtung**	**Individualbetrachtung**
Bezugspunkt	Klasse (auch Jahrgang)	Gruppe	Individuum
Förderprofil	Generalisiertes Förderprofil	Gruppenprofil	Individuelles Profil
Korrespondierende Unterrichtsmethoden	Klassenunterricht	Gruppenunterricht (Differenzierung)	Individualisierung
Auflösungsgrad	Gering	Mittel	Hoch
Dokumentationsaufwand	Gering	Mittel	Hoch
Instrumente aus der Toolbox (Beispiele)	Klassenbild, Klassenprofil	Kriterienkatalog angewendet auf Gruppe	Profil Schüler(in), Kriterienkatalog angewendet auf einzelne Schülerinnen und Schüler

Übersicht 13: Auflösungsgrade beim Assessment

Eine erste Alternative zur Erfassung und Dokumentation der individuellen Bedingungen des Unterrichts ist die Klassenbetrachtung, d. h. die aggregierte Erfassung der individuellen Bedingungen. Dabei werden nicht die Bedingungen der *einzelnen* Schülerinnen und Schüler, sondern die individuellen Bedingungen des Klasse beschrieben. Es wird beispielsweise nicht die Sozialkompetenz einzelner Schülerinnen und Schüler, sondern das Niveau und die Heterogenität der Sozialkompetenzen in der Klasse beschrieben.

In der Toolbox wurden für eine solche aggregierte Betrachtung zwei Tools aufgenommen: Das Klassenprofil (TB-4.22) und das Klassenbild der Kompetenzen (TB-4.23, TB-4.24, TB-4.25). Die beiden Bezeichnungen stammen von mir und sollen die aggregierte Betrachtung individueller Bedingungen auf der Grundlage der hier eingeführten Unterscheidungen bezeichnen. Das Klassenprofil und das Klassenbild der Kompetenzen ergänzen sich und sind im Regelfall Teil des Unterrichtsentwurfs.

Die aggregierte Sichtweise der individuellen Bedingungen dominiert in der Literatur und in Handreichungen zur Unterrichtsvorbereitung aus der Praxis. Der große Vorteil einer solchen aggregierten Betrachtung ist der geringe Aufwand für die Dokumentation. Diese aggregierte Erfassung der individuellen Bedingungen verstößt jedoch streng genommen gegen den alten pädagogischen Grundsatz, die Lehrkraft soll die Schülerinnen und Schüler dort abholen, wo sie stehen. Schließlich ist davon auszugehen, dass diese an ganz unterschiedlichen Stellen stehen, und in der Aggregation geht diese Information verloren. In Zeiten, in denen Schülerinnen und Schüler noch vergleichsweise homogen waren, mag ein solches Vorgehen unproblematisch gewesen sein. Je unterschiedlicher die Schülerinnen und Schüler werden, desto problematischer ist ein solches Vorgehen.

Als Alternative zur aggregierten Betrachtung der individuellen Bedingungen bietet sich die Individualbetrachtung an, d. h. die differenzierte Erfassung und Dokumentation für einzelne Schülerinnen und Schüler. Eine solche differenzierte Betrachtung ist unentbehrliche Grundlage für die später noch darzustellende Individualisierung. Immer dann, wenn individuelle Förderprofile zum Ausgangspunkt der pädagogischen Arbeit werden, wird hier von „Individualisierung" bzw. von „individualisierenden Methoden" bzw. von „Methoden der individuellen Förderung" gesprochen. Bei einer differenzierten Betrachtung werden im Rahmen der Unterrichtsplanung die Daten zu den individuellen Bedingungen *einzelner* Schülerinnen und Schüler genutzt. Im Zentrum stehen individuelle Profile einzelner Schülerinnen und Schüler als Grundlage für didaktische Entscheidungen. In der Toolbox wurde eine Vorlage für ein solches Profil für die Schülerin oder den Schüler aufgenommen (TB-4.26).

Zumindest bislang ist ein solches Vorgehen in Schulen eher unüblich. Dies steht im Gegensatz zum *Profiling* in anderen Handlungsfeldern, insbesondere dem Case Management.[12] In der Schule ist auch eine detaillierte Dokumentation der individuellen Bedingungen der Lernenden wie in anderen Professionen unüblich. Im Vergleich zu anderen Professionen ist die Dokumentation der Bedingungen auf Seiten der Lernenden in Schulen hochgradig von der einzelnen Lehrkraft in Form und Intensität abhängig, ist kaum schriftlich niedergelegt, mit Ausnahme der Noten kaum standardisiert und wird kaum mit anderen Mitgliedern der Profession ausgetauscht oder gemeinschaftlich genutzt. Außerdem wird die Nutzung entsprechender Daten durch rechtliche Vorschriften behindert und in Schulen kaum informationstechnisch unterstützt. Interessant ist hier ein Blick in die Medizin. In der Medizin gibt es umfangreiche Lehrbücher und Leitfäden zur medizinischen Dokumentation (Leiner, Gaus, Haux, Knaup-Gregori & Pfeifer, 2006, S. 3 ff.). Die Dokumentation verfolgt in der Medizin das allgemeine Ziel, die richtige Information bzw. das richtige Wissen zum richtigen Zeitpunkt am richtigen Ort den richtigen Personen in der richtigen Form zur Verfügung zu stellen. Die Dokumentation dient der Unterstützung der Patientenversorgung, dem Erfüllen rechtlicher Vorschriften, der Unterstützung des Qualitätsmanagements, der klinisch-wissenschaftlichen Forschung sowie der klinischen Aus- und Fortbildung (Leiner et al., 2006, S. 3 ff.). In der Medizin würde der Verweis auf datenschutzrechtliche Vorschriften, die die Behandlung und die Forschung behindern, als grotesk eingestuft. Im Zentrum der medizinischen Dokumentation steht die Krankenakte: „Die Krankenakte umfasst alle Daten und Dokumente, die im Zusammenhang mit der medizinischen Versorgung eines Patienten an einer Einrichtung … erstellt werden" (Leiner et al., 2006, S. 69). Häufig ist dabei eine Kombination von konventioneller und elektronischer Krankenakte, die mehrere Teildokumentationen umfasst. In der Medizin würde eine Therapie ohne eine klare Diagnose gegen den Berufsethos verstoßen.

Im Zentrum einer differenzierten Betrachtung der individuellen Bedingungen in der Schule könnte eine konventionelle oder elektronische Lern*akte* stehen, die noch über das hier vorgeschlagene Profil der Schülerin bzw. des Schülers hinausgeht. Die Erfassung der Kompetenz könnte sich an dem hier vorgelegten Kompetenzmodell orientieren. In einer solchen elektronisch geführten Akte wären Daten für jede Schülerin und jeden Schüler verfügbar. Einmal durchgeführte Erhebungen stände allen Lehrkräften innerhalb eines Teams zur Verfügung. Die Daten würden – idealerweise – Entscheidungen der einzelnen Lehrkraft und gemeinsame Entscheidungen unterstützen.

Gegen eine solche differenzierte Betrachtung der individuellen Bedingungen stehen vor allem Aufwands- bzw. Ressourcenüberlegungen. Im Gegensatz zu den erwähnten Professionen – Case Management und Medizin – ist die typische Arbeitssituation einer Lehrkraft nicht durch eine 1:1-Beziehung gekennzeichnet. Die Lehrkraft arbeitet in Bayern in der Berufsschule mit durchschnittlich 23 Schülerinnen und Schülern.[13] Andererseits ist im Zuge der Megatrends mit einer zunehmenden Diversität der Lernenden in beruflichen Schulen zu rechnen. Die entsprechenden didaktischen Antworten verlangen jedoch Daten, die beispielsweise Differenzierungsentscheidungen ermöglichen.[14]

In Bayern liefert der sogenannte Schülerbogen wichtige Daten für die Zielgruppenanalyse, geht jedoch nicht so weit wie die hier vorgeschlagene Akte. Die Schulordnung für die Volksschulen in Bayern (Volksschulordnung - VSO) schreibt vor, dass jede Volksschule in Bayern für jede Schülerin und jeden Schüler einen Schülerbogen zu führen hat. „In diesen werden die für den schulischen Bildungsweg wesentlichen Feststellungen, Beobachtungen und Empfehlungen aufgenommen" (§ 16). Im Schülerbogen wird eine zusammenfassende Beurteilung der Schülerinnen und Schüler durch die Klassenleitung erstellt und zwar in den Jahrgangsstufen 4 und 6 als Grundlage der Entscheidung über die weitere Schullaufbahn, in der Jahrgangsstufe 8 im Hinblick auf die Berufsfindung und wenn das Vorrücken in die nächste Jahrgangsstufe versagt wird. Der Schülerbogen und die Zeugnisdurchschriften werden bei einem Schulwechsel an die aufnehmende Schule weitergeleitet, bei dem Übergang in die Berufsschule wird nur der Schülerbogen weitergeleitet.

Die differenzierte Erstellung von Profilen für einzelne Schülerinnen und Schüler und das Erstellen von Klassenprofilen und -bildern scheinen sich unversöhnlich gegenüber zu stehen. Ein pragmatischer Zwischenweg, der die beiden Betrachtungsweisen individueller Bedingungen im Unterricht zusammenbringt, könnte den Ausgangspunkt zunächst in der üblichen aggregierten Betrachtung nehmen. Die aggregierte Betrachtung lässt sich ergänzen um die differenzierte Betrachtung von Extremfällen: Finden sich in der Klasse Schülerinnen und Schüler, die bezüglich der beschriebenen Merkmale in besonders starker Weise vom Durchschnitt abweichen? Wie sind die Merkmale für diese Schülerinnen und Schüler ausgeprägt?

In einer gruppenorientierten Betrachtung werden die Schülerinnen und Schüler in bestimmte Gruppen zugeordnet, etwa verschiedenen Kompetenzniveaus, wie es die zweite Variante des Klassenbildes nahelegt. Finden sich in der Klasse Schülerinnen und Schüler, die sich bezüglich der beschriebenen Merkmale gruppieren lassen? Wie sind die Merkmale für diese Schülerinnen und Schüler ausgeprägt?

Im Kern hieße dies, besonders starke und besonders schwache Schülerinnen und Schüler oder einzelne Gruppen vertieft zu betrachten. Die aggregierte Betrachtung der gesamten Klasse würde ergänzt um die differenzierte Betrachtung weniger, einzelner Schülerinnen und Schüler oder der Gruppen. Wie bei jeder Aggregation gehen jedoch Informationen verloren, die für eine Individualisierung nicht mehr zur Verfügung stehen.

7.4.1.5 Die Breite wählen: Dimensionsübergreifende oder -spezifische Assessments?

Weiterhin hat bei der Analyse der Lernausgangslage die Wahl der Breite zu erfolgen, mit der die Kompetenzen erfasst werden. Die bisher vorgeschlagenen Instrumente sind dimensionsspezifisch: Sie konzentrieren sich auf die Erfassung der Kompetenz der Lernenden in einer Dimension. So erfasst der LIST-Fragebogen die Lernkompetenz und eben nicht die Sozialkompetenz. Instrumente zur Erfassung der Lernausgangslage können dimensionsspezifisch oder dimensionsübergreifend sein. Hier werden mehrere Beispiele für dimensionsübergreifende Instrumente angeführt.

Breite von Assessments		
	Dimensionsübergreifend	**Dimensionsspezifisch**
Welche Kompetenzdimensionen werden berücksichtigt?	Alle	Einzelne
Beispielhafte Instrumente	Check-it-out, hamet, IHK-Kompetenzcheck	LIST (Lernkompetenz), Kompetenzraster für berufssprachliche Kompetenz

Übersicht 14: Breite von Assessments

Ein Beispiel ist das vom Lehrstuhl für Pädagogik (Prof. Schelten) der Technischen Universität München entwickelte Instrument „*Check-it-out*" (Lehrstuhl für Pädagogik, 2010). Es wendet sich an schwächere Jugendliche, die sich im Übergang zu einer Berufsausbildung schwer tun. Es bietet eine Selbsteinschätzung mit Hilfe eines Online-Befragungsinstruments mit Sofortauswertung. Die Selbsteinschätzung wird kombiniert durch eine Fremdeinschätzung und ein individuelles Beratungskonzept. Die Jugendlichen testen sich und schätzen sich in fünf Bereichen selbst ein: Allgemeinwissen-Checker (Test), Mathematik-Checker (Test), Deutsch-Checker (Test), Einstellung-Checker (Selbsteinschätzung Einstellungen zum Beruf) sowie Beruf-Checker (Selbsteinschätzung Interessen und Fähigkeiten).

Der *hamet* (Handlungsorientierte Module zur Erfassung und Förderung beruflicher Kompetenzen) wurde 1978/79 im Berufsbildungswerk Waiblingen entwickelt und vor allem für lernbehinderte Abgängerinnen und Abgänger aus Schulen eingesetzt (Brähler, Holling, Leutner & Petermann, 2002, S. 554). Seit dem wurde der hamet mehrfach revidiert, erweitert und für verschiedene Zielgruppen entwickelt. Die aktuelle Version, hamet 2, besteht aus vier Modulen, die zum Teil unabhängig voneinander eingesetzt werden können. Das Modul 1 erfasst die beruflichen Basiskompetenzen (handwerklich-motorische Fertigkeiten, Kompetenz im Umgang mit dem PC). Das Modul 2 erhebt die Lernkompetenz und das Modul 3 die Sozialkompetenz. Das Modul 4 überprüft mit der Fehlersuche und der Problemerkennung einen Aspekt des vernetzten Denkens (www.hamet.de).

Der Leitfaden zur Ausbildungsreife der BA (2009) ist nicht ein Testsystem wie der hamet oder der „Check-it-out". Dem Leitfaden zur Ausbildungsreife unterliegt ein Kompetenzmodell, das in der Toolbox (TB-4.8) wiedergegeben ist. Zu jedem der Kriterien des Kompetenzmodells gibt der Katalog der Bundesagentur eine Kurzbeschreibung, führt weitere Kriterien zur Operationalisierung an und skizziert Verfahren zur Feststellung. Von den 25 Kriterien werden 13 Kriterien im Bereich der Selbst- und Sozialkompetenz im Leitfaden „Soziales Lernen in der Haupt-/Mittelschule" des ISB (2009) präzisiert. Dieser Leitfaden ist Teil der bayerischen Mittelschulinitiative und auf den Webseiten des ISB verfügbar. Auf einer Doppelseite wird die jeweilige Teilkompetenz mit Indikatoren, Inhalten und Verfahren versehen und Vorschläge zur methodischen Realisierung in der Schule gegeben. Diverse IHK's bieten außerdem den sogenannten IHK-Kompetenzcheck an (https://nz.persokomp.de/), der komplett internetgestützt durchgeführt werden kann und auf den Vorstellungen des Leitfadens zur Ausbildungsreife aufbaut.

Bei aufwändigeren Erhebungen werden mehrere Erhebungsverfahren miteinander kombiniert. So beispielsweise eine Selbsteinschätzung der Schülerinnen und Schüler mit einer Fremdeinschätzung durch die Lehrkraft.

7.4.2 Assessment-Anlässe und Assessment-Instrumente konstruieren
Nach der grundlegenden Ausrichtung des Assessments sind Assessment-Instrumente und -Anlässe zu entwickeln. Die Entwicklung von Assessment-Anlässen und Assessment-Instrumenten setzt eine Modellierung der Kompetenzen voraus, d. h. dieser Teilschritt Entwicklung kann als ein zweiter Schritt im Zyklus der Kompetenzorientierung (TB-1.15) verstanden werden.

7.4.2.1 Assessment-Anlass auswählen bzw. konstruieren
Eine Assessment-Anlass ist eine Situation, die bei den Schülerinnen und Schülern eine Performanz ‚anregen' soll. Diese Performanz soll Rückschlüsse auf zu beobachtende Kompetenzen liefern. So kann die Lehrkraft beispielsweise eine 20-minütige Gruppenarbeitssequenz im Fachunterricht als Assessment-Anlass nutzen. Dabei beurteilt sie mit Hilfe eines Assessment-Instruments, zum Beispiel eines Kriterienkatalogs zur Sozialkompetenz, spezifische Ausschnitte der Sozialkompetenz von drei bis vier Schülerinnen und Schülern. In einer der nächsten Stunden beurteilt sie in einer weiteren Gruppenarbeitssequenz eine weitere Gruppe von Schülerinnen und Schülern.

Definition 7: Assessment-Anlass

Eine Assessment-Anlass ist eine berufliche oder private, reale oder simulierte Situation (,Anforderungssituation', Performanz), bei der das Handeln einer Person erfasst werden soll, um das gezeigte Handeln als ein Indiz für eine Kompetenz zu verstehen.

Häufig handelt es sich bei Assessment-Anlässen um simulierte Situationen. Ebenso sind jedoch auch reale Situationen in der Schule möglich, etwa wenn gezeigt werden soll, dass Schülerinnen und Schüler Eigenverantwortung für ihr eigenes Lernen in der Schule übernehmen sollen.

Die Konstruktion bzw. die Auswahl von Assessment-Anlässen sollte sich an den Kompetenzen orientieren, die als Lernziele ausgewiesen werden. Dabei empfiehlt es sich den Fokus auf kritische Situationen und Bewältigungsstrategien zu legen, d. h. es wird die Frage gestellt: In welcher kritischen Situation ,zeigt' sich die Kompetenz der Person und wie würde eine kompetente Person diese kritische Situation bewältigen?[15] Der Anlass muss eine spätere Beschreibung und Interpretation ermöglichen, was durch einen mittleren Schwierigkeitsgrad des Assessment-Anlasses unterstützt wird. Der Assessment-Anlass muss so gewählt bzw. konstruiert werden, dass sie Daten zur Performanz *einzelner* Schülerinnen und Schüler erzeugt. Dabei empfiehlt es sich oft, den Kreis der Personen, die beobachtet und beurteilt werden sollen, auf wenige Personen zu begrenzen.

Wenn eine Lehrkraft eine 20-minütige Gruppenarbeitssequenz als Assessment-Anlass nutzt, wird eine *vorhandene* Sequenz des Fachunterrichts nicht nur zur Erarbeitung genutzt, sondern gleichzeitig auch zum Assessment. Assessment-Anlässe können jedoch doch auch eigens konstruiert werden. Dies ist beispielsweise der Fall, wenn die Lehrkraft einen Schüler vortragen lässt um die Präsentationsfähigkeit des Schülers zu beurteilen. Damit ergeben sich drei Herausforderungen bei der Auswahl bzw. Konstruktion von Assessment-Anlässen.

- ► **Vorhandene Unterrichtssequenzen als Assessment-Anlass nutzen**: Welche Sequenzen des geplanten und bereits ausgearbeiteten Unterrichts können als Assessment-Anlässe genutzt werden?
- ► **Vorhandene Unterrichtssequenzen so verändern, dass sie als Assessment-Anlass genutzt werden kann**: Wie können vorhandene Unterrichtssequenzen so verändert werden, dass Sie als Assessment-Anlass genutzt werden können?
- ► **Neue Unterrichtssequenzen als Assessment-Anlass entwickeln**: Wie muss eine Unterrichtssequenz entwickelt werden, damit sie als Assessment-Anlass fungiert?

Um die Zusammenarbeit von Lehrkräften sowie das Qualitätsmanagement zu unterstützen, bietet sich eine Beschreibung des Assessment-Anlasses mit Hilfe einer Vorlage mit festgelegten Kategorien an, zum Beispiel Name, Beschreibung, Aufgabenstellung, eingesetzte Assessment-Instrumente, Hilfsmittel/Anlagen.

7.4.2.2 Assessment-Instrument konstruieren bzw. auswählen

Zur Beschreibung und Interpretation des Handelns der Schülerinnen und Schüler in einem Assessment-Anlass, also der Performanz, werden Assessment-Instrumente eingesetzt, zum Beispiel ein Beobachtungsbogen.

Definition 8: Assessment-Instrument

Ein Assessment-Instrument ist ein Hilfsmittel um das Handeln, das in einem Assessment-Anlass gezeigt wurde, zu beschreiben und zu interpretieren.

Bei der Arbeit mit Assessmentinstrumenten verschmelzen Beobachtung und Interpretation häufig, sollten jedoch klar getrennt werden. Die Assessment-Instrumente sollten aus der anzustrebenden

Kompetenz abgeleitet werden und eine gute Passung zum Assessment-Anlass haben. Die Passung von Teilkompetenzen, Assessment-Anlässen und Assessment-Instrumenten sollte sorgfältig kontrolliert werden. Eine Teilkompetenz sollte dabei mehrfach berücksichtigt werden: Der Rückschluss auf die Kompetenz sollte auf den mit Hilfe von Assessment-Instrumenten gewonnenen Daten aus der Erfassung der Performanz in *mehreren* Assessment-Anlässen beruhen. Dazu bietet sich die Arbeit mit einer Kompetenz-Assessment-Matrix (KAM) an. Dabei wird jeweils festgehalten, welche Kombination von Assessment-Anlässen und -instrumenten (AAI) einen Beitrag zur Analyse einer Teilkompetenz liefert.[16]

Kompetenz-dimension	Kompetenz	Assessment-Anlass & -Instrument					
		AAI 1	AAI 2	AAI 3	AAI 4	AAI 5	...
Sozialkompetenz (Schwieriges Kundengespräch)	SoKo-S1: Im schwierigen Kundengespräch auf der Sachebene aktiv zuhören und interpretieren (Sachebene)	X			X		
	SoKo-S2: Im schwierigen Kundengespräch Beziehung zum Gegenüber interpretieren (Beziehungsebene)		X		X	X	
	SoKo-S3: Im schwierigen Kundengespräch Selbstkundgabe in der Äußerung interpretieren (Selbstkundgabe)		X			X	
	SoKo-S4: Im schwierigen Kundengespräch Absichten interpretieren (Appellebene)	X		X		X	
	...						

Übersicht 15: Auszug aus einer Kompetenz-Assessment-Matrix (KAM). AAI = Assessment-Anlass und -Instrument

Die Entwicklung solcher Assessment-Systeme ist ein aufwändiges Geschäft. Bei der Gestaltung von Assessment-Instrumenten in der Schule lohnt es sich, Beobachtungsbögen einzelner Lehrkräfte zu ausgewählten Kompetenzen zu sammeln, ggf. zu überarbeiten und ausführlich zur Diskussion zu stellen. Globale Instrumente ('Mutter'), etwa zu „Präsentationsfähigkeit" können für einzelne Lernsituation ('Kind') spezifiziert werden. Ebenso können spezifische Instrumente verallgemeinert werden.

Die so gewonnen Daten müssen zu einem Wert verdichtet werden. Die folgende Tabelle zeigt eine beispielhafte Assessment-Matrix. Bei der Ermittlung des Wertes kann ein ungewichteter oder ein gewichteter Mittelwert gebildet werden.[17]

Schüler(in)	Ergebnisse Assessment Kompetenz								
	SoKo-S1			SoKo-S2			SoKo-S3		
	AAI 1	AAI 4	*Wert*	AAI 2	AAI 4	AAI 5	*Wert*	AAI 2	AAI 5	*Wert*
Feulner, Markus	5			4				5		
Kiyotake, Hiroshi	2			3				3		
Chandler, Timothy	4			3				2		
Esswein, Alexander	4			2				5		
Pinola, Javier	2			6				3		
...									

Übersicht 16: Auszug aus einer Assessment-Matrix (2 AAI erfolgt)

7.4.2.3 Subjektivität und Aufwand von Assessments bei schulnahen Assessments im Blick behalten

Der Rückschluss von der Performanz auf die Kompetenz ist *immer* mit Unsicherheiten behaftet. Assessments unterscheiden sich danach, in welchem Umfang sie diese Unsicherheit akzeptieren bzw. akzeptieren können und welche Vorkehrungen getroffen werden.

Um die Subjektivität bei schulnahen Assessments zu kontrollieren, bieten sich eine Reihe von Maßnahmen an.[18] Nach dem Prinzip der Mehrfacherhebung wird jede zu beurteilende Dimension für jedes Individuum mehrfach erhoben und interpretiert. Nach dem Prinzip der selektiven Beobachtung wird die Anzahl der Personen (max. 3) und Anzahl der Kriterien (max. 5) pro Assessment-Anlass begrenzt. Nach dem Prinzip des kommunikativen Abgleichs von Kompetenzen, Anlässen und Instrumenten erfolgen eine gemeinsame Kompetenzmodellierung und eine gemeinsame Entwicklung von Assessment-Instrumenten und Assessment-Anlässen. Alternativ können umfangreiche Dokumentationen und umfangreiche Schulung erfolgen. Nach dem Prinzip des kommunikativen Abgleichs der Assessment-Ergebnisse werden die Beobachtungen und Beurteilungen in einem Team abgeglichen.

Prinzipien zur Kontrolle der Subjektivität bei schulnahen Assessments

▶ **Prinzip der analytischen Assessments:** Die Performanz bei einem Assessment-Anlass wird nicht holistisch beschrieben, sondern es werden Checklisten, Kriterienkatalogen, Kriterienraster zur analytischen Beschreibung eingesetzt.

▶ **Prinzip der Mehrfacherhebung:** Eine Interpretation sollte auf den Daten mehrerer Erhebungen beruhen, zum Beispiel einer Mehrfachbeobachtung.

▶ **Prinzip des kommunikativen Abgleichs der Kompetenzen, der Assessment-Anlässe und Assessmentinstrumente:** Kompetenzen, Anlässe und Instrumente sollten im Team oder im Kollegium kommunikativ abgeglichen werden.

▶ **Prinzip des kommunikativen Abgleichs der Assessment-Ergebnisse:** Assessment-Ergebnisse sollten im Team oder im Kollegium kommunikativ abgeglichen werden.

Übersicht 17: Prinzipien zur Kontrolle der Subjektivität

Subjektivität ist dabei nicht zu vermeiden. Das wäre auch nicht wünschenswert: Lehrkräfte können feinfühlig die Besonderheiten der individuellen Situation berücksichtigen. Das kann kein wissenschaftlicher Test. Insofern ist Subjektivität von Lehrkräften kein Makel, sondern eine Chance.

Der Aufwand für die Entwicklung, Durchführung und die Weiterentwicklung des Assessmentsystems muss begrenzt werden. Ein ‚flächendeckendes‘ Assessment-System ist unter schulischen Normalbedingungen nur ausgesprochen schwierig aufzubauen und verlangt viel Energie und Geduld. Das ist auch dann der Fall, wenn nicht der Fehler gemacht wird, die bereits vorhandenen Assessment-Anlässe und -Instrumente zu vernachlässigen. Es erscheint ratsam, ‚klein‘ zu beginnen, d. h. mit Teilkompetenzen, denen aufgrund der strategischen Ausrichtung der Schule, etwa im Leitbild, ein besonderer Stellenwert zukommt. Wenn sich etwa die Schule die verstärkte Förderung des selbstverantwortlichen Lernens auf die Fahne geschrieben hat, bietet es sich an mit dieser Teilkompetenz der Lernkompetenz – oder eben Teilen davon – zu beginnen.

7.5 Die Lernausgangslage in den verschiedenen Kompetenzdimensionen erfassen

Die Entwicklung der Assessment-Anlässe und -Instrumente dient der Erfassung der Lernausgangslage. In einzelnen Kompetenzdimensionen kann dabei zum Teil auf etablierte Verfahren zurückgegriffen werden.

7.5.1 Die Fachkompetenz erfassen

Bei der Erfassung der Fachkompetenz der Lernenden handelt es sich um die Erfassung des fachlichen Vorwissens und des fachlich-affektiven Zustandes als Ausgangszustand des Lern- bzw. des Lehrprozesses. Zur Erfassung von Fachkompetenzen in deskriptiver Hinsicht bieten sich mehrere Verfahren an, die später ausführlich vertieft werden (Stiggins, 2008).

▶ **Befragen:** Die Fachkompetenz kann durch schriftliche Befragungen erfasst werden. Diese können standardisiert-quantitativ sein, wie beispielsweise Multiple-Choice-Fragen, oder weniger standardisiert-qualitativ, zum Beispiel das essayartige Beantworten von Fragen. Daneben treten mündliche Befragungen zur Erfassung der Fachkompetenz.

▶ **Beobachten**: Die Lehrkraft kann eine spezifische Performanz beobachten („performance assessment'). Bei einem methodisch ausdifferenzierten Assessment der Performanz benötigt die Lehrkraft dazu eine angemessene Aufgabe sowie ein Bewertungsschema für die Performanz.

▶ **Dokumentenanalyse**: Die Lehrkraft kann vorhandene Unterlagen nutzen, um die Fachkompetenz der Lernenden im Vorhinein einzuschätzen. Dazu gehört insbesondere eine Analyse der Unterlagen, aus denen hervorgeht, was die Lernenden im vorhergehenden Unterricht gelernt haben sollten.

Ein standardisiertes Instrument zur Erfassung der Fachkompetenz in allen möglichen Berufen ist zurzeit nicht in Sicht.

7.5.2 Die Lernkompetenz erfassen

Zur Erfassung der Lernkompetenz können standardisierte Fragebögen eingesetzt werden. Für das Assessment der Lernkompetenz wird im LIST-Ansatz ein Selbsteinschätzungsinstrument verwendet.[19] Der LIST-Bogen ist in der Toolbox wiedergegeben (TB-4.14 und TB-4.16).[20]

Die Schülerin oder der Schüler erhält zunächst ein Item, zum Beispiel „Ich fertige Tabellen, Diagramme oder Schaubilder an, um den Stoff der Veranstaltung besser strukturiert vorliegen zu haben." Für jedes dieser Items geben die Lernenden mit einer fünfstufigen Skala, die von „sehr selten" (1) bis „sehr oft" (5) reicht, eine Selbsteinschätzung zu einzelnen Aussagen ab. Der Fragebogen WLI-Schule enthält insgesamt 77 Items und zwar zu den drei Bereichen, die auch im Kompetenzmodell übernommen worden sind: Kognitive Lernprozesse, interne und externe Ressourcen nutzen sowie metakognitive Prozesse.

Nach der Beantwortung des Fragebogens ist er durch die Lehrkraft auszuwerten. Dazu werden die Punktwerte für einzelne Skalen, zum Beispiel die Fragen zu kognitiven Prozessen, addiert und durch die Zahl der Items dividiert, um so einen erreichten Durchschnitt zu ermitteln. Dazu müssen die Items den einzelnen Teilkompetenzen zugeordnet werden. Dies leistet eine Zuordnung der Items, die in der Übersicht wiedergegeben wird (TB-4.15 und TB-4.17). Die Werte können dann auf zwei Arten interpretiert werden: Einerseits wird der Durchschnitt betrachtet und eine Normstrategie abgegeben, d. h. „Lernverhalten beibehalten" (4,0 - 4,5), „Lernverhalten kritisch überprüfen und verbessern" (3,0 - 4,0) und „Dringend Verbesserungsmöglichkeiten suchen und einleiten" (unter 3,0). Außerdem kann ein Vergleich mit den Daten einer größeren Zahl von Lernenden durchgeführt werden.[21]

Beobachten kann wichtige Informationen zum Lernprozess erschließen.
Bild 3. © Miss Jones, photocase.com

Die Lernkompetenz der Schülerinnen und Schüler kann jedoch nicht nur mit standardisierten Befragungsinstrumenten wie dem LIST erfasst werden. Vielmehr kann Lernkompetenz auf verschiedene Arten diagnostiziert werden.[22]

▶ **Quantitative Befragung**: Der Fragebogen LIST ist ein Beispiel für eine schriftliche standardisierte Befragung, die zu quantitativen Ergebnissen führt. Sie ermöglicht eine Selbsteinschätzung der

Schülerinnen und Schüler, d. h. sie sind Selbstberichte und damit methodisch mit spezifischen Problemen behaftet.

▶ **Qualitative Befragung**: Der qualitativen Erfassung von Lernkompetenzen dienen Interviews und die Methode des lauten Denkens. Bei der Methode des lauten Denkens werden die Lernenden gebeten, bei der Bewältigung einer realistischen Lernaufgabe über ihr Handeln und ihre begleitenden Emotionen zu berichten. Bei den Interviews werden strukturierte Interviews eingesetzt. Hierzu zählt beispielsweise das Interview zum selbstgesteuerten Lernen (Self-Regulated Learning Interview Schedule - SRLIS) von Zimmerman und Martinez-Pons, das von Spörer (2003) für Deutschland adaptiert wurde. Dabei werden die Schülerinnen und Schüler zu mehreren Themenkomplexen interviewt. Dies sind: Anfertigung Hausaufgaben, Vorbereitung und Lernen für Klassenarbeiten, geringe Motivation, schlechte Noten, Hobby, Freundschaften. Der Interviewleitfaden sieht dann vergleichsweise stark vorformulierte Fragen vor, zum Beispiel zu schlechten Noten: „Nun soll es um die Noten gehen. Stell dir vor, du hast für eine Klassenarbeit gelernt und deine Note ist leider schlechter als du gehofft hast. Kennst du diese Situation? Was hat dir geholfen, um mit der Situation besser umzugehen?". Hinzu kommen neuere Forschungsmethoden wie der stimulierte Abruf, bei denen die Lernenden mit kurzen Videosequenzen des eigenen Lernens konfrontiert werden, die sie kommentieren sollen.

▶ **Beobachtungen**: Direkte Beobachtungen der Performanz können weiterhin Rückschlüsse auf die zugrundeliegende Lernkompetenz ermöglichen.

▶ **Dokumentenanalyse**: Um das konkrete Lernverhalten zu erfassen, wird mit der Methode des ‚Trace Methodologies' gearbeitet. Bei den ‚Trace Methodologies' werden ‚Traces', also Spuren des Lernens, wie Notizen, Markierungen oder schematische Zusammenfassungen durch die Lernenden analysiert (Nüesch, 2001, S. 96 ff.).

In die Toolbox wurde ein Kriterienkatalog für die Erfassung von Lernkompetenz auf der Grundlage des hier verfolgten Verständnisses aufgenommen (TB-4.12). Der Kriterienkatalog kann Grundlage für Befragungen, Beobachtungen oder Auswertungen von vorhandenen Daten sein.

7.5.3 Die Sozialkompetenz erfassen

Die Begriffe „Sozialkompetenz", „kommunikative Kompetenz", „moralische Kompetenz" und „moralische Urteilsfähigkeit" spannen eine recht undurchsichtige und unverbundene Forschungslandschaft auf.

Bei der Erfassung der *moralischen (Urteils-)Kompetenz* dominiert die Arbeit mit moralischen Dilemmata, wie etwa das wiedergegebene Heinz-Dilemma (Lind, 2003): Ein Dilemma ist allgemein eine Zwangslage, die zur Wahl zwischen mehreren, in der Regel unangenehmen Dingen führt. Bei einem moralischen Dilemma besteht nur die Wahl zwischen Handlungsalternativen, die jede für sich den eigenen moralischen Vorstellungen widerspricht und zu denen es definitiv keine weitere Alternative gibt. Zum Beispiel komme ich aus einer Situation nur heraus, indem ich lüge oder stehle und ein Drittes nicht möglich ist. Im pädagogischen Ansatz von Kohlberg wird mit eigens konstruierten Dilemmata gearbeitet (edukatives moralisches Dilemma): Dies ist ein semi-reales oder reales Dilemma, das Teilnehmende an einer Dilemmadiskussion so zum Nachdenken über moralische Problemlösungen anregt, dass bei ihnen die Entwicklung der moralischen Kompetenz gefördert wird. Das Dilemma sollte so realistisch formuliert sein, dass bei den Zuhörenden Neugier und Spannung, aber keine lernhemmenden Emotionen, wie zum Beispiel Ängste oder Hass ausgelöst werden. Die Konstruktion und der Einsatz dieser Dilemmata im Unterricht werden an späterer Stelle vertieft. Hier soll es zunächst nur um das Assessment mit Hilfe solcher Dilemmata gehen.

Die Person wird mit einer solchen gedachten Situation konfrontiert. Daraufhin wird die Person aufgefordert, ein moralisches Urteil zu fällen bzw. eine Handlungsalternative zu wählen. Je nach den gegebenen Begründungen wird auf die Stufe zurück geschlossen. Wenn zum Beispiel ein Schüler im Heinz-Dilemma sagt, dass Heinz die Medikamente nicht stehlen sollte, *weil* er sonst verhaftet wird, wird der Schüler auf Stufe 1 (Orientierung an Strafe und Gehorsam) verortet. Wenn der Schüler hingegen antwortet, Heinz solle das Medikament stehlen, *weil* in einer Gesellschaft eine Wertehierarchie bestehe, die den Schutz des Lebens vor den Schutz von Eigentum und Ehrlichkeit stelle, dann wird rückgeschlossen, dass sich dieser Schüler auf Stufe 5 (Sozialvertrag) bewegt. Die Arbeit mit diesen Stufen ist im Alltag einer beruflichen Schule vergleichsweise aufwändig. Die Lehrkraft muss nicht nur die Stufen sehr gut kennen, sondern hat alle Hände voll damit zu tun, die Antworten der Schülerinnen und Schüler richtig einzusortieren. Außerdem werden häufig Antworten gegeben, die auf mehreren Stufen zu liegen scheinen.

Neben der Arbeit mit moralischen Dilemmata zur Ermittlung der moralischen Stufe von Personen werden weitere Verfahren der Diagnose eingesetzt.[23] Hinzuweisen ist vor allem auf den moralischen Urteil-Test (MUT) von Lind. Der MUT hat in der Standardfassung, die mit zwei Dilemmata arbeitet, eine Bearbeitungsdauer von circa zehn bis 20 Minuten. Der MUT ist, wie Lind betont, entwickelt worden, „um Forschungsfragen zu beantworten und um pädagogische Methoden und Programme zur Förderung der moralischen Urteilsfähigkeit zu evaluieren und nicht für individual-diagnostische Zwecke geeignet" (2003, S. 52). Der MUT ist nicht frei im Internet verfügbar. Der MUT eignet sich daher für die tägliche Arbeit von Lehrkräften nicht. Insofern ist die Situation bezüglich des Assessments unbefriedigend. Es liegen zwar ausgefeilte Instrumente für die Forschung, aber keine Instrumente für die Hand der normalen Lehrkraft vor.

Assessment von Sozialkompetenz ist meist argumentativ
Bild 4. © Modern Learning

Für die Erfassung von Sozialkompetenz werden verschiedene Methoden eingesetzt.[24]

- ▶ **Befragung mit kognitiven Leistungstests**: Der Bereich des Wissens wird mit Hilfe von Leistungstests schriftlich oder mündlich abgefragt. Diese Tests heben vor allem auf deklaratives Wissen ab und berücksichtigen den affektiven Bereich nicht.

- ▶ **Befragungen mit Hilfe von biographischen Fragebögen und Tagebüchern**: Biographische Fragebögen dienen ebenso wie Tagebücher der Selbstreflexion.

- ▶ **Befragungen mit soziometrischer Auswertung**: Bei soziometrischen Befragungen wird die Sozialstruktur erhoben, zum Beispiel mit Hilfe der Frage „Mit welchem Mädchen oder Jungen möchtest Du am liebsten zusammensitzen?". Die Kompetenz im hier verstandenen Sinne ist damit nur schwer zugänglich.

- ▶ **Beobachtung der Performanz** ('Verhaltensbeobachtung'): Bei einer Verhaltensbeobachtung wird die Performanz, d. h. das Sozialverhalten, einer sozial-kommunikativen Situationen direkt in der Situation, beispielsweise bei einem Rollenspiel, erhoben und bewertet. Typische Situationen, die auch in Assessment-Centern verwendet werden, sind das Rollenspiel, die Präsentation, die Gruppendiskussion sowie die Gruppenübung. Die Beobachtung erfolgt im Regelfall mit Beobachtungsbögen, d. h. teilstandardisierten Erhebungsinstrumenten. Die Verhaltensbeobachtung kann eine Selbstbeobachtung sein, bei der dann regelmäßig Videotechnik oder eine Fremdbeobachtung eingesetzt wird.

- ▶ **Befragung mit Hilfe von Verhaltensbeschreibungen**: Bei Verhaltensbeschreibungen rekonstruiert die Befragte bzw. der Befragte mit einer gewissen zeitlichen Distanz. Bei der Diagnostik wird also das Sozialverhalten nicht mehr ‚live' erlebt, sondern nur sprachlich vermittelt. Für die Schule werden dabei auch standardisierte Instrumente eingesetzt wie der Fragebogen zur Erfassung von Dimensionen der Integration von Schülern (FDI), der Fragebogen Kooperation und Wettbewerb (FKW), der Schulangst-Test sowie der Sozialfragebogen für Schüler für 4. bis 6. Klassen (SFS 4-6), und der Fragebogen „In schulischen Gruppen arbeiten" (SGA).

In die Toolbox wurde ein Kriterienkatalog für die Erfassung der Sozialkompetenz (TB-4.18) auf der Grundlage des hier verfolgten Verständnisses aufgenommen.

7.5.4 Die Selbstkompetenz erfassen

In der Forschung werden zum Assessment von Selbstkompetenz mehrere Verfahren eingesetzt. Ein Instrument zur Messung ist der Self Description Questionnaire (SDQ). Er ist angelehnt an die Vorstellung eines hierarchischen Selbstkonzepts nach Shavelson und wird für verschiedene Zielgruppen vorgelegt. Der SDQ-III erfasst in der deutschsprachigen Fassung von Schwanzer u. a. (2005) 16 Aspekte des Selbstkonzeptes mit vier Items. Die Skalen reichen von „Aussehen" (z. B. „Ich habe einen attraktiven Körper"), über Ehrlichkeit (z. B. „Ich sage fast immer die Wahrheit") bis hin zu „Politischer Kompetenz" (z. B. „Denken in politischen Zusammenhängen liegt mir"). Sowohl vom Erhebungsaufwand als auch vom Informationsinput scheinen mir diese Instrumente für den Alltag in beruflichen Schulen kaum geeignet.

Für die Messung bereichsspezifischer Selbstkonzepte wurden in Deutschland mehrere Skalen entwickelt. Dazu zählen die Skala zum akademischen Selbstkonzept (SASK) von Dickhäuser u. a. (2002), mehrere bereichsspezifische Skalen zu Selbstkonzept von Günter Krampen sowie das Selbstkonzept-Inventar (SKI) nach von Georgi und Beckmann. Ein pragmatisches, im Schulalltag einsetzbares Verfahren zur Bestimmung des Selbstkonzeptes ist mir nicht bekannt.

Für die Erfassung der Selbstkompetenz wurde in der Toolbox ein Kriterienkatalog (TB-4.20) aufgenommen.

7.5.5 Die (berufs-)sprachliche Kompetenz erfassen

Zum Assessment der berufsbildungssprachlichen Kompetenz werden in der Literatur mehrere Verfahren vorgeschlagen (Kimmelmann, 2010).

Das in der Toolbox von Radspieler entwickelte Kompetenzraster für berufssprachliche Kompetenz (TB-4.21) ermöglicht die Verwendung von Aufgaben aus den Vergleichsarbeiten für die achte Klasse (VERA 8) sowie von Aufgaben, die auf der Grundlage des Gemeinsamen Europäischen Referenzrahmens (GER) entwickelt wurden (Radspieler, 2011).

Ökonomisch sind insbesondere Verfahren, die zu Beginn des Schuljahres, ähnlich wie beim LIST, eingesetzt werden können. Beispielsweise wird am Karl-Schiller-Berufskolleg in Dortmund, d. h. einer beruflichen Schule mit Berufsschule und vollzeitschulischen Bildungsangeboten, die „Gutschrift Kompetenzdiagnostik" eingesetzt. Diese liefert differenzierte Daten zu den Schreibkompetenzen der Schülerinnen und Schüler (Löffler, Adlung & Poelke, 2008). An der TU Darmstadt wurde weiterhin der „Baukasten Lesediagnose" für berufliche Schulen entwickelt (Efing, 2008). Beide Instrumente erlauben der Lehrkraft auch ohne aufwändige Schulung die Erfassung der sprachlichen Kompetenz der Klasse.

7.6 Leitfragen für die Analyse der Lernausgangslage (GAL 3.2)

Im GAL-Schema für die makrodidaktische Planung (TB-2.3) und im GAL-Schema für die mikrodidaktische Planung (TB-2.6) werden jeweils im Abschnitt 3.2 der Lern- und Entwicklungsstand als Teil der individuellen Bedingungen erfasst.

Leitfragen für die Analyse der Lernausgangslage (GAL 3.2)

▶ Welche Schularten haben die Schülerinnen und Schüler vorher besucht bzw. welche Abschlüsse haben sie erworben?

▶ Wie sind die domänenübergreifenden Kompetenzen bzw. die Intelligenz der Schülerinnen und Schüler einzuschätzen?

▶ Welche Fachkompetenz hat die Zielgruppe bzw. einzelne Lernende? Muss die Fachkompetenz weiter diagnostiziert werden? Wenn ja: Mit welchem Erhebungsverfahren?

▶ Welche Lernkompetenz hat die Zielgruppe bzw. einzelne Lernende? Muss die Lernkompetenz weiter diagnostiziert werden? Wenn ja: Mit welchem Erhebungsverfahren?

▶ Welche Sozialkompetenz hat die Zielgruppe bzw. einzelne Lernende? Muss die Sozialkompetenz weiter diagnostiziert werden? Wenn ja: Mit welchem Erhebungsverfahren?

▶ Welche Selbstkompetenz hat die Zielgruppe bzw. einzelne Lernende? Muss die Selbstkompetenz weiter diagnostiziert werden? Wenn ja: Mit welchem Erhebungsverfahren?

▶ Welche sprachliche Kompetenz hat die Zielgruppe bzw. einzelne Lernende? Muss die Sprachkompetenz weiter diagnostiziert werden? Wenn ja: Mit welchem Erhebungsverfahren?

▶ Wie sehen das Niveau und die Heterogenität der Lernausgangslage aus (Fach-, Lern-, Sozial-, Selbst-, Sprachkompetenz)? Wie wurde die Lernausgangslage erhoben?

▶ Finden sich in der Klasse Schülerinnen und Schüler, die sich bezüglich der beschriebenen Merkmale in besonders starker Weise vom Durchschnitt abheben oder gruppieren lassen? Wie sind die Merkmale für diese Schülerinnen und Schüler ausgeprägt?

▶ Soll ein differenziertes Profil für einzelne Schülerinnen bzw. Schüler erstellt werden?

Übersicht 18: Leitfragen für die Analyse der Lernausgangslage

Bitte verorten Sie diese Leitfragen auch in der Karte „Bedingungen des Wirtschaftsunterrichts" (TB-1.9) sowie der Übersicht „Modell der unterrichtlichen Bedingungen" (TB-6.1).

7.7 Outro

7.7.1 Die wichtigsten Begriffe dieser Lerneinheit

▶ Ökopsychologisches System
▶ Bedingungen als didaktisches Strukturelement (Bedingungsschale, Entscheidungsbezug von Bedingungen, Dynamik von Bedingungen bzw. ‚panta rhei')
▶ Lernausgangslage
▶ Assessment
▶ Messen
▶ Testen
▶ Prüfen
▶ Screening
▶ Diagnose
▶ Erhebungsmethoden (Befragung, Beobachtung, Nutzung vorhandener Daten)
▶ Sozialer Bezug Assessment (Expertenassessment, Selbstassessment, Peer-Assessment

▶ Assessments ausrichten
▶ Assessment-Anlass
▶ Assessment-Instrument
▶ Lerntyp
▶ Betrachtung des Hintergrunds der Lernenden
▶ Motivation (im Sinne des Kognitivismus)
▶ Erwartungen, Anreize (Tätigkeit, Ergebnis, Folgen)
▶ Klima in der Klasse

7.7.2 Tools

▶ Tool „Karte: Bedingungen des Wirtschaftsunterrichts" (TB-1.9)
▶ Tool „Übersicht: Zyklus der Kompetenzorientierung" (TB-1.15)
▶ Tool „Kompetenzmodelle: Kriterien Ausbildungsreife" (TB-4.8)
▶ Tool „Einzelne Kompetenzdimensionen: Lernkompetenz: Kriterienkatalog" (TB-4.12)
▶ Tool „Einzelne Kompetenzdimensionen: Lernkompetenz: Fragebogen" (TB-4.14)
▶ Tool „Einzelne Kompetenzdimensionen: Lernkompetenz: Auswertung des Fragebogens" (TB-4.14)

- ▶ Tool „Einzelne Kompetenzdimensionen: Lernkompetenz: Fragebogen (Wirtschaftsschulvariante)" (TB-4.16)
- ▶ Tool „Einzelne Kompetenzdimensionen: Lernkompetenz: Auswertung des Fragebogens (Wirtschaftsschulvariante)" (TB-4.17)
- ▶ Tool „Einzelne Kompetenzdimensionen: Sozialkompetenz: Kriterienkatalog" (TB-4.18)
- ▶ Tool „Einzelne Kompetenzdimensionen: Selbstkompetenz: Kriterienkatalog" (TB-4.20)
- ▶ Tool „Einzelne Kompetenzdimensionen: (Berufs-)Sprachliche Kompetenz: Kompetenzraster" (TB-4.21)
- ▶ Tool „Analyse der Lernausgangslage: Klassenprofil: Vorlage" (TB-4.22)
- ▶ Tool „Analyse der Lernausgangslage: Klassenbild der Kompetenzen: Vorlage I   T" (TB-4.23)
- ▶ Tool „Analyse der Lernausgangslage: Klassenbild der Kompetenzen: Vorlage II" (TB-4.24)
- ▶ Tool „Analyse der Lernausgangslage: Klassenbild der Kompetenzen: Variante III" (TB-4.25)
- ▶ Tool „Analyse der Lernausgangslage: Profil Schüler(in): Vorlage" (TB-4.26)
- ▶ Tool „Bedingungen des Wirtschaftsunterrichts: Übersicht" (TB-6.1)

7.7.3 Kompetenzen

- ▶ Bedingungen des Unterrichts als verschachteltes Strukturelement verstehen: Bedingungen als didaktisches Element einordnen; Dynamik der Bedingungen nachvollziehen und Unhintergehbarkeit der Dynamik akzeptieren; Veränderbarkeit von Bedingungen sehen
- ▶ Analyse der Lernausgangslage gestalten
- ▶ Sonderformen des Assessments reflektieren: (Kompetenz-)Messung bewerten; Testen bewerten; Prüfen als Sonderform des Assessments rekonstruieren

7.7.4 Hinweise zur vertieften Auseinandersetzung: Weiterlesen

Ein ausgesprochen hilfreiches Buch zum Assessment stammt von Richard Stiggins und trägt den programmatischen Titel „An introduction to student-involved assessment for learning" (2008). Mit der Betonung auf „for learning" weist Stiggins darauf hin, dass Assessments nicht nur nach einem Lernprozess erfolgen sollten, sondern vorher, damit sie *für* das Lernen genutzt werden können. Leider ist die Veröffentlichung nur auf Englisch erhältlich und berücksichtigt die Spezifika beruflicher Schulen nicht.

7.7.5 Hinweise zur vertieften Auseinandersetzung: Weitersurfen

Eine Analyse der Lernausgangslage ist eine Voraussetzung für die individuelle Förderung, die ausführlich in Lerneinheit 19 erörtert wird. Das Portal „Individuell fördern" (www.foerdern-individuell.de) des ISB bietet unter der Rubrik interessante Hinweise und Beispiele, die jedoch die Spezifika beruflicher Schulen nicht berücksichtigen.

Als Ergebnisse aus dem Projekt „UDiKom" (Aus- und Fortbildung der Lehrkräfte in Hinblick auf Verbesserung der Diagnosefähigkeit, Umgang mit Heterogenität, individuelle Förderung) steht eine Reihe von Downloads auf der Projektseite www.udikom.de zur Verfügung. Die Datenbank tests.udikom.de listet eine Fülle von Verfahren der Individualdiagnostik auf, die jedoch meist ärgerlicherweise für die ‚normale Lehrkraft' weder zu beziehen noch zu finanzieren sind.

7.7.6 Literaturnachweis

Altrichter, H. & Posch, P. (2007). *Lehrerinnen und Lehrer erforschen ihren Unterricht* (4. Aufl.). Bad Heilbrunn: Klinkhardt.

Anastasiadis, M. & Bachmann, G. (2005). Das Forschungstagebuch. In H. Stigler & H. Reicher (Hrsg.), *Praxisbuch Empirische Sozialforschung in den Erziehungs- und Bildungswissenschaften.* (S. 161–165). Innsbruck, Wien, Bozen: Studienverlag.

BA (Bundesagentur für Arbeit). (2009). *Kriterienkatalog Ausbildungsreife:* Bundesagentur für Arbeit.

Bauer-Klebl, A., Gomez, J., Euler, D., Keller, M. & Walzik, S. (2009). Diagnose von Sozialkompetenzen. In D. Euler (Hrsg.), *Sozialkompetenzen in der beruflichen Bildung. Didaktische Förderung und Prüfung* (S. 151–222). Bern: Haupt Verlag.

Blum, A. & Zaugg, R. J. (2009). 360-Grad-Feedback. Komplexe Arbeitsbeziehungen erfordern differenzierte Feedbacksysteme. In N. Thom & R. J. Zaugg (Hrsg.), *Moderne Personalentwicklung. Mitarbeiterpotenziale erkennen, entwickeln und fördern* (3. Aufl., S. 63–80). Wiesbaden: Gabler.

Bowman, N. A. (2010). Can 1st-Year College Students Accurately Report Their Learning and Development? *American Educational Research Journal, 47* (2), 466–496.

Brähler, E., Holling, H., Leutner, D. & Petermann, F. (Hrsg.). (2002). *Brickenkamp Handbuch psychologischer und pädagogischer Tests. Band 1* (3. Aufl.). Göttingen: Hogrefe.

Bühner, M. (2010). *Einführung in die Test- und Fragebogenkonstruktion* (2. Aufl.). München: Pearson Studium.

Creswell, J. W. (2005). *Educational Research. Planning, Conducting, and Evaluating Quantitative and Qualitative Research* (2. Aufl.). Upper Saddle River: Pearson.

Dickhäuser, O., Schöne, C., Spinath, B. & Stiensmeier-Pelster, J. (2002). Die Skalen zum akademischen Selbstkonzept. *Zeitschrift für Differentielle und Diagnostische Psychologie, 23* (4), 393–405.

Diekmann, A. (2009). *Empirische Sozialforschung. Grundlagen, Methoden, Anwendungen* (20. Aufl.). Reinbek bei Hamburg: Rowohlt-Taschenbuch-Verlag.

Dochy, F., Segers, M. & Sluijman, S. (1999). The Use of Self-, Peer and Co-assessment in Higher Education: a review. *Assessment & Evaluation in Higher Education, 24* (3), 331–350.

Eck, C. D., Jöri, H. & Vogt, M. (2010). *Assessment-Center. Entwicklung und Anwendung - mit 57 AC-Aufgaben und Checklisten zum Downloaden und Bearbeiten im Internet* (2. Aufl.). Berlin, New York: Springer.

Efing, C. (2008). Kontinuierliche und individuelle Diagnose der Lesekompetenz von BerufsschülerInnen mit dem „Baukasten Lesediagnose". In K. Hegmann & K. Wilbers (Hrsg.), *Qualität in der Berufsbildung. Spezial 4 der Zeitschrift bwp@* (S. 1–19).

Evans, C. (2013). Making Sense of Assessment Feedback in Higher Education. *Review of Educational Research, 83* (1), 70–120.

Fisseni, H.-J. (1997). *Lehrbuch der psychologischen Diagnostik.* (2. Aufl.). Göttingen, Bern, Toronto, Seattle: Hogrefe.

Flechsig, K.-H. & Haller, H.-D. (1977). *Einführung in didaktisches Handeln. Ein Lernbuch für Einzel- und Gruppenarbeit* (2. Aufl.). Stuttgart: Klett.

Flick, U. (2009). *Qualitative Sozialforschung. Eine Einführung* (2. Aufl.). Reinbek bei Hamburg: Rowohlt-Taschenbuch-Verlag.

Gigerenzer, G. (1981). *Messung und Modellbildung in der Psychologie.* München/Basel: E. Reinhardt.

Grünke, M. & Sondermann, M. (2008). Förderung bei unspezifischen Lernschwierigkeiten. In K.-H. Arnold, O. Graumann & A. Rakhkochkine (Hrsg.), *Handbuch Förderung. Grundlagen, Bereiche und Methoden der individuellen Förderung von Schülern* (S. 258–265). Weinheim, Basel: Beltz & Gelberg.

Hattie, J. (2013). *Lernen sichtbar machen. Überarbeitete deutschsprachige Ausgabe von Visible Learning. Besorgt von Wolgang Beywl und Klaus Zierer.* Baltmannsweiler: Schneider Hohengehren.

Heimann, P. (1976). Didaktik als Theorie und Lehre. Zuerst 1962. In P. Heimann (Hrsg.), *Didaktik als Unterrichtswissenschaft. Herausgegeben und eingeleitet von Kersten Reich und Helga Thomas* (S. 143–167). Stuttgart: Klett.

Helfferich, C. (2004). *Die Qualität qualitativer Daten. Manual für die Durchführung qualitativer Interviews.* Wiesbaden: VS-Verlag.

Ingenkamp, K. (1988). *Lehrbuch der pädagogischen Diagnostik.* Weinheim: Beltz.

ISB (Staatsinstitut für Schulqualität und Bildungsforschung München). (2009). *Leitfaden Soziales Lernen in der Haupt-/Mittelschule.* München. Verfügbar unter http://www.isb-mittelschule.de

Jäger, R. S. (2009). Diagnostische Kompetenz und Urteilsbildung als Element von Lehrprofessionalität. In O. Zlatkin-Troitschanskaia, K. Beck, D. Sembill, R. Nickolaus & R. Mulder (Hrsg.), *Lehrprofessionalität. Bedingungen, Genese, Wirkungen und ihre Messung* (S. 105–116). Weinheim: Beltz.

Jensen, S. (1983). *Systemtheorie* (Soziologie). Stuttgart: Kohlhammer.

Kanning, U. P. (2003). *Diagnostik sozialer Kompetenzen.* Göttingen etc.: Hogrefe.

Kell, A. (1989). Berufspädagogische Überlegungen zu den Beziehungen zwischen Arbeiten und Lernen. In A. Kell & A. Lipsmeier (Hrsg.), *Lernen und Arbeiten.* (Beiheft 8 zur Zeitschrift für Berufs- und Wirtschaftspädagogik, S. 9–25). Stuttgart: Franz Steiner.

Kell, A. (2006). Organisation, Recht und Finanzierung der Berufsbildung. In R. Arnold & A. Lipsmeier (Hrsg.), *Handbuch der Berufsbildung* (2. Aufl., S. 455–484). Wiesbaden: VS Verlag für Sozialwissenschaften.

Kimmelmann, N. (2010). *Cultural Diversity als Herausforderung der beruflichen Bildung. Standards für die Aus- und Weiterbildung von pädagogischen Professionals als Bestandteil des Diversity Management.* Aachen: Shaker.

Klauer, K. J. (1978). Perspektiven der Pädagogischen Diagnostik. In K. J. Klauer (Hrsg.), *Handbuch der pädagogischen Diagnostik* (Bd. 1, S. 3–14). Düsseldorf: Schwann.

Klug, A. (2011). Analyse des Personalentwicklungsbedarfs. In J. Ryschka, M. Solga & A. Mattenklot (Hrsg.), *Praxishandbuch Personalentwicklung. Instrumente, Konzepte, Beispiele* (3. Aufl., S. 35–90). Wiesbaden: Gabler.

Lamnek, S. (2008). *Qualitative Sozialforschung. Lehrbuch* (4. Aufl.). Weinheim: Beltz PVU.

Lehrstuhl für Pädagogik. (2010). *Check it out. Informationsmaterial.* München: Lehrstuhl für Pädagogik der Technischen Universität München.

Leiner, F., Gaus, W., Haux, R., Knaup-Gregori, P. & Pfeifer, K.-P. (2006). *Medizinische Dokumentation. Grundlagen einer qualitätsgesicherten integrierten Krankenversorgung* (5. Aufl.). Stuttgart: Schattauer.

LFSTAD (Bayerisches Landesamt für Statistik und Datenverarbeitung). (2009). *Berufliche Schulen in Bayern Schuljahr 2008/09.* München: Bayerisches Landesamt für Statistik und Datenverarbeitung.

Lienert, G. A. & Raatz, U. (1998). *Testaufbau und Testanalyse* (6. Aufl.). Weinheim: Beltz Psychologie-Verl.-Union.

Lind, G. (2003). *Moral ist lehrbar. Handbuch zur Theorie und Praxis moralischer und demokratischer Bildung.* München: Oldenbourg Schulbuchverlag.

Lodico, M. G., Spaulding, D. T. & Voegtle, K. H. (2006). *Methods in Educational Research.* San Franciso: Jossey-Bass.

Löffler, I., Adlung, G. & Poelke, K.-D. (2008). Entwicklung der Schriftsprachkompetenz von Schülerinnen und Schülern an Berufskollegs. Implementierung eines individuellen Diagnose- und Fördersystems. *Die Kaufmännische Schule, 53* (3/4), 7–9.

Nagy, M. & Werner, W. (2008). Job Center und Fallmanagement. Herzstücke der Arbeitsmarktreformen. In F. Egle & M. Nagy (Hrsg.), *Arbeitsmarktintegration. Grundsicherung - Fallmanagement - Zeitarbeit - Arbeitsvermittlung* (2. Aufl., S. 259–353). Wiesbaden: Gabler.

Nüesch, C. (2001). *Die Bedeutung der Lern- und Prüfungskonstellation für das selbständige Lernen und den Lernstrategieansatz in verschiedenen Schulfächern.* St. Gallen: Dissertationsschrift Nr. 2523.

Obermann, C. (2009). *Assessment Center. Entwicklung, Durchführung, Trends* (4. Aufl.). Wiesbaden: Gabler Verlag.

Oerter, R. (2002). Kultur, Ökologie und Entwicklung. In R. Oerter & L. Montada (Hrsg.), *Entwicklungspsychologie* (5. Aufl., S. 85–116). Weinheim: Beltz PVU.

Orth, B. (1974). *Einführung in die Theorie des Messens.* Stuttgart [u.a.]: Kohlhammer.

Petherick, W. A. & Turvey, B. E. (2009). Criminal Profiling, the Scientific Method, and Logic. In B. E. Turvey (Hrsg.), *Criminal profiling. An introduction to behavioral evidence analysis* (3. Aufl., S. 43–73). Amsterdam: Elsevier.

Radspieler, A. (2011). Kompetenzraster Berufssprache Deutsch. In ISB (Staatsinstitut für Schulqualität und Bildungsforschung München) (Hrsg.), *Berufssprache Deutsch. Handreichung zur Förderung der beruflichen Sprachkompetenz von Jugendlichen in Ausbildung* (S. 45–50). München.

Reisse, W. (1999). Prüfungs- und Berechtigungswesen. In F.-J. Kaiser & G. Pätzold (Hrsg.), *Wörterbuch Berufs- und Wirtschaftspädagogik.* (S. 332–333). Bad Heilbrunn/Hamburg: Gemeinschaftsverlag Julius Klinkhardt/Handwerk und Technik.

Rost, J. (1996). *Lehrbuch Testtheorie - Testkonstruktion.* Bern, Göttingen, Toronto, Seattle: Hans Huber.

Scheller, C. (2008). Arbeitsvermittlung, Profiling und Matching. In F. Egle & M. Nagy (Hrsg.), *Arbeitsmarktintegration. Grundsicherung - Fallmanagement - Zeitarbeit - Arbeitsvermittlung* (2. Aufl., S. 259–352). Wiesbaden: Gabler.

Schmiel, M. (1973). *Lernstandsfeststellungen in der Berufsbildung.* Köln: Adalbert Carl.

Schrader, F.-W. & Helmke, A. (2002). Alltägliche Leistungsbeurteilung durch Lehrer. In F. E. Weinert (Hrsg.), *Leistungsmessungen in Schulen* (Beltz Pädagogik, 2. Aufl., S. 45–58). Weinheim [u.a.]: Beltz.

Schuhmacher, F. (2009). *Mythos Assessment Center.* Wiesbaden: Gabler.

Schwanzer, A. D., Trautwein, U., Lüdtke, O. & Sydow, H. (2005). Entwicklung eines Instruments zur Erfassung des Selbstkonzepts junger Erwachsener. *Diagnostica* (4), 183–194.

Schweiger, U. (2008). Diagnostik von Essstörungen. In S. Herpertz, M. d. Zwaan & S. Zipfel (Hrsg.), *Handbuch Essstörungen und Adipositas* (S. 29–36). Springer.

Spörer, N. (2003). *Strategien und Lernerfolg. Validierung eines Interviews zum selbstgesteuerten Lernen.* Universität Potsdam (Dissertation).

Steyer, R. & Eid, M. (1993). *Messen und Testen.* Berlin u.a.: Springer.

Stiggins, R. J. (2005). *Student-Involved Assessment for Learning* (4. Aufl.). Upper Saddle River: Pearson.

Stiggins, R. J. (2008). *An introduction to student-involved assessment for learning* (5. Aufl.). Upper Saddle River, NJPearson / Merrill Prentice Hall.

Topping, K. (1998). Peer assessment between students in colleges and universities. *Review of Educational Research, 68* (3), 249–276.

Wilbers, K. (2012). Überfachliche Kompetenzen im Fachunterricht beruflicher Schulen fördern. In G. Niedermair (Hrsg.), *Kompetenzen entwickeln, messen und bewerten* (S. 281–307). Linz: Trauner Verlag.

Wild, K.-P., Schiefele, U. & Winteler, A. (1992). *LIST. Ein Verfahren zur Erfassung von Lernstrategien im Studium.* München: Lehrstuhl für Empirische Pädagogik und Pädagogische Psychologie.

Wild, K.-P. (2000). *Lernstrategien im Studium. Strukturen und Bedingungen.* Münster: Waxmann.

Wimmer, F. & Göb, J. (2007). Customer Intelligence. Marktforschung und Kundenanalyse als Informationsgrundlagen im CRM. In H. Hippner & K. D. Wilde (Hrsg.), *Grundlagen des CRM. Konzepte und Gestaltung* (2. Aufl., S. 400–445). Wiesbaden: Gabler.

Winther, E. (2010). *Kompetenzmessung in der beruflichen Bildung.* Bielefeld: Bertelsmann.

7.7.7 Anmerkungen

[1] In der Didaktik versuchen Flechsig und Haller (1977, S. 14 ff.) „Ebenen (oder Felder oder Räume) zu umreißen, auf denen didaktisches Handeln stattfindet" (S. 14). Eine Strukturierung der Ebenen kann auch der Systemtheorie von Parsons entnommen werden. Vgl. Jensen (1983, S. 136 ff.).

[2] Das ökopsychologische Modell ist in der Berufs- und Wirtschaftspädagogik vor allem von Adolf Kell eingeführt worden. Vgl. Kell (1989); Kell (2006). Das Modell entstammt der Entwicklungspsychologie. Vgl. Oerter (2002).

[3] Anders bei Ingenkamp: „Unter diagnostischer Tätigkeit wird dabei ein Vorgehen verstanden, in dem (mit oder ohne diagnostische Instrumente) unter Beachtung wissenschaftlicher Gütekriterien beobachtet und befragt wird, die Beobachtungs- und Befragungsergebnisse interpretiert und mitgeteilt werden, um ein Verhalten zu beschreiben und/oder Gründe für dieses Verhalten zu erläutern und/oder zukünftiges Verhalten vorherzusagen" (1988, S. 11).

[4] Schrader und Helmke (2002, S. 45 f.) unterscheiden zwei Arten der Leistungsbeurteilung.

[5] Zur Messtheorie vgl. Gigerenzer (1981); Orth (1974); Steyer und Eid (1993).

[6] Dabei handelt es sich um die grundlegenden Techniken der Erhebung von Daten in der quantitativen Forschung nach Diekmann (2009) bzw. der qualitativen Forschung nach Flick (2009).

[7] Die Überlegungen zur Skalierung beruhen auf entsprechenden Empfehlungen bei der Konstruktion von Assessment-Centern Schuhmacher (2009, S. 112f .).

[8] Bei Assessment-Centern wird von „Verhaltensankern" gesprochen. Obermann (2009) erläutert: „Während die Skala eines Tests einer/einem AC-Dimension/-Skala/-Konstrukt entspricht, so ist ein Testitem ein Verhaltensanker" (S. 171).

[9] Siehe beispielsweise Creswell (2005, S. 153 ff.), Lodico, Spaulding und Voegtle (2006, S. 105 ff.).

[10] Zur qualitativen Sozialforschung allgemein und leitfadenstrukturierten Interviews vergleiche die Lehrbücher von Lamnek (2008) und von Flick (2009).

[11] Die Darstellung orientiert sich hier an Helfferich (2004).

[12] In der Kriminalistik ist *criminal profiling* „a collection of inferences about the qualities of the person responsible for committing a crime or a series of crimes", so Petherick und Turvey (2009, S. 43). Im Zentrum dieser Definition stehen Folgerungen auf der Basis von empirischen Daten und Nachdenken mit dem Ziel, Aussagen über eine kriminelle Person zu treffen. An diesen Grundgedanken knüpft das Marketing im Customer Intelligence an. Dort werden als Grundlage des Customer Relationship Managements Kundenprofile entwickelt. Vgl.Wimmer und Göb (2007). Im Case Management (Fallmanagement) ist das Profiling ein zentraler Handlungsschritt. Das Fallmanagement entstand Mitte der 1970er Jahre im Sozial- und Gesundheitswesen der USA. Case Management ist nach der Definition der Case Management Society of America „ein kooperativer Prozess, in dem Versorgungsangelegenheiten und Dienstleistungen erhoben, geplant, koordiniert, überwacht und evaluiert werden, um so den individuellen Versorgungsbedarf eines Patienten mittels Kommunikation und verfügbaren Ressourcen abzudecken" Nagy und Werner (2008, S. 216). Fallmanagement wird heute bei der Erbringung sozialer, pflegerischer oder arbeitsmarktbezogener Dienstleistungen angewendet. Mit Fallmanagement wird unter anderem ein Gegenmittel gegen Brüche und die Unübersichtlichkeit im Betreuungs- und Versorgungssystem gesucht. Fallmanagement umfasst mehrere Prozessschritte: 1. Die Erstberatung, 2. die Diagnose bzw. das Assessment mit der Feststellung der Ressourcen des Klienten, der Potenziale und Probleme sowie dem Profiling, 3. die Hilfeplanung, 4. die Leistungssteuerung sowie 5. die Durchführungs- und Wirkungskontrolle. Vgl. Nagy und Werner (2008). Ein Profil ist dabei „die systematische Darstellung beratungs- und vermittlungsrelevanter Merkmale und Eigenschaften einer Person, Sache oder einer Kombination von Umständen … , aus der sich weitere im Rahmen der Vermittlung erforderlichen Ziele, Strategien und Kontrollinstrumente ableiten lassen. Dabei können Profile bestehende Zustände bzw. festgestellte Merkmale beschreiben. In diesem Fall wird von einem Eigenschafts- bzw. Ist-Profil gesprochen. Stellt das Profil allerdings wünschenswerte Zustände oder geforderte Merkmale dar, handelt es sich um ein Anforderungs- oder Sollprofil. Das Differenz- bzw. Übereinstimmungsprofil wird im Rahmen des Matchingverfahrens ermittelt und ist Ergebnis des Abgleichs zwischen Anforderungsprofil und Eigenschaftsprofil", so Scheller (2008, S. 310). Beispielsweise wurden im Rahmen der Hartz-IV-Gesetze für die Betreuung der Empfänger von Arbeitslosengeld II, umgangssprachlich „Hartz-IV", Fallmanager eingeführt, d. h. spezielle Arbeitskräfte der Bundesagentur für Arbeit, der Jobcenter oder der ARGEn. Charakteristische Merkmale beim Profiling in der staatlichen Arbeitsverwaltung sind berufliche Merkmale, zum Beispiel Berufserfahrung, persönliche Merkmale, zum Beispiel das Auftreten oder das Erscheinungsbild, sowie die Umstände, die eine Eingliederung erschweren. Vgl. Scheller (2008, S. 318 f.).

[13] Durchschnittliche Schülerzahl je Klasse in der Berufsschule in Bayern im Schuljahr 2008/2009. Die Daten schwanken in den letzten zehn Jahren um die 22 bis 23 Schüler. Vgl. LFSTAD (2009).

[14] Nicht zuletzt sollte betont werden, dass Profiling ein neues Tätigkeitsfeld für Schulen in einem neuen Zeitalter lebenslangen Lernens sein könnte. Das Personal für ein solches neues Aufgabenfeld wäre jedenfalls in beruflichen Schulen so gut wie in kaum einer anderen Institution vorhanden.

[15] Assessment-Anlässe haben starke Parallelen zu Übungen in Assessment-Centers. Bei der Konstruktion von Übungen von Assessment-Center werden detaillierte Funktionsbeschreibungen für eine Stelle zugrunde gelegt, für die dann Anforderungen ermittelt werden. Vgl. Schuhmacher (2009, S. 109 ff.). Dabei werden besondere Alltagssituationen abgeleitet, die die Person, die die Stelle besetzt besonders fordert. Mehrere Situationen sollen dabei die kritischen Anforderungen abdecken. Siehe dazu auch die bei Assessment-Centern übliche Analyse der Leistungsanforderungen. Vgl. Klug (2011, S. 15 ff.).

[16] Die Arbeit mit Matrizen, die einen Abgleich von Assessment-Center-Elementen und Bewertungsdimensionen oder -kriterien bei der Durchführung von AC gewährleisten sollen, ist bei der Konstruktion und Durchführung von Assessment-Centern üblich. Vgl. Eck, Jöri und Vogt (2010, S. 60).

[17] Die Arbeit mit derartigen Auswertungsmatrizen ist bei Assessment-Centern üblich. Vgl. Schuhmacher (2009, S. 125 ff.).

[18] Die hier vorgebrachten Prinzipien entstammen der Auseinandersetzung mit entsprechenden Überlegungen für Assessment-Centern. Vgl. Eck et al. (2010); Obermann (2009); Schuhmacher (2009).

[19] In der Literatur wird darauf hingewiesen, dass Lernende oft nicht in der Lage sind, ihr Lernen bzw. ihr Lernverhalten korrekt einzuschätzen. Vgl. Bowman (2010).

[20] Der LIST wurde ursprünglich von Wild, Schiefele & Winteler (1992) zur Erhebung von Lernstrategien im Studium entwickelt. Eine ausführliche Erörterung wurde von Wild (2000) vorgenommen. An der letzten Veröffentlichung orientiert sich meine Darstellung.

[21] Ein guter Ansatz, der in eine ähnliche Richtung geht, ist der WLI-Ansatz. Problematisch für den alltäglichen Gebrauch an Schulen ist beim WLI die Regelung des Urheberrechts. Die Nutzung des Fragebogens bedingt in rechtlich korrekter Weise den Kauf des Buches. Es ist nicht zu vermuten, dass sich diese restriktive Rechtslage ändern wird, zumal das WLI-Vorbild, der LASSI, in den USA ein recht gutes Geschäft zu sein scheint. In den USA werden für die Papierversion pro Exemplar der College Version, High School Version oder spanischen Version 3 Dollar pro Bogen bei der Abnahme von über hundert Exemplaren verlangt (Preis Oktober 2012). Zur Diagnostik von Lernschwierigkeiten siehe Grünke und Sondermann (2008).

[22] Die Darstellung der Methoden orientiert sich an Nüesch (2001) sowie Spörer (2003).

[23] Typische Verfahren zur Messung sind der Defining Issue Test (DIT) von Rest, der moralische Urteil-Test (MUT) von Lind sowie das Moral Judgement Interview (MJI) nach Colby & Kohlberg.

[24] Die Darstellung orientiert sich hier an Kanning (2003). Die dort verwendete Strukturierung der Methoden wird auch von Bauer-Klebl, Gomez, Euler, Keller und Walzik (2009) verwendet. Die standardisierten Instrumente werden von Kanning (2003) beschrieben. Der Fragebogen SGA wird von Bauer-Klebl et al. (2009) beschrieben.

8 WEITERE INDIVIDUELLE BEDINGUNGEN UND KLASSENBEDINGUNGEN ERFASSEN SOWIE UNTERRICHTSKONZEPT ARRANGIEREN

8.1   Zur Orientierung: Was Sie hier erwartet

8.1.1   Worum es hier geht

Stefan und Bernd sind beide Ende 30. Ledig. Seit Ewigkeiten befreundet. Beide sind Lehrer an der Berufsschule in Altdorf bei Nürnberg. Beide sind ausgesprochen erfolgreich und beliebt bei Schülerinnen und Schülern, Betrieben und im Kollegium. Sie wohnen in Nürnberg, sind schlank, sportlich, mittelgroß und ausgesprochen attraktiv. Beide fahren BMW, Stefan einen schwarzen, Bernd einen dunkelblauen. Beide lieben die Toskana. Sie gehören zu der Sorte Mensch, die in der Toskana längste Umwege in Kauf nehmen um den besten Montepulciano und die besten Antipasti ganz Italiens zu jagen. Sie lieben den Wein und sie lieben die Frauen, und zwar die dunklen.

Und: Sie lieben ihren Beruf. Aber: Beide machen einen komplett anderen Unterricht. Stefans Credo heißt „Die gute Struktur". Stefan ist ein Meister des Lehrvortrags: Glasklare Strukturen, höchste Verständlichkeit und eine satte Prise Humor machen Stefans Vorträge zu einem Erlebnis. In den Lehrgesprächen erinnert er an den Englischlehrer John Keating im Film „Club der toten Dichter": Eine permanente Aufforderung zum eigenständigen Denken und Urteilen. Stefan führt über den Fortschritt seiner Schülerinnen und Schüler minutiös Buch und übt bis sie sattelfest sind.

Bernds Unterricht ist völlig anders: „Handeln erfahren" – das hat er sich auf die Fahnen geschrieben. Vorträge oder Lehrgespräche kommen bei ihm eigentlich nicht vor. Bernd: Das ist der Entwickler höchst gewinnbringender Rollenspiele, oft mit Video. Bernds Auswertungen eines Videos sind legendär: Höchst präzise, ein Feedback, das sich gewaschen hat und individuelle Hinweise zur Weiterentwicklung der Lernenden. Neben Rollenspielen arbeiten die Schülerinnen und Schüler bei Bernd vor allem an Projekten. Bernds Lernende haben gelernt, komplexe Sachverhalte selbständig in die Hand zu nehmen.

8.1.2 Inhaltsübersicht

8 Weitere individuelle Bedingungen und Klassenbedingungen erfassen sowie Unterrichtskonzept arrangieren 241

8.1 Zur Orientierung: Was Sie hier erwartet 242

8.1.1 Worum es hier geht 242

8.1.2 Inhaltsübersicht 243

8.1.3 Zusammenfassung 243

8.1.4 Einordnung in das Prozessmodell 244

8.2 Weitere individuelle Bedingungen erfassen 245

8.2.1 Besondere pädagogische Bedarfe einzelner Schülerinnen und Schüler erfassen 245

8.2.2 Hintergrund und Motivation der Lernenden erfassen 248

8.2.3 Leitfragen für die Analyse weiterer individueller Bedingungen 253

8.3 Klassenbedingungen erfassen 254

8.3.1 Niveau und Heterogenität der Lernausgangslage der Klasse 254

8.3.2 Klassengröße, Alters- und Geschlechtszusammensetzung der Klasse 255

8.3.3 Klima in der Klasse erfassen 255

8.3.4 Räumlich-zeitliche Bedingungen erfassen 256

8.3.5 Leitfragen für die Analyse der Klassenbedingungen 258

8.4 Das Unterrichtskonzept arrangieren 259

8.4.1 Das traditionelle und das handlungsorientierte Unterrichtskonzept 259

8.4.2 Handlungsorientierte und traditionelle Methoden: Eine kurze Übersicht 264

8.4.3 Medien- und Assessmentkonzept arrangieren 266

8.4.4 Das integrierte Unterrichtskonzept 267

8.4.5 Leitfragen für das Arrangieren von Methoden, Assessment und Medien 268

8.5 Outro 268

8.5.1 Die wichtigsten Begriffe dieser Lerneinheit 268

8.5.2 Tools 268

8.5.3 Kompetenzen 269

8.5.4 Hinweise zur vertieften Auseinandersetzung 269

8.5.5 Literaturnachweis 269

8.5.6 Anmerkungen 272

8.1.3 Zusammenfassung

Zu Beginn der Lerneinheit werden weitere individuelle Bedingungen untersucht, die über den Lernstand hinausgehen. Es sind dies besondere pädagogische Bedarfe, etwa aufgrund einer Behinderung, und der Hintergrund sowie die Motivation der Lernenden. Weiterhin werden auf der nächsten Bedingungsschale die Klassenbedingungen reflektiert. Mit diesen Erörterungen wird die Bedingungsanalyse vorläufig abgeschlossen. In einem zweiten Teil der Lerneinheit werden das Methoden-, Medien- und

Assessment-Konzept arrangiert, d. h. überlegt, ob der Unterricht traditionell oder handlungsorientiert gestaltet werden soll.

8.1.4   Einordnung in das Prozessmodell

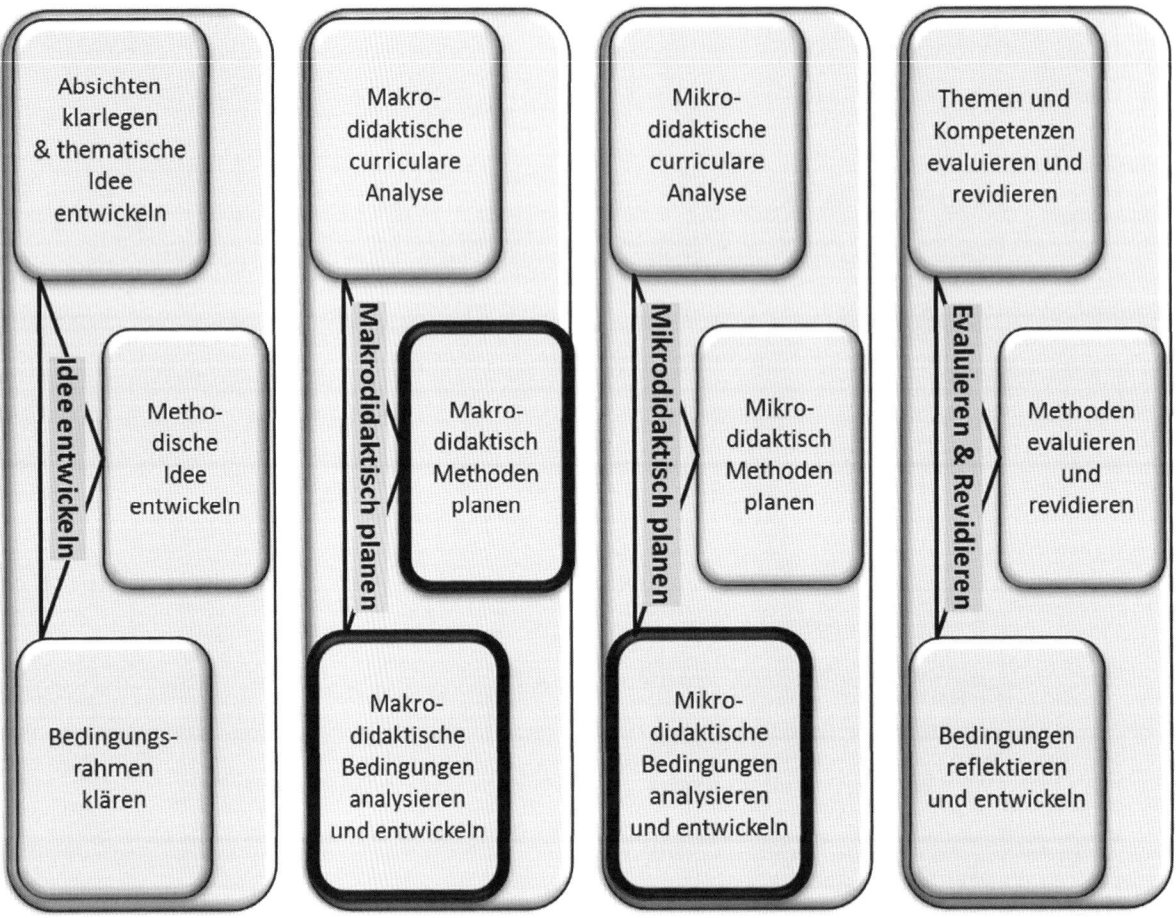

In der letzten Lerneinheit ging es um die Analyse der Lernausgangslage der Schülerinnen und Schüler. Die Lernausgangslage ist ein wichtiger Faktor der individuellen Bedingungen des Unterrichts.

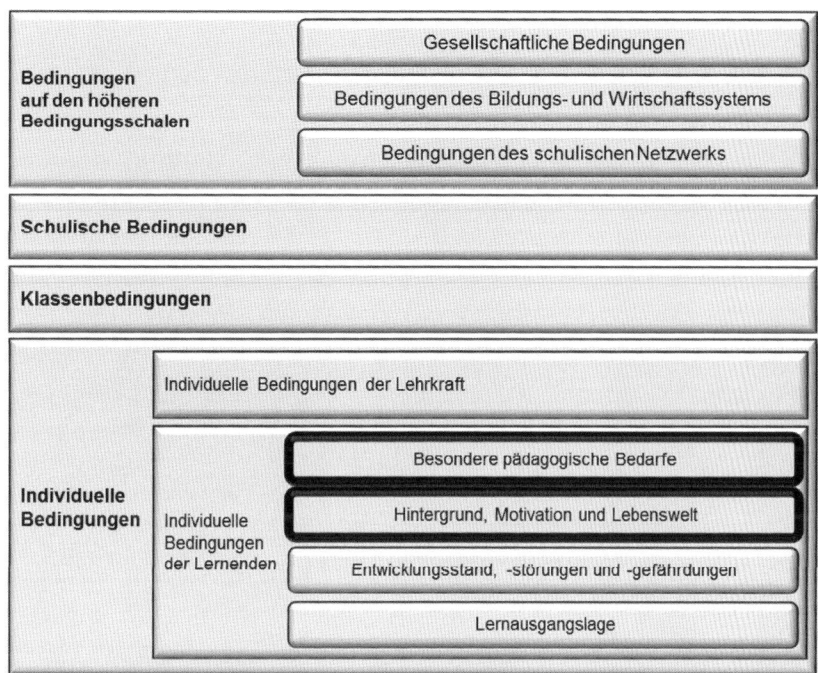

Übersicht 1: Besondere pädagogische Bedarfe, Hintergrund, Motivation und Lebenswelt

Weitere individuelle Bedingungen sind besondere pädagogische Bedarfe der Lernenden, etwa aufgrund einer Behinderung, der Hintergrund und die Motivation der Lernenden.

8.2   Weitere individuelle Bedingungen erfassen

8.2.1   Besondere pädagogische Bedarfe einzelner Schülerinnen und Schüler erfassen

Die Analyse besonderer pädagogischer Bedarfe ist ein Teil der Analyse des Lern- und Entwicklungsstandes der Schülerinnen und Schüler. Ein *sonder*pädagogischer Förderbedarf (special educational needs) ist anzunehmen, wenn Lernende in ihren „Bildungs-, Entwicklungs- und Lernmöglichkeiten so beeinträchtigt sind, dass sie im Unterricht der allgemeinen Schule ohne sonderpädagogische Unterstützung nicht hinreichend gefördert werden können" (KMK, 1994, S. 5). Ein sonderpädagogischer Förderbedarf führt in Deutschland dazu, dass Schülerinnen und Schüler oft nicht in den Regelschulen, sondern in Sonder- bzw. Förderschulen unterrichtet werden. Diese Praxis wird zurzeit – unter dem Stichwort „Inklusion" – stark diskutiert, was in Kapitel 17 ausführlich erörtert wird.[1]

> **STOPP**: Was denken Sie, wenn Sie an einen Menschen mit Behinderung denken? Notieren Sie sich bitte einige Stichworte, die Ihnen bei diesem Wort in den Sinn kommen.

Die Förderquote ist der Anteil der Schülerinnen und Schüler mit sonderpädagogischem Förderbedarf in allgemeinen Schulen und Förderschulen. Sie betrug 2010 in Deutschland insgesamt 6,4 %, d. h. bildlich gesprochen jede 15. Lernende hat einen sonderpädagogischen Förderbedarf (KMK, 2012, S. 6). Anders gerechnet: Gäbe es keine Förderschulen, säßen in jeder Klasse mit 30 Schülerinnen und Schüler zwei Lernende mit sonderpädagogischem Förderbedarf.

Typisch für die deutsche Auseinandersetzung um sonderpädagogische Förderbedarfe ist die Abgrenzung sonderpädagogischer Kategorien, die mit den Schwerpunkten von Hilfs-, Sonderschulen bzw. Förderzentren verbunden sind (Biewer, 2010, S. 42 ff.).

- **Blindheit und Sehbehinderung (Förderschwerpunkt Sehen):** Die Grenzen zwischen Blindheit und Sehbehinderung sind fließend. Ein blinder Mensch ist nach einer verbreiteten Definition ein Mensch, der unter 1/50 der Sehnorm liegt, d. h. ein Gegenstand, den durchschnittlich sehende Menschen in 50 Metern sehen, muss sich in einem Meter Abstand befinden. Wenn trotz bestmöglicher optischer Korrektur das Sehvermögen zwischen 1/20 und 1/50 liegt, wird von einer Sehbehinderung gesprochen.

- **Gehörlosigkeit und Schwerhörigkeit (Förderschwerpunkt Hören):** Gehörlose Menschen sind Menschen, die kein Hörvermögen bzw. so wenig Hörreste haben, dass sie die Lautsprache nicht auf üblichem Wege entwickeln konnten bzw. einen Verfall der Lautsprache erleiden. Die Lautsprache oder die Gebärdensprache muss durch sonderpädagogische Hilfen erworben werden. Bei Gehörlosigkeit und Schwerhörigkeit kann neben Hörgeräten als Hörprothese für Gehörlose, deren Hörnerv funktioniert, ein Cochleaimplantat (CI) eingesetzt werden.

- **Körperbehinderung (Förderschwerpunkt körperliche und motorische Entwicklung):** Eine Körperbehinderung liegt vor bei einem „Menschen, der infolge einer Schädigung des Stütz- und Bewegungsapparates, einer anderen organischen Schädigung oder einer chronischen Erkrankung in seiner Bewegungsfähigkeit und der Durchführung von Aktivitäten dauerhaft oder überwindbar beeinträchtigt ist, so dass die Teilhabe an Lebensbereichen bzw. -situationen als erschwert erlebt wird" (Hedderich, 1999, S. 24).

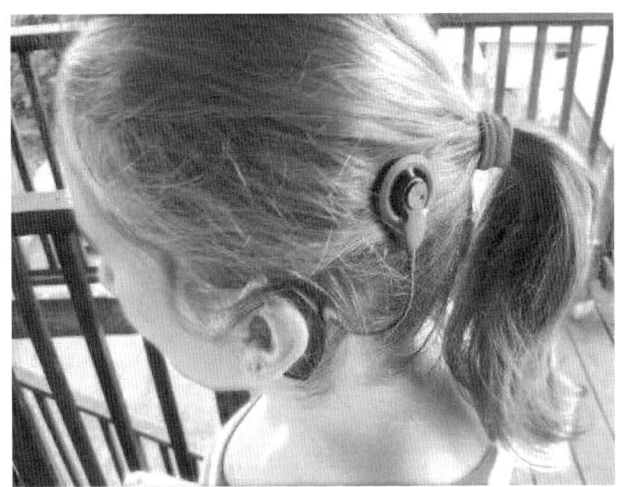

Eine Schülerin mit Cochleaimplantat
Bild 1.Von Ydomusch.

- **Geistige Behinderung (Förderschwerpunkt geistige Entwicklung):** Eine geistige Behinderung lässt sich verstehen als ein wesentliches Zurückbleiben hinter dem altersgemäßen Lernverhalten und wird meist, aber nicht unumstritten, an den Testleistungen in Intelligenztests festgemacht. Im ICD-10-GM Version 2014 wird die Intelligenzstörung (F70-F79) nach dem Ausmaß der Störung definiert. Als leichte Intelligenzstörung gilt ein IQ-Bereich von 50 bis 69 bzw. bei Erwachsenen ein Intelligenzalter von 9 bis unter 12 Jahren. Hierfür listet der ICD-10 auf: „Lernschwierigkeiten in der Schule. Viele Erwachsene können arbeiten, gute soziale Beziehungen unterhalten und ihren Beitrag zur Gesellschaft leisten." Die höchste Stufe ist die „Schwerste Intelligenzminderung". Hier listet der ICD-10 auf: „IQ unter 20 (bei Erwachsenen Intelligenzalter unter 3 Jahren). Die eigene Versorgung, Kontinenz, Kommunikation und Beweglichkeit sind hochgradig beeinträchtigt". Abgrenzungsprobleme ergeben sich zwischen leichteren Formen geistiger Behinderung und Lernbehinderung. Im angelsächsischen Raum werden beide unter „mental deficiency" zusammengefasst (Vernooij, 2007, S. 213 ff.). Eine große Gruppe von geistig behinderten Menschen sind Menschen mit Down-Syndrom.

- **Sprachstörungen (Förderschwerpunkt Sprache):** Bei einer Sprachstörung liegt eine umfängliche und weitgehende, bei einer Sprachschwierigkeit eine weniger weitgehende und zeitlich begrenzte Unfähigkeit vor, die allgemeine Umgangssprache in Laut und Schrift altersüblich zu verstehen, zu verarbeiten und zu äußern. [2]

- **Lernschwierigkeiten (Förderschwerpunkt Lernen):** Lernschwierigkeiten existieren, wenn Lernende zeitweise oder dauerhaft Schwierigkeiten haben, den schulischen Lernanforderungen gerecht zu werden. Lernschwierigkeiten können einerseits bereichsspezifisch oder allgemein sein und andererseits vorübergehend oder temporär sein. Eine besonders schwerwiegende Form ist die

Lernbehinderung, die einen sonderpädagogischen Förderbedarf im Schwerpunkt Lernen nach sich zieht.

▶ **Verhaltensauffälligkeit und -störung (Förderung emotionale und soziale Entwicklung):** Eine Verhaltensauffälligkeit liegt vor, wenn ein Verhalten von den sozialen Normen abweicht, wobei die Abweichung von anderen Personen als negativ erlebt wird. Eine besonders schwerwiegende Form der Verhaltensauffälligkeit ist die Verhaltensstörung, die einen sonderpädagogischen Förderbedarf im Schwerpunkt emotionale und soziale Entwicklung nach sich zieht.

Die Anzahl der Schülerinnen und Schüler ist in Deutschland sehr unterschiedlich auf die Schwerpunkte verteilt. Den mit Abstand größten Teil stellen die Schülerinnen und Schüler im Förderschwerpunkt „Lernen" dar, die 2010 insgesamt 41,6 % aller Schülerinnen und Schüler mit Förderbedarf ausmachen. Das entspricht einer Förderquote von 2,6 %. Die anderen Förderschwerpunkte weichen deutlich davon ab, nämlich Sehen (0,1 %), Hören (0,2 %), Sprache (0,7 %), körperliche und motorische Entwicklung (0,4 %), geistige Entwicklung (1,0 %), emotionale und soziale Entwicklung (0,8 %). Zwischen den Jahren 2000 und 2010 hat sich der Schüleranteil mit sonderpädagogischem Förderbedarf, der integrativ in sonstigen allgemeinen Schulen unterrichtet wird, von 14 % auf 29 % verdoppelt (Autorengruppe Bildungsberichterstattung, 2012, S. 7). Von den Integrationsschülerinnen und -schülern entfallen 43,5 % auf den Förderschwerpunkt Lernen, 23,5 % auf den Förderschwerpunkt emotionale und soziale Entwicklung und 15,2 % auf den Förderschwerpunkt Sprache (KMK, 2012).

In meiner Arbeit mit Studierenden habe ich immer wieder festgestellt, dass diese bei Lernenden mit Förderbedarf an Menschen im Rollstuhl oder an Sehbehinderte denken, also Menschen mit ‚offensichtlichen' Beeinträchtigungen. Bei der Diskussion um Inklusion an beruflichen Schulen werden entsprechende Handlungsbedarfe zuerst ausgemacht, etwa bauliche Änderungen für Rolli-Fahrerinnen und -fahrer. Der Prototyp der Lernenden mit sonderpädagogischem Förderbedarf, dem die Lehrkraft in der Regelschule begegnet, sind nach diesen Zahlen jedoch nicht Rolli-Fahrende, sondern Lernende mit Lern-, Verhaltens- und Sprachproblemen.

Definition 1: Besonderer pädagogischer Bedarf

Ein besonderer pädagogischer Bedarf liegt vor, wenn bei einzelnen Schülerinnen und Schülern in der Klasse eine Beeinträchtigung des schulischen Lernens zu befürchten ist, die eine über das übliche Maß hinausgehende Unterstützung durch die Lehrkraft, Mitlernende und ggf. auch weitere schulinterne oder -externe Kräfte erfordert. Ein Spezialfall eines besonderen pädagogischen Bedarfs ist ein sonderpädagogischer Bedarf.

Im GAL-Schema für die makrodidaktische Planung (TB-2.3) und im GAL-Schema für die mikrodidaktische Planung (TB-2.6) wird die Analyse besonderer pädagogischer Bedarfe unter Abschnitt GAL 3.2 der Lern- und Entwicklungsstand als Teil der individuellen Bedingungen erfasst.

Leitfragen für die Reflexionen besonderer pädagogischer Bedarfe (GAL 3.2)

▶ Sind einzelne Schülerinnen und Schüler verhaltensauffällig? Wenn ja: Was bedeutet dies für den Unterricht?
▶ Haben einzelne Schülerinnen und Schüler Lernschwierigkeiten? Wenn ja: Was bedeutet dies für den Unterricht?
▶ Lassen sich sonstige besondere pädagogische Bedarfe bei einzelnen Schülerinnen und Schüler, beispielsweise aufgrund einer Behinderung bzw. Beeinträchtigung, feststellen?

Übersicht 2: Leitfragen für die Analyse besonderer pädagogischer Bedarfe

Bitte verorten Sie diese Leitfragen auch in der Karte „Bedingungen des Wirtschaftsunterrichts" (TB-1.9) sowie der Übersicht „Modell der unterrichtlichen Bedingungen" (TB-6.1). Die Erörterung des

Entwicklungsstandes, der Entwicklungsgefährdungen und -störungen erfolgt in Lerneinheit 12. Die entsprechenden Leitfragen sind hier ausgeblendet.

8.2.2 Hintergrund und Motivation der Lernenden erfassen

8.2.2.1 Hintergrund der Lernenden erfassen

Der Hintergrund der Lernenden ist ein wichtiges Element der Bedingungen des Unterrichts. Hier werden drei Hintergründe unterschieden: Der soziale Hintergrund, der betriebliche Hintergrund sowie der ethnisch-kulturelle Hintergrund.[3]

Definition 2:   Hintergrund der Lernenden
Der Hintergrund der Lernenden sind außerschulische Faktoren, die die Kompetenz, die Motivation oder die Identität der Lernenden in besonderer Weise beeinflussen. Dazu gehören der soziale Hintergrund, der betriebliche Hintergrund sowie der ethnisch-kulturelle Hintergrund.

Der *soziale Hintergrund* der Lernenden ist ein wichtiger Parameter für die zu erwartende Lernleistung. So stammen Schülerinnen und Schüler mit Lernschwierigkeiten häufig aus unteren Sozialschichten, wenngleich freilich nicht alle Lernenden aus unteren Sozialschichten Lernschwierigkeiten haben. Typische Merkmale des sozialen Hintergrunds der Lernenden in unteren Sozialschichten sind ein niedriges Berufsprestige des Vaters, häufig Arbeitslosigkeit, ein geringes verfügbares Einkommen, beengte Wohnverhältnisse in einem Wohngebiet Sozial-Randständiger, nicht selten aufgrund der niedrigen Sozialisationskompetenz des Vaters matriarchalische Familienstrukturen, schlechtere physische Entwicklung und Gesundheitszustand der Familie, auf das unmittelbare Umfeld begrenzte Sozialkontakte, stark unterschiedliche, häufig inkonsistente Erziehungsstile, die von emotionaler Gleichgültigkeit über Laissez-faire bis hin zu autoritär-restriktiver Erziehung reichen. Hinzukommen typischerweise wenig Entwicklungsanregungen in der Familie, ein geringes Selbstwertgefühl, eine wenig geplante Lebensgestaltung, die über unmittelbare Bedürfnisse nicht hinausgeht, eine hohe Distanz bis hin zu Gleichgültigkeit und Ablehnung von Bildungsinstitutionen, was mit einer geringen Kontrolle von Schulaufgaben und Schulbesuch einhergeht (Vernooij, 2007, S. 272 ff.).

Allerdings muss darauf hingewiesen werden, dass die soziale Schicht der Lernenden eine bildungssoziologische Kategorie ist, d. h. *keinen* direkten Effekt auf die Lernleistung hat. „Das Leistungsniveau eines Kindes (analoge Überlegungen gelten für das Leistungsniveau einer Klasse) ist nicht deshalb niedriger, weil es zur sozial niedrigen Schicht gehört, sondern weil der kognitive Anregungsgehalt, die elterlichen Standards und Erwartungen, ihre leistungsbezogenen Erklärungen und Sanktionen und ihr eigenes Engagement für die Schulleistungen des Kindes in niedrigeren sozialen Schichten typischerweise geringer ausgeprägt sind" (Helmke, 2012, S. 89). In der Hattie-Studie werden die Erwartungen und Hoffnungen der Eltern sowie die Kenntnisse der Eltern in der Sprache der schulischen Bildung als wichtige Einflussfaktoren des Lernens herausgestellt (Hattie, 2013, S. 37 ff.).

„Soziale Schicht" bzw. „sozialer Hintergrund" ist somit ein problematischer Parameter in der Bedingungsanalyse, weil er eigentlich irrelevant ist, aber häufig mit anderen Parametern korreliert, auf die es eigentlich ankommt, zum Beispiel die Bildungserwartungen im Umfeld der Lernenden. Die wissenschaftliche Kategorie zum sozialen Hintergrund der Schülerinnen und Schüler ist der sozioökonomische Status. Dabei handelt es sich um verschiedene Indizes, die in Erhebungen wie PISA verwendet werden. Bekannt ist vor allem der Sozioökonomische Status (ISEI), der das Bildungsniveau der Eltern und das Einkommen kombiniert (Ehmke & Siegle, 2005). Im Schulalltag können solche Erhebungsverfahren regelmäßig nicht eingesetzt werden.

Ein weiteres Element ist – in der Berufsschule – der *betriebliche Hintergrund* der Lernenden. Bei einer Ausbildung im Dualen System verbringen Auszubildende deutlich mehr Zeit im Betrieb als in der

Berufsschule. Die Lehrkraft sollte daher den betrieblichen Hintergrund der Schülerinnen und Schüler einschätzen können (Speth, 2004, S. 54 ff.). Wichtige Parameter zum betrieblichen Hintergrund der Klasse sind die Anzahl und die Größe der Unternehmen, die expliziten Erwartungen einzelner Unternehmen an die Schule, die Branchen, etwa Bekleidung vs. Elektronik, oder die Betriebsform, zum Beispiel Fachgeschäft vs. Discounter.

Die Bedeutung des *ethnisch-kulturellen Hintergrunds* der Lernenden wird noch ausführlich zu erläutern sein. Lernende mit Migrationshintergrund sind nicht zwangsläufig Ausländerinnen oder Ausländer.

STOPP: Was denken Sie, wenn Sie an eine Schülerin oder einen Schüler mit Migrationshintergrund denken? Versuchen Sie bitte möglichst konkret zu werden. Machen Sie sich bitte Stichworte, was Ihnen gerade in den Sinn kommt. Finden Sie die Arbeit in Klassen mit einem hohen Anteil von Lernenden mit Migrationshintergrund attraktiv oder würden Sie dem lieber aus dem Weg gehen? Warum?

Zur Erhebung des Migrationshintergrunds werden verschiedene Variablen erfasst, unter anderem die Staatsangehörigkeit, der Geburtsort bzw. das Geburtsland der Befragten, das Geburtsland der Eltern und ggf. der Großeltern, das Datum der Zuwanderung und der Generationenstatus. Das Wort „Migrationshintergrund" verdeckt, dass diese Bezeichnung sehr unterschiedlich verwendet wird. Dies gilt auch für wissenschaftlichen Untersuchungen, so dass die Vergleichbarkeit oft nicht gegeben ist (Kemper, 2010; Settelmeyer & Erbe, 2010). In der Statistik der Schule werden meist nicht alle Variablen erfasst, die zur Abschätzung des Migrationshintergrunds notwendig sind, dies gilt insbesondere für die Muttersprache. Andere Daten sind dem Schülerbogen zu entnehmen. In der Befragung von Bewerberinnen und Bewerbern um Ausbildungsstellen, die regelmäßig von der Bundesagentur für Arbeit (BA) und vom Bundesinstitut für Berufsbildung (BIBB) durchgeführt wird, wird Migrationshintergrund über drei Variablen erfasst, nämlich Staatsangehörigkeit, Geburtsland und Muttersprache. Deutsche ohne Migrationshintergrund sind solche Personen, die in Deutschland geboren sind, Deutsch als alleinige Muttersprache gelernt haben sowie die deutsche Staatsangehörigkeit besitzen. Sie erfüllen mithin alle drei Kriterien. Alle anderen Personen haben einen Migrationshintergrund (Settelmeyer & Erbe, 2010). Zur Erfassung des ethnisch-kulturellen Hintergrundes der Klasse bietet sich eine an diesem Verfahren orientierte Erhebung über Fragen oder informelle Gespräche an.

Erfassung des ethnisch-kulturellen Hintergrunds der Klasse

▶ Ihre Staatsangehörigkeit?
▶ Sind Sie in Deutschland geboren?
▶ Ist Deutsch die erste Sprache, die Sie im Kindesalter erlernt haben?

Übersicht 3: Erfassung des ethnisch-kulturellen Hintergrunds der Klasse in Anlehnung an die BA/BIBB-Bewerbungserhebungen

8.2.2.2 Motivation der Lernenden erfassen

Von der Entwicklung und dem Lernen ist die *Motivation* der Lernenden zu unterscheiden. Das Wort „Motivation" leitet sich vom lateinischen Wort „motus" für „Erregung" oder „Bewegung" ab. Motivation wird hier als Zustand verstanden, der als Konstrukt bzw. Disposition verdeutlicht, warum eine Person ihr Handeln ausrichtet (Zielbezug), warum sie sich anstrengt (Intensität) und ihr Handeln aufrecht erhält (Persistenz).[4] Der Zielbezug bedeutet, dass das Handeln des Individuums auf einen gewünschten Zustand ausgerichtet wird. Dies meint nicht zwangsläufig, dass ein Zustand aufgesucht wird, sondern kann auch heißen, dass ein anderer Zustand vermieden werden soll. Der Zielbezug sollte auch nicht darüber hinweg täuschen, dass eine Handlung oft auch um ihrer selbst willen vollzogen wird. Eine Bergsteigerin wird beispielsweise nicht unbedingt Bergsteigen, um auf den Berg zu kommen, es geht um das Bergsteigen als Handlung selbst. Ein Base-Jumper springt eben genau nicht, um unten möglichst schnell anzukommen. Vielmehr geht es um den Rausch an der Tätigkeit selbst, ein Flow-Erleben.

Die Motivation ist Gegenstand der Motivationstheorie, einer Teildisziplin der Psychologie. Hier werden vier verschiedene Perspektiven auf Motivation und Lernen unterschieden.[5] Keine dieser Theorien kann beanspruchen, Lernen und Motivation in der ganzen Komplexität des Menschen zu erklären. Jede Theorie für sich wirft hingegen einen interessanten Scheinwerfer auf menschliches Handeln.

Bislang wurde der Kognitivismus ausschließlich als Lerntheorie dargestellt. Der Kognitivismus umfasst allerdings auch Motivationstheorien. Ein kognitives Modell der Motivation wird von dem deutschen Psychologen Heinz Heckhausen (1926-1988) und seinen Schülern, insbesondere Falko Rheinberg, vorgelegt (Heckhausen & Heckhausen, 2009; Rheinberg, 2009). Das Modell geht davon aus, dass der Mensch nach einer Gestaltung bzw. Kontrolle seiner physischen und sozialen Umwelt strebt. Ein solches Streben nach Wirksamkeit ist schon im Neugeborenenalter belegbar. Das Handeln des Menschen ist organisiert. Einerseits richtet der Mensch sein Handeln auf Ziele aus, stellt Teilhandlungen, Aufmerksamkeit u. a. bereit. Andererseits werden Handlungsziele auch nicht verfolgt, d. h. Ziele werden abgewertet oder Alternativziele hervorgehoben.

Die Person entwirft in ihrem Kopf eine bestimmte Struktur einer ‚Episode‘: Die Person sieht sich als in einer Situation (S) stehend. Wenn sie in dieser Situation handelt (H), dann führt dieses Handeln zu bestimmten Ergebnissen (E). Diese Ergebnisse haben bestimmte Folgen (F). Beispielsweise: Eine Schülerin in einer Berufsschule (S) wird durch ein Lernen (H) ein bestimmtes Ergebnis, beispielsweise eine gute Abschlussprüfung (E) erreichen. Diese gute Abschlussprüfung hat dann unter Umständen zur Folge, dass die Schülerin ein Arbeitsplatzangebot erhält (F).

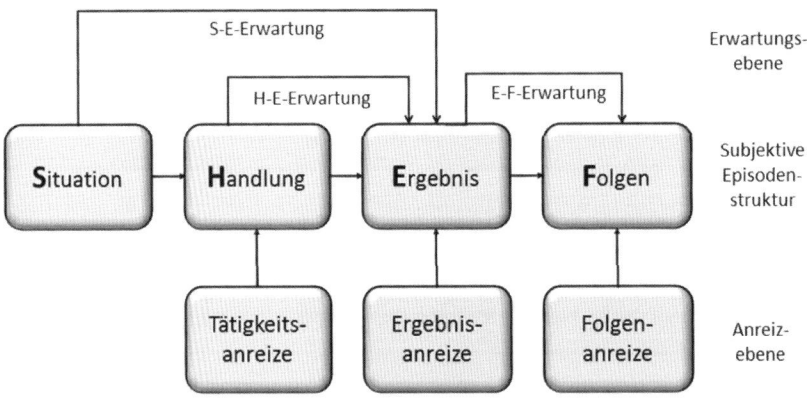

Übersicht 4: Kognitives Motivationsmodell

Ob und wie der Lernende in dieser Situation handelt, hängt im kognitiven Motivationsmodell von zwei Faktoren ab, nämlich von den Erwartungen und von den Anreizen. Zunächst zu den Erwartungen.

▶ **Situations-Ergebnis-Erwartung** (S→E): Zunächst schauen die Lernenden, mit welchem Ergebnis zu rechnen ist, wenn *nicht* gehandelt wird, d. h. nicht gelernt wird. Stellt sich das Ergebnis – hier eine erfolgreiche Abschlussprüfung – auch ohne Lernen (H) ein, werden die Lernenden nicht motiviert ans Lernen gehen. Bei der Situations-Ergebnis-Erwartung wird das zu erwartende Ergebnis der Situation – vor dem geistigen Auge – angesehen, das sich *ohne* Handeln einstellen würde.

▶ **Situations-Handlungs-Erwartung** (H→E): Die Lernenden werden weiterhin überprüfen, inwieweit in der Situation (S) *ihr* Handeln (H) voraussichtlich zu dem gewünschten Ergebnis (E) führen wird. Haben die Lernenden den Eindruck, dass sie sich durch das Lernen (H) nicht auf die Prüfung vorbereiten, sondern der Prüfungserfolg (E) höchst unsicher ist, werden sie auch nicht motiviert ans Werk gehen.

▶ **Ergebnis-Folge-Erwartung** (E→F): Die Lernenden werden weiterhin überprüfen, inwieweit sie mit einer erfolgreichen Abschlussprüfung (E) wirklich das gewünschte Arbeitsplatzangebot (F) erreichen können. Nur wenn die Wahrscheinlichkeit hoch ist, dass der gute Prüfungserfolg (E) zur gewünschten Folge führt, wird dies die Lernenden für das Lernen mit Energie versorgen. Wenn die Lernenden andererseits den Eindruck gewinnen, dass auch mit dem besten Abschluss auf dem Arbeitsmarkt nichts zu machen ist, liegt eine ungünstige Ergebnis-Folge-Erwartung zugrunde. Die Verknüpfung von Ergebnis und Folge wird als „Instrumentalität" bezeichnet.

Neben den Erwartungen stellen sich in der Situation Anreize ein. Jeder Teil der Episode, d. h. die Handlung, das Ergebnis oder die Folgen, kann einen eigenen Anreiz darstellen. „Alles was Situationen an Positivem oder Negativem einem Individuum verheißen oder andeuten, wird als »Anreiz« bezeichnet, der einen »Aufforderungscharakter« zu einem entsprechenden Handeln hat. Dabei können die Anreize an die Handlungstätigkeit selbst, das Handlungsergebnis und verschiedene Arten von Handlungsergebnisfolgen geknüpft sein" (Heckhausen & Heckhausen, 2009, S. 5). D. h. es können Ergebnis- und Folgeanreize sowie Tätigkeitsanreize unterschieden werden.

Ergebnis- und Folgenanreize sind Anreize, die von dem gewünschten Endzustand ausgehen. Solche angestrebten Endzustände werden in Form von Zielen formuliert. Von einem solchen Zielzustand kann ein Anreiz ausgehen. Ist der Anreiz hoch genug, werden auch Handlungen vollzogen, die die Person nicht schätzt. „Der Student spült endlich das schmutzige Geschirr, das sich im Laufe der Woche angesammelt hat, weil er den Zustand einer nutzbaren Küche wiederherstellen will" (Rheinberg, 2009, S. 331).

Eine starke Betonung der Anreize des angestrebten Endzustandes bzw. der Ergebnis- oder Folgenanreize könnte leicht den Eindruck erwecken, dass die Handlungen, wie das Spülen, die zu den erwünschten Zuständen führen, immer unangenehm sind. Dies ist jedoch nicht der Fall. *Tätigkeitsanreize* sind Anreize, die von der Tätigkeit selbst ausgehen, beispielsweise wenn diese Spaß macht. Tätigkeitsanreize können verschiedene Ursachen haben. Ein für den Unterricht wichtiger Sonderfall sind Interessen. Interessen werden in der von Schiefele, Krapp und Prenzel entwickelten pädagogischen Interessentheorie als eine besondere Beziehung einer Person zu einem Gegenstand verstanden. Die Gegenstände, die eine Person Interesse entgegen bringt, wird eine herausgehobene subjektive Bedeutung (sogenannte wertbezogene Valenz) zugeordnet. Dies führt dazu, dass sich diese Person bei diesem Gegenstand frei von äußeren Zwängen fühlt (sogenannte Selbstintentionalität). Diese Gegenstände werden außerdem mit positiven Gefühlen, wie Freude, Spaß oder Anregung verbunden (sogenannte gefühlsbezogene Valenz). Die Person ist sich ihrer Interessen meist bewusst, sie sind Teil des Selbstkonzepts und leisten einen wichtigen Beitrag zur Entwicklung der eigenen Identität (Wild, Hofer & Pekrun, 2001, S. 215 f.). Eine Form von Tätigkeitsanreizen ist das Erleben des Flow. Der Begriff wurde von dem amerikanischen Psychologen Mihály Csíkszentmihályi auf der Grundlage der Analyse von Risikosportarten eingeführt. Die Person geht hier vollständig in der Handlung auf, Bewusstsein und Handlung verschmelzen und das Zeitgefühl geht verloren. Die Tätigkeit wird um ihrer selbst willen durchgeführt und gibt den Handelnden unmittelbar Rückmeldung. Das Flow-Erleben wird häufig in Verbindung mit Freizeitaktivitäten gebracht. Aber auch für Büroaktivitäten werden flow-förderliche Aktivitäten genannt, wie das Arbeiten an komplizierten und ungewöhnlichen Fällen, Arbeiten am PC oder das Erlernen neuer Dinge. Demgegenüber gelten häufige Störungen, wie Telefonate, oder die Notwendigkeit, Dinge wegen Zeitdruck oberflächlich zu behandeln oder ein schlechtes Sozialklima als flow-hinderlich (Rheinberg, 2009, S. 346; Rheinberg & Vollmeyer, 2012, S. 153 ff.).

In einer konkreten Situation können alle drei Anreize eine Rolle spielen. Im kognitiven Motivations-modell spielen also die Erwartungen, aber auch die Stärke und Richtung der Anreize eine Rolle.

Die Unterscheidung von Ergebnis- bzw. Folgenanreizen einerseits und von Tätigkeitsanreizen ande-rerseits, hängt mit der Unterscheidung von intrinsischer und extrinsischer Motivation zusammen. Die-se Trennung wird sowohl in der Literatur als auch in der Praxis häufig vorgebracht. Sie wird höchst unterschiedlich verstanden und oft höchst unklar definiert. Intrinsisch motivierte Lernende werden als ,aus sich selbst heraus' Lernende verstanden, während extrinsisch motiviert Lernende – meist mit einem durchaus negativen Unterton – als von außen kommenden ,Belohnungen' abhängig dargestellt werden. In der kognitiven Motivationstheorie – so explizit bei Rheinberg und Vollmeyer (2012, S. 153) – ist die Unterscheidung von „intrinsisch" und „extrinsisch" deckungsgleich mit „Tätigkeitsan-reizen" und „Ergebnis- und Folgenanreize".

Das kognitive Motivationsmodell liefert eine Reihe wichtiger Hinweise zur Bedingungsanalyse. Für die Analyse der Motivation sind im Sinne des kognitiven Motivationsmodells die Richtung und Inten-sität der Ziele, also die Anreize aus Handlungsergebnissen und Folgen, die Anreize aus der Tätigkeit selbst sowie die verschiedenen Erwartungen einzuschätzen.

> **STOPP**: Wir erörterten die Bedingungen bei Lernenden. Sprechen wir über Sie und Ihre Auseinander-setzung mit dieser Lerneinheit. Wo liegen hier Ihre Erwartungen und Anreize? Differenzieren Sie dies bitte nach dem Modell von Heckhausen.

Für die Analyse der individuellen Bedingungen ergeben sich dadurch folgende Punkte der Analyse.[6]

- ▶ **Mittelfristige Ziele** (Gegenwart bzw. nahe Zukunft – Ergebnisanreize): Bei den mittelfristigen Zielen geht es um die Instrumentalität des Lernprozesses bzw. der Ergebnisse des Lernprozesses. Diese wird hier weiter aufgeteilt a) in die Instrumentalität der voraussichtlich zu erwerbenden Kompetenzen für die aktuell ausgeübte berufliche Tätigkeit (Relevanz für die aktuelle berufliche Praxis). Daneben steht b) die Instrumentalität der erworbenen Kompetenzen für aktuell ausgeübte Tätigkeiten in der Freizeit (Relevanz für die aktuellen Freizeitaktivitäten), zum Beispiel bei einer Tätigkeit in Vereinen. Außerdem kann sich c) eine Instrumentalität bezüglich anschließender Prü-fungen (Prüfungsrelevanz) ergeben. Wenn diese Relevanzen a) bis c) gegeben sind, ist von einem motivierten Lernen in der kognitiven Perspektive auszugehen. Dazu muss jedoch die Lehrkraft die jeweiligen mittelfristigen Ziele der Schülerinnen und Schüler kennen, d. h. im Rahmen der Unter-richtsvorbereitung muss die Lehrkraft Informationen über die aktuell ausgeübte berufliche Tätig-keit und etwaige außerberufliche Tätigkeiten der Lernenden sowie die von den Lernenden beab-sichtigte Prüfung in Erfahrung bringen. Bei der Stoffauswahl können dann die Praxisrelevanz, die Relevanz für Freizeitaktivitäten und die Prüfungsrelevanz eingeschätzt werden.
- ▶ **Langfristige Ziele** (Zukunft – Folgenanreize):[7] Bei den langfristigen Zielen geht es um die In-strumentalität für mögliche spätere, beispielsweise nach der Ausbildung, ausgeübte berufliche Tä-tigkeiten (Berufsrelevanz), für mögliche spätere Bildungsanstrengungen (Relevanz für spätere Bildungsverläufe) sowie für weitere langfristige außerberufliche Ziele (Relevanz für langfristige außerberufliche Ziele). Die Lehrkraft sollte vor diesem Hintergrund im Rahmen der Bedingungs-analyse Informationen erfassen zum beruflichen Tätigkeitsfeld nach dem jetzigen Bildungsab-schnitt, zu den bestehenden, sich dem jetzigen Bildungsabschnitt anschließenden Möglichkeiten des formalen und informalen Weiterlernens und den damit verbundenen Anforderungen sowie zu den weiteren außerberuflichen Zielen der Lernenden, soweit[8] sie relevant erscheinen.
- ▶ **Erwarteter Anreiz der (Lern-)Tätigkeit** (Tätigkeitsanreize): Die (Lern-)Tätigkeit selbst kann einen Anreiz darstellen. Bei der Unterrichtsplanung ist zu antizipieren, ob die Lerntätigkeit einen besonderen Anreiz für einzelne Schülerinnen und Schüler darstellt.

▶ **Erwartungen der Lernenden** (S→E, H→E, E→F): Auf der Erwartungsebene ist in der kognitiven Perspektive zu analysieren, ob und inwieweit die Lernenden die Erwartung haben, selbst ihre Ziele auch ohne ihr Zutun zu erreichen, und ob sie den Eindruck haben, dass ihre mittelfristigen und langfristigen Ziele aufgrund ihres Zutuns zu erreichen sind.

8.2.2.3 Exkurs: Der Lerntyp – Eine individuelle Bedingung der Lernenden?

Der „Lerntyp" wird gelegentlich als individuelle Bedingung des Unterrichts dargestellt. Der Biochemiker Frederic Vester (1925-2003) hat in seinem erstmals 1978 erschienenen Buch „Denken, Lernen, Vergessen: Was geht in unserem Kopf vor, wie lernt das Gehirn und wann lässt es uns im Stich?" (Vester, 2007) ein Modell von Lerntypen vorgeschlagen. Das Modell hat in Folge weite Verbreitung erfahren. Vester unterscheidet vier Lerntypen.

▶ **Auditiver Lerntyp**: Dieser Typ von Lernenden bevorzuge das Lernen durch Hören und Sprechen.
▶ **Visueller Lerntyp**: Lernende des visuellen Lerntyps lernten vor allem durch das Auge und durch die Beobachtung erfolgreich.
▶ **Haptischer Lerntyp**: Dieser Typ von Lernenden müsse zum Lernen anfassen und fühlen.
▶ **Kognitiver Lerntyp**: Der kognitive Lerntyp lerne vor allem durch den Intellekt.

In seinem Buch schlägt Vester im Anhang auch einen Test vor, mit dem auf einfache Weise der Lerntyp zu ermitteln sei. Die Unterteilung von Vester erscheint sofort eingängig. Schließlich hat der Mensch unterschiedliche Sinneskanäle und es ist leicht vorstellbar, dass Menschen diesbezüglich unterschiedliche Stärken und Schwächen oder Präferenzen entwickeln. Die Unterscheidungen bilden im Internet oder in populärwissenschaftlichen Ausführungen immer wieder eine Grundlage für die Unterteilung verschiedener Lerntypen. Im Buch „Hausaufgaben: Helfen – aber wie?" (Kohler, 2003) werden beispielsweise ähnliche Lerntypen unterschieden. Der Lerntyp „Hören" bekommt dabei den Hinweis: „Sprich den Merkstoff auf Band und höre das Band ab! Lass dir einen Lerntext von einer Freundin oder einem Freund vorlesen" (Kohler, 2003, S. 79). Die hohe Eingängigkeit der Klassifikation, das scheinbar einfache Erheben des Lerntyps und die direkte Verbindung mit praktischen Handlungsempfehlungen dürften den verständlichen Reiz des Lerntypenmodells ausmachen. Lerntypen von Vester werden außerdem gerne als eine Rechtfertigung von ganzheitlichem oder handlungsorientiertem Lernen gesehen. Schließlich sei dem intellektuellen Lernen in der Schule etwas gegenüberzustellen und auch die anderen Sinneskanäle anzusprechen.

Die Unterscheidung von Vester findet sich auch in wissenschaftlichen Werken. „Selbst in neuerer empirischer Literatur zum Thema »Lerntypen bei Erwachsenen« feiert die Typenlehre fröhliche Urstände" (Döring & Ritter-Mamczek, 2001, S. 87). Die Unterteilung in diese vier Typen ist jedoch nicht folgerichtig. Die ersten drei Typen werden nach der Sinnesmodalität unterschieden, der vierte Lerntyp hingegen nicht. Die eigenständige Abgrenzung des kognitiven Lerntyps macht nur Sinn, wenn bei den anderen Lerntypen keine Kognitionen im Spiel sind. Das widerspricht jedoch den Grundannahmen des noch zu schildernden Kognitivismus. Außerdem bleibt die Frage, wie im vierten Lerntyp ein Lernen ohne Sinneskanäle Sinn macht. Es ist daher nicht weiter verwunderlich, dass in der Lerntheorie das Vester'sche Modell der Lerntypen nicht weiter verfolgt wird (Loos, 2009).

8.2.3 Leitfragen für die Analyse weiterer individueller Bedingungen

Im GAL-Schema für die makrodidaktische Planung (TB-2.3) und im GAL-Schema für die mikrodidaktische Planung (TB-2.6) ist jeweils in GAL-Abschnitt 3.3 der Hintergrund, die Motivation und Lebenswelt als Teil der Analyse der individuellen Bedingungen erfasst. Sie umfasst die Analyse des betrieblichen, sozialen und ethnisch-kulturellen Hintergrunds der Lernenden sowie die Analyse der Motivation und Lebenswelt der Lernenden.

Leitfragen für die Analyse des Hintergrunds, der Motivation und der Lebenswelt (GAL 3.3)

▶ Wie sieht der Hintergrund der Klasse aus (sozialer Hintergrund, betrieblicher Hintergrund, ethnisch-kultureller Hintergrund)?

▶ Welche Tätigkeiten beinhaltet die aktuelle Berufstätigkeit der Lernenden? Welche Freizeitaktivitäten könnten eine Bedeutung für das Lehren haben? Auf welche Prüfungen bereiten sich die Lernenden vor und welche Anforderungen werden darin gestellt?

▶ Welche beruflichen Tätigkeiten bzw. Positionen streben die Schülerinnen und Schüler nach dem aktuellen Bildungsabschnitt im Beruf an bzw. eröffnen sich für sie? Welche Möglichkeiten des Weiterlernens bzw. der beruflichen Weiterentwicklung bieten sich dem Lernenden nach dem aktuellen Bildungsabschnitt?

▶ Wie schätzen die Schülerinnen und Schüler selbst die Erreichung ihrer mittel- und langfristigen Ziele ein?

▶ Inwieweit ist zu erwarten, dass die angestrebte Kompetenz, der gewählte Inhalt und die gewählte Methode für die Lernenden reizvoll sind?

Übersicht 5: Leitfragen für die Analyse des Hintergrunds, der Motivation und Lebenswelt der Lernenden

Bitte verorten Sie diese Leitfragen auch in der Karte „Bedingungen des Wirtschaftsunterrichts" (TB-1.9) sowie der Übersicht „Bedingungen des Wirtschaftsunterrichts" (TB-6.1).

8.3   Klassenbedingungen erfassen

Eine Schale über den individuellen Bedingungen liegen die Klassenbedingungen. Die Klasse ist ein soziales System, das mehr ist als die Summe der Elemente.

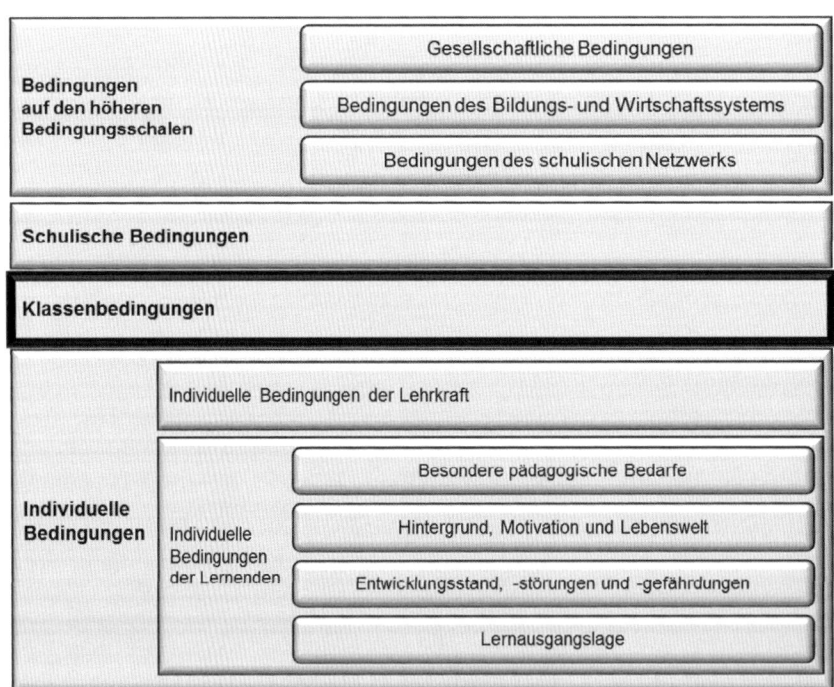

Übersicht 6: Besondere pädagogische Bedarfe, Hintergrund, Motivation und Lebenswelt

Hier wird der Lehrkraft nahegelegt, bei der Analyse der Klasse die Kompetenzen, den Hintergrund der Klasse, die Größe und Zusammensetzung der Klasse sowie das Klassenklima zu erfassen.

8.3.1   Niveau und Heterogenität der Lernausgangslage der Klasse

Die Lernausgangslage der Klasse kann als wichtigster Parameter der Klasse angesehen werden. Bezüglich der Lernausgangslage der Klasse interessiert auf der einen Seite das *Niveau*, d. h. die Lage der Kompetenz, die etwa mit Hilfe von Lagemaßen, wie dem durchschnittlichen WLI-Wert, abgebildet wird. Auf der anderen Seite interessiert die *Heterogenität* der Lernausgangslage, d. h. die Streuung, die mit Hilfe von Streuungsmaßen, wie der Standardabweichung des WLI-Werts, abgebildet wird. Das erste Datum ist wichtig, um den angemessenen Schwierigkeitsgrad zu bestimmen bzw. das Lerntempo einzuschätzen. Das zweite Datum ist wichtig, um die Notwendigkeit von Differenzierungsmaßnahmen einschätzen zu können.

8.3.2 Klassengröße, Alters- und Geschlechtszusammensetzung der Klasse

Die Klassengröße wird hier als Faktor der Bedingungsanalyse angesetzt. Die Hattie-Studie zeigt, dass aus empirischer Sicht die Klassengröße keinen nennenswerten Effekt auf die Leistungen der Schülerinnen und Schüler hat (Hattie, 2013, S. 101 ff.). Unabhängig davon wird die Klassengröße in mehreren empirischen Studien als bedeutsamer Faktor für die berufliche Belastung der Lehrkraft ausgewiesen.[9] Rudow (1994, S. 64) berichtet von einer empirischen Studie zur Einschätzung der Klassengröße durch Lehrkräfte: Demnach nehmen Lehrkräfte durchschnittlich eine Klasse unter 18 als zu klein, wenn sie mehr als 27 Schülerinnen und Schüler hat, als zu groß wahr. Am wohlsten fühlen sich Lehrkräfte demgemäß in mittelgroßen Klassen mit 21 bis 25 Schülerinnen und Schülern. Außerdem ist die Zahl der Schülerinnen und Schüler schlichtweg aus lernorganisatorischen Gründen relevant, etwa wenn es um die Bildung von Gruppen beim kooperativen Lernen geht oder um die Anzahl der notwendigen Arbeitsblätter.

8.3.3 Klima in der Klasse erfassen

Das Klima der Klasse ist eine wichtige Bedingung des Unterrichts. In der Hattie-Studie wird betont, dass die Bedeutung von schulbezogenen Faktoren für die Lernleistungen, die zum Teil politisch hitzig diskutiert werden, oft ohne empirisch belegte Bedeutung für Lernleistungen ist. Das gilt jedoch nicht für das Klima der Klasse (Hattie, 2013, S. 85 ff.). Es wird auch als das „Klassenklima" (Helmke, 2012, S. 227) oder das „Sozialklima in der Klasse" (Ingenkamp & Lissmann, 2008, S. S. 276 ff.) bezeichnet. Das Klima in der Klasse muss – wie viele andere Bedingungen in der Klasse – nur ‚am Anfang' hingenommen werden. Dann hat die Lehrkraft im Schuljahr die Möglichkeit und unter Umständen auch die Aufgabe, ein lernförderliches Klassenklima zu erzeugen (Helmke, 2012, S. 227 ff.).

> **STOPP:** Sie werden schon Klassen mit gutem und schlechtem Klima erlebt haben. Erinnern Sie sich: Was unterschied eine Klasse mit gutem Klima von einer Klasse mit schlechtem Klima?

Ausführliche Untersuchungen von Müller (Ohne Jahr; 1996; 1997; 1998) zeigen, dass die für allgemeinbildende Schulen entwickelten Instrumente für die Diagnose des Klassenklimas nicht ohne weiteres in beruflichen Schulen eingesetzt werden können. Müller verwendet ein Instrumentarium, das für den Alltag an beruflichen Schulen entwickelt und dort erprobt wurde. Das Verfahren ist zweischrittig: Erst erfolgt eine Grobdiagnose des Klassenklimas mit einer Punktabfrage und dann eine Feindiagnose mit einem Kurzfragebogen.

Im ersten Schritt erfolgt eine *Grobdiagnose* mit Hilfe einer Punktabfrage. Dazu wird die Vorlage „Klassenklima: Grobmessung Version Klassenleitung" (TB-6.2) bzw. „Klassenklima: Grobmessung Fachlehrkraft" (TB-6.3) auf zwei Folien für den Overheadprojektor gezogen. Eine Folie liegt während der ganzen Zeit für alle Schülerinnen und Schüler gut sichtbar auf dem Overheadprojektor. Sie dient zur Erläuterung der Diagnose und der Orientierung der Schülerinnen und Schüler. Die zweite Folie liegt so im Klassenraum in einer Ecke oder hinter einer Pinnwand, dass die Schülerinnen und Schüler ihre persönliche Bewertung anonym fixieren können. Dazu erhalten die Schülerinnen und Schüler im Schreibwarenhandel erhältliche Klebepunkte, und zwar je einen grünen, gelben und roten für die Klassenleitungsversion oder einen grünen und gelben für die Fachlehrkraftversion. In der Grobdiagnose bewerten die Schülerinnen und Schüler in der Klassenleitungsversion drei Dimensionen des Klassenklimas und in der Fachlehrkraftversion zwei Dimensionen, nämlich „Unterricht unserer Lehrkraft", „Beziehungen zu unserer Lehrkraft" sowie ausschließlich in der Klassenleitungsversion „Beziehungen zu den Mitschülern". Vergleichen Sie dazu bitte die beiden Instrumente „Klassenklima: Grobmessung

Version Klassenleitung" (TB-6.2) bzw. „Klassenklima: Grobmessung Version Fachlehrkraft" (TB-6.3). Müller begründet diese Unterscheidung damit, dass die Erfassung und gegebenenfalls die Versuche zur Änderung der Beziehungen der Mitschülerinnen und Mitschüler untereinander ausschließlich Aufgabe der Klassenleitung sei.

Die Schülerinnen und Schüler werden gebeten, die Klebepunkte zunächst auf die Handaußenfläche zu kleben und eine Schulnote für jede Dimension auf dem Klebepunkt aufzuschreiben. So soll verhindert werden, dass sich die Schülerinnen und Schüler beim Aufkleben der Punkte gegenseitig beeinflussen. Die zweite Folie, auf die die Klebepunkte aufgebracht wurden, kann direkt zur Präsentation der Ergebnisse und zur Nachbesprechung benutzt werden.

Definition 3:   Klima der Klasse

Das Klima der Klasse ist ein Bedingungsfaktor auf Klassenebene, der die Beziehung zwischen der Lehrkraft und den Schülerinnen und Schülern, Merkmale des Unterrichts sowie die Beziehung der Schülerinnern und Schüler untereinander umfasst.

Für die Feindiagnose wird ein Fragebogen eingesetzt. Dieser ist in der Toolbox (TB-6.4) vorhanden, muss jedoch erst ausgewertet werden, so dass eine Präsentation der Ergebnisse erst zu einem späteren Zeitpunkt erfolgen kann. Der Fragebogen berücksichtigt die in der Literatur verbreiteten Einzelmerkmale in den drei Dimensionen des Klassenklimas.

Beziehung Lehrkraft - Schülerinnen und Schüler	Merkmale des Unterrichts	Beziehung Schülerinnen und Schüler untereinander
▸ Fürsorglichkeit der Lehrkraft ▸ Aggression gegen die Lehrkraft ▸ Bevorzugung und Benachteiligung von Schülerinnen und Schülern ▸ Autoritäre Merkmale der Lehrkraft ▸ Allgemeine Zufriedenheit mit der Lehrkraft	▸ Leistungsdruck im Unterricht der Lehrkraft ▸ Disziplin und Ordnung ▸ Zufriedenheit mit dem Unterricht ▸ Mitarbeit der Schülerinnen und Schüler ▸ Resignation der Schülerinnen und Schüler ▸ Allgemeine Zufriedenheit mit dem Unterricht	▸ Cliquenbildung unter den Schülerinnen und Schülern ▸ Hilfsbereitschaft unter den Schülerinnen und Schülern ▸ Aggression unter den Schülerinnen und Schülern ▸ Diskriminierung von Schülerinnen und Schülern ▸ Konkurrenzdenken der Schülerinnen und Schüler ▸ Allgemeine Zufriedenheit mit den Mitschülerinnen und Mitschülern

Übersicht 7: Einzelmerkmale des Klimas nach Müller

Müller weist in seinen Untersuchungen jedoch darauf hin, dass für die Unterrichtspraxis das vereinfachte Diagnoseinstrument vollkommen ausreichend ist. Eine quantitative Befragung kann ersetzt werden durch eine qualitative Befragung, eine Beobachtung oder eine Dokumentenanalyse. Qualitative Befragungen zum Klassenklima können dabei durch Satzergänzungen eingeleitet werden, beispielsweise „In der Klasse war es heute …" oder „Wenn ich in der Klasse kritisiert werde, …".

8.3.4 Räumlich-zeitliche Bedingungen erfassen

8.3.4.1 Zeitliche Bedingungen
Der Umgang mit der Unterrichtszeit ist für Anfängerinnen und Anfänger regelmäßig eine der größten Herausforderungen, die oft kaum in didaktischen Lehrbüchern thematisiert wird. Oft reagiert die angehende Lehrkraft mit einer völligen Überladung des Unterrichts, also einer drastischen Überschätzung der zur Verfügung stehenden Zeit. Das ist wenig verwunderlich und teilweise auch nicht zu vermeiden.

Anfängerinnen und Anfänger bringen wenig Erfahrung mit, wie viel Zeit einzelne Aktivitäten im Unterricht beanspruchen. Dem können sie kaum entgehen. Hilfreich ist oft der Selbsttest: Wie lange brauche ich selbst, um diese Aufgabe zu lösen? Ein komplettes ‚Durchspielen' der Unterrichtsstunde, wie bei einer Generalprobe, scheidet regelmäßig aus. Nach meiner Erfahrung werden vor allem aufgebende Unterrichtsphasen zeitlich falsch eingeschätzt. Die Lehrkraft sollte hier nicht einfach „5 Minuten" ansetzen, also das deutsche Synonym für „Ich weiß es auch nicht genau, aber nicht so lang".

Anfängerinnen und Anfänger haben oft wenig Gelegenheit, die Klasse gut kennen zu lernen. Im Rahmen von schulpraktischen Studien liefern die Hospitationen oft nicht genug Informationen, um tragfähige zeitliche Entscheidungen zu treffen. Vor diesem Hintergrund ist die präzise Analyse der Lernausgangslage der Klasse unabdingbar.

Da gerade Anfängerinnen und Anfänger damit rechnen müssen, die Zeit falsch einzuschätzen, sollten sie Flexibilisierungsmaßnahmen vorsehen. Die Berücksichtigung von vernachlässigbaren, streichbaren Phasen, insbesondere in der zweiten Hälfte der geplanten Unterrichtszeit, bringt der Lehrkraft Flexibilität in der Durchführung. Die Lehrkraft entscheidet in diesem Fall während des Unterrichts, ob die geplante Phase durchgeführt wird oder nicht. Dies gilt auch für die später noch ausführlich darzustellenden Differenzierungsmaßnahmen. Die Lehrkraft hält beispielsweise – etwa für besonders schnelle bzw. leistungsfähige – Lernende Zusatzaufgaben bereit.

Am Ende der Unterrichtsstunde wird die gleiche Zeit sehr unterschiedlich wahrgenommen. Wenn die Lehrkraft zwei Minuten nach dem Klingeln immer noch spricht, wirkt dies nicht nur unprofessionell, sondern sie hat streng genommen das Recht auf pünktlichen Beginn der nächsten Stunde verspielt. Gerade für wenig geschulte Beobachtende – oder gar für Prüfende – hinterlässt dies einen schlechten Eindruck, selbst wenn der Rest der Stunde sehr gut lief. Wenn die Lehrkraft hingegen zwei Minuten zu früh an ihr Ziel kommt, wird dies oft gar nicht bemerkt. Es ist vergleichsweise einfach, Unterricht zu ‚strecken' um eine zeitliche Punktlandung zu machen. Eine Wiederholung der Lehrkraft oder, falls noch mehr Zeit bleibt, durch die Schülerinnen und Schüler sind gute Zeitfüller. In der Tat habe ich schon einige vollgepackte Unterrichtsstunden gesehen, aber noch nie eine Stunde, in der die Lehrkraft am Ende nicht mehr wusste, was sie noch tun soll. Aus Angst heraus, ‚auf einmal' ‚ohne Stoff' dazu stehen, wird sich zu viel für die Stunde vorgenommen. Häufig hinterlassen Streckungen sogar einen positiven Eindruck, beispielsweise wenn gesagt wird, dass besonders intensiv geübt wurde.

Zu einem richtigen Umgang mit der Zeit gehört auch eine angemessene Ausstattung der Lehrkraft, nämlich eine gut lesbare Uhr. Nicht wenige Studierende tragen während ihres Studiums keine Uhr und bedienen sich dann diverser, dafür nur wenig tauglicher Notlösungen, z. B. eines Handys. Eine gut und unauffällig ablesbare Uhr gehört zum Handwerkszeug einer Lehrkraft so wie ein gepflegtes Stecheisen zu einer Schreinerin oder einem Schreiner.

Ein wichtiger Planungsparameter für das Lernen in den beruflichen Schulen ist die Organisationsform des Unterrichts (Pahl, 2008, S. 289 ff.). Die zentralen Formen sind der Teilzeitunterricht bzw. wöchentliche Berufsschultage, der Blockunterricht bzw. periodischer Vollzeitunterricht, ganzjähriger Vollzeitunterricht sowie Mischformen. Auch Besonderheiten in der Klassenbildung – etwa die eher unübliche Beschulung von mehreren Ausbildungsberufen in einer Klasse – sollten in der Planung erwähnt werden.

8.3.4.2 Räumliche Bedingungen

Das Raumlayout in beruflichen Schulen ist oft wenig flexibel und auf traditionellen Unterricht zugeschnitten. Viele Schulen und Klassenräume sind lieblos gestaltet, verfügen über wenig ansprechende Farb- und Raumkonzepte, bieten hinsichtlich Luft und Lärm keine optimalen Bedingungen, sind energetisch nicht effizient, kein ‚Aushängeschild' gegenüber außerschulischen Partnern und unterstützen moderne Formen des Unterrichtens nicht gut.

Schulen können verschiedene Raumkonzepte verfolgen. Bei einem *Klassen*zimmer wird der Klasse ein Raum zugeordnet, in dem der überwiegende Unterricht vonstatten geht, d. h. die Lehrkräfte wechseln die Räume. Bei einem *Lehrkraft*raum erhält eine Lehrkraft ein Zimmer, das als individuelle Arbeitsumgebung eingerichtet werden kann, d. h. die Schülerinnen und Schüler wechseln die Räume. Bei einem *Fachraum*konzept erfolgt der Unterricht in einem Fach, etwa einem spezifischen Lernfeld oder einem Fach wie Englisch, in eigenständigen Räumen. Für alle drei Konzepte lassen sich Beispiele, Vor- und Nachteile anführen (Lost & Minzer, 2010).

Die raumwissenschaftliche Schulforschung (Böhme, 2009) ist wenig ausgeprägt. Erst in letzter Zeit hat dieses Thema, vor allem als Folge stark veränderter Anforderungen im schulischen Ganztagsbetrieb an allgemeinbildenden Schulen, an Aufmerksamkeit erfahren (Kimmelmann & Schiegl, 2012). Ein gutes Raumlayout hat folgende Merkmale.[10]

- **Passung zu den Zielen und Methoden**: Ein gutes Raumlayout hat eine hohe Passung zu den verfolgten Zielen und den eingesetzten Methoden. Im traditionellen Unterricht wird vor allem Wert darauf gelegt, dass die Lernenden die Lehrkraft alle gut verfolgen können. Im handlungsorientierten Unterricht wird vor allem auf ein Raumlayout zur Arbeit in Gruppen Wert gelegt.
- **Flexible Übergänge**: Im modernen Unterricht sollten traditionelle und handlungsorientierte Elemente flexibel miteinander verbunden werden können. Wurde früher beispielsweise im Takt der Unterrichtsstunde das Raumkonzept, etwa vom normalen Unterrichtsraum in den EDV-Raum, gewechselt, sollte ein solcher Wechsel flexibel in der Stunde möglich sein.
- **Entlastung der Hauptverkehrsflächen**: Hauptverkehrsflächen, etwa die Flächen vor dem Pult der Lehrkraft, vor dem Mülleimer oder dem Ausgang, sollten deutlich voneinander getrennt und großflächig gestaltet sein.
- **Gute Sichtbarkeit für die Lehrkraft**: Die Lehrkraft sollte alle Schülerinnen und Schüler gut sehen können. Andernfalls kann sie weder den Lernfortschritt noch das regelgerechte Verhalten der Lernenden beobachten.
- **Unterstützende Materialien leicht zugänglich**: Häufig benutzte unterstützende Materialien, etwa Computer oder Selbstlernmaterialien im handlungsorientierten Unterricht, sollten leicht zugänglich sein.
- **Gut verfolgbare Präsentationen**: Die Lernenden können Präsentationen der Lehrkraft oder von Mitlernenden gut verfolgen, ohne die Tische oder Stühle zu bewegen oder sich den Nacken zu verbiegen.

Gerade Berufsschulgebäude sind multifunktionale Lern- und Arbeitsumgebungen (Pahl, 2008, S. 312 ff.), deren Gestaltung hohe Aufmerksamkeit erfordert.

8.3.5 Leitfragen für die Analyse der Klassenbedingungen

Im GAL-Schema für die makrodidaktische Planung (TB-2.3) und im GAL-Schema für die mikrodidaktische Planung (TB-2.6) wird die Analyse der Klassenbedingungen unter den Abschnitten 3.1, 3.4 und 3.6 berücksichtigt. Der Abschnitt 3.5 zur Klassenführung wird in Kapitel 11 ausführlich erläutert. Zunächst muss die Größe und Zusammensetzung der Klasse bestimmt werden.

Leitfragen für die Analyse der Klassenbedingungen (GAL 3.1)

- Wie groß ist die Klasse?
- Wie setzt sie sich hinsichtlich Alter und Geschlecht zusammen?

Übersicht 8: Leitfragen für Analyse der Klassenbedingungen I

Das Klassenklima wird in GAL 3.4 dokumentiert und lässt sich entsprechend der drei Dimensionen des Klassenklimas aufspalten.

Leitfragen für die Analyse des Klassenklimas als Teil der Klassenbedingungen (GAL 3.4)

▶ Wie sind die Beziehungen zwischen Lehrkraft und den Schülerinnen und Schülern?
▶ Wie wird der Unterricht der Lehrkraft allgemein durch die Schülerinnen und Schüler eingeschätzt?
▶ Wie sind die Beziehungen der Schülerinnen und Schüler untereinander?

Übersicht 9: Leitfragen für Analyse der Klassenbedingungen II

Die räumlich-zeitlichen Bedingungen werden in GAL 3.6 dokumentiert und berücksichtigen sowohl die zeitlichen als auch die räumlichen Bedingungen.

Leitfragen für die Analyse räumlich-zeitlicher Bedingungen als Teil der Klassenbedingungen (GAL 3.6)

▶ Welches Zeitmodell ist üblich (z. B. 45-Minuten-Takt, 90-Minuten-Takt, ungetaktet)?
▶ Reicht die Unterrichtszeit für diese Planung? Wenn kritisch: Welche Folgemaßnahmen (z.B. Differenzierungsmaßnahmen, zusätzliche/streichbare Lernschritte) können getroffen werden?
▶ Sind aufgrund des Tages und der Uhrzeit bzw. Lage des Unterrichts besondere Bedingungen zu berücksichtigen?
▶ Inwieweit unterstützt die Gestaltung des Klassenraums die Arbeit im Unterricht (Raumkonzept, vorhandene technische Bedingungen und deren Funktionsweise, Sitzordnung und Raumlayout)? Wenn kritisch: Wie können diese Bedingungen lernförderlich gestaltet werden?

Übersicht 10: Leitfragen für Analyse der Klassenbedingungen III

Mit diesen Ausführungen wird die Analyse der Bedingungen des Wirtschaftsunterrichts vorläufig abschlossen.

8.4 Das Unterrichtskonzept arrangieren

Bisher ging es um die curriculare Analyse und die Bedingungsanalyse. Damit sind bereits zwei wichtige didaktische Elemente angesprochen und es verbleibt als letztes Element die methodische Analyse.

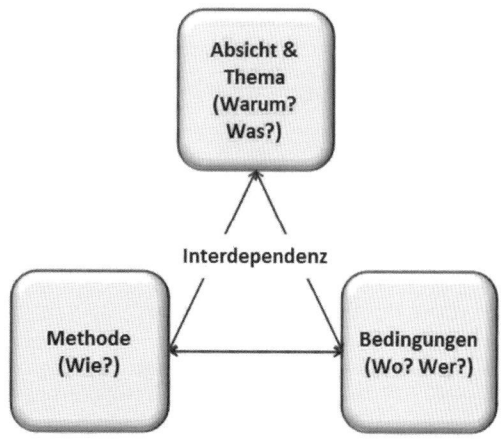

Übersicht 11: Didaktische Elemente

Die Methodenfrage taucht als didaktisches Element in allen Schritten der didaktischen Planung auf: Bei der Entwicklung der didaktischen Idee, der makro- und mikrodidaktischen Planung sowie bei der Evaluation und Revision.

8.4.1 Das traditionelle und das handlungsorientierte Unterrichtskonzept

Zunächst zur makrodidaktischen Planung. Bei der makrodidaktischen Planung wird festgelegt, ob der Unterricht bzw. welche Teile des Unterrichts traditionell oder handlungsorientiert gestaltet werden sollen. Zum traditionellen Unterricht werden bestimmte Methoden bevorzugt, beispielsweise das Lehrgespräch. Im handlungsorientierten Unterricht stehen andere Methoden im Vordergrund, beispielsweise Projekte. Das *Methoden*konzept ist Teil eines umfassenden *Unterrichts*konzepts. Unterrichtskonzepte sind recht geschlossene Vorstellungen von Unterricht, d. h. spezifische Zusammenstellungen aller didaktischen Elemente.

Das traditionelle Unterrichtskonzept wird auch vereinfachend als „traditioneller Unterricht" bezeichnet. „Traditionell" mag sich für einige negativ anhören, für andere positiv. Auch wenn es schwer fällt: Hier ist der Begriff neutral gemeint. Das gilt analog für die Handlungsorientierung. Beide Unterrichtskonzepte werden in der Übersicht „Traditionelles vs. handlungsorientiertes Unterrichtskonzept" (TB-1.13) gegenübergestellt, die Sie bitte parallel verfolgen.

Das *traditionelle Unterrichtskonzept* legt den Schwerpunkt auf die Förderung der Kompetenzen im kognitiven Bereich. Dabei wird vor allem Wert auf ein gut ausgebautes deklaratives Wissen gelegt. Gerade für Unterricht mit Anfängerinnen und Anfängern kann der traditionelle Unterricht vergleichsweise schnell eine gut strukturierte Wissensbasis aufbauen. Dieses Wissen hat eine hohe Ähnlichkeit zum wissenschaftlichen Erkenntnisstand. Ein solches Vorgehen wurde früher im Fachunterricht der Berufsschule durch Lehrpläne mit einer traditionellen Struktur unterstützt, die die zu vermittelnden Inhalte minutiös vorgaben. Der traditionelle Unterricht konzentriert sich auf die zu vermittelnden Gegenstände, d. h. ist gegenstandszentriert. Überfachliche Kompetenzen und Ziele werden im traditionellen Unterricht verfolgt. Sie haben im Unterricht jedoch eine eher untergeordnete Bedeutung. Im traditionellen Unterrichtskonzept spielt das Wissenschaftsprinzip eine große Rolle, während das handlungsorientierte Unterrichtskonzept hingegen das Situationsprinzip betont wird. Das dritte curriculare Prinzip – das Persönlichkeitsprinzip – lässt sich hingegen keinem der Unterrichtskonzepte zuordnen.

Typische Methoden des traditionellen Unterrichts sind das Lehrgespräch, kurze Lehrvorträge, kleinere Einzel- und Gruppenarbeiten. Diese Methoden sind nicht hip, nicht besonders modern. Das kann jedoch kein Kriterium einer qualitativ hochwertigen Unterrichtsgestaltung sein. Der traditionelle Unterricht wird in einem Methodenmix gestaltet. Das Lehrgespräch aktiviert das Vorwissen der Schülerinnen und Schüler. Die Lehrkraft kann – auch abgestimmt auf das Leistungsniveau der Schülerinnen und Schüler – den Unterrichtsgegenstand entwickeln. Der traditionelle Unterricht gibt der Lehrkraft und ihrer Persönlichkeit einen hohen Stellenwert. Eine ausgiebige Ergebnissicherung trägt zur Verfestigung der Inhalte bei.

Der Unterricht erfolgt in thematischen Blöcken. Zeitlich wird der Unterricht durch einzelne Lehrkräfte in einem relativ kurzen Takt gehalten. Seit 1911, als die Dauer der Unterrichtszeiten für höhere Lehranstalten für die männliche Jugend in Preußen reguliert wurde, ist das traditionelle Zeitgefäß der 45-Minuten-Takt (Eikenbusch, 2010). So haben die Preußen selbst die zeitliche Struktur an bayerischen Schulen beeinflusst. Nur in der Schule hat die ‚Stunde' eine Dauer von 45 Minuten. Der *Stunden*plan taktet dabei das Arbeiten in der Schule. Zudem bestimmt er auch die Folge der Fächer, die meist, aber nicht immer getrennt unterrichtet werden. Inzwischen ist allerdings der zweistündige Block oft die verbreitete Planungseinheit.

Der traditionelle Unterricht ist den Schülerinnen und Schülern vertraut. Für diese Art von Unterricht sind die Lernenden kompetent, auch aufgrund entsprechender Schwerpunkte in ihrer bisherigen Bildungsbiographie. Sie haben gelernt, beim ‚Vorsetzen' des Gegenstandes ‚präsent' zu sein oder zumindest – oft in meisterhafter Schauspielerei – diesen Eindruck bei der Lehrkraft zu erwecken. Der Klassenraum ist für den traditionellen Unterricht recht gut geeignet und bedarf meist keiner weiteren Änderungen. Im Unterricht werden traditionelle Medien eingesetzt, vor allem der Overhead-Projektor (OHP), die Tafel oder das Lehrbuch. Die Prüfungen werden in schriftlicher Form als Mehrfachwahlaufgaben (Multiple-Choice-Aufgaben) oder als kleinere Textaufgaben (Essay-Assessments) durchgeführt. Hinzu kommen kleinere mündliche Leistungserhebungen, zum Beispiel Abfragen. Andere Formen des Assessments, wie Präsentationen, Projektarbeiten, Hausarbeiten oder von den Lernenden erstellte Produkte, spielen bei der Bewertung eine deutlich geringere Rolle.

Definition 4:   Traditionelles Unterrichtskonzept

Das traditionelle Unterrichtskonzept ist eine umfassende Vorstellung zur Gestaltung von Unterricht, der sich insbesondere dadurch auszeichnet, dass überwiegend kognitive Ziele verfolgt werden, fast ausschließlich die Fachkompetenz entwickelt werden soll, und in methodischer Hinsicht Lehrgespräche, Lehrvorträge und kleinere Einzel-, Partner- bzw. Gruppenarbeiten vorherrschen.

In der schulischen Praxis dominiert das traditionelle Unterrichtskonzept, so jedenfalls zeigen es schon etwas ältere empirische Untersuchungen sowohl für den Bereich der allgemeinbildenden Schulen (Wiechmann, 2004) als auch an beruflichen Schulen (Metzlaff, 2005; Pätzold, Klusmeyer, Wingels & Lang, 2003; Seifried, 2008; Seifried, Grill & Wagner, 2006).[11] Auch nach über 15 Jahren Lernfeldansatz (Tramm, Kremer & Tenberg, 2011) zeigt sich das in aktuellen Studien zum Unterrichtsalltag an beruflichen Schulen (Götzl, Jahn & Held, 2013).

Der traditionelle Unterricht wird nach meiner Erfahrung in beruflichen Schulen vor allem mit zwei Argumenten gerechtfertigt: Zum einen wird die Rolle der Prüfungen vor den zuständigen Stellen betont. Allerdings kann nicht übersehen werden, dass im Prüfungsbereich – unter dem Stichwort „handlungsorientierte Prüfungen" – in den letzten Jahren viele Reformen vollzogen worden sind. So erwerben angehende Einzelhandelskaufleute einen großen Teil des Gesamtergebnisses in der IHK-Abschlussprüfung aufgrund eines fallbezogenen Fachgespräches. Bei Industriekaufleuten wird ein Teil des Gesamtergebnisses in der Abschlussprüfung aufgrund einer Prüfung im Einsatzgebiet erworben und zwar auf der Basis von Reporten, mündlichen Prüfungen und Präsentationen. Eine vertiefte Auseinandersetzung mit der Abschlussprüfung vor der zuständigen Stellen erfolgt in dieser Arbeit zu einem späteren Zeitpunkt. Zum anderen besagt ein zweites Argument für den traditionellen Unterricht, dass für Dinge jenseits der Fachkompetenz aufgrund der Stofffülle keine Zeit mehr wäre. Der traditionelle Unterricht folgt hier einem großen Mythos: Was *gelehrt* wurde, ward auch *gelernt*. Häufig ist jedoch das Gegenteil der Fall. Die Gegenstandszentriertheit, die mangelnde Aktivität der Lernenden, die gewählten Methoden u. a. führen häufig dazu, dass vieles, was gelehrt wurde, eben nicht gelernt wurde.

Auch wenn er nicht besonders spektakulär erscheint: Der traditionelle Unterricht hat – je nach Situation – Nachteile, aber auch Vorzüge. Seine zentralen Methoden – das Lehrgespräch, der Lehrvortrag oder Ergebnissicherungen in einer Einzelarbeit – gehören nach meiner Auffassung zum Handwerkszeug jeder Lehrkraft – und werden es vermutlich immer sein.

Das *handlungsorientierte Unterrichtskonzept* betont die hohe Dynamik der Bedingungen auf der gesellschaftlichen Ebene, die sich in den Megatrends niederschlägt. Wegen dieser hohen Dynamik veralten – so die gängige Argumentation des handlungsorientierten Unterrichtskonzepts – die Fachinhalte schnell. Daher sei der Lernkompetenz besondere Aufmerksamkeit zu widmen. Die zunehmende Pluralität der Lebensstile, insbesondere die zunehmende Unstetigkeit von Erwerbsbiographien, mache die gezielte Förderung von Selbstkompetenz aus Sicht des handlungsorientierten Unterrichtskonzepts notwendig. Außerdem betont das handlungsorientierte Unterrichtskonzept den Trend zu kooperativen Arbeitsformen in Wirtschaft und Gesellschaft. Damit wird auf die Rolle der Sozialkompetenz als Ziel in der Schule abgehoben. Im handlungsorientierten Unterrichtskonzept wird die zunehmende Heterogenität der Lernenden angenommen, und zwar bezüglich der Lernausgangslage, der sozialen, ethnisch-kulturellen und betrieblichen Hintergründe, der Entwicklungsgefährdungen und der besonderen pädagogischen Bedarfe. Darauf müsse die Schule durch Differenzierung und individuelle Förderung reagieren, was sie im traditionellen Unterricht nur sehr begrenzt könne.

Ein Beispiel für eine handlungsorientierte Methode ist die Arbeit mit Simulationsmethoden, zum Beispiel der Simulation von Verkaufsgesprächen bei Einzelhandelskaufleuten. Zu den handlungsorientierten Methoden gehört im hier zugrunde gelegten Verständnis auch die Arbeit mit Lern*situationen*. Im fachbezogenen Unterricht der Berufsschule werden dazu in der makrodidaktischen Planung von einem Team von Lehrkräften die Lernfelder in Lernsituationen zerlegt, d. h. die Verteilungsplanung erfolgt lernsituations- bzw. kompetenzorientiert, und mit dem Unterricht im allgemeinbildenden Bereich parallelisiert. Um dabei eine hohe Praxisnähe zu gewährleisten, werden enge Netzwerke zu den Unternehmen gepflegt, die auch in die Ausarbeitung der Lernsituationen einbezogen werden. Damit spielen kooperative Planungshilfen eine große Rolle im handlungsorientierten Unterricht. Handlungsorientierung ist jedoch nicht deckungsgleich mit Unterricht in Lernsituationen. Die handlungsorientierten Methoden sind jedoch ausgesprochen vielfältig, ja oft verwirrend.

Auf die Handlungsorientierung „bezogene Ideen, Empfehlungen und Maßnahmen (sind, K.W.) in der Rhetorik der Kultusadministration, in den Ordnungsmitteln der beruflichen Bildung und in der Fachliteratur inzwischen etabliert" (Czycholl & Ebner, 2006, S. 44). Ein Beispiel dafür ist die Rahmenvereinbarung über die Berufsschule, ein Beschluss der Kultusministerkonferenz aus dem Jahr 1991, die u. a. die Aufgaben und Ziele, die Gliederung und Organisation, die Dauer und Schulpflicht der Berufsschule, den Unterrichtsumfang, die Lehrpläne und Stundentafeln sowie Abschlüsse und Zeugnisse der Berufsschule regelt. Diese Rahmenvereinbarung legt auch fest: „Zur Erreichung dieser Ziele muss die Berufsschule den Unterricht an einer für ihre Aufgaben spezifischen Pädagogik ausrichten, die Handlungsorientierung betont" (Abschnitt 2.3). Sehr weit geht das niedersächsische Schulrecht. Dort wird in den ergänzenden Bestimmungen für das berufsbildende Schulwesen (EB-BbS), einem Runderlass des niedersächsischen Kultusministeriums, den Schulen vorgeschrieben: „Der Unterricht in berufsbildenden Schulen ist nach dem didaktischen Konzept der Handlungsorientierung durchzuführen. Für alle Bildungsgänge sind grundsätzlich kompetenzorientierte schulische Curricula anzulegen. In diesen ist auch die Entwicklung der Methoden-, Fach-, Sozial- und Humankompetenzen zu beschreiben" (EB-BbS, Nr. 2.8).

Der handlungsorientierte Unterricht beansprucht von den Lernenden Kompetenzen, die sie aufgrund ihrer Biographie nicht immer mitbringen. Die Lernenden erhalten eine aktive Rolle und die Lehrkraft wird zunehmend zu einer Moderationskraft und einer Begleitung von Lernprozessen. Die Lehrkraft stößt – zumindest anfänglich – oft auf Widerstand der Lernenden, die mit selbstgesteuertem Lernen und Simulationsmethoden ‚wenig anfangen' können. Die Prüfungen sind auf diese Form des Unterrichts abgestimmt. Präsentationen und konkrete, von den Lernenden erstellte Produkte, Leistungen in simulierten Kundengesprächen und ähnliches sind Gegenstand von Leistungserhebungen (‚Performance Assessment').

> **STOPP:** Sie kennen den traditionellen Unterricht und den handlungsorientierten Unterricht? Welchen Unterricht halten Sie für besser? Auf welchen Unterricht würden Sie Wert legen? Warum?

Der traditionelle 45-Minuten-Takt spielt nur noch eine untergeordnete Rolle. An die Stelle des *Stunden*plans tritt der Wochen- bzw. der Halbjahresplan (Eikenbusch, 2010). Der handlungsorientierte Unterricht hat seinen eigenen Mythos: Die hohe Betonung der Aktivitäten der Schülerinnen und Schüler im handlungsorientierten Unterricht verleitet zu der Annahme, dass allein dies schon Lernprozesse ‚garantiere'. Aufgrund der Komplexität der didaktischen Situation ist dies jedoch ausgeschlossen.

Definition 5:   **Handlungsorientiertes Unterrichtskonzept**

Das handlungsorientierte Unterrichtskonzept ist eine umfassende Vorstellung zur Gestaltung von Unterricht, der sich insbesondere dadurch auszeichnet, dass der Stellenwert überfachlicher Kompetenzen betont wird und Methoden des kooperativen Lernens, Simulationsmethoden, offene und selbstgesteuerte Methoden sowie Methoden der individuellen Förderung vorherrschen.

Das handlungsorientierte Unterrichtskonzept ist eng verbunden mit der Vorstellung einer Gestaltung von komplexen Lehr-Lernarrangements. Dieser Begriff ist in den bedeutenden Arbeiten des wirtschaftspädagogischen Instituts in Göttingen unter der Leitung von Achtenhagen geprägt worden. [12]

Wortwörtlich: Frank Achtenhagen, Ehemals WiPäd Göttingen; Konstruktionskriterien für komplexe Lehr-Lernarrangements

► Die Auszubildenden sollen die Gelegenheit erhalten, auch in der Berufsschule Erfahrungen mit komplexen Fakten und Problemen zu machen, die sich stimmig auf die „Realität" beziehen lassen.

► Das jeweilige Vorwissen der Auszubildenden sollte explizit berücksichtigt werden.

► Der Unterricht sollte mit einer komplexen Ziel- und Inhaltsstruktur beginnen, die prinzipiell für den gesamten Unterricht in diesem Fach (aber auch fachübergreifend) als „advance organizer" dienen können.

► Bei allen eingeführten Begriffen und Konzepten sollte die Erarbeitung des spezifischen Begriffsinhalts (Intension) im engen Zusammenhang mit der Zweckmäßigkeit bzw. Funktion dieses Begriffes erfolgen (Intention), und es sollten Hinweise auf den Umfang des Extensionsbereichs gegeben werden; hier liegt eine wesentliche Voraussetzung für eine erfolgreiche Dekontextualisierung.

► Die Lehr-Lern-Prozesse sollten handlungsorientiert angelegt sein und damit Raum für Aktivitäten und Aktionen der Berufsschüler gewähren; die Wissensaneignung sollte anhand sinnvoller und sinnstiftender Problemstellungen erfolgen.

► Unter dem Aspekt der Handlungsorientierung sollten Ziele und Inhalte anschaulich, d. h. verständnisfördernd, erscheinen, damit angemessene mentale Modelle aufgebaut werden können.

► Mit Hilfe der System- und Handlungsperspektive für die Lehr-Lern-Prozesse sollten Kasuistik und Systematik des Unterrichts in eine Balance gebracht werden.

► Der Unterricht sollte metakognitive Perspektiven ermöglichen; so sollte das "Lernen im Modell" um ein "Lernen am Modell" ergänzt werden, mit dessen Hilfe die Bedingungen, die Notwendigkeiten und die Restriktionen der Konstruktion der eingesetzten Lehr-Lern-Arrangements und der verwendeten Modelle thematisiert und reflektiert werden.

► Im Unterrichtsfortgang sollten auch schlecht-definierte Probleme behandelt werden; hier bietet sich in besonderem Maße Teamarbeit an, die nicht nur aus der Erbringung additiver Teilleistungen besteht.

► Schließlich sollten innerhalb bzw. mit Hilfe der komplexen Lehr-Lern-Arrangements auch in der Berufsschule Aufgaben vorgegeben werden, wie sie an betrieblichen Arbeitsplätzen zu lösen sind (arbeitsanaloge Lernaufgaben).

Bild 2: Frank Achtenhagen. Foto privat. Zitat: Achtenhagen (2003, S. 83 f.)

Traditionelles und handlungsorientiertes Unterrichtskonzept lassen sich auf die Schlagworte „Instruktion" und „Konstruktion" verdichten[13] und lassen sich lerntheoretisch und motivationstheoretisch begründen. Beide Konzepte nehmen unterschiedliche Perspektiven auf. [14] Außerdem lassen sich für beide Konzepte historisch – durchaus bedeutende – Vorbilder finden. Im Fall des traditionellen Unterrichts ist vor allem die deutsche Stufentheorie der Herbartianer[15] zu nennen. Der handlungsorientierte Unterricht hat hingegen eine lange reformpädagogische Tradition, beispielsweise in der Arbeitsschulbewegung oder den Reformschulen.[16] In der angelsächsischen Diskussion findet das traditionelle Unterrichtskonzept eine Entsprechung in den Ansätzen des Instructional Design[17] und das handlungsorientierte Unterrichtskonzept in Situated-Cognition-Ansätzen[18] (Reinmann & Mandl, 2006). Der bekannte Psychologe Nathaniel L. Gage (1917 – 2008) unterscheidet zwei Theoriefamilien des Prozesses des Lehrens und Lernens (Gage, 2009), nämlich das PDC-Lehren (progressive – discovery – constructivist) und das CDR-Lehren (conventional – direct – recitation).

8.4.2 Handlungsorientierte und traditionelle Methoden: Eine kurze Übersicht

Dem traditionellen und dem handlungsorientierten Unterrichts- bzw. Methoden*konzept* kann eine Vielzahl einzelner Unterrichts*methoden* zugeordnet werden.

Die Welt der Unterrichtsmethoden ist ausgesprochen bunt und ständig in Bewegung. Schon Heimann sagte: „Wir befinden uns bei der Behandlung dieser Frage auf dem Gebiete der didaktischen ‚Erfindung', des konstruktiven Denkens und deshalb eines unerhörten Formenreichtums" (Heimann 1976, S. 159). Die Welt der Unterrichtsmethoden ist so vielfältig wie Lehrkräfte kreativ sind. Insofern ist diese Buntheit faszinierend, stellt Lehrkräften ein gutes Zeugnis aus und verdient Respekt. In einem wissenschaftlich-analytischen Zugriff ist diese Buntheit jedoch lästig. Um etwas Übersicht zu schaffen, werden diese in verschiedene Methoden*gruppen* zusammengefasst.[19] Die Karte „Methoden des Wirtschaftsunterrichts" (TB-1.7) fasst diese Methoden zusammen.

	Methodengruppe	Beispiel Unterrichtsmethode
Traditionell	Einstiegsmethoden	Thematische Hinführung
	Lehrvortrag und -gespräch (Erarbeitungsmethoden)	Lehrgespräch
	Kleinere Einzel-, Partner- und Gruppenarbeiten (Erarbeitungsmethoden)	Kleinere Gruppenarbeit
	Ergebnissicherungsmethoden	Magische Wand
Handlungsorientiert	Methoden des kooperativen Lernens	Gruppenpuzzle
	Simulationsmethoden	Rollenspiel
	Offene und selbstgesteuerte Methoden	Stationenarbeit
	Methoden der individuellen Förderung	Förderplanarbeit
	Methoden zur akzentuierten Förderung überfachlicher Kompetenzen	Lerntagebucharbeit

Übersicht 12: Übersicht über traditionelle und handlungsorientierte Methodengruppen

Traditionelle Methoden lassen sich nach ihrer didaktischen Funktion in Einstiegs-, Erarbeitungs- und Ergebnissicherungsmethoden einteilen. Ein Beispiel für eine *traditionelle Methode* ist das Lehrgespräch. Beim Lehrgespräch entwickelt die Lehrkraft ein Thema im Klassenverband. Dieser Klassenverband wird im traditionellen Unterricht durch kleine Einzel-, Partner- und Gruppenarbeiten ergänzt, etwa zu Übungszwecken oder zur Auflockerung. Wird der Stellenwert der Gruppenarbeit erhöht und werden bestimmte Merkmale vertieft, beispielsweise eine hohe gegenseitige Abhängigkeit der Lernenden, geht die Gruppenarbeit im traditionellen Sinne in eine *Methode des kooperativen Lernens* über, d. h. in eine handlungsorientierte Methode.

Kennzeichnend für *Simulationsmethoden* ist das Lernen in und an Modellen. Diese Modelle, beispielsweise ein von der Lehrkraft aus didaktischen Erwägungen heraus entworfenes Verkaufsgespräch, werden durch eine Reduktion der Wirklichkeit gewonnen. Die Schülerinnen und Schüler schlüpfen dann in die Rolle derjenigen, die dieses Modell zu gestalten haben. Simulationsmethoden versprechen, dass die in diesen Modellsituationen erworbenen Kompetenzen sich vergleichsweise einfach in die Wirklichkeit übertragen lassen. Das Grundprinzip der Simulationsmethoden ist mithin ein Zyklus von Wirklichkeit – Modell – Modellsituation (Capaul & Ulrich, 2003, S. 25). Neben die allgemeinen Simulationsmethoden treten Simulationsmethoden, die typisch für die technische und kaufmännische Bildung sind. Dazu gehört beispielsweise die Arbeit in Übungsfirmen, d. h. komplexe kaufmännische Simulationen, die in der Wirtschaftsschule und in Berufsfachschulen eine besondere Bedeutung haben.

„Offene und selbstgesteuerte Methoden": Das ist ein Sammelbegriff für ein ganzes Set von Methoden, die eines gemein haben: Einen klaren Kontrapunkt zum Frontalunterricht, oft gar eine klare Kampfansage. Didaktische Situationen kennzeichnen – im hier zugrunde gelegten Verständnis – vier verschiedene didaktische Strukturelemente: Intentionen (Warum?), Thema (Was?), Methoden (Wie?) und Bedingungen (Wo, wer?). Beim traditionellen Unterricht werden diese Elemente *von der Lehrkraft* – das heißt aus Sicht des Lernenden: fremdbestimmt – ausgewählt. Im Frontalunterricht haben die Schülerinnen und Schüler kaum eine Möglichkeit zu entscheiden, welches Thema sie lernen wollen. Genau an diesem Punkt setzen offene bzw. selbstgesteuerte Methoden an: Sie wollen den Lernenden eine Lernumgebung bieten, die so *offen* ist, dass sie diese Elemente *selbst* bestimmen kann.

Der offene Unterricht bzw. das offene Lernen hat vor allem in der Reformpädagogik eine längere Tradition. Ein typisches Beispiel für offenen Unterricht ist das Stationenlernen (Hegele, 2008), das auch „Stationenarbeit", „Lernzirkel" oder „Lernen an Stationen" genannt wird. Das Stationenlernen orientiert sich am Prinzip des Zirkeltrainings aus dem Sport. Die Lernenden erarbeiten an den Stationen verschiedene Teilaspekte eines Themas weitgehend selbständig mit Hilfe von Material, das an den Stationen bereitgestellt wird.

Stationenlernen zu ISDN

Pflichtstationen:
- ► Leistungsmerkmale ISDN
- ► Kapazitäten des S0-Buses
- ► ISDN-Komponenten
- ► Installationstechnik beim Teilnehmer / ohne Telefonanlage

Freie Stationen:
- ► Kreation einer Werbebroschüre
- ► Analoger und ISDN-Anschluss im Vergleich
- ► Installationstechnik beim Teilnehmer / ohne TA

Übersicht 13: Stationen zu ISDN nach Alexandra Beckmann, www.lehrer-online.de

Die Schülerinnen und Schüler entscheiden selbst, in welcher Reihenfolge, also an welcher Station, sie wie lange und mit wem lernen. Der Selbstkontrolle wird dabei ein großer Stellenwert zugeschrieben.

In das gleiche Horn wie der offene Unterricht stößt das selbstgesteuerte Lernen, das auch „selbstorganisiertes Lernen (SOL)", „selbstreguliertes Lernen" oder „eigenverantwortliches Arbeiten und Lernen (EVA)" genannt wird. Während offenes Lernen vor allem in der Reformpädagogik und der Grundschule ein Thema ist, kommt das selbstgesteuerte Lernen eher aus der Diskussion um lebenslanges Lernen und der beruflichen Bildung. Ein Beispiel für selbstgesteuertes Lernen ist das Lernen mit Lernsituationen.

Bei offenen und selbstgesteuerten Methoden bestimmen die Lernenden die didaktischen Elemente weitgehend selbst und passen diese – im Rahmen der von der Lehrkraft gesetzten Möglichkeiten – ihren Wünschen und Vorstellungen selbst an. Bei den *Methoden der individuellen Förderung* schneidet hingegen die Lehrkraft die didaktischen Elemente auf den *individuellen* Lernenden zu. Ein Beispiel ist die individuelle Förderung im Berufseinstiegsjahr. Das Berufseinstiegsjahr (BEJ) ist eine recht junge berufliche Schulform in Baden-Württemberg, die sich an Jugendliche *mit* Hauptschulabschluss ohne Ausbildungsplatz richtet, die keine weiterführende Schule besuchen können. Sie ist damit eine Alternative zum Berufsvorbereitungsjahr (BVJ), das sich an Jugendliche *ohne* Hauptschulabschluss richtet. Die Stundentafel im BEJ sieht im Umfang von zwei bis fünf Stunden das ‚Fach‘ „Individuelle Förderung" vor. Im ersten Schritt erfolgt im BEJ die Förderdiagnose. Dazu wird im BEJ wie im BVJ das Instrument „Kompetenzanalyse Profil AC" eingesetzt. Die Daten werden im nächsten Schritt ausgewertet und ein Kompetenzbericht bzw. -profil erstellt. Im nächsten Schritt wird mit jedem Lernenden ein individueller Förderplan aufgebaut, der schriftlich als Zielvereinbarung fixiert wird. Im vierten Schritt wird die eigentliche Förderarbeit in der Schule vorgenommen. Im fünften und letzten Schritt werden die Maßnahmen bewertet. Auf dieser Basis werden die Förderpläne unter Umständen neu gestaltet (KM-BW 2008).

Methoden zur akzentuierten Förderung überfachlicher Kompetenzen zielen auf die Entwicklung überfachlicher Kompetenzen, also der Lern-, Sozial-, Selbst- und Sprachkompetenz. Die damit angesprochenen Methoden sind ‚spezialisiert‘ auf einzelne Kompetenzdimensionen und stellen schon in dieser Perspektive eine gute Ergänzung zu anderen Methoden dar. Ein Beispiel ist der Einsatz von Lerntagebüchern (Renkl, Nückles, Schwonke, Berthold & Hauser, 2004) zur akzentuierten Förderung der Lernkompetenz. Bei diesen Methoden dokumentieren die Lernenden ihren Lernprozess und führen ihn einer Selbst- oder Fremdreflexion zu. Bei reflexionsungewohnten Lernenden werden dazu strukturierte Lerntagebücher verwendet. Dabei werden offene oder geschlossene Fragen bzw. Aufforderungen (‚prompts‘) gegeben.

8.4.3 Medien- und Assessmentkonzept arrangieren

Methoden wurden unterteilt in handlungsorientierte und traditionelle Methoden. „Methoden": Eigentlich müsste es immer „*Unterrichts*methoden" heißen. Daneben werden „Assessmentmethoden" als eine zweite Erscheinungsform der Methoden erörtert. Beide Methoden – Unterrichtsmethoden ebenso wie Assessmentmethoden – sind nicht per se gut oder schlecht, sondern müssen immer im Interdependenzzusammenhang erörtert werden. Die Vielfalt der Assessmentmethoden wird hier in drei Gruppen eingeteilt (Stiggins, 2008).

▶ **Assessment mit Hilfe von Mehrfachwahlaufgaben:** Die Lernenden haben aus mehreren zur Wahl gestellten Antwortmöglichkeiten diejenige zu kennzeichnen, die sie für richtig, für zutreffend oder annehmbar halten. Die Reaktionsmöglichkeiten der Lernenden sind eingeschränkt (‚Selected Response Assessment‘).

▶ **Essay-Assessment:** Die Lernenden verfassen einen kurzen Text (‚Essay‘) zu einer Aufgabe der Lehrkraft. Die Bewertung des kurzen Textes erfolgt im Nachgang.

▶ **Performance-Assessment:** Die Lernenden vollziehen vor den Augen der beurteilenden Lehrkraft eine über das Schreiben hinausgehende und von der Lehrkraft vorab bestimmte Aktivität, zum Beispiel eine Präsentation.

Die Assessmentmethoden werden in späteren Lerneinheiten ausführlich erörtert. Das gilt auch für das Lernen mit Medien. Hier werden ein traditionelles und ein modernes oder handlungsorientiertes Medienkonzept unterschieden. Im traditionellen Medienkonzept dominieren traditionelle Medien wie die Tafel oder der Overhead-Projekt. Im modernen Medienkonzept dominieren neue Medien, etwa aus der Web-2.0-Welt.

8.4.4 Das integrierte Unterrichtskonzept

Weder das traditionelle Unterrichtskonzept noch das handlungsorientierte Unterrichtskonzept sind ohne Kritik und ohne Befürwortung geblieben. Dabei wird – sowohl in der Wissenschaft als auch in der Praxis – nicht selten ausgesprochen einseitig argumentiert. Häufig reden Gläubige, Missionarinnen und Missionare, die wortreich und vehement ausführen können, warum nur das Eine richtig und sinnvoll sei. Diesem Schwarz-Weiß-Denken wird hier nicht gefolgt.

Unterrichtskonzepte[20] sind vielmehr abgestimmt auf die Situation einzusetzen, also mit Blick auf die anderen didaktischen Strukturelemente. „Genauso, wie ein Musikstück ‚mehr‘ ist als die Summe der Einzeltöne, genauso entsteht die Gesamtwirkung von Unterricht erst aus dem Zusammenwirken, der ‚Orchestration‘ einzelner Lehrmethoden. Nicht der monotone Einsatz einer bestimmten Methode garantiert den Erfolg, sondern umgekehrt entfaltet der Unterricht seine Wirkung erst durch das kontinuierliche Bereitstellen von Differenzen im methodischen Arrangement" (Terhart, 1989, S. 90).

Jede einseitige Stellungnahme für oder gegen ein Unterrichtskonzept verstößt gegen die grundlegende Annahme des Interdependenzzusammenhangs. Da hier – in Anlehnung an die Berliner Didaktik – diese Annahme als nicht hintergehbar erkannt wird, kann nicht einseitig für oder gegen Handlungsorientierung argumentiert werden. Einen Mix von handlungsorientiertem und traditionellem Unterricht bezeichne ich als „Unterricht nach dem integrierten Unterrichtskonzept".

> **Definition 6:   Integriertes Unterrichtskonzept**
>
> Das integrierte Unterrichtskonzept ist eine umfassende Vorstellung zur Gestaltung von Unterricht, das Gestaltungselemente des traditionellen und des handlungsorientierten Unterrichts bewusst miteinander verbindet.

Unterrichtspraktisch können integrierte Unterrichtskonzepte über die Inselbildung[21] realisiert werden.

► **Traditioneller Unterricht mit handlungsorientierten Inseln**: Bei dieser Form der Inselbildung werden bei der makrodidaktischen Planung im Verlaufe des traditionellen Unterrichts handlungsorientierte Inseln gebildet. Der Unterricht wird im Rahmen der Verteilungsplanung in thematische Blöcke unterteilt. Diese werden jedoch ab und zu ergänzt durch einen handlungsorientierten Unterricht, beispielsweise mit Hilfe einer Lernsituation oder einer Simulation.

► **Handlungsorientierter Unterricht mit traditionellen Inseln**: Der grundsätzlich handlungsorientiert gestaltete Unterricht wird bei dieser Form der Inselbildung ergänzt durch einen traditionellen Unterricht. Beispielsweise werden die Lernfelder durchgängig in Lernsituationen heruntergebrochen. Zwischen die einzelnen Lernsituationen werden jedoch traditionelle Elemente, etwa Lehrvorträge, eingebaut.

Die Bedingungen für einen solchen integrierten Mix aus traditionellen und handlungsorientierten Elementen sind nicht immer schon von vornherein gegeben. Die Bedingungen wurden hier als ein hierarchisch verschachteltes didaktisches Strukturelement dargestellt. Fehlen die Bedingungen auf der schulischen Ebene, ruft dies die Schulentwicklung auf den Plan. Fehlen die Bedingungen auf der individuellen Ebene auf Seiten der Lernenden, beispielsweise aufgrund fehlender Kenntnisse der Unterrichtsmethoden, dann kann auch daran gearbeitet werden. Fehlen schließlich die Bedingungen auf der individuellen Ebene der Lehrkraft, dann ist dies ein Punkt für eine persönliche Kompetenzentwicklung der Lehrkraft.

Unterrichtsmethoden stellen ein ausgesprochen breites, faszinierendes, immer in Bewegung befindliches Feld der Didaktik dar. Immer wieder ‚entdecken‘ Lehrkräfte beruflicher Schulen neue Methoden und das spricht für sie. Unter dieser Perspektive ist nicht zu erwarten, dass *jede* Lehrkraft *jede* Methode beherrscht. Die Methodenfrage ist vielmehr eine Baustelle, auf der die Lehrkraft ihr Leben lang tätig sein sollte. Der traditionelle Unterricht ist dabei sicherlich das Brot-und-Butter-Geschäft. Von Brot und Butter kann man überleben, mehr aber auch nicht. Andererseits würde sich kein Maître de Cuisine das Brot, aber vor allem die Butter als Zutaten nehmen lassen. Klar ist jedoch auch: Es kann nicht jeden Tag Haute Cuisine sein.

8.4.5 Leitfragen für das Arrangieren von Methoden, Assessment und Medien

In der makrodidaktischen Planung werden das (Unterrichts-)Methodenkonzept, das Medienkonzept sowie das Assessmentkonzept abgewogen. Erste methodische Entscheidungen werden getroffen, die im Rahmen der mikrodidaktischen Planung kleingearbeitet werden. In der Übersicht „Gliederungsschema, Aktivitäten und Leitfragen" (GAL) für die makrodidaktische Planung (TB-2.3) wird dieses Arrangieren unter den Abschnitten 4.2, 4.3 sowie 4.4 berücksichtigt.

Leitfragen für das Arrangieren der Methoden, des Assessments und der Medien als Teil der makrodidaktischen Methodenplanung (GAL 4.2, 4.3, 4.4)

▶ Welches (Unterrichts-)Methodenkonzept soll mit Blick auf die anderen didaktischen Strukturelemente eingesetzt werden: Traditionell oder handlungsorientiert?
▶ Welche (Unterrichts-)Methoden sollen in einer ersten Überlegung verwendet werden?
▶ Lassen sich in der Unterrichtsreihe traditionelle und handlungsorientierte Methoden in der Unterrichtsreihe kombinieren?
▶ Welches Assessmentkonzept wird im Unterricht verfolgt?
▶ Welche Assessmentmethoden sollen in einer ersten Überlegung eingesetzt werden?
▶ Lassen sich in der Unterrichtsreihe traditionelle und handlungsorientierte Assessmentmethoden miteinander kombinieren?
▶ Welches Medienkonzept soll mit Blick auf die anderen didaktischen Strukturelemente im Unterricht eingesetzt werden?
▶ Welche Medien sollen in einer ersten Überlegung eingesetzt werden?
▶ Lassen sich in der Unterrichtsreihe traditionelle und handlungsorientierte Medien miteinander kombinieren?

Übersicht 14: Leitfragen für das Arrangieren der Methoden, des Assessments und der Medien

Bitte beachten Sie, dass für die mikrodidaktische Methodenplanung abweichende Leitfragen und Aktivitäten vorgesehen sind.

8.5 Outro

8.5.1 Die wichtigsten Begriffe dieser Lerneinheit

▶ Methodenkonzept
▶ Unterrichtskonzept
▶ Handlungsorientiertes Unterrichtskonzept (Handlungsorientierung, Handlungsorientierter Unterricht, handlungsorientiertes Methodenkonzept)
▶ Traditionelles Unterrichtskonzept (Traditionelles Unterrichtskonzept, Traditionelles Methodenkonzept)
▶ Integriertes Unterrichtskonzept
▶ Methodengruppe
▶ Methode

▶ Stundenplan, Stundentakt
▶ Inselbildung
▶ Assessmentmethode, Assessmentkonzept
▶ Medien, Medienkonzept

8.5.2 Tools

▶ Tool „Karte: Bedingungen des Wirtschaftsunterrichts" (TB-1.9)
▶ Tool „Übersicht: Traditionelles vs. handlungsorientiertes Unterrichtskonzept" (TB-1.13)
▶ Tool „Übersicht: Methoden des Wirtschaftsunterrichts" (TB-1.7)
▶ Tool „Bedingungen des Wirtschaftsunterrichts: Übersicht" (TB-6.1)

- Tool „Klassenklima: Grobmessung Version Klassenleitung: Kopiervorlage" (TB-6.2)
- Tool „Klassenklima: Grobmessung Version Fachlehrkraft: Kopiervorlage" (TB-6.3)
- Tool „Klassenklima: Feinmessung: Kopiervorlage" (TB-6.4)
- Tool „GAL-Schema: Makrodidaktische Planung" (TB-2.3)

8.5.3 Kompetenzen

- Klassenklima erfassen und entwickeln
- Besondere pädagogische Bedarfe reflektieren: Für besondere pädagogische Bedarfe und sonderpädagogische Bedarfe sensibilisiert sein; Förderschwerpunkte abgrenzen; besondere pädagogische Bedarfe von sonderpädagogischen Bedarfen abgrenzen
- Methodenkonzept arrangieren: Handlungsorientiertes Unterrichtskonzept umsetzen; Traditionelles Unterrichtskonzept umsetzen; Integriertes Unterrichtskonzept gestalten; Unterrichtskonzepte und -methoden undogmatisch im Interdependenzzusammenhang würdigen; Von der Notwendigkeit methodischer Vielfalt überzeugt sein
- Assessmentkonzept arrangieren; Medienkonzept arrangieren

8.5.4 Hinweise zur vertieften Auseinandersetzung

Einen guten Überblick über die einzelnen Förderschwerpunkte bzw. Behinderungen und Beeinträchtigungen bieten das Lehrbuch von Vernooij (2007, S. 120 ff.) sowie die einzelnen Beiträge im Sammelband von Borchert (2007). Beide Quellen gehen auch auf die Diagnostik ein.

Zu *Handlungsorientierung* in der beruflichen Bildung siehe Czycholl (2009) sowie Kaiser und Kaminski (1999). Den Konstruktivismus vertieft, allerdings ohne Bezug auf die berufliche Bildung, Kersten Reich (2010). Zum Frontalunterricht siehe vertiefend vor allem Gudjons (2003). Den Unterrichtseinstieg vertiefen Greving und Paradies (2007).

8.5.5 Literaturnachweis

Achtenhagen, F. & John, E. G. (Hrsg.). (1992). *Mehrdimensionale Lehr-Lern-Arrangements*. Wiesbaden: Gabler.

Achtenhagen, F., Tramm, T. & Preiss, P. (1992). *Lernhandeln in komplexen Situationen. Neue Konzepte der betriebswirtschaftlichen Ausbildung*. Wiesbaden: Gabler.

Achtenhagen, F. (2001). Criteria for the development of complex teaching-learning environments. *Instructional Science, 29* (4/5), 361–380.

Achtenhagen, F., Bendorf, M., Getsch, U. & Reinkensmeier, S. (2001). Mastery Learning mit Hilfe eines multimedial repräsentierten Modellunternehmens in der Ausbildung von Industriekaufleuten. In K. Beck & V. Krumm (Hrsg.), *Lehren und Lernen in der beruflichen Erstausbildung*. (Grundlagen einer modernen kaufmännischen Berufsqualifizierung., S. 233–256). Opladen: Leske + Budrich.

Achtenhagen, F. (2003). Konstruktionsbedingungen für komplexe Lehr-Lern-Arrangements und deren Stellenwert für eine zeitgemäße Wirtschaftsdidaktik. In F.-J. Kaiser (Hrsg.), *Wirtschaftsdidaktik* (S. 77–97). Bad Heilbrunn/Obb: Klinkhardt.

Autorengruppe Bildungsberichterstattung. (2012). *Bildung in Deutschland 2012. Ein indikatorengestützter Bericht mit einer Analyse zur kulturellen Bildung im Lebenslauf*. Bielefeld: W. Bertelsmann.

Biewer, G. (2010). *Grundlagen der Heilpädagogik und Inklusiven Pädagogik* (2. Aufl.). Stuttgart: UTB GmbH.

BMBWK & GÖD (Bundesministerium für Bildung, W. u. K. &. G. ö. D. (2000). *LehrerIn 2000. Arbeitszeit, Zufriedenheit, Beanspruchungen und Gesundheit der LehrerInnen in Österreich*. Wien: Ohne Verlag.

Böhme, J. (Hrsg.). (2009). *Schularchitektur im interdisziplinären Diskurs. Territorialisierungskrise und Gestaltungsperspektiven des schulischen Bildungsraums*. Wiesbaden: VS Verl. für Sozialwiss.

Bonz, B. (2009). *Methoden der Berufsbildung. Ein Lehrbuch* (2. Aufl.). Stuttgart: Hirzel.

Borchert, J. (Hrsg.). (2007). *Einführung in die Sonderpädagogik*. München, Wien: Oldenbourg.

Bransford, J., Brown, A. L. & Cocking, R. R.-E. (2000). *How People Learn. Brain, Mind, Experience, and School*. Washington, D.C.: National Academy Press.

Capaul, R. & Ulrich, M. (2003). *Planspiele. Simulationsspiele für Unterricht und Training*. Altstätten: Tobler.

Czycholl, R. & Ebner, H. G. (2006). Handlungsorientierung in der Berufsbildung. In R. Arnold & A. Lipsmeier (Hrsg.), *Handbuch der Berufsbildung* (2. Aufl., S. 44–54). Wiesbaden: VS Verlag für Sozialwissenschaften.

Czycholl, R. (2009). Handlungsorientierung und Kompetenzentwicklung in der beruflichen Bildung. Umsetzung, Begründung, Evaluation. In B. Bonz (Hrsg.), *Didaktik und Methodik der Berufsbildung* (S. 172–194). Baltmannsweiler: Schneider Hohengehren.

Döring, K. W. & Ritter-Mamczek, B. (2001). *Lern- und Arbeitstechniken in der Weiterbildung. Erfolgreiches Selbstmanagement für Erwachsene.* Weinheim: Dt. Studienverl.

Dubs, R. (2000). Lernfeldorientierung. Löst dieser neue curriculare Ansatz die alten Probleme der Lehrpläne und des Unterrichts an Wirtschaftsschulen. In A. Lipsmeier & G. Pätzold (Hrsg.), *Lernfeldorientierung in Theorie und Praxis* (Zeitschrift für Berufs- und Wirtschaftspädagogik - Beiheft 15, S. 15–32). Stuttgart: Franz Steiner.

Dubs, R. (2009). *Lehrerverhalten. Ein Beitrag zur Interaktion von Lehrenden und Lernenden im Unterricht* (2. Aufl.). Stuttgart: Steiner.

Ehmke, T. & Siegle, T. (2005). Indikatoren der sozialen Herkunft bei der Quantifizierung von sozialen Disparitäten. *Zeitschrift für Erziehungswissenschaft, 8* (4), 531–539.

Eikenbusch, G. (2010). Alternativen zur 45-Minuten-Stunde. Erfahrungen und Anregungen für eine veränderte Praxis. *Pädagogik, 62* (3), 6–9.

Emmer, E. T., Evertson, C. M. & Worsham, M. E. (2003). *Classroom Management for Secondary Teachers.* Boston u.a.: Pearson Education.

Gage, N. L. (2009). *A conception of teaching.* New York, NY: Springer.

Götzl, M., Jahn, R. W. & Held, G. (2013). Bleibt alles anders!? Sozialformen, Unterrichtsphasen und echte Lernzeit im kaufmännischen Unterricht. *bwp@ (Berufs- und Wirtschaftspädagogik - online)* (24), 1–21.

Greenglas, E. G. (2000). Teaching and Stress. In G. Fink (Hrsg.), *Encyclopedia of Stress* (Volume 3, N-Z, Index., S. 571–575). San Diego et. al.: Academic Press.

Greving, J. & Paradies, L. (2007). *Unterrichts-Einstiege. Ein Studien- und Praxisbuch* (6. Aufl.). Berlin: Cornelsen Scriptor.

Gudjons, H. (2003). *Frontalunterricht - neu entdeckt. Integration in offene Unterrichtsformen.* Bad Heilbrunn/Obb.: Klinkhardt.

Hardt, B., Zaib, V., Kleinbeck, U. & Metz-Göckel, H. (1996). Untersuchungen zum Motivierungspotential und Lernmotivation in der beruflichen Erstausbildung. In K. Beck & H. Heid (Hrsg.), *Lehr-Lern-Prozesse in der kaufmännischen Erstausbildung* (Beiheft 13 zur Zeitschrift für Berufs- und Wirtschaftspadagogik, S. 128–149). Stuttgart: Franz Steiner.

Hattie, J. (2013). *Lernen sichtbar machen. Überarbeitete deutschsprachige Ausgabe von Visible Learning. Besorgt von Wolgang Beywl und Klaus Zierer.* Baltmannsweiler: Schneider Hohengehren.

Heckhausen, J. & Heckhausen, H. (2009). Motivation und Handeln. Einführung und Überblick. In J. Heckhausen & H. Heckhausen (Hrsg.), *Motivation und Handeln* (3. Aufl., S. 1–10). Heidelberg: Springer.

Hedderich, I. (1999). *Einführung in die Körperbehindertenpädagogik:* E. Reinhardt.

Hegele, I. (2008). Stationenarbeit. Ein Einstieg in den offenen Unterricht. In J. Wiechmann (Hrsg.), *Zwölf Unterrichtsmethoden. Vielfalt für die Praxis* (Pädagogik, 4. Aufl., S. 61–76). Weinheim: Beltz.

Helmke, A. (2012). *Unterrichtsqualität und Lehrerprofessionalität. Diagnose, Evaluation und Verbesserung des Unterrichts* (4. Aufl.). Seelze-Velber: Klett/Kallmeyer.

Ingenkamp, K. & Lissmann, U. (2008). *Lehrbuch der pädagogischen Diagnostik* (Beltz Pädagogik6. Aufl.). Weinheim: Beltz.

Kaiser, F.-J. & Kaminski, H. (1999). *Methodik des Ökonomie-Unterrichts. Grundlagen eines handlungsorientierten Lernkonzepts* (3. Aufl.). Bad Heilbrunn: Klinkhardt.

Kemper, T. (2010). Migrationshintergrund - eine Frage der Definition! *Die deutsche Schule, 102* (4), 315–326.

Kimmelmann, N. & Schiegl, S. (2012). Lern(t)räume. Innovative Lernraumkonzepte für berufliche Schulen. *VLB - Akzente, 21* (08-09), 4–7.

KM-BW (Ministerium für Kultus Jugend und Sport Baden-Württemberg). (2008). *Berufliche Schulen: Individuelle Förderung im Berufseinstiegsjahr. Handreichung.* Stuttgart: Ministerium für Kultus, Jugend und Sport Baden-Württemberg (Redaktion: Hildegard Rothenhäusler (verantwortlich), Sabine Kirschbaum, Franziska Rueter-Wiesmann, Günther Werz).

KMK (Ständige Konferenz der Kultusminister der Länder Bundesrepublik Deutschland). (1994). *Empfehlungen zur sonderpädagogischen Förderung in den Schulen in der Bundesrepublik Deutschland.* Bonn: KMK.

KMK (Ständige Konferenz der Kultusminister der Länder Bundesrepublik Deutschland). (2012). *Sonderpädagogische Förderung in Schulen 2001 bis 2010*. Berlin: KMK.

Kohler, B. (2003). *Hausaufgaben. Helfen - aber wie?* (7. Aufl.). Weinheim: Beltz.

Lehmann, H. (2010a). *Architektur und Pädagogik. Präsentation vor dem Bundeshauptvorstand des Bundesverbandes der Lehrerinnen und Lehrer an beruflichen Schulen (BLBS)*.

Lehmann, H. (2010b). Schulhausarchitektur beruflicher Schulen. Schule 2020 – Segmentierung, Pluralisierung, Individualisierung. *Die berufsbildende Schule, 62* (6-7).

Loos, M. (2009). Die Lerntypentheorie. Hilfreiches Rezept oder populärer Irrtum? *Forschung & Lehre, 16* (12), 880–881.

Lost, H. & Minzer, H.-P. (2010). *Erfahrungen mit veränderten Schulraumkonzepten. Fachraumsystem, Lehrerraumsystem, Lernatelier*. Stuttgart: Landesinstitut für Schulentwicklung (LS).

Lucas, S. R. & Beresford, L. (2010). Naming and Classifying. Theory, Evidence, and Equity in Education. *Review of Research in Education, 34*, 25–84.

Metzlaff, S. (2005). Handlungsorientierter Unterricht an kaufmännischen Schulen. Anspruch und Wirklichkeit aus Lehrersicht. In C. Neef & R. Verstege (Hrsg.), *Kernfragen beruflicher Handlungskompetenz. Ansätze zur Messbarkeit, Umsetzung und empirischen Analyse*. (S. 183–213). Stuttgart: ibw Hohenheim.

Meyer, H. (1987). *Unterrichtsmethoden* (1: Theorieband, 4. Aufl.). Frankfurt am Main: Cornelsen Scriptor.

Müller, M. (Ohne Jahr). *Das Unterrichtsklima messen, pflegen und verbessern. Eine Kurzanleitung für die Unterrichtspraxis auf Basis einer wissenschaftlichen Studie*. Nürnberg.

Müller, M. (1996). *Analyse und Modifikation des Unterrichtsklimas an der Berufsschule* (Erlangen-Nürnberg, Univ., Diss., 1996).

Müller, M. (1997). Analyse und Modifikation des Unterrichtsklimas von Berufsschulklassen. *Empirische Pädagogik, 11* (1), 3–30.

Müller, M. (1998). Das Unterrichtsklima von Berufsschulklassen. *Zeitschrift für Berufs- und Wirtschaftspädagogik, 94* (1), 93–119.

Ormrod, J. E. (2008). *Educational psychology. Developing learners* (6. Aufl.). Harlow: Merrill Prentice Hall.

Pahl, J.-P. (2008). *Berufsschule. Annäherungen an eine Theorie des Lernortes* (2. Aufl.). Bielefeld: Bertelsmann.

Pätzold, G., Klusmeyer, J., Wingels, J. & Lang, M. (2003). *Lehr-Lern-Methoden in der beruflichen Bildung*. Oldenburg: Bibliotheks- und Informationssystem.

Perleth, C. (2007). Hochbegabung. In J. Borchert (Hrsg.), *Einführung in die Sonderpädagogik* (S. 149–183). München, Wien: Oldenbourg.

Reich, K. (2010). *Systemisch-konstruktivistische Pädagogik. Einführung in die Grundlagen einer interaktionistisch-konstruktivistischen Pädagogik* (6. Aufl.). Weinheim: Beltz.

Reinmann, G. & Mandl, H. (2006). Unterrichten und Lernumgebungen gestalten. In A. Krapp & B. Weidenmann (Hrsg.), *Pädagogische Psychologie. Ein Lehrbuch* (5. Aufl., S. 613–658). Weinheim: Beltz.

Renkl, A., Nückles, M., Schwonke, R., Berthold, K. & Hauser, S. (2004). Lerntagebücher als Medium selbstgesteuerten Lernens. Theoretischer Hintergrund, empirische Befunde, praktische Entwicklungen. In M. Wosnitza, A. Frey & R. S. Jäger (Hrsg.), *Lernprozess, Lernumgebung und Lerndiagnostik wissenschaftliche Beiträge zum Lernen im 21. Jahrhundert*. (Bd. 16, Bd. 16, S. 101–116). Landau: Verlag Empirische Pädagogik.

Rheinberg, F. (2009). Intrinsische Motivation und Flow-Erleben. In J. Heckhausen & H. Heckhausen (Hrsg.), *Motivation und Handeln* (3. Aufl., S. 331–354). Heidelberg: Springer.

Rheinberg, F. & Vollmeyer, R. (2012). *Motivation* (8. Aufl.). Stuttgart: Kohlhammer.

Rudow, B. (1994). *Die Arbeit des Lehrers. Zur Psychologie der Lehrertätigkeit, Lehrerbelastung und Lehrergesundheit*. Bern, Göttingen, Toronto, Seattle: Huber.

Schaarschmidt, U. (Hrsg.). (2005). *Halbtagsjobber? Psychische Gesundheit im Lehrerberuf - Analyse eines veränderungsbedürftigen Zustandes* (2. Aufl.). Weinheim: Beltz.

Seifried, J., Grill, L. & Wagner, M. (2006). Unterrichtsmethoden in der kaufmännischen Unterrichtspraxis. *Wirtschaft und Erziehung, 58* (7-8), 236–241.

Seifried, J. (2008). Methodische Gestaltung des Unterrichts an kaufmännischen Schulen. *Wirtschaft und Erziehung, 60* (11), 364–370.

Settelmeyer, A. & Erbe, J. (2010). *Migrationshintergrund. Zur Operationalisierung des Begriffs in der Berufsbildungsforschung*. Bonn: Bundesinstitut für Berufsbildung.

Skiera, E. (2003). *Reformpädagogik in Geschichte und Gegenwart. Eine kritische Einführung*. München: Oldenbourg.

Speck, O. (2008). *System Heilpädagogik. Eine ökologisch reflexive Grundlegung* (6. Aufl.). München, Basel: E. Reinhardt.

Speth, H. (2004). *Theorie und Praxis des Wirtschaftslehreunterrichts. Eine Fachdidaktik* (8. Aufl.). Rinteln: Merkur.

Stiggins, R. J. (2008). *An introduction to student-involved assessment for learning* (5. Aufl.). Upper Saddle River, NJPearson / Merrill Prentice Hall.

Terhart, E. (1989). *Lehr-Lern-Methoden. Eine Einführung in Probleme der methodischen Organisation von Lehren und Lernen.* Weinheim/München: Juventa.

Tramm, T., Kremer, H. H. & Tenberg, R. (2011). Lernfeldansatz - 15 Jahre danach. *bwp@ (Berufs- und Wirtschaftspädagogik - online)* (20), 1–4.

Vernooij, M. A. (2007). *Einführung in die Heil- und Sonderpädagogik. Theoretische und praktische Grundlagen der Arbeit mit beeinträchtigten Menschen* (8. Aufl.). Wiebelsheim: Quelle & Meyer.

Vester, F. (2007). *Denken, Lernen, Vergessen. Was geht in unserem Kopf vor, wie lernt das Gehirn, und wann lässt es uns im Stich?* (32. Aufl.). München: Dt. Taschenbuch-Verl.

Wiechmann, J. (2004). Das Methodenrepertoire von Lehrern - ein aktualisiertes Bild. In M. Wosnitza, A. Frey & R. S. Jäger (Hrsg.), *Lernprozess, Lernumgebung und Lerndiagnostik wissenschaftliche Beiträge zum Lernen im 21. Jahrhundert.* (Bd. 16, Bd. 16, S. 320–335). Landau: Verlag Empirische Pädagogik.

Wild, E., Hofer, M. & Pekrun, R. (2001). Psychologie des Lerners. In A. Krapp & B. Weidenmann (Hrsg.), *Pädagogische Psychologie.* (S. 207–270). Weinheim: Beltz PVU.

Winther, E. (2006). *Motivation in Lernprozessen. Konzepte in der Unterrichtspraxis von Wirtschaftsgymnasien.* Wiesbaden: Dt. Univ.-Verl.

Woolfolk, A. (2008). *Pädagogische Psychologie* (10. Aufl.). München: Pearson Studium.

8.5.6 Anmerkungen

[1] Einen guten Überblick über die einzelnen Förderschwerpunkt bzw. Behinderungen und Beeinträchtigungen bieten das Lehrbuch von Vernooij (2007, S. 120 ff.) sowie die einzelnen Beiträge im Sammelband von Borchert (2007). Beide Quellen gehen auch auf die Diagnostik ein. Ausgeblendet ist hier der Bereich der Mehrfach- und Schwerstbehinderung. Vgl. Vernooij (2007, S. 247 ff.). Ebenso ausgeblendet – obwohl in didaktischer Hinsicht ausgesprochen spannend – ist hier der Bereich der Hochbegabung. Vgl. Perleth (2007). Beim letztgenannten Bereich ist umstritten, ob er Gegenstand der Sonderpädagogik ist. Eine ausführliche Darstellung der Debatte um die gemeinsame Beschulung, einschließlich einer Reflexion schulinterner Lernstützsysteme und externer, mobiler sonderpädagogischer Dienste, findet sich bei Speck (2008, S. 386 ff.). Vernooij (2007, S. 10) fasst die Förderschwerpunkte in vier Schädigungsbereiche zusammen, nämlich soziale bzw. kommunikative Beeinträchtigungen (Sprache, Verhalten), geistige Beeinträchtigungen (geistige Beeinträchtigungen, geistige Entwicklung, Lernbehinderungen), Sinnesbehinderungen (auditive Behinderungen, visuelle Behinderungen) sowie körperliche Beeinträchtigungen. Zum Behinderungsbegriff vgl. Vernooij (2007, S. 8 ff.). Behinderungen werden als medizinisch erfassbarer Sachverhalt (personenorientiertes Paradigma), als eine Zuschreibung von sozialen Erwartungshandlungen (interaktionistisches Paradigma), als ein Systemerzeugnis schulischer Leistungsdifferenzierung (systemtheoretisches Paradigma) oder als durch die Gesellschaft gemacht (politökonomisches Paradigma) angesehen. Vgl. Vernooij (2007, S. 22 ff.).

[2] Die Definition folgt hier Biewer (2010, S. 55), der auf eine Unterscheidung von Bach zurückgreift.

[3] Eine Thematisierung der Erfassung des sozialdemographischen Hintergrund von Lernenden (sozialökonomischer Status bzw. Klasse, Geschlecht, Rasse bzw. Ethnie, Sprachstatus) findet sich bei Lucas und Beresford (2010).

[4] Vgl. Winther (2006, S. 12), Ormrod (2008, S. 383 ff.), Woolfolk (2008, S. 253 ff.).

[5] Die Unterscheidung von vier Motivationstheorien orientiert sich an Ormrod (2008, S. 387) sowie Woolfolk (2008, S. 253 ff.).

[6] Die hier vorgebrachte Unterteilung nimmt in Teilen die Systematisierung der Instrumentalität bei Hardt, Zaib, Kleinbeck und Metz-Göckel (1996) auf.

[7] Hier ergibt sich ein begrifflicher Bezug zur Selbstkompetenz des Lerners. Während jedoch Selbstkompetenz (unter anderem) heißt, dass die Lernenden ein System langfristiger Ziele haben (bzw. solche aufzustellen und zu bewerten in der Lage wären), wird hier erfasst, welche Ziele dies sind.

[8] Es dürfte – nicht zuletzt erhebungsökonomisch – keinen Sinn machen, alle außerberuflichen Ziele des Lerners zu erfassen. Die Bedingungsanalyse sollte sich an den bereits getroffenen Entscheidungen zu Themen und Kompetenzen orientieren, also nur solche Ziele erheben, die eine Beziehung zu den Themen und Kompetenzen zu haben scheinen, die im Unterricht angestrebt werden. Wieder grüßt der Interdependenzzusammenhang.

[9] So in den Studien von Schaarschmidt u.a. (2005). Vgl. auch Greenglas (2000, S. 571). Auch in einer österreichischen Studie des BMBWK und der GÖD (2000) wird berichtet, dass die Klassenstärke als zweitstärkster Belastungsfaktor erlebt wird.

[10] Vier Merkmale stammen von Emmer, Evertson und Worsham (2003, S. 2 ff.). Ergänzt wurde der flexible Übergang, der auf eine Präsentation von Lehmann (2010a) zurückgeht. Siehe auch Lehmann (2010b).

[11] Siehe dazu die Zusammenstellung der empirischen Studien bei Götzl, Jahn und Held (2013).

[12] Achtenhagen (2001); Achtenhagen, Bendorf, Getsch und Reinkensmeier (2001); Achtenhagen und John (1992); Achtenhagen, Tramm und Preiss (1992)

[13] Dubs (2009, S. 43); Reinmann und Mandl (2006).

[14] Im amerikanischen Bericht „How People Learn" der Commission on Behavioral and Socials Sciences and Education of the National Research Council werden vier Perspektiven auf Lernumgebungen (learning environments) unterschieden: Learner Centered, Knowledge Centered, Assessment Centered und Community Centered. Bransford, Brown und Cocking (2000, S. 131 ff.). Wie Mandl und Reinmann (2006, S. 618) würde ich das traditionelle Unterrichtskonzept der Perspektive „knowledge centered" zuordnen.

[15] Johann Friedrich Herbart (1776-1841) ist ein deutscher Klassiker der Pädagogik. Er gilt als Begründer der sogenannten Formalstufentheorie. Der Lernprozess verläuft demnach nach verschiedenen Stufen, nämlich der Phase der Vertiefung und der Besinnung. Vor al-

lem die Herbartianer Tuiskon Ziller (1817-1882) und Wilhelm Rein (1847-1929) entwickelten daraus eine starre, vielbeachtete Methodik, die Gegenstand häufiger Kritik der Reformpädagogik wurde. Nach Rein verlaufe der Unterricht in den folgenden Stufen: Vorbereitung – Darbietung – Verknüpfung – Zusammenfassung – Anwendung. Vgl. Meyer (1987, S. 165 ff.).

[16]   Die Reformpädagogik ist ein nur schwer abgrenzbares Bündel von pädagogischen Ansätzen. Skiera definiert Reformpädagogik als den „Versuch, gegen die Macht der ‚alten Erziehung' mit dem Merkmal einer autorativen Fremdbestimmung oder Außenlenkung eine ‚neue Erziehung' durchzusetzen, die Anschluss sucht an die im Kinde selbst angelegten Entwicklungskräfte, an seine Interessen und Bedürfnisse", so Skiera (2003, S. 20). Einigend für die Ansätze ist damit eine Kritik der staatlichen Schule. Zur Reformpädagogik gehören vor allem die Arbeitsschule von Georg Kerschensteiner (1854-1932) und Hugo Gaudig (1860-1923), die Kunsterziehungs- und Landerziehungsheimbewegung, die Pädagogik der Italienerin Maria Montessori (1870-1952), die Waldorf-Schulbewegung nach Rudolf Steiner (1861-1925), die Dalton-Plan-Schulen der amerikanischen Montessori-Schülerin Helen Parkhurst (1887-1973), die Jenaplan-Schule von Peter Petersen (1884-1952), die Freinet-Schule des Franzosen Célestin Freinet (1896-1966). Vgl. Skiera (2003). Zur spezifischen Tradition in der Berufsbildung: Czycholl (2009); Czycholl und Ebner (2006).

[17]   Dazu gehören – nach Reinmann und Mandl (2006, S. 618) – die behavioristischen und kognitiven Modelle des Instructional Design.

[18]   Zu den neuen konstruktivistischen Ansätzen zählen Reinmann und Mandl (2006) die Situated-Cognition-Bewegung (Lave, Rogoff, Greeno, Resnick) sowie Anchored Instruction, Cognitive Flexibility sowie Cognitive Apprenticeship. Reinmann und Mandl (2006, S. 625 ff.).

[19]   Eine anders gelagerte Schichtung der methodischen Entscheidungen in sechs Ebenen nimmt Bonz (2009, S. 21 ff.) vor.

[20]   Ähnlich argumentierten Dubs (2009, S. 43) für eine Verbindung von instruktiven und konstruktiven Unterrichtsansätzen sowie Mandl und Reinmann (2006, S. 637 ff.) für integrierte Lernumgebungen aus gegenstandszentrierten und situierten Lernumgebungen.

[21]   Der Begriff der Inselbildung geht auf Rolf Dubs zurück, der das Konzept in verschiedenen Kontexten nutzt. Vgl. beispielsweise Dubs (2000).

9 MAKRODIDAKTISCHE UND MIKRODIDAKTISCHE PLANUNG VERSCHRIFTLICHEN

9.1 Zur Orientierung: Was Sie hier erwartet

9.1.1 Worum es hier geht

Achim hat sich auf dem Sofa aufgebahrt. Er langweilt sich. Zum zigten Mal hat er die „Auto – Motor – Sport" gelesen. Die Ausstattung dieses geilen BMW 1er Cabrio kann er schon auswendig. Mit einem Schwung wirft er die Zeitung hinters Sofa. Schaut Richtung Schreibtisch. Dort sitzt sie. Eva, seine Freundin. Eigentlich eine Augenweide. Jetzt im Referendariat. Sie sitzt am Schreibtisch und Achim sieht sie nicht mal mehr. Verborgen hinter Kaffeekanne, mehreren schmutzigen Gläsern, drei Tonnen zerknülltem Papier, aufgeschlagenen Büchern und gespreizten Ordnern. Vermutlich in Schlabberhose und leicht fettigen Haaren. Die Prioritäten liegen im Moment anders. Der Bildschirm des Computers flimmert und taucht die Szenerie in ein bizarres Licht. Eva arbeitet an einer Lehrprobe. Schon seit Tagen.

Vorgestern hat es geknallt: Ihr Perfektionismus, so Achim, mache es auch nicht besser! Er sei schließlich auch noch da! Nicht nur diese komischen Schüler oder dieser schräge Seminarlehrer! Er, Achim, habe auch Bedürfnisse! Er, Achim, sei nun mal kein Mönch! Sie, Eva, solle doch lieber mal wieder ordentlich auspennen und endlich mal wieder mit ihm Essen gehen! In der Ruhe liege die Kraft!

Eva ist verzweifelt. Sie will es gut machen. Sie will eine gute Note. Sie will nach dem Referendariat nach Mittelfranken und der Schule eine gute Note vorlegen können. Sie will eben nicht nach Oberbayern. Wer will schon nach Oberbayern? Sie will einen Unterricht entwerfen, der dem Prüfungsausschuss direkt sagt: Dort, dort steht eine junge Lehrerin mit Potential, mit Ideen, mit gründlicher Arbeit. Und da passt eben der aktuelle Stand der Planung nicht. Persönliche Vorlieben der Prüfer sind schon drin. Wenn sie wenigstens genau wüsste, woran sie gemessen wird. Was soll's. Sie weiß jedenfalls, dass es nicht „zu lehrerzentriert" sein soll. Was immer das heißt. In der Uni hatte sie den Interdependenzzusammenhang gelernt. Und spätestens die Hattie-Studie hatte doch »direct instruction« rehabilitiert. Aber was soll's. Bloß nicht lehrerzentriert.

Der Achim und sein Genörgel macht alles nur noch schlimmer. Wahre Liebe muss doch auch mal verzichten können. Oder?

9.1.2 Inhaltsübersicht

9 Makrodidaktische und mikrodidaktische Planung verschriftlichen 275

9.1 Zur Orientierung: Was Sie hier erwartet 276

9.1.1 Worum es hier geht 276

9.1.2 Inhaltsübersicht 277

9.1.3 Zusammenfassung 277

9.1.4 Einordnung in das Prozessmodell 278

9.2 Die makrodidaktische Planung verschriftlichen 279

9.2.1 Der Verteilungsplan als Verschriftlichung der makrodidaktischen Planung 279

9.2.2 Makrodidaktisch sequenzieren und parallelisieren 282

9.2.3 Didaktische Jahresplanung als Spezialfall der makrodidaktischen Verteilungsplanung 287

9.2.4 Wie die makrodidaktische Planung zustande kommt 288

9.2.5 Ein erweiterter Begriff von makrodidaktischer Planung 292

9.2.6 Leitfragen und Definition für die Verteilungsplanung 293

9.2.7 Die makrodidaktische Planung in der Ausbildung von Lehrkräften 294

9.3 Die mikrodidaktische Planung verschriftlichen 294

9.3.1 Mikrodidaktisch sequenzieren bzw. phasieren und mikrodidaktisch parallelisieren .. 295

9.3.2 Unterrichtsmethoden, Assessmentmethoden und Medien planen und ausarbeiten 297

9.3.3 Der Unterrichtsentwurf als Verschriftlichung der mikrodidaktischen Planung 300

9.4 Outro 307

9.4.1 Die wichtigsten Begriffe dieser Lerneinheit 307

9.4.2 Tools 307

9.4.3 Kompetenzen 308

9.4.4 Hinweise zur vertieften Auseinandersetzung: Weiterlesen 308

9.4.5 Hinweise zur vertieften Auseinandersetzung: Weitersurfen 308

9.4.6 Literaturnachweis 309

9.4.7 Anmerkungen 310

9.1.3 Zusammenfassung

Die Überlegungen zur makrodidaktischen curricularen Analyse, zur makrodidaktischen Bedingungsanalyse und zur methodischen Analyse fließen in die Erstellung des Verteilungsplans ein. Dies ist eine schulinterne zeitliche Strukturierung von Themen und Kompetenzen, gelegentlich auch Methoden und weiterer Planungselementen, für einen längeren Zeitraum, d. h. einer sogenannten Unterrichtsreihe oder eines ganzen Schuljahres. Die makrodidaktische Planung ist im Regelfall eine Verteilungsplanung und wird durch einen Verteilungsplan dokumentiert, der auch „Stoffverteilungsplan" genannt wird. Ein Spezialfall der makrodidaktischen Planung ist die didaktische Jahresplanung. Die mikrodidaktische Planung führt die makrodidaktische Planung fort. Diese Lerneinheit erörtert zunächst die Phasierung und Parallelisierung von Unterricht als Teil der didaktischen Planung. Außerdem wird bedacht, wie Methoden, Medien und Assessments übergreifend in der mikrodidaktischen Planung erörtert werden. Die methodischen Erwägungen, die curriculare Analyse und die Bedingungsanalyse fließen bei der Erstellung des Unterrichtsentwurfs zusammen. Die Lerneinheit erläutert die Vor- und Nachteile einer schriftlichen Planung und zeigt, wie ein Unterrichtsentwurf angefertigt wird.

9.1.4   Einordnung in das Prozessmodell

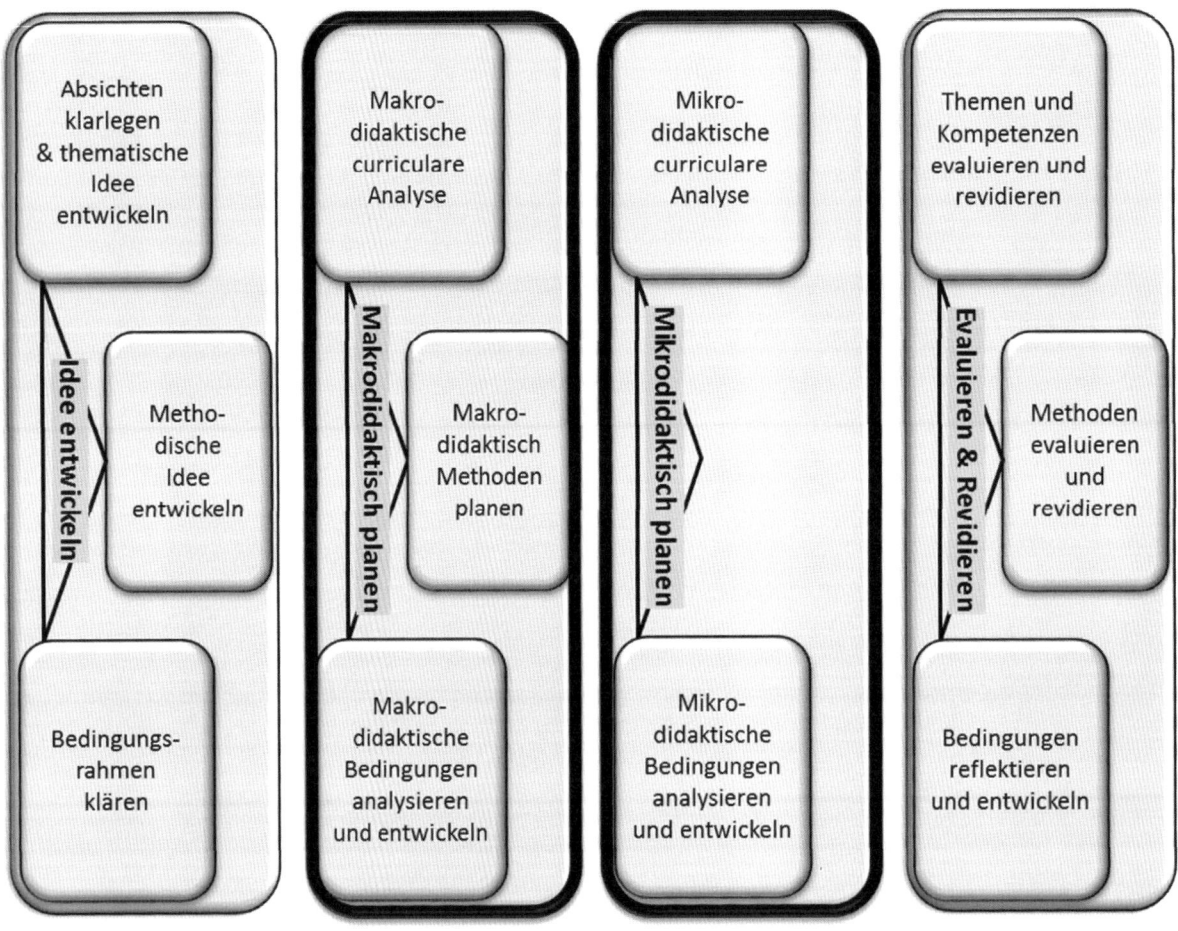

Im Nürnberger Modell folgen dem Schritt „Idee (für den eigenen Unterricht) entwickeln" die Schritte „Makrodidaktische Planung" und „Mikrodidaktische Planung". Die makrodidaktische Planung mündet in den Verteilungsplan, die mikrodidaktische in den Unterrichtsentwurf.

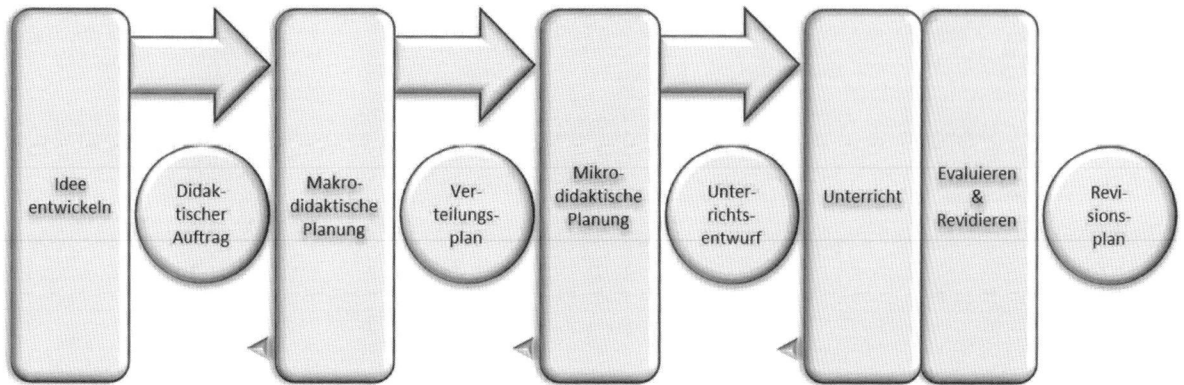

Übersicht 1: Die Schritte im Nürnberger Prozessmodell und die damit verbundenen Dokumente

Die *Mikro*didaktik beschäftigt sich mit der Gestaltung einzelner Unterrichtseinheiten, d. h. einer oder mehrerer Unterrichtsstunden, also 45-Minuten-Blöcken. Mehrere dieser Unterrichtseinheiten bilden eine Unterrichtsreihe. Wenn „Didaktik" angesprochen ist, ist meist „Mikrodidaktik" gemeint. In der Wirtschaftspädagogik hat vor allem der Paderborner Wirtschaftspädagoge Peter Sloane die Bedeutung der *Makro*didaktik herausgearbeitet (Sloane, 2003, Sloane, Dilger & Krakau, 2008a, 2008b, 2008c). Der Begriff wird in der Literatur unterschiedlich abgegrenzt.[1] Hier bedeutet Makrodidaktik die *schulinterne* Gestaltung einer oder mehrerer Unterrichtsreihen bis hin zur Planung eines ganzen Schuljahres in der Jahresplanung. Die Gestaltung von Lehrplänen oder anderer Ordnungsmittel, die gelegentlich der Makrodidaktik zugerechnet werden, wird hier nicht als Teil der Makrodidaktik gesehen.

	Makrodidaktische Planung	Mikrodidaktische Planung
Planungsgegenstand	Unterrichtsreihe (mehrere Unterrichtseinheiten bis hin zum ganzen Schuljahr)	Unterrichtsstunden, Unterrichtseinheiten
Ausführliche Planung	Reihenplanung (unüblich)	Unterrichtsentwurf (üblich)
Reduzierte Planung: Dokumentation Sequenzierung u. Parallelisierung in Tabellenform	Verteilungsplanung, Sonderfall: Didaktische Jahresplanung	Geplanter Unterrichtsverlauf
Typische Produzenten	Team, Fachbetreuung	Einzelne (angehende) Lehrkraft

Übersicht 1: Unterscheidung von makro- und mikrodidaktischer Planung

9.2 Die makrodidaktische Planung verschriftlichen

9.2.1 Der Verteilungsplan als Verschriftlichung der makrodidaktischen Planung

Die makrodidaktische Planung kann unterschiedlich ausführlich dokumentiert werden. Üblich ist bei Lehrkräften die makrodidaktische Planung als *Verteilungsplanung*. Die folgende Tabelle zeigt einen Ausschnitt des Verteilungsplans für die 11. Klasse des Berufsbereichs „Industrie" der beruflichen Schule 4 in Nürnberg. Er berücksichtigt die bayerischen Fächer „Betriebswirtschaftliche Geschäftsprozesse" (BWG – Lernfeld 7), „Allgemeine Wirtschaftslehre" (AWL – Lernfeld 9), Sozialkunde und Deutsch. Der Berufsbereich hat für die verschiedenen Jahrgangsstufen und Züge insgesamt zehn solcher Pläne.[2]

Monat	BWG	AWL	Sozialkunde	Deutsch
September	▶ Personalmanagement als Unterstützungsprozess ▶ Feststellung des Personalbedarfs ▶ Personalbestands- und -bedarfsanalyse ▶ Soll- / Ist- Personalbestand, Nettopersonalbedarf, externe / interne Einflussgrößen	▶ Standortpolitik ▶ Standortfaktoren ▶ Wirtschaftsförderung ▶ Argumentation	▶ Staatsziele und Staatsordnung ▶ Staatsaufgaben (äußere und innere Sicherheit, Friedenssicherung, Gewaltmonopol, öffentliche Ordnung) ▶ Wahrung und Fortentwicklung der Rechtsordnung	▶ Aufbau eines Kurzvortrages
Oktober	▶ Feststellung des Personalbedarfs ▶ Personalstatistik ▶ Personalinformationssysteme (PIS) ▶ Personalbedarf planen (qualitativ, quantitativ) ▶ Personalbeschaffung und -auswahl ▶ Rechtliche Rahmenbedingungen (Betriebsverfassungsgesetz / Tarifvertrag / Betriebsvereinbarung, siehe Sozialkunde 10. Klasse) ▶ Interne und externe Beschaffungswege ▶ Stellenbeschreibung	▶ Standortpolitik ▶ Standortfaktoren ▶ Wirtschaftsförderung ▶ Argumentation	▶ Staatsziele und Staatsordnung ▶ Staatsaufgaben (Sicherung sozialer Mindeststandards, Bemühen um die Förderung wirtschaftlicher Entwicklung, funktionierende Verwaltung, Schutz der natürlichen Lebensgrundlagen)	▶ Aufbau eines Kurzvortrages ▶ Visualisierung

Übersicht 2: Ausschnitt aus einem Stoffverteilungsplan

In der Toolbox findet sich ein weiteres Beispiel für eine Verteilungsplanung (TB-3.2). Der Verteilungsplan dokumentiert in Form einer großen Tabelle die Verteilung der Inhalte und Kompetenzen usw. über einen längeren Zeitraum, zum Beispiel über das Schuljahr. In der Praxis wird auch von „Stoffverteilungsplan" gesprochen. Die Vielzahl didaktischer Überlegungen, die bei der makrodidaktischen Planung angestellt werden, werden ,nur' im Verteilungsplan dokumentiert. So wie die *mikro*didaktische Planung in eine tabellarische Übersicht, die Darstellung des geplanten Unterrichtsverlaufs mündet, so führt die *makro*didaktische Planung in eine tabellarische Übersicht, den Verteilungsplan. In der Toolbox findet sich auch ein Beispiel für eine Unterrichtsverlaufsplanung (TB-3.14). Diese Verlaufsplanung ist das Kernstück des Unterrichtsentwurfe (TB-3.12). Vergleichen Sie bitte die Verteilungsplanung (Makrodidaktik) mit der Unterrichtsverlaufsplanung (Mikrodidaktik).

Bei der *ausführlich dokumentierten makrodidaktischen Planung*, der hier sogenannten *Reihenplanung*, wird der Verteilungsplan ergänzt um eine schriftliche Dokumentation der weiteren makrodidaktischen Erwägungen. In der *Mikro*didaktik wird ein Unterrichtsentwurf erstellt, der als Kern der Überlegungen die Unterrichtsverlaufsplanung enthält. In der *Makro*didaktik wird unter Umständen eine ausführlich dokumentierte Reihenplanung vorgenommen, die unter anderem den Verteilungsplan enthält. D. h. die makrodidaktische Planung beantwortet schriftlich die für die Makrodidaktik formulierten Leitfragen, die in der Toolbox im GAL-Schema zur makrodidaktischen Planung (TB-2.3) wiedergegeben sind. Eine solche ausführliche makrodidaktische Planung ist somit das Gegenstück zu einer ausführlichen Planung einer Unterrichtseinheit in einem Unterrichtsentwurf und – wie diese – nur in der Ausbildung von Lehrkräften üblich und das auch nur in bestimmten Bundesländern. Das Gliederungsschema für eine ausführliche makrodidaktische Planung, also eine Reihenplanung, befindet sich in der Toolbox. Es enthält in Gliederungspunkt 5 auch den Verteilungsplan.

Die makrodidaktische Planung stellt die Grundlage für die weitere Ausarbeitung einzelner Unterrichtseinheiten in der mikrodidaktischen Planung bereit. Wichtige Anlässe der makrodidaktischen Planung in der Berufsschule sind die Einführung eines neuen Lehrplans, beispielsweise bei der Neuordnung eines Ausbildungsberufs, die Einführung eines neuen Ausbildungsberufs oder die grundlegende Neuausrichtung des Unterrichts, etwa als Initiative einer Gruppe von Lehrkräften in der Schule oder in Folge bzw. Vorbereitung einer externen Evaluation der schulischen Arbeit (MSW, 2009, S. 15).

Während es in der Mikrodidaktik um einzelne Unterrichtssequenzen geht, steht in der Makrodidaktik das Denken in übergeordneten Zusammenhängen im Vordergrund. Ein gutes Zusammenspiel von makrodidaktischer und mikrodidaktischer Planung erlaubt einen unkomplizierten Wechsel von der Vogel- in die Froschperspektive und umgekehrt. Schon die makrodidaktische Planung offenbart die grundlegende Anlage einzelner Unterrichtseinheiten. Der Wechsel der Perspektiven schlägt sich auch in den Planungsdokumenten nieder: In der mikrodidaktischen Planung einer Unterrichtseinheit wird im Unterrichtsentwurf diese Unterrichtseinheit makrodidaktisch eingeordnet. Im GAL-Schema zur *mikro*didaktischen Planung (TB-2.6) für einen Unterrichtsentwurf in der Toolbox findet sich das in Punkt 2.1 wieder. Andererseits finden sich die einzelnen Unterrichtseinheiten in der Verteilungsplanung. Dazu ist im GAL-Schema zur *makro*didaktischen Planung (TB-2.3), das in der Toolbox wiedergegeben ist, der Gliederungspunkt 4 vorgesehen. Wenn sich Änderungen in der Makroplanung ergeben, sind die Änderungen auch in der Mikroplanung durchzuführen und umgekehrt. Insbesondere wenn sich bei der Erarbeitung einzelner Unterrichtseinheiten, etwa einzelner Lernsituationen, Änderungen ergeben, müssen diese in der makrodidaktischen Planung nachgeführt werden.

Die Funktionen der makrodidaktischen Dokumente sind mit denen von Lehrplänen vergleichbar. Mithin hat die makrodidaktische Planung folgende Hauptfunktionen:[3]

- ▶ **Orientierungsfunktion**: Den schulinternen Gruppen, vor allem den Lehrkräften, den Abteilungsleitungen und der Schulleitung bieten makrodidaktische Pläne Orientierung. Den Lehrkräften bieten die makrodidaktischen Planungen eine gemeinsame Verständigungs- und Organisationsgrundlage. Innerhalb einer Schule sollten sich Lehrkräfte strikt an die Verteilungspläne halten. Die Klassen driften sonst auseinander, was gerade bei späteren Zusammenlegungen von Klassen, die organisatorisch gelegentlich notwendig werden, viel Zeit raubt.
- ▶ **Legitimationsfunktion**: Im Umfeld der Schule, vor allem gegenüber den Unternehmen, den Eltern, dem Schulträger und der Schulaufsicht legt die makrodidaktische Planung Rechenschaft ab. Leider zeigt die Erfahrung, dass diese Möglichkeit von den Betrieben nur selten genutzt wird.

Der Verteilungsplan kombiniert eine zeitliche Strukturierung mit einer Strukturierung der Themen bzw. allgemeiner ausgedrückt, der makrodidaktischen Planungselemente. Sie wird üblicherweise als Tabelle dargestellt. Bei der üblichen Form bilden die Zeilen die Wochen und Monate bzw. die Einheiten der Zeitplanung ab. Die Spalten selbst können unterschiedlich aussehen. In der Toolbox wurden mehrere Vorlagen für Verteilungspläne aufgenommen (TB-3.3 bis TB-3.7). In der Praxis finden sich auch Verteilungspläne, die in den Spalten die Zeit und in den Zeilen die zu verteilenden Gegenstände ausweisen.

Bei einer *lernsituationsorientierten Verteilungsplanung* werden in der ersten Spalte (Zeile) die Lernfelder und in der zweiten Spalte (Zeile) die Lernsituationen eingetragen. Der berufsbezogene Unterricht wird komplett in Lernfelder und diese komplett in Lernsituationen zerlegt. Bei dieser Form der Verteilungsplanung ist zu entscheiden, ob die Lernfelder und die Lernsituationen parallel oder in Reihenfolge laufen sollen und wie viele Unterrichtsstunden für einzelne Lernfelder und Lernsituationen angesetzt werden sollten. Die regelmäßig 280 Stunden pro Jahr bei 40 Unterrichtswochen im berufsbezogenen Unterricht werden auf drei bis sechs Lernfelder mit einem Umfang von je 40 bis 80 Unterrichtsstunden aufgespalten. Diese Verteilung ergibt sich über den Rahmenlehrplan bzw. die Lehrplanrichtlinie. Schulintern wird dann jedes Lernfeld weiter in Lernsituationen unterteilt.

Bei einer *thematisch orientierten Verteilungsplanung* bilden die Spalten die verschiedenen Fächer bzw. Lernfelder. In den Zellen werden die Themen, d. h. die Lernfelder bzw. die einzelnen Inhalte der

Lernfelder oder die thematischen Blöcke eingetragen. Schulintern werden mehr oder weniger große zusammengehörige thematische Einheiten gebildet, die definitionsgemäß keinen besonderen methodischen Ansprüchen, wie bei Lernsituationen, zu genügen haben. Diese Einheiten werden hier „thematische Blöcke" genannt. Sie ersetzen die Lernsituationen im Lernfeldansatz. Auch bei dieser Verteilungsplanung über thematische Blöcke wird zunächst für den Unterricht in den Fachklassen des Dualen Systems die gesamte Ausbildung in drei bis sechs Lernfelder mit einem Umfang von je 40 bis 80 Unterrichtsstunden zerlegt.

Bei einem *kompetenzorientierten Verteilungsplan* wird zunächst in den ersten Spalten die Fachkompetenz eingetragen. Dann werden weitere Spalten für die Lernkompetenz, die Sozial-, die Selbstkompetenz und ggf. die Sprachkompetenz vorgesehen. In den Zellen unterhalb dieser Spalten werden die jeweils zu fördernden Teilkompetenzen verteilt. Dabei können einzelne Zellen frei bleiben, d. h. dass in den entsprechenden Lerneinheiten keine überfachliche Kompetenz gefördert wird. Ebenso kann – ausnahmsweise – eine Zelle in der Spalte „Fachkompetenz" freibleiben. Dies ist der Fall, wenn die Schule eine ‚Methodenwoche' unternimmt, d. h. sich auf die Förderung überfachlicher Kompetenzen konzentriert. Eine solche kompetenzorientierte Verteilungsplanung bietet eine gute Möglichkeit, die überfachlichen Kompetenzen systematisch in den Fachunterricht zu integrieren, insbesondere in Kombination mit einem schulinternen Curriculum zu den überfachlichen Kompetenzen.

Bei einem *zielgruppenorientierten Verteilungsplan* werden in den Spalten die einzelnen Zielgruppen abgetragen, die im Zuge einer Binnendifferenzierung entstehen. Es können beispielsweise verschiedenen Fördergruppen sein, etwa wenn der gemeinsame Unterricht ergänzt wird durch einen Unterricht in den verschiedenen Gruppen. Dies können aber auch verschiedene Berufe sein, die gemeinsam – im Berufsgruppenkonzept – unterrichtet werden.

Bei einem *methodenorientierten Verteilungsplan* werden methodische Phasen ausgewiesen. Mit Blick auf die Zielsetzung, den Unterricht nach der Vorstellung des integrierten Unterrichtskonzeptes zu gestalten, also handlungsorientierte Phasen und traditionelle Phasen zu mixen, bietet sich die methodenorientierte Verteilungsplanung an. Im Sinne des Inselbildungsansatzes werden methodische Inseln in der Reihenplanung vermerkt. Bei einem überwiegend traditionellen Unterricht sind dies handlungsorientierte Inseln. Es werden beispielsweise Lernsituationen oder Rollenspiele angeführt.

In der Praxis ergibt sich im Regelfall die Notwendigkeit, die oben erwähnten Verteilungspläne in den Zellen der Tabelle zu ergänzen mit Informationen zu Prüfungsterminen, Terminen für Exkursionen, Terminen im Rahmen der Lernortkooperation, zum Beispiel einem Gastvortrag, besonderen Schulterminen, zum Beispiel dem Tag der offenen Tür, oder Reservezeiten. In der Toolbox ist eine Übersicht über die makrodidaktischen Elemente in Form einer Checkliste wiedergegeben (TB-3.8).

9.2.2 Makrodidaktisch sequenzieren und parallelisieren

Die Erstellung des Verteilungsplans ist eine komplizierte Angelegenheit. Bei der Anordnung der Elemente im Verteilungsplan ergibt sich eine zweidimensionale Problemstellung, nämlich das Problem der Sequenzierung und der Parallelisierung.[4]

Zunächst zur *Sequenzierung*: In der makrodidaktischen Planung sind Sequenzen, also Reihenfolgen, zu bilden. Im Unterricht eines Faches wird ein Thema nach dem anderen, im lernfeldorientierten Unterricht ein Lernfeld nach dem anderen unterrichtet. Sequenzierung ist die Frage, welche Themen bzw. Lernfelder bzw. noch allgemeiner welche makrodidaktischen Planungselemente *hintereinander* unterrichtet werden sollen. So sollte beispielsweise das vorangegangene inhaltliche Element ein Teil des folgenden Elements sein bzw. dieses vorbereiten. Durch die Sequenzierung sollten die hintereinander vermittelten Elemente für die Lernenden eine „strukturelle Einheit" (Speth, 2004, S. 135) bilden.

Parallelisierung ist die Frage, welche Themen bzw. Lernfelder parallel unterrichtet werden. Angesprochen ist also die Frage, welche Themen bzw. Lernfelder bzw. noch allgemeiner welche makrodidaktischen Planungselemente *parallel* unterrichtet werden sollten. In den parallel unterrichteten Fächern bzw. Lernfeldern sowie bei einer Kompetenzentwicklung in verschiedenen Institutionen wie im Dualen System sollte der Unterricht die Fächer, Lernfelder bzw. Lehrkräfte übergreifend den Lernenden eine „strukturelle Einheit" (Speth, 2004, S. 135) vermitteln. So kann beispielsweise der Deutschunterricht den parallelen berufsbezogenen Unterricht unterstützen. Dies geht so weit, dass auch institutionsübergreifend geschaut wird, was parallel unterrichtet werden sollte, etwa in der Berufsschule und dem Ausbildungsbetrieb.

Bei der *makrodidaktischen Parallelisierung* geht es darum, eine strukturelle Einheit über die Fächer, Lernfelder (schulinterne Parallelisierung) und Institutionen (schulexterne Parallelisierung) herzustellen.

Definition 1:   Parallelisieren (als Aktivität der makrodidaktischen Planung)

Parallelisieren meint die Abstimmung von gleichzeitig in den unterschiedlichen Lernfeldern und Fächern geplanten Inhalten und Kompetenzen in der makrodidaktischen Planung, wobei sowohl die schulinterne als auch die außerschulische Kompetenzentwicklung betrachtet wird.

Bei der schulinternen Parallelisierung werden die Fächer und Lernfelder einer Schule aufeinander abgestimmt. Bei der schulexternen Parallelisierung erfolgt auf der Schulebene ein Abgleich des schulischen Unterrichts mit der Kompetenzentwicklung in den Betrieben.[5] Im Unterricht für Fachklassen im Dualen System erfordert dies eine Zusammenarbeit mit Partnern außerhalb der beruflichen Schule. Um die Komplexität einzugrenzen kann es sinnvoll sein, zunächst nur den berufsbezogenen Bereich zu parallelisieren und dies später zu erweitern.

Leitfragen für das makrodidaktische Sequenzieren und Parallelisieren (GAL zur makrodidaktischen Planung 4.1) in der makrodidaktischen Planung (TB-2.3)

▶ Wie lassen sich – mit Blick auf die curriculare Analyse und die makrodidaktischen Bedingungen – Sequenzen etwa durch die Fortführung von Handlungsräumen, Handlungsprozessen, Handlungsprodukten, Kompetenzen oder Inhalten bilden?
▶ Wie kann die makrodidaktische Planung schulintern und schulextern parallelisiert werden?

Übersicht 3: Leitfragen für das makrodidaktische Sequenzieren und Parallelisieren

In der Sequenzierung und der Parallelisierung wird ein roter Faden über mehrere Fächer, Lernfelder und Lehrkräfte angelegt, der die Lernprozesse der Schülerinnen und Schüler unterstützen soll.

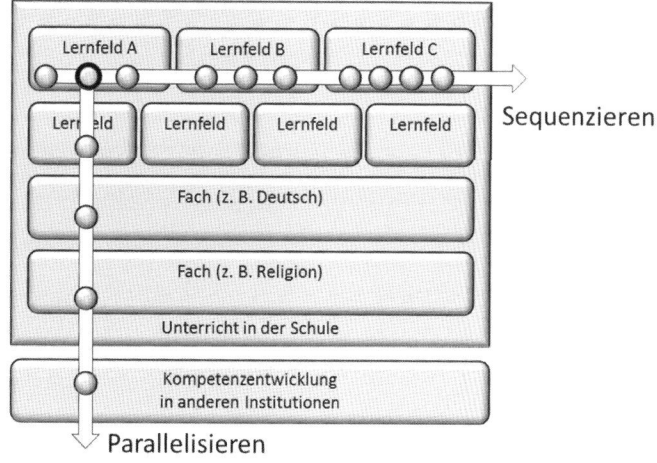

Übersicht 4: Sequenzieren und Parallelisieren

Der *Sequenzierung* liegt vor allem eine sorgfältige Sachanalyse zugrunde. Bei der Arbeit mit Lernsituationen lassen sich – auf Basis des hier vertretenen Lernsituationsmodells – folgende Formen der Sequenzierung unterscheiden.[6]

- **Handlungsraumsequenzierung**: Bei einer Handlungsraumsequenzierung werden zwei Lernsituationen über den Handlungsraum verknüpft, also die Person, das zugrundeliegende Problem oder Material. Mehrere Lernsituationen bilden so Episoden, die eine Person bzw. ein Unternehmen ‚durchlebt‘. Die Sequenzierung verlangt hier die Konstruktion einer übergreifenden ‚Story‘, die hintereinander in Episoden aufgegriffen wird.

- **(Handlungs-)Prozesssequenzierung**: Bei einer Handlungsprozesssequenzierung erfolgt eine Fortführung über den zugrundeliegenden Handlungsprozess. So kann beispielsweise eine Anfrage in einem Einkaufsprozess und dieser wiederum in einen Fertigungsprozess weitergeführt werden. Die Sequenzierung verlangt hier ein übergreifendes Prozessmodell, bei dem aufeinanderfolgende Teilprozesse aufgegriffen werden.

- **(Handlungs-)Produktsequenzierung**: Bei einer Handlungsproduktsequenzierung geht das Handlungsprodukt der vorhergehenden Lernsituation in die nachfolgende Lernsituation ein. So gehen beispielsweise von den Schülerinnen und Schülern erarbeitete Dokumente oder Präsentationen in die nächste Lernsituation ein.

- **Kompetenzsequenzierung**: Bei einer Kompetenzsequenzierung wird die in einer Lernsituation erworbene Kompetenz in einer folgenden Lernsituation vertieft, geübt, angewendet oder erweitert.

- **Inhaltssequenzierung**: Bei einer Inhaltssequenzierung werden in einer späteren Lernsituation die Inhalte vertieft oder ausdifferenziert.

Definition 2:   Sequenzieren (als Aktivität der makrodidaktischen Planung)

Sequenzieren in der makrodidaktischen Planung meint die didaktische Bildung von Reihenfolgen innerhalb von Lernfeldern oder Fächern, wobei Handlungsräume, Prozesse, Produkte, Kompetenzen oder Inhalte fortgeführt werden können.

Wenn didaktische Erwägungen, vor allem der Blick auf die Bedingungen in der Klasse, diese Formen der Sequenzierung nicht zulassen, können weitere Prinzipien erwogen werden (Speth, 2004, S. 135): Dazu wird der Unterricht so gestaffelt, dass der vorhergehende Inhalt immer ‚Hilfsvorstellungen‘ für den folgenden darstellt. Damit sind folgende Prinzipien angesprochen: Vom Leichten zum Schweren, vom Einfachen zum Komplexen, vom kleineren Lernschritt zum größeren Lernschritt sowie vom langsamen Fortschreiten zur größeren Eile.

Bei der Zusammenstellung der Verteilungsplanung hat es sich als sinnvoll erwiesen, einige weitere Punkte zu beachten:

- **In ‚Schulferien-Blöcken‘ planen**: Die über das Jahr verteilten Schulferien (Herbst, Weihnachten, Winter, Ostern, Pfingsten, Sommer) geben der täglichen Arbeit in den Schulen einen spezifischen Rhythmus, der auch bei der Verteilungsplanung berücksichtigt werden sollte. Konkret heißt dies, im Schuljahr zunächst zeitliche Blöcke zwischen den Ferien zu bilden und diese dann weiter zu zerlegen. Im Blockunterricht in Klassen des Dualen Systems sind diese Blöcke ohnehin vorgegeben.

- **Prüfungstermine und Konferenzen einplanen**: Häufig besteht die Pflicht, in einem Schuljahr bestimmte Leistungserhebungen durchzuführen oder es sind externe Termine, zum Beispiel Kammerprüfungen, zu beachten. Die Ergebnisse müssen zu bestimmten Terminen vorliegen, so dass auch eine Auswertung der Leistungserhebung vorab erfolgen muss. Die Anzahl bzw. die Position der Prüfungselemente im Kalender geben der schulischen Arbeit einen weiteren Rhythmus vor. Außerdem sollten Konferenzen in der Schule langfristig angesetzt werden. Konkret heißt dies zunächst im Schuljahr Leistungserhebungen und Konferenzen in die Verteilungsplanung einzuplanen.

▶ **Schulterminplan berücksichtigen**: Der Terminkalender der Schule gibt der schulischen Arbeit meist noch weitere Termine vor. Veranstaltungen wie Tage der offenen Tür, Treffen mit Ausbildungsbetrieben müssen unter Umständen in der makrodidaktischen Planung eingeplant werden.

▶ **Knappe Ressourcen einkalkulieren**: Wenn knappe Ressourcen, zum Beispiel Computerräume, im Unterricht verwendet werden, muss deren Verfügbarkeit im Kalender berücksichtigt werden.

▶ **Eigenen Terminplan beachten**: Erfolgt die zeitliche Planung auf der individuellen Ebene, was in den meisten Schulen die Ausnahme sein wird, kann auch der persönliche Terminkalender einbezogen werden. Auch die Schwiegermütter von Lehrkräften haben ihren 60. Geburtstag, zu dem eine Rede vorbereitet sein muss.

▶ **Zeitansätze in den Planungshilfen vorsichtig lesen**: Die Zeitansätze in den Planungshilfen können eine erste grobe Orientierung anbieten. Sie sind dennoch mit Vorsicht zu genießen. Jede Klasse und jede Lehrkraft ist anders.

▶ **Tempo variieren**: Speth erwähnt bei der Verteilungsplanung das Prinzip des langsamen Vorwärtsschreitens zur größeren Eile (2004, S. 136). Über den Jahresverlauf erweist sich als hilfreich, das Tempo zu variieren, d. h. Phasen hohen Tempos und Phasen niedrigeren Tempos vorzusehen. Klassen – und auch Lehrkräfte – haben über das Schuljahr eine unterschiedliche Geschwindigkeit.

▶ **Raum für die Ergebnissicherung berücksichtigen**: Der Verteilungsplan sollte ausdrücklich auch Phasen der Ergebnissicherung vorsehen. Hier sollte in der Verteilungsplanung Zeit reserviert werden, in der kein neuer Stoff unterrichtet wird, sondern – gerade mit Blick auf kommende Prüfungen – die Inhalte zusammengefasst, wiederholt und in ihren Zusammenhängen betrachtet werden.

▶ **Differenzierungsphasen einplanen**: In der Verteilungsplanung kann der Unterricht in verschiedenen sozialen Bezügen berücksichtigt werden: Phasen gemeinsamen Unterrichts, Phasen der Förderung in Gruppen sowie Phasen der individuellen Förderung.

▶ **Luft lassen**: Die makrodidaktische Planung sollte luftig erfolgen, d. h. zeitliche Reserven lassen für unvorhergesehene Dinge wie Krankheiten oder andere Ausfälle. In der Verteilungsplanung sollten solche Reserven ausdrücklich vorgesehen werden.

Die makrodidaktische Planung ist grundlegend für eine systematische Förderung der überfachlichen Kompetenzen der Schülerinnen und Schüler. Bei der Förderung überfachlicher Kompetenzen werden in Kapitel 20 mehrere Modelle unterschieden. Eines dieser Modelle setzt auf die Integration vergleichsweise kleiner Sequenzen zur Förderung überfachlicher Kompetenzen in den Fachunterricht, die sogenannten Förderatome. Das wichtigste Hilfsmittel einer solchen systematischen Integration in den Fachunterricht ist eine umfangreiche makrodidaktische, kompetenzorientierte Planung mit Hilfe eines kompetenzorientierten Verteilungsplans. So sieht das nordrhein-westfälische Beispiel der didaktischen Jahresplanung in der Toolbox (TB-3.2) in den einzelnen Lernsituationen Vermerke zu „LAT", also Lern- und Arbeitstechniken, vor.

	Wirtschafts- und Sozial-prozesse		Kommunikationsprozesse		Projektmanagement
1	**LF 1**	LS 1.1 Tätigkeiten und Anforderungen des Berufsbilds erfassen - berufliche Perspektiven entwickeln (6 Std.) **LAT 1: Kartenabfrage, Mindmap (E)**	**LF 2**	LS 2.1 Entwicklung und Leistungsspektrum der Dialogmarketing-branche erkunden (20 Std.) **LAT 2: Textrecherche / Internetrecherche (E)** **LAT 3: Vortragen/PP-Präsentation (E)**	**LF 4**	LS 4.1 Für eine Kampagne zielgerichtet und kostenbewusst Kommunikationssysteme und (branchentypische) Software auswählen (20 Std.) (Vorstruktur für LS 7.2) **LAT 4: Bewertungsmatrix (E)**
2						
3						

Übersicht 5: Auszug aus dem Beispiel der didaktischen Jahresplanung in der Toolbox (TB-3.2) mit ‚LATs' als Sequenzen zur der Lern- und Arbeitstechniken

Als eine weitere Möglichkeit zur Förderung überfachlicher Kompetenzen werden in Lerneinheit 20 sogenannte Förderinseln vorgesehen. Das heißt, dass der übliche Unterricht in den Fächern bzw. Lernfeldern eine Zeit lang aufgehoben wird und ein Gefäß geschaffen wird, das sich nicht den fachlichen Kompetenzen, sondern den überfachlichen Kompetenzen widmet. So sehen eine Reihe von Berufsschulen zu Beginn der Ausbildung in der Schule sogenannte Methodenwochen vor. Solche Förderinseln drohen zu verpuffen, wenn die angebahnte Kompetenz nicht später wieder aufgenommen wird. Wenn beispielsweise in der Methodenwoche der gute Umgang mit Texten geschult wird, sollte das später im Fachunterricht wieder aufgegriffen werden.

Die Verteilung überfachlicher Kompetenzen setzt systematisch voraus, dass vorab eine Vorstellung erarbeitet wurde, welche Kompetenzen relevant sind. Das heißt im Sinne des Zyklus der Kompetenzorientierung (TB-4.1) braucht es eine Modellierung der relevant erscheinenden Kompetenzen. Diese wird im Idealfall – wie in Lerneinheit 3 erläutert – kooperativ im Kollegium modelliert. Außerdem bedarf es – nach der Vorstellung des Zyklus der Kompetenzorientierung – eine Vorstellung davon, wo die Schülerinnen und Schüler stehen. Für das Assessment, d. h. zur Erfassung von Kompetenzen, gerade auch im überfachlichen Bereich, wurden hier Assessment-Systeme vorgeschlagen, in denen Assessment-Anlässe und -Instrumente in den Unterricht integriert werden. So können Gruppenarbeitssequenzen im Fachunterricht als Assessment-Anlass verwendet werden, in denen die Kompetenz von einer kleinen Gruppe von Schülerinnen und Schülern mit Hilfe eines Assessment-Instruments erfasst wird. Derartige Kombinationen aus Assessment-Anlässen und –Instrumenten (AAI) müssen in der makrodidaktischen Planung berücksichtigt werden. Dabei bietet es sich an, stabile Gruppen von Schülerinnen und Schülern zu bilden, für die jeweils eine solche Kombination eingesetzt wird.

	Wirtschafts- und Sozial-prozesse		Kommunikationsprozesse		Projektmanagement
1	**LF 1**	LS 1.1 Tätigkeiten und Anforderungen des Berufsbilds erfassen - berufliche Perspektiven entwickeln (6 Std.) **AAI 1 (Gruppe A-C)**	**LF 2**	LS 2.1 Entwicklung und Leistungsspektrum der Dialogmarketing-branche erkunden (20 Std.) **AAI2 (Gruppe D-F)**	**LF 4**	LS 4.1 Für eine Kampagne zielgerichtet und kostenbewusst Kommunikationssysteme und (branchentypische) Software auswählen (20 Std.) (Vorstruktur für LS 7.2)
2						
3						

Übersicht 6: Beispiel einer didaktischen Jahresplanung mit AAI als Kombination von Assessment-Anlässen und -Instrumenten für bestimmte Gruppen zur Erfassung von Kompetenzen

In der Übersicht der makrodidaktischen Planungselemente (TB-3.8) wurden daher neben den didaktischen Kernelementen der Makrodidaktik, zum Beispiel den Themen und Lernsituationen, auch Planungselemente für das Assessment und die Förderung überfachlicher Kompetenzen vorgesehen.

9.2.3 Didaktische Jahresplanung als Spezialfall der makrodidaktischen Verteilungsplanung

Die didaktische Jahresplanung ist ein Spezialfall einer makrodidaktischen Verteilungsplanung.

Definition 3: Didaktische Jahresplanung

Eine didaktische Jahresplanung ist eine im Team erstellte makrodidaktische Planung, die für ein Schuljahr eine lernsituationsorientierte, fach- und lernfeldübergreifende sowie kompetenzorientierte Verteilung vornimmt und dabei überfachliche Kompetenzen berücksichtigt.

Die didaktische Jahresplanung hat folgende Merkmale: [7]

- **Schuljahresorientierte Verteilungsplanung**: Die didaktische Jahresplanung plant – wie der Name ausdrückt – den Unterricht für ein gesamtes Schuljahr.

- **Lernsituationsorientierte Sequenzierung**: Die Lernfelder des berufsbezogenen Unterrichts sollen – vollständig – in Lernsituationen verteilt werden.

- **Kompetenzorientierte Verteilungsplanung**: Die didaktische Jahresplanung weist die Kompetenzen zu einzelnen Themen bzw. Lernsituationen aus und berücksichtigt bei der Verteilung auch überfachliche Kompetenzen.

- **Integration überfachlicher Kompetenzen**: In die Lernsituationen werden Elemente zur Förderung überfachlicher Kompetenzen integriert. Bei den Handreichungen in Nordrhein-Westfallen (MSW, 2009) und Bayern (ALP & ISB, 2012) fällt dabei die Konzentration auf „Lern- und Arbeitstechniken", die auf den spezifischen Kontext der zugrundeliegenden Entwicklungsarbeiten in SEGEL zurückgeführt werden können. Prinzipiell ist diese Beschränkung auf eine Kompetenzdimension jedoch nicht notwendig. Außerdem wären im Sinne des Zyklus der Kompetenzorientierung auch Elemente zum Assessment von Kompetenzen zu berücksichtigen.

- **Fach- bzw. lernfeldübergreifende Parallelisierung**: *Alle* Lernfelder bzw. Fächer werden in der Verteilungsplanung berücksichtigt. Dabei werden bewusst Parallelitäten im berufsbezogenen, lernfeldstrukturierten Unterricht und den allgemeinen Fächern, etwa Deutsch oder Sport, gestaltet.

- **Erstellung im Team**: Die didaktische Jahresplanung soll von Teams erstellt werden. In der Literatur wird vor allem auf die weiter unten beschriebene Bildungsgangarbeit abgehoben.

Einige Bundesländer verankern die Pflicht zur makrodidaktischen Planung in den für die Schulen relevanten Vorschriften. In Nordrhein-Westfalen legt die Ausbildungs- und Prüfungsordnung Berufskolleg (APO-BK) fest, dass die Fächer und Lernbereiche aufeinander abzustimmen sind (§ 6). Die Verwaltungsvorschriften (VVzAPO-BK) bestimmen, dass diese Abstimmung im Rahmen der didaktischen Jahresplanung durch die Bildungsgangkonferenz zu dokumentieren ist. Mitglieder der Bildungsgangkonferenz sind dabei alle im Bildungsgang unterrichtenden Lehrkräfte.

Aufgaben der Bildungsgangkonferenz nach den NRW-Lehrplänen (hier: Fachklassen Duales System Informatikkauffrau/Informatikkaufmann)

- Ausdifferenzierung der Lernfelder durch die Lernsituationen, wobei zu beachten ist, dass die im Lehrplan enthaltenen Zielformulierungen, Inhaltsangaben und Zeitrichtwerte verbindlich sind
- Planung von Lernsituationen, die an beruflichen Handlungssituationen orientiert sind und für das Lernen im Bildungsgang exemplarischen Charakter haben
- Ausgestaltung der Lernsituationen, Planung der methodischen Vorgehensweise (Projekt, Fallbeispiel, ...) und Festlegung der zeitlichen Folge der Lernsituationen im Lernfeld; dabei ist von der Bildungsgangkonferenz besonderes Gewicht auf die Konkretisierung aller Kompetenzdimensionen zu legen, also neben der Fachkompetenz, auch der Sozial- und Humankompetenz sowie der Methoden-, Lern- und kommunikativen Kompetenz
- Verknüpfung der Inhalte und Ziele des berufsbezogenen Lernbereichs mit den Fächern des berufsübergreifenden Lernbereichs sowie des Differenzierungsbereichs

- Berücksichtigung entsprechender Regelungen bei der Einrichtung eines doppeltqualifizierenden Bildungsgangs ...
- Planung der Lernorganisation in Absprache mit der Schulleitung (Vorschläge zur Belegung von Klassen- und Fachräumen, Planung von Exkursionen usw.; Planung zusammenhängender Lernzeiten zur Umsetzung der Lernsituation, Einsatzplan für die Lehrkräfte im Rahmen des Teams)
- Bestimmung und Verwaltung der sächlichen Ressourcen im Rahmen der Zuständigkeiten der Schule
- Festlegung von Vereinbarungen hinsichtlich der (z. B. fächerübergreifenden) schriftlichen Arbeiten und der sonstigen Leistungen
- Erstellung und Dokumentation einer didaktischen Jahresplanung für den Bildungsgang
- Dokumentation und Auswertung der Erfahrungen mit dem Bildungsgang

Übersicht 7: Aufgaben der Bildungsgangkonferenz

Die Toolbox (TB-3.2) enthält ein Beispiel einer Jahresplanung aus der nordrhein-westfälischen Broschüre „Didaktische Jahresplanung: Pragmatische Handreichung für die Fachklassen des dualen Systems" (MSW, 2009).

Die didaktische Jahresplanung wird häufig ergänzt durch eine ausführliche *Termin- und Ressourcenplanung*. Die Handreichungen für die didaktische Jahresplanung aus Nordrhein-Westfallen (MSW, 2009) und die aus Bayern (ALP & ISB, 2012) sehen eine über die didaktische Jahresplanung hinausgehende organisatorische Planung vor. Die nordrhein-westfälische Broschüre sieht neben der didaktischen Jahresplanung die „organisatorische Bildungsgangplanung mit z. B. dezidierter Terminplanung für die einzelne Klasse und/oder den gesamten Bildungsgang vor. Hier können Klassentermine (Experten-, Messebesuche, Studienfahrten o. ä.) und/oder Bildungsgangtermine (Team-, Bildungsgangsitzungen, Zeugniskonferenzen o. ä.) eingetragen und so transparent gemacht werden (MSW, 2009, S. 18).

9.2.4 Wie die makrodidaktische Planung zustande kommt

9.2.4.1 Fachbetreuungs-, Bildungsgangs- oder Team-Modell: Unterschiedliche Wege zum Verteilungsplan in der Schule

Die makrodidaktische Planung entsteht auf mehreren Wegen. Sie kann a) im sog. Fachbetreuungsmodell das Produkt einer Fachbetreuung bzw. Bildungsgang- oder Abteilungsleitung sein, sie kann b) im Bildungsgangmodell das gemeinschaftliche Produkt der im Bildungsgang tätigen Lehrkräfte sein oder aber c) im Teammodell in flexiblen Teams von Lehrkräften entstehen.

Im Kapitel 14 werden die schulischen Bedingungen des Wirtschaftsunterrichts näher betrachtet. Dabei werden in der Aufbauorganisation der Schule drei Ebenen unterschieden: Die Schulebene, die Abteilungsebene sowie die Teamebene. So hat beispielsweise die berufliche Schule 4 in Nürnberg sieben Berufsbereiche mit eigenen Berufsbereichsleitungen: Automobilwirtschaft, Kreditwirtschaft, Groß- und Außenhandel, Industrie, Markt- und Sozialforschung, Steuer- und Wirtschaftsberatung sowie Versicherungswirtschaft. Bei kleinen Abteilungen bzw. Fachbereichen können Team- und Abteilungsebene zusammenfallen. Der Berufsbereich „Markt- und Sozialforschung" der Beruflichen Schule 4 der Stadt Nürnberg hat etwa fünf Lehrkräfte. Abteilungs- und Teamebene fallen hier zusammen. Die Abteilung „Einzelhandel" der Beruflichen Schule 6 in Nürnberg hat demgegenüber über vierzig Lehrkräfte. Eine solche Anzahl von Lehrkräften ist für eine erfolgreiche Arbeit in der Gruppe zu groß, so dass es hier sinnvoll erscheint, kleinere Einheiten unterhalb der Abteilungsebene zu bilden. Dies wird in Kapitel 14 ausführlich erörtert.

Die Verteilungsplanung erfolgt in den beruflichen Schulen üblicherweise nicht auf der schulischen Ebene, sondern auf der Ebene einzelner Abteilungen, d. h. auf der mittleren Ebene zwischen Schul-

und Teamebene. Die Terminologie schwankt stark: Statt von „Abteilung" wird auch von „Fachbereichen", „Berufsbereichen" oder „Bildungsgängen" gesprochen.

Im *Fachbetreuungsmodell* werden die Verteilungspläne von der Fachbetreuung erstellt. Auch hier ist die Terminologie wechselnd: Statt von „Fachbetreuung" wird auch von „Berufsbereichsbetreuung", „Berufsbereichsleitung" oder einfach „Bereichsleitung" oder von „Bildungsgangleitung" gesprochen. Zum Teil, aber keineswegs immer, stehen dahinter auch unterschiedliche rechtliche Regelungen, auf die in Kapitel 14 eingegangen wird. In Bayern wird die Fachbereichsbetreuung gemäß Dienstordnung für Lehrkräfte an staatlichen Schulen in Bayern (Lehrerdienstordnung – LDO) bestellt, um die Schulleitung in fachlichen Fragen zu unterstützen, insbesondere bei der Koordinierung des Unterrichts. Die Fachbetreuung berät die Lehrkräfte in fachlicher Hinsicht, bespricht mit ihnen didaktische Fragen und unterstützt die Schulleitung bei der Überprüfung von Leistungsnachweisen auf Angemessenheit und Benotung. Einzelne Expertinnen und Experten, in der Regel mit sehr langer Erfahrung im Berufsbereich, erstellen im Fachbetreuungsmodell den Verteilungsplan.

Neben dem Fachbetreuungsmodell steht das *Bildungsgangmodell*. Vor allem in Nordrhein-Westfalen wird die makrodidaktische Planung als Bildungsgangarbeit verstanden (Sloane, 2003, S. 7 ff.). „Die Erarbeitung und Umsetzung der Didaktischen Jahresplanung ist zentrale Aufgabe einer dynamischen Bildungsgangarbeit. Unter Verantwortung der Bildungsgangleitung sollen alle im Bildungsgang tätigen Lehrkräfte in den Prozess eingebunden werden" (MSW, 2009, S. 14). „Bildungsgang" ist dabei ein juristisch nicht klar definierter Begriff der nordrhein-westfälischen Schulgesetzgebung: Nach dem NRW-Schulgesetz ist das Schulwesen nach Schulstufen, etwa die Primarstufe oder Sekundarstufe I, aufgebaut und in Schulformen gegliedert. Die Sekundarstufe II umfasst das Berufskolleg, das Berufskolleg als Förderschule, die gymnasiale Oberstufe des Gymnasiums und die Gesamtschule. Das Berufskolleg ist eine Schulform, das eine ganze Reihe von Bildungsgängen umfasst. So umfasst das Berufskolleg die *Bildungsgänge* der Berufsschule (Fachklassen des dualen Systems) ebenso wie die Bildungsgänge, die zu einem Berufsabschluss nach Landesrecht und zur allgemeinen Hochschulreife führen.

Wortwörtlich: Peter F. E. Sloane, WiPäd Paderborn

„Bildungsgangarbeit" bezieht sich hier auf die didaktisch-organisatorische Gestaltung von Bildungsgängen. Es soll damit zum Ausdruck gebracht werden, dass sich die pädagogische Arbeit keinesfalls in der Planung, Durchführung und Evaluation von einzelnen Unterrichtsstunden erschöpft. Vielmehr ist es erforderlich, Lehr-/Lernsequenzen in einem längeren Zeitzusammenhang konzeptionell zu entwickeln, umzusetzen und zu evaluieren.

Bild 1: Peter Sloane. Foto privat. Zitat: Sloane (2008a, S. 265)

Die Vorstellung von makrodidaktischer Planung als Bildungsgangarbeit beruht auf der Annahme, dass Lehrpläne nicht automatisch den Unterricht vorbestimmen und in diesem Sinne abbilden. Lernsituationen und Unterrichtsinhalte lassen sich nicht einfach aus Lehrplänen ableiten. Der Lehrplan wird nicht ungefragt und unbearbeitet übernommen, also rezipiert. Die Arbeit mit dem Lehrplan ist vielmehr ein produktiver Akt. Die makrodidaktische Planung ist eine – auf der Bildungsgangebene – angesiedelte intensive Auseinandersetzung, ein Diskurs unter Profis (Sloane, 2003).

Wortwörtlich: Peter F. E. Sloane, WiPäd Paderborn

Die Offenheit der Lernfelder führt dazu, dass eine Vielzahl von Aufgaben, wie die Rekonstruktion der beruflichen und fachlichen Hintergründe, die Erarbeitung von Lernsituationen, deren sequenzielle Zusammenführung ... in schulische Arbeitsgruppen verlagert wird. Zugleich wird sichtbar, dass es nicht um die Entwicklung einzelner Unterrichtsstunden, sondern um Bildungsgangarbeit als makrodidaktische Fragestellung geht ... Lernsituationen werden nicht aus Lernfeldern abgeleitet, sondern vielmehr von einer Lehrkräftegruppe im Diskurs entwickelt. Von dieser Warte aus betrachtet, gibt es keine objektiv richtige oder allgemein ‚die' vorbildliche Umsetzung eines Lernfeldes .... Dies ist nicht gleichzusetzen mit Gruppenwillkür. Vielmehr liegt es an der Professionalität der Gruppe, Verfahren zu finden, um ihre Arbeit demokratisch und transparent sowie wissenschaftlich abgesichert durchzuführen.

Bild 2: Peter Sloane. Foto privat. Zitat: Sloane (2010, S. 208 f.)

Die makrodidaktische Planung kann drittens in flexiblen *Teams von Lehrkräften* erfolgen. Damit ist hier gemeint, dass sich – auch unterhalb der Ebene von Fachbereichen bzw. Bildungsgängen – Teams bilden können, die eine makrodidaktische Planung vornehmen. Diese Form der Zusammenarbeit ist ein „großer Entlastungsfaktor für die Vor- und Nachbereitung des Unterrichts und die Einarbeitung von Novizen" (Hahn, 2011, S. 103). Die Entlastung findet vor allem während des Schuljahres statt, während die gemeinsame makrodidaktische Planung am Jahresanfang eine erhöhte Belastung darstellt. Durch die gemeinsame Hilfe und Unterstützung besteht die Möglichkeit gegenseitigen Feedbacks und einer gegenseitigen Ergänzung der Kompetenzen, was jedoch durch eine erschwerte Konsensfindung bezahlt wird. Flexible Teams, die also nicht die gesamte Abteilung abdecken, können bei Nicht-Beteiligten zu einem Abwehrverhalten und zu Neidgefühlen führen. Dieses Abwehrverhalten der Nicht-Beteiligten führt dann wieder zu Abwehrverhalten der Beteiligten, zumal ‚gemeckert' wird, ohne sich selbst aber einzubringen. Weiterhin haben flexible Teams die Gefahr, Parallelwelten in Schulen zu zementieren.[8]

9.2.4.2   Teamvereinbarungen innerhalb der makrodidaktische Planung

Die makrodidaktische Planung in Bildungsgängen und flexiblen Teams ist ein komplexes Vorhaben und bedarf klarer Teamvereinbarungen.

> STOPP: Wie sieht für Sie der Alltag einer Lehrkraft aus? Was ist die Rolle einer Lehrkraft? Welchen Anteil haben gemeinsame Arbeiten mit anderen Lehrkräften? Ist Teamarbeit für Lehrkräfte wichtig?

Die Teamarbeit bedarf – wie später in Kapitel 14 vertieft wird – einer gemeinsamen Strategie, einer guten Struktur sowie einer unterstützenden Teamkultur. Lesen Sie bitte parallel zu den folgenden Ausführungen die Checkliste zur makrodidaktischen Planung im Team in der Toolbox (TB-3.8).

Bei der Gestaltung der *Teamstruktur* geht es zunächst um die Festlegung von Zuständigkeiten und Abläufen. Die makrodidaktische Planung im Team bedarf zunächst der *grundlegenden Projektplanung*. Wie später ausführlich bei der Darstellung der Projektmethode als Unterrichtsmethode dargelegt, gehört zur Projektarbeit beispielsweise eine Projektdefinition, in der u.a. die Meilensteine des Projektes und das Projektteam festgelegt werden. Im Regelfall sollte ein Team eine Sprecherin bzw. einen Sprecher oder eine Leitung haben, die beispielsweise den Kontakt zur Fachbetreuung oder zur Schulleitung pflegt. In der Regel sind nicht solche Teams erfolgreich, die möglichst viel Zeit gemeinsam arbeiten, sondern eine gute Kombination von gemeinsamer Arbeit und der Arbeit einzelner Lehrkräfte finden. So empfiehlt es sich, in der makrodidaktischen Planung den ‚roten Faden', also die Verteilungsplanung, zusammen zu erarbeiten, dann die Materialien in Einzelarbeit zu produzieren, also mikrodidaktisch ‚kleinzuarbeiten‘, um dann die Ergebnisse wieder in der Gruppe zu evaluieren und ggf. nochmals die Verteilungsplanung zu überarbeiten. Besondere Herausforderungen stellen dabei das Qualitätsmanagement sowie das Berichts- bzw. Dokumentationswesen dar. So müssen die Produkte der Teamarbeit in sinnvoller Form dokumentiert werden. Für Lernsituationen kann dazu auf das Dokumentationsschema in der Toolbox (TB-9.2), für das Qualitätsmanagement auf das Bewertungsschema für Lernsituationen in der Toolbox (TB-9.3) zurückgegriffen werden.

Für die weitere Arbeit sind *didaktische Festlegungen* zu treffen. Dazu gehört, gerade im lernfeldorientierten Unterricht, die Festlegung der Gruppe auf ein Kompetenzmodell. In Kapitel 17 wird die Arbeit mit Medien, zum Beispiel Arbeitsblättern, erörtert. Wie dort vertieft wird, ergeben sich bei der Gestaltung von Medien eine Reihe von Gestaltungsfragen, die im Vorfeld geklärt werden sollten. Dazu gehört beispielsweise ein einheitliches Erscheinungsbild der arbeitsteilig produzierten Medien. Zu den didaktischen Festlegungen gehören, insbesondere im Rechnungswesen, auch Modellunternehmen (TB-3.10). Sie werden beispielsweise der Produktion von Lehrbüchern zugrunde gelegt und auch in ERP-Systemen abgebildet. Modellunternehmen bilden reale Unternehmen nach und stellen das ‚Spielmaterial‘ für handlungsorientierte Unterrichtsformen dar (Preiß, 1999, S. 79 ff.; Tramm, 1996, S. 348 ff.).

Wortwörtlich: Peter Preiß, WiPäd Göttingen

Für den Anfangsunterricht ist die Komplexität jedes realen Unternehmens und der zu beachtenden Vorschriften viel zu hoch, somit muss das Rechnungswesen auf fiktive Unternehmen bezogen werden. Damit die Zahlen des Rechnungswesens über dieses hinaus interpretiert werden können, bedarf es zusätzlicher Konkretisierungen (z. B. Mitarbeiteranzahl, Eigentümerstruktur). Solche Konkretisierungen ermöglichen die Verknüpfung mit anderen Inhaltsbereichen und auch die Ausführung von Handlungen. Eine solche Konkretisierung eines Unternehmens soll als ein „Modellunternehmen" mit Datenkranz bezeichnet werden. Modell steht hier sowohl als Abbildungsrelation zu realen Unternehmen als auch als Instanz betriebswirtschaftlicher Theorien und Modelle.

Bild 3: Peter Preiß. Foto privat. Zitat: Preiß (1999, S. 79)

Die makrodidaktische Planung bedarf der *Gestaltung unterstützender Bedingungen*. Dazu gehören neben einem Raum für die Gruppenarbeiten auch Zeitfenster für die reale Zusammenkunft der Gruppe. Allerdings sind gemeinsame Zeitfenster für Lehrkräfte oft in der Schule mit erheblichem Aufwand bzw. einer Verschlechterung der individuellen Stundenpläne verbunden. Für die virtuelle Zusammenarbeit ist ein System für die technisch vermittelte Kommunikation sowie die Ablage von Gruppenprodukten notwendig, etwa der Webdienst „dropbox". Die Arbeit der Gruppe sollte durch die Unterstützung der Leitungsebene sowie eine entsprechende Organisationsstruktur erleichtert werden.

In der makrodidaktischen Planung ist bei der *Teamstrategie* vor allem die Arbeit an pädagogischen Selbstverständnissen angesprochen. Die gemeinsame Arbeit führt – ebenso wie beispielsweise gemeinsame Überlegungen zur Reaktion auf Unterrichtsstörungen – regelmäßig zu einer gemeinsamen Reflexion von pädagogischen Selbstverständnissen, etwa nicht weiter ausgesprochenen Bildungsidealen. Ein solche Auseinandersetzung um pädagogische Selbstverständnisse findet in der Schule an vergleichsweise wenigen Kristallisationspunkten statt. Sie wird von Lehrkräften oft als unangenehm, belastend und unnötig erlebt. Unnötig weil es beispielsweise ja ‚nur‘ darum geht, gemeinsame Materialien zu entwickeln. Von daher ist verständlich – und als Einstieg auch empfehlenswert – zunächst mit ähnlich ‚getakteten' Lehrkräften zusammen zu arbeiten, d. h. die Teams mit Lehrkräften zu versehen, die ähnliche pädagogische Ansichten und Präferenzen haben. Eine Verpflichtung, etwa durch die Schulleitung, in einem Team mitzuarbeiten – und zwar ungeachtet der ‚Taktung' oder gar zur Überwindung unterschiedlicher ‚Taktungen' ist meist wenig erfolgreich. Gleichwohl sollte meines Erachtens nicht verkannt werden, dass solche Selbstverständnisse für den Unterricht sehr bedeutend sind. Die Auseinandersetzung um pädagogische Selbstverständnisse bietet damit eine grundlegende Möglichkeit zur Fortentwicklung der eigenen Kompetenz.

Kompetenzmatrix

Kompetenzorientiertes Curriculum

Übersicht der gesamten Ausbildung		IBB	SIK	PLA	IuK	BwP	ReN	WCo	Syv	Zu den Kompetenz- und Subdimensionen	
		Identität Berufsausbildung, Berufsrolle, Berufsperspektive	Soziale Interaktion und Kommunikation	Prozessübergreifende Lern- und Arbeitstechniken	Informations- und Kommunikationstechnologie	Betriebswirtschaftliche Problemebene	Rechtliche Normierung	Wertschöpfung und Controlling	Systemverständnis	Zu den Kompetenzen	
										Zur Strukturplanung	
Zum LF	Lernfeld 01	X	X	X	X		X			Lernfeld 01	Zur Gesamtübersicht
Zum LF	Lernfeld 02	aufgelöst	aufgelöst	aufgelöst	aufgelöst	aufgelöst	aufgelöst	aufgelöst	aufgelöst	Lernfeld 02	Zur Gesamtübersicht
Zum LF	Lernfeld 03.1	X	X	X	X	X	X	X		Lernfeld 03.1	Zur Gesamtübersicht
Zum LF	Lernfeld 03.2	X	X	X	X	X	X	X	X	Lernfeld 03.2	Zur Gesamtübersicht
Zum LF	Lernfeld 03.3	X				X	X	X		Lernfeld 03.3	Zur Gesamtübersicht
Zum LF	Lernfeld 03.4	X			X					Lernfeld 03.4	Zur Gesamtübersicht
Zum LF	Lernfeld 04	X			X	X		X	X	Lernfeld 04	Zur Gesamtübersicht
Zum LF	Lernfeld 05	X	X	X	X	X	X	X	X	Lernfeld 05	Zur Gesamtübersicht
Zum LF	Lernfeld 06	X	X	X	X	X	X	X	X	Lernfeld 06	Zur Gesamtübersicht
Zum LF	Lernfeld 07	X	X	X	X	X	X	X	X	Lernfeld 07	Zur Gesamtübersicht
Zum LF	Lernfeld 08					X		X		Lernfeld 08	Zur Gesamtübersicht
Zum LF	Lernfeld 09			X	X			X		Lernfeld 09	Zur Gesamtübersicht
Zum LF	Lernfeld 10						X	X		Lernfeld 10	Zur Gesamtübersicht
Zum LF	Lernfeld 11	X			X	X				Lernfeld 11	Zur Gesamtübersicht
Zum LF	Lernfeld 12	X	X	X		X				Lernfeld 12	Zur Gesamtübersicht
Zum LF	Lernfeld 13	X	X		X	X				Lernfeld 13	Zur Gesamtübersicht
Zum LF	Lernfeld 99									Lernfeld 99	Zur Gesamtübersicht

Übersicht 8: Beispiel für eine makrodidaktische Planung (Übersicht) am Oberstufenzentrum Bürowirtschaft und Dienstleistungen in Berlin (beispielsweise mit Aufteilung der PLA = Prozessübergreifende Lern- und Arbeitstechniken)

Für die *Teamkultur* ist es wichtig, Teamarbeit von Lehrkräften nicht einfach als ‚Gegenmodell' zum ‚Einzelkämpfer-Dasein' zu entwickeln, sondern beide Formen der Arbeit von Lehrkräften undogmatisch und flexibel zu kombinieren. Gruppenromantik ist für Teamarbeit genauso hinderlich wie ‚Einzelkämpfer-Dasein'. Es kann nicht darum gehen, am Lagerfeuer mit der Gitarre Lernsituationen zu besingen. Außerdem muss, wie in Kapitel 14 vertieft wird, gute Gruppenarbeit mit dem Mythos brechen, dass alle Lehrkräfte gleich, sind und Unterschiedlichkeiten als produktive Chance begreifen. Im GAL-Schema für die makrodidaktische Planung (TB-2.3) und im GAL-Schema für die mikrodidaktische Planung (TB-2.6) sind folgende Leitfragen angesprochen.

Leitfragen für Teamvereinbarungen (GAL 6.1) in der makrodidaktischen Planung (TB-2.3)

▶ Wie wird die Teamstruktur vereinbart?
▶ Wie wird die Teamstrategie vereinbart?
▶ Wie wird die Kultur des Teams gestaltet?

Übersicht 9: Leitfragen für Teamvereinbarungen

Bitte beachten Sie, dass diese recht allgemeinen Fragen durch die Checkliste (TB-3.9) detailliert werden.

9.2.5   Ein erweiterter Begriff von makrodidaktischer Planung

Werden die bisherigen Überlegungen zur makrodidaktischen Planung zusammengefasst, dann reicht es nicht aus, die makrodidaktische Planung als Verteilungsplanung zu begreifen. Vielmehr werden drei Aspekte der makrodidaktischen Planung ersichtlich, in denen die anderen, bereits thematisierten Aspekte einfließen.

Teil der makrodidaktischen Planung	Fragestellung	Mögliche Dokumentation
Verteilungsplanung	Wie kann der Unterricht – mit Blick auf die Ergebnisse der curricularen Analyse, die makrodidaktischen Bedingungen und die methodischen Planung – sequenziert und parallelisiert werden?	Verteilungsplan (oder ausnahmsweise ausführliche makrodidaktische Planung)
Termin- und Ressourcenplanung	Wie sind die Termine und die Ressourcen zu planen?	Terminplan und Ressourcenplan (Einsatzplan Lehrkräfte, Raumpläne, etc.)
Teamvereinbarungen	Wie wird die Teamstruktur, Teamstrategie und Kultur des Teams gestaltet?	Teamvertrag, Vorgaben für Arbeitsblätter (Formatvorlagen etc.), Modellunternehmen, ...

Übersicht 10: Makrodidaktische Planung: Ein erweitertes Verständnis

Vor diesem Hintergrund lässt sich die makrodidaktische Planung begrifflich festhalten.

Definition 4: Makrodidaktische Planung

Die makrodidaktische Planung (Vogelperspektive) ist die schulinterne zeitliche Strukturierung von Themen und Kompetenzen, gelegentlich auch Methoden und weiterer Verteilungselemente, für einen längeren Zeitraum, d. h. einer sogenannten Unterrichtsreihe oder eines ganzen Schuljahres. Die makrodidaktische Planung ist im Regelfall eine Verteilungsplanung und wird durch einen Verteilungsplan dokumentiert, der auch „Stoffverteilungsplan" genannt wird. In Ausnahmefällen erfolgt eine ausführliche Dokumentation in Form einer Reihenplanung. Ein Spezialfall der makrodidaktischen Planung ist die didaktische Jahresplanung. Im erweiterten Sinne sind auch die weitergehende Termin- und Ressourcenplanung sowie Teamvereinbarungen Teil der makrodidaktischen Planung.

Die makrodidaktische Planung stellt die Grundlage für die mikrodidaktische Planung dar.

9.2.6 Leitfragen und Definition für die Verteilungsplanung

Im GAL-Schema für die makrodidaktische Planung (TB-2.3) fließt in der Verteilungsplanung (GAL 5.) die Überlegungen aus der makrodidaktischen curricularen Analyse (GAL 2.), der makrodidaktischen Bedingungsanalyse (GAL 3.) und der makrodidaktischen methodischen Analyse (GAL 4.) zusammen.

Leitfragen für die Verteilungsplanung in der makrodidaktischen Planung (TB-2.3)

► Wird die Zeitstruktur auf den Spalten oder den Zeilen abgetragen?
► Welche Fächer bzw. Lernfelder werden berücksichtigt?
► Sollen die Lernfelder durchgängig oder teilweise in Lernsituationen aufgelöst werden? Wenn teilweise: Welche weiteren didaktischen Elemente, beispielsweise thematische Blöcke, sollen berücksichtigt werden?
► Werden methodische Blöcke in der Verteilungsplanung berücksichtigt? Wenn ja: Mit welcher Zielsetzung?
► Soll der Verteilungsplan durchgängig oder teilweise im Zuge der Binnendifferenzierung einzelne Gruppen von Schülerinnen und Schülern berücksichtigen?
► Sollen im Verteilungsplan überfachliche Kompetenzen berücksichtigt werden? Wenn ja: Welches Kompetenzmodell mit welchen Dimensionen, Niveaus und Teilkompetenzen soll zugrunde gelegt werden? Welche Teile dieses Modells werden in der Verteilungsplanung berücksichtigt?
► Welche weiteren Elemente sind in der Verteilungsplanung (z. B. Prüfungstermine, Exkursionen) zu berücksichtigen?

Übersicht 11: Leitfragen für die Verteilungsplanung

Der Verteilungsplan ist die zentrale Dokumentation der makrodidaktischen Planung, auf die sich die schulische Arbeit oft beschränkt. Die ausführliche makrodidaktische Planung dokumentiert auch die vorhergehenden Überlegungen in der makrodidaktischen curricularen Analyse, der makrodidaktischen

Bedingungsanalyse und der makrodidaktischen methodischen Analyse. In einem erweiterten Verständnis gehören auch Teamvereinbarungen sowie Termin- und Ressourcenpläne zur makrodidaktischen Planung. Für die Bewertung einer makrodidaktischen Planung wurde ein Tool (TB-3.10) aufgenommen.

9.2.7   Die makrodidaktische Planung in der Ausbildung von Lehrkräften

Aus den bisherigen Ausführungen sollte die didaktische Bedeutung der makrodidaktischen Planung klargeworden sein. Gleichwohl hat diese in der Ausbildung von Lehrkräften einen unterschiedlichen Stellenwert in den Bundesländern. In Bayern spielt die makrodidaktische Planung im Referendariat eine vergleichsweise geringe Rolle.

In der Staatsprüfung in Nordrhein-Westfalen ist eine schriftliche Arbeit anzufertigen. „Diese umfasst eine schriftliche Planung des Unterrichts (insbesondere: Ziele, ein oder mehrere didaktische Schwerpunkte und geplanter Verlauf des Unterrichts einschließlich der jeweiligen Begründungszusammenhänge), und eine Darstellung der zugehörigen *längerfristigen Unterrichtszusammenhänge*, in die die Unterrichtsstunde der Unterrichtspraktischen Prüfung eingebunden ist" (§ 32, 5 OVP). Bei der Bewertung der schriftlichen Arbeit ist zu analysieren, ob der Prüfling in der schriftlichen Arbeit „die vorliegenden schulischen Vereinbarungen (didaktische Jahresplanungen, schuleigene Lehrpläne, Förderpläne etc.) dargestellt und bei der Planung berücksichtigt" (LPA, 2012) hat.

Im Referendariat in Baden-Württemberg umfasst die Prüfung neben den Lehrproben u. a. eine „Dokumentation einer Unterrichtseinheit" (§ 19 APrObSchhD). „In der Dokumentation einer Unterrichtseinheit sollen die Fähigkeiten gezeigt werden, eine Unterrichtseinheit in einem der Ausbildungsfächer über einen etwa acht Unterrichtsstunden umfassenden Zeitraum unter Berücksichtigung konzeptioneller und diagnostisch-analytischer Aspekte zu planen, erfolgreich durchzuführen und die Ergebnisse zu reflektieren. ... Der Umfang der Dokumentation darf ohne angefügten Materialienanhang 30 Seiten im üblichen Format nicht überschreiten" (§ 19 APrObSchhD).

Die makrodidaktische Planung erfolgt im Prozessmodell *vor* der mikrodidaktischen Planung. Daraus sollte nach meiner Ansicht *nicht* der Schluss gezogen werden, dass angehende Lehrkräfte eine eigene makrodidaktische Planung, etwa eine didaktische Jahresplanung, *vor* der mikrodidaktischen Planung erstellen sollten. Eine makrodidaktische Planung wird die Lehrkraft, die am Beginn ihrer Ausbildung steht, meist völlig überfordern. Eine makrodidaktische Planung verlangt von der Lehrkraft unter anderem eine intime Kenntnis der Zielgruppe sowie der Unterrichtsinhalte nicht einzelner Stunden, sondern des ganzen Schuljahres. Diese Übersicht haben angehende Lehrkräfte erst recht spät. Nicht von ungefähr wird die makrodidaktische Planung in der schulischen Praxis, etwa im Fachbetreuungsmodell, den erfahrensten Lehrkräften überlassen und eben nicht an Anfängerinnen und Anfänger delegiert. Gleichwohl gehört die makrodidaktische Sichtweise – als Vogelperspektive – von Anfang an in der Ausbildung von Lehrkräften neben der mikrodidaktischen Perspektive – als Froschperspektive – kultiviert. Die angehende Lehrkraft sollte sich daher schon früh darum bemühen, die makrodidaktische Planung *nachzuvollziehen*, und zwar idealerweise, indem eine erfahrene Lehrkraft, etwa eine Fachbetreuung, ihre Planungsüberlegungen erläutert oder durch die Teilnahme an einer Bildungsgangkonferenz. Angehende Lehrkräfte sollten die Chance haben, an dem Erfahrungsschatz zu dieser hohen Kunst der makrodidaktischen Planung zu partizipieren, gerade weil sie so oft so unscheinbar und bescheiden in Form einer nüchternen Tabelle daherkommt.

9.3   Die mikrodidaktische Planung verschriftlichen

Im Nürnberger Modell schließt sich die mikrodidaktische Planung der makrodidaktischen Planung an. Wie in der Makrodidaktik ergibt sich auch in der Mikrodidaktik die Herausforderung, den Unterricht zu sequenzieren und zu parallelisieren. Bei der Makrodidaktik ging es beispielsweise um Reihenfolgen von Unterrichtseinheiten, in der Mikrodidaktik um Reihenfolgen innerhalb von Unterrichtseinheiten.

9.3.1 Mikrodidaktisch sequenzieren bzw. phasieren und mikrodidaktisch parallelisieren

In der Mikrodidaktik wird das Sequenzieren typischerweise „Phasieren" genannt. Bei der Phasierung des Unterrichts geht es um die Bestimmung der didaktisch sinnvoll erscheinenden Reihenfolge in der Unterrichtseinheit. Jeder Unterricht verläuft in mehreren Phasen: Die Lehrkraft gestaltet einen inneren Bauplan, der im Gegensatz zu anderen Elementen nicht sofort ersichtlich ist. Phasen gehören – um die Unterscheidung des DDR-Didaktikers Lothar Klingberg aufzugreifen – zur ‚inneren Seite' des Unterrichts. Sie müssen – im Gegensatz zur ‚äußeren Seite', die sofort beobachtbar ist, wie etwa die Sozialform – erst erschlossen werden (Jank & Meyer, 2008, S. 266).

Im Rahmen dieses Buches wird auf ein sehr einfaches Modell von Hilbert Meyer zurückgegriffen (Meyer, 2005, S. 104 ff.). In offensichtlicher Anlehnung an den bekannten Dreischritt von Einleitung – Hauptteil – Schluss ist demnach Unterricht zu gliedern in Einstieg – Erarbeitung – Ergebnissicherung. Meyer betont: Das „ist freilich so trivial, dass es schon beinahe wieder weh tut! Wer wollte bestreiten, dass Unterricht irgendwie und von irgendwem eingeleitet werden muss, dass es in ihm eine mittlere Phase gibt und dass er irgendwann (meistens durch das Klingelzeichen!) zum Abschluss gebracht wird" (Meyer, 2005, S. 105). Gleichwohl reicht schon die geringe Komplexität dieses einfachen Modells, um zu einer Fülle schwieriger Fragen vorzustoßen. Nach der empirischen Studie von Götzl, Jahn und Held (2013) werden in beruflichen Schulen von einer Unterrichtsstunde von 45 Minuten durchschnittlich 2,98 Minuten für den Unterrichtseinstieg, 20,58 Minuten für die Erarbeitung und 13 Minuten für die Ergebnissicherung verwendet. Die restlichen 2,48 Minuten werden für organisatorische Fragen verwendet.

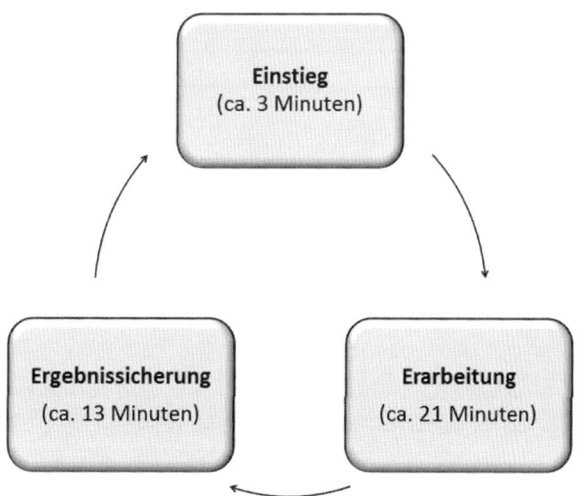

Übersicht 2: Einstieg, Erarbeitung und Ergebnissicherung

Die Erarbeitung selbst wird häufig wieder in einzelne Schritte zerlegt. Diese Schritte werden hier „Lernschritte" genannt. Diese können selbst wieder Methoden vorsehen, die wiederum methodenspezifische Phasen haben. Schritte und Phasen werden – zusammen mit dem geplanten Zeitverbrauch für den Schritt – später in Form des Verlaufsplans verschriftlicht.

Definition 5: Phasierung

Phasierung ist die Unterteilung einer Unterrichtseinheit in Einstieg, Erarbeitung und Ergebnissicherung (oder gemäß einem anderen Phasenmodell) und der Phasen in Lernschritte. Die Lernschritte werden typischerweise als Zeile im Verlaufsplan dargestellt.

Das folgende Beispiel zeigt unter anderem die Phase sowie die Lernschritte in die die Phasen unterteilt sind. Für jeden Lernschritt wird in der Planung ein Zeitansatz bestimmt.

Phase	Zeit	Lernschritt	Lernziel	Aktionsform, Sozialform	Medien
Einstieg	5	Orientierung mit Hilfe Advance Organizer (AO)		Lehrvortrag (LV)	OHP-Folie 1 (overlay), Arbeitsblatt 1 (AO)
Erarbeitung	10	Wiederholung Freie MaWi, Zentralverwaltungswirtschaft	1	Lehrgespräch (LG)	OHP (leere Folie)
Erarbeitung	20	Merkmale Soziale MaWi	2.1	Lehrvortrag (LV)	OHP-Folien 2-6
Erarbeitung	5	Sicherung zu A, B: Kurzabfrage		Einzelarbeit (EA)	Arbeitsblatt 2 (Notierhilfe)
Erarbeitung	15	Rolle Soziale MaWi für die Lerner	2.2	Lehrgespräch (LG)	OHP (leere Folie)
Ergebnissicherung	15	Erhard und die soziale MaWi		Einzelarbeit (EA)	Arbeitsblatt 3 (Erhard-Interview)
Ergebnissicherung	10	Erhard und die soziale MaWi		Partnerarbeit (PA)	Arbeitsblatt 3 (Selbstbewertung)
Ergebnissicherung	10	Zusammenfassung		Lehrvortrag (LV)	OHP-Folie 1 (overlay), Arbeitsblatt 1 (AO)

Übersicht 12: Beispiel eines Verlaufsplans

Das einfache Modell von Einstieg, Erarbeitung und Ergebnissicherung kann vielfach ergänzt werden. In der Literatur wird eine Fülle von Modellen für solche Phasen vorgeschlagen. In der Literatur gibt es dafür viele Bezeichnungen: „Artikulation" und „Artikulationsschemata", „Formalstufen", „Stufigkeit des Unterrichts", „Lehrstufen", „Lernphasen", „Lernorganisation", „Arbeitsstufen", „Arbeitsschritte" (Böllert & Twardy, 1983; Meyer, 1987, S. 162 ff.). Diese Vielfalt in der wissenschaftlichen Literatur wird ergänzt durch eine Fülle von Alltagsmodellen in der Praxis, beispielsweise in Seminaren der zweiten Phase der Lehrerbildung. Die meisten Modelle zielen auf den traditionellen Unterricht.

Ein in der Berufsbildung weit verbreitetes Modell stammt von – dem bereits in Lerninhalt 3 vorgestellten – Heinrich Roth. Roth unterscheidet sechs Lernschritte (Roth, 1983, S. 223 ff.), die in der Toolbox (TB-8.8) ausführlicher dargestellt werden. Im Musterunterrichtsentwurf (TB-3.12) findet sich auch eine Verlaufsplanung, die nach den Lernschritten von Roth strukturiert wurde.

Lernschritte nach Roth

- ▶ Stufe der Motivation
- ▶ Stufe der Schwierigkeiten
- ▶ Stufe der Lösungen
- ▶ Stufe des Tuns und Ausführens
- ▶ Stufe des Behaltens und Einübens
- ▶ Stufe des Bereitstellens, der Übertragung und Integration des Gelernten

Übersicht 13: Lernschritte nach Roth (1983, S. 223 ff.)

Ein weiteres Modell zur Phasierung von Unterricht, das vor allem in den USA verbreitet ist, ist das Modell von Gagné. Der amerikanische Didaktiker Robert Gagné (1916 – 2002) war der Motor des „Instructional Design" in den USA. Seine Bücher „Die Bedingungen des menschlichen Lernens" (Gagné, 1980) bzw. „The conditions of learning" (Gagné, 1985) und „Principles of instructional design" (Gagné, Briggs & Wager, 1988) haben auch heute noch große Bedeutung für die Bildung von

Lehrkräften in den USA. Besonders bekannt geworden ist sein Modell der neun Unterrichtsvorgänge (events of instruction), die detailliert in der Toolbox (TB-8.7) beschrieben werden.

Unterrichtsvorgänge (events of instruction) nach Gagné

- ▶ Aufmerksamkeit richten
- ▶ Lernende über Ziele informieren
- ▶ Vorwissen aktivieren (Erinnern anregen)
- ▶ Lerngegenstand darstellen
- ▶ Lernhilfen bieten
- ▶ Leistung abfordern
- ▶ Rückmeldung bieten
- ▶ Leistung beurteilen
- ▶ Lernübertragung fördern

Übersicht 14: Unterrichtsvorgänge nach Gagné (1980)

Das Phasieren bzw. Sequenzieren findet, wie auch in der Makrodidaktik, sein Gegenstück in der Parallisierung. Parallelisieren meint, ganz wie in der makrodidaktischen Planung, dass die Inhalte und Kompetenzen anderer Lernfelder und Fächer betrachtet werden, die zeitgleich zur in Planung befindlichen Unterrichtseinheit unterrichtet werden.

In GAL-Schema für die mikrodidaktische Planung (TB-2.6) erfolgt in Abschnitt 4 die methodische Analyse. In GAL 4.1 ist u. a. die Aktivität „phasieren und parallelisieren" vorgesehen.

Leitfragen für das Phasieren und Parallelisieren (GAL 4.1) in der mikrodidaktischen Planung (TB-2.6)

- ▶ Welche Phasen und welche Lernschritte sind zur Erreichung der Lernziele mit Blick auf die anderen Strukturelemente vorzusehen?
- ▶ Welche Themen und Kompetenzen sind in parallel laufenden Lernfeldern und Fächern zu beachten?

Übersicht 15: Leitfragen für das Phasieren und Parallelisieren

In der Planung ergeben sich starke Zusammenhänge mit der Ausarbeitung der Methoden, zumal einzelne Methoden selbst wieder spezifische Verlaufsvorstellungen, also Phasen, haben.

9.3.2 Unterrichtsmethoden, Assessmentmethoden und Medien planen und ausarbeiten

In jedem Lernschritt kann die Klasse in mehrfacher Hinsicht unterteilt werden. Je nachdem wie die Lerner *gruppiert* werden, werden Sozialformen unterschieden. Für die Gruppierung der Lernenden stehen folgende Sozialformen zur Verfügung (Euler & Hahn, 2007; Gudjons, 2003; Speth, 2004).

- ▶ **Klasse**: Der Klassenverband wird nicht weiter unterteilt. Der Unterricht findet im Plenum statt. Eine Person – die Lehrkraft oder eine Schülerin bzw. ein Schüler – steht der Klasse gegenüber.
- ▶ **Einzellernende**: Diese Differenzierungsform unterteilt die gesamte Klasse in lauter Einzellernende.
- ▶ **Partner**: Die zweite Form der Differenzierung unterteilt die gesamte Klasse in Gruppen von zwei Lernenden, den sogenannten Tandems.
- ▶ **Gruppe**: Bei dieser dritten Form der Differenzierung wird der Klassenverband in Gruppen von mindestens drei Lernenden aufgeteilt.

Definition 6:   Sozialform

Eine Sozialform beschreibt die Gruppierung der Lernenden in einer Klasse. Es sind dies der Klassenverband, Einzellernende, Partner sowie Gruppe.

Von den Sozialformen können die Aktionsformen unterschieden werden. Diese beschreiben die geplanten Aktivitäts- bzw. Kommunikationsmuster zwischen der Lehrkraft und den Lernenden:

▶ **Darstellender Unterricht**: Beim darstellenden Unterricht geht der Hauptinformationsstrom von der Lehrkraft an die Lernenden. Die Lehrkraft dominiert die Kommunikation und lässt allenfalls wenige Rückfragen zu. Der Hauptinformationsstrom kann auch von der Schülerin oder vom Schüler ausgehen. Dies ist bei einem Schülervortrag der Fall.

▶ **Erarbeitender Unterricht**: Beim erarbeitenden Unterricht sind die Rollen gleich verteilt. Die Kommunikationsrichtung ist bilateral, d. h. sie geht sowohl von der Lehrkraft als auch vom Lernenden abwechselnd aus. Eine Person übernimmt die Rolle der Moderatorin oder des Moderators.

▶ **Aufgebender Unterricht**: Beim aufgebenden Unterricht wird die direkte Kommunikation der Lehrkraft mit den Lernenden ersetzt durch eine mediale Kommunikation, beispielsweise mit Hilfe eines Arbeitsblattes.

Definition 7:   Aktionsform

Eine Aktionsform beschreibt die Aktivitäts- bzw. Kommunikationsmuster in der Klasse. Es sind dies: Darstellend, erarbeitend, aufgebend.

Die Aktions- und Sozialformen können in Beziehung gesetzt werden (Euler & Hahn, 2007; Gudjons, 2003; Speth, 2004). Die Terminologie schwankt in der Literatur. Hier werden folgende sprachliche Festlegungen getroffen. Von der Sozialform „Gruppe" ist die Kombination aus der Sozialform „Gruppe" und der Aktionsform „aufgebend" zu unterscheiden. Für diese Kombination wird hier die Bezeichnung „Gruppenarbeit (GA)" verwendet. Von der Gruppen*arbeit* ist die Unterrichtsmethode „Gruppen*unterricht*" zu unterscheiden. Typisch für den Gruppen*unterricht* ist die Kombination mehrerer Aktions- und Sozialformen. So beginnt der Gruppenunterricht oft darstellend mit der Sozialform „Klasse", beispielsweise in einem Lehrvortrag, geht dann über in die Sozialform „Gruppe" und endet nicht selten wieder mit einer darstellenden Auswertung in der Sozialform „Klasse" in Form des Schülervortrages. In der Verlaufsplanung ist die Gruppenarbeit in einer Zeile eingetragen, während der Gruppenunterricht mehrere Zeilen umfasst.

Definition 8:   Gruppenarbeit und Gruppenunterricht

Gruppenarbeit ist ein aufgebender Unterricht (Aktionsform) in der Gruppe (Sozialform). Gruppenarbeit ist ein typisches Element des Gruppenunterrichts, d. h. einer Methode, die mehrere Aktions- und Sozialformen kombiniert, aber der Gruppenarbeit einen hohen Stellenwert zubilligt.

Entsprechend wird für die Kombination von „aufgebend" und „Einzellerner" die Abkürzung „Einzelarbeit (EA)" und für die Kombination von „aufgebend" und „Partner" die Abkürzung „Partnerarbeit (PA)" verwendet.

STOPP: Nun wurde nüchtern „Gruppenarbeit" und „Gruppenunterricht" definiert. Sie haben Gruppenarbeiten bereits erlebt, in der Universität ebenso wie in der Schule? Wie waren diese Erfahrungen? Sind die Erfahrungen so, dass Sie Gruppenarbeit vermeiden oder fördern würden? Können Sie ‚neutral' darüber reflektieren?

„Frontalunterricht": Für viele Lehrkräfte ist dies deckungsgleich mit dem traditionellen Unterricht. „Frontalunterricht" ist kein neutrales Wort. Es suggeriert in altmodisch-kriegerischer Weise, dass die Lehrkraft eine *Frontlinie* zu den Lernenden aufbaut. „Frontalunterricht": Das ist ein Wort, das bei vielen Lehrkräfte und Studierenden ungute Gefühle hinterlässt oder aber – fast reflexartig – Abwehrreaktionen auslöst, warum es den Frontalunterricht doch brauche. „Frontalunterricht" ist darüber hinaus oft recht undeutlich definiert. Hier wird der Frontalunterricht als eine Form des Klassenunterrichts verstanden. Er ist typisch im traditionellen Unterricht und hat auch heute Berechtigung, obwohl er oft als unmodern dargestellt wird. Klassenunterricht, also Unterricht in der Sozialform „Klasse", ist entweder darstellend oder erarbeitend und geht entweder von der Lehrkraft oder von Schülerinnen und Schülern aus. Darstellender Klassenunterricht, der von der Lehrkraft ausgeht, wird auch als „Lehrvortrag" bezeichnet. Erarbeitender Klassenunterricht, der von der Lehrkraft ausgeht, wird auch „Lehrgespräch" genannt. Lehrgespräch und Lehrvortrag werden hier unter dem Oberbegriff „Frontalunterricht" zusammengeführt.[9]

Der Begriff „Frontalunterricht" ist jünger als vielfach angenommen und von den Gegnern – vor allem von Reformpädagogen – als *Kampfbegriff* eingeführt: „Er suggeriert … den Eindruck einer altertümlichen, weitgehend überholten Form des Unterrichts, die trotz ihrer erwiesenen Nachteile hartnäckig in der Schulpraxis überlebt hat" (Wiechmann, 2008, S. 24). Frontalunterricht ist ein typisch deutscher Begriff, der sich nicht in das Englische übersetzen lässt. Das Pendant zum deutschen Begriff ist „direct instruction" (DI), ein Begriff, der sich in der angelsächsischen Diskussion durchgesetzt hat. Gelegentlich wird auch von „systematic instruction", „explicit teaching" oder „teacher-led instruction" gesprochen. Typisch für das amerikanische Verständnis ist jedoch, DI als instruktionale Strategie *mit mehreren Elementen* zu begreifen. Bei Hollingsworth und Ybarra (2009) ist Explicit Direct Instruction (EDI) "a strategic collection of instructional practices combined together to design and deliver well-crafted lessons that explicitly teach content … to all students" (S. 12). Zu den Planungselementen (design) zählt etwa die Ausrichtung an klaren Lernzielen, das stufenweise Vorgehen oder die Verankerung von Übungen. Beim eigentlichen Unterricht (delivery) sei ein kontinuierliches Verfolgen des Lernfortschrittes, ein Erklären, ein Modellieren und ein Demonstrieren notwendig. Dieses angelsächsische Verständnis geht über das hier zugrunde gelegte Verständnis des Frontalunterrichts hinaus. Es ist vielmehr recht deckungsgleich mit dem hier dargestellten traditionellen Unterrichtskonzept.[10]

Für den Klassenunterricht, also den Unterricht in der Sozialform „Klasse", der von den Schülerinnen und Schülern ausgeht, wird für die Kombination von „darstellend" und „Klasse" die Abkürzung „Schülervortrag" und für die Kombination „erarbeitend" die Abkürzung „Schülergeführte Klassendiskussion" verwendet.

Aktionsform, Sozialform		Sozialform	Aktionsform	‚Informationsquelle'	Kategorie
Lehrvortrag	LV	Klasse	Darstellend	Lehrkraft	Frontalunterricht
Lehrgespräch	LG		Erarbeitend		
Gruppenarbeit	GA	Gruppe	Aufgebend	-	‚Schüleraktiver' Unterricht
Partnerarbeit	PA	Partner			
Einzelarbeit	EA	Einzellerner			
Schülervortrag	SV	Klasse	Darstellend	Schüler(in)	
Schülergeführte Klassendiskussion	SK		Erarbeitend		

Übersicht 16: Sieben sinnvolle Kombinationen von Aktions- und Sozialformen

Die möglichen sieben sinnvollen Kombinationen von Aktions- und Sozialformen sind auf den ersten Blick etwas unübersichtlich. Diese sieben Kombinationen sind sinnvolle Einträge in der Verlaufsplanung in der Spalte „Aktionsform, Sozialform". Daneben existieren weitere sprachliche Vereinfachungen: Der Frontalunterricht (FU) ist eine sprachliche Zusammenfassung von Lehrvortrag (LV) und Lehrgespräch (LG): FU = LV + LG.

Definition 9: Frontalunterricht

Frontalunterricht ist ein Unterricht der ganzen Klasse (Sozialform), der entweder darstellend oder erarbeitend (Aktionsform) ist und der von der Lehrkraft ausgeht. Er umfasst die Erarbeitungsmethoden des Lehrvortrags und des Lehrgesprächs.

Nach der empirischen Studie von Götzl, Jahn und Held (2013) dominiert in beruflichen Schulen der Frontalunterricht mit ca. 73 % der echten Lernzeit. Es folgt die Einzelarbeit (EA) mit ca. 17 %, dann die Gruppenarbeit (GA) mit ca. 6 % und die Partnerarbeit (PA) mit 4 %. Lehrvortrag (LV) und Lehrgespräch (LG) sind etwa gleich stark.[11]

Statt „Frontalunterricht" macht auch die Redeweise „lehrkraftzentrierte Methoden" Sinn. Die verbleibenden fünf Formen (GA, PA, EA, SV, SK) könnten auch als „schüleraktive Methoden" bezeichnet werden. Meines Erachtens führt diese Redeweise jedoch eher in die Irre: Auch beim Frontalunterricht sind die Schülerinnen und Schüler zwar nicht körperlich aktiv, jedenfalls nicht oberhalb der Schulbank, aber sie sind geistig aktiv.

Alle Methoden – seien es traditionelle oder handlungsorientierte – setzen sich aus den sieben erwähnten Kombinationen von Aktions- und Sozialformen zusammen. Sie setzen dabei unterschiedliche Schwerpunkte, beispielsweise mehr oder weniger Lehrerzentrierung. Außerdem unterscheiden sie sich in kleinen, aber wichtigen Details, zum Beispiel der Frage, wie genau Gruppen gebildet werden.

Im Schema für die mikrodidaktische Planung (TB-2.6) erfolgt in Abschnitt 4 die methodische Analyse. In GAL 4.1 ist die Aktivität „Unterrichtsmethoden planen und ausarbeiten", in GAL 4.2 die Aktivität „Assesmentmethoden planen und ausarbeiten" und in GAL 4.3 die Aktivität „Medien planen und ausarbeiten" vorgesehen.

Leitfragen für die Ausarbeitung von Methoden (GAL 4.1), Assessment (GAL 4.2) und Medien (GAL 4.3) in der mikrodidaktischen Planung (TB-2.6)

► Welche Unterrichtsmethoden werden in den einzelnen Lernschritten zur Erreichung der Lernziele eingesetzt? Wie ist der Ablauf dieser Unterrichtsmethoden und was ist bei der Ausarbeitung der einzelnen Etappen dieser Unterrichtsmethode zu beachten?
► In welcher Aktions-/Sozialform läuft der Unterricht und was sind realistische Zeitansätze für einzelne Lernschritte?
► Welche Medien werden in den einzelnen Lernschritten benötigt? Was ist bei der Ausarbeitung dieser Medien zu beachten?
► Welche Assessmentmethoden werden in den einzelnen Lernschritten benötigt? Was ist bei der Ausarbeitung dieser Assessmentmethoden zu beachten?

Übersicht 17: Leitfragen für die Ausarbeitung von Methoden, Assessment und Medien

9.3.3 Der Unterrichtsentwurf als Verschriftlichung der mikrodidaktischen Planung

Die mikrodidaktische Planung wird in Form eines Unterrichtsentwurfs dokumentiert. In ihm fließen alle didaktischen Überlegungen zusammen, sowohl die Überlegungen aus der makrodidaktischen Planung als auch die mikrodidaktischen Reflexionen zur curricularen Analyse, zur Bedingungsanalyse sowie zur methodischen Analyse.

STOPP: Sie haben vermutlich schon, vor allem im Gespräch mit Referendarinnen und Referendaren, vom Unterrichtsentwurf gehört. Was verbinden Sie damit? Welche Gerüchte werden zu einem Unterrichtsentwurf verbreitet? Auf welcher Datenbasis beruht diese Einschätzung?

9.3.3.1 Warum die mikrodidaktische Planung verschriftlicht werden sollte

Die mikrodidaktische Planung ist eine prozessvorbereitende Planung. Die Unterrichtsplanung lässt sich analytisch in drei Phasen unterteilen.[12] Die vorbereitende Planung nimmt den zukünftigen Lehr-

Lernprozess gedanklich vorweg. Ausgehend von einer didaktischen Idee über die makrodidaktische Planung wird in der mikrodidaktischen Planung das Lehren so geplant, dass Lernen angeregt werden soll. Die Dokumentation der mikrodidaktischen Planung erfolgt schriftlich in Form eines Unterrichtsentwurfs bzw. in reduzierter Form als Verlaufsplan. Die prozessbegleitende Planung erfolgt im Lehr-Lernprozess, d. h. in der eigentlichen didaktischen Situation. Sie erfolgt so gut wie nie schriftlich. Die prozessbegleitende Planung ist ein „Handeln unter Druck" (Wahl, 1991). Die nachbereitende Reflexion der didaktischen Situation wird hier als wichtiger Teil der Planung gesehen (Peterssen, 2000, S. 28 ff.). Sie wird im Prozessmodell als Prozessschritt „Evaluieren und Revidieren" bezeichnet. Die prozessvorbereitende Planung des Unterrichts hat vielfältige Funktionen.[13]

Funktionen der prozessvorbereitenden didaktischen Planung

- ▶ Entlastung
- ▶ Fokussierung
- ▶ Rationalität
- ▶ Arbeitsvorbereitung
- ▶ Grundlage für Revision und zukünftige Planungen
- ▶ Grundlage für die Selbstreflexion
- ▶ Indikator für Kompetenz als Prüfungs- oder Beratungsgrundlage
- ▶ Administration

Übersicht 3: Funktionen der prozessvorbereitenden didaktischen Planung

Die prozessvorbereitende Unterrichtsplanung entlastet die Lehrkraft im eigentlichen Unterricht, d. h. sie entlastet die prozessbegleitende Planung. Dinge werden in der prozessvorbereitenden Planung entschieden, die in der didaktischen Situation selbst *vor*-entschieden sind. Damit entfällt in der didaktischen Situation selbst die Notwendigkeit, Alternativen zu sondieren und zu bewerten. Diese kognitive Entlastung ist mit einer emotionalen Entlastung verbunden: „Das Vorentschiedene gibt, soweit es das konkrete Handeln zu bestimmen vermag, Schutz vor der Ungewissheit, wie man handeln soll" (Grzesik, 1979, S. 41).

Die prozessvorbereitende Planung fokussiert die Aufmerksamkeit der Lehrkraft. „Ein Unterrichtsentwurf erlaubt es dem Lehrer, sich auf die Wechselfälle des Unterrichts zu konzentrieren: die unerwarteten Reaktionen und Initiativen, die Störungen von außen und die sich plötzlich anbietenden Lerngelegenheiten, ohne die Ordnung des Ganzen aus dem Auge zu verlieren" (Grzesik, 1979, S. 43).

Entscheidungen können in der didaktischen Situation – selbst von Fachleuten – nicht ausführlich erörtert werden. Die Unterrichtsplanung als prozessvorbereitende Planung ermöglicht ein ausführliches Abwägen von Vorteilen und Nachteilen sowie Chancen und Risiken von Alternativen.

Die Unterrichtsplanung dient der Arbeitsvorbereitung der Lehrkraft. Sie zeigt auf, welche Aufgaben bis zum Unterricht selbst noch zu erledigen sind. Sie macht beispielsweise aufmerksam auf Medien, die beschafft oder produziert werden müssen, auf Aufgaben, die erstellt oder Rückfragen, die noch geklärt werden müssen, etwa um das Vorwissen der Schülerinnen und Schüler besser einschätzen zu können.

Die Unterrichtsplanung dient außerdem in der Aus- und Weiterbildung von Lehrkräften der Beratung und der Prüfung. Der Unterrichtsentwurf ist unter mehreren Indikatoren ein Indikator für die Kompetenz der Lehrkraft. Er ist in dieser Perspektive der Niederschlag der didaktischen Kompetenz der Lehrkraft – bzw. einzelner Facetten dieser Kompetenz. In Prüfungen wird der Unterrichtsentwurf daher von Prüflingen bewusst so gestaltet, dass die hinter der Unterrichtsplanung liegende Kompetenz sichtbar wird. Diese Darstellung reicht bis zur Inszenierung nach mehr oder weniger bekannten oder nur über Gerüchten verbreiteten Vorlieben von Prüfenden. Den Personen, die die (angehende) Lehrkraft bei der Entwicklung ihrer Kompetenz unterstützen, dient der Unterrichtsentwurf als wichtige

Grundlage für die Beratung. Hier behindert die angehende Lehrkraft durch eine Inszenierung ihre eigene Entwicklung. Da sie jedoch häufig von den gleichen Personen benotet wird, von denen sie auch beraten wird, hat die angehende Lehrkraft hier ein Dilemma.

Die schriftliche Unterrichtsplanung transportiert daneben die Planung in die Zukunft, d. h. sie dient hier als Medium, das die Zeit überbrückt. Aufgrund dieser Schriftlichkeit ist die Planung in der Zukunft in anderer Weise präsent. „Vorgebeugt wird durch das schriftliche Dokument sowohl den ungewollten als auch gewollten Gedächtnislücken, die zu Verfälschungen führen" (Peterssen, 2000, S. 25). Der Unterrichtsentwurf dient als Grundlage für die Administration, etwa die Raumplanung oder die Planung von Unterrichtsbesuchen. Wichtige Koordinaten, wie Raum und Zeit, müssen auf den ersten Blick ersichtlich sein.

Die prozessvorbereitende Planung – und damit der Unterrichtsentwurf – hat mehrere Funktionen zu erfüllen. Da nicht für jede Funktion ein eigenständiges Dokument produziert wird, muss die Multifunktionalität in Kauf genommen werden. Bei der Gestaltung und Beurteilung von Unterrichtsentwürfen führt dies zu Problemen. So mag der Unterrichtswurf im einen Fall die Lehrkraft nicht glänzend genug dastehen lassen, im anderen Fall zu wenig realistisch sein; so mag der Unterrichtsentwurf für die eine Funktion zu ausführlich, für die andere aber zu mager sein. Ein Unterrichtsentwurf ist daher immer auch ein Kompromiss.

Die Verschriftlichung der Unterrichtsplanung ist vor allem in der Ausbildung von Lehrkräften üblich und wird nicht selten übertrieben. Dieses Übertreiben macht die weitverbreitete Abneigung von Lehrkräften gegenüber schriftlicher Planung verständlich. Die Verschriftlichung wichtiger pädagogischer Prozesse bringt jedoch Vor- und Nachteile. Der offensichtlichste Nachteil ist der mit der Verschriftlichung verbundene Aufwand. Unterrichtsplanungen, Teamübereinkünfte oder Reflexionen werden daher – mit dem Verweis auf das scheinbar unangreifbare Argument des Aufwandes – oft nicht verschriftlicht. Der Aufwand muss jedoch immer auch im Zusammenhang mit dem verbundenen Ertrag gesehen werden. Die Verschriftlichung hat nämlich eine Reihe von Vorteilen.

Vorteile der Verschriftlichung didaktischer Planung

- ▶ Präzision
- ▶ Vergessenslücken und Verdrängungsprozessen entgegenwirken
- ▶ Kommunikation
- ▶ Entlastung
- ▶ Dokumentation

Übersicht 4: Vorteile der Verschriftlichung didaktischer Planung

Bei der Verschriftlichung von Gedanken findet ein Ringen um die rechte Formulierung statt. Dies gilt erst recht, wenn die Formulierung in der Gruppe erfolgt. Dieser Aufwand führt im Regelfall zu einer höheren Präzision. Mangelhafte Präzision führt zwar zu anfänglich geringerem Aufwand, verdeckt jedoch die anfänglichen Meinungsunterschiede und wird häufig später mit Missverständnissen und Konflikten bezahlt. Im Laufe der Zeit werden Dinge vergessen oder es kommt zu Verdrängungs- und Beschönigungsprozessen, die vor allem der Erhaltung des eigenen positiven Selbstbildes dienen. Die Verschriftlichung wirkt Vergessenslücken und Verdrängungsprozessen entgegen. Schriftlich niedergefasste Gedanken sind besser für die raum- und zeitüberbrückende Kommunikation zugänglich. Vor allem im digitalen Bereich lassen sich Dokumente einfach handhaben. Eine Verschriftlichung kann – ganz ähnlich wie die Aussprache mit einer vertrauten Person – eine entlastende Wirkung haben, sowohl emotional als auch kognitiv. Was beispielsweise auf einer ToDo-Liste steht, braucht nicht mehr behalten werden. Eine Dokumentation führt dazu, dass die Lehrkraft für eine mögliche Rechenschaftslegung gewappnet ist.

Die Frage ist damit weniger, ob eine Planung schriftlich erfolgen sollte, sondern wann, wie und in welchem Umfang (Peterssen, 2000, S. 24 ff.). Erfahrene Lehrkräfte haben hier eine eigene Form der Dokumentation gefunden, die in den seltensten Fällen mit den Vorstellungen in einem Didaktiklehrbuch übereinstimmen wird.

9.3.3.2 Wie ein Unterrichtsentwurf aufgebaut ist

Der Unterrichtsentwurf dokumentiert die mikrodidaktische Planung, also die Planung der Themen und Kompetenzen, der Methoden sowie die Präzisierung der Bedingungen. Sie baut auf der makrodidaktischen Planung auf bzw. führt diese fort. Für den Unterrichtsentwurf wird hier eine spezifische Struktur vorgeschlagen. Ein Überblick über den Aufbau eines Unterrichtsentwurfs findet sich in der Toolbox (TB-2.5) ebenso wie das Gliederungsschema (TB-2.6).

Aufbau des Unterrichtsentwurfs gemäß des GAL-Schemas für die mikrodidaktische Planung in der Übersicht (TB-2.5) und im Detail (TB-2.6)

- ▶ Deckblatt (Unterrichtsskizze) und Inhaltsverzeichnis
- ▶ Thema und Zielsetzung der Unterrichtseinheit (GAL 2.)
- ▶ Bedingungen der Unterrichtseinheit (GAL 3.)
- ▶ Methodische Analyse (GAL 4.)
- ▶ Geplanter Unterrichtsverlauf (GAL 5.)
- ▶ Anhang Medien (GAL 6.1)
- ▶ Ggf. weitere Anhänge (GAL 6.2 f.)

Übersicht 5: Aufbau des Unterrichtsentwurfs

Das Deckblatt enthält in der Praxis vor allem den Namen der Lehrkraft, das Thema, die Klasse sowie die Schule. Hier wird ein erweitertes Deckblatt als Unterrichtsskizze (TB-2.4) vorgeschlagen. Es soll einer erfahrenen Lehrkraft, beispielsweise einer Mentorin oder einem Mentor, auf genau einer Seite einen Überblick über den Unterricht geben und so – neben dem Verlaufsplan – das wichtigste Dokument des Unterrichtsentwurfs sein.

In der mikrodidaktischen Planung werden in GAL 2. der makrodidaktische Bezug und der Lehrplanbezug dargestellt, die Inhalte analysiert, die Sachanalyse vorgenommen sowie die Lernziele präzisiert, also die Grob- und Feinziele in den verschiedenen Kompetenzdimensionen aufgeführt. Bei der Planung werden in GAL 3. die im Modell der Bedingungen angeführten Punkte reflektiert. Die Reflexion der Bedingungen auf den höheren Bedingungsschalen wird häufig nicht dokumentiert.

Bei den methodischen Überlegungen erfolgt eine ausführliche Begründung der in der Übersicht „Geplanter Unterrichtsverlauf" nur in Form einer Tabelle dargestellten Zusammenhänge. Die Phasen, Lernschritte, Aktions- und Sozialformen, Medien sowie Zeitansätze werden mit Blick auf Thema, Zielsetzung und Bedingungsanalyse sowie die makrodidaktische Planung begründet. Außerdem sind die Medien sowie die Methoden zu planen und auszuarbeiten.

Die Übersicht über den geplanten Unterrichtsverlauf wird als eine querliegende Tabelle dargestellt mit den Spalten „Phase", „Zeit" (Zeitangaben in Minuten), „Lernschritte", „Lernziele" (abgekürzt gegenüber dem Text), „Aktionsform, Sozialform" und „Medien". Im Anhang werden die verwendeten traditionellen oder ‚modernen' Medien wiedergegeben. Beispielsweise werden die auszugebenden Arbeitsblätter oder das verwendete Tafelbild angehängt. Weitere Anhänge können nach Bedarf ergänzt werden. Beispielsweise kann hier ein Verzeichnis der verwendeten Literatur wiedergegeben werden. Bei Hausarbeiten ist eine Erklärung der eigenständigen Erstellung mit Unterschrift anzuführen.

Im Zentrum der mikrodidaktischen Planung steht der geplante Unterrichtsverlauf (GAL 5.). Der geplante Unterrichtsverlauf ist das Herzstück der didaktischen Planung, in der alle Überlegungen zusammenfließen. Ähnlich wie bei der makrodidaktischen Planung dokumentieren erfahrene Lehrkräfte ihre didaktische Planung oft nur in Form des Unterrichtsverlaufs. In der Praxis hat es sich bewährt, diese in Form einer einseitigen Tabelle im Querformat zu gestalten. Die Verlaufsplanung hat in der Praxis vielfältige Formen. Nach den hier angestellten Überlegungen sollte sie folgende Spalten vorsehen: „Phase", „Zeit" (Zeitangaben in Minuten), „Lernschritte", „Lernziele" (Nummer des Lernziels), „Aktions-/Sozialform" und „Medien". Die Lernziele werden nur dann ausgewiesen, wenn es notwendig ist. So bezieht sich der Einstieg auf alle Lernziele, so dass diese nicht vermerkt werden. Auch wenn in der Ergebnissicherung alle Lernziele angesprochen werden, erfolgt kein getrennter Ausweis. Werden jedoch verschiedene Lernschritte für verschiedene Lernziele vorgesehen, erfolgt ein getrennter Ausweis. In der Toolbox finden sich ein Beispiel (TB-3.13) und eine Vorlage für eine Verlaufsplanung (TB-3.14). In der Praxis hat sich bewährt, die Verlaufsplanung auch griffbereit zu haben: Im Eifer des Gefechts verliert die Anfängerin und der Anfänger gelegentlich die Orientierung und dann kann ein kurzer Blick auf diese Tabelle Sicherheit zurückgeben.

Im hier verfolgten Verständnis ist jede Unterrichtsplanung eine Antwort auf die Frage nach dem Warum, dem Was, dem Wie und dem Wo und Wer des Unterrichts. In der Toolbox wurden dazu Leitfragen formuliert. Diese Fragen werden alle in der Unterrichtsplanung beantwortet, aber nicht alle schriftlich. Zur Erreichung eines prägnanten Unterrichtsentwurfs können und sollen nicht alle aufgeworfenen Leitfragen mechanisch beantwortet werden.

9.3.3.3 Der Stellenwert des Unterrichtsentwurfs bei Lehrproben

In der zweiten Phase der Bildung von Lehrkräften, also im Referendariat, ist es üblich, Prüfungslehrproben zu halten. Die Planung dieser Einheiten ist auch schriftlich zu dokumentieren. In diesem Fall sind schon aus prüfungsrechtlichen Gründen die weitergehenden Vorschriften für die Erstellung von Unterrichtsentwürfen zu beachten. Die Vorschriften variieren jedoch, wie am Beispiel von Bayern, Baden-Württemberg sowie Nordrhein-Westfalen verdeutlicht werden soll.

In *Bayern* werden die allgemeinen Vorgaben der LPO (Lehramtsprüfungsordnung) und der ZALB (Zulassungs- und Ausbildungsordnung für das Lehramt an beruflichen Schulen) ergänzt durch die ALBS (Anweisungen zum Vorbereitungsdienst für das Lehramt an beruflichen Schulen). Die ALBS sehen vor, dass die Prüfungsteilnehmerin bzw. -teilnehmer dem Vorsitzenden der Prüfungskommission einen „kurzgefassten schriftlichen Entwurf in vierfacher Ausfertigung" (ALBS, B 21.7.1) zu überreichen hat. Aus diesem sollen „Ziele und Aufbau der als Prüfungslehrprobe durchzuführenden Unterrichtsstunde(n) ersichtlich sein" (ALBS, B 21.7.1). Der Unterrichtsentwurf soll den Umfang von fünf bis sieben DIN-A4-Seiten nicht überschreiten. Bei einem mehrstündigen Unterricht kann er umfangreicher sein, sollte jedoch zehn DIN-A4-Seiten nicht übersteigen (ALBS, B 21.7.1). Einen besonderen Aufbau des Unterrichtsentwurfs sehen die ALBS nicht vor. Nach den Vorgaben der ALBS wird der Unterrichtsentwurf nicht als Teilleistung der Lehrprobe bewertet. Gleichwohl ist es üblich, dass sich der Prüfungsausschuss den Unterrichtsentwurf vor und auch während der Lehrprobe ansieht und damit ein ‚indirekter' Einfluss auf die Benotung nicht auszuschließen ist.

In *Nordrhein-Westfalen* haben die Prüflinge gemäß der Ordnung des Vorbereitungsdienstes und der Staatsprüfung (OVP) vor Beginn der Unterrichtspraktischen Prüfungen für jedes Fach / jede Fachrichtung eine schriftliche Arbeit, früher „schriftlicher Unterrichtsentwurf" genannt, vorzulegen. Eine vorgegebene, landeseinheitliche Struktur für diese Arbeiten existiert nicht. Diese umfasst gemäß OVP eine schriftliche Planung des Unterrichts (insbesondere: Ziele, ein oder mehrere didaktische Schwerpunkte und geplanter Verlauf des Unterrichts einschließlich der jeweiligen Begründungszusammenhänge) und eine Darstellung der zugehörigen längerfristigen Unterrichtszusammenhänge, in die die Unterrichtsstunde der unterrichtspraktischen Prüfung eingebunden ist. Der Umfang der schriftlichen Arbeit soll zehn Seiten nicht überschreiten, davon soll auf die Planung der Stunde und auf die längerfristigen Unterrichtszusammenhänge jeweils etwa die Hälfte entfallen (§ 32,5 OVP). Die schriftlichen

Arbeiten werden unter Berücksichtigung des Grades der selbständigen Leistung, des sachlichen Gehalts, der Einbindung der unterrichtspraktischen Prüfung in die längerfristigen Unterrichtszusammenhänge und der sprachlichen Form mit einer eigenen Note bewertet (§ 32,5 OVP).

In *Baden-Württemberg* haben die Prüflinge im Referendariat vor Beginn der Lehrprobe ihre schriftliche Unterrichtsplanung zu übergeben. „Die schriftliche Unterrichtsplanung umfasst ohne Materialien bis zu fünf Seiten. Sie muss auch in knapper Form soweit möglich den Zusammenhang mit den beiden vorherigen und der folgenden Unterrichtsstunde schlüssig darlegen" (§ 21, 3 APrObSchhD).

9.3.3.4 Die Beurteilung von Unterrichtsentwürfen

Der Unterrichtsentwurf hat – ebenso wie die gesamte prozessvorbereitende Planung – mehrere Funktionen, die sich nicht ohne Brüche und Widersprüche in Kriterien für die Beurteilung von Unterrichtsentwürfen herunterbrechen lassen. Hier wird auf der Basis des Nürnberger Modells ein Kriterienraster für Unterrichtsentwürfe vorgelegt (TB-3.15). Es wird in Nürnberg zur Bewertung der studentischen Leistungen als Teil des Portfolios der Universitätsschule eingesetzt.

Ein Kriterienraster für die Beurteilung von Unterrichtsentwürfen muss einerseits fragen, ob die einzelnen Elemente der Planung abgedeckt werden, ob beispielsweise Lernziele formuliert wurden. Deren Qualität misst sich zunächst an den Ansprüchen, die in der Lernzieltheorie, etwa mit der Taxonomie für Lernziele formuliert wurden. Andererseits hat das Kriterienraster zu fragen, ob den erwähnten Kriterien für Unterrichtsentwürfe Genüge getan wird. So wird beispielsweise gefragt werden müssen, ob der Interdependenzzusammenhang eingelöst wurde, etwa indem bei der Auswahl von Methoden mit Verweisen auf die Bedingungsanalyse und die Analyse der Intentionen, Inhalte und Kompetenzen argumentiert wurde. Kriterienraster können grundsätzlich auf zwei Wegen konstruiert werden. Einerseits können Kriterien für die inhaltliche

Der eigene Unterrichtsentwurf sollte kriterienorientiert reflektiert werden.
Bild 4. Von Susann Städter, photocase.com

Überdeckung formuliert werden und dann die genannten Kriterien über alle Inhalte beurteilt werden. Andererseits können jeweils für ein didaktisches Element die Präzision und die anderen Kriterien überprüft werden. Das hier vorgeschlagene Kriterienraster geht einen Mittelweg zwischen beiden Extremen. Die Beurteilung erfolgt einerseits nach den didaktischen Elementen, andererseits wird auch ein Abschnitt zu übergreifenden Gestaltungskriterien formuliert. Weiterhin werden innerhalb der Reflexion der einzelnen didaktischen Elemente die anderen Kriterien reflektiert. Bei der Beurteilung der Bedingungen ist zu berücksichtigen, dass diese Darlegung die Basis für die interdependenten Bezüge in den anderen Teilen ist. Daher ist das Kriterium der Interdependenz für diese Kriteriengruppe nicht im Kriterienraster aufgenommen worden. Der Verlaufsplan wird auch ohne Begründung dargelegt, so dass das Kriterium der Rationalität entfällt.

Der Unterrichtentwurf hat bestimmte Inhalte auszuweisen. Entsprechend des hier zugrunde gelegten Planungsmodells sind die folgenden Inhalte angesprochen.

▶ **Curriculare Analyse:** Die Unterrichtsplanung sollte den makrodidaktischen Bezug sowie den Lehrplanbezug verdeutlichen. Dies entspricht dem Grundsatz der Kontinuität bei Peterßen (2000). „Der Grundsatz der Kontinuität meint, eine einmal gefällte Lehrentscheidung konsequent weiterzuverfolgen" (Peterssen, 2000, S. 32). Hinzu kommen die Analyse der Inhalte und Intentionen, die Sachanalyse sowie die Lernziele.

▶ **Bedingungsanalyse**: Die Bedingungsanalyse umfasst die Größe und Zusammensetzung der Klasse, den Lern- und Entwicklungsstand der Lernenden, den Hintergrund, die Motivation und Lebenswelt der Lernenden, das Klima und Grundsätze der Klassenführung in dieser Klasse, die räumlich-zeitlichen Bedingungen, sowie die Bedingungen der Lehrkraft und übergreifende Bedingungen.

▶ **Methodische Analyse**: Die methodische Analyse umfasst die Reflexion der Unterrichtsmethoden, der Assessmentmethoden sowie des Medieneinsatzes.

▶ **Geplanter Unterrichtsverlauf**: Der Unterrichtsverlauf hat eine spezifische Struktur. Die Verlaufsplanung verdichtet auf einer Seite die Anlage der gesamten Unterrichtseinheit.

▶ **Anhang**, einschließlich ausgearbeiteter Medien.

Der Unterrichtsentwurf muss sich dabei nicht zwangsläufig entlang der vorgeschlagenen Gliederung bewegen, muss aber in hier zugrunde gelegten Verständnissen in den erwähnten Bereichen Antworten geben.

Das Kriterienraster (TB-3.15) orientiert sich am Schema für den Aufbau von Unterrichtsentwürfen, sieht jedoch auch übergreifende Gestaltungskriterien vor.

▶ **Selbständigkeit**: Ein Unterrichtsentwurf kann eine Prüfungsleistung sein, muss es aber nicht. Im Falle von Prüfungsleistungen ist der Grad der Selbständigkeit der Unterrichtsplanung aus naheliegenden Gründen ein wichtiges Kriterium. In anderen Fällen, also wenn der Unterrichtsentwurf keine Prüfungsleistung ist, wird ein solches Kriterium meist gar kontraproduktiv wirken: Planende könnten sich hier genötigt sehen, das Rad neu zu erfinden nur um ‚inspektionssicher‘ zu werden. Daher sollte das Merkmal in diesen Fällen ersatzlos gestrichen werden. Die Frage lautet hier: Ist der Unterrichtsentwurf selbständig verfasst worden?

▶ **Systematik**: Das systematische Vorgehen ist ein Grundmerkmal jeder Planung (Pfohl & Stölzle, 1997, S. 2 ff.). In der Unterrichtsplanung schlägt sich dies im gewählten Vorgehen nieder und wird vor allem in der äußeren Struktur dokumentiert, also mit der Gliederung des Unterrichtsentwurfs. Grundsätzlich sollte sich jede Lehrkraft ihre eigene Struktur der Unterrichtsplanung aneignen (Peterssen, 2000, S. 42). Mithin kommt es nicht darauf an, ein bestimmtes Schema, eine bestimmte Gliederungsstruktur abzuarbeiten. Gleichwohl kann eine in der Literatur vorgeschlagene Systematik sicherstellen, dass die grundlegenden Fragen der Unterrichtsplanung auch zu Recht berücksichtigt werden. Daher werden in der Ausbildung oft auch feste Schemata gesetzt. Die Frage lautet: Lässt der Aufbau der Unterrichtsplanung eine nachvollziehbare Systematik der Planung erkennen?

▶ **Präzision**: Nach dem Grundsatz der Eindeutigkeit bei Peterßen (2000, S. 38) sollte die Lehrkraft die Entscheidungen so treffen, dass in ihnen „unmissverständlich die beabsichtigten Maßnahmen für die Auslösung, Steuerung und inhaltliche Gestaltung des Unterrichts zum Ausdruck kommen" (Peterssen, 2000, S. 38). Die Lehrkraft dürfe sich nicht „vor Entscheidungen drücken und sich mit verschwommenen Vorstellungen zufriedengeben über das, was … (sie, K.W.) zu tun beabsichtigt" (Peterssen, 2000, S. 39). Nicht nur die Entscheidungen müssen klar sein, sondern auch die verwendete Sprache, etwa durch die Nutzung der korrekten Fachbegriffe. Die Frage lautet hier: Ist die Unterrichtsplanung präzise?

▶ **Prägnanz**: Der Unterrichtsentwurf ist immer auch ein Instrument der Kommunikation und sollte daher kurz und prägnant sein. Kürze und Prägnanz meint im Sinne der Kommunikationstheorie „viele Informationen mit wenig Worten, kurz und bündig, aufs Wesentliche beschränkt" (Schulz von Thun, 2008, S. 145). Die Beschränkung auf das Wesentliche meint, dass erstens unwesentliche, aber vielleicht einfach darstellbare Informationen nichts im Unterrichtsentwurf zu suchen haben. Zweitens meint dies aber auch, dass alle notwendigen Informationen dargeboten werden. Was dabei wesentlich ist oder nicht, lässt sich vergleichsweise einfach feststellen: Wird eine Information im Laufe der Darstellung nicht mehr aufgegriffen, gerät sie unter den dringenden Verdacht, unwesentlich zu sein. Die Frage lautet: Wird die Unterrichtsplanung prägnant dargelegt?

▶ **Interdependenz**: Die Interdependenz der didaktischen Elemente ist das zentrale Merkmal didaktischer Planung. Ein didaktisches Element berücksichtigt den Interdependenzzusammenhang, wenn es den anderen Elementen angemessen erscheint. So muss beispielsweise ein Lernziel der Lernausgangslage angemessen sein. Ein didaktisches Element berücksichtigt weiterhin den Interdependenzzusammenhang, wenn bei Auswahlentscheidungen die Informationen zu den anderen Elementen abgerufen werden. So sollte beispielsweise die Entscheidung für die gewählte Unterrichtsmethode mit dem Blick auf das Lernziel gerechtfertigt werden. Die Frage lautet hier: Wird in der Planung der Interdependenzzusammenhang berücksichtigt?[14]

▶ **Rationalität**: Die prozessvorbereitende Planung bietet die Chance einer höheren Rationalität als die prozessbegleitende Planung. Der Unterrichtsentwurf sollte an dieser Stelle Vor- und Nachteile bzw. Chancen und Risiken abwägen. Die Leitfrage lautet hier: Werden Auswahlentscheidungen rational getroffen?

▶ **Formalia**: Unterstützen die Formalia, vor allem die Rechtschreibung oder das optische Gesamtbild, die Verständlichkeit des Unterrichtsentwurfs? Wird rechtlichen Vorschriften, vor allem Datenschutzvorschriften oder Urheberrechten, Genüge getan?

Das Kriterienraster ist vergleichsweise umfangreich. Es soll jedoch nicht nur die Leistungsanforderungen transportieren und damit eine transparente Leistungsbewertung vorbereiten, sondern den Studierenden ein Instrument an die Hand geben, ihre eigenen Leistungen – in der Stammgruppe – auch vor dem Einreichen des Portfolios selbst kritisch zu beleuchten und ggf. zu überarbeiten. Diese Fähigkeit zur Selbstbeurteilung erscheint mir als eine für Lehrkräfte wichtige Kompetenz.

9.4 Outro

9.4.1 Die wichtigsten Begriffe dieser Lerneinheit

▶ Makrodidaktik
▶ Mikrodidaktik
▶ Reihenplanung
▶ Verteilungsplanung (Verteilungsplan, Varianten, Prinzipien)
▶ Sequenzierung
▶ Parallelisierung
▶ Didaktische Jahresplanung
▶ Teamvereinbarungen

▶ Mikrodidaktische Planung
▶ Unterrichtsentwurf
▶ (Unterrichts-)Phase, Phasieren
▶ (Unterrichts-)Verlaufsplan
▶ Parallelisieren (mikrodidaktisch)
▶ Lernschritt
▶ Sozialform Aktionsform
▶ Gruppenarbeit, Gruppenunterricht
▶ Frontalunterricht

9.4.2 Tools

▶ Tool „GAL-Schema: Makrodidaktische Planung: Überblick" (TB-2.2)
▶ Tool „GAL-Schema: Makrodidaktische Planung" (TB-2.3)
▶ Tool „GAL-Schema: Mikrodidaktische Planung: Erweitertes Deckblatt des Unterrichtsentwurfs" (TB-2.4)
▶ Tool „GAL-Schema: Mikrodidaktische Planung: Überblick" (TB-2.5)
▶ Tool „GAL-Schema: Mikrodidaktische Planung" (TB-2.6)
▶ Tool „Makrodidaktische Planung: Didaktischen Jahresplanung: Beispiel" (TB-3.2)
▶ Tool „Makrodidaktische Planung: Fachorienterter Verteilungsplan: Vorlage" (TB-3.3)
▶ Tool „Makrodidaktische Planung: Kompetenzorientierter Verteilungsplan: Vorlage" (TB-3.4)
▶ Tool „Makrodidaktische Planung: Lernsituationsorientierter Verteilungsplan: Vorlage" (TB-3.5)
▶ Tool „Makrodidaktische Planung: Kombinierter Verteilungsplan: Vorlage" (TB-3.6)

- ▶ Tool „Makrodidaktische Planung: Binnendifferenzierter Verteilungsplan: Vorlage" (TB-3.7)
- ▶ Tool „Makrodidaktische Planung: Checkliste makrodidaktische Planungselemente" (TB-3.8)
- ▶ Tool „Makrodidaktische Planung: Checkliste Teamvereinbarungen" (TB-3.9)
- ▶ Tool „Makrodidaktische Planung: Modellunternehmen" (TB-3.10)
- ▶ Tool „Makrodidaktische Planung: Kriterienkatalog" (TB-3.11)
- ▶ Tool „Mikrodidaktische Planung: Unterrichtsentwurf: Beispiel" (TB-3.12)
- ▶ Tool „Mikrodidaktische Planung: Verlaufplan: Beispiel" (TB-3.13)
- ▶ Tool „Mikrodidaktische Planung: Verlaufsplan: Vorlage" (TB-3.14)
- ▶ Tool „Mikrodidaktische Planung: Unterrichtsentwurf: Kriterienraster" (TB-3.15)
- ▶ Tool „Zyklus der Kompetenzorientierung" (TB-4.1)
- ▶ Tool „Unterrichtsvorgänge nach Gagné" (TB-8.7)
- ▶ Tool „Lernschritte von Roth" (TB-8.8)
- ▶ Tool „Lernsituationen: Kriterienkatalog" (TB-9.3)

9.4.3 Kompetenzen

- ▶ Makrodidaktische Sequenzierung und Parallelisierung: Sequenzierungsvarianten einordnen; Hilfsprinzipien der Sequenzierung einordnen
- ▶ Makrodidaktische Planung einordnen: Mikro- und makrodidaktische Planung abgrenzen; Funktionen der makrodidaktischen Planung kennen
- ▶ Makrodidaktische Planung reflektieren und dokumentieren: Varianten der Verteilungsplanung bewerten; Didaktische Jahresplanung als Spezialfall begreifen
- ▶ Prozess der makrodidaktischen Planung reflektieren: Makrodidaktische Planung nach dem Fachbetreuungsmodell reflektieren; Makrodidaktische Planung als Bildungsgangarbeit reflektieren; Makrodidaktische Planung als flexible Zusammenarbeit von Lehrkräften im Team reflektieren
- ▶ Unterrichtsentwurf anfertigen: Verteilungsplan anfertigen; Aktions- und Sozialformen abgrenzen; Curriculare Analyse, Bedingungsanalyse, Methodische Analyse verschriftlichen
- ▶ Vor- und Nachteile einer prozessvorbereitenden Planung abwägen; Vor- und Nachteile einer Verschriftlichung abwägen; Übersicht über den Stellenwert des Unterrichtsentwurfs in der Ausbildung von Lehrkräften haben
- ▶ Phasierung und mikrodidaktische Parallelisierung: Phasenmodell anwenden, Lernschritte abgrenzen; Mikrodidaktisch parallelisieren

9.4.4 Hinweise zur vertieften Auseinandersetzung: Weiterlesen

Zur *makrodidaktischen Planung* verweise ich auf die mit acht Seiten kurze, aber meines Wissens beste Einführung „Makrodidaktik: Zur curricularen Entwicklung von Bildungsgängen" von Peter Sloane (2010) im Handbuch Berufs- und Wirtschaftspädagogik (Pätzold, Reinisch & Nickolaus, 2010). Weiterhin hilfreich ist der bayerische „Leitfaden Didaktische Jahresplanung: Lernfeldunterricht systematisch planen" (ALP & ISB, 2012) sowie die nordrhein-westfälische Veröffentlichung „Didaktische Jahresplanung: Pragmatische Handreichung für die Fachklassen des dualen Systems" (MSW, 2009). Sowohl die bayerische als auch die nordrhein-westfälische Veröffentlichung stehen im Internet zur Verfügung. Ein Beispiel für eine didaktische Jahresplanung für den Bereich der Berufsvorbereitung liefern Emmermann und Fastenrath-Danner (2013).

Die mikrodidaktische Planung ist in der Wissenschaft und der Praxis der Inbegriff der Didaktik überhaupt. Insofern sei erneut auf die Empfehlungen zur Literatur in der ersten Lerneinheit verwiesen. Eine ältere, aber ausdifferenzierte Erörterung der Phasierung von Unterricht bieten Böllert und Twardy (1983).

9.4.5 Hinweise zur vertieften Auseinandersetzung: Weitersurfen

Das Schulministerium in NRW bietet ein Webangebot zur Didaktischen Jahresplanung.

http://www.berufsbildung.schulministerium.nrw.de/cms/bildungsganguebergreifende-themen/didaktische-jahresplanung

Viele Institutionen der zweiten Phase, aber auch einzelne engagierte Lehrkräfte, die in der Ausbildung tätig sind, haben wertvolle Informationen zur Unterrichtsplanung und zur Anfertigung von Unterrichtsentwürfen ins Netz gestellt.

9.4.6 Literaturnachweis

ALP & ISB (Akademie für Lehrerfortbildung und Personalführung & Staatsinstitut für Schulqualität und Bildungsforschung). (2012). *Leitfaden Didaktische Jahresplanung. Lernfeldunterricht systematisch planen.* Dillingen & München (Arbeitsmaterial für Lehrgang).

Böllert, G. & Twardy, M. (1983). Artikulation. In M. Twardy (Hrsg.), *Kompendium Fachdidaktik Wirtschaftswissenschaften* (S. 499–531). Düsseldorf: Verlagsanstalt Handwerk.

Braukmann, U. (1993). *Makrodidaktisches Weiterbildungsmanagement. Makrodidaktische Morphologie und legislativ-institutionelle Rahmenbedingungen einer beruflichen Weiterbildungsmassnahme im Handwerk ; zur Konzeption einer Massnahmentheorie als Beitrag einer Theorie der Planung und Durchführung einer über- bzw. ausserbetrieblichen beruflichen Weiterbildungsmassnahme im Handwerk.* Köln: Botermann und Botermann.

Dubs, R. (2009). *Lehrerverhalten. Ein Beitrag zur Interaktion von Lehrenden und Lernenden im Unterricht* (2. Aufl.). Stuttgart: Steiner.

Emmermann, R. & Fastenrath-Danner. (2013). Kompetenzen entwickeln durch schulinterne Curricula. *Die berufsbildende Schule, 65* (5), 143–150.

Euler, D. & Hahn, A. (2007). *Wirtschaftsdidaktik* (2. Aufl.). Bern: Haupt.

Gagné, R. M. (1980). *Die Bedingungen des menschlichen Lernens* (5. Aufl.). Hannover: Schroedel.

Gagné, R. M. (1985). *The conditions of learning and theory of instruction* (4. Aufl.). New York u.a: Holt, Rinehart and Winston.

Gagné, R. M., Briggs, L. & Wager, W. W. (1988). *Principles of instructional design* (3. Aufl.). New York u.a: Holt, Rinehart and Winston.

Götzl, M., Jahn, R. W. & Held, G. (2013). Bleibt alles anders!? Sozialformen, Unterrichtsphasen und echte Lernzeit im kaufmännischen Unterricht. *bwp@ (Berufs- und Wirtschaftspädagogik - online)* (24), 1–21.

Grzesik, J. (1979). *Unterrichtsplanung. Eine Einführung in ihre Theorie und Praxis.* Heidelberg: Quelle & Meyer.

Gudjons, H. (2003). *Frontalunterricht - neu entdeckt. Integration in offene Unterrichtsformen.* Bad Heilbrunn/Obb.: Klinkhardt.

Hahn, A. (2011). *Arbeitsbelastung an kaufmännischen beruflichen Schulen. Eine qualitative Einzelfallstudie.* Nürnberg: Lehrstuhl für Wirtschaftspädagogik und Personalentwicklung.

Hollingsworth, J. & Ybarra, S. (2009). *Explicit Direct Instruction (EDI). The Power of the Well-Crafted, Well-Taught Lesson.* Thousand Oaks: Corwin Press.

Jank, W. & Meyer, H. (2008). *Didaktische Modelle* (8. Aufl.). Berlin: Cornelsen Scriptor.

Kröll, M. (1989). *Lehr-Lernplanung. Grenzen und Möglichkeiten.* Köln: Müller Botermann.

Lipsmeier, A. (1991). Ganzheitlichkeit, Handlungsorientierung und Schlüsselqualifikationen. Über den berufspädagogischen Gehalt der neuen Zielgrößen für die berufliche Bildung im Kontext der neuen Technologien. In B. Bonz & A. Lipsmeier (Hrsg.), *Computer und Berufsbildung. Beiträge zur Didaktik neuer Technologien in der gewerblich-technischen Berufsbildung* (S. 103–124). Stuttgart: Holland und Josenhans.

LPA (Landesprüfungsamt für Zweite Staatsprüfungen für Lehrämter an Schulen). (2012). *Staatsprüfung für Lehrämter an Schulen: Ordnung des Vorbereitungsdienstes und der Staatsprüfung für Lehrämter an Schulen (OVP) vom 10. April 2011. Hinweise für Prüferinnen und Prüfer.* Dortmund.

Merz, B., Sewald, M., Strobl, D. & Utz, S. (2012). *Teamarbeit von Lehrkräften bei der Entwicklung und Durchführung lernfeldstrukturierten Unterrichts. Hausarbeit zum Projektseminar im berufs- und wirtschaftspädagogischen Wahlbereich der Universität Erlangen-Nürnberg.* Nürnberg: Lehrstuhl für Wirtschaftspädagogik und Personalentwicklung.

Meyer, H. (1987). *Unterrichtsmethoden* (1: Theorieband, 4. Aufl.). Frankfurt am Main: Cornelsen Scriptor.

Meyer, H. (2005). *Unterrichtsmethoden* (2: Praxisband,). Frankfurt am Main: Cornelsen Scriptor.

MSW (Ministerium für Schule und Weiterbildung des Landes Nordrhein-Westfalen). (2009). *Didaktische Jahresplanung. Pragmatische Handreichung für die Fachklassen des dualen Systems.* Düsseldorf.

Pätzold, G., Reinisch, H. & Nickolaus, R. (Hrsg.). (2010). *Handbuch Berufs- und Wirtschaftspädagogik*. Stuttgart: UTB.

Peterssen, W. H. (2000). *Handbuch Unterrichtsplanung. Grundfragen, Modelle, Stufen, Dimensionen* (9. Aufl.). München: Oldenbourg.

Pfohl, H.-C. & Stölzle, W. (1997). *Planung und Kontrolle. Konzeption, Gestaltung, Implementierung* (2. Aufl.). München: Vahlen.

Preiß, P. (1999). *Didaktik des wirtschaftsinstrumentellen Rechnungswesens*. München: Oldenbourg.

Roth, H. (1983). *Pädagogische Psychologie des Lehrens und Lernens* (16. Aufl). Hannover: Schroedel Schulbuchverl.

Schulz von Thun, F. (2008). *Miteinander reden. Störungen und Klärungen* (Bd. 1, 46. Aufl.). Reinbek bei Hamburg: Rowohlt-Taschenbuch-Verlag.

Sloane, P. F. (2003). Schulnahe Curriculumentwicklung. *bwp@ (Berufs- und Wirtschaftspädagogik - online)* (4), 1–23. Verfügbar unter http://www.bwpat.de/ausgabe4/sloane_bwpat4.pdf

Sloane, P. F. E., Dilger, B. & Krakau, U. (2008a). Bildungsgangarbeit als didaktischer Geschäftsprozess (Teil I): Von der Bildungsgangkonzeption zur didaktischen Jahresplanung. *Wirtschaft und Erziehung, 60* (9), 263–273.

Sloane, P. F. E., Dilger, B. & Krakau, U. (2008b). Bildungsgangarbeit als didaktischer Geschäftsprozess (Teil II): Von der Bildungsgangkonzeption zur didaktischen Jahresplanung. *Wirtschaft und Erziehung, 60* (9), 305–312.

Sloane, P. F. E., Dilger, B. & Krakau, U. (2008c). Bildungsgangarbeit als didaktischer Geschäftsprozess (Teil III): Von der Bildungsgangkonzeption zur didaktischen Jahresplanung. *Wirtschaft und Erziehung, 60* (9), 355–363.

Sloane, P. F. E. (2009). Didaktische Analyse und Planung im Lernfeldkonzept. In B. Bonz (Hrsg.), *Didaktik und Methodik der Berufsbildung* (S. 195–216). Baltmannsweiler: Schneider Hohengehren.

Sloane, P. F. E. (2010). Makrodidaktik. Zur curricularen Entwicklung von Bildungsgängen. In G. Pätzold, H. Reinisch & R. Nickolaus (Hrsg.), *Handbuch Berufs- und Wirtschaftspädagogik* (S. 205–212). Stuttgart: UTB.

Speth, H. (2004). *Theorie und Praxis des Wirtschaftslehreunterrichts. Eine Fachdidaktik* (8. Aufl.). Rinteln: Merkur.

Tramm, T. (1996). *Lernprozesse in der Übungsfirma. Rekonstruktion und Weiterentwicklung schulischer Übungsfirmenarbeit als Anwendungsfall einer evaluativ-konstruktiven und handlungsorientierten Curriculumstrategie*. Göttingen: Universität Göttingen (Habilitationsschrift).

Wahl, D. (1991). *Handeln unter Druck. Der weite Weg vom Wissen zum Handeln bei Lehrern, Hochschullehrern und Erwachsenenbildnern*. Weinheim: Deutscher Studien Verlag.

Wiechmann, J. (2008). Frontalunterricht. In J. Wiechmann (Hrsg.), *Zwölf Unterrichtsmethoden. Vielfalt für die Praxis* (Pädagogik, 4. Aufl., S. 24–36). Weinheim: Beltz.

9.4.7 Anmerkungen

[1] Sloane (2010) grenzt ab: „Während Mikrodidaktik sich auf Fragen der Gestaltung von Lehr-/Lernprozessen bezieht, die i. d. R. in institutionellen und organisatorischen Kontexten stattfinden, bezieht sich Makrodidaktik auf die Gestaltung eben dieser Kontexte" (S. 205). Diese Abgrenzung geht in meinen Augen deutlich zu weit und führt dazu, dass Makrodidaktik kaum noch von Schulentwicklung zu trennen ist. Der Begriff der Makrodidaktik wird daher hier deutlich enger gefasst. Siehe auch Braukmann (1993).

[2] Persönliche Mitteilung von StD Hösch, Seminarlehrer an der B4 in Nürnberg.

[3] Zu den Literaturnachweisen siehe die Ausführungen zur Lehrplantheorie. Siehe dazu auch die Zielgruppen der didaktischen Jahresplanung bei MSW (2009) sowie die Zielsetzungen bei ALP & ISB (2012).

[4] Speth (2004, S. 135) spricht hier von einer vertikalen und horizontalen Betrachtungsweise. Da jedoch Verteilungspläne in verschiedenen Formaten vorkommen, finde ich eine solche Sprechweise irreführend. Er spricht damit das Prinzip der strukturellen Zugehörigkeit an.

[5] Für das Zusammenspiel von Unternehmen und Betrieb wurden dazu eigene Curriculumarten entwickelt, etwa das Gleichlaufcurriculum. Vgl. Lipsmeier (1991, S. 113 ff.).

[6] Diese Sequenzierungsvarianten gehen auf die Überlegungen von Sloane (2009) zurück, wurden jedoch der hier gewählten Terminologie bzw. Strukturierung von Lernsituationen angepasst.

[7] So etwa bei Sloane (2009). Siehe dazu auch die Handreichungen für Nordrhein-Westfalen: MSW, (2009) und Bayern (ALP & ISB, (2012)).

[8] Siehe dazu auch die Ergebnisse der Untersuchungen von Merz, Sewald, Strobl und Utz (2012).

[9] In der Literatur finden sich unterschiedliche Abgrenzungen des Frontalunterrichts. Der Wirtschaftsdidaktiker Speth (2003) unterscheidet nach der Sozialform den Klassenunterricht von der Einzel-, Partner- und Kleingruppenarbeit und den Sonderformen, wie zum Beispiel das Planspiel. Der Klassenunterricht kann dann als Frontalunterricht oder als Schüler-Interaktion gestaltet werden. Im Frontalunterricht werde die ganze Klasse angesprochen und es stehe die Lehrer-Schüler-Interaktion im Vordergrund. Für Dubs (2009) ist der Frontalunterricht ein Unterrichtsverfahren, mit welchem eine Lehrperson eine ganze Klasse unterrichtet und mit direktem oder indi-

rektem Lehrerverhalten den Unterricht steuert und prägt. Als Formen des Frontalunterrichts führt er die Lehrerdemonstration, den Lehrvortrag, das Lehrgespräch, die Klassendiskussion und das Modellieren an.

[10] Gudjons unterscheidet zwei Formen des Frontalunterrichts, den „traditionellen Frontalunterricht" und den „integrierten Frontalunterricht" Gudjons (2003, S. 24). Das letzte Verständnis entspricht dann eher dem angelsächsischen.

[11] In der Studie von Götzl, Jahn und Held Götzl, Jahn und Held (2013) wird der Frontalunterricht etwas anders definiert und umfasst auch den Schülervortrag und die Klassendiskussion. Da diese Kategorien in der Untersuchung an beruflichen Schulen kaum eine Rolle spielen, ist die etwas andere Definition hier nicht folgenreich.

[12] Die Unterscheidung von prozessantizipierender und prozessbegleitender Planung geht auf Kröll (1989) zurück.

[13] Siehe dazu auch die Erörterung der Funktionen des Unterrichtsentwurfs bei Grzesik (1979, S. 38 ff.) sowie die Grundsätze der Unterrichtsplanung und -vorbereitung bei Peterßen (2000).

[14] Peterßen (2000, S. 40 f.) spricht hier vom Grundsatz der Widerspruchsfreiheit.

10.1 Zur Orientierung: Was Sie hier erwartet

10.1.1 Worum es hier geht

Stefan ist ein allseits beliebter Lehrer an der Berufsschule in Altdorf bei Nürnberg. Heute beginnt er in den ersten beiden Stunden mit dem Thema „Wirtschaftsordnungen" in einer Klasse von Industriekaufleuten. Das ist ein Thema, das Stefan leidenschaftlich gerne unterrichtet. Ihm geht es dabei vor allem um eine Auseinandersetzung mit den wirtschaftlichen und sozialpolitischen Vorstellungen von Ludwig Erhard und Alfred Müller-Armack.

Stefan leistet zunächst den Einstieg in den Unterricht mit einem Advance Organizer. Diesem Einstieg folgt eine Erarbeitungsphase mit einem Lehrvortrag, der die wesentlichen Elemente der freien Marktwirtschaft, der Zentralverwaltungswirtschaft und der sozialen Marktwirtschaft gegenüberstellt. Der Vortrag folgt einer sehr klaren, transparenten Struktur. Er verwendet lebensnahe Darstellungen, beispielsweise zur Kinderarbeit im Steinkohlebergbau des 18. Jahrhunderts. In einem anschließenden Lehrgespräch erarbeitet Stefan die Bedeutung der Wirtschaftsordnung für das persönliche Leben der Schülerinnen und Schüler. Wie immer reserviert Stefan viel Zeit für die Ergebnissicherung. Zunächst lesen die Schülerinnen und Schüler ein Interview mit Ludwig Erhard. Sie erstellen eine kurze Zusammenfassung und beantworten einige Mehrfachwahlaufgaben. Sie füllen eine vorgegebene, leere Inhaltsstruktur aus und übertragen wichtige Begriffe in eine Lernkartei.

10.1.2 Inhaltsübersicht

10   Einsteigen, mit Lehrvortrag und Lehrgespräch erarbeiten und Ergebnisse sichern 313

10.1   Zur Orientierung: Was Sie hier erwartet 314

10.1.1   Worum es hier geht 314

10.1.2   Inhaltsübersicht 315

10.1.3   Zusammenfassung... 315

10.1.4   Einordnung in das Prozessmodell 316

10.2   In den Unterricht einsteigen 317

10.2.1   Wofür ein Unterrichtseinstieg wichtig ist....................................... 317

10.2.2   Mit einer thematischen Hinführung und Advance Organizer einsteigen 318

10.2.3   Weitere Möglichkeiten des Einstiegs in den traditionellen Unterricht.............. 320

10.3   Mit Hilfe des Lehrvortrags erarbeiten 321

10.3.1   Der Lehrvortrag: Was darunter verstanden wird................................... 321

10.3.2   Einleitung, Hauptteil und Schluss beim Lehrvortrag 321

10.3.3   Der Lehrvortrag im Interdependenzzusammenhang 324

10.3.4   Sonderformen des Lehrvortrags: Modellieren und Demonstrationsexperiment 326

10.4   Mit Hilfe des Lehrgesprächs erarbeiten 327

10.4.1   Das Lehrgespräch: Was darunter verstanden wird.................................. 327

10.4.2   Der Dreischritt des Lehrgesprächs 328

10.4.3   Das Lehrgespräch im Interdependenzzusammenhang 331

10.5   Ergebnisse im traditionellen Unterricht sichern 332

10.6   Outro... 338

10.6.1   Die wichtigsten Begriffe dieser Lerneinheit..................................... 338

10.6.2   Tools.. 338

10.6.3   Kompetenzen.. 338

10.6.4   Hinweise zur vertieften Auseinandersetzung: Weiterlesen 338

10.6.5   Hinweise zur vertieften Auseinandersetzung: Weitersurfen 338

10.6.6   Literaturnachweis 338

10.6.7   Anmerkungen 340

10.1.3 Zusammenfassung

Der traditionelle Unterricht verläuft entlang der Phasen Einstieg, Erarbeitung, Ergebnissicherung. Diese Lerneinheit beginnt mit dem Einstieg in den Unterricht. Der Einstieg soll Aufmerksamkeit gewährleisten, die Lernenden disziplinieren, das Vorwissen aktivieren, die Lerngegenstände (vor-) strukturieren sowie die Lernenden motivieren. Zwei wichtige, aber nicht die einzigen Methoden der Erarbeitung im traditionellen Unterricht sind der Lehrvortrag sowie das Lehrgespräch. Lehrvortrag und Lehrgespräch sind die beiden Hauptvarianten des Frontalunterrichts. Der Lehrvortrag folgt selbst wieder der Struktur von Einleitung, Hauptteil und Schluss. Er hat eine spezifische Rolle im Interdependenzzusammenhang, die ihn vor allem als Methode im Unterricht mit Anfängerinnen und Anfängern auszeichnet. Die zweite gängige Methode der Erarbeitung, das Lehrgespräch, erfolgt in dreischrittigen

Zyklen von Initiieren, Antworten des Lernenden und Antworten der Lehrkraft. Die Lehrfrage ist dabei ein zentrales Instrument der Initiierung, das auch durch andere Impulse ersetzt werden kann. Von großer Bedeutung beim Lehrgespräch sind die Steuerung der Wartezeit und das Antwortverhalten der Lehrkraft. Der Erarbeitung schließt sich die Ergebnissicherung an, die allerdings auch in der Erarbeitung immer wieder berücksichtigt wird. Die Ergebnissicherung gehört zum Prozess des Lehrens im integrierten Frontalunterricht dazu. Sie kann mit konventionellen Methoden oder auch spielerisch gestaltet werden.

10.1.4 Einordnung in das Prozessmodell

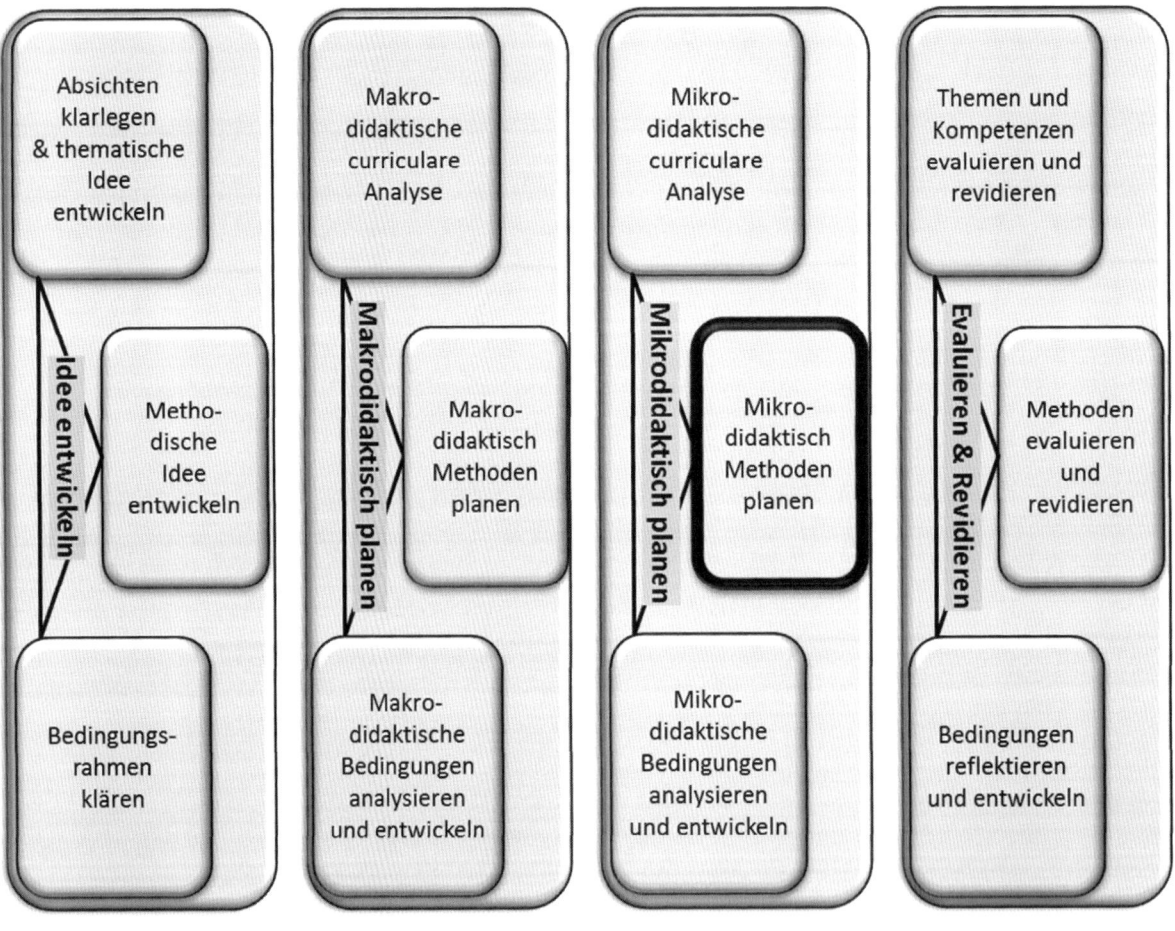

Traditioneller Unterricht erfolgt entlang der Phasen „Einstieg", „Erarbeitung" und „Ergebnissicherung". Diese Lerneinheit widmet sich dem Einstieg, der Erarbeitung und der Ergebnissicherung im traditionellen Unterricht. Das Planen und das Ausarbeiten von Methoden zur Erarbeitung und Ergebnissicherung ist in der mikrodidaktischen Planung Aufgabe der mikrodidaktischen Methodenplanung. Lokalisieren Sie diese Aktivität bitte im Prozessmodell.

Die Erarbeitung erfolgt im traditionellen Unterricht mit Hilfe verschiedener Methoden: Dem Lehrvortrag, dem Lehrgespräch, aber auch der Einzelarbeit, der Partnerarbeit oder der Gruppenarbeit. Diese Lerneinheit widmet sich dem Lehrvortrag und dem Lehrgespräch. Die anderen Methoden werden in Lerneinheit 16 erörtert.

10.2 In den Unterricht einsteigen

10.2.1 Wofür ein Unterrichtseinstieg wichtig ist

Der Unterrichtseinstieg erfüllt mehrere Funktionen.[1] Auf der Grundlage dieser Funktionen wurde ein Kriterienkatalog zur Beurteilung von Unterrichtseinstiegen (TB-8.1) angefertigt, den Sie in der Toolbox finden und bitte parallel studieren.

▶ **Aufmerksamkeit gewährleisten**: Der Unterrichtseinstieg soll die Aufmerksamkeit der Lernenden sicherstellen. Die Aufmerksamkeit der Lernenden ist ein rares Gut und soll mit dem Unterrichtseinstieg auf das Lehren bzw. das Lernen ausgerichtet werden. Dabei hat die Lehrkraft ein klares Startsignal für den Unterricht zu geben und Ablenkungen zu vermeiden. Erfahrene Lehrkräfte eröffnen in ihrer Klasse den Unterricht ganz selbstverständlich. Lehrkraft und Klasse sind meist eingespielt und beide Seiten wissen, wann es losgeht. Anfängerinnen und Anfänger, die oft nur wenig Kontakt mit der Klasse haben, können solche Routinen nicht entwickeln. Sie sollten sich daher im Vorfeld überlegen, wie der Unterricht eröffnet wird. Dabei sollte von der Lehrkraft ein klares Signal ausgehen, dass Nebentätigkeiten zu stoppen sind und die Aufmerksamkeit auf den Unterricht zu lenken ist. Lehrkräfte nehmen dazu beispielsweise einen bestimmten Punkt im Raum ein, knipsen das Licht an oder klopfen auf den Tisch. Idealerweise werden visuelle und auditive Signale gemischt.

▶ **Lernende disziplinieren**: Unterricht ist ein sozialer Raum, in dem spezielle Regeln gelten. Beispielsweise melden sich die Schülerinnen und Schüler im Unterricht, d. h. sie strecken auf, bevor gesprochen wird. In anderen sozialen Räumen, etwa in der Pause oder in der Diskothek, wäre ein solches Melden vor dem Sprechen unpassend und allenfalls für einen Scherz gut. Die im sozialen Raum des Unterrichts geltenden Regeln werden im Rahmen der noch zu vertiefenden Klassenführung von der Lehrkraft gesetzt oder mit den Lernenden ausgehandelt. Der Unterrichtseinstieg signalisiert allen Beteiligten, dass aber nun ein spezifischer Raum eröffnet wird, für den diese Regeln gelten.

▶ **Vorwissen aktivieren**: Weiterhin hat der Unterrichtseinstieg die Funktion, an das Vorwissen anzuknüpfen bzw. es zu aktivieren. Lernende sind – wie auch im Kognitivismus betont wird – keine unbeschriebenen Blätter („tabula rasa"), sondern bringen Vorwissen mit. Dieses müssen sie aktivieren. Dazu greift die Lehrkraft auf bereits früher im Unterricht erworbene Erfahrungen und Kompetenzen zurück (Aktivierung durch Bezug auf schulische Lebenssituationen), greift – sofern möglich – auf Erfahrungen und Kompetenzen aus dem betrieblichen Leben der Schülerinnen und Schüler zurück (Aktivierung durch Bezug auf betriebliche Lebenssituationen) und greift Erfahrungen aus dem privaten Lebensbereich der Lernenden auf (Aktivierung durch Bezug auf privaten Lebensbereich).

▶ **Strukturierung der Lerngegenstände**: Außerdem sollen Schülerinnen und Schüler einen Orientierungsrahmen erhalten, in dem die neu zu erwerbenden Inhalte eingeordnet werden müssen. Dazu wird bereits eine erste Struktur der zu erlernenden Inhalte aufgezeigt. Dabei sollten neue Wörter, die die zu lernenden Begriffe beschreiben, nicht verwendet werden (Hollingsworth & Ybarra, 2009, S. 95). Das ist oft jedoch nicht zu vermeiden, wobei die Verständlichkeit nicht leiden sollte.

▶ **Lernende motivieren**: Die Lernenden sollten im Unterrichtseinstieg motiviert werden. Dazu bietet sich die Nutzung der aus der Bedingungsanalyse bekannten Ziele im privaten, im betrieblichen oder im schulischen Bereich an. Außerdem kann die Lehrkraft die Tätigkeitsanreize herausstellen und aktuelle Bezüge aufbauen.

10.2.2 Mit einer thematischen Hinführung und Advance Organizer einsteigen

Wie bereits in der Diskussion um Lernziele dargestellt, ist die wörtliche Bekanntgabe der Lernziele kein probates Mittel des Unterrichtseinstiegs. Eine erste Alternative ist die thematische Hinführung. Eine solche thematische Hinführung erläutert kurz, welche Inhalte besprochen werden. Die Hinführung erfolgt meist mündlich. Gelegentlich werden die wichtigsten Punkte auf die Tafel oder eine Folie geschrieben. Eine thematische Hinführung kümmert sich nicht um die Vernetzung zwischen den einzelnen Begriffen. Der Zeitverbrauch ist gering, der Effekt bezüglich der Transparenz auch.

Eine gut erforschte Alternative des Unterrichtseinstiegs stellt die Arbeit mit Advance Organizern dar (Marzano, Pickering & Pollock, 2001, S. 117 ff.). Der Begriff „Advance Organizer" geht auf den amerikanischen Psychologen und Pädagogen David Ausubel (1918-2008) zurück. Ein Advance Organizer ist eine Organisationshilfe (‚Organizer'), die dem Lernenden im Voraus (‚in advance') gegeben wird, d. h. eine inhaltliche Struktur – also ein Netzwerk – die den Lernenden helfen soll, die neu zu erlernenden Inhalte in das bereits vorhandene Wissen – also das Netzwerk – einzuordnen. Wahl definiert Advance Organizer als „eine früh im Lernprozess vermittelte Expertenstruktur" oder „eine im Voraus gegebene Themenvernetzung" (Wahl, 2006).

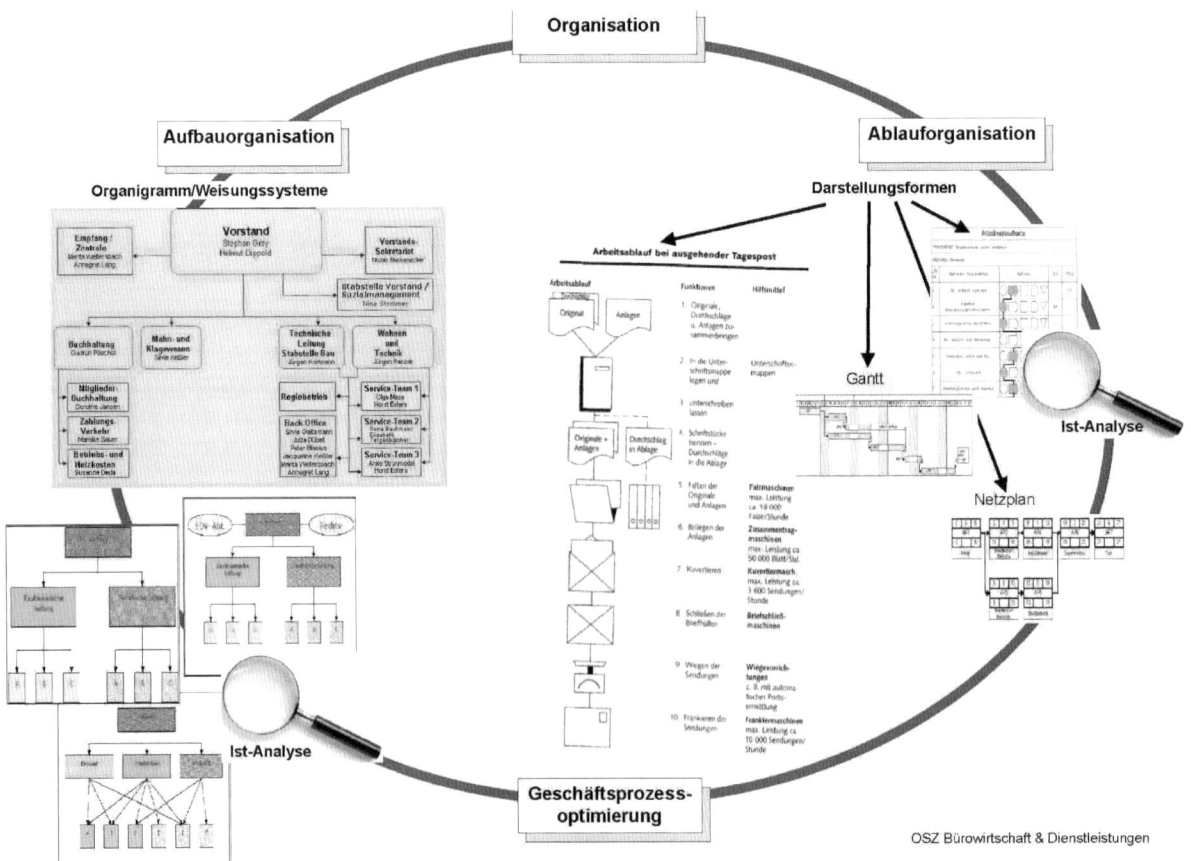

Übersicht 1: Advance Organizer „Organisation"
Quelle: Katrin Grimm, Lehrkraft am Oberstufenzentrum für Bürowirtschaft und Dienstleitungen, Berlin

Auf den ersten Blick erscheint die Arbeit mit Advance Organizern paradox: Soll etwa die gesamte Struktur schon während des Einstiegs ausgearbeitet werden? Dies ist jedoch nicht der Fall. „Im krassen Gegensatz zur ‚Osterhasenpädagogik‘, bei der die Lehrenden ihr Wissen verstecken, um es von den Lernenden suchen zu lassen, geht es bei einem Advance Organizer darum, zu Beginn des Lernprozesses ganz offen die gesamten Inhalte vor dem Lernenden auszubreiten. Jedoch nicht in Form einer bloßen Aufzählung der einzelnen Teilthemen, dadurch würde kein wirkliches Verständnis angebahnt, sondern vielmehr in ihrem inhaltlichen Zusammenhang" (Wahl, 2006, S. 140).

Für die Arbeit mit Advance Organizern empfiehlt sich ein mehrstufiges Vorgehen (Wahl, 2006, S. 143 ff.). Im ersten Schritt wird die Expertenstruktur entwickelt, die die Lehrkraft für sich als Experten erstellt. Aufgrund der Prozeduralisierung des Wissens tun sich Expertinnen und Experten damit schwer. Bei der Erstellung eines solchen Netzwerkes sollten zunächst die zu vermittelnden Begriffe – also die kleinsten Elemente der semantischen Struktur – gesammelt werden. Wahl schlägt hier die Struktur-Lege-Technik vor, wobei mehr als 40 Begriffe die Lernenden überfordern würden und eine gelungene Struktur zwischen 15 und 20 Begriffe habe (Wahl, 2006, S. 144). Bei der Struktur-Lege-Technik werden die Begriffe auf Karteikarten geschrieben, damit sie im nächsten Schritt geordnet werden. Nach der Sammlung der Begriffe kommt der Teil, der den Advance Organizer von der einfachen thematischen Hinführung unterscheidet: Das Explizieren der Relationen zwischen den einzelnen Begriffen. Bei der Struktur-Lege-Technik werden die Karten solange hin und her geschoben und verbunden, bis eine – dem Experten sinnvolle – Struktur entsteht. Wahl (2006, S. 144 f.) empfiehlt, nicht Mindmaps zu verwenden, weil diese die wechselseitige Vernetzung unzureichend zum Ausdruck bringen würden. Der Einwand scheint berechtigt, wenn keine Querverbindungen zwischen den Begriffen im Mindmap angebracht werden. In diesem Fall bildet ein Mindmap in der Tat nur eine hierarchische Struktur ab, die auch einfach von oben nach unten gelesen werden kann und keine zirkulären Bewegungen zulässt. Bei den meisten Mindmaps, die ich gesehen habe, ist dies der Fall. In Lerneinheit 6 wurde bereits dargelegt, dass im Rahmen der Sachanalyse eine solche thematische Struktur erstellt werden sollte. Insofern müsste dieser Schritt zum Zeitpunkt der Planung des Unterrichtseinstieges bereits bewältigt sein.

Im zweiten Schritt wird eine Problemstellung entwickelt: Die Expertenstruktur wird mit einer spannenden, überraschenden oder kuriosen Problemstellung ergänzt, die die Aufmerksamkeit der Lernenden auf sich ziehen soll. Im dritten Schritt wird die um die Problemstellung ergänzte Expertenstruktur verständlich aufbereitet. Die zentralen Begriffe werden in einfachen Worten erläutert. Mit Blick auf das episodische Gedächtnis können Episoden ergänzt werden. Ebenso sind Vergleiche oder Analogien hilfreich. Bei der Aufbereitung hat die Lehrkraft die Wahl zwischen drei Alternativen (Marzano et al., 2001, S. 117 ff.), nämlich den graphischen, narrativen und darlegenden Organizern. Ein graphischer Organizer wird im Idealfall großflächig, beispielsweise im A3-Format, präsentiert. Der graphische Organizer soll die Inhaltsstruktur wiedergeben. Die Möglichkeiten zur Visualisierung von Inhalten, die in Lerneinheit 6 als Inhaltsstrukturen dargestellt wurden (thematische Struktur, Concept maps, lineare Flussdiagramme, Prozeduren, zielgerichtete Netzwerke und Feedback-Diagramme) können als graphischer Organizer verwendet werden. Farben, Graphiken oder Bilder sollen weiterhin zur Verständlichkeit des Organizers beitragen. Eine Alternative zum graphischen Organizer sind narrative Organizer. Hier werden die Expertenstruktur und die Problemstellung in die Gestalt einer Story gepackt. Im Ansatz von Wahl (2006) hat damit ein Advance Organizer „4B": Begriffe, Beziehungen, Botschaft und Bilder.

Im vierten Schritt wird die verständlich aufbereitete Expertenstruktur im Unterricht stufenweise von der Lehrkraft entfaltet. Advance Organizer sollten im Klassenunterricht darstellend verwendet werden. Die verständlich aufbereitete Struktur wird nicht auf einen Schlag, sondern Schritt für Schritt entwickelt. Dies lässt sich mit übereinandergelegten Folien (Overlay-Technik), mit einem Präsentationsprogramm mit Beamer oder Moderationskarten auf einer Pinnwand realisieren. Der Lehrvortrag sollte nicht durch Rückfragen der Lernenden unterbrochen werden, was vorher klarzustellen ist. Da dieses Vorgehen von den Lernenden eine hohe Konzentration abverlangt, sollte ein Advance Organizer nur vergleichsweise kurz, also fünf bis zehn Minuten, präsentiert werden. Bei längeren Präsentationen werden die Strukturen zu ausführlich, unter fünf Minuten kann eine Struktur kaum ausführlich erläutert werden. Dabei hat die Lehrkraft den Gesamtzusammenhang, nicht die Details und nicht den Verlauf der Unterrichtsstunde herauszuarbeiten.

Im fünften und letzten Schritt wird der Advance Organizer verfügbar gemacht: Die Lernenden sollten den Advance Organizer in bleibender Form erhalten. Dies wird im Regelfall die Kopie auf einem Arbeitsblatt sein. Hilfreich sind auch Plakate, auf die auch in nachfolgenden Lerneinheiten Bezug genommen werden kann.

Insgesamt ist die Arbeit mit Advance Organizern aufwändig, verspricht jedoch aufgrund empirischer Erhebungen eine Fülle positiver Wirkungen, nämlich ein erhöhtes Interesse, eine gerichtete Aufmerksamkeit, eine gesteigerte Selbstwirksamkeit, eine bessere Orientierung, ein besseres Behalten, weniger Missverständnisse und einen erhöhten Transfer (Wahl, 2006, S. 142).

10.2.3 Weitere Möglichkeiten des Einstiegs in den traditionellen Unterricht

Auch die Arbeit mit thematischen Einstiegen und Advance Organizern wird irgendwann einmal auf Lernende ermüdend wirken. Vor diesem Hintergrund sollte die Lehrkraft Alternativen aufbauen.

Meyer (1987, S. 162 ff.) nennt eine Fülle von Alternativen zum informierenden Unterrichtseinstieg: Übende Wiederholung (Unterricht als Fortsetzungsroman), Hausaufgabenkontrolle, Interview (Expertinnen und Experten zu Beginn einladen), Reportage (Kurzinfos zum Thema von Lehrkraft oder Schüler/innen in Reportageform), thematische Landkarte, Comics, Cartoons, Karikaturen, Lehrfilm, Widerspruch konstruieren, Verrätseln, Verfremden, Provozieren, Bluffen und Täuschen, Vorkenntnisse abfragen, Karteikarten-Spiele, themenzentrierte Selbstdarstellung (z. B. Schüler/innen zeigen eigene Einstellung), Vergleichen und Konstruieren (z. B. Fotos, Bilder), Sortieren, Auswählen, Entscheiden, Programmvorschau, Vorwegnahme, Themenbörse und Schnupperstunde.

Greving und Paradies (2007) systematisieren Unterrichtseinstiege einerseits nach hoher und niedriger Lenkung durch die Lehrkraft bzw. mit niedrigem und hohem Grad der Schülerselbsttätigkeit und andererseits als eher sprachlich vermittelt und verkopft bis hin zu ganzheitlich und handlungsorientiert. Die Arbeit mit Advance Organizern, wie sie hier vorgestellt wurde, stellt dabei eine Variante des informierenden Unterrichtseinstiegs dar. Neben dem Lehrvortrag kann etwas vorgemacht oder vorgezeigt werden. Denkanstöße sind sprachlich vermittelt und vor allem von der Lehrkraft inszeniert. Im Unterrichtseinstieg konstruiert die Lehrkraft einen Widerspruch, verfremdet und verrätselt, provoziert und blufft. Übungen zum stofflichen Aufwärmen sind Hausaufgabenkontrollen, das Wiederholen, das Vorlesen von Protokollen oder andere Formen des Übens und Sicherns.

Den alternativen Einstiegsmethoden wird unter Umständen entgegnet, dass die Lernenden zu alt seien und mit solchen ,Spielereien' nicht anzusprechen sind. Es wäre jedoch schade, wenn erfolgreiche Absolventinnen und Absolventen kaufmännischer Berufsschulen erst als Führungskräfte in Managementtrainings mit solchen Methoden konfrontiert werden würden.

10.3 Mit Hilfe des Lehrvortrags erarbeiten

10.3.1 Der Lehrvortrag: Was darunter verstanden wird

Der Lehrvortrag ist eine Form des Unterrichts, bei dem die Lehrkraft in der *Klasse* (Sozialform) die Inhalte *darstellend* (Aktionsform) inszeniert. In der Toolbox findet sich ein Kriterienkatalog (TB-8.2), den Sie bitte parallel studieren.

10.3.2 Einleitung, Hauptteil und Schluss beim Lehrvortrag

Der Lehrvortrag ist ein darstellender Unterricht im Klassenverband. Der Hauptinformationsstrom geht von der Lehrkraft aus. Die Schülerinnen und Schüler nehmen eine aufnehmende Haltung ein. Ihre Aufgabe besteht darin, die Informationen zu verarbeiten und in späteren Phasen zu reproduzieren. Die Schülerinnen und Schüler interagieren nicht untereinander und auch nicht mit der Lehrkraft. Der Lehrvortrag wird allenfalls durch kurze Rückfragen unterbrochen.

> **STOPP:** Auf Youtube finden Sie Reden fesselnder Rednerinnen und Redner, etwa die Reden von Steve Jobs. Schauen Sie sich bitte eine solche Rede an. Was fasziniert Sie an diesem Stil? Sie werden auf Youtube auch Analysen finden, etwa „Präsentieren wie Steve Jobs".

Ein Vortrag einer Lehrkraft hat – ähnlich wie auch der Unterricht selbst – drei Teile, nämlich eine Einleitung, einen Hauptteil sowie einen Schluss. Innerhalb dieser drei Teile hat der Vortragende mehrere Aufgaben zu bewältigen.[2]

Der Lehrvortrag ist ein Element des traditionellen Unterrichts
Bild 1. Von Maria Vaorin, photocase.com

In der *Einleitung* des Lehrvortrags muss die Lehrkraft die Relevanz des Themas für die Schülerinnen und Schüler deutlich machen. Sie kann dazu Bezug nehmen auf den sozialen, betrieblichen und ethnisch-kulturellen Hintergrund sowie die Motivation und die Lebenswelt der Schülerinnen und Schüler, die die Lehrkraft im Rahmen der Bedingungsanalyse erfasst hat. Die Lehrkraft kann auch auf aktuelle Ereignisse eingehen, zum Beispiel aus der Wirtschaftspresse, der Tageszeitung oder dem Fernsehen. Sie kann zukünftige Entwicklungen, aber auch auf typische Entwicklungsaufgaben in der Entwicklungsphase der Lernenden einbringen. Weiterhin sollte die Lehrkraft in der Einleitung Hinweise geben, die die Motivierung unterstützen. Dabei kann die Prüfungsrelevanz herausgestellt werden. Mit Blick auf das Selbstkonzept der Schülerinnen und Schüler sollte die Schwierigkeit betont werden und dabei vergleichsweise hohe Leistungserwartungen kommuniziert werden. Außerdem sollte die Lehrkraft in der Einleitung die wesentlichen Inhalte hervorheben, etwa indem sie auf die zwei bis fünf wichtigsten Begriffe hinweist. Die Inhalte sollten vorstrukturiert werden, etwa mit Hilfe einer Wissensstruktur. Schließlich sollte es der Lehrkraft im Einstieg gelingen, an die Lernausgangslage anzuschließen, etwa in dem sie kurze mündliche Fragen stellt. Bitte werfen Sie in der Toolbox einen Blick auf die Übersicht zu den individuellen Bedingungen (TB-6.1): An diese individuellen Bedingungen hat die Lehrkraft im Einstieg anzuknüpfen.

Im *Hauptteil* hat die Lehrkraft zu gewährleisten, dass der Vortrag inhaltlich zielführend ist und sich auf das Wesentliche konzentriert. Der Vortrag sollte sich auf das begrenzen, was gemäß den Lernzielen gelernt und später entsprechend geprüft werden soll. Die Lernzeit ist mithin aufgabenbezogen zu verwenden (‚time on target'). Unnötige, der Motivation nicht förderliche Exkurse sind zu vermeiden.

Im Sinne des Hamburger Verständlichkeitsansatzes bei Schulz von Thun (2008, S. 140 ff.)[3] ist damit die Kürze und Prägnanz angesprochen.

Grundlegende Begriffe sollten im Lehrvortrag deutlich eingeführt werden, und zwar mit den bereits erwähnten notwendigen Bausteinen des Begriffslernens, also Definitionen, Beispiele, Nicht-Beispiele sowie Prototypen.

Der Vortrag sollte logisch aufgebaut sein. Damit sind die Gliederung und die Ordnung, also der Bau-plan des Vortrags angesprochen. Im Hamburger Verständlichkeitsansatz von Schulz von Thun (2008, S. 140 ff.) entspricht dies der inneren Folgerichtigkeit (‚Ordnung‘). In der hier grundgelegten Sprech-weise ist dies der Fall, wenn eine klare thematische Struktur verwendet wird. Dies verlangt klare Klas-sifikationen (Teil-Ganzes-Beziehungen), klare Reihenfolgen (z. B. chronologisch, inhaltlich), klare Relevanzbeziehungen, klare Überleitungs- und Verknüpfungsbeziehungen sowie klare Vergleiche.

Die Lehrkraft sollte beim Lehrvortrag das Entdecken der thematischen Struktur nicht den Schülerin-nen und Schülern überlassen, sondern den Aufbau explizit darstellen. Damit ist im Sinne von Schulz von Thun (2008, S. 144 f.) die „Gliederung" angesprochen, also die äußere Übersichtlichkeit der Nachricht. Die Lehrkraft verwendet dazu Strukturstützen (z. B. graphische Übersichten), verbale Mar-kierungspunkte (z. B. „Beachtet jetzt bitte dies …"), erklärende Bindeglieder (z. B. „weil", „wenn … dann", „daher") sowie die Regel-Beispiel-Regel-Technik. Die Lehrkraft kann auch nicht-verbale Mit-tel der Verdeutlichung nutzen, etwa bildhaft-analoge oder narrative Darstellungen.

Um keine Langeweile aufkommen zu lassen, sollte die Lehrkraft sparsam rhetorische Stilmittel (Kol-mer & Rob-Santer, 2002) einsetzen. Als rhetorische Stilmittel kann die Lehrkraft Metaphern verwen-den, bei denen das Wort – wie etwa „Wüstenschiff" für Kamel – in der übertragenen Bedeutung ver-wendet wird, oder aber Ironie, bei der das Wort in der entgegengesetzten Bedeutung verwendet wird. Hinzu kommt die maßlose Übertreibung, die Hyperbel, in Wörtern wie „todmüde" oder „Schnecken-tempo". Ein weiteres bildhaftes Stilmittel ist die Allegorie, in der ein komplexer Vergleich ermöglicht wird. So ist Kreon in Sophokles' Antigone der Steuermann der Stadt, die sich im Sturm befindet. Der Steuermann wird in dieser Allegorie zum Sinnbild für den Herrscher, der Sturm für eine Staatskrise und das Schiff für die Heimatstadt. Andere Stilmittel setzen auf klanghafte Figuren, etwa Alliteratio-nen wie „Mischmasch" oder „Zickzack", oder unveränderliche Einzelwörter, etwa das von Steve Jobs gern verwendete „boom". Der Einsatz von Stilmitteln kommt an das heran, was im Hamburger Ver-ständlichkeitsmodell als zusätzliche Stimulanzien begriffen wird.

Außerdem sollte die Lehrkraft versuchen, beim Vortrag die Aufmerksamkeit zu erhalten. Dazu dient die Variation der Stimuli (Tonlage, Mimik, Gestik), der Wechsel der Kommunikationskanäle (z. B. Wechsel von auditiv zu verbal), Humor und Enthusiasmus (Gestik, Intonation, Blickkontakt, Stand-ortwechsel, …). Die Lehrkraft kann Fragen einbetten, z. B. Kontrollfragen zu wichtigen Punkten. Zur Aufrechterhaltung der Aufmerksamkeit gehört auch, dass die Lehrkraft Ablenkungen vermeidet, bei-spielsweise durch Marotten wie das Knipsen von Kugelschreibern.

Im *Schlussteil* sollte der Vortrag zusammengefasst werden. Außerdem sollte sich die Lehrkraft Zeit nehmen, den Vortrag ‚aufzuräumen‘, d. h. kurz zu überprüfen, ob die Ziele des Vortrags erreicht wer-den und eventuell aufgetauchte Missverständnisse in Interaktion mit den Lernern ausräumen.

Definition 1:   Lehrvortrag

Der Lehrvortrag ist eine traditionelle Methode des Wirtschaftsunterrichts, bei dem die Lehrkraft in einer Klasse die Inhalte darstellend einbringt und der sich in eine Einleitung, einen Haupt- und einen Schlussteil gliedert.

Menschliche Kommunikation findet zu einem großen Teil nicht verbal statt. Im Unterricht, und zwar besonders im Lehrvortrag, spielt vielmehr die *Körpersprache der Lehrkraft* eine wichtige Rolle. Körpersprache hat ganz unterschiedliche Elemente, die in ihrer Gesamtheit die Körpersprache ausmachen. Bei der körpersprachlichen Kommunikation wird auf verschiedenen Wahrnehmungsebenen artikuliert und interpretiert (Trautmann-Voigt, Voigt, Damm, Wöller & Sachsse, 2009, S. 3). Im Vergleich zu anderen Kommunikationssituationen – etwa der Kommunikation mit einem Lebenspartner – ist die Kommunikation im Unterricht wenig körperbetont. Einzelne Wahrnehmungsebenen werden nur vereinzelt und in Extremfällen angesprochen, etwa die olfaktorische Ebene, wenn die Lehrkraft stinkt. Trotzdem ist beim Lehren gerade den visuellen und den auditiven Teilen der körpersprachlichen Kommunikation Aufmerksamkeit zu widmen.

Wahrnehmungsebene	Körpersprachliche Signale
Visuell	Winken, Nicken, Augenaufschlag
Kinästhetisch	Schulterklopfen, Händedruck, Balance
Auditiv	Husten, Räuspern, Zähneknirschen
Olfaktorisch	Duften, Schwitzen
Gustatorisch	Küssen, Lecken, Schmecken
Taktil	Berühren, Streicheln, Schlagen

Übersicht 2: Körpersprachliche Kommunikation nach Trautmann-Voigt u. a. (2009, S. 3)

Körpersprache wird vor allem jenseits des Sachinhalts, also für die Selbstkundgabe, die Beziehung oder den Appell verwendet. So kennt die Körpersprache recht klare Signale für Beziehungen. Freundlichkeit wird beispielsweise durch einen warmen Tonfall, ein offenes Lächeln oder eine entspannte Haltung signalisiert. Feindseligkeit wird hingegen durch eine raue Stimme, das Zeigen der Zähne oder eine gespannte Haltung angezeigt. Die körpersprachliche Kommunikation ist im Vergleich zur sprachlichen Kommunikation weniger stark durch klare Regeln normiert und erschließt sich oft erst im Gesamtbild (Trautmann-Voigt et al., 2009, S. 23).

Die Lehrkraft sollte sich im Lehrvortrag um einen angemessenen Blickkontakt bemühen (Gudjons, 2003, S. 227). Dieser ist hinreichend lang, weil ein Vermeiden des Blickkontakts als Zeichen von Unsicherheit, Desinteresse oder Unterwürfigkeit gedeutet wird. Bei Nervosität ist dabei ratsam, sich positiv gestimmte Lernende auszusuchen und öfter anzuschauen. Der Blick sollte im Regelfall dem Sprechen oder dem Antworterhalten voraus gehen. Sprechpausen, in denen zwar geblickt, aber nicht gesprochen oder ‚nur‘ gewartet wird, fallen vor allem beginnenden Lehrkräften oft schwer.

Die Lehrkraft sollte offene Gesten bevorzugen, etwa nach oben zeigende Handflächen. Sie sollte Dominanzgebärden vermeiden, in – echter Weise – lächeln, und übertriebene Mimik und Gestik vermeiden (Gudjons, 2003, S. 227 f.). Mimik und Gestik sollten stimmig zum Gesprochenen, natürlich und für die individuelle Lehrkraft authentisch sein.

Die Lehrkraft sollte beim Lehrvortrag aufrecht, auf beiden Beinen offen an einem Ort stehen, der für alle Schülerinnen und Schüler gut einsichtig ist und der Lehrkraft gleichzeitig Übersicht verschafft. Das Sitzen der Lehrkraft ist weit verbreitet, aber mit Problemen verbunden. So ist die Lehrkraft nicht so gut sichtbar, verliert schneller die Übersicht und wirkt – gerade wenn sie in ein Lehrbuch schaut – ‚eingeknickt‘. Sowohl das ständige Hin-und-Her-Gehen (‚Tiger im Käfig‘) als auch das sehr lange Verharren an einer Stelle (‚Salzsäule‘) sollten vermieden werden (Gudjons, 2003, S. 227 f.). Wenn die Lehrkraft den Schülerinnen und Schülern den Rücken zuwendet, etwa beim Tafelanschrieb, sollte sie nicht weiter sprechen, weil sich nur so ein ‚geschlossener‘ Kommunikationskreis ergibt (Gudjons, 2003, S. 229).

Bei der Gestaltung des Lehrvortrages sollte die Lehrkraft auf die Einhaltung der Distanzzonen achten (Böhmann & Schäfer-Munro, 2008, S. 114). Die Verletzung der Intimdistanz, das ist eine Annäherung unter etwa 60 Zentimeter, wird im Regelfall als aufdringlich erlebt. Die Ansprachedistanz liegt bei etwa drei bis vier Meter und ist für den Lehrvortrag zu nutzen. Die persönliche Distanz, die etwa bei 60 bis 150 Zentimetern liegt, wird ,betreten', um einen persönlichen Kontakt herzustellen.

Gerade beim Lehrvortrag, bei dem die Lehrkraft exponiert ist, muss sich die Lehrkraft der Wirkung ihrer *äußeren Erscheinung* bewusst sein. Dies gilt auch für andere Unterrichtsmethoden, wird aber beim Lehrvortrag besonders deutlich. Immer mal wieder taucht in der didaktischen Diskussion die Frage auf, ob es – wie in anderen Berufen auch – für Lehrkräfte einen schulinternen oder gar schulübergreifenden Dresscode geben sollte. Die Argumentation ist vielfältig und kann hier nicht nachgezeichnet werden.[4] Gleichwohl bleibt die Lehrkraft immer ein Repräsentant des Staates und der Schule, und zwar sowohl gegenüber den Schülerinnen und Schülern als auch gegenüber externen Partnerinnen und Partnern, wie Unternehmen. Die Lehrkraft ist – ob sie will oder nicht und ob sie sich so aufführt oder nicht – eine Autoritätsperson: Sie gibt beispielsweise die Noten und kann damit Einfluss auf Le-

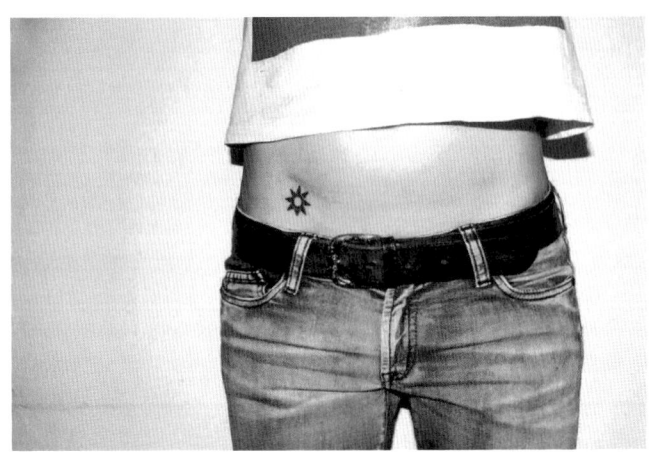

Zum Lehrvortrag gehört auch eine angemessene Kleidung
Bild 2. Von Cathi Fischer, photocase.com

benschancen nehmen. Die Kleidung sollte den Respekt fördern, und zwar den Respekt gegenüber Schülerinnen und Schülern, aber auch gegenüber der Lehrkraft. Sie sollte funktional, sauber, nicht aufreizend und authentisch sein. Aus einer rechtlichen Perspektive hat die Lehrkraft gemäß dem Beamtenstatusgesetz (BeamtStG) die Pflicht zu einem amtsangemessenen Verhalten (Lambl, 2013). Dazu zählt – auch wenn eine Dienstkleidung nicht vorgeschrieben ist – eine amtsangemessene Kleidung. So kann die Schulleitung die Lehrkraft anweisen, nicht in einem Motorrad-Kombi zu unterrichten.

Der Lehrvortrag sollte die sprachliche Kompetenz der Schülerinnen und Schüler fördern. Jeder Unterricht – auch der Lehrvortrag – ist immer auch Sprachunterricht. Die Sprache der Lehrkraft sollte natürlich sein. Das heißt nicht, dass sich die Lehrkraft eines Slangs oder der Jugendsprache bedienen sollte, vielleicht in der heimlichen Sehnsucht der Lehrkraft, jung zu sein und vorhandene Generationsdifferenzen zu verschütten. Schülerinnen und Schüler können vom Sprachgebrauch der Lehrkraft und von neuen Wörtern profitieren. Die Lehrkraft sollte sich verständlich, aber differenziert und reflektiert ausdrücken. Sie sollte auf ein gemäßigtes Sprachtempo, eine deutliche Aussprache und auf einfache Sätze Wert legen. Sie sollte Passivformen und unpersönliche Formulierungen vermeiden.

Neue oder besonders schwierige Fachwörter sollten *mit* Artikel und Pluralform an der Tafel vermerkt werden. Bei Schülerinnen und Schülern mit geringer sprachlicher Kompetenz sollten häufig in Kombination mit dem neuen Fachwort verwendete Verben vermerkt werden. So hieße es beispielsweise: „Kaufvertrag, der. Die Kaufverträge. Einen Kaufvertrag abschließen". Dieser sprachliche Aspekt zum Wort ergänzt die Einführung des Begriffes, zum Beispiel mit Hilfe einer Definition. Die Schülerinnen und Schüler sollten Anregungen erhalten, ihre eigene Sprache weiterzuentwickeln (Arslan, 2010).

Eine zusammenfassende Auseinandersetzung mit dem Lehrvortrag bietet der Kriterienkatalog (TB-8.2) in der Toolbox. Gehen Sie diesen Bogen jetzt bitte im Detail durch.

10.3.3 Der Lehrvortrag im Interdependenzzusammenhang

Bei der Würdigung des Lehrvortrags[5] sind zwei Aspekte zu beachten: Der Lehrvortrag ist eine darstellende Aktionsform und ein Unterricht in der Sozialform „Klasse". Ob ein Lehrvortrag gut oder schlecht ist, ist ebenso unsinnig wie die pauschale Frage, ob ein Auto gut oder schlecht ist. Auch bei der Frage nach dem Auto muss gefragt werden: Welches Auto, als Alternative wozu, in welchem Zustand, für wen, für welches Problem, für welche Situation … usw. Das Hauptproblem am Lehrvortrag in der Praxis scheint vielmehr zu sein, dass er zu oft, zu schlecht vorbereitet und in der falschen Situation bzw. mit den falschen Zielen eingesetzt wird.

10.3.3.1 Bezüge zu Themen, Zielen und Kompetenzen

Der Lehrvortrag ist eine Methode, die vor allem den kognitiven Bereich anspricht. Dies gilt für alle Kompetenzdimensionen, d. h. der Lehrvortrag ist ein Instrument, das kognitive Element der Kompetenz anzusprechen. In der Fachkompetenz dürfte der Anteil kognitiver Elemente am bedeutendsten sein, so dass diese Methode sich eher an der Fachkompetenz orientiert. Gut lassen sich mit dem Lehrvortrag kognitive Lernziele auf niedrigem bis mittlerem taxonomischem Niveau verfolgen. Sehr hohe kognitive Lernziele und affektive Lernziele lassen sich nur schwer verfolgen. Affektive Lernziele lassen sich vor allem über die Lehrkraft als Modell erreichen. Dies erfordert eine hohe Begeisterung auf Seiten der Lehrkraft.

Bezüglich der Lernkompetenz kann davon ausgegangen werden, dass die Schülerinnen und Schüler die Methode „Lehrvortrag" bzw. die Situation „Lernen mit Lehrvorträgen" gut beherrschen. Die Methode hat in deutschen Schulen eine große Bedeutung und die Schülerinnen und Schüler haben meist klare Erwartungen. Der Lehrvortrag ist – etwa im Gegensatz zu Rollenspielen – für Schülerinnen und Schüler und Lehrkräfte ‚normal'. Eine Ausnahme ist meist das Mitschreiben bzw. Notizennehmen während des Vortrags, das den Schülerinnen und Schülern oft Mühe bereitet.

Die Sozialkompetenz kann durch den Lehrvortrag wenig gefördert werden. Eine Ausnahme sind die kognitiven Elemente der Sozialkompetenz, etwa die Kenntnis der Phasen eines Kundengesprächs. Der Lehrvortrag stellt jedoch selbst eine kommunikative Situation dar. Damit beansprucht und fördert er auch soziale Kompetenzen. Er erzieht dazu, einer Person, hier der Lehrkraft, sorgfältig, konzentriert und über eine längere Zeit zuzuhören, was auch außerhalb der Schule eine wichtige Aufgabe ist. Von der Lehrkraft geht außerdem *mit* dem Lehrvortrag und *im* Lehrvortrag eine Modellwirkung aus. Außerdem bietet sich der Lehrkraft – wie in jeder Kommunikation – die Möglichkeit, im Lehrvortrag zu meta-kommunizieren, also den Lehrvortrag selbst zum Thema zu machen. Gleichzeitig sind die Schülerinnen und Schüler nur passive Empfänger. Sie werden nur sprachlich-kognitiv angesprochen und interagieren nicht mit anderen Schülerinnen und Schülern. Eine weitergehende Förderung von Sozialkompetenz würde voraussetzen, den Schülerinnen und Schülern Artikulationsspielräume zu eröffnen (Bauer-Klebl, Euler & Hahn, 2001, S. 55). Dies ist jedoch – qua definitionem – nicht der Fall.

Der Lehrvortrag wird immer wieder gerne wegen der vermeintlichen Passivität der Lernenden kritisiert. „Die dominierende Rolle des Lehrers in dieser Aktionsform ruft keineswegs eine Schüler-Passivität hervor, wie die Kritik an dieser Aktionsform immer wieder hervorhebt, vielmehr führt sie zu einem aktiven Nachvollzug und einem kritischen Überdenken des Gelernten. Voraussetzung dafür ist allerdings, dass der Lehrer den Schülern Gelegenheit gibt, sich in Übungen, Diskussionsbeiträgen, kritischen Fragen u. a. intensiv mit dem Stoff auseinanderzusetzen" (Speth, 2004, S. 185 f.). Die Kreativität der Schülerinnen und Schüler wird mit dem Lehrvortrag nicht angesprochen, es sei denn für Nebentätigkeiten im Unterricht wie Spielen oder Schwätzen. Die Selbstkompetenz lässt sich – wieder abgesehen von den kognitiven Elementen – durch den Lehrvortrag nicht nennenswert fördern.

Bezüglich der Themen ist der Lehrvortrag stark bei der Einführung neuer Themen. Der Lehrvortrag erlaubt die systematische, d. h. an einer klaren thematischen Struktur, orientierte Inszenierung der Lehrkraft, die gezielt an den Vor-Kompetenzen der Schülerinnen und Schüler und den folgenden Unterrichtsinhalten ansetzen kann. Er unterstützt eine schnelle Form des Wissensaufbaus, gerade für Anfängerinnen und Anfänger in einem Gebiet. Der Lehrvortrag ist damit ein gutes Instrument im Unterricht für Anfängerinnen und Anfänger, bei dem die Schülerinnen und Schüler bislang über kein oder nicht nennenswertes Vorwissen verfügen, wenn er sorgfältig, d. h. vor allem an einer klaren Struktur orientiert, durchgeführt wird und sich mit anderen Aktionsformen abwechselt. Bei kontroversen Sachverhalten ist das Lehrgespräch in der Regel zielführender.

10.3.3.2 Bezüge zu den Bedingungen

Die Schule ist für den Lehrvortrag in ihren Bedingungen fast ‚optimiert': Klassenräume sind im Regelfall – wegen der weiten Verbreitung dieser Unterrichtsmethoden – gut auf den Lehrvortrag und das Lehrgespräch ausgerichtet. Änderungen am Klassenraum sind daher in der Regel nicht notwendig.

Der Lehrvortrag beansprucht die Konzentration der Schülerinnen und Schüler stark. Die Konzentration ist entsprechend schnell erschöpft, was in der Situation oft nur schwer zu erkennen ist. Der Lehrvortrag sollte nicht zu lang sein. Am Lehrvortrag kann, wie an jedem Unterricht im Klassenverband, kritisiert werden, dass er für das individualisierte Eingehen auf einzelne Schülerinnen und Schüler wenig Raum lässt. Die Lehrkraft kann zwar einzelne Beispiele oder Inhalte zuschneiden, aber der Spielraum dafür ist recht begrenzt. Gerade bei Schülerinnen und Schülern mit einer niedrigen Sozialkompetenz muss die Lehrkraft außerdem darauf achten, dass sie die Lernenden mit Lehrvorträgen nicht zur Unselbständigkeit erzieht, weil etwa die Erwartung gefördert wird, die Lehrkraft müsse das Erlernte oder eine spezifische Lösung zu einem Problem ‚absegnen'.

Wenn die Lehrkraft selbst unsicher ist, verspricht der Lehrvortrag eine vergleichsweise hohe, oft allerdings trügerische Sicherheit im Klassenzimmer: Unerwartete Interaktionen sind selten und die Zeitdauer – gerade in heiklen Situationen, wie Prüfungssituationen – ist vorab vergleichsweise gut abzuschätzen. Außerdem werden Missverständnisse und mangelhafter Lernerfolg nicht sichtbar. Dies ist aus didaktischer Sicht ein Nachteil, bei aufwändig inszenierten Schauveranstaltungen, beispielsweise Lehrproben, aber ein Vorteil. Andererseits hat der Lehrvortrag – wie bereits erwähnt – bei Prüferinnen und Prüfern in der zweiten Phase oft keinen guten Stand, weil er als altmodisch gilt.

10.3.4 Sonderformen des Lehrvortrags: Modellieren und Demonstrationsexperiment

Das Modellieren und das Demonstrationsexperiment werden hier als Sonderformen des Lehrvortrags verstanden.

Das *Modellieren* (Modeling) wird auch „Demonstration" genannt. Die Methode fußt auf der Erkenntnis, dass Menschen häufig lernen, in dem sie das Handeln anderer Menschen beobachten, vor allem von Experten (Dubs, 2009, S. 185 ff.). Das Modellieren ist ein Lehren durch lautes Denken in der ersten Person, bei dem das strategische Vorgehen zur Lösung eines Problems bzw. die begleitenden Denkprozesse der Lehrkraft den Schülerinnen und Schülern enthüllt werden (Hollingsworth & Ybarra, 2009, S. 101). Zentrales Merkmal des Modellierens ist also die deutliche und ausführliche Darstellung der Denkprozesse der Lehrkraft.

Der Anwendungsbereich für Modellierung ist groß und vor allem dort angesagt, wo prozedurales Wissen erworben werden soll. Dies gilt im Bereich der Fachkompetenz, wo etwa eine Lehrkraft ihre Vorgehensweise bei der Lösung eines mathematischen Problems, eines Rechts- oder eines EDV-Problems mittels lautem Denken berichtet oder beim Lesen eines Textes oder der Lösung eines moralischen Dilemmas. Der Problemlöseprozess wird in einzelne, explizit erläuterte Etappen unterteilt. Gerade zur Unterstützung schwächerer Schülerinnen und Schüler wird mehrfach modelliert, also beispielsweise zwei Texte hintereinander behandelt. Nach meiner Erfahrung verzichten Lehrkräfte auf das Modellieren auch bei Themengebieten, in denen Lehrkräfte große Kompetenzen haben. So lässt sich immer wieder sehen, dass Lehrkräfte den Regelapparat zum Lesen von Texten mit Hilfe eines Vortrags oder eines Arbeitsblattes einführen, aber eben nicht ihren Umgang mit dem Text und ihre Texterschließungsstrategien modellieren.

Vor allem im berufspädagogischen Bereich wird das Modellieren häufig mit einem nachahmenden Üben (Dubs, 2009, S. 187 ff.) ergänzt. Zur Zeit des zweiten Weltkrieges entwickelte sich in den USA der „Training Within Industry"-Ansatz (TWI). Der Trainingsansatz diente der Steigerung der industriellen Produktion. In Deutschland ist, vor allem durch die Arbeiten der REFA, ein Ausschnitt des TWI-Ansatzes für das industrielle Lernen bekannt gemacht worden: Die *Vier-Stufen-Methode*. Dabei wird dem nachahmenden Üben noch eine vorbereitende Phase vorgeschaltet. Damit ergibt sich die Phasenstruktur der Vier-Stufen-Methode (Schelten, 2005, S. 115 ff.; Schelten, 2009b, S. 147 ff.): Vorbereitung, Vorführung, Nachvollzug, Übung/Beendigung.

	Stufe	Inhalt
1	Vorbereitung	Eintritt der Lernenden in die Situation, Situation entkrampfen, Lernende auf die zu erwerbende Tätigkeit einstellen, Motivierung, Identifikation, (Aktivierung)
2	Vorführung	Demonstration der Tätigkeit durch die Ausbildungsperson erst vollständig, dann in Teilschritten und dann wieder vollständig. Den drei Vorführungsschritten gedanklich folgen. Arbeit verstehen, erste Versuche ermöglichen
3	Nachvollzug	Durchführung der Tätigkeit durch die Lernenden zunächst in groben Zügen, dann in Einzelschritten und wiederrum erneut als Ganzes (Einleiten des Selbstlernprozesses). Aufbau der Rahmenkoordination
4	Übung / Beendigung	Entlassen der Lernenden aus der Situation. Abnahme der Betreuung im Übergang zum Selbstlernprozess. Erste Übungen zum Aufbau der Detailkoordination

Übersicht 3: Vier-Stufen-Methode nach Schelten (2005, S. 115 ff.)

Eine weitere Sonderform des Lehrvortrags ist das Demonstrationsexperiment (Lehrexperiment) bzw. der Demonstrationsversuch (Lehrversuch). Experimente kommen in der Unterrichtspraxis in zwei Formen vor (Hüttner, 2009, S. 151 ff.). Das *Demonstrationsexperiment* wird im Klassenverband darstellend eingesetzt und zwar meist als Lehrvortrag oder aber auch als Schülervortrag. Das Demonstrationsexperiment ist im Sinne dieser Arbeit dem traditionellen Unterrichtskonzept zuzuordnen. Dem Demonstrationsexperiment steht das Schülerexperiment gegenüber. Meist lernen die Schülerinnen und Schüler im Schülerexperiment weitgehend selbständig und in Gruppen (Rauner & Eicker, 1996; Schelten, 2009a, S. 88 ff.). Das Demonstrationsexperiment bietet sich bei komplexen Versuchen, komplexem Versuchsaufbau und bei einer hohen Gefährlichkeit an. Als Demonstrationsexperiment muss es für alle Schülerinnen und Schüler gut sichtbar und gut durchschaubar sein.

10.4 Mit Hilfe des Lehrgesprächs erarbeiten

Eine Alternative zum Lehrvortrag ist das Lehrgespräch. Auch das Lehrgespräch gehört zu den traditionellen Methoden des Wirtschaftslehreunterrichts, mit denen Inhalte erarbeitet werden.

10.4.1 Das Lehrgespräch: Was darunter verstanden wird

Das Lehrgespräch ist – wie der Lehrvortrag – ein Unterricht in der Klasse (Sozialform), der jedoch – im Gegensatz zum Lehrvortrag – Themen *erarbeitend* inszeniert, also im Dialog entwickelt. Das Lehrgespräch wird hier als erarbeitender Unterricht im Klassenverband verstanden. Kennzeichnend ist das dialogische Hin und Her, das Ping-Pong von Lehrkraft und Schülerinnen und Schülern. Das Lehrgespräch hat also die gleiche Sozialform wie der Lehrvortrag, aber eine abweichende Aktionsform. Lehrgespräch und Lehrvortrag wurden unter den Begriff „Frontalunterricht" zusammengefasst.

Das Lehrgespräch bewegt sich – je nach Stärke der Lenkung durch die Lehrkraft – im Kontinuum zwischen einer Diskussion und einem Drill (Good & Brophy, 2003, S. 377 ff.). Der Drill dient dem Vertiefen eines spezifischen Fachwissens auf einem vergleichsweise niedrigen taxonomischen Niveau. Der Fokus liegt dabei auf richtigen Antworten, die von der Lehrkraft auch als solche ausgezeichnet werden. Im flotten Tempo werden Fragen gestellt und beantwortet. Auf der anderen Seite des Kontinuums liegt die Klassendiskussion. Hier soll ein Verständnis für unterschiedliche Sichtweisen erreicht werden. Oft führt die Klassendiskussion zu keinen eindeutigen Antworten. Das Tempo ist moderat und die Lenkung durch die Lehrkraft eher schwach.

10.4.2 Der Dreischritt des Lehrgesprächs

Kennzeichnend für das Lehrgespräch sind dreischrittige Zyklen: 1. Initiierung durch die Lehrkraft, beispielsweise mit Hilfe einer Lehrfrage, 2. Antwort des Lernenden, 3. Reaktion der Lehrkraft durch Lob, Korrektur oder andere Hinweise. [6] Nach Durchlaufen eines Zyklus wird der nächste Zyklus in Angriff genommen. Die Lenkung dieser drei Zyklen obliegt dabei der Lehrkraft. Zur Beobachtung des Lehrgesprächs enthält die Toolbox einen Kriterienkatalog (TB-8.3), den Sie bitte parallel studieren. Die eher präsentierenden Elemente des Lehrvortrags werden dabei nicht erneut aufgeführt.

10.4.2.1 Schritt 1: Das Initiieren durch die Lehrkraft

Die Initiierung erfolgt durch einen Impuls. Dies sind verbale Impulse in Form von Fragen, Aufforderungen, Behauptungen, Befehlen, Zweifeln oder Ähnlichem. Neben die verbalen Impulse treten nicht-verbale Impulse, etwa eine entsprechende Mimik, Gestik, Gebärde oder Ähnliches (Speth, 2004, S. 194). Entscheidend ist die (beabsichtigte) Wirkung dieser Sprechakte, nicht die sprachliche Form. Impulse können offen oder eng bzw. geschlossen gestaltet werden. Offene Impulse eröffnen dem Lernenden einen großen Denk- und Antwortspielraum und führen damit oft zu größeren Lernschritten. Enge Impulse engen den Handlungsspielraum ein und führen so zu kürzeren Lernschritten (Speth, 2004, S. 196). Eine gute Lehrfrage sollte klar, zielbezogen, kurz, natürlich, sequenziert sein und das Denken der Schülerinnen und Schüler herausfordern (Good & Brophy, 2003, S. 308 ff.).

- **Klar**: Die Frage sollte präzisieren, wie Lernende darauf reagieren sollen. Vage Fragen lassen offen, wie die Schülerinnen und Schüler reagieren sollen. Die Lernenden fragen sich bei vagen Fragen, worauf die Lehrkraft hinaus will. Sie führen regelmäßig zu einer Verschwendung von Unterrichtszeit, weil sie daraufhin spezifiziert werden müssen. Um die Klarheit zu gewährleisten, wird gelegentlich empfohlen, die Frage als W-Frage (Welche, Warum, ...) zu formulieren.

- **Zielbezogen**: Eine gute Lehrfrage ist eine Frage, die auf das Erreichen der Unterrichtsziele gerichtet ist. Improvisieren ist der wichtigste Grund, warum Fragen im Unterricht nicht zielbezogen sind. Gerade Anfängerinnen und Anfänger, aber nicht nur diese, können sich nicht darauf verlassen, dass ihnen im Unterricht schon die richtige Frage einfällt, sondern sollten als Teil der Unterrichtsplanung die wichtigsten Fragen durchdenken und schriftlich formulieren.

- **Kurz**: Eine gute Frage ist kurz. Lange Fragen sind häufig schwierig zu verstehen sowie zu erinnern und führen so zu Unklarheiten.

- **Natürlich**: Eine gute Frage ist eine Frage, die natürlich erscheint. Sie bedient sich nicht der gestelzten Berufsbildungssprache der Welt der Schulbücher. Sie sollte sich einer einfachen Sprache, eines unkomplizierten Aufbaus bedienen und dem Sprachniveau der Schülerinnen und Schüler entsprechen.

- **Sequenziert**: Das Lehrgespräch läuft in Zyklen. Die Lehrkraft sollte daher nicht nur die erste Frage, sondern auch die gedachten Folgefragen in der Planung überdenken.

- **Denkprozesse herausfordernd**: Eine gute Frage sollte Denkprozesse, nicht einfache Abfrageprozesse, beim Lerner anregen.

Typische Fehler bei der Frage sind (Good & Brophy, 2003, S. 379; Speth, 2004, S. 202 ff.):

- **Ja-Nein-Fragen**: Fragen, die von Schülerinnen und Schüler direkt mit „Ja" oder „Nein" beantwortet werden können, stellen einen sehr engen Impuls dar. In der Praxis dienen sie häufig nur der Einstimmung, der sich die eigentliche Frage anschließt. Wenn die Lehrkraft fragt „Haben wir in

Deutschland eine hohe Arbeitslosigkeit" um danach das „Warum?" oder „Woran liegt das?" zu präsentieren, dann kann dies einfacher formuliert werden. Derartige Ja-Nein-Fragen verschwenden Zeit, verwässern die Zielrichtung des Unterrichts, fördern das einfache Rateverhalten bzw. die Ratebereitschaft und haben keine diagnostische Qualität. Ja-Nein-Fragen verstoßen gegen das Gebot, dass die Lehrfrage Denkprozesse anregen soll.

► **Schlepp-Fragen:** Schleppfragen wie „Ja …? Und …?" werden häufig nicht zur Initiierung, sondern als Reaktion eingesetzt. Eigentlich stellen sie die Aufforderung an die Schülerinnen und Schüler dar, den Sachverhalt weiter zu erläutern. Anders als ‚richtige' Fragen bieten sie dem Lernenden jedoch keine weitere Hilfe und werden daher oft als nörgelnd erlebt. Die Lehrkraft sollte stattdessen vollständigere Impulse formulieren, die Hilfestellungen beinhalten. Schlepp-Fragen sind keine Fragen, sondern eine – unklare – Reaktion der Lehrkraft.

► **Kettenfragen:** Kettenfragen präsentieren mehrere Fragen hintereinander und beanspruchen die Aufmerksamkeit der Schülerinnen und Schüler unnötig. Eine Kettenfrage wie „Was ist eine AG? Was ist eine GmbH? Was sind die Unterschiede?" lässt sich einfach in „Was sind die Unterschiede zwischen einer AG und einer GmbH?" überführen. Kettenfragen verstoßen gegen das Gebot der Kürze einer Lehrfrage.

► **Wortfragen und Fragen zu neuen Begriffen:** Fragen zu einzelnen Wörtern sind dann sinnlos, wenn Sie nicht durch Nachdenken gelöst werden können. Dies gilt beispielsweise für Wörter wie „Prokurist" oder „Komplementär". Fragen zu neuen, noch einzuführenden Begriffen stellen keinen Impuls dar, da sie erst *nach* dem Lernprozess beantwortet werden können. In der Sicherungsphase können diese Fragen eine wichtige Funktion übernehmen, beim Initiieren jedoch nicht.

► **Rate-Fragen:** Ähnlich wie Wortfragen können Ratefragen von Schülerinnen und Schülern nicht durch Aktivierung von Denkprozessen gelöst werden.

► **Führungsfragen:** Führungsfragen sind rhetorische Fragen, auf die die Lehrkraft nicht wirklich eine Antwort erreichen möchte. Fragen sollten nur dann formuliert werden, wenn tatsächlich eine Antwort erwartet wird. Eine Ausnahme sind rhetorische Fragen als rhetorisches Mittel in einem Vortrag. Hier ist offensichtlich, dass nicht ‚wirklich' eine Antwort erwartet wird.

10.4.2.2 Schritt 2: Das Antworten(lassen)

Nach der Initiierung sollten die Schülerinnen und Schüler auf den Impuls reagieren. Die Zeit zwischen Impuls und Antwort der Lernenden wird in der empirischen Forschung „Wartezeit I" genannt. Sie beträgt in empirischen Studien meist durchschnittlich unter einer Sekunde bis hin zu wenigen Sekunden. Die Wartezeit II ist die Zeit, die zwischen der ersten Antwort der Lernenden und einem neuen Impuls bzw. einer neuen Antwort verstreicht. Auch sie ist regelmäßig sehr kurz. Lehrkräfte neigen dazu, auch nach komplexen Fragen, kaum Zeit für eine anspruchsvolle Beantwortung zu lassen. Eine Verlängerung beider Wartezeiten auf durchschnittlich je drei Sekunden hat jedoch bedeutende Effekte auf die Qualität des Unterrichts (Gage & Berliner, 1996, S. 554 ff.).

Effekte verlängerter Wartezeit im Lehrgespräch

- ▶ Länge der Antworten nimmt zu;
- ▶ Anzahl der unaufgeforderten, aber angemessenen Antworten nimmt zu;
- ▶ Ausbleiben von Antworten nimmt ab;
- ▶ Selbstvertrauen nimmt zu, was sich in einer Abnahme von Antworten mit Inflexion (fragenähnliche Tongebung der Stimme) zeigt;
- ▶ Häufigkeit spekulativer Antworten nimmt zu;
- ▶ Häufigkeit der Vergleiche von Aussagen, die von verschiedenen Schülerinnen und Schülern stammen, nimmt zu;
- ▶ Häufigkeit von Äußerungen, die Schlussfolgerungen aus Informationen darstellen, nimmt zu;
- ▶ Häufigkeit der von den Schülerinnen und Schülern gestellten Fragen nimmt zu;
- ▶ Häufigkeit der Antworten von Schülerinnen und Schülern, die von der Lehrkraft als relativ langsam eingeschätzt werden, nimmt zu;
- ▶ Vielfalt der von den Schülerinnen und Schülern gezeigten Verhaltensweisen nimmt zu.

Übersicht 4: Effekte verlängerter Wartezeit nach Gage & Berliner (1996, S. 554)

Die Lehrkraft sollte während der Antwort nicht nur genügend Zeit lassen und dabei nicht unterbrechen, sondern dem Lerner verbal verdeutlichen, dass sie aufmerksam ist und zuhört.

10.4.2.3 Schritt 3: Das Reagieren

Im dritten Schritt sieht der Zyklus eine verbale oder non-verbale Reaktion der Lehrkraft vor. Diese Reaktion sollte nicht schematisch wiederholt, sondern variiert werden.

STOPP: Erinnern Sie sich bitte: Haben Sie selbst einmal in einer Klasse oder in einer universitären Veranstaltung etwas besonders Positives oder aber etwas Grundverkehrtes gesagt? Wie hat die Lehrkraft bzw. Dozent(in) reagiert? Wie haben Sie sich dabei gefühlt?

Bei positiven Reaktionen bieten sich das Loben und das Aufgreifen von Antworten der Schülerinnen und Schüler an (Good & Brophy, 2003, S. 559 ff.). Das Lob kann verbal durch „Gut", „Richtig" usw. oder entsprechende non-verbale Hinweise gegeben werden. Lob dient als positiver Verstärker, *wenn* richtig gelobt wird. Empirische Ergebnisse legen nahe, dass Lehrkräfte eher wenig loben. Dies wird darauf zurückgeführt, dass Lob von der Lehrkraft oft nicht als Verstärker, sondern aus anderen Motiven heraus verwendet wird, zum Beispiel als ‚Trostpreis' oder ‚Friedensangebot'. Lob muss glaubwürdig, nicht schematisiert-mechanisch sein und darf häufiger, aber nicht zu häufig angewendet werden. Eine andere positive Reaktion ist das Aufgreifen der Antworten der Schülerinnen und Schüler. Diese fließen in das Unterrichtsgespräch ein, werden anerkannt, aufgenommen und als Baumaterial für die weiteren Arbeiten verwendet. Die wörtliche Übernahme des Beitrags, etwa beim Tafelanschrieb, unterstützt diesen Effekt. Die Schülerinnen und Schüler erhalten ein Signal, dass der Beitrag wertvoll – für die Lehrkraft und die ganze Klasse – ist. Lob kann als oberflächlich empfunden werden, beim Aufgreifen der Antwort ist dies eher unwahrscheinlich.

Bei negativen Reaktionen ergeben sich häufig schwierigere Problemstellungen (Davis, 2009, S. 88; Emmer, Evertson & Worsham, 2003, S. 90 ff.; Gage & Berliner, 1996, S. 562 ff.). Mit Kritik sollte die Lehrkraft vorsichtig umgehen. Die Ursachen für mangelhafte Antworten sind vielfältig, so dass die Schülerinnen und Schüler eine negative Reaktion auf andere Dinge schieben können. Falsche Antworten sollten taktvoll korrigiert werden. Dabei besteht bei heftiger Kritik die Gefahr, das Selbstwertgefühl der Schülerinnen und Schüler zu beschädigen. Außerdem kostet die Korrektur der falschen Antwort Zeit. Die Lehrkraft sollte daher nach Möglichkeit Teilantworten als richtig herausstellen, den Lernenden später erneut fragen, den Adressaten der Frage wechseln, d. h. die Frage weitergeben. Außerdem besteht die Möglichkeit, dass die Lehrkraft Lernenden im Rahmen des fortgesetzten Lehrgesprächs über die Fragen, Antworten und Reaktionen der anderen Schülerinnen und Schüler Hilfestellungen zukommen lässt.

Bei der Reaktion der Schülerinnen und Schüler sollte die Lehrkraft zur Förderung der Sprachkompetenz darauf bestehen, dass sie nicht mit Ein-Wort-Sätzen, sondern in kompletten, korrekten Sätzen antworten. Im Lehrgespräch werden sie mehr oder weniger oft sprachliche Fehler machen. Jugendliche haben oft nicht nur eine mangelhafte Sprachkompetenz, sondern auch ein mangelhaftes Selbstbewusstsein der eigenen Sprache. Vor diesem Hintergrund ist dem professionellen Umgang mit Sprachfehlern besondere Aufmerksamkeit zu widmen (Arslan, 2010; Kimmelmann, 2010, S. 462 ff.).

- **Helfen Fehler zu vermeiden**: Insbesondere beim Sprechen kann die Lehrkraft das Hörverstehen der Lerner durch klares, langsames Sprechen unterstützen. Der Gebrauch des Dialektes hat den Vorteil, dass die regionalen Sprachen gepflegt werden und dem Unterricht Lokalkolorit gegeben wird. Gleichzeitig wird der Dialekt das Hörverstehen erschweren.

- **Konzentration auf Fehler vermeiden**: Die Lehrkraft sollte den Sprachgebrauch nicht nur unter der Fehlerperspektive sehen, sondern auch den – Fehler provozierenden – kreativen Umgang mit Sprache ermöglichen, gerade für Sprachschwächere. Die Überbetonung von Fehlern kann negative Auswirkungen auf Bereiche haben, die zum Teil gar nicht berührt sind. Dies ist etwa der Fall, wenn die Schülerinnen und Schüler mangelhafte Sprachkompetenz mit der mangelhaften Fachkompetenz verbinden und das Selbstbild leidet.

- **Korrektur mündlicher Fehler**: Bei der Korrektur mündlicher Fehler wird von Sprachwissenschaftlern die expandierende korrekte Wiederholung empfohlen, d. h. der nicht korrekte Satz wird ausweitend korrekt wiederholt. So reagiert die Lehrkraft auf den Satz „Ich habe *den* Hausaufgaben nicht gemacht" mit dem Satz „Warum hast Du denn *die* Hausaufgaben nicht gemacht?" (Kimmelmann, 2010, S. 464). Eine ausdrückliche Korrektur wie „Es heißt richtig: Die Hausaufgaben!" stört den Verlauf des Unterrichts stärker, ist nicht in den Kontext eingebunden und birgt die Gefahr, Angst oder Schamgefühle zu schüren.

Definition 2:   Lehrgespräch

Das Lehrgespräch ist eine traditionelle Methode des Wirtschaftsunterrichts, bei dem die Lehrkraft in einer Klasse Inhalte erarbeitend inszeniert, also im Dialog entwickelt, der durch dreischrittige Zyklen gekennzeichnet ist, bei dem die Lehrkraft initiiert, auf die Antworten wartet und reagiert.

10.4.3 Das Lehrgespräch im Interdependenzzusammenhang

Mit Blick auf die anderen didaktischen Strukturelemente schneidet das Lehrgespräch sehr ähnlich wie der Lehrvortrag ab. Allerdings ändert sich die Bewertung aufgrund der dialogischen Kommunikationsstruktur etwas.

10.4.3.1 Bezüge zu Zielen, Kompetenzen und Themen

Das Lehrgespräch ist eine Methode, die vor allem den kognitiven Bereich anspricht. Dies gilt für alle Kompetenzdimensionen, d. h. das Lehrgespräch ist ein Instrument, das kognitive Element der Kompetenz anzusprechen. In der Fachkompetenz dürfte der Anteil kognitiver Elemente am bedeutendsten sein, so dass diese Methode sich eher an der Fachkompetenz orientiert. Gut lassen sich mit dem Lehrgespräch kognitive Lernziele auf niedrigem bis mittlerem taxonomischem Niveau verfolgen.

Im Gegensatz zum Lehrvortrag bietet das Lehrgespräch jedoch mehr Möglichkeiten zur Förderung von Sozialkompetenzen, weil mehr Artikulationsspielräume vorhanden sind. Damit besteht die Möglichkeit, durch kurze Einschübe die Sozialkompetenz zu fördern (Bauer-Klebl et al., 2001, S. 55 ff.). So kann die Lehrkraft meta-kommunizieren, beispielsweise indem sie zur Sprache bringt, dass niemand etwas sagt, dass sich Ruhige nicht beteiligen, dass die Kommunikationsregeln nicht eingehalten werden oder Hinweise zur Emotionssteuerung geben.

Das Lehrgespräch – mit einer geringen Lenkung durch die Lehrkraft – eignet sich sehr gut für kontroverse Themen. Bei einer geringen Lenkung ist das Lehrgespräch eine Klassendiskussion und ist gut geeignet Themen, zu denen es keine eindeutig richtigen oder falschen Antworten, wohl aber normative Standpunkte gibt, aufzugreifen (Dubs, 2009, S. 178). Das Lehrgespräch ist für ein ganz neues Themengebiet nicht so gut geeignet wie der Lehrvortrag. Für ein Lehrgespräch müssen die Schülerinnen und Schüler Vorerfahrungen bzw. Vorkompetenzen mitbringen, auf die die Lehrkraft aufsetzen kann und die im Lehrgespräch erweitert werden.

10.4.3.2 Bezüge zu den Bedingungen

Das Lehrgespräch ist – wie der Lehrvortrag – eine kommunikative Situation. Daher wird die Sozialkompetenz der Lerner beansprucht, und zwar aufgrund der höheren Komplexität der Kommunikation stärker als im Lehrvortrag. Sind diese Kompetenzen nicht gegeben, kann die Lehrkraft mit eigenständigen Trainings ansetzen. Klippert (2006) schlägt beispielsweise Bausteine für ein solches Kommunikationstraining vor. Wie bei Klippert üblich, werden diese entlang verschiedener Stufen geordnet: Nachdenken über Kommunikation, Übungen zur Förderung des freien Sprechens und Erzählens, miteinander reden (das 1x1 der Gesprächsführung), überzeugend argumentieren und vortragen – rhetorische Übungen, komplexere Kommunikations- und Interaktionsspiele. Je nach Stand der Sozialkompetenzentwicklung kann auch auf höheren Stufen eingestiegen werden. Wie beim Lehrvortrag kann auch beim Lehrgespräch davon ausgegangen werden, dass die Lerner die Makromethode „Lehrgespräch" gut beherrschen.

Ein wichtiges Detail ist das namentliche Ansprechen der Schülerinnen und Schüler. Lehrkräfte beruflicher Schulen können – gerade, wenn sie überwiegend in kleinen Fächern unterrichten – mehrere hundert Schülerinnen und Schüler haben. Gleichwohl ist die *persönliche Ansprache* lernförderlich. Die unpersönliche Ansprache – „Hallo, Sie im weißen Hemd" – ist das nicht. In der Vorbereitung sollte die Lehrkraft beim erstmaligen Unterricht alle Namen auf der Liste der Schülerinnen und Schüler durchlesen. Beim ‚Erstkontakt' sollte die Lehrkraft vor allem auf die richtige Aussprache des Namens achten, vor allem bei Namen aus einer fremden Sprache. Beim ‚Erstkontakt' ist das Nicht-Verstehen und das Wiederholenlassen des Namens unproblematisch. Missverständnisse, die hier entstehen, können später nur mit größerem Aufwand wieder rückgängig gemacht werden. Zumindest anfänglich sollte die Lehrkraft den Namen immer wieder verwenden, also beispielsweise explizit in Fragen oder Reaktionen einbauen, damit sie selbst dem Vergessen des Namens entgegen wirkt. Namensschilder in der Klasse sind ein gutes Hilfsmittel. Allerdings fallen von Schülerinnen und Schülern erstellte Namensschilder leicht zusammen, so dass die Lehrkraft idealerweise Pappen dafür bereitstellt. Die Lehrkraft sollte deutliche Angaben machen, wie die Schilder zu beschriften sind, sonst sind sie oft nur schlecht lesbar. Die Lehrkraft sollte damit rechnen, dass das Vertauschen von Schildern eine der wenigen Möglichkeiten in Schulen bietet, Spaß zu organisieren, wenn auch auf Kosten der Lehrkraft. Der Sitzplan ist eine wichtige Hilfe zum Namenlernen. Fotos, entweder von einzelnen Schülerinnen und Schülern oder von Gruppen, sind ein wichtiges Mittel, um sich die Namen einzuprägen. Die Kombination von mit der Digitalkamera selbst erstellten oder übernommenen digitalen Fotos und Namensschildern erlaubt das Erstellen einer Kartei mit ‚Verbrecherfotos'. Nach dem Unterricht kann die Lehrkraft – beispielsweise mit einer Klassenliste mit Fotos – die Namen üben und wiederholen.

10.5 Ergebnisse im traditionellen Unterricht sichern

„Ergebnissicherung" ist eine Sammelbezeichnung für eine schillernde Fülle von Verfahren. In der Literatur wird auch die Bezeichnung „Üben", „Transfer", „Lernzielkontrolle", „Auswertung" oder „Festigung" verwendet. Ergebnissicherung zielt einerseits darauf, den Lernerfolg zu vertiefen und zu sichern. Andererseits geht es bei Ergebnissicherung um eine – nicht benotete – Erfolgskontrolle, d. h. eine Leistungsfeststellung (Speth, 2004, S. 434).

10.5.1.1 Ergebnissicherung: Übung macht den Meister!

Der Volksmund kennt das Sprichwort „Übung macht den Meister!". Es lohnt sich, diesen Spruch auch in der täglichen Arbeit zu beherzigen. Viele Lernprozesse kommen erst zu einem ‚richtigen', ‚dauerhaften' Ende, wenn sich mehr oder weniger umfangreiche Übungsphasen anschließen. In der Psychologie wird die Bedeutung des Übens besonders deutlich im Konzept des absichtlichen Übens (deliberate practice) des amerikanischen Psychologen K. Anders Ericsson. Ericsson hat das Zustandekommen von Höchstleistungen in Sport und Musik untersucht (Ericsson, Krampe & Tesch-Römer, 1993). Dem, was im Alltag gemeinhin „Talent" genannt wird, also angeborenen Fähigkeiten, kommt dabei eine überraschend geringe Rolle zu. Entscheidend für Höchstleistungen ist vielmehr ein absichtsvolles Üben. Diese Aktivitäten sind hochstrukturiert mit einem informativen Feedback, sie sind nicht wirklich genüßlich, sondern sind ein Mittel zum Zweck. Der Psychologe Daniel Levitin hat dafür die 10.000-Stunden-Regel formuliert.

Wortwörtlich: Daniel Levitin, The 10,000-hour rule

It's not a rule so much as it is an empirical finding. But in the final analysis, it comes down to that in order to be a world-class expert in anything, be it audiology, drama, music, art, gymnastics, whatever, one needs to have a minimum of 10,000 hours of practice. Unfortunately, it doesn't mean that if you put in 10,000 hours that you will become an expert, but there aren't any cases where someone has achieved world-class mastery without it! So the time spent at the activity is indeed the most important and influential factor.

Bild 3: Daniel Levitin. Von Arsenio Corôa. Zitat: Beck (2008)

Ein plastisches Beispiel bietet die Biographie „Musik ist meine Sprache" (2010) des chinesischen Ausnahmepianisten Lang Lang, in dem er eindrücklich beschreibt, mit welcher Intensität und Stetigkeit er seit dem frühsten Kindesalter geübt hat. Mit Talent hat eine solche Entwicklung zu Höchstleistungen nur wenig zu tun, sondern mit Blut, Schweiß und Tränen.

> **STOPP:** Sie wollen Lehrkraft werden? Wie sichern Sie selbst die Ergebnisse Ihrer Lernbemühungen? Sie gehen in eine Veranstaltung: Wie sichern Sie die Ergebnisse? Sie lesen ein Skript: Wie sichern Sie ihre Ergebnisse?

10.5.1.2 Didaktische Funktionen der Ergebnissicherung

Die Ergebnissicherung gehört im hier zugrunde gelegten Verständnis zu einem ‚vollständigen' Lehrprozess. Die Lehrkraft kann sich nicht auf die Erarbeitung neuen Wissens beschränken. Die Ergebnissicherung sollte daher in die Verlaufsplanung eingebaut werden. Außerdem bietet die Ergebnissicherung – gerade Anfängerinnen und Anfängern – eine gute Möglichkeit, den Unterricht zeitlich zu strecken oder zu kürzen. In Schauveranstaltungen, wie Lehrproben, kann sich die angehende Lehrkraft damit gut zeitliche Puffer organisieren. Wenn die Lehrkraft sieht, dass sie noch Zeit ‚übrig' hat, kann sie durch zusätzliche Ergebnissicherung die Zeit strecken. Andernfalls kürzt sie die Ergebnissicherung. Allerdings sollte die Ergebnissicherung keinesfalls auf diese Pufferfunktion beschränkt werden oder ganz entfallen.

Phasen der Ergebnissicherung sollten an verschiedenen Stellen in der Verlaufsplanung untergebracht werden. Innerhalb einer Unterrichtseinheit, also einer oder mehrerer Unterrichtsstunden von 45 Minuten, kann ein Block nach jedem Lernschritt bzw. jedem Lernziel vorgesehen werden (‚Lernzielsicherung'). Die gesamte Unterrichtseinheit folgt also der Dramaturgie „Einstieg", „Erarbeitung" und „Ergebnissicherung". Die Phase „Erarbeitung" wird jedoch erneut wieder in „Einstieg", vor allem „Erarbeitung" und „Ergebnissicherung" aufgespalten. Das Muster „Einstieg", „Erarbeitung" – „Ergebnissicherung" – ist damit ein Fraktal. Mit anderen Worten: Traditioneller Unterricht hat eine fraktale Struktur.[7] Die Einstiegsphase geht dabei oft etwas unter. Daher wird die Erarbeitungsphase in mehrere Erarbeitungsphasen heruntergebrochen, die jeweils mit einer Ergebnissicherung ‚abschließen'.

Fraktale Strukturen

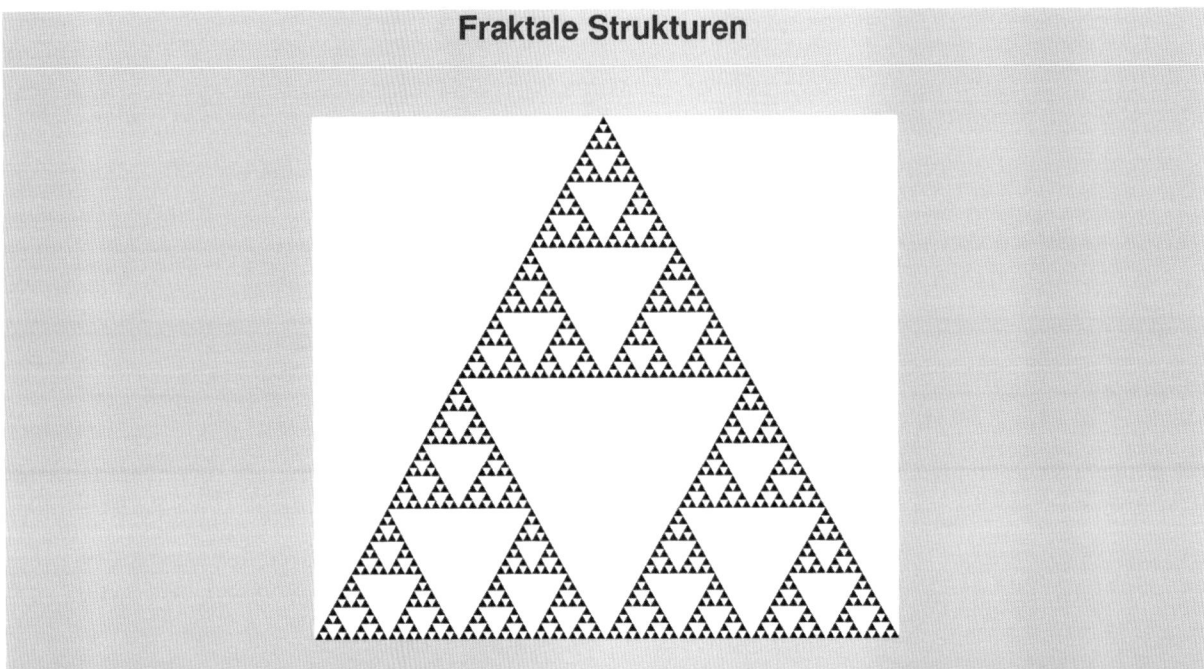

Fraktale Strukturen sind Strukturen mit Selbstähnlichkeit: Bei Vergrößerungen tauchen immer wieder ähnliche Strukturen auf. Ein Beispiel ist das nach dem polnischen Mathematiker Wacław Sierpiński benannte Sierpiński-Dreieck.

Übersicht 5: Fraktale Strukturen (Bild: Sierpiński-Dreieck. Von Cäsium137. Public domain).

Schon während der Erarbeitung eines Inhaltes hat die Lehrkraft die Schülerinnen und Schüler zu verfolgen (‚Monitoring'). Eine erste Form des Monitorings während der Erarbeitungsphase ist das Verfolgen des Lernfortschrittes (Emmer et al., 2003, S. 103 ff.). Hier stellt sich die Lehrkraft die Fragen, ob die Schülerinnen und Schüler das Erarbeitete verstanden haben oder ob Dinge wiederholt werden müssen, die Geschwindigkeit gesenkt werden muss usw. Dabei sollte sich die Lehrkraft nicht auf die Mimik der Schülerinnen und Schüler verlassen. In längeren Erarbeitungsphasen sollte daher die Lehrkraft – schon in der Verlaufsplanung – kurze Sequenzen für das Monitoring einbauen. Dazu sollte sich die Lehrkraft Fragen überlegen, die den Lernfortschritt anzeigen. Diese werden im Klassenverband mündlich oder schriftlich beantwortet, wobei die Lehrkraft durch die Klasse geht. Mini-Partner-Arbeiten zu einzelnen Aufgaben sind eine weitere Variante des Monitorings. Die Lehrkraft kann während der ‚großen' Erarbeitung nach einer ‚kleinen Erarbeitungsphase' Schülerinnen und Schüler um eine Zusammenfassung bitten. Ein weiteres Hilfsmittel sind Multiple-Choice-Aufgaben auf einer OHP-Folie, die im Klassenverband per Handzeichen beantwortet werden.

Eine zweite Form des Monitorings während des Erarbeitens ist das Verfolgen des regelgerechten Verhaltens der Lerner, d. h. die Frage der Lehrkraft, ob sich die Schülerinnen und Schüler im Sinne der vereinbarten Regeln regelgerecht verhalten. Damit ist das vereinbarte Regelwerk ein Maßstab für die Beurteilung des Verhaltens der Schülerinnen und Schüler. Diese Form des Monitorings ist nicht zu unterschätzen, weil ein großer Teil mangelnder Fairness beim Bestrafen – gerade bei angehenden Lehrkräften – darauf beruht, dass regelverletzendes Verhalten in einem Fall übersehen wurde und im anderen Fall nicht.

Neben dem Monitoring sollte die Ergebnissicherung in einem Block am Ende einer Unterrichtseinheit platziert werden ('Sicherung der Unterrichtseinheit') sowie am Ende der Unterrichtsreihe ('Sicherung der Unterrichtsreihe'). Diese Blöcke sind im Rahmen der Verlaufsplanung, also der Grob- und Feinplanung, zu berücksichtigen. Sie können durch spontane, aber in der Unterrichtsvorbereitung entwickelte Übungen (Speth, 2004, S. 438 ff.) ergänzt werden.

10.5.1.3 Methoden der Ergebnissicherung

Die Ausgestaltung von Aufgaben zur Ergebnissicherung kann sich an den kognitiven Lernstrategien orientieren, also an der Organisation, der Elaboration, dem kritischen Prüfen und dem Wiederholen. Ergebnissichern bzw. Üben heißt dann das Organisieren des Stoffs, das Elaborieren usw. Diese Strategien werden im Kompetenzmodell (TB-4.1) berücksichtigt.

Üben macht den Meister
Bild 4. Von beash, photocase.com

Zu den *Organisationsübungen* zählen Tätigkeiten, die dazu dienen, den zu bewältigenden Lerninhalt zu reorganisieren. Eine wichtige Organisationsaufgabe ist die Erstellung eigener bzw. die Lektüre vorerstellter Zusammenfassungen, die entweder schriftlich-verbal oder bildlich erfolgen können. Aktuelle Forschungsergebnisse legen die Überlegenheit bildlich-schematischer Zusammenfassungen nahe (Leopold, Sumfleth & Leutner, 2013). Weitere Organisationsaufgaben sind das Erstellen von Gliederungen, das Kennzeichnen wichtiger Textpassagen sowie das Erstellen von Schaubildern und Tabellen. Aufgaben an die Lerner können vor allem die Visualisierung der Struktur der Inhalte sein: Thematische Strukturen, Concept maps, lineare Flussdiagramme, Prozeduren oder zielgerichtete Netzwerke und Feedback-Diagramme. Das Üben nutzt hier Strukturierungstechniken (Sorrentino, Linser & Paradies, 2009, S. 103 ff.).

Ein weiteres Hilfsmittel der Organisation ist die Aufbereitung eines Inhaltes in Form von Merkzetteln und Spickzetteln (Sorrentino et al., 2009, S. 103 ff.). Solche Merkzettel sollen eigentlich einen Vortrag unterstützen. Bei der Vorbereitung müssen jedoch die wesentlichen Inhalte eines Gebietes organisiert werden. Dabei kann auf den Vortrag selbst auch verzichtet werden. Die Erstellung eines Spickzettels – in Nordrhein-Westfalen auch „Fudelzettel" genannt – ist eine gute Aufgabe zur Organisation der Inhalte. Spickzettel können wahre Meisterwerke sein, deren Kreation umfangreicher kognitiv-handwerklicher Fähigkeiten bedarf. Dazu gehört sicherlich das ausgetauschte Etikett einer Limonadenflasche mit Inhalten zur Geschichte der USA (Hessenauer, 2009, S. 87ff.). Der Spickzettel ist – im Kontext des Übens – ein Freund der Lehrkraft und die lustvolle Erstellung von Spickzetteln sicher nicht die schlechteste Art des Wiederholens.

Übungstyp	Zielsetzung	Methoden der Ergebnissicherung
Organisations-übungen	Lerngegenstände (re)organisieren	Merk- bzw. Spickzettel erstellen, schriftlich zusammenfassen, mündlich zusammenfassen, bildlich-schematisch zusammenfassen, Gliederung erstellen, wichtige Textpassagen kennzeichnen, thematische Strukturen erstellen, Concept maps entwickeln, Flussdiagramme erstellen, Prozeduren oder zielgerichtete Netzwerke oder Feedback-Diagramme erstellen, ...
Elaborations-übungen	Lerngegenstände in vorhandene Wissensstruktur einbetten	Beispiele suchen, Analogien bilden, ...
Übungen zum kritischen Denken	Lerngegenstände kritisch hinterfragen	Beweisführung nachzeichnen, Beweisführung entwickeln, Advocatus Diaboli spielen, Alternativen entwickeln, Konzepte vergleichen, ...
Wiederholungs-übungen	Einprägen	Quiz bearbeiten, mit Lernkartei arbeiten, Lernkarteikarten erstellen, Lernplakate, Prüfungsaufgaben erstellen lassen, Quiz erstellen lassen, ...

Übersicht 6: Übungsmöglichkeiten

Die Elaborationsübungen umfassen Tätigkeiten, die dazu dienen, die zu erwerbenden Inhalte in bereits vorhandene Wissensstrukturen einzubetten. Dazu sollen die Schülerinnen und Schüler Beispiele finden oder Analogien bilden.

Die Übungen zum kritischen Denken bedeuten, dass der Lerner die Inhalte kritisch hinterfragen soll. So können beispielsweise die Beweisführung nachgezeichnet und überprüft werden, Alternativen entwickelt oder verschiedene Konzeptionen verglichen werden.

Schlichte Wiederholungsübungen dienen dem Einprägen durch schlichtes Wiederholen, leises oder lautes Hersagen oder Auswendiglernen. Das Wiederholen soll die Inhalte im Langzeitgedächtnis stabilisieren. Für das schlichte Wiederholen sind „Übungsinstrumente" (Sorrentino et al., 2009, S. 75) hilfreich. Dazu gehört die Lernkartei, die überwiegend aus dem Vokabeltraining bekannt ist. Lernkarteien sind jedoch breiter einsetzbar, vor allem für Fachtermini und Definitionen, für Formeln und Regeln, für Daten oder für Gesetze und Vorschriftenhinweise (Rost, 2005, S. 94). Üblicherweise wird dabei mit DIN-A6-Karteikarten gearbeitet. Diese können – gerade in allgemeinbildenden Schulen – auch gekauft werden. Aus lernpsychologischer Sicht ist jedoch die Eigenerstellung von Lernkarteien zu bevorzugen. Eine Ausnahme stellen von der Lehrkraft erstellte Lernkarteien zu den zentralen Begriffen dar, wie sie im Rahmen der Sprachförderung im Fachunterricht eingesetzt werden. Darauf wird später bei den Methoden zur sprachlichen Förderung im Fachunterricht eingegangen. Lernkarteikarten lassen sich gut mit Lernkästen kombinieren. Dabei werden die Lernkarteien in einer Schachtel – etwa ein schmaler Schuhkarton – angeordnet, und zwar in verschiedenen Fächern. Neue Karten kommen in das erste Fach. Bei der Wiederholung kommt die Karte, wurde sie richtig ‚gelöst', in das zweite Fach. War die Antwort, also beispielsweise die Übersetzung der Vokabel oder die Formel, falsch, bleibt sie im ersten Fach. Wenn sich im zweiten Fach hinreichend Material gesammelt hat, wird das zweite Fach bearbeitet. Eine falsch beantwortete Karte wandert zurück in Fach 1, eine richtig beantwortete Karte in Fach 3. Das Fach 1 wird im Idealfall jeden Tag bearbeitet.

Definition 3: Ergebnissicherung

Die Ergebnissicherung dient der Organisation, der Elaboration, dem kritischen Nachdenken oder dem Wiederholen der Lerngegenstände.

Ein weiteres Übungsinstrument sind Lernplakate (Sorrentino et al., 2009). Die Lehrkraft oder auch der Lerner erstellt im Posterformat ein Plakat, das die inhaltliche Struktur des Themas oder wichtige Auszüge davon darstellt. Diese werden – solange der Inhalt für die Klasse aktuell ist – gut sichtbar für alle Lerner in der Klasse aufgehängt.

Eine gute Form des Übens besteht darin, Lerner Prüfungsaufgaben erstellen zu lassen, beispielsweise Mehrfachwahlaufgaben. Diese können dann auch an den anderen Lernern ‚ausprobiert' werden.

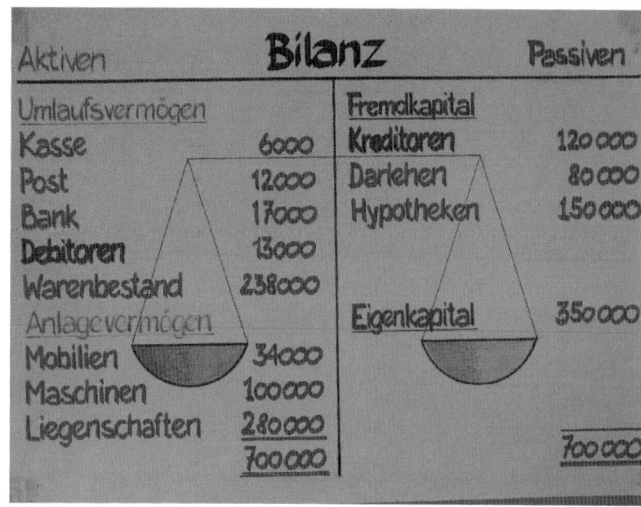

Lernplakat
Bild 5. Lernplakat von Hans Jörg Moser, Kantonsschule am Burggraben, St. Gallen.
Foto: Karl Wilbers

10.5.1.4 Ergebnissicherung mit Spielen

Spaß und ein wenig Wettbewerb sind sicherlich nicht die schlechtesten Begleiter der Erfolgssicherung. Genau diesen Grundgedanken nehmen spielerische Formen der Erfolgssicherung auf. Unzählige Menschen in ganz Deutschland schauen gespannt in die Glotze und verfolgen einfachste Wissensabfragen von Günter Jauch in „Wer wird Millionär?". Warum also nicht so etwas auch im Unterricht nutzen? Für den Unterricht in kaufmännischen Fächern greifen Hoffmann und Langfeld (2001) sowie Lindemann (2000) diesen Gedanken auf. Sie schildern den Umgang mit Kreuzworträtseln. Für diese finden sich im Internet inzwischen einfache Vorlagen. Außerdem wandeln sie das Dominospiel um, bei dem nun zusammengehörige Begriffe wie „Dividende" und „Einkunft der Aktionäre" zusammengelegt werden müssen. Auch das Gesellschaftsspiel „Tabu" wird zur Sicherung eingesetzt. Die Karten dazu können von den Schülerinnen und Schülern selbst produziert werden.

Eine weitere Variante ist die magische Wand. Bei einer magischen Wand wird das Thema in Teilthemen zerlegt und zu jedem Teilthema werden Fragen unterschiedlichen Schwierigkeitsgrades definiert, deren Lösung zu unterschiedlichen Punktgutschriften oder Punktabzügen führt. Die erste Gruppe, die zufällig ausgelost wurde, beginnt und wählt – als Gruppe – eine Frage. Sie beantwortet – als Gruppe – die Frage. Ist sie richtig gelöst worden, werden die Punkte der Gruppe gutgeschrieben. Wurde die Frage falsch beantwortet, werden die Punkte abgezogen und die nächste Gruppe ist an der Reihe. Im Internet finden

Die Magische Wand

Ge-schäfts-fähigkeit	Nichtig-keit	Anfecht-barkeit	Kaufver-trag	Sonstiges
100	100	100	100	100
200	200	200	200	200
300	300	300	300	300
400	400	400	400	400
500	500	500	500	500

Magische Wand zum Kaufvertrag
Bild 6. Magische Wand v. Svenja Klang, www.lehreronline.de

den sich inzwischen magische Wände zu einer Reihe von Themen, ebenso wie Powerpoint-Vorlagen, die auf einfache Weise die Erstellung magischer Wände ermöglichen.

Für das Üben und Wiederholen sollte die Lehrkraft ein förderliches Klima in der Klasse herstellen (Sorrentino et al., 2009, S. 53 ff.). Dazu gehört zunächst, dass die Lehrkraft die Rolle wechselt, wenn etwa der Übungsphase ein Lehrvortrag vorausgeht. Wie auch in Erarbeitungsphasen sollten die Formen des Übens variieren und nicht immer wieder auf die gleiche Art geübt und wiederholt werden. Die Lerner sollten Fehler machen dürfen und von der Lehrkraft Rückmeldungen erhalten. Außerdem sollte in der Klasse eine moderate Lautstärke vorherrschen. Gerade für das konzentrierte Einzelarbeiten sollte die Lehrkraft für Ruhe sorgen.

10.6 Outro

10.6.1 Die wichtigsten Begriffe dieser Lerneinheit

- Unterrichtseinstieg
- Thematische Hinführung
- Advance Organizer
- Lehrvortrag (Begriff, Gestaltung/Phasen, Stellung im Interdependenzzusammenhang)
- Modellieren
- Vier-Stufen-Methode
- Demonstrationsexperiment
- Lehrgespräch (Begriff, Gestaltung/Phasen, Stellung im Interdependenzzusammenhang)

- Impuls
- Lehrfrage
- Wartezeit
- Ergebnissicherung (Begriff, Funktion, Gestaltung von Aufgaben, Spiele)
- Absichtliches Üben (deliberate practice)
- Methoden der Ergebnissicherung

10.6.2 Tools

- Tool „Zyklus der Kompetenzorientierung" (TB-4.1)
- Tool „Bedingungen des Wirtschaftsunterrichts" (TB-6.1)
- Tool „Unterrichtseinstieg: Kriterienkatalog" (TB-8.1)
- Tool „Lehrvortrag: Kriterienkatalog" (TB-8.2)
- Tool „Lehrgespräch: Kriterienkatalog" (TB-8.3)

10.6.3 Kompetenzen

- Einstieg in traditionellen Unterricht gestalten: Bedeutung/Funktion des Einstiegs begreifen; Unterrichtseinstieg mit Advance Organizern und thematischen Hinführungen gestalten; Alternative Einstiege in den Unterricht gestalten
- Lehrvortrag gestalten: Lehrvortrag abgrenzen; Phasen des Lehrvortrags unterscheiden und gestalten; Lehrvortrag im Interdependenzzusammenhang würdigen; Sonderformen des Modellierens und des Demonstrationsexperiments erörtern
- Lehrgespräch gestalten: Lehrgespräch abgrenzen; Phasen des Lehrgesprächs unterscheiden und gestalten; Lehrgespräch im Interdependenzzusammenhang würdigen
- Im traditionellen Unterricht Ergebnisse sichern: Methoden der Ergebnissicherung entsprechend kognitiver Lernstrategien strukturieren; Ergebnissicherung mit Spielen gestalten

10.6.4 Hinweise zur vertieften Auseinandersetzung: Weiterlesen

Empfehlenswert ist das Buch von Gudjons „Frontalunterricht – neu entdeckt" (2003). Für die Arbeit mit Advance Organizern sei die Veröffentlichung von Wahl (2006) erwähnt. Eine ausführliche Auseinandersetzung mit der Köpersprache ermöglicht das Buch von Bischoff (2007), eine Auseinandersetzung mit der Rhetorik das Buch von Kolmer und Rob-Santer (2002). Weitere Formen des Übens für den kaufmännischen Unterricht finden sich bei Lindemann (2000).

10.6.5 Hinweise zur vertieften Auseinandersetzung: Weitersurfen

Im Internet findet sich eine Fülle von Angeboten zum Lehrvortrag unter dem Stichwort „Rhetorik".

10.6.6 Literaturnachweis

Arslan, C. (2010). "Meine Schüler verstehen nicht alles". Sprachsensibilisierung im Fachunterricht. *Pädagogik* (6), 22–25.

Bauer-Klebl, A., Euler, D. & Hahn, A. (2001). *Das Lehrgespräch - (auch) eine Methode zur Entwicklung von Sozialkompetenzen?* Paderborn: Eusl-Verl.

Beck, D. L. (2008). *From Musician to Neuroscientist: An Interview with From Musician to Neuroscientist: An Interview with Daniel Levitin.* Verfügbar unter http://www.audiology.org/news/interviews/Pages/20080811a.aspx

Bischoff, I. (2007). *Körpersprache und Gestik trainieren. Auftreten in beruflichen Situationen.* Weinheim: Beltz.

Böhmann, M. & Schäfer-Munro, R. (2008). *Kursbuch Schulpraktikum. Unterrichtspraxis und didaktisches Grundwissen* (Beltz Pädagogik2. Aufl.). Weinheim: Beltz.

Davis, B. G. (2009). *Tools for teaching* (2. Aufl.). San Francisco, CA: Jossey-Bass.

Dubs, R. (2009). *Lehrerverhalten. Ein Beitrag zur Interaktion von Lehrenden und Lernenden im Unterricht* (2. Aufl.). Stuttgart: Steiner.

Emmer, E. T., Evertson, C. M. & Worsham, M. E. (2003). *Classroom Management for Secondary Teachers.* Boston u.a.: Pearson Education.

Ericsson, K. A., Krampe, R. T. & Tesch-Römer, C. (1993). The Role of Deliberate Practice in the Acquisition of Expert Performance. *Psychological Review, 100* (3), 363–406.

Gage, N. L. & Berliner, D. C. (1996). *Pädagogische Psychologie* (5. Aufl.). Weinheim: Psychologie Verlags Union.

Good, T. L. & Brophy, J. E. (2003). *Looking in Classrooms.* Boston u.a.: Pearson Education.

Greving, J. & Paradies, L. (2007). *Unterrichts-Einstiege. Ein Studien- und Praxisbuch* (6. Aufl.). Berlin: Cornelsen Scriptor.

Gudjons, H. (2003). *Frontalunterricht - neu entdeckt. Integration in offene Unterrichtsformen.* Bad Heilbrunn/Obb.: Klinkhardt.

Herold, M. & Landherr, B. (2003). *SOL - Selbstorganisiertes Lernen. Ein systemischer Ansatz für den Unterricht* (2. Aufl.). Baltmannsweiler: Schneider-Verl. Hohengehren.

Hessenauer, G. F. (2009). *Erwischt! Alles über Spickzettel & Co.* Reinbek bei Hamburg: Rowohlt Taschenbuch Verl.

Hoffmann, B. & Langefeld, U. (2001). *Methoden-Mix. Unterrichtliche Methoden zur Vermittlung beruflicher Handlungskompetenzen in kaufmännischen Fächern.* (4. Aufl.). Darmstadt: Winklers.

Hollingsworth, J. & Ybarra, S. (2009). *Explicit Direct Instruction (EDI). The Power of the Well-Crafted, Well-Taught Lesson.* Thousand Oaks: Corwin Press.

Hüttner, A. (2009). *Technik unterrichten. Methoden und Unterrichtsverfahren im Technikunterricht* (3. Aufl.). Haan-Gruiten: Verl. Europa-Lehrmittel.

Kimmelmann, N. (2010). *Cultural Diversity als Herausforderung der beruflichen Bildung. Standards für die Aus- und Weiterbildung von pädagogischen Professionals als Bestandteil des Diversity Management.* Aachen: Shaker.

Klippert, H. (2006). *Kommunikations-Training. Übungsbausteine für den Unterricht* (10. Aufl.). Weinheim: Beltz.

Kolmer, L. & Rob-Santer, C. (2002). *Studienbuch Rhetorik.* Paderborn: Schöningh.

Lambl, W. (2013). Amtsangemessene Kleidung wird vom Lehrer erwartet. *VLB - Akzente* (5), 38–39.

Lang, L. (2010). *Musik ist meine Sprache. Die Geschichte meines Lebens.* Berlin: Ullstein.

Lätzsch, L. (2010). Dresscode für Lehrerinnen und Lehrer. Pro. *Pädagogik, 62* (1), 48.

Leopold, C., Sumfleth, E. & Leutner, D. (2013). Learning with summaries: Effects of representation mode and type of learning activity on comprehension and transfer. *Learning and Instruction, 27,* 40–49.

Lindemann, M. (2000). *Kreative Bausteine für den kaufmännischen Unterricht.* Rinteln: Merkur Verlag.

Marzano, R. J., Pickering, D. J. & Pollock, J. E. (2001). *Classroom Instruction that works. Research-based strategies for increasing student achievement.* Alexandria: Association for Supervision and Curriculum Development.

Meyer, H. (1987). *Unterrichtsmethoden* (1: Theorieband, 4. Aufl.). Frankfurt am Main: Cornelsen Scriptor.

Rauner, F. & Eicker, F. (1996). Experimentierendes Lernen im Elektrotechnik-Unterricht. In A. Lipsmeier & F. Rauner (Hrsg.), *Beiträge zur Fachdidaktik Elektrotechnik* (S. 196–210). Stuttgart: Holland + Josenhans.

Rost, F. (2005). *Lern- und Arbeitstechniken für das Studium* (5. Aufl.). Wiesbaden: VS Verl. für Sozialwiss.

Schelten, A. (2005). *Grundlagen der Arbeitspädagogik* (Pädagogik4. Aufl.). Stuttgart: Steiner.

Schelten, A. (2009a). *Begriffe und Konzepte der berufspädagogischen Fachsprache. Eine Auswahl* (2. Aufl.). Stuttgart: Steiner.

Schelten, A. (2009b). Berufsmotorisches Lernen in der Berufsschule. In B. Bonz (Hrsg.), *Didaktik und Methodik der Berufsbildung* (S. 135–151). Baltmannsweiler: Schneider Hohengehren.

Schulz von Thun, F. (2008). *Miteinander reden. Störungen und Klärungen* (Bd. 1, 46. Aufl.). Reinbek bei Hamburg: Rowohlt-Taschenbuch-Verlag.

Seifried, J. (2010). Unterrichtliche Kommunikation von Lehrkräften an kaufmännischen Schulen. *Zeitschrift für Berufs- und Wirtschaftspädagogik, 106* (3), 379–398.

Sorrentino, W., Linser, H. J. & Paradies, L. (2009). *Üben im Unterricht.* Berlin: Cornelsen Scriptor.

Speth, H. (2004). *Theorie und Praxis des Wirtschaftslehreunterrichts. Eine Fachdidaktik* (8. Aufl.). Rinteln: Merkur.

Trautmann-Voigt, S., Voigt, B., Damm, M., Wöller, W. & Sachsse, U. (2009). *Grammatik der Körpersprache. Körpersignale in Psychotherapie und Coaching entschlüsseln und nutzen.* Stuttgart: Schattauer.

Wahl, D. (2006). *Lernumgebungen erfolgreich gestalten. Vom trägen Wissen zum kompetenten Handeln* (2. Aufl.). Bad Heilbrunn: Klinkhardt.

Wiebe, G. (2010). Dresscode für Lehrerinnen und Lehrer. Contra. *Pädagogik, 62* (1), 49.

Woolfolk, A. (2004). *Educational Psychology* (9. Aufl.). Boston et. al.: Pearson.

10.6.7 Anmerkungen

[1] Diese Funktionen ergeben sich im Wesentlichen aus den Erörterungen zum Kognitivismus sowie zur Klassenführung. Der Motivierungsaspekt schließt an die kognitive Motivationstheorie an. Zum Unterrichtseinstieg siehe auch Marzano, Pickering und Pollock (2001, S. 118 f.); Meyer (1987, S. 129); Woolfolk (2004, S. 287).

[2] Die dargestellte Struktur des Lehrvortrags orientiert sich, ebenso wie der Beobachtungsbogen in diesen Teilen, inhaltlich stark an den Ausführungen von Gage und Berliner (1996).

[3] Das Hamburger Modell der Verständlichkeit bezieht sich auf die schriftsprachliche Kommunikation. Das Modell kennt vier Dimensionen der sprachlichen Gestaltung: 1. Einfachheit (Gegenteil: Kompliziertheit), 2. Gliederung – Ordnung (Gegenteil: Unübersichtlichkeit – Zusammenhangslosigkeit), 3. Kürze – Prägnanz (Gegenteil: Weitschweifigkeit), 4. Zusätzliche Stimulanzien. Auf der Grundlage dieser Modellvorstellung wird ein Ansatz zur Messung der Verständlichkeit entwickelt. Schulz von Thun (2008, S. 140 ff.).

[4] Vgl. dazu die Pro- und Contra-Diskussion: Lätzsch (2010); Wiebe (2010).

[5] Die Würdigung des Lehrvortrags nimmt hier vor allem Gedanken von Dubs (2009, S. 180 ff.) und der darstellenden Aktionsform von Speth (2004, S. 185 ff.) auf.

[6] Für kaufmännische Schulen siehe dazu auch die Analysen von Seifried (2010).

[7] Eine ähnliche Annahme vertritt der SOL-Ansatz bezüglich des selbstorganisierten Lernens. Vgl. Herold und Landherr (2003, S. 36 ff.).

11 BEDINGUNGEN ZUR FÜHRUNG VON KLASSEN GESTALTEN

11.1 Zur Orientierung: Was Sie hier erwartet

11.1.1 Worum es hier geht

Birgit ist sauer. Schon wieder hat ihr lieber Kollege Schmidt einer Schülerin erlaubt, das Smartphone im Unterricht zu benutzen. Das, obwohl dies das Bayerische Gesetz über das Erziehungs- und Unterrichtswesen klar verbietet. Die Ausbildungsbetriebe finden dieses Verbot ohnehin lächerlich und einige drängen sogar die Schülerinnen und Schüler, die Handys anzulassen. Soll Birgit jetzt dort anrufen und im Alleingang auf das Handyverbot pochen?

Birgit hält Schmidt ohnehin für viel zu nachgiebig. Bei Schmidt können die Schüler beispielsweise ständig ohne Ansage auf die Toilette, auch wenn es nur noch fünf Minuten bis zur Pause sind. In feiner Regelmäßigkeit versuchen die Schülerinnen und Schüler dies dann auch, wenn Birgit in der Klasse ist. Birgit fühlt sich jedoch durch dieses Gerenne im vernünftigen Arbeiten gestört. Birgit erlaubt auch Handys nicht. Sie zieht diese ein und verwahrt sie bis zum Ende der Unterrichtszeit. Birgits Kollege Weber geht da noch ein ganzes Stück weiter. Weber deponiert Handys im Schulsekretariat. Dort können die Schülerinnen und Schüler das Handy am nächsten Tag abholen, Schülerinnen und Schüler in Teilzeit manchmal erst in der nächsten Woche. Das ist Birgit zu heikel. Sie hat viele Lernende aus dem Umland. Wenn der öffentliche Nahverkehr mal ausfällt, müssen diese ihre Eltern anrufen können.

11.1.2 Inhaltsübersicht

11 Bedingungen zur Führung von Klassen gestalten 341

   11.1 Zur Orientierung: Was Sie hier erwartet 342

      11.1.1 Worum es hier geht 342

      11.1.2 Inhaltsübersicht 343

      11.1.3 Zusammenfassung 343

      11.1.4 Einordnung in das Prozessmodell 344

   11.2 Exkurs: Der Behaviorismus – eine weitere Sichtweise auf Lernen und Motivation 345

      11.2.1 Erste Spielart des Behaviorismus: Die klassische Konditionierung 345

      11.2.2 Zweite Spielart des Behaviorismus: Die operante Konditionierung 349

      11.2.3 Der Behaviorismus als Motivationstheorie 352

      11.2.4 Würdigung des Behaviorismus 352

   11.3 Klassenführung: Was darunter verstanden wird 353

   11.4 Klassen proaktiv führen: Unterrichtsstörungen in der Klasse weitgehend vermeiden 355

      11.4.1 Regeln als Gegenstand der Klassenführung 355

      11.4.2 Schritte zu gemeinsamen Regeln und Konsequenzen bei Regelverstößen 356

      11.4.3 Warum ist das alles so kompliziert? 358

   11.5 Die Klasse reaktiv führen: Mit Unterrichtsstörungen in der Klasse umgehen 359

      11.5.1 Mit Problemen in der Klasse umgehen 359

      11.5.2 Konfliktgespräche führen 362

      11.5.3 Mit Mobbing in der Klasse umgehen 362

      11.5.4 Mit schulischen Krisen umgehen 366

      11.5.5 Sich in Lernende verlieben, Sex und übergriffige Handlungen der Lehrkraft 368

   11.6 Leitfragen für die Analyse der Grundsätze der Klassenführung (GAL 3.5) 369

   11.7 Outro 370

      11.7.1 Die wichtigsten Begriffe dieser Lerneinheit 370

      11.7.2 Tools 370

      11.7.3 Kompetenzen 370

      11.7.4 Hinweise zur vertieften Auseinandersetzung: Weiterlesen 371

      11.7.5 Hinweise zur vertieften Auseinandersetzung: Weitersurfen 371

      11.7.6 Literaturnachweis 371

      11.7.7 Anmerkungen 373

11.1.3 Zusammenfassung

Klassenführung zielt darauf, förderliche Bedingungen für das Unterrichten zu schaffen, indem Unterrichtsstörungen durch präventive Maßnahmen vermindert und durch reaktive Maßnahmen abgefedert werden. Eine präventive Maßnahme ist die Einführung eines gemeinsamen Regelwerks mit den dazugehörigen Konsequenzen bei Regelverstößen. Die Entwicklung derartiger Regeln und Konsequenzen bei Regelverstößen ist Schulentwicklung. Für dieses Vorhaben wird hier ein siebenstufiges Verfahren vorgeschlagen. Die reaktive Klassenführung greift, wenn es zu einer Unterrichtsstörung gekommen ist. Solche Störungen des Unterrichts werden als normal betrachtet. Sie können und sollen in der Vorstellung moderner Klassenführung nicht vollständig vermieden werden. In der Klassenführung reagiert die Lehrkraft gestuft ('Konsequenzenhierarchie'). Die Lehrkraft reagiert gestuft auf flüchtige, kleinere Unterrichtsstörung und größere Unterrichtsstörung mit oder ohne weiteren Informationsbedarf. Eine tiefgreifende Unterrichtsstörung – eine Krise – verlangt ein professionelles Krisenmanagement. Mobbing in der Klasse wird häufig übersehen bzw. ignoriert und verlangt ein spezifisches Vorgehen, etwa nach dem No-Blame-Approach.

11.1.4 Einordnung in das Prozessmodell

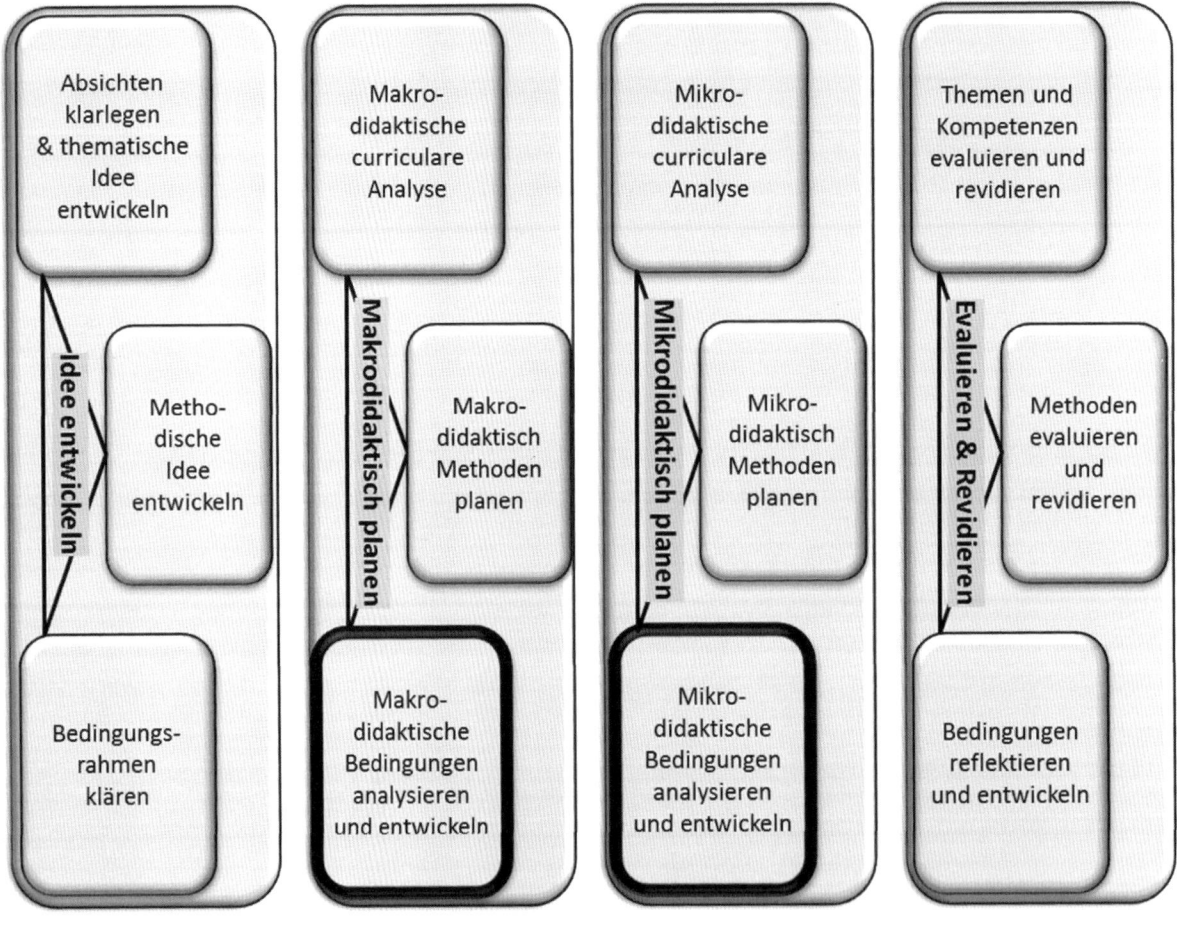

Bedingungen liegen auf vier Bedingungsschalen, die in der Karte zu den Bedingungen in der Toolbox (TB-1.9) dargestellt sind. Dies sind die individuellen Bedingungen, die Klassenbedingungen, die schulischen Bedingungen sowie die Bedingungen auf den höheren Bedingungsschalen. In Lerneinheit 7 wurde bereits die Erfassung der Klassenbedingungen erörtert. Die Klassenbedingungen sind dabei die Heterogenität und das Niveau der Lernausgangslage in der Klasse, die Größe und Zusammensetzung der Klasse, das Klassenklima, die räumlich-zeitlichen Bedingungen sowie – der Gegenstand dieser Lerneinheit – die Grundsätze der Klassenführung.

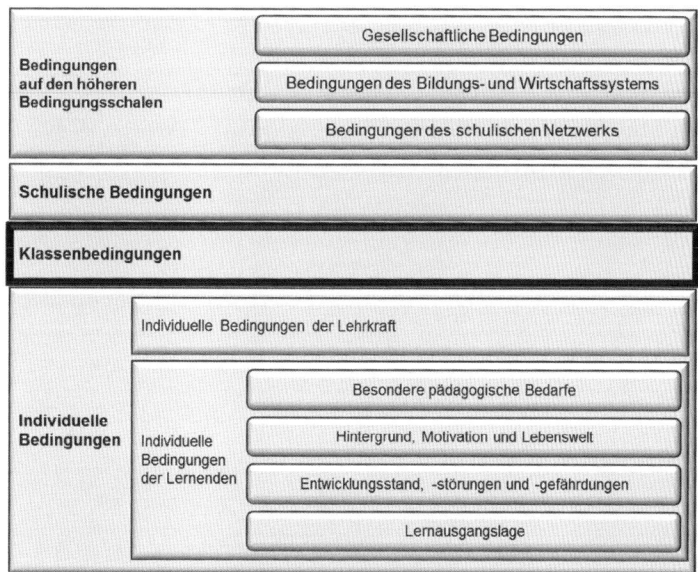

Übersicht 1: Klassenbedingungen

An der Klassenführung wird besonders deutlich, dass Bedingungen des täglichen Unterrichts nicht in Stein gemeißelt sind, sondern durch die Lehrkraft gestaltet werden können. Die Klassenführung versucht, Störungen im Unterricht weitgehend zu vermeiden und angemessen auf dennoch entstandene Störungen zu reagieren. Eine theoretische Grundlage, die auch für die Klassenführung Einsichten bietet, ist der Behaviorismus.

11.2 Exkurs: Der Behaviorismus – eine weitere Sichtweise auf Lernen und Motivation

Eine weitere Perspektive auf Lernen und Motivation neben dem Kognitivismus liefert der Behaviorismus. Insgesamt werden hier vier Perspektiven auf Lernen und Motivation erörtert. Sie werden in einer Lernübersicht in der Toolbox gegenübergestellt (TB-1.14). Der Behaviorismus entwickelte sich in zwei Spielarten, nämlich der klassischen Konditionierung und der operanten Konditionierung.

11.2.1 Erste Spielart des Behaviorismus: Die klassische Konditionierung

Um den Ausgangspunkt der klassischen Konditionierung zu verstehen, führen Sie bitte zunächst ein kleines Selbstexperiment durch (Woolfolk, 2008, S. 259).

> **STOPP:** Schließen Sie die Augen, konzentrieren Sie sich und versuchen Sie sich ein möglichst lebhaftes Bild eines Zahnarztbohrers zu machen. Konnten Sie dabei etwas an sich bemerken? Es mag Ihnen dabei gehen, wie vielen Anderen: Beim (innerlichen) Hören eines Zahnarztbohrers verkrampfen sich Ihre Nackenmuskeln. Ebenso mag der Anblick einer Kakerlake in einem Apfelsaft ein Ekelgefühl auslösen. Oder der Anblick des dunklen Kellereingangs Ängste hervorrufen.

Der Schulalltag kennt viele Reize, die bei Menschen zu bestimmten Reaktionen führen. Für einige Schülerinnen und Schüler ist das Sprechen vor größeren Gruppen mit großen Ängsten verbunden.

Einige bekommen bei Prüfungen einen Aussetzer („black out"). Bei einigen reicht der Blick auf eine mathematische Formel um Ohnmachtsgefühle zu bekommen. Und schließlich mag eine Schülerin ihren Mitschüler so erregend finden, dass es schwierig wird, sich auf die Grundlagen des Bilanzierens zu konzentrieren.

Das klassische Konditionieren beschäftigt sich mit dem Lernen *unwillkürlicher* Reaktionen, wie Ängsten, Schwitzen oder Muskelspannungen, also körperlichen oder emotionalen Reaktionen. Menschen und Tiere werden in der klassischen Konditionierung trainiert, unwillkürlich auf einen Reiz zu reagieren, auf den sie vorher nicht reagiert haben.

Das klassische Konditionieren geht zurück auf den russischen Physiologen Ivan Pawlow (1849-1936), der die Theorie eher zufällig entdeckte. Pawlow hat 1904 den Nobelpreis für Medizin erhalten – als vierter Nobelpreisträger überhaupt – und zwar für seine Arbeiten über die Physiologie der *Verdauung*.

Um die Verdauungsprozesse zu untersuchen, implantierte Pawlow Hunden Schläuche in Drüsen und Verdauungsorganen (Zimbardo & Gerrig, 2004, S. 246). Diese Schläuche leiteten Körpersekrete in Behälter um sie messbar und analysierbar zu machen. Damit die Sekrete von den Hunden produziert wurden, ließ Pawlow den Hunden Fleischpulver geben. Nach mehreren Durchläufen machten die Forschenden um Pawlow eine erstaunliche Beobachtung, die schließlich den Startpunkt der neuen Theorie bilden wird: Die Hunde fingen an zu speicheln, *bevor* das Fleischpulver verabreicht wurde. Die Hunde fingen an zu speicheln, wenn sie das Futter *sahen*. Später reichte gar, wenn sie den Assistenten, der das Futter brachte, *sahen* oder nur die Schritte dieses Assistenten zu *hören* waren. Entgegen aller Ratschläge sei-

Pawlowscher Hund mit chirurgisch eingepflanztem Speichelauffang
Bild 1 © von Rklawton

ner wissenschaftlichen Kolleginnen und Kollegen widmete sich Pawlow der weiteren Erforschung dieses Phänomens. Er hat damit eine der wichtigen Grundlagen der Verhaltensforschung gelegt. Die Grundbegriffe seiner Theorie sind Stimulus (S) und Reaktion (R).

- ▶ **Unkonditionierter Stimulus (UCS):** Ein unkonditionierter Stimulus (unconditioned stimulus, UCS) ist ein Stimulus, der eine unkonditionierte Reaktion hervorruft. So löst das Futter (UCS) bei einem Hund ohne vorhergehendes Training einen Speichelfluss aus.
- ▶ **Unkonditionierte Reaktion (UCR):** Durch einen unkonditionierten Stimulus (UCS) wird eine unkonditionierte Reaktion (unconditioned reaction, UCR) hervorgerufen. Der Speichelfluss ist eine unkonditionierte Reaktion (UCR) auf den unkonditionierten Stimulus (UCS) des Futters.
- ▶ **Konditionierter Stimulus (CS):** Der konditionierte Stimulus (conditioned stimulus, CS) ist ein Reiz, der vormals ein neutraler Reiz (neutral stimulus, NS) war, der aber nun eine konditionierte Reaktion auslöst. Dies kann beispielsweise das Geräusch der Futterklappe sein.
- ▶ **Konditionierte Reaktion (CR):** Die konditionierte Reaktion (conditioned reaction, CR) ist eine Reaktion auf einen konditionierten Stimulus (CS), der vormals ein neutraler Stimulus (NS) war. Die Reaktion ist das Ergebnis der Verbindung eines neutralen mit einem unkonditionierten Stimulus.

Klassisches Konditionieren ist damit eine Form des Lernens, bei der eine Assoziation erworben wird, die zu einem Verhalten (konditionierte Reaktion) aufgrund eines Stimulus (konditionierter Stimulus) führt, wobei dieser Stimulus eine Bedeutung durch die Assoziation mit einem anderen Stimulus (unkonditionierter Stimulus) erlangt. Schematisch heißt dies: 1. UCS → UCR, 2. CS + UCS → UCR, 3. CS → CR.

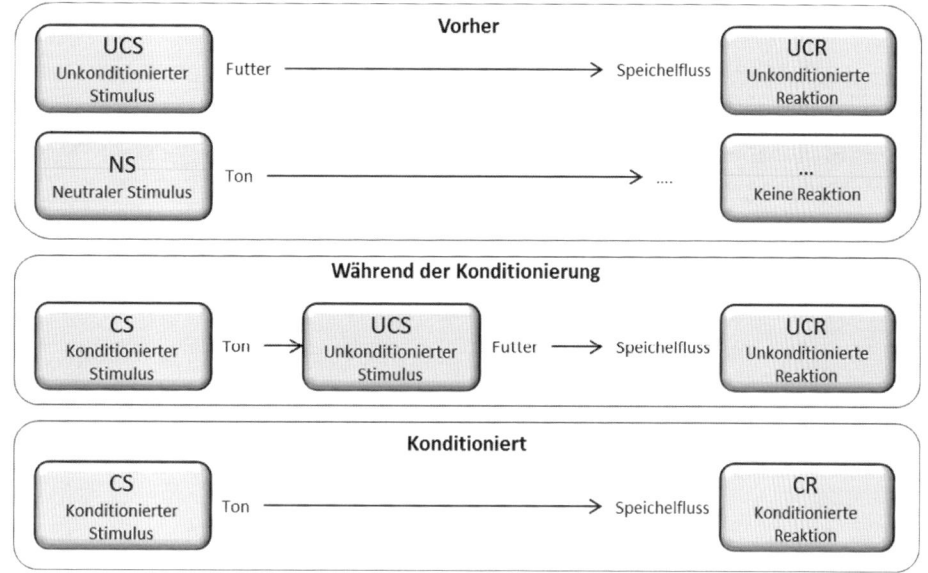

Übersicht 2: Klassische Konditionierung

Ein Beispiel für eine klassische Konditionierung ist die Furchtkonditionierung im *Little-Albert-Experiment*. Dies ist eines der klassischen Experimente der Psychologie und wurde von dem amerikanischen Psychologen John B. Watson (1878-1958) und seiner Assistentin Rosalie Rayner 1920 an der Johns-Hopkins-Universität durchgeführt (Watson & Rayner, 1920). Die Versuchsperson ist der kleine Albert B. Diesem Klein-Albert wurde eine weiße Ratte, ein Kaninchen, ein Hund, ein Affe mit und ohne Masken usw. präsentiert. In keinen dieser Situationen zeigte Albert Furcht. Im Alter von etwa neun Monaten wurde dann Alberts Reaktion auf lauten Krach getestet. Die lauten Geräusche wurden durch Hämmern auf eine aufgehängte Stahlstange erzeugt (UCS). Wie erwartet zeigte Albert aufgrund dieser Geräusche starke emotionale Reaktionen (UCR). Watson und Rayner präsentierten dann beispielsweise die Ratte (NS wird zu CS) und produzierten gleichzeitig den furchterregenden Krach (UCS). Auf Dauer wird Furcht vor der Ratte (CR) konditioniert. Dabei entwickelte sich Alberts Furcht in nur sieben Durchgängen. Während des Experiments wird die Furcht auf diese Weise ausgedehnt auf weitere pelzige Dinge bis hin zu Nikolausmasken, Pelzmänteln usw. Das klassische Little-Albert-Experiment weist eine Reihe, hier nicht weiter erläuterter, forschungsmethodischer Schwächen auf. Außerdem ist das Experiment meiner Meinung nach aus wissenschaftsethischer Sicht unzumutbar.

Definition 1:   Klassisches Konditionieren

Klassisches Konditionieren ist eine Form des Lernens, bei dem eine Assoziation (Reiz-Reaktions-Muster) zwischen einem Stimulus (konditionierter Reiz) und einem Verhalten (konditionierte Reaktion) erworben wird und der Stimulus seine Bedeutsamkeit aufgrund eines anderen Stimulus (unkonditionierter Reiz) erlangt hat.

Die klassische Konditionierung spielt eine wichtige Rolle im Alltag. Insbesondere die *Werbung* versucht die klassische Konditionierung zu nutzen. Dort wird versucht, positiv besetzte unkonditionierte Stimuli (UCS) zu nutzen, beispielsweise der Anblick attraktiver Frauen und Männer, die mit Gefühlen sexueller Erregung (UCR) verbunden sind. Diese UCS sollen mit dem zu bewerbenden Produkt assoziiert werden, das dann zu einem konditionierten Stimulus (CS) werden soll. Obwohl Werbung auch negativ besetzte Stimuli nutzt, ist sie ein gutes Beispiel dafür, dass auch positiv besetzte Stimuli in der klassischen Konditionierung vorkommen und nicht nur Dinge wie Furcht oder Angst.

Die klassische Konditionierung bildet eine wichtige Grundlage der *Verhaltenstherapie*.[1] Ein weit verbreitetes Verfahren der Verhaltenstherapie ist die systematische Desensibilisierung (Maercker & Weike, 2009). Diese verhaltenstherapeutische Methode dient dem Abbau belastender emotionaler Reaktionen, insbesondere Ängsten, die mit bestimmten Objekten oder Situationen verbunden sind. Klienten werden dabei mit Reizen konfrontiert, die im Verlauf der Therapie systematisch gesteigert werden.[2] Außerdem erlernen die Klienten als zweites Element der systematischen Desensibilisierung eine Entspannungstechnik (Maercker & Krampen, 2009), insbesondere die progressive Relaxation. Diese soll Entspannung als Folge von wechselnder Anspannung und Entspannung der Skelettmuskulatur ermöglichen. Nach dem Entspannungstraining erfolgt zunächst eine Analyse der Ängste. Die Ängste sollen dabei in einer Hierarchie geordnet werden, die mit entspannenden Situationen beginnt ('Ruheszene') und mit der am meisten problematischen Angstsituation endet. Zwischen diesen Polen werden etwa zehn Situationen geordnet. Ein Hilfsmittel dabei ist die Anordnung mit Hilfe des Thermometers von 0 bis 100.

Grad	Angst-Item
100	Den Eltern sagen müssen, dass ich durchgefallen bin
90	Mitten in der Prüfung ist plötzlich »alles wie weg«
80	Von den Prüfern kritisch angesehen werden
75	Eine Frage nicht beantworten können
65	Ich merke, dass mir die Frage nicht ganz klar ist
50	Zum Ort der Prüfung gehen
40	An den letzten Tagen der Vorbereitung habe ich »einen Block«
30	Mit Kommilitoninnen und Kommilitonen über die herannahende Prüfung sprechen
25	Terminfestlegung der Prüfung
10	Ich mache mir noch im Semester Gedanken über die Prüfung

Übersicht 3: Beispiel für die Angsthierarchie einer Patientin mit Prüfungsangst (Maercker & Weike, 2009, S. 509)

Die systematische Desensibilisierung stellt eine Variante der Konfrontationsverfahren dar (Michael & Tuschen-Caffier, 2009). Die Wirksamkeit von Konfrontationsverfahren ist gut belegt, wenngleich nicht geklärt ist, über welche Mechanismen die Effekte eigentlich erzielt werden.

Klassische Konditionierung erläutert nicht umfassend das Lernen in der Schule. Gleichwohl ist sie ein wichtiges Mittel, um mit emotionalen Begleitumständen des Lernens umzugehen. Damit sind vor allem Ängste, aber auch Aggressionen angesprochen.

▶ **Negative Konditionierungen verhindern**: Bei starken Ängsten können bereits wenige Assoziationen von unkonditionierten Stimuli und vormals neutralen Stimuli Konditionierungen ermöglichen, die einen Menschen ein Leben lang begleiten. In extremen Fällen reicht eine einzige Situation ('traumatische Situation'). Vor diesem Hintergrund sind Lehrkräfte aus Sicht der klassischen Konditionierung gefordert, Konditionierungen zu verhindern, die das Lernen langfristig beeinträchtigen können. Derartige Stimuli können Schule insgesamt, ein Fach wie Rechnungswesen, Formeln und Symbole, das Lernen mit Texten, das freie Sprechen u. a. sein. Die Lehrkraft muss versuchen, diese Gegenstände schulischen Lernens nicht mit negativen Emotionen zu besetzen. Dies ist beispielsweise der Fall, wenn die Lehrkraft den Schülerinnen und Schülern droht, auf mögliche oder tatsächliche Bedrohungen hinweist oder selbst Abscheu bekundet, etwa nach dem Motto „Also dieser Teil des Rechnungswesens ist furchtbar, aber da müssen wir durch".

▶ **Positive Konditionierungen ermöglichen**: Die Lehrkraft bzw. die Schule sollte aus Sicht der klassischen Konditionierung eine positive Assoziation mit Lernen und Schule anstreben. Dies ist zunächst eine Aufforderung an die Gestaltung des Schullebens. Ordentliche, saubere Schulen, liebevoll und angenehm gestaltete Räume stellen Stimuli dar, die mit einem Lernen in der Schule verbunden sein sollten.

▶ **Negative Konditionierungen beseitigen**: Einige Schülerinnen und Schüler bringen Ängste mit in den Unterricht, die ihnen beim erfolgreichen Lehren und Lernen in der Klasse im Weg stehen. Dazu gehören beispielsweise die Angst vor Prüfungen, die Angst, vor einer Gruppe zu präsentieren, frei zu sprechen oder vorzulesen oder die Angst, Verantwortung zu übernehmen. Die Anwendung verhaltenstherapeutischer Verfahren für einzelne Schülerinnen und Schüler scheidet unter den Bedingungen des Schulalltags regelmäßig aus. Weder lässt die Ausbildung und Spezialisierung der Lehrkraft dies zu, noch erlaubt die Lehrkraft-Lernende-Relation solch intensive Einzelverfahren. Um trotzdem mit solchen Ängsten umzugehen, bieten sich zwei Wege an: Erstens die später noch zu vertiefende Zusammenarbeit mit einer Expertin oder einem Experten, beispielsweise aus der Schulpsychologie. Zweitens kann die Lehrkraft die Schülerinnen und Schüler systematisch desensibilisieren. Dazu entwirft die Lehrkraft in Anlehnung an das Verfahren der systematischen Desensibilisierung zunächst eine Angsthierarchie.

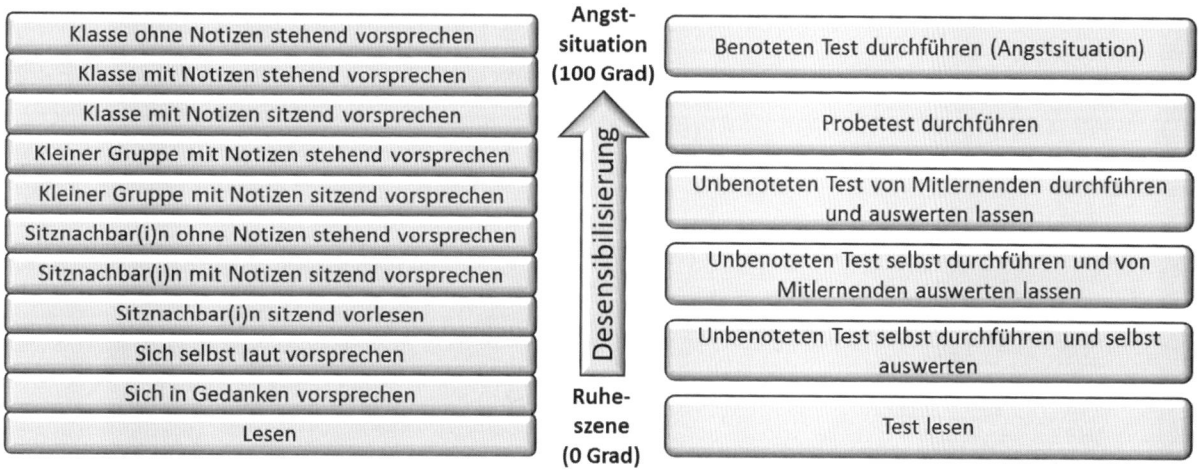

Übersicht 4: Desensibilisierung der Angst vor dem freien Sprechen und vor Prüfungen

In der makrodidaktischen Planung wird dann eine eigene Spalte vorgesehen, in der die Situationen aus der Angsthierarchie eingetragen werden. Dabei wird zunächst die Ruheszene („Null-Grad') in der Spalte und dann in ansteigender Folge die anderen Situationen der Angsthierarchie eingetragen. Das Training beginnt mit der Ruheszene. Idealerweise sollte die Lehrkraft dabei positive Stimuli darbieten, beispielsweise Lob oder angenehme Musik. Die Situation bzw. das ,Angstitem' wird so lange durchgegangen, bis die Lehrkraft den Eindruck gewinnt, dass alle Schülerinnen und Schüler der Klasse keine Ängste mit der Situation verbinden. Ist dies der Fall, gilt die Klasse als desensibilisiert und kann die Lehrkraft zur nächsten Situation in der Angsthierarchie übergehen. Da eine Kombination dieser Konfrontationen mit Entspannungstechniken im Schulalltag ausbleiben muss, sollte die Lehrkraft besonders langsam und kleinschrittig vorgehen.

11.2.2 Zweite Spielart des Behaviorismus: Die operante Konditionierung

Eine zweite Spielart des Behaviorismus ist die operante Konditionierung. Ausgangspunkt der klassischen Konditionierung sind ausgelöste, d. h. ,unfreiwillige', ,automatische' Reaktionen aufgrund unkonditionierter Stimuli. Dieser Ausgangspunkt ändert sich bei der operanten Konditionierung. Hier wird ein Verhalten ,erzeugt', d. h. das Verhalten *operiert* mit Blick auf Konsequenzen.

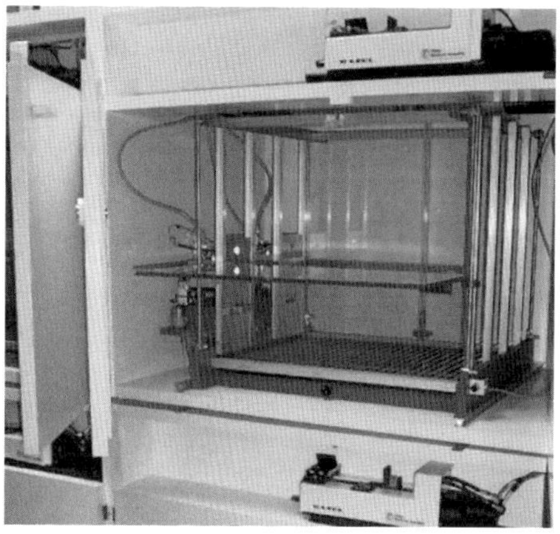

Skinnerbox
Bild 2. Von Bd008

11.2.2.1 Was operante Konditionierung ist

Die operante Konditionierung wurde vor allem von Burrhus Frederic Skinner (1904-1990) erforscht. Skinner bediente sich bei der Forschung der nach ihm benannten Skinner-Box. Sie beinhaltet einen Reaktionshebel bei der Arbeit mit Ratten oder eine Pickscheibe bei der Arbeit mit Tauben, einen Futterspender, Licht sowie elektrisch geladene Gitter am Boden. Die Versuchsanordnung ist einfach: Der Versuchsleiter setzt ein hungriges Tier in die Skinner-Box und beobachtet das gezeigte Verhalten. Bei einer typischen Versuchsanordnung führt nur das Betätigen des Reaktionshebels zu Futter. Das Tier wird in der bewusst reizarm gestalteten Box zufällig den Reaktionsschalter berühren. Das Futter wird die Wahrscheinlichkeit erhöhen, dass ein Verhalten auftritt, nämlich das Drücken des Reaktionshebels. Ratten und Tauben erlernen ausgesprochen schnell, dass eine bestimmte Aktion zu Futter führt.

Die Grundbegriffe des operanten Konditionierens sind „Verstärker" sowie „Bestrafung" (Gage & Berliner, 1996; Skinner, 1953). Ein *Verstärker* ist jeder Stimulus, beispielsweise in der Skinner-Box das Futter, der die Wahrscheinlichkeit einer bestimmten Reaktion, der sogenannten operanten Reaktion, *erhöht*. Bei einer *positiven Verstärkung* wird ein *positiver* Reiz, d. h. ein als angenehm eingeschätzter Reiz *gesetzt*. So führt das Drücken des Reaktionshebels bei Licht (Verhalten) zu dem positiven Reiz Futter. Bei einer *negativen Verstärkung* wird ein *negativer* Reiz, d. h. ein als unangenehm eingestufter Reiz *entfernt* bzw. *nicht hinzugefügt*. In der Skinner-Box kann der unangenehme Reiz elektrischer Ladungen durch den Reaktionshebel unterbunden werden. Dies erhöht die Wahrscheinlichkeit des Auftretens der ‚gewünschten' Reaktion, d. h. des Betätigens des Reaktionshebels. In diesem Fall wird das Tier in der Skinner-Box dem negativen Reiz ausgesetzt und das Tier versucht, diesem Reiz zu entkommen (Fluchtverhalten). Ebenso kann es sein, dass das Tier den angedrohten negativen Reiz vorbeugend zu vermeiden sucht (Vorbeugungsverhalten).[3]

Definition 2:   Operantes Konditionieren

Operantes Konditionieren ist eine Form des Lernens, bei dem eine Assoziation (Reiz-Reaktions-Muster) zwischen einem Stimulus (konditionierter Reiz) und einem Verhalten (konditionierte Reaktion) erworben wird und die Wahrscheinlichkeit des Verhaltens sich aufgrund einer Veränderung positiver oder negativer Konsequenzen nachhaltig verändert.

Bestrafungsanreiz ist jeder Stimulus, beispielsweise in der Skinner-Box der Strom, der die Wahrscheinlichkeit einer bestimmten Reaktion *vermindert*.

Wortwörtlich: Burrhus Frederic Skinner (1904-1990)

Events which are found to be reinforcing are of two sorts. Some reinforcements consist of presenting stimuli, of adding something – for example, food, water, or sexual contact – to the situation. These we call positive reinforcers. Others consist of removing something – for example, a loud noise, a very bright light, extreme cold or heat, or electric shock – from the situation. These we call negative reinforcers. In both cases the effect of reinforcement is the same – the probability of response is increased. We cannot avoid this distinction by arguing that what is reinforcing in the negative case is the absence of the bright light, loud noise, and so on; for it is absence after presence which is effective, and this is only another way of saying that the stimulus is removed. The difference between the two cases will be clearer when we consider the presentation of a negative reinforcer or the removal of a positive. These are the consequences which we call punishment.

Bild 3: B. F. Skinner. Von Silly Rabbit. Zitat: Skinner (1953, S. 73)

Auf dieser Grundlage können zwei Formen der Bestrafung unterschieden werden. Bei einer positiven Bestrafung wird ein *negativer* Reiz *gesetzt*. So vermindern Stromschläge nach dem Betätigen des Reaktionshebels in der Skinner-Box das Auftreten des Betätigens des Reaktionshebels. Bei der negativen Bestrafung wird ein positiver Reiz entfernt. Die negative Bestrafung hat zwei Varianten (Gage & Berliner, 1996, S. 256 f.): Bei einer Auszeit (time out) wird ein Verstärker vorenthalten. Den Schülerinnen und Schülern wird beispielsweise das Filmsehen vorenthalten. Bei der zweiten Variante, Folgekosten (response cost), werden bereits gegebene Verstärker wieder entzogen. Wenn beispielsweise beim Überfahren einer roten Ampel Gefängnis ins Haus steht, ist das eine positive Bestrafung. Wird hingegen eine Geldstrafe eingesetzt, so werden bereits in anderen Kontexten erworbene Verstärker entzogen.

	Positiver Reiz	Negativer Reiz
Stimulus hinzugefügt	Positive Verstärkung	Positive Bestrafung
Stimulus entfernt bzw. nicht hinzugefügt	Negative Bestrafung	Negative Verstärkung

Übersicht 5: Bestrafung und Verstärkung

11.2.2.2 Was operante Konditionierung im Klassenzimmer bedeutet

Was kann als positive und negative Stimuli in der Klasse eingesetzt werden? Die Palette solcher Dinge ist breit. Dazu gehören beispielsweise die schulischen Ordnungsmaßnahmen, die in Bayern in den Artikeln 86 ff. des Bayerischen Gesetzes über das Erziehungs- und Unterrichtswesen (BayEUG) geregelt sind. Zu den positiven Stimuli gehört beispielsweise das Informieren des Ausbildungsbetriebs oder der Eltern über das positive Verhalten, das Anfügen positiver Kommentare an schriftliche Arbeiten, das Ausstellen der Arbeiten von Schülerinnen und Schülern, das Loben alleine oder im Klassenverband. Empirische Ergebnisse zeigen, dass Schülerinnen und Schüler, Lehrkräfte und Eltern die positiven Konsequenzen *unterschiedlich* bewerten (Marzano, Pickering & Pollock, 2003). Dies gilt auch für die negativen Stimuli, beispielsweise das Informieren der Ausbildungsbetriebe oder der Eltern, das Gespräch mit der Schulleitung, das zur Rede stellen alleine im Klassenverband oder allein, das Umsetzen in der Klasse, der Ausschluss.

Welche Maßnahmen können entsprechend als positive oder negative Stimuli eingesetzt werden? Eine abschließende Auflistung ist nicht möglich. Die Antwort darauf liefert das nach dem amerikanischen Psychologen David Premack so genannte Premack-Prinzip: „Eine Tätigkeit, die zum Zeitpunkt X bevorzugt wird, kann eine Tätigkeit verstärken, die zum Zeitpunkt X weniger bevorzugt wird" (Gage & Berliner, 1996, S. 247). „Spielen" wird bevorzugt und hat eine hohe Auftretenswahrscheinlichkeit, „Arbeiten" wird nicht bevorzugt und hat eine niedrige Auftretenswahrscheinlichkeit. Demnach gilt der alte Spruch „Erst die Arbeit, dann das Spiel". Nach dem Premack-Prinzip wird die Liste möglicher Verstärker unendlich, weil jede bevorzugte Tätigkeit als Verstärker dient. Außerdem bietet das Premack-Prinzip eine Lösung bei Reihenfolgeproblemen: Nicht toben und dann die Hausaufgaben, sondern erst Hausaufgaben und dann toben. Nicht Comic lesen und dann Goethe, sondern umgekehrt – vorausgesetzt freilich, der Lernende ist kein Germanist.

Lehrkraft und Lernende können auf der Basis des operanten Konditionierens Verträge („Kontingenzverträge') aufstellen, die erläutern, was notwendig ist, um bestimmte Verstärkungen auszulösen (Gage & Berliner, 1996, S. 245). Das bildet eine wichtige Grundlage für das Loben im Unterricht (Woolfolk, 2004, S. 210). Die Bedingungen für die Belohnung müssen klar sein, d. h. die Kriterien für die gewünschte Leistung sollten klar sein. Ein Hilfsmittel dazu ist das schriftliche Verfassen solcher Verträge. Der Vertrag muss ehrlich sein, d. h. bei Eintreten der Bedingungen wird sofort die Belohnung gewährt. Die Belohnung bzw. das Loben sollte unmittelbar folgen und dem Verhalten klar zuordenbar sein. Um dies zu unterstützen, sollte die Lehrkraft das zu lobende Verhalten nochmals erwähnen. In komplizierten Fällen können die Schülerinnen und Schüler das Verhalten nochmals selbst beschreiben. Die korrekte Zurechenbarkeit der Belohnung ist sorgfältig sicherzustellen. Insbesondere ist zu verhindern, dass die Schülerinnen und Schüler die Belohnung auf Glück, auf zusätzliche Hilfe oder zu leichte Aufgabenstellungen zurückführen. Zu Beginn eines solchen Vertrages sollte die Lehrkraft Belohnung häufig und in kleiner Dosierung geben. Die Belohnung sollte mit dem Bewältigen einer Aufgabe verbunden sein. Diese Aufgabe sollte auf den individuellen Leistungen der Lernenden oder einer Gruppe bestehen und mit Fortschritten im Lernen verbunden sein. Schülerinnen und Schüler sollten nicht für den einfachen Gehorsam belohnt werden, denn dies kann nicht Aufgabe eines modernen Unterrichts sein. Ebenso sollte kein Lob für Anwesenheit oder den Nicht-Verstoß gegen Regeln, zum Beispiel ein ruhiges Verhalten gegeben werden. Anwesenheit oder Regeleinhaltung sollten Selbstverständlichkeiten sein, bei denen nicht der Nicht-Verstoß belohnt, sondern der Verstoß bestraft werden sollte. Außerdem kann eine negative Verstärkung dadurch erfolgen, dass negative Konsequenzen eines Fehlverhaltens deutlich herausgestellt werden und damit das Vorbeugungsverhalten angesprochen wird. Die Belohnung sollte *nach* dem Auftreten des gewünschten Verhaltens – nicht vorab – erfolgen. Grundsätzlich ist die positive Verstärkung zu bevorzugen. Lob sollte nicht als ‚Gegenleistung‘ für Fehler oder Versäumnisse der Lehrkraft verwendet werden.

Das Bestrafen gilt in der Forschung als Mittel, das im Gegensatz zu anderen Verfahren zur Reduzierung eines Verhaltens als wirksam, unmittelbar und anhaltend verstanden wird – *vorausgesetzt* es wird adäquat eingesetzt (Gage & Berliner, 1996, S. 255; Woolfolk, 2004, S. 215 ff.). Vor der Strafe sollte überlegt werden, ob es einen positiven Verstärker für das unerwünschte Verhalten gibt, zum Beispiel die Anerkennung durch Gleichaltrige. Ist dies der Fall, sollte zunächst überlegt werden, wie sich der Verstärker entfernen lässt. Beispielsweise durch Entfernen aus der Gruppe. Die Bestrafung sollte – wenn immer möglich – privatisiert, d. h. nicht im Klassenverband erfolgen. Andernfalls besteht die Gefahr, Helden oder Märtyrer zu schaffen und das Bedürfnis nach Aufmerksamkeit durch die Strafe zu befriedigen. Den Schülerinnen und Schülern sollten vor dem Regelverstoß die Konsequenzen ihres Handelns klar sein. Sie erhalten im Vorfeld der Bestrafung im Regelfall eine mehrstufige Vorwarnung durch nichtverbale Signale, zum Beispiel Anblicken oder Finger-an-die-Lippen, dann eine kurze Erinnerung an die Regel und schließlich die Aufforderung, das regelwidrige Verhalten einzustellen. Dann erfolgt die Bestrafung möglichst unmittelbar nach dem Verhalten. Das Bestrafen darf keine Ausweich- und Fluchtmöglichkeiten zulassen und ist so intensiv wie nötig zu vollziehen. Außerdem sind alternative und wünschenswerte Reaktion aufzuzeigen. Die Lehrkraft sollte dabei – auch wenn sie selbst emotional aufgewühlt ist – ruhig und sachlich bleiben und nicht zu Sarkasmus und Rache neigen.

11.2.3 Der Behaviorismus als Motivationstheorie

Die Theorie der operanten Konditionierung ist nicht nur eine Lerntheorie, sondern auch eine Motivationstheorie (Woolfolk, 2008, S. 454). Die Analyse der Motivation beginnt in der behavioristischen Sichtweise mit einer genauen Analyse der Belohnungen und Bestrafungen. Eine Belohnung ist dabei ein – aus Sicht der Lernenden, nicht unbedingt aus Sicht der Eltern oder der Lehrkraft – begehrter Gegenstand. Dieser stellt sich als Folge eines bestimmten Verhaltens beziehungsweise einer bestimmten Leistung ein. Noten, Stempel mit netten Aufklebern, Lob, Fleißkärtchen, Klebebilder, Anrufe beim Ausbildungsbetrieb, von der IHK für besondere Leistungen verliehene Preise sind Beispiele für Belohnungen, die für Schülerinnen und Schüler in verschiedenen Altersstufen und Zusammenhängen eingesetzt werden können. Die gedachte Funktionsweise ist immer die gleiche.

11.2.4 Würdigung des Behaviorismus

Die Theorie des Konditionierens gehört zur *wissenschafts*theoretischen Schule des Behaviorismus, d. h. dahinter verbirgt sich eine Position, *wie* Wissenschaft zu betreiben ist. Diese Schule wird nach dem englischen Wort „behavior", also „Verhalten" benannt, weil sie sich auf die Erforschung beobachtbaren Verhaltens beschränkt. Interne psychische Prozesse wie Denken und Fühlen kommen in dieser Ansicht nicht vor bzw. präziser: Denken und Fühlen bilden für den Behavioristen eine Black-Box, die nicht betrachtet, nicht geöffnet wird. Der Behaviorismus interessiert nur die Gesetzmäßigkeiten zwischen Stimuli und Verhalten und was dazwischen abläuft entzieht sich dem Interesse.

Wissenschaftsgeschichtlich stellte der Behaviorismus als Lern- und Motivationstheorie eine deutliche Gegenposition zu der zweiten Schule dar, die damals die Psychologie dominierte: Die Psychoanalyse. Diese Theorie ist keine Lerntheorie und wird nicht weiter vertieft. Die Theorie geht auf den Wiener Psychologen Sigmund Freud (1856-1939) zurück. Ganz im Gegensatz zu Behaviorismus klappt die Psychoanalyse – um in der Sprache der behavioristischen Vorstellung zu bleiben – die Black-Box auf: In der Psychoanalyse unterstellt beispielsweise eines der Grundmodelle eine besondere Struktur der Psyche. Sie besteht psychoanalytisch aus dem Über-Ich, dem Es und dem Ich.[4]

Dem Behaviorismus geht es um eine Theorie, die für alle höheren Organismen gilt, gleichgültig, ob es sich um eine Ratte oder einen Menschen handelt. Forschungsmethodisch dominieren im Behaviorismus Labor- und Tierexperimente. Außerdem stellt Behaviorismus mit Belohnung und Bestrafung Dinge in den Vordergrund, die moderner Vorstellung von Lehren und Schule oftmals widersprechen. Skinner hat die Position des Behaviorismus Anfang der 1950er Jahre radikalisiert. Damit wurden die Annahmen des Behaviorismus klar und radikal, ein Umstand, der für eine Kritik förderlich ist.

11.3 Klassenführung: Was darunter verstanden wird

Belohnen und Bestrafen sind auch wichtige Konzepte in der Klassenführung. Das moderne Verständnis von Klassenführung lässt sich jedoch nicht auf Belohnen und Bestrafen reduzieren, sondern zielt darauf, Unterrichtsstörungen zu reduzieren.

> **Definition 3: Klassenführung**
>
> Klassenführung umfasst alle präventiven und reaktiven Maßnahmen, die darauf zielen in einer Klasse Bedingungen zu schaffen, die die Häufigkeit und Tragweite von Unterrichtsstörungen reduzieren, aber nicht komplett unterdrücken. Synonym: Klassenmanagement.

Unzureichende Klassenführung zeigt sich in unbewältigten Klassen, in Klassen, die von der Lehrkraft bestochen werden oder bei denen die Lehrkraft mit einem Kasernenton allein regiert (Good & Brophy, 2003, S. 113 f.).

- **Unbewältigte Klasse:** Mangelhafte Klassenführung liegt vor, wenn in der Klasse ein führungsloses Durcheinander herrscht, wenn Chaos und Unruhe das sofort hervorstechende Merkmal der Klasse ist. Die Lehrkraft versucht immer wieder Ordnung zu schaffen, ihr gelingt es aber nicht. Strafen entfalten kaum noch Wirkung.
- **Bestochene Klasse:** Die Klasse ist unruhig, es herrscht jedoch eine positive Atmosphäre. Die Lehrkraft versucht mit allen Mitteln, dass Schule den Schülerinnen und Schülern Spaß macht. Fachliche Dinge werden auf ein Minimum reduziert und über Gebühr vereinfacht. Die im Lehrplan vorgegebenen Ziele werden nicht mehr erreicht. Schülerinnen und Schüler müssen zur Mitarbeit durch Entertainment und ‚Fun' bestochen werden.
- **Klassen mit Kasernenton:** Die Klasse ist ruhig und diszipliniert. Die Lehrkraft hat eine Fülle von Regeln eingeführt, die streng befolgt werden. Die Atmosphäre ist unfreundlich und gespannt. Sobald die Lehrkraft den Raum verlässt, entlädt sich die Spannung und die Lernenden explodieren.

Im Ideal der Klassenführung läuft die Klasse wie von selbst. Die Atmosphäre ist warm und respektvoll. Auftauchende Störungen werden durch kurze non-verbale Hinweise abgefangen, vielleicht auch durch eine kurze Erinnerung an die Regeln. Lernenden und Lehrkräften sind die gegenseitigen Erwartungen präsent. Sie kennen die Regeln und die Konsequenzen bei Verstößen. Diese sind im Kollegium abgesprochen und werden von allen getragen. Störungen sollen zwar vermieden werden, sie werden jedoch als normal angesehen. Unterrichtsstörungen bleiben aber in ihrer Häufigkeit und in ihren Auswirkungen begrenzt.

> **STOPP:** Denken Sie an die letzten Unterrichtstunden zurück, die Sie erlebt haben. Welches Verhalten der Schülerinnen und Schüler hat Sie gestört? Machen Sie sich bitte eine Liste mit solchen Störungen.

Klassenführung spricht explizit auch die *Sekundärtugenden* an: Respekt, Pünktlichkeit, Erledigung der Hausaufgaben, Mitbringen der Arbeitsmaterialien und regelmäßige Teilnahme[5] gelten als wichtige Zutaten für einen guten Unterricht. Sekundärtugenden werden „sekundär" genannt, weil sie den Primärtugenden, wie etwa der Menschlichkeit, nachgeordnet sind. Kritiker von Sekundärtugenden weisen darauf hin, dass das Hochhalten solcher Sekundärtugenden auch im Nationalsozialismus die Gräueltaten nicht verhindert, ja vielleicht sogar befördert hätten. Bekannt geworden ist etwa eine Diskussion zwischen Helmut Schmidt und Oskar Lafontaine: Im Rahmen der Diskussion um den NATO-Doppelbeschluss erwähnt Schmidt die Sekundärtugenden. Lafontaine kontert: „Helmut Schmidt spricht weiter von Pflichtgefühl, Berechenbarkeit, Machbarkeit, Standhaftigkeit … Das sind Sekundärtugenden. Ganz präzise gesagt: Damit kann man auch ein KZ betreiben"[6]. In Deutschland gibt es – meines Erachtens zu Recht – eine längere und schwierige Kontroverse zu den Tugenden. Es mag sein, dass die Betonung von Sekundärtugenden in der Klassenführung eine gewisse Zurückhaltung in der Vergangenheit erklärt, das Thema „Klassenführung" als Teil der Didaktik zu begreifen. Hinzu kommt, dass der Führungsbegriff vielen Lehrkräften sowie Wissenschaftlerinnen und Wissenschaftlern suspekt ist und sie – meines Erachtens zu Recht – eine große Vorsicht im Umgang mit dem Führungsbegriff anmahnen. In der Literatur wird häufig auch von „Klassenmanagement" gesprochen. Hier wird hingegen das Wort „Führung" verwendet und die Lehrkraft als Führungskraft verstanden, wohlwissend, dass dies vielen Studierenden unangenehm ist. Gleichwohl sollte meiner Ansicht nach nicht das *Wort* „Führung" vermieden werden, sondern die Führung selbst, also das Führungsverständnis, problematisiert werden. Weiterhin wird hier die Position vertreten, dass Sekundärtugenden immer rückgebunden sein müssen an Bildungsideale, die sich im Persönlichkeitsprinzip wiederfinden.

Warum also Klassenführung? In persönlichen Gesprächen haben mir Lehrkräfte immer wieder von mangelnder Disziplin in Klassen, der fehlenden Kinderstube von Schülerinnen und Schülern und den Folgen zerrütteter Familien berichtet. Gerade ältere Lehrkräfte sprachen mir gegenüber von drastischen Entwicklungen, die in den letzten Jahren und Jahrzehnten stattgefunden hätten. Eine ältere Lehrkraft sagte mir: Ich muss mich eigentlich wundern, dass einige Schülerinnen und Schüler *trotzdem* noch das leisten, was sie leisten.

Empirisch sind solche Entwicklungen nur schlecht festzumachen. Empirisch zeigt ein Blick auf die Megatrends, dass die ethnisch-kulturellen Hintergründe der Lernenden unterschiedlicher geworden sind und dies in Zukunft weiter zunehmen wird. Die Lebensformen neben der Kernfamilie haben an Bedeutung gewonnen und werden dies vermutlich weiter tun. Kinder werden heute unter anderen Bedingungen groß wie früher einmal. Das alles heißt ganz sicher nicht, dass beispielsweise Deutsch-Türken oder Kinder Alleinerziehender *keine* Regeln erwerben. Diese Entwicklungen deuten aber darauf hin, dass die Regeln des Miteinanders, die Lernende heute mitbringen, andersartiger, *unterschiedlicher* ausfallen werden, als es früher vielleicht der Fall gewesen sein mag. Selbstredend liegen Ursachen nicht nur auf Seiten der Lernenden.[7]

Empirisch ist auch bekannt, dass der Umgang mit schwierigen Schülerinnen und Schülern, dass der Lärm, die Unruhe, die mangelhafte Konzentration und Motivation und die fehlende Unterstützung durch Eltern und Betriebe an Lehrkräften nagen. Dies zeigt die Belastungsforschung für deutsche Lehrkräfte (Ksienzyk & Schaarschmidt, 2005; Wilbers, 2004) sowie die internationale Forschung (Blase, 1986; Brouwers & Tomic, 2000). Weiterhin zeigt die internationale Unterrichtsforschung,

„dass kein anderes Merkmal so eindeutig und konsistent mit dem Leistungsniveau und dem Leistungsfortschritt von Schulklassen verknüpft ist wie die Klassenführung" (Helmke, 2012, S. 174).

11.4 Klassen proaktiv führen: Unterrichtsstörungen in der Klasse weitgehend vermeiden

Die Klassenführung kennt präventive und reaktive Maßnahmen, die auf ein unkompliziertes Miteinander des Lehrens und Lernens in Klassen zielen. Eine präventive bzw. proaktive Maßnahme ist die Einführung eines Regelwerks mit den dazugehörigen Konsequenzen bei Regelverstößen. Sie zielen darauf, den Unterricht störungs*arm*, nicht störungs*frei* zu gestalten.

11.4.1 Regeln als Gegenstand der Klassenführung

Regeln formulieren Verhaltenserwartungen, beispielsweise die Erwartung, dass in der Klasse ruhig zusammengearbeitet werden soll. Regeln, also ausformulierte Verhaltenserwartungen und entsprechende Konsequenzen bei Regelverstößen, werden auf verschiedenen Ebenen formuliert.

Regeln: Das Beispiel der Beruflichen Schule 6 in Nürnberg

▶ Wir begegnen uns (Lehrkräften und Schülern) höflich! Wir sprechen deutsch!
▶ Wir arbeiten fair und ehrlich zusammen!
▶ Wir sind immer pünktlich!
▶ Wir haben notwendiges Arbeitsmaterial dabei!
▶ Wir arbeiten konzentriert und in ruhiger Lernatmosphäre!
▶ Wir verlassen den Raum nur in Ausnahmefällen!
▶ Wir essen nur in der Pause und trinken unauffällig!
▶ Unterrichtsfremde Gegenstände (Handys und MP3-Player) sind ausgeschaltet und in der Tasche!
▶ Wir halten und verlassen die Räume ordentlich.

Übersicht 6: Regeln der beruflichen Schule 6, Einzelhandel, Nürnberg

---

Auf der schulübergreifenden Ebene werden diese Regeln via Gesetze und Verordnungen verankert, z. B. in Bayern das Handy- oder Rauchverbot oder die Ordnungsmaßnahmen in der Berufsschulordnung. Auf der Schulebene werden Regeln häufig in Hausordnungen formuliert. Sie verbieten zum Beispiel das Tragen von Kopfbedeckungen während des Unterrichts. Auf der Abteilungs- bzw. Fachebene gelten spezifische Regeln, beispielsweise zur Berufsbekleidung im Nahrungsmittelbereich, zu Piercings im Sport- oder Servicebereich oder Vorschriften zum Tragen langer Haare bei der Holzbearbeitung. Und schließlich formulieren einige Lehrkräfte mit ihren Klassen individuell Verhaltensregeln, zum Beispiel in Form von Klassenverträgen.

Ebene	Beispiel für Regeln	Dokumentation
Staatliche Ebene	Rauchverbot, Rechte und Pflichten der Schülerinnen und Schüler wie das Handy-Verbot	Bayerisches Gesetz über das Erziehungs- und Unterrichtswesen (BayEUG), Berufsschulordnung (BSO)
Schulebene	Verbot von Kopfbedeckungen im Unterricht, Verbot des Essens während des Unterrichts	Hausordnung, Schulordnung
Abteilungsebene	Gebot von Berufsbekleidung, Sicherheitsregeln	Anschläge in der Abteilung
Klassenebene	Regeln des Miteinanders in der Klasse	Poster in der Klasse

Übersicht 7: Regelebenen

Diese Regeln sind kein Selbstzweck. Wenn eine Lehrkraft keine Regeln hat, also keine expliziten Verhaltenserwartungen, kosten unklare Abläufe oft wertvolle Lernzeit. Außerdem wollen Schülerinnen und Schüler in der Situation häufig Regeln ‚aushandeln', was wiederum Lernzeit kostet. Weiterhin bedeuten unklare Regeln, dass die Lernenden dazu angeregt werden, die Grenzen der Lehrkraft auszutesten (‚test-the-limit'-Verhalten) und schleichend zu verschieben. Schließlich besteht die Gefahr, dass die Lehrkraft Regeln über die Zeit inkonsistent handhabt, was die Schülerinnen und Schüler als unfair empfinden werden.

Typische Regelungen auf der Schulebene

- ► Unpünktlichkeit, Abwesenheit, Krankheit
- ► Soziale Umgangsformen (z. B. Höflichkeit, Ausdrucksweise, Anrede, …)
- ► Essen, Trinken, Kaugummi
- ► Kopfbedeckungen, Kleidung
- ► Sauberkeit (Räume, Gelände, Toiletten, …)
- ► Schulfremde Personen
- ► Verlassen der Räumlichkeiten
- ► Eigentumsfragen (Diebstahl, …)

Übersicht 8: Typische Regelungsbereiche auf Schulebene

Häufig werden die Verhaltenserwartungen negativ formuliert, d. h. in Form von Verboten. Die Klassenführung rät hingegen, diese Erwartungen grundsätzlich[8] positiv, d. h. als Gebote, zu formulieren. Die Konsequenzen bei Regelverstößen sollten klar im *Voraus* den Verhaltenserwartungen zugeordnet werden. Warum im Voraus?

Zum einen bleibt in der Lehr-Lernsituation – gerade für Anfängerinnen und Anfänger im Lehrberuf – kaum Zeit für eine sorgfältige Reflexion: Unterricht ist – wie eine Operation am offenen Herzen – ein emergency room[9]. Dieser bietet keine Möglichkeit, den Fluss der Dinge zu stoppen und in der gewonnenen Zeit sorgfältig zu reflektieren. Zum zweiten bietet nur die Voraus-Formulierung die Möglichkeit, Regeln und Konsequenzen *gemeinsam* im Kollegium abzuwägen. Der Konsens im Kollegium über die Regeln, also die expliziten Verhaltenserwartungen, und das gemeinsame Tragen und einheitliche Reagieren bei Verstößen ist eines der zentralen präventiven Instrumente der Klassenführung. Unterschiedliche Regeln bei unterschiedlichen Lehrkräften führen zu Orientierungsproblemen bei den Schülerinnen und Schülern. Außerdem verleiten sie zu einem zeit- und nervenraubenden Austesten der Grenzen einzelner Lehrkräfte. Allerdings darf die Vorab-Formulierung von Konsequenzen nicht dazu führen, dass die Lehrkraft ohne Berücksichtigung der individuellen Situation reagiert.

11.4.2 Schritte zu gemeinsamen Regeln und Konsequenzen bei Regelverstößen

Für die Entwicklung derartiger Regeln und Konsequenzen bei Regelverstößen wird hier ein siebenstufiges Verfahren vorgeschlagen.

Schritt	Inhalt	Leitfragen für das Kollegium
1	Anfangen	Müssen wir etwas tun? Wie?
2	Diagnose der Unterrichtsstörungen	Was stört uns?
3	Regeln aufstellen	Was erwarten wir?
4	Konsequenzen zuordnen	Wie reagieren wir bei Verstößen?
5	Regeln und Konsequenzen überprüfen	Nochmals innehalten: Sind unsere Regeln und Konsequenzen wirklich sinnvoll?
6	Instruieren	Wie vermitteln wir die Regeln und Konsequenzen?
7	Nach Erfahrung überprüfen	Sind unsere Regeln und Konsequenzen noch zeitgemäß?

Übersicht 9: Sieben Schritte zu gemeinsamen Regeln und Konsequenzen bei Regelverstößen

Die Schritte 2 bis 6 sollten innerhalb eines Workshops stattfinden. Das hier vorgeschlagene Verfahren beruht auf der Literatur[10] und gemeinsamen Arbeiten mit Nürnberger Schulen.[11]

Im ersten Schritt erfolgt das *Anfangen*: Müssen wir etwas tun? Wie? Die gemeinsame Erarbeitung von Regeln und Konsequenzen ist pädagogische Schulentwicklung. Sie braucht einen guten Anfang (Altrichter & Posch, 2007, S. 301 ff.; Rolff & Schley, 1997). Der Anfang bedarf eines Prozesses des Auftauens, des allmählichen Einlassens. Die Bereitschaft, sich dem Thema „Disziplin" zu nähern, scheint, so legen es auch die Daten der Belastungsforschung nahe, groß. Am Beginn der Arbeiten kann ein Störungsinventar stehen, d. h. eine schulinterne Abfrage „Was stört Sie?". Ein guter Anfang bedarf auch einer Vision. Sie ist oft schon da, kann aber auch ausformuliert werden. In der Literatur wird dazu die Aushandlung einer Absichtserklärung (Colvin, 2007, S. 41 ff.) vorgeschlagen. Zum Beispiel: „Wir, die Lehrkräfte, Schülerinnen und Schüler verpflichten uns gemeinsam, eine positive, sichere, vorhersagbare Schulumgebung zu schaffen, die Lehren und Lernen, Zusammenarbeit und gegenseitigen Respekt unterstützt." Eine wichtige Entscheidung in dieser Phase ist die Bestimmung der richtigen Ebene: Berufliche Schulen sind komplexe organisatorische Gebilde mit mehreren Abteilungen und oft auch mehreren Standorten. Eine günstige Ebene zur Entwicklung gemeinsamer Regeln in Bündelschulen ist die Abteilung der Schule. Der gute Anfang bedarf weiterhin der Unterstützung durch die Schulleitung sowie eines Projektmanagements. Die Schulleitung muss Zeitgefäße sichern: Dies ist in einer Zeit, in der Schulen mit einer Vielzahl von Reformen und Reförmchen beschäftigt werden, keine triviale Aufgabe. Weiterhin ist Überschaubarkeit zu gewährleisten, ggf. externe Unterstützung zu besorgen sowie – als Mittel gegen das *Nicht-hier-erfunden-Syndrom* – im weiteren Verlauf die Gelegenheit zur persönlichen Urheberschaft zu bieten.

Im zweiten Schritt wird die Diagnose der Unterrichtsstörungen vorgenommen: Was stört uns? Der nächste Schritt zielt darauf, im Kollegium ein gemeinsam getragenes Bild der Unterrichtsstörungen zu entwickeln. Dazu kann in einem Workshop die Frage gestellt werden „Was stört uns?". Es bietet sich die Arbeit mit Moderationstechnik an, konkreter: eine Kartenabfrage mit anschließender Priorisierung durch Bepunktung. Antworten sind beispielsweise „Zu spät kommen" oder „*Gwerch*" (fränkisch für „Unruhe, Durcheinander"). Durch entsprechende Arbeitstechniken, beispielsweise den Einsatz von Gruppen-Puzzles, ist sicherzustellen, dass auch ein gemeinsames Bild entwickelt wird.

Im dritten Schritt werden *Regeln aufgestellt*: Was erwarten wir? Die angezielten Regeln sollen positive Verhaltenserwartungen zum Ausdruck bringen. Daher werden die wichtigsten Störfaktoren, d. h. diejenigen mit einer hohen Priorität nach der Bepunktung, in eine Regel umgewandelt. Dazu werden sie positiv reformuliert: Aus „Zu spät kommen" wird beispielsweise „Wir sind pünktlich", aus „*Gwerch*" wird „Wir arbeiten ruhig zusammen". Die Regeln sollen nicht im Juristen-Deutsch formuliert sein. Sie müssen verständlich, einfach und zielgruppengerecht sein. Die Regeln sollten möglichst konkret sein.[12] Um den Aspekt der gemeinsamen Verpflichtung zu betonen, sollten sie in der „Wir-Form" formuliert werden. Die Zahl der Regeln ist auf wenige zu begrenzen, so dass sich auch hier eine Priorisierung, zum Beispiel über ein erneutes Bepunkten von Alternativen, anbietet.

Im vierten Schritt werden *Konsequenzen zugeordnet*: Wie reagieren wir bei Verstößen? Im nächsten Schritt wird gefragt, wie auf Regelverstöße seitens der Schülerinnen und Schüler von allen Lehrkräften reagiert werden soll.

STOPP: Stellen Sie sich vor, eine Schülerin kommt zu spät ihn Ihren Unterricht. Wie sollte darauf in Ihren Augen reagiert werden?

Die Konsequenzen bei Regelverstößen sollten gestuft werden, so dass die Lehrkraft bzw. das Kollegium die Möglichkeit hat, die Maßnahmen bei einem Konflikt, wenn es denn sein muss, zu eskalieren. Dabei sehen schulische Gesetze und Verordnungen ebenso wie die Maßnahme über die Ausbildungsbetriebe[13] oft nur die schweren Geschütze vor. Mit Kanonen sollte aber nicht auf Spatzen geschossen werden. Interessant sind vor allem die Stufen davor, d. h. die moderateren Eingriffe. Diese können auch in der Information des Ausbildungsbetriebs bestehen. So lässt beispielsweise die berufliche Schule 1 in Nürnberg bei Verspätungen die Schülerinnen und Schüler ein Verspätungsformular (TB-6.8) ausfüllen, das an den Betrieb gefaxt wird.

Konsequenzen erfordern eine Abstimmung im Kollegium. Die vorgesehenen Maßnahmen müssen mit den übergeordneten Ebenen, zum Beispiel mit Verordnungen, abgeglichen sein. Die zu treffenden Maßnahmen sollten konkret sein, z. B.: „Wenn der Schüler zweimal gewarnt wurde, wird das Handy mit einem Aufkleber mit dem Namen des Schülers versehen, im Schulsekretariat deponiert und kann dort gegen Vorlage des Personalausweises am Ende der Unterrichtszeit wieder abgeholt werden". Um später die eingeführten Regeln und Konsequenzen besser bewerten zu können, empfiehlt es sich dabei, Prozesse zu integrieren, die die Vorgänge dokumentieren (Colvin, 2007, S. 77 ff.).

Stufe	Maßnahmen bei Verstoß von Regel 3 „Wir sind immer pünktlich!"
1	Im Klassenbuch und Pflichtenheft minutengenau erfassen (über 5 Minuten)
2	Nach 3maligem Zuspätkommen: Hinweis an Betrieb (telefonisch od. schriftlich)
3	Wie Schritt 1 und Schritt 2
4	Verweis

Übersicht 10: Erstes Beispiel für eine Konsequenzenhierarchie

Dabei sollte freilich kein bürokratischer Apparat entstehen. Beispielsweise kann die Sammlung der Handy-Aufkleber oder der Selbstreflexionsbögen in den weiter unten beschriebenen Auszeiträumen vorgesehen werden.

Stufe	Maßnahmen bei Verstoß von Regel 8 „Unterrichtsfremde Gegenstände (Handys und MP3-Player) sind ausgeschaltet und in der Tasche!"
1	Ermahnen
2	▶ Einsammeln und mit Aufkleber (Name) in Handy-Sammelbox im Lehrerzimmer (Händigt die Schülerin bzw. der Schüler den Gegenstand nicht freiwillig aus, wird er zur Schulleitung geschickt). ▶ Ausgabe aus Handy-Sammelbox nach Unterrichtsende durch jede Lehrkraft im Lehrerzimmer gegen Ausweiskontrolle.

Übersicht 11: Zweites Beispiel für eine Konsequenzenhierarchie

Im fünften Schritt werden die Regeln und Konsequenzen überprüft: Nochmals innehalten: Sind unsere Regeln und Konsequenzen wirklich sinnvoll? In einem nächsten Schritt wird gemeinsam im Kollegium innegehalten und nochmals die Sinnhaftigkeit der aufgestellten Regeln und der Konsequenzen bei Regelverstößen überdacht. Für diesen Zweck schlage ich in der Toolbox einen Kriterienkatalog (TB-6.6) zur Überprüfung von Klassenregeln vor, der gemeinsam durchgegangen werden kann.

Im sechsten Schritt erfolgt das *Instruieren*: Wie vermitteln wir die Regeln und Konsequenzen? Lehrkräften und Schülerinnen und Schülern sollten die Regeln und die damit verbundenen Konsequenzen bei Regelverstößen präsent sein. Es sind daher Wege zu suchen, wie diese vermittelt werden können. Dabei sollte die Notwendigkeit von Regeln für ein Miteinander im Allgemeinen und die einzelnen Regeln im Besonderen begründet werden. Wirksam dürfte auch die Information der Betriebe und gegebenenfalls der Eltern sein. Die Vermittlung der Regeln ist eine didaktische Aufgabe, muss also beispielsweise auf günstige oder weniger günstige kognitive Zielgruppenbedingungen abgestimmt sein.

Schließlich sind die Regeln nach dem Erlangen einiger *Erfahrung zu überprüfen*: Sind unsere Regeln und Konsequenzen noch zeitgemäß? Nach etwa einem Schuljahr sollten genügend Erfahrungen zu den aufgestellten Regeln und Konsequenzen vorliegen. Es bietet sich an, nach dieser Zeit die Checkliste erneut durchzugehen. Nur Regeln und Konsequenzen, die sich an den Erfahrungen im Kollegium orientieren und den Änderungen in der Zeit Rechnung tragen, dürften Erfolg haben. Der letzte Schritt sieht daher eine Überprüfung nach einem längeren Zeitraum vor.

11.4.3 Warum ist das alles so kompliziert?

Die Leserin und der Leser mag sich an dieser Stelle vielleicht fragen: Wozu der Aufwand für eine Handvoll Regeln? Schießt das nicht über das Ziel hinaus? Die Fragen sind berechtigt. Doch muss bedacht werden, dass hinter diesen Regeln – per definitionem – explizite Verhaltenserwartungen und hinter diesen Verhaltenserwartungen pädagogische Selbstverständnisse liegen. In der Diskussion um Regeln treten ganz unterschiedliche Vorstellungen über den Auftrag von Lehrkräften und den Auftrag von Schule hervor. Die einen konzentrieren sich auf die fachliche Förderung, während andere umfangreiche Hilfen in schwierigen Lebenssituationen im Kopf haben. Weiterhin haben, gerade gestandene Lehrkräfte, über die Jahre implizite Überzeugungen erlangt, was in ihren Augen funktioniert und was nicht. Jahrelang wurden diese Überzeugungen stabilisiert durch persönliche Erfolge und Misserfolge, unter Umständen auch durch selektive Deutungen des Erlebten. In der Diskussion um Regeln und Konsequenzen brechen diese Dinge hervor. Sie erhalten eines der seltenen Ventile, die Schule Lehrkräften bietet. Die Erarbeitung von Regeln braucht Kooperation unter Lehrkräften, eine rare Ressource, die aber durch sich selbst wächst.

11.5 Die Klasse reaktiv führen: Mit Unterrichtsstörungen in der Klasse umgehen

11.5.1 Mit Problemen in der Klasse umgehen

Die reaktive Klassenführung greift, wenn es – trotz der proaktiven Seite der Klassenführung – zu einer Unterrichtsstörung gekommen ist. Solche Störungen des Unterrichts werden hier als normal betrachtet und können und sollen in der Vorstellung moderner Klassenführung nicht vollständig vermieden werden. In der Klassenführung reagiert die Lehrkraft gestuft, d. h. im Vorfeld werden mehrere Eskalationsstufen für Konsequenzen vorgesehen (‚Konsequenzenhierarchie‘). Zunächst erfolgt eine Analyse der Unterrichtsstörung (Good & Brophy, 2003, S. 126 ff.).

- **Flüchtige Unterrichtsstörung** (Non-problem): Kleine, flüchtige Unterrichtsstörungen, die nicht in der Gefahr stehen, sich zu vergrößern, werden von der Lehrkraft ignoriert. Jede Reaktion auf eine Störung kostet nämlich selbst Unterrichtszeit und erfolgt damit nur, wenn sich dieser Aufwand zu lohnen scheint. Das ist keine Rechtfertigung für das Ignorieren von Problemen, sondern beruht auf einer Abwägung von Aufwand und Ertrag einer Intervention.
- **Kleine Unterrichtsstörung** (minor problem): Kleinere Probleme sollten schnell, zeitnah und ohne größere Ablenkung in der Klasse gelöst werden.
- **Größere Unterrichtsstörung ohne zusätzlichen Informationsbedarf**: Bei größeren Unterrichtsstörungen muss die Lehrkraft zunächst erwägen, ob sie zur angemessenen Einschätzung der Situation zusätzlicher Informationen bedarf, etwa Erklärungen oder Hintergrundinformationen seitens der Schülerin oder des Schülers. Sind keine weiteren Informationen notwendig, sollten sofort direkte Korrekturmaßnahmen eingesetzt werden.
- **Größere Unterrichtsstörung mit zusätzlichem Informationsbedarf**: Wenn die Lehrkraft bei einem größeren Problem den Eindruck erhält, dass sie zur Einschätzung einer angemessenen Reaktion zunächst noch weitere Informationen bedarf, sind intensive Maßnahmen notwendig. Diese Maßnahmen sind für die Lehrkraft ausgesprochen aufwändig und sollten nur selten eingesetzt werden.

Auf *kleinere Störungen* in der Klasse sollte die Lehrkraft möglichst sparsam reagieren und ohne selbst zur Störung zu werden (Emmer, Evertson & Worsham, 2003; Good & Brophy, 2003, S. 126 ff.). Geeignete Mittel sind kurze nichtverbale Signale, wie zum Beispiel der Fingerzeig oder der Blickkontakt. Auch die bewusste Verringerung der räumlichen Distanz zum Lernenden, also körperliche Nähe, kann eine angemessene Reaktion sein. Weiterhin kann im Lehrgespräch die Frage bewusst an den Lernenden gerichtet werden oder der Name der Lernenden angeführt werden (‚name dropping‘), wie zum Beispiel „Auf der nächsten Folie, Tina, sehen wir …“.

Bei *größeren Problemen* hat die Lehrkraft über die Intensität ihrer Reaktion zu entscheiden. Auch kleinere Korrekturmaßnahmen stellen selbst eine Unterrichtsstörung dar. Sie sind nur dann angebracht, wenn die Lehrkraft keine weiteren Informationen zur korrekten Einschätzung des Sachverhaltes benötigt. Kleinere Korrekturmaßnahmen verlangen ein angemessenes Verhalten, erinnern an die Regeln oder stellen die Lernenden vor die Wahl (Emmer et al., 2003).

- **Angemessenes Verhalten verlangen**: Die Lehrkraft verlangt ein angemessenes Verhalten. Die Ansprache erfolgt kurz, namentlich und mit fester Stimme ohne allerdings zu schreien. Ein Beispiel dafür ist „Martin, beende die Arbeit jetzt!"
- **An Regeln erinnern**: Die Lehrkraft erinnert die Lernenden an die geltenden Regeln. Ein Beispiel: „Roman und Ceyda: Ihr werdet zu laut! Denkt bitte daran, dass wir bei Gruppenarbeiten leise miteinander sprechen wollen."
- **Lernende vor die Wahl stellen**: Die Lehrkraft zeigt dem Lernenden alternative Verhaltensweisen auf. Beispiel: „Du kannst damit aufhören, wenn nicht, wirst Du …"

Bei schwerwiegenderen Problemen, bei denen kein zusätzlicher Informationsbedarf besteht, wird die Schülerin oder der Schüler bestraft.

- **Positive Bestrafung**: Bei einer positiven Bestrafung wird ein negativer Reiz gesetzt. Dies entspricht der üblichen Vorstellung einer Strafe.
- **Negative Bestrafung**: Bei einer negativen Bestrafung wird ein positiver Reiz entfernt. Damit wird ein gewünschter Zustand, eine Handlung oder ein Privileg zurückgehalten.

Die Art und Weise des Bestrafens wurde bei der operanten Konditionierung besprochen. Es wurde bereits darauf hingewiesen, dass nach dem Premack-Prinzip die Stimuli nicht abschließend aufgelistet werden können. Entsprechende Konsequenzen können auch den Gesetzen, den Verordnungen und anderen schulübergreifenden Vorgaben entnommen werden. So sind in Bayern die Ordnungsmaßnahmen nach Art. 86 BayEUG breit gestaltet. Sie umfassen beispielsweise den schriftlichen Verweis durch die Lehrkraft oder die Schulleitung, die Versetzung in eine andere Klasse, den Ausschluss oder die Entlassung.

Bei direkten Korrekturmaßnahmen sollte die Lehrkraft häufige Fehler vermeiden. Zu diesen Fehlern gehören rhetorische Fragen, unnötige Drohungen und ausschweifende Erläuterungen (Emmer et al., 2003).

- **Rhetorische Fragen vermeiden**: Rhetorische oder Fragen zu Offensichtlichem kosten Zeit und sind nicht zielführend. Dazu gehören Fragen wie „Annika, was ist los mit Dir?" oder „Dmitrij, wie oft habe ich Dir das schon erzählt?".
- **Keine unnötigen Drohungen**: Unnötigen Drohungen oder die unnötige Zur-Schau-Stellung von Autorität belasten das Klassenklima.
- **Kurz bleiben**: Das zugrundeliegende Problem sollte – mit Blick auf die Zeit – nicht ausführlich erläutert werden. Allerdings muss bei Anwendung einer Strafe deutlich werden, warum die Strafe erfolgt.

Auf einer mittleren Intensität der Korrekturmaßnahmen findet sich der Ausschluss aus dem laufenden Unterricht. Der *spontane* Ausschluss aus dem laufenden Unterricht ('Vor-die-Tür-setzen') wird in einigen Schulgesetzen, etwa in Nordrhein-Westfalen, explizit als erzieherische Maßnahme verankert. Als problematisch gilt die Frage, ob die Lehrkraft bei einem Ausschluss ihrer Aufsichtspflicht noch genügt. Gelegentlich wird daher empfohlen, Lernende vor die Tür zu schicken und die Klinke gedrückt zu halten, damit ein dauernder 'Kontakt zwischen Lernendem und Lehrkraft' gesichert sei. Die Rechtsprechung macht solche – meines Erachtens erniedrigenden – Regelungen nicht notwendig. Schülerinnen und Schüler dürfen durchaus vor die Tür gesetzt werden. Die Aufsichtspflicht kann reife- und altersgerecht interpretiert werden (Hoegg, 2008, S. 152). Unabhängig von der rechtlichen

Würdigung hat das Vor-die-Tür-setzen Vor- und Nachteile. Der Betrieb in der Klasse kann wieder aufgenommen werden und die Gemüter können sich beruhigen. Allerdings verpasst die Schülerin bzw. der Schüler Unterricht, wird nicht zum Nachdenken angeregt und empfindet den Ausschluss gar als Belohnung.

Eine Alternative zum Vor-die-Tür-setzen ist der Einsatz eines Auszeitraums. Die in der Literatur so genannten Trainingsräume (Bründel & Simon, 2007; Steins & Welling, 2010, S. 192 ff.) finden sich bislang nur an wenigen beruflichen Schulen: Schülerinnen und Schüler werden im Falle schwerwiegender Störungen – ähnlich wie das Vor-die-Tür-setzen – vorübergehend aus dem Klassenraum entfernt (,Time-out'), damit der Rest der Klasse weiterarbeiten kann und Lehrkraft und Lernende Zeit gewinnen, für die Reflexion und das Abkühlen der Gemüter. Der Schüler bzw. die Schülerin wird jedoch in einen betreuten Raum gebracht, in dem Selbstreflexionsaufgaben zu bearbeiten sind. Eine Vorlage findet sich in der Toolbox (TB-6.7).

Eher seltene Probleme, die allerdings bei angehenden Lehrkräften heftige emotionale Reaktionen auslösen können, sind Kämpfe, aggressive oder provokante Schülerinnen und Schüler.[14]

- ► **Kämpfe**: Bei Kämpfen erfolgt sofort die deutliche Ansage „Hört sofort auf!". Zudem muss die Lehrkraft entscheiden, ob sie sofort eingreifen muss oder nicht. Ein eigenes körperliches Eingreifen sollte die Ausnahme sein und nur dann erfolgen, wenn es absolut notwendig ist und das Risiko der eigenen Verletzung der Situation angemessen ist bzw. Selbstgefährdung ausgeschlossen ist. Wenn immer möglich, sollte die Lehrkraft nicht alleine eingreifen, sondern Unterstützung erhalten bzw. besorgen. Im Nachgang ist mit der Schulleitung das weitere Vorgehen abzusprechen.
- ► **Aggressives Verhalten gegenüber Mitlernenden**: Ein aggressives Verhalten gegenüber Mitlernenden hat die – meist große – Gefahr einer Eskalation. Hier gilt das Null-Toleranz-Gebot: Die Lehrkraft wird vorwarnen, in Folge effektiv bestrafen und gegebenenfalls die Schülerin bzw. den Schüler isolieren. Die Lehrkraft sollte in diesem Fall das Verhalten nicht ignorieren, sondern deutlich zurückweisen (,Hört auf!'). Sie muss klar machen, dass das Verhalten so nicht hingenommen werden kann und ggf., dass Beleidigungen strafbar sind. Sie wird in schweren Fällen den Angegriffenen ein Gespräch anbieten, stützen und nicht undifferenziert Schuld zuweisen. In schweren Fällen ist es ratsam, dass die Lehrkraft den Fall sorgfältig dokumentiert. Weiterhin sollte die Lehrkraft, ggf. mit Unterstützung einer weiteren Lehrkraft, ein Gespräch mit der Angreiferin bzw. dem Angreifer suchen. Falls es mehrere Personen sind, ist es geboten mit jeder Person einzeln sprechen. In schweren Fällen sind weitere Maßnahmen mit der Schulleitung abzusprechen.
- ► **Provokative Lernende**: Gegenüber der Lehrkraft provokante Schülerinnen und Schüler können eine erhebliche emotionale Belastung für die Lehrkraft darstellen. Die Lehrkraft sollte ein solches Verhalten nicht ignorieren, das individuelle Schutzbedürfnis und die Autorität der Lehrkraft ernst nehmen. Provokationen werden in der Klasse sofort öffentlich zurückgewiesen. Das Verhalten ist zu stoppen und ggf. die Aussprache zu suchen. Die Lehrkraft sollte unmittelbar Beistand und Unterstützung durch andere Lehrkräfte, in schweren Fällen auch der Schulleitung suchen. Das Vorkommnis ist detailliert zu dokumentieren. In schweren Fällen ist zusammen mit der Schulleitung zu erwägen, eine Strafanzeige zu stellen. Ggf. ist der schulpsychologische Dienst zu informieren.

Bei größeren Problemen im Klassenzimmer kann es notwendig sein, zunächst Nachforschungen anzustellen. Dazu sollte die Lehrkraft außerhalb des Unterrichts klare, faktenbezogene Fragen stellen und ggf. weitere Informationen einholen. Dies ist insbesondere dann der Fall, wenn die Lehrkraft Störungen bei Adoleszenten vermutet, wie ADHS oder Suizidialität.

Größere Probleme bedürfen häufig intensiver Korrekturmaßnahmen. Dies sind beispielsweise ein individueller Vertrag mit Lernenden, Konferenzen, das Einschalten des Betriebs, die systematische Aufzeichnung der Regelverstöße oder die Mediation und Hilfe durch Externe. Die Durchführung von Konfliktgesprächen hat dabei viele Parallelen zu Beratungsgesprächen und wird daher hier nicht besonders vertieft. In kritischen Fällen ist eine andere Lehrkraft hinzuzuziehen. Außerdem stellt die individualisierte Bearbeitung von Konflikten letztlich eine besondere Variante der – bereits dargestellten – Förderplanarbeit dar.

11.5.2 Konfliktgespräche führen

Konflikte zwischen Schülerinnen und Schülern lassen sich nicht vermeiden und müssen gelegentlich in Form von Konfliktgesprächen bearbeitet werden. Solche Konfliktgespräche sind aufwändig und daher mit Blick auf die Belastung auf die wichtigen Fälle zu begrenzen.

Wegleitend ist in solchen Fällen das Modell der niederlagenlosen Konfliktlösung nach Thomas Gordon (2012a; 2012b). Konflikte werden in diesem Ansatz als normale, nicht vermeidbare Erscheinung des Alltags gedeutet. Sie können durch Gewalt gelöst werden oder ‚niederlagenlos‘, d. h. es werden Lösungen gesucht, bei der keine Konfliktpartei eine ‚Niederlage‘ erleiden muss. Die Lehrkraft ist in diesem Fall ‚nur‘ die Schlichterin bzw. der Schlichter, d. h. eine Person, die zum Finden und zur Umsetzung einer solchen Lösung beitragen muss. Graun und Hünicke haben die Konfliktlösung ohne Niederlagen bereits früh für die Schule nutzbar gemacht. Eine detaillierte Übersicht findet sich in der Toolbox (TB-12.6). Nach einer einleitenden Phase erfolgen Klärungen. Dann erfolgt eine Suche nach einer Lösung, die anschließend vereinbart wird (Graun & Hünicke, 1996).

Schritt	Aktivität
Einleitung	▸ Begrüßen ▸ Ziele verdeutlichen ▸ Grundsätze benennen ▸ Schlichtungsprozess erklären
Klärungen	▸ Berichten ▸ Zusammenfassen ▸ Nachfragen
Lösungen	▸ Lösungsmöglichkeiten überlegen ▸ Lösungsmöglichkeiten aufschreiben ▸ Lösungen auswählen ▸ Lösungen vereinbaren
Vereinbarungen	▸ Vereinbarungen aufschreiben ▸ Vereinbarung unterschreiben ▸ Verabschieden

Übersicht 12: Struktur eines Konfliktgesprächs. Kurzfassung zu TB-12.6

Andere Modelle, etwa die von Gordon selbst vorgeschlagene Methode III, variieren das Verfahren leicht, versuchen jedoch alle, die Konfliktparteien auf die Suche nach niederlagelosen Lösungen zu schicken.

11.5.3 Mit Mobbing in der Klasse umgehen

Mobbing[15] ist eine Form von Gewalt, die von Lehrkräften oft übersehen wird, die oft nicht wahrgenommen oder gar bagatellisiert wird: Es gebe Mobbing sicherlich an anderen Schulen, aber eben nicht an der eigenen Schule. Meist beruhen solche Aussagen auf subjektiven Einschätzungen und nicht auf Erhebungen, etwa im Qualitätsmanagement der Schule. Eine Schule ohne Mobbing wird die Ausnahme sein. Mobbing ist schwer zu erkennen und abzugrenzen, insbesondere von anderen Formen der Gewalt. Mobbing setzt jedoch wiederholte und über längere Zeit ausgeübte Gewalt voraus.[16]

Definition 4: Mobbing

Mobbing liegt vor, wenn eine Schülerin bzw. ein Schüler über längere Zeit wiederholt den gewalttätigen Handlungen eines oder mehrerer Schülerinnen oder Schüler ausgesetzt ist und dies durch ein soziales Netzwerk ermöglicht wird, bei dem verschiedene Personen verschiedene Rollen einnehmen.

Konflikte werden in diesen Lerneinheiten als eine normale Erscheinung sozialen Miteinanders gesehen. Dies gilt gerade für die Pubertät, in der die Auseinandersetzung mit ‚Autoritätspersonen' eine wichtige Funktion für die Entwicklung der Jugendlichen hat. Mobbing ist jedoch nicht einfach ein Konflikt. Die Wiederholung bzw. die Dauerhaftigkeit grenzt Mobbing von einem Konflikt ab, der Aspekt der Dauer wird in der Literatur über einen Zeitraum von drei bis sechs Monaten präzisiert. Während in der deutschsprachigen Literatur das Wort „Mobbing" vom englischen „mob" für Pöbel und Gesindel verwendet wird, wird in der angelsächsischen Literatur meist das Wort „Bullying" vom englischen „bully" für Tyrann oder brutaler Kerl benutzt.

Mobbing ist in keinster Weise zu rechtfertigen: Mobbing hat Folgen für das Opfer, die bis hin zum Suizid gehen können. Mobbing liefert in der Schule das Vorbild, dass für ein erfolgreiches Handeln nur Gewalt und Druck ausgeübt werden muss. Mobbing stärkt Täterinnen und Täter, verseucht eine produktive Lernatmosphäre und ist in der Schule als Ort des Lernens in einer demokratischen Leistungsgesellschaft nicht akzeptabel.

Wer wird Opfer von Mobbing? Besonders gute Schülerinnen und Schüler oder solche, die gegen gängige Schönheitsideale verstoßen, etwa weil sie übergewichtig sind? Schülerinnen und Schüler, die ohnehin komisch sind? Nerds oder Streber? Ein gängiges Problem von Mobbing ist, dass Lehrkräfte Gewalt an Schülerinnen und Schülern auf Merkmale ebendieser Personen zurückführen. Damit ist eine vermeintliche ‚Ursache' gefunden, die einen weiteren Vorteil hat, nämlich außerhalb des Verantwortungsbereich zu liegen. Was kann schon die Lehrkraft dafür, dass die Schülerin bzw. der Schüler so ist wie sie bzw. er ist? Schließlich ist doch gerade die berufliche Schule eine Schule mit hohen Anforderungen an die Fachkompetenz und keine Erziehungsanstalt. Die Forschung stellt jedoch klar, dass prinzipiell jede Schülerin bzw. jeder Schüler Opfer von Mobbing werden kann. Die Opfer sind Insider oder auch Außenseiter, leistungsstarke und leistungsschwache Schülerinnen und Schüler, männlich oder weiblich: *Das typische Mobbingopfer gibt es nicht.* „Jeder kann Mobbing-Opfer werden" (Huber, 2012, S. 5).

Mobbing kann sowohl direkt als auch indirekt auftreten. Direkte Formen kennen eine unmittelbare Konfrontation der Täterin bzw. des Täters mit dem Opfer. Am häufigsten sind verbale Angriffe wie Beleidigungen, Beschimpfungen oder Schreien. Zu den direkten Formen gehören körperliche Berührungen, sexuelle Belästigungen, Diebstahl oder das Zerstören von Gegenständen im Eigentum des Opfers. Indirekte Formen des Mobbings sind besonders schwer zu erkennen und gelten als wirkmächtiger für die Opfer. Eine unmittelbare Konfrontation mit einem klaren Kreis von Täterinnen und Tätern findet nicht statt. Die indirekte Form zielt darauf, das Opfer zu demütigen. Dazu zählen alle Formen des sozialen Ausschlusses.

Mobbing kann eine breite Palette von Ursachen haben, die in der Person der Schülerin bzw. des Schülers, dessen privaten, aber auch dem beruflichen und schulischen Umfeld liegen. Im schulischen und beruflichen Umfeld sind vor allem Perspektivlosigkeit, Misserfolge, zu hoher Leistungsdruck, Langeweile, unverbindliche Klassenregeln, Verstöße, die keine Konsequenzen nach sich ziehen, zu nennen (Demleitner, 2012, S. 12 ff.).

Eine Sonderform des Mobbings ist das Cyber-Mobbing, das sich den Möglichkeiten des Internet bzw. des Web 2.0 bedient (Grimm, Rhein & Clausen-Muradian, 2008, S. 229 f.). Dadurch ergeben sich neue Möglichkeiten des Mobbings (Müller & Neubauer, 2013; Thren, 2012; Willard, 2007, S. 5 ff.):

- **Flaming**: Bei Beleidigungen, dem Flaming vom englischen „flame" für aufflammen, wird eine aggressive Aussage in Internetmedien, etwa ein Post in facebook oder einem Diskussionsforum, vorgebracht, der sich andere Nutzerinnen und Nutzer in einem sogenannten flame-war anschließen können.

- **Belästigung**: Bei Belästigungen (harassment) werden wiederholt angreifende Nachrichten über die modernen und damit zeitlich und örtlich unbegrenzten Kommunikationswege an eine individuelle Person gesendet, etwa per SMS, Instant Messaging oder E-Mail.

- **Gerüchteverbreiten**: Beim Gerüchteverbreiten (denigration) wird das Mobbing-Opfer durch Gerüchte bloßgestellt, die durch Texte, Fotos oder Videos im Internet suggeriert bzw. unterstützt werden oder die direkt an andere Personen versendet werden, um Freundschaften zu zerstören.

- **Identitätsbetrug**: Beim Identitätsbetrug (impersonation) übernimmt die Täterin bzw. der Täter die Identität des Opfers, etwa nach einem Passwort-Diebstahl, und tritt damit im Internet auf, wobei beispielsweise Lehrkräfte beschimpft werden.

- **Outing**: Beim Outing werden intime Details oder peinliche Informationen an die Öffentlichkeit weitergeben. So werden etwa vertraulich überlassene Bilder von der Ex-Partnerin bzw. vom Ex-Partner an die Öffentlichkeit gegeben.

- **Ausgrenzung**: Beim Ausgrenzen (exclusion) werden Mobbing-Opfer bewusst aus sozialen Gruppen bzw. sozialen Netzwerken ausgeschlossen.

- **Cyberstalking**: Cyberstalking ist das wiederholte Senden schädlicher Nachrichten, die Bedrohungen, Erpressungen oder Einschüchterungen beinhalten.

- **Gewaltandrohungen**: Bei Gewaltandrohungen wird direkt oder indirekt angekündigt, dass eine Person verletzt oder gar getötet werden soll.

- **Prügel-Videos**: Beim Happy Slapping, abgeleitet vom englischen „slap" für schlagen, wird das Opfer geschlagen, die Tat gefilmt und im Internet zur Verfügung gestellt. So liefert die Suche auf YouTube im September 2013 mit dem Schlagwort „Schlägerei" insgesamt 83.300 Ergebnisse. Bei den Suchworten „Schlägerei in der Schule" sind es 11.300 Videos.

Formen des Mobbings sind oft auch rechtlich relevant (Grimm et al., 2008, S. 293 ff.). So kann Cybermobbing ebenso wie Mobbing mehrere Straftatbestände berühren. Stalking ist als Nachstellung (§ 238 StGB) ein Straftatbestand. Prügelvideos betreffen neben Körperletzung (§ 238 ff. StGB) auch den Straftatbestand der Gewaltdarstellung (§ 131 StGB).

Mobbing verläuft als ein Prozess (Linzbach & Linzbach, 2010, S. 22ff.). In der ersten Phase, der Explorationsphase, wird ein Opfer bestimmt, indem verschiedene Mitschülerinnen und Mitschüler attackiert werden, um ein Opfer auszusuchen. Die anderen Mitschülerinnen und Mitschüler lehnen diese Attacken in der ersten Phase noch ab und die Lehrkräfte nehmen die Attacken meist nicht als solche wahr oder bagatellisieren diese. In der zweiten Phase wird die Opferrolle gefestigt, in dem die Hauptakteurin bzw. der Hauptakteur sein Opfer systematisch attackiert und die Normen in der Klasse austestet. Stößt die Hauptakteurin bzw. der Hauptakteur weiterhin auf Ablehnung, eskaliert der Prozess nicht. Werden jedoch keine Grenzen gesetzt oder wird gar Anerkennung geerntet, dann eskaliert der Prozess. In der dritten Phase manifestiert sich die Opferrolle. Die Attacken erhalten nun Zustimmung, zum Teil Unterstützung und sie werden von der Mehrheit der Klasse für gerecht und – im schlimmsten Fall sogar von der Lehrkraft – selbstverschuldet eingeschätzt. Das Opfer kann sich nicht mehr selbst befreien. Der Prozess hebt sich nicht selbst auf, sondern verstärkt sich. Eine Lehrkraft kann hier nicht nach dem Motto „Das geht schon wieder vorbei" handeln. Mobbing in der Klasse beschränkt sich nicht auf die Beziehung zwischen der Täterin bzw. dem Täter und dem Opfer. Vielmehr lassen sich mehrere Rollen identifizieren (Blum & Beck, 2010, S. 41 ff.).

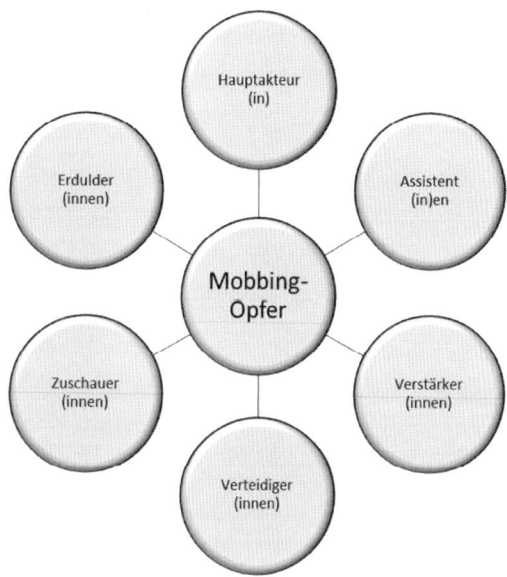

Übersicht 13: Rollen beim Mobbing (Blum & Beck, 2010, S. 44)

Die Verstärkerinnen bzw. Verstärker sowie die Assistentinnen und Assistenten sind auf der Seite der Täterin bzw. des Täters. Die Assistentinnen und Assistenten helfen bei den Mobbing-Aktivitäten und werden zu einem späteren Zeitpunkt nur noch von der Hauptakteurin bzw. dem Hauptakteur dirigiert, die sich meist aus dem direkten Geschehen zurückziehen. Die Verstärkerinnen und Verstärker spornen die Hauptakteurinnen und -akteure sowie die Assistentinnen und Assistenten an, beispielsweise durch Beifall oder durch Anfeuerungen. Sie beziehen auf diese Weise Position und versuchen zu verhindern, selbst Opfer zu werden.

Auf der Seite des Opfers stehen die Verteidiger(innen). Zumindest anfänglich versuchen sie, die Attacken zu stoppen. Erfahren sie jedoch keine Unterstützung und sehen sie, dass sie nichts ausrichten können, zieht sich diese Gruppe zurück, vor allem um sich selbst zu schützen.

Zuschauerinnen und Zuschauer sowie Erdulderinnen und Erdulder stehen weder auf der Opferseite noch auf der Seite der Täterinnen und Täter. Sie mischen sich nicht in den Prozess, vorrangig um nicht selbst zum Opfer zu werden. Die Erdulderinnen und Erdulder akzeptieren die Attacken trotz gegenteiliger Überzeugung, haben aber Angst offen aufzutreten. Ein wichtiger und schwieriger Schritt im Umgang mit Mobbing in der Klasse ist die Identifikation der verschiedenen Rollen.

Für die Prävention und die Intervention von Mobbing wird in der Literatur eine Fülle von Modellen vorgeschlagen. Die bekanntesten Ansätze sind das Programm des schwedischen Psychologen Dan Åke Olweus (1993; 2006) sowie der englische No-Blame-Approach von George Robinson und Barbara Maines (Blum & Beck, 2010; Maines & Robinson, 1992; Robinson & Maines, 2008), der auch „Unterstützungsgruppen-Methode", „Support Group Method" genannt wird.

Das Olweus-Programm (Olweus, 1993, 2006) beschränkt sich nicht auf den Umgang mit Mobbing in der Klasse, sondern setzt auf drei Ebenen an, und zwar der Schulebene, der Klassenebene sowie der persönlichen Ebene. Kernelemente auf der Schulebene sind eine Diagnose des gegenwärtigen Gewaltzustandes, etwa im Rahmen einer Befragung der Schülerinnen und Schüler im Qualitätsmanagement der Schule, ein pädagogischer Tag, der sich mit Mobbing auseinandersetzt, sowie eine Neuorientierung der Pausenaufsicht. Auf der Klassenebene geht es um die Vereinbarung von Klassenregeln sowie um regelmäßige Klassengespräche, also regelmäßige Gesprächsrunden mit den Schülerinnen und Schülern. Die Klassenregeln entsprechen dem bei der proaktiven Klassenführung besprochenen Regelwerk, berücksichtigen jedoch explizit Regeln zum Umgang mit Gewalt, etwa „Wir geben uns Mühe, Schülerinnen und Schüler einzubeziehen, die leicht ausgegrenzt werden". Auf der persönlichen Ebene steht im Olweus-Programm die Gespräche mit den Täterinnen und Tätern sowie den Opfer, aber auch des Umfeldes im Vordergrund.

Der No-Blame-Approach leitet seinen Namen von „no blame", also „keine Schuld", ab und betont damit ein wichtiges Merkmal des Ansatzes: Er arbeitet ohne Schuldzuweisungen, ohne Sanktionen und kommt mit einem vergleichsweise geringen diagnostischen Aufwand aus. Er sieht sieben Schritte (Robinson & Maines, 2008) bzw. drei Schritte (Blum & Beck, 2010) vor.

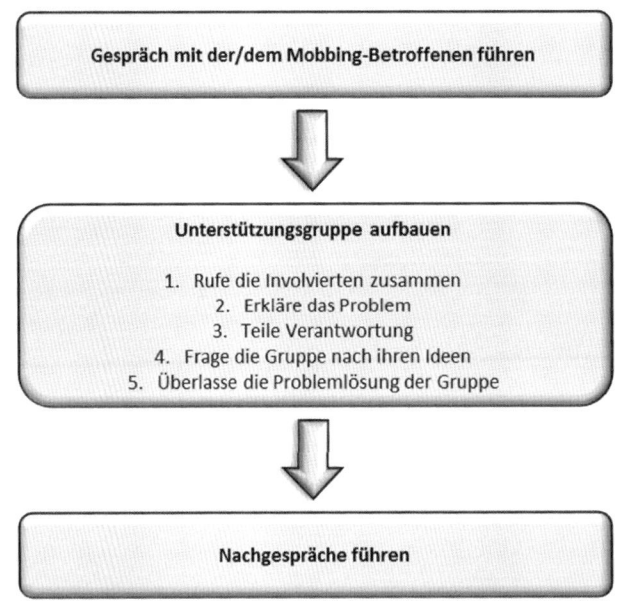

Übersicht 14: Vorgehensmodell im No-Blame-Approach

Der erste Schritt ist ein kurzes, etwa zehn- bis fünfzehnminütiges Gespräch mit dem Opfer des Mobbings. In einem sorgfältig vorbereiteten Gespräch erfasst die Lehrkraft die Situation des Opfers ohne jedoch im Detail die Mobbing-Geschehnisse zu rekonstruieren. Ziel der ‚Befragung' ist vielmehr die Änderungsbereitschaft des Opfers zu ermitteln und ggf. zu fördern. Das weitere Vorgehen wird erklärt und – nur bei Zustimmung des Opfers – fortgesetzt. Im Gespräch sollte der Lehrkraft klar werden, wer die Hauptakteurinnen und -akteure sind. In jedem Fall ist zu vermeiden, das Mobbing-Problem im Klassenverband aufzugreifen oder gar mit Kollektivstrafen zu drohen, wenn Mobbing nicht eingestellt wird. Dies führt nur dazu, dass sich die ganze Klasse gegen das Opfer stellt. Opfer dürfen nicht bloßgestellt und Täterinnen und Täter nicht anerkannt werden.

Im zweiten Schritt erfolgt ein Gespräch mit der Unterstützungsgruppe, d. h. alle von dem Opfer genannten Schülerinnen und Schüler, also Hauptakteurinnen und -akteuren sowie Assistentinnen und Assistenten. Die andere Hälfte der Unterstützungsgruppe sind Mitschülerinnen und Mitschüler, die die Verteidigung, das Zuschauen oder das Erdulden bislang übernommen haben und die konstruktiv in die Problemlösung eingebunden werden. Im Gespräch wird das Problem erläutert, die Gefühle des Opfers verdeutlicht und Schuldzuweisungen vermieden. In der Unterstützungsgruppe werden Vorschläge entwickelt, die die Situation des Opfers verbessern. Die besten Vorschläge werden gemeinschaftlich ausgewählt und umgesetzt. Die Gesamtverantwortung liegt ausschließlich bei der Gruppe und nicht bei der Lehrkraft. Das Opfer soll dabei nicht unterstützt werden, sondern ‚nur' das Mobbing abgestellt werden. Am Ende des Gesprächs wird ein Folgetermin vereinbart.

11.5.4 Mit schulischen Krisen umgehen

Von den Unterrichtsstörungen im schulischen Alltag werden hier Krisen abgegrenzt. Krisen sind Auslöser für eine tiefgreifende Störung im Schulleben, die einen Normalbetrieb in der Klasse und oft in der ganzen Schule unmöglich machen. Dazu gehören etwa ein gezielter und vorbereiteter Angriff auf Personen an der Schule („Amoklauf"), ein Selbstmord, ein Drogentod oder Unfalltod am Wochenende („Disco-Unfall").[17] Krisen können verschiedene Ausmaße annehmen (Zdziarski, Rollo & Dunkel, 2007). Die Notfallpläne für die Schulen in Nordrhein-Westfalen unterscheiden drei Gefährdungsstufen (NRW, Ohne Jahr):

- ▶ **Rot**: Gefährdungsgrad III sind Notfälle in unmittelbarer Verantwortung der Polizei, wie zum Beispiel eine Geiselnahme, ein Todesfall innerhalb der Schule oder eine Drohung mit Sprengsätzen.
- ▶ **Gelb**: Gefährdungsgrad II sind Notfälle in der Verantwortung der Schule und der Polizei in Zusammenarbeit mit anderen außerschulischen Helfersystemen. Dazu gehören beispielsweise Erpressung, eine Morddrohung, sexuelle Übergriffe oder Extremismus.
- ▶ **Grün**: Gefährdungsgrad I sind Notfälle in der Verantwortung der Schule, wie zum Beispiel Sachbeschädigung, ein Todesfall im schulischen Umfeld oder Selbstmordäußerungen.

Typisch für Krisen ist eine große emotionale Belastung für die Schülerinnen und Schüler sowie die Lehrkräfte. Dabei besteht die Gefahr, dass die akute emotionale Belastungsreaktion (ICD-10: F43.0) auf das Eintreten der Krise für die Betroffenen nach etwa einem Monat übergeht in eine posttraumatische Belastungsstörung (ICD-10: F43.1). Ein typisches Merkmal von Krisen ist der begrenzte Zeitraum für das Reagieren. Die Schule sollte sich daher auf das Auftreten einer solchen Krise vorbereiten. In einer ersten Reaktion mag eine solche Vorbereitung auf eine Krise unnötig sein. Die Unsicherheit, wie vorzugehen ist, ist groß. Der Aufwand ist gewiss, der Ertrag – es wird die Schule schon nicht treffen – unklar. In einem ersten Schritt sollte die Schulleitung eine Arbeitsgruppe „Krisenereignis" (Krisenteam) einsetzen. Sie sollte breit zusammengesetzt werden, ihre Arbeit vor einem Ereignis aufnehmen, die Aufgaben eines Krisenteams definieren, einen Notfallplan erarbeiten und die Lehrkräfte und das übrige Schulpersonal, also Hausdienst, Schulsozialarbeit u. a. sensibilisieren und schulen (Barkowski, 2007b).

Gedenkschreiben eines Schülers aus Winnenden
Bild 4. Von RaBoe.

Definition 5: (Schulische) Krise

Eine schulische Krise ist ein Ereignis, das meist plötzlich und unerwartet auftaucht, den normalen Betrieb der Schule stark beeinträchtigt oder unmöglich macht und die Gesundheit und das Wohl der Menschen in der Schule, das Eigentum oder den Ruf der Schule massiv gefährdet und oft nur eine geringe Reaktionszeit ermöglicht.

Der Notfallplan sagt der Schulleitung bzw. dem Krisenteam, wie auf eine spezifische Krise reagiert werden sollte. Er enthält Angaben zur Sofortreaktion und zu nachfolgenden Reaktionen. Weiterhin enthält er typischerweise wichtige Telefonnummern und ggf. vorbereitete Texte, beispielsweise zur Schulansage oder eine Trauermitteilung. Spätestens im Rahmen des Notfallplans sollte sich die Schule ihres Krisennetzwerkes bewusst werden. Mit Krisen können und müssen Schulen nicht alleine zurechtkommen. Sie können die Hilfe professioneller Organisationen in Anspruch nehmen. Dazu gehört in Bayern beispielsweise das Kriseninterventions-Bewältigungsteam bayerischer Schulpsychologen (KIBBS). Die angehende Lehrkraft sollte diese externen Partner in Erfahrung bringen. Die Toolbox enthält dazu eine Vorlage (TB-6.10).

Typisches Krisennetzwerk, hier für Nürnberg

▶ KIBBS: Kriseninterventions-Bewältigungsteams bayerischer Schulpsychologen (www.kibbs.de)
▶ Ökumenische Notfallseelsorge Nürnberg (www.notfallseelsorge-nuernberg.de)
▶ Krisendienst Mittelfranken (www.krisendienst-mittelfranken.de)
▶ Frauennotruf Nürnberg (www.frauennotruf.info)

Übersicht 15: Typisches Krisennetzwerk

Gegenstand des professionellen Krisenmanagements in der Schule sollte auch die Implementierung eines ‚Frühwarnsystems‘ sein. So ist aus der Analyse von Fällen zielgerichteter Gewalt an Schulen bekannt, dass sich vor einem Amoklauf das Umfeld Sorgen um die Täterin bzw. den Täter macht, dass sich depressive bzw. suizidale Züge an der Täterin bzw. am Täter zeigen, dass die Tat – meist gegenüber Peers – angekündigt wurde (‚leaking‘) und häufig die Täterin bzw. der Täter einen Statusverlust, zum Beispiel die Schule nicht zu schaffen, oder den Verlust einer Liebesbeziehung hinzunehmen hatte (Stradtner, 2007, S. 8). Mit anderen Worten: Es gibt in diesem Fall erkennbare Krisensignale.

Bei der Bearbeitung von Krisen sollte die Schule auf die professionelle Hilfe außenstehender Gruppen setzen. Das heißt nicht, dass die Lehrkraft außen vor ist. Falls der schulische Notfallplan nichts anderes vorsieht, muss die Lehrkraft auf erste Handlungen im Notfall vorbereitet sein. Dazu gehört die Erste medizinische Hilfe, das Alarmieren der Rettungskräfte, das Abschirmen des Unfall- oder Tatortes, Erklärungen, dass geholfen wird, und die Information über das Notfallgeschehen, der Einbezug von Schülerinnen und Schülern, beispielsweise durch das Delegieren von Aufgaben, die Benachrichtigung psychosozialer Fachkräfte, ggf. die Verkehrsregelung, die Benachrichtigung der Schulleitung, die Absprache mit Sekretariat und Hausmeister sowie die Dokumentation der ergriffenen Maßnahmen.

Damit die akute Belastung besser verarbeitet wird, sollte die Lehrkraft auch vor dem Eintreffen der Fachkräfte Erste *psychologische* Hilfe leisten (Barkowski, 2007a).

Erste psychologische Hilfe als Aufgabe der Lehrkraft

▶ **Abschirmen**: Die Schülerinnen und Schüler sollten vom Notfallgeschehen, von Neugierigen und Medien abgeschirmt werden. Außerdem sollten Verletzungen abgedeckt werden.
▶ **Nähe geben, Beziehung aufbauen, nicht alleine lassen**: Die Lehrkraft sollte sich auf die Ebene der Lernenden begeben. Sie sollte sich ggf. vorstellen, Körperkontakt anbieten und Zusprechen („Ich bin da", „Wir kümmern uns …").
▶ **Entlasten**: Die Lehrkraft sollte realistische Erklärungen anbieten und bei Schuldgefühlen eine unbegründete Schuld verneinen. Sie sollte Informationen geben und – auch irrationale und unbegründete Sorgen – ernst nehmen und entlasten.
▶ **Sicherheitsgefühl unterstützen**: Die Lehrkraft sollte über die getroffenen Sicherheitsmaßnahmen informieren.
▶ **Erregung abbauen**: Die Lehrkraft sollte langsam agieren und sprechen, Hektik vermeiden, den Betroffenen zugewandt bleiben und nach Möglichkeit warme und gesüßte Getränke und Essen anbieten.

Übersicht 16: Erste psychologische Hilfe

In der Nachbearbeitung einer Krise sollte die Lehrkraft auch sich selbst nicht vergessen. Sie sollte gezielt den Austausch mit vertrauten Kolleginnen und Kollegen und ggf. mit der Seelsorge suchen.

11.5.5 Sich in Lernende verlieben, Sex und übergriffige Handlungen der Lehrkraft

Gerade eine Lehrkraft, die nicht nur eine Leistungsbeziehung zu ihren Schülerinnen und Schüler pflegen will, kommt schnell in die Frage nach der zulässigen Nähe und der notwendigen Distanz. Kann beispielsweise eine Lehrkraft Schülerinnen und Schüler umarmen, über den Kopf streicheln oder zärtlich berühren? Außerdem kann sich eine sexuelle Beziehung zwischen Schülerinnen und Schülern mit der Lehrkraft entwickeln. Die Lehrkraft kann sich – entgegen aller Normen – in die Schülerin oder den Schüler, die Schülerin oder der Schüler in die Lehrkraft verlieben und gar Sex haben. In der didaktischen Literatur wird ein solches Verhalten nicht thematisiert. Es ist ein Thema im Internet oder in der Musik.

Wortwörtlich: The Police (1980)

Young teacher the subject of schoolgirl fantasy
she wants him so badly knows what she wants to be
inside her there's longing this girl's an open page
book marking she's so close now this girl is half his age
Don't stand don't stand so don't stand so close to me
don't stand don't stand so don't stand so close to me

Her friends are so jealous you know how bad girls get
sometimes it's not so easy to be the teacher's pet
temptation frustration so bad it makes him cry
wet bus stop she's waiting his car is warm and dry
Don't stand don't stand so don't stand so close to me
don't stand don't stand so don't stand so close to me

Lose talk in the classroom to hurt they try and try
strong words in the staffroom the accusations fly
it's no use he sees her he starts to shake and cough
just like the old man in that book by Nabakov
Don't stand don't stand so don't stand so close to me
don't stand don't stand so don't stand so close to me

Bild 5: Logo von The-Police. Von 5theye. Quelle: The Police (1980)

Rechtlich liegt in Deutschland eine Strafbarkeit bei 16- bis 18-Jährigen vor, wenn ein Abhängigkeitsverhältnis missbraucht wird. Bei Lehrkräften ist das oft der Fall. Dabei ist der Versuch strafbar, d. h. beispielsweise wenn die Lehrkraft auch nur ansetzt einer Schülerin unter die Bluse zu fassen, ist das strafbar. Strafrechtlich sind sexuelle Beziehungen zu Schülerinnen oder Schülern über 18 Jahren nicht relevant. Unabhängig davon sind aber disziplinarrechtliche Maßnahmen möglich, weil die Lehrkraft ihre Amtsstellung möglicherweise missbraucht hat. Insofern dürfte dies im Regelfall heißen, dass die Lehrkraft nicht einmal an die Möglichkeit sexueller Beziehungen zu ihren Schülerinnen und Schülern denken sollte (Hoegg, 2008, S. 55).

Neben den strafrechtlich relevanten Sachverhalten hat die Lehrkraft auch im Klassenzimmer auf Grenzüberschreitungen zu achten. Liebe bzw. Verliebtsein und übergriffiges Verhalten sind strikt zu trennen. Einzelne Grenzüberschreitungen sind im Schulalltag kaum zu vermeiden und lassen sich durch Entschuldigungen u. a. wieder ausgleichen. Von den Grenzüberschreitungen sind Übergriffe zu unterscheiden, die nicht zufällig oder aus Versehen geschehen und zum Teil gar zur strategischen Vorbereitung strafrechtlich relevanten Verhaltens genutzt werden. Zu übergriffigem Verhalten gehört die wiederholte Missachtung der angemessenen körperlichen Distanz, das massiv sexualisierte Verhalten, beispielsweise ,flirten' mit Schülerinnen und Schülern oder Anreden mit Kosenamen „Süße", „Liebster" u. a., das häufige Zulassen einer sexualisierten Atmosphäre im Klassenzimmer, beispielsweise durch anzügliche Bemerkungen oder Witze, der häufige Gebrauch der Schülerinnen und Schüler als ,seelischen Mülleimer' der Lehrkraft oder zu aufreizende Kleidung der Lehrkraft (Enders & Eberhardt).

11.6 Leitfragen für die Analyse der Grundsätze der Klassenführung (GAL 3.5)

Im Rahmen der Bedingungsanalyse sollte die Lehrkraft die Regeln und die dazugehörigen Konsequenzen auf den verschiedenen Ebenen analysieren und ggf. im Rahmen der Schulentwicklung zu einer solchen Gemeinsamkeit beitragen. Die Reaktion auf Unterrichtsstörungen sollte – wenn immer möglich – nicht spontan erfolgen, sondern auf der Grundlage – möglichst im Kollegium abgestimmter – Reaktionen.

Leitfragen für die Analyse der Grundsätze der Klassenführung (GAL 3.5) in der mikrodidaktischen Planung (TB-2.6)

- Welche Regeln, also explizite Verhaltenserwartungen, sehen Gesetze, Verordnungen und schulübergreifende Vorgaben vor? Welche Konsequenzen sind bei Regelverstößen vorgesehen?
- Welche Regeln existieren auf Schulebene, beispielsweise in der Schulordnung? Welche Konsequenzen sind bei Regelverstößen vorgesehen?
- Was sind die Regeln und Prozeduren in der Abteilung und in der Klasse? Welche Konsequenzen sind bei Regelverstößen vorgesehen?
- Wie reagiere ich – auch nach den im Kollegium vereinbarten Regeln – auf kleinere Unterrichtsstörungen?
- Wie reagiere ich – auch nach den im Kollegium vereinbarten Regeln – auf größere Unterrichtsstörungen?
- Wie habe ich in der Schule auf eine Krise, zum Beispiel nach dem Notfallplan, zu reagieren?

Übersicht 17: Leitfragen für die Analyse der Grundsätze der Klassenführung

Trotz dieser Grundsätze ist damit zu rechnen, dass es zu Unterrichtsstörungen kommt. Sie lassen sich auch bei der besten Klassenführung nicht verhindern.

11.7 Outro

11.7.1 Die wichtigsten Begriffe dieser Lerneinheit

- Behaviorismus (2. von 4 Perspektiven auf Lernen und Motivation)
- Klassische Konditionierung
- (Un)konditionierte(r) Stimulus/Reaktion
- Verhaltenstherapie
- Desensibilisierung und Konfrontation
- Operante Konditionierung
- Verstärkung, Bestrafung
- Premack-Prinzip
- Klassenführung: Begriff/Funktion
- Regeln
- Proaktive/präventive Klassenführung
- Reaktive Klassenführung
- Primär- und Sekundärtugend
- Konsequenzenhierarchie
- Auszeitraum
- Mobbing
- Krisenmanagement
- Konfliktgespräch

11.7.2 Tools

- Tool „Karte: Bedingungen des Wirtschaftsunterrichts" (TB-1.9)
- Tool „Übersicht: Vier Perspektiven auf Lernen und Motivation" (TB-1.14)
- Tool „Klassenregeln: Erfassung (Vorlage)" (TB-6.5)
- Tool „Klassenregeln: Kriterienkatalog" (TB-6.6)
- Tool „Klassenführung: Lernauftrag für einen Trainingsraum" (TB-6.7)
- Tool „Klassenführung: Verspätungsformular" (TB-6.8)
- Tool „Externe Hilfe: Vorlage" (TB-6.10)
- Tool „Konfliktgespräch: Erweitertes Ablaufschema" (TB-12.6)

11.7.3 Kompetenzen

- Klassische Konditionierung verstehen und Konsequenzen reflektieren; Grundkonzepte der klassischen Konditionierung einordnen; Systematische Desensibilisierung als Form des Umgangs mit emotional belastenden Reaktionen begreifen; Weitere Formen des Umgangs mit Konditionierungen im Klassenzimmer erörtern
- Operante Konditionierung verstehen und Konsequenzen reflektieren; Operante Konditionierung als eine Basis der Klassenführung begreifen

▶ Überzeugt sein von der Notwendigkeit der Klassenführung: Abgeklärtes Verständnis von Führung entwickelt haben; Kollegialität als Ressource der Klassenführung erkannt haben und von der Notwendigkeit kooperativen Handelns bei der Klassenführung geprägt sein; Schwierigkeiten beim Finden gemeinsamer Regeln verstehen und akzeptieren; Eigene Rolle und Eigenschaften für die Klassenführung reflektieren

▶ Proaktiv Klasse führen: Regeln auf verschiedenen Ebenen kooperativ gestalten; Konsequenzen bei Regelverstößen kooperativ gestalten

▶ Reaktiv Klasse führen: Unterrichtsstörungen tolerieren; Unterrichtsstörungen analysieren; Reaktionen auf Unterrichtsstörungen situativ und aufgrund der Störungsanalyse bewerten

▶ Für den Umgang mit Schulkrisen gewappnet sein: Schulkrisen als außerordentliche Unterrichtsstörung einordnen; Von der Notwendigkeit einer Notfallplanung und erster psychologischer Hilfe überzeugt sein; Grundzüge einer Notfallplanung und erster psychologischer Hilfe kennen

▶ Konfliktgespräche führen

▶ Mit Mobbing umgehen: Für das Vorkommen von Mobbing sensibilisiert sein; Mobbing von Konflikten als normaler Erscheinung sozialen Miteinanders abgrenzen und Erscheinungsformen kennen; Vor einer einfachen Schuldzuweisung an das Opfer gewappnet sein; Sonderformen des Cyber-Mobbing abgrenzen; Mobbing als Prozess und Rollen beim Mobbing rekonstruieren; Den No-Blame-Approach überschauen

11.7.4 Hinweise zur vertieften Auseinandersetzung: Weiterlesen

Eine sehr gute Einführung in den No-Blame-Approach liefern Robinsohn und Maines selbst mit Ihrem Buch „Bullying: A complete guide to the support group method" (2008). Auch das deutsche Pendant „No Blame Approach. Mobbing-Intervention in der Schule" (Blum & Beck, 2010) ist hilfreich.

11.7.5 Hinweise zur vertieften Auseinandersetzung: Weitersurfen

Zum No-Blame-Approach existiert eine deutschsprachige Webseite:

http://www.no-blame-approach.de/

11.7.6 Literaturnachweis

Altrichter, H. & Posch, P. (2007). *Lehrerinnen und Lehrer erforschen ihren Unterricht* (4. Aufl.). Bad Heilbrunn: Klinkhardt.

Apel, H. J. (2002). *Herausforderung Schulklasse. Klassen führen, Schüler aktivieren*. Bad Heilbrunn/Obb.: Klinkhardt.

Barkowski, T. (2007a). Aktiv werden. In Evangelisch-Lutherische Kirche in Bayern & Katholisches Schulkommissariat in Bayern (Hrsg.), *Wenn der Notfall eintrifft. Handbuch für den Umgang mit Tod und anderen Krisen in der Schule* (3. Aufl., S. 7–9). Heilsbronn, München: Religionspädagaogisches Zentrum , Religionspädagogische Materialstelle.

Barkowski, T. (2007b). Krisenmanagement und Wege der Begleitung. In Evangelisch-Lutherische Kirche in Bayern & Katholisches Schulkommissariat in Bayern (Hrsg.), *Wenn der Notfall eintrifft. Handbuch für den Umgang mit Tod und anderen Krisen in der Schule* (3. Aufl., S. 5, S. 1-18). Heilsbronn, München: Religionspädagaogisches Zentrum , Religionspädagogische Materialstelle.

Blase, J. J. (1986). A Qualitative Analysis of Sources of Teacher Stress: Consequences for Performance. *American Educational Research Journal, 23* (13-40).

Blum, H. & Beck, D. (2010). *No blame approach. Mobbing-Intervention in der Schule : Praxishandbuch* (2. Aufl.). Köln: Fairaend.

Brouwers, A. & Tomic, W. (2000). A longitudinal study of teacher burnout and perceived self-efficacy in classroom management. *Teaching and Teacher Education, 16* (2), 239–253.

Bründel, H. & Simon, E. (2007). *Die Trainingsraum-Methode. Unterrichtsstörungen - klare Regeln, klare Konsequenzen* (2. Aufl.). Weinheim: Beltz.

Colvin, G. (2007). *7 steps for developing a proactive schoolwide discipline plan. A guide for principals and leadership teams*. Thousand Oaks CA: Corwin Press.

Demleitner, E. (2012). *Präventions- und Interventionsmöglichkeiten für Mobbing unter Schülerinnen und Schülern der Berufsschule auf Klassenebene*. Nürnberg.

Edelmann, W. (1996). *Lernpsychologie* (5. Aufl.). Weinheim: Beltz Psychologie-Verl.-Union.

Emmer, E. T., Evertson, C. M. & Worsham, M. E. (2003). *Classroom Management for Secondary Teachers*. Boston u.a.: Pearson Education.

Enders, U. & Eberhardt, B. *Zur Differenzierung zwischen Grenzverletzungen, Übergriffen und strafrechtlich relevanten Formen der Gewalt in der Schule*. Köln: Zartbitter.

Gage, N. L. & Berliner, D. C. (1996). *Pädagogische Psychologie* (5. Aufl.). Weinheim: Psychologie Verlags Union.

Good, T. L. & Brophy, J. E. (2003). *Looking in Classrooms*. Boston u.a.: Pearson Education.

Gordon, T. (2012a). *Familienkonferenz: Die Lösung von Konflikten zwischen Eltern und Kind:* E-Books der Verlagsgruppe Random House GmbH.

Gordon, T. (2012b). *Lehrer-Schüler-Konferenz: Wie man Konflikte in der Schule löst:* E-Books der Verlagsgruppe Random House GmbH.

Graun, G. & Hünicke, W. (1996). *Streit-Schlichtung. Schülerinnen und Schüler übernehmen Verantwortung für Konfliktlösungen in der Schule*. Soest.

Grimm, P., Rhein, S. & Clausen-Muradian, E. (2008). *Gewalt im Web 2.0. Der Umgang Jugendlicher mit gewalthaltigen Inhalten und Cyber-Mobbing sowie die rechtliche Einordnung der Problematik*. Berlin: Vistas.

Härtl, I. & Wein, K. (2008). Disziplinprobleme und mögliche Maßnahmen an beruflichen Schulen. In K. Wilbers (Hrsg.), *Klassenführung an beruflichen Schulen* (Berichte zur Wirtschaftspädagogik und Personalentwicklung, S. 8–12). Nürnberg: Lehrstuhl für Wirtschaftspädagogik und Personalentwicklung.

Helmke, A. (2012). *Unterrichtsqualität und Lehrerprofessionalität. Diagnose, Evaluation und Verbesserung des Unterrichts* (4. Aufl.). Seelze-Velber: Klett/Kallmeyer.

Hoegg, G. (2008). *SchulRecht! Aus der Praxis - für die Praxis* (3. Aufl.). Weinheim: Beltz.

Huber, A. A. (2012). *Anti-Mobbing-Strategien für die Schule. Praxisratgeber zur erfolgreichen und nachhaltigen Intervention* (2. Aufl.). Köln: Link.

KM-NRW (Ministerium für Schule und Weiterbildung des Landes Nordrhein-Westfalen). (Ohne Jahr). *Notfallpläne für die Schulen in Nordrhein-Westfalen*. Düsseldorf: KM-NRW (Ministerium für Schule und Weiterbildung des Landes Nordrhein-Westfalen).

Ksienzyk, B. & Schaarschmidt, U. (2005). Beanspruchung und schulische Arbeitsbedingungen. In U. Schaarschmidt (Hrsg.), *Halbtagsjobber? Psychische Gesundheit im Lehrerberuf - Analyse eines veränderungsbedürftigen Zustandes* (2. Aufl., S. 72–87). Weinheim: Beltz.

Kügow, I. & Lämmermann, B. (2008). Die Erarbeitung von gemeinsamen Regeln für die Klassenführung an der Beruflichen Schule 6. In K. Wilbers (Hrsg.), *Klassenführung an beruflichen Schulen* (Berichte zur Wirtschaftspädagogik und Personalentwicklung, S. 17–19). Nürnberg: Lehrstuhl für Wirtschaftspädagogik und Personalentwicklung.

Linzbach, H. & Linzbach, P. (2010). *Hinsehen und Handeln. Strategien gegen Mobbing in der Schule*. München: Oldenbourg.

Maercker, A. & Krampen, G. (2009). Entspannungsverfahren. In J. Margraf & S. Schneider (Hrsg.), *Lehrbuch der Verhaltenstherapie. Band 1 - Grundlagen, Diagnostik, Verfahren, Rahmenbedingungen* (3. Aufl., S. 500–506). Berlin, Heidelberg: Springer.

Maercker, A. & Weike, A. I. (2009). Systematische Desensibilisierung. In J. Margraf & S. Schneider (Hrsg.), *Lehrbuch der Verhaltenstherapie. Band 1 - Grundlagen, Diagnostik, Verfahren, Rahmenbedingungen* (3. Aufl., S. 508–514). Berlin, Heidelberg: Springer.

Maines, B. & Robinson, G. (1992). *The No Blame Approach. A support group method*. Clifton: Lucky Duck Publishing.

Margraf, J. (2009). Hintergründe und Entwicklung. In J. Margraf & S. Schneider (Hrsg.), *Lehrbuch der Verhaltenstherapie. Band 1 - Grundlagen, Diagnostik, Verfahren, Rahmenbedingungen* (3. Aufl., S. 3–45). Berlin, Heidelberg: Springer.

Marzano, R. J., Pickering, D. J. & Pollock, J. E. (2003). *Classroom Management that works. Research-based strategies for every teacher*. Alexandria: Association for Supervision and Curriculum Development.

Michael, T. & Tuschen-Caffier, B. (2009). Konfrontationsverfahren. In J. Margraf & S. Schneider (Hrsg.), *Lehrbuch der Verhaltenstherapie. Band 1 - Grundlagen, Diagnostik, Verfahren, Rahmenbedingungen* (3. Aufl., S. 516–530). Berlin, Heidelberg: Springer.

Müller, J. & Neubauer, J. (2013). Cyberbullying unter Schülern. Abgrenzung, Erscheinungsformen und Auftretenshäufigkeit. *Wirtschaft und Erziehung, 65* (4), 119–125.

Müller, M. (2008). „Besinnungsraum-Konzept". Ein Beispiel zum Umgang mit störendem Schülerverhalten. In K. Wilbers (Hrsg.), *Klassenführung an beruflichen Schulen* (Berichte zur Wirtschaftspädagogik und Personalentwicklung, S. 13–16). Nürnberg: Lehrstuhl für Wirtschaftspädagogik und Personalentwicklung.

Olweus, D. (1993). *Bullying at school. What we know and what we can do*. Oxford, UK, Cambridge, USA: Blackwell.

Olweus, D. (2006). *Gewalt in der Schule. Was Lehrer und Eltern wissen sollten - und tun können* (4. Aufl.). Bern [u.a.]: Huber.

Oser, F. (2001). Standards. Kompetenzen von Lehrpersonen. In F. Oser & J. Oelkers (Hrsg.), *Die Wirksamkeit der Lehrerbildungssysteme.* (Von der Allrounderausbildung zur Ausbildung professioneller Standards., S. 215–342). Chur/Zürich: Rüegger.

Robinson, G. & Maines, B. (2008). *Bullying. A complete guide to the support group method*. London: Sage.

Rolff, H.-G. & Schley, W. (1997). Am Anfang muss man bereits aufs Ganze gehen. Zur Gestaltung von Anfangssituationen in Schulentwicklungsprozessen. *Journal für Schulentwicklung, 1* (1), 12–21.

Rollo, J. M. & Zdziarski, E. L. (2007). The Impact of Crisis. In E. L. Zdziarski, N. W. Dunkel & J. M. Rollo (Hrsg.), *Campus crisis management. Acomprehensive guide to planning, prevention, response, and recovery* (S. 3–33). San Francisco, Hoboken NJ: Jossey-Bass; J. Wiley & Sons Inc.

Skinner, B. F. (1953). *Science and Human Behavior:* Macmillan Pub Co. Verfügbar unter http://www.bfskinner.org/BFSkinner/PDFBooks_files/Science_and_Human_Behavior_2.pdf

Steins, G. & Welling, V. (2010). *Sanktionen in der Schule. Grundlagen und Anwendung*. Wiesbaden: VS Verl. für Sozialwissenschaften.

Stradtner, E. (2007). Zielgerichtete Gewalt an Schulen. Bedrohungsmanagement und Krisenintervention. In Schulreferat der Stadt Nürnberg (Hrsg.), *Bedrohungsmanagement und Krisenintervention. Vorbeugen und kompetent reagieren* (S. 8–13). Nürnberg: Stadt Nürnberg.

Thren, M. (2012). *Cyber-Mobbing. Das Projekt der Maximilian-Kolbe-Schule in Neumarkt in der Oberpfalz.* Nürnberg.

Watson, J. B. & Rayner, R. (1920). Conditioned emotional reactions. *Journal of Experimental Psychology, 3* (1), 1–14. Verfügbar unter http://psychclassics.yorku.ca/Watson/emotion.htm

Wilbers, K. (2004). *Soziale Netzwerke an berufsbildenden Schulen. Analyse, Potentiale, Gestaltungsansätze.* Paderborn: Eusl.

Willard, N. E. (2007). *Cyberbullying and Cyberthreats. Responding to the Challenge of Online Social Aggression, Threats, and Distress:* Research Press.

Woolfolk, A. (2004). *Educational Psychology* (9. Aufl.). Boston et. al.: Pearson.

Woolfolk, A. (2008). *Pädagogische Psychologie* (10. Aufl.). München: Pearson Studium.

Zdziarski, E. L., Rollo, J. M. & Dunkel, N. W. (2007). The Crisis Matrix. In E. L. Zdziarski, N. W. Dunkel & J. M. Rollo (Hrsg.), *Campus crisis management. Acomprehensive guide to planning, prevention, response, and recovery* (S. 35–51). San Francisco, Hoboken NJ: Jossey-Bass; J. Wiley & Sons Inc.

Zimbardo, P. G. & Gerrig, R. J. (2004). *Psychologie* (16. Aufl.). München et. al.: Pearson.

11.7.7 Anmerkungen

[1] Die Verhaltenstherapie ist eine auf der empirischen Psychologie fußende Grundorientierung der Psychotherapie. Vgl. Margraf (2009).

[2] Bei dem Konfrontrationsverfahren werden nach Michael und Tuschen-Caffier (2009) vier Verfahren unterschieden. In einer ersten Dimension wird unterschieden, ob die Konfrontation ‚in sensu' oder ‚in vivo' erfolgt. Bei einer in-sensu-Konfrontation erfolgt die Konfrontation mit dem Stimulus in der Vorstellung (‚in sensu'), d. h. eine Klientin bzw. ein Klient mit Flugangst stellt sich das Fliegen vor. Demgegenüber kann die Konfrontation auch ‚in vivo' – also in der Realität erfolgen. Hier würde eine Patientin bzw. ein Patient mit Flugangst tatsächlich fliegen müssen. Neben dieser Unterscheidung des Stimulustyps (‚in sensu' vs. ‚in vivo') erfolgt in einer zweiten Dimension eine Unterscheidung nach der Intensität der Darbietung des Reizes. Der Reiz kann entweder stufenweise gesteigert werden oder direkt mit der höchsten Intensität dargeboten werden. Nach der Unterteilung von Michael und Tuschen-Caffier (2009) liegt systematische Desensibilisierung für den Fall einer graduierten Konfrontation in sensu vor. Wird hingegen die Konfrontation graduiert in vivo vorgenommen, so sprechen von Michael und Tuschen-Caffier von „graduierter In-vivo-Konfrontation". Wird der Reiz nicht stufenweise, sondern massiert, also in der höchsten Intensität dargeboten, liegt Flooding (in vivo) oder Implosion (in sensu) vor. Beim Flooding würde also die Klientin bzw. der Klient direkt mit der höchsten Stufe des Reizes konfrontiert, die ihr bzw. ihm beispielsweise Flugangst besorgt. In dieser Lerneinheit werden hingegen alle graduiert arbeitenden Konfrontationsverfahren vereinfachend als (systematische) Desensibilisierung bezeichnet. .

[3] Die hier vorgenommene Unterscheidung von Fluchtverhalten und Vorbeugungsverhalten als zwei Formen des instrumentellen Lernens folgt hier Edelmann (1996).

[4] Dabei steht: „Es: Der primitive, unbewusste Teil der Persönlichkeit, der irrational arbeitet und impulsiv reagiert, um Lust zu befriedigen. Über-Ich: Der Aspekt der Persönlichkeit, der die Internalisierung der gesellschaftlichen Werte, Standards und Moralvorstellungen repräsentiert. Ich: Der Aspekt der Persönlichkeit, welcher an Aktivitäten der Selbsterhaltung und an der angemessenen Kanalisierung instinktiver Triebe und Bedürfnisse beteiligt ist" Zimbardo und Gerrig (2004, S. 617).

[5] Diese Voraussetzungen werden von D. Plate in der Schulzeitung der Schule Salem genannt Apel (2002, S. 146 f.).

[6] http://de.wikiquote.org/wiki/Oskar_Lafontaine

[7] Der Blick ist hier auch auf den Unterricht, die Lehrkräfte und Schule zu richten. Wer erwartet den oben beschriebenen Unterricht beispielsweise bei einer verbiesterten Lehrkraft, die durch ihre mangelhafte Vorbereitung zeigt, wie wenig ernst sie die Schülerinnen und Schüler nimmt? Die zwar jede Verspätung von Lernenden ahndet, aber selbst oft unpünktlich ist? Die einen langweiligen Unterricht mit irrelevanten Inhalten durchführt? Auch die für berufliche Schulen empirisch aufgezeigte Methodenmonotonie kann in diesem Zusammenhang nicht übersehen werden. Ähnliches gilt auch für den Staat: Wie viel Ruhe erwartet der Staat in einer Klasse mit über dreißig Schülern? Was erwartet der Staat, der Schülerinnen und Schülern sowie Lehrkräften über den indiskutablen Zustand der Toiletten in der Schule sagt, wie wichtig er eigentlich Bedingungen in der Schule findet?

[8] Der Schulleiter der Beruflichen Schule 3 in Nürnberg, Dr. Müller, wies mich auf der Grundlage von Erfahrungen an seiner Schule darauf hin, dass nicht alle Verhaltenserwartungen sinnvollerweise positiv formuliert werden können. Dies zeige sich beispielsweise auch an ethischen Weisungen der Weltregionen, z. B. den Zehn Geboten.

[9] Der Gedanke des emergency room stammt von Oser (2001).

[10] Emmer, Evertson und Worsham (2003). Hilfreich ist weiterhin das Werk von Colvin (2007), der eine etwas andere Vorgehensweise vorschlägt.

[11] Härtl und Wein (2008); Kügow und Lämmermann (2008); Müller (2008). Ein zentrales Interview wurde im November 2006 mit Dr. Müller, Schulleiter der Beruflichen Schule 3 in Nürnberg, durchgeführt.

[12] Die Literatur schlägt als Hilfsmittel eine Erwartungsmatrix vor. Dabei werden die Regeln in den Zeilen abgetragen, in den Spalten die Räume (Klassenzimmer, Korridore, Toiletten, Parkplatz, Bus, ...). In den einzelnen Zellen befinden sich die Erwartungen bezüglich einzelner Räum. Vgl. Colvin (2007, S. 46 ff.).

[13] Ausbildungsbetrieben stehen – als Vertragspartner der bzw. des Auszubildenden – ungleich folgenreichere Reaktionen bei Regelverstößen zur Verfügung. Neben den arbeitsrechtlichen Schritten steht beispielsweise die (Drohung der) Nicht-Übernahme.

[14] Good und Brophy (2003), KM-NRW, (Ohne Jahr).

[15] Die Mobbing-Frage wurde von Studierenden in Form von Bachelorarbeiten aufgegriffen. Vielen Dank an Eva Demleitner, Franziska Hausl, Marion Immler, Michael König, Carina Krieger, Kristina Righi und Maximilian Thren.

[16] Die Definition folgt hier dem Ansatz von Olweus: „Ein Schüler oder eine Schülerin ist Gewalt ausgesetzt oder wird gemobbt, wenn er oder sie wiederholt und über eine längere Zeit den negativen Handlungen eines oder mehrerer anderer Schüler oder Schülerinnen ausgesetzt ist" Olweus (2006, S. 22). Ergänzend wird die Rolle des Netzwerkes angeführt, die typisch für den No-Blame-Approach ist.

[17] Das Verständnis von Krisen und die Definition folgt hier weitgehend Rollo und Zdziarski (2007, S. 22 ff.).

12.1 Zur Orientierung: Was Sie hier erwartet

12.1.1 Worum es hier geht

Frank M. schlägt mit der flachen Hand volles Rohr auf das Steuer seines Autos. Oaschlächa! Er ist es so satt. Jetzt sitzt er nach der Schule im Auto und stiert seit fünf Minuten auf dem Parkplatz nur vor sich hin. Lehrplanarbeit, verschwendete Konferenzen, Streit mit dem Fachbereichsleiter, Auto kaputt, Sport ständig ausgefallen, die blöde Erkältung und dann noch das Theater zuhause. Kein Wunder, dass ihm heute der Kragen geplatzt ist.

Seit Wochen geht ihm Michael auf die Nerven: Wie er zu spät in die Klasse geschlackst kommt, wie der intelligente Schüler absackt, weil er keinen Bock hat, wie er in der Klasse immer unausgeschlafen rumpennt, wie er letzten Montag nach Alkohol stank, wie er obercool tut, wie er auf die Spießigkeit der Deutschen hinweist, wie er von total überzogenen Idealen träumt, wie er ständig einen Streit vom Zaun bricht.

Doch heute hat es gereicht. Sagt der Michael doch tatsächlich: „Masda! So unchillige Klamotten" – er meinte das Lieblingssakko von Frank! – „können nur Lehrer anziehen. In der Nürnberger City wird man dafür verhaftet. Wegen akuter Gefahr von Augenbluten." Das hat das Fass zum Überlaufen gebracht: Frank hat den Schüler angeschrien: „Klappe! Verdammt noch mal! Geh' Du erst mal zum Friseur. Mit Deiner Frisur wirst Du nie übernommen! Und jetzt stör' den Unterricht nicht weiter!". Das tat Frank gut. Ein reinigendes Gewitter. Doch jetzt fühlt er sich schlecht. Die Contenance verloren. Das ist nie gut für eine Lehrkraft. Aber andererseits: Auch Lehrkräfte sind Menschen und keine Lehrautomaten ...

12.1.2 Inhaltsübersicht

12   Entwicklungstand der Lernenden erfassen 375

12.1   Zur Orientierung: Was Sie hier erwartet 376

12.1.1   Worum es hier geht 376

12.1.2   Inhaltsübersicht 377

12.1.3   Zusammenfassung 377

12.1.4   Einordnung in das Prozessmodell 378

12.2   Die Entwicklung des Menschen über sein ganzes Leben 379

12.3   Entwicklung des Menschen in der Adoleszenz und im frühen Erwachsenenalter 381

12.3.1   Entwicklung des Menschen in der Adoleszenz 381

12.3.2   Entwicklung im frühen Erwachsenenalter 384

12.4   Entwicklungsstörungen und Gefährdungen in Adoleszenz und frühem Erwachsenenalter 385

12.4.1   Suchtgefährdungen 386

12.4.2   Sexuelle Gewalt, Zwangsheirat und frühe Schwangerschaft 388

12.4.3   Jugendliche Delinquenz 390

12.4.4   Essstörungen 390

12.4.5   Depressive Episoden, Suizidgefährdung und selbstverletzendes Handeln 391

12.4.6   Extremismus 393

12.5   Wie sollte die Lehrkraft mit Störungen und Gefährdungen umgehen? 395

12.5.1   Unterstützung innerhalb des Schulsystems in Anspruch nehmen ... 395

12.5.2   Allgemeine Leitlinien für den Umgang mit Störungen und Gefährdungen beachten . 396

12.6   Umgang mit Störungen und Gefährdung bei der Unterrichtsplanung 398

12.7   Outro 398

12.7.1   Die wichtigsten Begriffe dieser Lerneinheit 398

12.7.2   Tools 398

12.7.3   Kompetenzen 399

12.7.4   Hinweise zur vertieften Auseinandersetzung: Weiterlesen 399

12.7.5   Hinweise zur vertieften Auseinandersetzung: Weitersurfen 399

12.7.6   Literaturnachweis 400

12.7.7   Anmerkungen 402

12.1.3 Zusammenfassung

Die Entwicklung des Menschen vollzieht sich über sein gesamtes Leben. In dieser Lerneinheit werden die körperlichen, emotional-sozialen und kognitiven Änderungen in der Adoleszenz und im frühen Erwachsenenalter dargestellt. Adoleszente sind Menschen im Übergang und etwa 11 bis 20 Jahre alt. Sie erfahren große Änderungen und haben eine lange Liste von Entwicklungsaufgaben zu bewältigen. Für die Entwicklung brauchen Adoleszente Menschen, mit denen sie sich auseinander setzen können. Das oft streitlustige Verhalten sollte von der Lehrkraft nicht persönlich interpretiert werden. Ebenso haben junge Erwachsene – wie in anderen Lebensphasen auch – spezifische Entwicklungsaufgaben zu bewältigen. Für die Lehrkraft ist dabei vor allem eine Unterstützung wichtig, jungen Erwachsenen zu helfen, das einfache Schwarz-Weiß-Denken des Dualismus zu überwinden. Bei Adoleszenten und jungen Erwachsenen kann es zu Störungen in der Entwicklung kommen. Wichtige Störungen und Gefährdungen sind Suchtgefährdungen, sexuelle Gewalt, Zwangsheirat, frühe Schwangerschaft, jugendliche Delinquenz, Essstörungen, depressive Episoden, Suizidgefährdung und selbstverletzendes Verhalten sowie Extremismus. Bei solchen Störungen muss die Lehrkraft – unter Umständen in Zusammenarbeit mit spezifischen Expertinnen und Experten oder der Beratungslehrkraft, der Schulpsychologie oder der Schulseelsorge – situations- und störungsangemessen tätig werden. Dabei sollten einige allgemeine Leitlinien beachtet werden.

12.1.4 Einordnung in das Prozessmodell

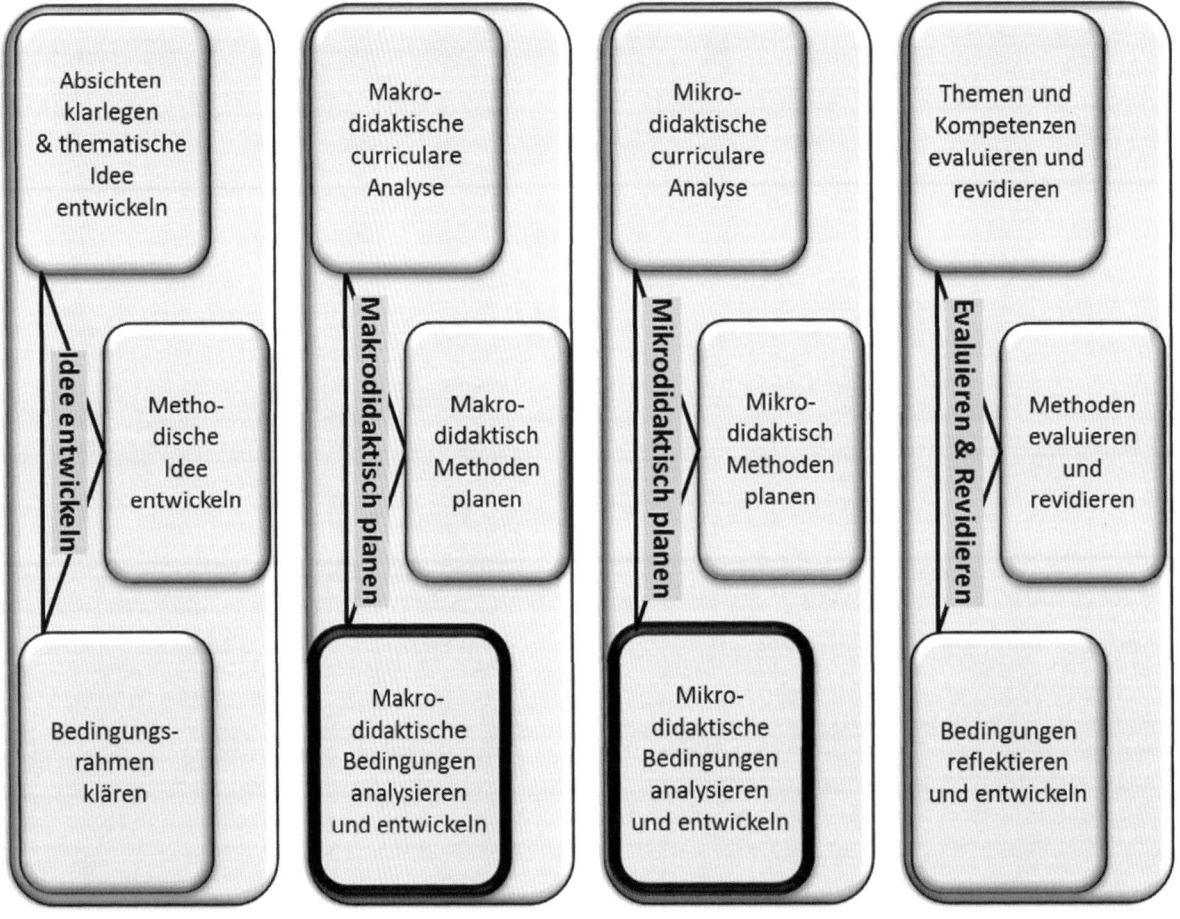

Die Bedingungen des Wirtschaftsunterrichts liegen – wie auch die Karte in der Toolbox (TB-1.9) dargestellt – auf vier Schalen vor: Individuelle Bedingungen, Klassenbedingungen, schulische Bedingungen sowie Bedingungen auf den höheren Bedingungsschalen.

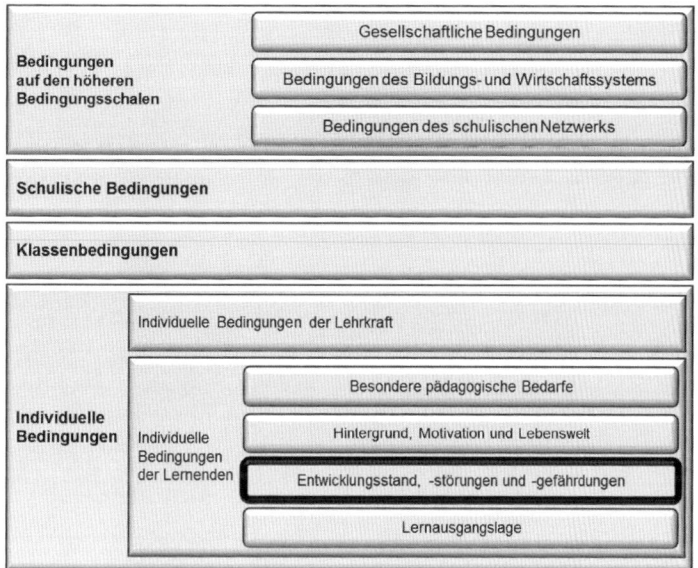

Übersicht 1: Bedingungen des Wirtschaftsunterrichts

Die Bedingungen der Lernenden umfassen die bereits in der Lerneinheit 7 dargestellte Lernausgangslage und die besonderen pädagogischen Bedarfe. In dieser Lerneinheit werden die beiden verbleibenden Teile der individuellen Bedingungen dargestellt, nämlich der Entwicklungsstand sowie die Störungen und Gefährdungen. Diese Lerneinheit thematisiert die Entwicklung des Menschen, vor allem in der Adoleszenz und im frühen Erwachsenenalter. Sie schildert die besonderen körperlichen, emotional-sozialen und kognitiven Veränderungen und Herausforderungen in diesem Alter. Außerdem geht die Lerneinheit auf phasentypische Störungen und Gefährdungen ein.

12.2 Die Entwicklung des Menschen über sein ganzes Leben

Entwicklung meint die Veränderung des Menschen zwischen Empfängnis und Tod. Im Gegensatz zum Lernen liegt der Schwerpunkt auf Veränderungen, die stark mit dem Lebensalter zusammenhängen und die sich nachhaltig, also für längere Zeit einstellen. Außerdem tritt ein großer Teil der Veränderungen natürlich und spontan auf, d. h. sie sind weitgehend genetisch programmiert (Woolfolk, 2008, S. 31 f.). Typisch für diese Perspektive auf Veränderung ist die Unterscheidung von Lebens- bzw. Entwicklungsphasen. In der Toolbox findet sich eine Übersicht über die Entwicklungsphasen (TB-6.8).

Übersicht 2: Entwicklungsphasen des Menschen

In dieser Betrachtungsweise ist das *ganze* Leben des Menschen von Entwicklungs*aufgaben* geprägt, die für dic Entwicklungsphasen typisch sind. Der jugendliche Mann muss sich in sein Leben als Mann einfinden und entdeckt in seiner Adoleszenz Intimität und Nähe in einer bisher nie dagewesenen Form. Der junge Mann sieht sich der sozialen Uhr gegenüber, beispielsweise der Frage der Mutter, wann und ob er denn zu heiraten gedenke. Im mittleren Erwachsenenalter wird der Mann auf seine Sterblichkeit aufmerksam, verliert seine Eltern und findet oft eine neue Definition von Männlichkeit. Der Mann im späten Erwachsenenalter verlässt die Arbeitswelt, verliert seinen Partner und bereitet sich auf seinen eigenen Tod vor. Entwicklung ist nicht auf das Kindes- und Jugendalter beschränkt, sondern vollzieht sich ein Leben lang.

Die typischen Entwicklungsaufgaben werden für den einzelnen Menschen zu unterschiedlichen Zeitpunkten relevant. Außerdem werden die Entwicklungsaufgaben von einer Fülle individueller, sozialer und zeitgeschichtlicher Faktoren beeinflusst und sie werden von Menschen oft völlig unterschiedlich erlebt. Ein Beispiel dafür ist die Menarche, d. h. das erste Auftreten der Regelblutung. Im letzten Jahrhundert hat sich das Menarchealter, also das mittlere Alter, in dem die Menarche auftritt, um 2 Jahre nach vorne verschoben. Damit ist die Menarche grundsätzlich durch sozial-geschichtliche Faktoren beeinflusst. Nach Ergebnissen des Kinder- und Jugendgesundheitssurveys (KiGGS) liegt das Menarchealter in Deutschland bei 12,8 Jahren. Das Alter variiert systematisch mit dem Migrationshintergrund und dem Sozialstatus (Kahl, Schaffrath Rosario & Schlaud, 2007). Nach einer – etwas älteren – Studie erleben Frauen die Menarche sehr unterschiedlich: Etwa ein Drittel der Mädchen empfanden sie als normal und natürlich, ein anderes Drittel empfand die erste Periode als unangenehm, was sich häufig zu einer negativen Einstellung gegenüber der Menses entwickelt. Ob junge Frauen die Menstruation als etwas Natürliches empfinden, hängt wiederum von der Vorbereitung ab, beispielsweise im Elternhaus (Kluge, 1998, S. 32 ff.). Auch das Empfinden von Änderungen im Jugendalter wird, wie dieses Beispiel der Menarche zeigt, stark durch soziale Faktoren überlagert.

Das Lebensalter ist nur ein grober Indikator für den Entwicklungsstand eines Menschen. Trotzdem lohnt sich ein Blick auf das Alter der Schülerinnen und Schüler in den beruflichen Schulen in Bayern. In der BOS sind im Schuljahr 2012/2013 circa 85 % der Schülerinnen und Schüler zwischen 19 und 23 Jahre alt, also genau im Übergang von der Adoleszenz in das frühe Erwachsenenalter. Die Schülerinnen und Schüler der FOS sind tendenziell jünger und befinden sich überwiegend in der späten Adoleszenz. Die jüngsten Schülerinnen und Schüler sind in der Wirtschaftsschule. Diese Lernenden sind so gut wie ausschließlich in der frühen bis mittleren Adoleszenz. In der Berufsschule, der mit Abstand größten Schulart, sind etwa 80 % der Schülerinnen und Schüler 20 Jahre und jünger. Die typische Berufsschülerin bzw. der typische Berufsschüler steht damit in der späten Adoleszenz. Aus diesem Grund werden in dieser Lerneinheit die Adoleszenz recht ausführlich und das frühe Erwachsenenalter weniger ausführlich behandelt.

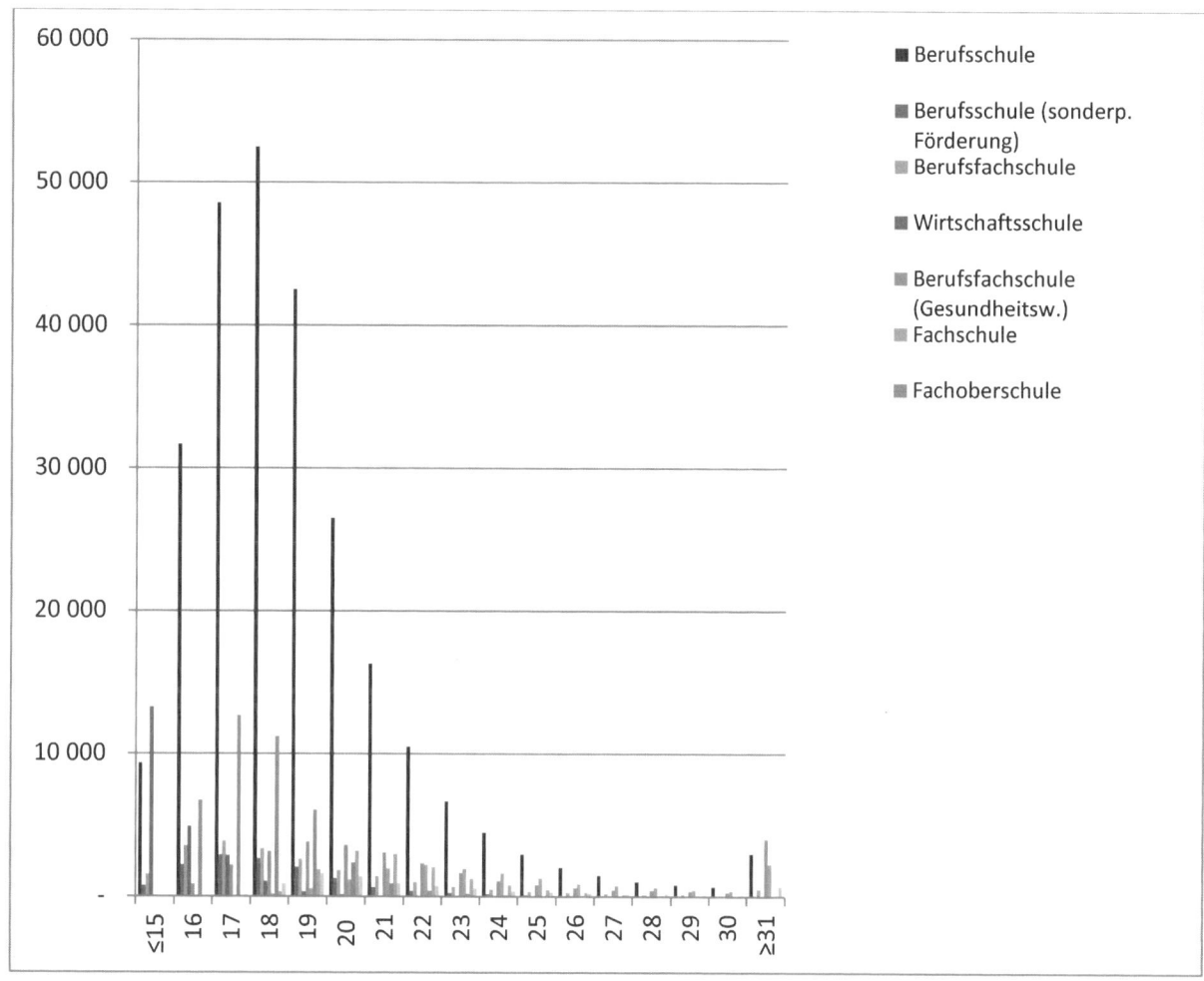

Übersicht 3: Alter der Schülerinnen und Schüler an beruflichen Schulen (Bayern 12/13)

Die anderen Lebensphasen spielen bei der weiteren Darstellung keine Rolle. Das heißt nicht, dass diese Lebensphasen nicht für die didaktische Situation relevant sein können. Einige Beispiele: Vorgeburtlich erworbene Schäden, beispielsweise aufgrund von Thalidomid, dem Wirkstoff des Medikaments Contergan, können den Menschen ein Leben lang begleiten und die Lehrkraft vor große Herausforderungen stellen. Oder: Der Missbrauch eines Kindes kann in der Adoleszenz zu einem Suizidversuch führen – eine sehr schwierige Situation für Lehrkräfte. Oder: Wichtige Weichenstellungen für die Entwicklung der Lern- und Leistungsmotivation erfolgen in der frühen Kindheit (Schlag, 2009, S. 95 ff.) – die Lehrkraft fühlt sich hier nicht selten ohnmächtig. Die Beschränkung auf die zwei Lebensphasen in dieser Lerneinheit stellt somit eine grobe Vereinfachung dar.

12.3 Entwicklung des Menschen in der Adoleszenz und im frühen Erwachsenenalter

12.3.1 Entwicklung des Menschen in der Adoleszenz

12.3.1.1 Was unter Adoleszenz verstanden wird

Die Begriffe „Jugend(alter)", „Pubertät" und „Adoleszenz" werden unterschiedlich verwendet. Das Wort „Adoleszenz" leitet sich vom lateinischen Wort „adolescere" für „heranwachsen, aufflammen" ab. Die Adoleszenz ist die Übergangzeit vom Kind zum Erwachsenen. Sie beginnt in modernen Industriegesellschaften im Alter von 11 oder 12 Jahren und endet mit 20 oder 21 Jahren. Adoleszente sind in diesem Verständnis Menschen im Übergang: Nicht mehr Kind und noch nicht erwachsen.

Am Beginn der Adoleszenz steht die Pubertät. Das Wort „Pubertät" betont das Auftreten der Scham-behaarung (Pubes), die sich als sekundäres Geschlechtsmerkmal ausbildet. Nach den Daten des Kinder- und Jugendgesundheitssurveys (KiGGS) beginnt das Wachstum der Schamhaare bei Mädchen und Jungen fast zeitgleich im Alter von circa elf Jahren. Es liegt dann die Entwicklungsstufe vor, bei der wenige Pubes um die Peniswurzel beziehungsweise auf den großen Schamlippen existieren, die auf Fotos des ganzen Körpers nicht erkennbar sind (PH2-Stufe). Die adulte Schambehaarung wird bei Mädchen in Deutschland erst mit 13,4 Jahren und bei Jungen mit 14,1 Jahren erreicht (Kahl et al., 2007).

Der amerikanische Wissenschaftler Robert J. Havighurst (1900-1991) hat den Begriff der Entwicklungsaufgabe in die Psychologie eingeführt. Für das Jugendalter macht er folgende Entwicklungsaufgaben aus: Akzeptieren der eigenen, neuen körperlichen Erscheinung und effektive Nutzung des Körpers, neue und reifere Beziehungen zu Altersgenossen beiderlei Geschlechts, Übernahme der männlichen und weiblichen Geschlechtsrolle, Vorbereitung auf Ehe und Familienleben, Vorbereitung auf eine berufliche Karriere, emotionale Unabhängigkeit von den Eltern und anderen Erwachsenen, Werte und ethisches System erlangen, die als Leitfaden für das Verhalten dienen sowie sozial verantwortliches Verhalten erstreben und erreichen. Das ist eine lange Liste von schwierigen Aufgaben für einen vergleichsweise kurzen Zeitraum von circa zehn Jahren. Die Besonderheiten des Jugendalters sind die zum Teil widersprüchlichen Anforderungen aufgrund der körperlichen Änderungen, der gesellschaftlichen Erwartungen und der individuellen Bedürfnisse (Reinders, 2003, S. 19 ff.).

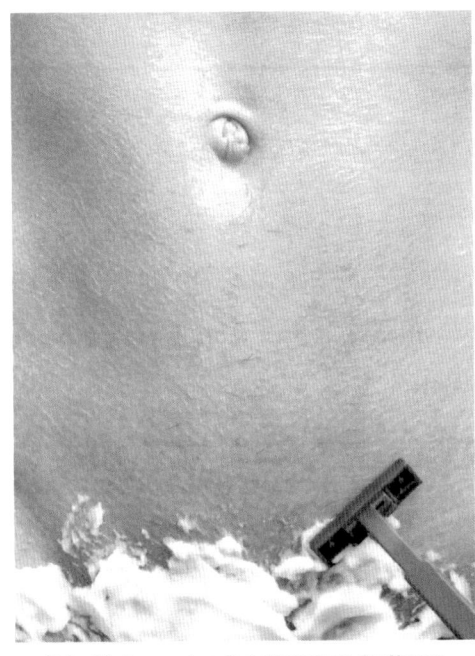

Pubertät: Haare geben der Lebensphase den Namen.
Bild 1. Von Cydonna, photocase.com

12.3.1.2 Körperliche Entwicklung in der Adoleszenz

Die körperliche Entwicklung in der Adoleszenz (Berk, 2005, S. 484) ist neben der sexuellen Reifung zunächst geprägt durch den pubertären Wachstumsschub, der bei Mädchen etwa mit zehn Jahren und bei Jungen mit zwölf Jahren einsetzt. Über viele Jahre hinweg wächst der Mensch fünf bis acht Zentimeter im Jahr und verändert dabei sowohl sein Gewicht als auch seine Proportionen. Dabei kehrt sich das sogenannte Kopf-Schwanz-Wachstum um, d. h. in der Adoleszenz wachsen zuerst die Beine, Hände und Füße. Für sich selbst, aber auch für Andere, wirkt die bzw. der Adoleszente damit ungelenk und unproportioniert. Der schlaksige Gang Jugendlicher ist kein Ausdruck von Coolness, sondern der Versuch, mit einem sich immer wieder ändernden, neuen Körper zurechtzukommen. Das Muskel-Fett-Verhältnis verschiebt sich und zwar bei Mädchen und Jungen unterschiedlich. Die typische weibliche und männliche Figur entsteht. Es verwundert aus dieser Perspektive nicht, dass sich Adoleszente bei so dramatischen körperlichen Änderungen über ihren Körper oft Gedanken machen. Das täten Erwachsene auch, wenn sich ihr Körper so rasant verändern würde. Häufig empfinden sich Jugendliche in dieser Zeit als unattraktiv und hässlich. Dies kann Essstörungen begünstigen.

Das starke Körperwachstum verlangt eine stark zunehmende Nahrungsaufnahme. Allerdings ernähren sich Jugendliche oft nicht mit der gleichen Sorgfalt wie früher. Ein gängiges Problem ist ein entstehender Eisenmangel, der sich in Müdigkeit und Reizbarkeit niederschlagen kann. In der Adoleszenz verändern sich Wachsein und Schlafen. Die Schlafdauer reduziert sich, die Adoleszenten gehen später zu Bett und müssen früher raus. Dies führt oft zu Schlafdefiziten, die sich als Leistungsdefizite niederschlagen können.

12.3.1.3 Emotionale und soziale Entwicklung in der Adoleszenz

Typisch, wenn auch nicht vollständig durch hormonelle Einflüsse erklärbar, sind adoleszente Stimmungsschwankungen: Die Stimmung schwankt deutlich stärker als bei Kindern oder Erwachsenen. In einem Tempo, das für Erwachsene oft nicht nachvollziehbar ist, ändert sich die Laune von fröhlich zu traurig und umgekehrt. Die Launen sind mit bestimmten Umgebungen verbunden: Die Laune bessert sich abends oder beim Zusammensein mit Gleichaltrigen. Eine Tendenz zu schlechter Laune besteht morgens und im Job oder im Schulunterricht. Hier überlagern sich biologische Faktoren mit situativen und sozialen Faktoren (Berk, 2005, S. 484).

12.3.1.4 Kognitive Entwicklung in der Adoleszenz

Die bzw. der Adoleszente ändert sich körperlich, gewinnt zum Beispiel die typisch frauliche und männliche Figur. Das ist offensichtlich. Im Gegensatz dazu ist die kognitive Entwicklung in der Adoleszenz (Berk, 2005, S. 502 ff.) keineswegs offensichtlich. Während dieser Zeit erlangen Adoleszente ein wunderbares Werkzeug, das allerdings anfangs viel Mühe bereitet: Das hypothetisch-deduktive Denken. Damit ist ein abstrakt wissenschaftliches Denken gemeint, das mit der Analyse der Situation beginnt, dem sich das Aufstellen von Hypothesen und Vorhersagen, was geschehen könnte, anschließt und mit der Prüfung endet, ob es für diese Hypothesen Befunde gibt. Kinder sind dazu in dieser Form nicht fähig. Das neue Werkzeug in der Hand Adoleszenter hat weitreichende Auswirkungen: Es will ausprobiert und angewendet werden. Aus Sicht des Erwachsenen sieht dies aus wie Streitlust, ist aber nicht mehr als das Trainieren eines Werkzeugs. Der Streit ist damit entwicklungsnotwendig und -förderlich. Adoleszente brauchen hier einen Stein, an dem sie sich schleifen können. Das neue Denken erschließt der bzw. dem Adoleszenten völlig neue Welten: Moral, Ethik, Politik, Wirtschaft – all dies in völlig neuen Dimensionen. Dies kann zu scheinbar endlosen Debatten und Auseinandersetzungen führen. Die Lehrkraft sollte hier ruhig bleiben, auch wenn dies oft schwer fällt. Sie sollte rational argumentieren und sich auf Prinzipien konzentrieren. Wichtig sind die klare Verdeutlichung des eigenen Standpunktes und das Aufzeigen von Gründen für die eigene Position.

„Jugendlich": Das Wort verkennt die Vielfalt der Lebenslagen junger Menschen.
Bild 2. Von chriskuddl, photocase.com

Das Denken Adoleszenter hat einen starken Selbstbezug. Das ist angesichts der großen Veränderungen, die die bzw. der Jugendliche erfährt, eigentlich auch nicht verwunderlich. Eine für dieses Alter typische kognitive Verzerrung ist das imaginäre Publikum, d. h. die Annahme Jugendlicher, das Zentrum des Interesses von jedermann zu sein. Heranwachsende sehen sich selbst auf der Bühne und können entsprechend kaum unbefangen handeln. Jedes Teil an sich inspizieren Jugendliche sehr genau, sie reagieren sehr empfindlich und eine kritische Anmerkung der Lehrkraft wird schnell als Demütigung empfunden. Die Lehrkraft sollte sich daher zurückhalten, Jugendliche vor Anderen zu kritisieren und stattdessen das persönliche Gespräch suchen.

Eine zweite kognitive Verzerrung ist die persönliche Legende. Jugendliche entwickeln oft ein übertriebenes Gefühl der eigenen Besonderheit und Einzigartigkeit: Große Höhen des eigenen Ruhms, abgelöst von Untiefen der eigenen Verzweiflung. Andere – Lehrkräfte, Eltern, die Gesellschaft – sind festgefahren, spießig, einfach nur gewöhnlich und uncool. Jugendliche stellen sich – zum ersten Mal in ihrem Leben – andere, spannendere, coolere Welten vor. Das neue Denken eröffnet auch hier ganze

Welten der möglichen eigenen Entwicklung. Die Lehrkraft sollte daher die Einzigartigkeit der bzw. des Jugendlichen anerkennen, aber gleichzeitig bei einer günstigen Gelegenheit darauf hinweisen, dass dies auch für andere Menschen gilt.

Hypothetisch-deduktives Denken kann – das ist einer der großen Vorzüge – den Boden des Realen verlassen und in die Welt des Möglichen führen. Jugendliche können sich neue Welten, neue Formen der Lebensführung, neue sexuelle Praktiken, neue Formen der Partnerschaft, neue Formen des gesellschaftlichen Miteinanders, neue Formen der Religion, neue Formen des Wirtschaftens, neue Formen des Drogenkonsums und vieles andere vorstellen. Und diese neuen Welten wollen erkundet werden, wollen entwickelt werden. Typisch ist dabei ein – aus Erwachsenensicht – übertriebener Idealismus einer idealen Welt ohne Ungerechtigkeit, ohne Schmerz oder Diskriminierung. Damit ist der Streit vorprogrammiert: Die ideale Familie, die ideale Lehrkraft, der ideale Chef und das ideale Unternehmen im Kopf Jugendlicher werden verglichen mit dem ganz gewöhnlichen Alltag in Familie, Schule und Betrieb. Und dieser Alltag läuft oft alles andere als ideal, sondern eben meist recht normal. Das Denken Adoleszenter bleibt hingegen – bei aller Radikalität – hypothetisch: Adoleszente sind meist nicht in der Lage, diese Welten zu gestalten und haben oft große Mühe, Entscheidungen zu treffen.

Die Lehrkraft muss erkennen, dass – auch die persönlich vorgetragene – Kritik nicht persönlich gemeint ist. Adoleszente brauchen die Auseinandersetzung, brauchen den Streit, um in der Entwicklung weiter zu kommen. Sie brauchen Lehrkräfte mit klaren Argumenten und klaren Positionen, auch wenn sich die Lehrkraft selbst spießig vorkommen mag. Auch wenn dies oft bequemer erscheint: Der Auseinandersetzung aus dem Weg zu gehen oder sich in die Welt der Beliebigkeit zu flüchten, heißt Jugendliche in Watte zu packen, obwohl Flächen zum Reiben benötigt werden.

12.3.2 Entwicklung im frühen Erwachsenenalter
Das frühe Erwachsenenalter beginnt mit etwa 20 bis 21 Jahren und endet um die 40. Auch für diese Lebensphase zeigen sich charakteristische körperliche, kognitive sowie emotional-soziale Veränderungen.

12.3.2.1 Körperliche Entwicklung im frühen Erwachsenenalter
In der Kindheit und in der Adoleszenz war die körperliche Entwicklung durch eine ‚Aufwärtsbewegung‘ gekennzeichnet. Im frühen Erwachsenenalter beginnt hingegen der Alterungsprozess (Seneszenz). Dieser verläuft allerdings allmählich und ist im Gegensatz zu den Veränderungen im mittleren Erwachsenenalter, etwa dem Entstehen des ‚Altersspecks‘ oder der Menopause bei Frauen, insgesamt wenig ‚spektakulär‘. Viele Änderungen verlaufen so langsam, dass sie nicht weiter auffallen. Im frühen Erwachsenenalter kommt es zunehmend zu Fortpflanzungsproblemen und bei vielen Frauen zu einem veränderten Menstruationserleben: Bei etwa einem Fünftel bis zu der Hälfte der Frauen tritt das prämenstruelle Syndrom (PMS) auf. Typisch für PMS sind das Auftreten von Nervosität, Reizbarkeit, emotionaler Labilität, Depression, Völlegefühle, Spannen der Brüste und Kopfschmerzen (Lohr & Keppler, 2005, S. 454). Die körperliche Leistungsfähigkeit von Männern und Frauen hat zwischen 20 und 30 einen Höhepunkt und lässt dann kontinuierlich nach. Die Leistungsfähigkeit des Immunsystems sinkt nach dem 20. Lebensjahr, die Seh- und Hörfähigkeit nimmt etwa ab dem 30. Lebensjahr ab. Ab dieser Lebensphase zeigen sich besonders starke Zusammenhänge zwischen körperlicher Entwicklung, Gesundheit, sozialökonomischem Status und Einkommen (Berk, 2005, S. 572 ff.).

12.3.2.2 Kognitive Entwicklung im frühen Erwachsenalter
William G. Perry (1913-1998), ein amerikanischer Wissenschaftler, der lange Jahre die Studienberatung an der Harvard University leitete, hat sich intensiv mit der kognitiven Entwicklung im frühen Erwachsenenalter auseinandergesetzt (Garz, 2000, S. 48 ff.). Sein Buch „Forms of intellectual and ethical development in the college years: a scheme" ist viel beachtet worden. Unabhängig von Kohl-

berg, aber inhaltlich und methodisch ähnlich, entwickelte Perry in diesem Buch durch Langzeitstudien an den Studierenden eine Stufentheorie. Für das frühe Erwachsenenalter ist dabei insbesondere der Übergang vom Dualismus zum Relativismus wichtig. Frühe Erwachsene auf der Stufe des Dualismus können die Welt klar in schwarz oder weiß einteilen: Etwas in gut oder schlecht, wahr oder falsch. Die richtigen Antworten existieren für jede Frage in der Welt des Absoluten. Den Zugang zu dieser Welt des Absoluten vermitteln Autoritäten, wie etwa Wissenschaft oder Lehrkräfte. Diese Autoritäten haben klare und eindeutige Antworten zu geben, die von den Lernenden zu lernen sind. Mit dem Übergang zum Relativismus ändert sich diese Sichtweise und entthront die Autoritäten: Der Mensch lässt auf dieser Stufe seiner kognitiven Entwicklung die Vielfalt von Meinungen und Unsicherheiten zu. Die Welt ist bunt und das ist gut so. Autoritäten haben keine herausragende Stellung, sondern sind eine Stimme unter vielen, die alle gleichberechtigt sind. Zu Beginn dieser Stufe landet der frühe Erwachsene in der Beliebigkeit: Anything goes. Den Autoritäten sollte man geben, was sie gerade wollen. Erst im weiteren Verlauf der Entwicklung erkennt die bzw. der frühe Erwachsene, dass Probleme einen spezifischen Hintergrund haben, der mit betrachtet werden muss. Antworten auf Fragen sind nicht mehr einfach wahr oder falsch oder beliebig, sondern immer vor einem spezifischen Hintergrund zu sehen. Die Lehrkraft muss zur Unterstützung junger Erwachsener Perspektiven anbieten sowie Begründungen und Entscheidungen einfordern, um den Lernenden zu helfen, Dinge aus verschiedenen Blickwinkeln zu sehen und zu entscheiden.

12.3.2.3 Emotionale und soziale Entwicklung im frühen Erwachsenenalter

Nach der Theorie des deutsch-amerikanischen Entwicklungspsychologen Erik H. Erikson (1902-1994) steht in der Adoleszenz der Aufbau der Identität im Vordergrund (Grob & Jaschinski, 2003, S. 43 ff.). Im sich anschließenden jungen Erwachsenenalter ergibt sich als neue Herausforderung Intimität und Isolation auszutarieren. Die in der Adoleszenz erworbene Identität darf nicht aufs Spiel gesetzt werden. Gleichzeitig ist jedoch eine intime Beziehung zu einem anderen Menschen aufzubauen. Gelingt dies nicht, führt dies zu Isolierung und Einsamkeit. In keiner Lebensphase erleben so viele Menschen Einsamkeit wie im frühen Erwachsenenalter (Berk, 2005, S. 632).

Junge Erwachsene müssen lernen, sich zu binden, gleichzeitig ohne sich aufzugeben. Damit zusammenhängend stellen sich Herausforderungen in der Liebe: Die emotionale Intimität, die sich in Warmherzigkeit und Zärtlichkeit ausdrückt, ist mit der Leidenschaft, also Sex und Romantik, sowie dem kognitiven Element der Verpflichtung zu einem anderen Menschen zu verbinden. Der junge Erwachsene muss diese drei Elemente – Intimität, Leidenschaft und Verpflichtung – zu einem gelungenen Ganzen austarieren (Berk, 2005, S. 626 ff.).

Für den jungen Erwachsenen tickt die soziale Uhr (Berk, 2005, S. 624 ff.). Sie setzt altersgebundene Ereignisse auf die Lebensplanung: Die Eheschließung, das erste Kind, der Kauf eines Eigenheims usw. Junge Erwachsene müssen hier entscheiden, ob sie sich dieser Uhr beugen wollen oder dagegen verstoßen: Konform verhalten oder abweichen?

12.4 Entwicklungsstörungen und Gefährdungen in Adoleszenz und frühem Erwachsenenalter

Die allermeisten Adoleszenten und jungen Erwachsenen durchlaufen ihre Lebensphase ohne größere Probleme. Gleichwohl sollte sich die Lehrkraft mit den wichtigsten Störungen und Gefährdungen in der Adoleszenz und im frühen Erwachsenenalter auseinandersetzen. Ein großer Teil der hier angeführten Störungen und Probleme gehört zu den psychischen Störungen und Verhaltensstörungen. Diese werden neben anderen Krankheiten in der internationalen statistischen Klassifikation der Krankheiten und verwandter Gesundheitsprobleme (International Classification of Diseases, ICD) erfasst, und zwar in der Gruppe F00-F99. Die Klassifikation ist auch im Internet zugänglich und liefert weitere Informationen zur Diagnose. Eine Übersicht über die Entwicklungsstörungen und Gefährdungen gibt die Karte in der Toolbox (TB-1.10).

12.4.1 Suchtgefährdungen

Der Begriff „Sucht" ist ein Oberbegriff, der ein Krankheitsbild umschreibt, das auf der Abhängigkeit von Stoffen beruht, den stoffgebundenen Süchten, oder auf nicht-stoffgebundenen Abhängigkeiten beruht, den nicht stoffgebundenen Süchten. Süchte sind vielgestaltig und werden hier nur in Ausschnitten aufgegriffen.

Zunächst sind die stoffgebundenen Süchte anzuführen. Sie werden im IDC-10 als „psychische und Verhaltensstörungen durch psychotrope Substanzen" (IDC-10 F1) erfasst. Dazu zählt das Rauchen (IDC-10 F14). Die Quote der Raucher unter Jugendlichen ist seit den 1970er Jahren rückläufig. Bei den Jugendlichen im Alter von 12 bis 17 liegt die Quote im Jahr 2012 bei knapp 12 %. Demgegenüber sind die Quoten mit 37,7 % bzw. 32,6 % im Jahr 2012 bei männlichen und weiblichen jungen Erwachsenen im Alter von 18 bis 25 Jahren gegenwärtig immer noch hoch. Jugendliche sind gegenüber dem Rauchen zunehmend kritischer eingestellt, wenngleich sich starke Unterschiede zwischen den Jugendlichen ausmachen lassen (BZgA, 2013). Gleichzeitig entwickeln sich neue Formen des Tabakkonsums wie die arabische Wasserpfeife (Shisha) oder die E-Zigarette. Die vom Rauchen ausgehenden Gefahren dürften bekannt sein und werden hier nicht weiter vertieft.

Alkohol: Eine Alltagsdroge
Bild 3. Von Senator86

Alkoholmissbrauch (ICD-10 F14) bedeutet ein vom kulturell üblichen Gebrauch abweichendes Trinkverhalten, wobei oft negative soziale und gesundheitliche Folgen hinzukommen (Klicpera & Gasteiger-Klicpera, 2007, S. 172). Alkoholmissbrauch steht im Zusammenhang mit weiteren Gefährdungen. Dazu gehören Delikte wie Autofahren oder Vandalismus, die im alkoholisierten Zustand begangen werden, oder Risiken wie ungeschützter Geschlechtsverkehr mit unbekannten Personen. Fast vier von zehn Jugendlichen, die ein Gewaltdelikt begehen, sind alkoholisiert. Bei jungen Erwachsenen im Alter von 18 bis 25 Jahren betrug im Jahr 2011 die 30-Tage-Prävalenz des Alkoholkonsums 81,9 %, regelmäßig konsumieren 39,8 % Alkohol (BZgA, 2012). Riskante Konsummuster sind weit verbreitet, beispielsweise das Rauschtrinken (binge trinking). Im Jahr 2011 beträgt die 30-Tage-Prävalenz des Rauschtrinkens bei jungen Erwachsenen im Alter von 18 bis 25 Jahren etwa 42 %, d. h. fast die Hälfte der Jugendlichen hat sich im vergangenen Monat in den Rausch getrunken. Obwohl der Konsum von Alkohol in der Öffentlichkeit in Deutschland unter 16 Jahren untersagt ist, wird auch von unter 16-Jährigen häufig, zum Teil riskant und auch hochriskant getrunken.

Etwa 65 % der 18- bis 25-jährigen jungen Erwachsenen wurden bereits illegale Drogen angeboten. In dieser Altersgruppe betrug 2011 die Lebenszeitprävalenz des Konsums illegaler Drogen 39,8 %, die 12-Monats-Prävalenz 14,3 % und die 30-Tage-Prävalenz 5,8 %. Erfasst werden dabei die illegalen Substanzen Cannabis, Ecstasy, LSD, Amphetamine, Kokain, Crack und Heroin sowie Schnüffelstoffe und psychoaktive Pflanzen (‚Drogenpilze'). 45.000 Klinikaufenthalte von Jugendlichen zwischen 15 und 25 gehen nach Zahlen des statistischen Bundesamts auf Cannabis- oder Alkoholkonsum zurück, d. h. alle elf Minuten kommt ein Jugendlicher wegen Saufen oder Kiffen in die Klinik (Statisches Bundesamt, 2011). Neben dem Konsum von Alkohol und illegalen Drogen kommt es zu Formen des Medikamentenmissbrauchs, etwa zur Steigerung der geistigen Leistungsfähigkeit oder zur Steigerung der körperlichen Leistungsfähigkeit, etwa durch die Einnahme von Anabolika im Zusammenhang mit Kraftsport.

Hilfen zum Umgang mit Drogenproblemen kann die Lehrkraft in Bayern über die Koordinierungsstelle der bayerischen Suchthilfe erschließen. Diese Stellen bieten heute auch Beratung per Telefon oder E-Mail.

Tabak- oder Alkoholmissbrauch sind stoffgebundene Süchte. Im Gegensatz dazu ist Computerspielsucht nicht stoffgebunden, sondern eine sogenannte Verhaltenssucht. Die hier gegebene Darstellung der Computerspielsucht orientiert sich an Bär (2011). Seit dem Erscheinen von Pac-Man, einem einfachen Computerspiel, im Jahre 1980 haben sich Computerspiele in verschiedene Spielgattungen (Genres) ausdifferenziert. Weit verbreitet bei Jugendlichen sind Shooter, Simulationen und MMORPGs (Rehbein, Kleimann & Mößle, 2009).

▶ **Shooter**: Bei einem Ego-Shooter wird die Welt aus der Perspektive der Spielerin bzw. des Spielers erlebt, d. h. es wird nicht die Spielfigur, sondern die Spielumgebung erlebt. Diese Kameraführung führt zu einem schnellen Verschmelzen mit dem Spielgeschehen. Ego-Shooter zielen darauf, dass Spielende ihre gegnerischen Mitspielenden oder den Computer durch Schnelligkeit, Geschicklichkeit u. a. besiegen. Moderne Ego-Shooter haben einen Mehrspieler-Modus, bei dem die Spielenden zusammen Aufgaben bewältigen. Ego-Shooter sind vor allem bei männlichen Jugendlichen verbreitet (Geisler, 2009, S. 83 ff.). Bekannte Beispiele sind „Counter-Strike", „Call of Duty" oder „Battlefield".

▶ **Simulationen**: Bei Simulationen bzw. Simulationsspielen werden reale Welten bzw. Abläufe durch den Computer simuliert. Das bekannteste, vor allem bei weiblichen Jugendlichen verbreitete Spiel ist die Computerspielserie „Sims", die als das meistverkaufte Computerspiel gilt. Eine bekannte Fußball-Sportsimulation ist die FIFA-Spieleserie.

▶ **MMORPGs** (Massively Multiplayer Online Role-Playing Game): Bei Massen-Mehrspieler-Online-Rollenspielen können hunderte und tausende Spielerinnen und Spieler auf einem Server in einer virtuellen Welt mit ihren eigenen Regeln spielen. Spielende legen dazu zunächst ihre Spielfigur, den Avatar, an, mit dem auch das Aussehen und die Spieleigenschaften festgelegt werden. Mit anderen Spielenden oder allein werden dann Aufgaben (Quests) bewältigt und so Erfahrungspunkte gesammelt. Bei anspruchsvollen Quests müssen sich die Spielenden in Gilden zusammenschließen, wobei sich die Mitglieder gegenseitig Unterstützung bieten. Das bekannteste Beispiel eines MMORPG ist das Spiel „World of Warcraft" (WOW).

Computerspiele sind heute – so wie das Fernsehen für andere Generationen – ein Leitmedium für Jugendliche. Sie werden – häufig von schlecht informierten Erwachsenen – völlig undifferenziert als „Killerspiele" verdammt und dienen – häufig vorschnell – als ‚Ursache' für jugendliche Gewalt. Das regelmäßige Spielen (Zocken) von Computerspielen kann positive Effekte haben. So können Computerspiele die Kreativität und den flexiblen Umgang mit Problemen fördern (Grünbichler, 2009, S. 67 ff.). Computerspiele sind Teil einer komplexen Bewegung. So werden inzwischen sportliche Wettkämpfe mit Computerspielen ausgetragen. In diesem E-Sport ist beispielsweise Counter-Strike nicht wegzudenken.

Counter-Strike: Ein bekannter Shooter.
Bild 4. By Valve.StG1990 at de.wikipedia. Later version(s) were uploaded by Jonathan Haas at de.wikipedia. [Public domain], from Wikimedia Commons.

Hinzuweisen ist allerdings auch auf negative Effekte, erst recht im Zusammenhang mit Erfolgslosigkeit, Isolation und einem Mangel an beruflichen und privaten Perspektiven. Computerspiele können jedoch auch zu einem Problem werden. Eine Computerspielsucht liegt vor bei einem unwiderstehlichen Verlangen, am Computer zu spielen, wobei soziale, berufliche oder Verpflichtungen der Selbstfürsorge vernachlässigt werden. Dabei bedarf es einer verminderten Kontrollfähigkeit bezüglich Beginn, Ende und Dauer des Spielens sowie Entzugserscheinungen wie Nervosität bei verhinderter Nutzung sowie des Nachweises einer Toleranzentwicklung, d. h. der Steigerung der Häufigkeit bzw. Intensität der Nutzung. Eine Checkliste zur Selbsteinschätzung findet sich in der Toolbox (TB-6.10).

Hilfen beim Umgang mit Computerspielsucht bieten der Lehrkraft das Jugendamt, psychologische Beratungsstellen, etwa die Caritas, oder das Forum www.onlinesucht.de oder die Bundesprüfstelle für jugendgefährdende Medien (BPjM).

12.4.2 Sexuelle Gewalt, Zwangsheirat und frühe Schwangerschaft

Eine weitere Form der Gefährdung geht von sexueller Gewalt, angedrohter Zwangsheirat sowie früher Mutterschaft aus.

12.4.2.1 Sexuelle Gewalterfahrungen und sexuelle Gewalthandlungen

Ein Verdienst der Frauenbewegung ist es, das Thema „Sexuelle Gewalt gegen Frauen" in das Bewusstsein der Gesellschaft gebracht zu haben und einen, noch andauernden, Prozess der Enttabuisierung sexueller Gewalt angestoßen zu haben.

Im Jugendalter spielt die sexuelle Gewalt unter Jugendlichen eine große Rolle. Sexuelle Gewalt wird – anders als im Kindesalter – jetzt häufig im sozialen Umfeld etwa gleichaltriger Freunde und Freundinnen außerhalb der Familie erlebt. Partner, Ex-Partner sowie Schüler – die überwiegende Gewalt geht hier von Männern aus – spielen eine große Rolle. Unbekannte Täter kommen kaum vor (Schmid, 2012) (BZgA, 2010, S. 195 ff.). Sexuelle Gewalt unter Jugendlichen lässt sich auf viele Ursachen zurückführen. Das Internet bietet Jugendlichen gewalthaltige Musikvideos, echte, extrem brutale Gewalt, nachgestellte oder gespielte extreme Gewalt, Unglücksopfer, Horrorfilme und Gewalt in Spielfilmen sowie Pornographie (Grimm, Rhein & Clausen-Muradian, 2008, S. 103 ff.). Im sogenannten Porno-Rap, etwa dem Arschficksong von Sido, dem Nuttensong von Frauenarzt, Songs von Bass Sultan Hengzt oder Lady Bitch Ray wird Jugendlichen suggeriert, dass Gewalt in der Sexualität etwas Normales ist. Sozialer Druck unter Jugendlichen kann dazu führen, dass einzelne Jugendliche zu sexuellen Handlungen gebracht werden, die sie eigentlich nicht wollen. Ein nicht unerhebliches Problem scheinen auch Kommunikationsprobleme zu sein, d. h. nicht klar „Nein" oder „Ja" sagen zu können. Hinzu kommt Alkoholkonsum, der in vielfacher Hinsicht sexuelle Gewalt unterstützen kann (Rudolf-Jilg & Christine, Ohne Jahr).

Für den Umgang mit dem Opfer gilt: „Ruhe bewahren. Zuhören. Ernst nehmen. Glauben schenken. Nicht bagatellisieren. Nach den Bedürfnissen fragen. Hilfe anbieten. Alle weiteren Maßnahmen absprechen. Bei Bedarf selbst die Beratung einer Fachstelle in Anspruch nehmen" (Rudolf-Jilg & Christine, Ohne Jahr, S. 6). Bei den Täterinnen und Tätern sind schon bei kleinen Grenzverletzungen Grenzen aufzuzeigen. Außerdem sind in der Klasse immer wieder die Werte gewaltlosen Miteinanders zu vermitteln. Schwerwiegende Formen erfordern die Zusammenarbeit mit Expertinnen und Experten, auch da Therapien in diesem Alter gute Erfolgsaussichten haben.

Mit dem Eintritt in die Arbeitswelt kommt es auch zu sexuellen Belästigungen am Arbeitsplatz. Sexuelle Belästigung ist in deutschen Unternehmen weit verbreitet (BMFSFJ 2005, S. 90 ff.). Diese sind inzwischen rechtlich durch das Allgemeine Gleichbehandlungsgesetz (AGG) erfasst. Demnach liegt eine sexuelle Belästigung vor, „wenn ein unerwünschtes, sexuell bestimmtes Verhalten, wozu auch unerwünschte sexuelle Handlungen und Aufforderungen zu diesen, sexuell bestimmte körperliche

Berührungen, Bemerkungen sexuellen Inhalts sowie unerwünschtes Zeigen und sichtbares Anbringen von pornographischen Darstellungen gehören, bezweckt oder bewirkt, dass die Würde der betreffenden Person verletzt wird, insbesondere wenn ein von Einschüchterungen, Anfeindungen, Erniedrigungen, Entwürdigungen oder Beleidigungen gekennzeichnetes Umfeld geschaffen wird" (§ 3, 4 AGG). Die Unternehmen haben für die Beschwerdeverfahren eine zuständige Stelle zu organisieren und den Arbeitnehmerinnen und Arbeitsnehmern bekannt zu geben.

Professionelle Hilfe im Umgang mit Verstößen gegen die sexuelle Selbstbestimmung bieten regional organisierte Vereine. So bietet der Frauennotruf in Nürnberg Hilfe für Jugendliche und Frauen über 18 Jahren. Regionale Ansprechpartner lassen sich über das Internetangebot des BFF (Bundesverband Frauenberatungsstellen und Frauennotrufe) ermitteln. Diese Verbände helfen nicht nur Mädchen und Frauen bei Verstößen gegen die sexuelle Selbstbestimmung, sondern bieten auch professionelle Hilfe für Familienangehörige, Lehrkräfte und andere.

12.4.2.2 Familiale Gefährdungslagen: (Angedrohte) Zwangsheirat und frühe Schwangerschaft

Zwangsheiraten sind in der Studie „Zwangsverheiratung in Deutschland – Anzahl und Analyse von Beratungsfällen" des Bundesministeriums für Familie, Senioren, Frauen und Jugend aufgearbeitet worden. Demnach liegt eine Zwangsverheiratung dann vor, „wenn mindestens einer der Eheleute durch die Ausübung von Gewalt oder durch die Drohung mit einem empfindlichen Übel zum Eingehen einer formellen oder informellen (also durch eine religiöse oder soziale Zeremonie geschlossenen) Ehe gezwungen wird und mit seiner Weigerung kein Gehör findet oder es nicht wagt, sich zu widersetzen" (BMFSFJ, 2011, S. 18). Nach der Studie gaben die Beraterinnen und Berater aus 830 Beratungs- und Schutzeinrichtungen in Deutschland an, dass sie im Jahr 2008 etwa 3.500 Personen zu dem Thema Zwangsverheiratung beraten haben. Es handelt sich fast ausschließlich um Frauen, die fast alle einen Migrationshintergrund haben. Ein Drittel ist in Deutschland geboren, ein Viertel in der Türkei. Die Zwangsheirat führt im Regelfall zu einem Abbruch der Ausbildung und der Schule. Eine Zwangsheirat verstößt in Deutschland gegen verschiedene Gesetze. So handelt es sich beispielsweise um Nötigung und Menschenhandel, oft auch um Vergewaltigung. Die Lehrkraft kann hier Expertinnen und Experten ansprechen, die sich mit sexueller Gewalt beschäftigen, vor allem die Frauenhäuser.

Frühe Schwangerschaften haben für Mädchen und junge Frauen weitreichende Folgen. Frühe Schwangerschaften sind in Deutschland – mit etwa 8-9 Schwangerschaften pro 1000 der 15-17 Jährigen – international betrachtet ein eher geringes Problem. In den USA ist die Rate etwa fünfmal so hoch und spielt in Lehrbüchern eine deutlich stärkere Rolle (Angermann, 2012). „In den USA ist der gesellschaftliche Umgang mit Jugendsexualität sehr viel restriktiver, wie die zahlreichen Abstinenzkampagnen der gegenwärtigen Regierung zeigen; militante »pro-life«-Aktivisten stoßen dort auf wesentlich mehr Resonanz als hierzulande. Man kann daraus schließen, dass illiberale gesellschaftliche Haltungen zur Jugendsexualität und restriktive gesellschaftliche Einstellungen zum Schwangerschaftsabbruch das Vorkommen von Teenagerschwangerschaften und -abbrüchen eher befördern, wie übrigens auch andere unerwünschte Folgen, zum Beispiel sexuell übertragbare Krankheiten" (Schmidt et al., 2006, S. 337).

Angehende Mütter haben das Recht auf eine Teilzeitausbildung, werden jedoch von ihrem Umfeld häufig gedrängt, die Ausbildung abzubrechen, gelegentlich um anschließend auf 400-Euro-Basis wieder eingestellt zu werden (Brauner, 2012, S. 26). Im präventiven Bereich bieten sich Projektwochen an der Schule an. So bot beispielsweise die berufliche Schule 14 der Stadt Nürnberg im März 2012 in einer Projektwoche „hautnah" in Zusammenarbeit mit Institutionen wie donum vitae, pro familia, AIDS-Beratung u. a. insgesamt 26 verschiedene Workshops an, etwa zu Schönheitsidealen, sexueller Gewalt, Homosexualität, Prostitution, sexuell übertragbaren Krankheiten, Schwangerenberatung, Verhütung und Lebensplanung (Fischer, 2012, S. 22 ff.). Erster Ansprechpartner bei frühen Schwangerschaften sind die Schwangerenberatungsstellen.

12.4.3 Jugendliche Delinquenz

Jugenddelinquenz (Zimmermann, 2007) wird immer wieder auch in den Medien thematisiert. Statistisch betrachtet werden Jugendliche häufiger zu Täterinnen und Tätern krimineller Handlungen als Erwachsene. Dies gilt insbesondere für 16- bis 19-Jährige, wobei Köperverletzung, Eigentumsdelikte und Vandalismus dominieren. Die Motive werden dabei in direktem Zusammenhang mit den Entwicklungsaufgaben im Jugendalter gesehen: Dem Austesten von Grenzen, dem Drang zur eigenen Individualität und nach Anerkennung in der Gruppe (Zimmermann, 2007).

Diese statistischen Daten sind jedoch mit Vorsicht zu genießen: „Die Delikte junger Menschen sind in weit höherem Maße als die von Erwachsenen jugendtypisch-bagatellhafter Natur, sie sind aufgrund unprofessioneller, gelegenheitsgesteuerter, wenig planvoller Handlungsweise leicht zu entdecken und zu überführen. Demgegenüber finden sich bei den erwachsenen Altersgruppen – im Dunkel- wie im Hellfeld – häufiger weitaus sozialschädlichere Deliktsformen mit erheblichen materiellen und immateriellen Schäden. Alleine die vergleichsweise kleine Zahl der Fälle aufgedeckter Wirtschaftskriminalität – einer Form typischer Erwachsenenkriminalität – verursacht eine größere Schadenssumme als die Gesamtheit aller registrierten Fälle konventioneller Eigentumskriminalität vom Ladendiebstahl über Einbruchsdiebstähle bis zum Raub. Das Ausmaß, mit dem junge Menschen höher als Erwachsene mit Kriminalität belastet sind, ist zum Teil das Ergebnis der systematischen Unterrepräsentierung von Erwachsenenkriminalität in der Wahrnehmung, Registrierung und Strafverfolgung – und zwar infolge der größeren Professionalität der von Erwachsenen verübten Delinquenz" (Spiess, 2012, S. 38).

Ein wichtiger Ansprechpartner der Lehrkraft ist dabei die Polizei. In jeder bayerischen Polizeiinspektion werden Schulverbindungsbeamtinnen und -beamte eingesetzt, die den Kontakt zu den Schulen pflegen sollen. Dies sind nach dem Legalitätsprinzip verpflichtet, ein Ermittlungsverfahren zu eröffnen, wenn sie von einer Straftat erfahren. Wenn die Lehrkraft ,nur' einen Rat einholen will, empfiehlt es sich daher keine Namen zu nennen und den Sachverhalt als durch Dritte bekannt geworden darzustellen. Die Lehrkraft ist nicht zur Meldung von Straftaten verpflichtet. Sie ist nur dann zur Meldung verpflichtet, wenn eine Gefährdung anderer zu befürchten ist. So wäre die Weitergabe von Drogen meldepflichtig, aber nicht der Konsum (Zimmermann, 2007).

12.4.4 Essstörungen

Die Hauptformen der Essstörungen (Drescher, 2007; Klicpera & Gasteiger-Klicpera, 2007) in der Adoleszenz und im frühen Erwachsenenalter sind die Magersucht (Anorexia nervosa) und die Bulimie (Bulemia nervosa).

Jugendliche werden mit extrem schlanken Frauen als Schönheitsideal konfrontiert.
Bild 5. Michelle Alves. Von Tiago Chediak.

Die Anorexia nervosa (ICD-10: F50.1) wird umgangssprachlich „Magersucht" genannt. Die Magersucht ist trotz Untergewicht (BMI < 17,5) eine intensive Furcht vor dem Dicksein. Der betroffene Mensch wählt drastische Mittel, um ,nicht dick zu werden'. Er weigert sich, sein Körpergewicht im Normalbereich zu halten. Der Figur bzw. dem Gewicht wird eine ungewöhnlich hohe Bedeutung für den Selbstwert zugeschrieben. Die Angaben über die Häufigkeit des Auftretens schwanken stark. Fast ausschließlich sind Frauen betroffen. Die Entwicklung dieser Essstörung verläuft allmählich, wobei zwei Phasen kritisch sind, nämlich die frühe Adoleszenz und die späte Adoleszenz um das 18.

Lebensjahr. Die Therapie ist in vielen Fällen möglich, wenngleich etwa fünf bis zehn Prozent der Krankheitsfälle tödlich verlaufen.

Die Bulimie (ICD-10: F50.1) wird umgangssprachlich auch „Ess-Brechsucht" genannt. Die Betroffenen bekommen Heißhungerattacken, in denen sie große Mengen an Nahrungsmitteln zu sich nehmen. Im Gegensatz zu Magersüchtigen können bulimische Patienten normal-, über- oder untergewichtig sein. Die Betroffenen erkennen ihr Verhalten als abnorm, fürchten sich, haben depressive Verstimmungen und Schuldgefühle. Die Symptome der Bulimie sind bei adoleszenten Mädchen und Frauen recht häufig und manifestieren sich vor allem am Übergang von der Adoleszenz zum Erwachsenenalter. Therapeutische Hilfe wird meist erst sehr spät gesucht. Die Anzahl der Heißhungerattacken kann stark schwanken, von mehrmals täglich bis hin zu wöchentlich oder vierzehntäglich. Das Gewicht kann stark schwanken. Nicht alle bulimischen Patienten erbrechen sich. Typisch sind wiederholte Versuche, das Gewicht zu kontrollieren, beispielsweise mit Diäten oder Fasten. Ähnlich wie bei der Magersucht sind die Betroffenen stark auf Nahrung, Gewicht und Figur ausgerichtet. Häufig kommen auch depressive Episoden sowie emotionale Instabilitäten und Ängstlichkeit vor. Die Diagnose erfolgt durch den Arzt, vor allem auf der Basis eines Essprotokolls (Steinhausen, 2006, S. 229 ff.).

12.4.5 Depressive Episoden, Suizidgefährdung und selbstverletzendes Handeln
Das Wort „Depression" leitet sich vom lateinischen Wort „deprimere" für „herabdrücken, niederdrücken" ab. Depressionen bzw. depressive Episoden (ICD-10: F32.0 ff.) sind gekennzeichnet durch emotionale Symptome, wie eine traurige Grundstimmung, Schuldgefühle oder Interessenverlust, durch kognitive Symptome, wie Grübeln oder Selbstherabsetzung sowie somatische Symptome wie Schlafstörungen und Appetitverlust (Blanz, Remschmidt, Schmidt & Warnke, 2006, S. 357 ff.).

Zur Häufigkeit depressiver Episoden im Jugendalter werden sehr unterschiedliche Angaben gemacht. Ab der Pubertät findet bei Mädchen eine deutliche Zunahme depressiver Störungen im Vergleich zu Jungen statt und ist bei diesen auch im Erwachsenenalter höher (Klicpera & Gasteiger-Klicpera, 2007, S. 63 ff.). Die Bedeutung depressiver Störungen im Jugendalter und frühen Erwachsenenalter wird häufig unterschätzt. Laien haben große Probleme eine depressive Episode von einer Stimmungsschwankung eines Jugendlichen abzugrenzen. Im Zweifelsfall ist eine Diagnose und ggf. eine anschließende Behandlung durch eine Psychologin bzw. einen Psychologen notwendig. Im begründeten Verdachtsfall sollte die Lehrkraft den schulpsychologischen Dienst ansprechen.

Suizidgefährdung oder Lebensmüdigkeit umfasst suizidale Gedanken und Affekte, Suizidversuche und Suizid. Im ICD ist die Suizidgefährdung ein Symptom und keine Diagnose und wird daher nicht aufgeführt. Mit etwa 9.000 bis 10.000 Fällen ist – bei einer hohen Dunkelziffer – die Zahl der Suizidtoten in Deutschland regelmäßig etwa doppelt so hoch wie die der Verkehrstoten. Suizid meint die willentliche Selbsttötung mit sogenannten weichen Methoden wie der Einnahme von Tabletten oder den – statistisch häufigeren – sogenannten harten Methoden wie das Erhängen oder Erschießen. Suizid ist eine häufige Todesursache in der Adoleszenz und im frühen Erwachsenenalter. Mit zunehmendem Alter sinkt zwar der Anteil von Suiziden an allen Todesursachen, aber die altersspezifische Sterberate steigt. Mit anderen Worten: Suizid ist – rein quantitativ – keine besondere Erscheinung der Adoleszenz oder des jungen Erwachsenenalters, sondern des mittleren und späten Erwachsenenalters. Das durchschnittliche Sterbealter aufgrund von Suizid betrug 2006 55,8 Jahre. Dabei bestehen starke regionale Unterschiede. Die höchste Sterblichkeit an Suizid wurde mit 13,3 Menschen pro 100.000 Einwohnerinnen und Einwohner 2006 in Bayern registriert (Rübenach, 2007).

Selbstmord, Selbsthass und eine gesundheitsgefährdende Lebensgestaltung ist seit langer Zeit eng mit der Musik verbunden. „Live Fast, Love Hard, Die Young" ist der Titel eines Countrylieds, der zum Motto der Sex, Drugs and Rock 'n' Roll-Kultur wurde. Die jüngere Musikgeschichte kennt eine Reihe früh aufgrund von Drogen oder Selbstmord verstorbener herausragender Musikerinnen und Musiker: Der Rolling Stones Mitgründer Brian Jones (1969), Janis Joplin (1970), Jimi Hendrix (1970), der Frontman der Doors Jim Morrison (1971), der AC/DC Sänger Bon Scott (1980), der Nirvana-Sänger Kurt Cobain (1994) oder die Sängerin Amy Winehouse (2011). Viele von ihnen sind „forever 27". Gerade im Extreme-Metal wird von Gruppen wie Eisregen, Eisblut oder Samsas Traum, selbstzerstörerisches Leben und Selbstmord in den Liedern thematisiert.[1]

Eisregen: Was vom Leben übrig bleibt (Auszug)

Wenn in ein paar Stunden die Nacht anbricht
Und des Winters Kälte durch das Mauerwerk kriecht,
Dann lösch ich sachte das Kerzenlicht
Und wisch' den Schweiß aus meinem Gesicht.
Ich nehm' das Messer in meine Hand,
In seiner Schärfe hab ich meinen Weg erkannt,
Leg' mein Vertrauen in die Kraft der Klinge,
Sie wird mir helfen, wenn ich mit dem Tode ringe.
Ich werd' mein Aderwerk in kleine Teile schneiden,
Einen Schwall aus Blut bis hin zum Ende treiben,
Werd' überall im Haus sein dunkles Blut vergießen,
Mein Leben wird in langen Bahnen aus mir fließen.
Ich frage dich, wofür hab ich gelebt,
Was waren meine Ziele, wonach hab' ich gestrebt?
Wenn bald zum letzten Male das Licht ausgeht,
Dann ist dies meine Antwort, noch ist es nicht zu spät.
All das Blut, all der Samen, all die Tränen,
Die ich vergossen in meinem Leben.
All der Schmerz, all das Leid, all mein Sehnen,
Wird nun enden, mit meinem Leben

Übersicht 4: Eisregen: Was Vom Leben übrig Bleibt (Auszug)

Für den Suizid beziehungsweise für den Suizidversuch werden typische Warnsignale in der Literatur aufgeführt. Die Lehrkraft kann im Umgang mit einer Suizidgefahr die Hilfe des schulpsychologischen Dienstes in Anspruch nehmen. Ein Suizid einer Schülerin oder eines Schülers an der Schule ist ein Krisenereignis, das ein entsprechendes Krisenmanagement auf den Plan rufen muss (Lerneinheit 11).

Warnsignale für einen möglichen Suizidversuch

▶ Bemühungen, die persönlichen Belange in Ordnung zu bringen, schwierige Beziehungen zu regeln und bedeutsamen, geliebten Besitz wegzugeben
▶ Verbale Signale, sich verabschieden von Familienmitgliedern, Freundinnen und Freunden unter direkter oder indirekter Erwähnung von Selbstmord („um diese Probleme werde ich mich wohl nicht mehr lange kümmern müssen"; „ich wünschte, ich wäre tot").
▶ Gefühle der Traurigkeit und der Mutlosigkeit sowie eine Einstellung von „mir ist alles egal"
▶ Extreme Mattigkeit, Energielosigkeit und Langeweile
▶ Kein Bedürfnis nach sozialem Umgang; Rückzug von Freundinnen und Freunden
▶ Sehr leicht frustriert
▶ Emotionale Ausbrüche
▶ Weinkrämpfe oder Lachanfälle sowie zeitweilige Energiehochs
▶ Unfähig, sich zu konzentrieren, leicht ablenkbar
▶ Verschlechterung der Schulnoten, Abwesenheit vom Unterricht, Schwierigkeiten mit Disziplin
▶ Vernachlässigung der äußeren Erscheinung
▶ Veränderungen in den Schlafgewohnheiten
▶ Schlaflosigkeit oder übermäßiges Schlafbedürfnis
▶ Veränderungen im Appetit und Essverhalten, es wird mehr oder weniger als sonst gegessen
▶ Körperliche Beschwerden, Bauchschmerzen, Rückenschmerzen, Kopfschmerzen

Übersicht 5: Warnsignale Suizidversuch. Berk (2007, S. 559)

Dem Suizidversuch unterliegt eine selbsttötende Absicht. Bei selbstverletzendem Verhalten (ICD 10: F68.1) ist dies nicht der Fall. Selbstverletzendes Verhalten kommt in verschiedenen Formen vor. Häufig ist dabei, dass sich die bzw. der Betroffene, meist an den Extremitäten, mit scharfen Gegenständen ritzt, kratzt, schneidet oder verbrennt. Oberflächliche Schnittverletzungen, das Ritzen, macht mit ca. 65 % die häufigste Form der Selbstverletzung im Jugendalter aus. Selbstverletzendes Verhalten tritt deutlich häufiger bei Mädchen und Frauen auf. Dies erfolgt nicht einmalig, sondern mit einer starken Tendenz zur Wiederholung (Blanz et al., 2006, S. 58).

Die Betroffenen stehen unter einem hohen psychischen Druck, der sich gegen sie selbst und nicht gegen Andere richtet. Die selbst zugefügten Verletzungen geben Entspannung und wirken der inneren Leere entgegen. Im akuten Fall muss die Lehrkraft sofort eingreifen, etwa wenn eine Wundbehandlung erfolgen muss. Entsprechend der weiter unten allgemein dargestellten Leitlinien sollte die Lehrkraft Rat von Profis holen. Kurzfristig kann die Lehrkraft unmittelbare Hilfe beim Drang zur Verletzung geben. Dabei werden intensive Gefühle vermittelt, die aber die Selbstverletzung umgehen. Empfohlene Vorschläge, wie das kalte Duschen, das Beißen in Peperoni oder das Aufdrücken von Eiswürfeln, lassen sich im Schulalltag kaum umsetzen. Praktisch umsetzbar ist hingegen der Einsatz von Einmachgummis, die die Betroffenen als Armband anlegen und im Bedarfsfall schnalzen lassen können. Solche kurzfristigen Maßnahmen können jedoch keine längerfristige Behandlung ersetzen.

12.4.6 Extremismus

Eine weitere Gefährdung im Jugendalter ist der politische oder religiöse Extremismus. Die Verfassung der Weimarer Republik wurde durch extremistische Kräfte missbraucht. Dies trug zum Untergang der Republik bei und war ein Steigbügelhalter für den Nationalsozialismus. Die Bundesrepublik wurde daher als wehrhafte, streitbare Demokratie entworfen, die die Aufgabe hat, die in Lerneinheit 5 eingeführte freiheitlich-demokratische Grundordnung gegen Verfassungsfeinde zu schützen. Dabei betont das Bundesverfassungsgericht im Zusammenhang mit dem KPD-Urteil: Eine Gruppe „ist nicht schon dann verfassungswidrig, wenn sie die obersten Prinzipien einer freiheitlichen demokratischen Grundordnung … nicht anerkennt; es muss vielmehr eine aktiv kämpferische, aggressive Haltung gegenüber der bestehenden Ordnung hinzukommen" (BVerfGE 5, 85). Das Personenpotential, d. h. die Zahl der Mitglieder extremistischer Zusammenschlüsse und der nichtorganisierten Mitglieder, beziffert der Verfassungsschutzbericht 2012 auf 21.150 rechtsextremistische Personen, 29.400 linksextremistische Personen sowie 42.550 islamistische Personen (BMI, 2013).

Der *Rechtsextremismus* ist in Deutschland „kein ideologisch einheitliches Gefüge, sondern tritt in verschiedenen Ausprägungen nationalistischer, rassistischer und antisemitischer Ideologieelemente und unterschiedlichen, sich daraus herleitenden Zielsetzungen auf. Dabei herrscht die Auffassung vor, die Zugehörigkeit zu einer Ethnie, Nation oder Rasse entscheide über den Wert eines Menschen" (BMI, 2013, S. 52). Im Verfassungsschutzbericht 2012 werden mehrere Gruppen unterschieden: Zunächst wird der Rechtsterrorismus („Nationalsozialistischer Untergrund – NSU") angeführt. Daneben existieren die subkulturell geprägten Rechtsextremisten und die Neonazis einschließlich der NPD. In den 1990er war die subkulturell rechtsextremistische Szene durch die Subkultur der Skinheads gekennzeichnet, die durch einfache Erkennungszeichen, nämlich Glatze, Springerstiefel und Bomberjacke, zu identifizieren war. Diese Subkultur gilt als alt und überholt und wurde vor allem durch die rechtsextremistische Hatecore- und Black-Metal-Szene abgelöst.

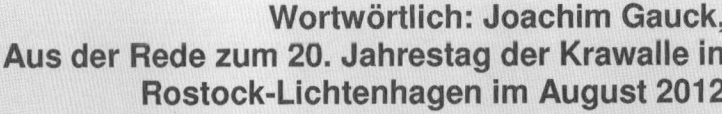

**Wortwörtlich: Joachim Gauck,
Aus der Rede zum 20. Jahrestag der Krawalle in
Rostock-Lichtenhagen im August 2012**

Es ist die Gegenwart, die unsere Wachsamkeit, unsere Entschlossenheit, unseren Mut und unsere Solidarität braucht. ... Wir können die größten ausländerfeindlichen Ausschreitungen in der Geschichte der Bundesrepublik nicht mehr ungeschehen machen. Umso mehr sind wir verpflichtet, die Geschehnisse nicht in Vergessenheit geraten zu lassen, nicht irgendwie Gras über sie wachsen zu lassen, sondern sie immer wieder zu betrachten, zu analysieren, um aus den Fehlern und Versäumnissen von damals zu lernen. ... Eine völlig von allem Dunklen und Bösen ‚gereinigte' Gesellschaft wird es nie geben – nach all unseren Erfahrungen widerspricht sie der Natur des Menschen. Mit Aggression, Hass, Wut, Groll, Zorn reagieren Menschen auf tatsächliche oder angenommene Kränkung, auf Verletzung, Unterdrückung und Unrecht. Dunkles und Böses lassen sich allerdings durch Vernunft, Empathie und Solidarität eindämmen, notfalls auch durch das Gesetz. Denn Hass, der nicht zurückgedrängt wird, wirkt seinerseits verletzend, unterdrückend, ja zerstörerisch. Eine völlig gereinigte Gesellschaft werden wir also nicht erreichen können, eine solidarische Gesellschaft aber sehr wohl.

Bild 6: Joachim Gauck. Quelle: Presse- und Informationsamt der Bundesregierung.

Musik ist dabei ein wichtiges Element, auch um an rechtsextremes Gedankengut heranzuführen. Typische Musik ist der Hatecore, eine Spielart des Hardcore-Punk mit besonders hasserfüllten Liedern und rechtsextremen Inhalten oder National Socialist Black Metal (NSBM). Neben Musik dient weiterhin Kleidung als Mittel, um Zugehörigkeit zu signalisieren (Egenberger, 2008). Die Zusammengehörigkeit wird jedoch deutlich subtiler signalisiert als beim typischen Skinhead-Aussehen. Dass die Farbe der Schnürsenkel die Zugehörigkeit signalisiert ist ein Mythos. Eine Reihe von Marken, etwa Doc Martens oder Lonsdale, tragen den Ruf, bei Extremisten verbreitet zu sein zu Unrecht und haben zum Teil erfolgreiche Antirassismus-Kamapagnen übernommen. Ganz normale Sportbekleidungsunternehmen wie New Balance wegen des „N" für „Nationalsozialist" oder Helly Hansen wegen des „HH" für „Heil Hitler" werden von der rechtsextremen Szene uminterpretiert. Andere Kleidungshersteller, wie Doberman, Consdaple oder Thor Steinar, richten sich explizit an die rechte Szene oder sind, wie Consdaple, das im Namen die Buchstabenkombination „NSDAP" enthält, von der rechtsextremen Szene gegründet worden (Vormwald, 2013).

Schule ohne Rassismus, Schule mit Courage

SCHULE	OHNE RASSISMUS
SCHULE	MIT COURAGE

Jede Schule kann den Titel erwerben, wenn sie folgende Voraussetzungen erfüllt: Mindestens 70 Prozent aller Menschen, die in einer Schule lernen und lehren (SchülerInnen, LehrerInnen und technisches Personal) verpflichten sich mit ihrer Unterschrift, sich künftig gegen jede Form von Diskriminierung an ihrer Schule aktiv einzusetzen, bei Konflikten einzugreifen und regelmäßig Projekttage zum Thema durchzuführen. Der Titel ist kein Preis und keine Auszeichnung für bereits geleistete Arbeit, sondern ist eine Selbstverpflichtung für die Gegenwart und die Zukunft. Eine Schule, die den Titel trägt, ist Teil eines Netzwerkes, das sagt: Wir übernehmen Verantwortung für das Klima an unserer Schule und unser Umfeld. Wir beschäftigen uns gleichermaßen mit Diskriminierung aufgrund der Religion, der sozialen Herkunft, des Geschlechts, körperlicher Merkmale, der politischen Weltanschauung und der sexuellen Orientierung. Darüber hinaus wenden wir uns gegen alle totalitären und demokratiegefährdenden Ideologien.

Übersicht 6: Schule ohne Rassismus, Schule ohne Courage. Text u. Bild v. Webseite http://www.schule-ohne-rassismus.org

Der *Linksextremismus* richtet das „Handeln an revolutionär-marxistischen oder anarchistischen Vorstellungen aus. Sie wollen die bestehende Staats- und Gesellschaftsordnung abschaffen und durch ein sozialistisches bzw. kommunistisches System oder eine »herrschaftsfreie« anarchistische Gesellschaft ersetzen" (BMI, 2013, S. 150). Die größte Gruppe der Linksextremen sind die Autonomen. Sie tritt für vom Staat nicht kontrollierte Räume ein. Da der Staat dies jedoch nicht gewährleiste, somit strukturelle Gewalt ausübe, sei auch Gewalt zur Überwindung der strukturellen Gewalt gerechtfertigt, auch gegenüber Personen.

Der *Islamismus* ist streng vom Islam zu trennen. Eine Muslima bzw. ein Muslim ist eine Anhängerin bzw. ein Anhänger des Islam, d. h. einer der Weltreligionen. Muslime erkennen Mohammed als letzten Propheten und Gesandten von Gott (Allah) an. Nach einer Studie im Auftrag der Deutschen Islam Konferenz leben in Deutschland rund vier Millionen Muslime, von denen gut zwei Drittel einen türkischen Migrationshintergrund haben (Haug, Müssig & Stichs, 2009). Wie auch bei anderen Religionsgemeinschaften sind auch die Muslime in Deutschland eine heterogene Gruppe, und muslimische Organisationen vertreten nur einen kleinen Teil der Muslime. Der Islamismus ist eine „Sammelbezeichnung für alle politischen Auffassungen und Handlungen, die im Namen des Islam die Errichtung einer allein religiös legitimierten Gesellschafts- und Staatsordnung anstreben" (Pfahl-Traughber, 2011). „Islamistische Ideologie geht von einer göttlichen Ordnung aus, der sich Gesellschaft und Staat unterzuordnen haben. Dieses »Islam«-Verständnis steht im Widerspruch zur freiheitlichen demokratischen Grundordnung. Verletzt werden dabei vor allem die demokratischen Grundsätze der Trennung von Staat und Religion, der Volkssouveränität, der Gleichstellung der Geschlechter sowie der religiösen und sexuellen Selbstbestimmung" (BMI, 2013, S. 228). Die mit Abstand bedeutsamste islamistische Organisation ist die Islamische Gemeinschaft Millî Görü (IGMG). In Deutschland stellen vor allem radikalisierte Personen der zweiten und dritten Einwanderergeneration sowie radikalisierte Konvertiten als „Homegrown"-Strukturen eine bedeutende Herausforderung dar. Die zurzeit dynamischste islamistische Bewegung ist der Salafismus. Diese stark rückwärtsgewandte und radikale Form des Islamismus hat eine professionelle und adressengerechte Propaganda, die stark das Internet nutzt, vor allem soziale Netzwerke und offene Videoplattformen wie youtube.

12.5 Wie sollte die Lehrkraft mit Störungen und Gefährdungen umgehen?

12.5.1 Unterstützung innerhalb des Schulsystems in Anspruch nehmen

Der Lehrkraft steht im Umgang mit Störungen und Gefährdungen eine Reihe von Anlaufstellen zur Verfügung. Dazu wurden oben Angaben gemacht. Neben den angeführten Institutionen ist nochmals auf die bereits dargestellte Schulsozialarbeit hinzuweisen. Hinzu kommen Beratungslehrkräfte, die Schulpsychologie sowie die Schulseelsorge. In Bayern werden gemäß Artikel 78 BayEUG für die Unterstützung der Schulen bei der Schulberatung die Beratungslehrkräfte und Schulpsychologinnen und -psychologen bestellt. Die Kirchen bieten mit der Schulseelsorge Hilfe.

Unterstützung von Lehrkräften innerhalb des Schulsystems

► Beratungslehrkräfte
► Schulpsychologie
► Sozialarbeit
► Schulseelsorge bzw. Schulpastoral

Übersicht 7: Unterstützung von Lehrkräften innerhalb des Schulsystems

Beratungslehrkräfte sind in Bayern Lehrkräfte mit einem Studium für die Qualifikation als Beratungslehrkraft. Für jede Schule wird eine Beratungslehrkraft bestellt. Die Ausbildung zur "Qualifizierten Beratungslehrkraft" erfolgt in Bayern nach dem Studium oder parallel als Erweiterung des Lehramts. Die Prüfungsordnung sieht als Gegenstände die Psychologie, d. h. die Konzepte und Methoden der

Beratungspsychologie, die Schulpädagogik, d. h. die pädagogischen Grundlagen der Beratung von Schülerinnen und Schülern, und die Kenntnis des bayerischen Schulsystems sowie eine Reihe weiterer Kenntnisse und Fertigkeiten vor, zum Beispiel die Fähigkeit zur Organisation der Beratungsarbeit. Die Beratung zielt vor allem auf schwierige Schullaufbahnfragen, aber auch auf schwierige pädagogisch-psychologische Probleme. Notwendige pädagogisch-psychologische Maßnahmen werden in Zusammenarbeit mit den Lehrkräften der Klasse und ggf. der Schulpsychologie eingeleitet.

Schulpsychologinnen und Schulpsychologen sind in Bayern Lehrkräfte mit abgeschlossenem Studium der Psychologie. Sie werden für eine oder mehrere Schulen bestellt. Die Schulpsychologie hilft durch geeignete psychologische Maßnahmen bei der Bewältigung von Krisen und vermittelt weitergehende Beratungsmaßnahmen. Die Schulpsychologie ist meist dem Schulträger bzw. der Schulaufsicht oder einer größeren Schule organisatorisch zugeordnet. In Nürnberg sind beispielsweise Kräfte der Schulpsychologie dem Berufsbildungszentrum an der Äußeren Bayreuther Straße zugeordnet.

Schulseelsorge bzw. Schulpastoral ist ein breites Aufgabenfeld, das von Beratung und Einzelgesprächen bis hin zur Bewältigung von Krisen und zur Netzwerkarbeit reicht. Ein einheitliches Verständnis von Schulseelsorge bzw. -pastoral existiert noch nicht, geht aber heute weit über die Gestaltung des Religionsunterrichts hinaus (Thalheimer, 2011). Die Deutsche Bischofskonferenz führt aus: „Die Schulpastoral engagiert sich für die humane Schule. Sie fragt danach, was heute wichtig ist für die Schule, wo in ihr Humanität bedroht ist und was für die Menschen in diesem Lebensraum hilfreich sein könnte" (DBK, 1996, S. 15). Schulseelsorge ist heute ein Angebot der Kirchen zur Lebensbegleitung und -hilfe sowohl für Schülerinnen und Schülern als auch für Lehrkräfte sowie für die Schule insgesamt, und zwar mit Blick auf die Gestaltung einer humanen Schule. Pfarrerinnen und Pfarrer haben einen allgemeinen Seelsorgeauftrag. Für Religionslehrkräfte ist die seelsorgerliche Verantwortung in der kirchlichen Bevollmächtigung zum Religionsunterricht (Vocatio) ausdrücklich genannt (Seibt, 2008).

12.5.2 Allgemeine Leitlinien für den Umgang mit Störungen und Gefährdungen beachten

Das konkrete Handeln der Lehrkraft richtet sich nach der jeweiligen Situation. Gleichwohl scheint es sinnvoll, allgemeine Leitlinien für das Handeln der Lehrkraft zu formulieren.

Umgang mit Gefährdungen der Schülerinnen und Schüler

▶ Für Störungen und Gefährdungen sensibilisiert sein
▶ Symptome grob kennen
▶ Ruhe bewahren
▶ Diagnostisches Wissen ausbauen
▶ Protokollieren
▶ Mit anderen Lehrkräften austauschen
▶ Eigene Grenzen akzeptieren und erkennen
▶ Netzwerk von Profis kennen und nutzen
▶ Dran bleiben
▶ Grenzen ziehen
▶ Eigene Rolle bei der Prävention reflektieren

Übersicht 8: Umgang mit Gefährdungen der Schülerinnen und Schüler

Die Lehrkraft sollte für Störungen und Gefährdungen sensibilisiert sein. Nicht jede Schülerin, nicht jeder Schüler ist oder hat ein Problem. Probleme sind die Ausnahme, auch in der Adoleszenz und im frühen Erwachsenenalter. Auch wenn die Adoleszenz Erwachsenen in vielen Aspekten ungewohnt und bedrohlich vorkommen mag, besteht kein Grund für die Ansicht, dass dies eine besonders problematische Phase sei. *Jede* Lebensphase ist in der Hinsicht problematisch, dass es spezifische Herausforderungen zu meistern gilt und dies nicht immer gelingt. Die Lehrkraft sollte sich bewusst sein, dass es in der Entwicklung in verschiedenen Bereichen zu Störungen kommen kann, bei denen die Lehrkraft eine Rolle spielen kann, spielen muss.

Die Lehrkraft sollte die Symptome grob kennen. Die Lehrkraft kann kein umfassendes Wissen zur Diagnose physischer Störungen aufbauen. Das ist nicht ihre Aufgabe. Gleichwohl sollte sie über ein Orientierungswissen zum Erkennen, zur Diagnose und zum Umgang mit psychischen Störungen verfügen. Die rudimentäre Kenntnis der Lehrkraft kann keine Entschuldigung für ein Nicht-Eingreifen sein.

Im ‚Ernstfall' gilt es Ruhe bewahren. Überstürzt eingreifende, schlecht informierte Lehrkräfte können psychische Probleme weiter verschärfen. Wenn keine akute Gefahr droht – und dies wird der Regelfall sein – ist direktes Eingreifen ohne sorgfältige Auseinandersetzung nicht angebracht. Erst die Diagnose, dann die Therapie. Die Lehrkraft sollte ihr diagnostisches Wissen ausbauen und abgleichen. Im Verdachtsfall sollte sich die Lehrkraft über die vermutete Störung und Gefährdung informieren. Das Internet hält dafür eine Reihe guter Informationsquellen bereit. Eine allgemeine Hilfe sind die im Internet zugängliche Internationale statistische Klassifikation der Krankheiten und verwandter Gesundheitsprobleme (ICD) sowie das Diagnostische und Statistische Handbuch Psychischer Störungen (DSM). Hilfreich sind auch die im Internet verfügbaren Leitlinien der Deutschen Gesellschaft für Kinder- und Jugendpsychiatrie und -psychotherapie (AWMF-Leitlinien).

Für einzelne Gefährdungen sollte die Lehrkraft frühzeitig anfangen, ein detailliertes Protokoll der Beobachtungen und Gespräche zu führen. Ein solches Protokoll kann eine große Hilfe bei der richtigen Einschätzung der Sachlage, beim professionellen Austausch, bei der späteren Therapie oder – etwa bei sexueller Gewalt – der Strafverfolgung sein.

Die Lehrkraft sollte ihren Verdacht mit anderen Lehrkräften oder einer anderen professionellen Person besprechen. Die Lehrkraft muss – früh genug – erkennen, dass eine systematische Behandlung oft ihre Fähigkeiten übersteigt. Sie sollte frühzeitig den Kontakt zu Personen aufnehmen, die auf diese Probleme spezialisiert sind. Einzelne Störungen und Gefährdungen der Schülerinnen und Schüler sind selten und Lehrkräfte haben nicht oft Gelegenheit, in diesem Bereich systematisch Erfahrungen zu sammeln. Gleichzeitig ist der Druck auf die Lehrkraft, etwa bei einem Suizidverdacht, sehr hoch. Es ist nicht unwahrscheinlich, dass gerade in dieser Situation Fehler gemacht werden, die aber in Folge tabuisiert und verschleiert werden. Die Lehrkraft sollte jedoch hier den offenen, ehrlichen Austausch mit vertrauten Kolleginnen und Kollegen sowie professionellen Hilfen suchen.

Die Lehrkraft sollte eine grobe Orientierung über Ansprechpartner haben. Die Ausführungen in dieser Lerneinheit können hier nur einen ersten Einstieg bieten. Die Lehrkraft sollte am Standort entsprechende Ansprechpartner kennen. Die Lehrkraft muss den Verdachtsfall weiter verfolgen. Unter Umständen ist frühzeitig ein nicht moralisierendes, ruhiges Gespräch zu suchen, ohne Vorwürfe oder Druck. Die Lehrkraft kann hier ihre Beobachtungen und ihre eigenen Empfindungen darlegen und von der eigenen Sorge um die Schülerin oder den Schüler sprechen.

Die Lehrkraft kann sich nicht in die gegenseitige Abhängigkeit bringen, beispielsweise in dem sie verspricht, bestimmte Dinge geheim zu halten. Außerdem muss sie im Interesse ihrer eigenen Entwicklung und Gesundheit Grenzen ziehen. So darf sie nicht gedankenlos ihre Handynummer weggeben und Hilfe versprechen, die sie nicht durchhalten kann. Im Interesse ihrer Selbst, aber auch der Schülerinnen und Schüler muss die Lehrkraft Grenzen der Zuständigkeit und Grenzen der Erreichbarkeit definieren, ohne nicht zuständig oder unerreichbar zu werden.

Viele Störungen und Gefährdungen können durch eine vorhergehende Prävention in der Schule abgefedert werden. Die Lehrkraft sollte daher erwägen, welche Rolle sie selbst bei der Prävention spielen kann. An vielen Schulen bietet sich die Mitarbeit in Projekten und die Thematisierung im Unterricht mit zum Teil ausgezeichneten Materialien aus dem Internet oder das persönliche Vorbild an.

12.6 Umgang mit Störungen und Gefährdung bei der Unterrichtsplanung

So wie die Lehrkraft das Lernen und den Lernstand der Schülerinnen und Schüler bei der Unterrichtsplanung berücksichtigt, so sollte sie auch die Entwicklung berücksichtigen. Die Zusammensetzung der Klasse nach dem Alter ist eine wichtige Planungsgröße. Das Alter ist – im Lichte dieser Lerneinheit – ein grober Indikator für den Entwicklungsstand des Menschen. Wichtiger als die minutiöse Auflistung der Altersverteilung und eine graphische Darstellung mit einem Präsentationsprogramm ist daher die Frage, in welcher Lebensphase sich der Lernende befindet. Dies sollte die Lehrkraft zum Anlass nehmen, sich die wichtigsten Veränderungen, Gefährdungen und Störungen zu vergegenwärtigen. In der Unterrichtsplanung sollte daher die Lebensphase angeführt werden, wobei allerdings die detaillierte Verschriftlichung der Veränderungen und potentieller Störungen über das Ziel hinausschießen. Außerdem sollte die Lehrkraft fragen, ob für einzelne Schülerinnen oder Schüler Störungen zu vermuten oder zu beobachten sind.

Leitfragen für die Analyse des Entwicklungsstandes und der Entwicklungsgefährdungen (GAL 3.2) als Teil der mikrodidaktischen Planung (TB-2.6)

▶ In welcher Lebens- bzw. Entwicklungsphase befinden sich die Schülerinnen und Schüler?
▶ Was sind die phasenspezifischen Entwicklungsaufgaben bzw. Veränderungen sowie Gefährdungen und Störungen?
▶ Sind für einzelne Schülerinnen und Schüler Störungen oder Gefährdungen zu vermuten oder zu beobachten? Wenn ja: Was bedeutet dies für den Unterricht?

Übersicht 9: Leitfragen für die Analyse des Entwicklungsstandes und der Gefährdungen

---

Bitte verorten Sie diese Leitfragen auch in der Karte „Bedingungen des Wirtschaftsunterrichts" (TB-1.9) sowie der Übersicht „Bedingungen des Wirtschaftsunterrichts" (TB-6.1).

12.7 Outro

12.7.1 Die wichtigsten Begriffe dieser Lerneinheit

▶ Entwicklung, Entwicklungsphasen, Entwicklungsaufgaben
▶ Adoleszenz und Jugendalter: Körperliche Entwicklung, emotionale und soziale Entwicklung, kognitive Entwicklung
▶ Pubertät
▶ Frühes Erwachsenenalter: Körperliche Entwicklung, emotionale und soziale Entwicklung, kognitive Entwicklung
▶ Depression, Depressive Episoden
▶ Alkohol-, Tabak- und Drogenmissbrauch
▶ Magersucht (Anorexia nervosa)
▶ Bulimie
▶ Suizidgefährdung (Lebensmüdigkeit)
▶ Selbstverletzendes Verhalten
▶ Sexuelle Gewalterfahrung und -handlung
▶ Zwangsheirat
▶ Frühe Schwangerschaft
▶ Extremismus
▶ Professioneller Umgang mit Störungen und Gefährdungen

12.7.2 Tools

▶ Tool „Übersicht: Bedingungen des Wirtschaftsunterrichts" (TB-6.1)
▶ Tool „Karte: Bedingungen des Wirtschaftsunterrichts" (TB-1.9)
▶ Tool „Karte: Entwicklungen im Jugendalter" (TB-1.10)
▶ Tool „Entwicklungsphasen: Detailbeschreibung" (TB-6.8)
▶ Tool „Externe Hilfe: Vorlage" (TB-6.9)
▶ Tool „Bin ich süchtig? Eine Selbsteinschätzung zu Computerspielen" (TB-6.10)

12.7.3 Kompetenzen

▶ Entwicklung der Lernenden in der Adoleszenz erklären und anerkennen: Entwicklungsstand reflektieren; Entwicklung von Lernen abgrenzen; Phasen der menschlichen Entwicklung abgrenzen; Entwicklungsaufgaben als Herausforderungen in den Lebensphasen verstehen; Soziale Überlagerung der Entwicklung verstehen

▶ Veränderungen in der Adoleszenz erklären und anerkennen: Körperliche Veränderungen in der Adoleszenz erklären und anerkennen; Emotional-soziale Veränderungen in der Adoleszenz erklären und anerkennen; Kognitive Veränderungen in der Adoleszenz erklären und anerkennen

▶ Grundsätze im Umgang mit Veränderungen haben: Bestimmsein von der Notwendigkeit, in der Entwicklung von Adoleszenten und jungen Erwachsenen als Lehrkraft eine entwicklungsförderliche Rolle einzunehmen; Fähigkeit zur persönlichen Distanz der Lehrkraft gegenüber entwicklungsbedingtem Verhalten, zum Beispiel Streitsucht

▶ Mit Entwicklungsstörungen und Gefährdungen in der Adoleszenz umgehen: Werthaltungen für den Umgang mit Entwicklungsstörungen und Gefährdungen entwickelt haben; Bestimmtsein durch die eigene Verantwortlichkeit für Störungen und Gefährdungen der Lernenden; Von der Notwendigkeit des Ziehens von Grenzen im Umgang mit Störungen überzeugt sein; Von der Notwendigkeit der Zusammenarbeit mit Expertinnen und Experten im Umgang mit Störungen überzeugt sein

▶ Einzelne Entwicklungsstörungen und Gefährdungen in der Adoleszenz einordnen: Suchtgefahren einordnen; Depressive Episoden, Suizidgefährdung und selbstverletzendem Verhalten einordnen; Essstörungen umgehen; Sexuelle Gewalt, angedrohte Zwangsheirat und frühe Schwangerschaft einordnen

12.7.4 Hinweise zur vertieften Auseinandersetzung: Weiterlesen

Ein sehr gutes Buch zur Vertiefung ist der von Menzel und Wiater herausgegebene Band „Verhaltensauffällige Schüler. Symptome, Ursachen und Handlungsmöglichkeiten" (2009). Einen guten Überblick über extremistische Bewegungen geben die vom Bundesministerium des Innern herausgegebenen jährlichen Verfassungsschutzberichte.

Eine Hilfestellung für den Umgang mit Rechtsextremismus bietet der Leitfaden für Lehrkräfte an beruflichen Schulen von Vormwald (Vormwald, 2013), der auf der Webseite zu diesem Buch zur Verfügung steht.

12.7.5 Hinweise zur vertieften Auseinandersetzung: Weitersurfen

Im Internet finden Sie eine Fülle, zum Teil sehr guter Informationen, vor allem von Selbsthilfevereinen und öffentlichen Stellen.

Thema	Institution	Link
Allgemein	ICD	http://www.dimdi.de/static/de/klassi/icd-10-gm/index.htm
Allgemein	DSM-IV-TR	http://www.behavenet.com/apa-diagnostic-classification-dsm-iv-tr#301
Allgemein	Jugendschutz.net	http://www.jugendschutz.net
Essstörungen	BZgA (Bundeszentrale für gesundheitliche Aufklärung)	http://www.bzga-essstoerungen.de
HIV und andere sexuell übertragbare Infektionen	BZgA (Bundeszentrale für gesundheitliche Aufklärung)	http://www.gib-aids-keine-chance.de
Depression	Deutsche Depressionshilfe	http://www.deutsche-depressionshilfe.de
Sexuelle Gewalt	BFF (Bundesverband Frauenberatungsstellen und Frauennotrufe)	https://www.frauen-gegen-gewalt.de

Extremismus	BPD (Bundeszentrale für politische Bildung)	http://www.bpb.de/politik/extremismus
Zwangsheirat	Terre des Femmes	http://www.zwangsheirat.de
(Frühe) Schwangerschaft, Verhütung	BZgA (Bundeszentrale für gesundheitliche Aufklärung)	http://www.familienplanung.de
Frühe Schwangerschaft	BZgA (Bundeszentrale für gesundheitliche Aufklärung)	http://www.schwanger-unter-20.de

Für Bayern können weitere Angebote ausgemacht werden.

Thema	Institution	Link
Drogen	KBS	http://www.kbs-bayern.de
Selbstverletzendes Verhalten	Rote Linien e.V.	http://rotelinien.de
ADHS	ADHS Deutschland	http://www.adhs-deutschland.de
Sexueller Missbrauch (W)	Wildwasser	http://www.wildwasser-nuernberg.de
Sexueller Missbrauch (M)	KIBS	http://www.kibs.de

12.7.6 Literaturnachweis

Angermann, L. (2012). *Frühe Schwangerschaft von Schülerinnen im internationalen Vergleich. Bachelorarbeit.* Nürnberg: Lehrstuhl für Wirtschaftspädagogik und Personalentwicklung.

Bär, A. S. (2011). *Untersuchung von Computerspielsucht bei jungen Erwachsenen am Beispiel des Online-Rollenspiels World of Warcraft (WoW). Bachelorarbeit am Lehrstuhl für Wirtschaftspädagogik und Personalentwicklung.* Nürnberg.

Berk, L. E. (2005). *Entwicklungspsychologie* (3. Aufl.). München: Pearson.

Blanz, B., Remschmidt, H., Schmidt, M. & Warnke, A. (2006). *Psychische Störungen im Kindes- und Jugendalter. Ein entwicklungspsychopathologisches Lehrbuch.* Stuttgart: Schattauer.

BMFSFJ (Bundesministerium für Familie, S. F. u. J. (2005). *Lebenssituation, Sicherheit und Gesundheit von Frauen in Deutschland.*

BMFSFJ (Bundesministerium für Familie, S. F. u. J. (2011). *Zwangsverheiratung in Deutschland. Anzahl und Analyse von Beratungsfällen.* Berlin: BMFSFJ.

BMI (Bundesministerium des Innern). (2013). *Verfassungsschutzbericht 2012.*

Brauner, R. (2012). *Frühe Schwangerschaft/Mutterschaft von Schülerinnen: Leitfaden zur Orientierung. Bachelorarbeit.* Nürnberg: Lehrstuhl für Wirtschaftspädagogik und Personalentwicklung.

BZgA (Bundeszentrale für gesundheitliche Aufklärung). (2010). *Jugendsexualität 2010. Repräsentative Wiederholungsbefragung von 14-17-Jährigen und ihren Eltern: Aktueller Schwerpunkt Migration.* Köln: BZgA.

BZgA (Bundeszentrale für gesundheitliche Aufklärung). (2013). *Der Tabakkonsum Jugendlicher und junger Erwachsener in Deutschland 2012. Ergebnisse einer aktuellen Repräsentativbefragung und Trends.* Köln: BZgA.

DBK (Deutsche Bischofskonferenz: Die deutschen Bischöfe, K. f. E. u. S. (1996). *Schulpastoral – der Dienst der Kirche an den Menschen im Handlungsfeld Schule.* Bonn: Sekretariat der Deutschen Bischofskonferenz.

Drescher, G. (2007). Ess-Störungen. In Evangelisch-Lutherische Kirche in Bayern & Katholisches Schulkommissariat in Bayern (Hrsg.), *Wenn der Notfall eintrifft. Handbuch für den Umgang mit Tod und anderen Krisen in der Schule* (3. Aufl., S. 9.2, S. 5-8). Heilsbronn, München: Religionspädagogisches Zentrum, Religionspädagogische Materialstelle.

Egenberger, C. (Bundeszentrale für politische Bildung, Hrsg.). (2008). *Woran erkenne ich Rechtsextreme?* Verfügbar unter http://www.bpb.de/politik/extremismus/rechtsextremismus/41314/woran-erkenne-ich-rechtsextreme

Fischer, K. (2012). *Frühe Schwangerschaft bei Schülerinnen beruflicher Schulen: Zusammenarbeit mit externen Institutionen. Bachelorarbeit.* Nürnberg: Lehrstuhl für Wirtschaftspädagogik und Personalentwicklung.

Garz, D. (2000). *Biographische Erziehungswissenschaft. Lebenslauf, Entwicklung und Erziehung.* Opladen: Leske + Budrich.

Geisler, M. (2009). *Clans, Gilden und Gamefamilies. Soziale Prozesse in Computerspielgemeinschaften.* Weinheim: Juventa.

Grimm, P., Rhein, S. & Clausen-Muradian, E. (2008). *Gewalt im Web 2.0. Der Umgang Jugendlicher mit gewalthaltigen Inhalten und Cyber-Mobbing sowie die rechtliche Einordnung der Problematik*. Berlin: Vistas.

Grob, A. & Jaschinski, U. (2003). *Erwachsen werden. Entwicklungspsychologie des Jugendalters*. Weinheim: Beltz PVU.

Grünbichler, B. (2009). *Lost in cyberspace? Chancen und Risiken von Online-Rollenspielen als Herausforderung für die soziale Arbeit* (2. Aufl.). Norderstedt: Books on Demand.

Haug, S., Müssig, S. & Stichs, A. (2009). *Muslimisches Leben in Deutschland. Im Auftrag der Deutschen Islam Konferenz*. Nürnberg: Bundesamt für Migration und Flüchtlinge.

Kahl, H., Schaffrath Rosario, A. & Schlaud, M. (2007). Sexuelle Reifung von Kindern und Jugendlichen in Deutschland. Ergebnisse des Kinder- und Jugendgesundheitssurveys (KiGGS). *Bundesgesundheitsblatt - Gesundheitsforschung - Gesundheitsschutz, 50* (5-6), 1437–1588.

Klicpera, C. & Gasteiger-Klicpera, B. (2007). *Psychische Störungen im Kindes- und Jugendalter*. Wien: Facultas.wuv.

Kluge, N. (1998). *Sexualverhalten Jugendlicher heute. Ergebnisse einer repräsentativen Jugend- und Elternstudie über Verhalten und Einstellungen zur Sexualität*. Weinheim: Juventa-Verl.

Lohr, M. & Keppler, B. (2005). *Innere Medizin. Kompendium für Studium und Klinik* (4. Aufl.). München: Elsevier Urban & Fischer.

Menzel, D. & Wiater, W. (Hrsg.). (2009). *Verhaltensauffällige Schüler. Symptome, Ursachen und*. Stuttgart: UTB GmbH.

Pfahl-Traughber, A. (Bundeszentrale für politische Bildung, Hrsg.). (2011). *Islamismus - Was ist das überhaupt? Definition - Merkmale - Zuordnungen*. Verfügbar unter http://www.bpb.de/politik/extremismus/islamismus/36339/islamismus-was-ist-das-ueberhaupt

Rehbein, F., Kleimann, M. & Mößle, T. (2009). *Computerspielabhängigkeit im Kindes- und Jugendalter. Empirische Befunde zu Ursachen, Diagnostik und Komorbiditäten unter besonderer Berücksichtigung spielimmanenter Abhängigkeitsmerkmale*. Hannover: Kriminologisches Forschungsinstitut Niedersachsen.

Reinders, H. (2003). *Jugendtypen. Ansätze zu einer differentiellen Theorie der Adoleszenz*. Opladen: Leske + Budrich.

Rübenach, S. (2007). *Todesursache Suizid*. Wiesbaden: Statistisches Bundesamt.

Rudolf-Jilg & Christine. (Ohne Jahr). *Gegen sexuelle Übergriffe unter Jugendlichen*. Stuttgart: Aktion Jugendschutz, Landesarbeitsstelle Baden-Wüttemberg.

Schlag, B. (2009). *Lern- und Leistungsmotivation* (3. Aufl.). Wiesbaden: VS Verl. für Sozialwiss.

Schmid, C. (2012). *Sexuelle Übergriffe an Kindern und Jugendlichen in der Schweiz*. Zürich: UBS Optimus Foundation.

Schmidt, G., Thoß, E., Matthiesen, S., Weiser, S., Block, K. & Mix, S. (2006). Jugendschwangerschaften in Deutschland. *Zeitschrift für Sexualforschung, 19* (4), 334–358.

Seibt, M. (2008). *Schulpastoral an berufsbildenden Schulen des dualen Schulsystems. Eine qualitativ-empirische Untersuchung zur Entwicklung von Qualitätskriterien für eine gelingende Schulpastoral an Berufsschulen*. Berlin, Münster: Lit.

Spiess, G. (2012). *Jugendkriminalität in Deutschland zwischen Fakten und Dramatisierung. Kriminalstatistische und kriminologische Befunde*.

Statisches Bundesamt. (2011). *Gesundheit 2010. Diagnosedaten der Patienten und Patientinnen in Krankenhäusern (einschl. Sterbe- und Stundenfälle)*. Wiesbaden: Statistisches Bundesamt.

Steinhausen, H.-C. (2006). *Psychische Störungen bei Kindern und Jugendlichen. Lehrbuch der Kinder- und Jugendpsychiatrie und -psychotherapie* (6. Aufl.). München: Elsevier Urban & Fischer.

Thalheimer, B. (2011). Schulpastoral - Schulseelsorge. In S. Hellekamps, W. Plöger & W. Wittenbruch (Hrsg.), *Schule. Handbuch der Erziehungswissenschaft 3* (S. 573–579). Stuttgart: UTB GmbH.

Vormwald, S. (2013). *Erlebniswelt Rechtsextremismus bei Jugendlichen in der Adoleszenz. Eine Handlungsempfehlung für Lehrkräfte an beruflichen Schulen*. Nürnberg: Lehrstuhl für Wirtschaftspädagogik und Personalentwicklung (Masterarbeit).

Woolfolk, A. (2008). *Pädagogische Psychologie* (10. Aufl.). München: Pearson Studium.

Zimmermann, W. (2007). Jugenddelinquenz. In Evangelisch-Lutherische Kirche in Bayern & Katholisches Schulkommissariat in Bayern (Hrsg.), *Wenn der Notfall eintrifft. Handbuch für den Umgang mit Tod und anderen Krisen in der Schule* (3. Aufl., S. 12, S. 1-4). Heilsbronn, München: Religionspädagaogisches Zentrum , Religionspädagogische Materialstelle.

12.7.7 Anmerkungen

[1]   Den Hinweis auf Extreme Metal verdanke ich Stephan Vormwald.

13.1 Zur Orientierung: Was Sie hier erwartet

13.1.1 Worum es hier geht

Überlebt! Überlebt! War doch eigentlich ganz OK. Mann, war ich nervös vorher! Stundenlang Unterricht geplant. Aufgaben ausprobiert. Verworfen. Neu gemacht. Ausprobiert. Neu gemacht. Tausend und eine Variante des Unterrichtseinstiegs durchdekliniert. Die Bude mit einer ganzen Galerie von Werken des berühmtesten fränkischen Tafelbildzeichners ausstaffiert. Und jetzt hat es doch gepasst. Am Anfang: Der große Kloß im Hals und dann auf einmal floss es einfach nur noch. Versunken in der Situation, verschmolzen mit dem Geschehen. Wie schnell die Zeit doch vergangen ist! Gerade erst die Schülerinnen und Schüler begrüßt und schon klingelt's zur Pause.

Die Schülerinnen und Schüler haben ja gut mitgemacht. Waren super. Ja, am Anfang dachte ich: Mensch, BVJ, da musst Du aufpassen. Ob die Jungs mit den Goldketten um ihre Stiernacken mich kleine Frau ernstnehmen? Hatte ich ja vorher noch nie zu tun mit BVJlern. Ja, so kann man sich vertun.

Egal. Lief doch gut. Klar, lief noch nicht so wie bei Frau Angermüller. Aber die macht das seit 7 Jahren. Und wie. Wie die einzelne Schülerinnen und Schüler im Blick hat, ist schon fast unheimlich. Angermüller ist watching you. Echt beeindruckend. Und letztes Mal: Wie sie über Unterricht nachdenkt, was sie anders machen kann, wie sie an sich arbeiten kann. Und: Was die fachlich drauf hat. Und, klar, immer mit den Angermüller-2-R: Reflektiert & Relaxt. Kommt halt doch nicht nur auf ein paar nette Methodentricks an.

Ja. Überlebt! Ja, überlebt!! Und das nächste Mal? Der nächste Unterricht nächste Woche? It's not gonna kill me!

13.1.2 Inhaltsübersicht

13   Individuelle Bedingungen der Lehrkraft berücksichtigen und entwickeln................................... 403

    13.1   Zur Orientierung: Was Sie hier erwartet 404

        13.1.1   Worum es hier geht 404

        13.1.2   Inhaltsübersicht 405

        13.1.3   Zusammenfassung 405

        13.1.4   Einordnung in das Prozessmodell 406

    13.2   Kompetenz der Lehrkraft erfassen 407

        13.2.1   Die Kompetenzen von Lehrkräften modellieren 407

        13.2.2   Kompetenzerwartungen an Lehrkräfte verstehen 408

        13.2.3   Das hier zugrunde gelegte Modell der Kompetenzen für Lehrkräfte 410

    13.3   Selbstkompetenz als Lehrkraft entwickeln 411

        13.3.1   Das Selbstkonzept von Lehrkräften beruflicher Schulen 411

        13.3.2   Das moralische Selbst von Lehrkräften, Berufsethos und Verhaltenskodizes 418

        13.3.3   Das Selbstwertgefühl von Lehrkräften 419

        13.3.4   „Lehrerpersönlichkeit" und „Lehrertyp": Hilfsmittel oder Ausflucht? 419

    13.4   Lehrkraft werden: Formelle Kompetenzentwicklung von Lehrkräften reflektieren 420

        13.4.1   Phasen der Kompetenzentwicklung von Lehrkräften 420

        13.4.2   Mentoring in der Ausbildung von Lehrkräften 422

    13.5   Als Lehrkraft fit bleiben 423

        13.5.1   Als Lehrkraft fit bleiben: Was damit gemeint ist 423

        13.5.2   Sich informell-reflexiv als Lehrkraft entwickeln 425

        13.5.3   Sich informell-implizit als Lehrkraft entwickeln 428

        13.5.4   Sich selbst pflegen 430

    13.6   Outro 431

        13.6.1   Die wichtigsten Begriffe dieser Lerneinheit 431

        13.6.2   Tools 431

        13.6.3   Kompetenzen 432

        13.6.4   Hinweise zur vertieften Auseinandersetzung: Weiterlesen 432

        13.6.5   Hinweise zur vertieften Auseinandersetzung: Weitersurfen 432

        13.6.6   Literaturnachweis 433

        13.6.7   Anmerkungen 438

13.1.3 Zusammenfassung

Die individuellen Bedingungen der Lehrkraft sind ein wichtiger Faktor der Bedingungen des Wirtschaftsunterrichts. Diese Lerneinheit umgrenzt zunächst, was mit Kompetenz von Lehrkräften gemeint ist und welche Anforderungen an die Kompetenz von Lehrkräften gestellt werden. In dieser Lerneinheit wird vor allem die Selbstkompetenz vertieft. Dabei geht es vor allem um die professionellen Ziele der Lehrkraft sowie die Überzeugungen (beliefs). Bei den Überzeugungen werden die Selbstwirksamkeitsüberzeugungen, die epistemischen Überzeugungen, Stereotype zu Gruppen von Schülerinnen und Schülern sowie Lehrkräften vertieft. Die Lerneinheit wirft einen vertieften Blick auf die formelle und informelle Kompetenzentwicklung bei Lehrkräften.

13.1.4 Einordnung in das Prozessmodell

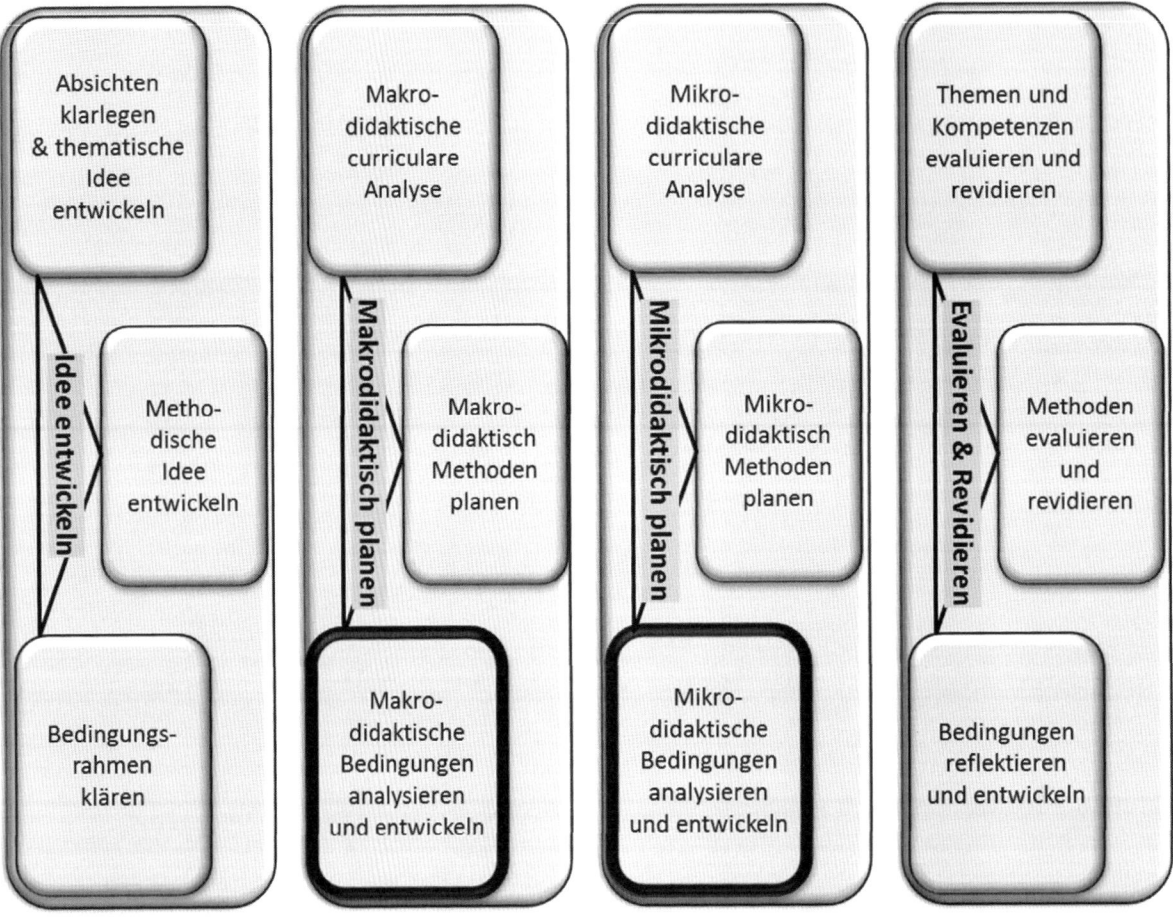

Die Lehrkraft selbst stellt einen Bedingungsfaktor des Unterrichts dar. Die eigenen Kompetenzen, die eigenen Vorlieben, die eigenen Sichtweisen auf die Welt bestimmen den Unterricht, begrenzen und erweitern ihn. Lehrkräfte sind keine Automaten. Ihre Wünsche und Sehnsüchte, ihre aktuelle Gefühlslage, Ärger und Freude, Bedrängnisse und Sorgen, das Leben in und außerhalb der Schule beeinflussen die Unterrichtsarbeit.

In der Hattie-Studie werden in der Rubrik „Lehrkraft" folgende Einflussfaktoren als empirisch bedeutsam herausgestellt: Qualität des Lehrens und zwar wie sie von den Lernenden wahrgenommen wird, Erwartungen der Lehrkraft, Auffassungen der Lehrperson in Bezug auf Lehren, Lernen, Bewerten und die Lernenden, die Offenheit der Lehrperson, das Klima in der Klasse, die klare Artikulierung von Leistungserwartungen, das Fördern von Anstrengung sowie die Einbindung aller Lernenden (Hattie, 2013, S. 129 ff.). Diese Vielfalt ist analytisch kaum in den Griff zu kriegen. Hier findet eine Konzentration auf die Kompetenz der Lehrkraft statt.

13.2 Kompetenz der Lehrkraft erfassen

Die Kompetenz der Lehrkraft entwickelt sich über das gesamte Berufsleben der Lehrkraft. Zunächst ist zu fragen, was die Kompetenz einer Lehrkraft ausmacht.

> **STOPP:** Sie kennen sicherlich eine Lehrkraft, die Sie wegen ihrer Kompetenz begeistert hat. Machen Sie sich eine Liste von Eigenschaften, die diese Lehrkraft ausgezeichnet haben. Was hebt diese Lehrkraft, die Sie begeistert hat, von anderen Lehrkräften ab?

13.2.1 Die Kompetenzen von Lehrkräften modellieren

Berufs- und Wirtschaftspädagogen entwickeln sich in zwei Kompetenzdimensionen, der fachwissenschaftlichen Kompetenz und der berufs- und wirtschaftspädagogischen Kompetenz.[1]

- **Fachwissenschaftliche Kompetenz:** Berufs- und wirtschaftspädagogische Lehrkräfte sind Fachleute für eine wissenschaftliche Disziplin und der entsprechenden Praxis sowie gegebenenfalls einer weiteren allgemeinen Domäne, dem Zweitfach bzw. dem sogenannten Unterrichtsfach neben der beruflichen Fachrichtung. Diese meint ein tiefes, auf wissenschaftlicher Durchdringung beruhendes Verständnis der Wirtschaftswissenschaften und der dazugehörigen Berufspraxis (Wirtschaftspädagogik) bzw. der Ingenieurwissenschaften und der dazugehörigen Berufspraxis (Berufspädagogik).
- **Berufs- und wirtschaftspädagogische Kompetenz:** Im Zentrum der berufs- und wirtschaftspädagogischen Kompetenz steht die didaktische Kompetenz. Berufs- und wirtschaftspädagogische Lehrkräfte sind Fachleute für die Gestaltung didaktischer Situationen. Dies betrifft die Vorbereitung, Durchführung, Reflexion und Fortentwicklung von traditionellem und handlungsorientiertem Unterricht. Über den Unterricht hinausgehend zählt dazu auch die Kooperation im Umfeld sowie die Analyse und Entwicklung von Bedingungen der pädagogischen Arbeit, zum Beispiel im Rahmen der Schulentwicklung.

Diese einfache Unterscheidung der zwei Kompetenzbereiche kann weiter ausdifferenziert werden. In dem *Modell von Lee Shulman* hat das Wissen der Lehrkraft (teacher knowledge) fünf Bereiche, nämlich Inhaltswissen, allgemeines pädagogisches Wissen, Wissen über die Lernenden, Wissen über pädagogisch relevante Kontexte sowie Wissen über Bildungsziele und -begründungen.[2] Für Berufs- und Wirtschaftspädagogen gehören die vier letztgenannten Elemente zur berufs- und wirtschaftspädagogischen Kompetenz im obigen Sinne. Das Inhaltswissen ist jedoch nicht deckungsgleich mit der fachwissenschaftlichen Kompetenz. Das Inhaltswissen hat bei Shulman drei Elemente: Das fachwissenschaftliche Inhaltswissen, das curriculare Inhaltswissen und das pädagogische Inhaltswissen. Das curriculare Inhaltswissen meint das Wissen der Lehrkraft über die Inhalte in den Lehrplänen und anderen

Planungshilfen. Das pädagogische Inhaltswissen spricht eine eigene Form des Wissens der Lehrkraft an, und zwar ein Amalgam aus fachwissenschaftlicher und pädagogischer Kompetenz (Shulman, 2004a, S. 227): Pädagogisches Inhaltswissen ist Wissen der Lehrkraft über die pädagogische Aufbereitung von Fachinhalten, d. h. die häufig unterrichteten Themen, die hilfreichen Formen der Präsentation dieser Themen, die kräftigsten Analogien, Illustrationen, Beispiele und Erklärungen. Weiterhin zählt zum pädagogischen Inhaltswissen das Wissen der Lehrkraft über das typische inhaltliche Vorwissen der Lernenden und die typischen inhaltlichen Fehler, die Lernende in diesem Feld begehen (Shulman, 2004b, S. 203).

Die Entwicklung der Kompetenz von Lehrkräften erfolgt in verschiedenen Entwicklungsstufen. Das wichtigste Modell ist das Modell von Frances Fuller.[3] Die Entwicklung der Lehrkraft entwickelt sich von der Stufe des Überlebens im Unterricht, über die Stufe der Meisterschaft bis hin zur Stufe der Routine.

Stufe	Inhalt
Survival Stage	Die Lehrkraft ist damit beschäftigt, den Alltag zu bewältigen und im Klassenzimmer 'zu überleben'. Sie ist sich gewissermaßen selbst noch das größte Problem.
Mastery Stage	Die Lehrkraft bemüht sich um Beherrschung/Gestaltung der Unterrichtssituation. Langsam erfolgt eine Ablösung vom Ich-Bezug zum Situationsbezug, vom bloßen Überleben zur routinierten Unterrichtsgestaltung.
Routine Stage	Die Lehrkraft bemüht sich um die Ausübung erzieherischer Verantwortung. Die Schülerinnen und Schüler und deren individuelle Interessen und Nöte stehen im Zentrum. Übergang auf eine individual-pädagogische Perspektive.

Übersicht 1: Stufenmodell von Fuller in der Darstellung von Messner und Reusser (2000)

13.2.2 Kompetenzerwartungen an Lehrkräfte verstehen

Kompetenzen für Lehrkräfte bzw. Kompetenz*erwartungen* der jeweiligen Arbeitgeber werden international und national in sogenannten Standards formuliert (Wilbers, 2010). Besonders bekannt geworden sind die NBPTS-Standards (National Board for Professional Teaching Standards) sowie die InTASC-Standards (Interstate Teacher Assessment and Support Consortium) in den USA. Die NBPTS-Standards gehen von fünf Grundannahmen (core propositions) aus, z. B. „Teachers are committed to students and their learning". Diese Grundannahmen werden für diese Anforderungssituationen ausdifferenziert.

Die Kultusministerkonferenz (KMK) formuliert Standards für die Bildung von Lehrkräften, unterscheidet dabei jedoch – im Gegensatz zu den internationalen Vorlagen – Anforderungen in einzelnen Fächern. Dabei wird auf die übliche Unterteilung der Fächer für die Ausbildung von Lehrkräften an allgemeinbildenen Schulen Bezug genommen. Typisch für die Organisation der universitären Ausbildung ist die Dreiteilung in die Fächer „'Allgemeine' Erziehungs- bzw. Bildungswissenschaft", „Fachwissenschaft" und „Fachdidaktik". Mit der Orientierung an diesen drei traditionellen Fächern fehlen übergreifende Standards und die traditionelle Struktur der Ausbildung an Universitäten wird nicht hinterfragt und zementiert. Die „Standards für die Lehrerbildung: Bildungswissenschaften" (KMK, 2010) formulieren elf Kompetenzen.

Kompetenzen nach den Standards für Bildungswissenschaften der KMK

- Kompetenz 1: Lehrerinnen und Lehrer planen Unterricht fach- und sachgerecht und führen ihn sachlich und fachlich korrekt durch.
- Kompetenz 2: Lehrerinnen und Lehrer unterstützen durch die Gestaltung von Lernsituationen das Lernen von Schülerinnen und Schülern. Sie motivieren Schülerinnen und Schüler und befähigen sie, Zusammenhänge herzustellen und Gelerntes zu nutzen.
- Kompetenz 3: Lehrerinnen und Lehrer fördern die Fähigkeiten von Schülerinnen und Schülern zum selbstbestimmten Lernen und Arbeiten.
- Kompetenz 4: Lehrerinnen und Lehrer kennen die sozialen und kulturellen Lebensbedingungen von Schülerinnen und Schülern und nehmen im Rahmen der Schule Einfluss auf deren individuelle Entwicklung.
- Kompetenz 5: Lehrerinnen und Lehrer vermitteln Werte und Normen und unterstützen selbstbestimmtes Urteilen und Handeln von Schülerinnen und Schülern.
- Kompetenz 6: Lehrerinnen und Lehrer finden Lösungsansätze für Schwierigkeiten und Konflikte in Schule und Unterricht.
- Kompetenz 7: Lehrerinnen und Lehrer diagnostizieren Lernvoraussetzungen und Lernprozesse von Schülerinnen und Schülern; sie fördern Schülerinnen und Schüler gezielt und beraten Lernende und deren Eltern.
- Kompetenz 8: Lehrerinnen und Lehrer erfassen Leistungen von Schülerinnen und Schülern auf der Grundlage transparenter Beurteilungsmaßstäbe.
- Kompetenz 9: Lehrerinnen und Lehrer sind sich der besonderen Anforderungen des Lehrerberufs bewusst. Sie verstehen ihren Beruf als ein öffentliches Amt mit besonderer Verantwortung und Verpflichtung.
- Kompetenz 10: Lehrerinnen und Lehrer verstehen ihren Beruf als ständige Lernaufgabe.
- Kompetenz 11: Lehrerinnen und Lehrer beteiligen sich an der Planung und Umsetzung schulischer Projekte und Vorhaben.

Übersicht 2: Kompetenzen nach den Standards für Bildungswissenschaften der KMK (2004)

Die Standards für Bildungswissenschaften wurden 2004 beschlossen und zwar ohne Rücksicht auf die Fachwissenschaften und Fachdidaktiken, so als habe die Erziehungs- bzw. Bildungswissenschaft eine systematisch vorgängige Rolle. Diese Standards wurden 2008 durch die sogenannten „Ländergemeinsamen inhaltlichen Anforderungen für die Fachwissenschaften und Fachdidaktiken in der Lehrerbildung" (KMK, 2013) ergänzt. Die 2008 beschlossenen Standards für Fachwissenschaften und Fachdidaktik berücksichtigten – entgegen dem Namen – nur die allgemeinbildenden Fächer. Sie klammerten den berufsbezogenen Bereich der Berufsbildung zunächst vollständig aus, sowohl fachdidaktisch als auch fachwissenschaftlich. Erst ab 2013 wurde der berufsbildende Bereich berücksichtigt, beginnend mit der beruflichen Fachrichtung „Wirtschaft und Verwaltung" sowie „Metalltechnik". Die sog. Standards Wirtschaftsdidaktik sind in der Toolbox (TB-14.6) wiedergegeben.

Struktur der inhaltlichen Anforderungen in der beruflichen Fachrichtung „Wirtschaft und Verwaltung"

- Betriebswirtschaftslehre (Einzelwirtschaftliche Prozesse)
- Volkswirtschaftslehre (Gesamtwirtschaftliche Prozesse)
- Wirtschaftsdidaktik (Wirtschaftsdidaktische Prozesse)
- Relevante Bezugswissenschaften und Arbeitsmethoden

Übersicht 3: Inhaltliche Anforderungen der beruflichen Fachrichtung Wirtschaft und Verwaltung

Obwohl in den allgemeinen Standards Bildungswissenschaften explizit vermerkt ist, dass diese „unter Berücksichtigung der Entwicklung in den Bildungswissenschaften und in der Schulpraxis von den Ländern gemeinsam überprüft und weiterentwickelt" werden, wurden die Standards für die Bildungswissenschaften seit dem Beschluss in 2004 nicht mehr verändert.[4] Empirische Studien zu Kompetenzerwartungen, etwa die Delphi-Studie zu den Inhalten der Erziehungswissenschaften (Kunina-Habenicht et al., 2012), sind selten.

Lehrkräfte brauchen Fachkompetenz und mehr.
Bild 1: Von al73, photocase.com

Die Standards gelten sowohl für die erste, universitäre Phase als auch für die zweite Phase, also für das Referendariat. Sie konnten offensichtlich nicht die in den letzten Jahren entstandene Vielfalt bzw. den Wildwuchs der Modelle in der zweiten Phase verhindern, der aus dem „Sachstand in der Lehrerbildung" (KMK, 2012) hervorgeht.

Die Sektion Berufs- und Wirtschaftspädagogik der Deutschen Gesellschaft für Erziehungswissenschaft ist die Vereinigung der Hochschullehrerinnen und -lehrer für Berufs- und Wirtschaftspädagogik in Deutschland. Schon 2003 hat die Sektion die für die Ausbildung in Berufs- und Wirtschaftspädagogik relevanten Kompetenzen im Basiscurriculum für das universitäre Studienfach Berufs- und Wirtschaftspädagogik beschrieben. Das Basiscurriculum ist eine Selbstverpflichtung der Hochschullehrerinnen und -lehrer. Ziel der Ausbildung im Sinne des Basiscurriculums ist „die Fähigkeit und Bereitschaft zu einem theoriegeleitet-reflexiven, erfahrungsoffenen und verantwortlichen Handeln im pädagogischen Handlungsfeld Berufsbildung" (BWP, 2003, S. 5). Dies setzte die Entwicklung in drei aufeinander verwiesenen Dimensionen voraus.

Dimensionen berufs- und wirtschaftspädagogischer Professionalität

▶ Differenziertes und integriertes Wissen und Können in Bezug auf pädagogisch relevante Bedingungs- und Entscheidungsfelder
▶ (Selbst-)kritisch-experimentelle Haltung und Bereitschaft zu reflexiver Praxis
▶ Pädagogisches Ethos und balancierende Identität

Übersicht 4: Dimensionen berufs- und wirtschaftspädagogischer Professionalität nach dem BWP-Basiscurriculum

Die Sektion betont, dass die Studiengänge in der Berufs- und Wirtschaftspädagogik polyvalent auszulegen sind, d. h. andere Arbeitsfelder als der Schule erschließen sollen. Untersuchungen zu allgemeinbildenden Studiengängen zeigen, dass auch dort einige Studiengänge eine Polyvalenz anstreben, aber kaum erreichen (Bauer et al., 2011).

13.2.3 Das hier zugrunde gelegte Modell der Kompetenzen für Lehrkräfte

Das hier verfolgte Kompetenzmodell muss Anschlüsse an mehrere Bezugspunkte herstellen und wählt daher eine etwas andere Struktur. Es beruht auf einer Auseinandersetzung mit den nationalen und internationalen Standards für die Aus- und Weiterbildung von pädagogischen Professionals (Wilbers, 2004b, 2005, 2010), fußt auf dem Basiscurriculum der Sektion Berufs- und Wirtschaftspädagogik (BWP, 2003), berücksichtigt die Standards der KMK für die Bildungswissenschaft (KMK, 2010) und die ländergemeinsamen inhaltlichen Anforderungen für die Fachwissenschaften und Fachdidaktiken in der Lehrerbildung" (KMK, 2013). Weiterhin berücksichtigt das hier zugrunde gelegte Kompetenzmodell das Kompetenzmodell für Studiengänge im Fachbereich Wirtschaftswissenschaften der Universität Erlangen-Nürnberg (Eckstein, Kaiser, Wilbers & Wittmann, 2011). Dieses Kompetenzmodell liegt den sogenannten Studiengangsmatrizen zugrunde, die – unter anderem – die in den Studiengängen verfolgten Kompetenzen ausdifferenzieren und gegenüber den Studierenden und dem universitären Umfeld, insbesondere dem Arbeitsmarkt, zugänglich und diskussionsfähig machen (Wilbers & Wittmann, 2012). Die Studiengangsmatrizen sind Teil des Qualitätsmanagements, das unter meiner Verantwortung als Studiendekan im Fachbereich Wirtschaftswissenschaften eingerichtet wurde.

Das hier verfolgte Modell sieht neben der Fachkompetenz die Methoden-/Lernkompetenz, die Sozialkompetenz sowie die Selbstkompetenz vor. Die Fachkompetenz als Lehrkraft berücksichtigt neben der fachinhaltlichen bzw. fachwissenschaftlichen Kompetenz die Planung, Durchführung, Evaluation und Revision von Unterricht. In den KMK-Vorstellungen für die berufliche Fachrichtung Wirtschaft entspricht dies der Gestaltung und Reflexion von Unterricht und Bildungsgänge mikro- und makrodidaktisch unter Berücksichtigung kommunikativer Strukturen und übergreifender Bedingungen. In den Vorstellungen des Basiscurriculums ist damit ein „differenziertes und integriertes Wissen und Können in Bezug auf pädagogisch relevante Bedingungs- und Entscheidungsfelder", also der erste von drei Bereichen, angesprochen. Die Sozialkompetenz und die Methoden-/Lernkompetenz wurden jeweils in die in den einzelnen Lerneinheiten ausgewiesenen Kompetenzen integriert.

Die Selbstkompetenz für Lehrkräfte berücksichtigt hier, analog der Grundlegung in Lerneinheit 4, das Selbstkonzept, das Selbstwertgefühl, das moralische Selbst der Lehrkraft sowie die Fähigkeit zur Selbstreflexion. Die in den KMK-Vorstellungen für die berufliche Fachrichtung Wirtschaft und Verwaltung formulierten folgenden Kompetenzen einer „selbstkritisch-experimentellen Haltung", der „Bereitschaft zu reflexiver Praxis" sowie die Kompetenz, „angesichts unterschiedlicher Erwartungen wirtschaftsdidaktisch selbstverantwortlich zu agieren", werden dabei als gleichbedeutend betrachtet. In den Vorstellungen des Basiscurriculums sind damit die beiden anderen Bereiche, nämlich die Selbstreflexion sowie der pädagogische Ethos und die balancierte Identität, angesprochen. Diesem Bereich kommt im Basiscurriculum der Sektion Berufs- und Wirtschaftspädagogik eine herausragende Bedeutung zu und wird im folgenden Abschnitt vertieft.

Die mit jeder Lerneinheit verfolgten Kompetenzen werden für jede Lerneinheit ausgewiesen. Das Gesamtmodell der verfolgten Kompetenzen findet sich auf der begleitenden Webseite www.wirtschaftsunterricht-gestalten.de.

13.3 Selbstkompetenz als Lehrkraft entwickeln

Der Selbstkompetenz von Lehrkräften kommt in den aktuellen curricularen Vorstellungen zur Bildung von Lehrkräften ein hoher Stellenwert zu. In Anlehnung an die Grundlegung von Selbstkompetenz in Lerneinheit 4 werden hier folgende Dimensionen unterschieden: Selbstkonzept als Lehrkraft, Selbstwertgefühl als Lehrkraft, Selbstreflexion als Lehrkraft sowie moralisches Selbst als Lehrkraft.

13.3.1 Das Selbstkonzept von Lehrkräften beruflicher Schulen

Das Selbstkonzept von Lehrkräften ist ein anspruchsvolles, komplexes Thema. Hier werden Schwerpunkte bei den Zielen von Lehrkräften sowie den Überzeugungen gelegt.

13.3.1.1 Professionelle Ziele von Lehrkräften

Nach meiner – sicherlich nicht repräsentativen – Erfahrung haben Studierende, die ein Lehramt an beruflichen Schulen anstreben, häufig eine starke regionale Bindung, kommen oft aus dem ländlichen Raum und wollen dahin zurück. Sie haben häufig eine Berufsausbildung in einem der anspruchsvolleren Ausbildungsberufe, kommen häufig aus einem ‚wohlbehüteten' Elternhaus, haben selten Migrationsgeschichte, wenig Erfahrung im Umgang mit Menschen aus Unter- und Oberschicht und sind monolingual aufgewachsen. Sie sind nicht selten soziale Aufsteigerinnen und Aufsteiger und wollen am liebsten Schülerinnen und Schüler unterrichten, die so sind wie sie selbst mal waren, auch in der entsprechenden ‚anspruchsvollen' Schulform, etwa einer beruflichen Oberschule.[5] Diese Studierenden werden jedoch wahrscheinlich – wie später bei der Erörterung der Megatrends vertieft – auf Schülerinnen und Schüler treffen, die in markanter Weise von den eigenen Merkmalen abweichen.

> **STOPP:** Was spricht für Sie dafür, Lehrkraft an einer beruflichen Schule zu werden? Was spricht dagegen? Bitte schreiben Sie die wichtiges Pro's und Con's auf.

Die persönlichen Ziele einer angehenden Lehrkraft lassen sich gut auf der Folie der empirischen Forschung zu den Berufswahlmotiven reflektieren. Ein international bekanntes und recht gut erforschtes
Modell für die Berufswahl von Lehrkräften ist das FIT-Modell (Factors Influencing Teaching Choise)
von Richardson und Watt (2007). Nach diesem Modell wird die Wahl des Lehrberufs durch fünf Fak-
torenkomplexe bestimmt (Watt et al., 2012).

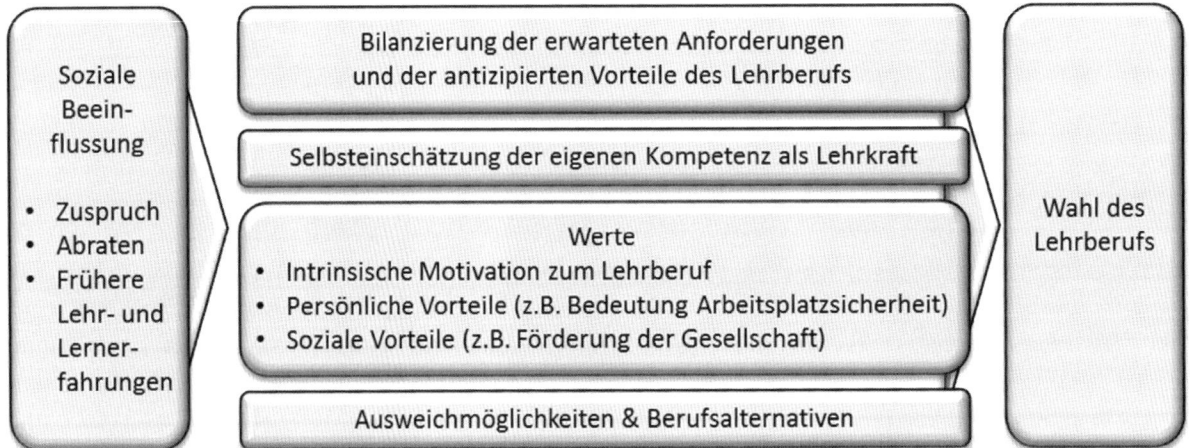

Übersicht 5: Das FIT-Modell von Richardson und Watt (2007), Darstellung nach Watt u.a. (2012). Eigene Übersetzung

Die angehende Lehrkraft wird sozial beeinflusst, indem ihr im Umfeld zu- oder abgeraten wird, Lehrkraft an einer beruflichen Schule zu werden. Außerdem wirken die eigenen früheren Lehr- und Lerner-
fahrungen nach. Die Wahl des Lehrberufs beruht weiterhin auf einer Abwägung der erwarteten Anforderungen und der Vorteile durch die Wahl des Lehrberufs. Die persönliche Einschätzung der Anforderungen des Lehrberufs (Task Demand) betrifft die Einschätzung der erwarteten Arbeitsbelastung und
der erwarteten emotionalen Beanspruchung, die Einschätzung der Bedeutung der notwendigen Expertise sowie des damit verbundenen Wissens. Die antizipierten Vorteile des Lehrberufs (Task Return)
betreffen die Gehaltseinschätzung sowie den erwarteten sozialen Status. Ein weiterer Faktor ist die
Selbsteinschätzung der individuellen Fähigkeit als Lehrkraft. Darüber hinaus spielen die Werte des
Individuums eine Rolle bei der Berufswahl. Angesprochen ist damit die intrinsische Motivation Lehrkraft zu werden, etwa wenn Studierende aussagen, immer schon Lehrkraft werden zu wollen. Hinzukommt die Einschätzung der persönlichen Vorteile, insbesondere die individuelle Bedeutung der Ar-
beitsplatzsicherheit und der vermuteten Zeit für die Familie. Schließlich stellt sich die Frage nach den
Ausweichmöglichkeiten (fallback career). Der Lehrberuf kann eine fallback-Lösung bei der Berufswahl sein, weil andere Möglichkeiten nicht attraktiv oder möglich erscheinen.

Gerade bei der Arbeitsbelastung als Lehrkraft kann die angehende Lehrkraft aufgrund ihrer eigenen
Erfahrungen selten auf verlässliche Daten zurückgreifen. Vor allem als Schülerin bzw. Schüler einer
allgemeinbildenden Schule erlebt die Schülerin bzw. der Schüler die Lehrkraft als eine Arbeitskraft,
die bestenfalls bis zum frühen Nachmittag arbeitet und dann noch etwa drei Monate Schulferien hat.
Ernstzunehmende empirische Untersuchungen zur Arbeitszeit von Lehrkräften in den deutschsprachigen Ländern gibt es seit über vierzig Jahren (Forneck & Schriever, 2001; Rudow, 1994, S. 61 ff.). Von
den Arbeitszeitstudien heben sich insbesondere in der Schweiz die Studien von Landert (1999) und
Forneck und Schriever (2001), für Deutschland die Studie von Mummert und Partner (1999) und für
Österreich die Studie „LehrerIn 2000" (BMBWK & GÖD, 2000) ab. Alle vier Studien sind methodisch elaboriert und haben in der Bildungspolitik eine relativ hohe Aufmerksamkeit erfahren. Empirische Studien zur Arbeitszeit kommen immer wieder zu einem einheitlichen Bild: Die Arbeitszeiten
von Lehrkräften liegen über den Sollzeiten von anderen Berufsgruppen im öffentlichen Dienst. Die
zeitliche Beanspruchung variiert in Abhängigkeit von der Schulart, der Funktion an der Schule und

dem Unterrichtsfach, zum Teil erheblich. Teilzeitlehrkräfte haben in der Regel eine höhere relative Arbeitszeit als Vollzeitlehrkräfte. Ein bedeutender Teil der Arbeit wird alleine verbracht. Der Anteil der Unterrichtszeit ist nicht so groß ist, wie vielleicht auf den ersten Blick zu erwarten wäre (Wilbers, 2004a).

Insgesamt zeigt jedoch die Sichtung gerade der deutschen Studien zum Berufswahlverhalten von Studierenden, die ein Lehramt anstreben, eine recht uneinheitliche Befundlage, die zum Teil auch auf das verwendete forschungsmethodische Instrumentarium zurückzuführen ist (Herfter & Schroeter, 2013; Neugebauer, 2013; Rothland, 2011). Zur Reflexion der Berufswahl enthält die Toolbox (14.8) eine Hilfestellung.

13.3.1.2 Überzeugungen von Lehrkräften: Was darunter verstanden wird

Neben den persönlichen Zielen von (angehenden) Lehrkräften haben persönliche Überzeugungen eine große Bedeutung für das Handeln der Lehrkraft. Von Überzeugungen (beliefs) von Lehrkräften wird gesprochen, „wenn (meist) nicht-wissenschaftliche Vorstellungen darüber, wie etwas beschaffen ist oder wie etwas funktioniert, mit dem Anspruch der Geltung für das Handeln auftreten" (Oser & Blömeke, 2012, S. 415). Beispielsweise haben Lehrkräfte Vorstellungen darüber, welche Unterrichtsmethoden wirksam sind oder wie eine bestimmte Gruppe von Schülerinnen und Schülern, etwa angehende Einzelhandelskaufleute, ‚ticken'. Auf der Grundlage dieser Überzeugungen werden didaktische Entscheidungen getroffen und unterrichtet.

> **STOPP**: Sie haben in der letzten Zeit intensiv mit einer Mentorin bzw. einem Mentor zusammengearbeitet. Wovon ist die Mentorin bzw. der Mentor überzeugt? Wie würden Sie die Überzeugungen zum guten Unterricht dieser Mentorin bzw. dieses Mentors beschreiben?

Die Überzeugungen von Lehrkräften werden seit längerer Zeit intensiv erforscht (Blömeke, 2004, S. 64 ff.; Richardson & Placier, 2001, S. 913 ff.).[6] Demnach sind die Überzeugungen von Lehrkräften erfahrungsbasiert. Schon Studierende haben lange vor ihrer Studienzeit bereits Überzeugungen im Zuge ihres Sozialisationsprozesses erworben. Anders als beispielsweise Medizinstudierende, die sich mit neuen Umgebungen wie Operationssälen oder Notaufnahmeräumen auseinandersetzen müssen, sind Lehramtsstudierende „Insider in a Strange Land" (Pajares, 1992, S. 323), d. h. sie brauchen ihre Situation kaum neu zu definieren. Sie wechseln lediglich ‚die Seite'. Angehende Lehrkräfte sind dabei schon *vor* ihrer Ausbildung bzw. ihrer ersten Tätigkeit keine unbeschriebenen Blätter, sondern verfügen über umfangreiche Erfahrung als Lernende, da sie diverse Bildungseinrichtungen durchlaufen haben. Typischerweise wissen Studierende, wie Unterricht auszusehen hat. Es komme – so die empirischen Studien – nur noch darauf an, in der Ausbildung an der Universität einige methodische Finessen zu erlernen. Wichtig ist nach Ansicht angehender Lehrkräfte vor allem, die Klasse im Griff zu halten. Studierende legen einen unrealistischen Optimismus an den Tag, betonen die Rolle affektiver und sozialer Faktoren und unterbetonen die Bedeutung von kognitiven Variablen (Pajares, 1992, S. 322 ff.).

Die Überzeugungen von Lehrkräften wirken als Filter für die Aufnahme von Informationen. „Es werden nur solche Informationen aufgenommen, die sich in das vorhandene System von Überzeugungen einpassen lassen" (Blömeke, 2004, S. 65). Wenn eine Studentin Vorbehalte gegen Gruppenarbeit hat, beispielsweise aufgrund eigener Erfahrungen in der Schule, hört sie bei den Nachteilen von Gruppenarbeit besonders gut hin und sieht sich bestätigt. Überzeugungen sind nur schwierig zu ändern. Blömeke (2004, S. 65) weist auf die einzige Längsschnittstudie von Koch (1972) hin und fasst eines der Kernergebnisse wie folgt zusammen: „Im Prozess der Lehrerausbildung lassen sich durchaus Veränderungen gegenüber den ursprünglichen zu Beginn des Studiums vorhandenen Einstellungen, Interessen und Werthaltungen feststellen. Diese werden aber mit dem Eintritt in die Schulpraxis während des

Referendariats wieder rückgängig gemacht ('Konstanzer Wanne'). „Erfolgversprechend scheinen Lernprozesse zu sein, die aktiv an die vorhandenen beliefs anknüpfen und diese so schrittweise ändern" (Blömeke 2004, S. 65). Selbstreflexive Prozesse spielen dabei eine bedeutende Rolle.

13.3.1.3 Überzeugungen zur eigenen Wirksamkeit: Selbstwirksamkeitsüberzeugungen von Lehrkräften

Die Selbstwirksamkeit von Lehrkräften ist eine spezielle Form der Selbstkompetenz. Sie wird hier verstanden als die subjektive Überzeugung einer Lehrkraft, neue oder schwierige Situationen in ihrer Tätigkeit als Lehrkraft aufgrund der eigenen Kompetenzen bewältigen zu können. Damit ist einerseits gemeint, dass die Lehrkraft der Überzeugung ist, den eigenen Unterricht – etwa auch die Klassenführung – bewältigen zu können. Andererseits wird deutlich, dass sich die Selbstwirksamkeit nicht nur auf den Unterricht, sondern auf alle Aufgaben einer Lehrkraft beziehen muss (Tschannen-Moran, Hoy & Hoy, 1998). Bandura hat eine Systematisierung vorgeschlagen, die auch Faktoren wie die Fähigkeit zur Integration von Lehrkräften oder Beiträge zum Schulklima berücksichtigt (Bandura, 1997). Die Selbstwirksamkeit von Lehrkräften kann mithin unter Rückgriff auf das Modell der unterrichtlichen Bedingungen ausdifferenziert werden: Die Selbstwirksamkeit der Lehrkraft ist die subjektive Überzeugung einer Lehrkraft, Situationen so zu gestalten, dass die individuellen Bedingungen von Lernenden und Lehrkräften, die Klassen- und Schulbedingungen und – in eingeschränktem Umfang – die Bedingungen auf den höheren Bedingungsschalen erfolgreich verändert werden können.

In der Literatur werden verschiedene Modelle und Methoden zur Erfassung der Selbstwirksamkeit von Lehrkräften vorgeschlagen (Tschannen-Moran et al., 1998). Im angelsächsischen Raum wird vor allem die Teachers' Sense of Efficacy Scale (TSES) eingesetzt (Duffin, French & Patrick, 2012). In der deutschen Literatur wird meist auf die Skala „Lehrer-Selbstwirksamkeit (WirkLehr)" von Schwarzer und anderen (Schwarzer & Jerusalem, 2001) verwiesen (TB-14.9). Schulte, Bögeholz und Watermann (2008) haben ein Instrument entwickelt, das von einem ausdifferenzierten Kompetenzmodell für Lehrkräfte ausgeht.

In der empirischen Forschung wird herausgestellt, dass Lehrkräfte mit einer hohen Selbstwirksamkeit gegenüber neuen Ideen offener sind und mit neuen Methoden lieber experimentieren, dass sie enthusiastischer sind, sich dem Lehren stärker verbunden fühlen, stärker gegen Burnout geschützt sind, länger mit Schülerinnen und Schülern mit Problemen arbeiten und insgesamt eine höhere Ausdauer haben (Hoy & Spero, 2005; Schulte et al., 2008). Die Änderung von Selbstwirksamkeitsüberzeugungen wird in Lerneinheit 20 vertieft.

13.3.1.4 Überzeugungen zur ‚richtigen Didaktik': Epistemische Überzeugungen und Fachkonzepte von Lehrkräften reflektieren

Eine für Lehrkräfte wichtige Gruppe von Überzeugungen sind die sogenannten epistemischen Überzeugungen (epistemological beliefs). Die Epistemologie bzw. die Erkenntnistheorie ist eine weit verzweigte Disziplin der Philosophie, die mit dem Namen berühmter Philosophen verbunden ist, etwa Platon (427–347 v. Chr.), John Locke (1632–1704) oder Immanuel Kant (1724–1804). Erkenntnis ist dabei im Deutschen sowohl der Prozess des Erkenntnis-Bildens als auch das Resultat des Prozesses. Beides - einschließlich der notwendigen Bedingungen des Prozesses – ist Gegenstand der Erkenntnistheorie. Eines der grundlegenden Probleme der Erkenntnistheorie ist das Verhältnis von Wahrnehmung und Wirklichkeit, auf die der Objektivismus und der Konstruktivismus zwei unterschiedliche Antworten geben (Lenzen, 1980).

Epistemische Überzeugungen von Lehrkräften sind Überzeugungen von Lehrkräften über den Prozess des Wissenserwerbs, den Charakter von Wissen sowie die notwendigen Voraussetzungen zum Erwerb des Wissens. „Images of teaching" (Calderhead, Robson & Maurice Robson, 1991) oder „teacher perspectives" (Goodman, 1988) spielen seit längerem auch in der angelsächsischen Forschung eine Rolle. Auch in Deutschland wurde beispielsweise die Rolle der Überzeugung zur Konzeption des Faches für Mathematik (Blömeke, Suhl & Döhrmann, 2012; Steinmann & Oser, 2012) erforscht. Die wissenschaftliche Diskussion von epistemischen Überzeugungen von Lehrkräften hebt vor allem ab auf die der Lehrkraft sinnvoll erscheinende Rolle der eigenen Person, die Methodenkonzeption und die Rolle der Lernenden (Gruber, Harteis & Hasanbegovic, 2007). Nach den hier eingeführten Modellen handelt es sich um subjektive Überzeugungen hinsichtlich der Unterrichtskonzepte, die in Lerneinheit 8 als traditionelles und handlungsoricntiertcs Unterrichtskonzept beschrieben wurden und in Form einer Übersicht (TB-1.13) dargestellt wurden.

13.3.1.5 Überzeugungen von Lehrkräften zu Gruppen in der Schule, insbesondere Schülerinnen und Schülern sowie anderen Lehrkräften

Ein Stereotyp ist eine „Generalisierung über eine Gruppe von Menschen, bei der man praktisch allen Mitgliedern der Gruppe identische Eigenschaften zuschreibt, ohne Beachtung gegebener Variationen unter den Mitgliedern. Einmal entstanden, sind Stereotype resistent gegen Veränderung aufgrund neuer Informationen" (Aronson, Wilson & Akert, 2004, S. 485 f.). Stellen Sie sich beispielsweise vor, Sie treffen zum ersten Mal in Ihrem Leben eine Studentin aus Niederbayern und machen eine positive Erfahrungen mit ihr. Ein Stereotyp ist eine Generalisierung „Alle Studentinnen aus Niederbayern sind angenehm" oder gar „Alle Niederbayerinnen sind angenehm". Solche Stereotypen sind nicht zu umgehen und nicht zwangsläufig problematisch. Sie ermöglichen es, in einer komplexen Welt zurechtzukommen.

Eine starke Stereotypisierung liegt etwa beim Geschlecht vor. So werden Frauen häufig als sozial sensibler, fürsorglicher oder freundlicher im Gegensatz zu dominanten, kontrollierenden und unabhängigen Männern wahrgenommen. Typisch für den Stereotyp ist eine weitgehend automatische Verarbeitung. So kommt es beispielsweise im Mathematikunterricht zu Benachteiligungen auch dann, wenn den Lehrkräften die Geschlechtsstereotype überhaupt nicht bewusst sind (Nosek & Smyth, 2011). Nach einem passenden Stimulus, etwa dem Auftreten eines Mitglieds der stereotypisierten Gruppe, wird der Stereotyp in das Gedächtnis geholt, ohne dass dies wahrgenommen wird. Gleichwohl besteht die Möglichkeit, den Stereotyp kontrolliert zu verarbeiten, d. h. stereotype Informationen zu ignorieren. Stereotype lassen sich nur sehr schwer korrigieren. Wird eine Person mit Informationen konfrontiert, die den Stereotyp radikal in Frage stellen, neigt diese dazu, die Information als „Ausnahme, die die Regel bestätigt" zurückzuweisen und den Stereotyp weiter zu stabilisieren. Erfolgversprechender als solche radikalen Bekehrungsmodelle ist demgegenüber eine ‚Salami-Taktik', die diese schrittweise Stereotypen modifiziert (Aronson et al., 2004, S. 487 f.).

Lehrkräfte können gegenüber den verschiedenen Gruppen in der Schule Stereotypen entwickeln. Eine erste Gruppe von Stereotypen betrifft Stereotype gegenüber Schülerinnen und Schülern. Gestandene Lehrkräfte und angehende Lehrkräfte verfügen nach meiner Erfahrung über diverse Stereotypen. Diese Stereotypen betreffen einzelne Berufe, etwa angehende Verkäuferinnen und Verkäufer, aber auch Stereotypen bezüglich der Schularten, zum Beispiel zu den Schülerinnen und Schülern von Berufsgrundschuljahren.

Eine zweite Gruppe von Stereotypen betrifft Stereotypen gegenüber Gruppen von Lehrkräften. In der Arbeit mit meinen Studierenden musste ich des Öfteren feststellen, dass Studierende die Erfahrung von Lehrkräften schätzen. Nicht

Pygmalion und Galatea von Jean-Léon Gérôme (1824-1904)
Bild 2. Bildausschnitt. Public Domain

selten wird aber ein ausgesprochen problematisches Bild auf ältere Lehrkräfte vertreten. Ältere Lehrkräfte wurden immer wieder – vor allem in Zusammenhang mit Schulentwicklung – als wenig teamfähig, rigide, eingefahren, unkreativ und wenig veränderungsbereit dargestellt. Im Personalmanagement wird dieses Denkmodell als Defizithypothese des Alterns verstanden: Mit zunehmendem Alter komme es zu einem zunehmenden Abbau der sozialen, geistigen und körperlichen Fähigkeiten, so dass hier ein Defizit gegenüber jüngeren Menschen entsteht. Diese Defizithypothese ist wissenschaftlich nicht haltbar: Es lassen sich Bereiche ausmachen, die mit dem Alter tendenziell abnehmen, wie etwa Körperkräfte. Andere Bereiche, etwa Zuverlässigkeit, nehmen tendenziell zu. Eine Reihe von Faktoren, die gerade in pädagogischen Berufen wichtig sind, wie Leistungsorientierung, Kreativität, Entscheidungs- und Konzentrationsfähigkeit, nehmen im Alter jedoch weder zu noch ab (Brandenburg & Domschke, 2007, S. 83). Gleichwohl bietet die Defizithypothese den Studierenden eine Reihe von Vorteilen: Sie steigert den Selbstwert, zumal Studierende – per definitionem – jung, kreativ und dynamisch sind und zwar ohne sich dafür anstrengen zu müssen oder etwas dafür tun zu müssen. Beharrungstendenzen und mangelhafte Flexibilitäten an Schulen haben eine einfache Erklärung. Die Altersstruktur von Lehrkräften ist kaum gestaltbar, so dass sie auch einfache Entschuldigungen für ein mangelhaftes Management von Veränderungen bereithält.

13.3.1.6 Überzeugungen zu den Leistungen einzelner Schülerinnen und Schüler: Eigene Leistungserwartungen reflektieren

Stereotype betreffen Gruppen von Menschen. Überzeugungen können jedoch auch bezüglich einzelner Schülerinnen und Schülern bestehen. Dies sind die Leistungserwartungen.

Leistungserwartungen sind ein mächtiges, häufig übersehenes didaktisches Instrument. Seit den 70er Jahren kennt die pädagogische Psychologie den so genannten Pygmalion-Effekt. In der griechischen Mythologie erschafft der Bildhauer Pygmalion eine Statue aus Elfenbein. In diese Statue verliebt sich der Künstler. Daraufhin bittet Pygmalion Aphrodite, die Göttin der Liebe, sie möge der Statue Leben einhauchen. Die Statue erwacht darauf hin zum Leben.

Der Pygmalion-Effekt geht zurück auf ein berühmtes Experiment von Rosenthal und Jacobson. Diese führten in einer Grundschule Tests durch und erzählten den Lehrkräften, dass diese Tests die künftige Entwicklung der Kinder besonders gut vorhersagen könnten. Per Zufall wurden Kinder ausgesucht und den Lehrkräften mitgeteilt, dass bei diesen im kommenden Jahr mit einem außergewöhnlichen intellektuellen Wachstum zu rechnen sei. Und tatsächlich schnitten diese zufällig ausgewählten Kinder bei nachfolgenden Tests signifikant besser ab (Bromme & Rheinberg, 2006, S. 311 ff.).

Erwartungseffekte können verschiedene Formen annehmen (Good & Brophy, 2003, S. 67 ff.). Bei selbsterfüllenden Vorhersagen (‚self-fullfilling-prophecy‘) trifft eine Aussage später zu, weil sie früher gemacht worden ist. Beispielsweise erwartet die Lehrkraft, dass Petra eine schlechte Schülerin ist, weil die Schwester von Petra eine schlechte Schülerin war. Daher hat die Lehrkraft niedrige Erwartungen an Petra, unterstützt sie unzureichend und Petra fällt in ihren Leistungen zurück.

Die Mechanik dieser Benachteiligung ist so subtil, dass die Lehrkraft im Regelfall unbewusst handelt. Aus der empirischen Forschung ist bekannt, dass Schülerinnen und Schüler, an die die Lehrkräfte hohe Erwartungen haben (‚high achievers‘: ‚highs‘), anders behandelt werden als Lernende, bei denen die Lehrkraft niedrige Erwartungen haben (‚low achievers‘: ‚lows‘). Ein Beispiel dafür ist der fragend-entwickelnde Unterricht: So erhalten die ‚lows‘ nach Fragen der Lehrkraft weniger Antwortzeit von der Lehrkraft, bevor sie selbst eine Antwort gibt oder den nächsten Lernenden aufruft. Die ‚lows‘ kommen damit unter Druck, haben weniger Zeit für das Nachdenken über eine gute Antwort und antworten entsprechend schlecht. Die Lehrkraft – und in Folge ebenso die Schülerinnen und Schüler – sehen sich in ihren Erwartungen bestätigt. Bei ‚lows‘ neigen Lehrkräfte schneller dazu, Antwort zu geben und andere Schülerinnen und Schüler aufzurufen, während sie bei ‚highs' stärker daran arbeiten, die Antwort der Lernenden weiter auszubauen. ‚Lows' erhalten außerdem weniger Lob und werden öfter kritisiert als ‚highs'. Die Liste ließe sich fortsetzen. Sie reicht über Benachteiligungen bei der Sitzordnung (‚lows' sitzen weiter weg) bis hin zu Benachteiligungen bei schriftlichen Arbeiten (Good & Brophy, 2003). Die Benachteiligung fällt weder der Lehrkraft noch den Lernenden auf. Im Gegenteil: Sie bestätigt, was beide immer schon gedacht haben. Sie belohnt beide mit dem – guten – Gefühl, richtig zu liegen.

Ein weiterer Erwartungseffekt ist der Effekt der Konstanz. Dabei erwartet die Lehrkraft, dass ein einmal gezeigtes Verhalten stabil bleibt. So kann beispielsweise eine leistungsschwache Schülerin in den Ferien kräftig gelernt haben, aber die Lehrkraft hält sie nach wie vor für eine leistungsschwache Schülerin. Jüngere Studien wiederholen die Befunde (Ready & Wright, 2011).

Wie sollte die Lehrkraft mit diesen Erwartungen an ihre Schülerinnen und Schüler umgehen? Zunächst muss davon ausgegangen werden, dass sich Erwartungen nicht vermeiden lassen und ein durchaus wirkungsvolles didaktisches Instrument sind. Die Devise kann daher nicht lauten „Bilde keine Erwartungen". Hohe Erwartungen sind zwar prinzipiell richtig, stehen bei Übersteigerung jedoch in der Gefahr, zu Frustrationen zu führen. Im Umgang mit Erwartungen bieten sich mehrere Strategien an (Good & Brophy, 2003; Woolfolk, 2004).

- ▶ **Sorgfältiger Umgang mit Leistungserhebungen und Einschätzungen von Kolleginnen und Kollegen**: Die Ergebnisse von Leistungserhebungen sollten – gerade zu Beginn des Schuljahres – vorsichtig behandelt werden. Ebenso sind Leistungseinschätzungen von Kolleginnen und Kollegen zu einem frühen Zeitpunkt im Lehrprozess mit Vorsicht zu genießen.
- ▶ **Einschätzung auf breiter Basis vornehmen**: Die Einschätzung der Leistungsfähigkeit der Lernenden sollte auf der Basis mehrerer Informationsquellen sowie eines breiten Spektrums an Kompetenzen erfolgen. Dabei darf die Lehrkraft die Aussagekraft von Tests und Prüfungsergebnissen nicht überbewerten. Außerdem sollte die Leistungseinschätzung nicht nur auf Basis der Fachkompetenz erfolgen, sondern es sollten auch die anderen Kompetenzdimensionen (Lern-, Sozial-, Selbstkompetenz) berücksichtigt werden.
- ▶ **Sorgfältige Kommunikation**: Gerade beim fragend-entwickelnden Unterricht sollte die Lehrkraft in besonderer Weise auf ihre Kommunikation mit ‚lows' achten. Dabei ist vor allem auf die Wartezeit bei Fragen der Lehrkraft, die Hinweise bei der Ausarbeitung von Fragen und das Feedback zu achten. Auch das non-verbale kommunikative Handeln gegenüber ‚lows' verdient besondere Beachtung. Dabei ist vor allem auf körperliche Nähe, Lächeln und die Modulation der Stimme zu achten.
- ▶ **Angebote für alle bereithalten**: Lehrkräfte sollten für mehrere Leistungsniveaus Herausforderungen bereitstellen können. Die Lehrkraft sollte darauf achten, dass tatsächlich alle Schülerinnen und Schüler, und nicht nur die ‚highs', in Lernaufgaben eingebunden werden. Dies betrifft die sogenannte Individualisierung, die später vertieft wird.

Erwartungen der Lehrkraft an die Schülerinnen und Schüler sind eine wichtige Rahmenbedingung didaktischen Handelns. Diese Erwartungen bei der Unterrichtsvorbereitung zu ignorieren, ist nicht zielführend. Die Lehrkraft sollte sich ihrer Erwartungen an die Schülerinnen und Schüler im Rahmen der Unterrichtsvorbereitung bewusst werden. Idealerweise klärt die Lehrkraft auch die Erwartungen an die Klasse, aber auch an einzelne Schülerinnen und Schüler. Dabei kann sie sich in der Unterrichtsplanung vor allem auf leistungsstarke und -schwache Schülerinnen und Schüler konzentrieren. Die Lehrkraft sollte sich ihrer Rolle im Umgang mit Erwartungen (‚Pygmalion-Effekt') und auch der Selektivität ihrer Wahrnehmung bewusst sein. Negative Erwartungen sind dabei nicht Abbilder der Realität, sondern definieren letztlich eine didaktische Aufgabe.

13.3.2 Das moralische Selbst von Lehrkräften, Berufsethos und Verhaltenskodizes

Die balancierende Identität als Lehrkraft wird von der Sektion Berufs- und Wirtschaftspädagogik als Zielvorstellung angeführt. Der Begriff der balancierenden Ich-Identität geht auf den Soziologen Lothar Krappmann (1971) zurück. Eine Person ,erwirbt' in dieser Vorstellung keine Identität als Lehrkraft, sondern die Ich-Identität als Lehrkraft muss immer wieder neu ins Gleichgewicht gebracht werden. Die Identität ist nicht etwas, was die Lehrkraft einmal erwirbt, sondern bleibt unabgeschlossen und etwas, was ständig neu ausbalanciert werden muss.

Die Identität verlangt zunächst eine Auseinandersetzung mit der sozialen Identität als Lehrkraft. Dies sind die Vorstellungen, was eine Lehrkraft ist bzw. sein sollte. Mit der Vorstellung einer Profession, wie der Profession der Lehrkraft, sind auch Fragen moralischer Verpflichtungen verbunden. Das Wort „Profession" stammt vom lateinischen „professio" für „Beruf", „Berufung" und „öffentliche Erklärung" ab. Typisch für eine Profession ist ein gesellschaftlicher Problembereich, der mit einem Spezialwissen und der damit verbundenen Fachsprache verbunden ist. Weiterhin ist für eine Profession ein zentraler Wert kennzeichnend, zum Beispiel „Gesundheit" in der Medizin. Außerdem ist eine weitgehend akademische Ausbildung, eine hohe Selbstkontrolle durch Berufsverbände sowie eine berufsspezifische Ethik, ein sogenannter code of ethics, typisch für Professionen (Mieg, 2005).

In der Medizin finden sich in fast allen Kulturkreisen feierliche Selbstverpflichtungen der Ärztinnen und Ärzte bezüglich der ärztlichen Kunst, des Verhältnisses zu Patientinnen und Patienten und zum eigenen Berufstand. Im Westen ist dabei der Eid des Hippokrates aus dem vierten Jahrhundert vor Christus am bekanntesten geworden. Dieser wurde im Genfer Ärztegelöbnis zeitgemäß formuliert (Eckart & Jütte, 2007, S. 271 ff.). Diesen in der Medizin üblichen Grundgedanken der beruflichen Selbstverpflichtung nimmt der Pädagoge Hartmut von Hentig (geboren 1925) auf. Um der Lehrkraft Rückendeckung zu geben, sei eine Selbstverpflichtung ein nützliches Mittel. „Ich versehe sie mit einer gewissen Strenge und Feierlichkeit und nenne sie darum einen Eid. ,Sokratischer Eid' soll dieser nach dem großen Lehrer und unbedingten Freund der Wahrheit heißen" (Hentig, 2003, S. 256). Der sokratische Eid (Hentig, 2003, S. 258 f.) ist in der Toolbox (TB-14.15) wiedergegeben. Er berücksichtigt die Besonderheiten beruflicher Schulen und auch älterer Schülerinnen und Schüler, schon in der Formulierung, nicht. Schon 1993 hat der Dachverband der Schweizer Lehrer (LCH, www.lch.ch) einen ersten Entwurf eines Leitbildes für Lehrkräfte verabschiedet. Der Text wurde dann ergänzt durch Standesregeln, die das Ethos des Lehrberufs ausdrücken sollen. Er ist vergleichsweise lang, teilweise auf die spezifischen schweizerische Verhältnisse bezogen und verbindet Berufsbeschreibungen mit typischen gewerkschaftlichen Forderungen (Giesecke, 2001, S. 195). In Deutschland wurde 2000 die Bremer Erklärung vom Präsidenten der Kultusministerkonferenz und den Vorsitzenden der Bildungs- und Lehrergewerkschaften sowie ihrer Spitzenorganisationen formuliert. Auch der Bundesverband der Lehrinnen und Lehrer an Wirtschaftsschulen schloss sich dieser Formulierung an. Die Bremer Erklärung ist in der Toolbox wiedergegeben (TB-14.14).

Ein professioneller Kodex: Bereiche der Bremer Erklärung

▶ Lehrkräfte sind Fachleute für das Lernen
▶ Lehrkräfte üben eine Erziehungsaufgabe aus
▶ Lehrkräfte übernehmen eine Beurteilungsaufgabe
▶ Lehrkräfte beteiligen sich an der Schulentwicklung
▶ Lehrkräfte unterstützen die interne und externe Evaluation
▶ Lehrkräfte können Unterstützung erwarten

Übersicht 6: Bereiche der Bremer Erklärung

Der sokratische Eid oder die Bremer Erklärung formulieren moralische Ansprüche an die Tätigkeit der Lehrkraft. Da eine entsprechende *kollektive* Eiderklärung in Deutschland bei Lehrkräften unüblich ist, kann sich die Lehrkraft *individuell* mit diesen Dokumenten auseinandersetzen. Eine solche Basis dürfte die moralische Urteilsfähigkeit von Lehrkräften fördern und dürfte in konkreten didaktischen Situationen handlungsleitend und handlungsentlastend sein.

13.3.3 Das Selbstwertgefühl von Lehrkräften

Bei Status und Prestige spielen eine Reihe von Faktoren eine Rolle: Neben den Medien und veröffentlichten Meinung(en) spielt die Tatsache, dass Lehrkräfte nicht der üblichen Berufsbewährung unterliegen, oder eine Abneigung als Folge eigener früher empfundener negativer Erfahrungen des Prestigegebers eine zentrale Rolle. „In der hochzivilisierten westlichen Kultur wird der Lehrer kaum mehr noch als der Weise bzw. Gebildete und demzufolge als Autorität angesehen" (Rudow, 1994, S. 73). Lehrkräfte neigen dazu, ihr Prestige zu unterschätzen (Kramis-Aebischer, 1995, S. 106 ff.; Rothland, 2010).

13.3.4 „Lehrerpersönlichkeit" und „Lehrertyp": Hilfsmittel oder Ausflucht?

Das Konzept der „Lehrerpersönlichkeit" spielt in der Praxis als Konzept der Fremdbeschreibung, aber auch der Eigenbeschreibung von Lehrkräften und Studierenden eine große Rolle. In empirischen Untersuchungen mit erfahrenen Lehrkräften werden unter der Lehrerpersönlichkeit Eigenschaften verstanden, die als grundlegend für den Berufserfolg angesehen werden, die sich nicht trennscharf beschreiben lassen und die oft den Charakter nicht lernbarer Fähigkeiten haben (Bromme & Haag, 2004, S. 777 ff.). Ein solcher umfassender und meist nicht weiter ausdifferenzierter Begriff mag für die einzelne Lehrkraft, die ihn gebraucht, mehr oder weniger präzise sein.

Sowohl für die Forschung als auch die Ausbildung von Lehrkräften ist ein solcher Begriff nicht zu gebrauchen. Für Aussagen über die Qualität von Unterricht ist der Begriff der Lehrerpersönlichkeit trivial, denn wer mag bestreiten, dass ,schlechte Lehrkräfte' einen ,schlechten Einfluss' haben. Oder aber der Begriff ist deutlich zu komplex. So ist nach der Vorstellung des Interdependenzzusammenhangs zu fragen: Für welche Zielgruppen, für welche Methoden etc. ist diese ,Lehrerpersönlichkeit' ,ungünstig'? Daher wundert nicht, dass der Begriff der Lehrerpersönlichkeit für die Unterrichtsforschung sich als nicht tragfähig erwiesen hat (Bromme & Haag, 2004, S. 777 ff.).

Die Diskussion um die Lehrerpersönlichkeit hängt eng mit der Vorstellung eines ,geborenen Erziehers' zusammen, die vor allem von Spranger in die Diskussion eingebracht wurde. Dieser ,geborene Erzieher' verfügt über pädagogische Genialität und einen inneren Antrieb zur Menschenbildung. Solche überhöhten Bilder von Lehrkräften lassen Studierende vermutlich – in Unterschätzung ihres Potentials – verzweifeln oder aber – in Ermangelung von Selbstkritik – abheben (Becker, 2008, S. 40 ff.).

Das Konzept der Lehrerpersönlichkeit wird hier als nicht tragfähig zurückgewiesen. Jede Lehrkraft ist wie jede Schülerin oder jeder Schüler bzw. jeder Mensch einzigartig und in diesem Sinne eine Persönlichkeit. Darüber hinaus gibt es Personen, denen das soziale Umfeld als besondere Auszeichnung im Alltag das Wort „Persönlichkeit" zuspricht. „Lehrerpersönlichkeit" steht in der Gefahr, ein ,Fluchtkonzept' zu sein. Eine Person flüchtet sich in dieses Konzept, wenn sie die zugrundeliegenden Handlungsweisen bzw. Kompetenzen nicht präzisieren will oder kann. Besonders im Umfeld der Ausbildung von Lehrkräften erscheint dies ausgesprochen problematisch: Der angehenden Lehrkraft geben Hinweise auf eine ,gute' oder ,schlechte' ,Lehrerpersönlichkeit' keine Hinweise zur weiteren Kompetenzentwicklung. Wenn sie sich wegen intransparenter Bewertungsmaßstäbe und gefühlter Abhängigkeit nicht zu einer Rückfrage traut, bleibt eine solche Rückmeldung völlig nutzlos, scheint sich jedoch gut anzuhören. Das Konzept der Lehrerpersönlichkeit sollte daher in meinen Augen komplett durch umfassende Kompetenzmodelle für Lehrkräfte ersetzt werden.

Das Konzept der Lehrerpersönlichkeit ist eng mit dem des Lehrertyps verwandt. Diese Theorie geht davon aus, dass es bestimmte Typen von Lehrkräften gäbe. Am bekanntesten sind dabei die „Wesensformen von Lehrern" (Caselmann, 1964) von Christian Caselmann geworden. Caselmann unterscheidet logotrope und paidotrope Lehrkräfte: „So lassen sich auch tatsächlich Lehrer, die mehr dem Stoff, der Wissenschaft, der Kultur zugewandt sind, von anderen, die sich mehr dem Kinde, dem Jugendlichen zuwenden, unterscheiden. Die einen nennen wir logotrop, dem Logos, also den Gehalten des objektiven Geistes, vor allem der Wissenschaft zugewendet, die anderen paidotrop, dem Zögling zugewendet" (Caselmann, 1964, S. 457). Nicht nur wegen des Wortgebrauchs und der mangelnden Übertragbarkeit auf das berufliche Schulwesen ist eine solche Typisierung von Lehrkräften nur sehr begrenzt hilfreich. Auch in der Unterrichtsforschung ist eine solche Typisierung nicht mehr aktuell, sondern wird von modernen Modellen der Unterrichtsqualität abgelöst.[7]

13.4 Lehrkraft werden: Formelle Kompetenzentwicklung von Lehrkräften reflektieren

13.4.1 Phasen der Kompetenzentwicklung von Lehrkräften

Die Kompetenzentwicklung von Lehrkräften ist Teil eines umfassenden Personalmanagements.[8] In Deutschland erfolgt die formelle Kompetenzentwicklung von Lehrkräften in mehreren Phasen.

Für die Ausbildung von Lehrkräften an berufliche Schulen ist bundesweit zunächst eine fachpraktische Ausbildung notwendig. Nach der Rahmenvereinbarung der Kultusministerkonferenz über die Ausbildung und Prüfung für ein Lehramt der Sekundarstufe II (berufliche Fächer) oder für die beruflichen Schulen (Lehramtstyp 5) ist eine auf die berufliche Fachrichtung bezogene fachpraktische Tätigkeit von zwölf Monaten notwendig. Viele Studierende erbringen diese fachpraktische Tätigkeit im Rahmen einer Berufsausbildung vor dem Studium. Alternativ können während oder nach dem Studium Praktika absolviert werden, die in den Bundesländern unterschiedlich geregelt werden. Auskünfte geben hier die späteren Arbeitgeber, d. h. die Kultusministerien der einzelnen Bundesländer.

Die sogenannte *erste Phase* der Ausbildung von Lehrkräften, die ja im Fall der Ausbildung von Lehrkräften an beruflichen Schulen eigentlich keine erste Phase ist, erfolgt an den Universitäten als eine Kombination von fachwissenschaftlicher, fachdidaktischer und erziehungswissenschaftlicher Ausbildung. Während dabei im Fall der Wirtschaftspädagogik die fachdidaktischen und pädagogischen Inhalte zu einem integralen Ganzen verschmelzen, leidet vor allem die Ausbildung für Lehrämter für allgemeinbildende Schulen oft daran, dass fachdidaktische und erziehungswissenschaftliche Ausbildung stark getrennt ist.

Die Ausbildung in den Lehramtsstudiengängen wird dabei durch die verschiedenen Lehrerbildungsgesetze der Länder bestimmt. Die – stark pädagogisch orientierte – Ausbildung der ehemaligen Volksschullehrer (Grund-, Haupt- und Realschulen) oblag in den meisten Bundesländern eigenen pädagogischen Hochschulen (PHs), die – mit Ausnahme von Baden-Württemberg – in die Universitäten als erziehungswissenschaftliche Fakultäten integriert wurden (Einsiedler, 2004; Spanhel, 2004). Die – stark fachlich orientierte – Ausbildung der Gymnasiallehrkräfte leisteten traditionell die philosophischen Fakultäten der Universitäten (Hermann, 2004).

Die Ausbildung von Lehrkräften für berufliche Schulen ist lange Zeit der Trennung von Wirtschaftspädagogik und Berufspädagogik gefolgt (Sloane, 2004).

Die Wirtschaftspädagogik entstammt den Handelshochschulen, die zur Bildung des kaufmännischen Nachwuchses gegründet und im Laufe der Zeit zu Fakultäten der Universität wurden. Die Ausbildung der Handelslehrerinnen und Handelslehrer an den Handelshochschulen wurde später in Diplomstudiengängen und dann in Bachelor- und Masterstudiengängen wirtschaftswissenschaftlicher Fakultäten fortgeführt. In Bayern wurden die Voraussetzungen, den Abschluss zum Diplom-Handelslehrer als höheres Lehramt des Staates anzusehen, schrittweise aufgebaut (Schulter, 1999, S. 61 ff.). Zunächst wurde 1953/54 in Bayern die Mindeststudiendauer für die Wirtschaftspädagogik von sechs auf acht Semester erhöht (Berke, 1983, S. 623). Außerdem wurde 1956 der Vorbereitungsdienst auf zwei Jahre erhöht (Bittner & Gerstl, 1983, S. 627).

In der Berufspädagogik ist die Ausbildung der Gewerbelehrerinnen und Gewerbelehrer durch ihre Verankerung in den polytechnischen Schulen des 18. Jahrhunderts geprägt. In Bayern wurde 1907 in München ein Institut zur Ausbildung dieser Lehrkräfte eingeführt. Die Ausbildung zielte auf einen ,Einheits-Gewerbelehrer', der in Elektro-, Metall-, Bau-, Holz-, Textil- und Nahrungsmittel gleichermaßen kompetent sein sollte. Erst 1943 wird diese Konzeption aufgegeben und sieben verschiedene Fachgruppen werden eingerichtet. Daneben standen die Gewerbelehrerinnen für Bekleidung und Hauswirtschaft. Nach der Zeit des Nationalsozialismus wird die Ausbildung am berufspädagogischen Institut (BPI) weitergeführt (Neuberger, 1988). Die Ausbildung wurde später zu einem Staatsexamensstudiengang und schließlich zu Bachelor- und Masterstudiengängen in den technischen Fakultäten oder technischen Universitäten (Schütte, 2012).

In der *zweiten Phase* (Referendariat) werden der fachwissenschaftliche Ausbildungsanteil und die wissenschaftliche Ausbildung im Zweitfach nicht weiter verfolgt. Stattdessen findet eine Konzentration auf die didaktische bzw. pädagogische Ausbildung statt. Die Ausbildung erfolgt dabei in den Schulen und Studienseminaren. Beamtenrechtlich ist die zweite Phase ein Vorbereitungsdienst, in der die Referendarin bzw. der Referendar auf die Tätigkeit im höheren Dienst bzw. in einigen Bundesländern der sogenannten vierten Qualifikationsebene vorbereitet wird. Derartige Vorbereitungsdienste finden sich auch in den anderen Laufbahngruppen des öffentlichen Dienstes. Neben dem Lehramtsreferendariat existiert beispielsweise ein Rechtsreferendariat, ein technisches Referendariat oder die Atta-

Lehrkräfte sind Spezialistinnen und Spezialisten mit einer langen Ausbildung
Bild 3: Von Akira Yozora, photocase.com

chéausbildung. Alle Vorbereitungsdienste schließen – mit Ausnahme des einfachen Dienstes – mit einer Staatsprüfung ab. Der Vorbereitungsdienst dauert im Regelfall zwei Jahre. In einigen Bundesländern beträgt das Referendariat weniger als zwei Jahre, was zum Teil an bestimmte Bedingungen gebunden ist. In den letzten Jahren hat hier ein Wildwuchs stattgefunden, der selbst für Expertinnen und Experten nur noch schwer zu durchschauen ist. Insgesamt ist die zweite Phase nur wenig empirisch erforscht (Lenhard, 2004).

Die *dritte Phase* der Bildung von Lehrkräften, die Fort- und Weiterbildung, kann sich innerhalb verschiedener Institutionen vollziehen (Daschner, 2004). Die formale Fort- und Weiterbildung durch den Staat vollzieht sich schulintern, *lokal* in der Verantwortung der Schulämter, regional auf der Ebene des Regierungsbezirks in der Verantwortung der Bezirksregierung oder der Ministerialbeauftragten. Daneben haben viele Bundesländer eigenständige Institutionen zur *zentralen* Bildung von Lehrkräften geschaffen. In Bayern ist dies die ALP, die Akademie für Lehrerfortbildung und Personalführung, in Dillingen an der Donau. Weiterhin kommen in Bayern die Angebote einzelner Kommunen, etwa des Pädagogischen Instituts (PI) der Stadt München oder der Stadt Nürnberg, oder die Fortbildung von Religionslehrkräften am Institut für Lehrerfortbildung in Gars am Inn oder am Religionspädagogischen Zentrum Heilsbronn hinzu.[9]

Die Bundesländer sehen unterschiedliche Regelungen zur Fortbildungspflicht von Lehrkräften vor. In Bayern sind die Lehrkräfte gemäß dem Bayerischen Lehrerbildungsgesetz (BayLBG) verpflichtet, sich fortzubilden und an dienstlichen Fortbildungsveranstaltungen teilzunehmen. Sie gilt als erfüllt, wenn Fortbildung im Zeitumfang von zwölf Fortbildungstagen innerhalb von vier Jahren nachgewiesen ist. Analoge Vorschriften finden sich in anderen Bundesländern, etwa der Allgemeinen Dienstordnung für Lehrer und Lehrerinnen, Schulleiter und Schulleiterinnen an öffentlichen Schulen (ADO) in Nordrhein-Westfalen.

Die Ausbildung in den drei Phasen ist Gegenstand vielfältiger Kritik. Insbesondere wird die mangelhafte Abstimmung der Phasen kritisiert. „Die Jahrzehnte überdauernde Beharrlichkeit und die hohe Wiederholungsrate, mit der an die Universitäten, Studienseminare, Ausbildungsschulen und Einrichtungen der Lehrerfortbildung appelliert wird (endlich/mehr/besser) zusammenzuarbeiten, lassen sich als Indizien werten, dass die Verhältnisse in diesem Bereich als suboptimal eingeschätzt werden" (Ebner, 2003, S. 119). Bezüglich der ersten Phase wird regelmäßig eine hohe Praxisferne kritisiert. Am Referendariat wird eine (zu) hohe Arbeitsbelastung, ein geringer Verdienst, ein starker Notendruck und Einsatz von Ausbildungsmethoden, die nicht zu propagierten Idealen passen, kritisiert (Lenhard, 2004). Empirische Befunde zur Wirksamkeit der Lehrerbildung liegen vor allem für die USA vor (Blömeke, 2004).

13.4.2 Mentoring in der Ausbildung von Lehrkräften

Mehrere Bundesländer sind dazu übergegangen, die Ausbildung von Lehrkräften in der ersten und zweiten Phase durch Mentorinnen und Mentoren zu unterstützen. Eine Mentorin bzw. ein Mentor ist ein erfahrenes Mitglied der Institution, also eine erfahrene Lehrkraft, die eine Anfängerin oder einen Anfänger (Mentee) in einer Domäne formalisiert unterstützt, und zwar mit dem primären Ziel, die Entwicklung der Kompetenz des Mentees zu fördern und ein Hineinwachsen in die Domäne bzw. die Profession sowie in die spezifischen Gegebenheiten der lokalen Institution zu unterstützen. Mentoring gilt dabei als wichtige Methode: "mentoring is an important and effective, perhaps the most effective, form of supporting the professional development of beginning teachers" (Hobson, Ashby, Malderez & Tomlinson, 2009, S. 209).

Der Erfolg stellt sich beim Mentoring nicht automatisch an.[10] Das Mentoring braucht Regelmäßigkeit und einen klaren Zielbezug. Sowohl die angehenden Lehrkräfte als auch die erfahrenen Lehrkräfte müssen den Status des Gegenübers akzeptieren. Gerade engagierte Mentorinnen und Mentoren stehen in der Gefahr, die Anforderungen in den anderen Teilen des Studiums zu übersehen. In gleicher Weise stehen – gerade engagierte – Studierende in der Gefahr, die Belastung der Lehrkraft außerhalb des Mentorings zu vernachlässigen. Die Mentorin bzw. der Mentor unterstützt die Mentees fachlich und emotional, sie hinterfragt implizite Konzepte der Studierenden und regt Selbstreflexion an. Mentorin bzw. Mentor und Mentees geben sich gegenseitig Feedback. Dabei werden die Regeln des Feedbacks beachtet. Wenn Unterricht beobachtet wird, vollzieht sich dies in Form einer strukturierten Unterrichtsbeobachtung (Kapitel 24, TB-16.7, TB-16.8). Eine Unterrichtsnachbesprechung bemüht sich die entsprechenden Ansprüche zu berücksichtigen (TB-16.9). Insgesamt gewährleistet die Mentorin bzw. der Mentor eine angemessene Autonomie der Mentees sowie eine austarierte Herausforderung.

Erfolgsfaktoren von Mentoring in der Ausbildung von Lehrkräften

▶ **Zielbezug**: Dem Mentoring liegen klare, an den Kompetenzen der Mentees orientierte Ziele zugrunde.

▶ **Vertraulichkeit**: Inhalte des Mentorings sind vertraulich.

▶ **Regelmäßigkeit**: Das Mentoring vollzieht sich regelmäßig.

▶ **Selbstreflexion anregen**: Mentoring regt die Reflexion der Mentees an.

▶ **Implizite Konzepte hinterfragen**: Mentoring hinterfragt implizite Konzepte zum Unterrichten wie zum Beispiel epistemische Überzeugungen. Sie stellen implizite Konzepte zur Bildung von Lehrkräften und zum Mentoring selbst auf den Prüfstand.

▶ **Fachliche Unterstützung:** Mentoring bedeutet eine fachliche Unterstützung.

▶ **Emotionale Unterstützung**: Das Mentoring unterstützt die Mentees emotional und gewährleistet entwicklungsförderliche Emotionen.

▶ **Unterrichtsanalyse, Unterrichtsversuche und Unterrichtsnachbesprechung**: Die bevorzugten Methoden beim Mentoring sind die strukturierte Unterrichtsbeobachtung, Unterrichtsversuche sowie Unterrichtsnachbesprechungen.

▶ **Feedback**: Mentorin bzw. Mentor und Mentees geben sich gegenseitig Feedback.

▶ **Status berücksichtigen**: Das Mentoring berücksichtigt die besondere Situation von Studierenden bzw. Referendarinnen und Referendaren als Lernende. Die Mentees beachten die besondere Situation der Mentorin bzw. des Mentors.

▶ **Angemessene Autonomie und Herausforderung**: Das Mentoring muss eine Autonomie der Mentees gewährleiten und eine intellektuelle Herausforderung darstellen, die dem gegenwärtigen Entwicklungsstand der Mentees entspricht.

Übersicht 7: Erfolgsfaktoren des Mentoring bei Lehrkräften

Einige Bundesländer, etwa Sachsen oder Hamburg, sind dazu übergegangen, Mentorinnen und Mentoren in einem modularen Konzept auszubilden.

13.5 Als Lehrkraft fit bleiben

13.5.1 Als Lehrkraft fit bleiben: Was damit gemeint ist

Die Aus- und Weiterbildung in den drei Phasen bezieht sich auf das formelle Lernen von Lehrkräften. Formelles Lernen ist ein „von Bildungsinstitutionen veranstaltetes, planmäßig strukturiertes Lernen" (Dohmen, 1996, S. 26).

Von den formellen Formen der Kompetenzentwicklung können informelle Formen unterschieden werden (Stender, 2009, S. 52 ff.). Beim informell-reflexiven Lernen erfolgt dabei – im Gegensatz zum informell-impliziten Lernen – der Kompetenzaufbau bewusst. Typische Formen sind das Betriebspraktikum für Lehrkräfte oder das Selbststudium. Sowohl das informell-reflexive Lernen als auch das informell-implizite Lernen finden streng genommen parallel zur formellen Kompetenzentwicklung statt. Gleichwohl spielen sie nach der Ausbildung eine besondere Rolle.

Kompetenz-entwicklungsmodus	Formelle oder informelle Kompetenzentwicklung	Institution	Typische Formate
Fachpraktische Tätigkeit	Formelle Kompetenzentwicklung	Unternehmen	Oft Unterricht (Berufsschule)
Studium Lehramt, Bachelor und Master an einer Universität (erste Phase)		Universität, Schule	Seminar, Vorlesung, Selbststudium, schulpraktische Studien
Vorbereitungsdienst (zweite Phase)		Schule (einschließlich Seminar)	Seminar, Unterricht
Formelle Fortbildung von Lehrkräften (dritte Phase)		Staat (zentral, regional, lokal, schulintern), Universität, Hersteller oder andere Anbieter	Seminar, Kurs
Informell-reflexives Lernen von Lehrkräften	Informelle Kompetenzentwicklung	Diverse	Betriebspraktikum, Selbststudium, Fachmesse, Beobachten, Ausprobieren
Informell-implizites Lernen von Lehrkräften		Diverse	Unreflektierter Einsatz eines Mediums

Übersicht 8: Formelles und informelles Lernen bei Lehrkräften

Neben dem formellen Lernen der Lehrkraft in den drei verschiedenen Phasen erfolgt das informelle Lernen im Alltag der Lehrkraft an der Schule aufgrund von Erfahrungen. Für das Lernen aus Erfahrung wurden eine Fülle von Lernmodellen entwickelt.[11] Das bekannteste Modell stammt von David A. Kolb, das eine Vorlage für eine Fülle weiterer Modelle erfahrungsorientierten Lernens, auch in der Bildung von Lehrkräften[12], geworden ist. Lernen ist für Kolb ein "process whereby knowledge is created through the transformation of experience" (1984, S. 38). Der Prozess von Kolb besteht aus einem Zyklus des Lernens aus Erfahrungen mit vier Phasen. In der ersten Phase werden konkrete Erfahrungen gesammelt (concrete experience), in der zweiten Phase werden die so erlangten Erfahrungen beobachtet und reflektiert (observation & reflection), in der dritten Phase werden auf Basis der Reflektionen und Erfahrungen abstrakte Konzepte geformt (forming of abstract concepts) und in der vierten Phase werden diese Konzepte ausprobiert und der Prozess beginnt mit der Sammlung konkreter Erfahrungen erneut (active experimentation).

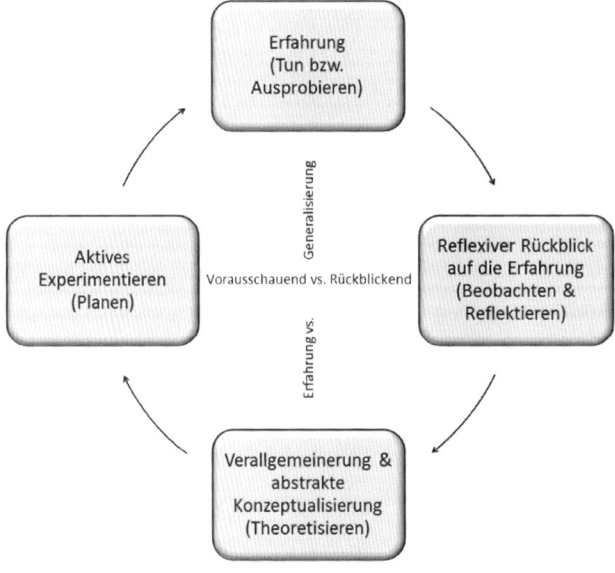

Übersicht 9: Modell des Erfahrungslernens

In der ersten Phase des Modells von Kolb werden Erfahrungen gemacht, wobei es in besonderer Weise darauf ankommt, Beziehungen zu Personen herzustellen und sensibel gegenüber Gefühlen und Personen zu sein. In der zweiten Phase des Modells sollen zunächst Beobachtungen gemacht werden. Dann erfolgen Beurteilungen, bei denen das zu Beobachtende in mehreren Perspektiven betrachtet wird und dabei Sinn gesucht wird. Bei der Verallgemeinerung und der abstrakten Konzeptualisierung erfolgt eine nüchtern-logische Analyse. Bei den aktiven Experimenten sollen Dinge umgesetzt werden, Risiken übernommen werden und Personen beeinflusst werden. Die vier Phasen werden über zwei Achsen aufgespannt. Eine Achse berücksichtigt das Spannungsverhältnis zwischen konkreter Erfahrung und abstrakter Generalisierung, eine andere Achse das Spannungsverhältnis zwischen reflektierend-zurückblickendem und vorausschauend-planendem Umgang mit einer Situation. Das Modell lässt explizit zu, dass ein Lernprozess nicht mit der ersten Phase startet. Vielmehr kann ein Lernprozess im Modell von Kolb mit jeder der Phasen starten. Insbesondere ist es möglich, den Prozess mit dem Theoretisieren zu starten (Kolb & Kolb, 2005).

Das Lernen ist also in diesem Modell auf Basis von Erfahrungen möglich. Das Sammeln von Erfahrungen steht aber ‚nur' am Anfang eines längeren Prozesses, der ohne (Selbst-)Beobachtung und (Selbst-)Reflexion nicht fortgesetzt wird. Lehrkräfte können dabei in die Erfahrungsfalle (Hascher, 2005) fallen: Das unreflektierte Vertrauen auf die Erfahrung im Lehrberuf. Mit dem Brustton der Überzeugung können einige Lehrkräfte ‚die' ‚Theorie' verwerfen und Aussagen über *die* Praxis machen, auch wenn diese Lehrkräfte oft nicht wissen, wie der Alltag der Kollegin bzw. des Kollegen im Nachbarzimmer, der Alltag an einer andere Schule oder gar der Alltag in einem anderen Bundesland aussieht. Statt „Nach meiner Erfahrung" heißt es übergeneralisierend „In der Praxis ist …". Der Glaube an die Wirksamkeit von Erfahrung kann eine Gefahr sein. Denn dies täuscht vor, dass Erfahrung immer zu Expertise führt. Es verleitet dazu anzunehmen, dass Erfahrung immer zum Lernen führe. Es verführt zu einer unreflektierten Haltung gegenüber Erfahrungswissen und den entsprechenden Kontexten. Dahinter liegen drei prominente Missverständnisse: Je mehr Erfahrungen Lehrpersonen aufweisen, desto besser unterrichten sie. Erfahrungen zu machen bedeutet, aus Erfahrungen zu lernen. Wissen, das auf eigenen Erfahrungen aufbaut, ist wertvoller als Theoriewissen. Erfahrung ist jedoch in keinster Weise ein Garant für Lernen oder für den Aufbau von Expertentum. Eine nüchterne Betrachtung sollte Erfahrung und ‚Theorie' weder unterschätzen noch überschätzen – und schon gar nicht gegeneinander ausspielen. Erst zusammen geben sie – wie auch in anderen Disziplinen – ein starkes Paar ab. Systematisches Lernen und Erfahrungen in einer professionellen Gemeinschaft der Schule sind zwei sich ergänzende Modi der Kompetenzentwicklung.

13.5.2 Sich informell-reflexiv als Lehrkraft entwickeln

Die informell-reflexive Kompetenzentwicklung von Lehrkräften ist ein bewusstes Lernen. Die Vielfalt der Verfahren der informell-reflexiven Kompetenzentwicklung wird hier in drei Gruppen eingeteilt, nämlich das informell-reflexive Lernen am und im Unterrichtsprozess, die kollegiale Entwicklung in der Schule als unterrichtsnahes Lernen sowie das informell-reflexive Lernen außerhalb der Schule. Die Vielfalt der Verfahren ist in der Karte „Als Lehrkraft fit bleiben" (TB-1.12) in der Toolbox zusammengefasst.

13.5.2.1 Am und im Unterrichtsprozess individuell informell-reflexiv wachsen

Die Lehrkraft kann sich durch *Ausprobieren und Experimentieren* weiterentwickeln. Dazu sieht sie für sich selbst ‚Experimente' in der Unterrichtsplanung vor. Dies sind vor allem methodische Experimente, bei denen die Lehrkraft neue, ihr noch nicht vertraute Methoden ausprobiert. Um diesen Aspekt bei der Unterrichtsplanung zu berücksichtigen, wurde ein Experimentalbereich im Planungsschema vorgesehen. Eine Variante dieses Ausprobierens sind Assessment-Experimente. Ein Assessment-Experiment, das hier modifiziert von Helmke (2012, S. 140 ff.) übernommen wird, zielt darauf die eigene Kompetenz im Assessment einzuschätzen. Dazu wird im ersten Schritt ein Merkmal von Schülerinnen und Schülern, etwa die Lernkompetenz, eine Klasse sowie ein entsprechendes Assessment-Instrument ausgewählt, etwa der LIST-Fragebogen. Im zweiten Schritt prognostiziert die Lehrkraft mit Hilfe des Instruments die Ergebnisse, die bei der späteren Erhebung sich einstellen werden, und schreibt diese Ergebnisse nieder. Im dritten Schritt wird das Merkmal erhoben, etwa der LIST eingesetzt. Im vierten Schritt werden die empirischen Daten und die prognostizierten Daten verglichen. Im letzten Schritt werden etwaige Diskrepanzen analysiert. Unter Umständen ist es hilfreich, diesen Schritt mit Hilfe von Kolleginnen und Kollegen zu erörtern und das Assessment-Wissen, zum Beispiel unter Rückgriff auf wissenschaftliche Literatur, zu verbreitern.

Eine Systematisierung dieses Ausprobierens und Experimentierens ist die *Nutzung pädagogischer Tagebücher*. Tagebücher mögen auf den ersten Blick antiquiert sein. Die moderne Bildungsforschung stellt jedoch den Wert von Tagebüchern für Lehrkräfte, gerade in der Ausbildung, heraus (Altrichter & Posch, 2007; Taggart & Wilson, 2005). Tagebücher sind ein wichtiges Instrument der Dokumentation und unterstützen die Selbstreflexion. Tagebuchschreiben ist eine persönliche Angelegenheit. Wer Tagebuch schreibt, entwickelt einen speziellen Stil dazu. Rechtschreibung und Stil sind nicht relevant. Das Tagebuchschreiben dient dem Rückblick über die Woche in der Schule. Es lohnt sich, verschiedene Tagebuchformate auszuprobieren. Ein mögliches Format könnte sein (TB-14.5): Ort und Datum des Tagebucheintrages, kurze Auflistung der wichtigsten Vorkommnisse der Woche, ausführlichere Beschreibung von ein oder zwei interessanten Vorkommnissen, eingehende Analyse bzw. Interpretation (Erklärungen, Bedeutung des Vorkommnisses, was daraus gelernt wurde, aufgeworfene Fragen, Bedeutung für mich). Eine Strukturierung durch Unterschriften oder Schriftformate ist oft hilfreich. Tagebuchschreiben ist am Anfang mühsam. Tagebuchschreiben ist eine private Angelegenheit. Sie entscheiden, wem Sie die Einträge zur Verfügung stellen wollen. Die Bereitstellung gegenüber dem Tandempartner hilft Ihnen, ein Fremdbild zur Selbstreflexion zu erhalten. Sie können Dokumente ergänzen, die Ihnen hilfreich sind. Das Tagebuch enthält meist Beobachtungen und Interpretationen. Für die spätere Auswertung, die vor allem im Interpretieren besteht, ist das Beobachten grundlegend. Bemühen Sie sich daher um eine sorgfältige Dokumentation der Beobachtungen. Je eher nach einem Ereignis ein Tagebucheintrag gemacht wird, desto besser. Vor dem Niederschreiben sollte kein Austausch mit einer anderen Person stattfinden. Zeit und Muße sind der Erinnerung förderlich. Halten Sie sich – beispielsweise durch das feste Eintragen von Zeitfenstern für das Tagebuchschreiben – entsprechende Zeiträume frei.

Die *Selbstreflexion* nach dem bereits in Lerneinheit 4 erläuterten Verfahren und den in der Toolbox aufgenommenen Tools ist eine weitere Form der individuellen informell-reflexiven Kompetenzentwicklung bei Lehrkräften.

Die bisher erwähnten Formen der informell-reflexiven Kompetenzentwicklung sind Verfahren, die auch ohne die Mithilfe anderer Personen eingesetzt werden können. Unterrichtsnah kann sich die Lehrkraft – mit Hilfe anderer Personen – durch *feedbackorientierte Verfahren* weiterentwickeln. Dies sind die strukturierte Beobachtung, das Individualfeedback sowie die Unterrichtsnachbesprechung, die alle drei in Lerneinheit 24 vertiefend erläutert werden.

13.5.2.2 Kollegiale Entwicklung: Mit Kolleginnen und Kollegen wachsen

Die *schulinterne Lehrkräftefortbildung (Schilf)* findet in der Schule in Verantwortung der Schule statt. Ein pädagogischer Tag ist eine eintägige Form der Fortbildung von Lehrkräften, die in der Schule stattfindet, die im Regelfall jährlich stattzufinden hat. In einzelnen Bundesländern, etwa in Bayern, soll der pädagogische Tag auf einen unterrichtsfreien Tag fallen.

Eine unterrichtsnahe Kompetenzentwicklung kann in Form einer *Beratung* erfolgen. Dies kann eine externe Beratung sein, beispielsweise durch die Wissenschaft. Eine besondere Form ist kollegiale Beratung, bei der die Lehrkräfte selbst die Rolle der Beratenden übernehmen. Die kollegiale Beratung kann verschiedene Formen annehmen, die sich auf verschiedene Traditionen und theoretische Bezüge zurückführen lassen (Linderkamp, 2011, S. 46 ff.). In der Literatur findet sich eine Fülle von Bezeichnungen wie kollegiale Supervision, Reflexionsteams oder Intervision. Die kollegiale Beratung kann sich an einzelnen Fällen bzw. Problemen, an der Situation in einem Team von Lehrkräften oder einer Abteilung sowie auf die gesamte Schule richten. Eine Sonderform der kollegialen Beratung ist die kollegiale Fallberatung. Die kollegiale Fallberatung ist eine strukturierte Form der kollegialen Beratung. Eine typische kollegiale Beratung nimmt 30 bis 45 Minuten oder 60 bis 120 Minuten in Anspruch. Zu Beginn der kollegialen Beratung werden drei Rollen verteilt: Der bzw. die Fallerzählende (F), die Moderatorin bzw. der Moderator (M) und als Rest der Gruppe die Beraterinnen und Berater (B). Diese Rollen wechseln in jeder kollegialen Beratung. Der bzw. die Fallerzählende bringt einen Fall aus ihrem Unterrichtsalltag in die Beratung ein, schildert die notwendigen Informationen und formuliert die Fragestellung, die angegangen werden soll. Die Moderatorin bzw. der Moderator organisiert den Ablauf und sorgt für die Einhaltung von Regeln, insbesondere den üblichen Feedbackregeln. Die restlichen Mitglieder der Gruppe sind die Beraterinnen und Berater, die zunächst zuhören, dann Hypothesen entwickeln und Lösungsvorschläge unterbreiten. Diese Lösungsvorschläge sind Angebote an die Fallerzählenden und keine Handlungsanweisung (Tewes, 2011).

Eine weitere Form der Kompetenzentwicklung von Lehrkräften sind *gesprächsorientierte Verfahren*. Damit werden die bereits in Lerneinheit 20 erläuterten Verfahren des Mentoring, der Supervision und des Coaching zusammengefasst.

Auch in *Teamarbeit* bzw. durch *Teamentwicklung* können die Kompetenzen der Lehrkräfte erhalten und erweitert werden. Die Teamarbeit kann an Schulen sehr unterschiedliche Formen annehmen. Eine besondere Form der Teamarbeit ist die kollegiale Unterrichtsentwicklung. Der Prozess der kollegialen Unterrichtsentwicklung kann als ein Prozess mit mehreren Teilprozessen verstanden werden.[13] Im ersten Schritt entwickeln die Lehrkräfte ein gemeinsames Bild des (erwünschten) Unterrichts und verabreden, wie sie die Realisierung dieses Bildes überprüfen können. Dabei wird auch erfasst, welche unterschiedlichen Bilder die Lehrkräfte vom Unterricht haben. Im Rahmen einer systematischen Schulentwicklung sollte dieses gemeinsame Verständnis einen hohen Bezug zum Qualitätsleitbild der Schule haben. Im zweiten Schritt der Unterrichtsentwicklung werden Unterrichtsvorhaben geplant und durchgeführt, die dem gemeinsamen Bild entsprechen. Anschließend werden der Unterricht und die Entwicklung der Unterrichtsvorhaben evaluiert und ggf. revidiert. Zum Abschluss wird das erworbene Repertoire überprüft und erweitert, d. h. das im Kollegium vorhandene Repertoire an Methoden und Inhalten wird gesichtet, mit Blick auf das gewünschte Bild vom Unterricht überprüft und falls notwendig erweitert, beispielsweise im Rahmen einer Fortbildung. Helmke weist darauf hin, dass die innovative Lehrkraft nicht immer auf das Kollegium warten kann: „Dass die innerschulische Kooperation eine *günstige* Bedingung für Unterrichtsverbesserung ist, sollte jedoch nicht zu dem Trugschluss führen, es handle sich um eine *notwendige* Bedingung. Keineswegs! Dass ‚die Schule' noch nicht so weit ist, dass sich keine Gleichgesinnten finden – dies sollte kein Alibi für Resignation und Passivität sein. Deswegen appelliere ich, auch gegen den vorherrschenden Zeitgeist: Maßnahmen zur Selbstvergewisserung, Bestandsaufnahme und Verbesserung des eigenen Unterrichts sind *immer* möglich und *immer* sinnvoll: notfalls auch als Single und Einzelkämpfer (Vorkämpfer!) innerhalb eines Kollegiums!" (2003, S. 202).

13.5.2.3 Sich außerhalb des Schulalltags informell-reflexiv entwickeln

Auch außerhalb des Schulhauses finden sich viele Formen des Erhalts und der Erweiterung der Kompetenzen von Lehrkräften.

Zu den informellen Formen des Lernens gehört der Besuch von *Fachmessen* und vergleichbaren Veranstaltungen. Als größte Fachmesse im Bildungsbereich gilt die Didacta, die jährlich im Wechsel in Stuttgart, Köln oder Hannover stattfindet. Die größte Veranstaltung für die Berufsbildung dürften die zweijährig stattfindenden Hochschultage Berufliche Bildung sein. Derartige Fachmessen bieten Vorträge, Workshops und eine Ausstellung von Lehrmittelherstellern. Sie können von den zuständigen Ministerien als Fortbildung anerkannt werden.

Ein weiteres Instrument sind *Unternehmenspraktika* für Lehrkräfte. Ein Praktikum für Lehrkräfte zielt auf die fachinhaltliche Kompetenz der Lehrkräfte. Es kann als Blockpraktikum oder als Teilzeitpraktikum, d. h. regelmäßig an einem oder mehreren Tagen der Woche, absolviert werden. Die Praktika sollten in der unterrichtsfreien Zeit, bevorzugt in den Ferien, oder während der Unterrichtszeit, vor allen in Blocklücken oder Zeiten verminderten Unterrichtseinsatzes, stattfinden und sind auch im Ausland möglich. In Bayern kann die für das Praktikum aufgebrachte Zeit mit der Unterrichtsverpflichtung verrechnet werden.[14] Zum Teil werden von den Kammern in Deutschland eigenständige Angebote für Lehrkräfte als Fortbildung angeboten, die ein Einstiegsseminar, eine Praktikumsphase und ein Auswertungsseminar beinhalten.

Zum informellen Lernen gehört auch das Selbststudium, beispielsweise das informelle E-Learning. So hat hat die für die zentrale Fortbildung von Lehrkräften in Bayern zuständige Akademie für Lehrerfortbildung und Personalführung (ALP) ein E-Learning-Kompetenzzentrum eingerichtet, das u. a. Tele-Tutorinnen und Tele-Tutoren ausbildet, onlineunterstützte Fortbildungsangebote für Lehrkräfte konzipiert und begleitet. Ein informelles E-Learning, also ein Rückgriff jenseits von Kursstrukturen, ist meines Wissens noch nicht möglich.

Die eigenen Bedingungen können auch weiterentwickelt werden, in dem sich die Lehrkraft in *Verbänden und Gewerkschaften* organisiert. Bedingungen der täglichen Arbeit sind nicht in Stein gemeißelt, sondern können auch über eine Tätigkeit in Verbänden und Gewerkschaften verändert werden. Verbände und Gewerkschaften bieten schon angehenden Lehrkräften Services und Möglichkeiten sich einzubringen. Da ein hoher Organisationsgrad von Verbänden und Gewerkschaften das wirkungsvollste Mittel gegen einseitige Diktate der Kultusbürokratie ist, gehört für jede Lehrkraft einer beruflichen Schule eine Tätigkeit – oder zumindest eine Mitgliedschaft – in einem Verband oder einer Gewerkschaft zum guten Ton. Drei Organisationen und ihre Zeitschriften sind zentral für die Lehrkräfte beruflicher Schulen: VLW, BLBS und GEW. Aus dem Verband Deutscher Diplomhandelslehrer ging der Bundesverband der Lehrerinnen und Lehrer an Wirtschaftsschulen (VLW) hervor. Der VLW hat verschiedene Landesverbände. Der VLW gibt die Zeitschrift „Wirtschaft & Erziehung" heraus. Im Bundesverband der Lehrerinnen und Lehrer an beruflichen Schulen (BLBS) finden sich vor allem Lehrkräfte mit einer berufspädagogischen Ausbildung. Das Verbandsorgan ist die Zeitschrift „Die berufsbildende Schule". In Bayern sind die beiden ehemaligen Landesverbände im Verband der Lehrer an beruflichen Schulen in Bayern (VLB) fusioniert. Der VLB gibt die Zeitschrift „VLB Akzente" heraus. Neben dem VLW und dem BLBS und den Landesverbänden gibt es die Gewerkschaft Erziehung und Wissenschaft (GEW). Die GEW ist eine Gewerkschaft im Deutschen Gewerkschaftsbund (DGB) und hat entsprechende Landesverbände. Wichtig für die weitere Entwicklung der Profession ist weniger die Frage, *welche* Organisation gesucht wird, sondern *dass* eine Organisation gesucht wird.

13.5.3 Sich informell-implizit als Lehrkraft entwickeln

Lehrkräfte werden – oft unbewusst – kollektiv durch ihre Tätigkeit in der Schule verändert, d. h. sie durchlaufen eine besondere Sozialisation (Richardson & Placier, 2001). Für die informell-implizite Kompetenzentwicklung sind aus arbeitspsychologischer Sicht zwei Faktoren wichtig, nämlich die Handlungsspielräume und psychische Beanspruchung, die mit diesem Arbeitsplatz verbunden sind (Volpert, 2005). In den 1970er Jahren haben sich Arbeitspsychologen kompetenzabbauenden und kompetenzverhindernden Arbeitsbedingungen zugewendet, vor allem die Fließbandarbeit. Die geringen Handlungsspielräume, die die Arbeiterinnen und Arbeit haben, vernichten die einmal erworbenen Kompetenzen.

Die Arbeitspsychologie kennt eine Reihe von Analyseverfahren, die sich primär auf die Auswirkungen von Arbeitsbedingungen bzw. -tätigkeiten auf das Befinden und Erleben konzentrieren (vgl. Ulich 2001, S. 104ff.). Eines der, so Ulich (2001), „bekanntesten und international weit verbreiteten Verfahren zur Erfassung des subjektiven Erlebens objektiver Arbeitsbedingungen" (S. 104) ist der von Hackman und Oldman entwickelte Job Diagnostic Survey (JDS). Der JDS kennt fünf „Tätigkeitscharakteristika" (Ulich 2001, S. 105) bzw. „Tätigkeitsmerkmale" (Van Dick u.a. 2001, S. 75), nämlich die Anforderungsvielfalt, die Ganzheitlichkeit der Aufgabe sowie die Bedeutsamkeit der Arbeit für das Leben und die Arbeit anderer, die Autonomie sowie die Rückmeldung aus der Tätigkeit.[15]

JDS-Faktor	JDS-Item-Beispiele
Anforderungsvielfalt	Meine Arbeit ist sehr abwechslungsreich.
Ganzheitlichkeit	Ich betrachte meinen Beruf als eine ganzheitliche Arbeit.
Wichtigkeit	Meine Arbeit ist bedeutsam für das Leben und Wohlbefinden der Schülerinnen und Schüler.
Autonomie	Ich kann völlig frei entscheiden, wie ich meinen Unterricht gestalte.
Rückmeldung	Der Unterricht selber gibt mir nur wenige Hinweise, wie gut ich eigentlich arbeite (Rückmeldung aus der Aufgabe). Das Ausmaß der Rückmeldungen von Seiten der Schulleitung ist für mich ausreichend (Rückmeldung durch Andere).
Zusammenarbeit mit Anderen	In meiner Arbeit bin ich auf enge Zusammenarbeit mit Kolleginnen und Kollegen angewiesen.

Übersicht 10: Tätigkeitsmerkmale im Sinne JDS für den Beruf der Lehrkraft nach Van Dick u.a. (2001)

Diese fünf Faktoren bestimmen, so eine der zentralen Hypothesen, die psychologischen Erlebniszustände, als da wären die erlebte Bedeutsamkeit der eigenen Arbeitstätigkeit, die erlebte Verantwortung für die Ergebnisse der eigenen Arbeit und schließlich das Wissen um die aktuellen Resultate. Diese wiederum haben Einfluss auf die Auswirkungen der Arbeit, nämlich auf die intrinsische Motivation, die Zufriedenheit mit den Entfaltungsbedürfnissen, die globale Arbeitszufriedenheit sowie in der Steigerung der quantitativen und qualitativen Effektivität.

Technisch werden zu den Elementen dieses Modells Items gebildet und mit einer siebenstufigen Einschätzskala verbunden. Die Gruppe um van Dick (vgl. van Dick u.a. 2001, van Dick/Wagner 2002, van Dick 1999, S. 106ff., van Dick 1999, S. 179ff.) übersetzt die Items des JDS ins Deutsche und adaptiert sie für den Beruf der Lehrkraft. Nach Auskunft von Greg Oldham und Literaturrecherchen stellt diese Adaption, wie Van Dick (1999, S. 119ff.) berichtet, die erste umfassende Anwendung des JDS für Lehrkräfte dar.

Van Dick (1999) kommt für Lehrkräfte zu dem Ergebnis, dass „sich im Großen und Ganzen die von Hackman und Oldham angenommenen Beziehungen" (S. 256) auch für Lehrkräfte ergeben. Bezüglich der Tätigkeitswahrnehmung stimmten die Befragten in den Bereichen der Anforderungsvielfalt, der Ganzheitlichkeit und der Bedeutsamkeit in vergleichsweise hohem Maße zu. Ein Workredesign erscheint nicht notwendig. „Im Gegenteil: Wenn die Arbeit bereits als sehr anregend bezeichnet wird, könnte ein weiteres job enrichment eher zum Problem der Überforderung führen." (Van Dick 1999, S. 256). In den Studien fällt jedoch ein Bereich hinter diese positiven Einschätzungen zurück und zwar der der Rückmeldungen.

Während in anderen Berufen mangelhafte Handlungsspielräume die Entwicklung der Kompetenz verhindern, sind die Arbeitsplätze von Lehrkräften aus arbeitspsychologischer Sicht generell positiv zu bewerten. Die Autonomie der Lehrkraft meint hier beispielsweise die relativ hohe Freiheit bei der

Wahl von Arbeitszeit und Arbeitsort. Die relativ freie Arbeitszeitgestaltung führt zu einer hohen Intransparenz der Arbeitszeit in der Öffentlichkeit. Auch die Ungleichheit der Belastungsverteilung sowie die durch den Arbeitsort ‚häuslicher Arbeitsplatz' bedingte Vermischung von Berufs- und Privatsphäre kann zu Schwierigkeiten im ‚Abschalten-Können' führen (Kramis-Aebischer, 1995, S. 104 f.) „Vielen Lehrerinnen und Lehrern bereitet das Pendeln zwischen den Arbeitsplätzen, v. a. aber die Balance der verschiedenen Aktivitäten, Probleme. Zu Hause arbeiten kann bedeuten, niemals richtig ‚Feierabend' zu haben. Das Gefühl, ständig ‚im Dienst' zu sein, das viele Lehrkräfte auch in ihrer Freizeit begleitet, verbraucht Energien und mindert die Lebensfreude" (Kretschmann, 2001, S. 16).

13.5.4 Sich selbst pflegen

Der Aufbau der Kompetenzen im erwähnten Sinne reicht nicht um als Lehrkraft ein erfolgreiches und zufriedenes Leben zu führen. Neben dem ‚Lernen' braucht die Lehrkraft ein Sich-selbst-Pflegen zum Erhalt ihrer Gesundheit. Die 1946 erarbeitete Verfassung der Weltgesundheitsorganisation sieht Gesundheit als „ein Zustand des vollständigen körperlichen, geistigen und sozialen Wohlergehens und nicht nur das Fehlen von Krankheit oder Gebrechen" (WHO, 1946). Gesundheit wird hier also mehrdimensional und nicht nur als körperliche Frage begriffen. Gesundheit ist nicht ‚objektiv' messbar, sondern mit dem persönlichen Empfinden eines Wohlergehens verbunden ist. Die Erhaltung einer Gesundheit in diesem Sinne wird hier – in Analogie zu Begrifflichkeiten in anderen helfenden Bereichen – „Sich selbst pflegen" genannt.

Sich selbst zu pflegen ist der Versuch, vor Stress schützende Ressourcen aufzubauen. Damit wird ein Grundbegriff der Salutogenese aufgenommen: Die salutogenetische Perspektive der Stressforschung wurde in den 1970er Jahren von Aaron Antonovsky entwickelt (Kaluza, 2003). Antonovsky machte die Erfahrung, dass Überlebende des Holocausts trotz ihrer extrem belastenden Erfahrungen sich zu einem unerwartbar hohen Teil in guter bis sehr guter körperlicher und psychischer Verfassung zeigten, was ihn die Frage nach protektiven Faktoren, nach Ressourcen, stellen ließ. Damit kehrte er die traditionelle Stressforschung auf den Kopf: Er fragte nicht mehr danach, was krank macht, sondern was gesund macht. Die salutogenetische Perspektive bildet die Grundlage für entsprechende Trainingsangebote. Das Deutsche Rote Kreuz bietet seit Jahren einen Kurs „Salute. Die eigene Gesundheit kultivieren" an, an dem sich die folgenden Ausführungen orientieren (Farnung, 2011).

Die Lehrkraft sollte sich um ihre *soziale Unterstützung und Integration* kümmern. Soziale Unterstützung ist eine gut erforschte Ressource, d. h. einer der zentralen Faktoren, die Stress und Belastung abfedern (Fydrich & Sommer, 2003). Dazu muss die Lehrkraft ihr soziales Netzwerk in und außerhalb der Schule entwickeln. Im Zentrum der Überlegungen sollte stehen, wie die vorhandenen sozialen Beziehungen intensiviert werden können.

Eine weitere Ressource ist die *Sinnorientierung*. Über die bereits in dieser Lerneinheit thematisierte Selbstkompetenz von Lehrkräften hinausgehend ist damit eine Sinnorientierung über alle Lebensbereiche, nicht nur die Arbeit, gemeint. Angesprochen damit sind auch Fragen der Spiritualität und der Auseinandersetzung mit dem Transzendenten, also etwa der Frage nach dem, was größer ist als wir.

Wohlbefinden und *Genießen im Alltag* gilt als weitere Ressource. Wohlbefinden und Genuss ist für manche Menschen mit besonderen Events, Urlaub und Freizeit verbunden. Der ganz normale Alltag erscheint demgegenüber trist oder gar belastend. Wohlbefinden und Genießen sollte jedoch auch im Alltag möglich sein. Der DRK-Kurs stellt hier acht Regeln des Genießens vor.

Acht Regeln des Genießens

- ► Gönne Dir Genuss!
- ► Genuss braucht Zeit!
- ► Genieße bewusst!
- ► Schule Deine Sinne!
- ► Genieße auf Deine eigene Art!
- ► Weniger ist mehr!
- ► Plane Deinen Genuss!
- ► Genieße die kleinen Dinge des Alltags!

Übersicht 11: Acht Regeln des Genießens. (Farnung, 2011, S. 209)

Die Lehrkraft sollte weiterhin *gesundheitsförderliche Einstellungen* entwickeln. Neben der bereits erwähnten Selbstwirksamkeit geht es dabei vor allem um die Entwicklung eines gesunden Optimismus. Unter dem markanten Titel „Pessimisten küsst man nicht: Optimismus kann man lernen" (2001) hat der populäre, aber wegen der wissenschaftlichen Legitimation der Verbrechen im US-Gefangenenlager der Guantanamo Bay Naval Base umstrittene US-amerikanische Psychologe Martin Seligman einige Hinweise zur Entwicklung von Optimismus gegeben. Schließlich sollte die Lehrkraft *gut zum Körper* sein. Neben ausreichender Bewegung, guter Ernährung, aufgeklärtem Drogenkonsum ist damit auch ein ausreichender Schlaf angesprochen.

Die Lehrkraft sollte m. E. früh überlegen, wie sie sich selbst pflegt. Dazu sind die gebotenen Ausführungen lediglich einige Hinweise. Zur Erhaltung der Gesundheit ist die Lehrkraft in meinen Augen verpflichtet: Sich selbst gegenüber, ihrem privaten Umfeld, ihren Kolleginnen und Kollegen, der Gesellschaft bzw. dem Staat als Arbeitgeber sowie den Schülerinnen und Schülern gegenüber.

13.6 Outro

13.6.1 Die wichtigsten Begriffe dieser Lerneinheit

- ► Kompetenzmodelle für Lehrkräfte
- ► Kompetenzerwartungen, Standards, Basiscurriculum
- ► Selbstkompetenz von Lehrkräften
- ► Überzeugungen von Lehrkräften (beliefs), einschließlich epistemischen Überzeugungen, Selbstwirksamkeitsüberzeugungen, Stereotypen und Leistungserwartungen
- ► Moralisches Selbst (moralische Identität) von Lehrkräften
- ► Professionelle Kodizes für Lehrkräfte
- ► Phasen der Bildung von Lehrkräften
- ► Formelle Kompetenzentwicklung von Lehrkräften
- ► Informelle Kompetenzentwicklung von Lehrkräften

13.6.2 Tools

- ► Tool „Karte: Als Lehrkraft fit bleiben" (TB-1.12)
- ► Tool „Karte: Kompetenz der Lehrkraft" (TB-1.11)
- ► Tool „Übersicht: Traditionelles vs. Handlungsorientiertes Unterrichtskonzept" (TB-1.13)
- ► Tool „Entwicklung als Lehrkraft: Selbstreflexion: Didaktisches Tagebuch: Vorlage" (TB-14.5)
- ► Tool „Entwicklung als Lehrkraft: Selbstreflexion: Kompetenzerwartungen: Sog. Standards Wirtschaftsdidaktik" (TB-14.6)
- ► Tool „Entwicklung als Lehrkraft: Selbstreflexion: Reflexion der Berufswahl" (TB-14.8)
- ► Tool „Entwicklung als Lehrkraft: Selbstreflexion: Selbstwirksamkeit als Lehrkraft" (TB-14.9)
- ► Tool „Entwicklung als Lehrkraft: Selbstreflexion: Sich selbst pflegen" (TB-14.13)
- ► Tool „Entwicklung als Lehrkraft: Selbstreflexion: Bremer Erklärung" (TB-14.14)
- ► Tool „Entwicklung als Lehrkraft: Selbstreflexion: Sokratischer Eid" (TB-14.15)
- ► Tool „Strukturierte Beobachtung von Unterricht: Checkliste" (TB-16.7)
- ► Tool „Strukturierte Beobachtung: Beobachtungsinstrumente: Checkliste" (TB-16.8)
- ► Tool „Unterrichtsnachbesprechung: Checkliste" (TB-16.9)

13.6.3 Kompetenzen

▶ Individuelle Bedingungen der Lehrkraft in Rechnung stellen: Kompetenz der Lehrkraft erfassen (Kompetenzen und Kompetenzerwartungen in Dimensionen modellieren, Stufen der Kompetenzentwicklung von Lehrkräften erörtern und Konsequenzen ziehen)

▶ Ideale und reales Selbstkonzept als Lehrkraft ausgebildet haben: Ideales Selbstkonzept als Lehrkraft ausgebildet haben; Reales Selbstkonzept als Lehrkraft ausgebildet haben

▶ Zentrale Konzepte des Selbstkonzepts von Lehrkräften vertieft reflektieren: Epistemische Überzeugungen reflektieren; Hohe Selbstwirksamkeit als Lehrkraft haben und eigene Selbstwirksamkeit reflektieren; Experimentelle Haltung haben; Persönliche (professionelle) Ziele entwerfen

▶ Theorien zu ‚Lehrerpersönlichkeit' und ‚Lehrertyp' kritisch reflektieren und als Instrument der Selbstkonzeptentwicklung nutzen; ‚Merkmalslisten' für ‚Lehrerpersönlichkeit' kritisch rezipieren; Typentheorie (z. B. Logotrop vs. paidotrop) kritisch reflektieren

▶ Moralisches Selbst (Moralische Identität) als Lehrkraft entwickeln: Notwendigkeit des Ausbalancierens von sozialer und persönlicher Identität erkennen; Unabgeschlossenheit der moralischen Identität akzeptieren; Verhaltenskodices für Lehrkräfte als Vehikel sozialer Persönlichkeit nutzen; Persönliche Identität entwickeln

▶ Hohes, stabiles und unabhängiges Selbstwertgefühl als Lehrkraft haben; Eigenes Selbstwertgefühl erkennen; Von Notwendigkeit eines stabilen und weitgehend unabhängigen Selbstwertgefühls überzeugt sein

▶ Selbstreflexion als Instrument der Professionsentwicklung nutzen: Selbstreflexion initiieren; Selbstaufmerksamkeit stimulieren; Selbstreflexionsbarrieren überwinden; Informationen über sich selbst gewinnen (Direkte Rückmeldungen anderer Personen nutzen, zum Beispiel Feedback; Indirekte Rückmeldungen anderer Personen nutzen; Soziale Vergleiche mit anderen Lehrkräften herstellen; Das eigene Handeln beobachten und interpretieren; Ideale, intertemporale und dimensionale Vergleiche vornehmen); Selbstreflexion fokussieren, Sich selbst beurteilen und erklären; Selbstreflexion fokussieren; Sich selbst beurteilen; Sich selbst erklären (Attribution); Konsequenzen aus der Selbstreflexion ziehen

▶ Formelle Kompetenzentwicklung reflektieren

▶ Sich als Lehrkraft fit halten: Als Lehrkraft informell lernen (informell-reflexiv lernen, informell-implizit lernen); Sich selbst pflegen

13.6.4 Hinweise zur vertieften Auseinandersetzung: Weiterlesen

Für die vertiefte Auseinandersetzung mit denen in dieser Lerneinheit aufgeworfenen Fragen seien drei Handbücher empfohlen. An erster Stelle ist das Handbuch „Lehrprofessionalität" (2009) zu nennen, das von Zlatkin-Troitschanskaia, Beck, Sembill, Nickolaus und Mulder herausgegeben wurde. Hilfreich ist auch das Handbuch Lehrerbildung (Blömeke, Reinhold, Tulodziecki & Wild, 2004). Das Handbuch „Studying Teacher Eduation" von Cochran-Smith und Zeichner (2005) gibt einen guten Einblick in die angelsächsische Diskussion.

13.6.5 Hinweise zur vertieften Auseinandersetzung: Weitersurfen

Die Ausgabe 12 der bwp@ beschäftigt sich mit der Qualifizierung von Berufs- und Wirtschaftspädagogen zwischen Professionalisierung und Polyvalenz:

http://www.bwpat.de/ausgabe12/

Für professionspolitische Fragen sind die Webseiten der Verbände und Gewerkschaften die zentrale Anlaufstelle:

http://www.vlw.de

http://www.vlb-bayern.de

http://www.blbs.de

http://www.gew.de

13.6.6 Literaturnachweis

Abele, A. A. (2011). Prädikatoren des Berufserfolgs von Lehrkräften. *Zeitschrift für Pädagogik, 57* (5), 674–694.

Altrichter, H. & Posch, P. (2007). *Lehrerinnen und Lehrer erforschen ihren Unterricht* (4. Aufl.). Bad Heilbrunn: Klinkhardt.

Aronson, E., Wilson, T. D. & Akert, R. M. (2004). *Sozialpsychologie* (4. Aufl.). München etc.: Pearson.

Bandura, A. (1997). *Self-efficacy. The exercise of control.* New York: W.H. Freeman.

Bauer, J., Diercks, U., Retelsdorf, J., Kauper, T., Zimmermann, F., Köller, O. et al. (2011). Spannungsfeld Polyvalenz in der Lehrerbildung. *Zeitschrift für Erziehungswissenschaft, 14* (4), 629–649.

Baumert, J. & Kunter, M. (2006). Stichwort: Professionelle Kompetenz von Lehrkräften. *Zeitschrift für Erziehungswissenschaft, 9* (4), 469–520.

Becker, G. E. (2008). *Unterricht durchführen, Teil 2. Handlungsorientierte Didaktik* (9. Aufl.). Weinheim [u.a.]: Beltz.

Berke, R. (1983). Die Ausbildung der Diplom-Handelslehrer. In L. Heimerer & J. Selzam (Hrsg.), *Berufliche Bildung im Wandel. Beiträge zur Geschichte des beruflichen Schulwesens in Bayern von 1945 bis 1982* (S. 620–625). Bad Homburg vor der Höhe: Verlag Dr. Max Gehlen.

Bittner, W. & Gerstl, Q. (1983). Die zweite Phase der Lehrerausbildung. In L. Heimerer & J. Selzam (Hrsg.), *Berufliche Bildung im Wandel. Beiträge zur Geschichte des beruflichen Schulwesens in Bayern von 1945 bis 1982* (S. 626–631). Bad Homburg vor der Höhe: Verlag Dr. Max Gehlen.

Blömeke, S. (2004). Empirische Befunde zur Wirksamkeit der Lehrerbildung. In S. Blömeke, P. Reinhold, G. Tulodziecki & J. Wild (Hrsg.), *Handbuch Lehrerbildung* (S. 59–91). Bad Heilbrunn/Obb: Klinkhardt.

Blömeke, S., Reinhold, P., Tulodziecki, G. & Wild, J. (Hrsg.). (2004). *Handbuch Lehrerbildung.* Bad Heilbrunn/Obb: Klinkhardt.

Blömeke, S., Suhl, U. & Döhrmann, M. (2012). Zusammenfügen was zusammengehört. Kompetenzprofile am Ende der Lehrerausbildung im internatinalen Vergleich. *Zeitschrift für Pädagogik, 58* (4), 422–440.

BMBWK & GÖD (Bundesministerium für Bildung, W. u. K. &. G. ö. D. (2000). *LehrerIn 2000. Arbeitszeit, Zufriedenheit, Beanspruchungen und Gesundheit der LehrerInnen in Österreich.* Wien: Ohne Verlag.

Brandenburg, U. & Domschke, J.-P. (2007). *Die Zukunft sieht alt aus. Herausforderungen des demografischen Wandels für das Personalmanagement.* Wiesbaden: Dr. Th. Gabler.

Bromme, R. & Haag, L. (2004). Forschung zur Lehrerpersönlichkeit. In W. Helsper & J. Böhme (Hrsg.), *Handbuch der Schulforschung* (S. 777–793). Wiesbaden: VS Verlag für Sozialwissenschaften.

Bromme, R. & Rheinberg, F. (2006). Lehrende in Schulen. In A. Krapp & B. Weidenmann (Hrsg.), *Pädagogische Psychologie. Ein Lehrbuch* (5. Aufl., S. 296–334). Weinheim: Beltz.

BWP (Sektion Berufs-und Wirtschaftspädagogik der Deutschen Gesellschaft für Erziehungswissenschaft). (2003). *Basiscurriculum für das universitäre Studienfach Berufs- und Wirtschaftspädagogik.* Jena.

Calderhead, J., Robson & Maurice Robson. (1991). Images of teaching. Student teachers' early conceptions of classroom practice. *Teaching and Teacher Education, 7* (1), 1–8.

Caselmann, C. (1964). *Wesensformen des Lehrers* (3. Aufl.). Stuttgart: Klett.

Cloetta, B. & Hohner, H.-U. (1976). *Die Kurzfassung des Konstanzer Fragebogens für Schul- und Erziehungseinstellungen(KSE-KF). Erprobung bei Lehrern an konventionellen Schulen und Gesamtschulen:* Universität Konstanz, Zentrum I Bildungsforschung, Sonderforschungsbereich 23.

Cochran-Smith, M. & Zeichner, K. M. (Hrsg.). (2005). *Studying Teacher Eduation. The Report of the AERA Panel on Research and Teacher Education.* Mahwah: Lawrence Erlbaum Associates.

Daschner, P. (2004). Dritte Phase an Einrichtungen der Lehrerfortbildung. In S. Blömeke, P. Reinhold, G. Tulodziecki & J. Wild (Hrsg.), *Handbuch Lehrerbildung* (S. 290–301). Bad Heilbrunn/Obb: Klinkhardt.

Davies, L. (2008). *Informal learning. A new model for making sense of experience.* Aldershot, England, Burlington, VT: Gower.

Dohmen, G. (1996). *Das lebenslange Lernen. Leitlinien einer modernen Bildungspolitik.* Bonn: Bundesministerium für Bildung, Wissenschaft, Forschung und Technologie.

Dubs, R. (1989a). *Zur Belastungssituation des Lehrers und der Lehrerin.* St. Gallen: Unveröffentlichtes Papier der Hochschule St. Gallen.

Dubs, R. (1989b). Zur Belastungssituation von Lehrkräften. In R. Dubs, Y. Hangartner & A. Nydegger (Hrsg.), *Eine Pilotstudie mit Lehrkräften an kaufmännischen Berufsschulen im Kanton St. Gallen* (S. 122–130). St. Gallen: Hochschule St. Gallen.

Duffin, L. C., French, B. F. & Patrick, H. (2012). The Teachers' Sense of Efficacy Scale. Confirming the factor structure with beginning pre-service teachers. *Teaching and Teacher Education, 28* (6), 827–834.

Ebner, H. G. (2003). Kooperation in der Lehrerbildung. Stand, Ansätze, Desiderate und Herausforderungen im Hinblick auf das Zusammenwirken der drei Phasen der Lehrerbildung. In D. Euler (Hrsg.), *Handbuch Lernortkooperation* (Band 1: Theoretische Fundierung, S. 119–132). Bielefeld: W. Bertelsmann.

Ebner, H. G. & Zimmermann, D. (2006). Forschung zur Belastung von Lehrpersonen. Ein Überblick über Befunde und Bearbeitungsstrategien. *Erziehungswissenschaft und Beruf, 54* (2), 185–201.

Eckart, W. U. & Jütte, R. (2007). *Medizingeschichte. Eine Einführung.* Köln: Böhlau.

Eckstein, K., Kaiser, C., Wilbers, K. & Wittmann, M. (2011). Prozessorientiertes Qualitätsmanagement des Studiums am Fachbereich Wirtschaftswissenschaften der Friedrich-Alexander-Universität Erlangen-Nürnberg. Der Entwicklungsprozess aus der Perspektive des Fachbereichs sowie externer Unternehmensvertreter. In W. Benz, J. Kohler & K. Landfried (Hrsg.), *Handbuch Qualität in Studium und Lehre. Evaluation nutzen - Akkreditierung sichern - Profil schärfen* (S. E7.10 1–22). Stuttgart: Raabe.

Einsiedler, W. (2004). Lehrerausbildung für die Grundschule. In S. Blömeke, P. Reinhold, G. Tulodziecki & J. Wild (Hrsg.), *Handbuch Lehrerbildung* (S. 315–324). Bad Heilbrunn/Obb: Klinkhardt.

Farnung, A. (2011). Pflege der Pflegenden. In S. Kränzle, U. Schmid & C. Seeger (Hrsg.), *Palliative Care. Handbuch für Pflege und Begleitung* (4. Aufl., S. 207–210). Berlin, Heidelberg: Springer-Verlag Berlin Heidelberg.

Forneck, H. J. & Schriever, F. (2001). *Die individualisierte Profession. Belastungen im Lehrerberuf.* Bern: hep.

Fydrich, T. & Sommer, G. (2003). Diagnostik sozialer Unterstützung. In M. Jerusalem & H. Weber (Hrsg.), *Psychologische Gesundheitsförderung* (S. 79–104). Göttingen: Hogrefe.

Giesecke, H. (2001). *Was Lehrer leisten. Porträt eines schwierigen Berufes.* Weinheim: Juventa-Verl.

Gmür, M. & Thommen, J.-P. (2011). *Human Resource Management. Strategien und Instrumente für Führungskräfte und das Personalmanagement in 13 Bausteinen* (3. Aufl.). Zürich: Versus.

Good, T. L. & Brophy, J. E. (2003). *Looking in Classrooms.* Boston u.a.: Pearson Education.

Goodman, J. (1988). Constructing a practical philosophy of teaching. A study of preservice teachers' professional perspectives. *Teacher and Teacher Education, 4* (2), 121–137.

Gruber, H., Harteis, C. & Hasanbegovic, J. (2007). *Über die Rolle epistemischer Überzeugungen für die Gestaltung von E-Learning. Eine empirische Studie bei Hochschul-Lehrenden.* Regensburg: Institut für Pädagogik.

Hascher, T. (2005). Erfahrungsfalle. *Journal für LehrerInnenbildung, 5* (1), 40–46.

Hattie, J. (2013). *Lernen sichtbar machen. Überarbeitete deutschsprachige Ausgabe von Visible Learning. Besorgt von Wolgang Beywl und Klaus Zierer.* Baltmannsweiler: Schneider Hohengehren.

Helmke, A. (2003). *Unterrichtsqualität. Erfassen, bewerten, verbessern.* Seelze: Kallmeyersche Verlagsbuchhandlung.

Helmke, A. (2012). *Unterrichtsqualität und Lehrerprofessionalität. Diagnose, Evaluation und Verbesserung des Unterrichts* (4. Aufl.). Seelze-Velber: Klett/Kallmeyer.

Hentig, H. von. (2003). *Die Schule neu denken. Eine Übung in pädagogischer Vernunft.* Weinheim: Beltz.

Herfter, C. & Schroeter, E. (2013). Die Wahl von Lehramtsstudiengängen. Gründe für die Wahl der Schulform. *Pädagogische Rundschau, 67* (3), 313–327.

Herlt, S. & Schaarschmidt, U. (2007). Fit für den Lehrerberuf?! In U. Schaarschmidt & U. Kieschke (Hrsg.), *Gerüstet für den Schulalltag. Psychologische Unterstützungsangebote für Lehrerinnen und Lehrer* (S. 157–181). Weinheim: Beltz.

Hermann, U. (2004). Lehrerausbildung für das Gymnasium und die Gesamtschule. In S. Blömeke, P. Reinhold, G. Tulodziecki & J. Wild (Hrsg.), *Handbuch Lehrerbildung* (S. 335–350). Bad Heilbrunn/Obb: Klinkhardt.

Hobson, A. J., Ashby, P., Malderez, A. & Tomlinson, P. D. (2009). Mentoring Beginning Teachers: What We Know and What We Don't. *Teacher and Teacher Education, 25* (1), 207–216.

Holtbrügge, D. (2010). *Personalmanagement* (4. Aufl.). Berlin, Heidelberg: Springer.

Horster, L. & Rolff, H.-G. (2006). *Unterrichtsentwicklung. Grundlagen einer reflektorischen Praxis* (2. Aufl.). Weinheim: Beltz.

Hoy, A. W. & Spero, R. B. (2005). Changes in teacher efficacy during the early years of teaching: A comparison of four measures. *Teaching and Teacher Education, 21* (4), 343–356.

Junghanns, M. (2011). Die empirische Evidenz der Handlungsfelder von LehrerInnen in den KMK-Empfehlungen zu den Bildungs- und Fachwissenschaften. In U. Faßhauer, B. Fürstenau & E. Wuttke (Hrsg.), *Grundlagenforschung zum Dualen System und Kompetenzentwicklung in der Lehrerbildung* (S. 35–47). Budrich.

Kaluza, G. (2003). Stress. In M. Jerusalem & H. Weber (Hrsg.), *Psychologische Gesundheitsförderung* (S. 339–361). Göttingen: Hogrefe.

Klusmann, U., Köller, M. & Kunter, M. (2011). Anmerkungen zur Validität eignungsdiagnostischer Verfahren bei angehenden Lehrkräften. *Zeitschrift für Pädagogik, 57* (5), 711–718.

KMK (Ständige Konferenz der Kultusminister der Länder Bundesrepublik Deutschland). (2010). *Ländergemeinsame inhaltliche Anforderungen für die Fachwissenschaften und Fachdidaktiken in der Lehrerbildung. Beschluss der Kultusministerkonferenz vom 16.10.2008 i. d. F. vom 16.09.2010.* Bonn.

KMK (Ständige Konferenz der Kultusminister der Länder Bundesrepublik Deutschland). (2012). *Sachstand in der Lehrerbildung. Stand: 04.04.2012.* Bonn.

KMK (Ständige Konferenz der Kultusminister der Länder Bundesrepublik Deutschland). (2013). *Ländergemeinsame inhaltliche Anforderungen für die Fachwissenschaften und Fachdidaktiken in der Lehrerbildung. Beschluss der Kultusministerkonferenz vom 16.10.2008 i. d. F. vom 16.05.2013.* Bonn.

Koch, J.-J., Cloetta, B. & Müller-Fohrbrodt, G. (1972). *Konstanzer Fragebogen KSE.* Weinheim: Beltz.

Koch, J.-J. (1972). *Lehrer-Studium und Beruf. Einstellungswandel in den beiden Phasen der Ausbildung.* Ulm: Süddeutsche Verlagsgesellschaft.

Kolb, A. Y. & Kolb, D. A. (2005). *The Kolb Learning Style Inventory. Version 3.1 2005 Technical Specifications.* Boston: Hay Resources Direct.

Kolb, D. A. (1984). *Experiential learning. Experience as the source of learning and development.* Upper Saddle River, NJ: Prentice-Hall.

Köller, M., Klusmann, U., Retelsdorf, J. & Möller, J. (2012). Geeignet für den Lehrerberuf? Self-Assessment auf dem Prüfstand. *Unterrichtswissenschaft, 40* (2), 121–139.

Köller, M., Klusmann, U., Retelsdorf, J. & Möller, J. (2013). Erwiderung: Self-Assessments sind Eignungsdiagnostik - eine Replik auf Mayr et al. und Schaarschmidt. *Unterrichtswissenschaft* (1), 84–89.

König, S. (2003). *Der Einfluss von Ungewissheitstoleranz auf den Umgang von Lehrenden mit schulischen Belastungen. Eine quantitative Analyse an Berufsschulen.* Halle-Wittenberg: Martin-Luther-Universität.

Korthagen, F. A. J. & Wubbels, T. (2002). Aus der Praxis lernen. In F. A. J. Korthagen (Hrsg.), *Schulwirklichkeit und Lehrerbildung. Reflexion der Lehrertätigkeit* (S. 41–54). Hamburg: EB-Verl.

Korthagen, F. A. J. (Hrsg.). (2002). *Schulwirklichkeit und Lehrerbildung. Reflexion der Lehrertätigkeit.* Hamburg: EB-Verl.

Kramis-Aebischer, K. (1995). *Stress, Belastungen und Belastungsverarbeitung im Lehrerberuf.* Bern: Haupt.

Krappmann, L. (1971). *Soziologische Dimensionen der Identität. Strukturelle Bedingungen für die Teilnahme an Interaktionsprozessen.* Stuttgart: Klett.

Kretschmann, R. (2001). Belastungen und Belastungsfolgen. In R. Kretschmann (Hrsg.), *Stressmanagement für Lehrerinnen und Lehrer* (S. 12–20). Weinheim und Basel: Beltz.

Kunina-Habenicht, O., Lohse-Bossenz, H., Kunter, M., Dicke, T., Förster, D., Gößling, J. et al. (2012). Welche bildungswissenschaftlichen Inhalte sind wichtig in der Lehrerbildung? *Zeitschrift für Erziehungswissenschaft, 15* (4), 649–682.

Kunter, M., Klusmann, U. & Baumert, J. (2009). Professionelle Kompetenz von Mathematiklehrkräften. Das COACTIV-Modell. In O. Zlatkin-Troitschanskaia, K. Beck, D. Sembill, R. Nickolaus & R. Mulder (Hrsg.), *Lehrprofessionalität. Bedingungen, Genese, Wirkungen und ihre Messung* (S. 153–165). Weinheim: Beltz.

Landert, C. (1999). *Die Arbeitszeit der Lehrpersonen in der Deutschschweiz. Ergebnisse einer einjährigen Erhebung bei 2500 Lehrerinnen und Lehrern verschiedener Schulstufen und Kantone.* Zürich: Verlag LCH - Dachverband Schweizer Lehrerinnen und Lehrer.

Lehmann-Grube, S. K. & Nickolaus, R. (2009). Professionalität als kognitive Disposition. In O. Zlatkin-Troitschanskaia, K. Beck, D. Sembill, R. Nickolaus & R. Mulder (Hrsg.), *Lehrprofessionalität. Bedingungen, Genese, Wirkungen und ihre Messung* (S. 59–70). Weinheim: Beltz.

Lenhard, H. (2004). Zweite Phase an Studienseminaren und Schulen. In S. Blömeke, P. Reinhold, G. Tulodziecki & J. Wild (Hrsg.), *Handbuch Lehrerbildung* (S. 275–290). Bad Heilbrunn/Obb: Klinkhardt.

Lenzen, W. (1980). Erkenntnistheorie im Verhältnis zur Wissenschaftstheorie. In J. Speck (Hrsg.), *Handbuch wissenschaftstheoretischer Begriffe* (S. 171–175). Göttingen: Vandenhoeck u. Ruprecht.

Linderkamp, R. (2011). *Kollegiale Beratungsformen: Genese, Konzepte und Entwicklung:* W. Bertelsmann Verlag.

Lindgren, U. (2005). Experiences of Beginning Teachers in a School-Based Mentoring Program in Sweden. *Educational Studies, 31* (3), 251–263.

Mayr, J., Gutzwiller-Helfenfinger, E. & Nieskens, B. (2013). Replik: CCT - Career Counselling for Teachers: Beratungsangebot, nicht Selektionsinstrument. *Unterrichtswissenschaft* (1), 72–79.

McIntyre, D. & Hagger, H. (1996). Mentoring: Challenges for the Future. In H. Hagger & D. McIntyre (Hrsg.), *Mentors in schools. Developing the profession of teaching* (S. 144–164). London: David Fulton.

Messner, H. & Reusser, K. (2000). Die berufliche Entwicklung von Lehrpersonen als lebenslanger Prozess. *Beiträge zur Lehrerbildung, 18* (2), 157–171.

Mieg, H. A. (2005). Professionalisierung. In F. Rauner (Hrsg.), *Handbuch Berufsbildungsforschung.* (S. 342–349). Bielefeld: W. Bertelsmann.

Moor, H., Halsey, K., Jones, M., Martin, K., Stott, A., Brown, C. et al. (2005). *Professional Development for Teachers Early in their Careers. An Evaluation of the Early Professional Development Pilot Scheme:* National Foundation for Educational Research.

Mummert und Partner. (1999). *Untersuchung zur Ermittlung, Bewertung und Bemessung der Arbeitszeit der Lehrerinnen und Lehrer im Land Nordrhein-Westfalen. Zusammenfassung. Arbeitsstab Aufgabenkritik beim Finanzministerium Nordrhein-Westfalen.* Hamburg: unveröffentlicht.

Neuberger, J. (1988). *Die Entwicklung der Berufsschullehrerausbildung in Bayern von 1945 bis 1979.* Alsbach/Bergstr.: Leuchtturm-Verlag.

Neugebauer, M. (2013). Wer entscheidet sich für ein Lehramtsstudium und warum? Eine empirische Überprüfung der These von der Negativselektion in den Lehrerberuf. *Zeitschrift für Erziehungswissenschaft, 16* (1), 157–184.

Nieskens, B., Mayr, J. & Meyerdierks, I. (2011). CCT - Career Counselling for Teachers. Evaluierung eines Online-Beratungsangebots für Studieninteressierte. Paralleltitel: CCT - Career Counselling for Teachers. *Lehrerbildung auf dem Prüfstand, 4* (1), 8–32.

Nosek, B. A. & Smyth, F. L. (2011). Implicit Social Cognitions Predict Sex Differences in Math Engagement and Achievement. *American Educational Research Journal, 48* (5), 1125–1156.

Oser, F. & Blömeke, S. (2012). Überzeugungen von Lehrpersonen. *Zeitschrift für Pädagogik, 58* (4), 415–421.

Pajares, F. M. (1992). Teachers' Beliefs and Educational Research. Cleaning Up a Messy Construct. *Review of Educational Research, 62* (3), 307–332.

Päßler, K., Hell, B. & Schuler, H. (2011). Grundlagen der Berufseignungsdiagnostik und ihre Anwendung auf den Lehrerberuf. *Zeitschrift für Pädagogik, 57* (5), 639–654.

Ready, D. D. & Wright, D. L. (2011). Accuracy and Inaccuracy in Teachers' Perceptions of Young Children's Cognitive Abilities: The Role of Child Background and Classroom Context. *American Educational Research Journal, 48* (2), 335–360.

Richardson, V. & Placier, P. (2001). Teacher Change. In V. Richardson (Hrsg.), *Handbook on research on teaching.* (4. Aufl., S. 905–947). Washington, D.C.: American Educational Research Association.

Rothland, M. (2010). Eine Frage der Perspektive? Der Lehrerberuf in den Allensbacher Berufsprestigeskalen. *Erziehungswissenschaft und Beruf, 58* (3), 325–336.

Rothland, M. & Tirre, S. (2011). Selbsterkundung für angehende Lehrkräfte. Was erfassen ausgewählte Verfahren der Eignungsabklärung? *Zeitschrift für Pädagogik, 57* (5), 655–673.

Rothland, M. (2011). Warum entscheiden sich Studierende für den Lehrerberuf? In E. Terhart, H. Bennewitz & M. Rothland (Hrsg.), *Handbuch der Forschung zum Lehrerberuf* (S. 268–297). Waxmann.

Rudow, B. (1994). *Die Arbeit des Lehrers. Zur Psychologie der Lehrertätigkeit, Lehrerbelastung und Lehrergesundheit.* Bern, Göttingen, Toronto, Seattle: Huber.

Schaarschmidt, U. (2013). Replik: FIT-L1 ist vor allem ein Entwicklungsinstrument! Kommentar zum Beitrag von Koller et al. in Heft 2/2012. *Unterrichtswissenschaft* (1), 80–83.

Schulte, K., Bögeholz, S. & Watermann, R. (2008). Selbstwirksamkeitserwartungen und Pädagogisches Professionswissen im Verlauf des Lehramtsstudiums. *ZfE, 11* (2), 268–287.

Schulter, B. (1999). Der VDH - die Standesvertretung der Diplomhandelslehrer. In VLB (Verband der Lehrer an beruflichen Schulen in Bayern) (Hrsg.), *Ein Rückblick - 1949-1999. 50 Jahre im Dienst der beruflichen Bildung in Bayern* (S. 51–88). München: VLB-Verlag.

Schütte, F. (2012). Professionaliserung von Berufsschullehrern/-innen (1896-2004). Vier Diskurse. *Die berufsbildende Schule, 64* (1), 6–11.

Schwarzer, R. & Jerusalem, M. (2001). *Skalen zur Erfassung von Lehrer und Schülermerkmalen. Dokumentation der psychometrischen Verfahren im Rahmen der Wissenschaftlichen Begleitung des Modellversuchs Selbstwirksame Schule*. Berlin: Universität Berlin.

Seligman, M. E. P. (2001). *Pessimisten küsst man nicht. Optimismus kann man lernen* (Vollst. Taschenbuchausg.). München: Droemer Knaur.

Sembill, D. & Seifried, J. (2009). Konzeptionen, Funktionen und intentionale Veränderung von Sichtweisen. In O. Zlatkin-Troitschanskaia, K. Beck, D. Sembill, R. Nickolaus & R. Mulder (Hrsg.), *Lehrprofessionalität. Bedingungen, Genese, Wirkungen und ihre Messung* (S. 345–353). Weinheim: Beltz.

Shulman, L. S. (2004a). Knowledge and Teaching: Foundations of the New Reform. Zuerst: Harvard Educational Review. 1987, 57(1), S. 1-22. In L. S. Shulman & S. M. Wilson (Hrsg.), *The wisdom of practice. Essays on teaching, learning, and learning to teach* (S. 219–248). San Francisco, Calif.: Jossey-Bass.

Shulman, L. S. (2004b). Those Who Understand: Knowledge Growth in Teaching. Zuerst: Educational Researcher, 1986, 15(2), 4-14. In L. S. Shulman & S. M. Wilson (Hrsg.), *The wisdom of practice. Essays on teaching, learning, and learning to teach* (S. 189–215). San Francisco, Calif.: Jossey-Bass.

Sloane, P. F. (2004). Lehrerausbildung für das berufsbildende Schulwesen. In S. Blömeke, P. Reinhold, G. Tulodziecki & J. Wild (Hrsg.), *Handbuch Lehrerbildung* (S. 350–369). Bad Heilbrunn/Obb: Klinkhardt.

Spanhel, D. (2004). Lehrerausbildung für die Haupt- und Realschulen. In S. Blömeke, P. Reinhold, G. Tulodziecki & J. Wild (Hrsg.), *Handbuch Lehrerbildung* (S. 325–334). Bad Heilbrunn/Obb: Klinkhardt.

Steinmann, S. & Oser, F. (2012). Prägen Lehrerausbildende die Beliefs der angehenden Primarlehrpersonen? Shared Beliefs als Wirkungsgröße in der Lehrerausbildung. *Zeitschrift für Pädagogik, 58* (4), 441–459.

Stender, J. (2009). *Betriebliches Weiterbildungsmanagement. Ein Lehrbuch*. Stuttgart: Hirzel.

Taggart, G. L. & Wilson, A. P. (2005). *Promoting Reflective Thinking in Teachers*. Thousand Oaks: Corwin Press.

Terhart, E. (1989). *Lehr-Lern-Methoden. Eine Einführung in Probleme der methodischen Organisation von Lehren und Lernen*. Weinheim/München: Juventa.

Tewes, R. (2011). *Führungskompetenz ist lernbar. Praxiswissen für Führungskräfte in Gesundheitsfachberufen* (2. Aufl.). Berlin [u.a.]: Springer Medizin.

Trager, B. (2012). *Förderung der Selbstreflexion bei pädagogischen Professionals mit Hilfe von E-Portfolios. Dissertationsschrift*. Nürnberg.

Tschannen-Moran, M., Hoy, A. W. & Hoy, W. K. (1998). Teacher Efficacy: Its Meaning and Measure. *Review of Educational Research, 68* (2), 202–248.

Volpert, W. (2005). Arbeitsgestaltung und Arbeitsorganisation. In F. Rauner (Hrsg.), *Handbuch Berufsbildungsforschung*. (S. 294–299). Bielefeld: W. Bertelsmann.

Watt, H. M., Richardson, P. W., Klusmann, U., Kunter, M., Beyer, B., Trautwein, U. et al. (2012). Motivations for choosing teaching as a career: An international comparison using the FIT-Choice scale. *Teaching and Teacher Education, 28* (6), 791–805.

Watt, H. M. G. & Richardson, P. W. (2007). Motivational Factors Influencing Teaching as a Career Choice: Development and Validation of the FIT-Choice Scale. *The Journal of Experimental Education, 75* (3), 167–202.

Wilbers, K. (2004a). *Soziale Netzwerke an berufsbildenden Schulen. Analyse, Potentiale, Gestaltungsansätze*. Paderborn: Eusl.

Wilbers, K. (2004b). *Standards für die Bildung von Lehrkräften. Arbeitsbericht*. St. Gallen. Verfügbar unter http://www.wirtschaftspaedagogik.de/pubs/Wilbers-2004-Standards-Bildung-Lehrkraefte.pdf

Wilbers, K. (2005). Standards für die Bildung von Lehrkräften. In P. Gonon, R. Huisinga, F. Klauser & R. Nickolaus (Hrsg.), *Kompetenz, Kognition und neue Konzepte in der beruflichen Bildung*. (S. 135–146). Opladen: Verlag für Sozialwissenschaften.

Wilbers, K. (2010). Standards für die Aus-und Weiterbildung berufs- und wirtschaftspädagogischer Professionals. In G. Pätzold, H. Reinisch & R. Nickolaus (Hrsg.), *Handbuch Berufs- und Wirtschaftspädagogik* (S. 31–36). Stuttgart: UTB.

Wilbers, K. & Wittmann, M. (2012). Strategisches Management von Studiengängen an Universitäten. In P. F. E. Sloane & K.-H. Gerholz (Hrsg.), *Zur Vermessung der Hochschuldidaktik und -entwicklung. Eine wirtschaftspädagogische Standortbestimmung*. Eusl.

Wirth, R. & Seibert, N. (2011). PArcours - ein eignungsdiagnostisches Verfahren für Lehramtsstudierende der Universität Passau. Paralleltitel: PArcours - an occupational aptitude diagnostic procedure for students of the University of Passau. *Lehrerbildung auf dem Prüfstand, 4* (1), 47–62.

Woolfolk, A. (2004). *Educational Psychology* (9. Aufl.). Boston et. al.: Pearson.

Wulk, J. (1988). *Lehrerbelastung: Qualitative und quantitative Aspekte der psychischen und physischen Belastung von Lehrern. Eine arbeitspsychologische Untersuchung an Lehrern beruflicher Schulen*. Frankfurt a.M./Bern: Peter Lang.

Zlatkin-Troitschanskaia, O., Beck, K., Sembill, D., Nickolaus, R. & Mulder, R. (Hrsg.). (2009). *Lehrprofessionalität. Bedingungen, Genese, Wirkungen und ihre Messung*. Weinheim: Beltz.

13.6.7 Anmerkungen

[1] Siehe auch Baumert und Kunter (2006); Kunter, Klusmann und Baumert (2009); Lehmann-Grube und Nickolaus (2009).

[2] Vgl. Shulman (2004a); Shulman (2004b). Shulman spricht von „general pedagogical knowledge", „Content knowledge" und zwar (a) "(subject matter) content knowledge", (b) "pedagogical content knowledge" und (c) "curricular knowledge", von "knowledge of learners and their characteristics", "knowledge of educational contexts" und „knowledge of educational ends, purposes, and values, and their philosophical and historical grounds". Helmke (2003, S. 32) übersetzt: „(1) fachspezifisches Inhaltswissen, (2) allgemeines pädagogisches und Managementwissen, (3) curriculares Wissen, (4) pädagogisches Handlungswissen, (5) entwicklungspsychologisches Wissen, (6) Wissen über erzieherisch und unterrichtlich relevante Kontexte und (7) normatives Wissen über Bildungsziele".

[3] Siehe Messner und Reusser (2000); Richardson und Placier (2001, S. 910 ff.); Terhart (1989, S. 105 ff.).

[4] Eine Untersuchung der empirischen Evidenz der KMK-Empfehlungen nimmt Junghanns (2011) vor.

[5] Vgl. Dubs (1989a); Dubs (1989b); Ebner und Zimmermann (2006); König (2003); Wilbers (2004a); Wulk (1988).

[6] Die Begriffe schwanken trotz der intensiven Forschung in diesem Bereich. Blömeke spricht von „Vorannahmen, Einstellungen bzw. Erwartungen" (2004, S. 64), verwendet aber mangels konsistenter Begrifflichkeiten den Begriff „Beliefs". Dieser wird in der angelsächsischen Forschung verwendet. Vgl. Pajares (1992). Seit Ende der achtziger Jahre werden Konzepte wie Beliefs, aber auch „images of teaching" Calderhead, Robson und Maurice Robson (1991) oder „teacher perspectives" Goodman (1988) verwendet. Sembill und Seifried (2009) sprechen von „Sichtweisen von Lehrkräften" (S. 345 ff.) und thematisieren vier Ansätze, nämlich Überzeugungen bzw. beliefs, conceptions of teaching and learning, subjektive Theorie sowie implizite Persönlichkeitstheorien.

[7] Die Unterscheidung von logotrope und paidotropen Lehrkräften geht auch in die Einstellungen nach dem von der Gruppe um Koch entwickelten Konstanzer Fragebogen für Schul- und Erziehungseinstellungen (KSE) ein. Vgl. Cloetta und Hohner (1976); Koch, Cloetta und Müller-Fohrbrodt (1972). Er besteht in der Langfassung aus 92 Items, die jeweils einer von sechs Subskalen zugeordnet sind.

[8] Zum Personalmanagement gehören die Personalgewinnung, Personalbeurteilung, Personalhonorierung, Personalentwicklung im weiteren Sinne sowie Personalbindung und –freisetzung. Vgl. Gmür und Thommen (2011); Holtbrügge (2010). Zur Zeit wird vor allem über die Gewinnung geeigneten Nachwuchses gesprochen. Die Untersuchungen der Potsdamer Gruppe zur Belastung von Lehrkräften zeigen, dass bei einem nicht geringen Teil der Lehramtsstudierenden bereits problematische Eingangsvoraussetzungen vorliegen, die in der Ausbildung nicht oder kaum ausgeglichen werden können. Vor diesem Hintergrund werden Eignungs- und Anforderungstests bei der Aufnahme des Studiums befürwortet. Vgl. Herlt und Schaarschmidt (2007). Zur Eignungsabklärung bei Lehrkräften siehe Abele (2011); Päßler, Hell und Schuler (2011); Rothland und Tirre (2011). Klusmann, Köller und Kunter bilanzieren, dass in den aktuellen Verfahren „kognitive und fachspezifische Voraussetzungen für angehende Lehrkräfte wenig berücksichtigt (werden, K.W.) und die Wahl der Erfolgskriterien im Lehrerberuf … stark auf subjektive Indikatoren der Zufriedenheit fokussiert" (2011, S. 718) wird. Zur Selbsteinschätzung werden vorrangig zwei Verfahren eingesetzt, nämlich der FIT („Fit für den Lehrerberuf", Herlt und Schaarschmidt (2007) sowie der CCT ("Career Counselling for Teachers", Nieskens, Mayr und Meyerdierks (2011)). Eine Diskussion findet sich bei Köller, Klusmann, Retelsdorf und Möller (2012); Köller, Klusmann, Retelsdorf und Möller (2013); Mayr, Gutzwiller-Helfenfinger und Nieskens (2013); Schaarschmidt (2013). Siehe dazu auch das Verfahren der Universität Passau Wirth und Seibert (2011).

[9] In Bayern wird das Zusammenspiel durch die Bekanntmachung „Lehrerfortbildung in Bayern" (2238-UK) vom 9. August 2002 (Nr. III/7-P4100-6/51 011) geregelt.

[10] Die Auflistung der Erfolgsfaktoren beruht auf einer Sichtung der Literatur Hobson, Ashby, Malderez und Tomlinson (2009); Lindgren (2005); McIntyre und Hagger (1996); Moor et al. (2005). Hinzu kommen diverse Begleituntersuchungen zur Universitätsschule in Nürnberg, etwa Trager (2012), sowie gemeinsame Arbeiten mit Wolfgang Lehner.

[11] Das Modell von Kolb wurde oft adaptiert und weiterentwickelt. Vgl. Davies (2008, S. 11 ff.).

[12] Für die Ausbildung von Lehrkräften, vor allem in Hamburg, ist das Modell von Korthagen u. a. bekannt geworden (2002). Die Arbeiten verstehen sich als Grundlage einer „realistischen Lehrerbildung". Im Zentrum steht das sogenannte ALACT-Modell, das nach den Phasen „Action", „Looking back on action", „Awareness of essential aspects", „Creating alternative methods of action", „Trial" benannt ist. Das ALACT-Modell ist wie das Modell von Kolb nicht spezifisch für die Aus- und Weiterbildung von Lehrkräften. Das ALACT-Modell grenzt sich bewusst von der Kolb'schen Tradition ab. Vgl. Korthagen und Wubbels (2002). Die Kritik bleibt jedoch sehr kurz und ist mir nicht in allen Facetten nachvollziehbar.

[13] Verändert nach Horster und Rolff (2006, S. 70 ff.).

[14] Details ergeben sich für Bayern aus dem Schreiben „Fortbildung der Lehrer an beruflichen Schulen, hier: Betriebspraktika für Lehrer an staatlichen Berufsschulen" des bayerischen Kultusministeriums VII/10-13/45 902 vom 07.04.1994.

[15] Der Faktor „Zusammenarbeit mit Anderen" wird im sog. Job Characteristics Modell nicht abgebildet. In der Originalfassung des JDS werden diese Items aufgeführt, weswegen sie in der Adaption durch Van Dick u.a. mitgeführt, aber als Tätigkeitsmerkmal weder im Modell noch in den Auswertungen berücksichtigt werden (persönliche Auskunft von Rolf van Dick, September 2003).

14 SCHULISCHE BEDINGUNGEN EIN-SCHÄTZEN UND (MIT-)ENTWICKELN

14.1 Zur Orientierung: Was Sie hier erwartet

14.1.1 Worum es hier geht

Warum fährt der Spacko in seiner blankpolierten Spießerkarre hier 70?? Vergessen, wo das Gaspedal ist? Driedschler: Das ist eine Landstraße! Kein Parkhaus! WTF!!" Carola P. hat es eilig. Sie hat gerade das Berufsschulzentrum in Neukirchen am Sand verlassen und fährt nach Nürnberg. 20 Uhr das Date, vorher unter die Dusche und dann schick machen.

Carola kocht innerlich. 3 Stunden Konferenz. Null Ergebnis. Null Komma Null. 2 Stunden 40 Minuten so'n administratives Zeug. NASA's Curiosity hat noch keinen Zellhaufen im Universum entdeckt, den das interessiert. Die Spezies Schulleiter mal ausgenommen. Da haben die sich im Ministerium mal wieder schöne Sachen für's neue Schuljahr einfallen lassen. In welcher Parallelwelt leben die Typen eigentlich?

Dann hat der Schulleiter das neue Leitbild der Schule als Kopie verteilt. Möge man zuhause lesen, ist das neue Leitbild, habe er mal aufgeschrieben, wurde von der Regierung so verlangt. Heute sei schließlich Leadership gefragt. Ja, englisch kann er jetzt auch. „Leadership"? Der kriegt sich ja nicht mal selbst geführt. L re H sn!

Dann zum Schluss der Konferenz noch die Frage, wie man an der Schule mit Trinken im Unterricht umgehen soll. Endlich mal eine pädagogische Frage! Und was passiert? Beschluss, nachdem für Diskussion keine Zeit mehr war: Jede Lehrkraft entscheide das selbst. Na suuuupi, wieder jede Woche fünf Minuten um zu erklären, dass das bei ihr nicht geht. Hätte nicht wenigstens die Abteilung eine klare Linie festlegen können!

Aber das ist ja nicht das erste Mal. Sie ist jetzt zwei Jahre an der Schule. Am Anfang kam sie mit der brennenden Fackel des selbstorganisierten Lernens an die Schule. Jetzt wird alles anders! Yes, we can! Lehrer sind keine Einzelkämpfer! Alle Materialien sollten doch gemeinsam im Team entwickelt werden. Schüler ändern sich, Schule ändert sich. Einzelkämpfer sterben einsam! Aber: Ja, aber die Euphorie war schnell verflogen. Kooperation unter Lehrern: Kannst Du total vergessen! Die reden von Sozialkompetenz und Teamfähigkeit. Und wie wichtig das heute ist. Das erzählen die gebetsmühlenartig. Ihren Schülern. Und selbst? Lehrer untereinander? Kriegen's doch selbst nicht auf die Reihe! Pfuidaifi!

Dann doch besser auf die Dates konzentrieren. :-D Mmmh, heute mit lovely Álvaro, ILU. Mein neuer latin lover? Schaun mer mal, dann sehn mer scho.

14.1.2 Inhaltsübersicht

14 Schulische Bedingungen einschätzen und (mit-)entwickeln 439

14.1 Zur Orientierung: Was Sie hier erwartet 440

14.1.1 Worum es hier geht 440

14.1.2 Inhaltsübersicht 441

14.1.3 Zusammenfassung 441

14.1.4 Einordnung in das Prozessmodell 442

14.2 Schulische Bedingungen einschätzen: Strategien, Strukturen und Kulturen aufdecken 443

14.2.1 Berufliche Schulen als Bündel von Strategie, Struktur und Kultur 443

14.2.2 Selbstähnlichkeit der Ebenen: Die fraktale Schule 448

14.2.3 Die Lehrkraft als Mitglied unterschiedlicher sozialer Netzwerke in der Schule 448

14.2.4 Professional Learning Communities als Ansatzpunkt der Schulentwicklung 454

14.3 Schulische Bedingungen des Unterrichts (mit-)entwickeln 455

14.3.1 Wege, die Schule systematisch zu ändern 455

14.3.2 Typische Erscheinungen in schulischen Veränderungsprozessen 460

14.4 Alternative Blicke auf die Schule: Schule durch andere Linsen betrachten 462

14.4.1 Die berufliche Schule im Licht der Schuleffektivitätsforschung 462

14.4.2 Die berufliche Schule als komplexes System 464

14.4.3 Die berufliche Schule als Organisation von Expertinnen und Experten 464

14.4.4 Die berufliche Schule als mikropolitischer Kosmos 465

14.5 Leitfragen zur Analyse der schulischen Bedingungen (GAL 3.7) 465

14.6 Outro 466

14.6.1 Die wichtigsten Begriffe dieser Lerneinheit 466

14.6.2 Tools 466

14.6.3 Kompetenzen 466

14.6.4 Hinweise zur vertieften Auseinandersetzung: Weiterlesen 467

14.6.5 Hinweise zur vertieften Auseinandersetzung: Weitersurfen 467

14.6.6 Literaturnachweis 467

14.6.7 Anmerkungen 471

14.1.3 Zusammenfassung

Durch Strategie, Struktur und Kultur erbringt die Institution Schule wichtige Leistungen für die Lehrkräfte. Die Schule selbst hat eine fraktale Struktur mit den drei Ebenen „(Gesamte) Schule", „Abteilung" und „Team". Die schulischen Bedingungen stellen eine Bedingungsschale dar, für die jedes Kollegium die Chance hat, diese systematisch durch Schulentwicklung und Qualitätsmanagement zu gestalten. Dabei kommt es zu typischen Problemen und Erscheinungen, zum Beispiel Widerständen gegen Innovationen.

14.1.4 Einordnung in das Prozessmodell

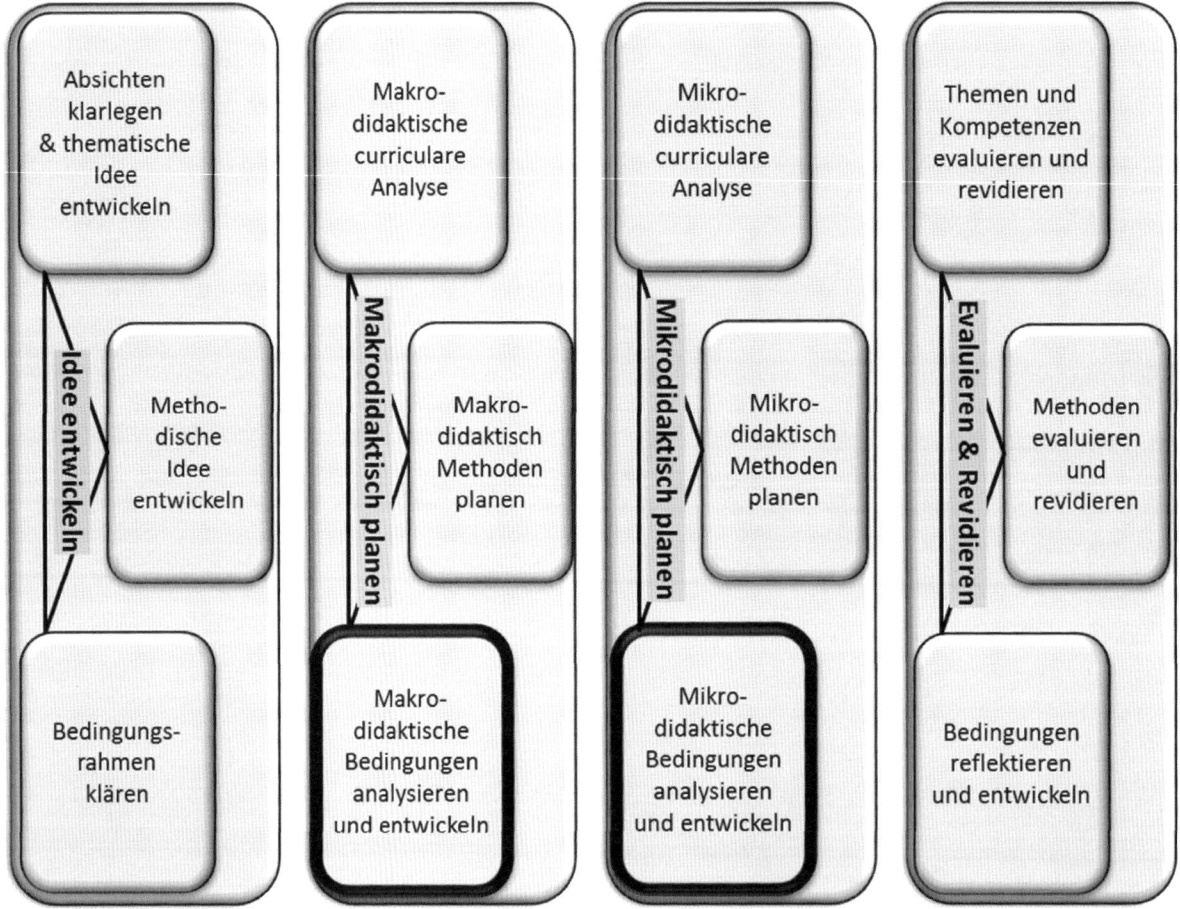

Die Bedingungen des Wirtschaftsunterrichts wurden in der Lerneinheit 6 als verschachteltes didaktisches Strukturelement eingeführt. Wie auch die Karte „Bedingungen des Wirtschaftsunterrichts" (TB-1.9) erläutert, werden vier Bedingungsschalen unterschieden: Die individuellen Bedingungen der Lernenden und der Lehrkraft, die Klassenbedingungen, die schulischen Bedingungen sowie die Bedingungen auf den höheren Bedingungsschalen.

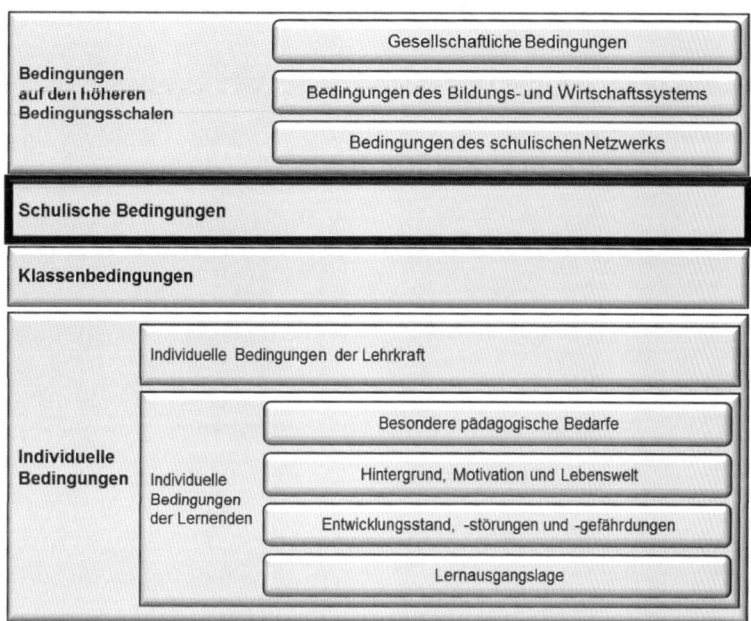

Übersicht 1: Bedingungen des Wirtschaftsunterrichts

Diese Lerneinheit widmet sich der dritten Bedingungsschale, den schulischen Bedingungen. Die Schule ist eine komplexe Erscheinung und kann unter verschiedenen Perspektiven betrachtet werden.

> **STOPP:** Sie haben in der Vergangenheit mehrere Schulen besucht. Suchen Sie die Schule aus, die Sie am besten fanden. Suchen Sie dann die Schule aus, die Sie am schlechtesten fanden. Vergleichen Sie diese beiden Schulen: Was unterscheidet beide Schulen voneinander?

Die zentrale, hier verfolgte Perspektive betrachtet Schule als Institution im Sinne eines Bündels von Strategie, Struktur und Kultur.

14.2 Schulische Bedingungen einschätzen: Strategien, Strukturen und Kulturen aufdecken

14.2.1 Berufliche Schulen als Bündel von Strategie, Struktur und Kultur

Schulen sind Institutionen. Institutionen sind kein Selbstzweck. Eine Institution erbringt für die Mitglieder verschiedene Leistungen. Sie zeigt den Mitgliedern, wohin es gehen soll, d. h. sie vermittelt Orientierungswissen. Institutionen koordinieren die Einzelaktivitäten der Mitglieder mit Hilfe einer Struktur und sie stiften den Mitgliedern Sinn in ihrem täglichen Tun. Mit anderen Worten: Eine Institution, wie die Schule, verfügt über drei Ordnungsmomente, nämlich Strategie, Struktur und Kultur.[1]

▶ **Strategie:** Die Strategie richtet die Aktivitäten in der Schule auf ein bestimmtes Ziel, auf eine Bestimmung aus. Dazu bedient sich die Schule einer Vision, eines Leitbildes oder eines Schulprogramms.

▶ **Struktur:** Die Schule verfügt über eine Aufbauorganisation, zum Beispiel ist sie in Zweigstellen und Abteilungen gegliedert und hat klare Zuständigkeiten (Aufbauorganisation). Daneben werden in der Institution die Prozesse geregelt (Ablauforganisation).

▶ **Kultur**: Die Kultur meint die „Menge an gemeinsamen Werten und Normen, die das Verhältnis der Organisationsmitglieder untereinander und gegenüber der Umwelt regeln" (Jones & Bouncken, 2008, S. 42). So betont beispielsweise die eine Schule die Selbständigkeit der Schülerinnen und Schüler, die andere nicht.

Die drei Ordnungsmomente werden in den nächsten Kapiteln vertieft.

14.2.1.1 Die Strategie der Schule: Wissen, wohin die Reise der Schule gehen soll

Die Strategie sagt den Mitgliedern, wohin die Reise gehen soll. Sie schlägt sich nieder in einer Vision, einem Leitbild oder einem Schulprogramm. Die Begriffe „Vision" und „Leitbild" werden hier deckungsgleich verwendet.

Leitbild der beruflichen Schule 4 in Nürnberg

Ziel unserer pädagogischen Arbeit ist, unsere Schülerinnen und Schüler in enger Kooperation mit den Ausbildungsbetrieben zu qualifizierten Kaufleuten auszubilden, sie zu selbstständigem Denken und Handeln zu befähigen und sie zur Verantwortung für sich und für eine humane Gesellschaft zu erziehen. Die B4 führt die lange Tradition der Nürnberger Kaufmannsschulen innovativ und zukunftsorientiert fort.

Übersicht 2: Leitbild der beruflichen Schule 4 in Nürnberg

Nach der Vorstellung von Peter M. Senge von der MIT Sloan School of Management in seinem berühmten Buch „Fifth Discipline: The Art and Practice of the Learning Organization" (2008) hat jede Institution ihre Bestimmung. Hinweise zu dieser Bestimmung liefern häufig die Gründung oder der Grund, warum solche Institutionen überhaupt entstanden sind. Eine Vision, die nicht nur Papier ist, muss durch die Reflexion einer großen Zahl von Menschen in der Institution entstehen. Viele Mitglieder haben eine stumme Vorstellung über die Bestimmung der Organisation. Hauptaufgabe bei der Entwicklung einer Vision ist die Förderung des Diskurses (Senge, 2008, S. 345 ff.). Es kommt also gar nicht so sehr auf die Vision selbst an oder das Stück Papier, auf dem sie steht, sondern auf die Tatsache, dass im Zuge des Visioning eine Diskussion um die Bestimmung der Organisation entsteht. Senge unterscheidet Vision, Mission und Ziele: Die Vision, d. h. das Bild der (erhofften) Zukunft der Organisation, die Mission, d. h. die Antwort auf die Fragen „Warum sind wir hier? Was wollen wir gemeinsam tun?" und die Ziele, d. h. konkretere Meilensteine, die in absehbarer Zukunft erreicht werden sollen.

Eine Vision hat dabei mehrere Funktionen (Bleicher, 1994, S. 102 f.): Sie beschreibt das Zukunftsbild der Institution (Identitätsfunktion) und sie zeigt den Mitgliedern der Institution den Sinn und Nutzen ihrer Arbeit auf. Die Vision erleichtert es, sich mit der Institution zu identifizieren (Identifikationsfunktion) und sie soll die Mitarbeiterinnen und Mitarbeiter anregen, das Zukunftsbild als gemeinsames Ziel zu verfolgen (Mobilisierungsfunktion). Eine gute Vision hat dabei mehrere Eigenschaften (Kotter, 1997).

Merkmal	Inhalt des Merkmals
Vorstellbar	Vermittelt ein Bild, wie die Zukunft aussieht
Wünschenswert	Berücksichtigt die langfristigen Interessen der Anspruchsgruppen
Fokussiert	Ist deutlich genug, um bei der Entscheidungsfindung Hilfestellung zu geben
Flexibel	Ist allgemein genug, um unter dem Aspekt veränderlicher Bedingungen individuelle Initiativen und alternative Reaktionen zuzulassen
Kommunizierbar	Ist einfach zu kommunizieren; kann innerhalb von fünf Minuten erfolgreich erklärt werden

Übersicht 3: Eigenschaften einer effektiven Vision, leicht verändert nach Kotter (1997, S. 103)

Für die Entwicklung von Strategien werden mehreren Modelle vorgeschlagen.[2] Hilfreich kann dabei die Arbeit mit Leitfragen sein.[3]

Strategie	Leitfragen bzw. Vervollständigungssätze
Vision	In drei bis fünf Jahren wollen wir …
	Im Vergleich zu anderen Schulen wollen wir …
	Unseren externen Partnern bieten wir …
Mission	Wir glauben, Schule sollte …
	Wir glauben, eine gute Schülerin bzw. ein guter Schüler ist eine bzw. einer, die bzw. der …
	Wir glauben, eine gute Schule ist eine Schule, die …
	Wir glauben, eine gute Lehrkraft ist eine Lehrkraft, die …
	Wir glauben, ein guter Unterricht ist ein Unterricht, der …
	Wir glauben, ein gutes Kollegium ist ein Kollegium, das …
	Wir glauben, ein gutes Schulbüro ist ein Schulbüro, das …
Ziele	Mit folgenden Maßnahmen erreichen wir dies …

Übersicht 4: Hilfen zur Strategieentwicklung in der Schule

Die Unterscheidung von Vision, Mission und Zielen bei Peter Senge entstammt der Managementlehre und wird so nicht in der Schultheorie nachvollzogen. Dort hat der Begriff des Schulprogramms eine längere pädagogische Tradition (Philipp & Rolff, 1999, S. 12 ff.). In der Literatur gilt das Schulprogramm als Mittel zur Konkretisierung des Leitbildes. Während das Leitbild allgemein und kurz bleibt, d. h. bis zu zehn Sätze umfasst, drückt das Schulprogramm für einen Zeitraum von etwa drei Jahren aus, welche Ziele sich die Schule setzt.[4] Somit entspräche die pädagogische Unterscheidung von Leitbild und Schulprogramm Senge's Unterscheidung von Vision und Mission einerseits und den Zielen andererseits. „Strategie" ist in beiden Fällen der Oberbegriff.

14.2.1.2 Kultur der Schule: Die offenen und heimlichen Werte und Normen der Schule

Das zweite Ordnungsmoment neben der Strategie ist die Kultur. Die Kultur einer Institution ist allgemein das System von gemeinsamen Werten, die die Beziehungen zwischen den Mitgliedern der Institution untereinander sowie die Interaktionen mit Externen definiert. Die Kultur einer Institution ist stark mit Emotionen verbunden. Kultur schlägt sich in der Kommunikation der Mitglieder nieder: Wie werden Gespräche geführt? Sind es Erzählungen, Streits, nüchterne Darstellungen des Sachverhaltes oder Witze? Welche Strategien werden dabei verfolgt? Wird eingelenkt, vermittelt oder herrscht Uneinsichtigkeit vor? Wie laufen Gespräche? Informell, ernsthaft, nörgelnd? Doch nicht nur die Gespräche zeigen die Kultur einer Institution auf. Lohnend ist auch die Analyse von Ritualen: Institutionen entwickeln Einführungsrituale wie offizielle Begrüßungen, Integrationsrituale wie Feiern oder Verbesserungsrituale wie Auszeichnungen. Hinzu kommen die Geschichten über und in der Institution als Teil der Kultur, etwa mehr oder weniger wahre Episoden über Geschehnisse in der Vergangenheit. Oft ist damit auch Nostalgie, also die Sehnsucht nach dem Vergangenen, verbunden (Jones & Bouncken, 2008, S. 408).

Seit den Untersuchungen zur Schuleffektivität, die weiter unten dargestellt werden, gilt die Schulkultur als ein zentraler Faktor einer guten Schule. Dabei werden auch Begriffe wie Schulgeist, Schulklima oder Schulethos verwendet. Damit ist auch die Vorstellung von einer *bewussten* Gestaltung der Schulkultur als Weg der Schulreform verbunden (Wenzel, 2004, S. 393 ff.). Die Schulkultur hat für die Schule wichtige Funktionen (Deal & Peterson, 2009, S. 12 ff.). Normen, ausgesprochen oder nicht, sind ein wichtiger Teil der Schulkultur. Deal und Peterson listen eine Reihe von Normen auf, die die Erreichung von Zielen in der Schule fördern, die sogenannten positiven Normen, oder die – also sogenannte negative Normen – die Zielerreichung erschweren.[5]

Schulkultur: Positive Normen

- ▶ Behandle alle Personen mit Respekt.
- ▶ Sei bereit, für die Schule Verantwortung zu übernehmen.
- ▶ Versuche Veränderungen zu initiieren, welche den Lernerfolg verbessern.
- ▶ Unterstütze und ermutige jene, die neue Ideen einbringen.
- ▶ Versuche die Kosten niedrig zu halten und Ressourcen sparsam einzusetzen.
- ▶ Sprich stolz über deine Schule.
- ▶ Leiste deine Arbeit mit Freude und Enthusiasmus.
- ▶ Sei gegenüber anderen hilfsbereit und unterstützend.
- ▶ Teile nützliche Informationen und Erfahrungen mit anderen.
- ▶ Löse die Probleme gemeinsam, wenn dies erforderlich ist.
- ▶ Setze die Bedürfnisse der Lernenden über die eigenen. Der Lernerfolg der Schüler(innen) steht im Zentrum.
- ▶ Suche Wege, um dein eigenes Lernen in Gang zu halten.
- ▶ Sei vertrauensvoll, authentisch und ehrlich.
- ▶ Fühle dich für ein erfolgreiches Lernen der Schüler(innen) verantwortlich.

Schulkultur: Negative Normen

- ▶ Der Schulleitung darf nicht widersprochen werden.
- ▶ Erwecke möglichst keine Aufmerksamkeit und verharre in deiner Funktion.
- ▶ Rede schlecht über deine Schule und deinen Arbeitsplatz.
- ▶ Verstecke neue Ideen und Informationen vor den Kolleginnen und Kollegen.
- ▶ Suche möglichst keine Kontakte zu Kolleginnen und Kollegen.
- ▶ Zeige dich in Eile (gestresst) und innovativ, auch wenn du es nicht bist.
- ▶ Beachte die anderen im Schulhaus immer aus einer machtpolitischen Perspektive.
- ▶ Belächle und kritisiere jene, welche innovative Ideen einbringen.
- ▶ Beklage dich ständig über alles, was an der Schule läuft.
- ▶ Misstraue deinen Kolleginnen und Kollegen.
- ▶ Achte zuerst auf deine persönlichen Bedürfnisse und Vorteile. Kümmere dich erst in zweiter Linie um den optimalen Lernerfolg der Schüler(innen).

Übersicht 5: Normen der Schulkultur nach Deal & Peterson (2009) in der Übersetzung von Capaul & Seitz (2011)

Offen ausgesprochene oder versteckte Normen sind ein wichtiger Teil der Kultur. Sie können die Erreichung der strategischen Ziele behindern oder unterstützen.

14.2.1.3 Struktur der Schule: Aufbau und Abläufe in der Schule

Das dritte Ordnungsmoment neben der Strategie und der Kultur ist die Struktur. Die Struktur der Schule koordiniert die vielen Einzelaktivitäten der Mitglieder. Dabei wird sowohl der Aufbau als auch der Ablauf geregelt.

Bei der *Aufbauorganisation* wird die Gesamtaufgabe der Schule in einzelne Zuständigkeiten zerlegt. Zunächst werden dazu Bereiche bzw. *Abteilungen* gebildet. In der Schule sind dies häufig die Schulformen oder Berufsbereiche. Außerdem werden die Supportprozesse ausgegliedert, zum Beispiel ein Schulbüro. Eine typische graphische Darstellungsform ist das Organigramm.

Zwei Beispiele: Die Berufsschule Nürnberger Land in Lauf an der Pegnitz hat die folgenden Abteilungen: Bau, Chemie, Elektrotechnik/Mechatronik, Hauswirtschaft, Holztechnik, Metall-/KFZ-Technik, Körperpflege, Wirtschaft/Verwaltung (Berufsschule) sowie Wirtschaftsschule. Beides sind Bündelschulen, d. h. Schulen mit einer breiten Palette an Berufsbereichen bzw. Schulformen. Das ist typisch für die ländlichen beruflichen Schulen. In den städtischen Schulen ist die Palette der Berufsbereiche in der Regel schmaler. So hat beispielsweise die Berufliche Schule 2 in Nürnberg drei Abteilungen: Fertigungstechnik, Kraftfahrzeugtechnik und die Fachschule für Techniker.

Studierende, die zum ersten Mal mit einer Schule in Kontakt kommen, sollten sich vor dem ersten Treffen mit dieser Organisation – und anderen Sachverhalten – auseinandersetzen. In der Toolbox wurde eine Checkliste aufgenommen, wie solche ersten Treffen vorbereitet werden sollten (TB-7.1).

Unterhalb der Abteilungs- bzw. Berufsbereichsebene können weitere offizielle Strukturen eingeführt werden, vor allem Klassenteams, Lehrerklassenteams, Fachteams oder Lernfeldteams. Dies sind *formale* Gebilde der Aufbauorganisation, die im Idealfall mit informellen Teams zusammenfallen. In allgemeinbildenden Schulen werden zum Teil *Klassenteams* gebildet. Dabei handelt es sich in der Regel um drei Lehrkräfte, die in einer Klasse in den Hauptfächern unterrichten (Horster & Rolff, 2006, S. 201; Rolff, 2008, S. 80). Im Teilzeitbereich der beruflichen Schulen ist dieses Modell nicht sinnvoll. Hier kann das Konzept der *Lehrerklassenteams* (LKT) nach Müller angewendet werden (Müller, 2008, 2011). Bei diesem Konzept werden etwa vier bis neun Lehrkräfte aus dem allgemeinbildenden und dem berufsbildenden Bereich zusammengefasst, deren Unterrichtseinsatz überwiegend auf die sogenannten Teamklassen begrenzt ist. Im Teilzeitbereich sind dies etwa zehn Klassen. Damit ist die Vorstellung verbunden, dass diese Teams eine eigene Kultur, eine eigene Struktur, zum Beispiel einen Sprecher, und eine eigene Strategie entwickeln, also beispielsweise eine eigene Vision für die Arbeit im Lehrerklassenteam. Innerhalb des Teams werden Aufgaben, beispielsweise bei der Klassenverwaltung, aufgeteilt. Daneben existieren weitere Bereiche der Zusammenarbeit. So regeln die Lehrerklassenteams eigenständig, wie die Teammitglieder auf Regelverstöße der Schülerinnen und Schüler reagieren, damit diese nicht die Lehrkräfte gegeneinander auszuspielen versuchen.

Alternativ können *Fachteams*, d. h. Lehrkräfte mit dem gleichen Unterrichtsfach, gebildet werden. Eine weitere Organisationsform unterhalb der Abteilungsebene ist das *Lernfeldteam*. Dies ist eine Gruppe von Lehrkräften des berufsbezogenen Bereichs, die ggf. ergänzt wird um Lehrkräfte aus dem allgemeinbildenden Bereich. Lernfeldteams haben dann die Patenschaft über Lernfelder, d. h. sie konkretisieren die Lernfelder durch Lernsituationen. Je nach Größe des Berufsbereichs können die Lernfeldteams ihre Lernfelder in den Klassen hintereinander unterrichten. Andere Lernfelder werden von anderen Lernfeldteams unterrichtet. Im zweiten Schulhalbjahr stehen die Lernfeldteams für andere Lernfelder zur Verfügung. Durch eine solche Arbeit in Lernfeldteams wird der Vorbereitungsaufwand im lernfeldorientierten Unterricht deutlich gesenkt. Durch die enge Zusammenarbeit im Lernfeldteam bestehen gute Bedingungen für eine gemeinsame Qualitätssicherung.

Die Gliederung der Schule in Abteilungen und Teams wird in der Praxis häufig durch eine weitere Organisationsform überlagert, nämlich die *Projektorganisation*. Die Lehrkraft ist damit einerseits – mehr oder weniger dauerhaft – Mitglied in der Abteilung und andererseits – mehr oder weniger zeitlich begrenzt – Mitglied in Projektteams. Eine angemessene Darstellung einer beruflichen Schule wäre mithin eine Matrixorganisation, in der diese ‚Mehrfachverantwortungen' auch deutlich werden, allerdings nur dann, wenn Projekte längerfristig ausgelegt sind.

Neben der Aufbauorganisation werden in Schulen die Prozesse strukturiert, d. h. eine *Ablauforganisation* festgelegt. In der Toolbox (TB-7.6) findet sich eine Liste von Schulprozessen aus einer Handreichung zur Erarbeitung von Qualitätsmanagementhandbüchern für berufliche Schulen aus Baden-Württemberg. In einigen Bundesländern wird den Schulen nahegelegt, solche Handbücher zu erstellen, die die Prozesse, oft im Detail, beschreiben. Solche Handbücher sind eine große Hilfe bei der Einarbeitung einer Lehrkraft und bei der Optimierung von Prozessen in Schulen. Gleichwohl ist die Erstellung solcher Handbücher mit großem Aufwand verbunden. Weitergehende Ansätze, die insbesondere Methoden und Hilfsmittel aus der Prozessoptimierung von Unternehmen oder der Praxis in der Weiterbildung (Kucher & Wehinger, 2010, S. 132 ff.) auf Schulen übertragen, stehen noch am Anfang (Harms, 2009).

Definition 1: Schule

Eine Schule ist eine Institution, die sich durch ihre Strategie, ihre Struktur und ihre Kultur auszeichnet. Die Strategie schlägt sich dabei im Leitbild wieder und muss letztlich immer auf die Schaffung eines günstigen Umfelds zum Lernen der Schülerinnen und Schüler angelegt sein.

14.2.2 Selbstähnlichkeit der Ebenen: Die fraktale Schule

Im Falle der Unterteilung einer Schule in Abteilungen und formale Teams hat die Schule eine *fraktale Struktur* (Schratz & Steiner-Löffler, 1998, S. 74 ff.). Die Schule wird in selbstähnliche Einheiten gegliedert, die wieder in selbstähnliche Einheiten unterteilt werden. Jede dieser Einheiten – Schule insgesamt, Abteilung, Team – haben beispielsweise eine eigene Strategie, eine eigene Struktur und eine eigene Kultur.

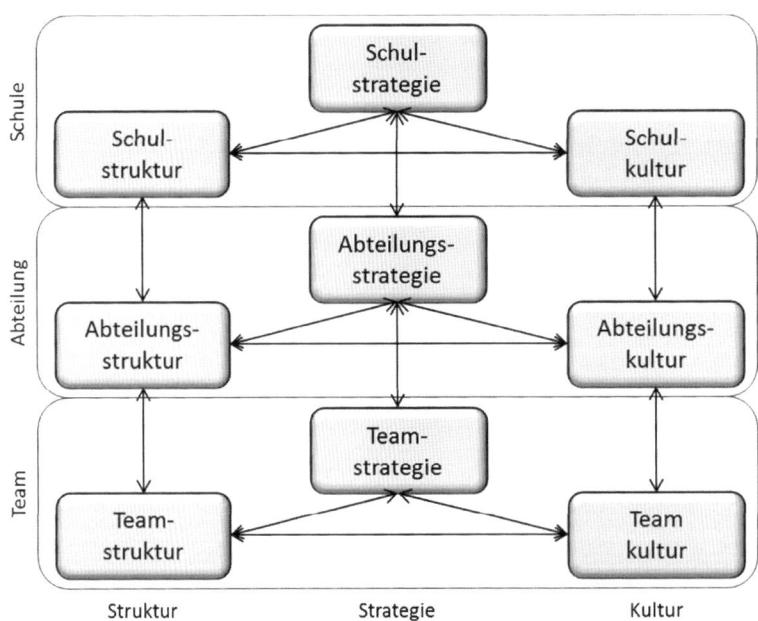

Übersicht 6: Fraktale Struktur von Schule

Diese Einheiten entwickeln sich – im Rahmen der gleichen Schule – mit und durch ihre spezifische Umwelt: Ein Team, das überwiegend im Versicherungsbereich tätig ist, wird eine andere Kultur entwickeln wie ein Team, das überwiegend in der Berufsvorbereitung tätig ist. Durch die Teamarbeit können die Lehrkräfte entlastet und die Wirksamkeit kann gesteigert werden. Durch die Organisation kann sich eine Arbeitsteilung, eine Kräftebündelung, ein Sinnerlebnis und ein Wir-Gefühl einstellen (Müller, 2007).

14.2.3 Die Lehrkraft als Mitglied unterschiedlicher sozialer Netzwerke in der Schule

Die Lehrkraft ist Teil der Klasse, aber auch – ob sie will oder nicht, ob sie das nett findet oder nicht – Teil eines Teams, einer Abteilung und der Schule.

14.2.3.1 Die Lehrkraft als Mitglied eines Teams, einer Abteilung und der Schule

Innerhalb der Abteilungen bilden sich Teams, entweder formal als Teil der ‚offiziellen' Organisation oder informell, also urwüchsig entstanden und ergänzend zur ‚offiziellen' Organisation.

Definition 2: Abteilung

Eine Abteilung ist eine organisatorische Untereinheit der Schule. Synonym: Berufsbereich, Fachbereich.

In der Schulentwicklungstheorie gelten Teams von vier bis neun Personen als eine „arbeitsfähige Größe" (Müller, 2010, S. 36; Rolff, 2007, S. 99). „In größeren Abteilungen mit weit mehr als zehn Lehrkräften ist zeitökonomisches, effizientes Arbeiten mit Aussicht auf Entlastung durch ein Hand-in-

Hand-Arbeiten erfahrungsgemäß nicht mehr ohne weiteres möglich" (Müller, 2010, S. 36). In Ausnahmefällen – etwa in kleinen Abteilungen, die ‚exotische' Bereiche oder Berufe der Schule vertreten – können Teams und Abteilungen ausnahmsweise zusammenfallen. Im Regelfall ergibt sich jedoch folgender Aufbau: Schule – Abteilung – Team. „Team" wird dabei gleichbedeutend mit „Gruppe von Lehrkräften" verwendet. „Team" ist dabei eine Ebene unterhalb der Abteilung, wenngleich Teams auch auf höheren Ebenen vorkommen können. So kann auch die Abteilungsleitung oder die Schulleitung bzw. Schulsteuerung einem Team übertragen werden.

Das Team bildet die Heimat der Lehrkraft, die vor allem in großen Schulen wichtig ist. Teams sind im hier zugrunde gelegten Verständnis vier bis neun Lehrkräfte, die sich als zusammengehörig erleben und definieren, die gemeinsame Ziele verfolgen, gemeinsame Werte und Visionen teilen, die zumindest erste Ansätze der Ausdifferenzierung von Rollen entwickeln, die mehr nach innen als nach außen interagieren, die sich mit einer gemeinsamen Aufgabe oder einer gemeinsamen Person identifizieren und die sich räumlich und bzw. oder zeitlich abheben.[6]

Teams haben eine gemeinsame – ausgesprochene oder stille – Vorstellung davon, wohin die Reise gehen soll: Sie haben eine *Teamstrategie*. Die gemeinsamen Werte und die gemeinsame Vision stellen – in dem hier zugrunde gelegten Planungsmodell – einen normativen Rahmen dar, der bei der Unterrichtsplanung berücksichtigt werden sollte. Mit anderen Worten: Die im Team bestehenden normativen Vorstellungen stellen eine wichtige Grundlage für die Planung des Unterrichts der Lehrkraft dar. Im Planungsmodell wird dies als „übergreifende Bedingung" begriffen. Beachten Sie dazu bitte die Checkliste zu Teamvereinbarungen (TB-3.9).

Definition 3: Team

Ein Team ist eine kleinere Gruppe von Lehrkräften, meist vier bis neun, die zumindest in Ansätzen eine gemeinsame stumme oder offen ausgesprochene Strategie, eine gemeinsame Struktur und eine gemeinsame Kultur entwickelt haben. Synonym: Lehrerteam. Sonderformen: Klassenteam, Fachteam, Lernfeldteam, Lehrerklassenteam (LKT).

Kooperation von Lehrkräften entsteht nicht automatisch. Sie verlangt eine unterstützende *(Team-) Struktur*, d. h. einen geeigneten organisatorischen Rahmen, zum Beispiel die dargestellten Klassen- oder Lernfeldteams. Diese Struktur muss gleichzeitig substantielle Entscheidungen innerhalb der einzelnen Teams erlauben, zum Beispiel methodische und inhaltliche Festlegungen zu einem Lernfeld oder Regelungen zur Klassenführung in den Klassen des Teams. In einem Team werden bestimmte Produkte und Arbeitspakete abgesprochen, die zu spezifischen Meilensteinen und Teamtreffen führen. Dabei sind Fragen der Dokumentation sowie der grundlegenden Vorgaben für die Produkte festzulegen. Außerdem ist der eigentliche Arbeitsprozess durch einen Reflexionsprozess zu ergänzen, der zu bestimmten Zeitpunkten eine Evaluation der Arbeitsprozesse in der Gruppe sowie der Produkte vorsieht.

Hilfreich ist eine geeignete Unterstützung durch Informationstechnik, beispielsweise eine Unterstützung der Gruppenarbeit durch gemeinsame Dateiablage in einem geschützten Raum. Notwendig für die Zusammenarbeit unter Lehrkräften ist die Organisation von Zeitgefäßen (z. B. Fensterstunden in Stundenplänen), eine gute Organisation des Sitzungswesens (Dubs, 2005, S. 429 ff.), regelmäßige Berichtsrunden als Tagesordnungspunkt im Rahmen von ordentlichen Konferenzen, Workshops usw. (Wilbers, 2002, 2004).

STOPP: Was denken Sie? Sollten Lehrkräfte zusammenarbeiten? Beantworten Sie diese Frage nicht einfach mit einem „Ja". Formulieren Sie nicht nur Ansprüche an die abstrakte Kategorie „Lehrkraft". Abstrakte Forderungen an Andere sind schnell und leicht erhoben. Wie steht es um Sie selbst? Ihre Arbeit im Team? Denken Sie bitte an Ihre Arbeit in der Stammgruppe und die Teamreflexionen dort.

Gute Kooperation lässt sich jedoch nicht einfach anhand der Häufigkeit von Sitzungen messen. Bauer bezeichnet ein solches Verständnis als „technokratisches Missverständnis" (2004, S. 525). „Sucht man nach validen Indikatoren für pädagogisch wirksame Kooperation, so sind Variablen wie Häufigkeit und Intensität von Interaktionen oder die Häufigkeit der Teilnahme an Besprechungen und Konferenzen offenbar ungeeignet. Gute Kooperation ist effektive und effiziente Kooperation; und hierfür sind Zeitersparnis, kompetente Leitung und Aufgabenspezialisierung in fachlich heterogenen Gruppen bessere Indikatoren" (Bauer, 2004, S. 826).

Wortwörtlich: Ewald Terhart

... ist der vielbeklagte Lehrerindividualismus, sind die vielfältigen organisatorischen sowie sozial- und individualpsychologischen Barrieren gegenüber kollegialer Kooperation ... gravierende Hemmnisse auf dem Weg zu einer tatsächlichen Professionalität des Lehrerberufs. Das gezielte Nebeneinanderherarbeiten sowie die Nichteinmischung in die Arbeit der Kolleginnen und Kollegen gehört zu den impliziten Normen der Berufskultur der Lehrerschaft, die nur sehr schwer zu durchbrechen sind, da die Befolgung dieser Normen dem einzelnen Lehrer im Gegenzug Schutz vor der Einmischung anderer gewährt. Und dieser Schutz wird als ein sehr wichtiges, unverzichtbares Element im kollegialen Mit- oder besser Nebeneinander angesehen, weil die Unterrichtsarbeit mit einem hohen Beteiligungsgrad der eigenen Person, einem hohen Grad an persönlichem Involvement also, verrichtet wird und eben nicht in distanzierter, mechanischer Form. Eine Beobachtung oder gar Kommentierung der eigenen Arbeit durch Kollegen wird dann schnell als Einmischung oder Beurteilung der eigenen Person wahrgenommen. Auf diese Weise entsteht Isolation, wo Kooperation geboten wäre.

Bild 1: Ewald Terhart. Foto privat. Zitat: Terhart (1996)

Die Zusammenarbeit von Lehrkräften spricht auch die *(Team-)Kultur* in der Schule an. Der Teamarbeit unter Lehrkräften unterliegen oft nicht bewusste Wertvorstellungen: Entweder wird Kooperation als nicht notwendig erachtet oder Kooperation wird ideologisiert (Bauer, 2004, S. 826). Beim letzteren herrschen zwei Glaubenssätze vor: „Je mehr Kooperation desto besser!" sowie „Kooperation ist gut und individuelles Handeln ist schlecht!". Es gibt die „Neigung vieler Pädagogen, professionelle Ansprüche moralisierend zu behandeln" (Bauer, 2004, S. 815). Es gehe nicht „um zielorientierte, effektive Kooperation, sondern - aus Sicht vieler Lehrkräfte - um die Erfüllung einer moralischen Norm" (Bauer, 2004, S. 815).

Bauer (2004) formuliert das „gruppenromantische Missverständnis": Damit meint er die implizite Annahme, „die höchste und wirksamste pädagogische Kooperationsform sei der gemeinsam im Team miteinander befreundeter Personen durchgeführte Unterricht" (2004, S. 826). Aber: „Die besten Teams sind offenbar nicht die Teams, deren Mitglieder die meiste Zeit miteinander verbringen oder informelle und private Kontakte pflegen. ... Entscheidend sind vielmehr fachliche und pädagogische Kompetenzen der Teammitglieder, eine hohe Leitungskompetenz und eine gute Passung zwischen Team und Aufgabe bzw. betreuender Lerngruppe" (Bauer, 2004, S. 826). Kooperation ist kein Selbstzweck. Das Pendel „Die Lehrkraft ist ein Einzelkämpfer" darf nicht einfach zu „Die Lehrkraft ist ein Teamplayer" ausschlagen. Eine Entmoralisierung der Kooperation tut hier Not. Außerdem sind völlig übersteigerte Erwartungen an die Kooperation zu relativieren. Sie führen sonst im Nachgang häufig zu Frustrationserlebnissen und beschädigen so den Kooperationswillen. Teamarbeit unter Lehrkräften bedeutet keine Lagerfeuerromantik. Für eine gute makrodidaktische Planung brauchen die Lehrkräfte nicht um ein Lagerfeuer zu sitzen, zur Gitarre der Teamleitung zu singen und Lernsituationen auszufiedeln.

Ein weiterer Hemmschuh guter Zusammenarbeit unter Lehrkräften ist der „Mythos der Gleichartigkeit" (Fenkart & Krainz-Dürr, 2001, S. 11) bzw. das „leidige Egalitätsmuster in der Lehrerschaft" (Hameyer & Strittmatter, 2001, S. 5): Die Kultur einer Schule ist demnach immer noch geprägt von einem ‚Mythos der Gleichheit', der besagt, dass alle Lehrkräfte gleich ‚gut' sind. „Es besteht eine große Scheu, Unterschiede sichtbar werden zu lassen ... Wer sich anbietet, etwas von sich und seiner Profession ‚herzuzeigen', gerät leicht in den Geruch der Profilierungssucht" (Fenkart & Krainz-Dürr, 2001, S. 11). Interessant ist jedoch vor allem eine Zusammenarbeit von Personen mit *unterschiedlichen* Kompetenzen bzw. mit unterschiedlichen Profilen.

Wenn es gelingt, Teams zu bilden, d. h. entsprechende Strategien, Strukturen und Kulturen aufzubauen, hat dies einen Effekt auf das Wohlbefinden der Lehrkraft in der Schule. Die Verbesserung der Zusammenarbeit von Lehrkräften ist ein Instrument zur Entlastung und der Steigerung der beruflichen Zufriedenheit von Lehrkräften (Klippert, 2007b, S. 132 ff.). Zusammenarbeit unter Lehrkräften hat einen engen Bezug zur sozialen Unterstützung von Lehrkräften (Wilbers, 2004, S. 246 ff.). Die Inhalte sozialer Unterstützung (Fydrich & Sommer, 2003, S. 84) werden unterschiedlich verstanden. Weit verbreitet ist die Unterscheidung von vier Arten von Support: Instrumentelle Unterstützung, zum Beispiel das Borgen von Geld oder die Arbeit für eine andere Person, informationelle Unterstützung, wie zum Beispiel das Geben von Tipps oder Empfehlungen, soziale Unterstützung, z. B. die Bereitstellung von Feedback oder Bestätigung, oder emotionale Unterstützung, wie zum Beispiel Empathie oder Liebe. In empirischen Studien zeigt sich immer wieder ein positiver Zusammenhang von sozialer Unterstützung mit der Prävention psychischer Störungen und körperlicher Erkrankungen sowie Förderung von Gesundheit insgesamt (Fydrich & Sommer, 2003). Die Entwicklung von sozialer Unterstützung in der Schule – also Teambildung – ist damit ein wichtiger Hebel, um Lehrkräfte gesundheitlich zu stärken. Mit anderen Worten: Teams unter Lehrkräften stärken heißt Gesundheit von Lehrkräften stärken.

Lehrkräfte bei der makrodidaktischen Planung?
Bild 2. Von hamster28, photocase.com

14.2.3.2 Exkurs: Teamarbeit unter Studierenden

Die Erörterung zur Teamarbeit unter Lehrkräften kann auf die Teamarbeit unter Studierenden übertragen werden. Obwohl Studierende dem erfahrungsgemäß gerne aus dem Wege gehen, sollten zu Beginn einer Teamarbeit die Erwartungen zum Produkt und zu den Prozessen detailliert abgeglichen werden. Eine Hilfe ist dazu die schriftliche Formulierung eines Teamvertrages, zum dem die Toolbox eine Checkliste anbietet (TB-14.23).

Dazu gehören die Festlegungen der Verantwortlichkeiten, insbesondere der Vertretung nach außen, und die Verantwortlichkeiten für bestimmte Arbeitspakete. Nach der Ermittlung der Produkte der Teamarbeit können die zur Produktion notwendigen Arbeitspakte und dann die Meilensteine festgelegt werden. Dies führt zur Festlegung von Teamtreffen, wobei auch Fragen der Dokumentation sowie weitere grundlegende Fragen geklärt werden sollten. Neben dem eigentlichen Arbeitsprozess sollte ein Feedbackprozess integriert werden, der sowohl das Handeln der einzelnen Teammitglieder als auch die Qualität des Produkts zum Thema eines Feedbacks macht.

Weiterhin braucht die Arbeit im Team eine Teamstruktur, d. h. Vereinbarungen zum Raum, zu den Zeitfenstern, der technischen Dokumentation und Ablage sowie der Unterstützung durch Dritte. Auch bei studentischen Teams sollten die Teamstrategie und -kultur reflektiert werden.

Werden zu Beginn einer Teamarbeit unter Studierenden die Erwartungen nicht oder nur lieblos abgeglichen und erfolgt kein frühzeitiges Feedback zur Qualität der Zusammenarbeit und der Produkte, dann werden Unzufriedenheiten erst spät im Semester aufgedeckt und führen oft zu schwerwiegenden Konflikten, die sich kurz vor der Abgabe von Teamarbeitsprodukten zuspitzen. Zu diesem Zeitpunkt kann mit Schwierigkeiten in der studentische Gruppe nur noch schwer umgegangen werden. Gleichwohl sollten sich Studierende meines Erachtens nicht scheuen, im Falle von Konflikten möglichst frühzeitig Hilfe durch Dritte zu suchen. Dritte haben oft weitere Möglichkeiten zur Konfliktlösung. Auch in anderen Bereichen ist inzwischen eine Mediation von Konflikten üblich.

14.2.3.3 Die Lehrkraft als geführte Beamtin bzw. geführter Beamter

Jede Lehrkraft hat in der Schule eine besondere Beziehung zur Schulleitung bzw. zur Leitung einer Abteilung.

In den meisten beruflichen Schulen zeichnet sich die Organisation durch drei Ebenen aus: Die Ebene der gesamten Schule, die Ebene der Abteilungen und die Ebene unterhalb der Abteilungen, also die Ebene der Teams. In der Praxis beruflicher Schulen bedeutet das *nicht* auch eine mehrstufige Hierarchie. Die *Schulleiterin* bzw. der *Schulleiter* sind nach herrschendem Recht *allein* Dienstvorgesetzte – und nicht wie etwa in Unternehmen Abteilungsleitungen oder Teamleitungen. „Dienstvorgesetzte sind diejenigen, die für beamtenrechtliche Entscheidungen über die persönlichen Angelegenheiten der ihnen nachgeordneten Beamten und Beamtinnen zuständig sind. Vorgesetzte sind diejenigen, die Beamten und Beamtinnen für ihre dienstliche Tätigkeit Anordnungen erteilen können" (Art. 3 BayBG). Bei großen Schulen ist es keine Seltenheit, dass die Schulleitung über hundert Personen vorgesetzt ist.

> STOPP: Was ist für Sie gute Führung? Welche Eigenschaften sollte eine gute Schulleiterin bzw. ein Schulleiter haben? Was erwarten Sie? Haben Sie auch schon mal überlegt, was Sie dazu beitragen können?

Neben der Schulleitung können in Bayern nach der Lehrerdienstordnung (LDO) „*Fachbetreuer*" bestellt werden, die die Schulleitung in fachlichen Fragen unterstützen, insbesondere bei der Koordinierung des Unterrichts. Gelegentlich wird auch die Bezeichnung „Abteilungsleiter(in)" oder „Berufsbereichsbetreuer(in)" verwendet. Typische Aufgaben der Fachbetreuung sind die Klasseneinteilung, die Stundenplanung oder die Vertretungsorganisation. Die Fachbetreuung hat in Bayern gemäß Lehrerdienstordnung (LDO) kein Weisungsrecht, kein Recht zur Beurteilung und kein Recht auf Unterrichtsbesuche. Die Fachbetreuung ist damit nicht dienstlich vorgesetzt. In Unternehmen übernimmt die mittlere Führungsebene wichtige Funktionen (Floyd & Lane, 2000). In der Schule ist eine mittlere Führungsebene jedoch in Deutschland im Gegensatz zu anderen Ländern wenig entwickelt.[7] Die Fachbetreuung im Sinne der bayerischen LDO ist ein Coach, der seinem Team in fachlichen Fragen zur Seite steht. Viele Lehrkräfte sehen in Bayern die Gefahr, dass ein solcher kollegialer Coach nach der Einführung einer mittleren Führungsebene nicht mehr zur Verfügung steht (Wilbers, 2008). Zurzeit wird jedoch an einigen beruflichen Schulen ausprobiert, ob eine mittlere Führungsebene eingeführt werden sollte, bei der die Fachbetreuung unter Umständen solche Rechte bzw. Pflichten erhält.

Dienstvorgesetzt ist die Schulleitung. Das Anordnen oder Anweisen ist Dienstvorgesetzten, d. h. der Schulleiterin oder dem Schulleiter, vorbehalten. Das Anweisen ist jedoch nur ein kleines, wenn auch wichtiges Element direkter Führung. Direkte Führung geht jedoch, wie die folgende Übersicht zeigt, weit darüber hinaus (Wunderer & Bruch, 2004).

Aufgaben	Aspekte
Normativen Rahmen umsetzen	▶ Werte als Leitplanken vermitteln
	▶ Ziele vereinbaren
Konsultieren, kooperieren, delegieren	▶ Informieren und interpretieren
	▶ Beraten
	▶ Anweisen und abstimmen
	▶ Aufgaben und Verantwortungsbereiche übertragen
	▶ Prioritäten setzen
Motivieren, entwickeln und coachen	▶ Inspirieren
	▶ Kommunizieren
	▶ Konstruktiv interpretieren
	▶ Fördern
	▶ Integrieren und koordinieren
	▶ Konflikte moderieren oder handhaben
Evaluieren und anerkennen	▶ Feedback geben
	▶ Beurteilen und bewerten
	▶ Anerkennen
	▶ Konstruktiv kritisieren

Übersicht 7: Elemente direkter Führung nach Wunderer und Bruch (2004)

Pädagogisch zu führen meint also vielmehr als dienstvorgesetzt zu sein. Was genau steckt jedoch hinter „pädagogischer Führung"? In der Literatur wird eine Vielzahl von Modellen pädagogischer Führung (educational leadership) diskutiert. Notwendig sind heute Führungspersönlichkeiten, die *im* Wandel und *für den* Wandel führen. Führen in und für Transformation: Das ist in der Managementlehre der Kern des transformationalen Führungsverständnisses (Krapp & Weidenmann, 2001, S. 262 ff.). Dieses transformationale Führungsverständnis ist auch in der Theorie pädagogischer Führung zum dominanten Modell geworden.[8] Das Modell transformationaler Führung lässt sich über die sogenannten vier englischen I's verstehen,[9] die auch die Grundlage für den in der Toolbox (TB-7.2) wiedergegebenen Multifactor Leadership Questionnaire (MLQ) sind.

Die vier I's der transformationalen Führung

▶ Idealized Influence (Einfluss durch Vorbildlichkeit und Glaubwürdigkeit): Die transformationale Führungskraft hat eine Vorbildfunktion, die nachhaltig zu beeinflussen vermag. Die Führungskraft vermittelt Stolz, Respekt und gibt Vertrauen, sie stellt eigene Interessen für die Gruppe zurück. Sie hat ethische und moralische Prinzipien, fordert und fördert höchstes Engagement und kommuniziert überzeugend Werte und Ziele.

▶ Inspirational Motivation (Motivation durch begeisternde Visionen): Transformationale Führungskräfte führen über attraktive Visionen. Sie vermitteln diese überzeugend und stehen selbst dahinter. Sie geben den Dingen des Alltags einen ‚tieferen Sinn', blicken optimistisch in die Zukunft und begeistern für Ziele. Sie vermitteln Vertrauen und Zuversicht, dass die Ziele erreicht werden.

▶ Intellectual Stimulation (Anregung und Förderung von kreativem und unabhängigem Denken): Die transformationale Führungskraft fördert intelligentes, rationales und sorgfältig überdachtes Problemlösen, sie stellt die „Dinge" immer wieder in Frage und macht innovative Vorschläge.

▶ Individualized Consideration (Individuelle Unterstützung und Förderung): Die transformationale Führungskraft versteht sich als Coach oder Mentor. Sie nimmt sich Zeit für einzelne Lehrkräfte, fördert die individuelle Entwicklung und behandelt jede Lehrkraft als Individuum.

Übersicht 8: Die vier I's der transformationalen Führung

Das transformationale Führungsverständnis bildet die Grundlage für den Fragebogen „Multifactor Leadership Questionnaire" (MLQ), den Felfe in das Deutsche übertragen hat.[10] Der Fragebogen ist gekürzt in der Toolbox wiedergegeben und kann der Erfassung bzw. Reflexion der Führung dienen (TB-7.3).

Eine Leitungskraft übernimmt in einer Schule nicht nur Aufgaben der pädagogischen *Führung*. Vielmehr zählt auch das pädagogische *Management* (Spillane & Diamond, 2007, 4 f.; Bush, 2008, S. 3 ff.).

Die Leitungsperson übernimmt weiterhin kollegiale Aufgaben (Warwas, 2009). Damit ergeben sich drei Aufgaben von Leitungspersonal in Schulen.

- ▶ **Pädagogisches Management bzw. Administration:** Pädagogisches Management legt den Fokus auf die Aufrechterhaltung des erfolgreichen Betriebs vorgegebener Strukturen und Prozesse. Dieser Teil kann auch als Administration verstanden werden, hebt auf den Vollzug behördlicher oder interner Vorgaben ab und spricht die Schulleitung als Vorstand einer Behörde an (Klippert, 2007a).
- ▶ **Pädagogische Führung bzw. Leadership:** Pädagogische Führung stellt den Versuch dar, andere Personen zu beeinflussen und neue Ziele zu erreichen. Pädagogisches Management ist in diesem Verständnis mit Aufrechterhaltung, pädagogische Führung mit (Ver-)Änderung verbunden.
- ▶ **Kollegiale Aufgaben:** Die Leitungskraft, die in Schulen immer auch als Lehrkraft tätig ist, übernimmt auch kollegiale Aufgaben. Das Handeln ist hier bestimmt von der Gleichberechtigung, dem Konsens und der strikten Beachtung der pädagogischen Freiheiten der Kolleginnen und Kollegen. Die Führungskraft bemüht sich um ein Auftreten auf Augenhöhe (Warwas, 2009).

Leitungspersonen entwickeln für sich in diesen drei Rollensegmenten unterschiedliche Profile. In einer empirischen Erhebung weist Warwas aufgrund einer standardisierten Befragung von etwa 800 Schulleitungspersonen in Bayern fünf Varianten von Schulleitungen nach. So zeichnet sich beispielsweise die „pädagogische Führungskraft" durch ein hohes Leadership-Verständnis, eine geringe kollegiale Handlungsorientierung und wenig kollegiale Aufgaben aus. Andere Leitungspersonen entwickeln andere Profile und zwar unabhängig von Dienstalter und Geschlecht.

Aufgaben	Leadership	Management	Kollegialität
Pädagogische Führungskraft	Hoch	Mittel	Niedrig
Vorgesetzter mit pädagogischer Verantwortung	Mittel	Mittel – niedrig	Niedrig
Teamleitung	Mittel	Hoch	Niedrig – sehr niedrig
Lehrkraft mit Verwaltungsaufgaben	Niedrig	Hoch	Hoch
Generalist	Hoch	Hoch	Hoch

Übersicht 9: Varianten der Schulleitung bei Warwas (2009)

Als Führungskräfte gelten dabei die Schulleitung und die Stellvertretung. Aus der angelsächsischen Forschung ist bekannt, dass assistierende Führungskräfte in Schulen vorrangig Aufgaben bezüglich des Betriebs und der Ordnung in der Schule (‚management'), weniger in der Weiterentwicklung und den Wandel in der Schule (‚leadership') übernehmen.[11]

Die empirische Forschung belegt, dass die Schulleitung einen deutlichen Einfluss auf die Leistungen der Schülerinnen und Schüler der Schule hat (Bonsen, 2009). In den meisten Studien lassen sich jedoch keine *direkten* Effekte der Schulleitung, sondern nur *indirekte* Effekte nachweisen. Die Leitung beeinflusst beispielsweise die Klarheit des Leitbildes der Schule, das wiederum die Lernmöglichkeiten für die Schülerinnen und Schüler beeinflusst, welches sich auf die Lernleistungen auswirkt. Das direkte Führen beinhaltet nach dem hier vorgebrachten Verständnis ein Konsultieren und Kooperieren, ein Motivieren, Entwickeln und Coachen sowie ein Evaluieren und Anerkennen durch die Schulleitung – auch bezogen auf den Unterricht der Lehrkraft. Gleichwohl wird die Schulleitung nicht als eigenständiger Parameter der Unterrichtsplanung verstanden, sondern stattdessen auf die institutionellen Rahmenbedingungen abgehoben.

14.2.4 Professional Learning Communities als Ansatzpunkt der Schulentwicklung

Ein wichtiges Leitbild moderner Schulentwicklung ist die Professional Learning Community (PLC)[12] beziehungsweise eine Professionelle Lerngemeinschaft (PLG).[13] Ein Team, eine Abteilung oder die Schule insgesamt kann – ebenso wie eine Allianz einer Schule mit einer Universität – eine Professional Learning Community begründen. Der Zusatz "professional" zeigt dabei an, dass die Mitglieder einer Professional Learning Community eine professionelle Kompetenz, eine ethische Rückbindung, eine professionelle Verpflichtung und eine professionelle Eigenkontrolle durch Professionsstandards mitbringen. Eine Professional Learning Community zeichnet sich durch verschiedene Merkmale aus.

Merkmale einer Professional Learning Community

▶ **Geteilte pädagogische Führung** (Shared and Supportive Leadership): Die Leitung der Community 'teilt' ihre Führung, etwa indem sie umfänglich das Kollegium bei Entscheidungen konsultiert oder Befugnisse delegiert.

▶ **Gemeinsame Werte und gemeinsames Leitbild** (Shared Values and Vision): Die Community entwickelt gemeinsame Werte und ein gemeinsames Leitbild, die das Handeln der Mitglieder der Community normativ ausrichten. Die Ausrichtung erfolgt dabei auf das Lernen der Schülerinnen und Schüler.

▶ **Gemeinsames Lernen und Anwenden** (Collective Learning and Application): Die Mitglieder der Community arbeiten gemeinsam an der ständigen Weiterentwicklung des Unterrichts und der entsprechenden Kompetenzen.

▶ **Geteilte individuelle Praxis** (Shared Personal Practice): Die Lehrkräfte unterstützen und beraten sich gegenseitig.

▶ **Unterstützende Bedingungen – Beziehungen** (Supportive Conditions – Relationships): Das gemeinsame Lernen und Arbeiten in der Community wird durch günstige Beziehungen in der Schule unterstützt.

▶ **Unterstützende Bedingungen – Strukturen** (Supportive Conditions – Structures): Das gemeinsame Lernen und Arbeiten in der Schule wird durch günstige Strukturen in der Schule unterstützt.

Übersicht 10: Merkmale einer Professional Learning Community

Diese Merkmale bilden die Grundlage für das Professional Learning Community Assessment – Revised (PLCA-R), das in der Toolbox (TB-7.5) für Deutschland von mir adaptiert wurde.[14] Dieses Tool erläutert die grob skizzierten Merkmale von Professional Learning Community Assessment ausführlicher. Professional Learning Communities werden heute als strategischer Ansatzpunkt zur Entwicklung von Schulen gesehen. Traditionelle Wege der ,Transmission' wissenschaftlicher Erkenntnisse in die Praxis, etwa das isolierte Lesen wissenschaftlicher Beiträge oder das alleinige Rezipieren wissenschaftlicher Vorträge, sind in den Verdacht mangelnder Effektivität gekommen. Stattdessen wird heute auf moderne Formen der Kompetenzentwicklung gesetzt, zu denen auch Professional Learning Community Assessment gehört (Zepeda, 2008).

14.3 Schulische Bedingungen des Unterrichts (mit-)entwickeln

14.3.1 Wege, die Schule systematisch zu ändern

Wenn eine Schule, ein Team oder eine Abteilung keine Professional Learning Community ist, kann sie es werden. Schulische Bedingungen sind nicht in Stein gemeißelt. Vielmehr lassen sich auch die schulischen Bedingungen systematisch im Kollegium gestalten. Wirtschaft und Gesellschaft befinden sich in einem stetigen Wandel. Die Schule kann und darf als Institution nicht jede Modewelle mitmachen. Wenn sich jedoch die Schule vom Wandel in Wirtschaft und Gesellschaft abhängt, hat sie alsbald Prob-

Wenn der Wind des Wandels weht, bauen die einen Schutzmauern und die anderen Windmühlen (Chin. Sprichwort)
Bild 3 © S. M. Prokudin-Gorski (Public domain)

leme: Inhalte sind veraltet, die berechtigten Anliegen der verschiedenen Anspruchsgruppen werden nicht berücksichtigt und auf Dauer wird die Arbeit den Lehrkräften keine Freude mehr bereiten. Der stetige Wandel von Schule ist damit ein Reflex auf den stetigen Wandel von Wirtschaft und Gesellschaft. Für die beruflichen Schulen gilt dies wie für keine andere Schulform. Veränderungen sind daher in beruflichen Schulen der Normalfall, nicht der Ausnahmefall. Nur die tote Schule bewegt sich nicht mehr. Daher stellt sich die Frage, wie Schule systematisch – und zwar von den Lehrkräften selbst – gestaltet werden kann.

In den Sozialwissenschaften wird mit dem Change Management (Veränderungsmanagement) ein Denkansatz eingebracht, der den Wandel systematisch gestaltet. Veränderungen betreffen dabei die Aufbauorganisation, die Ablauforganisation sowie das soziale Gefüge und das persönliche Arbeitsverhalten. Letzteres, die Veränderungen auf den Verhaltensebenen, kommt häufig zu kurz (Stolzenberg & Heberle, 2009). Veränderungsmanagement hat dabei vier Kernthemen: Die Vision, die Kommunikation mit den Betroffenen, die Beteiligung der Betroffenen sowie die Qualifizierung (Stolzenberg & Heberle, 2009). Kotter (2011) legt ein achtstufiges Vorgehen beim Veränderungsmanagement nahe.

Acht Stufen des Veränderungsmanagements

- ▶ Ein Gefühl für Dringlichkeit erzeugen
- ▶ Eine Führungskoalition aufbauen
- ▶ Vision und Strategie entwickeln
- ▶ Die Vision des Wandels kommunizieren
- ▶ Mitarbeiter auf breiter Basis befähigen
- ▶ Schnelle Erfolge erzielen
- ▶ Erfolge konsolidieren und weitere Veränderungen einleiten
- ▶ Neue Ansätze in der Kultur verankern

Übersicht 11: Acht Stufen des Veränderungsmanagements nach Kotter (2011)

Für Schulen wurden dazu besondere Modelle zur systematischen Veränderung der schulischen Bedingungen, nämlich Schulentwicklung und Qualitätsmanagement entwickelt. Diese beiden Ansätze erlauben es, Schule als Reflex der Veränderungen von außen zu gestalten. Sie erlauben aber Lehrkräften auch, ihre eigenen Arbeitsplätze und Arbeitsbedingungen zu verändern, was freilich mehr Kompetenz und Engagement verlangt als das undifferenzierte Rumnörgeln am Versagen der Anderen, der Schulleitung und des ‚Systems‘.

Definition 4:   Schulentwicklung

Schulentwicklung ist die systematische Weiterentwicklung der Einzelschule auf der Team-, Abteilungs- oder Schulebene durch die Lehrkräfte selbst und zwar als Entwicklung der Bedingungen des täglichen Unterrichts sowie als gemeinsame curriculare und methodische Arbeit.

Ein erster Weg zur systematischen Entwicklung der institutionellen Bedingungen ist die Schulentwicklung. „Alle Schulen entwickeln sich, weil sich das Umfeld, die Schüler und die Lernanforderungen ändern. Wenn wir von Schulentwicklung sprechen, meinen wir etwas mehr, nämlich die Weiterentwicklung von Schule und zwar die systematische. Schulentwicklung ist ein Prozess, der nicht irgendwann ein Ende hat, sondern prinzipiell eine Daueraufgabe ist, auch wenn nicht dauernd daran gearbeitet werden kann. Schulentwicklung ist Entwicklung der Einzelschule" (Rolff, Buhren, Lindau-Bank & Müller, 1999, S. 13). In der Schulentwicklung lassen sich zwei Denkrichtungen unterscheiden: Der Ansatz von Klippert und der Ansatz von Rolff. [15]

Hans-Günter Rolff u. a. verstehen Schulentwicklung (SE) ganzheitlich als einen Zusammenhang von Organisationsentwicklung (OE), Personalentwicklung (PE) und Unterrichtsentwicklung (UE). [16]

- ▶ **Organisationsentwicklung**: Im Ansatz von Rolff u. a. wird der sozialwissenschaftliche Ansatz der Organisationsentwicklung (Anderson, 2010; McLean, 2006) aufgegriffen. Organisationsentwicklung bedeutet, „eine Organisation von innen heraus weiterzuentwickeln und zwar durch deren

Mitglieder selbst. Damit kommt der Leitung eine zentrale Rolle zu und es werden nicht selten Prozessberater von außen hinzugezogen. OE wird als Lernprozess von Menschen und Organisationen verstanden" (Rolff, 2007, S. 14).

▶ **Personalentwicklung**: Die Organisationsentwicklung ist in diesem ganzheitlichen Ansatz immer zu ergänzen um die Personalentwicklung. Personalentwicklung dient bei Rolff u. a. dazu, „alle Mitarbeiter und Mitarbeiterinnen einer Organisation so zu qualifizieren und deren Verhaltenspotential zu vergrößern, dass sie den sich immer schneller verändernden beruflichen Anforderungen gewachsen sind" (Rolff et al., 1999, S. 36).

▶ **Unterrichtentwicklung**: Das dritte Bestimmungsstück ist die Unterrichtsentwicklung. Sie wird verstanden als „alle systematischen und gemeinsamen Anstrengungen der am Unterricht Beteiligten, die zur Verbesserung des Lehrens und Lernens und der schulinternen Bedingungen beitragen" (Bastian, 2007, S. 28).

Zur Schulentwicklung im Sinne dieses Ansatzes gehört immer die gleichzeitige Organisations-, Unterrichts- und Personalentwicklung. Rolff formuliert den Systemzusammenhang von Schulentwicklung bündig: „Keine UE ohne OE und PE, keine OE ohne PE und UE, keine PE ohne OE und UE" (Rolff, 2007, S. 15).

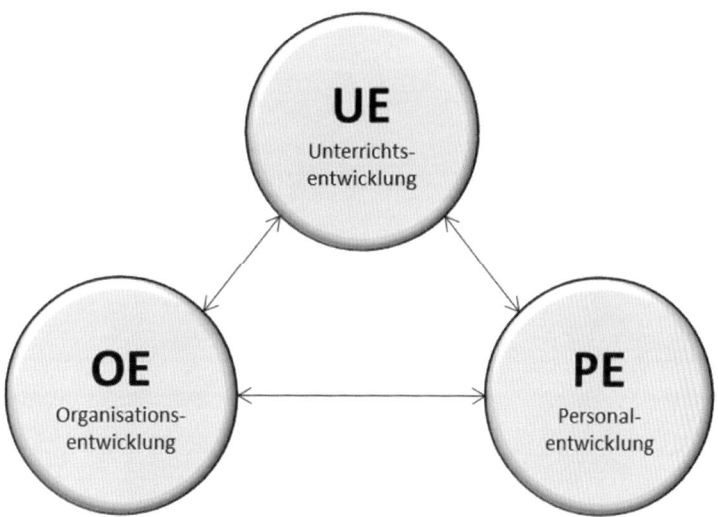

Übersicht 12: Ganzheitlicher Schulentwicklungsansatz

Der zweite Denkansatz von Schulentwicklung, der Ansatz von Klippert, setzt hingegen die Unterrichtsentwicklung in das Zentrum. Schulentwicklung ist bei Klippert eine innere Schulreform durch ein Methodentraining der Lehrkräfte. Organisationsentwicklung – im ersten Ansatz von Rolff u. a. der zentrale Ausgangspunkt – erscheint Klippert als zu langwierig und zu komplex. Sie überfordere die Schule und führe für die Lehrkräfte zu einer vielschichtigen Sisyphusarbeit. Daher solle der Innovationsbereich auf den Unterricht (UE) begrenzt und auf ein Methodentraining der Lehrkräfte (PE) gesetzt werden. Beispielsweise wird von Klippert die Förderung von Sozialkompetenz vorgeschlagen und ein entsprechendes Angebot zur Fortbildung von Lehrkräften entwickelt.

Diese Schwerpunktsetzung auf Unterrichtsentwicklung ist dem ersten, ganzheitlichen Ansatz von Rolff u. a. suspekt: „Unterricht ist die Kernaktivität von Lehrpersonen. Daraus folgt nicht, dass Schulentwicklung (SE) immer bei Unterrichtsentwicklung (UE) ansetzen muss. Das Proklamieren von Vorzugswegen und Prioritäten steht im Gegensatz zu einem Denken in Systemzusammenhängen … Wer den Unterricht verändern will, muss mehr als den Unterricht verändern" (2007, S. 15). In der Einstiegsphase von Schulentwicklungsprojekten werden typische Fehler begangen (Rolff & Schley, 1997).

Typische Fehler in der Einstiegsphase von Schulentwicklungsprojekten

▶ **Tunnelblick**: Schon in der Einstiegsphase haben die Personen die vermeintlich richtigen Lösungen im Kopf. Es komme, so ihre fälschliche Ansicht, nur darauf an, andere Personen davon zu überzeugen.

▶ **Mangelnde Beziehungsbalancen**: In der Einstiegsphase wird versäumt, die Beziehungen in der Schule richtig auszutarieren. Innovatorinnen und Innovatoren bleiben unter sich, die Skeptikerinnen und Skeptiker sind abgekoppelt und die Schulleitung ist nicht die Lokomotive, die die Innovation zieht.

▶ **Kaltstart**: Das Schulentwicklungsprojekt wird mit großer Geschwindigkeit gestartet. Die Personen haben sich an die Notwendigkeit des Wandels noch nicht gewöhnt.

▶ **Zu viel Gepäck an Bord**: Viele Schulentwicklungsprojekte starten mit hohen, zu hohen Erwartungen, denen die Enttäuschung auf dem Fuß folgt. Eine frühe Festlegung von Prioritäten im Schulentwicklungsprojekt wird vermieden, damit niemand vor den Kopf gestoßen wird. Auf diesem Wege wird die Überforderung und Überlastung im Projekt selbst erzeugt.

▶ **Samen auf gefrorene Erde**: Der Boden für Änderungen ist noch nicht bereit. Ein Prozess des Einlassens auf Veränderungen, des Aufgebens alter Gewohnheiten und Privilegien muss zunächst gestartet werden.

▶ **Sache vor Beziehung**: Bei Schulentwicklung geht es nicht ‚nur‘ um die Sache, sondern um Beziehungen, um Personen mit ihren Wünschen, Bestrebungen und Ängsten. Eine auf das Sachliche konzentrierte Kommunikation greift in dieser Situation zu kurz.

▶ **Feuerwerk**: In vielen Schulentwicklungsprojekten wird ein – vom Schulalltag abgehobenes – Feuerwerk abgefackelt. Die Schule gerät in Gefahr, sich zu verzetteln. An zu vielen Stellen werden zu viele Brände entfacht, die nicht mehr alle sinnvoll bedient werden können.

▶ **Scheinbare Problemeinigkeit**: In der Schule sind sich Lehrkräfte vergleichsweise schnell über die Probleme einig. Diese Problemeinigkeit geht jedoch oft nicht wirklich tief, ist selten gut ausdiskutiert und kann oft nur schwer in einen Veränderungsprozess überführt werden.

Übersicht 13: Typische Fehler in der Anfangsphase von Schulentwicklungsprojekten (Rolff & Schley, 1997)

Vielmehr sollte ein Rucksack für den guten Anfang in der Schulentwicklung gepackt werden und zwar nach der folgenden Packliste.[17]

Packliste für einen guten Anfang in der Schulentwicklung

▶ **Bereitschaft**: Menschen, die etwas wollen.
▶ **Konkrete Vision**: Ein Ziel, das reizvoll ist und Energien weckt.
▶ **Überschaubarkeit**: Ein System, in dem sich etwas bewegen lässt.
▶ **Gelegenheit zur persönlichen Urheberschaft**: Eine Handlungsperspektive, die Veränderungen ermöglicht.
▶ **Angst zweiter Ordnung**: Angst vor dem, was geschehen wird, wenn nichts geschieht.
▶ **Externe Herausforderung**: Erwartungen anspruchsvoller Eltern, gesellschaftlicher Interessensgruppen und qualitätsbewusster Administrationen.
▶ **Externe Unterstützung**: Ideen, Modelle, Ressourcen und Beratung von außen.
▶ **Rahmenbedingungen**: Zeitgefäße, Reflexionsrahmen und Kooperationsnetze.
▶ **Lernbereitschaft**: Bedürfnis, sich weiterzuentwickeln und Fehlertoleranz.
▶ **Langer Atem**: Bereitschaft zum allmählichen Hineinwachsen in neue Strukturen und Systeme, zum schrittweisen Entwickeln neuer Arbeits- und Kooperationsformen

Übersicht 14: Packliste für einen guten Anfang in der Schulentwicklung

Bei der Schulentwicklung spielen formell Führungspersonen, gerade der Schulleitung, eine große Rolle. Sie sollten nicht Schulentwicklung ‚durchdrücken‘, sondern unterstützen, also Ressourcen sichern und ‚dabei‘ sein. Die Schulleitung hilft bei der Initiierung und Aufrechterhaltung von Programmen zur Schulentwicklung (Helmke, 2003, S. 202 f.). Für Deutschland wenig erforscht und stellenweise tabuisiert ist der Stellenwert informeller Führung im Kollegium, obwohl angelsächsische Befunde nahelegen, dass in dieser informellen Führung ein wichtiger Schlüssel für eine pädagogisch wirksame Kooperation liegt (Bauer, 2004, S. 828).

Eine weitere Möglichkeit – oder eine Fortführung von Schulentwicklung unter anderer Etikette – zur systematischen Gestaltung der Bedingungen des täglichen Unterrichts ist Qualitätsmanagement (Stock, Hofstadler, Opetnik & Jana-Maria, 2013). Qualitätsmanagement umfasst nach dem sogenannten Deming-Kreis die Phasen „plan", „do", „check" und „act".

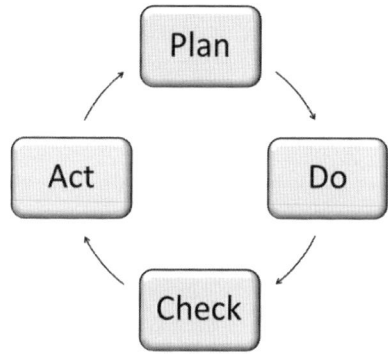

Übersicht 15: Der Deming-Kreis (PDCA-Zyklus)

Die Qualitätsplanung (plan) fragt nach den gewünschten Merkmalen. Die Qualitätsbeeinflussung (do) sucht nach Maßnahmen, die unternommen werden können, um diesen Merkmalen näher zu kommen. Die Qualitätsüberprüfung (check) fragt danach, wie die aktuelle Ausprägung der Merkmale festgestellt werden kann. Die Qualitätsverankerung (act) erwägt, wie auf Basis der Ergebnisse der Qualitätsüberprüfung Maßnahmen zur Verbesserung der Qualität dauerhaft verankert werden können.

Um dem Deming-Kreis in den Schulen gerecht zu werden, wurden umfassende Qualitätsmanagement*systeme* entwickelt. Das Modell „*Q*ualität durch *E*ntwicklung und *E*valuation" (Q2E) ist in der Schweiz entstanden und hilft Schulen bei der systematischen Qualitätsarbeit. Das Q2E-Modell versteht sich als ganzheitlicher Qualitätsmanagement-Ansatz. In der praktischen Umsetzung wird eine Orientierung an mehreren Schritten empfohlen (Steiner & Landwehr, 2003, S. 62 ff.). Das Modell sieht fünf Komponenten vor (Steiner & Landwehr, 2003).

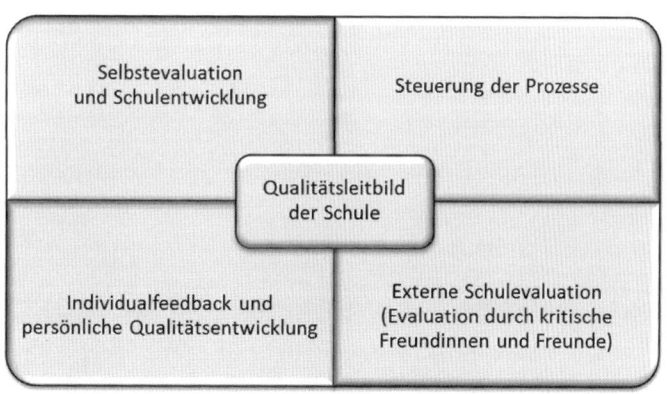

Übersicht 16: Aufbau eines schulischen Qualitätsmanagements (Q2E)

Das *Qualitätsleitbild* ist die Strategie der Schule. Im Qualitätsleitbild „legt die Schule die Qualitäten (Werte, Normen, Standards) fest, nach denen sie sich beurteilen lassen bzw. künftig selber evaluieren will. Die Schule definiert darin die Qualitätsansprüche (Soll-Aussagen), mit denen sie die relevante Praxis (Ist-Zustand) vergleichen möchte (Ist-Soll-Vergleich), um auf dieser Grundlage Entwicklungsschritte zur Verminderung der Ist-Soll-Unterschiede zu ergreifen" (Steiner & Landwehr, 2003, S. 19). In einer Berufsschule sollten die Qualitätsvorstellungen der Lehrkräfte, der Schülerinnen und Schüler und der betrieblichen Ausbilderinnen und Ausbilder berücksichtigt werden. Ziel ist es, die Schnittmenge der drei genannten Anspruchsgruppen ins Zentrum der schulischen Qualitätsentwicklung zu rücken (Müller, 2006).

Grundlage des Qualitätsmanagements ist das systematische Einholen von persönlichen Rückmeldungen (Feedback) durch alle Mitarbeiterinnen und Mitarbeiter der Schule als *Individualfeedback*. D. h. sowohl die Lehrkräfte als auch die Schulleitung, die Fachbetreuung oder die Mitarbeiterinnen und Mitarbeiter des Schulsekretariats sollen sich regelmäßig Rückmeldungen zu ihrer Arbeit holen. In Q2E gehört das Feedback dabei dem Feedbackholenden, d. h. die Lehrkraft ist nach dieser Vorstellung zwar verpflichtet, sich ein Feedback abzuholen, muss jedoch über die Ergebnisse keine Rechenschaft ablegen, zum Beispiel gegenüber der Schulleitung. Ein typisches Instrument für Lehrkräfte ist die Befragung von Schülerinnen und Schülern zur Qualität des Unterrichts.

Neben den einzelnen Individuen holt sich auch die Schule als Ganzes Feedback zu ihrer Arbeit in Form der *schulischen Selbstevaluation*. Dabei können einzelne Bereiche im Vordergrund stehen ('Fokusevaluation') oder die Gesamtqualität der Schule ('Breitbandevaluation'). Eine typische Form der Selbstevaluation ist die Befragung der Lehrkräfte oder der Ausbildungsbetriebe zur Qualität der Schule.

Die verschiedenen Aktivitäten im Qualitätsmanagement müssen zur *Steuerung der Prozesse* in der Schule koordiniert werden. Die Schule muss Zuständigkeiten für das Qualitätsmanagement festlegen, zum Beispiel Aufgaben von Projekt- oder Steuergruppen. Solche Gruppen bestehen in Deutschland meist aus der Schulleitung und beauftragten oder gewählten Lehrkräften, die das Qualitätsmanagement in der Schule vorantreiben. Eine solche Gruppe legt zum Beispiel, in Absprache mit dem Kollegium, Ziele für die Qualitätsarbeit des nächsten Schuljahres fest und bewertet die Zielerreichung am Ende des Schuljahres.

Bei einer *externen Evaluation* wird die Schule von drei bis vier Personen besucht, die die Qualitätsarbeit der Schule bewerten. Dabei kann sich die Evaluation auf die Qualität in verschiedenen Bereichen, wie zum Beispiel den Unterricht, beziehen ('Primärevaluation') oder auf das Qualitätsmanagement selbst ('Metaevaluation').

Q2E war auch die Grundlage für die Entwicklung des Nürnberger Qualitätsmanagements an Schulen (NQS), das von Nürnberger Schulen verwendet wird. Außerdem bildet Q2E die Grundlage für QmbS (Qualitätsmanagement an beruflichen Schulen in Bayern), das zurzeit an den staatlichen Schulen eingeführt wird.

Eine Übersicht über die in den Bundesländern eingesetzten Qualitätsmanagementsysteme für berufliche Schulen bietet die Übersicht von DEQA-VET, der Deutschen Referenzstelle für Qualitätssicherung in der beruflichen Bildung (http://www.deqa-vet.de/de/3512.php).

14.3.2 Typische Erscheinungen in schulischen Veränderungsprozessen

Schulische Entwicklungs- bzw. Innovationsprozesse sind mit typischen Erscheinungen verbunden, die in diesem Abschnitt kurz skizziert werden.

Innovationen laufen in Schulen nicht so ab, als würde ein Schalter umgedreht werden, der den Zustand von 0 % heute auf 100 % morgen wechselt. Nach der Diffussionstheorie hat ein Innovationsprozess einen typischen Verlauf, der sich durch eine S-Kurve beschreiben lässt (Hall & Hord, 2011; Rogers, 1983). Die Entwicklung des Anteils der Lehrkräfte, die eine Innovation übernehmen, also adaptieren, hat demnach einen S-förmigen Verlauf.

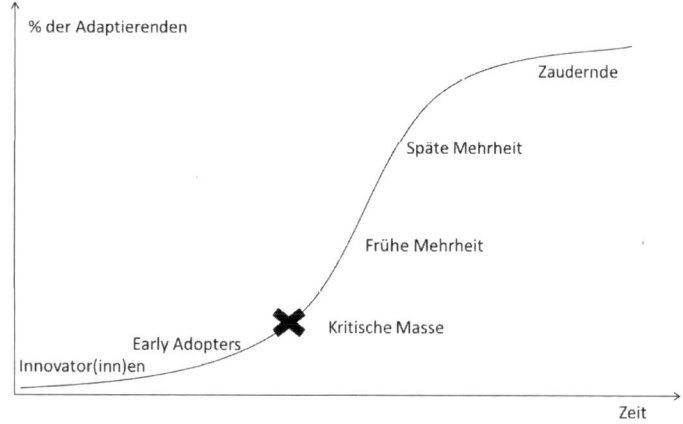

Übersicht 17: Innovationsprozess nach der Diffussionstheorie (Rogers, 1983)

Innovatorinnen und Innovatoren sind in dieser Vorstellung aktive Lehrkräfte, die häufig gut mit Partnerinnen und Partnern außerhalb der Schule vernetzt sind und die auf diese Weise Innovationen ‚in die Organisation' hineintragen. Gelegentlich betreiben diese allerdings die Innovation um der Innovation willen, so dass sie als Meinungsführer oft ‚zu verrückt' gelten. Demgegenüber übernehmen Early Adopters die Innovation später, aber vergleichsweise schnell und nach sorgfältiger Reflexion. Sie gelten im Kollegium als solide Lehrkräfte und sind im Innovationsprozess als Meinungsführer ausgesprochen hilfreich. Ab dem Erreichen der kritischen Masse wird die Innovation in der Diffusionstheorie zum Selbstläufer. Sie ist nach der Vorstellung der Diffussionstheorie nach etwa 16 bis 40 % der Adaptierenden erreicht. Die frühe Mehrheit stellt diffussionstheoretisch etwa ein Drittel des Kollegiums dar. Diese Gruppe zeichnet sich durch vergleichsweise lange Reflexionsprozesse und einen erhöhten Zeitbedarf aus. Es handelt sich um umsichtige bzw. vorsichtige Lehrkräfte, die vor allem von den Early Adopters lernen. Die späte Mehrheit zeichnet sich durch eine langsame Adaption der Innovation aus. Die Gruppe hat eine ausgeprägte Tendenz nur bei großem Druck und überhöhtem Handlungsbedarf zu innovieren. Sie stellt diffussionstheoretisch etwa ein Drittel des Kollegiums dar. Die Zaudernden (laggards) sind in der Adaption sehr langsam. Diese Gruppe ist oft ausgesprochen konservativ, schlecht intern und extern vernetzt und meist nicht sonderlich kompetent, so dass Innovationen für die Mitglieder aufgrund dieser Eigenschaften besonders riskant sind (‚Innovationsopfer').

In schulischen Innovationsprozessen tauchen Widerstände auf. Widerstände in Innovationsprozessen sind dabei kein Zeichen schlechten Projektmanagements, sondern ein natürliches Zeichen eines Innovationsprozesses. „Ein Vorhaben ohne Widerstand ist wie ein Fluss ohne Ufer" (Philipp & Rolff, 2004, S. 84). Der Widerstand gegen Änderungen in der Organisation tritt dabei in vielfältigen Formen auf. Widerstand kann die Form eines Angriffs oder einer Flucht haben und verbal oder non-verbal ausgetragen werden (Doppler & Lauterburg, 2002, S. 326).

	Verbal (Reden)	**Nonverbal (Verhalten)**
Aktiv (Angriff)	▶ Widerspruch ▶ Gegenargumentationen ▶ Vorwürfe ▶ Drohungen ▶ Polemik ▶ Sturer Formalismus	▶ Aufregung ▶ Unruhe ▶ Streit ▶ Intrigen ▶ Gerüchte ▶ Cliquenbildung
Passiv (Flucht)	▶ Ausweichen ▶ Schweigen ▶ Bagatellisieren ▶ Blödeln ▶ Ins Lächerliche ziehen ▶ Unwichtiges debattieren	▶ Lustlosigkeit ▶ Unaufmerksamkeit ▶ Müdigkeit ▶ Fernbleiben ▶ Innere Emigration ▶ Krankheit

Übersicht 18: Formen des Widerstands nach Doppler & Lauterburg (2002, S. 326)

Widerstand wird jedoch häufig als Problem empfunden, vor allem von den Entscheiderinnen und Entscheidern, die eine Innovation vorantreiben wollen. Widerstand wird als lästig und unnötig empfunden. Eine Reaktion auf Widerstände erfolgt spät, Widerstände werden heruntergespielt und Widerständlerinnen und Widerständler in die Ecke gestellt und abqualifiziert (Philipp & Rolff, 2004). Allerdings: „Widerstand ist immer ein Signal. Es zeigt an, wo Energie blockiert ist. Mit anderen Worten: Widerstand zeigt an, wo Energien freigesetzt werden können. Widerstand ist also im Grunde nicht ein Störfaktor, sondern eine Chance … Das gefährlichste Hindernis liegt nicht im Widerstand der Betroffenen – sondern in der gestörten Wahrnehmung und in der Ungeduld der Planer und Entscheider" (Doppler & Lauterburg, 2002, S. 33).

Der Wandel kann grundlegende Bedürfnisse des Menschen bedrohen. Entsprechend der Selbstbestimmungstheorie der Motivation führt Wandel immer wieder durch unklare Wege und eine unklare Zukunft zu Gefühlen, die Kontrolle zu verlieren. Das Bedürfnis nach menschlicher Nähe wird bedroht durch neue soziale Eingebundenheiten, die durch den Wandel entstehen können. Außerdem sieht das Individuum sich im Erleben der eigenen Kompetenz bedroht: Innovationen stellen offen oder verdeckt eine Kritik der bisherigen Praxis dar, so dass – gerade engagierte Personen – ihre bisherige Kompetenz, die gewählten Methoden usw. entwertet sehen. Weiterhin bedürfen Innovationen eines Wechsels von Wissen und Werten.[18] Für den Umgang mit Widerständen formulieren Doppler und Lauterburg (2002, S. 311 ff.) eine Reihe von Grundsätzen.

Grundsätze zum Umgang mit Widerständen

- Grundsatz 1: Es gibt keine Veränderungen ohne Widerstand! Das Nicht-Vorhandensein von Widerständen ist ein Signal mangelnder Aktivität.
- Grundsatz 2: Widerstand enthält immer eine verschlüsselte Botschaft! Die geheime Botschaft hinter den Emotionen ist zu entschlüsseln.
- Grundsatz 3: Nichtbeachtung führt zu Blockaden! Widerstand ist ein Signal, dass die Voraussetzungen noch nicht gegeben sind.
- Grundsatz 4: Mit dem Widerstand gehen, nicht gegen ihn! Widerstand sollte als Signal der Energieblockade gedeutet werden und in eine positive Richtung freigesetzt werden.

Übersicht 19: Grundsätze zum Umgang mit Widerständen

Das wichtigste Verfahren zum Umgang mit Widerständen ist das – in der folgenden Lerneinheit beschriebene – Management von Stakeholdern.

14.4 Alternative Blicke auf die Schule: Schule durch andere Linsen betrachten

Bislang wurde die berufliche Schule als ein Bündel von Prozessen betrachtet. Die schulischen Bedingungen waren die Strategie, die Struktur und die Kultur. Diese Perspektive ist eine unter mehreren. Weitere Perspektiven erhellen bislang schlecht ausgeleuchtete Teile einer Schule.

14.4.1 Die berufliche Schule im Licht der Schuleffektivitätsforschung

Was macht eine gute Schule aus? Was wäre mithin die Zielrichtung von Schulentwicklung bzw. des Qualitätsmanagements? Die Frage danach, die Frage nach den Merkmalen guter Schulen, hat inzwischen eine beachtliche Forschungstradition. An ihrem Anfang stehen die Untersuchungen des berühmten amerikanischen Soziologen James Coleman (1926 – 1995). Coleman u. a. wiesen aufgrund empirischer Studien nach, dass der Einfluss von Schulen und Lehrkräften auf die Lernergebnisse im Vergleich zur sozialen Herkunft gering ist. Dies führte die Forschungsgruppe zur provokanten These „Schulen sind ohne Bedeutung" (schools do not matter). Diese pessimistische und deterministische These erregte bereits Ende der 1970er Jahre Widerstand und rief eine neu entstehende Forschungsrichtung, die Schuleffektivitätsforschung, auf den Plan.[19]

In frühen Studien wird dabei das sogenannte Input-Output-Modell zugrunde gelegt. Dieses Grundmodell ist einfach: Zunächst werden Schulen identifiziert, deren Output sich über dem Durchschnitt bewegt, die also beispielsweise überdurchschnittliche Ergebnisse in Leistungstests nachweisen können. Dann wird untersucht, ob es Input-Variablen gibt, die die Unterschiede ‚erklären' könnten. Solche Input-Variablen sind, um einige Beispiele zu nennen, die Schulausgaben, d. h. was an Geld in das System gesteckt wird, oder die Vorbildung der Schülerinnen und Schüler oder die Qualifikation der Lehrkräfte. Dieser Modellansatz der Input-Output-Modelle wurde im weiteren Verlauf angereichert, indem Prozessvariablen sowie Kontextvariablen ergänzt wurden (Reynolds, Teddlie, Creemers, Scheerens & Townsend, 2000). Prozessvariablen beschreiben die Vorgänge, die in der Box zwischen Input und Output ablaufen. Dazu gehören die Charakteristika des Unterrichts oder das Klima in der Schule. Auch die statistischen Verfahren wurden seit den 1980er Jahren deutlich verfeinert. Eine große Rolle spielen dabei Mehrebenenanalysen. Dabei werden Daten auf unterschiedlichen Aggregationsniveaus, vor allem Lernende – Klassen – Schulen, analysiert.

Das Ergebnis dieser Schuleffektivitäts-Studien sind – häufig ähnliche – Listen von Merkmalen, die effektive Schulen auszeichnen. Die Suche nach solchen Merkmalen ist bis heute der heilige Gral der Schuleffektivitätsforschung.[20] Eine zusammenfassende Darstellung des Literaturstandes liefern Reynolds und Teddlie (2000), indem sie Prozesse effektiver Schulen auflisten.

Merkmale effektiver Schulen

▶ **Positive starke Schulstrategie und Schulkultur**: Gute Schulen haben eine gemeinsam geteilte Vision. Sie zeichnen sich durch einen engen Zusammenhalt im Kollegium aus, das zentrale Werte und Normen teilt.

▶ **Effektive Führung**: Gute Schulen zeichnen sich durch eine effektive Führung aus, die an klaren Zielen arbeitet. Effektive Führungsprozesse sind auf Partizipation innerhalb der Schule angelegt. Beständigkeit meint, dass nicht ständig neue Ziele verfolgt werden.

▶ **Effektive Lehrprozesse**: Eine gute Organisation von Lehren und Lernen bedeutet ein gutes Management der Lernzeit, eine gute Organisation der Klassenarbeit und die Verwendung entsprechender Unterrichtsmethoden.

▶ **Tiefgreifender Fokus auf Lernen**: Gute Schulen entwickeln eine tiefgreifende Orientierung an Lernprozessen und vermögen es, diesen Fokus dauerhaft aufrechtzuhalten. Im Zentrum der Schularbeit steht die Arbeit an den Lernzielen.

▶ **Hohe und angemessene Leistungserwartungen**: Gute Schulen pflegen hohe, aber nicht zu hohe Erwartungen an die Leistungen der Schülerinnen und Schüler. Leistungserwartungen sind ein mächtiges, häufig übersehenes didaktisches Instrument. Dies wird in der nächsten Lerneinheit vertieft werden.

▶ **Betonung der Rechte und Pflichten der Lernenden**: Gute Schulen ermöglichen den Schülerinnen und Schülern die Mitgestaltung von Unterricht und Schule und bringen die Lerner in die Pflicht der Mitgestaltung.

▶ **Monitoring des Fortschritts auf allen Ebenen**: Gute Schulen verfolgen die Entwicklung der Lernergebnisse genau.

▶ **Entwicklung der Kompetenzen der Lehrkräfte**: Gute Schulen entwickeln ihr Personal, vor allem durch schulinterne Programme.

▶ **Involvierung von Partnern in produktiver und angemessener Weise**: Gute Schulen involvieren ihre Partner, z. B. Eltern, kommunale Behörden oder Unternehmen.

Übersicht 20: Merkmale effektiver Schule

Die Schuleffektivitätsforschung hat in der Reform von Bildungssystemen international deutliche Spuren hinterlassen, sowohl im Schul- als auch im Hochschulbereich. In der Schuleffektivitätsforschung ermittelte Merkmale, besonders das Merkmal der starken Führung, wurden Gegenstand von Reformbestrebungen in vielen Ländern: In den Hochschulen wurden die Hochschulleitungen und die Fachbereichsleitungen gestärkt und Schulleitungen mit neuen Kompetenzen ausgestattet.[21]

14.4.2 Die berufliche Schule als komplexes System

Bislang mag der Eindruck erweckt worden sein, als ließen sich Schulen – nach der durch die Schuleffektivitätsforschung aufgezeigten Richtung – auf dem Reißbrett entwerfen und optimieren. Eine solche ingenieurwissenschaftliche Gestaltung beruflicher Schulen übersieht jedoch einen wichtigen Punkt: Schulen sind *komplexe* Systeme. Sie haben bestimmte Merkmale, die sie zu komplexen Systemen machen (Degele, 1997).

Merkmale komplexer Systeme

▶ **Irreversibilität**: Die ursprünglichen Zustände des Systems sind bei komplexen Systemen nicht mehr wiederholbar. Wir können, auch wenn wir wollten, nicht einfach den Zustand einer beruflichen Schule im Jahre 1971 wiederherstellen.

▶ **Emergenz**: Das Verhalten eines Systems lässt sich nicht adäquat als Aggregation seiner Teile begreifen. Das Ganze ist mehr als die Summe der Teile.

▶ **Nichtlinearität**: Der Systemoutput verhält sich bei komplexen Systemen disproportional zum Stimulus. Wenn beispielsweise der Staat das Zweifache an Geld oder doppelt so gut ausgebildete Lehrkräfte, was immer das heißen mag, in das System steckt, heißt das nicht, dass sich der Output verdoppelt.

▶ **Vernetzung**: Nicht jedes Element des Systems kann mit jedem anderen Element verknüpft werden.

Übersicht 21: Merkmale komplexer Systeme

Komplexe Systeme verlangen nach neuen Steuerungsmodellen. Diese Steuerungsmodelle kann ich hier nicht im Detail darstellen.[22] Zu diesen neuen Steuerungsmodellen gehören Elemente wie Autonomie, Reporting, Vertrauen, Evaluation, Selbstreflexion(skapazität) sowie Beteiligung bei der Definition von Kontexten.

14.4.3 Die berufliche Schule als Organisation von Expertinnen und Experten

Berufliche Schulen sind außerdem Expertenorganisationen („professional bureaucracies') im Sinne des Betriebswirts Henry Mintzberg. Mintzberg unterscheidet vier Einflusssysteme, die in jeder Institution in unterschiedlicher Weise vorliegen: Autoritätssystem, politisches System, System der Expertinnen und Experten sowie ideologisches System.[23]

Autoritätssystem	Politisches System	System der Expertinnen und Experten	Ideologisches System (Kultur)
Persönliches Machtsystem aufgrund von Hierarchie (z. B. Anweisungen) Bürokratisches Kontrollsystem (z. B. Planungs- und Kontrollsystem)	Verhalten, das primär Individuen und Gruppen nützlich ist Verhalten, das konfliktträchtig ist, da es sich gegen andere richtet	Organisationsmitglieder, deren Wissen und Kenntnisse für die Organisation zwingend erforderlich sind Je wichtiger diese Kenntnisse, desto unabhängiger können Expertinnen und Experten agieren	Werte- und Normensystem der Organisation, das von den Organisationsmitgliedern geteilt wird und ihr Verhalten bestimmt Im Idealfall identifizieren sich die Organisationsmitglieder mit der Kultur der Organisation
Oberes und mittleres Management	Organisatorische Gruppen, die kaum über andere Einflusssysteme verfügen	Expertinnen und Experten	Oberes und mittleres Management

Übersicht 22: Vier Einflusssysteme

Die Einflusssysteme werden von den unterschiedlichen Gruppen der Institution genutzt. Das Autoritätssystem wirkt, ebenso wie überwiegend das ideologische System, im Sinne der Interessen des oberen und mittleren Managements. Die Expertinnen und Experten bedienen sich, wie der Name schon sagt, des gleichnamigen Systems. Das politische Einflusssystem dient vor allem den Interessen der Gruppen, die über die anderen Einflusssysteme keinen Einfluss nehmen können.

Typisches Kennzeichen einer Organisation von Expertinnen und Experten, wie einer beruflichen Schule, ist das vergleichsweise schlecht ausgebaute Autoritätssystem. Das bürokratische Kontrollsystem ist eher wenig ausgebaut, und Sanktions- und Belohnungsmöglichkeiten sind stark begrenzt. Die Expertenorganisation hat eine bürokratische Grundorientierung und die Wissensbasis ist von entscheidender Bedeutung für den Erfolg der Institution. Im Zentrum dieses Typs von Institution stehen Expertinnen und Experten, d. h. in der beruflichen Schule die Lehrkraft. Sie verfügen im Vergleich zu anderen Einflusssystemen über hohe Einflussmöglichkeiten. Sie genießen eine vergleichsweise hohe Autonomie, die als Voraussetzung für eine erfolgreiche Arbeit gesehen wird. Expertinnen und Experten haben viel Geld in die Ausbildung investiert und verfügen über eine vergleichsweise hohe Qualifizierung. Sie haben in dieser Institution eine starke rechtliche Stellung, zum Beispiel durch den Beamtenstatus. Ihre Arbeit ist, beispielsweise durch Maschinen, so gut wie nicht substituierbar. Klassische Managementmethoden greifen in solchen Institutionen nicht in gleicher Weise wie in Wirtschaftsunternehmen. Die Arbeit der Expertinnen und Experten ist hochspezialisiert, komplex und nimmt viele Formen an. Es bereitet ausgesprochen große Probleme, die Qualität der Arbeit zu messen. Die Versuche, die Qualitätsausprägung zu quantifizieren, schlagen regelmäßig fehl oder beleuchten nur einen kleinen Ausschnitt aus dem Erfolg der Tätigkeit von Expertinnen und Experten. Typisch für diese Form der Organisation ist daher die professionelle Selbstkontrolle. Expertinnen und Experten brauchen Autonomie zum Erfolg.

14.4.4 Die berufliche Schule als mikropolitischer Kosmos

In einer weiteren Perspektive vollzieht sich in der Schule mikropolitisches Handeln (Kuzmanovic, 2003). Mikropolitisch handelt „wer durch die Nutzung Anderer in organisationalen Ungewissheitszonen eigene Interessen verfolgt" (Neuberger, 2006, S. 18). Typisch ist ein eigennütziges, gegen die Organisationsziele gerichtetes Streben nach eigenen Vorteilen. Dabei werden die eigenen Motive verborgen oder verschleiert. Grundlegend ist dabei die Ausnutzung von Ungewissheiten in der Organisation. Da in einer Organisation nicht alles vorab bestimmt werden kann, ist dies jedoch notwendig, so dass solche Ungewissheiten notwendig sind. In der Mikropolitik werden typische mikropolitische Taktiken eingesetzt. Dazu gehört das Ausüben von Druck und Einschüchterungen, das Einschmeicheln bei Vorgesetzen oder Umgehen von Vorgesetzten, Tauschgeschäfte bzw. sich gegenseitig Gefallen tun, die Bildung von Koalitionen, der bewusste Aufbau eines eigenen Images oder das bewusste Zurückhalten und Darbieten von Informationen (Neuberger, 2006).

14.5 Leitfragen zur Analyse der schulischen Bedingungen (GAL 3.7)

Viele Didaktiklehrbücher sind im Zeitalter moderner Schultheorie und -praxis noch nicht angekommen. Bedingungen auf der Teamebene, der Abteilungsebene oder der Schulebene spielen in den meisten Ansätzen zur Vorbereitung des Unterrichts bislang keine Rolle. Dies wird weder den empirischen Erkenntnissen aus der Schuleffektivitätsforschung noch der praktischen Bedeutung von Schulentwicklung und Qualitätsmanagement gerecht. Wer etwa will, dass Schulleitbilder nicht nur schönes Papier sind, sondern lebendiger Ausdruck eines pädagogischen Konsens in einem Kollegium mit einem starken Bezug zum unterrichtlichen Alltag, muss normative Orientierungen wie Schulleitbilder zum selbstverständlichen Teil der Unterrichtsvorbereitung machen – tagtäglich. Im GAL-Schema für die mikrodidaktische Planung (TB-2.6) wird die Analyse der schulischen Bedingungen unter Abschnitt 3.7 vorgesehen.

Leitfragen für die Analyse der schulischen Bedingungen (GAL 3.7) in der mikrodidaktischen Planung (TB-2.6)

▶ Welche normativen Vorstellungen liegen auf den verschiedenen Ebenen der Schulorganisation (Schule, Abteilung, Team) vor?
▶ Welchen Beitrag kann der Unterricht zur Einlösung dieser normativen Vorstellungen leisten?

Übersicht 23: Leitfragen für die Analyse der schulischen Bedingungen (GAL 3.7)

Beispielsweise wird im aktuellen Leitbild der Beruflichen Schule 4 in Nürnberg u. a. der Anspruch erhoben, die Schülerinnen und Schüler „zur Verantwortung für sich und für eine humane Gesellschaft zu erziehen". Damit wird für die gesamte Schule ein Anspruch erhoben, der weit über die Vorbereitung auf IHK-Prüfungen hinausgeht und der vielleicht durch weitere Ansprüche auf der Ebene des Berufsbereichs oder des Teams ergänzt wird. Bei der Unterrichtsvorbereitung ist dann die Frage zu stellen, ob und wie der Unterricht einen Beitrag zur Einlösung dieses Anspruchs leisten kann und will.

14.6 Outro

14.6.1 Die wichtigsten Begriffe dieser Lerneinheit

- Zusammenarbeit, Kooperation von Lehrkräften
- Professional Learning Community (PLC)
- Schulleitung
- Abteilungsleitung bzw. Fachbetreuung
- Pädagogisches Management/Verwaltung
- Pädagogische Führung (leadership)
- Transformationale Führung
- Schulstrategie
- Vision (einer Schule)
- Leitbild (einer Schule)
- Schulstruktur
- Schulkultur
- Team
- Klassenteam
- Fachteam
- Lernfeldteam
- Lehrerklassenteam (LKT)
- Schulische Ablauforganisation
- Change Management
- Schulentwicklung
- Organisationsentwicklung
- Personalentwicklung
- Unterrichtsentwicklung
- Qualitätsmanagement
- Qualitätsleitbild
- Individualfeedback
- Selbstevaluation (Schule)
- Schulevaluation
- Schule als Expertenorganisation
- Fraktale Schulgestaltung
- Schuleffektivität
- Notwendigkeit des Wandels von Schule („panta rhei')
- Innovationsverlauf
- Widerstände bei Innovationen
- Diffussionstheorie

14.6.2 Tools

- Tool „Karte: Bedingungen des Wirtschaftsunterrichts" (TB-1.9)
- Toolbox „GAL-Schema „Makrodidaktische Planung" (TB-2.3)
- Toolbox „GAL-Schema „Mikrodidaktische Planung" (TB-2.6)
- Toolbox „Makrodidaktische Planung: Checkliste Teamvereinbarungen" (TB-3.9)
- Tool „Vorbereitung eines Kennlerntreffs an einer Schule: Vorlage" (TB-7.1)
- Tool „Einschätzung der pädagogischen Führung: Kriterienkatalog" (TB-7.2)
- Tool „Einschätzung der pädagogischen Führung (MLQ): Item- und Skalenliste" (TB-7.3)
- Tool „Einschätzung der Strategie, der Struktur und Kultur einer Schule: Kriterienkatalog" (TB-7.4)
- Tool „Einschätzung professioneller Lerngemeinschaften (PLG): Kriterienkatalog" (TB-7.5)
- Toolbox „Ablauforganisation: Wichtige Prozesse in Schulen" (TB-7.6)
- Toolbox „Entwicklung als Lehrkraft: Teamprozesse: Teamvertrag" (TB 14.23)

14.6.3 Kompetenzen

- Unterschiedliche Perspektiven auf Schule einnehmen: Schule als Strategie-Struktur-Kultur-Bündel betrachten; Schule aus Sicht der Schuleffektivitätsforschung betrachten; Schule mikropolitisch betrachten; Schule als Expertenorganisation betrachten; Professional Learning Communities als Folie auf Schule nutzen; Schule als komplexes System betrachten; Schule als fraktale Organisation betrachten

- Schule als Strategie-Struktur-Kultur-Bündel rekonstruieren: Schulstrategie bewerten; Schulstruktur bewerten (Aufbauorganisation rekonstruieren; Übersicht über Ablauforganisation haben); Schulkultur bewerten

- Schulische Bedingungen (in der Planung von Unterricht) erfassen: Bedingungen auf der Teamebene erfassen; Bedingungen auf der Abteilungsebene erfassen; Bedingungen auf der Ebene der gesamten Schule erfassen

- Ansätze und Erscheinungen bei schulischen Veränderungen einordnen: Ansätze zur Entwicklung von schulischen Bedingungen einordnen (Schulentwicklung als Veränderungsansatz verstehen; Qualitätsmanagement als Veränderungsansatz verstehen); Typische Erscheinungen bei schulischen Veränderungen analysieren (Widerstände gegen Innovationen begreifen; Innovationsprozesse rekonstruieren; Umgang mit Schwierigkeiten in der Schulentwicklung vermeiden)

- Führung in Schule reflektieren: Überblick über die rechtliche Dimensionen von Führung in Schulen haben; Pädagogische Führung im Kontext von Management- und Kollegialaufgaben begreifen; Transformationale (pädagogische) Führung verstehen

- Haltungen bei der Untersuchung und Fortentwicklung schulischer Bedingungen entwickelt haben: Von der Notwendigkeit der Betrachtung schulischer Bedingungen überzeugt sein; Von der Notwendigkeit der Mitarbeit an der Weiterentwicklung von Schule überzeugt sein; Die ständige Anpassung der Schule an veränderte Umwelten akzeptieren und schätzen

14.6.4 Hinweise zur vertieften Auseinandersetzung: Weiterlesen

Einen hervorragenden – und der Leserin und dem Leser besonders empfohlener – Überblick über Schulentwicklung und Schulführung gibt das nun in einer deutlich aktualisierten Auflage erschienene Werk von Capaul und Seitz (2011). Empfehlenswert ist auch das Buch „Die Führung einer Schule. Leadership und Management" von Dubs (2005).

Einen innovativen Ansatz der Schulentwicklung verfolgt das Buch „Implementing change: Patterns, principles, and potholes" von Hall und Hord (2011). Ein Klassiker ist das Buch „Fifth Discipline: The Art and Practice of the Learning Organization" (2008) von Peter M. Senge. Eine gute Einführung zum Qualitätsmanagement nach dem Q2E-Modell bietet das Buch von Steiner und Landwehr (2003). Instruktiv sind weiterhin die von Rolff (2007) herausgegebenen Studien zu einer Theorie der Schulentwicklung.

Für die vertiefte Auseinandersetzung mit Schulkultur ist das Buch „Shaping school culture: Pitfalls, paradoxes, and promises" (Deal & Peterson, 2009) zusammen mit dem Werk „The shaping school culture fieldbook" (Peterson & Deal, 2009, S. 13 ff.) interessant.

Einen guten Überblick über Veränderungsmanagements gibt das Buch „Change Management" von Stolzenberg und Heberle (2009) sowie „Change Management" von Doppler und Lauterburg (2002).

14.6.5 Hinweise zur vertieften Auseinandersetzung: Weitersurfen

In den Bundesländern finden sich einzelne Portale zur Schulentwicklung. Für Bayern beispielsweise:

http://www.schulentwicklung.bayern.de

14.6.6 Literaturnachweis

Anderson, D. L. (2010). Organization development. The process of leading organizational change. Los Angeles: Sage.

Anderson, L. W. (Hrsg.). (1995). International encyclopedia of teaching and teacher education. Oxford: Pergamon.

Bass, B. M. & Avolio, B. J. (1994). Introduction. In B. M. Bass & B. J. Avolio (Hrsg.), Improving organizational effectiveness. Through transformational leadership (S. 1–9). Newbury Park, Ca: Sage.

Bastian, J. (2007). Einführung in die Unterrichtsentwicklung. Weinheim: Beltz.

Bauer, K.-O. (2004). Lehrerinteraktion und -kooperation. In W. Helsper & J. Böhme (Hrsg.), Handbuch der Schulforschung (S. 813–831). Wiesbaden: VS Verlag für Sozialwissenschaften.

Blandford, S. (1997). Middle management in schools. how to harmonise managing and teaching for an effective school. London: Pitman.

BLBS, VLW & BWP (Hrsg.). (2003). Lehrerbildung für berufliche Schulen zwischen Qualität und Quantität. (Dokumentation Lehrerbildungskongress 2002). Wolfenbüttel.

Bleicher, K. (1994). Normatives Management. Politik, Verfassung und Philosophie des Unternehmens. Frankfurt am Main: Campus-Verl.

Bonsen, M., Gathen, J. von der, Iglhaut, C. & Pfeiffer, H. (2002). Die Wirksamkeit von Schulleitung. Empirische Annäherungen an ein Gesamtmodell schulischen Leitungshandelns. Weinheim: Juventa-Verl.

Bonsen, M. (2009). Wirksame Schulleitung. Forschungsergebnisse. In H. Buchen & H.-G. Rolff (Hrsg.), Professionswissen Schulleitung (2. Aufl., S. 193–230). Weinheim: Beltz.

Buchen, C., Carle, U., Döbrich, P., Hoyer, H.-D. & Schönwälder (Hrsg.). (1997). Jahrbuch Lehrerforschung. Band 1. Weinheim: Juventa.

Capaul, R. & Seitz, H. (2011). Schulführung und Schulentwicklung. Theoretische Grundlagen und Empfehlungen für die Praxis (3. Aufl.). Bern: Haupt Verlag.

Creemers, B. & Kyriakides, L. (2006). Critical Analysis of the Current Approaches to Modelling Educational Effectiveness. The importance of establishing a dynamic model. School Effectiveness and School Improvement, 17 (3), 307-266.

Deal, T. E. & Peterson, K. D. (2009). Shaping school culture. Pitfalls, paradoxes, and promises (2. Aufl.). San Francisco: Jossey-Bass.

Degele, N. (1997). Zur Steuerung komplexer Systeme - eine soziokybernetische Reflexion. Soziale Systeme, 3 (1), 81–99.

Doppler, K. & Lauterburg, C. (2002). Change Management: Campus-Verlag.

Dubs, R. (2005). Die Führung einer Schule. Leadership und Management (2. Aufl.). Stuttgart: Steiner.

Dubs, R. (2012). Das St. Galler Management-Modell. Ganzheitliches unternehmerisches Denken (Bildung). Linz: Trauner.

Felfe, J. (2006a). Transformationale und charismatische Führung. Stand der Forschung und aktuelle Entwicklungen. Zeitschrift für Personalpsychologie, 5 (4), 163–176.

Felfe, J. (2006b). Validierung einer deutschen Version des "Multifactor Leadership Questionnaire" (MLQ Form 5 x Short) von Bass und Avolio (1995). Zeitschrift für Arbeits- und Organisationspsychologie A&O, 50 (2), 61–78.

Felfe, J. & Goihl, K. (2010). Deutsche überarbeitete und ergänzte Version des „Multifactor Leadership Questionnaire" (MLQ) von Bass und Avolio (1995). In A. Glöckner-Rist (Hrsg.), Zusammenstellung sozialwissenschaftlicher Items und Skalen. ZIS Version 14 .

Fenkart, G. & Krainz-Dürr, M. (2001). Interessengemeinschaft Lernen (IGL). Journal für Schulentwicklung, 5 (1), 11–16.

Floyd, S. W. & Lane, P. J. (2000). Strategizing throughout the organization: Managing role conflict in strategic renewal. Academy of Management Review, 25 (1), 154–177.

Fydrich, T. & Sommer, G. (2003). Diagnostik sozialer Unterstützung. In M. Jerusalem & H. Weber (Hrsg.), Psychologische Gesundheitsförderung (S. 79–104). Göttingen: Hogrefe.

Hall, G. E. & Hord, S. M. (2011). Implementing change. Patterns, principles, and potholes (3. Aufl.). Boston: Pearson.

Hameyer, U. & Strittmatter, A. (2001). Wissensmanagement - die neue Selbstverständlichkeit? Journal für Schulentwicklung, 5 (1), 4–5.

Harms, K. (2009). Prozessmanagement in der Schule. Erheben, verwalten und optimieren der eigenen Schulprozesse. Wirtschaft und Erziehung (6), 184–189.

Harris, A., Muija, D. & Crawfor, M. (2003). Deputy and Assistant Heads: Building leadership potential. Nottingham: National College for School Leadership.

Helmke, A. (2003). Unterrichtsqualität. Erfassen, bewerten, verbessern. Seelze: Kallmeyersche Verlagsbuchhandlung.

Hord, S. M. & Sommers, W. A. (2008). Leading professional learning communities. Voices from research and practice. Thousand Oaks, Calif: Corwin Press.

Horster, L. & Rolff, H.-G. (2006). Unterrichtsentwicklung. Grundlagen einer reflektorischen Praxis (2. Aufl.). Weinheim: Beltz.

Huffman, J. B. & Hipp, K. K. (2010). Methodology and Conceptual Framework. In K. K. Hipp & J. B. Huffman (Hrsg.), Demystifying professional learning communities. School leadership at its best (S. 23–28). Lanham, Md: Rowman & Littlefield Education.

Jones, G. R. & Bouncken, R. B. (2008). Organisation. Theorie, Design und Wandel (5. Aufl.). München: Pearson Studium.

Kemp, R. & Nathan, M. (1989). Middle management in schools. A survival guide. Oxford: Blackwell Education.

Klippert, H. (2007a). Eigenverantwortliches Arbeiten und Lernen. Bausteine für den Fachunterricht (5. Aufl.). Weinheim: Beltz.

Klippert, H. (2007b). Lehrerentlastung. Strategien zur wirksamen Arbeitserleichterung in Schule und Unterricht (3. Aufl.). Weinheim, Basel: Beltz.

Kotter, J. P. (1997). Chaos, Wandel, Führung - Leading change. Düsseldorf: Econ.

Kotter, J. P. (2011). Leading Change. Wie Sie Ihr Unternehmen in acht Schritten erfolgreich verändern. München: Vahlen, Franz.

Kotthoff, H.-G. (2003). Bessere Schulen durch Evaluation. Internationale Erfahrungen. Münster: Waxmann.

Krapp, A. & Weidenmann, B. (Hrsg.). (2001). Pädagogische Psychologie. Weinheim: Beltz PVU.

Kretschmann, R. (Hrsg.). (2001). Stressmanagement für Lehrerinnen und Lehrer. Weinheim und Basel: Beltz.

Kucher, K. & Wehinger, F. (2010). Kompetenzpässe. Überblick und Ansatzpunkte für ihren betrieblichen Einsatz. In H. Loebe & E. Severing (Hrsg.), Kompetenzpässe in der betrieblichen Praxis. Mitarbeiterkompetenzen sichtbar machen (S. 51–86). Bielefeld: Bertelsmann.

Kuzmanovic, R. (2003). Lernfelder, Implementationstheorien und mikropolitische Mechanismen. bwp@ (Berufs- und Wirtschaftspädagogik - online) (4), 1–14.

Laske, S., Meister-Scheytt, C. & Küpers, W. (2006). Organisation und Führung. Münster: Waxmann.

McLean, G. N. (2006). Organization development. Principles, processes, performance. San Francisco, Calif.: Berrett-Koehler.

Mertineit, K.-D. & Exner, V. (2003). Berufsbildung für eine nachhaltige Entwicklung. Erfolgreiche Praxisbeispiele aus Betrieben, Berufsschulen und Bildungsstätten. Köln: Deutscher Wirtschaftsdienst.

Müller, M. (2006). Sichtweisen von Lehrkräften, Schülern und Ausbildungsbetrieben zur Ausbildungsqualität an einer Berufsschule am Beispiel des dualen Ausbildungsberufes Augenoptiker/-in. Zeitschrift für Berufs- und Wirtschaftspädagogik, 102 (2), 249–276.

Müller, M. (2007). Lehrerteamarbeit. Eine Perspektive für mehr Entlastung und Wirksamkeit der Lehrkräfte an der Berufsschule. Die berufsbildende Schule, 59 (4), 110–117.

Müller, M. (2008). Das Konzept von Lehrer-Klassenteams in der Berufsschule. Ein Weg zu mehr Wirksamkeit und Entlastung im Schulalltag. Die berufsbildende Schule, 60 (9), 244–253.

Müller, M. (2010). Qualitätsorientierte Schulentwicklung an der Berufsschule. Entwicklung von Unterrichtsqualität mit Lehrerklassenteams. Bayreuth (Habilitationsschrift).

Müller, M. (2011). Qualitätsorientierte Schulentwicklung an der Berufsschule. Entwicklung von Unterrichtsqualität mit Lehrerklassenteams: Peter Lang.

Neuberger, O. (2006). Mikropolitik und Moral in Organisationen. Herausforderung der Ordnung (2. Aufl.). Stuttgart: UTB GmbH.

Olivier, D. F. & Hipp, K. K. (2010). Assessing and analyzing schools as professional learning communities. In K. K. Hipp & J. B. Huffman (Hrsg.), Demystifying professional learning communities. School leadership at its best (S. 29–41). Lanham, Md: Rowman & Littlefield Education.

Peterson, K. D. & Deal, T. E. (2009). The shaping school culture fieldbook (2. Aufl.). San Francisco, CA: Jossey-Bass.

Philipp, E. & Rolff, H. (2004). Schulprogramme und Leitbilder entwickeln: ein Arbeitsbuch: Beltz.

Philipp, E. & Rolff, H.-G. (1999). Schulprogramme und Leitbilder entwickeln. Ein Arbeitsbuch (3. Aufl.). Weinheim: Beltz.

Reynolds, D., Teddlie, C., Creemers, B., Scheerens, J. & Townsend, T. (2000). An Introduction to School Effectiveness Research. In C. Teddlie & D. Reynolds (Hrsg.), The international handbook of school effectiveness research (S. 3–25). London: Falmer Press.

Reynolds, D. & Teddlie, C. (2000). The Processes of School Effectiveness. In C. Teddlie & D. Reynolds (Hrsg.), The international handbook of school effectiveness research (S. 134–159). London: Falmer Press.

Roberts, S. M. & Pruitt, E. Z. (2003). Schools as professional learning communities. Collaborative activities and strategies for professional development. Thousand Oaks, Calif: Corwin Press. Verfügbar unter http://www.worldcat.org/oclc/52002080

Rogers, E. (1983). Diffusion of Innovations. New York: Free Press.

Rolff, H.-G., Buhren, C. G., Lindau-Bank, D. & Müller, S. (1999). Manual Schulentwicklung. Handlungskonzept zur pädagogischen Schulentwicklungsberatung (SchuB). Weinheim und Basel: Beltz.

Rolff, H.-G. & Schley, W. (1997). Am Anfang muss man bereits aufs Ganze gehen. Zur Gestaltung von Anfangssituationen in Schulentwicklungsprozessen. Journal für Schulentwicklung, 1 (1), 12–21.

Rolff, H.-G. (2007). Studien zu einer Theorie der Schulentwicklung (Beltz-Bibliothek). Weinheim: Beltz.

Rolff, H.-G. (2008). Unterrichtsentwicklung etablieren und leben. In N. Berkemeyer, W. Bos, V. Manitius & K. Müthing (Hrsg.), Unterrichtsentwicklung in Netzwerken. Konzeptionen, Befunde, Perspektiven (S. 73–93). Münster: Waxmann.

Rüegg-Stürm, J. (2002). Das neue St. Galler Management-Modell. Grundkategorien einer integrierten Managementlehre: Der HSG-Ansatz. Bern, Stuttgart, Wien: Haupt.

Ryan, R. M. & Deci, E. L. (2000). Self-Determination Theory and the Faciliation of Intrinsic Motivation, Social Development, and Well-Being. American Psychologist, 55 (1), 68–78.

Sader, M. (2002). Psychologie der Gruppe (8. Aufl.). Weinheim, München: Juventa-Verl. Verfügbar unter http://www.worldcat.org/oclc/163649379

Scheerens, J. & Bosker, R. (1997). The Foundations of Educational Effectiveness. Oxford: Pergamon.

Schratz, M. & Steiner-Löffler, U. (1998). Die lernende Schule. Arbeitsbuch pädagogische Schulentwicklung. Weinheim und Basel.

Scoggins, J. A. & Bishop, H. L. (1993). A Review of the Literature Regarding the Roles and Responsibilities of Assistant Principals. New Orleans, LA: Paper presented at the Annual Meeting of the Mid-South Educational Research Association.

Senge, P. M. (2008). Die fünfte Disziplin. Kunst und Praxis der lernenden Organisation. Stuttgart: Schäffer-Poeschel.

Smith, B. (1997). Der Aufbau einer gemeinsamen Vision. Wie man anfängt. In P. M. Senge, A. Kleiner, B. Smith, C. Roberts & R. Ross (Hrsg.), Das Fieldbook zur fünften Disziplin (S. 361–380). Stuttgart: Klett-Kotta.

Smith, B. & Lucas, T. (2000). A Shared Vision for Schools. In P. Senge, N. Cambron-McCabe, T. Lucas, B. Smith & J. Dutton (Hrsg.), Schools that learn. A Fifth Discipline Fieldbook for Educators, Parents, and Everyone Who Cares About Education (S. 289–303). London: Nicholas Brealey.

Steiner, P. & Landwehr, N. (2003). Das Q2E-Modell - Schritte zur Schulqualität. Aspekte eines ganzheitlichen Qualitätsmanagements an Schulen. Bern: h.e.p.-Verl.

Stock, M., Hofstadler, N., Opetnik & Jana-Maria. (2013). Qualitätsmanagement in der Berufsbildung. In M. Stock, P. Slepcevic-Zach & G. Tafner (Hrsg.), Wirtschaftspädagogik. Ein Lehrbuch (S. 461–525). Graz: UPG - Unipress Graz.

Stolzenberg, K. & Heberle, K. (2009). Change Management. Veränderungsprozesse erfolgreich gestalten - Mitarbeiter mobilisieren (2. Aufl.). Berlin, Heidelberg: Springer.

Teddlie, C. & Reynolds, D. (Hrsg.). (2000). The international handbook of school effectiveness research. London: Falmer Press.

Teddlie, C., Reynolds, D. & Sammons, P. (2000). The Methodology and Scientific Properties of School Effectiveness Research. In C. Teddlie & D. Reynolds (Hrsg.), The international handbook of school effectiveness research (S. 55–133). London: Falmer Press.

Warwas, J. (2009). Berufliches Selbstverständnis und Beanspruchung in der Schulleitung. Zeitschrift für Erziehungswissenschaft, 12 (3), 476–498.

Wenzel, H. (2004). Studien zu Organisatons- und Schulkulturentwicklung. In W. Helsper & J. Böhme (Hrsg.), Handbuch der Schulforschung (S. 391–415). Wiesbaden: VS Verlag für Sozialwissenschaften.

Wilbers, K. (2002). Elf Ansatzpunkte für ein Wissensmanagement in Bildungsinstitutionen. Berufsbildung, 56 (77), 29–30.

Wilbers, K. (2004). Soziale Netzwerke an berufsbildenden Schulen. Analyse, Potentiale, Gestaltungsansätze. Paderborn: Eusl.

Wilbers, K. (2008). Mittleres Management in der Schule (Berichte zur Wirtschaftspädagogik und Personalentwicklung). Nürnberg: Lehrstuhl für Wirtschaftspädagogik und Personalentwicklung. Verfügbar unter http://www.wipaed.wiso.uni-erlangen.de/berichte/2008-02.pdf

Williams, J. (2002). Professional leadership in schools. effective middle management & subject leadership. London: Kogan Page.

Wunderer, R. & Bruch, H. (2004). Führung von Mitarbeitenden. In R. Dubs, D. Euler, J. Rüegg-Stürm & C. E. Wyss (Hrsg.), Einführung in die Managementlehre. (Bd. 2, S. 85–109). Bern: Haupt.

Zepeda, S. J. (2008). Professional development. What works. Larchmont, NY: Eye on Education.

Zlatkin-Troitschanskaia, O. (2006). Steuerbarkeit von Bildungssystemen mittels politischer Reformstrategien. Interdisziplinäre theoretische Analyse und empirische Studie zur Erweiterung der Autonomie im öffentlichen Schulwesen. Frankfurt am Main: Lang.

14.6.7 Anmerkungen

[1] Die Unterscheidung von Strategie, Struktur und Kultur folgt hier dem St. Galler Unternehmensmodell Dubs (2012); Rüegg-Stürm (2002). Dieses Unternehmensmodell wurde von Dubs (2005) sowie schon 2005 von Seitz und Capaul (2011) auf Schulen übertragen.

[2] In der Literatur werden verschiedene Modelle vorgeschlagen. Vgl. Smith (1997); Smith und Lucas (2000); Stolzenberg und Heberle (2009).

[3] Bei der Formulierung der Leitfragen zur Vision orientiere ich mich an Stolzenberg und Heberle (2009), bei den Leitfragen zur Mission an der Übung im Entwicklungsprogramm des Bundesstaates Maryland (http://mdk12.org/process/leading/core_beliefs.html).

[4] Der Sprachgebrauch ist hier sehr unterschiedlich. Dubs (2005, S. 59 f.) unterscheidet in seinem Ansatz die Vision vom Leitbild und dieses vom Schulprogramm. Capaul und Seitz (2011) unterscheiden Leitbild, Schulprogramm und Aktionspläne. Phillip und Rolff (1999) unterscheiden Schulprogramm und Leitbild.

[5] Capaul und Seitz (2011, S. 228 f.); Deal und Peterson (2009, S. 65 ff.); Peterson und Deal (2009, S. 13 ff.).

[6] Die begriffliche Klärung erfolgt hier in Anlehnung an Sader (2002, S. 39), der auch die Problematik einer solchen Definition thematisiert.

[7] Blandford (1997); Buchen, Carle, Döbrich, Hoyer und Schönwälder (1997); Kemp und Nathan (1989); Kretschmann (2001); Williams (2002).

[8] Anderson (1995); BLBS, VLW und BWP (2003); Mertineit und Exner (2003, S. 3).

[9] Bass und Avolio (1994); Felfe (2006a); Felfe (2006b); Felfe und Goihl (2010).

[10] Felfe (2006b); Felfe und Goihl (2010).

[11] Harris, Muija und Crawfor (2003); Scoggins und Bishop (1993).

[12] Hall und Hord (2011, S. 26 ff.); Hord und Sommers (2008); Roberts und Pruitt (2003).

[13] Rolff (2007, S. 113 ff.).

[14] Zur Entwicklung von PLC wurde im School Improvement Programm des SEDL (ursprünglich "Southwest Educational Development Laboratory") eine umfassende Theorie mit vielen Werkzeugen entwickelt. Vgl. Hall und Hord (2011, S. 26 ff.); Hord und Sommers (2008). Zum PLCA siehe Olivier und Hipp (2010), zum methodologischen und konzeptionellen Rahmen Huffman und Hipp (2010).

[15] Bonsen, Gathen, Iglhaut und Pfeiffer (2002, S. 58 ff.); Rolff (2007, S. 25 ff.).

[16] Bastian (2007, S. 28); Horster und Rolff (2006); Rolff (2007); Rolff, Buhren, Lindau-Bank und Müller (1999).

[17] Rolff und Schley in der Darstellung von Alrichter und Posch (2007, S. 302).

[18] Typische Probleme erweitert nach Zepeda (2008, S. 40 f.), grundlegende Bedürfnisse nach Deci & Ryan (2000).

[19] Scheerens und Bosker (1997); Teddlie und Reynolds (2000); Wilbers (2004, S. 186 ff.). An der Schuleffektivitätsforschung ist vielfach, gerade von nicht-quantitativ arbeitenden Wissenschaftlern, Kritik geäußert worden. Vgl. Creemers und Kyriakides (2006). Einige Kritikpunkte, z. B. die immer wieder angeführte angebliche Verengung der Leistungsmaßstäbe, sind einfach nachvollziehbar, wurden jedoch in ihrer Pauschalität zu Unrecht vorgebracht. Wie die methodologische Reflexion von Teddlie, Reynolds und Sammons (2000) zeigt, arbeiten viele Studien mit einfachen Leistungsindikatoren, wenngleich es eine ganze Reihe von Studien gibt, die umfangreiche Operationalisierungen von Outputs leisten.

[20] „'Holy Grail' of SER (school effectiveness research)" nach Teddlie und Reynolds (2000, S. 134).

[21] Das, obwohl sich beispielsweise gerade die Rolle der starken Führungen in der kontinentalen (niederländischen) Forschung nicht reproduzieren ließ. Vgl. Kotthoff (2003, S. 62 f.).

[22] Zlatkin-Troitschanskia (2006, S. 140 ff.) leistet hier eine interessante Anwendung der Theorie der dezentralen Kontextsteuerung auf Schulen.

[23] Die Darstellung orientiert sich in diesem Abschnitt an Laske, Meister-Scheytt und Küpers (2006).

15.1 Zur Orientierung: Was Sie hier erwartet

15.1.1 Worum es hier geht

Do leeven Jott! Wo ess dä Stoppetrecker?". Die ganze Woche hat sich Andrea schon auf den Haut-Médoc gefreut, den sie heute mit ihrem Mann trinken möchte. Nun scheint es am Korkenzieher zu scheitern. Die ganze Woche hat sie ihn abends nicht gesehen. Montags war ihr Mann zum Volleyball, während sie zuhause eine Präsentation zu ihrem Berufsbereich zusammengestellt hat. Die Stadt soll noch einen Verkaufs(trainings)raum in der Schule mit Videoanlage finanzieren. Der Schulleiter braucht für das Gespräch mit der Stadt eine pädagogische Begründung. Hätte der doch wirklich früher sagen können. Dä Schulleider dä is wie e Kotlett: von beide Sigge beklopp.

Am Dienstag war zwar der Mann da und hat den Hundestall gesäubert, aber Andrea war im Prüfungsausschuss der IHK. Mittwochs war Andrea mit ihrem defekten Rechner beim Händler. Gab es eigentlich eine Zeit, in der Lehrkräfte ohne Computer auskamen? Ewig in der Schlange stehen und das nach einem aufreibenden Tag mit Schülerinnen und Schülern, deren Eltern sich mehr für Heidis 9. Staffel von Germany´s Next Topmodels als für ihre Kinder interessieren. Aber da können die Kinder ja nichts für. Da pack ich mir an de Kopp. Donnerstags war Andrea kurz auf einer Informationsveranstaltung der Stadt Schwabach und der Ditib zur geplanten Moschee. Ein wenig mehr Aufregung würde der Sache sicher gut tun. Schwabach hat zwar nicht lange gedauert, aber als sie heimkam, war ihr Mann schon zum Doppelkopf. Aber jetzt ist Freitag. Leck mich en de Täsch.

Ajuja! Endlich! Lieve Oodnung! Hüte sie! Der Korkenzieher! Noch dekantieren? Ach, nein. … Oooooh, dieses Bukett roter Früchte ….

15.1.2 Inhaltsübersicht

15 Bedingungen auf den höheren Bedingungsschalen erfassen 473

  15.1   Zur Orientierung: Was Sie hier erwartet 474

    15.1.1   Worum es hier geht 474

    15.1.2   Inhaltsübersicht 475

    15.1.3   Zusammenfassung 475

    15.1.4   Einordnung in das Prozessmodell 476

  15.2   Gesellschaftliche Bedingungen und ihre Änderungen durch Megatrends erfassen 477

    15.2.1   Megatrends verändern die Gesellschaft 478

    15.2.2   Megatrends verändern berufliche Schulen 480

    15.2.3   Leitfragen zur Analyse der gesellschaftlichen Bedingungen (GAL 3.7) 486

  15.3   Bedingungen des Bildungs- und Wirtschaftssystems erfassen 487

    15.3.1   Bedingungen des Wirtschaftssystems 487

    15.3.2   Bedingungen des Bildungssystems 488

    15.3.3   Leitfragen zu den Bedingungen des Wirtschafts- und Bildungssystems (GAL 3.7)... 490

  15.4   Bedingungen des schulischen Netzwerks erfassen und (mit-) entwickeln 491

    15.4.1   Berufliche Schulen: Unterwegs in institutionellen Netzwerken 491

    15.4.2   Das Netzwerk rund um berufliche Schulen 491

    15.4.3   Netzwerkentwicklung: Veränderung der institutionellen Bedingungen 496

    15.4.4   Leitfragen zur Analyse der Bedingungen des schulischen Netzwerks (GAL 3.7) 500

  15.5   Outro 501

    15.5.1   Die wichtigsten Begriffe dieser Lerneinheit 501

    15.5.2   Tools 501

    15.5.3   Kompetenzen 501

    15.5.4   Hinweise zur vertieften Auseinandersetzung: Weiterlesen 501

    15.5.5   Hinweise zur vertieften Auseinandersetzung: Weitersurfen 502

    15.5.6   Literaturnachweis 502

    15.5.7   Anmerkungen 504

15.1.3 Zusammenfassung

Diese Einheit widmet sich den Bedingungen auf den höheren Bedingungsschalen: Den gesellschaftlichen Bedingungen, den Bedingungen des Bildungs- und Wirtschaftssystems sowie den Bedingungen des schulischen Netzwerks. Gesellschaftliche Bedingungen verändern sich durch Megatrends, nämlich durch den demographischen Wandel und die Glokalisierung, die Pluralisierung der Lebensstile, eine Informatisierung der Lebenswelt und die Verstärkung der Wissensgesellschaft sowie durch neue Grenzen des Wachstums und des Spielraumes des Staates. Diese Megatrends verschieben die Bedingungen der Arbeit von Lehrkräften in Schulen. Das Wirtschaftssystem der sozialen Marktwirtschaft stellt eine abstrakte Rahmenbedingung des Unterrichts dar. Das Bildungssystem muss mehrere Funktionen für die Gesellschaft erbringen, nämlich die Qualifikation, die Enkulturation, die Allokation sowie die Integration. Auf der institutionellen Ebene ist die Schule in Netzwerke eingebunden. Es sind dies horizontale Netzwerke, vertikale Netzwerke sowie laterale Netzwerke. Die Arbeit in diesen sozialen Netzwerken schafft ein soziales Kapital, das die Arbeit in der Schule unterstützt. Der systematische Umgang mit Stakeholdern kann dabei als ein mehrstufiges Verfahren begriffen werden.

15.1.4 Einordnung in das Prozessmodell

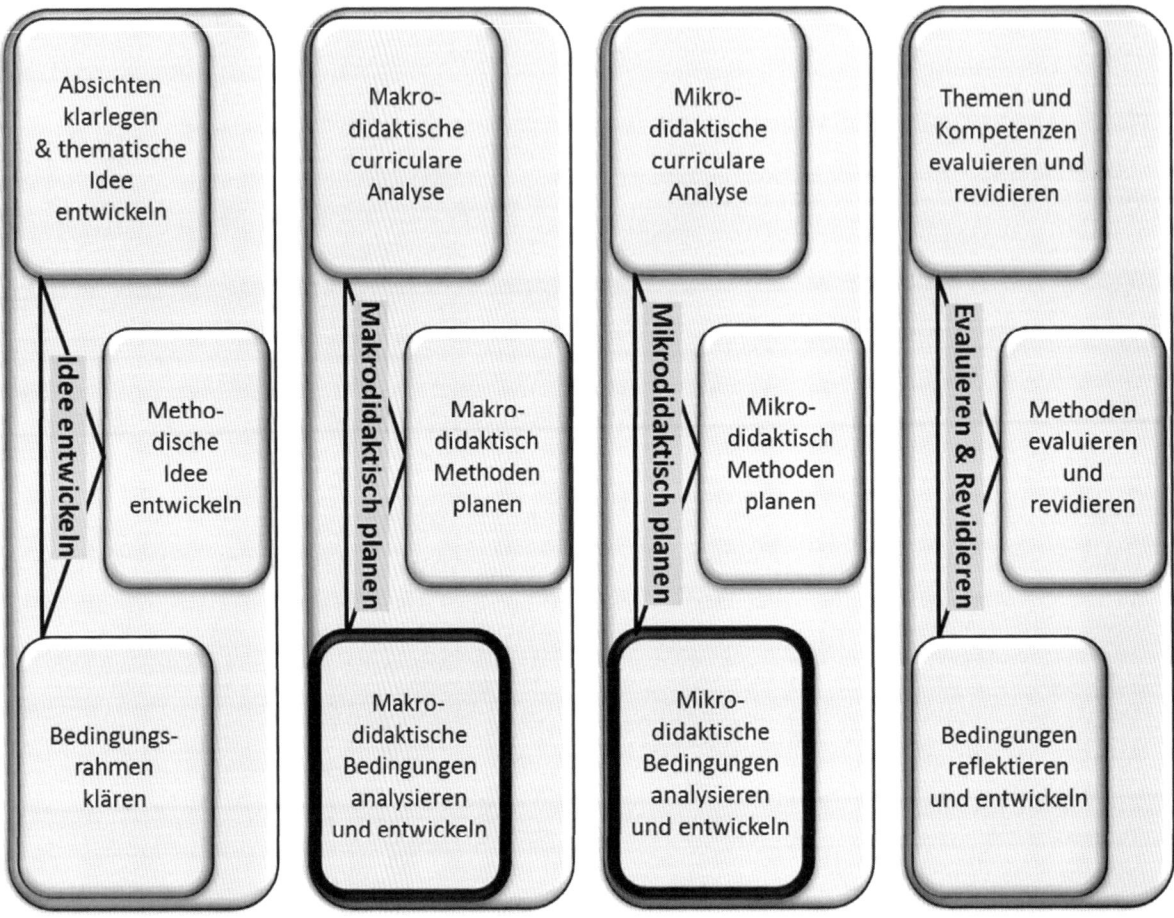

Die Bedingungen des Wirtschaftsunterrichts wurden in der Lerneinheit 6 als verschachteltes didaktisches Strukturelement eingeführt. Wie auch die Karte „Bedingungen des Wirtschaftsunterrichts" (TB-1.9) erläutert, werden vier Bedingungsschalen unterschieden: Die individuellen Bedingungen der Lernenden und der Lehrkraft, die Klassenbedingungen, die schulischen Bedingungen sowie die Bedingungen auf den höheren Bedingungsschalen. Diese Lerneinheit widmet sich den verbleibenden höheren Bedingungsschalen.

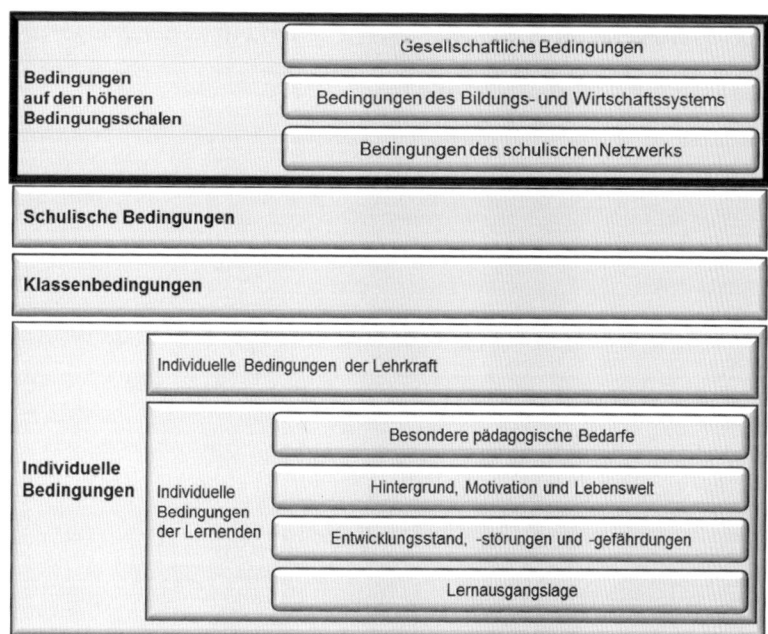

Übersicht 1: Bedingungen auf den höheren Bedingungsschalen

Auf den höheren Bedingungsschalen werden angesiedelt: Die Bedingungen des Netzwerks ‚rund' um die Schule, etwa die Beziehung zu den Ausbildungsbetrieben; die Bedingungen des Wirtschafts- und Bildungssystems als Teil des gesellschaftlichen Systems sowie schließlich die Bedingungen des gesellschaftlichen Systems.

15.2 Gesellschaftliche Bedingungen und ihre Änderungen durch Megatrends erfassen

Die gesellschaftlichen Bedingungen unterliegen einem ständigen Wandel. Für tiefgreifende, langfristige Änderungen der Gesellschaft wurde von John Naisbitt der Begriff „Megatrend" in seinem Bestseller „Megatrends. Ten New Directions Transforming Our Lives" (1982) geprägt.[1]

> STOPP: Aller Voraussicht nach werden Sie mindestens bis zu Ihrem 67. Lebensjahr arbeiten. Wie sieht die Welt dann aus? Machen Sie ein kleines Gedankenexperiment. Ziehen Sie von 67 zunächst 2 Jahre Referendariat und dann die restliche Zeit ihres verbleibenden Studiums ab. Das ist die Zeit x in Jahren, die Sie als Lehrkraft zu arbeiten hätten. Rechnen Sie dann y = 2014 – x Jahren. Sie landen dann im Jahr y. Im Jahr y wären Sie eingestiegen, wenn Sie jetzt Ihr letztes Jahr als Lehrkraft haben würden. Wie sah die Welt im Jahr y aus und was ist seit dem passiert? Machen Sie sich ein Bild, wie das Jahr y ausgesehen hat. Wikipedia hilft Ihnen dabei. Unter dem Link http://de.wikipedia.org/wiki/y mit y als Ihrem fiktiven Eintrittsjahr, finden Sie einen direkten Zugriff.

In der Literatur herrscht Unklarheit darüber, was genau die Megatrends sind, d. h. wie sich die Gesellschaft langfristig und tiefgreifend verändert.

Definition 1: Megatrend

Ein Megatrend ist eine langfristige, tiefgreifende Änderung von gesellschaftlichen Bedingungen, die vermittelt über die verschiedenen Bedingungsschalen in den Unterricht hineinreichen. Beispiele sind der demographische Wandel oder die Informatisierung der Lebenswelt.

In dieser Lerneinheit werde ich folgende Megatrends darstellen:[2] Demographischer Wandel und Globalisierung, Pluralisierung der Lebensstile, Informatisierung der Lebenswelt und Verstärkung der Wissensgesellschaft sowie Grenzen des Wachstums und des Spielraumes des Staates.

15.2.1 Megatrends verändern die Gesellschaft

Demographischer Wandel meint die tiefgreifende, langfristige Änderung nicht nur der Bevölkerung, sondern insbesondere der Bevölkerungs*struktur*, zum Beispiel des Verhältnisses von älteren zu jüngeren Menschen. Die demographische Entwicklung wird durch eine Vielzahl von Faktoren beeinflusst. Die drei wichtigsten sind die Geburtenhäufigkeit, die Lebenserwartung und der Saldo der Zuzüge und Fortzüge aus Deutschland. Bei der zwölften Vorausberechnung geht das statistische Bundesamt (2009) davon aus, dass die Geburtenhäufigkeit insgesamt sinken wird und die Lebenserwartung weiter zunimmt. Diese ersten beiden Faktoren sind vergleichsweise sicher, der dritte Faktor wird stark durch politische Entscheidungen überlagert. Die Berechnungen zeigen dramatische Verschiebungen in der Bevölkerungs*struktur*. Es kommt demnach zu einer schnellen Alterung und Abnahme der Bevölkerung im Erwerbsalter. Im Jahr 2008 entfielen auf 100 Personen im Erwerbsalter (20 bis unter 65 Jahre) 34 Ältere (65 oder mehr Jahre). Im Jahr 2060 werden dann je nach Ausmaß der Zuwanderung 63 oder 67 potenziellen Rentenbeziehern 100 Personen im Erwerbsalter gegenüber stehen. Der Trend ist nicht umkehrbar, zumal die geburtenstarken Jahrgänge nach dem Krieg die Reproduktionsphase hinter sich gelassen haben.

Der demographische Wandel wird Konsequenzen für den Arbeitsmarkt, für Produkte und Dienstleistungen haben. Die ‚Ausbildungsbevölkerung‘ wird sinken. Die Angebot-Nachfrage-Relationen werden sich in vielen Bereichen des Bildungswesens umkehren. Die Unternehmen rechnen bereits in kurzer Zukunft mit der generellen Verknappung junger Kräfte mit hohem Potential, um die sie stark konkurrieren (‚war for talents‘). Die Produkte und Dienstleistungen werden sich hin zu den Märkten für Menschen mit grauen Haaren (‚silver markets‘) verschieben.

Die bisherige Darstellung des demographischen Wandels verdeckt, dass die demographischen Risiken und Chancen sehr unterschiedlich in Europa, in Deutschland oder in Bayern verteilt sind (Tivig, Frosch & Kühntopf, 2008). Demographische Risikolandkarten zeigen beispielsweise in Osteuropa oder im Osten Deutschlands problematische Regionen auf. Auch in Bayern wird das demographische Risiko unterschiedlich verteilt sein. Als problematisch gelten beispielsweise große Teile von Oberfranken, während Oberbayern insgesamt positiv dasteht (Bayerisches Landesamt für Statistik und Datenverarbeitung, 2012). Zu erwarten ist darüber hinaus eine weitere ‚Urbanisierung‘, d. h. ein weiteres Wachsen der Metropolen, wie zum Beispiel Nürnberg, Frankfurt/Rhein-Main oder Stuttgart zulasten der ländlichen Räume.

Die Prognosen gehen von einer weiteren Globalisierung der Wirtschaft aus (Schneider, 2007). Erwartet wird ein weiterer Aufbau und eine weitere Umwandlung zu globalen Wertschöpfungsketten, die beschleunigte Integration der globalen Güter- und Dienstleistungsmärkte, ein weiter steigender Anteil des Außenhandels an der nationalen Wertschöpfung, eine Zunahme von Offshoring und Outsourcing sowie ein starker Anstieg der grenzüberschreitenden Finanzströme. Damit wäre auch mit einer Globalisierung von Märkten zu rechnen, die sich bislang eher langsam global entwickeln, zum Beispiel der Markt für Bildungsdienstleistungen. Für Jugendliche werden sich damit verstärkt Beschäftigungsoptionen im Ausland auftun. Bei einer weiteren Globalisierung ist mit einer Verschärfung der internationalen Konkurrenz zu rechnen. Dies dürfte in Deutschland insbesondere zu einem weiteren Druck auf das Niedriglohnsegment des Arbeitsmarktes führen. In diesem Prozess der Globalisierung wird eine Verschiebung der Zentren weltwirtschaftlicher Aktivitäten erwartet: Die Rolle der USA sinkt in diesem Szenario, während die weltwirtschaftliche Bedeutung von Indien, Malaysia und China steigt.

Die Welt wird, so Menzel (1998), durch zwei widersprüchlich erscheinende Trends verändert, nämlich der *gleichzeitigen* Globalisierung von Kultur (‚McWorld') und der Zersplitterung von Kultur (‚Jihad'). Der Nationalstaat ist dabei sowohl dem Angriff von McWorld als auch vom Jihad ausgesetzt. „McWorld" steht für den „Trend zur Globalisierung der Ökonomien, zur Zivilisierung der Weltpolitik, zur Universalisierung und Säkularisierung von Kultur und Wertesystemen" (Menzel 1998, S. 46).[3] „Jihad" kennzeichnet einen Prozess der Zersplitterung von Kulturen, ein Wiedererstarken des Stammesbewusstseins und der gegenseitigen Ab- und Ausgrenzung. Dabei handelt es sich um einen ins Extrem getriebenen Prozess der Lokalisierung: Als Reflex auf die Heimatlosigkeit der Globalisierung suchen die Menschen Halt in lokalen Bindungen. Beide Prozesse, „McWorld" und „Jihad", laufen gleichzeitig: In „den Feuerpausen von Sarajevo und Kigali, von Grosny und Kabul greifen die Kämpfer beider Seiten zu Marlboro und Cola light" (Menzel, 1998, S. 48). Gelegentlich wird für die Gleichzeitigkeit von Globalisierung (‚McWorld') und Lokalisierung (‚Jihad') das Kunstwort „Glokalisierung" verwendet.

Ein weiterer Megatrend wird in einer stetigen Zunahme der Vielfalt von rechtlich zulässigen und in der Gesellschaft akzeptierten Lebensstilen gesehen. Werte, Symbole und Lebensstile ändern sich und werden vielfältiger (‚Pluralisierung der Lebensstile').

So ist die bürgerliche Kleinfamilie, die selbst die Großfamilie ablöste, auf dem Rückzug. Offensichtlich wird dies an der Anzahl der Personen in einem Haushalt. 1871 betrug die durchschnittliche Haushaltsgröße in Deutschland 4,64 Personen (Hill & Kopp, 2006). Nach aktuellen Daten des statistischen Bundesamtes sinkt die durchschnittliche Haushaltsgröße von 2007 bis 2020 in den westlichen Flächenländern voraussichtlich von 2,13 auf 2,02 Personen, in den neuen Ländern von 2,00 auf 1,90 und in den Stadtstaaten von 1,80 auf 1,72 Personen je Haushalt. In Berlin lebt bereits in über 50 % der Haushalte nur eine Person, 2020 dürften auch in Hamburg und Bremen mehr als die Hälfte der Haushalte Einpersonenhaushalte sein. Eine Zunahme des Anteils der Einpersonenhaushalte wird auch für alle anderen Länder erwartet. In den Flächenländern werden 2020 zwischen 37% und 42% aller Haushalte aus nur einer Person bestehen, zurzeit sind es 35 % bis 41 %.[4]

Löste die Kleinfamilie die Großfamilie ab, findet heute ein Übergang zu vielfältigen Formen des Zusammenlebens statt, zu denen neben Kleinfamilien, WGs, Patchwork-Familien oder queere Lebensformen gehören. „Queer" ist dabei ursprünglich ein englisches Schimpfwort, das „seltsam", „verdächtig" und „tuntig" bedeutet. Das Wort verliert inzwischen – ähnlich wie das deutsche Wort „schwul" – den diskriminierenden Unterton. Queere Bewegungen sind schwer abzugrenzen, da sie sich verneinend definieren, nämlich durch den Bruch mit der sozialen Norm monogamer Heterosexualität. Dazu gehören neben Schwulen und Lesben beispielsweise Bisexuelle, BDSM (Bondage & Discipline, Sadism & Masochism) oder Transmänner bzw. -frauen (Transgender). In Anlehnung an den angelsächsischen Sprachraum wird die Abkürzung „LGBT" (Lesbian, Gay, Bisexual

Die Regenbogenfahne der Vielfalt. Symbol der Schwulen- und Lesbenbewegung. Bild 1. Von Ludovic Bertron

and Transgender) verwendet. LGBT-Schülerinnen und Schüler sind nicht selten Ziel sprachlicher Angriffe, die sexuelle Minderheiten diskriminieren. Angelsächsische Studien zeigen, dass Lehrkräfte ein Klassenklima unterstützen, bei dem sexuelle Minderheiten diskriminiert werden (Robinson & Espelage, 2011).

Die Pluralisierung im Privaten geht mit entsprechenden Änderungen in der Arbeitswelt einher. Während früher häufiger Menschen ihr Leben lang den gleichen Beruf gar beim gleichen Arbeitgeber ausübten, wie es heute noch bei Lehrkräften der Fall ist, ist die Zukunft durch unstetigere Erwerbsbiographien geprägt. Ein Beispiel dafür ist die Ausbildungsadäquanz. Damit ist die Frage gemeint, ob es bei Absolventinnen und Absolventen einer beruflichen Ausbildung nach einer bestimmten Zeit zu einer Differenz zwischen erlernten und ausgeübten Beruf kommt. Erhebungen im Bildungsbericht 2010 zeigen, dass etwa ein Drittel der Absolventinnen und Absolventen einer beruflichen Ausbildung schon nach einem Jahr nicht mehr in einem Beruf tätig sind, der ihrer Ausbildung entspricht. Die Bedeutung des Ausbildungsberufs spielt dabei nicht mehr die Rolle, die sie vielleicht früher gespielt hat. Die einmalige Berufswahl wird zunehmend zu einem Umgehen mit Optionen und permanenten Entscheidungen, also von der einmaligen Entwicklungsaufgabe im Jugendalter zu einer Aufgabe in allen Phasen des späteren Lebens.

Die Wissensgesellschaft, die die hohe Bedeutung des Wissens einzelner Personen, Unternehmen oder Gesellschaften betont, gilt heute als Nachfolge der Industrie- und Agrargesellschaft. Die heutige Vorstellung nimmt dabei Gedankengut auf, das schon in den 60er Jahren grundgelegt wurde (Heidenreich, 2003): Kennzeichnend für diese Vorstellungen sind eine Zunahme staatlicher und privater Forschungsaktivitäten, die Expansion des Dienstleistungssektors und der wissensbasierten Wirtschaftsaktivitäten sowie eine Berufsstruktur, die durch professionalisierte, akademisch qualifizierte Wissensarbeiterinnen und -arbeiter gekennzeichnet ist. Dabei kommt es nicht auf das Wissen bzw. die Wissenschaft selbst an. „Der besondere Stellenwert des wissenschaftlichen und technischen Wissens in der modernen Gesellschaft ergibt sich nicht aus der Tatsache, dass wissenschaftliche Erkenntnis weitgehend als wahrhaftig objektiv realitätskonform gar als unstrittige Instanz anzusehen wäre, sondern daraus, dass diese Wissensform mehr als jede andere permanent neue Handlungsmöglichkeiten schafft" (Stehr, 2001, S. 9). Vor diesem Hintergrund ist damit zu rechnen, dass die Wissensanteile von Produkten steigen und damit auch die Anforderungen an Kompetenzen bei der Produktion und Nutzung dieser Produkte. Für die Zukunft wird dabei auf die Konvergenz von Wissensfeldern hingewiesen, insbesondere das Zusammenspiel von Nano, Bio, Info, Cognition (‚NBIC').

Der Übergang zur Wissensgesellschaft wird durch eine zunehmende Ausbreitung von Informations- und Kommunikationstechnologien im Beruf und im Privaten unterstützt (‚Informatisierung'). Durch die Ausbreitung von Informationen im Alltag kommt eine ‚Net-Generation' in die Schule, die als digitale Eingeborene (‚digital natives') groß geworden ist (Oblinger, 2005). Auch für die berufliche Arbeitswelt ist mit einer weiteren Integration von Informations- und Kommunikationstechnologien zu rechnen, was beispielsweise ERP-Systeme (Enterprise Resource Planing) betrifft.

In Zukunft wird mit der begrenzten Verfügbarkeit natürlicher Ressourcen zu rechnen sein. Dies wird – schon im Vorfeld der Erschöpfung natürlicher Ressourcen, auch mit Blick auf die japanische Atomkatastrophe – zu neuen Strategien der Ressourcennutzung in Wirtschaft und Gesellschaft führen. Angesichts des demographischen Wandels und der damit verbundenen finanziellen Belastungen ist außerdem mit sinkenden Finanzspielräumen der öffentlichen Hand zu rechnen.

15.2.2 Megatrends verändern berufliche Schulen

Das System beruflicher Bildung erlebt einen Prozess der Glokalisierung, in dem sich Globalisierung und Regionalisierung bzw. Lokalisierung überlagern.

Berufliche Bildung wird – als Reflex auf die weitere Globalisierung der Geschäftstätigkeiten - internationaler. Der Kopenhagen-Prozess wurde bei der Erörterung des Kompetenzbegriffes kurz thematisiert. Die weitere Globalisierung wird weitreichende Folgen für das Bildungswesen haben. Berufliche Ausbildung wird zunehmend eine berufliche Ausbildung für *globalisierte* Unternehmen. Verfahren, die eine Vergleichbarkeit von Abschlüssen und Leistungen erzeugen sollen ('Transparenzinstrumente'), wie der European Qualifications Framework (EQF) oder der Deutsche Qualifikationsrahmen (DQR), haben eine zunehmende Bedeutung für die Berufsbildung. Mobilität der Lernenden, zum Beispiel in Form von Auslandsaufenthalten, wird in viel stärkerem Maße auch für berufliche Schulen relevant werden und sich nicht, wie bisher, überwiegend auf die Welt der Hochschulen beschränken. Nicht unwahrscheinlich ist auch ein breiter Import und Export von Bildungsdienstleistungen, wie es zurzeit beispielsweise mit iMOVE (International Marketing of Vocational Education) gefördert werden soll.

Die demographische Entwicklung wird sowohl innerhalb Deutschlands als auch innerhalb einzelner Bundesländer zu unterschiedlichen Bedingungen führen. Beispielsweise wird sich die Situation in Teilen Oberfrankens noch deutlicher von der Situation in Teilen Oberbayerns unterscheiden als heute. Der Staat kann auf diese Entwicklungen nicht mehr mit *einheitlichen* Vorgaben reagieren. Vielmehr wird er die Regionalisierung der Entwicklung vorantreiben. Dies wird durch eine Delegation von Entscheidungskompetenzen an die Schulen ermöglicht, d. h. eine *Schulautonomie*. Dabei können vier Arten von Autonomie unterschieden werden.[5]

- ▶ **Autonomie im pädagogischen Programm**: Innerhalb eines verbindlichen Rahmens, der beispielsweise durch die Schulgesetze oder die Rahmenlehrpläne abgesteckt wird, bestimmen die Schulen ihr fachlich-pädagogisches Profil sowie ihre inhaltlich-methodische Ausrichtung. Nach der Vorstellung im Lernfeldansatz sollen die Rahmenlehrpläne *in Schulen* durch Lernsituationen ausgearbeitet werden. Eine derart autonome Schule erhöht oder vermindert die Stundenzahl in bestimmten Fächern bzw. Lernfeldern und bietet Zusatzunterricht an. Im Zentrum des pädagogischen Programms steht eine Vision bzw. ein Schulprogramm.
- ▶ **Autonomie beim pädagogischen Personal**: In der autonomen Schule wählt die Schule das Personal, leistet selbst leistungsorientierte Zulagen zum Gehalt, überträgt Funktionen, wie die Schulleitung oder Fachbetreuungsfunktion selbst und unter Umständen auf Zeit. Das Personal wird entsprechend des relativ autonom entwickelten pädagogischen Programms ausgewählt und systematisch entwickelt.
- ▶ **Organisationsautonomie**: Nach dem Motto „structure follows strategy" bestimmt die autonome Schule ihre Organisation – innerhalb von Vorgaben – selbst. Sie bildet selbständig Unterstrukturen (Aufbauorganisation), zum Beispiel Abteilungen, und legt Prozesse selbst fest (Ablauforganisation).
- ▶ **Finanzmittelautonomie**: Die Schule ist dann – im Gegensatz zu jetzt – rechtsfähig (vertragsfähig) und verwaltet ihre Mittel selbst. Kennzeichen der Budgetierung ist die gegenseitige Deckungsfähigkeit, d. h. die eingesparten Mittel in einer Budgetposition können im Rahmen einer anderen ausgegeben werden. Außerdem ist die Übertragung von Budgetmitteln auf folgende Perioden möglich, was das sogenannte Dezemberfieber verhindert (Wilbers, 2002). Der Schule werden weitere Möglichkeiten für Einnahmen erschlossen, zum Beispiel über Spenden oder Sponsoring.

Öffentliche Schulen können nicht *vollständig* in die Autonomie entlassen werden, sonst wären sie keine öffentlichen Schulen mehr. In der Literatur wird daher von der „*Teil*autonomie der Schule" gesprochen. In Baden-Württemberg wird auch von „operativer Eigenständigkeit der Schule" gesprochen. Die (teil-)autonome Schule hat das *Recht*, innerhalb der vorgegebenen Leitplanken, Entscheidungen zu treffen. Andererseits hat sie die *Pflicht*, darüber Rechenschaft abzulegen, beispielsweise im Rahmen einer Berichterstattung oder einer Evaluation durch Externe.

Die Delegation der Aufgaben an die Schulen führte in der Vergangenheit häufig nicht dazu, dass auch die Ressourcen von übergeordneten Einheiten an die nachfolgende Schule weitergegeben wurden. In der Praxis führt daher *diese* Form der Schulautonomie zu neuen Aufgaben, die nicht durch zusätzliche Ressourcen ausgeglichen werden. Angesichts der sinkenden Spielräume des Staates ist nicht damit zu rechnen, dass sich dieser Trend umkehren wird. In der Praxis heißt dies, dass die Tätigkeitsfelder einer Lehrkraft neben dem Unterricht weiter steigen werden. Sind Lehrkräfte schon heute keine reinen ‚'Unterrichtsgebende' mehr, wird dies in Zukunft noch viel weniger der Fall sein.

Wenn Entscheidungskompetenzen an die Schulen gegeben werden, entsteht an der Schule kein Vakuum, sondern der Bedarf, die so anstehenden Entscheidungen zu professionalisieren. Dabei werden zwei Ansätze gewählt. Unter dem Stichwort „Schulführung" oder „Leadership" wird die Schulleitung gestärkt und von ihr werden zusätzliche Aufgaben übernommen. Unter dem Stichwort „Schulentwicklung" und „Qualitätsmanagement" wird eine breitere, vom Kollegium getragene Entwicklung verstanden. In beiden Fällen geht es um die Gestaltung von Rahmenbedingungen der täglichen Arbeit von Lehrkräften auf der institutionellen Ebene, also auf tiefer liegenden Bedingungsschalen. Inwieweit eine erhöhte Schulautonomie zu einer Verbesserung der Leistungen der Schülerinnen und Schüler führt ist – zumindest im Licht der PISA-Daten (Nikolai & Helbig, 2013) – noch offen.

Mit der Regionalisierung werden drei Entwicklungspfade wahrscheinlich.

▶ **Urbaner Entwicklungspfad zu Kompetenzzentren**: In den Metropolen erlaubt die Nachfrage eine Spezialisierung von Schulen auf mehr oder weniger enge Themen. Die Schulen können sich eine starke fachliche Profilierung erlauben.

▶ **Ländlicher Entwicklungspfad zum Netzwerker**: Die ländlichen Schulen in den Unterzentren zu den Metropolen können sich nur sehr begrenzt spezialisieren. Sie werden darauf drängen, Schülerinnen und Schüler aus verwandten Berufen gemeinsam zu schulen, um die Anfahrtswege für Auszubildende und Betriebe kurz zu halten. Sie werden sich in Verbundmodelle einbringen und aus der Not geborene Kooperationen eingehen, die vormals als undenkbar galten. Berufliche Schulen könnten sich zu regionalen Dienstleistern lebenslangen Lernens in regionalen Netzwerken entwickeln.

▶ **Ländlicher Rückbaupfad**: Ländliche Schulen, die sich nicht als Netzwerker profilieren, werden im Zuge des demographischen Wandels zunächst aus politischen Gründen aufgrund von Interventionsversuchen lokaler Politik aufrechterhalten, aber schließlich doch ausbluten. In vielen ländlichen Gebieten werden in diesem Prozess Schulen geschlossen werden müssen.

Die relative Bedeutung von Jugendlichen mit Migrationshintergrund wird im demographischen Wandel deutlich zunehmen.

Was ist Migrationshintergrund? Die Definition im Mikrozensus 2010

Zu den Personen mit Migrationshintergrund gehört die ausländische Bevölkerung – unabhängig davon, ob sie im Inland oder im Ausland geboren wurde – sowie alle Zugewanderten unabhängig von ihrer Nationalität. Daneben zählen zu den Personen mit Migrationshintergrund auch die in Deutschland geborenen eingebürgerten Ausländer sowie eine Reihe von in Deutschland Geborenen mit deutscher Staatsangehörigkeit, bei denen sich der Migrationshintergrund aus dem Migrationsstatus der Eltern ableitet. Zu den letzteren gehören die deutschen Kinder (Nachkommen der ersten Generation) von Spätaussiedlern und Eingebürgerten und zwar auch dann, wenn nur ein Elternteil diese Bedingungen erfüllt, während der andere keinen Migrationshintergrund aufweist. Außerdem gehören zu dieser Gruppe seit 2000 auch die (deutschen) Kinder ausländischer Eltern, die die Bedingungen für das Optionsmodell erfüllen, d. h. mit einer deutschen und einer ausländischen Staatsangehörigkeit in Deutschland geboren wurden.

Übersicht 2: Definition im Mikrozensus 2010. Quelle: Statisches Bundesamt (2011, S. 399)

Das ist angesichts der bestehenden Lage eine Herausforderung.

Wortwörtlich: Nicole Kimmelmann, WiPäd Uni Erlangen-Nürnberg

Die Herausforderung (durch kulturelle Diversität, K.W.) in der beruflichen Bildung besteht aus zwei Seiten. Einerseits muss ein Weg gefunden werden, die bisherigen Probleme und Defizite besser zu lösen, um negative Effekte zu minimieren, andererseits will die Vielfalt jedoch aus einem stärker auch ressourcenorientierten Blickwinkel gesehen und angegangen werden.

Bild 2: Nicole Kimmelmann. Foto privat. Zitat: (Kimmelmann, 2010, S. 62)

Wie sollte die berufliche Schule, wie sollte die Lehrkraft auf die zunehmende ethnisch-kulturelle Diversität reagieren? Eine erste Antwort auf die Herausforderung lautet: Jugendliche durch Berufsbildung angleichen, also assimilieren! In den klassischen Einwanderungsländern werden – im Gegensatz zu Deutschland – diese Fragen schon länger gestellt. Bis in die 1970er Jahre war die Antwort auch klar: Statt das Trennende, das Unterschiedliche zu betonen, ist das Gemeinsame, das Verbindende durch Bildung zu präzisieren, auszubauen und zu pflegen. Nach den Analysen von Banks (2006, S. 22 f.) dominierte dieser Assimilationsansatz in allen westlichen Nationalstaaten bis in die 1960er und 1970er Jahre. Ethnische Gruppen, insbesondere ethnische Minderheiten, sollen – so die Logik dieses Ansatzes – befreit werden von ihrer kulturellen Bindung, so dass sie zu vollwertigen Mitgliedern der nationalen Kultur werden können. Wenn Bildung die Bindungen an ethnische Gruppen fördert, vermindert dies die Schulleistungen und es werden ethnische Spannungen geschürt.

Was würde ein solcher Assimilationsansatz für die deutsche Berufsbildung bedeuten? Woran soll sich demnach Bildung ausrichten? Was macht denn deutsche Kultur aus? Interessante Antworten auf diese Fragen geben vergleichende Studien zu Kulturdimensionen und -standards in der Folge der bahnbrechenden Forschungen von Hofstede (Layes, 2003). Kulturstandards werden beispielsweise in interkulturellen Trainings für die Vorbereitung von Managern auf einen Auslandsaufenthalt relevant. Schroll-Machl (2003) systematisiert deutsche Kulturstandards in mehrfacher Hinsicht. Deutsche Kulturstandards sind demnach eine hohe Sachorientierung, eine Wertschätzung von Struktur und Regeln, eine hohe Bedeutung der Zeitplanung, eine internalisierte Kontrolle sowie ein schwacher Kontext.

Standard	Detaillierung
Sachorientierung	▶ Berufliche Zusammenarbeit: Sache ist Dreh- und Angelpunkt ▶ Hohe Wertschätzung von Besitz und Eigentum ▶ Trennung von Privat- und Arbeitssphäre
Wertschätzung von Struktur und Regeln	▶ Implizite und explizite Regeln ▶ Regeln gelten für alle (Gleichbehandlung)
Hohe Bedeutung der Zeitplanung	▶ Zeitliche Strukturierung ▶ Pünktlichkeit
Internalisierte Kontrolle	▶ Hohe Identifikation mit Arbeit ▶ Hohe Qualitätsansprüche
Schwacher Kontext	▶ Direkter und offener Kommunikationsstil ▶ Hoher Anspruch an präzise Kommunikation ▶ Oft konfrontativer Kommunikationsstil

Übersicht 3: Deutsche Kulturstandards nach Schroll-Machl (2003)

Übertragen auf die Berufsbildung heißt dies dann: Berufliche Bildung hat zum Hineinwachsen in diese – vorgegebenen – deutschen Kulturstandards beizutragen. Pünktlichkeit oder eine hohe Identifikation mit der Arbeit ist entsprechend zu fördern, beispielsweise durch Ausbildende und Lehrkräfte, die selbst pünktlich sind und sich in hohem Maße mit ihrer Arbeit identifizieren. Wenn die Lernenden, wenn Auszubildende nicht pünktlich sind, wenn sie sich nicht mit der Arbeit identifizieren – so wird dieser Ansatz argumentieren –, werden sie dann auch schnell die Arbeit wieder verlieren oder gar nicht erst in Brot und Arbeit kommen.

In Deutschland korrespondiert dieser Assimilationsansatz mit der Vorstellung einer deutschen Leitkultur, zu der sich beispielsweise die CSU explizit in ihrem Grundsatzprogramm von 2007 bekennt. Die Vorstellung einer deutschen Leitkultur wird vor allem von konservativen Politikern vorangetrieben. Im Hintergrund steht das ungleich elaboriertere Konzept einer europäischen Leitkultur des Politologen Bassam Tibi, das im Buch „Europa ohne Identität" entfaltet wird. Als Werte einer europäischen Leitkultur macht er Demokratie, Laizismus, Aufklärung, Menschenrechte und Zivilgesellschaft aus (Tibi, 2002).

Eine zweite Antwort auf die Herausforderung lautet: Die Vielfalt durch Berufsbildung schützen, nutzen und fördern! Der Staat hat demnach die Aufgabe, die Vielfalt von Kulturen zu gewährleisten und zu fördern. In den klassischen Einwanderungsländern geriet der oben beschriebene Assimilationsansatz in den 70er Jahren unter Druck: Verschiedene ethnische Gruppen wiesen jedoch darauf hin, dass der Assimilationsansatz ein Abseitsschieben (Marginalisieren) der eigenen Kultur bedeute. Dies gilt für ethnische Gruppen in verschiedenen westlichen Ländern, zum Beispiel die Asiaten in Britannien, die Surinamer in den Niederlanden, die Samen in Skandinavien, die Aborigines in Australien oder die Maori in Neuseeland. Ihre Kultur drohte mit dem Assimilationsansatz unterzugehen.

Ethnisch-kulturelle Unterschiede sind eine *Ressource*, die für die Gesellschaft oder ein Unternehmen zu nutzen ist ('Diversity Management'). Beispiele für spezifische und bislang wenig genutzte Potentiale sind die Mehrsprachigkeit oder das kulturelle Wissen von Menschen mit Migrationshintergrund (Kimmelmann, 2010). Lediglich in wenigen Bereichen, zum Beispiel dem Zielgruppenmarketing oder der Pflege von älteren Migrantinnen und Migranten, werden diese Potentiale überhaupt betrachtet.

Diversitätserfahrungen stellen auch eine didaktische Chance dar. Diversität wird von Schülerinnen und Schülern unterschiedlich erfahren. Sie bedeutet zunächst die Anwesenheit von diversen Schülerinnen und Schülern in einer größeren Gruppe, wie sie sich etwa abbildet in der Anzahl der Schülerinnen und Schülern mit Migrationshintergrund oder dem Anteil der Menschen mit Behinderung in der Gruppe ('strukturelle Diversität'). Diversitätserfahrungen können aber auch aufgrund curricularer oder extracurricularer Erfahrungen erworben werden, etwa in sogenannten cultural-awareness-Workshops (‚Klassenraum-Diversität‘). Schließlich können Diversitätserfahrungen aufgrund informeller Kontakte außerhalb des Curriculums erworben werden (‚informelle Diversität‘). Diversitätserfahrungen können dabei einen Effekt auf das kulturelle Wissen, das kulturelle Bewusstsein und die Empathie bezüglich anderer Gruppen haben. Dies kann die Führungskompetenz eines Menschen beeinflussen, weil die Fähigkeit, sich in andere Personen hineinzuversetzen, geschult und die Toleranz gegenüber dem Anderen gestärkt wurde (Bowman, 2011). In dieser Perspektive sind Diversitätserfahrungen eine didaktische Chance. Sie sprechen Ziele an, die den engen Rahmen ethnisch-kultureller Diversität verlassen, die Sozial- und Selbstkompetenz der Lernenden betreffen und die – nicht nur – arbeitsmarktrelevant sind.

In Deutschland stehen rot-grüne Multikulturalität und schwarze Leitkultur scheinbar unversöhnlich nebeneinander. Deutschland hat sich erst spät selbst als Einwanderungsland begriffen. Ein Beispiel ist die Migrationsgeschichte der Deutsch-Türken (Goldberg, Halm & Sen, 2004). Diese Geschichte beginnt mit den Anwerbeabkommen in den frühen Sechzigern. Aber auch nach den Anwerbestopps in Folge der Ölkrise, dem Scheitern der Reintegrationsmodelle in den 1980er Jahren, den Barbareien in Hoyerswerda, Rostock-Lichtenhagen, Mölln und Solingen in den 1990er Jahren waren beide Seiten davon überzeugt, dass der Aufenthalt nicht von Dauer sei. So sahen es die Deutschen, so sahen es die Türken. Inzwischen hat sich dies gewandelt. Trotzdem: Die Diskussion in Deutschland steht immer noch am Anfang. Entsprechend einfach sind die politischen Vorstellungen.

Es mag sein, dass für eine solch junge Diskussion grobe, holzschnittartige Zuschnitte typisch sind. In den klassischen Einwanderungsländern läuft die Diskussion differenzierter. Ein bemerkenswertes Beispiel ist der Ansatz von James A. Banks (2006), dem Direktor des Center for Multicultural Education an der Universität Washington. Nach Banks (2006) sollte in demokratischen, ethnisch-kulturell diversen Gesellschaften eine heikle Balance zwischen Einheit und Diversität angestrebt werden. Einheit ohne Diversität führe zu kultureller Unterdrückung, Diversität ohne Einheit zur Balkanisierung und zur Aufsplitterung von Staatsgemeinschaften. Der Staat muss gewährleisten, dass die diversen Gruppen ihre Kultur weiter pflegen können, eingebunden werden und Zugehörigkeit empfinden. Andererseits habe sich die Gesellschaft um zentrale Werte zu organisieren.

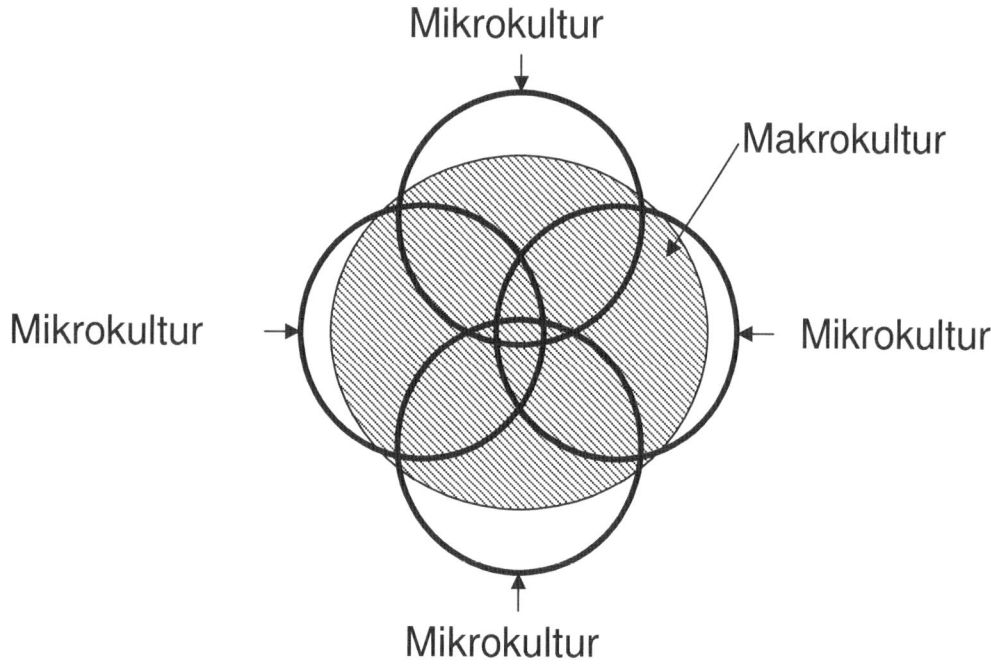

Übersicht 4: Mikrokultur und Makrokultur nach Banks (2006)

Gesellschaft habe – so Banks – eine gemeinsame Makrokultur und unterschiedliche Mikrokulturen. Identität bezieht das Individuum sowohl aus der Makrokultur als auch aus der Mikrokultur. Übertragen auf die berufliche Bildung bedeutet dies: Berufliche Bildung hat die Aufgabe, die Lerner in der Entwicklung einer *doppelten* Identität in und durch Berufsbildung zu unterstützen. Pädagogische Arbeit erkennt einerseits Mikrokulturen an, die sich auch im pädagogischen Alltag niederschlagen. Andererseits muss durch und in Berufsbildung die verbindende, gemeinsame Makrokultur auf- und ausgebaut werden. Was gehört jedoch zur Makrokultur und was zur Mikrokultur? Bei einigen Dingen scheint das einfach.

▶ Wenn sich die Gesellschaft zur Norm des Grundgesetzes „Jeder hat das Recht auf Leben und körperliche Unversehrtheit" (Artikel 2 des Grundgesetzes) bekennt, kann sie Genitalverstümmelung von Mädchen (‚female genital cutting') nicht dulden, sondern hat dies, wie es in Deutschland auch der Fall ist, als Straftatbestand zu verfolgen, nämlich als gefährliche Körperverletzung (§ 224 StGB) bzw. als eigenen Straftatbestand, wie es im Juli 2013 vom Bundestag verabschiedet wurde.

▶ Wenn in der Gesellschaft die Norm gilt „Die ungestörte Religionsausübung wird gewährleistet" (Artikel 4 des Grundgesetzes) und wenn zu einer ungestörten Religionsausübung der Bau von Minaretten gehört[6], dann hat sie den Bau von Minaretten zu gewährleisten.

▶ Wenn sich die Gesellschaft und die Schule zur Gleichberechtigung von Frau und Mann bekennen, kann sie es nicht zulassen, dass einzelne Klassen bewusst nicht mehr von Frauen unterrichtet werden. Auch wenn dies im Einzelfall bequem sein mag, weil weder Ärger mit den Schülerinnen und Schülern noch Ärger mit den Lehrkräften auftaucht. Die Schule muss jedoch erkennen, dass sie sich mit einer solchen Regelung außerhalb der Normen des Grundgesetzes bewegt.

Die Sehnsucht nach einer einfachen Antwort, einer Orientierung, ist verständlich. Die Vorstellung jedoch, dass es einen zeitlosen Kanon von Elementen der Makrokultur gibt, ist nicht zielführend. Wie Bildung insgesamt, ist die Makrokultur geschichtlich, d. h. es muss sich jede Generation diese Vorstellung erarbeiten. Dies gilt erst recht, wenn die Gesellschaft sich gerade erst als Einwanderungsland erkannt hat.

> **STOPP**: Für die Lehrkraft an einer beruflichen Schule heißt dies zunächst, sich selbst über ihre eigenen Vorstellungen klar zu werden: Was gehört für mich zur Makrokultur, was nicht? Was ist unter dieser Perspektive das Bildungsideal, das der alltäglichen Arbeit zugrunde liegen sollte?

15.2.3 Leitfragen zur Analyse der gesellschaftlichen Bedingungen (GAL 3.7)

Die relative Zunahme von Lernenden mit Migrationshintergrund führt zu veränderten Kompetenzanforderungen. Aber auch die anderen Megatrends verschieben die relative Bedeutung der einzelnen Kompetenzdimensionen. Dabei wird vor allem die Bedeutung der überfachlichen Kompetenzen zunehmen.

▶ **Fachkompetenz**: Berufliche Bildung ist ohne Fachkompetenz nicht denkbar. Die Veränderungen in Unternehmen werden zu veränderten Anforderungen an die Fachkompetenz der Lernenden führen. An berufliche Schulen wird die Frage gestellt werden, wie sie sich auf emerging markets, zum Beispiel China, und neue Berufsfelder, zum Beispiel NanoTec und BioTec, ausrichten. Neue Technologien in der beruflichen Bildung sind nicht mehr nur ein Reflex auf die IT-integrierenden Arbeitsprozesse, sondern die Lebens- und Lernweise digitaler Eingeborener.

▶ **Lernkompetenz**: Mit dem Übergang zur Wissensgesellschaft nimmt die relative Bedeutung von Wissen und ihre Umschlagsgeschwindigkeit zu. Die Bedeutung von Lernkompetenz wird zunehmen.

▶ **Sozialkompetenz**: In der Wissensgesellschaft spielt die Arbeit im Team, die Arbeit in global-multikulturellen Kontexten, eine große Rolle.

- **Selbstkompetenz**: Neue Unübersichtlichkeiten und Multikulturalität führen zu hohen Anforderungen an die Entwicklung (kultureller) Identitäten von Jugendlichen. Berufswahl bleibt nicht ein exklusives Problem von Jugendlichen, sondern ist in Zeiten unstetiger Berufsbiographien und der relativen Abnahme der Bedeutung der *Erst*ausbildung ein lebenslanger Prozess der Vergewisserung individueller Ziele, des Einschätzens des eigenen Entwicklungsstandes, des Nachdenkens über eigene Stärken und Schwächen und der Planung der eigenen weiteren Entwicklung.
- **Sprachkompetenz**: Sprachliche Herausforderungen stellt nicht nur der zunehmende Anteil von Lernenden mit Migrationshintergrund dar, sondern wird eine breite Herausforderung werden.

Das Nachdenken über gesellschaftliche Bedingungen spielt bei der Unterrichtsplanung selten eine gewichtige Rolle. Dafür sind die Bedingungen zu abstrakt und die Änderungen dieser Bedingungen schleichend. Das heißt nicht, dass die Bedingungen oder deren Änderung keine Bedeutung für die tägliche Unterrichtspraxis haben. Das Beispiel der Lerner mit ethnisch-kulturellem Hintergrund zeigt dies deutlich.

Leitfrage für die Analyse der gesellschaftlichen Bedingungen (GAL 3.7) in der mikrodidaktischen Planung (TB-2.6)

- Welche gesellschaftlichen Bedingungen spielen in den Unterricht hinein?

Übersicht 5: Leitfrage für die Analyse der gesellschaftlichen Bedingungen (GAL 3.7)

Im GAL-Schema für die mikrodidaktische Planung (TB-2.6) wird die Analyse der gesellschaftlichen Bedingungen unter Abschnitt 3.7 vorgesehen.

15.3 Bedingungen des Bildungs- und Wirtschaftssystems erfassen

Die zweithöchste Bedingungsschale, die im Modell der Bedingungen ausgewiesen wird und direkt nach den gesellschaftlichen Bedingungen folgt, ist das Wirtschafts- und das Bildungssystem.

15.3.1 Bedingungen des Wirtschaftssystems

Das Wirtschaftssystem in Deutschland folgt der ordnungstheoretischen Vorstellung der sozialen Marktwirtschaft, die politisch stark durch den gebürtigen Fürther Ludwig Erhard (1897-1977) geprägt wurde. Erhard hat in Nürnberg Betriebswirtschaftslehre studiert. Das theoretische Fundament der sozialen Marktwirtschaft beruht auf dem Ordoliberalismus. Das Menschenbild des Ordoliberalismus entstand als Gegenentwurf während des Nationalsozialismus von Personen mit einem überwiegend christlichen Hintergrund, namentlich Friedrich August von Hayek (1899-1992), Wilhelm Röpke (1899-1966) oder Walter Eucken (1981-1950). Der Mensch definiert sich – ähnlich wie das Menschenbild des Grundgesetzes – für den Ordoliberalismus im Spannungsfeld von Individualismus und Staat. Der Ordoliberalismus geht von der Würde des Einzelnen, insbesondere der freien Entfaltung der Persönlichkeit, aus und sucht die Verbindung von menschenwürdigem Dasein und ökonomischer Effizienz (Guckelsberger, 2006).

Wortwörtlich: Ludwig Erhard (1897 – 1977)

Das erfolgversprechendste Mittel zur Erreichung und Sicherung jeden Wohlstandes ist der Wettbewerb. Er allein führt dazu, den wirtschaftlichen Fortschritt allen Menschen, im besonderen in ihrer Funktion als Verbraucher, zugute kommen zu lassen ... »Wohlstand für alle« und »Wohlstand durch Wettbewerb« gehören untrennbar zusammen; das erste Postulat kennzeichnet das Ziel, das zweite den Weg, der zu diesem Ziel führt.

Bild 3: Ludwig Erhard. Bundesarchiv, B 145 Bild-F004204-0003. Zitat: Erhard (1964, S. 7 f.)

Das Konzept der sozialen Marktwirtschaft setzt auf der freien Marktwirtschaft auf. Dieses Wirtschaftssystem setzt auf Privateigentum an den Produktionsmitteln, auf die Produzentenfreiheit, auf die Konsumentensouveränität und auf die Steuerung durch Marktpreise. In der freien Marktwirtschaft können sich jedoch Verteilungsprobleme ergeben, die gegen das ethische Fundament verstoßen. So wäre in der freien Marktwirtschaft das Individuum bei Krankheit oder Arbeitslosigkeit auf Wohltätigkeit angewiesen. Das Konzept der sozialen Marktwirtschaft übernimmt daher das Prinzip des sozialen Ausgleichs. Das Konzept der sozialen Marktwirtschaft verlangt spezifische Kompetenzen von den Mitgliedern einer Gesellschaft.[7]

Das Wirtschaftssystem nimmt inhaltlich-methodisch im bereits dargestellten ‚Kampf gesellschaftlicher Mächte' Einfluss auf die Arbeit in Schulen, beispielsweise über Lehrpläne. Während das Bildungssystem für das Wirtschaftssystem die Qualifikationsfunktion übernimmt, sichert das Wirtschaftssystem das materielle Substrat des Bildungssystems (Fend, 2006, S. 36). Ohne die Aktivitäten im Wirtschaftssystem wäre das Bildungssystem nicht zu finanzieren.

Daneben sind berufliche Schulen auch von konjunkturellen Entwicklungen betroffen, beispielsweise wenn in der Rezession Lernende Schwierigkeiten haben Ausbildungs- und Arbeitsplätze zu finden. Auch Entwicklungen in einzelnen Segmenten, zum Beispiel dem Niedriglohnsegment, einzelnen Branchen oder einzelnen Unternehmen, zum Beispiel der Niedergang der Quelle GmbH, können berufliche Schulen direkt betreffen.

15.3.2 Bedingungen des Bildungssystems

Deutschland gibt im zweistelligen Milliardenbereich Geld für Bildung aus. Warum? Wir sind so an Schulen gewöhnt, dass es uns schwer fällt, diese aus der Gesellschaft wegzudenken. Aber: Es gibt auch eine schullose Zeit im Leben jedes Menschen. Viele Dinge, und zwar ganz wichtige Dinge zur Erschließung dieser Welt, wie das Laufen oder die Muttersprache, lernen wir, ohne dass dieser Prozess pädagogisiert wird. Was ein Stuhl ist oder wie ein Apfel schmeckt lernen wir, ohne dass jemand mit einem Overhead-Projektor anrollt. Dieses urwüchsige Modell ist charmant[8] und hat lange ja auch recht gut funktioniert. Mit zunehmender Komplexität der Gesellschaft musste jedoch das Lernen aus dem Alltag ausgelagert werden. Wozu aber?

Nach dem bekannten Schultheoretiker Helmut Fend[9] unterscheide ich vier Funktionen von Schule, nämlich die Qualifikation, die Enkulturation, die Allokation sowie die Integration.

Auftrag	Leistung	... für
Enkulturation	Kulturelle Teilhabe und kulturelle Identität	Kultur- und Sinnsystem
Qualifikation	Berufsrelevante Fähigkeiten	Ökonomisches System
Allokation	Stellung in der Leistungshierarchie	Soziale Struktur
Integration	Soziale Identität und politische Teilhabe	Politisches System

Übersicht 6: Vier Aufträge der Schule

Bei der Qualifikationsfunktion von Schule geht es darum, dass die Schule für die Gesellschaft, genauer: das ökonomische System (Wirtschaftssystem) als Teil der Gesellschaft, Qualifikationen anbahnt, die im Produktionsbereich verwendet werden können bzw. müssen. Die Allokationsfunktion meint, dass in einer Leistungsgesellschaft die Stellung in der Gesellschaft nach Bildungszertifikaten und nicht nach Adelstiteln zugewiesen wird bzw. werden soll. Gemäß der Integrationsfunktion leistet Schule einen wichtigen Beitrag zur Integration in das politische System. Politische Integration heißt zunächst, dass Schule bestimmte Kenntnisse vermittelt, beispielsweise wofür die Zweitstimme gut ist. Ich will die Wichtigkeit dieser Kenntnisse nicht abqualifizieren, doch ein solcher Kenntnis-Ansatz greift zu kurz: Die Bürgerin bzw. der Bürger ist in diesem Ansatz nur Zuschauerin bzw. Zuschauer, bestenfalls reflektierend.[10] Diese Bürger sitzen – wie beim Fernsehfußball – bequem im Sofa und lassen sich wortreich darüber aus, was die Anderen alles falsch machen. Es geht vielmehr um die Erziehung zur Aktivbürgerin bzw. zum Aktivbürger, für die Schulen neben der notwendigen Vermittlung von Kenntnissen grundlegende Erfahrungen von Partizipation ermöglichen müssen. Wie können wir erwarten, dass Auszubildende die Wirtschaftswelt gestalten (wollen), wenn wir ihnen keine Möglichkeit zur Mitgestaltung in der Schule bieten? Wir müssen heute mit der Beteiligung von Schülerinnen und Schülern anfangen, wenn wir wollen, dass diese morgen die Dinge in die Hand nehmen. Diese Beteiligung ermöglicht Erfahrungen, die nachhaltige Wirkungen auf die Selbstkompetenz haben werden. Dies legen auch empirische Studien nahe.[11]

Nach der Enkulturationsfunktion entwickelt die Schule eine kulturelle Teilhabe und eine kulturelle Identität, d. h. sie sichert kulturelle Fähigkeiten, die von der Beherrschung der Sprache bis zur Verinnerlichung grundlegender Wertorientierungen reichen. Menschen werden auch durch Schule in ihrer Gesellschaft heimisch. Enkulturation als Aufgabe von Schule heißt nicht einfach, dass Schule in die deutsche Kultur hinein erziehen soll. Das wurde bereits vertieft.

Die erwähnten Funktionen des Bildungswesens schlagen sich konkret in Form eines Bildungsauftrags nieder. Dieser Bildungsauftrag wird – als offizieller Auftrag an die Schule – in den Schulgesetzen der Länder festgeschrieben.

Aufträge beruflicher Schulen am Beispiel Bayerns

- ▶ **Berufsschule**: Schülerinnen und Schüler in Abstimmung mit der betrieblichen Berufsausbildung oder unter Berücksichtigung ihrer beruflichen Tätigkeit beruflich zu bilden und zu erziehen und die allgemeine Bildung zu fördern
- ▶ **Berufsfachschule**: Vorbereitung auf eine Berufstätigkeit oder Berufsausbildung und die Allgemeinbildung fördern
- ▶ **Wirtschaftsschule**: Vermittlung einer allgemeinen Bildung und einer beruflichen Grundbildung im Berufsfeld Wirtschaft und Verwaltung und Vorbereitung auf eine entsprechende berufliche Tätigkeit
- ▶ **Fachschule**: Vertiefte berufliche Fortbildung oder Umschulung und Allgemeinbildung fördern
- ▶ **Fachoberschule**: Vermittlung einer allgemeinen, fachtheoretischen und fachpraktischen Bildung
- ▶ **Berufsoberschule**: Vermittlung einer allgemeinen und fachtheoretischen Bildung
- ▶ **Fachakademie**: Vertiefte berufliche und allgemeine Bildung und Vorbereitung auf den Eintritt in eine angehobene Berufslaufbahn

Übersicht 7: Aufträge beruflicher Schulen am Beispiel Bayerns

---

In der Praxis geht die Analyse des Bildungsauftrags in den Gesetzen fließend in die Analyse der offiziellen Planungshilfen ein. So beschreiben beispielsweise die Lehrpläne der Fachoberschule (FOS) in Bayern das spezifische Profil der FOS (Schulartprofil) und auch das spezifische Profil einzelner Fächer (Fachprofil) deutlich klarer als die gesetzliche Vorgabe.

Der Unterricht in der Schule wird zunächst über die Bildungspolitik beeinflusst. Dabei nehmen die EU, der Bund und das Land Einfluss. In Deutschland greift für die Gestaltung der Schulen die bereits mehrfach erwähnte Kulturhoheit der Länder. Trotzdem nimmt der Bund, gerade in der Berufsbildung, einen Einfluss auf die Bildungssysteme in den einzelnen Bundesländern. Das Bundesland gibt mit rechtlichen Regelungen, die im Landesparlament beschlossen werden (Gesetzen), mit Rechtsnormen, die vom Kultusministerium erlassen werden (Verordnungen), und weiteren Bekanntmachungen und Richtlinien den rechtlichen Rahmen des Berufsbildungssystems vor. Innerhalb einzelner Regionen können diese Bedingungen durchaus abweichen. So sind unterschiedliche Regelungen bei Details zu Abschlussprüfungen in verschiedenen Bezirken der IHKs keine Seltenheit.

Vielfalt rechtlicher Grundlagen am Beispiel Bayerns

Verfassung
▶ Bayerische Verfassung, insbes. Artikel 128 ff.

Gesetze
▶ Bayerisches Gesetz über das Erziehungs- und Unterrichtswesen (BayEUG)
▶ Bayerisches Schulfinanzierungsgesetz (BaySchFG)
▶ Bayerisches Lehrerbildungsgesetz (BayLBG)

Ordnungen
▶ Schulordnung für die Berufsschulen in Bayern (Berufsschulordnung - BSO)
▶ Schulordnung für die Fachoberschulen und Berufsoberschulen in Bayern (Fachober- und Berufs-oberschulordnung - FOBOSO)
▶ Ordnung der ersten Staatsprüfung für ein Lehramt an öffentlichen Schulen (Lehramtsprüfungsord-nung I - LPO I)
▶ Zulassungs- und Ausbildungsordnung für das Lehramt an beruflichen Schulen (ZALB)

Bekanntmachungen/Richtlinien
▶ Rahmenvereinbarung zur Zusammenarbeit von Schule und Jugendarbeit
▶ Richtlinie für die AIDS-Prävention an den bayerischen Schulen
▶ Richtlinien zur Suchtprävention an den bayerischen Schulen

Übersicht 8: Vielfalt der Rechtsgrundlagen für schulische Arbeit am Beispiel Bayerns

Typisch für die Berufsbildungspolitik ist jedoch, dass sie nicht ‚nur' von der Bildungspolitik, sondern auch von anderen Politikbereichen beeinflusst wird.

Wortwörtlich: Jörg Stender, WiPäd Uni Erlangen-Nürnberg

Spezifizierendes Merkmal von Berufsbildungspolitik als Politik ist der Bezug auf die berufliche Bildung. Man könnte meinen, dass die Berufsbildungspolitik somit ein Teilsystem der Bildungspolitik darstellt. Doch ganz so einfach ist eine solche Zuordnung nicht. Denn auch andere Politikbereiche wirken auf diesen Bereich ein, insbesondere die Wirtschafts- und Sozialpolitik. Sozialpolitische Einflüsse kommen insbesondere immer dann zum Ausdruck, wenn auf die Ausbildungs-chancen von Problemgruppen und -regionen rekurriert wird.

Bild 4: Jörg Stender. Foto privat. Zitat: Stender (2006a, S. 104)

Die Berufsbildung wird durch Bildungsreformen verändert. Je nach Problemlage werden von der Politik Vorschläge zur Lösung dieser Probleme vorgebracht (Stender, 2006b, 2010). So skizzieren Diettrich und Köhlmann-Ecken (2011) verschiedene Reformansätze zur Erhöhung der Durchlässigkeit im Bildungssystem.

15.3.3 Leitfragen zu den Bedingungen des Wirtschafts- und Bildungssystems (GAL 3.7)

Die Bedingungen des Bildungs- und Wirtschaftssystems sind zwar vergleichsweise abstrakt, ragen jedoch direkt in den Unterricht hinein. Ein großer Teil schlägt sich in individuellen Bedingungen nieder, etwa ein zur erwartender Lernstand oder eine spezifische Motivation.

Der Unterricht in einer Schule hat immer dem Bildungsauftrag dieser Schulart zu genügen. Die Lehrkraft ist daher angehalten, den Bildungsauftrag abzuklären, zu interpretieren und im unterrichtlichen Alltag Wirklichkeit werden zu lassen.

Aus den Funktionen des Bildungswesens ergibt sich, dass die berufliche Schule deutlich mehr als eine Qualifizierungsanstalt und die Berufsschule deutlich mehr als ein Instrument zur Vorbereitung auf eine IHK-Abschlussprüfung ist. Gesellschaft leistet sich vielmehr eine nicht gerade kostengünstige Institution als gesellschaftliche Problemlöseinstanz mit vier Aufgaben, nämlich der Qualifikation, der

Allokation, der Enkulturation und der Integration. In der Praxis findet sich bei nicht wenigen Lehrkräften hingegen ein deutlich verengtes Verständnis der Schule als Qualifizierungsanstalt. Das ist verständlich, weil es die Komplexität der Anforderungen an die Lehrkraft reduziert. Dies wird aber dem gesellschaftlichen Auftrag von Schule nicht gerecht.

Leitfragen für die Analyse der Bedingungen des Wirtschafts- und Bildungssystems (GAL 3.7) in der mikrodidaktischen Planung (TB-2.6)

▶ Welche Bedingungen des Wirtschaftssystems spielen in den Unterricht hinein?
▶ Welche Bedingungen des Bildungssystems, zum Beispiel der Auftrag der Schulart oder die Aufgaben des Bildungssystems, spielen in den Unterricht hinein?

Übersicht 9: Leitfragen für die Analyse der Bedingungen des Wirtschafts- und Gesellschaftssystems (GAL 3.7)

Im GAL-Schema für die mikrodidaktische Planung (TB-2.6) wird die Analyse der Bedingungen des Wirtschafts- und Gesellschaftssystems unter Abschnitt 3.7 vorgesehen.

15.4 Bedingungen des schulischen Netzwerks erfassen und (mit-) entwickeln

15.4.1 Berufliche Schulen: Unterwegs in institutionellen Netzwerken

Die berufliche Schule ist als Institution in ein *institutionelles Netzwerk* eingebunden, das selbst eine Bedingungsschale des Unterrichts darstellt. Bei Schule und Betrieb wird gelegentlich von „Lernorten" gesprochen. Ich halte diese Redeweise vom Lernort jedoch nicht für zielführend, sondern verwende den Begriff der Institution. Institutionen werden dabei verstanden als Bündel von Prozessen, die in eine Umwelt eingebettet sind (Wilbers, 2004b, S. 46 ff.). Die berufliche Schule ist in ein komplexes institutionelles Netzwerk eingebunden. Dabei wird das Netzwerk ‚rund um Schule' analytisch in drei gedankliche Teile zerlegt (Wilbers, 2004b, S. 62 ff.).

▶ **Horizontale Netzwerke:** Horizontale Netzwerke sind Netzwerke mit Institutionen gleicher Bildungsstufe. Dies betrifft beispielsweise das Mit- und Nebeneinander von Schule und Betrieb, das in der Literatur auch unter dem Stichwort „Lernortkooperation" diskutiert wird. Bei solchen Netzwerken stehen der Erfahrungsaustausch, didaktische Motive oder wirtschaftliche Gründe im Vordergrund.

▶ **Vertikale Netzwerke:** Vertikale Netzwerke bestehen aus Institutionen vor- und nachgelagerter Bildungsstufen. Hier geht es beispielsweise um die Zusammenarbeit einer beruflichen Schule mit einer zuliefernden Haupt- bzw. Mittelschule oder Realschule. Bei diesen Netzwerken steht die Überwindung von Übergangsproblemen im Vordergrund.

▶ **Laterale Netzwerke:** Laterale Netzwerke sind Netzwerke, die weder horizontal noch vertikal sind. Dies ist zum Beispiel das administrative Netzwerk aus Schule, Schulaufsicht und Schulträger.

15.4.2 Das Netzwerk rund um berufliche Schulen

15.4.2.1 Das horizontale und vertikale Netzwerk um die berufliche Schule

Das horizontale Netzwerk rund um eine berufliche Schule lässt sich gedanklich in mehrere Teilnetzwerke zerlegen.

Die *klassische Lernortkooperation* thematisiert das Mit- und Gegeneinander von berufsbildender Schule, Betrieb und überbetrieblicher Berufsbildungsstätte in der dualen Berufsausbildung. Dieser Diskussionsstrang ist gebunden an die berufliche (Erst-)Ausbildung im Rahmen des dualen Systems. „Der Begriff des ‚dualen Systems' konnotiert, dass zwei Subsysteme im Interesse eines übergeordneten Ganzen zusammenwirken bzw. sich einem gemeinsamen Ganzen unterordnen. Für die beiden

Lernorte Schule und Betrieb wird aus dieser Dualität weitgehend selbstverständlich die Notwendigkeit einer möglichst engen Kooperation abgeleitet" (Euler, 1999, S. 249).[12] Eine ausführliche Diskussion dieser Herausforderung findet sich bei Stender (2006b, S. 138 ff.).

Neben der klassischen Lernortkooperation bestehen *Netzwerke der sozialpädagogisch orientierten Berufsbildung und der Rehabilitation*, die vor allem bei der Berufsbildung von Menschen mit besonderen Förderbedarfen greifen. Die Klassifikation dieser Zielgruppe in der beruflichen Bildung hängt stark von den Klassifizierungen der Verwaltungs- und Förderregelungen ab. Bonz und Biermann (2011) sprechen diese benachteiligten und behinderten Jugendlichen und jungen Erwachsenen zusammenfassend als „Risikogruppen" an. Sie verstehen darunter: Auszubildende mit (besonderem) Förderbedarf, Jugendliche mit Migrationshintergrund, arbeitslose Jugendliche, Rehabilitand(inn)en, potenzielle Ausbildungsabbrecher(innen), Nicht-Formal-Qualifizierte, Altbewerber(innen) um Ausbildungsplätze, junge Menschen mit Behinderung, Jugendliche ohne Berufsausbildung, sozial benachteiligte, schwerbehinderte jugendliche Arbeitnehmer(innen), Jugendliche im sogenannten Übergangssystem, lernbeeinträchtigte und verhaltensschwierige Jugendliche. Die Kategorien werden dabei weder definiert noch systematisiert.

In der beruflichen Bildung sind zwei Netzwerke angesprochen, nämlich das System der beruflichen Rehabilitation sowie der Benachteiligtenförderung (Biermann, 2011). Gerade die Zielgruppen der Benachteiligtenförderung sind nur schwer abgrenzbar.

In der sozialpädagogisch orientierten Berufsbildung[13] sind ausbildungsbegleitende Hilfen (abH) ein wichtiges Instrument (§ 75 SGB III). Die abH unterstützen eine Ausbildung im dualen System und werden von der Agentur für Arbeit gefördert. Die abH werden meist an einem von Betrieb und Schule unabhängigen Ort angeboten. Sie erstrecken sich auf Förder- bzw. Stützunterricht, sozialpädagogische Hilfen bzw. Begleitung und sonstige Angebote. Diese Angebote werden durch Lehrkräfte (Stützlehrkräfte), Sozialpädagoginnen und Sozialpädagogen erbracht. Die Kooperation mit der Berufsschule gilt bei abH als defizitär: „Die Kooperation mit der Berufsschule leidet unter der scheinbaren Konkurrenz der Lernorte. Gerade da, wo der besondere Charakter von abH nicht deutlich wird, wo abH sich auf eine Art Nachhilfe reduzieren, wird von Seiten der Berufsschullehrer/innen schon mal gefragt, ob das nicht auch die Schulen selbst – z. B. durch Förderunterricht – leisten können. Aufgrund gegenseitiger Vorbehalte und Vorwürfe gelingt es manchen abH-Trägern nicht, einen Arbeitskontakt zu Berufsschulen herzustellen. Erst recht stellt es viele Träger vor große Schwierigkeiten, eine abgestimmte Kooperation mit der Berufsschule aufzubauen" (BMBF, 2002, S. 95).

Die Grenze der sozialpädagogisch orientierten Berufsbildung zur Schulsozialarbeit und Jugendhilfe ist fließend. Nach der Rahmenkonzeption des Arbeitskreises Berufsschulsozialarbeit in Bayern (2001) ist Berufsschulsozialarbeit eine Jugendsozialarbeit im Schnittfeld von Jugendlichen, Berufsschule, Ausbildungsbetrieb und privatem Umfeld. Sie ist vor Ort in der Berufsschule angesiedelt.

Leistungen	Beispiele
Einzelbetreuung	Betreuung in schulischen, beruflichen, sozialen und persönlichen Konfliktsituationen
Klassenbezogene Angebote	Projekte mit präventiven Arbeitsansätzen zu Themen wie Sucht oder Konfliktmanagement
Schulbezogene Angebote	Kooperation mit Behörden, Institutionen und Beratungsstellen außerhalb der Schule

Übersicht 10: Leistungen der Berufsschulsozialarbeit nach dem Arbeitskreis Berufsschulsozialarbeit in Bayern (2001)

Das Verhältnis von Lehrkraft und Fachkraft in der Schulsozialarbeit ist nicht unproblematisch. Olk und Speck haben empirische Untersuchungen zur Schulsozialarbeit durchgeführt.[14] Demnach haben Lehrkräfte meist wenig Transparenz über das Leistungsangebot und unangemessene Erwartungen an die Schulsozialarbeit. Schulsozialarbeit sei für viele Lehrkräfte ‚Krisenfeuerwehr' und ‚Reparatur-dienst', während sich Schulsozialarbeitende als ‚Anwälte' der Schülerinnen und Schüler verstehen. Dies führe bei Lehrkräften zu Ängsten: Ängste vor einem verschlechterten Verhältnis mit den Schüle-rinnen und Schülern, zu einem Gefühl mangelnden Respekts vor dem Berufsstand als Lehrkraft, dem die Übernahme dieser Aufgaben nicht mehr zugetraut wird, sowie zu Gefühlen der Konkurrenz. Beide Seiten neigten zu Feindbildkonstruktionen. Bei Fachkräften der Jugendhilfe sei es weit verbreitet, den Lehrkräften eine einseitige Fixierung auf Leistungen zulasten der Bedürfnisse der Schülerinnen und Schüler vorzuwerfen. Die Versuchung sei dann groß, sich als bessere Pädagoginnen und Pädagogen zu verstehen. Lehrkräfte hingegen würden klare Zielvorgaben und Erfolgskriterien vermissen. Der starke Drang der Schulsozialarbeit nach Kooperation ist den Lehrkräften suspekt und erscheint diesen als Selbstzweck.

Neben dem Netzwerk der sozialpädagogisch orientierten Ausbildung tritt das Netzwerk der berufli-chen Rehabilitation. Die traditionellen Säulen der beruflichen Rehabilitation (Biermann, 2011, S. 14 ff.) sind das Berufsbildungswerk (BBW), das Berufsförderungswerk (BFW) sowie die Werkstätten für behinderte Menschen (WfbM). Ein Berufsförderungswerk (BFW) ist gemeinnützig, hat einen privaten oder öffentlichen Träger und ist auf die berufliche Rehabilitation spezialisiert. Bundesweit haben sich über zwanzig in der Arbeitsgemeinschaft „Die Deutschen Berufsförderungswerke" zusammenge-schlossen. Die Berufsbildungswerke (BBW) sind auf die Berufsausbildung und Berufsausbildungs-vorbereitung von Lernenden mit sonderpädagogischem Förderbedarf spezialisiert. Sie werden im Re-gelfall von gemeinnützigen Institutionen, wie der Caritas oder dem Diakonischen Werk, getragen.[15]

Menschen an Ihrer Seite. Logo und Slogan der Rummelsberger.
Bild 5. Von Rummelsberger Diakonie

Ein Beispiel ist das Berufsbildungswerk Rummels-berg, ein Teil der Rummelsberger Diakonie in Rum-melsberg bei Nürnberg. Zum BBW gehören ein In-ternat, aber auch Verselbstständigungswohngruppen und Außenwohngruppen. Die Tätigkeit der Lehrkräf-te, d. h. im kaufmännischen Bereich Wirtschaftspä-dagoginnen und Wirtschaftspädagogen, wird durch Fachdienste unterstützt, nämlich durch den medizini-schen Fachdienst, den psychologischen Fachdienst, die Ergo- und Physiotherapie sowie den Integrations-und Sozialdienst. Das Berufsbildungswerk ist auf die berufliche Rehabilitation von jungen Menschen spezialisiert und bietet sowohl Berufsausbildung als auch berufsvorbereitende Bildungsmaßnahmen zur Berufswahlentscheidung und zur Vorbereitung auf die anschließende Berufsausbildung an. Das BBW bietet eine breite Palette von Ausbildungsmöglichkeiten an. Sie reichen von einer Ausbildung in Berufen, die sich an Menschen mit Behinderung richten, wie den Fachpraktiker/in Küche (Beikoch), über Regelberufsausbildungen, etwa IT-System-Kaufleute, bis hin zu Berufsschule Plus, die neben einem Berufsabschluss zur Fachhochschulreife führt.

Neben den traditionellen Säulen sind noch die Institutionen zu erwähnen, die behinderte Menschen im Arbeitsleben unterstützen, nämlich die Integrationsfachdienste (IFD), die Arbeitsassistenz, das Job-Coaching sowie die unterstützte Beschäftigung (Schartmann, 2011). In Bayern existieren private und staatliche Berufsschulen zur sonderpädagogischen Förderung in verschiedenen Förderschwerpunkten. In diesen Schulen arbeiten sowohl Sonderschullehrerinnen und -lehrer, oft in den allgemeinen Fä-chern, als auch Lehrkräfte mit einem Lehramt für berufliche Schulen, meist in ihren spezifischen Fachrichtungen, etwa Wirtschaft und Verwaltung. Die Aufnahme von Lernenden in eine Berufsschule zur sonderpädagogischen Förderung setzt ein sonderpädagogisches Gutachten voraus.

Eine weitere Form horizontaler Netzwerke sind die *Netzwerke für besondere Lebenslagen*. Diese Netzwerke umfassen diejenigen institutionellen Partner von berufsbildenden Schulen, die in Situationen greifen, in denen ‚normale' Lehrkräfte berufsbildender Schulen aufgrund ihrer Ausbildung überfordert sein sollten. Dazu gehören Delikte *von* Schülerinnen und Schülern, wie Drogendelikte, aber auch Delikte *an* Schülerinnen und Schülern, wie Vergewaltigungen. Diese Situationen lassen sich allerdings nicht auf den strafrechtlich relevanten Bereich beschränken. Entsprechend breit ist der Bereich möglicher Institutionen wie die Polizei, die Drogenberatung, die Hilfen für Alkoholabhängige, die Aids-Hilfe oder Frauenhäuser. In der Toolbox ist eine Vorlage „Externe Hilfe: Vorlage" (TB-6.9) aufgenommen, die bereits bei der Erörterung der Gefährdungen im Jugendalter thematisiert wurde.

15.4.2.2 Das laterale (politisch-administrative) Netzwerk um berufliche Schulen

Als laterales Netzwerk wird hier das Netzwerk aus der Schule mit den Institutionen der Schulaufsicht und der Schulträgerschaft einerseits und den Korporationen, zum Beispiel der IHK, andererseits verstanden.

In Deutschland steht heute gemäß Art. 7 GG das gesamte Schulwesen unter Aufsicht des Staates. Der in Art. 7 GG angesprochene Schulaufsichtsbegriff ist nach Avenarius und Heckel (2000, S. 234 f.) als Oberbegriff zu verstehen, d. h. er spricht die Schulaufsicht im weiteren Sinne an. Die Schulaufsicht umfasst zunächst die sog. Schulhoheit, d. h. die „von Parlament und Exekutive wahrzunehmenden Funktionen der Organisation, Planung und Leitung des Schulwesens" (Avenarius & Heckel, 2000, S. 234). Außerdem umfasst die Schulaufsicht weiterhin die Schulaufsicht im engeren Sinne, d. h. die Überwachung der äußeren und inneren Schulangelegenheiten durch die Schul(aufsichts)behörden. Die Schulaufsicht im engeren Sinne umfasst die Fachaufsicht über die Unterrichts- und Erziehungsarbeit in den Schulen, die Dienstaufsicht über die Lehrkräfte und das sonstige pädagogische Personal sowie die Rechtsaufsicht über die Schulträger mit Blick auf die äußere Schulverwaltung. In den Bundesländern sind die Schulbehörden unterschiedlich aufgebaut.

Die Schulaufsicht ist in den Bundesländern und oft auch innerhalb der Bundesländer unterschiedlich nach den Schulformen geregelt. Größere Bundesländer, wie Bayern, Baden-Württemberg oder Nordrhein-Westfalen, haben eine dreistufige Struktur der Schulaufsicht: Eine oberste Schulaufsichtsbehörde (Kultusministerium), eine obere Schulaufsichtsbehörde (Regierungen bzw. Regierungspräsidien) und eine untere Schulaufsichtsbehörde (Schulämter). In den größeren Bundesländern obliegt die Schulaufsicht der Berufsschulen bzw. der Berufskollegs nicht den unteren Schulaufsichtsbehörden, sondern den oberen Schulaufsichtsbehörden, d. h. sie liegt bei den (Bezirks-)Regierungen bzw. Regierungspräsidien.

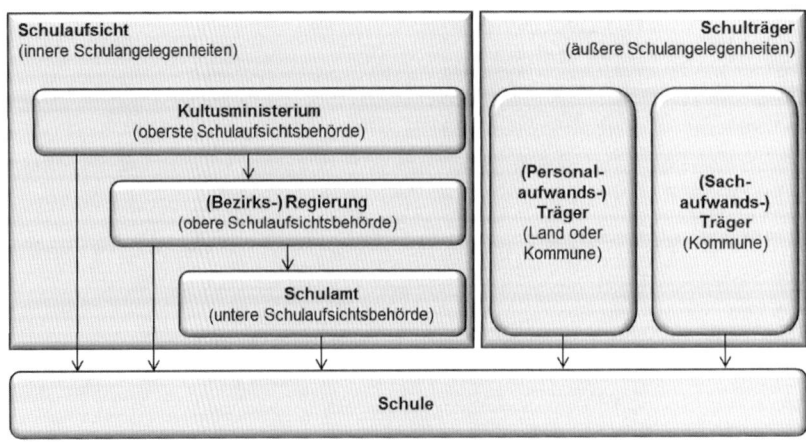

Übersicht 11: Schulaufsicht und Schulträger

In Bayern existiert eine solche mehrstufige Struktur: Das Kultusministerium in München stellt die oberste Schulaufsichtsbehörde dar. Das Ministerium übt für die Gymnasien, Fachoberschulen, Berufsoberschulen, Realschulen die unmittelbare staatliche Schulaufsicht aus (Art. 114, 1, 1 BayEUG). Im Falle der Beruflichen Oberschule (Fachoberschulen und Berufsoberschulen) wird das Ministerium von drei Ministerialbeauftragten für die Berufliche Oberschule (MB) unterstützt und zwar für Nordbayern (MB Nord) mit Sitz in Erlangen, für Ostbayern (MB Ost) mit Sitzung in Straubing sowie Südbayern (MB Süd) mit Sitz in Augsburg. Dem Kultusministerium folgt die Regierung, zum Beispiel die Regierung von Mittelfranken, als sogenannte unmittelbare Schulaufsicht im Falle der beruflichen Schulen, d. h. der Berufsschulen, Berufsfachschulen, Wirtschaftsschulen, Fachschulen und Fachakademien einschließlich der entsprechenden Schulen zur sonderpädagogischen Förderung mit Ausnahme der beruflichen Oberschule.

Neben die Schul*aufsicht* tritt der Schul*träger*. Diese Unterscheidung von Schulaufsicht und Schulträger orientiert sich an dem in Deutschland üblichen Grundsatz der Trennung von inneren und äußeren Schulangelegenheiten (Avenarius & Heckel, 2000, S. 9; Hövels & Kutscha, 2001, S. 44 ff.). *Innere* Schulangelegenheiten betreffen insbesondere Ziele, Inhalte und Organisation des Schulunterrichts; dafür ist die Schulaufsicht zuständig. Bei den äußeren Schulangelegenheiten handelt es sich um die Finanzierung und Ausstattung der Schulen. Dies ist die Aufgabe des Schulträgers. Bei der Finanzierung der Schulen muss zwischen dem Personalaufwand für die Lehrkräfte und allen anderen Ausgaben, dem sogenannten Sachaufwand, unterschieden werden. Sachaufwand entsteht aufgrund der für den Schulbetrieb notwendigen Grundstücke, Gebäude und Sachausstattung der Schulen sowie für das Verwaltungspersonal. Die Finanzierung des Personalaufwands ist Angelegenheit des Personalaufwandsträgers und die Finanzierung des Sachaufwands des Sachaufwandsträgers. Die Bezeichnungsweise schwankt. Häufig wird der Sachaufwandsträger als Schulträger bezeichnet. In Bayern wird jedoch der Personalaufwandsträger, also der Freistaat, als Schulträger bezeichnet und der Sachaufwandsträger als Sachaufwandsträger.

Eine bayerische Besonderheit ist die Gleichzeitigkeit von kommunalen und staatlichen Schulen. In Artikel 130 der Verfassung des Freistaates Bayern wird die Schulaufsicht festgelegt: „Das gesamte Schul- und Bildungswesen steht unter der Aufsicht des Staates, *er kann daran die Gemeinden beteiligen*". Von diesem Recht machten nach der Verabschiedung der Verfassung 1946 insbesondere die bayerischen Großstädte Gebrauch (Bucher, 1983, S. 19). Ein großer Teil der beruflichen Schulen war zu dieser Zeit kommunal. 1972 wurde dann das Gesetz über das berufliche Schulwesen verabschiedet (Eichenberg, 1983, S. 59 ff.). In diesem Gesetz wird erstmalig die Möglichkeit einer Verstaatlichung kommunaler Berufsschulen auf Antrag des Trägers eröffnet, von der in der Folge häufig Gebrauch gemacht wurde. In der Folgezeit haben nur noch große Kommunen in Bayern, beispielsweise Nürnberg und München, kommunale Schulen.

► **Staatliche Schulen**: Bei den staatlichen Schulen in Bayern ist der Freistaat (Personalaufwands-) Träger der Schule und vollzieht die Schulaufsicht. Die Lehrkräfte sind Beamte des Freistaates. Eine Kommune oder ein Gemeindeverband ist Sachaufwandsträger. Beispielsweise ist die Ludwig-Erhard-Schule in Fürth vor über 150 Jahren, nämlich 1858, als städtische Schule gegründet worden. Heute ist sie eine staatliche Schule, die Schulaufsicht obliegt der Regierung von Mittelfranken und der Sachaufwandsträger ist die Stadt Fürth.

► **Kommunale Schulen**: Bei den kommunalen Schulen in Bayern ist die Kommune Träger, d. h. in diesem Fall Personal- und Sachaufwandsträger der Schule. Die berufliche Schule 6 in Nürnberg ist beispielsweise eine städtische Schule. Träger ist die Stadt Nürnberg, die Lehrkräfte sind städtische Beamte, die von der Stadt bezahlt werden, die jedoch für die Gehälter der Lehrkräfte einen Zuschuss vom Freistaat erhält. Die Arbeitsbedingungen zwischen Lehrkräften in kommunalen und staatlichen Schulen können sich unterscheiden.

Die unterschiedlichen Beziehungen der Schulen im administrativen Netzwerk können zu handfesten Unterschieden in der Ausstattung der Schulen führen. Finanzielle Mittel werden den einzelnen Schulen – je nach Träger bzw. Sachaufwandsträger – durchaus unterschiedlich zur Verfügung gestellt. Dies gilt für den *Umfang* der Mittel für die ‚Grundausstattung‘, also den Bestand an Lehrkräften sowie der Mittel für den Unterhalt der Schule oder die Fortbildung der Lehrkräfte. Dies gilt auch für die *Flexibilität* der finanziellen Mittel. Einige Netzwerke scheinen hier noch weit von modernen Formen der Steuerung von Schulen entfernt zu sein.

Dem institutionellen Verhältnis von Schulaufsicht und Schule entspricht auf der Ebene der Personen das Verhältnis von Lehrkraft zu Beamtinnen und Beamten der Schulaufsicht. Das Verhältnis der Lehrkraft zu diesen Beamtinnen und Beamten ist gespannt: „Weil Kontrollieren und Beraten grundsätzlich unverträglich miteinander sind, haben LehrerInnen und Schulaufsichtsbeamte ein strukturell gestörtes Verhältnis" (Meyer, 1997, S. 198). „'Schlichte' Lehrerinnen und Lehrer" (Meyer, 1997, S. 201) haben meist nur bei wenigen Anlässen Kontakt mit der Schulaufsicht. Dies sind beispielsweise Dienstantritt, Einweisung auf eine Planstelle, Unterrichtsbesuche zum Beispiel beim zweiten Examen, bei der Lebenszeit-Verbeamtung oder bei einer Bewerbung auf eine Funktionsstelle: „Nur selten ist die LehrerIn Subjekt und wirkliche Kommunikationspartnerin der Aufsicht" (Meyer, 1997, S. 201).

Neben der Einbindung in das Netzwerk von Schulaufsicht, Schulträger und Sachaufwandsträger ist die

**Die IHKs: Big Player in der Berufsbildung.
Bild 6. Von IHK Nürnberg.**

berufliche Schule eingebunden in das sogenannte korporative Regulierungssystem: Korporationen sind Institutionen mit Zwangsmitgliedschaft. Korporationen sind vor allem im Mittelalter entstanden. Dazu gehören die handwerklichen Zünfte und die Kaufmannsgilden. Industrie- und Handelskammern, Handwerkskammern, Innungen und

sonstige berufsständische Organisationen haben noch heute – als zuständige Stelle (§ 71 BBiG) – eine gewichtige Rolle in der Berufsbildung.[16]

▶ **Berufsbildungsausschuss**: Die zuständige Stelle hat nach dem Berufsbildungsgesetz einen Berufsbildungsausschuss zu errichten. Ihm gehören sechs Beauftragte der Arbeitgeber, sechs Beauftragte der Arbeitnehmer und sechs Lehrkräfte an berufsbildenden Schulen an, die Lehrkräfte mit beratender Stimme.

▶ **Prüfungsausschüsse**: Die zuständige Stelle errichtet Prüfungsausschüsse für die Abnahme der Abschlussprüfung. Dem Prüfungsausschuss müssen als Mitglieder Beauftragte der Arbeitgeber und der Arbeitnehmer in gleicher Zahl sowie mindestens eine Lehrkraft einer berufsbildenden Schule angehören.

Die Schule ist in einem lateralen Netzwerk in ein hoheitlich reguliertes System mit dem Schulträger sowie der Schulaufsicht und in ein korporativ reguliertes System mit den Korporationen, beispielsweise der IHK, verbunden. Von beiden Systemen werden, oft durchaus handfest, Forderungen an die Arbeit in Schulen herangetragen.

15.4.3 Netzwerkentwicklung: Veränderung der institutionellen Bedingungen

Das Netzwerk zeichnet sich nicht nur durch ein dynamisches Geschehen aus, sondern die relative Bedeutung einzelner Partner im Netzwerk verschiebt sich – auch in Folge von Megatrends. Absehbar ist beispielsweise, dass durch den Bologna-Prozess zu beruflichen Schulen konkurrierende Angebote aufgebaut werden. Insbesondere praxisnahe, vergleichsweise kurze Bachelor-Studiengänge stellen für Jugendliche eine Alternative zu einer dualen Ausbildung in einem anspruchsvolleren Ausbildungsberuf dar. Dabei stellt sich auch die Frage, wie sich die berufliche Schule in Verbundmodelle einbringen

kann. So werden bei Dualen Studiengängen, die eine Berufsausbildung mit Abschluss in einem anerkannten Ausbildungsberuf und einen Bachelor-Studiengang kombinieren, berufliche Schulen meist
nicht integriert. Eine – für Schulen bedrohliche – Folge bestände darin, dass dem Berufsbildungssystem dadurch leistungsstarke Jugendliche entzogen werden.

Auch die sinkende ‚Ausbildungsbevölkerung' wird die Frage nach den Aktivitätsfeldern der Schule
aufwerfen – und damit neue Partner auf die Agenda setzen. Für berufliche Schulen wird sich beispielsweise die Frage stellen, welche Dienstleistungen sie zum lebenslangen Lernen in einer alternden
Gesellschaft einbringen kann. Hinzuweisen wäre hier beispielsweise auf Weiterbildungsangebote,
Bildungsberatung und -begleitung oder Zertifizierung von informell erworbenen Kompetenzen. Neue
Aktivitätsfelder heißt immer auch neue Partner, so dass das Netzwerk rund um die Schulen nicht abschließend aufgezählt werden kann, sondern sich wie die Schule selbst immer im Wandel befindet.

Eine berufliche Schule ist in ein umfassendes und bisweilen unübersichtliches Netzwerk von Institutionen eingebunden. Eine umfassende, über die hier gegebene Darstellung hinausgehende Systematisierung leistet die Checkliste „Erkundung des institutionellen Netzwerks rund um Schule", die in der
Toolbox (TB-7.7) wiedergeben ist.

Für den systematischen Aufbau von Bildungsnetzwerken wurden entsprechende Konzepte vorgelegt
(Strahler, Tiemeyer & Wilbers, 2003). Die Betrachtung beschränkt sich hier auf das Stakeholderma-
nagement, auch weil es sowohl den Umgang mit externen als auch mit schulinternen Partnern erhellt
(Wilbers, 2004a).

Alle institutionellen Gegenüber von beruflichen Schulen versuchen auf die Arbeit der beruflichen
Schule Einfluss zu nehmen: Manchmal berechtigt, manchmal nicht; manchmal wirkmächtig, manchmal nicht. Institutionen, die in das Netzwerk der Schule eingebunden sind, sind externe Stakeholder.

Mit dem Begriff „Stakeholder" schwingen sprachliche Bedeutungen mit, die bei der Verwendung der
deutschen Begriffe „Anspruchsgruppen" oder „Betroffene und Beteiligte" verloren gehen. Ein „stake"
ist in der englischen Sprache ein Spieleinsatz. Schule ist in dieser Sichtweise ein mikropolitisches
Spiel: Bei diesem Spiel „Schule" gibt es geschriebene und ungeschriebene Spielregeln, Gewinne und
Verluste, Mitspielende und Gegnerschaften, Koalitionen, Interessen, Strategien, offene und versteckte
Winkelzüge und so fort. Stakeholder sind so betrachtet all diejenigen, die in diesem Spiel „Schule"
etwas zu gewinnen oder zu verlieren haben. Für den Umgang mit Stakeholdern wird ein vierschrittiges
Vorgehen vorschlagen.[17]

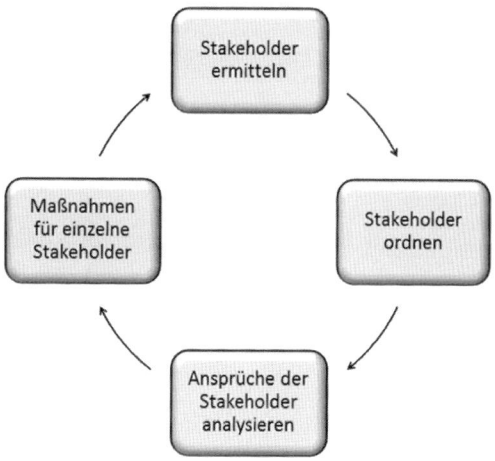

Übersicht 12: Vier Schritte des Stakeholdermanagements

Im ersten Schritt „Stakeholderermittlung" werden die Stakeholder der Schule ermittelt. Dabei können unterschiedliche Verständnisse von Stakeholdern zugrunde gelegt werden. In einem *strategischen* Stakeholderverständnis ist die Frage zu stellen: „Wer hat wirkmächtige Ansprüche?" bzw. „Wer kann bzw. könnte einen Einfluss auf die Schule ausüben?". Stakeholder sind in dieser Perspektive Institutionen außerhalb der Schule, die auf die Schule Einfluss nehmen können und voraussichtlich auch die Macht hätten, dies zu realisieren. Schule verfolgt hier ein ausschließlich machtpolitisches Kalkül. Eine Schule kann sich allerdings nicht auf eine solche Betrachtung beschränken. Daher ist in einem *normativ-kritischen* Stakeholderverständnis die Frage zu stellen: „Wer ist von der Tätigkeit der Schule betroffen und hat aufgrund dieser Betroffenheit legitime Ansprüche an die Schule?". In einem umfassenden Sinne des normativ-kritischen Stakeholderverständnisses wird prinzipiell jeder mündigen Person das Recht zuerkannt, die Schule hinsichtlich der moralischen Berechtigung ihres Tuns kritisch anzusprechen, Einwände gegen dieses Tun zu erheben und eine öffentliche Begründung fraglicher Handlungsweisen, welche die Öffentlichkeit interessieren, zu verlangen (Ulrich, 2007).

In einem zweiten Schritt des schulischen Stakeholdermanagements „Stakeholderordnung" werden die Stakeholder geordnet. Im *strategischen* Stakeholderverständnis wird im zweiten Schritt der Stakeholderanalyse die Relevanz der Stakeholder untersucht. Dabei sind zwei Fragen zu klären (Freeman, 1984; Müller-Stewens & Lechner, 2001): „Wie stark ist der (potentielle) Einfluss eines Stakeholders? Inwieweit lässt sich der Stakeholder selbst beeinflussen?" Das Ergebnis dieser Beurteilung wird in der Relevanz-Matrix festgehalten.

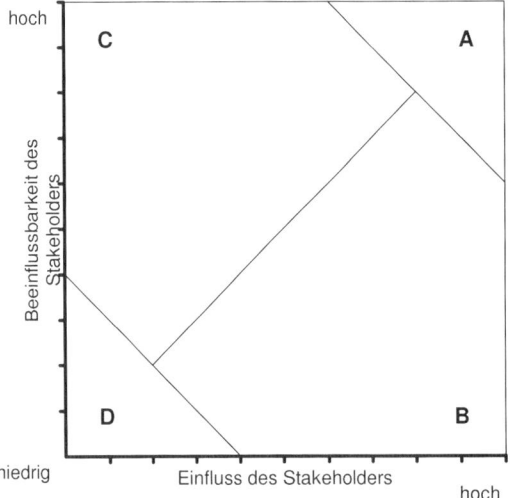

Übersicht 13: Relevanz-Matrix der Stakeholder nach Müller-Stewens & Lechner (2001)

In der Relevanz-Matrix können vier Fälle von Stakeholdern unterschieden werden. Im Fall A hat die Anspruchsgruppe einen starken Einfluss, zeigt sich aber gesprächsbereit – es handelt sich um einen ‚key-stakeholder'. Eine Anspruchsgruppe vom Typ B ist in gewisser Weise für die Schule eine ‚träge Masse' – gerät sie einmal in Bewegung, ist sie kaum noch aufzuhalten. Eine Normstrategie bestände in diesem Fall darin, nach Wegen zu suchen, wie man die Beeinflussbarkeit dieser Gruppe erhöhen könnte. Im Fall C wird ein Stakeholder zwar durch die Schule beeinflusst, hat aber selbst nur wenig Möglichkeiten der Einflussnahme. Der Fall D wäre beispielsweise möglich bei ehemaligen Lehrkräften, die keine engeren sozialen Kontakte zur Schule pflegen.

Im *normativ-kritischen* Stakeholderkonzept ist eine, einseitig durch die Schule vorgenommene, Bewertung der Stakeholder ausgesprochen heikel und in gewissem Sinne eigentlich gar nicht zulässig. Das Konzept sieht nämlich eine unbedingte Offenheit gegenüber allen legitimen Ansprüchen vor. Dabei stellt sich die oft ausgesprochen schwierige Aufgabe, durch einen Dialog die *Schwere der Betrof-*

fenheit der Stakeholder zu beurteilen. Schwer betroffene Stakeholder können in keinem Fall übergangen werden.

Im dritten Schritt „Analyse der Ansprüche" sind die Ansprüche der einzelnen Stakeholder zu analysieren und zu beurteilen. Im *strategischen* Stakeholderkonzept stehen primär die erwartbaren Wirkungen der Stakeholder auf die Schule im Mittelpunkt des Interesses: „Welche Stakeholder sind aus einem machtpolitischen Kalkül besonders wertvoll, was ihre Möglichkeiten der Bereitstellung von Ressourcen betrifft und besonders gefährlich, was ihre Macht betrifft, der Schule wichtige Ressourcen, wie Rechte oder Reputation, streitig zu machen? Wie lassen sich diese Stakeholder positiv im Sinne der Schule beeinflussen?" Um diese Fragen beantworten zu können, muss systematisch ermittelt werden, welche Erwartungen die Stakeholder an die Schule und welche Macht welche Stakeholder haben, wie sich diese Erwartungen ändern, wie groß deren Einfluss auf weitere Stakeholder ist und umgekehrt.

Im *normativ-kritischen* Stakeholderkonzept geht es demgegenüber darum, die aktuelle und potentielle Betroffenheit von Stakeholdern durch die Wirkungen des Handelns der Schule auszuloten und auf dieser Grundlage die Berechtigung und die Angemessenheit der Ansprüche zu klären. Zu diesem Zweck ist es unerlässlich, sich in einem *Diskurs* gleichermaßen intensiv mit den Wirkungen und mit den Rechten und Argumenten Betroffener auseinanderzusetzen. Der Diskurs ist dabei die praktische Leitidee für eine unvoreingenommene, unparteiliche Klärung legitimer Ansprüche der Stakeholder. Im Diskurs geht es um die respektvolle Würdigung der Ansprüche und Rechte, die durch Stakeholder geltend gemacht werden bzw. werden könnten. Dabei sind sowohl die Verantwortbarkeit gegenüber den Stakeholdern als auch die Zumutbarkeit gegenüber der Schule selbst relevant. Auch die Schule selbst kann Selbstbehauptungs- und Erfolgsinteressen geltend machen. Diese Interessen sind indessen nicht ‚automatisch' legitim oder gar tabu, sondern sind wie auch andere möglicherweise legitime Anliegen und Ansprüche einer Begründungspflicht zu unterstellen.

Im vierten Schritt „Aktionen" sind auf der Grundlage der ersten drei Schritte konkrete Maßnahmen abzuleiten. Im *strategischen* Stakeholderkonzept werden im vierten Schritt Maßnahmen in drei Bereichen entworfen: Informieren, Involvieren und Kooperieren bzw. Verhandeln. Dies wird durch die Relevanz der entsprechenden Stakeholder und durch die Anspruchsanalyse gesteuert. Unter Anwendung eines machtpolitischen Kalküls werden bei einer Anspruchsgruppe vom Typ A umfangreiche Maßnahmen getroffen, um der Anspruchsgruppe gerecht zu werden. Bei einer Anspruchsgruppe vom Typ D wird hingegen nach vergleichsweise einfachen Möglichkeiten, wie z. B. einer regelmäßigen Information durch eine Schulzeitschrift, gesucht. Strategisch bedeutsam ist eine Unterdeckung der Erwartungen. „Entweder hält man die Differenz für unveränderbar, versucht aber, über Kommunikation mit der Anspruchsgruppe Verständnis dafür zu schaffen und die zu erwartenden Widerstände abzuschwächen. Oder man hält die Differenz für veränderbar und will sie auch verändern. Dann gibt es zwei Ansatzpunkte: Es wird entweder über die Erwartungen oder über Nutzen/Schaden verhandelt. Dies ist meistens nicht eine einmalige Aktion, sondern ein laufender, die Implementierung von Strategien begleitender Verhandlungsprozess, dessen Resultat eine langfristige Gewinnerposition für beide Parteien sein sollte. Es handelt sich also um das ‚Schnüren eines Verhandlungspaketes'" (Müller-Stewens & Lechner, 2001, S. 131). Eine weitere Möglichkeit besteht darin, Stakeholder zu involvieren, beispielsweise indem diese in Steuergruppen für Projekte aufgenommen werden. Im Sinne des *normativ-kritischen* Stakeholderkonzepts werden im vierten Schritt Maßnahmen verankert, die, so Ulrich (2001, S. 459 f.), einerseits für ethische Reflexionen öffnen (Entwicklung einer respektvollen Dialog-Kultur), und andererseits gegen unverantwortbare bzw. unerwünschte Handlungsweisen schließen.

In einer Gesamtschau dieser vier Schritte wird deutlich, dass die Schule nicht einfach das Vollzugsorgan externer Stakeholder ist. Sie sieht sich oft mit einem nicht kohärenten, oft auch nur nebulös vorgebrachten Bündel von Ansprüchen unterschiedlicher externer Stakeholder konfrontiert. Diese kann sie nicht einfach entgegen nehmen und umsetzen. Sie kann sie auch nicht einfach ignorieren. Die Schule muss vielmehr in den Dialog mit Stakeholdern treten – und in der Schule selbst eine Struktur, eine Kultur und eine Strategie entwickeln, die diesen Dialog unterstützen. Das scheint auf den ersten Blick nur eine Aufgabe der Schulleitung zu sein. Der Umgang mit Stakeholdern ist jedoch Aufgabe jeder Lehrkraft der Schule. Eine Lehrkraft kann *nicht nicht* mit externen Stakeholdern umgehen.

Die Beziehungen, die eine berufliche Schule zu ihren Partnern unterhält, stellen eine Ressource, ein Kapital dar. Der Begriff des Sozialkapitals geht auf den Soziologen Pierre Bourdieu (1930-2002) zurück. Bourdieu unterscheidet drei Arten von Kapital: Ökonomisches Kapital, kulturelles Kapital und soziales Kapital. Alle drei Typen sind produktiver Natur. Das ökonomische Kapital ist „unmittelbar und direkt in Geld konvertierbar und eignet sich besonders zur Institutionalisierung in Form des Eigentumsrechts" (Bourdieu, 1992, S. 52). Das kulturelle Kapital zeichnet beispielsweise den gebildeten Menschen aus, es kann sich aber auch niederschlagen in Büchern, Gemälden, oder Abschlüssen und Titeln. Das Sozialkapital ist „die Gesamtheit der aktuellen und potenziellen Ressourcen, die mit dem Besitz eines dauerhaften Netzes von mehr oder weniger institutionalisierten Beziehungen gegenseitigen Kennens oder Anerkennens verbunden sind; oder, anders ausgedrückt, es handelt sich dabei um Ressourcen, die auf der Zugehörigkeit zu einer Gruppe beruhen" (Bourdieu, 1992, S. 63).

Eine weitere Ausarbeitung bietet der Soziologe James Coleman (1926-1995). Coleman geht es um den Effekt von Sozialkapital auf die Schaffung von Humankapital in der nächsten Generation. Der Familienhintergrund in der Erziehung besteht a) aus finanziellem Kapital, etwa in Form eines festen Platzes zum häuslichen Lernen. Außerdem besteht in einer Familie b) ein Humankapital, das sich grob durch die Bildung der Eltern umschreiben lasse, und eine lernunterstützende oder -hemmende ‚cognitive environment' gewährleiste. Schließlich hat die Familie c) soziales Kapital etwa in Form von Aufwand und Zeit, die ein Vater mit seinem Kind verbringe. Wenn etwa Humankapital der Eltern nicht vervollständigt werde um ein entsprechendes Sozialkapital, z. B. der ausschließlichen Verwendung des Humankapitals im Arbeitskontext, könne auch ein hoher Bestand an Humankapital für die Entwicklung des Kindes folgenlos sein. In den Arbeiten um James Coleman im Kontext von „High School and Beyond" geht es beispielsweise um die Analyse des statistischen Zusammenhangs zwischen drop-out-Raten von High-School-Lernenden und verschiedenen Typen von Familien, festgemacht an unterschiedlichen Ausstattungen von Sozial-, Human- und Finanzkapital.

Der Begriff des sozialen Kapitals macht auf einen wichtigen Sachverhalt aufmerksam: Die Beziehungen, die eine Schule zu den sie umgebenden Institutionen pflegt, stellen ein Kapital dar, das die Schule – genauso wie finanzielles Kapital – bei der Umsetzung ihrer Pläne nutzen kann. Das Kapital entsteht jedoch – genau wie finanzielles Kapital – nicht von selbst, muss gepflegt und vernünftig eingesetzt werden. Diese Aufgabe ist nicht der Schulleitung vorbehalten.

15.4.4 Leitfragen zur Analyse der Bedingungen des schulischen Netzwerks (GAL 3.7)

Auch die Bedingungen des schulischen Netzwerkes sollten, auch wenn dies für das didaktische Denken noch eher unüblich ist, bei der Unterrichtsplanung reflektiert werden.

Leitfragen für die Analyse der Bedingungen des schulischen Netzwerks (GAL 3.7) in der mikrodidaktischen Planung (TB-2.6)

► Welche Institutionen sind aufgrund der Inhalte und Intentionen angesprochen?
► Wie kann das Zusammenspiel dieser Institutionen für den Unterricht produktiv genutzt werden?

Übersicht 14: Leitfragen für die Analyse der Bedingungen des schulischen Netzwerks (GAL 3.7)

Im GAL-Schema für die mikrodidaktische Planung (TB-2.6) wird die Analyse der Bedingungen des schulischen Netzwerks unter Abschnitt 3.7 vorgesehen.

15.5 Outro

15.5.1 Die wichtigsten Begriffe dieser Lerneinheit

- Wandel von Schule als Reflex auf den Wandel von Gesellschaft
- Megatrends
- Demographischer Wandel
- Globalisierung
- Pluralisierung
- Regionalisierung
- Kompetenzzentrum
- Informatisierung der Lebenswelt
- Bedeutung der Megatrends für Schulen
- Assimilationsansatz bei ethnisch-kultureller Diversität
- Diversity-Management
- Teilautonomie von Schulen
- Qualifikationsfunktion von Schule
- Allokationsfunktion von Schule
- Integrationsfunktion von Schule
- Enkulturationsfunktion von Schule
- Horizontales Netzwerk
- Lernortkooperation
- Vertikales Netzwerk
- Laterales Netzwerk
- Ausbildungsbegleitende Hilfe (abH)
- Schulsozialarbeit
- Sozialpädagogisch orientierte Berufsbildung
- Schulaufsicht
- Schulträger
- Sachaufwandsträger der Schule
- Sozialkapital der Schule

15.5.2 Tools

- Tool „Karte: Bedingungen des Wirtschaftsunterrichts" (TB-1.9)
- Tool „Erkundung des institutionellen Netzwerks rund um Schule: Checkliste" (TB-7.7)
- Tool „Externe Hilfe: Vorlage" (TB-6.9)

15.5.3 Kompetenzen

- Bedingungen des Netzwerks rund um Schule erörtern: Bedingungen horizontaler Netzwerke erörtern; Bedingungen vertikaler Netzwerke erörtern; Bedingungen lateraler (politisch-administrative) Netzwerke erörtern (Schulträger als Bedingungselement verstehen; Schulaufsicht als Bedingungselement verstehen)
- Netzwerke um Schulen (mit-)gestalten: Korporationen, z. B. IHK, als Bedingungselement verstehen; Bedeutung und Management von Stakeholdern; Soziales Kapital als Ressource sehen; Stakeholdermangement strategisch und ethisch reflektieren; Von der Notwendigkeit und der persönlichen Verantwortlichkeit schulexterner Zusammenarbeit überzeugt sein
- Bedingungen des Wirtschafts- und Bildungssystems erörtern: Reformansätze der beruflichen Bildung einordnen
- Gesellschaftliche Bedingungen erörtern: Megatrends analysieren; Veränderung beruflicher Schulen aufgrund von Megatrends entwerfen

15.5.4 Hinweise zur vertieften Auseinandersetzung: Weiterlesen

Eine umfassende Erörterung der politischen Dimension bieten die beiden Bände „Berufsbildungspolitik in der Bundesrepublik Deutschland" von Jörg Stender und zwar der Band „Strukturprobleme und Ordnungsprinzipien des dualen Systems" (Stender, 2006a) sowie der Band „Reformansätze in der beruflichen Bildung" (Stender, 2006b). Dazu empfiehlt sich ergänzend der Beitrag „Reforminitiativen im Berufsbildungssystem" (Stender, 2010).

Eine ausführliche Erörterung der Relevanz ethnisch-kultureller Unterschiede für die Berufsbildung findet sich bei Kimmelmann (2010). Eine umfassende Erörterung des Konzepts „Sozialkapital" liefert Wilbers (2004b), der auch ausführlich das Netzwerk um berufliche Schulen erläutert und eigene empirische Daten dazu.

15.5.5 Hinweise zur vertieften Auseinandersetzung: Weitersurfen

Auf der Webseite www.wirtschaftspaedagogik.de werden unter Services zum Buch „Berufsbildung in der Bundesrepublik Deutschland" (Stender, 2006) Updates bereitgestellt. Dort finden sich aktualisierte und weiterführende Materialien, wie zum Beispiel eine kommentierte Linkliste.

15.5.6 Literaturnachweis

Achtenhagen, F. (1991). Development of problem solving skills in natural Development of Problem-Solving Skills in Natural Settings. In M. Carretero, M. Pope, P. R. J. Simons & J. Pozo (Hrsg.), *Learning and Instruction. European Research in an International Context* (Bd. 3, S. 49–66). New York et. al.: Pergamon Press.

Achtenhagen, F., Nijhof, W. & Raffe, D. (1995). *Feasibility Study. Research Scope for Vocational Education in the Framework of COST Social Sciences*. Göttingen: Seminar für Wirtschaftspädagogik.

Arbeitskreis Berufsschulsozialarbeit in Bayern. (2001). *Rahmenkonzeption Berufsschulsozialarbeit*.

Avenarius, H. & Heckel, H. (2000). *Schulrechtskunde. Ein Handbuch für Praxis, Rechtsprechung und Wissenschaft*. Neuwied/Kriftel: Luchterhand.

Banks, J. A. (2006). *Cultural Diversity and Education* (5. Aufl.). Boston u.a.: Pearson.

Bayerisches Landesamt für Statistik und Datenverarbeitung. (2012). *Regionalisierte Bevölkerungsvorausberechnung für Bayern bis 2031. Demographisches Profil für den Freistaat Bayern*. München.

Biermann, H. (2011). Qualifizierung von Risikogruppen. In H. Biermann & B. Bonz (Hrsg.), *Inklusive Berufsbildung. Didaktik beruflicher Teilhabe trotz Behinderung und Benachteiligung* (1. Aufl., S. 12–35). Baltmannsweiler: Schneider Hohengehren.

Biermann, H. & Bonz, B. (2011). Risikogruppen in der Berufsbildung - zugleich eine Einführung zu diesem Band. In H. Biermann & B. Bonz (Hrsg.), *Inklusive Berufsbildung. Didaktik beruflicher Teilhabe trotz Behinderung und Benachteiligung* (1. Aufl., S. 4–11). Baltmannsweiler: Schneider Hohengehren.

BMBF (Bundesministerium für Bildung und Forschung). (2002). *Berufliche Qualifizierung Jugendlicher mit besonderem Förderbedarf. Benachteiligtenförderung*. Bonn: BMBF.

Bourdieu, P. (1992). Ökonomisches Kapital - Kulturelles Kapital - Soziales Kapital. Zuerst gleichnamig im Sonderband "Soziale Ungleichheiten" der Zeitschrift "Soziale Welt", 1983. In P. Bourdieu (Hrsg.), *Die verborgenen Mechanismen der Macht. Schriften zur Politik & Kultur* (S. 49–79). Hamburg: VSA-Verlag.

Bowman, N. A. (2011). Promoting Participation in a Diverse Democracy. A Meta-Analysis of College Diversity Experiences and Civic Engagement. *Review of Educational Research, 81* (1), 29–68.

Bucher, K. (1983). Zur Situation der Berufsschulen in den Nachkriegsjahren 1945 bis 1950. In L. Heimerer & J. Selzam (Hrsg.), *Berufliche Bildung im Wandel. Beiträge zur Geschichte des beruflichen Schulwesens in Bayern von 1945 bis 1982* (S. 15–42). Bad Homburg vor der Höhe: Verlag Dr. Max Gehlen.

Butler, F. (1992). Tätigkeitslandschaft bis 2010. In F. Achtenhagen & E. G. John (Hrsg.), *Mehrdimensionale Lehr-Lern-Arrangements* (S. 162–182). Wiesbaden: Gabler.

Carroll, A. B. & Buchholtz, A. K. (2009). *Business & society. Ethics and stakeholder management* (7. Aufl.). Mason OH: South-Western Cengage Learning.

Collins, A., Brown, J. S. & Newman, S. (1989). Cognitive Apprenticeship. Teaching the Crafts of Reading, Writing, and Mathematics. In B. Resnick (Hrsg.), *Knowing, Learning, and Instruction. Essays in Honor of Robert Glaser* (S. 453–494). Hillsdale: Erlbaum.

Deichmann, C. (2004). *Lehrbuch Politikdidaktik. Lehr- und Handbücher der Politikwissenschaft*. München: Oldenbourg.

Diettrich, A. & Köhlmann-Eckel, C. (2011). Anforderungen und Konzepte der Gestaltung von Übergängen in der beruflichen Bildung. *bwp@ (Berufs- und Wirtschaftspädagogik - online)* (Spezial 5 – Hochschultage Berufliche Bildung 2011, Workshop 23), 1–16. Verfügbar unter http://www.bwpat.de/content/ht2011/ws23/diettrich-koehlmann-eckel/

Dubs, R. (1994). *Die Führung einer Schule. Leadership und Management*. Stuttgart: Franz Steiner.

Dubs, R. (2001). New Public Management im Schulwesen. In N. Thom & R. J. Zaugg (Hrsg.), *Excellence durch Personal- und Organisationskompetenz. Eine kritische Erfahrungsanalyse* (S. 419–440). Bern: Haupt.

Eichenberg, K. (1983). Die Berufsschulgesetzgebung. In L. Heimerer & J. Selzam (Hrsg.), *Berufliche Bildung im Wandel. Beiträge zur Geschichte des beruflichen Schulwesens in Bayern von 1945 bis 1982* (S. 43–96). Bad Homburg vor der Höhe: Verlag Dr. Max Gehlen.

Enggruber, R. (1989). *Organisationsentwicklung in der sozialpädagogisch orientierten Berufsausbildung*. Köln: Müller Botermann.

Enggruber, R. (2003). Lernortkooperation als Mittel zur Förderung benachteiligter Jugendlicher. In D. Euler (Hrsg.), *Handbuch Lernortkooperation* (Band 1: Theoretische Fundierung, S. 467–484). Bielefeld: W. Bertelsmann.

Erhard, L. (1964). *Wohlstand für Alle*. Düsseldorf: Econ.

Euler, D. (1999). *Kooperation der Lernorte in der Berufsbildung. Expertise für die Bund-Länder-Kommission für Bildungsplanung und Forschungsförderung im Auftrag des Bundesministeriums für Bildung und Forschung*. Bonn: BLK.

Euler, D. (Hrsg.). (2003). *Handbuch Lernortkooperation* (Band 1: Theoretische Fundierung). Bielefeld: W. Bertelsmann.

Fend, H. (2006). *Neue Theorie der Schule. Einführung in das Verstehen von Bildungssystemen*. Wiesbaden: VS Verlag.

Freeman, R. E. (1984). *Strategic Management. A Stakeholder Approach*. Boston: Pitman.

Goldberg, A., Halm, D. & Sen, F. (2004). *Die deutschen Türken*. Münster: Lit.

Guckelsberger, U. (2006). Das Menschenbild in der Ökonomie - ein dogmengeschichtlicher Abriss. In J. Rump, T. Sattelberger & H. Fischer (Hrsg.), *Employability Management. Grundlagen, Konzepte, Perspektiven* (S. 187–217). Wiesbaden: Gabler.

Harney, K. & Zymek, B. (1994). Allgemeinbildung und Berufsbildung. Zwei konkurrierende Konzepte der Systembildung in der deutschen Bildungsgeschichte. *Zeitschrift für Pädagogik, 40,* 405–422.

Hart, D., Donnelly, T. M., Youniss, J. & Atkins, R. (2007). High School Community Service as a Predictor of Adult Voting and Volunteering. *American Educational Research Journal, 44* (1), 197–219.

Heidenreich, M. (2003). Die Debatte um die Wissensgesellschaft. In S. Böschen & I. Schulz-Schaeffer (Hrsg.), *Wissenschaft in der Wissensgesellschaft* (S. 25–54). Wiesbaden: Westdt. Verl.

Hill, P. B. & Kopp, J. (2006). *Familiensoziologie. Grundlagen und theoretische Perspektiven* (4. Aufl.). Wiesbaden: VS Verlag für Sozialwissenschaften.

Hövels, B. & Kutscha, G. (2001). *Berufliche Qualifizierung und Lernende Region. Entwicklungen im deutsch-niederländischen Vergleich*. Bielefeld: W. Bertelsmann.

Kimmelmann, N. (2010). *Cultural Diversity als Herausforderung der beruflichen Bildung. Standards für die Aus- und Weiterbildung von pädagogischen Professionals als Bestandteil des Diversity Management*. Aachen: Shaker.

Lachmann, W. (2006). *Volkswirtschaftslehre* (5. Aufl.). Berlin, New York: Springer.

Layes, G. (2003). Kulturdimensionen. In A. Thomas, E.-U. Kinast & S. Schroll-Machl (Hrsg.), *Handbuch Interkulturelle Kommunikation und Kooperation* (S. 60–73). Göttingen: Vandenhoeck & Ruprecht.

Menzel, U. (1998). *Globalisierung versus Fragmentierung*. Frankfurt am Main: Suhrkamp.

Meyer, H. (1997). *Schulpädagogik. Band II: Für Fortgeschrittene*. Berlin: Cornelsen Scriptor.

Müller-Stewens, G. & Lechner, C. (2001). *Strategisches Management. Wie strategische Initiativen zum Wandel führen*. Stuttgart: Schäffer-Poeschel.

Naisbitt, J. (1982). *Megatrends. Ten new directions transforming our lives*. New York: Waner Books.

Neumann, M. & Werner, D. (2012a). *Berufliche Rehabillitation behinderter Jugendlicher. Erwerbsintegration und Teilhabe der Absolventen von Berufsbildungswerken*. Köln: Institut der deutschen Wirtschaft.

Neumann, M. & Werner, D. (2012b). Berufsausbildung, Arbeitsmarktteilhabe und Lebensqualität. Kann die berufliche Rehabilitation durch Berufsbildungswerke diesen Dreiklang bilden? *Berufliche Rehabilitation, 26* (3), 161–173.

Nikolai, R. & Helbig, M. (2013). Schulautonomie als Allheilmittel? Über den Zusammenhang von Schulautonomie und schulischen Kompetenzen der Schüler. *Zeitschrift für Erziehungswissenschaft, 16* (2), 381–403.

Oblinger, D. (2005). Is It Age or IT: First Steps Toward Understanding the Net Generation. In D. Oblinger & J. L. Oblinger (Hrsg.), *Educating the net generation* (S. 2.1 - 2.20). Boulder CO: EDUCAUSE.

Olk, T. & Speck, K. (2001). LehrerInnen und SozialarbeiterInnen. Institutionelle Bedingungen einer 'schwierigen' Zusammenarbeit. In P. Becker & J. Schirp (Hrsg.), *Jugendhilfe und Schule* (S. 46–85). Münster: Votum.

Robinson, J. P. & Espelage, D. L. (2011). Inequities in Educational and Psychological Outcomes Between LGBTQ and Straight Students in Middle and High School. *Educational Researcher, 40* (7), 315–330.

Roth, T. G. (2010a). Anspruchsgruppenorientiertes Schulmanagement am Beispiel von Berufsschulen. Teil 1. *Wirtschaft und Erziehung, 62* (11), 343–349.

Roth, T. G. (2010b). Anspruchsgruppenorientiertes Schulmanagement am Beispiel von Berufsschulen. Teil 2. *Wirtschaft und Erziehung, 62* (12), 399–403.

Schartmann, D. (2011). Individuelle Unterstützungsformen behinderter Menschen. In H. Biermann & B. Bonz (Hrsg.), *Inklusive Berufsbildung. Didaktik beruflicher Teilhabe trotz Behinderung und Benachteiligung* (1. Aufl., S. 135–144). Baltmannsweiler: Schneider Hohengehren.

Schneider, S. (2007). *Megatrends in der globalen Wirtschaft. Implikationen für deutsche Unternehmen:* Deutsche Bank Research.

Schroll-Machl, S. (2003). Deutschland. In A. Thomas, S. Kammhuber & S. Schroll-Machl (Hrsg.), *Handbuch Interkulturelle Kommunikation und Kooperation. Band 2: Länder, Kulturen und interkulturelle Berufstätigkeit.* (S. 72–89). Göttingen: Vandenhoeck & Ruprecht.

Speck, K. (2006). *Qualität und Evaluation in der Schulsozialarbeit. Konzepte, Rahmenbedingungen und Wirkungen.* Wiesbaden: VS Verl. für Sozialwiss.

Speck, K. (2007). *Schulsozialarbeit. Eine Einführung.* München & Basel: Reinhardt.

Statisches Bundesamt. (2011). *Bevölkerung und Erwerbstätigkeit: Bevölkerung mit Migrationshintergrund. Ergebnisse des Mikrozensus 2010.* Wiesbaden: Statistisches Bundesamt (Fachserie 1 Reihe 2.2).

Statistisches Bundesamt. (2006). *Bevölkerung Deutschlands bis 2050. 11. koordinierte Bevölkerungsvorausberechnung.* Wiesbaden: Statistisches Bundesamt.

Statistisches Bundesamt. (2009). *Bevölkerung Deutschlands bis 2060. 12. koordinierte Bevölkerungsvorausberechnung.* Wiesbaden: Statistisches Bundesamt.

Stehr, N. (2001). Moderne Wissensgesellschaften. *Aus Politik und Zeitgeschichte* (36), 7–14.

Stender, J. (2006a). *Berufsbildung in der Bundesrepublik Deutschland* (1: Strukturprobleme und Ordnungsprinzipien des dualen Systems,). Stuttgart: Hirzel.

Stender, J. (2006b). *Berufsbildung in der Bundesrepublik Deutschland* (2: Reformansätze in der beruflichen Bildung,). Stuttgart: Hirzel.

Stender, J. (2010). Reforminitiativen im Berufsbildungssystem. In K. Büchter (Hrsg.), *Enzyklopädie Erziehungswissenschaft Online* (Berufs- und Wirtschaftspädagogik, S. 1–52). Weinheim und München: Juventa.

Strahler, B., Tiemeyer, E. & Wilbers, K. (Hrsg.). (2003). *Bildungsnetzwerke in der Praxis. Erfolgsfaktoren, Konzepte, Lösungen.* Bielefeld: W. Bertelsmann. Verfügbar unter http://www.wirtschaftspaedagogik.de/pubs/Strahler&Tiemeyer&Wilbers-2003-Bildungsnetzwerke.pdf

Tibi, B. (2002). *Europa ohne Identität? Leitkultur oder Wertebeliebigkeit* (3. Aufl.). Berlin: Siedler.

Tivig, T., Frosch, K. & Kühntopf, S. (2008). *Mapping Regional Demographic Change and Regional Demographic Location Risk in Europe.* Rostock: Rostock Center for the Study of Demographic Change.

Ulrich, P. (2007). *Integrative Wirtschaftsethik. Grundlagen einer lebensdienlichen Ökonomie.* (4. Aufl.). Bern, Stuttgart, Wien: Haupt.

Weiss, J. W. (2003). *Business Ethics. A Stakeholder and Issues Management Approach* (3. Aufl.). Mason: Thomson / South-Western.

Wilbers, K. (2002). Budgetierung (in Schulen). *Berufsbildung, 56* (78), ohne Seite.

Wilbers, K. (2004a). Die Unternehmung und ihr Umgang mit Anspruchsgruppen. In R. Dubs, D. Euler, J. Rüegg-Stürm & C. E. Wyss (Hrsg.), *Einführung in die Managementlehre.* (S. 275–307). Bern: Haupt.

Wilbers, K. (2004b). *Soziale Netzwerke an berufsbildenden Schulen. Analyse, Potentiale, Gestaltungsansätze.* Paderborn: Eusl.

Zlatkin-Troitschanskaia, O. (2009). Erweiterte Schulautonomie – Segen oder Fluch. Chancen, Risiken und (Neben-)Wirkungen der teilautonomen Schule. In H. Buchen, L. Horster & H.-G. Rolff (Hrsg.), *Schulleitung und Schulentwicklung. Erfahrungen, Konzepte, Strategien* (SL/SE 2 41 08 11, S. 1–16). Stuttgart: Raabe.

15.5.7 Anmerkungen

[1] Megatrends wurden bereits früh von Frank Achtenhagen in die wirtschaftsdidaktische Situation eingebracht. Vgl. Achtenhagen, Nijhof und Raffe (1995); Butler (1992).

[2] Die Auseinandersetzung fußt hier auf einer Aufbereitung und Verdichtung mehrerer Quellen: Achtenhagen et al. (1995); Butler (1992); Statistisches Bundesamt (2006) sowie der Z-Punkt-Studie mit Siemens (www.z-punkt.de).

[3] Menzel (1998) erläutert ‚Jihad' als „Prozess der Fragmentierung, der Renaissance der Nationalismen, der staatlichen Zersplitterung, der Retribalisierung, der Refundamentalisierung, des Ethnoprotektionismus, des kulturellen Relativismus und der zivilisatorischen Regression bis hin zum blanken Atavismus" (S. 46).

[4] Quelle: http://www.destatis.de

[5] Dubs (1994); Dubs (2001); Zlatkin-Troitschanskaia (2009).

[6] Ob der Bau von Minaretten zur ungestörten Religionsausübung gehört, darüber kann kräftig gestritten werden. Bemerkenswert ist für bayerische Schulen in diesem Kontext das sogenannte Kruzifix-Urteil von 1995, nach dem das Bundesverfassungsgericht Teile der Volksschulordnung, die das Anbringen von Kruzifixen oder Kreuzen in Klassenzimmern vorsah, für verfassungswidrig erkannte. Be-

schwerdeführer waren Anthroposophen, die die Religions- und Glaubensfreiheit beeinträchtigt sahen („negative Glaubensfreiheit'). Bislang wird in Bayern ein Kreuz oder ein Kruzifix angebracht, aber nur im Einspruchsfall gehandelt.

[7] Die Darstellung der sozialen Marktwirtschaft orientiert sich an Lachmann (2006).

[8] Dieser Grundgedanke findet sich beispielsweise auch im didaktischen Ansatz des Cognitive Apprenticeship. Vgl. Collins, Brown und Newman (1989). Siehe dazu auch den Midas-Effekt bei Achtenhagen (1991).

[9] Fend hatte bereits 1980 seine bekannte Theorie der Schule vorgelegt. Über zwanzig Jahre später stellt Fend (2006) dieser Theorie eine „Neue Theorie der Schule" zur Seite.

[10] Die Abgrenzung dieser Bürgermodelle stammt von Deichmann (2004).

[11] Ein Beispiel aus dem Schulbereich ist die Studie von Hart u. a. (2007). Sie analysieren die Daten einer bekannten amerikanischen Längsschnittstudie (NELS), bei der Schüler mehrfach hintereinander über viele Jahre befragt werden. Sie zeigen auf, dass ein Engagement in der lokalen Gemeinschaft (community service) im Jugendalter aufgrund der statistischen Daten voraussichtlich dazu führen wird, dass der Erwachsene eine Freiwilligentätigkeit übernimmt und an politischen Wahlen teilnimmt.

[12] Die Forschung und Entwicklung konzentriert sich dabei primär auf das Gegen- und Miteinander von Berufsschule und Unternehmen sowie eine starke Präferenz von lernortübergreifenden Arbeitskreisen als Form der Zusammenarbeit. Vgl. Euler (1999); Euler (2003); Stender (2006b).

[13] Zur sozialpädagogisch orientierten Berufsbildung vgl. Enggruber (2003), Enggruber (1989) sowie BMBF (2002).

[14] Olk und Speck (2001); Speck (2006); Speck (2007).

[15] Zur Arbeit der Berufsbildungswerke siehe auch Neumann und Werner (2012a); Neumann und Werner (2012b).

[16] Harney und Zymek unterscheiden zwei „Systembildungskonzepte", nämlich „auf der einen Seite das staatlich (etaistisch) regulierte und beaufsichtigte System der allgemeinen und beruflichen Schulen (zu denen auch die Teilzeit-Berufsschulen des dualen Systems gehören) und auf der anderen Seite das korporative System der außerschulischen Aus- und Weiterbildung" Harney und Zymek (1994, S. 23). Hövels und Kutscha (2001) unterscheiden ein staatsadministratives und ein korporatives Systemkonzept. In beide Systeme ist die Schule eingebunden.

[17] Das Modell stellt eine Übertragung eines Modells dar, das ich früher mit Blick auf Unternehmen entwickelt habe. Vgl. Wilbers (2004a). Jenes Modell fußt auf einer Auseinandersetzung mit entsprechenden Vorlagen aus der Literatur zum strategischen Management, insbesondere Freeman (1984) sowie Müller-Stewens und Lechner (2001), sowie zur Wirtschaftsethik, insbesondere Weiss (2003) und Carroll und Buchholtz (2009). Bezüglich des normativ-kritischen Konzepts wurde der Anschluss an das Konzept der integrativen Wirtschaftsethik von Ulrich (2007) gesucht. Ein interessantes Modell – mit einer abweichenden Terminologie für Berufsschulen – findet sich bei Roth (2010a); Roth (2010b).

16 GRUPPENUNTERRICHT PLANEN UND AUSARBEITEN

16.1 Zur Orientierung: Was Sie hier erwartet

16.1.1 Worum es hier geht

Nicht schon wieder! Nein! Mareike studiert Wirtschaftspädagogik im vorletzten Semester. Schon wieder! Schon wieder steht eine dieser unsäglichen Gruppenarbeiten in WiPäd an. Was das immer soll! Wo doch später die Lehrkraft ohnehin allein vor der Klasse steht! Neumodischer Kram! He, geht's nicht auch eine Nummer einfacher? Folien und Texte austeilen, lernen, Klausur schreiben, fertig! Danach vergessen, man braucht's später ohnehin nicht. Nein! Und jetzt heißt es wieder darüber zu brüten, was um alles in der Welt eigentlich verlangt wird. Dann die Themen schnell aufzuteilen und dann in der Versenkung zu verschwinden. Dann kurz vor der Abgabe wieder aufzutauchen, alles zusammenstöpseln und abgeben.

Aber vermutlich gibt es wieder Theater: Wieder irgend so einen Typen in der Gruppe, dessen Füße stinken. Wieder irgendein Blindfisch in der Gruppe, den man durchziehen muss, weil er keine Ahnung hat. Wieder irgendeinen in der Gruppe, der sagt, er hätte zu arbeiten, ohnehin viel zu tun und überhaupt könne das Bier ja nicht schlecht werden. Also: Was soll ich jetzt machen? Zurücklehnen und die Anderen arbeiten lassen oder mal wieder die Karre aus dem Dreck ziehen? Ach nein, warum immer nur ich? Ich lasse mich immer wieder breitschlagen….

16.1.2 Inhaltsübersicht

16   Gruppenunterricht planen und ausarbeiten...507

16.1   Zur Orientierung: Was Sie hier erwartet 508

16.1.1   Worum es hier geht 508

16.1.2   Inhaltsübersicht 509

16.1.3   Zusammenfassung..509

16.1.4   Einordnung in das Prozessmodell 510

16.2   Gruppenunterricht und kooperatives Lernen: Was darunter verstanden wird....................511

16.3   Vielfalt der Formen im kooperativen Lernen bzw. im Gruppenunterricht........................512

16.3.1   Der entdeckende Gruppenunterricht..........................513

16.3.2   Jigsaw (Gruppenpuzzle) 513

16.3.3   Think-Pair-Share 514

16.3.4   Placemat 514

16.4   Gruppenunterricht gestalten 515

16.4.1   Mit Hilfe von Arbeitsaufträgen in den Gruppenunterricht einführen.......................515

16.4.2   Gruppen bilden (lassen)...516

16.4.3   Gruppenarbeit begleiten 518

16.4.4   Gruppenarbeit abschließen und Ergebnisse der Gruppenarbeit präsentieren lassen ... 518

16.4.5   Ergebnisse und Prozess nachbereiten.......................519

16.5   Der Gruppenunterricht im Interdependenzzusammenhang würdigen..........................521

16.5.1   Bezüge des Gruppenunterrichts zu Zielen, Kompetenzen und Themen....................521

16.5.2   Bezüge des Gruppenunterrichts zu den Bedingungen.......................522

16.6   Outro..524

16.6.1   Die wichtigsten Begriffe dieser Lerneinheit.............524

16.6.2   Tools...524

16.6.3   Kompetenzen 524

16.6.4   Hinweise zur vertieften Auseinandersetzung: Weiterlesen 525

16.6.5   Hinweise zur vertieften Auseinandersetzung: Weitersurfen 525

16.6.6   Literaturnachweis 525

16.6.7   Anmerkungen 526

16.1.3 Zusammenfassung

Gruppenunterricht ist nicht per se gut oder schlecht, sondern mehr oder weniger im Konzert der anderen didaktischen Elemente passend oder nicht. Kleinere Gruppenarbeiten sind eine verbreitete Zutat zum traditionellen Unterricht. Wird der zeitliche Anteil der Sozialform „Gruppe" und die Merkmale kooperativen Lernens (Positive Abhängigkeit, Individuelle Verantwortlichkeit, Gleichberechtigte Kommunikation, Sozialkompetenz, Autonomie der Gruppe) weiter gestärkt, geht der Unterricht in eine handlungsorientierte Form über. Gruppenunterricht bleibt damit der Überbegriff. Der Gruppenunterricht verlangt eine ausführliche Vorbereitung. Dabei ist die Arbeitsform auszuwählen. Aus der

Vielzahl der Formen des Gruppenunterrichts werden der entdeckende Gruppenunterricht, Think-Pair-Share, Jigsaw und Placemat vorgestellt. Besondere Aufmerksamkeit ist in der Vorbereitung der Gruppenbildung und der Einführung bzw. der Gestaltung der Arbeitsaufträge zu widmen. Aber auch die Begleitung der Lernenden, die Präsentation sowie die Bewertung des Gruppenunterrichts muss in der Vorbereitung bedacht werden.

16.1.4 Einordnung in das Prozessmodell

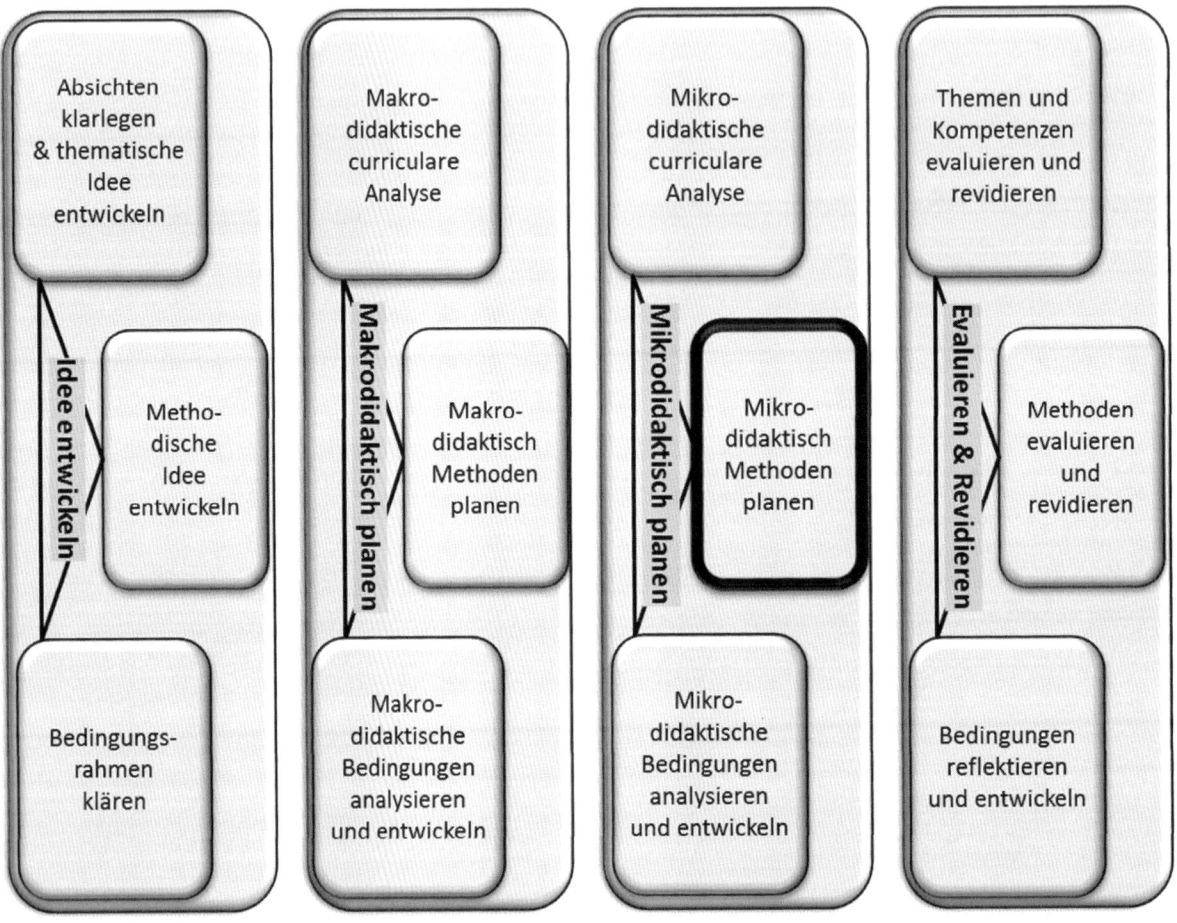

In den letzten Lerneinheiten standen verschiedene Bedingungen im Vordergrund. Es wird Zeit, auf ein anderes Strukturelement zu wechseln: Die Methoden. Die Methoden des Wirtschaftsunterrichts werden auf der Karte „Methoden des Wirtschaftsunterrichts" (TB-1.7) dargestellt. Der traditionelle Unterricht wird häufig mit Einzel-, Partner- und Gruppenarbeiten aufgelockert. Die Vorbereitung, Durchführung und Nachbereitung von Gruppenunterricht wird in dieser Lerneinheit vertieft. Dabei wird auch der Bogen zum kooperativen Lernen geschlagen, also einer handlungsorientierten Methodengruppe.

16.2 Gruppenunterricht und kooperatives Lernen: Was darunter verstanden wird

„Gruppen*unterricht*": Das ist ein Bündel von Methoden, die eines gemeinsam haben. Sie räumen der Sozialform „Gruppe" eine dominante Stellung gegenüber anderen Sozialformen ein. Beim Gruppenunterricht werden meist mehrere Sozialformen kombiniert, zum Beispiel die Klasse und die Gruppe, immer aber ein Schwergewicht auf die Sozialform „Gruppe" gelegt. „Gruppen*arbeit*" war hier die Kombination der Sozialform „Gruppe" und der aufgebenden Aktionsform. Gruppenunterricht sieht Phasen der Gruppenarbeit, aber auch andere Phasen der Arbeit in anderen Aktions- und Sozialformen vor, zum Beispiel die Einführung durch die Lehrkraft als Lehrvortrag.

> **STOPP:** Was war Ihre letzte Gruppenarbeit? Wie ist das abgelaufen? Welche Erfahrungen haben Sie gemacht? Wie stehen Sie zum Gruppenunterricht? Wie beeinflussen Ihre Erfahrungen Ihr Bild vom Gruppenunterricht und Ihre Einschätzung des Gruppenunterrichts?

Einfache Einzel-, Partner- und kleinere Gruppenarbeiten sind typische Elemente des traditionellen Unterrichts. Der Wechsel der Sozialform – von der Klasse beim Lehrvortrag und beim Lehrgespräch – zu einer anderen Form der Gruppierung von Lernenden, bringt Abwechslung in den Unterricht. Darüber hinaus dient diese Auflockerung mit kleinen Einzel-, Partner- und Gruppenarbeiten dazu, Elemente der Binnendifferenzierung im traditionellen Unterricht zu stärken, die Ergebnissicherung zu intensiveren und Lernerfolgskontrollen durchzuführen. Der Aspekt „*einfache* Einzel-, Partner- oder Gruppenarbeiten" soll hier betonen, dass – zeitlich betrachtet – diese Unterrichtsmethoden im traditionellen Unterricht nicht dominieren. Es wird in der Sozialform „Gruppe", „Einzellernende" und „Partner" gearbeitet, aber eben nicht überwiegend. Die Sozialform „Gruppe" ist nicht das Leitgefäß des Unterrichts.

Der Gruppenunterricht wurde als Methode eingeführt, die sich über das Schwergewicht bei einer Sozialform – der Gruppe – definiert. Das ist so trivial, dass es kaum falsch sein kann. Vom Gruppenunterricht wird hier das kooperative Lernen unterschieden. Das kooperative Lernen hat vor allem in den USA eine lange Forschungs-, Entwicklungs- und Erprobungstradition. In dieser Tradition zeichnet sich kooperatives Lernen durch eine Reihe von Merkmalen aus.[1] Kooperatives Lernen wird in dieser Lerneinheit als eine Form des Gruppenunterrichts verstanden, die sich durch eine Reihe von Merkmalen auszeichnet.

Kooperatives Lernen	
Positive Abhängigkeit	Alle Mitglieder einer Gruppe fühlen sich in der Erreichung eines Ziels miteinander verbunden. Jede(r) Einzelne muss erfolgreich sein, damit die Gruppe erfolgreich ist: „Einer für alle, alle für einen".
Individuelle Verantwortlichkeit	Jedes Mitglied ist verantwortlich für seinen Anteil der Gruppenleistung und wird auch verantwortlich dafür gemacht.
Gleichberechtigte Kommunikation	Die Gruppe kommuniziert von Angesicht zu Angesicht auf eine Weise, die einen kontinuierlichen Fortschritt ermöglicht.
Sozialkompetenz	Kooperatives Lernen fordert ein bestimmtes Maß an Sozialkompetenz und fördert Sozialkompetenz.
Autonomie der Gruppe	Die Gruppe entscheidet weitgehend selbständig über ihr Schicksal.

Übersicht 1: Merkmale kooperativen Lernens

Kooperatives Lernen wird hier als eine Form des handlungsorientierten Unterrichts verstanden.

Definition 1: Kooperatives Lernen

Kooperatives Lernen ist eine Form des Gruppenunterrichts, die sich durch eine hohe positive Abhängigkeit und eine individuelle Verantwortlichkeit der Lernenden, eine gleichberechtigte und erfolgreiche Kommunikation der Lernenden untereinander, eine hohe Anforderung an die Sozialkompetenz und eine hohe Autonomie der Gruppe auszeichnet.

Hier zeigt sich erneut, dass die Grenzen zwischen dem traditionellen und dem handlungsorientierten Unterricht fließend sind. Die genannten Merkmale kooperativen Lernens stellen gleichzeitig Qualitätsmerkmale des Gruppenunterrichts dar. In der Unterrichtsplanung sollte die Lehrkraft daher erwägen, wie sie diese Punkte gestalten kann. Auch eine Beurteilung bzw. Beurteilung von Gruppenunterricht kann mit Hilfe dieser Kriterien erfolgen.

Mit diesem Verständnis ist nicht *jeder* Gruppenunterricht auch ein kooperatives Lernen. In der Praxis werden die Merkmale des kooperativen Lernens *mehr oder weniger* umgesetzt. Je mehr diese Merkmale umgesetzt werden, desto mehr handelt es sich um kooperatives Lernen. Je weniger diese Merkmale umgesetzt werden, desto weniger handelt es sich um kooperatives Lernen. Wenn beispielsweise einzelne Schülerinnen und Schüler in der Gruppe nicht mehr den persönlichen Beitrag zur Gruppenleistung erkennen können, kann es zu pathologischen Effekten des Gruppenunterrichts kommen. Dazu gehört das soziale Faulenzen (‚social loafing‘), bei dem Einzelne ihre Motivation verliert. Das wiederum kann bei Anderen zu verstärkten Anstrengungen führen, dieses soziale Faulenzen sozial zu kompensieren (‚social compensation‘). Dies kann zum Trotteleffekt (‚sucker effect‘) führen, d. h. dass Einzelne nicht mehr ihr Bestes für die Gruppe geben, weil sie sehen, dass andere Gruppenmitglieder ihre Beiträge zurückhalten (Wilk & Wit, 2003, S. 498 ff.). Derartige Erfahrungen haben Lernende in der Schule häufig gemacht. Sie bringen diese Erfahrungen nicht selten mit in die Lernsituation. Das erweist sich als Hypothek im Gruppenunterricht.

16.3 Vielfalt der Formen im kooperativen Lernen bzw. im Gruppenunterricht

In der Literatur, etwa bei Dubs (2009, S. 203 ff.), wird bisweilen auf die Methoden zurückgegriffen, die vor allem in der Forschung der Gruppe um Robert Slavin an der Johns Hopkins University in den 1970er und 1980er Jahren eine große Rolle spielten. Dazu gehören zum Beispiel die Jigsaw-Methode, Student Teams Achievement Divisions (STAD), Jigsaw Procedure, die strukturierte Kontroverse oder Team Accelerated Instruction (TAI). Die aktuelle Literatur, vor allem des in Deutschland vielbeachteten und inzwischen verstorbenen Norm Green (Green & Green, 2009), aber auch andere Einführungen in das kooperative Lernen (Barkley, Cross & Major, 2005; Jacobs, Power & Loh, 2002) gehen inzwischen weit über diese Formen hinaus und bieten eine Fülle von kleineren und größeren Formen an. Aus diesen habe ich eine Auswahl getroffen.

16.3.1 Der entdeckende Gruppenunterricht

Dubs (2009) bezeichnet den entdeckenden Gruppenunterricht als "ursprünglichste und häufigste Form" (S. 206) des Unterrichts mit Gruppen. Der entdeckende Gruppenunterricht folgt einer spezifischen Phasenstruktur.[2] Das Ablaufschema finden Sie als Übersicht in der Toolbox (TB-10.1). Nach einer kurzen Einführung durch die Lehrkraft wird der Arbeitsauftrag ausgegeben. Diese wichtige Gelenkstelle wird noch vertieft. Direkt nach der Ausgabe des Arbeitsauftrages hat die Lehrkraft zu gewährleisten, dass die Lernenden den Arbeitsauftrag auch wirklich verstanden haben ('Verständnissicherung'). Dann werden die Gruppen gebildet und die 'eigentliche' Arbeit der Gruppen – also die Gruppenarbeit – beginnt mit der Planung, Durchführung und dem Abschluss der Gruppenarbeit. Während dieser Arbeiten begleitet die Lehrkraft die Lernenden. Diese Arbeiten werden anschließend in der Klasse präsentiert und nachbereitet.

Phase		Inhalt	Sozialform
I	Einführung	Die Lehrkraft führt ein: Bekanntgabe des Themas bzw. der Zielsetzung des Gruppenunterrichts	Klasse
	Arbeitsauftrag	Bekanntgabe des Arbeitsauftrages (inklusive Vorgehen und Zeitvorgabe) und Verständnissicherung	Klasse
II	Gruppenbildung	Aufteilung des Klassenverbandes in Kleingruppen	Gruppe
III	Planung der Gruppenarbeit	Gruppe nimmt Rollen ein, erfasst Problemstellung, bespricht das weitere Vorgehen	Gruppe
	Durchführung der Gruppenarbeit	Gruppe bearbeitet Problemstellung, führt Metakommunikation durch	Gruppe
	Abschluss der Gruppenarbeit	Zusammenfassung der Arbeitsergebnisse, Vorbereitung der Präsentation, Bewertung der Gruppenarbeitsergebnisse und -prozesse durch die Lernenden	Gruppe
IV	Präsentation	Bildung des Klassenverbandes, Berichterstattung vor der Klasse (Produkt und Prozess der Gruppenarbeit)	Klasse
	Nachbereitung	Reflexion, Bewertung der Ergebnisse und des Prozesses des entdeckenden Gruppenunterrichts	Klasse

Übersicht 2: Phasen des entdeckenden Gruppenunterrichts

16.3.2 Jigsaw (Gruppenpuzzle)

Die Jigsaw-Methode gehört zu einem der Standardverfahren des kooperativen Lernens. „Jigsaw" ist das englische Wort für „Puzzle". Die Jigsaw-Methode ist eine eher größere Form des kooperativen Lernens, die bei vergleichsweise komplexen Problemstellungen mit umfangreichem Material eingesetzt wird. Die Klasse wird eingeteilt in *Stamm*gruppen mit vier bis fünf Schülerinnen und Schülern. Außerdem müssen bei der thematischen Vorbereitung vier bis fünf Teilgebiete identifiziert werden, die getrennt zu bearbeiten sind. Für jedes dieser Teilgebiete ist Selbstlernmaterial zu erstellen, dass dem einzelnen Lernenden eine gute Möglichkeit gibt, sich das Teilgebiet anzueignen. Das Gruppenpuzzle kombiniert vier Phasen.

Phase	Inhalt				
Stammgruppenrunde	Lernende erarbeiten in Stammgruppen unterschiedliche Selbstlernmaterialien. Sie führen einen Selbsttest durch.	AB CD	AB CD	AB CD	AB CD
Runde der Expertinnen und Experten	Lernende mit den gleichen Materialien besprechen Stoff und klären offene Fragen. Sie führen einen Selbsttest durch.	AA AA	BB BB	CC CC	DD DD
Unterrichtsrunde	Lernende treffen sich wieder in Stammgruppe. Die Expertinnen und Experten unterrichten die Anderen.	AB CD	AB CD	AB CD	AB CD
Nachbesprechung	Reflexion, Bewertung usw. in der Stammgruppe.	AB CD	AB CD	AB CD	AB CD

Übersicht 3: Phasen des Gruppenpuzzles

Für den Aufbau des Selbstlernmaterials (Frey-Eiling & Frey, 2002, S. 55) hat sich die Arbeit mit einer Übersicht, Zielen, Arbeitshinweisen, dem Thema sowie zwei Tests bewährt.

Bausteine	Inhalt des Bausteins
Übersicht	Übersicht über das Selbstlernmaterial mit einem Deckblatt und einer Gliederung.
Ziele	Ziele des Lernens in einer für die Lernenden verständlichen und überprüfbaren Formulierung.
Arbeitshinweise	Arbeitsanleitung, insbesondere bei schwächeren Lernenden.
Thema	Darstellung des ,eigentlichen' Inhalts, also des Teilgebietes des Themas.
Test Stammgruppenrunde	Test mit der Möglichkeit für die Lernenden, sich selbst bzw. den Lernerfolg zu kontrollieren.
Test Expertenrunde	Anhang: Weitere Selbstkontrollmöglichkeit für die Expertenrunde.

Übersicht 4: Aufbau des Selbstlernmaterials beim Gruppenpuzzle

In der schulischen Praxis scheint häufig auf die Möglichkeit der Selbstkontrolle verzichtet zu werden. Dies ist jedoch in zweierlei Hinsicht wichtig: Sie fördert die Lernkompetenz, insbesondere die Metakognition. Außerdem reduziert sie die oft bei Lernenden auftauchende Unsicherheit und gibt ihnen die Sicherheit, ,wirklich' als Expertin bzw. Experte in der Expertengruppe und später in der Stammgruppe auftreten zu können.

Das Gruppenpuzzle ist eine zeitlich eher größere Form des kooperativen Lernens. Für die Stammgruppenrunde sind etwa 20-30 Minuten, für die Expertenrunde wieder etwa 20 Minuten, für die Unterrichtsrunde etwa 30 Minuten und für die Nachbereitung etwa zehn Minuten vorzusehen (Lindemann, 2000, S. 106). Auch wenn dies nur Orientierungswerte sind, entsteht damit ein Zeitbedarf von etwa zwei bis drei Unterrichtsstunden.

16.3.3 Think-Pair-Share

Die Think-Pair-Share-Methode ist eine der einfachen Grundtechniken kooperativen Lernens (Green & Green, 2009, S. 130). Zunächst erfolgt eine Einzelarbeit (,think'), meist auf Basis eines Arbeitsauftrages. Die Schülerin oder der Schüler löst die Aufgabe, liest den Text, verfasst Notizen usw. In der nächsten Phase (,pair') findet eine Partnerarbeit statt. Die individuellen Lösungen werden präsentiert, verglichen, gegebenenfalls vertieft und gegebenenfalls ein Konsens entwickelt. Anschließend werden die Ergebnisse in der Gruppe oder im Klassenverband präsentiert (,share'). Die Think-Pair-Share-Methode kombiniert mithin die individuelle Entwicklung eigener Standpunkte, schafft den Austausch und diskutiert verschiedene Perspektiven auf ein Thema. Im Gegensatz zu dem in der Praxis häufigen Gruppenunterricht wird explizit die ,think-Phase' als Einzelarbeit vorgesehen. Diese Einzelarbeit gibt den Lernenden Zeit zum Nachdenken, also zum Entwickeln von Argumenten usw. Die ,think-Phase' kann auch in den entdeckenden Gruppenunterricht eingebaut werden.

Phase	Inhalt	Sozialform
Think	Lernende setzen sich mit dem Arbeitsauftrag auseinander.	Einzellerner
Pair	Lernende tauschen sich mit einem Mitlernenden aus.	Partner
Share	Bildung von Gruppen bzw. Klassenverband, Berichterstattung.	Gruppe oder Klasse

Übersicht 5: Phasen des Think-Pair-Share

16.3.4 Placemat

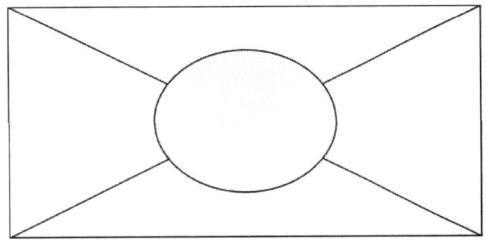

Blatteinteilung bei Placemat bei vier Personen.
Bild 1. Selbst erstellt

„Placemat" ist das englische Wort für „Tischdeckchen" oder „Tischset". Die Lernenden werden bei Placemat in Gruppen von drei oder vier Personen aufgeteilt (Green & Green, 2009, S. 135). Jede Gruppe erhält ein DIN-A4-Blatt, ein DIN-A3-Blatt oder einen Bogen Flipchart-Papier als ,Tischdeckchen' sowie Stifte. Vor Beginn wird jedoch für jeden Lernenden ein eigenes Schreibfeld vorgesehen. Außerdem wird in der Mitte ein Gruppenschreibfeld reserviert. Das Blatt wird also mit einem Stift gedrittelt oder geviertelt und in der Mitte ein Rechteck für die Gruppe vorgesehen. Die Lehrkraft gibt den Arbeitsauftrag bekannt und die Lernenden notieren für einige Minuten ihre Gedanken – ohne Austausch oder Gespräche – zunächst auf ihrem Schreibfeld. Anschließend findet ein Austausch in der Gruppe statt und die Ergebnisse werden auf dem Gruppenschreibfeld notiert. Die Placemat-Methode ist – mit etwa 10 bis 20 Minuten Dauer – eine zeitlich eher kleine, damit aber auch recht flexible Form des kooperativen Lernens. Die Placemat-Methode zielt darauf, Ideen auszutauschen, einen Konsens zu entwickeln, die Kommunikation zu fördern sowie die Ideen zu strukturieren. Sie kann auch außerhalb des Unterrichts, beispielsweise von Lehrkräften in der Schulentwicklung, eingesetzt werden.

16.4 Gruppenunterricht gestalten

Die weiteren Ausführungen konzentrieren sich auf den entdeckenden Gruppenunterricht: den Archetyp des Gruppenunterrichts. Bei dem entdeckenden Gruppenunterricht erfolgt zunächst die Einführung mit Hilfe von Arbeitsaufträgen im Klassenverband. Dann werden die Gruppen gebildet. Anschließend erfolgt die Begleitung der Schülerinnen und Schüler durch die Lehrkraft im Gruppenunterricht, die Präsentation und die Nachbereitung der Ergebnisse im Gruppenunterricht. Die Gliederung der Phasen ist ein zentraler Bestandteil des Kriterienkatalogs des Gruppenunterrichts (TB-10.3).

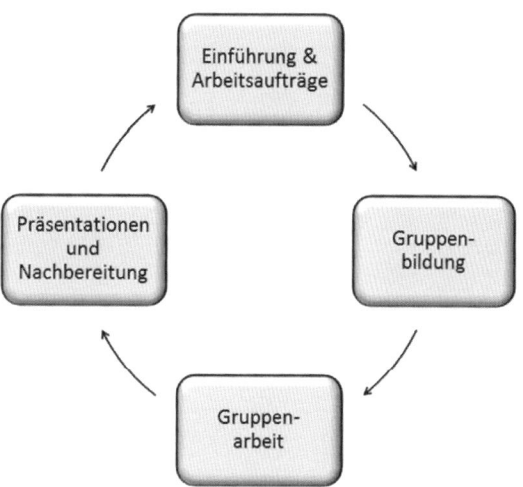

Übersicht 6: Ablauf des Gruppenunterrichts

Lesen Sie bitte die Checkliste zur Vorbereitung (TB-10.2) und den Kriterienkatalog zum Gruppenunterricht (TB-10.3) parallel zu den folgenden Ausführungen. Die Ausführungen gelten zum Teil analog für Einzel- oder Partnerarbeit, ohne dies im Folgenden auszuweisen.

16.4.1 Mit Hilfe von Arbeitsaufträgen in den Gruppenunterricht einführen

Eine zentrale Gelenkstelle des Gruppenunterrichts ist die Einführung der Lernenden mit Hilfe des Arbeitsauftrages durch die Lehrkraft. Das gilt allgemein für den aufgebenden Unterricht, also auch für Einzel- oder Partnerarbeiten. Schwierigkeiten in dieser Phase führen zu Problemen in den nachfolgenden Phasen. Daher ist diesem Punkt große Aufmerksamkeit zu widmen. Für die Gestaltung der Einführung sollten folgende Punkte beachtet werden.[3]

Die Einführung sollte präzise Angaben dazu machen, was von Schülerinnen und Schülern in der sich anschließenden Arbeit erwartet wird. Dazu gehört die Angabe des Themas („Womit beschäftigen wir uns?"), des Lernziels („Welches Ziel wird verfolgt?"), der zur Verfügung stehenden Zeit („Wie lange haben wir Zeit?"), der verfügbaren Hilfsmittel und Materialien („Welche Mittel stehen uns zur Erarbeitung und Präsentation zur Verfügung?") sowie das am Ende der Arbeitsphase erwartete Produkt und dessen Präsentation („Was soll am Ende stehen?") bzw. Hinweise auf die Frage, wie zu zeigen ist, dass das Lernziel erreicht wurde.

Im Regelfall sollte die Einweisung Informationen zum Vorgehen bieten. Bei Lernenden mit günstigen Lernvoraussetzungen, etwa gruppenunterrichtsgewohnten Schülerinnen und Schülern, kann darauf verzichtet werden. Diese Hinweise können den Schülerinnen und Schülern – je nach Lernausgangslage der Schülerinnen und Schüler – mehr oder weniger große Spielräume eröffnen. Außerdem können Hinweise zur Bewertung der Arbeit, zum Beispiel mit Hilfe eines Bewertungsschemas (‚rubric'), hilfreich sein. Ein geschlossener Arbeitsauftrag macht den Lernenden detaillierte Angaben zu den zu lösenden Teilproblemen bzw. zu den Teilzielen, zum Vorgehen, zu den Hilfsmitteln, wie zum Beispiel konkrete Webseiten, sowie Angaben zu den ggf. zu erwartenden Zwischenergebnissen. Ein offener Arbeitsauftrag macht dazu nur wenige Angaben bzw. beschränkt sich auf die oben genannten Punkte. Bei wenig gruppenunterrichtserfahrenen Lernenden bieten sich stärker geschlossene Arbeitsaufträge an, die mit zunehmender Erfahrung offener gestaltet werden.

Die Einführung bedarf – mündlich wie schriftlich – einer verständlichen Sprache, die der Lernausgangslage der Schülerinnen und Schüler entspricht. Hier ist insbesondere auch die (berufsbildungs-) sprachliche Kompetenz der Lernenden zu berücksichtigen. Der Auftrag ist im Regelfall schriftlich zu formulieren, also etwa mit Hilfe eines Arbeitsblattes, einer OHP-Folie oder der Tafel. Bevor die ‚eigentliche' Arbeit der Lernenden in der Gruppe beginnt, sollte die Lehrkraft sicherstellen, dass die Schülerinnen und Schüler ein klares Verständnis des Auftrages haben. Die Lehrkraft kann sich hier mit der einfachen Frage nach offenen Punkten begnügen. Insbesondere bei anspruchsvollen Aufträgen und eher schwachen Schülerinnen und Schülern bietet sich eine darüber hinausgehende Sicherung des Auftrages an. Dazu kann die Lehrkraft eine Schülerin oder einen Schüler bitten, den Auftrag in ihrer bzw. seiner Sprache darzustellen. Auch die nonverbale Kommunikation spielt in dieser Phase eine große Rolle. Arbeitsanweisungen sollten in der Unterrichtsreihe – gerade für leistungsschwächere Lernende – oft wiederholt werden. So stellt die explizite Arbeitsanweisung nach der 5-Gang-Lesetechnik eine Hilfestellung dar, die sich meist erst durch häufige Wiederholung setzt.

16.4.2 Gruppen bilden (lassen)

Die Gruppenbildung ist ein zentrales Gestaltungsmerkmal des Gruppenunterrichts und sollte in der Planung sorgfältig erwogen werden. Sie kann nicht nur einfach den Wünschen der Lernenden oder räumlichen Erwägungen überlassen werden.

Die optimale Gruppengröße liegt aufgrund empirischer Untersuchungen bei vier bis sechs Lernenden. Flexibel gebildete Gruppen sind eher kleiner mit um die vier Lernenden, dauerhaft bestehende Gruppen eher größer mit um die sechs Lernenden (Slavin, 1996). Häufig werden in Schulen die Gruppen flexibel gebildet. Demgegenüber versprechen feste, relativ dauerhaft bestehende Gruppen, sogenannte Stammgruppen, eine Reihe von Vorteilen. Die für kooperatives Lernen so wichtige Abhängigkeit taucht in festen Gruppen in Form der Identitätsabhängigkeit auf (Green & Green, 2009, S. 82). Feste Gruppen bieten die Möglichkeit, dass die Gruppe eine eigene Identität als Gruppe aufbaut. Die Lehrkraft kann dies unterstützen, indem sie auffordert, einen Gruppennamen zu finden oder sie verwendet andere, bei Gruppenbildungen außerhalb der Schule typische Symbole, zum Beispiel Flaggen, ein Gruppenmotto usw. Die Erfahrung zeigt, dass der Unterricht bei eingerichteten Stammgruppen häufig geschmeidiger läuft, weil Unruhe, die bei der Gruppenbildung bzw. -zusammensetzung in der Klasse entsteht, in vielen Fällen ausbleibt.

Gruppen lassen sich nach fast allen Merkmalen bilden, die auch Gegenstand der Bedingungsanalyse sind. Dies sind die Gruppierungskriterien. Zu nennen sind insbesondere die allgemeine Leistungsstärke, die besondere Lernausgangslage in Fach-, Lern-, Sozial- oder Selbstkompetenz, Geschlecht, Hintergrund (sozialer, betrieblicher, ethnisch-kultureller) oder Interessen der Lernenden.

Eine Möglichkeit der Gruppierung der Lernenden ist der Zufall. Bei einer Zufallsstrategie werden die Gruppen nicht nach Gruppierungskriterien sondern nach Zufall gebildet, etwa indem die Sitzordnung zur Gruppenbildung genutzt wird, indem die Schülerinnen und Schüler von der Lehrkraft durchnummeriert werden, indem die Schülerinnen und Schüler Spielkarten oder Karten mit Symbolen ziehen oder mit Gruppennummern versehene Arbeitsblätter erhalten. Aus naheliegenden Gründen bei Schülerinnen und Schülern beliebt, wenn auch nur für Show-Stunden zu gebrauchen, ist das Ziehen von Süßigkeiten aus einem Süßigkeitenmix, wobei verschiedene Süßigkeit für verschiedene Gruppen stehen.

Aus didaktischer Sicht ist im Regelfall eine bewusste Gruppierungsstrategie zu bevorzugen. Dabei lassen sich zwei völlig verschiedene Strategien verfolgen. Die Zusammenstellung kann homogen oder heterogen erfolgen. Bei homogenen Gruppen werden alle Lernenden zusammengefasst, die bezüglich der Gruppierungskriterien möglichst ähnlich sind. So können beispielsweise leistungsstarke und leistungsschwache Gruppen gebildet werden. Diese Gruppenbildung macht nur dann Sinn, wenn die Gruppen unterschiedliche Aufträge erhalten, zum Beispiel unterschiedlich schwierige Aufgaben oder unterschiedliche Lernhilfen. Diese Form der Gruppenbildung bietet tiefgreifende Möglichkeiten der

Gruppen brauchen erst einmal Zeit um die Arbeit zu finden
Bild 2. © ModernLearning

Binnendifferenzierung, hat jedoch zwei schwerwiegende Probleme. Einerseits können sich die Lernenden, die in Gruppen gesetzt und damit beispielsweise als leistungsschwach erkannt werden, stigmatisiert fühlen. Hier muss es der Lehrkraft gelingen, in der Klasse ein Klima aufzubauen, das individuelle Förderung bzw. Binnendifferenzierung zulässt. Andererseits werden häufig mit homogenen Gruppen Konflikte vermieden, deren Bearbeitung die Entwicklung der Lernenden stimulieren würde. Wenn beispielsweise die Lehrkraft Gruppen nach ethnisch-kulturellem Hintergrund bildet oder – ohne weiteres Nachdenken – die Gruppenbildung den Lernenden überlässt, geht sie Konflikten aus dem Weg, die mit dieser Diversität verbunden sein können. In der Literatur zum kooperativen Lernen werden heterogene Gruppen bevorzugt. Sowohl leistungsstarke als auch leistungsschwache Schülerinnen und Schüler profitieren von kooperativem Lernen (Slavin, 1996). Heterogene Gruppen heißt dabei nicht zwangsläufig leistungsheterogene Gruppen (Green & Green, 2009, S. 103). Eine positive Ressourcenabhängigkeit wird schließlich erzeugt, wenn die Gruppe bewusst heterogen zusammengesetzt wird und diese Heterogenität eine Ressource darstellt, zum Beispiel aufgrund unterschiedlich verteilter Kompetenzen. Die Arbeit in ethnisch-kulturell heterogenen Gruppen gilt als eine wichtige Methode des interkulturellen Lernens. Lernende sollen durch die gemeinsame Arbeit Unterschiede zwischen sich kennenlernen und lernen, soziale Probleme zu lösen, die dabei auftauchen können. Ansätze dazu finden sich in Schulen selten, in den Betrieben häufig (Kimmelmann, 2010).

Die sich aus der Gruppengröße, den Gruppierungskriterien und der Gruppierungsstrategie ergebende Gruppierungsprozedur muss den Lernenden glasklar sein bzw. gemacht werden. Insbesondere mit Blick auf die räumlichen Bedingungen in der Klasse sollte die Gruppierungsprozedur geschmeidig ablaufen, d. h. einen möglichst geringen Aufwand verursachen.

16.4.3 Gruppenarbeit begleiten

Einzel-, Partner- und Gruppenarbeit sind aufgebende Unterrichtsformen. Die Lehrkraft wechselt die Rolle und schlüpft in die Rolle der Begleiterin bzw. des Begleiters (Brüning & Saum, 2009a, S. 135 ff.).

Ich habe öfter beobachtet, dass angehende Lehrkräfte direkt nach der Einweisung durch die Klassen gehen und Hilfe anbieten. Die Schülerinnen und Schüler hatten nicht einmal Zeit, sich zu sammeln, geschweige denn auf Probleme zu stoßen. Mir schien: Diese Lehrkräfte konnten an dieser Stelle nichts mit sich selbst anfangen. Die Lehrkraft sollte daher erst mal Ruhe einkehren lassen. Sie kann die nächsten Unterrichtsphasen vorbereiten, die letzten nachbereiten oder – ohne schlechtes Gewissen – eine der an beruflichen Schulen seltenen, aber notwendigen Auszeiten nehmen.

Nach der Einweisung braucht die Klasse Zeit, um sich in die Aufgabe einzufinden. Die Lernenden finden sich in die Arbeit ein und arbeiten idealerweise konzentriert. Bei Gruppenarbeiten hat die Ruhe in der Klasse meist ein Ende. Mit Ansagen im Klassenverband während der Einzel-, Partner- oder Gruppenarbeit stört die Lehrkraft die Lernenden und muss bei der Partner- und Gruppenarbeit den vergleichsweise hohen Lärmpegel überwinden.

Empirische Ergebnisse zeigen für den Gruppenunterricht, dass Eingriffe der Lehrkraft meist nicht zu besseren Ergebnissen führen. Eingriffe führen häufig neue Gesichtspunkte in die Gruppe ein, die der Gruppe nicht helfen, sondern sie weiter desorientieren. Eingriffe der Lehrkraft reduzieren außerdem die Zeit, die den Lernenden zur Verfügung steht und sie stehen in der Gefahr, die Leistungsbereitschaft der Lernenden zu reduzieren. Wenn eine Gruppe schlecht kooperiert, ist es längerfristig sinnvoller, statt des Eingriffs in die Gruppenarbeit eine Reflexionsphase einzuschieben und die Situation metakommunikativ zu thematisieren.

Lehrkräfte sind für Schülerinnen und Schüler eine bequeme Möglichkeit, Lernschwierigkeiten oder Schwierigkeiten in der Gruppe aus dem Weg zu gehen und nach Hilfe zu rufen. Die Schülerinnen und Schüler sollten sich jedoch erst selbst helfen. Wenn das nicht, beispielsweise durch Klassenregeln, ohnehin klar ist, wäre das im Vorfeld der Arbeit anzusagen. Unter Umständen muss sich die Lehrkraft dem Hilferuf der Schülerinnen und Schüler entziehen, wenn sie den Eindruck erlangt, dass die Lernenden das Problem lösen können.

Sollten trotzdem Hilfestellungen notwendig werden, sollte die Lehrkraft sich zunächst präzise den Stand der Arbeit schildern lassen. Erst auf dieser Basis kann ein gezielter Impuls gegeben werden.

16.4.4 Gruppenarbeit abschließen und Ergebnisse der Gruppenarbeit präsentieren lassen

Viele Formen des Gruppenunterrichts sehen eine Präsentation der Gruppenarbeitsphase vor. Die Lehrkraft sollte bei der Planung des Unterrichts erwägen, durch wen und wie die Gruppenarbeit beendet wird. Im Idealfall wird zu diesem Zeitpunkt die Arbeit ohne Hektik beendet und die sich anschließenden Phasen des Unterrichts sind durch die Lernenden und die Lehrkraft vorbereitet. Das häufigste Verfahren dürfte dabei die Präsentation vor der gesamten Klasse sein. Eine Alternative zu dieser Form der Präsentation ist die Kugellager-Methode sowie die Fishbowl-Technik.

Die Kugellagermethode geht meines Wissens auf Klippert (Klippert, 2006, S. 89) zurück und wird auch „Karussellgespräch" genannt. Dabei sitzen sich die Schülerinnen und Schüler paarweise gegenüber, so dass ein Innenkreis und ein Außenkreis entstehen. Die im Innenkreis sitzenden Schülerinnen und Schüler berichten von der Arbeit ihrer Gruppe. Anschließend rücken die Schülerinnen und Schüler zum Beispiel zwei Stühle im Uhrzeigersinn weiter. Auf diese Weise entstehen neue Gesprächspaare. Nun berichten die Schülerinnen und Schüler im Außenkreis. Danach rücken die Innenkreissitzenden wieder weiter, so dass sich der Innenkreis im Außenkreis dreht, wie bei einem Kugellager. Eine Variante der Kugellager-Methode besteht darin, nicht einzelne Schülerinnen und Schüler, sondern Paare präsentieren zu lassen.

Die Fishbowl-Technik umfasst ein ganzes Bündel von Einzeltechniken. Gemeinsam ist dabei, dass Stühle in zwei Kreisen angebracht werden: Einem kleinen Innenkreis aus etwa vier bis sechs Stühlen und einem Außenkreis mit Stühlen für den Rest der Teilnehmenden. Der Innenkreis bildet sozusagen das Fischglas, das Aquarium, das von außen betrachtet wird. Ich habe versucht, einige Varianten mit aussagekräftigen Namen zu versehen.

- **Vertretungs-Fishbowl**: Beim Vertretungs-Fishbowl wird von der Gruppe ein Vertreter bestimmt, der die Ergebnisse im Innenkreis einbringt bzw. präsentiert. In einer Abwandlung dieses Vertretungs-Fishbowl wird jeweils ein Platz freigelassen, der für Personen verwendet wird, die etwas aus der Gruppe zu ergänzen haben. Diese Personen verlassen den Innenkreis nach der Präsentation.
- **Offener Fishbowl**: Beim offenen Fishbowl diskutiert der Innenkreis ein Thema. Dabei bleibt immer ein Stuhl frei, der besetzt wird, wenn eine Person etwas sagen möchte. Hat eine Person nichts mehr zu sagen, dann wechselt sie in den Außenkreis. Innerhalb des Fishbowls wird also kommuniziert, im Außenkreis nicht. Die Lehrkraft hat als Moderator auf die Einhaltung der Spielregeln zu achten, kann dies aber auch einer Schülerin oder einem Schüler übertragen.

In Klassen in beruflichen Schulen lässt das Raumlayout oft die Bildung von Innenkreis und Außenkreis nicht zu. In diesem Fall können vor der Klasse, wie bei einer Podiumsdiskussion, Stühle als Innenkreis aufgestellt werden.

Weitere einfache Möglichkeiten zur Präsentation der Ergebnisse sind die Abfrage der Ergebnisse der einzelnen Gruppen durch die Lehrkraft im Klassenverband oder die schriftliche Rückmeldung an die Lehrkraft. Eine weitere, eher aufwändige Alternative ist die Organisation eines Marktplatzes: Dabei präsentieren die einzelnen Gruppen mit Hilfe von Plakaten ihre Ergebnisse an verschiedenen Ständen.

Die Ergebnispräsentation bietet Möglichkeiten, eine positive Abhängigkeit zu fördern. Eine positive Zielabhängigkeit besteht, wenn die Schülerinnen und Schüler wahrnehmen, dass sie ihre Ziele nur erreichen können, wenn alle Mitglieder ihrer Gruppe die Ziele erreichen. Um diese Zielabhängigkeit zu unterstützen, kann die Lehrkraft ein *beliebiges* Thema oder ein beliebiges Teilprodukt zur Präsentation auswählen, so dass sich die Mitglieder der Gruppe mit allen Themen und Teilprodukten auseinandersetzen müssen. Außerdem kann die Lehrkraft dazu auffordern, das Produkt von allen Mitgliedern unterzeichnen zu lassen. Diese Unterschrift soll anzeigen, dass der Einzelne seinen Beitrag geleistet hat und dass er sich mit dem Produkt einverstanden erklärt (Green & Green, 2009, S. 88 f.).

16.4.5 Ergebnisse und Prozess nachbereiten

In der Nachbereitung der Gruppenarbeit sind das Ergebnis und der Prozess der Gruppenarbeit zu reflektieren und zu bewerten. Eine Reflexion des Produktes und Prozesses ist besonders wichtig, wenn Probleme während der Gruppenarbeit aufgetaucht sind. Hilfreich für die Bewertung durch die Schülerinnen und Schüler oder die Lehrkraft sind Bewertungsschemata, auf deren Konstruktion später noch ausführlich eingegangen wird.

Nach den hier zugrunde gelegten Merkmalen kooperativen Lernens sollten bei der Bewertung sowohl der Gruppenerfolg als auch die Leistungen der einzelnen Schülerinnen und Schüler bewertet werden. Die in der Schule verbreitete Form der individuellen Leistungsbewertung widerspricht nicht nur teamorientierten Honorierungsformen in der Wirtschaft, sondern stellt auch eine große Hypothek für den Gruppenunterricht dar. Sie wirkt der gewünschten positiven Abhängigkeit entgegen. Der Drang nach individueller Leistungsbewertung in der Schule ist ein Ausfluss des Allokationsauftrages, den Schule zu erbringen hat. Aus Sicht des Qualifikationsauftrages ist die *alleinige* individuelle Leistungsbewertung nicht zu rechtfertigen.

Um bei der Bewertung – wie im kooperativen Lernen verlangt – sowohl Einzel- als auch Gruppenleistungen zu bewerten, kann die Lehrkraft für einzelne Schülerinnen und Schüler beispielsweise den Durchschnitt aus der Bewertung der Einzelleistung und der Gruppenleistung bilden. Die Gruppenleistung bereitet erfahrungsgemäß weniger Schwierigkeiten in der Bewertung und erfolgt häufig aufgrund des präsentierten Produktes, kann aber auch Elemente des Verlaufs beinhalten. Es handelt sich – wie später vertieft wird – um ein Performance Assessment.

Eine besondere Herausforderung des Gruppenunterrichts ist die Bewertung der Einzelleistungen der Schülerinnen und Schüler (Brüning & Saum, 2009a, S. 122 ff.).

▶ **Bewertung von Einzelleistungen in Phasen der Einzelarbeit**: Wenn die gewählte Arbeitsform des Gruppenunterrichts Einzelarbeitsphasen und dokumentierte Leistungen vorsieht, wie beispielsweise beim Gruppenpuzzle oder beim Placemat, dann lassen sich die Einzelleistungen der einzelnen Schülerinnen und Schüler bewerten, und zwar nach dem Unterricht. Das ist vergleichsweise aufwändig und wird daher die Ausnahme darstellen.

▶ **Bewertung von Einzelleistungen in Phasen der Gruppenarbeit**: In Gruppenarbeitsphasen lassen sich Schülerinnen und Schüler auch einzeln bewerten. Dabei handelt es sich um ein sogenanntes Performance Assessement, das üblicherweise mit Hilfe eines Beobachtungsbogens erfolgt. In der Toolbox wurde ein Tool „Gruppenunterricht: Bewertung der fachlichen Leistungen der Schülerinnen und Schüler: Vorlage" (TB-10.4) aufgenommen. Dabei empfiehlt sich, eine Gruppe während der Gruppenarbeit über längere Zeit mit Hilfe eines vorbereiteten Beobachtungsbogens genau zu beobachten. Im Laufe des Schuljahres werden dabei die Gruppen gewechselt, so dass auf Dauer ein differenziertes Bild der ganzen Klasse entsteht. Dieses Verfahren setzt allerdings eine Planung der zukünftigen Leistungserhebungen in der makrodidaktischen Planung, eine sorgfältige Vorbereitung des Gruppenunterrichts und eine gewisse Kompetenz bzw. Gewöhnung der Schülerinnen und Schüler voraus. Schließlich darf die Beobachtung nicht ständig durch notwendige Interventionen der Lehrkraft unterbrochen werden.

▶ **Bewertung von Einzelleistungen während den Präsentationen**: Während der Präsentationsphasen kann die Lehrkraft – unabhängig von der Sozialform – auch die Leistungen einzelner Schülerinnen und Schüler bewerten. Auch hier handelt es sich um sogenannte Performance Assessments.

Um die individuelle Verantwortlichkeit und die positive Abhängigkeit zu fördern, bietet sich die Arbeit mit der Gruppenpunktmethode und Gruppenbelohnungsmethode an. Bei der Gruppenpunktmethode werden die Einzelleistungen durch die Mitschülerinnen und Mitschüler bewertet. Die Lehrkraft vergibt für eine Gruppenleistung, etwa der Präsentation, zunächst eine bestimmte, einheitliche Bewertung, etwa neun Punkte. Eine solche einheitliche Bewertung, die dann für alle Schülerinnen und Schüler gilt, wird häufig als ungerecht erlebt, weil die Leistungsbeiträge der einzelnen Schülerinnen und Schüler nicht immer gleich verteilt sind. Daher kann die Lehrkraft auch eine Aufteilung der Gruppenpunkte veranlassen. Dabei wird die von der Lehrkraft festgesetzte Punktzahl, beispielsweise 9, mit der Zahl der Mitglieder der Gruppe multipliziert, also etwa 9 x 4 = 36. Das Produkt dieser Multiplikation, also die 36 Punkte, wird von den Schülerinnen und Schülern verteilt, so dass ein Schüler sieben und die andere Schülerin 11 Punkte erhalten mag. Die Verteilung erfolgt in der Gruppe nach einer Selbstbewertung (Brüning & Saum, 2009a, S. 122 ff.). Dieses Verfahren fördert vor allem die individuelle Verantwortlichkeit für Leistungen.

Bausteine	Inhalt des Bausteins	Sozialform
Notenmitteilung	Die Lehrkraft teilt der Gruppe nach der Gruppenunterrichts-phase die (Noten-)Punkte mit und begründet ihre Bewertung, idealerweise durch ein Bewertungsschema.	Klasse
Selbstbewertung	Die Schülerin bzw. der Schüler denkt über seine Leistungen zur Gruppe nach und bewertet seine eigene Leistung. Er teilt später der Gruppe mit, wie viele Punkte er beansprucht.	Einzellerner
Austausch über Bewertung	Im ersten Schritt stellen die Schülerinnen und Schüler – ohne Kommentierungen durch die anderen – ihre Punktvorstellungen mit Begründungen vor. Im nächsten Schritt finden eine Aussprache und eine Festlegung der Verteilung statt.	Gruppe
Präsentation der Verteilung der Gruppenpunkte	Die Schülerinnen und Schüler stellen die Verteilung der Gruppenpunkte vor, entweder in der Klasse oder – als Stillarbeit – in der Gruppe.	Klasse (oder Gruppe)

Übersicht 7: Ablauf einer Gruppenpunktverteilung

Bei der Gruppenbelohnungsmethode wird der Lernerfolg auf Basis der Einzel- *und* Gruppenleistungen definiert. Sie dient damit vor allem dem didaktischen Ziel, die positive Abhängigkeit der Lernenden untereinander zu stärken. Bei einer Gruppenfortschrittstabelle werden sowohl die Bewertungen der Gruppe, wie zum Beispiel das Gesamtergebnis einer Gruppenarbeit, als auch der einzelnen Individuen festgehalten, zum Beispiel die Ergebnisse einzelner, individueller Leistungstests. Der Erfolg wird dabei definiert über den Fortschritt in der Gruppenfortschrittstabelle, d. h. individueller Erfolg und Gruppenerfolg werden verknüpft. Alternativ kann die Lehrkraft auch Minimalkriterien definieren, die alle Mitglieder einer Gruppe erreichen müssen. Auf der Basis des so definierten Erfolgs kann die Lehrkraft Bonuspunkte vergeben, die jedem Gruppenmitglied zugerechnet werden, wenn jedes Mitglied in der Gruppe den definierten Erfolg erreicht hat (Green & Green, 2009, S. 88 f.). So kann etwa definiert werden, dass alle Mitglieder einer Gruppe Bonuspunkte zur Note des Gruppenarbeitsproduktes erhalten, wenn alle Mitglieder in einem individuellen Multiple-Choice-Test 80% erreicht haben.

Die Gruppenpunktmethode und die Gruppenbelohnungsmethode haben unterschiedliche Ansatzpunkte, können jedoch auch kombiniert eingesetzt werden.

16.5 Der Gruppenunterricht im Interdependenzzusammenhang würdigen

Wie jede andere Methode auch, muss sich der Gruppenunterricht geschmeidig in das Gesamtbild der didaktischen Elemente einpassen.

16.5.1 Bezüge des Gruppenunterrichts zu Zielen, Kompetenzen und Themen

Empirische Forschungsergebnisse weisen das kooperative Lernen recht einheitlich als eine bezüglich der Kompetenzen breit einsetzbare Lernmethode aus.[4]

▶ **Fachkompetenz (FaKo):** Kooperatives Lernen zeigt sich in der empirischen Forschung als gute Methode zur Förderung von Fachkompetenz. Allerdings sind die Befunde nicht ganz eindeutig. Denkfähigkeiten auf höherem Niveau können ausgeprägt werden (Green & Green, 2009, S. 33).

▶ **Lernkompetenz (LeKo):** Die Lernkompetenz kann gefördert werden. Dies gilt insbesondere dann, wenn der Gruppe eine hohe Autonomie eingeräumt wird. Es ist zu vermuten, dass durch die positive Abhängigkeit und die individuelle Verantwortlichkeit die Strategien zur Nutzung von Ressourcen und durch die Autonomie vor allem metakognitive Strategien beansprucht und gefördert werden.

▶ **Sozialkompetenz (SoKo):** Das kooperative Lernen setzt ein Mindestmaß an Sozialkompetenzen voraus, ist jedoch auch in der Lage Sozialkompetenz zu fördern. Es ist zu vermuten, dass Sozialkompetenzen *breit*, d. h. sowohl affektive als auch kognitive Teilkompetenzen durch kooperatives Lernen, gefördert werden. Die Herausarbeitung von Sozialkompetenz gilt als Stärke kooperativer

Methoden (Green & Green, 2009, S. 35). Dies gilt auch bezüglich der Schulung interkultureller Kompetenzen.

▶ **Selbstkompetenz (SeKo):** Die Selbstkompetenz kann durch kooperatives Lernen gefördert werden. Im Gruppenunterricht erhalten die Lernenden die Möglichkeit, ihre Ziele mit denen anderer Mitlernender abzugleichen. Außerdem erhält sie eine Rückmeldung zu ihren Stärken und Schwächen.

▶ **Sprachkompetenz (SpraKo):** Der Gruppenunterricht bietet gute Möglichkeiten zur Förderung des Lese- und Hörverstehens sowie des Schreibens und Sprechens.

Der Gruppenunterricht ist thematisch breit einsetzbar (Wottreng, 1999, S. 69): Er eignet sich um Informationen zu sammeln, um Gruppen und Meinungen zusammenzutragen und abzuwägen, Ideen und Vorschläge weiterzuentwickeln und zu prüfen, Diskussionen über wirtschaftliche, gesellschaftliche und rechtliche Fragen oder gelesene Texte durchzuführen. Wenn es hingegen um den Erwerb grundlegenden Wissens in einem neuen Wissensgebiet geht, sind andere Methoden, vor allem der Lehrvortrag, oft zielführender. Bestimmte Arbeitsformen des kooperativen Lernens, etwa das Gruppenpuzzle, unterstützen jedoch auch gut die selbständige Erarbeitung von Wissen durch die Lernenden.

Grundsätzlich muss die Themenstellung eine Inszenierung ermöglichen, die die oben genannten Merkmale, vor allem die positive Abhängigkeit, erfordern. Wird beispielsweise das Thema so zugeschnitten, dass die Lernenden die Aufgabenstellung anfänglich schnell aufteilen, dann in Einzelarbeit lösen und anschließend schnell zusammenstöpseln, lernen die Schülerinnen und Schüler vor allem die Koordination von Aktivitäten, nicht die Kooperation. Die anvisierten Effekte auf die Kompetenzen bleiben damit weitestgehend aus. Die notwendige positive Abhängigkeit kann viele Formen annehmen. Bei thematischen Überlegungen sind vor allem folgende Abhängigkeiten relevant (Green & Green, 2009, S. 77 ff.; Jacobs et al., 2002, S. 31 ff.).

▶ **Reihenfolgeabhängigkeiten:** Eine Reihenfolgeabhängigkeit liegt vor, wenn die Beiträge eines Gruppenmitglieds geleistet sein müssen, damit ein anderes Gruppenmitglied seine Beiträge erbringen kann. In der Zeit arbeitet das andere Gruppenmitglied an seinem Leistungsbeitrag. Damit ist das Thema so in Teileinheiten aufzubrechen, dass sie in einer bestimmten Reihenfolge erledigt werden müssen.

▶ **Ressourcenabhängigkeiten:** Eine Ressourcenabhängigkeit liegt vor, wenn jedes Mitglied nur einen Teil der Informationen und Materialien hat bzw. einbringen kann, die notwendig sind, um die Gesamtaufgabe zu erledigen. Um diese Ressourcenabhängeit zu unterstützen, werden Materialien limitiert, z. B. Bücher immer nur in einem Exemplar in die Gruppen gegeben. Weiterhin kann die Lehrkraft die Informationen in Pakete zerlegen, die an einzelne Schülerinnen und Schüler in der Gruppe ausgegeben werden. Das Thema sollte daher in verschiedene, etwa gleichgewichtige Teilpakete zerlegbar sein.

16.5.2 Bezüge des Gruppenunterrichts zu den Bedingungen

Bezüglich der Bedingungen sind vor allem die tiefen Bedingungsschalen, die individuellen Bedingungen und die Bedingungen der Klasse, zu berücksichtigen. Wie bereits erwähnt, bringen nicht wenige Lernende eine in vielen Fällen aufgrund negativer Erfahrungen durchaus berechtigte Skepsis bezüglich des Gruppenunterrichts und des kooperativen Lernens mit. Nicht selten haben Schülerinnen und Schüler die erwähnten pathologischen Effekte des Gruppenunterrichts am eigenen Leib erfahren.

Dies kann in gleicher Weise für die Lehrkraft gelten, die in der ersten oder zweiten Phase der Lehrerbildung mit Gruppenunterricht ‚gequält' wurde. Diese Erfahrungen werden im weiteren Verlauf der Tätigkeit als Lehrkraft dann unter Umständen nicht reflektiert. Erhebungen zeigen nämlich, dass Lehrkräfte häufig subjektive Theorien von kooperativen Lernen entwickelt haben, die durch ein gerüttelt Maß an Irrationalitäten gekennzeichnet sind und die die Akzeptanz kooperativen Lernens in der Schulpraxis nachhaltig behindern (Dann, 2007).

Die Lehrkraft sollte hier die Lernausgangslage im Bereich der Sozialkompetenzen erheben, und zwar sowohl im affektiven als auch im kognitiven Bereich. Dabei ermittelte Bedenken und Ängste müssen zerstreut werden. Zwei Punkte sollten dabei vertieft dargestellt werden: Die Bewertung im Gruppenunterricht sollte so geregelt werden, dass die positive Abhängigkeit nicht untergraben wird. Außerdem sollte dem sogenannten Samariter-Effekt vorgebeugt werden: Leistungsstarke Lernende haben nicht selten Bedenken, sie zahlen beim Gruppenunterricht drauf. Das Gegenteil ist jedoch der Fall: Durch die Elaboration der Inhalte, etwa das Erklären gegenüber Mitschülerinnen und -schülern, verarbeiten gerade leistungsstarke Schülerinnen und Schüler die Inhalte vertieft, so dass es zu positiven Effekten kommt, die sich ohne den Gruppenunterricht vermutlich nicht in der gleichen Weise einstellen würden.

Die Lehrkraft kann nicht davon ausgehen, dass die für den Gruppenunterricht notwendigen Kompetenzen vorhanden sind. Gerade, aber nicht nur, bei leistungsschwächeren Klassen kann es sich lohnen, explizite Regeln für den Gruppenunterricht einzuführen oder mit den Schülerinnen und Schülern zu entwickeln. Bei leistungsschwächeren Klassen können dazu stärkere Vorgaben gemacht werden. In der Toolbox findet sich dazu ein Beispiel eines Gruppenvertrages (TB-10.6) und einer Moderationsübung (TB-10.7) aus einem BVJ. Ein weit darüber hinausgehendes Trainingskonzept legt Klippert (2005) mit seinem Stufenmodell der Teamentwicklung im Klassenzimmer vor. Dabei bietet er auf vier Stufen Trainingsbausteine für den täglichen Unterricht. Es sind dies: Schülerinnen und Schüler für den Gruppenunterricht motivieren, Gruppenprozesse reflektieren und Regeln anbahnen, Regeln entwickeln und vertiefend erklären, alternative Formen des Gruppenunterrichts durchspielen. In der Toolbox findet sich eine entsprechende Vorlage (TB-10.7).

Für den Unterricht in Gruppen hat die Einnahme verschiedener Rollen eine große Bedeutung. Eine weitere Form der positiven Abhängigkeit ist nämlich die Rollenabhängigkeit. Dabei werden den Mitgliedern komplementäre und miteinander verbundene Rollen zugewiesen. Sie legen Verantwortlichkeiten fest, die die Gruppe benötigt, um die gemeinsame Aufgabe zu bewältigen. Die Rollen rotieren dabei (Green & Green, 2009, S. 81 ff.). In der Toolbox findet sich eine Übersicht über die verschiedenen Rollen (TB-10.5).

Eine wichtige Bedingung für Gruppenunterricht bzw. kooperatives Lernen ist eine angemessene Sitzordnung. Sie soll zum Beispiel die gewünschte gleichberechtigte Kommunikation ermöglichen und unterstützen. In der Literatur werden dazu optimierte Sitzordnungen vorgeschlagen (Jacobs et al., 2002, S. 7 ff.). An diesen Sitzordnungen ist jedoch problematisch, dass sie für den Frontalunterricht kaum geeignet sind. Berufliche Schulen in Deutschland sind jedoch im Regelfall von der Sitzordnung auf Frontalunterricht eingestellt und verfügen über keine flexiblen Klassenzimmer, die sich leicht umbauen lassen. Außerdem gehen Gruppenunterricht und Frontalunterricht häufig fließend ineinander über. Weiterhin sind in vielen Arbeitsformen des Gruppenunterrichts auch Präsentationen im Klassenverband vorgesehen. Klippert (2005, S. 51 ff.) schlägt vor diesem Hintergrund einen Mittelweg vor, den er als „lehrerzentrierte Gruppensitzordnung" bezeichnet.

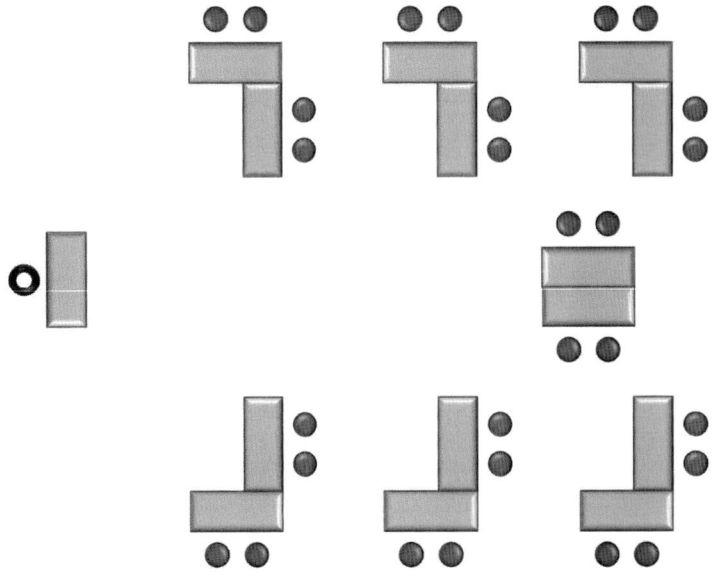

Übersicht 8: Lehrkraftzentrierte Gruppensitzordnung nach Klippert (2005)

Diese Sitzordnung lässt sich meist in den üblichen Raum- und Klassengrößen auch an beruflichen Schulen leicht realisieren.

16.6 Outro

16.6.1 Die wichtigsten Begriffe dieser Lerneinheit

▶ Gruppenarbeit
▶ Gruppenunterricht
▶ Kooperatives Lernen
▶ (Qualitäts-)Merkmale des Gruppenunterrichts
▶ Formen des Gruppenunterrichts
▶ Entdeckender Gruppenunterricht
▶ Think-Pair-Share
▶ Jigsaw (Gruppenpuzzle)

▶ Placemat
▶ Gruppierungsstrategie
▶ Arbeitsaufträge (für Einzel-, Partner- und Gruppenarbeit)
▶ Begleitung (von Einzel-, Partner-, Gruppenarbeit)
▶ Präsentation (von Gruppenarbeitsergebnissen)
▶ Gruppenunterricht (kooperatives Lernen) im Interdependenzzusammenhang

16.6.2 Tools

▶ Tool „Karte: Methoden des Wirtschaftsunterrichts" (TB-1.7)
▶ Tool „Gruppenunterricht (entdeckend): Ablaufschema" (TB-10.1)
▶ Tool „Gruppenunterricht: Checkliste" (TB-10.2)
▶ Tool „Gruppenunterricht: Kriterienkatalog" (TB-10.3)
▶ Tool „Gruppenunterricht: Bewertung der fachlichen Leistungen der Schülerinnen und Schüler: Vorlage" (TB-10.4)
▶ Tool „Gruppenunterricht: Rollen der Lernenden" (TB-10.5)
▶ Tool „Gemeinsame Vereinbarungen für die Gruppenarbeit: Vorlage Arbeitsblatt" (TB-10.6)
▶ Tool „Erarbeitung von Gruppenregeln: Vorlage Arbeitsblatt" (TB-10.7)

16.6.3 Kompetenzen

▶ Mit kleineren Einzel-, Partner- und Gruppenarbeiten erarbeiten
▶ Kooperatives Lernen gestalten: Entdeckende Gruppenarbeit gestalten; Think-Pair-Share gestalten; Jigsaw (Gruppenpuzzle) gestalten; Placemat gestalten

16.6.4 Hinweise zur vertieften Auseinandersetzung: Weiterlesen

Eine lesenswerte, eher traditionelle Einführung in den Gruppenunterricht bietet das Buch „Gruppenunterricht im Schulalltag" von Dann u. a. (1999). Eine vertiefende Auseinandersetzung mit dem kooperativen Lernen erlaubt das Buch von Norm Green (2009). Andere Einführungen in das kooperative Lernen bieten Barkley u. a. (2005) sowie Jacobs u. a. (2002). Empfehlenswert sind außerdem die beiden Bände „Erfolgreich unterrichten durch Kooperatives Lernen" von Brüning und Saum (2009a; 2009b). Lesenswert sind – nach wie vor – die Ausführungen des ‚Altvaters' des kooperativen Lernens Robert E. Slavin, zum Beispiel „What we know, What we need to know" (Slavin, 1996).

„Gruppen" meint im didaktischen Verständnis typischerweise „Kleingruppen" von bis zu zehn Lernenden, also Unterteilungen des Klassenverbandes in seiner typischen Größe. Daneben existieren – vor allem in der Bildung außerhalb von Schulen – Großgruppen ab 30 bis zu mehreren tausend Teilnehmern. Eine typische Variante für solche Großgruppen ist die Open-Space-Methode (Dittrich-Brauner, Dittmann, List & Windisch, 2008). In der Web-2.0-Szene wird hingegen eine Methode eingesetzt, die dem Open-Space ähnelt, nämlich sogenannte BarCamps.

16.6.5 Hinweise zur vertieften Auseinandersetzung: Weitersurfen

Zum kooperativen Lernen finden sich mehrere gute Webseiten mit guten Informationen: http://www.kooperatives-lernen.de

16.6.6 Literaturnachweis

Barkley, E. F., Cross, K. P. & Major, C. H. (2005). *Collaborative learning techniques. A handbook for college faculty*. San Francisco, Calif.: Jossey-Bass.

Bönsch, M. (2008). *Variable Lernwege. Ein Lehrbuch der Unterrichtsmethoden* (4. Aufl.). Sankt Augustin: Academia Verl.

Breuer, J. (2000). Kooperatives Lernen. *Kölner Zeitschrift für Wirtschaft und Pädagogik, 15* (28), 130–145.

Brüning, L. & Saum, T. (2009a). *Erfolgreich unterrichten durch Kooperatives Lernen* (Band 2: Neue Strategien zur Schüleraktivitierung, Individualisierung - Leistungsbeurteilung, Schulentwicklung). Essen: Neue-Deutsche-Schule-Verl.-Ges.

Brüning, L. & Saum, T. (2009b). *Erfolgreich unterrichten durch Kooperatives Lernen* (Band 1: Strategien zur Schüleraktivierung, 5. Aufl.). Essen: Neue-Deutsche-Schule-Verl.-Ges.

Dann, H.-D., Diegritz, T. & Rosenbusch, H. S. (1999). *Gruppenunterricht im Schulalltag. Realität und Chancen*. Erlangen: Univ.-Bund Erlangen-Nürnberg.

Dann, H.-D. (2007). Subjektive Theorien von Lehrkräften zum kooperativen Lernen. In D. Euler, G. Pätzold & S. Walzik (Hrsg.), *Kooperatives Lernen in der beruflichen Bildung* (S. 187–201). Stuttgart: Steiner.

Dittrich-Brauner, K., Dittmann, E., List, V. & Windisch, C. (2008). *Großgruppenverfahren. Lebendig lernen - Veränderung gestalten*.

Dubs, R. (2009). *Lehrerverhalten. Ein Beitrag zur Interaktion von Lehrenden und Lernenden im Unterricht* (2. Aufl.). Stuttgart: Steiner.

Frey-Eiling, A. & Frey, K. (2002). Das Gruppenpuzzle. In J. Wiechmann (Hrsg.), *Zwölf Unterrichtsmethoden* (3. Aufl., S. 50–57). Weinheim und Basel: Beltz.

Ginsburg-Block, M. D., Rohrbeck, C. A. & Fantuzzo, J. W. (2006). A meta-analytic review of social, self-concept, and behavioral outcomes of peer-assisted learning. *Journal of Educational Psychology, 98* (4), 732–749.

Green, N. & Green, K. (2009). *Kooperatives Lernen im Klassenraum und im Kollegium. Das Trainingsbuch* (4. Aufl.). Seelze-Velber: Kallmeyer; Klett/Kallmeyer.

Jacobs, G. M., Power, M. A. & Loh, W. I. (2002). *The teacher's sourcebook for cooperative learning. Practical techniques, basic principles, and frequently asked questions*. Thousand Oaks, Calif: Corwin Press.

Kimmelmann, N. (2010). *Cultural Diversity als Herausforderung der beruflichen Bildung. Standards für die Aus- und Weiterbildung von pädagogischen Professionals als Bestandteil des Diversity Management*. Aachen: Shaker.

Klippert, H. (2005). *Teamentwicklung im Klassenraum. Übungsbausteine für den Unterricht* (7. Aufl.). Weinheim: Beltz.

Klippert, H. (2006). *Kommunikations-Training. Übungsbausteine für den Unterricht* (10. Aufl.). Weinheim: Beltz.

Lindemann, M. (2000). *Kreative Bausteine für den kaufmännischen Unterricht.* Rinteln: Merkur Verlag.

Meyer, H. (1987). *Unterrichtsmethoden* (1: Theorieband, 4. Aufl.). Frankfurt am Main: Cornelsen Scriptor.

Meyer, H. (2005). *Unterrichtsmethoden* (2: Praxisband,). Frankfurt am Main: Cornelsen Scriptor.

Rohrbeck, C. A., Ginsburg-Block, M. D., Fantuzzo, J. W. & Miller, T. R. (2003). Peer-assisted learning interventions with elementary school students. A meta-analytic review. *Journal of Educational Psychology, 95* (2), 240–257.

Slavin, R. E. (1996). *Research on Cooperative Learning and Achievement. What We Know, What We Need to Know:* Center for Research on the Education of Students Placed at Risk Johns Hopkins University.

Wilk, H. & Wit, A. (2003). Gruppenleistung. In W. Stroebe, K. Jonas & M. R. C. Hewstone (Hrsg.), *Sozialpsychologie* (4. Aufl., S. 497–536). Berlin: Springer.

Wottreng, S. (1999). *Handbuch Handlungskompetenz. Einführung in die Selbst-, Sozial- und Methodenkompetenz.* Aarau, Frankfurt, Salzburg: Sauerländer.

16.6.7 Anmerkungen

[1] Dazu werden in der Literatur verschiedene Vorschläge unterbreitet. Die Merkmale stellen hier eine Verdichtung der principles bei Jacobs, Power und Inn (2002) sowie der Basiselemente kooperativen Lernens bei Green und Green (2009) dar.

[2] Dubs (2009) spricht von „entdeckender Gruppenarbeit". Ich habe die Terminologie gewechselt um konsistent zu bleiben. Hier dargestellt als Ergebnis der Zusammenführung folgender Ansätze: Bönsch (2008, S. 141 ff.); Dubs (2009, S. 206); Meyer (1987, S. 242 ff.).

[3] Die Einweisung in sich anschließende Phasen wird vor allem für die Gruppenarbeit erläutert. Meine Zusammenstellung orientiert sich an Dann, Diegritz und Rosenbusch (1999); Meyer (2005). Für die Einzelarbeit siehe Dubs (2009, S. 192).

[4] Vgl. dazu die ältere Zusammenfassung von Breuer (2000). Außerdem folgende Metaanalysen: Ginsburg-Block, Rohrbeck und Fantuzzo (2006); Rohrbeck, Ginsburg-Block, Fantuzzo und Miller (2003).

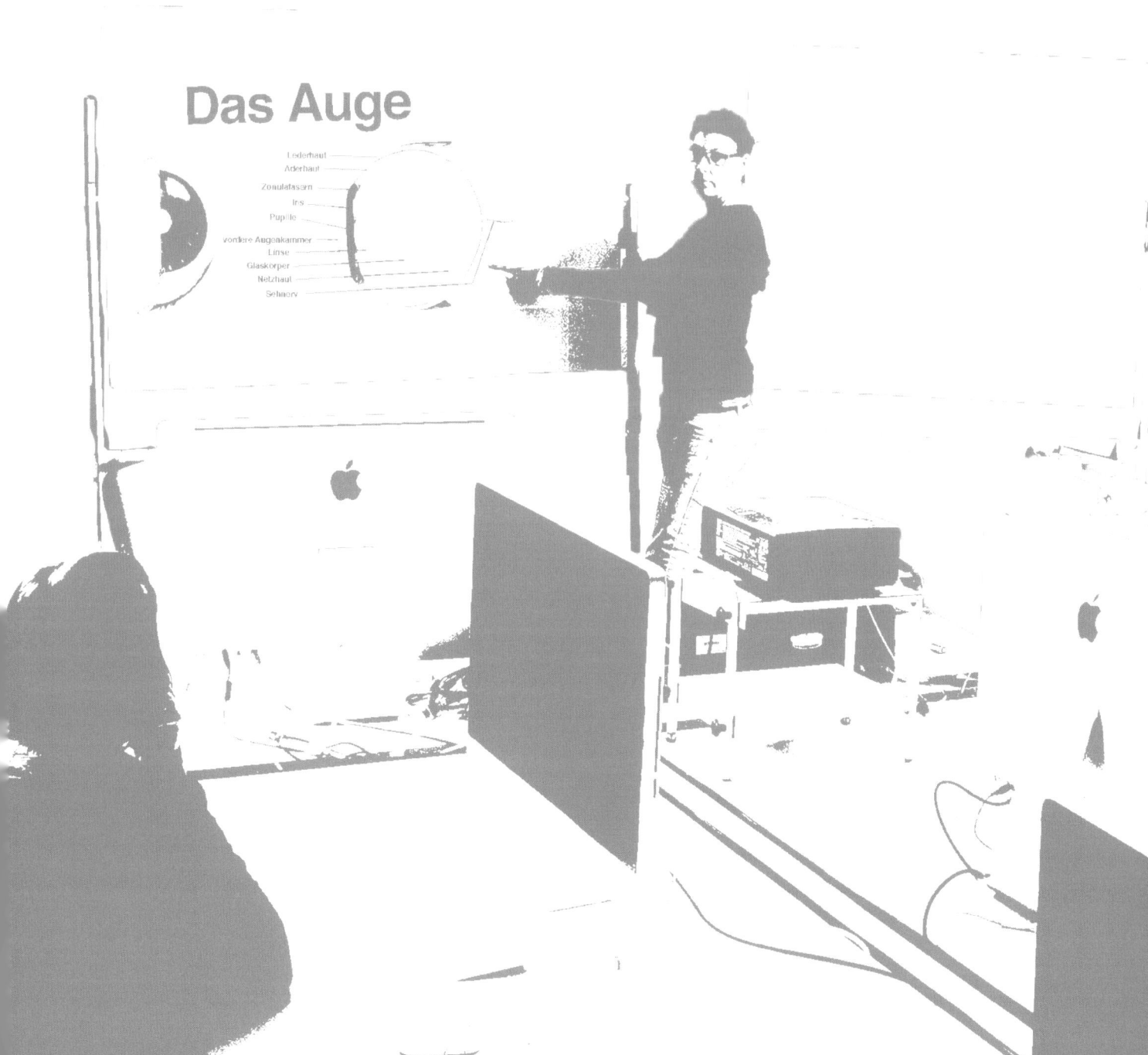

17.1 Zur Orientierung: Was Sie hier erwartet

17.1.1 Worum es hier geht

Stefan ist erfolgreicher Lehrer an der Berufsschule in Altdorf. In den ersten beiden Stunden geht es um das Thema „Wirtschaftsordnungen". Stefan setzt, wie meist in seinen Stunden, eine Kombination aus Tafel, OHP-Projektor und Arbeitsblatt ein. Den Beamer mag er nicht. Stefan arbeitet gerne an der Tafel. Er nutzt sie für Organisationshinweise, aber auch für inhaltliche Hinweise. Stefans Pictogramme auf der Tafel kommen gut bei den Schülerinnen und Schülern an. Stefan hat das Zeichnen einfacher Tafelzeichnungen früh erlernt.

Im Unterrichtseinstieg erarbeitet Stefan mit Hilfe von OHP-Folien den Advance Organizer, den die Schülerinnen und Schüler auch als Arbeitsblatt erhalten. Stefans Arbeitsblätter werden von ihm auf Basis einer ausgefeilten Wordvorlage produziert. Die Wordvorlage wurde gemeinsam im Fachbereich „Industrie und Handel" der Altdorfer Schule entwickelt und soll für alle Arbeitsblätter eingesetzt werden. Sie enthält viele hilfreiche Informationen, die das Abheften im Lernordner zu einem Kinderspiel machen. Beim Lehrvortrag trainiert Stefan auch das selbständige Erstellen von Notizen durch die Schülerinnen und Schüler. Dazu arbeitet Stefan mit Notierhilfen sowie starken Organisationshinweisen. In der Ergebnissicherung setzt Stefan ein Interview von Ludwig Erhard ein.

Für schwächere Schülerinnen und Schüler enthält der Arbeitsauftrag noch Hinweise zum Lesen nach der 5-Gang-Methode. Stärkere Schülerinnen und Schüler brauchen dies nicht, so Stefans Erfahrungen. Überhaupt ist Stefan eine Lehrkraft, die stark versucht, auf die individuellen Bedürfnisse der Schülerinnen und Schüler differenziert einzugehen. Das Arbeitsblatt zur Einzelarbeit enthält Zusatzaufgaben für die stärkeren Schülerinnen und Schüler. Die Leistungen sind nämlich in seiner Industrieklasse recht heterogen.

17.1.2 Inhaltsübersicht

17   Im traditionellen Unterricht differenzieren und traditionelle Medien arrangieren, planen und ausarbeiten.. 527

    17.1   Zur Orientierung: Was Sie hier erwartet 528

        17.1.1   Worum es hier geht 528

        17.1.2   Inhaltsübersicht 529

        17.1.3   Zusammenfassung 529

        17.1.4   Einordnung in das Prozessmodell 530

    17.2   Im traditionellen Unterricht differenzieren 531

        17.2.1   Differenzierung als Binnen- und Außendifferenzierung 531

        17.2.2   Differenzierung, Individualisierung und Diversität als Gestaltungsprinzipien 532

        17.2.3   Separation, Integration und Inklusion als Gestaltungsprinzipien 535

    17.3   Differenzierung an beruflichen Schulen... 537

        17.3.1   Außendifferenzierung an beruflichen Schulen........................... 538

        17.3.2   Binnendifferenzierung an beruflichen Schulen........................... 541

        17.3.3   Binnendifferenzierung im traditionellen Unterricht.................... 542

    17.4   Traditionelle Medien gestalten und im Unterricht nutzen................................ 543

        17.4.1   Mit der Tafel arbeiten.. 543

        17.4.2   Mit dem Overheadprojektor arbeiten 546

        17.4.3   Interaktive Whiteboards und Visualizer einsetzen 549

        17.4.4   Mit dem Schulbuch und längeren Texten im Unterricht arbeiten 549

        17.4.5   Mit Arbeitsblättern im Unterricht arbeiten................................ 551

        17.4.6   Lernordner und Notizen nutzen... 553

        17.4.7   Exkurs: Das professionelle Ablagesystem der Lehrkraft 555

    17.5   Outro... 557

        17.5.1   Die wichtigsten Begriffe dieser Lerneinheit............................... 557

        17.5.2   Tools.. 557

        17.5.3   Kompetenzen... 557

        17.5.4   Hinweise zur vertieften Auseinandersetzung: Weiterlesen 557

        17.5.5   Hinweise zur vertieften Auseinandersetzung: Weitersurfen 558

        17.5.6   Literaturnachweis 558

        17.5.7   Anmerkungen... 560

17.1.3 Zusammenfassung

Die Differenzierung dient dem Bemühen, auf die Lernenden individuell einzugehen. Diese kann – als äußere Differenzierung – außerhalb des Unterrichts geschehen, beispielsweise durch die Bildung von Fachklassen. Innerhalb des so gesetzten Rahmens vollzieht sich die Binnendifferenzierung, beispielsweise in Form von Zusatzaufgaben.

Zu den Medien im traditionellen Unterricht gehören vor allem die Tafel, der Overheadprojektor, das Schulbuch, Arbeitsblätter sowie der Lernordner. Die Tafel ist ein wichtiges, aber am Anfang nicht einfach zu handhabendes Instrument der Lehrkraft. Der Overheadprojektor bietet gegenüber der Tafel weitere Möglichkeiten, ohne dass die Technik überaus kompliziert wird. Das Schulbuch bietet ebenso wie Arbeitsblätter oft längere Texte an, für die sich die Vermittlung von Lesetechniken lohnen kann. Der Lernordner nimmt die verschiedenen Lernunterlagen der Lernenden auf und bedarf einer klaren Organisation.

17.1.4 Einordnung in das Prozessmodell

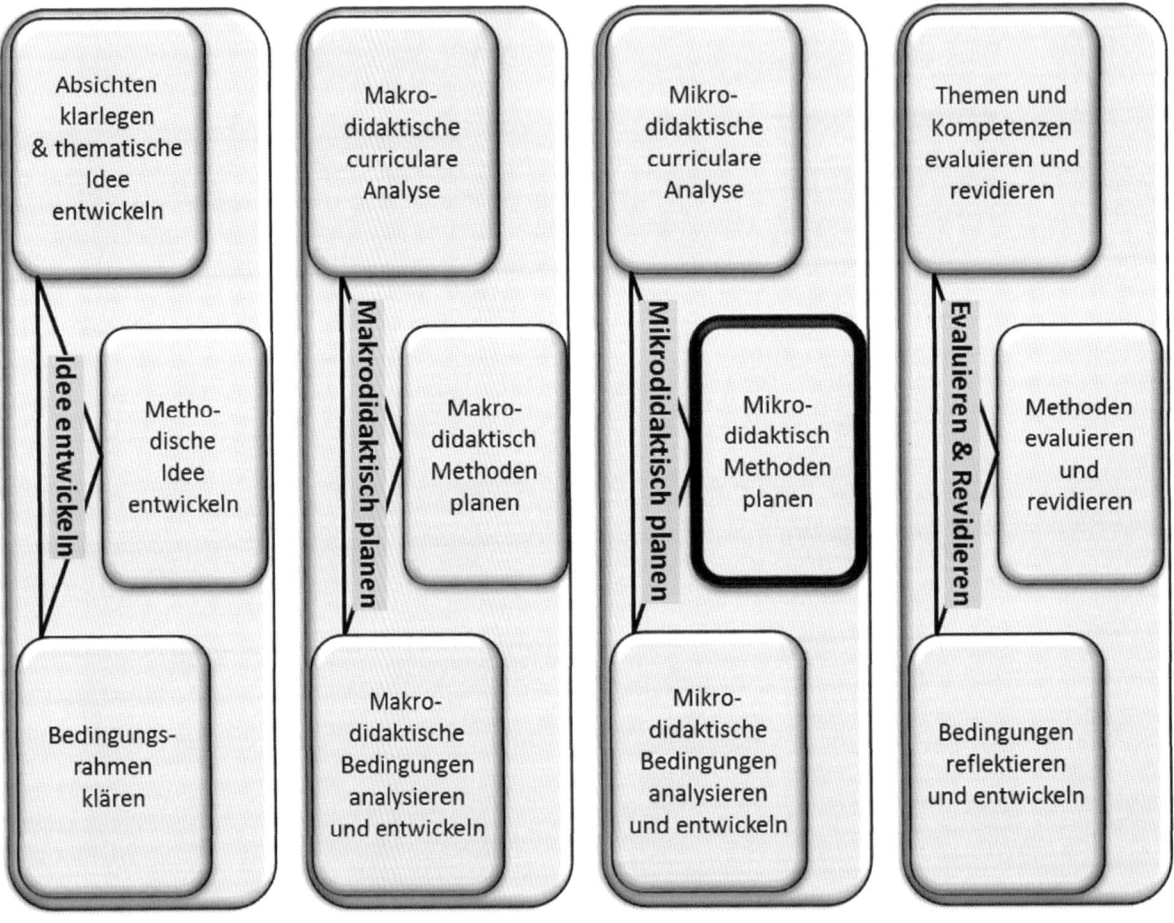

Die Bildung leistungshomogener Gruppen und die Arbeit mit differenzierten Arbeitsaufträgen im Gruppenunterricht ist eine Form der Differenzierung *in* der Klasse, der sogenannten Binnendifferenzierung. Diese Lerneinheit greift diese Vorstellung auf und erläutert weitere Formen der Differenzierung an beruflichen Schulen. Außerdem widmet sich diese Lerneinheit der Planung und Ausarbeitung von Medien im traditionellen Unterricht: Tafel, Overheadprojektor (OHP), Schulbuch, Arbeitsblatt sowie Lernordner. Weitere Medien werden in Lerneinheit 21 unter dem Stichwort „moderne Medien" diskutiert.

17.2 Im traditionellen Unterricht differenzieren

17.2.1 Differenzierung als Binnen- und Außendifferenzierung

Differenzierung bedeutet, dass die Lerngruppe differenziert betrachtet wird, d. h. innerhalb einer Lerngruppe verschiedene Teilgruppen oder gar einzelne Individuen unterschieden werden. Diese einzelnen Gruppen haben beispielsweise eine unterschiedliche Lernausgangslage (Bedingungsanalyse), erhalten unterschiedliche Themen (curriculare Analyse) oder können mit unterschiedlichen Methoden lernen (methodische Analyse). Eine Sonderform der Differenzierung ist die Individualisierung, bei der die Überlegungen auf einzelne Lernende zugeschnitten werden.

Definition 1: Differenzierung
Differenzierung bedeutet, dass die curriculare Analyse, die Methodenanalyse sowie die Bedingungsanalyse mit Blick auf Gruppen von Lernenden oder auf einzelne Lernende erfolgt, d. h. das Gruppenprofile oder individuelle Profile zur Grundlage didaktischer Entscheidungen werden. Sonderform: Individuelle Förderung bzw. Individualisierung.

Differenzierung erfolgt als Binnen- oder Außendifferenzierung. Binnendifferenzierung bzw. eine innere Differenzierung („Within-Class Grouping") liegt vor, wenn innerhalb eines Klassenverbandes zeitlich befristet differenziert wird, zum Beispiel, wenn Schülerinnen und Schüler in einer Gruppenarbeit Aufgaben unterschiedlichen Schwierigkeitsgrades erhalten. Äußere Differenzierung („Between-Class Grouping") sind alle Maßnahmen, die zur Bildung solcher Klassenverbände führen.[1] Die Lerngruppen können dabei übergreifend für (fast) alle Fächer gebildet werden, was in der angelsächsischen Literatur auch „streaming" (UK) oder „tracking" (US) genannt wird. Ein typisches Beispiel ist die fachübergreifende Zuordnung der Schülerinnen und Schüler in Bayern zu Mittel-, Realschule und Gymnasium. Lerngruppen können auch fachbezogen gebildet werden, was in der angelsächsischen Literatur „setting" (UK) oder „regrouping" (US) genannt wird.

	Klasse	Zeitbezug	Fachbezug	Beispiele
Binnendifferenzierung (= innere Differenzierung)	Innerhalb von Klassen	Zeitlich befristet	Innerhalb eines Faches	Leistungshomogene Gruppen mit unterschiedlichen Aufträgen
Äußere Differenzierung	Klassenbildend	Zeitlich stabil	Fachübergreifend (streaming, tracking)	Zuweisung zu einer Schulart, z. B. Gymnasium vs. Realschule
			Fachspezifisch (setting, regrouping)	Fachspezifische Leistungskurse

Übersicht 1: Formen der Differenzierung

Eine Differenzierung erfolgt nach einem oder mehreren Differenzierungskriterien. Dies sind – wie bei den Gruppierungskriterien im Gruppenunterricht – fast alle Merkmale, die auch Gegenstand der Bedingungsanalyse sind. Die Differenzierungskriterien sind mannigfaltig.

► **Alter**: Die Jahrgangsklasse ist ein typisches Instrument der äußeren Differenzierung in allgemeinbildenden Schulen, nämlich eine Differenzierung nach dem Lebensalter. Der Beginn der Schulpflicht wird jedoch inzwischen in den einzelnen Bundesländern unterschiedlich geregelt und ist in den letzten Jahren deutlich flexibilisiert worden.

▶ **Geschlecht**: Eine Differenzierung nach dem Geschlecht ist hingegen aus der Mode gekommen, wenngleich sie vorkommt, wie zum Beispiel die Maria-Ward-Schulen in Nürnberg, die Mädchen vorbehalten sind.

▶ **Konfession**: Eine Differenzierung nach der Konfession wird bei konfessionellen Schulen vorgenommen.

▶ **Generelles Lernleistungsniveau**: Ein weiteres Instrument der Differenzierung – gelegentlich auch „Schulsystemdifferenzierung" (Bönsch, 2008, S. 150) genannt – ist die Aufteilung der Lernenden auf nachfolgende Schularten. Die Art des Zuschnitts dieser Schularten, der Zeitpunkt und die Bedingungen des Übertritts sind in den Bundesländern unterschiedlich geregelt und politisch und wissenschaftlich heftig umstritten. So stehen sich gegenüber: Dreigliedrige Modelle wie in Bayern (Haupt-/Mittel-, Realschule und Gymnasium), zweigliedrige Modelle wie in Sachsen (Mittelschule und Gymnasium) oder ‚eingliedrige' Modelle wie die integrierte Gesamtschule. Die Diskussion um diese Fragen ist – zumindest aus wissenschaftlicher Sicht – hochkomplex und muss hier ausgeblendet werden.

▶ **Beeinträchtigungsgrad**: Der Beeinträchtigungsgrad, etwa die Schwere von Lernschwierigkeiten, hat zur Ausbildung von Hilfs-, Sonder- bzw. Förderschulen neben den Regelschulen geführt.

17.2.2 Differenzierung, Individualisierung und Diversität als Gestaltungsprinzipien

Die Absonderung aufgrund eines Merkmals eines Menschen ist keine unproblematische Angelegenheit. Niemand darf wegen seines Geschlechtes, seiner Abstammung, seiner Rasse, seiner Sprache, seiner Heimat und Herkunft, seines Glaubens, seiner religiösen oder politischen Anschauung oder seiner Behinderung benachteiligt oder bevorzugt werden. Dieses Menschenrecht ist in der Allgemeinen Erklärung der Menschenrechte verankert.

> **STOPP**: Auf dem Bild unten sehen Sie einen älteren Mann. Was kommt Ihnen in den Sinn, wenn Sie dieses Bild sehen? Schreiben Sie sich bitte einige Stichworte dazu auf.

Kein Mensch ist wie der andere. Der allergrößte Teil dieser Unterschiede ist im Alltag ohne jede Bedeutung. Andere Unterschiede führen jedoch zu Differenzlinien, zu Kategorien. Solche Kategorien entstehen aus Einzelerfahrungen, bei denen das Unwesentliche abgezogen (abstrahiert) und das Wesentliche verdichtet wird. So entstehen beispielsweise Kategorien des Weiblichen, des Alten, des Schwulen und so fort. Menschen brauchen solche Kategorien, um mit der Komplexität von Welt zurechtzukommen. Sie scheinen Erklärungen („Warum verhält es sich so …?") und Voraussagen („Wie wird es sich verhalten …?") zu erlauben. Viele dieser Kategorien sind sozial, d. h. sie werden im Alltag implizit vermittelt, ohne dass es überhaupt noch der jeweiligen Einzelerfahrungen der Individuen bedarf. So wissen Menschen etwas über Schwule, Alte,

Ein älterer Mann.
Bild 1 © Frau L., photocase.com

Deutsch-Türken oder Behinderte zu sagen, auch wenn sie selbst noch kaum persönliche Erfahrungen mit Schwulen, Deutsch-Türken etc. gemacht haben. Solche Kategorien sind – oft nicht bewusst – mit weiteren zugeschriebenen Eigenschaften verbunden. Beispielsweise wird im – wissenschaftlich nicht haltbaren – Defizitmodell des Alterns (Brandenburg & Domschke, 2007, S. 82 ff.) die Kategorie „Alter" mit weiteren Eigenschaften verbunden, nämlich mit nachlassender Leistungsfähigkeit, mit verminderter Stressresistenz und mit geringer Kreativität.

Einige soziale Kategorien fallen einzelnen Personengruppen nicht sonderlich auf. Die kritische Weiß-Sein-Forschung, eine Übernahme des angelsächsischen Critical Whiteness-Ansatzes, macht darauf aufmerksam, dass Weiß-Sein zwar als soziales Konstrukt, als ‚Standpunkt', besteht, aber unsichtbar bleibt. Weiß-Sein wird in diesem Sinne *de*thematisiert: Werden in Deutschland weiße Personen nach einer Selbstbeschreibung befragt, dann werden alle möglichen Kategorien genutzt, etwa nach Geschlecht, Beruf, Religion, regionaler Herkunft, Familienstand, sexueller Orientierung etc.. „Weiß-Sein wird mit großer Wahrscheinlichkeit nicht als ein Merkmal dabei sein" (Wachendorfer, 2001, S. 88). Bei Nicht-Weißen ist das in Deutschland anders: Weiß-Sein wird hier eine mächtige Kategorie sein, sowohl der Selbstbeschreibung als auch der Fremdbeschreibung.

Nachhilfe in Weiß-Sein

Als weiße Deutsche haben Sie derzeit unter anderem von Geburt an die folgenden Privilegien:

- als Individuum betrachtet zu werden
- als vollwertiges Mitglied der Bevölkerung betrachtet zu werden
- nicht automatisch als ‚fremd' betrachtet zu werden
- nicht rechtfertigen zu müssen, weshalb Sie in Ihrem eigenen Land leben oder weshalb Sie überhaupt in Ihrer Form und Farbe existieren
- sich und Ihre Gruppe selbst benennen zu dürfen
- alle Menschen, die nicht weiß sind, benennen, einteilen und kategorisieren zu dürfen
- dass Ihre Anwesenheit als normal und selbstverständlich betrachtet wird
- sich benehmen zu können, als spiele Ihre eigene ethnische Zugehörigkeit keine Rolle
- jede andere Kultur nachäffen oder sich in Teilen aneignen zu können, ohne dafür von der Mehrheitskultur ausgegrenzt zu werden (ausgelacht vielleicht … ausgegrenzt aber nicht)
- bestimmen zu dürfen, inwiefern die Errungenschaften und Meinungen aller Menschen, die nicht weiß sind, relevant sind, selbst wenn diese Menschen viel gebildeter sind als Sie
- ohne die Möglichkeit aufzuwachsen, dass Sie rassistisch beleidigt werden können
- in der Gesellschaft, in der Sie sich bewegen, öffentlich anonym bleiben zu können, wenn Sie wollen
- nie darüber nachdenken zu müssen, ob Verdächtigungen oder Kontrollen vielleicht aufgrund Ihres vermeintlich anderen Aussehens erfolgen
- Fremden Ihre Herkunft nicht erklären zu müssen
- grundsätzlich ungehindert und unkontrolliert in die ganze Welt reisen zu können
- auf Rassismus nicht reagieren zu müssen

Übersicht 2: Nachhilfe in Weiß-Sein. Quelle: (Sow, 2009, S. 42 f.)

Differenzlinien sind vielgestaltig (Lutz & Wenning, 2001). Einige der Differenzlinien sind sozialer und pädagogischer Art und begründen eigene Ansätze zu Hilfen, Förderung und Unterstützung. Eine Beeinträchtigung der Sinne beispielsweise, die die Barrieren im Alltag nicht durch Brillen, Hörgeräte oder andere Hilfsmittel einfach überwinden lassen, haben die Sonderpädagogik, die Heilpädagogik, die Integrationspädagogik u. a. entwickelt. Die Vielfalt der Wortbildungen mit „-pädagogik" deutet dabei schon an, dass auf eine Differenzlinie in der Regel mit unterschiedlichen Konzepten der Förderung geantwortet wird. Diese beruhen auf unterschiedlichen Abgrenzungen, impliziten Annahmen und Nomenklaturen.

Differenzlinie (Kategorie)	Ausprägungen	Pädagogischer Ansatz (Beispiele)	Ängste und Diskriminierungen (Beispiele)
Geschlecht	Männlich – Weiblich	Feminismus, Gender Mainstreaming	Gynophobie, Androphobie
Alter	Jung – Alt	Altersgerechte Didaktik, demographiesensible Personalentwicklung	Angst vor dem Alter
Beeinträchtigung(sgrad)	Behindert – Nicht behindert	Sonderpädagogik, Heilpädagogik, Förderung von Menschen mit Lernbehinderung	Diskriminierung von Behinderten
Sexuelle Orientierung	Hetero – Queer	Queere Pädagogik	Homophobie
Ethnizität	Nicht ethnisch (dominante Kultur) – ethnisch (ethnische Minderheit)	Ausländerpädagogik, Antirassismus-Training, Diversitätsmanagement	Fremdenfeindlichkeit, Rassismus
Klasse	Oben – Unten	?	Unterdrückung
Besitz	Reich – Arm	?	Unterdrückung

Übersicht 3: Ausgewählte Differenzlinien

Differenzlinien produzieren Diversität und ermöglichen Diversitätserfahrungen. Differenzlinien erlauben Prozesse der Aussonderung von Individuen, die besondere Hilfe, Unterstützung oder Förderung überhaupt erst ermöglichen. In diesem Fall werden Differenzlinien zu Differenzierungskriterien in der didaktischen Differenzierung. Aussonderungsprozesse sind jedoch aber auch mit Gefahren verbunden.

▶ **Gefahr der Stigmatisierung**: Förderansätze, die aus Differenzlinien begründet werden, stehen in der Gefahr, zu stigmatisieren. Sie stabilisieren Kategorien, die eigentlich überwunden werden sollen.

▶ **Gefahr des Uniformierens**: Durch die Betonung der Differenzlinie werden individuelle Unterschiede unterbetont. So unterschlägt die Kategorie „Jugendliche mit Migrationshintergrund" die Heterogenität der Jugendlichen mit ihren ganz unterschiedlichen Nationen und Lebenslagen (Quante-Brandt & Grabow, 2009).

▶ **Gefahr der Diskriminierung**: Differenzlinien grenzen in der Regel auch die Normalität ab und stehen damit in der Gefahr, das scheinbar Normale zu diskriminieren. So werden beispielsweise Männer zur Erreichung der Gleichberechtigung – etwa bei Stellenbesetzungen – ganz gezielt benachteiligt, was ‚eigentlich' explizit auszuschließen wäre.

▶ **Gefahr der einseitigen Defizitbetrachtung**: Förderansätze, die auf Differenzlinien beruhen, müssen von Defiziten ausgehen – sonst ergäbe sich keine Fördernotwendigkeit. Damit besteht die Gefahr, Ressourcen, die durch Differenzlinien erst entstehen, zu vernachlässigen. Beispielsweise kommt der Zweisprachigkeit von Auszubildenden in der beruflichen Bildung noch wenig Bedeutung zu, während in anderen Bereichen des Bildungswesens, etwa den Universitäten, diese Kompetenzen durch umfangreiche Austausch- und Ausbildungsprogramme mit viel Aufwand oft erst angebahnt werden müssen.

▶ **Gefahr der Opferschuldzuweisung**: In der angelsächsischen Literatur wird hier vom sogenannten ‚victim-blaming' gesprochen (Appelbaum, 2002, S. 8 ff.). Differenzlinien lösen wissenschaftlich oder praktisch Suchprozesse aus. Ganze Suchtraditionen sind so entstanden (Gogolin, 2009). Diese Suchtraditionen starten bei der Differenzlinie, beim Individuum. So wurde versucht, die mangelhafte Ausbildungsrealität von Jugendlichen mit Migrationshintergrund mit den Sprachkompetenzen der Jugendlichen oder den Bildungserwartungen der Eltern der Jugendlichen zu erklären. Bei der Suche nach ‚Lösungen' wird immer zuerst ‚den Opfern' die ‚Schuld' gegeben.

▶ **Gefahr simplifizierter Problemlösungen**: Förderprogramme, die auf die Individuen abheben, sind viel einfacher zu implementieren als umfassende systemische Änderungen. So ist beispielsweise die Notwendigkeit von Sprachförderung einfach kommunizierbar, geschmeidig umsetzbar und kann flink an Spezialisten ‚delegiert' werden. ‚Normale' Ausbilderinnen und Ausbilder, die ‚normale' Lehrkraft, der ‚normale' Unterricht, die Unterweisung, die Kultur in Schule und Betrieb – um nur einige der vielfältigen und nur aufwändig zu ändernden Faktoren – zu nennen, bleiben weitgehend außen vor.

▶ **Gefahr der Euphemismus-Tretmühle:** Differenzlinien führen – zu oft gut begründeten und auch so gemeinten – Formen der Korrektheit, auch wenn sich dies nicht immer tatsächlich in veränderten Haltungen oder Handlungen niederschlägt. „Zigeuner" sagt das Bildungsbürgertum nicht, auch wenn ihm unter Umständen gar nicht klar ist, warum eigentlich nicht. Dahinter verbirgt sich die Gefahr einer nur sprachlichen Veränderung, die allerdings trotzdem positive Signale aussendet und Modernitätsaura verleiht. Andererseits ist eine typische Strategie des modernen Revisionismus, das Zurückweisen von Wörtern mit stigmatisierenden Konnotationen wie „Zigeuner" oder „Neger" als bloße „political correctness" abzutun (Auer, 2002). Beim Austausch von Wörtern, bei denen – heute – negative Bedeutungen mitschwingen, wie „Krüppel", „Lehrling", „Weib" oder „Neger" durch scheinbar positiv besetztere Begriffe (Euphemismus) wie „Behinderte", „Auszubildende", „Frau" oder „Schwarze" droht die sogenannte Euphemismus-Tretmühle (Pinker, 2007): Solange sich die Verhältnisse nicht wirklich ändern, werden auf Dauer die negativen Konnotationen auf den Euphemismus übertragen, der wiederum ein aufwertendes Nachfolgewort auf den Plan ruft.

▶ **Gefahr des Verhärtens institutioneller Förderstrukturen:** Förderansätze führen zur Etablierung von Förderstrukturen, die ein Eigenleben entwickeln können, auch wenn sich das zugrunde liegende Problem schon lange verschoben hat. Während beispielsweise im tertiären Bildungsbereich umfangreiche Fördergelder gerne mit dem Hinweis auf den geringen Anstellungsgrad von Frauen gerechtfertigt werden, gibt es nach wie vor in Grundschulen Frauenbeauftragte und eben – trotz einer zum Teil dramatischen Feminisierung von Grundschulen – keine Männerbeauftragten.

17.2.3 Separation, Integration und Inklusion als Gestaltungsprinzipien

Ein Differenzierungskriterium ist der Beeinträchtigung(sgrad) bzw. der sonderpädagogische Förderbedarf. Als Brillenträger ist meine Teilhabe am sozialen Leben nicht eingeschränkt. Bei einer stärkeren Beeinträchtigung meiner Sehfähigkeit würde diese Behinderung jedoch – im Zusammenspiel mit Barrieren in der Umwelt – meine soziale Teilhabe einschränken. Schulpolitisch wurde daraus die Konsequenz gezogen, eine Förderung in speziellen Schulen, nämlich Förderschulen, mit bestimmten Förderschwerpunkten auszulagern. Dieses Nebeneinander von Regel- und Förderschulen wurde lange Zeit nicht hinterfragt, hat jedoch in den letzten Jahren deutlich ihre Selbstverständlichkeit verloren.

Ein in der aktuellen Bildungspolitik nicht unbedeutender rechtlicher Hintergrund für diese Diskussion ist das Übereinkommen über die Rechte von Menschen mit Behinderungen, die so genannte UN-Behindertenrechtskonvention, die die UN im Jahr 2006 verabschiedet hat und die in Deutschland im März 2009 in Kraft getreten ist. Artikel 24 Abs. 2 legt fest, dass „Menschen mit Behinderungen nicht aufgrund von Behinderung vom allgemeinen Bildungssystem ausgeschlossen werden". Konkret heißt dies, dass Schülerinnen und Schüler mit sonderpädagogischem Förderbedarf vermehrt in Regelschulen unterrichtet werden sollten.

Die aktuelle bildungspolitische Diskussion wird unter dem Stichwort „Inklusion" geführt. Der Inklusionsbegriff hat eine kurze, interessante bildungspolitische Geschichte (Biewer, 2010, S. 125 ff.). Die grundlegenden Begriffe der Separation, der Integration und der Inklusion lassen sich wie folgt abgrenzen.[2]

▶ **Separation**: Bei einer Separation werden die Schülerinnen und Schüler mit sonderpädagogischem Förderbedarf in speziellen, von den Regelschulen getrennten Schulen, etwa Förderschulen, oder speziellen, von den Regelklassen getrennten Klassen, etwa Förderklassen, unterrichtet.

▶ **Integration**: Bei einer Integration besuchen die Schülerinnen und Schüler mit sonderpädagogischem Förderbedarf die regulären Schulen in regulären Klassen, erhalten jedoch spezielle Hilfen, etwa separate Förderstunden. Der Schulbetrieb bleibt weitestgehend unverändert, es werden aber Hilfen addiert.

▶ **Inklusion**: Bei der Inklusion sind die Schülerinnen und Schüler mit sonderpädagogischem Förderbedarf Teil des regulären Schulsystems, deren Bedürfnisse ohne spezielle Kennzeichen Rechnung getragen wird.

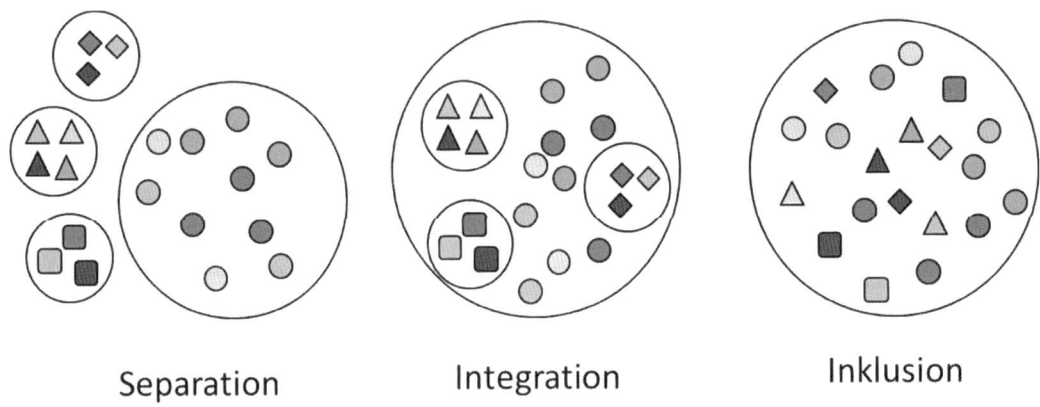

Separation   Integration   Inklusion

Übersicht 4: Separation, Integration und Inklusion

Der Terminus „Inklusive Schule" beschreibt einen Versuch zum „Umbau der Regeleinrichtungen" (Biewer, 2010, S. 124). Hinz (2002) stellt Integration und Inklusion wie folgt gegenüber.

Integration	Inklusion
Eingliederung von Kindern mit bestimmten Bedarfen in die Allgemeine Schule	Leben und Lernen für alle Kinder in der allgemeinen Schule
Differenziertes System je nach Schädigung	Umfassendes System für alle
Zwei-Gruppen-Theorie (behindert/nichtbehindert, mit /ohne sonderpädagogischem Förderbedarf	Theorie einer heterogenen Gruppe (viele Minderheiten und Mehrheiten)
Aufnahme von behinderten Kindern	Veränderung des Selbstverständnisses der Schule
Individuumszentrierter Ansatz	Systemischer Ansatz
Fixierung auf die institutionelle Ebene	Beachtung der emotionalen, sozialen und unterrichtlichen Ebenen
Ressourcen für Kinder mit Etikettierung	Ressourcen für Systeme (Schule)
Spezielle Förderung für behinderte Kinder	Gemeinsames und individuelles Lernen für Alle
Individuelle Curricula für Einzelne	Ein individualisiertes Curriculum für Alle
Förderpläne für behinderte Kinder	Gemeinsame Reflexion und Planung aller Beteiligter
Anliegen und Auftrag der Sonderpädagogik	Anliegen und Auftrag der Schulpädagogik
Sonderpädagoginnen und -pädagogen als Unterstützung für Kinder mit sonderpädagogischem Förderbedarf	Sonderpädagoginnen und -pädagogen als Unterstützung für Klassenlehrer, Klassen und Schulen
Ausweitung von Sonderpädagogik in die Schulpädagogik hinein	Veränderung von Sonderpädagogik und Schulpädagogik
Kombination von (unveränderter) Schul- und Sonderpädagogik	Synthese von (veränderter) Schul- und Sonderpädagogik
Kontrolle durch Expert(inn)en	Kollegiales Problemlösen im Team

Übersicht 5: Integration vs. Inklusion nach Hinz (2002)

Die Kultusministerkonferenz hat im Oktober 2011 einen Beschluss gefasst mit dem Titel „Inklusive Bildung von Kindern und Jugendlichen mit Behinderungen in Schulen" (KMK, 2011b). Darin wird als Ziel ausgewiesen, „eine individuell angepasste Förderung oder Unterstützung zu entwickeln. Die individuellen Förder- und Unterstützungsmöglichkeiten umfassen bauliche und sächliche Barrierefreiheit, Assistenz und pädagogische Maßnahmen wie z. B. Nachteilsausgleich und sonderpädagogische Förderung" (KMK, 2011, S. 6).

Definition 2:   Inklusion und Integration

Inklusion bzw. Integration bedeutet den überwiegend gemeinsamen Unterricht von Schülerinnen und Schülern mit und ohne besonderen pädagogischen Bedarfen bzw. sonderpädagogischen Förderbedarfen in der gleichen Klasse und betrifft die Bedingungsanalyse, die methodische Analyse sowie die curriculare Analyse. Dabei werden die beiden Gruppen unterschieden (Integration) oder als Ausdruck einer allgemeineren Diversität von Lernenden verstanden (Inklusion).

Die Deutsche UNESCO-Kommission (DUK) betont in dem Papier „Inklusion: Leitlinien für die Bildungspolitik" (DUK, 2009) den Stellenwert von flexiblen Lehr- und Lernmethoden, die sich den verschiedene Bedürfnissen und Lernstilen anpassen, eine Neuorientierung der Ausbildung von Lehrkräften, ein flexibles Curriculum, das auf die verschiedenen Bedürfnisse eingehe und nicht mit akademischen Inhalten überladen sei. Sie stellt die Bedeutung einer Wertschätzung von Vielfalt, der Einbindung von Eltern und Gemeinden sowie einer frühe Identifikation und Fördermaßnahmen für gefährdete Kinder heraus. Zur Unterstützung von Schulen wurde der „Index of Inklusion" entwickelt (Booth & Ainscow, 2003).

STOPP: Wie stehen Sie zur Inklusion? Wo sehen Sie Notwendigkeiten, wo Grenzen? Würden Sie sich für eine inklusive Schule einsetzen?

Das Inklusionskonzept ist nicht unumstritten. Zur Wirkung einer inklusiven Schule liegen bislang keine belastbaren Daten vor, die einen solchen radikalen Umbau untersuchen. Befürchtungen finden sich auch mit Blick auf die besondere Situation von Schülerinnen und Schüler mit sonderpädagogischem Förderbedarf. „Der besondere Bedarf von Kindern mit Behinderung kann sich hier schnell im allgemeinen Bedarf der Klasse auflösen" (Biewer, 2010, S. 152). Wenn weiterhin die inklusive Pädagogik fast ausschließlich als Anforderung an eine erhöhte Binnendifferenzierung gedeutet wird, dann findet lediglich eine Verschiebung von der Außendifferenzierung zur Binnendifferenzierung statt. Wenn Binnendifferenzierung separiertes Lernen in der Klasse bedeutet ist das von einer Separierung des Lernen in Schulen nicht weit entfernt. Die „Individualisierungsmaßnahmen wie Einzelarbeit, individualpädagogische Zuwendung oder Einzelförderung gehen am Gedanken inklusiven Unterrichts … vorbei" (Schomaker & Ricking, 2012, S. 137). Weiterhin finden sich in der Diskussion um die Inklusion immer wieder Hinweise, dass eine Inklusion bzw. Integration zu teuer sei. In Berechnungen von Press-Lausitz (2009) ist jedoch der gemeinsame Unterricht nicht teuer als die Separierung. Gleichwohl gibt es die Befürchtung, dass Inklusion ein Sparmodell sein, bei dem die Ressourcen und Kompetenzen der Förderschulen abgebaut werden statt diese als Kompetenzzentren zu nutzen. „Inklusion" hat auch Folgen für die Ausbildung von Lehrkräften in der Berufsbildung (Bonz, 2011). In Bayern wird ein Schulversuch „Inklusive berufliche Bildung in Bayern" durchgeführt. Im Zentrum steht dabei die Zusammenarbeit von allgemeiner Berufsschule und Berufsschule zur sonderpädagogischen Förderung. Wie dieses Thema in den Lerneinheiten berücksichtigt wird, zeigt die Karte „Inklusion und Wirtschaftsunterricht" in der Toolbox (TB-1.8).

17.3 Differenzierung an beruflichen Schulen

Die berufliche Bildung stellt Schülerinnen und Schülern ein ausgesprochen differenziertes Angebot bereit, vor allem im Bereich der Außendifferenzierung.

17.3.1 Außendifferenzierung an beruflichen Schulen

Die berufliche Bildung kennt eine Fülle von Möglichkeiten zur Außendifferenzierung, die auf der Ebene des Bildungssystems, also schulübergreifend, gestaltet werden.

Schulübergreifende Formen der Außendifferenzierung in beruflichen Schulen

- ▶ Schularten
- ▶ Fachklassen bzw. Ausbildungsberufe bzw. Berufsgruppen
- ▶ Differenzierungen innerhalb Ausbildungsordnungen
- ▶ Schulische Ausbildungsrichtungen
- ▶ Schulische Wahlpflichtfächergruppen und Zweige
- ▶ Gestufte Bildungsgänge
- ▶ Gestufte Einstiege
- ▶ Vorklassen oder Vorkurse

Übersicht 6: Schulübergreifende Formen der Außendifferenzierung in beruflichen Schulen

Das berufliche Schulwesen bietet eine Fülle von *Schularten* mit den unterschiedlichsten Aufträgen und Eingangsvoraussetzungen an. Bayern kennt beispielsweise die Berufsschule, die Berufsfachschule, die Wirtschaftsschule, die Fachschule, die Fach- und Berufsoberschule sowie die Fachakademie. In Baden Württemberg existieren das Berufsvorbereitungsjahr, das Berufseinstiegsjahr, die Berufsfachschule, das Berufskolleg, das berufliche Gymnasium sowie die Fachschule.

Im Zentrum der Organisation der Berufsschule steht – seit den Leipziger Fortbildungsschulen des ausgehenden 19. Jahrhunderts (Heyne, 1993, S. 3) – die *Fachklasse*. Pahl (2008) führt aus, dass „äußere Differenzierung durch die Einrichtung von Fachklassen an Berufsschule zwar praktiziert, aber von den Lehrkräften als selbstverständliche Gegebenheit gesehen wird" (S. 518). In Deutschland existieren über 300 Ausbildungsberufe. Gerade vor dem Hintergrund der demographischen Entwicklung wurde mit Berufsgruppen eine gemeinsame Beschulung von affinen Berufen ermöglicht. In einem Unterricht in Berufsgruppen sitzen Lernende aus ähnlichen, aber unterschiedlichen Ausbildungsberufen in einer Klasse. So wurde in Bayern beispielsweise die Berufsgruppe „Berufsgruppe Handel und Verkauf" eingeführt. Dabei werden folgende Berufe gemeinsam beschult: Kauffrau/-mann im Einzelhandel, Verkäufer/-in und Pharmazeutisch-kaufmännische/r Angestellte/r, Fotomedienfachleute, Musikfachhändler(innen) sowie Tankwart/in in der Jahrgangsstufe 10. Bei Berufsgruppen wird die Außendifferenzierung zurückgefahren und die Notwendigkeit der Binnendifferenzierung steigt. [3]

Moderne Alternativen zum Monoberuf (Stender, 2006, S. 90 ff.) beinhalten heute eine Reihe von Möglichkeiten der *Differenzierung innerhalb von Ausbildungsordnungen*. Dazu gehörten vor allem Berufe mit Fachrichtungen, Schwerpunkten und Einsatzgebieten sowie Berufe mit Wahl- bzw. Wahlpflichtqualifikationen. Einzelne Schularten werden nach *Ausbildungsrichtungen* unterschieden. So kennt die Fachoberschule in Bayern beispielsweise fünf Ausbildungsrichtungen: Technik, Agrarwirtschaft und Bio- und Umwelttechnologie, Wirtschaft und Verwaltung, Sozialwesen sowie Gestaltung. Die Stundentafel für einzelne Schulen kann – wie etwa in der Wirtschaftsschule – weitere Wahlmöglichkeiten vorsehen, dies sind schulische *Wahlpflichtfächergruppen und Zweige*.

Gestufte Bildungsgänge führen zu eigenständigen Abschlüssen und bauen aufeinander auf. So führt die berufliche Oberschule in Bayern beispielsweise zum Fachabitur nach der 12. Klasse und zum Abitur nach der 13. Klasse. Auch in der Berufsschule werden gestufte Berufsausbildungen angeboten. So werden beispielsweise im Einzelhandelsbereich drei verschiedene Bildungsgänge angeboten: Der Bildungsgang „Kaufmann/Kauffrau im Einzelhandel" baut auf dem Bildungsgang „Verkäufer/Verkäuferin" auf. Der Bildungsgang „Fachpraktiker im Verkauf/Fachpraktikerin im Verkauf" orientiert sich am Bildungsgang „Verkäufer/Verkäuferin" und ist vor allem für Auszubildende mit Behinderungen entworfen. Beim „Fachpraktiker im Verkauf/Fachpraktikerin im Verkauf" handelt es sich um einen sogenannten 66er-Beruf. Diese werden nämlich aufgrund einer Rahmenregelung für Ausbildungsregelungen für behinderte Menschen gemäß § 66 BBIG angeboten und müssen sich von der Bezeichnung deutlich abheben von den Berufen, die für die Ausbildung von Menschen ohne Behinderung vorgesehen sind.

Bei einem *gestuften Einstieg* erfolgt die Einstufung in den Bildungsgang nach den erworbenen Vor-Kompetenzen. So erfolgt beispielsweise in Bayern der Eintritt in der beruflichen Oberschule ohne Berufsausbildung in die 11. Klasse (Fachoberschule) und mit einschlägiger Berufsausbildung oder entsprechender Berufserfahrung in die 12. Klasse (Berufsoberschule).

Vorklassen oder Vorkurse sollen unterschiedliche Voraussetzungen vor der Aufnahme des Bildungsgangs ausgleichen. So werden für die bayerische berufliche Oberschule vor dem Eintritt in die berufliche Oberschule Vorkurse (Teilzeit) und Vorklassen (Vollzeit) angeboten.

Auch *auf der Ebene der einzelnen Schule* gibt es eine breite, oft übersehene Außendifferenzierung in der Berufsbildung. Die beruflichen Schulen antworten hier nicht nur auf die unterschiedlichen Bedürfnisse der Schülerinnen und Schüler, sondern unterstützen den Übergang in die Schule, zum Beispiel durch Vorkurse, oder den Übergang von der Schule in einen folgenden Abschnitt, etwa durch Zusatzqualifikationen.

Formen der Außendifferenzierung in beruflichen Schulen (Schulebene)

- ▶ Verkürzung bzw. Verlängerung eines Bildungsgangs
- ▶ Förder- und Ergänzungsunterricht
- ▶ Zusatzunterricht und Zusatzqualifikationen
- ▶ Verbundstudiengänge (Kombination mit einem Hochschulstudium)
- ▶ Kombination mehrerer schulischer Bildungsgänge
- ▶ Fächerersatz
- ▶ Teilqualifikation bzw. Module
- ▶ klassenübergreifende Lerngruppenbildung
- ▶ Zielgruppenspezifische Klassenbildung innerhalb einer Schulart
- ▶ Tutoring und Zusatzaufgaben
- ▶ Ganztagsbetreuung
- ▶ Patenschaften

Übersicht 7: Formen der Außendifferenzierung in beruflichen Schulen (Schulebene)

In Deutschland existiert aufgrund eines gemeinsamen Antrags von Auszubildendem und Ausbildendem eine Reihe von Möglichkeiten zur *Verkürzung* der Ausbildungsdauer vor und während der Ausbildung. Die *Verlängerung* der Ausbildung ist hingegen die Ausnahme und obliegt der zuständigen Stelle als hoheitlichem Akt. In Österreich kann im Rahmen der integrativen Berufsausbildung (IBA) zur Verbesserung der Eingliederung von benachteiligten Personen mit persönlichen Vermittlungshindernissen in das Berufsleben eine gegenüber der für den Lehrberuf festgesetzten Dauer der Lehrzeit längere Lehrzeit vereinbart werden (Berufsausbildungsgesetz § 8b, Abs. 1).

Förder- und Ergänzungsunterricht wird an beruflichen Schulen angeboten. An der Berufsschule und der Wirtschaftsschule wird Förderunterricht in der pädagogischen Verantwortung der Schule angeboten. In der beruflichen Oberschule in Bayern wird ein klassenübergreifender Förderunterricht und ein Ergänzungsunterricht angeboten.

An beruflichen Schulen wird über den lehrplangemäßen Unterricht hinausgehend *zusätzlicher Unterricht* angeboten. Auszubildende werden für die Teilnahme an diesem Unterricht vom Unternehmen freigestellt oder müssen Urlaub nehmen. In diesen schulischen Angeboten können Zusatzzertifikate oder schulische Abschlüsse erworben werden. So besteht in Bayern die Möglichkeit, im Rahmen des Berufsschule-Plus-Programms einen Zusatzunterricht außerhalb des regulären Berufsschulunterrichts und außerhalb der Arbeitszeit des Ausbildungsbetriebs die Fachhochschulreife in einer Dualen Berufsausbildung zu erwerben. Im Rahmen einer dualen Ausbildung können Zusatzqualifikationen absolviert werden, die über die reguläre Ausbildung hinausgehen. Die Zusatzqualifikationen können auch in der Ausbildungsordnung integriert werden.

Bei *Verbundstudiengängen* wird die Berufsausbildung mit einem Studium an einer Hochschule verbunden. Bildungsgänge können in der Berufsbildung *mehrere Abschlüsse kombinieren*. So sieht in Bayern das Modell „Duale Berufsausbildung und Fachhochschulreife" (DBFH) die Vermittlung der Fachhochschulreife parallel zur Berufsausbildung und zusätzlich während einem anschließenden halben Jahr mit Vollzeitunterricht an der Fachoberschule vor. In Österreich besteht die Möglichkeit, eine Berufsausbildung mit der Vorbereitung zur Matura zu koppeln (Berufsreifeprüfung). Diese Schülerinnen und Schüler werden in Deutsch und Englisch besonders unterstützt. Der Lehrplan weist für diesen Fall einen Zusatz „Lehrstoff für Schüler, die sich auf die Berufsreifeprüfung vorbereiten".

Einzelne Fächer der Stundentafel werden für bestimmte Zielgruppen ersetzt durch andere Angebote der Schule (*Fächerersatz*). Beispielsweise ist der Religionsunterricht in der bayerischen Berufsschule für bekenntnisangehörige Schülerinnen und Schüler Pflicht, kann aber durch Angebote im Fach „Ethik" ersetzt werden. Außerdem kann in Bayern der allgemeinbildende Unterricht in der Berufsschule teilweise oder vollständig im Rahmen des Plusprogramms für bestimmte Zielgruppen durch weitere berufsbildende Angebote ersetzt werden. Beispielsweise erhalten angehende Bankkaufleute mit Abitur und zweijährigen Ausbildungsverträge anstelle von Religionsunterricht "Versicherungslehre" in der 11. Jahrgangsstufe und "Steuerlehre" in der 12. Jahrgangsstufe.

In Österreich kann im Rahmen der integrativen Berufsausbildung (IBA) zur Verbesserung der Eingliederung von benachteiligten Personen mit persönlichen Vermittlungshindernissen in das Berufsleben in einem Ausbildungsvertrag eine *Teilqualifikation* durch Einschränkung auf bestimmte Teile des Berufsbildes eines Lehrberufes, allenfalls unter Ergänzung von Fertigkeiten und Kenntnissen aus Berufsbildern weiterer Lehrberufe vereinbart werden (Berufsausbildungsgesetz § 8b, Abs. 2).

In beruflichen Schulen, die mehrere Klassen parallel haben, werden Lernenden im Zuge einer *klassenübergreifenden Lerngruppenbildung* aus verschiedenen Klassen für Teile des Unterrichts in Gruppe in Abhängigkeit von Differenzierungskriterien, zum Beispiel der Lernausgangslage, zusammengefasst. Gerade in den großen Ausbildungsberufen weichen die Voraussetzungen zum Teil sehr stark voneinander ab. So liegen nicht selten gravierende Unterschiede in den Englisch-Vorkenntnissen, aber auch im berufsbezogenen Unterricht vor. In einigen Berufsschulen werden dann die Englischstunden oder der berufsbezogene Unterricht in mehreren Klassen gleichzeitig im Stundenplan festgesetzt und die Schülerinnen und Schüler klassenübergreifend aufgrund ihrer Vorkenntnisse in Lerngruppen aufgeteilt, die dann zeitgleich unterrichtet werden. Dazu sind vertiefte Informationen über die Schülerinnen und Schüler notwendig, so dass solche Lerngruppen häufig erst im zweiten Ausbildungsjahr gebildet werden.

Innerhalb einer Schulart werden Klassen im Zuge einer *zielgruppenspezifischen Klassenbildung* innerhalb einer Schulart nach bestimmten Zielgruppenmerkmalen zusammengefasst. So sind zum Beispiel in der Berufsschule sogenannte Verkürzerklassen üblich. Größere Wirtschaftsschulen bilden gelegentlich Klassen nach den vorher besuchten Schularten, d. h.

Eine Nürnberger Studentin mit ihrer Patenschülerin
Bild 2 © Lehrstuhl Wirtschaftspädagogik der FAU

fassen zum Beispiel alle ehemaligen Gymnasiasten in einer eigenen Klasse zusammen. Das gilt auch für den Einsatz von Schülerinnen und Schülern als *Tutorinnen und Tutoren*, wie sie beispielsweise an der beruflichen Oberschule in Bayern eingesetzt werden.

Die Einführung der *gebundenen* Ganztagsschule, etwa an der Wirtschaftsschule, stellt für wichtige pädagogische Aufgaben einen verlässlichen zeitlichen Rahmen dar. Gemäß der Definition der Kultusministerkonferenz (2011a) wird in einer gebundenen Ganztagsschule an mindestens drei Tagen in der Woche ein ganztägiges Angebot für die Schülerinnen und Schüler bereitgestellt, das täglich mindestens sieben Zeitstunden umfasst. An allen Tagen des Ganztagsschulbetriebs ist den teilnehmenden Schülerinnen und Schülern ein Mittagessen bereitzu stellen. Die Ganztagsangebote stehen in einem konzeptionellen Zusammenhang mit dem Unterricht. Beispiele dafür sind Praktika, Hausaufgabenbetreuung, Arbeitsgemeinschaften am Nachmittag, Tutoren- und Patensysteme, Veranstaltungen mit den Kammern, Verbänden und Gewerkschaften, Lehraufträge von Vertreterinnen und Vertretern der Praxis, sportliche Aktivitäten, musisch-ästhetische und politische Bildung, bürgerschaftliches Engagement der Schülerinnen und Schüler, ehrenamtliche Angebote der Bürgerinnen und Bürger aus dem Umfeld der Schule sowie die Medienerziehung zu integrieren.

Patenschaftsprogramme bieten eine weitere Möglichkeit der Differenzierung. Beispielsweise arbeiten Studierende der Wirtschaftspädagogik im WiSo-Bildungspatenschaftsprogramm für ein Semester mit Patenschülern der Beruflichen Schule (B4) in Nürnberg zusammen. Sie werden an der Universität durch eine Begleitveranstaltung betreut. Dienst an der Gemeinschaft ('Service') soll so mit der Kompetenzentwicklung der Studierenden ('Learning') verbunden werden (Büttner, Ruder & Traub, 2011).

17.3.2 Binnendifferenzierung an beruflichen Schulen

Binnendifferenzierung ist eine Differenzierung im Klassenraum. Diese sei – so Pahl (2008) – „an der Berufsschule … keineswegs durchgängig anzutreffen. Sie ist sehr stark vom Engagement der einzelnen Lehrkraft abhängig". Das ist auch kaum verwunderlich. Die ‚typische' Lehrkraft hat in einer Klasse 20 bis über 30 Lernende. Die Lernausgangslage der Klasse wäre zu diagnostizieren, auf der Grundlage der Ergebnisse abgestimmte individuelle, ‚passende' Materialien zu entwickeln und die individuellen Fortschritte der Schülerinnen und Schüler zu erheben und zu verwalten. „Dies ist ein Aufgabenkomplex, der häufig die Kraft des einzelnen Lehrers übersteigt" (Bönsch, 2008, S. 155). Daher stimme ich Bönsch zu, wenn er sagt, dass „die Praktikabilität im Alltag der größte Hemmschuh für Differenzierungsmaßnahmen im Alltag ist" (2008, S. 150).

In der Tat lässt sich Differenzierung plausibel begründen: Es ist unmittelbar einsichtig, dass Menschen und damit Lernende unterschiedlich sind und dass Chancen vertan werden, wenn diese Unterschiedlichkeit im Unterricht nicht berücksichtigt wird. Dieser Gedanke ist nicht nur lernpsychologisch sofort einleuchtend, sondern erscheint gleichzeitig als Ausdruck eines besonders vornehmen pädagogischen Denkens. Und so ist es nicht verwunderlich, dass eine Fülle theoretischer Konzepte zur Differenzierung vorgelegt worden sind.[4] Im Schulalltag müssen praktikable Konzepte her.

Die Binnendifferenzierung muss sich – ebenso wie die äußere Differenzierung – nach spezifischen Differenzierungskriterien richten. Differenzierungskriterien sind alle Parameter, die auf der individuellen Ebene im Rahmen der Bedingungsanalyse erhoben werden. Dies sind insbesondere die Lernausgangslage in den verschiedenen Dimensionen, die besonderen pädagogischen Bedarfe sowie der soziale, betriebliche und sozial-kulturelle Hintergrund der Lernenden. Typisch für die Binnendifferenzierung ist es, nicht alle Schülerinnen und Schüler einzeln zu betrachten, sondern Gruppen oder Typen zu bilden, beispielsweise die ‚normalen Schülerinnen und Schüler' und die ‚leistungsfähigen Schülerinnen und Schüler'. Das ist ein erster Weg, um die Komplexität der Binnendifferenzierung zu reduzieren. Für diese Gruppen bzw. Typen werden die Intentionen und Themen sowie die Methoden, also die

Elemente der didaktischen Struktur mit Ausnahme der Bedingungen, angepasst. Im Extremfall würden über die ganze Zeit für x verschiedene Gruppen bzw. Typen x verschiedene Zusammenstellungen von Intentionen, Themen und Methoden unterrichtet. Dieser Extremfall ist jedoch meist nicht praktikabel, sondern es werden lediglich einzelne Anpassungen an wenigen Elementen vorgenommen. Anpassung bezieht sich dabei auf die Quantität, d. h. den Umfang, die Qualität, d. h. der Schwierigkeitsgrad bzw. das Anforderungsniveau, die Zeit, sowie den Pflicht-Wahl-Status (Heyne, 1993, S. 69). Die Abweichung vom völlig verschiedenen Unterricht für die Gruppen ist ein zweiter Weg, die Komplexität der Binnendifferenzierung zu reduzieren.

Bei der Differenzierung können die thematisch-intentionale Differenzierung und die methodische Differenzierung unterschieden werden. Bei der methodischen Differenzierung werden Differenzierungen innerhalb der Methoden vorgenommen. Bei der thematisch-intentionalen Differenzierung bleiben nicht alle Themen bzw. Intentionen für alle Lernenden gleich.

In Deutschland berücksichtigen die in Lerneinheit 5 erläuterten Lehrpläne in der Berufsschule bislang die thematisch-intentionale Differenzierung noch kaum. Im Verständnis der KMK formulieren Rahmenlehrpläne „Mindestanforderungen" (2007, S. 8). Die Zeitrichtwerte von Lernfeldern sind in diesem Verständnis „Bruttowerte, d. h. sie berücksichtigen die unterschiedliche Länge des Schuljahres sowie Differenzierungsmaßnahmen, Lernerfolgskontrollen etc." (KMK, 2007, S. 20). Davon zu unterscheiden sind die bereits erörterten Lehrpläne mit inhaltlicher Differenzierung und mit leistungsorientierter Differenzierung, etwa in Aufbau-, Standard- und Förderprogramm wie im bayerischen Lehrplan Deutsch für die Berufsschule und die Berufsfachschule. In Österreich werden hingegen seit 2004 in den Lehrplänen der Handelsakademie (HAK) und der Handelsschule (HAS) „Basislehrstoff" und „Erweiterungslehrstoff" unterschieden.

17.3.3 Binnendifferenzierung im traditionellen Unterricht

Im traditionellen Unterricht ergeben sich Möglichkeiten zur Binnendifferenzierung. Diese sind jedoch – im Vergleich zu handlungsorientierten Methoden – stark eingeschränkt. Der traditionelle Unterricht nutzt vor allem die Einzel-, Partner- oder Gruppenarbeit im Anschluss an eine erarbeitende Phase im Klassenverband für Differenzierungsmaßnahmen.

Für die *Einzel-, Partner- und Gruppenarbeit* ist die Arbeit mit differenzierten Arbeitsaufträgen das zentrale Instrument der Differenzierung. Bei der Gestaltung von Arbeitsblättern kann eine Binnendifferenzierung auf verschiedenen Wegen erfolgen. Bitte studieren Sie parallel zum Text den Kriterienkatalog zur Gestaltung für Arbeitsblätter in der Toolbox (TB-8.6).

- ▶ **Variation von Aufgaben**: Eine erste Form der Binnendifferenzierung besteht darin, die Qualität, also das taxonomische Niveau und die Quantität, also die Zahl, sowie die Bearbeitungszeit der gesamten Aufgabe nach den gewählten Differenzierungskriterien zu variieren. Die Konstruktion solcher Aufgaben geht zunächst von einem mittleren Niveau aus, von dem aus die Qualität, die Quantität und die Bearbeitungszeit variiert werden. Für die Lernenden werden damit auch verschiedene Lernziele verfolgt. Die Variation der Aufgaben kann auf mehreren Arbeitsblättern oder auf einem Arbeitsblatt erfolgen. Diese Binnendifferenzierung ist aufwändig und sollte daher auf wenige Gruppen beschränkt werden. Das Extrem sind individuelle Arbeitsaufträge für jeden einzelnen Lernenden (Sorrentino, Linser & Paradies, 2009, S. 25). Im Alltag beruflicher Schulen ist dies jedoch nicht zu leisten.
- ▶ **Zusatzaufgaben**: Die Variation von Aufgaben ist aufwändig. Häufig wird im Gegenteil der gleiche Arbeitsauftrag an die gesamte Klasse gegeben. Dies ist organisatorisch einfach und erlaubt eine einfache Vor- und Nachbereitung. Andererseits sind die Aufgaben dann immer auf das mittlere Leistungsniveau abzustimmen. Ein Kompromiss ist die Aufnahme von Zusatzaufgaben – in quali-

tativer wie quantitativer Hinsicht – auf dem Arbeitsblatt. Die Aufgabe wird dann mit Blick auf das ‚mittlere Niveau' definiert. Leistungsstarke Schülerinnen und Schüler bearbeiten diese Aufgaben jedoch mit höherer Geschwindigkeit, beenden ihre Arbeit früher und müssen dann auf die anderen Schülerinnen und Schüler warten. Eine Ergänzung von Aufgaben mit dem Vermerk „Wenn Sie noch Zeit haben …", bietet eine Differenzierung und vermeidet das Warteproblem.

▶ **Abgestufte Lernhilfen**: Arbeitsaufträge enthalten häufig Lernhilfen. Nach den Unterscheidungen von Reetz kann es sich dabei um prozessorientierte Lernhilfen handeln, die dem Lernenden Hinweise zum Lernprozess geben, Hilfen bzw. Fragen, die das Verständnis sichern sowie Hilfen bzw. Fragen, die wichtige (Zwischen-)Ergebnisse betreffen (Reetz, 1984, S. 229 ff.; Reetz & Sievers, 1983). Die Lehrkraft kann diese Hinweise ausführlicher oder weniger ausführlich schreiben und den Schülerinnen und Schülern mehrere Varianten anbieten. Eine Alternative zu diesem aufwändigen Verfahren ist das Zurückhalten von detaillierten Arbeitsanweisungen. In diesem Falle erhalten die Schülerinnen und Schüler die Arbeitsanweisungen nicht direkt mit dem Arbeitsauftrag sondern nur, wenn sie mit den Aufgaben nicht zurechtkommen.

Besonders die Schulbücher im Grundschulbereich bieten – so muss fast mit einem gewissen Neid gesagt werden – inzwischen vielfältige Hilfen für die Differenzierung im Unterricht. Einzelne Lehrwerke enthalten „Differenzierungsblöcke" mit zusätzlichen Anforderungen. Im Begleitmaterial einiger Schulbücher für Deutsch in der Grundschule wird „Differenzierungsmaterial", d. h. Kopiervorlagen in drei Schwierigkeitsgraden angeboten, nämlich eine Basisvorlage (mittel), eine Differenzierung nach unten (leicht) und eine Differenzierung nach oben (schwer). Auch im Gymnasium werden inzwischen Fördermaterialien, etwa im Mathematik-Unterricht, angeboten, die Arbeitsblätter auf zwei Niveaus anbieten. Leider bieten Lehrmittel im beruflichen Bereich diese Form der Unterstützung (noch) nicht. Differenzierte Lehrpläne würden jedoch auch in der Berufsbildung die Differenzierung in den Lehrmitteln unterstützen.

Auch beim *Lehrvortrag und im Lehrgespräch* bieten sich Möglichkeiten der Binnendifferenzierung. Im Lehrvortrag passt die Lehrkraft den Impuls, die Wartezeit sowie die Antwort an die verschiedenen Gruppen bzw. an den einzelnen Lernenden an. Er kann innerhalb des Lehrgesprächs den Schülerinnen und Schülern besondere Rollen zuweisen, beispielsweise des Zusammenfassenden (Aff, Hahn, Magyar, Materne & Sailmann, 2005, S. 37). Zur Differenzierung können die Lernenden in die Rolle der Lehrkraft wechseln. Geschieht dies in größerem Umfang führt dies zum methodischen Konzept des „Lernen durch Lehren (LdL)" (Hepting, 2008), das dem handlungsorientierten Unterrichtskonzept zuzurechnen ist.

17.4 Traditionelle Medien gestalten und im Unterricht nutzen

„Traditionelle Medien" sind Medien, die im traditionellen Unterricht eingesetzt werden. An dieser Stelle wird darauf verzichtet, den Medienbegriff zu präzisieren und Medien zu klassifizieren.[5]

17.4.1 Mit der Tafel arbeiten

Die Tafel ist ein weit verbreitetes, kostengünstiges, stabiles und vielseitiges Werkzeug der Lehrkraft. Sie ist ein Instrument, um im Unterricht Gegenstände hervorzuheben oder den Unterricht zu organisieren.

> **STOPP:** Wann haben Sie das letzte Mal einen kompetenten Tafeleinsatz erlebt? War das in einer Schule? In welcher Situation geschah das? Warum meinen Sie, dass dies ein kompetenter Gebrauch der Tafel war?

Die Tafel hat eine Reihe von Vorteilen, die angesichts der Segnungen der modernen Techniken schon mal übersehen werden. Sie ist didaktisch vielseitig einsetzbar, sowohl zur Darbietung von Inhalten als auch zur Dokumentation von dynamischen Lernprozessen sowie für organisatorische Angelegenheiten. Die Tafel fällt kaum aus, sie benötigt keinen Strom, verursacht kaum Müll und hat vergleichsweise geringe Folgekosten (Gudjons, 2006, S. 62). Gudjons schreibt gar: „Ein Klassenzimmer ohne Tafel ist irgendwie kein richtiger Schulraum. Die Tafel gehört seit Jahrhunderten als Herzstück in den Unterrichtsraum" (2006, S. 59).

Die Tafel taucht heute in den verschiedensten Varianten auf, die sich nach der Größe, dem Aufbau, der Beschriftung, der Transportfähigkeit und der Anbringung in der Klasse unterscheiden. Die Standardtafel (Gudjons, 2006, S. 60) – im Folgenden einfach „Tafel" genannt – besteht aus einer Mittelfläche von etwa 200 cm mal 120 cm und zwei klappbaren Seitenflügeln, ist von oben nach unten verschiebbar, ist an der Stirnwand des Klassenzimmers angebracht und stellt den zentralen Blickfang in der Klasse dar. Die Tafel kann ergänzt werden durch weitere transportable oder fest angebrachte Medien, etwa Pinnwände oder Seitentafeln an den Seitenwänden des Klassenzimmers. Diese Medien haben eine ergänzende Funktion, die im weiteren Verlauf nicht erörtert wird.

Die Standardtafel
Bild 3. © Degen visuelle Lehrmittel, Nürnberg

Die Tafel ist vor allem ein Instrument des Frontalunterrichts, also eines Unterrichts im Klassenverband, der darstellend oder erarbeitend gestaltet wird. Die Lehrkraft kann die Tafel im Lehrvortrag oder im Lehrgespräch einsetzen. Im ersten Fall dient die Tafel zur Darbietung, im zweiten Fall wird sie erarbeitend eingesetzt. In beiden Fällen entwickelt sich das Tafelbild meist schrittweise vor den Augen der Lernenden. Die Tafel lässt sich in allen drei Phasen des traditionellen Unterrichts einsetzen, also im Einstieg, zur Erarbeitung und zur Ergebnissicherung. Die Nutzung der Tafel durch Lernende im Schülervortrag spielt beim traditionellen Unterricht meist eine geringe Rolle. Damit die Tafel als Lernhilfe dient, lohnt es sich einige Regeln einzuhalten (Davis, 2009, S. 436 ff.; Gudjons, 2003, S. 170 ff.; Gudjons, 2006, S. 59 ff.). Bitte verfolgen Sie parallel zum Lesen der folgenden Ausführung den Kriterienkatalog zur Beurteilung der Tafelarbeit (TB-8.4).

Das Tafelbild sollte vorab sorgfältig geplant werden und ist in jedem Fall Teil des schriftlichen Unterrichtsentwurfs. Die Tafel bietet dabei sechs etwa gleichgroße *Tafelfelder*, die verplant werden können. Bei einem Entwurf auf dem Papier ist es hilfreich, das Papier vorab zu knicken: Das querliegende Blatt wird von beiden Seiten aus bis zur Mitte gefaltet, so dass auf dem Blatt die typische Einteilung einer Wandklapptafel mit doppelt großer Mittelfläche und zwei einfachgroßen Flügeln entsteht. Dabei ist zu beachten, dass das Verhältnis von Höhe und Breite bei den meisten Tafeln nicht dem Verhältnis bei DIN-genormten Papierblättern entspricht. Im Internet sind für den computerunterstützten Entwurf Dateivorlagen für den Tafelanschrieb verfügbar. In heiklen Situationen, also etwa in Prüfungssituationen, kann das Tafelbild auch zuhause mit Packpapier ausprobiert werden. Das ist aufwändig, führt aber unter Umständen zu einer geringeren Unsicherheit in der Unterrichtssituation. Die Tafel kann für mehrere *Tafelbereiche* genutzt werden, beispielsweise für Inhaltsstrukturen (Inhaltsbereich) oder organisatorische Hinweise (Organisationsbereich), zum Beispiel Aufgaben oder Zeithinweise. Alle Bereiche sollten bei der Planung berücksichtigt werden.

Der Inhaltsbereich der Tafel dient zur Visualisierung prozeduralen oder deklarativen Wissens in Form von *Wissensstrukturen*, also thematischen Strukturen, concept maps, linearen Flussdiagrammen, Prozeduren, zielgerichteten Netzwerken und Feedback-Diagrammen. Die in der Sachanalyse erarbeitete

Struktur oder ein Teil dieser Struktur hat oft eine hohe Überdeckung mit dem geplanten Tafelbild. Dabei ist die *Komplexität* der Wissensstruktur bzw. die Selektivität der Tafel zu berücksichtigen: Die Tafel ist ein stark selektives Medium. Sie eignet sich nicht für hochkomplexe Darstellungen. Hochkomplexe Darstellungen, zum Beispiel aufwändige technische Zeichnungen, können mit anderen Mitteln, etwa Folien, besser dargestellt werden.

Entsprechend der kognitivistischen Vorstellung des Aufbaus von Wissen setzt sich das Tafelbild aus inhaltlichen *Tafelblöcken* zusammen, d. h. die im Inhaltsbereich visualisierte Wissensstruktur wird in Unterstrukturen oder einzelne Begriffe zerlegt. Wahrnehmungs- und kognitionspsychologisch sollten dabei inhaltlich ähnliche Tafelblöcke räumlich nah angeordnet werden und die Textblöcke im Lesefluss, also von links nach rechts, entstehen, und eine kreisförmige Struktur oder eine zirkuläre Struktur aufweisen. Zur Verdeutlichung der Struktur können *visuelle Strukturhilfen*, wie Unterstreichungen, Einrahmungen, Kästen in vernünftigem Umfang genutzt werden. Für diese Strukturhilfen kann die Lehrkraft auch wenige, etwa drei Farben als *farbliche Strukturhilfen* nutzen. Zur Verdeutlichung der Struktur können auch Symbole eingesetzt werden, etwa Fragezeichen, Plus-Minus-Zeichen oder die Darstellung von Metaphern, etwa einer Waage für Balance.

MW-Männchen und Kugelfigur
Bild 4. Selbsterstellt

Schon das Zeichnen einfachster Figuren kann das Tafelbild deutlich aufwerten. Eine Einführung in einfache Formen des *Tafelzeichnens* bietet das Buch „Tafelzeichnen kann man lernen" (Bühs, 1999). Im Internet finden sich außerdem auf den gängigen Videoportalen kurze Anleitungen, wie Symbole oder Figuren, etwa die Simpsons, schnell auf die Tafel gezeichnet werden können.

Das bei der Unterrichtsplanung entworfene Tafelbild sollte in der Klasse handwerklich gut umgesetzt werden. Die Tafel sollte vor dem Beginn der eigenen Arbeiten sauber sein. Oft ist dazu der *Untergrund* nass zu reinigen. Außerdem ist das notwendige Material – vor allem trockene Kreiden – bereit zu halten. Das *Quietschen* der Kreide wird vermieden, wenn sie im 45-Grad-Winkel fest an die Tafel gepresst wird. Ein kurzes Stück Kreide quietscht nicht so schnell wie ein langes. Daher lohnt sich häufig das Brechen der Kreide in der Mitte. Anfängerinnen und Anfänger sollten sich eine *leserliche Tafelschrift* angewöhnen, entweder als Normalschrift oder als Druckschrift. Anfängerinnen und Anfänger an der Tafel neigen dazu, schräg zu schreiben. Damit die *Fluchtlinien* beachtet werden, sollte sich die Lehrkraft am oberen Rand der Tafel ausrichten. Erfahrungsgemäß wird der Tafelanschrieb deutlicher, wenn er nicht zu tief und nicht zu hoch erfolgt, sondern in Augenhöhe der Lehrkraft angebracht wird. D. h. nicht die Hand sondern die Tafel wird von oben nach unten bewegt. Längere Linien auf der Tafel können nur mit viel Übung gerade gezogen werden. Gerade am Anfang der Arbeit mit der Tafel empfiehlt sich daher die Verwendung des Tafellineals. Die *Raumaufteilung* vom Entwurf des Tafelbildes in der Unterrichtsplanung zu übertragen, ist keine triviale Herausforderung. Im Falle von Unsicherheit bietet sich die Planung von unauffälligen Markierungslinien für die Tafelblöcke an, die vor dem Unterricht auch an die Tafel übertragen werden können. Zum guten Ton unter Lehrkräften gehört es schließlich, die Tafel für Kolleginnen und Kollegen in einem *sauberen Zustand* zu hinterlassen, wenn immer das möglich ist.

Die Tafelarbeit ist in der Klasse in ein soziales Geschehen eingebunden. Die Tafelarbeit verlangt in der Klasse eine sorgfältige *Raumregie*. Die Lehrkraft darf die jeweils relevanten Tafelblöcke nicht durch den Körper verdecken. Nach meiner Erfahrung scheuen Studierende den Einsatz der Tafel, weil sie der Klasse – im Gegensatz zum Overheadprojektor – den Rücken zuwenden müssen, gerade, wenn sie das Tafelbild sorgfältig entwerfen. Ich halte die damit verbundene Kontrollsehnsucht – im Regelfall – für überzogen. Die Tafelarbeit ermöglicht Fehler der Lehrkraft und führt damit zu Notwendigkeiten, Teile des Tafelbildes zu löschen. Das Löschen an der Tafel ist für die Lehrkraft einfach zu realisieren, führt aber gerade für sauber mitarbeitende Lernende regelmäßig zu Schwierigkeiten. Daher ist *Löschen* – vor allem durch eine sorgfältige Planung – möglichst zu vermeiden. Fehler, die eine Lehrkraft begeht, sind jedoch auch bei sorgfältiger Planung nicht vollständig auszuschließen. Vor dem Löschen sollte die Lehrkraft daher den Fehler genau lokalisieren und – wenn es sich um einen inhaltlichen Fehler handelt – den Fehler erklären. Die Tafel erlaubt die *Aufnahme der Beiträge von Schülerinnen und Schülern*. Wenn die Tafel in diesem Sinne genutzt wird, sind diese Beiträge in jedem Fall *wörtlich* aufzunehmen und nicht vor der Niederschrift durch die Lehrkraft umzuformulieren. Andernfalls sehen die Lernenden ihre Beiträge entwertet, da sie offensichtlich nicht den Anforderungen entsprechen. Schon bei der Unterrichtsplanung sollte die Lehrkraft erwägen, wie die *Übertragung des Tafelbildes* in die Unterlagen der Lernenden geregelt werden soll. Der Regelfall wird dabei in beruflichen Schulen das selbständige Übertragen durch die Lernenden sein. In diesem Fall ist in der Unterrichtsplanung ausreichend Zeit dafür vorzuhalten. Alternativ können Fotokopien des Tafelbildentwurfs der Lehrkraft oder der Ausdruck eines digitalen Fotos des endgültigen Tafelbildes bereitgestellt werden. Die Tafelarbeit kann durch einfache Verständnisfragen an die Lernenden evaluiert werden. Es kann außerdem sinnvoll sein, sich Aufzeichnungen der Schülerinnen und Schüler geben zu lassen, um zu schauen, was vom Tafelbild in den Unterlagen der Lernenden angekommen ist.

Eine Alternative zur klassischen Tafelarbeit mit Kreide ist die Arbeit mit Moderationskarten oder Applikationen. In diesem Fall werden die Tafelblöcke schon im Vorfeld gefertigt, beispielsweise auf Pappe oder Karton. Mit entsprechender Befestigungstechnik erhält damit die Tafel die Funktionen einer Pinnwand, wie es zum Beispiel in der Moderationstechnik typisch ist. Das bevorzugte Instrument ist die Befestigung mit Magneten. Allerdings sind gerade ältere Tafeln oft nicht magnetisch. Alternativ sind Klebebänder verwendbar: Transparente Klebebänder sind jedoch schlecht ablösbar, Kreppbänder sind zwar einfach ablösbar, sehen meist nicht gut aus. Eine Alternative sind sogenannte Haftkleber ('Magnetlacke'): Dies sind Kleber, die es ermöglichen, Karten oder Applikationen wiederholt und rückstandsfrei auf glatten Flächen, nicht nur auf der Tafel, anzubringen. Alle diese Techniken sind jedoch, mit Ausnahme der Magnete, oft nicht verlässlich und sind im täglichen Einsatz recht teuer. Für heikle Situationen, zum Beispiel Schaustunden im Referendariat, kann sich hingegen die Investition lohnen. Eine Alternative zum Kreideanschrieb ist die Arbeit mit Whiteboards und speziellen Filzstiften (Whiteboard-Marker). In didaktischer Hinsicht ergeben sich kaum Unterschiede zur klassischen Kreidetafel. Anders verhält es sich hingegen bei den weiter unten dargestellten digitalen Whiteboards bzw. interaktiven Whiteboards.

Insgesamt ist die Tafel ein wichtiges, aber durchaus kein einfaches Werkzeug der Lehrkraft. Gudjons (2006) formuliert den Grundsatz, dass „ein Tafelbild eher pedantisch sorgfältig angelegt sein soll als locker bis schludrig" (S. 68). Im Zeitalter von Powerpoint und der Elektrifizierung von Hörsälen erleben angehende Lehrkräfte einen kompetenten Tafeleinsatz in der ersten Phase der Bildung von Lehrkräften oft nicht mehr.

Bitte gehen Sie zur Wiederholung des Abschnitts den Kriterienkatalog zur Beurteilung der Tafelarbeit in der Toolbox (TB-8.4) durch.

17.4.2 Mit dem Overheadprojektor arbeiten

Viele Dinge, die für die Tafelarbeit gelten, etwa die Organisation der Information in Blöcken, gelten auch für den Einsatz von Overheadprojektoren, Beamern oder Visualizern. Der Overheadprojektor ist inzwischen ein klassisches Medium (Davis, 2009, S. 436 ff.; Gudjons, 2003, S. 170 ff.; Gudjons, 2006, S. 69 ff.). Overheadprojektoren sind in beruflichen Schulen– im Gegensatz zu leicht transportierbaren Auflichtprojektoren – Durchlichtprojektoren, bei denen die Folien von unten durchleuchtet werden.

Gegenüber der Tafel hat der OHP eine Reihe von Vorteilen. Eine einmal erstellte OHP-Folie ist wiederverwendbar. Die Lehrkraft kann auf diesem Wege mit der Zeit eine persönliche Foliensammlung erstellen. Die größte Herausforderung dürfte dabei die systematische Ablage sein. Um die Wiederverwendbarkeit zu erhöhen, können Schutzfolien verwendet werden, d. h. spezielle Klarsichthüllen, in denen sich die Folie auch bei der Präsentation ohne nennenswerte Verschlechterung der Projektionsqualität befinden kann. Im Gegensatz zum Tafelbild kann beim OHP das Bild selbst weitergegeben werden. Damit können OHP-Folien im Kollegium (aus)getauscht werden. Dies hat arbeitsökonomische Vorteile und kann eine Maßnahme des Qualitätsmanagements sein. Die eigenen Folien der Lehrkraft können ergänzt werden durch kommerzielle Folien von Verlagen oder Verbänden oder Folien aus dem Internet. Mit Hilfe des OHPs lassen sich auch komplexe Abbildung und fotorealistische Darstellungen einfach produzieren, etwa in Kombination mit einem Präsentationsprogramm wie Microsoft Powerpoint oder Apache OpenOffice bzw. LibreOffice Impress. Auf OHP-Folien können auf einfache Weise Bild- oder Textelemente aus dem Internet oder Printmedien, wie etwa Karikaturen, Fotos oder Schlagzeilen aus der Tageszeitung integriert werden. Der OHP ist weit verbreitet, nicht so einfach und stabil wie eine Tafel, aber deutlich weniger aufwändig und anfällig für technische Pannen als eine Präsentation mit Hilfe von Beamer und Laptop.

Wie auch die Tafel ist der OHP ein Instrument des Frontalunterrichts, also eines Unterrichts im Klassenverband, der darstellend oder erarbeitend gestaltet wird. Die Lehrkraft kann den OHP im Lehrvortrag oder im Lehrgespräch einsetzen. Im ersten Fall wird der OHP zur Darbietung, im zweiten Fall erarbeitend eingesetzt. Der OHP lässt sich in den drei Phasen des traditionellen Unterrichts einsetzen, also zum Einstieg, zur Erarbeitung und zur Ergebnissicherung. Die Nutzung des OHPs durch Lernende im Schülervortrag spielt beim traditionellen Unterricht meist eine geringe Rolle. Bitte lesen Sie parallel zu den folgenden Ausführungen den Kriterienkatalog für die Folienarbeit in der Toolbox (TB-8.5). In dieser Beurteilungshilfe sind auch die Kriterien aus der Tafelarbeit integriert, die hier aber nicht wiederholt werden.

Der OHP wird zusammen mit verschiedenen Folientypen eingesetzt, die im Idealfall von der Lehrkraft variiert werden (Gudjons, 2006, S. 72 ff.).

- **Fertigfolie**: Die Fertigfolie wird im Unterricht nicht verändert, sondern komplett im Vorfeld produziert. Sie eignet sich vor allem für hochkomplexe Darstellungen und Darstellungen, die eine hohe graphische Qualität erfordern, zum Beispiel Fotos.
- **Live-Folie**: Eine Live-Folie entsteht im Unterricht, entweder im darstellenden oder fragendentwickelnden Unterricht.
- **Teil-Fertig-Folie**: Teil-Fertig-Folien enthalten bereits bestimmte Gestaltungselemente, die dann durch Pfeile, Striche, Wörter etc. ergänzt werden.
- **Overlay-Folie**: Eine Overlay-Folie ist Teil einer Menge von Folien, die aufeinander aufbauen. Um schrittweise komplexe Zusammenhänge einzuführen, werden die Folien Schritt für Schritt übereinander gelegt. So können auch komplexe inhaltliche Strukturen visualisiert und stufenweise aufgebaut werden. Die übliche Richtung der Overlay-Technik ist der *Auf*bau der Struktur, also eine zunehmende Komplexität der Wissensstruktur (‚Vom Einfachen zum Komplexen‘). Die Overlay-Technik lässt sich aber auch für den *Ab*bau von Strukturen einsetzen (‚Vom Komplexen zum Einfachen‘). In diesem Fall wird eine komplexe Struktur schrittweise in Teilstrukturen zerlegt und dabei die übereinandergelegten Folien schrittweise entfernt. Gudjons spricht hier von „Striptease-Technik“. Der Begriff wird hier anders benutzt.
- **Mini-Folie**: Eine Mini-Folie stellt einen kleinen ‚Folienteil‘ dar, aus dem sich die Gesamtdarstellung zusammensetzt. Die Lehrkraft hat beispielsweise kleine Symbole ausgeschnitten, die auf dem OHP arrangiert werden.

Folien für den Overheadprojektor werden vorab mit Hilfe von Folienstiften oder mit Hilfe von Graphik- oder Präsentationsprogrammen erzeugt. Bei der Verwendung eines Präsentationsprogramms sollte eine Reihe von Punkten beachtet werden (Spoun & Domnik, 2004, S. 148). OHP-Folien beinhalten nur in absoluten Ausnahmefällen ganze Sätze, etwa bei Zitaten. Im Regelfall sind nur Stichworte zu nutzen. Mehr als 20 bis 50 Wörter sollten nicht auf einer Folie stehen. Damit OHP-Folien gut lesbar sind, sollte die Schrift mindestens 16 Punkt betragen und es sollte ein großer Kontrast in den Farben verwendet werden, zum Beispiel dunkel auf hell. Gut sind als Farben schwarz, blau oder tiefgrün. Schlecht lesbar sind gelb, orange oder hellrot. Farbe sollte sparsam und kontrastreich eingesetzt werden. Der Schrifttyp sollte vergleichsweise einheitlich gewählt werden und die Schriftschnitte, zum Beispiel fett oder kursiv, sollten einheitlich und sparsam verwendet werden. Passende Graphiken und Fotos versprechen – nicht übertrieben angewendet – Lebensnähe und verbessern die Navigation. Bilder können gescannt werden oder mit Hilfe einer digitalen Kamera selbst erzeugt werden. Bilder können außerdem aus dem Internet stammen, vor allem aus kostenlosen Bilddatenbanken, wie pixelio.de oder openphoto.net.

Bei der Präsentation von Folien sollte eine Reihe von Aspekten beachtet werden (Davis, 2009, S. 436 ff.; Gudjons, 2003, S. 170 ff.). Zu Beginn der Folienarbeit sollte die Lehrkraft mit einem kurzen Blick nach hinten die gute Sichtbarkeit überprüfen. Folien sollten nicht mit dem Rücken präsentiert werden, sondern mit dem Gesicht zu den Lernenden. Der Overheadprojektor ermöglicht das Präsentieren über dem Kopf der Lehrkraft – daher der Name. Gleichwohl ist immer wieder mal zu beobachten, dass Präsentierende dem Publikum den Rücken zuwenden. Das Hochformat führt bei Folien oft dazu, diese wie ein Blatt Papier zu beschreiben. Die Lehrkraft sollte daher immer – wie bei einer Tafel – Folien im Querformat nutzen. Die Lehrkraft sollte die Folien vorsortieren. Bei der Präsentation sollte eine umständliche Suche nach der richtigen Folie nicht notwendig sein. Folien sollten entlang der Vier-Schritt-Präsentation erfolgen: Ankündigen, Auflegen, Warten, Erläutern: Eine Folie wird erst angekündigt, dann aufgelegt, die Lehrkraft legt eine Sprechpause ein, in der die Lernenden die Folie studieren und erläutert anschließend die Inhalte (Gudjons, 2006, S. 72).

Die Lehrkraft sollte Folien-Striptease vermeiden: Folien-Striptease meint hier, dass die Folie – etwa mit Hilfe eines Blatt Papiers – abgedeckt wird und dann zeilenweise aufgedeckt wird. Langsam, aber sicher wird so der Lerninhalt entblättert. Folien-Striptease ist offensichtlicher Ausdruck einer Zauberhut-Pädagogik („Ich weiß es zwar, aber ich will Euch überraschen und daher verrate ich es nicht!"). Wenn die Komplexität der Folie zu hoch ist, sollte die Overlay-Technik eingesetzt werden. Wenn der OHP nicht verwendet wird, sollte er aus ökologischen Gründen, aber auch um Ablenkungen zu minimieren, ausgeschaltet werden.

Eine Präsentation mit Hilfe eines Beamers bzw. Präsentationsprogramms ist technisch deutlich anfälliger und aufwändiger, bietet aber über den Einsatz von OHP-Folien hinaus weitere Vorteile. Benutzerdefinierte Animationen erlauben es, auch komplexe Übersichten, etwa Advance Organizer, schrittweise aufzubauen. Dies kann jedoch auch mit Overlays gemacht werden. In eine Präsentation können multimediale Elemente, wie Videos von DVDs oder aus YouTube, eingebunden werden. Bei einer günstigen Infrastruktur können Folien im Original- oder PDF-Format digital bereitgestellt werden, beispielsweise auf der Lernplattform der Schule oder einem Slidehoster, wie slideshare.net.

Die größte Gefahr des Einsatzes von Folien ist es, den technischen Möglichkeiten zu verfallen und den didaktischen Sinn aus den Augen zu verlieren (Gudjons, 2006, S. 75 f.). Dazu gehört ein Medienzauber mit wahllos herumfliegenden Elementen, die Retina bedrohende Farbexplosionen, erfolgreich in Hieroglyphen übersetzten Textfragmenten, unendlichen Zahlenfriedhöfen und einer Präsentationsgeschwindigkeit, die nahe an der Grenze ist, bei der wie im Film eine Bewegungsillusion entsteht. Weniger ist gerade bei Folien oft mehr. Der OHP ist ein typisches Instrument des traditionellen Unterrichts. Für den traditionellen Unterricht wurde der Mythos „Was gelehrt wurde, ward auch gelernt" ausgewiesen. Bei Folienschlachten im Unterricht wird dieser Mythos besonders deutlich.

17.4.3 Interaktive Whiteboards und Visualizer einsetzen

Ein interaktives Whiteboard wird auch „digitales Whiteboard" oder nach bekannten Herstellern auch „Smartboard", ein Produkt von Smart Technologies, oder „ActivBoard", ein Produkt von Promethean, genannt. In der Regel wird das interaktive Whiteboard als Tafelersatz verwendet. Meistens wird auf das Board mit Hilfe eines Beamers die Oberfläche einer auf das Whiteboard abgestimmten grafischen Benutzeroberfläche projiziert, die auf einem angeschlossenen Computer installiert ist. Diese Oberfläche bietet Zugriff auf alle Funktionen, die das Board bietet, beispielsweise ein linierter oder karierter Hintergrund, Taschenrechner, Zirkel, Lineal, digitale Stifte und Textmarker oder eine Schrifterkennung. Am Board ersetzen Finger oder ein Stift dabei Tastatur und Maus. Notizen oder Graphiken, die das projizierte Bild ergänzen, können abgespeichert und später an die Schülerinnen und Schüler verteilt werden. Die Technik kombiniert damit die Präsentationsmög-

Promethean ActivBoard 500 mit Laptop-Auflage.
Bild 6. © ActivBoard 500. Alle Rechte vorbehalten

lichkeiten einer Tafel und eines Beamers mit den Interaktionsmöglichkeiten eines Standardcomputers und vereint so fast alle Funktionen, die klassische Medien bieten, geht jedoch darüber hinaus. Multimediale Elemente, etwa Clips aus YouTube, können problemlos eingebunden werden. Den neuen Möglichkeiten steht die Gefahr gegenüber, dass ein stark von der Lehrkraft dominierter Unterricht durch die Technik gefördert wird. Mit interaktiven Whiteboards ist jedoch auch ein handlungsorientierter Unterricht möglich. Außerdem sind die Anschaffungs- und Instandhaltungskosten nicht zu unterschätzen (Gutenberg, Iser & Machate, 2010; Schlieszeit, 2011).

Dokumentenkamera.
Bild 5. © Smart Technologies. Alle Rechte vorbehalten

Ein Visualizer wird auch „Dokumentenkamera" genannt. Der Visualizer nimmt über eine Videokamera einen beleuchteten Gegenstand, etwa ein Arbeitsblatt, ein Foto, aber auch dreidimensionale Gegenstände auf und liefert dieses Bild an einen Beamer. Ein Visualizer ist eine gute Ergänzung zu einem interaktiven Whiteboard, kann jedoch unabhängig davon eingesetzt werden. Der Visualizer ersetzt die Funktionen eines klassischen Overheadprojektors.

17.4.4 Mit dem Schulbuch und längeren Texten im Unterricht arbeiten

Das Schulbuch wurde bereits als inoffizielles Instrument der Unterrichtsplanung dargestellt. Es besteht heutzutage aus einem ganzen Bündel von Elementen: Dem Fachbuch, dem Arbeitsbuch, dem Buch für Lehrkräfte sowie Ergänzungen im Internet.

Das Lernen mit Texten ist eine Situation, für die die aufgeführten Teilkompetenzen der Lernkompetenz präzisiert werden können. Grundlegend ist dabei ein Situationsmodell, das, wie in diesem Fall ein Modell des Leseprozesses[6] ist. In der Toolbox ist die Fünf-Gang-Lesetechnik (TB-13.6) zusammengefasst.

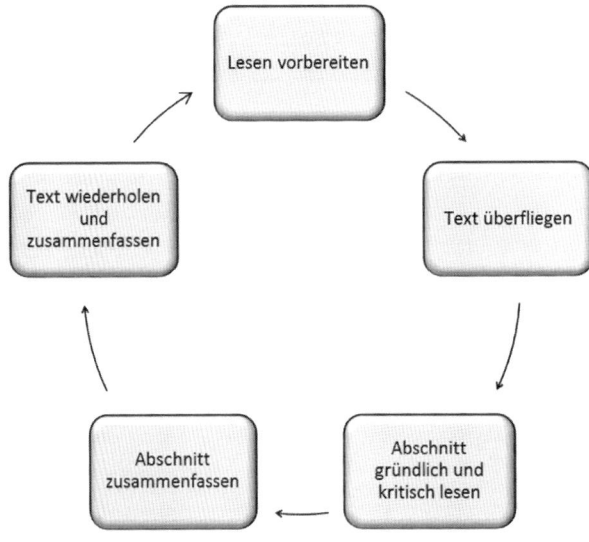

Übersicht 8: Die Fünf-Gang-Lesetechnik

Zu Beginn des Leseprozesses sollten sich die Lernenden bewusst die Koordinaten der Situation vor Augen führen. Dazu gehören die Fragen, warum der Text, mit welchem Ergebnis, in welcher Zeit und wo gelesen wird. Dies verlangt eine Klärung des Leseziels, der Textart, des erwünschten Ergebnisses, eines – nicht zu groß gewählten – Zeitrahmens und der Bereitstellung des erforderlichen Arbeitsmaterials, beispielsweise zum Markieren von Texten (Metzger, 2000, S. 83 f.).

Vor dem eigentlichen Lesen sollte der Text überflogen werden. In der angelsächsischen Literatur hat sich dazu der Begriff „speedy reading" eingebürgert. Dabei soll der Leser die ‚Geographie' des Materials erfassen. Bei längeren Texten bzw. Textpassagen werden zunächst das Inhaltsverzeichnis und die Gliederung des Textes erfasst. Wenn vorhanden, werden Lernziele und Zusammenfassungen vor und nach dem Text gelesen, bei Textpassagen wird auf die Einbettung der Textpassage in den Gesamttext geachtet. Der Text wird durchgeblättert, um die Struktur zu erfassen. Ggf. werden einzelne Abschnitte angelesen. Weitere Hilfsmittel, die in wissenschaftlichen Werken genutzt werden können, wie ein Index, ein Klappentext oder eine Bibliographie, liegen in Schulbüchern nicht vor. Gelegentlich können Schriftschnitte, also fett oder kursiv, oder Textfarben weitere Hilfen auf der Suche nach der Struktur des Textes sein (Booth, Colomb & Williams, 2003, S. 106 f.).

Im nächsten Schritt soll das durch das Überfliegen erworbene erste Textverständnis weiter ausgebaut werden. Im Gegensatz zum Überfliegen wird das Lesetempo gesenkt und es erfolgt eine kritische Auseinandersetzung mit dem Text. Der Text wird jetzt in Abschnitten bzw. in Etappen bearbeitet: Erst wird der Text gelesen, dann wird gedanklich der Inhalt wiedergeben und zusammengefasst, ggf. wiederholt und dann zur nächsten Etappe übergegangen. Das Lesen zielt auf ein Verständnis, d. h. die Lernenden müssen das eigene Lernen, hier den Erfolg des Lesens bzw. die Anwendung der kognitiven Strategien beim Lesen, überwachen und regulativ in den Lernprozess eingreifen.

Die Notizen werden nicht direkt parallel zum Lesen angefertigt, sondern am Ende jeder Leseetappe. Am Rand des Buches werden, falls dies erlaubt ist (sonst in einer Mitschrift), die Hauptgedanken in Schlüssel- oder Stichwörtern, offene Fragen und eigene Anmerkungen angebracht. Dabei lohnt sich für häufige Lesende die Arbeit mit einem persönlichen Notationssystem für Notizen, beispielsweise „!" für „wichtig", „?" für „Frage", „D" für „Definition", „Z" für Zusammenfassung oder „B" für Beispiel. Im Text werden parallel zu den Notizen am Ende einer Leseetappe Textteile – sparsam – markiert oder unterstrichen. Das Markieren ist übersichtlicher als das Unterstreichen und sollte sparsam verwendet werden, d .h. die Markierungen umfassen weniger als 10% des Textes. Sie erfolgen mit maximal vier Farben (Metzger, 2000, S. 87 f.). Notizen haben eine doppelte Funktion: Sie bilden einen externen Speicher und das Notizenmachen ist eine Gelegenheit, Lernkompetenz zu beanspruchen und zu trainieren. In der Literatur wird auch von der Produkt- und Prozessfunktion von Notizen gesprochen (Steiner, 2006, S. 175).

Nachdem der ganze Text oder bei längeren Texten größere Textteile, zum Beispiel Kapitel, kritisch und gründlich etappenweise gelesen wurden, wird der Leseprozess abschließend nachbereitet. Dazu wird der gesamte Text unter Nutzung der angebrachten Hilfen erneut überflogen und in Gedanken oder entsprechend der Fragen beantwortet, insbesondere: „Worum geht es?", „Was sind die Hauptgedanken?", „Was ist offen, was habe ich nicht verstanden?". Anschließend werden eventuell vorhandene Aufgaben und Übungen am Ende des Textes bearbeitet. Am Ende steht eine – kurze – eigene Zusammenfassung des Textes in textlicher Form oder in graphischer Form, zum Beispiel als concept map. Bei längeren Texten ist ein regelmäßiges Wiederholen der vorhergehenden Textpassagen notwendig (Metzger, 2000, S. 88 f.).

17.4.5 Mit Arbeitsblättern im Unterricht arbeiten

Arbeitsblätter sind beschriftete oder bebilderte Blätter, die meist im DIN-A4-Format an die Lernenden zur Bearbeitung ausgegeben werden. Arbeitsblätter werden entweder von der Lehrkraft erstellt oder direkt von einer fertigen Vorlage übernommen. Arbeitsblätter haben eine Fülle von Inhalten: Sie bieten Informationen zum Lerngegenstand, zum Beispiel Zusammenfassung oder Zeitschriftenartikel. Sie können auch Informationen zur Lernorganisation anbieten, zum Beispiel Leitfäden zur Lösung bzw. Bearbeitung oder Aufgabenblätter. Sie können auch der Umfrage dienen, Pläne, Übungs- oder Lösungsblätter beinhalten. Auch in Prüfungen und Lernzielkontrollen werden Arbeitsblätter eingesetzt. Arbeitsblätter sind zentral für den aufgebenden Unterricht und haben in verschiedenen Methoden verschiedene Inhalte. Bei der Produktion eines Arbeitsblattes sollten folgende Punkte beachtet werden (Siemer, 2007, S. 125 f.).

- ▶ **Farben auf dem Blatt**: Das Standard-Arbeitsblatt wird heute schwarz-weiß auf weißem Umweltschutzpapier hergestellt. Die Verwendung von Farben auf dem Arbeitsblatt ist oft nicht möglich, erlaubt jedoch wichtige Funktionen. Wenn ein Arbeitsblatt ‚nur' schwarz-weiß oder in Grautönen ausgegeben werden kann, sollte es von Anfang an auch so produziert werden. Beim Schwarz-Weiß-Ausdrucken von farbigen Entwürfen kann es sonst zu unliebsamen Überraschungen kommen.
- ▶ **Farbige Blätter**: Die Verwendung von farbigen Arbeitsblättern ist in der Schule oft nicht möglich. Farbiges Papier kann jedoch weitere Organisationsfunktionen erfüllen, wenn zum Beispiel Übungsblätter in einer anderen Farbe als Pläne ausgegeben werden. Außerdem fällt die Bezeichnung des Arbeitsblattes durch die Lehrkraft leichter, zum Beispiel „Nehmen Sie jetzt bitte das gelbe Blatt …".
- ▶ **Bilder und Illustrationen**: Bilder und Illustrationen haben positive Effekte auf Lernprozesse, wenn sie sich auf den Text beziehen (Ernst, 2012).
- ▶ **Größe**: Die Standardgröße ist DIN-A4. Da als Ordnungsmedium häufig Ordner oder Mappen im A4-Format verwendet werden, sollte von dieser Größe nicht abgewichen werden.
- ▶ **Einfache oder mehrfache Verwendung**: Im Regelfall werden Arbeitsblätter für die einmalige Verwendung kopiert. Bei der mehrfachen Verwendung eines Arbeitsblattes in einer oder mehreren Klassen kann es sich lohnen, das Arbeitsblatt zu laminieren.
- ▶ **Vorlagen**: Vorlagen für Arbeitsblätter können selbst erstellt werden. Außerdem können Vorlagen aus Schulbüchern und Lexika, aus dem Internet, aus Zeitschriften und ähnlichen Medien entnommen werden. Dabei sind die Regelungen des Urheberrechts zu beachten.
- ▶ **Word-Vorlagen**: Um sicherzustellen, dass die Arbeitsblätter in einer Schule eine einheitliche Qualität haben – beispielsweise die notwendigen Informationen enthalten sind – und um ein einheitliches Erscheinungsbild der Schule zu gewährleisten, sollte die Schule bzw. die Abteilung für

Arbeitsblätter Word-Vorlagen bereitstellen. Wenn das nicht der Fall ist, sollte sich die Lehrkraft selbst Vorlagen erstellen.

Ein Arbeitsblatt kann viele Funktionen erfüllen. Entsprechend sind die Inhalte vielgestaltig und werden im weiteren Verlauf nicht berücksichtigt. Bei der Gestaltung der Inhalte eines Arbeitsblattes sollten folgende Punkte beachtet werden (Meyer, 1989, S. 307 ff.; Siemer, 2007, S. 126 f.). Bitte studieren Sie den Kriterienkatalog zur formalen Beurteilung von Arbeitsblättern (TB-8.6) parallel.

Das Arbeitsblatt sollte gut aufgeteilt und optisch gestaltet sein. Die Informationen des Arbeitsblattes bestehen aus einzelnen, gut erkennbaren *Blöcken*. Für persönliche Notizen des Lernenden ist, ebenso wie für Lösungen bei Aufgabenblättern, ein ausreichender Raum vorzusehen. Größere Flächen, die von den Schülerinnen und Schülern auszufüllen sind, sollten Hilfslinien für das Schreiben, vorzugsweise Kästchen, vorsehen. Für die Bearbeitung durch die Lernenden steht ausreichender *Freiraum* zur Verfügung. Die Druckqualität eines Arbeitsblattes sollte gut und das optische *Erscheinungsbild* ansprechend sein. Gerade in kaufmännischen Berufen ist eine ordentliche Arbeitsweise der Schülerinnen und Schüler und die professionelle, formgerechte Erstellung von Dokumenten ein wichtiges Lernziel. Vor diesem Hintergrund hat die Lehrkraft darauf zu achten, dass die Arbeitsblätter sauber kopiert werden. Das Arbeitsblatt sollte *korrekt* sein, d. h. frei von Form- und Rechtschreibfehlern. Verwendete Quellen sollten ordnungsgemäß ausgewiesen werden.

Das Arbeitsblatt unterstützt die Navigation durch verschiedene Hilfen. Es verwendet graphische und ggf. farbliche *Strukturhilfen*. Idealerweise setzt die ganze Abteilung bzw. die ganze Schule einheitliche *Pictogramme* für immer wiederkehrende Elemente von Arbeitsblättern ein, also beispielsweise Pictogramme für „Einzelarbeit", „Gruppenarbeit" oder „Zeit". Pictogramme bzw. Symbole können so die Navigation im Arbeitsblatt bzw. zwischen Arbeitsblättern deutlich unterstützen. Idealerweise hat sich der Fachbereich oder die Schule auf eine einheitliche Symbolsprache geeinigt. Bei längeren Texten sollten *Zeilennummern* ergänzt werden. Diese lassen sich mit gängigen Textverarbeitungsprogrammen leicht erzeugen und ermöglichen den Lernenden einen einfachen Verweis auf eine Textstelle. Gerade bei der sprachlichen Förderung im Fachunterricht ist dies wichtig.

Das Arbeitsblatt ist ein Instrument um die sprachliche Kompetenz der Schülerinnen und Schüler zu fördern. Wichtige, nicht selbstverständliche Begriffe sollten mit Angabe des passenden Artikels erläutert werden und ggf. ein Glossar bereitgestellt werden. Das Arbeitsblatt sollte zwischen bildlichen, sprachlichen, symbolischen und mathematischen Darstellungsformen wechseln (Leisen, 2010, S. 33 f.).

Das Arbeitsblatt muss für die Lernenden – auch nach dem Unterricht – eindeutig und schnell zuordenbar sein. Dazu werden in den Kopf- und Fußzeilen – idealerweise schulweit einheitlich – Informationen mit einem hohen Wiedererkennungswert angebracht. Dazu gehören folgende Informationen zur *groben Zuordnung*: Klasse, Fach bzw. Lernfeld, Schuljahr, Name der Lehrkraft. Außerdem sollte das Arbeitsblatt eine *Feinzuordnung* erlauben: Thema der Reihe, ggf. Thema der Unterrichtseinheit, Thema des Arbeitsblattes, Datum, Nummer des Arbeitsblattes. Hilfreich kann außerdem sein, dass die Lernenden ihre *Namen* bzw. ein Kürzel eintragen, damit die Arbeitsblätter bei Verlust zugeordnet werden können. Um die Ordnung der Lernenden zu unterstützen, kann die Lehrkraft ein Gesamtverzeichnis der Arbeitsblätter ausgeben oder – als Teil der Prüfungsvorbereitung – vom Lernenden erstellen lassen. Diese Informationen sollten immer an der gleichen Stelle des Arbeitsblattes stehen. Arbeitsblätter, die von den Lernenden abgeheftet werden, sollten immer *gelocht* ausgegeben werden. Andernfalls können die Arbeitsblätter im Unterricht gar nicht sauber abgelegt werden.

Arbeitsblätter sind ein flexibles Medium, das jedem einzelnen Lernenden – im Gegensatz zur Tafel – eine eigene Lernhilfe bietet. Sie bieten eine einfache Hilfe zur Vor- und Nachbereitung des Unterrichts, auch bei der Prüfung. Gleichwohl bergen Arbeitsblätter auch Gefahren. Arbeitsblätter haben die Gefahr, dass die Lehrkraft zu schnell auf Arbeitsblätter zurückgreift und den mit anderen Medien verbundenen Problemen – gerade das Ab- und Mitschreiben der Lernenden – aus dem Weg geht. Arbeitsblätter sind *Arbeits*blätter. Die Lehrkraft unterliegt, ebenso wie Schülerinnen und Schüler, bei Arbeitsblättern schnell der Fiktion des traditionellen Unterrichts „Was gelehrt wurde, ward auch gelernt". Aber es gilt „Kopiert ist noch nicht kapiert!" (Siemer, 2007, S. 127).

17.4.6 Lernordner und Notizen nutzen

Arbeitsblätter bedürfen einer sorgfältigen Lernorganisation, die oft nicht vorhanden ist und weder von der Lehrkraft noch vom Lernenden hinreichend ernst genommen wird. Die professionelle Organisation der Unterlagen ist eine zentrale Teilkompetenz der Lernkompetenz, wird aber häufig in Schulen nur unzureichend gefördert. Dabei geht es hier nicht um eine schulmeisterliche Pedanterie, die Ordnung um ihrer selbst willen pflegt, so wie es in der Heftführung im 19. Jahrhundert üblich war (Grabley-Liess & Sandfuchs, 1987). Die professionelle (Selbst-)Organisation soll vielmehr die Lernenden in die Lage versetzen, Lernhilfen auch wirklich als solche zu nutzen, gerade bei der Prüfungsvorbereitung. Ein Chaos in den Lernunterlagen bedeutet etwa eine erhebliche Hypothek bei der Prüfungsvorbereitung.

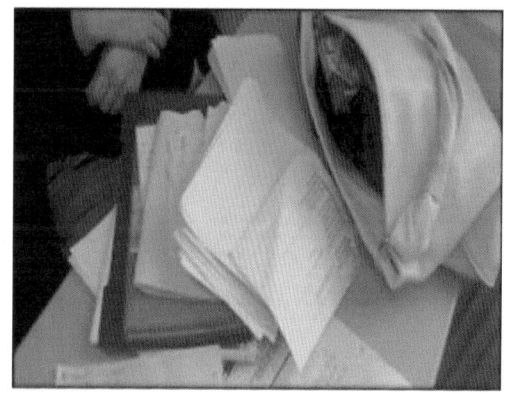

Handtasche einer Schülerin einer Nürnberger beruflichen Schule.
Bild 7. © Stefan Brügmann

> **STOPP**: Der Text schreibt über Schülerinnen und Schüler. Wie aber sieht es bei Ihnen aus? Wären Sie ein glaubwürdiges Vorbild einer Lernorganisation? Oder ist das nicht wichtig? Oder kann eine Lehrkraft von den Schülerinnen und Schülern Dinge verlangen, die sie selbst nicht durchzieht?

Als zentrale Unterlage können vom Lernenden Ordner bzw. Mappen, Schnellhefter oder Hefte verwendet werden. Ich werde in allen Fällen der Einfachheit halber von „Lernordner" sprechen. In den Lernordner werden beispielsweise eigene Mitschriften eingebracht und Arbeitsblätter abgeheftet. Ordner bieten – im Gegensatz zu Heften – die Möglichkeit, mehrere Fächer in einen Ordner aufzunehmen. Einzelne Blätter können leichter korrigiert werden, gehen jedoch auch leicht verloren. Sie bieten im Gegensatz zu Heften keinen ‚geschlossenen Eindruck' (Kirschner & Kirschner, 1986, S. 33). Ordner sollten – idealerweise auf Basis einer einheitlichen Dokumentvorlage der Schule – über eine Ordnerbeschriftung und ein Register verfügen. Der Ordnerrücken sollte die Fächer bzw. Lernfelder, den Namen, die Klasse und ggf. die Schule mit Logo enthalten, während das Register das Fach kennzeichnet und ggf. Unterüberschriften wie „Unterlagen", „Materialien" oder „Übungen" anbietet (Frick & Mosimann, 2006).

Neben Arbeitsblättern sind Mitschriften des Lernenden das zweite Hauptelement des Lernordners. Mitschriften entstehen auf drei Wegen: Durch das Übertragen, vor allem des Tafelanschriebs, durch das Diktieren der Lehrkraft sowie durch die freie Mitschrift während des Unterrichtsverlaufs, insbesondere während des Lehrvortrags.

Die persönliche Notiz des Lernenden ist – im Gegensatz zum kopierten Arbeitsblatt – Ausdruck der Auseinandersetzung der Lernenden mit dem Lerngegenstand. Die Gestaltung einer persönlichen Notiz ist keine triviale Angelegenheit.[7] Die Lernenden sind zunächst darauf hinzuweisen, dass nur lesbare Notizen eine Lernhilfe sind. Die Lernenden sollten nicht zu sparsam mit der Fläche umgehen und nur die Vorderseite beschriften. Die Notiz sollte fünf Felder vorsehen. Ein Organisationsfeld beinhaltet das Datum, ggf. das Fach bzw. Lernfeld und ggf. den Namen der Lehrkraft. In der Grundnotiz werden – während des Unterrichts – Sätze, Skizzen, Rechnungen und ähnliche Notizen übertragen oder selbstständig erstellt. Erst im Zuge der Nachbereitung werden Top-Begriffe in einem eigenständigen Feld vorgesehen. Dabei kann es sich um Titel bzw. Schlagwörter handeln. Die Top-Begriffe dienen – wie Marginalien in einem Buch – dem späteren Überfliegen und Abfragen. Im Sammelfeld werden weiterführende Gedanken, Kontrollfragen, offene Fragen oder Querverweise im Nachgang eingetragen. Um eine saubere Lochung zu ermöglichen, ist darüber hinaus noch ein Lochfeld vorzusehen. Lernende verfügen oft nicht über entsprechende Notiztechniken, d. h. es kann sich eine explizite Einweisung in das Notizennehmen lohnen. Dazu kann die Lehrkraft auch Arbeitsblätter anfertigen.

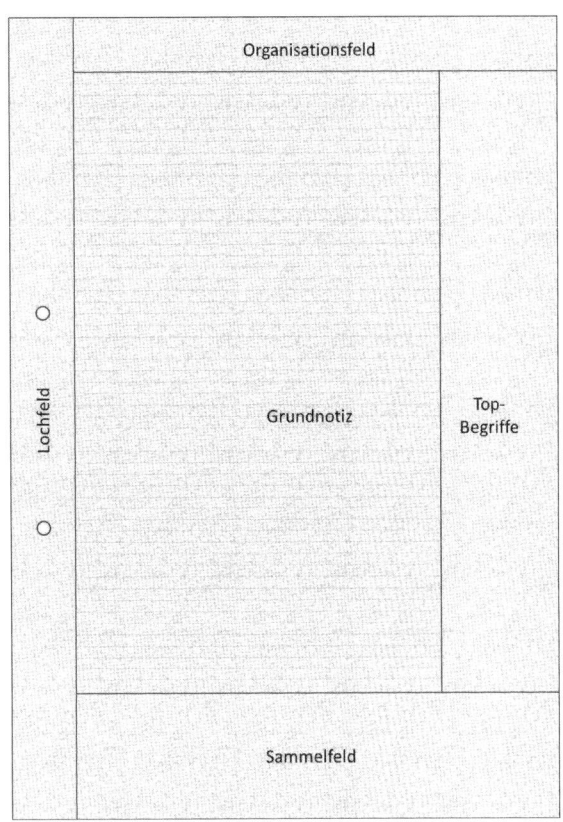

Das selbständige Erstellen von Notizen durch den Lernenden während des Unterrichts ist eine hohe Kunst, der in der Schule häufig aus dem Wege gegangen wird, die aber eine der elementaren Lerntechniken darstellt und in der späteren Bildungsbiographie der Lernenden als selbstverständlich gegeben erachtet wird. Es gibt mehrere Gründe, dieser Anforderung in der Schule aus dem Wege zu gehen: Die Anforderungen an die Lernenden – und auch an die Lehrkraft – sind sehr viel höher als beim Austeilen von Kopien, beim Diktieren oder beim Übertragenlassen. Außerdem ist durch die alternativen Vorgehensweisen deutlich einfacher sicherzustellen, dass die Unterlagen der Lernenden sachlich richtig und vollständig sind. Gleichwohl sollte die schwierige Technik des selbständigen Notizennehmens am Ende einer beruflichen Schule in den meisten Berufen beherrscht werden. Im Regelfall sollte diese Kompetenz schrittweise über einen längeren Zeitraum entwickelt werden und frühestens mit der neunten Klasse beginnen.[8]

Übersicht 9: Der lange, steinige Weg zur freien Notiz

Die Zielsetzung des eigenständigen Notizennehmens sollte erläutert werden. Hinzuweisen ist vor allem auf spätere Anforderungen in weiterführenden Bildungseinrichtungen sowie der Arbeitswelt, etwa bei der Verarbeitung von Vorträgen. Außerdem sollte die lernpsychologische Bedeutung erarbeitet werden: Selbständig Notizen zu erstellen trainiert die Organisation, die Elaboration und das kritische Prüfen und damit zentrale kognitive Lernstrategien.

Das Diktat ist eine Vorstufe des selbständigen Notizennehmens, von dem aus stufenweise umgeschaltet wird. Dem selbständigen Notizennehmen sollten Organisationsübungen vorweggestellt werden. Dazu zählen das Erstellen von Zusammenfassungen und Gliederungen, das Kennzeichnen wichtiger Textpassagen, das Erstellen von Schaubildern, Graphiken usw. Notierhilfen sind vorgegebene Strukturen, wie ‚leere' thematische Strukturen, oder Fragen zum Inhalt, die die Lernenden parallel zu einem Vortrag oder aber auch nach einem Text zur Verständnissicherung ‚ausfüllen'.

In der Übergangsphase vom Diktat spricht die Lehrkraft besonders langsam und redundant. Im Vortrag werden immer wieder Pausen eingestreut, die dem Lernenden Zeit für das Notiznehmen geben. Die Lehrkraft gibt starke Hinweise, die die Organisation unterstützen, beispielsweise werden Definitionen, Beispiele, Formeln und ähnliches deutlich hervorgehoben. Besonders wichtige Sachverhalte werden explizit als solche benannt. Wichtige Punkte werden parallel auf der Tafel oder einer OHP-Folie von der Lehrkraft präsentiert. Die Sequenzen, in denen Notizen genommen werden, sind vergleichsweise kurz. Die Lernenden erhalten von der Lehrkraft, von der Mitschülerin oder dem Mitschüler oder im Zuge einer Selbstbewertung ein Feedback zu den erstellten Notizen. Dabei empfiehlt sich die Arbeit mit Beurteilungsschemata. In einzelnen Bereichen, beispielsweise in der Buchführung, werden auch exakte Lösungsvorschläge vorgegeben.

Im Laufe der Zeit werden die Sequenzen verlängert, das Tempo erhöht, die Pausen verringert und die Hinweise zur Organisation zurückgefahren. Außerdem sollte zunehmend zur Selbstbewertung der Notizen übergegangen werden. Die Lernenden erhalten periodisch im Unterricht die Möglichkeit, ihre Notizen zu überprüfen. Dazu wird ihnen Zeit eingeräumt oder die Überprüfung erfolgt parallel zu einer Zusammenfassung durch die Lehrkraft. Beim fortgeschrittenen Erstellen von Notizen läuft das Notiznehmen parallel zum Unterricht und bedarf keiner weiteren Aufmerksamkeit durch die Lehrkraft.

Eine systematische Schulung des Notizenerstellens sollte sich über einen längeren Zeitraum und in mehreren Fächern parallel erstrecken. Sie sollte sich in der makrodidaktischen Planung niederschlagen. Dabei sollte auch das Nachbereiten der Notizen, beispielsweise das Vervollständigen der Top-Begriffe, berücksichtigt werden.

17.4.7 Exkurs: Das professionelle Ablagesystem der Lehrkraft

Eine gute funktionierende Ablage der Lehrkraft wird hier – neben weiteren persönlichen Arbeitstechniken wie eine professionelle Kalenderführung, E-Mail- und Aufgabenmanagement – als ein wichtiger Beitrag zur Entlastung von Lehrkräften gesehen.

> **STOPP:** Wie ist es um Ihre Ordnung auf der Festplatte bestellt? Stellen Sie sich vor, dass sich die Anzahl der von Ihnen zu verwaltenden Dokumente verhundertfacht: Kommen Sie noch zurecht? Nein? Wann wollen Sie das ändern?

Die Lehrkraft ist den Lernenden auch im Bereich der Organisation ihrer Unterlagen ein Vorbild. Sie sollte daher selbst ein Vorbild für eine saubere Organisation sein. Eine schlampig organisierte Lehrkraft kann nicht authentisch auf eine sorgfältige Arbeitsweise der Schülerinnen und Schüler drängen. Darüber hinaus kosten ein Chaos auf dem Schreibtisch einer Lehrkraft und unnötige Suchprozesse nicht nur Zeit und Nerven, sondern behindern eine produktive, kreative Arbeit. Dabei stellt sich eine Reihe von Gestaltungsaufgaben.

- ▶ **Digitale oder hybride Ablage:** Prinzipiell besteht heute die Möglichkeit in Kombination mit geeigneter Hardware wie Scannern, Fotoapparaten und Laptops oder Netbooks die Ablage komplett digital durchzuführen. Da die Lehrkraft jedoch häufig mit Materialien arbeitet, die ursprünglich nicht digital vorliegen, wird eine ‚normale' Büroablage neben der Verwaltung von Dateien auf dem Computer geführt.

▶ **Kooperative oder individuelle Ablage**: Webdienste, wie beispielsweise Dropbox, die ein System für die Synchronisation von Dateien zwischen verschiedenen Computern und Lehrkräften bieten, ermöglichen heute auf einfache Weise nicht nur die Datensicherung, sondern auch eine kooperative Ablage. Einer solchen Ablage steht die individuelle Ablage jeder Lehrkraft gegenüber. Die Tätigkeit einer Lehrkraft ist durch häufige Medienbrüche gekennzeichnet, etwa wenn eine auf dem Computer entworfene Übersicht auf Folie gezogen und mit Overheadprojektor dargeboten wird.

▶ **Ordnungsmittel**: Der Schreibwarenmarkt bietet eine Fülle von Ordnungsmitteln. Da die Lehrkraft häufig Unterlagen in den verschiedensten Formaten ablegen muss, Arbeitsblätter ebenso wie eine CD oder eine Folie, empfiehlt sich nicht auf Ordner, sondern auf Hängemappen zurückzugreifen.

▶ **Ordnungskriterien**: Eine erhebliche Herausforderung ist die Entwicklung eines eigenen Ordnungskriteriensystems. Eine Möglichkeit ist die Orientierung an den Lehrplänen. So entsteht eine Ablage nach Fächern bzw. Lernfeldern und Themen. Da die Ablage im Zweifelsfall länger als ein Lehrplan lebt, ist die strikte Orientierung am Lehrplan mit Vorsicht zu genießen. Eine Möglichkeit ist die Verwendung einer Hängemappe zu einem größerem Thema in einer Klasse, in dem dann – getrennt durch weitere Ordnungsmittel wie zum Beispiel Klarsichthüllen – Unterthemen abgelegt werden. Pro Unterthema werden dann Verlaufspläne, Folien, Arbeitsblätter, Leistungserhebungen usw. gesammelt. Neben diesen thematisch orientierten Teilen der Ablage ergibt sich meist die Notwendigkeit weitere Unterlagen abzulegen, die nicht nur ein Thema betreffen, etwa zur Klasse, zum Schuljahr oder zur Arbeit der Lehrkraft insgesamt, etwa Konferenz- und Sitzungsprotokolle, Fortbildungsmaterialien oder Unterlagen zu Klassenfahrten.

▶ **Beschriftung/Benennung**: Für die Ordnungsmittel bzw. die Ordner und Dateien sollte die angehende Lehrkraft ein einheitliches, eindeutiges Beschriftungs- und Benennungssystem entwickeln. Meist dürften dabei folgende Grundlagen eingehen: Fach/Lernfeld – Ggf. Ordnungsnummer – Thema – Klasse bzw. Jahrgang – Art der Unterlage. Bei der Art der Unterlage wird durch Kürzel vermerkt, um welchen Typ es sich handelt, z. B. „F" für „Folie", „P" für „Plan", „R" für „Revision", „SA" für „Schulaufgabe", „Ex" für „Stegreifaufgaben, Hausaufgabenüberprüfung" oder „Kurzüberprüfung („Extemporale").

▶ **Entsorgung und Datensicherung**: Die Ablage einer Lehrkraft wächst schnell. Im digitalen Bereich ist das weniger bedrohlich, da ein neuer Ordner für ein neues Schuljahr im Regelfall durch das Kopieren eines alten Ordners entsteht. Hier ist – ebenso wie bei Studierenden – die Entwicklung und konsequente Verfolgung eines Datensicherungssystems notwendig. Bei der ‚normalen' Ablage ergibt sich hier das Problem der Entsorgung. Schnell entstehen so überbordende Papierberge. Um diesen zu entgehen, kann statt der direkten Entsorgung auch dazu übergegangen werden, die Hängemappen in Kartons unterzubringen, die dann nicht mehr am Arbeitsplatz, sondern beispielsweise auf dem Dachboden, gelagert werden.

Eine optimale Lösung des Ablageproblems für Lehrkräfte scheint es nicht zu geben. Die Entwicklung eines eigenen Ablagesystems ist für angehende Lehrkräfte eine wichtige Aufgabe. Ein solches System sollte spätestens zu Beginn des Vorbereitungsdienstes entworfen werden und wird idealerweise mit anderen Referendarinnen und Referendaren, erfahrenen Lehrkräften oder der Seminarlehrkraft reflektiert. Die Optimierung der persönlichen Arbeitstechniken sollte für jede Lehrkraft eine Daueraufgabe sein.

17.5 Outro

17.5.1 Die wichtigsten Begriffe dieser Lerneinheit

- Tafel (Tafelfeld, -bereich, -block)
- Overheadprojektor
- Lesetechnik
- Schulbuch
- Arbeitsblatt
- Beamer
- Interaktives Whiteboard
- Visualizer
- Notizen nehmen
- Lernordner
- Differenzierung

- Innere Differenzierung (Binnendifferenzierung)
- Äußere Differenzierung (Schulübergreifend, Schulebene)
- Diversität
- Differenzlinie, Differenzierungskriterien
- Separation
- Integration
- Inklusion
- Inklusive Schule
- Ablagesystem

17.5.2 Tools

- Tool „Karte: Methoden des Wirtschaftsunterrichts" (TB-1.7)
- Tool „Inklusion und Wirtschaftsunterricht gestalten" (TB-1.8)
- Tool „Tafelarbeit: Kriterienkatalog" (TB-8.4)
- Tool „Arbeit mit Folien in der Klasse: Kriterienkatalog" (TB-8.5)
- Tool „Gestaltung von Arbeitsblättern: Kriterienkatalog" (TB-8.6)
- Tool „Fünf-Gang-Lesetechnik" (TB-13.6)

17.5.3 Kompetenzen

- Traditionelle Medien planen und ausarbeiten: Mit der Tafel arbeiten; Mit dem Overheadprojektor arbeiten; Schulbuch und längere Texte einsetzen; Arbeitsblätter gestalten und nutzen; Mit Lernordner und Notizen arbeiten; Interaktives Whiteboard und Visualizer einschätzen

- Durch Diversität, Inklusion und Differenzierung geprägt sein: Diversität als Chance sehen, Grenzen erkennen und im Unterricht nutzen; Inklusion als Chance sehen, Grenzen erkennen und im Unterricht nutzen; Differenzierung als Chance sehen, Grenzen erkennen und im Unterricht nutzen; Diversität, Differenzierung und Inklusion situativ werten

- Ziele im Zusammenhang mit Vielfalt nach Problemen, Gefahren und Potentialen reflektieren: Diversität als Ziele pädagogischer Arbeit reflektieren; Separation, Integration und Inklusion als Ziele pädagogischer Arbeit reflektieren; Individualisierung und Differenzierung als Ziele pädagogischer Arbeit reflektieren

- Binnen- und Außendifferenzierung bewerten können: Formen der Außendifferenzierung in beruflichen Schulen rekonstruieren; Binnendifferenzierung gestalten; Im traditionellen Unterricht binnendifferenzieren

17.5.4 Hinweise zur vertieften Auseinandersetzung: Weiterlesen

Das Differenzieren – allerdings ohne Bezug zu beruflichen Schulen – vertiefen die Veröffentlichungen Sorrentino, Linser und Paradies (2009), von Paradies und Linser (2009) sowie von Bönsch (1976). Dabei ist allerdings zu beobachten, dass gerade neuere Veröffentlichungen dem Differenzieren im traditionellen Unterricht im Vergleich zum handlungsorientierten Unterricht wenig Aufmerksamkeit widmen. Eine der wenigen Veröffentlichungen, die das Differenzieren im beruflichen Schulwesen erörtert ist (Heyne, 1993). Auch Hausaufgaben bieten Möglichkeiten der Differenzierung. Das Thema „Hausaufgaben" wurde hier nicht weiter problematisiert. Eine gute Übersicht liefert Dubs (2009, S. 551 ff.).

Zur Vertiefung des Umgangs mit Whiteboards siehe „Mit Whiteboards unterrichten: Das neue Medium sinnvoll nutzen" von Schlieszeit (2011).

17.5.5 Hinweise zur vertieften Auseinandersetzung: Weitersurfen

Auf den Einsatz von modernen und traditionellen Medien in Hochschulen zugeschnitten, aber trotzdem gehaltvoll für Lehrkräfte beruflicher Schulen:

http://www.e-teaching.org/

17.5.6 Literaturnachweis

Achtenhagen, F., Bendorf, M., Getsch, U. & Reinkensmeier, S. (2001). Mastery Learning mit Hilfe eines multimedial repräsentierten Modellunternehmens in der Ausbildung von Industriekaufleuten. In K. Beck & V. Krumm (Hrsg.), *Lehren und Lernen in der beruflichen Erstausbildung.* (Grundlagen einer modernen kaufmännischen Berufsqualifizierung., S. 233–256). Opladen: Leske + Budrich.

Aff, J., Hahn, A., Magyar, T., Materne, J. & Sailmann, G. (2005). Ausgewählte empirische Befunde der wissenschaftlichen Begleitforschung. In J. Aff & A. Hahn (Hrsg.), *Entrepreneurship-Erziehung und Begabungsförderung an wirtschaftsberuflichen Vollzeitschulen. Darstellung curricularer und theoretischer Überlegungen sowie empirischer Befunde und Handlungsempfehlungen eines Modellversuchs* (S. 27–80). Innsbruck, Wien, Bozen: Studienverlag.

Allmansberger, P., Bodensteiner, P. & Denneborg, G. (Hrsg.). (2010). *Berufsgruppen in der beruflichen Erstausbildung. Eine qualitative Antwort auf die demographische Entwicklung?!* München: Hanns-Seidel-Stiftung, Akad. für Politik und Zeitgeschehen.

Appelbaum, P. M. (2002). *Multicultural and diversity education. A reference handbook.* Santa Barbara, Calif.: ABC-CLIO.

Auer, K. (2002). „Political Correctness" – Ideologischer Code, Feindbild und Stigmawort der Rechten. *Österreichischen Zeitschrift für Politikwissenschaft, 31* (3), 291–303.

Biewer, G. (2010). *Grundlagen der Heilpädagogik und Inklusiven Pädagogik* (2. Aufl.). Stuttgart: UTB GmbH.

Bönsch, M. (1976). *Differenzierung des Unterrichts. Methodische Aspekte* (3. Aufl.). München: Ehrenwirth.

Bönsch, M. (2008). *Variable Lernwege. Ein Lehrbuch der Unterrichtsmethoden* (4. Aufl.). Sankt Augustin: Academia Verl.

Bonz, B. (2011). Aus- und Weiterbildung des Lehrpersonals. In H. Biermann & B. Bonz (Hrsg.), *Inklusive Berufsbildung. Didaktik beruflicher Teilhabe trotz Behinderung und Benachteiligung* (1. Aufl., S. 36–43). Baltmannsweiler: Schneider Hohengehren.

Booth, T. & Ainscow, M. (2003). *Index für Inklusion. Lernen und Teilhabe in der Schule der Vielfalt entwickeln.* Halle-Wittenberg (Übersetzt, für deutschsprachige Verhältnisse bearbeitet und herausgegeben von Ines Boban und Andreas Hinz).

Booth, W. C., Colomb, G. G. & Williams, J. M. (2003). *The craft of research.* Chicago: University of Chicago Press.

Brandenburg, U. & Domschke, J.-P. (2007). *Die Zukunft sieht alt aus. Herausforderungen des demografischen Wandels für das Personalmanagement.* Wiesbaden: Dr. Th. Gabler.

Brügmann, S. (2007). *Didaktische Bedeutung der Führung von Schülerheften und -unterlagen. Diplomarbeit am Lehrstuhl für Pädagogik, insbesondere Wirtschaftspädagogik.* Nürnberg.

Bühs, R. (1999). *Tafelzeichnen kann man lernen* (4. Aufl.). Hamburg: Bergmann + Helbig.

Burchert, H. & Sohr, S. (2005). *Praxis des wissenschaftlichen Arbeitens. Eine anwendungsorientierte Einführung.* München: Oldenbourg.

Büttner, A., Ruder, K. & Traub, C. (2011). Die Nürnberger WiSo-Bildungspaten. Individuelle Förderung in der Realität. *VLB - Akzente, 20* (10), 18–20.

Davis, B. G. (2009). *Tools for teaching* (2. Aufl.). San Francisco, CA: Jossey-Bass.

Dubs, R. (2009). *Lehrerverhalten. Ein Beitrag zur Interaktion von Lehrenden und Lernenden im Unterricht* (2. Aufl.). Stuttgart: Steiner.

DUK (Deutsche UNESCO-Kommission). (2009). *Inklusion. Leitlinien für die Bildungspolitik.* Bonn: Dt. UNESCO-Komm.

Endres, W., Gessler, R. & Eichenberger, J. (2002). *Werkstatt: Lernen. Unterrichtsmaterialien und Arbeitsblätter (Sek I/II)* (2. Aufl.). Weinheim, Basel: Beltz.

Endres, W. (2008). *So macht Lernen Spaß. Praktische Lerntipps für Schülerinnen und Schüler* (21. Aufl.). Weinheim: Beltz.

Ernst, F. (2012). Illustrationen in Rechnungswesenbüchern. *Zeitschrift für Berufs- und Wirtschaftspädagogik, 108* (1), 63–81.

Felbinger, A. & Mikula, R. (2005). Der Umgang mit Fachliteratur. Vom forschenden Lesen zur wissenschaftlichen Textproduktion. In H. Stigler & H. Reicher (Hrsg.), *Praxisbuch Empirische Sozialforschung in den Erziehungs- und Bildungswissenschaften.* (S. 24–35). Innsbruck, Wien, Bozen: Studienverlag.

Frick, R. & Mosimann, W. (2006). *Lernen ist lernbar* (11. Aufl.). Aarau: Bildung Sauerländer.

Gogolin, I. (2009). Über (sprachliche) Bildung zu Beruf: Sind bessere Berufsbildung-Chancen für junge Menschen mit Migrationshintergrund auch in Deutschland möglich? In N. Kimmelmann (Hrsg.), *Berufliche Bildung in der Einwanderungsgesellschaft. Diversity als Herausforderung für Organisationen, Lehrkräfte und Ausbildende* (S. 54–65). Aachen: Shaker.

Grabley-Liess, H. & Sandfuchs, U. (1987). Zur Heftführung. Eine Anregung. *Praxis Deutsch, 14* (82), 38–39.

Gudjons, H. (2003). *Frontalunterricht - neu entdeckt. Integration in offene Unterrichtsformen.* Bad Heilbrunn/Obb.: Klinkhardt.

Gudjons, H. (2006). *Methodik zum Anfassen. Unterrichten jenseits von Routinen* (2. Aufl.). Bad Heilbrunn: Klinkhardt.

Gutenberg, U., Iser, T. & Machate, C. (2010). *Interaktive Whiteboards im Unterricht. Das Praxishandbuch.* Braunschweig: Schroedel.

Hepting, R. (2008). *Zeitgemäße Methodenkompetenz im Unterricht. Eine praxisnahe Einführung in neue Formen des Lehrens und Lernens* (2. Aufl.). Bad Heilbrunn: Klinkhardt.

Heyne, M. (1993). *Innere und äußere Differenzierung in Fachklassen der Berufsschule. Autorenteam: Rolf Arnold, Karlheinz Buchheit, Emil Cronauer; Hans Kistenmacher, Thomas Miethig, Peter Schneider, Walter Weis.* Mainz: v. Hase & Koehler.

Hinz, A. (2002). Von der Integration zur Inklusion. Terminologisches Spiel oder konzeptionelle Weiterentwicklung. *Zeitschrift für Heilpädagogik, 53* (354-361).

Kirschner, U. & Kirschner, H. (1986). Überlegungen zur Schriftpflege und Heftfuehrung in der Grund- und Hauptschule. *Blätter für Lehrerfortbildung, 38* (1), 31–37.

Klippert, H. (2004). *Methoden-Training. Übungsbausteine für den Unterricht. Beltz Praxis* (14. Aufl.). Weinheim: Beltz.

KMK (Ständige Konferenz der Kultusminister der Länder Bundesrepublik Deutschland). (2007). *Handreichungen für die Erarbeitung von Rahmenlehrplänen der Kultusministerkonferenz (KMK) für den berufsbezogenen Unterricht in der Berufsschule und ihre Abstimmung mit Ausbildungsordnungen des Bundes für anerkannte Ausbildungsberufe (Stand September 2007).* Bonn: KMK.

KMK (Ständige Konferenz der Kultusminister der Länder Bundesrepublik Deutschland). (2011a). *Allgemeinbildende Schulen in Ganztagsform in den Ländern in der Bundesrepublik Deutschland. Statistik 2005 bis 2009.* KMK.

KMK (Ständige Konferenz der Kultusminister der Länder Bundesrepublik Deutschland). (2011b). *Inklusive Bildung von Kindern und Jugendlichen mit Behinderungen in Schulen. Beschluss der Kultusministerkonferenz vom 20.10.2011.* Bonn: KMK.

Leisen, J. (2010). *Handbuch Sprachförderung im Fach. Sprachsensibler Fachunterricht in der Praxis.* Bonn: Varus.

Lutz, H. & Wenning, N. (2001). Differenzen über Differenz - Einführung in die Debatten. In H. Lutz & N. Wenning (Hrsg.), *Unterschiedlich verschieden. Differenz in der Erziehungswissenschaft* (S. 11–24). Opladen: Leske + Budrich.

Metzger, C. (2000). *Wie lerne ich. WLI-Schule* (3. Aufl.). Aarau: Verlag Sauerländer.

Meyer, H. (1989). *Unterrichtsmethoden* (2: Praxisband). Berlin: Cornelsen Scriptor.

Neven, P. (1983). Medien und Arbeitsmittel. In M. Twardy (Hrsg.), *Kompendium Fachdidaktik Wirtschaftswissenschaften* (S. 445–495). Düsseldorf: Verlagsanstalt Handwerk.

Pahl, J.-P. (2008). *Berufsschule. Annäherungen an eine Theorie des Lernortes* (2. Aufl.). Bielefeld: Bertelsmann.

Paradies, L. & Linser, H. J. (2009). *Differenzieren im Unterricht* (4. Aufl.). Berlin: Cornelsen Scriptor.

Pinker, S. (2007). *The language instinct. How the mind creates language* (1. Aufl.). New York: HarperPerennial ModernClassics.

Preuss-Lausitz, U. (2009). Untersuchungen zur Finanzierung sonderpädagogischer Förderung in integrativen und separaten Schulen. In H. Eberwein & S. Knauer (Hrsg.), *Handbuch Integrationspädagogik. Kinder mit und ohne Beeinträchtigung lernen gemeinsam. Ein Handbuch* (7. Aufl., S. 514–524). Beltz.

Quante-Brandt, E. & Grabow, T. (2009). Ausbildungsrealität aus Sicht der Auszubildenden mit Migrationshintergrund. Einblicke in die Ausbildungsrealität von MigrantInnen im Bremer Handwerk. In N. Kimmelmann

(Hrsg.), *Berufliche Bildung in der Einwanderungsgesellschaft. Diversity als Herausforderung für Organisationen, Lehrkräfte und Ausbildende.* Aachen: Shaker.

Reetz, L. & Sievers, H.-P. (1983). Zur curriculum und lerntheoretischen Begründung der Fallstudienverwendung im Wirtschafslehreunterricht der Sekundarstufe II. In F.-J. Kaiser (Hrsg.), *Die Fallstudie. Theorie und Praxis der Fallstudiendidaktik* (S. 75–110). Bad Heilbrunn/Obb: Klinkhardt.

Reetz, L. (1984). *Wirtschaftsdidaktik. Eine Einführung in Theorie und Praxis wirtschaftsberuflicher Curriculumentwicklung.* Bad Heilbrunn/Obb.: Klinkhardt.

Schlieszeit, J. (2011). *Mit Whiteboards unterrichten. Das neue Medium sinnvoll nutzen.* Weinheim [u.a.]: Beltz.

Schomaker, C. & Ricking, H. (2012). *SonderPädagogik in Modulen. Teil 1: Grundlagen.* Baltmannsweiler: Schneider-Verl. Hohengehren.

Siemer, J. (2007). Arbeitsblätter. In J. Drumm (Hrsg.), *Methodische Elemente des Unterrichts. Sozialformen, Aktionsformen, Medien* (S. 124–135). Göttingen: Vandenhoeck & Ruprecht.

Sorrentino, W., Linser, H. J. & Paradies, L. (2009). *99 Tipps. Differenzieren im Unterricht.* Berlin: Cornelsen-Scriptor.

Sow, N. (2009). *Deutschland Schwarz Weiss. Der alltägliche Rassismus* (Goldmann, Bd. 15575,). München: Goldmann.

Spoun, S. & Domnik, B. D. (2004). *Erfolgreich studieren. Ein Handbuch für Wirtschafts- und Sozialwissenschaftler.* München: Pearson Education.

Steiner, G. (2006). Lernen und Wissenserwerb. In A. Krapp & B. Weidenmann (Hrsg.), *Pädagogische Psychologie. Ein Lehrbuch* (5. Aufl., S. 137–202). Weinheim: Beltz.

Stender, J. (2006). *Berufsbildung in der Bundesrepublik Deutschland* (2: Reformansätze in der beruflichen Bildung,). Stuttgart: Hirzel.

Wachendorfer, U. (2001). Weiß-Sein in Deutschland. Zur Unsichtbarkeit einer herrschenden Normalität. In S. Arndt, H. Thierl & R. Walther (Hrsg.), *AfrikaBilder. Studien zu Rassismus in Deutschland* (S. 87–101). Münster: Unrast.

17.5.7 Anmerkungen

[1] Die Terminologie ist hier nicht eindeutig. Bönsch (2008) setzt neben die Binnendifferenzierung die äußere Differenzierung und die Schulsystemdifferenzierung sowie Schuldifferenzierung.

[2] Unterscheidung nach Schomaker und Rickung (2012, S. 135), die Bürli und Sander aufgreifen.

[3] Die bayerischen Arbeiten orientierten sich dabei auch am sächsischen Modellversuch „Berg" Allmansberger, Bodensteiner und Denneborg (2010).

[4] Hinzuweisen ist insbesondere auf das Konzept des Mastery Learning. Siehe Achtenhagen, Bendorf, Getsch und Reinkensmeier (2001).

[5] Die beiden hier übergangenen Aufgaben leistet Neven (1983).

[6] Booth, Colomb und Williams (2003); Burchert und Sohr (2005); Felbinger und Mikula (2005); Metzger (2000, S. 75 ff.). Zur 5-Gang-Methode siehe auch Endres (2008, S. 65 ff.); Klippert (2004, S. 99).

[7] Die hier vorgeschlagene Gestaltung von persönlichen Notizen verdichtet entsprechende Vorschläge in der Literatur: Brügmann (2007); Endres, Gessler und Eichenberger (2002, S. 38 ff.); Metzger (2000, S. 75 ff.).

[8] Die hier vorgeschlagene Entwicklung der Kompetenzen zum selbständigen Verfassen von Notizen verdichtet entsprechende Vorschläge in der Literatur: Brügmann (2007, S. 24 ff.); Davis (2009, S. 265); Endres et al. (2002, S. 38 ff.); Metzger (2000, S. 75 ff.).

18.1 Zur Orientierung: Was Sie hier erwartet

18.1.1 Worum es hier geht

„Also, dieses Handy ist doch total klotzig!" sagt Arife, eine Schülerin einer Einzelhandelsklasse. Sie spielt die Rolle der nörgelnden Kundin gut. „Da haben Sie vollkommen recht!" sagt Roman in der Rolle des Verkäufers. „Dieses Smartphone ist etwas schwerer als andere. Aber: Das Smartphone ist natürlich auch stabiler. Und hat auch eine sehr hochwertige Kamera, einen sehr guten MP-3-Spieler und, das ist ja heute besonders wichtig, eine sehr gute Facebook-App!".

Arife und Roman spielen jetzt schon seit zehn Minuten das Rollenspiel. Die anderen Schülerinnen und Schüler schauen gespannt – entweder auf Arife und Roman oder in ihre Beobachtungsbögen. Vorher war das Thema „Einwandsbehandlung" in der Klasse durchgesprochen worden. Außerdem war die Klasse sorgfältig den Beobachtungsbogen durchgegangen. Der Beobachtungsbogen orientiert sich am Bewertungsschema der IHK für das fallbezogene Fachgespräch in der Abschlussprüfung.

Bernd, der Lehrer der beiden, sitzt hinter der Videokamera und grinst innerlich. Wieder mal freut er sich über seine Einzelhändler. Jetzt, wie kompetent Roman den Einwand von Arife behandelt und notiert sich gleich die Laufzeit auf dem Video. „Da werde ich in der Nachbereitung noch aweng drauf rumreiten". Schreibt's auf, grinst und beobachtet weiter …

18.1.2 Inhaltsübersicht

18   Simulationsmethoden planen und ausarbeiten 561

  18.1   Zur Orientierung: Was Sie hier erwartet 562

    18.1.1   Worum es hier geht 562

    18.1.2   Inhaltsübersicht 563

    18.1.3   Zusammenfassung 563

    18.1.4   Einordnung in das Prozessmodell 564

  18.2   Simulationsmethoden: Was darunter verstanden wird 565

  18.3   Allgemeine Simulationsmethoden planen und ausarbeiten 566

    18.3.1   Rollenspiele planen und ausarbeiten 566

    18.3.2   Videofeedback gestalten 571

    18.3.3   Fallstudienarbeit gestalten 575

    18.3.4   Planspiele gestalten 580

  18.4   Kaufmännische Simulationsmethoden nutzen 584

    18.4.1   Lernbüro, Übungsfirma und Juniorenfirma: Was darunter verstanden wird 584

    18.4.2   Die Übungsfirmenarbeit gestalten 585

    18.4.3   Die Juniorenfirmenarbeit gestalten 590

  18.5   Technikdidaktische Methoden der Analyse und Synthese technischer Systeme 592

    18.5.1   Systemorientierte Aufgaben und Analysen in der Technik 592

    18.5.2   Die Fertigungs- und Konstruktionsaufgabe 593

  18.6   Outro 594

    18.6.1   Die wichtigsten Begriffe dieser Lerneinheit 594

    18.6.2   Tools 594

    18.6.3   Kompetenzen 595

    18.6.4   Hinweise zur vertieften Auseinandersetzung: Weiterlesen 595

    18.6.5   Hinweise zur vertieften Auseinandersetzung: Weitersurfen 595

    18.6.6   Literaturnachweis 595

    18.6.7   Anmerkungen 598

18.1.3 Zusammenfassung

In dieser Lerneinheit steht eine handlungsorientierte Methodengruppe – die Simulationsmethoden – im Vordergrund. Kennzeichnend für diese Methoden ist die Arbeit mit Modellen, die durch die Abstraktion und didaktische Umformung der Wirklichkeit gewonnen werden. Diese Modelle werden in der Spielsituation angewendet, wobei diese in einem Dreischritt von Briefing, Spielen und Debriefing abläuft. Dabei ist dem Debriefing eine besondere Aufmerksamkeit zu widmen.

Rollenspiele, Videofeedback, Planspiele und Fallstudien werden auch außerhalb der kaufmännischen Bildung eingesetzt und wurden daher hier als „allgemeine Simulationsmethoden" bezeichnet. Neben diese treten die Lernfirmen als spezifisch kaufmännische Simulationsmethoden. Dabei unterscheiden sich Lernbüro, Übungsfirma und Juniorenfirma danach, inwieweit die Produkt- und Geldströme sowie die Außenkontakte fiktiv oder real sind.

18.1.4 Einordnung in das Prozessmodell

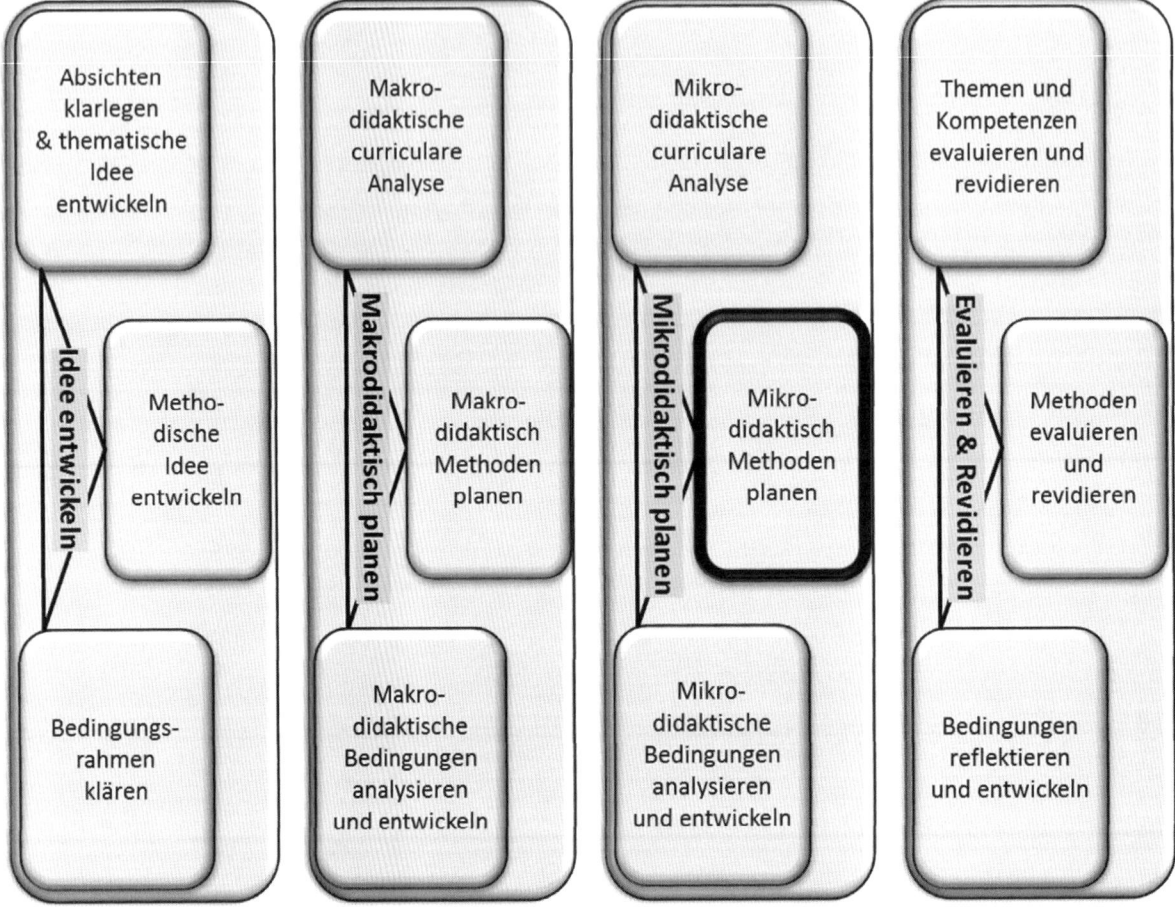

In dieser Lerneinheit wird der bunte Strauß handlungsorientierter Methoden weiter vervollständigt. Die Karte „Methoden des Wirtschaftsunterrichts" (TB-1.7) bettet diese Methoden ein. Dabei werden allgemeine Simulationsmethoden, die auch außerhalb des kaufmännischen Unterrichts vorkommen, von spezifischen kaufmännischen Simulationsmethoden unterschieden. Außerdem wird auf die systemorientierten Methoden in der Berufspädagogik eingegangen.

18.2 Simulationsmethoden: Was darunter verstanden wird

Kennzeichnend für Simulationsmethoden ist das Lernen in und an Modellen. Ein solches Modell, bei spielsweise ein von der Lehrkraft aus didaktischen Erwägungen heraus entworfenes Rollenspiel, wird durch eine Vereinfachung und didaktische Umgestaltung der Wirklichkeit gewonnen. Die Schülerinnen und Schüler schlüpfen in die Rolle derjenigen, die in der Realität zu handeln haben. Simulationsmethoden versprechen, dass sich die in diesen Modellsituationen erworbenen Kompetenzen vergleichsweise einfach in die Wirklichkeit übertragen lassen. Das Grundprinzip der Simulationsmethoden ist mithin ein Zyklus von Wirklichkeit – Modell – Modellsituation (Capaul & Ulrich, 2010, S. 25).

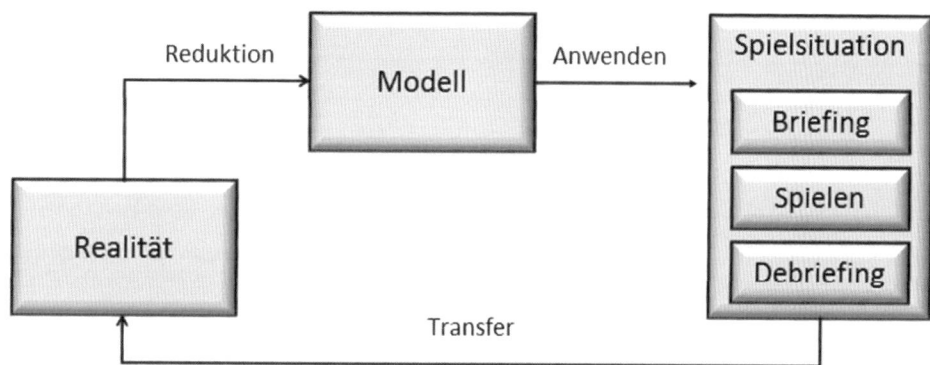

Übersicht 1: Grundprinzip der Simulationsmethoden in Anlehnung an Capaul und Ulrich (2010)

In seiner Habilitationsschrift hat Tramm bereits 1996 zwei Ebenen des Lernhandelns bei Simulationsmethoden, insbesondere der Übungsfirma, unterschieden: Das Lernen im Modell (LiM) und das Lernen am Modell (LaM). Bei LiM tauchen die Lernenden in das Modell ein, sie arbeiten mit Aufgabenstellungen in dem durch das Modell vorgegebenen Rahmen. Das Lernen am Modell (LaM) bezieht sich hingegen auf das Modell selbst. Hier geht es beispielsweise darum, eine Distanz zum Modell zu gewinnen und über Beschränkungen sowie Möglichkeiten und Grenzen des Transfers zu reflektieren. Tramm arbeitet dabei heraus, dass LiM und LaM in einem Abhängigkeitsverhältnis stehen (1996).

Definition 1: Simulationsmethode

Eine Simulationsmethode ist eine allgemeine oder spezifisch kaufmännische Unterrichtsmethode, bei dem ein die Realität abbildendes Modell ein Lernen im und am Modell im Dreischritt von Briefing, Spielen und Debriefing erlaubt.

Simulationsmethoden sind von anderen Unterrichtsmethoden oft nur schwer abzugrenzen. Zu den *allgemeinen* Simulationsmethoden werden hier das Planspiel, das Rollenspiel, die Fallstudie sowie das Videofeedback gezählt. Neben diesen allgemeinen Simulationsmethoden treten Simulationsmethoden, die typisch für die kaufmännische und technische Bildung sind. Zu den Simulationsmethoden, die in dieser Form nur in der *kaufmännischen* Bildung vorkommen, gehören Lernfirmen, d. h. komplexe kaufmännische Simulationen, die die Arbeitssituation von Kaufleuten in Büros nachbilden.

18.3 Allgemeine Simulationsmethoden planen und ausarbeiten

18.3.1 Rollenspiele planen und ausarbeiten

18.3.1.1 Das Rollenspiel: Was darunter verstanden wird

Rollenspiele „sind dadurch gekennzeichnet, dass Lernende als Akteure Rollen übernehmen und in simulierten Situationen aus dem Bereich von Arbeit und Beruf soziale Verhaltensweisen im Spiel realisieren" (Bonz, 2009, S. 140). Grundlegend ist dabei der Begriff der Rolle, der ursprünglich aus der Welt des Theaters stammt und inzwischen ein Grundbegriff der Soziologie ist. Rollen sind in der Soziologie *Verhaltensnormen*, denen eine bestimmte Gruppe von Gesellschaftsmitgliedern unterliegt. So unterliegen Väter und Mütter in der Gesellschaft bestimmten Verhaltensnormen, die sagen, was von einem Vater oder einer Mutter erwartet wird, was statthaft ist und was zu unterbleiben hat. Dies gilt auch für die Rolle „Studierende" oder die Rolle „Lehrkraft". Falls ein Mitglied von den Verhaltensnormen der Gruppe abweicht, wird es sanktioniert (Miebach, 2006, S. 39 ff.). Solche Sanktionen können von einer Ermahnung und einem abfälligen Blick bis hin zur lebenslangen Haftstrafe reichen.

Definition 2:   Rollenspiel
Ein Rollenspiel ist eine allgemeine Simulationsmethode, bei der die Lernenden eine Rolle übernehmen und entsprechend dieser Verhaltenserwartungen agieren und reflektieren.

Die Auseinandersetzung mit Verhaltensnormen für eine – im Rollenspiel im Vordergrund stehende – Rolle, die Umsetzung dieser Normen in konkrete Handlungen in bestimmten Situationen, aber auch die Frage, wie weit gegen diese Verhaltensnormen in einer Situation verstoßen werden kann oder gar muss, ist das zentrale didaktische Ziel beim Rollenspiel.

STOPP: Sicherlich haben Sie sich schon mal in einem Rollenspiel eingebracht. Fanden Sie diese Unterrichtsmethode zielführend? Wie haben Sie sich dabei gefühlt? War Ihnen diese Unterrichtsmethode recht oder hätten Sie lieber eine andere gehabt? Wie wurden Sie auf das Rollenspiel vorbereitet?

18.3.1.2 Das Rollenspiel im Interdependenzzusammenhang

Das Rollenspiel ist vor allem eine Methode zur Förderung von Sozialkompetenz (Lindner & Peter, 1997, S. 239 f.). Mit Rollenspielen kann sowohl der kognitive als auch der affektive Bereich gefördert werden. Neben dem Artikulieren und Interpretieren spielt dabei die Entwicklung einer normativen Orientierung des eigenen Handelns als moralisches Selbst eine große Rolle. Lindner und Peter (1997, S. 239 f.) weisen vor allem auf die Kooperationsfähigkeit, die Konfliktfähigkeit, die Rollendistanz bzw. den Rollenkonflikt, die Erarbeitung komplexer Problemlösungen sowie die Schulung von Ambiguitätstoleranz und Antirassismus hin. Rollenspiele dienen auch zur Förderung von Selbstkompetenz, insbesondere der Entwicklung eines Systems langfristiger Ziele der Lernenden.

Rollenspiele eignen sich für komplexe Themen, die konflikthaltig sind und keine eindeutige Lösung bieten. Sie eignen sich besonders, wenn die Betrachtung eines Themas oder eines Problems aus mehreren Perspektiven gewinnbringend ist.

Das Rollenspiel lässt sich in der Unterrichtsreihe an verschiedenen Stellen verankern. Lindner und Peter (1997, S. 241) empfehlen es zur Einführung in eine neue Thematik, zum Erarbeiten von Inhalten, zur Wiederholung und zur Zusammenfassung sowie zur Überprüfung von Lernerfolgen. Bei Speth (2004, S. 400) hingegen dienen Rollenspiele der Motivationssteigerung, der Auflockerung, der Kontrastierung verschiedener einnehmbarer Positionen, der Situationsanalyse sowie der bewussten Sprachförderung.

Das Rollenspiel verlangt von den Lernenden eine ausgeprägte Kompetenz bezüglich der Unterrichtsmethode „Rollenspiel". D. h. das Rollenspiel stellt eine – und zwar erhebliche – Anforderung an die Lernkompetenz. Die Lehrkraft sollte zur Abschätzung der Lernkompetenz der Lernenden eine Reihe von Fragen stellen.

Zunächst muss sich die Lehrkraft fragen, ob die Lernenden für die Vor- und Nachteile sowie Möglichkeiten und Grenzen des Rollenspiels sensibilisiert werden müssen? Sind, wie häufig in beruflichen Schulen der Fall, entsprechende Instruktionen bzw. Informationsmaterial zum Rollenspiel vorzusehen, sind Beteiligungsängste zu nehmen und eine stufenweise Heranführung an Rollenspiele zu leisten. Dazu kann die Lehrkraft in der Jahres- oder Reihenplanung eine ‚aufsteigende Folge' vorsehen: Sie beginnt mit den ausgiebig geübten aufgebenden Sozialformen des traditionellen Unterrichts: Einzelarbeit, Partner- und Gruppenarbeit. Diese kleineren Arbeiten werden ausgedehnt bis die Lernenden bereit scheinen, erste Rollenspiele und zwar Spiele mit einem hohen Steuerungsgrad zu spielen.

Die Lehrkraft muss sich weiterhin fragen, ob die Lernenden mit dem Ablauf von Rollenspielen vertraut sind. Wenn diese Frage zu verneinen ist, ist eine Einführung in die Prozeduren von Rollenspielen zu leisten. Dazu kann die Arbeitsblattvorlage zum Rollenspiel verwendet werden (TB-11.4). Außerdem muss die Lehrkraft hinterfragen, ob die Lernenden den Umgang mit Feedback beherrschen. Das Geben und Empfangen von Feedback wird ausführlich in Lerneinheit 20 erläutert. Dort wird auch ein Kriterienkatalog für Feedback (TB-14.18) vorgestellt.

18.3.1.3 Rollenspiele für den Unterricht entwerfen

Die Toolbox gibt eine Checkliste zur Vorbereitung von Rollenspielen (TB-11.3). Bitte studieren Sie diese Hilfe parallel zum folgenden Text.

Bei der Vorbereitung des Rollenspiels werden in einem ersten Schritt die Größe und der Steuerungsgrad festgelegt sowie eine Situation mit entsprechenden Rollen ausgewählt. Die *Größe* kann in Unterrichtsstunden gemessen werden. Das Rollenspiel gilt oft als eine Methode, die gleich mehrere Unterrichtsstunden umfasst. Speth (2004, S. 400 f.) merkt jedoch an: „Viele kleinere Rollenspiele sind pädagogisch als weit wertvoller anzusehen als einige, gezwungenermaßen wenige, jedoch umfassendere Lernspiele". Neben der Größe ist in der Vorbereitung – vor allem abhängig von der Lernkompetenz der Schülerinnen und Schüler – der *Steuerungsgrad* des Rollenspiels festzulegen. Offene Rollenspiele sind Rollenspiele mit einem niedrigen Steuerungsgrad: Sie machen nur wenig Vorgaben zu den Rollen, haben unpräzise oder gar keine Rollenkarten und sind bei hoher Rollenspielerfahrung der Lernenden angebracht. Spiele mit einem hohen Steuerungsgrad sind geschlossene Rollenspiele. Parallel zur Größe und zum Steuerungsgrad ist *das eigentliche Spiel* in einem mehrstufigen Prozess zu entwickeln (Lindner & Peter, 1997, S. 242 ff.). In einem ersten Schritt sollte die Situation ausgewählt werden, also das zugrundeliegende Problem bzw. der zugrundeliegende Konflikt. Dieser sollte nicht nur einen Bezug zu den Lernzielen haben, sondern auch eine wohlproportionierte Schneidung von Rollen erlauben, also den einzelnen Spielern etwa gleichmäßige Spielanteile ermöglichen. Nach dieser Entscheidung für eine Situation und die darin vorgesehenen Rollen wird ein erster Ablauf des Rollenspiels skizziert und der Zeitbedarf für das Rollenspiel eingeschätzt. Eventuell wird auf der Grundlage dieser Ergebnisse die Größe des Spiels, der Steuerungsgrad, die Definition der Situation und der Rollen noch einmal überarbeitet.

Im nächsten Schritt wird das Spielmaterial produziert: Die Situationsbeschreibung, die Rollenkarten und das sonstige Material (Lindner & Peter, 1997, S. 242 ff.). Hinzu kommt die Ausstattung der Feedbackgebenden. Die Situationsbeschreibung sollte sich möglichst an realen Gegebenheiten orientieren. Ausnahmesituationen oder nebensächliche Situationen sind zu vermeiden. Die Situationsbeschreibung darf keine fertigen Lösungen präsentieren, sondern sie sollte einen hinreichenden Entscheidungsspielraum vorsehen. Die Situation sollte interessant sein, d. h. zu einer Handlung auffordern und die Lernenden motivieren.

Die Rollenkarten beschreiben das Wissen und die Fähigkeiten der Spielperson, ihre Motive und Wertvorstellungen, ihre Macht und Autorität sowie ihre Zwänge und Interessen, soweit diese nicht ohnehin durch die Situation bzw. den Kontext klar sind. Die Karten sollten in der Du-Form bzw. in der Sie-Form („Sie sind…") abgefasst sein, wie etwa im Beispiel „Verein für Naturschutz" (Klippert, 1999, S. 85). Die Rollenkarten erleichtern die Identifikation der Rollenspielenden mit der Rolle. Daher sollten die Rollenkarten keine Gefühle beschreiben, sondern eine Situation, die die Gefühle anspricht: Statt „Sie sind traurig, dass …", wird eine traurige Situation beschrieben. Die Lehrkraft sollte der Versuchung widerstehen, in den Rollenkarten erwartete oder erwünschte Ergebnisse zu ‚verstecken'. Das Aufdecken von Ergebnissen ist die vornehme Aufgabe der Auswertung des Rollenspiels.

Beispiel für eine Rollenkarte: Verein für Naturschutz

Das ist Eure Rolle: Ihr seht Eure besondere Aufgabe darin, die Bernbach-Aue als wichtiges Naturschutzgebiet unverändert zu erhalten. Deshalb wendet Ihr Euch entschieden gegen den Standort B, der das bedeutendste Feuchtgebiet zerstören würde. Außerdem wollt Ihr, dass im Raum Bernau die Luft und die Gewässer sauber bleiben, was im Falle der Errichtung des geplanten Chemiebetriebes nicht sicher wäre. Ihr setzt die anderen Gruppen entsprechend unter Druck. Ob Ihr letztendlich das Chemiewerk ganz oder nur den Standort B ablehnt, müsst Ihr entscheiden.

Das könnt Ihr z. B. tun: Protestbriefe an den Stadtrat, das Wirtschaftsministerium und die Chemie-AG schreiben; Flugblätter und Plakate erstellen und den anderen Gruppen zugänglich machen; einen Aufruf für eine Demonstration entwerfen; Informationsgespräche mit anderen Gruppen führen; die Presse gezielt informieren/Leserbriefe schreiben; eingehende Briefe beantworten … usw.

Zusatzinformationen und Denkanstöße
- Wiederholte Betriebsstilllegungen der Chemie-AG (s. M 3) lassen Euch daran zweifeln, ob der Betrieb in Bernau wirklich auf lange Sicht geplant ist.
- Die Stadt müsste für die Erschließung des Gewerbegebiets voraussichtlich Kredite in Höhe von rund 5 Mio. DM aufnehmen. Und das bei Kreditzinsen von 10 % pro Jahr.
- In seiner letzten Regierungserklärung hat der Ministerpräsident mit Nachdruck versichert, dass der Umweltschutz an vorderster Stelle der Politik stünde.
- Zur Abluftreinigung wären moderne Filteranlagen nötig. Außerdem müsste die Stadt eine große Kläranlage bauen, damit die Abwässer der Chemiefabrik einigermaßen gereinigt in den Bernbach einmünden.
- Wenn es Euch gelingt, die Bevölkerung gegen den Stadtrat aufzubringen, dann müssten einige Stadträte bei den nächsten Wahlen mit dem Verlust ihrer Posten rechnen.

Übersicht 2: Rollenkarte zu „Ein Naturschutzgebiet in Gefahr" von Klippert (1999, S. 85)

Ein wichtiger Teil des Spiels ist das Feedback durch die Beobachtenden. Dieses Feedback sollte grundsätzlich nicht ‚frei', also ohne Beurteilungsinstrumente geschehen. Die Gefahr ist sonst zu groß, dass das Feedback oberflächlich oder verletzend wirkt. Die Lehrkraft muss dazu Beobachtungs- bzw. Beurteilungsinstrumente für die Feedbackgebenden bereitstellen. Diese können in einem vorlaufenden Unterricht eine große Rolle spielen, etwa wenn zunächst die Phasen des Verkaufsprozesses strukturiert werden. Die Lehrkraft kann auch auf die Beobachtungs- und Bewertungsbögen zurückgreifen, die von den Prüfungsausschüssen der zuständigen Stellen bei der Abschlussprüfung eingesetzt werden, beispielsweise zum Kundenberatungsgespräch im Bankbereich. Auf die Erstellung dieser Bögen – es handelt sich um ein Performance-Assessment – wird zu einem späteren Zeitpunkt eingegangen. Den Schülerinnen und Schülern wird so die Möglichkeit gegeben, sich auch auf diesen Teil der Prüfung vorzubereiten. Diese Beobachtungs- und Bewertungsbögen können weiter ausdifferenziert oder aus didaktischen Gründen verändert werden. Die Schülerinnen und Schüler, vor allem die Feedbackgebenden, sollten sich in jedem Fall vor dem eigentlichen Spielen intensiv mit den Bögen auseinandergesetzt haben.

18.3.1.4 Der Ablauf des Rollenspiels

In der Toolbox finden Sie ein Ablaufschema zum Rollenspiel (TB-11.2). Das Rollenspiel erfolgt in drei Phasen: Briefing, Spielen und Debriefing.

Das *Briefing* umfasst den Einstieg, die Erarbeitung der Rollen, die Einweisung der Beobachter sowie die technischen Vorbereitungen. Während des Einstiegs gibt die Lehrkraft das Thema bekannt, gibt eine Kurzbeschreibung der Situation und der Zielsetzungen des Rollenspiels und ruft die Prozeduren für Rollenspiele kurz in Erinnerung. Häufig hat die Lehrkraft die Brücke zu den Inhalten des bisherigen Unterrichts zu schlagen. Die Erarbeitung der Rollen durch die Lernenden kann unterschiedlich erfolgen (Meyer, 1989, S. 360 f.). Typisch ist die Erarbeitung der Rollen in Einzelarbeit: Die Rollenspielenden erhalten die Rollenkarten und informieren sich kurz. Parallel zur Rollenerarbeitung erfolgt für die Beobachtenden eine Einweisung, die den Beobachtungsauftrag klarstellt, eventuell die Feedback-Regeln wiederholt sowie den angemessenen Einsatz des Beobachtungsbogens sicherstellt. Gerade für Anfängerinnen und Anfänger im Rollenspiel stellt diese Form der Erarbeitung von Rollen häufig eine Überforderung dar. Alternativ können daher die Rollen auch in Gruppen erarbeitet werden. Die Klasse wird dann in Gruppen eingeteilt und diese sammeln Argumente, Verhaltensweisen, ‚Schachzüge‘ usw. Erst danach wird der Klassenverband neu gruppiert und eine Gruppe von Spielenden und Beobachtenden neu gebildet. In jedem Fall ist das Feedback im Briefing sorgfältig vorzubereiten. Erfahrungsgemäß können die Lernenden kaum mehr als drei oder vier Beobachtungskriterien anwenden. Bei umfangreichen Beobachtungsbögen sollte die Lehrkraft daher Gruppen bilden, die einzelne Kriterien zugeordnet bekommen.

Während sich die Spielenden und Feedbackgebenden einarbeiten, hat die Lehrkraft nochmals die technischen Voraussetzungen zu überprüfen. Dazu gehört es, die Räume entsprechend zu gestalten sowie etwaige Hilfsmittel bereitzustellen, z. B. Namensschilder für die Rollen.

Während der *Spielphase* obliegt der Lehrkraft der Startschuss, eventuell notwendige Interventionen sowie das Schlusssignal. Der Einstieg erfolgt durch eine Frage oder eine Provokation entweder durch die Spielleitung (Lehrkraft) oder einen erfahrenen Lernenden in der Rolle der Spielleitung. Interventionen in das Rollenspiel sollten nur im absoluten Ausnahmefall erfolgen, z. B. bei groben Beschimpfungen. Ein Verlauf, der nicht dem geplanten Verlauf der Spielleitung entspricht, ist *kein* Grund für eine Intervention, sondern wird im Rahmen der Nachbereitung aufgefangen. In der Tat ist die Versuchung groß, ‚Fehlentwicklungen‘ im Spielverlauf durch Interventionen zu ‚heilen‘. Das ‚Gerade-Rücken‘ solcher Entwicklungen ist jedoch Aufgabe des Debriefings und stellt häufig eine große Chance dar. Der Abbruch erfolgt im Regelfall durch die Spielleitung, bei kleineren Spielen nach einer Dauer von circa 10 bis 15 Minuten. Häufig wartet die Spielleitung nicht auf ein ‚logisches‘ oder ‚natürliches Ende‘, sondern bricht das Spiel ab, wenn sie den Eindruck erhält, dass genügend Grundlagen für die weitere Arbeit zur Verfügung stehen.

Das *Debriefing* umfasst die Auswertung und hat drei Teile, nämlich die Runde der Spielenden, die Runde der Beobachtenden sowie eine Nachbereitung durch die Spielleitung. Das Debriefing stellt den zentralen Unterschied zum ‚Nur-Spielen‘ dar und ist grundlegend für den Erfolg von Rollenspielen.

Zunächst erfolgt das Feedback. Zuerst wird den Spielern die Möglichkeit einer Selbstreflexion (‚Eigen-Feedback‘) gegeben. Diese Selbstreflexion gibt den Feedbackempfangenden vorab die Möglichkeit, eigene Handlungen zu analysieren. Gleichzeitig sieht die Lehrkraft, wie die Feedbackempfangenden mit sich selbst umgehen. Gerade bei komplexeren Rollenspielen lohnt es sich, den Spielenden etwas Zeit für die ‚Besinnung‘ im Rahmen einer Einzelarbeit zu geben. Die Feedbackgebenden können parallel ihr Feedback vorbereiten. Der Runde der Spielenden folgt die Runde der Beobachtenden, die sich der Beobachtungsbögen bedient. Zunächst sollten sich die Feedbackgebenden auf die Stärken konzentrieren. Das Herausarbeiten von Stärken soll den Boden für die Arbeit an problematischen Punkten bereiten. Die Lehrkraft hat in dieser Phase des Debriefings sorgfältig auf die Einhaltung der Feedback-Regeln zu achten. Sie kann diese Aufgabe auch einem Schüler oder einer Schülerin übertragen, beispielsweise einem ‚Feedback-Richter' bzw. einer ‚Feedback-Richterin' mit einer Hupe. Die Lehrkraft hat zu gewährleisten, dass sich das Feedback am Instrument orientiert. Es soll nicht zu einem ‚Gefühlsfeedback' oder einem ‚Flanieren durch Themen' kommen. Die Zahl der Kritikpunkte sollte begrenzt werden, um die Empfangenden nicht zu überfordern und um eine Begrenzung auf zentrale Punkte zu fördern. Dabei ist die Durchführung des Feedbacks als Kartenabfrage förderlich. Dies hat, ggf. mit Hilfe einer Digitalkamera, auch den Vorteil, dass sich das Feedback gut dokumentieren lässt. Auch andere Formen der Verschriftlichung helfen gedankenlose Bemerkungen zu verhindern (Toelstede & Gamber, 1993). Die Auseinandersetzung mit dem Beobachtungsbogen, also die Frage, wie sich Theorien oder Konzepte in beobachtbare Kategorien niederschlagen, das Handeln entlang dieser Kategorien und die Bewertung dieser Handlungen spielen in dieser Phase des Debriefings eine zentrale Rolle. Vor allem, wenn die Verhaltensnormen recht klar sind und deren Beachtung auch Prüfungsgegenstand ist, zum Beispiel in einer IHK-Prüfung, wird ein Schwergewicht auf diese Phase gelegt.

Im nächsten Debriefing-Schritt erfolgt die Auswertung. Die Lehrkraft übernimmt in dieser Phase oft eine stärkere Rolle. Sie nimmt eventuell Korrekturen vor und zwar Korrekturen von „Fehlentwicklungen" im Rollenspiel sowie gegebenenfalls fachliche Korrekturen. Sie systematisiert die erlangten Argumente und Erkenntnisse. Außerdem werden die Bezüge zu Lernzielen geprüft. Weiterhin erfolgt eine Übertragung der erlangten Erkenntnisse, d. h. eine Verallgemeinerung der Argumente und Erkenntnisse, eine Übertragung auf vergleichbare Situationen. Schließlich kann ein Vergleich mit einer Realsituation und deren Entwicklung erfolgen und es können eventuell die Prozeduren für Rollenspiele kurz thematisiert werden. Bei der Auswertung empfiehlt sich eine Orientierung an den 5-E des Debriefings.[1] In der Toolbox ist dies in der Übersicht wiedergegeben (TB-11.1).

5-E-Debriefing

- **Events**: Zunächst stellt die Debrieferin bzw. der Debriefer die Frage „Was ist abgelaufen?". Dabei geht es darum, die Ereignisse und Beobachtungen aufzudecken, zu systematisieren und für den weiteren Verlauf zur Verfügung zu stellen.
- **Emotions**: Debriefende fahren fort mit der Frage „Was haben Sie empfunden?". Dabei sollen die begleitenden Emotionen aufgedeckt werden. Wenn die Lernenden Schwierigkeiten haben, ihre Emotionen zu beschreiben, kann die Lehrkraft Emotionen anbieten. Dabei ist sicherzustellen, dass alle Emotionen respektiert werden, auch harsche Reaktionen.
- **Empathize**: Die Debriefenden fordern die Lernenden zum Rollenwechsel mit der Frage auf „Wie würden Sie das Abgelaufene aus Sicht von … sehen?". Der Debrieferin bzw. der Debriefer sollte dabei Wert darauf legen, dass die verschiedenen Perspektiven nicht vorschnell abgetan werden, sondern ernsthaft nebeneinander bestehen können.
- **Explication**: Die Debriefenden fordern mit der Frage „Weshalb ist das so geschehen?" von den Lernenden Erklärungen und Hypothesen. Die Lernenden werden aufgefordert, ihre Motive im Spiel zu reflektieren oder den Grund für bestimmte Emotionen zu nennen, zum Beispiel Ärger. Die Debriefenden berücksichtigen dabei vor allem die in der Simulation verfolgten Lernziele.
- **Every day life**: Mit der Frage „Was können Sie aus dem Spiel in die Realität übertragen?" versuchen die Debriefenden den Zusammenhang zwischen dem Modell und der Wirklichkeit zu stärken. Beispielsweise sollten die Lernenden erwägen, ob sich eine Person in Wirklichkeit so wie in der Simulation bzw. im Modell verhalten würde.

Übersicht 3: Das 5-E-Debriefing

Das Debriefing besteht in diesen „5-E" mithin darin, dass die Lernenden die Geschehnisse rekonstruieren, sich der begleitenden Emotionen bewusst werden, die Rolle anderer Personen einnehmen, nach

Erklärungen für das Verhalten in der Simulation suchen, den Modellrahmen reflektieren und den Transfer vorbereiten. Das Debriefing wird im Regelfall mündlich durchgeführt. Petranek (2000) erläutert den Vorzug von schriftlichen Debriefings und schlägt folgende Techniken vor, die sich auch in Kombination mit mündlichen Debriefings einsetzen lassen.

Alternativen zum mündlichen Debriefing bei Rollenspielen

▶ **Brief schreiben**: Am Ende der Simulation werden die Lernenden gebeten, sich selbst einen Brief zu schreiben, was gelernt worden ist. Der Brief wird in einen Umschlag gelegt und versiegelt. Die Lehrkraft erhält keinen Einblick und kann entsprechend kein Feedback geben. Sie versendet den Brief nach einigen Monaten an die Teilnehmerinnen und Teilnehmer.

▶ **Fragen schriftlich beantworten**: Die Lernenden erhalten eine Reihe von Fragen zu den einzelnen Konzepten. Diese werden – vorzugsweise als Hausaufgabe – beantwortet. Die Lehrkraft gibt ein entsprechendes Feedback.

▶ **Begriffsorientiertes Schreiben** ('written concept technique'): Bei der begriffsorientierten Schreibtechnik werden den Lernenden die wichtigsten Konzepte, die dem Rollenspiel als Lernziel zugrundeliegen, auf einem Arbeitsblatt ausgeteilt. Die Lernenden werden dann gebeten, entsprechend der „5-E", die einzelnen Konzepte in wenigen Sätzen zu reflektieren. Die Lehrkraft kann weiterhin die Reflexionen der Lernenden zum Gegenstand einer Diskussion im Klassenverband machen und den Lernenden ein Feedback geben, beispielsweise zu fehlerhaften Begriffen. Die Lehrkraft erhält so, ebenso wie die Lernenden, ein recht plastisches Bild des Lernfortschritts.

▶ **Tagebuch schreiben**: Das Tagebuchschreiben bietet sich vor allem an, wenn mehrere Simulationen in Reihe eingesetzt werden. Die Lernenden schreiben nach jeder Simulation einen kurzen Tagebucheintrag von einer bis zwei Seiten zum Debriefing.

▶ **Arbeit mit Schreibleitfaden**: Bei der Schreibleitfaden-Technik erhalten die Lernenden nach der Simulation einen einseitigen Text mit Fragen, Vorschlägen, Ideen und den Begriffen. Die Lernenden verfassen in dieser Arbeit einen kurzen Text, über dessen Form sie selbst entscheiden.

Übersicht 4: **Alternativen zum mündlichen Debriefing**

Zum Abschluss des Debriefings sollte die Lehrkraft die Einhaltung der Prozesse des Rollenspiels und der Feedback-Regeln reflektieren. Insgesamt lässt sich das Rollenspiel als Abfolge von Briefing, Spielen und Debriefing verstehen. In keinem Fall darf das Rollenspiel auf das ‚reine Spielen' reduziert werden. Die Spielphase hat bei näherer Betrachtung fast ausschließlich die Aufgabe, der Debrieferin bzw. dem Debriefer genügend ‚Material' an die Hand zu geben. Das eigentliche Herzstück des Rollenspiels, das sich variantenreich gestalten lässt, ist das Debriefing.

18.3.2 Videofeedback gestalten

Das Videofeedback kann als eine Sonderform des Rollenspiels mit einer besonderen technischen Unterstützung verstanden werden. Da die Methode jedoch eine eigene Forschungs- und Entwicklungstradition hat und in der praktischen Durchführung eine Reihe von Besonderheiten zu beachten sind, wird sie hier als eigenständige Methode dargestellt.

Definition 3: Videofeedback

Das Videofeedback bzw. die Videofeedback-Methode ist eine Sonderform des Rollenspiels, bei dem die Spielphase zur Erweiterung der didaktischen und technischen Handlungsmöglichkeiten videographiert wird.

Das Videofeedback hat eine längere Tradition in der Aus- und Weiterbildung, vor allem als Verkaufstraining sowie als Microteaching in der Lehrerbildung.[2] Videofeedback ist eine Unterrichtsmethode, die die videographierte Erbringung einer Leistung mit einer begleitenden Beurteilung und einem sich anschließenden Feedback zur erbrachten Leistung unter Zuhilfenahme des Videos kombiniert. Die Leistung wird im Regelfall simuliert. Bei Verkaufstrainings werden beispielsweise im schulischen Verkaufsraum Verkaufsgespräche ‚nachgestellt': Eine Schülerin oder ein Schülerin übernimmt die Rolle der Verkäuferin bzw. des Verkäufers, die Lehrkraft oder andere Lernende die Rolle der Käuferin bzw. des Käufers. Beim Microteaching simulieren Studierende an der Universität eine Unterrichtssequenz vor Mit-Studierenden. Die Leistung kann jedoch auch nicht simuliert, d. h. real sein, z. B. wenn eine Lehrkraft während des Unterrichts gefilmt wird. In diesem Fall ist das Videofeedback streng genommen nicht mehr als Simulationsmethode zu verstehen. Die Aufnahme und Wiedergabe des Videos ist in jedem Fall Teil der didaktischen Situation. Dies unterscheidet das Videofeedback vom Einsatz vorgefertigter Videos im Unterricht sowie von einem Videoeinsatz, bei dem es vor allem um die Produktion des Videos geht (Kittelberger & Freisleben, 1994).

Verkaufsraum der Ludwig-Erhard-Schule in Fürth
Bild 1. Von Daniel Müller

Für das Videofeedback gelten zunächst alle Erörterungen, die zu Rollenspielen gemacht worden sind. Darüber hinaus hat digitales Video weitere technische Merkmale, die didaktisch relevant sind:[3]

- **Raum-/Zeitüberbrückend**: Das Videofeedback bedient sich eines Mediums. Wie alle Medien sind digitale Medien raum- bzw. zeitüberbrückend.
- **Digital**: Ein digitales Video ist nicht flüchtig, einfach änderbar und vergleichsweise gut indexierbar, d. h. bestimmte Stellen im digitalen Video lassen sich ohne längeres Vor- und Zurückspulen leicht ansteuern. Außerdem können schon bei der Aufnahme interessante Punkte relativ leicht gespeichert werden.
- **Multicodal & Multimodal**: Videos sind multimodal, d. h. sie sprechen mehrere Sinnesmodalitäten (visuell, auditiv) an (Weidenmann, 2006, S. 426 ff.). Videos verwenden ein komplexes Symbolsystem (Code), nämlich üblicherweise bewegte Bilder und gesprochene Texte. Das Symbolsystem kommt der alltäglichen Wahrnehmung im Vergleich zu anderen Symbolsystemen, z. B. geschriebenen Texten, sehr nahe.

Diese Merkmale des Mediums eröffnen der Lehrkraft neue Handlungsmöglichkeiten.[4]

- **Möglichkeit zur sozialen Reflexion alternativer Praxis**: Der Mediencharakter, d. h. die Raum-Zeitüberbrückung, erlaubt die Abkoppelung der Reflexion von einer sozialen Situation. Die Verkaufssituation ist beispielsweise, wie auch eine Unterrichtssituation für die Lehrkraft, eine Handlungssituation mit Handlungsdruck. Es besteht nicht die Möglichkeit, die Situation zu stoppen, zu reflektieren und dann entsprechend den Reflexionsergebnissen zu handeln. Ein Video konserviert die Situation – aufgrund von Multicodalität und -modalität – auf ‚realistische' Weise. Dies ermöglicht eine Reflexion über Alternativen im Verband der Schülerinnen und Schüler, die in dieser Form in der Handlungssituation selbst nicht möglich wäre. Eine soziale Reflexion, d. h. eine Reflexion mit anderen, sowohl mit Peers als auch mit Expertinnen und Experten, wird möglich.
- **Gezielte Beobachtung**: Insbesondere dadurch, dass sich Videos gut indexieren lassen, lässt sich die Beobachtung gut fokussieren, d. h. auf eine bestimmte Sequenz im gesamten Video oder auf einen Aspekt, z. B. das non-verbale Verhalten durch Ausblenden des Tons, konzentrieren.
- **Wirklichkeitsgetreue Repräsentation**: Die Komplexität des in Videos verwendeten Symbolsystems sowie die Multicodalität, d. h. die Ansprache mehrerer Sinneskanäle, führt zu einer realitätsnahen Abbildung von Wirklichkeit.

Das Videofeedback fördert die Kompetenzen, die auch für das Rollenspiel angegeben wurden. Gerade bei der Bedingungsanalyse sind jedoch einige Spezifika zu beachten: Eine wichtige Frage der Bedingungsanalyse ist die Kompetenz der Lernenden im Umgang mit Videofeedback, also die Lernkompetenz. Für viele Teilnehmenden an Videofeedbacks wird es das erste Mal sein, sich selbst auf Video zu sehen und intensiv zu beobachten. Die gezeigten Videosequenzen können massiv dem Selbstkonzept widersprechen ('Konfrontationsschock'), was zu Abwehrreaktionen und Abwehrmechanismen u. a. führen kann. Dies ist für den intendierten Lernprozess nicht förderlich (Toelstede & Gamber, 1993, S. 20 ff.). Beim Umgang mit Videofeedback können drei Typen von Lernenden unterschieden werden (Toelstede & Gamber, 1993, S. 20 ff.).

Typen von Lernenden beim Videofeedback

▶ **Action-Typ**: Diese Lernenden sind sich sehr sicher, ja zu sicher ('übersicher'). Sie haben ein unrealistisches, übersteigertes Selbstkonzept. Bei der Selbstkonfrontation neigen diese Lernenden dazu, andere Personen abzuwerten oder die Situation umzudeuten.

▶ **Glaubens-Typ**: Diese Lernenden sind sich sehr unsicher, ja zu unsicher ('untersicher'). Sie haben ein schwaches Selbstkonzept und tendieren zu Selbstzweifel und innerer Anpassung bei Selbstkonfrontation.

▶ **Konsequenzen-Typ**: Der Konsequenzen-Typ hat ein realistisches Selbstkonzept. Bei dissonanten Rückmeldungen neigen Lernende dieses Typs dazu, über das eigene Handeln nachzudenken und daraus Konsequenzen zu ziehen.

Übersicht 5: Typen von Lernenden beim Videofeedback

In der Klasse mögen die Action- und Glaubens-Typen überwiegen und bislang wenig Kompetenzen im Umgang mit dieser Unterrichtsmethode vorhanden sein. In diesem Fall ist es notwendig, eine Feedback-Kultur anzubahnen, anzukündigen und zu pflegen, auf die Ziele des Videotrainings deutlich

Kundenberatungsgespräche sind für viele kaufmännische Berufe zentral
Bild 2 © ModernLearning

Bezug zu nehmen und ggf. zu überlegen, wie die Teilnehmenden an das Videoverfahren gewöhnt werden können. Für die stufenweise Heranführung können z. B. Probeaufnahmen erstellt werden oder mit der Analyse der Videoaufnahme 'Fremder' begonnen werden.

Videofeedbackverfahren stehen vor der Gefahr, Personen zu blamieren. Dieser Gefahr ist vorzubeugen, indem garantiert wird, dass die Leistungen der Schülerinnen und Schüler nicht nach außen dringen, d. h. die Teilnehmenden zur Verschwiegenheit zu verpflichten sind. Außerdem gewährleistet die Lehrkraft die Etablierung entsprechender Feedback-Regeln sowie die penible Einhaltung dieser Regeln und das sofortige Einschreiten bei Verletzungen. Allen und Ryan (1969, S. 74) schlagen vor, keinen Zwang zur Videographierung vorzusehen, sondern nach dem Prinzip der Freiwilligkeit zu verfahren. Toelstede und Gamber (1993, S. 63 ff.) schlagen in diesem Zusammenhang – für die Weiterbildung – den Abschluss von Verträgen vor, z. B. eines Vertrages zwischen Lehrkraft und Lernenden. Dies sind nicht Verträge im formalrechtlichen Sinne, sondern soziale Vereinbarungen, die mehrere Partner betreffen.

18.3.2.1 Der Ablauf des Videofeedbacks

Die Toolbox enthält ein Ablaufschema für das Videofeedback (TB-11.5). Das Videofeedback erfolgt wie das Rollenspiel in den Phasen Briefing, Spielen und Debriefing.

Das *Briefing* erfolgt beim Videofeedback wie beim Rollenspiel. In dieser Phase sind zunächst die bereits beschriebenen Maßnahmen vorzusehen, die zur Anbahnung der Kompetenz im Umgang mit dem Videofeedback notwendig erscheinen. Weil das Videofeedback-Verfahren für viele Teilnehmende ein unbekanntes Terrain darstellen wird, ist es häufig notwendig, den Ablauf zu erläutern. Parallel zur Erarbeitung der Rollen und der Vorbereitung der Feedbackgebenden laufen die letzten Aktivitäten der technischen Vorbereitung. Die Lehrkraft gewährleistet die Technik für Videographie, die Technik für zu beurteilende Leistung, z. B. Technik zur Simulation eines Kundengesprächs sowie ggf. die Technik für Feedback, z. B. wenn in der Feedback-Phase Moderationsmaterial genutzt wird.

Der Vorbereitungsphase schließt sich die *Spielphase* bzw. Aufnahmephase an. Bei längeren Sequenzen sollte die Lehrkraft sich ein chronologisches Protokoll der interessanten Szenen erstellen. Für das Protokoll ist es hilfreich, wenn während der Aufnahme die Videozeit sichtbar ist. Dann können sich die Lehrkraft oder auch die Feedbackgebenden besonders markante Stellen einfach merken. Später kann ein Sprung an diese Stellen erfolgen.

Beim *Debriefing* erfolgt ein kurzer Austausch der Feedbackgebenden über die Beobachtungsergebnisse. Da eine Wiedergabe des ganzen Videos in der Praxis aus Zeitgründen oft nicht möglich ist, werden für die zu analysierenden Video-Sequenzen Analyseprioritäten festgelegt. Bei der Wiedergabe der Videos bestehen Möglichkeiten zur Verfremdung des Videos, z. B. durch Zeitlupe oder Zeitraffer. Im Regelfall sind diese Möglichkeiten sparsam zu nutzen (Toelstede & Gamber, 1993, S. 44). Insbesondere das Wegschalten des Tons kann die Analyse des non-verbalen Geschehens erleichtern. Idealerweise haben die Feedbackempfangenden zunächst die Möglichkeit, sich selbst alleine im Video zu betrachten. Allerdings besteht in der Praxis dazu häufig nicht die Zeit. In der Nachbereitung erhalten die Spielenden Gelegenheit zur Vorbereitung der Selbstreflexion.

18.3.2.2 Beispiel „Grundsätze der Warenvorlage"

Der folgende Verlaufsplan gibt den auf Lehreronline.de mit allen Unterlagen verfügbaren Unterrichtsentwurf „Grundsätze der Warenvorlage" von Perihan Selek leicht verkürzt wieder. Die Zielgruppe sind Auszubildende zum Kaufmann/Kauffrau im Einzelhandel bzw. angehende Verkäuferinnen und Verkäufer. Zur Durchführung sind Camcorder, Stativ und Beamer notwendig. Die Unterrichtseinheit kombiniert ein Rollenspiel mit einem Videofeedback.

Phase	Inhalt	Medien
Einstieg	Vortrag des Verkaufsgesprächs "In der Textilabteilung"	OHP
Problematisierung	Die Schülerinnen und Schüler erarbeiten das Thema sowie die Problemstellung und machen Lösungsvorschläge	Tafel
Erarbeitung	Die Lernenden bereiten mithilfe der Rollenkarten ein Verkaufsgespräch bis zur Phase der Warenvorlage vor	Rollenkarten, Infotexte
Filmaufnahme	Die Schülerinnen und Schüler führen das Rollenspiel auf, der Kameramann nimmt auf	Camcorder, Stativ, Realia
Präsentation der 1. Videosequenz	Videopräsentation Gruppe 1A oder 1B	Camcorder, Beamer
Sicherung I	Die zwei Grundsätze werden von den Mitgliedern der Gruppen 2A und 2B herausgearbeitet	Tafel
Präsentation der 2. Videosequenz	Videopräsentation Gruppe 2A oder 2B	Camcorder, Beamer
Fortsetzung: Sicherung I	Die zwei Grundsätze werden von den Mitgliedern der Gruppen 1A und 1B herausgearbeitet	Tafel
Sicherung II/Anwendung auf den Einstiegsfall	Die Schülerinnen und Schüler lösen die Problemstellung aus dem Einstiegsfall	OHP Tafel
Hausaufgabe	Zwei Fragen zum Thema	Arbeitsblatt

Übersicht 6: Übersicht zum Unterrichtsentwurf „Grundsätze der Warenvorlage" von Perihan Selek

Ein umfangreiches Konzept eines Videofeedbacks mit Blick auf die Lernfeldern 2 und 10 für die Ausbildungsberufe Verkäufer/Verkäuferin sowie Kaufmann/Kauffrau im Einzelhandel findet sich auf http://www.media-nova-nbg.de.

18.3.3 Fallstudienarbeit gestalten

Eine dritte Simulationsmethode – neben Videofeedback und Rollenspiel – ist die Arbeit mit Fallstudien im Unterricht.

18.3.3.1 Die Fallstudie: Was darunter verstanden wird

Im Zentrum der Fallstudienarbeit steht die „Absicht, komplexe Sachverhalte und Problemstellungen aus der Wirtschaftswelt praxisnah zu präsentieren und die Lernenden dabei zu einer möglichst eigenständigen Auseinandersetzung mit dem jeweiligen Inhalt zu veranlassen" (Weitz, 2006, S. 101). Ein Fall ist „a description of an actual situation, commonly involving a decision, a challenge, an opportunity, a problem or an issue faced by a person or persons in an organization. The case requires the reader to step figuratively into the position of a particular decision maker" (Leenders, Mauffette-Leenders & Erskine, 2001, S. 3).

In der Universität hat die Arbeit mit Fällen in der Rechtswissenschaft als Kasuistik und in der Medizin eine große Bedeutung. In den Wirtschaftswissenschaften hat die Arbeit mit Fallstudien vor allem in der Managementausbildung eine längere Tradition. Vor allem die Harvard Business School in Boston, USA, das INSEAD in Fontainebleau, Frankreich, sowie die Richard Ivey School of Business in London (Ontario) in Kanada setzen didaktisch stark auf Fallstudien. Diese Hochschulen haben in der recht langen Tradition eine hochschulspezifische Methodenlehre entwickelt (‚Harvard-Methode' vs. ‚Ivey-Methode'), für die sie regelmäßig auch Fortbildungen anbieten. Die Harvard-Methode entwickelte sich als Folge einer von 1909 bis 1919 gepflegten Ausbildungspraxis. Damals kamen Praktikerinnen und Praktiker an die Universität und stellten Probleme aus der Praxis dar. Die Studierenden wurden dann aufgefordert, den präsentierten Fall schriftlich zu analysieren und Empfehlungen auszusprechen. Im Laufe der Zeit wurde die vergleichsweise aufwändige Präsentation durch die Praktikerinnen und Praktiker ersetzt durch die heute übliche schriftliche Präsentation mit Hilfe eines Textes (Leenders et al., 2001, S. 1). Von der Harvard Business School breitete sich die Fallstudienmethode dann in andere Business Schools aus.

Definition 4:   Fallstudie

Die Fallstudie ist eine allgemeine Simulationsmethode, bei der die Lernenden eine meist schriftlich dargebotene Entscheidungssituation in der Gruppe bearbeiten.

Das „Wesen der Fallstudie beruht darauf, dass die Lernenden sich mit einem aus der Praxis gewonnenen Fall auseinandersetzen und in Gruppendiskussionen die Fähigkeit erwerben sollen, für die Fallsituation nach alternativen Lösungsmöglichkeiten zu suchen, sich für eine Alternative zu entscheiden, diese Wahl zu begründen und mit getroffenen Entscheidungen und deren Bedingungen in der Realität zu vergleichen" (Kaiser & Brettschneider, 2008, S. 145 f.).

18.3.3.2 Grundlegende Anlage von Fallstudien

In der Praxis können zwei Arten von Fallstudien unterschieden werden. Die erste Art sind didaktisch aufbereitete *reale Fälle* (‚field cases'). Diese werden in Universitäten eingesetzt und in der Regel von Hochschulpersonal in enger Zusammenarbeit mit Unternehmen erstellt.

Fallstudie: BMW ConnectedDrive:
Strategic Product Management in converging markets

Almost 10 years after the market introduction of BMW ConnectedDrive, Project Leader Dr Emil Steiner confirmed the forecasts of customer and revenue developments. BMW, the leading German manufacturer of premium automobiles, marketed all telematic products under the name BMW ConnectedDrive. The offering consisted of safety and convenience features of BMW Assist, the in-vehicle on-line portal of BMW Online, and remote breakdown and maintenance services of BMW TeleServices. After the successful establishment on the market, Dr Steiner was assigned to develop a strategy for the further development of BMW ConnectedDrive. The case deals not only with the market introduction and establishment of innovative products and services, but also highlights the complexity of strategic product management in dynamic and converging industries.

Übersicht 7: Abstract Case 309-184-1 des EECH. Quelle: http://www.thecasecentre.org

Nach der Ivey-Methode wird der Fall in drei Phasen geschrieben (Leenders et al., 2001). Die erste Phase beginnt mit der Kontaktaufnahme und einem ersten Interview sowie der Wahl des thematischen Fokus. Der vorläufige Fallstudienplan enthält die übersichtliche Beschreibung des Falls, eine erste Zusammensetzung der Lernziele, einen Zeitplan und eine Liste der erforderlichen Daten. Die erste Phase endet mit einem vorläufigen Fallstudienplan. Auf der Basis des Fallstudienplans wird – zusammen mit dem Unternehmen – die Entscheidung getroffen, ob die Fallstudie tatsächlich entwickelt wird. Bei einer positiven Entscheidung schließt sich die zweite Phase an, die mit der Datensammlung beginnt. Diese Phase hat eine hohe Ähnlichkeit zur Fallstudienforschung. Sie wird fortgesetzt in einem ersten Entwurf des Falls sowie einem ersten Entwurf der Informationen für die Dozierenden („teaching note'). Am Ende der zweiten Phase steht die erste Fassung des Falls und die Information für die Dozierenden. In der dritten Phase wird die Fallstudie auf Basis der erlangten Erfahrungen revidiert.

In den Business Schools werden die Fälle ergänzt durch Informationen für die Dozierenden („teaching notes'). Diese enthalten neben dem Titel und der Falleinführung die Lernziele, den thematischen Bezug der Fallstudie, Hinweise zu Aufgaben für die Studierenden, eine Analyse des Falls, den Zeit- bzw. Verlaufsplan und Hinweise zur Literatur.

Die Fallstudie selbst besteht zunächst aus einem einleitenden Teil, der die Lernenden in die Rolle der Entscheidenden versetzen soll. In diesem Teil soll die Entscheiderin bzw. der Entscheider – die fokale Person des Falls – klar identifiziert werden, der zeitliche und räumliche Hintergrund geboten werden und das zugrundeliegende Problem klar werden. Dabei werden sogenannte action trigger verwendet, die den Fall glaubhaft machen sollen. Dies können Kommunikationsanlässe, zum Beispiel eine E-Mail, oder unternehmensinterne und -externe Vorkommnisse sein. In der Ivey-Methode werden die Fälle *immer* verschleiert, d. h. die Namen werden ausgetauscht und die Zahlen – zur Wahrung der Proportionen – mit einem nur dem Autor bekannten Faktor multipliziert (Leenders et al., 2001). Die Fälle werden häufig ergänzt um Tabellen, Prospekte, Übersichten usw. und werden – auch nach einer Qualitätssicherung – in Datenbanken kostenpflichtig zur Verfügung gestellt.[5]

Neben den didaktisch aufbereiteten realen Fällen stehen *didaktisch erdachte Fälle*. Diese werden im angelsächsischen Sprachgebrauch – durchaus despektierlich – „armchair cases' genannt, weil die Dozierenden sie im Lehnstuhl erfinden. Solche Fälle werden entwickelt, wenn der Aufwand für die Alternative zu hoch erscheint, wenn der Zugang zum Feld, also beispielsweise zu Unternehmensdaten, fehlt und wenn die Komplexität realer Fälle zu hoch erscheint.

Fallstudie: Robinson-Liste

Familie Reichert sitzt beim Abendessen. Das Hauptthema des hitzigen Gespräches ist heute der ständig überquellende Briefkasten. Die 18-jährige Vanessa (Auszubildende in einer Bank) ist besonders sauer, weil der Brief ihres Freundes Thomas aus dem überfüllten Briefkasten gerutscht und durch einen Regenschauer aufgeweicht ist. "Seht Euch das bloß mal an. Werbezettel und Anzeigenblätter und allein zwei Briefe an mich. In dem einen bietet man mir Sprachkurse an und in dem anderen preist man Bio-Babywäsche an. Beide Werbebriefe sahen für mich zunächst wie ganz normale Briefe aus. Ich habe glatt meine wertvolle Zeit mit dem Zeug vertan. Ich wäre froh, wenn man mich damit verschonen würde." Vater Reichert, der eine kleine Möbeltischlerei betreibt, hält dagegen: "Ich habe nur einen Brief bekommen. Der sah recht amtlich aus. Drinnen waren Angebote eines Maklers, der in ganz Deutschland Wohnungen und Häuser vermittelt. Da waren ganz interessante Angebote dabei. Aber ich gebe zu, häufig ist wirklich nichts Brauchbares in den Werbebriefen und es wird auch immer mehr, was uns ungebeten ins Haus flattert." Der 19-jährige Fachoberschüler Andreas ist ebenfalls wenig begeistert von der Flut der Werbebriefe. Er hat einige Informationen aus einer Fernsehsendung zu diesem Thema parat: "Ich habe gehört, dass immer mehr Unternehmen meinen, dass es wenig bringt, wenn man alle Verbraucher gleichzeitig anspricht, wie z. B. im Werbefernsehen. Wirkungsvoller ist es wohl, wenn man ganz gezielt Leute anspricht bzw. anschreibt, die sich wahrscheinlich für ein bestimmtes Produkt interessieren. Ich habe z.B. heute einen Werbebrief für Motorradzubehör bekommen und laufend erhalte ich Schreiben von Verlagen, die mir Fachbücher für mein Berufsfeld anbieten." Mutter Reichert stimmt zu: "Da könnte was dran sein, ich bekomme hauptsächlich Werbebriefe, in denen für Hausfrauenkredite und Frauenzeitschriften geworben wird. Ich kann diesen Werbekram nicht mehr sehen. Manchmal würde ich am liebsten den Briefkasten zukleben. Ich möchte auch mal wissen, woher die eigentlich die Adressen für gezielte Werbebriefe bekommen." Familie Reichert ist sich einig: weniger oder keine Werbung wäre gut. Vater Reichert merkt jedoch an, dass gar keine Werbung im Briefkasten letztlich bedeutet, wie auf einer einsamen Insel zu leben. Er hat auch von der Möglichkeit gehört, sich durch einen Antrag beim Verband der Werbetreibenden (Deutscher Direktmarketing Verband - DDV) von der Zusendung von Werbebriefen ausklammern zu lassen. Er stellt fest: "Wer auf diese Robinson-Liste kommt, ist frei von Werbung."

Übersicht 8: Fallstudie „Robinson-Liste". Quelle: Weitz (2002)

In beruflichen Schulen werden überwiegend didaktisch erdachte Fälle eingesetzt. Im Hochschulbereich besteht der Fall aus der Fallbeschreibung selbst, den Informationen für Dozierende und ggf. weiteren angehängten Materialien. Der Fall ist vergleichsweise offen. In der Schule werden hingegen die Fälle ergänzt um weitere Materialien. Diese Ergänzungen für Lernende mit schwächerer Lernausgangslage machen den Fall enger: Den Lernenden werden zusätzliche Leitfragen und Arbeitsanweisungen geboten (Grohmann, 1997, S. 58 f.). Der Fallstudiendidaktiker Reetz systematisiert die Leitfragen bzw. Lernhilfen für die Fallstudienarbeit (Reetz, 1984, S. 229 ff.; Reetz & Sievers, 1983b).

Lernhilfen für die Arbeit mit Fallstudien

▶ **Fragen zum Textverständnis** (TV): Die Fragen zum Textverständnis sind Lernhilfen, durch die „der Schüler veranlasst wird, sich genau mit der dargestellten Situation auseinander zu setzen" (Reetz & Sievers, 1983b, S. 102). Bei der Fallstudie „Tiefbauunternehmen S&N" (Reetz & Sievers, 1983a) gehört dazu beispielsweise die Frage: „Worin besteht die Störung des Arbeitsvollzuges und welches ist die Ursache?".

▶ **Prozessorientierte Lernhilfen** (P): Prozessorientierte Lernhilfen betreffen das Vorgehen der Lernenden. „Damit soll erreicht werden, dass der Schüler auf den Lösungsweg angewiesen wird und zugleich darüber nachdenkt, wie er vorgehen soll" (Reetz & Sievers, 1983b, S. 102). Im oben genannten Fall ist dies beispielsweise die Hilfe: „Spielen Sie eventuell Ihre Lösungsvorschläge durch, indem Sie die entsprechenden Berechnungen durchführen und entscheiden Sie sich dann für den nach Ihrer Meinung am besten geeigneten".

▶ **Ergebnisorientierte Lernhilfen** (E): Ergebnisorientierte Lernhilfen betreffen wichtige (Zwischen-) Ergebnisse. Im oben genannten Fall ist dies beispielsweise die Hilfe „Nach welchen Gesichtspunkten müssten die Artikelgruppen gewichtet werden, damit das angestrebte Ziel erreicht werden kann?".

Übersicht 9: Lernhilfen für Fallstudien nach Reetz (1983)

18.3.3.3 Der Ablauf der Fallstudienarbeit

In der Toolbox ist ein Ablaufschema für die Arbeit mit Fallstudien wiedergegeben (TB-11.6). In Anlehnung an Kaiser (1983b) und Weitz (2006) kann der Ablauf der Fallstudienarbeit im Klassenverband in verschiedenen Phasen dargestellt werden. Zunächst werden die Lernenden mit dem Fall konfrontiert. Sie informieren sich über den Fall, diskutieren Alternativen und treffen eine Entscheidung. Diese Entscheidung wird schließlich in der Klasse verteidigt und anschließend mit dem Ausgang des realen Falls verglichen.

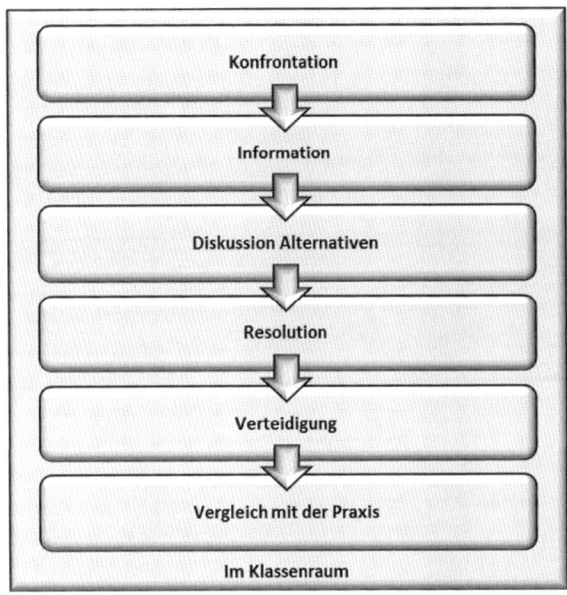

Übersicht 10: Ablauf der Fallstudienarbeit (,deutsche Variante': Alles im Klassenraum)

An angelsächsischen Business Schools wird der Ablauf der Fallstudienarbeit in der Regel anders strukturiert. Zunächst erfolgt in der Informationsphase eine – ausführliche – individuelle Auseinandersetzung mit dem Fall, und zwar außerhalb des Klassenraums. Erst danach gehen die Studierenden in die Gruppenarbeit, auch dies im Regelfall ohne Anwesenheit der Dozierenden. Um zu gewährleisten, dass die Studierenden auch vorbereitet in die Gruppenarbeit und wieder in den Klassenverband gehen, sind vorab Aufgaben und Zusammenfassungen (,case preparation chart') zu erstellen (Erskine, Leenders & Mauffette-Leender, 2003). Erst in der Verteidigungsphase und der sich anschließenden Analyse des Falls kommen die Dozierenden hinzu.

Übersicht 11: Ablauf der Fallstudienarbeit (,angelsächsische Variante': Nur Teile im Klassenraum)

18.3.3.4 Die Fallstudie im Interdependenzzusammenhang

Die Fallstudienarbeit zielt auf die „Entscheidungskompetenz der Lerner" (Kaiser & Brettschneider, 2008, S. 144). Streng genommen handelt es sich nicht um eine Entscheidungskompetenz, sondern um eine Problemlösungskompetenz.[6] Es geht dabei darum, die Problem- und Entscheidungssituation zu erfassen, sich die für die Entscheidungsfindung bzw. Problemlösung erforderlichen Informationen zu beschaffen und zu bewerten, in Alternativen zu denken, diese Alternativen gegenüberzustellen und zu bewerten, eine Entscheidung mit Argumenten zu verteidigen und Interessen abzuwägen. Die Fallstudie zielt damit vor allem auf die Entwicklung von Fach-, Sozial- und Selbstkompetenz.

Thematisch ist die Fallstudie vor allem bei der Festigung, Vertiefung und Vernetzung von bereits besprochenen Themen stark. „Fallstudien (sind, K.W.) durch die stringente Orientierung an einer Problemlösung grundsätzlich besonders gut für die Generierung vernetzter Denkstrukturen geeignet" (Pilz, 2007). Für die Einführung in ein Themengebiet scheint die Fallstudie weniger geeignet. Allerdings können vor allem die Konfrontations- und Informationsphase durch Selbstlernmaterial zur Erschließung neuen Wissens ergänzt werden.

In der Bedingungsanalyse ist zunächst die Lernausgangslage zu berücksichtigen. Die Fallstudie setzt eine bestimmte Fachkompetenz voraus. Außerdem stellt sie erhebliche Anforderungen an die Sozial- und die Lernkompetenz der Lernenden. Bei schwächeren Schülerinnen und Schülern und solchen, die erst gerade mit der Fallstudienarbeit beginnen, empfiehlt sich die Fallstudie enger zu gestalten. Eine engere Gestaltung der Fallstudie bezieht sich auf mehrere Dimensionen.[7] „Offen" und „eng" sind dabei als Pole eines Kontinuums zu sehen.

	Enge Gestaltung	Offene Gestaltung
Analytische Dimension	Problemstellung im Text, Alternativen im Text, Kriterien für die Bewertung der Alternativen im Text	Problemstellung ist von den Lernern zu erschließen, Alternativen sind zu entwickeln, Kriterien für die Bewertung der Alternativen sind von den Lernern zu entwickeln
Konzeptuelle Dimension	Dem Fall liegt einfaches, deklaratives Wissen zugrunde	Dem Fall liegen komplexes Konzeptwissen, etwa komplexe Theorien, und ausdifferenziertes prozedurales Wissen zugrunde
Informations- und Präsentationsdimension	Der Fall ist kurz, klar strukturiert, enthält alle wichtigen Informationen, enthält kaum irrelevante Informationen, einfaches Medium	Der Fall ist lang, wenig oder schlecht strukturiert, es fehlen wichtige Informationen, die vom Lerner erst erschlossen werden müssen. Der Fall enthält eine Fülle von Informationen, die für die Lösung irrelevant sind. Der Fall wird multimedial dargestellt, d. h. die schriftliche Information wird ergänzt um Videoelemente, Informationen in Datenbanken usw.
Unterstützungsdimension	Lerner erhalten viele Fragen zum Textverständnis, prozess- und ergebnisorientierte Lernhilfen	Lerner erhalten keine didaktische Unterstützung

Übersicht 12: Enge vs. offene Gestaltung von Fallstudien

Die Fallstudie verlangt keine besonderen technischen oder räumlichen Voraussetzungen wie etwa das Lernbüro (Pilz, 2007).

Die Lehrkraft sollte bei der Reflexion ihrer eigenen Bedingungen vor allem auf die Entwicklung von Fallstudien achten. Während die Begleitung von Fallstudienarbeit weitgehend der Begleitung anderer aufgebender Aktionsformen entspricht, bedeutet die Entwicklung von Fallstudien oft eine erhebliche

Herausforderung. Vor der Eigenentwicklung sollte sich die Lehrkraft mit den Fallstudien anderer Autoren beschäftigen. Eine ganze Palette geradezu klassischer Fallstudien enthält der Band „Die Fallstudie" (Kaiser, 1983a). Vier beispielhafte Fallstudien enthält der Band „Methodische Bausteine der Wirtschaftsdidaktik" (Aff & Wagner, 1997). Einige Fallstudien von Weitz sind auch online verfügbar. Der einfachste Weg zur Eigenentwicklung ist die Übernahme des *Formats* einer Fallstudie, die der Lehrkraft besonders gut gefällt.

18.3.3.5 Beispiel: „Global Frost in Zahlungsschwierigkeiten"

Der folgende Verlaufsplan gibt den auf Lehreronline.de mit allen Unterlagen verfügbaren Unterrichtsentwurf „Global Frost in Zahlungsschwierigkeiten" von Manfred Schinner leicht verändert wieder. Der Unterrichtsentwurf richtet sich im Dualen System Groß- und Außenhandelskaufleute (Mittelstufe) und umfasst insgesamt sieben Unterrichtsstunden.

Phase	Inhalt	Medien
Konfrontation	Die Schülerinnen und Schüler erfahren aus dem Dialog zwischen den beiden Geschäftsführern die Ausgangssituation: Global Frost will in die Realisierung einer Plakatkampagne investieren, hat jedoch Zahlungsschwierigkeiten, so dass der dafür gewährte Liefererskonto nicht genutzt werden kann. Die Schülerinnen und Schüler äußern spontan Lösungsmöglichkeiten für den Liquiditätsengpass. Diese Lösungsmöglichkeiten werden im Anschluss gemeinsam in kurz-, mittel- und langfristig wirksame gegliedert.	PPT, Video
Information	Die Schülerinnen und Schüler bilden Gruppen und blättern durch die PowerPoint-Präsentation (finanzierung.ppt) beziehungsweise die Website. Sie informieren sich über die genaue finanzielle Situation der Global Frost GmbH.	PPT, Web
Exploration	Die Gruppen führen unter Einsatz der Tabellenkalkulation Berechnungen zu unterschiedlichen Finanzierungsvarianten durch. Sie kombinieren verschiedene Kreditangebote zu alternativen Lösungsmöglichkeiten und beurteilen die jeweiligen Vor- und Nachteile nach betriebswirtschaftlichen Kriterien. Sie dokumentieren die Ergebnisse dieser und der nachfolgenden Phase in einer zur Verfügung gestellten PowerPoint-Präsentation (präsentation.ppt).	Excel, PPT
Resolution	Die jeweiligen Gruppen entscheiden sich für eine Lösung und begründen ihre Entscheidung. Als Hilfestellung erhalten sie Feedback über die Ergebnisse der Exploration von ihrem 'Vorgesetzten'.	PPT
Disputation	Die Schülerinnen und Schüler präsentieren und diskutieren ihre Lösungen.	PPT
Reflexion	Die Schülerinnen und Schüler dokumentieren im Rahmen eines stummen Schreibgesprächs ihre Eindrücke zu den folgenden Aspekten: Thema, Fallbeschreibung, Einsatz der Präsentationsgrafik, Gruppenarbeit, Lehrerverhalten.	Tafel

Übersicht 13: Übersicht zum Unterrichtsentwurf „Global Frost in Zahlungsschwierigkeiten" von Manfred Schinner

18.3.4 Planspiele gestalten

Neben Rollenspielen, Videofeedback und Fallstudien werden Planspiele als vierte Simulationsmethode erörtert.

Bild 3: Karin Rebmann. Foto privat. Zitat: Rebmann (2001, S. 276)

18.3.4.1 Das Planspiel: Was darunter verstanden wird

Ein Planspiel ist eine Simulationsmethode, die den Ablauf in Spielperioden gliedert und bei der die Spielenden im Rahmen von festgelegten Spielmöglichkeiten agieren und reagieren. Die Spielmöglichkeiten werden im Planspiel durch das formale Spielmodell oder die Spielregeln vorgegeben. Das formale Spielmodell bestimmt die möglichen Aktionen und Reaktionen der Spielenden. Typisch für formale Spielmodelle ist die Arbeit mit Eingabeformularen oder die direkte Eingabe am Computer. Neben dem Spielmodell können die Spielregeln – wie bei Gesellschaftsspielen – die möglichen Aktionen bzw. Reaktionen der Spielenden festlegen (Herrmann, 1983).

Entscheidungsformular I BILANZGESCHÄFT						Bank:	
AKTIVA			P0	P1	P2	P3	P4
Forderungen an KI	täglich fällig	VolMio. €	600				
	mit fester Laufzeit	VolMio. €	8000				
Forderungen an Kunden	Kontokorrentkredite	Zins %	10.50				
	Ratenkredite	Zins %	13.25				
PASSIVA			P0	P1	P2	P3	P4
Verbindlichkeit. ggü. KI	täglich fällig	Zins %	8.50				
	mit fester Laufzeit	Zins %	7.75				
Verbindlichkeit. ggü. Kunden	Spareinlagen	Zins %	4.75				
	Sichteinlagen	Zins %	0.50				
Schuldverschreibungen (mfr)		%	6.25				
PLANWERTE	Bilanzsumme	Mio. €	50000				
	Jahresüberschuss	Mio. €	230				

Übersicht 14: Entscheidungsformular (gekürzt) zum Planspiel Topsim-Banking. Quelle: http://www.topsim.com

Das Planspiel hat auch immer Rollenspielkomponenten und ist daher nur schwer vom Rollenspiel abzugrenzen (Herrmann, 1983). In der angelsächsischen Literatur wird dieser schlecht abgrenzbare Bereich mit „simulation & gaming" bezeichnet. Planspiele können in mehreren Sozialformen eingesetzt werden. Nach dem „sozialen Arrangement" unterscheidet Blötz folgende Fälle (2008).

▶ **Gruppen-Planspiele mit Wettbewerb**: Bei einem Gruppen-Planspiel mit Wettbewerb führt jede Gruppe ein eigenes, gleichwertiges Unternehmen. Die Entscheidungen der einen Gruppe, zum Beispiel über die Absatzmenge, beeinflusst die Rahmendaten des anderen Unternehmens. Die Gruppen stehen in Konkurrenz zueinander. Ein typisches Beispiel ist das Planspiel „TOPSIM - General Management II", das vor allem an Hochschulen eingesetzt wird. Das Spiel simuliert Industriebetriebe und verlangt Aktionen, die typisch für solche Unternehmen sind, beispielsweise im Absatz- und Beschaffungsbereich, in F & E, in der Fertigung oder im Personalmanagement. In der üblichen Fassung spielen während 3 bis 5 Tagen etwa 12 bis 25 Teilnehmer eingeteilt in 4 bis 5 Gruppen bis zu 8 Perioden in Konkurrenz auf einem Markt (www.topsim.com).

▶ **Gruppen-Planspiele im Parallelbetrieb**: Im Rahmen einer Veranstaltung wird das Planspiel in Gruppenarbeit gespielt. Die Gruppen kennen sich, spielen aber nicht gegeneinander, d. h. die Entscheidungen der einen Gruppe haben keine Auswirkungen auf die Entscheidungen der anderen Gruppe. Ein Beispiel für ein Gruppen-Planspiel im Parallelbetrieb ist das Planspiel „SimulTrain". Das Planspiel simuliert Projektmanagement und schult dort übliche Instrumente, zum Beispiel den Umgang mit Gantt-Charts. Das Schulungskonzept sieht vor, dass zwei Perioden in zwei Sitzungen à 4 Stunden in Gruppen von 4 Schülerinnen und Schülern gespielt werden (www.sts.ch). Die Spielenden spielen nicht gegeneinander und die Ergebnisse sind vergleichbar.

▶ **Fernplanspiel-Wettbewerbe**: Bei Fernplanspiel-Wettbewerben spielen die Lernenden gegeneinander, kennen sich jedoch nicht und stammen meist auch aus unterschiedlichen Organisationen. Ein Beispiel ist „Play the market", das vom Bildungswerk der Bayerischen Wirtschaft betrieben wird. Es richtet sich an die 10. Klasse an Gymnasien sowie Fach- und Berufsoberschulen in Bayern. Die Lernenden übernehmen die Rolle der Geschäftsführung eines produzierenden Unternehmens, wobei drei Schülerinnen und Schüler ein Team bilden. Während des Spiels müssen diese Teams Entscheidungen in den Bereichen Produktion, Beschaffung, Absatz, Personal und Finanzierung treffen. Die Entscheidungen werden über das Internet eingereicht, bei der Zentrale ausgewertet und in Form einer Rangliste der Spielerteams verdichtet. Das Spiel kann im Fachunterricht oder in Arbeitsgemeinschaften gespielt werden. Das Spiel dauert etwa ein Schulhalbjahr und verlangt von den Lernenden einen Aufwand von etwa zwei Stunden in der Woche. Im Internet sind vielfältige Materialien, auch Filme und Hilfen für Lehrkräfte verfügbar (www.playthemarket.de).

▶ **Individual-Planspiele**: Bei Individual-Planspielen spielen einzelne Schülerinnen oder Schüler in einem, meist vom Computer simulierten Modell. Diese Form von Planspielen spielen in der Schule keine Rolle, vor allem weil ihnen das soziale Element fehlt.

Nach dem Spielmedium können mehrere Formen von Planspielen unterschieden werden (Blötz, 2008).

▶ **Interaktive Planspiele**: Der lokale Computer wird als Spielmedium genutzt, wobei die Spielenden selbst ihre Eingaben vornehmen. Die Spielenden erhalten sofort eine Rückmeldung zu den Aktionen. Die Teilnehmenden können auch über das Internet direkt mit einem zentralen Server verbunden sein. Er gibt die Daten ein und erhält umgehend eine Rückmeldung. Diese Planspiele haben eine hohe Ähnlichkeit zu verbreiteten Computerspielen, insbesondere lokal installierten Computerstrategiespielen wie „Siedler", „Age of Empires", „Sid Meier's Civilization", „Industriegigant", oder aber Online-Spielen, beispielsweise dem Massen-Mehrspieler-Online-Rollenspiel (Massively Multiplayer Online Role-Playing Game – MMORPG) "World of Warcraft".

▶ **Formulargestützte Planspiele**: Bei formulargestützten Planspielen füllen die Lernenden Entscheidungsformulare aus. Diese werden an einen zentralen Computer, meist den Computer der Spielleitung, übermittelt. Die Eingaben erfolgen am zentralen Computer, die Daten werden ausgewertet und die Rückmeldung erfolgt mit zeitlicher Verzögerung an die Lernenden.

▶ **Planspiele mit Wettbewerbszentrale**: Bei Planspielen mit Wettbewerbszentrale wird zwischen den Spielenden und der Software eine Zentrale zwischengeschaltet, die die Daten eingibt und den Spielenden die Auswertung und ggf. auch weitere Unterlagen sendet.

▶ **Planspiele als Brettspiele**: Brettspiele werden nicht über eine Software, sondern über das Spielbrett, Spielfiguren bzw. -karten und Spielregeln gesteuert. Brettspiele haben eine hohe Ähnlichkeit zu Gesellschaftsspielen, wie etwa „Monopoly" oder „Siedler von Catan". Ein Beispiel ist das Spiel „The Search for The Lost Dutchman's Gold Mine", das auf die Förderung von Sozialkompetenz zielt.

> **Definition 5: Planspiel**
>
> Ein Planspiel ist eine allgemeine Simulationsmethode, das die Spielphase in Perioden gliedert und die Handlungsmöglichkeiten der Lernenden durch das Spielmodell oder durch Spielregeln vorgibt.

18.3.4.2 Die Planspiel-Methode im Interdependenzzusammenhang

Planspiele werden als Instrument der Förderung von Kompetenzen in verschiedenen Dimensionen, vor allem der Fachkompetenz, der Sozial- und der Selbstkompetenz, verstanden. Die dabei betonte Kompetenzdimension variiert von Planspiel zu Planspiel stark. Planspiele werden zu fast allen Themenbereichen aufgelegt, die an beruflichen Schulen relevant sind. Neben betriebswirtschaftlichen Planspielen stehen volkswirtschaftliche Simulationen.

Planspiele werden in verschiedenen Zeitmodellen eingesetzt.

- **Mehrtägige Blockveranstaltung**: Gerade bei kommerziellen, ‚großen Planspielen' ist es üblich, diese an mehreren Tagen hintereinander zu spielen. Die Belastung für die Organisation und Durchführung einer solchen Blockveranstaltung für die Schule ist erheblich. So setzt die berufliche Schule 4 in Nürnberg kommerzielle Planspiele für die Auszubildenden in der Automobilwirtschaft, im Groß- und Außenhandel, der Industrie sowie der Versicherungswirtschaft ein. Dabei wird auf die Branchenprodukte des Planspielherstellers Topsim zurückgegriffen, nämlich Topsim Merchant, Car, Insurance und General Management II. Die Auszubildenden spielen 2 Tage von 8.00 bis 15.45 Uhr. Dabei werden nach einer längeren Einführung mehrere Runden von jeweils etwa einer Stunde gespielt.
- **Unterrichtsstunden über mehrere Wochen**: Über mehrere Wochen wird das Planspiel in einer oder mehreren Unterrichtsstunden eingesetzt. Dies ist beispielsweise typisch für das Planspiel „Börse". Das Planspiel „Börse" (www.planspiel-boerse.com) ist eine Initiative der Sparkassen-Finanzgruppe, die sich an Schülerinnen und Schüler von allgemein- und berufsbildenden Schulen wendet.
- **Wenige Unterrichtsstunden**: Kleine Planspiele sind in der Literatur eher selten, obwohl sie flexibel einsetzbar sind und den Planungs- und Durchführungsaufwand drastisch senken. Diese Form von Spielen wird oft nicht computerunterstützt ausgewertet, sondern manuell. Kleine Planspiele sind oft Brettspiele. Capaul und Ulrich (2010) sprechen in diesem Fall auch von „Simulationsspielen".

Kommerzielle Planspiele bedienen sich meistens eines formalen Modells eines sozialen oder eines sozio-technischen Systems. Sie werden im Regelfall durch Computer unterstützt, also lokal oder über das Internet genutzt. Die Entwicklung solcher Planspiele ist im Vergleich zu den anderen Simulationsmethoden ausgesprochen aufwändig. Für eine ‚normale' Lehrkraft scheidet die Eigenentwicklung von Planspielen weitgehend aus. Auch der Einsatz selbst verlangt einen vergleichsweise großen Zeitaufwand. Zur Vorbereitung lohnt sich dabei im Regelfall ein Blick auf kommerzielle Anbieter sowie frei im Internet verfügbare Planspiele.

Quelle	Inhalt	URL
BIBB-Planspielforum	Planspieldatenbank des Bundesinstituts für Berufsbildung	www.bibb.de/planspielforum
BPB-Datenbank	Planspieldatenbank der Bundeszentrale für politische Bildung (breite Themenpalette, diverse kostenlose Spiele)	www.bpb.de/lernen/unterrichten/planspiele/
ISAGA	International Simulation & Gaming Association (Links, Literatur, Produkte u.a.)	www.isaga.info
SAGSAGA	Gesellschaft für Planspiele in Deutschland, Österreich und Schweiz, e.V. (Links, Literatur, Produkte u.a.)	www.sagsaga.org
Umweltspiele	Umwelt und Nachhaltigkeit	www.umweltspiele.ch
Thiagi	Sozialkompetenz (englisch, diverse kostenlose Spiele)	www.thiagi.com
PON at Harvard School of law	Sozialkompetenz, juristische Fachkompetenz (englisch, überwiegend kommerziell)	www.pon.org

Übersicht 15: Quellen für Planspiele im Internet

Daneben bieten Capaul und Ulrich (2010) eine Reihe kleiner Planspiele und die Veröffentlichung „Planspiel" (Klippert, 2008) einige größere Planspiele an.

18.4 Kaufmännische Simulationsmethoden nutzen

18.4.1 Lernbüro, Übungsfirma und Juniorenfirma: Was darunter verstanden wird

Die bisher vorgestellten Simulationsmethoden kommen auch an allgemeinbildenden Schulen und in der Weiterbildung vor. Für die kaufmännische Bildung haben sich weitere, spezifisch kaufmännische Simulationsverfahren herausgebildet. Diese sind: Das Lernbüro, die Übungsfirma und die Juniorenfirma. Alle drei Varianten werden auch unter dem Begriff „Lernfirma" zusammengefasst.

Definition 6: Lernfirma

Eine Lernfirma ist eine kaufmännische Simulationsmethode, die umfassend kaufmännische Arbeitssituationen für Sachbearbeitende abbildet. Je nach Produkt- und Geldströmen sowie Außenkontakten handelt es sich um ein Lernbüro, eine Übungsfirma oder um eine Juniorenfirma.

Lernfirmen sind Simulationsmethoden, die die Arbeitssituation von Kaufleuten mehr oder weniger praxisnah abbilden und die pädagogische Zielsetzungen verfolgen. Gerade bei der Übungsfirma wird dabei das ‚normale Klassenzimmer' verlassen und in Räume gewechselt, die eine hohe Ähnlichkeit zu modernen Großraumbüros haben. Die früher als „Scheinfirma", „Musterkontor", „Übungskontor" oder „Übungsfirma" bezeichnete Methode hat eine jahrhundertlange Tradition in der Ausbildung kaufmännischen Nachwuchses.[8]

Übungsfirma in der Wirtschaftsschule Nürnberg
Bild 4. Von Karl Wilbers

Lernbüro, Übungsfirma und Juniorenfirma unterscheiden sich durch die Art und Weise, wie Produkt- und Geldströme sowie Außenkontakte nachgebildet werden (Gramlinger & Tramm, 2006; Greimel, 1998; Tramm, 1996). Bei einem *Lernbüro* sind Produkt- und Geldströme *fiktiv* und auch die Außenkontakte *fiktiv*, d. h. diese werden im Regelfall von der Lehrkraft übernommen. Auch bei einer *Übungsfirma* (ÜFA) finden keine ‚richtigen' Geld- und Warenströme statt. Statt der richtigen Produkte werden Zettel mit dem Namen des Produktes verwendet und entsprechend Zettel statt der Waren gelagert. Hingegen sind die Außenkontakte *real*: Waren werden von anderen Übungsfirmen eingekauft und verkauft. Darüber hinaus bieten Übungsfirmenzentralen weitere Außenkontakte. Sie simulieren beispielsweise das zuständige Finanzamt, die Krankenkassen oder die Bank.

Bei *Juniorenfirmen* sind hingegen sowohl die Außenkontakte als auch die Produkt- und Geldströme *real*. So wechseln bei Schwan Stabilo in Heroldsberg bei

Lager einer Übungsfirma an der Wirtschaftsschule Nürnberg.
Bild 5. Von Karl Wilbers

Nürnberg die Auszubildenden für eine gewisse Zeit in die Juniorenfirma „young colors". Dort werden beispielsweise in einem eigenen Laden nahe der Kantine, Produkte der Firma an Mitarbeiter auf Rechnung und Werbung von „young colors" verkauft.

	Lernbüro	Übungsfirma	Juniorenfirma
Produkt- und Warenströme	fiktiv	fiktiv	real
Außenkontakte	fiktiv	real	real

Übersicht 16: Abgrenzung der drei Formen von Lernfirmen

Der Wirtschaftspädagoge Reetz, der sich früh und lange mit Lernfirmen auseinander gesetzt hat, bemerkt schon 1977 in einer Rede, dass in der gewerblich-technischen Berufsbildung Übungsstätten volle Anerkennung finden, während in der kaufmännischen Berufsbildung Lernfirmen immer ‚unter Wert gehandelt' würden (Reetz, 2006). Lernfirmen würden häufig ausschließlich als Mittel der übenden Anwendung und des Praxisersatzes verstanden. Reetz bringt damit Lernfirmen schon 1977 als „Lernort eigener Prägung" (2006) ins Spiel. Damit werde die Lernfirma „deutlich mehr als punktuelle Ergänzung systematischen Lernens in der Phase der Konzentration und übenden Anwendung oder ein aus der Not geborener Ersatz des genuin überlegenen Lernortes Betrieb" (Tramm & Gramlinger, 2006) verstanden.

18.4.2 Die Übungsfirmenarbeit gestalten

Eine Übungsfirma ist eine spezifisch kaufmännische Simulationsmethode, deren Modell ein sozio-technisches System, nämlich ein Unternehmen, nachbildet und reale Außenkontakte bei fiktiven Geld- und Warenströmen bietet (Wolf, 2011). Die Übungsfirma wird gleichzeitig als Betrieb bzw. Unternehmen und als Ort des Lernens gestaltet. Der Betrieb stellt einen Lernort dar und der Betrieb existiert nur, damit daran gelernt werden kann (Stock & Riebenbauer, 2013).

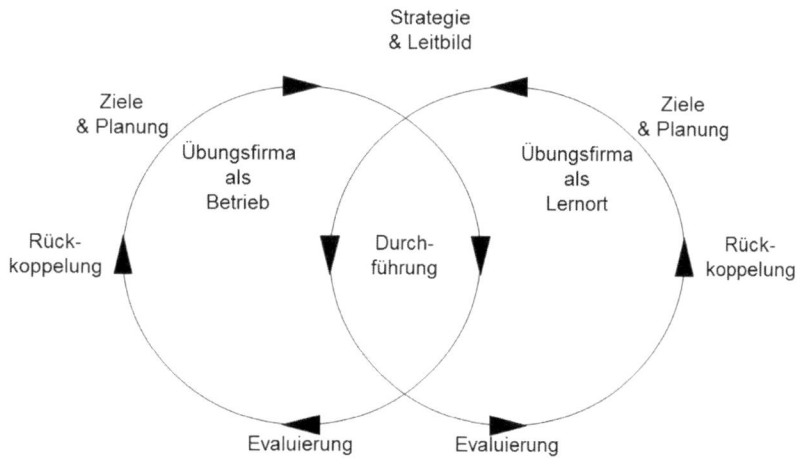

Übersicht 17: Übungsfirma als Betrieb und Lernort nach Stock & Riebenbauer (2013)

Die Arbeit in der Übungsfirma muss die Dualität berücksichtigen: „Aus pädagogischer Sicht liegt der Schwerpunkt der Übungsfirma auf dem Lernort, allerdings besteht bei der laufenden Arbeit die Gefahr, dass der Betrieb, aufgrund der Präsenz und der großen Fülle der Arbeit, überhandnimmt" (Stock & Riebenbauer, 2013, S. 628).

Wortwörtlich: Michaela Stock, WiPäd Uni Graz

Übungsfirma kann die erforderliche Nachhaltigkeit im Rahmen der Kompetenzentwicklung ermöglichen, wenn die Methode richtig im Sinne des vollständigen Lernens und der Handlungsorientierung als intellektuelle Regulation des Handelns gelebt wird und nicht zum Ort des Aktionismus bzw. hirnlosen Tuns oder gar des reinen Wissenserwerbs mutiert! ... Übungsfirma ist der Ort, wo Handeln und die intellektuelle Regulation des Handelns erfolgt, Übungsfirma ist der Raum, in dem Vernetzung über die Fächer und Jahrgänge stattfindet, wo keine klassischen Unterrichtsstunden zählen, sondern wo vernetztes Denken bzw. Denken in Zusammenhängen gefordert und gefördert wird.

Bild 6: Michaela Stock. Foto privat. Zitat: Stock (2010)

18.4.2.1 Die Vorbereitung der Übungsfirmenarbeit

In der Gründungsphase ist zunächst der *Produkt-/Marktbereich* der Übungsfirma festzulegen. In der Praxis sind Übungsfirmen deutlich häufiger Handelsunternehmen als in der realen Wirtschaft. Insbesondere Produktionsunternehmen sind regelmäßig unterrepräsentiert. Außerdem ist die Übungsfirma an eine *Übungsfirmenzentrale* anzuschließen. Viele Übungsfirmen nutzen die kostenpflichtigen Leistungen der Zentralstelle des Deutschen Übungsfirmenringes in Essen (www.zuef.de). Die Essener Zentralstelle simuliert die Bank und Kreditkarteninstitute, Krankenkassen, das Finanzamt, die Arbeitsagentur, die Gerichte sowie den Zoll. Die Simulation erfolgt heute überwiegend über internetgestützte Dienstleistungen, beispielsweise einer Software zur Erfassung von Überweisungen und dem Lesen von Kontoauszügen, die auch das i-TAN-Verfahren integriert. Die Leistungen der Essener Zentralstelle nehmen beispielsweise die Übungsfirmen an beruflichen Schulen in Baden-Württemberg in Anspruch. Neben den öffentlichen Schulen sind jedoch auch Berufsbildungswerke, Berufsförderungswerke oder freie Träger im Übungsfirmenring vertreten. Übungsfirmen haben nämlich auch in der Anpassungsfortbildung oder der beruflichen Rehabilitation eine große Bedeutung. Die Essener Übungsfirmenzentrale ist Mitglied in Europen (www.europen.info), in der Übungsfirmen bzw. Übungsfirmenverbände aus über vierzig Ländern vertreten sind. Für die Schulen ergibt sich damit die Möglichkeit, auch mit Übungsfirmen außerhalb Deutschlands Geschäfte zu betreiben und so die spezifischen Herausforderungen zu bewältigen, etwa Zoll-Formalitäten oder fremdsprachliche Anforderungen. In Bayern sind die Übungsfirmen nicht an die Essener Zentrale sondern an die Übungsfirmenzentrale der bayerischen Wirtschaftsschulen ÜBW (www.uebungsfirmen.de) angeschlossen. Die ÜBW ist in Memmingen in einem staatlichen kaufmännischen Berufsbildungszentrum untergebracht und wird von einem Diplom-Handelslehrer geleitet. Die Memminger Zentrale betreut über 200 Übungsfirmen in Bayern, Sachsen und Thüringen. Die ÜBW ist Mitglied im UNVB, dem United Networks of virtual Business. Die österreichischen Übungsfirmen sind an die Zentrale ACT (www.act.at) angeschlossen.

Eine Übungsfirma profitiert weiterhin von einer *Patenfirma*. Eine Patenfirma ist ein ‚reales' Unternehmen, das die Arbeit in einer Übungsfirma unterstützt. Die Patenfirma soll den Realitätsbezug der Übungsfirma stärken. Außerdem versorgt die Patenfirma die Übungsfirmen mit Produktinformationen, Prospekten oder Ausstellungsstücken. Patenfirmen können den Übungsfirmen auch Betriebsbesichtigungen ermöglichen. Bei der Übungsfirmenarbeit sind die Außenkontakte real. Diese Außenkontakte sind Kontakte mit anderen Übungsfirmen, der Zentralstelle und der Patenfirma.

Neben der Festlegung des Produkt-/Marktbereichs, der Wahl der Patenfirma und der Zentrale ist die Strukturierung des Unternehmens, die Bildung einzelner Abteilungen und Stellen notwendig. Bei der *Abteilungsbildung* sollten die Abteilungen groß genug sein, dass sie die Arbeit von Teams unterstützen und ggf. durch eine Abteilungsleitung geführt werden können. Bei der Schneidung der Abteilung können die Erkenntnisse aus der Aufbau- und Prozessorganisation berücksichtigt werden.

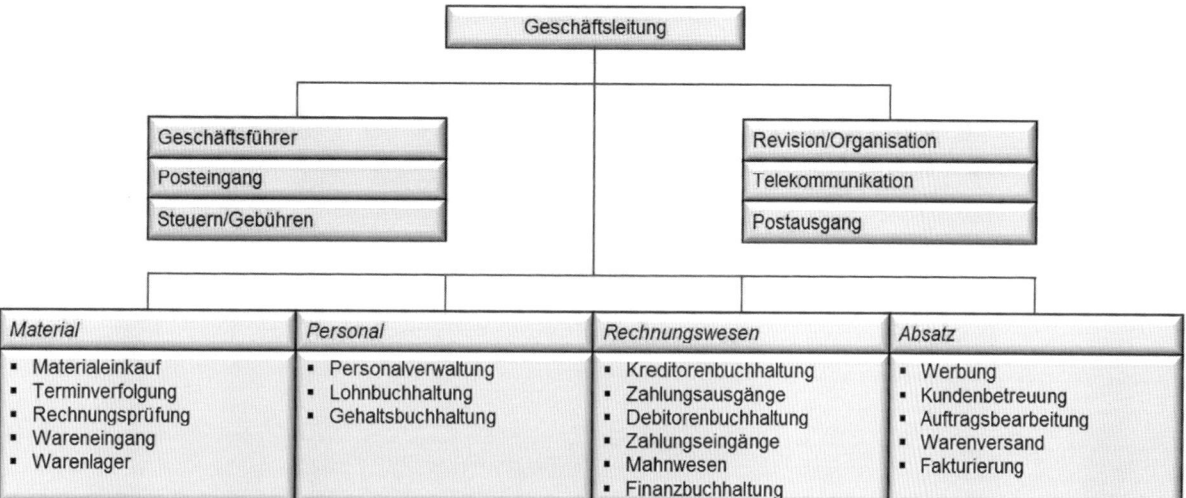

Übersicht 18: Organisationsplan für die Übungsfirma im Lehrplan für die bayerische Wirtschaftsschule

Neben der Schneidung von Abteilungen sind in der *Stellenbildung* die einzelnen Stellen zu strukturieren. Bei der Übungsfirmenarbeit übernehmen die Lernenden an einzelnen, der Unternehmenspraxis ähnlichen Arbeitsplätzen operative Aufgaben, die in den verschiedenen Abteilungen anfallen. Diese Betonung auf operative Aufgaben unterscheidet Übungsfirmen von Planspielen, bei denen in der Regel strategische Aufgaben im Vordergrund stehen (Greimel, 1998, S. 10). Für die Bewältigung der operativen Aufgaben stehen den Schülerinnen und Schülern in der Regel umfangreiche Aufgaben- bzw. Arbeitsablaufbeschreibungen zur Verfügung. Zentrale Grundlagen sind dabei die Anweisungen des Qualitätsmanagement-Handbuches (Baden-Württemberg), die Anweisungen des Abteilungshandbuches (Österreich) oder in Bayern Leittexte.

18.4.2.2 Der Ablauf der Übungsfirmenarbeit

Der Unterricht in der Übungsfirma beginnt für die Lernenden zunächst mit einer Einführung, in der die Lernenden die Übungsfirma kennenlernen. Nach dieser ersten Einführung übernehmen die Lernenden die einzelnen Stellen. Der Einstieg in die Stelle wird in den Schulen unterschiedlich geregelt (Schneider, 2009). In vielen österreichischen und baden-württembergischen Übungsfirmen werden dazu Bewerbungen, einschließlich Bewerbungsgespräche, durchgeführt und die Lernenden entscheiden weitgehend selbst, auf welche Stelle sie wechseln. Auch die Teambildung obliegt dabei weitgehend den Schülerinnen und Schülern. Nach einer Zeit der Arbeit auf einer Stelle findet im Zuge der Job-Rotation ein Arbeitsplatzwechsel statt. Bei diesem Übergang sind die Lernenden besonders gefordert. Sie müssen die Stelle in einem ordentlichen Zustand übergeben. Dabei hat auch die Einarbeitung der neuen Mitarbeitenden durch Mitlernende zu erfolgen. In der Literatur wird empfohlen, die Übergabe zu dokumentieren und für die Übergabe eigene Unterlagen, zum Beispiel Checklisten, zu erstellen (Riebenbauer, 2008, S. 250). In Deutschland scheint im Gegensatz zu Österreich mehr Wert darauf gelegt zu werden, dass die Schülerinnen und Schüler alle Abteilungen durchlaufen (Schneider, 2009). Die Erstellung des Rotationsplanes obliegt entweder der Personalabteilung, also den Lernenden, oder – wie in Bayern üblich – dem Übungsfirmenleiter, also der Lehrkraft.

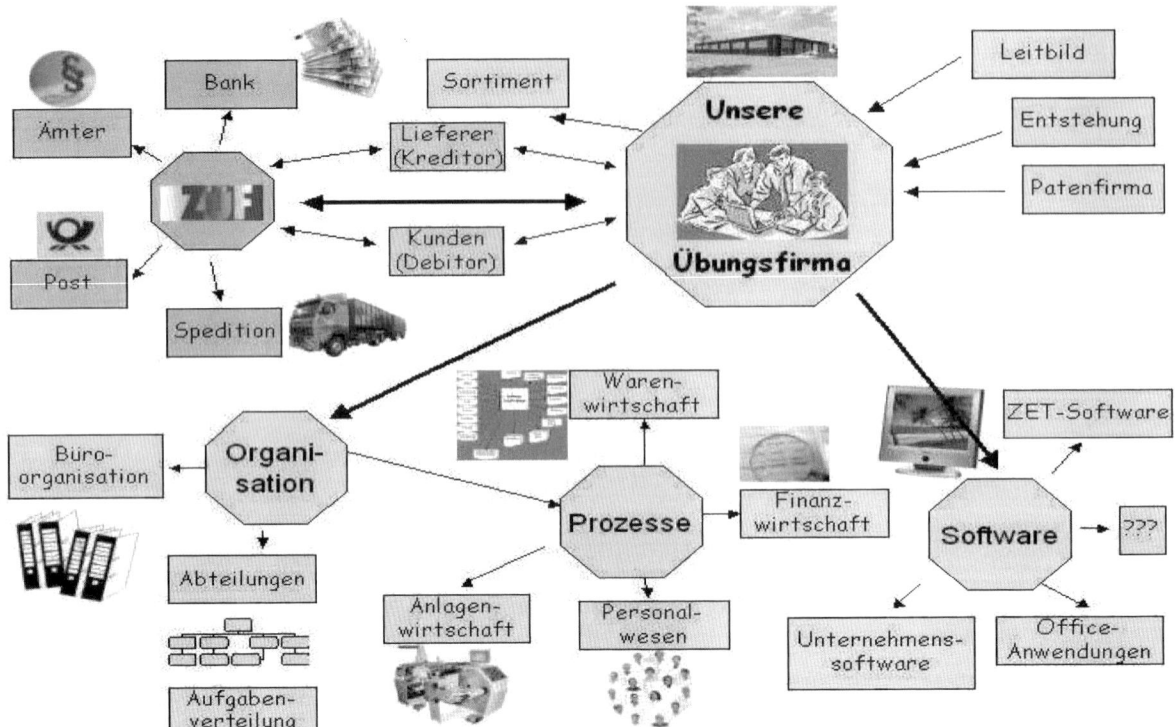

Übersicht 19: Advance Organizer zur Übungsfirmenarbeit in Baden-Württemberg (Noak)

In der Praxis werden in Übungsfirmen moderne Arbeitsmittel und -verfahren, Prozessmodellierungs-werkzeuge und ERP-Software eingesetzt. In den baden-württembergischen Übungsfirmen wird bei-spielsweise flächendeckend mit Microsoft Dynamics NAV gearbeitet.

Die Kontaktaufnahme zu anderen Übungsfirmen erfolgt über Verzeichnisse der Übungsfirmenzentra-len oder aber über Übungsfirmenmessen. Das sind mehrtägige Veranstaltungen, auf denen die Schüle-rinnen und Schüler ihre Produkte präsentieren. Der didaktische Nutzen der Messen geht jedoch über die reine Kontaktvermittlung weit hinaus. Die Lernenden müssen selbständig den Messeauftritt pla-nen, was beispielsweise im projektorientieren Unterricht geschehen kann. Auf der Messe selbst führen die Lernenden – auch in fremden Sprachen – Verkaufsgespräche, vorzugsweise im Business Dress. Außerdem stärkt der Messebesuch regelmäßig die Identifikation miteinander, mit der Schule und der Übungsfirma. Insgesamt ergeben sich also über die reine Kontaktvermittlung hinausgehende interes-sante Möglichkeiten zur Vertiefung der Fach-, Sozial- und Selbstkompetenz der Lernenden. Gerade bei der Beteiligung an einer Übungsfirmenmesse ist es sinnvoll, wenn die Übungsfirma, wie in Baden-Württemberg üblich, eine Patenfirma hat.

18.4.2.3 Die Übungsfirma im Interdependenzzusammenhang

Die Übungsfirmenarbeit zielt auf eine umfassende Förderung der Fachkompetenz der Lernenden. Sie strebt den „Erwerb eines umfassenden Prozess- und Systemverständnisses" (Tramm & Gramlinger, 2006) an. Die Prozesse eines Unternehmens in ihrem systemischen Zusammenhang sind die zentralen Lerngegenstände der Übungsfirmenarbeit. Durch die Einbettung in die Außenwelt handelt es sich um ein vergleichsweise komplexes Unternehmensmodell. Der Ernstcharakter der realen Außenbeziehun-gen gilt als Stärke der Übungsfirmenarbeit, die eine Förderung der Sprach-, der Fach-, Sozial- sowie der Selbstkompetenz ermöglicht (Tramm & Gramlinger, 2006).

Die Übungsfirmenarbeit kann jedoch ihre Potentiale nicht ausspielen, wenn sich das Lernen *aus-schließlich* auf den operativen Arbeitsvollzug konzentriert. Die Auseinandersetzung mit operativen Unternehmensprozessen ist eine zentrale Zielsetzung der Übungsfirmenarbeit. Gleichwohl greift dies aus prozessorientierter Sicht zu kurz (Wilbers, 2010).

▶ **Spielräume:** Bei der Erstellung solcher Beschreibungen ist darauf zu achten, dass die Lernenden einerseits eine Orientierung mit Hilfe detaillierter Informationen erhalten. Andererseits dürfen die Beschreibungen auch nicht zu detailliert sein, sondern müssen Spielräume lassen, da sonst die Anweisungen nur schrittweise abgearbeitet werden (Achtenhagen & Tramm, 1993, S. 197). Im handlungsorientierten Lernen ist es grundlegend, den Schülerinnen und Schülern Denk- und Gestaltungsspielräume zu überlassen. In der schulischen Adaption der Prozessorientierung besteht die Gefahr, Routinen und Prozesse zu verwechseln. Der Unterschied ist folgenreich und wird von Gaitanides (2010) ausgearbeitet: Traditionelle Routinen stellen demgemäß auf gleichförmige Handlungswiederholung, hohe Spezialisierung sowie isolierte Arbeitsteilung ab. Prozesse heben sich davon ab: Sie werden in kollektive Erfahrungen verdichtet, d. h. sie haben einen direkten Bezug zum Wissensmanagement, sie sprechen – so wie Spielzüge in Mannschaftssportarten – kollektive Könnerschaft an. Die notwendige Kundenorientierung, die grundlegend für prozessorientiertes Denken ist, setzt ausreichende Handlungsspielräume der Mitarbeiterinnen und Mitarbeiter voraus, die in diesem Sinne dazu befähigt werden müssen, nutzenstiftende Initiativen zu ergreifen (Empowerment). Prozessorientierung ist in diesem Denken genau ein Gegenmodell zur hierarchischen Kontrolle. Didaktisch besteht durch das Verwechseln von traditionellen Routinen und Prozessen die Gefahr, den Aspekt der Selbstverantwortung, der Gestaltungsmöglichkeiten und -notwendigkeiten und des Empowerments im Unterricht zu vernachlässigen.

▶ **Systemische Einbettung der Prozesse:** Den Lernenden muss klar werden, wie die Stelle mit den anderen Stellen bzw. wie die Prozesse untereinander zusammenhängen.

▶ **Einbettung in die Fächer:** Übungsfirmenarbeit kann ihre Potentiale nicht entfalten, wenn sie als isolierte Insel ohne Bezug zum Unterricht in anderen Fächern gestaltet wird. In Österreich wird daher seit 2004 in den Lehrplänen der Handelsakademie (HAK) und der Handelsschule (HAS) ein sogenannter „Übungsfirmenkonnex" ausgewiesen. Dabei wird in den Lehrplänen von HAK und HAS dargelegt, an welchen Stellen der Unterricht außerhalb der Übungsfirma Voraussetzungen für die Arbeit in der Übungsfirma schafft und wo die Übungsfirmenarbeit Unterrichtsgegenstände aus dem Fachunterricht aufgreift.

▶ **Vollständige Handlungen:** Aus Sicht der Handlungsorientierung ist es notwendig, dass sich die Lernenden nicht nur auf die Ausführung beschränken. Vielmehr sollten – wie auch beim Lernen mit Lernsituationen – alle Phasen des Handlungsprozesses angeregt werden. In der Praxis besteht in der Übungsfirmenarbeit die Tendenz, sich auf die Durchführung zu beschränken.

▶ **Strategisch-normative Reflexion und Nachhaltigkeit:** Die ÜFA-Arbeit hat eine große Nähe zur Prozessorientierung als Variante des Situationsprinzips. Vor diesem Hintergrund kann sich die Übungsfirmenarbeit nicht beschränken auf die operative Sachbearbeitung, sondern muss auch strategisch-normative Aspekte reflektieren. In der Praxis werden jedoch selbst für die Position der Geschäftsführung strategische Fragen oft nicht relevant. Außerdem sind Fragen nachhaltigen Wirtschaftens zu integrieren.

Die Übungsfirmenarbeit bietet gute Möglichkeiten, die Kompetenzen der Schülerinnen und Schüler individualisiert zu fördern.

Die Übungsfirmenarbeit ist in deutschen beruflichen Schulen curricular vor allem in Wirtschaftsschulen (Wolf, 2011); ISB, 2012) und in Berufsfachschulen integriert. In der Wirtschaftsschule ist das Fach für das Profil der Wirtschaftsschule zentral. Die bayerische Wirtschaftsschule befindet sich zurzeit in einem Reformprozess (Wilbers, 2011). Das Fach „Übungsfirmenarbeit", das in Zukunft „Übungsunternehmen" heißen wird, ist in Zukunft ein Pflichtfach und ein wählbarer Teil der Abschlussprüfung. Die Abschlussprüfung wird dabei in Bayern zentral durchgeführt. Neben den Wirtschaftsschulen werden Übungsfirmen in Berufsfachschulen eingesetzt. So verbindet die dreijährige Ausbildung in den Stufen 10 bis 12 in der Berufsfachschule für Büroberufe der beruflichen Schule 14 der Stadt Nürnberg drei Schwerpunkte, nämlich den Unterricht in allgemeinen und fachspezifischen Fächern im Modus einer Vollzeitschule, die Ausbildung in der Übungsfirma NÜLAG GmbH sowie ein gelenktes Praktikum während des dritten Jahres. Die Übungsfirma wird dabei in der Stundentafel im ersten Jahr mit 6 und im zweiten Jahr mit 12 Unterrichtsstunden vorgesehen. In Baden-Württemberg werden Übungsfirmen in zweijährigen zur Prüfung der Fachschulreife führenden Berufsfachschulen („Wirtschaftsschulen") sowie dem Berufskolleg I und im Berufskolleg II betrieben.

Die Schülerinnen und Schüler schätzen die Übungsfirmenarbeit sehr unterschiedlich ein. Gelegentlich kritisieren sie an der Übungsfirmenarbeit (Binkhorst, 2008), dass Langeweile und Monotonie vorkomme. Wenn die Übungsfirmenarbeit nach dem Muster „Zuordnung durch die Lehrkraft - Kurzanweisung – Durchführung – Kontrolle durch die Lehrkraft" ablaufe, wird die Übungsfirmenarbeit ermüdend. Außerdem wird bemängelt, dass die Einführungsphasen in die Übungsfirmenarbeit durch die Lehrkraft langweilig sind. In der bayerischen Praxis ist beispielsweise die Einführung durch Mitlernende nicht üblich. Weiterhin wird von Schülerinnen und Schüler kritisiert, dass die Übungsfirmenarbeit auf einer isolierten Insel abläuft und die Zusammenhänge und die Verbindung zu anderen Fächern nicht klar werden. Schülerinnen und Schüler empfinden die Kurzanweisungen als zu kompliziert und bemängeln das lange Warten auf Lehrkräfte, wenn jeder Schritt von der Lehrkraft erst abgezeichnet werden muss. Andererseits können Schülerinnen und Schüler – bei Bewältigung der erwähnten didaktischen Probleme – die Übungsfirmenarbeit auch sehr positiv einschätzen (Greimel, 1998): Das selbständige Arbeiten, die Abwechslung vom ‚normalen Unterricht', die Anwendung ‚in der Praxis', das Tragen von Verantwortung wird als positiv erlebt.

An die Lehrkraft stellt die Übungsfirmenarbeit hohe Anforderungen. Zunächst ist eine breite Fachkompetenz notwendig, zumal die Schülerinnen und Schüler – im Gegensatz zum Fachunterricht – gleichzeitig an allen Bereichen eines Unternehmens arbeiten. Die Lehrkraft braucht die Fähigkeit, schnell die Perspektive zu wechseln, also beispielsweise von der Einkaufs- auf die Verkaufsperspektive zu wechseln. Die Lehrkraft braucht eine intime Kenntnis der einzelnen Übungsfirma, beispielsweise der Leittexte, sowie der unterstützenden Technik, beispielsweise des ERP-Systems und des Internetportals der Zentrale. Weitere spezifische Kompetenzen werden in der Zusammenarbeit mit der Partnerfirma, der projektorientierten Vorbereitung von Übungsfirmenmessen sowie der Gründung und Weiterentwicklung der Übungsfirma angesprochen.

18.4.3 Die Juniorenfirmenarbeit gestalten

Von den Übungsfirmen mit ihren *fiktiven* Produkt- und Geldströmen unterscheiden sich die Juniorenfirmen: Bei ihnen sind sowohl die Außenkontakte als auch die Produkt- und Geldströme *real*. Juniorenfirmen existieren sowohl in Schulen als auch in Unternehmen.

Juniorenfirmen in Unternehmen wurden in Deutschland in den 1980er Jahren bekannt. 1975 nahm die erste Juniorenfirma bei der Zahnradfabrik Friedrichshafen AG in der innerbetrieblichen Ausbildung von Industriekaufleuten ihren Betrieb auf. Diese Erfahrungen wurden in einen Modellversuch des Bundesinstituts für Berufsbildung aufgenommen und in der Folgezeit ausgebaut (Fix, 1989, S. 24 ff.). Heute sind in der Arbeitsgemeinschaft der Juniorenfirmen (www.juniorenfirma.de) überwiegend Betriebe, aber auch einige Schulen und andere Institutionen vertreten. Im Nürnberger Raum gehören dazu die Juniorenfirmen „young colors" (Schwan Stabilo, Heroldsberg), „Jubit" (Datev, Nürnberg), „Juventus" (Diehl, Nürnberg), „Young Food-Shop" (Nestlé Schöller, Nürnberg) und „Eckart Junior-Company" (Eckart, Velden).

Die Juniorenfirma in Unternehmen wird als eigenes ‚Unternehmen' im Unternehmen konstruiert. Die Juniorenfirma ist dabei – von wenigen Ausnahmen im Bundesgebiet abgesehen – nicht rechtlich selbständig und hat auch keine vollständige eigene Buchführung und kein eigenes Personalmanagement.

Die Juniorenfirma wird im Regelfall als Abteilung bzw. als Kostenstelle eingerichtet. Das Unternehmen ist also simuliert, während jedoch der Geschäftsbetrieb real ist. Im Unterschied zu Übungsfirmen werden reale Produkte vertrieben, zum Beispiel als Verkauf an Mitarbeitende. Die Auszubildenden befinden sich in einer dualen Ausbildung und wechseln für mehrere Monate ('Vollzeitmodell') oder über einen längeren Zeitraum einen Halbtag ('Teilzeitmodell') in die Juniorenfirma. In der Praxis hat sich eine Größe von sechs bis acht Mitarbeitenden in der Juniorenfirma als hilfreich erwiesen (Bautz, 2010, S. 37). Häufig werden dabei 'normale Mitarbeitenden' und die Geschäftsführung der Juniorenfirma unterschieden. Das Organigramm der Juniorenfirma Jubit sieht beispielsweise die Geschäftsführung durch zwei Auszubildende und vier Abteilungen vor, nämlich Entwicklung, Service, Marketing & Vertrieb sowie Finanzen (Bautz, 2010).

Einige Juniorenfirmen haben sich dabei aus dem Personalverkauf gebildet und im Laufe der Zeit weitere Dienstleistungen dazu genommen. Es finden sich aber auch vom Personalverkauf unabhängige Gründungen. Typische Produkte und Dienstleistungen sind die Produkte des Unternehmens in der Tradition des Personalverkaufs, aber auch Handelswaren und vorwiegend interne Dienstleistungen. Die internen Dienstleistungen beinhalten eine breite Palette von einfachsten, didaktisch durchaus fragwürdigen Aktivitäten bis hin zu komplexen Produkten, etwa der Erstellung von Präsentationen und Webauftritten.

Die ersten Juniorenfirmen wurden in den Unternehmen gegründet, um die innerbetrieblichen Zusammenhänge transparent zu machen. Kutt (2000, S. 31 f.) unterscheidet drei Typen von Zielen: Juniorenfirmen haben ökonomische Ziele, d. h. sie tragen zur Wertschöpfung des Unternehmens bei und reduzieren Kosten in der Ausbildung. Sie haben innovative Ziele, d. h. sie unterstützen den Wandel und vor allem die Bereitschaft zum Wandel im Unternehmen, und sie haben didaktische Ziele. Diese Ziele können durchaus in Konflikt geraten, wobei bei der Juniorenfirma als Ausbildungsmethode die didaktischen Ziele im Vordergrund stehen sollten. Die Kompetenz der Lernenden kann in allen Dimensionen gefördert werden. Bezüglich der Fachkompetenz zielen Juniorenfirmen vor allem auf das kaufmännische Zusammenhangswissen und das unternehmerische Handeln. Bei der Lernkompetenz ist vor allem die selbständige Erschließung von Informationen und Problemlösungen angesprochen. Außerdem zielt die Juniorenfirma auf die Entwicklung der Sozialkompetenz und der Selbstkompetenz.

Eine Alternative zur Juniorenfirma ist die zeitlich befristete Übernahme der Verantwortung für Filialen oder Produktsparten in Filialen, die sogenannten „Lehrlingsfilialen". Diese haben etwa bei der Drogeriekette „dm" eine längere Tradition.

Von den Juniorenfirmen in Unternehmen sind die *Juniorenfirmen in Schulen* zu unterscheiden. Sie stehen in der Tradition der Junior Achievements, die zu Beginn des 20. Jahrhundert in den USA eingeführt worden sind (Fix, 1989, S. 24 ff.). Die Junior Achievements nahmen Gedanken aus der – heute noch in den USA existierenden – 4-H-Bewegung auf. „4-H" steht dabei für „head, heart, hands, and health" und ist das Motto einer Bewegung der Jugendbildung. Theodore Vail und Horace Moses gründeten 1919 vor diesem 4-H-Hintergrund in den USA die Organisation „Junior Achievement". Der Grundgedanke ist so einfach wie faszinierend: Schülerinnen und Schüler geben Aktien im Wert von 1$ aus und erhalten so das Startkapital. Sie stellen Produkte her oder bieten Dienstleistungen an, treffen strategische Entscheidungen und führen Buch. Die Schülerinnen und Schüler werden von freiwilligen Helferinnen und Helfern beraten, zum Beispiel ehemaligen Geschäftsleuten. Sie legen am Ende des Schuljahres einen Bericht über ihren Erfolg oder Misserfolg vor. Dieser Grundgedanke wurde inzwischen vielfach verfeinert und für verschiedene Schularten und Schulstufen ausdifferenziert. Die Organisation „Junior Achievement" gibt auf ihrer Webseite (www.ja.org) an, dass jährlich etwa 10 Millionen Schüler in etwa 400.000 Klassen unter Beteiligung von etwa 400.000 freiwilligen Betreuerinnen und Betreuern nach diesem Konzept arbeiten.

In Deutschland ist die Junior-Achievement-Bewegung als "Junior-Modell" bekannt geworden. Das Junior-Modell (www.juniorprojekt.de) wurde in den 1990er Jahren von dem Institut der deutschen Wirtschaft (IW) vorangetrieben, also einem arbeitgebernahen Wirtschaftsforschungsinstitut. Das Junior-Modell nimmt den Junior-Achievement-Gedanken auf und ist als Projekt auch Mitglied in der Organisation „Junior Achievement". Die Geschäftstätigkeit des Junior-Unternehmens ist auf ein Schuljahr begrenzt. Zu Beginn sind 90 Anteilsscheine à 10 Euro zu verkaufen. Im Junior-Modell werden den Lehrkräften Hilfestellungen gegeben, zum Beispiel in Form von Informationsveranstaltungen oder Materialien. Zum Junior-Modell existiert eine Reihe von Alternativen (Hillebrand & Tunat, 2006). In den beruflichen Schulen hat das Junior-Modell nach meiner Erfahrung eher eine untergeordnete Bedeutung. Es scheint in Bayern vor allem in Gymnasien und Hauptschulen verbreitet zu sein. Ein Einsatz in FOS und BOS ist eher selten.[9]

Eine weitere Variante der Juniorenfirma ist die *Produktionsschule*. Produktionsschulen entwickelten sich als Instrument der Förderung der beruflichen Kompetenz von benachteiligten Gruppen (Bojanowski, Mutschall & Meshoul, 2008). Produktionsschulen sind im Bundesverband der Produktionsschulen organisiert. Dieser erläutert die Zielsetzung: „Eine Produktionsschule entwickelt Orientierungs-, Vorbereitungs- und Qualifizierungsangebote für Jugendliche und junge Erwachsene …, um ihre berufliche und soziale Integration zu ermöglichen. Vorrangig will eine Produktionsschule Jugendliche ohne Abschluss oder mit unzureichendem Schulabschluss durch arbeitsbegleitende Qualifikationen in das Erwerbsleben integrieren. In einer Produktionsschule sind die Teilnehmerinnen und Teilnehmer – unter fachlicher Anleitung – produzierend tätig. Es geht um die Vermittlung von Schlüsselqualifikationen, die Herausbildung sozialer und methodischer Kompetenzen sowie Fachqualifikationen. Fachliche Qualifizierung und Entwicklung sozialer Kompetenzen gehen Hand in Hand, um Persönlichkeitsstabilisierung und Persönlichkeitsentwicklung anzuregen. Eine Produktionsschule vermittelt eine positive Einstellung zum lebenslangen Lernen und fördert damit die Eigenverantwortung für die Ausgestaltung des Lebensweges. Produktionsschulen verstehen sich als ein eigenständiger Bestandteil des beruflichen Bildungssystems". Die Produktionsschulen selbst haben eine reformpädagogische Tradition.

18.5 Technikdidaktische Methoden der Analyse und Synthese technischer Systeme

Neben den kaufmännischen Formen der Simulation stehen in der Technikdidaktik Methoden, die sich an der Analyse und Synthese technischer Systeme orientieren.

18.5.1 Systemorientierte Aufgaben und Analysen in der Technik

Ein technisches Gebilde bzw. System ist – nach abnehmender Komplexität – eine Anlage, ein Apparat, eine Maschine, ein Gerät, eine Baugruppe, ein Maschinenelement oder ein Einzelteil (Pahl & Beitz, 2007, S. 39). Das technische System steht dabei nicht allein, sondern ist eingebunden in ein übergeordnetes System. Meistens wirkt dabei der Mensch mit, in dem er auf das System einwirkt und selbst Rück- und Nebenwirkungen erfährt. Die Systeme können entsprechend ihrer Hauptumsatzart, also nach Stoff, Energie und Information, unterschieden werden (Ehrlenspiel, 2009, S. 56). Das Produkt durchlebt einen Produktlebenszyklus. Dieser Begriff ist jedoch mehrdeutig. Er umfasst zunächst den betriebswirtschaftlichen Lebenszyklus, der sich an der Marktpräsenz eines Produktes, zum Beispiel des VW Golf III, festmacht. Davon zu unterscheiden ist der allgemeine Lebenszyklus, der von der ersten Planung bis hin zur Entsorgung reicht.[10]

Phase	Inhalt
Planungs- und Herstellungsphase	Produktplanung
	Konstruktion/Entwicklung
	Fertigung/Montage/Prüfung
Nutzung	Betrieb
	Wartung/Service/Upgrading
	Produktplanung
Entsorgung	Recycling/Deproduktion

Übersicht 20: Phasen eines technischen Systems

Auf eine oder mehrere dieser Phasen können sich Aufgaben oder Analysen beziehen. So kann eine Konstruktionsaufgabe oder eine Konstruktionsanalyse gestellt werden oder eine Wartungsaufgabe oder Wartungsanalyse. „Aufgabe" bezieht sich auf einen synthetisierenden, konstruktiven Aspekt der Tätigkeit, der erst zu einem technischen System führt. „Analyse" ist hingegen eine analysierende, erklärende Tätigkeit, meist auf der Basis eines vorgegebenen Systems (Pahl, 2007). Eine große Bedeutung haben dabei Konstruktions- und Fertigungsaufgaben.

18.5.2 Die Fertigungs- und Konstruktionsaufgabe

Die Fertigung stellt für viele gewerblich-technische Berufe einen großen Tätigkeitsbereich dar, so dass Fertigungsaufgaben bzw. -analysen in der beruflichen Bildung einen hohen Stellenwert haben. Bei der Fertigungsaufgabe geht es – synthetisch – um die Planung, Erstellung und Kontrolle bzw. Bewertung eines technischen Systems. Gerade bei der Bewertung besteht dabei die Möglichkeit, umfassende Aspekte der Technikbewertung, etwa die gesellschaftlich-ökologische Perspektive, in den Unterricht zu integrieren. Fertigungsaufgaben werden im Laufe der Ausbildung systematisch variiert (Pahl, 2007, S. 121 ff.).

▶ **Komplexität des technischen Systems**: Die Komplexität der Aufgabe wird zunehmend gesteigert von kleinen Aufträgen mit einfachen Bauteilen bis hin zu komplexen technischen Systemen.

▶ **Grad der selbständigen Problemlösung**: Zu Beginn der Ausbildung werden umfangreiche Hilfen bzw. Unterlagen gegeben. Später werden diese Hilfen systematisch ausgeblendet. Nach Hüttner können dabei vier Varianten zunehmender Selbständigkeit unterschieden werden, die sich danach richten, welche Unterlagen die Lernenden erhalten (2009, S. 185 ff.).

Informationen für die Schülerinnen und Schüler	Variante 1	Variante 2	Variante 3	Variante 4
Aufgabenstellung	+	+	+	+
Sicherheitsvorschriften	+	+	+	+
Muster des Werkstücks	+	+	+	+
Technische Zeichnung	+	+	+	
Fertigungstechnologie	+	+		
Stückliste	+			
Videoaufzeichnung	+			

Übersicht 21: Didaktische Varianten von Fertigungsaufgaben nach Hüttner (2009)

Die Fertigungsaufgabe hat einen spezifischen Ablauf, der in der Toolbox durch ein Ablaufschema (TB-11.8) sowie durch eine Vorbereitungscheckliste (TB-11.9) wiedergegeben wird.[11]

Im ersten Schritt wird die Fertigungsaufgabe eröffnet. Dazu wird den Schülerinnen und Schülern ein Fertigungsauftrag übergeben, zu dem sie entsprechend des gewählten Grads der selbständigen Problemlösung weitere Informationen und Hilfestellungen erhalten. Fortgeschrittene Lernende können den Auftrag auf der Grundlage einer Aufgabenstellung selbst entwickeln. Der Auftrag kann Ergebnis einer vorlaufenden Konstruktionsaufgabe sein. Üblicherweise wird der Auftrag als technische Zeichnung präsentiert. Zur Eröffnung der Fertigungsaufgabe gehört eine erste Analyse des Fertigungsauftrages im Lehrgespräch. Diese Analyse wird zur Grundlage einer ersten intuitiven Planung.

Zum Lösen der Fertigungsaufgabe wird zunächst die Fertigung fachgerecht geplant, so dass das weitere Vorgehen und die benötigten Materialien, Hilfsmittel usw. geklärt sind. Die begleitende Beurteilung und die abschließende Beurteilung sollten auf der Grundlage ausgewiesener Beurteilungskriterien erfolgen. Hierzu gehören die Maßgenauigkeit, die Funktionstüchtigkeit, die Oberflächengüte, die Festigkeit oder die quantitativen Ergebnisse des Fertigungsablaufes. Auf der Grundlage der erfolgten Bewertung wird die Fertigungsplanung optimiert. Das erstellte Produkt wird in einen größeren Zusammenhang gestellt.

Häufig sind Fertigungsaufgaben verbunden mit dem Erlernen von Bewegungsabläufen, also berufsmotorischem Lernen. Dazu gehören berufstypische Tätigkeiten wie das Sägen oder Feilen im Metallbereich, das Installieren von Elementen im Elektrobereich, aber auch das Blutabnehmen im Gesundheitsbereich. Das Erlernen solcher Bewegungsabläufe vollzieht sich über mehrere Phasen von der Rahmenkoordination bis hin zur Mikrokoordination. In der Toolbox ist einen Übersicht über das berufsmotorische Lernen wiedergegeben (TB-5.6).

Das Konstruieren spielt im Metall- und Elektrobereich eine große Rolle (Pahl, 2009). Bei der Konstruktionsaufgabe wird eine technische Problemlösung in Form einer Zeichnung, einer Skizze oder eines Modells gelöst. Die Konstruktionsaufgabe hat Ähnlichkeiten zur Fertigungsaufgabe (Pahl, 2007, S. 202 ff.). Die Phasenstruktur (TB-11.10) sowie die Checkliste (11.11) finden sich in der Toolbox.

18.6 Outro

18.6.1 Die wichtigsten Begriffe dieser Lerneinheit

- Simulationsmethode
- Debriefing
- Rollenspiel (Begriff, Phasen, Stellung im Interdependenzzusammenhang)
- Videofeedback (Begriff, Phasen, Stellung im Interdependenzzusammenhang)
- Planspiel (Begriff, Phasen, Stellung im Interdependenzzusammenhang)
- Fallstudie (Begriff, Phasen, Stellung im Interdependenzzusammenhang)
- Analyse- und Synthese(aufgaben) für technische Systeme
- Lernfirma
- Lernbüro
- Übungsfirma
- Juniorenfirma
- Fertigungsaufgabe
- Konstruktionsaufgabe

18.6.2 Tools

- Tool „Karte: Methoden des Wirtschaftsunterrichts" (TB-1.7)
- Tool „Berufsmotorisches Lernen" (TB-5.6)
- Tool „5E-Debriefing: Übersicht" (TB-11.1)
- Tool „Rollenspiele: Ablaufschema" (TB-11.2)
- Tool „Rollenspiele: Checkliste" (TB-11.3)
- Tool „Rollenspiele: Vorlage Arbeitsblatt" (TB-11.4)
- Tool „Videofeedback: Ablaufschema" (TB-11.5)
- Tool „Fallstudien: Ablaufschema" (TB-11.6)
- Tool „Fertigungsaufgabe: Ablaufschema" (TB-11.8)
- Tool „Fertigungsaufgabe: Checkliste" (TB-11.9)
- Tool „Konstruktionsaufgabe: Ablaufschema" (TB-11.10)
- Tool „Konstruktionsaufgabe: Checkliste" (TB-11.11)
- Tool „Feedback: Kriterienkatalog" (TB-14.18)

18.6.3 Kompetenzen

▶ Mit allgemeinen Simulationsmethoden arbeiten: Rollenspiele gestalten; Fallstudienarbeit gestalten; Planspielarbeit gestalten; Videofeedback gestalten

▶ Mit kaufmännischen Simulationsmethoden arbeiten: Lernbüroarbeit erläutern; Übungsfirmenarbeit erläutern; Juniorenfirmenarbeit erläutern

▶ Technikdidaktische Simulationsmethoden analysieren: Übersicht über technikdidaktische Simulationsmethoden geben; Fertigungs- und Konstruktionsaufgabe erläutern

18.6.4 Hinweise zur vertieften Auseinandersetzung: Weiterlesen

Eine der wenigen Ausführungen zu ‚kleinen Planspielen' legen Capaul und Ulrich in ihrem sehr lesenswerten Buch (2010) vor.

18.6.5 Hinweise zur vertieften Auseinandersetzung: Weitersurfen

Die Zeitschrift „sowie – online" machte eine Reihe von Grundsatzartikeln sowie Fallstudien online verfügbar:

http://www.sowi-online.de/methoden/fallstu.htm

18.6.6 Literaturnachweis

Achtenhagen, F. & Tramm, T. (1993). Übungsfirmenarbeit als Beispiel handlungsorientierten Lernens in der kaufmännischen Berufsbildung. In C. K. Friede & K. Sonntag (Hrsg.), *Berufliche Kompetenz durch Training* (S. 161–184). Heidelberg: Sauer.

Aff, J. & Wagner, M. (Hrsg.). (1997). *Methodische Bausteine der Wirtschaftsdidaktik*. Wien: Manz Verlag Schulbuch.

Allen, D. & Ryan, K. (1969). *Microteaching*. Reading, Massachusetts u.a.: Addison Wesley.

Bautz, A. (2010). *Entwicklung eines Businessplans für eine Juniorenfirma in einem Versicherungsunternehmen*. Nürnberg: Lehrstuhl für Wirtschaftspädagogik und Personalentwicklung.

Binkhorst, N. (2008). *Motivation in Übungsfirmen. Diplomarbeit im Fach Wirtschaftspädagogik*. Nürnberg: Lehrstuhl für Wirtschaftspädagogik und Personalentwicklung.

Blötz, U. (2008). Grundzüge einer Planspiel-Didaktik. In U. Blötz (Hrsg.), *Planspiele in der beruflichen Bildung. Auswahl, Konzepte, Lernarrangements, Erfahrungen* (4. Aufl., S. 13–29). Bielefeld: Bertelsmann.

Bojanowski, A., Mutschall, M. & Meshoul, A. (Hrsg.). (2008). *Überflüssig? Abgehängt? Produktionsschule: Eine Antwort für benachteiligte Jugendliche in den neuen Ländern*. Münster: Waxmann.

Bonz, B. (2009). *Methoden der Berufsbildung. Ein Lehrbuch* (2. Aufl.). Stuttgart: Hirzel.

Brophy, J. (2004). *Using video in teacher education. Advances in research on teaching*. Amsterdam: Elsevier.

Capaul, R. & Ulrich, M. (2003). *Planspiele. Simulationsspiele für Unterricht und Training*. Altstätten: Tobler.

Capaul, R. & Ulrich, M. (2010). *Planspiele. Simulationsspiele für Unterricht und Training ; mit Kurztheorie: Simulations- und Planspielmethodik* (2. Aufl.). Mörschwil: Kaufmännischer Lehrmittelverlag AG.

Ehrlenspiel, K. (2009). *Integrierte Produktentwicklung. Denkabläufe, Methodeneinsatz, Zusammenarbeit* (4. Aufl.). München, Wien: Hanser.

Erskine, J. A., Leenders, M. R. & Mauffette-Leender, L. A. (2003). *Teaching with cases* (3rd). London, Ontario: Ivey Publishing Richard Ivey School of Business.

Fix, W. (1989). *Juniorenfirmen. Ein innovatives Konzept zur Förderung von Schlüsselqualifikationen*. Berlin: Schmidt.

Gaitanides, M. (2010). Geschäftsprozess und Prozessmanagement. In H. Pongratz, T. Tramm & K. Wilbers (Hrsg.), *Prozessorientierte Wirtschaftsdidaktik und Einsatz von ERP-Systemen im kaufmännischen Unterricht* (S. 11–29). Aachen: Shaker.

Gramlinger, F. & Tramm, T. (2006). Editorial zur Ausgabe 10. Lernfirmen. *bwp@ (Berufs- und Wirtschaftspädagogik - online)* (10). Verfügbar unter http://www.bwpat.de/ausgabe10/editorial_bwpat10.shtml

Greimel, B. (1998). *Evaluation österreichischer Übungsfirmen. Eine Studie an kaufmännischen berufsbildenden Vollzeitschulen*. Innsbruck, Wien: Studienverlag.

Grohmann, S. (1997). Die Fallmethode. Theoretische Grundlagen. In J. Aff & M. Wagner (Hrsg.), *Methodische Bausteine der Wirtschaftsdidaktik* (S. 51–73). Wien: Manz Verlag Schulbuch.

Herrmann, H.-J. (1983). *Simulationsspiele als Methode eines bankbetrieblichen Entscheidungstrainings.* Düsseldorf: Verlagsanstalt Handwerk.

Hillebrand, M. & Tunat, S. (2006). *Berufliches Lernen in Schüler- und Juniorenfirmen. Ein berufspädagogisches Konzept mit aktuellen Beispielen aus Berlin.* Frankfurt am Main: Lang.

Hopf, B. (1971). *Die Scheinfirma als Bildungseinrichtung des Kaufmanns.* Mainz, Univ., Diss.

Hüttner, A. (2009). *Technik unterrichten. Methoden und Unterrichtsverfahren im Technikunterricht* (3. Aufl.). Haan-Gruiten: Verl. Europa-Lehrmittel.

ISB (Staatsinstitut für Schulpädagogik und Bildungsforschung München). (2012). *Ein Leitfaden zur Weiterentwicklung des Fachs Übungsunternehmen unter besonderer Berücksichtigung der Qualitätssicherung.* München: ISB.

Jongebloed, H.-C. (1984). *Fachdidaktik und Entscheidung. Vorüberlegungen zu einer umstrittenen Problematik.* Düsseldorf: Verlagsanstalt Handwerk.

Kaiser, F.-J. (Hrsg.). (1983a). *Die Fallstudie. Theorie und Praxis der Fallstudiendidaktik.* Bad Heilbrunn/Obb: Klinkhardt.

Kaiser, F.-J. (1983b). Grundlagen der Fallstudiendidaktik - Historische Entwicklung - Theoretische Grundlagen - Unterrichtliche Praxis. In F.-J. Kaiser (Hrsg.), *Die Fallstudie. Theorie und Praxis der Fallstudiendidaktik* (S. 9–34). Bad Heilbrunn/Obb: Klinkhardt.

Kaiser, F.-J. & Brettschneider, V. (2008). Fallstudie. In J. Wiechmann (Hrsg.), *Zwölf Unterrichtsmethoden. Vielfalt für die Praxis* (Pädagogik, 4. Aufl., S. 144–157). Weinheim: Beltz.

Kittelberger, R. & Freisleben, I. (1994). *Lernen mit Video und Film* (2. Aufl.). Weinheim: Beltz.

Klippert, H. (1999). *Planspiele. Spielvorlagen zum sozialen, politischen und methodischen Lernern in Gruppen.* (2. Aufl.). Weinheim, Basel: Beltz.

Klippert, H. (2008). *Planspiele. 10 Spielvorlagen zum sozialen, politischen und methodischen Lernen in Gruppen* (5. Aufl.). Weinheim: Beltz.

Kutt, K. (2000). Juniorenfirma. In W. Wittwer (Hrsg.), *Methoden der Ausbildung. Didaktische Werkzeuge für Ausbilder.* (S. 29–42). Köln: Deutscher Wirtschaftsdienst.

Leenders, M. R., Mauffette-Leenders, L. A. & Erskine, J. A. (2001). *Writing cases* (4. Aufl.). London, Ontario: Ivey Publishing Richard Ivey School of Business.

Lindner, J. & Peter, B. (1997). Das Rollenspiel: Theoretische Grundlagen. In J. Aff & M. Wagner (Hrsg.), *Methodische Bausteine der Wirtschaftsdidaktik* (S. 233–254). Wien: Manz Verlag Schulbuch.

Meyer, H. (1989). *Unterrichtsmethoden* (2: Praxisband). Berlin: Cornelsen Scriptor.

Miebach, B. (2006). *Soziologische Handlungstheorie. Eine Einführung* (2. Aufl.). Wiesbaden: VS Verl. für Sozialwiss.

Noak, I. *Einführung in die Übungsfirmenarbeit. Handreichung. Erarbeitet von Thorsten Benditt u.a.* Stuttgart.

Pahl, G. & Beitz, W. (2007). *Konstruktionslehre. Grundlagen erfolgreicher Produktentwicklung ; Methoden und Anwendung* (7. Aufl.). Berlin [u.a.]: Springer.

Pahl, J.-P. (2007). *Ausbildungs- und Unterrichtsverfahren. Ein Kompendium für den Lernbereich Arbeit und Technik* (2. Aufl.). Bielefeld: Bertelsmann. Verfügbar unter http://www.worldcat.org/oclc/180093223

Pahl, J.-P. (2009). *Konstruieren und berufliches Lernen* (2. Aufl.). Bielefeld: Bertelsmann.

Perlberg, A. (1987). Microteaching: Conceptual and Theoretical Bases. In M. J. Dunkin (Hrsg.), *The International encyclopedia of teaching and teacher education.* (S. 715–720). Oxford u.a.: Pergamon Press.

Petko, D. & Reusser, K. (2005). Praxisorientiertes E-Learning mit Video gestalten. In A. Hohenstein & K. Wilbers (Hrsg.), *Handbuch E-Learning* (S. 4.22, S. 1-22). Köln: Deutscher Wirtschaftsdienst.

Petranek, C. F., Corey, S. & Black, R. (1992). Three Levels of Learning in Simulations. Participating, Debriefing, and Journal Writing. *Simulation Gaming, 23* (2), 174–185.

Petranek, C. F. (2000). Written Debriefing: The Next Vital Step in Learning with Simulations. *Simulation Gaming, 31* (1), 108–118.

Pilz, M. (2007). Fallstudie. *sowi-onlinejournal.* Verfügbar unter http://www.sowi-online.de/methoden/dokumente/fallstudie_pilz.html

Rebmann, K. (2001). *Planspiel und Planspieleinsatz. Theoretische und empirische Explorationen zu einer konstruktivistischen Planspieldidaktik.* Hamburg: Kovac.

Reetz, L. & Sievers, H.-P. (1983a). Rationalisierung im Einkauf durch ABC-Analyse. In F.-J. Kaiser (Hrsg.), *Die Fallstudie. Theorie und Praxis der Fallstudiendidaktik* (S. 187–193). Bad Heilbrunn/Obb: Klinkhardt.

Reetz, L. & Sievers, H.-P. (1983b). Zur curriculum und lerntheoretischen Begründung der Fallstudienverwendung im Wirtschafslehreunterricht der Sekundarstufe II. In F.-J. Kaiser (Hrsg.), *Die Fallstudie. Theorie und Praxis der Fallstudiendidaktik* (S. 75–110). Bad Heilbrunn/Obb: Klinkhardt.

Reetz, L. (1984). *Wirtschaftsdidaktik. Eine Einführung in Theorie und Praxis wirtschaftsberuflicher Curriculumentwicklung*. Bad Heilbrunn/Obb.: Klinkhardt.

Reetz, L. (2006). Die Übungsfirma in der kaufmännischen Berufsbildung. Rede, gehalten am 21. Oktober 1977 anlässlich der Eröffnung der Internationalen Übungsfirmenmesse 1977 im Berufsförderungswerk Hamburg. *bwp@ (Berufs- und Wirtschaftspädagogik - online)* (10). Verfügbar unter http://www.bwpat.de/ausgabe10/reetz_1977-2006_bwpat10.shtml

Riebenbauer, E. (2008). *Rechnungswesen in der Übungsfirma. Internationale Vergleiche von Übungsfirmen in Österreich, Deutschland, Italien und den Vereinigten Staaten*. Graz: Uni-Press Graz.

Roseaen, C. L., Degnan, C., VanStratt, T. & Zietlow, K. (2004). Designing a virtual K-2 classroom literary tour: Learning together as teachers explore "best practice". In J. Brophy (Hrsg.), *Using video in teacher education* (vol. 10, S. 169–199). Amsterdam: Elsevier.

Schneider, B. (2009). *Vergleich der Übungsfirmenarbeit in Österreich, Baden-Württemberg und Bayern*. Nürnberg: Lehrstuhl für Wirtschaftspädagogik und Personalentwicklung.

Sherin, M. G. (2004). New Perspectives on the role of video in teacher education. In J. Brophy (Hrsg.), *Using video in teacher education* (Bd. 10, S. 1–27). Amsterdam: Elsevier.

Speth, H. (2004). *Theorie und Praxis des Wirtschaftslehreunterrichts. Eine Fachdidaktik* (8. Aufl.). Rinteln: Merkur.

Stock, M. (2010). Wie viel Übungsfirma braucht kompetenzorientiertes Lehren und Lernen? Übungsfirma als eine Methode für kompetenzorientierten Unterricht mit besonderem Fokus auf die mehrdimensionale Leistungsbewertung. In R. Fortmüller & B. Greimel-Fuhrmann (Hrsg.), *Wirtschaftsdidaktik - eine Tour d'Horizon von den theoretischen Grundlagen bis zur praktischen Anwendung. Festschrift für Josef Aff zum 60. Geburtstag* (S. 125–132). Wien: Manz Verl. Schulbuch.

Stock, M. & Riebenbauer, E. (2013). Übungsfirma - Lehrendensicht. In M. Stock, P. Slepcevic-Zach & G. Tafner (Hrsg.), *Wirtschaftspädagogik. Ein Lehrbuch* (S. 623–634). Graz: UPG - Unipress Graz.

Toelstede, B. G. & Gamber, P. (1993). *Video-Training und Feedback*. Weinheim: Beltz.

Tramm, T. (1996). *Lernprozesse in der Übungsfirma. Rekonstruktion und Weiterentwicklung schulischer Übungsfirmenarbeit als Anwendungsfall einer evaluativ-konstruktiven und handlungsorientierten Curriculumstrategie*. Göttingen: Universität Göttingen (Habilitationsschrift).

Tramm, T. & Gramlinger, F. (2006). Lernfirmenarbeit als Instrument zur Förderung beruflicher und personaler Selbständigkeit. *bwp@ (Berufs- und Wirtschaftspädagogik - online)* (10). Verfügbar unter http://www.bwpat.de/ausgabe10/tramm_gramlinger_bwpat10.shtml

Wang, J. & Hartley, K. (2003). Video Technology as a Support for Teacher Education Reform. *Journal of Technology and Teacher Education, 11* (1), 105–138.

Weidenmann, B. (2006). Lernen mit Medien. In A. Krapp & B. Weidenmann (Hrsg.), *Pädagogische Psychologie. Ein Lehrbuch* (5. Aufl., S. 423–476). Weinheim: Beltz.

Weitz, B. O. (2002). Fallstudie zum Bereich Marketing: Robinson-Liste - Keine Werbung mehr im Briefkasten !? *sowi-onlinejournal*. Verfügbar unter http://www.sowi-online.de/praxis/methode/fallstudie_zum_bereich_marketing_robinson_liste_keine_werbung_mehr_briefkasten.html

Weitz, B. O. (2006). Fallstudien im Ökonomieunterricht. In T. Retzmann (Hrsg.), *Methodentraining für den Ökonomieunterricht* (S. 101–119). Schwalbach am Taunus: Wochenschau-Verlag.

Wilbers, K. (2010). Integrierte Unternehmenssoftware (ERP-Systeme) im kaufmännischen Unterricht. In H. Pongratz, T. Tramm & K. Wilbers (Hrsg.), *Prozessorientierte Wirtschaftsdidaktik und Einsatz von ERP-Systemen im kaufmännischen Unterricht* (S. 61–76). Aachen: Shaker.

Wilbers, K. (Hrsg.). (2011). *Die Wirtschaftsschule. Verdienste und Entwicklungsperspektiven einer bayerischen Schulart*. Aachen: Shaker.

Wolf, M. (2011). Der Unterricht in der Übungsfirma. In K. Wilbers (Hrsg.), *Die Wirtschaftsschule. Verdienste und Entwicklungsperspektiven einer bayerischen Schulart* (311-317). Aachen: Shaker.

18.6.7 Anmerkungen

[1]   Capaul und Ulrich (2003) sprechen von „4-E", nämlich „emotions", „events", „explication" und „every day life". Im Orginalbeitrag von Petranek, Corey und Black (1992) sind es „4-E", nämlich „events", „emotions", „empathy" und „explication". Der Aspekt „empathy" fehlt bei Capaul und Ulrich. Das „explication" bei Petranek, Corey und Black deckt das „explication" und das „every day life" ab. Ich habe daher fünf E vorgestellt.

[2]   Das Videofeedbackverfahren hat in der Weiterbildung eine lange Tradition. Vgl. Kittelberger und Freisleben (1994); Toelstede und Gamber (1993). Dies gilt auch für Bildung von Lehrkräften. Vgl. Perlberg (1987). Wang und Hartley (2003) bieten ein Literaturreview, der den Einsatz von Video in drei Feldern aufzeigt, nämlich „Support for transforming existing belief and ideas", „Support for acquiring pedagogical content knowledge" sowie „Support for developing pedagogical understanding of different learners". Sie geben Beispiele und zeigen Forschungsdefizite auf. Eine gute Übersicht liefert auch der Beitrag von Sherin (2004) sowie insgesamt der Sammelband von Brophy (2004).

[3]   Vgl. Petko und Reusser (2005); Sherin (2004); Wang und Hartley (2003).

[4]   Daneben bieten diese technischen Merkmale weitere Handlungsmöglichkeiten: 1. Tauschen, Sammeln: Digitale Videos sind ohne Einbußen und ohne großen Aufwand duplizierbar. Sie unterstützen somit das Sammeln und das Tauschen von Videos. 2. Dauerhafte Dokumentation: Digitale Videos können ohne technische Probleme und Qualitätsverluste wiederholt werden. Die so entstandene Dokumentation ist vergleichsweise dauerhaft. 3. Anreicherung um Kontextinformationen: Digitale Videos können vergleichsweise einfach auf einer einheitlichen Plattform, beispielsweise im Internet, durch weitere Medien ergänzt werden. So können beispielsweise Videos des Unterrichts angereichert werden durch die Einbettung von Textdokumenten, die die Unterrichtsplanung, die Schule (z. B. Zusammensetzung der Schülerschaft), die Sozialform, die verwendeten Materialien oder den Bezug zum Lehrplan beschreiben. Auch schriftliche Reflexionen oder per Video festgehaltene Reflexionen, textliche Anmerkungen, Ergebnisse der Schülerarbeiten usw. lassen sich so einfach ergänzen. Vgl. Roseaen, Degnan, VanStratt und Zietlow (2004).

[5]   Im Hochschulbereich können Dozierende auf folgende kostenpflichtige Quellen zurückgreifen: European Case Clearing House (ECCH) an der Cranfield University (http://www.ecch.com), Harvard Business School (http://www.hbsp.harvard.edu), Richard Ivey School of Business (http://cases.ivey.uwo.ca).

[6]   Zu diesem Einwand siehe Reetz und Sievers (1983b, S. 93). Das Verhältnis von „Entscheiden" und „Problemlösen" ist schwierig. Eine umfassende Analyse liefert Jongebloed in seinem Buch „Fachdidaktik und Entscheidung" (1984).

[7]   Bei der Unterscheidung von offenen und engen Fallstudien habe ich mich am ‚Case difficulty cube' der Ivey-Methode orientiert. Vgl. Leenders, Mauffette-Leenders und Erskine (2001, S. 17 ff.). Berücksichtigt habe ich außerdem den Reetz'schen Gedanken der Lernhilfen sowie die methodischen Varianten der Fallstudie in der Systematik von Kaiser (1983b, S. 23).

[8]   Diese Tradition wird in der Dissertation von Barbara Hopf (1971) aufgearbeitet. Sie macht vier historische Wurzeln aus: Die Übungskontore von Handelsschulen, die politische Bildung der Jugend im Simulationsmodell des Schattenstaates, die Schülerkorrespondenz vor allem in sogenannten Briefwechselbundfirmen sowie die Wurzeln in der Bildungsarbeit der Angestelltenverbände.

[9]   Dies zeigt eine Seminararbeit, die von Rui Miguel Oliveira Rodrigues de Matos, einem Schüler an der Nürnberger Lothar-von-Faber-Schule, einer staatlichen Fachoberschule, geschrieben wurde und deckt sich mit persönlichen Auskünften von Roland Heilmann, der betreuenden Lehrkraft, der im Schuljahr 2008/2009 die Betreuung einer Juniorenfirma nach dem Junior-Modell betreut hat. Ein wesentlicher Grund liege in der Konstruktion der Schulform, die in der 11. Jahrgangsstufe eine fachpraktische Ausbildung und in der 12. Jahrgangsstufe eine recht dichte Vorbereitung auf die Prüfung vorsieht.

[10]   In Anlehnung an Pahl und Beitz (2007, S. 7); Pahl (2009, S. 97).

[11]   Hier wiedergegeben in Anlehnung an Pahl (2007, S. 121 ff.) sowie Hüttner (2009, S. 182 ff.).

19 SELBSTGESTEUERTE UND INDIVIDUALISIERENDE UNTERRICHTSMETHODEN PLANEN UND AUSARBEITEN

19.1 Zur Orientierung: Was Sie hier erwartet

19.1.1 Worum es hier geht

Die Dirndlblusen Meran und Bolzano werden wir bei unserer Bereinigung aus dem Sortiment nehmen! Sie sehen das an den Zahlen: Sehen Sie hier … und hier … und hier …". Kevin zeigt gerade auf das Flipchart, das die Gruppe erstellt hat. Die Lehrerin Barbara L. spielt gerade die Rolle der Leiterin der Abteilung „Landhausmode". Sie hört sich die Entscheidungen an, die die Gruppe erarbeitet hat.

Ausgangspunkt für die Arbeit war eine Hausmitteilung an die Gruppe, die Pennerartikel im Landhausbereich zu bestimmen. Kevin und seine Gruppe hatte dann lange, fast zu lange, überlegt, was genau die Hausmitteilung eigentlich zu bedeuten hat. Dann ging es in die Materialien, die die Lehrkraft in einer Plastikbox mitgebracht hatte. Sie hatten länger drüber gebrütet, wie sie die Bereinigung der Sortiments angehen sollten. Doch am Ende war es klar. Ja, und dann hat Kevin die Präsentation übernommen. Der kann es halt am besten.

19.1.2 Inhaltsübersicht

19   Selbstgesteuerte und individualisierende Unterrichtsmethoden planen und ausarbeiten 599

19.1   Zur Orientierung: Was Sie hier erwartet 600

19.1.1   Worum es hier geht 600

19.1.2   Inhaltsübersicht 601

19.1.3   Zusammenfassung 601

19.1.4   Einordnung in das Prozessmodell 602

19.2   Exkurs: Humanismus und Konstruktivismus 603

19.2.1   Der Humanismus – eine Sichtweise auf Lernen und Motivation 603

19.2.2   Der Konstruktivismus: Eine weitere Perspektive auf Lernen und Motivation 605

19.2.3   Vergleichende Betrachtung der vier Perspektiven auf Lernen und Motivation 608

19.3   Methoden des selbstgesteuerten Lernens planen und ausarbeiten 609

19.3.1   Selbstgesteuertes Lernen: Was darunter verstanden wird 609

19.3.2   Ausgewählte Methoden des selbstgesteuerten Lernens gestalten 610

19.4   Lernen mit Lernsituationen als simulative, selbstgesteuerte Methode 618

19.4.1   ‚Der‘ Lernsituationsansatz in der Berufsbildungstheorie und -praxis 618

19.4.2   Handlungstheoretische Grundlagen der Arbeit mit Lernsituationen 619

19.4.3   Ablauf des Lernens mit Lernsituationen 623

19.4.4   Lernfelder und Lernsituationen zuschneiden und ausgestalten 627

19.5   Methoden der individuellen Förderung planen und ausarbeiten 630

19.5.1   Methoden der individuellen Förderung: Was darunter verstanden wird 630

19.5.2   Beratung als Methode der individuellen Förderung planen und ausarbeiten 631

19.5.3   Förderplanarbeit als Methode der individuellen Förderung planen und ausarbeiten .. 634

19.6   Outro 636

19.6.1   Die wichtigsten Begriffe dieser Lerneinheit 636

19.6.2   Tools 636

19.6.3   Kompetenzen 636

19.6.4   Hinweise zur vertieften Auseinandersetzung: Weiterlesen 637

19.6.5   Hinweise zur vertieften Auseinandersetzung: Weitersurfen 637

19.6.6   Literaturnachweis 637

19.6.7   Anmerkungen 641

19.1.3 Zusammenfassung

In dieser Lerneinheit werden zwei Methodengruppen des handlungsorientierten Unterrichts dargestellt: Die selbstgesteuerten Methoden sowie die Methoden zur individuellen Förderung. Bei den Methoden des selbstgesteuerten Lernens werden der SOL-Ansatz nach Wahl und Herold, der EVA-Ansatz nach Klippert, der SoLe-Ansatz nach Sembill, die Projektmethode sowie das Stationenlernen dargestellt. Das Lernen mit Lernsituationen ist eine wichtige Methode in der Berufsschule, das Elemente verschiedener anderer Methodengruppen aufnimmt. Als Methoden der individuellen Förderung werden die Beratung und die Förderplanarbeit herausgestellt.

19.1.4 Einordnung in das Prozessmodell

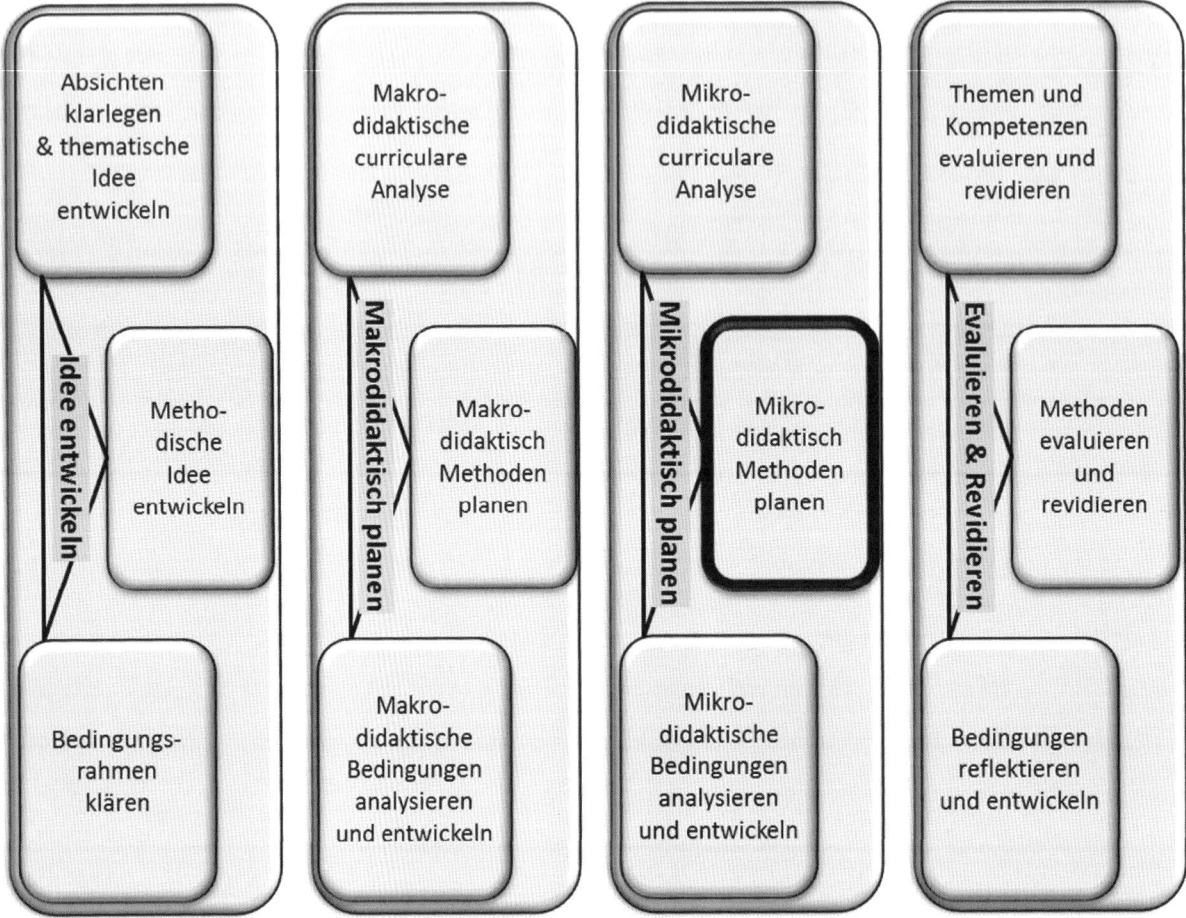

Die Karte „Methoden des Wirtschaftsunterrichts" (TB-1.7) stellt die Methoden zusammen. Diese Lerneinheit thematisiert zwei Methodengruppen des handlungsorientierten Unterrichts: Die Methoden des selbstgesteuerten Lernens sowie die Methoden der individuellen Förderung. Vorab werden in einem Exkurs der Humanismus und der Konstruktivismus als lerntheoretische Grundlagen erörtert.

> **STOPP**: Lassen Sie die erörterten Theorien zum Lernen einmal beiseite. Für Sie persönlich: Was meinen Sie, ist beim Lernen besonders wichtig? Wann lernt der Mensch nach ihrer Ansicht besonders gut?

19.2 Exkurs: Humanismus und Konstruktivismus

Bisher wurden zwei Theorien zu Lernen und Motivation erläutert: Der Behaviorismus und der Kognitivismus. Der Behaviorismus ist eine lern- und motivationstheoretische Schule, die sich unterrichtlich gerade in Fragen der Klassenführung nutzen lässt. Daher wurde diese Theorie als Exkurs in der Lerneinheit 11 zur Klassenführung thematisiert. Die dem Behaviorismus theoriegeschichtlich nachfolgende Theorie, der Kognitivismus, ist unterrichtlich an vielen Stellen relevant, vor allem aber – lerntheoretisch – bei der Inhaltsanalyse und – motivationstheoretisch – bei der Analyse der Bedingungen in der Klasse. Als Grundlegung handlungsorientierter, vor allem selbstgesteuerter Unterrichtsmethoden dienen die letzten beiden Schulen: Der Humanismus sowie der Konstruktivismus. In der Übersicht in der Toolbox sind alle vier Perspektiven auf Lernen und Motivation gegenübergestellt (TB-1.14).

19.2.1 Der Humanismus – eine Sichtweise auf Lernen und Motivation

19.2.1.1 Der Humanismus als Kontrapunkt zu Psychoanalyse und Behaviorismus

In den 1960er Jahren regt sich in den USA Widerstand gegen die beiden damals dominanten Theorien der Psychologie, den Behaviorismus und die Psychoanalyse. Der Behaviorismus wurde bereits in einer früheren Lerneinheit als lern- und motivationstheoretische Schule dargestellt. Die Psychoanalyse ist eine mächtige Denkrichtung in der Psychologie, hat jedoch meines Erachtens weniger Bezüge zu Lernen und Motivation und wird daher hier nicht aufgegriffen.

Die 1960er Jahre sind unruhige Zeiten in den USA. Martin Luther King ist damals der Kopf der Bürgerrechtsbewegung, 1963 hält er seine „I have a dream"-Rede und wird 1968 erschossen. John F. Kennedy wird 1961 Präsident, durchlebt eine Phase tiefgreifender Krisen (Kubakrise, Vietnam, Bau

15.-17. August 1969: 3 days of love and peace in Woodstock
Bild 1. Von Derek Redmond und Paul Campbell

der Berliner Mauer) und wird 1963 in Dallas erschossen. Jimi Hendrix tritt 1969 in Woodstock auf und stirbt 1970 unter bis heute nicht geklärten Umständen. In der zweiten Hälfte der 1960er Jahre war die Hippiebewegung aktiv: Es ging um eine freie und friedlichere Welt, in der sich der Einzelne verwirklichen kann. Gerade die kühle Erforschung von Verhalten im Labor, wie es kennzeichnend für den Behaviorismus ist, scheint zu diesem Zeitgeist wenig zu passen. Vor diesem zeitgeschichtlichen Hintergrund formiert sich – neben Behaviorismus und Psychoanalyse – eine dritte Kraft (,Third-Force Psychology'): Die humanistische Psychologie (Hergenhahn, 2009, S. 570 ff.).

Grundannahmen der humanistischen Psychologie

▶ Menschen haben einen freien Willen und sind verantwortlich für ihr Handeln.

▶ Um Menschen zu verstehen, müssen sie ganzheitlich betrachtet werden.

▶ Menschen sind einzigartig. Erkenntnisse, die an Tieren gewonnen wurden, sind daher irrelevant.

▶ Jeder Mensch ist einzigartig. Erkenntnisse, die an einem Menschen gewonnen worden sind, sind nicht übertragbar.

▶ Hedonismus ist nicht das zentrale Motiv menschlichen Handelns. Statt Vergnügen zu suchen und Schmerz zu vermeiden, suchen Menschen nach einem sinnvollen Leben mit persönlicher Erfüllung und persönlichem Wachstum.

▶ Ein authentisches Leben zu leben ist besser als ein nicht authentisches Leben zu leben.

▶ Weil Menschen einzigartige Merkmale wie den freien Willen haben, können sie mit den traditionellen Methoden der klassischen Psychologie nicht untersucht werden.

Übersicht 1: Grundannahmen der humanistischen Psychologie. Verändert nach Hergenhahn (2009, S. 595)

19.2.1.2 Maslows Hierarchisierung der Bedürfnisse

An der Spitze dieser dritten Kraft steht der amerikanische Psychologe Abraham Maslow (1908-1970). Maslow ist mit seiner Bedürfnishierarchie bzw. Bedürfnispyramide bekannt geworden (Maslow, 1943).

Übersicht 2: Bedürfnispyramide nach Maslow

Zu den physiologischen Bedürfnissen (physiological needs) gehören das Bedürfnis nach Sauerstoff, nach Wärme, Nahrung, Sexualität und mehr. Für Maslow ist eine abschließende Aufzählung weder möglich noch hilfreich. Wenn – beziehungsweise solange – die physiologischen Bedürfnisse erfüllt werden, treten Sicherheitsbedürfnisse (safety needs) auf den Plan. Am Beispiel eines Kindes erläutert Maslow, dass der Mensch eine sichere, geordnete, vorhersagbare und organisierte Welt bevorzuge. Dies werde für einen gesunden, normalen Menschen, der nicht auf der Schattenseite der Gesellschaft stehe, in einer modernen Gesellschaft gewährleistet: „The peaceful, smoothly running, ‚good' society ordinarily makes its members feel safe enough from wild animals, extremes of temperature, criminals, assault and murder, tyranny, etc." (Maslow, 1943, S. 379 f.). In einer anderen Deutungsweise sind Bedürfnisse nach Sicherheit jedoch allgegenwärtig, nämlich als Bedürfnis nach einem sicheren Arbeitsplatz, nach Versicherungen aller Art oder gar als Widerstand gegen Veränderung bis hin zur Neigung, die Orientierung einer Weltanschauung zu übernehmen (Ulich, 2005, S. 45).

Wenn die Sicherheitsbedürfnisse befriedigt sind, werden die sozialen Bedürfnisse (love needs), das sind die Bedürfnisse nach Liebe (love), nach Zuneigung (affection) und Zugehörigkeit (belongingness) virulent. Maslow betont, dass dies nicht gleichbedeutend mit Sex sei. Sex könne rein als physiologisches Bedürfnis gedeutet werden. Gewöhnlich sei Sex jedoch mehrfach determiniert. Der Mensch in der modernen Gesellschaft habe weiterhin – mit pathologischen Ausnahmen – ein Bedürfnis nach Wertschätzung durch andere und durch sich selbst (esteem needs). Wenn alle diese Bedürfnisse befriedigt sind, entstehe ein neues Bedürfnis nach Verwirklichung seiner selbst, nämlich das Bedürfnis nach Selbstverwirklichung (need for self-actualization).

Wortwörtlich: Abraham Maslow (1908 – 1970)

Even if all needs are satisfied, we may still often (if not always) expect that a new discontent and restlessness will soon develop, unless the individual is doing what he is fitted for. A musician must make music, an artist must paint, a poet must write, if he is to be ultimately happy. What a man can be, he must be. This need we may call self-actualization. This term, first coined by Kurt Goldstein, is being used in this paper in a much more specific and limited fashion. It refers to the desire for self-fulfillment, namely, to the tendency for him to become actualized in what he is potentially. This tendency might be phrased as the desire to become more and more what one is, to become everything that one is capable of becoming. The specific form that these needs will take will of course vary greatly from person to person.

Bild 2: Abraham Maslow. © Brandeis University Archive. Reprint with permission. Zitat: Maslow (1943, S. 382)

19.2.1.3 Die Selbstbestimmungstheorie der Motivation nach Deci und Ryan

Ein neuerer Ansatz der Motivationspsychologie, der in einer humanistischen Tradition steht und hohe Ähnlichkeiten zum Modell von Maslow hat, ist die Selbstbestimmungstheorie der Motivation und Persönlichkeit (Self-Determination Theory, SDT). Diese Theorie wurde von Edward L. Deci und Richard M. Ryan von der Universität Rochester im Bundesstaat New York entwickelt. Im Zentrum der Selbstbestimmung stehen drei Bedürfnisse: Das Bedürfnis nach Kompetenz, nach Autonomie und nach sozialer Eingebundenheit.[1]

- **Kompetenz** (competence): Kompetenz spricht ein Kompetenzerleben an. Es hat hohe Ähnlichkeiten zu Maslows Vorstellung der Wertschätzung seiner Selbst. Dies meint, sich selbst als effektiv in der Interaktion mit der sozialen Umgebung zu erfahren. Es spricht die Erfahrung an, seine Potenziale anzuwenden und seine Fähigkeiten auszudrücken. Das Bedürfnis nach Kompetenz lässt den Menschen Herausforderungen suchen, die zu den Potentialen passen und die die eigene Kompetenz erhalten und erweitern.

- **Soziale Eingebundenheit** (relatedness): Das Bedürfnis nach sozialer Eingebundenheit ist verbunden mit dem Gefühl, mit anderen verbunden zu sein, sich um andere zu sorgen, von anderen umsorgt zu werden. Weiterhin spricht es das Bedürfnis nach dem Gefühl der Zugehörigkeit und der Zusammengehörigkeit mit anderen Individuen und größeren Gemeinschaften an.

- **Autonomie** (autonomy): Autonomie meint das Erleben seiner selbst als Quelle und Grund seines Verhaltens. Das Individuum ist hier den eigenen Interessen und den eigenen Werten verpflichtet. Individuen, die Autonomie erleben, erleben ihr Verhalten als Ausdruck ihres Selbst.

Die Selbstbestimmungstheorie der Motivation stellt einen wichtigen theoretischen Hintergrund für handlungsorientierte Unterrichtsmethoden dar. So haben zum Beispiel die Merkmale des kooperativen Lernens starke Bezüge zur Selbstbestimmungstheorie der Motivation. Das Bedürfnis nach Autonomie wird durch die Autonomie der Gruppe, das Bedürfnis nach sozialer Eingebundenheit durch die gleichberechtigte Kommunikation, das Bedürfnis nach Kompetenz durch die positive Abhängigkeit und die individuelle Verantwortung angesprochen (Jacobs, Power & Loh, 2002).

19.2.2 Der Konstruktivismus: Eine weitere Perspektive auf Lernen und Motivation

Eine vierte und letzte Perspektive nach Behaviorismus, Humanismus und Kognitivismus ist der Konstruktivismus. Bitte studieren Sie parallel zum folgenden Text die Übersicht in der Toolbox (TB-1.14).

19.2.2.1 Was den Konstruktivismus ausmacht

Um zu verstehen, was den Ausgangspunkt des Konstruktivismus ausmacht, führen Sie bitte zunächst ein Selbstexperiment durch. Auf der linken Seite sehen Sie ein Bild der Nürnberger Lorenzkirche, auf der rechten Seite ein Kreuz. Halten Sie nun mit Ihrer Hand das rechte Auge zu und fixieren Sie mit dem linken Auge das Kreuz. Halten Sie dabei einen Abstand von etwa 40 Zentimeter vom Blatt ein. Das ist ein Richtwert, den Sie bitte versuchsweise verändern. In einer bestimmten Entfernung verschwindet eines der Wahrzeichen Nürnbergs, ohne dass dort ein Loch vermerkt wird. Sie müssen dabei ein wenig mit dem Abstand und der Perspektive experimentieren.

Bild 3. Lorenzkirche. Von Jailbird

Die Erklärung dieses Phänomens beruht auf dem blinden Fleck (Maturana & Varela, 2005). Durch die Pupille und die Linse des Auges fallen die Lichtstrahlen auf die Netzhaut des Auges. Diese enthält die Lichtsinneszellen, also Photorezeptoren. An der Stelle der Netzhaut jedoch, wo der Sehnerv zum Gehirn abgeht, befinden sich keine Photorezeptoren. Der Mensch ist an dieser Stelle blind und der entsprechende Teil des Gesichtsfeldes ist der blinde Fleck. Das Interessante – und zur Grundüberlegung des Konstruktivismus Führende – ist jedoch die Tatsache, dass der Mensch keineswegs mit einem Loch in seinem Gesichtsfeld herumläuft. Im Gegenteil: Der blinde Fleck ist für den Menschen nicht wahrnehmbar. Das Gehirn überlagert den blinden Fleck mit dem leicht abweichenden Bild des anderen Auges und den Farben der Nachbarregionen. Das Gehirn *konstruiert* auf diese Weise eine Realität, im Beispiel einen leeren Bereich auf dem Blatt, auf dem vorher die Lorenzkirche stand.

Konstruktion: Das ist der zentrale Begriff, nach dem eine ganze Landschaft von Denkschulen in der Philosophie, der Kunst und Architektur, der Psychologie und der Didaktik benannt wurde. Der Konstruktivmus bildet philosophisch einen Gegenpol zum Objektivismus.

- ▶ **Realismus bzw. Objektivismus**: Beim Realismus ist eine Erkenntnis des Menschen eine Widerspiegelung der objektiven, d. h. vom erkennenden Menschen unabhängigen Realität. Dabei wird das Ziel verfolgt, dass die Erkenntnis bzw. das Abbild mit der Realität übereinstimmt ('matching'). Das Abbild – die Erkenntnis – ist wie bei einem Fotoapparat ein Bild der Realität. Der Kognitivismus kann als eine solche Form des Realismus bzw. des Objektivismus verstanden werden.
- ▶ **Konstruktivismus**: Der Konstruktivismus ist ein Anti-Realismus. Die Erlebenswelt des Menschen stößt Konstruktionen an. Diese bewähren sich im Alltag, d. h. wie bei der Evolution passt die Konstruktion ('fit') oder sie stirbt, und zwar unabhängig davon, ob sie wahr ist oder nicht.

Als Begründer des Konstruktivismus, in seiner radikalen Form, gilt der österreichisch-amerikanische Philosoph Ernst von Glasersfeld (1996). Nach von Glasersfeld wird Wissen nicht einfach von außen aufgenommen, sondern vom Menschen aktiv aufgebaut. Dies dient dem Menschen, seine Erfahrungswelt zu organisieren. Das Wissen des Menschen ist damit keine Erkenntnis einer vom Menschen unabhängigen Realität, sondern ein Werkzeug, mit der Welt zurechtzukommen.

Wortwörtlich: Ernst von Glasersfeld (1917 – 2010)

Was den Konstruktivismus von anderen Erkenntnistheorien unterscheidet, ist vor allem das Verhältnis zwischen dem, was wir Wissen nennen, und der sogenannten Realität, d. h. einer Welt, wie sie sein mag, bevor wir sie erkennen. In der herkömmlichen Erkenntnislehre war dieses Verhältnis immer ein Verhältnis der Abbildung, Repräsentation, oder wie Sie es nennen wollen. Im Konstruktivismus gibt man diese Ideen völlig auf und sagt sich, das, was ich mir als Vorstellung von der Welt konstruiere, muss nur in die Realität passen. Dieses Passen ist ein sehr einfacher Begriff, von dem Sie sprechen, wenn Sie sich ein paar Schuhe kaufen. Die Schuhe müssen zunächst groß genug sein, sodass der Fuß hineingeht, dürfen aber nicht zu groß sein, denn sonst bekommen Sie Blasen, wenn Sie gehen. Das Passen der Erkenntnistheorie ist nur der erste Teil. Da gibt es kein zu groß. Anders ausgedrückt: Alles funktioniert, was durchschlüpft durch die Bedingungen der Gegebenheiten der realen Welt. Das ist der radikale Unterschied.

Bild 4: Ernst von Glasersfeld. Von Christian Michelides und Saibo. Zitat: Voß (2005, S. 32)

Von Glasersfeld bezieht sich in seinen Werken auch auf die Entwicklungspsychologie. Als Beispiel möchte ich hier die Objektpermanenz anführen. Etwa zwischen dem 8. und 12. Lebensmonat erwirbt ein Mensch normalerweise das Verstehen, dass Gegenstände auch dann noch existieren, wenn sie sich außerhalb der Sichtweite befinden (Berk, 2005, S. 196 ff.). Vorher existieren die Dinge nur so lange, wie das Kind den Gegenstand sieht. Wenn also ein Gegenstand außer Reichweite liegt, ist er einfach weg – eine furchtbare Vorstellung für einen Erwachsenen. Erst mit dem Erwerb der Objektpermanenz existieren die Dinge weiter und werden auch dann noch gesucht, wenn sie mit einem Handtuch abgedeckt werden. Kinder können dies mit einer Beharrlichkeit – etwa in Form des Kuck-Kuck-Spiels – trainieren, die nur von der Geduld der Eltern gebremst wird. Für ein Kind verschwand der Gegenstand bis dato, auch wenn das aus erwachsener Sicht falsch ist. Die Objektpermanenz wird durch das Handeln des Kindes erworben und hilft im weiteren Verlauf, den Alltag, die Erlebenswelt erfolgreicher zu gestalten. Es ergibt sich ein besserer ‚fit' zwischen Objektpermanenz und Erlebenswelt.

19.2.2.2 Was Konstruktivismus im Klassenzimmer bedeutet

Aus Sicht des Konstruktivismus ist Wissen nicht etwas, was einfach von der Lehrkraft ‚in' die Schülerinnen und Schüler transportiert werden kann. Vielmehr muss die eigenständige Konstruktion der Lernenden unterstützt werden. Dieser Grundgedanke wird in der Didaktik inzwischen in einer Reihe von Ansätzen aufgenommen. Kennzeichnend für die konstruktivistische Didaktik sind folgende Merkmale:[2]

Merkmale konstruktivistischen Lernens

► Konstruktivistisches Lernen erfolgt anhand komplexer, realistischer und relevanter Probleme
► Konstruktivistisches Lernen ist kooperatives Lernen
► Konstruktivistisches Lernen ist selbstgesteuertes Lernen
► Konstruktivistisches Lernen zielt auf alle Kompetenzdimensionen

Übersicht 3: Merkmale konstruktivistischen Lernens

Konstruktivistisches Lernen erfolgt anhand komplexer, realistischer und relevanter Probleme. Das Lernen im Konstruktivismus ist ein problemorientiertes Lernen. Das Problem wird von der Lehrkraft nicht stark vereinfacht in den Unterricht eingebracht. Das Problem ist nicht trivial, also nicht auf den ersten Blick lösbar. Das Problem ist komplex, dynamisch und intransparent, d. h. es besteht aus vielen Variablen, die sich im Fluss befinden und auf nicht durchschaubare Weise miteinander verknüpft werden. Das Problem ist realistisch, d. h. es könnte beispielsweise im Berufsalltag auftauchen, und ist relevant, d. h. entstammt dem Erfahrungsbereich der Schülerinnen und Schüler.

Konstruktivistisches Lernen ist kooperatives Lernen. Im Lernprozess wird Wissen sozial konstruiert. Bedeutungen werden in einer sozialen Gruppe ausgehandelt, also im Gespräch und im Streitgespräch der Schülerinnen und Schüler ko-konstruiert. Individualistische und wettbewerbsorientierte Unterrichtsformen unterstützen diesen Ko-Konstruktionsprozess nicht. Konstruktivistisches Lernen ist kooperatives Lernen. Fehler spielen dabei eine wichtige Rolle. Sie ermöglichen es, Dinge auf den Prüfstand zu stellen und darüber zu verhandeln.

Konstruktivistisches Lernen ist selbstgesteuertes Lernen. Lernende bringen sich aktiv, mit ihren Emotionen, ihren Erfahrungen und ihrem Vorwissen ein. Die Lernenden übernehmen die Verantwortung für ihr Lernen. Konstruktivistisches Lernen zielt auf alle Kompetenzdimensionen. Konstruktivistisches Lernen ist ‚ganzheitliches‘ Lernen, das nicht nur Fachwissen oder nicht nur Kognitionen unterstützt, sondern die Entwicklung in allen Dimensionen (Fach-, Lern-, Sozial- und Selbstkompetenz) unterstützt.

Der Konstruktivismus liefert eine lerntheoretische Begründung handlungsorientierter Unterrichtsmethoden. Der Konstruktivismus legt primär eine Lerntheorie dar. Die Ausführungen zur Motivationstheorie sind unterentwickelt. Aus dem Konzept der Lerngemeinschaft ergeben sich zwar motivationstheoretische Annahmen (Ormrod, 2008, S. 356 ff.; Woolfolk, 2008, S. 457), diese stehen jedoch insgesamt nicht im Zentrum des Konstruktivismus. Die Auseinandersetzung, ob für die Didaktik der Konstruktivismus oder eher der Kognitivismus bildspendend sein sollte, ist nicht abgeschlossen (Tobias & Duffy, 2009).

19.2.3 Vergleichende Betrachtung der vier Perspektiven auf Lernen und Motivation

Der Behaviorismus, der Humanismus, der Kognitivismus und der Konstruktivismus werden in der Übersicht (TB-1.14) dargestellt.[3] Ausgangspunkt der Betrachtungen war der Behaviorismus, der zu Beginn des 20. Jahrhunderts durch die Arbeiten von Pawlow zur klassischen Konditionierung grundgelegt wird, einer Theorie zur Assoziation von Stimulus und Reaktion. In den 1950er Jahren wird der Behaviorismus durch die bahnbrechenden Arbeiten von Skinner zum operanten Konditionieren ausgebaut. Nun stehen Verstärker, Verstärkung und Bestrafung im Vordergrund. Der von Skinner radikalisierte Behaviorismus gerät in den 1960ern in die Kritik des Humanismus, die sich als Gegenbewegung zum Behaviorismus und der zweiten damals dominierenden Theorie, der Psychoanalyse, sieht. Der Humanismus sieht die universellen Bedürfnisse des Menschen, die im Behaviorismus nicht dargestellt werden. Die prominente Bedürfnispyramide von Maslow bringt diese Position zum Ausdruck und wird fortgeführt in der Selbstbestimmungstheorie der Motivation, die ab den 1990er Jahren viel Aufmerksamkeit erfährt.

Neben der humanistischen Kritik gerät der Behaviorismus zunehmend in die Kritik des Kognitivismus. Die im Behaviorismus nicht berücksichtigten internen mentalen Prozesse beim Lernen stehen nun im Vordergrund. Dabei wird der Mensch – in Analogie zum Computer, der den damaligen Zeitgeist prägt – als informationsverarbeitendes Wesen verstanden. Lernen wird als Teilprozess der Informationsverarbeitung verstanden, wobei insbesondere das Wissen im Langzeitgedächtnis im Kognitivismus weit ausdifferenziert wird. Dabei wird das deklarative Wissen unterteilt in semantisches und episodisches Wissen. Dem Kognitivismus unterliegt jedoch eine objektivistisch-realistische Sicht, die wiederum zum Kritikpunkt im Konstruktivismus wird. Wissen wird hier nicht als Abbild einer Realität, sondern als Ergebnis einer individuellen und sozialen Ko-Konstruktion verstanden.

19.3 Methoden des selbstgesteuerten Lernens planen und ausarbeiten

19.3.1 Selbstgesteuertes Lernen: Was darunter verstanden wird

Die Begriffe „selbstgesteuertes Lernen" und „selbstorganisiertes Lernen" sind höchst diffus. Sie werden in verschiedenen Ansätzen unterschiedlich belegt. Das hier zugrundeliegende Verständnis geht von folgenden Überlegungen aus: Didaktische Situationen sind Lernumgebungen. Selbstgesteuertes Lernen meint, dass die Elemente, die eine didaktische Situation bzw. eine Lernumgebung ausmachen, von den Lernenden zu einem großen Teil oder ganz selbst bestimmt werden. Didaktische Situationen haben didaktische Elemente, nämlich Intentionen und Thema (Warum und Was?), Methoden (Wie?) sowie Bedingungen. Selbstgesteuertes Lernen meint, dass die Lernenden die Intentionen, die Themen, die Methoden, die Bedingungen sowie Zeit und Ort, also die Faktoren, die eine Situation ausmachen, mehr oder weniger selbst bestimmen. Selbststeuerung ist ein theoretisches Extrem: Im Kontext schulischen Lernens können – und sollen – nicht alle Parameter vollständig von den Lernenden bestimmt werden. Das Gegenstück zur Selbststeuerung ist die Fremdsteuerung. Die Fremdsteuerung ist allerdings auch nur ein gedachter Pol eines Kontinuums: Selbst im Frontalunterricht können die didaktischen Elemente nicht vollständig von der Lehrkraft fremdbestimmt werden. Didaktische Situationen bewegen sich mithin auf einem Kontinuum von Selbststeuerung und Fremdsteuerung.

Definition 1:   Selbstgesteuertes Lernen

Selbstgesteuertes Lernen ist eine Form des Lernens, bei der die Lernenden allein, in Tandems oder in der Gruppe – zumindest in Teilen – die Intentionen und Themen, die Methoden, die Bedingungen oder den Ort und Zeit selbst bestimmen. Synonym: Selbstreguliertes Lernen. Gegenteil: Fremdbestimmtes Lernen.

Selbstgesteuertes Lernen wird häufig mit autodidaktischem Lernen und isoliertem Lernen verwechselt. Autodidaktisches Lernen ist ein Lernen, bei dem die Lernenden alle Elemente der Situation, z. B. Lernziele, Lernmedien, vollständig selber wählen. Autodidaktisch Lernende erhalten überhaupt keine professionelle Hilfe von Außenstehenden.
Außerdem wird am selbstgesteuerten Lernen häufig die vermeintliche Isolierung des Lernens kritisiert. Eine solche Kritik beruht jedoch auf dem Missverständnis, selbstgesteuertes Lernen sei isoliertes Lernen. Die Selbststeuerung muss keineswegs immer von einzelnen, isolierten Lernenden übernommen werden. Die Selbststeuerung kann auch von der Gruppe der Lernenden vorgenommen werden. Als ein Merkmal des kooperativen Lernens wurde die Autonomie der Gruppe festgelegt. In dieser Perspektive könnte das kooperative Lernen als eine Sonderform des

Selbst steuern kann auch die Gruppe
Bild 5 © ModernLearning

selbstgesteuerten Lernens, nämlich als ein selbstgesteuertes Lernen in Gruppen, verstanden werden. Da der Aspekt der Autonomie der Gruppe beim kooperativen Lernen nicht im Vordergrund steht, habe ich das kooperative Lernen als eigenständige Methodengruppe aufgeführt.

Die Auflösung dieser Fremdsteuerung bedeutet ein Mehr an Selbststeuerung durch die Lernenden. Die didaktischen Elemente, zum Beispiel die Lernziele, -orte, -zeiten usw. sind sozusagen Schieberegler, die entweder mehr in Richtung autodidaktisches Lernen oder mehr in Richtung fremdgesteuertes Lernen gestellt werden können. Mit diesem Verständnis selbstgesteuerten Lernens ist die ‚äußere Seite' beschrieben:[4] Selbststeuerung meint die Strukturierung der Lernumgebung. Daneben kann eine ‚innere

Seite' angesprochen werden: Die Selbststeuerung verlangt den Schülerinnen und Schülern Kompetenzen ab, die hier als Lernkompetenzen thematisiert wurden, vor allem die kognitiven Lernstrategien und die Metakognition.[5] „Selbststeuerung" ist ähnlich wie „Handlungsorientierung" ein Prinzip, das einzelne Unterrichtsmethoden mehr oder weniger erfüllen. Eine abschließende Aufzählung von selbstgesteuerten Unterrichtsmethoden ist im hier zugrunde gelegten Verständnis nicht möglich. Die Arbeit konzentriert sich auf Methoden, die an beruflichen Schulen recht weite Verbreitung gefunden haben.

19.3.2 Ausgewählte Methoden des selbstgesteuerten Lernens gestalten

Zwei allgemeine, d. h. nicht nur in beruflichen Schulen verbreitete Ansätze selbstgesteuerten Lernens sind der SOL- und der EVA-Ansatz. Hinzukommen zwei spezifische Ansätze des selbstgesteuerten Lernens, die in dieser Form nur in der Berufsbildung verwendet werden. Schließlich werden auch die Projektmethode und das Stationenlernen als Methode selbstgesteuerten Lernens verstanden.

19.3.2.1 Der SOL-Ansatz selbstgesteuerten Lernens

Der SOL-Ansatz nach Wahl und Herold, von „*Selbstorganisiertes Lernen*", wird nicht als „neue methodische Variante", sondern als ein Ansatz begriffen, „der zwar mit neuen Methoden arbeitet, diese aber in ein inhaltlich und pädagogisch definiertes Unterrichtskonzept integriert und damit einen Rahmen liefert, um die viel beschworene neue Lern- und Unterrichtskultur praktisch umzusetzen" (Herold & Landherr, 2003a, S. 4). Grundlegend für den SOL-Ansatz sind das Sandwich-Prinzip, Advance Organizer und kooperative Lernformen. Das Sandwich-Prinzip ist nach Wahl (2006, S. 103 ff.) ein stetiger Wechsel von individuellen und kollektiven ‚Arbeitsphasen'. Beim kooperativen Lernen setzt der SOL-Ansatz vor allem auf das Gruppenpuzzle. Diese Akzentuierung des selbstgesteuerten Lernens geht auf den Erwachsenenbildner und Psychologen Diethelm Wahl in seiner Veröffentlichung „Lernumgebungen erfolgreich gestalten" (2006) zurück. Im Vergleich mit anderen Ansätzen ist diese Schwerpunktsetzung auf die drei Elemente „Sandwich-Prinzip", „Advance Organizer" und „Gruppenpuzzle" ausgesprochen schmal. Diese geringe Komplexität des Ansatzes macht den Ansatz andererseits vergleichsweise einfach umsetzbar. Der SOL-Ansatz wurde vor allem durch die Fortbildung für Lehrkräfte in Baden-Württemberg sowie die damit verbundenen Schulungsaktivitäten des Instituts für Selbstorganisiertes Lernen (SOL-Institut) von Martin Herold bekannt (Herold & Landherr, 2003b; Herold & Landwehr, 2005). Der SOL-Ansatz ist auch an beruflichen Schulen verbreitet, beispielsweise am Oberstufenzentrum (OSZ) Bürowirtschaft und Dienstleistungen in Berlin.

Die folgende Übersicht stellt die nach dem SOL-Prinzip konzipierte Unterrichtseinheit „Energieversorgung einer Werkshalle" von Bettina Knoll von der Universitätsschule Erlangen (B. Knoll, 2010) dar. Die Einheit richtet sich an Auszubildende im Ausbildungsberuf „Elektroniker/in" in den Fachrichtungen Automatisierungstechnik, Betriebstechnik und Energie- und Gebäudetechnik im Lernfeld „Elektroenergieversorgung und Sicherheit von Betriebsmitteln gewährleisten". Der Einstieg erfolgt im Plenum mit Hilfe eines Advance Organizer. Die Erarbeitung erfolgt im Gruppenpuzzle (Jigsaw) mit vier Teilthemen, nämlich „Aufbau und Prinzip", „Leistungsschildangaben", „Schaltgruppe" sowie „Kühlung und Schutz". Die Ergebnissicherung erfolgt mit Hilfe eines Wissenslottos: Dabei werden von den Schülerinnen und Schülern je zwei Kärtchen gezogen, auf denen wichtige Konzepte stehen, etwa „Schaltgruppe" oder „Öl-Transformator". Diese sollen nach einer kurzen Vorbereitungszeit erläutert werden. Die Schülerinnen und Schüler erhalten dann unterschiedliche Angebote von Drehstromtransformatoren in Form verschiedener Leistungsschilder. Diese sollen mit den zuvor ausgewählten Werten abgeglichen und kontrolliert werden sowie einen möglichen Einsatz bewerten und vorstellen.

Phase	Z	Lernschritt	Aktions-/ Sozialform	Medien
Einstieg	2	Situation „Energieversorgung einer Werkshalle"	Lehrvortrag	Advance Organzier
Erarbeitung	8	Vermittlung Drehstromtrafo	Lehrvortrag	Tafel, Applikationen
	5	Einlesen in das jeweilige Thema	Einzelarbeit (Expertengruppe)	Informationsblätter, Fachbuch, Tabellenbuch
	12	Bearbeitung der Arbeitsaufträge und Ausfüllen der Arbeitsblätter	Gruppenarbeit (Expertengruppe)	Informationsblätter, Fachbuch, Tabellenbuch, Arbeitsblatt
	3	Individuelle Vorbereitung auf Wissensvermittlung	Einzelarbeit (Expertengruppe)	Präsentationsmaterial in Form von vergrößerten Abbildungen, ausgefülltes Arbeitsblatt
	20	Wissensvermittlung der Expertenthemen	Gruppenarbeit (Stammgruppe)	Präsentationsmaterial ausgefülltes Arbeitsblatt
Ergebnissicherung	2	Formulierung der Sätze für die Begriffskärtchen	Einzelarbeit	Kärtchen
	23	Erklärung der Karten des Wissenslottos und Verknüpfung	Schülervortrag	Kärtchen, Merkblatt über wesentliche Inhalte
	5	Betrachtung des Leistungsschildes	Einzelarbeit (Stammgruppe)	Datenblätter in Form von Leistungsschildangaben
	5	Bewertung der Eignung des Drehstromtransformators	Gruppenarbeit (Stammgruppe)	Datenblätter in Form von Leistungsschildangaben, Ergebnisfolien für Drehstromtrafoauswahl
	5	Vorstellung und Fixierung des Ergebnisses	Schülervortrag	Ergebnisfolien, OHP, Applikation für Lernlandkarte

Übersicht 4: Übersicht über die SOL-Einheit „Energieversorgung einer Werkshalle" von Bettina Knoll (2010)

19.3.2.2 Der EVA-Ansatz selbstgesteuerten Lernens

Der EVA-Ansatz von Klippert wird in seinem Buch „Eigenverantwortliches Arbeiten und Lernen" (2007) dargelegt. Im Zentrum steht „das aktiv-produktive Lernen der SchülerInnen" (S. 44), es handelt sich um einen handlungsorientierten Unterricht. Auf der einen Seite umfasst der EVA-Unterricht im Verständnis von Klippert „u. a. Wochenplanarbeit, Stationenlernen, Projektarbeit und andere Hochformen des selbstgesteuerten und selbstorganisierten Lernens" (S. 45). Diese Methoden verlangten jedoch anspruchsvolle Kompetenzen auf Seiten der Lernenden, so sei es notwendig, „den EVA-Unterricht mit kleineren Aufgaben und stärkerer Lehrersteuerung und -unterstützung anlaufen zu lassen" (Klippert, 2007, S. 45). Daher werden „Lernarbeiten" ergänzt, vor allem das Bearbeiten von Arbeitsblättern, die Herstellung von Lernprodukten, das Vortragen und Kommunizieren oder das Erkunden und Befragen. Der EVA-Ansatz von Klippert wurde bundesweit durch Fortbildungen für Lehrkräfte bekannt.

19.3.2.3 Der SoLe-Ansatz selbstgesteuerten Lernens

Der SoLe-Ansatz von Sembill („selbstorganisiertes Lernen") ist ein gut erforschter und ausgebauter Ansatz selbstgesteuerten Lernens. Er geht auf den Bamberger Wirtschaftspädagogen Detlef Sembill zurück. Die Konzeption wurde bereits 1992 in der Habilitationsschrift „Problemlösefähigkeit, Handlungskompetenz und Emotionale Befindlichkeit" (Sembill, 1992) grundgelegt. Dort werden Merkmalsbereiche forschenden Lernens entwickelt (Sembill, 1992, S. 75 ff.), die später in den SoLe-Ansatz überführt werden. Der SoLe-Ansatz weist eine „hohe Affinität zum Projektunterricht im ursprünglichen Sinne auf und zeichnet sich durch eine umfassende Übertragung von Verantwortung auf Lernende aus" (Sembill & Seifried, 2006, S. 100). „Kurz gefasst geht es beim Selbstorganisierten Lernen, einer Weiterentwicklung und Ausdifferenzierung des Forschenden Lernens … darum, in projektorientierter Kleingruppenarbeit in eigener Verantwortung über mehrere Unterrichtsstunden hinweg komplexe, praxisnahe, fachspezifisch und curricular zuordenbare Problemstellungen zu bearbeiten" (Sembill & Seifried, 2006, S. 100). Im SoLe-Ansatz sind Lernumgebungen nach bestimmten Merkmalen zu gestalten.

MB 1: Relevanzeinschätzung vorgefundener bzw. vorgegebener Gegenstandsbereiche	MB 2: Reflexion von Sinn und Zweck	MB 3: Bedeutungserschließung und -bewertung
► Lernsituationen mit Ernstcharakter, d. h. ► „berufsrelevante" Probleme (Inhalte) für die Aus- und Weiterbildung und für die Berufstätigkeit; ► Bezug auf die Praxis des aus- bzw. weiterbildenden Teilsystems; ► Berücksichtigung institutioneller und sozialer Rahmenbedingungen	► Ergebnis vorgegebener Zustandsanalysen prüfen; ► prüfen, inwieweit man sich mit dem angegebenen Ziel identifizieren kann; ► Abgleich mit, Aufstellen von Zielprioritäten (Bewertungsproblem)	► Bedeutsamkeit und Betroffenheit reflektieren; ► Empathie, Ambiguitätstoleranz, Rollendistanz (Identitätsbildung) entwickeln durch Interaktion mit Lernenden, Lehrenden und Lehr-Lern-Materialien
MB 4: Vorgefundene bzw. vorgegebene Komplexität	**MB 5: Lernen als geplantes Handeln**	**MB 6: Sich Einlassen**
► Lernsituationen als nicht wohldefinierte („echte") Probleme, d. h. ► keine festgelegte Problemdefinition; ► keine vorgefertigten, vorgeschriebenen Antworten, Strategien und Hypothesen; ► nicht vollständig konfigurierte Lernmaterialien	► Problemdefinition; ► Auseinandersetzung mit und Kombination von Wissen; ► Lösungsvorschläge machen; ► die Mittel für gerechtfertigt halten; ► die Nebeneffekte im Verhältnis zu den Effekten bewerten; ► sich zutrauen, den Einsatz der Mittel handelnd zu realisieren (subjektive Kompetenz nutzen); ► Lösungsvorschläge realisieren; ► Ergebnis-/Handlungskontrolle	► prinzipielle Eigenständigkeit; ► hierarchieübergreifende Aktivitäten; ► mögliche Leitungsfunktionen; ► geringer Instanzenweg; ► Einschluss von Fehlern und Misserfolg (konstruktives Fehlerverständnis); ► mögliche Diskrepanz subjektiver und objektiver Kompetenz (muss ggf. von Mitlernenden und/oder Lehrkräften harmonisiert werden); ► Entscheidungs- und Handlungsspielräume
MB 7: Externalisierung kognitiver, motivationaler und emotionaler Kompetenzen	**MB 8: Werteverantwortung**	**MB 9: Relevanzaustausch**
► Dokumentation und ► Präsentation (inkl. Gewährleistung von logischer Nachvollziehbarkeit und Überprüfbarkeit); ► Identitätsdarstellung / kommunikative Kompetenz	► des eigenen ganzheitlichen Handelns gegenüber: ► Lern- und Schulkultur; ► politischer Kultur; ► ethischer Grunddimensionen (Person-, Solidaritäts- und Subsidiaritätsprinzip)	► i. S. von Kooperation und Kollaboration einschließlich ► bereichsübergreifender Aktivitäten; ► konstruktiver Rückmeldung; ► gemeinsamer (diskursiver) Willensbildung (laterale Kooperation)

Übersicht 5: Übersicht über die Merkmale selbstgesteuerten Lernens im SoLe-Ansatz

Dabei sind „neun Merkmalsbereiche (MB) zur Generierung innovationsfähiger Wissens- und Handlungsstrukturen" (Sembill & Seifried, 2006, S. 100) zu beachten. Sie sind in der Toolbox wiedergegeben (TB-12.1). Der SoLe-Ansatz wird in Bamberg seit fast zwanzig Jahren intensiv erforscht. Die Forschungen werden auch von ehemaligen Bamberger Wissenschaftlerinnen und Wissenschaftlern, insbesondere der Wirtschaftspädagogin Eveline Wuttke sowie Jürgen Seifried fortgeführt. Es liegen inzwischen eine Reihe schulspezifischer Erörterungen (Kögler, Bauer & Sembill, 2011) und fachspezifischer Erörterungen vor, zum Beispiel für das Rechnungswesen (Seifried, 2002). Inzwischen liegen auch Studien dazu vor, wo sich der SoLe-Ansatz weniger bewährt, etwa beim moralischen Lernen (Beck, 2010).

19.3.2.4 Die Projektmethode als Methode selbstgesteuerten Lernens

Eine weitere Methode des selbstgesteuerten Lernens ist die Projektmethode.

19.3.2.4.1 Projektmethode: Was darunter verstanden wird

Die Projektmethode läuft unter verschiedenen Bezeichnungen. „Projektlernen", „Projektunterricht", „projektorientiertes Lernen" sind nur einige Alternativen zu der hier gewählten Bezeichnungsweise. In der Pädagogik hat die Projektmethode reformpädagogische Wurzeln. 1918 veröffentlichte William Heard Kilpatrick (1871-1965) einen vielbeachteten Aufsatz "The project method: the use of the purposeful act in the educative process".[6] Karl Frey, der sich intensiv mit der Projektmethode auseinandergesetzt hat, definiert die Projektmethode wie folgt: „Eine Gruppe von Lernenden bearbeitet ein Gebiet. Sie plant ihre Arbeiten selbst und führt sie auch aus. In der Regel steht am Ende ein sichtbares Produkt" (2007, S. 13).

Für die Arbeit mit Projekten in Schulen ist die Auseinandersetzung mit betriebswirtschaftlichen Ansätzen zum Projektmanagement hilfreich. Die DIN-Normenreihe DIN 69901 definiert ein Projekt als ein „Vorhaben, das im Wesentlichen durch die Einmaligkeit der Bedingungen in ihrer Gesamtheit gekennzeichnet ist, wie z. B. Zielvorgabe, zeitliche, finanzielle, personelle und andere Begrenzungen; Abgrenzung gegenüber anderen Vorhaben; projektspezifische Organisation".

19.3.2.4.2 Ablauf der Projektmethode

Die Projektmethode hat einen spezifischen Ablauf, der in der Toolbox (TB-12.2) wiedergegeben ist.[7] In der *Projektinitialisierung* wird die Projektidee aufgeworfen, d. h. „eine Idee, eine Anregung, eine Aufgabe, eine besondere Stimmung, ein Problem, ein bemerkenswertes Erlebnis, einen Betätigungswunsch oder ein Gegenstand" (Frey, 2007, S. 64) wird in die Gruppe eingebracht. Die Projektanfänge können offen oder eher geschlossen sein. Ein klassisches Beispiel – für einen eher geschlossenen Projektanfang – ist Kerschensteiners Aufforderung „Wir bauen einen Starenkasten". Am Ende dieser Phase steht eine erste Skizze des Projektes.

Im nächsten Schritt erfolgt die *Projektdefinition und -planung*. Im Rahmen der Projektdefinition werden Ziele definiert, Meilensteine festgelegt, soweit noch nicht erfolgt das Projektteam, also Zuständigkeiten, festgelegt und die Machbarkeit bewertet. Die Leitung des Gesamtprojektes kann dabei von der Lehrkraft oder von einer Leitungsgruppe übernommen werden (Endler et al., 2010, S. 12). Im Rahmen der Projektplanung erfolgt die Feinplanung des Projektes. Dabei werden die Ziele weiter präzisiert, die Projektstruktur erwogen, der Termin- und Ressourcenplan erstellt. Außerdem werden Angaben zum Berichtswesen, zum Qualitätsmanagement, zum Risiko- und Akzeptanzmanagement gemacht. Im Minimalfall sollten hier der Projektstrukturplan, also die Gliederung der Teilaufgaben, sowie Zeitpläne bzw. Meilensteine von den Schülerinnen und Schülern dokumentiert und präsentiert werden. Um die Verbindlichkeit der Projektdefinition und -planung zu erhöhen, kann diese in eine – schriftliche – Zielvereinbarung überführt werden, die von allen Schülerinnen und Schülern zu unterschreiben ist.

Bei der *Projektdurchführung* werden die Projekte von Schülerinnen und Schülern entsprechend der Projektdefinition und -planung erarbeitet. In der Schule bedeutet dies häufig eine intensive Auseinandersetzung mit dem Thema, meist auf Grundlage von selbst recherchiertem Material. Bei größeren Projekten sollten die Schülerinnen und Schüler regelmäßig den aktuellen Arbeitsstand präsentieren und die Lehrkraft sollte diesen sorgfältig verfolgen, beispielsweise anhand des Meilensteinplans („Meilensteinsitzungen'). Diese Aufgabe kann auch anderen Schülerinnen und Schülern übertragen werden, die dann in die

Projektunterricht ist eine Form selbstgesteuerten Lernens
Bild 6. Von Sergej Khackimullin, fotolia.com

Aufgabe der Projektsteuerung gebracht werden. Oft ist – im Rahmen einer rollenden Planung – eine Neustrukturierung des Projektes notwendig.

Im Rahmen des *Projektabschlusses* ist das Projekt zu dokumentieren. Der Lehrkraft obliegt eine Auswertung mit den Schülerinnen und Schülern, die – im Rahmen eines Debriefings – vor allem die Brücke zu den Kompetenzen schlägt. Idealerweise besteht die Möglichkeit, die Projektergebnisse außerhalb der Klasse einem größeren Publikum zu präsentieren.

In der *Projektbewertung* werden die Projektarbeiten bzw. die Projektergebnisse von der Lehrkraft bewertet. Dabei handelt es sich um ein später noch detailliert darzustellendes Performance Assessment.

19.3.2.4.3 Die Projektmethoden im Interdependenzzusammenhang

Die Projektmethode verfolgt wichtige *Intentionen* für berufliche Schulen: „Ziel der Projektmethode ist es, die Distanz zwischen Schule und Leben, Wissenschaft und Beruf, Theorie und Praxis zu verringern" (Frey, 2007, S. 31). Im kaufmännischen Bereich wird vor allem die Förderung unternehmerischen Denkens und Handels betont (Schmidt, 2010).

Die Projektmethode und das *Thema* müssen aufeinander abgestimmt werden. Theoretisch kann die Wahl des Themas der Projektmethode auch spontan erfolgen. In der Schule wird das Thema jedoch meist von der Lehrkraft vorab – unter Umständen gemeinsam mit den Schülerinnen und Schülern – ausgewählt. Das Thema sollte sich in Unterthemen aufgliedern lassen. Diese Unterthemen können von der Lehrkraft vorgegeben oder von den Schülerinnen und Schülern selbst entwickelt werden. Zum Thema sollten Materialien existieren, die eine selbstgesteuerte Erarbeitung durch die Schülerinnen und Schüler ermöglichen. Bei schwächeren Lernenden können die Materialien vorgegeben oder – wie etwa bei den noch darzustellenden WebQuests – vorselektiert werden. Das Internet ist dabei eine gute Hilfe. Diese Materialien müssen zur Not mit vertretbarem Aufwand auch selbst erstellt werden können. Bei der selbstgesteuerten Erschließung des Themas können auch schulexterne Partner eine Rolle spielen. Das Thema sollte außerdem ,präsentierbare' Endprodukte ermöglichen.

Die Projektmethode hat bezüglich des *zeitlichen Rahmens* in Schulen einen sehr unterschiedlichen Stellenwert. Sie kann Kleinprojekte umfassen, die an einem Tag in mehreren Unterrichtsstunden erarbeitet werden. Die Projektmethode kann mittelgroße Projekte von etwa vier bis fünf Tagen innerhalb einer Woche, der Projektwoche, umfassen. Außerdem können Projekte im Rahmen eines eigenständigen Fachs regelmäßig bearbeitet werden.

Die Projektmethode ist in den beruflichen Schulen unterschiedlich im Lehrplan verankert. In der *Berufsschule* ist die Projektmethode unterschiedlich verankert. In der Ausbildung der Kaufleute für Büromanagement ist ein eigenes Lernfeld für Projekte vorgesehen.

Kaufmann/-frau für Büromanagement	3. Ausbildungsjahr
Lernfeld 13 Ein Projekt planen und durchführen	40 Std.
Die Schülerinnen und Schüler besitzen die Kompetenz, selbstständig und eigenverantwortlich ein branchenbezogenes Projekt von der Projektidee bis zur Projektauswertung zu realisieren.	

Übersicht 1: Beschreibung Kernkompetenz im Lernfeld 13 bei Kaufleuten für Büromanagement

In Baden-Württemberg wurde mit der Einführung des neuen, lernfeldorientierten Rahmenlehrplans für Industriekaufleute 2002 ein Fach „Projektkompetenz" neben dem Fach „Berufsfachliche Kompetenz" mit dem Schwerpunkt Betriebswirtschaft, Steuerung und Kontrolle, Gesamtwirtschaft und Informationsverarbeitung eingerichtet. Das Fach „Projektkompetenz" ist ein integrativer Teil des Unterrichts in den Lernfeldern und soll mindestens ein Viertel des Fachs in Anspruch nehmen.

In der bayerischen *Wirtschaftsschule* gibt es bislang ein Fach „Projektarbeit". Pro Schuljahr stehen für die Projektarbeit 35 Unterrichtsstunden zur Verfügung, wobei diese nicht wöchentlich zu geben sind, sondern auch geblockt werden können (Müller, 2010). Ein Lehrplan zu diesem Fach existiert nicht.

In der bayerischen *Fachoberschule und Berufsoberschule* wurde auf der Grundlage nordbayerischer Erfahrungen im Rahmen des Modellversuchs Modus21 die Durchführung von Projekten schulrechtlich verankert. Die FOBOSO (Fachober- und Berufsoberschulordnung) sieht vor, dass Projekte als sonstige Leistungsnachweise (§ 44) möglich sind. Außerdem ist es möglich, eine Schulaufgabe durch eine andere individuelle Leistung einer Schülerin oder eines Schülers zu ersetzen, z. B. durch den Beitrag zu einer Projektarbeit (§ 45). Der Projektunterricht führt dabei häufig zu einer schriftlichen Ausarbeitung. Die Gesamtergebnisse werden zum Teil in Abendveranstaltungen präsentiert, zu denen auch Eltern oder andere Beteiligte eingeladen werden. Die Präsentation im Rahmen einer solchen Abendveranstaltung vor einem größeren Publikum wird dabei zum Teil bewertet.

In der *Berufsfachschule* findet sich gelegentlich die Projektmethode im Lehrplan. Im Lehrplan für die Berufsfachschule für kaufmännische Assistenten, Fachrichtung Informationsverarbeitung ist beispielsweise ein zweistündiges Fach „Projektarbeit" vorgesehen.

Unabhängig von den Lehrplänen finden sich vielfältige Formen der Verankerung der Projektmethode an beruflichen Schulen. Zur Differenzierung werden gelegentlich Angebote zum Projektmanagement und als Projekt angeboten. Gerade an kaufmännischen Schulen wird dabei die Projektmethode auch mit der Theorie des Projektmanagements verbunden.

Die Projektmethode stellt vergleichsweise hohe Anforderungen an die Lernkompetenz, und zwar vor allem bezüglich der Nutzung externer Ressourcen, zum Beispiel externer Informationsquellen, sowie bezüglich des Lernens mit Mitlernenden. Aufgrund der hohen Selbständigkeit der Projektmethode werden auch hohe metakognitive Anforderungen gestellt. Auch die Anforderungen im Bereich der Sozialkompetenz sind vergleichsweise hoch. Die Arbeit an Projekten ist eine sozialkommunikative Situation von nicht geringer Komplexität. So besteht zum Beispiel die Gefahr, dass besonders redegewandte Schülerinnen und Schüler während der Anfangsphase der Projektarbeit ihre Ansicht zum Vorgehen ‚durchdrücken' wollen. Dies verdeutlicht, dass insbesondere auch die affektiven Sozialkompetenzen beachtet werden müssen.

Die Ausführungen zur Lernausgangslage verdeutlichen, dass die Lehrkraft die Arbeit mit der Projektmethode unter Umständen langfristig vorbereiten muss. Dazu gehören etwa vorlaufende Gruppenarbeiten mit zunehmend offener Problemstellung und zunehmender Dauer. Die Lehrkraft muss dabei sorgfältig darauf achten, dass Absprachen zum gemeinsamen Vorgehen erfolgen, dass Zeitvorgaben und sonstige Vereinbarungen eingehalten werden und entstehende Konflikte konstruktiv bearbeitet werden. Ein wichtiges Hilfsmittel dazu ist die makrodidaktische Planung.

Um die Lernenden in die Projektarbeit einzuführen, können verschiedene Materialien genutzt werden. Aus dem Projekt „Projektmanagement macht Schule" (www.pm-schule.de) liegen mehrere Einführungen für Schülerinnen und Schüler vor. Eine Einführung ist in Form eines kommentierten Comics gestaltet und richtet sich an jüngere Schülerinnen und Schüler (Uhlig-Schoenian, Gessler & Krallmann, 2008). Auch eine Einführung für die Sekundarstufe II liegt vor (Gessler & Uhlig-Schoenian, 2007). Für den baden-württembergischen Unterricht von Industriekaufleuten existiert eine Einführung „Projektkompetenz für Einsteiger" (Schemel, 2006). Eine kurze Handreichung für Schülerinnen und Schüler – mit einigen Projektbeispielen aus der Reischleschen Wirtschaftsschule in Augsburg – bietet Müller (2010). Eine umfassende, nicht nur für Schülerinnen und Schüler interessante Veröffentlichung legen drei Nürnberger Lehrkräfte mit der Veröffentlichung „Projektarbeit. Projektkompetenzen handlungsorientiert erlernen. Ein Handbuch für Schülerinnen und Schüler" (Endler et al., 2010) vor. Es enthält u. a. Beispielprojekte und ‚Werkzeuge' für die Unterstützung einzelner Projektphasen.

Abhängig von der Bedingungsanalyse ist die didaktische Gestaltung der grundlegenden Projektparameter vorzunehmen. Bei vergleichsweise ungünstigen Voraussetzungen werden zunächst insgesamt geringe Freiheitsgrade eingeräumt: Die Themenstellung wird vorgegeben und in Unterthemen zergliedert (statt sie offen vorzugeben), die Arbeitsaufträge werden vorgegeben und sind kleinschrittig (statt wenig Vorgaben zu machen), die Zeiträume sind eher kurz (statt lang) gewählt, das Projekt hat insgesamt eine niedrige (statt hohe) Komplexität und die Meilensteine werden vorgegeben (statt selbstgewählt zu werden). Wie bei allen Formen selbstgesteuerten Lernens sollte der Freiheitsgrad den Zielen und den Bedingungen angemessen, aber möglichst hoch sein und wenn möglich über die Zeit erhöht werden.

Für mittelgroße bis große Projekte sollte die Lehrkraft einen eigenständigen Projektplan für die Lehrkraft aufbauen (‚Projektplan Lehrkraft'). Dieser sollte festlegen, wann die Projektphasen abgeschlossen sein müssen. Außerdem ist es in der Praxis häufig notwendig, klassenexterne Präsentationen, Exkursionen und den Rückgriff auf Expertinnen und Experten längerfristig zu planen. Die Lehrkraft sollte außerdem die notwendigen Ressourcen planen, zum Beispiel Fahrtkosten, Materialkosten, Räume und einzuholende Genehmigungen.

19.3.2.4.4 Beispiel: Das Projekt „Marketingkonzeption für ein Produkt von Faber-Castell"

Das darzustellende Projekt wurde in einer 12. Klasse der Max-Grundig-Schule in Fürth durchgeführt, einer staatlichen Fachoberschule und Berufsoberschule. Ziel des Projektes war die Erarbeitung einer vollständigen Marketingkonzeption für ein Produkt von Faber-Castell, einem Schreibwarenhersteller aus Stein bei Nürnberg. Das Projekt wurde in Zusammenarbeit mit dem Unternehmen im fächerübergreifenden Unterricht durchgeführt (Betriebswirtschaftslehre mit Rechnungswesen, Deutsch, Englisch, Mathematik). Die Schülerinnen und Schüler wurden in fünf Gruppen eingeteilt, nämlich Marktforschung, Produktpolitik, Kontrahierungspolitik, Distributionspolitik sowie Kommunikationspolitik. Die folgende Übersicht gibt den Zeitplan des Projektes wieder.[8]

Datum	Inhalt
17.02.	Einführung, Gruppeneinteilung
19.02.	Abgabe des Fragebogen-Entwurfs
20.02.	Betriebsbesichtigung Faber-Castell, Vortrag: Marketing bei Faber-Castell, Offizielle Bekanntgabe der Aufgabenstellung
21.02.	Fachreferat: Marktforschung, Film: Die Erbsenzähler
24.02.	Abgabe des fertigen Fragebogens (8.00 Uhr)
25.02.	Befragung an der FOS Fürth (1. und 2. Stunde), Befragung an der Leopold Ullstein Realschule (3. und 4. Stunde), Beginn der Auswertung (ab 5. Stunde)
28.02.	Abgabe der Auswertungsunterlagen, Theorie zur Produktpolitik, Fachreferat: Produktlebenszyklus und Produktportfolio, Beginn der Produktkonzeption „Finepen"
17.03.	Abgabe der Produktkonzeption, Fachreferat: Preis- und Konditionenpolitik, Erstellen einer Kalkulation für das neue Produkt mit Hilfe von externen Daten
21.03.	Abgabe der Unterlagen zur Preis- und Konditionenpolitik, Fachreferat: Distributionspolitik, Festlegen der Distributionswege für das neue Produkt
24.03.	Abgabe der Unterlagen zur Distributionspolitik, Fachreferat: Kommunikationspolitik, Beginn der Arbeit zur Kommunikationspolitik
07.04.	Abgabe der Unterlagen zur Kommunikationspolitik
08.04.	Abschlusspräsentation bei Faber-Castell
29.04.	Bewertung der Unterlagen in Zusammenarbeit mit Faber-Castell

Übersicht 6: Zeitplan zum Marketing-Projekt mit Faber-Castell

Die Schule hat in den letzten Jahren ähnliche Projekte mit den Firmen Wella Haardesign, Eckes Fruchtsaftgetränke, Trolli Süßigkeiten und Wolf ButterBack durchgeführt.

19.3.2.5 Das Stationenlernen als Methode selbstgesteuerten Lernens

Das Stationenlernen (Hegele, 2008), wird auch „Stationenarbeit", „Lernzirkel" oder „Lernen an Stationen" genannt. Das Stationenlernen orientiert sich am Prinzip des Zirkeltrainings aus dem Sport. Ein Zirkeltraining ist im Sport eine Methode des Konditionstrainings, bei der an verschiedenen, kreisförmig angeordneten Stationen spezifische Übungen zu absolvieren sind. Das Stationenlernen hat vor allem in der Grundschule Bedeutung erlangt, wird jedoch zunehmend auch in anderen Schularten bekannt.[9]

Stationenlernen ist eine handlungsorientierte Unterrichtsmethode, bei der die Lernenden an einzelnen Stationen die Teilaspekte eines Themas oder spezifische Kompetenzen weitgehend selbstgesteuert mit Hilfe von Arbeitsaufträgen und zur Verfügung gestellten Materialien erschließen, wobei die einzelnen Stationen von der Lehrkraft mit Blick auf eine übergreifende Zielsetzung abgestimmt werden. Beim Stationenlernen sind zunächst die Aufgaben, Themen bzw. Kompetenzen für die einzelnen Stationen zu strukturieren. Das gesamte Thema oder auch die anzustrebenden Kompetenzen werden in Teile zerlegt, die an den Stationen erarbeitet werden sollen. Dabei hat die Lehrkraft zwei Entscheidungen zu treffen.

- ▶ **Thematische Differenzierung**: Typisch für das Stationenlernen ist eine thematische Differenzierung, bei der die Themen in einen von allen zu beherrschenden Themenbereich (,Fundamentum') und einen zusätzlichen Themenbereich (,Additum') unterteilt werden.
- ▶ **Didaktische Funktion**: Gerade bei komplexen Themen wird das Gesamtthema nicht nur in Teilthemen zerlegt (,thematische Strukturierung'), sondern es werden weitere Stationen ergänzt, die den hier dargestellten traditionellen Unterricht nachbilden: So werden neben den Stationen für die ,eigentliche' Erarbeitung der Teilthemen weitere Stationen für den Einstieg in das Thema sowie die Ergebnissicherung aufgebaut.

Bei der Gestaltung der Arbeitsaufträge gelten die Hinweise, die bereits in Zusammenhang mit der Gruppenarbeit erörtert wurden. Außerdem sind die Hinweise zur Gestaltung von Arbeitsblättern zu berücksichtigen. Darüber hinaus sind für das Stationenlernen einige Besonderheiten zu beachten.

▶ **Kennzeichnung der Stationen**: Die Stationen sollten einfach identifizierbar sein. Hier sind farblich differenzierte Materialien, großgeschriebene Nummern oder Buchstaben sowie Hinweisschilder zur Bezeichung der Stationen hilfreich.

▶ **Typ der Station**: Der Typ der Station, d. h. der Schwierigkeitsgrad bzw. die thematische Differenzierung sowie die didaktische Funktion sollte an den einzelnen Stationen klar werden.

▶ **Laufzettel bzw. Fortschrittsliste**: Lernende und Lehrkraft behalten – gerade bei komplexeren Lernzirkeln oder bei Lernzirkeln an verschiedenen Tagen – die Übersicht, wenn die Lernenden einen Laufzettel oder eine Fortschrittsliste erhalten. Auf einem Laufzettel wird vermerkt, welche Stationen die Lernenden bereits bearbeitet haben. Im Gegensatz zu einer Fortschrittsliste ist die Reihenfolge dabei gleichgültig (Bauer, 2009, S. 49).

Das Stationenlernen kann unterschiedlich offen gestaltet werden. Bei einer offenen Gestaltung entscheiden die Schülerinnen und Schüler selbst, in welcher Reihenfolge, also an welcher Station, sie wie lange und mit wem lernen. Der Selbstkontrolle der Lernenden wird dabei ein großer Stellenwert zugeschrieben. Bei einem geschlossenen Lernen an Lernstationen wird die Sozialform, meist die Gruppe, vorgegeben und der Wechsel der Gruppe an die nächste Station nach einer bestimmten Zeit von der Lehrkraft initiiert. Das geschlossene Stationenlernen ist dem entdeckenden Gruppenunterricht recht ähnlich, beinhaltet eine geringe didaktische Differenzierung und ist für die Lehrkraft deutlich einfacher zu organisieren. Es ist außerdem ein guter Einstieg in das Stationenlernen. Die Freiheitsgrade werden dann im weiteren Verlauf stufenweise erweitert.

Das Stationenlernen wird hier in die Hinführung, das Lernen an den Stationen sowie den Abschluss strukturiert (TB-12.3). Die Arbeit an den einzelnen Stationen sollte sich an den traditionellen Zeitgefäßen ausrichten, d. h. nicht länger als ein oder zwei Unterrichtsstunden betragen (Bauer, 2009, S. 49).

19.4 Lernen mit Lernsituationen als simulative, selbstgesteuerte Methode

19.4.1 ‚Der' Lernsituationsansatz in der Berufsbildungstheorie und -praxis

Das Lernen mit Lernsituationen ist ein für die Berufsschule grundlegender Methodenansatz, in dessen praktischer Ausarbeitung sowohl Gestaltungselemente simulativer Methoden (Lerneinheit 18) als auch selbstgesteuerter Methoden (Lerneinheit 19) sowie Elemente des kooperativen Lernens (Lerneinheit 16) einfließen. Wie bereits in Lerneinheit 5 dargestellt, haben die Lehrpläne für den berufsbezogenen Unterricht in der Berufsschule eine Lernfeldstruktur. Lernfelder werden in den Lehrplänen mit inhaltlichen Konkretisierungen und Zeitrichtwerten beschrieben. Lernfelder sollen nach den Vorstellungen der Kultusministerkonferenz für den Unterricht in Form von Lernsituationen ausgestaltet werden. Der Lernsituationsansatz nimmt dabei Konzepte und Ansprüche des handlungsorientierten Unterrichtskonzepts (Lerneinheit 8) auf.

Von *dem* Lernsituationsansatz kann eigentlich keine Rede sein. Vielmehr hat sich nach meiner Erfahrung eine ganze Reihe von Ansätzen herausgebildet. Einige sind ‚offiziell' und werden von den Kultusministerien der Bundesländer, der Kultusministerkonferenz und den nachgeordneten Institutionen vorangetrieben. Einige beruhen auf den Arbeiten in Modellversuchen, etwa der sogenannte Segel-Ansatz. Einige beruhen auf den meist klugen, manchmal dogmatischen, oft undogmatischen Formen des Umgangs mit Lernsituationen, die findige Teams von Lehrkräften lokal in den Schulen auf der Folie kultusbürokratischer Vorstellungen als Kunst des mit Engagement und schmalen Ressourcen Machbaren entwickelt haben.

In Bayern wurde vor allem der Segel-Ansatz des Lernens mit Lernsituationen durch die Arbeiten im Umfeld des Staatsinstituts für Schulqualität und Bildungsforschung (ISB) bekannt. Die Abkürzung „Segel" steht für „Selbstreguliertes Lernen in Lernfeldern an Berufsschulen". Der Segel-Ansatz wurde von 2005 bis 2008 in einem Modellversuchsverbund der Länder Bayern und Nordrhein-Westfalen entwickelt. Der bayerische Teil des Modellversuchs wurde vom ISB in Zusammenarbeit mit Berufsschulen, Wirtschaftsschulen und Berufsfachschulen aus allen bayerischen Regierungsbezirken durchgeführt. In der ersten Phase waren sechs berufliche Schulen beteiligt. In der zweiten Phase, in der die Konzepte der ersten Phase auf andere Schulen übertragen wurden, waren neun Schulen beteiligt. Unter selbstreguliertem Lernen wird verstanden, „dass die Lernenden den Prozess der vollständigen Handlung lückenlos und selbstorganisiert durchführen und dabei Lernstrategien anwenden, die ihr selbstreguliertes Arbeiten unterstützen" (ISB, 2008, S. 12).[10] Der Segel-BS-Ansatz deckt sich, beispielsweise im Modell der vollständigen Handlung, nicht in allen Punkten mit konkurrierenden Vorstellungen außerhalb Bayerns.

19.4.2 Handlungstheoretische Grundlagen der Arbeit mit Lernsituationen

Der Umgang mit Lernsituationen in der Berufsschule lässt sich mit Hilfe verschiedener handlungstheoretischer Grundlagen erhellen.

19.4.2.1 Die Tätigkeitspsychologie als Grundlage des Lernens mit Lernsituationen

Eine wichtige theoretische Basis ist die Tätigkeitspsychologie. Sie geht auf die Arbeiten der Arbeitspsychologen Winfried Hacker (geb. 1934) und Walter Volpert (geb. 1942) zurück. Hackers wichtigstes Werk ist das 1973 in der DDR erschienene Buch „Allgemeine Arbeits- und Ingenieurpsychologie. Psychische Struktur und Regulation von Arbeitstätigkeiten" (1973), das inzwischen als „Allgemeine Arbeitspsychologie. Psychische Regulation von Wissens-, Denk- und körperlicher Arbeit" (2005) vorliegt. In seinem Verständnis knüpft Hacker an die sowjetische Psychologie von Alexei Nikolajewitsch Leontjew (1903 - 1979) und Sergei Rubinstein (1889 - 1960) an (Hacker, 2005, S. 45).

Handlungen bilden bei Hacker eine „psychologische Einheit der willensmäßig gesteuerten Tätigkeiten" (Hacker, 2005, S. 69). Handlungen sind immer zielgerichtet und bewusst (Volpert, 1983, S. 18). „Die Abgrenzung dieser Handlungen erfolgt durch das bewusste Ziel, das die mit der Vornahme verbundene Vorwegnahme des Ergebnisses der Handlung darstellt" (Hacker, 2005, S. 69). Durch Handlungen wird ein Ausgangszustand in einen End- bzw. Soll-Zustand transformiert (Hacker, 2005, S. 193 f.). Lernen wird in der Tätigkeitspsychologie als Lernhandeln verstanden, d. h. alle Erörterungen zur Struktur des Handelns gelten auch für das Lernhandeln.

Die Tätigkeitspsychologie geht von der hierarchisch-sequentiellen Struktur des Handelns aus (Volpert, 1983, S. 32 ff.). Die hierarchische Struktur bedeutet, dass eine Handlung zerlegt werden kann in Teilhandlungen und diese wieder in Teilhandlungen. So kann beispielsweise ein Auftragskomplex in einem Unternehmen zerlegt werden in einzelne Aufträge und diese Aufträge in Arbeitsgangstufen, diese in Operationen, diese in Bewegungen oder Bausteine kognitiver Operationen und diese in Muskelkontraktionen oder Erregungsmuster (Hacker, 2005, S. 215). In der folgenden Graphik bedeutet dies eine Auflösung von Handlungen von oben nach unten. Die sequentielle Struktur bedeutet, dass sich Veränderungen in einer Reihe zeigen, d. h. in der Graphik bedeutet dies die Verkettung von Handlungen von links nach rechts.[11]

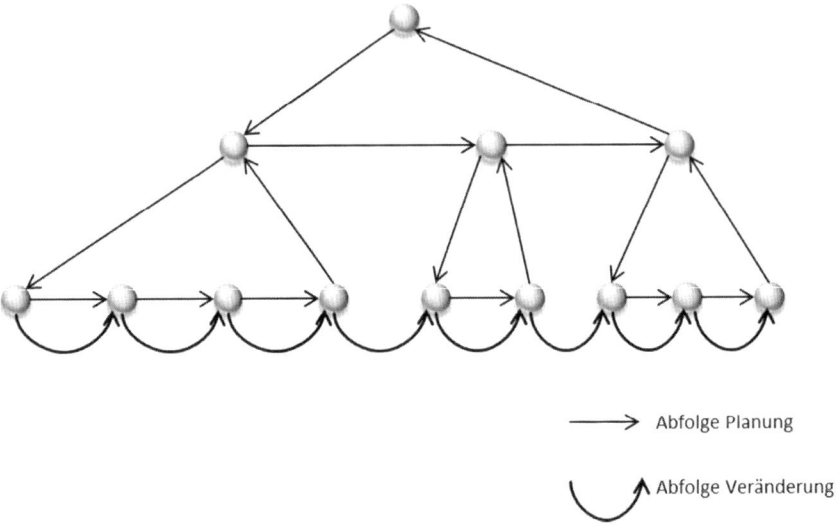

> Abfolge Planung

↰ Abfolge Veränderung

Übersicht 7: Hierarchisch-sequentielle Struktur des Handelns in der Tätigkeitspsychologie

Bei vielen Handlungen führen unterschiedliche Wege, d. h. unterschiedliche Teilhandlungen, vom Ausgangsstand zum erwünschten Endzustand, also dem Ziel. Diese „Möglichkeiten zum unterschiedlichen auftragsbezogenen Handeln" (Hacker, 2005, S. 129) werden in der Tätigkeitspsychologie als „Freiheitsgrade" oder „Tätigkeitsspielräume" gekennzeichnet. Sind der Auftrag bzw. das Ziel sowie die zur Erfüllung dieses Auftrags notwendigen Teilhandlungen bis in das Detail festgelegt, ist der Freiheitsgrad bzw. der Tätigkeitsspielraum niedrig. Arbeitstätigkeiten mit niedrigem Freiheitsgrad bzw. niedrigem Tätigkeitsspielraum, wie sie etwa in der Fließfertigung nicht selten sind, können Menschen *de*qualifizieren und krankmachen. Andererseits kann ein zu hoher Freiheitsgrad zu Überforderung führen. „Freiheitsgrade sind Kristallisationspunkte für regulative psychische Komponenten der Arbeitstätigkeit" (Hacker, 2005, S. 133). Die Freiheitsgrade richten sich danach, ob eine Situation durchschaubar ist, die Anforderungen zur Lösung vorhersehbar und die Ergebnisse beeinflussbar. „Tätigkeitsspielraum bezeichnet die Gesamtheit der Entscheidungsmöglichkeiten für selbständige Zielsetzungen im auftragsgerechten Handeln im Sinne der Beeinflussbarkeit …. Der eigenen Tätigkeit und ihrer Ausführungsbedingungen auf der Grundlage von Durchschaubarkeit der Arbeitssituation und Vorhersehbarkeit von Anforderungen" (Hacker, 2005, S. 135).

19.4.2.2 Das Modell der vollständigen Handlung als Grundlage des Lernens mit Lernsituationen

Aufgaben können im Sinne der Tätigkeitspsychologie mehr oder weniger ganzheitlich bzw. vollständig sein. Unvollständige Handlungen sind Handlungen ohne Tätigkeitsspielraum (Hacker, 2005, S. 253). Ihnen fehlen eigenständig durchzuführende Vorbereitungs-, Organisations- und Kontrolletappen, d. h. das Individuum kann diese Tätigkeiten nicht wirklich gestalten. Zur Modellierung der Vollständigkeit von Handlungen gibt es mehrere Ansätze. Für die Berufs- und Wirtschaftspädagogik ist das Modell der vollständigen Handlung besonders wichtig, das im Umfeld mit der Entwicklung und Erprobung einer eigenständigen Unterrichtsmethode, der Leittextmethode, entstanden ist (Höpfner et al., 1991, Koch & Selka, 1991a, 1991b). Dieses Modell der vollständigen Handlung liegt auch den Überlegungen der KMK-Lehrplankommissionen sowie der Ordnungsarbeit des Bundesinstituts für Berufsbildung (BIBB) zugrunde.

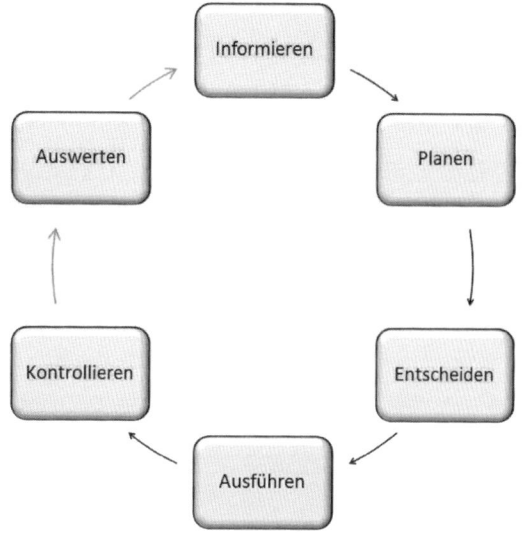

Übersicht 8: Das Modell der vollständigen Handlung

Das Modell der vollständigen Handlung hat sechs Stufen. Es wird in der Toolbox dargestellt (TB-9.6) und durch didaktische Überlegungen erweitert. In der ersten Stufe „Informieren" sollen die Lernenden eine Übersicht bekommen, was das Ziel der anstehenden Arbeit ist. Dazu wird von der Lehrkraft eine Lernaufgabe zur Verfügung gestellt, beispielsweise in Form einer Situationsbeschreibung, einer anderen schriftlichen Aufgabe, einer technischen Zeichnung oder eines Werkstücks. Zur Unterstützung des Informationsprozess der Lernenden kann die Lehrkraft Leitfragen zur Ermittlung des Problems bzw. zur Analyse der Situation bereitstellen. Es handelt sich im Sinne der Fallstudiendidaktik um Fragen zum Textverständnis. Die Lernaufgabe kann dabei im Sinne der Fallstudiendidaktik eng oder weit gestaltet werden, indem Entscheidungen entlang der analytischen Dimension, der konzeptuellen Dimension, der Informations- und Präsentationsdimension sowie der Unterstützungsdimension getroffen werden (Lerneinheit 18). Bei einer offenen Gestaltung werden hohe Freiheitsgrade bzw. Tätigkeitsspielräume erschlossen.

In der nächsten Stufe „Planen" wird die praktische Handlung vorweggenommen, d. h. es werden notwendige Arbeiten aufgelistet, Reihenfolgen bestimmt und notwendige Informationen bzw. Materialien ermittelt. Diese Planung sollte nach Möglichkeit im Team erfolgen und hat oft einen hohen Freiheitsgrad. Der Freiheitsgrad kann durch die Lehrkraft gestaltet werden, beispielsweise indem sie mehr oder weniger detaillierte Arbeitsschritte vorgibt, wobei jedoch Tätigkeitsspielräume erhalten bleiben müssen. In der Leittextmethode hat sich bewährt, die einzelnen Teilhandlungen zur Problemlösung auf Pinnwand-Kärtchen zu sammeln und zu ordnen. Die Arbeit mit Pinnwänden hat den Vorteil, dass die Planung für alle Lernenden und die Lehrkraft transparent wird, gleichzeitig aber flexibel bleibt. Die Planung der Teilhandlungen muss im Regelfall durch eine Planung von notwendigen Informationen, Werkzeugen und Hilfsmitteln ergänzt werden. Die Lehrkraft kann dies durch die Vorgabe eines Formulars unterstützen, auf dem die Lernenden beispielsweise die notwenigen Hilfsmittel auflisten. Außerdem ist in der Planungsphase festzulegen, wie das Ergebnis später ausgewertet wird. Dazu sollten die Lernenden Kriterien festlegen, die später an das Handlungsprodukt gelegt werden. Die Lehrkraft kann dies durch die Vorgabe von Checklisten, Kriterienrastern und Kriterienkatalogen (Lerneinheit 23) unterstützen bzw. die Konstruktion solcher Hilfsmittel durch die Schülerinnen und Schüler selbst unterstützen. Hier können – bei fortgeschrittenen Lernenden – die in Abschlussprüfungen verwendeten Hilfsmittel für mündliche oder praktische Prüfungen (Lerneinheit 23) verwendet werden.

In der Stufe „Entscheidung" soll ein intensives Gespräch der Lernenden untereinander bzw. der Lernenden mit der Lehrkraft erfolgen. In der Leittextmethode ist ein Gespräch mit der Lehrkraft, in der Lernsituationsmethode das Gespräch der Lernenden untereinander üblich. Dabei werden die Ergebnisse der ersten beiden Phasen, also die Zielformulierung sowie der Arbeits- und Auswertungsplan, insgesamt betrachtet.

In der Stufe „Ausführen" wird der Plan abgearbeitet. Die Lernenden arbeiten hochgradig selbständig auf der Basis der Arbeitsplanung. In der Leittextmethode wird strikt darauf geachtet, dass zwar die Planung gemeinschaftlich erfolgt, aber die Ausführung durch jedes Mitglied der Gruppe erfolgt. Es soll so verhindert werden, dass Lernende nur das machen, was sie machen müssen bzw. was sie gut können. Die Arbeitsplanung sollte eingehalten werden. Im Lernsituationsansatz ist immer wieder zu beobachten, dass umfangreiche Einzelarbeiten von isolierten Aktivitäten von den Lernenden vollzogen werden.

In der Stufe „Kontrollieren" soll das Handlungsprodukt bzw. der Handlungsprozess kontrolliert werden. Dazu werden die in der Auswertungsplanung grundgelegten Kriterien bzw. Bewertungshilfen angewendet. Die Selbst-Kontrolle ist dabei ein wichtiges Ziel der Kompetenzentwicklung im Sinne der vollständigen Handlung und dürfte neben der Arbeitsplanung die zentrale Schwierigkeit für die Lernenden darstellen.

In der Stufe „Auswerten" geht es nicht um das Bewerten, sondern um das Auswerten, d. h. es wird reflektiert, welche Konsequenzen aus in der Kontrolle festgestellten Abweichungen zu ziehen ist. [12]

19.4.2.3 Die Gegenstand-Prozess-Struktur des Handels

Eine Handlung hat eine Struktur, in der ein Handlungsgegenstand und ein Handlungsprozess zusammen kommen. Der Handlungs'gegenstand' kann ein Objekt sein, etwa eine Kartoffel, oder, wie bei kommunikativen Handlungen üblich, ein Subjekt, d. h ein anderer Mensch (Hacker, 2005, S. 81). Bei der verbalen Beschreibung der Handlung drückt sich dies darin aus, dass der Handlungsgegenstand durch ein Nomen und der Handlungsprozess durch ein Verb beschrieben werden. [13]

19.4.2.4 Ausdifferenzierung von Handlungen

Vor dem Hintergrund dieser handlungstheoretischen Grundlagen lassen sich Handlungen ausdifferenzieren, indem der Handlungsgegenstand oder der Handlungsprozess ausdifferenziert werden.

Zunächst können die Handlungsgegenstände ausdifferenziert werden. Beispielsweise kann der Handlungsgegenstand „Ware" als Handlungsgegenstand von „Ware beschaffen" in Warengruppen zerlegt werden, für den Einzelhandel beispielsweise in „Frischesortiment (Obst, Gemüse, Fleisch etc.)", „Convenience-Produkte", „Konserven", „Tiefkühlkost". Dieser Ausdifferenzierung des Handlungsgegenstandes muss eine fachliche Systematik zugrunde gelegt werden, hier eine Systematik der Warengruppen im Einzelhandel.

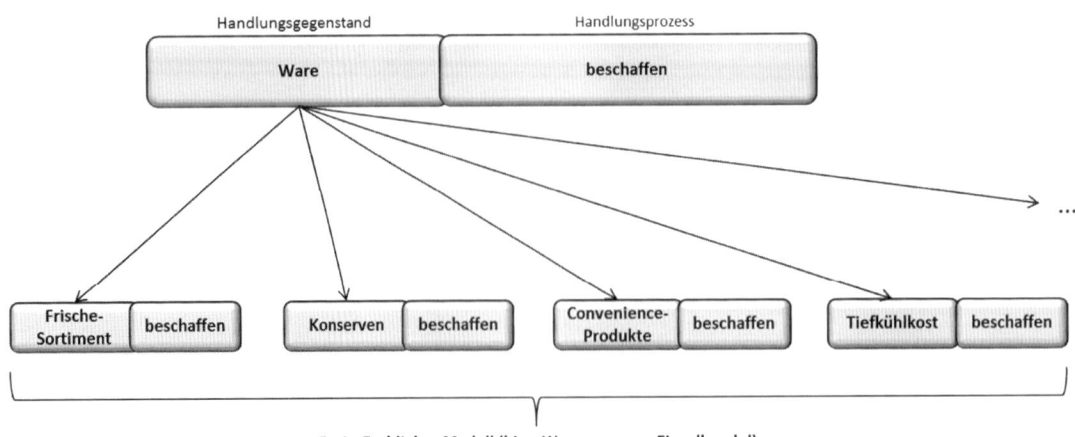

Übersicht 2: Ausdifferenzierung des Handlungsgegenstandes

Weitere Möglichkeiten der Ausdifferenzierung einer Handlung setzen am Handlungsprozess an. Dieser Handlungsprozess kann durch ein fachliches Modell, etwa durch ein Modell des Beschaffungsprozesses, ausdifferenziert werden. Der Handlungsgegenstand ist dabei konstant, was in der folgenden Graphik zu einer ungewöhnlichen Formulierung führt.

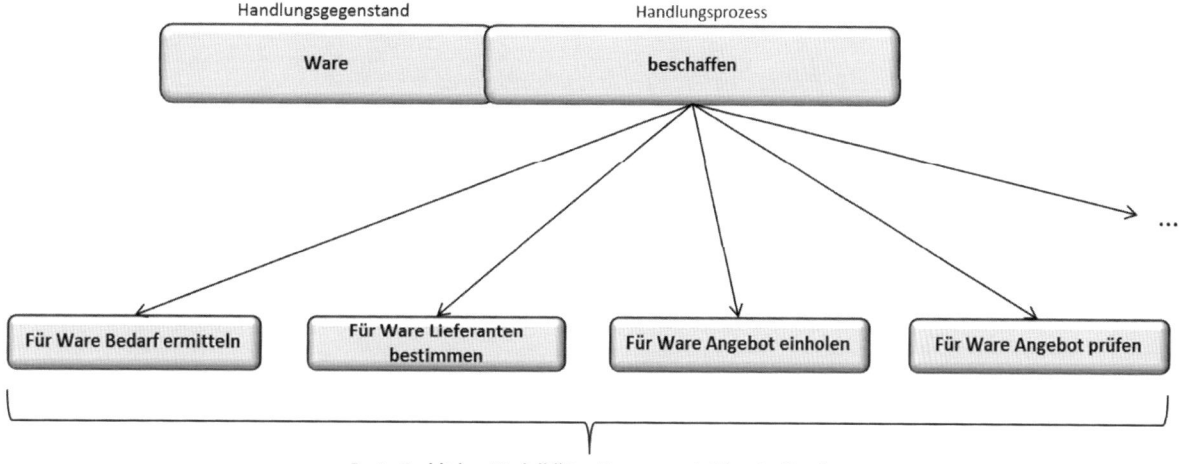

Übersicht 3: Ausdifferenzierung des Handlungsprozesses durch fachliches Prozessmodell

Eine weitere Möglichkeit der Ausdifferenzierung besteht darin, das Modell der vollständigen Handlung zur Ausdifferenzierung des Handlungsprozesses zu nutzen.

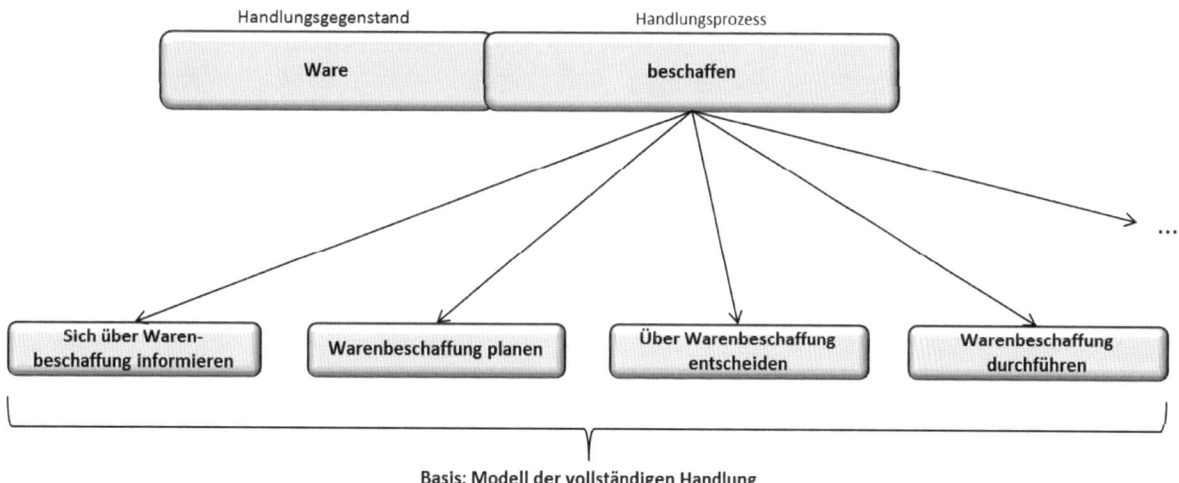

Übersicht 4: Ausdifferenzierung des Handlungsprozesses durch das Modell der vollständigen Handlung

Die verschiedenen Formen der Ausdifferenzierung können auch kombiniert werden.

19.4.3 Ablauf des Lernens mit Lernsituationen

Das Lehren mit Hilfe von Lernsituationen erfolgt, wie jede Unterrichtsmethode, nach einem besonderen Ablauf. Die folgende Übersicht zeigt diesen Ablauf. Auch in der Toolbox findet sich ein Ablaufschema (TB-9.4). Dieser Ablauf rahmt die ‚eigentliche Arbeit' der Schülerinnen und Schüler in der Lernsituation entsprechend des Modells der vollständigen Handlung mit einer einführenden Phase sowie einer Präsentations- und Nachbereitungsphase.[14]

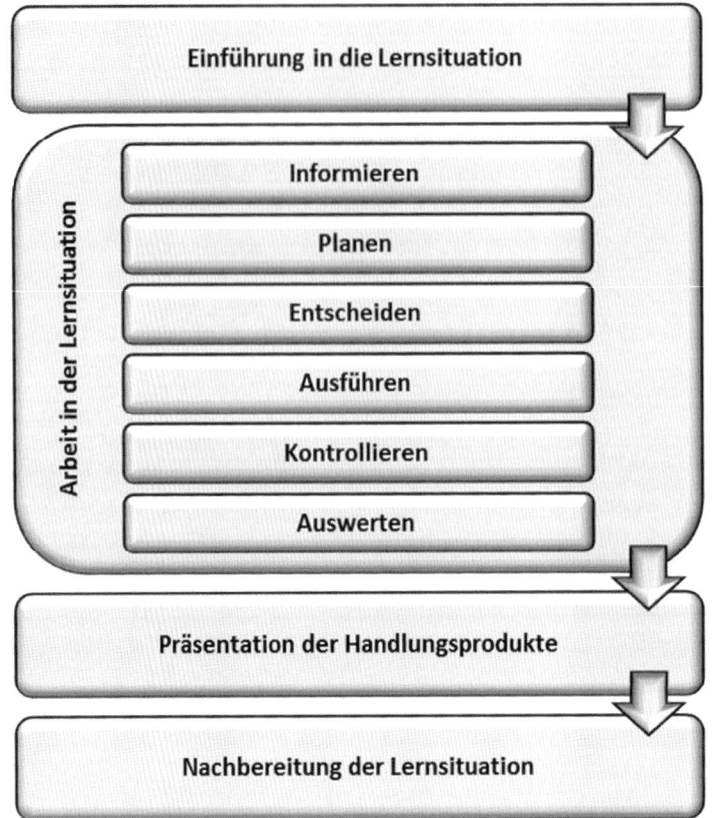

Übersicht 5: Ablauf des Lernens mit Lernsituationen

Im Zentrum des Ablaufschemas steht die zweite Phase, die ‚eigentliche Arbeit' mit Lernsituationen. Sie selbst ist wieder gegliedert in die Phasen Informieren, Planen, Entscheiden, Ausführen, Kontrollieren und Auswerten. Diese Phasen sind die Phasen einer vollständigen Handlung. Die Schülerinnen und Schüler sollen nicht nur etwas durchführen, sondern auch vorbereitende und reflektierende Teilhandlungen übernehmen. Jede dieser Phasen beim Lernen mit Lernsituationen kann durch die Lehrkraft vorbereitet bzw. unterstützt werden, beispielsweise durch besondere Medien, die den Schülerinnen und Schülern gegeben werden.

In der Phase „Informieren" erhalten die Schülerinnen und Schüler nach einer kurzen Einführung durch die Lehrkraft die von der Lehrkraft entwickelte Lernsituation. Sie müssen die zugrundeliegende Problemstellung bzw. Zielsetzung erkennen. Sie lesen sich, beispielsweise mit Hilfe von Büchern zum Thema Lagerkennzahlen, ein und erfassen die für sie notwendigen Inhalte. Den Schülerinnen und Schülern wird dazu regelmäßig von der Lehrkraft Informationsmaterial zusammengestellt. Dies können beispielsweise auch verschiedene Schulbücher sein. Einige Lehrkräfte verwenden dafür Boxen, aus denen sich die Schüler selbst Materialien entnehmen können. Auch das Internet kann hier – wie in Lerneinheit 21 vertieft wird – genutzt werden.

Die Lernaufgabe wird schriftlich dargeboten. Die Lernsituation startet mit einem *Einstiegsszenario*: In diesem Einstiegsszenario werden die Lernenden mit einer Problemstellung mit Hilfe realitätsnaher Materialien konfrontiert. Die Problemstellung soll realitätsnah und exemplarisch für Handlungsfelder sein. Die Problemstellung soll dann nicht durch die Lehrkraft gelöst werden. Die Schülerinnen und Schüler sollen die Inhalte in einer Lernsituation vielmehr weitgehend selbstgesteuert erarbeiten. Die Lernenden sollen sich selbstständig informieren, planen, durchführen, kontrollieren und auswerten.[15]

Einstiegsszenario

Im Verlauf Ihrer Ausbildung sind Sie auch in der Abteilung „Landhausmode" eingesetzt. Ihre Abteilungsleiterin, Frau Reuter, ruft Sie zu sich und verweist auf eine interne Hausmitteilung der Lagerabteilung:

Datum:
Absender:
An   *Lager*
Zur Kenntnis:

Interne Mitteilung

Betreff

Liebe Frau Reuter,
in Anbetracht unseres knappen Lagerplatzes stellten wir fest,
dass die Artikel der Abteilung „Landhausmode" viel Raum
in Anspruch nehmen und teilweise sehr lange im Lager
verweilen. Können wir uns nicht von einigen dieser
‚Pennerartikel' trennen?
Ich bitte um Überprüfung!
Mit freundlichen Grüßen!
H. Mendl

Termin:
Ort:

Übersicht 6: Einstiegsszenario. Quelle: ISB (2009, S. 18 f.)

Das Lernfeld „Waren annehmen, lagern und pflegen" lässt sich in mehreren Lernsituationen konkretisieren.[16] In einer dieser Lernsituationen erhält die Auszubildende von ihrer Abteilungsleiterin als Einstiegsszenario eine interne Hausmitteilung. In dieser wird die Auszubildende aufgefordert, die ‚Pennerartikel' (z. B. Artikel mit einer niedrigen Umschlagshäufigkeit) in der Abteilung „Landhausmode" auszusortieren. Die Lernsituation endet mit einer Handlungsaufforderung „Sie sollen nun mit Hilfe der Lagerkennzahlen entscheiden, ob und welche Artikel Sie aus dem Sortiment nehmen wollen". Die Lernenden sollen in der Lernsituation in die Rolle der handelnden Person schlüpfen. Sie werden mit der *Handlungsaufforderung* zu einem selbständigen Handeln aufgefordert, das zu einem bestimmten Handlungsprodukt führt.

Die Schülerinnen und Schüler müssen in der nächsten Phase „Planen" das weitere Vorgehen planen. Sie erwägen beispielsweise die notwendigen Arbeiten, ihre Reihenfolge und das dazu notwendige Material. Bei der Planung werden – je nach den Bedingungen der Zielgruppe – *Handlungsaufträge* eingesetzt.

Handlungsaufträge

▶ Informieren Sie sich über die Lagerkennzahlen (durchschnittlicher Lagerbestand, Umschlagshäufigkeit, durchschnittliche Lagerdauer).

▶ Besorgen Sie sich alle notwendigen Daten aus dem Lager und dem Warenwirtschaftssystem.

▶ Berechnen Sie die Lagerkennzahlen je Artikel und halten Sie Ihre Ergebnisse in einer übersichtlichen Tabelle fest.

▶ Entscheiden Sie, ob und welche Artikel Sie aus dem Sortiment nehmen.

Übersicht 7: Handlungsaufträge. Quelle: ISB (2009, S. 18 f.)

Handlungsaufträge geben keine Hinweise zur Lösung, sondern zum Lösen, also zum Vorgehen. Die notwendigen Materialien, beispielsweise die Daten aus einem Warenwirtschaftssystem, werden den Lernern zur Verfügung gestellt.

Die Schülerinnen und Schüler sollen sich selbständig informieren, vorbereiten und kontrollieren. Lernsituationen sollen in dieser Vorstellung von Teams aus Lehrkräften in der Schule erarbeitet und möglichst mit dem Dualen Partner abgestimmt werden. Gelegentlich werden die Handlungsaufträge zurückgehalten bzw. variiert. Bei schwächeren Lernenden werden hier zunächst mehr Vorgaben, bei stärkeren Lernern weniger Vorgaben gemacht. Im Segel-Ansatz wird dies wie folgt begründet: „Ziel selbstregulierten Lernens ist es, das Handlungsprodukt ohne die schriftlich verfassten Handlungsaufträge zu erstellen und dabei alle Phasen der vollständigen Handlung zu durchlaufen" (ISB 2009b, S. 20). Andere Lernsituationsansätze setzen ausnahmslos Handlungsaufträge ein.

Die Schülerinnen und Schüler strukturieren in der Phase „Durchführen" die zahlreichen Daten, berechnen die Lagerkennziffern und fügen die Ergebnisse übersichtlich in der Tabelle zusammen. Sie haben die Möglichkeit, ihre Ergebnisse mittels eines Excel-Programmes einzugeben und zu überprüfen. Sie werten ihre Ergebnisse aus und treffen individuell eine Entscheidung zur Sortimentsbereinigung. Damit die Schülerinnen und Schüler die Entscheidungen auf Basis konkreter Materialien treffen, sind diese vorzugeben. Dies können beispielsweise Inventurlisten oder Auszüge aus einem Warenwirtschaftssystem sein.

Am Ende einer Lernsituation steht ein konkretes *Handlungsprodukt*, beispielsweise eine Präsentation der Ergebnisse der Schülerinnen und Schüler. Es sollte, wenn immer möglich, möglichst ‚handgreiflich' gestaltet werden: Die tatsächliche Gestaltung eines Schaufensters in der Einzelhandelsklasse ist einem reinen Konzept, das Plakat mit dem Konzept der nur mündlichen Erläuterung vorzuziehen. Das Handlungsprodukt sollte idealerweise so in die betriebliche Realität der Schülerinnen und Schüler verpflanzt werden können.

Handlungsprodukte

▶ Erstellen von Konzepten, wie z. B. Werbeplänen, Verkaufsraumgestaltungen

▶ Verfassen von Schriftstücken, wie z. B. Stellungnahmen, Briefen, Verträgen

▶ Entscheidungen treffen, wie z. B. Leasing- oder Kreditkauf, Auswahl von Versicherungen, Auswahl aus Angeboten

▶ Überprüfen von Sachverhalten, z. B. von Kündigungsschreiben, Verträgen, betrieblichen Vorgaben

▶ Unterlagen bewerten, beurteilen und Schlüsse ziehen, z. B. Umsatzstatistiken, Lagerkennziffern, Kundenlaufstudien

▶ Meistern von Gesprächssituationen, z. B. von Konfliktsituationen, Beratungsgesprächen, Verkaufsgesprächen

Übersicht 8: Handlungsprodukte. Quelle: ISB (2009, S. 18 f.)

Bei der Bewertung werden das Handlungsprodukt und der Handlungsprozess durch die Schülerinnen und Schüler präsentiert und bewertet. Dazu werden ihnen Bewertungshilfen bereitgestellt. Anschließend reflektieren die Schülerinnen und Schüler den Prozess. Die Auswertungsplanung als Teil der Planungsphase wird im Lernsituationsansatz oft stiefmütterlich behandelt, ist jedoch für die Selbst-Kontrolle der Lernenden notwendig.

19.4.4 Lernfelder und Lernsituationen zuschneiden und ausgestalten

Lernfelder in der Berufsschule sollen durch Lernsituationen konkretisiert werden. Lernsituationen „setzen exemplarisch die Kompetenzerwartungen innerhalb der Lernfeldbeschreibung um, indem sie berufliche Aufgabenstellungen und Handlungsabläufe aufnehmen und für die unterrichtliche Umsetzung didaktisch und methodisch aufbereiten. Insgesamt orientieren sich Lernsituationen am Erwerb umfassender Handlungskompetenz und unterstützen die Entwicklung möglichst aller Kompetenzdimensionen" 2011, S. 32. Ein Lernfeld hat dabei eine standardisierte Dokumentation.

Dokumentation eines Lernfeldes

- ▶ **Kernkompetenz bzw. Bezeichnung** des Lernfeldes (Nomen und Vorgangsverben, z. B. „Beschaffungsprozesse planen, steuern und kontrollieren")
- ▶ **Zuordnung** zur Jahrgangsstufe bzw. Ausbildungsjahr, in Bayern: zum Fach
- ▶ **Zeitrichtwert** für das Lernfeld (40, 60 oder 80 Unterrichtsstunden)
- ▶ **Ausformulierte Kernkompetenz** (1. Satz zur Ausformulierung der Kernkompetenz)
- ▶ **Volltext**

Übersicht 9: Dokumentation eines Lernfeldes

Nach der Vorstellung der KMK wird zunächst die Bezeichnung des Lernfeldes festgelegt: „Dazu ist die jeweilige Kernkompetenz der übergeordneten beruflichen Handlung möglichst kurz, aussagekräftig und aktiv zu formulieren" (KMK, 2011, S. 26). Diese Kernkompetenz wird im ersten Satz der Beschreibung durch eine „generalisierende Ausformulierung dieser Kernkompetenz am Ende des Lernprozesses" (KMK, 2011, S. 26) dargelegt. In einem weiteren Schritt wird diese ausformulierte Kernkompetenz ausdifferenziert. Dazu werden „die differenzierten beruflichen Handlungen gegliedert nach den Phasen der vollständigen Handlung beschrieben. Dabei ist die berufliche Handlung unter Berücksichtigung von korrespondierendem Wissen, zugehörigen Kenntnissen, Fertigkeiten sowie ggf. Lern-und Problemlösestrategien zu beschreiben. Gleichzeitig sind Denkhandlungen zur Verknüpfung, Begründung und Reflexion auszuweisen" (KMK, 2011, S. 26). Die KMK liefert eine Übersicht über den Aufbau von Lernfeldern, die in der Toolbox wiedergegeben ist (TB-9.5).

Aus handlungstheoretischer Sicht ist das Verhältnis von Lernfeldern, Lernsituationen und Handlungsaufträgen im Sinne der hierarchisch-sequentiellen Struktur des Handelns ein Verhältnis von Handeln, Teilhandlungen und deren Teilhandlungen. Lernsituationen ‚entstehen' somit, in dem die im Namen des Lernfelds skizzierte Kernkompetenz bzw. die im ersten Satz beschriebene Kernkompetenz in Handlungen bzw. in Teilhandlungen zerlegt werden, die wieder innerhalb der Lernsituation zu einer Abfolge von (Teil-) Handlungen führen.

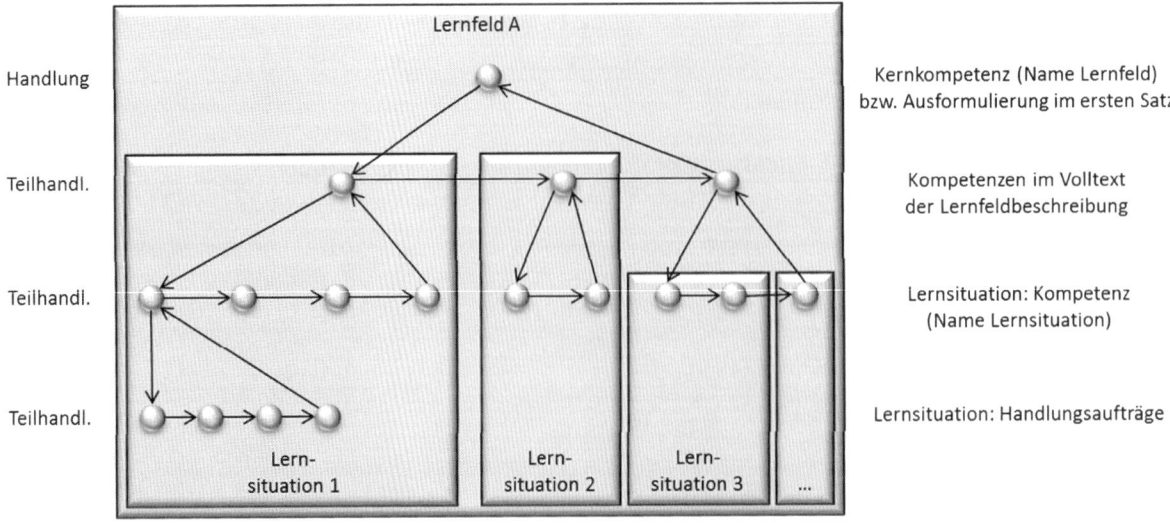

Übersicht 10: Dokumentation eines Lernfeldes

Lernfelder sind ein Organisationsmerkmal berufsschulischen Lernens. Die handlungstheoretische Sicht lässt sich jedoch auch auf andere Organisationeinheiten von Curricula anwenden, etwa Module, Bausteine oder verallgemeinert Lernergebniseinheiten wie in DECVET.[17]

Dokumentation einer Lernergebniseinheit

► Nummer und Beschreibung der Lernergebniseinheit
► Bezeichnung des/der in Bezug genommenen dualen Ausbildungsberufes/-berufe
► Vorgesehene Dauer der Durchführung
► Mit der Lernergebniseinheit verbundene und zu erwerbende Anzahl von Leistungspunkten
► Beschreibung der zugrunde gelegten exemplarischen Arbeitshandlung
► Anhand der Dimensionen eines gewählten Kompetenz- bzw. Transparenzmodells geordnete Lernergebnisse
► Mindeststandards bzw. Prüfkriterien zur Bestimmung der Lernergebnisse hinsichtlich Breite und Tiefe

Übersicht 11: Dokumentation einer Lernergebniseinheit (DECVET)

Lernfelder werden in Teilhandlungen aufgelöst, von denen eine oder mehrere in die Konstruktion einer Lernsituation eingehen. Mehrere oder auch nur eine Teilhandlung können dabei den Rahmen für eine Lernsituation abgeben. Die Ausdifferenzierung erfolgt dabei über die Ausdifferenzierung des Handlungsgegenstandes oder der Prozesskompetente des Handelns. Dabei werden ‚sinnvolle' Einheiten von Teilhandlungen zu Lernsituationen geschnitten. Sinnvoll meint damit eine lehrorganisatorisch sinnvoll erscheinende Größe, gemessen in Unterrichtsstunden, und eine Verortung in der Verteilungsplanung. Der Zuschnitt von Lernsituationen und die makrodidaktische Planung laufen parallel. Der Zuschnitt der Lernsituationen in der Berufsschule sollte berufstypische Prozesse berücksichtigen, d. h. Geschäftsprozesse bzw. Arbeitsprozesse in Unternehmen mit hinreichendem Tätigkeitsspielraum abbilden.

Beim Zuschnitt der Lernsituationen ist vor allem das Niveau der Lernsituation, d. h. handlungstheoretisch der Freiheitsgrad zu berücksichtigen. Der deutsche Qualifikationsrahmen (DQR) gibt als Niveaumodell das anzustrebende Niveau vor. Der Freiheitsgrad der Lernsituation sollte über die Dauer der Ausbildung systematisch erhöht werden. Außerdem muss der Zuschnitt die Erkenntnisse aus der Bedingungsanalyse berücksichtigen.

Im Zentrum der Konstruktion einer Lernsituation steht die Strukturierung des geplanten Lernhandelns der Schülerinnen und Schüler. Dazu wird von der Lehrkraft ein Einstiegsszenario entwickelt. In diesem Einstiegsszenario wird den Lernenden eine namentlich benannte *Person* präsentiert, in die sich die Lernenden möglichst gut hineinversetzen können. Diese fiktive Person steht vor einem im Einstiegsszenario beschriebenen *Problem*. Die Schülerinnen und Schüler können – statt der Ansprache über die fiktive Person – auch namentlich angesprochen werden. Werden Lernsituationen häufiger eingesetzt, vermeidet dies gelegentlich auftretende Ermüdungseffekte wegen der handelnden Personen.

Die Lernsituation muss – auch für andere Lehrkräfte – eingeordnet werden. Der Lernsituation sollte ein sprechender Name, zunächst ein Arbeitstitel, zugeordnet werden. In der Praxis hat sich dabei die Arbeit mit einem Kurztitel, zum Beispiel „Aller Anfang ist schwer …“, einem Langtitel „Die erste Ausbildungswoche von Nicole Höver" sowie einer Ordnungsnummer bewährt. Ein sprechender Titel ist auch wichtig, weil er in der später erläuterten Verteilungsplanung direkt einen Einblick in den Charakter der Lernsituation geben sollte (MSW, 2009, S. 16). Zum Teil wird – vor allem in Süddeutschland – auf die Nennung von Namen wie Nicole Höver verzichtet, um den Schülerinnen und Schülern ein besseres ‚Eintauchen' in die Lernsituation zu ermöglichen. Außerdem muss eine Zuordnung zum Beruf, zur Jahrgangsstufe und zum Lernfeld bzw. in Bayern zum Unterrichtsfach erfolgen sowie der Zeitrichtwert gemessen in Unterrichtsstunden festgelegt werden.

Das Problem, vor dem diese Person steht, sollte in ähnlicher Form in der Berufs- bzw. Lebenswelt der Schülerinnen und Schüler auftauchen können. Außerdem sollte es einen hohen Aufforderungscharakter haben, d. h. die Lernenden zur Bearbeitung der Problemstellung reizen, etwa durch die gezielte Verwendung von Verben in Handlungsaufträgen. Um das Szenario realitätsnah zu gestalten, sollten konkrete, realitätsnahe Zahlen, Daten, Belege usw. bereitgestellt werden. Die Konstruktion eines Einstiegsszenarios verlangt die Festlegung einer Person, einer Problemstellung sowie entsprechender *Materialien*.

Die Person, das Problem sowie das Material bilden einen *Handlungsraum* dar. Die Vorstellung des Handlungsraums geht auf den Wirtschaftspädagogen Detlef Buschfeld zurück.

Wortwörtlich: Detlef Buschfeld, WiPäd Universität Köln

Dabei halte ich das aktuell (im Kontext der Lernfelder) gebrauchte Wort Lernsituation für eine sprachliche Verkürzung zweier Bezugspunkte, nämlich der Lernhandlung und der Lehrsituation. Erster Bezugspunkt betont das handelnde Subjekt, zweiter die durch Lehre organisierte Umgebung für solche Lernhandlungen. … Handeln ist … in Kurzform ausgedrückt: Problemlösungsbezogene Aktivität eines reflexiven Subjektes in situativen Kontexten. … Pragmatisch gewendet, werden Problemsituation, Handlung (Problemlösungen) und Ergebnisse (der Lernsubjekte) erwartet. Dies bedeutet, dass diese drei Elemente einer Lernsituation auch beschreibbar sein müssen. Der Handlungsrahmen schildert bzw. vermittelt die Handlungssituation, die den Lernern zu Beginn angeboten wird bzw. die sie sich erschließen müssen. … Der Handlungsablauf stellt im üblichen Sinne die methodischen Formen der Gestaltung der Lehr-Lernprozesse in den Vordergrund. … Die Handlungsergebnisse sind als Folge der Idee, in Lernsituationen Probleme zu lösen, ein eigenständiger Bereich, zugleich sind die Problemlösungen Indikator für die Lernergebnisse im Sinne der erreichten Ziele des Unterrichts.

Bild 7: Detlef Buschfeld. Foto privat. Zitat: Buschfeld (2003, S. 2f.)

Die Schülerinnen und Schüler sollen beim Lernen mit Lernsituationen den Prozess der vollständigen Handlung durchlaufen. Die Lehrkraft erwägt, welche Aktivitäten die Lernenden in den einzelnen Phasen unternehmen sollen. Außerdem muss die Lehrkraft überlegen, wie sie die einzelnen Phasen unterstützen kann, vor allem durch geeignete Medien. Parallel zur Konstruktion des Handlungsraums und des Handlungsprozesses sind die *Kompetenzen und Inhalte* zu reflektieren. Außerdem sind Formen des *Assessments*, also etwa der Leistungsbewertung, idealerweise zu integrieren. Das Lernen mit Lernsituationen sollte auch *Beiträge anderer Fächer*, vor allem der allgemeinbildenden Fächer, integrieren. Nach dem Entwurf der Lernsituation sollte der Entwurf vor dem Einsatz kritisch reflektiert werden. Dazu wurde in der Toolbox ein Kriterienkatalog (TB-9.1) aufgenommen.

Die Konstruktion von Lernsituationen ist ein komplexes Geschäft, das in mehreren Stufen verläuft. Für die Konstruktion von Lernsituationen wurde ein Kurzleitfaden in der Toolbox (TB-9.1) aufgenommen. Außerdem enthält die Toolbox ein Schema zur Dokumentation von Lernsituationen (TB-9.2) sowie einen Kriterienkatalog zur Beurteilung von Lernsituationen (TB-9.3).[18]

19.5 Methoden der individuellen Förderung planen und ausarbeiten

Neben der Gruppe der selbstgesteuerten Methoden wird in dieser Lerneinheit die Gruppe der Methoden der individuellen Förderung dargestellt. Zwei Methoden werden vertieft dargestellt: Die Beratung und die Förderplanarbeit.

19.5.1 Methoden der individuellen Förderung: Was darunter verstanden wird

Die individuelle Förderung spielt – spätestens seit den PISA-Ergebnissen (Klieme & Warwas, 2011) – eine große bildungspolitische Bedeutung. Dieser Anspruch wurde in den letzten Jahren in Schulgesetzen verankert und wurde in den Standards für die Bildung von Lehrkräften berücksichtigt. Die individuelle Förderung hat in der Berufsbildung eine deutlich längere Tradition (Zoyke, 2012, S. 12 ff.). Die Einschätzung von Bildungspolitik und Bildungspraxis scheinen allerdings in diesem Bereich weit auseinander zu klaffen.

Die individuelle Förderung steht in einem engen Bezug zur äußeren und inneren Differenzierung. Bei der äußeren Differenzierung wird versucht, die Klassen zu homogenisieren. Bei der Binnendifferenzierung wird innerhalb des Klassenverbands differenziert. Differenzierung wird hier verstanden als eine „moderate Individualisierung" (Heyne, 1993, S. 73). Typisch für die Binnendifferenzierung ist nicht das Eingehen auf die *einzelnen* Schülerinnen und Schüler, sondern die Gruppierung von Schülerinnen und Schülern innerhalb eines Klassenverbands. Die Individualisierung geht jedoch noch weiter: Hier werden die didaktischen Elemente auf die *einzelnen* Schülerinnen und Schüler angepasst. Um dies deutlich zu vermerken, wird hier der Begriff „individuelle Förderung" verwendet. Individuelle Förderung ist in diesem Verständnis – über die Binnendifferenzierung hinausgehend –

Individuelle Förderung: Zuschnitt auf einzelne Lernende
Bild 8 © ModernLearning

das Zuschneiden von Themen, Intentionen und Methoden auf *einzelne* Lernende. Damit ist die individuelle Förderung eine Sonderform der Differenzierung.

Definition 2: Individuelle Förderung

Individuelle Förderung ist eine Methode, bei der die curriculare Analyse, die Methodenanalyse sowie die Bedingungsanalyse mit Blick auf einzelne Lernende erfolgt, d. h. ein individuelles Profil der Lernenden zur Grundlage der didaktischen Entscheidungen ist. Die individuelle Förderung ist eine Sonderform der Differenzierung. Synonym: Individualisierung.

Die individuelle Förderung wird von Meyer als eines der zehn Kriterien für guten Unterricht angeführt. „Individuelles Fördern heißt, jeder Schülerin und jedem Schüler (1) die Chance zu geben, ihr bzw. sein motorisches, intellektuelles, emotionales und soziales Potential umfassend zu entwickeln (2) und sie bzw. ihn dabei durch geeignete Maßnahmen zu unterstützen (durch die Gewährung ausreichender Lernzeit, durch spezifische Fördermethoden, durch angepasste Lernmittel und gegebenenfalls durch Hilfestellungen weiterer Personen mit Spezialkompetenz)" (Meyer, 2009, S. 97).

In einigen Bundesländern wird inzwischen das Recht auf individuelle Förderung in den Schulgesetzen berücksichtigt, beispielsweise in Nordrhein-Westfalen. Dort wird in Paragraph 1 das Recht auf Bildung, Erziehung und individuelle Förderung verankert (Pulwey & Reich-Zies, 2011).

Recht auf Bildung, Erziehung und individuelle Förderung

Jeder junge Mensch hat ohne Rücksicht auf seine wirtschaftliche Lage und Herkunft und sein Geschlecht ein Recht auf schulische Bildung, Erziehung und individuelle Förderung (§ 1 Schulgesetz NRW).

Übersicht 9: Recht auf Bildung, Erziehung und individuelle Förderung

Die individuelle Förderung wird häufig als eine Aufgabe der Lehrkraft und des Teams der Schule gesehen. Gleichwohl betrifft der Anspruch keineswegs nur diese tiefen Bedingungsschalen, sondern ebenso die Bedingungen auf den höheren Bedingungsschalen (Zoyke, 2012, S. 36 ff.). Individuelle Förderung kann ein Leitmotiv der gesamten Schulentwicklung sein. Dem „Gütesiegel Individuelle Förderung" liegt ein solch umfassenderes Verständnis zugrunde. Das Siegel ist eine Initiative des nordrhein-westfälischen Schulministeriums mit Unterstützung der Unfallkasse Nordrhein-Westfalen und der Stiftung Bildung zur Förderung Hochbegabter. Die Übersicht in der Toolbox (TB-12.8) gibt die Handlungsfelder, die Bereiche und einige Beispiele für Aktivitäten für die individuelle Förderung wieder. Sie sind dem Bewerbungsbogen für berufliche Schulen entnommen, mit dem die Schulen eine Selbsteinschätzung vornehmen können (www.chancen-nrw.de).

19.5.2 Beratung als Methode der individuellen Förderung planen und ausarbeiten
Beratung wird hier als eine Methode der individuellen Förderung von Lernenden begriffen.

19.5.2.1 Beratung: Was darunter verstanden wird
Beratung ist „eine klärende Vorgangsweise …, bei der das mehr oder minder undeutliche Problemfeld vorerkundet (exploriert) wird, um es dann (teils durch Einsatz wissenschaftlich fundierter Diagnostik) näher bestimmen (definieren, strukturieren und systematisieren) zu können. Das Problemfeld ergibt sich durch die drei Komponenten: Ausgangslage (Status), Zielbestimmung und Weg zur Zielerreichung (Methode)" (Sedlak, 2007, S. 28). Die Beratung in Schulen ist dabei ein ausgesprochen großes, ausdifferenziertes Feld, das von einer Fülle von Personen, von der Lehrkraft über die Schulleitung, die Beratungslehrkräfte, die Schulpsychologinnen und -psychologen, die Schulsozialarbeiterinnen und -arbeiter bis hin zu Beratenden mit speziellen Funktionen wahrgenommen wird (Schnebel, 2007, S. 60 ff.). Die Beratung erfolgt auf der Basis verschiedener Beratungsmodelle. Dabei finden sich die Schulen der Lern- und Motivationstheorie, also der Behaviorismus, der Humanismus, der Kognitivismus und der Konstruktivismus als „Beratungsansätze" in der Beratungstheorie wieder (Krause, Fittkau, Fuhr & Thiel, 2003, S. 85 ff.).

Besonders bekannt geworden ist die humanistische Variante: Das Modell der non-direktiven, klientenzentrierten Gesprächstherapie von Carl Rogers. Rogers geht von drei grundlegenden Werte in der Beratung bzw. in der Therapie aus: Echtheit (Kongruenz), unbedingte Werteschätzung, einfühlendes Verstehen (Empathie). In Deutschland ist Rogers vor allem mit dem Buch „Die klientenzentrierte Gesprächspsychotherapie" (1983) bekannt geworden.

Wortwörtlich: Carl Rogers (1902 – 1987)

What do I mean by a client-centered, or person-centered, approach? ... The central hypothesis of this approach can be briefly stated. It is that the individual has within himself or herself vast resources for self-understanding, for altering his or her self-concept, attitudes, and self-directed behavior – and that these resources can be tapped if only a definable climate of facilitative psychological attitudes can be provided. There are three conditions that constitute this growth-promoting climate ...

The first element is genuineness, realness, or congruence. The more the therapist is himself or herself in relationship, putting up no professional front or personal façade, the greater is the likelihood that the client will change and grow in a constructive manner. ...

The second attitude ... is acceptance, or caring, or prizing – unconditional positive regard. When the therapist is experiencing a positive, non-judgmental, accepting attitude toward whatever the client *is* at the moment, therapeutic movement or change is more likely. ...

The third facilitative aspect of relationship is empathic understanding. This means that the therapist senses accurately the feelings and personal meanings that the client is experiencing and communicates this acceptant understanding to the client.

Bild 9: Carl Rogers. Permission explicitly granted by Natalie Rogers for use in this textbook only. Zitat: Rogers (1989, S. 135f.)

Nicht-direktiv ist dieser Ansatz, weil es nicht darauf ankommt, der Klientin bzw. dem Klienten „Ratschläge, Ermahnungen, Erklärungen und Interpretationen zu geben" (Weinberger, 2004, S. 22). Schließlich hat die Klientin bzw. der Klient das Zeug, die Dinge zu ändern, wenn eben nur die Bedingungen stimmen. „Klientenzentriert" ist dieser Ansatz weil die Klientin bzw. der Klient und eben nicht das Problem im Vordergrund steht (Rogers, 1989, S. 135 f.).

Eine wichtige Grundtechnik ist das sogenannte Spiegeln oder Paraphrasieren als Mittel des aktiven Zuhörens. Aktiv zuhören heißt dabei, dass es um einfühlendes Verstehen geht und dies mehr ist als das Zuhören zu akustischen Signalen. Beim aktiven Zuhören soll Aufmerksamkeit signalisiert werden, sollen Wertschätzung und Zuwendung ausgedrückt werden, emotionale Befindlichkeiten und Standpunkte verstanden werden, sich der eigenen Interpretationen versichert werden sowie eine tiefere Ebene des Gesprächs erreicht werden (Euler & Hahn, 2007, S. 454). „Spiegeln" als Grundtechnik aktiven Zuhörens bedeutet, dass die Beraterin bzw. der Berater das Gesagte in der eigenen Sprache wiederholt. Typisch sind Sätze wie „Sie meinen, also dass ...". Dabei geht es einerseits darum, ohne Bewertungen ein Verständnis des Gesagten zu sichern. Andererseits soll das Gegenüber unterstützt werden, sich selbst klarer zu werden.

Beratung ist verwandt mit Coaching und Supervision. Dabei verheißen die Wörter „Coaching" und „Supervision" mehr Modernität als das altbacken daherkommende Wort „Beratung": „Viele altbekannte, an Personen erbrachte Dienstleistungen kommen heutzutage im Gewand des Coachings oder der Supervision daher: Die altbewährte Nachhilfelehrerin wandelt sich zum Abi-Coach. Die Eheberatung wird semantisch zum Paar-Coaching aufgepeppt, und die Fahrstunden drohen wir von einem Driving-Coach zu bekommen" (Kühl, 2008, S. 13). Coaching und Supervision werden bei Kühl als personenorientierte Dienstleistungen in Institutionen herausgearbeitet. Im Zentrum stehen einzelne Personen, wie auch bei der pädagogischen Beratung. Ein Beispiel ist das Lerncoaching (Pallasch, Hameyer & Flittiger, 2008). Eine konkrete Realisierung eines Lerncoachings an einer Schule beschreibt Heymann (2009): Das Angebot ergeht an alle Schülerinnen und Schüler einer Jahrgangsstufe, nicht nur an die Klasse. Schülerinnen und Schüler, Eltern und Lerncoach schließen einen Vertrag. Die Lernenden verpflichten sich beispielsweise, ihr Heft sorgfältig zu gestalten und ein Lerntagebuch zu führen. Die Eltern sorgen gemäß Vertrag dafür, dass ein aufgeräumter, ungestörter Arbeitsplatz zur Verfügung steht. Lerncoaches führen regelmäßige Beratungsgespräche. Die Lernenden füllen zu Beginn des Prozesses einen Selbsteinschätzungsbogen zum Arbeits- und Lernverhalten aus.

Coaching, Supervision und pädagogische Beratung sind Problemlöseprozesse, die sich an einzelne Personen, hier an den Lernenden, richten. Sie lassen sich kaum abgrenzen, so dass eine weitere Differenzierung hier nicht erfolgt.

19.5.2.2 Ablauf der Beratung als Methode der individuellen Förderung

Die englische Psychologin Sue Culley verdichtet ihre Erfahrungen und andere Phasenmodelle in ein einfaches Modell des Beratungsprozesses in drei Phasen: Die Anfangsphase, die Mittelphase und die Endphase. Ich stelle den Ansatz komprimiert dar, empfehle jedoch das ausgesprochen verständliche und sehr gut strukturierte Buch „Beratung als Prozess" von Culley (2004). In der Toolbox befindet sich eine Übersicht des Ansatzes (TB-12.4).

Beratung ist eine individualisierende Methode
Bild 10. © Gina Sanders, fotolia.com

Die *Anfangsphase* konzentriert sich im Wesentlichen darauf, eine tragfähige Beziehung aufzubauen und das Ausgangsproblem zu bewerten. Kennzeichen einer tragfähigen Beziehung ist dabei vor allem die Akzeptanz, d. h. die uneingeschränkte positive Wertschätzung der Klientin und des Klienten als Menschen, sowie das Verstehen, d. h. das Bemühen, die verbalen und nicht-verbalen Botschaften der Klientin bzw. des Klienten zu verstehen und die Lebenswelt der Klientin bzw. des Klienten aus seiner Perspektive zu sehen. Das Ausgangsproblem ist zu klären, d. h. das Thema und das Anliegen des Beratungsprozesses festzulegen. Das Ausgangsproblem ist zu bewerten, d. h. bei Culley der Versuch, die bereits erlangten Informationen in einen Bezugsrahmen zu stellen. Sie greift dabei auf eine Einteilung von „Arbeit", „Beziehungen" und „Identität" zurück und schaut, welche Dimensionen hier angesprochen werden. Als letztes ist in der Anfangsphase ein Beratungsvertrag zu schließen, d. h. eine ausgehandelte Vereinbarung zwischen Beratenden und Klienten. Hier wird vereinbart, was die Klienten leisten und was die Beratenden leisten können. In der Anfangsphase nutzen die Beratenden drei Hauptstrategien: Sie helfen den Klienten, ihr Anliegen zu artikulieren (explorieren), sie setzen zusammen mit den Klienten Prioritäten und sie kommunizieren gegenüber den Klienten die Grundwerte der Akzeptanz und des Verstehens.

In der *Mittelphase* soll den Klienten geholfen werden, die Anliegen und Probleme neu zu ordnen und zu bewerten. Diese Neubewertung soll den Klienten neue Sichtweisen auf die Probleme, neue Ziele und neue Handlungsmöglichkeiten erschließen. Diese Arbeit an der Neubewertung kann zu einer Belastung für die Beratungsbeziehung werden, so dass sich die Beratenden um eine Aufrechterhaltung der Beziehung bemühen müssen. Dabei darf der geschlossene Vertrag nicht aus den Augen verloren werden. Die Beratenden fordern die Klienten heraus, d. h. sie stellen in Frage, diskutieren und stimulieren. Wenn Beratende erkennen, dass Ressourcen oder Defizite der Klienten übersehen werden, wenn sie Widersprüchlichkeiten sehen, wenn sie einfache Glaubenssätze bei den Klienten ausmachen, wenn Gefühle nicht ausgedrückt werden, fordern Beratende heraus. Beratende haben dabei sorgfältig zu prüfen, ob Klienten (schon) in der Lage sind, diese Herausforderung anzunehmen. Die Beratenden helfen den Klienten sich Widersprüchen zu stellen (Konfrontation). Sie geben Feedback und geben den Klienten Informationen, die helfen, das Anliegen zu lösen oder neu zu bewerten. Beratende können den Klienten sagen, was sie tun sollen, und sie können mit den Klienten Erfahrungen aus dem eigenen Leben teilen. Außerdem können Beratende ‚Flüchte' in die Vergangenheit und Zukunft abschneiden und auf das Hier-und-Jetzt lenken (Unmittelbarkeit).

In der *Endphase* der Beratung geht es um die Ziele, die Handlungen und den Abschluss des Beratungsprozesses. Die Beratenden unterstützen die Klienten, über angemessene Veränderungen zu entscheiden. Sie helfen, diese Veränderungen auch auszuführen. Klienten haben in dem Prozess etwas gelernt und die Beratenden unterstützen die Klienten, dies auch auf andere Felder zu übertragen. Schließlich ist der Prozess abzuschließen.

Die Beratung kann – über die Anliegen und Themen, die die Klienten einbringen – viele Kompetenzen fördern. In jedem Fall steht jedoch immer auch die Selbstkompetenz im Zentrum des Beratungsprozesses.

19.5.3 Förderplanarbeit als Methode der individuellen Förderung planen und ausarbeiten

Die Förderung einzelner Schülerinnen und Schüler gehört seit jeher zum Alltag einer Lehrkraft. In den letzten Jahren haben jedoch Methoden auch in der beruflichen Schule Aufmerksamkeit erfahren, die diese individuelle Förderung stärker systematisieren, dokumentieren und als gemeinsame Aufgabe mehrerer Lehrkräfte verankern.

19.5.3.1 Förderplanarbeit: Was darunter verstanden wird

Vom Beratungsprozess wird hier die individuelle Förderplanung bzw. die Förderplanarbeit unterschieden. Eine individuelle Förderplanarbeit liegt im hier vertretenen Verständnis immer dann vor, wenn ein individuelles Förderprofil zum Ausgangspunkt der didaktischen Arbeit wird (Individualisierung) *und* wenn diese Förderung verbindlich, dokumentiert und kontinuierlich ist, auf eine umfassenden Förderung der Kompetenzen in allen Dimensionen zielt und in besonderer Weise die Stärken der Schülerinnen und Schüler betont.[19]

Definition 3:   Förderplanarbeit
Förderplanarbeit ist eine Methode der individuellen Förderung, die dokumentiert wird, verbindlich und kontinuierlich ist.

Individuelle Förderpläne oder auch „individuelle Entwicklungspläne" oder „individuelle Bildungs- und Erziehungspläne" sind vor allem aus der Sonderpädagogik bekannt (Sander, 2007). In den USA werden individuelle Förderpläne als „Individualized Education Plan" (IEP) bezeichnet. Die Sonderpädagogik beschäftigt sich mit der Pädagogik für Lernende mit Behinderungen. Dies sind gemäß der UN-Behindertenrechtskonvention alle „Menschen, die langfristige körperliche, seelische, geistige oder Sinnesbeeinträchtigungen haben, welche sie in Wechselwirkung mit verschiedenen Barrieren an der vollen, wirksamen und gleichberechtigten Teilhabe an der Gesellschaft hindern können" (Artikel 1).

In der Diskussion um die berufliche Bildung von benachteiligten Jugendlichen bzw. von Jugendlichen mit besonderem Förderbedarf, spielt die individuelle Förderplanung eine große Rolle (BMBF (2006). Im bereits erläuterten Fallmanagement (case management) ist das Profiling eine Grundlage für die Entwicklung von individuellen Förderplänen. In der Praxis existieren eine Fülle von Förderplanschemata (Mutzeck, 2007). Typische Elemente eines Förderplans sind die Beschreibung des Ist-Standes, die Schwerpunkte der Förderbereiche samt Zielsetzungen, die Rahmenbedingungen der Förderung (personell, materiell, organisatorisch), die Fördermaßnahmen sowie die Evaluationsergebnisse und Schlussfolgerungen für die Weiterentwicklung (Schob & Jainz, 2004). Eine Vorlage für einen individuellen Förderplan auf Basis der Lernakte, der hier verwendeten Modelle sowie einer Vorlage für Förderpläne des BEJ (KM-BW, 2008) ist in der Toolbox wiedergegeben (TB-12.7). Die Förderplanarbeit erfolgt heute oft schon computerunterstützt (Melzer & Mutzeck, 2007, S. 245 ff.).

19.5.3.2 Ablauf der Förderplanarbeit

Die Förderplanarbeit kann als ein Prozess mit vier Phasen verstanden werden (TB-12.5).[20] Im ersten Schritt, der Förderdiagnose, wird die Ist-Situation, also die Lernausgangslage, erfasst und auf dieser Basis ein Kompetenzbericht erstellt.

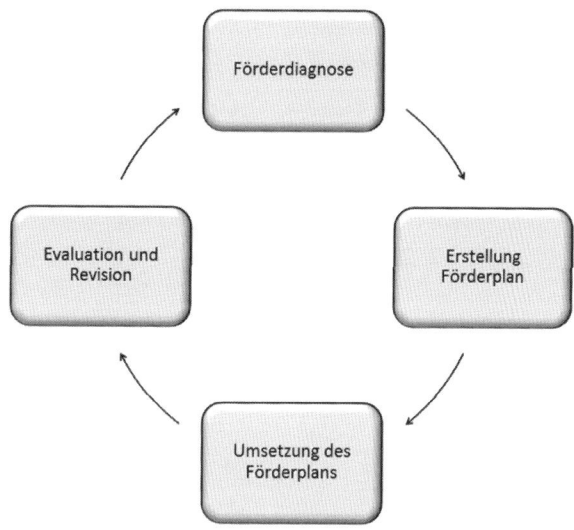

Übersicht 10: Ablauf der Förderplanarbeit

Im zweiten Schritt wird der Förderplan erstellt. Damit der Förderplan abgestimmt ist, sollte eine Förderplangruppe bestimmt werden, in der – im Idealfall – alle am Lehrprozess beteiligten Personen integriert werden. Alternativ kann der Förderplan im Rahmen von Förderplankonferenzen bearbeitet werden. In die Entwicklung des Förderplans werden auch die Lernenden einbezogen. Auf Förderplankonferenzen werden ein von einem Förderteam entworfener Förderplan diskutiert und Vereinbarungen getroffen. Dabei sollte der Förderplan nicht nur bei Problemen, etwa Verhaltensauffälligkeiten, entworfen werden, sondern auch im Zuge der Begabtenförderung (Greiten, 2009). Die gegenseitig getroffenen Vereinbarungen sind Gegenstand einer Zielvereinbarung bzw. eines Lernvertrages mit den Lernenden. Auf dieser Basis erfolgt die individuelle Förderung, die ständig protokolliert wird. Nach Ablauf der Förderperiode wird der Förderplan evaluiert und ggf. revidiert.

19.5.3.3 Die Förderplanarbeit im Interdependenzzusammenhang

Förderplanarbeit ist von den zu fördernden Kompetenzen her flexibel. Gleichwohl ist eine gleichzeitige Ansprache aller Kompetenzdimensionen in der Förderplanarbeit üblich. Bislang spielt die Förderplanarbeit im beruflichen Schulwesen vor allem bei benachteiligten Schülerinnen und Schülern eine Rolle. Nicht benachteiligte Schülerinnen und Schüler oder begabte Schülerinnen und Schüler kommen bislang kaum in den Genuss solcher individuellen Fördermaßnahmen, obwohl dies sicherlich auch für diese Gruppen einen Gewinn darstellen dürfte.

Der Förderplanarbeit liegt eine differenzierte Betrachtung der individuellen Bedingungen zugrunde, das sogenannte Profiling. Die Erstellung eines Profils der Schülerin bzw. des Schülers ist der erste Schritt der Förderplanarbeit und mündet in einen Kompetenzbericht.

Eine ‚vollkommen‘ individuelle Förderung kann jedoch nie Aufgabe der Schule sein. Schulen werden vor allem aus zwei Gründen aus dem Alltag ausgelagert: Um die vier Funktionen von Schule – die Qualifikation, die Allokation, die Integration und die Enkulturation – zu erfüllen, bedarf es einer hohen Professionalität, die im Alltag nicht gewährleistet werden kann, sondern hochspezialisierte Fachkräfte in einer Expertenorganisation benötigt. Neben die Professionalität tritt jedoch ein ökonomischer Grund: Schulen sind Institutionen des *industrialisierten* Lernens, d. h. in die produktionswirtschaftliche Sprache übertragen, sie sind Serienfertigung und nicht Einzelfertigung. Eine ,vollkommen' individualisierte Förderung würde die Skaleneffekte industrialisierten Lernens vernichten. Trotzdem die individuelle Förderung von benachteiligten Lernenden zu verstärken, folgt der Vorstellung, dass eine solche Investition spätere teure Reparaturmaßnahmen weniger notwendig macht, so dass insgesamt ein guter gesellschaftlicher Return-on-Investment entsteht.

19.6 Outro

19.6.1 Die wichtigsten Begriffe dieser Lerneinheit

- Humanismus
- Bedürfnisse
- Bedürfnispyramide
- Selbstbestimmungstheorie der Motivation (SDT)
- Konstruktivismus
- Lernen als Ko-Konstruktion
- Selbstgesteuertes Lernen
- SOL-Ansatz, EVA-Ansatz, SoLe-Ansatz, segel-bs-Ansatz
- Lernen mit Lernsituationen (Begriff, Phasen, Stellung im Interdependenzzusammenhang)

- Projektmethode (Begriff, Phasen, Stellung im Interdependenzzusammenhang)
- Stationenlernen
- Individuelle Förderung
- Individualisierung
- Beratung (Begriff, Phasen, Stellung im Interdependenzzusammenhang)
- Förderplanarbeit (Begriff, Phasen, Stellung im Interdependenzzusammenhang)
- Förderplan

19.6.2 Tools

- Tool „Übersicht: Vier Perspektiven auf Lernen und Motivation" (TB-1.14)
- Tool „Karte: Methoden des Wirtschaftsunterrichts" (TB-1.7)
- Tool „Kurzleitfaden zur Konstruktion von Lernsituationen (TB-9.1)
- Tool „Lernsituation: Dokumentationsschema" (TB-9.2)
- Tool „Lernsituation: Kriterienkatalog" (TB-9.3)
- Tool „Lernsituation: Ablaufschema" (TB-9.4)
- Tool „Lernfelder: Lesehilfe zur Struktur" (TB-9.5)
- Tool „Erweitertes Modell der vollständigen Handlung" (TB-9.6)
- Tool „Merkmalsbereiche selbstgesteuerten Lernens (SoLe-Ansatz): Übersicht" (TB-12.1)
- Tool „Projektmethode: Ablaufschema" (TB-12.2)
- Tool „Stationenlernen: Ablaufschema" (TB-12.3)
- Tool „Beratung: Ablaufschema" (TB-12.4)
- Tool „Förderplanarbeit: Ablaufschema" (TB-12.5)
- Tool „Individueller Förderplan: Vorlage" (Tb-12.7)
- Tool „Handlungsfelder, Bereiche und beispielhafte Aktivitäten individueller Förderung im „Gütesiegel individuelle Förderung" (www.chancen-nrw.de)" (TB-12.8)

19.6.3 Kompetenzen

- Lernen mit dem SOL-Ansatz (Wahl, Herold) planen und ausarbeiten; Lernen mit dem EVA-Ansatz (Klippert) planen und ausarbeiten; Lernen mit dem SoLe-Ansatz (Sembill) planen und ausarbeiten
- Projektmethode einsetzen
- Stationenlernen einsetzen
- Methoden der individuellen Förderung planen und ausarbeiten: Beraten; Förderplanarbeit gestalten

19.6.4 Hinweise zur vertieften Auseinandersetzung: Weiterlesen

In der Wirtschaftspädagogik hat sich Rolf Dubs eingehend mit dem *Konstruktivismus* auseinandergesetzt (2009). In der allgemeinen Pädagogik hat Kersten Reich die konstruktivistische Didaktik (2008) ausführlich dargelegt. Eine ausführliche Konzeption legt auch die Fremdsprachendidaktikerin Meixner (2009) vor. Eine gute kurze Einführung, die auch historische Vorbilder (Arbeitsschule, Amerikanischer Pragmatismus, Entdeckendes Lernen und Epochenunterricht) sowie die Kritik an diesem Ansatz vorbringt, legen Reinmann und Mandl (2006) vor.

Einen vertieften Einblick in die *Arbeit mit Lernsituationen* bieten einige Handreichungen, die auf der Webseite des ISB (www.isb.bayern.de) heruntergeladen werden können. Für eine wissenschaftliche Auseinandersetzung sei vor allem verwiesen auf die beiden Bände „Selbstreguliertes Lernen in Lernfeldern" (Dilger et al., 2007; Dilger et al., 2005), die im Umfeld des Paderborner Lehrstuhls von Peter Sloane entstanden sind, der sich intensiv mit Lernfeldern auseinander gesetzt hat. Eine weit verbreitete Einführung in die *Projektmethode* ist das Buch von Frey (2007). Eine sehr gute Einführung für den Kontext der beruflichen Schulen bietet das Buch „Projektarbeit" von Endler, Kührt und Wittmann (2010). Das Buch „*Lernen an Stationen* weiterentwickeln" von Bauer (2009) führt in die Stationenarbeit ein, berücksichtigt jedoch die Besonderheiten beruflicher Schulen überhaupt nicht, sondern bleibt in den Grundschulen.

Eine ausführliche Auseinandersetzung mit der *individuellen Förderung* bietet Zoyke (2012). Das Buch „*Beratung* als Prozess" ist eine gut verständliche, gut strukturierte Einführung in den Beratungsprozess (Culley & Müller, 2004).

19.6.5 Hinweise zur vertieften Auseinandersetzung: Weitersurfen

Einen guten Überblick über das selbstgesteuerte Lernen in der Berufsbildung bietet die Ausgabe 13 der bwp@

http://www.bwpat.de/ausgabe13/

Zur individuellen Förderung bieten einzelne Bundesländer eigene Themenportale mit zum Teil umfangreichen Informationen:

Bayern: http://www.foerdern-individuell.de

Nordrhein-Westfalen: http://www.chancen-nrw.de

Rheinland-Pfalz: http://foerderung.bildung-rp.de

Hessen:
http://dms-schule.bildung.hessen.de/allgemeines/begabung/Individuelle_Foerderung/index.html

19.6.6 Literaturnachweis

Bauer, R. (2009). *Lernen an Stationen weiterentwickeln. Wege zur Differenzierung und zum individuellen Lernen*. Berlin: Cornelsen Scriptor.

Beck, K. (2010). Moralisches Lernen - Selbstorganisiert? Zur Förderung der Urteilskompetenz in 'offenen' Lernumgebungen. In J. Seifried, E. Wuttke, R. Nickolaus & P. F. E. Sloane (Hrsg.), *Lehr-Lern-Forschung in der kaufmännischen Berufsbildung. Ergebnisse und Gestaltungsaufgaben* (S. 137–153). Stuttgart: Steiner.

Berk, L. E. (2005). *Entwicklungspsychologie* (3. Aufl.). München: Pearson.

BMBF (Bundesministerium für Bildung und Forschung). (2006). *Bausteine zur nachhaltigen Gestaltung einer individualisierten beruflichen Integrationsförderung junger Menschen. Ergebnisse der Entwicklungsplattform 3 "Individuelle Förderung"*. Bonn: Bundesministerium für Bildung und Forschung.

BMBF (Bundesministerium für Bildung und Forschung) (Hrsg.). (2012). *Durchlässigkeit und Transparenz fördern. DECVET – Ein Reformansatz in der beruflichen Bildung*. Bonn.

Buschfeld, D. (2003). Draußen vom Lernfeld komm' ich her ... Plädoyer für einen alltäglichen Umgang mit Lernsituationen. *bwp@ (Berufs- und Wirtschaftspädagogik - online)* (4), 1–21. Verfügbar unter http://www.bwpat.de/ausgabe4/buschfeld_bwpat4.pdf

Culley, S. & Müller, C. W. (2004). *Beratung als Prozeß. Lehrbuch kommunikativer Fertigkeiten.* Weinheim: Beltz.

Deci, E. L. & Ryan, R. M. (2000). The "what" and "why" of goal pursuits. Human needs and the self-determination of behavior. *Psychological Inquiry, 11* (4), 227–268.

Deci, E. L. & Vansteenkiste, M. (2004). Self-determination theory and basic need satisfaction. Understanding human development in positive psychology. *Ricerche di Psicologia, 27* (1), 23–40.

Dilger, B., Sloane, P. F. & Tiemeyer, E. (Hrsg.). (2005). *Selbstreguliertes Lernen in Lernfeldern. Band 1: Konzepte, Positionen und Projekte im Bildungsgang Einzelhandel.* Paderborn: Eusl-Verl.-Ges.

Dilger, B. & Sloane, P. F. E. (2007). Prozesse der Bildungsgangarbeit: Die didaktische Wertschöpfungskette. In B. Dilger, P. F. E. Sloane & E. Tiemeyer (Hrsg.), *Selbstreguliertes Lernen in Lernfeldern. Band 2: Konzepte und Module zur Lehrkräfteentwicklung* (S. 27–55). Paderborn: Eusl.

Dilger, B., Sloane, P. F. E. & Tiemeyer, E. (Hrsg.). (2007). *Selbstreguliertes Lernen in Lernfeldern. Band 2: Konzepte und Module zur Lehrkräfteentwicklung.* Paderborn: Eusl.

Dubs, R. (2009). *Lehrerverhalten. Ein Beitrag zur Interaktion von Lehrenden und Lernenden im Unterricht* (2. Aufl.). Stuttgart: Steiner.

Endler, S. (2009). *Projektmanagement in der Schule. Projekte erfolgreich planen und gestalten* (5. Aufl.). Buxtehude: AOL-Verl.

Endler, S., Kührt, P. & Wittmann, B. (2010). *Projektarbeit. Projektkompetenzen handlungsorientiert erlernen.* Haan-Gruiten: Europa Lehrmittel (Ein Handbuch für Schüler).

Euler, D. & Hahn, A. (2007). *Wirtschaftsdidaktik* (2. Aufl.). Bern: Haupt.

Frey, K. (2007). *Die Projektmethode. Der Weg zum bildenden Tun.* Weinheim: Beltz.

Gessler, M. & Uhlig-Schoenian, J. (2007). *Projektmanagement macht Schule. Selbstorganisiertes Lernen und Arbeiten mit Plan - ein handlungsorientierter Leitfaden für den Unterricht in der Sekundarstufe II* (GPM Qualifizierung). Norderstedt: Books on Demand.

Glasersfeld, E. von. (1996). *Radikaler Konstruktivismus. Ideen, Ergebnisse, Probleme.* Frankfurt am Main: Suhrkamp.

Göckede, B. (2010). Neue und alte Handreichung zur Didaktischen Jahresplanung in NRW. *Kölner Zeitschrift für Wirtschaft und Pädagogik, 25* (48), 3–16.

GPM (Deutsche Gesellschaft für Projektmanagement). (2009). *DIN-Normen im Projektmanagement* (Sonderdruck des DIN-Taschenbuchs 472). Berlin, Wien, Zürich: Beuth.

Greiten, S. (2009). Die Förderplankonferenz. Schnittstelle zwischen Diagnostizieren und Fördern. *Pädagogik, 61* (12), 24–27.

Hacker, W. (1973). *Allgemeine Arbeits- und Ingenieurpsychologie. Psychische Struktur und Regulation von Arbeitstätigkeiten.* Berlin: Dt. Vlg. d. Wiss.

Hacker, W. (2005). *Allgemeine Arbeitspsychologie. Psychische Regulation von Wissens-, Denk- und körperlicher Arbeit* (Schriften zur Arbeitspsychologie, Bd. 58, 2. Aufl.). Bern: Huber.

Hegele, I. (2008). Stationenarbeit. Ein Einstieg in den offenen Unterricht. In J. Wiechmann (Hrsg.), *Zwölf Unterrichtsmethoden. Vielfalt für die Praxis* (Pädagogik, 4. Aufl., S. 61–76). Weinheim: Beltz.

Hergenhahn, B. R. (2009). *An introduction to the history of psychology* (6. Aufl.). Australia, Belmont CA: Wadsworth Cengage Learning.

Herold, M. & Landherr, B. (2003a). *SOL. Selbst organisiertes Lernen.* Stuttgart: Ministerium für Kultus, Jugend und Sport Baden-Württemberg.

Herold, M. & Landherr, B. (2003b). *SOL - Selbstorganisiertes Lernen. Ein systemischer Ansatz für den Unterricht* (2. Aufl.). Baltmannsweiler: Schneider-Verl. Hohengehren.

Herold, M. & Landwehr, B. (Hrsg.). (2005). *Selbstorganisiertes Lernen* (2: Deutsch, Englisch, Mathematik, Volks- und Betriebswirtschaftslehre, Wirtschaft und Recht,). Baltmannsweiler: Schneider-Verl. Hohengehren.

Heymann, K. (2009). Lerncoaching. Vertrauen in die eigenen Fähigkeiten aufbauen. *Pädagogik, 61,* 14–19.

Heyne, M. (1993). *Innere und äußere Differenzierung in Fachklassen der Berufsschule. Autorenteam: Rolf Arnold, Karlheinz Buchheit, Emil Cronauer; Hans Kistenmacher, Thomas Miethig, Peter Schneider, Walter Weis.* Mainz: v. Hase & Koehler.

Höpfner, H.-D., Koch, J., Meerten, E., Rottluff, J., Schneider, P. J. & Selka, R. (1991). *Leittexte. Ein Weg zu selbständigem Lernen. Referentenleitfaden*. Berlin und Bonn: Bundesinstitut für Berufsbildung.

ISB (Staatsinstitut für Schulqualität und Bildungsforschung München). (2008). *Selbstreguliertes Lernen in Lernfeldern der Berufsschule (segel-bs, Bayern). Abschlussbericht zum BLK-Modellversuch*. München: ISB.

ISB (Staatsinstitut für Schulqualität und Bildungsforschung München). (2009a). *Selbstreguliertes Lernen in Lernfeldern*. München: ISB.

ISB (Staatsinstitut für Schulqualität und Bildungsforschung München). (2009b). *Selbstreguliertes Lernen in Lernfeldern. Die fünf Prozesse der Bildungsgangarbeit zur Umsetzung des Konzepts selbstregulierten Lernens in Lernfeldern*. München: ISB.

ISB (Staatsinstitut für Schulqualität und Bildungsforschung München). (2009c). *Selbstreguliertes Lernen verändert die Schule. Anforderungen an die Führungsebene und das Kollegium für die Umsetzung selbstregulierten Lernens Erfahrungen und Postulate aus den Schulen*. München: ISB.

Jacobs, G. M., Power, M. A. & Loh, W. I. (2002). *The teacher's sourcebook for cooperative learning. Practical techniques, basic principles, and frequently asked questions*. Thousand Oaks, Calif: Corwin Press.

Jongebloed, H.-C. (1984). *Fachdidaktik und Entscheidung. Vorüberlegungen zu einer umstrittenen Problematik*. Düsseldorf: Verlagsanstalt Handwerk.

Klieme, E. & Warwas, J. (2011). Konzepte der individuellen Förderung. *Zeitschrift für Pädagogik* (6), 805–817.

Klippert, H. (2007). *Eigenverantwortliches Arbeiten und Lernen. Bausteine für den Fachunterricht* (5. Aufl.). Weinheim: Beltz.

KM-BW (Ministerium für Kultus Jugend und Sport Baden-Württemberg). (2008). *Berufliche Schulen: Individuelle Förderung im Berufseinstiegsjahr. Handreichung*. Stuttgart: Ministerium für Kultus, Jugend und Sport Baden-Württemberg (Redaktion: Hildegard Rothenhäusler (verantwortlich), Sabine Kirschbaum, Franziska Rueter-Wiesmann, Günther Werz).

KMK (Ständige Konferenz der Kultusminister der Länder Bundesrepublik Deutschland). (2011). *Handreichungen für die Erarbeitung von Rahmenlehrplänen der Kultusministerkonferenz (KMK) für den berufsbezogenen Unterricht in der Berufsschule und ihre Abstimmung mit Ausbildungsordnungen des Bundes für anerkannte Ausbildungsberufe*. Bonn: KMK.

KM-MVP (Ministerium für Bildung Wissenschaft und Kultur Mecklenburg-Vorpommern). (2010). *Förderplanung – Aber wie? Eine Handreichung für Lehrerinnen und Lehrer der allgemeinbildenden Schulen Mecklenburg-Vorpommerns*. Schwerin: Ministerium für Bildung, Wissenschaft und Kultur Mecklenburg-Vorpommern.

Knoll, B. (2010). Ein Selbstorganisiertes Lernen (SOL) Arrangement als Umsetzung lernfeldorientierten Unterrichts im Berufsfeld Elektrotechnik. *Die berufsbildende Schule, 62* (1), 22–25.

Knoll, M. (2010). Ich hatte einen Fehler gemacht. Ein unbekannter Brief von William H. Kilpatrick zur Projektmethode. *Pädagogische Rundschau, 64* (1), 45–60.

Koch, J. & Selka, R. (1991a). *Leittexte. Ein Weg zu selbständigem Lernen. Teilnehmerunterlagen*. Berlin und Bonn: Bundesinstitut für Berufsbildung.

Koch, J. & Selka, R. (1991b). *Leittexte. Ein Weg zu selbständigem Lernen. Veranstalter-Info*. Berlin und Bonn: Bundesinstitut für Berufsbildung.

Kögler, K., Bauer, C. & Sembill, D. (2011). Auf dem Weg zur Selbstorganisation. Wochenplanarbeit in Unterrichtsprozessen der Wirtschaftsschule. In K. Wilbers (Hrsg.), *Die Wirtschaftsschule. Verdienste und Entwicklungsperspektiven einer bayerischen Schulart* (S. 329–346). Aachen: Shaker.

Krause, C., Fittkau, B., Fuhr, R. & Thiel, H.-U. (2003). *Pädagogische Beratung. Grundlagen und Praxisanwendung* (UTB Pädagogik, Erziehungswissenschaften, Sozialpädagogik, Bd. 2326,). Paderborn: Schöningh. Verfügbar unter http://www.gbv.de/dms/hebis-darmstadt/toc/106400657.pdf

Kühl, S. (2008). *Coaching und Supervision. Zur personenorientierten Beratung in Organisationen*. Wiesbaden: VS Verlag für Sozialwissenschaften / GWV Fachverlage GmbH Wiesbaden.

LSF (Landesinstitut für Schule/Qualitätsagentur NRW). (2005). *Didaktische Jahresplanung. Entwicklung, Dokumentation, Umsetzung*. Soest: Landesinstitut für Schule.

Maslow, A. A. (1943). A Theory of Human Motivation. *Psychological Review, 50,* 370–396. Verfügbar unter http://psychclassics.yorku.ca/Maslow/motivation.htm

Maturana, H. R. & Varela, F. J. (2005). *Der Baum der Erkenntnis. Die biologischen Wurzeln des menschlichen Erkennens* (12. Aufl.). München: Goldmann.

Meixner, J. (2009). *Konstruktivismus und die Vermittlung produktiven Wissens*. Weinheim: Beltz.

Melzer, C. & Mutzeck, W. (2007). Trends in der Förderplanung. In W. Mutzeck, C. Melzer & A. Sander (Hrsg.), *Förderplanung. Grundlagen - Methoden - Alternativen* (S. 240–250). Weinheim: Beltz.

Meyer, H. (2009). *Was ist guter Unterricht?* (6. Aufl.). Berlin: Cornelsen-Scriptor.

MSW (Ministerium für Schule und Weiterbildung des Landes Nordrhein-Westfalen). (2009). *Didaktische Jahresplanung. Pragmatische Handreichung für die Fachklassen des dualen Systems.* Düsseldorf.

Müller, R.-P. (2010). Ein erprobtes Unterrichtsmodell aus der Projektarbeit mit Schülern der Sekundarstufe. erläutert am Praxisbeispiel. *Erziehungswissenschaft und Beruf, 58* (1), 62–87.

Mutzeck, W. (2007). Förderplanschemata und abschließende Bemerkungen. In W. Mutzeck, C. Melzer & A. Sander (Hrsg.), *Förderplanung. Grundlagen - Methoden - Alternativen* (S. 251–259). Weinheim: Beltz.

Ormrod, J. E. (2008). *Educational psychology. Developing learners* (6. Aufl.). Harlow: Merrill Prentice Hall.

Pallasch, W., Hameyer, U. & Flittiger, P. (2008). *Lerncoaching. Theoretische Grundlagen und Praxisbeispiele zu einer didaktischen Herausforderung.* Weinheim: Juventa-Verlag.

Pulwey, U. & Reich-Zies, B. (2011). Schulische Organisationsentwicklung. Wie verankert man Konzepte der individuellen Förderung organisatorisch. *Wirtschaft und Erziehung, 63* (12), 391–396.

Reich, K. (2008). *Konstruktivistische Didaktik. Lehr- und Studienbuch mit Methodenpool* (4. Aufl.). Weinheim: Beltz.

Reinmann, G. & Mandl, H. (2006). Unterrichten und Lernumgebungen gestalten. In A. Krapp & B. Weidenmann (Hrsg.), *Pädagogische Psychologie. Ein Lehrbuch* (5. Aufl., S. 613–658). Weinheim: Beltz.

Rickes, M., Tiemeyer, E. & Giesenkirchen, J. (2007). Lernsituationen mit Elementen selbstregulierten Lernens entwickeln. In B. Dilger, P. F. E. Sloane & E. Tiemeyer (Hrsg.), *Selbstreguliertes Lernen in Lernfeldern. Band 2: Konzepte und Module zur Lehrkräfteentwicklung* (S. 127–138). Paderborn: Eusl.

Rogers, C. (1989). A Client-centered/Person-centered Approach to Therapy. In C. Rogers (Hrsg.), *The Carl Rogers Reader* (S. 137–152). Houghton Mifflin Harcourt.

Rogers, C. R. (1983). *Die klientenzentrierte Gesprächspsychotherapie. Client centered therapy* (4. Aufl.). Frankfurt am Main: Fischer-Taschenbuch-Verl.

Ryan, R. M. & Deci, E. L. (2000). Self-Determination Theory and the Faciliation of Intrinsic Motivation, Social Development, and Well-Being. *American Psychologist, 55* (1), 68–78.

Ryan, R. M. & Deci, E. L. (2004). Overview of Self-Determination Theory. An Organismic Dialectical Perspective. In E. L. Deci & R. M. Ryan (Hrsg.), *Handbook of self-determination research* (S. 3–33). Rochester, NY: University of Rochester Press.

Sander, A. (2007). Zur Theorie und Praxis individueller Förderpläne für Kinder mit sonderpädagogischem Bedarf. In W. Mutzeck, C. Melzer & A. Sander (Hrsg.), *Förderplanung. Grundlagen - Methoden - Alternativen* (S. 14–33). Weinheim: Beltz.

Schemel, I. (2006). *Projektkompetenz für Einsteiger* (2. Aufl.). Rinteln: Merkur-Verl.

Schmidt, F. (2010). Unternehmerisches Denken und Handeln entwickeln. Ein Erfahrungsbericht. *Wirtschaft und Erziehung, 62* (12), 387–394.

Schnebel, S. (2007). *Professionell beraten. Beratungskompetenz in der Schule.* Weinheim: Beltz.

Schob, C. & Jainz, A. (2004). Förderplan - Förderplanung. In W. Mutzeck & P. Jogschies (Hrsg.), *Neue Entwicklungen in der Förderdiagnostik. Grundlagen und praktische Umsetzungen* (S. 289–291). Weinheim: Beltz.

Sedlak, F. (2007). Beratung. In F. Sedlak (Hrsg.), *Psychologie und Psychotherapie für Schule und Studium. Ein praxisorientiertes Wörterbuch* (S. 27–28). Vienna: Springer-Verlag.

Seifried, J. (2002). Selbstorganisiertes Lernen im Rechnungswesen. *Zeitschrift für Berufs- und Wirtschaftspädagogik, 98* (1), 104–121.

Sembill, D. (1992). *Problemlösefähigkeit, Handlungskompetenz und emotionale Befindlichkeit. Zielgrößen forschenden Lernens.* Göttingen: Hogrefe Verl. für Psychologie.

Sembill, D. & Seifried, J. (2006). Selbstorganisiertes Lernen als didaktische Lehr-Lern-Konzeption zur Verknüpfung von selbstgesteuertem und kooperativem Lernen. In D. Euler, M. Lang & G. Pätzold (Hrsg.), *Selbstgesteuertes Lernen in der beruflichen Bildung* (S. 93–108). Stuttgart: Steiner.

Sembill, D., Wuttke, E., Seifried, J., Egloffstein, M. & Rausch, A. (2007). Selbstorganisiertes Lernen in der beruflichen Bildung. Abgrenzungen, Befunde und Konsequenzen. *bwp@ (Berufs- und Wirtschaftspädagogik - online)* (13), 1–35.

Sloane, P. F. (1988). *Vernunft der Ethik - Ethik der Vernunft. Zur Kritik der Handlungswissenschaft.* Köln: Müller Botermann.

Sloane, P. F. (2003). Schulnahe Curriculumentwicklung. *bwp@ (Berufs- und Wirtschaftspädagogik - online)* (4), 1–23. Verfügbar unter http://www.bwpat.de/ausgabe4/sloane_bwpat4.pdf

Sloane, P. F. (2010). Prozessbezogene Bildungsgangarbeit in der kaufmännischen Bildung. Ein Designprojekt zur Sequenzierung. In J. Seifried, E. Wuttke, R. Nickolaus & P. F. Sloane (Hrsg.), *Lehr-Lern-Forschung in der kaufmännischen Berufsbildung. Ergebnisse und Gestaltungsaufgaben.* Beiheft 23 der Zeitschrift für Berufs- und Wirtschaftspädagogik (S. 27–48). Stuttgart: Franz Steiner.

Tobias, S. & Duffy, T. M. (Hrsg.). (2009). *Constructivist instruction. Success or failure.* New York: Routledge.

Uhlig-Schoenian, J., Gessler, M. & Krallmann, M. (2008). *Projektmanagement macht Schule. Ein Leitfaden in Bildern* (2. Aufl.). Nürnberg: GPM.

Ulich, E. (2005). *Arbeitspsychologie* (6. Aufl.). Zürich: vdf Hochschulverlag an der ETH.

Volpert, W. (1983). *Handlungsstrukturanalyse als Beitrag zur Qualifikationsforschung* (2. Aufl.). Köln: Pahl-Rugenstein.

Voß, R. (2005). *Unterricht aus konstruktivistischer Sicht. Die Welten in den Köpfen der Kinder* (2. Aufl.). Weinheim: Beltz.

Wahl, D. (2006). *Lernumgebungen erfolgreich gestalten. Vom trägen Wissen zum kompetenten Handeln* (2. Aufl.). Bad Heilbrunn: Klinkhardt.

Weinberger, S. (2004). *Klientenzentrierte Gesprächsführung. Lern- und Praxisanleitung für psychosoziale Berufe:* Juventa. Verfügbar unter http://books.google.de/books?id=eZmKJVPt8lMC

Woolfolk, A. (2008). *Pädagogische Psychologie* (10. Aufl.). München: Pearson Studium.

Zimmerman, B. J. (2006). Integrating Classical Theories of Self-Regulated Learning. A Cyclical Phase Approach to Vocational Education. In D. Euler, M. Lang & G. Pätzold (Hrsg.), *Selbstgesteuertes Lernen in der beruflichen Bildung* (S. 37–48). Stuttgart: Steiner.

Zoyke, A. (2010). *Qualitätskompass Individuelle Förderung. Grundidee und Leitlinien zur Gestaltung von Förder- und Entwicklungsprozessen.* Paderborn: Universität Paderborn.

Zoyke, A. (2011). Qualitätskompass Individuelle Förderung. Grundidee und Leitlinien zur Gestaltung von Förder- und Entwickungsprozessen. *Wirtschaft und Erziehung, 63* (1/2), 9–16.

Zoyke, A. (2012). *Individuelle Förderung zur Kompetenzentwicklung in der beruflichen Bildung. Eine designbasierte Fallstudie in der beruflichen Rehabilitation.* Paderborn: Eusl.

19.6.7 Anmerkungen

[1] Die hier vorgelegte Formulierung folgt (Ryan & Deci, 2004, S. 7). Siehe auch (Deci & Ryan, 2000; Ryan & Deci, 2000). "The need for competence concerns people's inherent desire to be effective in dealing with the environment ... Throughout life, people engage their world in a attempt to master it and to feel the sense of effectance when they do. The need for relatedness concerns the universal propensity to interact with, be connected to, and experience caring for other people ... Many of the activities of life involve others and are directed at experiencing the feeling of belongingness. Finally, the need for autonomy concerns people's universal urge to be causal agents, to experience volition, to act in accord with their integrated sense of self (i.e., with their interests and values), and to endorse their actions at the highest level of reflective capacity ... To be autonomous does not mean to be independent of others, but rather it means to feel a sense of willingness and choice when acting, whether the actions are independently initiated or are in response to a request from significant others" (Deci & Vansteenkiste, 2004, S. 25).

[2] Die hier genannten Kriterien des Konstruktivismus orientieren sich an Kriterienkatalogen in der Literatur. Vgl. (Dubs, 2009, S. 29 f.; Meixner, 2009, S. 97 ff.; Reinmann & Mandl, 2006, S. 638; Woolfolk, 2008, S. 424).

[3] Siehe auch entsprechende Gegenüberstellungen bei (Woolfolk, 2008, S. 441, 457) und (Ormrod, 2008, S. 387).

[4] Diese Unterscheidung von innerer und äußerer Seite wird von der Forschungsgruppe um Sembill anders dargelegt. Vgl. (Sembill, Wuttke, Seifried, Egloffstein & Rausch, 2007).

[5] Ein ausdifferenziertes Modell zu diesem Prozess wird auch von Zimmermann (2006) vorgelegt.

[6] Eine detaillierte Analyse der Geschichte der Projektmethodik liefert (Frey, 2007, S. 27 ff.). Eine interessante Erweiterung findet sich bei (M. Knoll, 2010).

[7] Die hier vorgeschlagene Phasenstruktur orientiert sich am betriebswirtschaftlichen Projektmanagement (2009). Diese Struktur gilt in gleicher Weise auch für Projekte innerhalb der Schule, zum Beispiel der Schulentwicklung, so dass hier auf eine eigenständige ‚pädagogische Phasengliederung' verzichtet wird. Bezüglich der inhaltlichen Füllung der Phasen erfolgte ein Rückgriff auf (Frey, 2007), (Endler, 2009) sowie (Endler, Kührt & Wittmann, 2010). Ergänzt habe ich außerdem Erfahrungen an der Staatliche Fachoberschule und Berufsoberschule Fürth. http://www.mbnord.de/allgemeines/schulentwicklung/bfs4.htm

[8] Die Darstellung beruht auf persönlichen Mitteilungen von Frau Gabi Stocker, Lehrerin an der Max-Grundig-Schule in Fürth.

[9] Die Darstellung des Lernens mit Lernsituationen orientiert sich stark an den Arbeiten von Bauer (2009) sowie Hegele (2008).

[10] Die Darstellung des Lernens mit Lernsituationen orientiert sich stark an den Arbeiten im Modellversuch segel-bs. Die Arbeit mit diesem Ansatz habe ich über mehrere Semester mit den Studierenden im wirtschaftspädagogischen Hauptseminar und mehreren Schulen in der Region erprobt. Bezüglich der Literatur beziehe ich mich auf die beiden Handreichungen des ISB (2009b; 2009c) sowie den Abschlussbericht des ISB (2008).

[11] Graphik verändert Volpert (1983, S. 33).

[12] „Im Sinne der vollständigen Handlung kommt es bei der Auswertung darauf an, Konsequenzen aus dem Kontrollergebnis zu ziehen. Ziel ist es also nicht, eine Note zu vergeben. Deshalb sprechen wir auch lieber von Auswertung als von Bewertung, wie es in früheren Darstellungen geschah" (Koch & Selka, 1991a, S. 83).

[13] Die Gegenstands-Prozess-Struktur bzw. Inhalts-Verhaltens- bzw. Subjekt-Objekt-Struktur wird in vielen wissenschaftlichen Disziplinen herausgestellt. Siehe (Jongebloed, 1984) sowie (Sloane, 1988). Siehe insbesondere auch die Erörterung zu Lernzielen in Kapitel 6.

[14] Die Darstellung des Lernens mit Lernsituationen orientiert sich stark an den Arbeiten im Modellversuch segel-bs. Die Arbeit mit diesem Ansatz habe ich über mehrere Semester mit den Studierenden und mehreren Schulen in der Region erprobt. Bezüglich der Literatur beziehe ich mich auf die beiden Handreichungen des ISB (2009b; 2009c) sowie den Abschlussbericht des ISB (2008). Wichtig sind in diesem Zusammenhang auch die folgenden Veröffentlichungen der Arbeitsgruppe um Peter Sloane: (Dilger, Sloane & Tiemeyer, 2005), (Dilger, Sloane & Tiemeyer, 2007; Sloane, 2010). Terminologisch orientiere ich mich auch an (Buschfeld, 2003) sowie (Sloane, 2003). Berücksichtigt werden außerdem die beiden nordrhein-westfälischen Handreichungen (zum Unterschied siehe Göckede, 2010) des LSF (2005) sowie des MSW 2009.

[15] Ein solches Verständnis findet sich beispielsweise bei LSF 2005, (Dilger & Sloane, 2007), (Rickes, Tiemeyer & Giesenkirchen, 2007)

[16] Das Beispiel habe ich der Veröffentlichung „Selbstreguliertes Lernen in Lernfeldern" des ISB (2009a) entnommen.

[17] Vergleiche dazu die Projektwebseite http://www.decvet.net/ sowie BMBF 2012.

[18] Siehe dazu auch die nordrhein-westfälische Broschüre „Didaktische Jahresplanung" des MWS (2009).

[19] Damit werden – neben dem zentralen Merkmal der Arbeit mit individualisierten Förderprofilen (im Gegensatz zu gruppierten und generalisierten Förderprofile) – die Merkmale in dem von Zoyke entwickelten Qualitätskompass Individuelle Förderung aufgegriffen. Vgl. (Zoyke, 2010, 2011).

[20] Das hier vorgestellte Prozessmodell wurde auf Basis der Handreichung „Berufliche Schulen: Individuelle Förderung im Berufseinstiegsjahr" aus Baden-Württemberg (KM-BW, 2008) sowie der Handreichung „Förderplanung – Aber wie?" aus Mecklenburg-Vorpommern (KM-MVP, 2010) zusammengestellt.

20 METHODEN DER AKZENTUIERTEN FÖRDERUNG PLANEN UND AUSARBEITEN

20.1 Zur Orientierung: Was Sie hier erwartet

20.1.1 Worum es hier geht

Ja. Sie haben den Orang Utan Parcours geschafft! Super!". Ozan steht neben seinen Schülern Jan und Ben. Endlich wieder auf dem Boden. Alle drei sind noch in den Klettergurten. Ihnen zittern noch die Knie. Sie haben zusammen in einem Kletterwald in der fränkischen Schweiz einen Übungsparcours erledigt und zwar obwohl sie die größten Bedenken hatten, es zu schaffen. Ozan, Jan und Ben schauen sich an – aus müden Augen. Ben grinst über beide Ohren – und Jan nimmt ihn spaßeshalber in den Arm. Gerade Ben. Sonst der Melancholiker der Klasse. Sie sind stolz.

Ozan klopft Ben auf die Schulter: Eine Geste, die er sich selbst im Unterricht strengstens untersagen würde. Berührungen von Schülerinnen und Schülern: Das ist für Ozan sonst ein absolutes Tabu. Ozan ist mit seiner neuen Klasse nach Pottenstein gefahren, um eine produktive Atmosphäre des gegenseitigen Achtens in der Klasse zu schaffen. „Eine Extra-Portion Sozialkompetenz. Danach kannst Du ganz anders arbeiten in der Klasse!" – so hatte es Ozan seiner Kollegin erklärt. „Viel zu aufwändig!" hatte diese erwidert. „Und bist Du überhaupt versichert? Nein, lieber nicht die Schule verlassen. Lieber ein bisschen klippern! Hab' gerade noch ein paar Bausteine aus dem Klippert-Buch kopiert!"

20.1.2 Inhaltsübersicht

20 Methoden der akzentuierten Förderung planen und ausarbeiten 643

    20.1   Zur Orientierung: Was Sie hier erwartet 644

        20.1.1   Worum es hier geht 644

        20.1.2   Inhaltsübersicht 645

        20.1.3   Zusammenfassung 646

        20.1.4   Einordnung in das Prozessmodell 646

    20.2   Methoden zur akzentuierten Förderung: Was darunter verstanden wird..........................647

    20.3   Methoden zur akzentuierten Förderung der Sozialkompetenz planen und ausarbeiten 647

        20.3.1   Methoden zur akzentuierten Förderung der Sozialkompetenz: Das Spektrum 647

        20.3.2   Sozialkompetenz nach dem Klippert-Ansatz fördern......................................648

        20.3.3   Sozialkompetenz mit Sozialkompetenz-Training fördern..................................649

        20.3.4   Sozialkompetenz durch Methoden der moralischen Bildung fördern 650

        20.3.5   Sozialkompetenz durch Service-Learning fördern..654

        20.3.6   Sozialkompetenz durch erlebnispädagogische Methoden fördern 655

    20.4   Methoden zur akzentuierten Förderung der Lernkompetenz planen und ausarbeiten.........656

        20.4.1   Methoden zur akzentuierten Förderung der Lernkompetenz: Das Spektrum...............656

        20.4.2   Lernkompetenz direkt fördern..656

        20.4.3   Lernkompetenz indirekt fördern..658

        20.4.4   Lernende mit Lernschwierigkeiten fördern..658

    20.5   Methoden zur akzentuierten Förderung der Selbstkompetenz planen und ausarbeiten 659

        20.5.1   Durch Mentoring, Coaching, Supervision und Tutoring Selbstkompetenz entwickeln 659

        20.5.2   Selbstkompetenz durch den Einsatz ausgewählter Coaching-Techniken entwickeln . 659

        20.5.3   Selbstkompetenz durch selbstbezogene Informationen entwickeln 660

        20.5.4   Die Bildung von persönlichen Zielen der Lernenden unterstützen 661

        20.5.5   Selbstwirksamkeit der Lernenden fördern..661

    20.6   Methoden zur akzentuierten Förderung der Sprachkompetenz planen und ausarbeiten 662

        20.6.1   Methoden zur akzentuierten Förderung der sprachlichen Kompetenz: Das Spektrum 662

        20.6.2   Leseverstehen im Fachunterricht fördern..663

        20.6.3   Schreiben im Fachunterricht fördern..664

        20.6.4   Mit sprachlichen Fehlern im Unterricht umgehen..665

        20.6.5   Umfassende Förderkonzepte 665

    20.7   Die Förderung überfachlicher Kompetenzen in der Schule verankern 665

    20.8   Outro..669

        20.8.1   Die wichtigsten Begriffe dieser Lerneinheit..669

        20.8.2   Tools..669

20.8.3   Kompetenzen 669

20.8.4   Hinweise zur vertieften Auseinandersetzung: Weiterlesen 670

20.8.5   Hinweise zur vertieften Auseinandersetzung: Weitersurfen 670

20.8.6   Literaturnachweis 670

20.8.7   Anmerkungen 672

20.1.3 Zusammenfassung

Methoden zur akzentuierten Förderung sind Methoden, die im Schwerpunkt auf die Entwicklung über-fachlicher Kompetenzen zielen. In dieser Lerneinheit werden die Methoden zur akzentuierten Förde-rung von Sozialkompetenz (Klippert-Ansatz, Sozialkompetenz-Training, Methoden der moralischen Bildung, Service-Learning, erlebnispädagogische Methoden), Methoden zur akzentuierten Förderung von Lernkompetenz (direkte Förderung von Lernkompetenz, indirekte Förderung von Lernkompe-tenz), Methoden zur akzentuierten Förderung der Selbstkompetenz (ausgewählte Coaching-Techniken, Förderung durch selbstbezogene Informationen, insbesondere Feedback; Unterstützung der Bildung persönlicher Ziele, Förderung der Selbstwirksamkeit), Methoden zur akzentuierten Förderung von sprachlichen Kompetenzen (Förderung des Leseverstehens, Förderung des Schreibens) erörtert. Au-ßerdem wird diskutiert, wie die Förderung überfachlicher Kompetenzen in mehreren Schritten veran-kert werden kann.

20.1.4 Einordnung in das Prozessmodell

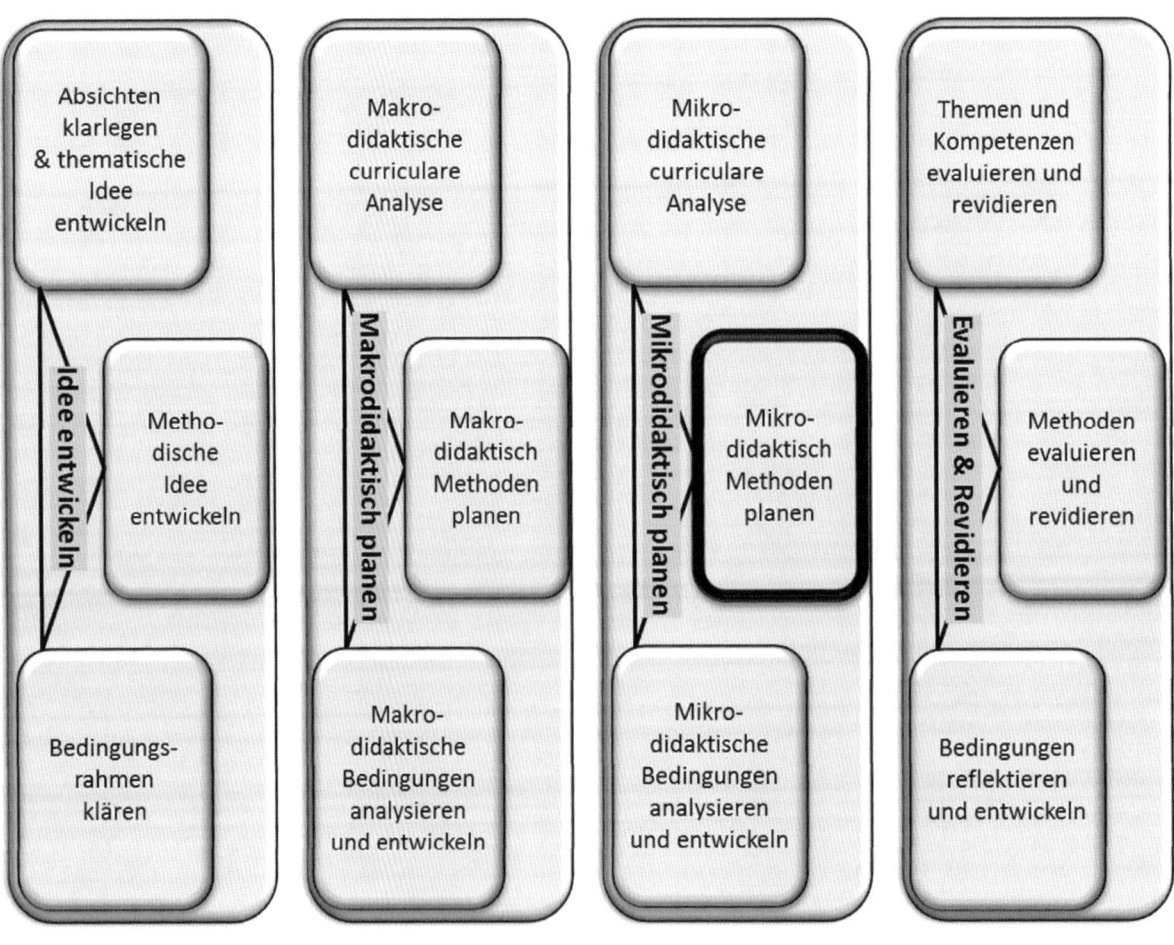

Die Karte „Methoden des Wirtschaftsunterrichts" (TB-1.7) stellt die Methoden zusammen. Diese Lerneinheit thematisiert die letzte, noch ausstehende Methodengruppe, nämlich die Methoden zur akzentuierten Förderung von überfachlichen Kompetenzen.

20.2 Methoden zur akzentuierten Förderung: Was darunter verstanden wird

Aus Vereinfachungsgründen wird hier eine eigenständige Methodengruppe eingeführt, die dem handlungsorientierten Unterrichtskonzept zugeordnet ist: Die Methoden zur *akzentuierten* Förderung überfachlicher Kompetenzen. Mit dieser Bezeichnung soll eine große Vielfalt von Methoden angesprochen werden, die einen *Akzent* auf die Förderung ausgewählter überfachlicher Kompetenz legt. So dient beispielsweise das Lerntagebuch der akzentuierten Förderung der Lernkompetenz.

Definition 1:   Methoden zur akzentuierten Förderung

Methoden zur akzentuierten Förderung sind Methoden, die im Schwerpunkt auf die Entwicklung überfachlicher Kompetenzen zielen.

Andere Kompetenzdimensionen spielen keine oder kaum eine Rolle. Bei den bisher erörterten Methoden war das anders: Auch sie leisteten einen Beitrag zur Förderung überfachlicher Kompetenzen. So zielt die Arbeit mit Lernsituationen *auch* darauf, die Lernkompetenz zu entwickeln.

STOPP: Hier geht es auf einmal um Methoden, die nicht mehr die Fachkompetenz in das Zentrum stellen. Was meinen Sie? Ist das nicht zu viel des Guten in der Berufsschule? Kann das wirklich Aufgabe der Berufsschule sein?

Bei diesen bisher besprochenen Methoden mit einem breiten Förderspektrum ging es meist um mehrere Kompetenzdimensionen. Nun geht es um eine engere Förderung.

20.3 Methoden zur akzentuierten Förderung der Sozialkompetenz planen und ausarbeiten

20.3.1 Methoden zur akzentuierten Förderung der Sozialkompetenz: Das Spektrum

Sozialkompetenz ist eine kognitive und affektive Disposition, die dem Individuum ermöglicht, variable sozialkommunikative Situationen selbständig, erfolgreich und verantwortungsvoll zu gestalten. Die Unterteilung in Teilkompetenzen kann dem Kompetenzmodell entnommen werden, das in der Toolbox wiedergegeben ist (TB-4.2).

In der Literatur und in der Praxis finden sich viele, bunte Methoden zur Förderung von Sozialkompetenz in ganz unterschiedlichen Feldern. Die Ansätze können auf einem Kontinuum angeordnet werden. Das eine Extrem dieses Kontinuums bilden Methoden, die hier als „praktisches Know-How" bezeichnet werden. Das andere Extrem des Kontinuums bilden psychotherapeutische Ansätze. Zwischen diesen beiden Extremen finden sich mehrere methodische Varianten.

- ▶ **Praktisches Know-How**: Bei einer akzentuierten Förderung der Sozialkompetenz als praktisches Know-How geht es um die Vermittlung und die Beherrschung elementarer Kompetenzen im Klassenverband. Der Ansatz ist in der Schule vergleichsweise einfach zu verankern. Ein Beispiel, das hier vertieft wird, ist der Klippert-Ansatz.
- ▶ **Sozialkompetenz-Training**: Bei einem SoKo-Training steht der Erwerb von Sozialkompetenz in praxisähnlichen Situationen im Vordergrund. In einem solchen Training ist die Simulationsmethode ein wichtiger Baustein. Das SoKo-Training lässt sich schwerer in der Schule verankern als die Förderung praktischen Know-Hows (‚mittelschwer').

- **Methoden der moralischen Bildung**: Methoden der moralischen Bildung, allen voran die Diskussion von Dilemma im Unterricht, wird hier als weitere Variante der Förderung von Sozialkompetenz verstanden. Auch die Methoden der moralischen Bildung lassen sich ‚mittelschwer' umsetzen.

- **Service-Learning**: Bei Service-Learning werden Lernaktivitäten (‚learning') mit dem freiwilligen Dienst an der Gemeinschaft (‚service') kombiniert. Diese Form des Projektunterrichts verlässt die Klasse und meist die Schule. Sie sprengt den Rahmen des traditionellen Unterrichtskonzepts, zum Beispiel den Stundentakt.

- **Erlebnispädagogische Ansätze**: Erlebnispädagogische Ansätze, etwa das Klettern mit der Klasse in einem Hochseilgarten, dienen der Förderung der Sozialkompetenz. Im Regelfall finden erlebnispädagogische Übungen außerhalb der Schule statt. Auf diese Aufhebung der Normalbedingungen sind berufliche Schulen schlecht vorbereitet, so dass die Verankerung im Schulalltag schwer ist.

- **Therapeutische Ansätze**: Bei schwerwiegenden Problemen bezüglich der Sozialkompetenz eines Lernenden werden die genannten Methoden zu kurz greifen. Für die Förderung von Schülerinnen und Schülern mit den in Lerneinheit 4 eingeführten Verhaltensauffälligkeiten und -störungen wurden eine Reihe von Trainings- und Therapieprogrammen entwickelt, etwa das Sozialtraining zur Förderung pro-sozialen Verhaltens, Handlungskonzepte zur Förderung der emotionalen Kompetenz und der Selbstregulationsfähigkeit, Anti-Aggressionstraining, spieltherapeutische Verfahren und Entspannungsverfahren (Schomaker & Ricking, 2012, S. 69 ff.; Stein & Schad, 2006). Der Klassenverband wird in der Regel aufgebrochen und eine Methode der individuellen Förderung gewählt, beispielsweise die Förderplanarbeit. Die Lehrkraft sollte die Zusammenarbeit mit Expertinnen und Experten suchen. Dieser Fall wird im weiteren Verlauf nicht mehr dargestellt.

20.3.2 Sozialkompetenz nach dem Klippert-Ansatz fördern

Klippert zielt mit seinem „Kommunikations-Training" (Klippert, 2006) auf die „Vermittlung elementarer ‚Techniken' und Regelbeherrschung und weniger auf tiefer gehende Persönlichkeitsveränderung" (2006, S. 20). Klar ist für Klippert, dass Kommunikationsfähigkeit nicht *nur* die Beherrschung elementarer Techniken ist. „Nur ist die Schule und sind die Lehrkräfte in aller Regel überfordert, wenn sie nicht nur Kommunikations-Know-How vermitteln, sondern auch noch persönlichkeitsorientierte ‚Selbsterfahrung' betreiben sollen" (2006, S. 20). Für die Förderung von Sozialkompetenz schlägt Klippert ein 5-Stufen-Modell vor, das mit der ersten Stufe beginnt und mit der letzten, fünften Stufe endet. Für jede Stufe schlägt Klippert in der Regel eine Textseite umfassende Trainingsbausteine vor, die sich direkt dem Buch entnehmen lassen, die jedoch meist auf vergleichsweise junge Schülerinnen und Schüler zielen.

Stufe	Inhalt	Kommunikations-schwerpunkt	Typische Übung
5	Komplexere Kommunikations- und Interaktionsspiele	Umfassende Kommunikation	Rollenspiel
4	Überzeugend argumentieren und vortragen: Rhetorische Übungen	Argumentieren	Stehgreifrede
3	Miteinander reden lernen: Das 1x1 der Gesprächsführung	Dialogische Kommunikation	Partnerinterview
2	Übungen zur Förderung des freien Sprechens und Erzählens	Monologische Kommunikation	Sich selber vorstellen
1	Nachdenken über Kommunikation: Propädeutische Übungen	Metakommunikation	Beantworten eines Fragebogens zur eigenen Kommunikation

Übersicht 1: Das Trainingsmodell von Klippert (2006)

Die erste Stufe ist das „Nachdenken über Kommunikation: Propädeutische Übungen" (Klippert, 2006, S. 53 ff.). Die Stufe dient der Sensibilisierung und Motivation der Lernenden. Klippert versucht auf der ersten Stufe, die Metakommunikation der Lernenden anzuregen, also die Kommunikation der Lernenden über ihre eigene Kommunikation. Die meisten Lernenden hätten diesbezüglich „ein unterentwickeltes Problembewusstsein und eine nicht minder defizitäre Einstellung und Ambitioniertheit" (Klippert, 2006, S. 53). Klippert schlägt dazu beispielsweise einen Fragebogen vor, auf dem die Schülerinnen und Schüler ihre eigene Kommunikation standardisiert bewerten. Als Items werden dabei typische Kommunikationssituationen vorgegeben, zum Beispiel „Vor der Klasse ohne Angst zu reden", „Einen kleinen Vortrag halten" oder „Ein Gespräch zu leiten".

In der nächsten Stufe „Übungen zur Förderung des freien Sprechens und Erzählens" (Klippert, 2006, S. 85 ff.) wechselt der Fokus von der Metakommunikation zur Kommunikation. Während sich die Übungen der ersten Stufe kaum im Fachunterricht einbetten lassen, sind die Übungen auf der zweiten Stufe deutlich besser integrierbar. Klippert schlägt hier eine ganze Reihe von Bausteinen zum freien Sprechen vor. Dazu gehören beispielsweise eine Vorstellungsrunde, ein Jigsaw, ein Stimmungsbarometer, Lesungen oder das Erzählen von Witzen.

Die nächste Stufe „Miteinander reden lernen : Das 1x1 der Gesprächsführung" (Klippert, 2006, S. 120 ff.) wechselt von der monologischen Kommunikation auf der zweiten Stufe zur dialogischen Kommunikation. Die vorgeschlagenen Übungen konzentrieren sich zum Teil auf den kognitiven Bereich der Sozialkompetenz, zum Beispiel das Wissen um „Ohren und Schnäbel" der Kommunikation nach dem bereits dargestellten Kommunikationsmodell von Schulz von Thun. Sie zielen zum Teil auch auf den affektiven Bereich, beispielsweise bezüglich der Bindung an Kommunikationsregeln. Auf dieser Stufe arbeitet Klippert mit unterschiedlichen Gruppierungen der Lernenden. Er nutzt zum Beispiel Partnerarbeiten, wie Partnerquiz oder Partnerinterview, Expertenbefragung oder die Arbeit in Gruppen, zum Beispiel Gesprächszirkel.

In der vierten Stufe „Überzeugend argumentieren und vortragen: Rhetorische Übungen" (Klippert, 2006, S. 157 ff.) geht es Klippert um das „Beherrschen von Strategien, die überzeugendes Argumentieren und Vortragen gewährleisten" (Klippert, 2006, S. 158). Hier verwendet Klippert beispielsweise Redeanalysen und Stehgreif-Reden. Den Lernenden soll mithin Gelegenheit zum Argumentieren und Vortragen gegeben werden. Dabei schlägt Klippert auch den Gebrauch des Videofeedbacks vor.

Auf der fünften und letzten Stufe „Komplexere Kommunikations- und Interaktionsspiele" geht es darum, das „Kommunikationsrepertoire zusammenhängend zur Anwendung zu bringen" (Klippert, 2006, S. 198). Klippert schlägt hier vor: Rollenspiel, Konferenzspiel, Hearing, Tribunal, Pro-und-Kontra-Debatte, Parlamentsdebatte, Planspiel und das Theaterspiel.

Insgesamt sind die Stufen von Klippert schlüssig geordnet. Das von Klippert vorgeschlagene Material unterstützt die Umsetzung des Konzepts. Gerade für Lernende mit schwächeren Sozialkompetenzen scheint das Modell gut geeignet, die Lernenden stufenweise an komplexere Formen der Förderung heranzuführen. Das Modell ist im Schulalltag vergleichsweise einfach umzusetzen, wenn es mit einer detaillierten makrodidaktischen Planung kombiniert wird.

20.3.3 Sozialkompetenz mit Sozialkompetenz-Training fördern

SoKo-Trainingsansätze stellen einen komplexeren Ansatz zur Förderung der Sozialkompetenz dar. Als Sozialkompetenz-Training wird hier eine Zusammenstellung typischer Methoden zu einem Trainingsansatz verstanden, der sich auf die Förderung der Sozialkompetenz konzentriert. Typische Methoden sind dabei die Bewertung der Sozialkompetenz („Assessment"), das Rollenspiel bzw. auch das Videofeedback, einschließlich ausgiebiger Debriefing-Phasen sowie darstellende Methoden, etwa der Vortrag oder das Vormachen, die vor allem Modelle für sozialkompetentes Handeln vermitteln sollen

(Segrin & Givertz, 2003). In der Literatur wird eine Fülle solcher Ansätze beschrieben, die zum Teil von völlig gegensätzlichen Grundannahmen ausgehen (Bauer, 2007).[1]

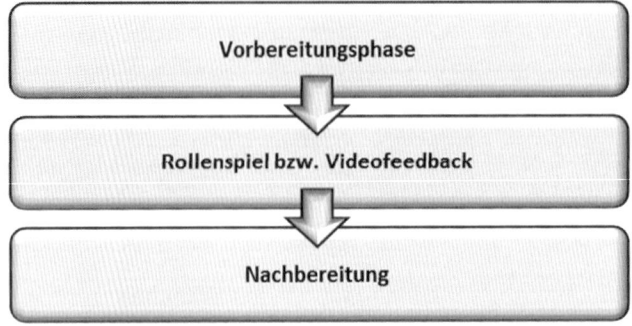

Übersicht 2: Ablauf eines Sozialkompetenz-Trainings

Ein prototypischer Ablauf eines SoKo-Trainings umfasst in diesem Verständnis eine Vorbereitung, ein Rollenspiel bzw. ein Videofeedback sowie eine Nachbereitungsphase. In der Toolbox ist ein Ablaufschema wiedergegeben (TB-13.1). Die Vorbereitungsphase kann eine Diagnose der Sozialkompetenz der *einzelnen* Schülerin bzw. des einzelnen Schülers vorsehen und rückt damit in die Nähe der Förderplanarbeit. Sie kann sich jedoch auch am Kollektiv ausrichten, so dass sich ein spezifisches Kompetenzprofil der Klasse und damit ein sich daraus abgeleiteter Kompetenzentwicklungsbedarf ergibt. Bei der Gestaltung des Rollenspiels bzw. des Videofeedbacks können die bereits erläuterten Aspekte beachtet werden.

20.3.4 Sozialkompetenz durch Methoden der moralischen Bildung fördern

Die moralische Kompetenz bzw. die moralische Urteilsfähigkeit und ihr Bezug zur Sozialkompetenz wurden bereits dargestellt.

In der Toolbox ist das Modell der Stufen der moralischen Entwicklung von Kohlberg wiedergegeben (TB-4.19). Nach diesem Modell kann sich die moralische Urteilsfähigkeit auf drei Ebenen bzw. sechs Stufen entwickeln, nämlich dem präkonventionellen Niveau (Stufen 1 und 2), dem konventionellen Niveau (Stufen 3 und 4) sowie dem postkonventionellen Niveau (Stufen 5 und 6). Zum Assessment wird dabei, wie bereits dargestellt, der moralische Urteil-Test (MUT) von Lind und die Analyse von Dilemmas verwendet.

20.3.4.1 Die Dilemma-Methode planen und ausarbeiten

Die Arbeit mit einem Dilemma ist jedoch nicht nur ein diagnostischer Ansatz, sondern gleichzeitig ein wichtiger Ansatz zur *Förderung* der moralischen Urteilsfähigkeit. Ein moralisches Dilemma bedeutet die Wahl zwischen zwei Verhaltensalternativen, wenn beide Alternativen den eigenen moralischen Prinzipien widersprechen und es keine dritte Alternative gibt. Bei einem semi-realen oder hypothetischen moralischen Dilemma handelt es sich um die Zwangslage einer fiktiven Person, die zwischen zwei Verhaltensalternativen wählen muss, die gegen ihre moralischen Prinzipien verstoßen. Ein edukatives moralisches Dilemma ist eine Sonderform des semi-realen oder realen Dilemmas, das Teilnehmende an einer Dilemmadiskussion so zum Nachdenken über moralische Problemlösungen anregt, dass bei ihnen die Entwicklung der moralischen Urteils- und Diskursfähigkeit gefördert wird. Das Dilemma sollte so realistisch formuliert sein, dass bei den Zuhörenden Neugier und Spannung, aber keine lernhemmenden Emotionen, zum Beispiel Ängste oder Hass, ausgelöst werden (Lind, 2003, S. 79).

Embryonenspenderin Lara

Lara ist 16 und wohnt in einem armen, südamerikanischen Land. Sie hat keine Ausbildung und findet nirgends eine Anstellung. Die Aussichten sind gering, je eine zu bekommen, da es bereits viele Arbeitslose gibt. Auch ihre Eltern sind ohne Arbeit und ihre jüngeren Geschwister gehen noch zur Schule. Eines Tages kommt eine Ärztin in ihren Ort. Sie sagt, sie arbeite für einen großen Pharmakonzern. Der würde viele Embryonen benötigen für neue gentechnische Heilungsmethoden. Junge Frauen könnten viel Geld verdienen, wenn sie sich für fünf Jahre lang verpflichten würden, sich einmal pro Jahr künstlich befruchten zu lassen und den Embryo der Firma zu geben. Das Geld, das Lara angeboten wurde, würde genügen, sich und ihre Familie zu ernähren und dazu noch eine Ausbildung als Lehrerin zu machen. Lara plagen Zweifel. Sie ist streng katholisch erzogen worden und eine Abtreibung würde ihr schwer fallen. Noch viel schwerer aber fällt ihr der Gedanke, ihren Embryo zu verkaufen und das jedes Jahr wieder zu tun. Aber sie weiß nicht mehr, wovon sie in Zukunft leben soll. Daher beschließt sie, den Vertrag zu unterschreiben, den ihr die Ärztin angeboten hat.

Übersicht 3: Embryonenspenderin Lara. Quelle: Lind (2003, S. 147)

Bei der Dilemma-Methode werden zwei Varianten unterschieden: Die Blatt-Kohlberg-Methode und die Konstanzer Methode. Die ursprüngliche Blatt-Kohlberg-Methode wurde von Lawrence Kohlberg und Moshe M. Blatt entwickelt (Blatt & Kohlberg, 1975). Sie arbeitet nach der sogenannten „Plus-1-Konvention", d. h. die Lehrkraft bestimmt zunächst das Urteilsniveau einzelner Lernender, also die Ebene der moralischen Entwicklung, auf der sich die Schülerin bzw. der Schüler befindet. Die Lehrkraft konfrontiert dann – Plus-1 – mit einem Argument, das eine Ebene über dem jetzigen Niveau liegt und will so die Entwicklung der Lernenden anregen. Dieser Schulungsansatz ist mit Blick auf das Stufenmodell schlüssig, stellt jedoch hohe, im Alltag meist zu hohe Anforderungen an die Lehrkraft: Sie muss nicht nur die Stufe jeder einzelnen Schülerin bzw. jedes einzelnen Schülers oder genauer: jedes einzelnen Arguments diagnostizieren, sondern jeweils in der Situation ein gutes Argument genau eine Stufe über der jetzigen Stufe bilden können (Lind, 2003).

Eine zweite Methode – die Konstanzer Methode der Dilemma-Diskussion (KMDD) – stellt hingegen die intensive Auseinandersetzung mit den Gegenargumenten in den Mittelpunkt. Sie wurde von dem Konstanzer Psychologen Georg Lind, einem Kohlberg-Schüler, entwickelt und wird beschrieben in Linds Buch „Moral ist lehrbar" (2003). Die Konstanzer Methode ist deutlich einfacher im Schulalltag umzusetzen als die Blatt-Kohlberg-Methode. Auf sie wird hier der Schwerpunkt gelegt. In der Vorbereitung sollte die Lehrkraft zunächst ein edukatives semi-reales Dilemma erstellen. In der Checkliste in der Toolbox sind die wichtigsten Konstruktionsregeln vorgegeben, die alle mit „Ja" beantwortet werden sollten (TB-13.3).

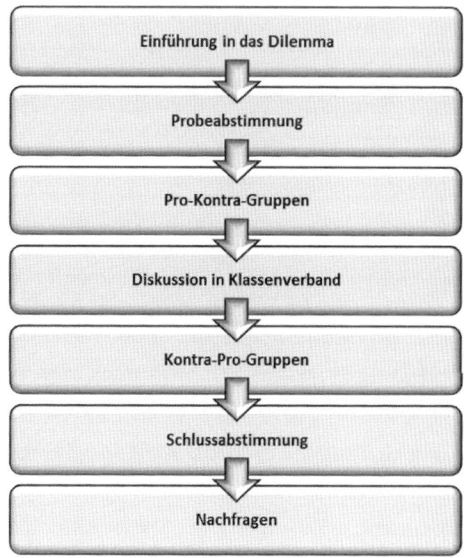

Übersicht 4: Ablauf einer Dilemma-Diskussion. Quelle: Lind (2003, S. 147)

Der Ablauf der Dilemma-Diskussion ist in der Toolbox (TB-13.2) wiedergegeben und vollzieht sich in mehreren Phasen (Lind, 2003). Zu Beginn der Arbeit mit dem so entwickelten Dilemma im Unterricht sollen die Schülerinnen und Schüler das Dilemma kennenlernen. Das Dilemma wird daher im Unterricht vorgetragen, vorgelesen und ggf. nacherzählt. Dabei soll der ‚Dilemma-Kern‘ herausgearbeitet werden, d. h. das moralische Problem soll herausgestellt werden. Im nächsten Schritt erfolgt eine Probeabstimmung. Im Regelfall wird das Arbeitsblatt mit dem Dilemma ergänzt um eine Frage, etwa „Ich meine, das Verhalten von Lara war …“ und Antwortalternativen „völlig falsch -3“ bis „völlig richtig +3“. Das Dilemma sollte von der Lehrkraft so entwickelt werden, dass etwa die Hälfte der Schülerinnen und Schüler das Verhalten gut heißt und die andere Gruppe nicht. Die Lernenden sollen dabei lernen, sich öffentlich zu ihrer Meinung zu bekennen. Auf Grundlage der Ergebnisse der Probeabstimmung werden etwa gleichstarke Gruppen gebildet. Lassen sich keine gleichstarken Meinungslager bilden, wird das Dilemma erneut durch die Lehrkraft dargestellt. Dabei erweist es sich oft als notwendig, eine der beiden Seiten der Notlage zu stärken bzw. zu entschärfen. Die Lernenden sollten jedoch in keinem Fall aufgefordert werden, eine andere Meinung zu vertreten oder eine Rolle zu spielen. Sie sollen vielmehr ihre Meinung authentisch vertreten. Die so gebildeten und ggf. nochmals neu sortierten Meinungslager werden dann in kleine Pro-Kontra-Gruppen von drei bis vier Schülerinnen und Schüler unterteilt. Innerhalb der Kleingruppen sollen die Lernenden nach weiteren Argumenten für ihre Position suchen, sollen diese Argumente ordnen und auf ihre Wichtigkeit untersuchen. Im nächsten Schritt diskutieren die Lernenden im Klassenverband. Dabei gelten zwei Diskussionsregeln, die zu Beginn von der Lehrkraft erläutert werden.

▶ **Achtung der Person**: In der Klasse darf jedes Argument angebracht werden. Es darf alles gesagt werden, aber keine Person darf angegriffen werden. Da viele Abwertungen mit Lob beginnen, darf keine Person positiv oder negativ bewertet werden.

▶ **Argumente-Ping-Pong**: Ein erster Beitrag, der in der Regel aus der kleineren Gruppe stammt, beginnt. Dann folgt die Entgegnung durch die andere Gruppe. Die bzw. der aktiv Beitragende bestimmt, wer ihr bzw. ihm antwortet. Diese Regel soll sicherstellen, dass sich die Beitragenden voll auf seinen Beitrag konzentrieren können.

Die Argumente sollten dabei – möglichst kurz – an der Tafel festgehalten werden. Die Lehrkraft sollte dazu beitragen, dass immer nur wenige Argumente vorgebracht werden. Sie sollte herausstellen, dass Argumente besonders wirkungsvoll sind, wenn sie kurz sind. Die Lehrkraft greift nur in Ausnahmefällen ein, zum Beispiel, wenn die beiden Regeln verletzt werden, eine Schülerin oder ein Schüler zu leise spricht oder zu viele und zu lange Argumente vorgetragen werden. Nach der Diskussion in der Klasse erfolgt eine weitere Arbeit in den Kleingruppen. Jetzt werden allerdings die Argumente der *Gegenseite* in eine Rangreihe gebracht. Die besten Argumente der Gegenseite sollen herausgestellt werden. Dann erfolgt eine Schlussabstimmung. Das Dilemma hat – definitionsgemäß – keine Lösung. Die Lehrkraft sollte dabei die Qualität der Diskussion und der Argumente loben. Die Lernenden haben eine schwierige Situation gemeistert. Gleichwohl sollte die Lehrkraft herausstellen, dass im konkreten Einzelfall ggf. immer neu das angemessene Verhalten erwogen werden muss. Nach einer Schlussabstimmung kann ein kurzes Debriefing erfolgen.

Die Dilemma-Diskussion in der Konstanzer Variante lässt sich vergleichsweise gut in der Schule umsetzen. Empirische Untersuchungen zeigen, dass sich Fördereffekte bereits nach einer kurzen Dilemma-Diskussion von ca. 45 Minuten nachweisen lassen, wobei jedoch eine Gestaltung über 90 Minuten hingegen als angebracht erscheint. Ein Fördereffekt lässt sich bereits nach einer Sitzung nachweisen. Einen nachhaltigen Effekt, der sich auch nach mehreren Monaten nachweisen lässt, erreicht die Methode jedoch erst nach mindestens drei Sitzungen (Lind, 2003, S. 67).

20.3.4.2 Die gerechte Schulgemeinschaft und andere partizipative Methoden berücksichtigen

Neben der Dilemma-Diskussion – entweder nach der Blatt-Kohlberg-Methode oder der Konstanzer Methode – werden eine Reihe weiterer Verfahren zur Förderung moralischer Urteilskompetenz vorgeschlagen. Neben den verwandten Methoden wie die Fallarbeit, das Rollenspiel oder Rhetorikwettkämpfen wird vor allem auf den Ansatz der gerechten Schulgemeinschaft hingewiesen (Lind, 2003, S. 95).

Die gerechte bzw. demokratische Schulgemeinschaft, die „Just Community", zeichnet sich aus durch eine „moralische Atmosphäre der Schule (dazu zählen unter anderem Gerechtigkeit, Gemeinschaftssinn und die Achtung der Würde des Einzelnen)" (Lind, 2003, S. 97) sowie die Organisation der Schule als Übungsfeld moralischen bzw. sozialkompetenten Handelns. Das wichtigste Instrument zur demokratischen Schulgemeinschaft ist die Vollversammlung, in der jeder, Lernende wie Lehrkräfte, eine Stimme hat. Die Vollversammlung wird von Lernenden und Lehrkräften gemeinsam geleitet und die Arbeit durch die Sitzungen einzelner Komitees vorbereitet. Außerdem existiert ein Vermittlungsausschuss, der vergleichsweise häufig tagt und die Rolle der Exekutive übernehmen soll. Die demokratische Schulgemeinschaft verfolgt mehrere Ziele (2003, S. 98).

- ▶ **Authentische Kommunikation**: Die Lernenden sollen ihre eigene Meinung öffentlich kund tun und über existentielle, persönlich wichtige Fragen mit anderen, sogar mit Fremden reden können.
- ▶ **Mut zum Diskurs**: Die Lernenden sollen an einer Auseinandersetzung über Meinungen teilnehmen, das heißt, Gleichgesinnte und Gegnerinnen und Gegner haben.
- ▶ **Solidarität**: Die Schülerinnen und Schüler sollen erlernen, durch andere in der eigenen Meinung angenommen und unterstützt zu werden.
- ▶ **Streit**: Die Schülerinnen und Schüler sollen schätzen, durch andere Lernende argumentativ herausgefordert zu werden.
- ▶ **Verantwortungsübernahme**: Die Schülerinnen und Schüler sollen lernen, durch die Übernahme von Verantwortung an wichtigen Entscheidungen der Institution, der man angehört, mitzuwirken.
- ▶ **Macht der Argumente**: Die Lernenden sollen lernen, andere argumentativ zu überzeugen und in ihrer Entscheidung beeinflussen zu können.
- ▶ **Rationalität**: Die Schülerinnen und Schüler sollen erlernen, die eigene Meinung unter dem Eindruck von neuen Informationen und Argumenten begründet zu verändern.
- ▶ **Konstruktion des Sozialen**: Die Schülerinnen und Schüler sollen erfahren, dass Regeln Grundlage und Ergebnis sozialer Interaktionen sind.
- ▶ **Metakognition**: Die Lernenden erkennen, dass Diskussionen und Streit die eigene Entwicklung fördern.

Während in der Dilemma-Diskussion semi-reale Dilemmata eingesetzt werden und die Abstimmungen keine Konsequenzen haben, sind die Dilemmata im Ansatz der demokratischen Schulgemeinschaft real und die Abstimmungen haben Konsequenzen. Während sich der Dilemma-Ansatz auf das Fach bezieht, ist der Ansatz der demokratischen Schulgemeinschaft auf das Schulleben bezogen (Lind, 2003, S. 97). Eine ausführliche Beschreibung dieses Ansatzes findet sich bei Lind (Lind, 2003, S. 95 ff.).

Die gerechte Schulgemeinschaft im Sinne von Lind ist letztlich nur eine Sonderform der Beteiligung von Schülerinnen und Schülern. Es wurde bereits ausgeführt, dass die Schule vier Funktionen erfüllt, nämlich die Qualifikation, die Allokation, die Integration sowie die Enkulturation. Gemäß der Integrationsfunktion leistet die Schule einen wichtigen Beitrag zur Integration der nachwachsenden Generation in das politische System, also in die Demokratie. Mit anderen Worten: Schule ist ein Ort des Demokratie-Lernens. In der Literatur werden drei problematische Punkte betont: Erstens sind die Mitbestimmungsmöglichkeiten in der Schule begrenzt. „Nur in wenigen Schulen haben die Schülerinnen und Schüler den Eindruck, über Gremien wie die Schülervertretung Einfluss nehmen zu können" (Budde, 2010, S. 385). Zweitens ist der Unterricht selbst nicht Gegenstand einer Mitbestimmung, also einer Partizipation von Inhalten, Zielen und Methoden. Und drittens ist die Mitbestimmung häufig nicht dauerhaft angelegt (Budde, 2010). Eine Gesellschaft, die in der Schule jedoch nicht Demokratie lernen lässt, kann sich nachher über Wahlmüdigkeit, über ein undifferenziertes „Die-da-oben-Gerede" und Demokratie-Verdrossenheit nicht beschweren.

20.3.5 Sozialkompetenz durch Service-Learning fördern

Eine weitere Methode zur Förderung von Sozialkompetenz ist Service-Learning (Sliwka, 2004; Sliwka, Petry & Kalb, 2004; Wilbers, 2004). Service-Learning kombiniert einen freiwilligen Dienst an der Gemeinschaft („service') mit Lernen („learning').

Service-Learning: Die Sichtweise der American Association of Colleges for Teacher Education (AACTE)

Service-learning may be described as both a philosophy of education and an instructional method. As a philosophy of education, service-learning reflects the belief that education should develop social responsibility and prepare students to be involved citizens in democratic life. As an instructional method, service-learning involves a blending of service activities with the academic curriculum in order to address real community needs while students learn through active engagement

Übersicht 5: Service-Learning; Quelle: AACTE (2004)

Wenn Schülerinnen und Schüler Müll in ihrer Umgebung sammeln, ist dies ein Service. Erst die Verbindung mit Lernaktivitäten, zum Beispiel die Reflexion der Müllentstehung und -vermeidung macht dies zu einem Service-Learning (AACTE, 2004). Service-Learning ist in den USA – im Gegensatz zu Deutschland – recht weit verbreitet. Gerade für viele US-amerikanische Studierende ist es eine Selbstverständlichkeit – auch als *Dank* für die ihnen in der Gesellschaft zukommenden Privilegien – sich in ihrer Gemeinde – der Community – freiwillig zu engagieren, und so leistet nach einer älteren Studie weit über die Hälfte der Studierenden an amerikanischen Colleges und Universitäten einen freiwilligen Dienst am Gemeinwohl (Reinmuth, Saß & Lauble, 2007). In der deutschen Gesellschaft ist hingegen weitgehend *selbstverständlich*, dass auch universitäre Bildung kostenfrei bzw. weitgehend kostenfrei, aber keinesfalls kostendeckend angeboten wird, obwohl sie nicht allen Bevölkerungsgruppen zugutekommt.

In einem älteren Forschungsbericht wertet Andersen (1998) verschiedene empirische Studien zu den Effekten von Service-Learning aus. Sie weist positive Effekte nach auf das zivile Engagement, die Herausbildung eines ‚Community-Service-Ethos', das soziale Verantwortungsgefühl, den sozialen Zusammenhalt, die Akzeptanz von Unterschiedlichkeit, das Selbstwertgefühl, den Schutz vor gefährdendem Verhalten, wie z. B. Drogenkonsum und die Schul- bzw. Studienleistungen (Furco, 2004).

Obwohl in der Diskussion um Service-Learning allgemein bildende Schulen dominieren, lassen sich auch praktische Beispiele an berufsbildenden Schulen ausmachen. So beschäftigen sich Schülerinnen und Schüler im Berufsvorbereitungsjahr der Berufsbildenden Schule V in Halle im Unterricht mit den Lernfeldern „Nagel", „Haar" und „Haut" und engagieren sich in einem örtlichen Altenheim. Dort bieten sie Schönheitspflege an, wozu es normalerweise im Altenheim weder Zeit noch Geld gibt. Eine Übersicht gibt die Webseite „servicelearning.de".

Service-Learning setzt mit dem Bezug zur Bildung *in der* und *für die* Bürgergesellschaft und die starke Betonung lokaler Netzwerke neue Impulse. Unterrichtspraktisch ist Service-Learning vor allem ein Projektunterricht (Sliwka & Frank, 2004) mit einem spezifischen Thema. Da der Projektunterricht bereits ausführlich dargestellt wurde, erfolgt hier keine Vertiefung des Service-Learning-Ansatzes.

20.3.6 Sozialkompetenz durch erlebnispädagogische Methoden fördern

Auch die Erlebnispädagogik (Heckmair & Michl, 2008; Michl, 2009) bietet Methoden zur Förderung der Sozialkompetenz. Kurt Hahn (1886-1974) gilt als Vater der Erlebnispädagogik. Hahn gehörte zu den Gründern der Internatsschule Schloss Salem unweit des Bodensees. Er leitete Salem bis 1933, musste dann als Jude Deutschland verlassen und gründete in Schottland das Internat Gordonstoun.

Zusammen mit dem Reeder Laurence Holt gründete er die Schule „outward bound". Im Englischen ist ein Schiff „outward bound", wenn es zum Auslaufen bereit ist. Diese Grundidee wurde von Hahn übertragen: Es ging ihm – bildlich gesprochen – darum, Jugendliche zum Auslaufen in die Welt bereit zu machen. Die Gesellschaft hat jedoch in den Augen von Hahn vier Zivilisationskrankheiten: Mangelnde menschliche Anteilnahme, Mangel an Sorgfalt, Verfall der körperlichen Leistungsfähigkeit sowie ein Mangel an Initiative und Spontaneität. Gegen diese Krankheiten verschreibt Hahn eine Medizin aus vier Bestandteilen (Fischer & Lehmann, 2009).

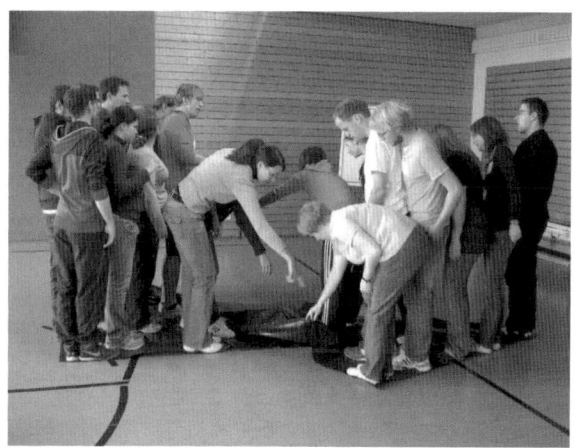

Erlebnispädagogische Maßnahme
Bild 1 © Lehrstuhl WiPäd der FAU

- ▶ **Dienst am Nächsten**: Die Lernenden werden angehalten, sozial nützliche Tätigkeiten zu verrichten, die gleichzeitig erlebnisreiche Erfahrungen darstellen, wie zum Beispiel Bergrettung.
- ▶ **Körperliches Training**: Vor allem natursportliche Übungen, wie Kanufahren, sollen dem körperlichen Verfall entgegenwirken.
- ▶ **Expedition**: Mehrtägige Touren, etwa Segeltörns oder Bergwanderungen, einschließlich der kompletten Planung, wirken gleich mehreren der erwähnten ‚Verfallserscheinungen' entgegen.
- ▶ **Projekt**: Im Projektunterricht haben sich die Schülerinnen und Schüler einer anspruchsvollen Aufgabe zu stellen, die nur mit Sorgfalt und Engagement im Team zu lösen ist.

Nach dem zweiten Weltkrieg wurden Elemente der Erlebnispädagogik in Deutschland nur schleppend angenommen. Dies mag darauf zurückzuführen sein, dass sich auch die Nationalsozialisten solcher erzieherischen Elemente bedienten. Erst in den achtziger Jahren wurde die Erlebnispädagogik wieder stärker zur Kenntnis genommen (Galuske, 2009, S. 241 ff.). In der Erlebnispädagogik finden sich zwei grundsätzliche Modelle.

- ▶ **Reine Erfahrung**: Beim Modell der reinen Erfahrung spielt eine weitgehende Reflexion keine Rolle. Die Erfahrung allein reicht. Bei einer anspruchsvollen Bergtour gilt: ‚Der Berg erzieht' – etwa zu Sorgfalt und kollegialem Verhalten – auch ohne dass dies pädagogisch reflektiert werden muss.
- ▶ **Outward-Bound-Plus**: Bei einem erweiterten erlebnispädagogischen Verständnis bedarf es der Reflexion der erlangten Erfahrungen. In diesem Fall greifen die Ausführungen, die hier im Zusammenhang mit dem Debriefing von simulativen Methoden vorgelegt wurden.

Heute werden erlebnispädagogische Maßnahmen oft in Form von Outdoor-Trainings gebündelt. Typische Methoden sind das Klettern im Hochseilgarten, das eine Grenzerfahrung vermitteln und die Möglichkeit des Überschreitens persönlicher Grenzen aufzeigen soll. Eine weitere typische Übung ist der Bau eines Floßes. Dabei geht es vor allem um die Förderung der Kreativität und des Wir-Gefühls. Typische erlebnispädagogische Elemente werden in den Sammlungen von Reiners dargestellt (Reiners & Eger, 2009; Reiners & Schmieder, 2009).

Outdoor-Training zielt auf die Entwicklung von Teams und Teamfähigkeit, auf die Führungskompetenz, die Entwicklung des Selbstwertgefühls und des Selbstvertrauens sowie auf die Förderung von Problemlösefähigkeit und die Entscheidungskompetenz ab (Charney & Conway, 1997, S. 150). Der Ablauf lässt sich meines Erachtens vereinfachend als dreistufiger Prozess darstellen (TB-13.5).

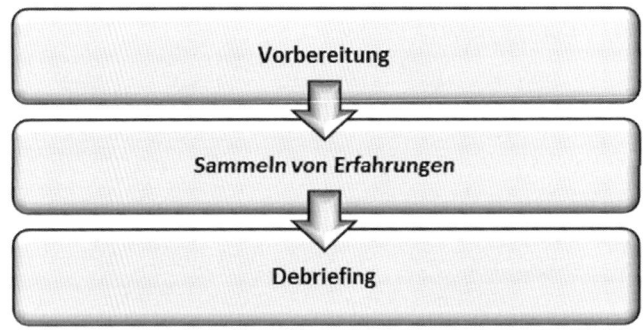

Übersicht 6: Ablauf erlebnispädagogischer Methoden

Einzelne berufliche Schulen nutzen erlebnispädagogische Maßnahmen, um den Zusammenhalt in der Klasse zu stärken und die Sozialkompetenz der Lernenden zu fördern. Erlebnispädagogische Maßnahmen in dem hier beschriebenen Sinne lassen sich nicht in den üblichen Unterricht integrieren, sondern verlangen im Regelfall eine ein- oder mehrtägige Unterbrechung des Schulbetriebs. Häufig erweist sich die Unterstützung der Lehrkraft durch eine erlebnispädagogisch geschulte Kraft als sinnvoll. Erlebnispädagogische Maßnahmen stellen vergleichsweise hohe finanzielle Anforderungen.

20.4 Methoden zur akzentuierten Förderung der Lernkompetenz planen und ausarbeiten

20.4.1 Methoden zur akzentuierten Förderung der Lernkompetenz: Das Spektrum

Lernkompetenz wird hier verstanden als eine kognitive und affektive Disposition, die dem Individuum ermöglicht, variable Lernsituationen selbständig, erfolgreich und verantwortungsvoll zu gestalten. Wie mit dem Kompetenzmodell in der Toolbox wiedergegeben, wurde die Lernkompetenz über vier Teilkompetenzen eingeführt, nämlich die kognitiven Lernstrategien, die Strategien zur Nutzung der internen und externen Ressourcen, die metakognitiven Strategien (TB-4.2).

Die Lernkompetenz der Schülerinnen und Schüler kann auf direktem oder indirektem Weg gefördert werden (Friedrich & Mandl, 1992, S. 29 ff.).

► **Direkte Förderung**: Beim direkten Ansatz ist den Lernenden bewusst, dass die Lernkompetenz geschult wird. Der direkte Ansatz wird entweder im Fachunterricht verfolgt, ist also in den Fachunterricht integriert, oder aus dem Fachunterricht ausgelagert. Ein typisches Beispiel ist ein Training der Lernkompetenz, beispielsweise im Rahmen einer Projektwoche.

► **Indirekte Förderung**: Beim indirekten Ansatz ist dem Lernenden nicht klar, dass die Lernkompetenz geschult wird. Durch eine geeignete Gestaltung der didaktischen Situation soll die Lernkompetenz implizit gefördert werden. Dabei wird das Lernmaterial gestaltet oder die Lehrkraft übernimmt eine Vorbildfunktion, die für die Anwendung von Lernstrategien ein besonderes Modell abgibt. Ein typisches Beispiel ist die Arbeit mit einer Lernsituation.

20.4.2 Lernkompetenz direkt fördern

Die direkte Förderung der Lernkompetenz erfolgt nach einem besonderen Ablauf (Nüesch, Zeder & Metzger, 2008), der in der Toolbox (TB-13.4) beschrieben wird. Zu Beginn der Förderung von Lernkompetenz sind die Lernenden zu *sensibilisieren*. Die Lernenden an beruflichen Schulen haben eine lange Lernvergangenheit, in der sie häufig ein – nicht immer optimales – eigenes System des Lernens entwickelt haben. Daher haben die Lernenden eine hohe Hemmschwelle, das bereits erworbene Repertoire aufzugeben und ein neues zu entwickeln. Einer solchen Sensibilisierung dient beispielsweise die Aufforderung an die Lernenden, zum Inhalt der Unterrichtsstunde eine Zusammenfassung anzufertigen. Zu Beginn der nächsten Stunde werden dann die Lernenden gebeten, eine Prüfungsaufgabe zu beantworten, die allerdings nur mit Hilfe der Zusammenfassung erfolgen darf. Häufig erfahren dabei die Lernenden, dass ihre Zusammenfassung nicht sachgerecht ist. Alternativen zur Sensibilisierung sind eine Kartenabfrage zu den Erwartungen der Lernenden oder das Aufgreifen des Themas „Lebenslanges Lernen".

Im nächsten Schritt wird dann die Lernkompetenz *entwickelt*. Im Regelfall heißt dies: Die Lehrkraft verkauft den Lernenden nicht bestimmte Tipps und Kniffe, sondern trägt das vorhandene Repertoire der Lernenden zusammen, legt es offen und diskutiert darüber. Dies kann im Klassengespräch erfolgen. In dieser Phase kann jedoch die Lernkompetenz mit Hilfe des LIST oder des WLI standardisiert erhoben werden. Aus der Auswertung dieser Daten ergeben sich dann meist typische Profile bzw. Förderbedarfe der Klasse, auf die in der nächsten Phase aufgesetzt wird. Im dritten Schritt werden die offengelegten Strategien *systematisiert, korrigiert und erweitert*. In einem Lehrvortrag wird beispielsweise eine Strategie vertieft oder in einer entdeckenden Gruppenarbeit werden Maßnahmen entwickelt. Schließlich wird die erworbene Kompetenz *angewendet* und die Anwendung *evaluiert*.

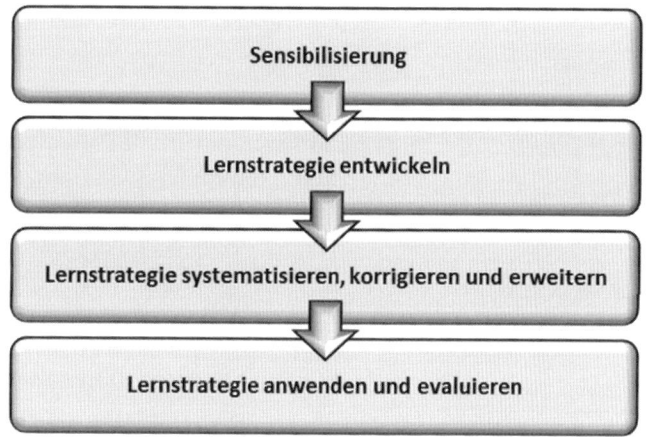

Übersicht 7: Ablauf eines Lernkompetenztrainings

Ein wichtiges Instrument der Lernkompetenzförderung ist das Lerntagebuch, das auch Lernjournal genannt wird (Renkl, Nückles, Schwonke, Berthold & Hauser, 2004). Ein Lerntagebuch ist eine schriftliche Dokumentation des Lernens durch den Lernenden, d. h. es enthält eine Menge von Lernprotokollen. Dabei steht das Nachdenken über das eigene Lernen, die Selbstreflexion des eigenen Lernprozesses im Vordergrund.

- ▶ **Unstrukturierte Lerntagebücher**: Bei der unstrukturierten Eigenbeobachtung werden die Lernenden lediglich aufgefordert, ein Lerntagebuch zu führen. Solche ‚naiven' Protokolle sind aus Sicht wissenschaftlicher Modelle unter Umständen einseitig bzw. defizitär (Renkl et al., 2004, S. 103 ff.). Unstrukturierte Lerntagebücher scheinen allenfalls für Lernende auf einem hohen Reflexionsniveau sinnvoll zu sein.
- ▶ **Strukturierte Lerntagebücher**: Bei strukturierten Lerntagebüchern werden dem Lernenden Fragen, Anregungen, Aufträge usw. gegeben, die das Lerntagebuch strukturieren. Typisch ist die Selbstbeschreibung einer Teilkompetenz der Lernkompetenz, zum Beispiel die Beschreibung des eigenen Zeitmanagements oder das Verhalten beim Wiederholen.

Lerntagebücher können auch als Blogs (Lerneinheit 21) geführt werden. In der Toolbox findet sich eine Unterlage für Lernende zur Einführung des Lerntagebuchs (TB-13.7).

20.4.3 Lernkompetenz indirekt fördern

Bei der indirekten Förderung von Lernkompetenz ist „Lernkompetenz" kein den Schülerinnen und Schülern offensichtliches Thema. Zwei Ansätze sollen besonders herausgestellt werden.

▶ **Lehrkraft als Modell**: Die Lehrkraft ist in vielerlei Hinsicht ein Modell für den Lernenden. Gerade beim Lernen dient die Lehrkraft oft nicht als Modell. So dürften Lernende selten erfahren, wie andere kompetent Lernende – nämlich eine Lehrkraft – etwa mit Texten umgeht oder externe Ressourcen nutzt.

▶ **Gestaltung des Materials**: Bereits bei der Erörterung der Gestaltung von Arbeitsblättern wurde herausgestellt, dass sich hier wichtige Möglichkeiten der indirekten Förderung von Lernkompetenz ergeben.

20.4.4 Lernende mit Lernschwierigkeiten fördern

Lernende mit Lernschwierigkeiten und -behinderung stellen eine besondere Gruppe, deren Fördermöglichkeiten eigenständig erörtert werden (Eckert, 2011, S. 50 ff.; Schomaker & Ricking, 2012, S. 50 ff.; Vernooij, 2007, S. 270). Aufgrund der eingeschränkten Fähigkeit, abstrakte Sachverhalte zu verarbeiten, sollte der Unterricht sich an Situationen orientieren. Das heißt auch, dass handlungsorientierten Methoden des Unterrichts und des Assessments Vorzug zu geben ist. Lehrkräfte müssen scheinbare Selbstverständlichkeiten in Frage stellen. Lehrkräfte sind kompetente Problemlöserinnen und -löser und stehen in der Gefahr, dies im Umgang mit Schülerinnen und Schülern mit Lernschwierigkeiten zu vergessen. Für erfahrene Problemlöserinnen und -löser ist es meist kein Problem, aus einer Aufgabe eine Anforderung abzuleiten und die Lösung vorzustrukturieren. Das ist jedoch nicht selbstverständlich und schon gar nicht für Lernende mit Lernschwierigkeiten.

Lernenden mit Lernschwierigkeiten gerecht werden

▶ Situationsorientierung
▶ Selbstverständlichkeiten in Frage stellen
▶ Sehr gut vorbereitete Abstraktionsprozesse
▶ Verstärkte Ergebnissicherung
▶ Kapazitäten der Lernenden nicht überschätzen
▶ Nicht nur die Lernergebnisse im Blick haben
▶ Eigenständiges Lernen und Arbeiten sorgfältig anbahnen
▶ Unregelmäßigkeiten einkalkulieren

Übersicht 8: Umgang mit Lernschwierigkeiten

Abstraktionsprozesse bereiten dieser Gruppe von Schülerinnen und Schülern besondere Mühe und müssen daher besonders vorbereitet werden. Die Abstraktion als induktiver Prozess, in dem ausgehend von vielen Einzelfällen das Unwesentlich abgezogen, also abstrahiert wird. Bei Lernenden mit Lernschwierigkeiten braucht es ein besonders klares Isolieren der wesentlichen und unwesentlichen Aspekte sowie eine größere Zahl von Einzelfällen als Abstraktionsgrundlage. Außerdem sollte die Ergebnissicherung verstärkt werden. Die Ergebnissicherung ist, wie herausgestellt, für alle Schülerinnen und Schüler wichtig. Gleichwohl ist sie für diese Zielgruppe besonders wichtig.

Die Kapazität dieser Lernenden darf nicht überschätzt werden. Im Vergleich zu anderen Schülerinnen und Schülern haben diese eine geringe Kapazität und Anstrengungsdauer. Der Umfang der Lerngegenstände und die beabsichtige Lerndauer sind daher zu begrenzen und Pausen zu machen. Schülerinnen und Schüler mit Lernschwierigkeiten haben oft bereits zu Beginn des Lernprozesses, also bei der Erfassung der Problemstellung, große Mühe. Die Schulung der Aufgaben- und Problemanalyse ist daher ein wichtiges Teilziel, auch zunächst unabhängig, ob dies zu den gewünschten Lernergebnissen führt. Auch der Entwurf des Lösungsweges, also dem Schritt vor dem eigentlichen Vollzug der Problemlösung, bereitet Schwierigkeiten und gehört geschult. Damit ist nicht die Vorgabe von Lösungsschritten von Expertinnen und Experten gemeint, die die Lernenden auswendig lernen sollen. Solche Lösungsschrittvorgaben werden schnell vergessen und lassen sich oft auf leicht veränderte Problemstellungen nicht mehr transferieren. Idealerweise wird vielmehr ein entdeckendes Lernen gefördert.

Eigenständiges Lernen und Arbeiten ist sorgfältig anzubahnen. Eigenständiges Lernen und Arbeiten bereitet den Lernenden mehr Mühe, ist jedoch gerade für diese Zielgruppe sehr wichtig. Die Selbstregulationskompetenz ist daher – stufenweise durch zunehmende Erhöhung der Selbstregulationsbedürfnisse beim Lernen – zu fördern. Schülerinnen und Schüler zeichnen sich häufig durch eine unregelmäßige Verarbeitung aus, was im Außenbild als Stimmungsschwankungen interpretiert wird.

Aufmerksamkeits- und konzentrationsschwache Schülerinnen und Schüler bedürfen der Beziehung der Lehrkraft in besonderer Weise. Probleme sollten klar angesprochen werden, die Lehrkraft sollte direkt reagieren und Eskalation vermeiden. Um die Aufmerksamkeit zu stabilisieren, sollte der Unterricht rhythmisiert werden. Die Lehrkraft sollte ein Monotasking einfordern, überschaubare Arbeitsaufträge anbieten, zur Selbstkontrolle anleiten und die Schülerin bzw. den Schüler sozial integrieren, etwa durch Patenschaften. Auch aufmerksamkeits- und konzentrationsschwache Schülerinnen und Schüler haben Stärken, etwa Kreativität, Einfühlungsvermögen oder Hilfsbereitschaft, die entdeckt und gefördert werden sollten (Schaupp, 2009).

20.5 Methoden zur akzentuierten Förderung der Selbstkompetenz planen und ausarbeiten

Die Methoden zur akzentuierten Förderung der Selbstkompetenz sind vielgestaltig.

20.5.1 Durch Mentoring, Coaching, Supervision und Tutoring Selbstkompetenz entwickeln

Im außerschulischen Bereich sind Coaching, Mentoring und Supervision (Greif, 2008) etablierte Verfahren der Förderung der Selbstkompetenz. Sie stellen eine Quelle für selbstbezogenes Wissen dar und liefern direkte Rückmeldungen. Beim Mentoring bietet eine erfahrene, kompetente Kraft, die Mentorin bzw. der Mentor, einer noch wenig erfahrenen Kraft, dem Mentee, eine personenorientierte Beratung. Coaching ist demgegenüber „eine intensive und systematische Förderung ergebnisorientierter Problem- und Selbstreflexionen sowie Beratung von Personen oder Gruppen zur Verbesserung der Erreichung selbstkongruenter Ziele oder zur bewussten Selbstveränderung und Selbstentwicklung" (Greif, 2008, S. 59). Diese Methoden sind jedoch wegen des damit verbundenen Aufwands nur begrenzt auf schulische Kontexte übertragbar. Auch im außerschulischen Bereich werden diese Methoden eher selten eingesetzt und sind häufig dem gutbezahlten Top-Management vorbehalten.

Ein vor allem an allgemeinbildenden Schulen und Hochschulen verbreitetes Verfahren der Förderung von Selbstkompetenz ist das Tutoring jüngerer Schülerinnen und Schüler durch ältere Schülerinnen und Schüler, das sogenannte intergrade tutoring (Melaragno, 1976).

20.5.2 Selbstkompetenz durch den Einsatz ausgewählter Coaching-Techniken entwickeln

Wenn auch der Einsatz von Coaching in beruflichen Schulen aus finanziellen Überlegungen regelmäßig ausscheidet, so können doch Einzeltechniken aus dem Coaching eingesetzt werden. Dazu zählen insbesondere Selbstexplorationsübungen (Pallasch & Petersen, 2005, S. 137 ff.).

Übungen zur Selbstexploration

▶ **Lebensfieberkurve**: Die Lernenden werden gebeten, ihr bisheriges Leben in Form einer Fieber-kurve auf großen Papierbögen darzustellen. Die Höhen und Tiefen werden mit Stichworten ver-merkt, etwa „Geburt", „Schulabschluss", „Ausbildungsstelle".

▶ **Chronologische Schilderung der Biographie**: Die Lernenden berichten ihre Biographie in chro-nologischer Reihenfolge.

▶ **Prägende Ereignisse der Biographie**: Als Ausgangspunkt wählt die Person ein besonders mar-kantes Erlebnis in der Vergangenheit.

▶ **Projektive Bilder**: Die Lernenden malen bzw. gestalten ein Bild zu einem vorgegebenen Thema, etwa „Ich in meiner Welt" oder „Ich in schweren Zeiten".

Übersicht 9: Selbstexplorationsübungen

Diese Übungen können in Kleingruppenarbeit oder in Einzelarbeit eingesetzt werden.

20.5.3 Selbstkompetenz durch selbstbezogene Informationen entwickeln

Das Feedback ist eine direkte Rückmeldung, die zentrale selbstbezogene Informationen vermitteln kann. Zum Feedback wurde ein Kriterienkatalog entwickelt, der in der Toolbox (TB-14.18) aufge-nommen wurde.

Kriterien für Feedback

▶ Situation angemessen, z. B. ausreichend Zeit
▶ Konkrete, neutrale Beschreibungen werden gegeben
▶ Direkte Ansprache erfolgt, z. B. Ich-Botschaften
▶ Positives Feedback wird geboten
▶ Negatives Feedback wird geboten
▶ Affekte und Selbstwerterhaltung werden beachtet

Übersicht 10: Kriterien für Feedback

Es sollte ausschließlich in einer passenden Situation gegeben werden (Pallasch, Kölln, Reimers & Rottmann, 2001, S. 158). Dazu gehört, dass ausreichend Zeit für das Geben und Empfangen des Feed-backs besteht. Ein Feedback bedarf oft auch eines geschützten Raumes, der beiden Seiten Diskretion zusichert. Die Spielregeln sollten hier im Vorfeld abgeklärt und später eingehalten werden (Trager, 2012). Das Feedback sollte zeitnah gegeben werden.

Das Feedback dient dazu, den Feedbackempfangenden einen Spiegel vorzuhalten. Daher sollte die Beschreibung möglichst konkret sein. Interpretationen, Spekulationen oder Beurteilungen sind zu vermeiden. Ebenso zielt das Feedback selbst nicht darauf, den Feedbackempfangenden zu ,erziehen' oder zu verändern. Je nach Situation kann dies die Erörterung von Handlungsalternativen – zusammen mit den Feedbackgebenden oder auch ohne sie – in anschließenden Phasen vorgenommen werden. Im Feedback sollte klar werden, dass der Spiegel ein subjektiv eingefärbtes Bild der Gebenden ist. Daher sollten Ich-Botschaften statt Du-Botschaften bevorzugt werden. Statt „Du bist nervös!" (Du-Botschaft) vermittelt die Ich-Botschaft „Ich empfand Dich als nervös!", dass hier keine objektive Beschreibung, sondern eine subjektive Sicht wiedergegeben wird. Dabei sollte auch deutlich werden, dass dies die Beschreibung des Einzelnen ist, d. h. „Wir-Botschaften" sind zu vermeiden. Verallgemeinernde Äuße-rungen wie „Man merkte …" oder „Es war deutlich …" oder Verweise auf Dritte wie „X würde dazu sagen, dass …" oder „In einer Bewertung durch X würde …" werden gelegentlich verwendet um sich hinter den anderen zu verstecken und sich selbst aus der Verantwortung zu stehlen (Pallasch et al., 2001, S. 158 ff.).

Um die Entwicklung des Lernenden zu unterstützen, ist sowohl positives als auch negatives Feedback erforderlich. Wird nur ein positives Feedback gegeben, machen sich Feedbackgebende mit der Dauer unglaubwürdig. Da negatives Feedback jedoch das Selbstkonzept und das Selbstwertgefühl bedrohen können, werden diesen gerne sowohl vom Feedbackgebenden als auch von den Empfangenden aus dem Weg gegangen, oft unter Hinweis auf recht fragwürdige Argumente. Besonders Personen mit nur geringen Selbstwertgefühl empfinden negatives Feedback als bedrohlich und wehren dies ab (Greif, 2008, S. 106). Das Feedback sollte auf klaren Daten bzw. Beobachtungen beruhen. Außerdem sollte sich das Feedback an Zielen orientieren, die beiden Seiten transparent sind.

Das Feedback darf nicht das Selbstwertgefühl der Feedbackempfangenden beeinträchtigen. Außerdem verhindern starke negative und positive Affekte den Zugang zum eigenen Selbstkonzept und damit die Selbstreflexion (Greif, 2008, S. 89 ff.). Lernende dürfen nicht langfristig vom Feedback ‚abhängig' gemacht werden. Idealerweise ist das Feedback am Beginn eines Lernprozesses intensiv und wird allmählich zurückgenommen (Greif, 2008, S. 106).

20.5.4 Die Bildung von persönlichen Zielen der Lernenden unterstützen

Die Ausbildung von persönlichen Zielen zielt vor allem darauf, die Schülerinnen und Schüler darin zu schulen, spezifische Ziele mit einem moderaten Schwierigkeitsgrad zu setzen.

Übungen zur Förderung der Zielbildung der Lernenden

▶ **Arbeitsblätter zur Zielsetzung**: Arbeitsblätter zu Zielsetzungen spielen insbesondere in der angelsächsischen Literatur eine besondere Rolle (Rothwell & Sensenig, 1999, S. 29 ff.). Im einfachsten Fall werden die Lernenden gebeten, eine Liste von Zielen niederzuschreiben und parallel oder anschließend eine Reflexion der Ziele vorzunehmen. Dabei wird vor allem die Beurteilung nach dem – in der Toolbox wiedergegebenen – SMART-Prinzip betont.

▶ **Modellierung**: Zielsetzungs- und -verfolgungsprozesse können in der Schule von der Lehrkraft vorgelebt werden. Dabei geht es weniger um das Erreichen einzelner Lernziele, sondern um längerfristige Ziele, etwa Halbjahresziele für die Schülerinnen und Schüler, deren Zielerreichungsgrad verfolgt wird. Dies setzt voraus, dass die Lehrkraft – etwa im Rahmen der makrodidaktischen Planung - längerfristige Lernziele formuliert und sich nicht auf Ziele einzelner Unterrichtseinheiten beschränkt.

▶ **Vorstellungsübungen**: Bei Übungen, die auf eine persönliche Vorstellung der Lernenden beruhen, werden die Lernenden in eine fiktive Situation versetzt, in der sich die persönlichen Ziele besonders hervortun. Solche Übungen sind beispielsweise in der ‚Beerdigungsübung' der Entwurf einer Rede zu seiner eigenen Beerdigung oder der Verabschiedung in die Rente, die ein besonderes Gewicht auf Lebensziele legt. Bei einer ‚Bewunderungsübung' werden alle Eigenschaften einer Person aufgelistet, der der Lernende besondere Bewunderung entgegen bringt. Bei einer ‚Perfektübung' werden Merkmale einer perfekten Einheit, etwa eines perfekten Verkaufsgesprächs für Kaufleute oder einer perfekten Unterrichtsstunde für Lehrkräfte aufgelistet und anschließend reflektiert. Die ‚Inselübung' bezieht sich auf die Frage, welche begrenzte Anzahl von Dingen, Personen etc. mit auf eine einsame Insel genommen werden würden.

▶ **Aufgabenmanagement**: Die Förderung von Zielsetzungsprozessen bei Lernenden kann auch aufgegriffen werden, in dem typische aus dem Zeitmanagement bekannte Techniken des Aufgabenmanagements aufgegriffen werden. Dazu werden beispielsweise Ziele in der Reihe kleiner Ziele heruntergebrochen, Zwischenschritte, Prioritäten und Deadlines festgelegt.

Übersicht 11: Übungen zur Förderung der Zielbildung der Lernenden

---

20.5.5 Selbstwirksamkeit der Lernenden fördern

Die Förderung einer günstigen Selbstwirksamkeitseinschätzung ist ein zentraler Teil der Selbstkompetenzentwicklung. Der „Königsweg zur Modifikation von Selbstkonzepte" (Filipp, 2006, S. 70) ist die Veränderung der Attributionsmuster. Die Förderung günstiger Ursachenerklärung ist – neben dem Setzen realistischer mittelschwerer Ziele und dem Aufbau einer positiven Selbstbewertungsbilanz – ein Ansatzpunkt zur Förderung der Leistungsmotivation. Sie wird durch eine entsprechende Bezugsnormorientierung bei der Bewertung der Leistungen von

Selbstwirksamkeitsüberzeugung ist ein zentrales Element der Selbstkompetenz
Bild 2: Von simonthon, photocase.com

Schülerinnen und Schülern ergänzt (Schiefele, 2009, S. 171).

Bei der Kausalattribuierung werden Erfolge oder Misserfolge vom Individuum auf bestimmte Ursachen zurückgeführt. Mit anderen Worten: Bestimmte Sachverhalte werden ursächlich (,kausal') zugeschrieben (,attribuiert'). Die Lernenden beantworten für sich selbst die Frage „Was war die Ursache für den Erfolg oder Misserfolg?". Die möglichen Ursachen zur Erklärung von Misserfolg und Erfolg werden nach zwei Merkmalen unterschieden: Die Ursachen können in der Person (,internale Attribuierung') oder in der Umwelt (,externale Attribuierung') liegen. Außerdem können diese Ursachen variabel oder zeitlich stabil sein. Da die beiden Merkmale unabhängig voneinander sind, entstehen vier mögliche Klassen von Ursachen.

Wenn negativ erlebte Situationen ständig auf Dinge zurückgeführt werden, die sich von der Person nicht ändern lassen, verliert die Person die Motivation. Eine für die Motivation günstige Attribuierung liegt vor, wenn die Lernenden ihren Erfolg auf internale Ursachen und den Misserfolg auf externale Ursachen zurückführen. Eine ungünstige Attribuierung liegt hingegen vor, wenn Erfolge auf externale Ursachen und Misserfolge auf internale Ursachen zurückgeführt werden.

Die Förderung günstiger Attributionsmuster beginnt mit der Lehrkraft. Sie sollte sich zwei Grundsätze zu eigen machen. Erstens der Grundsatz „Schulische Erfolge sind vor allem Ergebnis richtigen Lernens und eines angemessenen Lernaufwands". Andere attributionsrelevante Faktoren, wie Begabung oder Glück, spielen in der Schule zwar eine Rolle. Die Lehrkraft sollte sich jedoch auf die Lernprozesse konzentrieren. Der zweite Grundsatz lautet: „Schulische Misserfolge sind vor allem Ergebnis falschen Lernens und eines zu niedrigen Lernaufwands". Für pädagogische Professionals beeinflussen nicht nur Lernprozesse den Lernerfolg, sondern auch die Lehrprozesse. Trotzdem sind die Lehrprozesse aus Sicht der Lernenden nicht veränderbar, so dass eine Konzentration auf Lernprozesse erfolgen sollte. Die Lernenden sollen schulischen Erfolg und Misserfolg auf ihre eigenen Anstrengungen – und nicht auf Glück, auf die Lehrkraft oder auf sonstige nicht disponible Faktoren – zurückführen (Ziegler, 2003).

Die zwei Grundsätze zur Förderung der Selbstwirksamkeit der Lernenden

▶ Schulische Erfolge sind vor allem Ergebnis richtigen Lernens und eines angemessenen Lernaufwands
▶ Schulische Misserfolge sind vor allem Ergebnis falschen Lernens und eines zu niedrigen Lernaufwands

Übersicht 12: Grundsätze zur Förderung der Selbstwirksamkeit der Lernenden

Faber (2011) führt aus, dass sich die Förderung der Attribution nicht nur auf die Anstrengungsbereitschaft konzentrieren könne. Wenn ein Feedback sich ausschließlich auf die Verwendung des Anstrengungsbegriffs beschränkt, dann bleibt es zu unspezifisch, bietet keine zureichenden Kontrollperspektiven an und droht letztlich als moralisierender Appell missverstanden zu werden. Stattdessen muss der Anstrengungsfaktor durch eindeutig lernrelevante Ursachen konkretisiert, gleichsam ,vitalisiert' werden. Daher sollte die Lehrkraft sich nicht mit dem globalen Hinweis auf Anstrengung beschränken, sondern vorrangig Ursachen im Bereich der Lernkompetenzen anbieten.

20.6 Methoden zur akzentuierten Förderung der Sprachkompetenz planen und ausarbeiten

20.6.1 Methoden zur akzentuierten Förderung der sprachlichen Kompetenz: Das Spektrum

Eine sprachsensible Didaktik kann als diversitätsgerechte Weiterentwicklung einer Didaktik beruflicher Bildung verstanden werden, die alle Schritte des Nürnberger Modells durchzieht (Kimmelmann,

2013). Sprachkompetent sind im hier zugrunde gelegten Verständnis Lernende mit der Kompetenz zur Rezeption (Lesen, Hören) und Produktion (Schreiben, Sprechen). Eine umfassende sprachliche Förderung der Lernenden im Fachunterricht müsste sich daher an allen vier Bereichen orientieren, d. h. das Sprechen, das Schreiben, das Hörverstehen und das Leseverstehen fördern. Die (Berufs-) Bildungssprache orientiert sich allerdings stark am Schriftsprachlichen. Die Förderung kann sich am Kompetenzraster für die Berufssprache Deutsch (TB-4.21) von Radspieler (2011) orientieren. Die folgenden Ausführungen konzentrieren sich auf einzelne, vergleichsweise kleine Methoden, die sich gut in den Fachunterricht integrieren lassen.

20.6.2 Leseverstehen im Fachunterricht fördern

Bezüglich der Förderung des Leseverstehens wurde bereits in Lerneinheit 17 die 5-Gang-Lesetechnik eingeführt. Sie sieht den folgenden Ablauf vor: „Lesen vorbereiten", „Text überfliegen", „Abschnitt gründlich und kritisch lesen", „Abschnitt zusammenfassen" sowie „Text wiederholen und zusammenfassen". Zur 5-Gang-Lesetechnik findet sich eine Unterlage in der Toolbox (TB-13.6). Die 5-Gang-Lesetechnik wird zum Teil auch SQ3R-Methode genannt und die Phasen etwas anders strukturiert, nämlich als Survey, Question, Read, Recite und Review.

Neben der 5-Gang-Lesetechnik werden in der Literatur weitere Maßnahmen zur Förderung des Leseverstehens im Fachunterricht vorgeschlagen (Leisen, 2006b; Ohm, Kuhn & Funk, 2007).

Übungen zur Förderung des Leseverstehens im Fachunterricht

▶ **Textvorentlastung**: Texte können von der Lehrkraft sprachlich vorentlastet werden. Dazu bieten sich das der Textarbeit vorausgehende Lehrgespräch, eine Aufarbeitung der Alltagserfahrung der Lernenden oder ein bildlicher Einstieg an (Ohm et al., 2007, S. 115 ff.).

▶ **Fragen zum Text beantworten**: Die Lernenden erhalten einen Text und sollen daraufhin von der Lehrkraft vorgegebene Fragen zum Text beantworten. Dies soll die Auseinandersetzung mit dem Text fördern. Der Schwierigkeitsgrad kann von der Lehrkraft gut angepasst werden und die Auswertung der Fragen kann auch in Partnerarbeit erfolgen.

▶ **Fragen an den Text stellen**: Die Lernenden sollen selbst eine vorgegebene Zahl von Fragen formulieren, auf die der Text eine Antwort gibt. Die so formulierten Fragen werden dann auch von den Lernenden beantwortet.

▶ **Text strukturieren**: Die Lernenden werden aufgefordert, einen Text in ihnen sinnvoll erscheinende Abschnitte zu gliedern und diesen Textteilen eine Überschrift zuzuordnen. Diese Aufgabe lässt sich bei schlecht strukturierten Texten einsetzen und beansprucht in besonderer Weise die Abstraktionsfähigkeit der Lernenden.

▶ **Farborientiertes Markieren der Begriffe**: Die Lernenden werden aufgefordert, die Fachnomen, Fachverben und Adjektive in verschiedenen Farben zu markieren.

▶ **Darstellungsform wechseln**: Die Lernenden werden aufgefordert, den Text in eine andere Darstellungsform zu bringen, zum Beispiel in ein Mindmap. In der Wahl der Darstellungsform sind die Lernenden frei oder sie wird vorgegeben. Im letzten Fall besteht auch die Möglichkeit, die Darstellung schon vorab zu strukturieren. Diese Transformation verlangt eine intensive Auseinandersetzung mit dem Text. Hilfreich ist dabei das vorhergehende farborientierte Markieren der wichtigsten Begriffe. Es handelt sich mithin um eine Organisationsstrategie.

▶ **Expandieren des Textes**: Viele Fachtexte sind bereits so stark verdichtet, dass es – Anfängerinnen und Anfängern ebenso wie Expertinnen und Experten – schwer fällt, den Text weiter zu verdichten. Beim Expandieren wird der Text – im gegenteiligen Vorgehen – durch Beispiele und eigene Erläuterungen weiter ausgedehnt. Es handelt sich um eine Strategie der Elaboration.

▶ **Textvergleich**: Beim Textvergleich werden verschiedene Texte verglichen, beispielsweise Texte zum gleichen Thema aus verschiedenen Lehrbüchern. Durch den Vergleich werden ggf. Verstehenslücken ausgeglichen und die Auseinandersetzung mit der formalen Struktur des Textes gefördert.

▶ **Einsatz von Hilfsmitteln**: Die Arbeit mit Hilfsmitteln, etwa dem Duden oder einem Fremdwörterbuch, sollte an der Schule ein Thema sein.

Übersicht 13: Förderung des Leseverstehens im Fachunterricht

Diese Aufgaben haben eine hohe Ähnlichkeit zu den Aufgaben, die für die Ergebnissicherung im traditionellen Unterricht vorgeschlagen wurden. Das ist kein Zufall. Die berufssprachliche Kompetenz liegt quer zu den hier vorgeschlagenen vier Kompetenzdimensionen. Beim Leseverstehen sticht der Bezug zur Lernkompetenz besonders hervor.

20.6.3 Schreiben im Fachunterricht fördern

Das Lesen ist eine rezeptive Form der schriftsprachlichen Auseinandersetzung. Dem steht die Förderung des Schreibens als produktive schriftsprachliche Form gegenüber. Das Schreiben im Unterricht hat eine Reihe von Vorzügen, die über die Förderung der Schreibkompetenz hinausgehen: Beim Schreiben kommen die Lernenden zu neuen Ideen, es führt sie zu einer vertieften Auseinandersetzung, schafft Bewusstsein und Präzision, es fördert die Konzentration auf das Wesentliche, das Schreiben schafft Differenzierungsmöglichkeiten im Unterricht und fördert das selbstgesteuerte Lernen (Leisen, 2006a). Gegenstand des Schreibens im Unterricht können verschiedene *Schreibprodukte* sein (Leisen, 2006a).

▶ **Schreibprodukte mit Sachbezug**: Schreibprodukte mit Sachbezug sind vom Lernenden erstellte, eigene kurze schriftliche Formulierungen, beispielsweise die Formulierung einer Hypothese. Umfangreichere Beschreibungen und Erklärungen erläutern hingegen komplexere Sachverhalte. Eine Hochform eines Schreibproduktes mit Sachbezug ist die Hausarbeit.

▶ **Schreibprodukte mit Adressaten-Bezug**: Lernende werden aufgefordert, einen erlernten Sachverhalt einer fiktiven Person, etwa der jüngeren Schwester, darzustellen.

▶ **Schreibprodukte mit Ich-Bezug**: Die Lernenden werden aufgefordert, über sich selbst in kreativer Weise oder in Form eines Erfahrungsberichts zu schreiben.

Wie es schon für das eigenständige Erstellen von Notizen – also einer spezifischen Textform – erläutert wurde, sollte das selbständige Schreiben im Fachunterricht stufenweise entwickelt werden (Leisen, 2006a).

Übungen zur Förderung des Schreibens im Fachunterricht

▶ **Schreiben nach Textmuster**: Beim Schreiben nach Textmuster wird ein Text nach dem Muster eines vorgegebenen Beispiels angefertigt.

▶ **Schreiben mit Schreibhilfe**: Beim Schreiben mit Schreibhilfe wird eine andere Darstellungsform der Inhaltsstruktur, also etwa eine Tabelle oder ein Mindmap vorgegeben und als Strukturierungshilfe für den Text genutzt.

▶ **Systematisches Schreiben**: Beim systematischen Schreiben werden die einzelnen Teilschritte bis zu einem fertigen Text von der Lehrkraft vorgegeben und vom Lernenden schrittweise ‚abgearbeitet'.

▶ **Optimierendes Schreiben**: Beim optimierenden Schreiben verfassen die Lernenden einen Text, erhalten von Mitlernenden oder der Lehrkraft eine Rückmeldung und erstellen anschließend eine überarbeitete Fassung des Textes.

▶ **Zusammentragendes Schreiben**: Aus verschiedenen Texten wird der eigene Gedankengang entwickelt und in Form eines Textes dargestellt.

▶ **Kooperatives Schreiben**: Zunächst wird der Text in einer Gruppen- oder Partnerarbeit erstellt, anschließend in einer Schreibkonferenz beraten und dann schließlich zu einem Abschlusstext überführt.

▶ **Assoziatives Schreiben**: Beim assoziativen Schreiben werden auf der Basis nicht-linearer Notizen und Gedankensammlungen eine Gliederung und anschließend ein Text erstellt.

▶ **„Drauflosschreiben"**: Beim ‚Drauflosschreiben' wird ein Text nach einer kurzen Phase des Überlegens von den Lernenden verfasst.

Übersicht 14: Förderung des Schreibens im Fachunterricht

20.6.4 Mit sprachlichen Fehlern im Unterricht umgehen

Da Fehler im schriftlichen Sprachgebrauch bereits stärker verfestigt sind, hat die Lehrkraft hier stärker zu reagieren. Die Korrektur der Fehler sollte eine geeignete Form des Feedbacks vorsehen. Dabei können Rechtschreibfehler von verstehensbeeinträchtigenden Fehlern unterschieden werden.

Die sprachliche Kompetenz der Lernenden kann in vier Bereiche unterteilt werden (Sprechen, Hörverstehen, Schreiben, Leseverstehen). Sprachsensibler Fachunterricht bedeutet auch die Reflexion, welche diese Bereiche im Unterricht durch die eingesetzten Methoden fördert. Traditioneller Unterricht steht in der Gefahr, sich zu stark auf das Hörverstehen zu konzentrierten und zu wenig Raum für das Schreiben, das Leseverstehen und das Sprechen zu geben. Auch der traditionelle Unterricht sollte unter dieser Perspektive vor allem Raum für das Sprechen eröffnen.

20.6.5 Umfassende Förderkonzepte

Ein über diese Vorschläge hinausgehendes, ausdifferenziertes Konzept zur Förderung der Berufssprache Deutsch bietet die im Internet verfügbare Handreichung „Berufssprache Deutsch. Handreichung zur Förderung der beruflichen Sprachkompetenz von Jugendlichen in Ausbildung" (ISB, 2011). Eigenständige Förderansätze sind auch die Sprachbausteine aus dem Berliner Projekt SPAS, die integrierte Sprachförderung in Berufsvorbereitung und Ausbildung an Berliner Berufsschulen (Wiazewicz, 2011) sowie der LeseNavigator für Thüringer Schulen (Metscher, 2012). Verfügbar sind auch eigenständige Lehrwerke wie das Lehrwerk „Berufsdeutsch", das einen Basisband mit verschiedenen fachspezifischen Handlungssituationen verbindet (Dirschedl, 2011) sowie die Methodensammlung „Sprachförderung im Fachunterricht an beruflichen Schulen" (Günther, 2013).

20.7 Die Förderung überfachlicher Kompetenzen in der Schule verankern

Die vorstehenden Ausführungen beschrieben die Möglichkeiten der Förderung der überfachlichen Kompetenz, also der Lern-, Sozial-, Selbst- und Sprachkompetenz. Dabei tat sich eine Vielfalt von Methoden zur akzentuierten Förderung überfachlicher Kompetenzen auf.

Der Unterricht an beruflichen Schulen ist stark von der Fachkompetenz bestimmt – mit gutem Recht. Die Förderung überfachlicher Kompetenz stellt sich nicht automatisch ein. Überfachliche Kompetenzen lassen sich in der Schule auf ganz verschiedenen Wegen fördern. Schon immer haben engagierte Lehrkräfte die Entwicklung der überfachlichen Kompetenzen unterstützt. Häufig erfolgt eine solche Förderung *en passant*, wenn sich für die Lehrkraft die Notwendigkeit bzw. der Bedarf und die Möglichkeit ergeben. Eine solche en-passant-Förderung überfachlicher Kompetenzen bleibt eine vornehme Aufgabe jeder Lehrkraft. Auch mit Blick auf die Megatrends ist jedoch fraglich, ob sie ausreichen wird.

Eine umfassende Verankerung der Förderung überfachlicher Kompetenzen kann sich am Zyklus der Kompetenzorientierung (TB-1.15) orientieren. Die Verankerung eines umfassenden Modells zur Förderung überfachlicher Kompetenzen ist in der Schule ein komplexes Unterrichtsentwicklungsprojekt.[2]

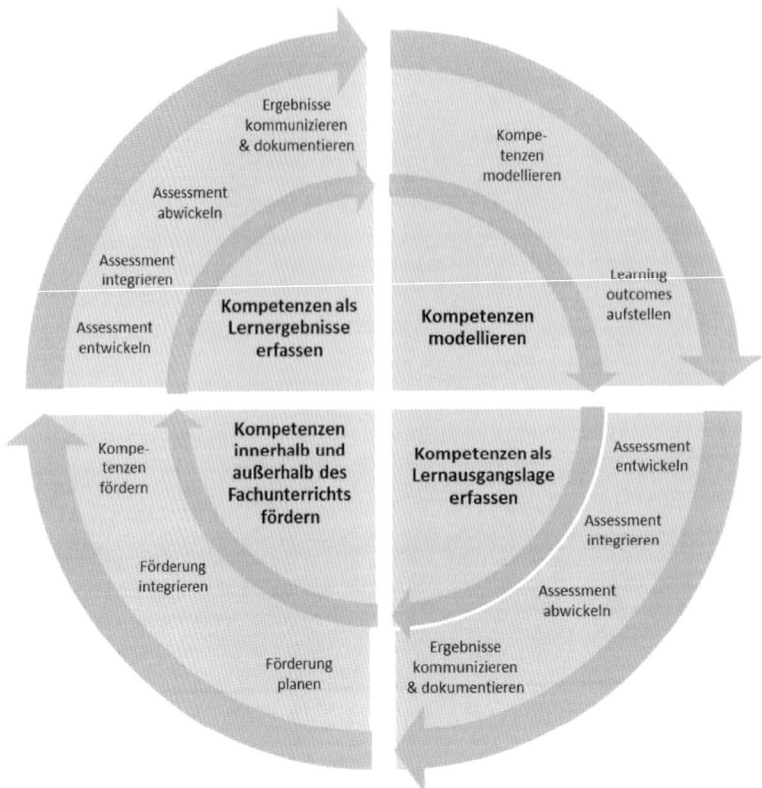

Übersicht 15: Zyklus der Kompetenzorientierung

In einem ersten Schritt sind die überfachlichen Kompetenzen kooperativ zu modellieren (Kapitel 3) und Leraning Outcomes aufzustellen (Kapitel 6). In einem nächsten Schritt sind – unter Umständen für ausgewählte erste Teilkompetenzen – Assessments zu entwickeln. Assessment-Instrumente wie Checklisten, Kriterienkataloge oder Kriterienraster werden für bestimmte Assessment-Anlässe entwickelt (Kapitel 7). Die Kombinationen von Assessment-Anlässen und –Instrumenten sind in der makrodidaktischen Planung zu berücksichtigen, d. h. der Verteilungsplan weist solche Kombinationen aus (Kapitel 9). Die Assessments sind abzuwickeln und die Ergebnisse zu kommunizieren und zu dokumentieren (Kapitel 23).

Bei der Planung des Assessments wird auf das so ermittelte Ist-Profil zurückgegriffen. Dabei wird beispielsweise bei Verwendung eines standardisierten Tests berichtet, in welchen Teilkompetenzen (Subskalen) Lernende günstige und ungünstige Werte erreicht haben. Die Entscheidung, was „günstig" und was „ungünstig" ist, bedarf eines normativen Referenzpunktes. Gerade in Schulen scheint hier die Logik des „Höher-Besser-Schneller" vorzuherrschen. Notwendig ist jedoch das Festlegen der angestrebten Kompetenzprofile (‚Soll-Profil'). Aus dem Assessment, der empirischen Arbeit allein, aus dem Testen allein, lässt sich kein Förderbedarf ‚ableiten'. Es bedarf vielmehr einer bildungstheoretischen Vorstellung darüber, was bei der in Rede stehenden Zielgruppe das anzustrebende Soll-Profil ist. Erst aus der Diskrepanz zwischen normativem Referenzpunkt des Soll und des empirisch ermitteltem Ist ergibt sich der Förderbedarf. Bei der Profilierung lassen sich verschiedene soziale Bezugsgruppen nutzen und verschiedene Formen von Profilen bestimmen. Es sind dies, wie bereits in Kapitel 7 ausgeführt, das generalisierte Profil, das Gruppenprofil sowie das individuelle Profil.

▶ **Generalisiertes Profil**: Bei einem generalisierten (Förder-)Profil werden die Daten über die gesamte Zielgruppe ausgewertet. Ein generalisiertes Förderprofil ermittelt für die Gesamtgruppe, also etwa eine Klasse oder einen Jahrgang, typische Stärken und Schwächen bezüglich der überfachlichen Kompetenz. Ein generalisiertes Förderprofil wird benötigt, um die Kompetenzentwicklung der gesamten Gruppe passgenau zu planen.

▶ **Gruppenprofil**: Bei einem Gruppenprofil bzw. einem gruppierten Förderprofil wird der Grundgedanke der statistischen Clusteranalyse aufgegriffen. Die Lernenden werden so in Gruppen (Cluster) eingeteilt, dass diejenigen, die einer Gruppe zugeordnet werden ein möglichst ähnliches Kompetenzprofil aufweisen, während gleichzeitig die Lernenden in unterschiedlichen Gruppen deutlich voneinander verschieden sind. Gruppierte Förderprofile dienen der Isolierung von Gruppen, die später getrennt gefördert werden. Dabei handelt es sich um eine Differenzierung.

▶ **Individuelles Profil**: Bei einem individuellen Förderprofil wird für jeden der einzelnen Lernenden ein individuelles Profil entwickelt, das eine Grundlage für die individualisierte Kompetenzentwicklung darstellt. Immer dann, wenn individuelle Förderprofile zum Ausgangspunkt der pädagogischen Arbeit werden, wird hier von „Individualisierung" bzw. von „individualisierenden Methoden" bzw. von „Methoden der individuellen Förderung" gesprochen.

Wünschenswert wäre eine gleichzeitige Arbeit mit allen drei Förderprofilen. Die Arbeit mit individualisierten Förderprofilen kommt pädagogischem Denken besonders nahe, wie es sich in dem Grundsatz „Lernende dort abholen, wo sie stehen" niederschlägt. Die Arbeit mit individualisierten Profilen ist jedoch aufwändig und steht dem klassischen Verständnis von Schule als Form industrialisierten Lernens entgegen. Daher bietet es sich in schulischen Lernumwelten an, soweit immer möglich, einen besonderen Förderbedarf auch auf Ebene der gesamten Zielgruppe, also etwa einer Jahrgangsstufe, und einzelner Gruppen zu befriedigen.

In schulischen Lernwelten lassen sich die verschiedenen Ansätze zur Förderung nach ihrem Verhältnis zum Fachunterricht und nach dem zugrunde gelegten Förderprofil bzw. nach der Bezugsgruppe unterscheiden.[3] Diese Formen werden in unterschiedlicher Weise bei der makrodidaktischen Planung berücksichtigt.

Bezugsgruppe	Zugrunde gelegtes Förderprofil	Verhältnis vom Fachunterricht		
		Förderung im Fachunterricht	Förderung in einem eigenständigen Fach	Förderung außerhalb des gefächerten Unterrichts
Klasse	Generalisiertes Förderprofil	Förderatome	Förderpflichtfach	Förderinsel (Pflicht)
Gruppen	Gruppenprofil (= Differenzierung)	Förderatome (für einzelne Gruppen)	Förderpflichtfächer (pro Förderprofil)	Förderinsel (Wahl nach Profil)
Individuum	Individuelles Profil (= Individualisierung)	Förderatome (für Individuen)	Fach „Individuelle Förderung"	Individuelle Förderplanarbeit

Übersicht 16: Schulische Integration der Förderung überfachlicher Kompetenzen

Außerhalb des gefächerten Unterrichts sind Förderinseln verankert.[4] In der makrodidaktischen Planung werden für Förderinseln didaktische Zeitgefäße jenseits des Fachunterrichts vorgesehen, die der Entwicklung der anvisierten überfachlichen Kompetenzen dienen. So mag eine im Schuljahr vorgesehene Lernmethoden-Woche der Förderung der Lernkompetenz oder ein Outdoor-Event der Entwicklung der Sozial- und Selbstkompetenz dienen. Der Fachunterricht wird durch Förderinseln unterbrochen. Eine solche Förderinsel kann sich verpflichtend an die gesamte Klasse richten. Alternativ kann die Konstruktion von Förderinseln eine pädagogische Antwort auf die unterschiedlichen Profile der Gruppen in der Klasse sein. Für eine Gruppe mag beispielsweise ein Angebot im Zeitmanagement, für eine andere Gruppe ein Angebot im Präsentieren aufgrund des ermittelten Profils relevant sein. Im Extremfall kann auch das individuelle Förderprofil der Förderung außerhalb des gefächerten Unterrichts zugrunde gelegt werden. Aus Gründen der Ökonomie bieten sich individualisierte Maßnahmen nur dann an, wenn den spezifischen Förderbedarfen nicht auf Klassen- oder Gruppenebene begegnet werden kann.

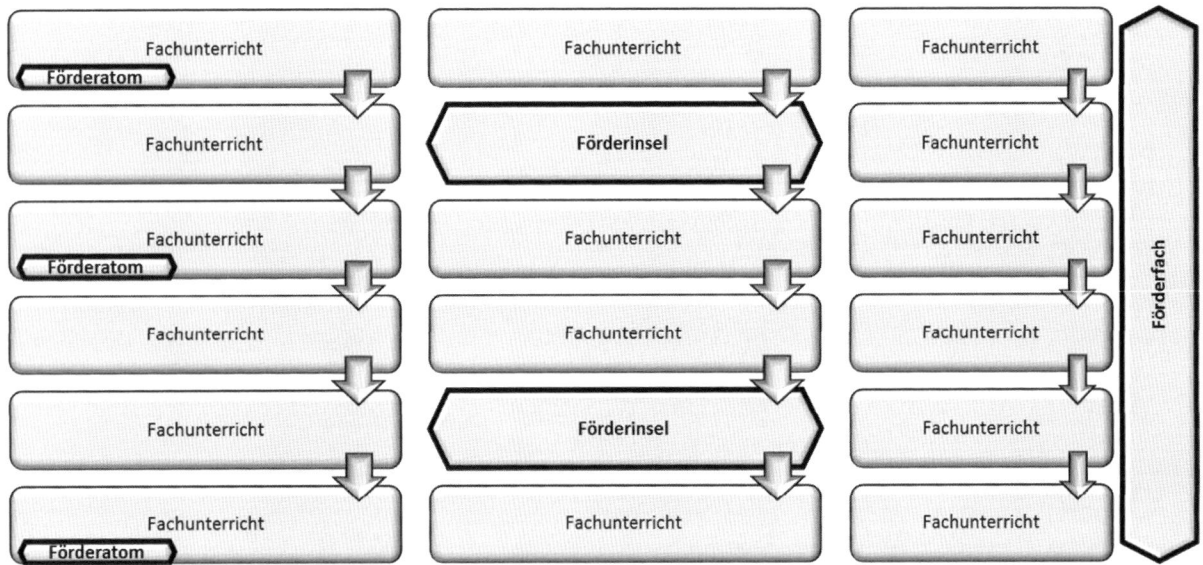

Übersicht 17: Förderatom, Förderinsel und Förderfach

Eine weitere Möglichkeit der Integration in den schulischen Betrieb ist die Einrichtung von *Förderfächern*. Fächer stellen „historisch gewordene, inhaltlich zugleich abgegrenzte als auch aufgrund bestimmter Zielsetzungen verknüpfte Aufgabenfelder institutionalisierter Lehre" (Bracht, 1986, S. 425) dar. In diesem Sinne sind auch die Lernfelder in Deutschland Fächer, obwohl sie genau als Alternative zum ‚Fachunterricht' angetreten sind. Typisch an einer gefächerten Lehre ist im Gegensatz zu Inseln die regelmäßige, meist wöchentliche Verankerung im Kanon der Schule. So kann ein Fach, ein freiwilliger oder verpflichtender Kurs „Lernen lernen" der Entwicklung von Lernkompetenzen an der Schule dienen. Derartige Fächer werden neben den gängigen Fächern eingerichtet, d. h. in der makrodidaktischen Planung wird eine neue Spalte für ein neues Fach eingeführt und damit eine neue Möglichkeit der Parallelisierung geschaffen. Ein Beispiel ist das Fach „ÜFK" (Überfachliche Kompetenzen) in der kaufmännischen Ausbildung in der Schweiz, das Fach „Persönlichkeitsbildung und soziale Kompetenz" im Lehrplan (HAK 2004) der Handelsakademie in Österreich oder die individuelle Förderung im Berufseinstiegsjahr (BEJ) in Baden-Württemberg.

Eine weitere Variante der schulischen Integration soll hier „*Förderatome* im Fachunterricht" genannt werden. Häufig dürfte eine Verbindung mehrerer Integrationsmöglichkeiten relevant sein. In jedem Fall sollte auch die Förderung im Fachunterricht berücksichtigt werden. In Schulen kann sonst schnell der Eindruck aufkommen, die ‚normale' ‚Fach'lehrkraft könne die Förderung überfachlicher Kompetenzen an ‚Expertinnen' und ‚Experten', nämlich Lehrkräften in den Förderinseln und den Förderfächer, ‚delegieren'.

Die Verankerung der Förderung überfachlicher Kompetenzen ist in der Schule eine komplexe Schulentwicklungsaufgabe, die der Bewältigung mehrerer Schritte bedarf. Ein modellhaftes Beispiel für eine solche Entwicklung erfolgte im Innovationsnetzwerk in Hamburg (http://www.ibw.uni-hamburg.de/evaneteh/). In diesem Projekt wird auch deutlich: Die Förderung im Fachunterricht verlangt von der Lehrkraft und der Forschung einen langen Atem.

20.8 Outro

20.8.1 Die wichtigsten Begriffe dieser Lerneinheit

- Überfachliche Kompetenz
- Kommunikations-Training
- Sozialkompetenz-Training
- Dilemma-Diskussion (Blatt-Kohlberg vs. Konstanzer Methode)
- Gerechte Schulgemeinschaft (Just Community)
- Service-Learning
- Erlebnispädagogik (The Mountains Speak for Themselves- Modell vs. Outward-Bound-Plus-Modell)

- Outdoor-Training
- Lernkompetenz-Training bzw. Lernkompetenzförderung (direkt vs. indirekt)
- Lerntagebuch
- Förderung des Leseverstehens im Fachunterricht
- Förderung des Schreibens im Fachunterricht
- Integration der Förderung überfachlicher Kompetenzen in der Schule

20.8.2 Tools

- Tool „Karte: Methoden des Wirtschaftsunterrichts" (TB-1.7)
- Tool „Zyklus der Kompetenzorientierung" (TB-4.1)
- Tool „Kompetenzstrukturmodell: Hier zugrunde gelegtes Kompetenzmodell" (TB-4.2)
- Tool „Stufen der moralischen Entwicklung nach Kohlberg: Detailbeschreibung" (TB-4.19)
- Tool „Einzelne Kompetenzdimensionen: (Berufs-)Sprachliche Kompetenz: Kompetenzraster" (TB-4.21)
- Tool „Sozialkompetenz-Training: Ablaufschema" (TB-13.1)
- Tool „Dilemma-Diskussion: Ablaufschema (TB-13.2)
- Tool „Erstellung eines edukativen Dilemmas: Checkliste (TB-13.3)
- Tool „Lernkompetenz-Training: Ablaufschema" (TB-13.4)
- Tool „Erlebnispädagogik: Ablaufschema" (TB-13.5)
- Tool „5-Gang-Lesetechnik: Vorlage Arbeitsblatt" (TB-13.6)
- Tool „Lerntagebuch: Vorlage Arbeitsblatt" (TB-13.7)
- Tool „Feedback: Kriterienkatalog" (TB-14.18)

20.8.3 Kompetenzen

- Methoden zur akzentuierten Förderung der Sozialkompetenz einsetzen: Kommunikationstraining nach Klippert erläutern; SoKo-Trainingsansatz erläutern; Methoden der moralischen Bildung abgrenzen können; Dilemma-Methode bewerten; Blatt-Kohlberg-Dilemma-Methode bewerten; Konstanzer Methode der Dilemma-Diskussion (KMDD) planen und ausarbeiten; Gerechte Schulgemeinschaft und andere Methoden einordnen; Service-Learing erörtern; Erlebnispädagogische Methoden erörtern

- Methoden zur akzentuierten Förderung der Lernkompetenz planen und ausarbeiten: Direkte LeKo-Förderung planen und ausarbeiten; Indirekte LeKo-Förderung planen und ausarbeiten; Lernende mit Lernschwierigkeiten fördern

- Methoden zur akzentuierten Förderung der Selbstkompetenz planen und ausarbeiten: Ausgewählte Coaching-Techniken erörtern; Selbstkompetenz durch selbstbezogene Informationen, insbesondere Feedback, entwickeln; Bildung persönlicher Ziele der Schülerinnen und Schüler unterstützen; Selbstwirksamkeit der Schülerinnen und Schüler fördern

- Methoden zur akzentuierten Förderung der sprachlichen Kompetenz planen und ausarbeiten: Methoden zur Förderung des Leseverstehens im Fachunterricht gestalten; Methoden zur Förderung des Schreibens im Fachunterricht gestalten; Mit sprachlichen Fehlern der Lernenden im Unterricht umgehen

- Akzentuierte Förderung überfachlicher Kompetenzen in Unterricht und Schule verankern: Notwendigkeit einer systematischen Verankerung erkannt haben; Makrodidaktische Planung als Vo-

raussetzung für die akzentuierte Förderung rekonstruieren; Vorgehensmodell zur Verankerung erläutern

20.8.4 Hinweise zur vertieften Auseinandersetzung: Weiterlesen

Ein sehr lesenswertes Buch zur Förderung der moralischen Urteilsfähigkeit in Schule und Unterricht
ist das Buch von Lind (2003). Ein Handbuch mit Trainingsbausteinen zur Schulung der Selbstkompetenz legen Monigl, Amerein, Stahl-Wagner und Behr (2011) vor.

20.8.5 Hinweise zur vertieften Auseinandersetzung: Weitersurfen

Lind unterhält eine ergiebige Webseite: http://www.uni-konstanz.de/ag-moral/index.html

20.8.6 Literaturnachweis

AACTE (American Association of Colleges for Teacher Education). (2004). *Service Learning*. Washington:
AACTE.

Andersen, S. M. (1998). *Service Learning. A National Strategy for Youth Development*. New York: New York
University / The Communitarian Network.

Bauer, M. (2007). Trainings sozialer Kompetenzen. Konzepte und Anwendungsgebiete. In R. Hinsch & U.
Pfingsten (Hrsg.), *Gruppentraining sozialer Kompetenzen GSK. Grundlagen, Durchführung, Anwendungsbeispiele* (5. Aufl., S. 73–89). Weinheim: Beltz PVU.

Blatt, M. M. & Kohlberg, L. (1975). The Effects of Classroom Moral Discussion upon Children's Level of Moral
Judgment. *Journal of Moral Education, 4* (2), 129–161.

BMBF (Bundesministerium für Bildung und Forschung). (2006). *Bausteine zur nachhaltigen Gestaltung einer
individualisierten beruflichen Integrationsförderung junger Menschen. Ergebnisse der Entwicklungsplattform 3 "Individuelle Förderung"*. Bonn: Bundesministerium für Bildung und Forschung.

Bracht, U. (1986). Fach - Fächerkanon. In H.-D. Haller, T. Hanisch & D. Lenzen (Hrsg.), *Ziele und Inhalte der
Erziehung und des Unterrichts* (Enzyklopädie Erziehungswissenschaft, Bd. 3, S. 419–426). Stuttgart: Klett-
Cotta.

Budde, J. (2010). Inszenierte Mitbestimmung?! Soziale und demokratische Kompetenzen im schulischen Alltag.
Zeitschrift für Pädagogik, 56 (3), 384–401.

Charney, C. & Conway, K. (1997). *The Trainer's Tool Kit*. Mcgraw-Hill Professional.

Dirschedl, C. (Hrsg.). (2011). *Berufsdeutsch* (Berufsdeutsch). Berlin: Cornelsen.

Dubs, R. (2011). Die Bedeutung der wirtschaftlichen Bildung in der Demokratie. In L. Ludwig, H. Luckas, F.
Hamburger & S. Aufenanger (Hrsg.), *Bildung in der Demokratie. Tendenzen - Diskurse - Praktiken* (S. 191–
206). Opladen, Farmington Hills, Mich: Budrich.

Eckert, M. (2011). Lernprobleme und Lernstrategien von lernbeinträchtigten Auszubildenden. In H. Biermann &
B. Bonz (Hrsg.), *Inklusive Berufsbildung. Didaktik beruflicher Teilhabe trotz Behinderung und Benachteiligung* (1. Aufl., S. 54–71). Baltmannsweiler: Schneider Hohengehren.

Erpenbeck, J. (2004a). Was bleibt? Kompetenzmessung als Wirksamkeitsnachweis von E-Learning. In A. Hohenstein & K. Wilbers (Hrsg.), *Handbuch E-Learning* (S. 6.6, S. 1-16). Deutscher Wirtschaftsdienst.

Erpenbeck, J. (2004b). Was kommt? Kompetenzentwicklung als Prüfstein von E-Learning. In A. Hohenstein &
K. Wilbers (Hrsg.), *Handbuch E-Learning* (S. 6.7, S. 1-21). Deutscher Wirtschaftsdienst.

Euler, D. (Hrsg.). (2009). *Sozialkompetenzen in der beruflichen Bildung. Didaktische Förderung und Prüfung*.
Bern: Haupt Verlag.

Faber, G. (2011). *Motivationsförderung durch attributionales Feedback. Voraussetzungen und Möglichkeiten im
Unterricht*. Soest (Workshopdokumentation zur Fachtagung „Scheitern verhindern – Lernmotivation we-
cken").

Filipp, S.-H. (2006). Kommentar zum Schwerpunktthema: Entwicklung von Fähigkeitsselbstkonzepten. *Zeitschrift für Pädagogische Psychologie, 20* (1), 65–72.

Fischer, T. & Lehmann, J. (2009). *Studienbuch Erlebnispädagogik. Einführung in Theorie und Praxis*. Bad
Heilbrunn: Klinkhardt.

Friedrich, H. F. & Mandl, H. (1992). Lern- und Denkstrategien - ein Problemaufriß. In H. Mandl & H. F. Friedrich (Hrsg.), *Lern- und Denkstrategien. Analyse und Intervention* (S. 3–54). Göttingen: Hogrefe.

Furco, A. (2004). Zufriedener, sozialer, sensibler und motivierter. Hoffnungsvolle Ergebnisse in den USA. In A.
Sliwka, C. Petry & P. E. Kalb (Hrsg.), *Durch Verantwortung lernen* (S. 12–31). Weinheim/Basel: Beltz.

Galuske, M. (2009). *Methoden der sozialen Arbeit. Eine Einführung* (8. Aufl.). Weinheim: Juventa.

Greif, S. (2008). *Coaching und ergebnisorientierte Selbstreflexion. Theorie, Forschung und Praxis des Einzel- und Gruppencoachings*. Göttingen: Hogrefe.

Günther, K. (2013). *Sprachförderung im Fachunterricht an beruflichen Schulen* (Teach the teacher1. Aufl). Berlin: Cornelsen.

Heckmair, B. & Michl, W. (2008). *Erleben und Lernen. Einführung in die Erlebnispädagogik* (6. Aufl.). München: Reinhardt.

ISB (Staatsinstitut für Schulqualität und Bildungsforschung München) (Hrsg.). (2011). *Berufssprache Deutsch. Handreichung zur Förderung der beruflichen Sprachkompetenz von Jugendlichen in Ausbildung*. München.

Kimmelmann, N. (2013). Sprachsensible Didaktik als diversitäts-gerechte Weiterentwicklung einer Didaktik beruflicher Bildung. *bwp@ (Berufs- und Wirtschaftspädagogik - online)* (24), 1–21.

Klippert, H. (2006). *Kommunikations-Training. Übungsbausteine für den Unterricht* (10. Aufl.). Weinheim: Beltz.

Kolmerer, H. (2010). Das Kompetenzmanagementsystem bei AXA Deutschland. In A. Hohenstein & K. Wilbers (Hrsg.), *Handbuch E-Learning* (Bd. 6.6.1, S. 1–2). Köln: Deutscher Wirtschaftsdienst.

Leisen, J. (2006a). Ein Sachtext - Zehn Strategien zur Bearbeitung von Sachtexten. *Naturwissenschaften im Unterricht – Physik* (5), 12–23.

Leisen, J. (2006b). Lesekompetenz im naturwissenschaftlichen Unterricht. *Naturwissenschaften im Unterricht – Physik* (5), 4–9.

Lind, G. (2003). *Moral ist lehrbar. Handbuch zur Theorie und Praxis moralischer und demokratischer Bildung*. München: Oldenbourg Schulbuchverlag.

Melaragno, R. (1976). *Tutoring With Students: A Handbook for Establishing Tutorial Programs in Schools:* Educational Technology Publications.

Metscher, M. (Hrsg.). (2012). *Lesen wollen, Lesen lernen, Lesen können. Zur Förderung von Lesekompetenz in Thüringer Schulen* (1. Aufl.). Bad Berka: Thillm.

Michl, W. (2009). *Erlebnispädagogik*. München: Reinhardt.

Monigl, E., Amerein, B., Stahl-Wagner, C. & Behr, M. (2011). *Selbstkompetenzen bei Jugendlichen fördern. Das SMS-Trainingshandbuch zur Verbesserung der beruflichen Integration von Haupt- und Realschülern*. Göttingen [u.a.]: Hogrefe.

Mutzeck, W. (2007). Förderplanschemata und abschließende Bemerkungen. In W. Mutzeck, C. Melzer & A. Sander (Hrsg.), *Förderplanung. Grundlagen - Methoden - Alternativen* (S. 251–259). Weinheim: Beltz.

Nüesch, C., Zeder, A. & Metzger, C. (2008). *Unterrichtseinheiten zur Förderung von Lernkompetenzen. Teil 1*. St. Gallen: Institut für Wirtschaftspädagogik.

Ohm, U., Kuhn, C. & Funk, H. (2007). *Sprachtraining für Fachunterricht und Beruf. Fachtexte knacken - mit Fachsprache arbeiten*. Münster: Waxmann.

Pallasch, W., Kölln, D., Reimers, H. & Rottmann, C. (2001). *Das Kieler Supervisionsmodell (KSM). Manual und Kopiervorlagen zur pädagogischen Supervision*. Weinheim, München: Juventa-Verl.

Pallasch, W. & Petersen, R. (2005). *Coaching. Ausbildungs- und Trainingskonzeption zum Coach in pädagogischen und sozialen Arbeitsfeldern* (1. Aufl.). Weinheim: Juventa Verlag.

Radspieler, A. (2011). Kompetenzraster Berufssprache Deutsch. In ISB (Staatsinstitut für Schulqualität und Bildungsforschung München) (Hrsg.), *Berufssprache Deutsch. Handreichung zur Förderung der beruflichen Sprachkompetenz von Jugendlichen in Ausbildung* (S. 45–50). München.

Reiners, A. & Eger, O. (2009). *Neue Sammlung handlungsorientierter Übungen für Seminar und Training* (2. Aufl.). Augsburg: ZIEL.

Reiners, A. & Schmieder, W. (2009). *Bewährte Sammlung motivierender Interaktionsspiele* (8. Aufl.). Augsburg: ZIEL.

Reinmuth, S. I., Saß, C. & Lauble, S. (2007). Die Idee des Service Learning. In A. M. Baltes, M. Hofer & A. Sliwka (Hrsg.), *Studierende übernehmen Verantwortung. Service Learning an deutschen Universitäten* (S. 13–28). Weinheim: Beltz.

Renkl, A., Nückles, M., Schwonke, R., Berthold, K. & Hauser, S. (2004). Lerntagebücher als Medium selbstgesteuerten Lernens. Theoretischer Hintergrund, empirische Befunde, praktische Entwicklungen. In M. Wosnitza, A. Frey & R. S. Jäger (Hrsg.), *Lernprozess, Lernumgebung und Lerndiagnostik wissenschaftliche Beiträge zum Lernen im 21. Jahrhundert.* (Bd. 16, Bd. 16, S. 101–116). Landau: Verlag Empirische Pädagogik.

Rothwell, B. & Sensenig, K. (1999). *The Sourcebook for Self-Directed Learning:* HRD Press.

Schaupp, U. (2009). Immer dieser Michel … oder: Tipps zum täglichen Umgang mit aufmerksamkeits- und konzentrationsschwachen Kindern und Jugendlichen. In D. Menzel & W. Wiater (Hrsg.), *Verhaltensauffällige Schüler. Symptome, Ursachen und* (S. 176–183). Stuttgart: UTB GmbH.

Schiefele, U. (2009). Motivation. In E. Wild & J. Möller (Hrsg.), *Pädagogische Psychologie* (S. 152–175). Heidelberg: Springer.

Schomaker, C. & Ricking, H. (2012). *SonderPädagogik in Modulen. Teil 1: Grundlagen*. Baltmannsweiler: Schneider-Verl. Hohengehren.

Segrin, C. & Givertz, M. (2003). Methods of Social Skills Training and Development. In J. O. Greene & B. R. Burleson (Hrsg.), *Handbook of communication and social interaction skills* (S. 135–176). Mahwah, NJ: Erlbaum.

Sliwka, A. & Frank, S. (2004). *Service Learning. Verantwortung lernen in Schule und Gemeinde* (Beltz Praxis). Weinheim: Beltz.

Sliwka, A., Petry, C. & Kalb, P. E. (Hrsg.). (2004). *Durch Verantwortung lernen*. Weinheim/Basel: Beltz.

Sliwka, A. (2004). Schulen als Quellen des Sozialkapitals einer Gesellschaft:. Die Verbindung von "Service" und "Learning". In K. Wilbers (Hrsg.), *Das Sozialkapital von Schulen. Die Bedeutung von Netzwerken, gemeinsamen Normen und Vertrauen für die Arbeit von und in Schulen* (S. 91–108). Bielefeld: W. Bertelsmann.

Stein, R. & Schad, G. (2006). Didaktik bei Verhaltensstörungen. In S. Ellinger & R. Stein (Hrsg.), *Grundstudium Sonderpädagogik* (2. Aufl., S. 451–467). Oberhausen: Athena.

Trager, B. (2012). *Förderung der Selbstreflexion bei pädagogischen Professionals mit Hilfe von E-Portfolios. Dissertationsschrift*. Nürnberg.

Vernooij, M. A. (2007). *Einführung in die Heil- und Sonderpädagogik. Theoretische und praktische Grundlagen der Arbeit mit beeinträchtigten Menschen* (8. Aufl.). Wiebelsheim: Quelle & Meyer.

Wiazewicz, M. (2011). Sprachförderbausteine als Stufen der integrierten Sprachförderung. Ein Projektbeispiel aus dem kaufmännischen Bereich. *Wirtschaft und Erziehung, 63* (6-7), 232–236.

Wiest, B. (2010). Aufbau eines Kompetenzmanagements im Kundenservice. In A. Hohenstein & K. Wilbers (Hrsg.), *Handbuch E-Learning* (Bd. 6.7.2, S. 1–3). Köln: Deutscher Wirtschaftsdienst.

Wilbers, K. (2004). Schule und Sozialkapital. Eine Übersicht über den erziehungswissenschaftlichen Diskurs zum Konzept Sozialkapital unter besonderer Berücksichtigung der Berufsbildung. In K. Wilbers (Hrsg.), *Das Sozialkapital von Schulen. Die Bedeutung von Netzwerken, gemeinsamen Normen und Vertrauen für die Arbeit von und in Schulen* (S. 25–43). Bielefeld: W. Bertelsmann.

Ziegler, A. (2003). Förderung günstiger Ursachenerklärungen. *LVH aktuell* (11), 10–11.

20.8.7 Anmerkungen

[1] Ein ausdifferenzierter Ansatz zur Förderung von Sozialkompetenz wird in der Wirtschaftspädagogik von der Gruppe um Dieter Euler vorgelegt. Vgl. etwa Euler (2009).

[2] Das hier vorgeschlagene Modell nimmt Konzepte aus dem betrieblichen Kompetenzmanagement, dem Fallmanagement und der individuellen Förderung bzw. der Förderplanarbeit auf. Im betrieblichen Kompetenzmanagement bilden die Diagnose und die Bestimmung von Soll-Profilen den Ausgangspunkt für die weiteren Arbeiten. Vgl. Erpenbeck (2004a); Erpenbeck (2004b); Kolmerer (2010); Wiest (2010). In der Diskussion um die berufliche Bildung von benachteiligten Jugendlichen bzw. von Jugendlichen mit besonderem Förderbedarf, spielt die individuelle Förderplanung eine große Rolle (BMBF, (2006)). Im Fallmanagement (case management) ist das Profiling eine Grundlage für die Entwicklung von individuellen Förderplänen. In der Praxis existieren eine Fülle von Förderplanschemata. Vgl. Mutzeck (2007).

[3] Die Differenzierung nimmt hier die Unterscheidung von direkter und indirekter Förderung aus der Diskussion um Lernstrategien auf. Vgl. Friedrich und Mandl (1992, S. 29 ff.).

[4] Der Begriff der Förderinsel nimmt eine Figur von Dubs (2011) auf.

21 MODERNE MEDIEN ARRANGIEREN, PLANEN UND AUSARBEITEN

21.1 Zur Orientierung: Was Sie hier erwartet

21.1.1 Worum es hier geht

Herr Pinkwaaaaart! Ich finde den Mandanten mit den Ausgangsdaten zur Aufgabe 3 nicht. Können Sie bitte mal kommen? Dankeeee!". Martin, zweites Jahr Industriekaufmann, sitzt im EDV-Raum und ruft seine Lehrkraft. Er hat Arbeitsblätter erhalten, kommt aber nicht zu recht. Präzisier gesagt: Er hat keine Lust nachzudenken. Er hat ja die Pinkwart-Hotline. Martin findet Microsoft Dynamics NAV ohnehin nicht so gut. Auf der Arbeit arbeitet er mit SAP. Wo bleibt der Pinkwart denn nur? Hängt immer noch über der Tastatur von Lena.

Nun gut, bin ja Kaufmann. Zeit ist Geld. B2K. Vlt noch schauen, ob in Cro's Channel auf YouTube was Neues ist. YouTube ist zwar im Schulnetz gesperrt, aber da hat Martin schon andere Hürden genommen. Mein Gott, wie viele Leute Likes auf den Whatever-Clip gesetzt haben! ... Na ja! Soooo gut ist Cro doch wohl auch nicht? Dann mal die R&B-Chicas abchecken. Erst mal Alicia Keys. Gut, der Pinkwart hängt immer noch bei Lena ... Super. Dann noch schnell zu Brandy. Geil! Das Put-it-down-Video! Aaaaaayyyyy! XOXO!! B-Rocka, my chick! <3

21.1.2 Inhaltsübersicht

21 Moderne Medien arrangieren, planen und ausarbeiten 673

    21.1   Zur Orientierung: Was Sie hier erwartet 674

        21.1.1 Worum es hier geht 674

        21.1.2 Inhaltsübersicht 675

        21.1.3 Zusammenfassung 675

        21.1.4 Einordnung in das Prozessmodell 676

    21.2   Moderne Medien: Was sie mit Berufsbildung zu tun haben 677

    21.3   Moderne Medien als Teil der Lebenswelt der Schülerinnen und Schüler 678

    21.4   Moderne Medien als methodische Hilfsmittel (‚Lernen mit dem Computer') 679

        21.4.1 E-Learning: Was darunter verstanden wird 679

        21.4.2 E-Learning entlang des Prozesses der vollständigen Handlung 679

        21.4.3 Integration von E-Learning in virtuellen Lern-, Projekt- und Gemeinschaftsräumen. 688

        21.4.4 Unterrichtsplanung mit E-Learning-Elementen 689

    21.5   Moderne Medien als Thema des Unterrichts (‚Lernen für den Computer') 691

    21.6   Besonderheiten des Einsatzes moderner Medien in verschiedenen Bereichen 692

        21.6.1 Besonderheiten moderner Medien im kaufmännischen Unterricht 692

        21.6.2 Besonderheiten des Einsatzes im Bereich der Metall- und Elektrotechnik 696

        21.6.3 Besonderheiten des Unterrichtens in Computerräumen 697

    21.7   Outro 699

        21.7.1 Die wichtigsten Begriffe dieser Lerneinheit 699

        21.7.2 Tools 699

        21.7.3 Kompetenzen 699

        21.7.4 Hinweise zur vertieften Auseinandersetzung: Weiterlesen 699

        21.7.5 Hinweise zur vertieften Auseinandersetzung: Weitersurfen 699

        21.7.6 Literaturnachweis 699

        21.7.7 Anmerkungen 702

21.1.3 Zusammenfassung

Die Festlegung und Ausarbeitung des Medienkonzepts und der konkret einzusetzenden Medien ist Teil der makro- und mikrodidaktischen Planung.

Moderne Medien, also computerunterstützte Medien, haben eine mehrfache Relevanz. Sie sind Teil der Lebenswelt von Schülerinnen und Schüler. Weiterhin sind sie ein methodisches Hilfsmittel der Lehrkraft, ermöglichen also ein ‚Lernen mit dem Computer'. Beim ‚Lernen mit dem Computer' lassen sich eine Vielzahl von Varianten des E-Learnings, den einzelnen Phasen des Unterrichts zuordnen. Weiterhin sind sie ein Thema des Unterrichts, das auf die angemessene Nutzung in beruflichen und privaten Lebenssituationen vorbereitet, also ein ‚Lernen für den Computer'. Die informationstechnische Kompetenz beinhaltet sowohl produktabhängiges Wissen als auch produktunabhängiges Wissen. Dies gilt auch für den Einsatz von ERP-Systemen. Beim Unterricht im Computerraum müssen eine Reihe von Besonderheiten beachtet werden.

21.1.4 Einordnung in das Prozessmodell

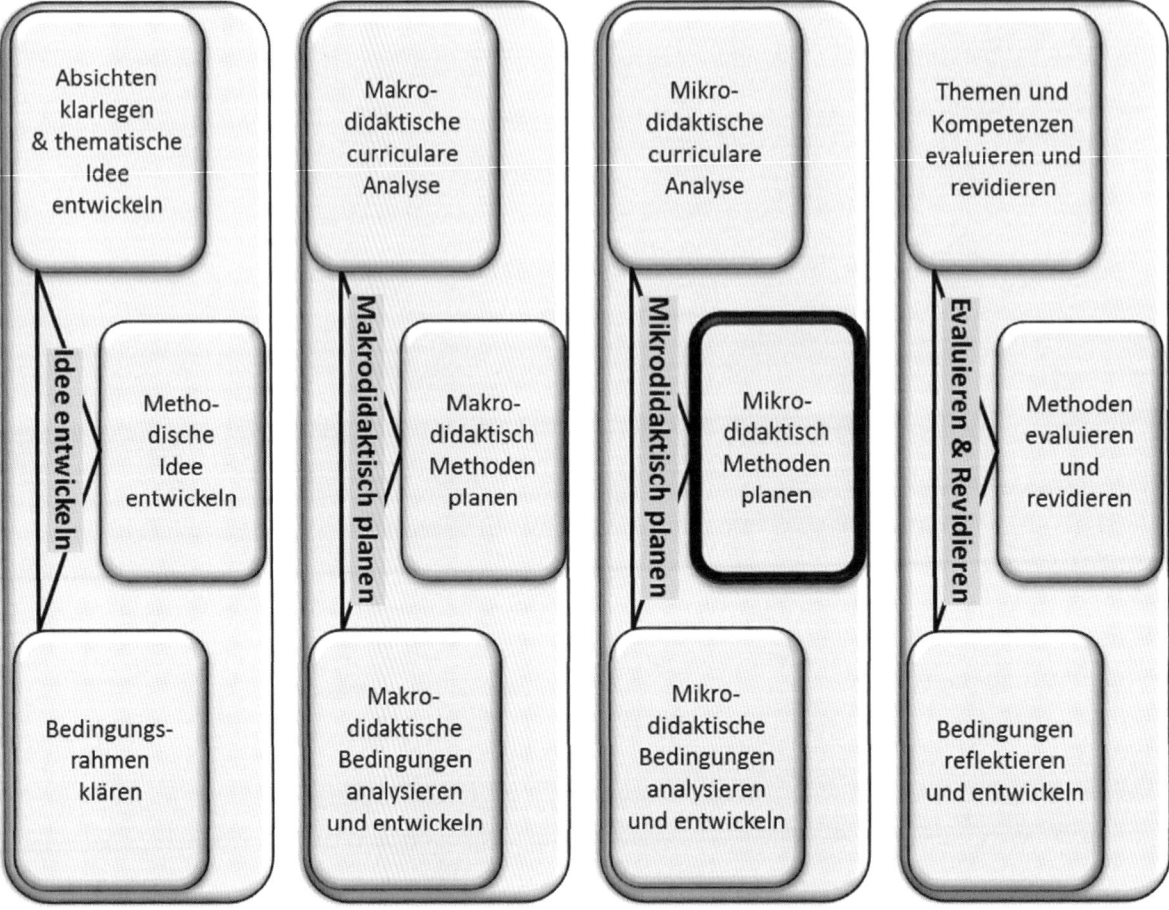

Teil der makrodidaktischen Planung ist das Arrangieren des Medienkonzepts: Parallel zur Festlegung des unterrichtsmethodischen Konzeptes (traditionell oder handlungsorientiert? kombiniert?) und zum später zu erörternden Assessmentkonzept wird festgelegt, ob ein eher traditionelles oder ein handlungsorientiertes Medienkonzept verfolgt wird, und zwar mit Blick auf die anderen didaktischen Strukturelemente. Dabei wird erwogen, welche traditionellen und handlungsorientierten Medien im Unterricht eingesetzt und ggf. kombiniert werden. Diese Medien werden in der mikrodidaktischen Planung ausgearbeitet.

> **STOPP:** Wie sehen Ihre Gewohnheiten der Nutzung neuer Medien aus? Nutzen Sie die ‚alten' Medien wie Fernsehen und Tageszeitung? Sind Sie in sozialen Netzwerken unterwegs? Was halten Sie von sozialen Netzwerken? Wenn Sie sich mit Peers, also Mitstudierenden oder anderen Lehrkräften, vergleichen: Würden Sie sich als medienkompetent einschätzen?

21.2 Moderne Medien: Was sie mit Berufsbildung zu tun haben

Moderne Medien sind Medien, die den Computer als Hardware-Grundlage verwenden. Eine solche Festlegung ist nur auf den ersten Blick eindeutig. Sie umfasst Personalcomputer (PC) als Standgeräte oder tragbare Computer (Laptops, Netbooks). Dazu gehören moderne Abspielgeräte für digitale Musik (‚MP3-Player' wie der iPod von Apple). Hinzu kommen aber zunehmend Telefone mit Computerfunktionen, die ‚Smartphones' wie das Apple IPhone, und Tablet-Computer, wie das Apple IPad, oder Mischformen von Tablets und Phones, die sogenannten Phablets. Daneben zählen auch Scannerkassen, speicherprogrammierbare Steuerungen oder CNC-Maschinen zu modernen Medien in der Berufsbildung. Auch alternative Begriffe wie „Informationstechnik (IT)", „Informations- und Kommunikationstechnik (IKT)", „Information and Communication Technology (ICT)" erweisen sich als ähnlich unscharf. Computer bzw. Informationstechnik bilden eine wesentliche technische Grundlage für eine Umwandlung der Art und Weise des Wirtschaftens, des Produzierens und der privaten Lebensführung.

Bereich der Berufsbildung	Didaktischer Fokus	Beispiel	Beispielhafte Facette Web 2.0
Moderne Medien als Methode im Unterricht (‚E-Learning')	Methoden	Elektronische Lehrbücher, E-Prüfungen, E-Portfolio	Facebook (als Lernplattform)
Entwicklung der Medien-Literacy	Inhalte/Intentionen	Browser & E-Mail	Facebook (Sicherheit im Netz)
Aus- und Weiterbildung für die Anwendung moderner Medien im Beruf		SAP R/3, SolidWorks, STEP7	Facebook (als Instrument des viralen Marketings)
Aus- und Weiterbildung von Expert(inn)en für moderne Medien		ARIS-Prozessmodellierung, C#	Facebook (Development, API, SDKs, Debugging)
Moderne Medien als Teil der Lebenswelt der Schülerinnen und Schüler	Bedingungen	Computerspielsucht, Smartphones & Unterrichtsstörungen	Facebook (Cybermobbing, Lehrkraft als Freund?)

Übersicht 1: Medien/IT in der Berufsbildung

Moderne Medien bzw. Computer werden didaktisch in verschiedener Hinsicht relevant. Weidenmann und Krapp haben schon früh die griffige Formel "Lernen *mit* dem Computer" und „Lernen *für* den Computer" geprägt (Weidenmann & Krapp, 1989, S. 621).[1] In einer Erweiterung dieser Unterscheidung können verschiedene Bereiche identifiziert werden, in denen moderne Medien in beruflichen Schulen relevant sind. Medien können als Methode verwendet werden. Sie können außerdem – für verschiedene Zielgruppen – den Unterricht inhaltlich bzw. intentional bestimmen. Schließlich sind moderne Medien Teil der Lebenswelt der Schülerinnen und Schüler. Eine bestimmte Anwendung, etwa Facebook, kann dabei nicht einem Bereich exklusiv zugeordnet werden.

21.3 Moderne Medien als Teil der Lebenswelt der Schülerinnen und Schüler

Internetdienste wie YouTube oder Facebook machen inzwischen einen Teil der Lebenswirklichkeit von Lernenden aus, die sich Lehrkräften nicht immer sofort erschließt, ja oft gar ein explizites Abwehrverhalten hervorruft. Moderne Medien spielen darüber hinaus in der Unternehmenswelt eine Rolle. Beispielsweise in der Evian-Roller-Babies-Kampagne in YouTube, einem Beispiel für virales Marketing des Mineralwasserherstellers Evian, oder die zunehmende Praxis, potentielle Mitarbeitende im Bewerbungsprozess auch aufgrund ihres Auftritts in sozialen Netzwerken wie Facebook zu überprüfen ('background checking').

Moderne Medien sind schon lange in den beruflichen Schulen angekommen, nämlich als Teil der Lebenswelt der Schülerinnen und Schüler. Diese zählen zu einer NetGeneration, die besondere Gewohnheiten, Präferenzen und Lernformen ausgebildet haben (Oblinger, 2005).[2] Die mit dem Börsengang von Facebook veröffentlichten Nutzungszahlen zeigen beispielsweise die starke Verbreiterung in der Bevölkerung im Alter der Schülerinnen und Schüler beruflicher Schulen. Die Mediengewohnheiten von Lehrkräften hingegen – wie auch von Personen, die Lehrkräfte ausbilden - unterscheiden sich davon. Auch wenn die Nutzung dieser modernen Medien noch nicht kompetente Gestaltung bedeutet, so ist dieses Leben in Medienparallelwelten doch ein Quell von Verständnisproblemen im berufsschulischen Alltag.

Wortwörtlich: H.-Hugo Kremer, WiPäd Universität Paderborn

Die Nutzung neuer Medien wird relativ schnell mit dem durchaus berechtigten Einwand verbunden, dass nicht alle Personen den Zugriff auf die notwendigen Dienste haben oder die Kompetenzen der Personen sehr unterschiedlich sind. Gerade hier wird es nach meiner Auffassung überaus interessant. Kompetenz wird hier jedoch relativ schnell über die Nutzung neuer Medien vermutet und weniger über die damit verbundenen Handlungsmuster. Konkret bedeutet dies, Jugendliche, die sich in eine Community einloggen und dort austauschen können, werden als kompetent eingestuft. Jugendliche hingegen, die über andere Formen sozial angemessen und verantwortungsvoll eine nicht mediengestützte Community pflegen, werden fehlende Kompetenzen im Umgang mit neuen Medien beigemessen. Möglicherweise kann es der zweiten Gruppe geringere Schwierigkeiten bereiten, ein ausgeprägtes Sozialverhalten auch über neue Medien zu zeigen, der ersten Gruppe jedoch erhebliche Probleme bereiten, sich trotz der Technologie-Beherrschung sozial angemessen zu verhalten.

Bild 1: H.-Hugo Kremer. Foto privat. Zitat: Kremer (2007, S. 3)

Teil des Internets ist auch Gewalt. Dazu gehören neben Prügel-Videos rechtsextreme Inhalte, gewalthaltige Musikvideos, echte und extrem brutale Gewalt, nachgestellte oder gespielte extreme Gewalt, Unglücksopfer, Horrorfilme und Gewalt in Spielfilmen sowie Sex (Grimm, Rhein & Clausen-Muradian, 2008, S. 103 ff.).

Immer wieder werden Zahlen veröffentlicht, die schnell den Eindruck erwecken, als würde die Welt junger Menschen nur noch im Nutzen internetgestützter Medien bestehen. Diese Zahlen sind jedoch zu relativieren. Erstens haben nicht mediale Aktivitäten, vor allem Unternehmungen mit Freundinnen und

Freunden, in den Erhebungen einen hohen Zeitanteil und genießen bei Jugendlichen auch einen hohen Stellenwert. Zweitens rangiert das Fernsehen, wie wohl auch bei vielen Älteren, meist vor allen anderen Medien. Drittens fallen die Nutzungsarten sehr unterschiedlich aus (Schulmeister, 2012).

21.4 Moderne Medien als methodische Hilfsmittel (‚Lernen mit dem Computer')

21.4.1 E-Learning: Was darunter verstanden wird

Das Lernen mit dem Computer wird heute als „E-Learning" bezeichnet (Wilbers, 2013). Eine Sonderform ist das M-Learning, das mobile Learning, das kleine Endgeräte, wie das IPad oder das IPhone nutzt (Kalsperger & Wilbers, 2011).

Definition 1:   E-Learning

E-Learning ist die Nutzung computerbasierter, insbesondere internetgestützter Techniken zu Lehr- und Lernzwecken.

Die Systematisierung[3] des E-Learnings wird hier nach dem Prozess der vollständigen Handlung vorgenommen, die bereits dem Lernen mit Lernsituationen zugrunde gelegt wurde. Die Zuordnung ist nicht immer eindeutig. Außerdem ist diese Systematik nicht vollständig, sondern wählt solche aus, die für Schulen relevant sein könnten. Verzichtet wird auch auf die Darstellung von computerunterstützten Planspielen (Capaul, 2002) sowie multimedialen Fallstudien (Bolz, 2003), die weitgehend in den vorhergehenden Lerneinheiten erörtert wurden. Die Systematik des E-Learnings wurde in eine Übersicht in der Toolbox übernommen, die Sie bitte parallel zu den folgenden Ausführungen verfolgen (TB-11.12).

21.4.2 E-Learning entlang des Prozesses der vollständigen Handlung

21.4.2.1 E-Learning zur Orientierung der Lernenden

Bei der Orientierung der Lernenden am Beginn des Prozesses der vollständigen Handlung steht die Erfassung der Problemstellung im Vordergrund. Die Problemstellung kann mit ‚traditionellen' Mitteln dargestellt werden, also etwa einem Arbeitsblatt. Dies ist etwa bei der Arbeit mit Lernsituationen üblich. Im Bereich der modernen Medien hat vor allem die Präsentation komplexer Ausgangssituationen mit Video Aufmerksamkeit erfahren. Ein Beispiel ist das von einem Lehrbuchverlag vertriebene Modellunternehmen A&S, das von der Universität Göttingen entwickelt wurde (Siemon, 2004a). Das Modellunternehmen A&S ist einem realen mittelständischen Unternehmen nachgebildet, das Rollenketten herstellt. Dabei wird reales Fakten-, Bild- und Tonmaterial verwendet. Beispielsweise wird am Beginn der Lernsituation „Auftragsabwicklung" ein Video gezeigt, in dem eine Auszubildende alleine im Büro ist und den Anruf eines ungeduldigen Kunden entgegennimmt, der nach der Lieferzeit einer bestimmten Anzahl eines bestimmten Kettentyps fragt (Klauser, 2003; Siemon, 2004b).[4]

Lernsituation Auftragsabwicklung
Bild 2. Quelle: Siemon (2004)

21.4.2.2 E-Learning zur Information: Erschließung von Informationsquellen

Die Informationsphase kann im E-Learning umfangreich unterstützt werden. Sie wird daher hier weiter ausdifferenziert in die Erschließung von Informationsquellen, den Rückgriff auf gespeicherte Informationen sowie die Aufbereitung von Informationen.

Die Lehrkraft kann die Erschließung von Informationsquellen auf verschiedene Arten unterstützen. Sie kann die Verwendung von Suchdiensten anregen, eine Liste mit Adressen im Internet ('Linksammlung') bereitstellen oder ein WebQuest einsetzen.

Suchdienste erlauben die Suche nach Dokumenten auf einem einzelnen Rechner, im Intranet oder dem Internet. Mit dem Suchdienst „google" wurden Suchdienste zu einem Massenphänomen. Gerade der Suchdienst „google" erlaubt dabei eine so einfache Suche, dass es nicht mehr notwendig scheint, sich mit gezielten Informationsabfragen zu beschäftigen. Die selbstständige Verwendung von Suchdiensten zur Lösung von Informationsproblemen durch die Schülerinnen und Schüler stellt jedoch eine hohe Anforderung an die Lernkompetenz. Hier wird die Teilkompetenz „Strategien zur Nutzung externer Ressourcen" angesprochen. Häufig verlangt der Einsatz von Suchdiensten im Unterricht, dass die Lehrkraft die Arten von Suchdiensten, die Formulierung von Suchanfragen und die Bewertung von Suchergebnissen zum Thema macht.

Neben diesen allgemeinen Suchmaschinen existieren spezielle Suchmaschinen, beispielsweise für Bücher, wie „bookfinder", oder Personen, wie „123people", sowie Möglichkeiten für die wissenschaftliche Recherche. Eine umfassende Information zu Suchdiensten, die auch einige Lerneinheiten enthält, bietet SPRINT, das Schweizer Portal für die Recherche im Internet (http://sprint.informationswissenschaft.ch).

Der Einsatz von *Linksammlungen* reduziert die Anforderungen in Bezug auf die Formulierung von Suchanfragen, nicht jedoch bezüglich der Bewertung von Suchergebnissen. Eine Linksammlung kann im Internet in Form einer Webseite oder aber durch einen der weiter unten beschriebenen Dienste für soziale Lesezeichen bereitgestellt werden.

Ein *WebQuest* umschifft die Schwierigkeiten bei der Verwendung von Suchmaschinen und einfachen Linksammlungen. Das Herzstück eines WebQuests ist eine Linksammlung, die sogenannten Ressourcen. Mit Hilfe dieser von der Lehrkraft vorsortierten Links sollen die Lernenden Informati-

WebQuest zum Jugendarbeitsschutzgesetz auf webquests.ch
Bild 3. Screenshot v. K. Wilbers

onen zur Problemstellung des WebQuests erschließen. Die Erarbeitung dieser Problemstellung erfolgt, ähnlich wie bei Lernsituationen, weitgehend selbstgesteuert. Die Linksammlung und die Aufgaben werden ergänzt durch weitere Teile eines WebQuests. Die Einführung weist in die Stufen der Bearbeitung ein und gibt einige Hintergrundinformationen. Die Problemstellung dieses WebQuests gleicht dem Einstiegsszenario bei einer Lernsituation. Sie sollte hinreichend komplex, zu bewältigen und interessant sein. Der Abschnitt „Prozess" des WebQuests gibt den Lernenden Empfehlungen zu den Schritten, die bei der Lösung des Problems sinnvoll erscheinen, zum Beispiel Textlesen, Gruppenbildung oder Informationsbewertung. Die Informationsquellen, die zur Bewältigung des Problems notwendig sind, werden im Regelfall als Linksammlung vorgegeben. „Beurteilung" gibt den Lernenden Informationen zur Bewertung ihrer eigenen Aktivitäten. Dort werden beispielsweise Bewertungskriterien, sowie Möglichkeiten der Gruppen- oder Einzelbewertung vorgegeben. Bei der Zusammenfassung sollte der Konstrukteur um Vertiefung und Transfer bemüht sein. Dazu werden beispielsweise Fragen eingeflochten. Unter „Impressum" listet der Konstrukteur die verwendete Literatur etc. auf. Eine Seite für den Lehrenden sollte didaktische Informationen enthalten, zum Beispiel zur Zielgruppe des WebQuests, den Lernzielen oder den notwendigen Materialien.

Meiner Erfahrung nach sind Lehrkräfte schon nach einer kurzen Einführung in der Lage, anspruchsvolle WebQuests zu fertigen. Die technischen Anforderungen sind vergleichsweise gering und im Internet sind eine Reihe von Diensten verfügbar, die die Erstellung weitgehend automatisieren, etwa „easywebquest.ch". Auf der WebQuest-Homepage (webquest.org) finden sich umfangreiche Materialien zur Arbeit mit WebQuests. In einer didaktischen Würdigung fallen die hohen Parallelen zum Lernsituationsansatz auf. Lernsituationen lassen sich aufgrund dieser hohen Ähnlichkeit gut als WebQuests aufbereiten.

21.4.2.3 E-Learning zur Information: Rückgriff auf gespeicherte Information

Beim Rückgriff auf gespeicherte Informationen sind die Lernenden überwiegend in einer rezeptiven Rolle. In dieser Phase können die Lernenden auf Dokumente im Internet, auf Teleteaching sowie auf Lernprogramme zurückgreifen.

Die Lernenden können auf *Dokumente im Internet* zurückgreifen. Im Internet sind mehrere Dienste verfügbar, die – da im Regelfall werbefinanziert – kostenlos Dateien in unterschiedlichen Formaten für andere Nutzerinnen und Nutzer – oder auch für einen ausgewählten Kreis – zur Verfügung stellen. Besonders bekannt geworden ist dabei die Bereitstellung von Videos über „YouTube". Videoplattformen bieten umfangreiche Möglichkeiten des Einsatzes von Filmen im Wirtschaftsunterricht (Jahn, 2012).

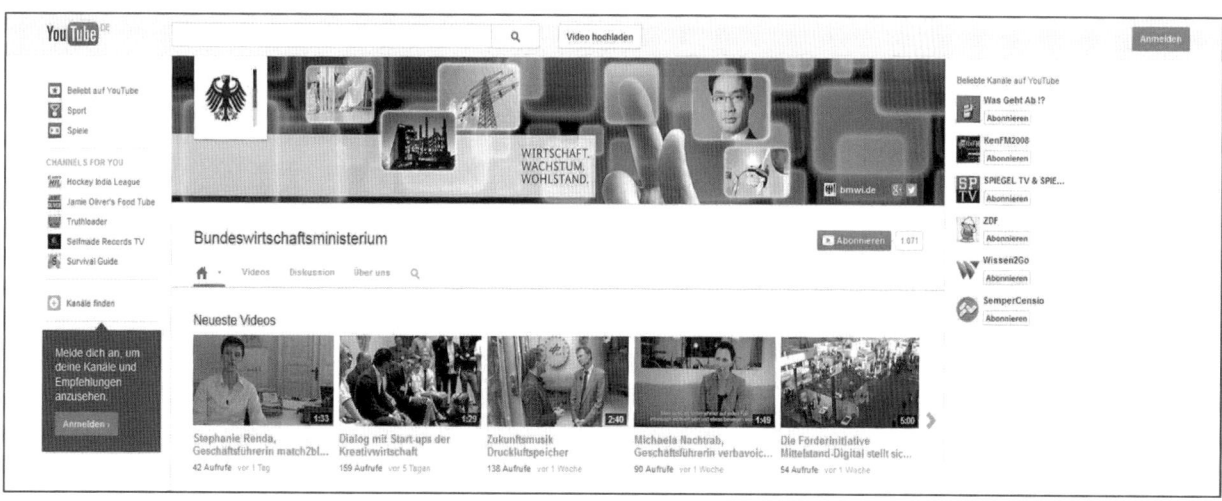

Kanal des Wirtschaftsministeriums auf Youtube.com
Bild 4. Screenshot v. K. Wilbers

Weitere Dienste erlauben die Bereitstellung von Powerpoint-Präsentationen (Slideshare) sowie Dokumenten im Microsoft-Office-, Open-Office- oder PDF-Format (Scribd) für die Öffentlichkeit oder einen geschlossenen Kreis. Die über diese Dienste bereitgestellten Materialien können meist auch vergleichsweise einfach in das eigene Webangebot eingebunden werden.

Die Lernenden können weiterhin an einem *Teleteaching* teilnehmen: Der Frontalunterricht findet im E-Learning seine Entsprechung im Teleteaching (‚Online-Lectures', ‚Web-Lectures'). Dabei werden Vorträge, Präsentationen oder Podiumsdiskussionen live übertragen oder für den späteren Abruf aufgezeichnet. Den Lernenden steht damit eine Konserve ‚just-in-time, just-for-him, everywhere' zur Verfügung. Teleteaching kann von Punkt-zu-Punkt (‚point-to-point') zwischen zwei Veranstaltungsorten oder als Verbindung zwischen mehreren Punkten (‚multipoint') organisiert werden. Die zweiseitige Kommunikation der Lernenden mit dem Lehrenden über einen Rückkanal, etwa über Twitter, E-Mail, Fax oder Telefon, wird als Vorteil gegenüber der Auslieferung von DVD, Video oder CD gesehen. Die Gestaltung des Rückkanals bereitet in der Praxis oft erhebliche Probleme. Videos des Lehrenden werden heute überwiegend angereichert. Beispielsweise wird das eigentliche Video mit einem Glossar, interaktiven Übungen, Musterklausuren mit Lösungshinweisen, Links zu Online-Ressourcen, Literaturhinweisen oder Folien ergänzt. Der Einsatz von Teleteaching an beruflichen Schulen bietet sich vor allem an, um Expertinnen und Experten in den Unterricht einzubinden, die sonst, etwa wegen den entstehenden Fahrtkosten, nicht verfügbar wären. Eine weitere Anwendung ist der Einsatz in internationalen Schulpatenschaften.

Zur Schließung von Informationslücken können die Lernenden weiterhin auf *Lernprogramme* zurückgreifen. Wenn Lernprogramme lokal auf dem Computer laufen, werden sie auch als „Computerbased Training (CBT)" bezeichnet. Wenn auf das Lernprogramm über das Internet zugegriffen wird, werden Lernprogramme auch als „Webbased Training (WBT)" bezeichnet. Lernprogramme folgen dem „Bild eines apersonalen Tutors" (Euler, 1992, S. 17). Sie stehen in der Tradition des Programmierten Unterrichts (PU). Der Beginn dieser Diskussion wird oft auf das Jahr 1954 datiert, in dem Skinners Aufsatz „The Science of Learning and the Art of Teaching" erschienen ist, worin er „teaching machine" und „private tutor" miteinander verglich. Lernprogramme nehmen diese Metapher auf und haben einen spezifischen Ablauf: 1. Informationen darbieten, 2. Aufgaben stellen, 3. Antworten analysieren, 4. Rückmelden und verzweigen. Im behavioristischen Ansatz wird das Verhalten des ‚Lehrsystems' durch Lehralgorithmen gesteuert. Zu diesen Lehralgorithmen gibt es eine umfangreiche empirische Forschung. In der schulischen Praxis scheidet die Eigenproduktion von Lernprogrammen aufgrund des damit verbundenen Aufwandes weitgehend aus. Die Lehrkraft kann hier allerdings auf fremdproduzierte Lernprogramme zurückgreifen. Ein Beispiel ist die acht CDs umfassende Serie „Lernarrangements im Einzelhandel" aus dem Christiani-Verlag, die den gesamten Inhalt des fachspezifischen Unterrichts zum Einzelhandel in der Berufsschule abdeckt. Auch im Bereich der gewerblich-technischen Berufsbildung sind eine Fülle von Lernprogrammen verfügbar.

Als eine Sonderform des Lernprogramms können elektronische Lehrbücher, *E-Books*, verstanden werden. Sie bieten über das normale Lehrbuch hinausgehend die Möglichkeit der Projektion im Klassenverband, multimediale Erweiterungen, zum Beispiel Ton- oder Videoelemente, interaktive Erweiterungen, wie zum Beispiel das Anlegen von Notizen oder die automatische Auswertung von Mehrfachwahlaufgaben. Ein typisches Beispiel ist die App „The Elements for iPad" oder die sogenannten digitalen Unterrichtsassistenten aus dem Klett Verlag.

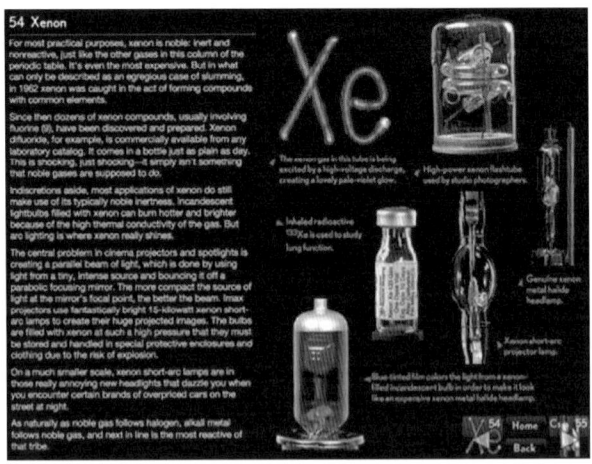

The Elements for IPad.
Bild 5. http://itunes.apple.com/de/app/elements-visual-exploration

Logo eines MOOC.
Bild 6. http://www.sooc13.de

Eine weitere Möglichkeit besteht im Rückgriff auf Online-Kurse. Eine relativ neue Sonderform, die sich insbesondere an Lernende mit vergleichsweise günstigen Lernvoraussetzungen richten, sind Massive Open Online Courses (*MOOCs*). Ein Beispiel ist der deutschsprachige webbasierte Kurs „Saxon Open Online Course (SOOC13): Lernen 2.0: Persönliches Lern- und Wissensmanagement mit Social Media", der vom Mai bis Juni 2013 stattfand. Er wurde von drei Universitäten getragen und hatte keine Zugangsbeschränkungen. Ein MOOC kann vergleichsweise einfach aus einer aufgezeichneten Vorlesung bestehen, aber auch aufwändige Seminarformen mit höchst unterschiedlichen individuellen und kollektiven Bearbeitungsphasen vorsehen.

Eine neue, noch wenig entwickelte Form zur Erschließung von Informationen bieten Techniken der *erweiterten Realitätswahrnehmung* („augmented reality"). Hierfür werden in Echtzeit künstlich erzeugte Objekte in das Sichtfeld eingeblendet, etwa dem Bildschirm eines Smartphones oder mit Hilfe Spezialbrillen wie Google Glass

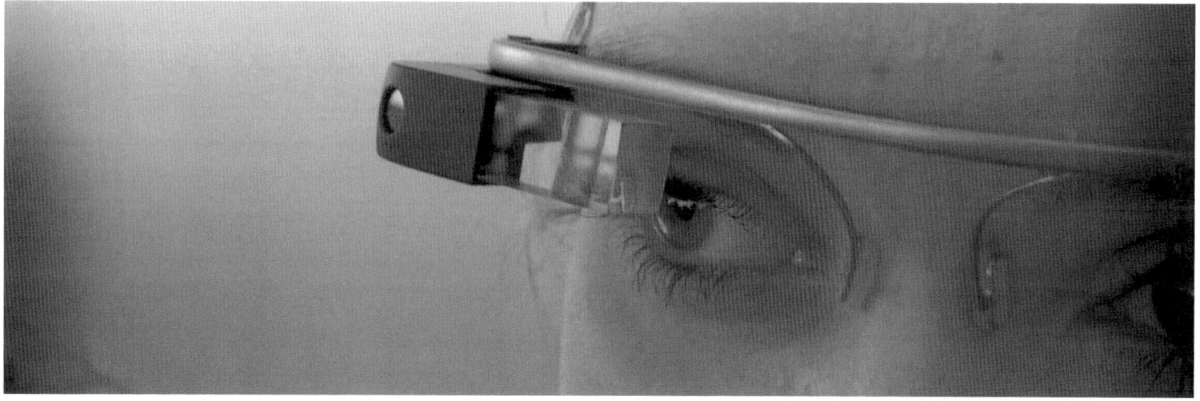

Google Glass.
Bild 7. Google Glass von Antonio Zugaldia.

Eine solche Form der Realitätserweiterung liegt beispielsweise vor, wenn bei der Montage über Spezialsichtgeräte benötigte Informationen in das Sichtfeld eingeblendet werden oder wenn – etwa bei einer Spielekonsole – eine haptische Rückmeldung erfolgt, wie dies bei der Wii von Nintendo über Vibrationseffekte erfolgt (Holzinger, 2010).

21.4.2.4 E-Learning zur Information: Aufbereitung von Informationen

Zur Aufbereitung der Informationen können die Lernenden Office-Webanwendungen, Mindmapping und soziale Lesezeichen nutzen.

Eine *Office-Webanwendung* erlaubt einer Gruppe von Personen das gemeinsame Arbeiten an Office-Dokumenten, also Textdokumenten, Tabellen und Präsentationen: Zeitgleich können Personen an verschiedenen Computern über das Internet Textdokumente verfassen, Tabellen auswerten oder Präsentationen gestalten. Die bekannteste Anwendung ist der Internetdienst „Google Docs", die kostenlos die gemeinsame Bearbeitung von Dokumenten über das Internet erlaubt. Eine Alternative sind die Webanwendungen von Zoho (www.zoho.com).

Eine weitere Form der Aufbereitung ist die Erstellung von Inhaltsstrukturen, insbesondere Concept Maps. Für die Erstellung solcher Strukturen bieten sich *Mindmapping*-Anwendungen an. Übliche Mindmapping-Anwendungen unterstützen einzelne, isolierte Anwenderinnen und Anwender. Daneben existieren jedoch Anwendungen, die die kooperative Erstellung von Mindmaps erlauben. So ermöglicht die Anwendung mindmeister.com eine zeitgleiche Arbeit an einem Mindmap durch Personen an verschiedenen Computern im Internet.

Mit *sozialen Lesezeichen* werden Informationen aufbereitet, vor allem die Suchergebnisse bzw. die Informationsquellen. Dienste für soziale Lesezeichen (‚social bookmarks‘) wie „del.icio.us“ und „furl.com“ ermöglichen anderen Nutzerinnen und Nutzern den Zugang zu Lesezeichen. Die Publizierenden versehen dabei die Lesezeichen nicht mit vorgegebenen Kategorien, sondern mit selbstgewählten Stichwörtern (‚tags‘). Durch dieses gemeinsame Erschließen (‚social tagging‘) entstehen induktiv Kategoriensysteme. Diese werden auch „folkonomies“ genannt, ein Kunstwort aus dem englischen „folk“ für Leute und „taxonomy“ für Kategoriensystem.

21.4.2.5 E-Learning zur Planung

Bei der Planung geht es im Prozess der vollständigen Handlung um die Bestimmung der Arbeitsschritte, der Reihenfolge sowie der benötigten Zeit und der Materialien. Mit anderen Worten: Es geht um die Koordination der Lernenden. Diese wird durch zwei Klassen von Techniken unterstützt, nämlich durch Koordinationsdienste sowie soziale Netzwerke.

Koordinationsdienste dienen der Koordination der Arbeiten an einem gemeinsamen Ziel über das Internet. Dazu gehören vor allem gemeinsame Kalender, wie zum Beispiel „Google Calendar“, und ein gemeinsames Aufgabenmanagement, wie es etwa der Internetdienst „remember-the-milk“ bereitstellt.

Soziale Netzwerke (‚social networking services‘) wie „Facebook“ oder „Xing“ dienen nicht dem *Informations*management, sondern der Eigendarstellung im Internet sowie der Abbildung, der Pflege und dem Schaffen neuer Kontakte zu anderen, im Internet vertretenen Personen. Die Nutzerinnen und Nutzer legen ein Profil mit ihren persönlichen Eigenschaften an. Dies enthält zum Beispiel Informationen zu der Ausbildung, den Kompetenzen und Erfahrungen. All diese Profile sind für andere Nutzerinnen und Nutzer durchsuchbar, das heißt, man erhält nach der Suche eine Liste mit Menschen, die über die gewünschte Eigenschaft verfügen (sollten). Andere Nutzerinnen und Nutzer können andere Freundinnen und Freunde veröffentlichen, so dass die Möglichkeit besteht, eine Partnerin und einen Partner weiterzuempfehlen und eine „gesicherte Verbindung“ aufzubauen.

Facebook ist ein bekanntes soziales Netzwerk.
Bild 8. Facebookseite und Screenshot von Karl Wilbers

Social Networking Services erfüllen insgesamt mehrere Funktionen (Richter & Koch, 2009): Die Nutzerinnen und Nutzer erstellen ein Profil ('Identitätsmanagement'), suchen andere Nutzerinnen und Nutzer ('Suche nach Expertinnen und Experten'), finden einen gemeinsamen Kontext ('Kontextawareness'), vernetzen sich mit anderen ('Beziehungsmanagement') und tauschen sich mit anderen Nutzerinnen und Nutzern aus ('Austausch', 'Netzwerkawareness'). Social Networking Services werden von einigen Gruppen der Lernenden intensiv genutzt. Die *offizielle* Nutzung zu pädagogischen Zwecken in Schulen und Hochschulen ist – zumindest zurzeit – noch gering. Nur wenige Schulen verwenden Facebook als Lernplattform oder als Instrument zum Kontakt zu externen Gruppen, etwa ehemaligen Schülerinnen und Schülern. In Schulen und Hochschulen werden die Lernenden in Klassen oder Kursen gruppiert. Eine selbstgesteuerte Bildung von Lerngruppen ist im formellen Lernen meist nicht vorgesehen.

21.4.2.6 E-Learning zur Reflexion und Präsentation

E-Learning zur Reflexion und Präsentation stellt einen Schwerpunkt der sogenannten Web-2.0- Anwendungen dar (Kerres, 2006; Wilbers, 2007): Im Web 2.0 bleiben die Nutzerinnen und Nutzer des Internets nicht mehr länger 'nur' Lesende, sondern werden zu Autorinnen und Autoren. Hier werden folgende E-Techniken erläutert: Wikis, Blogs, PodCasts, E-Testing sowie E-Portfolios.

Ein *Wiki* ist ein Text im Internet, der Querverbindungen ('links') innerhalb des Textes und an anderen Stellen des Internets beinhaltet und der auf einfache Weise gelesen, aber direkt und ohne größere technische Anforderungen auch geschrieben bzw. verändert werden kann. Das bekannteste Wiki ist die „Wikipedia", eine freie, im Internet lesbare, aber eben auch veränderbare Enzyklopädie. Wikis sind umfangreiche Webseiten, die von den meisten Nutzerinnen und Nutzern einfach nur gelesen werden. Nutzerinnen und Nutzer können jedoch eine Bearbeitungsfunktion aufrufen. Auf einfache Weise werden Texte angelegt, geändert und untereinander verlinkt. Dies soll schnell möglich sein, warum für Wikis das hawaiische Wort „wikiwiki" für „schnell" verwendet wurde. So übersetzt das Publikationssystem Gleichheitsstriche vor und nach einem Text, also etwa „== Hallo ==", im Wiki in eine Überschrift, hier die Überschrift „Hallo". Die Verwendung von eckigen Klammern, etwa in „[[Nürnberg]]", verlinkt im Text in einen Beitrag mit dem in Klammern angegebenen Namen, also hier in einen Beitrag mit dem Namen „Nürnberg". Dabei sind innerhalb eines Wikis die Anschrift und der Name deckungsgleich, so dass ein Vorwegstellen von „http://www. ..." entfallen kann. Mit einer Handvoll dieser Schreibregeln kann der Autor schnell gut strukturierte Texte schreiben.

Wikis sind von den Nutzerinnen und Nutzern kontrollierte, umfangreiche, untereinander stark vernetzte Texte. Alte Fassungen der Seiten werden zusammen mit Informationen zu den Autorinnen und Autoren gespeichert. Dadurch können Folgen von Fehlern oder Vandalismus behoben werden, indem einfach zur vorherigen Version zurückgekehrt wird. Weiterhin sind zu einzelnen Einträgen auch Diskussionsforen geschaltet, in denen sich häufig ein intensiver Austausch über die Angemessenheit und Richtigkeit von Textteilen ergibt und so die Qualität der Beiträge gesichert wird. Wikis lassen sich zweifach pädagogisch nutzen: Im Internet bereits vorhandene oder von der Lehrkraft produzierte Texte können rezeptiv für die Erschließung von Informationen

Blog von Gabi Reinmann
Bild 9 © Gabi Reinmann. Gabi-reinmann.de

genutzt werden. Andererseits kann der Wiki, zum Beispiel auf einem Rechner der Schule, selbst von den Lernenden produziert werden, etwa zur Dokumentation beim projektorientierten Lernen. In der Diskussion um Web 2.0 wird vor allem die letztere Nutzung hervorgehoben. Wikis sind demnach eine alternative Präsentationsform durch die Lernenden. Ein Wiki kann auch innerhalb eines abgeschlossenen Bereichs des Internets verwendet werden.

Eine weitere Möglichkeit des persönlichen Publizierens ist ein *Blog*, eine Abkürzung von „Weblog" (Röll, 2005). „Weblog" ist ein Kunstwort aus „Web" für das World Wide Web und „Log" für ein Logbuch. Ein Blog ist ein im Internet geführtes Log- bzw. Tagebuch. Ein solches Tagebuch einer Autorin (‚Bloggerin') oder eines Autors (‚Bloggers') ist chronologisch geordnet, wobei der jüngste, meist kurze Beitrag oben steht. Die einzelnen Einträge in das Tagebuch (‚post', ‚posting', ‚blogpost') werden von Bloggenden auch verschlagwortet (‚getagt'), so dass über die chronologische Ordnung auch der Zugang über Schlagworte möglich ist.

Die Schlagwörter (‚tags') werden oft gewichtet aufgelistet, wobei häufig benutzte Begriffe fetter und größer als andere Schlagwörter geschrieben sind. Dies wird in der Schlagwortliste (‚tag cloud') dargestellt. Die meisten Bloggenden nutzen im Internet angebotene Publikationsdiente, etwa „WordPress", mit denen das Führen eines Blogs einfach ist und keine nennenswerten technischen Kenntnisse verlangt. Jeder Eintrag erhält durch ein solches Publikationssystem eine feste Anschrift im Internet (‚perma-link'), die es anderen Bloggerinnen und Bloggern ermöglicht, auf ein Posting Bezug zu nehmen. Eine Besonderheit des Bloggings ist die Funktion, Beiträge mit sogenannten „Trackbacks" aufeinander zu beziehen: Blogger 2 liest einen Beitrag von Bloggerin 1. Er findet diesen Inhalt interessant, kommentiert und verlinkt diesen Beitrag in seinem Blog. Legt Bloggerin 2 einen Link auf ein Posting von Blogger 1, dann wird dies auf der Seite von Blogger 1 angezeigt. Liest nun Bloggerin 3 das Posting von Blogger 1, ist ersichtlich, dass der Beitrag durch Bloggerin 2 verlinkt und meist auch kommentiert wurde. Auf diese Weise entstehen oft komplex verlinkte inhaltliche Auseinandersetzungen. Dabei entsteht ein sozialer Raum des gegenseitigen Lesens und Kommentierens (‚Blogosphäre'), wobei der Blogger häufig die von ihm geschätzten Blogs in einer Liste aufführt (‚blogroll'). Eine Sonderform des Bloggings sind Microblogs, d. h. Blogs, die nur eine bestimmte Länge zulassen. Am bekanntesten geworden ist der Microblogging-Dienst „Twitter" (Kerres & Preußler, 2009).

Nicht-Bloggenden – also Menschen außerhalb der Blogosphäre – ist das Blogging oft nur schwer verständlich und erscheint auf den ersten Blick ein wenig profilneurotisch oder gar exhibitionistisch. Blogs stellen jedoch eine weitere Möglichkeit dar, wie Lernende sich, ihren Lernprozess und ihre Lernprodukte im Internet präsentieren können. Außerdem darf in einer pädagogischen Würdigung nicht übersehen werden, dass diese Form der Kommunikation einer idealen Kommunikation im Sinne des Konstruktivismus sehr nahe kommt: Die Kommunikation ist gleichzeitig individualisiert und – etwa über trackbacks und blogrolls – stark sozialisiert. Außerdem kann die Art der Kommunikation gut die Selbstreflexion unterstützen. Unter dieser Perspektive erstaunt nicht, dass Blogs schon früh in der Erziehungswissenschaft mit hohen Erwartungen versehen wurden – ohne dass sich diese bis heute eingelöst hätten.

Eine weitere Möglichkeit des Publizierens im Internet ist ein *Podcast* (Rennstich, 2005). „Podcast" ist ein Kunstwort aus „iPod", einem weit verbreiteten tragbaren Gerät zum Abspielen digitaler Musik der Firma Apple, und „broadcast" für Rundfunk. Beim Podcasting werden Audio- oder Videodateien im Internet zur Verfügung gestellt. Die Nutzerinnen und Nutzer des Internets können einen Podcast in der Regel kostenlos abonnieren. Dabei erhalten die Nutzerinnen und Nutzer eine Nachricht, wenn ein neues Hörstück verfügbar ist und oft wird dieses dann direkt auf den Computer oder das mobile Endgerät übertragen. Podcasts werden häufig mit vergleichsweise geringem Aufwand produziert. Ein normaler Computer mit einem Mikrophon, eine Software zum Übereinanderlegen von Musik und Aufnahmekanal, etwa die frei verfügbare Software „audacity", und eine Möglichkeit zur Bereitstellung im Internet (‚podspace') reichen für die Produktion eines Podcasts. In technischer Hinsicht wäre auch eine Produktion von Podcasts mit den Handys der Schülerinnen und Schüler möglich. Ein Podcast kann zweifach genutzt werden: Vorhandene Podcasts können die Informationserschließung und – vor allem im Fremdsprachenunterricht – die Sicherung unterstützen. Andererseits können Lernende auch selbst Podcasts erstellen und dokumentieren und publizieren so die Ergebnisse ihres Lernens. Ein Beispiel ist die Produktion von Podcasts in der beruflichen Schule Uferstrasse in Hamburg: Die Schülerinnen und Schüler produzierten hier mit Hilfe ihrer privaten Handys Podcasts, etwa zum Kaufvertrag, die dann zur Vorbereitung auf die Abschlussprüfung genutzt wurden.[5]

E-Testing erlaubt den Lernenden eine Selbstkontrolle des Lernens durch automatisiert ausgewertete Tests. Bekannt geworden ist die inzwischen frei erhältliche Software „Hot Potatoes". Sie ermöglicht auf recht einfache Weise auch ohne Programmierkenntnisse die Erstellung von Übungen, die den Schülerinnen und Schülern im Internet zur Verfügung gestellt werden können. Dazu gehören beispielsweise Multiple-Choice-Aufgaben, Lückenaufgaben, Kreuzworträtsel, das Kombinieren von Text und Text, Bild und Text oder Laut und Text. Zu Hot Potatoes existieren auf Webseiten für Lehrkräfte, etwa lehrer-online.de oder zum.de, Anleitungen sowie Aufgaben aus verschiedenen Fächern. Die Funktionen, die Hot Potatoes als isolierte Lösung bereitstellt, stehen heute in den üblichen und weiter unten beschriebenen Lernplattformen als Standard zur Verfügung.[6]

Ein *E-Portfolio* ist eine „digitale Sammlung von »mit Geschick gemachten Arbeiten« (= lat. Artefakte) einer Person, die dadurch das Produkt (Lernergebnisse) und den Prozess (Lernpfad) ihrer Kompetenzentwicklung in einer bestimmten Zeitspanne und für bestimmte Zwecke dokumentieren und veranschaulichen möchte" (Hilzensauer & Hornung-Prähauser, 2005, S. 4). Die Arbeit mit E-Portfolios erfolgt nach dem Modell der Salzburg Research Group in fünf Schritten: 1. Klärung der Zielsetzung und Kontext für die digitale Portfolioarbeit, 2. Sammeln, auswählen und verknüpfen von E-Portfolio-Artefakten mit Lernziel, 3. Reflektieren und steuern des Lernprozesses, 4. Präsentieren und weitergeben der E-Portfolio-Artefakte sowie 5. Bewerten und evaluieren von Lernprozessen/Kompetenzaufbau (Hilzensauer & Hornung-Prähauser, 2005, S. 4). Eine technische Plattform zur Unterstützung der E-Portfolio-Arbeit ist Mahara.

21.4.2.7 E-Kommunikation

Die E-Kommunikation stellt im Regelfall die Basisdienste für E-Learning zur Verfügung. In allen Phasen der oben genannten Kooperation und Koordination von Lernenden ist nämlich Kommunikation notwendig. Kommunikation vollzieht sich zeitlich versetzt (‚asynchron'), zeitgleich (‚synchron') oder in der Sonderform der Umfrage.

Asynchrone Kommunikationsdienste sind E-Mails, die meist am Computer abgerufen werden oder Kurznachrichten für das Handy (SMS). Auch Diskussionsforen gehören zu den asynchronen Kommunikationsmitteln.

Technisch aufwändiger sind meist die *synchronen Kommunikationsdienste*. Dazu gehört der zeitgleiche Austausch von kurzen Nachrichten (‚Chat') in eigens dafür eingerichteten Bereichen (‚Chatraum'). Ursprünglich konnten in einem solchen Chatraum nur Textnachrichten ausgetauscht werden. Heute ist auch der Nachrichtensofortversand (Instant Messaging) mit Telefonie möglich, wobei das Telefonieren im Gegensatz zum ‚normalen' Telefon nicht über das Telefonnetz, sondern über das Internet (‚Voice over IP') erfolgt. Gängige Softwarelösungen, etwa „Skype", verbinden dabei Instant Messaging mit der Möglichkeit der Dateiübertragung und der Videotelefonie im Internet. Die Nutzerinnen und Nutzer solcher Dienste brauchen neben dem Internetzugang und der Software eine Videokamera für den Computer (‚webcam'). Eine Sonderform der synchronen Kommunikation ist die Arbeit mit Internetkonferenzsystemen (WebConferencing-Systemen). Diese haben in Wissenschaft und Praxis ganz unterschiedliche Namen, vor allem „virtuelle Klassenzimmer" („virtual classrooms'), „NetMeeting", „live E-Learning" oder „E-Meeting" (Stoller-Schai, 2008; Zellweger, 2002). Ein typisches WebConferencing-System bietet den Nutzerinnen und Nutzern die Möglichkeit, eine Präsentation zu verfolgen, wobei die Präsentatorin bzw. der Präsentator mit einem kleinen Videofenster verfolgt werden kann und in einem Großteil des Bildschirms eine Powerpoint-Präsentation ‚abläuft'. Meist wird dabei den Teilnehmenden, etwa für Rückfragen, zusätzlich ein Chat angeboten, und die Präsentierenden können das Videobild oder den Ton umschalten zu einzelnen Teilnehmenden, die etwa eine Frage stellen können. Statt einer Präsentation kann auch eine Fläche gemeinsam von allen Teilnehmenden zeitgleich erarbeitet werden (‚white board') oder im Hauptbild ein Computerprogramm ablaufen (‚application sharing'). Meist sind WebConferencing-Systeme nicht kostenfrei erhältlich. In pädagogischer Hinsicht handelt es sich um einen Vortrag oder ein Lehrgespräch mit der Besonderheit, dass die Lernenden räumlich verteilt und über das WebConferencing-System verbunden sind.

Eine Sonderform der Kommunikation ist die *Umfrage*. Umfragen sind vielfältig einsetzbar, und zwar zu Beginn als Zielgruppenanalyse, in der Mitte sowie am Ende, etwa als Evaluation.

In den vorhergehenden Abschnitten wurde versucht, E-Learning entlang des Prozesses der vollständigen Handlung zu ordnen. Die Zuordnung ist nicht immer eindeutig. Einige Methoden sind dabei sowohl rezeptiv als auch produzierend zu nutzen: So kann ein Wiki von den Lernenden produziert werden oder es können Informationen mit Hilfe eines Wikis erschlossen werden. In diesen Fällen habe ich eine Zuordnung vorgenommen, je nachdem welche der Verwendungsweisen in der Literatur und der Praxis nach meiner Erfahrung im Vordergrund steht. Die Zuordnung zu den einzelnen Handlungsphasen soll die spätere Unterrichtsplanung erleichtern. In der Toolbox werden die modernen Medien in der Übersicht (TB-11.12) zusammengestellt. Gehen Sie diese Übersicht bitte zur Wiederholung durch.

21.4.3 Integration von E-Learning in virtuellen Lern-, Projekt- und Gemeinschaftsräumen

Im letzten Abschnitt wurde eine Fülle einzelner, unverbundener Varianten des E-Learnings dargestellt. Komplexe Plattformen unterstützen eine ganze Reihe dieser Varianten, wobei keine der von mir dargestellten Plattformen alle der erwähnten Varianten integriert.

Lernplattformen (Baumgartner, Häfele & Häfele, 2002; Hagenhoff, Schumann & Schellhase, 2002), auch „Learning Management Systeme (LMS)" genannt, bündeln eine Vielzahl der erwähnten Varianten des E-Learning. Lernplattformen verwenden in der Regel die Metapher „Kurs". Der Kurs wird zum zentralen Organisationsprinzip, dem Lehrende, Lernende und Materialien sowie weitere Dienste zugeordnet werden, zum Beispiel Anmeldedienste. In beruflichen Schulen spielen vor allem zwei Typen von Lernplattformen eine Rolle. Dies sind die aus dem Hochschulbereich stammenden Plattformen ILIAS und Moodle sowie die eigens für Schulen programmierte Plattform Lo-Net. Hinzu kommen in einigen Bundesländern landesspezifische Angebote für Schulen, in Bayern etwa MEBIS.

ILIAS und Moodle sind komplexe Lernplattformen, die im Rahmen öffentlich finanzierter Projekte an Hochschulen entstanden sind und überwiegend an Hochschulen eingesetzt werden. Sie bieten einen großen Teil der erwähnten Funktionen. Die in den Nürnberger Universitätsschulen eingesetzte Software „StudOn" ist eine ILIAS-Installation der Universität Erlangen-Nürnberg. ILIAS und Moodle sind open-source-Software, d. h. die Software darf beliebig kopiert, verbreitet und genutzt werden (Kiedrowski, 2004). Für die Nutzung der

Lernplattformen unterstützen Lernende mit vielfältigen Funktionalitäten
Bild 10 © ModernLearning

Software fallen keine Lizenzgebühren an. Insbesondere kann die Software auf einem von der Schule bestellten Server installiert und in der Schule frei genutzt werden.

Die Plattform „Lo-Net" kann von öffentlichen Schulen in Deutschland genutzt werden, wird jedoch von einem Schulbuchverlag, nämlich dem Cornelsen Verlag bereitgestellt, der dies nicht aus altruistischen Motiven machen wird. Lo-net integriert eine Reihe der bereits erwähnten Dienste. Ein Bereich „Privat" bietet der Lehrkraft beispielsweise einen Mailservice, ein Adressbuch, einen Kalender, einen Website-Generator zum Anlegen einer persönlichen Homepage. Außerdem bietet dieser Bereich die Möglichkeit, den Schülerinnen und Schülern gegebene Aufgaben zu verfolgen, Dateien zu verwalten oder eine persönliche Webseite anzulegen. Ein Bereich „Institution" dient der Organisation von Gruppen in der Schule. Dies kann sowohl der Vernetzung zwischen Lehrkräften als auch der Arbeit von Lehrkräften und Schülerinnen und Schülern in gemeinsamen Klassen- und Gruppenräumen dienen. Die detaillierte Beschreibung der weiteren Bereiche kann der Beschreibung auf www.lo-net2.de entnommen werden.

Auch *Community-Plattformen* bündeln eine Reihe der erwähnten Varianten des E-Learnings. Ihre zentrale Organisationsmetapher ist allerdings nicht der Kurs, sondern die Community, also die Gruppe. Diesen Gruppen werden eine Fülle von Funktionalitäten geboten, insbesondere Kommunikationsfunktionen (Chat, Messenger, Foren), aber auch die Möglichkeit des Hochladens und Kommentierens von Fotos, Videos, Musik usw. Ein typisches Beispiel ist die Open-Source-Community-Plattform Dolphin von Boonex (www.boonex.com/dolphin).

Auch *Projekt-Plattformen* bündeln eine Reihe der erwähnten Varianten des E-Learnings. Sie spannen einen virtuellen Projektraum auf, in dem Dateien ausgetauscht werden, Meilensteine und Aufgaben gesetzt und verwaltet und andere aus dem Projektmanagement typische Funktionen verankert werden. Typische Beispiele sind die kommerzielle Plattform Basecamp (basecamp.com) oder die Open-Source-Plattform Zoho Projects (zoho.com/projects/).

Virtuelle Plattformen – seien es Lernplattformen, Community-Plattformen oder Projektplattformen – entwickeln sich stetig weiter. Dabei ist festzustellen, dass die Plattformen mehr und mehr konvergieren.

21.4.4 Unterrichtsplanung mit E-Learning-Elementen

In der berufsschulischen Praxis spielt E-Learning – von einer Fülle leuchtender Einzelfälle abgesehen – bislang nur eine geringe Rolle. Nicht ganz aktuelle empirische Untersuchungen zeigen eine klare Dominanz traditionellen Unterrichts in beruflichen Schulen (Metzlaff, 2005; Pätzold, Klusmeyer, Wingels & Lang, 2003; Seifried, Grill & Wagner, 2006). In den traditionellen Unterricht, in dem das Lehrgespräch, kleinere Einzel- und Gruppenarbeiten sowie Vorträge dominieren, lassen sich die aufgeführten Techniken nur schwer integrieren. Eine solche Unterrichtspraxis ist der zentrale Hemmschuh für die Integration von E-Learning in den schulischen Alltag. Hinzu kommen Schwierigkeiten bei der zur Verfügung stehenden Technik, den verfügbaren Medien oder der auf E-Learning bezogenen Aus- und Fortbildung. Ob die Überwindung einer solchen unterrichtsmethodischen Engführung – wie es der Lernfeldgedanke eigentlich intendiert hat – inzwischen weiter fortgeschritten ist, kann zurzeit nicht empirisch beantwortet werden. Da eine solche – flächendeckende – Transformation eine koordinierte Aus- und Weiterbildung, ein undogmatisches Methodenverständnis, eine Unterrichts- und Methodenentwicklung, eine Änderung von Schulkultur und -organisation sowie entsprechender Unterstützungsstrukturen bedarf, erscheint dies immer noch fraglich.

In der betrieblichen Bildung hat sich eine Vielfalt von Anwendungen des Lernens mit dem Computer in den letzten Jahrzehnten entwickelt (Wilbers, 2013). Die öffentlichen Schulen stellen demgegenüber ein völlig anderes Handlungsfeld dar (Petko, 2010). Die in der betrieblichen Praxis entwickelten Ansätze können selten 1:1 übertragen werden. Zum Teil ergibt sich in der Schule nicht der gleiche Handlungsdruck: Lernprogramme werden beispielsweise in Unternehmen dort eingesetzt, wo sich schlagartig ein regional stark verteilter Schulungsbedarf ergibt, der schnell befriedigt werden muss, wenn etwa ein Fahrzeug mit einem neuen Motor ausgeliefert wird. In der Schule werden jedoch Lernende räumlich zusammengezogen und die Schnelligkeit ist nicht das zentrale Merkmal der Bildung in der Schule. Fern- bzw. Distanzlernen spielt in den beruflichen Schulen bislang kaum eine Rolle, obwohl es gerade für die Beschulung auf dem Land neue Perspektiven bieten könnte. Schulpflicht wird beispielsweise als Präsenzpflicht ausgelegt. Eine Ausnahme stellt die an die Berufliche Oberschule Erlangen angegliederte Virtuelle Berufsoberschule Bayern (VIBOS) dar. Diese ausschließlich im Internet operierende Einrichtung bietet auf ihrer Plattform unterschiedliche Zugangsmöglichkeiten für selbstgesteuertes und begleitetes Lernen auf Distanz.[7]

Meiner Erfahrung nach wirkt die Komplexität moderner Lernplattformen und die Vielfalt der Methoden im E-Learning auf Lehrkräfte – zumindest auf den ersten Blick – erschlagend und lähmend. „E-Learning planen": Das überfordert viele Lehrkräfte, auch weil sich die Handreichungen aus anderen Bereichen als wenig hilfreich erweisen. Daher empfehle ich, *nicht* E-Learning zu planen, sondern *Unterricht* zu planen, und zwar mit E-Learning-Elementen. Dazu werden vier Schritte vorgeschlagen.

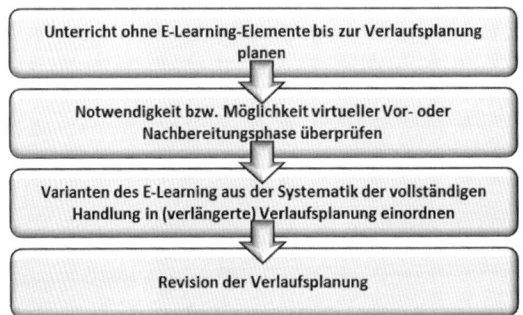

Übersicht 2: Unterrichtsplanung mit E-Learning-Elementen

Zunächst plant die Lehrkraft ‚ganz normal' einen traditionellen oder handlungsorientierten Unterricht. Dabei steht eine ‚ganz normale' Verlaufsplanung im Zentrum. Die Verlaufsplanung, also in der Sprache des E-Learnings die Präsenzphase, wird im nächsten Schritt ergänzt durch eine ‚virtuelle' Vorbereitungsphase und eine ‚virtuelle' Nachbereitungsphase. Eine solche Vorbereitungsphase kann beispielsweise genutzt werden, um unterschiedliche Vorkenntnisse durch ein vorlaufendes Selbststudium auszugleichen oder eine Befragung zu starten, etwa um die Zielgruppenanalyse zu ergänzen. In der Nachbereitung kann beispielsweise ein E-Test zur Sicherung eingesetzt werden. Dieser Schritt kann auch entfallen.

Im folgenden Schritt wird überprüft, ob den einzelnen Phasen des Unterrichts, einschließlich der Vor- und Nachbereitung, eine oder mehrere der erwähnten Varianten des E-Learnings zugeordnet werden können. Im handlungsorientierten Unterricht fällt die Integration von E-Learning-Elementen dabei deutlich leichter. Eine umfassende Erörterung jeder der erwähnten Methoden im Interdependenzzusammenhang sprengt den hier gegebenen Rahmen, ist jedoch in der Praxis vorzunehmen. Angesichts der Komplexität der Methoden und der technischen Anforderungen sollten zu Beginn nur wenige Methoden mit geringen technischen Anforderungen integriert werden. Eine umfangreichere Integration und eine Integration technisch anspruchsvoller Methoden kann später immer noch erfolgen. Getreu dem Motto „Flach spielen, hoch gewinnen" von Franz Beckenbauer kann die Lehrkraft vom normalen Unterricht ausgehend kleine E-Learning-Elemente einbauen, diese stufenweise steigern und sich nicht mit zu anspruchsvollen Projekten den Ball zu weit vorlegen. Es liegt in der Natur des Interdependenzzusammenhangs, dass die Verlaufsplanung nochmals im Lichte der Methoden des E-Learnings überdacht und ggf. geändert werden sollte.

21.5 Moderne Medien als Thema des Unterrichts („Lernen für den Computer')

Neben diesen methodischen Fragen des Lernens *mit* dem Computer steht die inhaltliche Frage, des Lernens *für* den Computer. Die Informationstechnik wird zum Inhalt des Unterrichts, oft freilich unter Nutzung von Computern.

Auf welche Form der Nutzung von Computern sollte die Schule vorbereiten? Bei der Nutzung von Computern kann unterschieden werden, ob der Einsatz von Informationstechnik im Beruf oder im außerberuflichen Alltag erfolgt. Bei der Verwendung von Informationstechnik im Beruf wird die „berufsinformatische Kompetenz" (Eberle, 2010) bzw. die berufsinformationstechnische Kompetenz angesprochen. Informationstechnik kann jedoch in verschiedenen Berufen einen sehr unterschiedlichen Stellenwert haben.

Ein erstes Feld stellt schließlich die Entwicklung von Kompetenzen für den Umgang mit IT im (privaten) Alltag der Schülerinnen und Schüler dar, die sogenannte *IT-Literalität:* Auch die Befähigung zur angemessenen privaten Nutzung von IT, beispielsweise der Umgang mit sozialen Netzwerken wie Facebook, gehört heute zum Bildungsauftrag von beruflichen Schulen. In Bayern ist etwa die Medienerziehung und informationstechnische Bildung als Auftrag an alle Schulen per kultusministerieller Bekanntmachung verankert.[8] Diese Fragestellung kann unter das Stichwort „IT-Literacy" bzw. „IT-Literalität" thematisiert werden (Eberle, 2010). Ein Beispiel ist das Projekt „Netzchecker" der beruflichen Schule 4 in Nürnberg (netzchecker.wordpress.com/).

Weiterhin geht es in beruflichen Schulen um die Bildung von Personen, die Informationstechnik im Beruf anwenden, also *IT-Anwenderinnen und IT-Anwender.* Die meisten Schülerinnen und Schüler in der Berufsschule werden IT nicht selbst entwickeln, aber beruflich nutzen. In den kaufmännischen Ordnungsunterlagen dieser Berufe ist die berufsinformatische Kompetenz oft verankert. So finden sich in den Ordnungsunterlagen der Ausbildung zum Kaufmann/-frau im Einzelhandel, Industriekaufmann/-frau oder Kaufmann/-frau im Großhandel, also in quantitativ bedeutenden Ausbildungsberufen, recht umfangreiche Forderungen zum Einsatz von ERP-Systemen (Pongratz, 2010, S. 116 f.). Der Einsatz von Software, die im beruflichen Feld der Lernenden eingesetzt wird, spielt auch im gewerblich-technischen Bereich eine große Rolle. Dazu gehören etwa Programmier- bzw. Entwicklungswerkzeuge, z. B. die graphische Entwicklungsumgebung LabVIEW für die Mess-, Regel- und Automatisierungstechnik, Software zur Programmierung von speicherprogrammierbaren Steuerungen (SPS) wie STEP 7 von Siemens oder Software für die rechnergestützte Konstruktion (CAD), z. B. die Software SolidWorks.

Lernfelder IT-Systemkaufmann/-frau

- ▶ Der Betrieb und sein Umfeld
- ▶ Geschäftsprozesse und betriebliche Organisation
- ▶ Informationsquellen und Arbeitsmethoden
- ▶ Einfache IT-Systeme
- ▶ Fachliches Englisch
- ▶ Entwickeln und Bereitstellen von Anwendungssystemen
- ▶ Vernetzte IT-Systeme
- ▶ Markt- und Kundenbeziehungen
- ▶ Öffentliche Netze und Dienste
- ▶ Betreuen von IT-Systemen
- ▶ Rechnungswesen und Controlling

Übersicht 3: Lernfelder IT-Systemkaufmann/-frau

Ein weiteres Feld stellt die Ausbildung von *IT-Expertinnen und IT-Experten*. Diese sind insbesondere die Auszubildenden in den IT-Berufen, den IT-Assistenten-Bildungsgängen oder der Fachschule für Informatiktechnik. In diesen Berufen ist Informationstechnik in den Ordnungsunterlagen stark verankert. IT steht in diesen Berufen als Produkt im Vordergrund. Die IT-Berufe sind sowohl kaufmännisch als auch gewerblich-technisch.

In der didaktischen Betrachtung von Informationstechnik kann zwischen produktabhängigem und produktunabhängigem Wissen unterschieden werden.[9]

- **Produktabhängiges Wissen**: Produktabhängiges Wissen befähigt zur Anwendung eines bestimmten Produktes, etwa des Browsers Firefox, der Textverarbeitung Word, dem ERP-System Microsoft Dynamics NAV oder der CAD-Software SolidWorks. Das erworbene Wissen ist produktbezogen, d. h. in einem anderen Produkt, etwa der Textverarbeitung eines anderen Herstellers, ist ein Problem unter Umständen anders zu lösen. Das Wissen ist kurzlebig, konkret und beinhaltet isolierte Fakten. Ein Transfer ist oft nur schwer möglich und das Wissen spricht eine niedrige Taxonomiestufe an. Ein Beispiel ist das Wissen um die Tastenkombination Crtl-C und Crtl-V für das Copy-und-Paste bei Windows 7.
- **Produktunabhängiges Wissen**: Das produktunabhängige Wissen ist langlebig, erschließt Zusammenhänge, lässt sich vergleichsweise einfach transferieren, ist aber vergleichsweise abstrakt. Ein produktunabhängiges Wissen ist die grundlegende Funktionsweise des Copy-und-Paste, d. h. eine Definition von Copy-und-Paste, das Wissen um die Voraussetzung der Selektion, die Funktionsweise der Zwischenablage, die Datentypen usw.

Gerade in den beruflichen Schulen ist die Versuchung groß, sich auf das produktabhängige Wissen zu stützen. Der Druck, das Gelernte praktisch zu verwenden ist groß und produktabhängiges Wissen lässt sich schnell umsetzen. Die Lehrkräfte ersparen sich die Erarbeitung grundlegender Strukturen, für die sie häufig selbst keine Expertinnen und Experten sind. Außerdem ist das Wissen nicht so abstrakt. Andererseits hat diese Konzentration auf produktabhängiges Wissen ihren Preis: Das Wissen schlägt schnell um, die Unterlagen sind ständig zu aktualisieren und einige Schülerinnen und Schüler können, etwa über die praktische Anwendung im Betrieb, immer wieder der Lehrkraft eine Nasenlänge voraus sein, was an sich kein Problem sein sollte, aber nicht allen Lehrkräften behagt (Hartmann, Näf & Reichert, 2007, S. 23 f.).

Mit Hartmann, Näf und Reichert wird hier die Auffassung vertreten, dass ein guter IT-bezogener Unterricht weder *nur* das produktabhängige noch *nur* das produktunabhängige Wissen entwickeln sollte. Das produktabhängige Wissen „fördert die Handlungsorientierung, damit die Lernenden ihr Wissen in der Praxis umsetzen können" (Hartmann et al., 2007, S. 24). Das produktunabhängige Wissen „hilft beim Einordnen von Fakten in größere Zusammenhänge und erleichtert somit das Lernen. Es ermöglicht außerdem den Transfer von früher erworbenen Kenntnissen auf neue Situationen" (Hartmann et al., 2007, S. 24).

21.6 Besonderheiten des Einsatzes moderner Medien in verschiedenen Bereichen

Der Einsatz moderner Medien weist im kaufmännischen Unterricht einige Besonderheiten auf, die nun aufgegriffen werden.

21.6.1 Besonderheiten moderner Medien im kaufmännischen Unterricht

Die Prozessorientierung wurde bereits als Variante des curricularen Situationsprinzips eingeführt. Dabei wurde auch der Begriff der integrierten Unternehmenssoftware bzw. des ERP-Systems erläutert.

21.6.1.1 Integrierte Unternehmenssoftware im kaufmännischen Unterricht

In der Diskussion für den Einsatz im kaufmännischen Unterricht stehen vor allem zwei Systeme: Microsoft NAV/Navision und SAP (Pongratz, 2010, 2012). Microsoft Navision wird seit 2007 als *Microsoft Dynamics NAV* vertrieben. NAV lässt sich im Internet runterladen, beispielsweise auf den Seiten süddeutscher Landesinstitute. NAV lässt sich lokal auf den Rechnern der Schule, auf dem Server der Schule sowie auf USB-Sticks installieren. Letzteres ermöglicht auf einfache Weise die Arbeit der Lernenden im Unternehmen oder zuhause. Dies ist nicht nur technisch, sondern auch lizenzrechtlich möglich. NAV wird mit einem Demo-Mandanten, der Cronus AG, ausgeliefert. Für den Einsatz in verschiedenen Berufen haben die beiden süddeutschen Landesinstitute, das LS in Stuttgart (http://www.integrus.de) sowie das ISB in München (http://www.erp-software-bayern.de) jedoch eigene Mandanten, Handreichungen für die Schülerinnen und Schüler sowie für die Lehrkräfte entwickelt. Die Lizenzen werden in den Bundesländern unterschiedlich ausgegeben, häufig durch die Landesinstitute. Diese sind zurzeit noch jährlich zu erneuern. Es gibt kostenlose Schulungen für Lehrkräfte von Microsoft über Microsoft Business Solutions Academic Alliance (MBS AA) für Berufsschulen. NAV hat inzwischen eine gewisse Relevanz für Schulbücher erlangt (Engelhardt, 2008): Die Schulbuchverlage binden – gerade in den typischen Berufen wie Einzelhandel und Industrie – NAV ein, d. h. sie setzen es illustrativ ein und liefern Modellunternehmen und didaktische Materialien aus. In dem Lehrbuch „Betriebswirtschaftliche Geschäftsprozesse – Industrie" von Speth u. a., das im Merkur Verlag erschienen ist, wird NAV illustrativ eingesetzt und es liegt eine CD mit Übungsdaten bei.

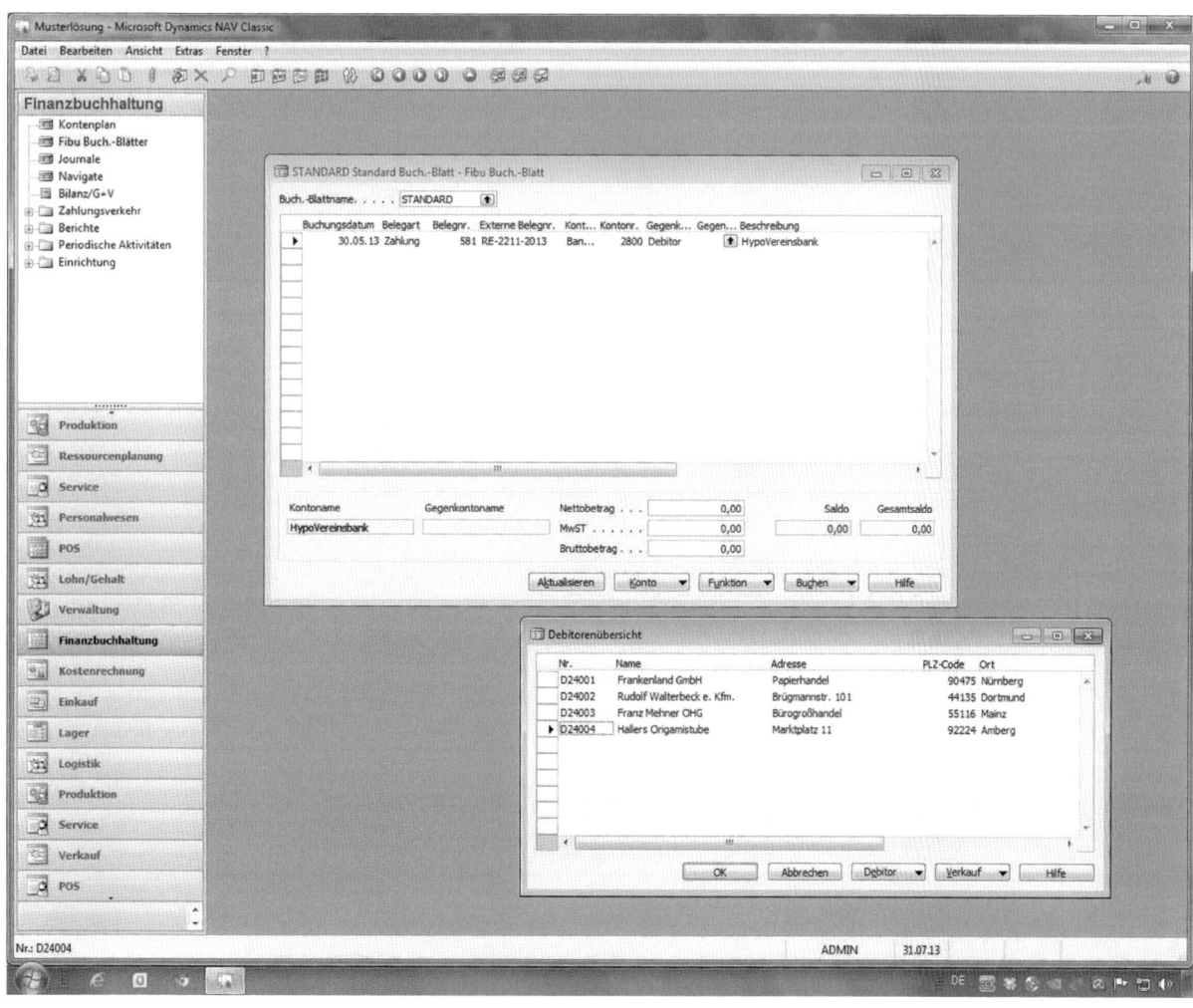

Finanzbuchhaltung in Microsoft/NAV
Bild 11. Lehrstuhl für Wirtschaftspädagogik und Personalentwicklung

Das zweite System, das in der Diskussion um ERP-Systeme in der Schule dominiert, stammt von SAP. Im Einsatz an Schulen gibt es häufig noch *SAP R/3*, das inzwischen Teil der mySAP-Reihe ist. Das

Produkt wird nicht lokal installiert, sondern die Schulen schließen sich an die SAP University Competence Centers (UCC) in Magdeburg und München an. Auf dem Schulrechner läuft im Regelfall nur ein kleines Softwarepaket. SAP selbst bietet Fallstudien und den IDES-Mandanten zu Schulungszwecken an. SAP bietet kostenlose Schulungen für Lehrkräfte im Rahmen des University Alliances Programmes (UA) an. In den Schulbüchern kommt SAP kaum vor und die Landesinstitute bieten keine Unterstützung. Die Fallstudien im Kontext des IDES-Mandanten gelten vielen Praktikerinnen und Praktikern als zu anspruchsvoll für den Einsatz an beruflichen Schulen. Um diese Zugangshürden für berufliche Schulen zu verringern, wurde eine Initiative „ERP4school" (erp4school.de) angeschoben, die vom Oberstufenzentrum Bürowirtschaft und Dienstleistungen in Berlin getragen und von SAP unterstützt wird (Dörrer, 2010). Der Einsatzschwerpunkt von SAP scheint mir bei den IT-Berufen und ähnlichen Berufen zu liegen (Reich-Zies & Buder, 2010; Schuller, 2010; Strahler, 2010).

Die Auswahl des in der Schule eingesetzten ERP-Systems ist zwar eine schwierige Frage, aber didaktisch ein nachgeordnetes Problem. Häuber formuliert dies sehr plastisch: „Auf welchem Fabrikat bzw. auf welcher Marke vom Fahrzeug der Fahrschüler das Autofahren in seiner Fahrschule erlernt, ist völlig unwichtig" (2010). In Diskussionen um den schulischen Einsatz von ERP-Systemen wird die Gleichgültigkeit des Systems immer wieder betont. Regelmäßig findet jedoch nach spätestens fünf Minuten eine erbitterte Auseinandersetzung um die Vor- und Nachteile einzelner Systeme statt. In menschlicher Hinsicht ist das verständlich: Oft über das Normalmaß engagierte Lehrkräfte sind mit ‚ihrem' System vertraut und brechen eine Lanze dafür. Vor diesem Hintergrund ist die mit Leidenschaft geführte Debatte ein gutes Zeichen, nämlich für Engagement in der Schule. Für die nüchterne Abwägung von Alternativen sind solche Auseinandersetzungen jedoch hinderlich. Die Auswahl eines solchen Systems für die Schule (Pongratz, 2010) ist eine komplizierte Angelegenheit, die hier nicht weiter vertieft werden soll. Mit der Auswahl des ERP-Systems ist die Einführung an der Schule keineswegs erledigt. Vielmehr ist eine umfassende, aufeinander abgestimmte Personalentwicklung, Organisationsentwicklung, Unterrichtsentwicklung und Technikentwicklung notwendig (Pongratz, 2012).

21.6.1.2 Didaktische Relevanz integrierter Unternehmenssoftware

ERP-Systeme sind, wie bereits dargestellt, ein umfangreiches Thema, das der Lehrplan in einigen großen Ausbildungsberufen vorsieht. Dass ERP-Systeme für die gesamte Berufsausbildung didaktisch relevant sind, heißt noch lange nicht, dass sie das auch tatsächlich für den Lernort Schule sind. Für den vollzeitschulischen Bereich kann die Einbindung von ERP-Systemen (Ruf, 2006) eine Praxisersatzfunktion übernehmen. Für den Unterricht in Teilzeitbildungsgängen hingegen könnte durchaus argumentiert werden, dass die Befähigung der Auszubildenden im Umgang mit ERP-Systemen nicht Aufgabe der Berufsschule, sondern der Unternehmen sei. Dem stehen jedoch mehrere praktische Erwägungen gegenüber (Häuber, 2010). Nicht in allen Unternehmen, gerade in kleinen und mittleren Unternehmen, beispielsweise im Handel, sind tatsächlich ERP-Systeme verfügbar. In vielen Unternehmen dürften die Auszubildenden weiterhin keinen Zugriff auf den kompletten Datenbestand im ERP-System haben, beispielsweise keinen Zugriff auf sensible Daten im Personalwesen, etwa die Lohndaten oder im Handel auf Daten wie Verkaufsstatistiken pro Kasse bzw. pro Verkäufer(in). Das Unternehmen kann dadurch von Auszubildenden nicht exploriert werden. Außerdem ist es den Lernenden im Betrieb selten möglich, Auswirkungen einer Handlung bzw. der Abbildung dieser Handlung im ERP-System nachzuvollziehen. Ferner sind ERP-Systeme heute kritisch für den Unternehmenserfolg, d. h. Fehler oder experimentelle Erkundungen durch Auszubildende sind ausgeschlossen. Schließlich dürften – das ist eine Vermutung, kein gut gesicherter Fakt – viele Ausbildungsbetriebe die Unterweisung in das System wenig systemisch einbetten, d. h. bei der Einweisung in das ERP-System werden vor- oder nachgelagerte Prozessschritte, beispielsweise die Folgen des Einscannens eines Artikels, nicht reflektiert. Post formuliert treffend, dass die pädagogische Herausforderung darin bestehe, „die im betrieblichen Alltag durchaus erwünschte Automatisierung und Beschleunigung der Geschäftsprozesse für die Schüler nachvollziehbar zu ‚entschleunigen'" (2006, S. 536).

Eine einfache Schulung von produktabhängigem Bedienungswissen zu ERP-Systemen – eine sogenannte Klick-Schulung – ist vor diesem Hintergrund kaum zu legitimieren. Werden die vorgebrachten Erwägungen akzeptiert, sind damit gleichzeitig wichtige Eckdaten für den Einsatz von ERP-Systemen in den Schulen gesetzt, die weit über eine Klick-Schulung hinausgehen: Der Einsatz von ERP-Systemen im kaufmännischen Unterricht muss transparent erfolgen, muss Fehler und experimentelle Erkundungen der Lernenden zulassen und die Arbeit mit dem ERP-System systemisch einbetten. Das kann unter den Ausbildungsbedingungen im Unternehmen oft nur schwer realisiert werden.

21.6.1.3 Formen des Einsatzes integrierter Unternehmenssoftware im Unterricht

ERP-Systeme können auf vier verschiedene Arten im Unterricht eingesetzt werden: Der illustrative Einsatz von ERP-Systemen, der sequentielle Einsatz von ERP-Systemen, der ERP-Einsatz in Lernfirmen sowie der ERP-Einsatz in Projekten, Fällen und Lernsituationen.

Bei einem *illustrativen Einsatz* von ERP-Software im Unterricht wird die Software selbst streng genommen gar nicht im Unterricht eingesetzt. Vielmehr werden Bildschirmfotos von der ERP-Software in den Unterricht bzw. in die Unterrichtsmedien eingebunden. So verwendet beispielsweise das Schulbuch „Kompetenz Industrie" aus dem Europa Lehrmittelverlag von Müller u. a. bei der Einführung des Konzepts der Debitoren im Lernfeld 3 „Werteströme und Werte erfassen und dokumentieren" Bildschirmfotos von MS Navision mit dem verbreiteten Cronos AG-Schulungsmandanten. Diese Form der ERP-Einbindung in den kaufmännischen Unterricht ist vergleichsweise einfach. Sie passt sich unkompliziert in den traditionellen Unterricht ein, lässt sich gut mit verschiedenen Medien, Aktions- und Sozialformen sowie Aufgabenformen verbinden und ist technisch einfach zu realisieren. Weiterhin

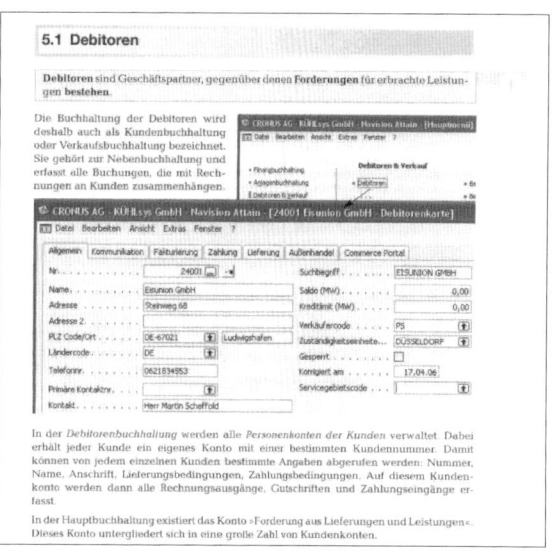

Illustrativer ERP-Einsatz
Bild 12. Quelle: Müller u.a. (2011)

kann diese Form der Einbindung von ERP-Systemen mittelfristig zu einer ersten Vertrautheit mit ERP-Systemen für Lehrkräfte führen, die diesen Dingen etwas skeptisch gegenüber stehen. Andererseits bleibt der Einsatz letztlich in didaktischer Hinsicht symbolisch, er bleibt intransparent und erlaubt kaum Fehlerhandeln oder den experimentellen Umgang mit ERP-Systemen. Als Erinnerungshilfe oder Verbindungshilfe spielt der illustrative Einsatz von ERP-Systemen auch in komplexeren Einbindungsformen weiterhin eine Rolle. Für die Unterrichtsplanung der Lehrkräfte ergeben sich kaum Besonderheiten. Lediglich der Medienbereich wird hier in besonderer Weise angesprochen.

Bei einem *sequentiellen Einsatz* von ERP-Systemen im Unterricht werden im ersten Schritt die relevanten kaufmännischen Konzepte im ‚normalen' Klassenraum eingeführt. Im zweiten Schritt erfolgt die Arbeit mit dem ERP-System im EDV-Raum der Schule oder zuhause. Dabei werden Aufgaben, Geschäftsvorfälle oder Belege mit vergleichsweise geringer Komplexität verbucht bzw. geübt oder es wird Step-by-Step (Eberle, 1996) in die Anwendung eingeführt. In einem dritten Schritt erfolgt die Nachbereitung, in der Regel in einem normalen Klassenraum. Die Notwendigkeit solcher Nachbereitungs- bzw. Reflexionsphasen wird in der didaktischen Literatur zur Geschäftsorientierung betont (Ruf, 2006). In didaktischer Hinsicht ist das Vorgehen meist atomistisch-kleinschrittig. Gerade beim

Step-by-Step besteht für die Lehrkraft die Gefahr, dass sie die Lernenden hinter den Bildschirmen verliert, beispielsweise durch Fehlbedienung. Typischerweise drängt dies die Lehrkraft dazu, die Lerninhalte in kleinste Schritte zu zerlegen und immer wieder zu hinterfragen, ob die Lernenden auf dem von der Planung vorgesehenen Stand sind. Diese Form des Step-by-Step führt zu einer straffen Führung im Unterricht, d. h. zu einer hohen Fremdsteuerung, für die Fehler und explorierendes Handeln der Lernenden gefährlich für die Führung des Unterrichts sind. Entsprechend schwierig ist dieses Vorgehen bei heterogenen Lernenden, zum Beispiel bei Lernenden mit unterschiedlichen IT-Kenntnissen oder unterschiedlichen Vorkenntnissen bezüglich der ERP-Systeme. Eine Alternative zu einem derart von der Lehrkraft dominierten Unterricht des Step-by-Step ist ein materialdominierter Unterricht. Dieser setzt umfangreiche Arbeitsmaterialien für den Lernenden ein. Diese können ähnlich wie im lernfeldorientierten Unterricht aus dem Kontext einer größeren Fallaufgabe stammen und einen praktischen Auslöser haben, beispielsweise eine Telefonnotiz, eine E-Mail oder einen Beleg. Derartige Materialien kombinieren häufig auch kleinere kaufmännische Reflexionsübungen, zum Beispiel die Suche nach Gründen für eine unbefriedigende Gewinnsituation und Bedienungshinweise zum ERP-System. Der Einsatz solcher Materialien ermöglicht im Vergleich zum Step-by-Step-Vorgehen die Individualisierung des Lerntempos, löst jedoch andere der erwähnten didaktischen Probleme nicht. Der sequentielle Einsatz hat in beruflichen Schulen zwei schwergewichtige Vorteile: Er passt gut zu den üblichen Raumkonzepten kaufmännischer Schulen, die eine Trennung von normalen Klassenräumen und EDV-Räumen vorsehen. Häufig sind nämlich die gerade für den IT-Bereich geforderten integrierten Fachräume nicht an der Schule vorhanden. Weiterhin lässt sich der sequentielle Einsatz durch Lehrkräfte gut arbeitsteilig realisieren, beispielsweise im Zusammenspiel einer Lehrkraft, die sich vor allem auf den kaufmännischen Bereich konzentriert, und einer Lehrkraft, die sich in IT spezialisiert. Nicht alle Lehrkräfte müssen sich so in gleicher Tiefe mit ERP-Systemen auseinandersetzen. Die Unterrichtsplanung kann sich in diesem Fall weitgehend an die übliche Unterrichtsplanung anlehnen, muss jedoch insbesondere bei der Sequenzierung weitere Festlegungen treffen.

Seit längerem erfolgt ein ERP-*Einsatz in Lernfirmen*. Die Lernfirmenarbeit setzt auf eine spezifische Raumsituation, eine spezielle Verankerung im Stundenplan, eine eigenständige, meist integrierende didaktische Funktion, die im Unterricht außerhalb von Lernfirmen in der Regel nicht gegeben sind (Dörrer, 2010; Ruf, 2006; Scholz, 2006).

Weiterhin erfolgt ein *ERP-Einsatz in anderen handlungsorientierten Unterrichtsmethoden*, insbesondere Projekten, Fällen und Lernsituationen. Projekte oder Fälle können dabei einen Unterricht ergänzen, der nicht in Lernsituationen stattfindet. Beim Unterricht an Projekten und Fällen wird in der Praxis nicht selten auf adaptierte Schulungsmaterialien der ERP-Hersteller zurückgegriffen. So verwendet das Friedrich-List-Berufskolleg in Herford eine Fallstudie, die von SAP bereitgestellt wird und insbesondere für den Unterricht in Hochschulen entworfen wurde sowie selbst entwickelte Fallstudien in der Fachschule und bei Industriekaufleuten. In der Mittelstufe wird dabei ein zweitägiges Blockseminar mit circa 16 Unterrichtsstunden angeboten (Reich-Zies & Buder, 2010).

21.6.2 Besonderheiten des Einsatzes im Bereich der Metall- und Elektrotechnik
Die Ausbildung im Bereich der Metall- und Elektrotechnik kennt eine Reihe fachspezifischer Medien, die über die bereits erwähnten Medien hinausgehen.

▶ **Stecksysteme und Installationsplatten**: Stecksysteme erlauben die robuste, verschleißarme Erstellung von Schaltungen auf Basisplatten. Installationsplatten dienen der Vermittlung einer fachgerechten Installation zur Lösung elektrotechnischer Probleme, beispielsweise Lampenschaltungen oder einer speicherprogrammierbaren Steuerung (SPS). Solche Installationsboards kombinieren einen mobilen oder stationären Experimentier- und Demonstrationsstand, entsprechende Baugruppen, Messgeräte, Dokumentationen (z. B. Anschlussbelegung, Montageplan) und Leitungssätze. Sie werden auch „Trainingssysteme" oder „Experimentierplatten" genannt. Solche Systeme kombinieren nicht selten Softwarebestandteile mit Original- bzw. Industrie-Komponenten, beispielsweise Original-Fahrzeugteile bei einem fahrzeugtechnischen Installationsboard sowie mit didaktisch überarbeiteten Modulen, etwa Modulen mit sichtbaren Schaltsymbolen, Stromlaufplänen oder Wirkungsdiagrammen.

▶ **Virtuelle Labore**: Virtuelle Labore arbeiten mit virtuellen Apparaturen. Davon zu unterscheiden sind telematische Labore: Online-Roboter wurden ursprünglich als ferngesteuerte Roboter für den Einsatz im Weltraum, Unterwasser, in Kernkraftwerken usw. entwickelt. Ihnen liegt wie telematischen Laboren die Fernsteuerung „realer Roboter" zugrunde. Die Lernenden entwickeln beispielsweise ein Programm zur Robotersteuerung und verfolgen das Roboterverhalten aufgrund dieser Software in einem weit entfernten Labor in Echtzeit in einem Videofenster (Schulmeister, 2001, S. 249 f.).

▶ **Schulungsfahrzeuge und Funktionsmotoren**: Schulungsfahrzeuge sind speziell überarbeitete Originalfahrzeuge. So werden wichtige Komponenten leichter zugänglich gestaltet und es besteht die Möglichkeit, Fehlfunktionen zu schalten. Funktionsmotoren sind Originalmotoren, die zur Schulung verwendet werden und die mit Rollwagen, Abgasanlage, Kühlung etc. ausgestattet sind.

Bekannte Hersteller solcher Medien sind ELWE (www.elwe.com), Christiani (www.christiani.de), Festo (www.festo-didactic.com) sowie Lucas-Nülle (www.lucas-nuelle.de).

Neben diesen Medien spielt der Einsatz von Entwicklungssoftware eine bedeutende Rolle im technischen Bereich. Als ein Industriestandard gilt dabei die 3D-CAD-Software SolidWorks. Sie lässt sich im Unterricht vielfältig einsetzen, etwa zur Verformungsanalyse, Spannungsanalyse mit Hilfe der Finite Elemente Methode (FEM), der Zeichnungsableitung, der Rapid Prototyping, Rendering und Animation oder Variantengenerierung (Fleischer, 2011).

21.6.3 Besonderheiten des Unterrichtens in Computerräumen

Der Unterricht in Computerräumen bzw. der Unterricht mit Computern hat einige Besonderheiten und weit verbreitete Probleme: Unterricht im Zusammenspiel mit Computern ist häufig abstrakt, wichtige Dinge sind unsichtbar, die Schülerinnen und Schüler neigen zu einem einfachen Versuch&Irrtum-Verhalten, die theoretische Erläuterung verschwimmt mit der praktischen Übung und die Lehrkraft ist versucht, auftretende Probleme schnell zu lösen – ohne die sich daraus ergebenden Lernanlässe zu reflektieren. Zur Überwindung dieser Schwierigkeiten können folgende Hinweise gegeben werden.[10]

Tipps zum Unterricht in Computerräumen

▶ Über Advance Organizer einsteigen
▶ Umfangreich visualisieren
▶ Anglizismen und Fachausdrücke nur wenn unbedingt notwendig
▶ ‚Erst-lesen-dann-schreiben'
▶ Differenzieren
▶ Üben und erläutern deutlich trennen
▶ Pädagogische Software einsetzen
▶ ‚Hände-auf-den-Rücken'
▶ Zur selbständigen Problemlösung erziehen

Übersicht 4: Unterricht in Computerräumen

Im Unterricht mit Computern werden häufig Inhalte behandelt, zu denen die Lernenden noch keine Vorstellungen mitbringen. Hartmann, Näf und Reichert empfehlen daher den Unterrichtseinstieg mit einem Advance Organizer (2007, S. 109 ff.). Im Umgang mit Computern spielt die Abstraktion eine große Rolle. Vor diesem Hintergrund muss die Lehrkraft stärker als in anderen Themen versuchen, mit Visualisierungen zu arbeiten. Beispiele sind die Verwendung eines Holzmodells für die Textverarbeitung, die Verwendung von Farbstiften, um verschiedene Farbpaletten zu verdeutlichen oder die Verwendung von Software wie etherreal, um ein- und ausgehende Daten einer Netzwerkverbindung mitzuhören und so sichtbar zu machen (2007, S. 115 ff.). Algorithmische Abläufe lassen sich anhand von Handlungen im Alltag erarbeiten. Dabei können auch geeignete mentale Modelle verwendet werden, zum Beispiel Schuhschachteln für Variablen oder übereinandergestapelte Teller für Stapel (stacks). Hinzukommen aus der Informatik bekannte Visualisierungshilfen, wie Programmablaufpläne oder Struktogramme. Anglizismen wie „Deleten" oder „Saven" sind, wenn immer fachlich korrekt möglich, durch deutsche Begriffe zu ersetzen. Nicht vermeidbare oder notwendige Fachbegriffe sind zu definieren. Abkürzungen sind zu erläutern und ggf. ein Glossar auszugeben.

Lernende wenden im Umgang mit dem Computer häufig die Versuch&Irrtum-Methode an: Sie probieren einzelne Schritte aus, ergänzen neue, verwerfen alte usw. Für kleine Probleme ist dies oft eine zum Ziel führende Methode. Bei größeren Problemen versagt diese Methode. Hartmann, Näf und Reichert empfehlen erst das Lesen, dann das Schreiben zu üben, wie auch in anderen Fächern (2007, S. 109 ff.). Lernende sollten – bevor sie selbst Inhalte erstellen – vorhandene Inhalte lesen. Bei der Schulung zu Präsentationsprogrammen sollten zunächst gute und schlechte Beispiele analysiert und die zugrundeliegenden technischen und gestalterischen Mittel herausgearbeitet werden. In ähnlicher Weise ist ein guter (und schlechter) Programmcode oder HTML-Quelltext zu lesen. Dabei kann der Komplexitätsgrad ständig gesteigert werden, d. h. das Lesen beginnt beispielsweise mit kleinen Programmbeispielen und geht in komplexe Anwendungsbeispiele über. Gerade bei der Arbeit mit Computern haben die Lernenden eine stark unterschiedliche Schwierigkeit. Der Unterricht sollte daher Differenzierungsmaßnahmen vorsehen, beispielsweise die Bereitstellung von Zusatzaufgaben bzw. die Festlegung von Additum und Fundamentum oder den Einsatz von stärkeren Lernenden als Tutorinnen und Tutoren.

Wenn die Lernenden beginnen am Computer zu arbeiten, haben die Lernenden ihr eigenes Tempo, Probleme tauchen in der Klasse zu ganz verschiedenen Zeitpunkten und an verschiedenen Stellen auf. In dieser Situation kann die Lehrkraft kaum noch Hinweise an die ganze Klasse geben. Die einführenden oder nachbereitenden Erläuterungen sollten daher von der Arbeit der Lernenden am Rechner getrennt sein. Auf dem Markt existieren eine Reihe von Softwarelösungen für die speziellen Herausforderungen in Computerräumen. So erlaubt die Software „NetSupport School" der Lehrkraft beispielsweise eine Übersicht am Bildschirm der Lehrkraft über die Bildschirme der Schülerinnen und Schüler in Miniaturansicht oder die technische Kommunikation mit einzelnen Lernenden.

Der Unterricht mit Computern ist deutlich störanfälliger als der Unterricht ohne Computer. Zu den ‚normalen' Störungen des Unterrichts kommen weitere Probleme mit der technischen Infrastruktur, Falschbedienung oder Software-Fehler. Die Lehrkraft ist in diesem Unterricht häufig an verschiedenen Stellen im Raum in ganz verschiedene Probleme eingebunden. Gerade bei Zeitdruck und einer Reihe weiterer wartender Schülerinnen und Schüler ist die Versuchung groß, als Hotline zu dienen, und durch ein paar schnelle Klicks mit der Maus oder einer Korrektur am Programmcode das Problem zu lösen. Im beruflichen Alltag haben die Lernenden diese Hotline jedoch nicht, sondern müssen erlernt haben, Probleme richtig einzuordnen und entsprechende Problemlösestrategien einzusetzen. Hartmann, Näf und Reichert drängen daher auf die strikte Einhaltung der ‚Hände-auf-den-Rücken'-Regel für Lehrkräfte (Hartmann et al., 2007, S. 109 ff.): Bei praktischen Übungen soll die Lehrkraft durch Fragen die Metareflexion anregen und die Problemlösekompetenz der Schülerinnen und Schüler entwickeln. Um die Belastung der Lehrkraft zu senken und die Hilfe zur Selbsthilfe zu geben, können Support-Warteschlangen eingerichtet werden, d. h. die Lernenden müssen ihr genau beschriebenes Problem an eine Pinnwand anheften.

21.7 Outro

21.7.1 Die wichtigsten Begriffe dieser Lerneinheit

▶ E-Learning
▶ WebQuest
▶ Lernprogramm
▶ Wiki

▶ (Berufs-)Informationstechnische Kompetenz Integrierte Unternehmenssoftware im Unterricht
▶ Unterricht im Computerraum

21.7.2 Tools

▶ Tool „Moderne Medien (E-Learning): Übersicht entlang der Phasen einer vollständigen Handlung" (TB-11.12)

21.7.3 Kompetenzen

▶ Medienkonzept arrangieren

▶ Moderne Medien planen und ausarbeiten: Computer als methodisches Hilfsmittel im Unterricht einsetzen; Computer als Thema des Unterrichts reflektieren; Besonderheiten des Unterrichtens in Computerräumen beachten

21.7.4 Hinweise zur vertieften Auseinandersetzung: Weiterlesen

Einen ausführlichen Überblick über E-Learning bietet das etwa 3.000 Seiten umfassende von mir herausgegebene Handbuch E-Learning (2013). Einen umfassenden Überblick über den Einsatz von ERP-Systemen im kaufmännischen Unterricht bietet die von Pongratz, Tramm und Wilbers herausgebende Veröffentlichung „Prozessorientierte Wirtschaftsdidaktik und Einsatz von ERP-Systemen im kaufmännischen Unterricht" (2010) sowie die Veröffentlichung „Implementierung von ERP-Systemen in den Unterricht an beruflichen Schulen"(Pongratz, 2012).

21.7.5 Hinweise zur vertieften Auseinandersetzung: Weitersurfen

Eine facettenreiche Auseinandersetzung bietet bwp@ in der Ausgabe „Medien in der beruflichen Bildung – Mit Web 2.0, ERP & Co. zu neuen Lernwelten?":

http://www.bwpat.de/ausgabe15/

Ein Portal, das sich zwar an Hochschullehrende richtet, aber denoch viele Anregungen und Informationen auch für Lehrkräfte beruflicher Schulen bietet:

http://www.e-teaching.org/

21.7.6 Literaturnachweis

Baumgartner, P., Häfele, H. & Häfele, K. (2002). Evaluierung von Lernmanagement-Systemen. Theorie - Durchführung - Ergebnisse. In A. Hohenstein & K. Wilbers (Hrsg.), *Handbuch E-Learning*. (S. 5.4: S. 1-18). Köln: Deutscher Wirtschaftsdienst.

Baumgartner, P. (2006). E-Learning Szenarien. Vorarbeiten zu einer didaktischen Taxonomie. In E. Seiler Schiedt, S. Kälin & C. Sengstag (Hrsg.), *E-Learning. Alltagstaugliche Innovation?* (S. 238–247). Münster: Waxmann.

Bolz, A. (2003). Multimedia-Fallstudien und IKT-unterstützte Fallstudienarbeit. In A. Hohenstein & K. Wilbers (Hrsg.), *Handbuch E-Learning*. (S. 4.16, S. 1-16). Köln: Deutscher Wirtschaftsdienst.

Bransford, J., Brown, A. L. & Cocking, R. R.-E. (2000). *How People Learn. Brain, Mind, Experience, and School*. Washington, D.C.: National Academy Press.

Capaul, R. (2002). Planspiele erfolgreich einsetzen. In A. Hohenstein & K. Wilbers (Hrsg.), *Handbuch E-Learning*. (S. 4.11: S. 1-14). Köln: Deutscher Wirtschaftsdienst.

Dörrer, E. (2010). Prozessorientierung und ERP-Einsatz in der kaufmännischen Berufsfachschule. In H. Pongratz, T. Tramm & K. Wilbers (Hrsg.), *Prozessorientierte Wirtschaftsdidaktik und Einsatz von ERP-Systemen im kaufmännischen Unterricht* (S. 167–178). Aachen: Shaker.

Eberle, F. (1996). *Didaktik der Informatik bzw. einer informations- und kommunikationstechnologischen Bildung auf der Sekundarstufe II. Ziele und Inhalte, Bezug zu andern Fächern sowie unterrichtspraktische Handlungsempfehlungen.* Aarau: Verl. für Berufsbildung Sauerländer.

Eberle, F. (2010). Informations- und Kommunikationstechnologien didaktisch betrachtet. Ein programmatischer Beitrag aus Schweizer Sicht. In H. Pongratz, T. Tramm & K. Wilbers (Hrsg.), *Prozessorientierte Wirtschaftsdidaktik und Einsatz von ERP-Systemen im kaufmännischen Unterricht* (S. 102–110). Aachen: Shaker.

Engelhardt, P. (2008). Halten Schulbücher, was sie versprechen? Schulbuchanalyse: Industrielle Geschäftsprozesse. *Wirtschaft und Erziehung* (1/2), 25–32.

Euler, D. (1992). *Didaktik des computerunterstützten Unterrichts.* Nürnberg: BW Bildung und Wissen.

Euler, D. & Wilbers, K. (2002). *Selbstlernen mit neuen Medien.* St. Gallen: Institut für Wirtschaftspädagogik.

Fleischer, B. (2011). Entwicklungssoftware im Unterricht am Beispiel SolidWorks. *Die berufsbildende Schule, 63* (9), 267–271.

Grimm, P., Rhein, S. & Clausen-Muradian, E. (2008). *Gewalt im Web 2.0. Der Umgang Jugendlicher mit gewalthaltigen Inhalten und Cyber-Mobbing sowie die rechtliche Einordnung der Problematik.* Berlin: Vistas.

Gröhbiel, U. & Schiefner, M. (2006). Die E-Learning-Landkarte. Eine Entscheidungshilfe für den E-Learning-Einsatz in der betrieblichen Weiterbildung. In A. Hohenstein & K. Wilbers (Hrsg.), *Handbuch E-Learning* (S. 3.11: 1-20). Köln: Verlag Deutscher Wirtschaftsdienst.

Hagenhoff, S., Schumann, M. & Schellhase, J. (2002). Lernplattformen auswählen. In A. Hohenstein & K. Wilbers (Hrsg.), *Handbuch E-Learning.* (S. 5.1.1 - 5.1.21). Köln: Deutscher Wirtschaftsdienst.

Hartmann, W., Näf, M. & Reichert, R. (2007). *Informatikunterricht planen und durchführen.* Berlin: Springer.

Häuber, G. (2010). Prozessorientierte Wirtschaftsdidaktik und Einsatz von ERP-Systemen im kaufmännischen Unterricht. Supportstrukturen für berufliche Schulen: ERP-Unterstützung beruflicher Schulen in Baden Württemberg. In H. Pongratz, T. Tramm & K. Wilbers (Hrsg.), *Prozessorientierte Wirtschaftsdidaktik und Einsatz von ERP-Systemen im kaufmännischen Unterricht* (S. 195–204). Aachen: Shaker.

Hilzensauer, W. & Hornung-Prähauser, V. (2005). *ePortfolio. Methode und Werkzeug für kompetenzbasiertes Lernen.* Salzburg: Salzburg Research Forschungsgesellschaft m.b.H. Verfügbar unter http://edumedia.salzburgresearch.at/images/stories/EduMedia/Studienzentrum/eportfolio_srfg.pdf

Holzinger, A. (2010). Pervasive E-Learning: Neue Technologien unterstützen lebenslanges Lernen. In A. Hohenstein & K. Wilbers (Hrsg.), *Handbuch E-Learning* (S. 5.20, S. 1-16). Köln: Deutscher Wirtschaftsdienst.

Hubwieser, P. (2007). *Didaktik der Informatik. Grundlagen, Konzepte, Beispiele* (3. Aufl.). Berlin: Springer.

Jahn, D. (2012). Augenöffner "Film". Das unterschätzte Medium und seine didaktischen Möglichkeiten. *Wirtschaft und Erziehung, 64* (10), 341–350.

Kalsperger, M. & Wilbers, K. (2011). Szenarien für »M-Learning« in der beruflichen Bildung. In M. Amberg & M. Lang (Hrsg.), *Innovation durch Smartphone & Co. Die neuen Geschäftspotenziale mobiler Endgeräte* (S. 287–303). Düsseldorf: Symposion Publishing.

Kerres, M. (2006). Potenziale von Web 2.0 nutzen. In A. Hohenstein & K. Wilbers (Hrsg.), *Handbuch E-Learning* (S. 4.26, S. 1-16). Köln: Verlag Deutscher Wirtschaftsdienst.

Kerres, M. & Preußler, A. (2009). Soziale Netzwerkbildung unterstützen mit Microblogs (Twitter). In A. Hohenstein & K. Wilbers (Hrsg.), *Handbuch E-Learning* (S. 4.34, 1-20). Köln: Deutscher Wirtschaftsdienst.

Kiedrowski, J. (2004). Open-Source-Software. E-Learning zum Nulltarif? In A. Hohenstein & K. Wilbers (Hrsg.), *Handbuch E-Learning* (S. 5.7: S. 1-16). Deutscher Wirtschaftsdienst.

Klauser, F. (2003). E-Learning problembasiert gestalten. In A. Hohenstein & K. Wilbers (Hrsg.), *Handbuch E-Learning.* (S. 4.12, S. 1 - 12). Köln: Deutscher Wirtschaftsdienst.

Kremer, H. H. (2007). Medien als Entwicklungswerkzeuge in selbstgesteuerten Lernprozessen. *bwp@ (Berufs- und Wirtschaftspädagogik - online)* (13), 1–21. Verfügbar unter http://www.bwpat.de/ausgabe13/kremer_bwpat13.pdf

Metzlaff, S. (2005). Handlungsorientierter Unterricht an kaufmännischen Schulen. Anspruch und Wirklichkeit aus Lehrersicht. In C. Neef & R. Verstege (Hrsg.), *Kernfragen beruflicher Handlungskompetenz. Ansätze zur Messbarkeit, Umsetzung und empirischen Analyse.* (S. 183–213). Stuttgart: ibw Hohenheim.

Müller, J., Richtsteiger, K.-J., Rupp, M., Krohn, J., Kurtenbach, S., Frühbauer, R. et al. (2011). *Kompetenz Industrie* (4. Aufl., 1. Dr.). Haan-Gruiten: Verl. Europa-Lehrmittel Nourney, Vollmer.

Oblinger, D. (2005). Is It Age or IT: First Steps Toward Understanding the Net Generation. In D. Oblinger & J. L. Oblinger (Hrsg.), *Educating the net generation* (S. 2.1 - 2.20). Boulder CO: EDUCAUSE.

Pätzold, G., Klusmeyer, J., Wingels, J. & Lang, M. (2003). *Lehr-Lern-Methoden in der beruflichen Bildung.* Oldenburg: Bibliotheks- und Informationssystem.

Petko, D. (2010). Lernplattformen, E-Learning und Blended Learning in Schulen. In D. Petko (Hrsg.), *Lernplattformen in Schulen. Ansätze für E-Learning und Blended Learning in Präsenzklassen* (S. 9–27). Wiesbaden: VS Verl. für Sozialwissenschaften.

Pongratz, H. (2010). Integration von ERP-Systemen an beruflichen Schulen als ein umfassendes Projekt der Schulentwicklung. In H. Pongratz, T. Tramm & K. Wilbers (Hrsg.), *Prozessorientierte Wirtschaftsdidaktik und Einsatz von ERP-Systemen im kaufmännischen Unterricht* (S. 111–147). Aachen: Shaker.

Pongratz, H., Tramm, T. & Wilbers, K. (Hrsg.). (2010). *Prozessorientierte Wirtschaftsdidaktik und Einsatz von ERP-Systemen im kaufmännischen Unterricht.* Aachen: Shaker.

Pongratz, H. (2012). *Implementierung von ERP-Systemen in den Unterricht an beruflichen Schulen.* Berlin: Epubli.

Post, M. (2006). Möglichkeiten und Grenzen des Einsatzes einer ERP-Software im Berufsschulunterricht für Industriekaufleute - exemplarisch dargestellt anhand einer Unterrichtsreihe zum Absatzprozess mit Hilfe von MS-Navision. *Erziehungswissenschaft und Beruf, 54* (4), 535–547.

Reich-Zies, B. & Buder, A. (2010). SAP-Einsatz als kollegialer Lern- und Entwicklungsprozess. Erfahrungen am Friedrich-List-Berufskolleg. In H. Pongratz, T. Tramm & K. Wilbers (Hrsg.), *Prozessorientierte Wirtschaftsdidaktik und Einsatz von ERP-Systemen im kaufmännischen Unterricht* (S. 151–161). Aachen: Shaker.

Rennstich, J. K. (2005). Podcasting. In A. Hohenstein & K. Wilbers (Hrsg.), *Handbuch E-Learning* (S. 5.12, S. 1-13). Köln: Deutscher Wirtschaftsdienst.

Richter, A. & Koch, M. (2009). Kooperatives Lernen mit Social Networking Services. In A. Hohenstein & K. Wilbers (Hrsg.), *Handbuch E-Learning* (S. 4.35, 1-14). Köln: Deutscher Wirtschaftsdienst.

Röll, M. (2005). Corporate E-Learning mit Weblogs und RSS. In A. Hohenstein & K. Wilbers (Hrsg.), *Handbuch E-Learning* (S. 5.11, S. 1-19). Köln: Deutscher Wirtschaftsdienst.

Ruf, M. (2006). Geschäftsprozessorientierung im Unterricht - Der Einsatz integrierter Unternehmenssoftware als didaktische Herausforderung für die kaufmännische Berufsausbildung. *Erziehungswissenschaft und Beruf, 54* (3), 343–356.

Scholz, J. (2006). Integration von Prozesssteuerungssoftware in das schulische Modellunternehmen. Prozessorientiertes Curriculum und Umsetzung. *bwp@ (Berufs- und Wirtschaftspädagogik - online)* (10), 1–17.

Schuller, B. (2010). ERP-Einsatz am Beruflichen Schulzentrum für Wirtschaft und Datenverarbeitung Würzburg. In H. Pongratz, T. Tramm & K. Wilbers (Hrsg.), *Prozessorientierte Wirtschaftsdidaktik und Einsatz von ERP-Systemen im kaufmännischen Unterricht* (S. 162–166). Aachen: Shaker.

Schulmeister, R. (2001). *Virtuelle Universität. Virtuelles Lernen.* München/Wien: Oldenbourg.

Schulmeister, R., Mayrberger, A., Breiter, A., Hofmann, J. & Vogel, M. (2008). *Didaktik und IT-Service-Management für Hochschulen. Referenzrahmen zur Qualitätssicherung und -entwicklung von eLearning-Angeboten.* Bremen/Hamburg.

Schulmeister, R. (2009). *Gibt es eine »Net Generation«? Erweiterte Version 3.0.* Hamburg.

Schulmeister, R. (2012). Vom Mythos der Digital Natives und der Net Generation. *Berufsbildung in Wissenschaft und Praxis, 41* (3), 42–45.

Seifried, J., Grill, L. & Wagner, M. (2006). Unterrichtsmethoden in der kaufmännischen Unterrichtspraxis. *Wirtschaft und Erziehung, 58* (7-8), 236–241.

Siemon, J. (2004a). *Modellunternehmen A&S GmbH. Virtuelle Betriebserkundung:* Bildungsverl. EINS.

Siemon, J. (2004b). Virtuelle Betriebserkundung am Beispiel des Modellunternehmens A & S. In A. Hohenstein & K. Wilbers (Hrsg.), *Handbuch E-Learning* (S. 4.12.4, S. 1-2). Deutscher Wirtschaftsdienst.

Stoller-Schai, D. (2008). Marktübersicht WebConferencing-Systeme. In A. Hohenstein & K. Wilbers (Hrsg.), *Handbuch E-Learning* (S. 2.9., 1-17). Köln: Deutscher Wirtschaftsdienst.

Strahler, B. (2010). ERP-Einsatz aus Sicht der IT-Berufe. In H. Pongratz, T. Tramm & K. Wilbers (Hrsg.), *Prozessorientierte Wirtschaftsdidaktik und Einsatz von ERP-Systemen im kaufmännischen Unterricht* (S. 179–191). Aachen: Shaker.

Weidenmann, B. & Krapp, A. (1989). Lernen mit dem Computer, Lernen für den Computer. *Zeitschrift für Pädagogik, 35* (621-636).

Wilbers, K. (2002). E-Learning didaktisch gestalten. In A. Hohenstein & K. Wilbers (Hrsg.), *Handbuch E-Learning.* (S. 4.0, S. 1-42). Köln: Deutscher Wirtschaftsdienst. Verfügbar unter http://www.wirtschaftspaedagogik.de/pubs/Wilbers-2002-E-Learning-Didaktisch-Gestalten.pdf

Wilbers, K. (2007). Web 2.0. Vom einsamen Leser zum sozialen Täter. *Personalwirtschaft, 34* (2), 10–13.

Wilbers, K. (Hrsg.). (2013). *Handbuch E-Learning*. Köln: Verlag Deutscher Wirtschaftsdienst.

Wilczek, S. (2008). *Aktive elektronische Dokumente in Telekooperationsumgebungen. Konzept und Einsatzmöglichkeiten am Beispiel elektronischer Patientenakten*. Wiesbaden: Gabler.

Zellweger, F. (2002). Synchrones E-Learning gestalten. In A. Hohenstein & K. Wilbers (Hrsg.), *Handbuch E-Learning*. (S. 4.13.1 - 4.13.26). Köln: Deutscher Wirtschaftsdienst.

21.7.7 Anmerkungen

[1] Computer bzw. Informationstechnik (IT) können in der Didaktik als methodische Frage („IT als Methode") oder als inhaltliche Frage („IT als Inhalt") erörtert werden. Vgl. Eberle (1996, S. 4); Eberle (2010). Hartmann, Näf und Reichert unterscheiden drei Rollen des Computers im Unterricht, nämlich Computer als Unterrichtsgegenstand, als Medium (Lernsoftware, E-Learning) sowie als Werkzeug (im Alltag und im Fachunterricht). Vgl. Hartmann, Näf und Reichert (2007).

[2] Zur Kritik vergleiche insbesondere Schulmeister (2009).

[3] Die Systematisierung von E-Learning-Methoden bzw. E-Learning-Szenarien erweist sich als komplexes Problem. Anfang 2002 habe ich die Lernumgebungen bzw. die Methoden im E-Learning nach zwei Kriterien systematisiert, nämlich nach dem Fokus (individuell vs. sozial) sowie dem Steuerungsgrad (fremd- vs. selbstgesteuert). Vgl. Wilbers (2002). Zusammen mit Dieter Euler habe ich 2002 eine weitere Systematik vorgelegt, die Lernumgebungen aus mehreren Elementen zusammensetzt. Vgl. Euler und Wilbers (2002). Schulmeister u. a. erarbeiten folgende Kriterien für E-Learning-Szenarien: Grad der Virtualität (Präsenzveranstaltung, integrierte Veranstaltung, virtuelles Seminar), Größe der Gruppen (individuelles Lernen, Lernen in Gruppen, Lernen in Großgruppen), Grad der Synchronizität (synchron, asynchron), Grad der Medialität (gering, gemischt, hoch), Anteil Content vs. Kommunikation (Lernen mit Content, Content/Diskurs alternierend, Lernen im Diskurs), Grad der Aktivität (rezeptives Lernen, Mischformen, aktive Lernformen). Vgl. Schulmeister, Mayrberger, Breiter, Hofmann und Vogel (2008). Richter und Koch unterscheiden drei Anwendungsklassen für Basisfunktionen von Social Software, nämlich Informationsmanagement, Interaktion und Kommunikation sowie Identitäts- und Netzwerkmanagement. Vgl. Richter und Koch (2009). Aus der Theorie der computervermittelten Kommunikation werden drei Aspekte unterschieden. Kooperation meint das Zusammenwirken von Akteuren, beispielsweise die gemeinsame Arbeit an einem Produkt. Eine solche Kooperation bedarf der Koordination, also dem Management der Abhängigkeiten zwischen den verschiedenen Aktivitäten. Kommunikation meint dann den Austausch von Informationen über einen gemeinsamen Kanal. Kooperation erfordert Koordination, Koordination erfordert Kommunikation. Vgl. Wilczek (2008). Hinzuweisen ist auf die Systematik der E-Learning-Landkarte. Vgl. Gröhbiel und Schiefner (2006). Eine Reihe interessanter Arbeiten zur Systematisierung von E-Learning-Szenarien hat Baumgartner vorgelegt. Vgl. Baumgartner (2006).

[4] Ein weiterer Ansatz außerhalb der Berufsbildung, der stark auf die Verwendung von Videos als narrativer Anker des Lernprozesses setzt ist der sog. Anchored-Instruction-Ansatz, ein konstruktivistischer Lernansatz. Er wurde von Cognition and Technology Group at Vanderbilt entwickelt. Ein prominentes Beispiel ist die Jasper-Serie, eine Folge von Videos, in dem Jasper Woodbury mit komplexen Situationen konfrontiert wird, in denen mathematische Probleme der Klassen 5 bis 8 eingebettet sind. Vgl. Bransford, Brown und Cocking (2000).

[5] Vgl. dazu die Angaben auf den Webseiten der Schule, vor allem http://www.bs-uferstrasse.hamburg.de/index.php/article/detail/2648.

[6] E-Testing wird heute als Spezialfall eines umfassenderen E-Assessments verstanden. Dazu gehört das Einreichen von Texten, die nicht automatisiert ausgewertet werden. So bieten Lernplattformen heute die Möglichkeit, solche Einreichaufgaben mit einem Abgabedatum und der Möglichkeit einer standardisierten oder offenen Rückmeldung an den Einreicher zu versehen. Im Vergleich zur individuellen Einreichung – etwa per Mail – wird insbesondere die Verwaltung solcher Einreichaufgaben deutlich vereinfacht. Weitere Formen des E-Assessments sind – beispielsweise – die Bewertung von Blogpostings, von E-Portfolios, von Zeitlinien in historischen Fällen (www.xtimeline.com).

[7] Die Kombination von Distanz- und Präsenzphasen könnte eine Teilantwort auf die Veränderungen in der Raumordnung im Zuge des demographischen Wandels (Lerneinheit 7) sein.

[8] Nach der Bekanntmachung „Medienbildung, Medienerziehung und informationstechnische Bildung in der Schule" des bayerischen Kultusministeriums vom 15. Oktober 2009 (Az.: III.4-5 S 1356-5.625) umfasst Medienbildung die folgenden zentralen Bereiche: 1. Medienkunde: das Wissen über die technischen, verfahrenstechnischen, ökonomischen, juristischen, künstlerischen, organisatorischen und sozialen Bedingungen beim Einsatz von Medien, 2. Informationstechnische Bildung: der Umgang mit den IuK-Techniken, 3. Mediendidaktik: die Beschäftigung mit der Theorie und Praxis des Einsatzes von Medien als Trägern von Lehr- und Lerninhalten und als Hilfsmittel im Unterricht, 4. Medienerziehung: das Anregen und Begleiten jener Lernvorgänge, die den Heranwachsenden zu einem selbständigen, kompetenten, verantwortungsvollen und rechtlich einwandfreien Umgang mit den Medien befähigen.

[9] Die Unterscheidung stammt von Hartmann, Näf und Reichert (2007). Diese sprechen allerdings von „Konzeptwissen" und „Produktwissen" (S. 24). Im Zusammenhang mit der hier verwendeten Terminologie ist jedoch der Begriff „Konzeptwissen" in die Irre leitend und wurde daher ersetzt. Hubwieser unterscheidet die Beherrschung grundlegender Konzepte und Bedienerfertigkeiten. Vgl. Hubwieser (2007, S. 48 f.).

[10] Die Darstellung der Hinweise folgt in großen Teilen der Darstellung von Hartmann, Näf und Reichert (2007, S. 24). Ergänzt wurden diverse Empfehlungen von Eberle (1996).

22.1 Zur Orientierung: Was Sie hier erwartet

22.1.1 Worum es hier geht

Birgit T. sitzt am Schreibtisch. Samstag später Vormittag. Family beim Einkaufen. Vor ihr ein Stapel von Arbeiten. Sie hat nicht wirklich Lust. Der Blick ins Freie verrät: Sonnenschein. Endlich. Seit Tagen war nur Regen. Sehr gut, wo doch heute Nachmittag der Glubb im Grundig-Stadion spielt. Trikot, Schal und Ticket für den Max-Morlock-Block 8 warten schon.

Birgit kommt nicht so richtig in die Gänge. Nicht wegen des Glubb-Spiels. Sie ist im Warum-Modus. Sie fragt sich, warum eigentlich der Stapel von Arbeiten vor ihr liegt. Eine Schulaufgabe von Birgits Einzelhändlern. Wen interessieren eigentlich diese Ergebnisse? Lohnt es sich wirklich, die Sachen vernünftig durchzusehen? Die Ergebnisse gehen doch ohnehin nicht ins Abschlusszeugnis ein. Aber kann das der Maßstab für die Wichtigkeit von Leistungsüberprüfungen in der Schule sein? Nein! Oder doch! Prüfungen sind wichtig. Des glabbst obber a blus du! Prüfungen: Ein Fels in wilder Brandung, der alles überstand? Er hielt in vielen Jahren so manchen Stürmen stand?

Irgendwie ist sie gedanklich schon im Nachmittag. „Die Legende lebt, wenn auch die Zeit vergeht. Unser Club, der bleibt bestehn!".

22.1.2 Inhaltsübersicht

22 Assessmentkonzept arrangieren 703

    22.1 Zur Orientierung: Was Sie hier erwartet 704

        22.1.1 Worum es hier geht 704

        22.1.2 Inhaltsübersicht 705

        22.1.3 Zusammenfassung 705

        22.1.4 Einordnung in das Prozessmodell 706

    22.2 High-Stakes-Testing und Large-Scale-Assessment als Sonderformen des Assessments.... 707

        22.2.1 High-Stakes-Testing als Sonderform des Assessments...................... 707

        22.2.2 Large-Scale-Assessments als Sonderform des Assessments............... 708

    22.3 Ziele von Assessments und Assessment-Paradigmen: Assessment unterschiedlich denken 709

        22.3.1 Ziele von Assessments: Was wollen Assessments? 709

        22.3.2 Assessment-Paradigmen: Zwei grundsätzliche Denkweisen über Assessments 712

    22.4 Ansprüche an ‚gute‘ Assessments 715

        22.4.1 Das Assessment-Pentagon: Abgleich als Herausforderung an Assessments 715

        22.4.2 Testtheoretische Kriterien als Kriterien für Assessments.................. 716

        22.4.3 Alternative Zugänge zu Ansprüchen an Assessments........................ 719

    22.5 Bezugsnormen: Verschiedene Wege der Interpretation des Ergebnisses.......... 720

    22.6 Outro.. 721

        22.6.1 Die wichtigsten Begriffe dieser Lerneinheit................................... 721

        22.6.2 Tools.. 721

        22.6.3 Kompetenzen... 721

        22.6.4 Hinweise zur vertieften Auseinandersetzung: Weiterlesen 721

        22.6.5 Hinweise zur vertieften Auseinandersetzung: Weitersurfen 721

        22.6.6 Literaturnachweis 722

        22.6.7 Anmerkungen 724

22.1.3 Zusammenfassung

Assessments haben mehrere Funktionen. Ein Assessment kann eine vorbereitende, eine formative, eine diagnostische oder eine summative Funktion haben. Assessments haben nach den Kriterien der Testtheorie den gleichen Ansprüchen zu genügen, nämlich Objektivität, Gültigkeit (Validität) und Zuverlässigkeit (Reliabilität) sowie Ökonomie. Zur Interpretation des Ergebnisses eines Assessments sind Bezugsnormen notwendig. Davon gibt es vier: Soziale Bezugsnorm, kriteriumsorientierte Bezugsnorm und die individuelle Bezugsnorm in der wachstums- oder in der potentialorientierten Variante.

22.1.4 Einordnung in das Prozessmodell

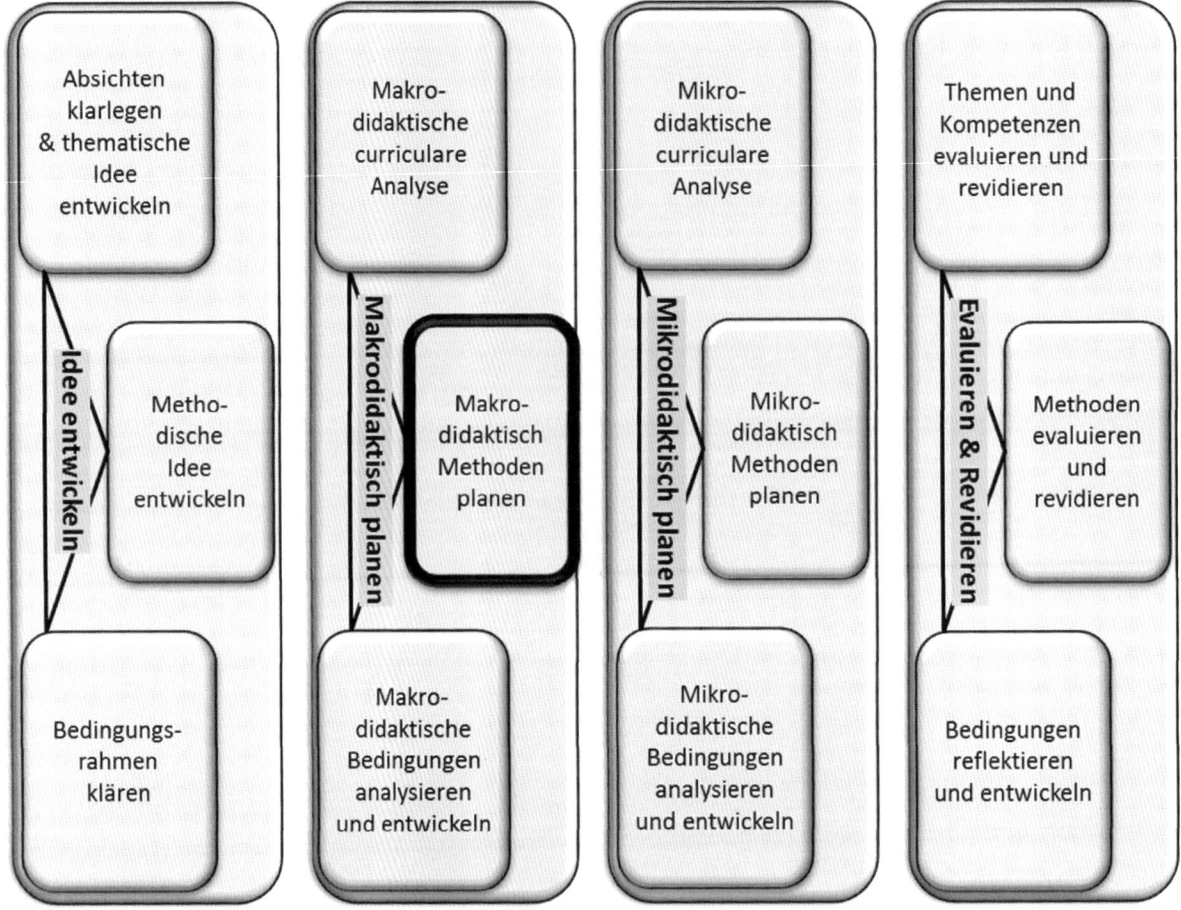

Assessment wurde verstanden als der deskriptive Prozess der Präzisierung, der verbalen Beschreibung oder der Messung der Lernausgangslage ('Ausgangszustand') oder der Lernergebnisse ('Endzustand') sowie der Interpretation dieser Beschreibung um didaktische Entscheidungen zu stützen. Assessment war mithin bislang ein Instrument der Lehrkraft. Assessments erfüllten jedoch verschiedene Funktionen. Im Folgenden werden zunächst zwei Varianten von Assessments vorgestellt, deren primäre Zielsetzung *nicht* die Unterstützung der Lehrkraft ist.

22.2 High-Stakes-Testing und Large-Scale-Assessment als Sonderformen des Assessments

Der Begriff „Assessment" wurde als Oberbegriff für eine Vielzahl von Verfahren eingeführt, unter anderem das Messen, das Testen, das Prüfen und das Screening (Kapitel 7). Zwei weitere Sonderformen sind das High-Stakes-Testen und das Large-Scale-Assessment.

22.2.1 High-Stakes-Testing als Sonderform des Assessments

High-Stakes-Testings ist eine Sonderform des Testens. Das Wort „High-Stakes-Testing" setzt sich aus dem englischen Wort für testen und "high stake" zusammen, was so viel wie "hohe Einlage" oder "hoher Spieleinsatz" bedeutet. High-Stakes-Testing liegt vor, wenn auf der Grundlage einer einzigen Leistung in einem wissenschaftlichen Test eine für die Lernenden grundlegende Entscheidung getroffen wird, etwa das Bestehen eines Schulabschlusses, also eine Prüfung.

In den USA wurde High-Stakes-Testing durch ein Gesetz mit dem werbewirksamen Namen „No Child left behind" (NCLB) gefördert. Dieses Gesetz aus dem Jahre 2001 geht auf einen vom damaligen Präsidenten George W. Bush initiierten politischen Prozess (Jaiani & Whitford, 2011) zurück. Schulen werden dazu verpflichtet, eine angemessene jährliche Zuwachsrate ('adequate yearly progress'), gemessen an den Leistungen in wissenschaftlichen Tests, zu berichten. Obama hat als NCLB-Nachfolger die Initiative „Race to the top" (R2T) eingeführt. Auch R2T setzt auf High-Stakes-Testing auf der Basis von Bildungsstandards und sieht ein Interventionsmodell für Schulen vor, die – gemessen an den Werten in High-Stakes-Testing – versagen. Das Interventionssystem ist dabei gestuft und reicht von anfänglichen Maßnahmen wie dem Austausch der Schulleitung bis hin zum Schließen der Schule (Martinek, 2011). Die Kritik am High-Stakes-Testing und an dieser Form der Steuerung von Schule dürfte inzwischen ganze Bibliotheken füllen.

Bei High-Stakes-Testing steht beim Testen viel auf dem Spiel.
Bild 1. Von Boing, photocase.com

Die wichtigsten Kritikpunkte sind: Die Tests reflektieren nicht immer die zentralen Bildungsziele. Die Testvorbereitungsaktivitäten reduzieren die Unterrichtszeit. Nicht getestete Ziele bzw. Inhalte werden entwertet. Bei der Testvorbereitung werden simple, von der Lehrkraft dominierte Methoden und testähnliche Aufgabenformate verwendet. Weiterhin stellt sich die Frage, ob Verbesserungen der Leistungen in den Tests ‚wirklich' eine Verbesserung der Kompetenz der Schülerinnen und Schüler darstellen oder ‚nur' Ausdruck eines besseren Fitmachens für den Test (‚teaching-to-the-test') sind, etwa durch stupides Üben der Aufgaben, die in Prüfungen vorkommen (Maier & Kuper, 2012).

High-Stakes-Testing ist nur ein Element eines umfassenden Steuerungssystems für Schulen, wie es vor allem in den USA vorkommt. Dieses besteht aus vier Elementen: Bildungsstandards als normative Vorgabe bzw. Kompetenzerwartungen, wissenschaftliche Tests als Instrument zur Überprüfung des Outputs, Sanktionen sowie ein Unterstützungssystem für die Schule und die Durchführung des Steuerungssystems (Mintrop & Sunderman, 2012).

Inzwischen gibt es ernsthafte Kritik, ob die Rechenschaftssysteme – empirisch betrachtet – die versprochene Besserung der Leistungen erbringen. Das „amerikanische Großexperiment" (Mintrop & Sunderman, 2012) hat demnach Auswirkungen auf Schulen gehabt, allerdings nicht immer im Sinne der erwünschten Wirkungen, sondern auch mit unerwarteten Nebenwirkungen. Die Befundlage ist insgesamt nicht einheitlich.[1] Gleichwohl befürwortet die Bildungsstandardsbewegung (Kapitel 5) recht unbewegt von dieser Befundlage die Wichtigkeit der Outputsteuerung.

22.2.2 Large-Scale-Assessments als Sonderform des Assessments

Bei Large-Scale-Assessment (LSA) werden großangelegte (‚large scale') Assessments von Schülerinnen und Schülern verschiedener Nationen und deren Teilgebiete, etwa Bundesländer, durchgeführt. Large Scale Assessments sollen vor allem der Evaluation von Schulen und Bildungssystemen dienen.

In den 1970er und 1980er Jahren hat Deutschland an keiner internationalen Schulleistungsstudie teilgenommen. Die erste internationale Studie war in den 1990er Jahren die eher wenig beachtete TIMS-Studie (Trends in International Mathematics and Science Study). Bei TIMSS werden in regelmäßigen Abständen die mathematischen und naturwissenschaftlichen Leistungen von Schülerinnen und Schülern gemessen. An TIMSS 2007 (Grundschule) nahmen beispielsweise 183.150 Schülerinnen und Schüler der vierten Jahrgangsstufe in 36 Staaten und 7 Regionen teil (Bos et al., 2008).

Stärker als die TIMS-Studie wurde – vor allem 2001 und 2002 – die PISA-Studie (Programme for International Student Assessment) beachtet. In PISA werden im dreijährigen Rhythmus ausgewählte Kompetenzen (outputs) von 15-Jährigen in fast allen Ländern der OECD erhoben, wobei die einzelnen Nationen – wie von Deutschland stark genutzt – die Möglichkeit nationaler Testergänzungen haben (Klieme et al., 2010). Die Ergebnisse lösten u. a. eine Debatte um die Schulstruktur aus, blieben jedoch auch nicht ohne Kritik (Wuttke).

Large-Scale-Assessments werden vor allem bildungspolitisch genutzt. Sie sollen der sogenannten evidenzbasierten Schulsteuerung dienen. „Evidenzbasiert" leitet sich dabei vom englischen „evidence based" ab und kommt ursprünglich aus der Medizin (‚evidence based medicine'). Das Ziel evidenzbasierter Steuerung ist es, „systemrelevantes Steuerungswissen für Bildungsprozesse bereitzustellen und damit den Transfer von wissenschaftlichen Erkenntnissen in Bildungspolitik und -praxis zu verbessern. Eine indikatorengestützte Bildungsberichterstattung sowie Bildungsstandards stellen in diesem Kontext wichtige Steuerungsinstrumente dar. Indikatoren sind dabei zu verstehen als empirisch relevante und empirisch belastbare Informationen über ausgewählte Bereiche des Bildungs- und Erziehungswesens" (Tippelt & Reich-Claassen, 2010, S. 22 f.).

Large-Scale-Assessment und Bildungsstandards stellen – so die Kultusministerkonferenz – einen „Paradigmenwechsel in der Bildungspolitik in Deutschland im Sinne von Ergebnisorientierung, Rechenschaftslegung und Systemmonitoring" (KMK, 2006) dar. Das Bildungsmonitoring sei dabei die „systematische Beschaffung von Informationen über ein Bildungssystem" (KMK 2006, S. 7). Ein bundesweites Instrument ist der bereits mehrfach veröffentliche Bildungsbericht „Bildung in Deutschland" (Weishaupt, 2010) auf der Webseite www.bildungsbericht.de. Darüber hinaus werden weitere Bildungsberichte veröffentlicht, in Bayern etwa der bayerische Bildungsbericht (ISB, 2009) oder in Kommunen, etwa der Bericht „Bildung in Nürnberg 2011" (Stadt Nürnberg, 2011).

Wortwörtlich: Esther Winther, WiPäd Paderborn

Im Bereich der beruflichen Bildung können zumindest drei zentrale Entwicklungen bestimmt werden, die eine Diskussion um Kompetenzen und Kompetenzmodelle notwendig werden lassen: Revisionen des Steuerungssystems der beruflichen Bildung, Neufassung der europäischen Zertifizierung von Bildungsergebnissen sowie die Revision der Input-Parameter der beruflichen Bildung.

Bild 2: Esther Winther. Foto privat. Zitat: Winther (2010, S. 6)

In der Berufsbildungsforschung wurde die vor allem durch pädagogische Psychologen vorangetriebene Debatte um Kompetenzmessung aufgegriffen. Als Large-Scale-Assessment wurden Überlegungen zu einem „Berufsbildungs-PISA" (Baethge & Achtenhagen, 2009; Baethge, Achtenhagen, Arends, Babic & Baethge-Kinsky, 2006) angestellt und in eine Machbarkeitsstudie zu einem Large-Scale-Assessment of Vocational Education and Training (VET-LSA) (Baethge & Arends, 2009) überführt. Die Arbeiten werden zurzeit vorgeführt in der Forschungsinitiative ASCOT (Technology-based Assessment of Skills and Competencies in VET; Nickolaus, 2013; Thiele & Steeger, 2011).[2]

Bildungsmonitoring fußt auf der Vorstellung des New Public Managements. Explizite Leistungsstandards und eine größere Betonung der Output-Steuerung sind beispielsweise ausgewiesene Merkmale der neuen Steuerung (Schedler & Proeller, 2009, S. 39 ff.). Ob sich Bildungssysteme und Schulen überhaupt steuern lassen – wie es der Begriff der neuen Steuerung unterstellt – wird stillschweigend vorausgesetzt, ist aber durchaus umstritten (Böttcher, Bos, Döbert & Holtappels, 2008).

22.3 Ziele von Assessments und Assessment-Paradigmen: Assessment unterschiedlich denken

Am Beispiel von High-Stakes-Testing und Large-Scale-Assessment wurde deutlich, dass nicht jedes Assessment der Analyse der Bedingungen dient, damit eine Lehrkraft didaktische Entscheidungen begründen kann.

22.3.1 Ziele von Assessments: Was wollen Assessments?

Assessments verfolgen ein ganzes Bündel von Zielsetzungen. Diese hängen eng mit den in Kapitel 15 eingeführten Funktionen von Schule zusammen. Schule hat – so wurde bereits ausgeführt – vier Funktionen, nämlich die Qualifikations-, die Allokations-, die Integrations- sowie die Enkulturationsfunktion. Diese Funktionen korrespondieren mit den Funktionen von Assessments.[3]

Ziele	Funktion	Korrespondierte Funktion der Schule
Planerische Ziele	▶ Vor dem Unterricht: Didaktische Entscheidungen vorbereiten (Bedingungsanalyse) ▶ Während des Unterrichts: Formative Evaluation ▶ Nach dem Unterricht: Summative Evaluation	
Unterstützung des Lehr-Lernprozesses	▶ Schwerpunktbildung und Vertiefung ▶ Motivation ▶ Druck und Machtausübung ▶ Unterstützung Selbstkompetenzentwicklung	Qualifikation
Monitoring für weitere Stakeholder	▶ Monitoring für Lernende ▶ Monitoring für Betriebe, Eltern und andere Partner der Schule ▶ Bildungspolitisches Monitoring von Schule und Bildungssystem	
Allokationsziele	▶ Vergabe von Berechtigungen ▶ Signaling	Allokation
Enkulturationsziele	▶ Vermittlung des Leistungsprinzips ▶ Vermittlung von Machtdistanz	Enkulturation
Integrationsziele	▶ Vermittlung rechtsstaatlicher Prinzipien	Integration

Übersicht 1: Ziele von Assessments

Assessments sind für den Lehr-Lernprozess in mehrfacher Weise hilfreich. Assessments haben für die Lehrkraft zunächst *planerische Funktionen* (Oosterhof, 2001, S. 8 ff.; Weinert & Schrader, 1986, S. 13 ff.). Diese Funktionen korrespondieren mit der Qualifizierungsfunktion der Schule.

Assessments haben eine wichtige *planerische Zielsetzung.* Vor dem Unterricht dient das Assessment als Teil der Bedingungsanalyse dazu, didaktische Entscheidungen vorzubereiten, beispielsweise den Unterricht auf die bereits vorhandene Fachkompetenz zuzuschneiden. Assessment zielt hier auf die Gewinnung von Information über den aktuellen Zustand der Lernenden zur Vorbereitung des Unterrichts. Während des Unterrichtens unternimmt die Lehrkraft Assessments, um zu überprüfen, ob sie Erfolg hat, also ihre Lernziele erreichen konnte, und ob sie weitere Änderungen am Unterricht vornehmen sollte. Assessment dient hier dem Feststellen, was die Lernenden während des Unterrichts gelernt haben, um den weiteren Verlauf des Unterrichts entsprechend zu gestalten. So ist im traditionellen Unterrichtsverlauf immer eine Phase der Ergebnissicherung vorzusehen. Eine solche Lernzielüberprüfung ist eine formative Evaluation, bei der die Lehrkraft den Unterricht neu formen möchte (Merkregel: „formativ = Wie kann ich noch formen?").

Mit Assessment ist auch der Wunsch nach Daten für die Steuerung verbunden
Bild 3. Von christianthiel.net, fotolia.com

Eine Lehrkraft kann auch ein Assessment vornehmen, wenn sie das Gefühl hat, einige Probleme näher ergründen zu müssen. Nach dem Unterricht kann die Lehrkraft im Rahmen einer summativen Evaluation erheben, welchen Erfolg sie gehabt hat (Merkregel: „summativ = Was hat es in Summe gebracht?"). Assessment dient hier der Feststellung, was im Unterricht gelernt wurde, um Noten oder Berechtigungen zu geben, aber auch um die Einschätzung des Lehrerfolgs.

Auch die *Unterstützung der Lehr-Lernprozesse* korrespondiert mit der Qualifikationsfunktion von Schule. Schülerinnen und Schüler können aufgrund der Schwerpunkte von Assessments die Schwerpunkte ihres Lernens setzen. Transparente Lernziele und eine darauf abgestimmte Prüfung sind ein Mittel, die Schülerinnen und Schüler bei der Setzung von Schwerpunkten des Lernens zu unterstützen. Dies setzt jedoch eine hohe Passung zwischen den veröffentlichten Lernzielen, den im Unterricht verfolgten Zielen und den in Assessments verfolgten Zielen voraus. Assessments können eine weitere Vertiefung des Unterrichts gewährleisten, indem sich die Lernenden erneut mit den Lerngegenständen auseinandersetzen (Ormrod, 2008, S. 547 ff.). Dies setzt jedoch voraus, dass die gewählten Schwerpunkte im Assessment zu den verfolgten Lernzielen passen und dass keine Falschinformationen dem Lernen entgegenwirken. Bei der Vertiefung und der Schwerpunktbildung besteht jedoch die Gefahr, dass Lehr-Lernprozesse zu eng geführt werden (,teaching-to-the-test'). Assessments können Lernende motivieren. Dies gilt vor allem für Assessment mit kriteriumsorientierter Bezugsnorm und mittlerem Schwierigkeitsgrad. Allerdings besteht bei der Motivation mit Hilfe von Assessments die Gefahr, Schülerinnen und Schüler von Rückmeldungen abhängig zu machen. Dieser Gefahr kann vor allem durch eine erhöhte Beteiligung der Schülerinnen und Schüler am Assessment entgegengewirkt werden (Ormrod, 2008, S. 581 ff.). Der Hinweis auf die Prüfungsrelevanz eines Inhaltes übt bei Lernenden oft hohen Druck aus. "Prüfungsrelevanz" stellt ein einfach zur Verfügung stehendes Mittel zum Ausüben von Druck und Macht dar, freilich mit der Gefahr des Machtmissbrauchs durch die Lehrkraft. Assessments können die Fähigkeit der Lernenden zur Selbststeuerung ihres Handelns, vor allem des Lernhandelns bzw. des Lernens, unterstützen (Ormrod, 2008, S. 547 ff.). Ein wichtiger Aspekt der Selbststeuerung ist die Selbstbewertung des eigenen Handelns bzw. des eigenen Handlungserfolges. Dies setzt allerdings voraus, dass die Rückmeldung den Schülerinnen und Schülern einen Vergleich der eigenen Einschätzung (,Selbstbild') mit der Einschätzung der Lehrkraft bzw. von Peers (,Fremdbild') ermöglicht.

Assessments erlauben ein *Monitoring für weitere Stakeholder*. Diese Monitoringfunktion korrespondiert mit der Qualifikationsfunktion von Schule. Assessments können den Lernenden Informationen darüber geben, wo ihr Lernen (noch) nicht erfolgreich war und wo schon. Dies setzt jedoch voraus, dass eine vergleichsweise differenzierte Rückmeldung – und nicht nur ein summarischer Zahlenwert – von der Lehrkraft kommuniziert wird. Assessments können Eltern, Betriebe und andere Partner über den Zustand der Kompetenzentwicklung, den Lernerfolg und den Lehrerfolg informieren. Large-Scale-Assessments erheben den Anspruch, einen Beitrag zum Monitoring der Leistungen aufgrund eines Schulvergleichs oder von Bildungssystemen in internationalen Vergleichen zu leisten.

Assessments erlauben – in den Gesellschaften mit einer Betonung des Leistungsprinzips – eine Verteilung von Lebenschancen. Diese Funktion der *Allokation* korrespondiert mit der gleichnamigen Funktion der Schule. Assessments können zu Berechtigungen führen. So wird der Hochschulzugang – weitgehend – über den Nachweis von Zeugnissen geregelt. Diese Berechtigungsfunktion kann jedoch zu einer unreflektierten Titelgläubigkeit führen. Assessments bzw. ihre Dokumentation, etwa in Zeugnissen, senden ein Signal aus, vor allem auf Arbeitsmärkten. Dabei besteht die Gefahr der schlichten Selbstinszenierung.

Assessments unterstützen das Hineinwachsen der Schülerinnen und Schüler in eine Leistungskultur und damit in gesellschaftliche Teilhabe und kulturelle Identität. Diese *Enkulturationsfunktion* korrespondiert mit der gleichnamigen Funktion von Schule. Die Schülerinnen und Schüler werden an das Leistungsprinzip herangeführt, allerdings mit der Gefahr des unreflektierten Leistungskults. Mit Assessments wird Macht ausgeübt, die durchaus legitim sein kann. Assessments führen zum Erleben einer ungleichen Verteilung von Macht in der Gesellschaft. Die Lehrkraft ist – etwa bei Zeugnissen – die mächtigere Person, die grundlegende Entscheidungen im Verlauf des Lebens von Schülerinnen und Schülern beeinflussen kann.

Assessments können einen Beitrag zur *Integration* in das politische System einer Gesellschaft leisten. Mit Assessment besteht die Möglichkeit, dass die Schülerinnen und Schüler rechtsstaatliche Prinzipien erlernen. So sind Zeugnisse öffentliche Urkunden und ihre Fälschung gemäß dem deutschen Strafgesetzbuch strafbar. Die Erstellung einiger – nicht aller – Assessments, auch nicht aller Zeugnisse, ist aus Sicht des öffentlichen Rechts ein Verwaltungsakt und eröffnet damit die Möglichkeit des Rechtsbehelfs, zum Beispiel des Widerspruchs.

22.3.2 Assessment-Paradigmen: Zwei grundsätzliche Denkweisen über Assessments

In der Auseinandersetzung um Assessments können zwei verschiedene Paradigmen unterschieden werden, die sich zum Teil rhetorisch überspitzt gegenüber stehen. Sie werden hier das „Testparadigma" und das „Klassenraumparadigma" genannt.[4] Paradigmata sind Denkweisen, denen bestimmte Normen zugrunde liegen, die verschiedene Ansprüche verfolgen und typische Methoden einsetzen.[5]

22.3.2.1 Testparadigma und Klassenraumparadigma: Was darunter verstanden wird

Das Testparadigma dient einer vergleichsweise kleinen Gruppe von Stakeholdern für wenige Funktionen, vor allem dem Bildungsmonitoring sowie dem High-Stakes-Testing. Demgegenüber richtet sich das Klassenraumparadigma an eine breitere Zielgruppe, vor allem Lehrkräfte, Schülerinnen und Schüler, Betriebe und Eltern. Während das Klassenraumparadigma vor allem die Ebene des Unterrichts erhellen will, geht es beim Testparadigma vor allem um die Ebene des Bildungssystems und der Schule, wenngleich sich die Ergebnisse weiter herunterbrechen lassen.

Methodisch setzt das Testparadigma auf relativ selten eingesetzte wissenschaftliche Assessmentmethoden, also Tests, die quantifizieren und damit der multivariaten Statistik zugänglich werden. Das Klassenraumparadigma setzt viele unterschiedliche, oft auch gemischt eingesetzte Methoden relativ häufig ein, deren Auswertung vergleichsweise unsystematisch erfolgt.

Die zugrunde gelegten Kompetenzmodelle unterscheiden sich. Während im testtheoretischen Paradigma meist – wegen des damit verbundenen Erhebungs- und Operationalisierungsaufwandes – nur ausgewählte Dimensionen und Kontextfaktoren erhoben werden, erfolgt der Zugriff im Klassenraumparadigma holistisch. Beide Paradigmen können kein einheitliches Kompetenzmodell zugrunde legen.[6] Das testtheoretische Paradigma beschränkt sich auf die Erfassung des Outputs, nicht des Outcomes, in einigen Dimensionen.

Das testtheoretische Paradigma hat eine niedrige Einpassung in die Lehr-Lernsituation. Das Assessment-Pentagon wird konzeptionell wenig beachtet. Lediglich einige Kontextfaktoren bilden die Situation ab und das Paradigma hat eine niedrige Anschlussfähigkeit zum Prüfungswesen in der Berufsbildung. Das Klassenraumparadigma lebt hingegen von der Einbettung in die Situation. Damit ein Klassenraum-Assessment die beschriebenen Funktionen erfüllen kann, muss die Lehrkraft die Ergebnisse mit allen weiteren, zum Teil höchst singulären Ergebnissen zu den Lernenden, zu dem Lehr- und Lernprozess und zum Assessment verbinden. „Part of the power of classroom assessment resides in these connections. Yet precisely because they are individualized and highly contextualized, neither the rationale nor the results of typical classroom assessments are easily communicated beyond the classroom" (Pellegrino, Chudowsky & Glaser, 2001, S. 222).

Die geringe situationale Einpassung kann auch als Ausdruck der Tradition des testtheoretischen Paradigmas gesehen werden. Das testtheoretische Paradigma hat nicht wie das Klassenraumparadigma eine didaktische Tradition, sondern bindet sich methodisch an die Psychologie und bezüglich der Steuerungslogik an das New Public Management an.

Das testtheoretische Paradigma richtet sich – nach den weiter unten beschriebenen – testtheoretischen Kriterien aus. Diese Kriterien sind – im Gegensatz zur Güte von Assessments im Klassenraumparadigma – gut erforscht. Die wenigen Assessments im Testparadigma sind vergleichsweise aufwändig. Dass das Klassenraumparadigma Probleme hat, aber grundsätzlich ‚funktioniert', kann kaum ernsthaft bestritten werden. Diesen Nachweis ist das testtheoretische Paradigma – wie auch die Überlegungen zum NCLB-Experiment zeigen – schuldig.

	Aspekt	Testparadigma	Klassenraumparadigma
Anlage	Primäre Zielgruppe	Bildungspolitik (Large-Scale-Assessment), High-Stake-Testing	Lehrkräfte, aber auch Schülerinnen und Schüler, Betriebe, Eltern
	Funktionen für Stakeholder	Wenige, z. T. nur einzelne Funktionen	Multifunktional
	Primäre Ebene	Prinzipiell alle Ebenen, verstärkt jedoch Schul- und Bildungssystemebene	Ebene des Unterrichts
Methoden	Methoden	Wenige, selten eingesetzte wissenschaftliche Methoden (Tests)	Viele, unterschiedliche, häufig, oft gemixt im Klassenraum eingesetzte Methoden
	Methoden	Primär quantitativ (Messung)	Quantitativ und qualitativ
	Auswertung	Multivariate Statistik	Wenig elaboriert
Kompetenzmodell	Zugrunde gelegte Kompetenzmodellierung	Analytisch-selektiv	Holistisch
	Einheitlichkeit	Kein einheitliches Kompetenzmodell	Kein einheitliches Kompetenzmodell
Einbettung	Assessmentpentagon	Geringe konzeptionelle Passung	Hohe konzeptionelle Passung
	Bezug zur Situation	Wenig Einbettung in die Situation (wenige Kontextfaktoren)	Umfassende Einbettung in die Situation
	Anschlussfähigkeit an das Prüfungswesen in der Berufsbildung	Gering	Hoch
Tradition	Disziplinäre Anbindung	Allgemeine und pädagogische Psychologie, New Public Management	Didaktik
	Theoretische Rückbindung	Klassische oder probabilistische Testtheorie	Didaktik
Bewertung	Qualitätskriterien	Testpsychologische Ansprüche	Umfassendere Qualitätskriterien
	Akzeptanz bei Stakeholdern	Bildungspolitisch z. T. gewollt, umstritten	Kritik, aber weitgehend unbestritten
	Aufwand	Hoher Aufwand für das Einzelassessment	Hoher Aufwand für viele Assessments
	Funktionalität	Strittig (empirisch & normativ)	Unstrittig

Übersicht 2: Assessmentparadigmen

In der deutschsprachigen Diskussion scheint sich eine Frontstellung zwischen beiden Ansätzen zu verhärten. Gelegentlich ist von Personen, die dem Klassenraumparadigma nahestehen, zu hören, dass die Sau nun mal vom Wiegen nicht fett würde. Von Seiten der Personen, die dem Testparadigma nahestehen, wird die mangelnde ‚Wissenschaftlichkeit' vorgeworfen: Entscheidend sei doch, was hinten rauskomme und zwar objektiv bestimmt und nicht nur ‚gefühlt'. Dabei ist nicht unüblich, die Gegenposition mit den eigenen Ansprüchen zu bewerten.

22.3.2.2 Tradition der paradigmatischen Auseinandersetzung

Die aktuelle Diskussion um Assessments wird erstaunlich ahistorisch geführt. Auch wenn gelegentlich der Eindruck erweckt wird, erst PISA habe die Bedeutung der Diagnostik und der diagnostischen Kompetenz von Lehrkräften herausgestrichen: Diese Fragen wurden jedoch keineswegs erstmalig nach PISA relevant, sondern sind ein alter Topos der Bildungswissenschaft und -politik. Bereits der Strukturplan für das Deutsche Bildungswesen reklamiert 1970 die diagnostische Kompetenz von Lehrkräften (Deutscher Bildungsrat, 1970, S. 88). Ein Klassiker deutscher Erziehungswissenschaft, das Buch „Die Fragwürdigkeit der Zensurengebung" von Karlheinz Ingenkamp (Ingenkamp, 1971), führte damals zu heftigen Kontroversen. Schon früh gab es ausführliche Erörterungen zur Messung von Lernleistungen, in der Wirtschaftsdidaktik etwa der Beitrag „Lehr-Lernkontrolle" von Hans-Carl Jongebloed (Jongebloed, 1983). Und auch damals gab es eine „Anti-Testbewegung", um einen von Zeuch geprägten Begriff (Ingenkamp & Lissmann, 2008, S. 25) zu nutzen. Die Kritik der 1970er Jahre scheint dabei heute nicht mehr beachtet zu werden.

Der Bildungsrat sieht schon 1970 wissenschaftliche Leistungstests als „notwendige Ergänzung des Lehrerurteils" (Deutscher Bildungsrat, 1970, S. 88). „Während das Lehrerurteil Erfahrung, Einfühlungsvermögen und Sensibilität für die Situation der Lernenden in die Bewertung einzubringen vermag, erhöhen die Leistungstests die Objektivität der Kontrolle" (Deutscher Bildungsrat, 1970, S. 88). In Folge wurde die Verwendung von wissenschaftlichen Tests ausgebaut.

Seit einigen Jahren hat der Ruf nach Diagnose bzw. nach Kompetenzmessung – wieder – Konjunktur. In der Rezeption der Ergebnisse von PISA 2000 beschließt die deutsche Kultusministerkonferenz „Maßnahmen zur Verbesserung der Professionalität der Lehrertätigkeit, insbesondere im Hinblick auf diagnostische und methodische Kompetenz als Bestandteil systematischer Schulentwicklung" (KMK, 2003). Dabei betont die KMK auch die Rolle der Bildungsstandards, die prominente Befürworter fanden, aber nicht ohne Kritik (Mugerauer, 2012) blieben.

Von der Stoßrichtung staatlicher Steuerung von Schulen wird damit – *erneut* – die zentrale, nicht von der Einzelschule ausgehende Entwicklung der Schule betont (Rolff, 2007, S. 195 ff.). „Erneut" weil sich ab den 1980er Jahren die Einzelschule als Fokus der Entwicklung schulischer Qualität herauskristallisiert hatte, und zwar nach den Bemühungen um Strukturreform in den 1960er und 1970er Jahren sowie der Lehrplan- und Curriculumreform der 1970er und 1980er Jahre (Wenzel, 2004).

In Deutschland wurde – vor allem auf Bundesebene – eine Reihe von Projekten und Initiativen gestartet. Zu erwähnen ist insbesondere das Schwerpunktprogramm „Kompetenzmodelle zur Erfassung individueller Lernergebnisse und zur Bilanzierung von Bildungsprozessen" (2007 - 2013) der Deutschen Forschungsgemeinschaft. Im Rahmenprogramm des BMBF zur Förderung der empirischen Bildungsforschung wird explizit auf die Verschränkung von Bildungspolitik und –forschung hingewiesen: „Die … politisch eingeleitete sogenannte »empirische Wende« in der Bildungspolitik setzt zwingend auch eine »empirische Wende« in der Bildungsforschung voraus, weil sonst die Erkenntnisse und Instrumente nicht verfügbar sind, die für eine evidenzbasierte Steuerung benötigt werden" (BMBF, 2007, S. 7). Als bekannte Förderschwerpunkte sind – neben ASCOT – vor allem die Forschungsinitiative „Kompetenzmodellierung und -messung im Hochschulsektor" (KoKoHs, 2011 - 2015), das Nationale Bildungspanel (NEPS), die Forschungsinitiative Sprachdiagnostik und Sprachförderung (FiSS, 2008 - 2010), das Projekt „Technology Based Assessment" (TBA) zu erwähnen. Auffällig ist dabei die hohe personelle Vernetzung der einzelnen Projekte, Institutionen und Initiativen.[7]

22.3.2.3 Unnötige Fronten

Die aktuelle Betonung der Kompetenzmessung im Kontext von Large-Scale-Assessments bedeutet eine Rehabilitation zentraler Steuerung mit einer Orientierung an den Grundprinzipien des New Public

Managements. Die Diskussion sollte sich nicht nur den methodisch-psychometrischen Fragen zuwenden, sondern auch die politische Perspektive annehmen. Dabei sind die durchaus mahnenden – empirischen und normativ-politischen – Erkenntnisse aus den US-amerikanischen Großexperimenten und die deutsche Kritik in den 1970er Jahren zu berücksichtigen.

Die Arbeiten zur Kompetenzmessung können wertvolle Beiträge zum Assessment und der Modellierung von Kompetenzen liefern. Will sich die Debatte jedoch dem engen Fokus auf den internationalen Leistungsvergleich lösen, wird sie den im – noch zu beschreibenden – Assessment-Pentagon erhobenen Ansprüchen verstärkt Rechnung tragen. Förderpolitisch darf es nicht zu Einseitigkeiten kommen, die vor allem die bildungspolitischen Interessen der Financiers selbst ansprechen, sondern müssen auch den Interessen derjenigen in das Blickfeld rücken, die in den Schulen und Unternehmen die Kärrnerarbeit täglicher Kompetenzentwicklung leisten.

22.4 Ansprüche an ‚gute‘ Assessments

Was macht ein gutes Assessment aus?

22.4.1 Das Assessment-Pentagon: Abgleich als Herausforderung an Assessments

Der curriculare Abgleich (alignment) wurde bereits bei der Beschäftigung mit Lehrplänen eingeführt. Cohen (1987) definiert: „Instructional alignment describes the extent to which stimulus conditions match among three instructional components: intended outcomes, instructional processes, and instructional assessment" (S. 16). Die Kohärenz eines Assessments, d. h. der strikte Bezug von „Curriculum", „Instruction" und „Assessment" wird in der angelsächsischen Literatur stark betont (Pellegrino et al., 2001, S. 252 ff.). Im angelsächsischen Raum wurden sogar eigene Verfahren zur Messung dieser Gleichrichtung entwickelt (Martone & Sireci, 2009; McNeil, 2006; Porter, 2006).

Biggs (1996) geht weiter und begreift, "Instruction as an internally aligned system" (S. 350). Er führt aus: "Teaching forms a complex system embracing, at the classroomlevel, teacher, students, the teaching context, student learning activities, and the outcome; that classroom system is then nested within the larger institutional system" (S. 350). Damit ist die curriculare Gleichrichtung nicht mehr als eine andere Darstellung des Interdependenzzusammenhangs.

Als Assessment-Pentagon soll hier die Vorstellung bezeichnet werden, dass ein Assessment mit vier anderen curricularen Elementen abgestimmt sein sollte. Als Methode müssen auch Assessment-Methoden nämlich grundsätzlich einen Zielbezug haben und einem Bedingungskontext gerecht werden. Das Ziel richtet sich dabei auf die Kompetenzanforderungen in beruflichen und privaten Lebenssituationen und die im Lehrplan formulierten Kompetenzerwartungen.

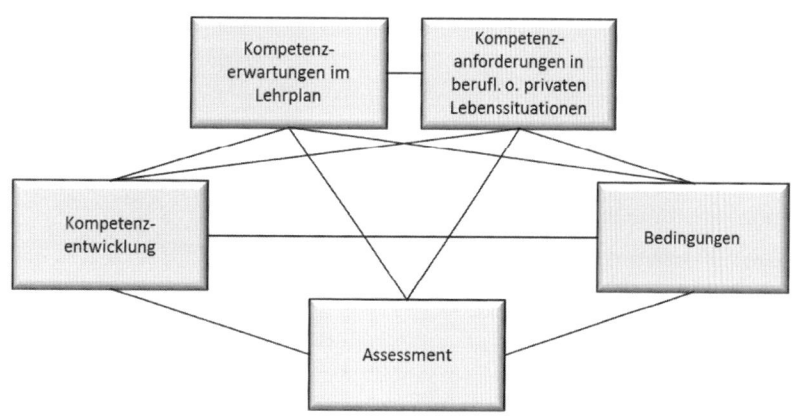

Übersicht 3: Das Assessment-Pentagon

Ein Assessment muss mit den Besonderheiten der Kompetenzanforderungen in beruflichen und privaten Lebenssituationen abgeglichen werden. Ein hoher Abgleich entspricht der Authentizität des Assessments. Ein Assessment muss mit den Kompetenzerwartungen, die auch im Lehrplan, also einer offiziellen Planungshilfe, formuliert werden, abgeglichen werden. Ein hoher Abgleich bedeutet eine hohe Lehrplankonformität des Assessments. Ein Assessment muss den Bedingungen der Situation auf allen Bedingungsschalen gerecht werden, also den individuellen Bedingungen der Lehrkraft und der Lernenden, den Klassen- und Schulbedingungen sowie den Bedingungen auf den höheren Bedingungsschalen. Ein hoher Abgleich entspricht einer Kontextsensitivität des Assessments. Ein Assessment und der Unterricht müssen aufeinander abgestimmt sein. Ein Unterricht, der auf das Assessment abgeglichen wird, ist prüfungsrelevant, ein Assessment, das auf den Unterricht abgestimmt ist, ist unterrichtsrelevant. Das Pentagon soll ausdrücken, dass hier fünf curriculare Elemente aneinander ausgerichtet werden müssen.

22.4.2 Testtheoretische Kriterien als Kriterien für Assessments

Alle Assessments haben im Sinne der Testtheorie den gleichen Ansprüchen zu genügen, nämlich Objektivität, Gültigkeit (Validität), Zuverlässigkeit (Reliabilität) sowie Ökonomie (Linn & Gronlund, 1995, S. 47 ff.; Oosterhof, 2001, S. 45 ff.).

22.4.2.1 Objektivität

Stellen Sie sich eine mündliche Prüfung vor: Der Prüfer ist müde und lustlos, es ist seine 30. Prüfung an diesem Tag. Er ist genervt und will nur noch ‚durch'. Die Prüfung läuft chaotisch ab: Keine Prüfung gleicht der anderen. Im Nebenraum wird gerade umgebaut. Der Baulärm ist laut und nervtötend. Zum Glück kennt der Prüfer den Prüfling. Sie ist dem Prüfer bekannt, ihr Ausbilder ein Kollege aus dem Sportverein. Sie kommt aus einem guten Ausbildungsbetrieb und der Ausbilder hat sie schon mehrfach positiv erwähnt. Sie hat schöne Augen, wirkt ordentlich und adrett und wird sicherlich eine gute Prüfung ablegen. Die Auswertung und die Interpretation der mündlichen Prüfung erfolgt nicht transparent, ist mehr zufällig und fast nebenbei zählt die Leistung des Prüflings.

Die beschriebene Prüfung verstößt gegen den grundlegenden Anspruch der Objektivität: „Mit Objektivität ist gemeint, inwieweit das Testergebnis unabhängig ist von jeglichen Einflüssen außerhalb der getesteten Person, also vom Versuchsleiter, der Art der Auswertung, den situationalen Bedingungen, der Zufallsauswahl, von den Testitems usw." (Rost, 1996, S. 31). Die Objektivität wird üblicherweise eingeteilt in die Durchführungs-, Auswertungs- und Interpretationsobjektivität. Zur Sicherung der *Durchführungsobjektivität* wird versucht, die Durchführung des Assessments zu standardisieren, beispielsweise indem detaillierte Regelungen zur Zeitdauer, zu den zulässigen Hilfsmitteln oder zulässigen Kommentaren zur Aufgabenstellung aufgestellt werden. Bei der *Auswertungsobjektivität*, die nach dem hier verwendeten Sprachgebrauch eigentlich „Beschreibungsobjektivität" heißen müsste, geht es um die Unabhängigkeit der quantitativen oder qualitativen Beschreibung der Performanz. Bei der Auswertung geht es beispielsweise um die Zuordnung eines Messwertes zu einer direkten Reaktion auf einen Test, beispielsweise der Zuordnung von einem Punkt bei einer richtig angekreuzten Lösungsalternative. Bei Mehrfachwahlaufgaben (Multiple-Choice-Tests) können hier allenfalls Flüchtigkeitsfehler auftauchen. Ansonsten ist die Auswertungsobjektivität von Mehrfachwahlaufgaben hoch. Schwierig ist die Gewährleistung der Auswertungsobjektivität bei Assessments mit offenen Antwortmustern, z. B. bei der Auswertung längerer Aufsätze. Eine *Interpretationsobjektivität* ist dann hoch, wenn verschiedene Personen bei den gleichen Testergebnissen zu ähnlichen Konsequenzen kommen, wenn beispielsweise die gleichen Punktzahlen zu den gleichen Noten führen.

Facette der Objektivität	Fragestellung	Was kann getan werden?
Durchführungsobjektivität	Inwieweit sind die Ergebnisse unabhängig von der Person, die das Assessment durchführt?	Schriftliche Anweisungen zur Durchführung, zum Beispiel Zeitdauer, zulässige Hilfsmittel oder zulässige Kommentare
Auswertungsobjektivität	Inwieweit sind die Ergebnisse unabhängig von der auswertenden Person?	Detaillierte Auswertungsregeln
Interpretationsobjektivität	Inwieweit ist die Interpretation der Beschreibung unabhängig von der Person?	Hilfestellungen zur Interpretation, zum Beispiel Punkteschlüssel oder aber Notenskalen

Übersicht 4: Drei Facetten der Objektivität

22.4.2.2 Reliabilität (Zuverlässigkeit)

Stellen Sie sich bitte folgende Situation vor: Eine Studentin macht sich Sorgen über ihren Gesundheitszustand. Sie entschließt sich daher, zu ihrem Arzt zu gehen und den Gesundheitszustand bestimmen zu lassen. Der Arzt stellt die Studentin an drei Tagen hintereinander an die Wand und ermittelt mit einem Teleskop-Maßstab drei Werte: 167 cm, 167 cm, 167 cm. Diese drei Werte sind Ergebnis einer reliablen Messung: Richtig angewendet ist der Teleskop-Maßstab ein gutes Mittel zur Messung. Allerdings hat sich dieses Instrument zur Längenmessung und nicht zur Messung des Gesundheitszustandes bewährt. Das ist jedoch bei der Beurteilung der Reliabilität gleichgültig: „Mit Reliabilität (Zuverlässigkeit) ist das Ausmaß gemeint, wie genau der Test das misst, was er misst (egal, was er misst). Es ist hier lediglich die Messgenauigkeit, die numerische Präzision der Messung angesprochen, unabhängig davon, was der Test überhaupt misst" (Rost, 1996, S. 31).

Die Reliabilität (Zuverlässigkeit) ist umso höher, je höher die Konsistenz der Messergebnisse ist. Wenn eine Lehrkraft bei Verwendung der gleichen Assessmentunterlagen bei den gleichen Lernenden die gleichen Ergebnisse erhält, ist die Zuverlässigkeit hoch. Reliabilität ist ein primär statistisch-wissenschaftlicher Begriff. Im Unterrichtsalltag sind die üblichen wissenschaftlichen Methoden zur Bestimmung der Reliabilität meist nicht zu gebrauchen.[8]

Facetten der Reliabilität	Prozess	Typische Probleme
Wiederholungsreliabilität	Die gleiche Gruppe erhält das gleiche Assessment ein zweites Mal nach einem mehr oder weniger langen Zeitraum	Erinnerung, Übung, Veränderung des zugrundeliegenden Konstruktes in der Zwischenzeit, Wahl des richtigen zeitlichen Abstandes
Paralleltestreliabilität	Die Gruppe erhält zwei verschiedene, parallele Formen des Assessments zum gleichen Zeitpunkt. Anschließend werden die Ergebnisse korreliert	Wie bei der Wiederholung, zusätzlich: Mangelnde Parallelität der Tests
Testhalbierungsmethode	Die Gruppe erhält ein Assessment zu einem Zeitpunkt. Zwei gleichwertige Hälften des Assessments werden bewertet, zum Beispiel nur die Aufgaben mit gerader und ungerader Nummer	Unerwünschte Einflüsse, z. B. die Verfassung der Person, betreffen beide Testhälften und erhöhen die Korrelation zwischen den Testergebnissen
Analyse der internen Konsistenz	Die Gruppe erhält das Assessment einmal. Anschließend wird der Koeffizient Cronbachs Alpha bestimmt	Ähnlich Testhalbierungsmethode

Übersicht 5: Drei Facetten der Reliabilität, verändert nach Rost (1996)

22.4.2.3 Validität

Der Teleskop-Maßstab oder der Gliedermaßstab (‚Zollstock') ist ein gutes Mittel zur Messung der Länge, nicht jedoch des Gesundheitszustandes, der Intelligenz oder der Attraktivität einer Person. Validität – der dritte Anspruch – hebt auf den *Inhalt* der Messung ab: „Mit Validität ist gemeint, inwieweit der Test das misst, was er messen soll. Es geht also um den Grad der Gültigkeit der Messung oder der Aussagefähigkeit des Testergebnisses bezüglich der Messintention" (Rost, 1996, S. 31).

Die Gültigkeit (Validität) ist für die Lehrkraft ein zentrales Merkmal. Nach dem Klassiker von Lienert gibt Gültigkeit „den Grad der Genauigkeit an, mit dem dieser Test dasjenige Persönlichkeitsmerkmal oder diejenige Verhaltensweise, das (die) er messen soll oder vorhersagen soll, tatsächlich misst oder vorhersagt" (Lienert & Raatz, 1998, S. 10). Die Bestimmung der Validität ist nicht einfach. In der Pädagogik geht es meist um Dinge wie Kompetenzen, Intelligenz, Motivation, also um Konstrukte, die nicht direkt beobachtbar sind. Die Validität hat vier verschiedene Aspekte.

Facetten der Validität	Fragestellung	Was kann getan werden	Notwendige Informationen
Inhalt	Wie gut repräsentieren die Aufgaben des Assessments einen bestimmten Inhaltsbereich?	Vergleiche die Aufgaben im Assessment mit der Spezifikation der Aufgaben im Inhaltsbereich	Inhaltsbereich mit Spezifikation, zum Beispiel dem angestrebten taxonomischen Niveau
Kriterium	Wie gut kann mit diesem Assessment eine Vergleichsleistung geschätzt oder vorhergesagt werden?	Vergleiche die Ergebnisse dieses Assessments mit den Ergebnissen eines späteren Assessments (Vorhersage) oder einem gleichzeitigen Test (Schätzung des aktuellen Status)	Andere Testergebnisse
Konstrukt	Wie gut kann das Assessment als Indikator für ein Konstrukt interpretiert werden?	Definiere das Konstrukt, betrachte alternative Ergebnisse von Assessments und finde heraus, welche Faktoren die Ergebnisse beeinflussen	Spezifikation des zugrundeliegenden Konstruktes
Konsequenzen	Wie gut erfüllt das Assessment die mit ihm verfolgten Zwecke und vermeidet unerwünschte Nebenwirkungen?	Bewerte verfolgte Ziele und Nebenwirkungen des Assessments	Zielsetzung und Nebenwirkungen des Assessments

Übersicht 6: Facetten der Validität, verändert nach Linn & Gronlund (1995)

Eine Sozialkundeprüfung, die sich anhand der täglichen Zeitungslektüre – und nicht auf Grundlage des Unterrichts – beantworten lässt, wirft die Frage der Inhaltsvalidität auf: Die Prüfung hebt auf den Alltag und nicht auf die Inhalte des Unterrichts ab. Eine Aufnahmeprüfung, die Dinge prüft, die nichts mit den Anforderungen im Lehrgang zu tun haben, zeigt ein Problem der Kriteriumsvalidität auf: Die Ergebnisse des Assessments sind in diesem Fall keine gute Grundlage für die Vorhersage des Lehrgangserfolgs. Ein Assessment, das vorgibt, umfassend die Gestaltung des Berufsalltags zu überprüfen, aber ‚nur‘ Wissen prüft, spricht ein Problem der Konstruktvalidität an: Hier stimmt die taxonomische Qualität nicht, zumal Gestaltung sich auf der höchsten taxonomischen Ebene bewegt. Eine Prüfung, die als Berufsabschlussprüfung dienen soll und damit ein Signal an den Arbeitsmarkt senden soll, aber tatsächlich diesem Zweck nicht gerecht wird, verletzt den Aspekt der Konsequenzen.

Typische Probleme, die die Validität bedrohen, sind unklare Anweisungen, wie der Test von den Lernenden ‚auszufüllen‘ ist, ein zu schwieriges Vokabular, vieldeutige Aussagen oder Anweisungen, unverhältnismäßige Zeitlimits, ein unangemessener Schwierigkeitsgrad, schlecht konstruierte Fragen, Reihenfolgeeffekte oder identifizierbare Antwortmuster (Linn & Gronlund, 1995).

Im schulischen Alltag wird die Berücksichtigung aller vier Aspekte der Validität nicht durchsetzbar und oft auch nicht relevant sein. Für ‚normale‘ Lehrkräfte sind die Inhaltsvalidität, die Konstruktvalidität und die Konsequenzen besonders wichtig. Demgegenüber spielt der Abgleich mit anderen Resultaten nicht immer eine zentrale Rolle. Anders sieht dies bei Auswahltests aus: Hier ist die Kriteriumsgültigkeit besonders wichtig.

22.4.2.4 Ökonomie

Der Prozess der Vorbereitung, Durchführung und Auswertung eines Assessments sollte – bei gegebener Zuverlässigkeit und Gültigkeit – möglichst geringen Aufwand verursachen. Dies betrifft den Konstruktionsaufwand (Konstruktionsökonomie), die Durchführung (Durchführungsökonomie) sowie die Auswertung (Auswertungsökonomie).

22.4.2.5 Beziehungen zwischen den genannten Kriterien

Zwischen den genannten Kriterien existiert eine Reihe von Beziehungen. Objektivität ist notwendig für Reliabilität und Reliabilität ist notwendig für Validität. Ein Assessment, das bei einem anderen Testleiter nicht das gleiche Ergebnis bringt, also nicht objektiv ist, kann nicht reliabel sein. Aber: Objektivität kann Reliabilität nicht garantieren und Reliablität kann nicht Validität garantieren. Linn und Gronlund verdeutlichen die Beziehung zwischen Reliabilität und Validität am Beispiel von „Bullseye", „Scattershot" und „Rightpull" (1995).

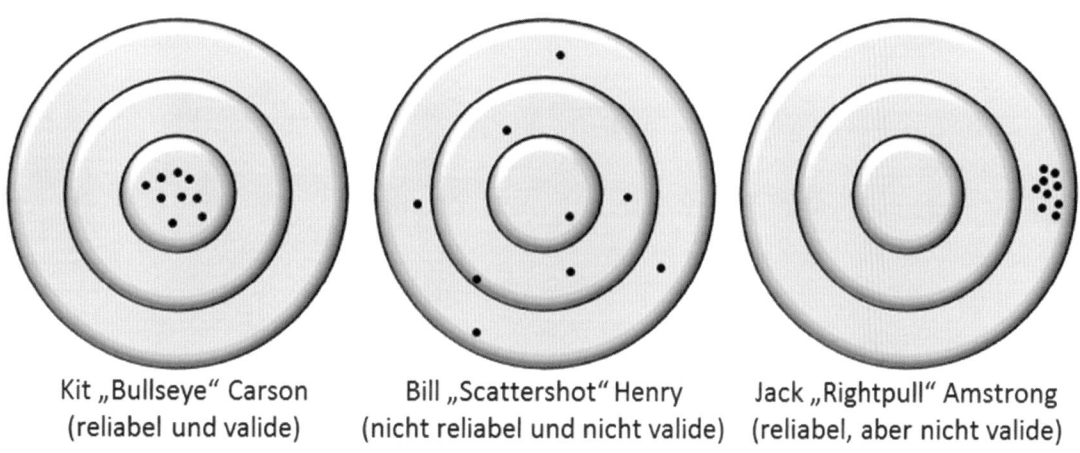

Kit „Bullseye" Carson (reliabel und valide)

Bill „Scattershot" Henry (nicht reliabel und nicht valide)

Jack „Rightpull" Amstrong (reliabel, aber nicht valide)

Übersicht 7: Beziehung zwischen Reliabilität und Validität nach Linn und Gronlund (1995)

Zwischen der Ökonomie und der Validität existiert ein in der Praxis sehr bedeutsamer Zielkonflikt. Wenn die Aufgaben eines Assessments breit über den Inhaltsbereich streuen sollen, ist dies eine gute Bedingung für eine hohe Inhaltsvalidität. Allerdings führt dies zu einem hohen Aufwand für die Konstruktion, Durchführung und Auswertung des Assessments. Da im pädagogischen Alltag die Ressourcen begrenzt sind, muss die Lehrkraft gelegentlich Kompromisse bei der Validität machen.

22.4.2.6 Transparenz und Justiziabilität

Weitere Ansprüche an Assessments, die insbesondere bei öffentlich-rechtlichen Prüfungen eine Rolle spielen, sind die Transparenz und die Justiziabilität (IHK-GBA, 2005). Transparenz ist dabei das Ausmaß, in dem die Messung und Bewertung der Prüfungsleistungen durch die Teilnehmenden an der Prüfung nachvollzogen werden kann. Justiziabilität ist das Ausmaß, in dem die Bewertung von Prüfungsleistungen einer gerichtlichen Nachprüfung unterzogen werden kann.

22.4.3 Alternative Zugänge zu Ansprüchen an Assessments

Diese testtheoretischen Kriterien werden ergänzt in den Standards for Educational and Psychological Testing (AERA, APA, & NCME, 1999) sowie den Code of Fair Testing Practices in Education (JCTP, 2004). Eine interessante Sichtweise, die sich in vielen Stellen explizit gegen das testtheoretische Paradigma richtet, wird von dem National Center for Fair & Open Testing vorgebracht (Fairtest, 2007).

Principle 1	The Primary Purpose of Assessment is to Improve Student Learning
Principle 2	Assessment for Other Purposes Supports Student Learning
Principle 3	Assessment Systems Are Fair to All Students
Principle 4	Professional Collaboration and Development Support Assessment
Principle 5	The Broad Community Participates in AssessmentDevelopment
Principle 6	Communication about Assessment is Regular and Clear
Principle 7	Assessment Systems Are Regularly Reviewed and Improved

Übersicht 8: Principles for Student Assessment Systems (Fairtest, 2007)

Von Reetz und Hewlett (2008) werden neben die testtheoretischen Kriterien konzeptionelle Qualitätskriterien ergänzt. Diese ergeben sich für Prüfungen in der Berufsbildung aus dem Konzept der beruflichen Handlungskompetenz.

Konzeptionelle Kriterien nach Reetz und Hewlett (2008)

▶ Handlungsorientierung
▶ Praxisnähe
▶ Orientierung an betrieblichen Prozessen
▶ Flexibilisierung
▶ Individualisierung
▶ Authentizität

Übersicht 9: Konzeptionelle Kriterien nach Reetz und Hewlett (2008)

22.5 Bezugsnormen: Verschiedene Wege der Interpretation des Ergebnisses

Im Assessment wird eine Kompetenz präzisiert und dann eine Performanz in einer spezifischen Situation beschrieben. Im Falle der Messung werden der Performanz Zahlen zugeordnet. Angenommen, eine Schülerin hat in einem Assessment insgesamt 62 Punkte erworben. Was bedeutet dieser Wert? Ohne einen Vergleichsmaßstab kann der Wert nicht interpretiert werden. Diesen Zweck erfüllen verschiedene Bezugsnormen.

▶ **Soziale Bezugsnorm:** Bei einer sozialen Bezugsnorm wird die Beschreibung der Performanz durch den Vergleich mit den Anderen interpretiert. Die Vergleichsgruppe kann dabei unterschiedlich groß sein. Typisch ist ein Vergleich in der Klasse (,Klassenwerte') oder der Vergleich mit einer großen Anzahl von Lernenden (,Normwerte'). Die 62 Punkte mögen dann auf, über oder unter dem Durchschnitt der Klasse liegen.

▶ **Kriteriumsorientierte Bezugsnorm:** Beim Rückgriff auf eine kriteriumsorientierte Bezugsnorm erfolgt ein Vergleich mit vorab festgelegten Leistungskriterien. So kann im Vorfeld als Kriterium festgesetzt werden, dass die Lernenden 50 von 100 Aufgaben lösen sollten oder die Performanz einer bestimmten Beschreibung genügen sollte.

▶ **Individuelle Bezugsnorm (wachstumsorientiert):** Bei einer wachstumsorientierten Bezugsnorm wird das Ergebnis des Assessments in eine Zeitreihe eingeordnet. Der aktuelle Wert wird verglichen mit den früheren Werten, die das Individuum in früheren Assessments erworben hat.

▶ **Individuelle Bezugsnorm (potentialorientiert):** Bei einer potentialorientierten Bezugsnorm erfolgt der Vergleich des aktuellen Wertes mit dem Wert, den eine Schülerin oder ein Schüler bringen könnte.

Die Bereitstellung eines Maßstabes zur Interpretation des Wertes eines Assessments, vor allem einer Messung, wird „Normierung" genannt.

Die verschiedenen Bezugsnormen haben motivationale Auswirkungen. Als Erklärungsansatz dient dazu die Theorie der Kausalattribuierung. Die Attributionstheorie ist eine kognitive Theorie und wurde vor allem von dem Psychologen Falko Rheinberg, einem Schüler des Kognitionspsychologen

Heinz Heckhausen, für den Unterricht fruchtbar gemacht. Die Lehrkraft sollte die Kompetenz der Lernenden fördern, sich selbst realistische Zielsetzungen zu geben. Sie sollte günstige Selbstbewertungen der Lernenden fördern und eine individuelle Bezugsnorm zugrunde legen. „Im zeitlichen Längsschnittvergleich mit sich selbst wird den Schülerinnen und Schülern am ehesten deutlich, wie sehr eigener Lernzuwachs oder Stagnation von eigenen Bemühen und Lernanstrengungen abhängt" (Rheinberg, 2008, S. 88). Aus motivationaler Sicht sollte die Lehrkraft daher eine individuelle Bezugsnorm zugrunde legen. Die empirische Forschung zeigt jedoch, dass Lehrkräfte häufig eine soziale Bezugsnorm zugrunde legen.

22.6 Outro

22.6.1 Die wichtigsten Begriffe dieser Lerneinheit
- Objektivität
- Reliabilität
- Messen
- Prüfen
- High-Stakes-Testing
- Validität
- Ökonomie
- Transparenz
- Justiziabilität
- Bezugsnormen
- Large-Scale-Assessment (LSA)
- Assessment-Paradigma
- Testparadigma
- Klassenraumparadigma
- Assessment-Pentagon

22.6.2 Tools
- Kein Tool

22.6.3 Kompetenzen
- Assessmentkonzept ausrichten: Ziele, Funktionen, Stakeholder und Anlässe reflektieren; Funktionen und Anlässe von Assessment einordnen; Ziele und Stakeholder von Assessment ausmachen und in Beziehung zur Funktion von Schule setzen
- Sonderformen des Assessments reflektieren: High-Stakes-Testing bewerten; Large-Scale-Assessment bewerten
- Assessmentparadigmen unterscheiden, undogmatisch, situationsangemessen bewerten
- Kriterien für die Gestaltung von Assessments erörtern: Curricularer Abgleich anwenden; Testtheoretische Kriterien rekonstruieren

22.6.4 Hinweise zur vertieften Auseinandersetzung: Weiterlesen
Zur Testtheorie wird auf ‚den' Lienert (Lienert & Raatz, 1998) verwiesen, sicherlich ein Klassiker der psychologischen Literatur. Hinzuweisen ist auch auf das Lehrbuch „Testtheorie – Testkonstruktion" von Jürgen Rost (1996). Ein verständliches Werk zur Testkonstruktion mit psychologischem Hintergrund bietet das Buch von Markus Bühner (2010).

Eine sehr gute wirtschaftspädagogisch akzentuierte Auseinandersetzung bietet die Wirtschaftspädagogin Esther Winter mit ihrem Buch „Kompetenzmessung in der beruflichen Bildung" (2010). Sie hat vor allem Large-Scale-Assessments im Blick und führt sowohl in die Kompetenzmodellierung als auch die Testtheorie und die Messung ein. Sie berücksichtigt dabei auch neuere mess- bzw. testtheoretische Modelle.

Eine lehrreiche Auseinandersetzung mit Zeugnissen und Zensuren liefert das „Handbuch Zensur und Zeugnis in der Schule" von Ziegenspeck (1999).

22.6.5 Hinweise zur vertieften Auseinandersetzung: Weitersurfen
Die Ausgabe „Funktionen und Erträge pädagogischer Diagnostik im wirtschafts- und berufspädagogischen Bereich" beschäftigt sich ausführlich mit Fragen des Assessments:

http://www.bwpat.de/content/ausgabe/22/

22.6.6 Literaturnachweis

Achtenhagen, F. & Winther, E. (2012). Kompetenzmessung im beruflichen Bereich. Notwendigkeiten und Möglichkeiten eines internationalen Vergleichs. In G. Niedermair (Hrsg.), *Kompetenzen entwickeln, messen und bewerten* (S. 505–522). Linz: Trauner Verlag.

AERA (American Educational Research Association), APA (American Psychological Association), NCME (National Council on Measurement in Education). (1999). *Standards for educational and psychological testing*. Washington, DC: American Educational Research Association.

Baartman, L. K., Bastiaens, T. J., Kirschner, P. A. & van der Vleuten, C. P. (2007). Evaluating assessment quality in competence-based education: A qualitative comparison of two frameworks. *Educational Research Review, 2* (2), 114–129.

Baethge, M., Achtenhagen, F., Arends, L., Babic, E. & Baethge-Kinsky, V. (2006). *Berufsbildungs-PISA. Machbarkeitsstudie*. Stuttgart: Steiner.

Baethge, M. & Achtenhagen, F. (2009). Die Machbarkeit eines internationalen Large-Scale-Assessment in der beruflichen Bildung. Feasibility Study VET-LSA. *Zeitschrift für Berufs- und Wirtschaftspädagogik, 105* (4), 492–520.

Baethge, M. & Arends, L. (2009). *Feasibility Study VET-LSA. A comparative analysis of occupational profiles and VET programmes in 8 European countries.* Bonn, Berlin: Federal Ministry of Education and Research (BMBF).

Biggs, J. (1996). Enhancing Teaching through Constructive Alignment. *Higher Education, 32* (3), 347–364.

BMBF (Bundesministerium für Bildung und Forschung). (2007). *Rahmenprogramm zur Förderung der empirischen Bildungsforschung.*

Bos, W., Bonsen, M., Baumert, J., Prenzel, M., Selter, C. & Walther, G. (2008). Wichtige Ergebnisse im Überblick. In W. Bos, M. Bonsen, J. Baumert, M. Prenzel, C. Selter & G. Walther (Hrsg.), *TIMSS 2007: Mathematische und naturwissenschaftliche Kompetenzen von Grundschulkindern in Deutschland im internationalen Vergleich* (S. 9–17). Waxmann.

Böttcher, W., Bos, W., Döbert, H. & Holtappels, H.-G. (2008). *Bildungsmonitoring und Bildungscontrolling in nationaler und internationaler Perspektive:* Waxmann.

Bühner, M. (2010). *Einführung in die Test- und Fragebogenkonstruktion* (2. Aufl.). München: Pearson Studium.

Cohen, S. A. (1987). Instructional Alignment: Searching for a Magic Bullet. *Educational Researcher, 16* (8), 16–20.

Dee, T. S. & Jacob, B. (2011). The impact of no Child Left Behind on student achievement. *Journal of Policy Analysis and Management, 30* (3), 418–446.

Deutscher Bildungsrat. (1970). *Strukturplan für das Bildungswesen* (Empfehlungen der Bildungskommission). Bonn: Deutscher Bildungsrat.

Euler, D. (2011). Kompetenzorientiert prüfen – eine hilfreiche Vision? In E. Severing & R. Weiß (Hrsg.), *Prüfungen und Zertifizierungen in der beruflichen Bildung. Anforderungen, Instrumente, Forschungsbedarf* (S. 55–66). Bielefeld: Bertelsmann.

Fairtest (The National Center for Fair and Open Testing). (2007). *Principles and Indicators for Student Assessment Systems,* Fairtest (The National Center for Fair and Open Testing). Verfügbar unter http://www.fairtest.org/principles-and-indicators-student-assessment-syste

IHK-GBA (Gemeinschaftsstelle für bundeseinheitliche kaufmännische Abschluss- und Zwischenprüfungen). (2005). *Leitfaden Handlungsorientierte Prüfungen.* Solingen: U-Form Verlag.

Ingenkamp, K. (1971). *Die Fragwürdigkeit der Zensurengebung* (Beltz Studienbuch.). Weinheim: Beltz.

Ingenkamp, K. & Lissmann, U. (2008). *Lehrbuch der pädagogischen Diagnostik* (Beltz Pädagogik6. Aufl.). Weinheim: Beltz.

ISB (Staatsinstitut für Schulqualität und Bildungsforschung München). (2009). *Bildungsbericht Bayern 2009.* München: ISB.

Jaiani, V. & Whitford, A. B. (2011). Policy windows, public opinion, and policy ideas: the evolution of No Child Left Behind. *Quality Assurance in Education, 19* (1), 8–27.

JCTP (Joint Committee on Testing Practices). (2004). *Code of Fair Testing Practices in Education.* Washington.

Jongebloed, H.-C. (1983). Lehr-Lernkontrolle. In M. Twardy (Hrsg.), *Kompendium Fachdidaktik Wirtschaftswissenschaften* (S. 591–729). Düsseldorf: Verlagsanstalt Handwerk.

Jongebloed, H.-C. & Twardy, M. (1983). Wissenschaftstheoretische Voraussetzungen. In M. Twardy (Hrsg.), *Kompendium Fachdidaktik Wirtschaftswissenschaften* (S. 1–73). Düsseldorf: Verlagsanstalt Handwerk.

Klieme, E., Artelt, C., Hartig, J., Jude, N., Köller, O., Prenzel, M. et al. (2010). *PISA 2009. Bilanz nach einem Jahrzehnt:* Waxmann Verlag GmbH. Verfügbar unter http://books.google.de/books?id=9rCgyM6Ghf4C

KMK (Ständige Konferenz der Kultusminister der Länder Bundesrepublik Deutschland). (2003). *Kultusminis-terkonferenz fasst Beschluss zu vertiefendem PISA-Bericht.* Bonn.

KMK (Ständige Konferenz der Kultusminister der Länder Bundesrepublik Deutschland). (2006). *Gesamtstrate-gie der Kultusministerkonferenz zum Bildungsmonitoring. Erstellt in Zusammenarbeit mit dem Institut zur Qualitätsentwicklung im Bildungswesen (IQB).* Neuwied: Luchterhand.

Koretz, D. (2009). *Measuring up. What educational testing really tells us.* Cambridge, Massachusetts: Harvard University Press.

Koyama, J. P. (2011). Generating, comparing, manipulating, categorizing: reporting, and sometimes fabricating data to comply with No Child Left Behind mandates. *Journal of Education Policy, 26* (5), 701–720.

Lee, J. (2008). Is Test-Driven External Accountability Effective? Synthesizing the Evidence from Cross-State Causal-Comparative and Correlational Studies. *Review of Educational Research, 78* (3), 608–644.

Lienert, G. A. & Raatz, U. (1998). *Testaufbau und Testanalyse* (6. Aufl.). Weinheim: Beltz Psychologie-Verl.-Union.

Linn, R. L. & Gronlund, N. E. (1995). *Measurement and Assessment in Teaching* (7. Aufl.). Englewood Cliffs, New Jersey: Prentice-Hall.

Maier, U. & Kuper, H. (2012). Vergleichsarbeiten als Instrumente der Qualitätsentwicklung an Schulen. Über-blick zum Forschungsstand. *Die deutsche Schule, 104* (1), 88–99.

Martinek, D. (2011). High Stakes Testing. Ein kritischer Blick auf die amerikanische Vorgehensweise bei der Überprüfung von Standards. In F. Hofmann, D. Martinek & U. Schwantner (Hrsg.), *Binnendifferenzierter Unterricht und Bildungsstandards - (k)ein Widerspruch?* (S. 103–120). Wien, Berlin, Münster: Lit.

Martone, A. & Sireci, S. G. (2009). Evaluating Alignment Between Curriculum, Assessment, and Instruction. *Review of Educational Research, 79* (4), 1332–1361.

McNeil, J. D. (2006). *Contemporary Curriculum in Thought and Action.* (6th). New York: John Wiley & Sons.

Mintrop, H. & Sunderman, G. (2012). Zentrale Steuerung von Schulentwicklung mit Quoten und Sanktionen. Das US-amerikanische Großexperiment in Schulen für benachteiligte Bildungsschichten. *Die deutsche Schu-le, 104* (1), 8–30.

Mugerauer, R. (2012). *Kompetenzen als Bildung? Die neuere Kompetenzenorientierung im Deutschen Schulwe-sen 2013 - eine skeptische Stellungnahme.* Marburg: Tectum.

Nickolaus, R. (2013). Kompetenzmessung. Transfer von Forschungsergebnissen in die Praxis. In S. Seufert & C. Metzger (Hrsg.), *Kompetenzentwicklung in unterschiedlichen Lernkulturen. Festschrift für Dieter Euler zum 60. Geburtstag* (1. Aufl. 2013., S. 26–44). Paderborn: Eusl.

Oosterhof, A. (2001). *Classroom Applications of Educational Measurement.* Upper Saddle River: Merrill Prenti-ce Hall.

Ormrod, J. E. (2008). *Educational psychology. Developing learners* (6. Aufl.). Harlow: Merrill Prentice Hall.

Pellegrino, J. W., Chudowsky, N. & Glaser, R. (2001). *Knowing What Students Know. The Science and Design of Educational Assessment.* Washington: National Academy Press.

Porter, A. C. (2006). Curriculum Assessment. In J. L. Green, G. A. Camilli & P. B. Elmore (Hrsg.), *Complemen-tary Methods in Education Research* (823-832, S. 141–159). Mahwah: Lawrence Erlbaum.

Reetz, L. & Hewlett, C. (2008). *Das Prüferhandbuch. Eine Handreichung zur Prüfungspraxis in der beruflichen Bildung.* Hamburg: B-+-R-Verlag.

Rheinberg, F. (2008). *Motivation* (7. Aufl.). Stuttgart: Kohlhammer.

Rolff, H.-G. (2007). *Studien zu einer Theorie der Schulentwicklung* (Beltz-Bibliothek). Weinheim: Beltz.

Rost, J. (1996). *Lehrbuch Testtheorie - Testkonstruktion.* Bern, Göttingen, Toronto, Seattle: Hans Huber.

Schedler, K. & Proeller, I. (2009). *New Public Management* (4. Aufl.): Haupt.

Seeber, S. (2008). Ansätze zur Modellierung beruflicher Fachkompetenz. *Zeitschrift für Berufs- und Wirt-schaftspädagogik, 104* (1), 74–97.

Stadt Nürnberg. (2011). *Bildung in Nürnberg 2011.* Nürnberg: Stadt Nürnberg.

Thiele, P. & Steeger, G. (2011). Kompetenzmessung in der beruflichen Bildung. Neue Initiative des BMBF. *Wirtschaft und Berufserziehung* (4), 10–12.

Tippelt, R. & Reich-Claassen, J. (2010). Stichwort: Evidenzbasierung. *DIE – Zeitschrift für Erwachsenenbildung* (4), 12–13.

Wei, X. (2012). Does NCLB Improve the Achievement of Students With Disabilities? A Regression Discontinuity Design. *Journal of Research on Educational Effectiveness, 5* (1), 18–42.

Weinert, F. E. & Schrader, F.-W. (1986). Diagnose des Lehrers als Diagnostiker. In K. Ingenkamp, H. Petillon, J. W. L. Wagner & B. Wolf (Hrsg.), *Schülergerechte Diagnose. Theoretische und empirische Beiträge zur pädagogischen Diagnostik : Festschrift zum 60. Geburtstag von Karlheinz Ingenkamp* (S. 11–29). Weinheim: Beltz.

Weishaupt, H. (2010). *Bildung in Deutschland 2010. Ein indikatorengestützter Bericht mit einer Analyse zu Perspektiven des Bildungswesens im demografischen Wandel* (1. Aufl.). Bielefeld: Bertelsmann, W (Ein Bericht der Autorengruppe Bildungsberichterstattung, Sprecher: Horst Weishaupt).

Wenzel, H. (2004). Studien zu Organisatons- und Schulkulturentwicklung. In W. Helsper & J. Böhme (Hrsg.), *Handbuch der Schulforschung* (S. 391–415). Wiesbaden: VS Verlag für Sozialwissenschaften.

Winther, E. (2010). *Kompetenzmessung in der beruflichen Bildung*. Bielefeld: Bertelsmann.

Wuttke, J. *PISA & Co. A Critical Online Bibliography*. Verfügbar unter http://www.messen-und-deuten.de/pisa/biblio.htm

Ziegenspeck, J. (1999). *Handbuch Zensur und Zeugnis in der Schule. Historischer Rückblick, allgemeine Problematik, empirische und bildungspolitische Implikationen*. Bad Heilbrunn: Klinkhardt.

22.6.7 Anmerkungen

[1] Eine kurze Orientierung zu NCLB und High-Stakes-Testing bieten Maier und Kuper (2012); Mintrop und Sunderman (2012); Ormrod (2008, S. 616 ff.). Eine ausführliche Auseinandersetzung bietet Koretz (2009). In quantitativen Studien werden die Leistungsvorteile der NCLB-Steuerung untersucht. Die Metaanalyse von Lee (2008) zeigt Leistungsvorteile, aber auch dass soziale Unterschiede verstetigt werden statt sie zu beseitigen. Insgesamt sind die Befunde keineswegs eindeutig. Vgl. Dee und Jacob (2011). Wei (2012) zeigt beispielsweise, dass sich keine Leistungsvorteile für Schülerinnen und Schüler mit Behinderungen ergeben. Ein interessantes Bild aus einer anderen, ergänzenden Perspektive zeichnet die ethnographische Studie von Jill P. Koyama (2011).

[2] Zur Kritik siehe Euler (2011, S. 59 f.).

[3] Die hier angeführten Funktionen beruhen auf einer Auseinandersetzung mit den Funktionen von Large-Scale-Assessments, von Zeugnissen und Zensuren nachZiegenspeck (1999), pädagogischer Diagnostik nach Weinert und Schrader (1986) sowie von Assessments nach Ormrod (2008, S. 546 ff.). Siehe insbesondere auch Reetz und Hewlett (2008).

[4] Weinert und Schrader sprechen sich schon 1986 dafür aus, eine „zweigleisige pädagogische Diagnostik" (1986, S. 27) zu entwickeln. Dabei stehen, so Weinert und Schrader (1986, S. 27), „auf der einen Seite subjektive, pädagogisch fruchtbare, handlungsleitende Lehrerdiagnosen und auf der anderen Seite möglichst objektive, auf Ergebnisse standardisierter Verfahren beruhende, erkenntnisleitende Urteile". Erst die Kombination stelle die pädagogische Diagnostik in den Dienst von Erziehung und Unterricht. Vgl. Weinert und Schrader (1986). Weinert und Schrade (1986) schlagen vier alternative Gütekriterien für die Diagnose durch Lehrkräfte vor. Im vielbeachteten Bericht „Knowing what Students Know" des Committee on the Foundations of Assessment des US-amerikanischen National Research Council Pellegrino, Chudowsky und Glaser (2001) werden zwei "Assessment systems" unterschieden, nämlich „Classroom Assessment" und „Large-Scale Assessment". Ein "balanced Assessment System" zeichne sich durch einen umfassenden Ansatz ('comprehensiveness'), durch Kohärenz und Kontinuität aus. Vgl. Pellegrino et al. (2001, S. 253 ff.). Baartman, Bastiaens, Kirschner und van der Vleuten (2007) charakterisieren zwei Kulturen, die „testing culture" und die „assessment culture", für die sie übergreifende Gütekriterien vorschlagen.

[5] Ein differenziertes Verständnis von „Paradigma" findet sich bei Jongebloed und Twardy (1983).

[6] Auch im testtheoretischen Paradigma finden sich unterschiedliche Kompetenzmodelle. Bei der Modellierung von Fachkompetenz ergibt sich bislang aufgrund der Arbeiten in Berufsbildungs-PISA bzw. VET-LSA kein einheitliches Bild. So modelliert Seeber (2008) anders als Achtenhagen und Winther (2012).

[7] Beispielhaft kann hier Detlev Leutner, Universität Duisburg-Essen, angeführt werden. Er ist Sprecher des Schwerpunktprogramms (SPP) „Kompetenzmodelle zur Erfassung individueller Lernergebnisse und zur Bilanzierung von Bildungsprozessen" der DFG, Mitglied in einer internationalen Expertengruppe von PISA 2012, Mitglied des Scientific Advisory Board von "Modeling and Measuring Competencies in Higher Education" (KoKoHs) und Mitglied im Vorstand des KMK-Instituts zur Qualitätsentwicklung im Bildungswesen (IQB).

[8] Bei der internen Konsistenz wird vor allem die Korrelation der Items untereinander gemessen. Dies gibt Hinweise auf die Frage, wie homogen der Test ist. Im Regelfall sollen nicht Äpfel mit Birnen gemischt werden, sondern ähnliche Dinge zu einem Testwert verdichtet werden. Als Koeffizient wird in der Regel Cronbachs Alpha berechnet. Je höher dieser Wert ist, desto höher ist die Validität. Als Faustregel gilt, dass mindestens ein Wert von 0.8 erreicht werden sollte.

23 ASSESSMENT PLANEN UND AUSARBEITEN

23.1 Zur Orientierung: Was Sie hier erwartet

23.1.1 Worum es hier geht

A oder vielleicht doch B? Mmh. Ich weiß nicht. Na, C ist es jedenfalls nicht. Verdammt. Die Zeit läuft mir davon. Eigentlich mag ich ja die Multiple-Choice-Tests. Besser als diese blöden langen Textaufgaben. Wettschreiben. Finger vergewaltigen mit Stoppuhr. „Richtig" oder „falsch": Im Leben läuft's doch auch so!

Nein, lieber 100 Multiple-Choice-Tests als wieder so ein Vorturnen vor der Klasse. Da kriegen doch sowieso nur die Netten gute Noten. „Präsentation Ihrer Arbeitsergebnisse". Ha, wenn ich das schon hör'. Schlimmer ist nur noch das Vortäuschen von Verkaufsgesprächen. „Stellen Sie sich vor, Sie wären Hein Blöd und Sie verkaufen am Nordpol Fischstäbchen an eine Gruppe Eisbären." Und dafür auch noch eine Note kriegen! Nein, manchmal frage ich mich, ob die Typen hier in der Schule überhaupt wissen, worum es hier eigentlich geht. Es geht doch letztlich um Jobs! Die haben ja ausgesorgt. Ich nicht. Können die mir nicht einfach eine gute Note geben, sonst kriege ich doch nie die Stelle! Wenn ich wenigstens die Ergebnisse dieses froggy Test mal irgendwann vor dem Weltuntergang sehen würde.

Was denn nun? A oder doch B? Nein, komm. B und dann weiter …

23.1.2 Inhaltsübersicht

23   Assessment planen und ausarbeiten 725

23.1   Zur Orientierung: Was Sie hier erwartet 726

23.1.1   Worum es hier geht 726

23.1.2   Inhaltsübersicht 727

23.1.3   Zusammenfassung 727

23.1.4   Einordnung in das Prozessmodell 728

23.2   Assessments abwickeln 729

23.2.1   Assessments durchführen und mit Täuschungsversuchen und Ängsten umgehen 729

23.2.2   Ergebnisse des Assessments festlegen 730

23.3   Ergebnisse des Assessments dokumentieren und kommunizieren 733

23.3.1   Ergebnisse des Assessments dokumentieren 733

23.3.2   Ergebnisse des Assessments kommunizieren 735

23.4   Assessments als Mehrfachwahlaufgaben, Essay-Assessment und Performance-Assessment planen und ausarbeiten 736

23.4.1   Assessment mit Hilfe von Mehrfachwahlaufgaben planen und ausarbeiten 736

23.4.2   Assessment mit Hilfe von Kurzantworten und Essays planen und ausarbeiten 743

23.4.3   Performance-Assessments planen und ausarbeiten 748

23.5   Assessment-Methoden in den Abschlussprüfungen des Dualen Systems 749

23.6   Outro 751

23.6.1   Die wichtigsten Begriffe dieser Lerneinheit 751

23.6.2   Tools 751

23.6.3   Kompetenzen 751

23.6.4   Hinweise zur vertieften Auseinandersetzung: Weiterlesen 751

23.6.5   Hinweise zur vertieften Auseinandersetzung: Weitersurfen 752

23.6.6   Literaturnachweis 752

23.6.7   Anmerkungen 754

23.1.3 Zusammenfassung

Assessments sind ein zentraler Teil des Zyklus der Kompetenzorientierung. Zur Abwicklung eines Assessments gehört die Durchführung des Assessments sowie das Festlegung des Ergebnisses des Assessments. Außerdem sind die Ergebnisse des Assessments zu dokumentieren und zu kommunizieren. Die Vielfalt der Assessmentmethoden lässt sich in drei Gruppen einteilen: Assessment mit Hilfe von Mehrfachwahlaufgaben, Essay-Assessment, Performance-Assessment.

Mehrfachwahlaufgaben werden mehrstufig konstruiert. Zunächst wird der Rahmen geklärt, dann die Spezifikationstabelle erstellt, anschließend die Aussagesätze, der Frage- und Informationsteil sowie die Distraktoren entworfen und schließlich das Endlayout vorgenommen. Mehrfachwahlaufgaben spielen in kaufmännischen Prüfungen eine große Rolle.

Essay-Assessments und Performance-Assessments haben weitgehende Ähnlichkeiten. Nach der Klärung des Rahmens ist die Spezifikationstabelle zu erstellen, sind entsprechende Aufgaben zu entwickeln und die Bewertung mit Hilfe von Musterlösungen, Checklisten und Einschätzskalen vorzubereiten. Nach der Durchführung erfolgt die Korrektur, ggf. die Benotung, die Verwaltung sowie die Kommunikation der von den Schülerinnen und Schüler erbrachten Leistungen. In Abschlussprüfungen im Dualen System werden die verschiedenen Methoden miteinander kombiniert.

23.1.4 Einordnung in das Prozessmodell

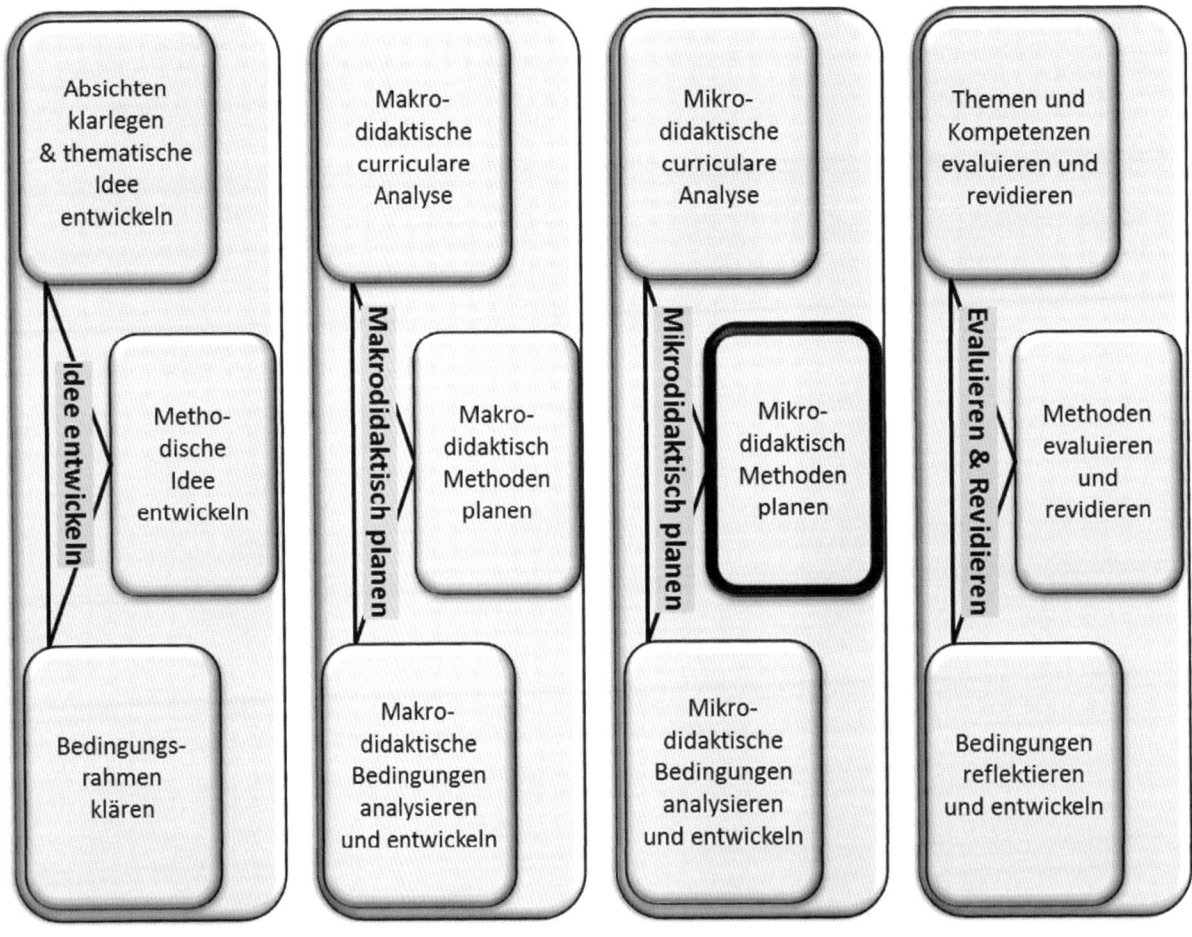

Assessments sind wichtiger Teil des Zyklus der Kompetenzorientierung. Im ersten Schritt sind die Kompetenzen zu modellieren und Learning Outcomes aufzustellen. Dann werden die Kompetenzen als Lernausgangslage erfasst und anschließend innerhalb oder außerhalb des Fachunterrichtes gefördert. Abschließend werden die Lernergebnisse erfasst.

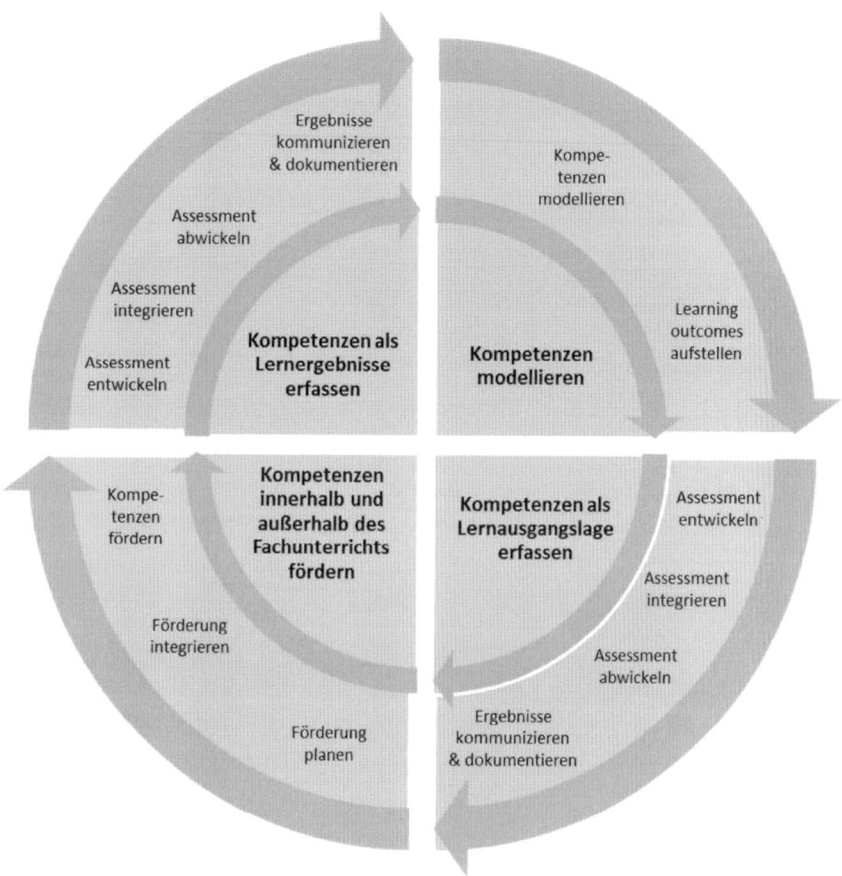

Übersicht 1: Zyklus der Kompetenzorientierung

In dieser Lerneinheit geht es zunächst um die Abwicklung von Assessments. Zur Abwicklung eines Assessments gehört die Durchführung des Assessments sowie die Festlegung des Ergebnisses des Assessments.

23.2 Assessments abwickeln

23.2.1 Assessments durchführen und mit Täuschungsversuchen und Ängsten umgehen

Zwei besondere Herausforderungen bei der Durchführung sind der Umgang mit Täuschungsversuchen sowie mit Prüfungsangst.

Täuschungsversuche stellen einen klaren Angriff auf die Validität der Prüfung dar. Es wird schließlich – entgegen der Zielsetzung – geschaut, ob die Lernenden mit Spickzetteln umgehen können und nicht, ob sie die entsprechende Kompetenz besitzen. Täuschungsversuche sind rechtlich geregelt. So legt die Schulordnung für die Berufsschulen in Bayern (Berufsschulordnung - BSO) fest: „Bedient sich die Schülerin oder der Schüler bei der Anfertigung eines Leistungsnachweises unerlaubter Hilfe (Unterschleif), wird die Arbeit abgenommen und mit der Note 6 bewertet. Bei Versuch kann ebenso verfahren werden. Als Versuch gilt auch die Bereithaltung nicht zugelassener Hilfsmittel" (§ 40 BSO). In einigen Fällen erachten Lehrkräfte das direkte Abnehmen der Arbeit als zu hart, beschränken sich zunächst auf die Dokumentation der Täuschung bzw. des Täuschungsversuchs und versuchen nach dem Assessment den Sachverhalt zu klären.

Ein nicht seltenes Problem ist der Umgang mit Ängsten der Schülerinnen und Schüler im Zusammenhang mit Assessments. Angst ist ein besonderer Erregungszustand mit mehreren Komponenten (Preiser & Dresel, 2009, S. 221). Angst macht sich körperlich bemerkbar, beispielsweise durch Herzklopfen oder Blasswerden (physiologische Komponente). Angst ist ein Gefühlszustand, der sich durch Angespanntheit, Aversion oder Unlust bemerkbar macht (emotionale Komponente). Angst bedeutet die Erwartung von unangenehmen Ereignissen, wobei die Selbstwahrnehmung der körperlichen Symptome das Angsterleben noch verstärkt (kognitive Komponente). Angst führt zur Tendenz, die angstauslösende Situation zu vermeiden (motivationale Komponente). Schließlich führt Angst zu unkontrollierten Bewegungen, Sprechstörung oder Fluchtverhalten wie Schulschwänzen oder ständiges Verschieben von Prüfungen (Verhaltenskomponente).

Das Vorkommen von Prüfungsängsten wird von Lehrkräften oft internalisiert, d. h. in die Schülerin bzw. den Schüler ,hinein gedeutet': Es ist die Schülerin bzw. der Schüler, die bzw. der ängstlich ist und dem ,Druck nicht gewachsen ist'. Die Erklärung liegt damit weit weggerückt von Ursachen, die im Verhalten der Lehrkraft liegen können. Die empirische Erforschung der Bedingungsfaktoren von Leistungsängstlichkeit spricht hingegen eine andere Sprache: Zu den Bedingungsfaktoren von Ängsten gehören – neben Lernstörungen und Kompetenzdefiziten auf Seiten der Lernenden – autoritäres Verhalten der Lehrkraft mit einem hohen Maß an Tadel, eine komplizierte und verwirrende Vermittlung der Inhalte, eine fehlende Präzisierung der Learning Outcomes bzw. der Lernziele und mangelhaftes Feedback, eine strenge, undurchschaubare und inkonsequente Leistungsbewertung, eine ungewohnte, nicht transparente und bedrohliche Gestaltung der Prüfungssituation mit hohem Zeit- und Leistungsdruck, eine hohe Konkurrenz und Rivalität im Verhältnis der Schülerinnen und Schüler untereinander sowie emotionale Kälte und Desinteresse von Dritten (Rost & Schermer, 2001). Prüfungsangst oder entsprechende Signale, etwa Fluchtverhalten, sollten im Lichte dieser Forschung kein Grund für vorschnelle Internalisierung sein, die die Lehrkraft aus der Pflicht nimmt. Vielmehr sollte dies als Signal gewertet werden, die eigene Lehrpraxis kritisch auf den Prüfstand zu stellen.

In der beruflichen Bildung kommen weitere Facetten der Prüfungsangst hinzu. Vom Betrieb kann ein zusätzlicher Druck einhergehen, wenn signalisiert wird, dass bei Unterschreiten bestimmter Noten keine Übernahme nach dem Ende der Ausbildungszeit erfolgt. Ein angespannter Arbeitsmarkt allgemein – und damit schlechte Aussichten auf eine Anstellung bei schlechten Noten – kann ein weiterer Grund für Prüfungsängste sein.

23.2.2 Ergebnisse des Assessments festlegen
Die Festlegung des Ergebnisses wird stark durch die zugrundeliegende Assessment-Methode bestimmt. Während der Korrektur werden die Auswertungsschablone für Mehrfachwahlaufgaben, die Musterlösung, die Checkliste oder die Einschätzskala angewendet. Diese Bewertungsinstrumente sind während des ganzen Korrekturprozesses kritisch zu überprüfen. Diese Hilfen sind nicht in Stein gemeißelt und unter Umständen anzupassen. Oft lassen sich eben nicht alle Lösungen im Voraus planen. Falls sich eine Anpassung der Instrumente ergibt, ist eine Nachkorrektur aller bisher bereits korrigierten Arbeiten notwendig.

> **STOPP:** Stellen Sie sich eine intelligente Schülerin bzw. einen intelligenten Schüler vor. Versuchen Sie sich diese Person lebhaft vor Augen zu führen. Was sind die wichtigsten Merkmale dieser Person?

Bei der Auswertung sollte die Lehrkraft sehr sorgfältig reflektieren, ob sie Beurteilungstendenzen, -fehlern und -voreingenommenheiten unterliegt. Urteilsfehler werden auch mit impliziten, unbewussten, wissenschaftlich nicht haltbaren Alltagstheorien von Lehrkräften erklärt. Wenn es etwa darum geht, ein hypothetisches Konstrukt wie Intelligenz zu erfassen, werden unbewusste Indikatoren, wie etwa ein wacher, verständiger Gesichtsausdruck, verwendet, die keine valide Erfassung von Intelligenz darstellen.

Intelligenz nach psychologisch nicht-fundierter Theorie

- ▶ Wacher, verständiger Gesichtsausdruck
- ▶ Durchsetzungsvermögen
- ▶ Ordentliche, saubere Arbeitsweise
- ▶ Hohe Stirn
- ▶ Verständige Eltern
- ▶ Vater mit guter Position
- ▶ Geordnetes Elternhaus
- ▶ Erledigung der Hausaufgaben

Übersicht 2: Intelligenz und implizite Persönlichkeitstheorie. Quelle: Helmke (2003)

Dabei lassen sich eine Reihe von Fehlern aufführen (Helmke, 2003, S. 97 ff.).

Beurteilungsfehler

- ▶ **Sympathie-Fehler**: Beim Sympathie-Fehler hat die Sympathie oder die Antipathie der Lehrkraft gegenüber einzelnen Schülerinnen und Schülern einen Effekt auf die Ergebnisse des Assessments. In eine ähnliche Richtung zielen Erwartungseffekte. Die Lehrkraft sollte hier für sich selbst die Beziehung zu den Schülerinnen und Schülern klären („Mag ich sie/ihn?", „Finde ich sie/ihn nett?", „Was mag ich an ihr/ihm?") und sich befragen, ob dies einen Einfluss auf das Assessment hat.
- ▶ **Tendenz zur Mitte**: Bei der Tendenz zur Mitte vermeidet die Lehrkraft besonders gute oder besonders schlechte Ergebnisse. In diesem Fall ist ein gezielter Einsatz von – sachlich gerechtfertigten – Extremwerten sowie Austausch und ein Abgleich der Ergebnisse mit anderen Lehrkräften wichtig.
- ▶ **Tendenz zu extremen Urteilen**: Diese Tendenz ist das Gegenteil zur Mittetendenz. Die Lehrkraft vergibt fast ausschließlich extreme Urteile. Analog sind hier ein Einsatz von Mittewerten und ein Austausch mit anderen Lehrkräften angebracht.
- ▶ **Referenzfehler**: Bei einem Referenzfehler legt die Lehrkraft die Daten einer falschen Bezugsnorm zugrunde: So bewertet die Lehrkraft beispielsweise die Leistung der Schülerinnen und Schüler nicht kriterial, sondern mit Blick auf die Leistungsposition in der Klasse. Die Ergebnisse sind in diesem Fall nicht zwischen Klassen vergleichbar.
- ▶ **Halo-Effekt**: Der Halo-Effekt wird vom physikalischen Lichteffekt gleichen Namens abgeleitet. Beim physikalischen Halo-Effekt entsteht durch Reflexion und Brechung von Licht ein Lichthof um Objekte, wie ein Heiligenschein. Beim psychologischen Halo-Effekt wird aufgrund weniger Hinweisreize auf die Persönlichkeit der Schülerinnen und Schüler geschlossen, zum Beispiel aufgrund von Aussehen, Kleidung, Dialekt oder Sprache. Wer etwa der Lehrkraft nicht zuhört, ist ‚faul' und hat einen ‚schlechten Charakter'.
- ▶ **Logischer Fehler**: Bei einem logischen Fehler wird von der Ausprägung eines Merkmals auf ein anderes Merkmal geschlossen, ohne dass es dafür einen sachlichen, zum Beispiel wissenschaftlich begründeten, Zusammenhang gibt. Dies ist beispielsweise dann der Fall, wenn Mängel in der Rechtschreibung als Indiz für mangelnde Intelligenz verstanden werden.

Übersicht 3: Beurteilungsfehler

Im Regelfall sind in einem Assessment mehrere Aufgaben zu bewerten. In diesem Fall sollte die Korrektur aufgabenweise und nicht pro Schülerin bzw. pro Schüler erfolgen. „Dadurch können die Korrektoren die Beurteilungskriterien besser verinnerlicht und konsistenter anwenden. Außerdem kann die Tendenz gebrochen werden, dass die Beurteilung der nachfolgenden Aufgabenlösungen durch die Einschätzung der vorausgehenden Lösung und einen dadurch entstehenden Erwartungseffekt beeinflusst wird" (Metzger et al., 1998, S. 134).

Nicht jedes Assessment führt zu einer Benotung. Soll jedoch eine Note vergeben werden, müssen die erworbenen Punkte in eine Notenskala übersetzt werden. Die Notenskala selbst ist dabei durch rechtliche Vorschriften vorgegeben, in Bayern durch den Artikel 52 des Bayerischen Gesetzes über das Erziehungs- und Unterrichtswesen (BayEUG). Moderne Notenskalen sind dabei nach einer kriterialen Bezugsnorm ausgerichtet, d. h. die Lehrkraft sollte aus rechtlicher Perspektive keine soziale Bezugsnorm zugrunde legen.

Prädikat	Ziffer	Beschreibung
sehr gut	1	Leistung entspricht den Anforderungen in besonderem Maße
gut	2	Leistung entspricht voll den Anforderungen
befriedigend	3	Leistung entspricht im Allgemeinen den Anforderungen
ausreichend	4	Leistung weist zwar Mängel auf, entspricht aber im Ganzen noch den Anforderungen
mangelhaft	5	Leistung entspricht nicht den Anforderungen, lässt jedoch erkennen, dass trotz deutlicher Verständnislücken die notwendigen Grundkenntnisse vorhanden sind
ungenügend	6	Leistung entspricht nicht den Anforderungen und lässt selbst die notwendigen Grundkenntnisse nicht erkennen

Übersicht 4: Bayerische Notenskala gemäß Art. 52 BayEUG

Für die Zuordnung der Noten aufgrund der erworbenen Punkte existiert keine schulübergreifende Regelung. In beruflichen Schulen wird häufig auf den sogenannten IHK-Schlüssel zurückgegriffen. Dieser ordnet die Punktzahlen den üblichen Ziffern und Prädikaten zu. Er sieht eine Bestehensgrenze von 50 % vor.

Prädikat	Ziffer	Punkte
sehr gut	1	92 - 100
gut	2	81 - 91
befriedigend	3	67 - 80
ausreichend	4	50 - 66
mangelhaft	5	30 - 49
ungenügend	6	0 - 29

Übersicht 5: Der sogenannte IHK-Schlüssel

Noten vergeben bedeutet Lernergebnisse zu messen. Eine Kompetenzmessung ist ein homomorphes Abbilden von Kompetenzen in die Menge der Zahlen. Ob wirklich überall dort, wo „Kompetenzmessung" drauf steht, auch wirklich eine Messung drin ist, ist höchst fraglich. Die Vergabe von Schulnoten hat eine große Bedeutung für das Leben der Menschen in einer Leistungsgesellschaft. Allerdings sind solche Schulnoten allenfalls Schätzwerte auf einer Ordinalskala. „Nun mag man die Berechnung von Notendurchschnitten oder Gesamtnoten damit entschuldigen, dass ja bei allen Probanden etwa die gleichen Fehler vorkämen und sich ausgleichen. Damit könne man leben. Aber angesichts unscharfer Diagnose und mathematischer Fragwürdigkeit muss jeder Genauigkeitsanspruch auf Zehntel und Hundertstel sinnlos sein – und fragwürdig damit auch jede Entscheidung, die sich auf solche Scheinexaktheit stützt. Wenn das bei NC-Zulassungen, Staatslisten usw. dennoch geschieht, so ist das eine offenkundige Notlösung mangels praktikablerer, d. h. weniger aufwendiger Auswahlverfahren, nicht etwas, das man guten Gewissens tun sollte" (Göckel nach Ziegenspeck, 1999, S. 121). Lehrkräfte sollten sich daher nicht hinter der Scheinobjektivität von Noten zurückziehen. Jongebloed fordert demgegenüber eine *offensive Subjektivität*, d. h. einen „offensiv bekennenden Umfang mit Subjektivität" (1994, S. 189) der Beurteilenden. Dieser sollte dadurch erreicht werden, dass „alle im Zusammenhang mit Beurteilung stehenden Entscheidungen einer Begründungspflicht unterworfen werden" (Jongebloed, 1994, S. 198).

Wortwörtlich: Hans-Carl Jongebloed, WiPäd Kiel

Wenn also Subjektivität prinzipiell nicht auszuschalten ist ... dann scheint die einzige, noch mögliche Alternative doch wohl darin zu bestehen, sich offensiv zur Subjektivität zu bekennen und den Versuch, auf z. B. verfahrenstechnischem Wege, Objektivität zu suggerieren, gar nicht erst zu unternehmen. Proklamiert sei also die sogenannte »offensive Subjektivität« – ein Ansatz, der darauf setzt, dass sich die konkrete pädagogisch-diagnostische Arbeit an der individuellen, subjektiv-personalen Kompetenz des Beurteilenden evaluiert, - ein Ansatz, der die zu Beurteilenden, die Objekte also, nicht ohne jeden Unterschied um ihre Subjektivität betrügt. ... Der Beurteilende wird uneingeschränkt auf die persönliche Verantwortung für sein Tun verpflichtet und übernimmt diese auch ohne Wenn und Aber.

Bild 1: Hans-Carl Jongebloed. Von philsem. Zitat: Jongebloed (1992, S. 38 ff.)

23.3 Ergebnisse des Assessments dokumentieren und kommunizieren

23.3.1 Ergebnisse des Assessments dokumentieren

Die Dokumentation der erbrachten Leistungen der Schülerinnen und Schüler kann auf verschiedenen Wegen erfolgen (Annen, 2009; Annen, 2012, S. 214 ff.; Strauch, Jütten & Mania, 2009). Eine erste Form der Dokumentation ist das Prüfungszeugnis bzw. die Zertifizierung. Eine Zertifizierung ist eine Fremdbeurteilung der Person durch ein klar umrissenes Verfahren. Der Begriff „Zertifikat" wird höchst unterschiedlich verwendet. Hier wird die Zertifizierung im Sinne der Norm DIN EN ISO/IEC 17024:2003 verstanden. Diese Norm erläutert die allgemeinen Anforderungen an Stellen, die Personen zertifizieren. Der Zertifizierungsprozess umfasst „alle Tätigkeiten, mit denen eine Zertifizierungsstelle nachweist, dass eine Person die festgelegten Kompetenzanforderungen erfüllt, eingeschlossen Antragstellung, Bewertung, Entscheidung über die Zertifizierung, Überwachung und Rezertifizierung sowie die Benutzung von Zertifikaten und Logos/Zeichen" (DIN EN ISO/IEC 17024:2003, 3.3). Die europäische Norm formuliert u. a. grundlegende Anforderungen, Anforderungen bezüglich der organisatorischen Struktur, der Entwicklung und Aufrechterhaltung eines Zertifizierungsprogramms, des Managementsystems.

Dokumentation von Lernergebnissen

▶ Zertifizierung, z. B. Prüfungszeugnis
▶ Fremdbeurteilung ohne Zertifikat, z. B. Bescheinigung
▶ Selbstbeurteilung, z. B. Portfolio

Übersicht 6: Dokumentation von Leistungen der Lernenden

Der Zertifizierung liegt eine Prüfung zugrunde. Insbesondere wenn es um die Vergabe von Zertifikaten ohne vorgängig formale Lernprozesse geht, also um die Ermittlung und Anerkennung von Kompetenzen, die informal oder nicht-formal erworben wurden, wird dieser Schritt auch als „Validierung (von Kompetenzen)" bezeichnet (CEDEFOP, 2008).

Bei Prüfungen ist die Kommunikation von Prüfungsergebnissen rechtlich geregelt. So legt die bayerische Berufsschulordnung fest: „Schulaufgaben und Stegreifaufgaben werden unverzüglich bewertet und baldmöglichst den Schülerinnen und Schülern zur Einsichtnahme zurückgegeben und besprochen" (§ 40 BSO). Auch unabhängig von diesen rechtlichen Verpflichtungen dient die Kommunikation von Ergebnissen der Unterstützung des Lernprozesses (Stiggins, 2005, S. 225 ff.).

Eine zweite Form der Dokumentation ist die Fremdbeurteilung ohne Zertifikat bzw. Zertifizierung mit anschließender Dokumentation. Der hohe Anspruch der erwähnten Norm DIN EN ISO/IEC 17024:2003 wird bei dieser Form der Fremdbeurteilung nicht erfüllt. So liegt hier beispielsweise kein rechtlich belastbares Evaluierungs-, Beschwerde- oder Rezertifizierungsverfahren vor. Die Dokumentation erfolgt häufig in Form einer Bescheinigung. So werden besondere Leistungen in der Berufsschule gelegentlich durch zusätzliche Bescheinigungen dokumentiert.

Eine dritte Form der Dokumentation ist die Selbstbeurteilung durch die Lerner selbst. Die Dokumentation kann vom Lerner frei oder nach einer spezifischen Struktur gestaltet werden, etwa beim Europäischen Bildungspass. Die Selbstbeurteilung kann von einem Dritten überprüft und gegengezeichnet werden, die sogenannte deklarative Methode (CEDEFOP, 2008, S. 24). Eine besondere Form der Selbstbeurteilung bzw. -dokumentation ist das Portfolio (CEDEFOP, 2008, S. 24).

Die Dokumentation kann bei der Fremd- und Selbstbeurteilung nach einer vorgegebenen Struktur erfolgen. In der Praxis werden dazu Kompetenzpässe verwendet, die inzwischen in Betrieben in großer Vielfalt verwendet werden (Kucher & Wehinger, 2010).

Schon die Verwaltung von Prüfungsleistungen ist für die Lehrkraft keine triviale Aufgabe. Wenn jedoch auch Daten aus vielen, verschiedenen Assessments verwaltet werden sollten, entsteht schnell eine deutliche Herausforderung zu einem professionellen Informationsmanagement (Stiggins, 2005, S. 227 ff.).

Fragen bei der Verwaltung von Assessmentdaten

▶ Welche Informationen werden gesammelt?
▶ Wie werden die Informationen gespeichert?
▶ Wie werden die Daten verdichtet?
▶ Wie und gegenüber wem werden die Daten kommuniziert?

Übersicht 7: Verwaltung von Assessmentdaten

Die Lehrkraft muss erwägen, welche Informationen sie sammeln will. Im einfachsten Fall beschränkt sie sich darauf, Noten zu sammeln. Dabei gehen jedoch wichtige Leistungsdaten aus anderen Assessments verloren, etwa Daten aus Einschätzskalen oder Lernprodukten.

Die Lehrkraft muss festlegen, wie die gesammelten Informationen gespeichert werden. Neben einem Notenbuch oder einem ,realen' Ordner stehen vor allem moderne informationstechnische Möglichkeiten zur Verfügung. Wie bereits erwähnt, wird das Assessment in Schulen – jenseits der Notenverwaltung – im Vergleich zu anderen Professionen kaum informationstechnisch unterstützt. Die modernen Möglichkeiten von Datenbanken oder modernen mobilen Endgeräten und die technischen Möglichkeiten zum Austausch von Leistungsdaten werden in der Praxis noch wenig genutzt. Moderne Eingabegeräte, wie das IPad, oder aber auch verbreitete internetgestützte Dienste, wie etwa das an beruflichen Schulen eingesetzte Programm WebUntis, bieten Möglichkeiten der Verwaltung von Assessmentdaten.

Verwaltung von Assessmentdaten am IPad.
Bild 2 © teachertool.de

Die gesammelten Daten müssen regelmäßig verdichtet werden. In der Praxis beschränkt sich die Verdichtung häufig auf die Verdichtung von Daten aus Prüfungen. Das öffentliche Schulwesen beschränkt sich in diesem Fall häufig auf die Kommunikation mit den Zeugnissen sowie auf eigenständige Sprechtage.

Ein Beispiel für ein System mit einem vergleichsweise umfassenden Informationsmanagement ist das sogenannte Klassencockpit, ein schweizerisches System zur Qualitätssicherung im Volksschulbereich (www.klassencockpit.ch). Das System gibt der Lehrkraft die Möglichkeit einer Standortbestimmung, indem sie die Leistungsdaten der Klasse mit einer Stichprobe von mehreren hundert Schülerinnen und Schülern vergleichen kann. Das Klassencockpit soll vom 3. – 9. Schuljahr drei Mal jährlich in Deutsch und Englisch eingesetzt werden. In der Erprobungsphase wurde erwogen, dass auch Eltern auf die Leistungsdaten zurückgreifen können. Heute ist nur eine Einsicht im Elterngespräch möglich.

Ein umfassendes Informationssystem, das Lehrkräften und anderen Stakeholdern einen umfassenden, über Noten hinausgehenden Einblick in den aktuellen Stand, die Entwicklung und den Vergleich von Leistungsdaten einzelner Lernender oder Gruppen bietet und zumindest Teile dieser Daten auch den Lernenden oder Dritten, etwa den Betrieben, zur Verfügung stellt, ist mir nicht bekannt.

23.3.2 Ergebnisse des Assessments kommunizieren

Die Kommunikation der Ergebnisse von Assessments kann sich darauf beschränken, die Dokumente zu überreichen, die die Leistung dokumentieren. Die meisten der im letzten Kapitel angeführten pädagogisch-didaktischen Zielsetzungen von Assessment dürften so kaum erreicht werden. Die Kommunikation sollte Misserfolge und Erfolge herausstellen und eine differenzierte Rückmeldung geben. Misserfolge sind unangenehm, können aber ein wirksamer Ansporn zum Lernen sein, wenn den Lernenden klar ist, dass durch harte Arbeit das Ergebnis zu verändern ist und dies tatsächlich auch machbar ist (Woolfolk, 2008, S. 698). Dem dürfen auch keine verfestigten Leistungserwartungen der Lehrkraft gegenüberstehen. Sich in Serie einstellende Erfolge können die Lernmotivation der Schülerinnen und Schüler untergraben. Daher sollten die Lernenden regelmäßig mit Anforderungen konfrontiert werden, die die eigenen Möglichkeiten übersteigen. Steigende Erfolgsquoten sind günstiger als ständiger Erfolg. Dem erfolgreichen Lernenden sollte deutlich gemacht werden, dass die Leistung nicht selbstverständlich ist, sondern auf der Anstrengung beruht. Außerdem sollten auch hier Stärken und Schwächen kommuniziert werden (Woolfolk, 2008, S. 698).

Eine differenzierte Rückmeldung der Lehrkraft kann für die Lernenden eine wertvolle Hilfe für das weitere Lernen sein. Dies setzt voraus, dass diese auf die Schülerinnen und Schüler persönlich zugeschnitten ist und konstruktive Kritik enthält, d. h. es existieren spezifische Kommentare vor allem zu den Fehlern, konstruktive Vorschläge zu den Verbesserungen und positive Kommentare zu den gelungenen Teilen der Leistung. Dabei kann sich die Rückmeldung an folgenden Fragen orientieren: Was sind die Kernfehler der Schülerin bzw. des Schülers? Was ist vermutlich der Grund für diesen Fehler? Welchen Rat kann der Schülerin bzw. dem Schüler gegeben werden, dass dieser Fehler nicht erneut geschieht? Welche positiven Aspekte hat die Leistung der Schülerin bzw. des Schülers (Woolfolk, 2008, S. 700)?

Im Alltag beruflicher Schulen ist eine lernförderliche Kommunikation der Ergebnisse von Assessments eine hohe Anforderung. Ein guter Weg ist eine sogenannte Rückmelde- oder Feedbackstunde.

Phase	Zeit	Lernschritte	Aktionsform, Sozialform
Einstieg	2	Orientierung über Ziel und Ablauf der Rückmeldestunde	Lehrvortrag (LV)
Erarbeitung	3	Wiederholende Vorstellung des Assessments, Bezug zu den Lernzielen, Darlegung der Gesamtergebnisse	Lehrvortrag (LV)
	5	Erläuterung typischer Probleme der Lernenden (Gesamtschau) und deren Lösung (Hervorhebung wichtiger Lernziele), Kurzeinführung in den Arbeitsauftrag	Lehrvortrag (LV)
	75	Einzelfeedback an die Lernenden (Gespräch Lehrkraft mit einzelnen Lernenden je ca. 2 - 3 Minuten), Parallel: Arbeitsauftrag der Mitlernenden	Einzelarbeit (EA)
Ergebnissicherung	5	Zusammenfassung	Lehrvortrag (LV)

Übersicht 8: Verlauf einer Rückmeldestunde

Die Darstellung geht dabei auf die Praxis einer Lehrkraft an einer Universitätsschule, Dr. Thomas Beutl, zurück. Nach einer kurzen Orientierung werden wichtige Aspekte des Assessments zunächst im Klassenverband erläutert. Anschließend erfolgt eine differenzierte Rückmeldung zu den Ergebnissen jedes einzelnen Lernenden, während sich die Mitlernenden mit Arbeitsaufträgen befassen, die die Inhalte des Assessments vertiefen oder neue Inhalte erschließen.

23.4 Assessments als Mehrfachwahlaufgaben, Essay-Assessment und Performance-Assessment planen und ausarbeiten

Die Vielfalt der Assessmentmethoden lässt sich in drei Gruppen einteilen: Assessment mit Hilfe von Mehrfachwahlaufgaben, Assessment mit Hilfe von Kurzantworten und Essays, Performance-Assessment. Sie werden nun der Reihe nach erörtert.

23.4.1 Assessment mit Hilfe von Mehrfachwahlaufgaben planen und ausarbeiten

23.4.1.1 Mehrfachwahlaufgaben: Was darunter verstanden wird

Die Lernenden haben aus mehreren zur Wahl gestellten Antwortmöglichkeiten diejenige zu kennzeichnen, die sie für richtig, für zutreffend oder annehmbar halten.

STOPP: Sie haben in Ihrem Leben schon viele Prüfungen hinter sich gebracht. Welche Prüfungsform bevorzugen Sie? Mehrfachwahlaufgaben? Klausuren mit längeren Texten? Warum?

Die Standardform ist die Mehrfachwahlaufgabe ('Multiple Choice'). Sie enthält eine oder mehrere richtige Antworten, sogenannte Attraktoren, sowie 'Falsch-Antworten', die sogenannten Distraktoren. Sonderformen der Mehrfachwahlaufgabe sind die Wahr-Falsch-Frage, die Zuordnungs- bzw. Benennungsaufgabe sowie Kurz-Lückentexte (Vervollständigungsaufgabe).

Definition 1: Mehrfachwahlaufgabe

Eine Mehrfachwahlaufgabe ist eine Methode des Assessments, bei der den Lernenden Auswahlmöglichkeiten zwischen richtigen Möglichkeiten (Attraktoren) und falschen Möglichkeiten (Distraktoren) eröffnet werden. Sonderformen sind die Wahr-Falsch-Aufgabe, die Zuordnungs- oder Benennungsaufgabe und Lückentexte.

Letztere werden den Mehrfachwahlaufgaben zugeordnet, weil sie auch sehr kurze Antworten vorsehen und meist über wahr oder falsch ausgewertet werden (Stiggins, 2005, S. 66).

Reetz und Hewlett (2008) sprechen von „Aufgaben mit gebundenen Antworten" bzw. „Gebundenen Aufgaben". Sie führen als gebundene Aufgaben die Auswahlaufgaben (Alternativaufgabe, Mehrfach-Wahl-Aufgabe), die Ordnungsaufgabe (Zuordnungs-Aufgabe und Umordnungs-Aufgabe) an. Gebundene Aufgaben sind computerunterstützt auswertbar. Eine weitere Form computergestützt auswertbarer Aufgaben sind Kurzantwort-Aufgaben mit eindeutiger Lösung. Dies sind Ergänzungs-, Rechen-, Buchungsaufgaben sowie Fachfragen mit numerischen oder kurzen alphanumerischen Antworten wie technische Daten, Fachbegriffen oder Namen.

23.4.1.2 Mehrfachwahlaufgaben gestalten

Mehrfachwahlaufgaben werden schrittweise konstruiert.[1] Zunächst wird der Rahmen geklärt, dann die Spezifikationstabelle erstellt, die Aussagensätze entworfen, der Frage- und Informationsteil ausgearbeitet, die Distraktoren formuliert und schließlich das Endlayout vorgenommen.

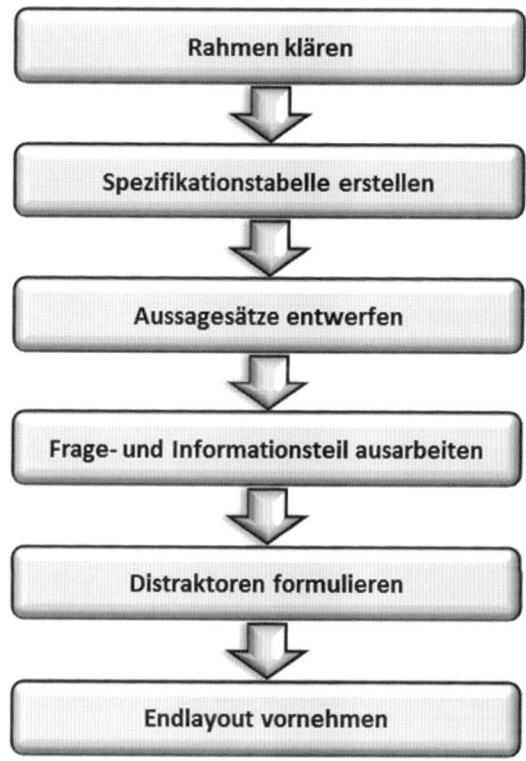

Übersicht 9: Erstellung von Mehrfachwahlaufgaben

Zunächst ist der *Rahmen* des Assessments zu klären. Dazu gehören insbesondere die Einschätzung der zur Verfügung stehenden Zeit und eine erste Kalkulation der Anzahl der Aufgaben. Für die inhaltliche Arbeit sollten die Planungshilfen verfügbar sein. Für Prüfungen mit einem praktischen Bezug sind weiterhin Unterlagen zu besorgen, etwa Formulare aus Unternehmen.

Im nächsten Schritt wird eine *Spezifikationstabelle* ('blue print') erstellt. Dies ist eine Tabelle, die in den Zeilen die Themengebiete des Assessments und in den Spalten die taxonomischen Niveaus darstellt. In den Zeilen stehen beispielsweise „Sozialpartnerschaft" und „Sozialversicherung". In den Spalten stehen – unter Umständen zusammengefasste - Taxonomiestufen. In den Zellen steht die Anzahl der Aufgaben, die im Assessment angewendet werden sollen. Dieses Verfahren soll die Validität der Aufgaben sichern, das heißt, dass die Streuung der Aufgaben den Themengebieten der Aufgaben und der taxonomischen Höhe der Lernziele bzw. des Learning Outcomes entspricht. Am einfachsten wird die Spezifi-

Mehrfachwahlaufgaben sind ein verbreitetes Prüfungsformat
Bild 3. Von Moritz Wussow, fotolia.com

kationstabelle durch die Umformung sauber formulierter Learning Outcomes bzw. Lernziele gewonnen. Außerdem werden zu den gegebenen Lernzielen auch weitere taxonomische Niveaus dargestellt. In der Toolbox ist eine Vorlage wiedergegeben (TB-15.1).

Dann werden *Aussagesätze* ('propositions') zu den Themen und taxonomischen Niveaus formuliert, beispielsweise „Bei einer Aussperrung werden die Arbeitnehmer vom Arbeitgeber gemeinschaftlich daran gehindert zu arbeiten" oder „Kennzeichen der gesetzlichen Sozialversicherung ist das Solidaritätsprinzip". Dabei sollte sich die Lehrkraft um klare Sätze bemühen und diese selbst formulieren, also keinen Text aus den Unterrichtsmaterialien übernehmen. In der Spezifikationstabelle sollte die Lehrkraft der Zeile nach vorgehen, also zunächst alle Aussagesätze zu einem Themengebiet formulieren. Die Literatur empfiehlt, zweimal so viel Aussagesätze zu formulieren wie in der Spezifikationstabelle verlangt wird. Diese Sammlung wird im nächsten Schritt halbiert, indem die Lehrkraft dann die 50 % besten Aussagesätze auswählt und die anderen durchstreicht. So soll gewährleistet werden, dass die Lehrkraft nur die besten Sätze verwendet. In der Praxis scheint auf diese Vorgehensweise der Verdopplung und anschließenden Halbierung – wegen des damit verbundenen Aufwandes – oft verzichtet zu werden.

Nach dem Entwurf der Aussagesätze werden die *Fragen* zu den Aussagesätzen formuliert, beispielsweise „Was ist ein grundlegendes Merkmal der gesetzlichen Sozialversicherung in Deutschland?". Die Fragestellung ist meistens um einen Informationsteil zu ergänzen, der alle notwendigen Informationen enthält, die für die Bearbeitung der Fragestellung notwendig sind. Frage und Informationsteil sollten möglichst kurz sein. Negative Fragen sind zu vermeiden. ‚Richtige' Fragen, also Fragen mit Fragezeichen, sind angefangenen Sätzen vorzuziehen. Die einfachste Konstruktion von Mehrfachwahlaufgaben sieht vor, dass genau eine Antwortalternative richtig ist und zwei bis vier Alternativen falsch sind. Die Lernenden werden dazu aufgefordert, genau ein Kreuz zu machen. Die Punktzahl wird nur vergeben, wenn genau ein Kreuz an der richtigen Stelle untergebracht wird. Eine komplizierte ‚Gegenrechnung' von ‚Falschkreuzen' mit ‚Maluspunkten' ist zu vermeiden. Sie sind testtheoretisch bedenklich und führen zu unnötigen Diskussionen mit Lernenden.

Außerdem ist eine Prüfung mit Maluspunkten nach einer Entscheidung des Oberverwaltungsgerichts für das Land Nordrhein-Westfalen (OVG NRW, Urteil vom 16.12.2008, 14 A 2154/08) rechtsfehlerhaft, also rechtlich nicht zulässig, da für eine falsche Antwort Punkte abgezogen würden, die für eine richtige Antwort erreicht worden seien. Will die Lehrkraft mehrere Alternativen als richtig erlauben, werden die Alternativen vorgegeben, aber nicht so, dass sie direkt angekreuzt werden. Vielmehr werden die Alternativen zusammengestellt, zum Beispiel „Antwortmöglichkeit a., c. und d. ist richtig" und „Antwortmöglichkeit c. und b. ist richtig". Die Lernenden sollen genau ein Kreuz setzen. Die Arbeit mit mehreren Alternativen beruht nicht selten auf einer Überschätzung der Ratequote bei Mehrfachwahlaufgaben. Bei der Arbeit mit fünf Alternativen liegt die Ratequote bei 20 %, wobei viele Prüfungen in der beruflichen Bildung mit 50 % bestanden sein müssen. Die Ratequoten sind außerdem multiplikativ verknüpft. So liegt schon bei drei Aufgaben mit fünf Alternativen die Quote bei 0,2 mal 0,2 mal 0,2, also bei 0,8 %.

Nach der Ausarbeitung der Frage und des Informationsteils werden die *Distraktoren* entwickelt. Als günstig erweist sich im Regelfall die Formulierung von drei bis fünf Antwortalternativen. Die Distraktoren sollen die Lernenden von der richtigen Alternative ablenken (‚distrahieren'), also müssen die Distraktoren selbst attraktiv sein und die Lernenden anlocken. Die Lehrkraft sollte sich darum bemühen, dass Distraktoren nicht durch einen anderen Fachwortgebrauch, eine andere Länge oder eine andere Gestaltung auffallen. Im Idealfall haben alle Alternativen einen vergleichbaren Sprachgebrauch und eine vergleichbare Länge. Lehrkräfte neigen dazu, Distraktoren mit „alle" oder „immer" zu formulieren. Dies geschieht in der Erwartung, dass die Lernenden die Ausnahmen für eine im Unterricht vermittelte Regel übersehen. Diese Distraktoren sind oft – wegen der Ausnahmen – vergleichsweise einfach zu formulieren. Sie drücken aber häufig keine wesentlichen Unterschiede aus und sind daher zu vermeiden. Außerdem erkennen erfahrene Lernende an den Reizwörtern wie „alle" oder „immer" mit ein wenig Erfahrung den Distraktor. Das gleiche gilt für Reizwörter wie „niemals" oder „nie". Lehrkräfte neigen weiterhin dazu, den Attraktor zu ‚verstecken'. Dabei scheinen ihnen der erste Platz sowie der letzte Platz in der Sammlung der Alternativen anscheinend zu auffällig. Dies führt dazu, dass Attraktoren überdurchschnittlich häufig auf dem zweiten oder dritten Platz stehen. Dem unentschlossenen Studenten ist das eine Hilfe. Eine Lehrkraft hat dies jedoch zu vermeiden. Um diesem Konstruktionsfehler und dem ähnlichen Fehler einer systematischen Variation der Attraktorpositionen zu begegnen, sollte die Lehrkraft einen Zufallszahlengenerator benutzen. Dieser ist im Internet erhältlich.

Im abschließenden Schritt werden im *Endlayout* die Aufgaben zusammengestellt. Dabei wird jede Aufgabe nummeriert und jede Antwortalternative mit einem Kleinbuchstaben gekennzeichnet. Die Regeln für die Gestaltung von Arbeitsblättern sollten beachtet werden. Die Lehrkraft sollte die sprachliche Gestaltung insgesamt noch einmal dahingehend überprüfen, ob sie der Zielgruppe gerecht wird.

Die Konstruktion von Mehrfachwahlaufgaben ist ein aufwändiger Prozess. Die Lehrkraft sollte daher – möglichst in Zusammenarbeit mit Lehrkräften der Abteilung – eine Sammlung von Mehrfachwahlaufgaben aufbauen. Dabei bietet sich eine digitale Speicherung bzw. Distribution an, beispielsweise mit Hilfe eines Tabellenkalkulationsprogramms. Neben den selbsterstellten und den von Kolleginnen und Kollegen zur Verfügung gestellten Mehrfachwahlaufgaben sind auch die Planungshilfen in den vier Welten gute Quellen für Mehrfachwahlaufgaben. Hinzu kommen Mehrfachwahlaufgaben, die für die Prüfung von den Kammern erstellt wurden.

23.4.1.3 Mehrfachwahlaufgaben in kaufmännischen beruflichen Abschlussprüfungen[2]

1969 wurde das Berufsbildungsgesetz (BBiG) eingeführt, das Grundgesetz der Berufsbildung. Mit der Einführung des BBiG wurden die Kammern zu „zuständigen Stellen" für die Berufsausbildung. Außerdem wurden detaillierte Regelungen zur Zwischen- und Abschlussprüfung in der Berufsausbildung aufgestellt. Mit dieser Entwicklung wurde auch ein Prüfungstrend aus den USA übernommen. Dort waren Mehrfachwahlaufgaben seit einiger Zeit im Gebrauch und schienen als angemessenes Mittel, auf ökonomische Weise der Subjektivität der damals üblichen Noten entgegen zu wirken. Schon 1968 hatte der damalige Bildungsverantwortliche des DIHT, Herbert Wölker, das Buch „Zensuren aus dem Computer" veröffentlicht. Es fand offensichtlich im Umkreis der Kammern viele Anhänger (Knapp, 2009).

In der Folge wurden „programmierte Prüfungen" in der Berufsbildung weit verbreitet. Die Wurzeln lagen dabei in Bayern: Bereits Ende der 1940er Jahre hatten sich die bayerischen Industrie- und Handelskammern entschlossen, landeseinheitliche Prüfungsaufgaben für die Abschlussprüfungen zu stellen. Federführend war dabei die IHK München für die technischen Berufe und die IHK Nürnberg für die kaufmännischen Berufe. 1974 fand in Nürnberg eine Institutionalisierung statt: Die „Aufgabenstelle für kaufmännische Abschluss- und Zwischenprüfungen (AkA)" wurde gegründet. Im Laufe der Zeit schlossen sich weitere Bundesländer der AkA an. Ab 2000 wurden die Zwischenprüfungen bundeseinheitlich mit AkA-Aufgaben aus Nürnberg sowie ab 2007 alle AkA-Berufe der Zwischen- und Abschlussprüfung mit Aufgaben aus Nürnberg versorgt (Fehm, 2009).

Die Mehrfachwahlaufgaben der AkA werden in einem aufwändigen, mehrstufigen Prozess von Fachausschüssen erarbeitet. Die Fachausschüsse sind drittelparitätisch besetzt, d. h. in ihnen arbeiten zu gleichen Teilen Vertreterinnen und Vertreter der Arbeitgeber, Vertreterinnen und Vertreter der Arbeitnehmer und Lehrkräfte. Die Mitglieder werden auf höchstens fünf Jahre bestellt. Die Lehrkräfte stammen aus berufsbildenden Schulen und werden im Einvernehmen mit der zuständigen obersten Landesbehörde von der jeweiligen IHK nach Abstimmung auf Landesebene gegenüber der geschäftsführenden IHK benannt und durch diese bestellt (Busch, 2009). Etwa die Hälfte der Fachausschussmitglieder hat zwischen 1981 und 2008 an einem AkA-Aufgabenautorenseminar teilgenommen (Müller, 2009b, S. 169).

AkA-Aufgabenerstellungsprozess

- ▶ Aufgabenerstellung/Entwurf des Aufgabensatzes
- ▶ Prüfung und Überarbeitung der Aufgabenentwürfe
- ▶ Besprechung und Verabschiedung durch den Fachausschuss
- ▶ Herstellung und Überprüfung der Druckvorlagen
- ▶ Druckfreigabe, Überwachung des Drucks
- ▶ Durchführung der Prüfung
- ▶ Auswertung, Kritikverfahren, Freigabe der Auswertung
- ▶ Validierung der Aufgaben und Speicherung in der Aufgabenbank

Übersicht 10: AkA-Aufgabenerstellung. Quelle: Vogel (2008)

Zur Sicherung der Validität wird ein Prüfungskatalog (‚Stoffkatalog') eingesetzt, der als inoffizielle Planungshilfe erläutert wurde. Dieser Prüfungskatalog grenzt die Themengebiete der Prüfung ab und gibt die ungefähren Anteile der abzuprüfenden Lerninhalte vor. Daneben wird die Validität in den Fachausschüssen eingeschätzt. Der Schwierigkeitsgrad wird im Vorfeld der Verwendung einer Aufgabe durch den Fachausschuss eingeschätzt. Bei bereits eingesetzten Aufgaben (‚Bankaufgaben') werden die Lösungsquoten berücksichtigt, wobei ein Zielwert von etwa 70 % angezielt wird, was im IHK-Notenschlüssel einer befriedigenden Note entspräche.

Die Ergebnisse einer durchgeführten Mehrfachwahlaufgabe werden – zusammen mit den statistischen Kennwerten – in der Aufgabendatenbank gespeichert. Diese Kennwerte, vor allem die Trennschärfe und der Schwierigkeitsgrad, bieten eine wichtige Grundlage für die Überarbeitung der Aufgabe und einem erneuten Einsatz der Aufgabe. 1995 wurde das Prüfungskonzept „AkA 2000" verabschiedet (Badura & Müller, 2009). Das Konzept gilt für Mehrfachwahlaufgaben, die von der AkA „gebundene Aufgaben" genannte werden, und Nicht-Mehrfachwahlaufgaben. Das Konzept „AkA 2000" sieht eine stärkere Handlungsorientierung der Prüfung vor. Als Merkmale dieser neuen Form von Aufgaben gilt dabei der Situationsbezug, der Praxisbezug, der verstärkte Einsatz von Verständnisaufgaben, die Anreicherung mit Unterlagen, die Adressatenorientierung, die Aktivitätsorientierung sowie die Prozessorientierung oder Einzelhandlung.

Beispielaufgaben (gekürzt)

1. Zwei rechtlich selbstständige Unternehmen derselben Wirtschaftsstufe schließen sich mit dem Ziel zusammen, den Wettbewerb zu beschränken. Stellen Sie fest, um welchen Zusammenschluss es sich dabei handelt!
a. Holding
b. Interessengemeinschaft
...

2. Alle Mineralölfirmen in einer Volkswirtschaft beschließen, gemeinsam den Preis für Rohöl um 10 % zu erhöhen. Stellen Sie fest, um welche Form der Zusammenarbeit es sich dabei handelt!
a. Um einen Konzern
b. Um ein Kartell
...

3. Prüfen Sie, in welchem Fall ein Kartell vorliegt!
a. Kein Einzelhändler unterbietet den empfohlenen Richtpreis für den Markenartikel "Superreiniger".
b. Die Erdöl exportierenden Länder beschließen, gemeinsam den Preis für Rohöl um 10 % zu erhöhen.
...

4. Alle Mineralölfirmen beschließen, gemeinsam den Preis für Rohöl um 10 % zu erhöhen. Stellen Sie fest, weshalb es sich um ein Kartell handelt!
a.   Weil die Firmen hierdurch aus einem bisherigen Polypol ein Oligopol machen.
b.   Weil die Firmen dem Monopol der Nachfrager ein Angebotsmonopol gegenüberstellen.
...

5. Alle Mineralölfirmen beschließen, gemeinsam den Preis für Rohöl um 10 % zu erhöhen. Prüfen Sie, welcher Sachverhalt vorliegt!
a. Es handelt sich um einen Trust, weil die Firmen teilweise ihre wirtschaftliche Selbstständigkeit aufgeben.
b. Es handelt sich um eine Fusion, weil die Firmen teilweise ihre rechtliche Selbstständigkeit aufgeben.
...

6. Ihre Firma hat in einem Kaufvertrag die Lieferung einer Fräsmaschine für Anfang September 2008 vereinbart. Da Anfang Oktober die Maschine noch immer nicht ausgeliefert ist, mahnen Sie. Ende November ist die Maschine immer noch nicht ausgeliefert. Dadurch entsteht Ihrer Firma ein Produktionsausfall und damit ein finanzieller Schaden. Welches Recht können Sie für Ihre Firma mit welcher Begründung geltend machen?
a. Rücktritt vom Vertrag, da der Lieferer durch die Mahnung in Verzug kommt.
b. Schadenersatz wegen Nichterfüllung, da der Lieferer durch die Mahnung in Verzug kommt.
...

Übersicht 11: AkA-Aufgaben. Quelle: Vogel (2008)

Nach dem Kriterium des Situationsbezuges sollen die Aufgaben eingebettet in einen situativen Kontext sein. Der situative Kontext soll nach dem Kriterium des Praxisbezuges realitätsnah gestaltet sein und einen konkreten Sachverhalt aus der Praxis abbilden. Die AkA kennt „Wissensaufgaben" und „Verständnisaufgaben". Die Wissensaufgaben fragen Definitionen, Fakten oder Regeln ab (Beispiel 1). „Verständnisaufgaben" sollen hingegen einen Transfer vom Prüfling verlangen. Bei Verständnisaufgaben werden mehrere Formen unterschieden: Es kann ein Begriff vorgegeben werden, dem mehrere Sachverhalte als Alternativen zugeordnet sind (Beispiel 2). Oder es wird ein Sachverhalt vorgegeben und eine Begründung verlangt (3). Oder es wird ein Sachverhalt vorgegeben und ein Begriff und eine Begründung verlangt (4). Schließlich werden Sachverhalt und Möglichkeiten kombiniert (5). Zu den Verständnisaufgaben gezählt werden außerdem Rechenaufgaben, zum Beispiel die USt-Korrektur bei Skonto, Kontierungsaufgaben und Aufgaben mit der Interpretation von Schaubildern, Grafiken, Tabellen usw. Weiterhin sollten die Aufgaben mit Unterlagen aus der Unternehmenspraxis verknüpft sein. Der Prüfling soll nach dem Kriterium der Adressatenorientierung in der Aufgabe als handelndes

Subjekt angesprochen werden. Die Prüfungen sollen entsprechend der Aktivitäts- und Prozessorientierung entlang des Prozesses der vollständigen Handlung gestaltet werden. Um die einzelnen Phasen einer Handlung abzubilden, werden im Anschluss an die Situation mehrere Teilfragen gestellt, die darauf Bezug nehmen. Alternativ kann eine einzelne Frage zu einer Handlung gestellt werden.

23.4.1.4 Mehrfachwahlaufgaben: Eine Würdigung

Mehrfachwahlaufgaben sind umstritten. In der Kritik an Mehrfachwahlaufgaben überlagern sich oft mehrere Ebenen.

In die Note der Abschlussprüfung der dualen Ausbildung gehen die Noten aus der Berufsschule nicht ein. Einige Lehrkräfte sehen darin eine Benachteiligung der Schule. Dagegen wird argumentiert, dass die externe Prüfung den Schulen einen einheitlichen, bundesweiten Vergleichsmaßstab biete. Angesprochen ist mit dieser Kritik eigentlich überhaupt nicht die Gestaltung von Mehrfachwahlaufgaben, sondern die kontroverse Frage nach dem Sinn zentraler Prüfungen, die in den letzten Jahren vor allem auf der Folie des Zentralabiturs geführt wurde (Jürgens & Schneider, 2008; Weiß, 2008).

Die IHK-Prüfung ist für die meisten Lehrkräfte eine Prüfung, auf die sie keinen Einfluss haben, obwohl dies strenggenommen über die Drittelparität der Fachausschüsse nicht zutrifft. Eine solche Prüfung gibt der Lehrkraft ein Druckmittel, das sie selbst nicht zu verantworten hat.

Da die Prüfung nur Faktenwissen honoriere, konterkariere diese Form der Prüfung die Bemühungen um eine weitergehende Entwicklung von Kompetenzen. Der regulierende Charakter von Prüfungen wurde bereits bei der Reflexion von Planungshilfen dargestellt. Eine solche Argumentation ist aber oft nicht unproblematisch. Sie kann der Lehrkraft auch eine bequeme Entschuldigung für unterbliebene didaktische Innovationen geben: Zunächst müsse sich die Prüfung ändern, erst dann könne der Unterricht umgestellt werden, beispielsweise die Handlungsorientierung verstärkt werden. Da aber die Prüfung vermutlich nicht umgestellt wird, ist die Lehrkraft auf der sicheren Seite, hat eine gute Ausrede und braucht die Unterrichtsentwicklung erst gar nicht zu beginnen. Man könne nicht höhere taxonomische Stufen angehen, wenn die Prüfung nur Wissen abfrage. Unabhängig von der Frage, ob die Prüfung dies auch tut, bedeutet diese Argumentation einen Verstoß gegen den Zusammenhang von Lerntaxonomien. Dort schließen höhere Taxonomiestufen die unteren ein.

Seit ihrer Einführung begleitet Mehrfachwahlaufgaben eine grundsätzliche Kritik. Lehrkräfte bemängeln, dass diese Form der Prüfung dem ‚neuen' Konstrukt der Rahmenlehrpläne, der Handlungskompetenz, nicht gerecht werde. Sie kritisieren also die Konstruktvalidität von Prüfungen.

Mehrfachwahlaufgaben lassen sich nach den Ansprüchen an Assessments, also Objektivität, Reliabilität, Validität, Transparenz und Justiziabilität, beurteilen. Bezüglich einiger Ansprüche ist die Beurteilung recht klar (Badura, 2009).

Mehrfachwahlaufgaben sind vergleichsweise objektiv. Die Durchführungs-, Auswertungs- und Interpretationsobjektivität lässt sich vergleichsweise einfach sichern. Damit bestehen auch gute Bedingungen für die Reliabilität der Prüfung. Weiterhin sind Mehrfachwahlaufgaben vergleichsweise gut justiziabel, und die Durchführung, Auswertung und Interpretation lässt sich einfach transparent machen. Mehrfachwahlaufgaben sind außerdem vergleichsweise ökonomisch: Mehrfachwahlaufgaben sind einfacher auszuwerten und zu interpretieren als alternative Verfahren. Außerdem können die Mehrfachwahlaufgaben recht einfach computergestützt durchgeführt, ausgewertet und interpretiert werden. Allerdings darf bei der Einschätzung der Ökonomie nicht übersehen werden, dass die Konstruktion ‚guter' Mehrfachwahlaufgaben aufwändig ist: Das Beispiel der AkA-Prüfungen zeigt dies deutlich.

Strittig – und Gegenstand heftiger Kontroversen – ist vor allem die Validität von Mehrfachwahlaufgaben. Validität ist nicht einfach ein Anspruch unter vielen, sondern für pädagogische Belange sicherlich der zentrale Anspruch. Mit der Kontroverse um die Validität von Mehrfachwahlaufgaben wird der Blick gleichzeitig auf die Betrachtung von Assessmentmethoden im Interdependenzzusammenhang gelenkt: Für welche Ziele bzw. für welche Themen lassen sich Mehrfachwahlaufgaben einsetzen?

Unstrittig ist, dass sich mit Mehrfachwahlaufgaben gute Assessments für kognitive Ziele auf niedrigen taxonomischen Niveaus erstellen lassen. Faktenwissen lässt sich gut mit Mehrfachwahlaufgaben testen. Allerdings heißt die Verwendung von Mehrfachwahlaufgaben auch hier keineswegs automatisch, dass damit ein objektives, reliables und valides Assessment erfolgt. Vielmehr ist auch hier eine wohlüberlegte Konstruktion des Assessments notwendig. Auf der Ebene „Verstehen" und „Anwenden" wird es bereits schwieriger, ein angemessenes Assessment zu entwickeln. Die „Verständnisfragen" im Sinne der AkA stellen einen Versuch dar, diese Ebene mit Hilfe von Mehrfachwahlaufgaben anzusprechen. Ob Lernziele auf den weiteren, noch höheren taxonomischen Stufen mit Hilfe von Mehrfachwahlaufgaben überprüft werden können, ist höchst umstritten (Stiggins, 2005).

Mehrfachwahlaufgaben sind nicht auf Fachkompetenz beschränkt. Der kognitive Bereich aller Kompetenzdimensionen, also der Fach-, Lern-, Sozial- und Selbstkompetenz, lässt sich – zumindest auf den niedrigen und mittleren Taxonomiestufen – vergleichsweise gut überprüfen.

Mehrfachwahlaufgaben lassen sich gut für vorbereitende, formative und summative Assessments einsetzen. Für den Einsatz im Unterricht – etwa eine kurze Lernzielüberprüfung in der Unterrichtsstunde – ist die schnelle und ökonomische Auswertung von Mehrfachwahlaufgaben hilfreich.

In Zusammenschau ist die Ausrichtung von Mehrfachwahlaufgaben auf deklaratives Wissen auf niedrigen oder mittleren taxonomischen Stufen vergleichsweise einfach. Mühe bereitet der Mehrfachwahlaufgabe das prozedurale Wissen oder die nicht-kognitiven Komponenten der fachlichen und überfachlichen Kompetenzen. Insofern ist nicht ganz von der Hand zu weisen, dass eine alleinige Ausrichtung des Unterrichts auf diese Prüfungsform, einer ‚Verkopfung' des Unterrichts Vorschub leistet.

23.4.2 Assessment mit Hilfe von Kurzantworten und Essays planen und ausarbeiten

23.4.2.1 Kurzantworten und Essay-Assessments: Was darunter verstanden wird

Beim Essay-Assessment verfassen die Lernenden einen kurzen Text (‚Essay') zu einer Aufgabe der Lehrkraft. Die Bewertung des kurzen Textes erfolgt im Nachgang. Was ein „kurzer Text" ist, ist dabei schwierig abzugrenzen. Kennzeichen der Mehrfachwahlaufgabe war die eingeschränkte Möglichkeit der Lernenden, auf die Aufgabenstellung der Lehrkraft zu antworten (‚selected response'). Bei Mehrfachwahlaufgaben sind die Alternativen vorgegeben. Allerdings wurden auch die Benennungsaufgabe sowie Kurz-Lückentexte (Vervollständigungsaufgabe) der Einfachheit halber den Mehrfachwahlaufgaben zugeordnet. Streng genommen sind bei einer Benennungsaufgabe und einem Kurz-Lückentext keine Lösungsalternativen vorgegeben. Die Möglichkeiten der Lernenden zur Reaktion auf die Aufgabe der Lehrkraft sind stark begrenzt und auch die Bewertung erfolgt oft analog der Mehrfachwahlaufgabe.

Definition 2: Assessment mit Kurzantwort und Essay

Ein Kurzantwort-Assessment bzw. Essay-Assessment ist eine Assessmentmethode, bei der Lernende zu einer vorgegeben Textaufgabe kurze Antworten oder längere Texte (Essays) produzieren, die von der Lehrkraft im Nachgang ausgewertet werden.

Je länger der von den Lernenden zu verfassende Text wird oder je offener die Aufgabenstellung wird, desto mehr Möglichkeiten haben die Lernenden, auf die Aufgabenstellung zu reagieren. Bei sehr kleinen Texten von wenigen Sätzen geht es nicht mehr einfach nur um das Ausfüllen einer Lücke. Bei längeren Texten können die Lernenden vergleichsweise frei reagieren. Damit steigen die Freiheitsgrade für die Lernenden, das anzusprechende taxonomische Niveau sowie die Schwierigkeiten bei der Objektivierung des Assessments (Metzger & Nüesch, 2004, S. 24). Die Grenzen sind in der Praxis fließend. Außerdem finden sich in der Praxis Kombinationen von Mehrfachwahlaufgaben mit mehr oder weniger ausgeprägten Essay-Assessments.

23.4.2.2 Kurzantworten und Essay-Assessments gestalten

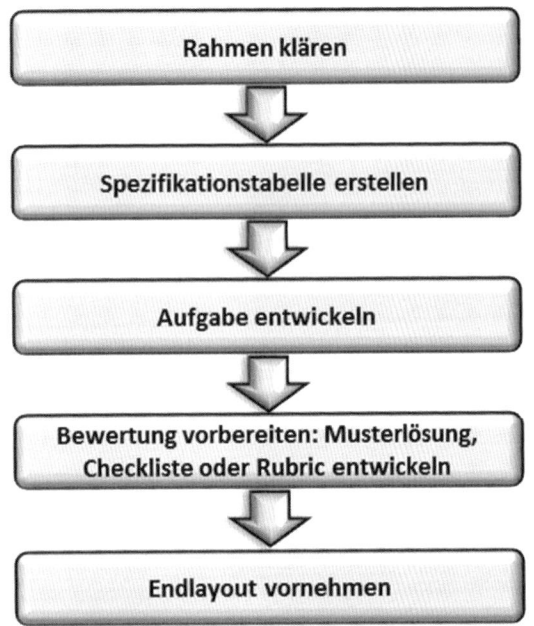

Übersicht 12: Erstellung von Essay-Assessments

Ein Essay-Assessment wird schrittweise konstruiert.[3]

Wie bei Mehrfachwahlaufgaben ist zunächst der *Rahmen des Assessments* zu klären. Dazu gehört insbesondere die Einschätzung der zur Verfügung stehenden Zeit. Für die inhaltliche Arbeit sollten die Planungshilfen verfügbar sein. Für Prüfungen mit einem praktischen Bezug sind weiterhin Unterlagen zu besorgen, etwa Formulare aus Unternehmen.

Wie auch bei Mehrfachwahlaufgaben steht am Beginn der Entwicklung eines Assessments die *Erstellung der Spezifikationstabelle*. In der Spezifikationstabelle werden erneut die Inhaltskomponenten der Lernziele in den Zeilen und die Prozesskomponenten in der Spalte aufgeführt.

In den Zellen stehen jetzt allerdings nicht die Zahl der Aufgaben, sondern die Punkte, die für eine Inhalts-Prozess-Kombination vergeben werden. Die Spezifikationstabelle soll – wie bei Mehrfachwahlaufgaben – die Validität unterstützen. Sie gewährleistet etwa, dass die Inhalte des Unterrichts in der anvisierten taxonomischen Höhe im Assessment abgebildet werden.

Angenommen im Unterricht werde eine Reihe Lernziele verfolgt: Das erste Lernziel lautet: „Die Schülerinnen und Schüler klassifizieren vorgegebene (fotographisch vermittelte) Schaufenster". Die Lernenden sollen bei Fotos von Schaufenstern den Typ angeben, beispielsweise ansagen, ob es sich um ein Themenfenster oder ein Markenfenster handelt. Dabei erfolgt das Verständnis aufgrund des erworbenen Wissens über Schaufenstertypen, d. h. das Lernziel liegt auf der Taxonomiestufe „Verstehen". Das zweite Lernziel lautet: „Die Schülerinnen und Schüler listen die Angaben auf einem Preisschild auf". Die Lernenden rufen hier erlernte Bestandteile eines Preisschildes ab. Das Lernziel liegt auf der Stufe „Erinnern". Das dritte Lernziel lautet: „Die Schülerinnen und Schüler entwerfen ein Selbstbedienungsregal". Mit diesem Lernziel wird die Aufforderung ausgesprochen, ein Konzept für ein SB-Regal vorzulegen. Das Lernziel liegt auf der Stufe „Erschaffen". Die Lernenden können jedoch in einem Assessment auch Wissen auf einer niedrigeren Stufe zeigen, beispielsweise die Regalzonen aufzählen („Erinnern"). In der Spezifikationstabelle werden die Punkte abgetragen, die die relative Bedeutung der Inhalts-Prozess-Kombination darstellen. Dabei wurden aus Gründen der Vereinfachung die Taxonomiestufen zusammengefasst. Das erste Lernziel liegt auf der Ebene „Verstehen" und erhält daher die volle Punktzahl bereits auf dieser Ebene. Zeigen die Lernenden im Assessment einen höheren taxonomischen Prozess, werden die gleichen Punkte vergeben. Die Lernenden sind in diesem Fall

‚über das Ziel' hinausgeschossen. In der Praxis mag das manchmal schädlich sein. Hier jedoch nicht. Die Taxonomiestufen schließen die unter ihnen liegenden Stufen ein, so dass ein Punktabzug der Konstruktion der Taxonomie nicht entsprechen würde. Das zweite Lernziel ist ähnlich zu behandeln. Das dritte Lernziel liegt auf der Stufe „Erschaffen" und erhält deshalb auf dieser Stufe die höchste Punktzahl. Zeigen die Lernenden im Assessment ein Wissen auf einer niedrigeren taxonomischen Qualität, werden weniger Punkte vergeben.

	Erinnern, Verstehen, Anwenden	Analysieren, Evaluieren	Erschaffen	Max. Punkte
Schaufenstertypen	20	20	20	20
Preisschild	30	30	30	30
SB-Regal	15	30	50	50

Übersicht 13: Beispiel für eine Spezifikationstabelle für ein Essay-Assessment

Neben dem taxonomischen Niveau bedeutet die Punktvergabe parallel eine Gewichtung der relativen Bedeutung der Inhaltsgebiete, die sich in der letzten Spalte niederschlägt. Streng genommen müsste die hier im Assessment vorgenommene Gewichtung bereits bei der Unterrichtsplanung auf Basis der Planungshilfen, der curricularen Prinzipien usw. festgelegt werden. In diesem Fall wäre die relative Gewichtung ein Teil des Unterrichtsentwurfs. Außerdem wäre es für die Lernenden hilfreich, wenn eine solche Spezifikationstabelle *vor* dem Assessment ausgeteilt würde, beispielsweise um Schwerpunkte während der Prüfungsvorbereitung zu setzen. Beides ist jedoch in der Praxis nicht üblich.

Im nächsten Schritt sind die *Aufgaben* zu *entwickeln*. Die Entwicklung von Aufgaben erscheint auf den ersten Blick wenig aufwändig, deutlich weniger aufwändig als bei Mehrfachwahlaufgaben. Eine Aufgabe wie „Entwerfen Sie ein Konzept für ein SB-Regal!" ist schnell entworfen. Im Gegensatz zu Mehrfachwahlaufgaben werden Schludrigkeiten an dieser Stelle nicht so deutlich. Eine Aufgabe sollte mehrere Aspekte erfüllen (Stiggins, 2005, S. 128 f.).

- ▶ **Inhalte spezifizieren**: Das für die Bearbeitung notwendige Wissen wird in der Aufgabe spezifiziert. Dazu bietet sich ein einleitender Teil der Aufgabe an. Beispielsweise „Im Unterricht sprachen wir über verschiedene Schaufenstertypen." oder „Die Kaufentscheidung wird in vielen Fällen erst am Verkaufsregal getroffen. Daher kennen wir verschiedene Regalzonen, Ladenzonen und Regeln der Bestückung von Regalen".

- ▶ **Prozess spezifizieren**: Der in der Aufgabenstellung erwünschte Prozess wird beschrieben. Beispielsweise „Im Folgenden finden Sie fünf Fotos von Schaufenstern aus Nürnberger Läden. Ordnen Sie den Fotos Typen von Schaufenstern zu. Erläutern Sie mit ein bis zwei vollständigen Sätzen die Merkmale dieser Schaufenster". Oder: „Zeichnen Sie ein Regal. Bestücken Sie es mit typischen Produkten." Für das Ausformulieren sollten Verben benutzt werden, die dem taxonomischen Niveau entsprechen.

- ▶ **Relative Bedeutung spezifizieren**: Die relative Bedeutung der Aufgabenstellung wird vermerkt. Zum Beispiel „30 Punkte".

Im nächsten Schritt wird die *Bewertung (Messung)* vorbereitet. Hierzu dienen drei Hilfsmittel: Musterlösungen, Checklisten und Einschätzskalen bzw. Rubrics (‚scoring rubrics').[4] Eine Musterlösung bietet sich an, wenn die Aufgabe eine eindeutig im Voraus von der Lehrkraft zu bestimmende Lösung hat. Dies ist vor allem bei niedrigeren Taxonomiestufen der Fall. Bewertet wird dann der Grad der Übereinstimmung zwischen Musterlösung und Schülerlösung. Die Arbeit mit einer Musterlösung steht immer in der Gefahr, Lösungen zu übersehen, die von der Lehrkraft zwar nicht vorweg bedacht waren, aber möglich oder sogar besonders originell sind.

Checklisten stellen die einfache Alternative dar. Checklisten regeln die Punktvergabe durch die Vorgabe einer Liste, zum Beispiel: „2 Punkte für jeden korrekt zugeordneten Schaufenstertyp, 2 Punkte für jede korrekte Beschreibung. Alle anderen Antworten keine Punkte". Sie bieten sich vor allem bei deklarativem Wissen auf einer vergleichsweise niedrigen Stufe an.

Eine Einschätzskala bzw. Rubric („scoring rubric") ist eine mehrdimensionale Hilfe zur Bewertung im Essay-Assessment, aber auch im Performance-Assessment. In der Toolbox ist eine Vorlage aufgenommen (TB-15.2). Eine Einschätzskala bietet sich an, wenn keine eindeutige Lösung existiert und die Beschreibung der Leistung multidimensional erfolgen sollte. Für die Schülerleistungen werden bei der Konstruktion der Einschätzskala mehrere unabhängige Leistungsdimensionen unterschieden, zum Beispiel der Gehalt der Essays und die Qualität des Schreibens oder der Gehalt der Präsentation und die Präsentationsqualität. Für jede Dimension werden Güteklassen unterschieden, zum Beispiel entlang der Notenskala von „ungenügend" bis „sehr gut". Üblich sind Einschätzskalen mit drei bis sechs Leistungsklassen. Für jede Dimension und für jede Leistungsklasse wird die Schülerleistung verbal umschrieben und mit einem Punktegewicht versehen. Eine solche Beschreibung beantwortet die Frage: „Wie sieht die Leistung in der i.-ten Dimension in der Klasse j aus?". Die Beschreibung sollte klar, unmissverständlich und – beim Performance-Assessment – in leicht beobachtbarer Weise erfolgen.

Beispiele für Einschätzskalen finden sich in der Toolbox. Eine Einschätzskala ist in der Entwicklung aufwändiger, enthält deutlich mehr Informationen und bietet sich vor allem bei mittleren bis hohen Taxonomiestufen an. Dabei wird eine Zeile der Spezifikationstabelle weiter ausdifferenziert.

Im Internet finden sich viele Rubrics.
Bild 4. Webseite von Kathy Schrock

Die Entwicklung von Einschätzskalen ist ausgesprochen aufwändig. Sie lohnt sich nur, wenn ein Essay oder Performance-Assessment notwendig ist. Weiterhin kann erwogen werden, aufwändige Einschätzskalen nur für besonders wichtige Prüfungen zu erstellen. Nicht jedes Assessment ist gleich wichtig. Eine Einschätzskala sollte nur dann aufwändig gestaltet werden, wenn sie auch wirklich gebraucht wird. Eine schlecht oder zu schnell gemachte Einschätzskala ist keine Hilfe und daher unnötig.

Zu unterscheiden sind generische („allgemeine") Einschätzskalen und spezielle Einschätzskalen. Generische Einschätzskalen werden für alle Leistungen der Schülerinnen und Schüler einer spezifischen Leistungsklasse verwendet, zum Beispiel für größere offene Bearbeitungsaufgaben, Hausarbeiten, Präsentationen oder Poster nach der Erarbeitung durch eine Lernsituation oder die Lösung von Fällen. Generische Einschätzskalen können in mehreren Fächern bzw. Lernfeldern von mehreren Lehrkräften abteilungs- oder gar schulweit genutzt werden. In diesem Fall bieten sich die gemeinsame Entwicklung im Rahmen von Schulentwicklungsprojekten und der Austausch von Einschätzskalen an. Gleichzeitig ist die gemeinsame Entwicklung von Einschätzskalen ein gutes Gefäß für die abteilungs- oder schulspezifische Diskussion um Bewertungsmaßstäbe. Vor dem Einsatz einer generischen Einschätzskala muss geprüft werden, ob sie angemessen erscheint. In jedem Fall ist ein „automatischer" Einsatz zu vermeiden.

Generische Einschätzskalen können auch genutzt werden, um spezifische Einschätzskalen zu konstruieren, zum Beispiel Skalen zur Einschätzung von simulierten Verkaufsgesprächen. Da die Einsatzbreite gering und der Entwicklungsaufwand hoch ist, sollten spezifische Einschätzskalen nur bei zentralen Lernzielen entwickelt werden.

Im abschließenden Schritt werden die Aufgaben im *Endlayout* zusammengestellt. Das Assessment enthält einen kurzen Text über das Thema und die Funktion des Assessments. Die Regeln für die Gestaltung von Arbeitsblättern sollten beachtet werden. Die Lehrkraft sollte die sprachliche Gestaltung insgesamt noch einmal dahingehend überprüfen, ob sie der Zielgruppe gerecht wird.

23.4.2.3 Kurzantworten und Essay-Assessments: Eine Würdigung

Essay-Assessments lassen sich nicht in jeder Zielgruppe einsetzen. Schülerinnen und Schüler mit erheblichen sprachlichen Problemen werden durch ein Essay-Assessment regelmäßig benachteiligt. Außerdem kann in diesem Fall kaum von der Validität des Assessments ausgegangen werden (Stiggins, 2005, S. 121).

Essay-Assessments haben eine vergleichsweise niedrige Auswertungsökonomie, d. h. die Auswertung von Essay-Assessments ist vergleichsweise aufwändig. Essay-Assessments lassen sich für Lernziele auf allen taxonomischen Stufen erstellen (Stiggins, 2005, S. 121). Die Konstruktion und die Auswertung von Essay-Assessments auf niedrigen taxonomischen Stufen sind vergleichsweise einfach. Gleichzeitig sind in diesen Fällen Mehrfachwahlaufgaben vorzuziehen (Stiggins, 2005, S. 122). In der gleichen Assessmentzeit lassen sich mehr Mehrfachwahlaufgaben verwenden als Aufgaben des Essay-Assessments. Daher ist es einfacher zu gewährleisten, dass die Aufgaben gemäß Spezifikationstabelle gut über den Inhaltsbereich gestreut sind, also inhaltsvalide sind. Außerdem ist die Auswertung schneller. In der Praxis ließe sich – so meine Vermutung – viel Aufwand sparen, wenn bei niedrigen taxonomischen Niveaus statt auf falsch verwendete Essay-Assessments auf Mehrfachwahlaufgaben gesetzt würde. Essay-Assessments sind in dieser Perspektive nur dort einzusetzen, wo es unbedingt notwendig ist oder Abwechslung geboten ist.

Höhere taxonomische Stufen lassen sich gut durch Essay-Assessments abbilden. Auf den mittleren bis hohen Stufen der Taxonomie, also „Anwenden", „Analysieren" sowie „Evaluieren" wird die Aufgabe im Regelfall darin bestehen, dass eine Situation vorgegeben wird, auf die dann das erworbene Wissen angewendet bzw. die dann mit Hilfe des erworbenen Wissens analysiert oder bewertet wird. Dabei muss vor allem darauf geachtet werden, dass die Situation den Lernenden neu ist, sonst werden einfache Erinnerungsprozesse verlangt. Die höchste Stufe der Taxonomie, das Erschaffen, lässt sich vor allem dann gut abbilden, wenn die Ergebnisse der Lernenden sprachlich sind oder sich angemessen sprachlich darstellen lassen. Dies ist vor allem bei Begriffen und bei semantischem Wissen der Fall, also bei zentralen Teilen des deklarativen Wissens. Ein sprachliches Ergebnis ist beispielsweise ein Gedicht oder ein Brief: Der Prototyp eines sprachlichen, kreativen Produkts.

Wie würde la pulga in einem Aufsatz über das offensive Mittelfeld abschneiden?
Bild 5. Lionel Andrés Messi. Von Christopher Johnson.

In vielen Fällen ist jedoch das Ergebnis des Handelns der Lernenden nicht sprachlich, sondern nur sprachlich vermittelt, wenn etwa die Lernenden einen Prozess beschreiben. Wenn das Ergebnis eines prozeduralen Wissens kein sprachliches Produkt ist, können die Lernenden unter Umständen aufgrund der Proceduralisierung des Wissens ihr Wissen nicht mehr gut verbalisieren. In diesen Fällen ist das Essay-Assessment kein valides Instrument zur Erfassung der Kompetenz der Lernenden. Dies wäre so, als wenn La Pulga, der Floh Lionel Andrés Messi, Weltfußballer der Jahre 2009 bis 2012, aufgrund eines misslungenen Aufsatzes „Was ist beim Fußball im offensiven Mittelfeld zu beachten?" mangelhafte Offensivqualitäten attestiert bekommen würde. In diesem Fall wäre ein Performance-Assessment angesagt.

23.4.3 Performance-Assessments planen und ausarbeiten

23.4.3.1 Performance-Assessments: Was darunter verstanden wird

Bei einem Performance-Assessment vollziehen die Lernenden vor den Augen der beurteilenden Lehrkraft eine über das Schreiben hinausgehende und von der Lehrkraft vorab bestimmte Aktivität, zum Beispiel eine Präsentation (Stiggins, 2005).

Die Lernenden lösen exemplarische Aufgaben, die als Indiz für die zugrundeliegende Kompetenz gelten können. In der beruflichen Bildung werden auf diese Weise Aufgaben, Probleme bzw. Situationen angesprochen, die typisch für den beruflichen Alltag sind. Das Performance-Assessment ist in dieser Sichtweise das Gegenstück zum Situationsprinzip bei der Unterrichtsplanung und den verschiedenen Varianten, insbesondere dem Lernsituationsansatz.

> **Definition 3: Performance-Assessment**
>
> Performance-Assessment ist eine Form des Assessments, bei dem die Lernenden vor der beurteilenden Person eine über das Schreiben hinausgehende, meist berufstypische beobachtbare Handlung vornimmt.

Performance-Assessment ist jedoch keineswegs auf die berufliche Bildung beschränkt. Auch in anderen Fächern ist das Assessment von Prozessen oder Lernprodukten üblich, beispielsweise das Assessment einer athletischen Darbietung (Prozess) oder eines Aquarells (Produkt). Eine Sonderform dieses Assessments ist die Sammlung der Produkte in Form eines Portfolios.

23.4.3.2 Performance-Assessments gestalten und würdigen

Performance-Assessments sind in der Gestaltung dem Essay-Assessment ähnlich. Im Zentrum steht die Konstruktion der Spezifikationstabelle auf der Basis klarer Lernziele, die Formulierung entsprechender Aufgaben sowie die Verdichtung der Beurteilungskriterien in Form einer Einschätzskala. Performance-Assessments eignen sich gut für deklaratives und prozedurales Wissen auf hohen Taxonomiestufen, wobei das bei Essay-Assessments erwähnte Problem der sprachlichen Vermittlung umgangen wird. Performance-Assessments haben eine niedrige Ökonomie: Sowohl die Vorbereitung als auch die parallele Durchführung und Auswertung sind aufwändig. Performance-Assessments sollten daher nur an den Stellen eingesetzt werden, wo andere Methoden nicht angemessen erscheinen.

Performance-Assessment hat viele Formen.
Bild 6. Von Dan Race, fotolia.com

Der Mix von handlungsorientierten und traditionellen Unterrichtsmethoden wurde hier als sinnvoll angesehen. Das Gegenstück zu dieser gegenseitigen Ergänzung von *Unter-richts*methoden ist das Kombinieren von *Assessment*methoden. Für eine solche Kombination sprechen vor allem zwei Gründe: Zum einen hat jede Methode spezifische Vor- und Nachteile. Zum anderen zeigen sich Differenzen bei Schülerinnen und Schülern

(Ormrod, 2008, S. 589 f.), die durch eine Kombination ausgeglichen werden können. Einige Lernende reden mehr als andere, einige bereiten Leistungsüberprüfungen besser vor, einige bevorzugen individuelle, andere gruppenorientierte Leistungsüberprüfungen.

23.5 Assessment-Methoden in den Abschlussprüfungen des Dualen Systems

Die in den Ausbildungsordnungen festgelegten Abschlussprüfungen im Dualen System der Berufsausbildung in Deutschland sehen eine Kombination von mehreren Assessment-Methoden bzw. Prüfungsmethoden vor. Beispielsweise sieht die Abschlussprüfung bei Einzelhandelskaufleuten eine Kombination von schriftlichen und mündlichen Prüfungsteilen vor.

Teile der Prüfung	Prüfungsbereiche	Art	Dauer in Min.	Gewicht
Teil 1 (Ende 2. Jahr)	Verkauf und Marketing	Schriftliche Bearbeitung praxisbezogener Aufgaben oder Fälle	120	15 %
	Warenwirtschaft und Rechnungswesen		90	10 %
	Wirtschafts- und Sozialkunde		60	10 %
Teil 2 (Ende 3. Jahr)	Geschäftsprozesse im Einzelhandel		105	25 %
	Fallbezogenes Fachgespräch	Mündlich	20 (plus 15 Vorbereitung)	40 %

Übersicht 14: Abschlussprüfung für Einzelhandelskaufleute (Erprobungsverordnung 2009)

In den verschiedenen Berufen werden unterschiedliche Prüfungsformen kombiniert. Dabei lassen sich nach der Form der Äußerungen der Prüflinge in der Prüfung schriftliche Prüfungen, mündliche Prüfungen und praktische Prüfungen unterscheiden (Reetz & Hewlett, 2008, S. 71 ff.). In der bisher eingeführten Sprechweise werden Assessments mit Hilfe von Mehrfachwahlaufgaben, Essay-Assessment sowie Performance-Assessment kombiniert. Für die Konstruktion, Durchführung und Auswertung von Prüfungen im beruflichen Bereich gelten somit die bereits vorgebrachten Erörterungen.[5]

Form	Elemente der Abschlussprüfung	Assessment-Methode
Schriftliche Prüfung	▶ Gebundene Aufgaben (Auswahlantwortaufgabe, Ordnungsaufgabe) ▶ Erarbeitungsaufgaben ▶ Aufgaben mit Kurzantwort	Assessment mittels Mehrfachwahlaufgaben und vergleichbarer Aufgaben
	▶ Aufgaben mit hoher Antwortfreiheit	Essay-Assessment
Mündliche Prüfung	▶ Fallbezogenes Fachgespräch ▶ Auftragsbezogenes Fachgespräch ▶ Situatives Fachgespräch ▶ Gesprächssimulation ▶ Präsentation	Performance-Assessment
Praktische Prüfung	▶ Prüfungsprodukt/Prüfungsstück ▶ Arbeitsprobe ▶ Arbeitsaufgabe ▶ Betrieblicher Auftrag	

Übersicht 15: Elemente der Abschlussprüfung (Reetz & Hewlett, 2008) und Assessment-Methoden

Der Hauptausschuss des Bundesinstituts für Berufsbildung hat Empfehlungen für die Regelung von Prüfungsanforderungen in Ausbildungsordnungen beschlossen. Sie werden kurz „HA-Empfehlungen 119" genannt (BIBB, 2006). Die HA-Empfehlungen sehen eine Reihe von Prüfungselementen vor.

Bei schriftlichen Aufgaben sollen berufstypische Aufgaben bearbeitet werden, wobei Lösungen, Geschäftsbriefe, Stücklisten, Schaltpläne oder ähnliches entstehen. Im Fachgespräch werden Probleme, Lösungsweisen und Vorgehensweise diskutiert. Das fallbezogene Fachgespräch spielt in den kaufmännischen Berufen eine große Rolle. Die Prüflinge erhalten eine Aufgabenstellung, die ggf. auf den

Prüfling angepasst wird. So wird beispielsweise im Einzelhandel der im Bereichsheft dokumentierte Warenbereich oder die in der Ausbildung zu wählenden Wahlqualifikationseinheiten des Auszubildenden zugrunde gelegt.

Beispiel einer Aufgabenstellung fallbezogenes Fachgespräch (Verkäuferin/Verkäufer; Wahlqualifikation Beratung und Verkauf)

Ausgangssituation:
Ein Kunde kommt zu Ihnen ins Geschäft (Vorwahlsystem), weil er ein Geschenk benötigt.

Aufgaben:
► Beschreiben Sie, wie Sie mit diesem Kunden Kontakt aufnehmen.
► Formulieren Sie (in wörtlicher Rede) Fragen, mit denen Sie Informationen über die zu beschenkende Person einholen können.
► Erläutern Sie, mit welchen Serviceleitungen Sie beim Geschenkverkauf den Kaufabschluss abrunden können.

Nach einigen Tagen kommt der Kunde wieder zu Ihnen ins Geschäft. Er möchte den Artikel umtauschen.
► Erklären Sie den Begriff „Umtausch".
► Beschreiben Sie, was Sie beim Umtausch einer Ware prüfen müssen. Zeigen Sie auf, welche Möglichkeiten des Umtauschs Sie dem Kunden anbieten können.

Übersicht 16: Beispiel einer Aufgabenstellung für das fallbezogene Fachgespräch. Autorin: Martina Neusser, Ludwig-Erhard-Schule, Fürth

Die Details zum fallbezogenen Fachgespräch sind in der jeweiligen Ausbildungsordnung beschrieben.

Fallbezogenes Fachgespräch in der Ausbildungsordnung

Der Prüfling soll anhand einer von zwei ihm zur Wahl gestellten praxisbezogenen Aufgaben ein Fachgespräch führen. Eine der festgelegten Wahlqualifikationseinheiten ... ist Grundlage für die Aufgabenstellung durch den Prüfungsausschuss. Der im schriftlichen Ausbildungsnachweis dokumentierte Warenbereich ist im Fachgespräch zu berücksichtigen. ... Bei Aufgaben zu den Wahlqualifikationseinheiten ... soll der Prüfling zeigen, dass er kunden- und serviceorientiert handeln und betriebspraktische Aufgaben unter Berücksichtigung von wirtschaftlichen, ökologischen und rechtlichen Zusammenhängen lösen kann und über entsprechende Kommunikationsfähigkeiten sowie über warenspezifische Kenntnisse des jeweiligen Warenbereichs verfügt. ... Dem Prüfling ist eine Vorbereitungszeit von höchstens 15 Minuten einzuräumen; das Fachgespräch soll die Dauer von 20 Minuten nicht überschreiten.

Übersicht 17: Fallbezogenes Fachgespräch in der Ausbildungsordnung (Einzelhandelskaufleute, Erprobungsverordnung 2009, ohne Wahlqualifikationseinheit „Grundlagen unternehmerischer Selbstständigkeit")

Eine weitere mündliche Form der Prüfung ist die Gesprächssimulation. Die Gesprächssimulation wird in der HA-Empfehlung 119 als mündliches Rollenspiel verstanden. Die Prüflinge übernehmen eine spätere berufliche Rolle und ein Mitglied des Prüfungsausschusses die Rolle des Gesprächspartners in der Rolle einer Kundin bzw. eines Kunden, eines Gastes, einer Mitarbeiterin bzw. eines Mitarbeiters oder ähnliches. Die Simulation erfolgt nach einer Vorbereitung durch die Prüflinge und wird vor dem gesamten Prüfungsausschuss abgenommen.

Bei der Präsentation halten die Prüflinge vor dem Prüfungsausschuss einen Vortrag über berufstypische Herausforderungen und beantworten auf den Vortrag bezogene Fragen.

Das auftragsbezogene Fachgespräch bezieht sich auf einen betrieblichen Auftrag oder ein Prüfungsprodukt bzw. Prüfungsstück und erfolgt nach dem Auftrag bzw. dem Prüfungsprodukt. Das situative Fachgespräch bezieht sich auf eine Arbeitsaufgabe und findet während der Aufgabendurchführung statt.

Praktische Formen der Prüfung sind das Prüfungsprodukt/Prüfungsstück, die Arbeitsprobe, die Arbeitsaufgabe sowie der betriebliche Auftrag.

Bei einem Prüfungsprodukt/Prüfungsstück erhalten die Prüflinge die Aufgabe, ein berufstypisches Produkt zu fertigen. Dabei kann es sich, je nach Ausbildungsberuf, um eine technische Zeichnung, ein Marketingkonzept, ein Holzerzeugnis, ein Computerprogramm oder ähnliches handeln. Bewertet wird dabei das Arbeitsergebnis. Die Erstellung des Prüfungsproduktes bzw. des Prüfungsstücks erfolgt unter Aufsicht, d. h. nicht zwangsläufig vor dem Prüfungsausschuss.

Bei einer Arbeitsprobe sollen die Prüflinge eine berufstypische Arbeit durchführen. Dabei kann es sich beispielsweise um eine Dienstleitung oder eine Instandhaltung handeln. Dabei wird sowohl Arbeitsweise als auch das Produkt bewertet. Die Erstellung der Arbeitsprobe erfolgt vor dem Prüfungsausschuss.

Eine Arbeitsaufgabe ist eine vom Prüfungsausschuss entwickelte berufstypische Aufgabe, bei der auch die „prozessrelevanten Kompetenzen" (BIBB, 2006, S. 17) bewertet werden.

Der betriebliche Auftrag wird vom Betrieb vorgeschlagen und besteht aus einer im Betrieb anfallenden typischen Arbeit. Die Bewertung erfolgt als auftragsbezogenes Fachgespräch, Präsentation und bzw. oder schriftliche Aufgaben.

Berufsabschlussprüfungen können weitere Prüfungselemente vorsehen.[6] Bei der Gestaltung von Prüfungselementen für Abschlussprüfungen sind die bereits vorgebrachten Überlegungen anzustellen.

23.6 Outro

23.6.1 Die wichtigsten Begriffe dieser Lerneinheit

▶ Mehrfachwahlaufgabe: Gestaltung, Bedeutung in Abschlussprüfungen, Möglichkeiten Grenzen

▶ Lernergebnis

▶ Essay-Assessment und Performance Assessment gestalten

▶ Essay-Assessment: Gestaltung, Möglichkeiten und Grenzen

▶ Performance-Assessment: Gestaltung, Möglichkeiten und Grenzen Notenskala

▶ Beurteilungsfehler und -tendenzen

▶ Benotung

▶ Verwaltung von Assessmentdaten

▶ Kommunikation von Assessments

23.6.2 Tools

▶ Tool „Spezifikationstabelle zur Konstruktion von Assessements: Vorlage" (TB-15.1)

▶ Tool „Einschätzskala für Essay & Performance-Assessment: Vorlage" (TB-15.2)

▶ Tool „Beispiel: Bewertungsbogen Industrie IHK Nürnberg" (TB-15.3)

23.6.3 Kompetenzen

▶ Assessment mit Hilfe von Mehrfachwahlaufgaben planen und ausarbeiten

▶ Assessment mit Kurzantworten und Essay planen und ausarbeiten

▶ Assessment als Performance Assessment planen und ausarbeiten

▶ Assessment abwickeln: Assessments durchführen und mit Täuschungsversuchen und Ängsten umgehen; Leistungen korrigieren und benoten; Assessmentdaten verwalten; Ergebnisse kommunizieren und für Lernende dokumentieren

23.6.4 Hinweise zur vertieften Auseinandersetzung: Weiterlesen

Praxisnahe Ausarbeitungen zur Gestaltung von Assessments sind im deutschsprachigen Raum leider eher selten. Eine Ausnahme stellen die Arbeiten des Wirtschaftspädagogen Christoph Metzger dar, zum Beispiel (Metzger & Nüesch, 2004) oder (Metzger, 2002). Im angelsächsischen Raum sieht die

Situation anders aus. Hinzuweisen ist auf die Bücher von Richard Stiggins, insbesondere "Student-Involved Assessment for Learning" (2005) sowie „An introduction to student-involved assessment for learning" (2008). Außerdem hinzuweisen ist auf "Measurement and Assessment in Teaching" von Linn und Gronlund (1995) sowie „Classroom Applications of Educational Measurement" (Oosterhof, 2001).

23.6.5 Hinweise zur vertieften Auseinandersetzung: Weitersurfen

Im Internet findet sich eine Reihe von Quellen für Einschätzskalen, häufig allerdings auf Englisch. Hinzuweisen ist hier auf die sehr interessante Seite von Kathy Schrock:

http://www.schrockguide.net/assessment-and-rubrics.html

Für die Abschlussprüfungen im Dualen System empfiehlt sich ein Rückgriff auf das BIBB-Prüferportal sowie die Internetseiten der aufgabenerstellenden Institutionen.

Portal	Inhalt	Link
BIBB-Prüferportal	Portal für Prüferinnen und Prüfer des Bundesinstituts für Berufsbildung (BIBB)	www.prueferportal.org
AkA	Aufgabenstelle für kaufmännische Abschluss- und Zwischenprüfungen	www.ihk-aka.de
ZPA	Zentralstelle für Prüfungsaufgaben ZPA Nord-West (kaufmännische Berufe)	www.ihk-zpa.de
PAL	Prüfungsaufgaben- und Lehrmittelentwicklungsstelle der IHK Region Stuttgart	www.ihk-pal.de
ZFA Medien	Zentral-Fachausschuss Berufsbildung Druck und Medien (Prüfungen im Druck- und Medienbereich)	www.zfamedien.de

Eine sehr gute Veröffentlichung zur Gestaltung von Prüfungen in der Berufsbildung legen Reetz und Hewlett vor, nämlich „Das Prüferhandbuch. Eine Handreichung zur Prüfungspraxis in der beruflichen Bildung" (Reetz & Hewlett, 2008).

23.6.6 Literaturnachweis

Annen, S. (2009). Europäische versus nationale Verfahren der Kompetenzermittlung. Eine Beurteilung aus pädagogischer und ökonomischer Perspektive. In D. Münk & E. Severing (Hrsg.), *Theorie und Praxis der Kompetenzfeststellung im Betrieb. Status quo und Entwicklungsbedarf* (S. 205–220). Bielefeld: Bertelsmann.

Annen, S. (2012). *Anerkennung von Kompetenzen. Kriterienorientierte Analyse ausgewählter Verfahren in Europa*. Bielefeld: Bertelsmann.

Badura, J. & Müller, N. (2005). *Handlungsorientierte kaufmännische Prüfungen. Informationen zu neuen Trends in den kaufmännischen Prüfungen*. Solingen: U-Form Verlag.

Badura, J. & Müller, N. (2009). Berufs- und Arbeitswelt im Wandel. Die Entwicklung handlungsorientierter AkA-Prüfungen. In N. Müller (Hrsg.), *35 Jahre AkA. Retrospektive und Perspektive* (S. 88–93). Nürnberg: Aufgabenstelle für kaufmännische Abschluss- und Zwischenprüfungen.

Badura, J. (2009). Hie Welf, hie Waibling. Der alte und immer wieder neue Streit um gebundene und ungebundene Prüfungsaufgaben. In N. Müller (Hrsg.), *35 Jahre AkA. Retrospektive und Perspektive* (S. 79–87). Nürnberg: Aufgabenstelle für kaufmännische Abschluss- und Zwischenprüfungen.

BIBB (Bundesinstitut für Berufsbildung - Hauptausschuss). (2006). *Empfehlung für die Regelung von Prüfungsanforderungen in Ausbildungsordnungen. Verzeichnis ausgewählter Beschlüsse zur beruflichen Bildung, Nr. 119*. Bonn: BIBB.

Busch, J. (2009). Wie kommt man in das Amt? Die AkA-Fachausschüsse und deren Stellenwert. In N. Müller (Hrsg.), *35 Jahre AkA. Retrospektive und Perspektive* (S. 123–127). Nürnberg: Aufgabenstelle für kaufmännische Abschluss- und Zwischenprüfungen.

CEDEFOP. (2008). *Validierung nicht-formalen und informellen Lernens in Europa*. Luxemburg: Amt für Amtliche Veröff. der Europ. Gemeinschaften.

Euler, D. & Frank, I. (2011). Mutig oder übermütig? - Modularisierung und Kompetenzorientierung als Eckpunkt der Berufsausbildungsreform in Luxemburg. *Berufsbildung in Wissenschaft und Praxis* (5), 55–58.

Fehm, K. (2009). Von Ideen und Innovationen. In N. Müller (Hrsg.), *35 Jahre AkA. Retrospektive und Perspektive* (S. 13–20). Nürnberg: Aufgabenstelle für kaufmännische Abschluss- und Zwischenprüfungen.

Helmke, A. (2003). *Unterrichtsqualität. Erfassen, bewerten, verbessern.* Seelze: Kallmeyersche Verlagsbuchhandlung.

Jongebloed, H.-C. (1992). Die Objektivität des Subjektiven. Oder: Zur Kompetenz pädagogisch-diagnostischer Verantwortung. *Kölner Zeitschrift für Wirtschaft und Pädagogik* (12), 9–47.

Jongebloed, H.-C. (1994). "Wortwörtlich". Anregungen zu Beurteilungsalternativen. In P. Dünnhoff (Hrsg.), *Beurteilung in Schule und Betrieb* (S. 159–193). Köln: Müller Botermann.

Jürgens, H. & Schneider, K. (2008). Resourcen und Anreize im Bildungswesen. Aufgaben und Handlungsmöglichkeiten des Staates aus Sicht der Bildungsökonomik. *Zeitschrift für Erziehungswissenschaft, 11* (2), 234–252.

Knapp, O.-D. (2009). Der lange Weg zur Bundeseinheitlichkeit. Ein persönlicher Rückblick. In N. Müller (Hrsg.), *35 Jahre AkA. Retrospektive und Perspektive* (S. 28–30). Nürnberg: Aufgabenstelle für kaufmännische Abschluss- und Zwischenprüfungen.

Kucher, K. & Wehinger, F. (2010). Kompetenzpässe. Überblick und Ansatzpunkte für ihren betrieblichen Einsatz. In H. Loebe & E. Severing (Hrsg.), *Kompetenzpässe in der betrieblichen Praxis. Mitarbeiterkompetenzen sichtbar machen* (S. 51–86). Bielefeld: Bertelsmann.

Linn, R. L. & Gronlund, N. E. (1995). *Measurement and Assessment in Teaching* (7. Aufl.). Englewood Cliffs, New Jersey: Prentice-Hall.

MENFP (Ministère de l'Éducation nationale et de la Formation professionnelle). (2011). *Berufsbildung neu gestalten. Entwicklung von modularen und kompetenzorientierten Ausbildungsgängen.* Luxembourg.

Metzger, C., Dörig, R. & Waibel, R. (1998). *Gültig prüfen. Modell und Empfehlungen für die Sekundarstufe II unter besonderer Berücksichtigung der kaufmännischen Lehrabschluss- und Berufsmaturitätsprüfungen.* St. Gallen: Institut für Wirtschaftspädagogik.

Metzger, C. (2002). *Prüfen und Bewerten. Das Lernen ganzheitlich gestalten.* St. Gallen: Institut für Wirtschaftspädagogik.

Metzger, C. & Nüesch, C. (2004). *Fair prüfen. Ein Qualitätsleitfaden für Prüfende an Hochschulen.* St. Gallen: Institut für Wirtschaftspädagogik.

Müller, N. (Hrsg.). (2009a). *35 Jahre AkA. Retrospektive und Perspektive.* Nürnberg: Aufgabenstelle für kaufmännische Abschluss- und Zwischenprüfungen.

Müller, N. (2009b). Qualität kommt nicht von alleine. Qualitätssicherung und Qualitätsmanagement bei der AkA. In N. Müller (Hrsg.), *35 Jahre AkA. Retrospektive und Perspektive* (S. 161–172). Nürnberg: Aufgabenstelle für kaufmännische Abschluss- und Zwischenprüfungen.

Oosterhof, A. (2001). *Classroom Applications of Educational Measurement.* Upper Saddle River: Merrill Prentice Hall.

Ormrod, J. E. (2008). *Educational psychology. Developing learners* (6. Aufl.). Harlow: Merrill Prentice Hall.

Preiser, S. & Dresel, M. (2009). *Pädagogische Psychologie. Psychologische Grundlagen von Erziehung und Unterricht.* Weinheim: Juventa-Verl.

Reetz, L. & Hewlett, C. (2008). *Das Prüferhandbuch. Eine Handreichung zur Prüfungspraxis in der beruflichen Bildung.* Hamburg: B-+-R-Verlag.

Reetz, L. (2010). Untersuchungen zur Praxis der Erfassung beruflicher Handlungskompetenz bei den Abschlussprüfungen im dualen System der deutschen Berufsausbildung. In D. Münk & A. Schelten (Hrsg.), *Kompetenzermittlung für die Berufsbildung. Verfahren, Probleme und Perspektiven im nationalen, europäischen und internationalen Raum* (S. 101–118). Bielefeld: Bertelsmann.

Rost, D. H. & Schermer, F. J. (2001). Leistungsängstlichkeit. In D. H. Rost (Hrsg.), *Handwörterbuch Pädagogische Psychologie* (2. Aufl., S. 405–412). Weinheim: Beltz PVU.

Stiggins, R. J. (2005). *Student-Involved Assessment for Learning* (4. Aufl.). Upper Saddle River: Pearson.

Stiggins, R. J. (2008). *An introduction to student-involved assessment for learning* (5. Aufl.). Upper Saddle River, NJPearson / Merrill Prentice Hall.

Strauch, A., Jütten, S. & Mania, E. (2009). *Kompetenzerfassung in der Weiterbildung. Instrumente und Methoden situativ anwenden.* Bielefeld: Bertelsmann.

Weiß, M. (2008). Bildungsökonomie und Qualität der Schulbildung. *Zeitschrift für Erziehungswissenschaft, 11* (2), 168–182.

Woolfolk, A. (2008). *Pädagogische Psychologie* (10. Aufl.). München: Pearson Studium.

Ziegenspeck, J. (1999). *Handbuch Zensur und Zeugnis in der Schule. Historischer Rückblick, allgemeine Problematik, empirische und bildungspolitische Implikationen.* Bad Heilbrunn: Klinkhardt.

23.6.7 Anmerkungen

[1] Die Darstellung erfolgt hier in Anlehnung an das Modell von Stiggins (2005), wobei sein Modell hier aus didaktischen Gründen weiter ausdifferenziert wird.

[2] Die Darstellung richtet sich hier nach dem Buch „35 Jahre AkA" (Müller, 2009a), dem Leitfaden „Handlungsorientierte kaufmännische Prüfungen" (Badura & Müller, 2005) sowie einem Vortrag von Dr. Vogel am Lehrstuhl im Dezember 2008.

[3] Die Darstellung erfolgt hier in Anlehnung an das Modell von Stiggins (2005), wobei sein Modell hier aus didaktischen Gründen weiter ausdifferenziert wird. Außerdem wird die Spezifikationstabelle anders konstruiert.

[4] Stiggins (2005) führt die Checkliste und die Einschätzskala an. Metzger, Döring und Waibel (1998) hingegen setzten auf die Musterlösung und Einschätzskala.

[5] Die in der Ausbildungsordnung beschriebene Abschlussprüfung soll den Empfehlungen für die Regelung von Prüfungsanforderungen in Ausbildungsordnungen des Hauptausschuss des Bundesinstituts für Berufsbildung, kurz den HA-Empfehlungen 119, genügen. Vgl. BIBB, 2006. Die HA-Empfehlungen 119 sprechen von „Prüfungsinstrumenten". Ein solches Prüfungsinstrument „beschreibt das Vorgehen des Prüfens und den Gegenstand der Bewertung" (BIBB, 2006, S. 3). Die Darstellung orientiert sich hier an der HA-Empfehlung 119. Vgl. BIBB, (2006). Siehe auch die Systematik von (Reetz, 2010, S. 114).

[6] Bei der Reform der Berufsausbildung in Luxemburg (Euler & Frank, 2011) werden Prüfungselemente in enger Anlehnung an die HA-Empfehlung 119 verankert. Dabei werden einige Elemente nicht angeführt, andere aber ergänzt, nämlich das Portfolio und die modulbegleitende Kompetenzfeststellung. Vgl. MENFP, (2011).

24 UNTERRICHT EVALUIEREN UND REVIDIEREN

24.1 Zur Orientierung: Was Sie hier erwartet

24.1.1 Worum es hier geht

Eva is en lecker Dierken. Nich sonne Keule mit Pömms an. Ne. N' richtich schnuckeliche Olle. So heißt es im Ruhrgebiet. Aber deswegen macht Eva nicht so einen guten Unterricht. Wie heute im Lernfeld 5 zur Bearbeitung von Speditionsaufträgen bei den Kaufleuten für Spedition und Logistikdienstleistung. Zum dritten Mal. Es lief rund. Kreisrund. So rund wie nur Thales von Milet ein Kreis beschreiben konnte.

Evas Erfolgsgeheimnis: Konsequente Arbeit an ihren Materialien. „Kaizan" würde der Japaner sagen. Was gut läuft, bleibt oder wird noch verbessert. Was schlecht läuft, fliegt raus und wird ersetzt. Dazu hat Eva ihr eigenes System der Dokumentation entwickelt, bei der sie Verbesserungsideen bis zur nächsten Durchführung sofort dokumentiert. Wie sagte schon der alte Voltaire: „Das Bessere ist der Feind des Guten".

Eva hat sich einen Mix von kleinen Methoden entwickelt, die ihr verlässliche Informationen zur Qualität der Materialien bieten. Eva schätzt die Beurteilung durch ihre Schülerinnen und Schüler. Sie sind in ihren Augen keine Kunden, sondern Co-Produzenten der Qualität.

Eva hat einen guten Kollegen. Nein, er heißt nicht Adam, obwohl er gerne Äpfel isst. Mit ihm arbeitet sie eng zusammen. Sie haben die gleichen pädagogischen Grundüberzeugungen und besuchen sich regelmäßig im Unterricht. Schon lange bevor das in einer Fortbildung jemand mal „Kollegiale Hospitation" genannt hat. Es hat lange gedauert, bis sie sich und ihren Unterricht für einen Kollegen geöffnet hat. Das lag vor allem an den schlechten Erfahrungen im Referendariat. „Unterrichtsbesuche": Allein das Wort stellten ihr lange Zeit reflexartig die Nackenhaare auf. Das war ein Synonym für höchste Abhängigkeit und gutsherrnartige Bewertungen. Für das weitere Leben sehr wichtige Urteile. Auf Grundlage intransparenter Maßstäbe und persönlicher Vorlieben der Prüfenden. Gut. Dat ist lange her. Geschichte. Das soll sich ja inzwischen im Referendariat geändert haben. Hat sie gehört.

24.1.2 Inhaltsübersicht

24   Unterricht evaluieren und revidieren.. 755

24.1   Zur Orientierung: Was Sie hier erwartet 756

24.1.1   Worum es hier geht 756

24.1.2   Inhaltsübersicht 757

24.1.3   Zusammenfassung.. 757

24.1.4   Einordnung in das Prozessmodell 758

24.2   Unterricht evaluieren und revidieren: Ziele und Hinderungsgründe................... 759

24.3   Unterricht evaluieren und revidieren: Kriterien für die nachbereitende Reflexion............ 761

24.4   Unterricht evaluieren und revidieren: Methoden für die nachbereitende Reflexion 764

24.4.1   Den Unterricht mit Hilfe des Individualfeedbacks weiterentwickeln 764

24.4.2   Den Unterricht mit Hilfe strukturierter Beobachtungen reflektieren 768

24.4.3   Den Unterricht mit Hilfe von Unterrichtsnachbesprechungen reflektieren................. 771

24.4.4   Zusammenfassung.. 772

24.5   Eine Bitte zum Schluss... 773

24.6   Outro... 773

24.6.1   Die wichtigsten Begriffe dieser Lerneinheit................. 773

24.6.2   Tools.. 773

24.6.3   Kompetenzen... 774

24.6.4   Hinweise zur vertieften Auseinandersetzung: Weiterlesen 774

24.6.5   Hinweise zur vertieften Auseinandersetzung: Weitersurfen 774

24.6.6   Literaturnachweis.. 774

24.6.7   Anmerkungen.. 775

24.1.3 Zusammenfassung

Die systematische *Nach*bereitung des Unterrichts ist das Gegenstück zur systematischen *Vor*bereitung des Unterrichts. Der alltäglichen Verbesserung des eigenen Unterrichts stehen dabei eine Reihe von Faktoren entgegen, zum Beispiel liebgewonnene und ständig stabilisierte Routinen oder ein ungünstiger motivationaler Motor. Zur Reflexion des eigenen Unterrichts bietet sich ein Abgleich mit der Unterrichtsplanung an. Außerdem kann der Prozess des Unterrichts reflektiert werden, und zwar mit Kriterien, die spezifisch für die verfolgte Unterrichtskonzeption oder die eingesetzte Unterrichtsmethode sind oder aber die übergreifend angelegt sind. Der Unterricht kann auf der Grundlage feedbackorientierter Verfahren weiterentwickelt werden. Dazu zählen das Individualfeedback, die strukturierte Beobachtung sowie die Unterrichtsnachbesprechung.

Die systematische Entwicklung von Qualität durch die Lehrkraft selbst ist der erfolgversprechendste Pfad zu gutem Unterricht. Doch nicht nur der lernzielorientierte Erfolg, sondern auch die Zufriedenheit im Beruf, in der Klasse und in der Schule liegen auf diesem Weg.

24.1.4 Einordnung in das Prozessmodell

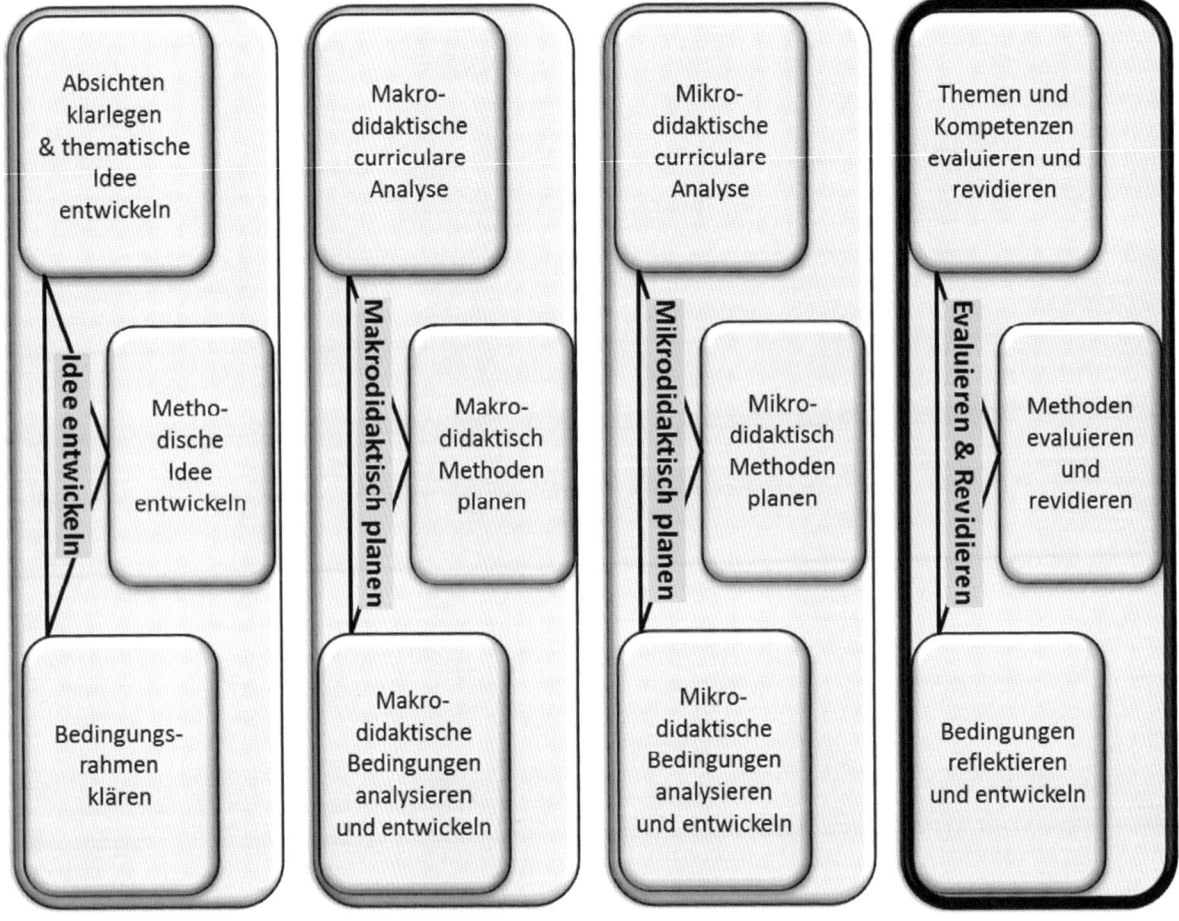

In dieser abschließenden Lerneinheit steht die Evaluation und Revision des durchgeführten Unterrichts im Vordergrund. Im Nürnberger Prozessmodell handelt es sich um den letzten Schritt, der in drei Teilprozesse zerfällt: Themen und Kompetenzen evaluieren und revidieren, Methoden evaluieren und revidieren sowie Bedingungen reflektieren und entwickeln. In der dokumentenorientierten Perspektive endet dieser Schritt in den Revisionsplan. Er wird, ähnlich wie der didaktische Auftrag, in den seltensten Fällen ausführlich dokumentiert.

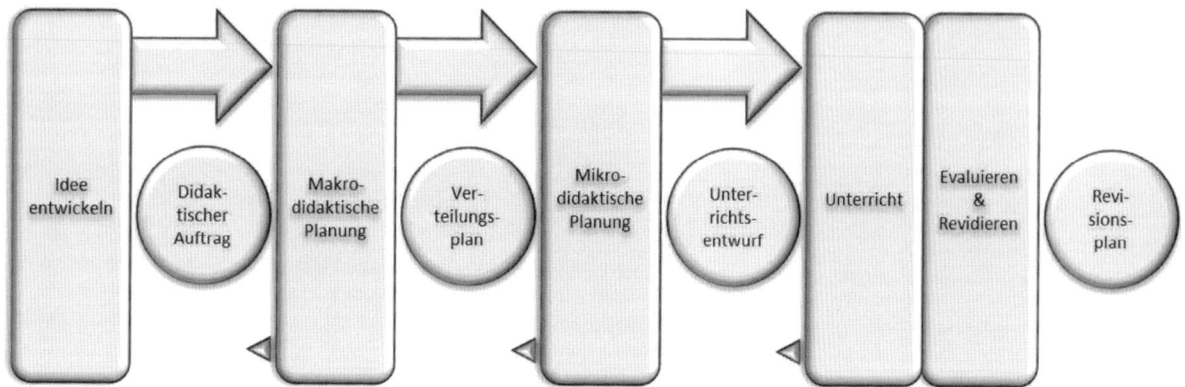

Übersicht 1: Das Nürnberger Modell

Gerade Anfängerinnen und Anfänger neigen dazu, einen Unterricht – im Überschwang der Gefühle des Überlebthabens – oberflächlich und wenig systematisch zu reflektieren. Für die systematische Entwicklung der Qualität ist dies hinderlich.

> **STOPP:** Sie haben selbst bereits mehrfach Unterricht durchgeführt. Wie haben Sie danach über Ihren Unterricht nachgedacht? Wie sorgfältig sind Sie vorgegangen? Haben Sie die Erfahrung wirklich genutzt, um daran zu lernen?

24.2 Unterricht evaluieren und revidieren: Ziele und Hinderungsgründe

Didaktische Situationen zeichnen sich, wie in der ersten Lerneinheit erörtert, durch die Zielgerichtetheit, aber auch eine hohe Komplexität aus. Sie sind labil, singulär, nicht vorhersehbar und die Regeln, nach denen die Situationen ‚ablaufen‘, lassen sich nicht sicher bestimmen. Diese Merkmale von didaktischen Situationen führen dazu, dass der geplante Unterricht vom durchgeführten Unterricht – in Details – immer abweichen wird. Außerdem muss die Lehrkraft den Planungsaufwand begrenzen: Auch eine schon sehr gute Unterrichtsvorbereitung könnte meist immer noch weiter verbessert werden. Ein Perfektionismus, unter dem vor allem Anfängerinnen und Anfänger zu leiden haben, ist jedoch schädlich. Mit Blick auf die Belastung muss die Lehrkraft auch in der Unterrichtsvorbereitung eine Grenze ziehen, um ihre Gesundheit zu erhalten: Für sich, für die Schülerinnen und Schüler und die Schule.

Die Reflexion des eigenen Unterrichts ist der wichtigste Initiator informellen Lernens: „Erfahren sein" heißt aber nicht zwangsläufig „kompetent sein". Im Gegenteil: Die Prozeduralisierung des Wissens *kann* dazu führen, dass sich die Lehrkraft Routinen angewöhnt, die durch die permanente Anwendung immer wieder stabilisiert werden. Unterricht, Schule und Bildungssystem unterliegen jedoch dem ständigen Wandel, dem ‚Alles-fließt‘, dem „panta rhei". Was vor zehn Jahren vielleicht sehr gut gepasst hat, funktioniert heute nicht mehr – ohne dass dies direkt offensichtlich wird. Ohne das systematische Infragestellen des Immer-schon-Gegebenen und die systematische Reflexion der Erfahrungen kann der Schatz „Erfahrung" nicht gehoben werden. Gelingt es allerdings die Erfahrung zu *nutzen*, nicht nur Erfahrung zu *machen*, ist dies ein vielversprechender Weg zu gutem Unterricht, aber auch zu Erfolg und Zufriedenheit im Beruf. In der Lerneinheit 12 war bereits der Kreislauf des Erfahrungslernens erörtert worden. Der Kreislauf verdeutlicht nochmals: Erfahrung ist eine Chance zum Lernen – nicht mehr, aber auch nicht weniger.

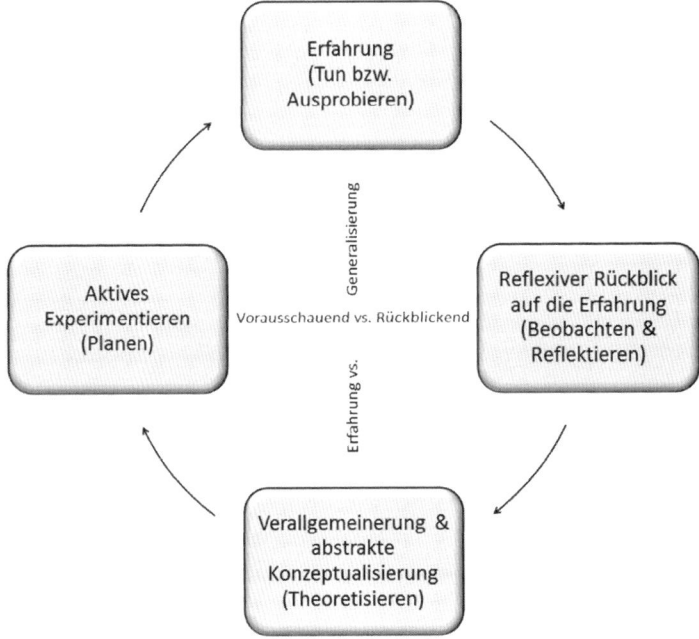

Übersicht 2: Der Zyklus des Erfahrungslernens

Die wichtigste Person in diesem Prozess des systematischen Nachdenkens über den Unterricht ist die Lehrkraft selbst: Die Reflexion des eigenen Unterrichts ist eine wichtige Aufgabe, die die Lehrkraft zunächst einmal ganz alleine zu stemmen hat. Sie ist der Anfang jeder Qualitätsentwicklung. Sie allein muss sich selbst aufschließen, selbst aufgeschlossen sein – ansonsten sind alle weiteren Bemühungen um die Entwicklung von Unterricht und Schule vergebliche Liebesmüh. Die Entwicklung des eigenen Unterrichts stellt sich nicht von selbst ein. Sie wird im Gegenteil durch eine Reihe von Faktoren behindert (Helmke, 2003, S. 195 ff.).

Was die alltägliche Verbesserung behindert

▶ **Träges Wissen**: Eine häufige Erklärung, warum es zu einer Kluft zwischen dem Wissen, es müsse etwas getan werden, und dem tatsächlichen Tun kommt, ist die Trägheit des Wissens. Das Wissen ist theoretisch vorhanden, kann jedoch nicht in Situationen umgesetzt werden. Einen Artikel über Lernsituationen in einer Zeitschrift für Lehrkräfte gelesen zu haben, heißt noch lange nicht, in der Lage zu sein, eine Lernsituation selbst gestalten zu können.

▶ **Subjektive Theorien**: Lehrkräfte entwickeln im Laufe ihrer Tätigkeit subjektive Theorien, die auch „implizite Theorien", „Alltagstheorien" oder „naive Theorien" genannt werden. Dies sind „die Orientierung und das Handeln im Schulalltag erleichternde »Mini-Theorien«, die sich vielfach erheblich davon unterscheiden, was Lehrkräfte »eigentlich« gelernt haben und was sie etwa in der Lehrerfortbildung an Wissen über »modernen« Unterricht akkumulieren" (Helmke, 2003, S. 196). Subjektive Theorien sind letztlich eine Verallgemeinerung der Erwartungen der Lehrkraft an die Schülerinnen und Schüler.

▶ **Verlassen der Komfortzone**: Menschen richten sich im Laufe ihrer Entwicklung Komfortzonen ein, in denen sie sich bevorzugt bewegen und die ihnen Sicherheit und Halt geben. Weiterentwicklung ist jedoch nur dann möglich, wenn diese Komfortzonen verlassen werden. Dieses Verlassen von eingetretenen Wegen führt in die Experimentier- und Risikozone, die bei Menschen mit Herausforderungen und Stress verbunden ist. Dieses Betreten der Risiko- und Experimentierzone ist jedoch Voraussetzung für Innovation. Dabei droht das Abgleiten in die Zone der Turbulenzen. Die Überforderung ist das Kennzeichen für diese unangenehmste Zone (Miller, 2001, S. 534).

▶ **Stabilität von Routinen**: Lehrkräfte entwickeln schon nach wenigen Jahren Routinen, die fest in das Verhaltensrepertoire eingehen und unbewusst eingesetzt werden. Diese Routinen haben eine Tendenz zur Selbstverstärkung: Solange nichts Ungewöhnliches passiert, werden sie immer wieder eingesetzt.

> ► **Kein subjektiver Leidensdruck**: Lehrkräfte, die rundum zufrieden mit ihrem Unterricht sind, dürften für eine Unterrichtsentwicklung nicht zu gewinnen sein.
>
> ► **Ungünstiger motivationaler Motor**: Für die Verbesserung des eigenen Unterrichts muss die Lehrkraft motiviert sein. Aus Sicht des kognitionspsychologischen Modells heißt dies, dass es zu einer positiven Bilanz von Tätigkeits-, Ergebnis- und Folgenanreizen kommen muss. Bei der Unterrichtsverbesserung muss die Lehrkraft Mühe und zusätzliche Zeit aufwenden, muss gewohnte Routinen über Bord werfen und dies oft angesichts eines nicht klar zu definierenden und unsicheren Gewinns. Sicheren Kosten stehen unsichere Erträge gegenüber – ein ungünstiger motivationaler Motor.
>
> ► **Mangelhafte Selbstreflexion**: Ohne die Bereitschaft, über sich selbst nachzudenken, sich und sein Handeln in Frage zu stellen, kann es nicht zu einer Unterrichtsentwicklung kommen. Wer jedoch mit großer Selbstgewissheit seit Jahrzehnten anderen Menschen, den Schülerinnen und Schülern in der Klasse oder gar den Nachbarn am Gartenzaun, die Welt erklärt, steht in der Gefahr, wenig Bereitschaft zu haben, sich selbst auch mal in Frage zu stellen.

Übersicht 3: Faktoren, die die tägliche Unterrichtsverbesserung verhindern (Helmke, 2003, S. 195 ff.)

Eine Verbesserung der Qualität des Unterrichts stellt sich mithin nicht von selbst ein, sondern braucht eine gewisse Systematik.

Die Entwicklung des eigenen Unterrichts ist zunächst die vornehme Aufgabe der Lehrkraft selbst. Dabei geht es um den Entscheidungsbereich des Unterrichts, also Intentionen, Themen und Methoden, aber auch um die Entwicklung der Bedingungen auf den niedrigen Bedingungsschalen, namentlich der individuellen Bedingungen und der Klassenbedingungen. Am Ende einer Unterrichtsstunde verbleibt der Lehrkraft ein Eindruck von der gelaufenen Einheit. Im Alltag hinterfragt die Lehrkraft dann die Unterrichtsstunde selbst: Im stillen Kämmerlein, auf dem Fahrrad oder in der U-Bahn. Die kollektive Reflexion des Unterrichts mit Schülerinnen und Schülern, mit Kolleginnen und Kollegen oder anderen Personen ist aufwändig, aber erschließt neue Perspektiven auf den eigenen Unterricht.

Von der alltäglichen Unterrichtsreflexion ist die *inszenierte Unterrichtsreflexion* zu unterscheiden: Hier wird die – meist angehende – Lehrkraft von einer anderen Person aufgefordert, den eigenen Unterricht zu reflektieren. Gerade auf der Survival Stage läuft dies häufig wenig reflektiert ab. Ich habe angehende Lehrkräfte gesehen, die sagten „Ja. Hat doch geklappt. Ich hab's überlebt!" – und die damit eine schöne Beschreibung der Survial Stufe selbst lieferten. Die inszenierte Unterrichtsreflexion ist jedoch vorhersehbar. Eine hingestammelte Selbstreflexion hinterlässt selbst nach einem perfekten Unterricht einen wenig professionellen Eindruck. Inszenierte Unterrichtsreflexionen sind ‚Drucksituationen'. Situationen mit einem hohen Druck fördern vermutlich Fluchtreflexe, sicherlich aber keine Kreativität. Daher ist es empfehlenswert, sich auf diese Situation inszenierter Reflexionen sorgfältig vorzubereiten, wenn ein professioneller Eindruck entstehen soll. Schon im Rahmen der Unterrichtsvorbereitung sollte sich die Lehrkraft – gerade für inszenierte Unterrichtsreflexionen – Kriterien bereitlegen.

24.3 Unterricht evaluieren und revidieren: Kriterien für die nachbereitende Reflexion

Woher jedoch Kriterien für die Reflexion des Unterrichts nehmen? Hier werden drei verschiedene Möglichkeiten erörtert.

Kriterien für die Reflexion des eigenen Unterrichts

> ► Kriterien aus dem Unterrichtsentwurf: Leitfragen zur curricularen Analyse, methodischen Analyse und Bedingungsanalyse werden zu Reflexionsfragen
> ► Spezifische Kriterien für Unterrichtsqualität
> ► Allgemeine Kriterien für Unterrichtsqualität

Übersicht 4: Kriterien für die Reflexion von Unterricht

Eine erste Möglichkeit der Reflexion des eigenen Unterrichts ist der Abgleich der tatsächlichen Unterrichtsgeschehnisse mit der Planung im Rahmen des Unterrichtsentwurfs. Dieser wird auch nach dem Unterricht präsent sein und ist klar strukturiert. Für die curriculare und methodische Analyse vollzieht sich diese Reflexion des Unterrichts in mehreren Stufen, die letztlich eine Spezifikation des Modells des Erfahrungslernens darstellen, das in Lerneinheit 12 eingeführt wurde.

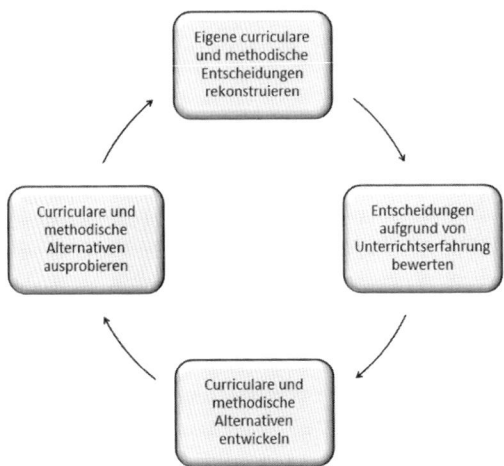

Übersicht 5: Evaluationsschleife bei der methodischen und der curricularen Analyse

Zunächst wird die im Rahmen der Unterrichtsvorbereitung in der curricularen und methodischen Analyse getroffene Entscheidung rekonstruiert. Beispielsweise: „Ich habe im fachlichen Bereich diese drei Ziele verfolgt …" oder „Ich habe mich hier für folgenden Unterrichtseinstieg entschieden: …". Die rekonstruierte Entscheidung wird anschließend bewertet, also als gut oder schlecht ausgezeichnet. Beispielsweise: „Das dritte von mir gesetzte Ziel konnte ich nicht erreichen" oder „Der Unterrichtseinstieg ist gut gelaufen: Er hat Aufmerksamkeit sichergestellt, an das Vorwissen angeknüpft und die Lerner diszipliniert". Im Idealfall hat die Lehrkraft hier Bewertungskriterien aus der didaktischen Theorie im Kopf, beispielsweise die Funktionen des Unterrichtseinstiegs.

Auf der Grundlage der Bewertungen ist es unter Umständen notwendig, Alternativen zu entwickeln. Das ist eine kreative, konstruktive Leistung (Altrichter & Posch, 2007, S. 238 ff.). Die Lehrkraft sollte sich nicht nur mit einer Idee begnügen, sondern ‚aus dem Feld des Üblichen' gehen. „Das ist nicht durchführbar" erstickt – zu früh angewendet – die Kreativität. Die Lehrkraft sollte daher nicht direkt immer an die Durchführbarkeit denken. Bei der Verbesserung ist es in unserer Kultur üblich, an das Ausmerzen von Übeln zu denken. „Verbessern" ist in dieser Sichtweise ein Synonym zu „Probleme beseitigen". Eine andere Denkrichtung ergänzt diese defizitäre Sichtweise darum, Verbesserung als das Stärken der Stärken zu verstehen. Die Fragerichtung ist dann doppelt: Wie kann ich Schwächen abbauen und wie kann ich Stärken ausbauen?

Unterrichtsvorbereitung vollzieht sich im hier zugrunde gelegten Modell in mehreren Phasen: Idee entwickeln, makrodidaktisch planen und mikrodidaktisch planen. Die Planung auf jeder dieser Stufen kann mit Blick auf die tatsächlichen Geschehnisse im durchgeführten Unterricht reflektiert werden. Das Rekonstruieren, das Bewerten und das Entwickeln von Alternativen können sich auf die verschiedenen Phasen der Planung beziehen. Jede der in den Phasen eingeführten Leitfragen kann dabei zur Reflexion genutzt werden. Mit anderen Worten: Jede der Leitfragen für die Unterrichts*vorbereitung* lässt sich in eine Leitfrage für die Unterrichts*reflexion* umformulieren.

Im Bedingungsbereich sieht die Reflexion etwas anders aus. Die Bedingungen des Unterrichts sind hierarchisch ineinander verschachtelt. Sie reichen von den individuellen Bedingungen, über die Klassenbedingungen und den schulischen Bedingungen bis hin zu den Bedingungen auf den höheren Schalen. Die systematische Reflexion beginnt mit der Rekonstruktion der Bedingungen.

Übersicht 6: Evaluationsschleife bei der Bedingungsanalyse

Die in der Unterrichtsvorbereitung angenommenen Bedingungen – und ihr Einfluss auf die planerischen Entscheidungen – werden rekonstruiert. Beispielsweise: „Ich habe angenommen, dass die Lerner folgende Fachkompetenz mitbringen: …" oder „Die Planung unterstellte, dass die Lerner folgende Lernkompetenz hatten: …". Die Lehrkraft schätzt anschließend ein, ob die so rekonstruierten Bedingungen tatsächlich eingetroffen sind oder nicht. Beispielsweise „Leider habe ich das Vorwissen der Schüler falsch eingeschätzt" oder „Meine Annahmen zur Lernkompetenz haben sich bestätigt". Wenn die Lehrkraft die Bedingungen in der Unterrichtsvorbereitung nicht richtig eingeschätzt hat, sollte sie Anschlussmaßnahmen erwägen. Wenn die Lehrkraft die Kompetenzen der Schülerinnen und Schüler falsch eingeschätzt hat, sollte sie Möglichkeiten zur Diagnose und/oder Maßnahmen zur Kompetenzentwicklung, zum Beispiel ein Lernkompetenztraining, erörtern. Das Gleiche gilt für die Einschätzung der Kompetenz der Lehrkraft.

Eine zweite Möglichkeit der Reflexion des Unterrichts ist die Reflexion des Unterrichtsprozesses. Der Prozess des Unterrichtens, d. h. der Lehr-Lernprozess kann nach verschiedenen Kriterien beurteilt werden.

▶ **Spezifische Qualitätskriterien**: Kriterien zur Reflexion des eigenen Unterrichts können spezifisch für die jeweils verfolgte Unterrichtskonzeption bzw. die eingesetzte Unterrichtsmethode sein. Hierzu wurden in der Toolbox viele Kriterienkataloge vorgeschlagen. So kann beispielsweise die Arbeit mit Lernsituationen mit dem entsprechenden Kriterienkatalog beurteilt werden (TB-9.3).

▶ **Allgemeine Qualitätskriterien**: Daneben können unspezifische, übergreifende Kriterien eingesetzt werden, etwa die in der Toolbox wiedergegebenen Kriterienkataloge zur Unterrichtsqualität (TB-16.1 bis TB-16.5). Diese Merkmale entstammen der Diskussion um Unterrichtsqualität, die bereits in der ersten Lerneinheit eingeführt wurde. Diese übergreifenden Kriterien beanspruchen Gültigkeit unabhängig von der verfolgten Unterrichtskonzeption bzw. der verfolgten Unterrichtsmethode: In didaktischer Hinsicht ein durchaus problematischer Anspruch.

24.4 Unterricht evaluieren und revidieren: Methoden für die nachbereitende Reflexion

Ein weiterer, stärker prozessorientierter Zugang zur Reflexion von Unterricht ergibt sich, wenn die Verfahren zur Reflexion näher betrachtet werden.

24.4.1 Den Unterricht mit Hilfe des Individualfeedbacks weiterentwickeln

Ein wichtiges Instrument zur individuellen Qualitätsentwicklung ist das Individualfeedback. Es ist Teil des schulischen Qualitätsmanagements (Lerneinheit 14). Hier holt sich die Lehrkraft ihr Feedback vor allem von Schülerinnen und Schülern oder von anderen Lehrkräften. Ein solches Feedback beruht auf den subjektiven Wahrnehmungen der feedbackgebenden Person, ist eine Lernhilfe und belässt das Lernen und die Optimierung in der Autonomie der feedbacknehmenden Person (Landwehr, 2003, S. 10 f.). Der letztgenannte Punkt wird in der schulischen Praxis häufig missachtet. Das Feedback gehört jedoch beim Individualfeedback der Lehrkraft und *nur* ihr. Die Schulleitung oder gar die Schulaufsicht hat kein Recht, die Ergebnisse einzusehen. Individualfeedback ist kein Kontrollinstrument, sondern ein Instrument des persönlichen Lernens der Lehrkraft, das ihr helfen soll, blinde Flecken zu überwinden.

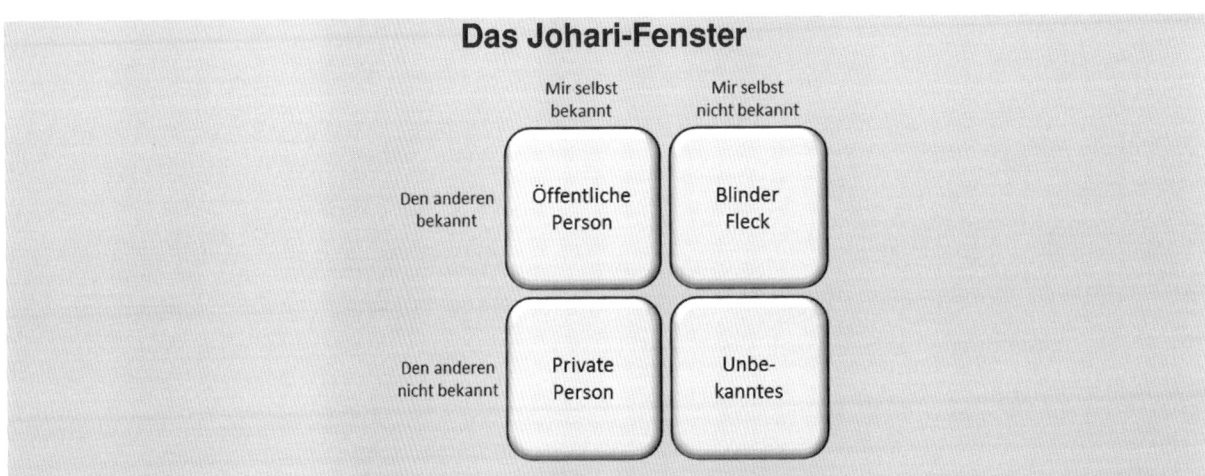

Das Johari-Fenster wurde von den Psychologen Joseph Luft und Harry Ingham entwickelt und nach den Vornamen der beiden benannt. Es teilt die soziale Kommunikation in vier Bereiche ein und dient vor allem dazu, den blinden Fleck des Menschen aufzudecken. Feedback im Sinne des Individualfeedbacks zielt darauf, den Bereich des blinden Flecks zu reduzieren, indem sich die öffentliche Person ‚nach rechts‘ ausdehnt. Wenn eine Person anderen Personen von sich berichtet, erweitert sie den Bereich der öffentlichen Person ‚nach unten‘.

Übersicht 7: Das Johari-Fenster

Die Lehrkraft erhält Anstöße, die helfen, den Unterricht auf die Lerngruppe abzustimmen, erfährt, wie der Unterricht bei den Schülerinnen und Schülern ankommt, erhält Anerkennung, lernt, wie ihr Verhalten wahrgenommen wird, lernt, die eigenen Erwartungen und die der Schülerinnen und Schüler besser abzugleichen, erfährt, was andere konkret erwarten, gewinnt Einsichten in eigene Stärken und Schwächen, kommt mit der Lerngruppe in besseren Kontakt, lernt Anteile ihrer „blinden Flecken" kennen (Blochmann et al., 2008, S. 7).

Typische Varianten des Individualfeedbacks sind die Befragung von Schülerinnen und Schülern (‚Lernenden-Feedback‘) und die kollegiale Hospitation (‚kollegiales Individualfeedback‘). Die Befragung von Schülerinnen und Schülern setzt zunächst voraus, dass diese von der Lehrkraft bzw. im Kollegium als Partner im Lernprozess eingeschätzt werden. Manche Lehrkräfte sind skeptisch, denn Schülerinnen und Schüler haben nicht die didaktische Expertise einer Lehrkraft. Ohne gegenseitige Achtung als Feedbackpartner funktioniert jedoch kein Feedback. Das Feedback muss auf die Kompetenz der Schülerinnen und Schüler abgestimmt werden: Nur was sie sinnvoll beurteilen können, können sie auch ein sinnvolles Feedback geben.

Für die Befragung von Lernenden sind Instrumente zu entwickeln. Dies kann jede Lehrkraft selbst machen oder es wird – vorzugsweise durch eine Projektgruppe – ein gemeinsames Instrument entworfen. Das Letztere hat den Vorteil, dass sich die Lehrkräfte in der Schule über Qualitätskriterien austauschen müssen.

Ein verbreitetes Verfahren des Individualfeedbacks ist die standardisierte Befragung von Schülerinnen und Schülern per Papierfragebogen oder per Internetbefragung. Solche Befragungen werden von vielen Schulen mit Hilfe des Programms GrafStat durchgeführt, das von der Bundeszentrale für politische Bildung kostenlos zur Verfügung gestellt wird (www.grafstat.de). GrafStat erlaubt Bleistift&Papier-Befragungen sowie Online-Befragungen.

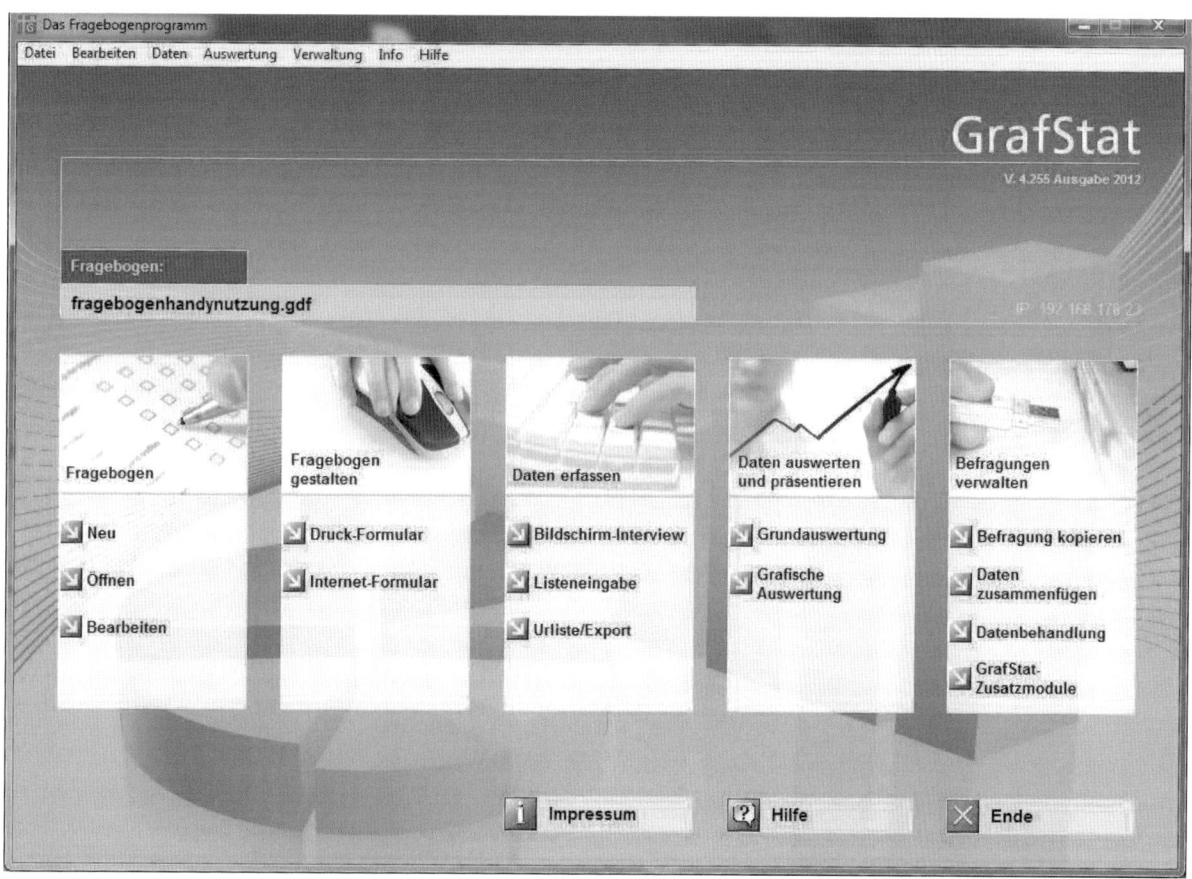

Übersicht 8: GrafStat

Nach der Durchführung der Befragung sollte die Lehrkraft rasch die Daten auswerten und in einem Auswertungsgespräch mit den Schülerinnen und Schülern offen besprechen (Blochmann et al., 2008). In der Praxis wird dagegen gelegentlich verstoßen: Die Daten werden erst am Ende des Unterrichts erhoben oder zu lange liegen gelassen. Die Schülerinnen und Schüler sehen damit nicht, was aus ihrem Feedback ‚wird‘, was wiederum ungünstig für die Qualitätskultur der Schule ist. Außerdem vergibt sich die Lehrkraft die Möglichkeit, neue Einsichten zu erlangen und Absprachen mit den Lernenden zu treffen.

Neben der standardisierten Befragung kann die Lehrkraft eine Fülle weiterer Verfahren einsetzen. Grundsätzlich kann die Lehrkraft zur Evaluation des Unterrichts alle Verfahren einsetzen, die im Bereich der Moderationstechniken zur Themensammlung bekannt sind (Bruch, 2004; Krämer & Walter, 2002). Dazu zählen insbesondere die Kartenabfrage, Ein-Punkt-Abfragen oder Mehr-Punkt-Abfragen.

Bei Punkt-Abfragen erhalten die Schülerinnen und Schüler einen oder mehrere Klebepunkte, die entweder auf Flipcharts oder auf OHP-Folie geklebt werden. Alternativ können von den Schülerinnen und Schülern Kreuze auf der Tafel angebracht werden. Eine eindimensionale Diagramm-Abfrage zur globalen Bewertung kann in Form eines Thermometers erfolgen (B2, 2012).

Übersicht 9: Thermometer-Abfrage an der Tafel (B2, 2012)

Mehrpunkt-Abfragen verlangen, dass die Lehrkraft die Schülerinnen und Schüler zunächst in mehrere Bewertungskriterien einführt, zum Beispiel „Qualität der Arbeitsblätter", „Praxisnähe", „Umgang mit Kritik". Diese Bewertungskriterien sollten sorgfältig erwogen werden und nicht einfach ‚das Übliche' abbilden, sondern genau den Informationsbedürfnissen der Lehrkraft entsprechen. Bei Mehrpunkt-Abfragen werden mehrere Punkte geklebt, etwa auf einer OHP-Folie in Form einer Zielscheibe. Das Beispiel zeigt eine vierdimensionale Zielscheibe. Die Vorlage dazu findet sich in der Toolbox (TB-16.10).

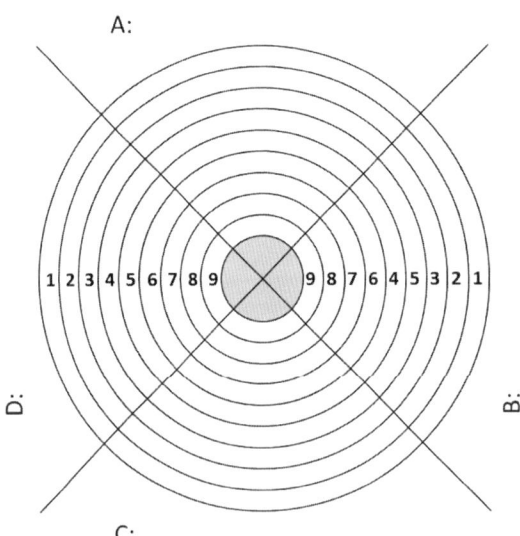

Übersicht 10: Evaluation Zielscheibe

Eine schlanke Methode des Individualfeedbacks ist das Fünf-Finger-Feedback. Bei der Fünf-Finger-Methode wird von der Lehrkraft eine OHP-Folie vorbereitet, etwa auf der Basis der Vorlage in der Toolbox (TB-16.11). Die Finger symbolisieren verschiedene Aspekte der Beurteilung. Die Eigenschaften der verschiedenen Finger werden dabei benutzt. So steht der kleine Finger für Dinge, die zu kurz gekommen sind. Der nach oben gestreckte Daumen steht für „top". Der gestreckte Mittelfinger, der bei Jugendlichen auch „Stinkefinger" genannt wird, wird in dieser Bedeutung benutzt. Der Zeigefinger weist auf Sachen hin. Der Ringfinger wird in der Bedeutung des Eherings verwendet, also der Dinge, die zusammenbringen und zusammenhalten lassen.

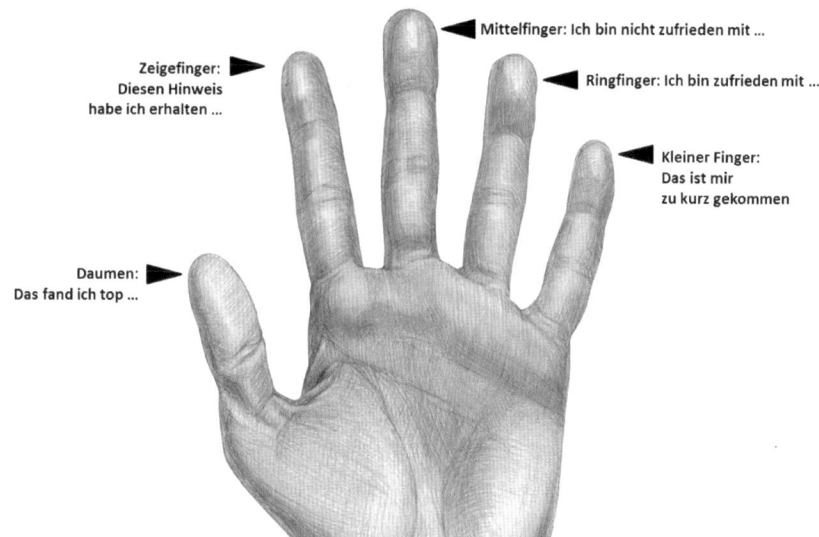

Übersicht 11: Fünf-Finger-Feedback. Selbsterstellt unter Verwendung einer Graphik von Shurga (fotolia.de)

Die Schülerinnen und Schüler erhalten eine Kopie, die die Hand wiedergibt und ergänzen in Stichworten ihre eigene Beurteilung. Alternativ können die Schülerinnen und Schüler ihre eigene Hand auf ein leeres Blatt Papier legen, die Umrisse der Hand nachzeichnen und die Stichworte ergänzen, was individueller erscheint.

Ein weiteres Verfahren, das im Gegensatz zu den anderen Verfahren keine anschließende Auswertung notwendig macht, ist das Müller-Feedback. Dieses Feedback nenne ich so, weil es auf die Arbeiten von Müller (Ohne Jahr; 1996; 1997; 1998) zum Klassenklima zurückzuführen ist und lediglich eine Verallgemeinerung des von Müller vorgeschlagenen Verfahrens ist. Beim Müller-Feedback wählt die Lehrkraft – statt der vorgegebenen Kriterien des Klassenklimas – drei Kriterien für die Beurteilung durch die Lernenden. Diese drei Kriterien werden auf zwei Folien, etwa mit Hilfen von Folienschreibern, ergänzt, für die in der Toolbox (TB-16.12) eine Vorlage ist. Die erste Folie liegt während der ganzen Zeit für alle Schülerinnen und Schüler gut sichtbar auf dem Overhead-Projektor. Sie dient zur Erläuterung des Individualfeedbacks und der Orientierung der Schülerinnen und Schüler. Die zweite Folie liegt so im Klassenraum in einer Ecke oder hinter einer Pinnwand, dass die Schülerinnen und Schüler ihre persönliche Bewertung anonym fixieren können. Dazu erhalten die Schülerinnen und Schüler im Schreibwarenhandel erhältliche Klebepunkte, und zwar je einen grünen, gelben und roten für die drei Kriterien. Die Schülerinnen und Schüler werden gebeten, die Klebepunkte zunächst auf die Handaußenfläche zu kleben und eine Schulnote für jede Dimension auf dem Klebepunkt aufzuschreiben. So soll verhindert werden, dass sich die Schülerinnen und Schüler beim Aufkleben der Punkte gegenseitig beeinflussen. Die zweite Folie, auf die die Klebepunkte aufgebracht wurden, kann direkt zur Präsentation der Ergebnisse und zur Nachbesprechung benutzt werden.

Eine zweite Form des Individualfeedbacks neben der Befragung der Schülerinnen und Schüler ist die *kollegiale Hospitation* (Kempfert & Rolff, 2005, S. 161 ff.). Dabei bittet eine Lehrkraft eine vertraute Kollegin oder einen vertrauten Kollegen, also eine ähnlich ausgebildete, mit der Schule und ggf. der Klasse vertraute Person, um die Beobachtung des eigenen Unterrichts. Die kollegiale Hospitation gilt als „eine der wirksamsten Formen der Unterrichtsevaluation" (Kempfert & Rolff, 2005, S. 161). Zu den Grundsätzen der kollegialen Hospitation gehört das Prinzip, dass die Lehrkraft die Beobachterin bzw. den Beobachter selbst auswählt. Außerdem sollen die Beobachtenden nur einen Fokusbereich beobachten und lediglich Beobachtungen, nicht Beurteilungen abgeben. Die kollegiale Hospitation läuft in drei Phasen ab. In der Vorbereitung sollte ein ausführliches Gespräch der beiden Lehrkräfte erfolgen. Dabei geht es vor allem um den Fokus der Beobachtung, zum Beispiel die Beobachtung von Fragestellungen, der Bewegung im Unterricht, des Einsatzes von Medien oder der Klassenführung. Im Idealfall einigen sich die Lehrkräfte auf Beobachtungskriterien bzw. ein Protokoll für Beobachtungen. Während des Unterrichtsbesuchs sollten die Beobachtenden ein möglichst lückenloses Protokoll entlang der Beobachtungskriterien erstellen. Andere Kriterien werden dabei nicht berücksichtigt. Nach dem Unterrichtsbesuch erfolgt das Feedbackgespräch. Auf der Basis des Beobachtungsprotokolls wird der beobachtete Unterricht erörtert.

In der Praxis gibt es immer wieder Vorbehalte gegenüber dem Individualfeedback, weil es mit der dienstlichen Beurteilung verwechselt wird und oft auch zu unsauber getrennt wird, gerade durch die Schulleitungen. Unterrichtsbesuche sind nämlich auch nach der Ausbildung ein Pflichtteil der regelmäßigen dienstlichen Beurteilung der Lehrkraft. In Bayern sind dienstliche Beurteilungen nach der Verordnung über die Laufbahnen der bayerischen Beamtinnen und Beamten (Laufbahnverordnung - LbV) unter anderem[1] die Probezeitbeurteilung sowie die periodische Beurteilung. Bei der periodischen Beurteilung wird die fachliche Leistung, Eignung und Befähigung mindestens alle vier Jahre dienstlich beurteilt. Dies obliegt der Dienststellenleitung, d. h. in Schulen der Schulleitung. Die Kriterien werden in den Richtlinien für die dienstliche Beurteilung und den Leistungsbericht für Lehrkräfte an staatlichen Schulen in Bayern, einer Bekanntmachung des Bayerischen Staatsministeriums für Unterricht und Kultus (Nr. II.5 – 5 P 4010.2 – 6.60 919) festgelegt. Dazu zählen die Eignung und Befähigung (Entscheidungsvermögen, Belastbarkeit, Berufskenntnisse), die Unterrichtsplanung und Unterrichtsgestaltung, der Unterrichtserfolg, das erzieherische Wirken, die Zusammenarbeit, sonstige dienstliche Tätigkeiten sowie ggf. die Wahrnehmung von übertragenen schulischen Funktionen sowie ggf. bei Führungskräften das Führungsverhalten. Im Rahmen der dienstlichen Beurteilung sollen Unterrichtsbesuche mehrmals – über den Beurteilungszeitraum verteilt – erfolgen. Bei beruflichen Schulen ist darauf zu achten, dass Unterrichtsbesuche in allen Fächern, in denen die Lehrkraft die Lehramtsbefähigung besitzt und Unterricht gibt - verteilt auf verschiedene Jahrgangsstufen - durchgeführt werden. Diese Unterrichtsbesuche finden im Allgemeinen ohne Benachrichtigung der Lehrkraft statt. Die Unterrichtsbesuche sind mit der Lehrkraft zu besprechen.

Heikel ist nicht nur die Abgrenzung des Individualfeedbacks zur dienstlichen Beurteilung, sondern auch zum Mitarbeitergespräch mit der Fachbetreuung bzw. Abteilungsleitung und der Schulleitung. Das Mitarbeitergespräch ist keine Form des Individualfeedbacks. „Das schließt nicht aus, dass Mitarbeitergespräche auf der Nebenseite oder als Medium gegenseitiges offenes Feedback über Stärken und Entwicklungsmöglichkeiten enthalten können" (Blochmann et al., 2008, S. 7). Das Mitarbeitergespräch ist jedoch ein Personalführungsinstrument und kein Instrument des persönlichen Lernens der Lehrkraft. Die Lehrkraft braucht die Ergebnisse ihres Individualfeedbacks nicht gegenüber der Schulleitung darzulegen und sollte dies – im Zuge der Gleichbehandlung – auch nicht freiwillig tun. Das gilt umgekehrt auch für die Schulleitung: Auch wenn die Sehnsucht mancher Schulleitungen nach diesen Daten groß zu sein scheint, darf sie keinen Einblick nehmen. Sie sollte auch freiwillig angebotene Evaluationsergebnisse im Zuge der Gleichbehandlung ablehnen. Es entsteht sonst in der Schule schnell der Eindruck, dass die Lehrkräfte, die ihre Ergebnisse nicht ‚freiwillig' herzeigen, etwas zu ‚verbergen' haben. Diese Spielregeln des Individualfeedbacks sollten in der Schule glasklar sein.

24.4.2 Den Unterricht mit Hilfe strukturierter Beobachtungen reflektieren

Die Beobachtung von Unterricht oder von Teilen des Unterrichtsgeschehens, vor allem dem Handeln der Lehrkraft sowie von Schülerinnen und Schüler, ist zu Recht ein weit verbreitetes Mittel in der Ausbildung von Lehrkräften. Strukturierte Beobachtungen sind ein wichtiges Instrument zu Entwicklung der Kompetenz einer Lehrkraft. Einen Unterricht zu beobachten, ist ein kostbares, seltenes Geschenk, das die angehende Lehrkraft gut nutzen sollte. Ein ‚Absitzen' von ‚Hospitationen' verschwendet Ressourcen und lässt eine wichtige Chance der Professionsentwicklung links liegen. Das gilt auch für die ‚gestandene' Lehrkraft: Feedback von angehenden Lehrkräften zu erhalten, ist einer der wenigen Chancen eines systematischen Feedbacks, das auch die ‚gestandene' Lehrkraft schätzen sollte.

Didaktische Situationen sind – wie in Lerneinheit 1 dargestellt – neben der Zielgerichtetheit durch ihre Komplexität gekennzeichnet. Diese Komplexität schränkt die Möglichkeit einer ganzheitlichen Beobachtung stark ein, gerade für Anfängerinnen und Anfänger. Daher sollte die Beobachtung von Unterricht bewusst selektiv erfolgen, also klare Schwerpunkte setzen und als unwesentlich erachtete Sachverhalte ausblenden. Gegen diese Vorgehensweise mag die ‚gestandene' Lehrkraft einwenden, dass sie der ‚Ganzheitlichkeit' von Unterricht nicht gerecht werde. Zu einer solchen ‚ganzheitlichen' Erfassung ist die angehende Lehrkraft aber ohnehin noch nicht fähig, so dass die Beobachtung immer selektiv ausfällt. Um Schwerpunkte bei der Beobachtung zu setzen, sollte grundsätzlich kein Unterricht ohne Beobachtungsinstrument bzw. ohne Beobachtungsauftrag erfolgen. Eine strukturierte Beobachtung sollte in mehreren Schritten verlaufen. Zu diesen Schritten existiert in der Toolbox eine Checkliste (TB-16.7).

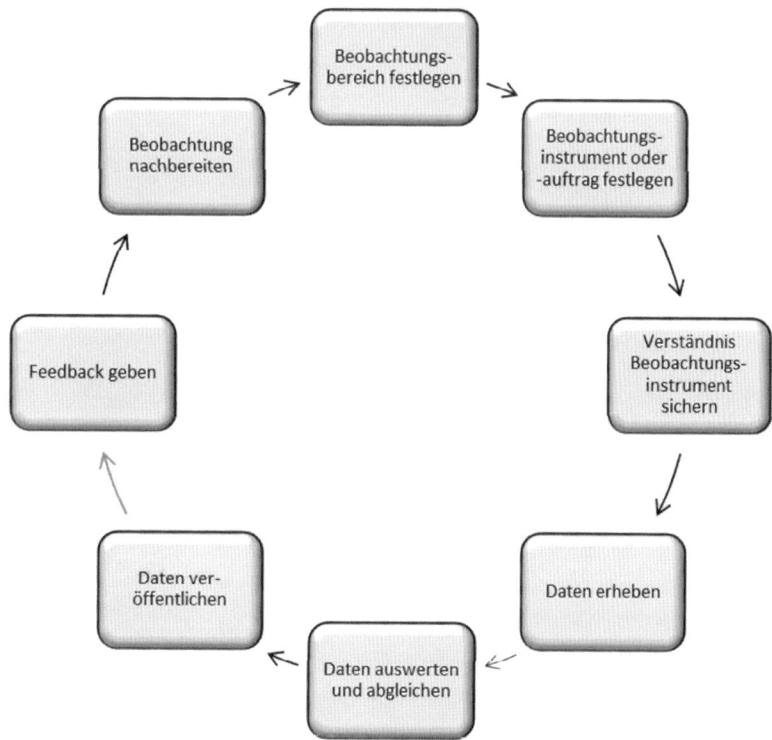

Übersicht 12: Strukturierte Unterrichtsbeobachtung

Im ersten Schritt ist der Beobachtungsbereich festzulegen. Dabei kann sich die Beobachtung, wie oben dargestellt, auf Input-, Prozess- und Outputelemente beziehen. Die Outcomeelemente sind – per definitionem – nicht in der Lehr-Lernsituation zu beobachten und fallen damit raus, es sei denn, dass die Beobachtungen in diesem Bereich Vermutungen anstellen sollen.

Im zweiten Schritt erfolgt die Konstruktion bzw. die Auswahl des Beobachtungsinstruments. Beobachtungsinstrumente sollen die Aufmerksamkeit der Beobachtenden auf die wichtigen Punkte lenken (TB-16.8). Das ‚Ausfüllen' eines Beobachtungsinstruments ist eine Beobachtungsaufgabe. Für die Beobachtung von Unterricht sind eine Vielzahl von Instrumenten einsetzbar (Böhmann & Schäfer-Munro, 2008, S. 53 ff.; Wernke & Jahnke-Klein, 2008).

Instrumente der strukturierten Unterrichtsbeobachtung

- **Strichlisten**: In Strichlisten werden quantitative Beobachtungen festgehalten. So wird beispielsweise notiert, welche Schülerinnen und Schüler sich wie oft gemeldet haben und drangekommen sind.
- **Freie chronologische Protokolle**: Chronologische Protokolle erfolgen in Tabellen. In der ersten Spalte wird die Zeit eingetragen. Die weiteren Spalten sind frei wählbar, etwa „Interaktion zwischen Lehrkraft und Lernenden".
- **Protokolle mit erweitertem Verlaufsschema**: Es können auch sämtliche Spalten eines Verlaufsplans verwendet werden.
- **Narrative Protokolle**: Bei narrativen Protokollen werden in einem mehr oder weniger ausführlichen Fließtext die erlebte Situation oder Aspekte nacherzählt.
- **Checklisten**: Checklisten sind Kataloge wichtiger Fragen, die – vor allem bei der Unterrichtsplanung – eine wichtige Rolle spielen.
- **Ablaufschemata**: Ablaufschemata werden vor allem für einzelne Unterrichtsmethoden im Text erläutert und in der Toolbox zusammengefasst.
- **Kriterienkataloge**: Bei Kriterienkatalogen werden die im Textteil erläuterten zentralen Kriterien übersichtlich katalogisiert und in Unterkriterien aufgelöst. So enthält der Kriterienkatalog für die Tafel(arbeit) ein Kriterium „Grundlegende Anlage des Tafelbildes" das in weitere Unterkriterien wie „Graphische Strukturhilfen" oder „Farbliche Strukturhilfen" aufgelöst wird. Kriterienkataloge werden meist mit einer mehrstufigen Einschätzskala von „0" bis „5" versehen.
- **Kriterienraster**: Rubrics sind vor allem im angelsächsischen Bereich – weniger im deutschsprachigen Raum – ein wichtiges Instrument pädagogischer Arbeit. Sie dienen dort vor allem bei der Bewertung von Leistungen. Kriterienraster sind Tabellen, die in den Zeilen einzelne Kriterien aufführen, so wie bei einem Kriterienkatalog. Über den Kriterienkatalog hinausgehend werden jedoch inhaltlich ausdifferenzierte Spalten eingeführt. Diese Spalten beschreiben ,Qualitätsstufen' oder ,Niveaus', etwa „Niveau Anfängerinnen/Anfänger", „Fortgeschrittene" und „Expertinnen/Experten". Gelegentlich werden die Spalten einfach auch durchnummeriert. Neben den Spalten werden die Zellen inhaltlich beschrieben.

Übersicht 13: Instrumente der strukturierten Unterrichtsbeobachtung

Eine Reihe von Vorlagen für diese Instrumente findet sich in der Toolbox. Das Beobachtungsinstrument kann auch durch einen klaren Beobachtungsauftrag ersetzt werden. Wie schon beim Videofeedback erwähnt, sollte die Anzahl der Beobachtungskriterien begrenzt werden. Wenn möglich, sollten einzelne Kriterien von mehreren Personen beurteilt werden und die Kriterien an Gruppen verteilt werden.

Vor der Datenerhebung sollte das Verständnis des Beobachtungsauftrages gesichert werden, d. h. das Beobachtungsinstrument wird vor der eigentlichen Beobachtung ,gedanklich durchgespielt' und etwaige Fragen und Unsicherheiten werden geklärt. In der vierten Phase erfolgt mit der Datenerhebung die eigentliche Beobachtung. Erfolgt diese in Gruppen, können verschiedene Teilgruppen für einzelne Kriterien zuständig sein, beispielsweise bei der Verwendung von Kriterienkatalogen und -rastern. Anschließend werden die Ergebnisse der Beobachtung ausgewertet, in der Gruppe ausgetauscht und ein einheitliches Bild gewonnen.

Beim anschließenden Feedback werden die vereinheitlichten Ergebnisse vor den Anderen veröffentlicht. Dabei ist strikt darauf zu achten, dass die Ergebnisse sich an den Ergebnissen von Instrumenten orientieren. Beim Feedback sollte peinlich auf die Einhaltung der Feedback-Standards geachtet werden. Gegebenenfalls wird dazu eine Feedback-Wächterin bzw. ein Feedback-Wächter bestimmt. Die Toolbox bietet zu diesem Feedback eine Hilfe (TB-14.8). Zum Ende des Beobachtungszyklus erfolgt die Nachbereitung. Bei der Nachbereitung können theoretische Impulse gegeben werden, kann ein Debriefing erfolgen und können die Anforderungen an die nächsten Beobachtungszyklen bestimmt werden.

24.4.3 Den Unterricht mit Hilfe von Unterrichtsnachbesprechungen reflektieren

Die Reflexion von Unterricht im Rahmen einer Unterrichtsnachbesprechung ist eine aufwändige und daher sorgfältig zu nutzende Chance der Weiterentwicklung mit einem enormen Potential. Die Nachbesprechung von Unterricht ist Gegenstand eines Tools in der Toolbox (TB-16.9).

Kriterien für die Bewertung von Unterrichtsnachbesprechungen

▶ Zielgruppenanalyse vornehmen
▶ Basis für die Unterrichtsnachbesprechung herstellen
▶ Angemessenen Rahmen für die Nachbesprechung sicherstellen
▶ Ablauf der Unterrichtsnachbereitung transparent gestalten
▶ Wissensbezüge sichern, z. B. Einbindung von wissenschaftlichen Erkenntnissen
▶ Unterrichtsnachbesprechung zu konkreten Ergebnissen führen, z. B. Vereinbarungen
▶ Beteiligte beteiligen
▶ Kompetenzen adressieren, z. B. Rückbezug auf ein Kompetenzmodell
▶ Feedbackstandards sichern
▶ Unterrichtsnachbesprechung abschließen

Übersicht 14: Kriterien für Unterrichtsnachbesprechungen

Die Unterrichtsnachbesprechung soll der (angehenden) Lehrkraft einen Spiegel vorhalten und Hinweise bieten, die für ihre zukünftige Professionsentwicklung wichtig sind. Dies verlangt, dass die Feedbackgebenden hinreichende Informationen über den Ablauf des bisherigen Ausbildungsprozesses sowie die Wünsche und Vorstellungen der angehenden Lehrkraft haben. Der Nachbesprechung des Unterrichts sollte eine Zielgruppenanalyse vorausgehen. Insbesondere muss den Feedbackgebenden klar sein, welche Kompetenzentwicklung die (angehende) Lehrkraft durchlaufen hat, wo sie in der Kompetenzentwicklung steht und was ihre persönlich-beruflichen Ziele sind.

Vor dem Unterricht, der nachzubesprechen ist, sind weiterhin die Planungsüberlegungen der bzw. des Unterrichtenden, vor allem in Form eines Unterrichtsentwurfs, zu studieren. Etwaige Unklarheiten in der Planung sollten dabei vor dem Unterricht geklärt werden. Die Nachbesprechung erfolgt in Form der – gerade erläuterten – strukturierten Beobachtung.

Die Nachbesprechung sollte in einem ruhigen Raum ablaufen. Zwischen dem Unterricht und der Nachbesprechung sollte ausreichend Zeit zum Luftholen und zur Selbstreflexion sein. In ihr steht nicht die Stunde, sondern die angehende Lehrkraft im Vordergrund. Die Feedbackgebenden sollen in ihr nicht ihr Wissen oder ihre Macht demonstrieren.

Die Nachbesprechung sollte entlang eines klaren Ablaufes erfolgen, der im Vorfeld bekannt gegeben wird oder mit der bzw. dem Unterrichtenden vorab vereinbart. Typische Schwerpunkte sind die Phasierung des Unterrichts, die Methodenwahl, die Medien, das Handeln der Lehrkraft oder das Handeln der Schülerinnen und Schüler. Der Schwerpunkt sollte auf veränderbaren Kompetenzen liegen. Die angehende Lehrkraft sollte die Möglichkeit haben, sich Schwerpunkte entsprechend ihrer Lernbedürfnisse zu wünschen (Böhmann & Schäfer-Munro, 2008, S. 151 ff.). Aussagen über die sogenannte Lehrerpersönlichkeit scheinen sehr beliebt zu sein. Mir erscheint jedoch fraglich, ob durch eine solche Beobachtungsbasis Aussagen über die Persönlichkeit getroffen werden können. Hinzu kommen die bereits in Kapitel 13 erläuterten Probleme mit den Konstrukten „Lehrerpersönlichkeit" bzw. „Lehrertyp".

Die Nachbesprechung sollte sowohl das Wissen der Praktikerinnen und Praktiker zu Worte kommen lassen als auch auf wissenschaftliche Theorien Bezug nehmen (Schüpbach, 2007, S. 6 ff.). In der Unterrichtsnachbesprechung sollten konkrete Ergebnisse erarbeitet werden, etwa Alternativen oder Tipps. Sie werden unter Umständen in Zielvereinbarungen mit den Unterrichtenden überführt. Bei der Erarbeitung sind allen Beteiligten, also die bzw. der Unterrichtende, Mitstudierende oder Peers und die erfahrene Lehrkraft selbst, aktiv zu beteiligen.

Dabei sollten klar Kompetenzen adressiert werden und zwar idealerweise auf Basis eines vorab bekannten Kompetenzmodells. Die Unterrichtsnachbesprechung sollte sowohl fachwissenschaftlich-fachinhaltliche als auch didaktische Kompetenzen der bzw. des Unterrichtenden ansprechen. Bei der Gestaltung des Feedbacks sind strikt Feedbackstandards einzuhalten (Lerneinheit 20). Vor allem ist der angehenden Lehrkraft zunächst zu vermitteln, wo die Stärken des gehaltenen Unterrichts gesehen werden. Wenn in die Unterrichtsnachbesprechung eine Bewertung integriert ist, dann sollte diese auf Basis klarer Kriterien erfolgen. Abschließend ist die Unterrichtsnachbesprechung aufzuräumen, ein Ausblick zu geben und wichtige Ergebnisse zu sichern.

Eine besondere Form der Unterrichtsnachbesprechung erfolgt in Lehrproben. Die Lehrprobe macht in der Literatur keine gute Figur (Becker, 2007, S. 171 ff.; Pallasch, 1993, S. 141 ff.; Schüpbach, 2007, S. 6 ff.): Sie verläuft – so die Pauschalisierung – ohne klare Zielsetzungen auf der Basis alltagsfremder Aufgaben und ohne klaren Ablauf mit vielen Zufallselementen. Die Bewertung erfolge nach nicht im Voraus bekannten, unklaren, wenig operationalen und subjektiven Kriterien, die zum Teil nur schwer nachvollziehbar Vorlieben einzelner Prüferinnen und Prüfer darstellen. Diese Vorlieben gehören zu den beliebtesten Gerüchten im Referendariat. Die Bewertung stellt in diesen Fällen einen angstbesetzten Raum höchster Abhängigkeit dar, der für die weitere Entwicklung der Lehrkraft nicht förderlich ist, ja sogar in der Entwicklung zurückwerfen kann. Eine solche Lehrprobe ist kein Instrument der Ausbildung, sondern ein Initiationsritus für das Berufsbeamtentum, das Demut, Selbstinszenierung und Schauspielerei, Anpassung und Akzeptanz von Machtgefälle lehrt. Sie bietet dabei – ohne Rückgriff auf wissenschaftliche Theorien – wenig systematische Tipps und keine Hilfen bei der Umsetzung. Ob diese pauschale Beschreibung für die Ausbildungspraxis in der beruflichen Bildung zutrifft, darüber können mangels Empirie nur Vermutungen angestellt werden.

Ein typisches Zeremoniell in Lehrproben ist die Aufforderung, sich nach dem Unterricht zu äußern. Diese „Aufforderung zur Stellungnahme und zur Selbstkritik bringt die Kandidatin in Verlegenheit. Ist sie mit sich und den Schülern zufrieden und äußert sie sich dementsprechend, kann ihr vorgeworfen werden selbstzufrieden zu sein. Beginnt sie mit einer kritischen Analyse bestimmter Ereignisse, dann macht sie vielleicht die Beurteilenden auf Schwachstellen aufmerksam, die diese noch nicht wahrgenommen haben, d. h. sie liefert Argumente, um die Note zu drücken" (Becker, 2007, S. 149). Gerechtfertigt wird dies mit dem Hinweis, dass auch die Selbstreflexionskompetenz einer Lehrkraft zu prüfen sei. Es ist jedoch fraglich, ob eine solche Form der Reflexion – unter emotionalen und zeitlichem Druck, mit geringer Distanz zur Situation, gezwungen und inszeniert – in der Ausbildung von Lehrkräften kultiviert werden sollte und ob dadurch nicht nur Schlagfertigkeit in angespannten Situationen überprüft wird, also eine sicherlich wichtige Fähigkeit für Lehrkräfte, die aber nicht Selbstreflexionskompetenz meint. Gleichwohl sollte die angehende Lehrkraft auf dieses Zeremoniell vorbereitet sein, d. h. schon bei der Unterrichtsvorbereitung planen, wie sie bei einer solchen Frage umzugehen gedenkt. Sie kann dazu den Prozess der individuellen Unterrichtsreflexion nutzen. Im Vorfeld geplant lässt sich hier mit vergleichsweise geringem Aufwand und vergleichsweise entspannt eine Reflexion bzw. Reflexionsfassade aufbauen.

24.4.4 Zusammenfassung

Die systematische *Nach*bereitung des Unterrichts ist das Gegenstück zur systematischen *Vor*bereitung des Unterrichts. Zur Reflexion des eigenen Unterrichts bietet sich ein Abgleich mit der Unterrichtsplanung und mit Qualitätskriterien an. Der alltäglichen Verbesserung des eigenen Unterrichts stehen dabei eine Reihe von Faktoren entgegen, zum Beispiel liebgewonnene und ständig stabilisierte Routinen oder ein ungünstiger motivationaler Motor. Das Individualfeedback bietet der Lehrkraft eine Chance zur individuellen Qualitätsentwicklung.

Die systematische Entwicklung von Qualität ist der erfolgversprechendste Pfad zu gutem Unterricht. Doch nicht nur der lernzielorientierte Erfolg, sondern auch die Zufriedenheit im Beruf, in der Klasse und in der Schule liegen auf diesem Weg.

24.5 Eine Bitte zum Schluss

Sie haben das Ende von 24 Lerneinheiten erreicht. Das war ein langer Weg, der Ihnen viel Zeit gekostet hat. Ich hoffe, dass diese Zeit gut in Ihre persönliche Entwicklung als Lehrkraft investiert ist.

Bitte helfen Sie mir, die Stärken dieser Lerneinheiten auszubauen und die Schwächen abzubauen. Ich würde mich freuen, wenn Sie Gelegenheit haben, mir zu den Lerneinheiten über

www.wirtschaftsunterricht-gestalten.de

ein Feedback zu geben. Schon jetzt ein Vergelt's Gott dafür!

Thank you for travelling with „Wirtschaftsunterricht gestalten". Take care and goodbye!

24.6 Outro

24.6.1 Die wichtigsten Begriffe dieser Lerneinheit
- Unterrichtsentwicklung: Begriff, Hinderungsgründe
- Unterrichtsreflexion: Alltäglich vs. inszeniert, Reflexionsmöglichkeiten/-methoden
- Kollegiale Hospitation
- Schüler-Lehrer-Feedback
- Kriterien für die Reflexion
- Individualfeedback
- Unterrichtsbeobachtung
- Unterrichtsnachbesprechung

24.6.2 Tools
- Tool „Lernsituationen: Kriterienkatalog" (TB-9.3)
- Tool „Feedback: Kriterienkatalog" (TB-14.18)
- Tool „Unterrichtsqualität: Unterrichtsbeobachtungsbogen der bayerischen externen Evaluation" (TB-16.1)
- Tool „Unterrichtsqualität: Niederschrift der Prüfungslehrprobe beim Staatlichen Studienseminar für das Lehramt an beruflichen Schulen in Bayern" (TB-16.2)
- Tool „Unterrichtsqualität: Unterrichtsbeobachtungsbogen der Qualitätsanalyse in Nordrhein-Westfalen" (TB-16.3)
- Tool „Unterrichtsqualität: Kriterienkatalog zur Einschätzung durch Kolleginnen und Kollegen" (TB-16.4)
- Tool „Unterrichtsqualität: Kriterienkatalog zur Einblicknahme in die Lehr- und Lernsituation" (TB-16.5)
- Tool „Strukturierte Beobachtung von Unterricht: Checkliste" (TB-16.7)
- Tool „Strukturierte Beobachtung: Beobachtungsinstrumente: Checkliste" (TB-16.8)
- Tool „Unterrichtsnachbesprechung: Checkliste" (TB-16.9)
- Tool „Zielscheibe: Vorlage" (TB-16.10)

▶ Tool „Fünf-Finger-Feedback: Vorlage" (TB-16.11)

▶ Tool „Müller-Feedback: Vorlage" (TB-16.12)

24.6.3 Kompetenzen

▶ Den eigenen Unterricht allein oder im Team weiterentwickeln: Alltägliche und inszenierte Unterrichtsreflexion unterscheiden; Unterricht im Licht der eigenen Vorbereitung reflektieren; Unterricht aufgrund von Kriterien für Unterrichtsqualität beurteilen; Barrieren einer alltäglichen Unterrichtsverbesserung bewerten

▶ Von Notwendigkeit eines systematischen Feedbacks auf den eigenen Unterricht, etwa durch Individualfeedback, geprägt sein: Mit Hilfe von Individualfeedback Qualität entwickeln (Von der Notwendigkeit eines regelmäßigen Individualfeedbacks überzeugt sein; Individualfeedback mit Hilfe von Evaluationsmethoden durchführen; Kollegiales Feedback als Chance nutzen)

24.6.4 Hinweise zur vertieften Auseinandersetzung: Weiterlesen

Eine anschauliche Darbietung der kollegialen Hospitation bieten Kempert und Rolff (2005).

24.6.5 Hinweise zur vertieften Auseinandersetzung: Weitersurfen

Manche Schulen haben für ihre Lehrkräfte Handbücher zum Individualfeedback entwickelt, die sie auch anderen Schulen zugänglich machen. Ein schönes Beispiel ist das Handbuch der beruflichen Schule 2 in Nürnberg:

http://www.shp156.kubiss.de/Qualitaet/hand_indifeed.php

Das nordrhein-westfälische Kultusministerium stellt im Internet eine Methodensammlung bereit. Diese bietet eigentlich Anregungen für eine Moderation von Fortbildungen für Lehrkräfte, enthält jedoch eine Reihe von Evaluationsmethoden.

http://www.standardsicherung.schulministerium.nrw.de/methodensammlung/

24.6.6 Literaturnachweis

Altrichter, H. & Posch, P. (2007). *Lehrerinnen und Lehrer erforschen ihren Unterricht* (4. Aufl.). Bad Heilbrunn: Klinkhardt.

Becker, G. E. (2007). *Unterricht auswerten und beurteilen* (Neu ausgestattete Sonderausg.). Weinheim [u.a.]: Beltz.

Blochmann, B., Moravek, M., Niemeyer, J., Prumbs, I., Tröndle, T. & Scholze-Thole, B. (2008). *Individualfeedback. Handbuch Operativ Eigenständige Schule (OES)*. Stuttgart: Ministerium für Kultus, Jugend und Sport Baden-Württemberg.

Böhmann, M. & Schäfer-Munro, R. (2008). *Kursbuch Schulpraktikum. Unterrichtspraxis und didaktisches Grundwissen* (Beltz Pädagogik2. Aufl.). Weinheim: Beltz.

Bruch, H. (2004). Moderationstechnik. In R. Dubs, D. Euler, J. Rüegg-Stürm & C. E. Wyss (Hrsg.), *Einführung in die Managementlehre.* (Bd. 5, S. 47–81). Bern: Haupt.

Helmke, A. (2003). *Unterrichtsqualität. Erfassen, bewerten, verbessern*. Seelze: Kallmeyersche Verlagsbuchhandlung.

Kempfert, G. & Rolff, H.-G. (2005). *Qualität und Evaluation. Ein Leitfaden für Pädagogisches Qualitätsmanagement* (4. Aufl.). Weinheim und Basel: Beltz.

Krämer, S. & Walter, K.-D. (2002). *Moderieren - gewusst wie. Gespräche leiten und moderieren*. Würzburg: Lexika-Verl.

Landwehr, N. (2003). *Grundlagen zum Aufbau einer Feedback-Kultur. Konzepte, Verfahren und Instrumente zur Einführung von lernwirksamen Feedbackprozessen* (2. Aufl.). Bern: h.e.p.-Verl.

Miller, R. (2001). Entlastung durch gemeinsames Tun. In R. Kretschmann (Hrsg.), *Stressmanagement für Lehrerinnen und Lehrer* (S. 51–57). Weinheim und Basel: Beltz.

Müller, M. (Ohne Jahr). *Das Unterrichtsklima messen, pflegen und verbessern. Eine Kurzanleitung für die Unterrichtspraxis auf Basis einer wissenschaftlichen Studie*. Nürnberg.

Müller, M. (1996). *Analyse und Modifikation des Unterrichtsklimas an der Berufsschule* (Erlangen-Nürnberg, Univ., Diss., 1996).

Müller, M. (1997). Analyse und Modifikation des Unterrichtsklimas von Berufsschulklassen. *Empirische Pädagogik, 11* (1), 3–30.

Müller, M. (1998). Das Unterrichtsklima von Berufsschulklassen. *Zeitschrift für Berufs- und Wirtschaftspädagogik, 94* (1), 93–119.

Pallasch, W. (1993). *Supervision. Neue Formen beruflicher Praxisbegleitung in pädagogischen Arbeitsfeldern* (2. Aufl.). Weinheim, München: Juventa-Verl.

Schüpbach, J. (2007). *Über das Unterrichten reden. Die Unterrichtsnachbesprechung in den Lehrpraktika - eine "Nahtstelle von Theorie und Praxis"?* (Schulpädagogik - Fachdidaktik - Lehrerbildung, Bd. 14, 1. Aufl.). Bern: Haupt.

Wernke, S. & Jahnke-Klein, S. (2008). Schritt für Schritt zur Beobachtungsaufgabe. In S. Jahnke-Klein, W. Mischke & S. Wernke (Hrsg.), *Die Beobachtungsaufgabe im Schulpraktikum* (S. 21–34). Oldenburg: Didakt. Zentrum.

24.6.7 Anmerkungen

[1] Gemäß Art. 54 des Leistungslaufbahngesetzes (LlbG) umfasst die dienstliche Beurteilung die Einschätzung während der Probezeit, die Probezeitbeurteilung, die periodische Beurteilung, die Zwischenbeurteilung und die Anlassbeurteilung. Eine Zwischenbeurteilung ist zu erstellen, wenn Beamtinnen oder Beamte mindestens ein Jahr nach dem Ende der letzten dienstlichen Beurteilung zugrundeliegenden Zeitraums oder der Probezeit die Behörde wechseln, beurlaubt oder vom Dienst freigestellt werden.

BILDNACHWEIS

Cover
Coverbilder werden im Impressum nachgewiesen.

Kapiteldeckblätter
Die Fotos, die die Kapitel einleiten, gehen auf ein von Herrn Michael Paß betreutes Projekt der Klasse WFM11 der Ausbildung „Fotomedienfachmann/-frau" der Beruflichen Schule 6 in Nürnberg zurück.

Lerneinheit 1
Bild: Pierre-Simon Laplace (1776). Von Sophie Feytaud (fl.1841). Public domain. Via Wikimedia Commons (http://commons.wikimedia.org)
Bild: Gerhard Polt. Von Eckhard Henkel, Wikipedia-Benutzer "Hasenläufer" (CC-BY-3.0). Via Wikimedia Commons (http://commons.wikimedia.org)
Bild: Unsicherheiten und Ängste (Unwandelbar). Von Lauriator, photocase.com
Bild: Paul Heimann. © Hansjörg Neubert. Quelle: Neubert, H. (Hrsg.). (1991). Die Berliner Didaktik: Paul Heimann. Berlin: Colloquium-Verlag. Reproduktion mit Erlaubnis
Bild: Paul Heimann. © Hansjörg Neubert. Quelle: Neubert, H. (Hrsg.). (1991). Die Berliner Didaktik: Paul Heimann. Berlin: Colloquium-Verlag. Reproduktion mit Erlaubnis.

Lerneinheit 2
Bild: Lothar Reetz. © Lothar Reetz. Privat. Abdruck mit Erlaubnis.
Bild: Reinhard Czycholl. © Reinhard Czycholl. Privat. Abdruck mit Erlaubnis.
Bild: Josef Aff. © Josef Aff. Privat. Abdruck mit Erlaubnis.
Bild: Jürgen Zabeck. Von Jürgen Zabeck. Privat. Abdruck mit Erlaubnis.
Bild: Tade Tramm. Von Tade Tramm. Privat. Abdruck mit Erlaubnis.
Bild: Kaufmann. © ModernLearning
Bild: Immanuel Kant. Unbekannter Künstler. Public domain. Via Wikimedia Commons (http://commons.wikimedia.org)
Bild: Wolfgang Lempert. Von Wolfgang Lempert. Privat. Abdruck mit Erlaubnis.
Bild: Johannes Paul II. Von Ejdzej. US-Public Domain. Via Wikimedia Commons (http://commons.wikimedia.org)
Bild: Der ehrbare Kaufmann. Bildausschnitt aus „Nürnberger Tand geht durch alle Land". © IHK Nürnberg. Bild der Fassade der IHK. Künstler: Georg Kellner. Titel: Nürnberger Kaufmannszug mit Geleite (1910). Via IHK Nürnberg (http://www.ihk-nuernberg.de)
Bild: Von MetalGearLiquid, based on File:Steve_Jobs_Headshot_2010-CROP.jpg made by Matt Yohe (CC-BY-SA-3.0). Via Wikimedia Commons (http://commons.wikimedia.org)

Lerneinheit 3
Bild: Heinrich Roth. © Niedersächsische Staats- und Universitätsbibliothek Göttingen. Abdruck mit Erlaubnis.
Bild: Heinz Klippert. © Heinz Klippert. Privat. Abdruck mit Erlaubnis.
Bild: Diskussion ist kein notwendiges Übel, sondern der eigentliche Motor. Von Yuri Arcurs, fotolia.com

Lerneinheit 4
Bild: Friedemann Schulz von Thun. © Friedemann Schulz von Thun. Privat. Abdruck mit Erlaubnis.
Bild: Dieter Euler. © Dieter Euler. Privat. Abdruck mit Erlaubnis.
Bild: Lawrence Kohlberg. © Havard University. Reprint with permission.
Bild: Klaus Beck. © Klaus Beck. Privat. Abdruck mit Erlaubnis.
Bild: Gerhard Minnameier. © Gerhard Minnameier. Privat. Abdruck mit Erlaubnis.
Bild: Thomas D. Von weekender73 (Boris Macek). CC-BY-SA-3.0. Via Wikimedia Commons (http://commons.wikimedia.org)
Bild: Lothar Krappmann. © Lothar Krappmann. Privat. Abdruck mit Erlaubnis.
Bild: Kampagne der BZgA zu Safer Sex. © BZgA, http://www.machsmit.de

Lerneinheit 5
Bild: Das Schulbuch. © ModernLearning

Lerneinheit 6
Bild: Hochzeit (our day). Von MisterQM, photocase.com
Bild: Bärbel Fürstenau. © Bärbel Fürstenau. Privat. Abdruck mit Erlaubnis.
Bild: Wolfgang Klafki. © Hellmuth Graßmann.
Bild: Jerome Bruner. © New York University School of Law.
Bild: Dietmar Frommberger. © Dietmar Frommberger. Privat. Abdruck mit Erlaubnis.
Bild: Benjamin S. Bloom. © University of Chicago. Reprint with permission.

Lerneinheit 7
Bild: Stefanie Kloß. Von Manfred Werner (Tsui). CC-BY-SA-3.0. Via Wikimedia Commons (http://commons.wikimedia.org)
Bild: Beobachten (Wunderwelt Wissen). Von Bengelsdorf, photocase.com
Bild: Beobachten kann wichtige Informationen zum Lernprozess erschließen (Ich lebe in meinen Büchern). Von Miss Jones, photocase.com
Bild: Assessment von Sozialkompetenz ist meist argumentativ. © Modern Learning

Lerneinheit 8
Bild: Cochleaimplantat. Von Ydomusch (CC-BY-SA-3.0). Via Wikimedia Commons (http://commons.wikimedia.org
Bild: Frank Achtenhagen. © Frank Achtenhagen. Privat. Abdruck mit Erlaubnis.

SCHLAGWORTVERZEICHNIS

45-Minuten-Takt 260

4-H 591

5-E (des Debriefing) 570

5-Gang-Lesetechnik 549, 663

Abbilddidaktik 36, 38

Abbildtheorie 606

Abfrage 261

Abgleich, curricularer 141, 715

abH 492

Ablenkung 173

Abschlussprüfung 158

Abschlussprüfungen 157

Absichtliches Üben 333

Abteilungsleitung 768

Achtenhagen, Frank 24, 263

ActivBoard 549

ADHS 361

ADO 422

Adoleszenz 382

Advance Organizer 318, 610

Agentur für Arbeit 492

Aggressivität 112

AkA 158, 739

Aktivierung 15

Aktualität (Lerninhalte) 187

ALBS 304

Alkohol(missbrauch) 386

Allegorie 322

Alliteration 322

Allokation 488

Allokationsfunktion 711

ALP 154

Alte (das) 532

Amoklauf 367

Analog 177

Anfänger 179

Anfangszustand 7

Angst 10, 348, 730

Angst vor Prüfungen 349

Angst, vor einer Gruppe frei zu sprechen 349

Angst, vor einer Gruppe zu präsentieren 349

Angsthierarchie 348

Ängstlichkeit 112

ANKOM 192

Anorexia nervosa 390

Anreiz 251

Ansprechen, namentlich 332

Anweisungen zum Vorbereitungsdienst für das Lehramt an beruflichen Schulen 304

Application sharing 688

Arbeitsauftrag 515

Arbeitsblatt 551

Arbeitsbuch 155

Arbeitsprozess 44

Arbeitsprozessorientierung 44

Arbeitsschritte 296

Arbeitsschulbewegung 264

Arbeitsstufen 296

Arbeitszeitstudien 412

Argumente-Ping-Pong 652

Armchair case 576

Artikulation 296

Artikulationsschemata 296

Assessment 213

Assessmentkonzept 266

Assessmentmethoden 266

Assimilationsansatz 483

Assoziative Stufe 179

Atmosphäre in der Klasse 353

Attraktor 736

Aufbauorganisation 446

Aufbauprogramm 149

Aufgaben (Assessment) 745

Aufgabenstelle für kaufmännische Abschluss- und Zwischenprüfung 158

Aufgebender Unterricht 298

Aufklärung 47

Aufmerksamkeit 173

Aufsässigkeit 112

Auftrag (einer Schule) 489

Augmented reality 683

Ausbildungsbegleitende Hilfen 492

Ausbildungsordnung 147, 538

Aussagesatz 738

Ausschluss aus dem laufenden Unterricht 360

Äußere Differenzierung 531

Aussonderung 534

Ausubel, David 318

Auswahlproblem 35

Auszeitraum 361

Autonomie 605

Autonomie, Gruppe 512

Autoritätssystem 464

Bachelorstudiengang 81

Banks, James A. 485

Bau und Holz 14

BayEUG 5, 355, 732

BayLBG 422

BBiG 739

BDSMler 479

Beck, Klaus 110, 132

Bedingungen 17, 762

Individuen bzw. individuelle Ebene 209

Institution 210

Soziales Netzwerk 210

Bedingungsschale 209

Bedürfnis nach Selbstverwirklichung 604

Bedürfnis nach Wertschätzung 604

Bedürfnishierarchie 604

Bedürfnispyramide 604

Bedürfnisse 604

Beeinträchtigung 535

Befragen 218

Begriff 175

Begriffliches Lernen 175

Begriffswandel 176

Behaviorismus 345, 352, 603

Behinderung, geistige 246

Behinderung, körperliche 246

Beispiel 175

BEJ 266, 668

Belästigung, sexuelle 388

Belastung 354

Belastungsreaktion 367

Belohnen 351

Benennungsaufgabe 743

Benotung 732

beobachtbar 215

Beobachten 218

Beobachtung

Rollenspiel 568

Beobachtung, strukturierte 768

Beobachtung, Unterricht 768

Beratung 631

BERG 148

Berg (Modellversuch) 560

Berliner Schule (der Didaktik) 16

Beruf 80

Berufe, Klassifikation 81

Berufliche Oberschule 158

Berufs- und Wirtschaftspädagogik 14

Berufs- und wirtschaftspädagogische Kompetenz 407

Berufsausbildung, integrative 539

Berufsbereich 81

Berufsbildungsgesetz 739

Berufsbildungssprache 126, 663

Berufsbildungswerk 493

Berufseinstiegsjahr 266, 668

Berufsethos 122

Berufsfachlichkeit 81

Berufsfelder 80

Berufsförderungswerk 493

Berufsgruppe 81

Berufshauptgruppe 81

Berufsinformationstechnische Kompetenz 691

Berufsinformatische Kompetenz 691

Berufsmotorische Kompetenzen 197

Berufsmotorisches Lernen 197

Berufsoberschule 615

Berufspädagogik 14, 420

Berufspädagogisches Institut 421

Berufsprinzip 80

Berufsreifeprüfung 149, 540

Berufsschule 380

Berufsschulen zur sonderpädagogischen Förderung .. 493

Berufsschulsozialarbeit 492

Berufsuntergruppe 81

Berufsvorbereitungsjahr 266

Bestrafen 351, 352

Bestrafung 350, 360

Bestrafung, positive 351

Bestrafungsanreiz 350

Betäubungsmittelgesetz 112

Beteiligung, von Schülerinnen und Schülern 653

Betriebswirtschaftslehre 36, 57

Between-Class Grouping 531

Beurteilung, dienstliche 768

Beurteilungsfehler 730

Beurteilungstendenzen 730

Bewertung Gruppenunterricht 520

Beziehungsbalancen 458

Beziehungsmanagement 684

Bezugsnorm 720, 732

BGJ-Anrechnungsverordnung 81

Bildung 47

Bildung, ökonomische 14

Bildungsauftrag 489

Bildungsbericht 708

Bildungsberichterstattung 708

Bildungsgang 289

Bildungsgangarbeit 289

Bildungsideal 46

Bildungsmonitoring 708

Bildungsrendite 190

Bildungssprache 126, 663

Bildungsstandard 707

Bildungsstandards 149, 152, 708

Binnendifferenzierung 531, 541, 630

Binnendifferenzierung, Methoden 542

Bisexuell 479

Blankertz, Herwig 48, 140, 185

Blasi, Augusto 122

Blatt, Moshe M. 651

Blatt-Kohlberg-Methode 651

BLBS 428

Blickkontakt 323

Blinder Fleck 606

Blindheit 246

Blockunterricht 257

Blog 686

Blogosphäre 686

Blogroll 686

Bloom, Benjamin S. 195

Blue Print 737

Bologna-Prozess 71, 496

Borich, Gary D. 15

BOS 153, 380

Bourdieu, Pierre 500

BPI 421

Braukmann, Ulrich... 51

Bremer Erklärung 122

Brettspiel 582

Briefing 569, 573

Bronfenbrenner, Urie.. 209

Brophy, Gere 15

BSO.. 355

Bulimie 391

Bullying... 363

Bürgergesellschaft... 50, 654

BVJ 266

CAD.. 691

Call of Duty 387

Case Management 238

CBT 682

CDR-Modell 264

Change Management 456

Chat 687

Checkliste 745

Chomsky, Noam 64

Christiani 697

Chunk 172

Citizenship 50

Coach... 453

Coaching 632, 659

Cochleaimplantat 246

Code of conduct 122

Coleman, James... 462, 500

Community-Plattform 689

Computer 171, 677

Computerbased Training.. 682

Computerraum... 697

Computerspielsucht 387

Concept Map 684

Conceptual change 176

Construct map 75

Counterstrike.. 387

CR 346

CS 346

Csíkszentmihályi, Mihály 251

Culley, Sue 633

Curricularer Abgleich.................................... 141, 715

Curriculum

    Begriff 140

Cyber-Mobbing 363

Cyberstalking.. 364

Czycholl, Reinhard 36

Dämon von Laplace 8

Darstellender Unterricht 298

Darstellungsform.. 663

DBFH.. 540

Debriefing 569, 574, 649, 652

Deci, Edward L... 605

DECVET.. 191, 628

Deduktive Lehrstrategie.. 175

Definition 175

Deklaratives Wissen 174, 260

Dekontextualisierung 67

Deliberate practice.. 333

Delinquenz 390

Deming-Kreis 459

Demographischer Wandel 478

Demokratie 653

Demokratie-Lernen 653

Demokratische Schulgemeinschaft........................... 653

Demonstration 326

Demonstrationsexperiment...................................... 327

Demonstrationsstand 696

Demonstrationsversuch.. 327

Denken, hypothetisch-deduktives 383

Denken, in der Adoleszenz 383

Depression 391

Depressive Episoden 391

Deskriptiv 189

Determinismus.. 8

Deutsch-Türken...354, 485, 532

Deviantes Verhalten... 112

Devianz 112

DGB 428

Diagnose 212

Diagnostik 213

Didaktik

    Allgemeine Didaktik 13

    Antizipierende Didaktik...................................... 41

    Bereichsdidaktik... 13

    Emanzipatorische Pädagogik............................... 48

    Fachdidaktik 13

    Tradierende Didaktik 41

Didaktische Jahresplanung............................... 19, 287

Didaktische Modelle 12

Dienstaufsicht 494

Dienstliche Beurteilung.. 768

Dienstvorgesetzter... 452

Differentia specifica 175

Differenzierung 15, 262, 630

Differenzierung bei der inhaltlichen Grobplanung. 187

Differenzierung im Lehrplan................................... 148

Differenzierung, äußere 531, 630

Differenzierung, innere 531

Differenzierungskriterien 541

Differenzierungskriterium.. 531

Differenzlinie.. 532

Diffussionstheorie 460

Digitales Video 572

Digitales Whiteboard 549

Dilemma... 650

Dilemma, moralisches 231

Dilemma-Diskussion 651
Dilemma-Methode 651
Dillingen 154
Dilthey, Wilhelm 141
Direct instruction..299
Discounfall...367
Diskret-sprachlich 177
Diskriminierung 534
Diskurs, Mut zum 653
Diskussionsregeln 652
Distanzzone 323
Distraktor 736
Diversität 532
Diversität, ethnisch-kulturelle 261
Diversität, soziale 261
Diversity Management 484
Dokumentenkamera 549
Domain linked competencies 67
Domain specific competencies 67
Domäne 67
Domänenspezifische Kompetenzen 67
Domänenverbundenen Kompetenzen 67
Dominospiel 337
DQR 481
Dresscode..324
Drill 327
Duale Kodierung..177
Dubs, Rolf 24, 181
Dyskalkulie 88
Early Adopter 461
E-Book 682
Educational leadership 453
Egalitätsmuster 451
Ehrbarer Kaufmann 122
Eid..418
Eigentumsdelikt...112
Eigenverantwortliches Arbeiten und Lernen....... 265, 611
Einheitliche Prüfungsanforderungen (EPA).................153
Einheits-Gewerbelehrer 421
Einsamkeit...385
Einsatzgebiet (Ausbildung) 538
Einschätzskala 746
Einschmeicheln..465
Einstieg...317
Einzelarbeit...298, 511
    Arbeitsauftrag 515
    Begleitung durch die Lehrkraft 518
Einzellerner 297
Elaboration 336
E-Learning 679
Elektrotechnik 80
ELWE 697
E-Mail 687
Emanzipation..47, 48
Emanzipatorisches Interesse 48
E-Meeting 688

Emergenz 464
emerging markets 486
Empathie 120
Empowerment 115
Endzustand 7
Enkulturation 488
Enkulturationsfunktion 711
Entdeckender Gruppenunterricht....................513
Entrepreneur...51
Entscheidungsbereich 762
Entspannungstechnik 348
Entwicklung...379
Entwicklungsaufgabe 380, 382
EPA 153
Episode..250
Episodisches Wissen 178
E-Portfolio 687
EQF 71, 481
Erarbeitender Unterricht 298
Erfahrung 759
Erfahrungsfalle 425
Erfolgssicherung, Spiele 337
Ergänzungsunterricht.....................................539
Ergebnissicherung 332
Erhard, Ludwig 487
Erhebungsinstrumente
    Erhebungsarten 222
    Interviewleitfaden....................................222
Erklärung 212
Erlebnispädagogik 655
Erlernte Hilflosigkeit......................................119
Ernährung 14
ERP 291, 691
Erpenbeck, John 115
ERP-System 692
ERP-Systeme 480
Erste medizinische Hilfe 368
Erste psychologische Hilfe..............................368
Erwartungen 250
Erweiterte Realitätswahrnehmung 683
Essay Assessment...743
Essay-Assessment 266
Ess-Brechsucht 391
E-Testing 687
Ethik 418
Ethnizität..534
Ethos des Lehrberufs 418
Eucken, Walter 487
Euler, Dieter 106
European Qualifications Framework...................71
EVA...265, 611
Evidence based 708
exemplarisches Lernen 186
Exemplarizität 186
Exosystem 209
Experiment..327

Experimentelles Lernen 327
Experimentierplatte 697
Experimentierstand 696
Experten 179
Expertenorganisationen 464
Expertensuche 685
Explicit Direct Instruction 299
Explicit teaching 299
Extremismus 393
Facebook 677, 678, 684, 691
Fachaufsicht 494
Fachbetreuer 452
Fachbetreuung 289
Fachbuch 155
Fachklasse 538
Fachkompetenz 229
Fachkraft 81
Fachoberschule 489, 615
Fachprofil 489
Fachrichtung 538
Fachteam 447
Fachwissenschaftliche Kompetenz 407
Faktenwissen 65, 174
Fall 575
Fallmanagement 238
Fallstudie 575
Familie 479
Faulenzen, soziales 512
Feedback 764
Feedbackstunde 735
Female genital cutting 486
Feminismus 111, 534
Fend, Helmut 488
Fernplanspiel 582
Festigung 332
Festo 697
Field cases 575
Finanzmittelautonomie 481
Fishbowl 519
Fishbowl-Technik 518
Fit 606
Flaming 364
Flooding 373
Flow 251
Flow-Erleben 250
Folie 547
Folkonomies 684
Förderatom 668
Förderbedarf, besonderer pädagogischer 245
Förderbedarf, sonderpädagogischer 245
Förderfach 668
Förderplan 634, 667
Förderplanarbeit 634
Förderplankonferenz 635
Förderprofil 666
Förderprofil, generalisiertes 666

Förderprofil, gruppiertes 667
Förderprofil, individualisiertes 667
Förderprofil, individuelles 224, 634, 667
Förderprogramm 149
Förderschule 535
Förderung en passant 665
Förderung, individuelle 224, 265, 630, 634, 667
Förderunterricht 539
Formulargestütztes Planspiel 582
FOS 153, 489
Fragmentierung 479
Fraktal 448
Freies Sprechen 649
Fremdsteuerung 609
Frontalunterricht 298, 299, 544, 547
Führung 354, 463
Führung, pädagogische 454
Führungsebene, mittlere 452
Fuller, Frances 408
Fünf-Finger-Feedback 767
Funktionsmotor 697
Gage, Nathaniel L. 264
Ganztagsbetreuung 541
Gardner, Howard 67
Gattungsbegriff 175
Gedächtnis 171
Gegenstandszentrierung 260
Gehirnhälfte 177
Gehörlosigkeit 246
Geisteswissenschaftliche Pädagogik 141
Gender Mainstreaming 534
Generalisiertes Förderprofil 666
Genitalverstümmelung 486
Genus proximum 175
Geschlecht 532
Gesetze 489
Gesprächstherapie, klientenzentrierte 631
Gestaltungsorientierte Berufsbildung 45
Gestaltungsorientierung 45
Gesundheit 451
Geteilte pädagogische Führung 455
GEW 428
Gewalt 678
Gewalt, sexuelle 388
Gewaltverbrechen 112
Gewerbelehrer 14, 421
G-Faktor 67
Gilligan, Carol 111
Glaserfeld, Ernst von 606
Gleichberechtigung von Frau und Mann 486
Gliederung (Kommunikation) 322
Globalisierung 478
Glokalisierung 479
Goal difficulty 120
Goal Setting Theory 120
Goal specificity 120

Google Glass 683

GrafStat 765

Green, Norm 512

Grundgesetz 49

Grundidee entwickeln 19

Gruppe (also Sozialform) 297

Gruppe (Lehrkräfte) 449

Gruppe (Sozialform) 511

Gruppenarbeit 298

Gruppenbelohnungsmethode 521

Gruppenbildung 516

Gruppengröße 516

Gruppen-Planspiel 581

Gruppenpunktmethode 520

Gruppenpuzzle 513, 610

Gruppenromantik 450

Gruppenunterricht 298, 511

    Arbeitsauftrag 515

    Begleitung durch die Lehrkraft 518

    Bewertung 519

    Gruppenbildung 516

    Interdependenzzusammenhang 521

    Präsentation 518

    Rollen 523

    Sitzordnung 523

Gruppenunterricht, entdeckender 513

Gruppiertes Förderprofil 667

Gruppierungskriterium 516

Gruppierungsprozedur 517

Gruppierungsstrategie 517

gutschrift kompetenzdiagnostik 233

Hahn, Kurt 655

HAK 149, 542, 589, 668

Halo-Effekt 731

hamet 226

Handeln, mikropolitisches 465

Handelsakademie 149, 668

Handelsbetriebslehre 36

Handelshochschule 36

Handelslehrer 13, 420

Handelsschule 149

Handlungsfeld 145

Handlungsorientierter Unterrichts 512

Handlungsorientiertes Unterrichtskonzept ... 261

Handlungsprozesssequenzierung 284

Handlungsraumsequenzierung 284

Handwerkerehre 52

Handwerkskammer 496

Handyverbot 355, 358

Happy Slapping 364

Harvard Business School 575

HAS 149, 542, 589

Hattie-Studie 211, 248, 407

    Hausarbeit 261

    Hausordnung 355

    Havighurt, Robert J. 382

Hayek, Friedrich August von 487

Heckhausen, Heinz 250

Heftführung 553

Heilpädagogik 533

Heimann, Paul 16, 210

Helferberuf 81

Helmke, Andreas 15

Hemisphärenlateralisation 177

Herbartianer 264

Herold, Martin 610

Heterosexualität 479

High achievers 416

High School and Beyond 500

High-Stakes-Testing 707

Hilflosigkeit, erlernte 119

Hintergrund

    Betrieblicher 248

    Ethnisch-kultureller 249

    Sozialer 248

Hören 246

Hospitation 768

Hospitation, kollegiale 767

Humanismus 603

Humankapital 190

Humankompetenz 115

Humor 322

Hyperaktivität 112

IBA 539, 540

ICD 385

ICT 677

Idealismus 384

Identifikation mit der Arbeit 484

Identität 115, 121, 385

Identität, moralische 122

Identität, persönliche 121

Identität, soziale 121

Identitätsbetrug 364

Identitätsentwicklung 115

Ideologisches System 464

IHK-Schlüssel 732

IKT 677

ILIAS 688

Image 177

Imaginäres Publikum 383

Impact 190

Implizite Theorien 760

Implosion 373

Impress 547

Impuls 328

in sensu 373

in vivo 373

Individualfeedback 764

Individualisiertes Förderprofil 667

Individualisierung 224, 634

Individual-Planspiel 582

Individuelle Bedingungen, differenzierte Betrachtung 224

Individuelle Förderung 262, 265, 634

Individuelle Verantwortlichkeit 512

Individuellen Bedingungen, aggregierte Betrachtung . 223

Individuellen Bedingungen, aggregierte Betrachtung mit
Extremwerten 225

Individuellen Förderung 630

Induktive Lehrstrategie 175

Industrie- und Handelskammer 496

Informations- und Kommunikationstechnik 677

Informationstechnik 677

Informationstechnische Bildung 691

Informationstechnische Kompetenz 691

Informationsverarbeitungsmodell 171

Informatisierung 480

Informelle Führer (im Kollegium) 458

Informelles Lernen 759

Ingenieur 52

Ingenieurwissenschaften 14

Inhaltssequenzierung 284

Inhaltsstrukturen 319

Inklusion 532, 536

Inklusive Schule 536

Innere Differenzierung 531

Innovationsprozess 460

Innung 496

INSEAD 575

Inselbildung 267

Installationsboard 696

Installationsplatte 696

Instructional Design 264

Instruktion 264

Integration 488, 536, 653

Integrationsfunktion 712

Integrationspädagogik 533

Integrativen Berufsausbildung 539, 540

Integrierte Lehr-/Lernarrangements 267

Intelligenz 67

Intelligenz, multiple 67

Intelligenz-Test 67

Interaktives Planspiel 582

Interaktives Whiteboard 549

Interesse 251

International Classification of Diseases 385

Intimität 385

IPad 677, 679

IPhone 677, 679

IPod 677

IQ 67

IQB 152

Irreversibilität 464

IRT 74

ISB 147, 618

Islam 395

Islamische Gemeinschaft Millî Görüş 395

Islamismus 395

Isolation 385

Ist-Profil 666

IT 677

IT-Anwender 691

ITB 45

Item 215

Item-Response-Theorie 74

IT-Experten 692

IT-Literacy 691

IT-Literalität 691

Jahresplanung 279

Jahresplanung, didaktische 19

Jahrgangsklasse 531

Jigsaw 512, 513

Johannes Paul II. 49

Johannes XXXIII. 49

Johari-Fenster 764

Jugenddelinquenz 390

Jugendhilfe 492

Junior Achievement 591

Juniorenfirma 585, 590

Junior-Modell 592

Just Community 653

Justiziabilität 719

Kant, Immanuel 47

Kapital, soziales 500

Karussellgespräch 518

Kasernenton 353

Kategorie 532

Katholische Soziallehre 49

Kaufmann 13

Kaufmann, ehrbarer 122

Kaufmannsgehilfe 13

Kausalattribuierung 720

Kell, Adolf 209

Kernkompetenz 146

Kerschensteiner 613

Kilpatrick, William Heard 613

Kinderstube 354

Klafki, Wolfgang 141

Klasse

    Klassenklima 255

Klasse (also Sozialform) 297

Klassenbild 223

Klassencockpit 735

Klassendiskussion 328

Klassenführung 15, 353

Klassenführung, präventiv 355

Klassenführung, proaktiv 355

Klassenführung, reaktiv 359

Klassengröße 255

Klassenklima 255

Klassenmanagement 15, 354

Klassenprofil 223

Klassenteam 447

Klassifikation der Berufe 81

Klassische Konditionierung 345

KldB 81

Klieme-Gutachten 152

Klima 15

Klippert, Heinz 86, 457, 611, 648

KMDD 651

KMK 69, 115, 144, 153

Koalition 465

Kodierung, duale 177

Kognitive Stufe 179

Kognitivismus 603

Kohlberg, Lawrence 109, 650, 651

Kolb, David A. 424

Kollegiale Hospitation 767

Kollegiale Unterrichtsentwicklung 427

Kollegium 448

Komfortzone 760

Kommunikation 103, 322, 323

    Authentizität 105

    Modell des inneren Teams 105

    Situationsgerechtkeit 105

    Situationsmodell Schulz von Thun 105

    Stimmigkeit 105

    Vier Ohren 103

    Vier Schnäbel 103

Kommunikation, gleichberechtigte 512

Kommunikationsquadrat 103

Kommunikations-Training 648

Kompetenz

    Affektiver Bereich 66

    Bereich 65, 79

    Disposition 63

    Dispositionale Eigenschaft 63

    Fachkompetenz 70, 73, 76

    Fertigkeiten 73

    Kognitiver Bereich 65

    Kommunikative Kompetenz 70, 103, 231

    Konstrukt 64

    Lernkompetenz 70, 76, 85

    Methodenkompetenz 70

    Moralische Kompetenz 103, 231

    Performanz 64

    Personale Kompetenz 73

    Selbständigkeit 73

    Selbstkompetenz 70

    Sozialkompetenz 70, 73, 76, 103, 231

    Wissen 73

Kompetenz(erleben) 605

Kompetenz, berufsinformationstechnische 691

Kompetenz, berufsinformatische 691

Kompetenz, motorische 197

Kompetenz, personale 115

Kompetenz, sprachliche 663

Kompetenz, überfachliche, im engeren Sinne 126

Kompetenz, überfachliche, im weiteren Sinne 126

Kompetenzanalyse Profil AC 266

Kompetenzen, domänenspezifische 67

Kompetenzen, domänenverbundene 67

Kompetenzen, überfachliche 15

Kompetenzerwartung 191

Kompetenzlandkarte 75

Kompetenzmessung 732

Kompetenzraster 74

Kompetenzsequenzierung 284

Kompetenzzentrum 482

Komplexe Lehr-Lernarrangements 263

Komplexität 5

Konditionierter Stimulus 346

Konditionierter, Reaktion 346

Konditionierung, klassische 345

Konditionierung, operante 349

Konfrontationsverfahren 348

Konnex-Lehrplan 149

Konsequenzenhierarchie 344, 359

Konsolidierung 15

Konstanzer Methode der Dilemma-Diskussion 651

Konstruktion 264, 606

Konstruktivismus 605

Kontextawareness 685

Konzentrationsprobleme 112

Konzeptwissen 65, 174

Kooperation (Lehrkräfte) 449

Kooperatives Lernen 264, 608

    Definition 511, 512

    Merkmale 511, 512

Koordinationsdienste 684

Kopenhagen-Prozess 481

Kopfbedeckung 355

Körper 382

Körperbehinderung 246

Körpersprache 323

Korporationen 496

Korrektur 730

Kramp, Wolfgang 141

Krappmann, Lothar 121

Krathwohl, David 196

Kreide 545

Kreuzworträtzel 337

Krise (Schule) 366

Krisenmanagement 366

Krisenplan 367

Krisenteam 367

Kritikfähigkeit 115

Kritische Theorie der Gesellschaft 48

Kritisches Denken 336

Kruzifix-Urteil 504

Kugellager-Methode 518

Kultur 445

Kulturhoheit 69

Kulturstandards 483

Kultusministerium 495

Kultusministerkonferenz 69

Kürze (Kommunikation) 322

Kurz-Lückentext 743
Labilität 6
Labor, telematisches 697
Labor, virtuelles 697
LabVIEW 691
Laggards 461
LaM 565
Laplace, Pierre-Simon 8
Laplace'scher Dämon 8
Laptop 677
Large Scale Assessment 708, 711
latent 215
Latham, Gary P. 120
Laufbahnverordnung 768
Laune 383
LDO 289, 452
Leadership 455, 482
Leadership, shared 455
Leaking (bei Amokläufen) 368
Learned-Helplessness 119
Learning Management System 688
Learning Outcome 188, 191
Lebenslanges Lernen 265
Lebensmüdigkeit 391
Lebenssituationen 40
Lebenswelt 321
Legasthenie 88
Legitimationsproblem 35
Lehr-/Lernarrangement, integriertes 267
Lehramtsprüfungsordnung 304
Lehrbuch 260
Lehren 8
    Absichtsbegriff 9
    Erfolgsbegriff 9
Lehrerbildung, Dritte Phase 421
Lehrerbildung, Zweite Phase 421
Lehrerbuch 155
Lehrerdienstordnung 289, 452
Lehrerfrage 328
Lehrerklassenteam 447
Lehrernachwuchs 438
Lehrexperiment 327
Lehrgespräch 327, 544, 547
Lehrgespräch, Impuls 328
Lehrgespräch, Initiierung 328
Lehrgespräch, Lehrerfrage 328
Lehrgespräch, Zyklus 328
Lehrhandeln 9
Lehrkraft
    Anfänger(innen) 12
    Erfahrene 13
Lehr-Lernarrangement, komplexes 263
Lehr-Lern-Prozess 9
Lehrlingsfiliale 591
Lehrplan 262
    Abgleich 141, 715

alignment 141, 715
Ausbildungsordnung 147
Begriff 139
Definition 140
Empirische Bedeutung 141
Extra-Curriculum 142
Funktionen 140
Heimlicher Lehrplan 142
Kampf gesellschaftlicher Mächte 141
Legitimationsfunktion 140
Lehrplan im Zeitalter von Bildungsbürokratien 141
Orientierungsfunktion 140
Rahmenlehrplan (KMK) 147
Schulinterner Lehrplan 142
Lehrplan, differenzierter 148
Lehrplan, inhaltlich differenziert 148
Lehrplan, internetbasierter 150
Lehrplan, mit Konnex 149
Lehrplan, webbasierter 150
Lehrplanformen, innovative 148
Lehrplaninformationssystem 150
LehrplanPlus 150
Lehrplanrichtlinie 147
Lehrprobe 772
Lehrversuch 327
Lehrvortrag 321, 544, 547
Leistungsangst 730
Leistungserwartungen 321, 463
Leistungskult 711
Leitbild 454, 455, 459
Leitbild der Schule 444
Leitkultur 484
Lempert, Wolfgang 48
Lernarrangement 10
Lernausgangssituation 212
Lernbehinderung 247, 658
Lernbüro 584
Lernen 7, 9
Lernen am Modell 565
Lernen an Stationen 617
Lernen aus Erfahrungen 424
Lernen mit dem Computer 679
Lernen, autodidaktisches 609
Lernen, berufsmotorisches 197
Lernen, projektorientiertes 613
Lernen, selbstgesteuertes 609
Lernen, selbstorganisiertes 609
Lernende
    Betrieblicher Hintergrund 248
    Ethnisch-kulturreller Hintergrund 249
    Sozialer Hintergrund 248
Lernenmachen 8
Lernens im Modell 565
Lernergebnis 188
Lernergebniseinheit 628
Lernfeld 145

Lernfeldteam 447
Lernfirma 584, 696
Lerngemeinschaften 454
Lernhandeln 9
Lernhilfen 543, 577
Lernjournal 657
Lernkartei 336
Lernkompetenz 85, 230, 261, 680
  Förderung 656
Lernordner 553
Lernorganisation 296
Lernortkooperation 491
Lernphasen 296
Lernplakat 337
Lernplattform 688
Lernprogramm 682
Lernrückstand 87
Lernschwäche 87
Lernschwierigkeiten 87, 246, 658
Lernsituation 145, 262
Lernstandserhebung 212
Lernstörung 87
Lernstrategie 85
Lerntagebuch 266, 657
Lerntempo 173
Lerntyp 253
Lernumgebung 9
Lernziel 194
  Anspruchsniveau 197
  Internalisierungsgrad 196
  Komplexität 196
Lernziele, psychomotorische 197
Lernzielkontrolle 332
Lernzielsicherung 333
Lernzirkel 617
Lesbian, Gay, Bisexual and Trans 480
Lesemethode 549
Leseprozess 549
Lese-Rechtschreib-Schwäche 88
Lesetechnik 549
Leseverstehen
  Förderung 663
LGBT 479
LiM 565
Lind, Georg 132, 651
Linksammlung 680
Linksextremismus 395
LIS 150
LIST 85, 216, 230
Little-Albert-Experiment 347
Live E-Learning 688
LKT 447, 448
LMS 688
Locke, Edwin A. 120
Logischer Fehler 731
Lokalisierung 479

Lo-Net 689
Low achievers 416
LPO 304
LRS 88
LSA 708
Lucas-Nülle 697
M+E-Technik 14
Magersucht 390
Magical Number 172
Magische Wand 337
Magische Zahl 172
Maines, Barbara 365
Makrodidaktik 279
Makrokultur 486
Makrosystem 209
Management, pädagogisches 454
manifest 215
Markieren 663
Markieren (von Texten) 550
Marperger, Paul Jacob 79
Maslow, Abraham 604
Massive Open Online Courses 683
Matching 606
Matura 149, 540
MB 154, 495
Medien 572
Medien, moderne 677
Medienkonzept 266
Medikamentenmissbrauch 386
Megatrend 354, 477
Megatrends 261
Mehrebenenanalyse 463
Mehrfachwahlaufgabe 261, 736, 743
Mehrfachwahlaufgaben 266
Meister 81
Menarche 380
Menschenbild 487
  Christliches Menschenbild 49
  Menschenbild des Grundgesetzes 49
Mentor 453
Mentoring 659
Mesosystem 209
Messen 214
Messmodell 214
Messtheorie 214
Messwert 215
Metakognition 653
Metakommunikation 649
Metall- und Elektrotechnik 14
Metalltechnik 80
Methoden 17
Methoden der individuellen Förderung 265
Methoden zur Förderung überfachlicher Kompetenzen
  266
Methoden, individualisierende 224, 667
Methoden, individuelle Förderung 224, 667

Methoden, schüleraktive 300
Methodenkompetenz.. 85, 86
Methodenkonzept.. 260
Meyer, Hilbert 15
Microblog 686
Microsoft Dynamics NAV................................... 588, 693
Microsoft Navision 693
Mikrodidaktik 279
Mikrokultur 486
Mikropolitik 465
Mikrosystem... 209
Miller, George A. 172
Minarett 486
Mindmapping 684
Ministerialbeauftragte 154, 495
Minnameier, Gerhard... 132
Mintzberg, Henry 464
Mitarbeitergespräch 768
Mitbestimmung.. 654
Mitgefühl 120
Mittlere Führungsebene (in Schule) 452
M-Learning 679
MLQ.. 453
MMORPGs 387
Mobbing 112
Mobile Learning 679
Modeling 326
Modell der vier Ohren 103
Modelle
    Abbildungsmerkmal 12
    Didaktische Modelle 12
    Pragmatisches Merkmal 12
    Verkürzungsmerkmal 12
Modellieren 326
Modellunternehmen 291, 679
Monitoring 334, 708
Monoberuf 538
MOOC... 683
Moodle... 688
Moralische Entwicklung 109
Moralische Entwicklung, Stufen 109
Moralische Identität 122
Moralische Urteilsfähigkeit 650
Moralisches Selbst... 122
Motivation.. 249
Motivation, extrinsische... 252
Motivation, intrinsische 252
Motivationstheorie 250, 352
Motivationstheorie, kognitive 250
Motivierung... 15
MP3-Player... 677
Müller-Feedback 767
Multicodal 572
Multifactor Leadership Questionnaire 453
Multimodal... 572
Multiple Choice.. 736

Multiple Choice-Aufgabe 261
Multiple Intelligenz 67
Mündigkeit 48
Musterlösung... 745
MUT (Moralischer Urteils-Test) 232, 650
Mut zur Lücke 186
Mutterschaft, frühe 389
Mythos der Gleichartigkeit 451
Nachbesprechung, Unterricht.................................... 771
Nachhaltigkeit 589
Naisbitt, John 477
Namen der Schüler 332
National Educational Panel Study 190
NCLB.. 707
Negative Verstärkung 350
NEPS 190
Netbook 677
NetGeneration 678
Netzwerk, semantisches 176
Netzwerk, zielgerichtetes... 181
Netzwerkawareness 685
Netzwerke, horizontale 491
Netzwerke, laterale.. 491
Netzwerke, Netzwerke für besondere Lebenslagen ... 494
Netzwerke, vertikale 491
New Public Management 709
Nichtlinearität 464
Nickolaus, Reinhold.. 25
No Child left behind 707
No-Blame-Approach 365
Nohl, Herman... 141
Normativ.. 189
Normierung.. 720
Note 732
Notenskala 732
Notfallplan 367
Notierhilfe.. 555
Notiz (nehmen) 554
Notizen... 550
Novize 179
NQS.. 460
Nutzung vorhandener Daten 218
Objektivismus 606
Objektivität 716
Objektpermanenz 607
Offene Methoden 265
Offener Unterricht 265
Office-Webanwendungen 683
OHP.. 260, 547
OHP-Folie 547
Ökologie 38
Ökonomie 216
Ökonomie (von Assessments)..................................... 719
Ökonomische Bildung 14
Ökopsychologie.. 209
Olweus, Dan Åke.. 365

Online-Kurs 683
Online-Lectures 681
Open-source-Software 688
operante Konditionierung 349
Ordnung (Kommunikation) 322
Ordnungsmaßnahmen 355, 360
Ordnungsmomente 443
Ordoliberalismus 487
Organisationsautonomie 481
Organisationsbereich (Tafel) 544
Organisationsentwicklung 456
Organisationsform (des Unterrichts) 257
Oser, Fritz 132
Otto, Gunter 16
Outcome 189
Outing 364
output 707
Output 189
Output-Steuerung 709
Outward bound 655
Outward-Bound-Plus 655
Overheadprojektor 546
Overhead-Projektor 260
Pädagogische Führung 453, 454
Pädagogische Führung, geteilte 455
Pädagogisches Inhaltswissen 408
Pädagogisches Management 454
Paivio, Allan 177
PAL 158
panta rhei 210
Parallelisierung 284
Paraphrasieren 632
Partner 297
Partnerarbeit 298, 511
    Arbeitsauftrag 515
    Begleitung durch die Lehrkraft 518
Pawlow, Ivan 346
Pawlows Hunde 346
PDC-Modell 264
Perfektionismus 759
Performance Assessments 748
Performance-Assessment 266, 568
Performanzerwartung 191
Perma-link 686
Perry, William G. 384
Personalautonomie 481
Personale Kompetenz 115
Personalentwicklung 457
Personalität 49
Persönliche Legende 383
Persönlichkeitsprinzip 260, 354
    Begriff 46
    Varianten 47
Pflege 14
Pflichtbewusstsein 115
Phablet 677

Phasen (des Unterrichts) 295
Physiologische Bedürfnisse 604
PISA 708
Placemat 514
Planspiel 581, 649
Planungshilfen 139, 262
    Bibliothekswelt 139
    Inoffizielle Welt 139
    Kooperative Welt 139
    Offizielle Welt 139
    Vier Welten 139
Planungshilfen, kooperative 262
PLC 454
PLCA 455
PLG 454
Pluralisierung 479
Plus-1-Konvention 651
PMS 384
Podcast 686
Politisches System 464
Portfolio 687
Positive Abhängigkeit 512
Positive Bestrafung 351
Positive Verstärkung 350
Posting 686
Posttraumatische Belastungsstörung 367
Powerpoint 547
Prägnanz (Kommunikation) 322
Prämenstruelles Syndrom 384
Präsentation 518
Präsentation (durch Schüler) 261
Premack-Prinzip 351
Prinzipien, moralische 453
Problem der Stofffülle 185
Problemorientiertes Lernen 607
Produkt 748
Produktionsschule 592
Produktsequenzierung 284
Professional bureaucracies 464
Professional Learning Communities 454, 455
Professional Learning Community Assessment 455
Professionelle Lerngemeinschaften 454
Profil (i.S.v. Profiling) 238
Profiling 224
Prognose 212
Programmierte Prüfungen 739
Programmierter Unterricht 682
Progressive Relaxation 348
Projekt 613
Projektarbeit 261
Projektlernen 613
Projektorientiertes Lernen 613
Projekt-Plattform 689
Projektunterricht 613, 654
Prototyp 175
Prozedurales Wissen 178

Prozess 42, 748

Prozesse 589

Prozessorientierung 42

Prüfung 216

Prüfungen, handlungsorientierte 261

Prüfungsangst 349, 730

Prüfungsaufgaben 158

Prüfungsaufgaben- und Lehrmittelentwicklungsstelle 158

Prüfungskatalog 158

Prüfungsrelevanz 321

Prüfungsunterlagen 157

Prügel-Videos 364

Psychoanalyse 603

Psychometrie 67

Psychomotorisch 197

Psychomotorische Lernziele 197

Psychotherapie 348, 648

Pubertät 382

Pünktlichkeit 354, 484

Pygmalion-Effekt 416

Q2E 459

QmbS 460

Qualifikation 40, 488

Qualifikationsanforderungen 40

Qualifikationsfunktion 711

Qualität, Unterricht 14

Qualitätsleitbild der Schule 459

Qualitätsmanagement 482

Queer 479, 534

Quelle GmbH 488

R2T 707

Race to the top 707

Rahmenlehrplan 69

Rationalität 653

Rauchen 386

Rauchverbot 355

Raumregie 323, 545

Rauner, Felix 45

Reaktion, konditionierte 346

Reaktion, unkonditionierte 346

Realismus 606

Realitätswahrnehmung, erweiterte 683

Rechenschwäche 88

Rechtsextremismus 393

Reduktion

    Negativauslese 185

    Positivauslese 185

    Qualitative Reduktion 186

    Quantitative Reduktion 186

REFA 327

Referenz-Fehler 731

Referenzmodell 193

Reformpädagogik 264

Regeln 355

Regierung 495

Regrouping 531

Reichweite (von Kompetenz) 66

Reihenfolgeproblem 35

Reihenplanung 19, 280

    Reduzierte Form 279

Reliabilität 717

Repräsentation 177

Respekt 354

Retrognose 212

Rheinberg, Falko 250

Rhetorik 322

Rhetorische Stilmittel 322

Richard Ivey School of Business 575

Riedl, Alfred 25

Robinsohn, Saul B. 40

Robinson, George 365

Rogers, Carl 631

Rolff, Hans-Günter 456

Rollen (Gruppenunterricht) 523

Rollenkarte 568

Rollenkonflikte 10

Rollenspiel 566, 649

Röpke, Wilhelm 487

Rosenshine, Barak 15

Roth, Heinrich 115

Routine 589, 760

rubric 74

Rubric 746

Rückmeldestunde 735

Ryan, Richard M. 605

Sachanalyse 171

Salafismus 395

Sandwich-Prinzip 610

SAP R/3 693

Scham 120

Scheinexaktheit 732

Schelten, Andreas 14, 25

Schema 122

Schlafen 382

Schloss Salem 655

Schmiel, Martin 212

schools do not matter 462

Schreiben

    Förderung 664

Schreiben, assoziatives 664

Schreiben, mit Schreibhilfe 664

Schreiben, nach Textmuster 664

Schreiben, optimierendes 664

Schreiben, selbständiges 664

Schreiben, systematisches 664

Schreibhilfe 664

Schreibprodukt 664

Schriftlichsprachlichkeit 663

Schulangelegenheiten, äußere 495

Schulangelegenheiten, innere 495

Schulartprofil 489

Schulaufsicht 494

Schulbuch 154, 549
Schule
    Ablauforganisation 447
    Abteilung 446
    Anspruchsgruppe 497
    Aufbauorganisation 446
    Aufsicht durch den Staat 139
    Bereiche 446
    Betroffene und Beteiligte 497
    Bildungsauftrag 140
    Interessengruppe 497
    Kultur 445
    Leitbild 459
    Outcomesteuerung 152
    Outputsteuerung 152
    Prozesssteuerung 152
    Qualitätsleitbild 459
    Schule als komplexes System 464
    Schule als Schule Aller 139
    Schule als Staatsschule 139
    Stakeholder 497
    Strategie 444
    Struktur 446
Schuleffektivität 462
Schuleffektivitätsforschung 462
Schulen
    Berufsbereiche 288
Schulen, kommunale 495
Schulen, staatliche 495
Schulentwicklung 356, 482
Schüleraktive Methoden 300
Schülerbefragung 764
Schülerbeteiligung 653
Schülergeführte Klassendiskussion 299
Schüler-Lehrer-Feedback 764
Schülervortrag 299, 544, 547
Schulfach 79
Schulführung 482
Schulkultur 445, 463
Schulleiter(in) 452
Schulleitung 458, 768
Schulleitung, anspruchsgruppenorientiert 497
Schulnote 732
Schulordnung 355
Schulpastoral 396
Schulprogramm 444, 445
Schulseelsorge 396
Schulsozialarbeit 492
Schulstruktur, fraktale 448
Schulungsfahrzeug 697
Schulverbindungsbeamter 390
Schulz von Thun, Friedemann 103, 322
Schulz, Wolfgang 16
Schwangerschaft 389
Schwerhörigkeit 246
Schwerpunkte (Ausbildung) 538

Schwul 532
SDQ 233
segel-bs 618
Sehbehinderung 246
Sekundärtugend 354
Selbst-)Zufriedenheit 120
Selbst, moralisches 122
Selbständiges Schreiben 664
Selbstaufmerksamkeit 122
Selbstbestimmungstheorie 605
Selbstbestimmungstheorie der Motivation 605
Selbstbezug 383
Selbstgesteuertes Lernen 265, 608, 609
Selbstintentionalität 251
Selbstkompetenz 114, 261
Selbstkontrolle 514
Selbstkonzept 115
Selbstlernmaterial 514
Selbstorganisiertes Lernen 609
Selbstreflexion 122, 761
Selbstreguliertes Lernen 265
Selbstständigkeit 115
Selbststeuerung 609
Selbstverletzendes Verhalten 393
Selbstvertrauen 115
Selbstverwirklichung 604
Selbstwert 112
Selbstwertgefühl 120
Selbstwirksamkeit 119
Selbstwirksamkeitserwartung 119
Selbstwirksamkeitsüberzeugung 119
Selected response Assessment 743
Self Description Questionnaire 233
Self-fullfilling-prophecy 416
Self-Regulated Learning Interview Schedule 231
Semantisches Netzwerk 176
Sembill, Detlef 612
Seneszenz 384
Senge, Peter M. 444
Separation 536
septem artes liberales 79
Sequenzierung 283
Service-Learning 654
Setting 531
Shared Leadership 455
Shavelson, Richard J. 67
Shavelson-Modell 116
Shooter 387
Shulman, Lee 407
Sicherheitsbedürfnisse 604
Sicherung der Unterrichtseinheit 335
Sicherung der Unterrichtsreihe 335
Sieben Freien Künste 79
Sims 387
Simulation 262
Simulation & gaming 581

Simulationen 387

Simulationsmethode 565

Simulationsmethoden 264

Singularität 6, 759

Situated-Cognition 264

Situation 5, 7

Situation, didaktische 9, 759

Situationsbeschreibung (im Rollenspiel) 567

Situationsprinzip 260

    Begriff 40

    Kritik 45

    Varianten 40

Sitzordnung 523

Skinner 682

Skinner, Burrhus Frederic 350

Skinner-Box 350

S-Kurve 460

Slavin, Robert 512

Sloane, Peter 279

SMART (Ziele) 120

Smartboard 549

Smartphone 677

SMS 687

Social bookmarks 684

Social networking services 684

Social tagging 684

Sokratischer Eid 418

SOL 265, 610

SoLe 612

Solidarität 49, 653

SolidWorks 691

Soll-Profil 666

Sonderberufsschule 493

Sonderpädagogik 533, 634

Sonderpädagogischer Förderbedarf 245

Sozial abweichendes Verhalten 112

Soziale Arbeit 14

Soziale Bedürfnisse 604

Soziale Eingebundenheit 605

Soziale Lesezeichen 684

Soziale Marktwirtschaft 487

Soziale Netzwerke 684

Soziale Uhr 385

Soziale Unterstützung (Lehrkräfte) 451

Sozialenzykliken 49

Soziales Faulenzen 512

Sozialform 511

Sozialkapital 500

Sozialkompetenz 261, 647

    Förderung 647

Sozialkompetenztraining 649

Spearman, Charles 67

Speedy reading 550

Spezifikationstabelle 737, 744

Spickzettel 335

Spiegeln 632

Sprachbehinderung 246

Sprachfehler 665

Sprachförderung (im Lehrgespräch) 331

Sprachförderung (im Lehrvortrag) 324

Sprachkompetenz 663

    Förderung 662

SPS 691, 696

SQ3R-Methode 663

STAD 512

Stake 497

Stakeholder 497

Stakeholdermanagement 497

Stammgruppe 513

Standardprogramm 149

Standesregeln 418

Stationenarbeit 617

Stationenlernen 265, 617

Stecksystem 696

STEP 7 691

Stigmatisierung 534

Stilmittel, rhetorische 322

Stimmungsschwankungen 383, 391

Stimuli 322

Stimulus, konditionierter 346

Stimulus, unkonditionierter 346

Stofffülle 185

Stoffkatalog 158, 740

Stoffverteilungsplan 280, 281

Stolz 120

Strategie der Schule 444

Streaming 531

Streit 653

Struktur (der didaktischen Situation) 16

Struktur der Schule 446

Struktur, fraktale 448

Strukturgitteransatz 48

Strukturiertheit, teleologische 5

Strukturierung 15

Student Teams Achievement Divisions 512

Stufe der Autonomie 179

Stundenplan 260

Stundentafel 142

Subjektive Theorien 760

Subjektivität, offensive 732

Subsidiarität 49

Suchdienste 680

Suchmaschine 680

Sucker effect 512

Suizid 391

Suizidialität 361

Suizidversuch 391

Supervision 632, 659

Support Group Method 365

Survial Stage 761

Sympathie-Fehler 731

System, komplexes 464

Systematic instruction 299
Systematische Desensibilisierung 348
Szientistisches Konzept 36
Tablet 677
Tafel 260, 543
Tafelbereich 544
Tafelbild 544
Tafelfeld 544
Tafelzeichnen 545
Tag cloud 686
Tags 684
TAI 512
Tätigkeitsanreiz 251
Tauschgeschäfte 465
Täuschungsversuch 729
Taxonomie 194
Teacher knowledge 407
Teacher-led instruction 299
Teaching note 576
teaching-to-test 153, 707
teaching-to-the-test 711
Team (Ebene der Institution) 449
Team (Lehrkräfte) 449
Team Accelerated Instruction 512
Teamarbeit 290
Teamstrategie 291
Technikgestaltung 45
Technologiedefizit 6
Teilautonomie 481
Teilqualifikation 540
Teilzeitunterricht 257
Telematisches Labor 697
Teleteaching 681
Tenberg, Ralf 25
Tendenz zu extremen Urteilen 731
Tendenz zur Mitte 731
TEO I 196
TEO II 196
Test 215
Test-the-limit-Verhalten 355
Testtheorie 74, 216
Texte expandieren 663
Texte im Unterricht 549
Textmuster 664
Textvergleich 663
Textverständlichkeit 322
Textverständnis 577
Textvorentlastung 663
Thema 17
Thematische Blöcke 260
Thematische Hinführung 318
Thematische Struktur 180
Theorie der Dualen Kodierung 177
Theorien, implizite 760
Theorien, subjektive 760
Think-Pair-Share 514

Time on target 321
TIMSS 708
Trace Methodologies 231
Trackback 686
Tracking 531
Traditioneller Unterricht 512
Traditionelles Unterrichtskonzept 260
Training Sozialkompetenz 649
Training Within Industry 327
Trainingsraum 361
Trainingssystem 697
Transfer 332
Transformationale Führung 453
Transgender 479
Transparenz (von Assessment) 719
Triple bottom line 38
Trotteleffekt 512
Tüchtigkeit 48
Tunnelblick 458
Twardy, Martin 24
TWI 327
Üben 332
Üben, nachahmendes 327
Überfachliche Kompetenz 126
Überlegenheit(sgefühl) 120
Übungsaufgaben, Gestaltung 335
Übungsaufgaben, Typen 335
Übungsfirma 584
Übungsfirmenkonnex 149, 589
Übungsfirmenring 586
Übungsfirmenzentrale 586
Übungsinstrument 336
UCR 346
UCS 346
Umsetzen (der Feinplanung) 19
Universalkaufmann 50
Unkonditionierte Reaktion 346
Unkonditionierter Stimulus 346
Unterlegenheit(sgefühl) 120
Unternehmenssoftware, integrierte 692
Unterricht, aufgebender 298
Unterricht, darstellender 298
Unterricht, erarbeitender 298
Unterricht, offener 265
Unterricht, programmierter 682
Unterrichten lernen 13
Unterrichtentwicklung 457
Unterrichtsbeobachtung 768
Unterrichtsbesuch 768
Unterrichtseinheit 19, 279
Unterrichtseinstieg 317
Unterrichtsentwicklung 760
Unterrichtskonzept 260
Unterrichtskonzept, handlungsorientiertes ... 261
Unterrichtskonzept, traditionelles 260
Unterrichtsnachbesprechung 771

Unterrichtsphasen 295
Unterrichtsqualität 14
Unterrichtsreflexion 761
Unterrichtsreflexion, inszenierte 761
Unterrichtsreihe 19, 279
Unterrichtsstörung 343, 359
Unterrichtsstunde 279
Unterrichtsstunden 19
Unterstützungsgruppen-Methode 365
Validität 216, 717, 744, 747
VDI 52
VERA 158
Veränderungsmanagement 456
Verantwortungsübernahme 653
Verbundstudiengang 539
Vergleichsarbeiten 158
Verhalten, deviantes 112
Verhalten, sozial abweichendes 112
Verhaltensauffälligkeit 112, 247, 648
Verhaltenskodex 122
Verhaltensstörung 247, 648
Verhaltenstherapie 348
Verkaufsgespräche 262
Verkürzung (Ausbildung) 539
Verlängerung (Ausbildung) 539
Vernetzung 464
Verordnung 489
Verständlichkeit 322
Verstärker 350
Verstärkung, negative 350
Verstärkung, positive 350
Verteilungsplan
    Varianten 281
Verteilungsplanung
    Fach Verteilungsplan 281
    Kompetenzorientiert 282
    Lernfeldorientiert 281
    Lernsituationsorientierter Verteilungsplan 281
    Methodenorientiert 282
    Zielgruppenorientiert 282
Vertrauen (als Aufgabe der Führungskraft) 453
Vester, Frederic 253
VIBOS 690
Video 572
Videofeedback 649
Vier-Ohren-Modell 103
Virtuelle Berufsoberschule Bayern 690
Virtuelle Klassenzimmer 688
Virtuelles Labor 697
Vision 75, 444, 453
Vision der Schule 444
Visualizer 549
VLB 428
VLW 428
Voice over IP 687
Vorannahmen 176

Vorbereitungsdienst 421
Vorbildfunktion (der Führungskraft) 453
Vor-die-Tür-setzen 360
Vorgesetzte(r) 452
Vorhersagbarkeit 6
Vorklasse 538, 539
Vorkurs 539
Vorstellungsbild 177
Vorurteile 176
Wachstumsschub 382
Wahl, Diethelm 610
Wahlpflichtqualifikationen 538
Wahlpqualifikationen 538
Wartezeit 329
Watson, John B. 347
WBT 682
Web 2.0 .... 363, 685
Webbased Training 682
Webcam 687
WebConferencing 688
Web-Lectures 681
Weblog 686
WebQuest 680
Wechsler-Intelligenz-Test 67
Weiblich 532
Weniger, Erich 141
Werkstätten für behinderte Menschen 493
WfbM 493
White board 688
Whiteboard 546
Whiteboard, digitales 546, 549
Whiteboard, interaktives 546, 549
Widerstand 461
WIE 67
Wiederholen 336
Wiki 685
Wikipedia 685
Wild, Klaus Peter 85
Winnefeld, Friedrich 5
Wirtschaft
    Ansätze der Betriebswirtschaftslehre 57
    Nachhaltiges Wirtschaften 38
    Triple bottom line 38
Wirtschaft und Verwaltung 80
Wirtschaften, nachhaltiges 38
Wirtschaftspädagogik 13, 420
Wirtschaftsschule 380, 615
Wirtschaftssystem 210, 487
Wirtschaftswissenschaft 13
Wissen 174
Wissen (Lehrkraft) 407
Wissen, deklaratives 65, 174
Wissen, episodisches 178
Wissen, produktabhängiges 692
Wissen, produktunabhängiges 692
Wissen, prozedurales 65, 178

Wissen, träges 760
Wissenschaftsprinzip... 260
    Begriff.. 36
    Kreislauf... 36
Wissensgesellschaft 480
Wissensstruktur 321, 544
Within-Class Grouping.. 531
WLI 216
World of Warcraft 387
WOW... 387
YouTube 681
ZALB 304
Zeitgefäß, traditionelles 260
Zentralstelle (Übungsfirma) 587
Zerstörbarkeit... 6
Zeugnis 712
Zielscheibe... 766

Zielschwierigkeit 120
Zielsetzungstheorie.. 120
Zielspezifität.. 120
Zivilgesellschaft 50
Zocken.. 387
Zuhören, aktives... 632
Zulassungs- und Ausbildungsordnung für das Lehramt an
    beruflichen Schulen.. 304
Zünfte.. 52
Zusammenarbeit Lehrkräfte 290
Zusatzaufgaben.. 542
Zusatzqualifikation... 539
Zusatzunterricht... 539
Zuständige Stelle.. 496
Zwangsverheirat 389
Zwischenprüfung 158

ISBN 978-3-8442-6807-2

www.epubli.de